R 367

La Haye
1733

Crousaz, Jean-Pierre de

Examen du pyrrhonisme ancien et moderne

janvier

R. 350.

367

EXAMEN
DU
PYRRHONISME

EXAMEN
DU
PYRRHONISME
ANCIEN & MODERNE
PAR MONSIEUR
DE CROUSAZ

De l'Académie Roïale des Sciences, Gouverneur de Son Alteſſe Sérénissime

LE PRINCE
FREDERIC DE HESSE CASSEL

& Conseiller d'Ambaſſade de ſa MAJESTÉ Le ROI de Suede, & Land-Grave de Heſſe Caſſel.

Bienheureux ceux qui ſont nets de coeur, car ils verront Dieu. Matt. V. vſ. 8.
Que celui qui a cette eſpérance ſe puriſie, comme lui eſt pur. I. Jean. III. vſ. 3.

A LA HAYE
Chez PIERRE DE HONDT,
MDCCXXXIII.

A TRES HAUT & PUISSANT SEIGNEUR
CHARLES FRANÇOIS
DE VINTIMILLE,
DES
COMTES DE MARSEILLE,
DE VIVRES, DAGOULT,
COMTE DU LUC,
MARQUIS DES ARCS, DE VINS, DE SAVIGNI
& DE LA MARTHE;

BARON DE FORCALQUÆIRET
St. SAVOURNIN, ROUSSILLON, CASTELNAU,
St. PAUL & AUTRES LIEUX;

LIEUTENANT DE ROI
DE PROVENCE
GOUVERNEUR DES ISLES DE PORQUEROLLES
& LINGOUSTIER,
CHEVALIER & COMMANDEUR
DE TOUS LES ORDRES DU ROI
CONSEILLER d'ETAT ORDINAIRE
d'EPÉE &c. &c.

Monseigneur,

C'Eſt la corruption du cœur qui a gâté la Réligion: Les hommes, réſolus de vivre à leur gré, ſe ſont imaginés des Divinités, un Culte, une Morale qui favoriſât une partie de leurs penchans, & gênât peu les autres. Il s'en eſt trouvé pour qui ces Il-
lu-

lufions ont été infuffilantes; Ennemis de toute contrainte, l'idée d'Etres fi fupérieurs à la Nature humaine leur a paru un joug infupportable, & l'on en voit aujourd'hui qui portent l'aveuglement & l'infolence jufques à fe compter des génies fupérieurs, & à fe croire beaucoup plus éclairés que le refte des hommes, par là même qu'ils ofent préférer les ténébres de l'Irréligion aux lumiéres les plus pures de la Raifon, & à l'éclat de la Révélation Divine. Un cœur gâté cherche quelque repos dans l'Irréligion, & l'Irréligion à fon tour achéve de le perdre. Les occafions de fe convaincre de ces vérités font d'autant plus fréquentes que l'on vit dans un plus grand monde. Heureux celui qui appuié fur des Maximes d'une évidence qui force, & d'une inébranlable fermeté, voit avec autant de fraieur que de compaffion ceux qui choififfent un parti oppofé, floter dans le doute au gré de leurs paffions. C'eft là, Monseigneur, vôtre fituation & j'en fuis tellement perfuadé, que quand je relis mon Ouvrage, il eft bien des endroits qu'il me femble que vous m'avés dictés. J'ai tiré, Monseigneur, un grand avantage de n'avoir été, malgré tout mon zèle & mon attachement, qu'un ferviteur inutile, par rapport à vos importantes occupations; je vous ai connu par là tel que Plutarque peint les Héros, loin du théatre, dans vôtre particulier, dans vôtre Intérieur; & de là j'ai conclu, fans héfiter le moins du monde, que le fujet de mon Ouvrage vous plairoit. Je vous le dois encore, Monseigneur, par une autre Raifon. Moins je vous étois utile, plus je me trouvois fenfible aux marques diftinguées d'eftime dont vous m'honoriés; je n'avois pas le courage de croire que vous vous trompiés entiérement. J'aimois mieux m'imaginer que vous aviés pénétré dans mon intérieur, & que vous me connoiffiés mieux que je ne faifois moi-même; dès là mon amour-propre agréablement flatté, fe perfuadoit qu'une heureufe culture & une conftante application me rendroit enfin capable de produire quelque chofe qui répondroit à vos idées. Par là, Monseigneur, je vous dois mes fuccès, & toutes les fois qu'il m'arrive d'en avoir, je les regarde comme des motifs de vous rendre graces.

Mais c'eft à la Divine Providence que je dois mes plus grandes actions de grace, qui a affermi vôtre fanté au-dela de tout ce qu'ofoient efpérer, défirer même, les perfonnes qui vous étoient le plus attachées. Les hommes fervent ordinairement leurs Maitres en vue d'augmenter leur fortune: Mais on fait, Monseigneur, que vos intérèts ont été

com-

comptés pour rien dès qu'il s'est agi de servir le Vôtre. La Providence n'a pas voulu laisser sans récompense même sur la Terre ces excès de zèle & de desintéressement : & pour rendre accompli vôtre bonheur, elle vous a réüni, a-près bien des années de distance avec Monseigneur l'Arche-vêque, & placé en situation de faire élever sous vos yeux l'héritier de vôtre grand Nom, qui deviendra par vos soins héritier de vos grandes Vertus. Il ne se peut que ces satisfactions réciproques ne contribuent à prolonger deux si illustres Vies. Je m'y intéresse très-vivement pour vous, MONSEIGNEUR, mais j'avoüe que j'y prens encore un grand intérêt pour moi, parce qu'à la conservation de ces jours précieux est attachée une des grandes douceurs que les miens puissent me procurer.

 C'est d'un Coeur pénétré d'estime & dans le dévoüement le plus sincére & le plus respectueux que j'ai l'honeur d'être

Monseigneur,

à Cassel le 31. Juillet 1732.

Vôtre très-humble & très-
obéïssant Serviteur

DE CROUSAZ.

PREFACE.

UN temps a été, & ce temps a duré des siécles, où non seulement le peuple grossier, mais de plus ceux qui se distinguoient du commun des hommes par une Raison cultivée, se comptoient dans le chemin du Ciel, parce qu'ils étoient nés & qu'ils vivoient dans une Société éxtérieure honorée du Nom de la Véritable Eglise, qu'ils soûmettoient leur Entendement à ses Dogmes, & qu'ils en observoient le Culte éxtérieur avec zèle, avec respect & avec régularité. Leur négligence de la Loi Morale ne les inquiétoit point, ou ne les inquiétoit que très-peu, dans la persuasion que la grace de l'Evangile les avoit affranchis de ce que le joug des Préceptes renfermoit de plus onereux, & que les Chrétiens étoient en possession de divers moiens sûrs d'éxpier leurs fautes sans faire de violence aux inclinations favorites de leur coeur.

Il est encore un grand nombre de gens qui croupissent dans les mêmes préjugés, & depuis que le Christianisme s'est trouvé partagé en diverses Communions, chacun presque s'est flatté que son attachement pour le parti où il se trouvoit placé par sa naissance, lui tiendroit lieu de récommandation auprès de Jesus Christ, puisqu'il lui avoit fait la grace de naître légitime fils de sa véritable Epouse, Mére toute pénétrée de tendresse & d'indulgence pour ceux qui avoient sucé dès leur enfance le lait de sa doctrine, & qui se distinguoient par leur Zèle pour ses intérêts & pour ses dogmes favoris. Ceux qui sont dans ces préventions trouvent leur intérêt & leur repos à s'abandonner au torrent de la Coûtume, & à ne point douter de ce que le gros de leurs Compatriotes fait profession d'adopter.

Mais dès le siécle précédent, ces ténébres dans lesquelles les hommes se tranquilisoient, se sont en partie dissipées; on a été curieux de s'éclairer. Ce sont là de grands avantages, & les hommes avoient lieu de s'en féliciter. Malheureusement ils ont tourné ces avantages contre eux-mêmes. Dans le même-temps que l'on s'est lassé de croupir dans des ténébres, & qu'on a pris le parti de se tirer de l'état d'indolence & d'engourdissement où l'on avoit vécu, les Richesses se sont répandues en Europe, & le torrent des Vices les a accompagnées. Le Mal s'est trouvé par tout à côté du Bien, & l'a surpassé chés un très-grand nombre. Les Passions se sont multipliées avec les moiens de les satisfaire. Le goût du Luxe & des Plaisirs s'est établi avec plus de rapidité encore que celui de la politesse. Enfin on s'est vû de grands revenus, & quand les Passions se sont augmentées, & que pour les satisfaire il a fallu dépenser de là de ses rentes, on a donné son application à chercher de nouveaux moiens de s'enrichir, & de se faciliter, par le crédit que donnent les Dignités, des voies d'emprunter & d'user du bien d'autrui comme du sien propre. Les Injustices & les Cabales se sont emparées de l'Esprit, tout comme les Voluptés & le Luxe s'étoient emparées du Cœur. Que de sources de troubles & de reproches pour des consciences qui n'étoient plus dans les ténébres & le sommeil! On s'est par là trouvé réduit à la nécessité d'opter entre *obéïr* ou *ne pas croire*. Le prémier parti a paru trop dur, le second a paru commode & on s'est déterminé à le fortifier. Dans ce dessein après diverses tentatives inutiles on s'est enfin retranché dans l'Asile du Doute, ou dans celui de la Fatalité. Il en est même qui ont embrassé l'un sans rejetter l'autre. *Une fatalité inévitable dispose de nôtre sort, de nos idées & de nos mouvemens, & par là nous affranchit des remords & des soins de nous contraindre; & si cette hypothese n'est pas sûre, on ne peut non plus la combattre que par des raisons incertaines.*

Telles sont les dispositions dans lesquelles les Ouvrages de Mr. Bayle ont rencontré les Esprits; & s'il a fondé là-dessus le succès de ses compositions, il

***

faut

PREFACE

taut avouer qu'il a bien connu le goût de son siécle. A la vérité cette découverte n'éxigeoit pas une grande pénétration ; une infinité d'Ouvrages dont les partisans se multiplioient tous les jours, ne l'annoncoient que trop manifestement.

Si l'on se défend de lui imputer ces vuës, & si l'on aime mieux prendre le parti de croire que son Cœur en étoit très-éloigné ; on ne sauroit au moins s'empécher de reconnoitre que ses Ecrits ont été secondés par des fatales circonstances , auxquelles il n'avoit pas daigné faire assés d'attention.

Qui pourroit disconvenir que Mr. Bayle ne se soit fait un plaisir d'alléguer le pour & le contre ? Peut-être avoit-il pris cette habitude dans les Ecoles, où les jeunes gens brillent par le secours d'une imagination fertile en difficultés, & une facilité à les étendre, & à les ramener sous diverses faces. A ce genre d'études qui va à rendre trop pointilleux & trop sombre, Mr. Bayle en joignoit un autre plus amusant & plus gai, & qui lui a attiré grand nombre de Lecteurs, ravis de voir renouvellée la Philosophie Cinique, dégagée de sa malpropreté & de ses maniéres agrestes.

Il s'est passé plusieurs années sans que j'aie été curieux de jetter les yeux sur son Dictionnaire ; D'autres études me tenoient plus à cœur & m'occupoient entiérement ; & j'aurois peut-être toujours vécu dans l'indolence à cet égard, si l'on ne m'avoit assuré que sa Lecture produisoit de dangéreux effets dans un lieu, à la Gloire & au Bonheur duquel je prendrai toûjours tout l'intérêt imaginable.

Je n'en lûs pas un grand nombre de feuilles sans y trouver les caractéres marqués des deux dispositions dont je viens de parler : J'y apperçus encore bientôt un grand empressement pour le systême des plus rigides Théologiens , & une grande déxtérité à en tirer des conséquences propres à saper la Réligion. Des sentimens qui selon lui, font horreur, sont pourtant enseignés par les plus Orthodoxes & les plus attachés au véritable sens de l'Ecriture sainte.

Je ne tardai pas à comprendre qu'il étoit également facile & difficile de répondre à ce que cet Ouvrage renfermoit de dangéreux. Ses argumens me paroissoient en eux mêmes des sophismes aisés à résoudre : Mais je les trouvois proposés sous des tours si éblouïssans, mêlés parmi des contes & des digressions si propres à distraire & à détourner de la pensée d'éxaminer ; je les rencontrois en tant d'endroits, & toûjours ramenés sous quelque nouvelle face & à quelque nouvelle occasion, qu'il me sembloit de voir dans cet Ouvrage une nouvelle espéce d'Hydre, dont les têtes abatuës dans un endroit renaissoient incontinent dans un autre.

Je n'eus garde de m'attacher à tout ce qui me tomboit sous les yeux, ni de m'appliquer à relever des fautes historiques. En vain des Amis m'y ont sollicité, m'en ont donné des preuves & m'ont offert pour cela leur secours ; la Critique & la Contestation n'ont jamais été de mon goût. On a vu depuis peu de quelle manière Mr. Bayle auroit pû développer l'Histoire des *Adamites* &c. si une sincére & judicieuse Critique l'avoit principalement occupé. Mais je me suis borné à relever dans ses raisonnemens ce qui m'a paru directement ou indirectement contraire à la Réligion Naturelle & Révélée, aux Bonnes Moeurs & au vrai bien de la Société.

Je vis bientôt qu'il me falloit pour cela ranger (chacune sous le Chef qui lui convenoit) des Réfléxions dispersées dans un grand volume , mêlées parmi des sujets tout différens, & souvent confondües les unes avec les autres.

Chaque Chef contint divers Articles qu'il fallût ensuite ranger dans l'ordre le plus naturel, en sorte que la Réfutation de l'un contribuât à celle des suivans.

On pourra s'appercevoir que j'ai moins été exact à suivre cet ordre dans la Section, où j'examine ce que Mr. Bayle a écrit en faveur des Athées. Dirai je qu'il est arrivé, par je ne sai quelle fatalité, que ce sujet a paru la matiére

favo-

PREFACE

favorite de Mr. Bayle, tant il ne s'est point lassé d'y revenir & de l'étendre ? Une confusion fortuite ou affectée m'a engagé à une confusion forcée par rapport à l'ordre des Articles rapportés & examinés. Ce n'est pas par le seul secours des répétitions & du desordre, que Mr. Bayle a ébloüi plus d'un Lecteur sur cet article ; il a encore eu l'addresse d'un côté, de représenter l'esprit persécuteur dans tout ce qu'il a de plus hideux & de plus séduisant ; d'un autre d'opposer aux fureurs de l'Intolérance, des Athées caractérisés comme il lui a plû, des hommes faits exprès pour servir son système, tranquiles, doux, pleins d'honneur & de générosité, amis de la Nature humaine & de son Lustre. Mais que l'on conçoive les hommes tels qu'ils sont, qu'on les dépouille ensuite de tout sentiment de Réligion : Pourra-t-on s'empêcher de voir les suites affreuses de ces deux suppositions ? La corruption du coeur & l'esprit d'incrédulité se fortifient tour à tour ; ces deux fatales maladies sont réciproquement cause & effet l'une de l'autre. On n'en a aujourd'hui que trop de preuves. Qui pourroit méconnoitre les effets de l'Irréligion dans le Projet & l'Oeconomie de ce qu'on a appellé Actions de *Missicipi*, ensuite *Direction du Sud*, & tout récemment dans celle de la *Charitable Corporation* ? On verra bien d'autres abominations si les partisans de l'Incrédulité continuent à se multiplier ; & quelle barriére pourra les retenir, dès qu'ils oseront entièrement se démasquer, & ne reconnoitre quoique ce soit au dessus d'eux, ni rien au delà de cette vie, sans craindre le paralléle de leur conduite avec celle des hommes qui conservent encore du respect pour la Réligion ?

Ces arrangemens réitérés ont été le plus fatigant travail d'un Ouvrage dont le Lecteur est en plein droit de juger. Ce dont je ne me cache pas, & que j'ose hardiment prétendre, c'est d'avoir facilité une réfutation complette à ceux qui voudront l'entreprendre, & de leur avoir épargné bien du temps & bien des écritures.

Je ne me suis jamais flatté de ramener ceux qui ne cherchent qu'à douter, & qu'à s'étourdir sur la Réligion & sur la Morale, de leur admiration & de leur entêtement pour tout ce qui est sorti de la plume d'un Auteur Célébre & enrichi de talens singuliers. Mais il est aussi beaucoup de gens, qui sauront & voudront se garentir de donner dans des piéges, quand on les leur aura découverts. On peut-être ébranlé, sans être terrassé : On peut-être ébloüi, sans être convaincu : On peut être embarrassé par des raisonnemens & troublé par des doutes, qu'on se félicitera de voir dissipés. Si j'ai eu le bonheur d'ouvrir quelques routes à ceux qui aiment la lumiére pour s'en approcher, malgré les ténèbres dont quelques Esprits contredisans s'efforcent de la couvrir, & de faciliter les moiens d'entendre la voix de la Raison à ceux qui la respectent, qu'ils en rendent graces à Dieu, c'est je l'avoüe le but que je me suis proposé.

On comprendra aisément sans qu'il soit besoin d'en avertir par une Préface, pourquoi ma prémière partie roule sur le Pyrrhonisme en général, pourquoi je traite dans la seconde du Pyrrhonisme des Anciens, & pourquoi, à ce que je rapporte de Sextus, j'ai joint l'éxamen de ce que Mr. Bayle a trouvé à propos d'écrire pour l'appuier & pour l'étendre.

Ce mélange a diminué le nombre des répétitions. On pourroit peut-être s'étonner d'où vient que, dès la seconde Section de la III. Partie j'éxamine l'Apologie de Mr. Bayle & les éclaircissemens qui l'accompagnent ; car par là je paroîtrai débuter par où il conviendroit plutôt de finir.

Mais ; j'ai conçu qu'à chaque argument que j'opposerois à Mr. Bayle, il seroit naturel qu'un Lecteur, tant-soit-peu prévenu en sa faveur, dit en soi-même ; *Voilà une Objection ou réfutée, ou eclaircie dans l'Apologie de celui que l'on combat.* Par cette raison je me suis déterminé à retrancher les faux fuians ; & d'ailleurs l'Examen de l'Apologie & des

Eclair-

PREFACE.

Eclaircissemens découvre avec évidence le caractére de cette dangéreuse Philosophie.

Je suis très éloigné, par la grace de Dieu, de toute haine pour la personne & la mémoire du Célébre Auteur que j'éxamine, & la Bibliotheque raisonnée me rend justice, quand elle avertit,

„ Que l'Auteur de cèt Examen a naturellement une grande répugnance pour
„ les démêlés personnels. Il a évité tant qu'il a pu les éxpressions qui en portent
„ les Caractéres; mais il a aussi éprouvé que quelque attention qu'on y appor-
„ te, il est comme impossible d'éxaminer un Ouvrage, avec quelque détail,
„ sans parler indirectement de son Auteur. On dit par éxemple, *Je suis*
„ *plein d'Admiration pour Aristote, ou Je n'en fais pas grand cas*, sans
„ penser à sa personne. On *personifie* simplement ses Ouvrages, & on les appelle
„ du Nom de leur Auteur: c'est ce qui ne peut manquer d'arriver de temps
„ en temps. D'ailleurs quand on parle de Mr. Bayle, on n'a point en vuë
„ ses qualités personnelles, ses talens naturels & acquis, son tempérament, sa mo-
„ dération, le choix qu'il avoit fait d'une certaine manière de vivre; on n'en-
„ treprend point d'écrire son Histoire, on se borne à l'éxaminer tel que ses Ouvra-
„ ges le font connoitre en qualité de *Defenseur du Pyrrhonisme*. C'est une
„ Maladie de l'Ame des plus dangéreuses ; & Mr. Bayle en a été lui même
„ une preuve des plus frappantes.

Je dois encore ajoûter que cet Examen avoit déjà été composé en Suisse, où je m'étois servi de l'Edition de Généve, & que des occupations indispensables & des distractions en plus grand nombre, ne m'aiant pas laissé le temps de le relire encore une fois, que depuis peu, il n'a passé sous la presse qu'après un intervalle de plusieurs années.

J'ai eu soin de composer un Indice Alphabétique, qui sans contenir rien de superflu & sans embarrasser un Lecteur par la multitude des matiéres, renfermât cependant tout ce qui peut lui-être d'usage, pour retrouver aisément les endroits dont il auroit conservé tant-soit-peu de souvenir; & on a pris la précaution de mettre sous plus d'un titre, ce que l'on peut aussi naturellement chercher sous plus d'un titre par son rapport à plus d'une Idée.

Une partie de cet Indice peut servir de Lieu Commun, & il n'y a qu'à lire, si l'on veut, tout d'une suite, les citations alléguées sur un article, pour rassembler dans son esprit ce que l'Auteur a été obligé de dissiper, par des raisons que le Lecteur comprendra aisément. Par éxemple les Pyrrhoniens usent souvent d'artifice, & Mr. Bayle plus qu'aucun autre. Souvent donc à l'occasion d'une matiére qu'on éclaircit, dans la place qui lui convient, d'une Objection que l'on résout, d'une Question que l'on développe, on fait voir clairement & en peu de mots, un artifice très-marqué. Les Lecteurs auroient eu sujet de se plaindre, qu'on les eût tous rassemblés dans un seul chapitre: Un seul dessein y auroit fait entrer un trop grand nombre de matiéres, que l'on comprendra plus aisément, en les lisant chacune dans une place où elle doit nécessairement se trouver, & où ce qui vient de précéder en rend l'Intelligence facile & les preuves plus convaincantes.

On a encore composé un Indice des Sections & des Articles qu'elles renferment, qui ne sera pas sans usage pour trouver plus promptement des réfléxions sur des sujets que la nécessité de suivre Mr. Bayle a obligé & de disperser, & de ramener plus d'une fois, malgré tout l'ordre dans lequel on a fait des efforts pour rassembler sous un seul chef ce qui s'y rapporte.

Exa-

TABLE DES SECTIONS.

Part. I. Du PYRRHONISME en général.

SECTION I.

Définition du PYRRHONISME & des PYRRHONIENS.

		pag.
I.	Essein de l'Auteur.	1
II.	Il n'est pas facile de définir les Pyrrhoniens.	1
III.	Naissance du Pyrrhonisme.	1
IV.	Le Pyrrhonisme paroit impossible.	2
V.	On distingue l'intérieur d'avec l'éxtérieur.	2
VI.	Un Pyrrhonisme continuel d'avec un Pyrrhonisme qui saisit par intervales.	3
VII.	Objections contre l'éxistence du Pyrrhonisme	3
VIII.	Réponses. Le Pyrrhonisme a des Causes réelles dans le cœur humain	3
IX.	Le Pyrrhonisme paroit monstrueux.	4
X.	Il s'est fait connoitre peu à peu.	4
XI.	On se familiarise avec les plus grands scélérats.	5
XII.	Les mauvais Chrétiens donnent lieu au Pyrrhonisme & font qu'on en est moins surpris.	5
XIII.	D'où vient que la voie de l'éxamen, qui seule conduit à la Certitude est si négligée	6
XIV.	Mauvais effets de l'Impatience.	8
XV.	De quelle manière il convient d'agir avec les Pyrrhoniens.	9
XVI.	Raisons pour lesquelles on doit user de ménagement avec les vicieux.	10
XVII.	& avec les Pyrrhoniens en particulier.	12
XVIII.	Conclusion & Idée des Pyrrhoniens.	13
XVII.	On donne imprudemment aux Pyrrhoniens des prétéxtes dont ils abusent	16
XVIII.	Vanité des Pyrrhoniens mal fondée.	27
XIX.	Caractères de leurs disciples.	27
XX.	Diversité des Opinions.	27
XXI.	La Méthode d'enseigner, dans la plupart des Ecoles favorise le Pyrrhonisme & à cette occasion Remarques sur les contestations qui régnent parmi ceux qu'on honore du titre de Savans.	18
XXII.	Continuation du même sujet. Il seroit très-possible de rectifier les faits dont les Pyrrhoniens tirent leurs Inductions.	29
XXIII.	Remarques sur les Savans d'un ordre & d'un Rang distingué.	34
XXIV.	Du peu d'Influence des vraisSavans sur la Certitude des sciences.	34

SECTION II.

Des Causes du Pyrrhonisme.

	Avertissement.	14
I.	On est venu au Pyrrhonisme par dégrés.	14
II.	Comment il s'accommode avec l'amour propre	14
III.	Cause du Pyrrhonisme dans l'abandon aux conjectures.	15
IV.	On continue de prouver cela par des éxemples.	15
V.	Diverses manières de confondre le Certain avec l'Incertain.	16
VI.	Comment le Pyrrhonisme s'est établi chés les Anciens.	16
VII.	Comment il s'est renouvellé chés les modernes, par le goût pour les Disputes.	18
VIII.	De l'empressement pour la fortune.	20
IX.	De l'ambition démesurée & de ses effets.	21
X.	Une mauvaise Méthode est capable de jetter dans le Pyrrhonisme de bons génies	22
XI.	Autre cause du Pyrrhonisme, dans les Etudes superficielles & le goût de la dissipation.	22
XII.	Preuve que les Pyrrhoniens ne font point d'accord avec eux-mêmes.	22
XIII.	Légéreté d'esprit & manque de Courage.	23
XIV.	Impatience & empressement éxcessif d'apprendre.	23
XV.	Indolence sur les intérêts du genre humain accompagnée d'envie & de vanité.	24
XVI.	L'éloignement du cœur humain pour la Religion.	24.

SECTION III.

Des remèdes du Pyrrhonisme.

I.	Necessité des Remèdes.	39
II.	Ils sont possibles.	39
III.	L'amour de la vérité dominante.	40
IV.	Elle fait craindre l'Erreur & anime à la diligence.	40
V.	Elle forme à la circonspection & dégage de l'impatience.	40
VI.	Elle donne de l'aversion pour l'humeur contredisante.	40
VII.	Possibilité de cet attachement.	40
VIII.	Aimer à profiter des avis & de la lumière d'autrui.	40
IX.	Dégoût pour la dispute.	40
X.	Amour des conférences de bouche & par écrit.	40
XI.	Vrai mérite.	41
XII.	Dans quel esprit on doit consulter autres & comparer les avis qu'on en reçoit.	41
XIII.	Utilité & possibilité de la politesse & du support.	41
XIV.	Les Obstacles ne sont pas invincibles.	41
XV.	Utilité & possibilité de l'ordre.	41
XVI.	Sacrifier toute ambition au Régne de la vérité seule.	42
XVII.	Ne point se précipiter à bâtir des Systêmes.	42
XVIII.	N'embrasser ni haïr aucun sentiment par esprit de parti, & commencer par l'éxamen de ceux dont les Disputans les plus animés conviennent.	42
XIX.	S'appliquer à établir distinctement l'Etat des Questions & à les suivre très-éxactement.	43
XX.	Examen de la voie d'Autorité.	44
XXI.	Education propre à éloigner les Causes du Pyrrhonisme.	46
XXII.	Du Pyrrhonisme incurable.	46
XXIII.	Des moiens de le prévenir.	47
XXIV.	Moiens d'empêcher qu'il ne se répande.	47
XXV.	Conclusion.	48

TABLE

Citations de Mr. Bayle qui appuient ce que l'on vient d'établir dans la Section précédente & Remarques sur ces citations pag. 49 & suivantes

PART II.

SECTION I.

Idée Générale de la Philosophie de Sextus.

I. Projet de l'Auteur. 57
II. De la Personne de Sextus. 57
III. Ses hypotyposes. 57

TABLEAU DU SCEPTICISME

Chap.	pag.		pag.
I.	58.	Avis de l'Auteur sur les répétitions des Pyrrhoniens.	59.
II.	58.	XIX.	60.
III.	58.	XX.	60.
IV.	58.	XXI.	60.
V.	58.	XXII.	60.
VI.	58.	XXIII.	60.
VII.	58.	XXIV.	60.
VIII.	58.	XXV.	60.
IX.	58.	XXVI.	60.
X.	58.	XXVII.	60.
XI.	58.	XXVIII.	60.
XII.	58.	XXIX.	60.
XIII.	58.	XXX.	60.
XIV.	58.	XXXI.	60.
XV.	58.	XXXII.	60.
XVI.	60.	XXXIII.	61.
XVII.	60.	XXXIV.	61.
XVIII.	60.		61.

SECTION II.

Examen du Premier Livre des Hypotyposes de Sextus.

I. Dessein de cette Section. pag. 61
II. Réfléxions Générales. 61
III. Caractére de Sextus. 61
IV. Ses contradictions. 62
V. Les Sceptiques pensoient en bien des occasions comme les Dogmatistes. 62
VI. Véritable Idée des Sceptiques. 63
VII. Subterfuges de Sophistes. 63
VIII. Pyrrhoniens peu sincéres 64
IX. Ils étoient déterminément résolus de se dérober à l'Evidence. 64
X. Du But des Sceptiques. 65
XVII. Qu'on peut reconnoitre l'évidence, & comment 74
XVIII. Ce que c'est que signe & s'il y en a. 75
XIX. De la diversité des sentimens. 75
XX. Chicane de Sextus. 76
XXI. S'il y a des démonstrations générales. 76
XXII. S'il y en a de particuliéres. 76
XXIII. Répétition. 76
XXIV. Subterfuges. 76
XXV. Citation de Mr. le Clerc. 77
XXVI. De la conduite qu'on doit tenir avec les Sceptiques. 77
XXVII. De la force des Syllogismes. 78
XXVIII. Causes du Scepticisme. 78
XXIX. De l'utilité des Définitions. 78
XXX. Les Définitions peuvent être imparfaites, sans êtres fausses. 79
XXXI. Des éxemples d'erreurs ne fondent pas le Pyrrhonisme. 79
XXXII. De la Définition des Mots. 79
XXXIII. Caractére de Sextus. 79
XXXIV. Du Tout & de ses parties. 80
XXXV. Du Genre & des Espéces. 80
XXXVI. Portrait d'un parfait Sceptique. 80
XXXVII. Des Accidens. 81
XXXVIII. Examen de Stilpon & de Mr. Bayle. 81
XXXIX. Si la Logique est utile. 83
XL. Caractére de Sextus & des Sceptiques. 84
XLI. Préservatif contre les sophismes. 84
XLII. Contradictions des Sceptiques. 84

SECTION III.

Examen du second Livre des Hypotyposes ou du Tableau du Scepticisme.

I. Dessein. 67
II. Idée du second Livre. 67
III. Prémier Chapitre & nouvelle preuve de subterfuges, dans les Sceptiques, 67
IV. Force de l'évidence. 68
V. Contenu du Chapitre III. 68
VI. Du Chap. IV. 68
VII. Du Chap. V. 69
VIII. Du Chap. VI. 69
IX. Continuation du Chap. VI. 69
X. Si la diversité des sentimens établit le Pyrrhonisme. 71
XI. Différence des Idéees sens & de l'Entendement 72
XII. S'il faut se défier toûjours d'une faculté qui s'est une fois trompée. 72
XIII. Chap. VII. 73
XIV. Si l'Entendement doit se connoitre & sa maniére d'agir avant que de pouvoir s'assurer de quelque connoissance. 73
XV. On combat les Sceptiques par leurs propres Maximes. 74
XVI. Argumens de Sextus nuls aujourd'hui. 74

SECTION IV.

Examen du III. Livre des Hypotyposes

I. Contradictions des Sceptiques. 85
II. Objéctions. 86
III. Réponses. 10
IV. Causes de l'embarras des Païens sur la Providence. 89

V Sala-

DES SECTIONS

	pag.		pag.
V. Solutions.	89	LXVII. Réponse.	124
VI. Réfléxions sur les bornes de nos connoissances.	91	LXVIII. Naissance du mouvement.	124
VII. Caractére des Pyrrhoniens.	91	LXIX Propriétés essentielles du mouvement.	124
VIII. Extravagances où entraine le Pyrrhonisme.	91	LXX. Du Mouvement circulaire.	125
IX. Cause prémiére.	91	LXXI. De la vitesse des Mouvemens.	125
X. Objection.	92	LXXII. Réponses.	125
XI. Réponse.	92	LXXIII. Objections.	126
XII. Objection tirée de la différence des sentimens.	92	LXXIV. Réponse.	127
XIII. Réponse.	92	LXXV. Pyrrhonisme réduit à rien.	128
XIV. De l'éxistence des Corps.	92	LXXVI. Vaine Apologie du Pyrrhonisme.	129
XV. Adresse de Mr. Bayle.	93	LXXVII. Des moiens de s'assurer de l'éxistence des Corps.	129
XVI. Objection de Sextus répetée par Mr. Bayle.	94	LXXVIII. Continuation du même sujet.	131
XVII. Réponses.	94	LXXIX. Adresse de Mr. Bayle.	131
XVIII. Seconde Objection.	94	LXXX. Ridicule de sa supposition.	132
XIX. Réponse.	94	LXXXI. Ses Raisons.	132
XX. Troisiéme Objection.	96	LXXXII. Examen de ses Raisons.	132
XXI. Préparation à répondre.		LXXXIII. Régles nécessaires pour croire.	133
XXII. Examen de l'Objection & de ses fondemens.	97	LXXXIV. Divers sens du mot de croire.	133
XXIII. Doutes dissipés.	97	LXXXV. Continuation de l'éxamen de l'Apologie des Pyrrhoniens.	134
XXIV. En quel sens la Connoissance de Dieu influe sur la certitude de nos raisonnemens.	98	LXXXVI. Zèle de Mr. Bayle pour les Pyrrhoniens.	135
XXV. Moiens de distinguer les apparences des réalités.	99	LXXXVII. Du changement.	135
XXVI. Adresse de Mr. Bayle.	100	LXXXVIII. Diogene réfute solidement Zénon.	135
XXVII. Nouvelles Instances.	101	LXXXIX Du repos & de la permanence en général. 136 au lieu de 130	
XXVIII Réponses.	101	XC. Du Lieu.	136
XXIX. Zèle de Mr. Bayle pour le Pyrrhonisme.	102	XCI. Objection de Mr. Bayle.	136
XXX. Objection contre l'éxistence de l'Etendue	102	XCII. Réponses.	136
XXXI. Réponses.	103	XCIII. Du Mouvement dans le plein.	137
XXXII. Adresse de Mr. Bayle.	104	XCIV. Continuation du Plein & du Vuide, & des avantages que les Pyrrhoniens prétendent en tirer.	139
XXXIII. Ce qui rend difficile la Question de la Divisibilité.	104	XCV. Réfutation de Spinoza. Caractére de Mr. Bayle.	141
XXXIV. Objection & Réponse.	105	XCVI. De l'Idée de l'Univers & de la substance.	141
XXXV. Objection & Réponse.	105	XCVII. Remarque sur le Pyrrhonisme.	143
XXXVI. Objection & Réponse.	105	XCVIII. Du mot de Temps.	143
XXXVII. Objection.	105	XCIX. Objection & Réponse.	144
XXXVIII. Réponse.	106	C. Objection & Réponse.	144
XXXIX. Conclusion.	107	CI. Objection & Réponse.	144
XL. Preuves de la Divisibilité.	107	CII. Objection & Réponse.	144
XLI. Réfléxions sur les Pyrrhoniens & sur Mr. Bayle en particulier.	107	CIII. Refléxions sur le Temps & sur le mouvement.	145
XLII. Nouvelles preuves de la Divisibilité sans bornes & éclaircissemens sur la Nature de l'Etendue.	108	CIV. Caractére de Mr. Bayle.	147
XLIII. Des mélanges.	112	CV. De l'infinité du temps.	147
XLIV. Caractere du Pyrrhonisme.	112	CVI. Caractére des Pyrrhoniens.	147
XLV. De l'éxistence du Mouvement & d'une Cause prémiére.	113	CVII. De l'éxistence des Nombres.	147
XLVI. Sources des difficultés sur le mouvement.	113	CVIII. De la Différence du Bien & du Mal.	148
XLVII. Objection.	113	CIX. Des préceptes.	149
XLVIII. Réponse.	113	CX. Mauvaise foi des Sceptiques.	149
XLIX. Les difficultés sur le mouvement sont les mêmes que sur la Divisibilité de l'étendue.	114	CXI. Des Coutumes.	149
L. Réfléxions sur le Pyrrhonisme.	114	CXII. Objection & réponse.	149
LI. Examen des Objections de Mr. Bayle sur le Mouvement.	115	CXIII. Obj. & Rép.	150
LII. Que le Pyrrhonisme est déraisonnable.	117	CXIV. Obj. & Rép.	150
LIII. Objection.	117	CXV. Obj. & Rép.	150
LIV. Réponse	117	CXVI. Obj. & Rép.	150
LV. Objection.	118	CXVII. Obj. & Rép.	150
LVI. Réponse.	118	CXVIII. Obj. & Rép.	151
LVII. Objection de Mr. Bayle.	119	CXIX. Obj. & Rép.	151
LVIII. Réponse.	119	CXX. Obj. & Rép.	151
LIX Objection.	120	CXXI. Du goût de la Dispute.	151
LX. Réponse.	120	CXXII. Obj. & Rép.	151
LXI. Objection.	120	CXXIII. Obj. & Rép.	152
LXII. Réponse.	121	CXXIV. Rule de Sextus & des Pyrrhoniens.	152
LXIII. Prémiére hypothése sur la Cause du mouvement.	122		
LXIV. Seconde.	122		
LXV. Si le mouvement peut-être Cause véritable, & s'il est essentiel à une créature de n'avoir pas de force réelle.	123		
LXVI. Objection tirée des Définitions du Mouvement.	123		

SECTION V.

Examen du Traité de Sextus intitulé contre les Mathématiciens.

I. Du second ouvrage de Sextus.	152
II. Réflexion sur les Sceptiques.	152
III. De la Grammaire & de la Rhétorique.	152
IV. Contradiction de Sextus.	153
V. de la Logique.	153
VI. Obj. & Rép.	153

** ** 2 De

TABLE

VII. De l'Exiſtence de l'Etre Eternel & de ſes ouvrages. 153
VIII. De l'unité. 154
IX. Obj. & Rép. 155
X. De la Certitude. 155
XI. Certitude dans nos Idées. 155
XII. Certitude ſur les choſes extérieures. 155
XIII. Comment les Diſcours inſtruiſent. 156
XIV. Répétitions fréquentes chés les Sceptiques. 156
XV. Caractére de Sextus. 156
XVI. Si l'homme eſt capable de connoiſſance. 156
XVII. Obj. & Rép. 157
XVIII. Obj. & Rép. 157
XIX. Sortie ſophiſtique. 157 pour 176
XX. Si une faculté peut juger de ſoi-même. 177
XXI. Objection contre la force de l'évidence & Réponſe. 178
XXII. De la Certitude des propoſitions. 178
XXIII. Des ſignes. 179
XXIV. De la force des preuves. 179
XXV. De l'origine de l'Idée de Dieu. 180
XXVI. Ruſe & ſophiſme. 180
XXVII. Foibleſſe des Objections contre la Divinité. 180
XXVIII. Méthode d'établir l'éxiſtence de Dieu. 180
XXIX. Vétilles de Sextus. 180
XXX. De l'éxiſtence des Corps. 181
XXXI. Du mouvement. 181
XXXII. De la Cauſe du mouvement. 181
XXXIII. Réponſe à une Objection ſur le mouvement. 181
XXXIV. De la Certitude des Mathématiques. 182
XXXV. Cauſes du peu de goût des Sceptiques pour les Mathématiques. 182
XXXVI. Chicanes de Sextus ſur le Terme *Poſtulata*. 183
XXXVII. Du point. 183
XXXVIII. Du Cercle. 184
XXXIX. De la ligne droite. 184
XL. Vaines difficultés. 185
XLI. Objection contre les Théorémes. 186
XLII. Objection contre les Arithméticiens. 186
XLIII. Caractére des Sceptiques. 186
XLIV. Fautes des Dogmatiſtes. 187
XLV. Mr. Bayle a tort d'attaquer les Mathématiques. 187
XLVI. De l'Objection tirée de quelques diſputes. 188
XLVII. Du Cercle. 189

PART III.

Où l'on entreprend l'Examen de ce que Mr. Bayle a écrit en faveur du Pyrrhoniſme.

SECTION I.

Où l'on réfléchit ſur le Caractére de Mr. Bayle

I. Deſſein de l'Auteur
II. Mr. Bayle ſe moque des Théologiens. 193
III. Caractéres & effets du Pyrrhoniſme. 193
IV. Avantages de Mr. Bayle. 194
V. Paralléle d'un homme qui cherche ſincérement la vérité, avec un Pyrrhonien.
VI. Examen des penſées de Mr. Bayle ſur les citations. 194
VII. Des obſcénités. 196
VIII. De l'obligation que lui ont les Théologiens. 199
IX. Si l'intérêt éxcuſe les obſcénités. 200
X. Danger des expreſſions licentieuſes. 200
XI. Deſſins de Mr. Bayle très-facile à connoitre. 201
XII. A quels vices *L'irréligion* eſt ſur tout néceſſaire. 201
XIII. Mauvais effets du Pyrrhoniſme. 201
XIV. Que la vérité eſt plus utile que l'Erreur. 202
XV. Devoir d'Hiſtorien violé par Mr. Bayle. 202

XVI. Mr. Bayle condamné par ſa propre conduite. 203
XVII. Variation de Mr. Bayle. 204
XVIII. Différence des Termes. 204
XIX. Quand on doit ſur tout éviter les obſcénités. 205
XX. Mauvais effets de la Lecture. 205
XXI. Condamnation de Mr. Bayle par lui-même. 206
XXII. Hardieſſe de Mr. Bayle. 207
XXIII. Continuation de contrariétés. 207
XXIV. De la groſſiéreté des expreſſions. 207
XXV. Danger du Dictionnaire de l'Aveu de ſon Auteur. 209
XXVI. Des Auteurs qui ont écrit des obſcénités. 209
XXVII. Adreſſe de Mr. Bayle. 210
XXVIII. Mr. Bayle fait écrire modeſtement quand il veut. 211
XXIX. Preuve du danger par Mr. Bayle. 212
XXX. Affectation contraire au reſpect dû aux Saints Livres. 212
XXXI. Autres preuves d'affectation. 212
XXXII. Paralléle de Moliére & de Mr. Bayle. 212
XXXIII. On continue à faire connoitre Mr. Bayle. 213
XXXIV. Réfléxion ſur les Incrédules. 214
XXXV. Affectation d'obſcénités. 214
XXXVI. Devoir d'un Hiſtorien. 217
XXXVII. Continuation de contradictions. 217
XXXVIII. Comparaiſon des Obſcénités découvertes, avec les enveloppées. 219
XXXIX. Mr. Bayle condamné par lui-même. 220
XL. Réfléxions ſur le ſtile groſſier. Mr. Bayle condamné par lui-même. 221
XLI. Si l'imitation éxcuſe. 221
XLII. On continue de tirer des paroles de Mr. Bayle des preuves contre lui-même. 222
XLIII. Vûes de Mr. Bayle. 223
XLIV. Il fait ſa cour aux Rigides. 223
XLV. Coups indirects à Mr. Jurieu. 224
XLVI. Orthodoxes raillés. 226
XLVII. Ruſes de Mr. Bayle. 226
XLVIII. Réfléxions ſur Mr. Amiraud. 227
XLIX. Caractére du Pyrrhoniſme. 228
L. Mr. Amiraud continue à faire ſon Apologie.
LI. Avis au Lecteur. 229
LII. Réfléxions ſur ce que Mr. Bayle dit d'Arminius. 229
LIII. Des Editions corrigées. 230
LIV. Mr. Bayle ſe découvre. 231
LV. Orthodoxes flatés. 231
LVI. Mr. Bayle continue à vouloir s'emparer des Orthodoxes. 232
LVII. De quelle maniére la Raiſon eſt néceſſaire à la Foi. 232
LVIII, LIX. Continuation de Ruſes & vains prétéxtes des Pyrrhoniens. 233 234
LX. D'où vient le zèle des Incrédules.
LXI. La paſſion fait oublier à Mr. Bayle ſon Pyrrhoniſme. 237
LXII. Ruſe de Mr. Bayle. 238

SECTION II.

Examen de l'Apologie de Mr. Bayle & des éclairciſſemens qui l'accompagnent.

I. Examen des neuf cas.
II. Si le nombre des Auteurs orduriers juſtifie Mr. Bayle. 239
III. Mr. Bayle prend plaiſir d'inſulter au Synode de Dordrecht. 241
IV. Des Poéſies de Heinſius & de Theod. de Beze. 241
V. Si Mr. Bayle a violé des Loix. 242
VI. De l'emploi du Temps. 243
VII. Mauvais effets du Pyrrhoniſme. 243
VIII. De la liaiſon des écrits & des moeurs. 245
XI. Examen de ceux qui expriment les obſcénités.

DES SECTIONS

nité. 145
X. Si le Titre de Dictionnaire justifié. 145
XI. Autres Autorités nulles. 146
XII. Si les grossieres obscénités ne font qu'une affaire de pure Mode. 246
XIII. Mr. Bayle réfuté par lui-même 246
XIV. Enquoi consiste le mauvais effet des ordures. 247
XV. Si toute la faute de Mr. Bayle ne regarde que la Grammaire. 247
XVI. Si Mr. Bayle a eu sérieusement en vuë de se justifier. 248
XVII. Les coeurs honnêtes comparés mal à propos aux précieuses ridicules. 248
XVIII. De la différente force des Mots. 249
XIX. Quel stile est plus propre à corrompre le coeur. 250
XX. Du Devoir d'un Rapporteur. 253
XXI. Examen de la Pensée des Stoïciens. 253
XXII. Réfléxions sur l'usage. 253
XXIII. Si Mr. Bayle n'a manqué que contre la civilité. 254
XXIV. Les obscénités sont autant blâmables écrites que prononcées. 255
XXV. Mauvais effets des termes libres. 255
XXVI. Du stile des Moralistes. 256
XXVII. Du Devoir d'Historien. 257
XXVIII. Mr. Bayle abuse des éxemples. 258
XXIX. Nouvelles remarques sur la pureté du langage. 258
XXX. Sur le Devoir d'Historien. 258
XXXI. Sur les Exemples. 259
XXXII. Des Moeurs de ce siécle. 259
XXXIII. Répétitions de Mr. Bayle. 259
XXXIV. Exemples inutilement alléguées. 260
XXXV. Mr. Bayle condamné par lui-même. 260
XXXVI. Conclusion de l'Apologie. 260
XXXVII. Utilité des Réfléxions précédentes. 260
XXXVIII. D'où vient qu'on commence par examiner les Eclaircissemens. 261
XXXIX. Mr. Bayle condamné par ses propres paroles. 261
XL. De l'utilité d'un Dictionnaire Critique. 261
XLI. Caractére des Pyrrhoniens. 265
XLII. Passion de Mr. Bayle. 265
XLIII. Causes de son goût pour les obscénités. 265
XLIV. Mr. Bayle revient aux éxcuses qu'il a déja alléguées. 266
XLV. Devoirs d'un Rapporteur. 266
XLVI. Que les ouvrages de Mr. Bayle sont dangereux. 267
XLVII. Si Mr. Bayle a réparé ses fautes. 268
XLVIII. Car étère des Pyrrhoniens. 268
XLIX. Affectation. 268
L. Du l'Apologie des Athées. 268
LI. Des figuratures & de la simplicité de la Réligion. 270 272
LII. Mr. Bayle condamné par lui-même. 273
LIII. Examen de l'Apologie des Manichéens. 273
LIV. Nécessité de raisonner. 275
LV. Si le Dogme de la sûreté renverse la Raison. 276
LVI. Conjectures sur les vuës de Mr. Bayle. 277
LVII. Si la Doctrine de la Prédestination donne la victoire aux Pyrrhoniens. 277
LVIII. Union de la Foi & de la Raison. 280
LIX. Examen d'une justification sur le sujet des Manichéens. 281
LX. Argument contre le Pyrrhonisme. 282
LXI. Réfutation des manichéens. 282
LXII. La Raison nécessaire pour la Foi. 283
LXIII. Du Devoir d'un Historien. 284
LXIV. Idées de la Réligion Chrétienne qui la défigurent. 285
LXV. Nécessité de combattre les Pyrrhoniens. 286
LXVI. Vraies Idées de la Réligion substituées à celles de Mr. Bayle. 286
LXVII. Citations éxaminées. 287
LXVIII. Si Mr. Bayle a mieux fait connoitre la Foi

& la Grace qui la donne. 288
LXIX. De l'usage du Temps 288
LXX. Incompatibilité du Pyrrhonisme avec la Foi. 288

SECTION III.
Du Pyrrhonisme de Mr. Bayle & de ses mauvais effets

I. Suites générales du Pyrrhonisme. 289
II. Décider par humeur. 289
III. Systêmes de fantaisie. 289
IV. Hypothéses favorables à l'Athéïsme. 290
V. Réflexions sur ce qu'on appelle bonheur & malheur. 298
VI. Complaisance pour les Idées populaires. 304
VII. Maladies Epidemiques d'Esprit. 305
VIII. Les Pyrrhoniens font vains, & cette Passion les fait donner dans des sophismes. 306
IX. Le Pyrrhonisme rend inutile la Morale. 307
X. Si les sciences nuisent à la Réligion. 307
XI. De L'influence du Pyrrhonisme sur la Réligion. 308
XII. Continuation du même sujet. 310
XIII. Inutilité & préjudice du Pyrrhonisme. 311
XIV. Enthousiasme unique remède du Pyrrhonisme, encore ruïne-t-il ce Remède. 312
XV. Impossibilité d'assûrer la Foi sans le secours d'une Raison sur laquelle l'on puisse compter. 313
XVI. On ne peut se tirer de l'Irréligion sans le secours d'une Raison qui enseigne des Certitudes. 314
XVII. Vaines défaites. 315
XVIII. Réligion Chrétienne mal représentée, 316
XIX. Foibles Apologies du Pyrrhonisme. 316
XX. Mr. Bayle se joué de l'Ecriture en faveur du Pyrrhonisme. 317
XXI. Nouvelles considérations sur la liaison de la Foi avec la Raison. 317
XXII. Ruses de Mr. Bayle pour s'autoriser. 318
XXIII. Mr. Bayle en contradiction avec lui-même. 318
XXIV. De l'opposition de la Philosophie à la Théologie. 320
XXV. Vaines défaites. 323
XXVI. Si ce qui est au dessus de la Raison est contraire à la Raison. 323
XXVII. Continuation. 324
XXVIII. Si les Objections établissent le Pyrrhonisme. 326
Mr. Bayle se refute lui-même. 326
XXIX. Raison mal opposée à la Foi. 327
XXX. Nécessité de la Raison pour expliquer l'Ecriture sainte. 328
XXXI. Des Causes de l'incrédulité. 331
XXXII. Si la Certitude éxclut toute objection. 331
XXXIII. Contradictions de Mr. Bayle qui vont à ruïner la Certitude de la Raison & de la Foi. 331
XXXIV. Plaisir de s'étendre également sur le pour & le contre. 332
Si la Methode de Mr. Bayle le justifie. 333
XXXV. Contradiction de Mr. Bayle, Si le Pyrrhonisme conduit à la Grace. 334
XXXVI. Réfléxions de Mr. Bayle sur les Sociniens. 335
XXXVII. Danger du Pyrrhonisme pour la Société. 337
XXXVIII. Caractéres de Mr. Bayle tirés de son Histoire & de ses Lettres. 338

SECTION IV.
Du Pyrrhonisme en général & du Pyrrhonisme Logique en particulier.

I. Qu'il y a de l'Evidence, & qu'elle est convaincante. 342

Qu'el-

TABLE

II. Qu'elle ne se trouve pas en opposition avec les Vérités révélées. 343
III. Quelles ténébres n'ébranlent point la Certitude. 345
IV. Ce que Mr. Bayle dit sur "l'Epoque de Pyrrhon est sophistique, & les conséquences qu'il en tire nulles. 345
V. Contradiction de Mr. Bayle. 346
VI. Finesse usée de Mr. Bayle. 347
VII. Réponses. 348
VIII. Accord de l'Evidence avec l'obscurité. 349
IX. Inégalités surprenantes de Mr Bayle. 350
X. On prouve par Mr. Bayle qu'il y a des caractéres sûrs de Vérité. 351
XI. Remarques. 355
XII. Moderation, préservatif contre le Pyrrhonisme. 356
XIII. Defiance des Sophistiqueries Métaphysiques. 356
XIV. Réfléxions sur les Causes du Pyrrhonisme & sur les moiens propres à s'en défendre. 357
XV. Pyrrhoniens combattus par eux-mêmes. 357
XVI. Plan de la Logique, & force de l'évidence. 358. 359
XVII. Du possible & de l'impossible. 361
XVIII. Mr. Bayle se contredit quand il veut établir le Pyrrhonisme, & il abuse des citations de quelques Modernes. 361
XIX. Evidence qui force, & raisonnement dans les Régles. 362
XX. Du partage des Savans. 363
XXI. De ceux qui changent de sentiment. 364
XXII. L'ame croit sans se connoitre parfaitement. 364
XXIII. Abus de Logique qui en confirme l'usage. 364
XXIV. Mr. Bayle avance des propositions très-affirmativement & les prouve avec évidence. 367

SECTION V.
Du Pyrrhonisme Historique.

I. Caractéres qui assûrent la vérité d'un témoignage. 368
II. Distinctions à faire. 369
III. Historiens suspects. 369
IV. D'où vient l'incertitude de quelques circonstances. 369
V. Il faut distinguer ses faits. 372
VI. Certitude des miracles établie par Mr. Bayle. 372
VII. Quand l'Incrédulité ne doit point ébranler la certitude du témoignage. 373
VIII. Moiens de distinguer les vérités d'avec les suppositions. 374
IX. On prévient une objection. 375
X. On continue de tirer des preuves de Mr. Bayle. 375
XI. Argumens négatifs. 377
XII. Quand il convient de suspendre son jugement. 378
XIII. Quelles histoires sont peu certaines. 379
XIV. Erreurs refutées. 379
XV. Faux bruits rejettés. 380
XVI. Preuves des victoires. 381
XVII. Par Mr. Bayle lui-même. 382

SECTION VI.
Examen du Pyrrhonisme Physique.

I. De l'éxistence de l'étendue. 382
II. De l'éxistence du mouvement. 382
III. Si l'on peut s'assûrer pour quelques-uns des usages, auxquels les différentes parties de l'univers sont destinées. 383
IV. Anaxagoras solidement réfuté. 385
V. Du vuide. 385
VI. Des qualités sensibles. 387

VII. Moiens de s'assûrer s'il y a de la vérité dans les Livres de Physique. 387

SECTION VII.
Examen du Pyrrhonisme Moral.

I. Du Mariage & de la Pudeur. 387
II. De l'éxemple des Animaux & des Nations barbares. 300
III. Des coutumes contraires à l'honnêteté. 300
IV. Devoirs naturellement connus. 390
V. Preuves tirées des animaux réfutées par Mr. Bayle. 392
VI. Nécessité de raisonner en matiére de Morale. 393
VII. Carneade condamné par lui-même. 394
VIII. Les subtilités des Stoiciens n'ébranlent point la Morale. 394
IX. Liaison de la Morale avec la Réligion. 395
X. Mr. Bayle prétend que la vertu a été connue des Païens. 397
XI. Quelques obscurités ne suffisent pas pour établir le Pyrrhonisme. 398
XII. Régles des Moeurs connues des Païens. 400
XIII. Mr. Bayle se moque des Moralistes. 401
XIV. Il est forcé de convenir des Principes de la Morale. 401
XV. Objections prévenues. 403
XVI. De l'Utilité de la Philosophie. 403
XVII. Mr. Bayle a tort de mettre la Morale de l'Evangile en opposition avec la Raison. 404
XVIII. On établit le vrai sens de plusieurs passages. 405
XIX. Accord de la Philosophie avec la Réligion en matiére de Morale. 406
XX. Explication de plusieurs Devoirs que Mr. Bayle avoit outrés. 407
XXI. Distinction naturelle & essentielle du Vice d'avec la Vertu, d'où l'on tire des conséquences opposées à celle de Mr. Bayle. 410
XXII. Réponses aux Objections de Mr. Bayle tirées de la Théologie. 411
XXIII. Du But de la Morale. 414

SECTION VIII.
Examen du Pyrrhonisme sur l'Exîstence de Dieu.

I. But de l'Auteur. Etat de la Question sur la persuasion générale d'une Divinité & force de l'argument qu'on en tire. 414
II. De la voix de la Nature. 416
III. Mr. Bayle reconnoit ici la nécessité d'une Cause intelligente. 417
IV. Confirmation. 417
V. Réponse aux Objections tirées des inutilités & des irrégularités. 418
VI. Dieu Bon & Libre. 419
VII. L'ordre n'a pu s'établir que par la Direction d'une Intelligence. 420
VIII. Réponse à l'Objection tirée des Formes Plastiques. 420
IX. Si l'Etre éternel est unique. 421
X. De la naissance du mouvement. 423
XI. L'élévation de l'Etre suprême n'affoiblit point la certitude des Raisonnemens précedens. 425
XII. Création de rien 426
XIII. Si les Anciens Philosophes ont reconnu l'éxistence d'un seul Dieu. 427
XIV. S'il est difficile d'arriver à cette connoissance. 429
XV. Réponse à l'Objection tirée des Formes Plastiques. 431
XVI. Exemple d'une sage modération 432
XVII. Abus d'une Autorité. 432
XVIII. Formes Plastiques supposent une Cause suprême & intelligente. 433
XIX. La matiére peut-être susceptible d'activité

sans

DES SECTIONS

fans qu'elle l'ait d'elle-même. 434
XX Parallele d'un Syftême Stratonicien avec le véritable. 435
XXI. De l'activité des Créatures. 435
XXII. Origine des Effences. 436
XXIII. S'il y a des Athées. 439
XXIV. Objection tirées de l'Ame de l'homme. 442
XXV. Mr. Bayle abufe de la penfee de Mr. Locke. 442
XXVI. Si l'Exiftence de Dieu eft facile à découvrir. 442
XXVII. Methode de difputer avec les Athées. 443
XXVIII. Examen de l'Objection que Mr. Bayle tire de la Prédeftination. 443
XXIX. Examen de l'Article de Simonide. 447
XXX. Si la perfuafion d'une Réligion eft l'effet d'une petiteffe d'Efprit. 448. 450
XXXI. Remarques fur l'infinité des plans poffibles. 450
XXXII. Mr. Bayle réfuté par fes propres paroles. 451

SECTION IX
Examen de la Queftion Métaphyfique, fi la Confervation eft une Création continuée.

I. Neceffité d'examiner cette Queftion. 451
II. Cette hypothèfe n'eft point néceffaire. 452
III. Explication de la Maxime Métaphyfique. 453
IV. Mr. Bayle fait des fpéculations abfurdes. 453
V. Travaille à éblouir. 454
VI. Mr. Bayle ne peut pas conclurre *ad hominem*. 455
VII. La Maxime des Métaphyficiens doit être modifiée par des reftrictions. 455
VIII. On paffe les Eclairciffemens. 456
IX. Le fyftême Métaphyfique pris au pié de la lettre eft contraire à la Providence. 456
X. Les Théologiens ne doivent point trouver mauvais qu'on donne à cette Maxime des Limitations. 457
XI. Réfutation directe de la Maxime. 458
XII. Réponfe aux Objections. 458
XIII. La Maxime qu'on réfute, renverfée par les Théologiens & par Mr. Bayle luimême. 459
XIV. Mr. Bayle établit lui-même la vérité. 459
XV. Examen de la Difpute de Mr. Jaquelot & de Mr. Bayle fur ce point. 460
XVI. Des Caufes Occafionnelles. 462
XVII. Si une puiffance Finie peut produire. 463
XVIII. Caufes de l'Erreur où l'on eft tombé fur ce fujet. 464
XIX. Objection & Réponfe. 464
XX. Le fyftême des Caufes occafionnelles ne relève point la gloire de Dieu. 465
XXI. On répond aux Objections propofées contre Mr. Jaquelot. 465
XXII. Que les Pyrrhoniens ne peuvent tirer aucun avantage de ce Dogme. 466
XXIII. Réflexions fur les Ecoles où cette Maxime eft née. 466
XXIV. Parallele des deux Hypothéfes 467
XXV. Conclufion. 467

SECTION X.
Examen du Pyrrhonifme fur l'Ame de l'homme.

I. Ce qui penfe n'eft pas étendu. 472
II. Force des raifons de convenance. 472
III. Réponfe à une Objection. 473
IV. Confirmations. 474
V. Réponfe à l'Argument tiré de l'ame des Bêtes. 476
VI. Mr. Bayle prouve que l'Etendue ne peut pas penfer. 478

VII. Réflexions fur le fentiment de Mr. Locke. 479
VIII. Si on peut fuppofer de la penfée dans les Atomes. 479
IX. La Liberté prouve la fpiritualité de l'Ame & fon immortalité. 480
X. Différence de l'Ame de l'homme d'avec celle des Bêtes. 481
XI. L'autorité de Rorarius nulle. 482
XII. De ce que les Bêtes fouffrent. 482
XIII. De la differente maniére de penfer des Hommes & des Bêtes. 483
XIV. On diftingue le Clair d'avec l'Obfcur. 484
XV. Objection tirée de l'union de l'Ame avec le Corps & de fa préfence dans un certain lieu. 485
XVI. Réponfes. 486
XVII. Réponfe à un argument d'autorité. 487
XVIII. Caufe de la difficulté qu'on éprouve à fe répréfenter le fort des Intelligences féparées. 487
XIX. Réflexions fur l'union de l'Ame & du Corps. 487
XX. Réflexions fur l'hypothèfe de Mr. Locke. 487
XXI. Sentimens de Socrate. 489

SECTION XI.
Examen du Pyrrhonifme fur la Liberté.

I. Etat de la Queftion. 490
II. Ce que c'eft que volonté. 490
III. Objections. 491
IV. Réponfes. 493
V. Objections. 493
VI. Réponfes. 493
VII. De l'Ane de Buridan. 494
VIII. Objections. 496
IX. Réponfes. 496
X. Objection tirée de l'efficace de la Grace & de fa Néceffité. 497
XI. Objection & Réponfe. 497
XII. Objection. 497
XIII. Réponfe 497
XIV. Objections. 497
XV Réponfes. 498
XVI. Utilités du Dogme de la Liberté. 498
XVII. La Liberté fe conferve en fecret. 499
XVIII. Caufes du Pyrrhonifme. 499
XIX. On continue à examiner le fyftême de la Liberté éteinte. 500
XX De la Préfcience & des Evenemens contingens. 501
XXI. Mr. Bayle a admis la Liberté. 503. De la préfcience. 505
XXII. De la Juftice d s peines. 505
XXIII. Des prapheties. 506
XXIV. Confirmation de la preuve de fentiment. 507
XXV. Nouvelles confiderations fur la Fatalité. 507
XXVI. Réflexions fur le Pyrrhonifme. 508
XXVII. Sur l'Immatérialité de l'Ame. 508
XXVIII. Caufe des Déterminations libres. 509
XXIX. Continuation des Erreurs fur la Fatalité. 509
XXX. Difputes avec Mr. Jaquelot fur l'exiftence de la Liberté. 510
XXXI. Réponfe à l'Objection tirée de l'état des Bienheureux. 511
XXXII. En quel fens Dieu a fait plus de grace aux hommes qu'aux Anges. 512
XXXIII. Si la Liberté eft inutile dans ceux qui ne s'en fervent pas. 512

SECTION XII.
Examen du Pyrrhonifme fur la félicité des hommes.

I. Neceffité de cette Difcuffion. 513
II. Sageffe des Loix de l'union de l'ame avec le Corps. 514
III. Liberté fource de bonheur raifonnable. 514
IV. Rap-

TABLE

IV. Rapport de la félicité de l'homme avec la Bonté de Dieu, 517
V. Réponses aux Objections tirées de l'Etat des songes bons & mauvais, & des effets de la Grace dans les prédestinés. 518
VI. Liberté Principe de satisfaction. 518
VII. Si la persuasion de la Fatalité est consolante. 519
VIII. Sophisme d'équivoque. 519
IX. Quel est le grand Dessein de Dieu. 520
X. Objection de Mr. Bayle. 520
XI. Réponses. 521
XII. Moien de se rendre heureux. 523
XIII. De l'attachement à la Vie. 523
XIV. De l'usage des douleurs. 523
XV. Si les fautes des hommes doivent être mises sur le compte de la Providence. 524
XVI. Que ce qui manque à la félicité des créatures terrestres ne fournit point de preuves contre la Bonté du Créateur. 524
XVII Continuation. 525
XVIII. Erreurs où l'on tombe sur le sort des autres. 525
XIX. Les hommes se rendent dignes de leurs maux. 526
XX. Nôtre Impatience est injuste & nous trompe. 526
XXI. Sagesse de la Providence dans le mélange du Bien & du Mal physique avec le Moral. 526
XXII. Des douleurs des Enfans. 527
XXIII. On continue à réfléchir sur les Causes & les effets des Maux Physiques. 527
XXIV. Utilité du mélange du moins parfait avec ce qui l'est plus. 527
XXV. Réflexions sur la dépendance où les hommes sont les uns des autres. 527
XXVI. suppositions. 527
XXVII. De la vicissitude des Evenemens. 528
XXVIII. Si les Maux passent les Biens. 528
XXIX. Manichéens réfutés. 530
XXX. Usage des Maladies. 530
XXXI. Reflexions sur les chagrins & leurs causes. 530
XXXII. On continue à réfléchir sur la félicité humaine. 531
XXXIII. Nouvelles Objections résolues. 532
XXXIV. On examine des Exemples. 533
XXXV. Mr. Bayle réfuté par lui-même. 535
XXXVI. Secours pour vivre tranquile. 535
XXXVII. Misère des Méchans. 536
XXXVIII. De la difficulté de se procurer une tranquilité solide. 536
XXXIX. Examen de l'argument tiré de la Mothe le Vaier. 536
XL. Du regret à la vie. 537
XLI. Objection & Réponse. 538
XLII. Contradiction de Mr. Bayle. 538
XLIII. Conclusion. 538

SECTION XIII
Examen du Pyrrhonisme sur la Providence.

I. Il convient que Dieu soit Maitre & Libre.
II. Vaines Questions reprimées. 543
III. Justice des peines. 543
IV. Objection & Réponse. 543
V. Vaines Questions. 544
VI. Ce que Dieu se doit. 544
VII. Réfutation du Mauvais Principe. 544
VIII. Pourquoi la Liberté. 545
IX. Objection & Réponse. 546
X. A qui les Maux doivent être imputés. 546
XI. Des souffrances des gens de Bien. 546
XII. Remarque essentielle. 546
XIII. Adorations dignes de Dieu. 547
XIV. Des souffrances des petits enfans. 547

XV. Du sort des animaux brutes. 548
XVI. D'où vient que Dieu souffre des desordres. 548
XVII. De la Permission du péché. 548
XVIII. Il n'en est pas de Dieu comme des Souverains de la Terre. 548
XIX. On répond à la grande Objection de Mr. Bayle. 549
XX. On ne diminue point l'idée de la Sainteté de Dieu par celle de son indépendance & de sa Liberté. 549
XXI. Objection qui paroit attribuer de la bisarrerie & de l'affectation à la Providence. 550
XXII. Réponse. 550
XXIII. Continuation. 550
XXIV. L'Hypothése des deux Principes supposée. 552
XXV. Exagerations de Mr. Bayle & ses effets. 552
XXVI. Manichéens refutés. 554
XXVII. Eclaircissemens sur les plans de Dieu. 554
XXVIII. Mr. Bayle embrouille la Théologie pour en tirer des Objections. 554
XXIX. Mr. Bayle fournit de quoi prouver que le Mal a ses utilités. 554
XXX. De la prosperité des Méchans & de ce que l'on dit de leur punition. 555
XXXI. Précaution nécessaire pour bien juger de la conduite de Dieu. 556
XXXII. Mr. Bayle donne des réflexions de moderation & de Prudence. 557
XXXIII. Remarques sur le Titre d'*optimum*. 557
XXXIV. Du nombre des damnés. 557
XXXV. De l'utilité des peines à venir. 558
XXXVI. De leur justice. 558
XXXVII. Nécessité des répétitions. 559
XXXVIII. Du prix de la Liberté. 559
XXXIX. De la Bonté infinie de Dieu. 561
XL. Caractéres de la Malice. 561
XLI. Comparaison rectifiée. 561
XLII. Caractéres de Prudence & de Bonté. 562
XLIII. De la Certitude des Déterminations Libres. 563
XLIV. Réflexions sur le don de la Liberté. 564
XLV. Comparaison rectifiée. 565
XLVI. De l'action de Dieu sur l'homme. 565
XLVII. En quel sens la Vertu & le Bien doivent regner.
XLVIII. Mr. Bayle fournit dequoi répondre à ses objections. 566
XLIX. Des Recompenses. 567
L. Réponse aux Argumens ad hominem & nouvelles Réflexions sur la Liberté. 567
LI. De la Misericorde & de la Répentance. 568
LII. De la durée des peines. 568
LIII. Comparaisons redressées. 570
LIV. De l'utilité du mal. 571
LV. Utilité de l'hypothése d'Origene. 572
LVI. Nouvelles comparaisons redressées. Mr. Bayle en opposition avec lui-même. 572
LVII. Nouvelles réflexions sur la durée des peines. 573
LVIII. En quel sens le Mal est entré dans le Plan de Dieu. 574
LIX. Comparaison non exactes. 575
LX. Du but de Dieu en donnant la Liberté. 576
LXI. Comparaisons rectifiées. 576
LXII. Mr. Bayle mal justifié. 577
LXIII. Réfutation du Manichéisme. 577
LXV. Examen de quelques hypothéses. 578
LXV. De l'Origine du Mal. 578
LXVI. Nous ne sommes pas assés éclairés pour décider sur la conduite de la Providence. 578
LXVII. Fausse pensée de Mr. Bayle sur la Providence. 579
LXVIII. Supposition fausse, fondement de ce sophisme. 579
LXIX. On doit être fort reservé à prononcer sur les autres. 580
LXX Abus de l'Orthodoxie. 580
LXXI. Dangers de la Doctrine de Mr. Bayle Il réfute dans un endroit ce qu'il pose dans

DES SECTIONS

un autre. 581
LXXII. Manichéens refutés. 582
LXXIII. On examine la preuve tirée des Miséres de l'Homme. 583
LXXIV. Subterfuge inutile. 583
LXXV. Artifice de Mr. Bayle. 584
LXXVI. De la préscience. 585
LXXVII. Eclaircissemens sur les vues de Dieu, quand il a donné la Liberté. 585
LXXVIII. Différence essentielle de Dieu d'avec les Hommes. 568
LXXIX. De l'éxplication des Mysteres. 587
LXXX. Caractéres d'une Bonté infinie. 588
LXXXI. Comparaisons éxaminées. 590
LXXXII. Etats des Questions mal posés. 590
LXXXIII. Réfléxions sur la Providence tirées de Mr. le Docteur Sherlock. 592

SECTION XIV
Examen du Pyrrhonisme par rapport à l'influence de la Réligion sur la Société.

I. Importance de cette Question. 595
II. De la Tolérance des Athées. 525
III. Si l'on doit regarder cette Question comme de simple curiosité. 596
IV. Etat de la Question. 596
V. De l'efficace de la Réligion sur les Moeurs. 598
VI. Réponse à l'argument tiré de ce que les Athées ne seroient pas persécuteurs. 599
VII. Preuve que la Réligion retient. 599
VIII. Toutes les Erreurs ne sont pas également dangereuses. 599
IX. Réligion Chrétienne mal représentée. 599
X. Abus d'une autorité. 600
XI. La Réligion n'est pas inutile, quoi qu'elle n'ait pas toute l'efficace qu'elle mérite. 600
XII. Réponse à l'argument tiré de la conduite de quelques Athées. 600
XIII. La Réligion est utile parce qu'elle lie les Princes. 602
XIV. Réponse à l'argument tiré de l'Intolérance. 602
XV. Réponse à l'argument tiré des Saducéens. 603
XVI. De la Liaison naturelle de la Vertu avec le Bonheur. 603
XVII. On avoue que la Réligion n'a pas une efficace universelle. 604
XVIII. Preuve de son Influence. 604
XIX. Du point d'honneur. 605
XX. Continuation des sophismes du Particulier au Général. 606
XXI. Exagérations. 606
XXII. Comparaison des Chrétiens avec les Païens. 607
XXIII. Efficace de la Réligion. 608
XXIV. Sophisme du Particulier au Général. 609
XXV. La Beauté de la vertu a besoin d'être soutenue par la Réligion. 610
XXVI. Moeurs des Chrétiens comparées à celles des Païens & des Athées. 610
XXVII. D'où vient que les Moeurs ne répondent pas assés à la Croiance. 611
XXVIII. Différence d'une Société toute composée d'Athées d'avec une Société où il n'y en a que quelques-uns. 612
XXIX. La Vertu tempéreroit moins les Vices si l'on n'avoit pas de la Réligion. 613
XXX. Contradictions de Mr. Bayle. 614
XXXI. De l'avantage des fausses Réligions pour l'Athéïsme. 614
XXXII. Parallèle de Stilpon avec les Devots. 615
XXXIII. Réligion opposée par Mr. Bayle au bonheur de la Société. 615
XXXIV. Libertins en parallèle avec les Orthodoxes. 619
XXXV. Le manque de Réligion va de pair avec la licence des Moeurs. 622

XXXVI. Mr. Bayle réfuté par lui-même. 622
XXXVII. Faire son Devoir est le plus sûr. 624
XXXVIII. Efficace des Dogmes. 624
XXXIX. De la supposition que la Réligion est l'effet de la Politique. 624
XL. Si les Demons aiment mieux l'Idolatrie que l'Athéïsme. 625
XLI. Comparaison redressée. 625
XLII. Sophisme métaphysique. 626
XLIII. Comparaison de l'Idolatre avec l'Athée. 627
XLIV. Influence du Christianisme sur la Société Civile. 629
XLV. Parallèle du Paganisme & de l'Athéïsme. 632
XLVI. Mr. Bayle applique aux erreurs des Chrétiens ce qu'il a dit des erreurs des Païens. 633
XLVII. L'Athéïsme mêlé parmi la Réligion y introduit la licence des Moeurs. 635
XLVIII. Athées plus difficiles à ramener. 635
XLIX. De l'efficace de la Crainte. 636
L. Du pouvoir des Idées. 639
LI. De la nécessité de l'Estime & du Respect. 642
LII. Christianisme mal représenté. 644
LIII. De l'Impudicité. Que la Réligion n'est pas sans efficace. Des Motifs. 646
LIV. Continuation des Motifs. 646
LV. De la Corruption des Moeurs. Abus d'une citation. 649
LVI. Mr. Bayle se trompe sur les motifs. Preuve de fait. 651
LVII. De la Vie des Courtisans. 653
LVIII. De ceux qui se font illusion. 655
LIX. Refutation d'une Apologie outrée des Athées. 656
LX. Comparaison rectifiée. 657
LXI. Si les Loix humaines suffisent. 658
LXII. Du dévouement à Dieu. 659
LXIV. De la médisance. 659
LXV. Il est des dégres dans la corruption. 660
LXVI. Des panchans naturels. 661
LXVII. Les autres motifs cédent à ceux de la Réligion quand on en est persuadé. 661
LXVIII. Du désir de l'Immortalité. 662
LXIX. De la vie réguliere de quelques Athées. 663
LXX. Redites de Mr. Bayle. 664
LXXI. D'où vient que tous les Athées ne sont pas égaux en corruption. 665
LXXII. Insuffisance du point d'honneur. 665
LXXIII. De la chasteté. 665
LXXIV. Vains Eloges des Athées. 665
LXXV. Athées plus difficiles à ramener. 666
LXXVI. Mr. Bayle refuté par lui-même. 666
LXXVII. Comparaison des Saducéens avec les Pharisiens. 667
LXXVIII. Comparaison de l'Athée & du Superstitieux. 667
LXXIX. Les Vérités de la Réligion influent sur les Moeurs de ceux-la même qui ne les croient pas. 669
LXXX. On continue le parallèle du superstitieux & de l'Athée. 669
LXXXI. Argument tiré d'un Abus. 670
LXXXII. Preuves tirées de Mr. Bayle de l'utilité du Christianisme pour la Société. 670
LXXXIII. Si la Réligion Païenne se bornoit à l'éxtérieur. 671
LXXXIV. De la Vertu & de sa récompense. 671
LXXXV. Si la Réligion est l'effet de la politique. 671
LXXXVI. Méthode de s'éclairer sur l'éxistence de Dieu. 672
LXXXVII. Pyrrhonisme réfuté. 672
LXXXVIII. Fausse idée de la Divinité. 673
LXXXIX. Parallèle peu juste. 673
XC. Comparaison rectifiée. 673
XCI. De l'Athéïsme des Chinois. 675
XCII. On éxamine des comparaisons. 676

TABLE

XCIII. Paralléle d'un Athée & d'un Idolatre. 676
XCIII. On continue d'examiner des Comparaisons & de la stupidité des peuples sans Réligion. 677
XCIII. Sur l'innocence de l'Athéïsme. 677
XCIV. Nécessité de la Société. 678
XCV. & Utilité de la Réligion pour les Moeurs. 667
XCVI. Vaine Apologie des Athées. 679
XCVII. Fausses idées de la Réligion Chrétienne. 679
XCV. Autre paralléle de la Réligion Païenne & de l'Athéïsme 680
XCVI. Les Idées de la Vertu ont besoin d'être fortifiées par la Réligion. 689
XCVII. Comparaison de l'Athéïsme & du Paganisme 690
XCVIII. Ruse de Mr. Bayle. 691
XCIX. Paralléle de la vertu d'un Athée avec celle d'un Chrétien. 692
C. On ramène Mr. Bayle à l'état de la Question. 692
CI. Comparaison de la satisfaction de l'Athée avec celle du Chrétien. 693
CII. Du nombre des Athées. 694
CIII. Si l'atachement desintéressé au devoir est fréquent. 694
CIV. Parallèles d'un homme Athée avec celui qui a de la Réligion. 469
CV. Si l'Intolérance rend la Réligion inférieure à l'Athéïsme par rapport au bonheur de la Société. 69
CVI. De l'efficace de l'Incrédulité sur les Moeurs, & à cette occasion on réfléchit sur les défauts de l'Education. 697. 702
CVII. De la force & de la foiblesse des Motifs. 703
CVIII. Comparaisons. 705
CIX. CX. Continuation. 706. 708
CXI. Questions capitieuses. 709
CXII. Detour à l'Intolérance. 710
CXIII. De l'influence du Paganisme sur les Moeurs. 711
CXIV. De la passion pour la Gloire. 712
CXV. Ecart de la Question. 713
CXVI. Considérations sur la force des Motifs. 713
CXVI. De la Réligion du ferment. 714
CXVII. Mr. Bayle cherche à depaïser ses Lecteurs. 715
CXVII. Christianisme mal réprésenté. 715
CXVIII. Efficace de la Réligion sur le Courage. 718
CXIX, A qui l'on peut plutôt se fier à un Athée ou à un Idolatre. 718
CXX. Comparaison examinée. 719
CXXI. Autre comparaison corrigée. 720

SECTION XV.

Où l'on parcourt les Entretiens de Maxime & Themiste 721.

SECTION XVI.

Où l'on réfléchit sur quelques Remarques de Mr. Bayle, sur des Personnages du vieux Testament, dont est parlé dans le Dictionnaire Critique

Adam. 741
Eve 741
Abel 742
Cain 742
Cham 743
Abraham. 743
Agar 743
Sara 744
Abimelech 745
David. 745
Elie 745
Jonas 747
Ezechiel. 747

SECTION DERNIERE

Examen du Traité Philosophique de Mr. Huet de la foiblesse de l'Esprit Humain. 547.

ERRATA

pag. 8. Ligne 5. avant l'Article XIV. Au lieu de *rudement* lisés *inutilement*
pag. 14. Notes, ligne 7. au lieu de *démeau* lisés *Merlat*
pag. 40. 5. lignes avant la derniére, entre *humain* & *qu'il* lisés *de croire*
pag. 77. Art. XXVI. ligne 4. au lieu de lire *comme* lisés. *Comme.*
pag. 106. 6. à Cap. ligne 2. *quelque grandeur ou politesse qu'on*
Pag. 115. 4. à Cap. ligne 7. *Horloge semblable*, au lieu de. *Semblable*
pag. 116. 1. à Cap. ligne derniére lisés *familière* au lieu de familiaire
pag. 125. 4. à Cap. Col. 2. lig. derniére lisés *cet* au lieu de *ce*
pag. 131. Art. LXXIX. lig. 4. lisés *en* au lieu de *rien*
pag. 133. 1. à Cap. Col. 2. lig. 8. lisés *enchainure* au lieu de encheinure
pag. 143. 3. à Cap. lig. 11. lisés *Boile* au lieu de *Bayle*
pag. 149. 5. lignes avant l'Art. CXII. lisés *Schoppius* au lieu de *Schuppius*.
pag. 390. 3. à Cap. lig. 11. lisés *qui* au lieu de *que*
pag. 499. Art. XVII. 2. à Cap. lig. 7. lisés *la*, au lieu de *si*
pag. 501. 2. à Cap. lig. 3. lisés *perdant*, au lieu de *perdant*
pag. 512. 8. à Cap. lig. 5. lisés *humains & incréé*, avec lig. 7. lisés *cette* au lieu de celle
pag. 515. lig. 25. lisés *a parv. nir & à acquerir*

EXAMEN

EXAMEN
DU
PYRRHONISME
Ancien & Moderne.

PARTIE I.

DU PYRRHONISME EN GENERAL.

SECTION I.

Définition du Pyrrhonisme & des Pyrrhoniens.

Dessein de l'Auteur.

I. 'ENTREPRENS un Examen du Pyrrhonisme plus étendu que celui que j'ai donné dans ma Logique. On lira dans la suite de cét Ouvrage une partie des raisons qui m'y ont engagé, & on devinera aisément les autres. J'ai senti l'importance de ce dessein, & pour le mieux exécuter, j'ai lû d'un bout à l'autre les Ouvrages de Sextus Empiricus & ceux de Mr. Bayle ; on convient qu'en matiere de Pyrrhonisme nous n'avons rien vû, chés les Anciens qui égale le premier, ni chés les Modernes de la force du second. Je les ai lû la plume à la main, & en les lisant je remplissois mes cahiers de remarques pour servir de materiaux à l'ouvrage que je vais composer.

Il n'est pas facile de définir les Pyrrhoniens.

II. MAIS sur le point de commencer l'assemblage, je me trouve arrêté tout d'un coup, par une difficulté que je n'avois pas prévuë : je conçois qu'il faut d'abord donner une idée juste du Pyrrhonisme & des Pyrrhoniens, & je ne sais comment m'y prendre ; Cette idée m'écnappe dès que je veux la saisir. M'exposerois-je à attaquer une Chimere ? Y-a-t-il des Pyrrhoniens ? Qui sont ils ? Que pensent ils ? Quelles sont leurs erreurs ? Quels Dogmes ou quelles Maximes dois-je combattre pour les refuter ? A la verité, si je me contentois de dire je vais examiner le Pyrrhonisme & combattre les erreurs des Pyrrhoniens, je trouverois peu des Lecteurs qui ne crussent comprendre ma pensée, on a ouï parler du Pyrrhonisme & des Pyrrhoniens, on en a quelque Idée, & on s'est rendu ces termes assés familiers pour s'imaginer qu'ils n'ont rien d'obscur. Mais dans le dessein où je suis d'établir la certitude de nos connoissances sur leurs premiers fondements, il ne m'est plus permis de supposer quoi que ce soit, j'aurois mauvaise grace de ne faire regarder mon sujet qu'en gros & confusément, & je suis dans l'obligation de débuter par des Idées très-précises.

Naissance du Pyrrhonisme.

III. AFIN que mon Lecteur soit mieux en état de juger de mon embarras, je le prie de me concevoir transporté dans quelque Pays où l'on n'ait point encore ouï parler du Pyrrhonisme, & où cette maniere de philosopher & de disputer ne soit point encore venuë dans l'esprit de qui que ce soit. Je demanderois qu'on me conçoive dans quelque coin des Indes, en conference avec un Philosophe judicieux, & curieux de savoir sur quel pié les Sciences sont en Europe. Pour le satisfaire, je reprendrois ce sujet d'un peu loin, je lui dirois que les Sciences avoient premiérement fleuri dans la Grèce, ou du moins que nous ne pouvons pas remonter plus haut, parce que nous n'avons pas les Livres des autres Nations, dont il se peut que les Grecs ayent emprunté leurs conoissances. De la Grèce, les Sciences passérent à Rome, & dès-là elles se répandirent dans l'Empire Romain. Mais les irruptions des Barbares ramenérent les ténébres. Dans la suite des temps on soûpira pour la lumière, on commença de la chercher avec quelque succès dans le 14. Siécle ; on tira de l'obscurité des Manuscrits Grecs & Latins qui étoient échappez à la fureur de ces Nations uniquement guerrieres, & on les empêcha de pourrir dans des Bibliotheques où ils étoient abandonnés. On adopta d'abord sans examen presque tout ce qui se trouva dans ces Manuscrits respectés, & non seulement, en se hâtant trop, on rassembla péle méle des Erreurs avec des Veritez, on composa encore des Systêmes où l'on fit entrer des Erreurs opposées l'une à l'autre. La Philosophie d'Aristote l'emporta pourtant sur les autres & on la plaça sur le Trône. Mais quoi qu'on s'exposât, dès qu'on vouloit s'en écarter, il ne laissa pas de se trouver de temps en temps des personnes qui eurent assez de courage pour se mettre au dessus des insultes : A la verité on ne s'éloignoit presque d'Aristote que sur des vetilles, & de plus ce qu'on mettoit à la place de quelques morceaux de sa Philosophie ne valoit pas mieux, ou ne valoit guére mieux que ce qu'on en rejettoit. Ils s'en trouva encore qui profitérent adroitement des préjugez enracinés & qui en s'éloignant d'Aristote marquoient pour lui un zéle extrême ; Ils se glorifioient d'être seuls ses vrais Disciples, & accusoient les autres de l'avoir mal interpreté.

Pendant longtemps on se contenta de parler beaucoup & on étoit peu curieux de penser. BACON Grand Chancelier d'Angleterre ouvrit une nouvelle carriere & dressa un nouveau Plan de Philosophie. DESCARTES fit une nouvelle Secte & renversa les Idées des *Aristoteliciens*. GASSENDI, son contemporain renouvella le Systême d'Epicure. Le Pere MALEBRANCHE, ensuite ajoutera-je à ce Philosophe, a poussé le Systême des *Causes Occasionelles* & lui a donné toute l'étenduë imaginable, & en même temps a fait entrer le Mysticisme dans la Philosophie

losophie. Mr. Poiret qui s'est récrié contre ce Pere est un Mystique d'un autre gout, & ne trouve de vraie Philosophie que dans cette voye; Selon lui toutes nos Connoissances doivent naitre d'une lumiere divine & immediate. Voilà le Sommaire de l'Histoire Philosophique dont j'instruirois mon Indien.

Comme je le suppose curieux, attentif, infatigable, & que nous ne sommes détournés par quoi que ce soit, mon lecteur me permettra de faire avec lui en peu de mois, beaucoup de chemin ; Je lui parle des *Chimistes* qui viennent à bout de découvrir les routes de la Nature en l'imitant ; Je lui parle des *Mathematiciens* qui mesurent, qui calculent tout, & qui trouvent moyen d'apprécier, pour ainsi dire, & de taxer au juste, les forces de chaque agent naturel. Je lui apprens enfin que des Savans d'une grande sagacité, très-laborieux & d'un genie très-sublime, se sont fait un grand Nom, & ont assujeti des Royaumes à leur Philosophie, en supposant des Principes dont ils avouent que l'Esprit humain n'a pas d'Idée, mais dont ils croyent que l'experience établit la certitude ; Ils tirent de ces Principes, si obscurs en eux-mêmes, des enchainures prodigieuses de Consequences, dont on ne peut admettre aucune, sans se trouver dans la necessité de tomber d'accord des autres, & cette enchainure ne sert pas moins à les persuader de la verité que de la fecondité de leurs Principes.

Je conçois, me diroit l'Indien, que cette diversité de Systèmes doit faire un extrême embarras à ceux qui étudient & qui ont à coeur de s'assurer de la Verité ; car bien compter ce peut être l'Esprit de parti, & l'Esprit de jalousie, sur tous ces differens Corps de Savans, & sur des Nations entieres ; sans parler des Préjugés qui naissent de tant de sources, il ne faut pas douter ; & je le vois déja, par le peu que vous m'en avés dit, que chacun a ses raisons, & que chacun donne tout le jour à toutes les couleurs qu'il lui est possible. Combien de temps ne faut-il pas pour les étudier, pour en bien comprendre le sens, pour en éxaminer la force & démêler au juste ce qu'elles renferment de vrai d'avec ce qui s'y est glissé d'erreur ? & après avoir fait tout cela, quelle maturité de jugement ne faut-il pas se sentir, pour prononcer sur des contestations dont les tenans sont si illustres ? Je m'imagine que peu de gens osent assés prendre sur eux pour en venir là.

Il y en a effectivement, lui dirois-je, & en assés grand nombre, qui se contentent d'écouter ce que chacun dit, de lire ce que chacun écrit, de s'en former les Idées les plus éxactes qu'ils peuvent, mais qui en demeurent là ; Ils croyent appercevoir de tous côtés de la vraisemblance, *mais ils disent qu'ils ne savent* rien voir au-delà. Dans les uns ce peut être Modestie, & dans les autres ce peut être Paresse, car il n'y a pas de fatigue qui égale celle d'un parfait Examen. *Les embarras iront en croissant, suivant toutes les apparences*, diroit l'Indien, *car on verra toujours naitre quelque Systême nouveau*.

Pas tant que vous croyés, lui repondrois-je, la Mode des Systèmes passe. Le plaisir d'en faire est une tentation contre laquelle tout ce que nous avons de plus Illustres sont extrêmement en garde ; On travaille à s'assurer de divers faits, mais on y travaille avec une grande circonspection : De ces Verités détachées, quand on en aura un assés grand nombre, le tems viendra peutêtre qu'on tirera assés de lumieres pour fatiguer un Systême qui ne sera plus hazardé.

Est ce donc là où l'on en est venu & où l'on se tient fixe ? Non pas, lui dirois-je : Bien des gens encore s'écartent de la derniere Méthode dont je viens de vous entretenir, & ils s'en écartent en deux sens très opposés. Les uns bâtissent encore des systèmes qu'ils soûtiennent avec toute la chaleur imaginable ; Mais d'autres croyent qu'il **ne** faut absolument perdre la pensée & qu'il est impossible à l'Esprit humain d'arriver jamais jusques à en composer de justes & de surs.

Ceux qui marquent tant de défiance, diroit l'Indien, *décident, ce me semble, un peu trop hardiment sur un avenir qui ne leur est pas assés connu.*

Ils croyent être fondés, lui dirois-je, & ils vont si loin, qu'ils n'accordent pas même à l'homme de pouvoir s'assurer d'aucune Verité, ni generale ni particuliere.

IV. JE NE *vous comprens pas*, diroit alors le Philosophe avec qui je me suppose en conversation, *car vous me paroissés m'apprendre qu'il est des gens chés qui toute la Physique ne passe que pour un amas d'incertitudes, & qui ne reconnoissent pour vrai aucun principe, dont on puisse se servir pour aller plus loin, & pour éclaircir quelques-unes des obscurités qui s'y trouvent en grand nombre.* — Le Pyrrhonisme paroit impossible.

Je ne dis pas seulement cela, & vous n'entrésque dans une petite partie de ma pensée : Ce n'est pas seulement en Physique, ce n'est pas seulement en Morale, c'est en Logique, c'est en Geometrie c'est en Arithmetique, c'est en tout, sans exception, que nous avons des gens qui flottent dans l'Incertitude, & qui ne reconnoissent aucune Proposition, pour simple qu'elle soit, dont la lumiere & la force aille au-delà de la Vraisemblance.

Je vous comprens encore moins, & tout ce que je m'imagine c'est que vous avés envie de savoir jusques ou peut aller ma credulité : Est ce que vos Voyageurs se divertissent aussi à débiter sur notre compte, les paradoxes les plus étranges ? Nous font-ils passer dans l'Esprit des Europeens, pour des hommes d'une espece toute singuliere, & frappés de quelque travers incomprehensible ?

Je vous assure que je ne vous trompe point, lui dirois-je.

,, Quoi donc ! Si vous continués à vous énoncer dans la même clarté avec laquelle vous m'avés instruit d'une infinité de choses, & si je dois croire que vous continués à vous expliquer avec la même sincerité, il faut aussi que je croye qu'il y a chés vous des gens de Lettres des gens, que vous comptés entre les Philosophes, & qui ont leur crédit & leurs adherens comme les autres, qui doutent que 2. fois 2. fassent 4. *Que* 6. soit un nombre pair ; Que le Tout soit plus grand que sa partie : Que deux cotés d'un Triangle soient plus grands que le troisième &c. J'aimerois autant que vous me dissiés que ces gens-là doutent s'ils ont des yeux, s'ils ont une bouche, s'ils vivent, s'ils veillent, s'ils mangent, s'ils marchent sur la Terre.

J'allois vous dire tout cela si vous ne m'aviés pas interrompu. Nos Pyrrhoniens poussent leurs doutes aussi loin.

,, Oh ! pour le coup vous me permettrés de ne vous croire point, & en cela vous ne sauriés vous plaindre de moi : Je ne vous fais point de tort assurément : Je me sens toute l'inclination imaginable à ajouter foy à votre narration ; mais rien ne m'est plus impossible que de me représenter des hommes qui doutent s'ils ont des yeux, s'ils vivent, s'ils raisonnent &c. Or ce qui m'est impossible, vous conviendrés qu'on ne peut point l'exiger de moi, & qu'il n'y a aucun Etre qui puisse m'en imposer l'obligation.

V. DONNÉ'S vous un peu de patience ; Peut être sommes nous moins éloignés l'un de l'autre que vous ne pensés. Je ne vois point ce qui se passe dans l'interieur des autres, aussi n'assure-je point qu'il y ait des gens qui doutent si 2. fois 2. font 4. &c. Je rapporte simplement ce que j'ai ouï; C'est qu'il y a des gens qui font profession de pousser le doute jusques-là. — On distingue l'Interieur d'avec l'Exterieur.

Je

DU PYRRHONISME.

,, Je vois bien, diroit-il alors, que cela est
,, possible; Mais avec tout cela rien ne me paroit
,, plus éloigné de la Vraisemblance.

Le Pyrrhonisme continuel n'est un Pyrrhonisme qui justifie par intervalles.

VI. JE DOIS ajouter que les Pyrrhoniens les plus outrés & les plus opiniâtres, n'ont pas l'esprit continuellement occupé de leur incertitude; Cet état, dont vous êtes si surpris, les abandonne & les reprend tour à tour. Pour l'ordinaire ils pensent & ils vivent à peu près comme les autres, & ils ne prennent le parti de douter & de s'affermir dans leurs doutes, qu'à mesure qu'on leur en fournit les occasions, & pour ainsi-dire qu'à mesure qu'on les y sollicite & qu'on les y force.

Voici de quelle maniere cela arrive: On rapporte en leur présence quelque Phénomene de Physique, par exemple, & on en explique les Causes. Eux, qui n'aiment à convenir de rien, font des objections: On y répond; Ils ne se rendent pas: On les presse; On pose un Principe, on leur demande ce qu'ils en pensent; On en tire une conséquence: On leur demande encore si elle n'est pas tirée suivant les Régles: Ils ne conviennent ni du Principe ni des Régles. On leur fait voir que ce Principe & ces Régles égalent en évidence ce qu'il y a de plus évident, qu'il faut ou les admettre ou n'admettre aucune vérité: Ils prennent le parti de n'en point admettre; Le plaisir de contredire, d'embarrasser, de soûtenir des Paradoxes devient, de moment en moment, plus seduisant pour eux. Ce plaisir croît à mesure qu'ils le goûtent; Mais laissés tomber la dispute, ils reviennent incontinent aux sentimens de la Nature, ils agissent & ils pensent comme le reste des hommes. La liaison que les verités ont entr'elles, est une des causes qui les engagent à aller si loin; Difficilement peut-on se borner à en rejetter une toute seule; Dès-qu'on a refusé d'en convenir, on se trouve dans la nécessité de se retracter ou d'en rejetter encore quelque autre; D'un second doute on passe à un troisiéme. En un mot, on fait autant de pas en arriere que ceux qui acquierent des Connoissances en font en avant.

Un homme se persuade que ce qu'on sçait & que ce qu'on connoit sûrement, se réduit à peu de choses. Cette pensée lui plait. Non seulement il se trouve par là au niveau de ceux qui passent pour les plus Savans, mais il se trouve encore au dessus d'une grande partie d'entr'eux, c'est à dire, au dessus de tous ceux qui s'imaginent de sçavoir ce qu'ils ne sçavent pas. Quand on se trouve tout à la fois vain & paresseux, quand on hait le travail, & qu'on ne peut, sans souffrir, être témoin de la réputation des autres; non seulement on se fait un plaisir de penser que les hommes n'ont encore acquis qu'un très-petit nombre de Connoissances, on étend ce plaisir jusqu'à se persuader qu'ils n'en sçauroient acquerir au-delà de ce qu'ils en ont. Mais pour peu qu'un vrai Savant s'en veuille donner la peine, il troublera bien-tôt la joye de ce Présomptueux, qui contrefait le Modeste: Il lui demandera, s'il lui paroit qu'il y ait quelque verité de laquelle on puisse s'assurer; Dès qu'il en allegera une, on en tirera des consequences si necessairement liées avec celle qu'il aura avouée, qu'on ne pourra refuser de reconnoître cette liaison: On lui demandera encore sur quoi est fondé, il compte cette Verité au nombre des Propositions certaines; Le Caractere de certitude qu'il y trouvera, il le lui fera voir dans d'autres. Par là il se trouvera exposé à la mortification d'être instruit, & de suivre pas à pas des gens plus éclairés que lui. Mais un homme de l'humeur dont je vous parle & qui vous étonne si fort aime mieux revoquer ce qu'il avoit d'abord posé en fait, & après avoir avoué en gros qu'on sçait ou qu'on peut sçavoir quelque chose, quoi que très-peu; dès qu'on entrera dans le détail, il changera de langage, il traitera d'Incertain tout ce sur quoi on l'interrogera, la Vanité & l'Esprit de dispute l'ameneront à cette extremité.

Objections contre l'existence du Pyrrhonisme.

VII. JE CONÇOIS un peu mieux, dira l'Indien, comment ce qui m'avoit d'abord paru si faux est cependant possible; Mais toujours, & malgré tout ce que vous venés de me dire, & possible demeure à mes yeux, très éloigné de la probabilité. Je veux que parmi le vulgaire, il se trouve quelque Esprit de travers, qui ne se fasse pas une honte de son opiniatreté, & qui soit assez fou pour se croire un Personnage, par la seule idée qu'il donne à un Savant de le suivre, dans tous les recoins où il entre pour se dérober à la lumiere qui le poursuit: Mais le moyen de m'imaginer que des personnes qui aiment l'Etude & qui font profession de l'aimer, qui enseignent, qui disputent; qui se font des Disciples, qui font un Nom, de la gloire duquel ils sont jaloux, qui lisent, qui écrivent, qui font imprimer, qui attaquent, qui repliquent, le moyen, dis-je, de m'imaginer, que des personnes, qui se donnent tous ces soins, doutent s'ils se les donnent, si on les écoute, s'il y a du papier & de l'encre, s'il y a des Libraires, s'il y a des Corps? Tout ce que je puis comprendre, & que j'ai encore bien de la peine à comprendre, c'est que ces gens-là s'obstinent à raisonner & à disputer, comme ils feroient si tout étoit effectivement douteux. Mais est-il possible qu'ils ne se lassent point de jouer, toute leur vie, un si ridicule personnage, & d'être en perpetuelle contradiction avec eux-mêmes? Car enfin ils se sont bien apperçus qu'ils avoient eux-mêmes des Maîtres, & qu'ils profiterent sous ces Maîtres; Ils s'apperçoivent bien qu'ils ont quelques uns des Régles & une Méthode, qu'ils suivent en composant. Quand ils combattent une opinion, ils argumentent, & ils sçavent bien qu'il faut alleguer des raisons pour la combattre; Ils s'appliquent à faire voir que les raisonnemens dont ils ne se veulent pas tomber d'accord sont établis sur des Régles fausses, ou sur des Régles incertaines, ou enfin ils s'écartent des Régles dont ceux-là mêmes qu'ils combattent conviennent. Mais en parlant ainsi, ils avouent visiblement deux choses. L'une qu'il n'est pas permis de s'écarter de ses propres Régles, & qu'on est déraisonnable, dès-qu'on n'est pas d'accord avec soi-même. L'autre que si l'on avoit des Régles sûres, & qu'on pût encore s'assurer qu'on les suit exactement, on pourroit se mettre au dessus du doute, & l'évidence que l'on y trouveroit, les forcera à reconnoître ces deux verités, ne se trouvet-elle pas dans un grand nombre d'autres? Peut-on s'empêcher en Europe de reconnoître que ceux qui font les Pyrrhoniens manquent de sincerité, & quel cas peut-on faire des hommes qui sont sans bonne foi? Peut-on compter sur eux? Peut-on leur attribuer quelque merite solide? & s'exposé-t-on pas son propre honneur en marquant de l'éstime pour des gens fi dignes de mépris par leurs travers & leur opiniatreté? De plus comment se peut-il que des personnes raisonnables se plaisent avec des foux, ou avec des gens qui font continuellement les foux; car rien ne paroit plus opposé au caractere essentiel de la Sagesse que de se contrefaire perpetuellement, que de n'être jamais d'accord avec soi-même, & de s'abandonner au plaisir de contredire, si malin en lui-même, & si incommode pour les autres?

Réponses. Le Pyrrhonisme a des causes réelles dans le cœur humain.

VIII. VOUS venés d'entasser, dirois-je, plusieurs Objections auxquelles je répondrai par ordre, pour vous donner une juste idée de nos Savans qu'on appelle Pyrrhoniens. Je vous ay déja dit que quand leur humeur les saisit & qu'on a donné lieu à la dispute, ils revoqueront plûtot toutes les verités que de convenir d'une seule; mais je vous ay aussi averti qu'après cela ils pensent & se conduisent, comme s'il n'y avoit jamais eu de Pyrrhoniens dans le Monde. Vous en conclués qu'ils ne sont pas d'accord avec eux-mêmes, j'en conviens. Mais qu'est-ce qui les rend si extraordinaires? J'en ai déja

déja allegué *deux Causes*, l'Habitude de *Contredire*, & la *Vanité* jointe à la *Paresse*; En voici une *troisiéme*, qui à ce que je prévois vous étonnera, mais qui merite vôtre attention. Nous avons des gens qui ne peuvent se resoudre à se gêner en quoi que ce soit. De quelque nature que soit leur humeur, elle les domine; Leur Raison ne s'y oppose jamais, ou ne s'y oppose que très-foiblement, & par-là inutilement. Cela étant ainsi, c'eſt une neceſſité que leurs Paſſions ſoyent vives, emportées & opiniâtres. Parmi ces gens il s'en trouve de ſtupides, ſans genie naturel & ſans culture, qui raiſonnent auſſi peu, ou preſque auſſi peu, que les Animaux nez incapables de raiſonnement. Mais il en eſt auſſi qui, avec cette humeur inflexible, & ces paſſions vives & obſtinées, ont de l'eſprit, & ſouvent encore ont de l'étude; on les a formez dès leur enfance à reflechir, ils ne peuvent s'en empêcher, ils ſentent l'oppoſition de leur Raiſon à leur Humeur, leurs Idées ne ſont pas d'accord avec leurs Paſſions; l'Agréable, l'Utile & l'Honnête ſe combattent chés eux; ces Contraintes les troublent, & pour les faire ceſſer, voici le parti qu'ils prennent. La Raiſon, diſent-ils, nous preſcrit des Régles; Si ces Régles étoient ſûres, ſi la Raiſon ne pouvoit pas ſe tromper, ſi l'on pouvoit compter ſur ce qu'elle nous apprend, il faudroit bien s'y aſſujetir, quoi qu'il en coutât; Mais ſi elle nous conſeille mal, ou s'il eſt incertain que ſes vuës ſoient les meilleures, pourquoi nous gêner à ſuivre, comme raiſonnable & comme très-juſte, ce qui eſt peut-être, tout à fait contraire à la Raiſon & à l'Equité? Ils éxaminent donc les Régles que la Raiſon fait reſpecter aux hommes, & ils les éxaminent à deſſein de les combattre & de les trouver mal prouvées; leurs paſſions, qu'ils ſe ſont fait une habitude de ſuivre, les détournent de l'évidence des Preuves, pour les arrêter ſur les Objections & ſur les difficultés; Ils donnent toute leur attention à en chercher, & quand ils en ont trouvé ils les étendent, ils les pouſſent, ils ſe les propoſent à eux mêmes & aux autres, ſous les tours les plus ébloüiſſans; Ils y reviennent à tout coup; ils n'écoutent pas les Réponſes qu'on leur donne, ou ils les oublient bientôt; Le moindre Echappatoire leur plait & ils s'en contentent. Mais de peur que les autres hommes ne les accuſent de ſe plaire dans les doutes par pure haine pour leur devoir, & pour s'épargner encore à eux mêmes la confuſion d'un reproche ſi odieux, ils étendent le même genre de doute ſur tous les ſujets, dès que l'occaſion de diſputer ſe préſente. L'homme ſelon eux n'eſt pas né pour s'aſſurer ſur quoi que ce ſoit: Il eſt reduit à une perpetuelle incertitude. Tel eſt ſon fort, c'eſt à lui à en tirer le meilleur parti qu'il pourra. (A)

Ce n'eſt pas qu'il n'arrive à ces derniers Pyrrhoniens, *la même choſe qu'à ceux dont je vous ai déja parlé*: Il y a cent occaſions où ils oublient leurs Maximes, & où ils penſent, parlent & agiſſent, comme les autres hommes. Si on leur donne quelques piéces de monnoie legere, ou de mauvais aloi, ils ſavent bien les ſeparer du reſte, ils ſavent bien prouver qu'elles ne ſont pas recevables, & qu'on doit les changer contre d'autres, qu'ils éxaminent encore, juſques à ce qu'il ne leur reſte aucun doute. S'ils ont un procés, ils ſavent bien ſou-

tenir que leurs raiſons ſont les meilleures, qu'elles ſont ſolides, & ſi l'on n'en tombe pas d'accord, ils ſavent bien ſe recrier contre l'ignorance & l'iniquité des Juges. Ce n'eſt que quand il s'agit de diſputer ou de contraindre quelques-unes de leurs Inclinations, que la fantaiſie de rendre tout douteux les reprend.

IX. A MESURE que j'écris, comme ſi je m'entretenois avec un Philoſophe tel que je l'ai d'abord ſuppoſé, je m'apperçois que j'entre toujours plus dans les ſuites de cette ſuppoſition, & je crois de mieux comprendre ce qu'il penſeroit: Je compte auſſi que mon Lecteur ſuppléera bien des choſes que je ne dis pas. Et comme il ſeroit difficile d'expoſer à un Indien ſur quel pié les Sciences ſont en Europe, ſans lui parler en même temps de la Religion Chrêtienne qui ſe trouve ſi mêlée avec les Sciences humaines; je n'aurois pas manqué de lui faire connoître ce que nous penſons ſur la Divinité, ſur ſon Culte & ſur la Morale; Je lui aurois dit que la Verité de nos Saints Livres ſe trouve établie ſur des preuves d'une force qui va juſqu'à la Démonſtration. Quel donc ne ſeroit pas ſon étonnement, lorſqu'après cela, je lui annoncerois nos Pyrrhoniens.

Le Pyrrhoniſme paroît monſtrueux.

,, Aprenés-moi, diroit-il, de quel œil on re-
,, garde ces gens-là. Leur commerce ne paſſe-t-il
,, pas pour infiniment dangereux? Ne conçoit-on
,, pas qu'il va à renverſer toutes les barrieres qui
,, s'oppoſent à la corruption du cœur & à la licence
,, des mœurs? Où eſt l'homme aſſez imprudent
,, pour ſe fier à des perſonnes qui font profeſſion
,, de n'avoir point de Principe, & de ne connoî-
,, tre aucune Régle inviolable & d'une Equité ma-
,, nifeſte? Qu'eſt-ce qui ſe doit déterminer dans
,, chaque occaſion, ſi ce n'eſt le ſentiment de
,, quelque Utilité preſente, ſentiment qui déter-
,, mine ſans le ſecours du raiſonnement? Ils au-
,, roient beau dire, que pour vivre agréablement,
,, & pour gagner la confiance des autres hommes,
,, ils ſe ſont une Loi de ſuivre les Régles établies
,, par l'uſage & par l'autorité, tout comme s'ils ſe
,, concevoient d'une juſtice inviolable & au deſſus
,, de toute incertitude. Qui les en croira? Ils
,, peuvent tromper longtemps, faire enſuite quelque
,, grand coup très conforme à leurs Maximes, &
,, tôt ou tard ſacrifier tout à quelque plaiſir ou à
,, quelque interét qui leur tiendra au cœur.

X. ON VIT, lui repondrois-je, avec ces gens-là, à peu près comme avec les autres, parce qu'on s'y eſt peu à peu accoûtumé. Les premiers Pyrrhoniens, qui ſe ſont élevés parmi nous, n'ont eu garde d'étaler leurs doutes dans toute leur étendue; ils ſe ſont moderés, & ils ont déguiſé une partie de leurs ſentimens. Leur interét même alloit à les leur faire déguiſer abſolument, & ils ſe devoient faire un *myſtere*: car il eſt très-commode & il eſt très-important de vivre environné d'hommes en qui on puiſſe ſe fier, parce qu'ils ont des principes fixes & qu'ils croyent dignes d'un reſpect infini; Mais ſans doute que ces Pyrrhoniens, continuerois-je, vous ſurprennent tant, n'ont pû s'empêcher eux-mêmes de s'étonner de leurs Maximes; Il ne ſe peut qu'une ſi étrange ſingularité d'Idées ne les ait inquiétés. Il eſt très-naturel que, quand on s'apperçoit que l'on penſe d'une maniere

Il s'eſt fait connoître peu à peu.

(A) J'ay connu des perſonnes, d'un âge avancé, d'un Eſprit naturellement vif, Aiſé, Etendu, cultivé de plus par la Lecture, la Reflexion & l'uſage du grand Monde, & très-capables de raiſonner juſte, quand il leur plaiſoit; mais qui malheureuſement s'étoient fait, dès leur premiere jeuneſſe, une telle habitu'e de s'abandonner à leur humeur voluptueuſe & enemie de toute gêne, que la Raiſon leur préſidoit, que dès qu'elle ſe trouvoit, le moins du Monde, en oppoſition avec leurs caprices. J'en ai connu qui très-eſtimables, ce travers mis à part, m'ont avoué qu'une liaiſon très-étroite avec des perſonnes parfaitement raiſonnables, ſeroit pour eux un joug inſupportable, qui les reduiroit ſouvent à la dure neceſſité, ou de ſe faire des reproches, s'ils refuſoient de ſuivre des Conſeils évidemment raiſonnables, ou de ſe gêner en les ſuivant, ce à quoi ils ne ſauroient ſe reſoudre. Il n'y a rien que des Eſprits ainſi tournés ne ſoyent capables de faire & de dire, pour affoiblir l'autorité de la Raiſon & la certitude de ſes Principes & de ſes Regles; ils trouvent leur grand interét & leur grand plaiſir à repandre des Doutes ſur tout ce qu'on croit le mieux établi. Ces gens ſont d'un commerce très-agréable, pendant qu'on ne cherche qu'à s'amuſer & qu'on n'a point beſoin de leurs bons offices, & ce dont on les prie cauſe-t-il le moindre détour à leurs plaiſirs, & les gêne-t-il tant ſoit peu, ils ne s'y détermineront jamais.

niere si opposée au reste des hommes. Mais les Maximes les plus étranges cessent de paroitre paradoxes, & par-là cessent d'être suspectes, à mesure qu'elles deviennent communes. Les Pyrrhoniens ont donc cherché à se faire des Partisans, parce qu'on ne se défie plus de ses opinions & qu'on n'y soupçonne plus rien de condamnable, dès-qu'on se voit approuvé d'un grand nombre de personnes. C'est ce qui a déterminé les Pyrrhoniens à écrire; les cœurs gâtez leur ont applaudi, le succès les a flatté, ils ont redoublé leurs efforts, & ils ont vû de jour en jour leurs Disciples se multiplier, aux dépens de la Morale & de la Religion. Dès-là on s'est vû dans la necessité de vivre & de commercer avec eux, pour ne pas se faire accuser de singularité, & d'une humeur trop difficile.

On se familiarise avec les plus grands scelerats.

XI. JE VAI vous donner, ajouterois-je, un exemple de la necessité où l'on est en Europe de vivre avec des scelerats & de ne leur infliger pas tout ce qu'ils méritent de peines. On a vû une Compagnie entiere composée d'un grand nombre de personnes toutes fort riches & d'un grand crédit, dresser un Plan à les enrichir toûjours plus, en ruïnant une infinité de personnes : Il a fallu du temps pour méditer ce Plan, pour le dresser, pour lui donner toutes les couleurs propres à éblouïr. On l'a ensuite exécuté avec une extrême habileté & tout le secret imaginable. Une infinité de gens en ont été culbutez, il en est peu qui n'en ayent souffert, plusieurs se sont desesperez ; Cependant les Directeurs de ce Plan avoient amassé des richesses immenses ; on comprend bien qu'il est impossible que ces gens eussent aucune régle d'Equité, aucune certitude de Morale, aucune persuasion de Religion ; on a vû dans cét Essai de fourberie ce que peut l'Atheïsme, pour la désolation du genre humain. Cependant aucun de ces voleurs publics n'a été empalé, aucun n'a été rompu vif, aucun même n'a été pendu. Il est vrai que leur fortune est enfin tombée, mais leur chûte n'a relevé personne ; leur Esprit aveuglé par l'avarice, & ennivré par le succès, ne voyoit que ce qu'il vouloit voir, il ne vouloit point comprendre que leur mauvaise foi seroit enfin reconnuë, & que les cris de tant de personnes ruïnées forceroient à y faire attention. Ce que je viens de dire devoit leur sauter aux yeux, mais ils ne vouloient pas le voir ; C'est encore une autre conformité qu'ils ont avec nos Pyrrhoniens. L'histoire que je vous raporte avoit été précedée un peu auparavant d'une presque toute semblable, par ses Principes & ses suites.

Les mauvais Chrétiens donnent lieu au Pyrrhonisme & sont qu'on en est moins surpris.

XII. CE QUI fait encore, qu'on regarde sans s'effrayer des personnes qui sappent, par leurs doutes, les Principes qui font la sureté du Genre humain, c'est que parmi ceux qui font profession d'avoir de la Religion, qui en paroissent persuadez & le sont en effet, il s'en trouve, & le nombre n'en est pas petit, qui ne vivent pas mieux, ou guere mieux que ceux qui font profession de ne rien croire ; c'est une Enigme que je vai vous développer.

Nos Saints Livres nous apprennent diverses Veritez, à la connoissance desquelles l'Esprit humain ne seroit jamais parvenu, & celles-là mêmes où la Raison nous conduit naturellement, la Révelation les a toutes perfectionnées. Ce Systême de Veritez est d'un éclat qui enleve nôtre admiration ; on s'est donc applaudi d'avoir reçû de Dieu une Religion dont les Dogmes & les Préceptes sont si brillants, & si sublimes, & bien des gens en sont demeurez là : Bien des gens sont persuadez, & c'est une erreur fort generale, que Dieu se contente des actions de graces qu'on lui rend de ce qu'il a eu la bonté de reveler de si grandes Veritez ; & que, les hommages qu'il demande, se reduisent au zéle avec lequel on doit s'affermir dans la persuasion de ces Veritez.

On sait que Dieu est Misericordieux ; Cette pensée est la Base de la Religion ; on sait qu'il pardonne, & qu'il n'éxige pas des hommes une Obéïssance accomplie, sous peine de damnation. Mais on abuse de cette grande Verité, on se flatte, on se fait un petit Systême de bonnes Oeuvres aisé à suivre, & on abandonne le reste de sa conduite à la compassion de Dieu.

Voici par où un Préjugé si fatal & si dangereux se fortifie extrêmement ; Nous sommes partagés en diverses Communions, & les Dogmes sont les causes de ces divisions. Nous sommes assés d'accord sur la Morale : Dans toutes les Communions l'on convient, à peu près, des mêmes Loix & des mêmes Devoirs, & on les néglige aussi également ; A cét égard on peut dire que sous les Chrétiens vivent dans une très-grande Uniformité. Mais, dans chaque Communion encore, si l'on est relaché par raport aux Mœurs, on est zélé pour les Dogmes, & sur tout pour les Dogmes contestés, sur lesquels on appuye tout autrement que sur les Dogmes communs, quoi que l'on convienne que ceux-ci sont les plus importans & les plus nécessaires. Les Docteurs, qui sont les Peres ou les Défenseurs de ces Dogmes, y reviennent à tout coup ; C'est de quoi ils entretiennent principalement leurs Auditeurs, c'est là dessus qu'ils s'expliquent avec le plus de feu.

Quand on seconde ce feu, & qu'on s'interresse avec vivacité dans leurs spéculations, on se voit l'objet de leur estime & de leurs Eloges, on peut se permettre mille écarts sans s'exposer à leurs Censures, & sans lasser leur Indulgence. Mais plus un homme, qui ne paroît pas compter pour beaucoup ces articles controversés, & ces sources de divisions & de haines, vit d'ailleurs regulierement, plus on s'efforce de le faire passer pour un hypocrite habile & dangereux ; On le croit obligé d'aller par cette accusation au devant de l'influence que son éxemple pourroit avoir, pour établir la Paix, la Tolerance & la Charité.

Ce n'est pas tout. La diversité des Dogmes n'a pas seulement causé des Disputes, des Anathemes, des Vexations, des Duretés réciproques, des Excommunications, des Separations ; elle a fait répandre beaucoup de sang, elle a causé beaucoup de guerres : Dans ces guerres on faisoit esperer à Soldat le pardon de toutes ses licences, pourvû qu'il fut ferme sur les Dogmes, pour la défense desquels on l'avoit enrollé, pourvû qu'il y attachât l'esperance de son salut, & qu'il préférât de mourir luimême, après avoir fait cent carnages, plûtôt que de consentir à se relâcher le moins du monde sur les articles controversés.

Cette fureur est allée si loin, qu'on a vû des Armées, toutes remplies de Scelerats, marcher hardiment contre les Infideles, & des Soldats abandonnés à toutes sortes d'infamies & de scelteratesses, aussi pleins de confiances, par raport à leur salut, que si chaque jour un Ange les en eut assuré : On a vû des Ministres des Autels, au pié d'un rempart, promettre le Paradis à des brutaux, à condition qu'ils porteroient courageusement le fer dans le cœur de ceux qui n'étoient pas de leur Opinion.

Il est encore fort, ajouterois-je, un autre mal du Sanctuaire, & il est arrivé à ceux qui sont très-particulierement chargés du soin de soûtenir la Religion contre les attaques des Incredules, de leur fournir imprudemment des armes, qui vont directement à la renverser. Pour mettre mon Philosophe au fait de cette Verité, je lui donnerois un précis de la Religion Chrétienne, je lui ferois remarquer, dans sa sublimité & en même temps dans sa simplicité, les traits de la Sagesse & de la Misericorde de Dieu, qui a si parfaitement proportioné à nos besoins & à nos maux les remedes destinés à les guérir ; Mais, ajouterois-je, on ne s'est pas contenté d'admirer dans la Religion, le Sublime que Dieu lui même y a mis ; les hommes ont eu l'indiscretion & la temerité d'y en ajouter, en vuë de la rendre encore plus admirable, & il y a peu de communions

munions parmi nous où ces *additions* ne se trouvent en *contradiction* avec la Raison, c'est à dire, avec le *bon Sens*: On le sent, & au lieu de se défier de ces *Gloses* & de ces *Paraphrases*, par où on fait trouver, dans nos saints Livres, des propositions qui n'ont aucun sens, on se met furieusement en colere contre la Raison qui y en cherche-un, on la décrie, peu s'en faut qu'on ne la déteste; on la fait passer pour une *temeraire*; *Sa voix*, dit-on, *est celle de l'orgueil, c'est un guide trompeur, sa lumiere ressemble à celle des Feux Nocturnes qui conduisent aux Précipices ceux qui les suivent; ses principes sont incertains, les conséquences qu'elle en tire peu sures, les plus sages & les plus raisonnables sont ceux qui l'écoutent le moins.* Par là il arrive qu'un Pyrrhonien ne scandalise plus les Chrétiens, dès que pour accabler leur esprit de doutes, il repete des expressions qu'on leur a appris, dès-leur enfance, à respecter.

Le mal ne se borne pas là: Dans toutes nos Communions nous avons des Fanatiques, c'est à-dire des gens qui, sous prétexte que les premiers Prédicateurs de l'Evangile, ne se sont pas élevés à la connoissance des Verités qu'ils ont prêchées, par la seule force de leur Raison & de leurs Lumieres naturelles, mais qu'ils ont été dirigés par des Inspirations Divines & par des secours merveilleux; sous ce prétexte, dis-je, il se trouve des gens, dans toutes nos Communions, qui prétendent qu'on n'est vrai Chretien que par cette voye, & qui comptent pour rien, en matiere de Religion, toute Lumiere naturelle, & soûtiennent que les seules Connoissances salutaires sont celles que l'on tire de Dieu immédiatement. Il y a dans cette prétention quelque chose de sublime & de très-flatteur pour le cœur humain, & sur tout pour un cœur tourné à la Dévotion, & détaché de l'admiration & de l'amour des objets sensibles; Parmi ceux qui vivent dans ces idées & qui y appellent les autres, on voit de fort honnêtes gens, qui vivent conséquemment à leurs principes, attachés à la Pieté, & en general à toutes les Vertus. Leur exemple frappe; Plusieurs bonnes gens, simples de cœur, s'attachent à eux & approuvent leur Doctrine, sans se mettre en peine d'en examiner les fondemens: Parmi les personnes d'étude, il s'en trouve, qui fatigués d'un grand nombre de recherches dont le Succès n'a pas répondu à leur attente, & qui, après s'être échaufés la tête excessivement & inutilement, au lieu de n'être mécontens que de leur Méthode & de leur propre Raison, qui ne les a pas bien conduit, étendent leur mécontentement sur la Raison en general; & las de travailler, ils cherchent leurs *Lumieres* dans un état de *Repos*, où ils se promettent que l'Esprit de Dieu viendra les éclairer immédiatement.

Cette voye qu'on appelle *Mystique* où Secrette, est éblouïssante, & j'avouë qu'elle auroit eu pour moi de grands attraits, si tous ceux qui l'ont choisie, & qui font profession de la suivre, pensoient uniformement; Mais parmi nos prétendus Inspirés, il y a tant de Varietés, une partie d'entr'eux ont donné dans de si grands écarts, les plus raisonnables ont mêlé, dans leurs Systêmes, des choses si peu croyables, & qui paroissent si opposées au bon sens, qu'on ne peut s'empêcher de leur demander, *A quels caracteres on peut reconnoitre surement une Veritable Inspiration, & la discerner d'avec les vives Idées d'une Imagination échaufée; Idées que tant de gens prennent eux-mêmes, & recommandent aux autres, comme des Lumieres Divines?* On voit ordinairement que les hommes les plus raisonnables sont aussi les plus moderés, & qu'au contraire ceux qui raisonnent le moins sont les plus impatiens: Cela étant il ne faut pas s'étonner si les Mystiques qui ont pris un si grand travers contre les recherches de la *Raison* & que ceux qui ne font ces que de leur état de *Quietude*,

souffrent impatiemment les objections qui les en tirent. S'ils sortent de cèt état cheri, ce n'est que pour faire sentir à ceux qui les obligent d'en sortir, toute la vivacité de leur mépris & de leur zele; Ils s'apperçoivent bien à quel point la Raison leur est contraire, aussi ne l'épargnent-ils pas: Toutes les Idées qu'elle fournit, ne sont tout au plus, si on les en veut croire, que comme des Ombres, & des Spectres, en comparaison des Réalités; Ses efforts les plus sublimes, ses démonstrations les plus poussées ressemblent, selon eux, aux grimaces & aux sauts par où un singe s'attire l'admiration de la multitude ignorante, mais qui sont aussi éloignées, & aussi vuides de ce qui se passe dans l'interieur des hommes, que les idées de la Raison le sont de la verité & de la solidité des Irradiations Divines; Irradiations qui ne se font sentir qu'à une ame en repos.

Voilà donc les Mystiques, c'est à dire, en mettant à part les dérangés, un grand nombre de personnes respectables par leurs bonnes mœurs, qui s'unissent à une partie des Theologiens pour décrier la Raison, On donne, dans chaque Communion, le nom d'Orthodoxes, à ceux qui sont profession des sentimens qui y sont à la Mode, & on y appelle *Heretiques*, ceux qui s'écartent de quelques-uns des Dogmes autorisés, de sorte qu'avec les mêmes sentimens, à quatre pas de distance, l'un sera traité comme Orthodoxe, & l'autre comme Heretique. Voilà, dis-je, les Mystiques & les Orthodoxes Rigides, qui, dans chaque Communion, s'unissent pour accoûtumer les hommes au langage des Pyrrhoniens, dont la fantaisie vous a donné d'abord tant de *surprise* &, comme nous parlerions chés nous, tant de *scandale*.

Mais je veux, continuerois-je, vous faire un portrait fidele & plus étendu encore, de l'état de nos Europeens, par raport aux Sciences & à la Religion. Soit qu'on demeure dans des Villes, soit qu'on passe sa vie à la Campagne, à moins qu'on ne soit né de Parens très-riches, & outre cela très-indolens, on est destiné dès son enfance à quelque Genre de vie, à quelque Art, à quelques Soins, à quelque Profession, par où on rendra sa fortune meilleure, ou l'on se soûtiendra dans celle où l'on est né. C'est à peu près à cela que se rapportent tous les soins qu'on se donne pour l'Education des jeunes gens; Il est vrai que, par bien séance, on charge leur Memoire de quelques Prieres & d'un petit Systême de Religion, suivant les Idées du Pays: Mais on ne s'avise guere de faire un choix de Matieres proportionnées à leur Age, pour les en instruire d'abord, & d'augmenter ensuite leurs Connoissances à mesure que leur Raison se forme avec les années: De plus l'Etude même de la Religion n'est pas une de celles que la jeunesse fasse le plus agréablement; Aussi, tout imparfaitement qu'on se soit acquitté d'une Etude si importante, dans l'âge le plus foible, on ne laisse pas de tabler sur ce qu'on a fait, & on s'abstient d'y revenir. Comme on n'a point commencé par examiner, on n'examine jamais. Ce qu'on voit établi c'est ce qu'l'on croit, ou qu'on fait profession de croire; Vous diriés que chacun trouve dans les autres une Caution suffisante, & que pour penser juste, il suffit de penser comme son Voisin.

XIII. ICI JE conçois que le Philosophe Indien ne manqueroit pas de m'interrompre & me dire que je le fais passer *d'Incomprehensibilité* en *Incomprehensibilité*. Quoi ! me diroit-il, sur un sujet de cette importance, & quand il s'agit d'une éternité de felicité où de desespoir, on n'examine point ; on se met tranquilement un bandeau sur les yeux ; Dans cèt état on s'avance vers la Mort, sans allarmes, parce qu'on vit avec les gens, qui ne sont par plus curieux de s'instruire, qui ne sont pas plus éclairés, & qui n'ont pas plus

,, d'in-

D'où vient que la Voye de l'Examen qui seule conduit à la certitude est si negligée.

„ d'inquietude ; Vous prétendés que le Createur
„ du Genre humain, par une grace toute particu-
„ liere, a fait parvenir à vous des Livres compo-
„ fés par fes Ordres; La Connoiffance & l'Amour
„ des Verités qu'ils renferment vous affurent les
„ glorieux titres de *Chrétiens & d'Enfans de Dieu*;
„ Mais en même temps vous m'affurés que des gens
„ ajoutent, & fe perfuadent que l'attachement qu'on
„ a pour ces grandes, ces belles, ces Divines Veri-
„ tés, croît à proportion qu'on fent un plus grand
„ éloignement pour la Raifon, c'eft à dire, fi je
„ le comprens bien, que l'on a à proportion une plus
„ grande difpofition à la folie. Pour moy il me
„ paroît qu'à moins d'être fou foy-même, on ne
„ s'imaginera jamais que l'état de Sageffe puiffe être
„ un état qui tienne le milieu entre deux differens
„ genres de Folies; favoir entre celle dont tout le
„ monde fe moque & qui fait enfermer les hom-
„ mes, & celle des gens qui demandent des Preuves
„ & des Lumieres en matiere de Religion ; Il me
„ paroît au contraire qu'on ne fauroit être trop rai-
„ fonnable, & felon moi, on tient toujours de la
„ folie, à proportion qu'on ne l'eft pas.

Je voudrois, lui repondrois-je, que vous paf-
faffiés en Europe, & que nos gens vouluffent vous
écouter, & profiter de vos remarques; Elles font
très-juftes en un fens, mais vous me permettrés
de vous dire que ce n'eft pas tout à fait de quoi
il s'agit : Je conviens avec vous du Droit, je
condamne ce que vous condamnés & mon Difcours ne roule que fur des faits; Je n'entreprens
point l'Apologie de nos Européens, je vous fais
feulement la mienne, je veux feulement vous perfuader combien j'ai été éloigné de vous impofer
quand je vous ai parlé du Pyrrhonifme, & pour vous faire
comprendre que ce dérangement d'efprit & de cœur,
n'etoit pas auffi éloigné de la probabilité qu'il vous
avoit d'abord paru, je vous ai allegué une partie
des Caufes qui y contribuent & qui y préparent
nos gens : Que les préventions, dont je viens de
vous parler, vous paroiffent déraifonnables tant
qu'il vous plaira, je vous en loue; mais fi outre
cela elles vous paroiffent incroyables, vous cefferés
de penfer ainfi, dès que vous aurés reflechi fur
le pouvoir de la Coûtume & de l'Education.

Un enfant abandonné dans les Forêts vivroit
comme les Bêtes, & ne fe ferviroit guères plus de
la Raifon que s'il n'en avoit point : Cette Faculté demeureroit inutile chés lui, comme la faculté de
voir demeure inutile à l'ame d'un Aveugle. Les enfans entrent dans les Idées qu'on leur apprend à former,
ils aiment, ils refpectent, ils méprifent, ils haïf-
fent, ce que leurs fens, ou l'éxemple & les recommandations, de ceux qui ont quelque autorité fur
eux, les engagent à aimer, à refpecter, à méprifer,
à haïr : Jofe dire que de dix mille, qu'on ne formera point à l'efprit d'éxamen, & à qui on n'en
recommandera jamais le foin, à peine s'en trouvera-t-il trois qui s'en avifent, & qui s'y élevent
d'eux-mêmes : Que fera-ce quand on les en éloigne, & qu'on leur fait prendre, dès l'enfance, l'habitude de regarder comme un grand Devoir de négligence de ce Devoir, & de s'applaudir de ce
qu'ils s'épargnent bien de la peine. Il femble qu'on
ne devroit confier qu'à des perfonnes d'une fingu-
liere habileté le foin de faire connoître & de faire
aimer la Religion aux jeunes gens ; A cet égard
encore plus qu'aux autres il faut fonder leur portée,
il faut s'y accommoder, il faut donner de l'étendüe
à leur genie & l'élever, fans qu'il leur en coûte des
efforts. Mais pour l'ordinaire on abandonne des
foins fi importans à des perfonnes qui n'ont ni efprit,
ni favoir; on en charge quelque vieille femme,
quelques chetifs Maîtres d'Ecole, ou quelques
Précepteurs bourrus. Si un enfant, d'un Génie un peu plus vif, & un peu meilleur qu'on

ne l'a ordinairement à cet âge, demande des éclair-
ciffemens, on le rebute, on le cenfure, & fans éxaminer le principe de fa curiofité, on la lui fait regarder comme une fuggeftion du Diable, c'eft à
dire, d'un Efprit très-fin, très-puiffant, très-actif
& très-Ennemi de Dieu & de l'Homme, & par là
fouverainement dangereux. On s'accoutume donc
à apprendre la Religion, fans en demander des preuves, on fe fait une Loi de n'en chercher pas, on
fe perfuade que la Raifon n'en fauroit donner de fa-
tisfaifantes & on fe contente de la croire vraie cette
Religion qui décide de l'Eternité, comme on croit
une infinité d'autres chofes, parce que les autres
paroiffent les croire, parce qu'on fe laiffe entraîner
au torrent, parce qu'on a commencé à les croire
dans un âge où on ne fe déterminoit que par l'efficace de l'exemple & le poids de l'autorité, parce
qu'il eft agréable de penfer qu'on ne fe trompe pas,
mais que l'on vit dans un Pays privilegié, par rapport à la Connoiffance de la Verité, & très-particulierement favorifé de la Providence. Au fond la
Religion, fur ce pié-là d'un côté fait qu'on meurt
plus tranquile, & qu'on vit plus en repos fur l'avenir, d'un autre elle ne gêne point ; Quelques menues devotions, & quelque regularité de Conduite
fur les Devoirs pour lefquels on n'a pas de la
repugnance, font tout ce qu'on s'impofe, &
moyennant cela, il n'y a rien qu'on ne fe pro-
mette.

Quand donc un Pyrrhonien fe déguife, quand
un homme qui ne croit rien, mais qui craint de
s'attirer des affaires, ne fe découvre qu'en partie,
& fe contente de dire; *Je trouve que la Raifon ne
voit goute en matiere de Religion, auffi ne l'écoute-je
point, je fupplie à fes Lumieres par celles de la Foi,
je ne veux pas me donner pour plus fage que les autres, & je crois comme eux fans raifonner*; Une infinité de gens trouvent que ce langage ne renferme
rien au de-là de ce qu'ils penfent eux-mêmes.

Ce n'eft pas feulement ceux d'entre les hommes
qui font continuellement occupés du foin de gagner
leur vie, ou de s'enrichir & de s'élever, que fe font
un plaifir de penfer qu'on ne fauroit parvenir en raifonnant à aucune connoiffance fure ; ceux dont la
fortune eft toute faite, & qui n'ont qu'à jouir de
fes prefens font ravis d'apprendre qu'ils n'ont que
faire d'interrompre leurs plaifirs, pour fe fatiguer par
des Examens & par des Recherches qui n'aboutif-
fent qu'à multiplier les Doutes ; Ils ne favent rien
& ils font charmés d'apprendre que ceux qui paffent
pour les plus Savans n'en favent pas plus qu'eux.

Après tout cela, vous étonnerés-vous, dirois-je à
mon Philofophe, que les Pyrrhoniens foyent écoutés ? Mais j'ai encore un autre fait à vous apprendre :
Chés nous, comme chés tous les autres Peuples,
les Miniftres de la Religion ont un Rang & des
Revenus ; les plus petites Dignités de l'Eglife ne
laiffent pas de relever les perfonnes de baffe condition, & d'être un grand objet pour eux, & il en
eft qui font recherchées par les perfonnes de la premiere qualité. Par-là vous comprenés que bien des
gens peuvent fe déterminer à l'étude de ces motifs
purement humains ; Ceux-ci, pour arriver à leur
but, n'ont que faire d'éxaminer : C'eft une peine
fuperfluë ; bien fouvent ce foin ne feroit que les retarder : Se faire une Idée bien complette des fentimens reconnus pour vrais dans le Pays, où ils vivent, & autorifés par ceux qui y dominent, fe
rendre ces fentimens bien familiers, marquer pour
eux un grand zéle, avoir la memoire bien remplie
de tout ce qui peut contribuer à les appuyer, pouvoir s'énoncer avec facilité & avec élegance, favoir
faire fa Cour aux Grands, favoir cenfurer, & flatter à propos ; Voila les moyens les plus propres
pour parvenir aux premiers Rangs. Quand donc,
par ces moyens, ou par d'autres circonftances un
homme qui n'a point conduit fes Etudes avec un

Efprit

Esprit d'Examen, se voit dans des Emplois qui donnent de l'autorité, & est appellé à instruire & à conduire les autres, il ne pense qu'à les mettre dans le chemin qu'il a suivi lui-même, on lui déplait par conséquent, & on perd sa protection & sa faveur, si on en choisit quelqu'autre; Surtout ne s'étant point accoûtumé lui-même à raisonner juste & à penser avec exactitude & avec précision, il ne peut souffrir qu'on l'inquiete & qu'on l'embarasse par des raisonnemens, il en fait perdre le goût à ses Disciples ; Ceux-ci en ont à leur tour, chés qui ils établissent les mêmes préventions, de sorte qu'un seul homme devient capable de faire un mal infini : Pour vous le faire mieux comprendre, je dois ici vous dire que chés nous on est fort accoûtumé à se payer de certains Mots ; c'est une espece de Monoye respectée, & qu'on n'ose pas refuser dès qu'elle est frappée au coin de l'Usage & de l'Autorité. On ne dit pas que pour être bon Chretien, il faut renoncer au bon Sens, & abandonner les Notions communes ; cela seroit trop dur ; On se contente de dire, qu'il est bon de ne point tant écouter la Raison ; encore évite-t-on ces expressions autant qu'on le peut, elles paroissent trop fortes & trop crues ; On prend un autre tour : Au lieu de distinguer les Docteurs en *Raisonnables* & en ceux qui *ne le sont pas*, on employe des autres termes, On rend vénérables les-uns par le Titre de Théologiens, & on cherche à fletrir les autres par le sobriquet de *Rationalistes*. Il est arrivé à quelques-uns de ces bonnes gens, sans mauvaise intention je pense, mais d'une vûe un peu trop courte, & qui n'avoient pas eu la précaution d'emprunter les yeux, c'est-à-dire les Conseils d'autrui, pour suppléer à leurs lumieres, il est, dis-je, arrivé, à ces bonnes gens, qui aimment à charger du ridicule Epithete de *Rationalistes*, ceux dont l'Esprit & la Raison les importune, de recommander à leurs Disciples la Lecture des Pyrrhoniens, pour les disposer au mépris de cette Raison, qu'ils n'ont pas, & qui leur fait tant de peine dans les autres : On a écouté & on a suivi ces Conseils, on a lû les Pyrrhoniens, on s'est donné dans le Pyrrhonisme & dans ses suites naturelles ; Alors ceux qui avoient été les premiers Auteurs d'un si bel Ouvrage se sont mis fort en coler. Ils ont crié, ils ont tempêté contre ceux qui s'étoient jettés dans le Précipice qu'on leur avoit loué, & sur les bords duquel on les avoit conduits ; Mais par-là ils ont rudement entrepris d'arrêter les progrès du mal qu'ils avoient fait, comme si, par des censures & par des criailleries on pouvoit suppléer à la voye du Raisonnement qu'on ne fait pas mettre en oeuvre.

Mauvais effets de l'impatience

,, XIV. EN VERITE, diroit cét Indien, vous me faites une peinture bien triste de votre Europe, & si cette Religion pour laquelle je ressens de l'estime & du penchant, sur le Portrait que vous m'en avés fait, n'est pas effectivement Divine, il faut qu'elle tombe, puis qu'elle ne peut se soutenir que par Miracle, quand ceux qui ne devroient que penser à l'affermir & à la défendre contre toute attaque, lui portent des Coups si funestes, en se mettant en contradiction avec la Raison, & en s'unissant contre elle avec les Ennemis de toute Lumiere : Pour moi, continueroit-il, si je passe une fois en Europe, & si je me convainc de sa verité, je sens que je prendrai mon zèle jusqu'à m'associer avec tout autant de personnes que je pourrai, pour me séparer, avec eux, des ennemis declarés de la Raison, & par là de la Religion ; Je ne laisserai échapper aucune occasion de tomber sur ces malheureux, & il me semble qu'on ne sauroit couvrir de trop d'opprobre des gens qui deshonorent à ce point la nature humaine.

Mais je lui répondrois. Je vois bien que vous n'êtes pas au fait de diverses circonstances qui vous obligeroient à prendre de tout autres mesures. Un temps a été, & ce temps dure encore en Europe, dans plus d'un Pays, qu'on se faisoit un devoir de haïr tous ceux que lon croyoit dans quelque erreur dangereuse ; On n'en parloit qu'avec mepris, on les accabloit de reproches, de censure, d'epithetes fletrissantes. A peine leur laissoit-on la liberté d'éxposer leurs sentimens & de faire leur Apologie ; Après leur avoir ordonné de se retracter & de se condamner eux-mêmes, avec les expressions les plus ignominieuses, on les dépouilloit encore de leurs Emplois & d'une partie de leurs biens. Que s'ils refusoient d'approuver ou d'adopter les sentimens reçûs dans le Pays, où ils étoient, ils devoient se féliciter d'en être quittes pour la Prison & le bannissement ; car pour l'ordinaire on faisoit perir, par des Supplices, ceux qui ne favoient pas penser précisément comme les autres. Si je vous rapportois les Scenes sanglantes dont ces principes inhumains ont été suivis, ce seroit alors que vous frémiriés d'horreur & que vous vous recrieriés sur l'opprobre dont on a fletri la Nature Humaine par cét esprit de persecution. On en revient beaucoup, & , pour faire honte aux Chrétiens d'avoir oublié & foulé aux piéds un de leurs plus essenciels Devoirs, la Providence a voulu qu'un Pyrrhonien des plus obstinés leur ait ouvert les yeux sur un si long & si honteux égarement, & le ait enfin ramenés dans les idées d'Equité & de Charité que J. CHRIST & ses Apotres avoient données à leurs premiers Disciples ; On comprend que l'on deshonore la verité dès qu'on a recours à la contrainte ; C'est se défier de son Evidence & compter peu sur sa force & sa lumiere, que d'imposer silence à ceux qui l'attaquent, & n'oser pas se mesurer avec eux à armes égales ; On sait donc plus d'attention à la maniere dont il convient d'en user pour l'honneur de la Verité, qu'à ce que méritent ceux qui se déclarent contr'elle. Nous avons, par exemple, des Déïstes, c'est à dire, des gens qui, ne pouvant pas s'aveugler jusqu'à regarder cét immense Univers comme un jeu du hazard, reconnoissent un Createur qui en a formé les differentes Parties & leur a assigné leur place & leur arrangement ; Mais ils pensent que ce Createur ne donne aucune attention à la conduite des hommes, ils croyent qu'il les laisse naitre, vivre, mourir & s'agiter sur cette Terre comme il leur plait, sans s'y interresser davantage qu'au vol des moucherons : On voit quelle est l'affreuse influence de ce sentiment sur les Moeurs. Cependant on n'emprisonne pas ceux qui en font profession, on ne brûle pas leurs Livres. Qu'avanceroit-on par là ? Déjà il est certain que c'est dans les Pays, où la contrainte & la violence en matiere de Religion régne le plus, que l'on voit le moins de solide Religion, & que les Moeurs font les plus corrompuës. De plus ce qu'on n'ose pas publier, on se le dit en secret, & ceux à qui on le dit en sont ébranlés, sans oser exposer leurs Doutes, qui se changent dès-là en Certitude : On soupçonne qu'on ne défend aux gens de parler que par l'embarras où l'on se trouve, dès qu'il s'agit de leur répondre ; & les Défenseurs de la mauvaise Cause regardent, comme un Triomphe pour elle, le chagrin qu'elle fait aux autres, & les voyes d'emportement qu'ils mettent en oeuvre à la place des raisonnemens tranquiles, bien suivis & bien poussés ; les seules armes dont il conviendroit de se servir. Si on punissoit les Déïstes, dont je viens de parler, on conclurroit bientôt qu'il faut encore punir ceux qui se bornent à reconnoitre une Providence, qui ne recompense & ne punit les hommes que dans cette vie, & qui ne fait rien au delà : On regarderoit ensuite comme dangereux & comme punissable, le sentiment qui pose l'Ame Mortelle de sa Nature, mais qui la reconnoit Immortelle par un effet de la Toute-Puissance

Mr. Baile Commentaire Philosophique.

ce de Dieu ; Dés la on maltraiteroit ceux qui croyent son Immortalité, mais qui ne tombent pas d'accord que ce soit une substance bien distincte de la substance Corporelle ; On viendroit ensuite à persécuter ceux qui oseroient dire que l'Ame ne pense par toujours, qu'la pensée n'est pas absolument essentielle à sa nature, qu'elle peut exister sans penser, & que souvent on ne pense pas quand on doit, & que les hommes stupides ne pensent pas toujours. Par le moyen des consequences & des liaisons que les erreurs ont entr'elles, aussi bien que les Verités, on trouveroit moyen de répandre du Crime sur tous les écarts de l'Esprit Humain ; & comme chacun prétendroit avoir la Verité de son côté, au lieu des paisibles Conferences propres à la faire connoître, on passeroit des Disputes aux Invectives, des Invectives aux Coups, & le zéle pour la Verité deviendroit, parmi les hommes un prétexte de Brigandages, qui dureroient autant que la Terre. (B)

De quelle maniere il convient d'agir avec les Pyrrhoniens.

XV. TRAITE'S le Pyrrhonisme d'Erreur pernicieuse, fatale, honteuse au Genre humain ; dites que c'est une Abomination & qu'elle renferme seule ce que toutes les autres ont de dangereux : J'en tomberai d'accord, & quand je le publierois, je ne crois pas qu'on trouvât mes expressions trop fortes & qu'on m'accusât d'exagerer ; On a fait des Loix, ceux qui les ont faites ont compris, ou ont crû comprendre ce qui étoit le mieux pour l'Utilité du Genre humain : On les a observées parce qu'on a crû qu'il valoit mieux les observer que de les négliger : On n'auroit rien fait de tout cela, si on avoit été Pyrrhonien, ou si on avoit pensé conformément au Pyrrhonisme. Pourquoi faire des Loix, qui peut être sont *Injustes*, peut être *Inutiles*, peut être *Pernicieuses* ? Pourquoi les observer, puis qu'il n'est pas plus sûr qu'il en arrive du bien, qu'il est sûr qu'il en arrivera du mal ? Il y a eu parmi les hommes des honnêtes Gens, parce qu'il y en a eu qui étoient très-persuadés d'une distinction réelle entre la Vertu & le Vice, très-persuadés que le Bien honnête est préférable à tous les autres, très-persuadés encore qu'il n'y en a point de plus Utile, parce que l'Etre Suprême aime à voir qu'on donne la préference à ce bien-là, & qu'il veut recompenser, d'une maniere digne de lui, un choix si raisonnable. Metrés-vous dans l'Esprit que tout cela est Incertain, pourquoi respecter, & prendre pour Régle de la Vie, des Idées qui peutêtre ne sont tout au plus que d'agréables Illusions, & de belles Chimeres ? Pourquoi se contraindre pour les suivre & renoncer à des Interêts qui paroissent réels & présens ? Un homme incertain s'il fait mal, s'il fait bien, s'il fait mal, si sa vie est un bonheur ou un malheur, s'il la tient d'un Etre bon, **ou d'un Etre qui se plaît à tromper & à faire du mal**, quel parti doit-il prendre que celui de ne réflechir point, puis que toutes ses réflexions ne peuvent aboutir qu'à de nouvelles incertitudes, & par là à de nouvelles inquietudes ? Dès-là encore, quel autre parti doit-il prendre que celui de s'étourdir, & d'oublier que l'on sort à de triste, pour se livrer aux Voluptés ? Pourquoi préferer le Devoir à l'Interêt, quand je n'ai aucune certitude sur le Devoir ? Mais peut être que cét Interêt, auquel je m'abandonne, me causera dans la suite du préjudice ? C'est ce que j'ignore, je sens au contraire qu'il me donne un plaisir présent, & il me paroit qu'il en va naître plusieurs autres. Pourquoi un homme se donnera-t-il la peine de lire, de méditer, de faire des conjectures, & de chercher à les justifier par des experiences ? Pourquoi en remarquer avec scrupule toutes les circonstances ? Pourquoi en chercher les causes, & en tirer des consequences, si, par tous ces soins on n'apprend rien ? Dira-t-on ; Il est vrai, on ne s'assure de rien, mais si on est privé de cette satisfaction, on a au moins le plaisir de combattre les sentimens opposés, & de faire voir que ceux qui croyent savoir quelque chose, se flattent, & sont bien loin de ce qu'ils pensent être. Quoi donc le seul plaisir de contredire soûtient un Pyrrhonien dans le travail ? Mais si par cette raison il ne se décourage pas ; il faut tout ce qui peut pour ôter tout courage aux autres. Il suit de tout cela, qu'on trouve dans le Pyrrhonisme, l'éponge des Sciences & des bonnes Moeurs. Ce sont là des Verités dont je suis persuadé, & que je ne me ferois aucune peine de publier. Mais quand je me trouverois avec un Pyrrhonien, je n'aurois garde, non seulement de débuter par des Reproches & des Censures, je me ferois encore une Loi de m'en abstenir entierement : Je ferois abstraction des suites de sa maniere dangereuse de philosopher, je m'appliquerois à répondre tranquilement à ses Objections, & cela me feroit d'autant plus facile que nous n'avons pas des Pyrrhoniens déclarés ; Ils usent tous de quelque déguisement ; je n'en ai jamais vû qui ait paru douter de son existence, douter qu'il eut des yeux & des mains, douter qu'il eut lû, qu'il eut écrit, qu'il fut en conference : Seulement, dès qu'une question est mise sur le tapis, quelque parti qu'on ait pris, de quelques preuves qu'on se serve pour l'appuyer, il leur paroit les preuves assés convaincantes ; Il leur paroit, disent-ils, qu'il y en a d'aussi fortes pour le parti contraire ; Il est vrai que d'une Question particuliere, on vient quelquefois à la Question generale de la Possibilité de la Certitude ; mais il faut toûjours raisonner avec eux, comme si ce n'étoit que le feu de la Dispute qui les eut conduits si loin, & sort au delà de leur premiere intention. Il ne convient pas que ceux qui font une singuliere profession d'écouter & de respecter la Raison, cédent en honnêteté en politesse à des gens qui affectent de soûtenir qu'on ne peut trouver aucune difference sûre entre le Vrai & le Faux, le Raisonnable & ce qui ne l'est pas,

Il y a pourtant une occasion où je me permettrois **de presser d'avantage un Pyrrhonien ; SI**, comme il leur arrive, il avoit affecté de dire devant moi ; que la Raison lui paroit incapable d'amener à aucune certitude : Qu'en particulier, & sur tout, non seulement elle ne voit goute en matiere de Réligion, mais que ce qu'elle nous présente, & ce qu'elle nous fait voir, & les pretendues lumieres dont elle nous éclaire, vont tout droit à renverser la Réligion de fond en comble ; mais

qu'avec

(B) La voye d'Autorité a eu tout l'effet qu'on en attendoit, dans des temps où l'on se soûmettoit à des Décisions qu'on n'entendoit point & qu'on ne se mettoit nullement en peine d'entendre, dans des temps où l'on se rangeoit à des Rites & à des Ceremonies sans la même facilité qu'au Ceremonial établi par des Loix Politiques, & aux modes autorisées par l'usage & par l'exemple des personnes d'un Rang Superieur. Aujourd'huy les choses ont bien changé de face, à cét égard, & ceux qui entreprennent d'illustrer les autres à leurs décisions, en doivent establir la Verité par de bonnes preuves. En vain ont-ils le pouvoir de punir & de recompenser ; Ils ne sçauroient imposer silence à tout le Monde ; Leur autorité ne s'étend pas sur toute la Terre & il se trouve des gens en liberté de découvrir leurs erreurs s'il leur arrive d'y tomber. Ce n'est pas que l'Impatience qui est si naturelle à l'Esprit humain & l'effet ordinaire de sa Vanité & de sa répugnance pour la peine, ne sollicite presque partout à recourir à la voye abregée de l'Autorité. Le Respect que l'on doit à un Corps, dont on a l'honneur d'être Membre, fait très-souvent, sur ce sujet illusion aux plus modestes, & ils se flattent d'appuyer de leurs suffrages, par un Principe d'Humilité, des Arrêts donnés avec beaucoup trop de hauteur.

Un Ecclesiastique d'un très-bon caractere, me demandoit très-serieusement, pourquoi j'entreprenois l'Examen de M. Bayle ? Rien ne luy paroissoit plus inutile que ce dessein, car, ajoutoit-il. Il a été foudroyé par un Synode. Mais les Partisans de M. Bayle s'y soûmettront-ils ? Et ce Synode n'est-il pas luy-même soûmis à un autre, de beaucoup superieur, derriere les Remparts & l'Artilerie duquel M. Bayle se croyoit invincible & ne étoit ce foudroyer toutes les Réponses qui rendroient si foibles les Objections par où il se faisoit un divertissement de sapper la Réligion & la Morale. Dès que l'Autorité est en opposition avec l'Autorité, il faut que la Raison décide.

qu'avec tout cela sa Foi n'est point ébranlée, qu'il se tient ferme à la Révélation, & qu'il se moque de toutes les contradictions que la Raison y oppose. Dans un tel cas, & dans de telles circonstances ; je lui avouërois que ma Foi n'est pas aussi robuste que la sienne, & je le prierois de m'apprendre par quels moyens il est venu à bout de se procurer une Foi si inébranlable : J'aimerois même mieux lui faire ces Questions, me trouvant seul avec lui, qu'en Compagnie, de peur qu'il ne crût que je cherche uniquement à l'embarrasser : Pour m'apprendre de quelle maniére il s'est rendu à croire, sans aucun doute, & à se rendre de tout son coeur à la Lumiére de la Révélation, il faudroit qu'il me fit part de quelques-uns de ses raisonnemens ; car le moyen qu'il prétendit me persuader, que lui, qui doute toujours, parce qu'il ne trouve point de preuves assés fortes, ait cessé de douter sur un certain sujet, & qu'il s'en soit pleinement assuré sans preuves. Mais dès qu'un homme s'est rendu à un Raisonnement, il faut qu'il sit trouvé dans ce Raisonnement le caractére de la Certitude, la marque indubitable de la Verité, & cette marque je la lui ferois également remarquer sur un grand nombre de sujets : S'il me soûtenoit qu'il croit sans y avoir été amené par aucune preuve, je lui demanderois encore à quels traits il distingue sa persuasion de celle de tant de Fanatiques qui ne sont pas d'accord entr'eux, qui croyent des rêveries & ne rapportent la fermeté de leur persuasion qu'à la force toute-puissante de l'Irradiation Divine.

Dès-qu'il m'auroit ainsi parlé, je lui demanderois s'il ne fait pas un grand cas de cette Foi, qui est chés lui un présent immediat du Createur ? Je lui demanderois si conformément aux Saints Livres, que cette Foi lui fait reconnoître pour Divins, il ne la souhaite pas de tout son coeur aux autres hommes, & s'il ne se croit pas obligé de faire tout ce qui est en son pouvoir, pour les y amener & pour les y affermir ; & à plus forte raison, s'il ne se croit pas dans l'obligation d'éviter tout ce qui seroit capable de l'ébranler ? Je lui demanderois enfin s'il compte que cette Foi se trouve dans tous les Chrétiens au même degré ; s'il n'y en a pas de foibles, qu'il est nécessaire de ménager, & qu'on ne peut troubler, sans se rendre responsable devant Dieu des Inquietudes qu'on leur cause, des Doutes où les jette, & des suites de ces Doutes & de ces Inquietudes ? Je le prierois de m'apprendre quel plaisir il trouve à affliger & à scandaliser, par ses Objections continuelles, une infinité de bonnes gens ? Et si lui, qui a une Foi très-ferme, ne se fait aucun scrupule d'ébranler ceux qui en ont peu, de réjouïr ceux qui n'en ont point, de leur prêter des raisons dont ils sont charmés, des raisons qui les empêcheront de penser jamais à la Foi, & dont ils se serviront pour se détourner tout autant de gens qu'il leur sera possible ?

Si ce Pyrrhonien me parloit à coeur ouvert, & m'avouoit que tout ce qu'il dit de Dieu, de l'Ame, du Salut, de la Foi & des bonnes Moeurs, n'est que pour s'accommoder, autant qu'il le trouve nécessaire, au goût de la multitude, pour ne se voir pas chargé de l'aversion publique, & pour se ménager les moiens de répandre son Pyrrhonisme, sans s'exposer à l'indignation & aux coups des Zélateurs ; je prendrois occasion de la sincerité de son explication avec lui & de lui dire ; Vous n'êtes assuré de rien ; par conséquent, s'il se peut, selon vous, que la Réligion soit une Chimere, il se peut aussi qu'elle soit Veritable & effectivement Divine. Si cela est, considerés quel parti vous prenés lorsque vous la contrecarrés sans cesse, & que vous faites des efforts continuels pour l'arracher de tous les coeurs sans nécessité. Ne serés-vous point effrayé à la pensée de ce que vous risquiés ? D'un côté vous vous exposés au plus grand des malheurs, si la Réligion est veritable ; & d'un autre côté, au cas qu'elle soit

une Chimere, que gagnés-vous par vôtre conduite ? Quel bien faites-vous aux hommes, en les désabusant d'une Illusion qui leur est chére, qui leur est agréable, qui leur est utile ? Comparés la maniere dont vivent nos Libertins, avec celle de ceux qui sont véritablement persuadés du Christianisme ; De qui est-il plûtôt à souhaiter que les Villes & les Campagnes, que les Tribunaux des Juges, & que les Boutiques des Marchands & des Artisans soyent remplies ? Quand je me tromperois moy-même, nous ne sommes pas dans le même cas, nous sommes dans des Circonstances très-opposées ; je conçois que vous faites aux autres de grands maux, & que vous vous en attirés à vous même d'épouvantables : Vous me percés le coeur & vous me forcés à vous être contraire, voilà l'état où je me trouve : Mais pour vous quelle Loi pouvés-vous alleguer qui vous oblige d'arracher la Réligion du coeur humain, & d'anéantir la certitude de toutes les Régles & de toutes les Connoissances ? Vous êtes dans le Doute ; De qu'elle nécessité est-il pour vous que les autres y soient ? Demeurés dans le silence, je plaindrai vôtre état, j'aurai regret à vos ténebres ; mais je ne laisserai par de vous estimer & de vous aimer à cause de vôtre discretion ; je vous en rendrai graces ; Mais si au contraire vous vous obstinés dans une conduite, que je ne puis m'empêcher de regarder comme fatale aux hommes, voyés à quoi vous me reduisés ? Votre sureté, votre repos, le soin de votre honneur & de votre réputation vous obligent à des déguisemens, dont vous venés de vous affranchir avec moi ; Laissés-moi en pouvoir de vous garder le secret, & de ne point abuser de votre confiance. Portés encore un peu plus loin le soin de vos Interêts, & ne vous hazardés pas à devenir l'instrument de la Damnation d'une infinité de personnes, que vos discours pourroient aisément jetter dans l'Irreligion & dans la Licence.

Si malgré toutes ces répresentations vous continués ces démarches, un Pyrrhonien s'obstinoit sans pudeur, d'un côté, à mépriser les Lumieres de la Raison, d'un autre, à les faire valoir pour rendre méprisable la Réligion ; je me croirois en droit de le regarder comme un homme de mauvaise foi, & dont le coeur se plairoit à faire du mal ; Mon air & mes manieres feroient naturellement connoître, que je n'ai pour lui ni estime, ni amitié ; & ce que je dois essentiellement aux autres hommes m'obligeroit à leur faire comprendre que son commerce ne peut être d'aucun usage, & peut devenir très-dangereux. Pourroit-on sans injustice trouver mauvais que je ne prise pas plaisir avec des Débauchés, qui s'émanciperoient à tout coup à des Indécences, & ne perdroient aucune occasion de dire des Obscénités ? N'aurois-je pas tort de me plaire & de vivre en commerce familier, avec des Blasphemateurs, avec des gens qui feroient profession d'Usure, de Faux Témoignage, ou de vendre leurs Suffrages, & de mettre à prix leur Crédit ? Pourquoi aurois-je plus de complaisance pour des gens qui dévoüeroient leur Génie à renverser toute Régle & toute Réligion.

XVI. JE DEMANDE la permission de faire encore une fois parler l'Indien, je n'y reviendrai plus, & je vai finir une scéne qui, peut-être, aura déja paru trop longue à mes Lecteurs. " Vous ", venés, me diroit-il, d'entasser un grand nom- ", bre de raisons, pour faire vôtre Apologie & ", pour établir le Droit, où vous seriés de mé- ", priser ou d'abandonner un Pyrrhonien déterminé ", à nuire aux autres hommes ; Pour moi je n'au- ", rois pas besoin de tant de précautions, pour ", mettre à couvert ma Délicatesse, & il me paroit ", que tout homme raisonnable est, par-là même, ", affranchi de l'obligation de se plaire avec des ", foux, & que rien ne peut l'engager à la com- ", plaisance de vivre avec eux.

Raisons pour lesquelles on doit user de ménagement avec les Vicieux.

Vous

Vous ne seriés pas, lui réprondrois-je ; tout à fait dans ces sentimens, si au lieu de vous abandonner uniquement au genre de vie que vous avés choisi, & qui convenoit le mieux à votre Raison & à votre humeur ; & si, au lieu de passer vos jours à philosopher dans la retraite, vous aviés vécu, comme on est obligé de le faire en Europe, dans le Commerce du Monde. Il est des foux de tant d'espèces que si on vouloit rompre avec tous, il faudroit prendre le parti de la solitude, mais ce parti est dangereux, & on y devient souvent plus déraisonnable que ceux dont on a compté de s'éloigner.

Quand on vit dans le Monde, on a, de temps en temps, à faire à des gens qui se croyent très-raisonnables, & qui ne connoissent pas seulement la Raison ; On gâteroit tout si on heurtoit directement leurs préjugés ; Pour ne pas leur nuire, & se nuire en même temps à soi-même, il faut étudier leurs *Marottes*, & en tirer tout le parti que l'on peut. Dans le Monde nous sommes obligés de vivre avec toutes sortes de Gens. Par exemple, vous verrés un homme qui écoutoit si attentivement les autres, il y a six mois, & qui ne se croyoit qu'une capacité médiocre ; mais dès que la Fortune l'a chargé de nouveaux Titres, & l'a revêtu d'une certaine autorité, il n'y a rien sur quoi il ne décide, & à peine daigne-t-il se rendre tant soit peu attentif aux réprésentations les plus sensées & les plus raisonnables de ceux dont il auroit été ravi d'emprunter des Lumières, il n'y a que fort peu de temps ; Son évélation lui a fait tourner la tête.

L'Avarice & le peu de santé s'unissent pour éloigner un autre des plaisirs, & du tracas où les gens du Monde s'abandonnent ordinairement ; En voila assés pour l'engager à se regarder comme un Saint ; Cependant rien n'est plus sordide, plus bas, plus rampant, plus attaché à la Terre. Si vous en exceptés le plaisir qu'il a de faire passer ses Revenus en Fonds, & de se croire plus Riche que les autres, sa Vie se passe sans agrément ; Il a pourtant des frayeurs inexprimables de la perdre ; Cét homme de bien craint la mort comme s'il étoit sans espérance ; l'effroi qu'il en a est cause qu'il se croit à tout coup malade & très-malade ; En vain son devoir l'appelle à quelque fonction, dès-qu'il ne lui en revient que la satisfaction de s'en acquiter, il s'éxcuse sur ses incommodités ; mais avec l'appas de quelques sols, on le fait sortir du Lict, & il se porte mieux dès-qu'il peut faire le moindre gain ; Ce n'est pourtant pas pour lui qu'il amasse, car de la manière dont il vit, de quoi a-t-il besoin ? Ce n'est pas non plus pour ses enfans ; Il n'en a point ; Il ne s'apperçoit pas que ses héritiers s'ennuyent d'attendre sa Mort, & que tous les soins qu'ils paroissent prendre de sa Vie, n'ont pour motif que la crainte de le voir changer de sentiment. On n'ose point dire en face à ces gens-là leurs Vérités.

On en voit d'autres qui ne pensent qu'à la bonne Chere & aux plus grossières Voluptés, & qui paroissent encore avoir moins d'idée des plaisirs de l'Ame & de la Raison, que les plus sordides Avares, mais qui ne connoissent & n'aimant que cette vie, ne laissent pas de s'éxposer à la perdre avec la même étourderie & le même abandon que s'ils en étoient ennuyés, & qu'ils n'eussent plus rien que du dégoût pour ses plaisirs.

Tel part pour l'Armée d'un air humble & mortifié, sur un méchant Cheval, & accompagné d'un Valet à pié ; mais parce qu'il en revient tout doré, il remplit son cœur de tous les sentimens qu'un Roi de Theatre fait paroitre sur la Scéne ; Il se croit au dessus de tout le Monde, parce qu'il se voit sur un Cheval de prix, dont le regard est fier, l'allure superbe, & dont il se croit en droit d'imiter la férocité ; il est fou, on le pense ainsi, mais on ne lui dit pas, parce qu'on ne veut rien faire contre la politesse, & qu'une partie du savoir-vivre consiste à passer aux hommes leurs folies, & à regarder sans chagrin les écarts de ceux qui manquent de Raison.

La plus grande partie des hommes passent leur vie, d'un côté à penser aux moyens de devenir Riches, & d'un autre à dissiper leurs Biens ; Ce dont l'acquisition leur donne tant d'inquietude, ils en consument la plus grande partie à ruiner leur santé & à déranger celle de leurs Amis : Au sortir d'un grand Repas, chacun se plaint, & le lendemain chacun recommence : Au bout de quelques jours il faut avoir recours aux Médecins, & passer par les desagrémens de leurs Remedes ; Mais on n'en est pas plûtôt guéri, qu'on travaille à se rendre malade, comme si on ne l'avoit jamais été, ou qu'on ne pût l'être qu'une seule fois.

Un homme attache à la quantité de ses Revenus toute sa félicité & toute sa Gloire ; L'expérience l'a dû convaincre mille fois que le Jeu lui est fatal, il s'y échaufe pourtant, il s'y chagrine, & à voir les agitations qu'il s'y donne, vous diriés que c'est pour lui un Supplice ; Il comprend qu'il s'y ruïne, cependant il ne peut s'en passer ; Il aime le Bien, il l'aime avec excès, & cette Inclination le rend capable de mille Bassesses & de mille Injustices. Ce qu'il aime avec tant d'excès il ne le fait pas moins passer avec profusion, dans des mains qui ne lui en savent aucun gré, pendant qu'il en refuse une très-petite partie à des gens qui en auroient une éternelle reconnoissance ; Il aime le bien à la fureur, mais il semble qu'il aime encore plus à le perdre.

Permettés moy de revenir à un évenement dont je vous ay déja entretenu : Une Compagnie entreprend un trafic, un très-grand nombre de particuliers lui fournissent de l'argent, elle leur fait des reçus de cent pieces, dont elle leur paye la rente. Tout d'un coup un de ces billets se vend 150, un peu après 200 ; Dès-là celui qui l'a acheté pour 300, le revend pour 400 ; Il se repent ensuite de cette vente ; il en rachete d'autres pour 500, Il les vend à 600, il y a regret & il en rachete à 800, on va jusqu'à 1000. L'Europe auroit à peine pû fournir à faire le Capital de ces sommes, dont il falloit payer les revenus ; Cela étoit manifeste, & il n'y avoit qu'à y penser, pour s'en convaincre ; mais la mode étoit venuë de penser seulement Nous allons devenir Riches. On ne vouloit point d'autres Idées, on ne s'entretenoit d'aucun autre sujet ; ceux qui marquoient quelque doute, sur ce nouveau genre de commerce & qui se hazardoient de donner quelques avis opposés au torrent, passoient pour des Esprits timides & bornés, qui n'étoient point au fait de ce Négoce. Tout d'un coup, le fil auquel tant d'espérances étoient suspendues, se rompt, & chacun est d'autant plus étourdi & plus accablé de sa chute, qu'il s'étoit élevé plus haut. Et qui sont ceux qui s'étoient si grossièrement trompés ? Un bon nombre de gens qui, sur tout autre sujet, méritoient & méritent encore d'être écoutés, comme des modéles de Sagesse, de bon Sens & de Pénétration.

Vous voyés par tous ces exemples, continuerois-je de dire à mon Indien, que chés nous les personnes les plus raisonnables ne vivent pas toujours conséquemment. Si les plus sages se démentent quelquefois, pourquoi n'aurions nous pas des Pyrrhoniens, qui, à certains égards, sont en perpétuelle contradiction avec eux-mêmes. Nous avons encore, comme vous venés de l'entendre, des vicieux de toute espéce : Mais il est de nôtre intérèt & de celui de la Société, qui nous doit encore être plus cher que le nôtre, de vivre tranquilement avec eux, de ne les brusquer pas & de conserver les diverses relations que nous pouvons avoir avec eux ; On peut, & l'on doit, quand on en est capable, & qu'on en rencontre les occasions, peindre le vice des couleurs

qu'il

qu'il mérite & travailler à le rendre méprisable & odieux ; Mais ce ne seroit pas un moyen propre à en éloigner les hommes , que de les fuïr dès qu'ils y tomberoient , ou de ne les approcher que pour leur addresser des Censures : Les avis mêmes & les corrections les plus douces ne font point l'effet auquel on les destine , si elles ne sont pas ménagées avec une grande circonspection. (C)

Et avec les Pyrrhoniens en particulier.

XVII. UN PYRRHONIEN me paroit plus déraisonable & plus dangereux , que tous ceux dont je viens de parler ; car enfin , n'ouvrir la bouche que pour contredire les autres , ne méditer que pour se persuader qu'on ne sait rien , & qu'on ne peut rien apprendre , détourner sans cesse la vuë de la lumiere qui peut convaincre , pour s'embarrasser soi-même , & embarrasser ensuite les autres par des difficultés : s'efforcer de persuader aux hommes qu'il n'y a point de Régle sure , & qu'ils ne doivent se faire scrupule de rien ; s'obstiner à sapper les fondemens de la sureté communne , & de la sureté des particuliers , tout cela me paroit un renversement de Raison qu'aucune autre folie ne peut égaler ; Avec tout cela , non seulement , je n'aurois garde de dire en conversation à un Pyrrhonien , que je le considére comme un fou , il me paroit même que ce seroit très-mal entendre les intérêts de la Raison , que de se borner à avertir les autres hommes de la folie de ceux-ci , sans les en convaincre par les preuves que je viens d'alleguer. La Verité doit profiter de tous ses avantages ; & au lieu de se borner à punir les Pyrrhoniens par le mépris & le silence , il faut raisonner avec eux & contr'eux , comme l'on seroit avec des personnes raisonnables & prêtes d'écouter la Raison : & voici encore pourquoi. Si la Raison d'un Pyrrhonien obstiné est attaquée , si son Esprit est malade , ce mal me paroit presque incurable. Il n'en est pas des maladies de l'Esprit comme de celles du Corps , on ne sauroit forcer des hommes , dont l'Esprit est dérangé , à user , malgré eux , des Remedes qui peuvent les rétablir , leur Mal consiste à refuser ces Remedes , & à se croire en meilleur état que ceux qui les présentent. Quand on écrit contre le Pyrrhonisme , on ne doit pas se flater qu'on ramenera les Pyrrhoniens déja déterminés à l'être toujours , & qui se plaisent dans leurs doutes. Tout ce à quoi on doit s'attendre , c'est de profiter de quelque respect qu'ont encore pour la Raison ceux qui se sentent ébranlés par les sophismes des Pyrrhoniens , & de leur faire goûter l'évidence qui conduit à la Certitude. Mais pour cela , les voyes les plus tranquiles font sans contredit les plus efficaces.

Il n'est pas même tout à fait impossible de ramener un Pyrrhonien de ses écarts , & de le guérir de sa maladie. Un Pyrrhonien , comme je l'ai remarqué , ne l'est pas toujours ; On peut donc profiter de ses bons momens pour l'accoutumer à faire cas de l'évidence , pour lui donner quelque inquiétude sur son sort , & lui ouvrir les yeux sur les intérêts. Il en est des maladies de l'Ame , comme de l'yvresse qui en est aussi une ; Elles ne durent pas toujours , il y en a de plus d'une espéce , & de plus d'un dégré : Quelques verres de liqueur ne troubleront pas assés le Cerveau d'un homme pour lui faire dire des extravagances , mais ils pourront donner assés de pointe à sa vivacité pour le porter à exagerer , à décider trop vite , & à s'obstiner dans ses décisions : Dans le cas d'une yvresse totale , il est inutile de disputer , mais quand un homme est simplement trop animé, il n'y a qu'à s'y bien prendre pour luy faire entendre Raison.

On peut encore considerer les Pyrrhoniens sur le pié de *Fanatiques*. Or l'Experience fait voir qu'on peut par de bons raisonnemens prévenir l'*Enthousiasme*, & empêcher aux hommes d'y donner , & il n'est pas même sans exemple que la Raison en air enfin ramené. Tout *écart de la Raison est Fanatisme*. Quelquefois on préfere à cette Raison des Imaginations absurdes & outrées en matiere de Religion ; Quelquefois aussi l'Ecart , au lieu de se tourner du côté de la Réligion , se tourne du côté opposé , & l'Incredulité a aussi ses Fanatiques : On en voit d'un zéle emporté , on en voit qui débitent avec la plus grande assurance les raisonnemens les plus extravagans. Toute conjecture leur est bonne , pourvû qu'elle se trouve en opposition avec ce que les autres hommes respectent comme des Verités Divines. On est surpris de voir que des hommes soyent capables de fonder leur sort éternel sur des raisonnemens si legers , sur des argumens si foibles ; mais dès qu'on lit leurs Ouvrages , avec quelque attention , on s'apperçoit bientôt qu'ils extravaguent , & qu'ils ont leur Galimathias tout comme les Enthousiastes.

Nonobstant la jalousie si commune entre les Nations , & le Préjugé qui engage un Particulier à regarder la préference qu'il donne à la sienne , comme un devoir dont il s'acquitte envers sa Patrie , on convient assés généralement que l'Angleterre , est le Pays où il se trouve le plus grand nombre de personnes d'un grand Sens , d'une Erudition profonde , d'une Pénetration exquise ; Mais il n'y a en Angleterre aussi où l'on voye , à beaucoup près , tant de *Fanatiques* : Il y en a entr'autres plusieurs dont le *Fanatisme* se tourne du côté du *Libertinage* : Un Seigneur d'un grand génie Poëte & Libertin , pour n'être pas important par sa Raison , & pour se mettre en état de n'être jamais troublé par les Lumieres , avoit pris , pendant plusieurs années , la précaution de s'enyvrer tous les jours. J'ay appris qu'un autre Seigneur , d'un grand mérite d'ailleurs , mais qui ne s'étant pas donné dans sa jeunesse le loisir de s'éclaircir sur la

lution

(C) De la maniere dont on vit en Europe , il n'y a que les Souverains en état de marquer pour le *Vice* un mépris qui s'étende visiblement sur les Vicieux (*a*) ; le reste des hommes est reduit à les ménager & à fermer les yeux sur leurs écarts. On a besoin pour vivre des secours les uns des autres ; qui veut vivre en sureté , ou du moins qui veut vivre en tranquilité , doit éviter sur toutes choses de se faire des Ennemis , & faire le censeur , c'est le moyen de s'attirer l'indignation de ceux que l'on ne connoit pas , en même-temps que celle de ceux qu'on connoit. Les Negocians ont besoin les uns des autres, les Artisans vivent dans la dependance de ceux qu'ils servent. Il faut que les Laboureurs s'entretiennent mutuellement dans diverses occasions. Je suppose un Homme Riche & qui a six fois plus de Rentes qu'il ne luy en faut pour vivre agréablement pour ses propres Terres , ne se bornant au commerce des personnes dont les vertus pourront contribuer à affermir les siennes. Mais plus les Terres de cet homme là auront d'étendue , plus il aura de voisins. Il suffit d'en avoir un ou deux , d'un goût tout opposé au sien , pour l'inquieter. Pour se garantir de leurs insultes & de leurs chicanes , il faudra avoir recours aux Magistrats , les Magistrats ne sont pas des Anges , & il est très-naturel qu'ils le préviennent en faveur de ceux qui leur font la Cour , & qu'ils les honorent de leur Protection preferablement à des inconnus , & à des gens dont la maniere de vivre singuliere paroit une censure continuelle des autres. Un Prince n'agrée pas des Sujets opulens qui ne vivent que pour eux-mêmes , & comme ils négligent de contribuer à l'éclat de sa Cour , par la dépense qu'ils pourroient y faire , ils sont negligés à leur tour. Outre cela , un partage reduit aisément les heritiers d'un Pere Riche au simple necessaire , & souvent encore pour avoir ce necessaire , ses petits-Fils ont besoin de secours & quand ils viennent présenter au service de l'Etat un Nom tout nouveau , ils ne trouvent pas , à beaucoup près , les mêmes facilités à en être secourus , que ceux qui pour recommandation à certaines mémoires des services rendus par leurs Predecesseurs. (*b*)

(*a*) Rien ne seroit plus digne d'eux & cèt honneur qu'ils fairoient à la Vertu les combleroit de Gloire : & auroit les plus heureuses suites pour le Genre Humain. Le Docteur Swift a écrit sur ce sujet un petit Traité qui mérite tous les Eloges. (*b*) Les Communautés Réligieuses paroissent offrir un azyle à ceux qui cherchent le Repos. Mais des personnes qui les ont étudiées de près, dans le dessein d'en profiter , ont trouvé que l'Interieur ne répond pas au Frontispice. Elles sont partagées & elles ont leurs maximes ; ses Jeunes Lugmes favoris , pour lesquels il faut marquer un grand zéle si l'on veut y être goûté. Le Monde est entré dans l'Eglise , & les Clercs ont besoin de la Protection des Laïques , dont il leur importe de ménager l'amitié.

DU PYRRHONISME.

Réligion, avoit pris depuis quelque temps la résolution d'y penser ; Malheureusement il tomba malade avant que d'avoir éxecuté son dessein, & il étoit sur le point d'appeller un Ecclesiastique, quand un Athée Fanatique accourut auprès de lui, & l'animant par les Idées confuses d'un faux honneur, l'invita à b ire un verre de Vin pour soûtenir son courage & mourir sans réflexion. Dans ce Pays-là & dans d'autres, on voit des gens très-foux à de certains égards, & qu'il faudroit enchaîner s'ils étoient également dérangés, dans tous les autres fins. L'un se croit Roi de quelque Etat éloigné; Un autre se croit un Apôtre; Celui-ci se croit Jesus-Chrift ; Celui-là se croit le Dieu suprême. Là & ailleurs un homme se croit une Poule, un Paon, un Canard, une Lanterne &c. Un Théologien se croyoit une bouteille, & malgré ce dérangement de cerveau, il continuoit à instruire ses Disciples, & les instruisoit bien ; seulement les avertissoit-il, quand ils approchoient trop près de luy, de prendre garde de ne pas le casser. Ne touchés point à la marotte de ces gens-là, vous les trouverés aussi raisonnables que qui que ce soit ; Il y a plus. Le même feu, qui les a dérangés, à quelques égards, les animant sur d'autres, où leurs Idées sont justes, non seulement ils pensent aussi bien que les plus raisonnables, mais ils s'énoncent quelquefois avec plus de grace & de force.

Ainsi dès qu'on s'écarte de la Raison on imite les Fanatiques & on est Visionaire plus ou moins à proportion que ces écarts sont plus grands & plus obstinés. Il en est de toute espèce ; L'un dogme dans la superstition ; Un autre se laisse aller à des Imaginations très-déraisonnables, mais Dévotes pourtant. Parmi ceux qui extravaguent, par un Esprit de libertinage, il est des Libertins grossiers qui vivent dans les plus honteux désordres ; Il en est qui ont plus d'honneur & qui cherchent même à en faire à leur Systême, mais ils veulent se conduire à leur gré ; l'idée d'un Etre, sur la Volonté duquel on doit régler jusqu'à ses pensées, leur paroit insupportable, & tout argument qui tend à en rendre l'Existence douteuse leur paroit excellent, parce qu'il leur fait plaisir. Il n'y a qu'à lire ce qu'a écrit Monsieur Toland, pour reconnoitre en lui un Visionnaire de cette espèce & qui compte sur des Lecteurs de son goût.

On lit que l'Arche alla devant les Israëlites, si dans d'autres endroits on ne lisoit pas qu'on la portoit ou se seroit imaginé qu'elle avançoit miraculeusement ; Il en est ainsi de la Nuée, ce n'étoit qu'un Fanal qu'on portoit. QUELLE CONSEQUENCE! Moyse reproche aux Israëlites leur Incredulité nonobstant la Nuée qui alloit devant eux. De quelle force auroit été son argument si ce n'avoit été qu'un Fanal porté par un autre homme ? Cependant M. Toland allégue ce passage comme une des preuves qui le favorisent, aussi bien que ce qui est dit Numb. XIV. vers. 14. Voila une Méthode bien singulière de prévenir les objections.

Ne falloit-il pas avoir l'Imagination aussi dérangée que celle d'aucun Fanatique pour composer le Pantheisticon, & pour un de ses plus beaux ornemens y inserer une ridicule Liturgie remplie de pauvretés (l'impieté mise à part) qui assortissent à celles-ci. O SEMPITERNE BACCHE, qui reficis & recreas vires deficientium, adsit nobis propitius in pocula poculorum ; Amen.

On voit par-là qu'il y a des foux de toutes les espèces ; l'entêtement des Pyrrhoniens est si outré qu'on peut bien les ranger dans l'une de ces Classes. A l'argument tiré de l'Exode XIV. vers. 19. & 20. il répond en alléguant l'éxemple de Cyrus, qui a été ensuite suivi par d'autres ; C'étoit d'allumer des feux derriere l'Armée ; De cette maniere on voyoit les Ennemis & on n'en étoit pas vû, mais tout le contraire arrive dans l'endroit cité. La colomne se place entre les deux Camps & est d'un côté tenèbres & de l'autre lumiére.

En baissant le fanal Moyse auroit sans doute fait acroire à ce Peuple Soupçonneux & Rebelle que Dieu étoit irrité contre lui.

L'Ange qui faisoit marcher la Nuée n'étoit que le Guide qui portoit le fanal. Voilà bien de quoi éclairer une si grande Armée. Il seroit beaucoup moins déraisonnable de rejetter tout net une Histoire que de l'expliquer ainsi ; Mais un homme vain ne veut se refuser aucune occasion de dire des choses éxtraordinaires : D'ailleurs il fait qu'il aura le plaisir de chagriner par-là des gens qu'il n'aime point ; & enfin il espere plus de succès, sur l'esprit de quelques personnes, de ces interpretations auxquelles il donne un air d'érudition, que d'une Négation toute simple de l'Histoire.

L'application de tout ce que je viens de dire aux Pyrrhoniens est fort juste & fort naturelle. Ne réveillés pas leur marotte en posant quelque Thèse Philosophique pour Matiere de Dispute ; Ne touchés point à la Réligion & à la Morale ; Ne ramenés point sous leurs yeux quelque Régle qui aille à leur gêner ; Consultés-les sur un Procès, sur une Vente, sur un Emploi, sur la structure d'un Edifice, sur l'ordonnance d'un Repas, sur quelque matiere enfin de leur goût, ils s'exprimeront en hommes sensés, ils soûtiendront leurs conseils par de bonnes raisons, ils léveront les difficultés qu'on leur opposera ; en un mot ils raisonneront avec toute l'éxactitude, tout l'ordre, toute l'attention & tout le bon sens qu'ils abandonnent tout d'un coup, dès qu'il s'agit d'éxaminer des sujets d'une toute autre importance : Il faut donc commencer par les apprivoiser avec la Raison & avec l'attention aux Régles, sur les sujets qui ne les effarouchent pas ; On pourra peu à peu les amener à soûtenir la vuë des Verités contre lesquelles ils étoient si prévenus.

Ils est donc des foux de toutes les espèces. Nous vivons avec eux pour l'ordinaire sans leur faire remarquer que nous nous appercevons de leur folie. A un Avare qui pâlit & qui séche sur ses Livres de Comptes ; à un Débauché qui s'enyvre chaque jour, ou qui s'attire les maux les plus honteux & les plus cruels, nous n'allons pas dire en face qu'ils sont des extravagans. Mais nous nous permettons, & dans de certaines occasions, nous nous faisons un devoir, de faire comprendre aux hommes en général qu'il y a autant de Folie que de Vice, dans les personnes qui vivent comme ceux dont je viens de parler. J'en dis tout autant des Pyrrhoniens. Un homme passe la plus grande partie de ses jours dans son cabinet ; à quoi faire ? A contredire tous les autres. On ne remarque point en lui d'empressement pour ces plaisirs des sens auxquels tant de gens s'abandonnent ; Il ne cherche ni Titres ni Richesses, il ne va point à la Fortune ; Ils se contente de donner tout son temps & tous ses soins à argumenter, directement ou indirectement, contre tous ceux qui croyent s'être assurés de quelque Verité : C'est là sa Marotte. Les hommes sont ainsi faits : A l'éxception d'un petit nombre qui respectent la Raison & qui en font leur Régle, chacun n'aime rien tant qu'à vivre conformément à son humeur.

XVIII. JE FINIS cette Section en repétant que les Pyrrhoniens, tels que je les conçois, sont des gens qui parlent & qui pensent comme les autres hommes, à l'éxception de deux cas. 1. Dès qu'on commence à s'entretenir sur quelque Question, de quelque nature qu'elle soit ; ils prennent toujours un parti opposé à celui des autres, & perdant entiérement de vuë tout dessein de s'éclairer, ils ne pensent qu'à entasser difficultés sur difficultés, à fuïr la lumière, & à se dérober aux plus fortes preuves : Ils sont enfin consister leur plaisir & leur gloire à ne point se rendre. 2. Il en est encore

Conclus, on & idée des Pyrrhoniens.

en particulier que l'esprit de doute & de contradiction saisit, sur tout dès qu'on leur parle de Religion & de Morale. Ils ne peuvent souffrir ce qui va à les gêner, & leur *Marotte* est de vivre, dans l'Indépendance, au moins interieurement. Lorsque quelque chose les accommode ils oublient leur maniere de philosopher, & ils s'attachent à ce qui leur plait tout comme le reste des hommes ; Mais tout ce qui les importune leur paroit pour le moins douteux, & de peur qu'on ne les force à sortir de ces doutes & à convenir de quelque Maxime qui les gêne, ils font sur leurs gardes, & pour ne convenir de rien, dès que l'occasion de disputer se présente, on ne sauroit alleguer aucune proposition qu'ils ne se trouvent prets de la combattre. Que ce soit un effet de leur Humeur ou de leur Habitude, leur plus grand plaisir est de contredire. Un Pyrrhonien demeure dans le doute sur la Verité des Maximes que le gênent & sur la nécessité de les observer. Il y a une infinité d'autres choses sur lesquelles il ne doute pas. Il sent son éxistence & ses forces ; Il connoit sa maison & ses biens ; Il calcule ses revenus ; Il est persuadé qu'il calcule bien, & qu'il ne s'est point trompé sur un payement qu'il a fait ou qu'il a reçu : Mais dès que vous mettrés en Question une de ces Verités qui ne lui plaisent pas & que vous prendrés le parti de l'affirmer, son Humeur contredisante le reprendra, & il disputera contre vous, sur toute sorte de sujets, tout comme s'il doutoit en effet que vous eussiés raison, & qu'il en eût douté toute sa vie. J'éxamineray dans les *deux Parties suivantes* ce qu'ils alleguent pour se faire des partisans.

Voyés au-bas de la page la Lettre CXVIII. de M. B. où il se parle que de Convictions.

Mais pour aider à se mettre tant plus en garde contre une Erreur qui me paroit si dangereuse, j'éxposerai encore en général dans la *Section qui va suivre* les differentes Causes qui entrainent insensiblement à cét Esprit de Contradiction & d'Indépendance, & à cét excés de doute. Il est vrai que j'en ai déja allegué quelques-unes, mais c'a été pas la vûe de définir les Pyrrhoniens & de donner une Idée juste du Pyrrhonisme ; Il en est encore plusieurs autres, sur lesquelles il importe de réflechir.

SECTION II.

Des Causes du Pyrrhonisme.

Avertissement.

JE ME propose d'examiner, dans les deux PARTIES suivantes, les Sophismes par lesquels les Pyrrhoniens s'efforcent de répandre des ténébres sur les Verités les plus claires, & d'ébranler la certitude des mieux démontrées. Mais je ne regarde point les *Raisonnemens* de cette nature comme les veritables CAUSES du Pyrrhonisme ; Ces Raisonnemens ne sauroient faire d'impression que sur les Esprits qui veulent bien se plaire dans le Doute & qui aiment à se contenter de la Vraisemblance. Je reconnois donc, pour les prémieres & veritables Causes du Pyrrhonisme, tout ce qui contribue à faire naitre ce funeste goût pour la Contradiction & pour l'Incertitude. Je ne me promets pas, & je n'ay garde de me le promettre, d'en faire une énumeration assés exacte, pour oser dire que ce sujet est épuisé : Il se peut que j'aurai oublié quelques-unes, & peut être plusieurs de ces Causes veritables & interieures que je me propose de développer ; Mais il se peut aussi que celles, qui m'auront échappé, se trouveront assés liées à celles que je vai alleguer, pour juger des unes par les autres. Je me suis encore apperçû que la même Cause se présente sous diverses faces, dont chacune a son Influence ; Cela m'a obligé de remonter plus d'une fois à la même Source, en vûe d'en mettre, sous les yeux de mon Lecteur, les differences.

I. LE PYRRHONISME est un si grand Renversement de la Raison, qu'il n'est pas possible que l'Esprit humain se soit assés dérangé tout d'un coup, pour se porter à un excés si contraire à sa Nature, à ses besoins & à la perfection où il tend : C'est par degrés qu'on y est venu, & par d.s degrés insensibles ; On s'est bien trouvé de n'avoir rien décidé sur une Question ; on s'est bien trouvé d'en avoir usé avec la même retenuë sur une autre ; En un mot, on a souvent eu lieu de se féliciter de sa Moderation. On s'est affranchi par là de la desagréable nécessité de soutenir opiniâtrément un parti pris avec trop de légereté, & de s'éxpliquer avec étenduë, & d'un air assuré, sur ce qu'on n'entendoit pas ; On s'est encore epargné la mortification de se dédire, & l'ennui de revenir sur ses pas ; Ce qu'on a fait sagement sur divers sujets trop difficiles, trop composés, & pour l'intelligence desquels on n'avoit pas assés d'étenduë d'esprit, où l'on ne s'étoit pas procuré assés de lumieres, on l'a fait ensuite par Paresse, ou par Habitude, ou par l'un & l'autre tout ensemble, sur des sujets dont on auroit pû se procurer des Connoissances sures.

On est venu au Pyrrhonisme par degrés.

II. A LA VERITE on ne peut pas s'empecher de reconnoitre que cét état de Suspension Universelle est un état très-imparfait : Mais à cette imperfection mortifiante, on a opposé ce que le parti du doute a de commode & de satisfaisant pour le cœur humain, naturellement ennemi de la peine, & chés qui le plaisir qu'il trouve à suivre une habitude une fois prise, croit à proportion que cette habitude s'affermit.

Comment il s'accommode avec l'amour propre.

D'ailleurs dans les Jugemens que les hommes portent sur leur Merite ou sur leurs Défauts, ils sont beaucoup moins d'attention à ce qu'ils sont en eux mêmes, qu'à ce qu'ils se trouvent par la comparaison qu'ils font d'eux mêmes avec les autres. Il leur suffit, pour s'applaudir, de se persuader que les autres leur sont inferieurs.

L'état de Doute est une preuve d'ignorance & de foiblesse : Mais l'état d'Erreur est de plus une preuve de Présomption. Un qui doute voit au moins qu'il ne sait pas, il s'apperçoit qu'il ne voit rien, mais celui qui erre s'imagine de voir ce qu'il ne voit point. Un Pyrrhonien affermi dans le Doute, se regarde comme un Homme Immobile sur un Terrain, où l'on ne peut faire quelques pas, sans que la

---

Lettre CXVIII à M. Constant, pag. 429. "S'il n'en veut rien faire, je ferai obligé d'apprendre au Public, qu'il ne se connoit point en preuves, & que toute personne de bon goût, qui aura comparé murement les prétendues *Convictions* de ma Partie, avec mes Réponses, jugera que jamais Accusateur ne s'est embarrassé dans plus de Busseries, de contradictions, & de puerilités que le mien. "Que m'attend-t-il à juger, qu'il y lit *la Chimère démaskée*, ouvrage, où tout les Factums contre moy sont abismés, & où l'on a montré avec la derniere évidence &c.

" Tout le monde est persuadé ici, que l'Auteur des petits *Livrets*, est le petit homme que j'ay vous avés nommé. "S'il savoit ; M. Meusen) le mepris que M. Jurieu a pour luy, & que c'est pout-être le plus grand ennemi qu'il ait, il " songeroit moins à luy complaire, qu'à repousser les insultes qu'il en a reçues dans les *Pastorales*. Je ne dis pas cela pour " l'irriter & l'éxciter à la vengeance, au contraire . . . Nos communs ennemis en triomphent trop.

Pour ce qui est de ce dernier scrupule il donne, le plus naturellement du monde, lieu à cette demande: *Les communs ennemis des Chretiens, les Incredules, les Epicuriens ne triomphent-ils pas quand ils voyent les lumieres les plus pures de la Raison (si l'on en croit M. Bayle.) & ses notions les plus simples & les plus évidentes, en contradiction avec nos Dogmes les plus respectables, & répandre une incertitude sur toute notre morale.*

Mais cela soit dit en passant. On voit déja que le Pyrrhonisme est un MASQUE que l'on pose & que l'on reprend, suivant qu'on le trouve à propos, ou plutôt un PERSONNAGE que l'on fait, & que l'on fait de cœur, ou que l'on abandonne & qu'on celle de jour ; suivant qu'il est favorable ou contraire à des intérets dont on est dominé.

la Terre s'écroule; Il s'imagine de voir ceux qui font assés hardis pour y marcher, tomber dans des gouffres, les uns plus, les autres moins profonds, & pour comble de folie se flatter qu'ils avancent dans des routes sures & heureuses, lors qu'ils s'enfoncent dans un sale limon ou dans des Eaux bourbeuses.

Cause du Pyrrhonisme dans l'abandon aux conjectures.

III. IL N'Y a point de Science où les Savans n'ayent donné lieu à se faire regarder, non seulement comme des hommes à Conjectures, mais comme des gens qui présentent hardiment des Conjectures incertaines pour des Verités démontrées: Pour vouloir trop dire, & dire au delà de ce qu'ils sont en état d'établir par des preuves convaincantes, ils font du tort à ce qu'ils ont solidement démontré; & les Esprits qui vont trop vite, & qui aiment à condamner les autres, en prennent occasion de confondre ce qui est clair avec ce qui est obscur, & de refuser également leur attention, & dès là leur acquiescement à l'un & à l'autre.

Les Anciens s'imaginoient que l'œil, ou une certaine Faculté qu'ils appelloient *Visuelle*, & dont ils n'avoient qu'une Idée très-vague, envoyoit des Rayons sur les Objets, & que par le moyen de ces Rayons, elle en appercevoit la Situation, la Figure & les Couleurs; En parlant ainsi, ils n'avoient aucune Idée distincte de ce qu'ils disoient, & ils en avoient encore moins de preuves. On peut facilement s'imaginer par combien de Questions on pouvoit les embarrasser, & combien de Réponses, vuides de sens ils étoient obligés de faire aux objections, par lesquelles on les attaquoit. On ne se feroit pas avisé de douter qu'il y eut des Objets au dehors de nous, ni presque aucune Idée, si c'étoit en eux un excés très-condamnable, de confondre ainsi le Certain avec l'Incertain, les Pyrrhoniens n'avoient pas moins tort d'étendre leurs doutes, sur le Certain; mais comme tout ce qui ne l'étoit pas, & ils se rendoyent visiblement coupables de la même faute qu'ils condamnoient dans les autres, c'est à dire, la précipitation.

On a aujourd'hui embrassé une hypothese tout opposée; On conçoit des *Pyramides* de Rayons qui ont, chacune pour *Sommet*, des points differens dans les objets qu'on regarde, & pour *Base* la *Prunelle*; On conçoit que les *Rayons*, qui composent ces Pyramides, se rompent; que ceux qui environnent celui du milieu s'en approchent, & s'unissent à lui dans le fond de l'œil dont chaque point devient le *Sommet* d'une *Pyramide*, qui a de même sa *base* dans la *Prunelle*, & par conséquent opposée à la Base de la Pyramide extérieure, & appliquée contr'elle. On a trouvé moyen de démontrer ces conjectures par une infinité d'experiences; on calcule tous ces détours, & sur ces Calculs, vérifiés encore par des experiences incontestables, on établit les Régles qu'il faut suivre, pour donner à des Morceaux de Verre la Convexité & la Concavité qu'ils doivent avoir, & pour les combiner d'une manière propre à leur faire produire les effets qu'on souhaite; & on ne se trouve pas trompé dans ce qu'on attend de l'observation de ces Régles.

Ces succés ont donné le courage d'aller plus loin: On a fait des conjectures sur les Couleurs, & on les a ensuite débitées pour des Verités certaines. *Un tournoyement de bas en haut fait le Jaune; Un tournoyement de haut en bas, fait le Bleu*, on l'a assuré tout comme si l'on avoit vû les petites boules qu'on fait ainsi pirouëter. L'hypothese a paru ingénieuse: On saisit avec empressement une Hypothese agréable à la Curiosité de l'Esprit humain, qui veut toujours qu'on lui dise quelque chose: Cét Esprit curieux, mais en même-tems déja fatigué des Démonstrations qui déterminent au juste le Cours & la Direction des Rayons, & sachant bon gré à l'Auteur qui les lui a fait comprendre, non seulement il lui passe avec complaisance ce qu'il a dit sur les Couleurs & qu'il est très-éloigné d'établir avec la même éxactitude, mais de plus il n'est pas fâché de se trouver dispensé de la peine de le suivre dans de nouvelles Démonstrations. Par ce moyen le nouveau sentiment devient à la Mode; Mais après qu'il a régné quelque tems, des Esprits plus curieux encore & plus capables d'attention, éxaminent s'il est fondé, & ils font des experiences qui le renversent; Ceux qui en font les Auteurs sont les premiers à en douter. A cette occasion, il est des gens qui vont plus loin. *Toute l'Optique*, disent ils, *est Incertaine*; C'est un Systême de Conjectures, dont les unes sont plus vraisemblables que les autres, mais dont aucune ne va au delà de la Vraisemblance.

Par une Décision si universelle, ils imitent la Précipitation de ceux qui s'étoyent trop avancés, & ces Messieurs les Partisans du Doute Universel, & de la suspension absolue, qui se comptent pour les premiers Génies & les seuls Grands Esprits, & s'en félicitent l'un l'autre, donnent précisément dans le défaut des plus Petits, dont le *propre caractère* est de ne savoir jamais s'arrêter, mais d'aller toujours d'une éxtremité à une autre; *On ne sait pas tout*; Donc on ne *sait rien*; peut-on alleguer une Conséquence plus téméraire?

IV. DANS la Morale on propose de certains cas embarrassans, par éxemple; *Que devroit faire un homme qui, dans un naufrage, sachant de gagner à la nage le bord qui n'est pas fort éloigné, mais qui craignant de n'avoir pas assés de forces pour faire tout ce trajet, sans le secours de quelque planche, apperçoit un des réchapés qui a eu le bonheur d'en saisir une, & profite de ce secours: La lui laissera-t-il, ou s'il l'enchassera? négligera-t-il le soin de sa vie pour ne pas nuire à celle d'un autre?* ou, *pour se conserver, fera-t-il périr un homme dont il n'a aucun juste sujet de se plaindre?* *De même encore un homme vigoureux, rencontré, dans un chemin étroit, par un homme vigoureux, rencontrera-t-il, de peur de le froisser? ou s'il s'éxposera au risque de le froisser, pour se dérober au danger pressant qui le menace?*

On s'est tué de prouver que cela pas des exemples pies.

Quand un homme se rend attentif sur ces Cas, l'amour de sa propre Conservation se réveille avec tant de vivacité, que l'Examen tranquile & désinteressé de ce qu'il faut faire, dans ces cas-là, devient très difficile; Une Intelligence éclairée & qui regarderoit précisément du même œil les deux personnes en danger, seroit en état de décider sur cette Question clairement, & sans qu'il lui restât aucune crainte de s'être fait illusion.

Mais de conclure, en général, de quelques éxemples de cette nature, qu'on doit trouver également difficiles toutes les Questions de la Morale, & qu'il n'y a point de cas, à l'occasion desquels il ne s'éxcite des Passions assés vives, pour partager l'attention de l'Esprit, & lui ôter cette Tranquilité si nécessaire pour compter sur la justesse d'un Examen, c'est encore un de ces excès que les bons Génies ne se permettent pas, & dont on doit se faire une honte.

Les Théologiens se feroient épargnés bien des peines, & ceux qui s'efforcent d'ébranler la certitude de la Réligion n'auroient point eu occasion de propofer tant de Doutes, fi l'on s'étoit abstenu de décider fur plufieurs Questions, dont la connoiſſance n'est pas néceſſaire, & pour la décifion desquelles nous n'avons pas affés de lumieres. Un Miſſionnaire expofe à des Payens de l'Afie ou de l'Amerique les Principales Verités de la Réligion Chrétienne; La Divinité de cette Sainte Réligion peut fe démontrer par des Raifonnemens propres à convaincre ceux qui aiment la Verité, & qui la cherchent de bonne foy. Dès que la Divinité des Saints Livres, qui en font les fondemens, est une fois prouvée, il y a de certains Dogmes & de certains Préceptes dont le fens & la Verité deviennent par là au deffus de toute contestation. On n'auroit pas de peine à en faire convenir ces Afiatiques. Mais fuppofons qu'ils demandent aux Miſſionnaires s'il est abfolument néceſſaire qu'ils embraffent cette Réligion Chrétienne, & fi Dieu les punira au cas qu'ils négligent d'en faire profeſſion, après s'en être convaincus? Le Miſſionnaire leur répondra qu'oui, & il leur prouvera encore la Verité de fa Réponfe par des raifons très-claires & très-folides. Là-deffus ils continueront à l'interroger & ils lui diront; Mais nos Peres, & les Peres de nos Peres, n'ont jamais ouï parler de cette Réligion : Dieu les condamneroit-il, pour avoir ignoré ce qui leur étoit impoſſible de favoir, puifque ce font des Myſteres dont il n'y a que la Révelation qui ait pû en instruire les hommes? Or fi nos Peres n'ont pas été condamnés & n'ont pas dû l'être, pourquoy le ferions nous en les imitant?

A cette Objection on peut faire une réponfe très-folide & très-aifée. " Repreſentés vous, dirois je, " à cet Afiatique, un de vos Ayeux difant au Juge du Monde; *Je n'ai pas été Chrétien, & il m'étoit impoſſible de l'être, & Nom n'étant jamais parvenu à mes oreilles.* " Selon vous cette réponfe eſt fans " réplique, je ne veux pas nous faire la-deſſus de " contestation, car je m'éloignerois de mon but : " Mais vous, pourriés vous alleguer la même ré- " ponfe? Il ne s'agit donc plus de reculer. Dieu " vous offre une grace prétieufe; Sa Providence " m'a conduit chés vous pour vous l'annoncer & " pour vous la préfenter de fa part; Rien ne feroit " plus ingrat, ni plus criminel que de ne daigner " pas feulement vous informer fi c'eſt une Grace, " & la connoiſſant pour ce qu'elle eſt, rien ne " feroit plus horrible que de la méprifer.

Si après cela, il revenoit encore à me queſtion-ner fur le fort de fes Prédeceſſeurs, je lui demanderois s'il eſt raifonnable, quand il s'agit de prendre un parti, d'écouter ce qui eſt Obſcur, plutôt que ce qui eſt Clair? " Mes preuves font convaincantes, " Vos objections font tirées de l'état de Vos An- " cêtres, & ce fujet eſt très-obſcur par bien des " endroits; *Préimmemment* une Inquiétude fort na- " turelle ne vous laiſſera pas en état de l'examiner " tranquilement. 2. Vous ne pouvés point favoir, " s'ils ont fait tout ce qui étoit en leur pouvoir, " pour acquerir des juſtes lumieres & pour bien vivre " fuivant celles qu'ils avoient. Pouvés vous favoir, " par exemple, s'ils auroient accepté l'Evangile, au " cas que Dieu le leur eut fait annoncer, comme " je vous l'annonce aujourd'hui, & fi Dieu a connu " que leur cœur auroit été aſſés mauvais pour le " rejetter, ou aſſés bien difpofé pour le recevoir? " Enfin la Conduite de Dieu, toujours très-cer- " tainement digne de fa Sageſſe, de fa Juſtice & " de fa Bonté, & des profondeurs qui nous paſſent; " Nous en favons ce qu'il lui a plû de nous faire " connoitre; Nous ignorons le reſte, & nous avons " trop de reſpect pour le grand Etre, & trop d'ap- " préhenfion de nous tromper en parlant de lui, " pour nous permettre fur fon fujet, des Conjec-

" res temeraires: Chaque homme a aſſés à faire à " penfer à foy, à penfer à la néceſſité & aux mo- " yens de fe fauver, fans perdre fon tems à répan- " dre curieufement & inutilement fon atrention fur " le fort des autres; Notre grand Maitre nous a " défendu d'en juger, c'eſt un Droit qu'il fe re- " ferve, bornons-nous à être les Juges de nous " mêmes. Inſtruiſons-nous des Régles qu'il nous " a preſcrites, faifons part aux autres de ces " prétieufes connoiſſances quand nous en avons l'oc- " cafion.

On fe feroit épargné bien des Inquiétudes, on auroit coupé chemin à bien des Objections, & on auroit retranché, à ceux qui aiment à fe porter aux éxtremités, bien des prétextes de douter, fi, fermes dans ce qui eſt Clair & folidement prouvé, on s'étoit abſtenu de vouloir pénétrer ce qui eſt Obſcur, & qu'on peut fûrement ignorer : Telles font, par exemple les Queſtions fur le Salut des Enfans non baptiſés, fur la maniere dont la Grace opére dans nous, fur l'Ordre des Decrets &c. Les hommes ont également laché la bride à leurs Paſſions & à leur Curiofité : Ils fe permettent de tout faire, & de tout fonder : Au lieu de s'étudier eux-mêmes, ils étudient ce qu'ils ne peuvent pas apprendre, & ils chargent leur Eſprit de Spéculations creufes, de fentimens peu connus, & très-mal prouvés; ils s'é-chauffent, ils s'aigriſſent ils fe maltraitent les-uns les autres à cette occafion, & donnent à toutes ces occupations inutiles & dangereufes, un temps qui leur devroit être facré & qu'ils devroyent employer à fe connoitre, à fe corriger, à fe former à la Modera-tion, & à s'affermir dans la Charité.

V. ON A donc tort de côté & d'autre; De côté & d'autre on eſt trop décifif; L'un va trop loin, en prononçant hardiment fur ce qu'il ne connoit pas, & dont on il ne s'eſt pas affuré par des preuves convaincantes; Un autre va auſſi viſiblement trop vite, quand il conclut qu'il ne faut rien croire, parce qu'on ne peut pas tout prouver. *Diverfes manieres de confondre le Certain avec l'incertain.*

On peut faire, fur les temps qui nous ont précedés une infinité de Queſtions; on en peut faire fur des Evenemens dont il ne nous reſte que des Mémoires Incomplets, fur des Faits dont les Hiſtoriens ont négligé de nous inſtruire, ou dont ils ne nous ont inſtruit qu'obſcurément, & dont enfin eux-mêmes ne s'étoient pas informés avec aſſés d'éxactitude; Il fe trouve pourtant des Auteurs qui raſſemblent tout cela, qui en font des Syſtémes très-approchans des Poëmes Epiques; & de tout ce qu'ils trouvent à propos d'y mettre, ils en parlent comme on parleroit de ce qu'on a vû de fes yeux : On rencontre même des gens, & on n'en rencontre que trop, qui fe fachent dès qu'on ne veut pas prendre également parti fur tout, & qu'on fe fait une Loi modeſte de feparer ce qu'on trouve de Certain, d'avec ce qui ne le paroit pas; Mais comme la credulité ou la temerité de ces gens-là leur fait tout croire, il s'en trouve auſſi qui confondant tout tout, dans un fens contraire, & qui ne croyent rien. La Préfomption marche aſſés d'un pas égal avec l'Ignorance.

VI. POUR PEU qu'on ait lû ce qui nous eſt reſ-té de la Philofophie des Grecs, on fe convaincra que leurs Lumieres étoient extrémement au deſſous de celles de notre Siécle, en Mathematique, en Phyfique, en Morale, en Logique, & on en peut voir un échantillon dans ce que je viens de dire, fur la maniere dont ils expliquoient la vûë : Cependant il s'en faut beaucoup que nous ne foyons auſſi décififs que les Grecs. On trouvoit, dans leurs Aſſemblées folemnelles, des gens qui fe vantoient de n'ignorer quoi que ce foit, dans les Sciences & dans les Arts, depuis les plus Nobles juſqu'aux plus Méchaniques. Il n'y avoit qu'à en-trer dans l'Ecole des Atheniens, pour y trouver des Philofophes qui, fur quelque Queſtion qu'on leur *Comment le Pyrrho-nifme s'eſt établi chés les Anciens.*

leur propofât, répondoient sur le champ, & étoient prets de soûtenir leurs Réponses contre tout ce qu'on pouvoit leur objecter; Ils préféroient même les partis les plus Paradoxes aux plus Vraisemblables : Cela leur attiroit plus de Gloire, sans leur faire plus de peine, parce qu'ils trouvoient dans leur hardiesse, & dans leur facilité à s'éxprimer, des ressources assurées contre toutes les Objections. Cela est aisé quand on a perdu le Goût du Solide & de l'Evidence, & qu'on ne cherche qu'à éblouïr, ou du moins cela est beaucoup plus aisé qu'on ne le croiroit dabord.

Les honnêtes gens qui haïssoient le faste, & qui aimoient la Verité, qui outre cela comprenoient que ces Sophistes ne servoient qu'à gâter le cœur des jeunes gens, à leur rendre l'esprit faux & à les détourner de penser, par-là même qu'ils les accoutumoient à parler, sans prendre garde si ce qu'ils disoient avoir ou n'avoit pas de Sens, conçurent également de l'aversion & pour ces Sophistes & pour leur dangereuse Méthode, & les vrais Philosophes connoissant les bornes étroites dans lesquelles toute leur Science étoit renfermée, pour s'éloigner d'une présomption odieuse, pour en prendre le contrepié, pour être toujours d'accord avec eux-mêmes, & ne jamais rien dire au delà de leur pensée, prirent le parti de s'énoncer sur la plûpart des choses qui leur étoient connuës, non comme de gens qui les savoient, mais comme des gens qui cherchoient à s'en instruire.

Plus formés que les autres hommes à cét Esprit d'Examen & de Recherche, dont ils se trouvoient si bien, qui seul garantit de l'erreur, & met dans le chemin des Veritables Découvertes ; ce qu'ils avoient le mieux étudié, & dont ils s'étoient le plus assurés, ils en parloient comme s'il leur avoit encore été en partie Inconnu, afin d'engager les autres à le chercher avec eux, & en le cherchant ainsi de compagnie, ils leur appronoient à le trouver.

On s'interesse beaucoup plus aux Verités dont on doit la découverte ou dont on croit la devoir à soy-même, au moins en partie, que si on les avoit directement & uniquement reçuës des autres; Et c'est, sans doute, pour cette raison que Socrate, dont les Discours rouloient ordinairement sur des Matiéres de Morale, avoit soin de n'éclairer les hommes que dans cét ordre là, afin de les disposer à aimer leurs Devoirs, en même temps qu'ils parvenoient à les connoitre.

En un mot l'air & le stile décisif des Sophistes qui se flattoient de tout savoir, ou qui faisoient semblant de n'ignorer rien, avoient déterminé les Personnes raisonnables & modestes à un stile tout opposé : Et comme ceux-là assuroient hardiment ce qu'ils ne comprenoient pas, ceux-ci, au contraire, par un effet de leur éloignement pour cette Présomption, parloient de ce qu'ils savoyent le mieux & de ce dont ils étoient pleinement convaincus, comme s'ils l'avoient ignoré, & qu'ils ne fussent parvenus là-dessus qu'à des conjectures douteuses.

Ceux qui se trouvérent d'humeur à se plaire dans le Doute, & qui prirent le parti de ne s'en jamais tirer, profitérent, ou plûtot abusérent du langage ordinaire des Philosophes Raisonnables, qui s'étoient fait respecter par leur Bon-Sens & par leur Modestie ; Ceux-ci avoient accoutumés les hommes à un stile douteux, & qui n'avoit rien de surprenant ni d'équivoque dans leur bouche ; On étoit persuadé qu'ils connoissoient à fond bien des choses dont ils ne parloient qu'en hésitant. Mais toûjours on s'étoit accoutumé à ces expressions douteuses, & lorsque les Pyrrhoniens vinrent à les employer au pié de la lettre, on en fut moins effarouché.

L'Esprit de Dispute qui régnoit chés les Grecs contribua encore beaucoup à l'établissement du Pyrrhonisme. Les Athéniens étoient fort Sobres, mais en même temps extrêmement Curieux ; Jamais Peuple n'aima plus à s'amuser, mais il vouloit de l'Esprit dans ses amusemens. Un Athénien vivoit de l'Obole que lui donnoit la République, & au lieu de travailler passoit plusieurs jours au pié du Theatre. Ils se rendoient aussi en foule dans le quartier des Exercices. Les Philosophes enseignoient, disputoient, dans le langage ordinaire ; Le Peuple prenoit un plaisir extrême, tantôt à entendre soûtenir les Opinions les plus incroyables, tantôt à voir combattre les Sentimens les plus reçûs & les plus incontestables ; Ce qu'on avoit établi pendant deux jours on le détruisoit pendant deux autres. Ceux dont la Vanité regardoit comme une Glorieuse Récompense les Applaudissemens de la Multitude, se donnoient tout entiers à l'Art de pousser un Adversaire, & de l'accabler de Difficultés, & à celui d'éluder les Raisonnemens, les plus clairs, les plus solides, & les plus suivis ; en un mot, c'étoit non à celui qui penséroit le mieux, mais à celui qui parléroit le plus, que l'on destinoit le plus d'Eloges.

On comprend aisément que plus on se rendoit assidu à ces Assemblées, moins on savoit à quoy s'en tenir, & les *Acteurs* eux-mêmes donnéront bientôt dans la même Incertitude que leurs *Auditeurs* ; car pour ne pas céder à l'Evidence d'une Objection très-sensée & très-solide, pour n'en être pas déconténancé, il falloit nécessairement se former à l'Habitude de ne point céder à la Lumiere, & d'en détourner les yeux pour s'échaper dans de faux-fuyans. La même Habitude étoit encore absolument nécessaire pour empêcher qu'on ne fut dupe de la Netteté & du Bon-Sens d'une Réponse précise. Il falloit savoir fermer les yeux au veritable sens des termes, pour en donner un autre ; il falloit savoir trouver du Faux dans le langage d'un homme qui ne pensoit & ne disoit que la Verité. Par ce moien on perdoit le goût de l'Evidence. Et l'habitude de ne savoir plus, ou de ne vouloir plus s'y rendre attentifs, est parfaitement l'Habitude de contredire & de douter perpétuellement.

SOCRATE s'étant apperçû qu'une infinité de gens se croyoient fort habiles, sans avoir jamais pris soin de remonter aux Principes de nos Connoissances & de s'en assurer, & sans s'être jamais appliqués à en tirer par ordre les Consequences qui en découlent nécessairement, il prenoit plaisir d'embarrasser ces gens-là par des Objections, pour leur faire sentir la nécessité d'étudier plus à fond ce sur quoi ils décidoroient : Quelquefois aussi il mettoit, par ses Questions & par ses Objections, ceux à qui il les proposoit, en état de s'instruire eux-mêmes de la Verité. C'étoit là la Méthode ordinaire.

ARCESILAS abusant de l'exemple de *Socrate* ne pensa qu'à contredire, & loin d'avoir en vuë d'engager les hommes à étudier mieux qu'ils n'avoient fait, afin de parvenir à quelque Certitude, il s'efforça de leur faire perdre toute espérance, en soutenant qu'il n'y avoit aucune Verité : " On a cherché, *dit M. Bayle,* (*) la raison de la conduite d'Arcésilas ; & on a cru la trouver dans l'Emulation ardente qui s'éleva entre lui & Zénon son condiscîple. Ils avoient été tous deux Ecoliers de Polemon, & ils se piquérent de se surpasser l'un l'autre. Or Zénon prit le parti des Dogmatiques; il donna des Définitions & des Axiomes, qu'Arcésilas combatit vigoureusement, & afin d'y réussir, il crut bien aisé de renverser tous les fondemens des Sciences, & de réduire toutes choses à l'incertitude.

" CARNEADE vint ensuite qui ne nia pas " com-

(*) *Dictionn. Hist. & Crit. Tom. I. pag. 289. Edition d'Amst. en 1730.*

,, comme Arcésilas ; qu'il n'y eut aucune Veri-
,, té, mais qui soutint que nous ne pouvions
,, pas la discerner certainement de l'erreur. Il
,, se ménagea mieux ,, dit M. Bayle (†) *pour
(1) *Diction. Tom. II. pag. 19.*
,, ne pas tomber dans tout le décri de l'autre*
,, De plus *Carnéade* ne nia point qu'il y eut des
,, choses probables, & il voulut même que la vrai-
,, semblance nous déterminât à agir, pourvû qu'on
,, ne prononçât sur rien absolument ; Cette con-
,, descendance de *Carnéade* faisoit du tort à son
,, Systême, & l'on a dit qu'*Arcésilas* se soutenoit
,, mieux que lui.

,, Les disciples de *Socrate* fondérent ce qu'on a
,, appellé la PREMIERE ACADEMIE, *Arcé-*
,, *silas* fut le fondateur de la SECONDE ou de
,, la MOYENNE, & *Carnéade* a été regardé
,, comme le Chef de la TROISIEME.

Voyés II. Part. Sect. I. Chap. xxxiii.

Il n'est pas croyable que Socrate ait vécu sans
venir à bout de se persuader aucune Verité, car il a
mieux aimé mourir que se résoudre à conserver sa
vûe par des voyes qui ne lui paroissoient point dans
l'ordre. Il n'étoit pourtant point *Misantrope*, ses
Amis lui étoient chers, il se seroit fait un plaisir
de vivre pour leur agréer, mais son Devoir lui étoit
encore plus cher & l'emportoit sur toute autre consideration. Peut-on reconnoître, dans cette conduite, le moindre caractére d'un esprit flotant, & qui
fait profession de ne pouvoir jamais distinguer surement le *Vrai* d'avec le *Faux* & le *Juste* d'avec l'*Injuste* ?

Il remarque expressément dans le Phédon (& il
fait cette remarque contre ceux qui aiment à entasser des objections) que comme il y a des *Misan-
tropes* uniquement appliqués à chercher, dans les
autres hommes, des défauts qui les leur rendent
odieux, & qui favorisent le penchant qu'ils ont à
haïr, il se trouve de même des *Misologues* qui, au
lieu de se prêter aux raisons par lesquelles on s'applique à les convaincre, & d'ouvrir les yeux à la
lumière qu'on leur présente, y refusent leur attention, & s'en détournent de peur d'être forcés à renoncer au plaisir de contredire.

Quand il réflechit sur les paroles de l'Oracle qui
le declaroit le plus sage des Grecs, & qu'il se re-
cherchas pour découvrir ce qui pouvoit avoir donné
lieu à cét Eloge, il ne doutoit pas qu'il n'y eut des
Oracles, il ne doutoit pas qu'il n'y eut de la Verité
dans leurs Réponses, comme il ne doutoit pas non
plus qu'il n'y eut un Génie qui prenoit soin de lui,
& dont il se trouvoit bien de suivre les Impressions,
il ne doutoit pas de sa propre existence ; Depuis
il s'avoit s'examiner, & quand il répondit que l'Oracle ne lui avoit donné la préference sur le reste des
Sages, que parce que les autres croyoient de savoir
ce qu'ils ne savoient pas, au lieu que pour lui, *il
savoit au moins une chose , c'est qu'il ne savoit rien,*
il faudroit avoir peu étudié Socrate, pour ne pas
tomber d'accord que cette *Antithese* étoit très-figu-
rée, & renfermoit une Exageration. Il avoue par
là elegamment & modestement que, si son savoir
se réduit à peu de choses, il fait au moins qu'il s'y
réduit ; que s'il sait peu, il ne se vante pas de savoir
beaucoup, & qu'il évite l'erreur, en évitant de décider sur ce qu'il ne connoit pas. Le Bon-Sens veut
qu'on ne prenne point à la lettre une proposition
qui ne signifieroit rien, si on ne l'interprétoit de
cette manière. Socrate savoit dit par là, *qu'il ne savoit rien ,* & il auroit en même tems assuré *qu'il
savoit une chose.*

Aussi Arcésilas qui outra la Méthode de Socrate, & qui s'avisa de regarder toutes ses Expressions
Modestes, comme des preuves de son Incertitude,
alla encore plus loin que Socrate, par raport à cette
derniere Proposition : Il s'abstint d'assurer *qu'il ne
savoit rien ,* prévoyant bien que s'il affirmoit une
seule Proposition, s'il la donnoit pour vraye & pour
certaine, on lui demanderoit à quels Caractéres il

reconnoissoit le Vray & le Certain, & à quelles
marques certaines, il distinguoit ce qu'on doit affirmer d'avec ce qu'on doit nier.

Monsr. Bayle (§) trouve de l'opposition entre ce
que *Numenius* dit de Carnéade & ce que *Ciceron* en rapporte. " *Numenius* prétend que la Doc-
,, trine publique de Carnéade, & sa Doctrine
,, domestique ne s'accordoient point ; qu'en pu-
,, blic il brouilloit tout, afin de combatre les
,, Stoiciens, mais qu'avec ses bons Amis il n'a-
,, voit pas d'autres opinions que celles du Peu-
,, ple. Mais Ciceron assure que *Clitomachus* ne pût
,, jamais découvrir ce qui paroissoit le plus vraisem-
,, blable à Carnéade, dont il avoit été plusieurs
,, années le Disciple favori.

(§) *Diction. Tom. II. pag. 19.*

Ces sentiments me paroissent très faciles à réunir ;
Dès que Carnéade sortoit de son humeur contredisante, dès qu'il faisoit trêve au plaisir qu'il trouvoit ordinairement à disputer, dès qu'il vouloit se
procurer, dans le commerce des hommes, un agrément d'un autre genre, il s'entretenoit avec eux,
comme un homme du commun s'entretient avec un
autre qui n'a jamais eu, non plus que lui, du goût
pour la Dispute, & qui n'en connoit point l'Art ;
Il perdoit de vûe ses Hypothéses favorites, & ou-
bliant qu'il étoit Philosophe, & Philosophe Sceptique, pour sentir qu'il étoit homme, il se trouvoit,
sans en avoir l'intention, un Homme Raisonnable, il
adoptoit les maximes qu'il trouvoit reçues chés les
autres, & raisonnoit conséquemment à leurs Principes. Mais dès qu'un de ses Disciples l'engageoit
à réflechir sur des Conversations, dont il avoit été
témoin, & lui demandoit s'il admettoit en effet les
Principes sur lesquels il avoit raisonné, dès-là son
entêtement pour la Dispute se reveilloit, son goût
pour l'Incertitude reprenoit le dessus, & il ne savoit plus que douter.

M. Bayle (*) reconnoit le mauvais effet
dont nous accusons les Disputes. *Il y a bien peu
de choses ,* dit il, *qu'un Auteur ne fasse dans la
chaleur de la Dispute, pour ôter à ses Adversaires
les avantages qu'ils pourroient tirer ou de son silence ou de ses aveux. Il se contredira plûtôt, il affir-
mera plûtôt ce qu'il ne croit pas, que de souffrir
qu'on se serve de ses propres armes contre lui-même.*

(*) *Diction. Tom. I. pag. 217.*

VII. L'ESPRIT de Dispute n'a pas moins régné dans les Ecôles des Chrétiens, que dans celles
des Anciens Grecs ; toute la différence que j'y trouve, c'est que la multitude n'assiste pas dans les unes
comme elle assistoit dans les autres. Mais cela même a donné occasion à des Disputes plus impolies
& plus emportées : Outre cela on y a disputé sur
beaucoup plus de sujets : Car la Théologie a fourni
un très-grand nombre de Questions inconnues aux
Anciens, & le soin qu'on s'est donné d'appeller la
Philosophie à son secours, & de les joindre l'une à
l'autre, a fait entrer dans l'une & dans l'autre une infinité
de sujets auxquels les Philosophes Grecs n'avoient jamais pensé. Ensuite de cela le goût de l'Eloquence éteint, la barbarie avec laquelle on parla la
Langue Latine, facilita la naissance d'une infinité de
Termes, assés extraordinaires pour imposer aux Esprits grossiers de ce tems-là, & pour paroitre exprimer quelque chose quoiqu'ils ne signifiassent
rien. Il fut donc fort naturel de Douter de tout,
quand on ne trouva autre chose dans les Systêmes de l'Ecôle,
& Philosophiques & Théologiques, que Ténébres,
depuis le commencement jusqu'à la fin ; Matière
de Dispute à chaque Article, Verbiage dans les
Objections, Verbiage dans les Réponses.

Comment il s'est renouvellé chés les Modernes par le goût pour la Dispute.

Lorsque sur la fin du quatorzième Siécle, & dans
le quinzième, on commença à vouloir se tirer de ce
Chaos, les mêmes Esprits, qui prirent le parti de
Penser, se virent réduits, en même temps, à prendre le parti de Douter ; Rien n'étoit établi, tout
étoit combattu ; que vouloient-ils faire ? Aujour-
d'hui

d'lui encore, dans combien d'Academies célébres, l'Art de disputer n'est-il pas l'Art de paroître habile homme? L'ardeur de la Dispute, la persévérance à objecter & à s'opiniâtrer, est la pierre de touche, à laquelle on reconnoît le Mérite? L'Impoliteſſe, la Ruſticité, la Brutalité même, ſont des défauts qui ne paroiſſent plus dignes d'attention, dés que la hardieſſe d'un diſputant & la volubilité de ſa Langue attire ſur lui les regards d'une Aſſemblée. Faire connoître que l'on eſt homme ſenſé, & que l'on a du goût, en diſtinguant le Vrai d'avec le Faux, & le Certain d'avec ce qui ne l'eſt pas, en faiſant tarir les ſources de la diſpute & des conteſtations, & en approchant de la Certitude Mathématique, les Sciences qui paſſent pour en être fort éloignées, c'eſt le moyen de paſſer dans les Ecoles pour un homme de l'autre monde; On vous regarde preſque pour un Animal d'une nouvelle eſpéce qui a l'apparence d'un homme & qui ne l'eſt pas; *Que veut dire cét Etranger avec ſon* CERTAIN *& ſon* INCERTAIN, *avec ſon reſpect pour la Verité, avec ces Caractéres, avec leſquels il prétend qu'on doit diſtinguer l'Evident d'avec l'Obſcur, & la maniére dont on les doit traiter l'un & l'autre?* Quel nouveau jargon nous fait-il entendre? Peut on rien voir de plus ridicule que ſa tranquilité & ſa prétendue politeſſe? Eſt-ce la ce qu'on lui demande? Il s'agit de tout autre choſe, il s'agit de ſe battre à toute outrance, il s'agit de ſe ruer l'un ſur l'autre impitoyablement il ne s'agit pas de ſavoir ce qu'on dit; il s'agit de dire ce qu'on ne ſait pas, tout comme ſi on le ſavoit; Parlés tous deux à la fois, criés, enroués-vous, n'entendés ni ce que l'on vous dit, ni ce que vous dites vous-même; mais pouſſés toujours votre pointe; A ces épreuves on jugera ſi vous êtes grand Théologien, grand Grec, grand Rabin, grand Phyſicien, grand Mathématicien, grand Orateur, Grand Homme en tout ſens, & digne des premiers honneurs & des premiéres récompenſes. Si un Répondant qui doit ſoûtenir des *Théſes* ſur des Matiéres qu'on luy a préſcrites, débute par expoſer nettement l'Etat d'une Queſtion, & par là laiſſe l'Incertain pour ce qu'il eſt, & met le certain au deſſus de toute atteinte; *Quel homme eſt cela*, dit on, *à peine la chicane eſt elle commencée qu'il en fait ceſſer tout le plaiſir, la fait tomber & l'empêche de ſe relever, par la clarté & le bon-ſens de ſon expoſition.* Un Sceptique préſent à cette Comédie ſe croira ſeul ſage, & s'attribuera le droit de donner, à ceux dont il ſe mocque, les Titres qu'il lui plaira.

Quand le *Naturel* ſe joint à cette *Education*, il n'y a extrêmité, où l'on ne porte le plaiſir de contredire; on eſt toujours d'un autre ſentiment que les autres; on ſe croiroit deshonoré par une ſeule complaiſance; & depuis le ſoir juſqu'au matin, depuis le commencement d'une année juſqu'à la fin, on ne penſe qu'à s'oppoſer à ce que les autres ont avancé, on ne ſe ménage pas les moindres momens de ſon temps pour établir ſoi-même quelque choſe, & pour penſer aux moyens de s'aſſurer de quelque Verité.

Or je demande ſi cette Humeur, eſt le caractére d'un plus beau Génie que la Crédulité, & ſi cette fantaiſie de contredire toujours n'eſt pas plus incommode, plus odieuſe, plus déraiſonnable que la foibleſſe de ceux qui, pour goûter le plaiſir de penſer que la Verité les éclaire, prennent, avec trop de précipitation, pour Verité ce qui n'en a que l'apparence.

Je n'ay jamais trouvé un fort grand plaiſir à lire Rabelais; J'ay connu des gens d'eſprit qui en faiſoient cas; Peut-être ne m'auroit il pas amuſé moins agréablement qu'eux ſi un Commentaire m'avoit fait comprendre tout ce à quoi il faiſoit alluſion; Car ſon *Ils ſonantes* m'a diverti parce que je voyois bien ce qu'il vouloit dire. Le Chapitre encore où il fait diſputer deux Docteurs célébres, qui ne s'expriment qu'en ſignes qui ne ſignifient rien, a paru ennuyeux à bien des gens, il l'eſt en effet par lui même, mais il m'a diverti, & c'eſt le ſeul qui m'a veritablement plû: J'y ay trouvé une Satyre très-burleſque mais très-ſenſée, des diſputes de l'Ecole. J'applique cette petite digreſſion au ſujet que je traite.

S'il étoit établi par des Loix Académiques, & bien autoriſées, qu'on ne s'exprimeroit que par des Signes de cette nature, on m'avouera qu'après avoir bien diſputé, & après avoir vû des diſputes, on n'auroit pas avancé d'une Ligne en connoiſſance. Mais le Langage à la Mode, dans la plupart des Ecoles, eſt il plus clair, plus juſte, plus précis, plus ſignificatif, que les Geſtes burleſques que Rabelais attribue à ſes deux Tenans? Si les hommes n'avoient aucune autre voye de conférer que ces deux-là, le Langage uſité dans les diſputes de l'Ecole, ou les Signes ridicules dont Rabelais s'eſt aviſé pour en peindre l'abſurdité, ils tombent d'accord qu'ils devroient ſe reconnoître condamnés à une éternelle ignorance. Mais puiſqu'il leur eſt poſſible de penſer & de s'exprimer en hommes raiſonnables, que ne font-ils eſſai de cette voye, & pourquoi les Pyrrhoniens les découragent-ils, en leur faiſant perdre toute eſperance de ſuccés?

Tout ennuyant que me paroiſſe ce ſujet, je demande à mon Lecteur la permiſſion de m'y arrêter encore, & je le prie de ſe défaire de ces Préventions que les Génies du bas ordre ont ordinairement pour ce que la coutume autoriſe; Préventions auxquelles de bons Génies mêmes ſe laiſſent quelquefois aller. Suppoſons pour un moment que la coutume de diſputer n'eſt point encore établie & que quelque Profeſſeur propoſe de l'introduire, qu'il en faſſe des Eſſais, & demande la permiſſion de les continuer. J'ay aſſés bonne opinion des hommes pour me perſuader qu'il ne l'obtiendroit pas facilement. Toutes les perſonnes ſenſées, & qui ont réfléchi ſur la nature de l'Eſprit de l'homme, & ſur les ſources de ſes erreurs, ne manqueroient pas de dire que rien ne ſied mieux aux plus grands Génies que la Circonſpection & la Défiance d'eux-mêmes, que c'eſt preſque l'unique moyen de ſe garantir d'erreur, ou du moins un des plus ſûrs & des plus néceſſaires: On ajouteroit que la Verité échape ordinairement à ceux qui vont trop vite, qu'on n'eſt jamais moins en état de la démêler que quand on a le coeur agité de quelque paſſion: On diroit enfin que rien n'eſt plus déraiſonnable que de la chercher dans la vivacité de la Diſpute, & dans la précipitation avec laquelle on decide & on contredit, & cela aux yeux d'une Aſſemblée dont on brigue les ſuffrages & les éloges par ces moyens-là. Il faut ſur le champ Objecter & repliquer, & Répondre de l'autre. Rien, dis-je, n'eſt plus déraiſonnable que de chercher, au milieu de ces embarras, de ces diſcours hazardés & précipités, de ces occaſions de mépriſe, de ces cauſes de diſtractions, la retraite, dans des Méditations tranquiles, & des paiſibles Conférences: Quel fond de Vertu, de deſintereſſement, & d'indifférence pour l'approbation des hommes & pour leurs Eloges, ne faut-il pas avoir, pour applaudir au Mérite d'un Concurrent, qui nous enlève tout à la fois, l'eſtime de vos Auditeurs, les ſuffrages de vos Juges, un Poſte d'honneur, un Employ aiſé, & des Revenus néceſſaires? Le moyen de ne lui vouloir aucun mal, lorſque la réünion de tant de motifs, dont chacun eſt ſi puiſſant ſur le coeur humain, engage les Concurrens, non ſeulement à raſſembler leurs forces & à étaler leurs connoiſſances, mais de plus à mettre en uſage la ruſe pour éblouïr & pour troubler? Le moyen de conſerver ſa tranquilité & de fermer ſon coeur à la Haine & au Dépit, lorſqu'il ſe ſorme des Cabales pour couronner un Rival, & que pour vous empêcher de réüſſir, on ſe ligue pour vous deshonorer? Il eſt déja difficile à celui qui dans une Diſpute,

On ſe tromperoit de prendre tout ceci pour de ſimples exagérations; Ce ſont des réalités dont je pourrois alleguer des preuves ſans repliques.

pute, succombe à des argumens solides de se conserver tranquile & exempt des troubles que donne le Dépit. Mais il y a plus, & souvent encore l'injustice va jusqu'à rendre le vaincu odieux à ceux qui n'en ont pas triomphé par de bonnes voyes, & par le seul moyen des bons raisonnement. Le cœur humain est ainsi fait, il cherche à se justifier, il aime à imputer tout ce qu'il peut de défauts à ceux qu'il a une fois traversés, afin de ne se faire aucun reproche & de se persuader qu'il ne les a pas traversés sans raison.

Le goût de la Dispute est cause qu'on a tourné les sujets même les plus simples & les plus susceptibles d'Evidence & de Certitude, d'une maniére à les faire paroître douteux : On les a proposés obscurément &, pour en venir à bout, on s'est avisé d'un Langage équivoque, barbare, énigmatique. Pour faire durer les Disputes, que la vûe de l'Evidence auroit bientôt terminées, on a fait de la Philosophie, & ensuite de la Théologie, un Art de parler beaucoup & de penser peu, de n'entrer point dans les vûes des autres, de prendre leurs pensées à rebours, & de ne s'entendre pas soi-même. Voilà ce qui a rempli les Sciences d'Incertitudes : Mais voilà une cause du Pyrrhonisme qui ne lui fait point honneur, & dont il n'est pas difficile de se garantir, quand on aime à vivre en homme raisonnable, & que l'on fait cas du Bon-Sens.

Il suffit à un homme de ce goût-là d'être le témoin de quelques Disputes, pour les desapprouver. A la Verité ceux qui ne connoissent point le monde poli & qui, faute de talens naturels ou acquis, ne sauroient y figurer avec honneur, ni y vivre agréablement, trouvent je ne sai quelle recréation dans ces Clameurs & ces Tempêtes ; Les Equivoques & les *Pognoseries* passent chés eux, pour des traits d'Esprit ; Des Airs de rusticité, & quelquefois d'impudence, sont regardés comme les caractères d'un bon Acteur. Des Imaginations pésantes & rustiques se raménent à ces spectacles. Pour les rendre plus divertissans on va chercher, pour matière des Disputes, des Questions plus bisarres : De tels choix sont admirés par les Génies pésans comme les caractères d'une imagination riche autant qu'ingénieuse : La pudeur même n'est pas toujours ménagée dans les Disputes, & l'on dit en Latin, en présence de quelques centaines d'Auditeurs, ce qu'un homme sage & poli se reprocheroit toute sa vie d'avoir dit, dans le Langage ordinaire, en présence d'un petit nombre de personnes, à qui il croiroit devoir de la consideration.

Les Mathématiques avoient eu la gloire de se distinguer des autres Sciences & de se préserver de la fantasie contagieuse des Disputes. Il est des Académies où l'on a voulu qu'elles renonçassent à cet honneur &, pour faire aller cette Faculté de pair avec les autres, on a voulu que les Prétendans aux Chaires vacantes, donnassent, en disputant les uns contre les autres, des preuves de la solidité de leur Génie, & de leur habileté à enseigner. Pour donner lieu à ces belles Disputes, il faut nécessairement y faire entrer des Matiéres étrangéres, ou tirer les Questions vrayement Mathématiques de leur veritable sens, pour les rendre susceptibles d'être chicanées, & les exposer à la vetille des sophismes. Il est encore d'autres sujets, où l'on ne devient habile qu'à proportion que l'on s'éloigne du faux goût de la Dispute, du goût de la chicane, des termes Barbares, du stile obscur, & de l'affectation des Equivoques ; Cependant sur de tels sujets l'entêtement pour la Dispute est allé jusqu'à prétendre que pour donner des preuves de politesse, de bon goût, d'habileté, d'éloquence, de justesse, de stile, & d'Esprit, on doit se battre à toute outrance. Celui qui est assés hardi pour entasser hardiment termes sur termes, & parler *Galimathias* sur un sujet qu'il n'entend point, est mis au nombre des victorieux. A ces caractéres on décide lequel de plusieurs Prétendans est le plus propre à former la Jeunesse à la vraye Eloquence, dont le bon goût, & la politesse d'Esprit & de cœur sont les premières sources.

Je reconnois dans ce goût de Dispute, & dans la grossiére vivacité avec laquelle on s'y abandonne, un chemin qui, au lieu de conduire à la Lumiére, méne tout droit dans un Chaos d'incertitudes ; Mais quelques efforts qu'on fasse pour entrainer le monde dans ce chemin, il se trouvera des personnes qui auront le courage de le mépriser, & ceux-ci n'entreront point dans les Voyes, où les Pyrrhoniens se font tant de plaisir de voir courir ceux dont ils aiment à se mocquer, & à qui ils voudroient que tout le monde ressemblât, afin qu'on n'eut rien à leur opposer de solide sur la Certitude des Sciences, qu'ils travaillent à renverser avec tant de zéle.

Mais que diront les Pyrrhoniens, quand on leur fera voir que malgré ces Disputes si animées, il y a souvent plus de Mal-entendu que de Réalité dans la diversité des Opinions. Souvent on pense de même, mais on s'exprime tout différemment ; Souvent la diversité vient de ce que chacun ajoute, à ce qu'il entend, des expréssions qu'il n'entend pas : Jamais Disputes n'ont été plus animées que celles des *Catholiques* avec les *Protestans* ; Sur combien de sujets ne nioit-on pas, dans un parti, tout ce qu'on affirmoit dans l'autre ? On se croyoit tout permis contre ses Adversaires, le fer & le feu couronnoient les argumens. Cependant ces Controverses ont été réduites à un petit nombre par un *Professeur Protestant*, & il a fait voir que si on avoit voulu s'entendre, on n'en auroit eu que très-peu. Mr. de *Meaux* de son côté, a prétendu la même chose. Je pourrois alléguer un plus grand nombre d'Auteurs, & parcourir diverses Sciences, mais c'est un fait assés-connu. Voilà pourquoi je me contenterai de conclurre que si les Savans ne s'entendent pas, & par-là demeurent dans leurs Préventions, cela ne prouve point que le Genre humain soit absolument condamné aux Ténébres & à l'Incertitude ; c'est par leur faute que les hommes y tombent, & leur faute est d'autant plus grande qu'il ne tient qu'à eux de s'en garantir, en s'éloignant de l'éxemple de ceux qui y tombent. Mais loin d'e s'y résoudre, on voit au contraire les Partis qui se battent, faire tomber leur animosité sur les Conciliateurs. Ceux qui aiment la Paix & l'Evidence, & qui voyent clairement des moyens sûrs de rétablir la Concorde entre ceux qu'on appelle Doctes, en les amenant à s'entendre, sont réduits à renfermer en eux-mêmes toutes leurs bonnes intentions, à moins qu'ils ne se sentent un courage à toute épreuve. Il faut haïr ou être haï. Les Jansénistes ont été obligés de s'emporter contre les Calvinistes, pour se dérober à la persécution. Quel verbiage & quelles distinctions n'ont-ils pas été obligés d'inventer, pour se mettre en état de soûtenir qu'ils ne pensoient pas comme eux sur la Prédestination & ses suites. Je me défens de pousser cét Article. Je compose cét Ouvrage dans un esprit très-éloigné des Controverses, & je n'ay garde de commencer si tard à me mêler d'une Bulle, sur laquelle les Puissances les plus respectables en ont pris parti. Je me trouve donc sur un Article trop délicat pour m'y étendre ; *Ceux qui ont des oreilles pour ouïr*, m'entendent déja assés, & il est inutile d'en dire d'avantage aux autres : Quelques-uns ne m'entendroient pas, & quelques-uns aussi m'entendroient ou croiroient m'entendre plus que je ne voudrois.

VIII. ENTRE les personnes qui se déstinent à l'Etude des Sciences, on en trouve un grand nombre qui ne s'y déstinent que parce qu'ils les regardent comme un chemin à la Fortune. Or pour parvenir aux Pensions & aux Dignités, il n'est nullement nécessaire de s'informer de ce qui est Vray,

De l'empressement pour les sciences.

M. le Blanc Professeur à Sedan.

de le chercher avec de grandes précautions, de l'éxaminer avec toute l'application dont on est capable ; très-souvent cela pourroit nuire au but auquel on se dévoüe : Il s'agit uniquement de savoir ce qui *passe pour Verité*, ce qui est à la *Mode* dans le Pays où l'on veut faire fortune ; Il en faut charger sa Mémoire, il faut ne savoir rien autre, mépriser tout le reste, & marquer un grand éloignement pour tous ceux qui ne pensent pas de même.

Voyés Sect. I. Art. XIII. De l'ambition dominaturiae & de ses effets.

IX. LE PLAISIR de dominer est un plaisir des plus séduisans ; on s'y abandonne dès qu'on l'a une fois tant-soit-peu goûté, & on n'y met aucunes bornes. On régne sur les cœurs en se faisant estimer & aimer ; mais cela est pénible, & pour se faire estimer & aimer de cette maniére, il est souvent nécessaire de réformer ses propres panchans, & de changer ses inclinations : On veut donc régner sur les Esprits en obtenant d'eux qu'ils pensent comme on pense soi-même, & en leur faisant prendre les Idées que l'on a, pour les Régles de la Verité. A parler exactement, il n'y a que Dieu seul à qui ce Droit appartienne, mais autrefois rien n'étoit plus commun aux Souverains que de se mettre à la place de Dieu, puisqu'ils se faisoient adorer. Plusieurs se procuroient cét honneur pendant leur Vie, mais presque tous l'obtenoient après leur Mort.

Presque partout, on a exigé des Peuples une soûmission aveugle en Matiére de Religion ; l'Ancienne Synagogue ne prétendoit pas qu'il fût permis d'éxaminer après elle ; Les Turcs sont soûmis à leur *Moufti*, les Tartares à leur *Lama* ; Le cœur humain se ressemble dans tous les Peuples ; à de certains égards il ne se dément point. On ne demande pas que vous soyés fidéles Zélateurs de la Verité, ni que vous soyés fort inquiets de fort appliqués à vous en assurer, en vous rendant uniquement attentifs à son propre caractére ; on demande seulement que vous marquiés un grand zéle pour ce que vous avés trouvé établi en naissant : C'est ainsi que le gros des hommes a pensé de tout tems.

On ne fera donc point de tort à ceux qui ont étudié dans ces dispositions, on ne fera point de tort à ceux dont ces principes auront dirigé toutes les études, quand on conjecturera qu'ils ne savent rien certainement, puisqu'ils n'ont rien éxaminé ; Lors que, dans la suite du tems, quelqu'un d'eux, ou quelqu'un de leurs disciples, s'avise de vouloir connoître la Verité avec quelque Certitude ; & que dans ce dessein, il réfléchit sur ce qu'il a crû savoir jusques alors, il s'apperçoit bientôt qu'il a crû, sans fondement, ce dont les autres luy ont paru persuadés ; & comme tout ce qu'il croit, il ne s'est déterminé à le croire que parce qu'il en a trouvé la profession établie dans son Pays, s'il vient à **découvrir une seule Proposition fausse**, dans le grand nombre de celles auxquelles il a ajouté foy, il ne fait plus que penser des autres, qu'il n'a jamais appuyées sur d'autres fondemens, que celle qu'il vient de rejetter.

C'est ainsi que l'on passe d'une Crédulité aveugle à un Doute Universel. Un homme curieux de s'instruire solidement, s'adresse à un de ceux qui sont établis pour enseigner les autres, il le questionne, il lui demande des Lumiéres & des Preuves, il lui propose des Difficultés à lever, il refuse de bâtir sur des suppositions qui ne sont pas évidentes par elles-mêmes & qui ne sont pas distinctement prouvées ; Le Docteur qui n'a pas bien étudié, est bientôt à bout, il n'aime pas qu'il avouë son ignorance, soit qu'il aime mieux prendre le parti de la Censure & de l'irritation, celui qui l'avoit consulté comme un Oracle ne tarde pas à changer de sentiment. Il s'apperçoit que ce prétendu Docte ne fait rien ; De là il conclud que les autres n'en savent pas d'avantage, & que ce qui est universellement reçû est universellement Douteux.

C'est bien pis encore lorsque quelque Interêt auquel on s'oppose, quelque Passion, qui se trouve contrainte par les Maximes reçuës, sollicite à les éxaminer : Alors on goûte tant de plaisir à trouver sans fondement ce qu'il étoit désagréable de croire, on fait si bon gré au doute qui paroit mettre en droit de secouer un joug qu'on trouvoit si incommode, que l'on est charmé de s'y abandonner. Dès-là on partage les hommes en trois *Classes* ; Celle des *Crédules* qui ne savent rien, mais qui croyent savoir & se génent par leur croyance ; Celle des *Hypocrites* qui font semblant de croire, & qui pour arriver à leur but font quelques Sacrifices de leurs plaisirs à leur Vanité & à leurs Interêts ; Celle enfin des *Sages* & des *Libres* qui ne croyent rien, qui ne se contraignent jamais, ou ne se génent que très-peu, & se moquent de tous les autres.

L'Envie est un effet de l'Ambition ; Rien n'est plus commun parmi les Doctes, ou parmi ceux qu'on appelle Doctes, & rien ne s'oppose plus au progrès des Sciences sures & solides.

Le Régne & les ravages de l'Envie sont des faits trop publics pour en douter ; & les dispositions naturelles des hommes, jointes à l'Education qu'ils reçoivent dans les Ecoles, donnent quelque lieu de s'étonner que ce vice n'aille pas encore beaucoup plus loin qu'on ne le voit aller. D'un côté les enfans chagrins, par l'effet naturel que doivent avoir sur eux l'air féroce de leurs Maîtres, leurs pédantes remontrances, leurs traitemens barbares, leurs leçons, pénibles par elles-mêmes, parce que toutes sans agrément & sans rapport à leur portée, se choisissent des divertissemens, dans la nature desquels leur chagrin influe ; ils aiment à se faire des malices, & celui qui réüssit le mieux est en même tems le plus estimé & le plus craint. D'un autre côté les Pédans, à qui la Jeunesse est confiée, se donnent comme les prémiers de tous les hommes dans leur Art, lorsqu'ils savent substituer au secours de la férule, l'adresse de porter leurs disciples où ils veulent, en faisant habilement joüer chés eux les ressorts de la Vanité & de l'Envie.

Il faudroit bien peu connoitre la nature de l'homme & avoir bien peu réfléchi sur ce qui se passe, pour ignorer l'influence des prémiéres Impressions & des prémiéres habitudes sur le reste de la Vie. Jusques où donc n'ira pas le pouvoir d'une habitude, prise dans la jeune âge & dans laquelle on s'affermit tous les jours par de nouveaux motifs, & par les motifs les plus interessans ? On fait régarder aux jeunes gens, pleins de malice & d'envie, la superiorité des autres sur eux, non seulement comme une diminution de leur gloire, mais comme une flétrissure. Il n'est donc plus possible à la plûpart de ceux qui ont fait leurs Etudes dans les Ecoles de voir tranquillement *dans les autres*, une superiorité de savoir, si mortifiante pour ceux qui sont obligés de la reconnoître par-là. Dès-là un effet de l'Amour propre, qui répand un air de vraisemblance sur les conjectures dont on est l'auteur, c'est à dire, qui fait que l'on s'y rend après un éxamen leger, qui empêche d'entrer dans les vuës des autres, & de faire attention à tout ce que leurs raisons ont de solide ; il suffit qu'on puisse leur opposer quelque difficulté & y soupçonner quelque obscurité, pour se persuader qu'elles n'ont point cette évidence qui est le caractére de la Verité.

Une partie des gens de Lettres, après avoir consumé le peu qu'ils avoient de bien à faire leurs études, ont besoin d'Emplois pour subsister. Ceux dont la condition est un peu meilleure, & qui ne manquent pas du nécessaire, ne laissent pas d'avoir besoin de Pensions pour vivre ou plus agréablement ou plus splendidement. Entre les hommes de Lettres l'un veut briller par son rang, un autre par sa réputation & par l'éclat de ses Lumiéres ; Un autre veut enrichir sa famille ; Chacun d'eux attache sa félicité à certains buts, & la rend dépendante de certaines vuës ; A proportion qu'il aime à être heureux,

F

reux, il hait ce qui s'y oppose, & il n'y a agitations qu'un Savant ambitieux ne se donne, pour charger, au moins, de soupçons odieux, ceux à qui il porte envie, s'il ne peut pas les convaincre d'erreurs dangereuses. Dès que ceux à qui on porte envie, enseignent des Verités, on y ferme les yeux & on aime à en douter.

Une mauvaise méthode est capable de jetter dans le Pyrrhonisme des bons Génies.

X. PARMI ceux qui étudient par amour pour la Verité & par un sincere & géneréux désir de la connoître & de s'y rendre, il s'en trouve que ce désir loüable, soûtenu d'un naturel très-vif, fait travailler avec une extrême ardeur. Ils se défendent tout repos, quelques progrès qu'ils fassent ils ont de la peine à en être contens, ils voudroient en faire d'avantage: Ils voudroient en même tems tout lire, tout écouter, tout examiner. Par-là il leur arrive de lire trop, & de consulter trop de gens; Non seulement ils ne se donnent pas le temps d'examiner ce qu'ils lisent & ce qu'on leur dit avec l'attention & les précautions nécessaires pour le bien entendre & pour en bien juger, ils ne lisent pas même avec assés d'ordre. Et de la manière dont presque tous les Precepteurs Domestiques & les Professeurs Publics dirigent les études de leurs disciples, il est certainement très-peu de gens qui, après avoir achevé ce qu'on appelle leur Cours, n'ayent mis, pêle-mele, dans leur Mémoire bien des choses, dont ils ne se sont point assurés, avec celles dont ils se sont convaincus; & parmi celles qu'ils comprent pour les plus sûres, il est encore bien difficile qu'il ne s'en trouve au moins quelques-unes qui ne le sont pas.

Un homme dans cét état-là comprend qu'il est de son devoir de recommencer ses Etudes, dès-qu'il est à la liberté. Le mieux qu'il puisse faire, c'est de regarder le temps passé comme un temps d'exercice, où son Esprit s'est accoûtumé à la Lecture, au travail, & à quelque attention aux Régles: Comptant donc pour beaucoup d'avoir appris ce que c'est qu'Ordre, & de s'être mis en état de le suivre, maitre de son temps, il va tout recommencer avec un grand ordre, & une grande circonspection: Il ne travaille pas longtemps à ce dessein, sans découvrir qu'il avoit pris pour Vrai ce qui ne l'étoit pas, ou pour Certain ce qui n'est point démontré, & dont il n'a pas des preuves convaincantes; D'abord il se félicite de cette découverte; il en fait bientôt après une seconde de même nature, dont il se fait encore bon gré; Une Troisiéme, une Quatriéme lui font toûjours voir la nécessité de l'examen, & les fruits du temps qu'il y donne. Mais pour peu qu'il soit impatient, il se lassera enfin d'effacer il n'aura pas achevé le quart de la revûë dont il s'étoit fait une tâche, qu'il s'en trouvera accablé, de sorte que pour s'épargner la peine de continuer une Etude fatiguante, au bout de laquelle il prévoit que son savoir se bornera à peu de choses, il prend le parti de ne regarder tout le reste de ce qu'il auroit encore à revoir que comme un tas de Vraisemblances.

Il s'affermira tout autrement dans cette résolution si, après avoir mis quelque Proposition au nombre des démontrées, une Lecture ou une Conversation le tire d'erreur, & lui fait voir du Faux, dans ce qui luy avoit paru Vrai après un éxamen réiteré. Dans de tels cas il arrive aisément que l'Impatience s'empare de l'Esprit humain, l'Examen lui paroit inutile, & puisqu'il ne connoit que cette seule Voye de parvenir à la Certitude, il conclut qu'il n'y a point de chemin qui y conduise, & il se contente de la Vraisemblance.

Dès-qu'on a une fois tiré cette Conclusion, affranchi de ce qu'il y a de plus fatiguant dans l'étude, & de ce qui demande le plus de temps, & par consequent de ce qui paroit le plus retarder les progrès qu'on aime à faire, on ne se gêne plus, on lit sans s'arrêter; Dès-lors l'étude devient un simple amusement, & au lieu qu'il auroit fallu beaucoup de temps pour se procurer un petit nombre de connoissances sûres, ou à peu près sûres, on est ravi de penser qu'il n'en faut que très-peu pour en acquerir un grand nombre de Vraisemblables, les seules, où l'on compte que l'homme puisse parvenir.

XI. IL EN est même qui n'ont jamais regardé l'Etude d'un autre oeil, & qui sur ce pié-là, ne se sont pas promis d'en rien tirer qui allât au delà de la simple probabilité. En peu de tems ils savent ce qu'on a écrit sur la plus grande partie des Sciences, ils sont en état d'en parler, ils se souviennent également & des preuves & des objections. Le temps que les autres auroient donné à un examen laborieux, ils l'ont uniquement employé à ranger leurs lectures, à mettre leurs recueils par ordre, à se faire un stile aisé, à s'énoncer agréablement. On ne sauroit disconvenir que ces gens-là n'ayent pris le meilleur parti, si l'état de Certitude, sur quoi que ce soit, est une Chimére. D'un côté ils ont trop d'intérêt à le croire ainsi, pour n'avoir pas tout le penchant du monde à se le persuader, & d'un autre ils se sont mis dans l'impuissance de faire de sérieux & de justes examens, par une longue habitude de n'en point faire, le moyen qu'ils viennent, par un examen appliqué, à se persuader tout le contraire de ce que les inclinations de leur coeur les déterminent à croire? Le moyen qu'ils abandonnent une vie aisée, agréable & qui coule toute en amusemens, pour vivre quelques années dans la retraite, afin d'y recommencer toutes leurs études, & qu'ils vueillent se réfoudre à des fatigues d'autant plus rebutantes qu'ils n'y sont point accoûtumés?

Ils ont déja donné assés de temps à lire, à faire des recueils, & à s'approprier l'art de les mettre à profit & de s'en faire honneur dans l'occasion; Il est temps, ou jamais, qu'ils jouïssent du fruit de leurs peines; la Raison l'ordonne ainsi. On n'aime pas le travail pour le travail même: On en veut profiter, ce désir est raisonnable: faut-il passer toute sa vie, dans la seule afin de se rendre tant plus digne d'une récompense, dont on se défend de jouïr?

Il est certain que nous vivons dans un Siécle éloigné, du tout au tout, de la Barbarie des Siécles précedens, & si l'on excepte les hommes, réduits par la dure nécessité de leur condition, à travailler de leurs mains, pour gagner leur vie, il n'y a personne qui ne fasse un grand cas du Savoir & de l'Esprit; l'un & l'autre fournit un tître pour être bien reçû des Personnes du prémier Rang: Ceux-ci ont rarement le temps d'approfondir les Sciences, & quand ils l'auroient, rarement en feroient-ils cét usage: Pour leur plaire, il ne faut donc leur parler de Science que superficiellement, mais agréablement, & un Savant leur sera toûjours plaisir, quand il leur apprendra, par foy exemple, à en chercher au delà du Vraisemblable, sous prétexte qu'il n'est pas possible à l'homme d'aller plus loin: Les Grands sont toûjours ravis de se persuader qu'il ne leur faut pas beaucoup de temps & d'application pour savoir & pour connoître les choses, aussi sûrement que ceux qui se sont fatigués à les approfondir.

Autre cause du Pyrrhonisme dans les Etudes superficielles & le goût de la diffi patim.

XII. ON NE sauroit disconvenir que les Pyrrhoniens de ce caractère ne soyent des Esprits superficiels. Les pensions, la bonne there, les civilités d'un Grand, une vie dont on passe la plus grande partie dans la dissipation, tout cela est il de quelque prix en comparaison de la Connoissance solide de la Verité, & d'une application constante à la chercher & à s'en assurer? Mais, diront-ils, c'est ce qu'il est inutile d'entreprendre, on n'en sauroit venir à bout. Pour sentir le foible de ce raisonnement, qu'on se représente un de ces Pyrrhoniens à la mode, qui, pour satisfaire la curiosité d'un de ses Protecteurs, lui explique le sentiment de quelque Philosophe sur un point de Physique, ou de quelque Commentateur sur des Vers d'un ancien Poëte, ou de quelque Jurisconsulte sur une Question

Preuve que les Pyrrhoniens ne sont pas d'accord avec eux-mêmes.

de

de Droit ; Après l'on narré, poli, précis, élégant, si quelqu'un s'avisoit de lui dire qu'il n'a pas bien compris le sens de ce Physicien, de ce Commentateur, de ce Jurisconsulte, de quelque politesse & de quelque ménagement qu'il accompagnât cette objection, je doute qu'elle fut écoutée sans quelque impatience. Le moins que feroit nôtre Pyrrhonien seroit de soûtenir ce qu'il viendroit d'avancer ; Qu'on se figure donc ces deux Tenans, alléguant chacun des raisons pour justifier les éxplications qu'ils ont données à l'Auteur dont il s'agit, & qu'on s'en représente un troisiéme qui leur dit ; *Il me paroit que vous vous donnés bien de la peine pour rien ; Vous vous trompés assurément l'un & l'autre, quand vous croyés avoir compris la pensée de vôtre Auteur ; Pour moi je tiens qu'on ne sauroit avoir compris quoi-que ce soit, ni dans cét Auteur, ni dans aucun autre, parce que l'Esprit humain est condamné à ne savoir jamais rien avec certitude ;* Il y a toute apparence que ce prétendu Conciliateur s'attireroit ces deux Champions sur les bras ; " *Pourquoy*, lui diroient-ils l'un
„ & l'autre, *vous mêlés-vous d'une Dispute où, de
„ vôtre aveu, vous n'entendés rien ? Vous ne savés
„ point de que nous avons dit, & vous même ne sau-
„ riés disconvenir que peut-être vous ne prenés nos sen-
„ timens tout de travers.*

Voilà effectivement ce qu'ils devroient dire, s'ils parloient conformément à leur Hypothese ; Mais si cela étoit ce seroit un beau Titre, pour s'introduire chés les Riches & chés les Grands, que celui de Bel-Esprit & de Savant ; Car qu'est ce qu'un Savant Bel-Esprit, suivant cette idée ? C'est un homme qui a passé une partie de sa vie à lire, afin de faire part aux autres de ce qu'il a lû, quand les occasions s'en présenteront, & qu'ils paroîtront le souhaiter ; Mais en même temps, c'est un homme, qui, de son propre aveu, n'entend point ce qu'il a lû, & qui fera peut être dire à l'Auteur, dont on lui demande le sentiment, tout le contraire de ce qu'il a pensé ; Enfin c'est un homme qui fait profession de n'être jamais assûré s'il vous entend : Allons plus loin, c'est un homme qui dit bien qu'il lui paroit s'entendre lui-même, mais qui ajoute, en même temps, qu'il ne sait point s'il s'entend effectivement.

Nos Beaux-Esprits n'en viendront point à cét aveu, mais ils seront réduits à dire que pour n'être pas décisifs & très-éloignés de l'être, ils ne font pas des sous ; qu'ils n'outrent pas le doute, & ne se portent pas jusqu'à l'extravagance ; que s'il est des choses qu'on ne peut savoir, il en est aussi dont on peut s'assurer, & qu'il ne faut pas une grande étendue d'esprit, ni une grande force de Génie pour comprendre un Auteur qui a voulu écrire avec quelque netteté, & qui, s'il ne savoit pas si son sentiment étoit vrai, savoit au moins quel étoit son sentiment.

Dès-qu'on en sera-là, dès-qu'on sera venu à dire qu'on peut s'assurer sur quelque sujet, ne fut ce que sur le sens d'un Auteur, ou sur un fait tel que la connoissance d'un Commentateur, ou sur l'intelligence d'une Conjecture proposée par un Physicien, en un mot dès-qu'on reconnoitra qu'il y a quelque matière sur laquelle on peut acquérir quelque certitude, on sera forcé d'avoüer que pour acquérir cette certitude, il faut avoir un caractére du Vrai & du Certain, il faut savoir appliquer ce Caractére, & s'assurer qu'on l'applique juste, il faut connoitre quelques Régles, savoir s'en servir, & s'assurer qu'on s'en sert comme on doit.

Il arrive donc aux Pyrrhoniens, dont je parle, ce qui ne sauroit manquer d'arriver à tous les Esprits superficiels, c'est, de tomber en contradiction avec eux-mêmes, faute de s'être rendus attentifs à l'étendue de leurs Principes.

Légereté d'Esprit & man- XIII. QUANT à ceux qui, après avoir formé le dessein d'éxaminer sérieusement, & qui, après avoir commencé, de l'éxécuter, par paresse & par

légereté s'en rebutent ou qui désespérent de pouvoir s'assurer d'aucune Verité, parce qu'il leur est arrivé qu'un autre leur a fait voir, ou qu'eux mêmes ont découvert, dans la suite, l'erreur d'une proposition, à laquelle ils croyoient ne s'être rendus qu'après un suffisant éxamen, certainement l'impatience & le découragement de ces gens-là n'est point un caractére de force d'Ame & de grandeur de Génie. En Matière de Théorie, comme en Matière de Pratique, les personnes légéres, timides, paresseuses, se rebutent, par les mêmes difficultés qui ne font qu'animer ceux qui ont du courage & qui sont capables de travail. Un homme raisonnable réfléchit sur un Dessein avant que d'en entreprendre l'éxécution ; S'il le trouve digne de ses désirs, de son attention & de ses efforts, il s'y applique, & il l'avance ; Mais un événement imprévû rompt toutes ses mesures, & rend inutile tout ce qu'il a fait ; N'importe, s'il continue à trouver ce dessein digne de lui, il recommence, & ne plaint point ses peines, pourvu qu'à la fin il puisse réüssir.

Ce que je viens de dire doit sur tout avoir lieu par rapport à un homme qui cherche de tout son cœur la Verité, mais à qui il arrive de se tromper en la cherchant ; Car loin qu'une erreur soit capable de faire échoüer son dessein, au contraire il doit profiter de ses fautes ; Les preuves qui servent à l'éclairer & à le tirer d'une prévention, l'instruisent des Régles qu'il doit suivre, & s'il les connoissoit déja, ses fautes lui apprendront à en faire un meilleur usage, & après avoir connu les causes qui l'avoient fait tomber dans l'erreur, il sera plus en garde contr'elles, & il viendra plus aisément à bout de ne s'y plus laisser surprendre.

XIV. UN HOMME qui veut éviter l'erreur, doit-être Maître de soi-même, il doit savoir moderer l'impatience d'apprendre, s'il s'apperçoit qu'il en ait : On veut avoir le plaisir de croire qu'on sait beaucoup, & de plus le plaisir de le faire croire aux autres : Rien n'est plus séduisant. Après quelques années d'étude, on n'aura appris qu'un petit nombre de Verités, encore ces Verités rouleront-elles sur des Matières qui ne demandent pas une singuliére habileté & de plus sur des Matières sur lesquelles on ne se méprend pas aisément, & qui sont connues d'un grand nombre de personnes. Ce n'est pas là le moyen de se distinguer ; cependant c'est dans cette vuë qu'on travaille, on veut briller, & pour briller d'avantage, on veut ne demeurer court sur quoi que ce soit, on veut pénétrer dans ce qui pique le plus la curiosité, & pouvoir décider sur ce qu'il y a de plus compliqué & de plus obscur ; Dans ce dessein on s'enferme, on se résout aux plus pénibles recherches, à toute la patience que demandent les plus longs travaux. Alors, sans conférer avec personne, on pose des Principes, on en tire des Conséquences, on les combine, on les lie, on en fait un Systême, on s'applaudit de l'avoir achevé. Mais il suffit que, par prévention, par complaisance pour ses propres idées, ou par lassitude, on se rende à deux ou trois Suppositions, ou à deux ou trois Conséquences, pour que ces éxamen assés scrupuleusement toutes les parties, & dont on n'a pas pésé, avec assés de circonspection, toutes les preuves, pour rendre défectueux tout le Systême sur lequel elles influent.

L'Auteur de ce Systême, & une partie de ceux qui en avoient admiré l'Art, & qui l'avoient embrassé avec un grand Zéle, venant à y trouver du faux ou de l'incertain, ne peuvent se consoler que par la pensée que l'esprit humain se fatigue inutilement à chercher la Verité, & que personne ne la trouvera jamais sûrement, puis qu'ils ne l'ont pas trouvée eux-mêmes.

C'est visiblement trop de présomption. Tel peut avoir assés de pénétration & d'étenduë d'Esprit ; Tel est assés capable de travail & de persévérance

que de courage.

Impatience & empressement éxcessif d'apprendre.

dans

dans le travail, pour ajoûter, par ses propres recherches, dix Veritès à cinquante, qui étoient déja connûs avant qu'il commençât d'étudier : Mais pour avoir regardé un si petit nombre de Découvertes, comme incapables de porter sa gloire & sa reputation au point qu'il souhaite de la voir, &, où s'il ne la voit pas, il ne sauroit être content ; pour avoir voulu en établir vingt, dans le temps qu'il auroit pû s'affurer de dix. De ces vingt propositions qu'il se flatte d'avoir connues sûrement, il s'en faut trois, ❡ il s'en faut deux, ou il s'en faut une, qu'elles ne soyent toutes éxactement vrayes. S'il s'étoit borné à la découverte de dix pendant un certain temps, il auroit pû y en ajouter dix autres, plus ou moins, dans un espace de temps égal à ce prémier : D'autres personnes qui lui succéderont après être éxactement entrés dans ses Idées, pourront encore y ajouter quelque chose de très-vray & de très-sûr, pourvû qu'ils ne se pressent pas, & de cette maniére les Sciences pourront croitre. Or je demande si la Raison ne doit pas trouver cette vnye infiniment préférable au découragement des Pyrrhoniens qui fait perdre toute espérance & toute envie de travailler? & tout homme qui ne regarde, pas la Verité, & le Bonheur du Genre humain avec indifférence, ne doit-il pas souhaiter qu'on étudie avec cette circonspection ? On saura peu, mais on saura quelque chose, & on mettra la posterité en état d'apprendre, par degrés, toûjours un peu plus.

Indolence sur l'interêt du genre humain accompagnée d'envie & de vanité.

XV. MAIS, parmi les gens de Lettres, on en voit qui, loin de s'interesser vivement au bonheur des hommes, & d'étendre leurs vûes charitables sur la postérité, seroient fâchés de voir croitre la lumiére, si leur reputation en devoit diminuer. Ils ont fait un certain *Cours d'Etude* dans leur Jeunesse ; Par la promptitude avec laquelle ils l'ont appris , par leur hardiesse à le soûtenir, & par leur vivacité à attaquer ceux qui paroissoient dans des sentimens contraires, ils se sont acquis l'estime, & l'affection des Maitres sous qui ils ont étudié, & par là ils ont trouvé de la facilité à devenir de leurs Disciples leurs Collégues. En possession du rang & des gages qui avoient fait tout le but de leurs études, ils ne pensent qu'à jouïr agréablement de leur gloire & de leurs revenus ; Ils ont eu assés de peine à apprendre pour se reposer desormais &, c'est assés qu'à cette peine ils fassent succéder celle d'enseigner. Cependant tout le monde n'est pas de leur goût : Ils s'en trouve qui font plus laborieux, ils ont une ambition plus noble, ou ce qui vaut encore mieux, l'amour sincére de la Verité engage à pousser leurs connoissances ; ils les poussent effectivement, & en font part au Public. Alors tel Docteur qui s'étoit agréablement renfermé dans son Systême, & qui s'y trouve trop bien pour le troubler, s'obstine à s'y borner ; il parle d'un air mocqueur de ceux qui sont allés plus loin que lui : *Tout habiles qu'ils se croyent, ils ne sont au fond que des petits génies, dit-il, & une preuve de cela, c'est qu'ils se repaissent de Chimères, & qu'ils donnent dans des Visions : La Raison veut, ajoute-t-il, qu'on se borne, elle respecte de certaines limites au delà desquelles ils se défend d'aller ; Nous voyons distinctement ce qui se passe à deux pas de nous, mais à une lieüe de distance nous ne voyons rien qu'en gros & confusément ; & si quelqu'un s'avisoit de nous assurer qu'il voit ce qui se fait dans la Lune, au lieu de lui reconnoitre des Yeux plus exquis que ceux des autres, & de lui féliciter, chacun le plaindroit d'avoir l'Imagination dérangée.* Tout cela est vray en un sens, mais souvent on abuse de ces Maximes générales & on en fait une application très-fausse.

Si on attaque ces Paresseux qui n'ont de vivacité que pour s'opposer à l'avancement de nos connoissances, si on leur fait voir des erreurs dans leur Systême cheri ; Voici le parti qu'ils prennent ordinairement. Quelques-uns répondent qu'ils n'ont jamais prétendu donner leur Systême que pour un Assemblage de Vraisemblances, mélées parmi quelques Veritès sures; qu'ils n'ont garde de se croire un Esprit superieur à celui de tous les autres hommes; que c'est beaucoup pour eux, comme pour les autres, de parvenir à des conjectures probables, & de les éxposer avec quelque ordre & avec quelque netteté. Si on examine, disent ils, non seulement tous les Systêmes, mais en général tous les Ouvrages des hommes d'un esprit libre de préjugés, & après un examen tant soit peu sévére, on trouvera que les Savans s'élévent à la Vraisemblance, qu'ils s'approchent plus ou moins de la Certitude, mais qu'aucun d'eux jusqu'ici, n'a eu le bonheur d'y arriver. La plûpart des hommes sont si vains, que dès-qu'on les a convaincus de quelques défauts, ils ne peuvent s'en consoler, qu'en se persuadant que ceux qui les leur reprochent & que tous les hommes en général, ont, ou ces mêmes défauts, ou d'autres aussi odieux pour le moins.

Il en est d'autres qui ne sont pas d'une aussi facile composition ; Tout ce qu'ils ont mis une fois dans leur Mémoire, & très particuliérement tout ce qu'ils ont enseigné est sacré pour eux ; Aux preuves les plus fortes qui en démontrent l'erreur, ils opposent d'abord un grand mépris, à ce mépris succéde l'indignation, & si on continue à les chagriner, ils vont jusqu'à l'emportement, & il n'y a rien qu'ils ne se permettent, pour imposer silence à ceux qui refusent de penser ou du moins de parler comme eux. Voilà ce qui donne occasion de dire, la Tyrannie régne dans les Sciences, les Sentimens les plus universellement reçûs, ne le sont que par des effets de Politique & de Cabale, ce qui est Sacré, en deça de lune certaine Riviére, est absurde & abominable en delà. Pour moi, dans alors un Pyrrhonien, je suis Philosophe, je suis Citoyen de l'Univers en général, je ne prens aucun parti, il me paroit que chacun a également tort de préferer celui qu'il a choisi, à celui qu'ont pris les autres.

Voilà des occasions de Pyrrhonisme, mais des occasions qui ne font pas honneur à ceux qui l'embrassent. *Nous ne saurions étendre nos connoissances*; pourquoy ? *Parce qu'un paresseux le dit ;* Ce n'est point par Connoissance, ce n'est point par Lumiére, c'est par Fantaisie seulement que l'on est d'un sentiment plutôt que d'un autre : Comment le prouvés vous ? Est ce par ce raisonnement ? *On voit beaucoup d'opiniatres* ; Donc tous les hommes le sont à peu près également. Voilà à quoi se réduit ce que vous dites.

XVI. IL FAUDROIT bien peu connoitre le monde & avoir bien peu réfléchi sur ce qui s'y passe, pour ne pas s'être apperçû que l'éloignement des hommes pour la Réligion est une des grandes Causes du Pyrrhonisme, & chés les Grands & chés ceux qui vivent dans leur dépendance. Il importe de réflechir attentivement sur l'éxtravagance de ce motif, pour former un juste idée de cette sorte de gens qui ont la vanité de se regarder comme les prémiers génies de l'Univers.

L'éloignement du cœur humain pour la Réligion.

Il ne s'agit pas encore d'opposer preuve à preuve & de comparer les raisons de ceux qui se croyent fondés d'avoir une Réligion, avec ce qu'alléguent ceux qui prétendent qu'on n'en doit point avoir ; Il est certain que ceux-ci n'alléguent rien de démonstratif pour établir leur sentiment ; Aucun d'eux n'a encore eu la hardiesse de le dire ; Tous leurs efforts aboutissent à ébranler les argumens de leurs adversaires, à leur ôter, autant qu'ils le peuvent, le caractére de démonstration & à les réduire à des simples probabilités ; & les Pyrrhoniens en particulier n'oseroient prétendre qu'on peut aller plus loin & prouver la Réligion par de plus fortes armes, eux qui ne reconnoissent rien qui aille au delà de la Vraisemblance ; Mais il ne s'agit pas comme je viens de

DU PYRRHONISME.

le dire, de péfer & d'éxaminer ce qu'on allégue en preuve de côté & d'autre; Il s'agit uniquement de faire attention aux panchans qui déterminent à préférer le parti de l'Irréligion à celui de la Réligion; Il s'agit de voir ce qui fe peut trouver de raifonnable ou de contraire à la Raifon dans le goût que l'on a pour un de ces partis plûtot que pour l'autre. Prenons le Monarque le plus élevé; Trouvera-t-il plus de gloire à fe croire l'effet d'une Néceffité aveugle & fatale ou d'un Concours d'atomes fortuit, & aveugle encore, qui fe diffoudra comme il s'eft formé, qui réduira fa vie & fes penfées à rien, & les replongera dans leur prémier néant? Conçoit-il qu'il lui eft plus glorieux de ne fe croire rien de plus, que de fe croire l'ouvrage d'une Intelligence Eternelle, qui l'a formé pour vivre & penfer éternellement? Sous quelle rélation doit il paroître plus refpectible aux hommes? fous celle d'un homme que le hazard a placé fur eux, ou fous celle d'un homme que la Providence a deftiné à les conduire, & que le Souverain Maitre des hommes & de tout l'Univers veut qu'on regarde comme le repréfentant fur la Terre.

Dira-t-on que fi ces Rélations font honneur, aux Souverains elles les engagent auffi à une attention pénible; Mais foit qu'ils ne doivent leur élévation qu'au Hazard, foit qu'ils la tiennent en partie de la bonne Volonté de leurs peuples, ou que la Rufe ou la Force foit l'origine & le foûtien de tout leur Pouvoir; de quelque nature qu'il foit ce pouvoir, le conferver-ils fans qu'il leur en coûte quelque attention & quelques foins? Puis donc qu'ils en donnent à leur Gloire & à la confervation de leur Autorité, refuferoient-ils d'en donner à ce qui fait le plus grand éclat de leur Gloire, & le plus grand foûtien de leur Autorité? c'eft d'en être redevables à la Providence du Createur de L'Univers. De plus à quoy les engage cette attention? A refpecter un Pére qui les aime infiniment, qui leur deftine une tout autre Couronne, qui les veut placer fur fon Thrône, & les faire joüir de tout ce que fa Préfence & fa Gloire infinie ont de plus délicieux. Oüi, mais ce Refpect nous génera, diront ils, & ces Récompenfes nous couteront cher; Et en quoi tout cela vous génera-t-il?

„ Nous n'oferons pas nous permettre de traiter nos
„ fujets à notre gré; Nous ferons obligés d'obferver,
„ à leur égard, les Loix de l'humanité. Il faudra
„ que nous leur faffions Juftice, que nous punif-
„ fions ceux qui la leur refuferont, & qui les trai-
„ teront cruellement, ou qui fe rendront coupables
„ à leur égard de quelque faute atroce, nous nous
„ trouverons obligés à punir ces injuftes; quand
„ même nous les aimerions, quand même ils au-
„ roient fervi & qu'ils ferviroient encore à nos plai-
„ firs. Un Souverain qui croit tenir de Dieu fon
„ Sceptre & fon Autorité, fe croit par là dans l'o-
„ bligation de compter le Sang des hommes pour
„ quelque chofe, de l'épargner & de ne fe pas fai-
„ re un jeu de le répandre, à moins que ce ne
„ foit pour des Caufes très-légitimes & très-né-
„ ceffaires. Voila de grandes gènes! Voilà bien de
quoi fe plaindre!

Eft-il honorable à l'Incrédulité qu'on s'y porte par ces motifs? Eft-ce pour elle un mérite d'affranchir les Souverains de toute Contrainte & de tout Devoir, de les mettre en état de fe permettre, fans fcrupule, tout ce qu'ils fe trouveront en pouvoir de faire? Les Pyrrhoniens fe rendent-ils dignes, d'être l'admiration des autres hommes, & de recevoir leur encens для le foin qu'ils fe donnent de leur procurer de tels maîtres? Pour ce qui eft de la plus grande partie des hommes, qui vivent dans la Dépendance, & pour qui cette dépendance eft une néceffité, quelle honteufe contradiction de compter, pour trop pénible de beaucoup, l'attention qu'ils doivent donner au Souverain de l'Univers, pendant qu'ils comptent pour rien les fatigues & les dangers, dès qu'ils peuvent arriver, par toutes ces fatigues, & à travers tous ces dangers, à fe mettre bien dans l'Efprit d'un autre homme? Ils ne font rien moins affurés que d'obtenir ce qu'ils cherchent; peut-être fuccomberont-ils fous ce qu'ils fe propofent de faire, avant que de prevenir à leur But, on pour y arriver, ils ne peuvent point compter de s'y maintenir : Rien ne fe perd avec plus de facilité que la faveur des Grands, il ne faut guére moins de peine pour fe la conferver que pour l'acquérir.

A mefure que je découvre les Caufes du Pyrrhonifme j'ai affés bonne opinion de mes Lecteurs, pour me promettre que le leur ferai plaifir de prouver que rien n'eft plus déraifonnable.

Diront-ils, que la Réligion eft ennemie de notre félicité & qu'on n'eft heureux qu'à proportion qu'on n'en a pas. Cela eft vrai, c'eft une cruelle ennemie! Ceux qui fe font imaginés qu'elle étoit utile au genre humain avoient les idées du monde les moins juftes. On ne peut pas fe méprendre plus groffiérement : Quoi il ne nous fera pas permis d'ufer de notre fanté par l'intempérance! & par toutes les débauches qu'il nous viendra dans l'imagination de faire! Il faudra, malgré nous, ménager nos fens, par la modération avec laquelle nous en uferons; au lieu de les émouffer & d'en éteindre la vigueur, par des excès continuels; il faudra dépendre de la Raifon, il faudra nous régler fur quelques idées de bienféance, refpecter la pudeur, au lieu de nous abandonner à la fenfualité comme les Bêtes; Quoi! nous ne pourrons pas nous prouver à nous mêmes que nous avons plus d'Efprit que les Bêtes en portant encore plus loin qu'elles la fenfualité & la brutalité! Nous ne pourrons pas nous pendre, nous couper la gorge, nous jetter dans la Riviere quand il nous en prendra la fantaifie! Et pour ne nous voir pas expofés à des chagrins, que nous aurions terminés fi brufquement, il faudra nous donner le foin, dès nôtre jeuneffe, de faire régner fur nous la Raifon & non pas l'Humeur! Il faudra nous fatiguer à comprendre que nôtre félicité ne dépend pas de mille circonftances, dont il fuffit qu'une nous manque pour nous rendre la vie infupportable! La fantaifie pour l'indépendance, qui nous domine, n'eft déja chés nous qu'une fource trop continuelle d'inquiétudes & de troubles; elle nous fait penfer à mille Intrigues, à mille Cabales; nôtre vie fe paffe à contredire, à traverfer, à faire enrager les autres hommes; Que fera-ce donc, & à quels efforts ne feront nous pas obligés, quand il faudra nous étudier à nous procurer une liberté d'une tout autre nature, à rendre nôtre tranquilité & nôtre joye indépendante de nos titres, de nos revenus, & du pouvoir ou l'on peut fe trouver d'inquiéter les autres! C'eft encore ici un très-grand plaifir auquel il nous faudra renoncer, dès que nous nous ferons perfuadés de la Verité de la Réligion : Dès-lors, il faudra nous étudier à vivre en paix avec les autres hommes, il faudra fupporter leurs foibleffes, il faudra nous féliciter de leurs fuccès, il faudra nous faire une joye de leur reputation, quand ils en feront dignes, il faudra nous emprefler à leur rendre de bons offices, à leur faire part de nos Lumières, de nos Confeils, de nos revenus, & quelquefois de nos fonds! Sans contredit les Pyrrhoniens doivent fçavoir bon gré au Pyrrhonifme qui les affranchit de tant de Devoirs, & qui leur fait pouffer jufqu'à l'envie d'y penfer!

En vain fe prétendroit repliquer que la Réligion n'eft pas fi néceffaire au repos temporel des hommes, & eft bien préfent de la Réligion on peut leur faire comprendre qu'il eft de leur intérêt de fe lier à l'obfervation de certaines Loix & de certaines Bienféances. Un Pyr-

N. B. Pour être que cet Ouvrage pourroit tomber entre les mains de quelques perfonnes affés bêtes pour avoir foin d'être nourris aux Libertés, j'ai jugé ici aux Libertés nique. L'Auteur a dû avertir le mot d'avertiffement à fa propre fureté. B. Lucr. ceci en bonne part.

G

Pyrrhonien qui fait profession de douter de tout & de combattre tout ne conviendra pas mieux de cét article que des autres, & ne pourroit pas en convenir sans se contredire. Il pourra même penser, avec assés de vraisemblance que si chacun a intérêt de voir les Loix observées par les autres, chacun aussi peut se trouver dans de certains cas, où il trouvera mieux son propre compte à les négliger qu'à les observer. La Réligion fait tomber tous ces prétextes.

On donne ici présentement aux Pyrrhoniens des prétextes dont ils abusent.

XVII. JE ME donne la liberté de faire ici quelques représentations à mes Lecteurs: J'en aurai peut être de différens ordres, & je leur demande aussi diverses graces; qui toutes tendent à obtenir qu'on évite, avec plus de précaution qu'on ne fait, de fournir aux Pyrrhoniens des raisons qu'ils sont toûjours attentifs à saisir, & dont ils ne manquent jamais d'abuser, & de tirer tout le parti qu'ils peuvent.

Je souhaite prémiérement que les Théologiens ayent la bonté de ne trouver point mauvais si je les conjure, tout avec le respect & le zèle qu'ils se sentent pour la Réligion Chrétienne, de la Verité de laquelle ils sont perfuadés, d'être dans une vive & constante appréhension d'y faire entrer quelque chose, au-delà de ce que la Révélation renferme clairement & certainement. Je les supplie de réfléchir, s'il ne vaudroit pas mieux demeurer dans une simple ignorance sur quelques Articles, que de se hazarder de tomber dans des erreurs de conséquence, en voulant s'élever à des Lumiéres au dessus de la capacité présente de nôtre Entendement. Un seul Dogme peu sûr, mais proposé d'un ton aussi ferme, que les plus chers, les plus vrais, les plus éssentiels, est reçu avec la même soûmission, par une jeune personne, qui se rend avec une égale facilité à tout ce qu'on lui dit. Or ce seul Dogme ainsi recommandé, tout incertain qu'il soit, peut aisément être revoqué en doute dans la suite du temps & dans un âge où les Passions s'emparent du cœur avec une nouvelle force, en même temps que la Raison commence à se dévelopér avec une vigueur nouvelle: Mais un seul point, reconnu faux, ou très-douteux, dans cét âge là, où tant de circonstances s'opposent au goût de la Réligion suffit quelquefois pour rendre suspect tout le reste.

J'espére encore que je ne déplairai pas, aux sages Théologiens, si je les supplie de ne se rendre point odieux par leur Autorité, & de n'abuser point par Ambition, ou par des Interêts temporels, du crédit que peuvent leur donner sur les peuples, leur Rang, & les Verités dont ils sont les Ministres & les Dépositaires. Dès que quelque Passion s'est emparée du cœur humain, & qu'il en suit les impressions, au lieu de se rendre attentif sur des Idées claires, & sur des Régles démontrées par des preuves évidentes, il faut bien qu'au coup bien du chemin, & ses écarts sont prodigieux; Il ne lui faut qu'un prétexte tant-soit-peû vraisemblable, pour condamner, sans autre examen, ce qui le gêne tant-soit-peu; On hait la hauteur d'un Eccléfiastique: Cela suffit à bien des gens pour leur faire haïr l'Eglise & la Réligion; on se fait un plaisir de s'opposer à tout ce qui paroit cher à un homme qui déplait.

Si ceux à qui Dieu a fait la grace de connoître la Verité de la Réligion, vouloient bien ouvrir les yeux, & les arrêter sur la reconnoissance qu'éxige une Grace si précieuse, s'ils s'étudioient, comme ils le doivent, à faire honneur aux grandes Verités qui font leur Consolation & leur Gloire; S'ils les rendoient reconnoissables dans leurs mœurs, si une Conduite desinteressée, modeste, exempte de toute ombre d'envie, d'ingratitude, de vanité, d'obliquité, faisoit l'Eloge de leurs Dogmes, les hommes auroient beaucoup plus de peine à refuser leur respect à la Réligion, dont ils verroient si constamment naitre des effets si respectables.

Un Athée ne sauroit s'empêcher de reconnoître qu'un homme qui vit, comme on devroit vivre, au cas qu'on vécut continuellement sous les yeux d'un Etre Suprême, très-Sage, très-Bon, & très-Saint; Un Athée, dis-je, ne sauroit s'empêcher de reconnoître, qu'un tel homme fait fans contredit honneur à la Nature humaine: Mais peut-on dire la même chose d'un homme qui, sans se corriger de ses défauts, a toûjours les yeux ouverts sur ceux des autres, pour y trouver du ridicule, qui se permet toutes les fantaisies, & n'a rien de soûtenu dans sa conduite, si ce n'est qu'on veuille appeller de ce nom son obstination à ne point se corriger. Pour vivre de cette maniére, sans troubles, & fans s'accabler de reproches, il faut être, ou sans Esprit, ou sans Réligion; Il faut s'étourdir, pour empêcher à ce qu'on a de bon-sens de se faire jour, & pour s'épargner les reproches de souler aux pieds les Régles les plus respectables. Ces réflexions regardent les Grands plus que les autres hommes; Ils ne font rien qui ne soit de conséquence. Leur éloignement pour la Réligion, & l'Esprit de Doute qui est la suite de cét éloignement, se répand depuis eux sur la Multitude, avec la rapidité d'un Torrent qu'aucune barriere ne peut arrêter. On ose les supplier de réfléchir, s'ils ne se deshonorent point quand ils regardent comme un Privilége de leur Naissance, & de la Fortune qui l'accompagne, le Droit d'étonner & de corrompre la multitude par tout l'effort qu'ils donnent à leurs bizarreries, & par la licence avec laquelle ils s'abandonnent à toutes sortes de débauches, sans en avoir la moindre honte.

J'ose encore supplier tous les Péres qui sont perfuadés de quelques Verités, sont à cœur les intérêts du Genre humain, & qui croyent qu'ils auront à répondre des mœurs & du sort de leurs Enfans; je les supplie de faire une toute autre attention qu'on ne fait ordinairement sur l'obligation indispensable où ils se trouvent de les bien élever, & sur tout de les bien élever par rapport à la Réligion; Je les supplie de ne pas faire perdre, par les mauvais exemples qu'ils donnent à leurs Enfans, tout le fruit des instructions qu'on leur addresse; Je les supplie de ne se confier le soin de ces importantes Instructions, qu'à des personnes capables de les bien donner, & propres à s'acquitter de ces grands soins avec succès. Un Maitre Sombre, un Maître Impérieux, un Maitre Superstitieux, un Maitre Impatient, un Maitre qui n'a pas assés d'Esprit, ou qui n'a pas assés de Lumiére & de Prudence, pour former le goût de ses Eléves, pour proportionner ses instructions à leurs besoins, & leur portée, pour les donner à propos, pour ne leur présenter la Réligion que par ses côtés aimables, qui sont ses veritables faces, jette, dans ces jeunes cœurs qui lui sont confiés, des Principes d'Incrédulité, dans le temps même qu'il se propose d'y répondre des semences de foi.

Enfin, de quelque ordre que l'on soit, si l'on a encore quelque étincelle de Réligion, qu'on en donne des preuves, en se faisant un Devoir capital d'aller au devant de l'Incrédulité, qui chaque jour prend une nouvelle audace, par le nombre de ses adhérens: On ne sauroit s'y opposer avec plus d'efficace qu'en écoutant la Raison avec un grand Respect, en la cultivant avec un grand Zèle, & en réglant ses mœurs sur les aimables & saintes Loix qu'elle nous donne; C'est-là un moyen légitime de mortifier les Incrédules; jamais ils ne font plus ravis que lors qu'ils peuvent nous faire des reproches sur nôtre conduite; jamais ils ne sont plus satisfaits que quand ils nous voyent en contradiction avec la Raison; Il n'y a artifice qu'ils ne mettent en œuvre, pour corrompre le cœur des hommes, & pour venir à bout d'affoiblir l'esprit de ceux qui ont encore de la Réligion, & de leur faire respecter, sous ce nom, des Chiméres, dont ils sauront bien profiter pour la tourner en ridicule.

XVIII.

Vanité des Pyrrhoniens mal fondée.

XVIII. FAISONS encore en deux mots le parallele du panchant d'une partie des hommes pour l'Incrédulité, & de celui des autres pour la Réligion. Les Incrédules se donnent pour des Esprits du premier ordre, & qui seuls ont la force de s'élever au dessus des préjugés les plus universels, les plus autorisés, & les plus respectables, pendant que les autres hommes suivent l'impression d'une Timidité crédule. Examinons un peu la justice de ces prétensions, & voyons de quel côté on trouvera un goût plus juste.

On se mocqueroit avec raison, d'un homme qui préféreroit le Stile de Coëfeteau à celui de M. l'Abbé de Vertot (par exemple) & on le trouveroit sans goût, ou dans le plus mauvais goût du monde, par rapport au Stile; Celui qui ne sauroit pas reconnoitre en Ovide beaucoup d'Esprit & de foecondité, qui ne trouveroit pas dans Virgile un grand sens, joint à de grandes beautés, seroit regardé, comme un homme qui, en Matiére de Poësie, ne se connoitroit ni en esprit, ni en bon-sens. Il y a aussi un goût pour les Mœurs & il n'y a que les plus perdus débauchés, à qui la vie d'un Sardanapale pût paroitre préférable à celle d'un Trajan, & d'un Antonin. Les Partisans d'Homère ont raison de se récrier sur l'injustice d'un homme qui méprise ce Poëte, qui décide sur son mérite, & prononce contre lui, sans l'avoir jamais lû, ou qui, sans se transporter dans les temps, où Homère vivoit, & dans les temps dont il parloit, sans faire attention à à son but, & à la maniére dont il va à ce but, (en Poëte) ne le lit que pour le critiquer, & est charmé de trouver, par-ci, par-là, quelques morceaux qui, détachés du reste, paroissent manquer de force, d'élégance & de justesse; Qu'on fasse attention à tout cela, & dès-là qu'on se demande, si un Avare, si un Fourbe, si un Débauché, un Envieux, un Homme dont le plus grand plaisir consiste à Contredire les autres, un Vicieux enfin, de quelque nature que soit le vice qui le domine, est dans le goût qu'il faut, pour lire & pour juger sainement d'un Livre où il trouve à chaque page sa condamnation ? Peut-on avoir quelque goût pour la Critique, sans trouver, dans les Livres, qui composent le Nouveau Testament, tous les caractéres d'un ouvrage contemporain aux événemens qui y sont recités, & aux Auteurs dont ils portent les noms ? Un homme peut-il passer pour raisonnable, quand il décide sur la Réligion, & prend le parti de n'en avoir point, sans avoir examiné les Livres, où des personnes, respectables par leur probité, & estimables par leur bon-sens & leur savoir, s'assûrent qu'elle est renfermée, & sans avoir donné à cét examen toute l'attention que mérite l'importance de ce sujet ? Un homme peut-il passer pour raisonnable, quand il ne lit ces Livres que rapidement, & ne daigne pas profiter des lumiéres de ceux qui pourroient les lui éclaircir ? Un homme peut-t-il passer pour raisonnable, quand il se parte à cette Lecture avec un Esprit plein de préventions, & dans l'empressement d'y trouver de quoi mépriser & de quoi condamner ? Or la plus grande partie des Incrédules sont sans contredit dans ces dispositions. On regarderoit avec le dernier mépris des gens qui liroient les Poëtes & les Historiens, dans cét Esprit-là ; Mais les Incrédules se croyent au dessus des Régles, dans tout ce qui favorise leur Incrédulité. Quand on a le cœur dégagé des Passions déraisonnables, quand on veut examiner de bonne foi, & donner à cét examen toute son attention, on ne peut assés s'étonner de voir à quel point ceux qui se savent pas reconnoitre, dans les Ecrivains de l'Evangile, des caractéres de simplicité, de bon-sens & de probité, manquent de discernement & de goût ; Car on trouve dans ces Ecrivains des témoins tout tels qu'il est possible de les souhaiter, pour se rendre à leur témoignage avec une raisonnable certitude.

Caractéres des Disciples des Pyrrhoniens.

XIX. LES PRETENTIONS des Pyrrhoniens sont si peu naturelles ; Revoquer tout en Doute, & de Proposition en Proposition venir à une Incertitude universelle, est quelque chose de si étrange & de si monstrueux, que les Pyrrhoniens eux-mêmes doivent en quelque sorte être épouvantés de la hardiesse de leur Hypothese. Ils se rassûrent, en se faisant des Disciples ; & dans l'empressement avec lequel ils travaillent à s'en faire, ils ne sont ni délicats ni difficiles, tout leur est bon. Ils trouvent donc dequoi faire une ample Moisson, dans une infinité de gens qui, par un effet de leur temperament, ou par une suite de leur éducation, & des modéles sur lesquels ils se sont formés, ne sauvent ouvrir la bouche que pour contredire, n'écoutent que confusément & donnent d'abord, à chercher des objections, une attention qu'ils devroyent premiérement donner toute entiére à comprendre ce qu'ils se proposent d'attaquer. Il n'y a qu'à se contredire pour faire tomber ces gens-là en contradiction ; Niés ce que vous avés affirmé, ils affirmeront ce qu'ils ont nié ; Ils sont contents pourvû qu'ils ne paroissent pas du même avis que les autres. A des gens ainsi faits les Livres des Pyrrhoniens paroissent d'un trop bon goût, pour n'en être pas charmés ; ils sont ravis de penser que les Doctes ayent mis en Art ce que leur Humeur leur fait pratiquer tous les jours.

Ce n'est pas que le Pyrrhonisme ne puisse aussi trouver des dispositions favorables, dans des Cœurs qui ne sont pas tout-à-fait gâtés par rapport à la Réligion. On peut n'être point parvenu à la traiter de Chimére, & se trouver pourtant dans des circonstances, dans lesquelles il sera commode de douter, ou en général de la Verité, ou du moins de la verité de quelques-unes de ses parties dont la connoissance generoit. S'il est des hommes qui ne font rien moins que curieux de s'assurer de la Verité de la Réligion, pour ça en état d'incertitude les laisse dans une plus grande liberté ; parce qu'il leur semble que s'ils sont quelque faute elle est beaucoup plus pardonnable qu'elle ne le seroit, s'ils étoient bien persuadés de l'autorité de la Loi qui la leur défend ; parce qu'ils se comptent d'autant plus en droit de suivre leurs Désirs & de les prendre pour Régles, que celles, que la Raison leur prescrit, leur paroissent moins sures ; S'il est des hommes tels que je voi être des caractérisér, il en est aussi d'autres qui s'imaginent que leur Foy sera d'autant plus agréable à Dieu, & qu'elle sera, à ses yeux, un hommage d'autant plus propre à réparer leurs desobéïssances, qu'elle se trouveront moins forcés à croire par l'évidence des preuves ; ils conçoivent ~~que leur Foi sera d'autant plus de mérite~~ qu'elle sera un acte plus libre, & que *la grande raison pour laquelle ils croiront, c'est qu'il* LEUR PLAIRA DE CROIRE. Tous ces gens là écoutent avec plaisir les Pyrrhoniens, & sont tout portés à se joindre à ceux qui prétendent qu'on ne peut rien savoir avec certitude.

Diversité des Opinions.

XXI. LES PYRRHONIENS se font un plaisir extrême d'étaler la prodigieuse différence des Opinions & des Coûtumes qui régnent parmi les hommes ; Chacun, disent ils, tient pour ce qu'il trouve établi dans sa Nation, sans savoir pourquoi, & s'obstine, plus ou moins à le soûtenir, suivant qu'il se trouve d'une humeur plus docile ou plus opiniâtre ? Quel parti prendrés-vous dans cette prodigieuse diversité ? L'Esprit humain, qui est borné, s'embarrasse dans cette Question, soit que d'autres la lui fassent, soit qu'il se fasse à lui même.

Peu de gens se trouvent d'humeur à essuyer toute la fatigue de l'Examen ; peu de gens sont capables de la soûtenir ; peut être y en a-t-il encore moins qui sachent la maniére de s'y prendre pour le faire avec succès. La plûpart des hommes ne croyent que parce qu'ils sont accoutumés de croire, & qu'ils s'en s'en soit fait une habitude dés l'enfance ; Tous ces gens-là, dès-qu'ils viennent à se représenter sérieusement que d'autres hommes, qui ne paroissent pas manquer d'esprit & de sens, non plus qu'eux d'attention à leurs intérêts, pensent tout autrement qu'eux & vivent dans des sentimens tout opposés ; dès-qu'ils viennent à penser que d'autres ont aussi pour eux la coûtume, & le respect naturellement dû aux Ancêtres d'où ils descendent, ils ne savent plus que penser ; leurs idées se troublent ; De côté & d'autre Raisons d'égale force, & Raisons qui mènent à des Conclusions opposées.

Cependant il est visible qu'un Pyrrhonien, qui profite de ces dispositions, se joue de la foiblesse des hommes, & les éblouit par des raisons, qui sont encore réellement des Sophismes. *Si l'on n'a d'autres raisons pour croire que le Préjugé & la Coûtume, on ne peut être assuré de rien, puisque la Coûtume & les Préjugés varient si fort, & ont tant d'opposition les uns avec les autres. Donc toute voye de trouver la Verité est fermée au Genre humain. La paresse des hommes, & leur panchant à se reposer sur ce qui est établi, sans daigner en faire l'Examen, ni s'informer de qu'elle manière il est convenable d'examiner, cette paresse & ce panchant sont cause que le hazard décide de leur croyance, & qu'ils se trouvent également les uns dans l'Erreur, & les autres dans la Verité, sans savoir pourquoi. Donc la voye de l'Examen ne sauroit être d'aucun succés.*

Ceux qui raisonnent ainsi n'éxaminent-ils pas ? Et n'est ce pas de leur attention aux préjugés, & aux opinions opposées des hommes, qu'ils concluent que l'Erreur & l'Incertitude régnent sur la Terre ? Ne se fondent-ils pas sur le Principe, que des Sentimens contraires ne sauroient également être vrais, & qu'on n'est point fondé à croire, ce qu'on n'a pas plus de raison d'affirmer qu'on autre n'en a de le nier. Voilà des Principes, voilà des Régles, voilà un commencement d'éxamen ; Il est donc possible d'examiner & d'établir des Principes & des Régles pour faire des Examens raisonnables.

On convient que ceux qui ne se trouvent dans les sentimens où on les voit, que par un effet des Préjugés de l'Education & de la Coûtume, seroient ridicules de prétendre qu'ils se soient suffisamment assurés de la Verité. On convient encore que les hommes ne pourroient jamais parvenir à cette assurance, s'ils n'avoient d'autres moyens, pour y parvenir, que leurs Préjugés, & s'ils ne pouvoient établir leur persuasion sur des fondemens plus solides que ceux de la Coûtume. Mais de décider hardiment qu'il n'y a point d'autre chemin, par où on puisse aller à la Connoissance de la Verité, c'est décider avec la précipitation d'un Esprit également petit & présomptueux.

Mais si les Savans se connoissoient ce chemin qui est ignoré du Vulgaire, on les verroit tous d'accord, au lieu qu'ils sont partagés en plus d'Opinions qu'on ne voit de Coûtumes différentes parmi les peuples de la Terre. Je répons que les Savans seroient tous d'accord, s'ils connoissoient toutes les Régles que l'on doit suivre, & s'ils s'appliquoient tous également à les observer : Mais entre ceux qui portent ce Nom, les uns ignorent les Régles, les autres n'y sont pas assés d'attention, & s'abandonnent à leur Génie, sans s'appercevoir du besoin qu'ils ont de le régler par diverses précautions. Les Pyrrhoniens qui se donnent pour les plus habiles & les plus judicieux des hommes, raisonnent donc comme le Vulgaire, ou ils ne se piquent pas de bonne foi, lorsqu'ils alleguent cet argument. Ils font voir qu'ils cherchent des Disciples, que tout leur est bon, qu'ils veulent s'en faire à quelque prix que ce soit, & que c'est toujours un gain pour eux, que de mettre la multitude dans leurs intérêts.

Flectere si nequeo Superos, Acheronta movebo.
Si je ne puis pas séduire le Ciel, je mettrai l'Enfer dans mon parti.

XXI. LE VULGAIRE regarde tous ceux qui sont habillés d'une certaine façon, & qui portent certains titres, comme des gens qui savent à peu près tout ; Il est si crédule, & il se plait tellement à tout admirer, qu'on ne sauroit guere manquer de passer à ses yeux pour un savant homme, dès-qu'on se donne pour tel. Dites à la Multitude ainsi prévenuë, que les Savans qu'elle respecte, le sont effectivement autant qu'on puisse l'être ; Ajoutés après cela qu'ils ne connoissent rien dans une parfaite certitude, & qu'il n'y a parmi eux que préjugés, vraisemblance, passion, opiniatreté, vous les porterés à juger que le chemin de la Verité est fermé à la nature humaine, & que là où les hommes les plus savans & les plus dignes de ce titre n'ont pû parvenir, il ne faut pas que personne se flatte de pouvoir arriver. Mais voyons ce qu'il y a de captieux dans ce raisonnement, & nous saurons de quel côté est l'ignorance, la mauvaise foi, l'opiniatreté.

Dans ce dessein examinons d'abord qui sont ceux à qui le Vulgaire & l'Usage accordent si libéralement le Titre de Savans ; Voyons-les de près, & prenons-les depuis leur Enfance, jusques au plus haut point de leur Autorité & de leur Reputation ; Nos réflexions pourroient n'être pas inutiles ; Elles feront comprendre à ceux qui ont quelque autorité dans le Monde, à ceux qui sont en état de faire ce qu'ils trouvent à propos, & à ceux qui ont le bonheur d'être écoutés, ce que les hommes à qui les interêts de la Réligion ne sont pas indifférens doivent faire pour s'éclairer, pour se mettre en repos en se procurant des lumieres sûres & pour s'opposer à un Pyrrhonisme qui va directement à éteindre la Réligion. Ce qu'on doit faire pour cela est certainement très-different de ce qu'on fait.

On envoye des Enfans dans des Ecôles publiques ; Cette conduite, regardée en gros, est très-loüable, & très-raisonnable ; Mais il y a bien des remarques très importantes à faire contre ce qui se pratique, quand on l'examine en détail. Prémierement on confie d'abord la fleur de la jeunesse, l'Espérance de l'Etat, ceux qui doivent un jour gouverner & ceux qui doivent conduire l'Eglise ; on en confie tout le soin aux hommes du monde les moins propres pour les bien élever ; car tels sont souvent leurs prémiers Maitres. Mais il n'importe pas seulement que les Enfans de bonne maison, & qui doivent un jour parvenir aux Prémiers Rangs, soient bien élevés ; ils gouverneront encore les autres avec plus de succés, à proportion que ceux qu'ils auront à conduire seront raisonnables : L'interêt du Genre humain demande donc que tous ceux qui le composent, & non pas seulement ceux qui le gouvernent, ayent une heureuse Education. Sans ce secours les hommes abandonnés à eux-mêmes comme les Animaux Brutes dans les Forets, en deviendroient peu differens, toute grande que soit la différence de leur nature d'avec celle des bêtes. Les hommes deviennent ce qu'on les fait-être, & les impressions qu'ils reçoivent dans l'Enfance portent ordinairement sur toute leur Vie. Mais à qui confie-t-on des soins de la dernière importance ? Ce que je vai dire souffre des éxceptions ; Je ferois bien mortifié qu'on ne le prit pas ainsi, & je le ferois encore plus, s'il n'en souffroit point. Mais quelques éxceptions n'empêchent pas que ce que je vai dire ne soit très-général, & trop général de beaucoup, pour le malheur du Genre humain. Tel GRAND SEIGNEUR ne se met point en peine que l'Education de ses *Sujets* soit abandonnée à des gens qu'il n'auroit garde de choisir pour leur confier le soin de dresser ses *Chiens*, ses *Chevaux*, ses *Faucons* ; Il ne les trouveroit ni assés souples, ni assés vifs, ni assés laborieux pour les bien charger de ces soins & s'en reposer sur eux. Il a trop à cœur ses *Chiens*, ses *Chevaux* &c. Le fils de quelque Artisan s'est opiniatré pinistré à suivre les Ecôles, à passer de Classe en Classe, & à monter d'Auditoire en Auditoire ; Cette vie lui a paru beaucoup plus douce que celle de son Pére, & le Pére, de son côté, n'a pas moins été ravi de penser que son Nom alloit s'illustrer, & qu'au lieu d'y joindre le Titre de *Maître*, on y joindroit celui de *Monsieur*. Cependant soit paresse, soit manque de talens, soit l'un & l'autre tout ensemble, comme il arrive ordinairement, ce fils d'Artisan ou de Laboureur, après s'être promené vingt ans dans la poussiere des Ecôles, ne se trouve pas seulement en état de prononcer, chaque Dimanche, à une troupe de Paysans, un tissu de rapsodies qu'il n'entendra pas lui-même. *Qu'en veut on faire ?* Il n'est plus propre au travail du Corps. *Veut-on le laisser mourir de faim ?* Veut-on l'exposer au desespoir ? Ceux qui ont eu l'indolence de le voir tant d'années parmi leurs Disciples, sans réfléchir à quoi aboutiroit cette perte de temps, en ont enfin pitié, & pour l'empêcher de mourir de faim, ils tâchent de lui procurer une petite pension qu'il gagnera en prenant soin de la Jeunesse, c'est à dire, ils en font un Regent d'Ecole. Qu'on lui demande ce que c'est que *Raison*, ce que c'est qu'*Humeur* ? Hélas c'est à quoy il n'a jamais pensé ! Il ignore parfaitement par quels Principes il faut commencer pour former la Raison, & de quelle manière il faut cultiver ces Principes ; il sait encore moins de quelle manière on peut profiter des différentes Humeurs, & les differens tours qu'on doit prendre pour les corriger.

Un Maître si pesant ne sauroit inspirer du feu à des Ecôliers qui sont naturellement lents, il faut qu'il les fasse avancer, comme on fait avancer les Chevaux, avec l'éperon & le fouët. Ceux qui ont quelque Génie ne tardent pas à s'appercevoir combien leur Maître leur manque, ils s'échapent & le méprisent ; Se voyant méprisé à la place de l'estime qu'il ne mérite point & qu'il est incapable de s'attirer, il met en usage la Terreur, & s'efforce d'émousser, par ses coups & par ses gronderies éternelles, ces esprits dont la vivacité l'importune. Quelle affection des jeunes gens peuvent ils prendre pour tout ce que leur enseigne un Maître si odieux ! Ils soupirent pour se voir affranchis de sa Férule, plus qu'un esclave ne soupire pour sa Liberté. Quel plaisir pour eux d'apprendre, dans l'âge où l'empire séduisant des passions succède à la triste & à l'importune autorité des Maîtres ; Quel plaisir, dis-je, d'entendre un Pyrrhonien qui les assure, poliment & hardiment, que toutes ces prétendues Sciences, dans l'étude desquelles on oblige la jeunesse de se tourmenter, ne sont en effet que de vains tourmens; qu'on à beau chercher, qu'on ne trouvera jamais rien, & que les plus sages sont, non ceux qui, après avoir beaucoup étudié, croyent de savoir beaucoup, mais ceux qui sentent & qui avoüent qu'ils ne savent rien. La seule voye qui conduit à la Certitude, c'est celle de l'Examen, & comment veut-on qu'ils s'instruisent de cette voye & des moyens de la suivre sous des Maîtres qui n'examinent jamais, & qui frémissent à ce seul mot ?

On forme la Jeunesse, dans la plûpart des Ecôles publiques précisément aux-mêmes Maximes, que le Vulgaire, sans lumières & sans éducation, a accoûtumé de suivre : Ce qui se trouve établi dans chaque Pays, c'est ce que les Maîtres d'Ecôles ordonnent aux Enfans de croire, sans se mettre en peine de le leur prouver. Il faut voir de quel air celui qui s'avise de demander un éclaircissement, est relancé, & comment on le traite de fat, & d'orgueilleux qui en veut savoir plus que son Maître, plus que ses Parens, plus que ses Princes mêmes. Il faut voir de quelles huées les Camarades de ce Curieux régalent ces efforts d'une Raison qui commence à sentir qu'elle est née pour la Lumière, & de quel air satisfait, un Maître ignorant & brutal applaudit à ces railleries impertinentes ! Pour comble de malheur, voila de quelle manière on leur enseigne ce qu'il y a au monde de plus essentiel pour eux, ce qui mérite le mieux d'être distinctement connu & d'être évidemment démontré, les Verités de la Réligion : Ce qu'on en apprend à la jeunesse, dans la plûpart des Ecôles, se réduit à un Catéchisme, le plus souvent assés obscur, qu'on leur fait apprendre & réciter, & pourvû que leur mémoire ne bronche point, & qu'ils récitent en perroquets, on est content d'eux, on n'en demande pas d'avantage pour les honorer des *Prix de Piété*, & des Eloges dont on les accompagne. *Mais ils n'entendent rien dans ce qu'ils disent* ? Toujours un peu, répond-on. Mais il semble que ces Verités méritant bien qu'on se donne la peine de les faire comprendre de bonne heure aux enfans, & de les leur rendre aimables Ho ! ne vous en mettés pas en peine, Tout cela viendra de lui-même *dans la suite du temps*, dit-on : *Le Capital est d'en bien établir les fondemens dans la mémoire*. Pitoyable excuse ! Le plus souvent ce temps ne vient jamais ; & à ceux, qui pourroient l'avoir ce temps, l'Examen encore est souvent interdit pour toute leur vie ; Il en est même plusieurs à qui il seroit très-superflu de le défendre, ils n'ont garde de s'en embarrasser, rien n'est plus éloigné de leur goût : En quittant les Ecôles, ils quittent les Livres, & perdent de vuë tout ce dont on leur a parlé, le Goût des Plaisirs, & les Idées de Fortune les occupent uniquement : Ce sont-là les deux Divinités entre lesquelles ils se partagent, & la Réligion n'ayant rien que d'obscur & de génant pour eux, quelle obligation n'ont ils pas à un Pyrrhonien qui leur proteste, que loin d'être établie sur des preuves incontestables, comme elle devroit l'être, la Raison l'attaque par des argumens sans replique : Des propositions de cette nature leur sont trop agréables pour les rejetter, ils sont ravis d'apprendre d'un homme qui fait profession d'avoir étudié, que l'état de Doute, si conforme à leur Ignorance & à leur Paresse, est plus convenable à la Nature humaine.

Si l'on n'y réfléchit attentivement on trouvera que je ne m'écarte pas de mon sujet, lorsque je m'étens sur des fautes fatales aux progrès des Sciences, & par conséquent favorables aux Pyrrhoniens.

XXII. ON DIROIT que les Ecôles sont faites, non pour l'utilité des Enfans que l'on y envoye, mais pour la commodité des Maîtres ; & il y a quelque apparence que les prémiers Maîtres, ou ceux qui vouloient les favoriser, soit par intérêt, soit parce qu'ils n'en savoient pas d'avantage, en ont réglé les choses sur le pié où nous les voyons. On décline des Noms, on conjugue des Verbes, on apprend par cœur des Mots Latins ; on passe à la Grammaire, & on apprend de même un nombre prodigieux de Régles & d'Exceptions : On tourne en Latin des Thêmes, dictés en langue Vulgaire, & on traduit du Latin en langue Vulgaire ; Sept ou huit ans se passent dans cet exercice, & les Maîtres se remettent de l'un à l'autre leurs Ecôliers, pour les ballotter & pour leur faire perdre leur jeunesse, dans des travaux aussi ennuians qu'infructueux. Au bout de sept ou huit ans, & souvent après un plus long terme, ils sortent du College, moins instruits de la langue de leur Païs qu'ils ne le seroient s'ils n'avoient jamais été sous ces Maîtres, & pour ce qui est de la langue Latine, ceux qui s'y sont rendus les plus habiles la parlent moins aisément & moins correctement, que ne faisoient à Rome les Portefaix & les plus vils Artisans : Pour de la Raison ils n'en ont guéres plus que les idées de leur bas âge ordre, on ne les a point accoûtumés à en faire usage & on ne leur a fait apprendre que des mots. Voilà une routine bien commode pour les Régens, mais bien fatale à la Société.

Un temps a été, & ce temps dure encore, dans quelques

Avertissment.

Continuation du même sujet. Il seroit très-possible de rectifier les faits desquels les Pyrrhoniens tirent leurs Inductions.

quelques Etats de la Chrétienté, un temps, dis-je, a été qu'il suffisoit d'entendre médiocrement le Latin, pour passer pour un homme de Lettres ; Il suffisoit même quelquefois de le savoir lire, pour être reçû Ministre des Autels. Il ne faut donc pas s'étonner si, dans ce temps-là, on se bornoit, dans les Ecoles, à apprendre un peu de Latin, puisqu'il n'en falloit pas d'avantage pour amener une bonne partie de ceux qui étudioient à leur but. Le haut Clergé étoit bien aise de garder pour lui les gros revenus, & par conséquent d'avoir sous lui une multitude de Prêtres, réduits, par leur ignorance, se contenter de très-peu : Il leur étoit encore beaucoup plus facile d'avoir sur des ignorans une parfaite autorité ; ils n'avoient rien à craindre d'eux ; ils ne devoient pas même appréhender que les bonnes mœurs de ceux qui ôsoient servir l'Eglise, avec si peu de talens, fissent honte aux leurs ; Le haut Clergé, vivant comme il vivoit, & comme il étoit resolu de vivre, avoit intérêt de n'avoir pas sous lui des gens plus éclairés & plus sages. Quand les Sciences se renouvellèrent, & que le goût commença d'en naître, ou plûtôt de s'étendre, les langues Vulgaires étoient si Barbares, ou du moins si imparfaites, qu'il falloit nécessairement emprunter le Latin pour parler de Science. D'ailleurs ce qu'on appelloit Science étoit encore, par une autre raison, sur un pié à ne pouvoir être traité dans le stile des langues vivantes, où il n'étoit pas possible de rien trouver qui répondit aux termes barbares, & au jargon extravagant dont les Scholastiques se servoient pour voiler leur ignorance. L'étude du Latin faisoit donc, dans ces temps-là, presque toute l'occupation de la Jeunesse. On trouva ensuite à propos d'y joindre l'étude des Catéchismes, & incontinent chaque parti donna le sien pour la Quintessence de la pure Parole de Dieu. On apprit aux Enfans à confondre l'amour de la Patrie avec celui de leur Catéchisme, & à s'informer aussi peu des raisons d'aimer l'une, que des motifs de croire l'autre. Un jeune homme zélé pour les Coutumes de son Païs, prévenu contre toutes les autres, prêt à répandre son sang pour la défense de son Païs & pour celle de son Catéchisme, & très-resolu de traiter sans quartier quiconque entreprendroit quelque chose au préjudice de l'un ou de l'autre, soit directement, soit indirectement, étoit regardé comme un vrai enfant de la Patrie, & par conséquent comme un vrai enfant de Dieu. Si croire par humeur, par préjugé & sans savoir pourquoi, est un Caractère de Verité, & un fondement de Certitude, la Verité & la Certitude se trouvent également dans tous les Païs, malgré la diversité & l'opposition même des sentimens : Mais si pour être assuré il faut avoir examiné, la Certitude ne se trouve pas plus dans une grande partie des gens qui font profession des Lettres, que dans le Vulgaire. Conclure de là qu'elle ne se trouve & qu'elle ne peut se trouver nulle part, c'est, comme je l'ai deja dit, affecter de raisonner aussi mal que le plus grossier Vulgaire.

Dès-qu'on est sorti du bas College, on passe dans les Auditoires de Rhétorique, où sans avoir l'esprit préparé par aucun veritable secours ; sans l'avoir préparé par aucune étude de Logique, de Physique, de Morale & de Droit, on est chargé de composer des Discours sur des Matiéres dont on ignore les Principes, dont on ignore les découvertes, d'en profiter & de les étendre ; On est chargé de soûtenir, sur des sujets, qu'à peine on entend superficiellement, le *Pour* & le *Contre*, suivant la fantaisie du Maître. On pille, par-ci, par-là, dequoi remplir quelques pages, on y rassemble ce qu'on peut, sans discernement ; De cette manière la malheureuse habitude de n'avoir point raisonné, de n'avoir exercé que sa Mémoire, de ne s'être occupé que de Mots, cette funeste habitude,

contractée dans le bas College, on la conserve & on s'y affermit dans le prémier Auditoire où l'on entre, & bien des gens s'y affermissent sans retour : On en voit, qui, toute leur vie, parlent à tout coup sans penser, n'éxaminent jamais & décident toûjours.

Mais peut-être se corrige-t-on dans les Auditoires supérieurs à celui-ci. De celui de Rhétorique on passe à celui de Philosophie, & c'est-là où *la Raison se dégage de toutes les préventions qui l'obscurcissoient, & que la Nature humaine se renouvelle en quelque sorte, & c'est sans doute afin qu'elle puisse soûtenir d'être ainsi métamorphosée, d'être comme FILTREE, qu'on attend que l'âge lui ait donné une certaine Maturité de Sens, & un certain degré de force ?* Cela seroit à souhaiter, mais l'Experience ne nous permet pas de le croire. Si la Raison s'épuroit ainsi, & se perfectionnoit par l'étude de la Philosophie & des autres Sciences, verroit-on encore les bas Colleges & les autres Auditoires, dans les desordres & les imperfections qui y règnent si visiblement ? Car le moyen de se persuader que ceux d'entre les gens de Lettres, qui ont du pouvoir, ayent réfléchi, ayent examiné, comme il étoit digne d'eux, & qu'ils se soyent animés d'un zèle raisonnable, pendant qu'on voit tant de défauts auxquels il seroit nécessaire d'apporter du remède, sans qu'on daigne y travailler ?

Qu'on prenne un Systême de Philosophie, tel qu'on les avoit dans les Ecoles, il y a 200 ans, on conviendra que rien n'est plus éloigné de mériter le Titre de Philosophie. On les a corrigés, il est vray ; Mais pour connoitre le caractère de la plûpart de ceux qu'on appelle *les Savans*, & pour faire tomber l'Objection que les Ignorans tirent de leurs divisions ; que l'on étudie de près de quelle manière on est venu à bout de faire quelque correction à ces Systêmes qui étoient enseignés il y a 200 ans. Quel courage n'a-t-il pas fallu, pour en ôser réformer quelques pages ? Il a fallu acheter ce Droit en retenant tout le reste ; Encore chaque Réforme, pour petite qu'elle ait été, afin de le soûfrir a-t-elle eu besoin d'avoir pour Auteurs des Génies supérieurs, chacun dans son temps & dans son Païs ; assés zélés outre cela, & assés resolus pour sacrifier leur repos au devoir qu'ils se faisoient d'éclaircir quelque Verité. Le Pédantisme a cédé qu'en se défendant de retranchement en retranchement : Pour se maintenir en possession d'une extravagante Logique, il a cherché à mettre dans les intérets de cette Logique, les Jurisconsultes & les Théologiens. Les Systêmes de Théologie & les Livres des Jurisconsultes ont été parsemés de termes barbares, dont Aristote, Porphyre & quelques sars, d'un plus mauvais goût encore, avoient pétri leur Logique. Ces termes, & tout le jargon qu'ils composent, sont-ils nécessaires, sont-ils utiles pour donner à l'Esprit plus de pénétration, plus d'étendue, plus de sagacité, plus de circonspection, pour donner à la Raison plus de force, plus de netteté, plus de goût pour l'Evidence, plus d'ardeur à la chercher, plus de résolution à ne se rendre qu'à elle ? Voilà à quoi doit tendre tout ce qui s'enseigne en Logique. Mais il faut que nous donnions aux Théologiens des Disciples bien préparés, & par conséquent il faut remplir la Logique de tous ces termes extraordinaires, dont les Théologiens aiment à se servir. Il vaudroit mieux les leur refuser, car qu'y a-t-il de moins croyable que pour bien entendre J. C. & ses Apôtres, il soit nécessaire de passer par l'Ecôle d'Aristote, de Porphyre & de ses Commentateurs ?

La plûpart des Logiques que l'on donne dans les Ecôles, font sur l'Esprit, par le moyen de leurs termes barbares, de leurs définitions, de leurs distinctions à perte de vuë, à peu près le même effet que feroit sur le Corps d'un homme des habits

bits entaſſés l'un ſur l'autre, des Cuiraſſes, des Gantelets, des Cuiſſarts, des groſſes Bottes, des Robes trainantes. Quand j'aurois ainſi affublé un homme; ſi un Logicien de l'Ecôle me demandoit, pourquoi tout cét attirail ? Ne le voyés-vous pas, lui dirois-je ? C'eſt pour donner au Corps plus d'agilité ; S'il court, il courra beaucoup plus vite ; s'il danſe, ſes mouvemens ſeront beaucoup plus aiſés & plus réguliers ; ces ſecours lui vaudront ce que valent à l'Eſprit vos tas de Diſtinctions, votre ſtile de fer, votre langage barbare ; C'eſt ainſi que, pour mettre un homme en état de mieux chanter, je lui conſeillerois de s'aller enrouer dans vos Diſputes, & pour être agréable dans la converſation, d'y apprendre les régles de la politeſſe, & de s'y former ſur les modéles que vous en donnés.

Mais les autres Sciences ne ſont guéres mieux enſeignées que la Logique ; Il n'eſt pas extraordinaire de rencontrer un Profeſſeur de Phyſique auſſi peu Géométre qu'un Laboureur ; Je me ſouviens encore d'avoir vû diſputer ſi une *Morale* eſt un *Art* ou une *Prudence* ; Si la *Métaphyſique* doit-être définie par *Sapience*. Mais à propos de Métaphyſique, quel Verbiage ne donne-t-on pas ſous ce nom ? Après avoir erré dans le Pays des Chiméres, ſi voiſin de celui des Notions Vagues, avec quelle témérité n'y décide-t-on pas ſur la *Nature*, & ſur les *Attributs* de l'ETRE SUPREME, dont le Nom Sacré & adorable vole dans les Diſputes avec autant d'emportement que dans les Cabarets ? Mais que doit-on attendre des Savans qui ont poſé pour fondement de leur Erudition, une Logique beaucoup plus propre à gâter leur Eſprit, qu'à lui donner des forces ?

Pour faire voir combien peu les Pyrrhoniens ſont fondés à conclurre, des conteſtations qui régnent parmi les gens de Lettres, & des obſcurités de leurs Syſtêmes ; qu'on ne peut rien ſavoir ſûrement ; Il eſt bon encore de réfléchir par quelles ouvertures on entre ſouvent dans les Chaires de Profeſſeurs. Les Recommandations & l'eſprit de Parti ont part, dans ces choix, autant qu'en tout le reſte. Un homme a voyagé avec quelques jeunes Seigneurs : ſous le nom de Gouverneur, il leur a ſervi de Maître d'Hôtel, quelquefois de Bretteur ; Il s'eſt enyvré avec eux, & il a eu bien des complaiſances qu'il ne devoit pas avoir : Il s'agit de le recompenſer ; Une Chaire de Profeſſeur ſe trouve à propos vacante, on a aſſés de crédit pour la lui faire obtenir indépendamment de ces circonſtances. Ceux qui le plus d'intérêt à faire placer dans ces Chaires les plus capables, ſe diſpenſent le plus ſouvent des ſoins néceſſaires pour s'en aſſurer, & s'en rapportent à l'Idée que les Préjugés, l'Interêt & les Paſſions régient le langage.

Lors même qu'on veut faire attention au Mérite, on prend ſouvent pour *Mérite* & pour *Capacité* ce qui ne l'eſt point : Un homme ſans eſprit, ſans goût, ſans ſavoir vivre, ſans dextérité, pour former l'Eſprit des Jeunes Gens, pour les inſtruire de ce qui leur convient, pour leur rendre aimable ce qu'ils doivent ſavoir, pour choiſir dans les Sciences ce qui peut leur être utile ; Un homme à qui tous ces talens ſi néceſſaires manquent, ou qui ne les poſſede que dans un dégré très-imparfait, ne laiſſera pas d'être regardé comme un homme admirable, par ce qu'il marche & parle péſamment ; (Il me laiſſeroit pas de marcher & de parler ainſi par affectation, quand même ſon corps ſeroit plus leger,) parce que ſon Eſprit ſe trouve accablé ſous le poids de mille Queſtions, dont il a chargé ſa Mémoire ; Queſtions qui s'y préſentent en foule lorſqu'il n'en a pas beſoin ; beaucoup plus ſouvent qu'elles ne ſe préſentent à propos ; N'importe ; il ſemble qu'il crache la Science : Ainſi ce Maître Pédant obtient ce qu'il

veut, & on lui donne le Droit de gâter les Eſprits.

Je reviens au deſordre avec lequel les Jeunes Gens conduiſent leurs Etudes. Dans la plûpart des Univerſités on étudie ce qu'on veut, & on choiſit des Maîtres comme on le trouve à propos ; On entreprend l'étude de la Médecine, du Droit, de la Morale, de la Théologie, ſans avoir jamais appris de quelle maniére & dans quel ordre il faut étudier, quelles Régles il faut ſuivre pour ne ſe tromper pas, ſur quels Principes il faut raiſonner, quelles ſont les Préventions & les ſources d'Illuſions contre leſquelles il faut être en garde, & de quelle maniére on peut s'en garantir ; On entreprend l'Etude du Droit Civil, ſans avoir étudié, ni l'Hiſtoire Grecque, ni l'Hiſtoire Romaine, ni celle du Pays où l'on vit, & où l'on a fait quelques changemens aux Loix Romaines : On ſe contente d'apprendre à manier les Loix, à s'en ſervir & à en abuſer, on s'en inſtruit en vûë de pouvoir raiſonner, pour quelque cas que l'on ſoit conſulté, & d'être en état de plaider le pour on le contre, ſuivant qu'on en ſera prié ou payé, & de devenir par-là un Fleau du Genre humain : faut-il s'étonner ſi ceux qui n'ont jamais bien étudié le Droit, qui n'ont jamais voulu ſavoir par quelle route on parvient à la veritable connoiſſance, & qui, ſans ſe mettre en peine de le demêler d'avec l'Injuſtice, ont ſimplement donné leur attention à ſe rendre familier l'Art de le combattre, comme celui de le défendre ; faut-il, dis-je, s'étonner ſi ces gens-là, quelque liberté qu'on les croye, ne ſavent rien certainement ?

On ſe jette de même dans le vaſte Océan des *Controverſes*, ſans avoir appris par l'étude de l'*Hiſtoire Eccléſiaſtique*, quelles en ont été les occaſions, & ſans s'être pourvû, par une lecture & une méditation attentive de l'Ecriture Sainte, des lumiéres néceſſaires pour les décider.

Si l'on demande dans quelles diſpoſitions il faut ſe mettre, pour ſe rendre veritable Diſciple de l'Eſprit de Dieu qui parle dans l'Ecriture ; Combien peu s'en trouvera-t-il qui puiſſent ſatisfaire à cette Queſtion ? Combien peu s'en trouvera-t-il, qui, s'ils veulent parler ſincérement & en conſcience, oſent dire qu'ils ont fait, pour ſe procurer ces diſpoſitions tout ce qu'il étoit eſſentiel de faire ? Ne s'en trouve-t-il pas au contraire qui parlent tout ouvertement, que l'Etude de la Réligion par l'Ecriture Sainte eſt une Etude tèméraire, & qu'il faut premiérement s'être bien affermi dans la connoiſſance de la Tradition, afin de n'expliquer l'Ecriture Sainte que conformément aux Idées & au Langage d'une certaine Communion ? A la verité, il en eſt qui ſe défendent de parler ainſi ; ils ſe fâcheroient même, ſi on leur ſoutenoit qu'ils parlent de cette maniére : Mais en vain, loin de l'avouer, ils aſſurent tout le contraire. Les Conſeils qu'ils donnent aux autres & leur propre Pratique ne s'accordent point avec les Sentimens reſpectueux qu'ils veulent qu'on leur attribuë pour l'Ecriture Sainte. Cette Sainte Ecriture recommande ſur tout la Paix, le ſupport, la tendreſſe, comme la livrée de JESUS CHRIST. Il eſt des Queſtions dont la diſcuſſion n'eſt pas néceſſaire, & ſur leſquelles, par conſéquent, il eſt de la prudence & de la Modération Chrétienne de ne pas diſputer, ou du moins de ne pas s'échaufer. Qu'importe ? On croit voir dans un Catéchiſme des principes d'Intolerance : On l'a appris dans ſa jeuneſſe, on veut que tout ce qui y eſt contenu ſoit abſolument néceſſaire à en être ſçu, ſans crime ; reconnoître pour un frère, pour un homme de bien, pour un Enfant de Dieu, & un objet actuel de ſa Miſéricorde, quiconque avoue qu'il n'as pas d'aſſés bons yeux pour ne pas voir que tout ce qui y eſt renfermé eſt auſſi certain que l'aucune des verités que J. C. ait prononcée immédiatement. C'eſt ainſi que, ſans le vouloir, & quelquefois ſans le croire, on prend pour Régle du fens de l'Ecriture Sainte des Ouvrages compofés par des hommes qui ne font pas au deffus de l'erreur; on fe remplit l'efprit des idées qu'on y trouve, & quand on paffe à la lecture de la Révélation on y prête ces idées dont on a rempli fon Efprit : Il en eft même qui difent fans façon que s'y prendre autrement, & *s'attacher à la lecture de l'Ecriture Sainte fans ces préparations* (beaucoup plus propres à y faire chercher ce qu'on veut qui y foit, qu'à y faire voir ce qui y eft effectivement) *c'eft ne favoir et qu'on fait, c'eft vouloir* VOLER SANS AILES.

Une préparation très-néceffaire à un Théologien c'eft l'Intelligence des Langues Grecque & Hebraïque, mais pour ne rien dire du grand nombre qui s'en paffent très-cavalierement; Parmi ceux qui les étudient, & parmi ceux-là même qui en font leur Capital, combien ne s'en trouve-t-il pas qui font très-éloignés de les favoir utilement? C'eft le génie de ces langues qu'il faut fe rendre propre; Il y a mille vétilles, & mille minucies de Grammaire qui ne contribuent point à acquerir cette connoiffance, & c'eft à ces minucies pénibles qu'une partie des Savans fe bornent. Seneque fe mocquoit, & de tout temps plufieurs perfonnes fe font mocquées, des recherches & des difputes des Grammairiens; Mais c'eft là une maladie dont les *Cenfures* du BON-SENS, & les *Satyres* des gens d'Efprit n'ont encore pû guérir les hommes; Aujourdhui, comme autrefois, on néglige ce qu'on pourroit apprendre & qu'il feroit très utile de favoir, pour s'abandonner à ce qu'on ne fauroit découvrir, & dont on ne tireroit aucun fruit, quand même on s'en inftruiroit avec certitude; Quand on néglige ainfi l'étude du *Certain*, pour courir après l'*Incertain*, quand on bâtit fa Théologie fur des Traditions & fur les Idées des hommes, comme fur fes prémiers Fondemens, faut-il s'étonner fi l'on fe partage, & fi fouvent l'on n'arrive pas même à des Vraifemblances? Mais ces fautes, où une partie des hommes tombent, ceux qui voient bien comment on y tombe, ne fauroient-ils les éviter?

Dans les Académies où l'on étudie fans ordre, où les jeunes gens qui s'y rendent font indifferemment reçus, dans les Auditoires de Droit, de Théologie & de tout ce qu'il leur plaira, fans avoir pofé aucun des Fondemens néceffaires pour y réuffir, le moyen d'arriver à la Certitude, dont l'Evidence & la netteté font les Caractéres ; le moyen, dis-je, d'y arriver, quand on étudie avec cette confufion, quand on néglige les Principes d'où tout dépend, & que l'on commence fouvent par où l'on devreroit finir ? Il en eft où regne une confufion d'un autre genre : On y oblige la Jeuneffe d'étudier tout à la fois, *Logique, Phyfique, Morale, Grec, Hebreu*: Vous diriés qu'on a peur qu'ils ne prennent quelque goût pour l'Examen, & qu'ils n'en contractent la fatale habitude : On ne leur en donne pas le temps, & la plûpart ont achevé ce qu'ils appellent leur Cours, fans avoir penfé qu'il pourroit y avoir une autre route, pour arriver à la Science, que celle de fe mettre, bien dans la memoire, les leçons de leurs Maitres & d'en comprendre, au moins de gros en gros la fignification, & la plûpart d'entr'eux fe fentent toute leur vie de la confufion avec laquelle ils ont commencé leurs études.

Pour avoir étudié tout à la fois, diverfes Langues, ils n'en favent aucune, pas feulement leur langue maternelle. Il ne leur eft pas poffible de dire quatre paroles fur une Science, fans que leur efprit s'échape incontinent fur les Matiéres d'une autre. Ils mêleront la Théologie avec la Phyfique. Ils confondront pêle-mêle; Morale, Critique, Hiftoire, Droit, non feulement le Civil, mais encore le Naturel; la Chronologie avec l'Eloquence, la Philologie Grecque & Hebraïque, avec l'Art Oratoire & la Poëfie Latine: S'il n'étoit pas poffible de trouver dans le Genre humain, des hommes d'une autre trempe, les Pyrrhoniens auroient raifon de dire qu'il faut abandonner l'efperance de favoir quelque chofe certainement.

Je n'ai encore parlé que de ceux qui étudient mal, mais que n'y a-t-il point à dire fur ceux qui n'étudient point, ou qui n'étudient prefque point, ne laiffent pas de parvenir au Titre de Savans. Le nombre n'en eft pas petit, & par conféquent il y a un grand nombre de ceux qui portent ce Nom : defquels les Pyrrhoniens ne peuvent non plus fe prévaloir que de la Multitude la plus ignorante ; Depuis deux Siécles pourroit-on nommer dix perfonnes, à qui on ait refufé le Titre de *Docteur*? Faut-il d'autres preuves que ceux qui le conférent font animés d'un efprit d'interêt? Avec moins de Cent Ecus un ignorant acquiert un Titre, en vertu duquel il impofera à la Multitude, & plufieurs fe repofant fur la force de ce Titre, fur laquelle ils comptent de bonne foi, remettront leur vie entre les mains d'un homme qui fe fera bien payer pour la leur faire perdre. C'eft ainfi qu'on entreprendra un Procés, où l'on fe ruïnera, fondé fur les graves réponfes & les rapfodies étenduës, d'un homme titré par une Univerfité célébre, & qui veut rattraper l'argent que lui coute fon Titre.

Combien de Talens, combien d'habileté, ne demande pas la Charge de Pafteur? Combien de Qualités naturelles & acquifes n'eft-il pas néceffaire de poffeder, dans un degré exquis, pour éclairer une infinité d'efprits bouchés, pefans, prévenus, qu'on eft appellé à inftruire; pour les convaincre de la Vérité & de l'Exiftence de ce qu'ils ne voyent pas, fu point de les en perfuader, au moins à peu près, comme ils le font de ce qu'ils voyent, & de leur faire préférer l'Interêt à venir de leurs Ames, à toutes les Douceurs préfentes des Sens ? Mais avec quelle facilité, ne confére-t-on pas ce caractere fi facré & fi important, & quelle Indulgence également funefte pour les Pafteurs & les Troup aux, ne fe permet-on pas, quand il s'agit de les éxaminer & de les choifir ? Après cela que les Pyrrhoniens s'écrient qu'on ne peut rien favoir, parce que ceux qui doivent favoir beaucoup, & qui n'ont rien voulu apprendre, ne favent que très-peu de chofe.

Il y a tant de remarques à faire fur ceux qu'on honore du titre de Savans, qu'il eft difficile de les exprimer dans un ordre éxact, tant on eft emporté par la vafte étendue du fujet fur lequel on réfléchit.

On compte pour un Etudiant diftingué celui qui décrit exactement les *Dictats* de fon Profeffeur, qui en met au net les Copies, qui de fon Papier fe fait paffer dans fa Mémoire; les prononce & les foûtient enfuite comme des Oracles. Il fait faire quelques Objections, que fon Maitre fe plait à réfoudre ; & il ne manque pas de les lui faire dans l'Occafion : Il fuit de même les Réponfes dont le Maitre approuve qu'on fe ferve, & il n'a garde de les oublier: Sa Délicateffe à cét égard va fi loin qu'il ne veut pas même en apprendre d'autres. Mais en lifant que les Ecrits de fon Docteur, quand il les a une fois appris, il a bien du temps de refte ? Cela eft vrai, auffi en profite-t-il; Il joüe, il s'enyvre, il fait des querelles, il bat & il eft battu, fuivant que le bonheur ou le malheur le veut; il paffe les Nuits à courir les rües, il s'endort quelquefois dans les Carrefours, & à l'imitation de Diogène, il fe couche dans des Tonneaux quand il en peut trouver. Cependant, à mefure qu'il boit & qu'il fume, fon Rang s'avance infenfiblement avec fes années, & les Conjonctures heureufes pour lui, apres l'avoir fait paffer par des degrés inférieurs, le placent enfin dans une Chaire Académique, & il fe voit, par éxemple, Profeffeur en Philofophie. Alors il reprend les Chaires

On en a des preuves imprimées.

Cahiers qu'il avoit mis à part & qu'il avoit en partie oubliés, obligé A) qu'il étoit de penser au Droit ou à la Médecine ou à la Théologie, & de mettre dans sa Mémoire les Maximes autorisées par ses Maitres, & occupé encore à guerir ou à tuer des malades, à faire gagner ou perdre des Procès, ou à réciter, dans des Eglises de Campagne, quelques Analyses de Textes amplifiées. Mais en reprenant ses Cahiers, s'il a un peu de Délicatesse & de Vanité, & s'il veut aussi passer pour Auteur, il change quelquesunes des expressions qu'il a reçues autrefois de la bouche de son Professeur, ou qu'il a copiées de ses Ecrits; il en change encore un peu l'ordre, il fait de la *Troisième* partie la *Seconde*, du *Cinquième* Chapitre le *Troisième*; Il retranche aussi quelques endroits & il met à leur place quelques lambeaux de quelques autres Auteurs, bons ou mauvais, & il appelle ce Mélange *Philosophie Ecletique*, c'est à dire, Philosophie libre, Philosophie choisie. Chacun aime son semblable: Celui-ci aura à son tour des Animaux qui le prendront pour un Oracle ; aussi les honorera-t-il d'une approbation distinguée; Il regardera les Paresseux avec mépris ou avec indifférence, ou favorablement même, suivant les égards qu'ils auront pour lui ; mais il haïra, il turlupinera & il maltraitera ceux qu'il lui plaira d'appeller, *Novateurs*, *Brouillons*, *Chicaneurs*, *Présomptueux*, *petits Génies*, *mais enflés*. C'est ainsi que l'Esprit d'Examen, unique moyen de parvenir à la Certitude, se perd & demeure ensévéli.

Ce n'est pas tout ; Apres avoir occupé quelques années les dernieres places d'une Académie, & s'être trouvé fort heureux de les occuper, il lui prend envie de monter à une plus haute, & d'obtenir, avec un Rang plus honorable, de plus grands revenus: Cela est fort naturel : Il est mortifiant de voir, d'année en année, quelque nouveau venu occuper les prémiers postes, pendant qu'on demeure dans les derniers. Cela est cause qu'après avoir dicté un Cours de Logique, de Physique ou de Morale, & de l'être rendu familier, on n'y pense plus, & on tourne toutes les vûes du coté de quelque place plus honorable & plus lucrative ; c'est à dire on pense à quelque Chaire de Droit, ou de Théologie, suivant qu'on se trouve plus à portée de parvenir à l'une ou à l'autre ; Des-là on n'enseigne plus que négligemment ce dont on est chargé, on ne s'étudie point à s'emparer de l'attention de ses Disciples & à leur former le goût par des tours vifs & animés : On rabat languissamment les mêmes choses, toûjours sur le même ton, ou même sur un ton de jour en jour plus négligé, & cette habitude qu'on a pris une fois d'enseigner *persontoirement* une Science dont on droit les y on le conserve encore quand on est parvenu à une Faculté supérieure, dont on faisoit son but. Que les Disciples, que l'on a, s'instruisent solidement ou non, c'est de quoi on se met peu en peine ; Il faut conserver sa Vie, & ménager sa Santé, afin de joüir longtems d'un revenu qu'on a si longtems souhaité, & qu'on a été enfin assés heureux d'obtenir.

Faut-il s'étonner si l'on ne trouve pas de la Lumière & de la Certitude parmi ceux qui étudient ainsi ? Dans les Ouvrages de ces Auteurs, il ne se peut que le *Vrai* ne se trouve mêlé avec le *Faux*, & l'*Incertain* confondu avec le *Certain* ; On ne connoit pas aux Titres si les Livres sont partis d'une bonne main, & s'ils ont été dictés par un bon génie ; De plus comme on peut s'écarter des Règles, & de l'attention qu'on doit donner à son sujet, en diverses manières, il se peut que des Li-

vres renferment du Bon, & en renferment beaucoup, sans que pour cela , il faille les lire sans discernement. Tel a tiré d'ailleurs ce qu'il a fait entrer de judicieux dans son Livre , qui ne l'a gaté que pour y avoir mis du sien. Ainsi plus on réfléchit sur les Savans & sur leurs ouvrages , plus on se convainc de la nécessité de lire avec Discernement ; Ce n'est pas la Lecture , c'est la manière de la faire, qui éclaire les gens d'Etude de la connoissance de la Verité; Mais on n'a qu'à réfléchir sur ce que je viens de dire, pour se convaincre combien ce tour d'esprit , qui est rare en état de lire avec succès, est rare parmi ceux qui font profession de Science; Les naturels les plus heureux ont besoin d'une Education qui y réponde, pour pouvoir être comptés au nombre des Bons Génies. Quelle Education les Laboureurs, les Artisans, & en général les gens du bas ordre, donnent-ils à leurs Enfans ? Qu'est ce qu'un homme qui a du sens découvre dans ces Masses informes, sinon un lieu de conjecturer que les Sciences réussiront entre leurs mains ? Leur vivacité, quand ils en ont , n'est tournée que du côté du mal , & se borne à servir leur malice & leur sensualité. Voilà d'où sortent les Etudians dont les Académies sont pavées : Ceux qui ont eu une plus heureuse Education en perdent bien tôt les fruits dans le commerce de cette multitude de Camarades, & ils donnent d'autant plus aisément dans leurs manières, que leur Education les y a même preparés en partie, puisque presque tous les Précepteurs sont tirés de la foule dont je parle. Voulés vous bien-tôt connoitre le génie de la plûpart de ceux qu'on appelle Savans, leur bon Goût, leur Jugement, la justesse de leur Esprit & de leur manière de penser ? Voyés les en Conversation, voyés les à Table: De quel fond de sérieux ne faut il pas être pourvû , pour ne pas leur rire au nés , quand on entend leurs Complimens ! Quel Galimathias que leurs Lettres ! Que d'embarras! Que de Grossiéreté ! Que de pédanterie ! Que d'oubli *des bienseances! Des gens ainsi faits ne mettent presque rien en évidence, tout ce qui passe par leurs mains en devient plus obscur & plus embarrassé*. Donc il faut *désesperer de parvenir à quelque connoissance de la Verité , & cette prétention passe la portée du genre humain*: Belle conclusion! & les Pyrrhoniens ne méritent-ils pas qu'on se mocque d'eux quand ils nous donnent des personnes de ce caractère pour le *non plus ultra*, pour le dernier terme, & pour les plus parfaits modéles, de la perfection humaine.

J'ai pris pour éxemple un Professeur de Philosophie : Il est facile d'étendre ce que j'en ay dit aux autres Facultés. Un Professeur en Théologie compose le matin une Leçon qu'il va lire après-midy. Il a de la Santé, il aime son Cabinet, il est Laborieux. Au bout de peu d'années, il a écrit assés de telles leçons pour en faire un *In Folio*. Il n'y en a point qu'il n'ait écrit fort à la hâte, le temps pressoit, & même il n'étoit pas toûjours également bien disposé: C'est beaucoup qu'il ait pû, si peu de temps faire naitre tant de Pensées dans son Esprit, & y joindre celles qu'il a copiées des autres Auteurs. Un Examen éxact auroit demandé beaucoup plus de loisir. D'ailleurs quand éxaminer ? Il faut continuer ses Leçons & trouver chaque jour de nouvelles choses à dire, ou copier & répéter , à peu-près comme sien, ce que d'autres ont déja dit. Mais au bout de dix ans, il ne se voit que de nouveaux Ecoliers. Il pourroit donc se dispenser de composer & se borner à recommencer ses Anciennes Leçons après s'être donné le temps de les examiner. Par malheur, elles

sont

(A) M. Bayle Lettre xx. avoue qu'appelé à Sedan, il se vit obligé de rassembler tumultuairement ses Idées de Philosophie dissipées. Il falloit l'avoir bien peu aimée.
Lettre xxvii. Quoique j'aye fort travaillé depuisque je suis ici , je puis dire que je n'ay rien fait. La Composition & la Correction de mon Cours, mes Leçons publiques & particulieres me dérobent tout mon temps.

font déja imprimées, ou, ce qui revient au même, entre les mains d'une infinité de Disciples. Et quand cela ne seroit pas, le moyen de se résoudre à entreprendre l'Examen sevére d'un Travail de plusieurs années : Il ne faudroit que cinq ou six Erreurs, pour mettre dans la nécessité de refondre tout. Le doux plaisir que l'on goûte à croire ce qui est agréable & à rejetter ce qui déplait, engage à écarter les Idées d'un Examen, & celles de ses suites. Ces Idées même qui, si on les suivoit, pourroient aboutir à faire changer de sentiment, font effrayantes, & on les regarde comme des Tentations de l'Esprit Malin. Quoi ! On a invoqué Dieu, en commençant ses Leçons ; On lui a rendu graces, après les avoir finies, & après cela on iroit se mettre dans l'esprit qu'on a enseigné, en son Nom, diverses erreurs ! Un Docteur a déja vû sortir de son Auditoire, plusieurs MINISTRES DU St. EVANGILE, qui ont porté, dans les Chaires de L'EGLISE, les Leçons qu'ils ont reçuës de lui & en ont édifié leurs Peuples. Quand il y auroit quelque chose à réformer dans ces Leçons à les regarder en elles mêmes, la Prudence & le Zèle pour l'Edification publique défendroient d'y toucher. Les Peuples ne les croyent presque rien que par l'effet de la Coûtume seroient trop troublés de ces Changemens.

Un Professeur qui a composé avec un tel Esprit d'Examen, & de Discernement, & avec une telle Circonspection, ou, pour m'exprimer dans un Stile plus intelligible à tout le monde, un Professeur qui n'a composé qu'avec cette Témérité & cette Rapidité, ne laisse pas, s'il vit longtemps de se faire un très-grand nombre de Disciples, & d'influer sur leurs Etablissemens: Sa Voix devient donc la Voix Publique & dès-là elle passe pour la Voix de Dieu. Une Question est agitée dans un Synode: Tous ceux qui le composent s'accordent à luy donner la même Solution, & d'où vient un si grand accord ? C'est que chacun d'eux repéte ce que son Maitre luy a dit & luy a fait apprendre par coeur. Il est visible qu'il vaudroit autant que le Synode s'en remit à la Décision d'un seul Homme : Il est beaucoup plûtot fait de consulter un Pape, que d'assembler un Concile. Mais parlons sérieusement. Pendant que ce Docteur vivoit, un peu plus de Précaution, un peu plus de Temps donné à l'Examen de ses Leçons l'auroit engagé à y faire lui même quelques Corrections. Je dis plus encore; Lors qu'il n'occupoit que depuis quelques années la Chaire, où il a enseigné si longtemps, si quelqu'un de ses Collégues, ou quelque Etudiant même avancé, diligent, attentif, & distingué par ces endroits, lui avoit proposé modestement quelques difficultés, lui avoit demandé modestement quelque éclaircissement raisonnable, peut-être auroit-il rectifié ses propres pensées. Quoi donc ! Ces Corrections, qu'il ne s'est pas donné le loisir, qu'on ne luy a pas fourni l'occasion de faire, sont défendues pour jamais, il n'y faut plus penser ! Le Temps préscrit contre la Verité & l'Erreur, à force d'être répétée, change de Nature.

Quand les Pyrrhoniens alléguent les différentes Modes & les différentes Préventions des Peuples, l'Obstination enfin de chacun en faveur de ses Modes & de ses Préventions, comme une Preuve que le Genre Humain est condamné à vivre dans l'Incertitude, & que ce que chaque Particulier peut faire de meilleur, c'est de s'en tenir à ce qu'il trouve établi dans sa Patrie, ou dans le Pays, où son sort l'engage à vivre, les Personnes de Bon-Sens se mocquent d'eux, & ont raison de s'en mocquer comme nous l'avons vû. Mais doit-on plus respecter les Modes & les Préjugés de ceux qu'on appelle Doctes, & l'Argument, que les Pyrrhoniens en tirent, doit-il paroitre plus Solide à ceux qui connoissent ces prétendus Savans ?

Le gros des Peuples n'éxamine point & ne fait rien sûrement : Donc l'Examen seroit une peine inutile, il n'y faut plus penser. L'absurdité de cette Conclusion saute aux yeux. Mais les gens d. Lettres éxaminent-ils avec plus de Courage & de Circonspection ? Pése-t-on leurs suffrages, ou si on les compte seulement ? & une infinité de gens ne donnent-ils pas tête baissée, dans ce qu'a pensé une seule tête. Voulés vous savoir si un Zèle respectueux pour la Verité & le Désir pur & sincére de la connoitre certainement, est leur principal Motif, ou si ce Motif se trouve chés eux Inférieur de beaucoup à l'empressement pour des Récompenses, pour des Pensions & pour des Rangs ? Rendés-vous attentif aux agitations scandaleuses avec lesquelles on se divise, & on cherche réciproquement à se décréditer ; dès-qu'il s'agit d'un Emploi auquel plusieurs pensent. Non seulement les Prétendans sont divisés entr'eux ; Mais chacun d'eux a encore son Parti, & par là les *Divisions* se multiplient toûjours plus.

XXIII. ON DIRA peut-être que j'éludé la Question, & que pour arracher aux Pyrrhoniens l'Argument qu'ils tirent de la Diversité des Opinions, & de l'obstination si peu raisonnable, avec laquelle chacun se roidit dans ses sentimens, je suis entré dans un trop long détail de ce qu'il y a de plus à reprendre dans la République des Lettres, On ajoûtera que Personne n'ignore, qu'il est des Savans tout différens de ceux dont je viens de parler. On voit parmi ceux qui font Profession d'aimer les Lettres & de les cultiver, des Hommes Polis des hommes qui savent vivre, & qui, par-là même qu'ils ne manquent jamais à aucune Bienséance, font voir à quel point ils sont capables d'Attention & de Penser juste. On voit encore, parmi les Gens de Lettres des Génies aussi Supérieurs, d'une Pénétration, d'une Sagacité, d'une Etendue d'Esprit, aussi vaste & aussi exquise que dans aucune autre Profession. D'où vient donc qu'ils ne conviennent pas plus entr'eux que les autres, en matière de Sciences ? C'est dequoi il ne me paroit pas difficile de découvrir la raison. Les uns, après avoir enrichi leur Mémoire de quelques Connoissances agréables, & s'être fait une certaine habitude d'une médiocre Attention, ne pensent plus qu'à profiter de leurs Etudes, dans le Commerce des Personnes qui veulent pas se donner la peine de rien approfondir, & qui ne demandent que du *Superficiel* énoncé avec Elégance. Ils sont contens leur félicité à s'amuser, à passer leur vie sans se fatiguer trop d'attention ; Il leur suffit qu'ils ayent trouvé le Secret de plaire & d'être agréablement dans le Monde. D'autres ont plus d'ambition: Ils veulent y dominer ; Ils sentent la Superiorité de leur Génie, & leur Inclination les détermine à croire qu'ils ne sauroient en faire un plus bel emploi. Quand on s'est livré au Dessein de se faire un Nom, & de s'atirer une certaine consideration distinguée dans la République des Lettres, les Méditations les plus attentives & la Circonspection la plus exacte à démêler ce qu'on peut donner pour Certain, d'avec ce qu'on ne connoit pas encore avec cette Evidence, ne sont pas les Moyens les plus prompts & les plus sûrs d'arriver au But qu'on se propose. Dix ou Douze personnes habiles, & bien capables de juger du vrai Mérite d'un Ouvrage, ne suffisent pas pour établir la Reputation d'un Auteur, au point de lui donner un grand Crédit dans la République des Lettres. C'est une *République factieuse* : Elle a ses Démagogues. Tantôt cette Multitude se donne de grands Airs, & décide elle-même du Mérite des Auteurs, dont elle juge par le Nombre & par la Grosseur de leurs Ouvrages; Tantôt elle se laisse conduire en aveugle par quelques personnes en place, & c'est ce qui lui arrive le plus souvent. Alors elle juge de l'Habileté des Ecrivains & de ceux qui passent pour

Doctes,

Remarques sur les Savans d'un Rang & d'un ordres distingué.

Voyés Art. XII & XIII.

Doctes, par le Rang qu'ils tiennent dans le Monde & par la Figure qu'ils y font. Par cette raifon fi l'on veut obtenir les acclamations de la Multitude, fi l'on veut la mettre dans fa dépendance & la tourner comme l'on veut, il ne fuffit pas de lui donner beaucoup d'ouvrages & d'en donner de Gros. Les gros Volumes, par lefquels on lui impofe quelquefois, font encore trop aifés & trop de gens s'en mêlent, pour fe procurer par là l'honneur d'une grande diftinction. Il ne fuffit pas même de fe fixer à quelques Ouvrages très-Judicieux, très-éxactement démontrés, & dénués n'en permettre aucun autre. Pour peu que l'Ambition domine ceux qui font capables de prononcer fur des Livres de cette nature, & d'en fentir le Prix, ils ne diront point ce qu'ils en penfent, ils iront au contraire jufqu'à s'efforcer d'y trouver des Défauts & d'en perfuader la Multitude. Si donc l'on veut briller dans la République des Lettres & s'y voir force Difciples, le grand point eft de favoir faire fa Cour aux Puiffances & fe mettre par là en pouvoir de faire à ceux qui en dépendent, ou beaucoup de Bien, ou beaucoup de Mal, fuivant qu'ils auront ou n'auront pas affés de Docilité & de Zèle pour embraffer & foutenir tout ce qu'on trouve à propos qu'ils embraffent & qu'ils foutiennent. Voilà à quoi des Génies du Prémier Ordre donnent quelquefois, & fouvent même, toute leur Application & tout leur Temps, & voilà à quoi ils perdent par rapport à la Certitude des Sciences qu'il leur auroit été facile de pouffer, s'il leur avoit plû de faire un meilleur ufage de leurs Talens.

Un homme de condition fait fes Cours Académiques avec rapidité, afin que les Titres qu'il acquiert, l'un après l'autre, lui faffent dans la fuitte d'autant plus d'honneur, qu'il les aura obtenus plus jeune; Il n'en fauroit pas gré fans cette diftinction, & il fe croiroit trop confondu avec la foule & le vulgaire des Docteurs. Or par-là même qu'il va fi vîte, il n'éxamine rien. Cependant fon Nom & fes Parens le portent bientôt dans un Pofte, où il fe voit environné de gens qui lui font la Cour. Dès-là il tourne fes penfées à fe rendre Protecteur de fes Cliens, & il regarderoit comme une tache à fon Nom & à fon Rang, fi d'autres avoient plus de foin que lui des perfonnes qui s'attachent à eux, ou venoient plus heureufement à bout de leur procurer des avantages.

S'agit-il de terminer quelque Controverfe, de régler quelque Point de Difcipline, ou de prévenir les effets de quelque Difpute, on ne s'avifera pas d'aller chercher, dans quelque retraite, un homme parfaitement éloigné de tout Efprit de Parti, & qui faffe confifter fon Devoir & fon Bônheur à s'inftruire de ce qui eft Vrai, avec autant de Tranquilité, de Modeftie & de Definterefement que d'application; C'eft à quoi on ne penfe point. C'eft aux plus Titrés, fuffent-ils les plus Ignorans & les plus remplis de préventions, à dicter aux autres hommes ce qu'il leur eft permis de penfer, & ce qu'ils font obligés de faire.

Encore eft-on bien heureux, quand ceux qui aiment à fe donner cette Autorité, veulent bien, par l'effet d'une Ambition noble & délicate, & par celui de la Politeffe, dans laquelle ils ont été élevés, donner au moins de temps en temps, une attention favorable aux Perfonnes de Mérite, & qui ont affés d'efprit & d'ufage du monde, pour favoir s'éxprimer avec une honnête Liberté, fans manquer au Refpect qui eft dû à ceux auxquels ils s'addreffent. En ce Cas, l'on peut engager un Homme, d'un grand Rang, à réfléchir fur l'Importance des chofes fur lefquelles il décide, & fur le danger où il s'expofe ceux qui font difpofés à fuivre fes Décifions fans les examiner.

Pour moi je croirois faire honneur aux plus Riches & aux plus Puiffans, en même temps que je leur rendrois un très-grand fervice, quand je les affurerois, d'un ton ferme & d'un air fincére, que je ne faurois me perfuader que je rifque de leur déplaire en leur ouvrant tout mon coeur? Mais pour réuffir plus furement, je m'emparerois, fi j'en avois l'occafion, de quelqu'un de leurs anciens amis, de quelque ancien confident même des plaifirs de leur jeuneffe, ou de leurs vuës ambitieufes; & fi j'étois affés heureux pour trouver, dans une telle perfonne, du Bon-fens & de la Probité, je l'engageroi à demander à fes Patrons, depuis quand ils fe font rendus fi habiles? Depuis quand ils fe font affés éclairés fur les points très-difficiles, & s'en font affés convaincus, pour ne fe faire aucun fcrupule d'ordonner impérieufement aux autres ce qu'ils doivent croire. Je fouhaiterois qu'on les fît remonter au temps où ils étoient Ecoliers de Philofophie, & qu'en fuite on les priât de vouloir bien defcendre, d'année en année, depuis ce temps d'apprentiffage jufques à celui où ils fe trouvent. J'ai lieu de me perfuader que la plus grande partie de ceux dont je parle, ne trouveroient aucun intervale, depuis leur Enfance jufqu'à leur Elévation, pendant lequel ils fe fuffent donnés la peine, & fe fuffent même permis le loifir de faire un Examen, je ne dis pas très-libre & très-exact, je me contente de dire médiocrement dégagé de Préventions, fur des Sujets de quelque étenduë. Mais ce projet n'eft pas d'une facile éxécution. Il eft des Naturels féroces qui n'écouteroient pas deux fois des Repréfentations fi fincéres, fi raifonnables & fi utiles même. On en choifit quelquefois tout exprès de tels, pour s'emparer de la Confcience des Grands, & pour écarter tous ceux qui pourroient leur donner quelques fcrupules fur la vivacité & fur les hauteurs avec lefquelles ils veulent fe faire obéir, fur des Matières qui ne font pas de leur Reffort. Il n'y a rien dont on n'abufe & qu'on ne mette en oeuvre pour tourner leur Zèle du côté qu'on trouve à propos: On flatte toutes leurs Paffions; On profite de tout ce que l'Ambition & que l'Amour propre ont de féduifant; on nourrit leur Vanité, on favorife leurs Intrigues & leurs Amours. On ne néglige rien de tout ce qui paroit pouvoir contribuer à gagner l'affection & à fe procurer l'appui des perfonnes qui les voyent de plus près & qui en font le plus favorablement écoutées. Quand je fais attention à tous les moyens dont on fe fert, pour déterminer un Grand à décider fur des matières qui ne lui font point connues, & qui ne laiffent pas d'être de quelque importance & quelquefois d'une très-grande importance; je ne puis m'empêcher de fentir de la Compaffion, pour vous que les gros des hommes admire le plus, & que la Multitude compte pour les feuls heureux. Je plains leur fort &, deuffé-je paffer pour un Vifionaire, j'ofe prendre la liberté de dire ici à eux. Qui eft ce qui ignore que les Etudes des Grands ne fe faffent avec une extrême Précipitation? Ils ne font pas plûtôt affurées les Sciences: L'Etude de la Réligion eft même celle fur laquelle on les arrête le moins. L'Age qui fuccède immédiatement à celui de leurs Etudes, étant l'âge des Paffions les plus vives & des Diffipations les plus agréables, dès qu'ils y font parvenus, ils oublient bientôt la plus grande partie de ce qu'ils ont appris, & ils croyent goûter le charmant plaifir d'être libres & de fe conduire à leur gré, quand ils fe livrent au contraire à de nouveaux & très-dangereux maitres qui captivent leur Efprit & leur Coeur.

On peut dire des Princes, les moins difficiles, le tront infiniment, par rapport aux Sciences, à l'Etude defquelles le foin du Gouvernement ne leur laiffe pas, ou leur laiffe peu, le temps de penfer. Cependant il s'eft trouvé, parmi les Chrétiens, des Docteurs qui ne fe font pas plûtôt vûs appuyés de leurs Maitres, qu'ils ont penfé à faire fuccéder la Voye de l'Autorité, & de la Contrainte

trainte à celle du Raisonnement & de la Douceur. Un Temps a été que le Monde s'est vû, tour à tour, *Orthodoxe* & *Arrien*, & a passé avec rapidité d'un de ces Sentimens à l'autre, suivant les différentes Hypothéses qu'avoient embrassé les Ecclésiastiques qui étoient le mieux en Cour. Les Anciennes Confessions de Foi étoient, tantôt changées, & tantôt rétablies; & un Empereur commandoit au reste des Chrétiens de croire ce qu'un Evêque flatteur lui avoit dicté, non seulement sous peine de son *Indignation* & de ses suites; mais de plus, ce qui étoit encore tout autrement ridicule, sous peine d'une éternelle *Damnation*. Prêter tout le poids de son Autorité aux Anthémes des Conciles, n'étoit-ce pas faire l'équivalent de ce que je viens de dire.

Pour peu que les Grands vueillent ouvrir les yeux, ils comprendront très-clairement que le Parti le plus raisonnable qu'ils puissent prendre, & visiblement le plus sûr, c'est celui de la Modération; car Prémiérement ils éviteront par-là le danger qu'ils courent de se rendre Injustes & de persécuter la Verité : En second lieu, dans les Cas mêmes où on les sollicite d'oppoſer leur Autorité à des sentimens Faux, ils feront toûjours plus d'honneur à la Verité quand ils n'entreprendront pas de la défendre contre l'Erreur, par des Voyes de fait & de violence. Il est beau de se persuader que la Verité sera toûjours Victorieuse à Armes égales : C'est trop se défier de sa Force, c'est marquer qu'on ne la connoit pas cette Force, & qu'on n'en a jamais fait l'expérience, que de s'imaginer qu'elle ait besoin, pour se soûtenir, d'un secours aussi étranger que celui de la contrainte. Secours dont l'Histoire de tous les siécles fait voir que l'Erreur s'est toûjours servie très-utilement ; Tel a été son Recours ordinaire. Où est l'homme qui, pénétré de la Lumiére de la Verité, & la reconnoissant à l'Evidence, son propre & naturel Caractére, puisse s'imaginer que l'éclat de cette Evidence, dès-qu'on y opposera les Ténébres de l'Erreur, courra grand risque de disparoître, sans qu'aucune réponse ni aucun raisonnement soit capable de la ramener ? Ce n'est pourtant que par une Crainte, si injurieuse à la Verité, que des Gens, pour s'en conserver la persuasion, se font une Loi Sacrée de vivre dans l'ignorance de tout ce qu'on peut lui objecter.

Les Souverains ne doivent pas se mettre dans l'esprit, que le soin de conserver la Tranquilité Publique, dont ils sont chargés, les mette dans l'Obligation de s'opposer, par leurs Loix & par les menaces qui y sont annexées, à la Diversité des Opinions. Rien n'est moins fondé que ce scrupule. La Diversité des Opinions ne va non plus, par elle-même, à déranger le Repos des Peuples, que la diversité des Modes, des Arts & des Goûts. Les Animosités naissent, & font naître ensuite les Troubles, lorsque les Partisans d'une Hypothése portent leur Vanité & leur Impatience, jusqu'à vouloir réduire les autres à la nécessité de Penser comme eux, ou du moins à en faire semblant. Dans ces Cas-là, il est vrai, on condamne l'Impatience, on se récrie contre la Vanité, on se ligue enfin contre l'Injustice & la Violence. Mais rien n'est plus aisé à un Souverain que de prévenir tous ces Inconvéniens. Dès-qu'il fera connoître qu'il estime la Modération & qu'il aime les maniéres polies, sur toute sorte de sujets ; Dès-qu'il marquera du mépris pour les Impatiens & pour les Emportés ; Dès-que les Savans seront les objets de sa Protection, à mesure qu'ils paroîtront Raisonnables & Modérés, dès-lors il n'aura plus besoin de Loix, d'Edits & de Menaces, pour anéantir tous les Principes de Troubles & en prévenir la naissance.

Le Sens-Commun dicte visiblement ces Maximes. La Conduitre de J. C. & de ses Apôtres, & celle des prémiers Chrétiens, pendant trois siécles, la confirme ; C'est ce qui saute aux yeux. Qu'y a-t-il

de plus clair que ces Paroles du Seigneur. *N'appellés Personne sur la Terre vôtre* PERE, *vôtre* MAITRE *& vôtre* DOCTEUR, *car* DIEU *seul est vôtre* PERE ; J. C. *seul vôtre* MAITRE *& vôtre* DOCTEUR, *& quant à vous, Vous êtes tous* FRERES. JESUS-CHRIST parloit ainsi pour engager les *Juifs* à se tirer de la servitude des *Pharisiens* & à se faire un Devoir d'éxaminer après eux. Il nous apprend encore, en termes exprès, que *Son Royaume n'est pas de ce Monde* &, dans ces paroles, il instruit ses Disciples de la Raison pour laquelle DIEU, qui l'aime & qui est son PERE, le laisse au *Pouvoir des Hommes*, & ne lui fournit point les secours par lesquels il lui auroit été très-facile de triompher d'eux, & ne lui permet pas même de faire usage de sa propre Puissance.

Matt. XXIII.
Jean. XVIII. 36.
Matt. XXVI. 53.

Ce ne sont pas seulement les Gens de Lettres honorés de l'attention de leurs Princes, dont ils ont le bonheur d'approcher souvent, qui, au lieu de donner leur temps à étudier la Verité, avec le Zéle & la Circonspection qu'elle mérite, l'employent à travailler à leurs Desseins ambitieux ; Il se trouve encore, loin des Cours, un grand nombre de Savans de cette humeur. Le Général d'un Ordre Réligieux se regarde, à peu près, comme un Général d'Armée. Il veut tout régler & il veut être instruit de tout ce qui se passe dans son Ordre, afin que tout y soit dans sa Dépendance. Ce n'est pas en étudiant, & en passant ses jours à éxaminer & à méditer, à chercher la Verité & à la démêler de l'Erreur, dans la Retraite, & la tranquilité d'un Cabinet, qu'on se met en état de soûtenir un Poste de cette nature, & de remplir ce qu'il demande Ainsi, dans chaque Ordre ceux qui ont le plus de Génie, mais, en même temps, le plus d'Ambition, sont bien souvent, ceux qui étudient le moins, & qui se dissipent le plus par rapport aux Sciences : En vain sont-ils, par leurs Talens, plus capables que les autres de réüssir dans l'Etude, ils n'en étudient pas mieux.

Le Recteur Magnifique d'une Université Célébre se regarde comme un petit Souverain, ou du moins se conçoit à la tête d'une Espéce de Souveraineté. Il a sa République à conduire. Un Certain Esprit d'*Intrigue*, de Ressources, d'Expédiens, assés éloigné de l'Esprit & du Goût propre à conduire un homme à une Erudition Solide, & quelquefois même assés éloigné de celui qui conduit à la Vertu, qui l'affermit & la rend à toute épreuve, cét Esprit ne laisse pas de mettre le Chef & les Sénateurs de cette République, en état de le mieux conduire, par rapport à de certaines Fins qu'on peut s'y proposer. Il saut être en garde contre les entreprises d'un Magistrat, qui souhaiteroit de voir régner l'Ordre & la Tranquilité, de bannir la Licence qui corrompt les Mœurs & passe, comme une Contagion fatale, des Etudians aux Bourgeois, & si elle n'a pas cét effet, au moins trouble-t-elle souvent leur Repos & leur Sureté. Il faut que les Chefs d'une Université ayent toûjours, par devers eux, une bonne Provision d'Argumens & quelquefois de Sophismes & d'Intrigues, pour soûtenir leurs *Immunités*, malgré tous les Desordres qui en naissent & les plaintes continuelles du Public : Il faut qu'ils se rendent attentifs aux moyens d'augmenter le nombre de leurs sujets, & de devenir, par-là, non seulement plus Riches, mais encore plus Redoutables. Ce n'est pas une petite Gloire de dépouiller les autres Académies de leurs Etudians, & d'augmenter la foule des siens : Pour en venir là, il est expédient de favoriser la Jeunesse & d'avoir de l'Indulgence pour son Penchant à la Débauche & à la Licence, mais avec de si justes ménagemens, que si les Chefs de la République Litteraire en souffrent à quelques égards, ils en profitent à d'autres, & cela en telle sorte, que tout bien compté les utilités l'emportent sur les Inconvéniens. Cela posé ; Quand il arrive à

un

un Etudiant de faire quelque faute qui paroisse mériter l'attention du Sénat, il faut soigneusement délibérer, si cette Faute est simplement contraire aux Bonnes Mœurs, & aux Interêts de la Bourgeoisie (ce qui peut être négligé sans conséquence) ou si de plus, elle influë sur les Interêts de l'Université : En ce dernier Cas, il importe encore de penser très-habilement aux moyens de punir les Fautes, sans rebuter ceux qui les ont commises, & de les punir d'une maniere qui aboutisse toûjours au profit de ceux qui en jugent. Il est encore nécessaire que les Membres d'une Université se ménagent les uns les autres, & que chacun accorde aux Chiens de son Collegue, une Protection qu'il demandera à son tour pour les siens. Voilà à quoi les Piliers de la République des Lettres donnent quelquefois leur plus grande attention, & souvent encore une grande partie du temps qu'ils devroient destiner à étudier & à enseigner. Après cela, si on fait peu, les Pyrrhoniens ont-ils bonne grace d'en conclurre que les hommes ne sont pas nés pour découvrir la Verité, pour s'assurer de l'avoir trouvée sur quelque sujet que ce soit, malgré toute sa simplicité & toute leur application à s'en instruire. Sont-ils en droit de conclurre que les plus sages sont ceux qui perdent la pensée d'arriver à la Certitude, au lieu qu'il ne tiendroit qu'à eux d'y donner leurs soins pour y parvenir.

Ce n'est pas tout encore, car de même que, parmi les différens Ordres Religieux, on ne voit que trop souvent de tout autres dispositions que celles d'une Estime & d'une Amitié réciproques ; que loin de cela, non seulement chacun préfére son Agrandissement & son Lustre à celui des autres, mais souvent encore cherche son Elevation dans leur Abbaissement ; il en est de même des Universités, & ce n'est pas seulement, par leurs empressemens & par tout ce qu'elles mettent en œuvre pour s'attirer les Disciples l'une de l'autre, qu'elles donnent des marques de leur Esprit de Parti ; Elles le font encore plus connoître, & d'une maniére plus préjudiciable à l'avancement des Sciences, par leurs Contradictions & par leur Opiniâtreté à se combattre & à se condamner réciproquement. Il n'est pas rare que de deux *Académies* voisines & sujetes du même SOUVERAIN, ou de la même MAISON SOUVERAINE, dès-que l'une dit *Blanc*, l'autre prenne, sur le champ, le parti de dire *Noir*. Chacune donne toute son attention, non uniquement à chercher ce qui est Vray, mais à chercher des Objections pour attaquer ce que l'autre soûtient & des Argumens pour appuyer tout le contraire. Ces deux Républiques se font la Guerre à toute outrance ; Chacune tire du Bras Séculier tout le secours qu'il lui est possible, & dans chacune on fait solemnellement promettre à tous ceux qui voudront avoir part à ses avantages, de penser d'une certaine façon, ou du moins de n'employer point d'expressions contraires à celles qui indiquent cette maniére de penser. On régle les Couleurs sous lesquelles chaque objet doit paroître, & desquelles il le faut assurer revêtu. On marque ce qui doit passer pour *Blanc*, on nomme ce qui doit être estimé *Noir*, & on s'engage à faire ses efforts pour voir précisément ainsi le Blanc & le Noir. Pour exécuter plus surement ces Promesses & pour tenir parole avec plus de facilité, on ferme les yeux, on Décide en Aveugle, c'est à dire, pour parler sans figure, on n'examine point, on s'assujettit à se servir, sur chaque sujet spécifié dans les Statuts, que de certaines expressions, en toute occasion, un grand zéle pour elles, sans se mettre, le moins du monde, en peine de discuter sans préoccupation les Preuves de ce qu'elles établissent, sans se mettre même en peine d'examiner si elles établissent quelque Verité, ou quelque apparence de Verité, si elles signifient quelque chose, ou si elles ne signifient rien ; Si elles sont composées de parties dont le sens se soûtienne, ou si la signification de l'une renverse entiérement la signification de l'autre.

Dans une Académie on dit que les *Triangles* sont des *Triangles*. Cela suffit pour engager les Professeurs de l'autre, à soûtenir que les *Triangles* sont des *Cercles*. Ils auront leurs Distinctions toutes prêtes, pour se tirer d'affaire. *Asiathématiquement*, ils ne le sont pas : Mais pourquoi ne le seroient-ils pas *Theologiquement* ? En qualité de THEOLOGIENS nous n'écoutons point la RAISON. Physiquement même, il se peut que les *Triangles* soyent des *Cercles*. La substance Corporelle nous est inconnuë, & par conséquent il se peut qu'elle soit réellement susceptible de certaines propriétés qui ne nous paroissent contradictoires, que parce que nous ne connoissons pas l'Essence de la Matiére, & que par là, nous ne connoissons pas tout ce dont elle est susceptible. J'ai lû plus d'une fois le Raisonnement par lequel je viens d'appuyer une Controverse imaginaire, que je n'ai préférée à de Réélles faciles à alleguer, que dans le dessein de me borner à des *Généralités* & d'éviter les *Detaiis*, dont on auroit pû se plaindre.

Un homme qui remarque dans les Membres de deux ou de plusieurs Académies, & quelquefois aussi, dans les différens Membres d'une même, égalité de Persuasion, égalité de Zéle, égalité de Reputation ; qui fatigué outre cela de leurs Argumens & de leurs Distinctions qui ne finissent point, s'il prend le parti de ne rien croire de tout ce que les uns ou les autres condamnent, & si dès-là il passe à douter de ce dont les uns & les autres conviennent, parce qu'il se pourroit trouver des gens qui n'en conviendroient pas, pense-t-il raisonnablement ? Les Fautes de ceux qui enseignent, & qui n'enseignent pas bien, sont elles les Preuves de l'Impuissance Universelle du Genre humain à découvrir la Verité. Doit-on conclurre qu'on la chercheroit en vain, parce que de certaines gens, qui semblent la chercher, tant ils se prennent mal à la chercher, ne la découvrent pas ?

Les Sceptiques eux-mêmes ne sauroient disconvenir que les Contestations de ceux que l'on appelle *Doctes*, ne soyent des sources de Pyrrhonisme, puis qu'ils en tirent des Argumens pour l'établir. Or la Paresse, l'Ambition, l'Interêt, l'Envie & l'Esprit de Parti, qui sont les Causes de ces Décisions précipitées & téméraires, de cette Obstination avec laquelle on se roidit à soûtenir ce qu'on n'a jamais bien examiné, sont des sources qui certainement ne font pas honneur au Pyrrhonisme, qui en tire sa Naissance.

M. Bayle(*) rapporte des Exemples de ces partis que l'on prend, dans les Académies, par Passion & par Interet, dans l'Article de Dreiferut. Quelle liaison y a-t-il entre les Hypotheses de Ramus & la Confession de Geneve ? Cependant, en Saxe, la Cause des Ramistes & celle de ces Théologiens se combinérent ; les uns & les autres trouvérent bon de réunir leurs Interêts, afin de mieux résister aux Innovations. Voilà, ajoute-t-il, une juste Image de la combinaison qu'on voit en Hollande, entre le Coccéianisme & le Cartésianisme : ce sont deux choses qui n'ont que ceci de commun ; c'est que l'une est regardée comme une Méthode nouvelle d'expliquer la Théologie, & l'autre comme une nouvelle Philosophie. Quant au reste des Principes des Cocceïens, & l'Esprit de leurs Hypothéses sont entierement éloignés de l'Esprit Cartésien.

(*) *Dict. ou Tom. II. pag. 311.*

M. Bayle encore dans son Dictionaire * Article STANCARUS, fait quelques Remarques qui ont encore un grand rapport avec celles qu'on vient de lire ; Il examine la plainte que l'on fait contre la multitude des Académies & des Professeurs. " Ne
" voudroit-il pas mieux, dit-il, supprimer les A-
" cadémies que d'entretenir tant de Professeurs en
" toutes sortes de Facultés ? Ce sont eux qui font
" naître

Tom. IV pag. 275.

„ naitre les Héréſies, ou qui élevent ceux qui ré-
„ pandent & qui multiplient l'Erreur. Le Peuple,
„ c'eſt à dire, tous ceux qui ne font point appellés
„ à éxpliquer aux autres les Matiéres de Réligion,
„ conſervent ſain & entier le Dépôt de la Foi qui
„ leur a été confié : Apprenés-leur une fois, qu'il
„ faut croire la *Trinité des Perſonnes*, *l'Unité de la*
„ *Nature Divine*, *l'Incarnation du Verbe*, ſa *Mé-*
„ *diation* &c. Ils croiront tous ces Myſteres, ſans
„ jamais en altérer la pureté, & ſans s'inquiéter les
„ uns les autres. Mais les Docteurs n'en uſent pas
„ de cette maniére : Les uns veulent ſe diſtinguer
„ par des Interprétations ſubtiles, & les autres ne
„ veulent pas le leur permettre. Cela donne lieu
„ à des Diſputes, qui troublent la ſource & qui la
„ partagent en pluſieurs Ruiſſeaux Bourbeux. Le
„ prémier de ces partages eſt bientôt ſuivi d'un ſe-
„ cond, & ainſi de ſuite : La fécondité, ou plû-
„ tôt la Contagion, en ce Genre là, eſt ſurpre-
„ nante ; Vous n'entendés plus parler, bientôt a-
„ près, que de Sectaires, Apollinariſtes, Ariens,
„ Eutychiens, Macedoniens, Monothelites, Ne-
„ ſtoriens, Sabelliens &c. Si l'on dreſſoit l'Arbre
„ Généalogique des Héréſies, on verroit que leur
„ Filiation eſt fondée principalement ſur ces deux
„ Cauſes 1. Les Diſputans ſe veulent trop éloigner
„ de leurs Adverſaires, ce qui fait qu'ils paſſent
„ juſqu'à l'autre éxtrémité. 2. Le Défie de vain-
„ cre les engage à pouſſer ſi loin leurs Objections
„ qu'elles peuvent, ou leur être retorquées, ou fa-
„ voriſer un tiers Parti. Que fait-on pour remédier
„ à ces inconvéniens ? On abandonne le Terrain
„ qu'on ne peut défendre, & l'on ſe fortifie de
„ quelque nouvelle Invention : Cela produit un
„ Syſtême tout différent, qu'un autre Docteur ré-
„ formera de nouveau, ne ſe trouvant pas arrondi,
„ & ainſi de ſuite. Un autre s'imaginant que les
„ deux Partis vainquent & ſont vaincus, tour-à-
„ tour, ſelon qu'ils agiſſent offenſivement, ou qu'ils ſe
„ tiennent ſur la défenſive, ſe croit obligé de choiſir
„ une nouvelle Hypotheſe. Il y a une autre choſe
„ à conſidérer, ajoute-t-il. Qu'un Profeſſeur a-
„ vance une nouvelle penſée, & qu'il donne lieu de
„ croire qu'il le fait pour s'acquérir du renom, il
„ s'éleve, tout auſſitôt, un Antagoniſte, qui lui ſoû-
„ tient que cette Penſée eſt mauvaiſe : Peu-à-peu,
„ ils s'échauffent, & enfin ils ſe haïſſent tout de
„ bon. Pour colorer les mouvemens qu'ils ſe don-
„ nent, ſi ſemblables aux Paſſions humaines que
„ rien plus, il faut que l'Aggreſſeur ſoûtienne qu'il
„ s'agit de quelque affaire bien importante à l'E-
„ gliſe : L'attaqué doit dire la même choſe, & faire
„ voir que l'opinion, qu'il a changée, donnoit de
„ grands avantages à l'Ennemi. Après cela, il n'y
„ a plus moyen de reculer ; il faut que les Supe-
„ rieurs parlent : Or quel eſt le fruit ordinaire de
„ leurs Déciſions ? Un Schiſme actuel, ou un Schiſ-
„ me virtuel. Rien de tout cela n'arriveroit ſi l'on
„ n'avoit pas, pour les Penſées une opinion avanta-
„ geuſe. Si *Stancarus* eut avoué, comme il le
„ devoit, que ſon Opinion importoit peu à l'Egliſe,
„ il ne ſe fût pas fait un point d'honneur de la ſoû-
„ tenir ; & il eut gardé le ſilence, dès-qu'il eut
„ vû, qu'en la ſoûtenant, il cauſoit des troubles.
„ Combien de déſordres eut-on épargné au monde,
„ ſi l'on ſe fût contenté de diſputer ſur les choſes
„ néceſſaires ſalut ? *Oſiander* & *Stancarus* n'euſſent
„ pas écrit, ne ſe ſût-il, deux pages l'un contre l'autre :
„ Car, en bonne foy, y a-t-il des gens, parmi le peu-
„ ple, qui ſe réglent ſur l'un ou l'autre de ces Dog-
„ mes, quand ils mettent leur confiance dans la mort
„ de J. C. ? Les Docteurs mêmes, qui ont le plus
„ diſputé ſur cette Queſtion, ne l'adorent-ils pas,
„ ſans ſonger à ces diſtinctions de Nature humaine,
„ & de Nature Divine.

„ Voici une autre Conſidération. Dans tous les
„ Pays, où il y a bien des perſonnes gagées, pour
„ expliquer un Corps de Théologie, il arrivera toû-
„ jours que quelqu'un aura la témérité de remuer
„ des Queſtions, qu'il vaudroit mieux laiſſer en re-
„ pos, comme des bornes qui ſéparent les hérita-
„ ges. Or l'éxemple de celui-là eſt fort à crain-
„ dre ; car chacun ſe croit permis ce qu'il voit fai-
„ re à des gens qui n'ont pas plus d'autorité que
„ lui ; & de-là il arrive que les nouvelles diſputes ne
„ s'élevent jamais plus facilement, que lors qu'elles
„ ont été précedées, depuis peu, par pluſieurs
„ autres. Ceci tend à condamner la multitude des
„ Académies.

„ Répondons, en peu de mots, à toutes ces plain-
„ tes. C'eſt une maxime de la *derniere Certitude* (A),
„ que l'abus des bonnes choſes n'en doit pas ôter
„ l'uſage. Puis donc qu'il eſt très-digne de l'hom-
„ me de cultiver ſon Eſprit, & que l'établiſſement
„ des Maîtres, prépoſés à cette culture, eſt bon,
„ il ne faut pas l'abolir, ſous prétexte que quelques
„ Savans abuſent de leurs Lumiéres, pour éxciter des
„ Diſputes Théologiques. Ajoûtons à cela que les
„ maux de l'ignorance ſont encore plus à craindre. Elle
„ n'ôte pas les Diviſions ; ſans avoir été à l'Aca-
„ démie, il ſe trouveroit des gens, moins groſſiers
„ que d'autres, qui auroient l'audace & la vanité
„ de ſemer des Dogmes, & qui les établiroient d'au-
„ tant plus facilement que leurs Auditeurs ſeroient
„ ſots.

„ Finiſſons, pourſuit M. Bayle, par déplorer l'é-
„ tat miſérable du Genre humain. Il ne peut ſor-
„ tir d'un mal que par un autre. Guériſſés-le de l'I-
„ gnorance ; vous l'expoſés à des Diſputes ſcanda-
„ leuſes, & qui quelquefois ébranlent & renverſent
„ même le Gouvernement.

„ M. Bayle auroit pû ſe paſſer de cette Fin. Il eſt
„ très-poſſible que le Genre humain ſe tire de l'Igno-
„ rance, autrement que par des Diſputes ſcandaleuſes,
„ fatales à la Tranquilité publique & à la ſureté du
„ Gouvernement : Car il eſt très-poſſible de changer
„ la Méthode de diſputer avec Chaleur, & d'y ſub-
„ ſtituer des Conférences paiſibles. Il eſt très-poſſible
„ aux Souverains de ne prêter point leur Autorité à
„ ceux qui veulent régner ſur l'Eſprit des autres, en
„ trouvant moyen de les obliger à recevoir & à reſpec-
„ ter comme Vrayes leurs Déciſions, ſur des Matié-
„ res ſur tout, qui de leur aveu, ſont très-difficiles
„ & très-obſcures. Il leur eſt très-poſſible de diſtin-
„ guer, par leur faveur, les Savans Modeſtes, Polis,
„ & qui, loin de prétendre que l'on doive reſpecter dans
„ leurs Ouvrages quoique ce ſoit que l'Evidence de
„ leurs Preuves, au cas qu'on y en trouve, ſe décla-
„ rent prêts d'écouter tranquillement ceux qui vou-
„ dront leur faire part de leurs Lumiéres, les éclairer
„ ſur ce qu'ils ne croyent pas leur être aſſés connu, &
„ les tirer d'Erreur, au cas qu'ils y ſoyent tombés.

XXIV. SI UN Pyrrhonien me diſoit que je *De peu*
n'ai pas compris ſa Penſée, & que je ne ſais qu'é- *d'inſtruc-*
luder la force de ſon Argument : S'il me diſoit, *tion les*
Vous venés de faire une longue liſte des différentes eſpé- *vrais Sa-*
ces d'hommes qui portent le Titre de Savans, *ſans le la Certi-*
mériter. *Mais ne croyés vous pas qu'il s'en trouve*, *tude des*
au moins quelques-uns, *libres des défauts*, *dont vous* *Sciences.*
venés de charger la Troupe en général. Parmi ceux
qui font profeſſion des Sciences, *n'en eſt-il point*, *qui*
aiment la Verité très-purement & très-ſincerement ? N'en
eſt-il point dont elle ſoit le principal Objet & dont
elle ſaſſe la Paſſion dominante, *& dont enfin une Paſ-*
ſion, *ſi Noble & ſi Pure*, *ait dégagé le Cœur de Vues*
ambitieuſes & intéreſſées ? N'en eſt-il point, *qui At-*
tentifs, *Circonſpects*, *dans une grande Tranquilité &*
une continuelle Défiance de tout ce qui diſtrait & qui
diſſipe les autres, *donnent leur Attention à ſaiſir l'E-*
vidence, *à ne ſe rendre qu'à elle*, *à ſuſpendre leur ju-*
gement

(A) Remarquès cette expreſſion, elle eſt bien forte pour un Pyrrhonien.

gement sur ce qui n'est pas démontré, & à séparer sans cesse, avec exactitude, ce qui leur paroit Certain, d'avec ce qui ne l'est pas encore pour eux. Cependant quels sont les progrès de ces gens-là, & quels Fruits les Sciences en ont-elles tiré ? De quoi convient-on, & qu'y a-t-il sur quoi on ne Dispute ? On est donc abandonné à des Doutes continuels, malgré tout le Secours qu'on pouvoit se promettre des vrais Savans.

Je répons que, s'il est peu d'hommes tels que le Pyrrhonien vient de les supposer, il en est pourtant. Mais j'ajoute qu'il s'en faut beaucoup que la République des Lettres, n'en tire les avantages qu'elle devroit naturellement en tirer. La plûpart de ces vrais Savans se sont fait une Habitude de vivre en *Tranquilité* & de craindre tout ce qui les en tire. Leur Goût pour la Verité va jusqu'à leur faire sacrifier tous les autres avantages à la satisfaction de la chercher & de la découvrir. Rarement leur zèle & leur courage va-t-il jusqu'à faire connoitre au Public ce qu'ils ont trouvé. Ils craignent les Orages, ils prévoyent des Légions prêtes à tomber sur eux. Il y a plus, & il faut dire pour leur Justification, que leur Silence n'est pas toûjours l'unique effet de leur Timidité ; & qu'il ne doit pas être reproché au peu d'Intérêt qu'ils prennent à voir le reste des hommes plus éclairés & plus solidement instruits. Ils ne veulent pas se donner des peines, dont ils prévoyent l'inutilité, & s'attirer des Persécutions infructueuses : Souvent-ils se croyent dans le cas où l'on doit s'abstenir *de jetter des Perles*. Il y a mille circonstances où l'on ne fait que rendre la Verité plus odieuse en la publiant, & qu'augmenter les Crimes des hommes, qui la persécuteront d'autant plus qu'elle brillera avec plus d'éclat. S'il n'y avoit que des Disputes à essuyer, on se résoudroit à en soûtenir tout l'ennuy ; Mais que veut-on entreprendre contre des gens qui se sont fait une longue habitude de ne penser pas, & qui de plus, ont eu l'addresse, & le crédit, de mettre leur Langage inintelligible sous la Protection des Loix, & sous celle du GLAIVE. Vous serés *Banni* ; Vous *mourrés de Faim* ; On vous fera méditer tout vôtre soul dans des *Prisons*. Ce sont-là des Argumens, auxquels, étant fort habile homme, & outre cela fort honnête homme, on peut ne pas ôser répondre. La Raison auroit voulu qu'on eut ordonné, aux premiers Prédicateurs de l'Evangile, de conférer paisiblement avec les Prêtres de la Réligion Payenne, & avec les Philosophes qui en entreprenoient l'Apologie : Mais la partie auroit été trop inégale, & la Conférence trop desavantageuse au Parti dominant. Voilà pourquoi on trouvoit à propos de les mettre aux prises avec de plus redoutables Adversaires, on les condamnoit à se battre, dans le Cirque, avec les Lions & les autres Bêtes Féroces. Il est peu d'endroits où l'on approche de cette Cruauté ; Mais il en est peu aussi où l'on puisse dire, en toute sureté, tout ce que l'on pense en matière de Réligion : On n'ôse communiquer, ni les Découvertes qu'on a faites, ni les Doutes dont on est encore agité ; On n'ôse ni éclairer les autres, ni leur demander des éclaircissemens, & la Lumiére est forcée à s'envelopper de Ténébres. J'ai fait mention des Dangers où l'on s'expose, quand on se hazarde à parler librement, quoique très-respectueusement sur des Matiéres de Réligion ; Il n'y a guére plus de sureté à s'énoncer sur les autres. On a fondu, dans les Ecôles, la Réligion avec la Philosophie. Les sentimens des Théologiens qui s'écartent de la Mode établie, sont des *Heterodoxies Directes* : Les Idées Philosophiques qui ne sont pas conformes aux Systêmes autorisés par l'usage, passent bientôt pour des *Hérésies Indirectes*.

Une matière est Obscure ; Un homme attentif, & qui sait méditer suit les Régles, en dévolope les Parties. Il en est sur lesquelles il saisit quelque chose de Clair ; Il le mèt à part, il le prouve, il le dégage d'objections & de difficultés. Mais il est d'autres parties sur lesquelles il ne se satisfait pas de même ; Avec tout cela, loin de perdre courage, il redouble son attention, ses efforts & sa circonspection ; Il vient à bout de former des Conjectures vraisemblables, d'entrevoir quelque lueur, & d'appercevoir enfin quelque chose qui ressemble, de bien près, à la Lumière de la Verité. S'il ôsoit faire part à quelqu'un de ses Découvertes & de ses Doutes ; S'il pouvoit en sureté déclarer ce qu'il croit savoir, & avouer ce qu'il ignore, demander enfin, sur ce qu'il se flatte de n'être pas éloigné de comprendre, des éclaircissemens à d'autres Savans de la même Probité & du même Goût, ou peut-être encore d'une Capacité naturellement plus grande & perfectionée par de plus longues Etudes ; Alors en regardant le même sujet sous de nouvelles Faces, en l'examinant avec un Esprit fortifié par tout ce qu'on vient de lui fournir, & de lui fournir sans le fatiguer, un tel homme se verroit en état de répandre de nouvelles Lumières, & des Lumières sures sur ce qui lui paroissoit un peu auparavant obscur. Tout cela est étouffé, Toutes ces Ressources sont arrêtées, par la Contrainte, & par l'Impuissance où l'on se trouve de chercher des Lumières & d'en communiquer, de donner des Avis, & d'en demander, sans s'exposer à des Insultes, des Mépris & des durs traitemens. La Douceur, la Politesse, le support mutuel, la charité enfin, Vertus si convenables aux Foiblesses de la Nature humaine, fermeroient toutes ces Sources de Ténébres, & ouvriroient un heureux Chemin à la Lumière, pour laquelle tous les Esprits bienfaits soupirent depuis si longtemps.

Tout Paradoxe, tout Incroyable même que soit le Systême, ou plûtôt l'Entêtement des Pyrrhoniens, tout étranger & tout impossible qu'il doive paroitre à des personnes à qui on en parleroit pour la prémiére fois ; on voit cependant, par ce que je viens d'exposer assés au-long & peut-être trop, on voit, di-je comment on y est venu peu-à-peu, & comment il arrive, encore aujourdhui, à un grand nombre de personnes de prendre le parti de Douter, de s'y plaire, de négliger ce qui pourroit les conduire à la Certitude, & de s'opposer aux soins que l'on prend de les convaincre & de les pénétrer de la Lumière de la Verité. Les Défauts & les Vices du Coeur humain rendent efficaces sur lui les Causes du *Pyrrhonisme* : Mais ces Causes, pour être efficaces & séduisantes, n'en sont pas moins déraisonnables, comme on vient de le prouver.

A mesure que je me suis appliqué à chercher & à découvrir aux autres les sources du Pyrrhonisme, son Origine & les Causes de ses progrès, je me suis fait un Devoir de remarquer en même temps, que toutes ces Causes sont non seulement évitables, mais que de plus, elles sont peu d'honneur aux Pyrrhonisme ; On ne trouve que du Bas & du Méprisable dans tout ce qui a contribué à l'établir. Je ne me fais point ici un scrupule d'anticiper par ces Remarques ce que j'ai à ajouter dans la Section suivante.

SECTION III.

Des Remedes du Pyrrhonisme.

I. APRES avoir parlé, avec plus d'étendue peut être qu'il n'étoit nécessaire, de la Nature & des Causes du Pyrrhonisme, on pourroit se passer d'en alléguer les Remédes, ou se contenter de les indiquer, en peu de mots ; si l'Importance de ce Sujet permettoit de négliger quoi que ce soit de ce qui peut contribuer à faire cesser un dérangement si contraire à la Gloire de nôtre Espéce, & si fatal à nôtre Bonheur.

II. PENDANT que l'Esprit humain aimera à se

se laisser dominer par les Principes vicieux, que l'on vient de développer, dans les Sections précédentes, & pendant que les personnes qui font profession des Lettres conduiront leurs Etudes, & celles de la Jeunesse qui leur est confiée, aussi mal que l'on fait ordinairement ; la plûpart des Sciences & celles-là même, où il est le plus de nôtre intérêt de faire régner l'Evidence, demeureront accablées de Doutes & d'Incertitudes. Mais il ne faut qu'un peu d'attention, pour se convaincre qu'il est au pouvoir de l'homme d'en user tout autrement, & que par conséquent, il n'est point dans la dure nécessité de demeurer dans la simple vraisemblance sans pouvoir s'assurer de quoique ce soit.

L'Amour de la Verité dominante

III. QUI croira qu'on ne se figure qu'une Chimére, qu'un Etre qui n'est nulle part & qui ne peut éxister, qu'on ne se forme qu'une Idée de fantaisie, quand on se représente un homme qui aime la Verité par dessus tous les autres objets de ses Affections, qui se fait un plus grand plaisir d'en connoitre deux effectivement & sûrement, que de passer pour en sçavoir des centaines & des milliers, sur chacune desquelles il s'en faut qu'il n'ait une parfaite Certitude?

fait craindre l'Erreur & anime à la diligence.

IV. LA CRAINTE de se méprendre répond chés lui à cét Amour pur & dominant qu'il a pour la Verité : Il la respecte trop pour se hazarder d'honorer & de mettre en sa place l'Erreur. Mais il ne se borne point à demeurer en suspens sur tout ce qu'on lui propose, & à ne décider jamais, de peur de se tromper. Sa Crainte est raisonnable & elle ne va point jusqu'au Découragement & à l'Indolence, & elle ne lui sert point non plus de prétexte à sa paresse : Il éxamine avec une grande Circonspection & une grande défiance de soi même, mais il éxamine constamment & sans se rebuter ; Il éxamine, dis je, non par le plaisir secret & malin de trouver quelque Foible dans tous les Sentimens d'autrui, & dans tous les Raisonnemens par lesquels ils les appuient, mais par le Désir sincére de saisir quelque Lumiére & de s'assurer de quelque Verité.

Elle surtout & la Circonspection & le degagent de l'Impatience.

V. IL A compris que l'empressement des hommes à s'acquérir de la Réputation, les fait aller trop vite, & leur empechant de compter, pour tout ce qu'elle vaut, la Gloire solide de connoitre sûrement un petit nombre de Verités, est cause qu'ils se livrent à l'Ambition de paroitre en sçavoir beaucoup, & dès-là au vain plaisir de se le persuader. Il regarde les Incertitudes comme les Epines qui embarrassent le chemin des Sciences, & qui empêchent de s'y avancer, sur tout quand on ne les connoit pas pour ce qu'elles sont & qu'on s'en laisse embarrasser : Il sépare donc très-scrupuleusement & très-religieusement le Certain d'avec l'Incertain, content de conserver sa Vie à applanir les premiéres Routes qui conduisent aux Connoissances, en n'y employant rien que de sûr, & laissant de bon coeur à ceux qui lui succéderont la Gloire de s'avancer plus loin dans cette Route, avec les mêmes précautions.

Elle doune de l'Aversion pour l'inuile contredisant.

VI. NE peut-il pas se trouver des personnes assés raisonnables, d'une humeur assés douce & d'un fonds de Coeur assés obligant, pour sentir toute l'injustice, tout le ridicule & tout le travers de ceux qui ne consentent jamais à un plaisir égal à celui de Contredire, qui, pour faire durer les Disputes, se font une étude particuliére d'embrouiller les Questions, & cela très-souvent sous prétexte de les éclaircir, ce qui est le plus haut point de ce malheureux Art. N'est-il pas naturel qu'il se trouve des hommes assés droits & assés amis des autres pour se faire une veritable peine & presque un supplice de desobliger un honnête homme de traverser sa satisfaction de s'opposer à ses Idées & de le convaincre d'Erreur ? Est-il incroyable qu'il y ait des gens qui ne se portent à ces dures éxtrémités, que par

le Devoir indispensable de faire tout céder au Respect que l'on doit à la Verité, & au grand Intérêt que les hommes ont de ne la pas confondre avec l'Erreur ? Un homme ainsi fait ne manque pas de se former une juste Idée & une Idée très-précise des sentimens qu'il se fait un devoir d'examiner. D'un côté, il aime trop la Verité pour la supposer où elle n'est pas, & d'un autre il est toûjours ravi de la rencontrer où elle est effectivement. Dans ces heureuses dispositions il saisit tout ce qu'il y a de Vrai dans une Proposition composée, & il s'en sert pour éclaircir ce qui y reste de douteux. De plus bon coeur lui fait trouver des tours qui empêchent ceux qu'il aide à se corriger de sentir les desagrémens ordinaires de la Correction.

VII. POURQUOI ne se trouveroit-il pas *L'estimit* quelques personnes qui eussent pour la Connoissance *de ces* de la Verité, le même attachement que l'on re *mœurs* marque dans le commun des hommes pour la santé *ment.* & pour l'argent ? Qui est ce qui a jamais sû mauvais gré à celui qui l'a empêché de recevoir pour bonne une piéce de mauvais aloi ? Qui est ce qui ne sçaura pas bon gré à un Médecin habile qui le convaincra, par des raisonnemens & par l'expérience que de certains Remédes, pour lesquels il étoit prévenu, & dont il étoit sur le point de se servir, ne manqueroient pas de lui nuire! & qui est ce qui n'écouteroit pas avec reconnoissance celui qui lui indiqueroit de meilleurs & de tout opposés, & qui ne continueroit d'en user dés qu'il s'en trouveroit bien ?

VIII. N'EST-CE pas une extravagante fantai- *Aimer à* sie de fermer les yeux à des Verités qu'on n'a pas *profiter* découvert soi-même. On cherche, dit-on & on *des Avis* cherche avec empressement. Une personne vous met *ce de la* dans les mains les Diamans que vous cherchés; Mais *Lumiére* vous ne voulés point les tenir d'un autre ; Vous les *d'autrui* jettés, sans daigner seulement les regarder, & vous leur préférés des Christaux, parce que vous les avés ramassés. Est-il au dessus des forces de l'homme de se garantir d'un entêtement si déraisonnable.

IX. NE seroit-il pas possible que l'on revint, *Degout* dans quelques Académies, du préjugé trompeur & *pour la* de l'Habitude qui n'a que trop régné, & d'aimer les *Dispute* Disputes & les Vivacités qui les accompagnent ordinairement ? Ne pourroit-on pas cesser de faire cas d'un homme de le traiter de Savant, à proportion qu'il se trouve prêt à soutenir hardiment les plus étranges paradoxes, à éluder les Raisons les plus évidentes, par des faux-fuyans, & à éteindre la Lumière qu'on lui présente, ou du moins à l'offusquer & à cacher son éclat à soi-même & aux autres, par le moyen d'un flux de bouche intarissable, & d'un tas d'expressions aussi ténébreuses que hardies. Ne pourroit-il pas arriver que dans quelques Ecoles, on auroit enfin assés de bon-sens, pour ne plus regarder comme une preuve d'habileté, & le caractère d'un bon génie, digne de remplir les Chaires & propre à former l'Esprit & le Coeur de la Jeunesse, une malheureuse facilité à répandre des Ténébres sur la Lumière, à hérisser de difficultés les Questions les plus simples, à confondre les choses les plus différentes, à imaginer des différences entre les choses les plus semblables, à n'entrer jamais, ou à faire semblant de n'entrer jamais, dans la pensée d'un autre, à supposer dans les Réponses les plus précises un sens tout différent de celui qu'elles ont, à soutenir ces Chicanes d'un air mocqueur & d'un ton insultant ; à joindre l'Impolitesse à la Contradiction, à pousser la Dispute jusques aux Invectives & à la Férocité ! Est ce trop présumer du Genre humain, qu'il pourra enfin cesser de se deshonorer par un assujettissement à des Coûtumes si indignes & si flétrissantes ?

X. ON VOIT, de temps en temps, paroître quel- *Amour*
ques

ques Ouvrages fous le Nom modeste d'ESSAIS. Un Auteur se présente aux yeux du Public, comme un homme qui cherche à s'assurer s'il a pensé juste, qui invite les Savans à se donner la peine de lire son Ouvrage & de l'instruire de ce qu'il en pensent, afin de le mettre, par ces secours, en état de pousser plus loin ce qu'il a ébauché, & de rectifier ce en quoi il peut s'être mépris. Ce Titre d'essai & les Idées qui l'accompagnent font présumer avantageusement & de l'Auteur & de l'ouvrage. Sans décider sur ce qu'il pense dans le fond de son cœur, on aime qu'il se présente à ses Lecteurs avec des dehors si modestes. Que sera-ce donc, quand l'Intérieur y répondra? Faut-il nécessairement que des apparences si aimables ne soyent que des apparences trompeuses, & les hommes sont-ils tous assés perdus d'orgueil, pour en demeurer incapables de penser d'une manière qui réponde effectivement à ces dehors de bienséance, qui sont si bien reçus & qui font déja tant d'honneur à ceux qui s'en servent.

Peut-on disconvenir qu'il n'y ait des Savans qui consultent leurs amis, de bouche quand cela se peut, par écrit lors qu'ils en sont éloignés, principalement sur des Questions composées & dont la solution leur paroit difficile. Il en est qui les consultent, même sur les plus aisées, & qui sont encore plus que de les consulter, & de les écouter; ils profitent de leurs lumières & se rendent à leurs corrections, après les avoir éxaminées, sans aucun flatteur préjugé. Or ce que l'on fait une fois, deux fois, ne peut-on pas le faire dix fois, cent fois, si l'on est effectivement aussi modeste & aussi ami de la Verité qu'on aime à le paroître?

XI. UN homme qui après avoir sollicité les Savans à éxaminer ses conjectures, & à les rectifier lorsqu'ils leur paroitront en avoir besoin, s'il sait bon gré à ceux qui se sont donnés cette peine & profite de leurs remarques, il n'éxpose pas seulement aux yeux du public des preuves de sa sincérité & de sa Modestie, qualités plus recommandables que toute la Sagacité, toute la Mémoire & tout le Savoir imaginable, il fait en même temps briller son Discernement & son habileté à saisir ce qui est le meilleur, & quelque main qui le lui présente.

XII. JE ME représente un vrai Savans, ou si vous voulez un homme qui mérite de le devenir, qui travaille sincérement à s'instruire de la Verité qu'il aime, & la cherche par ses propres méditations & par le secours de celles des autres; Je me le représente sous l'Image d'un Tuteur sage & tranquile, mais en même temps Zélé & très-attentif à remplir ses Devoirs. Son Pupille lui paroit avoir quelques Droits sur des Biens dont il n'est pas en possession; Mais ces Droits ne sont pas de la dernière évidence, ni faciles à établir, supposé même qu'ils soyent bien fondés. Par là l'Esprit du Tuteur est balancé entre deux Craintes opposées. Il appréhende de négliger des Droits légitimes, mais il n'appréhende pas moins de plonger son Pupille, dans des embarras inutiles & des frais préjudiciables. Dans ces justes sujets d'appréhension, & de crainte de mal choisir, de quelque côté qu'il se tourne, il se défie de ses lumières, il sollicite le secours des autres, il consulte ce qui paroit le plus inquiétante tout autant de personnes qu'il peut, & en qui il reconnoit de la probité, de la sincérité & de l'étendue de connoissances; Il ne les consulte pas, par un effet de Paresse, ni pour déférer aveuglément à leurs Idées, afin de s'épargner la peine d'éxciter & de consulter les siennes. Il les sollicite encore moins à lui dire ce qu'ils pensent, en vue de se donner le plaisir de les critiquer, & de trouver que plus de gens raisonnent sur une Question plus ils l'embrouillent & en rendent la solution difficile. Il donne toute son attention à éxaminer leurs réponses & à péser leurs preuves, sans aucune préoccupation; Son esprit ainsi heureusement tourné, fait lever leurs oppositions apparentes, il démêle des différences d'éxpressions d'avec des différences d'Idées : Par-là, non seulement il rassemble ce en quoi ils conviennent, il réunit de plus les sentimens dans lesquels on pourroit croire qu'ils se partagent. Il se sert enfin de tout ce qui a paru solidement prouvé, pour dissiper les obscurités qui restent sur ce qui n'est pas encore mis dans un assés grand jour.

XIII. NE pourroit il-pas arriver à quelque partie du Genre humain de vivre dans un Pays, où l'Impolitesse deshonoreroit, où les Chicaneurs seroient méprisés, où les Emportés & les Brutaux se fermeroient, par-là même, l'entrée aux Dignités? Implique-t-il Contradiction Morale, que dans quelque portion de la surface de la Terre, ceux qui seroient des intrigues, pour assujetir les autres à leurs sentimens, ou du moins pour leur imposer silence, fussent regardés comme des Ennemis du Genre humain, qui vont à le dépouiller d'un des plus précieux présens que lui ait fait son Auteur, la Liberté de Penser & le Droit d'Examiner? Droit & Liberté qui est plus que Droit & Liberté, & qui va jusques à une Obligation à laquelle il n'est pas permis de renoncer. Ne pourroit il pas, dis-je, arriver qu'une Partie du Genre humain eut le bonheur de vivre dans un Pays, où l'on ne courroit aucun risque, en avouänt qu'on ignore ce qu'on ne sait pas, en proposant ses propres conjectures sur des Questions embarrassées, en éxaminant les Conjectures d'autrui, en cherchant à s'éclairer soi-même & à éclairer les autres? Si l'on avoit eu beaucoup plutôt ce bonheur, peut-être y a-t-il longtemps que des Questions, couvertes aujourd'hui d'épaisses ténèbres, seroient sans obscurité?

XIV. IL EST des Dispositions intérieures de cœur; Il est des Circonstances extérieures, qui opposeront des obstacles continuels à la découverte de la Verité, ou du moins de diverses Verités, & qui par-là, fourniront sans cesse aux Pyrrhoniens des prétextes, pour soutenir que c'est en vain qu'on la cherche & qu'on se promet de pouvoir s'en assurer. Mais ces Obstacles ne sont point insurmontables; Il y en a qu'un petit nombre de personnes en place pourront aisément lever. D'autres auront plus de peine à en venir-là, mais ils y viendront pourtant, pourvû qu'ils ayent du Courage & de la Persévérance.

XV. JE ME représente un Cercle composé d'un grand nombre de personnes, où qui que ce soit ne se fait un scrupule d'interrompre les autres, & où l'on s'est tombé sur une Matière des plus composées & des plus épineuses. Là sans avoir pensé, le moins du monde, à établir nettement l'état de la Question qu'on a en vuë de décider; Sans s'être informé des Principes propres à l'éclaircir, & par conséquent sans en être convenus, chacun avance au hazard tout ce qui lui vient dans l'esprit, n'entre jamais dans la pensée d'un autre, ou n'y entre qu'à demi, & n'éxprime enfin la sienne que très-confusément. Le moyen qu'en raisonnant ainsi on parvienne à quelque Lumière : Plus une Conférence de cette nature durera, plus on s'éloignera du but où elle paroit tendre, ou, pour parler plus éxactement, du but qu'on devroit s'y proposer.

Mais s'ensuit-il de là que l'on ne sauroit convenir de rien, & que tous les hommes sont condamnés à ne pouvoir faire aucune découverte sûre? Des personnes tranquiles, judicieuses, animées du même esprit, remplies du même dessein, ne peuvent-elles pas s'écouter paisiblement, s'éxprimer avec ordre & avec précision, conférer d'abord sur des Questions simples, ou peu composées, commencer par en rechercher les Principes & les établir sûrement, distinguer ce qui en découle par des conséquences visibles & nécessaires, d'avec ce qu'on n'en peut déduire qu'avec le secours de quelques nouvelles Lumières. Pour peu que l'on soit raisonnable & qu'on mérite le Titre d'Honnête Homme, ne se sentira-t-on pas animé,

animé, par les fruits de quelques conférences ainsi réglées, à les continuer fur le même pié, & à n'en jamais abandonner la Méthode?

Se refuser toût unanimement au Regne de la Verité sensée.

XVI. IL SE trouve, dans la République des Lettres, des hommes du caractére dont étoient César & Pompée. Les uns ne veulent point d'égaux & les autres ne peuvent soûtenir l'Idée d'un Supérieur: On en voit encore & en plus grand nombre, qui, par un goût pour les Partis, aiment à se donner des Maîtres: Celui sous les Drapeaux duquel ils se sont rangés, & du Nom duquel ils sont gloire de se reclamer, est, selon eux, le premier Homme de l'Univers; C'est lui qui est enfin venu à bout d'éclairer les autres, & de tirer la Verité du Puis profond, où on la croyoit perduë pour le Genre humain. Ce Héros a son Pays, son Temps, & son Régne. Ailleurs on parle tout autrement, ou plûtot on fait les mêmes Eloges d'un autre. L'inconstance va plus loin. Dans un même Pays, ces Idoles que les hommes aiment à suivre, se succédent tour-à-tour. Pendant que l'Enchantement dure chacun s'écrie que la Verité est tout entiére dans le parti qu'il a heureusement embrassé, & qu'elle s'y trouve, sans aucun mélange d'erreur. Il est pourtant vrai qu'on y admet également l'obscur & le clair, & que souvent les suppositions les moins concevables ne laissent pas de passer pour sûres, à la faveur de quelques Conséquences ingénieuses qu'on en a sçu tirer. Mais pendant que les Chefs de partis se battent & que des Vastes Corps épousent leurs Querelles avec leurs Systèmes, il est, parmi ceux qui aiment les Sciences, de sages & d'équitables Républicains, qui n'ont garde de s'attribuer à eux-mêmes plus de droit qu'ils n'en accordent aux autres. Ils n'ont garde de prétendre que l'on donne quoique ce soit à leur personnes; Ils seroient fâchés qu'on cédât à quelqu'autre motif qu'à l'évidence de leurs raisons; Ils aiment mieux qu'on les rejette si elles ne sont pas démonstratives, que de les adopter, si elles n'ont qu'une spécieuse vraisemblance. Persuadés enfin que tout passe, à l'exception de la Verité, ils regardent, dans les sentimens d'une parfaite reconnoissance, les soins de ceux qui se rendent assés attentifs, pour dégager ce qu'il y a de bien établi, dans les Ouvrages qu'ils ont publiés, d'avec ce qui peut s'y rencontrer de douteux.

Ne point se précipiter à bâtir des systêmes, de peur d'y passer scit-vertu le vraisemblable avec le demontré.

XVII. C'EST par un soin scrupuleux de faire ces discernemens que l'on se garantira du Pyrrhonisme. Un homme qui s'est une fois abandonné à l'Avidité des richesses, se regardera comme tristement condamné à la Pauvreté, dès-qu'il ne se concevra plus en état d'acquerir des sommes immenses. Posseder abondamment le Nécessaire, mais n'avoir pas beaucoup au-delà, sera à ses yeux un état d'Indigence. Souvent même on se trouveroit beaucoup plus loin que l'on n'est de cette prétenduë Indigence, si l'on avoit eu moins d'empressement à en sortir. Mais, en vuë de faire des gains prodigieux, on s'est hazardé & on a fait de grosses pertes. Il en est de même des Esprits trop ambitieux, par rapport aux Richesses Spirituelles: Tel se propose d'abord de parvenir à la connoissance de tout: Mais après s'être beaucoup travaillé, faute d'avoir suivi une juste Méthode, il se trouve encore bien loin de son but. Alors, dans le Dépit qui le saisit, non seulement il méprise tout ce qu'il peut avoir appris & le compte pour rien; mais de plus il s'imagine que, puisqu'il ne sait rien sûrement, ni lui, ni qui que ce soit, ne sauroit venir à bout d'apprendre quelque chose. Mais s'il est des hommes de cette humeur, pourquoi ne s'en trouveroit-il pas, au moins quelques-uns qui, plus raisonnables, sont résolus de n'épargner aucuns soins & de ne négliger aucunes précautions pour pousser leurs connoissances, sans s'exposer, par trop d'impatience & par le désir ambitieux de faire, en peu de temps, beaucoup de chemin, à mêler de l'obscurité parmi ce qu'ils se procureront de Lumiéres; qui, dans le crainte de perdre, par ces mélanges, les fruits de leur attention & de leurs études, éviteront également de dire qu'ils savent ce qu'ils ne voyent pas des yeux de leur esprit, & de dire qu'ils ignorent ce qu'ils voyent. Dans un sujet fort composé, ce que l'on n'en découvre pas, n'empêche pas qu'on ne soit sûr de ce qu'on y a évidemment remarqué, & qu'on y voit encore.

XVIII. DANS les différentes Communions Chrétiennes, l'éloignement de cœur que la plus grande partie de ceux qui les composent sentent les uns pour les autres, & l'obligation où ils se croyent de faire leurs Dévotions à part, n'empêchent pas qu'ils ne conviennent d'un grand nombre de Veritès, & on avouë de plus que ces Veritès dont on tombe également d'accord, de part & d'autre, sont les plus simples, les plus claires, & par-là les plus sûres; On les reconnoit encore pour les plus essentielles & on ajoute qu'elles peuvent servir de Principes pour décider les Questions sur lesquelles on se dispute. On voit pourtant que, dans chaque Communion, on a tout autrement de zèle pour les Matiéres qui font le sujet des divisions, que pour celles dont on convient & qu'on reconnoit outre cela pour les plus Importantes. Les Chrétiens ont des Ennemis Communs qui attaquent ces Veritès capitales, & les attaquent même d'une maniére qui va à ruiner toute Réligion. Si quelqu'un entreprend de défendre la cause commune, & que pour y mieux réussir, il laissé à part quelques-uns de ces sentimens, par où le Parti, dans lequel il vit, se distingue des autres, malgré tout son zèle pour la défense de la Réligion & toute la force des réponses par lesquelles il renverse les Objections qui la combattent, à grand peine évitera-t-il de passer pour un homme qui la trahit. Dans chaque parti il en faut soûtenir les Hypothéses particuliéres avec la Réligion, & si on craint de n'y réussir pas, il faut laisser la Réligion livrée aux attaques de ses Adversaires. Le Fils de Manlius avoit défait les Ennemis de sa Patrie, il en avoit trouvé une occasion favorable qu'il n'avoit pas crû devoir laisser échapper. La Raison étoit pour lui; Mais son Pére, homme aussi féroce qu'un Inquisiteur, ne connoissoit point de Raison qui méritât d'être mise en parallele avec son Autorité. La Raison & le succès étoient pour le Fils; Mais le Pére envieux & chagrin de ne pas partager cette gloire, ou plûtot de n'y avoir pas la principale part, fit cruellement mourir ce jeune Héros. Fermés le bouche aux Incrédules par d'autres raisons que celles qui font à la mode, dans le Pays où vous vivés: Terrasés les Impies par d'autres armes que par celles que les Docteurs de certains partis vous fournirent, il est plus d'un endroit, où vous payerés de vôtre Tête ce service signalé que vous aurés rendu à la Réligion. A la Verité, il en est d'autres où il vous en coûtera moins, mais il s'en trouvera bien peu où il ne vous en coûte.

Ces fautes ne font que trop communes, je le reconnois, elles fournissent des prétextes aux Pyrrhoniens, & il est des Esprits impatiens & paresseux qu'elles jettent dans le découragement & dès-là dans l'irrésolution & le doute universel, ou presque universel. Mais ces maux, suites assés fréquentes des divisions, ne sont pas sans remède, plus on voit d'animosité dans les partis qui se disputent l'un à l'autre l'honneur de connoitre la verité, plus on les voit ardens à se contredire, obstinés à s'éloigner les uns des autres, à s'accuser réciproquement d'erreurs dangereuses, plus il est à présumer qu'il n'y a que la force de la Verité qui ait pû les réduire à tomber d'accord de ce dont ils conviennent. Il faudroit donc commencer ses Etudes Théologiques par l'Examen de ces Dogmes communs à tous les combatans. On ne manqueroit pas de les trouver beaucoup plus à la portée de l'Esprit humain, plus aisés

N'aimer ni ne haïr aucun sentiment, par esprit de parti, & commencer par l'examen de ceux dont les Disputans, les plus animés, mais convenients.

à

à entendre & plus faciles à démontrer, que les Dogmes controverſés. On pourroit enſuite établir de nouvelles connoiſſances ſur ces Fondemens : On en pourroit tirer des Lumiéres pour éclaircir ce en quoi il reſteroit de l'obſcurité. Et enfin l'ignorance où l'on reſteroit encore, ſur des ſujets plus obſcurs, n'ébranleroit point la certitude de ce que l'on comprendroit établi ſur des preuves ſolides.

M. Bayle s'exprime dans les termes ſuivans ſur le compte de Grotius, dans ſon Dict. Tom. II. p. 618. *J'obſerve qu'un homme perſuadé des articles fondamentaux de la Religion Chrétienne, mais qui s'abſtient de communier, parce qu'il regarde cette action comme un ſigne que l'on damne les autres Sectes du Chriſtianiſme, ne ſauroit paſſer pour Athée que dans l'Eſprit d'un vieux Radoteur, qui a oublié les idées des choſes, & les définitions des paroles. Je paſſe plus avant & je dis qu'on ne ſauroit refuſer à un tel homme la qualité de Chrétien.* On pourroit donc donner ce Titre, ſuivant M. Bayle, à celui qui reconnoît J. C. pour Fils de
,, Dieu & le Meſſie promis, qui croit qu'il eſt
,, mort pour nous, qu'il eſt reſſuſcité, qu'il eſt
,, aſſis à la Droite de Dieu ſon Pére, que c'eſt par
,, la Foi en ſa Mort & en ſon Interceſſion que l'on
,, eſt ſauvé, qu'il faut obéir à ſes Préceptes & ſe
,, repentir de ſes fautes.

Un Miſſionnaire n'auroit-il pas lieu de ſe féliciter, & de compter pour beaucoup d'avoir amené des Juifs, des Payens & des Mahometans, à la perſuaſion de ces Verités ? Suppoſons une Théologie qui ne contint pas des Articles plus expoſés que ceux-là aux traits des Pyrrhoniens ; auroient-ils occaſion d'inſulter à ſes Dogmes d'un air auſſi triomphant qu'ils le font à tout coup dans les Ecrits de M. Bayle ?

Je paſſe à un Exemple tiré de la Philoſophie. Rien n'eſt plus inconcevable à l'Eſprit humain que de l'Etenduë qui penſe. Ceux qui autrefois ſe ſont exprimés dans des termes dont eux-mêmes ne comprenoient point le ſens, & leur Hypothèſe eſt combattuë par des argumens bien répliques. Les Philoſophes d'aujourd'hui ſe ſont partagés ſur ce ſujet. Les uns eſtiment que Dieu a créé des ſubſtances de deux genres très-différens entr'eux ; la ſubſtance qui penſe, & la ſubſtance étenduë, qui n'eſt autre choſe que l'*Etenduë* même. D'autres prétendent qu'il ſe pourroit qu'une même *Subſtance* eût deux *Attributs* tout différens, dont l'un feroit la *Penſée* & l'autre l'*Etenduë*, de la même manière que l'*Etenduë*, à ſon tour, a deux Attributs fort différents, le Mouvement & la Figure. Sous prétexte que je trouve les Philoſophes ainſi partagés ; Suis-je en droit de conclurre qu'on ne ſauroit acquérir aucune certitude ſur ce ſujet ? & ſuis-je dans l'obligation de me perſuader, *que l'un de ces ſentimens pouvoit-ſe démontrer*, à l'excluſion de l'autre, jamais il ne ſeroit arrivé à des hommes, dont je r. ſpecte l'habileté & la ſincérité, de penſer différemment ſur un ſujet ſuſceptible de démonſtration ? Au contraire, en attendant que j'aye pris mon parti ſur ces différentes Hypothéſes, ne puis-je m'aſſurer ſur ce dont elles conviennent, & ne ferois-je pas bien de commencer par-là ? Je m'aſſurerai donc 1. Que l'Etenduë ne penſe pas. 2. Que ſi l'Etenduë eſt une ſubſtance, la penſée ſe trouve donc dans une autre ſubſtance différente de l'Etenduë 3. Au cas qu'il en ſoit de la *Penſée* & de l'*Etendu* par rapport à une *Subſtance* dont elles ſeroient les *Attributs*, comme il en eſt de la *Figure* & du *Mouvement*, par rapport à l'*Etendue*, je conclurrai 4. Que comme le Mouvement peut ceſſer, ſans que la Figure change, & que la Figure peut changer, pendant que le Mouvement continuë, comme il arrive à une eau courante qui prend ſucceſſivement la forme des Canaux par où elle paſſe ; de même auſſi l'Attribut de l'Etenduë peut recevoir les plus grandes altérations, pendant que la ſubſtance, dont elle eſt un des Attributs, conſervera ſon exiſtence, & avec ſon exiſtence ſon autre Attribut, ſavoir la penſée, auſſi entier, auſſi complet & peut être plus parfait encore qu'il n'étoit avant que l'Etenduë eut ſubi certains changemens.

Je m'aſſurerai enfin que, ſi après avoir ſuppoſé une ſubſtance dont je n'ai pas d'Idée, j'établiſſois ſur une ſuppoſition ſi obſcure des Conſéquences qui allaſſent à confondre le ſort de l'Ame humaine avec celui de l'Etenduë, j'aurois tort d'avoir réglé mes ſentimens ſur ce qui m'eſt obſcur, plutôt que de m'en tenir à ce qui eſt clair.

Je me promets de faire diſtinctement comprendre, par un Exemple, la néceſſité de s'affermir dans la perſuaſion de ce qu'on connoit évidemment, & de ne la laiſſer point ébranler, parce qu'on ſent qu'il eſt encore bien des choſes qu'on ne connoit pas. Suppoſons qu'un Vaiſſeau fait naufrage ſur les Côtes d'une Iſle. Un Tonneau rempli de Livres pour l'uſage des Européens établis dans les Indes, & pour celui des Indiens, avec qui ils ſe ſont liés, eſt jetté par les Vagues ſur le Rivage. Quelques Inſulaires s'en ſaiſiſſent ; Ils ont après de Génie pour apprendre à lire la langue des Européens & pour ſe ſervir enſuite des Dictionaires, partie François, partie Indiens, langages connus à ces Inſulaires. Ils étudient avec application, ils apprennent l'Arithmétique & la Géométrie, & ils ſe convainquent, ſans aucun mélange de doutes, de la Verité de tous les Théorêmes & de la juſteſſe de tous les Problêmes démontrés dans ces Livres. Après cela ils entreprennent d'étudier l'Algébre, les Sections Coniques, le Calcul intégral. Malheureuſement pour eux, les livres qui traitent de ces Sciences, & ſont tombés dans leurs mains, ſont écrits dans un Laconiſme qui les rend très-obſcurs, & il s'y trouve même pluſieurs fautes d'impreſſion, des Figures y manquent. Et quand tout cela ne ſeroit pas, il ſuffiroit qu'ils euſſent été compoſés pour l'uſage ſeulement de ceux qui ſont déja inſtruits de ces matières, & qui en ont appris les Principes dans d'autres ouvrages, pour être inintelligibles aux Lecteurs que nous ſuppoſons. Dans ces circonſtances penſeroient-ils en hommes raiſonnables, s'ils s'aviſoient de dire, *Il ſe pourroit que nous nous fuſſions trompés dans tout ce que nous avons cru comprendre en matiere d'Arithmétique & d'Elémens de Géométrie, quoi qu'il nous paroiſſe encore ſi fondé. Ce qui nous fait entrer dans ces doutes & qui nous les fait paroitre très-fondés, c'eſt que nous avons beau jetter les yeux ſur de certains ſignes, & de certaines figures, nous n'y comprenons rien.*

Il eſt viſible que ces Inſulaires raiſonneroient très-mal, & qu'ils auroient grand tort de paſſer ainſi de la Certitude au Doute ; Car loin que les Démonſtrations de l'Arithmétique & de la Géométrie Eleméntaire dépendent de la ſubtilité des autres Calculs & de ce qu'on a découvert ſur les Sections Coniques, au contraire toute la Certitude de ces dernieres Parties eſt établie ſur l'Evidence des Prémiéres.

XIX. M. BAYLE parle ſouvent du Dévoir d'un Rapporteur, & ſon but eſt de perſuader qu'il s'eſt fait une Loi de le remplir avec ſcrupule & exactitude, de ne déguiſer point, dans les Queſtions, qu'il a eu occaſion de traiter, la force des Argumens allégués de part & d'autre. On pourroit pourtant douter qu'il en ait eu ſincérement l'intention, & ſouvent il ne paroit pas qu'il s'en ſoit fidélement acquité. Que diroit-on d'un Rapporteur qui expoſeroit, dans une Audiance, une partie des raiſons d'un des plaidans, & dès-là entretiendroit les Juges d'Articles tout différens, & le lendemain reprendroit ſon prémier ſujet, & après l'avoir entamé le quitteroit pour recommencer ſes écarts ? Voilà préciſément une Image de ce que fait M. Bayle. Eſope avoit dit *De chaque oeuf qui eſt élevé & léve ce qui eſt abaiſſé*. Eſope a dit cent autres choſes auxquelles M. Bayle n'a pas trouvé à propos de faire attention, mais il a choiſi cette Penſée entre mille, parce qu'elle lui fourniſſoit une occaſion de dire que, *ſur la Terre*

S'appliquer à établir diſtinctement à ſuivre très-ponctuellement l'Etat des Queſtions.

règne un *Jeu de* BASCULE *& que l'Adversité & la Prospérité, qui s'y succedent tour-à-tour, ressemblent aux Oscillations d'une Pendule.* A ces deux Réflexions exprimées sous des Images très-éloignées de la dignité de ce grand sujèt, des Images basses & à très-peu-près burlesques, il mêle des Difficultés contre la Providence ; Il les ramène ces difficultés dans les Articles des *Manichéens*, des *Pauliciens*, de *Zoroastre*, de *Marcion*, & en combien d'endroits n'y revient-il pas ? Pour remplir le Devoir d'un Rapporteur impartial, fur des Questions de cette importance, il auroit fallu tout d'une suite, établir distinctement l'Etat de ces Questions, séparer ce dont on convient d'avec ce dont on ne convient pas, exposer les différentes faces, sous lesquelles on les a étudiées, detailler, encore tout d'une suite, le fort & le foible de chaque Hypothése, les argumens d'un parti, les réponses des autres, les repliques & les du pliques. M. Bayle enfin devoit employer tout ce qu'il avoit de génie & d'habileté à s'exprimer clairement & avec la plus exacte précision, afin de mettre ses Lecteurs en état de décider sur une matiere si Grave, aussi aisément & aussi judicieusement, que son Etenduë le comporte. Je suis persuadé que si M. Bayle n'avoit eu d'autres vuë que de faciliter aux Chrétiens Savans & Philosophes les éclaircissemens qu'on pourroit répandre pour une matiere si difficile & si Sublime, s'il avoit uniquement travaillé dans le sincére dessein de les aider à faire des recherches si nécessaires, au lieu de les embarasser & de les traverser ; s'il lui avoit plû d'entreprendre & d'éxécuter, comme il en étoit très-capable, un projèt si raisonnable & si digne d'un Chrétien, je suis persuadé que , non seulement on lui auroit eu de grandes obligations de son intention & de son travail ; mais que de plus on en auroit profité de ce que les difficultés seroient présentement levées pour tous les esprits raisonnables. Mais le moyen qu'on s'instruise à fond tranquilement & sans prévention de l'Etat d'une Question fort compolée, & de tout ce qu'on peut alléguer là dessus de côté & d'autre, lorsque pour lire tout d'une suite ce qui lui appartient & qui a du rapport avec elle, il faut à tout coup passer d'un premier Tome à un second, revenir à ce prémier, pour passer de lui au troisiéme & sauter sans cesse d'un article à un autre. M. Bayle savoit bien que de cent Lecteurs, à peine s'en trouvera-t-il trois qui vueillent se donner un soin si fatiguant. La plus grande partie encore de ceux qui pourroient s'y résoudre seroient las de feuilleter avant qu'ils eussent achevé la lecture d'une matiere, dispersée en tant de portions, & il ne leur en resteroit qu'un souvenir confus, sur lequel il ne leur seroit pas possible d'établir un Examen judicieux. On lit le texte d'un Article d'Origene, où ce grand sujèt est entamé. On y trouve en même temps un grand nombre de faits curieux & interressans ; On les donne pour tels & on promet de les éclaircir & de les étendre dans les Remarques. On s'y porte donc avec empressement, & qu'y trouve-t-on ? La bévuë d'un Ministre qui s'est fait Catholique & qui donne le Nom de *Saint* à Origene. M. Bayle reléve cette faute qui, dans un Ministre étoit, dit-il, une faute de grossiére ignorance. Le Ministre s'excuse. M. Daillé le poursuit à cette occasion. Un Ecclésiastique se mêle de leur dispute , raisonne à travers champ & donne l'éxemple d'une dispute où l'on ne suit point l'état de la Question. On fait ensuite des réflexions sur la bonne vie & l'Héterodoxie d'Origene. On y oppose les mauvaises mœurs de plusieurs Orthodoxes, dont on a extrêmement loué la pureté de la Foi. Delà on prend occasion de s'écrier sur l'Impénétrabilité des Jugemens de Dieu, comme s'ils étoient toûjours tels que le suppose la témérité des hommes. On refute après cela les Réflexions du *Parrhasiana*. On passe au Pére *Doucin*, à M. Bouhereau & à sa Traduction d'O-

rigene contre Celse, & à cette occasion encore (nouvel écart) on parle de l'incertitude des *oui dire*. Un Lecteur ainsi entraîné par la variété des réflexions de M. Bayle, & par l'addresse avec laquelle il engage à parcourir sans interruption tout ce qu'il entasse de Citations occasionelles ; son Lecteur , dis-je , ainsi dissipé , oublie l'éxamen qu'il s'étoit proposé de faire de ce qui se trouve de plus important sur le Mot d'*Origene*. Il se souvient seulement d'avoir été frappé par des difficultés scandaleuses & proposées sous les tours les plus specieux & les plus embarrassans.

XX. J'AI connu de bonnes gens qui , frappés des Disputes dans lesquelles on voit les Savans s'échauffer & s'opiniatrer , & toujours plus embarrassés & plus troublés , à mesure qu'ils s'informoient de leurs contestations , craignoient de se trouver enfin accablés de doutes & d'incertitudes , & dans cette appréhension & celle de voir le Pyrrhonisme se répandre sur le Genre humain & le désoler , comme une espéce de Déluge, s'imaginoient qu'on ne pouvoit pas lui opposer de plus sures Barriéres que celles de l'Autorité. Il faut , disoient-ils que les Supérieurs à qui l'on doit du respect , & qui savent se faire craindre , décident eux-mêmes les Questions sur lesquelles les gens de lettres ne savent pas convenir. Il faut qu'ils dressent des FORMULES DE DOCTRINE pour servir de Régles à ceux qui doivent *enseigner*. Alors on ne disputera plus que pour condamner ceux qui errent , & chacun saura à quoi s'en tenir , sans se donner la peine équivoque de faire des *Examens*, qui pourroient mal réussir.

L'Expérience renverse ces espérances & fait voir l'inutilité de ce Rémede prétendu. Ceux qui ont voyagé, avec quelque attention , dans les Pays où l'Autorité des Tribunaux , en matiere de Dogmes, est la plus respectée & la plus redoutée , croyent avoir remarqué qu'il n'y a point de Pays , où l'Incertitude régne d'avantage , sur les Matieres même les plus éxpressément décidées. On y est plus reservé à parler , on y fait semblant de tout croire & souvent on ne croit rien. Et cela doit naturellement avoir lieu : L'élevation du Rang & le pouvoir d'intimider , par la sévérité des Menaces & des Châtimens, n'est pas plus la marque de la Verité que de l'Erreur. Il y a plus d'un tel Tribunal dans le Monde. Les Latins , les Grecs , les Arabes, les Indiens ont chacun le leur, sans compter un plus grand nombre d'autres, qui ne veulent pas avouër de bouche l'autorité qu'ils se donnent en effet. Or rien n'est plus opposé que les Décisions de ces différens Tribunaux. Comment donc s'assurer que le Tribunal , établi dans le Pays où l'on est né , est effectivement en légitime possession *de tous les Priviléges qu'il s'attribue, & que tous* les autres ont tort de lui disputer & d'ôser se mettre en parallele avec lui ? Il est visible que cette Discussion demande un grand Examen. Mais comment s'éclaircir sur cette Question Capitale, si l'on n'ôse pas seulement demander à ceux qui composent ce Tribunal , quelles sont les Raisons sur lesquelles ils fondent des prétentions si magnifiques ? Si l'on ôse encore moins les prier de lever clairement les scrupules que l'on peut avoir sur la force de ces Raisons ? Outre cela moins on craint d'être contredit , vû la facilité que l'on a à terrasser les contredisans , moins attentivement on éxamine ; Dans une si avantageuse situation , on est beaucoup moins circonspèct , & en même temps qu'on est plus décisif , on est beaucoup plus ferme dans ce que l'on a une fois décidé. On se met enfin peu en peine de prouver ce qu'on avance , par des raisons démonstratives , quand on se croit en Droit , & qu'on se trouve en Pouvoir , d'ordonner à ceux à qui l'on parle de croire tout ce qu'on leur dit.

J'avouë qu'il n'y aura plus de Disputes ni même de Doutes parmi les hommes qui seront intériurement convenus de se soûmettre à un tel Tribunal.

nal. Mais qui sont ceux qui peuvent assujettir à ce point leur Entendement, si ce n'est des Hommes qui réfléchissent aussi peu que les Bêtes ? Des hommes ainsi faits, de peur de trouver *Rouge* ce qu'il plaît à un autre de déclarer *Bleu*, doivent se faire une Loi de n'ouvrir point les yeux, pour ne point courir le risque de juger des Couleurs par la vue, très-résolus de n'en décider que par les sons dont la voix de leurs Supérieurs frappe leurs oreilles. Une soûmission simplement extérieure arrête les Disputes, mais elle ne léve pas les Doutes.

Un Tribunal qui se dit Infaillible, s'il veut qu'on le croye & qu'on ait raison de le croire, doit lui même alléguer des preuves de ce qu'il assure. L'Infaillibilité n'est point un privilége qu'un homme puisse avoir naturellement ; une si grande distinction a besoin d'être prouvée. Or pour se rendre à des preuves, il faut les examiner, il en faut comprendre le sens & se convaincre de leur force. Mais un Tribunal qui peut alléguer des preuves de cette nature & les exposer dans une évidence propre à établir la certitude de ses prétensions, sera bien capable d'établir, avec la même évidence, les raisons sur lesquelles il se fonde dans tout le reste de ses décisions.

Pour ce qui est des Tribunaux qui de leur propre aveu n'ont point le Don surnaturel & le privilége miraculeux de l'Infaillibilité, il n'est pas facile de deviner en vertu de quoi ils oseroient dire : *Sur la prémière Question l'Affirmative est vraye ; sur la seconde la Negative est jure ; Il faut s'en tenir là, car nous l'avons ainsi décidé.* Quoi donc, êtes-vous Infaillibles ? *Nous ne disons pas cela, mais sans être Infaillibles, nous avons le bonheur de ne nous tromper pas ; & en particulier sur les Questions que nous venons de décider, nous nous trompons aussi peu que si nous étions nés incapables de nous tromper jamais.*

A un Langage si hardi qu'y auroit-il de plus naturel que de répondre. Si un homme se disoit Infaillible ; Avant que de le croire tel, nous lui demanderions les preuves sur lesquelles il se fonde pour se persuader qu'il est en possession de ce sublime avantage ? A plus forte raison lors qu'un homme qui n'a garde de s'attribuer un Privilége si singulier, ne laisse pas de soûtenir que ses Décisions n'en sont pas moins justes, ni moins sûres, pourquoi n'oserions nous pas lui demander des preuves, par la force desquelles on puisse s'assurer qu'il ne se trompe pas, & qu'on ne court aucun risque de se tromper quand on le croit ?

S'il refusoit de répondre, il est évident que, par là même, il se rendroit très-suspect, & s'il avoit cette complaisance, que pourroit-il alléguer de plus fort, pour convaincre les autres, que les preuves par lesquelles il s'est lui même convaincu. Mais pour savoir s'il ne s'est point trompé & s'il ne s'est point rendu trop légèrement à des preuves flatteuses, il faudra les examiner, & c'est leur évidence qui décidera de ce qu'il en faut croire. Supposons un homme, ou un Collége composé de plusieurs hommes, qui tous n'entendent rien en matière de Géométrie : Que pourroit-on penser de ces gens-là, si, sans être soûtenus d'aucun secours miraculeux, ils s'avisoient de décider au hazard, sur les propositions de Géométrie les plus composées & les plus difficiles, tout comme les plus simples, & décidoient tantôt vrai, tantôt faux, tantôt comme Euclide, tantôt tout le contraire. Des hommes qui ne sont pas conduits par un secours infaillible, *en toute vérité*, ne doivent donc prononcer que sur ce qui est à leur portée, & ce qu'ils sont en état de comprendre distinctement. Pour se rendre à leurs décisions, il faut de même que les matières, sur lesquelles elles roulent, soyent à la portée de ceux qui les examinent, sans quoi la Raison leur ordonne de demeurer en suspens ; car on ne peut s'assurer que les preuves qui ont déterminé un autre à affirmer ou à nier une Proposition, sont des preuves véritablement convaincantes, qu'autant que l'on est en état de les connoître & de s'en convaincre soi même.

On se partage sur une Question difficile, on dispute, on s'échauffe & on craint les suites de ces vives dissentions. Pour les faire cesser qu'y auroit-il de plus absurde que d'entrer dans une Académie, & de prendre au hazard le prémier jeune Etudiant qu'on y rencontreroit, lui demander ce qu'il pense sur ce sujet de controverse, en vue de s'en tenir pour toûjours à sa réponse.

Mais quand vous consultez un Vieillard, êtes-vous assuré qu'il n'avoit pas déja pris son Parti, quand il étoit jeune Etudiant, qu'il ne l'a pas pris, sans beaucoup de circonspection, & qu'il force de le répéter à ses Disciples, il ne s'y est pas affermi par habitude, au point de n'en pouvoir plus douter, parce qu'il n'est plus en puissance de se résoudre à l'éxaminer de nouveau, & comme s'il n'entendoit parler pour la prémière fois ?

Dira-t-on ? Vous n'y pensés pas. Loin de s'en remettre à la décision d'un jeune homme, ou d'un vieillard, on ne se soûmettroit pas même à une grande Assemblée de jeunes gens. On reconnoît qu'il faut consulter un grand Nombre de Doctes personnages, dont chacun est vieilli dans les Etudes. Cét expédient ne léve pas encore les difficultés, & n'est pas capable de faire tomber tous les doutes. Il se peut que tous ces Doctes ayent été les disciples d'un seul homme, ou des disciples de ses disciples, & qu'ayant tous donné tête baissée dans les sentimens d'un seul, en consulter un grand nombre, ou n'en consulter seulement qu'un, ce soit la même chose.

Il faut encore aux yeux qu'il n'y a pas plus de sureté à suivre les décisions de plusieurs que les décisions d'un seul, lors que le même esprit de parti, le même esprit de jalousie, le même esprit d'interêt, ou le même esprit de crainte les détermine à parler les uns comme les autres &, pour le moins, réduit au silence ceux d'entr'eux qui savent le mieux penser, & qui seroient capables de répondre le plus de lumières, sur les Questions qui s'agitent, si on vouloit les écouter & les pouvoient dire librement tout ce qu'ils pensent.

Il seroit superflu d'entasser de nouvelles raisons, pour prouver que la Voye de l'Autorité peut-bien déterminer un grand nombre de personnes au même langage, aux mêmes préjugés, à la même obstination, mais que'elle ne sauroit établir, dans les Esprits qui ont du goût & de la délicatesse, cette Evidence qui persuade, cette Certitude lumineuse, à laquelle les Pyrrhoniens ne veulent pas concevoir que l'Esprit humain soit capable de parvenir.

St. Augustin a eu des Disputes avec les Donatistes, & avec d'autres. Les Pères n'ont pas toûjours été tous dans les mêmes idées. Si l'un d'eux, après avoir décidé d'une certaine façon une Question controversée, s'étoit avisé d'alléguer, pour preuve de sa décision, que pour lui *il la décidoit ainsi*, il n'y a personne qui n'eut trouvé son raisonnement ridicule. Imaginés vous que le fameux Thomas d'Acquin, avec les preuves qu'il tire de la Raison, de l'Ecriture & des Péres, apporte encore celle ci : *De plus il faut bien que le sentiment que je soûtiens soit vrai, puisque je le soûtiens.* Sa Somme auroit elle jamais acquis l'autorité où elle est parvenue ? Or ce qui auroit été absurde de leur temps, est-il devenu raisonnable apres leur mort ! Dira-t-on ? on les cite & on s'appuye sur leur autorité, parce qu'ils ont été approuvés par un Tribunal supérieur ; Mais la même Question revient, car si ce Tribunal s'est appercû de l'évidence & de la force de leurs raisons, il a donc examiné, & les preuves d'une Conclusion doivent être à la portée de ceux que cette Conclusion regarde.

C'est le titre de sa Teologie.

Si un Docteur Catholique s'étoit avisé de faire ce reproche aux Luthériens ? *Vous avés abandonné l'Eglise où vous êtes nés, & dans laquelle vos péres sont morts, pour suivre, en aveugles, l'autorité d'un homme qui, de son propre aveu, n'étoit point inspiré, & qui n'avoit garde de s'attribuer aucune part au privilege de l'Infaillibilité.* Les Luthériens n'auroient pas manqué de lui répondre. ,, Vous ne nous ,, connoissés pas, & vous êtes, sûr nôtre sujet, ,, dans une prévention qui ne nous fait pas hon- ,, neur, & que nous regardons même comme très- ,, injurieuse. Nous n'embrassons les Dogmes de Lu- ,, ther qu'à proportion qu'il nous paroit se établir ,, sur des preuves auxquelles on doit se rendre. C'est ,, uniquement à ces preuves que nous nous rendons ,, & point du tout à son Autorité : Nous exami- ,, nons après lui, & lui même, s'il revenoit au mon- ,, de nous condamneroit si nous n'examinions pas ,, & ne nous reconnoitroit point pour les vrais dis- ,, ciples. Il aur. it raison, car son grand Principe ,, est qu'il faut examiner & que l'on doit bien se ,, garder de croire en aveugle. Là dessus, je demande si ce qui étoit permis, si ce qui étoit nécessaire de son temps ne l'est plus aujourdhui ? Je demande si les livres de Luther, que l'esprit de la Réformation vouloit qu'on éxaminât pendant sa vie, doivent depuis sa mort, servir de Régle & arrèter tout Examen ? C'est pour-tant le parti que doivent prendre ceux qui disent *Vous êtes des malheureux. Vous pensés autrement que Luther. Vous vous trompés très grossièrement dans l'éxplication que vous donnés à des passages de l'Ecriture Sainte. Luther ne les a pas ainsi expliqués. C'est tout dire, mais si vous êtes assés stupides ou assés prévenus pour ne pas céder à un argument de cette force, j'en ajoûte un autre très-certainement sans réplique. Je tiens aussi un Rang considérable dans l'Eglise. J'y ay de l'authorité & si on ne m'y considére pas tant à fait autant que Luther, il ne s'en manque que très-peu. Prenés y donc garde : Si vous ne croyés pas ces deux ARTICLES FONDAMENTAUX, 1. que Luther explique bien l'Ecriture 2. que j'entens bien Luther ; pour peu que vous paroissiés en douter, Je ferai qu'on vous chassera de l'Eglise ; Vous perdrés Titres & Pensions, & si vous prétendés vous defendre par des Apologies, d'une modestie étudiée, & y faire connoître que j'ai tort, je vous ai avertis, on pourroit aller plus loin, vous contrisquer vos fonds & vous réduire à mendier, ou à travailler de vos mains. Je ne vous permets pas même de vous mettre à l'abri de vôtre Ignorance réelle ou officielle, & je vous ordonne expressément de savoir & de trouver très-clair tout ce que je vous dis que je sai.* Ainsi la voye de l'Autorité n'est point une Barriére à opposer au Pyrrhonisme, au contraire la Voye de l'Authorité loin de le sapper par ses fondemens, donne p'utôt lieu à l'Incertitude & au Doute.

XXI. N'EST-CE pas une entreprise d'une éxécution possibie, que celle d'élever des jeunes gens dans l'estime & l'amour de l'Ordre, de la Bienséance, de la Vertu & de l'Honnêteté ? Ne peut-on pas les accoûtumer de bonne heure à respecter la Raison & l'Evidence & à la consulter souvent ? Est-il difficile de leur apprendre à sentir la Satisfaction glorieuse qu'on éprouve, lorsqu'on se rend maitre de ses Passions, & à réfléchir sur les Inconvéniens où l'on s'expose dès que l'on s'abandonne à leur aveugle impétuosité ? Ne pourroit-on pas les affermir dans l'Inclination à faire du Bien, dans la répugnance à desobliger, dans l'aversion pour la chicane & pour l'humeur contredisante ? Ne pourroit-on pas, dis-je, réüssir & leur donner toutes ces dispositions dans de jeunes coeurs, à un tel point, qu'ils seroient ravis de penser que les hommes ont un Souverain Maitre qui aime infiniment la Vertu, qui déteste le Vice, qui recompensera l'une & qui punira l'autre, d'une maniére digne de sa Grandeur ?

Un Coeur si heureusement disposé ne sera jamais des efforts pour s'enfoncer dans des ténébres, & pour se remplir de doutes, afin de se dérober à la lumiere de ces Verités qui ne le géneront point.

On pourroit aussi élever les jeunes gens dans la connoissance des Verités qui sont à leur portée, & qui n'estarouchent point la Raison, sans entrer dans des détails qui tiennent plus de la Metaphisique que de la pure Théologie ; détails auxquels on n'auroit jamais pensé, si on n'avoit rien prêté aux éxpressions de l'Ecriture Sainte, & si on n'avoit pas voulu savoir au-de-là de ce qu'elles apprennent. On dit à un enfant que tel & tel Passage a un tel & tel sens & sert à établir un tel & tel Dogme ; On lui dit d'un ton si ferme, & on lui répéte si souvent, que rien n'est plus sûr, qu'à la fin, il le croit comme on le lui dit. Mais, dans la suite, d'un côté venant à se convaincre qu'un tel Dogme renverse toutes les lumiéres de la droite Raison, & d'un autre encore attaché aux Préjugés de son Enfance, qui l'ont accoûtumé à compter ce Dogme pour expressément révélé dans l'Ecriture ; & ses Connoissances distinctes, jointes à ses préjugés, il conclut que la Révélation & la Raison la plus pure sont diamétralement opposées & que l'une renverse l'autre. Dès là son Esprit se remplit de doutes & son Christianisme se trouve ébranlé à proportion qu'il a commencé par là donner dans le Pyrrhonisme. Mais il est encore inconstestable qu'on peut suspendre l'éffet des préjugés de l'Enfance, éxaminer de nouveau & ne se rendre qu'à ce qui est distinctement prouvé.

XXII. JE demanderois à des Pyrrhoniens, s'ils se plaisent dans leurs doutes, ou si cét état de doute les fatigue & leur est onereux ? S'ils me répondent que cét état leur paroit très-imparfait & triste en lui même, & qu'il leur seroit agréable de s'en défaire, pourvû qu'à sa place ils ne se laissassent pas surprendre par des Erreurs & des Opinions sans solide fondement. S'ils me disoient cét aveu, je leur demanderois encore en grace quelques momens de sincérité. D'où vient, leur dirois je, que vous détournés sans cesse votre vûe de l'Evidence ? D'où vient que vous avés recours à des échappatoires souvent puériles & toûjours si visiblement équivoques & sophistiques, dès que l'Evidence vous presse & est sur le point de vous forcer ? Mais s'ils avouent sans détour, qu'ils se plaisent dans leurs doutes & qu'ils ne prendroient ce plaisir qu'on les en tiràt ; qu'ils reconnoissent donc en eux les mêmes foibles, les mêmes préventions & les mêmes travers, & de plus grands encore, que ceux qu'ils reprochent aux plus obstinés Dogmatistes. Car ceux à qui il arrive souvent de compter des Propositions simplement vraisemblables au nombre des Certaines, sont ordinairement déterminés à regarder une opinion legérement prouvée comme incontestable, parce qu'elle leur plait, & qu'ils leur est agréable de se persuader que ce qu'ils ont inventé eux-mêmes, ou qu'ils ont appris des Maitres qu'ils aiment, est solidement établi. En un mot au lieu de s'acquiescer qu'à l'évidence, ils adoptent pour certain tout ce qui est de leur goût ; & ce qu'il est de leur intérêt & de leur gloire de soûtenir comme vrai, le paroit effectivement à leurs yeux peu attentifs & peu circonspects. Or n'est-ce pas par goût que ces derniers Pyrrhoniens s'obstineroient ?

Qu'on se représente une substance Intelligente & Libre, à qui il prend fantaisie de douter de tout. Si elle s'obstinoit dans cette fantaisie, comme effectivement il est possible de s'obstiner lors qu'on est libre & qu'on déterminé son goût de ce côté-là, en vain se trouveroit-elle dans la Lumiére du Paradis même, elle pourroit penser que peut-être tout n'y est qu'illusions, qu'on n'y est occupé que d'agréables & magnifiques rêves, causés par des jeux fortuits d'atomes, qui se dissiperont comme ils se assem-

assemblés, après avoir subsisté un temps dont la durée est incertaine. Dès-qu'une Créature libre veut résolument abuser de sa Liberté, il n'y a point de remède. Dès-qu'une fois elle a résolu de trouver son plus grand plaisir à contredire, plus on lui fera de raisonnemens en vue de l'engager à finir ses contradictions, moins elle voudra se rendre. Au contraire, son plaisir dominant croîtra à proportion de l'évidence des raisons au-dessus desquelles elle trouvera à propos de se mettre. Plus les armes dont on se sert pour l'attaquer, paroîtront invincibles, plus elle s'applaudira de sa résistance & de sa prétendue victoire. Je demande donc à mes Lecteurs quel parti ils trouvent à propos de prendre, le parti de chercher la lumière, le parti de la bonne foi & de la sincérité, ou celui de n'écouter & de ne lire qu'après s'être affermi, à toute épreuve, dans la résolution de ne rien croire, de ne se rendre jamais à aucune preuve & de se persuader qu'on a toujours autant de raison que qui que ce soit, dès qu'on n'est pas absolument réduit au silence, & qu'on a la force de détourner les yeux du véritable sens de ce qu'on allégue en preuve & de se chicaner.

Je regarde ceux qui sont malades d'esprit jusqu'à ce point, comme tout à fait incurables. Mais si l'on veut se rendre attentif de bonne heure sur un mal si affreux, & sur un si prodigieux & si honteux renversement de la Nature humaine, on sera en garde contre tout ce qui peut y conduire & non seulement on évitera tout ce par où l'on pourroit en approcher soi-même, on se défendra encore tout ce qui pourroit contribuer à y faire entrer les autres.

Des moyens de se préserver.

XXIII. AU FOND le Pyrrhonisme n'est point une maladie inévitable, & il est très-possible de faire des progrès réels dans la connoissance de la Verité. La fureur des partis n'a pas empêché que l'on ne convint de bien des choses. Qu'on se rende donc attentif & ce dont les hommes conviennent : Qu'on ne se borne pas là ; mais qu'on l'examine encore avec une extrême circonspection. Qu'on partage une Question en toutes ses parties ; qu'on commence par les plus simples ; qu'on s'assure toûjours des Principes avant que d'en tirer la moindre Conséquence. Qu'on ne se hâte point & qu'on se propose pour prémier but, non de savoir beaucoup de choses, & moins encore de paroître en savoir un grand nombre ; mais de savoir sûrement quelque chose. Ne se pourroit-il pas trouver un petit nombre d'honnêtes gens, dominés par d'autres motifs que par ceux de la vaine gloire, qui aimeroient assés leur Devoir & le Genre humain pour se destiner à laisser à la postérité la connoissance d'un petit nombre de Vérités bien démontrées & bien dégagées de toute incertitude, afin d'ouvrir par là à ceux qui les suivroient une Carriére dans laquelle on pourroit s'avancer ? Est-ce là une supposition manifestement chimérique & incompatible avec les sentimens & les inclinations essentielles à notre Nature ?

Deux personnes d'une humeur si raisonnable seroient suivis de quatre ; Ceux-ci de huit. Vingt Vérités bien établies dans une Génération, donneroient lieu à l'établissement de quarante autres, dans une suivante, & celles-ci seroient encore augmentées d'un si grand nombre. Pourquoi ne se trouveroit-il pas des gens qui aimeroient assés la Verité & leur Devoir pour entreprendre ce qu'il seroit à souhaitter qu'on eut déja fait ? Ne pourroit-il pas arriver que l'on comptât, dans une grande Ville, sept ou huit personnes, & deux ou trois dans une petite,

qui s'uniroient de tout leur cœur pour un si loüable & si généreux dessein, qui ne perdroient jamais de vue un but si digne d'eux, qui vivroient entr'eux dans une parfaite ouverture de cœur, qui ne concluroient jamais rien sans avoir consulté ensemble, qui se donneroient des avis sincéres, qui très-éloignés de toute envie de primer, adouciroient, par une véritable modestie, tout ce que la supériorité des conseils, soûtenus de bonnes raisons, peut avoir de mortifiant pour ceux à qui ils s'addressent, (A) qui, sûrs de l'amitié l'un de l'autre, prendroient toujours tous les avis & toutes les corrections dont ils se feroient part réciproquement, qui se prêteroient sans aucune reserve leurs Lumiéres & les effets de leurs Talens, qu'aucun intérêt ne seroit capable de diviser, parce que chacun d'eux seroit également sensible à l'honneur de l'autre qu'au sien propre, ou plûtôt parce que, pour plus grande sûreté, ils auroient renoncé les-uns & les-autres aux Idées d'une Gloire & d'une Reputation distinguée, afin de s'abandonner tout entiers au desir constant d'être utiles au reste des hommes, & à la résolution inébranlable de ne négliger quoi que ce soit de tout ce qui leur paroîtroit propre pour les amener à ce but. Par-là ils seroient toujours prêts de profiter avec empressement & avec reconnoissance de toutes les Lumiéres & de tous les secours que les autres pourroient leur fournir. Pénétrés enfin d'attachement & de respect pour la Verité, dominés par le désir de la connoître & par la crainte de l'obscurcir par quelque erreur, ils deviendroient également incapables de se rendre qu'à ce qui en port le caractère, & de se refuser à son Evidence, ou de se dérober à ses Impressions par des faux-fuyans, par des équivoques & par des écarts d'attention.

XXIV. DES personnes de ce caractère seroient un heureux levain qui multiplieroit le nombre de leurs semblables, dans la société. Il me semble que les personnes de probité qu'on y voit, & qui en soûtiennent le lustre, ne manquent pas, autant qu'il seroit à souhaitter, leur mépris & leur éloignement de leur cœur, pour les vicieux. Je ne prétends pas que la Vertu doive être accompagnée d'un Air farouche, qui rende ceux qui s'y attachent la terreur des autres : Je conçois au contraire que par des manières polies & par des empressemens à servir les personnes de mérite, toutes les fois que l'occasion s'en présente, on s'attirera la confiance de ceux-là même qui n'en ont que peu ; & on leur fera naître l'envie d'acquérir ce qui leur manque ; au lieu que par des manières hautes, un air méprisant, un penchant à la Critique, on les rebuteroit infailliblement, & peut être pour toujours. Mais il y a visiblement un milieu à entre faire continuellement le personnage d'un Juge & d'un Censeur des hommes, & entre porter sa complaisance jusqu'à donner, à tout le monde indifféremment les mêmes marques d'estime & d'amitié. Il est encore certain que quand on use de quelque distinction, c'est une grande bassesse de ne la régler que sur le Rang & les Richesses. C'est encore grande faute de donner toute son attention aux Talens de l'Esprit, sans en faire aucune sur les Qualités du cœur, qui vicieuses rendent même un homme méprisable, à proportion de l'Étendue de son Génie, & de la justesse qu'il auroit pû lui donner.

Un homme est Riche, mais sans Principes ; Il est Vain, il est Avare, il est Prodigue, suivant les différentes circonstances où il passe, & l'humeur qui le saisit. Un autre à du Pouvoir, mais il en abuse ; Il est brutal, ou il est hypocrite ; Il est injuste,

Moyens d'empêcher qu'il ne se répande.

M 2

(A) Si quelque Académicien paroissoit à M. Varignon se tromper dans quelque endroit d'un Mémoire, jamais il ne relevoit cette erreur en présence de qui que ce soit : Il leur proposoit de penser en particulier, & après avoir rectifié ce morceau défectueux il les engageoit, sous peine de garder un parfait silence sur leurs ouvrages, le reste de sa vie, à lui promettre de ne se déclarer à personne que cette correction vint de lui. On lui a tenu parole pendant sa vie. Mais on a crû qu'on étoit dans l'obligation de lui rendre justice après sa mort.

injuste, il est sordide ; on le reconnoit, mais on a intérêt de se faire aimer de ces gens-là. On ferme les yeux à leurs Vices, & suivant qu'on a besoin d'eux, peu s'en faut qu'on ne s'y prête. Un autre est un agréable débauché ; Un autre enfin s'énonce aisément, il fait mille jolies choses qu'il dit à propos ; Il est vrai qu'il ne laisse passer aucune occasion de contredire, & un de ses grands plaisirs c'est de répandre des doutes, & en particulier de jetter directement, ou indirectement de l'incertitude sur la Réligion : Par-là son commerce est très-dangereux ; N'importe ; on lui fait tout l'accueil que mériteroit le plus honnête homme du monde ; & pourquoi ne le lui feroit-on pas ? Il ne refuse ni Partie de jeu, ni Partie de table ; on peut toûjours s'amuser avec lui, & il est de ces gens heureusement nés pour rendre agréable le commerce de la vie. Tout ce que l'on fait par intérêt ou par politique, en faveur des autres Vicieux dont je viens de parler, on le fait par inclination pour celui-ci, & pour ceux qui lui ressemblent. On se rend cependant beaucoup plus coûpable qu'on ne croit, par ces imprudences. Bien des gens s'imaginent qu'on approuve ceux avec qui on paroit se plaire si fort, & qu'on entre dans toutes leurs Idées, ou qu'on n'en est pas éloigné. Eux-mêmes s'en vantent: Ils s'autorisent par-là & en prennent occasion de se faire écouter par d^{es} personnes dont le foible génie, ou le cœur mal tourné succombe bientôt sous leurs Sophismes.

Si tout ce qui va à sapper les Fondemens de la Morale empêchoit d'être agréé & d'être favorablement reçû des personnes qui passent pour être pleines de mérite & qui sont reconnues dignes de l'attention qu'on a pour elles, l's Libertins viendroient à avoir honte d'eux-mêmes, en s'appercevant que les gens se font une honte de les fréquenter, & qu'on les regarde comme l'opprobre du Genre humain. Mais le plaisir d'être bien vûs de tout le monde , de se faire des disciples, & de vivre dans une agréable dissipation, les occupe trop pour leur laisser le temps de réfléchir sur leur état, & pour leur en laisser même naître la pensée. Ils ont tout ce qu'ils veulent, pourquoi seroient-ils mécontens de leur sort & se seroient-ils violence pour le changer?

Il me paroit sur tout que les Grands devroient bien se reprocher des complaisances indignes d'eux, & craindre le compte qu'ils auront à en rendre. La Protection qu'ils accordent à des gens qui ne se distinguent que par un esprit aisé, mais également superficiel, par une profession de Pyrrhonisme & une affectation d'Irréligion, & qui deshonorent tout ce qu'ils peuvent avoir de talens agréables & utiles, par des traits si noirs & si flétrissans pour la Nature humaine, la Protection dis-je que les Grands accordent à des personnes de ce caractère & l'attention dont ils les favorisent, est une tache à leur Gloire & ternit certainement l'éclat de leur Réputation dans l'esprit de tous ceux qui savent penser juste, & dont les louanges sont les seules dignes d'être comptées. Cette complaisance est de plus très-préjudiciable à leurs veritables intérêts. On ne peut guère compter sur la fidélité de ceux qui manquent de Principes fixes, & qui, ne croyant pas même l'Esprit humain assés fort & assés éclairé pour décider juste sur des Interêts temporels, se trouvent par-là comme nécessairement réduits à s'abandonner à leurs fantaisies sans retenuë. Ils ne sauroient se convaincre, dans leur Système, qu'aucun parti soit le meilleur.

Conclusion

XXV. J'AUROIS pû m'étendre d'avantage sur les Causes du Pyrrhonisme & sur les Remédes qu'on y peut opposer ; mais je me suis fait une Loi de ne point répéter ce que j'ai déja écrit ailleurs sur le même sujet, & ce que j'aurois encore à ajoûter trouvera sa place naturelle , dans l'Examen que je vais faire de SEXTUS EMPIRICUS & dans celui du Célébre Auteur qui a renouvellé, avec tant d'adresse & tant de succès, la manière de Philosopher de cét Ancien Grec. J'oserai m'appliquer ce que M. Bayle dit de sa Refutation de Spinosa (Lettre 242.) *J'ay crû qu'un tel argument , s'il n'étoit pas capable de faire revenir ceux qui ont déja pris racine dans ce Système, étoit infiniment propre à retenir ceux qui n'y sont pas encore engagés, car tout homme qui cherchera sincerement la verité, quand il s'appercevra qu'il ne peut faire un pas dans l'Ecôle de Spinosa sans rejetter les Règles les plus certaines du raisonnement, rejettera avec le dernier mépris un tel Système.*

J'ai trouvé, en examinant le Dictionaire de M. Bayle, diverses Remarques qui s'accordent parfaitement avec celles que j'ai faites sur les Causes du Pyrrhonisme, & sur les Remédes qu'il convient d'y opposer. On ne sauroit être toûjours Pyrrhonien, comme j'en ai averti ci-devant. On a beau être sur ses gardes, la Nature & la Raison s'échappent de temps en temps. Le bon sens a arraché à M. Bayle les aveus que je vais rapporter ; Ils auront plus de poids sortans de sa plume que de celle d'un autre.

" Nous pouvons juger de l'ardeur & de l'impétuosité avec laquelle *Euclide le Mégarien* aimoit
" à disputer, par le caractère d'esprit qu'il inspira
" à ses disciples. Ce fût une rage ou une fureur de
" disputer. *Eubulide* qui lui succeda, fût l'Inven-
" teur de divers Sophismes extraordinairement cap-
" tieux & embarrassans. *Alexinus* qui succeda à
" Eubulide fût grand Amateur de la dispute , &
" s'y porta avec tant de véhémence, qu'il en aquit
" un surnom. *Diodore* autre Disciple d'Eubulide
" s'entêta & s'infatua si fort de cette espéce de com-
" bats , qu'il mourut de déplaisir pour n'avoir
" pû soudre sur le champ les Questions de Dialec-
" tique que Stilpon lui avoit faites. Si cette Secte
" avoit contribué quelque chose à l'éclaircissement
" de la Verité, il faudroit regarder cela comme un
" prodige, car rien n'est plus propre à brouiller &
" à obscurcir les matières , & à jetter des doutes
" dans l'esprit des Auditeurs & des Lecteurs , que
" l'application aux subtilités , & aux quintessences
" de la Controverse, qui dégénèrent presque toûjours
" en chicanes, en opiniatreté, en mauvaise foi, &
" en vanité de Sophiste. Nous ne savons rien du
" Système de Physique de ces Philosophes , & il
" n'y a guères d'apparence, que leur passion de ra-
" finer les idées Dialecticiennes leur ait laissé ou l'en-
" vie ou le loisir de travailler à l'éxplication des ef-
" fets de la Nature.

" De tous les éxercices Philosophiques , il n'y en
" a point à qui la médiocrité soit plus nécessaire ,
" qu'à celui de la Dispute ; car dès-qu'on y passe
" certaines bornes, on y tombe dans des inutilités,
" & même dans des travers qui gâtent l'esprit, &
" qui empêchent de trouver la Verité ; c'est à cela
" qu'on peut appliquer justement ces paroles d'Au-
" lugelle ; *Hos aliusque tales argutia delectabilissque subsidia aculeos quum audiremus, vel lectitaremus ; neque in his scrupulis aut emolumentum aliquod solidum ad rationem Vita pertinens , aut finem ullum quarendi videremus: Ennianum Neoptolemum probabamus , qui professò ita ait : Philosophandum est paucis , nam omninò haud placet.* Une dispute
" bien réglée & bien limitée, & où l'on ne se pro-
" pose que d'éclaircir les matières , est la chose du
" monde la plus utile dans la recherche de la Verité;
" & l'on n'a pas tort de dire que la Dispute ressem-
" ble au choc de deux pierres qui en font sortir le
" feu qu'elles renferment invisiblement. Mais il est
" fort difficile de tenir un juste milieu dans cette
" fonction : c'est par rapport à cela principalement
" que l'on pourroit faire la remarque de Tacite
" *Retinuit quod est difficillimum ex Sapientia* , ou ,
" *Sapientia modum*. Pour peu qu'on lâche la bride
" à la passion de disputer, on se fait au goût d'une
" fausse gloire, qui engage à trouver toûjours des
" sujets de contredire, & dès-lors on n'écoute plus

,, le bon sens, on s'abandonne à la passion de paſ-
,, ſer pour un grand Maître de ſubtilités. On peut par-
,, donner à un Profeſſeur, la peine qu'il prend d'é-
,, veiller par cette voye, l'eſprit d'un jeune Eco-
,, lier, mais on ne ſauroit excuſer Euclide, ni ſes
,, Succeſſeurs, d'avoir fait leur Capital de cela toute
,, leur vie, & d'avoir voulu ſe diſtinguer par des
,, inventions qui ne tendoient qu'à embarraſſer l'eſ-
,, prit. Elles ne ſervoient de rien à la correction du
,, vice, elles ne pouvoient guérir d'aucun défaut
,, important, & outre celà elles n'avançoient en au-
,, cune maniére la connoiſſance des Verités ſpécula-
,, tives, elles étoient beaucoup plus propres à la re-
,, tarder. Voilà deux défauts énormes. Seneque a très-
,, bien décrit le prémier.   *Invenissent forſan ne-*
Senec. *ceſſaria, niſi & ſuperflua quæſiſſent.   Multum illis*
Epiſt. *temporis, verborum cavillatio eripuit, & captioſa diſpu-*
XLV. *tationes quæ acumen irritum exercent.   Nectimus nodos*
& ambiguæ ſignificationem verbis alligamus, deinde
diſſolvimus.   Tantum nobis vacat? Jam vivere, jam
mori ſcimus.   Totâ illâ mente pergendum eſt, ubi pro-
videri debet, ne res nos, non verba decipiant.   Quid
mihi vocum ſimilitudines diſtinguis, quibus nemo un-
quam, niſi dum diſputat, captus eſt? Res fallunt; illas
diſcerne.   Pro bonis mala amplectimur. . . . . Adu-
latio quam ſimilis eſt amicitiæ? . . . . Docet quem-
admodum hanc ſimilitudinem dignoſcere poſſim.   Venit
ad me, pro amico blandus inimicus: Vitia nobis ſub
virtutum nomine obrepunt: temeritas ſub titulo forti-
tudinis latet; moderatio vocatur ignavia; pro cauto ti-
midus accipitur.   In his magno periculo erratur: his
certas notas imprime.   Cæterum qui interrogatur, an
cornua habeat, non eſt tam ſtultus, ut frontem ſuam
tentet: nec rurſus tam ineptus aut hebes, ut habere ſe
neſciat, quod in illi ſubtiliſſimâ collectione perſuaſeris.
Sic iſta ſine noxâ decipiunt, quomodo præſtigiatorum
acetabula, & calculi in quibus fallacia ipſa delectat.
Effice, ut quomodo fiat intelligam: Perdidi uſum. Idem
de iſtis captionibus dico.   Quo enim nomine potius So-
phiſmata appellem? Nec ignoranti nocent, nec ſcientem
juvant; ſi vis utique verborum ambiguitates diducere,
hoc nos doce, beatum non eum eſſe, quem vulgus ap-
pellat.
M. Bayle ,, On ne peut rien voir de plus ſenſé ni de plus
réfuté par ,, beau que ces paroles de Seneque. Paſſons au ſe-
lui-mê- ,, cond défaut.
me. I. ,,   L'Eſprit de Diſpute dégénére facilement en fauſ-
,, ſe ſubtilité. Ceux qui le cultivent tombent dans
,, leurs propres piéges, & après avoir embarraſſé leur
,, Antagoniſte, ils ſe trouvent eux-mêmes incapa-
,, bles de ſe ſoûtenir contre les Sophiſmes qu'ils ont
,, inventés, & que l'on peut employer contre leurs
,, Dogmes. Voyés ce que j'ai dit de Chryſippe:
,, C'eſt un grand éxemple de ce que je viens de
,, remarquer. Il faiſoit profeſſion d'être Dogmati-
,, que, & il ne laiſſoit pas de travailler pour les in-
,, térêts du Scepticiſme, autant preſque que Car-
,, néade, qui faiſoit profeſſion de n'affirmer rien.
,, L'un & l'autre ſacrifioient principalement aux ſub-
,, tilités de leur eſprit, ils ſe mettoient peu en peine
,, de la Verité, pourvu qu'ils euſſent la joye de
,, faire briller & triompher leurs Objections. Celui
,, qui a dit qu'à force de diſputer, on fait perte de
,, la Verité, n'étoit pas un mal habile homme.
,, Combien y a-t-il de gens qui jouïſſent d'une pro-
,, fonde tranquilité, dans une ferme perſuaſion de la ve-
,, ritable Doctrine, qui ſe rempliroient de doutes s'ils
,, vouloient entendre les raiſons de part & d'autre?
,, Et combien en a-t-il qui au lieu de diſſiper leur
,, incertitude s'y plongeroient d'avantage, s'ils prê-
,, toient l'oreille aux répliques & aux dupliques de
,, deux ſubtils Diſputeurs? Ceux-là qui ne doutent
,, point ſe plaindroient du mauvais office que la diſ-
,, pute leur auroit rendu, & le maudiroient à peu
,, près dans les mêmes termes qu'un Orateur a em-
,, ploiés pour exprimer le pouvoir de l'Eloquence.
,,   *Malam, inquit, crucem importuna iſti eloquentia*

,, *quæ nos ſecurum animi, compoſitumque in alteram*
,, *partem, jam ſuſpenſum, & utroque trahentem ma-*
,, *le perdidit, quaſi in foro diſceptaveris apud Judicem,*
,, *adeo me contorſit pugnacique ſentensiſto dicendi exa-*
,, *nimaſtis.* Ceux qui ont quelque doute ſe plain-
,, droient d'être beaucoup plus flottans qu'aupara-
,, vant, & diroient aux deux Antagoniſtes, ce que
,, Terence attribuoit à l'un de ſes perſonnages *ſu-*
,, *ciſtis probè; Incertior ſum multo quam dudum*. St. Au-
,, guſtin a crû que les Diſputes ſubtiles de la Lo-
,, gique étoient tant à craindre, qu'il falloit de-
,, mander à Dieu par des proceſſions publiques la
,, grace de ne pas y être expoſé. C'eſt un inſ-
,, trument dont on peut tirer de bons uſages contre
,, le menſonge; mais il n'en demeure point là; car
,, après avoir détruit l'erreur, il attaque la Verité:
,, il reſſemble à ces poudres corroſives, qui après
,, avoir mangé la chair baveuſe d'une playe, ronge-
,, roient auſſi la chair vive, & carieroient les os,
,, ſi on les laiſſoit faire. N'allons pas ſi avant, con-
,, tentons nous de conſidérer les mauvais effets de la
,, Diſpute, par les raiſons que Montaigne expoſe.
,,   Nos diſputes, dit-il, devroient être défenduës &
,, punies, comme d'autres crimes verbaux. Quel vi-
,, ce n'éveillent-elles pa, & n'amoncellent elles pas, toû-
,, jours régies & commandées par la colère? Nous en-
,, trons en inimitié, prémiérement contre les raiſons,
,, & puis contre les hommes. Nous n'apprenons à diſ-
,, puter que pour contredire; & chacun contrediſant,
,, & étant contredit, il en advient que le fruit de diſ-
,, puter avantis la Verité. Ainſi Platon, en ſa Répu-
,, blique, prohibe cet exercice aux eſprits ineptes & mal
,, naiſ---Que ſera ce enfin? l'un où en Orient, l'autre
,, en Occident: Ils perdent le principal, & l'écartent
,, dans la preſſe des Incidens. Au bout d'une heure
,, de tempête, ils ne ſavent ce qu'ils cherchent: l'un
,, eſt bas, l'autre haut, l'autre eſt coſtier.
,,   Qui ſe prend à un mot, & une Similitude: Qui
,, ne ſent plus ce qu'on lui oppoſé, tant il eſt engagé
,, en ſa courſe, & penſe à ſe ſuivre, non pas à vous;
,, Qui ſe trouvant foible de reins, craint tout, refuſe
,, tout, mêle dès l'entrée & confond le propos; ou ſur
,, l'effort du débat, ſe mutine à ſe taire tout plat, par
,, une ignorance dépite, affectant un orgueilleux mé-
,, pris, ou une ſottement modeſte ſuitte de contention.
,, Pourvu que celui-ci frappe, il ne s'enquiert pas combien il
,, ſe découvre, l'autre compte ſes mots & les peſe pour
,, raiſons, celui-là n'y employe que l'avantage de ſa voix
,, & de ſes poulmons. En voilà un qui conclut contre
,, ſoi-même; & celui-ci qui vous aſſourdit de préfaces
,, & de digreſſions inutiles: Cet autre s'arme de pures
,, injures, & cherche une querelle d'Allemagne, pour
,, ſe défaire de la ſocieté & conférence d'un eſprit qui
,, preſſe le ſien. Ce dernier ne voit rien en la Raiſon,
,, mais il vous tient aſſiegé ſur la clôture dialectique
,, de ſes clauſes & ſur les formules de ſon art.
,,   On pourroit dire très juſtement que l'eſprit & le ca-
,, ractère de nôtre Euclide, & de ſes Succeſſeurs,
,, ont régné dans les Ecoles Chrétiennes depuis le
,, fameux Dialecticien Abelard. Mais qu'a-t-on pro-
,, duit par là en faveur de la Verité. Quels ſont
,, les dogmes Philoſophiques que les Nominaux &
,, les Réaux, les Thomiſtes & les Scotiſtes ont
,, éclaircis; Qu'ont-ils fait que multiplier les opi-
,, nions, & trouver l'Art de pouſſer le pour &
,, le contre à la faveur de pluſieurs termes barba-
,, res? Ce que l'un ſoûtient, l'autre le nie; & ils
,, ont tous des Diſtinctions & des Subterfuges pour
,, s'empêcher d'être réduits au ſilence. Ils ont fait
,, triompher tour à tour les dogmes les plus op-
,, poſés: или voici la ſuite naturelle de cette mé-
,, thode de philoſofer; Monſieur Rohault l'a dé-
,, crit admirablement. *On remarque, dit-il, une*
,, *opiniatreté invincible dans la plus-part de ceux qui*
,, *ont achevé leur Cours de Philoſophie, & qui probable-*
,, *ment ſont tombés dans une ſi pernicieuſe diſpoſition*
,, *d'eſprit, que parce qu'ils ne ſont pas accoutumés à des*

„ Verités convaincantes, & qu'ils voyent que ceux qui
„ soutiennent en Public quelque Doctrine que ce soit,
„ triomphent toujours de ceux qui tâchent de prouver le
„ contraire ; de manière qu'à leur égard toutes choses
„ ne passent que pour des probabilités. Ils ne regar-
„ dent pas l'étude comme un moien pour parvenir à
„ la découverte de nouvelles Verités, mais comme un
„ jeu d'esprit dans lequel on s'exerce, & dont toute la
„ fin n'est que de confondre tellement le vrai avec le
„ faux, par le moien de quelques subtilités, qu'on
„ puisse également soutenir l'un & l'autre, sans pa-
„ roitre jamais forcé a se rendre par aucune raison,
„ quelque opinion extravagante que l'on puisse désendre.
„ Et c'est en effet le succès ordinaire de toutes les actions
„ publiques, où souvent dans la même chaire des opi-
„ nions toutes contraires sont alternativement proposées,
„ & triomphent également, sans que les matieres en
„ soient plus éclaircies, ni aucune Verité mieux éta-
„ blie ; je ne dis rien d'un mal infiniment plus con-
„ sidérable, que cet esprit disputeur & Dialecticien
„ a produit. Il est passé des chaires de Philosophie
„ aux Auditoires de Théologie, & y a rendu pro-
„ blématiques les plus grands points de la Morale
„ Chrétienne ; car quel est le dogme de la Morale
„ que les Casuistes relâchés n'ayent ébranlé, & telle-
„ ment obscurci, que le seul moyen d'avoir quel-
„ que certitude, est d'écouter uniquement la sim-
„ plicité de l'Ecriture, sans aucun égard aux rai-
„ sons subtiles & captieuses de ces Docteurs ?

Rapin Reflexions sur la Philosophie n. 28. pag. 358. 359.

„ Les Esprits trop vifs & trop subtils ne sont pas
„ toujours les plus propres à la Philosophie. Il vau-
„ droit mieux s'épaissir l'imagination par quelque chose
„ de grossier que de la laisser évaporer en des spécula-
„ tions trop fines. Le bon sens tout simple de Socrate
„ triompha de tout l'art & de toute la finesse des So-
„ phistes. La Philosophie ne devint abstraite, que quand
„ elle cessa d'être solide : On s'attacha à des forma-
„ lités, quand on n'eut plus rien de réel à dire, & on
„ ne s'avisa de recourir à la subtilité, que quand on
„ n'espéra plus de faire valoir sa Raison par sa simpli-
„ cité. Ce Protagoras qui chercha le premier des
„ raisonnemens captieux, ne prit cet air subtil que par-
„ ce qu'il n'avoit rien que de faux dans l'esprit .... On
„ gâta tout, dit Seneque à force de rafiner les tout :
„ Car pour faire une vaine ostentation d'esprit, on quitta
„ ce qu'il y avoit d'essentiel dans les choses, & on com-
„ mença à afoiblir la verité des choses, par l'artifice des
„ paroles : On se servit de Sophismes, quand on manqua
„ de bonnes raisons. Ce fut par cet art nouveau que
„ Nausiphanes & Parmenides renversèrent tout..... Ainsi
„ la simplicité de la Raison se corrompit par l'artifice
„ des discours, & l'on se joua de la Raison, au lieu
„ de la traiter avec respect. Ce fut le défaut des
„ Espagnols du dernier siècle ; ils firent de la Philo-
„ sophie comme de la Politique : ils portèrent par la
„ qualité de leurs esprits més pour les réflexions, l'une
„ & l'autre à des subtilités inconcevables : il n'y est
„ point de disciple qui ne rafinast sur son Maître. D'où
„ arriva un désordre semblable à celui dont s'étoit au-
„ trefois plaint Seneque : La dispute devint tout le fruit de
„ la Philosophie, & l'on s'en servit moins pour guerir
„ l'ame que pour exercer l'esprit. Cela est bon &
„ beau, nôtre Euclide & nôtre Eubulide eussent
„ pu s'y reconnoître.

II.

Tom. III. pag. 146. dans la Rem. T.

„ Ce ne sont point les Jésuites qui ont inventé les
„ reservations mentales, ni les autres opinions que Mr.
„ Pascal leur a reprochées, ni même le Péché Phi-
„ losophique. On n'a trouvé tout cela dans d'au-
„ tres Auteurs, ou formellement, ou de la manière
„ qu'un dogme est dans le principe qui le produit
„ par des conséquences. Mais comme on a vû dans
„ leur compagnie un plus grand nombre de Parti-
„ sans de ces opinions, que dans les autres Com-
„ munautés, & qu'entre leurs mains les maximes re-
„ lâchées devenoient fécondes de jour en jour par
„ l'application avec laquelle ils disputoient sur ces
„ choses, on les a pris à partie nommément ; & for-

„ mellement, MALHEUREUX FRUITS DE
„ LA DISPUTE ; la Méthode d'étudier y a eu pour
„ le moins autant de part que la corruption du cœur.
„ Avant que de régenter la Théologie Morale, on a
„ enseigné un ou plusieurs cours de Philosophie,
„ on s'est fait une habitude de pointiller sur toutes cho-
„ ses ; on a ergotisé mille fois sur des Etres de rai-
„ son ; On a outé soutenir autant de fois le pour &
„ le contre sur les questions des *Universeaux*, & sur
„ plusieurs autres de même nature ; On a tellement
„ tourné son esprit du côté des objections, & des
„ distinctions, que lorsqu'on manie les matières de
„ Morale, on se trouve tout disposé à les embrouil-
„ ler. Les distinctions viennent en foule ; les Ar-
„ gumens *ad hominem* vous obligent à vous retran-
„ cher de toutes parts, & à relacher une chose au-
„ jourdhui, demain une autre. Tout cela est fort
„ dangereux ; Disputés tant qu'il vous plaira sur
„ des questions de Logique ; mais *dans la Morale
„ contentés vous du bon-sens*, & de la lumière que la
„ lecture de L'Evangile répand dans l'esprit ; car si
„ vous entreprenés de disputer à la façon des Scho-
„ lastiques, vous ne sçaurés bien-tôt par où sortir du la-
„ byrinthe. Celui qui a dit que les livres des Ca-
„ suistes sont l'art de chicaner avec Dieu, a eu rai-
„ son. Ces Avocats du Barreau de la Conscience
„ trouvent plus de distinctions, & plus de subtili-
„ tés que les Avocats du Bureau Civil. Ils font du
„ Barreau de la Conscience un Laboratoire de Mora-
„ le, où les Verités les plus solides s'en vont en
„ fumée, en sels volatils, en vapeur. Ce que Ci-
„ ceron a dit touchant les subtilités de Logique,
„ convient admirablement à celles des Casuistes ; on
„ s'y prend dans ses propres filets ; On s'y perd ;
„ on ne sçit de quel côté se tourner ; & l'on ne se
„ sauve qu'en se relâchant presque sur tout.

„ Nihusius écrivit quelques lettres de Controverse
„ à *Hornéus* & à *Calixte*, où il mettoit tout fort
„ dans le besoin que les Chrétiens ont d'un Ju-
„ ge qui décide de vive voix leurs différens infail-
„ liblement ; Car l'Ecriture étant une Loi qui ne
„ peut parler que le sens qu'on lui donne, &
„ les Controverses étant fondées sur les interprétati-
„ ons diverses que l'on donne à l'Ecriture, c'est
„ une nécessité, disoit-il, ou que jamais on ne ter-
„ mine les contestations des Chrétiens, ou qu'il y
„ ait dans l'Eglise, une Autorité parlante, à la
„ quelle tous les particuliers soient obligés de se
„ soumettre. Il metoit cette Autorité dans la per-
„ sonne du Pape, & quand on lui objectat la mau-
„ vaise vie de plusieurs Papes, il eut la har-
„ diesse de retorquer cette Objection contre les Au-
„ teurs de l'Ecriture. "Sur quoi Mr. Bayle fait cette
„ remarque dans les nôtes. ,, MAUDIT EFFET
„ DE L'ENTETEMENT ! *Un homme qui s'est
„ engagé une fois dans une Hypothèse, & qui en a fait
„ sa marotte, n'épargne ni le sacré ni le profane pour
„ la soutenir, & pour se tirer d'une objection*. Il
„ sime mieux qu'il en coute quelque chose à l'E-
„ criture, que de soufrir qu'on le voye sans repli-
„ que, & pourvu que ses sentimens soient à cou-
„ vert de l'insulte, peu lui importe que les Ecri-
„ vains sacrés déchéent de leur crédit. Il tâche de
„ se sauver à leurs dépens ; *Il les expose à la bré-
„ che, afin qu'on ne puisse le terrasser qu'en marchant
„ pour eux, ou afin que le respect qu'on leur porte,
„ empêche l'attaque*. Il se sert du Stratageme qui
„ fut si utile aux Espagnols, quand ils reprirent
„ Maestricht l'an 1576. Ils mirent devant leurs
„ Soldats les femmes de Wich, d'où il arriva que les
„ habitans de Maestricht n'osèrent tirer le Canon sur
„ les Espagnols ; car ils craignirent de tuer leurs pa-
„ rentes, ou tout au moins leurs concitoïennes. Quoi
„ qu'il en soit, quand Nihusius eut à répondre à
„ Calixte, qui lui avoit dit qu'il n'étoit pas de la
„ sagesse de Dieu, d'établir la Religion sur l'Auto-
„ rité de certaines gens, aussi perdus que les Papes
„ „ l'ont

pag. 911. dans le Texte.

DU PYRRHONISME.

,, l'ont été pendant des siecles entiers, il allégua que
,, ceux qui ont fait la Bible étoient de fort malhon-
,, nêtes Gens, ou à découvert comme David, ou
,, d'une manière cachée peut-être. Il ne
,, fut pas mal aisé au Professeur de Helmstad de le
,, confondre, sur une si fausse & détestable retorsi-
,, on. Il y a bien de la différence entre un saint
,, homme qui commet de grands péchés, dont il se
,, repent bientôt, & ceux qui demeurent toute leur
,, vie dans le péché.
,, Voila bien des causes qui peuvent contribuer à
,, conduire au Pyrrhonisme. On s'entête, on revient
,, après cela de ce qu'on avoit crû légérement, & en
,, même temps on demeure avec trop d'obstination: On n'en de-
,, meure pas là, on soupçonne de la même incertitu-
,, de tout ce qu'on a crû avec la même fermeté: *On*
,, *s'est surpris soi même dans la faute de l'entêtement &*
,, *de l'opiniatreté, on aime à se persuader que les autres*
,, *n'en sont pas plus exempts, on attaque tous leurs Dog-*
,, *mes, & toutes leurs preuves, on se fait un plaisir*
,, *de les contredire, & on se forme à l'habitude de*
,, *ne se promener que par les ténèbres & de ne rouler*
,, *dans son esprit que des objections.* Si cette maniè-
,, re de raisonner est inévitable, il est inutile de cher-
III. cher des remèdes au Pyrrhonisme. MAIS QUI NE
VOIT QU'ON PEUT EN EVITER LES
CAUSES.

Tom. III. ,, Monsr. Bayle fait ses remarques sur la voye de
pag. 642. ,, l'éxamen; ,, Que l'éxamen soit facile ou du moins
dans les ,, possible, qu'il soit malaisé ou même impossible,
notes. ,, une chose est très-certaine, c'est que PERSON-
,, NE NE S'EN SERT. La plupart des gens ne
,, savent point lire: parmi ceux qui savent lire, la
,, plupart ne lisent jamais les Ouvrages des Adversai-
,, res: ils ne connoissent les raisons de l'autre parti
,, que par les morceaux qu'ils en trouvent dans les
,, écrits de leurs auteurs. Ces morceaux ne repré-
,, sentent qu'imparfaitement & très-foiblement les
,, droits du parti contraire. Pour connoître la force
,, des objections, il faut les considérer placées dans
,, leur Système, liées avec leurs principes géné-
,, raux, & avec leurs conséquences, & avec leurs
,, dépendances. Ce n'est donc point examiner les
,, sentimens de son Adversaire, que de comparer sim-
,, plement la réponse de nos Auteurs avec l'objecti-
,, on qu'ils raportent; c'est juger de la force d'une
,, roue, par les seuls effets qu'elle peut produire étant
,, detachée de sa machine. On ne peut donner à cela
,, le nom d'éxamen qu' abusivement. Pour ce qui est
,, des Docteurs qui mettent le nés dans les Ouvra-
,, ges de l'Adversaire, ils emploient toute la force
,, de leur esprit, non pas à chercher s'il a raison mais
,, à trouver qu'il a tort; & à inventer des réponses.
,, Toutes les réponses qu'ils inventent, leur parois-
,, sent bonnes, parce qu'ils ne se défont jamais de
,, la forte persuasion qu'il est Hérétique. Cela non
,, plus ne sauroit être nommé éxamen qu'abusive-
,, ment. La première chose qu'il faudroit faire, si
,, l'on vouloit bien examiner, seroit de douter de sa
,, Religion; mais on croiroit offenser Dieu; si
,, l'on formoit la dessus le moindre doute; on regarde-
,, roit ce doute comme une funeste suggestion de l'Es-
,, prit malin: Ainsi l'on ne se met point dans l'état
,, où Saint Augustin remarque qu'il se faut mettre,
,, quand on veut bien discerner l'Orthodoxie d'avec
,, l'Hétérodoxie. Il faut, selon lui, se dépouiller de la
,, pensée que l'on tient déja la Verité. *Ut autem fa-*
,, *cilius mitescatis, & non inimico animo vobisque per-*
,, *niciosò mihi adversemini, quovis Judice me impe-*
,, *trare à vobis oportet, ut ex ménagas parte omnis*
,, *arrogantia deponatur. Nemo nostrum dicat jam se*
,, *invenisse veritatem; sic eam quaeramus quasi ab u-*
,, *trisque nesciatur. Ita enim diligenter & concordi-*
,, *ter quaeri poterit, si nulla temeraria praesumptione in-*
,, *venta & cognita esse credatur.* Ceux qui disent
,, que la corruption du cœur empêche l'homme hé-
,, rétique de trouver la Verité, se trompent souvent,

,, s'ils entendent que l'inclination à l'yvrognerie à
,, la paillardise, & aux autres plaisirs du corps, ou
,, bien l'orgueil, l'Avarice &c, séduisent son ju-
,, gement; Mais ils ne se trompent pas s'ils enten-
,, dent que sa préoccupation l'empêche de découvrir
,, les bonnes preuves. Il éxamine les raisons des Or-
,, thodoxes, tout plein de cette persuasion qu'il pos-
,, sède la Verité, & qu'il offenseroit Dieu, s'il s'i-
,, maginoit que les preuves du parti contraire sont
,, solides. Il croit agir en fidèle serviteur de Dieu,
,, s'il regarde ces raisons comme des Sophismes, & s'il
,, emploie toute l'attention de son esprit à inventer
,, des réponses; & il ne sauroit croire que
,, ses réponses soient mauvaises, puis que selon lui elles
,, combattent l'erreur, & sont destinées au maintien
,, de la Verité. Il se trompe s'il s'imagine qu'il a
,, bien éxaminé le Système de l'autre parti. Mais
,, dites-moi, je vous prie, les Orthodoxes n'ont-ils
,, pas une semblable persuasion, quand ils éxaminent
,, la Cause des Hérétiques? Les uns & les autres sont
,, semblables aux Plaideurs; ils ne trouvent jamais
,, solides les raisons de leurs Parties, ils sont beau lire
,, & relire les papiers qu'elles produisent, ils croient
,, que ce ne sont que des chicanes; & après même
,, que les Juges subalternes & Souverains les ont con-
,, damnés, ils croient avoir raison, ils en appelle-
,, roient à un autre Tribunal s'il y en avoit. D'où
,, vient cela? N'est ce pas de ce qu'ils éxaminent
,, tout avec une forte prévention d'avoir la justice de
,, leur côté? Rien n'est plus capable de nous con-
,, vaincre de l'inutilité de tout éxamen qui ne se fait
,, pas sans prévention, que ce qui arrive tous les
,, jours aux Nouvellistes. Ils se persuadent que le
,, parti qu'ils épousent, a la justice de son côté, &
,, ils souhaitent passionnément qu'il triomphe; Ils
,, sentiroient un chagrin mortel, si quelque lumière
,, vive se présentoit à leurs yeux, qui les convain-
,, quit du droit & de la bonne fortune du parti con-
,, traire. Voici l'effet des passions. Ils ne lisent
,, les manifestes & les relations de l'ennemi, que com-
,, me des faussetés; quelques probables que soient les
,, raisons, ils les rejettent; ils appliquent toute leur
,, esprit à considérer ce que l'on y peut répondre.
,, Or pendant qu'ils sont attentifs aux apparences spé-
,, cieuses de la réponse, & nullement attentifs au
,, beau coté de l'objection, ils n'acquièrent jamais d'au-
,, tres connoissances que celles qui flattent les préju-
,, gés. S'il court de mauvaises nouvelles; ils sont
,, incrédules, ils inventent cent raisons pour les com-
,, battre; ils ne s'appliquent qu'à cela. S'il en court
,, de bonnes; leur crédulité n'a point de bornes; les
,, apparences les plus foibles leur tiennent lieu de for-
,, tes preuves; ils travaillent ardemment à fortifier ces
,, apparences; ils éloignent de leur imagination les
,, apparences contraires, & ils passent ainsi l'année
,, sans chagrin & sans inquiétude, graces à leur in-
,, dustrie, qui écarte les objets desagréables, & qui crée
,, en eux de beaux fantômes de jour en jour. Il n'y
,, a qu'une évidence incontestable qui les puisse dé-
,, tromper; & s'ils s'éxaminent profondément, ils se
,, pourroient rendre témoignage qu'ils se payent des
,, mêmes raisons qu'ils ne tiendroient
,, nul compte si elles étoient alléguées en faveur
,, de l'ennemi. N'est-il pas vrai que l'on n'éxamine
,, pas mieux le pour & le contre dans les matières de la
,, Religion, que dans les affaires du temps, cela me-
,, rite pas le nom d'éxamen? Et n'est il pas vrai que
,, le même esprit qui règne ordinairement dans les
,, Nouvellistes, ardemment affectionnés à un parti,
,, règne dans la plupart des personnes passionées
,, pour leur Religion? Une bataille perdue afflige le
,, Nouvelliste: Une bataille gagnée lui donne un très-
,, grand plaisir. C'est pour cela qu'il épuise toutes
,, les forces de son esprit à se convaincre que la bataille
,, est gagnée; & si les preuves du contraire ne sont
,, pas incontestables, s'il a trois probabilités à alleguer
,, pour le gain, contre dix ou douze pour la perte, il se
,, con-

,, convainc qu'elle eft gagnée. On n'a pas moins de
,, plaifir dans une difpute de Réligion, lors qu'on croit
,, que l'Adverfaire eft battu; On n'auroit pas moins de
,, chagrin fi on voioit fon triomphe. Ainfi de part &
,, d'autre le chagrin à éviter, le plaifir à fe procurer,
,, empêchent que l'on n'éxamine équitablement, &
,, font qu'on emploie double poids & double mefure.
,, Voilà ce que l'on pourroit craindre qu'un tiers
,, parti ne vint avancer, foûtenant le droit, & niant
,, le fait ; foûtenant qu'il faut fe conduire pas la
,, voye de l'éxamen, & que néanmoins perfonne ne
,, marche par cette voye. Quoiqu'il en foit, la
,, différence eft fort grande dans l'événement ; Car
,, au lieu que ceux qui errent deviendroient peut-
,, être Orthodoxes, s'ils n'étoient perfuadés qu'ils
,, le font déja ; les Orthodoxes fe garantiffent peut-
,, être de l'Héréfie, parce qu'ils retiennent ferme-
,, ment la prévention qu'ils font Orthodoxes. Tout
ce que M. Bayle dit fur la difficulté d'un bon éxamen
n'eft pas fans ufage; Il nous inftruit de quelle manière il
faut s'y prendre pour s'acquiter de ce devoir avec fuccès.

Mais rien n'eft plus téméraire que cette condamnation générale de tous les hommes par laquelle il
débute ; PERSONNE NE S'EN SERT : C'eft
ce qu'il lui étoit impoffible de favoir ; A-voit-il pénétré tous les cœurs ? Si l'on change une propofition
fi générale en une moins étendue, & par-là
moins hazardée, & qu'on fe contente de dire, que
peu de gens fe donnent le foin de bien éxaminer; & que
de-là on conclue que peu de gens favent quelque
chofe avec Certitude, on pourra tomber d'accord de
cette conclufion; Encore faudra-t-il éxcepter certaines Verités fimples, dont la connoiffance eft très-
aifée, & ne demande pas une longue difcuffion.

Je veux qu'un homme ne pouffe pas fes efforts
jufques à déraciner de fon efprit tous les fentimens
favorables, qui attachent aux Dogmes de la Réligion dans laquelle il a été élevé, & qu'il ne parvienne pas à fe mettre là-deffus dans un état de plein
Doute, & d'Incertitude entière ; je veux-même
qu'il n'y travaille pas ; Mais il me paroit que le refpect même qu'il a pour des Dogmes qu'il eftime,
fi voulons-voulés, par Préjugé, pourra fuffire pour l'engager à éxaminer les preuves qui fervent à établir la
Verité de ces Dogmes, de peur de leur faire du tort
en les appuiant par des preuves foibles ; Il fe dépouil-
lera donc de cette prévention, par rapport à chaque preuve, à mefure qu'il les paffera en revûe.

Dès-qu'on étudie la Verité avec un défir fincère
& raifonnable de la découvrir, & de la démêler d'a-
vec l'Erreur & l'apparence, on voit bientôt que,
pour ne pas imiter, dans cette importante recherche,
la légéreté ridicule des Nouvelliftes, il faut fe défaire
de l'efprit de parti ; Si cela eft impoffible, j'avoue
qu'on ne fauroit parvenir à la Certitude. Mais qui
oferoit dire, qu'il eft impoffible de faire fuccéder à
cét efprit de Parti celui de Douceur, de Tolérance,
& de conférences tranquiles.

,, Nihufius entêté de fa nouvelle Méthode, &
,, s'imaginant que perfonne ne lui pourroit réfifter,
,, fouhaita de conférer avec Voffius, & lui déclara
,, que pourvû que les Luthériens & les Calviniftes
,, lui alléguaffent quelque preuve qui ne lui laiffât
,, aucun doute, il redeviendroit Proteftant. Qu'ils
,, choififfent, difoit-il, telle matière qu'il leur plai-
,, ra, celle par éxemple où ils croient être les plus
,, forts, je ne leur demande qu'un bon argument ;
,, mais s'ils ne me peuvent alléguer que des proba-
,, bilités, ils trouveront bon que je leur foutienne
,, qu'il faut retourner dans l'Eglife d'où nos Ancê-
,, tres font fortis. Sa plus forte inftance étoit cel-
,, le-ci. Dites moi Mr. Voffius ; Pourquoi vôtre Pére
,, quitta-t-il l'Eglife Romaine ? Donnés m'en une rai-
,, fon jufte. Voffius lui alléguoit la différence qui
,, fe trouve entre cette Eglife, & l'Eglife primiti-
,, ve, mais après plufieurs difcours il fe fixoit à ceci :
,, Les Docteurs de l'Eglife Romaine interprètent
,, de telle forte l'Ecriture qu'ils *lui donnent un Sens*
,, *manifeftement forcé, & quelquefois contradictoire*,
,, & en général très-éloigné de la Doctrine des an-
,, ciens Péres : & non contens de cela, *ils en-*
,, *voient au dernier fupplice ceux qui ne veulent pas*
,, *adopter de femblables interprétations* : On a donc pû
,, rompre juftement avec de tels Interprètes de la
,, parole de Dieu, & former de nouvelles affem-
,, blées, tant afin d'avoir un culte felon fa con-
,, fcience, qu'afin de conferver une vie qui peut
,, être utile à la Patrie, à l'Eglife, & à fa Famille.
,, S'il eut été bien raifonnable il eut pleinement acquiefcé
,, à la réponfe qui lui fut faite par Voffius, ELLE
,, EST TRES-SENSEE ET TRES-SOLIDE.
Quand M. Bayle s'exprime ainfi, il avoüe qu'il
y a des Propofitions, auxquelles un Homme Raifonnable doit acquiefcer, & fur lefquelles, par conféquent, on auroit fort de demeurer dans la Sufpen-
fion & dans le Doute.

Mais s'il s'eft exprimé fincérement, à quel but
ajoute-t-il ce que je vai raporter.

,, Il eft clair que Nihufius avoit raifonné de cet-
,, te manière. Quand on fe trouve dans une cer-
,, taine Communion, par l'Education & par la
,, naiffance, les incommodités que l'on y fouffre
,, ne font pas une raifon légitime de la quiter, à
,, moins que l'on ne puiffe *gagner au change*, c'eft
,, à dire, paffer dans un pofte où l'on foit fort à
,, fon aife ; Car que nous ferviroit-il d'abandonner
,, la Communion qui nous a produits, & qui nous
,, a élevés, fi en la quittant nous ne faifions que
,, changer de maladie ? Mettons la chofe à l'Effai,
,, j'y confens ; imitons ces pauvres malades, qui
,, étant las d'être au lit, s'imaginent qu'en fe faifant
,, mettre fur un fauteuil, ils fentiront beaucoup de
,, foulagement, fortons de l'Eglife Romaine, em-
,, braffons la Proteftante ; mais comme ces mêmes
,, malades n'ont pas plûtôt éprouvé que le fauteuil
,, ne leur fert de rien, qu'ils fe font remettre au lit ;
,, reprenons la profeffion du Papifme, dès-que nous
,, fentons que les Docteurs Proteftans ne levent pas
,, nos difficultés. Ils ne nous alléguent que des rai-
,, fons difputables, rien de convainquant, nulle dé-
,, monftration : ils prouvent, ils objectent, mais
,, on répond à leurs preuves, & à leurs objections :
,, ils repliquent, & on leur replique ; cela ne finit
,, jamais. Eft-ce la peine de former un Schifme ?
,, Qu'avions nous de plus incommode dans l'Eglife
,, de notre naiffance ? Nous y manquions de démon-
,, ftrations, on ne nous alléguoit que ce que nô-
,, tre efprit dans une affiete affurée, il trouvoit des
,, objections à former contre les Dogmes, &
,, contre toutes les repliques à l'infini. C'étoit-là
,, notre grand mal ; Nous le trouvons dans l'Eglife
,, Proteftante, *il nous faut donc pas y demeurer. Ren-*
,, trons dans le corps qui a pour lui l'avantage de la
,, poffeffion ; & s'il faut être mal logé, ne vaut-il
,, pas mieux l'être dans fa Patrie, que dans fon Pére
,, que dans les auberges des Païs étrangers ? Outre
,, que la difpute eft plus incommode dans le parti
,, Proteftant, que dans le parti Papifte. Celui-
,, ci a devant foi tous fes ennemis ; les mêmes armes
,, qui lui fervent pour attaquer & pour repouffer les
,, uns, lui ferviront auffi pour attaquer & pour re-
,, pouffer les autres. Mais les Proteftans ont des en-
,, nemis devant & derrière ; ils reffemblent à un
,, Vaiffeau qui eft engagé au combat entre deux
,, feux ; le Papifme les attaque d'un côté, le
,, Socinianifme de l'autre. Les armes dont ils fe fer-
,, vent contre le Papifme, nuifent au lieu de fervir
,, quand ils ont à refuter un Socinien ; Car cét Hé-
,, rétique emploie contre eux les argumens qui leur
,, ont fervi contre l'Eglife Romaine ; de forte qu'un
,, Proteftant qui vient de combattre un Papifte, &
,, qui fe prépare à combattre un Socinien, eft o-
,, bligé de changer d'armures, du moins en partie.
M. Bayle n'écrit-il tout cela que pour donner carrière

riére à son Imagination, & pour convaincre les hommes d'un fait qui ne leur est que trop connu, c'est que la fécondité de son esprit étoit inépuisable, de quelque côté qu'il lui plût de la tourner? Mais pour disputer avec avantage, & pour établir l'Incertitude du choix en matiére de Réligion, il trouve à propos de prêter à la Communion entiére des Protestans les méprises de quelques Docteurs qui ont mal disputé, & qui ont refuté, dans de certains cas, d'un air insultant la Raison, qu'ils reclamoient dans d'autres. Un sage Protestant rejette ce que la Raison lui fait concevoir comme contradictoire ; mais il n'a garde de traiter de faux & de chimérique tout ce dont la Raison n'a pas d'idée ; Là où il n'a que des Idées Vagues, il se contente d'expressions Vagues & générales, & sur ce qu'il n'entend point, il sait demeurer dans un humble silence.

Dans les mêmes Notes pag. 513.
„ Voilà sans doute, ajoute M. Bayle, les chiméres dont Nihusius se repaissoit, & qui lui permettent que pour convaincre les Protestans, qu'ils avoient quitté mal à propos l'Eglise Romaine, il suffissoit de leur demander une preuve démonstrative de leur créance ; je dis une preuve contre laquelle il n'y eut rien à repliquer, non plus que contre les démonstrations de Mathématique. Il „ savoit bien qu'on ne le prendroit jamais au mot, „ les Controverses de la Réligion ne peuvent pas être „ conduites à ce degré d'évidence, la plupart des „ Théologiens en tombent d'accord.

Réponse II.
Il est des Matiéres si simples qu'elles ne sont exposées à aucune Objection, dès qu'une fois on les entend. Il en est de composées que l'on peut regarder sous plusieurs faces ; ce qui est vrai de l'une ne l'est pas de l'autre, & cela donne lieu à des equivoques, à des malentendus, & à des disputes. Mais une Objection, bien résolue, affermit, loin d'ébranler, le sentiment qu'elle combattoit. On s'en tient encore à la Certitude que donnent des Preuves Solides, lors même qu'on ne peut pas résoudre des Objections qui les combattent, pourvû que l'on comprenne distinctement, que l'impuissance où l'on est de les résoudre, vient de ce qu'on ne connoit pas encore certains Principes, dont on auroit besoin, & à plus forte raison, quand on comprend de plus pourquoi on n'est pas à portée de connoitre ces mêmes Principes.

„ Un fameux Ministre vient de nous apprendre, „ que non seulement c'est une erreur très-dangereuse „ que de soûtenir que le Saint Esprit nous fait connoitre évidemment les Verités de la Réligion, mais „ aussi que c'est un Dogme rejetté jusques ici par „ les Protestans. Il soûtient que l'ame fidéle embrasse „ ces Verités, sans qu'elles soient évidentes à sa Raison, & même sans qu'elle connoisse, qu'il est „ évident que Dieu les a révélées, & il dit que ceux „ qui veulent que pour le moins le Saint Esprit nous „ fait voir évidemment le Témoignage que Dieu a rendu à ces Verités, sont de pernicieux Novateurs.

Réponse III.
On sait que ce Théologien est Mr. Jurieu, & quand on ne le sauroit pas, on le conjectureroit aisément par le plaisir que M. Bayle se fait, de tomber à tout coup sur ce sentiment, & de ne négliger aucune occasion de le rappeler dans son Dictionaire. Il s'y trouvoit encore engagé par un autre interêt : L'Hypothése de Mr. Jurieu ne sauroit procurer à l'esprit une Certitude différente de celle des Enthousiastes. C'est ce que M. Bayle a soin de faire sentir. Lui-même pourtant n'en reconnoit aucune autre : *La Raison*, selon lui, *ne fait que multiplier les doutes, & qu'augmenter l'incertitude, à mesure qu'on la consulte* ; Mais de ce que Mr. Jurieu a décidé trop universellement, & avec trop de précipitation, & de ce que Mr. Bayle profite de cette faute, pour remplir ses Lecteurs de doutes & de découragement, s'ensuit-il qu'on ne puisse pas penser plus juste que l'un & que l'autre, si l'on pense avec moins d'humeur, & qu'on examine avec plus de circonspection ?

Il n'est presque point d'erreur qui ne tienne à quelque Verité, & qui ne vienne, en partie, de ce qu'on a donné trop d'étendue à une proposition vraie en un certain sens. J'accorde à Mr. Jurieu qu'il se trouve, parmi les Chrétiens, un grand nombre de bonnes gens, à qui les Dogmes & les Maximes de l'Evangile plaisent ; leur bon cœur en est charmé, ils aiment à s'en persuader ; En combattre la Certitude par des Objections, c'est leur faire un mortel déplaisir ; c'est toute leur douceur, c'est leur rendre la vie amére. Mais ces bonnes gens, respectables par leur probité, étoient bien dignes que M. Bayle eut plus d'égard pour eux, & qu'il craignit plus qu'il n'a fait, de les scandaliser, par les difficultés dont il a rempli ses ouvrages.

Une persuasion de cette nature étant fondée sur des dispositions que Dieu approuve, sur des penchans qu'il aime, j'en conclus qu'il s'en contentera, & qu'il *l'imputera à justice*. Mais il se trouve aussi parmi les Chrétiens des personnes qui ont le courage d'examiner, qui se promettent qu'un examen scrupuleux rendra leur persuasion plus vive, & ensuite plus efficace ; ils conçoivent que leur repos en deviendra plus ferme & plus doux, & ils voyent qu'ils seront par-là beaucoup mieux en état d'amener à la connoissance de la Verité ceux qui en doutent, & de faire cesser les triomphes imaginaires de ceux qui l'attaquent. Les Principes, sur lesquels ces personnes-là établissent leur conviction, sont des Principes évidens : Les Conséquences qu'ils en tirent, ont encore toutes une liaison évidente avec ces Principes, & elles sont évidemment liées les unes autres. En raisonnant ainsi, & en expliquant l'Ecriture Sainte, de la Divinité de laquelle ils se sont convaincus, par des Régles évidentes, & évidemment appliquées, ils parviennent à s'assurer de quelques Verités : Mais entre ces Verités, il s'en trouve qui roulent sur des sujets peu connus à divers égards. En ce sens les *Objets* de leur *Foi* sont *Obscurs* ; mais ce qu'ils croyent sur ces objets, ce qu'ils en affirment, ce qu'ils leur attribuent à *un Sens* qui leur est *connu*, & la *Verité* de ce Sens est établie sur des *Preuves évidentes* ; C'est encore par des preuves évidentes, qu'ils se sont persuadés que le grand Objét de la Foi renferme infiniment au-de-là de ce qu'ils en connoissent ; Mais ils ne sont pas assés téméraires, pour entreprendre l'explication de ce qu'ils n'entendent pas, & pour faire servir à ce dessein un langage inintelligible.

La corruption du cœur s'oppose au succès de cette Méthode d'examiner & d'étudier, mais elle réussit aisément à un cœur bien disposé, & plein d'une affection sincére, pour ce qui est vrai, & pour ce qui est bon. Un voluptueux est hors d'état d'examiner & de peser des argumens ; Un Ambitieux s'occupe de tout autres projets ; Un Présomptueux va trop vite, décide promptement, s'opiniatre dans ses décisions, ou, s'il est enfin forcé de reconnoitre le foible, au lieu de se condamner & de s'accuser en particulier, afin de se corriger dans la suite, il accuse le Genre humain, & pour se condamner avec moins de honte, il envelope tous les hommes dans sa condamnation. Toute la Sagesse de ces gens-là se réduit à faire leurs tenébres & à ne plus espérer d'en sortir. Mais un homme veritablement sage, tel que Dieu les demande, & que le secours de sa Grace se forme, respecte l'évidence, ne se rend qu'à elle, ne se laisse point à la chercher, ne se décourage point, vit conséquemment, & se régle constamment sur ses Lumiéres ; Autant d'inclination que les autres ont à tout contredire, autant il en a pour profiter de tous les secours que les autres lui fourniront ; S'il sait peu, il ne se dépite pas & n'abandonne pas l'espérance d'apprendre d'avantage, & il ne laisse point étouffer le peu qu'il sait sous la multitude des choses qu'il ignore.

„ Nihusius appliquoit mal un bon Principe : C'est celui-ci :

,, celui-ci : *Il ne faut point sortir d'où l'on est, si le*
,, *changement s'y inutile.* Le Ministre dont j'ai parlé
,, tout à l'heure, s'est servi de cét Axiome. Il est
,, Prédestinateur rigide, & grand Particulariste, &
,, il gémit sous le fardeau des Objections à quoi son
,, Systême est exposé; mais il ne change pas d'Hy-
,, pothése, parce qu'il n'en trouve point qui le tire
,, de l'oppression. Il ne trouveroit rien qui contentât sa
,, Raison dans l'Hypothése des Molinistes, ni dans
,, les autres Méthodes relâchées d'expliquer la Grace;
,, il aime donc mieux demeurer comme il se trouve,
,, que de prendre une autre situation qui ne le guériroit
,, pas ; Cela est très-bon Sens.

Réponse IV.

À la fin M. Bayle loue M. Jurieu. Mais, *Timeo Danaos & na ferentes*. Je me défie des loüanges d'un ennemi, & pour le moins, je les soupçonne d'être interessées. Ce soupçon est très-fondé dans cette occasion. M. Bayle avoit grand interêt que le bon sens dont il flatte M. Jurieu, devint le bon-sens à la Mode, & qu'il n'y en eut point d'autre chés les Chrétiens : M. Bayle attaquera le Systême de M. Jurieu avec trop d'avantage, pour ne se faire par avance un plaisir de le voir universellement reçu ; car si le Systême de M. Jurieu est reçu universellement M. Bayle, en attaquant un seul article ébranlera la foi de tous les autres. Il me paroit que M. Jurieu auroit mieux merité l'éloge que M. Bayle lui donne, en prenant un tout autre parti. Un homme qui, dans sa jeunesse, a donné dans une Hypothése, qu'il trouve ensuite accablée de difficultés sous le poids desquelles il gémit, & qui, éxaminant les autres, ne trouve pas qu'elles les dégagent assés de tout embarras, ne feroit-il pas mieux de demeurer en suspens, de reconnoître que des matiéres si difficiles & si profondes, passent la capacité de son entendement, de ne prendre aucun parti, de ne condamner personne sur des matières si obscures ? Parmi des Hypothéses dont aucune n'est sans embarras, le bon Sens ne défend-il pas de s'opiniatrer en faveur de la prémiére qu'on a roulé dans son esprit, & de s'exposer, en s'y obstinant au risque d'animer son zêle à la défense d'une Erreur ; Voilà ce me semble, ce qui seroit du *Bon-Sens*. Mais pour ce qui est du compliment que M. Bayle fait à M. Jurieu, on est également fondé à le faire à tous les hommes. Un Remontrant, un Luthérien, un Socinien, un Anabaptiste, né & élevé dans ces Communions, s'il s'avise de dire, " *J'avoue que notre Systême a ses inconvéniens;* ,, *mais montrés m'en un qui n'en ait pas ?* Je m'en ,, tiens dont au cours de Théologie que j'ay fait, & je ,, n'en veux point démordre. VOILÀ QUI EST DE TRES-BON SENS, dirois-je, si je vouloir parler conséquemment, & que je fusse à cét égard le disciple de M. Bayle. J'en dirois autant à un Juif, J'en dirois autant à un Mahometan. Lorsqu'à leur tour ils me diroient ; ,, Si j'étois né Chrétien, je ne ,, serois ni Juif, ni Mahometan : Mais puisque la ,, Doctrine des Chrétiens est exposée à des difficultés, sous le poids desquelles ils gémissent, puis ,, qu'ils ne savent mettre aucune fin à leurs Disputes, ,, qu'ils *disputent* avec fureur, qu'ils *se persécutent* ,, reciproquement, & la Verité les uns avec plus, ,, les autres avec moins de violence, mais toujours ,, ils se persécutent; *Je demeurerai donc là où je suis* ,, *né , & je soutiendrai comme vrayes les opinions de* ,, *mes Péres.* " Dirons nous avec M. Bayle, voilà un Juif, voilà un Mahometan *de bon Sens ?*

Tome III. pag. 372.

Qu'on lise de dont M. Bayle a rempli la note (I.) de l'Article *Melanchthon*, & on y trouvera des endroits assés marqués de l'esprit du Pyrrhonisme, non pas dans Melanchthon, mais dans les réflexions de M. Bayle ; Un Esprit fécond en idées vives, qui s'éxprime aisément, qui fait faire des réflexions pour l'interieur des hommes, & le développer aux yeux des autres, mais qui donnent carriére à la fécondité sa raisonne pas toûjours avec une parfaite éxactitude, outre les choses de temps en temps, & tourne ses réflexions du côté de ses préjugés. Un Esprit de ce caractére se contente d'aprendre des probabilités, & après avoir mêlé des erreurs parmi les vraisemblances, il se console en se persuadant que tel est le sort de l'Esprit humain, & son foible inévitable.

,, *Il sembloit avoir été nourri en l'école de Pyrrho,*
,, *car toûjours mille doutes assiégeoient son ame, pour la*
,, *crainte, disoit-il, de faillir. Ses écrits étoient un*
,, *brouillis perpetuel d'irrésolutions.* L'Auteur qui parle de la sorte cite quelques Témoignages, & ne dit que ce qu'une infinité d'Ecrivains on remarqué. Voyés en dernier lieu M. l'Evêque de Meaux dans l'Histoire des Variations. Je crois qu'on outre les choses, mais je crois aussi que Melanchthon n'étoit pas éxempt de doutes, & qu'il y avoit bien des matiéres sur quoi son ame ne prononçoit point, cela est ainsi & ne peut être autrement.

Je souscris à cette remarque, & il me paroit qu'on ne peut pas mieux débuter.

,, Il étoit d'un naturel doux & pacifique, & il avoit ,, beaucoup d'Esprit, beaucoup de Lecture, & une ,, Science très-vaste. Voilà des qualités de tempérament , & des qualités aquises, dont le concours est pour l'ordinaire une source d'irrésolutions.

On peut aisément donner trop d'étendue à ses éxpressions. Les dispositions d'esprit que M. Bayle loüe, vont à rendre un homme plus circonspect, moins décisif, plus attentif à profiter des Lumiéres d'autrui ; mais comme ces dispositions mêmes mettent en état d'éxaminer beaucoup mieux, & de démêler avec une plus grande précision, ce qui est certain, & très-évident, d'avec ce qui ne l'est pas ; si elles empêchent l'esprit de se déterminer sur de certaines Questions, elles servent en même temps à le remplir d'une parfaite certitude sur d'autres.

Réponse V.

,, Un grand génie soûtenu d'un grand savoir ; ,, ne trouve guère que le tort soit tout d'un côté ; ,, il découvre un fort & un foible dans chaque Parti, il comprend tout ce qu'il y a de plus spécieux ,, dans les Objections de ses Adversaires, & tout ce ,, que ses preuves ont de moins solide ; il fait , dit-,, je, toutes ces choses, pourvû qu'il ne soit pas d'un ,, tempérament bilieux.

Si ce génie-là, après des Examens & des Comparaisons de cette nature, se lasse ; si quelque passion, quelque interêt , quelque circonstance enfin de la situation où il se trouve dans le monde, ne lui laissent pas le temps, ou lui ôtent l'envie de s'assurer éxactement de la Verité, & de pousser ses discussions, jusques à distinguer scrupuleusement ce qu'il y a de plus dans chaque Question d'avec ce qui y reste d'obscur, il prendra le parti de se borner à énoncer élégamment des probabilités, & à se moquer des esprits décisifs.

,, S'il est d'un tempérament bilieux , il se pré-
,, occupe de telle sorte en faveur de son Parti, que
,, ses Lumiéres ne lui servent plus de rien. Non
,, seulement il se persuade qu'il a raison ; mais il conçoit pour ses sentimens une tendresse particulié-
,, re, qui le porte à haïr violemment la doctrine qui
,, les combat. De la haine des opinions , il passe
,, bientôt à la haine des personnes ; il aspire à triompher , il s'échauffe , & il se tourmente pour parvenir ; il se fâche contre ceux qui lui représentent
,, que pour l'interêt de la Verité céleste , il ne faut
,, pas recourir aux éxpédiens de la politique humaine. Il ne se fâche pas moins s'il entend dire,
,, que ses Dogmes ne sont pas certains & évidens ,
,, & que sa partie adverse peut alléguer de bonnes
,, raisons. Etant tel il n'éxamine les choses qu'afin
,, de demeurer convaincu de plus en plus , que les
,, doctrines qu'il a embrassées sont veritables , & il ne
,, manque pas de trouver beaucoup de solidité dans
,, ses argumens : Car il n'y eut jamais de miroir
,, aussi flateur que la preocupation , c'est un fard
,, qui embellit les visages les plus laids.

Un

DU PYRRHONISME.

Un tempérament bilieux s'attache à ses préventions, sans aucun doute, il le pousse, il élève sur elles des Systêmes, qu'il donne pour démontrés. Un jeune homme les lit & ne sachant pas bien éxaminer, ou ne voulant pas s'en donner la peine, il les adopte pour tels qu'on les donne ; Dans la suite il n'y trouve point la certitude qu'il leur avoit d'abord attribuée, & dès là il dit avec précipitation ; *Où la trouverois-je*, puis qu'elle n'est pas là où j'avois crû la voir si évidemment ?

Pag. 373. dans les Notes.

,, Melanchthon n'ayant pas ce tempérament, ne ,, pouvoit pas être si ferme dans ses opinions. Il ,, demeuroit dans un sens-froid, qui faisoit agir son ,, génie sur le pour & sur le contre ; & comme il ,, aimoit la paix & qu'il déploroit les désordres que ,, le Schisme avoit fait naitre, il étoit plus dis- ,, posé à juger favorablement de plusieurs doctrines, ,, que les esprits chauds prenoient pour un fondement ,, de la rupture, & qu'il eut voulu qu'on eût to- ,, lérées afin de faciliter la réunion. Sa modestie & ,, ses expériences le rendoient un peu défiant. Il é- ,, toit persuadé que les Lumiéres pouvoient croitre ,, de jour en jour, il se souvenoit d'avoir corrigé ,, beaucoup de choses dans ses Ecrits. Il les croioit ,, bonnes la premiére fois qu'il les publia ; Le temps lui ,, apprit à leur ôter son approbation, & à s'appli- ,, quer un bel endroit de Térence. Pouvoit-il répon- ,, dre que le temps ne l'instruiroit pas encore mieux "

Réponse VI.

Je conviendrois de tout cela, si les expressions de M. Bayle ne me paroissoient pas trop universelles ; Melanchthon avoit été élevé, comme tous les jeunes le sont, & l'étoient encore autrefois plus qu'aujourd'hui, dans *les Préjugés* & la *voye d'Autorité*. D'abord il revint de quelques-uns de ses Préjugés, & il conserva les autres ; son esprit doux éloigné de l'entêtement, & ami de la Verité, persévérant à suivre la Voye de l'Examen, continuoit aussi à corriger des Préjugés ; mais il ne révoquoit pas pour cela, ce dont il s'étoit assuré par la Voye de l'Examen.

Il faut encore ajoûter que Melanchthon, comme plusieurs autres personnes éclairées & prudentes, se contentoit de dire qu'il avoit des Doutes sur certains articles, sur lesquels il ne doutoit point que les autres ne fussent dans l'erreur ; mais n'osoit pas les accuser en termes exprés, de peur de soulever contre lui la fureur des Préjugés. Son cœur, éclairé & veritablement pieux, s'affligeoit de voir l'obstination avec laquelle on retenoit encore diverses Erreurs, qui ne manqueroient pas, dans la suite du temps, de deshonorer la Réligion Chrétienne, & de fournir des objections scandaleuses aux Libertins. Peut-être s'appercevoit-il déja que les Libertins s'affectionnoient pour les Dogmes qui ne faisoient pas honeur à la Réligion, & qu'ils auroient été très-fâchés qu'on l'en eut dégagée ; N'osant donc pas encore dire, dans la situation où il trouvoit les esprits, tout ce qu'il pensoit, il se bornoit à représenter qu'il n'étoit pas convenable de confondre le certain avec l'incertain, & l'essentiel avec ce qui ne l'est pas également. En ce sens-là on peut bien dire avec M. Bayle, *Voilà ce qui l'empêchoit d'être décisif*, c'est à dire, voilà ce qui l'empêchoit de dire sans déguisement que tels & tels Dogmes lui paroissoient, non seulement appartenir à la Metaphysique plûtôt qu'à la Réligion ; mais que de plus ils se faisoient partie d'une Metaphysique éxtravagante.

,, Il vivoit parmi des gens qui lui paroissoient ,, passionnés, & trop ardens à mêler les Voyes hu- ,, maines & les ressorts du bras séculier avec les af- ,, faires de l'Eglise. Sa Conscience tendre lui faisoit ,, craindre qu'il n'y eut-là un caractére de réproba- ,, tion. Pourquoi demeuroit-il dans ce Parti-là, ,, demanderés-vous, s'il n'avoit point une assûrance ,, positive, que c'étoit la cause de Dieu ? Où vou- ,, lés vous qu'il allât ? vous répondra-t-on. N'eut- ,, il pas rencontré dans la Communion Romaine,

,, beaucoup plus de choses à condamner, plus d'em- ,, portement, plus d'oppression de conscience ? Croiés- ,, vous qu'il n'eut pas bien balancé tous les incon- ,, véniens, lorsqu'il jetta les yeux sur la Palestine, ,, pour s'y retirer en cas que ses enemis le chas- ,, sassent ?

M. Bayle fait encore des réflexions sur les utilités du Vice, & les mauvais effets de la Vertu en quelques rencontres.

,, La modestie, la modération, l'amour de la ,, paix, forment dans les plus savans personnages, un ,, fond d'équité qui les rend tiédes en quelque fa- ,, çon & irrésolus.

Réponse VII.

Cela peut arriver, mais cela n'arrive pas nécessairement. Il en est du Courage Litteraire comme du courage Militaire. Il se trouve des Officiers d'un tempérament froid, mais qui n'en sont pas moins entreprenans ; au contraire, ils prennent mieux leurs mesures, & ils découvrent plus surement, de même que plus tranquillement, ce qu'il est à propos de faire pour surmonter des obstacles imprévus.

,, L'Orgueil & la bile forment un entêtement si ,, opiniatre dans un Docteur, qu'il ne sent pas le ,, moindre doute, & qu'il n'y a rien qu'il n'entre- ,, prenne & qu'il ne supporte pour l'avancement, & pour ,, la prospérité de ses opinions.

Je conviens du fait, mais je ne tombe pas d'accord de la conséquence que M. Bayle en tire ; " Si " par bonheur il a rencontré la Verité, quels services " ne lui rend-il pas ? " Ils sont sans doute plus grands qu'ils ne seroient, s'il étoit d'un tour d'esprit plus raisonnable. Les liens de la préoccupation, ou si vous voulés le poids des passions, attachent plus fortement l'ame à la Verité, que l'attrait de la Lumiére. Il se pourra faire, je l'avoue encore, que plus de gens se rangeront à de certaines opinions, & par-là se trouveront dans le parti de la Verité ; mais ils n'en seront pas plus louables, ils ne lui feront pas plus d'honeur. " Mais comme ils ne se peut qu'un hom- " me ainsi fougueux & ainsi présomptueux ne mêle " des erreurs parmi ces Verités, ses Disciples entrant " dans son esprit & dans ses dispositions, n'auront " pas moins d'entêtement pour ce qui est faux que " pour ce qui est vrai, & se rendront incorrigibles.

Réponse VIII.

C'est-là encore une source du Pyrrhonisme. Tout ce qui est contenu dans un Systême est donné pour également certain ; on le croit ainsi en commençant ses études ; dans la suite on s'apperçoit d'une erreur, & dès-là on dit, il n'y a point d'article plus certain l'un que l'autre ; celui-ci est faux, donc tous les autres le sont.

Je ne souscris donc point à la pensée de M. Bayle ; ,, Que pour ce qui regarde les interêts d'une Secte, ,, un homme entêté & fougueux est préférable à un ,, homme sage ; & si quelque fondateur souhaite ,, que ses disciples travaillent avec succès, à l'éxten- ,, sion & à la propagation de ses Dogmes, il doit ,, souhaiter qu'ils soient d'une humeur à ne dé- ,, mordre de rien, & à épouser pour toute leur vie le ,, prémier Parti qu'ils embrasseront. S'ils le choisissent ,, avant que d'avoir été capables de bien péser les raisons ,, de part & d'autre, tant mieux ; ils se seront que ,, plus éloignés de douter à l'avenir ; & moins ils auront ,, de Doutes & plus seront-ils opiniatres & ardens. Je soûtiens au contraire que cela fait tort à la Verité, & la décrédite, dans la suite du temps. J'avoué qu'un homme fougueux, si d'ailleurs il ne manque pas de talens, lorsque de plus il se trouve dans des circonstances favorables, se voit bientôt un plus grand nombre de Disciples, & qu'il a le temps de joüir lui-même de sa Gloire ; mais autre est cet interêt, & autre celui de la Verité.

M. Bayle finit en disant : " Ceux qui se propo- " sent de s'éclaircir de jour en jour, ne se croient " point obligés à un grand zèle ; car ils s'imaginent " que ce qui leur semble vrai aujourd'hui, leur sem- " blera une autre fois moins probable.

Réponse IX.

Un homme qui différe de jour en jour le soin d'un Examen appliqué, auroit bien mauvaise grace, & seroit bien malhonnête homme, de marquer du zèle, pour ce qui, selon lui, peut être une gran.le erreur. Mais ne se peut-il pas qu'il y ait des hommes qui, après s'être assurés de quelque Verité, par la Voye d'un sage examen, continuent toute leur vie à passer peu à peu, du Doute à la Certitude, & ne proposent comme sûr, que ce dont ils sont bien convaincus. Encore, afin d'engager les autres à s'en convaincre par la même voye, ils demanderont qu'on examine, au lieu de prétendre qu'on doit les en croire sur leur parole. Mais voi-là précisément ce que j'appelle travailler au progrès de la Verité.

M. Bayle fait des réflexions sur l'Article de Balde, qui nous représentent bien clairement quelques-unes des Causes du Pyrrhonisme. ,, Les excu-

Tome I. pag. 429. dans les Notes.

,, ses dont il coloriť ses contradictions méritent d'ê-
,, tre considérées.
,, Il avance mille choses singulières, & opposées
,, au sentiment des autres Jurisconsultes, & il les
,, avance sans citer aucune Loi; ce sont ses propres fan-
,, taisies : Il cite des Loix qui ne font rien à ce
,, de quoi il s'agit, il traite de plusieurs choses hors
,, de leur place, il est trop sec sur le nécessaire, &
,, trop prolixe sur l'inutile : il répond à des que-
,, stions que personne n'a jamais faites, & il ne ré-
,, pond rien sur ce que tout le monde demande ;
,, il se confond lui-même par ses propres subtilités;
,, & il se donne trop de licence ; la vivacité de son
,, esprit est cause du peu d'uniformité de ses senti-
,, mens. *Cum parum sibi constans, sapenumerò con-*
,, *trarius reperiatur, id tamen non levitate, sed inge-*
,, *nii subtilitate evenisse Paulus Castrensis autumat.*
,, Ceux dont l'Imagination vive, ont ordinaire-
,, ment peu de mémoire, & c'est ce qui fait qu'ils
,, ne se souviennent point quand ils envisagent d'un cer-
,, tain côté une Question, qu'ils l'ont autrefois sou-
,, tenuë d'un autre sens. Ils se contredisent sans le
,, savoir. Ajoutés à cela, qu'un esprit subtil inven-
,, te aisément les moyens de prouver, & de refuter
,, les mêmes choses. Mais c'est un grand défaut
,, que de n'être pas capable de suspendre les effets
,, de cette subtilité, jusques à ce qu'on se puisse
,, donner une ferme assiette.
,, Il disoit que notre Entendement change, &
,, qu'ainsi il raisonne en lui-même, d'une façon, un jour
,, d'une autre. Je crois qu'*in petto* il se reservoit le
,, Privilège qu'il attribuoit aux Législateurs. L'E-
,, vêque de Pavie demandoit un jour pourquoi les
,, Loix étoient si changeantes ? Balde lui répondit
,, que les mêmes choses deviennent licites ou illicites
,, selon le tems. On permet pendant la guerre ce
,, qui est défendu pendant la paix ; *c'est pourquoi*
,, la justice roule sur les choses qui deviennent
,, propres ou temps ; une telle conduite est propor-
,, tionnée aux conjectures présentes, elle est donc
,, juste. Ceux qui font les Loix imitent les Mé-
,, decins, ceux-ci permettent, ordonnent, défen-
,, dent les mêmes choses selon le temps & les saisons;
,, & c'est au temps qu'ils se prennent garde. Ce fut la
,, réponse de Balde, & voilà, ou implicitement ou
,, explicitement le principe sur lequel raisonnent les
,, Auteurs qui se réfutent eux-mêmes, quand ils ont à
,, disputer contre deux sortes d'ennemis. Cette pro-
,, position est vraie, & bonne, aujourd'hui que je dis-
,, pute contre Pélage : dans un an elle ne le sera pas, si
,, je dispute contre Calvin.

Réponse X.

Voilà une extrémité où l'on se jette, quand on n'aime pas assés la Verité, & qu'on ne veut pas se donner la patience nécessaire pour bien examiner ses compositions, ou pour les corriger ; On aime mieux condamner la Nature humaine à l'impuissance de découvrir la Verité avec certitude, que d'avouer qu'on s'est trompé lorsqu'on auroit pû éviter l'Erreur.

,, Un Docteur fier & bilieux, s'entête de ses sen-
,, timens avec une préoccupation si excessive, qu'il
,, ne croit pas qu'on puisse les attaquer sans com-
,, battre les Lumières du sens-commun, ou celles de
,, la conscience. Il s'endurcit ou il se plonge dans
,, ses Préjugés de plus en plus , à mesure que l'on
,, s'applique plus fortement à disputer contre lui.
,, Mais un Docteur modéré, modeste, humble, &
,, d'un tempérament phlegmatique, comme Me-
,, lanchthon, ne se conduit pas de cette manière.
,, S'il rejette une opinion comme fausse & dange-
,, reuse, il ne laisse pas d'être équitable envers ceux
,, qui la soûtiennent ; il convient non seulement de
,, leurs excellentes qualités, & il les en loue ; mais il
,, reconnoit aussi que des raisons fort spécieuses les en-
,, gagent à la soûtenir. Il n'a donc garde de rompre
,, avec eux, ni de relacher même les liens de la fra-
,, ternité pendant que la disertation est renfermée
,, dans de certaines bornes. On voit par-là que, ni
,, les Lettres que Melanchthon a pû écrire à Calvin,
,, ni les loüanges qu'il peut lui avoir données dans des
,, Livres imprimés, ne prouvent point qu'ils ayent
,, été d'accord sur le Dogme du Franc-arbitre. On
,, peut seulement conclure qu'il avoit assés d'équité
,, pour distinguer l'une de l'autre ces deux choses,
,, la Doctrine de Calvin, telle qu'il la considéroit, &
,, cette même Doctrine telle que Calvin la considé-
,, roit. Il lui sembloit que selon cette Doctrine
,, Dieu étoit l'Auteur du péché, mais il sçavoit bien
,, que Calvin ne l'enseignoit pas sous cette notion, &
,, qu'en tant que telle Calvin l'eut jugée abominable.

Tome IV. pag. 217. dans les Notes.

Ainsi l'Esprit de Melanchthon n'étoit point flottant entre la Verité & ses idées, & l'erreur de celles de Calvin ; mais il paroit de ce qu'il croyoit erreur dans ce grand Théologien, avec d'autant plus de modération, qu'elles ne produisoient en aucune façon sur son cœur, les mauvais effets qu'on auroit pû naturellement en attendre. La Modération n'est point un caractère essentiel de doute.

Réponse XI.

Rien n'est plus ordinaire que de voir une Proposition qui, vraie dans un sens, devient fausse, parce qu'on lui en donne un plus étendu : Le zèle & la passion font souvent cause qu'on regarde un sujet sous une certaine face, & qu'on exprime ensuite ce qu'on a pensé dans des termes trop généraux ; ce qui a cause qu'un homme, qui veut débiter des Paradox.s, trouve aisément dequoi s'autoriser, en prenant dans un sens qui le favorise, ce que des Auteurs célèbres ont crû dans un autre sens. Cette maxime convient à un très-grand nombre des citations, par lesquelles M. Bayle s'autorise.

Un homme qui n'auroit jamais oui parler de M. Bayle, & qui, en prenant son Dictionaire, l'ouvriroit par hazard dans l'Article d'Euclide, pourroit-il s'imaginer qu'il est lui-même, celui de tous les Auteurs qui a le plus abusé de l'Esprit de Dispute, qui a fait le plus mauvais usage de la subtilité, qui a poussé le plus loin la Contradiction, & le plus répandu de Doutes, sur ce qui passoit pour le plus incontestable.

Craignoit-il donc pour la Réputation de son esprit ? Appréhendoit-il qu'on ne crût qu'il en étoit venu là insensiblement, & sans s'appercevoir de tout le chemin que son humeur lui faisoit faire ? & a-t-il voulu donner à connoitre que tout le mal qu'il a fait, il a bien voulu le faire ?

SECONDE

SECONDE PARTIE DE L'EXAMEN DU PYRRHONISME,
OU
CRITIQUE DE SEXTUS EMPIRICUS.

SECTION I.

Où l'on donne une idée Générale de la Philosophie de Sextus.

Précis de l'Auteur

I. J'AI cru que mes Lecteurs ne seroient pas fâchés d'apprendre de quelle maniere les Pyrrhoniens d'autrefois raisonnoient, afin de comparer avec leur Méthode celle des Modernes. Dans ce dessein j'ai préféré SEXTUS à tous les autres, parce que nous n'avons aucun ouvrage de ceux qui l'ont précédé, & que nous ne connoissons leurs sentimens que par quelques extraits qu'on en trouve, chés ceux qui ont rassemblé les sentimens des Anciens Philosophes, au lieu que nous avons ceux de Sextus tels qu'il les a écrits lui même. Il s'est étudié à écrire dans un ordre très-exact, & autant que la Philosophie Pyrrhonienne est susceptible de Système, il nous en a donné un des plus complets.

Quelques personnes m'avoient conseillé de donner au Public une Traduction françoise de Sextus; Mais j'ai compris qu'ils ne m'auroient point donné cét avis s'ils l'avoient lû: Cét Auteur tombe dans des répétitions fréquentes; A tout coup encore il avance des Sophismes si visibles, & si puériles, qu'en les rapportant dans toute leur étenduë, on s'exposeroit infailliblement à ennuyer le plus grand nombre des Lecteurs & à pousser leur patience à bout. Je suis même persuadé que si Mr. Bayle avoit rangé par ordre tout ce qu'il a écrit sur le Pyrrhonisme, & qu'il *[raturé]* fut dans l'art de s'attirer l'attention, il n'auroit pas laissé de fatiguer les Lecteurs & de les rebuter. Ils auroient le temps de sentir qu'il les éblouïssoit; au lieu qu'ils n'ont pas plûtôt été frappés par un argument, qu'un nouveau sujet qui se présente leur fait perdre la pensée de l'examiner. Cependant l'impression de ce prémier argument se conserve, quand un second, qui tend au même but, la fortifie. On examine aussi peu ce second que le prémier. Un troisiéme qu'on lit, un peu après, augmente l'effet du second. C'est ainsi qu'on se nourit de doutes & qu'on se familiarise peu à peu avec l'incertitude, en lisant les ouvrages de Mr. Bayle. Il étoit trop habile homme pour ne comprendre pas quel seroit le sort de sa Méthode, s'il imitoit Sextus; Il n'avoit garde de s'exposer à causer le même ennui que donneroit la Traduction de cét Auteur. J'ai donc pris le parti de l'abréger, & de tracer, en suivant exactement l'ordre de ses Chapitres, un sommaire de sa Doctrine. Je n'aurai pas beaucoup de peine à exécuter ce dessein. Je n'ai qu'à suivre ce qu'a donné Mr. le Clerc.

De la personne de Sextus.

II. LES Critiques ne nous donnent rien de bien positif sur le temps que Sextus a vécu. Seulement sait-on que c'est après tous les plus célébres Partisans du doute Universel, comme Clitomaque, Carneade, Pyrrhon &c. puis qu'il en rapporte les sentimens avec beaucoup de subtilité & d'éxactitude, & c'est encore par cette raison que je l'ai choisi pour faire connoitre le Pyrrhonisme des Anciens, & pour l'examiner.

Il étoit Médecin, & il avoit écrit sur cette science des Livres que nous n'avons plus. Je lui trouve beaucoup d'esprit & d'élégance. Il s'en faut beaucoup que la Traduction Latine n'égale à cét égard l'Original, non plus qu'on n'est clarté & en netteté.

Ses Hypotyposes.

III. Le prémier ouvrage de Sextus sur le Scepticisme, traduit en Latin par le célébre Henri Etienne, a pour titre *Hypotyposes Pyrrhoniennes*. Il exprime *[raturé]* un tableau léger & racourci de la maniere de philosopher des Pyrrhoniens.

Ce prémier Ouvrage est divisé en trois Livres; dont le Prémier roule sur la Philosophie Pyrrhonienne, ou *Sceptique* en général.

LIVRE PREMIER.

Des HYPOTYPOSES PYRRHONIENNES, ou du Tableau du Scepticisme.

CHAP. I.

CEUX qui ont des Dogmes fixes, sur la Verité desquels ils croient s'être assurés, s'appellent *Dogmatistes*. Tels étoient les Aristoteliciens, les Epicuriens, les Stoiciens.

Les ACADEMICIENS au contraire soutiennent qu'on ne sauroit parvenir à la connoissance de quoi que ce soit, & qu'il est inutile de se travailler dans cette vuë. Mais les *Sceptiques* cherchent encore, sans décider s'il est possible ou impossible, de se convaincre de quelque Verité. Sextus se met du nombre, & avertit dès le commencement qu'il ne faudra pas lire son ouvrage, pour s'y instruire de ce qu'il affirme, ou de ce qu'il nie. Il n'a garde de prendre aucun parti, il se contente d'énoncer historiquement ce qui lui paroît, sur quelque sujet qu'il pense.

Chap. II. Dans la *Partie générale* de la Sceptique, Sextus déclarera quel est le dessein des Sceptiques, quels sont leurs principes, quel est leur Stile, leur but, quel est le caractère auquel ils rapportent tout, & sur lequel ils examinent tout. Quels fruits ils tirent de leur Méthode de Philosopher. De quelle manière, ils en usent pour s'empêcher de décider. Dans *le Particulier*, il refutera par ordre les autres Philosophes.

Chap. III. La Philosophie de Sextus peut porter le nom de *Zététique*; C'est-à-dire, de Philosophie qui cherche, comme le Sceptique, considére ce qu'il y a dire de part & d'autre, on peut l'appeller *Ephectique* parce qu'elle enseigne à s'abstenir de décider. *Aporétique*, parce qu'elle doute & hésite. *Pyrrhonienne* à cause de Pyrrhon, un de ses plus savans & célèbres défenseurs.

J'aurois pû me contenter de dire que Sextus remplit son III. Chap. de différens noms qu'on peut donner à sa manière de philosopher; mais le détail fait mieux sentir à quel point Sextus se piquoit d'exactitude; il la portoit jusqu'à la superfluité; Il ne vouloit rien négliger pour paroitre un très-habile homme qui savoit épuiser un sujet.

Le Chap. IV. définit le Scepticisme, qui consiste à comparer toutes les pensées de l'Esprit, & tout ce que nos sens nous rapportent. Quand on fait ces comparaisons, on oppose Idée Intellectuelle à Idée Intellectuelle, Idée des sens à Idée des sens, & Idée des sens à Idée Intellectuelle. Pour bien faire ces oppositions, on considére ces Idées sous toutes les faces possibles. On les compare en vûe de trouver *des raisons aussi fortes* pour rejetter une Proposition, qu'il s'en présente pour l'admettre, & réciproquement. De cette manière l'esprit demeure en *suspens*, & ne sachant point de quel côté se trouve la Verité, de quel côté est le Bien ou le Mal, il ne désire ni ne craint, & il se trouve *au dessus du trouble des passions*. Cette tranquilité, s'appelloit en Grec *Ataraxie*.

Chap. V. Le Philosophe Sceptique, c'est celui qui a sû se procurer cette force.

Chap. VI. Voici leur principe fondamental. De quelque raison qu'on ait appuyé ce qu'on dit, sur quelque sujet que ce soit, on peut soûtenir tout le contraire, & l'appuyer des raisons d'un poids égal.

Chap. VII. Un Sceptique, quand il dit qu'il a chaud par exemple, tombe bien d'accord qu'il lui paroît qu'il a chaud; mais il n'a garde de dire qu'il a effectivement chaud. Il ne décide jamais sur la réalité des choses: En *a tombe*. Tout est douteux pour lui. Quoi donc ! Quand vous dites que tout est douteux, n'êtes vous pas au moins persuadé de ce que vous dites ? Non, je ne dis point que cette proposition *Tout est douteux* soit vraie; Je doute de sa Vérité, comme de celle de toutes les autres, je ne l'affirme point, je ne la nie point, & en m'énonçant ainsi, quoique je paroisse m'exprimer affirmativement, je n'affirme pourtant point que ce que je dis soit vrai.

Chap. VIII. Les Sceptiques font une Secte en ce sens: Ils sont profession de suspendre leur jugement sur la Verité des choses. Au reste, ils se conduisent suivant les apparences qui passent dans l'esprit des autres pour des réalités. Ils suivent les coutumes qu'ils trouvent établies, & ils se laissent aussi aller à leurs propres penchans.

Chap. IX. Quand ils parlent de la Nature des Parties qui composent l'Univers, ils le font tranquilement, sans prendre aucun parti; parce que sur chaque sujet on ne peut rien dire, sans pouvoir soûtenir le contraire, avec autant de raison. Ils en usent

de même en matière de Logique & de Morale.

Chap. X. Les Sceptiques ne nioient point qu'il ne leur parut qu'au dehors d'eux mêmes, il y avoit une infinité de choses, chacune dans un certain état, grosses, petites, amères, douces. Mais ils ne se permettoient pas de croire que ces choses existassent effectivement, beaucoup moins qu'elles fussent telles qu'elles leur paroissoient.

Chap. XI. Nous n'avons *aucune marque assurée*, à laquelle nous puissions reconnoitre ce qui est effectivement, & discerner le vrai d'avec le faux. Mais à la place de *cette Marque assurée*, pour ne pas vivre dans une entière inaction, nous suivons *l'Instinct de la Nature*, la pente des passions; les Loix & les Coûtumes, & enfin ce que les Arts donnent pour Régle à ceux qui en font profession. Voilà ce que nous suivons faute de mieux.

Chap. XII. On s'applique d'abord à distinguer ce qu'il y a de vrai, d'avec ce qui se trouve d'Illusoire, dans les pensées dont on est occupé; & dans les impressions qui paroissent venir du dehors. Mais quelque parti qu'on veuille prendre, on voit de côté & d'autre des raisons tellement d'une égale force, qu'on est enfin obligé de se refuser à toute décision. Heureusement cet état de suspension se trouve accompagné d'une autre très-estimable. On vit sans trouble, on ne s'échauffe pour aucun sentiment; on est sans Inquiétude & sans impatience par rapport aux biens; on ne craint point les Maux, parce qu'on ne sait pas si ce qu'on désireroit avec empressement est un Bien, ou si ce pourquoi on prendroit des allarmes est un Mal. Ce n'est pourtant pas que les jours d'un Sceptique roulent sans aucun sentiment pénible. *Nous avouons qu'il est* INQUIETE' par les impressions extérieures; il a froid, il a soif &c. Il sent tout cela comme le Vulgaire. Mais il ne s'imagine pas, comme le Vulgaire, que ce soient là *de vrais Maux*; Voilà pourquoi il soutient l'état où il se trouve avec plus de modération. Ainsi le Sceptique est sans *trouble* (dans L'ATARAXIE) par rapport aux opinions, & dans la *modération* (MÉDIOPATHIE) par rapport aux sentimens.

Chap. XIII. Pour se soûtenir constamment dans cét état de *suspension* & *d'indécision* (d'EPOCHE) il faut avoir soin d'opposer Idée à Idée, Sensation à Sensation, & Idée à Sensation : On oppose le présent au présent, & on l'oppose au passé ou à l'avenir. p. ex. Si on nous propose un argument qui paroit sans réplique; nous dirons ci-devant ou à tems pour certain, ou pour probable le contraire. Peut-être que ci-aprés en y découvrira une réponse solide, qui ne se présente pas aujourd'hui.

Dans le Chap. XIV. Sextus fait d'abord une subtile énumération de divers moyens particuliers que les Sceptiques employoient pour demeurer en suspens. Il les rapporte à dix, sur lesquels il s'étend par ordre.

1. *On trouve de très-grandes différences entre les Animaux*, soit qu'on se rende attentif aux différentes manières dont-ils naissent, soit que l'on considère la différente conformation des organes de leurs sens; & de là il est naturel de conclure que leurs yeux ne sont pas également frappés par les objets, ni leurs oreilles par les sons, ni leurs nez par les odeurs, ni leurs levres par les saveurs. Sur quoi fondés dirons nous qu'un seul a le privilège de les appercevoir telles qu'elles sont, pendant qu'elles paroissent à tous les autres différentes de ce qu'elles sont? Si nous nous donnons cét avantage, il est visible que nous ne pouvons nous en flatter qu'en jugeant des choses sur ce qu'il nous en paroit. Mais chaque animal en pourra dire autant, & on en pourra dire autant de chaque animal.

Cét article est long & fort chargé. Aux différences veritables qui se remarquent entre les Animaux, Sextus ajoute plusieurs contes, par où l'on voit que les Sceptiques, qui se donnent d'abord pour des Philosophes très scrupuleux & très exacts, sont sans exactitude & sans délicatesse en matière d'argumens ; Tout leur est bon pourvu qu'il serve à grossir le tas de leurs objections & à allonger la chaine de leurs difficultés. S'ils ne cherchent pas à s'éblouir & à s'étourdir eux-mêmes, il paroit qu'ils cherchent à éblouir & à étourdir les autres. J'ai fait en passant cette remarque; Mais ce sont-là des détails dans lesquels j'entrerai dans la suite de cet ouvrage.

On trouve des preuves de ce que je viens de reprocher aux Sceptiques, dans ce que Sextus rassemble pour prouver que les Bêtes raisonnent & quelquefois mieux que les hommes, & il déclare qu'il le fait pour tourner en ridicule les *Dogmatistes*. Voici ses preuves. Les Chiens ont l'odorat plus exquis & l'ouïe plus fine que les hommes. Ils raisonnent intérieurement ; Ils suivent ce qui peut leur nuire, comme le fouet dès-qu'ils l'entendent claquer; Ils accourent à ce qui leur convient, à l'aliment qu'on leur présente, & ils savent bien se le procurer par l'art de la chasse. Leur goût pour la Justice paroit dans la différence qu'ils mettent entre leurs Maîtres & les Etrangers. Le Chien d'Ulisse le reconnut après une absence de 20. ans. Or puis qu'*un Chien est juste*, & qu'une vertu, comme l'enseignent les Stoïciens, est toujours accompagnée de toutes les autres, il faut conclure qu'*un Chien a toutes les Vertus*. Il fait la *Logique*, car dès qu'un chemin vient à se partager en trois, & que son nez ne lui a rien appris pour celui de la gauche, ni для celui du milieu, il se jette dans le troisiéme impétueusement, sans s'amuser à un examen qu'il juge superflu. Il a donc fait un *syllogisme disjonctif*. Il fait la *Chirurgie & la Médecine* ; Il s'arrache une épine ; Il se repose ; Quand il a mal, il se léche, il mange des herbes qui le purgent, ou qui le font vomir. On dira que les Chiens ne savent pas parler. Mais est-ce là un grand défaut ? Si les discours n'étoient pas contraires à la Vertu, Pytagore auroit-il exigé un si long silence de ses Disciples. N'y a-t-il pas des Philosophes qui se glorifient du Nom de Cyniques ? N'y a-t-il pas des hommes muets ? N'apprend-on pas à parler aux Pies ? Mais quoi ? Un Grec ne seroit-il pas ridicule, s'il s'imaginoit qu'un Barbare est muet, parce qu'il n'entend pas sa langue ? Un Chien ne fait-il pas entendre divers sons, suivant les circonstances où il se trouve ? N'y a t-il pas des animaux qui prévoient l'avenir & l'annoncent aux hommes ?

2. On ne trouve pas moins de différence entre les hommes. Démophon avoit froid au Soleil, & chaud à l'ombre. Andron Argien traversoit sans boire les deserts de la Libie. Tibère voyoit dans les *ténébres*. Jusques où les *Dogmatistes* ne différent-ils pas les-uns des autres. Veut-on donc croire tous les hommes ? Cela est impossible; Ils sont trop partagés. En veut-on préférer quelques-uns ? Mais qui préférera-t-on ? Chacun vous crie *Rangés vous à mes sentimens*. S'attachera-t-on au grand nombre ? Cela est puerile, & le moyen de compter les suffrages ? Ce qui est rare dans un Pays se trouve commun dans un autre.

3. Les Hommes, Juges en leur propre cause, se préférent aux Animaux : Chacun encore décide en faveur de ce qui lui paroit vrai, & compte que les autres ont tort, s'ils ne jugent pas comme lui quoi que chacun ne juge que sur ce qui lui paroit. Cependant les *différens Sens* donnent aux hommes des instructions tout opposées. Si l'on en croit les yeux, une partie des objets qui paroissent sur un tableau, en sortent ; & les autres semblent enfoncés, & ne se laisser voir qu'en éloignement. Qu'on le touche, on n'y appercevra rien de semblable. Le miel plait au goût, mais il ne fait pas plaisir aux yeux, sur tout lorsqu'il est très fluide. Peut-être les Corps n'ont qu'une seule Qualité qui se multiplie, & qui paroit sous diverses formes, suivant les différens Sens sur lesquels elle fait son impression. Peut-être les Corps en ont-ils un grand nombre que nous n'appercevons pas, parce que nous n'avons pas des Sens qui leur soient assés proportionés.

4. Les choses paroissent différentes à un même Sens, à la Vuë, au Goût, suivant que l'on est différemment disposé ; La même chose plait ou déplait suivant l'humeur dont on se trouve. Or cette humeur, dont on se trouve, change-t-elle l'objet, & si vous dites que la bile donne de l'amertume au vin, pour quoi nier que la Saliva ordinaire n'en fasse pas la douceur? Pourquoi ce que nous croions voir dans nos songes, n'éxisteroit-il pas pendant que nous songeons, comme ce que nous croions voir en veillant, éxiste pendant que nous veillons ; Il n'y a pas plus de réalité dans l'un de ces cas que dans l'autre, on juge par passion, on juge par habitude; Partout nos préventions influent sur nos jugemens, par ce que les choses nous paroissent différentes suivant que nous sommes prévenus, Le Vieillard blâme ce que le jeune homme louë ; Ils s'accusent réciproquement de n'être pas raisonnables. Qui pense le plus juste ? Connoissés-vous quelques marques par où vous en puissiés juger ? Si vous me répondés ; Oui je la connois cette *Marque*. Voulés vous que je vous en croie sur votre parole ? Serai-je trop hardi si je vous prie de me convaincre que c'est bien la Veritable, par où on puisse distinguer, sans se méprendre, ce qui est Certain d'avec ce qui est Douteux ? Quand vous m'alléguerés vos preuves, je vous demanderai encore ; Ces preuves portent-elles le caractére incontestable de la Verité ? Prouvés-le moi je vous prié ; Mais fachés par avance que quoi que vous m'alléguiés pour m'en persuader, je renouvellerai la même Question ; & je vous demanderai à quelles preuves vous prétendés que je m'assure de la solidité de vôtre Preuve. La marque que vous m'alléguerés il faudra me prouver que vous avés raison de l'alléguer. Je vous demanderai pourquoi cette derniere preuve établit toutes les précédentes. Les Questions ne finiront point, & par conséquent vôtre Démonstration ne sera jamais achevée.

5. Les objets paroissent différens suivant qu'on est plus près ou plus loin, suivant qu'on les regarde directement ou obliquement, de haut en bas, ou de bas en haut, &c. Sur quelle situation comptera-t-on sans aucun doute?

6. On ne reçoit aucune impression parfaitement pure, & sans le mélange de quelqu'autre qui la varie. Ce qui part d'un Objèt, pour se placer au fond de l'œil, traverse l'Air, les *Tuniques* & les *Humeurs* de l'œil. Comment s'assurer si ces différens Milieux, par où il passe, n'y causent point d'altération ; & jusques à quel point ces changemens l'empêchent de représenter l'Objèt tel qu'il est ? On dira la même chose à proportion des autres Sens.

7. Les différens degrés de Quantité, comme aussi les différentes Positions, changent tout à fait les apparences des choses. Rapés de la corne, les petits brins perdront la couleur noire & feront un tas de poussiére blanche. Augmentés la doze d'un *Remede*, vous le changés en Poison. Que voulés-vous qu'on décide sur la Nature d'un sujet, qui paroit si différent de lui même ? Sous quelle quantité se sera-t-il connoître pour ce qu'il est ?

8. Quelque attention que nous apportions à connoître les choses, nous ne les appercevons que le plus que les raports. L'égal & l'inégal sont des Rapports, Or tout est égal ou inégal ; Donc tout est Raport. Tout est genre ou espéce, Tout est genre & espéce tout ensemble ; Donc tout est Rapport, Donc les choses sont en elles mêmes, & à parler proprement, aucune perception ne nous en instruit;

struit; Ne décidons rien là-dessus.

9. On admire ce qui est rare; On méprise ce qui est ordinaire. Nous n'avons donc aucune Mesure fixe pour taxer au juste le Mérite des choses.

10. Que dirons nous sur les Loix & sur les Coûtumes? Elles sont très-opposées les-unes aux autres; Ce qui est une Vertu chés un Peuple passe pour un vice chés un autre. L'un se permet ce que l'autre se défend. Les Dogmatistes eux-mêmes ne s'accordent pas sur les principes de *l'Honête* & du *Deshonête* & sur les conséquences qu'on en tire. Le plus sûr est donc de demeurer, à tous égards, dans le Doute.

Chap. XV. A ces dix motifs, qui engagent, selon Sextus, un homme sage, & qui craint l'erreur, à demeurer en suspens, & à *s'abstenir* de rien assurer; (Ce qu'ils appelloient *Epoché*) les Scepticiens nouveaux, enchérissans sur leurs Prédécesseurs, ajoutoient 1. *la différence* des sentimens, qui continuoit, & se multiplioit même, depuis tant de siécles. 2. Le *Progrès à l'infini*; par ce qu'on demandoit, sans jamais s'arrêter, la preuve d'une preuve. 3. Les *Jugemens absolus* fondés pourtant sur de simples *Relations*. 4. la Liberté que les Dogmatistes se donnent de bâtir des Systêmes sur des *Suppositions* gratuites & non prouvées. 5. les *Epicuriens* comptoient sur les sens. Les *Platoniciens* sur l'*Entenement seul*; Les *Stoiciens* tantôt sur l'une tantôt sur l'autre de ces Facultés.

Mais ces moyens si on en excepte le 4. sont les mêmes qu'on vient de voir dans le Chapitre précédent.

Chap. XVI. Tout ce qu'on prétend comprendre, ou est Clair & Certain *par lui même*, ou il le devient par le secours de quelque *Preuve*. Rien n'est certain par lui même, car on ne convient de rien. Rien ne peut se prouver, à moins qu'on ne s'arrête à une preuve, sûre par elle-même & par-là on se trouve réduit à le pousser à l'infini. Outre cela dès que vous raisonnerés sur une supposition, je prendrai incontinent le parti de raisonner sur un fondement tout contraire, & d'en tirer conséquence sur conséquence.

Chap. XVII. *Onesydême* reprochoit aux Dogmatistes, qu'en matière de Physique, 1. Ils se bornoient à des raisons qui n'étoient évidentes ni par elles-mêmes, ni par leurs preuves. 2. Ils imputoient à une seule cause un Phénomène qui pouvoit aussi être l'effet de qu'lques autres. 3. Ils attribuoient des effets réglés & réguliers à des causes qui agissent sans ordre & qui ne sont pas capables de l'observer. 4. Ils supposoient très-hardiment que ce qu'on ne voit pas ressemble à ce qu'on voit 5. Ils supposoient encore que tout ce que l'on voit est né de certains Élémens, qui subsistent encore & qui ne sont pour ant aucune de ces productions qu'on leur a attribué. 6. Ils se préoccupoient trop chacun en faveur de son hypothèse. 7. Ils donnoient des explications qui ne s'accordoient pas avec leurs propres principes. 8. Ils ne s'assuroient pas assés des *Faits*, avant que d'entreprendre d'en donner des raisons.

Monsieur le Clerc (Bibl. Anc. & Mod. Tome XIV. p. 1.) éclaircit par des *exemples*, tous ces reproches que *Sextus* fait aux Dogmatistes, après ONESYDEME fameux Scepticien. Il ne les méritoient que trop. Rien n'est plus pitoiable que la Physique *des Anciens*. Mais quoi qu'ils ne fussent que des aveugles en comparaison des Modernes, il s'en faut beaucoup qu'ils s'exprimassent aussi modestement qu'on fait aujourd'hui. Rien n'est moins prouvé que tout ce qu'ils proposoient avec tant d'assurance. Mais d'en conclure comme faisoient les Scepticiens, qu'il étoit inutile de se fatiguer à chercher une Physique meilleure, à découvrir des Principes plus sûrs, & à en tirer des Conséquences mieux suivies; C'étoit visiblement aller trop loin, & tomber par précipitation dans une faute toute semblable à celle que l'on reprochoit aux autres.

On trouve ici manifestement la preuve d'une des *Causes* auxquelles nous avons attribué la naissance du *Pyrrhonisme*.

Dans le Chap. XVIII. Sextus promet l'explication des termes qui sont particuliers aux Scepticques, & il la donne dans le Chap. suivant.

Chap. XIX. Aucun sentiment ne me paroit préférable à son opposé.

C'est ce qu'ils exprimoient en deux mots Grécs.

Chap. XX *Il ne me paroit pas*, c'est à dire s'il faut affirmer ou nier; quoi que quand je sens des Impressions, il me semble que je dois céder à ces Impressions, me porter vers ce qui me paroit un bien, ou m'éloigner de ce qui me paroit un Mal.

Chap. XXI. PEUT-ETRE QU'OUI, PEUT-ETRE QUE NON; CELA POURROIT ETRE, OU N'ETRE POINT. Ce ne sont pas là des décisions, ce sont de simples déclarations de la situation présente où nôtre pensée se trouve. Si on leur demandoit : Quand vous répondés ainsi; *Croyés vous qu'vous répondiés bien ou que vous répondiés mal?* Ils auroient répliqué *Peut-être qu'oui peut être que non*, & ainsi continuellement ; Dès qu'on a dit l'un de ces mots, on est censé avoir dit l'autre.

Chap. XXII. *Je ne soûtiens, je ne définis rien*, & pourquoi? parce que je ne vois pas moins de raisons d'un *êtê* que d'autre; Quand un Sceptique parle ainsi, il n'assure point que les Raisons de côté & d'autre soient en effet d'un poids égal; Il doute de tout cela comme de tout le reste; il avertit simplement les autres qu'elles lui paroissent telles.

Chap. XXIII. *Je ne définis rien*. C'est-à dire Quelque Question qu'on me propose, je n'assure point qu'un tel sentiment soit vrai, qu'un autre soit faux; je me contente d'énoncer ce qui me paroit, ce qui me vient dans l'esprit, sans prétendre qu'il soit plus conforme à la Verité que le contraire.

Chap. XXIV. Tout est *Indéterminé*, c'est-à dire par rapport à moi.

Chap. XXV. Tout est *Incomprébensible*, dans le même sens & les mêmes égars; les raisons qui se présentent de côté & d'autre m'engagent à avouer que je ne comprens rien.

Chap. XXVI. En ce sens encore je ne *saisis* rien; je n'embrasse rien.

Chap. XXVII. Quelque Discours que j'aye examiné, j'ai toujours trouvé qu'on pouvoit y en opposer d'autres qui me paroissoient d'une égale force, & qui ne méritoient ni plus ni moins, d'être crûs, où d'être rejettés que celui avec lequel je les compare.

Chap. XXVIII. De même qu'un remède purgatif passe avec ce qu'il doit emporter ; Il en est ainsi de cette proposition. *Tout me paroit douteux*. Nous la mettons au rang des autres & nous ne la donnons point pour indubitable. Mais quoi dira-t-on ? Vous vous servés de propositions *Affirmatives* ; Vous vous servés de *Négatives*. Vous affirmés donc. Vous niés donc. Par conséquent vous reconnoissés pour vrai ce que vous affirmés, sans cela vous n'auriés garde de l'affirmer ; vous rejettés comme faux ce que vous niés ; sans cela vous ne le nieriés pas A cela un Sceptique répond. Je n'affirme rien & je ne nie rien sur tout ce qui est hors de moi ; Quand je parois affirmer ou nier je n'exprime par là ce qu'il me paroit qu'on peut affirmer & nier, & que ce qu'on vient d'affirmer, on peut le nier, & réciproquement.

Chap. XXIX. Héraclite avoit dit que les mêmes sujets sont souvent des qualités toutes contraires, comme le Miel qui paroit amer à un malade dont la langue est couverte de bile. A cause de cela les Pyrrhoniens le comptoient entre ceux qui avoient contribué à faire naître le systême de l'Incertitude. Sextus est de meilleure foi. Il donne Héraclite pour un *Auteur très obscur, mais souvent très-décisif*.

Chap. XXX. Démocrite disoit que le Miel lui-

lui-même n'étoit ni doux ni amer. Il décidoit donc qu'il n'avoit ni l'une ni l'autre de ces qualités. Mais les Sceptiques se contentent de dire qu'ils ne savent pas s'il est doux ou s'il est amer, ou s'il n'est ni l'un ni l'autre.

Chap. XXXI. La Philosophie *Cyrenaïque* rouloit toute sur les sentimens ; & en cela elle avoit quelque rapport avec celle des Sceptiques ; Mais au fond elle en étoit très-différente. Les Cyrenaïques faisoient consister le bonheur dans les plaisirs du Corps. C'étoit là le but de leur Philosophie ; Au lieu que la Philosophie des Sceptiques va à les faire vivre sans trouble. Les Cyrenaïques soûtenoient que la Nature des choses étoit incompréhensible. Les Sceptiques se contentent de dire qu'ils n'en savent rien.

Chap. XXXII. Selon *Protagoras* la matiere des choses extérieures existe dans un écoulement perpétuel & change d'instant en instant. Celle qui compose l'homme change aussi, de sorte que, suivant l'état où chaque homme se trouve, & suivant l'état de ce qui l'environne, il apperçoit d'une maniére ou d'une autre, & ce qu'on apperçoit est toujours tel qu'on l'apperçoit. C'est ce que le Sceptique n'affirme ni ne nie, non plus que tout le reste.

Chap. XXXIII. PLATON a été le Chef de la *Prémiére* & de la plus ancienne Académie. ARCESILAS Disciple de Polemon, de la *Seconde*. CARNEADE & CLITOMAQUE, de la *Troisiéme*. Quelques-uns en ajoûtant une *Quatriéme*, qui a suivi PHILON & *Charmidas* ; & ils prétendent enfin qu'ANTIOCHUS en ait fondé une *Cinquiéme*.

Voyés Sect. II. Art. V. I. Part.

Sextus a la sincerité de justifier Platon du Scepticisme ; Socrate son Maitre se joüoit des Sophistes, & de ceux qui prétendoient savoir quelque chose, en le prenant avec eux sur le ton d'un homme qui doute, & ne voit partout que des difficultés. Mais quand il paroit sérieusement à ses Amis sur l'existence de Dieu, sur la Providence & sur la nécessité d'être Vertueux, on voit en lui tous les caractéres d'un homme très-persuadé de ce qu'il dit.

Les Nouveaux Académiciens différoient encore des Sceptiques, non seulement parce qu'ils croioient que tout étoit incompréhensible ; au lieu que les Sceptiques en doutoient seulement, comme de tout le reste ; Mais de plus, en ce qu'ils mettoient assés de différence entre les choses, pour dire que les unes étoient *Bonnes* & les autres *Mauvaises*, & pour trouver, sinon de la Certitude, au moins de la Vraisemblance dans le sentimens ; au lieu que pour nous ne reconnoissons rien de Bon, ni rien de Mauvais, & nous suivons simplement de certaines impressions pour ne demeurer pas dans une *Inaction* entiére.

Un homme entre dans une chambre obscûre ; Il y voit une Corde roulée à la maniére d'un Serpent. Elle en a l'apparence ; Il l'éxamine de plus près, & il trouve qu'elle a encore plus l'apparence d'être une Corde. Il n'assure pas que ce soit une Corde ; Mais il trouve pourtant qu'il est plus vraisemblable de dire que c'est une Corde, que de dire que c'est un Serpent. Les Sceptiques ne reconnoissent point ces différens dégrés de vraisemblance, dès qu'il s'agit de spéculation & de dogmatiser ; Ils les suivent pourtant dans la pratique, mais tranquilement & froidement comme un Disciple suit souvent son (a) *Pédagogue*, au lieu que les Académiciens, un peu plus persuadés, se portent à ce qui leur paroit vraisemblable, avec plus d'affection, imitans à cét égard un prodigue qui se livre à celui qui lui propose de vivre somptueusement.

Arcésilas paroit avoir été dans les sentimens que *Pyrrhon* a ensuite soûtenus, c'est à dire, qu'il s'abstenoit absolument de prononcer, si les choses étoient, ou n'étoient pas telles qu'elles paroissoient ; Il regardoit outre cela l'état de *suspension* comme un *Bien*, & l'*Acquiescement* au contraire à une Proposition,

comme à une Verité, lui paroissoit un *Mal*. Quelques-uns le jugent autrement, & prétendent qu'*Arcésilas* ne prenoit le parti de douter & de tout combattre, que pour éprouver ses Disciples, & s'assurer s'il en pourroit faire de vrais Platoniciens, & qu'il leur enseignoit cette sublime Philosophie, dès qu'il les reconnoissoit assez bien disposés pour en profiter.

Philon étoit dans cette pensée, que les choses qui nous environnent ne sont pas en elles-mêmes incompréhensibles, & qu'elles ne nous paroissent telles que par l'imperfection des facultés dont nous nous servons pour en faire le discernement.

Pour ce qui est d'*Antiochus*, il avoit porté dans l'Académie la Philosophie des Stoïciens.

Chap. XXXIV. La Médecine Méthodique s'accorde fort bien avec le Scepticisme. Car de même qu'un Philosophe Sceptique se laisse conduire par la faim à manger, par la soif à boire, en suivant tranquilement le penchant de la Nature ; de même aussi un Médecin Méthodique appercevant ou croiant appercevoir de la constipation, se porte à dire qu'il faut purger, & appercevant au contraire du flux, il se détermine à arrêter ; tout comme un chien qui s'est enfoncé une écharde dans le pié, se détermine à l'arracher & se sert pour cét effet de ses dents. Les Médecins donc Méthodiques & Sceptiques passent de ce qui paroit contraire à la Nature, à ce qui paroit lui convenir.

SECTION II.

Examen du Prémier Livre des Hypotyposes de Sextus.

I. ON vient de lire une déscription de la Philosophie Sceptique, telle que Sextus la donne lui même. De peur de fatiguer mes Lécteurs, par de trop fréquentes répétitions, je ne traduirai pas les livres suivans, je n'en donnerai pas même l'abregé tout de suite ; Comme ils ne renferment que les argumens, par lesquels Sextus combat ceux qui prétendent s'être convaincus de quelque Verité, il me paroit qu'il convient mieux d'examiner ces argumens l'un après l'autre, à mésure que je les rapporterai. *Dessein de cette Section.*

II. Mais avant cela je ferai quelques réfléxions sur le *Scepticisme en général*, & sur ce prémier livre de Sextus, dont on vient de voir l'abregé. *Réflex. en général.*

Je compte qu'en lisant cét Abregé, on se sera convaincu que le Portrait, que j'ai d'abord donné du Pyrrhonisme, ou des Pyrrhoniens, est tiré d'après nature, & que s'il s'en manque beaucoup que ce ne soit un Portrait fini, il n'y manque rien du côté de la verité. On aura encore pû comprendre que les Causes, auxquelles nous avons attribué la naissance & la propagation du Pyrrhonisme, ne sont pas des Causes imaginaires, & qu'enfin on ne sauroit manquer de s'en garantir, si l'on observe les précautions que nous avons indiquées. *Sect. I. Sect. II. Sect. III.*

III. Quand on lit avec attention les Ouvrages de *Sextus Empiricus*, on découvre en lui un homme qui, après avoir éxaminé les différentes Séctes des Philosophes, & s'être apperçu qu'il n'y en avoit point qui ne renfermât bien du foible, regarde comme une entreprise trop pénible de séparer ce qu'il y a de vrai d'avec ce qu'on y trouve de faux, ou de mal établi, & comprenant qu'il seroit encore plus pénible de se faire un Nouveau systême, il en perd la pensée. *Caractère de Sextus.*

Cependant son humeur le porte à l'étude, & il ne seroit pas fâché d'acquerir de la reputation & de se distinguer. Que fait-il pour éviter ce qu'il condamne dans les autres ? Il ne prend point de parti. Mais

(a) On donnoit ce nom aux Esclaves qui accompagnoient les Enfans à l'école.

Mais en s'imaginant de n'en point prendre, ne prend-il point celui qu'il trouve le plus à son goût ? Il paroît qu'oui ; & qu'il soûtient le parti qu'il a pris avec la derniére obstination : Toute preuve lui est bonne, & pour lui conserver sa vraisemblance, quand on y répond & qu'on le presse, il n'y a faux-fuyant, par où il ne cherche à échaper. Il prend donc visiblement un parti ; c'est celui de contredire éternellement. Et par là il débute par tomber en contradiction.

2e. Contradiction.

IV. Cette premiére Contradiction est suivie d'une infinité d'autres. Partout, comme on vient de le voir, il pose des Principes & tire des Conséquences. D'où vient tant d'habileté à un homme qui ne sait rien ? N'a-t-il jamais rien appris, lui qui sait si bien poser des Principes & tirer des Conséquences ? D'où sait-il que les genies des hommes sont si différens & que leurs inclinations influent avec tant d'efficace sur leurs raisonnemens (c'est ce qu'il établit dans le Chap. XIV.) Un homme qui a fait ces remarques & qui a réfléchi sur ce qu'elles ont de force, ne connoit il rien ? Valloit-il bien la peine de tant travailler pour découvrir les simples apparences de différens Caractéres ; Caractéres qui paroissoient encore, selon lui, non sur des sujets réels, mais sur de simples apparences de réalité. Disons ce qui en est. Sextus croyoit aussi bien qu'un autre un homme, & d'avoir étudié les différens Caractéres des hommes ; Il croioit aussi bien que les Ouvrages seroient lûs par des hommes, que que ce soit peut-le-croire ; Il n'avoit là-dessus aucun doute ; Mais il vouloit passer pour en avoir, afin de se livrer à son inclination dominante qui étoit de contredire toûjours & de ne tomber d'accord de rien, dès que l'occasion se présentoit de parler de Sciences.

Tout lui est bon pourvû qu'il en puisse tirer quelque argument. Ce Sceptique qui fait profession de ne rien savoir, pose pour principe (Chap. V. I., 11.) que l'homme est composé d'une Ame & d'un Corps, afin de détailler par ordre les différences qu'on remarque entre les hommes, par rapport à ces deux parties. Ce Philosophe si difficile, en matiére de preuves & qui sait trouver du foible, dans ce qui paroit aux autres le plus clair & le plus solidement démontré, tire (Chap. XIV.) une de ses preuves, de ce qui se passe dans les Animaux Brutes, preuve obscure s'il en fut jamais. Les objets, dit-il, paroissent aux animaux brutes très-différens de ce que nous les trouvons ; car leurs organes ne ressemblent pas parfaitement aux nôtres ; Donc nous ne pouvons point nous assurer qu'ils soient effectivement tels qu'ils nous paroissent ; Nous ne pouvons pas même nous assurer qu'ils existent ; Il est des Bêtes à qui les objets paroissent bien plus petits qu'à nous, & cela en divers sens ; Donc nous ne sçaurions nous assurer qu'en dehors de nous, il y ait de l'Etendue, que les portions de cette Etendue ayent quelque figure, quelque repos, quelque mouvement. Il n'y a peut être rien que d'imaginaire dans le pouvoir qu'on leur attribue d'agir par nous, ou sur les Bêtes.

Dans les Chap. XVIII. & suivans jusqu'au XXVIII. Sextus définit avec beaucoup de soin & de subtilité, les termes dont les Sceptiques se servoient. Est-ce là le Caractére d'un homme à qui tout est indifférent, à qui tout paroit égal, en matiére de Théorie, qui ne connoit rien, & qui par conséquent, ne connoit aucune différence entre ce qui est clair & ce qui est obscur. Peut-on rendre clair, ce qui est obscur ? Il répond qu'oui ; c'est un aveu, s'il répond qu'il n'en sait rien, pourquoi définit-il ? Il voit bien qu'on peut lui opposer, qu'un Sceptique, lorsqu'il dit, Cela n'est pas évident ; Je n'en suis pas assûré ; Je ne définis rien, déclare par le langage que les preuves qu'il combat lui paroissent foibles. Enfin il assure qu'il ne détermine rien ; Il ne laisse pas de se faire une espéce de Dogme & d'affirmation, quand il prétend qu'un tel & tel sentiment n'est pas solidement prouvé. A cela il répond que ceux qui font cette objection n'entendent pas le stile des Sceptiques, ou font semblant de ne l'entendre pas : Mais s'il les accuse d'ignorance, il croit en savoir plus qu'eux, il croit entendre mieux ce stile ; car s'il ne l'entend pas lui même, pourquoi reproche-t-il aux autres de ne l'entendre pas, pourquoi s'en sert-il ? S'il accuse ses Antagonistes de mauvaise foi, qu'il évite donc leur faute, & qu'il n'use plus de subterfuges & de déguisemens ; qu'il reconnoisse qu'il y a une différence, du tout au tout, entre expliquer les termes, dont un Philosophe se sert, dans le même sens que lui, & leur en donner un tout opposé. Quand on parle comme les Sceptiques il faut penser comme eux, & se donner garde d'attacher à leurs termes une idée différente de celles qu'ils y attachent eux-mêmes. Un homme qui parle ainsi est aussi convaincu que qui que ce soit l'ait jamais été, de la différence qu'il y a entre une signification confuse & une signification bien précise & bien déterminée.

Mais les Sceptiques après avoir ainsi parlé, pour n'être pas réduits à la nécessité de faire un aveu, changeoient tout d'un coup de langage. *Vos définitions sont-elles bonnes, sont-elles suffisantes ?* PEUT-ETRE, IL NOUS LE PAROIT ; NOUS NE DISONS PAS AUTRE CHOSE, répondoient-ils. Mais il étoit facile de leur répliquer. *Pour ce qui est de moi, il me paroit tout le contraire, & vous ne devés pas en être surpris ; Selon vous on ne va point au-dela des apparences, & ce qui paroit à l'un d'une certaine façon, peut paroitre à un autre absolument différent, sans que l'un puisse alléguer des raisons plus fortes que celles de l'autre, pour soutenir la verité de ce qui lui paroit. Quant à vous il vous paroit que vous n'affirmés rien ; Mais à moi il me paroit que vous êtes très-décisif & très-opiniatre dans vos décisions ; Vous me dirés que je me trompe ; Mais je vous soutiendrai le contraire, & des que vous m'allégurés quelques raison pour me désabuser, je vous écrierai qu'elle vous condamne ; Plus vous ferés d'efforts pour vous faire entendre, plus je me persuaderai que vous vous enlacés ; C'est ainsi que vous me fournissés par votre méthode, des armes pour vous battre & pour vous réduire au silence, à force de vous inquiéter.*

Un Sceptique auroit-il pris plaisir de conferer souvent avec un homme qui l'auroit ainsi harcelé & pour peu qu'il lui fut resté de goût pour la Raison, n'auroit-il pas senti le ridicule de l'esprit de Contradiction, & n'auroit-il pas haï le travers d'un homme qui s'y abandonne ?

Les Sceptiques peu différens en bien des points comme les Dogmatistes.

V. Sextus, comme on vient de le voir, dans l'abregé que j'ai donné de son prémier Livre, se pique tellement d'exactitude, & son esprit est tellement en garde contre tout ce qui pourroit donner lieu à confondre des sentimens, qui se ressemblent, à quelques égars, qu'il employe plusieurs Chapitres à éclaircir la différence de la Philosophie Sceptique d'avec celle de *Protagoras*, d'*Héraclite*, de *Démocrite*, & il pousse la subtilité jusqu'à détailler toutes les différentes maniéres dont les Philosophes appellés Académiciens prenoient le parti de douter.

A quoi bon remarquer toutes ces différences, si l'Esprit humain ne voit rien distinctement ? Peut-être vous imaginés-vous ces grandes différences là où il n'y en a absolument point ? S'il y a quelque apparence que vous avés raison de distinguer les sentimens de *Protagoras* &c. d'avec les vôtres, on est également fondé à croire qu'ils sont précisément les mêmes ; car on ne sauroit dire qu'oui que ce soit, sans que le contraire soit également vraisemblable.

Si Sextus ne s'étoit pas fait un plaisir de Voir & de se former des Idées exactes ; s'il ne s'étoit pas fait une loi de ne rien confondre ; mais au contraire, de prévenir la moindre confusion & la moindre méprise où ses Lecteurs pourroient tomber, se seroit-il donné tant de soins ? Quand il lisoit les Ouvrages des Philosophes qui l'avoient précédé, quand ils les examinoit, afin de distinguer, avec une subtile précision, ce en quoi leur manière de philosopher & la sienne convenoient, d'avec ce en quoi elles s'éloignoient l'une de l'autre, ne s'appercevoit-il pas qu'il lisoit, qu'il examinoit, qu'il distinguoit, & ne s'en appercevoit-il pas avec une Certitude au-dessus de tout Doute? Quand il écrivoit, étoit-il possible qu'il ne fut pas persuadé qu'il écrivoit, & très-persuadé encore qu'il y avoit des hommes pour lesquels il écrivoit? Est-il en la puissance de l'Esprit humain de se figurer un homme qui dit de bonne foi, je ne sai si j'ai des doigts, je ne sai si je tiens une plume, je doute même que j'aïe un corps, mais il me paroit que je puis écrire & tracer sur le papier des caractéres capables de former un sens & de faire passer mes Idées dans l'Esprit des autres; Sans savoir s'il y en a cela de la réalité, ou si ce que je parois faire, se passe tout entier dans mon imagination, je me laisse mollement aller à la fantaisie d'écrire, ou de paroitre écrire. Peut-être y a-t-il des hommes, peut-être n'y en a-t-il point: Mais au cas qu'il y en ait, & que ce papier, dont l'apparence m'occupe, existe réellement, peut-être le liront-ils; peut-être qu'en le lisant, ils me soupçonneront d'avoir été un fou, ou un menteur; peut-être trouveront-ils que j'avois raison; peut-être me croiront-ils ni l'un ni l'autre & qu'ils se détermineront à douter & à demeurer dans le doute: Au cas qu'il y ait des hommes & que ce papier, sur lequel il me paroit que j'écris, passe sous leurs yeux, ils y apprendront en le lisant, à douter qu'ils le lisent, ils y apprendront à douter qu'ils ayent des yeux; s'il y a ni homme ni papier, rien n'est plus extravagant que les Imaginations dont Sextus s'occupe; s'il y a des hommes & s'il écrit réellement, tous ses soins tendent à les faire douter universellement de tout ce qui est réel & de tout ce qui est vrai.

Vritable Idée des Sceptiques.

VI. Cela étant ainsi, quelle Idée doit-on se former d'un Philosophe Sceptique? C'est un homme qui s'est apperçu de beaucoup de méprises, dans les écrits des autres Philosophes; & qui s'est fait un plaisir de les relever. Quand ensuite on lui demande: Ont-ils erré en tout? Ne pourroit-on pas séparer ce qu'ils ont connu de veritès, & s'en servir de fondement pour étendre nos connoissances? Un projet de cette nature lui paroit trop difficile à exécuter; Il ne veut se contraindre en rien, & il aime à s'abandonner mollement à son humeur & à ses fantaisies; Il ne peut se résoudre à renoncer au plaisir qu'ils s'est fait de contredire, pour passer à la peine de chercher & d'examiner, afin de se convaincre au moins d'un petit nombre de veritès. Il trouve qu'il y a beaucoup plus de gloire à tout attaquer qu'à se borner à si peu de chose. *Mais on convenés vous pas, que vous nous avés, que vous avés lû des Livres, que vous les avés combatus, que vous avés raisonné sur de certains principes?* De peur d'être réduit à un aveu, & de se trouver dès-là dans la nécessité de tomber d'accord d'une verité, & dans l'obligation d'en sentir le caractére & de s'en servir pour découvrir d'autres, un homme, dis-je, qui avoit crût d'être réduit là, un homme qui a résolu de demeurer Sceptique, quelque Question qu'on lui fasse, il n'y répond que par des *Peut être; Je n'en conviens pas; J'en doute; Je ne sai*. Une longue habitude le rend à la fin insensible au reproche d'opiniatreté & de mauvaise foi, & à toute la honte qu'y est naturellement attachée.

Cependant ces fantaisies n'étouffent point en lui tout le reste des inclinations naturelles au coeur humain: Il souhaite de passer ses jours agréablement, il n'est point insensible à la Reputation, il seroit fâché qu'on ne manquât d'égars pour lui. Voilà pourquoi, de peur qu'on ne le regarde comme un fou & qu'on ne le méprise, il perd de vue toutes ces chimériques spéculations dans la pratique de la vie; & en même temps qu'il vit comme les autres, il pense aussi comme eux sur bien des sujets, & il ne commence à s'en éloigner, que dès-qu'on commence à conférer sur quelque matière de spéculation. Dans ce cas encore, il ne se peut que la singularité ne l'étonne & ne lui fasse de la peine. C'est par ce motif qu'il cherche à se faire des Disciples qui, à son imitation, dès-qu'une Question sera sur le tapis, s'abstiendront de prononcer quoique ce soit, & attendront que les autres ayent parlé, pour refuter tout ce qu'ils auront dit, sans Goût pour la Verité, sans respect pour l'Evidence, sans aucune envie de la découvrir.

Il y avoit donc bien des sujets sur lesquels les Sceptiques pensoient comme les autres hommes, & ne doutoient non plus qu'eux; Mais dès-qu'il s'agissoit de spéculation, ils aimoient toûjours à dire qu'ils doutoient, & de temps en temps ils se le persuadoient.

Ils doutoient effectivement. Ils fermoient les yeux à la Verité & la fuyoient réellement, sur toutes les Questions dont la décision auroit pu les gêner; Telles étoient les Maximes de la Morale qui pouvoient leur imposer l'obligation de se contraindre sur quelques-uns de leurs panchans.

VII. Le grand goût des Sceptiques étoit pour la Dispute: le plaisir de contredire étoit leur inclination dominante, & ils avoient tourné toute la subtilité de leur esprit à se faire un stile qui leur fournit des subterfuges. Quand on leur demandoit. Comprenés vous qu'*Epicure*, que *Zénon* ayent été d'un tel & tel sentiment, ou si cela vous est obscur & inconnu? Si vous croyés comprendre quelle a été la pensée de ceux que vous refutés, vous croyés comprendre quelque chose, & vous voilà hors du Scepticisme. Mais en parlant ainsi ils éludoient la Question sans y répondre. Je ne vous demande pas si vous comprenés que *Socrate*, ou *Zénon* &c. se soient trompés sur tel & tel sujet; Beaucoup moins vous demandé-je, si vous comprenés qu'ils ayent pensé juste; Je sai bien que vous me repondrés par *Je l'ignore; J'en doute*. Mais je vous demande, si vous entendés le langage de celui que vous refutés; Si vous vous formés une idée de ce que *Socrate* entreprenoit d'affirmer, quand il disoit ceci ou cela? Je vous demande si les expressions dont il se servoit vous paroissent avoir un sens ou n'en avoir point? Si vous doutés qu'il y ait eu un Socrate, si vous doutés qu'il ait affirmé une certaine proposition, qu'il en ait nié une autre, qu'il prétendû établir ce qu'il avançoit par de telles & telles preuves? Si vous ne savés rien de tout cela, pourquoi entreprendre de le refuter, pourquoi dire que ses preuves vous paroissent manquer de force? Il faudroit simplement dire que vous ignorés ce qu'il a pensé & ce que ses expressions signifient. Mais en ce cas-là le Bon-sens ordonne qu'on prenne le parti du silence. *Voulés vous refuter Socrate?* Non, dira un homme raisonnable. *Et pourquoi ne le voulés-vous pas?* C'est que je doute si je suis bien entré dans ses idées & si je ne me veux point hazarder à lui attribuer ce qu'il a peut-être jamais pensé, ni m'amuser à combattre des Chimères qui ne subsistent que dans mon Imagination.

En vain un Sceptique dira, & prétendra se justifier,

Subterfuges des sophistes.

fier, en difant. Il ne me paroit pas que je prétende favoir ce que Socrate a penfé ; Mais il me paroit fimplement qu'il a été dans de telles & telles Idées, & il me paroit que peut-être on peut oppofer aux Argumens, par lefquels il paroit les appuyer, des Objections qui, peut-être, font d'une égale force. Encore me paroit-il que je ne l'affure pas : il me paroit feulement que j'en doute, car je ne le dis pas pofitivement que j'en doute.

Je conçois qu'un homme peut avoir la fantaifie de fe contraindre à parler ainfi, je conçois même que l'habitude lui peut rendre ce langage familier & aifé ; Mais j'avoüe qu'il n'eft pas en mon pouvoir de croire qu'un homme penfe en effet conformément à ce langage ; Un homme qui penferoit ainfi vivroit dans une molle Indolence par rapport à tout ce qui s'appelle Livre & Science. *Je ne fai fi j'ai bien compris la penfée de* SOCRATE. *A bon compte je la refute. Peut-être penfoit-il tout autrement que je me fuppofe ; Peut-être que fes raifons étoient folides & que les miennes n'ont aucune force ; Peut-être ne fais-je ce que j'ai dit quand je parle fur ce fujet, non plus que fur les autres.* Cependant je vai ranger par ordre, ce qui me paroit, le relire, le retoucher & il me paroit que je veux me donner tous les foins que fe donneroit un homme très-perfuadé, pour mettre fes Lecteurs en état de le bien comprendre.

Que penferoit-on aujourd'huy d'un homme qui entreprendroit de refuter un *Toologien Catholique* & qui le fuppoferoit dans les Idées de *Calvin* ? L'Auteur que vous refutés, lui diroit-on, fe tuë de prouver tout le contraire de ce que vous lui attribués. Peutêtre que non, répondroit l'opiniatre Antagonifte ; Il vous le paroit ainfi ; Mais il fe peut que vous vous trompiés du tout au tout. Il n'y a point de Propofition fi évidente qu'on ne puiffe lui en oppofer une toute contraire d'une égale évidence. *Il eft Catholique ; Il eft Calvinifte.* Il y a autant de raifon pour croire l'un, que pour croire l'autre, & ces raifons font d'une force égale.

Peu fûrs....   VIII. Difons ce qui en eft. Les Sceptiques étoient très-perfuadés qu'ils comprenoient le Vrai Sens d'un Auteur qui s'étoit bien exprimé ; Ils oppofoient à la Verité de ce fens là des Argumens, & ces Argumens fouvent ils les trouvoient très-bons, & ils ne doutoient pas que leurs Lecteurs ne s'y rendiffent. Mais ils n'avoient garde de l'avoüer, & ils comprenoient trop évidemment que, par le moyen d'un feul aveu, on les méneroit le plus grand de leurs plaifirs, celui de contredire & de réduire un Antagonifte à fe taire à force de le fatiguer par des *peut-être* & par des *je ne fai*, qui ne finiffoient jamais.

Cét état eft peu naturel, auffi n'étoit-il pas poffible que les Sceptiques paffaffent leur vie dans ces écarts perpetuels du fens commun ; Ils étoient des hommes comme les autres ; Ils aimoient les agrémens de la vie, ils auroient été fenfibles aux injures, la reputation ne leur étoit point indifférente, & ils auroient été très-fâchés qu'on eut manqué d'égards pour eux. Ils prenoient donc le parti de ne difputer pas fans ceffe, de fe rendre agréables aux autres hommes, en obfervant comme eux les Coûtumes & les Loix qu'ils trouvoient établies. Jufques à ce qu'une Queftion qui rouloit fur les Sciences, fut mife fur le tapis, on les trouvoit tous tels que le refte des hommes. Avec tout cela, il ne fe pouvoit que leur fingularité, en matière de Difpute & en Méthode de Philofopher, ne leur fit de la peine ; On a honte de s'écarter fi loin de tous les autres, & fur tout quand ces écarts font violence à la Nature & à la Raifon. De la leur empreffement à fe faire des Difciples & *Ils étoient déterminément réfolus de fe dérober à l'évidence.* à enfeigner de vive voix & par écrit.

„ IX. Voici la Méthode d'argumenter, par le „ moyen de laquelle les Sceptiques fe croyoient in„ vincibles. On ne peut point s'affurer, difoient„ ils, qu'une Propofition foit vraie, plutôt que

„ fauffe, fi on n'a aucune marque fûre pour diftin„ guer le Vrai d'avec le Faux. Jufques ici nous „ avons ignoré cette marque, & nous autres Scepti„ ques avoüons que nous n'en avons aucune connoif„ fance ; fi vous vous croiés plus heureux que nous „ & fi vous êtes perfuadé de l'avoir trouvée, quand „ vous entreprendrés de nous en faire part, j'efpére „ que vous ne nous demanderés pas uniquement d'ê„ tre crûs fur votre parole, car pourquoi rendre „ cette foumiffion à un homme plutôt qu'à un au„ tre, au hazard & fans preuves ? Vous appuyerés „ donc, fur de bonnes Raifons les Inftructions que „ vous nous donnerés, fur le Caractère du Vrai. „ Mais s'il nous arrive de douter de ces raifons, „ parce que nous ne faurons pas à quoi l'on doit „ diftinguer une preuve folide d'une preuve foible ; „ vous nous dirés apparemment que nous avons tort „ de ne nous rendre pas à des raifons qui portent le „ Caractère du Vrai. Eh ! de grace faites-le nous „ connoître ce Caractère tant défirable & apprenés „ nous à nous en convaincre. LE VOILA, dirés „ vous ; Prouvés-le, repliquerons nous ; fi vous avés „ cette complaifance, nous vous prierons d'y ajouter „ celle de mettre vos preuves hors de tout doute, „ & de vous appliquer à nous convaincre parfaite„ ment que le caractère du Vrai y eft empreint. „ La deffus VOUS vous remettrés à prouver : & „ NOUS à vous demander de nous faire voir in„ conteftablement le caractère du Vrai & dans vos „ preuves. Vous voyés qu'il faudra raifonner à „ l'infini, avant que d'acquerir aucune Certitude.

Ce Raifonnement des Sceptiques eft fondé fur cette Propofition. *On ne peut fe procurer aucune Certitude, fi pour s'affurer, il eft néceffaire d'entaffer preuves fur preuves à l'infini.*

Le Sceptique fe fixe là ; Il ne veut point fe laiffer tirer de ce Principe. Ne fait-il pas connoître par là qu'il eft perfuadé, fi ce n'eft de fa verité au moins de fa force, & qu'il le croit très propre à impofer filence à un *Dogmatifte* ? En effet on ne lui contefte point fon principe : On prétend feulement qu'il fe trompe, quand il ajoute. *Or eft-il qu'il faut preuves fur preuves à l'infini.*

Qu'on fe figure un homme qui ne penfe qu'à chicaner & à trouver une Méthode qui le mette en état de ne rien avoüer & de ne fe rendre jamais. Il embraffera fans doute celle que nous examinons. Mais concevons des perfonnes plus raifonnables & qui au lieu de prendre de l'entêtement pour la Difpute, & de fe livrer à l'efpérance de briller par là, tournent toutes leurs penfées à s'inftruire, elles-mêmes pour elles-mêmes, & à découvrir fi l'efprit humain ne peut point parvenir à fe procurer quelques connoiffances fûres. En un mot fuppofons des Sceptiques, qui euffent eu autant d'inclination à s'éclairer & à fe convaincre qu'ils en avoient à difputer & embaraffer, ils auroient dit. On il n'y a point de MARQUE à laquelle on puiffe s'affurer de la Verité ; *ou cette* MARQUE *fe fait fentir* PAR ELLE-MEME, *& eft propre à convaincre l'Efprit,* SANS *avoir befoin de* PREUVES.

Rien n'eft plus naturel que d'ajouter. Ou cette marque fe fait connoître à tous ceux à qui on la préfente, & les force à tomber d'accord de ce qu'on leur propofe, on fon efficace fe borne à convaincre ceux qui fouhaitent, de bonne foi, de s'en inftruire & qui s'y rendent attentifs.

Après cela il n'y avoit plus qu'à dire très-fincérement ; Cherchons une marque de cette nature & de cette force, bien réfolus de nous y rendre, de la refpecter & d'en faire ufage. Dès-là l'EVIDENCE fe feroit infailliblement préfentée. Quand on fuppofe de la *Bonne foi* dans les Sceptiques, on eft furpris de voir qu'ils faffent fi peu mention de l'*Evidence*. Mais comme ils n'en avoient pas d'Idée, que l'Evidence étoit devenuë étrangère à leur efprit, ils la fuïoient fans ceffe. Ainfi au lieu de faire ce raifonnenement si simple & si naturel qu'on vient de lire, on voit Sextus battre la campagne & se donner mille agitations pour s'envelopper de ténébres. Il fait semblant de chercher le *Caractère du Vrai* & il prétend qu'on ne peut le trouver que dans trois *Classes*, qui lui paroissent toutes trois fort obscures. Ces Classes sont *l'Homme*; les *Facultés* de l'homme; les *Objets* sur lesquels ces facultés s'éxercent. De quelle de ces Classes, dira-il, tirera-t-on ce *caractère* ? Sera ce de *l'homme* ? Mais quelle de ses facultés nous le fournira-t-elle ? Sera-ce les *Sens*, ou si ce sera *l'Entendement* ? & si l'homme avoit une fois ce prétendu caractère, à quel Objet en feroit-il l'application ? Après ce début, il se jette à corps perdu dans des généralités & des déclamations vagues sur les Imperfections de l'homme, sur les Erreurs des Sens & de l'Entendement, & par des raisonnemens, tirés par les cheveux, & composés de termes vagues & obscurs, il entreprend de prouver que les Facultés de l'homme ne peuvent ni se connoitre elles-mêmes, ni connaitre les Objets, puis qu'elles ne sont point assurés si les impressions des Objets les représentent effectivement tels qu'ils sont, & produisent en nous quelque chose qui leur ressemble. C'est le sujet des Chap. 5, 6, 7. du II. Livre.

Du But des Sceptiques.

X. Mais avant que de passer à l'éxamen de ce II. Livre, il faut encore faire quelques remarques sur le But prétendu de la Philosophie Sceptique, tel que Sextus le propose Liv. I. Chap. XII.

Les Sceptiques comme je l'ai déja insinué, étoient dominés par les memes inclinations que le reste des hommes; Il ne leur étoit pas agréable de se voir tournés en ridicule; Ils avoient envie de passer pour des hommes raisonnables & même plus raisonnables que les autres : Ils vouloient qu'on leur fit honneur de ce qu'ils se proposoient un But, & un But des plus estimables, *Une Tranquilité solide, au dessus de l'agitation & de la crainte, au dessus de l'Inquiétude & des desirs trop véhémens*. A la verité ils n'avoient garde de dire qu'ils s'étoient d'abord proposé ce But, & qu'ils avoient ensuite découvert les Moiens les plus propres pour y arriver. Ce langage auroit imité de trop près celui des Dogmatistes, & n'auroit pas été assez conforme à leur affectation d'une perpétuelle Incertitude. Ils se contentoient donc de dire, que nécessités à demeurer dans un *Doute universel*, faute de connoitre le Caractère du Vrai, il leur étoit heureusement arrivé de trouver ce qu'ils ne s'étoient pas avisés de chercher, & que les Dogmatistes cherchoient inutilement, une Quiétude charmante, qui leur paroissoit le plus grand bonheur dont la Nature humaine fut susceptible. Les autres hommes, disoit Sextus, se persuadant que *ceci* est véritablement un *Bien*, & que *cela* est véritablement un *Mal*, c'est une nécessité qu'ils souhaitent ardemment l'un, & qu'ils s'inquiétent dans l'apprehension de le manquer; qu'ils redoutent l'autre & se troublent par la crainte d'y succomber. Mais *pour nous*, continuoit-il, *qui ne savons surement ni ce qui est Bien, ni ce qui est Mal, qui ne décidons rien sur ce qui est UTILE, ni sur ce qui peut NUIRE, nous ne désirons rien fortement, de peur de désirer du mal, & de travailler à nous l'attirer ; Nous ne craignons rien non plus, parce que nous ne savons pas si ce que nous craindrions est un mal*. Tout cela n'est qu'un Verbiage. C'est ainsi que peuvent parler des gens qui ne font pas attention à ce qu'ils disent, & pour qui c'est assés d'éblouir les autres, & quelquefois d. s'éblouir eux-mêmes. Un homme, qui penseroit en effet conformément aux paroles que nous venons de tirer de Sextus, passeroit sa vie dans une Ignorance & dans une Inaction qui tiendroit de la Stupidité. Pourquoi m'instruirois-je, pourquoi continuerois-je à lire, & à réfléchir sur les Idées, qui se présentent à mon esprit, ou sur celles que les Discours des autres hommes y font naitre, à ce qui me paroit. Peut-être parviendrois-je à des Connoissances qui me seroient fatales. Peut-être tomberois-je dans de nouveaux Doutes trèsper-nicieux. Pourquoi entreprendre une Profession ? peut-être fera-t-elle pour moi une source de malheurs. Pourquoi acheter une Maison ? peut-être m'écrasera-t-elle. Mais elle est toute neuve. Dites qu'elle le paroit, & ajoûtés que cela est très-incertain, & que le contraire n'est pas moins vraisemblable. Plongé dans ces incertitudes je demeure tel que je me trouve & je ne me donne aucun mouvement pour changer d'état.

Les Sceptiques n'avoient garde d'en user ainsi ; car ils vivoient quelquefois conséquemment à ce qu'ils pensoient, & non pas toûjours conséquemment à ce qu'ils disoient. *Nous suivons*, disoient-ils, pour se justifier, *ce que nous trouvons établi*, nous nous *laissons entrainer à l'éxemple des autres*. J'en conviens, leur aurois-je répondu : Mais alors vous abandonnés vos Maximes. Pourquoi vous régler sur la Coutume, pourquoi ne pas faire tout le contraire ? vous savés peut être si ce sera pour vous un bien de vous y conformer. *Mais nous ne savons pas non plus si ce sera un mal*. Eh bien demeurés en repos, laissés faire aux autres ce qui leur plaira; mais abstenés vous de les imiter, & de les contrarier, comme vous vous abstenés de décider si prendre l'un de ces partis est un bien pour vous, ou si c'est un mal.

Un Pyrrhonien, dira-t-il; Nous prenons le parti de faire comme les autres, parce que, pour ne rien décider, il nous paroit que si nous en usions autrement, on nous mépriseroit, peut-être iroit-on plus loin, on nous maltraiteroit ? En un mot il nous paroit que nous nous exposerions à divers inconvéniens, & que nous nous priverions de beaucoup de douceurs. Je vous entens. Une fois il vous arrive que vous portez à un aveu ; vous reconnoissés que vous prenés un parti, parce que vous présumés qu'il est le meilleur. Que ce soit Décision ou Présomption, Certitude ou Vraisemblance, vous oubliés en cela votre grande Maxime ; vous n'êtes plus en suspens, & vous ne dites plus ; Les Raisons qui paroissent devoir me déterminer à ce parti, ne sont nullement supérieures, ni en force ni en vraisemblance, à celles qui paroissent devoir me déterminer à prendre le parti opposé.

Pour se mettre à couvert de ce reproche, & paroitre d'accord avec eux mêmes, les Pyrrhoniens pourroient ajoûter qu'ils ne se déterminent pas par lumière, & par connoissance & ensuite de quelque conclusion que leur Entendement ait tiré de quelque Principe reconnu pour vrai ; Ils se laissent aller au panchant qui les entraine à imiter des autres hommes, à lire comme eux, à discourir, à embrasser quelque profession honorable ou lucrative.

Mais si des panchans aveugles, si des inclinations, auxquelles la lumière n'a aucune part, en un mot si des Fantaisies, sur lesquelles la Raison ne préside point, sont les seuls principes qui mettent les Pyrrhoniens en mouvement : Ils ne doivent pas espérer d'obtenir des autres hommes, l'estime & l'amitié dont il leur paroit qu'ils ont besoin. Aujourd'hui une aveugle Fantaisie vous détermine à entrer dans mes Intérêts : Dans un mois une autre vous engagera à me trahir. Le moyen de se fier à un homme qui n'a point de Principe fixe, qui fait profession de ne point consulter une Raison toujours semblable à elle-même, qui ne traite de Chimère, & dès qu'on entreprend de raisonner avec lui, prend incontinent le parti de ne convenir de rien, mais d'éluder tout ce qu'on essaye de lui dire, pour le persuader, & de soûtenir le contraire.

Les Sceptiques se servoient encore d'une autre défaite pour se mettre à couvert du reproche qu'on leur faisoit de philosopher d'une manière à jetter dans une stupide & absolue inaction. De certains panchans, disoient-ils, que nous suivons, tout comme les autres, nous en tirent assés. La Faim nous sproche des alimens & nous fait prendre : La Soif nous fait

fait boire, sans le secours d'aucun raisonnement; Il en est ainsi de tout le reste. La Maladie nous fait chercher le Médecin; Il est déterminé par une apparence de constipation & de plénitude à ordonner une apparence de purgation &c. Voilà comme on parle, quand on se fait une Loi de ne demeurer jamais court: Mais ce n'est point ainsi qu'on pense, quand on s'en fait une très-expresse de se rendre attentif à ce qu'on pense & de ne pas se contredire.

Un homme qui n'a rien mangé, & qui a pris tout le jour beaucoup d'éxercice, quand, sur le soir, il apperçoit du pain sur une assiette & de la viande sur une autre, il se trouve dans le cas de la réponse des Sceptiques. Mais un homme qui n'est point pressé de la faim, & à qui on demande, s'il veut terminer une affaire avant dîner, ou s'il trouve plus à propos de la renvoyer après midi, cet homme-là ne se trouve point dans un état purement passif, il n'est point déterminé d'un côté ou d'un autre par des impressions semblables à celles qui font agir les animaux brutes; Il réfléchit, & il se détermine au parti qui lui paroît le meilleur. Un malade envoye-t-il quérir le prémier Médecin dont on lui parle? Un homme qui a un procès s'abandonne-t-il au prémier Avocat qu'il rencontre? S'arrête-t-il à la prémiére raison qui lui vient dans l'esprit, parce qu'il est déterminé depuis longtems, à compter toutes les raisons pour égales? Un Sceptique arrive dans un Païs; On l'avertit de ne manger pas de tous les fruits qui lui paroîtront beaux & de bon goût, parce qu'il y en a de tels qui sont des poisons. Après cét avertissement s'abandonnera-t-il en machine aux impressions des Sens? Ne consultera-t-il pas? N'étudiera-t-il pas son tempérament? N'écoutera-t-il pas sa Raison? Il n'est pas possible aux hommes de dépouiller entiérement la Nature humaine; Ils sont nés pour vivre en Etres raisonnables, & quelques efforts qu'ils fassent pour tâcher de ne l'être pas, ils le font de tems en tems; Ils sentent l'Evidence & ils s'y soûmettent. Un Sceptique s'y rend, parce qu'il s'en trouve bien, On le surprend dans un si bon moment: On entreprend de le lui faire remarquer. Quand on lui rend ce bon office, il devroit s'y prêter lui même & dire. La Lumiére nous fait voir, & il seroit ridicule de supposer qu'il faut une seconde lumiére pour faire appercevoir la prémiére, une troisiéme seroit de même nécessaire pour faire sentir l'effet de la seconde; & ainsi consécutivement. On n'a pas besoin non plus d'une seconde chaleur, ou d'une seconde douleur, pour faire sentir la prémiére, ni d'une troisiéme pour faire sentir la seconde. Il en est de même de l'Evidence: Elle mérite, par elle-même, nôtre acquiescement. On ne sauroit y résister dès-qu'on s'y rend attentif; On ne peut point aller au delà, ni en imaginer de plus forte & de plus efficace. Mais au lieu de faire cét aveu, un Sceptique a honte d'avoir pensé quelque chose d'approchant; Pour se retracter plus hardiment, il en détourne son attention, il l'oublie, il nie d'avoir consulté l'Evidence, de l'avoir sentie & d'avoir conclu, qu'après elle il n'y avoit plus à délibérer. Sans savoir, ajoute-t-il, si je faisois bien ou si je faisois mal, si je pensois conformément à ce que je dois ou si je me trompois; je me suis mollement laissé aller à de simples apparences, sans me donner la peine d'examiner, peine superflue, pendant que je ne sai point de quelle maniére il faut s'y prendre pour examiner sûrement.

Les Sceptiques ne sauroient se tirer d'un embarras, sans se jetter dans un second. Ils s'abstiennent d'examiner, parce que ce seroit une peine superflue; Cela est bien pensé, si l'on pose qu'on ne sait pas comment il faut examiner & qu'on ne peut pas le savoir; En se dispensant de cette peine ils suivent donc l'Evidence. D'un autre coté ils ont tort, car ils devroient s'éxercer à éxaminer & le faire de bonne foi, dans la pensée que peut-être ils pourroient en découvrir la vraie méthode. Mais qu'on leur représente ce que je viens de dire, ou qu'on y joigne d'autres choses, on ne fait que réveiller leur fantaisie pour la Dispute. Ils recommencent à dire. Ce ne sont là que des apparences: *Prouvés, Prouvés encore. Nous demandons une nouvelle preuve &c.*

Mais cela posé, pourquoi se féliciter d'être entré dans une route plus propre à rendre la vie heureuse, pourquoi y inviter les autres? Prouvés moi les avantages du parti que vous avés pris. Mais ici ne trouvés pas mauvais que je vous imite & que je vous dise. Préparés-vous à joindre une seconde preuve à la prémiére, une troisiéme à la seconde, & ainsi à l'infini. A force de vous imiter, je vous contredirai toujours, & je vous réduirai à l'impuissance de me rendre votre Disciple, au moins sur l'Article qui vous paroit faire l'éloge de votre Philosophie. Jamais vous ne me prouverés que vous n'êtes pas des foux & que vous ne vivés pas misérablement.

Si les Sceptiques s'étoient consultés sincérement, ils auroient senti qu'ils ne tiroient point ce qu'ils trouvoient de plus agréable dans la Vie, de leur Incertitude sur ce qui est bon & sur ce qui est mauvais, de leur doute sur l'utile & sur le nuisible. Leur conduite les démentoit. Ils suivoient ce qui leur paroissoit le plus convenable, & quand ils le suivoient, ils le trouvoient vraisemblablement tel.

On a dit pourtant que quelques-uns vivoient conséquemment. Il s'est trouvé, à ce qu'on dit, des Sceptiques qui se seroient jettés dans le feu, dans l'eau, dans les précipices, si leurs amis ne les en avoient empêché. Je conçois qu'à force de contrefaire le fou, on peut le devenir, & pour en avoir trop longtems affecté les apparences, on le devient quelques fois. On se rend familier un langage, on s'y assujettit & à la fin on pense comme on parle. Alors un Sceptique vient enfin à dire intériurement. *Je marchois en avant, pourquoi rebrousserois-je en arriére? Peut-être que le plus grand danger se trouve du côté ou je rebrousserois. Je n'en sai rien, & voilà pourquoi je continue comme j'avois commencé.*

Mais pourquoi ses gens-là suivoient-ils le conseil de leurs amis, plutôt que leurs prémiéres idées, puisqu'ils ignoroient lequel des deux seroit le mieux? Il y a bien de l'apparence que s'ils avoient été seuls, ils ne se seroient point précipités, & qu'ils n'en prenoient le chemin que parce qu'ils étoient bien assurés qu'on les en retireroit. Mais ils auroient été bien étonnés de l'ami, de qui ils attendoient cet office, véritablement Sceptique, ou très-résolu d'en observer tous les dehors, avoit dit: Peut-être lui attirerai-je quelque malheur en me hazardant de lui faire changer de route; *Non seulement je ne suis point assûré* qu'il va se faire du mal, je ne vois pas plus d'apparence à craindre qu'il se fera du mal, qu'à espérer qu'il se fera du bien. Je le laisserai donc suivre sa fantaisie; Nous n'avons point d'autres Régles.

Diogéne Laërce rapporte qu'Anaxarque étant tombé dans un fossé & fut vû de Pyrrhon son disciple, sans en recevoir aucun secours. On blama Pyrrhon, mais Anaxarque son Maître, loin de s'en plaindre, loüa cét esprit indifferent & qui étoit sans tendresse naturelle. *ἔτυπτε τὸ ἀδιάφορον, καὶ ἄστοργον αὐτοῦ.* Diss. de M. Bails Tom. III. pag. 734.

Tout cela n'étoit qu'affectation. Pyrrhon se fâchoit un jour contre sa sœur, & lors qu'on lui remontra que ce chagrin ne s'accordoit pas avec l'indolence dont il faisoit profession, il répondit, *Pensés-vous que je veuille mettre en pratique pour une femme cette Vertu?* Quelle conduite! Il ne se servoit pas de la Philosophie pour se garantir d'une agitation désagréable en elle même. Mais il s'en servoit pour s'empêcher de faire une action, par elle même très-satisfaisante, secourir un homme qui étoit son Maître. En public la vanité le dominoit; dans le particu-

pag. 735.

ticulier elle ne prévaloit pas sur son humeur.

Quand on reprochoit aux Pyrrhoniens que leur Philosophie alloit à faire de très-mauvais Citoyens; Ils répondoient *C'est tout le contraire: Personne ne vit plus soûmis aux Loix & aux Coûtumes que nous*, qui les *suivons comme bonnes par-là même que nous les trouvons établies, & qui ne nous exposons point*, par des *examens hardis & téméraires*, à nous imaginer qu'on devroit faire quelque changement dans les Loix & quelques corrections dans les Coûtumes. Mais est-ce observer les Loix & les Coûtumes que d'affecter de ne point secourir son bienfaiteur, lors même qu'on peut le faire sans peine & sans danger?

Il ne faut pas s'étonner si des gens accoûtumés à parler autrement qu'ils ne pensoient, n'étoient pas d'accord avec eux-mêmes. Je destine la Troisiéme partie de cét Ouvrage à l'éxamen de la Philosophie de M. Baile. Mais qu'il me soit permis d'anticiper cét examen par une Remarque. M. Baile après avoir rapporté la singularité qu'on vient de lire au sujet d'Anaxarque & de Pyrrhon, blâme effectivement Pyrrhon; *Il devoit*, dit-il, *ce secours à un Inconnu*, *à plus forte raison le devoit-il à son Professeur*. Mais en même temps il ajoute, après avoir rapporté la réponse d'Anaxarque. *Que pourroit-on faire de plus surprenant sous la Discipline de la Trope*. Admire-t-il Anaxarque comme un Saint, ou censure-t-il une partie des Moines comme des Visionnaires qui outrent le Mépris de la Vie & de ses Douceurs.

pag. 734.

Un homme qui ne sait rien, qui n'espère pas de rien apprendre, qui ne sait si la Verité est quelque chose de réel, ou si ce n'est qu'une Chimère, qui doute même si de deux propositions directement & totalement contraires l'une à l'autre, il faut que l'une soit vraïe & l'autre fausse, qui est réduit à dire: Peut-être sont-elles également vraies, peut-être sont elles également fausses; Un homme qui ne sait ni d'où il vient, ni où il va, qui ne sait s'il y a un Dieu, ou s'il n'y en a point, s'il en est approuvé ou haï, s'il est possible qu'il ait un jour quelque part à ses faveurs, ou s'il est destiné à éprouver éternellement son indignation; S'il doit son éxistence à une Cause Bonne & Juste, ou à un Principe Injuste & Cruel, autant juste que Puissant; Un homme qui regarde cette derniére Proposition comme aussi vraisemblable que qu'elle qu'il soit possible d'alléguer; Un homme qui ne connoit aucune Différence essentielle entre le Vice & la Vertu, ne sait si l'un ne vaut pas plus que l'autre, si le vice ne mérite point la préférence, si l'éclat de la Vertu n'est point un faux éclat, & si réellement elle n'est point une chose abominable. Un homme qui ne peut pas compter si celui qui paroit aujourd'hui son ami ne l'étrangera point demain, & qui en raisonnant sur ses principes, & suivant sa Méthode ordinaire, trouve cette derniére Proposition aussi vraisemblable qu'aucune autre, quelle satisfaction est-il en état de goûter? La vie ne lui sauroit paroitre préférable au Néant, à moins qu'il ne se contredise. Si par l'effet de son tempérament, ou de ses habitudes, il se trouve débauché, voluptueux ou fourbe, ou cruel, ou simplement contredisant, il éprouvera quelque douceur à suivre ces panchans & à se fera l'unique motif, qui, malgré ses doutes & ses incertitudes, le déterminera à préférer la vie à la mort.

Le But, dont les Sceptiques tiroient leur gloire, renfermoit donc une contradiction palpable. *L'ignorance où je suis sur la verité ou sur la réalité de ce qui paroit Bien & de ce qui paroit Mal*, m'empêche d'être agité de *Désirs & de Craintes*; & m'affermit dans une tranquilité inébranlable. Voila mon but, disoit ils. C'est tout le contraire; leur dira une personne qui raisonne de bonne soy: Car s'ignorant si mon état présent tournera à mon avantage ou à mon malheur; ne connoissant aucun

moïen sûr pour me rendre heureux, ni pour me garantir de misére, qu'est-ce qui me rassurera contre la Crainte? Pour vivre au dessus de la Crainte, ce n'est pas assés de savoir que le Mal pourroit n'arriver pas; Il faut que je sache du moins très vraisemblablement, qu'il n'arrivera pas: Il y a plus, car dans l'Hypothése des Sceptiques, cette Proposition *Peut être qu'il ne m'arrivera pas du mal*, est en elle-même incertaine, & celle-ci, *Peut-être m'est-il impossible de l'éviter*, n'est pas moins croyable. Un homme est-il au dessus de la Crainte, lorsque, par la situation où la Philosophie a mis son esprit, cette Proposition *Peut-être n'éviterai je point les plus grands malheurs*, est pour lui aussi vraisemblable qu'aucune autre. Il faut être bien abruti pour tenir contre cette Idée.

Mais il y a bien apparence que les Sceptiques se contentoient de tenir ce langage, qu'ils ne pensoient point ainsi; leur Cœur souhaitoit des biens, il s'en promettoit; leur Esprit connoissoit les moïens de s'en procurer, & ceux de se mettre à couvert du mal; Ils sentoient que ces moïens étoient en leur puissance; Ils le sentoient, dis-je, directement, quoique, par l'effet de leur fantaisie & de leur entêtement pour leur hypothése, ils évitassent de réfléchir sur ce qu'ils sentoient & sur ce qu'ils croioient.

Le cas qu'ils faisoient de leur But, & la conséquence qu'ils en tiroient pour préférer leur hypothése à celle des autres, prouve qu'ils vouloient être heureux, qu'ils avoient pensé aux moïens de le devenir, & qu'ils croioient d'avoir rencontré le plus propre. Sans cela pourquoi faire mention de leur but? Pourquoi dire qu'ils s'en proposoient un? Pourquoi recommander leur hypothése, & par le mérite de son But, & par son efficace à y conduire?

SECTION III.

Examen du second Livre des Hypotyposes ou du Tableau du Scepticisme.

I. J'AI compris qu'il seroit à propos de donner une Idée du Scepticisme, en faisant une Traduction abregée du prémier Livre de Sextus; Mais je n'ai pas jugé nécessaire de traduire de même les deux suivans. S xtus s'y applique à combattre tous ceux qui soûtiennent quelque sentiment; ses argumens vont à ébranler toute certitude. Je les rapporterai dans leur ordre, & je répondrai toujours à celui que j'aurai rapporté avant que de passer à un suivant, c'est-à-dire que j'interromprai, par mes remarques, les citations que je ferai de Sextus.

Dessein.

II. CE SECOND Livre ne renferme que des généralités. Sextus s'y borne à combattre les Logiciens, & à prouver que l'on n'a aucune Méthode qui conduisse sûrement à la découverte de la Vérité aucunes Régles sur lesquelles on en puisse juger, sans crainte de se tromper; ou du moins il travaille à rendre suspect & très-douteux tout ce qu'on a avancé là dessus.

Idée du II. Livre.

III. QUAND les Sceptiques entreprenoient la refutation des autres Philosophes; quand ils entreprenoient d'affoiblir tout ce qu'ils avoient allegué de Preuves, rien n'étoit plus naturel que de leur demander. Vous trouvés-vous d'humeur à vous battre, sans hazard, contre des Ombres? Vous éxposés vous à n'attaquer que des Chimères, & à refuter des sentimens que personne n'a jamais eu? car, selon vous, il est précisément aussi vraisemblable que les Philosophes que vous éxaminés n'ont jamais pensé ce que vous leur faites dire, qu'il peut-être vraisemblable qu'ils l'aient pensé: Il est également vraisemblable qu'ils n'ont jamais écrit,

Prémier Chapitre & nouvelle preuve des Subterfuges dans les Sceptiques.

écrit, & qu'ils n'ont jamais existé.

Et certes quand les Sceptiques étaloient ces différens sentimens, dans lesquels les hommes se sont partagés, & qu'ils prétendoient établir la nécessité de l'incertitude, sur ces différences, reconnoissoient-ils, ne reconnoissoient-ils pas ces différences? S'appercevoient-ils que les Philosophes qu'ils combattoient étoient d'accord entr'eux, ou qu'ils ne l'étoient pas? La différence de leurs sentimens & l'opposition de leurs Dogmes, leur paroissoit-elle une preuve qu'il y avoit de l'erreur de quelque côté? Etoient-ils persuadés que deux sentimens opposés ne peuvent pas être vrais l'un & l'autre, ou s'ils en doutoient encore? Quand l'un dit, *Il est Jour* & l'autre, *Il est Nuit*, un Sceptique oseroit-il dire, *Peut-être que tous deux se trompent*, Peut-être qu'aucun ne se trompe? Il en seroit de même quand l'un diroit, 4 est un nombre pair, & l'autre, 4 est un nombre impair. Je veux qu'un Sceptique ait l'assurance de dire, qu'il ignore quel des deux dit vrai, n'est-il pas assuré qu'il n'y a qu'une de ces propositions qui puisse être conforme à l'état réel des choses dont on y parle.

Sextus sentoit bien que cette Objection doit se présenter très-naturellement; & qu'elle alloit à répandre du ridicule sur tout son dessein; Voilà pourquoi il se croit obligé de la prévenir & il y destine le *prémier Chap.* de son *Second Livre*. Mais il ne la propose point dans sa force; & il avoit ses raisons pour la déguiser, sans cela il n'auroit pas pû s'éluder comme il fait.

„ Nous n'assurons point (c'est sa réponse) que
„ nous comprenions qu'un tel & tel sentiment est
„ bien celui d'un Auteur, dont nous éxaminons les
„ preuves: Nous nous contentons de dire qu'ils
„ nous le paroit ainsi, & dès-là nous ajoûtons que
„ les preuves, dont il paroit se servir pour l'établir,
„ ne nous paroissent pas convaincantes.

Je n'ai point affoibli sa réponse, j'ose même assurer que je l'ai énoncée plus clairement que lui. Mais il faute aux yeux que toute cette réponse n'est qu'un échapatoire, qui ne fait pas honneur à sa bonne foi. Qui pourra se persuader qu'un homme veuille se donner la peine d'éxaminer les sentimens d'un Auteur, sans aucune espérance d'entrer dans sa pensée; qu'il se hazarde de le réfuter, parfaitement incertain si cét Auteur qu'il réfute n'étoit point dans les mêmes sentimens que lui, incertain encore jusqu'au point d'ignorer si son Livre trouvera un Lecteur.

De plus ce qui paroit à un Sceptique. Au cas que ce qui vous paroit le sentiment d'un tel, ait été en effet son sentiment; au cas que les preuves qui vous paroissent foibles, soient effectivement foibles, & qu'il les ait pourtant adoptées comme convaincantes, au cas que tout cela fût, ne se seroit-il pas réellement trompé? **Un Sceptique répondra-t-il en disant,** *Je ne sai, j'en doute. Quoi! vous osés dire que vous doutés qu'un cas qu'il y eut des hommes, un homme se trompât, s'il lui arrivoit de compter pour convaincantes des preuves qui loin de l'être, étoient à établir tout le contraire de la Verité, & à persuader que ce qui est n'est pas, & que ce qui n'est point, existe effectivement?*

Force de l'Essence. IV. ON AURA beau me répondre que tout cela ne pose rien en fait. Le Raisonnement que je viens de faire, établit incontestablement une Liaison, qui se fait sentir, entre les deux parties d'une Proposition Conditionelle. Une Evidence irrésistible force à reconnoitre cette Liaison, & on se convainc qu'on ne doit, ni qu'on ne peut se refuser à cette évidence. Un homme qui s'efforce d'en détourner son attention, & qui affecte de ne point écouter ce qu'on lui propose de plus clair, de plus simple & de plus démonstratif, par sa clarté & sa simplicité, ne mérite plus qu'on lui parle.

Chap. III. V. „ ON DONNE, dit Sextus, le Nom de
„ *Criterium* à ce par le moien de quoi on juge de
„ la Réalité des choses; Et il y en a de trois sortes.
„ Un TRES-COMMUN, mais peu sûr; C'est
„ la *vuë* & les autres *Sens*, dont les rapports ne sont
„ pas toujours éxacts, & auxquels on ne peut pas se
„ fier. On en a introduit de MOINS COM-
„ MUNS pour l'usage de la vie, comme sont les
„ *Balances* & les autres *Mesures*. Enfin il y en a de
„ TRES-PARTICULIERS & les *Dogmatiques*
„ prétendent en être en possession, & pouvoir s'as-
„ surer par-là de la Verité.

Ces distinctions, ces pas mesurés, ne portent-ils pas visiblement le caractère d'un homme qui pense comme les autres, & qui use des mêmes précautions, dès-que la fantaisie de chicaner ne l'occupe pas.

VI. „ C'EST en vain qu'on prétendroit trouver *Chap. IV.*
„ ce *Criterium*, c'est à dire ce signe, cette marque,
„ ce caractère sûr, auquel on reconnoitroit une pro-
„ position pour vraie, sans aucun mélange de dou-
„ te, on ne sauroit ni le trouver, ni le faire con-
„ noitre aux autres, quand même on l'auroit trou-
„ vé; car il est naturel de se demander à soi-même
„ & d'entendre les autres qui demanderont. *Ce ca-
„ ractère est-il bien sûr*: *A quoi le reconnoissés-vous
„ pour tel?* Qu'on allégue ce qu'on voudra; c'est
„ donc-là la Marque, dira-t-on, d'un caractère sûr
„ lequel on peut, & on doit se reposer; Mais à
„ quoi connoissés vous que cette Marque ne sauroit
„ être trompeuse, & qu'elle n'est nullement équivo-
„ que? Il n'est pas permis de donner cela pour dé-
„ montré, sans le secours d'une Démonstration, qui
„ aura elle même besoin d'être autre & ainsi à l'in-
„ fini. On ne sauroit donc jamais établir aucune
„ preuve incontestablement.

Les Pyrrhoniens ne se faisoient pas une peine de redire souvent la même chose. Les Ouvrages de Sextus sont plains de répétitions; & c'est ce qui en rend la refutation ennuieuse, mais qu'y faire! on est forcé à l'imiter, & c'est l'effet ordinaire de l'entêtement. De plus les Pyrrhoniens trouvoient leur compte à ramener les mêmes raisonnemens; Par-là ils éblouïssoient, ils étourdissoient. A force d'écouter leurs Paradoxes on se les rendoit familiers, & après en avoir souvent été ébranlé, on s'en laissoit enfin persuader.

J'ai déja fait mes réflexions sur cette Méthode des Pyrrhoniens, qui étoit leur grande ressource & *leur cheval de bataille*. J'ajouterai ici qu'un homme qui ne se propose que le plaisir de parler le dernier en disputant, ne sauroit prendre un parti qui le conduise plus surement à son but que celui que je viens de répéter après Sextus. Pourvû qu'il s'obstine à demander preuve sur preuve; en refusant constamment son attention à toutes celles qu'on lui alléguera, il lassera infailliblement son Antagoniste, qui sera enfin obligé de se retirer, sans avoir gagné un pouce de terrain.

Mais un homme éloigné de ce plaisir inhumain que bien des gens trouvent à contrecarrer les autres & à les fatiguer; qui se propose prémièrement, & de tout son cœur, à s'instruire lui-même & à découvrir, s'il est possible, la route de la Verité; comprend d'abord qu'il en faut abandonner la recherche. Si pour s'en assurer, il faut nécessairement preuve sur preuve à l'infini, & s'il n'y a aucune preuve qui puisse, par elle-même, être convaincante. Mais en se parlant ainsi à soi-même, il l'a déja trouvé cette preuve si nécessaire. Il n'a qu'à faire de preuves, pour s'assurer qu'on ne peut rien prouver, s'il est nécessaire d'ajouter preuves sur preuves à *l'infini*. Car cette proposition est d'une évidence qui force. Il voit donc par-là qu'il y a des Propositions qu'on ne peut refuser d'admettre, dès-qu'on s'y rend attentif. Dès-qu'il en veut trouver de cette nature, elles se présentent en foule. *Deux fois 2 sont-ils quatre? sont-ils plus? sont-ils moins?* Ai-je besoin de preuves pour m'en assurer? Ai-je besoin d'entasser preuves sur preuves à l'infini, pour m'assurer *que je sens réellement que je pense; que j'ai l'idée* de l'exiſtence, que par le ſentiment de ma penſée je me convaincs, ſans aucun mélange de doute, que je penſe & que j'exiſte ? D'où me viennent ces certitudes ? De l'évidence même de ces propoſitions : Evidence à laquelle je ne ſaurois me refuſer, dès-que je veux m'y rendre attentif, me dépouiller de l'eſprit de chicane, & que je ne débute pas par la réſolution invincible de ne me rendre jamais quoi qu'on me diſe, & de fatiguer les plus inépuiſables raiſonneurs, par des faux-fuyans éternels & une inſurmontable opiniâtreté.

Chap. V. VII. ,, QUI eſt-ce qui feroit ce diſcernement
,, du vrai d'avec le faux ? Ce ſeroit l'homme. Mais
,, comment l'homme connoîtroit-il les objets qui
,, ſont au dehors de lui ? Il ne ſe connoît pas ſeu-
,, lement lui-même. Qu'on demande aux Philoſo-
,, phes ce que c'eſt que l'Homme. Démocrite vous
,, répondra que l'Homme eſt cét Etre que chacun
,, de nous connoît par ſon propre ſentiment. Mais
,, nous connoiſſons auſſi les Chiens : Donc les Chiens
,, ſeroient des hommes.

Il ne s'agit pas de ſavoir, ſi cette réponſe de Démocrite, renferme une définition de l'homme éxacte, élégante, complete, & faite avec tant d'art qu'on ne puiſſe y rien ajoûter qui ne ſoit ſuperflu. Il s'agit ſeulement de ſavoir s'il n'eſt pas vrai que nous connoiſſons aſſez l'homme pour le diſcerner d'avec les Pierres, les Plantes & les autres Animaux. Il s'agit encore de ſavoir ſi on ne peut pas aiſément connoître aſſez ce que l'on eſt, pour s'aſſurer qu'on eſt capable de parvenir à quelque connoiſſance.

,, Il n'y a point d'homme, ajoûte Sextus, qui
,, ſoit égal de tous les autres. Donc il n'y a
,, point d'homme, ſelon Démocrite, puiſque l'hom-
,, me eſt un Etre que tous connoiſſent.

C'eſt-là une chicane viſible, & par-là même ridicule & que les Logiciens appellent un *Jeu d'équivoque*. Démocrite prétendoit ſimplement, que chacun a quelque connoiſſance de ſoi-même, une connoiſſance qu'il n'a pas beſoin de tirer des inſtructions d'autrui.

Il faut s'être fait une grande habitude de chicaner, pour ne pas s'appercevoir que l'empreſſement d'entaſſer des Objections, tel qu'on le voit dans Sextus, fait tomber dans des puérilités.

Epicure, ennemi des vaines ſubtilités, avoit dit,
,, Celui qui demande ce que c'eſt qu'un homme, il n'y
,, a qu'à ce préſenter un ; le lui faire voir c'eſt le dé-
,, finir. Mais dit Sextus, *Celui que l'on préſentera
ſera bien un homme, mais celui qui le produira n'en
ſera pas un, car autre eſt de préſenter, & autre d'être
préſenté.*

J'aurois honte de continuer ces impertinences ; On voit, dans Sextus raiſonnant ainſi, le caractére d'un homme qui ne cherche qu'à entaſſer des Objections, & qui ne ſe plait qu'à chicaner : on voit que s'inſtruire eſt le moindre de ſes ſoins, & que le Scepticiſme eſt l'*Eponge du Bon Sens & de la Bonne Foi*.

Je viens de ce qu'il dit de plus ſpécieux, quoiqu'il ne le ſoit guére. " *L'Homme eſt compoſé de
,, Corps & d'Ame.* Quant au Corps on n'en voit que
,, la ſurface.

Je veux que ce ſoit-là tout ce que les yeux connoiſſent ; le Sens du toucher ne nous apprend-il pas que cette ſurface eſt le dernier terme d'une Etendue ſolide, & l'Entendement n'a-t-il pas l'idée de l'Etendue & de pluſieurs de ſes propriétés ?

,, L'Ame, continue-t-il, eſt bien plus incompré-
,, henſible. Comment ce qui ne ſe connoît pas
,, ſoi-même ſeroit-il capable de connoître quelque
,, choſe ?

Je dirois là deſſus à un Sceptique. Vous avoués qu'il vous paroît que vous voiés, & qu'il vous ſemble que c'eſt par le moien de l'œil que vous voiés ; mais *il ne vous paroît pas que l'œil ſe voie lui-même*; Donc *il ne vous paroît pas ſeulement que vous voiés*, vous ne pouvés pas ſeulement dire cela. Il y a plus vous ne pouvés pas même dire que vous doutés ni qu'il vous paroît que vous doutés. *Vous ignorés ſi vous doutés, ou ſi vous ne doutés pas*, car il ne vous paroît pas que vous connoiſſés ce qui doute.

On voit par là que l'on peut ſentir quelques actes, & s'appercevoir qu'on les ſent, quoique l'on ne connoiſſe point à fond la nature de la Faculté qui les ſent, ou qui paroît les ſentir.

Je ſens que je penſe, cela me ſuffit pour me convaincre que je penſe, quand même je ne connois point à fond la nature de la Subſtance qui penſe. Je ſens que j'ai des Idées de l'*Affirmation* & de la *Négation*; je ſens que j'ai des idées de nombres *pairs*, du nombre quatre, du nombre huit &c. & cela me ſuffit pour oſer affirmer, ſans aucun doute, que quatre eſt un nombre pair. Je ſens de même que l'Idée du Triangle exclut celle du Cercle. Cela me ſuffit pour nier avec aſſurance que le Triangle ſoit un Cercle.

L'homme eſt un Etre fort compoſé. Son Ame auſſi bien que ſon *Corps*, peut renfermer une infinité de choſes que l'on ne connoît pas encore. Donc l'homme ne doit pas ſe promettre de connoître quoique ce ſoit. Afin que ce raiſonnement fut au moins vraiſemblable, il faudroit que ce principe, ſur lequel il eſt fondé, fut vraiſemblable lui-même; qu'on ne peut connoître quoique ce ſoit avec certitude, à moins qu'on ne connoiſſe abſolument tout, & qu'on ne ſoit au-deſſus de l'ignorance à tous égars.

,, Mais ſur jugement de qui déférerés vous, pour
,, croire vraie une Propoſition ? Sera ce au vôtre
,, propre ? Mais les hommes jugent différemment,
,, & chacun voudra être juge dans ſa propre Cauſe;
,, Cela eſt-il permis, eſt-il raiſonnable ? Vous en
,, rapporterés vous au jugement d'autrui ? Mais de
,, qui ? Sera ce du plus grand nombre ? Les plus
,, ſenſés ſont les plus rares : D'ailleurs le moien de
,, compter tous les Suffrages du Genre humain ?
,, Ecouterés vous les plus ſages ? Mais comment les
,, reconnoître ? Tel qui vous paroît très-habile ſe
,, trouve fort inférieur à un autre que vous ne con-
,, noiſſés pas. Sextus remplit de ce verbiage la moitié d'un grand Chapitre.

Il eſt aiſé de lui répondre; Je ne me rens ni à mon Autorité, ni à celle des autres. Je ne me rens qu'à l'Evidence qui me pénétre, ſoit qu'elle naiſſe de mes propres Idées, ſoit que je la tire de mon attention aux Diſcours des autres.

Chap. VI. VIII. ,, DE QUELLE de ſes Facultés l'hom-
,, me ſe ſervira-t-il, pour arriver à la connoiſſance
,, de la Verité ? Sera ce des Sens ? Mais nous nous
,, trompons ſi ſouvent en jugeant des choſes ſur leur
,, rapport. Pourquoi s'y fier dans une occaſion plu-
,, tôt que dans une autre ?

D'où vient que Sextus exerçoit la Médecine ? Ne lui étoit-il jamais arrivé de ſe méprendre, & les remédes qu'il ordonnoit à ſes malades n'avoient-ils jamais eu un effet tout contraire à celui qu'il en attendoit ? Pourquoi riſquer la vie de ceux qui recouroient à lui dans l'entiére incertitude où il étoit ſi les remédes qu'on leur faiſoit prendre ne leur ſeroient pas plutôt mortels que ſalutaires ? En ſuppoſant à Sextus tant-ſoit-peu de probité & d'humanité, on ne comprend rien dans ſa conduite & dans ſa profeſſion, dès-que de plus on le ſuppoſe Sceptique parfait : Mais la fantaiſie de la Diſpute ne l'occupoit pas toûjours; Ses accès avoient leur temps de relâche & il concevoit que, dans de certaines circonſtances, un remède feroit infailliblement, ou du moins très-vraiſemblablement du bien, quoique l'uſage en eut été douteux dans d'autres.

Quand je m'interroge ſérieuſement, je m'apperçois que j'ignore en quoi conſiſte la nature des couleurs; & je ne ſai ſi elles exiſtent ſur les corps telles qu'elles me paroiſſent. Je croirois plûtôt le contraire, parce que je ne trouve aucune oppoſition entre l'étendue, & ce qui reſſemble à mes ſentimens ou à ma penſée. Mais ferois-je le même raiſonnement ſur les figures dont

dont j'ai des idées si claires, & dont je démontre si évidemment les propriétés, sur les figures, dis-je, qui apartiennent si essentiellement au Corps, & qui terminent si nécessairement des blocs d'étenduë, qu'il m'est impossible de les concevoir autrement que figurés.

Je me trompe sur la figure que j'attribue à un Corps, quand je ne le vois que de loin. Donc je n'ai aucune Certitude, quand je le vois de près, quand je le touche & que je l'examine autant que je le trouve à propos. Quelle Conséquence ! On n'aura aucune Certitude sur l'usage d'une Faculté, elle ne servira de rien dés-qu'elle ne sera pas portée à toute la Perfection imaginable. Cela revient à ce Raisonnement tant de fois réfuté. *On ne peut rien savoir, pendant qu'on ne saura pas tout.* Je dois douter si je suis dans ma maison, ou si je me trouve encore dans celle de mon ami, & pourquoi ? C'est qu'il ne m'est pas possible d'arriver de l'une à l'autre par un seul pas; elles sont trop éloignées. Donc 10 pas, 30 pas, 100 pas, ne sauroient m'en approcher. Quand même je la verrai de près, quand même je la toucherai, je douterai encore si je la vois, ou si je la touche; sur quoi fondé ? Il n'y a qu'un moment que je ne la voiois point & que je ne la touchois pas, je ne le pouvois même, j'en étois trop éloigné !

Ensuite de ce que je connois, ou que je m'imagine connoitre, par expérience, sur les propriétés du Laiton, & de l'Acier, & sur les effets qui doivent résulter du mouvement & des figures du Corps, je prépare, ou je crois préparer des Instrumens; Il me paroit que je les applique, que je forme des roues dentelées avec une grande exactitude, que je les assemble, en un mot que je construis des Montres. Dès là, je m'imagine constamment d'en appercevoir tous les effets que j'en attendois; Je m'imagine que j'en fais deux, que j'en fais dix, que j'en fais 30, 100. &c. que je les vends & que je jouïs des fruits de ce que j'en tire, & toutes ces imaginations sont tellement suivies & tellement soûtenuës, qu'il n'est pas possible qu'il y eut plus de liaison de la suite entre des réalités. Il me paroitroit qu'un de ceux à qui je croirois avoir vendu une Montre me la rapporteroit, je croirois y remarquer les mêmes irrégularités que lui, il me paroitroit que j'en découvre la cause, & que je la rectifie. Il n'y auroit en tout cela que des Imaginations. Mais elles seroient suivies de deux autres, il me paroitroit que la Montre, que je croirois avoir mis en meilleur état, & que je n'aurois pourtant pas touchée, marche parfaitement & que celui qui s'en plaignoit en est content & m'en temoigne sa reconnoissance &c. Il n'est pas possible de se soûtenir dans ces soupçons, & de ne pas se persuader de la réalité des Objets qu'on croit voir & toucher, quand on se rend attentif à ces suites; & celui qui souhaite de tout son coeur de découvrir la vérité, au cas que cette découverte soit possible, se porte sans contredit, à cette recherche, avec un esprit attentif & de bonne foi.

Le soin que les Sceptiques se donnoient de rapporter les erreurs de nos sens, & de faire les plus longs dénombremens, qu'ils leur étoit possible, des méprises de la vuë, du goût, de l'odorat &c. ; tout-ce qu'ils étaloient autrefois là dessus d'un ton victorieux, & d'un air insultant ne nous paroit aujourd'hui que puérilité. Pour peu qu'on suppose de bonne foi dans un Sceptique, pour petit que soit ce qu'on lui en accorde, il y a toute apparence qu'aujourd'hui il abandonneroit ces argumens, établis sur le seul préjugé, qu'il y a dans les objets quelque chose de semblable à nos sentimens. La même eau, disoient-ils, peut-elle être chaude, froide & tiéde, en même temps ? ou elle paroit tout cela à trois personnes différentes, lorsqu'ont ceux-mêmes se trouvent saisis par les sentimens de chaud ou de froid, & cela en différens degrés. De-là je conclus que l'eau, en elle

même, ne renferme rien de semblable à nos sentimens de chaud & de froid, qui sont des états de ce qui Pense, & non pas des états de ce qui n'est que Corps & Etendu. Mais de conclurre de là qu'il est incertain si l'eau existe, incertain si elle est liquide, si elle est renfermée dans un vaisseau ou si elle s'en écoule, c'est vouloir se tromper & ignorer ce que c'est qu'un Principe & ce que c'est qu'une Conséquence.

On a si bien éclairci depuis quelque temps, toutes ces Questions ; on a si exactement & si nettement distingué ce qui appartient à l'Etenduë d'avec ce qui appartient à la Pensée ; on a si heureusement étudié la structure des organes de nos sens, & la maniere dont les Objets y font leurs impressions ; on a mis dans un si grand jour, & on a si mathématiquement démontré les causes de nos illusions, à cet égard, qu'on n'est plus en danger de confondre les cas où l'on peut se laisser surprendre, d'avec ceux où l'on peut se garantir de l'erreur. On est aujourdhui environné de lumière là où autrefois on vivoit dans les ténébres.

Aussi ne peut-on s'empêcher de regarder comme un prodige, qu'après les grands progrès qu'on a fait dans les Arts & dans les Sciences, il y ait encore des Sceptiques. Peut-on dire qu'on n'ait rien appris, quand on compare l'état où se trouvent aujourd'hui les Sciences, avec celui où elles étoient autrefois. Mais le *Scepticisme* est une *Maladie* qui trouble l'esprit, qui l'aveugle, qui le jette dans une opiniâtreté d'autant plus étonnante qu'elle est plus volontaire, & qu'il évite lui même, le plus qu'il lui est possible, de s'en appercevoir, de peur d'être obligé à se la reprocher & se trouver forcé à la condamner. *Sextus*, qui paroit visiblement s'être appliqué à suivre un Ordre scrupuleux, ne se savoit-il pas bon gré de s'être étudié à l'Ordre, n'en estimoit-il pas davantage ses Livres ? Ne se félicitoit-il pas d'avoir lu, d'avoir profité de ses Lectures & d'avoir réfléchi ? N'étoit-il pas persuadé que l'Ordre vaut mieux que la Confusion, & qu'il étoit plus convenable de but qu'il se proposoit ? *Montagne* ne s'en met point en peine, il jette ses pensées sur le papier, dans un autre Ordre que celui du temps dans lequel elles lui viennent dans l'Esprit, & il prend le parti de suivre son humeur sans se contraindre. Il y a visiblement dans *Sextus*, plus d'étude, plus d'application, plus d'effort : Il réfléchissoit sur ses pensées, il cherchoit à chacune une place qui lui convint. Mais ces soins portent-ils le caractere d'un homme qui fait profession d'ignorer ce qui est le Mieux, & ce qui est véritablement le plus propre & le plus convenable ? Un homme qui est dans ces Principes devroit naturellement & constamment prendre le parti de se reposer, il devroit s'en tenir à ce qui est le plus facile, & se contenter de fuir tout ce qui fatigue, dans la pleine incertitude où il est, s'il y tirera quelque fruit de ses peines & si, en se les donnant, il fera du bien ou du mal. Mais, comme je l'ai déja remarqué, Sextus vouloit se faire des Disciples. Le Scepticisme universel est si contraire à la Nature humaine, & si éloigné de la Raison, qu'il doit naturellement étonner ses partisans ; Il ne se peut leur singularité ne leur fasse de la peine : Ils cherchent donc à se faire des Disciples, pour suivre leur goût avec plus de tranquilité. Un Chef de Secte ne s'applaudit pas seulement, il s'étoudit à la vuë de ceux qu'il persuade ; & cette attention lui empêche d'en faire sur les foiblesses de son Systême & de s'appercevoir des contradictions où il tombe.

„ IX. POUR ce qui est de l'Entendement ; on *Continu-*
„ ne s'accorde point sur sa Nature ; on en est mê- *ation du*
„ me si éloigné, que quelques-uns prétendent qu'on *Chap. VI.*
„ n'en a point. L'Entendement ne se connoit point
„ à fond ; on n'oseroit le dire ; Il ne connoit pas
„ son origine, il ne sait point quelle place il occu-
„ pe.

„ pe. Tous les Entendemens ne jugent pas de la
„ même maniere; A quoi s'en tenir & à quelle mar-
„ que s'assurera-t-on du plus habile? C'est ce de quoi
„ encore on ne conviendra pas.

En tout cela Sextus ne fait que répéter ce qu'il a dit, dans le *Chap. précédent*, de l'homme en général, & on y a déja suffisamment répondu.

On ne peut s'assurer de quoi que ce soit, par les lumieres de l'Entendement. Les hommes sont trop partagés, Ils pensent trop différemment ; A qui s'en rapportera-on ?

Vous diriez qu'il s'agit d'un Acquiescement de *déférence*, & qu'on cherche uniquement une Autorité qui le mérite. Une Evidence qui force un homme qui veut de bonne foi s'y rendre attentif, est tout ce que nous cherchons. *Mais il s'en trouve qui diront* LE CONTRAIRE DE CE QUI VOUS PAROIT CLAIR, EST POUR MOI TRES EVIDENT.

Je ne prétens pas qu'un autre doive se ranger à mes pensées, précisément parce que ce sont mes pensées ; Je n'ai aucun Droit de me donner pour son maître, comme il n'est pas juste non plus que je le prenne pour le mien : Je ne vois pas clair dans ce qu'il pense. Je ne me rens qu'à l'Evidence qui me frappe & qui me pénétre. *Deux fois Deux font Quatre* ; Je vois cela trop évidemment pour en pouvoir douter ; Si quelqu'un me dit. Pour moi j'en doute & je crois avoir des raisons aussi claires pour en douter, que celles que vous croiez avoir pour n'en douter pas ; Je lui répondrois je ne vous comprens point, je ne voi goute dans ce que vous dites, & ce qu'il y a de ténébreux pour moi dans vos discours n'ébranle point la certitude que je tire de l'évidence de mes Idées.

X. Il n'y a point de chapitres où Sextus ne raméne cette preuve, fondée sur la diversité des sentimens, tantôt sous une forme & tantôt sous une autre. Mais si cette preuve a quelque force, il s'en suivroit que quand bien même tous les hommes qui sont sur la Terre & qui ont vécu, depuis un temps immémorial, auroient été persuadés de la Vérité d'un grand nombre de Propositions, sans aucun doute, & sans s'être jamais partagés en différentes opinions, sur quoique ce soit, il suffiroit que dix ou douze, personnes, ou par folie ou par malice, ou par un mélange de ces deux principes, s'avisassent de les contredire, ne fut-ce que pour se donner le plaisir d'inquiéter, pour que dès-là toutes les preuves tombassent, & alors le genre humain, s'il étoit sage, de la maniére dont les Sceptiques conçoivent qu'il faut l'être, passeroit tout d'un coup de la Persuasion au Doute, parce qu'il seroit arrivé à dix ou douze personnes, ou à moins encore de douter ou d'en faire semblant. La conséquence seroit juste & cela devroit arriver, si la diversité étoit incompatible avec la certitude.

Si la diversité des sentimens, en matiére de Théorie, est une raison suffisante, pour obliger un homme à s'abstenir d'affirmer ou de nier, & à demeurer en suspens, sans se déterminer pour aucun parti ; Quand il s'agira d'une délibération & qu'on demandera si l'on doit faire une chose, ou si l'on doit faire le contraire, la diversité des sentimens devra de même engager un homme sage à ne faire aucun choix ; Il attendra pour embraser un Reméde que tous les Médecins s'accordent à le lui conseiller, il différera d'embrasser un genre de vie jusqu'à ce que tout le monde convienne sur celui qui mérite la préférence. Un homme sage sera-t-il moins circonspect en matiére d'Action, qu'en matiére d'Opinion ? & pendant qu'il n'aura garde de se déterminer au hazard sur des matieres indifférentes, prendra-t-il parti de cette maniere sur ce qui peut avoir de grandes sûites ?

XI. UN HOMME qui, au lieu de craindre l'erreur croit à la légére, & n'examine rien avec attention, différe d'un Pyrrhonien, en ce qu'il croit

savoir quelque chose, quoi qu'il ne sache rien; au lieu que le Pyrrhonien plus attentif, plus modeste & plus sincére fait un aveu de ses ténébres & de ses incertitudes. Il en est de troisiémes qui tâchent de se tirer de ces ténébres & y apportent une grande circonspection. Mais dès-qu'un homme voudra faire usage de son attention, il se convaincra bientôt que les perceptions de nos Sens sont destinées à nous avertir des Rapports que les Objets extérieurs ont avec l'Etat présent de notre Corps, & non pas à nous les faire immédiatement connoître tels qu'ils sont ; Ils nous paroissent grands ou petits, suivant qu'ils sont près ou qu'ils sont éloignés ; Ils nous paroissent chauds ou froids, suivant que les parties de notre corps reçoivent plus de trémoussement à leur approche, ou perdent de celui qu'elles avoient. Ces verités ne sont plus ignorées de qui que ce soit, qui ait quelque principe de Physique. Je les ai exposées avec quelque étendue ailleurs.

Il n'arrive que trop souvent à l'esprit humain de ne vouloir pas s'arrêter & d'errer en outrant les remarques les plus vraies ; Il s'est trouvé des gens qui ont conjecturé qu'il pourroit bien en être des Idées de l'Entendement comme de celles des Sens ; qu'elles ne sont point les mêmes dans tous les hommes & qu'il ne faut pas s'étonner si ce qui paroit vrai à l'un passe pour faux chez l'esprit d'un autre ; Ils n'ont point les mêmes idées des choses, disent-ils de la même maniere, qu'une fleur qui réjouit le cerveau d'un homme, par son odeur, n'est insupportable à un autre & ne produit deux effets si opposés, que parce qu'elle éxcite en eux des sentimens tout différens ; sentimens qu'ils se trouvent dans l'impuissance de se faire réciproquement connoître ; De même aussi ils pensent très-différemment & ils ne savent point s'expliquer l'un à l'autre en quoi consiste cette différence. Vous étonnés point de ce que sur un même sujet, un homme affirme ce que l'autre nie ; On auroit lieu d'en être surpris s'ils avoient les mêmes Idées ; mais chacun juge suivant les siennes. L'un d'eux affirmeroit ou nieroit juste, si ses idées se trouvoient heureusement les plus conformes à cet objet ; Mais qui peut le deviner & le savoir avec certitude ?

Ce Raisonnement ne peut éblouïr que ceux qui ne se donnent pas le soin de se rendre attentifs à ce qu'ils disent, & de voir s'ils pensent effectivement comme ils parlent. Je conçois fort bien qu'un même Objet peut produire des ébranlemens différens sur de différens yeux, parce que ces yeux ne se trouveront pas également disposés à en recevoir les impressions, & que la qualité d'un effet ne dépend pas moins de la *Situation* du sujet qui le reçoit, que de l'*action* de la cause qui le fait naître. Je conçois encore qu'à des ébranlemens différens doivent répondre des sensations différentes ; & que par conséquent un même Objet fera naître un sentiment de couleur bleuë par son impression sur un oeil, & un sentiment de couleur verte par son impression sur un autre. Je suppose deux hommes dont l'un ait toujours eu ses deux yeux tels que M. Rohault avoit son oeil droit, & l'autre les siens tels que ce Philosophe avoit son oeil gauche. L'un & l'autre de ces hommes donneront à la couleur du Ciel le nom de couleur bleuë ; Cependant la vuë du Ciel fera naître dans l'un un sentiment tout semblable à celui que la vuë de l'Herbe fait naître dans l'autre. Quand je m'exprime comme je viens de faire, je suis très-convaincu que j'entens fort bien ce que je dis, & que je me rens attentif, plus je me convaine que quand je parle ainsi je ne dis rien au-delà de ce que je pense.

Je passe après cela aux Idées de l'Entendement & aux Jugemens qu'on prononce ensuite de ces Idées ; & pour me rendre plus intelligible, je me servirai d'un éxemple. Quand une personne dit 8 fois 6 font 48, & qu'une autre plus jeune, & sans éxercice dans l'Arithmétique, dit de son côté 8 fois 6 font 54 &c

5; & que celui-ci, d'une humeur fixe, s'obstine à soutenir qu'il a raison & parie qu'il a mieux rencontré que l'autre; Il peut découvrir la cause de cette différence de sentimens & de cette fermeté avec laquelle chacun soutient le sien, je conjecture que ces deux personnes n'ont point les mêmes idées des nombres, 6, 8, 48, 54; que l'idée de 54 est chez l'un toute semblable à celle que l'autre a de 48. Que par conséquent l'un a la même idée de 27 moitié de 54 que l'autre a de 24 moitié de 48; que l'un encore se représente 9, tiers de 27, comme l'autre se représente 8, tiers de 24; Pour peu que je me rende attentif, je sentirai que je n'ai aucune idée de ce que je dis, quand je m'énonce en ces termes, & que je donne dans cette conjecture. Je comprens très distinctement comment-il pourroit arriver que le même son, auquel un certain peuple auroit attaché l'idée du nombre *pair*, seroit le même dont un autre se serviroit pour exprimer le nombre *impair*, de la même manière que le même son qui, dans la langue Grecque, exprimoit l'*Affirmation*, (ναὶ) est dans la langue Allemande le signe de la *Négation*. Mais si je m'avise d'ajouter que la différence des Entendemens va jusqu'à faire que l'Idée du Nombre Pair chez l'un, soit toute semblable à celle du Nombre Impair chez l'autre, qu'un homme conçoive l'Affirmation tout comme je conçois la Négation, & se représente le Cercle tout comme je me représente le Triangle, je m'apperçois bien que je puis assembler ces termes, mais je sens, quand je les assemble, aussi très évidemment que je n'entens rien dans ce que je dis, & que j'y comprens d'autant moins que je me rends plus attentif.

Mais si la différence des Entendemens & des Idées Intellectuelles ne peut pas aller jusques là, d'où vient ce partage d'Opinions & cette Obstination à soutenir? Pour en découvrir la véritable cause & pour la faire plus aisément comprendre, je reprendrai encore l'exemple dont je me suis déja servi.

Des jeunes gens entreprennent d'étudier l'Arithmetique, & ils sont prévenus de la pensée que le Maître qu'ils ont choisi, pour la leur enseigner, la possède parfaitement. Cette pensée fait plaisir; Voila pourquoi on y acquiesce; on aime à s'en persuader & à s'affermir dans cette persuasion; Tels sont les penchans du cœur humain.

Si ces jeunes Disciples se reposent sur l'habileté de leur Maître, & si contens, comme on fait ordinairement, de mettre ses Instructions dans leur mémoire, & de se les rendre familières par l'éxercice, ils ont appris à dire 2 fois 2 font 4; 2 fois 3 font 6 &c. 8 fois 6 font 48. 9 fois 6 font 54 &c. Quand l'un se demande, A quoi montent 8 fois 6 & que son Imagination lui présente le nombre 54; pendant que la mémoire de l'autre plus heureuse, lui fournit l'idée de 48. Celui-ci rencontre mieux; mais dans le fond il n'est pas plus assuré d'avoir bien rencontré que l'autre. Il s'est reposé comme lui sur l'habileté d'un Maître; ils y avoir été déterminé par des preuves manifestes; L'un & l'autre comptent sur leur mémoire & sur cet éxactement: Mais si on leur demandoit sur quoi fondés ils comptent ainsi, ils ne sauroient le dire ni l'un ni l'autre; Ils le supposent & ne le voient par. L'un & l'autre aime également à se persuader qu'il a bien répondu, & sans autre éxamen il se déterminent à soutenir ce qu'ils aiment à croire. Celui qui a dit 48 n'est point redevable de cette réponse à des lumières plus évidentes & plus sûres; C'est par hazard, par rapport à lui, qu'il a rencontré vrai.

Mais si on lui avoit fait comprendre par degrés que 2 est double de 1; que 2 fois 5 font 10; que 6 surpassant de 1, 2 fois 6 surpasseront 2 fois 5, ou 10, de deux, & par conséquent feront 12. Que 12 étant 10 & 2, 2 fois 12 feront 2 fois 10 & 2 fois 2 (ou 20) & le double de 2 c'est à dire 24. Que 4 étant double de 2, & 8 double de 4. Si

6 font 12, 4 fois 6 feront le double de 12 ou 24. Que par la même raison 8 fois 6 feront le double de 24; c'est à dire 2 fois 20 & 2 fois 4, & par conséquent 40 & 8. Après s'être ainsi accoutumé à voir; quand il dit 8 fois 6 font 48 le hazard n'a aucune part à ce calcul; Il exprime ce qu'il voit & qu'il sent intérieurement, dans une parfaite évidence, & ce que l'habitude lui fait très-distinctement appercevoir d'un coup d'œil.

Il n'en est pas de même de l'autre. Il suppose ce qu'il ne voit point & qu'il est impossible de voir, c'est l'égalité entre 8 fois 6 & 54; car afin que cela fut, il faudroit aussi qu'il y eut égalité entre 48 & 54. Le prémier peut démontrer la vérité de sa réponse. Le second ne sauroit rien alléguer qui prouve la sienne.

La différence des jugemens qu'on prononce sur des matières qui sont du ressort de l'Entendement, vient donc de ce qu'au lieu de se borner à déclarer ce qu'on a évidemment apperçu, & de se faire une Loi de ne rien dire au-delà; on suppose ce qu'on n'a pas vû, on aime à s'en persuader & à le soutenir comme si on l'avoit vû. Quelquefois l'un voit & les autres supposent; Quelquefois tous raisonnent sur des suppositions & chacun soutient la sienne. Il suffit de supposer un Principe dont on n'a s'est pas convaincu par vûë & par évidence; Il suffit d'avoir supposé une Conséquence dont on n'a pas apperçu la nécessité, pour terminer, par une Conclusion fausse, un Discours dont toutes les autres parties sont éxactement liées.

XII. MAIS puisque l'Entendement supposé quelquefois, & par conséquent se trompe, par quel droit prétend-il qu'on le croie une fois plutôt qu'une autre; Il avoüé que *hier il se trompoit; Pourquoi ne lui arriveroit-il pas aujourd'hui de se tromper de la même manière qu'hier, ou d'une autre façon?* C'est la dernière Objection que Sextus fait dans ce chapitre.

s'il faut le déprimer toujours d'une Faculté qui s'est quelquefois trompée.

Voila ce que j'aurois raison d'opposer à un homme qui prétendroit que je dois me rendre aux décisions de son Entendement par pure *déférence*. Il auroit beau m'assurer qu'il ne suppose rien & qu'il n'avance quoique ce soit au-delà de ce qu'il a apperçu très-évidemment; Je serois toujours en droit de lui répondre. *Vous me teniez déja le même langage, il y a quelque temps, & cependant vous m'avouez aujourd'hui, qu'alors vous disiez trop; Je crains que vous ne vous fassiez encore aujourd'hui les mêmes illusions.* Quand il me diroit. *Je ne me les fais point, je vous en assure. Je vois très distinctement*, je lui repliquerois encore. *S'il étoit en ma puissance de pénétrer dans votre esprit, de voir avec vous, & de me convaincre par là, que vous ne supposiez point, & que vous voiés en effet tout ce que vous dites, je tomberois d'accord que, dans ce moment, vous méritez que je vous croie, & que je tombe d'accord de ce que vous dites.* Alors il pourroit ajouter. *Rendez-vous attentif au sens de mes expressions, & voyez vous même, dans votre esprit, ce que je vous avertis que je vois dans le mien.* Et si en faisant l'essai auquel il m'inviteroit, le vif sentiment de mes propres idées, me mettoit dans l'impuissance de n'en pas reconnoitre les liaisons & de me refuser à leur évidence; je me trouverois dans une heureuse nécessité de passer du Doute à la Certitude.

Quand donc un homme se corrige de quelque Erreur, cela ne lui arrive pas, parce que son Entendement a changé d'Idée, comme il arrive à l'œil de trouver blanc ce qui lui paroissoit jaune, dans le temps qu'il étoit détrempé de bile. Mais quand il ne se trompe pas, il a des Idées, il s'y rend attentif, il prononce sur ces Idées; au lieu que quand il se trompoit, il supposoit d'avoir remarqué ce qu'il n'avoit point apperçu. Aujourd'hui qu'il a des Idées, plus il leur donne d'attention, moins il est en sa puissance de ne tomber pas d'accord qu'il voit

voit effectivement dans ses Idées ce qu'il y apperçoit, & quand il compare encore l'état où il se trouve avec celui où il étoit, quand il lui arrive de décider trop vîte sur des suppositions, & sans une suffisante évidence, il sent très distinctement qu'alors il auroit été en son pouvoir de ne décider pas, de suspendre son jugement, de chercher de nouvelles lumières, & d'examiner avec plus de circonspection. Le sentiment très-vif & très-distinct de la différence de ces deux états, lui apprend d'où vient qu'il s'étoit trompé & d'où vient que dans l'état présent où il se trouve, il ne pourroit pas prendre le parti de douter & de faire ses efforts pour se refuser à la certitude qui le saisit, sans une fantaisie très-déraisonnable. Parce qu'il m'est arrivé de décider sans lumière, je doute aussi peu que je ne sois éclairé quand je le suis, que je doute qu'il est jour, parce qu'un peu auparavant il étoit nuit.

Chap VII. „ XIII. ON NE peut pas, dit Sextus, juger certainement de la Vérité des choses; car qui est ce qui jugeroit, ce seroit l'homme? Il employe le Chap. V. à l'en déclarer incapable. *Par le moien de quoi jugeroit-on?* Seroit-ce par les sens? seroit-ce par l'Entendement? Ni l'une ni l'autre de ces facultés n'a assez de perfection pour y prétendre; C'est ce qu'il entreprend de prouver dans le Chap. VI. que je viens d'éxaminer.

„ De plus les Perceptions des sens sont trompeuses; Celles de l'Imagination sont de même nature. L'Entendement ne renferme que ce que les sens, ou l'Imagination lui ont imprimé. Mais ces Impressions reçuës dans l'Entendement y peuvent-elles devenir plus parfaites qu'elles ne l'étoient dans leurs Causes? L'empreinte d'un cachet sur de la cire ne peut-être exacte qu'à proportion que le cachet l'est lui même. Et puis de quelle manière le sçait-on connoître? Comment l'Entendement parvient-il à connoître? On n'en sait rien. Et pourquoi donc se fie-t-on à une Faculté qui ne se connoît pas elle même, & qui ne sachant pas de quelle manière elle agit, ne peut pas s'assurer, si elle agit bien ou mal.

Je ne crois pas d'avoir affoibli les argumens de Sextus; Peutêtre qu'au contraire je leur ai prêté de la force. J'y vais faire quelques réponses.

Si l'Entendement ne sait se connoître & sa manière d'agir, avant que de juger ou s'assurer de quelque autre connoissance. XIV. PREMIEREMEMT On voit que la Verité s'échape, malgré tous les travers d'esprit par lesquels on s'efforce de la reprimer & de l'étouffer. Cette Loi de l'ordre que Sextus se fait de suivre, cette Méthode éxacte, ces divisions & ces subdivisions ne sont-elles pas tout autant de preuves qu'il sentoit que l'exactitude est préférable au désordre & à la négligence, & qu'elle conduit plutôt à penser juste? Si on ne doit pas attendre un tel effet **de cette Méthode**, plutôt que d'une toute différente, à quoi bon en fatiguer inutilement son attention & celle des autres?

En second lieu Que veut-il dire par sa Cire & par son Cachet, s'il n'y a ni Cire ni Cachet? Cét argument n'est-il pas lui même une preuve qu'on compte sur l'expérience, & qu'on y a réfléchi? Il paroit à Sextus que peut-être il me trompe, quand je me persuade de savoir quelque chose avec certitude; Il essaye de me proposer quelques raisons qui lui sont venuës dans l'esprit, & qui lui paroissent propres à me garantir d'erreur, parce-qu'elles m'empêcheront de croire: Pour me rendre plus sensible à ces raisons, & pour faire en sorte qu'elles balancent, dans mon esprit, celles auxquelles je me suis rendu jusques ici, il se sert d'une comparaison: Mais si cette comparaison est l'obscurité même, comment vraisemblablement qu'elle aura la force de m'éclairer, ou du moins de me faire opposer vraisemblance à vraisemblance, afin de me tenir dans l'Indérermination? En vain il me dira, *Je me sers d'un argument* AD HOMINEM, *& je raisonne avec vous en supposant vos hypothèses.* Vous les con-

noissés donc mes hypothèses, lui dirois-je: *Vous connoissés que j'admets Etenduë, Mouvement & que je raisonne sur ces Principes, & connoitre que je fais cela, n'est ce rien connoitre?* Si vous me répondiés que vous n'êtes point assuré que je pense ainsi, mais qu'il vous le paroit, pourriés vous me persuader que vous vous donniés tant de soins, & que vous preniés tant de précautions, pour m'attaquer que des peut-être, que des phantomes & des apparences sans réalité? Ce que vous prenés chez moi, pour en faire un argument contre moi, vous sois paroitre plus clair que le sentiment que vous voulés m'arracher, sans quoi vous n'en pourriés espérer aucun effet, & je ne pourrois pas le regarder moi même, comme un argument. Mais vous ne voulés pas convenir qu'une Opinion soit plus claire & plus vraisemblable qu'une autre.

Je continue & Je dis; *Puisque vous vous permettés d'argumenter contre moi* AD HOMINEM, *il me doit être permis de vous répondre de la même manière. Il est très-incertain qu'il y ait des Corps: On n'a point d'idée qui apprenne ce que c'est que le Mouvement, & qui fasse comprendre comment-il se peut qu'un Corps soit tantôt terminé par une figure, & tantôt par une autre. Donc la comparaison, par le moien de laquelle vous prétends éclaircir votre pensée ne renferme que des incompréhensibilités.*

Je n'ai écrit tout ce qu'on vient de lire, que pour faire évidemment sentir, que les Pyrrhoniens ne sauroient s'empêcher d'abandonner leur hypothèse, lors même qu'ils rassemblent le plus d'argumens qu'ils peuvent pour engager leurs Lecteurs à la recevoir.

Les Sceptiques du nombre desquels Sextus faisoit singulièrement profession d'être, ne prétendoient pas qu'il fut impossible de parvenir à quelque certitude; Ils se contentoient d'en douter: Ils justifioient même par leur empressement à disputer, de même que leurs Lectures & leurs Méditations; Peut-être disoient-ils, ne perdrons nous pas nos peines, peut-être qu'après avoir été garantis d'erreur par la suspension, nous parviendrons à saisir quelque chose de sûr; Si nous ne nous en flattons pas, nous n'en désespérons pas non plus. Or dès qu'on ne regarde pas comme impossible de parvenir à quelque certitude; je demande est-ce parce qu'il ne paroit pas impossible de connoitre tout d'un coup toutes choses, qu'on ne renonce absolument à la pensée d'atteindre à quelque connoissance, ou si l'on tombe d'accord que peut-être on saisira quelque verité & quelque commencement de Lumière, dont on se servira pour aller plus loin?

Il faut nécessairement prendre ce dernier parti & avouer, ou qu'il paroit impossible de savoir surement quelque chose, ou qu'on peut parvenir à savoir quelque chose, sans savoir tout. Or ce dernier aveu est sans force l'argument de Sextus. „ Nous ne connoissons pas à fond, dit-il, la nature de nôtre Entendement; nous ne savons pas „ de quelle manière il connoit; Donc nous ne „ pouvons pas nous assurer qu'il connoisse bien.

Si nos connoissances doivent croitre par déprés; il faudra prémiérement nous instruire & nous assurer du fait, & dès-là nous penserons à pousser nos lumières jusqu'à découvrir de quelle manière il se fait, dont nous nous serons assurés, se produit. Sextus, dans le Chap. XVII. du premier Livre, condamne avec raison la témérité des Physiciens qui s'avisent d'assigner les Causes d'un Phénomène mal vérifié. Cette condamnation est ridicule, ou elle suppose qu'ils feroient mieux d'en établir la réalité, avant que d'entreprendre d'en découvrir les Causes, & d'expliquer de quelle manière elles le font naitre. Ce dernier ordre est plus raisonnable, il faut le suivre, & s'assurer si ce qui pense en nous est capable de se procurer quelque certitude, après quoi on essayera de comprendre en vertu de quoi il se la procure, & de quelle manière elle mit chez lui.

De

De ce que nos connoissances sont bornées à un égard, il ne s'ensuit pas qu'elles le soient à tous les autres.

On examine les réponses que Sextus donne aux Maximes.

XV. SEXTUS finit son VII. Chap. en avertissant qu'il ne prétend pas y avoir établi aucune verité; mais qu'il s'y est borné à rendre douteux ce que les autres hommes tiennent pour certain.

„ Les Dogmatistes, dit il, se félicitent de connoître „ un Caractère sûr, auquel ils peuvent distinguer, „ sans crainte d'erreur, ce qui est vrai d'avec ce „ qui ne l'est pas; Les Sceptiques avouent, conti- „ nue-t-il, que les raisons, sur lesquelles les Dog- „ matistes se fondent, ont une apparence de Proba- „ bilité; mais ils déclarent en même tems que cel- „ les d'un sens opposé ne leur paroissent pas moins „ Vraisemblables, de sorte qu'entre ces deux appa- „ rences d'égale force, ils sont obligés de demeurer „ en suspens & indéterminés; Ils ne savent pas s'il „ y a un Caractère du Vrai; Ils ne l'assurent point, „ ils ne le nient point.

Si les Sceptiques avouent qu'ils ne parlent pas sincérement, quand ils raisonnent ainsi, ils nous mettent dans un plein droit de ne plus conférer avec eux. S'il s'expriment avec sincérité, & si l'on peut compter sur la bonne foi, avec laquelle ils s'énoncent, on en droit de conclure que les argumens des Dogmatistes, & les objections qu'on leur fait, leur paroissant d'une égale force; Ils savent donc sentir l'égalité qui les tient en suspens & en parfait équilibre, sans pancher plus pour l'affirmation que pour la négation. Là dessus je les combattrai par leurs propres armes, & je leur demanderai; *A quoi connoissez vous cette égalité de force & de probabilité, dans les raisons de côté & d'autre ? De quelle faculté vous servez-vous pour faire ce discernement ? Ô es vous compter sur elle ? En connoissez vous la nature ? Savez vous comment elle agit, pour s'appercevoir de cette egalité ? En quoi consiste cette apparence ?* &c.

Mais ce qu'ils osent en fait est visiblement faux ; Il n'est pas possible de convenir de leur Principe, dès qu'on veut se rendre attentif de bonne foi. Je me demande *Trois fois deux font-ils six* ? Je réponds en disant qu'*OUI*. Je sens que je suis entraîné à répondre ainsi, par une évidence à laquelle il n'est pas en mon pouvoir de résister. Je sens que j'ai l'idée du nombre *deux*; Que je sai le compter *trois fois*; Que de là il unit encore chez moi l'idée d'un assemblage auquel je donne un Nom, dont la signification est très claire, & que je l'appelle *Six*. Voila les raisons pour lesquelles j'établis ma certitude. Là-dessus on me dit : *Cette certitude est chimérique* : *Je le prouve. Connoissez vous à fond la nature de la Faculté qui forme l'Idée de deux, l'Idée de trois, l'Idée de six* ? *Savez vous de quelle manière cette Faculté s'y prend pour faire naître ces Idées* ? Voilà l'objection. Voici la Réponse. L'ignorance où je suis sur la nature de ma Faculté, & sur la maniere dont elle opère, a-t-elle bien un tant de force pour me faire douter de tout ce que je sens & me présentent ; comme l'évidence de celui-ci, TROIS FOIS DEUX FONT SIX, a de force pour me déterminer à en tomber d'acord ? S'il m'arrivoit de connoître, un jour, à fonds, la nature de ce qui pense en moi, par cette nouvelle connoissance que je la connois, si ce n'est par une évidence égale à celle qui m'a fait voir que TROIS FOIS DEUX FONT SIX ? Il en est ainsi des autres propositions de la verité desquelles on se persuade par l'évidence qui y brille, par l'attention qu'on donne aux idées qui les composent & à la réalité de leur assemblage.

Chap. VIII. où l'on examine si Sextus nous a bien jugé.

XVI. SEXTUS suppose *que le* VRAI *est incorporel, & que la* VERITE *est corporelle*. A cette fausse subtilité il en ajoûte d'autres.

Mais si les Dogmatistes donnoient lieu, par de fausses subtilités, à se faire battre par les Pyrrhoniciens, il n'y a qu'à mépriser, comme on fait aujourd'hui, ces verbiages, & on se trouvera à couvert de leurs attaques.

XVII. VOUS assurés qu'il y a quelque chose de vrai. *L'assuré vous sans preuve démonstrative* ? *On refusera de vous croire. Soutenez vous que votre preuve est vraie* ? *J'en doute, dira-t-on, prouvés le*. *l'ous voici qu'il vous seroit nécessaire d'ajoûter preuve sur preuve à l'infini, avant que de pouvoir persuader aux hommes d'une seule verité*.

Chap. IX. Qu'on peut reconnoitre l'évidence & ses commens.

Tout ce Chap. IX. ne renferme que des répétitions de l'Objection qu'on vient de lire. *Le* VRAI *est ou tout évident, ou tout obscur, ou en partie évident & en partie obscur. Si quelques propositions obscures sont vraies & qu'entre les évidentes, on celles qu'on s'imagine telles, il y en ait aussi de vraies ; comment discernera-t-on les propositions qui paroissent seulement évidentes de celles qui le sont en effet* ?

L'expérience fait voir que ceux qui ne savent pas examiner, ou qui ne veulent pas s'en donner la peine, se laissent étourdir par des répétitions : On se rend enfin à ce qu'on a si souvent ouï-dire. Mais il en est aussi, parmi ceux-là même qui n'examinent pas, sur qui les répétitions font un effet tout opposé : Elles les rebutent : Un Auteur qui les entasse se rend, par-là même, suspect de prévention & d'entêtement. Je ne sai si du tems de SEXTUS, on s'accommodoit mieux de toutes ces vétiles, & de toutes ces chicanes, qu'on ne fait aujourd'hui : Mais je vois que M. Baile a tout autrement sû profiter, que cét ancien Sceptique, des foiblesses du coeur humain. Il connoissoit le pouvoir des répétitions ; mais il savoit aussi qu'elles déplaisent, dès-qu'on les voit rassemblées en sistême, & tout près les unes des autres. Un homme qui entreprend la Critique de ces Sistêmes fait plaisir à son Lecteur, quand il le dispense de la peine de les examiner toutes, parce qu'il lui fait sisément comprendre, que les mêmes coups, par lesquels il en terrasse une, font, en même tems, tomber toutes les autres. M. Baile a mieux sû ménager ses avantages : Il a semé ses répétitions loin à loin ; Son Lecteur ne se reproche pas de les passer sans examen ; La diversité des matieres qui entraînent son esprit & qui l'amusent si agréablement, ne lui laisse pas le tems de réfléchir, & de penser à se faire ce reproche. A force de lire ces répétitions tournées agréablement, & comme échapées au milieu de mille narrations ou intéressantes, ou amusantes, on se les rend familieres, & sans qu'on s'en apperçoive, on s'accoutume à les adopter & à se prévenir pour elles.

Il s'en faut du tout au tout que les répétitions de *Sextus* ne lui soient également favorables ; Elles inquietent au contraire, elles fatiguent par leur retour continuel, & je crains que la nécessité, où je suis d'y répondre si souvent, ne m'attire aussi le même reproche.

Le grand raisonnement des Sceptiques est celui-ci. *Pour être assuré qu'une Proposition est vraie, il faudroit-être assuré que les choses sont effectivement telles qu'elle les énonce*. C'est parce qu'on ne peut se procurer cette certitude qu'on est forcé de demeurer dans le doute & dans la suspension. Mais quand un homme dit, si je pouvois m'assurer qu'une Proposition énonce les choses telles qu'elles sont, je serois assuré de sa verité, & pendant que je ne pourrai pas me procurer cette certitude, je demeurerai dans le doute ; Je dis, Celui qui s'exprime ainsi entend-il ce qu'il dit ? ou si ces paroles sont pour lui des sons qui ne signifient rien ? Le sens de ces propositions est-il évident pour lui, ou ne l'est-il pas ? Ne sent-il pas qu'en raisonnant ainsi, il raisonne juste, & qu'il commence par appercevoir en un bon début ? Il apperçoit donc cette évidence à laquelle il se rend sans le secours d'aucune autre preuve : Il connoit cette lumiere à laquelle on ne peut se refuser ; & qui n'a pas besoin d'une seconde lumière pour se faire voir ; Partout où j'appercevrai la même clarté, je prononcerai avec la même confiance. Or telles précisément se trouvent chés moi les Idées de 2 & de 3, par exemple:

emple : Je sens très-évidemment ce que ces termes signifient, j'apperçois, avec la même évidence, que 2 fois 3 signifie la même chose que 6, & je sens que l'idée de 2 fois 3 est l'idée même de 6.

Mais n'avouerés-vous pas, qu'il vous est arrivé quelquefois de croire que vous apperceviés évidemment ce que vous avés reconnu dans la suite faux & ténébreux ? Je répons que cela même m'a rendu plus circonspect. J'ai cherché d'où vient qu'il arrive que l'on croit quelquefois de voir ce qu'on ne voit pas effectivement, & je l'ai trouvé ; Là-dessus je me suis fait des Régles, je les obferve, & je me sens pénétré d'une évidence dont je ne puis disconvenir. On peut lire ce que remarque sur ce sujet M. Le Clerc Bibl. A. & M. Tom. XIV. pag. 68. & ce que j'ai écrit, Log. Part. II. Chap. IV.

XVIII. LES Sceptiques aimoient beaucoup à parler, pour ne pas dire qu'ils étoient de grands babillards. C'est le plaisir qu'ils se faisoient de dire également le pour & le contre, suivant que l'occasion s'en préfentoit, qui les avoit déterminés à leur manière de philofopher & qui les y affermiffoit. Y-a-t-il une Marque affurée, difoient-ils, à laquelle on puisse infailliblement diftinguer une propofition vraie, d'avec une qui ne l'eft pas ? Cette Marque s'appelloit CRITERIUM ; & cela avoit donné lieu à cette Queftion, y a-t-il un CRITERIUM auquel on puiffe fe fier. Cette recherche a fait le fujet des chapitres précédens. Après ch Sextus s'avife de demander, Y-a-t-il quelque SIGNE auquel on puiffe reconnoitre une propofition vraie, & la diftinguer d'une fauffe. C'eft la matière qu'il traite dans les Chap. X. & XI.

Il eft vifible qu'elle ne différe pas de celle qui l'a occupé, dans les Chapitres précédens ; Elle lui fournit feulement l'occafion de dire des inutilités & de fe répéter, qu'il y a SIGNE d'AVERTISSEMENT comme la fumée l'eft du feu ; Il y a SIGNE d'INDICATION comme le mouvement l'eft de la vie, Il y a SIGNE de DEMONSTRATION. Mais de celui-ci les Sceptiques n'en conviennent pas.

Ces Philofophes fe donnent d'abord pour des hommes circonfpects, qui ne cherchent que le folide, & qui par-là font difficiles à contenter ; Mais il font bientôt connoître que leur paffion dominante eft de difputer ; & que le plus méprifable verbiage leur fait plaifir.

Sextus débute par une définition du Signe, qui lui fournit le plaifir de pouvoir combattre avec avantage. Le Signe, dit-il, eft un Axiome définitif, Antecedent dans une bonne liaifon, & qui avelope le conféquent. Comme fi on ne pouvoit pas mieux définir le Signe.

Ce qui n'eft plus, comment pourroit il être Signe de ce qui eft ? Un raifonnement qu'on donne pour démonftratif eft composé de propofitions ; On a ceffé de prononcer la première quand on vient à en fuivante, celle-là ne peut donc pas être le Signe de celle-ci.

Qui a jamais prétendu que le fon d'une première propofition fut le Signe & la preuve que le fon de la fuivante eft vrai ? Quand on les écrit ne fubfiftent-elles pas enfemble l'une & l'autre ? Ne font elles pas toutes deux préfentes à un Efprit qui fent leur liaifon ? Ce qui eft clair & connu n'a pas befoin de SIGNE qui le manifefte & le faffe connoitre. Ce qui eft obfcur ne peut pas être éclairci par un SIGNE, car qui dit Signe dit quelque chofe de RELATIF, & de rélatif à la chofe fignifiée. Donc pour connoitre quelque chofe eft SIGNE. Il faut déjà connoitre la CHOSE QU'ELLE SIGNIFIE ; tout comme pour connoitre qu'un homme eft à la droite d'un autre, il faut voir en même temps, celui qui eft à la gauche.

Je fens d'abord l'évidence d'un principe ; Dès-là, & par le moien d'une force, que mon Efprit tire de cette évidence, je paffe à voir cela d'une conféquence qui en découle : Cette double évidence m'eft préfente & éclaire en même temps deux Propofitions que je me fuis rendu familières. Par exemple 10 & 4 font 14 ; 6 c'eft 2 & 4 ; 8 & 6 c'eft donc 8, 2 & 4 ; 8 & 2, c'eft 10, Donc 8 & 6 c'eft 10 & 4. C'eft donc 14. L'évidence coue de l'une de ces Propofitions à l'autre & vient à les éclairer toutes.

Quand je me rends attentif à ces Minuties & à ces petites chicanes, je ne puis m'empêcher d'être furpris que les Sceptiques trouvent des admirateurs. On ne rencontre pas dit-on, dequoi fe fatisfaire dans les Syftêmes de Platon, d Ariftote, d'Epicure, non plus que dans ceux des Modernes : Eh bien qu'on ne donne tête baiffée dans aucun de ces Syftêmes : Qu'on en examine les parties l'une après l'autre ; & fi on y découvre du Vrai, qu'on le fuive mieux que les Auteurs ne l'ont fait & qu'on s'en ferve pour aller loin. Mais on eft charmé des Sceptiques : Dès qu'on les a lûs, on ne fent plus que du mépris pour ceux qui parlent décifi ment : C'eft affurément une belle preuve d'un efprit dégagé de prévention que d'admirer les véilles que je viens de rapporter.

Sextus revient à fon grand argument, avec autant de hardieffe que s'il l'alléguoit pour la première fois. Ce que vous donnés pour un SIGNE, avés-vous prouvé que c'eft un VRAI SIGNE ? La preuve que vous en alléguez eft-elle convaincante ? Faites-le moi connoitre, &c. Pour quoi diftribuer un Livre en Chapitres fi on ramène dans chacun d'eux les mêmes réflexions.

Sextus finit fon Chapitre XI, par cette objection qu'il fe fait. Les paroles dont je viens de me fervir fignifient elles quelque chofe, ou fi elles n'ont point de fignification ? Si elles ne font pas fignificatives je n'ai rien avancé par-là, & je n'ai non plus ébranlé la certitude des Signes que fi je n'avois abfolument rien dit. Si au contraire elles fignifient quelque chofe, j'ai jait voir moi même, qu'il y a des Signes.

A cette objection il répond par une douzaine de lignes de pur verbiage, & il termine en difant, qu'il faut demeurer dans le doute, & qu'on ne peut pas favoir s'il y a des Signes ou s'il n'y en a pas, puifque de cité & d'autre on allégue des raifons en égale force.

Mais où eft l'homme fincère, attentif, & de bonne foi, qui ne fente la foibleffe de tout ce que Sextus vient d'alléguer, en difputant contre les Sig es ? & quand fes raifons auroient paru de quelque force, l'objection même qu'il fe fait ne prouveroit-elle pas invinciblement, qu'elles fe détruifent d'elles mêmes, & qu'on en prouve la nullité par la manière même dont on les établit ?

XIX. QUAND Sextus veut prouver qu'il n'y a point de démonftration, il dit, que pour s'affurer fi une propofition eft néceffairement liée avec une autre il faut avoir un moien inconteftable pour connoitre cette liaifon. Or ajoute-t-il, il n'y en a point de tel ; Les Sceptiques en font une preuve, car ils doutent de tout ce qu'on donne pour Régle, & ils ont raifon d'en douter.

Il y a pr.u des Chapitres où il ne ramène cette preuve, tantôt fous une forme tantôt fous une autre. A cette objection répétée s'oppofe une Réponfe qu'on a déjà lû. Mais fi cette preuve a quelque force il s'enfuivroit que quand tous les homm s qui font fur la Terre auroient vécu perfuadés, depuis un temps immémorial, de la Vérité d'un grand nombre de propofitions, & vécu perfuadés fans aucun mélange de doute, il fuffiroit que dix ou douze perfonnes, ou par folie, ou par malice, s'avifaffent aujourd'hui de contredire ce qu'on a oui univerfellement, & dès-là toutes les preuves tomberoient, ou pareeque ceux ci feroit arrivé à dix ou douze de douter ou d'en faire femblant.

Ne diroit-on pas que toute la différence des Dogmatiftes, d'avec les Sceptiques vient de ce que les uns difent qu'on ne fe trompe jamais, pendant que les autres foutiennent que peut-être on fe trompe toû-

toûjours ? On ne prétend point que l'Homme soit un Etre assés heureux, pour passer toute sa vie sans se méprendre, sur quelque sujet que ce soit. On prétend simplement que s'il lui arrive de se tromper, il peut aussi revenir de son erreur, & sentir la différence d'une lumière qui le convainc, d'avec l'Obscurité d'une proposition, ou d'avec l'insuffisance d'une preuve à laquelle il s'étoit trop facilement rendu.

Quand on dit, *Dès-qu'un homme s'est une fois trompé, il ne peut plus s'assurer, dans aucun cas, s'il se trompe ou s'il ne se trompe pas*, c'est tout comme si on disoit, qu'quelquefois on a soif & quelquefois on n'a aucune envie de boire; Donc on ne peut jamais s'assurer si on a soif ou si on n'a pas soif. On est quelquefois inquiet, donc on auroit beau être tranquille, on ne pourroit jamais savoir si on l'est effectivement, ou si on ne l'est pas; Quelquefois on ferme les yeux, & alors on ne voit point; Donc on ne peut jamais s'assurer si on les ouvre & si on voit. Donnons nous la liberté &le Droit dont Sextus use; Répétons les Réponses comme il répète les Objections.

Si la diversité des sentimens, en matière de théorie, est une raison suffisante pour engager un homme sage à s'abstenir d'affirmer ou de nier, & à demeurer en suspens, sans se déterminer pour aucun parti; la différence des sentimens devra aussi engager un homme sage à ne faire aucun choix, quand il s'agit de délibérer sur la conduite qu'on doit suivre, & qu'on demande si l'on doit faire une chose, ou s'il vaut mieux faire tout le contraire. Il attendra donc de prendre un remède, que tous le Médecins s'accordent à le lui conseiller; il attendra, pour choisir un genre de vie, que tout le monde s'accorde pour le lui faire préférer à tout autre. Un homme sage sera-t-il moins circonspect en matière d'action qu'en matière d'opinion? Quoi! Il n'aura garde de se déterminer au hazard sur des opinions indifférentes, mais il prendra parti de cette manière sur ce qui a de grandes suites?

Censure de Sextus

XX. LA PASSION de disputer s'étoit tellement emparée de Sextus, qu'il se laisse aller à des vétilles dont il seroit honte aux Dogmatistes. Les *Dogmatistes*, dit-il, *violent leur propre régle: Ils ne veulent pas qu'une bonne démonstration ait rien de superflu. Cependant quand ils alléguent pour exemple d'un Raisonnement incontestable,* S'IL EST JOUR IL FAIT CLAIR, OR IL EST JOUR, DONC IL FAIT CLAIR. *Voila une grande superfluité, car si la première proposition est nécessairement veritable, il suffit de dire* IL FAIT JOUR DONC IL FAIT CLAIR.

Cette Objection est favorable à ceux qui se déclarent pour la force de l'Evidence; Puis que la première Proposition ne paroit superfluë, que par l'évidente liaison des deux suivantes. D'ailleurs elle peut être superfluë sans nuire. Et enfin ceux qui enseignent les jeunes gens doivent choisir des Exemples très-simples, pour commencer sur eux l'application de leurs Régles, & ce sera, en suivant la même méthode sur des matières moins familières, qu'on leur en prouvera l'utilité.

S'il y a des Démonstrations générales

XXI. VOICI encore un autre Sophisme qui marque assurément peu de bonne foi & qui porte le caractère d'un esprit qui, sans aucune inclination pour s'éclairer, n'a à cœur que de disputer & que s'embarrasser par des difficultés. *S'il y avoit*, dit-il, *des Démonstrations, elles seroient ou générales, ou particulières. Il n'y a n'y démonstration générale, ni démonstration particulière; Donc il n'y en a point.*

Il n'y a point de Démonstration générale; Car tout Raisonnement est composé de propositions qui existent, & tout ce qui existe n'est pas général mais singulier. On a presque honte de répondre à ces Equivoques qui sont de vraies pagnoteries, & on abandonneroit ces Objections, si celui qui les a proposées n'étoit pas un des plus illustres Sceptiques qui ait jamais paru. Quand je prononce le mot d'*Homme*, ce son est un son singulier, & loin d'être tous les sons, il n'est pas même deux sons ni deux mots, mais cela n'empêche pas que sa signification ne soit également applicable à un très-grand nombre de sujets, & à tout autant qu'il y a d'hommes. Le nom de soleil ne s'applique qu'à un seul soleil, mais s'il y en avoit plusieurs il s'appliqueroit à plusieurs. Sextus qui emploie plusieurs Chapitres à bien déterminer la signification des termes dont les Sceptiques se servoient, auroit extravagué en se donnant ce soin, s'il n'avoit pas reconnu que le son d'un mot & sa signification sont deux choses différentes. Quelque Raisonnement qu'on fasse, chacune des propositions qui en fait une partie, est une proposition, mais non pas deux propositions, ni dix propositions. Mais cela n'empêche pas que sa signification ne soit autant applicable à deux & à dix mille qu'à une seule. Quand on auroit dit à Sextus " la définition que
,, vous venés de me proposer, m'apprend dans quel
,, sens je dois prendre vôtre expression, dans ce
,, moment, mais elle ne définit point le terme dont
,, vous vous servirés dans un quart d'heure : car ce
,, sera un autre terme & non pas le même : Il n'y
,, a point de Définition générale, car autant de
,, mots que vous prononcés, ce sont tout autant de
,, Mots, dont il faut réiterer la définition, il au-
,, roit aisément répondu & sa réponse auroit fait
,, sentir le foible & le ridicule de l'objection qu'il
,, vient de proposer.

XXII. APRES avoir entrepris de prouver par ce beau raisonnement, qu'il n'y a point de Démonstration générale il ajoûte, qu'il n'y en peut pas avoir de particulière ; car , dit-il. *Les propositions qu'on pose pour principes pour en tirer une conclusion & qu'on appelle les* PRÉMISSES *ne sont pas, si elles sont seules, une Démonstration, parce qu'il faut conclure afin de pouvoir dire qu'on a démontré. Mais si la Conclusion est essentielle à la Démonstration, il n'y a point de démonstration; & si le preuve ensi. Un Raisonnement n'est point démonstratif s'il est composé de parties incertaines. Or la conclusion n'est pas certaine, car si elle l'étoit on n'entreprendroit pas de la prouver.*

S'il y en a de particulières.

Quelque habitude que je suppose dans Sextus à s'éloigner de l'Evidence & à fermer les yeux à la lumière, il n'est pas en mon pouvoir de comprendre qu'il ne s'apperçût qu'une Proposition perdroit de son Obscurité, par l'explication qu'on en donnoit; Elle étoit obscure avant que d'avoir été éclaircie, & ne faisoit plus d'embarras après l'éclaircissement. C'est ainsi qu'une proposition qui paroit d'abord incertaine & obscure & porte le nom de Question, devient claire & certaine dès-qu'on a sçû la placer à la suite de quelques autres qui l'éclaircissent ; & qui la font devenir Conclusion.

Il faut dire la même chose de ce qu'il ajoûte, *si la Conclusion faisoit une partie de la démonstration, elle se prouveroit elle même*: Une Démonstration est composée de deux parties, des preuves & de ce que les preuves établissent. La conclusion que les preuves établissent se trouve établie par là, & n'est pas sa preuve elle-même.

XXIII. APRES cela il revient à son argument favori & continuel. *Une Démonstration est composée de propositions, il n'y a aucune proposition certaine, car il n'y en a aucune de la certitude de laquelle tous les hommes, sans exception, conviennent, il n'y en a donc point qu'il ne faille prouver,* l'on demandera les preuves de la 3. puis celles de la 4. *& ainsi à l'infini*. On a déja suffisamment répondu à ce Sophisme.

Répétition

XXIV. Quand on opposoit aux Sceptiques. Ou *vous avés prouvé qu'il n'y a point de Démonstration ou vous ne l'avés pas prouvé; Si vous ne l'avés pas prouvé, nos preuves subsistent, & il y a des Démonstrations; Si vous l'avés prouvé, vous avés donc prou-*

Subterfuges

vé quelque chose, & par conséquent encore il y a une Démonstration, ils répondoient. Nous avons seulement rendu vraisemblable qu'il n'y a pas de démonstration. Nous avons affoibli vos preuves, nous les avons rendues douteuses. Mais en répondant ainsi ils éludoient seulement la retorsion par laquelle on les attaquoit, & ils ne se tiroient d'affaire que pour un moment ; car s'il est simplement vraisemblable qu'il n'y a pas de Démonstrations, il est aussi vraisemblable qu'il y en a : Vous vous déclarés pour une vraisemblance j'ai autant de droit de me déclarer pour l'autre : Vous prenés le parti de dire qu'il n'y en a point, & moi celui de dire qu'il y en a. J'ai, continuerois-je, un grand avantage sur vous ; Je prétens que l'évidence porte sa preuve en elle-même ; J'y reconnois une force convaincante. Vous qui n'êtes pas dans ce sentiment, quand je vous demande d'où vient que vous n'y êtes pas, & par quelles raisons vous la combattés, vous êtes obligé de m'en alléguer, & comme vous ne m'en pouvés point alléguer qui soit sure par elle-même (car vous n'en reconnoissés point de telle) vous n'en pouvés alléguer aucune à laquelle je doive me rendre, avant que vous aiés fortifiée par une autre. Vous voilà donc dans l'impuissance de prouver rien contre moi & d'ébranler mon évidence, au lieu que l'EVIDENCE est pour moi preuve par elle-même, Vous ne prouvés votre prétenduë égalité de vraisemblance ni à vous ni à moi ; Mais mon Evidence est pour moi une preuve sure ; Vous ne savés si vous avés raison ou si vous avés tort de vous refuser à mes preuves ; Mais pour moi je sens que j'aurois tort de ne m'y rendre pas.

Les Sceptiques se rabattent à dire qu'il y a à côté & d'ailleurs égalité de vraisemblance ; Mais le contraire saute aux yeux, & je ne conçois pas comment ils osoient le nier ; Car puisque, de leur propre aveu, une première preuve a besoin d'une seconde, sans quoi on doit la compter pour rien, & que celle-ci n'a pas moins besoin d'être soutenuë par une troisième, & ainsi à l'infini ; quelque grand que soit le nombre des preuves qu'un Sceptique aura entassé, il est visible qu'il n'a rien avancé & qu'il lui reste à faire incomparablement plus qu'il n'a fait, pour donner, à ce qu'il avance, quelque probabilité. Mais pour ce qui est de nous, au moins nous ne nous contredisons pas nous mêmes ; Nous respectons l'évidence, c'est une lumière qui nous éclaire par sa propre force, elle n'a pas besoin qu'une seconde vienne à son secours pour nous éclairer, & pour nous faire voir : Elle répand donc, pour le moins, une grande vraisemblance sur les Propositions pour lesquelles nous nous déclarons : Mais quand un Sceptique en allégue une contraire, il est par ses principes, dans une absoluë impuissance de lui donner de la probabilité.

Citation de Mr. le Clerc.
XXV. J'AI crû que je ferois plaisir à mon Lecteur de mettre ici sous ses yeux ce que Mr. Le Clerc remarque sur ces deux Chapitres de Sextus (B. A. & M. Tom. XIV. partie p. p. 77.) ,, Si ,, les Stoïciens, *dit-il*, à qui Sextus en veut principa,, lement, ne pouvoient rien conclurre par un argu,, ment, dont on ne pouvoit nier ni la Majeure, ,, ni la Mineure, en aucun sens, ni trouver rien à ,, redire dans la Conséquence, par quel argument ,, Sextus pouvoit-il prouver, ou au moins rendre ,, probable qu'il n'y a point de démonstration ? Si ,, ses argumens lui suffisans pour faire douter, c'est ,, en vertu des régles de la démonstration qu'il attaque ; Mais ne pas tomber dans les principes des Dogmatistes, il convient qu'il se pourroit ,, faire que tout son raisonnement fut faux. Cela ,, étant ainsi Sextus prenoit une peine fort inutile de ,, faire un livre de cette sorte. Qui, dans la vie ,, commune, voudroit entendre de longs discours que ,, l'on avoüeroit être tout-à-fait faux ou incertains ? ,, Personne assurément. Il est moins pardonnable, en
,, des choses spéculatives, de ne rien dire que de ,, douteux où rien n'oblige de parler. Mais c'est ,, dira-t-on pour rabattre l'orgueil des Dogmatistes, ,, comme nôtre Philosophe le dit souvent. Peut-,, on espérer de rabattre l'orgueil des Dogmatistes, ,, par des discours, que l'on avouë pouvoir être ,, entiérement faux ? N'est ce pas s'accuser soi mê,, me d'une très-grande indiscrétion ? Tout cela ,, roule dans le fond sur ce principe que nous n'avons ,, aucune marque à laquelle nous puissions nous as,, surer de la Verité. C'est pourquoi nous ne ,, nous arrêterons pas aux vaines subtilités de Sextus.

,, Les Stoïciens avoient raison de dire aux Sceptiques, si vous pouvés démontrer qu'il n'y a ,, point de démonstration, vous prouvés par là ,, même qu'il y en a une, & si vôtre raisonnement ,, n'est pas démonstratif il y a une démonstration, ,, puis que vous ne prouvés pas qu'il n'y en a point. ,, Ainsi soit que vous le prouviés, soit que vous ne ,, le prouviés pas, il y a une démonstration. Ils ,, parloient ainsi pour se moquer des Sceptiques, & ,, il faut avouer que Sextus s'embarrasse lui même, ,, pour se tirer de cette raillerie. *Il se peut faire ,, dit-il entre autres choses, que comme les remèdes ,, des purgatifs sortent avec les matières qu'ils poussent ,, hors du Corps, de même les démonstrations opposées ,, aux raisonnemens, qu'on nomme ainsi, se renferment elles-mêmes avec ceux qu'elles détruisent; car ,, cela n'est point absurde puisque cette expression, Tout ,, est faux, non seulement détruit toutes les autres, ,, mais encore elle même.* Mais s'il étoit vrai qu'on ,, peut parler ainsi, cette proposition *Tout est faux*, ,, ne pourroit s'entendre d'elle même ; car si elle ,, étoit fausse ; il y auroit au moins quelque chose ,, de vrai ; au contraire si elle s'entendoit d'elle même, elle renfermeroit une contradiction ; car on ,, viendroit à celle-ci ; Il est vrai que tout est faux ,, sans en excepter la proposition qui l'affirme. Elle ,, seroit en même temps vraie & fausse. Sextus répond ensuite à l'argument des Stoïciens, qu'il ,, feint, comme je crois, de ne pas entendre, & qu'il ,, explique comme si les Stoïciens assuroient dogma,, tiquement qu'il y a & qu'il n'y a pas de démonstration, au lieu que c'étoit seulement un ,, argument *ad hominem* contre les Sceptiques.

De la conduite qu'on doit tenir avec les Sceptiques.
XXVI. SI UN Sceptique s'avisoit de me dire ; Nous avons nôtre retour tout prêt. Prouvés moi qu'il est possible d'établir quelque verité. Je vous déclare par avance, que ce ne sera pas une légère entreprise, comme nous faisons profession de ne point respecter l'évidence, ni de ne l'avoir point connuë ; & de ne savoir ce que c'est, vous aurés beau nous dire que vos principes sont la Lumière même, nous ne vous en croirons point sur vôtre parole, nous vous demanderons pour preuve, nous ne nous lasserons jamais d'en demander, préparés vous d'en entasser à l'infini. Si un Sceptique me tenoit ce langage, ma replique seroit toute prête. Vous m'avertissés, dirois-je, que vous ne vous rendrés jamais ; Après un tel aveu il faudroit que je fusse le plus fou des hommes, pour entreprendre de me fatiguer inutilement. Les Personnes raisonnables sont trop d'honneur à ces gens-là, quand ils ont la complaisance ou la foiblesse, de vouloir raisonner avec eux, & je ne sai s'ils n'ont point tort de leur faire cet honneur, c'est justement vouloir entretenir le fou dans sa folie. Un déterminé Sceptique & obstinément affermi dans son hypothèse, est un homme digne d'un souverain mépris. L'intérêt du genre humain demande qu'on tourne le dos à ces malheureux.

Pourquoi donc me dira-t-on, disputés vous vous même avec eux ? Je réponds que quand j'ai entrepris d'écrire contre le Scepticisme, je m'y suis porté par deux motifs. J'ai voulu aider à mes Lecteurs à réfléchir sur l'éxcés des égaremens où l'esprit humain
peut

peut se laisser aller, dès qu'il préfére le plaisir de suivre quelque fantaisie à l'amour sincére de connoître la Verité & de la suivre. J'ai crû de plus qu'on pouvoit utilement présenter, à ceux qui ne se sont pas encore abandonnés au Pyrrhonisme, des préservatifs pour s'en garantir. J'ai même crû qu'il étoit possible de ramener ceux qui se sont laissé surprendre, & que quelques sophismes ont éblouïs, mais qui ne sont pas encore affermis dans l'opiniatreté. J'ai remarqué que de certains airs de hauteur, de sagesse & de raisonnement, que les Sceptiques se donnent, leur attirent des admirateurs & des partisans, & qu'il n'a j'ai pensé qu'il ne seroit pas inutile de développer les causes de cette maladie d'esprit, parce qu'on se garantiroit de sa contagion quand on connoîtroit à quel point elle rend méprisable.

De la for- **XXVII.** LORSQUE Sextus, en examinant l'u-
ce des tilité des Syllogismes, pour en détruire toute la for-
Syllogis- ce, s'avise de dire, que *si les Prémisses prouvent la Con-*
mes. *clusion, & sont des causes qui la font passer de l'état d'incertitude à celui de certitude, il faut que pour produire cet effet, elles existent, car ce qui n'est pas n'agit point, & ce qui a cessé d'être a cessé d'agir. Or les prémisses ne sont plus quand la conclusion commence à paroître. Elles n'en sont donc point les causes, elles n'ont aucune efficace sur elle.* Tout homme qui veut penser, au lieu de se faire uniquement un plaisir de parler, sans attention à ce qu'il dit, ne s'imaginera jamais qu'on ait regardé le son des prémisses comme cause de celui dans lequel la conclusion a été énoncée. La signification des sons, les idées qu'on y attache, subsistent dans l'esprit, dans le temps que la conclusion s'y présente, & c'est par la comparaison que l'esprit fait de ces Idées, qui lui sont présentes en même temps, que l'évidence des unes dissipe l'obscurité des autres.

Conduite **XXVIII.** IL EST naturel de demander com-
des Scep- ment on vient à ces excès ? Les Sceptiques parlent
tiques. d'abord assés raisonnablement, & témoignent une grande appréhension de se tromper; Sextus en particulier paroit se garde contre les équivoques; Comment donc se peut-il que lui & ses semblables se laissent aller à des Puérilités? Est-il croïable qu'on débute par former le dessein de contredire tout généralement, & de jetter sur le papier tout ce qui viendra dans l'esprit pourvû qu'il ait un air d'objection ? Je ne le crois pas. Mais quand on prend quelque inclination pour le Scepticisme, on ne s'apperçoit pas d'abord jusques où l'on ira. Un genie trop vif, un esprit trop impatient, un homme qui ne conduit pas ses études avec ordre, se trouve embarrassé par la multitude des sentimens dans lesquels les auteurs se sont partagés. Lui même pour n'avoir pas étudié avec assés de circonspection, & n'avoir pas bien examiné, en faisant la revûe de ses Idées, en trouve d'opposées les unes aux autres: La dessus l'Inquiétude le saisit, il désespére de pouvoir arriver à la Certitude; Il a ensuite occasion de s'entretenir avec quelque homme d'étude qui l'assermit dans les Idées, il s'en félicite, il se compte dès-là dispensé de prendre beaucoup de peine: Son goût le porte à lire, & à parler de science, il n'est pas fâché de briller parmi les gens de lettres, il a trouvé un moïen aisé d'arriver à son but. Le soin d'examiner qui est si long & si pénible, ne le retardera plus; les lectures, il remplira sa mémoire d'un beaucoup plus grand nombre de choses, & par-là il se mettra en état de parler sur plus de sujets. Il sera encore dispensé de la nécessité d'étudier par ordre, il suivra son goût & son humeur, & il lira indifféremment tout ce qui se trouvera sous sa main. Pour ce qui est de l'éclat & de la reputation il en a trouvé le chemin. Dès qu'il aura acquis une facilité à s'exprimer, & qu'il se sera formé à l'habitude de contredire, il n'y aura point de Verité si bien établie, il

n'y aura point de Principe si sûr, & de conséquence si nécessaire, qu'il ne trouve moïen d'attaquer & d'affoiblir aux yeux de quelques-uns. De son côté il sera invulnérable; Ne prenant point de parti il n'y aura pas moïen de combatre ses Hypothéses. Il se donnera pour un homme qui a plus examiné que qui que ce soit, & qui, outre l'avantage du Discernement, a encore celui de la Modestie, & se distingue de tous les autres, en ce qu'il ose avouër son ignorance, & qu'il a assés de bonne foi pour faire cét aveu. Un homme dont le Coeur s'est une fois rendu à ces appas, prend le parti de douter & de demeurer en suspens; La-dessus on lui demande si son doute est universel ; Supposons lui quelque petit reste de bon sens & de bonne foi, il répondra, si vous voulés, qu'il s'en faut peu, mais il avouëra pourtant qu'il s'en faut quelque chose. Il exceptera quelques Notions Communes; Il dira qu'il est, qu'il pense, qu'il parle, qu'il lit, qu'il écrit; Il reconnoîtra que le Tout est plus grand que sa Partie, qu'un & un sont deux, que la douleur est différente du plaisir, l'état de maladie de celui de santé. Mais il n'aura pas plûtôt fait ces aveux à un homme qui sait raisonner, qu'on le menera loin. Toutes ces propositions, lui dira-t-on, que vous venés d'avouër & d'autres encore, semblables à celles-là, dont vous tomberiés d'accord, si on vous le demandoit, d'où vient que vous en êtes persuadé? Consultés-vous & vous ne pourrés pas douter que le sentiment d'une évidence qui y brille, qu'une lumière avec laquelle elles se présentent, ne soit la cause de vôtre persuasion, & n'ait la force de vous convaincre. Mais prenés y garde, continuera-t-on ; Si vous voulés être d'accord avec vous même, je vous ferai tirer de ces prémiéres notions des conséquences si évidemment liées avec elles, qu'il faudra nécessairement que vous reconnoissiés les secondes, dès que vous aurés reconnu les prémiéres. Avec de la patience, de l'attention, & un examen circonspect, vous irés de conséquence en conséquence, vous aurés le plaisir de voir vos connoissances croître au delà de ce que vous auriés espéré. A force de vous rendre attentif à une prémiére conséquence, de vous arrêter à sentir sa liaison avec le principe évident dont vous la tirés, elle vous deviendra aussi familiére que ce principe, elle en aura toute la clarté, l'évidence, la certitude; & dès-là elle vous servira à découvrir de nouvelles conséquences, & à vous en assurer; Celles-ci auront ensuite la même sort & la même efficace. Alors un homme qui a pris son parti, qui est résolu de douter, & de s'abandonner au plaisir continuel de contredire, revoque ce qu'il avoit d'abord accordé, dès-qu'il s'apperçoit qu'on peut s'en servir contre lui avec tant avantage. *Deux jois deux font-ils quatre?* Quand vous me demanderés s'il me paroit ainsi, *je vous répondrai qu'oui*, dira-t-il, mais dès-que vous me demanderés, si cela est vrai je vous avouerai que je n'en sai rien. *Le mis-vous?* Non; *L'Affirmés-vous?* Non; Je n'affirme & ne nie rien. *D'où vient cela?* C'est que je n'affirme & ne nie rien sans preuve; C'est que je ne me rends à aucune preuve qu'elle ne soit bien établie, Pour me convaincre d'une seconde, il en faut employer une troisiéme, & pour celle-ci il faut une quatriéme & ainsi à l'infini. *Quelle étrange fantaisie! Qu'elle opiniatreté!* Vous vous trompés, diront-ils, ce n'est pas Fantaisie ce n'est pas Opiniatreté, car j'ai des raisons à opposer à tout ce que vous m'alléguerés pour très-sûr, & pour très-évident. *Ces raisons sont Chimériques.* Il n'y a pas moïen repliqueront-ils d'en trouver de solides, ni qui approchent de l'être, & pour s'en convaincre, il n'y a qu'à jetter les yeux sur ce que je viens de rapporter. Mais nous avons vû que ce ne sont que des vétilles méprisables.

XXIX. C'EST de cette maniére encore que les *De l'uti-*
Sceptiques combattent les Définitions. *Ce que vous* *lité des*
défi- *Définitions.*

d'*Objet* vous le connoissés *avant que de le définir*, ou vous ne le connoissés pas. *Si vous ne le connoissés pas, comment pouvés-vous le définir?* Et *si vous le connoissés déja, la Définition est superflue*. De dire que vous définissés en faveur des autres, ce n'est rien dire, car ce que vous avés connu sans le secours d'une définition, ne pourront-ils pas le connoitre de la maniére que vous l'avés connu?

D'où vient donc que *Sextus* commence son Ouvrage par tant de Définitions? *Sextus* veut se faire des Disciples, *Sextus* veut se ménager des échapatoires, *Sextus* veut paroître d'accord avec lui même, & souhaite de se faire entendre; voila pourquoi il définit. Mais quelle folie! quelles superfluités! En avoit-il besoin, & les autres en avoient-ils plus besoin que lui? Imaginés vous un homme qui, par des complaisances, par des bons offices, par une conformité d'humeur, s'est emparé de l'amitié de *Sextus*. Il apprend que *Sextus* a écrit, il en est charmé, il le prie instamment de lui vouloir faire part de ses Compositions, il s'impatiente de les lire; Il les reçoit & il les lit. *Sextus* survient comme il en est à la quatriéme page, & cét ami lui demande, d'où vient qu'il n'entre pas d'abord en matiére, au lieu de tenir par ses définitions son lecteur dans l'impatience. Pensés-vous que *Sextus* n'eût point justifié la Méthode, qu'il n'eut point parlé de la nécessité où il étoit de définir, qu'il n'eut point fait connoître les usages qu'on pouvoit tirer de ces précautions? Pensés-vous qu'il se fut contenté de lui dire? *Quand je composois ainsi, je vous avouë que je ne me mettois pas en pine de ce que j'écrivois, & comme je ne sai pas s'il est Vrai ou s'il est faux, je ne sai pas non plus si ma Méthode est bonne ou si elle ne vaut rien, si elle est utile à mon but, ou si elle lui est contraire.* N'auroit-il pas plutôt dit? Les Sceptiques sont humains (comme il parle au dernier Chapitre de son Livre) & leur inclination obligeante les porte à épargner de la peine à leurs Lecteurs; Il n'étoit pas juste que je leur laissasse découvrir, à force d'attention, ce que je prétens exprimer par les termes dont je me sers, ni que je les exposasse, par ma négligence, au risque de m'attribuer des pensées toutes contraires à celles que j'ai.

Je ferai à peu près le même Raisonnement sur les définitions en général & je dirai 1. Que l'Esprit humain, par le moien de ce qu'il connoit déja, parvient à découvrir ce qu'il ignoroit, ou à connoitre plus éxactement & plus distinctement ce qu'il ne connoissoit qu'en partie. 2 Il a besoin d'assembler plusieurs Idées pour parvenir à la connoissance d'un sujet composé. 3 Il acquiert ces idées l'une après l'autre, il les assemble ensuite, il les lie, & il éxprime cét assemblage par une *Définition*. Cette Définition est souvent utile à lui-même, parce qu'elle lui présente le sujet auquel il veut penser, & sur lequel il veut raisonner, plus développé que s'il l'éxprimoit dans un seul mot, & si lui même, qui s'est rendu ce sujet familier, se trouve bien de cette Méthode, à plus forte raison sera-t-il utile pour les autres de le voir ainsi développé dans sa définition.

Les Définitions peuvent être imparfaites sans être fausses.

XXX. QUAND Sextus ajoute, *qu'incertains si un sujet ne renferme rien au-delà de ce que sa Définition exprime, nous ne pouvons point nous assurer si cette Définition lui convient en effet*, il confond visiblement une Définition complète avec celle qui ne renferme rien de faux. Les Sceptiques aiment à supposer qu'on ne sait rien, pendant qu'on ignore quelque chose, c'est un de leurs Sophismes perpétuels.

De la conséquences d'erreurs ne fondent pas le Pyrrhonisme.

XXXI. ALLEGUER, comme il fait, des éxemples de Définitions qu'on a données, pour excellentes & qui ne le sont pas, c'est alléguer ce qui ne fait rien à son but. *Il est arrivé de ne définir pas bien; Donc il est inutile de définir; Donc on est en droit de ne recevoir pour vraies aucunes définitions.* Ce raisonnement pourroit seul suffire pour découvrir le caractére outré des Sceptiques, qui est certainement très-éloigné de la justesse, de la modestie, & de la circonspection nécessaire pour raisonner juste.

Sextus est fondé à rire de la définition de l'homme donnée par Aristote comme un modèle. Voici ce que j'en ai dit dans ma Logique Part. I. Sect. III. Chap. V. " La Célébre définition de l'homme par *Animal Raisonnable*, qui étoit le Chef d'œuvre de leur Art, prouve assurement qu'ils n'étoient eux-mêmes guére raisonnables.

" Tout homme qui va chés un Philosophe pour apprendre à se connoitre, & qui lui demande ce que c'est que l'homme, à déja l'Idée d'un Etre qui mange, qui dort, qui se proméne, & qui tant bien que mal, pense & parle avec quelque suite. De sorte qu'en lui apprenant que l'homme est un Animal Raisonnable, on lui répete obscurément ce qu'il savoit déja. *Qu'est ce qu'animal?* C'est une substance vivante & loco motive. *Qu'est ce qui vivant?* C'est ce qui se nourrit & a en soi un principe d'activité. *Qu'est ce que loco motive?* C'est la faculté de ce qui se meut & se porte de soi-même d'un lieu à un autre; Ainsi ces grands mots se réduisent à rien ou à peu de chose, mais ces termes vagues étoient propres à nourrir les Disputes, car combien de Distinctions ne falloit-il pas seulement pour développer l'ambiguité du mot de Raisonnable, & pour faire convenir que les plus simples & les plus stupides participent à cette qualité.

Sextus s'éxprime avec plus de vivacité. Qu'il me soit permis, dit-il, de m'égaier un peu; Représentés-vous un homme qui cherche son Cavalier qui méne avec lui un Chien, & qui, pour en demander des nouvelles à une personne qu'il rencontre, s'adresse à lui en ces termes. *O animal raisonnable, mortel capable d'entendement & de Science, n'avés vous point rencontré un animal visible, qui a les ongles larges & capable de Science politique, aiant ses jointures affermies sur un animal mortel, doué de la faculté de hennir, & qui méne avec lui un animal à quatre piés propre aux aboiemens?* Qui ne reconnoitra, ajoute-t-il, pour un extravagant un homme qui, par ces Questions & par ces Définitions en réduiroit un autre à garder le silence, quoi qu'il ne l'interrogeât que sur des sujets très-connus.

La définition de l'homme donnée par Aristote ne peut point passer pour un modèle; mais pour n'avoir pas de mérite, il ne s'ensuit pas qu'elle soit fausse, ni qu'on soit fondé à la regarder comme telle, ce que Sextus devroit prouver pour appuier ses doutes.

De la Définition des mots.

XXXII. SEXTUS se donne le plaisir de tout attaquer: Il suffit que les autres fassent une chose pour y trouver à redire, quoi qu'il la fasse lui-même. Il attaque jusques au soin qu'on se donne de définir les mots & de n'distinguer les différentes significations. *En tout cela*, dit-il, *il n'y a rien de sur*. Il n'est pas possible de rien avancer de plus hardi: Quoi j'ignorerai qu'elle idée j'attache à un mot, & je ne serai pas sûr du sens que je lui donne moi-même. Ho! dit-il, *Il faut qu'une Science seure roule sur des objets immuables*: Or les mots ne le sont pas, & leur signification change. Cette objection auroit de la force contre celui qui conclurroit qu'un mot a toujours eu un certain sens, parce qu'il l'a eu une fois. Mais si une fois on lui a donné un certain sens, il sera éternellement vrai qu'on le lui a donné alors, & il n'est nullement nécessaire que je sois assuré qu'un mot ne changera jamais de signification, pour savoir qu'aujourd'hui je m'en sers, à dessein de lui faire signifier telle & telle chose.

Caractére de Sextus.

XXXIII. QUELQUE Chapitre de Sextus que je lise, il me semble que je lis, les argumens d'un homme qui s'est préparé à attaquer une Thése dans une Dispute publique, lorsque les propositions, dont le Répondant entreprend la défense, sont d'une nature à ne pouvoir pas être renversées par des argu-

argumens solides, on se rabbat sur des subtilités, & souvent sur des équivoques ; on tâche d'embarrasser un Répondant, par quelque difficulté à laquelle il ne s'attend pas ; on la présente sous différentes formes : On contrefait l'homme opiniâtre ; On fait semblant de n'avoir pas compris le vrai sens d'une Réponse, afin de lui en donner un qui donne lieu à de nouvelles Instances. Un jeune Etudiant se donne d'abord ces soins, par une espéce de jeu ; Il n'a pas assés de présomption pour s'imaginer qu'on ne sauroit donner des solutions suffisantes à ses Objections. Dans la suite du temps, à proportion qu'il s'affermit dans la bonne opinion de sa capacité, ou qu'il n'aime pas le Répondant contre qui il dispute, à proportion du plaisir qu'il trouveroit à le couvrir de honte, il se flatte qu'on ne lui répondra qu'imparfaitement, & il vient à s'imaginer qu'en effet on lui a mal répondu. Cette habitude se répand quelquefois, & peut-être plus qu'on ne pense, sur toute la vie ; & de là tant de Critiques puériles, on prétend avoir relévé les fautes d'un Auteur, par des Remarques qu'un homme véritablement sensé auroit honte de proposer pour Objections dans des Disputes Académiques, & c'est tout dire. De là encore tant de brochures ; & même tant de Systémes : Dans les différentes Communions qui partagent les Chrétiens ; Chacun se présente sur la scène, comme un Atléte invincible, & tantôt donne, pour preuve démonstrative, des argumens dont on a vingt fois démontré l'extréme foiblesse, tantôt il répond à un argument de ses adversaires, par un mot qui ne signifie rien, & donne pour excellente une réponse cent fois refutée. L'Esprit de dispute dans lequel la Vanité des jeunes gens, & leur cœur plein d'envie, & porté à la contradiction, les fait entrer si aisément, & que les Pedans nourrissent avec tant de Zéle & tant d'efficace par leur Méthode d'enseigner & par leur exemple, est une des principales sources de tous les Maux qui ont inondé les Sciences.

Chap. XIX. du Tout & de ses parties.

XXXIV. QUAND on veut alléguer quelques Notions Communes, quelque Principe sur lequel on ne peut pas s'imaginer que le plus déterminé Sceptique ose former des Doutes, on a coutume d'alléguer celui-ci comme un des plus Incontestables, LE TOUT EST PLUS GRAND QUE SA PARTIE : Mais *Sextus* entreprend de faire voir qu'on ne sait ce que c'est que TOUT & que PARTIE, & qu'on n'a là-dessus que des Idées pleines de contradictions. *Vous dites qu'une longueur de dix toises renferme dix parties, chacune longue d'une toise : Mais dés que vous en aurés ôté une il n'en restera que* NEUF. *La neufvième de ces neuf ne sera donc plus contenue dans le Tout précédent, car neuf est un autre Tout que* DIX. *Il n'est donc pas vrai qu'il contenoit la* DIXIE'ME *& la* NEUFVIE'ME.

De plus DIX *contient huit aussi bien que* NEUF. *Il contient* SEPT *aussi bien que l'un & l'autre de ces deux nombres. Ainsi dix contiendra déja* UN, NEUF, HUIT & SEPT. *Continués à faire le démembrement vous trouverés que* DIX *renferme cinquante.*

Je ne sai s'il se trouveroit aujourd'hui des gens d'humeur à soûtenir ces puérilités, & à vouloir briller par ces équivoques. Il en faut pourtant venir-là pour ébranler la Certitude de la Notion que je viens de citer ; & les autres Verités qui roulent sur des nombres, & puisqu'il n'en faut pas moins pour les ébranler, c'est assés dire qu'elles sont inébranlables.

Les Sceptiques faisoient profession de ne vouloir prendre aucun parti, parce, disoient-ils que, sur chaque Question il y a autant de raisons en faveur du pour qu'en faveur du contre. Mais figurés vous deux hommes dont l'un vient de vous faire le même raisonnement que *Sextus*, l'autre au contraire s'énonce de cette manière, DIX *est un* TOUT *qui renferme plusieurs* PARTIES. *Partagés-le en deux, trois, quatre portions, comptés chaque portion, pourvû qui vous ne comptiés qu'une fois la même, leur somme égalera toujours le* Tout, *& cela aura lieu, quelque soit que vous trouviés à propos de partager, & quelque partage que vous en fassiés.* Oseroit-on dire qu'il n'y a aucune différence entre ces deux Raisonnemens, par rapport à la Certitude, & que si l'on s'y rend attentif, on trouvera que l'un est aussi vraisemblable que l'autre, & ne se croira-t-on pas en droit de dire sur le prémier ce que *Sextus* lui-même remarque sur les Sophismes, quand il les compare à ces tours de main, où l'on est persuadé qu'il y a de l'illusion, quoi qu'ils paroissent réels, & qu'on n'en connoisse pas l'artifice.

XXXV. CE QUE *Sextus* dit dans le Chapitre XX. aboutit, pour le plus à prouver que de son temps on n'avoit pas assés débrouillé la Logique. L'*Homme est un seul Genre auquel Alexandre & Théon ont la même part : S'ils y ont la même part, s'ils sont de même Genre, l'un ne sauroit être assis pendant que l'autre se proméne ; car dés que Théon se proméne, l'Homme se proméne, & Alexandre qui est homme, de même que lui, & qui participe, non pas à une partie du Genre, mais à tout le Genre, doit aussi se promener.*

Chap. XX. Du Genre & des espéces.

Le mot de *Genre* est le nom d'une certaine maniére de penser, que nous appliquons à Alexandre & à Théon &c. parce que Théon renferme, aussi bien qu'Alexandre, tout ce que l'Idée vague d'Homme présente à l'esprit. Mais Théon & Alexandre renferment, l'un & l'autre, plus de choses que cette Idée ne présente. Entre les choses qu'ils renferment, il y en a qui se ressemblent & qui, par conséquent, peuvent-être représentées par une même Idée, ou qu'une même maniére de penser peut faire connoitre ; Mais il y en a aussi de différentes, & c'est par là qu'Alexandre & Théon sont deux Etres distincts ; Voila pourquoi l'un peut demeurer assis pendant que l'autre se proméne.

Afin que l'Objection de *Sextus* eut quelque force, il faudroit que deux choses qui se ressemblent, à quelque égard, se ressemblassent en tout. Quand elles se ressemblent à quelque égard, on leur donne un Nom Commun, qui est le nom de ce en quoi elles se ressemblent, & ce nom, ainsi applicable à plusieurs choses, considerées à de certains égars, est appellé un *Genre*.

Si le Raisonnement de *Sextus*, que j'examine ici, a autant de vraisemblance que le Raisonnement opposé (ce qui est l'Hypothése constante des Sceptiques) parce qu'Alexandre est un Voleur & un Traitre, il est aussi vraisemblable de dire que Théon est un Voleur & un Traitre, que de dire qu'il est un honnête homme ; de sorte que quand on condamnera Théon au supplice, on prononcera une sentence vraisemblablement aussi juste que celle qui condamne Alexandre, & puisque toutes les sentences que les hommes prononcent ne sont point au-delà de la vraisemblance, on en peut conclurre que celle-ci auroit toute l'équité des autres.

XXXVI. MAIS diront les Sceptiques, on n'a pas accoutumé d'en user ainsi, & nous ne prétendons rien innover dans la Pratique. Est-ce donc que vous condamneriés les hommes s'ils s'avisoient de dire, nous voulons désormais nous affranchir de la Coûtume, puisque la coûtume n'est point une preuve de Verité, & nous aimons mieux prendre vôtre Philosophie pour Régle ; nous voulons nous soûtenir & ne faire pas éternellement deux personnages opposés, penser que tout est incertain & également vraisemblable, & vivre comme s'il y avoit quelque chose de certainement vrai. Vous qui condamnés les Dogmatistes, parce qu'ils préférent une Opinion à une autre, sans être déterminés à cette préférence par des raisons démonstratives, prétendés-vous qu'on doive se ranger, avec une soumission aveugle, soit à vôtre maniére de Philosopher, soit à vôtre maniére de vivre ? Condamnerés vous celui qui dira, *J'aime à lire*

Portrait d'un parfait Sceptique.

être un parfait Sceptique. Quand je mange, ce n'est pas parce que je me suis convaincu qu'il est plus avantageux pour moi de manger que de ne manger pas: Sur ce sujet, comme sur tous les autres, il y a des raisons d'un poids égal en faveur du pour & du contre; si donc je mange plûtôt que de ne pas manger, ce n'est pas à la *Raison* c'est à la *Faim* seulement que j'obéis, je me laisse aller, je ne choisis pas, je suis entraîné & je suis passif plûtôt qu'actif. J'en use de même dans toute sorte de rencontres; Les raisons qui vont à persuader qu'il vaut mieux suivre la Coûtume que de ne la suivre pas, ne sont point plus fortes que celles qu'on peut leur opposer, & qui tendent à persuader le contraire: Pourquoi donc préférer un de ces partis à l'autre? Pour moi je n'en préfére aucun. Mais suivant que mon humeur & ma fantaisie m'entrainent, je me laisse aller: Par fantaisie je suis la coûtume, par fantaisie je m'en éloigne: Dans ce moment je ferai comme les autres, un peu après je ferai tout autrement; Aujourd'hui je me trouverai complaisant & je les approuverai de bouche, demain je me ferai un plaisir de les contredire, & mon inclination m'entrainera à m'en moquer.

Chap. XXI. Des Accidens. XXXVII. DANS le Chap. XXI. Sextus continuë ses Equivoques, en parlant des Accidens communs. *Si la Respiration de Théon est la même que celle de Dion, il ne se peut que Dion respire encore, dès que Théon aura cessé de respirer.*

Parce que Théon & Dion ont des choses qui se ressemblent, & que la même manière de penser sert à faire connoître cette ressemblance, s'ensuit-il qu'il n'y ait aucune différence entr'eux?

Examen de Stilpon & de Mr. Bayle. XXXVIII. CE QUE Mr. *Bayle* a écrit dans l'Article de Stilpon, à tant de rapport avec ce que je viens de remarquer dans *Sextus*, que pour ne pas traiter des deux endroits le même sujet, & un sujet si épineux, en même tems que si absurde, je vai rapporter les paroles de Mr. Bayle & examiner par réflexions.

Diction. Tom. IV. pag. 283. Note H. „ Comme Stilpon étoit un Disputeur à toute ou-
„ trance il chassa même les Espéces. Qui dit l'hom-
„ me, ne dit rien, selon lui, ni de celui-ci ni de celui-
„ là; Il ne parle pas plûtôt de l'un que de l'autre;
„ il ne dit donc rien de personne, L'Herbe qu'on
„ me montre n'est point l'Herbe; car l'Herbe existoit
„ il y a mille ans, elle n'est donc point l'Herbe que
„ vous me montrés. Voila le Raisonnement de
„ Stilpon. On s'imaginera peut-être, qu'il se propo-
„ soit ces Objections, que pour se jouer d'une é-
„ quivoque que la construction Grecque des termes
„ lui fournissoit, & à quoi les langues vivantes ne
„ sont point sujettes. Il y a une grande différence
„ en François entre ces deux propositions, *Pierre est*
„ *l'Homme*, *Pierre est un Homme*. La prémière est
„ fausse, & contre l'usage, la seconde est véritable,
„ & l'on ne se sert guére de celle-là: Mais les Grecs
„ & les Latins se seroient servis des mêmes termes,
„ s'ils avoient voulu dire que Pierre est l'Homme,
„ & que Pierre est un Homme. De là vient que
„ Stilpon pouvoit supposer, que s'il demandoit en
„ montrant un chou, *Qu'est ce que cela*, on lui ré-
„ pondoit, *C'est le chou*. Or il pouvoit repliquer,
„ *vous vous trompés*; le chou existoit il y a mille ans;
„ il n'est donc point ce que je vous montre.

Dès-qu'on a lû ces paroles l'Objection paroit résolue, & on voit le ridicule de la vaine subtilité de Stilpon parfaitement développé; mais il semble que Mr. Bayle se fait un plaisir de surprendre son Lecteur & de l'embarasser. *Ne faut-il donc pas prétendre*, dit-il, *que ce Philosophe n'avoit d'autre vuë; que de s'égaier à proposer des chicaneries, en se fondant sur le tour de l'expression? Je ne croi point que l'on doive en demeurer-là?*

Ensuite Mr. Bayle qui savoit mieux que personne, quand il le vouloit, s'énoncer dans une parfaite clarté, affecte d'employer un Verbiage de Métaphisi-

que le plus rempli d'équivoques, & le plus vuide de sens, qu'il soit possible de prononcer. Un Lecteur qui n'est point fait à ce stile, (comme en effet il y a très-peu de ceux qui lisent son Dictionaire, pour qui ce stile ne soit Mistérieux & Inintelligible) croira aisément Mr. Bayle sur sa parole, & s'imaginera qu'il renferme des Objections auxquelles il est presque impossible de répondre, & d'où il conclurra que les Veritez les plus simples, les Notions les plus Communes ne laissent pas d'être accabléés de difficultés inexplicables. " Voici le fondement de Stil- *Pag. 284.*
„ pon, dit Mr. Bayle: Afin que deux choses soient
„ affirmées l'une de l'autre, il faut qu'elles ayent la
„ même Nature, car dans toute Proposition affir-
„ mative & véritable, l'Attribut & le sujet sont
„ réellement le même Etre. Or l'homme & le bon
„ ne sont pas d'une même nature; la Définition de
„ l'un différe de la Définition de l'autre; on ne
„ peut donc pas joindre ensemble le *Bon* & l'*Homme*,
„ l'un ne peut pas être affirmé de l'autre. Pareille-
„ ment le *Courir* ne sauroit être attribué au *Cheval*;
„ c'est une action qui est définie autrement que le
„ Cheval. De plus si vous affirmez d'un Homme
„ qu'il est bon, & d'un Cheval qu'il court, c'est
„ à dire si vous affirmés que le bon & l'homme
„ sont la même chose, & que le Cheval & le Cou-
„ rir sont la même chose, comment pourriés vous
„ affirmer que les Alimens, & que les Médicamens
„ sont bons, que les Lions & les Chiens cou-
„ rent? Voila des subtilités de Dialectique qui vont
„ à bouleverser tout le Langage, & qui réduiroient
„ tout le Genre humain au à se taire ou à parler
„ ridiculement. & néanmoins un Sophiste aguerri à
„ la Dispute, & à la chicane des abstractions, don-
„ neroit bien de la peine à ses adversaires, s'il entre-
„ prenoit de soutenir jusques au bout l'opinion de
„ Stilpon. On ne s'arrêteroit pas du prémier coup
„ par la distinction des attributs in *concreto & in*
„ *abstracto*; & par le *secundum id quod important in*
„ *obliquo*, ou *in recto*, il faudroit bien ferrailer sur
„ la question, *Utrum universale maneat in actuali*
„ *predicatione*.

Il pourroit aisément arriver qu'un Lecteur passeroit légèrement sur l'endroit qu'on vient de lire, persuadé que s'il renferme des Erreurs, ce sont des Erreurs qui ne peuvent être d'aucune conséquence. Mr. Bayle semble l'avoir prévû & il semble encore vouloir prévenir cette indolence de son Lecteur & son mépris pour de telles inutilités. " Ces vérilles, ajoute-t-il, si méprisables en elles-mêmes, & si peu capables d'embarrasser un esprit solide, pourroient pousser jusques dans le Spinozisme un esprit mal fait: *He nuga seria ducunt in mala*; car ceux qui nient les *Attributs universels* le sauroient admettre les *Individus* qui se ressemblent. Il faut qu'ils disent que deux êtres dont l'attribut de substance seroit affirmé veritablement, seroient une seule & même substance, ce qui est dire en termes équivalens, qu'il n'y a qu'une substance dans tout l'Univers.

„ La confusion que les termes qui expriment l'Identité avoit jetté dans les Idées, a donné lieu à ce qu'on appelloit les *Scholastiques Réels*, par opposition à ceux qu'on appelloit les *Nominaux*, qui prétendoient que les natures universelles existoient réellement dans tous les Individus. Abelard ce Logicien si subtil, prétendoit que la même réalité se trouvoit essentiellement dans tous les Individus, qui par-là ne différoient absolument point en essence, mais seulement par la variété de leurs accidens. Les termes qui ne sont que des noms d'Idées Vagues confondus ainsi avec les termes destinés à marquer des Individus qui existent réellement au dehors de nous, faisoient des Illusions que Spinoza a porté à son comble. C'est ce que Mr. Bayle remarque lui-même dans cet Article.

Mr. Bayle a réfuté Spinoza, mais peut on compter sur les raisons par lesquelles il le refute; Puis des

des raisons auxquelles on auroit bien de la peine à répondre, conduiroient au Spinozisme : Mais, dit M. Bayle, *elles n'y conduiront pas un esprit bien fait*, Qu'entend-il par un esprit bien fait ? Donne-t-il uniquement ce nom à un homme que la grace de Dieu soûtient dans la persuasion de la Doctrine Orthodoxe touchant la Nature Divine, & qui adhérant à cette Doctrine, par la force d'un Principe surnaturel, demeure inébranlable à tout ce qu'on peut lui dire, pour lui faire changer de sentiment, quand même il n'y sait pas répondre, ni prouver la verité de sa persuasion par des raisons Démonstratives. Mais voilà l'Enthousiasme, voilà un homme dans l'impuissance de s'assurer si c'est, grace Divine, fantaisie ou dérangement de cerveau qui est la cause de la Foi. Mais si, dans l'Idée de Mr. Bayle, *Un Esprit bien fait est un Esprit qui, attentif à des raisons claires & simples, s'y rend, & ne se laisse point ébranler par des Objections obscures & entortillées, en un mot qui ne cesse point de croire que la Lumière est Lumière, quoi qu'il apperçoive des Ténèbres au delà de cette Lumière*, ce Principe est la ruïne du Scepticisme ; *Un homme, qui se prend pour Régle, s'en tient à ce qu'il voit évidemment, & n'a garde de croire que des raisonnemens composés & obscurs ayent une force égale à celle des raisonnemens simples & très-clairs, & meritent la même attention & le même acquiescement*.

Ce qu'ajoute Mr. Bayle peut servir de confirmation à ce que je viens de dire. " Le Sens Commun est ici d'accord avec les Notions les plus évidentes de la Philosophie. Un Païsan connoit clairement, & sans se tromper, que toute l'essence de l'homme convient à chaque homme, & doit être affirmée de chaque homme, & que néanmoins chaque homme est distinct de tous les autres. Il conçoit donc clairement que la même essence qui est affirmée de Pierre, n'est point affirmée de Paul ; mais que l'essence qui est affirmée de l'un, est semblable à celle que l'on affirme de l'autre. Les Scotistes se sont égarés pitoïablement là-dessus, avec leur *Universale formale a parte rei*. Les Subtilités les plus fatiguantes ne peuvent rien contre ces notions dans un bon esprit, & lorsque même qu'on n'est pas capable de les résoudre on a droit de s'en mocquer.

Voila qui est parfaitement bien ; Seulement auroit-il été à souhaitter que Mr. Bayle, qui savoit si bien manier les matiéres de Metaphisique, au lieu de se borner à dire que ces Objections qu'on en peut tirer sont méprisables, en eut encore développé le Sophisme & le Ridicule : Sans cela il est naturel que ce scrupule reste dans l'esprit de son lecteur ; *Les Notions les plus évidentes de la Philosophie, les Verités les plus simples & les plus approuvées par le Bon sens, demeurent exposées à des difficultés inexplicables ou presque inexplicables.* On diroit que Mr. Bayle a envie de faire naitre ce soupçon quand il ajoute. " Je me souviens d'une Dispute publique, où l'un des argumentans tâcha de prouver qu'il n'y avoit point d'Universaux. Il s'y prit de cette maniére. S'il y en avoit, les genres auroient deux espèces au dessous d'eux : or cela est impossible, car une espéce ne peut pas différer de l'autre : je le prouve. *La différence d'une espéce est entierement semblable à la différence de l'autre, il n'y a donc pas deux espéces.* La conséquence est bonne. La raisonnable, différence spécifique de l'homme, ne différe en rien de l'irraisonnable, différence spécifique de la bête. Le raisonnable ne différe point réellement de l'ame humaine, il est donc une substance ; l'irraisonnable ne différe point réellement de l'ame de la bête, il est donc une substance. Ainsi le raisonnable, entant que substance, ne différe point de l'irraisonnable. Comment donc en différe-t-il. Est-ce qu'il y a en lui quelques

entités, ou quelques réalités, qui ne sont point dans l'irraisonnable ? Mais ces entités sont-elles des accidens, ou des substances ? Si elles sont des substances elles ne sont pas que le raisonnable différe de l'iraisonnable. Si elles sont des accidens, elles ont l'attribut de l'être ; or l'irraisonnable l'a aussi, il leur ressemble donc parfaitement ; elles ne peuvent donc pas être cause qu'il différe du raisonnable. Dira-t-on qu'elles différent de l'être, puis qu'elles ont l'attribut de l'inhérence que l'être n'a pas. Je replique l'inhérence est un être, elle ne fait donc pas que l'accident différe de l'être, & si vous me répondés que l'inhérence renferme quelque autre chose que l'être, je renouvelle mon instance ; cette autre chose contient nécessairement l'essence de l'être, elle est donc semblable à l'être, & vous aurés toujours à dos cette objection, quand même vous supposeriés à l'infini que le caractère constitutif de l'inhérence contient quelque chose de plus que l'être. Cette objection prouve que l'être n'a point au dessous de soi la substance & l'accident, & que la substance n'a point au dessous de soi les corps & l'esprit, & par conséquent qu'il n'y a point d'Universaux, *quod erat probandum*. Le soutenant ne comprit rien à cette difficulté, son Président ne le comprit guéres mieux. La compagnie n'y comprit rien, & pensa siffler celui qui argumentoit. C'étoit sans doute la meilleure voïe de le faire taire ; son argument étoit nul, de toute nullité ; car il prouveroit qu'il n'y a point de différence entre le blanc & le noir, la douleur & le plaisir.

Il y a bien de l'apparence que cét Opposant étoit Mr. Bayle lui-même ; Au moins y connoit-on son tour d'Esprit, & le stile qu'il aime à emploïer quand il entreprend de remplir l'Esprit de doutes & d'embarras. Il remarque, dans l'article de Mr. Pascal, que les Scholastiques, à force de disputer subtilement sur des Questions creuses de Métaphisique, se sont gâtés l'Esprit, au point de ne voir plus rien de sûr dans la Morale, & de la remplir de Paradoxes & de Cas Ténébreux. Il paroit par la facilité qu'il a retenue à se servir du jargon de l'Ecôle, qu'il avoit beaucoup aimé la Dispute, & peut-être ne se trompera-t-on pas si l'on impute à cette Cause sa prévention pour le Pyrrhonisme. Quoi qu'il en soit il ne faut pas s'étonner si le Répondant, le Président & l'Assemblée ne comprirent rien à cette Objection : Elle ne renferme qu'un *Galimathias* ; C'est un tissu de termes vagues & équivoques qui ne signifient rien, ou dont la signification de l'un renverse celle de l'autre.

On ne sauroit nommer aucun Etre qui soit si parfaitement & si absolument simple, qu'il n'y ait en lui aucune pluralité, aucune diversité ; & un mot, qui soit tel qu'une seule idée très-simple suffise pour faire connoitre tout ce qu'il est & tout ce qu'il renferme.

Quand je parcours tout ce qu'un Objet renferme, & toutes les Réalités dont l'assemblage le compose, je forme successivement plusieurs Idées, chacune me fait connoitre en partie cet Objet-là, & leur assemblage me fait connoitre cet Objet-là tout entier.

En parcourant de la même maniére un autre Objet, j'y découvre quelque Réalité dont l'Idée est toute semblable à l'Idée que je m'étois faite d'une des réalités de l'autre, de sorte que la même Idée s'applique également à la prémiére & à la seconde de ces Réalités & sert également à les faire connoitre. J'appelle ces Réalités *semblables*. Il y en a aussi plusieurs, telles que l'Idée que je me suis formée de l'une, & qui me la représente, ne peut point servir à me faire connoitre l'autre, & ces Réalités je les appelle *Différentes*.

Une

Une Idée que j'applique indifféremment à plusieurs objets je l'appelle *vague*. Les Idées qui me font appercevoir des différences, je les appelle *Déterminées*, une Idée est d'autant plus Vague, qu'elle s'applique à un plus grand nombre d'objets, & une Idée est d'autant plus Déterminée qu'elle approche de distinguer un objet de tous les autres. Cela posé ; Quand on me demandera ; *Des que la même Idée convient à deux objets, n'y a-t-il point de Différence entre ces objets-là ?* je répondrai, *Il n'y a pas de différence entr'eux à cet égard-là, mais comme ces Objets-la ne sont pas absolument simples, ils peuvent différer à d'autres égars.*

Qu'on se représente une boule d'or. Puisque cette boule éxiste, son éxistence est possible, & par conséquent il est possible qu'il en éxiste une seconde toute semblable à cette prémiére. Supposons, dans chacune, le même nombre de parties précisément; Grosseur, Figure, Proximités de parties, tout est égal dans l'une & dans l'autre, par conséquent tout est égal dans la grosseur & la figure des pores, & dans la disposition de la surface. Quand on se fera formé une Idée parfaite de la *Prémière*, il ne faudra rien ajouter à cette Idée, il ne faudra rien en retrancher ; en un mot, il n'y faudra faire aucun changement pour se représenter la *Seconde*. Cependant l'Exiftence de la prémiére n'est pas l'Exiftence de la feconde, l'une n'est pas l'autre, chacune a son éxistence à part, l'une pourroit être anéantie sans que l'autre le fut, on peut faire préfent de l'une, & se reserver l'autre ; on jettera l'une par la fenêtre, & l'autre restera dans la chambre ; on en fondra une & on la fera paroitre sous plusieurs figures différentes, pendant que l'autre subsistera toute entière dans le même état de boule.

Si j'ai deux Maffes d'or du même poids, & femblables encore en tout point, hormis dans la figure, l'une Sphérique & l'autre Cubique, la même idée qui me fait connoitre le poids de l'une, me fait connoitre le poids de l'autre ; La Matière de l'une me fait aussi connoitre la Matière de l'autre : Cependant l'une de ces matières n'est pas l'autre, & chacune a son éxistence à part : La même Idée qui me fait connoitre la figure de l'une, ne me représente point la figure de l'autre : Pour me représenter ces deux figures, il faut que je me forme deux Idées différentes entr'elles, comme ces figures le sont.

Mais dira l'Oppofant que Mr. Bayle a introduit fur la fcéne, la Figure de la Boule d'Or est elle différente de fa fubftance ? La Figure du Cube d'or, est elle différente de la fubftance de cét or ? Ces Matières sont toutes semblables ; Donc leur Figures qui n'en différent pas sont aussi toutes semblables.

Je répons que la Figure d'une Boule, *est la Matière même de cette Boule*, mais il faut ajouter & c'est *cette Boule même dans un certain état*. C'eft cette Matière terminée d'une certaine façon ; Or la même Matière peut fucceffivement fe terminer différemment, la même Maffe de cire prend aifément, l'une après l'autre, toutes les figures qu'on trouve à propos de lui donner. C'est toujours la même cire, c'est toujours la même matière, elle perfévère toujours à éxister, mais elle passe par différens états, elle reçoit différentes impreffions ; Ces impreffions, ces différentes manières dont elle est terminée, différent l'une de l'autre, mais c'est toujours la même matière qui les foutient, c'est elle, & non pas une autre, qui les reçoit. Quand d'une boule de cire j'en ai fait un Corps applati, je n'ai pas pris de l'autre Cire pour lui donner cette figure applatie.

Chaque fubftance éxifte d'une certaine façon, & dans un certain état ; Quand elle change d'état, de figure, de pofition, de penfée, de fentiment, de quelque nature en un mot que foient ces états, c'eft elle & non pas une autre qui les fubit, & qui eft changée, en ce fens, & à ces égars.

On ne fe rend pas encore ; *Ces états,* dit-on, *sont des Etres, l'Idée de l'être leur convient à tous, ils sont tous également des êtres ; Donc ils sont tous égaux.*

Je répons, qu'ils font tous également des Etres ; c'eft-à-dire ; *Il eft auffi vrai que l'un éxifte, comme il eft vrai que l'autre eft, mais ce font des êtres différens* ; La Figure Quarrée & la Figure Triangulaire font également des Figures ; C'eft-à-dire, il eft également vrai que l'une & l'autre font des Figures, mais ce ne font pas des figures égales. L'Idée Vague de Figure s'applique également & indifféremment à l'une & à l'autre : Mais cette Idée Vague ne fuffit point pour faire connoitre exactement ni l'une ni l'autre ; à cette Idée Vague, il faut qu'il s'en joigne une Déterminée pour fe repréfenter un Quarré, & qu'il s'en joigne une autre déterminée de même pour fe repréfenter l'une & l'autre font des Figures, mais ce ne font pas des figures égales. L'Idée Vague de Figure s'applique également & indifféremment à l'une & à l'autre : Mais cette Idée Vague ne fuffit point pour faire connoitre exactement ni l'une ni l'autre ; à cette Idée Vague, il faut qu'il s'en joigne une Déterminée pour fe repréfenter un Quarré, & qu'il s'en joigne une autre déterminée de même pour fe repréfenter l'une & l'autre font des Figures, &c, Si l'on n'employe qu'un ftile intelligible, les difficultés ne fe préfenteront pas feulement ; mais il n'y a abfurdité qu'on ne puiffe avancer à la faveur des équivoques qui fe gliffent dans un Stile tenébreux & barbare.

Il paroit peu digne d'un efprit auffi beau & auffi aifé que celui de M. Bayle, de s'être fait un plaifir d'embrouiller un fujet auffi aifé, par le moïen d'un jargon prefque inintelligible, tout chargé d'équivoques & qui n'eft plus en ufage que ches les archipédans. Il eft affés naturel de conjecturer que charmé, dans fa jeuneffe, de cette belle difpute, il trouva à propos de la conferver dans fes papiers, & il eft aifé de comprendre qu'il a employé bien du temps à ramaffer les matériaux de fon Dictionaire, & qu'il a mis par écrit à mefure que fes Lectures lui en fourniffoient les occafions, & les faits & les commentaires fur les faits, toujours tournés d'une manière à avancer fon plan & à favorifer fon grand deffein.

XXXIX. CE CHAP. a pour titre des SO-PHISMES. Pour faire voir que la Logique eft plus propre à nuire qu'à fervir, Sextus allégue ce Canon, *Les remèdes font oppofés aux maux*. De la le Logicien conclurra qu'il faut appliquer de l'eau froide fur une inflammation ; le Médecin s'en moquera, & connoiffant la différence qu'il y a entre la fource du mal & fes symptomes, il ne prendra pas le change, & ne fera pas affés imprudent pour fortifier les caufes de la maladie, fous prétexte d'en affoiblir les Symptomes. J'ai déja dit dans ma Logique, ce que je penfois fur cette régle en particulier : (Logiq. I. Part. S. II. Chap. IV.) On doit s'affurer précifément de ce en quoi confifte la contrariété de deux fujets, pour tirer, pour l'un d'eux, des Conclufions contraires à ce que l'on a reconnu dans l'autre, & il ne faut leur attribuer ni des Caufes ni des Effets oppofés qu'au fens auquel ils font contraires.

Il paroit de-là que le célèbre *Canon des Contraires* eft une Régle fans utilité. On pofe que deux chofes font contraires, on remarque dans l'une un certain Attribut ; Donc, par la Régle des Contraires, dit-on, l'autre en a un tout oppofé : Mais pour s'affurer de la juftesse de cette Conclufion, il faut être affuré que ces deux Objets, que l'on pofe contraires, le font effectivement dans le fens, dans lequel on conclut de l'Attribut de l'un à l'attribut oppofé de l'autre : Pour favoir cela il faut les connoitre l'un & l'autre en détail, & dès-qu'ils font ainfi connus, l'argument tiré de la Régle des Contraires pour les faire connoitre devient fuperflu, & il n'eft pas néceffaire de raifonner pour connoitre ce qui eft déja diftinctement connu. L'excès du froid tuë ; Donc l'excès du chaud rendroit la vie. La Conféquence n'eft pas bonne, parce que ce n'eft pas la chaleur, entant que chaleur fimplement, qui vivifie, mais une certaine chaleur renfermée dans de certaines bornes & dans une certaine fphère d'activité. Pour juger de cette conclufion il faut connoitre en quoi confifte la vie, de quelle manière le Chaud y contribuë, & à quel

point

Chap. XXII. Si la Logique eft utile.

point le froid y est contraire ; or quand on fait cela il n'est plus nécessaire d'argumenter.

A ces Remarques je me contenterai d'ajouter deux Réponses. La première c'est que, quand même un Logicien se seroit trompé en donnant quelques Régles équivoques, & à plus forte raison quand même il se seroit trompé en s'énonçant mal, il ne s'en suivroit pas qu'il n'y eut ni Verité ni justesse dans les autres Régles, & qu'il ne fut pas possible d'en faire le discernement, en s'y rendant bien attentif. Il ne s'en suivroit pas que d'autres Logiciens ne pussent corriger l'Erreur de celui qui se seroit trompé, & substituer à sa place, la Verité.

Ma seconde Réponse est que les Régles de la Logique ne sont pas destinées à conduire les hommes au Vrai, les yeux fermés ; Il faut se rendre attentif pour en faire une application juste, & les bonnes Logiques apprennent de quelle maniére on doit faire cette application. En particulier on y donne ce précepte, que pour s'assurer si une chose est véritablement contraire à une autre & si on doit les traiter comme telles, il faut les avoir déja connues l'une & l'autre, autant qu'il est nécessaire pour prononcer ce jugement.

Cavillation de Sextus & des Sceptiques.

XL. MAIS quand Sextus oppose la science d'un Médecin à la connoissance d'un Logicien, ne prose-t-il pas en fait qu'un Médecin est plus en état de servir les malades, & de contribuer à leur guérison qu'un homme du commun, & qui n'a point étudié la Médecine ? Sextus passoit pour un des plus habiles hommes de son siécle, & apparemment qu'il auroit été faché de déshonorer son cher Scepticisme, en réussissant moins bien que les autres Médecins. Ce même Art étoit pratiqué dans la Patrie de Sextus par des Dogmatistes ; il ne faut pas douter que l'émulation n'eut part à leur Pratique autant qu'à leur Théorie, & qu'ils ne se regardassent moins comme Confréres que comme Rivaux ; Il auroit bien faché à Sextus de n'en savoir pas plus que n'en savoient les Médecins mille ans avant lui, quand cet Art ne faisoit que de naitre. Ainsi sa Philosophie étoit bonne pour le Discours, c'est-à-dire pour la Dispute, & se renfermoit là. Les Sceptiques d'aujourd'hui trouveroient mauvais qu'on fit passer Sextus pour un malhonnête homme. Or s'il étoit un honnête homme il s'appliquoit le mieux qu'il lui étoit possible à rétablir la santé de ses malades, il ne s'amusoit point à chicaner par des vaines subtilités & par des équivoques puériles contre les remédes les plus approuvés par les Dogmatistes, & les plus universellement reconnus pour bons : Si donc il avoit été aussi éloigné de toute chicane en matiére de Théorie qu'il en étoit éloigné quand il s'agissoit de son Art & de ses malades, au lieu de se fermer le chemin de la Verité par ses equivoques & par ses sophismes affectés, il l'auroit cherchée de bonne foi, & il n'auroit pas manqué de la connoître.

Préservatif contre les sophismes.

XLI. SEXTUS lui même sur la fin de ce Chapitre 22. qui a pour titre des Sophismes, se refute élégamment, & donne un excellent préservatif contre toutes les pauvretés qu'il a entassées dans son Livre. *Tout de même*, dit il, *que nous nous jettons pas dans un précipice, parce qu'on nous montre un chemin qui y conduit, mais qu'au contraire nous retournons en arriére, par la raison qu'il conduit à un précipice, tout de même lors qu'un discours se termine par quelques absurdités, loin d'y donner, parce que ce Discours y méne, nous rejettons ; au contraire ce Discours, parce qu'il conclud par une absurdité.*

Contradictions des Sceptiques.

XLII. IL N'EST pas possible de se persuader que les Sceptiques aient écrit en vue d'éclairer les hommes, & par un principe de tendresse pour eux, car qu'y auroit-il de plus extravagant que de dire aux hommes, je vai vous éclairer, & la Lumiére dont je vai vous faire part, vous apprendra que vous êtes condamnés à des Ténébres éternelles, dont vous ne sauriés vous tirer.

Si les Sceptiques indignés contre l'orgueil des Dogmatistes, qui se vantoient de savoir tout, & qui fondoient la plupart de leurs décisions, sur des preuves pitoïables, avoient pris le parti d'avertir les hommes, que le chemin qui conduit à la Verité n'est pas si facile qu'on pense, qu'il faut marcher dans cette route avec une grande circonspection, qu'on ne peut y avancer qu'à pas lens, & que le moindre écart suffit pour engager dans une infinité d'autres, ils auroient parlé raisonnablement ; &, sans faire perdre courage, ils auroient fait comprendre combien on doit être en garde contre la vanité & la précipitation. Mais de dire sans cesse aux hommes qu'ils ne peuvent s'assurer de quoi que ce soit, & cela sans savoir s'ils sont en effet dans cette impuissance, n'est ce pas s'exposer à les jetter dans une erreur aussi dangereuse que désolante ? S'il est vrai que l'homme ne puisse parvenir à aucune Certitude, à la place de la Réalité, qu'on lui en laisse au moins l'Imagination ! Est-ce une grande félicité d'être parvenu à croire qu'on ne peut rien savoir ? Est-ce une charmante occupation que d'employer tout son Esprit à imaginer des raisons propres à jetter des doutes sur des verités ou sur des propositions que les autres hommes croient les plus certaines, & dont la persuasion leur est d'une grande utilité ? Dès-que j'ai donné dans la Philosophie Sceptique j'ignore si la Vertu est aimable, & si le Vice est odieux, j'ignore si les Vertus ne sont pas en elles mêmes dignes de châtiment, & si les Crimes ne méritent pas des récompenses : Les Sceptiques n'exceptent rien. Sur ce sujet, de même que sur tous les autres, il y a de côté & d'autre des raisons d'un poids égal. A la Verité, de peur de se rendre odieux & de passer pour des perturbateurs du Repos Public, ils ne cessent de répéter qu'il faut suivre les Coûtumes qu'on trouve établies dans les lieux où l'on vit. Mais comme les plus utiles de ces Coûtumes roulent sur le respect & la crainte qu'on doit à une Nature supérieure au Genre humain, sur la Beauté de la Vertu & la nécessité de l'observer, sur l'Horreur du Vice, & sur les Châtimens dont il est digne, n'importe-t-il pas au bonheur des hommes qu'ils soient très-persuadés de ces Verités qui doivent les régler ? ne seront-ils pas tout autrement attentifs à les observer, s'ils les respectent comme Verités sures & saintes, que s'ils ne les regardent que comme des Verités indifférentes ? & s'ils ne s'y conforment que pour s'accommoder à la Mode, & combien y a-t-il d'hommes pour qui ce ne sera là qu'une très-foible barriére ? Et tous ceux qui, par l'état de leur fortune peuvent faire le plus de mal, ne peuvent-ils pas se mettre impunément au dessus de ce que les autres ont accoutumé de craindre.

A quel principe donc rapportera-t-on la fantaisie des Sceptiques, si ce n'est à celui de se distinguer & de faire briller leur esprit en jettant les autres dans des embarras ? C'est tellement là leur grand Principe, leur motif principal & intérieur, que tout prévenus qu'ils soient contre les raisonnemens décisifs, & quelque habitude qu'ils se soient faite de les combattre continuellement, cependant dès-qu'il leur vient dans l'esprit quelque pensée ingénieuse, pour contraire qu'elle soit à leur Méthode, ils ne peuvent résister à la tentation de l'énoncer, & ils l'expriment aussi fortement que pourroit faire aucun Dogmatiste. On vient d'en voir un Exemple dans Sextus, quand il se moque de ceux qui se laissent ébranler, par des Sophismes & qu'il apprend à les mépriser & on en trouvera un grand nombre dans Mr. Bayle. Car si d'un côté il attaque de toutes ses forces, ce qui passe pour le plus clair & le plus certain, il met aussi, de temps en temps, dans un grand jour les matiéres les plus obscures, & reléve avec une merveilleuse habileté les Erreurs des Auteurs célébres, comme celles de Spinoza & de Mr. Leibnitz.

Je

Je fuppofe un jeune homme très-vain & d'une humeur contredifante ; Il se trouve à des Difputes Académiques ; Les Conteftations qui se font en préfence d'une grande affemblée, & qui couvrent de gloire un Oppofant hardi, chicaneur, inépuifable en vérilles embarraffantes, un Oppofant qui fuit à tout coup s'échapper, & s'éloigner de l'Etat de la Queftion, qui attaque d'un air d'infulte ce qu'il y a de plus inconteftable ; Ces Conteftations qui emnulent fi fort les honnêtes gens, & les Efprits bien faits, charment ce jeune homme que je fuppofe ; il affifte enfuite à des Converfations où l'on difpute avec le même embrouillement & la même opiniatreté : Nouveau plaifir pour lui, rien n'eft plus de fon goût ; Il fouhaite de devenir lui même Acteur au plutôt ; Il demande des confeils à un Docteur qui malheureufement fe trouve précifément dans le même goût, *Vous ne fauriez mieux faire*, lui dit il, *que de lire les Pyrrhoniens ; Vous y trouverés des matériaux tout prets & tout élaborés, & en très-grand nombre, pour difputer fur toute forte de Sujets ; & vous vous formerés, en les lifant, à une habitude & à une fécondité qui vous mettra en état de vous paffer de tout autre fecours.* Je ne m'étonnerois pas qu'un jeune homme, dans les circonftances, où je viens de le fuppofer, fut charmé de Sextus, & donna tête baiffée dans le Scepticifme.

J'en fuppofe préfentement un autre qui se dit très-férieufement. Je voudrois bien favoir fi les hommes font capables de parvenir à la connoiffance fure de quelque vérité, & je voudrois bien m'affurer de quelque Méthode & de quelques Régles dont l'obfervation me conduifit à cette Connoiffance, & me garantit d'y mêler de l'Erreur. Suppofons qu'il ajoute, Je vois beaucoup de Gens qui lifent, qui réfléchiffent, & qui décident fans aucune attention, ni aucune circonfpection ; Aujourd'hui ils font d'un fentiment, demain ils se trouvent d'un autre ; Je comprens bien qu'il ne faut pas les imiter ; Je vois encore des opiniâtres qui tiennent bon contre les raifons les plus évidentes, & à qui il fuffit de s'être trompé pour perfévérer dans l'erreur ; Voilà encore ce qu'il faut éviter. Ce n'eft pas tout : De ce qu'il y a parmi les hommes des Efprits legers, & des Efprits opiniatres, il ne s'enfuit pas que tous les hommes foient tels, & que ces défauts foient inévitables : Rien encore ne feroit plus ridicule que de dire ; Il eft des hommes qui décident fans attention & fans examen : Il eft des opiniâtres qui foutiennent hardiment les Erreurs les plus abfurdes ; Donc on ne fauroit jamais fe garantir d'erreur fur quoi que ce foit. Pour être en droit de conclure ainfi, il faudroit que tous les hommes manquaffent également d'attention & de docilité. *Pour m'affurer s'il eft poffible de trouver quelque vérité ; au lieu de débuter par l'examen de cette Queftion*, y a-t-il quelqu'un qui ne fe foit jamais trompé ; je dois me rendre attentif, chercher de bonne foi, & ne pas préfumer de moi même. Il eft certain que la lecture de Sextus rebuteroit d'abord un homme dont le coeur fe trouveroit dans de fi heureufes difpofitions, & qu'il le méprieroit comme un Auteur à qui la chicane eft beaucoup plus chère que la découverte de la verité.

SECTION IV.
Examen du Troiſiéme Livre des Hypotypoſes.

I. ON S'INSTRUIT dans la Logique des Régles qu'il faut fuivre pour faire des progrès dans la Recherche de la Verité. Après s'être préparé à la découverte par cette étude, on paffe au refte de la Philofophie. Les Anciens la diftinguoient comme on fait encore aujourd'hui en Théorétique & Pratique. La Philofophie Théorétique, à laquelle ils donnoient auffi le nom de *Phyſique* avoit pour fon objet la Connoiffance de l'Univers & de fon Auteur. La Philofophie Pratique ou la *Morale* rouloit fur les Régles des moeurs.

Après avoir travaillé à ébranler la Certitude de la Logique Sextus paffe à l'examen de la Phyfique, & il débute par l'exiftence de Dieu.

Chap. I.

I. UN SCEPTIQUE qui, comme le refte des hommes, veut vivre agréablement & éviter de s'attirer des mauvaifes affaires, déclare d'abord que pour lui il eft refolu de fuivre la Coûtume, & de fe régler fur les Maximes qu'il trouve établies dans fa Patrie. Voilà pourquoi ajoute-t-il, *J'adorerai les mêmes Dieux que mes Compatriotes & je leur rendrai le même Culte.* C'eft par là que Sextus commence le prémier Chapitre de fon Livre troifiéme. Après s'être mis en fureté par cette déclaration il entre en matiére & finit en concluant. *Qu'il faut être fimple pour croire une Divinité ; Il y a de l'impiété à croire que Dieu ne peut pas faire tout ce qui eft le mieux, & il y en a à dire que, quoi qu'il le puiffe il ne le veut pas.* Cependant, ajoute-t-il, quiconque reconnoit une Divinité fe trouve reduit à l'un ou à l'autre de ces aveux, puis qu'elle fouffre tant de maux & tant de défordres, ou par impuiffance, ou par négligence pour le moins. Je ferai là-deffus diverfes remarques, & je fuivrai la fin du Chapitre avec fon commencement, par l'affinité des Réfléxions auxquelles ces deux parties donnent lieu.

Contradiction des Sceptiques.

Sextus, pour fe donner un air d'éxactitude & d'habileté, l'Air d'un homme qui ne veut point impofer à fon Lecteur, mais qui prétend le conduire avec toutes les précautions imaginables, avoir commencé fon Ouvrage par la définition de tous les termes dont les Sceptiques aiment à fe fervir. S'il avoit fuivi la même méthode dans ce Chapitre, il auroit eu honte de fon Sophifme, ou du moins fes Lecteurs en auroient eu honte pour lui : *Il y a de l'impiété*, dit-il, *à foutenir l'éxiftence d'une Divinité*. Définiffons le terme d'*Impiété*. On tombe dans ce Crime, quand on penfe, qu'on dit, ou qu'on fait quelque chofe qui tend au Mépris de la Divinité, & par où on s'attire fon indignation. Or ou il y a une Divinité, ou il n'y en a point ; S'il n'y en a point, on ne peut rien dire de rien qui tende à la méprifer & à l'offenfer & en ce cas l'impiété n'eft point à craindre non plus que fes fuites. Mais s'il y a une Divinité, celui qui nie fon éxiftence, qui va même jufqu'à nier la poffibilité de fon éxiftence, & qui la met au nombre des Chiméres, nie tout d'un coup toutes fes perfections, & eft très-éloigné d'avoir pour elles aucun égard. *De quel oeil la Divinité doit elle regarder* un homme qui travaille à perfuader aux autres, qu'on ne doit ni la craindre ni l'honnorer, & que tout ce qu'on en dit ne font que des extravagances ? S'il n'y a point de Dieu, il n'y a point d'impiété ; Ce nom d'Impiété eft en ce cas le nom d'une faute chimérique ; Donc ceux qui fe trompent, en difant qu'une Divinité éxifte, ne fauroient être Impies au cas qu'elle n'éxifte pas. Ce feul endroit de Sextus le fait connoitre, fous le caractère d'un homme qui fe met peu en peine de fe contredire, & de parler fans favoir ce qu'il dit, pourvû qu'il furpréne par quelques objections fpécieufes.

S'il y a réellement de l'Impiété dans la penfée que Dieu éxifte, & fi c'eft là une Impiété Intérieure ; dire qu'il éxifte, quand même on ne le croit pas, fera une Impiété Extérieure & apparente. l'Impiété eft-elle un mal ? Si Sextus le nie, à quoi aboutit fon argument ? Si au contraire, c'eft donc un mal que de faire profeffion d'impiété, & celui qui fait femblant de reconnoitre l'éxiftence de la Divinité pour paroître pieux aux yeux de la multitude, prend réellement des dehors d'impiété.

Tous

Tous ceux qui reconnoissent une Divinité paroissent des Impies à Sextus : Il veut pourtant faire semblant d'en reconnoitre une, pour s'accomoder au goût de son Païs, c'est-à dire qu'il veut faire semblant qu'il est un Impie, par complaisance pour ceux qui lui paroissent des Impies. Il faut qu'un homme ait un furieux entêtement pour l'éxtraordinaire, en matiére d'idées & de sentimens, pour n'être pas émû à la vuë des contradictions où Sextus se jette; *Il ne veut pas être Impie* dit-il, *voila pourquoi il ne veut pas croire une Divinité*: Mais n'est-on pas Impie en faisant semblant de l'être ?

Je rapporterai encore sur ce sujet les propres termes de Mr. le Clerc. " Sextus prend la précau-
" tion de dire d'abord (pag. 82.) que suivant la
" maniére de vivre ordinaire il assure qu'il y a des
" Dieux, qu'il les honnore, & qu'il les gouverne par
" leur Providence, & tout cela *adhuras*, ou *sans*
" *s'enrôler de cette opinion*. Il souhaite néanmoins
" qu'on croie qu'il ne parle que contre la précipita-
" tion des Dogmatistes; ce qui signifie que Philoso-
" phiquement parlant, on n'a pas sujet de soûtenir
" qu'il y ait une Divinité, mais que pour s'acco-
" moder à la Populace & aux Loix, il falloit parler
" comme les autres. C'est comme l'on vivoit sous
" l'Empire Romain, où l'on ne s'informoit nulle-
" ment si l'on étoit persuadé de la Verité de la
" Réligion publique, pourvû que d'ailleurs l'on
" parlât & l'on agît comme les autres. Ne fait-on
" point, quelques fois parmi nous, quelque chose
" d'approchant, lorsque l'on attaque les Attributs
" les plus essentiels de Dieu, comme sa Bonté, &
" qu'après avoir dit tout ce qu'on peut dire, pour
" prouver que Dieu n'est point Bon, on déclare
" que néanmoins , on soumet *sa Raison à la Foi*;
" c'est-à-dire que l'on croit que Dieu est bon con-
" tre ses propres Lumiéres , parce que l'Ecriture
" le dit ? N'a-t-on pas même dit que l'on en usoit
" ainsi pour humilier l'orgueil des Théologiens
" Rationaux, qui soutiennent que Dieu est bon?
" Il ajoute (page 90.) Ce qu'il y a de plus ri-
" dicule ici c'est la conclusion de ses raisonnemens,
" en ces termes : Nous concluons de là , que ceux
" qui assurent positivement qu'il y a un Dieu, tom-
" bent peut-être dans l'Impiété, car en disant qu'il
" conduit tout par sa Providence ils font Dieu
" Auteur du Mal, & en disant qu'il ne gouver-
" ne que certaines choses, ou même rien, ils sont
" contraints d'avouër que Dieu est envieux ou trop
" foible pour gouverner tout ? Or ce sont là mani-
" festement des discours d'Impies. Les Péripatéti-
" ciens qui nioient que la Providence s'étendît à ce
" qui se passe sous la Lune, & les Epicuriens qui
" la nioient entiérement, commettoient sans doute
" par là une Impiété. Mais ceux qui attribuoient
" à Dieu une Providence sur toutes choses, sans
" lui attribuer néanmoins le Mal *Moral* ou le *Vi-*
" *ce*, ni même le *Physique*, à dessein de nuire à ses
" propres Créatures, ces gens-là dis-je ne font au-
" cun tort à sa supreme Majesté. Mr. Bayle préten-
" doit que ce n'étoit pas assés que de dire que Dieu
" ne fait pas le Mal , qu'il falloit montrer encore
" comment il le pourroit le permettre sans blesser sa
" Bonté, au défaut de quoi il condamnoit tous
" les Chrétiens à *renoncer à la Raison en matiére de*
" *Théologie*, & *à la soumettre à la Foi*, sans néan-
" moins montrer comment on se pouvoit soumettre
" à la foi, malgré les plus pures lumiéres de la Rai-
" son, parce qu'apparemment son dessein étoit de
" tout détruire, sans établir rien , comme fait Sex-
" tus.

Objection. " II. NOUS devons, dit Sextus, concevoir
" l'*Essence* des choses que nous entendons, par éx-
" emple si elles sont Corporelles, ou Incorporelles.
" Il en faut aussi savoir la *Forme*, car personne ne
" sauroit concevoir ce que c'est qu'un Cheval, sans
" avoir auparavant été informé de sa forme. Outre

" cela il faut concevoir comme éxistant quelque part
" ce que l'on conçoit. Puis donc qu'entre les Dog-
" matiques les uns disent que Dieu est un Corps ,
" les autres qu'il est Incorporel, les uns qu'il a
" une forme Humaine, les autres que non: les uns
" disent qu'il est en un Lieu, & les autres que Non :
" les uns dans le Monde & les autres hors du Mon-
" de , comment pourrions nous nous former une
" idée de Dieu, sans convenir de son *Essence*, sans
" savoir quelle est sa forme ni le *Lieu* où il pourroit
" être ? Qu'ils s'accordent auparavant entr'eux , sur
" ce que Dieu est, qu'ils nous en fassent une dé-
" scription, & qu'ils éxigent alors de Nous que nous
" en formions une Idée.

" III. CETTE Traduction est de Mr. le Clerc : *Réponse.*
" Après quoi il ajoûte. S'il s'agissoit de se former
" une Idée compléte & éxacte de la Divinité avant
" que de croire qu'il y en a une, il faudroit en effet
" pénétrer l'Essence Divine , mais ce n'est pas de
" quoi il est question. Pour croire qu'il y a une
" Divinité, c'est-à-dire un Etre infiniment plus éx-
" cellent que tous les autres, qui est Eternel & qui
" a donné l'éxistence à toutes les autres choses, qui
" peut par conséquent tout faire, qui est sage, qui
" conduit toutes choses, qui est bienfaisant &c. Il
" ne faut que considérer les choses, qui ont com-
" mencé & qui lui doivent leur éxistence & toutes
" leurs propriétés. C'est ce qu'on a fait voir dans
" la troisiéme Section de la Pneumatologie par des
" raisons démonstratives & au-dessus des chicaneries
" Scepticiennes. II. Socrate même dans le Paganis-
" me a prouvé, comme Xénophon nous l'apprend,
" plusieurs des perfections de la Divinité, d'une
" manière incontestable, par éxemple qu'il est in-
" corporel, qu'il voit & conduit tout &c. III. A
" l'égard du lieu où il est, les Payens mêmes ont cru
" qu'il étoit au Ciel, d'une maniére particuliére ,
" mais cela n'empêchoit pas qu'il ne fut présent par-
" tout & qu'il ne vit tout ce qui se passe dans
" l'Univers. IV. Les Platoniciens en particulier, &
" d'autres encore en dit , que Dieu n'avoit point
" une forme humaine, comme l'avoient dit les Po-
" ëtes. Si Sextus les eut écouté & eut bien médi-
" té cette matiére, il auroit bien compris , qu'on
" pouvoit facilement se former une Idée de la Di-
" vinité, laquelle Idée quoiqu'elle ne soit pas éx-
" acte & compléte , est plus que suffisante , pour se
" convaincre qu'il y a un Dieu qui gouverne toutes
" choses, & qui est digne du Culte qu'on lui rend.
" La seule Lecture de Platon & de Xénophon pou-
" voit suffire pour cela ne les méditant avec soin.
" On auroit pû renvoïer nôtre Philosophe aux Chré-
" tiens , qui étoient assés connus de son temps, mais
" que les Philosophes comme lui méprisoient
" jusques à ne daigner pas s'en informer. Il n'étoit
" pas besoin que tous les Philosophes s'accordassent
" dans la déscription de la Divinité , pour croire
" qu'il y en a une, il suffisoit qu'une Secte seule en
" donnât une Idée raisonnable & bien soutenuë ; se-
" lon la foiblesse humaine , comme avoient fait les
" Platoniciens, car enfin il n'y a qu'une verité qui
" ne dépend pas du nombre de ceux qui la défen-
" dent, mais qui, appuiée sur des raisons démon-
" stratives, demeure ce qu'elle est , quand il n'y
" auroit qu'un seul homme qui la soûtînt. Sextus
" n'étoit pas d'ailleurs homme à compter les suffra-
" ges , puisqu'il heurtoit de front les sentimens du
" genre humain qui n'ont jamais été favorables au
" Scepticisme. Nôtre Philosophe se fait lui même
" cette Réponse. *Mais disent ils, faites vous l'idée*
" *de quelque chose d'Incorruptible & d'heureux, & croiés*
" *que c'est la Divinité* ; à quoi il répond : *Mais*
" *cela est fou, car celui qui ne connoit pas Dieu ne*
" *peut pas se former une Idée des accidens de Dieu*
" *qui lui conviennent comme a Dieu*, de même ne
" *sachant pas quelle est l'Essence Divine , nous ne*
" *pouvons jamais nous former une idée de ses Attri-*
" *buts*.

„ lui: C'est là une très-grossière erreur; nous ne
„ connoissons que les propriétés des choses, pendant
„ que l'essence, dans laquelle elles existent nous de-
„ meure tout-à-fait inconnuë. Savons nous quelle
„ est la nature de nôtre Ame & celle de nôtre Corps?
„ Nous ne les connoissons qu' *a posteriori* ainsi que
„ l'on parle, c'est-à-dire par le sentiment & par
„ l'expérience que nous en avons. Comme tout ce
„ qui a eu un Commencement doit être la Producti-
„ on d'une chose qui n'en ait point, & qui soit
„ par conséquent Incorruptible ou Immortelle; (car
„ ce qui est sans commencement est aussi sans fin)
„ Nous apprenons par là que Dieu sera toûjours.
„ Ajoutés à cela, que Dieu étant la prémiére Cause
„ de tout, il est l'Auteur des propriétés de tous
„ les Etres, & par conséquent possède ces proprié-
„ tés, & cela dans un degré beaucoup plus éminent
„ ou sans imperfection, d'où il s'ensuit qu'il est in-
„ finiment heureux, puisque nous le sommes en
„ quelque sorte. Voila en peu de mots comment
„ on peut démontrer que Dieu est immortel, &
„ heureux, par des raisons qui n'étoient pas au
„ dessus de la portée des Payens, puis qu'elles sont
„ fondées sur les seules lumiéres de la Nature. Pour
„ ce que Sextus ajoûte que les Philosophes n'étoient
„ pas d'accord entr'eux sur le bonheur, je ne m'y
„ arrête pas, parce qu'ils disputoient sur la félicité
„ de l'homme plûtot que sur celle de Dieu, dont
„ le bonheur consiste dans la possession éternelle &
„ Immuable de tous les Attributs qui conviennent à
„ une Nature toute parfaite, de sorte qu'il n'a rien
„ ni à souhaiter ni à craindre. Il soûtient aussi qu'on
„ ne peut prouver, ni par des raisons claires ni par
„ des raisons obscures qu'il y ait un Dieu; mais on
„ vient de le contraire, & les Philosophes le
„ montroient même par de bonnes raisons, comme
„ on peut s'en assurer par ce que Ciceron en
„ rapporte dans ses Livres de la Nature des
„ Dieux & particulièrement par la Providence.

Mr. le Clerc est, comme on le voit ici, & comme il s'en est amplement expliqué ailleurs, dans les sentimens de Mr. Locke, sur l'Essence de la Matière. Mais ceux qui soûtiennent le plus fortement que Corps & Etendus d'un côté, Ame & Pensée de l'autre sont des termes synonimes, sont pourtant obligés de reconnoitre que les prémiéres & les plus simples propriétés de l'Etenduë, conduisent d'abord à l'Infini même, & par là présentent des Difficultés étonnantes. La formation des Corps organisés nous passe, & à tout coup mille Phénomenes nous font sentir combien nos Lumiéres sont courtes. Où est l'homme qui espére de pouvoir comprendre dans cette Vie, de quelle manière la pensée se modifie, passe d'une Idée à une autre qu'elle n'avoit jamais eu, rappelle avec facilité celles qu'elle a une fois formées, s'en rend elle même le magasin & la source inépuisable, les combine en mille façons &c. Peut-on douter de l'éxistence de cet Actes, quoi qu'on ne sache pas expliquer la naissance?

Si les hommes persuadés de l'Existence de Dieu, comme ils se sont de l'éxistence des Corps, & comme ils sont persuadés qu'il y a en eux un Principe qui pense, de quelque nature que soit ce Principe, avec quelle indignation ne regarderoient ils pas les Sceptiques, lorsqu'après avoir vainement abusé de leur subtilité, pour ébranler la persuasion de l'éxistence des Corps & de la Pensée, ils pousseroient leurs Doutes & leurs Objections extravagantes, jusques sur un Objet aussi respectable que la Divinité? Il est pourtant certain que tout ce qu'ils disent pour en rendre douteuse l'éxistence, porte également pour l'Existence des Corps & de la Pensée: Ils proposent des Questions à résoudre sur un sujet dont la parfaite connoissance passe les bornes de notre Entendement; Ils demandent qu'on ne laisse là-dessus aucune obscurité, & pendant qu'on leur laissera ignorer quelque chose, ils refuseront de croire quoique ce soit.

C'est visiblement là leur grand Principe; Mais ce Principe est incapable d'arrêter un homme Raisonnable & qui cherche à s'instruire de bonne foi. Quand la verité d'une Proposition est établie sur des preuves simples & évidentes, est-il permis de ne tenir aucun compte de ces preuves, parce qu'il reste, sur le sujet de cette Proposition, des obscurités qu'on n'est pas en état de dissiper, faute d'une plus grande étenduë de connoissances? Abandonnerai-je comme fausses ou comme incertaines toutes les Régles de mon Arithmétique, parce que je ne saurai pas m'en servir pour résoudre tous les Problemens qu'un homme plus éxercé que moi, dans la science du Calcul, me proposera? Combien de fois arrive-t-il dans le cours de la Vie, de condamner comme injuste ou comme imprudente, ou du moins d'être tenté à condamner comme telle, la conduite d'un homme, qu'on trouve très-raisonnable & très-fine de quoi agir comme il a fait, dés que l'on est instruit de ses vuës & de toutes les parties de son Plan: Combien de vuës une Intelligence Infinie ne peut-elle pas se proposer, dont nous sommes incapables de deviner la millième partie; Mais jusques à ce qu'on connoisse tout son Plan, & toutes ses Vuës, on se trouve dans l'impuissance de comprendre pourquoi de certaines Irrégularités qui paroissent dans ce Plan, loin de le rendre effectivement Irrégulier, se termineront d'une manière qui le rendra beaucoup plus Beau.

Toutes ces Difficultés que Sextus rassemble dans ce Chapitre sont de cette nature, & n'ont plus de force pour ceux qui ne tombent pas d'accord de la nécessité de connoitre tout à fond, & de n'ignorer aucune de ses parties, afin de s'assurer qu'on en connoit quelque une.

Il ne me paroit donc point difficile d'enlever aux Sceptiques, sur ce grand sujet, le triomphe dont ils se flattent, ou du moins d'empêcher toute personne, qui a à coeur de raisonner juste & qui aime la Verité, de donner dans ces Sophismes.

Je pose 1. qu'on peut savoir surement quelque chose sur un sujet, sans connoitre tout ce qu'il renferme, sans comprendre tout ce qu'il y a du rapport, & sans être en état de satisfaire pleinement à toutes les questions qu'on pourroit proposer sur ce sujet

2. Lorsque non seulement on a de bonnes raisons pour embrasser un certain sentiment, mais que de plus on comprend ce qui manque, & ce qu'il faudroit encore posséder de sciences & de talens, pour être en état de n'y laisser aucune obscurité, & de dissiper pleinement tout ce qu'on y oppose d'objections, lorsqu'enfin on peut encore expliquer d'où vient que ces secours que nous n'avons pas, nous manquent, alors les Bornes de nos Lumieres doivent bien nous faire avouer nôtre Ignorance, sur ce qui nous passe, mais elles ne doivent pas nous jetter dans un Doute universel qui ne soit prouvé par des argumens à nôtre portée. L'effet naturel des Bornes de nos Connoissances, c'est de nous garantir de Présomption, mais leurs effets ne doivent point aller jusques à nous dépouiller de Certitude.

3. Je soûtiens que les Argumens par où l'on prouve l'existence d'une Cause prémière d'un Auteur & d'un Maitre de l'Univers, sont d'une simplicité & d'une évidence à ne nous être pas suspects: Nous sommes très-à portée d'en sentir la force; ils sont tirés non de ce que nous ne connoissons pas, mais de ce que nous connoissons.

4. Mr. Le Clerc renvoie Sextus à Platon & à Xénophon; Ces Philosophes étoient très-connus & très-estimés de son temps. Aujourd'hui on a dans toutes les communions Chrétiennes, en Latin & dans les Langues vivantes, un grand nombre d'ouvrages où l'on démontre l'éxistence de Dieu, par des argumens Physiques & Métaphysiques, poussés, éclaircis, défendus & mis à couvert d'insultes, dans lesquels

la Raison met dans un plein jour ce que St. Paul pose en fait quand il dit que, *Les choses Invisibles de Dieu, sa voir sa Puissance éternelle & sa Divinité, se voient depuis la Création du Monde, quand on les considére dans ses ouvrages, de sorte que les Gentils sont inexcusables*, & prouvent que David connoissoit bien le cœur de l'homme, quand il remarquoit qu'il n'y a qu'une excessive dépravation qui puisse le faire extravaguer jusques à se dérober à cette Lumière. Le Célébre Mr. Locke, dans son savant & judicieux Essai de l'Entendement, compte cette connoissance au nombre des *Connoissances simples*. J'ai fait dans ma Logique, au Chapitre des Causes, quelques remarques, qu'on n'a qu'à suivre pour se convaincre aisément de cette Verité, & on seroit d'autant plus inexcusable si on négligeoit de s'y élever, qu'on ne peut tomber dans cette négligence, qu'en abandonnant une Maxime sur laquelle toute la conduite de la vie roule, c'est que *Rien ne se fait sans Cause, & que les Causes sont proportionnées aux effets*. Ce qui peut-être & n'être pas; ce qui peut être, & qui peut aussi n'être pas d'une certaine façon & tel qu'il se trouve, doit avoir été déterminé par quelque Cause à être, & à être tel qu'il est, plutôt qu'à n'être pas, ou à être dans un état tout différent. Il n'y a aucune Maxime dont l'usage soit plus fréquent.

5. A toutes les preuves qui établissent l'éxistence de cèt Etre; Prémier, qui est nécessairement, qui ne peut n'être pas, dont la Nature est inalterable, & sans bornes, absolument Parfait, Intelligent, Puissant, Sage, Libre, Bienfaisant, & Juste; A toutes ces preuves qu'oppose-t-on? Tout ce qu'on y oppose se réduit à ceci. Faites-nous distinctement connoitre cèt Etre Prémier, Indépendant, Parfait, Infini; Eliquiés-nous toute l'Etenduë de ses Connoissances, toute la Nature de sa Puissance & la manière dont il l'éxerce, ne nous laissés rien ignorer sur ses Perfections; car pendant qu'il nous restera sur un si grand sujet la moindre obscurité, nous oublierons toutes les bornes de nôtre Intelligence; Nous voulons tout ou rien, pendant que nous ne saurions pas tout, nous prendrons le parti de ne rien croire. Encore ne suffira-t-il pas de nous éclaircir en particulier; Jusques à ce que tout le monde soit également, on n'aura rien avancé; Un partage d'opinions suffira pour nous rejetter dans le Doute, & nous y demeurerons jusques à ce que tous les hommes pensent de même. On a de la peine à se persuader qu'il y ait des hommes qui puissent ainsi penser sérieusement, & qui se permettent de raisonner de cette manière, sans s'appercevoir qu'ils éxtravaguent.

6. Figurés-vous un aveugle né, qui écoute tout ce qu'on lui dit sur les Couleurs, comme des Chimères, dans lesquelles il s'applaudit de ne pas donner. C'est précisément le cas des Athées qui, sans savoir ce qu'ils disent, s'embarrassent & s'étourdissent eux-mêmes de Questions, sur un sujet qu'ils ne comprennent point, & dont aucune Idée ne leur représente la Nature & la manière d'éxister. Les Couleurs, dit un aveugle Chicaneur, sont elles toutes insipides! Il n'y a donc entr'elles aucune différence. Ou les unes sont elles douces, les autres acides, & les très amères &c. *Vous lui dites que non*; Comment donc les distingués vous? Vous frapent-elles à l'Unisson, ou si vous les appercevés les une plus aigues, les autres plus graves, sont-elles fortes, sont-elles molles? Parler de ce qui n'est ni dur ni mol ni liquide c'est parler de rien. On voit des hommes sourds & muets, qui ont pourtant appris à lire & à écrire, qui ont du sens & qui raisonnent: Seront-ils fort és à dire. Les sens sont ils ténébreux, sont-ils lumineux? Ce qui n'est si lumineux ni transparent, ni opaque, est-ce quelque chose? En quoi peut consister son être?

7. Les Athées nous demandent. *Où est Dieu? De quelle manière est-il dans un lieu? De quelle manière est-il dans le vuide? De quelle manière est-il dans le plein? De quelle manière est-il par tout?* C'est une des Questions de Sextus. Y eut-il jamais homme qui ait pû éxpliquer, qui ait pû tant soit peu concher de concevoir que l'étenduë pensé & de quelle manière elle pense. N'a-t-on pas des preuves convaincantes du contraire, & de l'absurdité de cette supposition? Or dès-que la pensée n'est ni grosse ni petite, ni quelque chose de rond, ni quelque chose d'angulaire, dès-que son Mouvement n'est ni circulaire ni en ligne droite, comment pourra-t-on se représenter la pensée occupant une place? Je ne saurois douter de son éxistence: On me demande de quelle manière elle est dans le lieu; Avant que de faire à cette Question une Réponse qui ne laisse aucune obscurité, je demande à mon tour qu'on me fasse parfaitement connoitre la Nature de la substance qui pense, & la manière dont elle forme ses pensées; Dès le moment que je n'ignorerai rien sur ce sujet il me sera très-aisé de comprendre de qu'elle manière, ou en quel sens une telle substance est dans un Lieu, ou la nature de son rapport avec l'Espace. En attendant que mes connoissances soient parvenues à ce point, je m'en tiens à ce que je sai, & je ne décide rien sur ce que j'ignore; Je demeure très-persuadé & très-convaincu que j'éxiste, que je pense, & que j'ai de la liberté & de l'activité; Les bornes de mes Connoissances & de mes Forces me sont encore une preuve, que je dois mon Existence, ma Nature, & mes Facultés à une Cause, non seulement très-Puissante, mais de plus très-Libre, qui a renfermé mon pouvoir dans les bornes qu'il lui a plû, & qui peut étendre ces bornes quand il lui plaira.

J'ai une Idée assés claire & assés distincte de l'Etendue corporelle, pour me convaincre qu'un Corps occupe une certaine place, qu'il a une certaine situation, & qu'il est renfermé dans une certaine surface qui l'environne. Je comprens encore que de la manière dont il est, là où je le vois & où je le conçois, il ne sauroit être en même temps, & de la même manière dans un autre lieu. Mais pour ce qui est des êtres Intelligens, il ne m'est pas possible de me représenter de même leur relation avec l'Espace & avec la situation des Corps.

Pour ce qui est de l'Etre qui ne tient point son Existence d'ailleurs, qui est la REALITÉ & la PERFECTION même; Comme il implique contradiction qu'il n'éxiste pas aujourd'hui, qu'il impliqueroit de même contradiction qu'il n'éxistât pas demain, & que quelque temps que l'on désigne, il est impossible qu'il n'ait pas éxisté dans ce temps-là; Comme, dis-je, son Existence ne sauroit être bornée à aucun temps, elle ne peut non plus être renfermée dans aucun lieu, puisque sa Nature n'a aucune Espéce de bornes. Nous ne comprenons pas en quel sens il est ici ou là, nous n'en avons pas d'Idée mais nous sommes convaincus, par de bonnes preuves, qu'il éxiste effectivement; & nous savons que dès-qu'on le suppose présent dans un certain lieu, il faut reconnoitre que, dans le sens que sa Nature, infiniment parfaite & sans bornes, y est présente, elle l'est aussi de la même manière dans un autre lieu. La chose est sure, nous ne saurions sans tomber en contradiction borner ce que nous reconnoissons sans bornes, la manière dont cela est, nous ne saurions nous la représenter, nous n'en avons pas d'Idée.

8. C'est pour avoir décidé sur ce qu'on ne connoissoit pas, & pour avoir déterminé, l'état & la manière des Perfections Divines, que l'Entendement humain ne pouvoit pas se représenter telles qu'elles étoient, qu'on a donné prise aux Athées & aux Pyrrhoniens. On ne s'est pas contenté de former des Conjectures, (c'étoit déja une témérité) on s'est prévenu en leur faveur, on a soûtenu qu'el es étoient justes & éxactes: L'un s'est imaginé que Dieu étoit l'Espace même des Corps qui nageoient dans son Immensité éternelle; un autre a dit qu'il étoit Tout entier

entier dans chaque point de l'Espace, & qu'il remplissoit en même temps tout l'Espace. Ils sont allés plus loin, & chacun d'eux a dit ; Rejetter mon sentiment c'est nier une des Perfections Divines ; En nier une c'est nier toutes les autres, par la liaison qu'elles ont entr'elles ; C'est donc nier son Existence. Traiter ma pensée de fausse, c'est rejetter l'Immensité de Dieu, & quiconque dit que Dieu n'est pas Immense, dit que Dieu n'est pas Dieu, dit qu'il n'y en a point. On a raisonné avec la même témérité sur d'autres perfections. L'un a dit ; Poser que Dieu ne prévoit pas de quelle maniére se détermineront les Intelligences parfaitement Libres, c'est borner ses connoissances ; Borner les connoissances de Dieu, c'est ne reconnoitre pas son Infinité ; ne reconnoitre pas son Infinité, c'est nier son éxistence. Un autre au contraire a fait ce raisonnement ; Vouloir qu'il y ait des Etres parfaitement Libres, & vouloir en même temps que toutes les déterminations très-libres de leur volonté, soient inévitablement décidées par avance, c'est se contredire. Un Dieu qui se contredit est une Chimére. Mais au lieu d'être si prompts à se traiter d'Athées les uns les-autres, ne vaudroit-il pas mieux se souvenir qu'un des prémiérs Devoirs, & un des prémiers caracteres de la sagesse, c'est de se taire sur ce qu'on ignore, ou qu'on n'entend pas assés. La plus grande partie, & peut-être la meilleure, du savoir humain, c'est de connoitre les bornes de nos Connoissances. Mr. le Clerc, dans sa *Pneumatologie* s'éxprime sur ces Matiéres avec une grande circonspection, & distingue avec un grand soin, ce qu'on sait d'avec ce qu'on n'entend pas. Il se conduit par là en Philosophe Chrétien, en homme Modeste & raisonnable, & par conséquent en véritable Théologien.

Je me borne ici à l'examen de Sextus. Quand je serai venu à Mr. Bayle, l'Article de Simonide, donnera lieu à de nouvelles réfléxions.

De la Providence.
III. DE L'EXISTENCE de Dieu Sextus passe à sa Providence & en la combattant, il combat encore son Existence ; " Car enfin si Dieu ne pourvoit
,, à rien, s'il n'y a aucun Ouvrage de lui, ni aucun effet de sa Puissance ; personne ne peut dire
,, d'où vient qu'il conçoit qu'il y a un Dieu, puis
,, qu'il ne se manifeste point par lui même, & que
,, dans le cas qu'on suppose, on ne peut pas s'en
,, former d'Idée que le moien de quelque chose qu'il
,, ait produit : Mais si Dieu gouverne, il gouverne
,, tout, ou seulement quelque chose ; s'il gouver-
,, noit tout, il n'y auroit aucun mal, ni aucun vice,
,, & pourquoi sa sage providence ne s'étendroit-elle
,, pas à tout, seroit-ce manque de forces ? seroit-ce
,, manque de bonne volonté ?

Mr. Bayle a poussé les objections contre la Providence au delà de tout ce qu'on avoit jamais imaginé, voila pourquoi, je renvoierai à la partie suivante, un examen plus étendu de ces Objections. Je remarquerai seulement que si la plus grande partie des difficultés, qu'on a proposées sur l'Existence de Dieu ou sur sa Providence, ont eu pour leur principales causes les idées très-imparfaites que les hommes se formoient de Dieu ; Cette remarque est sur tout vraie par rapport aux Païens. Ils se trouvoient dans de grands embarras au sujet de la Providence, & pourquoi ?

Causes de l'Embarras des Païens.
IV. C'EST prémierement qu'ils regardoient les hommes comme ceux de tous les Etres qui approchoient le plus de la Divinité, ceux pourquoi tout le reste de l'Univers étoit fait, & à qui il étoit destiné. Tout ce qui, dans l'Univers ne paroissoit pas aller directement au bonheur des hommes, leur paroissoit une Irrégularité dans le Plan des Dieux ; irrégularité qu'il convenoit à leur Sagesse & à leur Puissance de redresser incessament. L'occupation la plus digne des Dieux, selon eux, étoit de gouverner la République Universelle du Genre humain, & ils s'étonnoient que sous des Maitres, qui avoient tant de lumiére, tant de pouvoir & tant de ressources, les choses allassent si mal.

Ils concevoient donc, & c'étoit la seconde source de leur embarras, ils concevoient les Dieux à la Verité fort supérieurs aux hommes en félicité & en puissance, mais d'une nature pourtant qui ne surpassoit l'excellence de la nôtre qu'en degrés seulement ; & par là ils trouvoient les Dieux assujettis aux mêmes Loix que les hommes, comme ils les trouvoient aussi soumis aux mêmes désirs & aux mêmes passions.

Ajoutés à ces deux raisons, que n'aiant sur l'avenir que des Idées fort sombres & fort confuses, & flotans, sur ce sujet, dans quelque incertitude pour le moins, ils ne reconnoissoient guére que les événemens de cette vie & le gouvernement temporel & présent des hommes, pour tout l'exercice de la Providence, & pour l'unique objet de l'attention des Dieux.

Cela fait voir avec combien de facilité on se trompe, quand on raisonne avec précipitation sur des sujets, sur lesquels on n'a pas une assés grande étenduë de connoissances. Les Païens bornoient la Nature Divine, ils bornoient ses Ouvrages & ses vuës, ils bornoient ses soins. De-là des surprises & des scandales que des lumiéres plus étendues sont entierement cesser.

Solution 1.
V. L'INTELLIGENCE suprême qui a pû former d'autres Etres & leur donner une éxistence réelle & distincte de la sienne, cette Intelligence Toutepuissante, qui a pû donner à ses ouvrages des Pensées, des Idées, des Sentimens, des Volontés, réelles, & différentes de ses pensées & de ses volontés, a bien pû leur donner aussi quelque Activité ; car ce n'est qu'un degré de plus, & certainement sa Puissance n'est point réduite à se borner à un certain nombre de degrés dans ses effets : Quelques degrés de Réalité & de Perfection de plus & de moins ne sauroient l'arrêter.

2. Il se peut donc que l'Etre suprême, (& l'Etendue Infinie de son Intelligence & de sa Puissance nous engage à le penser ainsi) ait formé des Etres d'une perfection supérieure à celle de l'homme, en plus grand nombre de beaucoup, que nous n'en voions au dessous : Il se peut qu'entre une infinité de choses que nous ne connoissons point, une grande partie encore de celles que nous voions soient destinées aux Usages présens & à venir de ces Etres d'une Nature très-supérieure à la Nature humaine. Il ne faut donc pas s'étonner si nous ne pouvons pas rendre raison de Tout, ni décider sur les Usages de Tout.

3. Dieu a voulu que les hommes fussent du nombre de ces Etres Intelligens à qui il a donné une Liberté & une Puissance Physique de se déterminer à leur choix.

4. Il convient que la sagesse de Dieu, dont toutes les Idées, & toutes les Volontés sont dans un parfait accord, aiant formé des Etres d'une certaine nature, leur ordonne de se conduire conformément à cette nature, les approuver quand ils vivent ainsi & qu'ils remplissent leur destination, les desapprouver quand ils vivent autrement.

5. Dieu n'ordonne pas à les Créatures en général, ni aux hommes en particulier, de l'imiter en tout ; car si cela étoit, il devroit leur ordonner à chacun de s'aimer & de s'estimer par-dessus tout le reste des Etres, de rapporter tout à soi, de se préférer à tout, & d'être chacun à soi même son dernier but, au lieu que chaque Créature Intelligente doit rapporter tout à Dieu & en faire sa dernière & principale Fin.

Dieu n'est pas obligé à pratiquer toutes les Vertus dont il recommande l'observation aux hommes, comme par éxemple, la Vigilance, la priére, la Crainte, la Circonspection, la Modestie, le Renoncement à soi-même à de certains égars &
en

en de certains cas ? Tout cela est beau & loüable dans les hommes, mais ne conviendroit pas à Dieu.

Les hommes doivent faire tout ce qui est en leur pouvoir, non seulement pour observer les Commandemens de leur Créateur, mais encore pour les faire observer aux autres; pour ne point s'écarter eux mêmes de la Vertu & pour empêcher que les autres ne s'en écartent. L'Etre suprême n'est pas soûmis aux mêmes engagemens.

6. Un homme qui est tombé dans quelque faute, pourroit se plaindre de l'indifférence de celui qui l'auroit vû en danger de se perdre, sans daigner le secourir, ni tâcher de prévenir sa chute ; Il pourroit se plaindre de n'en avoir pas été aimé comme la Nature humaine le demande, & comme un homme mérite d'être aimé par un autre homme.

Mais visiblement une Créature n'est point en droit de dire, & elle ne seroit point raisonnable si elle disoit, *Dieu n'en a pas usé envers moi comme il étoit digne de lui ; Il n'a pas assés marqué qu'il prenoit intérêt en moi, il n'y en a pas assés pris, il n'a pas eu assés d'empressement, ni pour me porter aux actes de Vertu dont j'aurois pû m'acquiter, ni pour m'éloigner des Vices, où il connoissoit que je pouvois tomber, car me voiant en danger de violer mon Devoir, il n'est pas venu promptement à mon secours pour m'en empêcher.*

7. Dieu y étoit-il obligé ? Que lui aviés-vous donné pour cela ? Dans quels engagemens étoit-il entré avec vous à cét égard ? Si d'abord aprés votre création il vous avoit dit VOUS VOILA AU NOMBRE DES ETRES, VOUS AVES L'AVANTAGE D'EXISTER ET DE SENTIR VOTRE EXISTENCE ; CE PRESENT QUE JE VIENS DE VOUS FAIRE VOUS AGREE-T-IL ? EN SOUHAITES VOUS LA CONTINUATION ? JE VOUS DONNE A CHOISIR ENTRE RENTRER DANS LE NEANT, OU CONTINUER D'ETRE POUR TOUJOURS. Lui auriés-vous répondu, *Je consens à la Continuation de mon existence, pourvû que mon bonheur soit impérissable & ma misère impossible.* Sur cette Réponse je supposé encore que Dieu vous eut repliqué, VOUS NE SERES JAMAIS MISERABLE ET VOUS AURES PART A MON ETERNELLE FELICITÉ, POURVU QUE VOUS CONSENTIES, ET QUE VOUS VOUS DETERMINIES, A FAIRE, ET A FAIRE AVEC PERSEVERANCE, CE QUE JE VOUS ORDONNERAI POUR Y PARVENIR, ET JE NE VOUS ORDONNERAI RIEN QUI NE SOIT TRES RAISONNABLE. Auriés vous continué de répondre, *J'accepte encore ces offres, vous ne sera sous une condition, c'est que si par légéreté, par fantaisie, par malice, par quelque principe enfin que ce soit, il m'arrivoit de faire quelque extravagance, & de m'écarter de ce que je vous avois, ou plutot s'il m'arrivoit de vouloir faire, quelque écart & d'être tout prêt à en faire, dés que vous appercevriés en moi la moindre de ces dispositions, que de vous en préveriés la moindre possibilité, vous accouriés incessament à mon secours, pour prévenir jusques à la première naissance de mes fautes. Je veux pouvoir assés rompre sur vos soins pour m'assurer que je serai inévitablement heureux, & que je ne saurois manquer de le devenir, quand même il m'arriveroit d'avoir quelque commencement de disposition à m'éloigner de la félicité; je veux pouvoir m'assurer que vous préviendrés toutes les suites d'un tel penchant, & pencherés même, & les premiers principes si cela est nécessaire pour ma sûreté.* C'est-à-dire que si Dieu vous vouloit faire des Loix, vous lui en feriés aussi à votre tour : vous vous soûmettriés aux siennes, pourvû que vous fussiés assuré que cette soûmission ne vous coûteroit jamais rien, & ne vous exposeroit

jamais ni à aucune fatigue, ni à aucun danger, parce que Dieu se chargeroit d'operer lui même en vous vos actes d'obéïssance, & seroit nécessité *par sa BONTE*, de les produire, au cas que vous ne suffisiés pas d'humeur de vous en donner vous même le soin.

8. Il est essentiellement du Devoir d'une Créature d'être parfaitement soûmise à son Créateur, & de ne lui prescrire quoi que ce soit, comme il est essentiel à la Perfection du Créateur de ne rien prescrire qui ne soit très-juste. Or n'est-il pas juste qu'une Créature obéïsse ? L'élévation suprême de la nature Divine ne mérite-t-elle pas cette obéïssance ? La beauté & la Justice de ses Loix n'en est-elle pas digne ? Quelle bonté ne nous marque-t-il pas, quand il veut bien accorder à des actes d'obéïssance, si légitimement, si essentiellement & si nécessairement dûs, des Récompenses Eternelles, & par elles-mêmes d'un Prix Infini, puisque Dieu lui même veut bien être nôtre Récompense ? Par quelles actions de graces, par quelle étenduë de reconnoissance, pour quel assés parfait devoüment, pourrons nous jamais assés reconnoître, ses Bontés, ses Présens, & le Prix de ses Récompenses ?

9. Dirés vous ? Il auroit pu faire d'avantage ; car au lieu de nous placer, comme il a fait, à quelque éloignement du but, de se contenter de nous le proposer, de nous en marquer le chemin, & de nous mettre en pouvoir de le suivre, il auroit pû nous mettre déja au but en nous créant ; nous mettre en possession, dés les premiers momens de nôtre existence, de tout ce à quoi nous pouvons aspirer.

Vous vous plaignés donc de ce que Dieu n'a pas fait tout ce que vous auriés voulu, & tout ce que vous lui auriés conseillé de faire, s'il lui avoit plû de suivre vos conseils. Cette plainte est-elle raisonnable ou injuste ? Est-elle respectueuse, ou est elle insolente ?

10. Vous dites *O si Dieu avoit fait quelque chose de plus en ma faveur !* Mais quand vous pariés ainsi, vous ne prenés pas garde, que ce que vous considérés comme *un plus* est véritablement *un moins*. Dieu a porté ses Présens, ses Dons & ses Graces, jusques à vous mettre en état de pouvoir vous offrir à lui. Vous pouvés lui obéïr par choix, l'aimer par préférence, & vous donner à votre tour à celui qui vous a tout donné. Dès Présens de cette nature n'auroient-ils pas été par eux-mêmes très-dignes de vos voeux & de vos désirs ? Seulement si Dieu ne vous avoit pas prévenu en vous les donnant, il y auroit eu peut-être trop d'ambition à les lui demander. C'est à vous à admirer son Infinie Libéralité & à y répondre. Il vous a donné infiniment, non seulement parce que ce qu'il vous a donné vous amene, si vous voulés en faire un bon usage, à des Récompenses Infinies, mais de plus parce qu'il vous a donné ce qui approche le plus une Créature de son Créateur ; la Liberté, l'Activité, la Puissance d'agir avec choix, la Capacité de varier ses pensées à l'infini, & le pouvoir de se rendre loüable en faisant ce qui convient le mieux.

11. On a donc grand tort de conclurre des Maux Physiques qu'on apperçoit sur la Terre, & des *Vices*, par lesquels les hommes se sont attirés, qu'un Dieu, qu'un Etre très-Sage, très-Saint, très-Puissant, & très-Bon, ne s'est jamais mêlé des hommes, ou qu'il a cessé d'y faire attention. Les Maux qu'on voit ne prouvent rien contre la PUISSANCE ni la BONTÉ d'un CREATEUR ; Ils prouvent seulement qu'il est LIBRE dans l'Effusion de ses bienfaits & qu'il ne les répand pas sur chacune de ses Créatures, nécessairement & suivant toute l'étenduë de sa puissance. En ce cas-là les Créatures, toutes très-heureuses & également heureuses, pourroient se féliciter d'avoir un tel Auteur ; mais ce seroit pur compliment que de lui rendre graces de leur avoir

avoir fait ce qu'il lui étoit impossible de ne pas leur faire. Dieu exerce sa bonté d'une manière digne de lui, digne de son Infinie Grandeur, & de sa Liberté suprême. C'est cette Souveraine Liberté qui relève l'éclat de la Bonté de Dieu & qui la rend digne d'actions de graces. Quelque bien qu'il accorde, il étoit en droit d'en accorder moins. Mais il use toujours de son Droit d'une manière très-juste; Personne ne peut avec raison se plaindre de lui, & les hommes qui se trouvent malheureux ne doivent s'en prendre qu'à eux-mêmes.

Réflexions sur les bontés de nos connoissances.

VI. JE NE pousserai pas plus loin ces remarques, les Objections de Mr. Bayle me donneroient lieu de les étendre d'avantage. J'ajouterai simplement deux réflexions à celles que je viens de faire. Je demande si une personne, que l'Objection de Sextus auroit inquiété, ne pourroit pas avoir l'esprit en repos après avoir réfléchi sur ce qu'on vient de lire ? On ne le sauroit nier : L'expérience fait voir qu'il est des gens qui se contentent de ces réponses. D'où vient donc que l'Objection les avoir d'abord allarmés ? C'est qu'alors les réponses dont ils se sont ensuite satisfaits, ne leur étoient pas encore venues dans l'esprit. S'il en est qui laissent des Instances & qui proposent de nouvelles difficultés, je veux que ces Instances leur paroissent sans réplique, & qu'ils ne sachent point se tirer de ces Difficultés; De ce qu'ils ne sont pas en état d'en trouver la solution, s'ensuit-il que personne ne la trouvera ? Pourquoi, sur des matières qui les passent, laissent ils ébranler, par des Obscurités qui y restent, la Certitude qu'ils tirent des Preuves simples, démonstratives, & à portée de leur Intelligence?

Caractère des Pyrrhoniens.

VII. MA SECONDE réflexion tombe sur le caractère des Pyrrhoniens: J'y reviens souvent, on ne sauroit trop s'en convaincre : Plus on les étudie de près, plus on découvre en eux des Esprits legers, qui manquent de sincérité, qui ne s'examinent point, ou ne s'examinent qu'avec précipitation & très-superficiellement, & tournent toutes leurs vués à éblouïr les autres. SEXTUS se donne d'abord comme un homme qui a trouvé l'unique moien de passer la vie sans trouble; Nous avons vû sur quoi fondé. Ici il s'affranchit de la Crainte d'une Divinité; Le voila donc en état de s'abandonner à ses fantaisies, & de se livrer mollement à tous ses désirs, sans inquiétude. Par rapport au Culte des Dieux, je vivrai comme le Vulgaire, me voila en sureté pour l'Extérieur, mais je ne croirai rien, me voila en repos pour l'Intérieur, & par conséquent en pleine liberté, de suivre tous les penchans qui m'entrainent à objetter, & à contredire les autres, la plus délicieuse occupation que je connoisse

Mais un Esprit moins leger que le sien, & qui seroit allé moins vite, auroit dit. L'amour que j'ai naturellement pour le Repos m'a engagé à la Méthode de Philosopher que j'ai suivie, parce qu'elle m'a paru la plus propre à me tranquiliser ; mais sur un sujet de cette importance, où il s'agit de mon tout, & de mon sort entier, puis-je me conduire avec trop de circonspection ? Quelle sera ma destinée, si je m'endors dans un repos trompeur & qui pourroit devenir infiniment funeste ? Que deviendrois-je si je me condamnois moi-même par les contradictions où je tomberois. Il m'est agréable de m'affranchir de tout Joug; S'il n'y a aucune Loi dont l'équité soit sure, pourquoi me générois-je ? & que pourrois je faire de plus conforme à ma Nature, dévouée aux ténèbres, que de me laisser aller à l'avanture, & au gré de mes désirs, sans me fatiguer par aucune Contrainte. Pourquoi craindre une Divinité qui peut-être n'est point ? Voilà ce qui m'attache à mon Hypothèse & qui fonde mon repos. Mais suis-je effectivement où je prétens être ? Un Raion de Lumière m'avertit que j'en suis peut-être bien loin ; car enfin s'il est aussi vraisemblable, qu'il y a une Divinité, comme il est vraisemblable qu'il n'y en a point (c'est là le fond de ma Philosophie) si je ne suis pas plus assuré de la négative que de l'affirmative, il est aussi vraisemblable que je suis un Impie, comme il est vraisemblable que je n'en suis pas un, Vivre en repos dans cette incertitude, est-ce une Tranquilité raisonnable ou un Etourdissement volontaire ?

Pour peu qu'un homme eut de penchant à se rendre sérieusement attentif sur foi-même, & sur ses intérets, il lui seroit facile de pousser ce raisonnement. S'il n'y a point de Divinité, je ne l'offense point en me persuadant de son éxistence ; Je me trompe, mais je n'ai rien à craindre de sa part. Mais si une Divinité existe effectivement à quoi ne m'éxpose-je pas, quand je me fais un plaisir de n'en rien croire, & d'arracher cette persuasion de l esprit des autres ? Il n'y a point d'égalité dans cette alternative, & c'est une Imprudence infinie, que de prendre le parti le plus dangereux. J'ai abusé, sur un sujet très-sérieux, de la fécondité & de la subtilité de mon imagination, & par le moien d'un Langage embrouïllé & plein d'équivoques, j'ai affecté de soutenir cet étrange Paradoxe, c'est qu'il y a de l'Impiété à reconnoitre un Etre suprême ; je me suis donc joué, sur un sujet très-sérieux, non seulement des Hommes, mais de Dieu s'il y en a un ; Et s'il y en a un, comme je suis obligé de reconnoitre par mes principes que cela se peut, je passerai pour un Impie à ses yeux. Je fais plus, car en même tems que je m'efforce de combattre son existence, je veux bien encore le deshonorer par ma conduite, en adoptant sur son Culte, toutes les Erreurs & toutes les Extravagances du grossier Vulgaire, sans daigner les examiner.

Mais un Sceptique croiroit perdre trop de tems, s'il donnoit son attention à s'examiner foi-même avec cette éxactitude. Combien d'Objections n'auroit-il pas inventées ou répétées pendant qu'il s'interroge ainsi, & qu'il repasse pour ses propres pensées ?

Chap. II & III.

Les Chap. II. & III. roulent sur les *Causes.* Desormais je ne traduirai plus d'une suite, pas même en abrégé, le texte de Sextus : Mon Lecteur s'en ennuyeroit. Je me contenterai de refuter par ordre les Objections par lesquelles il continue d'attaquer ce qu'on a crû de plus certain.

Extravagance où l'entraine le Pyrrhonisme.

VIII. IL ENTREPREND donc de prouver qu'il n'y a point de Cause, c'est à dire d'ébranler, par des preuves contraires, la persuasion universelle où l'on est de l'éxistence des Causes. En effet dès qu'une fois on s'est apperçu de la nécessité qu'il y a de reconnoitre des Causes, on en est naturellement amené à conclure que l'Univers en a une, que pour s'empêcher de venir à cet aveu redoutable, on prend le parti extravagant d'oser soutenir qu'il n'y a point de Cause. Mais écoutons-le.

„ Celui qui dit qu'il y a des Causes le dit sans „ raison, ou il a des raisons pour le dire ; Si les „ Raisons qu'il allègue n'ont point de cause, il „ faut conclure que certaines choses naissent „ sans cause, & si ces raisons naissent dans l'esprit „ par quelque cause, cette cause elle-même en „ a une, ou n'en a pas. Si elle n'en a pas, ce n'est „ pas une nécessité de reconnoitre des causes ; Si „ elle en a, je recommence & je vai à l'infini.

Cause première.

IX. CE RAISONNEMENT ne sera-t-il pas plus vraisemblable, s'il conduit à une Cause première qui soit elle-même la Cause de ses Choix & de ses Déterminations, & qui éxiste nécessairement ; Il faut bien avouer que ces choses naissent sans Cause, ou admettre une impossibilité, en imputant un seul effet à une infinie succession de causes, ou s'arrêter à une qui agisse par elle-même, & se determine elle-même. Nous sentons dans nos Choix Libres, que ce qui pense en nous est une Cause de cette nature. Lorsque nôtre ame use de sa liberté, elle peut reconnoitre, dans sa manière d'agir, une image de la Cause Prémière ; Elle peut s'appercevoir que souvent-elle se détermine, parce qu'elle veut se déter-

déterminer, & qu'il ne faut point chercher d'autre cause de fa détermination, que la volonté qu'elle a eu de se déterminer ainsi. Lors même qu'elle a déliberé sur les partis qu'elle doit prendre, afin de régler son Choix sur de bonnes raisons, elle p'ut acquiescer à celles qui se seront présentées, ou continuer de les examiner, & de les comparer avec d'autres : Elle peut arrêter son attention sur un Objet, ou la lui refuser, & l'en détourner pour le porter sur un autre. Elle peut continuer d'agir ou se reposer, c'est elle-même qui se détermine à l'un de ses partis plutôt qu'à l'autre.

Objection. X. L'HUMEUR Sophistique de Sextus paroit plus visiblement quand il ajoûte ; " L'éxistence d'u-
,, ne Cause n'est pas postérieure à celle de son effet;
,, Elle n'est pas non plus antérieure, car si la cause
,, étoit déja cause avant que de produire son effet,
,, elle seroit cause sans être cause, parce qu'elle ne
,, peut-être cause qu'en produisant. Le seul parti
,, qui reste est donc de dire qu'une cause existe
,, cause, en même tems qu'un effet existe effet. Cela
,, paroit d'abord vraisemblable, mais examinés le de
,, plus près, on le trouvera absurde & contradictoire,
,, car afin que l'effet soit, il faut que la cause le
,, produise : Pour produire il faut agir, pour agir
,, il faut-être ; Il faut donc que la cause soit avant
,, que d'agir.

Réponse. XI. QUELLE honte pour les Sceptiques, & qu'elle mortification pour leur vanité, que leurs Chefs se soient armés de cette foule d'équivoques, & d'équivoques si grossières, parmi des propositions fausses encore en elles-mêmes, & visiblement fausses.

Pour agir il faut être : Cette proposition à deux sens : En voici un qui est vrai ; *Ce qui n'est point n'agit pas*, *ce qui agit existe*. En voici un autre qui peut-être faux ; *Ce qui agit a déjà existé avant que d'agir*. Une chose qui est de sa nature est active, ne sauroit avoir éxisté un moment sans agir, parce qu'elle ne sauroit avoir éxisté un moment, sans avoir été ce qu'elle est, & on suppose que de sa nature elle est agissante. Tel est sans contredit le Mouvement, qui agit dès-qu'il éxiste, & qui ne sauroit être Mouvement sans mouvoir ce qu'il rencontre.

De plus un Etre peut *éxister & n'agir point :* Il aura donc éxisté avant que d'agir, mais il *aura éxisté sans être Causé*, & n'aura commencé d'être cause qu'au même tems qu'il aura produit son effet.

Des raisonnemens si captieux & dont les plus grossiers des hommes doivent sentir l'équivoque, quoi qu'ils ne sachent pas le dévelloper, peuvent-ils être mis en parallele d'évidence & de vraisemblance avec ceux que Sextus lui-même avance au commencement de ce Chapitre. C'est que *si tout naissoit à l'aventure & qu'il n'y eut point de Causes, d'où vient que les Païs qui ont été glacés, pendant quelques Siécles, ne viennent pas à être brûlés de chaleur dans la suite, & réciproquement ; D'où vient que les Espéces se perpétuent, & que les Chevaux naissent constamment des Chevaux, que les Chats ne sont jamais sortis d'un Chien, ni les Eléphans d'une Mouche &c. Car s'il n'y a point de Causes destinées à leurs effets, toutes sortes de changemens sont également faciles, & une maniére d'être n'est point plus fondée, ni plus vraisemblable, qu'une autre toute opposée.* Vous diriés que Sextus affecte de braver les hommes, en mettant ainsi en parallele, comme d'une égale vraisemblance, les raisonnemens les plus inégaux.

Chap. IV. Dans le Chap. IV. Sextus traite des Principes des Choses Matérielles, c'est-à-dire des Elemens qui composent les Corps que nous voyons. Il ne se contente pas de traiter d'incertain tout ce que les Physiciens, qui l'avoient précédé, avoient pensé sur ce sujet ; Il veut encore tirer de là cette conséquence qu'on n'y connoitra jamais rien.

Objection. XII. POUR montrer qu'on ne sauroit mieuxfaire que de suspendre son jugement, sur les Principes des choses naturelles où des Elemens de l'Univers, Sextus se donne le soin de rapporter la prodigieuse différence des sentimens sur lesquels les Philosophes se sont partagés. *Les admettra-t-on tous ; Cela ne se peut dit-il ? En choisira-t-on par préférence aux autres, & de quel seront-on Choix ?*

XIII. CE RAISONNEMENT donne lieu à *Réponse* diverses réflexions. 1. Pourquoi Sextus dit-il qu'on ne peut pas admettre tous ces sentimens, & que dès qu'on s'est déclaré pour l'un, on se trouve dans la nécessité de rejetter tous les autres ? Qui lui a appris à discerner les sentimens qui sont incompatibles d'avec ceux qui peuvent subsister ensemble ? S'il n'a aucun caractére sûr pour faire cette distinction, pourquoi veut-il que d'autres la fassent ? 2. Qui lui a appris que des sentimens directement contraires ne peuvent pas être vrais l'un & l'autre ? D'où le sait-il ? Le croit-il ? 3. Le Scepticisme est un renoncement à la Nature ; On a beau la contraindre, par la Loi qu'on s'est faite de penser & de parler d'une étrange maniére, de temps en temps sa force victorieuse se défait de ses liens ; On sent l'Evidence des Notions Communes, & on en tire des conséquences.

.. Il y a en Physique des Matiéres si fines quelles échapent non seulement aux Gens, mais presque à l'Imagination, de sorte qu'il n'est pas facile d'unir l'Expérience & le Raisonnement pour les bien connoitre. Sur ces Matiéres-là on s'est abandonné à des Conjectures ; les Esprits qui ont assés de fécondité pour imaginer des Principes, s'en sont encore trouvé allés pour en tirer des Conséquences, & expliquer, par leur moien, bien ou mal, les Phénoménes de la Nature. L'Amour propre des Inventeurs de systémes, s'est applaudie de ces succès, & les a déterminés à soûtenir hardiment, comme sûr, ce qui n'étoit tout-au-plus que vraisemblable. Mais tirer de là cette conclusion, qu'on ne sauroit s'assurer de quoi que ce soit, c'est comme si l'on disoit ; J'ai quelquefois dormi ; Donc j'ignore si je veille, le vin m'a quelquefois surpris ; J'ai beau me trouver à jeun, & n'avoir goûté de vin depuis dix jours, peut être viens je d'en trop boire.

5. Les Sceptiques fondent leur suspension sur ce Raisonnement ; *Sur chaque sujet, disent-ils, il y a de coté & d'autre des raisons d'égale vraisemblance*. Or je demande pour grace qu'on veuille bien comparer les deux Raisonnemens que je vai proposer.

Ceux qui ont été Curieux de connoitre les Causes de ce qui arrive dans la Nature, ont pensé fort différemment sur les premiers Principes de l'assemblage des quels resultent les propriétés des Corps composés, & des masses visibles. Voila un Principe d'expérience.

Un Sceptique en tire cette conséquence. *Donc il faut se résoudre à une éternelle suspension d'esprit.* J'y oppose cette Conclusion. *Donc il ne faut embrasser aucune de ces différentes hypothéses, sans avoir bien examiné la force des raisons sur lesquelles on les appuie ; & si on ne trouve aucune de ces hypothéses assés fondée en raisons, & par conséquent aucune dont on ne puisse douter, il faut essaier si on n'en pourroit point découvrir quelque autre plus sure, & en lieu de perdre courage, il faut aller à la découverte des Elemens, par une route différente de celles qu'on a suivies sans succès.*

XIV. DANS le Chapitre V. Sextus attaque *Chap. V.* l'éxistence des Corps, & prétend prouver que l'idée *De l'éxistence des* que nous en avons n'est qu'une Chimére & semblable aux rêves d'un songe, dont la réalité s'évanouit *Corps.* dès qu'on y fait attention. Loin de pouvoir s'assurer qu'il y ait des Corps, il paroit impossible qu'il y en ait : Cette prétendue Idée renferme des Contradictions. " S'il y avoit des Corps, dit-il, ils
,, pourroient se toucher : Mais comme un corps
,, n'en peut toucher un autre par toute son
,, épaisseur, & le pénétrer de telle maniére que de
,, deux corps il ne s'en fasse qu'un, reste à dire
,, qu'un Corps en touche un autre par ses éxtrémi-
,, tés

tés, & dés-là ce ne font plus les Corps qui se touchent, & quand on parle ainsi, on s'exprime mal: Les surfaces seules peuvent se toucher.

Avant que de laisser achever ce Raisonnement à SEXTUS, je l'interromps, pour lui demander, s'il pense à ce qu'il dit? Je lui demande s'il prononce des mots auxquels il n'attache aucun sens? ou s'il raisonne sur le sens que les autres y attachent, & s'il croit savoir quelle est leur pensée sur les Corps & leurs Contacts mutuels? Après cela, je continue à l'écouter.

„ La même surface, ajoute-t-il, qui à la droite
„ touche un Corps, qui n'est pas le sien, touche-
„ t-elle à la gauche le Corps dont elle est la surfa-
„ ce? La même surface qui est tournée à la droite
„ seroit elle aussi tournée à la gauche? Cela ne se
„ peut. Une seule & même surface ne sauroit donc
„ toucher deux Corps, celui à qui elle appartient
„ & celui qui en est tout près, & à plus forte
„ raison, un Corps, pour mince que vous le
„ supposiés, ne sauroit en toucher deux, l'un plus
„ Oriental & l'autre plus occidental que lui.

Si les Sceptiques ne se proposoient d'autre but que d'embarrasser ceux d'entre les hommes, qui ne se sont jamais accoutumés à réfléchir, ni à mettre quelque distinction dans leurs Idées, ils peuvent se plaire dans ces équivoques & s'y abandonner; On ne leur envie ni leur Victoire ni la chétive Gloire qu'ils en tirent; on plaint simplement des malheureux qui, conduits de doute en doute, viennent enfin à abandonner les Principes les plus essentiels & les plus importans de la Réligion & des bonnes Mœurs. Mais si les Sceptiques prétendent imposer, par les raisonnemens qu'on vient de lire, à des personnes qui savent réfléchir, & qui veulent penser avant que de se déterminer à goûter un raisonnement, les Sceptiques se trompent, & ils sont bien loin de leur but. La *même surface ne touche point deux Corps, & un Corps n'en touche point deux autres par les mêmes points de sa surface.* On ne l'a jamais ainsi pensé, & on ne le pouvoit, & s'il est des expressions qui semblent aller là, ce sont des expressions vagues & sans exactitude. Dégageons notre langage d'équivoques, & défaisons-nous des subtilités fausses & puériles, nous découvrirons celles des Sceptiques & nous en aurons honte pour eux.

Un Corps d'un pié n'est pas seul dans le monde; Mais dans le grand nombre des Corps qui sont de cette étenduë, désignés celui qu'il vous plaira. Ce Corps est ce qu'il est, & n'est point une autre chose. Il est un Corps d'un pié, par exemple, & non point un autre Corps d'un pié. Or ce Corps d'un pié qui est lui & non un autre, n'est pas infini, il est terminé: Il n'est pas terminé de toutes sortes de maniéres, il est terminé d'une certaine façon & la maniére dont il est terminé s'appelle *sa surface*. Cette surface c'est lui même à de certains égards; C'est lui même terminé; Ce corps d'un pié a une surface qui est la sienne & non celle d'un autre. Cela supposé; Quand vous me demanderés *s'il peut toucher deux Corps*, je répondrai qu'oui, mais je m'expliquerai. *Par un endroit de sa surface il touchera le premier; par un autre endroit de cette surface il touchera le second.* Tout l'embarras vient de l'équivoque des termes; levés cette équivoque, l'embarras s'évanouit.

En vain donc on poussera l'objection & on continuera à dire. Ce n'est pas un Corps d'un Pié tout entier qui en touche un autre, ce n'est qu'une de ses parties qui touche le Corps qui l'avoisine à l'Orient : Cette partie même pour petite que vous la supposiés, ne touche pas ce Corps toute entiere, il n'y a qu'une de ses parties qui le touche, encore faudra-t-il dire de cette 3. comme de la 2., d'une 4. comme de la 3., & ainsi à l'infini. Je répons qu'un Corps d'un pié ne touche celui dont il est tout près,

ni par l'assemblage de toutes ses parties, ni par toute l'étenduë d'aucune de ses parties, en particulier. Ce Corps d'un pié est un *Tout*, ce *Tout* & *l'assemblage de toutes ses parties*, c'est la même chose; La surface qui termine un Corps d'un pié, c'est la surface qui termine l'assemblage de toutes ses parties, c'est leur envelope commune, & c'est par un endroit de cette surface qu'un tel *Tout*, qu'un tel *Assemblage* touche un Corps voisin.

Je raisonnerai sur le Pié comme j'ai fait sur un Pié. Un pouce d'étendue n'est pas le seul pouce de cette étendue qu'il y ait au monde; Mais il est seul ce qu'il est, il est ce pouce & n'est aucun autre de ceux qui sont au monde, comme aucun des autres n'est lui. Un Corps d'une Ligne, est dans le même sens un Corps d'une ligne & est lui seul ce qu'il est. Chacune des masses que je viens de nommer est *une* masse d'une mesure déterminée, elle est *une* & non pas *simple*. Un Corps d'un pié contient 1728. pouces, & nonobstant cette multitude de pouces, dont il est composé, il ne laisse pas d'être *un* Corps d'un pié; Car l'assemblage d'un tel nombre de pouces ne fait pas deux piés, il ne fait qu'un pié; C'est un assemblage de 1728. & non pas un assemblage de deux fois 1728, ou de 3456.

Désignés donc quelque Corps qu'il vous plaira; ce Corps, sans être un Corps simple & indivisible, est un Corps, & non pas deux Corps égaux chacun à lui. Donnés lui tant de parties qu'il vous plaira; ces parties assemblées, dans une Masse de telle mesure, ont bien chacune leur surface particuliére; mais elles ont aussi une surface & une enveloppe commune, c'est la surface qui termine leur assemblage ou leur masse, & c'est par de certaines portions de cette surface que l'assemblage commun touche une portion de la surface d'un autre assemblage; C'est ainsi qu'il faut concevoir le *Contact* des Corps. Le langage ordinaire dont les Sceptiques se jouent & abusent, ne dit rien de plus, mais il le dit moins précisément.

XV. MONSIEUR Bayle ramène l'objection de Sextus touchant le contact des Corps, dans l'article de Zénon, Tome 4. pag. 540.

Il m'est arrivé de m'étonner que Mr. Bayle ne se soit pas fait une peine de rapporter une Objection si méprisable, & qu'il n'ait pas craint d'exposer son honneur quand il la fait valoir, & l'allégue comme sans réplique. Mais je suis bien-tôt revenu de ma surprise; J'ai compris que Mr. Bayle connoissoit le Cœur humain; Il savoit bien que le plus grand nombre des hommes aiment à douter, parce qu'il est de leur intérêt de ne vivre pas convaincus des Verités qui les gênent; Or il n'y en a point qui ne cesse **d'être convaincantes pour eux, dès-qu'ils se sont mis** dans l'esprit que ce qui paroit le plus incontestable est tellement douteux, qu'on le trouve accablé de contradictions. Voila des Doutes qui plaisent; C'est assés pour compter, sur le succès des Raisons qui les favorisent. Il n'y a qu'à les entasser, les Lecteurs les compteront, & succomberont sous le nombre; Plus les Idées que ces Objections leur présenteront seront subtiles & nouvelles pour eux, plus promptement ils s'y rendront sans examen; car, d'un côté ils les admireront d'avantage, & d'un autre l'examen leur en seroit plus difficile.

Quand on écrit pour des Lecteurs d'un certain ordre & d'un certain goût, on se trouve dans un cas tout semblable à celui d'un homme chargé d'une négociation. S'il fait son métier, il comptera beaucoup moins sur la justice de ses prétentions & sur l'évidence des raisons sur lesquelles il se propose de les appuïer que sur les intérêts, les préjugés, l'humeur de ceux avec qui il négociera; C'est à ces trois principes auxquels il se rendra attentif, & qu'il proportionnera ses raisonnemens. Mais écoutons Mr. Bayle.

Adresse de Mr. Bayle.

XVI.

Objection *nouvelle contre* *l'étenduë* *par Mr.* *Bayle.*

» XVI. LA PENETRATION des dimensi-
» ons est une chose impossible, & néanmoins elle
» seroit inévitable si l'étenduë éxistoit : il n'est donc
» pas vrai que l'étenduë puisse éxister. Mettés
» un boulet de Canon sur une table ; un boulet,
» dis-je, enduit de quelque couleur liquide, faites
» le rouler sur cette table, vous verrés qu'il y
» tracera une ligne par son mouvement ; Vous au-
» rés donc d.ux fortes preuves du Contact immé-
» diat de ce boulet & de cette table. La pésanteur
» du boulet vous apprendra qu'il touche la table
» immédiatement : Car s'il ne la touchoit pas de
» cette manière, il demeureroit suspendu en l'air,
» mais vos yeux vous convaincront du contact par
» la trace du boulet. Or je soutiens que ce con-
» tact est une pénétration de dimensions proprement
» dite La partie du boulet qui touche la table est
» un Corps déterminé, & réellement distinct des
» autres parties du boulet qui ne touchent point la
» table. Je dis la même chose de la partie de la ta-
» ble qui est touchée par le boulet. Ces deux par-
» ties touchées sont divisibles chacune à l'infini en lon-
» gueur, en largeur & en profondeur; elles se touchent
» donc mutuellement selon leur profondeur, &
» par conséquent elles se pénétrent. On objecte tous
» les jours cela aux Péripatéticiens dans les disputes
» publiques : Ils se défendent par un jargon de dis-
» tinctions, qui n'est propre qu'à prévenir le cha-
» grin que pourroient avoir les parens de l'Ecolier,
» s'il le voioient réduit au silence ; mais quant au
» reste, ces distinctions n'ont jamais servi qu'à fai-
» re voir que l'objection est insoluble. Voici donc
» un fait bien singulier ; si l'étenduë éxistoit,
» il ne seroit pas possible que ses parties se touchas-
» sent, & il seroit impossible qu'elles ne se péné-
» trassent. Ne sont-ce pas des contradictions très-
» évidentes enfermées dans l'éxistence de l'éten-
» duë ?

Réponse.

XVII. UN LECTEUR, que les Ouvrages de
Mr. Bayle divertissent, se sent tout porté à penser
comme lui, il s'applaudit d'égaler un si habile homme en bon sens, sur tout quand il s'élève, à son imitation, au dessus de tout ce qui se dit dans les Ecoles, & le compte pour un Verbiage inutile, sans se
mettre en peine de s'en informer.

Pour moi, je l'avouë, je pense, & je suis comme nécessité à penser tout autrement. J'ai une Idée
de l'Etenduë ; J'en conçois plusieurs portions dont
je désigne le commencement & la fin; Je me représente distinctement un Cube ; Ce Cube ne s'étend
point au-delà d'un certain terme, ni en deça d'un
autre. Je m'en représente avec la même facilité un
second ; j'entens fort bien ce que je dis, quand
je suppose que de la Face Septentrionale de l'un à
la Face Méridionale de l'autre, il n'y a aucun intervale, aucune étenduë : **Je comprens de même**
que la Face Septentrionale du prémier n'est pas la
Face Méridionale du second, non plus que le prémier n'est pas le second ; Je conçois enfin que ces
deux Cubes se touchent par leurs Faces, & non pas
par leurs Profondeurs. Tout cela me paroit si clair,
que je ne sai pas deviner par quelles difficultés
d'autres pourroient être arrêtés sur ce sujet ; seulement sai-je que le plaisir d'objecter en fait souvent imaginer là où il n'y en a point.

Mr. Bayle s'est fait un plaisir de supposer une
Table, un Boulet qui roule sur cette Table, la
Trace enfin de son impression qui s'y conserve ;
Cette Multiplication d'objets fatigue un Lecteur,
& lui fait croire la difficulté qu'on lui présente
plus grande. La table & le boulet s'étendent-ils à
l'infini ? La convexité de chacun de ces Corps,
n'est-elle pas environnée d'une concavité, qui ne
fait partie ni du boulet ni de la table, mais qui est
extérieure à l'un & à l'autre ; Le terme depuis lequel l'étenduë de la table, & l'étenduë du boulet,
cessent d'être table & boulet, s'appelle *surface*. Ce

dernier terme n'a pas d'épaisseur, car une épaisseur
ne peut pas être dernier terme ; Une épaisseur est
renfermée entre deux faces, & entre ces deux faces
il y a de l'intervale. Vous ne sauriés raper tant soit
peu le boulet ni la table, sans en enlever une portion, qui, pour mince qu'elle soit, a pourtant de
l'épaisseur : Mais cette portion enlevée du boulet,
ou de la table, est une portion de leur substance &
non pas seulement leur surface. Qu'est-ce donc que
cette surface ? c'est une modification de l'étenduë,
c'est sa manière d'être terminée. Les surfaces se touchent, sans que les épaisseurs ou les Masses se pénétrent.

Ceux qui seront curieux d'un plus grand détail
n'ont qu'à lire ma Geometrie Livre IV. page. 184.
& suivantes.

Seconde Objection.

XVIII. VOICI encore une autre difficulté de
» Mr. Bayle ; Une substance étenduë qui éxisteroit,
» devroit nécessairement admettre le contact immé-
» diat de ses parties. Dans l'Hypothése du Vuide
» il y auroit plusieurs corps séparés de tous les
» autres, mais il faudroit que plusieurs autres se
» touchassent immédiatement. Aristote qui n'ad-
» met point cette Hypothése, est obligé d'avouer
» qu'il n'y a aucune partie de l'étenduë qui ne touche
» immédiatement à quelques autres par tout ce qu'elle
» a d'extérieur. Cela est incompatible avec la di-
» visibilité à l'infini ; car s'il n'y a point de Corps
» qui ne contienne une infinité de parties, il est
» évident que chaque partie particulière de l'étenduë
» est séparée de toute autre par une infinité de par-
» ties, & que le contact immédiat de deux parties est
» impossible. Or quand une chose ne peut avoir tout
» ce que son éxistence demande nécessairement, il
» est sûr que son éxistence est impossible ; Puis
» donc que l'éxistence de l'étenduë demande né-
» cessairement le contact immédiat de ses parties, & que
» ce contact immédiat est impossible dans une étenduë
» divisible à l'infini, il est évident que l'éxistence
» de cette étenduë est impossible, & qu'ainsi cette
» étenduë n'éxiste que mentalement. Il faut recon-
» noitre à l'égard du Corps ce que les Mathémati-
» ciens reconnoissent à l'égard des lignes & des su-
» perficies, dont ils démontrent tant de belles cho-
» ses. Ils avouent de bonne foi qu'une longueur
» & largeur sans profondeur sont des choses qui ne
» peuvent éxister hors de notre ame. Disons en au-
» tant des trois dimensions. Elles ne sauroient trou-
» ver de place que dans nôtre Esprit, elles ne peu-
» vent éxister qu'idéalement. Notre Esprit est un
» certain fond où cent mille objets de différente
» couleur, & de différente figure, & de differente
» situation se réünissent : Car nous pouvons voir
» tout à la fois du haut d'une côte une vaste plai-
» ne, parsemée de maisons, & d'arbres, & de trou-
» peaux &c. Bien loin que toutes ces choses soient
» de nature à pouvoir être rangées dans cette plai-
» ne, il n'y en a pas deux qui y puissent trouver
» place ; chacune demanderoit un lieu infini, puis
» qu'elle contient une infinité de corps étendus.
» Il faudroit laisser des intervales infinis autour de
» chacune, puis qu'entre chaque partie & toute
» autre il y a une infinité de Corps. Qu'on ne
» dise point que Dieu peut tout ; Car si les Théo-
» logiens les plus dévots osent dire qu'il ne peut
» point faire que dans une ligne droite de douze
» pouces, le 1. & le 3. pouce soient immediate-
» ment contigus, je puis bien dire qu'il ne peut
» point faire que deux parties d'étenduë se touchent
» immédiatement, lors qu'une infinité d'autres par-
» ties les separent l'une de l'autre. Disons donc
» que le contact des parties de la matière n'est qu'idéal.
» C'est dans nôtre Esprit que se peuvent réünir
» les extrémités de plusieurs corps.

Réponse.

XIX. Mr. BAYLE s'énonce avec beaucoup
de circuits & d'obscurité sur un sujet sur lequel
il lui auroit été facile de s'éxprimer clairement.
L'éxistence de l'étenduë, dit-il, *demande nécessairement*

le

le contact de ses parties. Que signifie cela ? Désignés dans un bloc quelque partie d'étenduë qu'il vous plaira ; Cette partie que vous désignerés vous la concevrés nécessairement terminée par une surface, & cette surface touche immédiatement la surface qui l'environne & qui l'embrasse. Si dans cette portion vous en désignés encore une autre, elle sera de même terminée par une surface qui touchera immédiatement celle dont elle est parfaitement près ; Je ne comprens pas comment un homme, qui aime à raisonner de bonne foi, peut trouver en cela quelque difficulté.

Pour peu qu'on soit exercé à réfléchir si l'on se trouve dans quelque embarras en lisant cêt Article de Mr. Bayle, cet embarras ne viendra point de la difficulté d'y trouver une Réponse quand on l'aura compris ; mais de la difficulté d'y trouver un sens ; Les Lecteurs qui n'ont aucun Principe de Logique ni de Physique, pourront s'imaginer que cette Objection proposée par un habile homme, & qui sait, quand il veut, s'énoncer très-distinctement, a d'autant plus de force qu'elle leur paroit plus obscure ; *Chaque partie de l'étenduë est séparée de toute autre par une infinité de parties.* Il est très-peu de gens pour qui ces paroles ne soient un Enigma ; Seulement entrevoit-on d'une maniere confuse, qu'elles attachent une grande absurdité à l'existence de l'étenduë. Dès que le sens en sera éclairci, cette absurdité s'évanouïra. *Une partie dont la surface ne touche pas immédiatement la surface d'une autre, en est séparée par une portion d'étenduë divisible de petit en petit sans qu'on puisse assigner une dernière borne qui termine nécessairement ses divisions.* Où est l'absurdité de cette proposition ? Si ce n'est qu'on trouve contradictoire la divisibilité qu'elle suppose dans l'étenduë. Mais si c'est là toute l'absurdité, cêt argument, que Mr. Bayle compte pour nouveau, se réduit à la Question de la divisibilité ; c'est cette question même présenté sous une nouvelle face.

Qu'on lise attentivement toutes les notes renfermées dans l'Article de Zenon, on trouvera que Mr. Bayle y met en œuvre l'Art des disputes de L'Ecole, où l'on rebat à tout coup le même Argument, sous l'apparence d'un Nouveau. Cette réflexion, & quelques autres de cette nature, m'ont fait penser que Mr. Bayle, prêt à finir son Dictionaire, a voulu mettre à profit, dans cet article les argumens, contre l'existence des Corps & contre leur Mouvement, qu'il avoit eu occasion autrefois de proposer dans les disputes de L'Ecole : La chaleur avec laquelle on y dispute, le plaisir d'embarrasser un Répondant les lui avoit fait goûter, dans sa jeunesse : Depuis ce temps-là il leur avoit conservé la même estime, parce qu'il avoit négligé de les examiner en Philosophe. Quelque grand que fut son génie, il n'étoit pas infini, & le temps qu'il donnoit à faire les Recueils qui ont servi de matériaux à son Dictionaire, ne lui laissoient pas le loisir d'approfondir la Physique : Son Inclination non plus ne le portoit pas là ; car cette inclination l'auroit engagé à étudier les Mathématiques dont la connoissance inutile si fort dans la Physique & lui est si nécessaire ; Il s'étoit borné à cette connoissance superficielle, qui suffit pour entendre & pour expliquer des Cours abrégés, & pour exercer l'Esprit à ces disputes de l'Ecole, d'où l'on sort, pour l'ordinaire, un peu moins éclairé que lors qu'on y étoit entré, parce que l'Opposant & le Répondant, se hazardant l'un & l'autre au-delà des bornes de leurs connoissances, parlent sans savoir ce qu'ils disent.

Il faut reconnoître à l'égard du Corps, ce que les Mathématiciens reconnoissent à l'égard des lignes & des Superficies, dont ils démontrent tant de belles choses. Ils avouent de bonne foi que leur longueur & largeur sans profondeur, sont des choses qui ne peuvent exister hors de nôtre ame.

On voit dans ces paroles un exemple manifeste de l'embarras où tombent les plus habiles gens, dès qu'ils entreprennent de décider sur des sujets dont ils ne connoissent que les Noms, ou dont ils n'ont, tout au plus, que des Idées très-confuses. La surface qui termine un Corps n'a pas d'épaisseur, cette surface c'est son dernier terme, c'est sa manière d'être terminée ; Au-delà d'elle ce Corps n'est plus ; sous elle il est tout ce qu'il est ; elle a une existence Réelle & ce n'est point dans nôtre Imagination seule qu'elle subsiste. Un Corps est terminé d'une certaine façon soit que nous y pensions soit que nous n'y pensions pas. Il est vrai que cette surface qui n'est autre chose que la manière dont un Corps est terminé, ne peut non plus exister séparée de ce Corps que sa Figure. Une manière d'être, ne peut pas exister sans la chose dont elle est un état & une manière d'être : C'est ainsi que le Mouvement ne peut pas exister, sans un Mobile, mais comme la Figure & le Mouvement ont une existence Réelle, & non pas seulement *Idéale*, il en est de même de la surface. En vain s'efforceroit de détacher d'un Corps sa surface toute seule. Avec quelque portion de cette surface, on détacheroit nécessairement quelque portion de la substance même, & une étenduë de quelque épaisseur. On peut bien penser à une surface sans faire attention à l'épaisseur de l'Etenduë qu'elle enveloppe : En ce sens leurs *Existences Idéales* sont séparées, c'est-à-dire on peut faire attention aux Idées de l'une, sans faire attention aux Idées de l'autre.

Comme une surface est sans épaisseur, & qu'elle ne s'étend pas à l'infini, les derniers termes de son étenduë, au-delà des quels cette surface n'est plus, ne sont pas des surfaces, mais sont la manière dont les surfaces sont terminées ; Ces Termes ont de la Longueur, mais ils n'ont pas de la Largeur, vous ne sauriés les détacher de la surface qu'ils terminent sans détacher en même temps une portion de cette surface. Ce terme d'une surface, lequel, par-là même qu'il est dernier terme de la surface, n'a pas de largeur, est borné dans sa Longueur, & ces bornes d'une Longueur sans Largeur n'ont plus eux-mêmes de Longueur.

Disons-en, ajoute Mr. Bayle, *autant des trois dimensions, elles ne peuvent exister qu'idéalement.* C'est conclure avec bien de la précipitation ; & pour conclure ainsi, il faut bien compter sur son Autorité & sur la Crédulité de ses Lecteurs. La *surface* sans épaisseur qui termine une Substance étenduë est une manière d'être de cette substance. La *Ligne* sans largeur, qui termine une surface est une manière d'être de cette surface. La surface & ses termes ne peuvent exister séparément de la substance étenduë dont elles sont les termes & les manières d'être. Que conclut de là M. Bayle ? *Donc cette substance elle même qui a longueur, largeur & épaisseur n'a point d'existence réelle. Elle ne subsiste que dans nôtre imagination.* Quelle conséquence !

Mr. Bayle pour engager son Lecteur à penser que l'Objection qu'il vient d'élire a toute la force imaginable, suppose que pour essaier d'y répondre, on est obligé de recourir à la Toute-Puissance de Dieu, *Dignus tali vindice nodus* ; Mais il ne craint pas de scandaliser les plus dévots en se moquant de cette défaite. Si les Theologiens les plus devots osent dire qu'il ne peut point faire que deux lignes droites de 12 pouces, le premier & le troisième pouce soient immédiatement contiguës, je puis bien dire qu'il ne peut point faire que deux parties d'étenduë se touchent immédiatement, lors qu'une infinité de parties les séparent l'une de l'autre.

Et qui a jamais dit cela que Mr. Bayle ? A qui est-il jamais venu dans l'Esprit qu'un Corps pour être Corps dût nécessairement toucher tous les Corps du Monde ? Un Bloc terminé par une surface ne touche les autres que par cette surface, & ne touche que ceux dont les surfaces, qui les terminent sont font contigues à la sienne ; Ces blocs enfin se touchent réciproquement & ne se touchent que par leur surface ; Une portion de la surface de l'un est contigue à une portion de la surface de l'autre.

Sixième Objection.
XX. LORSQUE ce que Mr. *Bayle* a écrit en faveur du Pyrrhonisme me paroit avoir un grand rapport avec ce qu'on lit dans *Sextus*, j'ai crû que je ferois plaisir à mon Lecteur d'éxaminer tout d'une suite ce que disent ces deux Auteurs. On juge beaucoup mieux d'un sujet dont les parties sont rassemblées, que quand on est obligé de les aller chercher séparées, & sur tout dans des endroits fort éloignés les uns des autres.

* *Article Pyrrhon.*
„ Il y a environ deux mois [dit Mr. Bayle Tom. „ III. pag. 732.] qu'un habile homme me parla „ fort amplement d'une Conférence où il avoit as- „ sisté. Deux Abbés dont l'un ne savoit que sa „ routine, l'autre étoit bon Philosophe, s'échauffè- „ rent peu à peu dans la Dispute de telle sorte qu'ils „ pensèrent se quereller tout de bon. Le prémier „ avoit dit assés froidement qu'il pardonnoit aux „ Philosophes du Paganisme d'avoir flotè dans l'in- „ certitude des opinions, mais qu'il ne pouvoit „ comprendre que sous la Lumière de l'Evangile il „ se trouvât encore de misérables Pyrrhoniens. Vous „ avés tort lui répondit l'autre de raisonner de cette „ façon. Arcésilas s'il revenoit dans le monde & „ s'il avoit à combattre nos Théologiens, seroit mille „ fois plus terrible qu'il ne l'étoit aux Dogmatiques „ de l'Ancienne Gréce ; La Théologie Chrétienne „ lui fourniroit des argumens infolubles. Tous les „ assistans ouïrent cela avec beaucoup de surprise, „ & prièrent cèt Abbé de s'expliquer d'avantage, „ & ne doutèrent pas qu'il ne lui fût échappé un „ Paradoxe qui ne tourneroit qu'à sa confusion. „ Voici ce qu'il répondit en s'addressant au prémier „ Abbé. Tels sont les avantages que la nouvelle „ Philosophie vient de procurer aux Pyrrhoniens. „ A peine connoissoit on dans nos Ecoles le nom „ de Sextus Empiricus ; les moïens de l'Epoque qu'il „ a proposé si subtilement n'y étoient pas moins in- „ connus que la Terre Australe, lorsque Gassendi „ en a donné un Abrégé qui nous a ouvert les yeux. „ Le Cartésianisme a mis la dernière main à l'œuvre „ & personne parmi les bons Philosophes ne doute „ plus, que les Sceptiques n'ayent raison de soûte- „ nir que les qualités des corps qui frapent nos sens „ ne sont que des apparences. Chacun de nous peut „ bien dire, je sens de la chaleur à la présence du „ feu, mais non pas, je sai que le feu est tel en „ lui-même qu'il me paroit. Voilà quel étoit le „ stile des Anciens Pyrrhoniens. Aujourd'hui la „ nouvelle Philosophie tient un Langage plus posi- „ tif ; la chaleur, l'odeur, les couleurs &c. ne sont „ point dans les objets de nos sens, ce sont des mo- „ difications de mon ame : je sai que les corps ne „ sont point tels qu'ils me paroissent. On auroit „ bien voulu se prevaler de l'étenduë & le mouvement, „ mais on n'a pas pû ; car si les objets des sens nous „ paroissent colorés, chauds, froids, odorans, en- „ core qu'ils ne le soient pas, pourquoi ne pour- „ roient-ils point paroitre étendus & figurés, en re- „ pos & en mouvement, quoiqu'ils n'eussent rien „ de tel ? Bien plus ; les Objets des sens ne sau- „ roient être la cause de mes sensations ; je pourrois „ donc sentir le froid & le chaud ; Voir des couleurs, „ des figures, de l'étenduë, du mouvement, quoi „ qu'il n'y eut aucun Corps dans l'Univers. Je „ n'ai donc nulle bonne preuve de l'éxistence des „ Corps. La seule preuve qu'on m'en peut donner „ doit être, de ce que Dieu me tromperoit, s'il „ imprimoit dans mon ame les idées que j'ai du „ Corps, sans qu'en effet il y eut des Corps ; mais „ cette preuve est fort foible, elle prouve trop. De- „ puis le commencement du Monde, tous les hom- „ mes, à la reserve peut-être d'un sur deux cent mil- „ lions, croient fermement que les Corps sont colo-

„ rés, & c'est une erreur. Je demande, Dieu trom- „ pe-t-il les hommes par rapport à ces couleurs ? S'il „ les trompoit à cèt égard, rien n'empeche qu'il ne „ les trompe à l'égard de l'étenduë. Cette dernière „ illusion ne sera pas moins innocente ni moins com- „ patible que la prémière avec l'Etre souverainement „ parfait. S'il ne les trompe point quant aux cou- „ leurs, ce sera sans doute, parce qu'il ne les pousse „ pas invinciblement à dire, ces couleurs éxistent hors „ de mon Ame, mais seulement ,il me paroit qu'il y „ a là des couleurs. On vous soûtiendra la même „ chose à l'égard de l'étenduë ; Dieu ne vous pousse „ pas invinciblement à dire il y en a, mais seulement „ à juger que vous en sentés, & qu'il vous paroit „ qu'il y en a. Un Cartésien n'a pas plus de peine „ à suspendre son jugement sur l'éxistence de l'éten- „ duë, qu'un Païsan à s'empêcher d'affirmer que „ le Soleil luit, que la neige est blanche &c. C'est „ pourquoi si nous nous trompons en affirmant l'éxi- „ stence de l'étenduë, Dieu n'en sera pas la Cause, „ puisque selon vous il n'est pas la Cause des erreurs „ de ce Païsan. Voilà les avantages que ces nou- „ veaux Philosophes procureroient aux Pyrrhoniens, „ & à quoi je veux renoncer.

Préparations à y répondre.
XXI. ON VOIT d'abord que Mr. *Bayle* l'emporte sur *Sextus*, non seulement par la force de ses Raisons, dont le Sophisme n'est pas à beaucoup près si sensible, mais de plus par le tour éblouïssant avec lequel il les énonce. Il semble effectivement qu'on est dans un Cercle, & qu'on écoute un de ces Tenans, qui par leur éloquence naturelle, & leurs manières du Monde, s'emparent de l'attention, & dont l'air modeste & en même temps vif & assuré, prête du poids à leurs raisons, & ne manque pas de persuader tout ce qu'ils veulent à ceux qui ne se sont pas rendus, par un long éxercice, assés familière la Méthode de juger avec exactitude.

Avant que d'entrer dans l'éxamen de ce que je viens de tirer de Mr. Bayle, je proposerai quelques Questions sur les dispositions dans lesquelles il convient d'éxaminer, si l'on veut s'assurer de quelque Verité, ou si l'entière impuissance de parvenir à un but si raisonnable nous doit rabattre sur le parti du Doute continuel, comme la seule ressource qui nous reste contre l'Erreur.

1. Quand je demande ; l'homme peut-il ou ne peut-il pas parvenir à connoitre surement quelque Verité, doit-on se permettre de regarder la décision de cette Question avec indifférence ? Et quand un homme y a repondu en disant ; *C'est-là le moindre de mes soins, & je n'ai garde d'y donner une journée de ma Vie*; Si dans la suite du temps, dans cette vie ou dans une autre, faute de s'être réglé sur des Lumières & des Connoissances sûres & véritables, il lui arrive du mal, son mauvais sort ne sera-t-il pas un mauvais sort bien mérité ? Un homme qui prend ce parti-là ne mérite-t-il pas qu'on l'accuse de renoncer à la Nature humaine, de la deshonorer, & de mépriser son Auteur, (au cas qu'elle en ait un) en prenant si peu de soin de son Ouvrage ? Où est le Pére qui ne se trouveroit à plaindre s'il avoit de tels enfans ?

2. Il convient donc de faire cette recherche plein d'une crainte raisonnable de se tromper, & en même temps d'un désir sincere de trouver la Verité, au cas que cette découverte soit possible.

3. On ne sauroit la découvrir sans Attention & sans un Examen circonspect : Il faut donc s'y résoudre ; L'Esprit de Paresse & d'Indolence, l'Esprit de Crédulité & celui de Chicane ne sauroient manquer d'y apporter de l'obstacle. Il y faut renoncer.

4. Puis qu'une partie des hommes vivent dans une crasse Ignorance, que quelques-uns s'obstinent dans un Doute perpétuel, & que ceux qui se donnent pour savans & pour éclairés se partagent en différens sentimens, & s'accusent réciproquement d'erreur, l'Esprit humain n'est pas fait d'une manière à
réüssir

réüssir, sans peine, & infailliblement dans la Recherche de la Verité, de quelque maniére qu'il s'y prenne.

5. Plus je me rens attentif à ces Remarques, moins il est en mon pouvoir de ne pas convenir de la nécessité de les obſerver. Plus je m'y rens attentif, moins je puis m'empêcher de ſentir que j'aurois tort de n'en faire pas les Régles de ma maniére de penſer. J'y ſens une certaine Evidence qui m'aſſujettit, & pour n'être pas forcé d'y acquieſcer, le ſeul moïen qui eſt en mon pouvoir, c'eſt d'en détourner mon attention.

6. Mais n'abuſe-je point du pouvoir où je me trouve de donner ou de refuſer mon attention, lors que je la refuſe à des Idées qui captivent mon Entendement, & qui m'entraînent à acquieſcer par la Lumiére dont elles m'éclairent?

7. Je me ſens quelque déſir de connoître la Verité, je ſens que ce déſir eſt loüable, raiſonnable, digne de moi, je ſens que j'ai tort, & que je me rens digne d'Infortune & de Miſére, ſi je mépriſe une Inclination ſi eſtimable, & ſi je ne me donne aucun ſoin d'aller là où elle me porte. Je ſuis capable d'attention, & il eſt des Propoſitions ſi claires que plus je m'y rens attentif, moins je puis douter de leur Verité. Si l'Auteur de mon Etre m'a fait pour trouver la Verité par ce chemin, & que je refuſe de le ſuivre, ſi je me fais une Loi de m'en écarter ſans ceſſe, ne m'expoſe-je pas à mériter toutes les ſuites de mon ignorance, & de l'injuſte mépris que je fais de tout ce à quoi cèt aſſemblage d'inclinations m'invite, de tout ce qu'il me détermine à regarder comme Lumiére & Verité?

Après ces préparations je vai chercher s'il y a des Corps hors de moi, & ſi l'éxiſtence de l'étenduë eſt réelle ou imaginaire.

Examen. XXII. J'EPROUVE en moi des ſentimens qui me portent à croire qu'il y a hors de moi des Objets qui leur répondent, & deſquels ils ſont la repréſentation.

Mais puiſque je viens de penſer, entre les Régles que je veux & que je dois ſuivre, qu'il ne faut pas ſe déterminer légerement, mais examiner avec attention & avec circonſpection, je ne me rens pas à cette Preuve. Dans mes ſonges il me paroit que je vois des Objets qui ſont très-éloignés de moi, il me paroît que je m'entretiens avec des perſonnes qui ne ſont plus vivantes. Des raïons de Lumiére après avoir traverſé un Priſme tombent ſur du papier blanc qui me paroit auſſi réellement coloré qu'aucun objèt que j'aie jamais vû ; cependant il ne l'eſt pas. Outre cela, plus je me rens attentif ſur les Idées de Chaud, de Froid, de Doux, d'Aigre, d'Amer, de Jaune, de Bleu, de Rouge, &c. moins je puis venir à bout de comprendre que l'Etendue ſoit, par le moïen de quelques-unes de ſes propriétés, quelque choſe de ſemblable à des ſentimens, à des actes qui ſe ſentent eux-mêmes, & qui s'apperçoivent de leur éxiſtence, par-là même qu'ils ſont ; en un mot qui ſont des perceptions, qui ſont des Eſprits. Je puis donc conjecturer qu'enſuite de quelques Impreſſions qui ſe font ſur mon Corps, le Principe qui penſe en moi eſt occupé de certains ſentimens, de certaines maniéres de penſer ; & qu'en même temps qu'il eſt occupé de ces ſentimens, en même temps qu'il ſe trouve lui-même d'une certaine maniére, & dans un certain état, il a également préſentes & l'Idée du Corps auquel il eſt uni, & les Idées des Corps qui viennent d'agir ſur lui. Par-là il arrive qu'il prête ſes ſentimens aux Objets dont l'Idée ne lui eſt pas moins préſente, & ne l'occupe pas moins que ſes ſentimens. Plus je me rens attentif à ces Conjectures, plus je les trouve Vraiſemblables ; Plus j'en cherche de preuves, plus j'en trouve ; & plus je me rens attentif à ces preuves, plus elles me paroiſſent ſolides, & liées les unes avec les autres. On peut voir ce que j'ai écrit là-deſſus dans ma Logique

Chapitre des Sens. Mais dès-qu'il s'agit non pas de ſavoir ſi les Corps qui nous environnent ſont effectivement colorés, ſavoureux, chauds &c. mais de ſavoir s'ils éxiſtent effectivement, s'il y en a de Ronds, de Quarrés, d'Organiſés, s'il y a ſur la Terre des Plantes, des Fruits, des Animaux, un Air qu'ils reſpirent, de l'Eau qui les abreuve, c'eſt-là un fait auquel je ne me rens attentif, moins j'en puis douter.

XXIII. QUELQUEFOIS, je l'avoüe, nous croïons voir ce que nous ne voïons point, c'eſt ce qui arrive dans les Songes, & dans un accès de Phréneſie. Toute la vie ne ſeroit-elle donc point une ſuite de pareilles illuſions? Cette Difficulté, conſidérée en gros, pourroit troubler un Eſprit foible, & qui dort preſque en veillant; Mais un peu d'attention ſur le détail de ce que nos ſens apperçoivent la fait abſolument évanoüir. Quoi je ſongerois conſtamment que j'ai pour Pére & pour Mére des perſonnes qui n'ont jamais été ? Dès-que j'aurois ſongé, dans le temps que j'appelle Veille, que quelqu'un eſt mort, jamais plus, dans ces temps de veille je ne ſongerois qu'il eſt vivant ? Dès-que j'aurois commencé à ſonger que je voïage, mon égarement ſe fanteroit toûjours de nouveaux Chemins, de nouvelles Villes, de nouveaux Hôtes, de nouvelles Maiſons, de nouveaux Apartemens ; jamais je ne croirois me trouver dans le lieu d'où il me ſembleroit que je fus parti ? Je ſongerois que j'étudie, & dans cette illuſion, je m'inſtruirois par ordre & j'apprendrois effectivement ? Il eſt aiſé de pouſſer ces détails, & plus on y inſiſtera, plus on ſentira diſſiper ſes prémiers doutes, s'il eſt poſſible qu'on en ait eu de ſi ouvèrs ; Car j'ai de la peine à me perſuader qu'il y ait des gens aſſez fous pour les ſoûtenir ſincérement ; Il s'eſt trouvé des Eſprits aſſez de travers & aſſez chicaneurs pour ſe faire un plaiſir d'embarraſſer par de ſemblables Objections ceux qui avoient moins de génie ; Peut-être auſſi qu'à force de contredire & de s'élever contre la Verité, ils ſont venus peu à peu à en perdre le goût, au point de donner eux-mêmes dans des ſentimens dont ils s'étoient moqués les prémiers, de même qu'il arrive aux menteurs de ſe tromper eux-mêmes, & de croire enfin, à force de le redire, ce qu'ils n'ont d'abord inventé que pour tromper les autres. On peut ſi ſouvent contrefaire le fou, qu'à la fin on le devient effectivement.

Un Auteur moderne prétend renverſer le Pyrrhoniſme, en niant l'Exiſtence des Corps, & n'admettant que celle des Eſprits. S'il a deſſein d'impoſer par-là au reſte des hommes, & qu'il eſpére d'y réüſſir, il en a bien mauvaiſe opinion ; s'il pènſe comme il parle, il ne donne pas une grande Idée de ſon bon-ſens, & il faut qu'il ſuppoſe le Cerveau des autres hommes autant renverſé que le ſien l'eſt effectivement. Nous ſommes tous de purs Eſprits ſi on le veut croire, & nous nous trompons tous, quand nous croïons communiquer nos penſées, par l'entremiſe des Corps. Cèt Auteur a-t-il point fait imprimer un Livre, il en a ſeulement eu une Idée, & c'eſt cette Idée que nous liſons ; Le Libraire de qui nous croïons acheter ce Livre n'éxiſte qu'en Idée, non plus que l'argent que nous lui donnons. Les Traités de Paix, les Guerres qu'ils terminent ; le Feu, les Ramparts, les Armes, les Bleſſures, les Whigs, les Torys, dans tout cela il n'y a rien de réel que l'Idée ; & tous les Sens dont on ſe donne pour s'avancer dans la Connoiſſance des Métaux, des Plantes, & du Corps humain, ne nous font faire des progrès que dans le Païs des Idées. Il n'y a ni Fibres, ni Sucs, ni Fermentations, ni Graines, ni Coûteaux pour diſſéquer ces petites parties organiſées, ni Microſcope pour les voir; mais moïennant l'Idée d'un Microſcope, il naîtra en moi des Idées d'arrangemènt merveilleux de petites Parties Idéales.

Les Sceptiques ne veulent pas reconnoitre que l'Auteur

Logique. Partie I. ſection I. Chap IV. Article 6.

Doutes diſſipés.

l'Auteur de l'Esprit humain l'ait rendu capable de prévenir à la Connoissance sure de la Verité, & pour le moins ils doutent, & ils veulent douter qu'il lui ait donné ce pouvoir. Mais l'eût-il reçu mille fois, & l'exercice lui en fût-il le plus aisé du Monde, la plus déterminé Sceptique conviendra que ce pouvoir ne mèneroit à rien, dès-qu'on négligeroit d'en faire usage, dès-qu'on refuseroit de se rendre attentif. Celui là donc qui néglige d'être attentif néglige la seule voie qui peut conduire à la Verité ; & celui qui se rend attentif fait mieux : Les Sceptiques eux-mêmes n'oseroient le nier, puis qu'ils ont besoin de se rendre attentifs pour trouver tant d'Objections. Or plus je me rens attentif sur la suite des événemens, c'est-à-dire, plus je fais ce que je dois, moins je puis douter de leur réalité. Voilà donc une preuve qui convainc, & qui force, & Mr. Bayle a tort de dire, *je n'ai donc nulle bonne preuve de l'éxistence des Corps*.

En quoi tout la subsistance des Corps dépend sur la certitude des événemens.

XXIV. QUAND il ajoûte; *la seule preuve qu'on m'en peut donner doit être tirée de ce que Dieu me tromperoit, s'il imprimoit dans mon ame les Idées que j'ai du Corps, sans qu'en effet il y eut des Corps*, il se trompe encore, car ce n'est pas la seule preuve qu'on en puisse donner comme on vient de le voir,

Lorsque par la preuve qu'on vient d'alléguer, on s'est convaincu, avec tout le reste des hommes, à l'éxception d'un très-petit nombre, (qui peut-être encore, pensent autrement qu'ils ne parlent) de l'éxistence réelle de L'Univers & de l'arrangement merveilleux de ses parties, on s'élève par cette Connoissance à celle de son Auteur, Sage, Puissant & Bon, on se confirme dans la pensée, que la vue de l'Univers & de ses Beautés n'est point une assemblage d'Illusions. La Foi confirme donc les Instructions de la Raison par le parfait accord que ces deux Lumières ont entr'elles; Mais les preuves que la Raison fournit sont Solides, indépendamment de la Foi.

Il est des hommes qui se sont tellement affoibli l'Esprit par des abstractions continuelles, & si je l'ose dire tellement *alambiqué* le Cerveau par des possibilités Métaphysiques, que pour s'assurer de l'éxistence des Corps, sur le pié que le gros des hommes en est persuadé, ils disent qu'ils ont besoin du secours de la foi. Si ceux qui parlent ainsi sont de bonnes gens, comme rien ne m'oblige de penser le contraire, assurement ils ne pensent point assés à ce qu'ils disent, & ils tombent visiblement en contradiction, à moins que par la Foi ils n'entendent un Enthousiasme, une Révélation intérieure & une Action secrette & toute-puissante, par laquelle Dieu grave dans leur Ame, une persuasion inébranlable de ce qu'il lui plait; Mais si la Foi, suivant le sens qu'on donne ordinairement à ce terme, est une Persuasion de la Verité & de la Divinité de ce Livre, que nous appellons le Vieux & le Nouveau Testament, il est évident que cette persuasion est toute fondée sur le témoignage des sens. Car pour se persuader la Divinité de ce Livre il faut s'assurer que c'est là un Livre, & non une apparence & un phantôme de Livre ; que ce Livre est composé de tels & tels Caractères ; que ces Caractères forment de tels & tels Mots ; que ces Mots ont un tel & tel sens. Il y a plus ; Ce Livre se trouveroit tout rempli de Sophismes, si le rapport des sens n'étoit pas un fondement de certitude ; A tout moment, ses Auteurs en appellent à ce témoignage, ils appuyent sur le rapport des veux & des autres sens, ils établissent la preuve de la Divinité de leur Mission, *sur ce que les yeux ont vû, sur ce que les Oreilles ont oui, sur ce que les mains ont touché*; C'est de ces Principes, supposés par eux pour Incontestables, qu'ils tirent leurs Preuves pour amener les hommes à la Foi ; au lieu que nos prétendus Philosophes ont besoin du se-

I. Epît. de S. Jean C. I. v. 1.

cours de la Foi pour compter sur le témoignage des sens.

Une Foi Veritable nous amèneroit-elle à reconnoitre la Divinité de quelques Livres, dont les Auteurs proposeroient pour des argumens convaincans des méprisables Sophismes. St. Paul prétend que *les Païens sont inéxcusables de n'avoir pas connu Dieu, parce*, dit-il, *que sa Puissance & sa Divinité se voient comme à l'œil dans ses Ouvrages*. Mais quelles Instructions peuvent nous donner, sur l'Existence de Dieu, des Ouvrages de la réalité desquels nous n'avons aucune preuve solide, que celle qui se tire de l'Existence de Dieu conçûe par la Foi.

Rom. C. I. v. 20.

On peut tourner autrement la preuve qui se tire d'un Dieu qui ne trompe point, pour s'assurer de l'éxistence réelle des Objets qui nous environnent, & dont nous ne pouvons pas disconvenir que nous ne voïons au moins les apparences.

Les sentimens, qui paroissent être l'effet des impressions des Objets sur nous, ne sont pas en nôtre puissance, nous en éprouvons de douloureux malgré nous, & nous ne pouvons pas, dès-que nous le voulons, nous en procurer d'agréables. Si donc il n'y a point de Corps, il faut qu'une Cause différente des Corps, & différente de nous mêmes, fasse naitre ces sentimens en nous, le plus souvent à son gré, & non pas au nôtre. Cette Cause doit être Intelligente pour nous connoitre & pour disposer ainsi de nos pensées. Non seulement sa Puissance, mais son Intelligence doit être d'une merveilleuse, d'une immense étendue : Il faut qu'elle ait présentes les Idées de toutes les impressions passées & de tous les sentimens qu'elles ont fait naitre, afin que la suite y réponde aussi juste qu'elle pourroit y répondre, si les événemens étoient réels.

Il est visible que, pour agir sur nous d'une manière ainsi soûtenue, il faut qu'elle se propose un but, & pour le moins celui d'agir suivant un ordre & une suite qui soit une représentation de réalités bien liées ; Elle a donc l'Idée de ces événemens, dont elle nous persuade l'éxistence ; par conséquent elle les conçoit possibles, sans quoi elle n'en feroit pas naitre les apparences, les images, elle ne les imiteroit pas : Or si l'Existence même d'un Univers est possible, pourquoi une telle Puissance ne le produit-elle pas, plutot que de s'occuper, sans discontinuation, à en faire simplement naitre les apparences ? Est-ce qu'elle prendroit plus de plaisir à l'apparence qu'à la réalité, à tromper qu'à ne tromper pas ? Mais si son dessein est de faire illusion aux hommes, sans qu'ils s'en appercoivent, pourquoi donne-t-elle à une partie d'entr'eux assés d'habileté, pour découvrir l'illusion ? Et si l'on veut qu'on s'en appercoive, d'où vient que le plus grand nombre ne sauroit se résoudre à en tomber d'accord, & regarde comme une supposition éxtravagante l'occupation réelle de la Cause Suprême ? Plus on approfondit ce systême, plus on le trouve Monstrueux ; Un Sceptique, tant-soit-peu attentif & tant-soit-peu de bonne foi, osera-t-il dire que ce systême est aussi vraisemblable que le systême des Réalités ?

Cette Cause, source unique & immédiate de tous nos sentimens, a tout pouvoir sur nous. C'est donc elle qui nous donne des Idées d'Ordre, de Verité, de Sagesse & de Justice, c'est elle qui nous fait comprendre que tout cela est aimable, & que le contraire est odieux. Dans la persuasion où nous sommes que les Objets dont nous avons les idées, & dont nous croïons recevoir les impressions éxistent réellement ; il arrive que suivant que nous croïons d'en avoir fait un bon usage où d'en voir mauvais, nous sommes contens de nous mêmes, ou nous nous trouvons dans la nécessité de nous faire des reproches. Je ne mange ni ne bois, mais je crois de manger & de boire ; Si je crois d'avoir mangé médiocrement, cette persuasion est suivie d'un sentiment agréable de vigueur & de légèreté : Si au contraire je

crois

crois d'avoir mis dans mon Estomach une trop grande quantité de Viande & de Boisson, quoi qu'il n'y ait ni viande ni boisson, cette persuasion est suivie de sentimens de douleur & de pesanteur. Je suis puni & recompensé de mes volontés suivant qu'elles sont bonnes ou mauvaises. Je n'offense personne, car il n'y a aucun homme ; je ne parle point, je n'agis point ; Mais de la manière dont je pense & je veux, s'il y avoit eu des hommes, & que j'eusse parlé & agi, j'aurois calomnié, j'aurois empoisonné, j'aurois tué; De telles Idées me rendent déja coupable, & la Cause suprême qui dispose de mes sentimens, me fait passer par des Idées d'embarras, & par des sentimens de Prisons, de Loi, de Condamnation, qui ne sont pas moins affligeans pour moi, que si tout ce dont je n'apperçois que l'apparence, étoit effectivement réel. Un homme s'imagine qu'il a des Enfans & qu'il en prend soin; Dès-là ils'imagine qu'il les voit bien élevés, heureux, reconnoissans. Mais si les apparences de ces Enfans, qui n'ont jamais éxisté, se sont présentés à lui, sous les Idées d'Enfans négligés, ces idées sont suivies de vûes apparentes de misère & elles sont suivies des mêmes reproches qui en auroient accompagné la réalité. On voit par là, & par mille autres éxemples, que l'Ordre plaît à l'Arbitre suprême: de nôtre Destinée; Or une Intelligence qui aime l'Ordre, la Sagesse, la Justice, ne sauroit se plaire à tromper.

Une preuve encore qu'elle aime la Verité, c'est qu'elle nous enrichit de mille connoissances. Au cas qu'il y ait jamais des Corps, nous connoissons déja par avance les propriétés qu'ils tireront de leurs grosseurs, de leurs figures, de leur mouvement &c. nous savons quelle route prendront les raions de Lumière, dès-qu'il y aura de la Lumière ; nous savons quel détour leur donnera la Réfléxion, quel détour leur donnera la Réfraction ; nous savons ce qui en resultera: nous nous imaginons de faire des Expériences pour verifier nos Spéculations, souvent ces Expériences nous paroissent réüssir conformément à nos Lumières, quelquefois elles se trouvent opposées à nos conjectures, & cette opposition nous procure de nouvelles connoissances, & nous fait rectifier nos Idées.

XXV. SOIT que Mr. Bayle eut poussé jusques là cette preuve que je viens de proposer, soit qu'il se fût contenté de la regarder en gros, il tient qu'elle est *fort foible parce qu'elle prouve trop.* Depuis le commencement du monde ajoute-t-il, *tous les hommes à la reserve peut-être d'un pur deux Cent Millions &c.* J'ai déja rapporté ces paroles, il n'y a qu'à les relire.

Moien de distinguer les apparences des realités.

Mr. Bayle compare des cas fort différens, & les regarde comme tout à fait semblables: Ils ne le sont pourtant pas; il s'en faut du tout au tout.

1. Plus je me rens attentif sur les Sentimens de Chaleur, de Couleur, plus je me convainc que ce sont des Manières de penser.

2. Plus je me rens attentif à l'Etendue, moins je puis me persuader que l'Etendue pense, & sit quelque chose de semblable à la Pensée. Mais je connois très-clairement que l'Etendue peut éxister, & qu'elle est susceptible de Repos, de Mouvement, de Figure & de Situation.

3. Dès-que j'ai réfléchi sur les Couleurs qu'un Prisme fait paroitre sur du papier, couleurs que je puis m'empêcher de croire qui y soient, sans pouvoir m'empêcher de croire qu'elles y paroissent. Dès-que j'ai réfléchi sur la même eau qui paroit froide à l'une de mes mains, chaude à l'autre, tiède à mon pied, & qui me paroit nécessairement froide, tiède & chaude, sans que je sois dans la nécessité de croire qu'elle soit telle: Dès-que j'ai réfléchi sur la douleur qui me paroit nécessairement en mon doigt, quoi qu'une toute semblable paroisse aussi nécessairement dans son doigt, à un homme à qui l'on

a coupé la main, depuis quelques jours, que la mienne me paroit dans le mien ; Quand je réfléchis sur ces cas, j'apprens à distinguer ces deux propositions, LA PREMIÈRE; *Il me paroit qu'il y a sur les Corps quelque chose de semblable à mon sentiment, &* LA SECONDE ; *Je crois qu'il y a réellement quelque chose de tel dans ces Corps.* Je tombe nécessairement d'accord de la première, & il ne tient qu'à moi de douter de la seconde.

Un Cartésien continue Mr. Bayle n'a pas plus de peine à suspendre son Jugement sur l'éxistence de l'étendue, qu'un Paisan n'a s'empêcher d'affirmer que le soleil luit, & que la neige est blanche.

4. Cette comparaison non plus n'est pas assés juste. Un Cartésien, qui se rendra attentif à la suite dont j'ai parlé, ne pourra pas s'empêcher d'en croire la réalité : Et on peut aisément amener un homme sans étude, mais attentif & de bon sens, à douter que les Corps soient tels qu'ils paroissent, par rapport aux Saveurs, aux Couleurs, &c. Car outre ce que j'ai déja dit, je lui représenterois que le Principe qui pense en nous, & qui est nous mêmes, ou nôtre Ame, que ce principe sent qu'il pense, & que ce sentiment toujours présent lui fait connoitre qu'il éxiste, & qu'il persévère d'éxister ; L'ame sent donc que c'est-elle qui passe succéssivement par différentes manières de penser. L'Idée de ses sentimens lui est présente & l'Idée de son Corps ne lui est pas moins présente: Voilà pourquoi elle le regarde comme elle même, elle s'y intéresse comme à elle même : Et lorsque par quelque dérangement de cerveau il est arrivé à des hommes d'avoir l'Idée d'un Paon, d'une Poule, d'un Canard, ou d'un autre oiseau, d'une Phiole, d'une Lanterne aussi présente & aussi continuelle que l'est aux autres hommes l'Idée de leur propre Corps, ces gens-là se sont imaginés d'être des Oiseaux, des lanternes &c.

5. Par ce même principe qui nous fait associer les objets qui se trouvent également présens à nôtre pensée; l'Idée de la douleur, qui suit ensuite d'une piqueure d'Epingle, n'étant pas plus présente que l'Idée du Doigt piqué, il semble qu'on sent la douleur dans ce Doigt dont on a l'idée si présente. Il convenoit que ce fut ainsi, non seulement afin que l'Ame prît plus d'intérêt à un Corps dont le bon ou mauvais état sont incontinent suivis chés elle de sentimens agréables ou désagréables ; mais de plus afin qu'elle pût incessamment aller au secours des parties frappées, dont l'Idée se présentoit dès-le moment qu'elles étoient ébranlées, & se présentoit d'une manière si intéressante & si propre à s'attirer l'attention.

La Vuë nous étant donnée, afin que par son moien nous pussions appercevoir les Objets dont nous avons besoin, ou qui sont destinés à nous faire plaisir, & les distinguer les-uns d'avec les-autres, en reconnoitre la place & la distance, il falloit encore que l'idée de ces Objets, de leur place, de leurs distances, s'offrît à nous, & s'emparât de nôtre attention, en même temps que les Sensations des couleurs, destinées à rendre leurs impressions plus variées & plus agréables nous saisiroient & nous occuperoient, & que par cette raison la présence de ces Couleurs se confond avec celle des Objets dont l'Idée nous remplit en même temps, & ces couleurs nous paroissent sur leur surface. Si les sentimens des Couleurs n'avoient fait que nous occuper intérieurement, sans que l'Idée des Objets qui nous paroissent colorés, les eut incessamment accompagnés, ces sentimens nous auroient à la verité portés à conclurre que quelques Objets extérieurs avoient fait impression sur nôtre Oeil, mais nous n'aurions pas mieux sçu les distinguer & les aller chercher, que si nous avions été aveugles.

6. Mais si nos Mains, dira-t-on, nous font appercevoir dans le feu une Chaleur qu'il n'y a point, & *Logique, part 1.* nos

nos yeux, fur les Objets, des Couleurs qui n'y font pourtant pas, l'Auteur qui nous a formés, nous a mis dans la néceſſité de nous méprendre à tout moment ? Nullement. La Chaleur paroit dans le feu, & les Couleurs ſur les Objets ; Cela eſt Vrai, & nous ne nous trompons pas quand nous jugeons qu'elles y paroiſſent : Mais nous commençons de nous tromper quand nous jugeons que cette Chaleur & ces Couleurs ſont effectivement & réellement dans les Objets qui en revêtent l'apparence, & c'eſt ce que nos ſens ne nous apprennent point. Ils ne nous donnent aucune inſtruction ſur la réalité, ils ne nous avertiſſent à cet égard que de l'apparence ; c'eſt à l'Entendement à décider du reſte.

7. De ce que penſe un homme ſans inſtruction à ce que penſe un homme inſtruit, il n'y a pas de conſéquence. Les perſonnes du Commun, quand ils diſent que le Feu eſt chaud, que le ſucre eſt doux, s'expriment ſur ce qui paroit, & à cet égard ils s'expriment bien. Si après cela on leur demande ; Mais croïés vous qu'une chaleur ſemblable à celle que vous ſentés & une douceur ſemblable à celle que vous goûtés ſoient réellement dans le feu & dans le ſucre ? on leur propoſera peut-être une Queſtion à laquelle ils n'ont jamais penſé diſtinctement ; & s'ils ſont Sages & Modeſtes, ils répondront, je ne connois pas aſſés ni le Sucre ni le Feu, ni les Cauſes de nos ſenſations pour répondre à ces Demandes ; mais s'ils décident ſur ce qu'ils ne connoiſſent pas, ils ont tort. Lorſque dans la ſuite on vient à découvrir ce que c'eſt que la Nature du feu, & qu'on apprend à diſtinguer ce qui appartient à la penſée, d'avec ce qui appartient à l'Etenduë, on ne peut plus croire que le Chaud & le Doux, ſemblables à ce que nous ſentons, ſoient dans le feu & dans le ſucre, mais on n'en croit pas moins fortement l'exiſtence du feu & du ſucre.

Les Cartéſiens enſeignent, & les Philoſophes conviennent aujourd'hui aſſés généralement, que les Corps paroiſſent rouges, jaunes, bleus, verds, &c. chauds, froids, aigres, amers, &c. Sans être tels en eux mêmes ; donc il ſe peut qu'ils paroiſſent étendus ſans l'être.

Voilà des petits ſophiſmes, dont Mr. Bayle n'auroit pas oſé charger ſérieuſement un Syſtême de Philoſophie, ni les y propoſer comme ſans réplique ; Mais bien aſſuré que ſon Livre tomberoit entre les mains d'une infinité de Lecteurs qui n'auroient aucun principe de Logique, ni de Phyſique, il a compté, qu'il n'y avoit qu'à leur parler hardiment pour leur en impoſer.

8. La Raiſon nous défend de prononcer ſur ce dont nous n'avons pas des Idées. Or ce que Gris, Rouge, Verd, &c. Chaud, Amer, &c. peut être dans les Corps mêmes qui exiſtent au dehors de nous, & qui ne penſent point, nous ne le concevons pas, c'eſt-à-dire, nous n'en avons pas d'Idée ; Il ne faut donc pas décider là-deſſus. Ainſi dès-que j'ai connu cette Régle de mon évidence ſi manifeſte, & que j'ai appris à faire quelque uſage de ma Raiſon, je m'abſtiens de dire que les Corps ſont rouges, jaunes, amers, &c. ou qu'il y a en eux quelque choſe de tout ſemblable à ce qu'ils me font ſentir ; Il eſt en mon pouvoir de m'empêcher de le croire, & s'il m'arrive de le croire, je m'apperçois que c'eſt ſans un légitime fondement ; Mais je ne puis pas m'empêcher de croire qu'ils me paroiſſent tels, ou je crois fermement qu'en effet ils me paroiſſent tels. Mais loin qu'il ſoit en mon pouvoir de m'empêcher de croire que l'Etenduë qui me paroit exiſter au dehors de ma penſée, exiſte en effet ; au contraire plus je me rens attentif, & plus je réfléchis ſur la ſuite des Evénemens, ou ſur la ſuite des Idées qui me les repréſentent, moins il eſt en ma puiſſance de douter que ces événemens ſoient réels, & voilà pourquoi je n'en doute point.

XXVI. DES PERSONNES qui n'ont point étudié par principe, & pour qui la Logique & la Phyſique ſont quelque choſe de tout neuf, ſe trouveront embarraſſés des Sophiſmes que Mr. Bayle fait débiter ſi hardiment, par ceux qu'il trouve à propos de mettre ſur la Scéne, & à qui ces Sophiſmes ſeront-ils débités ? A des perſonnes peu inſtruites ſur la Réligion, à des gens prévenus outre cela en faveur d'une Métaphyſique très-obſcure & très-incertaine, & qui dès leur enfance ſe ſont attachées à des mots, auxquels elles ont ſubſtitué des idées très-imparfaites, & encore fauſſes en partie.

Mr. Bayle raméne la même Objection dans l'Article de Zenon, Tom. IV. pag. 541. C'eſt ſa Méthode favorite, il ne ſe contente pas de partager une Diſpute, il ne ſe contente pas même de partager une Objection, & d'aſſigner diverſes places aux parties qui la compoſent ; il fait plus, après l'avoir propoſée toute entière dans un endroit il la préſente encore toute entière dans un autre, avec l'agrément d'un nouveau tour, ou de quelque nouvelle citation. Il a compris l'uſage de cette Méthode : Ses argumens deviennent familiers à ſon Lecteur par ces répétitions, on les retient dans ſa mémoire, & on s'y rend à force de les entendre répéter : La Logique nous apprend que c'eſt-là une des grandes ſources de nos Illuſions.

XXVII. „ JOIGNONS à ceci que tous les „ moiens de l'époque qui renverſent la réalité des „ qualités corporelles, renverſent la réalité de l'étenduë. De ce que les mêmes corps ſont doux à „ l'égard de quelques hommes, & amers à l'égard „ de quelques autres, on a raiſon d'inférer qu'ils ne „ ſont ni doux ni amers dans leur nature, & abſolument parlant. Les nouveaux Philoſophes, quoi „ qu'ils ne ſoient pas Sceptiques, ont ſi bien compris „ les fondemens de l'époque par rapport aux Sons, „ aux Odeurs, au Froid & au Chaud, à la dureté „ & à la molleſſe, à la péſanteur & à la légéreté, aux „ Saveurs & aux Couleurs, &c. qu'ils enſeignent „ que toutes ces qualités ſont des perceptions de nôtre ame, & qu'elles n'exiſtent point dans les objets de nos ſens. Pourquoi ne dirions nous pas la „ même choſe de l'étenduë ? Si un Etre qui n'a „ aucune couleur nous paroit pourtant d'une couleur „ déterminée quant à ſon eſpéce, & à ſa figure, & à „ ſa ſituation, pourquoi un Etre qui n'auroit aucune étenduë, ne pourroit-il pas nous être viſible, ſous une apparence d'étenduë déterminée, „ figurée, & ſituée d'une certaine façon ? Et remarquez bien qu'un même corps nous paroit petit „ ou grand, rond ou quarré, ſelon le lieu d'où on „ le regarde, & ſcions certains qu'un Corps qui „ nous paroit très-petit, paroit fort grand à une „ mouche. Ce n'eſt donc point par leur étenduë „ propre, & réelle ou abſoluë, que les objets ſe préſentent à nos Eſprits : On peut donc conclure „ qu'en eux-mêmes ils ne ſont point étendus. Oſeriés-vous aujourd'hui raiſonner de cette façon. „ Puiſque certains Corps paroiſſent doux à cet homme-ci, aigres à un autre, amers à un autre &c. je dois „ aſſurer qu'en général ils ſont ſavoureux ; encore que „ je ne connoiſſe pas la ſaveur qui leur convient abſolument, „ & en eux-mêmes ? Tous les nouveaux Philoſophes „ vous ſiffleroient. Pourquoi donc oſeriés-vous „ dire, Puiſque certains corps paroiſſent grands à cet „ animal, médiocres à cét autre, très-petits à un troiſiéme, je dois aſſurer qu'en général ils ſont étendus, „ quoique je ne ſache pas leur étenduë abſoluë. Voions „ l'aveu d'un Célébre Dogmatique. On peut bien „ ſavoir par les ſens, qu'un tel Corps eſt plus grand „ qu'un autre Corps ; mais on ne ſauroit ſavoir avec „ certitude quelle eſt la grandeur véritable & naturelle de chaque Corps ; & pour comprendre cela „ il n'y a qu'à conſidérer, que ſi tout le monde n'avoit jamais regardé les objets extérieurs qu'avec „ des lunettes qui les groſſiſſent, il eſt certain qu'on

DU PYRRHONISME.

„ ne fe feroit figuré les Corps & toutes les mesures
„ des Corps, que selon la grandeur dans laquelle ils
„ nous auroient été représentés par ces lunettes. Or
„ nos yeux-mêmes sont des lunettes, & nous ne
„ savons point précisément s'ils ne diminuent point
„ ou n'augmentent point les objets que nous voions,
„ & si les lunettes artificielles, que nous croions les
„ diminuer ou les augmenter, ne les établissent point
„ au contraire dans leur grandeur véritable ; & par-
„ tant on ne connoît point la grandeur absolue &
„ naturelle de chaque Corps. On ne sait point aussi,
„ si nous les voions de la même grandeur que les
„ autres hommes ; car encore que deux hommes, les
„ mesurant, conviennent entr'eux, par exemple,
„ qu'un corps n'a que cinq piés, néanmoins ce que
„ l'un conçoit par un pié, n'est peut-être pas ce
„ que l'autre conçoit ; Car l'un conçoit ce que les
„ yeux lui rapportent, & un autre de même ; Or
„ peut-être que les yeux de l'un ne lui rapportent
„ pas la même chose que les yeux de l'autre lui re-
„ présentent, parce que ce sont des lunettes autre-
„ ment taillées. Le Pére Malebranche, & le Pére
„ Lami Bénédictin, vous donneront sur tout ceci
„ un admirable détail, & sont capables de porter mon
„ objection à un haut dégré de force.

XXVIII. MON Lecteur s'appercevra aisément *Réponse.*
que j'ai déja répondu à ce que Mr. Bayle retrace
dans ce qu'on vient de lire ; C'est tout au plus s'il
faut que j'ajoute quelque chose sur les Grandeurs apparentes. 1. Si on veut parler avec exactitude, il
faut dire que l'INFINI seul est absolument grand.
Aucun Objèt n'est grand ni petit en lui-même,
& absolument parlant ; c'est là une expression toute
relative, quand il s'agit d'un tel Objèt ; Une premiére Quantité est donc plus ou moins grande, par
rapport à une seconde, suivant que son étendüé renferme plus ou moins de portions égales à la seconde.
2. Il se peut qu'à la vuë d'une *toise*, par exemple,
un homme sente naître une Idée de Grandeur toute
semblable à celle qui s'excite en moi, quand j'ai devant mes yeux, à une certaine distance, une longueur d'une toise & un pié ; il se peut aussi que cela
ne soit pas ; il se peut que la différente courbure des
yeux ne produise pas sur différentes personnes le même effet que les courbures différentes des verres extérieurs ont accoutumé de produire. L'Image du
même Objèt, placé à la même distance, se tracera
plus grande dans un œil applati que dans un plus convexe, mais il se peut que qu'un même Sentiment de Grandeur accompagnera ces deux Images ; & en effet la
Grandeur apparente, non plus que la Grandeur réelle
d'un Objèt, ne change point, quoi que la Grandeur
de son Image diminüé extrémement de l'une de ces
distances à l'autre. 3. Il y a bien de l'apparence que
les Idées de Grandeur & les Idées de Distance ont
d'abord été très-confuses dans les Enfans, & que
les jugemens qu'ils se sont fait une habitude de
porter sur la Grandeur des Objets, sont devenus
plus distincts & plus déterminés, par les compara-
sons qu'ils ont faites, des instructions que leur donnoient là-dessus l'attouchement, avec les conjectures
que leur fournissoit la Faculté de voir.
4. Depuis l'âge de 20 ans, jusques à celui de
soixante ou de soixante & dix, la Convexité de
l'œil change considérablement, mais à 70 ans les
Objèts ne paroissent point plus grands qu'ils paroissoient à 20, si ce n'est lors qu'on les regarde à travers des Verres Convexes.
5. Mais, quand j'accorderois que 6 piés paroissent aussi grands à l'un que 7 piés à l'autre ; c'est-
à-dire quand je déciderois sur ce que j'ignore, je
n'en pourrois pourtant pas tirer cette conséquence
que l'un ne pût pas partager aussi exactement que
l'autre en deux parties égales la longueur qui est
sous ses yeux : Les moitiés, les quarts, les huitié-
mes parties paroitront plus grandes à l'un de ces

deux hommes qu'à l'autre ; mais chacun distinguera avec la même éxactitude une moitié, un quart
&c.
6. Je veux encore qu'un Ciron paroisse aux yeux
d'un autre homme, aussi grand qu'il nous paroit, &
plus grand encore, si vous le voulés, quand nous
le regardons avec un Microscope. Une Idée qui
représente un Ciron, avec cette étenduë, étoit nécessaire à un Ciron, afin qu'il pût distinguer les
différentes parties dont il est lui-même composé, &
choisir ses alimens ; mais il n'étoit point nécessaire
que l'homme eut la même Idée de la Grandeur d'un
Ciron. Cet animal est trop petit par rapport à lui,
& peut trop peu sur lui, pour l'occuper par une
Idée intéressante. 7. Les sens nous sont principalement donnés afin que nous fussions avertis par leur
moien des Rapports que les Objèts ont avec nous,
& c'est par cette raison que leur Grandeur apparente
diminüé avec leur éloignement, parce que leur pouvoir sur nous diminüe par cette même Cause. Mais
si de là on concluit que nos sens ne pouvons point nous
assurer ni de leur Grandeur relative, ni de leur Figure, ni de leur Mouvement, dès-qu'ils sont près
de nous, & d'une grosseur à se faire sentir ; c'est
raisonner contre l'expérience perpétuelle ; ce sont-là
des rapports que les sens devoient nous faire connoitre pour les usages de la vie auxquels ils sont
destinés ; car de la Grosseur, de la Figure & du
Mouvement des Corps dépendent une infinité d'effets auxquels nous les faisons servir.
8. Après avoir conclu, en raisonnant. *Si la Masse
d'un Corps est d'un tel poids, si son Volume est d'une
telle mesure que je détermine, si sa Figure est telle que
je la lui assigne, si son Mouvement se fait sur les lignes
& avec la Vitesse que je me promets, il en résulitera
de tels & tels effets.* Quand je vois ces effets naitre
éxactement, à mesure que mes yeux m'avertissent que
tout le reste est bien tel que je le conçevois ; Quand
une seconde, une troisiéme, une centiéme expérience
s'unissent pour m'assurer de la même Verité, & de
la même Conclusion ; quand je me rens attentif à
tout cela, s'il est encore en mon pouvoir de douter, j'accorde la Victoire aux Sceptiques.
9. Un Cabaretier voit de fort loin un grand
nombre de gens à Cheval prendre le chemin de la
Ville : A cette distance il ne peut pas les compter,
& il ne peut pas même discerner les Maitres d'avec
les Valets ; En ce ces-là il est en son pouvoir de douter ; il peut aussi ne douter pas, par goût & par
précipitation, & voila pourquoi par humeur il fera
un pari sur le nombre. Mais dès-qu'ils sont arrivés,
il est bien en son pouvoir de dire je me suis trompé
de loin, ou je n'ai pas pû m'assurer, donc je n'ai
aucune certitude sur ce que je regarde de près, il
peut, dis-je, parler ainsi ; Mais alors je soûtiens qu'il
lui est impossible de penser comme il **parle**. Il
compte les Couverts à la Table des Maitres, il les
compte à la Table des Valets, il compte les Hommes, il compte les Chevaux, il régle là-dessus l'argent qu'il demande ; chacun paie, & le compte se
trouve exact. Il lui faut en tant d'hotes par année
pour paier la rente de son Logis ; ce qu'il en aura
par dessus fait son gain ; Il paie ce qu'il doit, il
compte le reste ; tout s'accorde avec ce qu'il a écrit
dans son Livre sur le nombre de ceux qui ont passé
chés lui : Après cela lui seroit-il possible de douter
de l'éxistence réelle des Objèts ? C'est ce que je ne
hardiment, eut-il eu tous les Pyrrhoniens pour Maitres.
10. La Vuë est sujette à diverses illusions, dont
plusieurs mêmes nous font plaisir ; On en éxplique
éxactement les Causes, & cette explication suppose
l'éxistence réelle des Objèts ; Ainsi nos Illusions mêmes prouvent la réalité des Causes dont elles naissent.

Puisque j'ai entamé cette matière, & que je m'y
suis déja beaucoup étendu, il me paroit qu'il est
fort à propos de la continuer & de la finir. Mr.
Bayle

C c

Bayle propose encore contre l'éxistence de l'Etendue, une objection qui nous conduit à éclaircir la Divisibilité de la matière, & cét éclaircissement est tout à fait néceffaire pour résoudre des Objections que *Sextus* lui même propose contre le mouvement.

Rôle de Mr. Bayle pour le Pyrrhonisme.

XXIX. Mr. BAYLE ne tire pas de Zénon l'objection que je vais décrire; il la lui prête, il va donc dans cét endroit de son Dictionaire, comme dans plusieurs autres au-delà de l'Historien. En zélé Pyrrhonien il fait servir cét Ouvrage Historique à remplir l'esprit de ses Lecteurs de Doutes.

Objection contre l'existence de l'Etendue.

„ XXX. L'ETENDUE, dit-il, ne peut-être
„ composée ni de Points Mathematiques, ni d'A-
„ tomes, ni de Parties divisibles à l'infini; Donc
„ son éxistence est impossible. La conséquence pa-
„ roit certaine, puis-qu'on ne sauroit concevoir que
„ ces trois manières de composition dans l'Etendue :
„ Il ne s'agit donc que de prouver l'antecédent.
„ Peu de paroles me suffiront à l'égard des points
„ Mathématiques, car les Esprits les moins péné-
„ trans peuvent connoitre avec la dernière évidence,
„ s'il y font un peu d'attention, que plusieurs né-
„ ants d'étendue joints ensemble, ne feront jamais
„ une étendue. Consultés le premier Cours de Phi-
„ losophie Scholastique, vous y trouverés les raisons
„ du monde les plus convaincantes, soutenues de
„ quantité de démonstrations Géométriques contre
„ l'éxistence de ces points ; n'en parlons plus, &
„ tenons pour impossible, ou du moins pour in-
„ concevable que le continu en soit composé. Il
„ n'est pas moins impossible ou inconcevable qu'il
„ foit composé des atomes d'Epicure, c'est-à-dire
„ de Corpuscules étendus & indivisibles; car tou-
„ te étendue, quelque petite qu'elle puisse être, a
„ un coté droit & un coté gauche, un dessus &
„ un dessous; Elle est donc un assemblage de Corps
„ distincts; je puis nier du coté droit ce que j'af-
„ firme du coté gauche : ces deux cotés ne sont pas
„ en même lieu, un Corps ne peut pas être en deux
„ lieux tout à la fois; & par consequent toute éten-
„ due qui occupe plusieurs parties d'espace, con-
„ tient plusieurs Corps. Je sai d'ailleurs, & les
„ Atomistes ne le nient pas, qu'à cause que deux
„ Atomes sont deux êtres, ils sont séparables l'un
„ de l'autre; d'où je conclus très-certainement, que
„ puis que le coté droit d'un atome n'est pas le mê-
„ me être que le coté gauche, il est séparable du coté
„ gauche. L'indivisibilité d'un atome est donc chi-
„ merique. Il faut donc, s'il y a de l'étendue que
„ ses parties soient divisibles à l'infini. Mais
„ d'autre coté, si elles ne peuvent pas être divi-
„ sibles à l'infini, il faudra conclure que l'éxisten-
„ ce de l'étendue est impossible, ou pour le moins in-
„ comprehensible.

„ La divisibilité à l'infini est l'Hypothése qu'A-
„ ristote a embrassée; & c'est celle de presque tous
„ les Professeurs en Philosophie, dans toutes les
„ Universités, depuis plusieurs siecles. Ce n'est
„ pas qu'on la comprenne, ou que l'on puisse répon-
„ dre aux Objections; mais c'est qu'aiant compris
„ manifestement l'impossibilité des points, soit ma-
„ thématiques, soit physiques, on n'a trouvé que
„ ce seul parti à prendre. Outre que cette Hypo-
„ thése fournit de grandes commodités ; car lors qu'on
„ a éfuisé ses distinctions, sans avoir pu rendre com-
„ préhensible cette doctrine, on se sauve dans la na-
„ ture même du sujet, & l'on allégue que nôtre
„ Esprit étant borné, personne ne doit trouver é-
„ trange que l'on ne puisse résoudre ce qui concerne
„ l'infini, & qu'il est de l'essence d'un tel continu
„ d'être environné de difficultés insurmontables à
„ la Créature humaine. Notés que ceux qui adop-
„ tent les atomes d'Epicure ne le font pas, parce
„ qu'ils comprennent qu'un Corps étendu peut-être
„ simple ; Mais parce qu'ils jugent que les deux au-

„ tres Hypothéses sont impossibles. Disons la même
„ chose de ceux qui admettent les points Mathe-
„ matiques. En général tous ceux qui raisonnent
„ sur le continu ne se déterminent à choisir une Hy-
„ pothése qu'en vertu de ce principe ; S'il n'y a que
„ trois manières d'expliquer un fait, la verité de la
„ troisième résulte nécessairement de la fausseté des deux
„ autres. Ils ne croient donc pas se tromper dans
„ le choix des autres lors qu'ils ont compris
„ clairement que les deux autres sont impossibles ;
„ & ils ne se rebutent point des difficultés impené-
„ trables de la troisième : Ils s'en consolent, ou à
„ cause qu'elles peuvent être retorquées, ou à cause
„ qu'ils se persuadent qu'après tout elle est verita-
„ ble, puis que les deux autres ne le sont pas. Le
„ subtil Arriaga s'étant proposé une Objection inso-
„ luble, déclare qu'il n'abandonnera point pour ce-
„ la son sentiment, car dit-il, les autres Sectes ne
„ la résolvent pas mieux...... *Materia enim difficultas*
„ *est talis, ut ubique, aliqua nobis inexplicabilia oc-*
„ *currant. Malo autem aperti fateri me ignorare fo-*
„ *lutionem aliquorum argumentorum, quam eam da-*
„ *re que forte à nemine intelligatur. Telle est la diffi-*
„ culté de cette matière, que, de quelque coté qu'on
„ se tourne, on y trouve quelque chose inéxplicable.
„ Or j'aime mieux avouer franchement l'impuissance où
„ je me trouve de répondre parfaitement à de certaines
„ objections, que de m'avanturer à dire, ce que peut-
„ être personne n'entendra.

„ Un Zénoniste pourroit dire à ceux qui choi-
„ fissent l'une de ces trois Hypothéses, vous ne rai-
„ sonnés pas bien, vous vous servés de ce Syllo-
„ gisme disjonctif.

„ Le Continu est composé, ou de points mathé-
„ matiques, ou de points physiques, ou de parties
„ divisibles à l'infini.

„ Or il n'est composé ni de...... ni de.....
„ Donc il est composé de.....

„ Le défaut de votre raisonnement n'est point dans
„ la forme, mais dans la matière ; il faudroit aban-
„ donner votre Syllogisme disjonctif & employer ce
„ Syllogisme hypothétique.

„ Si l'étendue éxistoit, elle seroit composée, ou
„ de points mathématiques, ou de points physiques,
„ ou de parties divisibles à l'infini,

„ Or elle n'est composée ni de points mathéma-
„ tiques, ni de points physiques, ni de parties di-
„ visibles à l'infini.

„ Donc elle n'éxiste point.

„ Il n'y a aucun défaut dans la forme de ce Syllo-
„ gisme. Le Sophisme *à non sufficienti enumeratione*
„ *partium*, ne se trouve pas dans la majeure, la con-
„ séquence est donc nécessaire pourvu que la mi-
„ neure soit veritable. Or il ne faut que consi-
„ dérer les argumens dont ces trois Sectes s'acca-
„ blent les unes les autres, & les comparer avec
„ les réponses, il ne faut, dis-je, que cela pour voir
„ manifestement la verité de la mineure. Chacu-
„ ne de ces trois Sectes quand elle ne fait qu'at-
„ taquer, triomphe, terrasse ; mais à son
„ tour elle est terrassée & abymée quand elle se
„ tient sur la défensive. *Pour connoitre leur foi-*
„ *blesse*, il faut se souvenir que la plus forte,
„ celle qui chicane mieux le terrain, est l'Hypo-
„ thése de la divisibilité à l'infini. Les Scholasti-
„ ques l'ont armée de pied en cap, de tout ce que
„ leur grand loisir leur a pu permettre d'inventer de
„ Distinctions : mais cela ne sert qu'à fournir quel-
„ que babil à leurs Disciples, dans une Thése pu-
„ blique, afin que la parenté n'ait point la honte de
„ les voir muets. Un pere, un frere se retirent
„ bien plus contens, lorsque l'Ecolier distingue en-
„ tre l'infini *catégorématique* & l'infini *syncathégo-*
„ *rématique*, entre les parties *communicantes & non*
„ *communicantes, proportionnelles & aliquotes*, que
„ s'il n'eut rien répondu. Il a donc été nécessaire
„ que les Professeurs inventassent quelque jargon ;
„ „ Mais

,, Mais toute la peine qu'ils se sont donnée, ne sera
,, jamais capable d'obscurcir cette notion claire &
,, évidente comme le soleil. *Un nombre infini de par-*
,, *ties d'étendue, dont chacune est étendue & distincte*
,, *de toutes les autres, tant à l'égard de son ENTITE*
,, *qu'a l'égard du lieu qu'elle occupe, ne peut point te-*
,, *nir dans un espace cent mille millions de fois plus pe-*
,, *tit que la cent millième partie d'un grain d'orge.*

Réponse. XXXI. Mr. BAYLE s'est donné , dans
cèt article , bien des mouvemens en faveur du
Pyrrhonisme sans rien avancer. Il renferme le
précis de ses argumens , dans ce Syllogisme.

Si l'étendue existoit, elle seroit composée ou de Points
mathématiques, ou de Points physiques, ou de Parties
divisibles à l'infini;

Or elle n'est composée ni de Points mathématiques,
ni de Points physiques, ni de Parties divisibles à l'in-
fini.

Donc elle n'existe point

1. Mr. Bayle soutient *qu'il* N'Y A AUCUN
DEFAUT *dans la forme de ce Syllogisme*. Voila
donc le Pyrrhonien Zénon qui , en la personne de
Mr. Bayle, fait un AVEU, & cèt aveu en renferme même plusieurs ; Il reconnoit une REGLE ;
Il en reconnoit l'utilité & la nécessité ; il reconnoit
qu'elle est observée exactement. *L'Enumeration des*
parties est ENTIERE *dans la Majeure,* dit Mr.
Bayle, *il n'y en manque point.* Ce n'est pas tout, car
il ajoute que la *Conséquence est* NECESSAIRE *pour-*
vû que la Mineure soit veritable & cette *Mineure est*
telle , dit-il , qu'*on peut en voir* MANIFESTEMENT
la Verité.

Voilà donc un Pyrrhonien obligé de renoncer à
son langage pour se faire des disciples. Dira-t-il , Ce
ne sont là que des argumens ad hominem. *J'allegue*
ce qu'un Dogmatiste ne sauroit refuser d'avouer , &
je me sers adroitement de ses Principes pour l'amener à
mes conclusions. Mais où sont-ils ces hommes dont
vous adoptés , pour quelque tems , les Principes ?
A quoi pensés vous ? Il n'y a point d'Etendue , son
éxistence vous paroit impossible : Vous ne savés pas
seulement qu'il y ait des hommes , comment sauriés
vous ce qu'ils pensent , & qui vous a appris qu'ils
conviennent de quelque Régle ?

2. Mais ne pressons pas si vigoureusement les
Pyrrhoniens , ne profitons pas de tout ce qu'ils nous
donnent de prise sur eux ; Ecartons , dans cette dispute , & pardons de vue des hypothéses qui les em-
barrasseroient trop : Ecoutons les comme des personnes sincéres quand ils nous disent , *Ce n'est pas l'Esprit*
de chicane qui nous fait prendre le parti de douter , c'est
une necessité à laquelle nous nous trouvons reduits mal-
gré que nous en ayons , toutes les fois que dans la
comparaison de deux sentimens opposés nous trouvons
de coté & d'autre des preuves d'égale force. Comparons donc *sans préjugé, ce qu'on dit* & *en faveur*
des Atomes avec ce qu'on allegue pour prouver
la fausseté de cette hypothése. Mr. Bayle refute en
ces termes les Atomes d'Epicure. *Toute étendue*
quelque petite qu'elle puisse être , a un coté droit &
un coté gauche , un dessus & un dessous ; elle est
donc un assemblage de Corps distincts ; je puis nier du
Coté droit ce qui s'affirme du Coté gauche ; Ces deux
Cités ne sont pas au même lieu , un Corps ne peut
pas être en deux lieux tout à la fois , & par consé-
quent toute étendue qui occupe plusieurs parties d'espa-
ce contient plusieurs Corps. Je sai d'ailleurs, & les
Atomistes ne le nient pas , qu'à cause que deux A-
tomes sont deux êtres , ils sont séparables l'un de l'au-
tre ; d'où je conclus très-certainement que puis que le
Coté droit d'un atome n'est pas le même être que le
coté gauche , il est séparable du Coté gauche. L'indi-
visibilité d'un atome est donc chimérique.

Mr. Bayle a bien raison de finir par cette remarque. Sur quoi sont fondées les preuves qu'il
vient d'alleguer ? Cela saute aux yeux ; Elles sont
fondées sur des Notions très-simples , très-claires ,

très-distinctes. Les Argumens qu'on vient de lire
ne présentent rien à l'esprit qui ne soit à sa portée :
On compare deux Idées , & on voit manifestement
que la position de l'une renferme l'exclusion de
l'autre. Je prie mon Lecteur de se souvenir de cette Simplicité & de cette Evidence.

3. Il faut dire la même chose des Argumens
qui combattent les atomes de Zénon , c'est-à-dire
des parties de l'Etendue qui seroient sans aucune
étendue : Il n'y a qu'à relire le commencement du
grand Article que je viens de citer pour s'en convaincre.

4. Que l'Esprit de l'homme désigne quelque partie qu'il lui plaira , mais bien résolu de ne pas tomber en contradiction, dans ce qu'il prononcera par
rapport à cette partie. S'il la suppose sans étendue ,
il oublie une des prémiéres Régles du raisonnement ,
puis qu'il suppose vrai ce qui est en question &
qui a besoin de preuve. S'il suppose que cette partie a quelque étendue , c'est une nécessité qu'il la
reconnoisse divisible en deux parties égales. Or la
moitié d'une étendue peut-elle être sans étendue ? Depuis l'endroit où elles se joignent en tirant du coté
de la gauche , il n'y a rien d'étendu , il n'y a rien
non plus d'étendu du coté de la droite, & ces deux
riens d'étendue forment une étendue ; Y-eut-il jamais de Contradiction plus manifeste , entre des Idées
plus à notre portée ?

5. L'assemblage de deux Moitiés est incontestablement double d'une de ces moitiés. Mais ce qui
est étendu n'est pas simplement double de ce qui ne
l'est point , il est infiniment plus grand. Si un A-
tome est sans grandeur ; l'assemblage de deux Atomes ne surpasse en seul atome que d'un atome seulement , il ne le surpasse donc d'aucune grandeur ;
& que signifie cela si ce n'est qu'il n'y a pas plus
de grandeur dans deux atomes que dans un ? *Ne sur-*
passer d'aucune grandeur, n'est-ce pas *n'être point plus*
grand ? Trois Atomes ne sont donc point plus grands
que deux , & deux n'étants point plus grands qu'un ,
de l'assemblage de trois atomes il ne resultera aucune Grandeur, aucune Etendue. Par la même raison ,
il n'en resultera pas non plus de l'assemblage de quatre ; Et en général , supposés-en , assemblés-en tant
qu'il vous plaira ; L'Etendue n'en sauroit naître.

6. Si un Atome est impossible , si cette supposition est visiblement contradictoire ; si des Raisonnemens sans équivoque ; si des Idées très-claires , très-
à nôtre portée , le démontrent telle , il s'ensuit qu'un
Corps ne contient aucune partie qui ne soit divisible.

S'il n'y a que trois maniéres , dit Mr. Bayle,
d'expliquer un fait , la verité de la troisiéme resulte
nécessairement de la fausseté des deux secondes. Ils
ne croient donc pas se tromper dans le choix de
la troisiéme , lors qu'ils ont compris clairement
que les deux autres sont impossibles , & ils ne se
rebutent point des difficultés impénétrables de la
troisiéme.

7. Ce que Mr. Bayle insinue en passant , est vrai
au pied de la lettre. Les difficultés qui tombent
sur l'hypothése de la divisibilité sans fin, n'embarassent que parce qu'elles présentent des Objets trop
multiples pour être nous embarassés par l'Esprit humain. Mais peut-on mettre en paralléle de vraisemblance , des Argumens tirés de ce qu'on n'est pas
en état de comprendre , avec des preuves uniquement fondées sur ce que l'on connoit très-distinctement ?

8. Quand je m'exprime en ces termes , *On ne*
peut , sans tomber sur le champ en contradiction , sup-
poser , dans l'étendue , quelque portion qui ne soit
pas divisible ; Que l'on compare , avec tant d'application qu'on voudra , ses termes & leur signification , il sera impossible d'y rien trouver de contradictoire , & tout au contraire , la position de l'un
emporte la position de l'autre. Tout ce qu'on peut
faire

faire pour ébranler la Certitude de cette Proposition, c'est d'étonner l'Esprit humain en l'amenant sur l'Infini ; mais quand j'ai des preuves simples, j'ai établi l'éxistence d'un Objet, le bon sens ne me permet plus de revoquer en doute l'éxistence de cét Objet, sous prétexte que je ne sai pas expliquer parfaitement tout ce qu'il renferme de propriétés, ni toutes les relations qu'il a, ou qu'il peut avoir avec d'autres ; sur tout lorsque l'on comprend très-nettement, que l'impuissance où l'on se trouve d'éclaircir à fonds ce sujet, vient de ce qu'on manque de certains secours absolument nécessaires pour en dissiper toute l'obscurité ; Alors le bon-sens recommande encore la Maxime d'Arriaga, citée par Mr. Bayle.

Addresse de Mr. Bayle.

XXXII. ON A rudement réproché à Mr. Bayle une affectation, ou une apparence d'affectation à remplir son Dictionaire d'Objections, souvent même contre les Vérités les plus respectables. La grande raison qu'il a alléguée pour se justifier est tirée du Devoir d'un Historien & d'un Raporteur ; Devoirs qu'il s'étoit chargé de remplir. Cette réponse auroit été mieux réçue, si, en qualité de fidéle Raporteur il avoit joint aux Objections les Réponses, afin qu'on en put plus solidement juger. Il cite quand il veut, & quand il lui plait il ne cite pas. Après avoir prévenu son Lecteur contre les Réponses par où on se tire des difficultés opposées à l'Hypothése de la Division sans fin, après les avoir fait passer pour puériles, & pour très-méprisables, il finit, en décidant que *toute la peine que l'Ecole s'est donnée ne sera jamais capable d'obscurcir &c.* Vous diriés que toutes ces réponses se bornent à distinguer ridiculement entre l'Infini *Cathégorématique*, & l'Infini *Syncathégorématique*, entre les parties *Communicantes* & non *Communicantes*. La distinction des parties *Aliquotes* d'avec les *Proportionnelles* est une distinction sensée. Mais il falloit l'expliquer au lieu de la présenter confondue avec les autres, par le moien de ces termes obscurs. Le sens de cette distinction fournit une réponse très-solide à l'Objection que Mr. Bayle pose aussi claire & aussi évidente que la lumiére du Soleil. *Un nombre infini*, dit-il, *de parties d'étendue dont chacune est étendue & distincte de toutes les autres, tant à l'égard de son entité qu'à l'égard du lieu qu'elle occupe, ne peut point tenir dans un espace cent mille millions de fois plus petit que le cent millième partie d'un grain d'orge*.

Si cette Objection a quelque rapport avec la lumiére du Soleil, elle se réduit, ce me semble, à ceci, c'est que la multitude sans nombre de parties auxquelles elle nous appelle à penser nous étonne, nous éblouit, & nous jette par cét éblouïssement dans une surprise ténébreuse.

Ce qui rend difficile la Question de la Divisibilité.

XXXIII. NOTRE Esprit déja fatigué par la seule proposition d'une Multitude inombrable de parties, succombe, & n'a pas la force de se représenter autant d'inégalité dans leur petitesse que dans leur nombre ; Ce seroit là une nouvelle variété, une nouvelle multiplicité qui achèveroit de l'accabler, s'il l'entreprenoit ; Il se trouve donc porté à les supposer égales. Or des parties dont le dénombrement ne peut finir, & toutes égales en grosseur, doivent nécessairement remplir un espace plus grand qu'aucun espace déterminé, car huit parties égales occueront le double plus d'espace que quatre, seize le double plus que huit, &c. de sorte que l'espace destiné à les contenir, croissant avec leur nombre, & ses bornes s'étendant toujours plus, il faudra nécessairement que les bornes de l'espace cessent, dès-que le nombre des parties égales qui le rempliront n'aura point de fin, & qu'il en restera toujours plus, & incomparablement plus que l'on en aura compté.

Mais ce ne sera plus la même chose dès-qu'on supposera que ces Parties deviennent, chacune plus petite que la précédente à mesure que leur Nombre augmente, car alors l'Espace, destiné à les contenir, diminuera par la petitesse des parties qui devront le remplir, dans la même proportion qu'il croîtra par leur nombre ; Ainsi diminuant par l'une de ces deux causes, autant qu'il augmentera par l'autre, il demeurera toujours fini, car autant que l'une de ces Causes l'approchera de l'Infini, autant l'autre l'en éloignera.

Représentés-vous un pied Cube. On le partage en deux parties égales, au lieu d'un Corps vous en avés deux ; Mais ces deux ne sont pas une plus grosse Masse, parce que si le nombre des Corps est double, ils ont aussi chacun le double moins de grosseur. On trouvera la même égalité si on divise un pied Cube en Cent, en Mille, & en dix millions de parties égales &c.

Concevés encore ce même Corps divisé en deux parties égales : On ne touche point à la Prémière de ses Moitiés, mais on partage la Seconde en deux autres ; Une de celles là encore en deux, & ainsi consécutivement, de sorte qu'on a à $\frac{1}{2}$, $\frac{1}{4}$, $\frac{1}{8}$, $\frac{1}{16}$, $\frac{1}{32}$, $\frac{1}{64}$, $\frac{1}{128}$, $\frac{1}{256}$; & ces huit parties n'égalent pas le pied Cube entier, il s'en manque $\frac{1}{256}$. Si on avoit fait encore une division, il s'en seroit manqué $\frac{1}{512}$. Qu'on pousse ces subdivisions si loin que l'on voudra ; il s'en manquera toujours la valeur de la derniere partie, que leur Somme n'égale le Tout ; & si l'on veut que toutes ces parties rassemblées forment une quantité égale à celle dont on a fait les divisions, il faudra prendre deux fois la derniére.

On voit par là manifestement que le nombre des parties peut croître de plus en plus, sans que l'espace qui les renfermera excéde une Mesure déterminée. On voit même qu'un Espace donné (par exemple d'un Pied Cube) ne sera jamais exactement rempli quelque nombre de parties qu'on y place l'une après l'autre, pendant que chaque partie ne sera en grosseur que la moitié de la précédente.

Quelque Etendue qu'on désigne, pour grande qu'elle soit, & en même tems, pour petites qu'on suppose les parties égales dont elle est composée, le nombre de ces parties sera toujours déterminé. Une étendue finie n'a que deux moitiés égales ; elle n'a de même que Cent Centièmes, que Mille Milliémes. Choisissés une Masse si petite qu'il vous plaira, renfermés-la dans un Espace, & après l'en avoir ôtée partagés-la, jettés une de ces parties dans le prémier espace où vous aviés renfermé toute la Masse ; divisés celle qui vous reste, en encore une des morceaux dans ce prémier espace ; & continués d'en user ainsi ; A mesure que vous pousserés les Divisions, cét Espace ne sera jamais rempli, pendant que les divisions ne finiront pas, & par conséquent si les divisions n'ont point de bornes, si elles ne finissent point, cét Espace loin de devenir Infini, ne sera jamais exactement rempli, à moins que l'ennui de résister sans cesse des divisions n'y fasse jetter toute entiére la derniére des parties sur laquelle on avoit travaillé.

On comprend donc évidemment 1. que si on ne peut, sans tomber en contradiction, désigner dans une Etendue, quelque Partie qui ne soit plus divisible, c'est une nécessité d'avouer qu'on peut partager une étendue finie en des parties, qui, sans fin & sans cesse, deviendront plus petites les unes que les autres. On voit 2. que ces parties dont la grandeur décroît ainsi, ne pourront jamais occuper qu'un Espace borné : C'est une nécessité que cela soit ainsi.

Des parties d'une Grandeur déterminée, dont l'une comptée un certain nombre de fois, égaleroit le *Tout* qu'elle composé, s'appellent parties *Aliquotes* : Mais celles dont la grosseur diminue dans la même proportion que leur nombre croît, s'appellent *Proportionnelles* ; Et c'est dans les parties de ce dernier ordre qu'une étendue bornée se partage, sans qu'il soit possible de trouver un dernier terme à sa division.

C'est

C'est donc un Triomphe très-imaginaire que celui de Mr. Bayle, quand il le prend d'un ton si haut; pour dire qu'un nombre infini de parties d'étenduë dont chacune est étenduë & distincte de toutes les autres, tant à l'égard de son entité, qu'à l'égard du lieu qu'elle occupe, ne peut point tenir dans un espace Cent mille Milllions de fois plus petit que la Cent Milliéme partie d'un grain d'orge. Il ne faudroit pas un Espace plus grand pour contenir une Masse de cette grosseur, ni par conséquent pour contenir les parties dans lesquelles on la diviseroit, pour loin qu'on poussât la division, en partageant sans cesse la derniere partie où l'on seroit parvenu en deux plus petites. Car autant que le nombre croissant demanderoit plus d'espace, autant la grosseur des parties qui diminueroit, en demanderoit moins; C'est comme si on retranchoit de la longueur d'une ligne d'un coté autant qu'on y ajouteroit d'un autre; quand même on continueroit à l'infini ces additions & ces retranchemens, elle demeureroit toujours finie, & d'une égale étenduë.

Les Atomistes qui ont fait cette Objection, prévenus de leur hypothése, & concevant un Corps composé d'Atomes égaux, ont prêté la même Imagination aux Défenseurs de la Divitibilité; Ils ont supposé que, selon eux, un Corps étoit composé d'une i..finité de parties égales, & encore de parties qui avoient chacune de la grosseur; au lieu que le nombre des parties d'une grosseur déterminée est toujours fini, quoi qu'il n'y en ait point qui ne puisse se diviser en de plus petits.

Objection & Reponse.

XXXIV. C'EST par l'effet de la même erreur, & de la même supposition, qu'ils objectent *que toutes les Masses seroient égales, s'il n'y avoit pas plus de parties dans l'une que dans l'autre.* La Réponse est facile: Elles seroient égales, s'il n'y avoit pas plus de parties dans l'une que dans l'autre, & si ces parties étoient égales. Mais la Terre entiere a-t-elle plus de deux moitiés, & un grain de Mil en a-t-il moins? Ces quantités sont-elles égales, parce que le nombre de leurs moitiés est égal? Les moitiés décroissent dans la même proportion que les Touts; Il en est de même des Quarts, des Centiémes & des Milliémes &c.

Ces Objections n'embarrassent qu'autant qu'on s'imagine que, pour leur donner une solution satisfaisante, il faudroit pouvoir se représenter distinctement toutes les parties dont elles font mention d'une maniere enveloppée. Cela n'est point nécessaire, & cela, non plus, n'est pas en nôtre puissance. Mais de ce que nôtre Esprit est trop borné dans sa maniere de penser, pour se représenter distinctement une si grande Multitude, s'ensuit-il que cette Multitude ne soit pas possible, s'ensuit-il qu'elle n'existe pas? j'aimerois autant dire que puisque je ne soutiens à la fois qu'un *Quintal*, il n'y a point de poids au Monde plus grand que celui de Cent Livres.

Objection & Reponse.

XXXV. ON ETONNE encore l'Imagination en objectant, qu'une Plaque de Cuivre très-mince pourroit cependant se partager, dans sa petite épaisseur, en un si grand nombre de tranches, que la Terre en seroit couverte. Quand on lit cela, l'Imagination se trouve d'autant plus rebutée qu'elle veut se figurer ces portions si minces, comme étant encore des portions de Cuivre, au lieu que l'Etenduë, pour être étenduë de Cuivre, doit être composée de parties d'une figure & d'une grosseur déterminée.

S'il falloit rejetter tout ce qui étonne l'Imagination, & qui lui paroit absurde & contradictoire, il ne faudroit pas croire les Antipodes, car il n'est pas possible que l'Imagination se les représente autrement que renversées, quoique l'Entendement comprenne fort bien qu'un homme n'est point dans une situation renversée, lorsque ses piés touchent la Terre, & que sa tête est tournée du côté du Ciel. Il faudroit encore rejetter des expériences incontestables. Huit grains d'or suffisent pour couvrir une once d'argent, & cette once tirée dans un fil de l'épaisseur d'un Chevru sera dorée dans toute sa surface. Un grain d'argent donne un fil de 27. piés de longueur, donc une once, ou 4 to. grains donneront un fil de 12960. c'est la longueur que huit grains d'or couvriront. Une once donc qui contient 60 fois huit grains couvre un fil de 777600 piés, ce qui va, je ne dis pas à *mille lieuës* (chose incroyable pour l'imagination) je ne dis pas à *cinq* mais à *cinquante* & au delà.

XXXVI. MAIS, dit-on, le Nombre des parties *Objection* d'un Corps n'est il pas exactement connu de Dieu? *& Reponse.* ne peut-il pas les compter, & s'il les compte, elles ne sont donc pas innombrables? On ne peut venir à la derniere au-delà de laquelle il n'y en aura plus, & qui, par consequent ne sera plus divisible.

Je réponds que Dieu connoit exactement le Nombre de toutes celles dont la Grandeur est déterminée; mais pour ce qui est de celles qui résultent de la Division qu'on pousse de petit en petit, Dieu qui ne se contredit pas, & qui a créé l'étenduë telle que sa Division ne pourroit avoir de dernier Terme, veut, par conséquent, qu'à cet égard ses parties soient innombrables: Mais tout innombrables qu'elles soient, Dieu les connoit pourtant exactement, il les connoit telles qu'elles sont, Innombrables comme il les a faites, & ce qui est sans Bornes est très-parfaitement connu par son Intelligence qui n'a point non plus de bornes (A).

XXXVII. MA DERNIERE difficulté, dit ,, Mr. Bayle, sera fondée sur les Démonstrations *Objection* ,, Géométriques que l'on étale si subtilement pour & *Répon-* ,, prouver que la Matière est divisible à l'infini. Je *se.* ,, soutiens qu'elles ne sont propres qu'à faire voir ,, que l'étenduë n'existe que dans nôtre Entendement. En prémier lieu, je remarque que l'on ,, se sert de quelques-unes de ces Démonstrations, ,, contre ceux qui disent que la matiere est composée de points Mathématiques. On leur objecte ,, que les cotés d'un quarré seroient égaux à la ligne ,, diagonale, & qu'entre les cercles concentriques, ,, celui qui seroit le plus petit, égaleroit le plus ,, grand. On prouve cette conséquence, en faisant ,, voir que les lignes droites que l'on peut tirer de l'un des ,, cotés d'un quarré à l'autre remplissent la diagonale, ,, & que toutes les lignes droites que l'on peut tirer de ,, la circonférence du plus grand cercle trouvent ,, place sur la circonférence du plus petit. Ces objections n'ont pas plus de force contre le continu ,, composé de points, que contre le continu divisible à l'infini; car si les parties d'une certaine ,, étenduë ne font pas en plus grand nombre dans ,, la ligne diagonale que dans la plus grande, ni dans la ,, circonférence du plus petit cercle concentrique, ,, que dans la circonférence du plus grand, il est clair ,, que les cotés du quarré égalent la diagonale, & que ,, le plus petit cercle concentrique égale le plus grand. ,, Or toutes les Lignes droites que l'on peut tirer ,, de l'un des cotés d'un quarré à l'autre, & de la ,, circonférence du plus grand cercle au Centre sont ,, égales entr'elles: Il les faut donc considérer comme des Parties aliquotes, je veux dire comme des ,, parties d'une certaine grandeur, & d'une même ,, dénomination. Or il est certain que deux étenduës, où les parties aliquotes & de même dénomination, comme pouce, pié, pas, sont en ,, pareil nombre, ne se surpassent point l'une l'autre; Il est donc certain que les cotés du quarré ,, seroient aussi grands que la Ligne diagonale, s'il ,, ne

(A) Si l'infinité des parties, certainement connuë de Dieu est nombre, c'est un nombre si au dessus de ceux à qui nous donnons ce nom, qu'il doit passer pour un nombre d'une espèce différente de tous ceux que nous pouvons compter. Voyés Geom. de l'Infini de M. de Fontenelle.

„ ne pourroit point passer plus de lignes droites par „ la ligne diagonale que par les côtés. Disons la „ même chose des deux Cercles Concentriques. En „ second lieu, je soutiens qu'étant très-vrai, que „ s'il existoit des cercles, on pourroit tirer de la „ Circonférence au Centre autant de lignes droites „ qu'il y auroit de parties à la circonférence, il s'en- „ suit que l'existence d'un Cercle est impossible. „ On m'avouera, je m'assure, que tout Être qui „ ne sauroit exister, sans contenir des propriétés qui „ ne peuvent exister, est impossible ; Or une éten- „ due ronde ne peut exister sans avoir un Centre „ auquel viennent aboutir tout autant de lignes droi- „ tes, qu'il y a de parties dans sa Circonférence ; „ & il est certain qu'un tel centre ne peut exister ; „ Il faudroit donc dire que l'existence d'une étendue „ ronde est impossible. Qu'un tel centre ne „ puisse exister, je le prouve manifestement. Sup- „ posons une étendue ronde, dont la circonférence „ ait quatre piés : elle contiendra 48 pouces dont „ chacun contient douze lignes ; elle contiendra donc „ 576 lignes ; & voilà le nombre des lignes droites „ qu'on pourra tirer de cette circonférence au Cen- „ tre. Traçons un Cercle fort proche du Centre ; „ il pourra donc être si petit qu'il ne contiendra que „ 10 lignes ; il ne pourra point donner passage à 576 „ Lignes droites, il sera donc impossible. que les 576 „ Lignes droites qui ont commencé d'être tirées de „ la Circonférence de cette étendue ronde parvien- „ nent au Centre : Et cependant si cette étendue „ existe, il faudroit nécessairement que ces 576 li- „ gnes parvinssent au Centre. Que reste-t-il donc „ à dire, si non que cette étendue ne peut exister, „ & qu'ainsi toutes les propriétés des Cercles & des „ Quarrés, &c. sont fondées sur les lignes sans largeur „ qui ne peuvent exister qu'Idéalement ? Notés que „ notre Raison & nos yeux sont également trom- „ pés dans cette matière. Notre raison conçoit clai- „ rement, 1. que le Cercle concentrique plus voi- „ sin du Centre, est plus petit que le cercle qui „ l'environne ; 2. que la diagonale d'un quarré est „ plus grande que le Coté. Nos yeux le voient „ sans compas ; & encore plus certainement avec le „ compas ; & néanmoins les Mathématiques nous „ enseignent que l'on peut tirer de la Circonférence „ au Centre, autant de lignes droites qu'il y a de „ points dans la Circonférence ; & d'un coté du „ quarré à l'autre autant de lignes droites qu'il y „ a de points dans ce coté : & d'ailleurs nos yeux „ nous montrent qu'il n'y a dans la Circonférence „ du petit Cercle concentrique aucun point qui „ ne soit une partie d'une ligne droite, tirée de la „ Circonférence du grand Cercle, & que la diago- „ nal du quarré n'a aucun point, qui ne soit une „ partie d'une ligne droite, tirée d'un des Cotés „ du quarré à l'autre. D'où peut donc venir „ que cette Diagonale est plus grande que les co- „ tés ?

Réponse.

XXXVIII. LES ARGUMENS qu'on vient de lire renversent sans replique l'Hypothèse des Atomes, mais ils ne font pas le moindre embarras dans la supposition de la Divisibilité, de quelque partie qu'il soit possible d'assigner. Je pense que l'on comprendra mieux la force de l'Objection, de même que celle de la Réponse quand on aura une figure sous les yeux. *A B C D* est un Quarré *A D* la Diagonale. Du côté *A C* au côté *B D* on tire la ligne droite *E F* parallèle aux côtés *A B, C D*.

Planche I. Fig. I.

On suppose le côté *A C* tout composé de points égaux au point *E*. Si de chacun de ces points on tire au côté *B D*, des lignes parallèles à la ligne *E F* ; entre la prémière qu'on tirera supérieure à *E F*, & cette ligne *E F* il n'y aura aucun intervalle ; Il en sera de même de la supérieure à cette seconde par rapport à cette seconde, de sorte que tout le quarré *A B C D* se trouvera exactement rempli de lignes dont chacune touchera immédiatement ses deux Voisines, l'une du côté de *C D* & l'autre du côté de *A B*.

La Diagonale se trouvera par-là entièrement couverte par le même nombre de Lignes qui couvriront la Perpendiculaire *G H* égale à un des côtés, & par conséquent moins longue que la Diagonale.

Si le point *E* représente un Atome, & que la Ligne *E F* en soit toute composée, & par conséquent longue sans aucune largeur ; en traversant *G H* elle ne couvrira qu'un seul point. Il en sera de même de toutes celles qu'on tirera de *A C* en *B D* & il faudroit nécessairement que cela fut ainsi, puisque les lignes *A C, G H, B F*, étant égaux, elles doivent contenir précisément autant de points l'une que l'autre.

Mais que dirons nous de la Diagonale ? Si *E F* & ses Parallèles n'y couvrent chacune qu'un point, & qu'elles s'y touchent sans intervale, il n'y aura pas plus de points dans la longue *A D* que dans la courte *G H*.

Pour se tirer de cette difficulté, de cette contradiction, de cette impossibilité, Dira-t-on que l'Oblique *A D* traversant en *I* la perpendiculaire *G H* non seulement par sa Largeur, qui est nulle dans la supposition des Atomes, mais, en quelque sens, par sa Longueur, puis qu'elle est Oblique ; elle couvre plus d'un Atome de la ligne *G H* & que par la même raison la ligne *E F* couvre plus d'un Atome de la Diagonale *A D* ?

Ce subterfuge est inutile, car si *E F* passant sur *A D* y couvre plus d'un Atome, parce qu'elle s'y est un peu couchée par sa Longueur, elle en couvre pour le moins deux, car elle n'en sauroit couvrir un & demi, ni la valeur d'un & demi, puisque les Atomes n'ont point de moitié. Or si *E F* & ses parallèles, couvrent chacune deux points de *A D* la Diagonale sera le double plus longue qu'un côté, ce qui n'est point.

Mais dans la supposition de la Divisibilité sans bornes, quelque qu'on assigne au point *E* & par conséquent à la Largeur de *E F* cette ligne en traversant *G H* y couvrira un Point égal au Point *E* & en traversant *A D* elle en couvrira aussi un, & en même temps quelque portion d'un autre, précisément suivant la proportion de la longueur *A D* avec la longueur *A C*.

On résoudra très-facilement, par les mêmes principes l'Objection tirée des Cercles concentriques, & des Raions qui les coupent.

Que le raion *A C* soit quadruple du raion *B C* la Circonférence *A* sera aussi quadruple de la Circonférence *B*.

Fig. 2.

Si d'un point immédiatement voisin du point *A* on tire un second raion au Centre *C* ce raion ne croisera pas le point *B*, car s'il le croisoit, au lieu d'aller au Centre *C* il iroit en dela de *B C* ; Appellons ce second raion *D C*.

J'en tirerai un autre *E C* qui ne croisera point *D C* sur la Circonférence du petit Cercle, mais seulement au point *C*.

Les raions *A C, D C, E C*, qui se touchent sur la Circonférence *A* ne s'écarteront pas l'un de l'autre sur la Circonférence *B*, mais ils s'y toucheront aussi immédiatement.

De plus, le Point où *D C* coupera le Petit Cercle sera différent du Point ou le Raion *A C* le coupe, puis que ces deux Raions ne se croisent point sur cette Circonférence. On voit par-là de quelle nécessité il est de reconnoître sur la Circonférence *B* autant de Points égaux que sur la Circonférence *A* qui en est quadruple.

Mais donnés de la Largeur aux lignes *A C*, *D C* comme elles partent de deux points *A* & *D* contigus à la verité, mais pourtant différens ; & dès la arrivent au même *C*, c'est une nécessité qu'elles s'approchent en *B*. *D C* ne couvre pas entièrement *A C* qu'elle ne croise point, sur la Circonférence du Cercle

(*) On trouvera cette Planche & une seconde à la fin de la seconde Partie.

Cercle B, mais elle en couvre les trois quarts, & débordent d'un quart de sa Largeur. Les trois quarts de D C sont de même couverts par E C sur la Circonférence du petit Cercle; par conféquent E C couvre la Moitié de A C; Un Quatriéme raion F C en couvrira un Quart; le Cinquiéme G C sera le prémier Raion qui ne couvrira aucune portion de A C en B, mais qui ne fera que le toucher immédiatement en ce point-là. Ainsi deux Raions, éloignés de quatre points sur le grand Cercle, se touchent immédiatement sur le petit; de sorte que Mr. Bayle, en voulant combattre l'éxistence des Corps, par des argumens qu'il appelle Mathématiques renverse simplement l'Hypothése des Atomes, & établit la néceffité d'une divifion qui n'a pas de bornes: car la Circonférence du Grand Cercle peut s'écarter du Centre fans fin & fans cesse, & cette Circonférence peut croitre de plus en plus fans dernier terme d'accroiffement.

Concluſion.

XXXIX. PAR-LA le Syllogifme disjonctif, par le moien duquel Mr. Bayle prétendoit fi invinciblement terraffer l'éxistence des Corps, & en démontrer l'impoffibilité, se trouve fans force; Un des Membres de la Mineure eft vifiblement faux: Mr. Bayle se trompe donc quand il avance fi hardiment que l'Etenduë n'eft compofée *ni de points Phyſiques, ni de points Mathématiques, ni de Parties diviſibles à l'infini.* Il vient lui-même de prouver le contraire; & en voulant multiplier fes Argumens contre l'éxistence des Corps, il a renverfé fon principal Argument, & a fait voir la néceffité indifpenfable d'admettre les parties divifibles fans fin.

Voulés vous donc concilier ce dont vos yeux vous affurent, & que vôtre compas vous prouve encore plus diftinctement, voulés vous, dis-je, le concilier avec les Lumiéres de vôtre Raifon, & la Subtilité de vos Argumens? Reconnoiffés la Divifibilité de l'étenduë fans dernier terme.

Preuve de la Diviſibilité.

Fig. 3.

XL. ON LA prouve encore par un argument qui a du rapport à ce qu'on vient de lire, & que je rapporterai.

Sur la ligne Horizontale A B on prend l'efpace C D de dix Mefures, par éxemple. J'éleve au point F la perpendiculaire F E d'une Mefure de hauteur, je tire les lignes G C, G D.

De chaque point de la ligne C D je tire des lignes au point G Toutes ces lignes pafferont entre les points H & E au deffus de C G & au deffous de G D.

Cet efpace n'eft pas d'une Mefure. La ligne la plus près de G D ne la croifera pas en E car fi cela étoit, elle iroit plus haut que le point G & en général aucune des lignes amenées depuis la longueur C D au point G ne fe croiferont pour E F.

Si chacune de ces lignes étoit fans largeur, elles ne couvriroient chacune précifément qu'un point de l'efpace H E & rien de plus, il y auroit donc autant de points en H E de demi Mefure, par éxemple, qu'en G D vingt fois plus grande.

Mais dès-que l'on fuppofera de la Largeur dans ces Lignes; La plus voifine de G D couvrira dix-neuf parties de G D en E, & débordera d'une. La vingtiéme qui la prémiére qui ne fera que toucher G D placée en E fans en couvrir aucune partie.

J'ai connu un Profeffeur qui se moquoit de cèt argument, & difoit d'un air Magiftral. Dès-qu'on a tiré la ligne G D le point G eft occupé par cette Ligne, de forte qu'à ce point G, déja occupé par G D on ne peut pas tirer une feconde ligne. Ainfi tout cèt Argument tombe, par-là même qu'il roule fur une fuppofition fauffe.

On ne peut rien avancer de plus pitoiable. Après avoir tiré la ligne G D qu'on l'ote, & du point K qui touche immédiatement le point D qu'on tire une feconde ligne K G. Si cette Ligne K G croifoit le point E qui a été couvert par la Ligne G D elle pafferoit au deffus de G. Elle occupe donc un Point Inférieur, & l'Argument reprend toute fa force.

J'eus fi honte pour celui qui me propofoit gravement cette défaite, que je n'eus pas l'affurance de lui en faire fentir le ridicule. Il eft des Hommes, & quelquefois des hommes en place, fi Bétes, qu'on feroit prefque tenté de foupçonner que ces Etres qu'on appelle des Hommes ne font pas tous des Animaux d'une même Efpéce.

XLI. Mr. BAYLE ne s'eft pas oublié jufqu'à tomber, dans une fi groffiére méprife. Mais il n'a guére mieux raifonné. Comme il n'entendoit point les Mathématiques, il s'eft laiffé allé puérilement à une Erreur commune chés les Idiots, c'eft de regarder comme Démonftration Mathématique tout ce oû il eft parlé de Lignes, de Points, & à l'intelligence dequoi la vuë de quelques Figures contribuë, & parce qu'il paroît de Cercles & de Lignes, il a crû donner pour une Démonftration Mathématique un Raifonnement qu'il ne s'étoit pas donné le foin d'approfondir. J'en fuis perfuadé, puis que dévelopé il lui eft contraire.

Réflexion ſur les Pyrrhoniens, & ſur Mr. Bayle en particulier.

Ce Fait me fournit une réflexion très-forte contre les Pyrrhoniens: Mr. Bayle parle de Lignes, de Cercles. & de ce que les Yeux & le Compas en comprennent. Pouvoit-il douter qu'il n'y eut des Lignes, des Cercles & des Compas? Qu'allégue-t-il pour ébranler une certitude dont il n'étoit pas poffible qu'il fe dépouillât entiérement? Il allégue un Raifonnement qu'il n'entendoit pas, parce qu'il n'avoit pas voulu se donner la peine de l'éxaminer affés; Eft-il raifonnable de laiffer ébranler une Certitude, établie par les preuves les plus convaincantes, de la laiffer, dis je, ébranler par des Objections qui ne tirent leur force que de leur obfcurité?

Quelque Siécles après le nôtre; Quand on lira les Eloges de Mr. Bayle, & qu'on verra, par fes ouvrages, qu'il les meritoit; quand on fentira cette force avec laquelle il favoit s'emparer de l'attention de fes Lecteurs; quand on remarquera qu'il répand, quand il lui plait, une partaite clarté fur les Matiéres les plus Difficiles, & qu'il préfente auffi, dès qu'il le trouve à propos, fous les tours les plus fpécieux & les plus éblouïffans les Paradoxes les plus incroiables; Quand après s'être convaincu par toutes ces raifons, de fon habileté, on tombera fur quelques endroits oû il fait, du ton le plus affuré, des Raifonnemens fi peu dignes d'un habile Philofophe & d'un homme fenfé, ne dira-t-on point, *Il falloit bien qu'il connût fon Siécle, & qu'il comptât tant à ſa faſon du défuſ de ſes Lecteurs, quand il ſe promettoit de les perſuader par des preuves qui, éxaminées de près, lui étoient même contraires?* Mais ceux qui penferont ainfi, fe tromperont fur le fujet de Mr. Bayle & de fon Siécle: Il ne comptoit point fur le *peu d'eſprit* de fes Contemporains, mais il comptoit beaucoup fur la *Corruption de leur cœur* C'eft principalement de là qu'il attendoit le fuccès de fes Ouvrages. Il favoit que les Raifonnemens, par lefquels il combat la perfuafion de l'éxiftence des Corps, fans arracher cette perfuafion de l'Efprit d'aucun homme, ne laifferoient pas de plaire à la plus grande partie de fes Lecteurs; & il étoit bien affuré qu'ils trouveroient ces Raifonnemens trop à leur gré pour les approfondir; & pourquoi? C'eft que ces Raifonnemens reconnus pour très-forts, ou feulement pour très-Vraifemblables, vont tout droit à rendre méprifable la Raifon. Or fi elle s'embarraffe elle même jufqu'à faire douter de l'éxiftence des Corps ! La Raifon qui rend douteufe cette éxiftence, feroit-elle capable de nous dégager de doute fur des fujets moins connus & plus conteftés? Et quand il s'agit des Régles fur lefquelles il faut fe conduire, Régles beaucoup moins évidentes, & moins furres que l'éxiftence des Corps ? La Raifon qui rend douteufe cette éxiftence, feroit-elle capable de nous dégager de doute fur des fujets moins connus & plus conteftés?

Voilà les Lecteurs à qui Mr. Bayle a deftiné fes

ses Ouvrages, ils ne sauroient manquer de les aimer & de s'y rendre ; Ils y trouvent ce qu'ils cherchent, sçavoir de s'affranchir des Loix qui les gênent. Un Prédicateur nous vient dire qu'il faut s'humilier dans ses adversités & les faire servir à se corriger, il nous dit qu'il faut marquer nôtre résignation à Dieu & nôtre soumission à sa Providence par nôtre patience dans les Maux. Quoi donc! Il ne nous sera pas permis de noyer nos chagrins en nous enyvrant, ni de terminer nôtre vie pour mettre fin à nos ennuis, & à notre Impatience, dès-que la fantaisie nous en prendra? Que Mr. Bayle est charmant! L'incertitude qu'il répand sur toutes nos Connoissances fait tomber toute l'autorité des Régles; nous nous enyvrerons tant que nous voudrons, nous nous liverrons à d'autres débauches, nous nous intriguerons, nous tromperons, nous tuerons, & nous nous pendrons nous mêmes quand il nous plaira. Mr. Bayle sçavoit bien que des Lecteurs de ce goût, ou d'un goût approchant, ne daigneroient jamais comparer ses Objections avec les Réponses qu'y feroient un petit nombre de personnes, éclairées sur les Régles des Moeurs & sur les Verités de la Religion ; Il sçavoit bien qu'ils n'écouteroient pas des Mathématiciens, dont le nombre est encore plus petit. Aussi n'écris-je point en vue de ramener des personnes affermies dans ces funestes dispositions, C'est assés si je puis empêcher que des Coeurs moins gârés ne se perdent.

XLII. Comme les Objections qu'on oppose à l'éxistence des Corps & à celle du Mouvement, se tirent, la plûs-part, de l'impuissance où est nôtre Esprit de suivre l'Infini, & de s'en saisir ; j'ai cru qu'il ne seroit pas inutile de familiariser avec cette Idée ceux de mes Lecteurs qui se trouveront quelque goût pour les Mathématiques ; S'ils veulent bien donner quelque attention à un Extrait que je fais de ma Géometrie, ils comprendront la nécessité où l'on est de reconnoitre l'Infini, & préviendront quelques Idées trompeuses qu'on pourroit se faire sur ce Sujet.

101.

Nouvelles preuves de la Divisibilité sans bornes & éclaircissement sur la Nature de l'Etendue.

XLIII. L'ANGLE Mixtiligne, dont la pointe est au point de l'Attouchement, & qui a pour une de ses Jambes une Ligne droite, portion de la Tangente, & pour l'autre une Ligne Courbe, portion de la Circonférence, cet Angle s'appelle Angle de Contingence.

102.

L'Angle de Contingence est plus petit qu'aucun Angle Rectiligne assignable, ou, On ne peut supposer aucun Angle Rectiligne qui ne soit plus grand que l'Angle de Contingence.

Démonstr. Formons l'Angle Rectiligne B A D. Qu'on le suppose tant petit qu'on voudra, la Démonstration que je vai faire lui conviendra également.

Sur le point A j'éléve la perpendiculaire A C.
L'Angle B A C étant droit, l'Angle D A C sera aigu.

Du point C je tirerai sur A D la perpendiculaire C O qui tombera entre A & D.

Je prendrai O M égale à O A, & j'aurai les deux raisons C A, C M. (L. II. Art. 41.)

Donc A M sera la corde d'un Cercle qui passera par les points A & M.

Ce Cercle s'aprochera plus de la Tangente A B que ne fait la Corde A M.

103.

,, Un Angle plus petit qu'aucun Angle Recti-
,, ligne assignable, & qui dans cette infinie petitesse,
,, ne laisse pas de décroitre à l'infini, offre un Pa-
,, radoxe qui étonne, & qui a paru incroiable à des
,, Mathématiciens célébres.

,, Tout Angle Rectiligne est une quantité finie,
,, ou, pour me servir de termes qui ne donnent lieu
,, à aucun subterfuge, tout Angle Rectiligne est

,, formé de deux Jambes qui s'ouvrent d'une étendue
,, finie, & qui, en s'ouvrant, forment un Arc d'un
,, étendue finie.

,, Cela supposé, Dire que l'Angle de Contin-
,, gence, est plus petit qu'aucun Angle Rectiligne,
,, assignable ou possible, c'est dire que l'Angle de
,, Contingence est plus petit qu'aucune Quantité
,, finie pour petite qu'on la suppose ; C'est dire
,, que les Jambes qui le forment s'ouvrent moins,
,, & s'écartent moins l'une de l'autre que ne font
,, deux jambes droites, pour peu qu'elles s'écar-
,, tent.

,, Et cependant c'est Ecart des deux Jambes de
,, l'Angle de Contingence, plus petit qu'aucun
,, écart possible entre deux Lignes droites, ne laisse
,, pas de renfermer un espace où l'on peut placer
,, des jambes qui à l'infini s'écarteront toujours moins
,, les unes des autres, & formeront des Angles tou-
,, jours plus petits.

,, Ces propositions, comme je viens de le dire,
,, ont paru incroiables, & on a soupçonné que
,, les Preuves, sur lesquelles on prétendoit les éta-
,, blir, renfermoient quelque subtil sophisme, &
,, qu'il y avoit quelque équivoque, & quelque mal
,, entendu, caché sous les termes dans lesquels on
,, énonce ces preuves.

,, On a cherché dans la Métaphysique de quoi
,, démêler ces Sophismes, & lever ces Equivoques.
,, Les uns ont prétendu que l'Angle n'étant pas
,, une Quantité, il n'étoit pas, à proprement par-
,, ler, susceptible du plus ou du moins, & ils ont
,, crû se tirer d'affaire, en tirant l'Angle de la Ca-
,, tégorie de la quantité, pour le ranger sous celle
,, des Maniéres d'être & des Relations.

,, Mais les Maniéres d'être & les Relations,
,, sont elles-mêmes susceptibles du plus ou du moins.
,, Une Ligne est plus ou moins Courbe, un Mou-
,, vement plus ou moins vite ; toutes les choses qui
,, se ressemblent, ne se ressemblent pas également &
,, celles qui sont différentes ne le sont pas toutes
,, dans le même degré.

104.

,, Enfin, sans faire entrer les Mots de plus & de
,, moins grand, dans la Question, je le puis ainsi
,, énoncer, Une Corde A D touche le point de
,, la Circonférence, auquel elle aboutit.

,, Une Tangente B A touche aussi ce point. *Fig. 4.*

,, Ainsi il y a un point de la Circonférence en-
,, fermé entre l'éxtrémité de la Corde A D, & l'éx-
,, tremité de la Tangente B A.

,, La Corde A D s'écarte de la Tangente B A.
,, Le point de la Circonférence qui avoisine im-
,, médiatement le point touché par la Tangente, n'est
,, pas touché lui même par la Tangente, mais il s'en
,, écarte.

,, Or je demande s'il ne s'en écarte pas moins que
,, la Corde D A.

,, On ne peut pas dire, pour éluder cette questi-
,, on, qu'il n'est pas permis de comparer des Quan-
,, tités d'un genre tout différent, & que par consé-
,, quent il ne faut pas que des Comparaisons rou-
,, lent sur le plus & le moins, entre des Angles
,, Rectilignes, & Mixtilignes : Cette défaite ne ti-
,, re point de la nécessité de répondre à la Question
,, que je viens de former, parce que l'on convient
,, que chaque point d'une Circonférence peut être
,, consideré comme le commencement d'une Ligne
,, droite, & que si chaque point contribue à for-
,, mer une Courbe, ce n'est pas que lui même soit
,, terminé en courbure, mais, c'est qu'il se dé-
,, tourne de celui qui le précéde, comme celui qui
,, le suit immédiatement détourne aussi de lui.

,, Je m'en vai proposer les pensées qui me font ve-
,, nues sur ce sujet.

105.

Si on se borne à la premiére, on concevra la Circonférence d'un Cercle comme Composée de points,

égaux

égaux chacun à l'extrémité du Raion.

Ce Raion lui même on se le représentera comme un Parallélogramme Rectangle, très-mince à la verité, & d'une très-petite Largeur, mais pourtant de quelque Largeur.

La Circonférence du Cercle sera donc composée de portions égales au petit côté de ce Rectangle que nous appellons Raion, & que nous considérons comme une simple Ligne, à cause du peu de largeur que nous lui supposons.

Fig. 5. Quand nous avons un grand Rectangle A B C D, après l'avoir divisé & subdivisé, & être ainsi allé de petit en petit, à plusieurs fois réitérées, nous nous arrêtons enfin au petit Rectangle F D ; Nous terminons là nos divisions & nos subdivisions, & nous ne nous mettons non plus en peine de sa Largeur que s'il n'en avoit aucune, bien assurés que ce que nous n'éligeons d'y considérer de grandeur & de nouvelles parties, ne nous jettera dans aucune erreur perceptible.

En continuant cette supposition, nous regardons toute portion de Cercle, d'une étendue aussi petite que le petit côté F C, nous la regardons, dis-je, comme toute semblable à ce côté, & nous ne faisons non plus d'attention à sa Courbure que si elle n'en avoit aucune.

Fig. 6. Supposés donc que la Ligne droite G H touche un tel point de la Circonférence d'un Cercle & repose sur lui, on conclut qu'elle ne touchera que ce seul point, & que les deux autres qui sont à sa droite, & à la gauche du touché, s'écarteront de la Tangente G H.

Car s'ils ne s'en écartoient pas, ces trois points seroient en position droite, tout comme le seroient leurs trois points supérieurs de la Tangente G H.

Et parce que tous les points, qui composent la Circonférence sont disposés entr'eux de la même maniére, & que le quatriéme est situé à l'égard du troisiéme, tout comme le troisiéme à l'égard du second, & le second à l'égard du prémier ; si trois points d'un Cercle étoient en Ligne droite, ils le seroient tous.

106.

Cette manière d'envisager le Cercle en lui supposant des points, de la Courbure desquels on fait abstraction, suffit pour le but de la Géometrie. On tire de cette supposition des Conséquences ; Ces Conséquences réglent nos Calculs, & nos Opérations, sans pouvoir y faire entrer plus d'erreur qu'il n'y en a dans la supposition d'où elles sont tirées ; erreurs, toujours trop petites pour n'échapper pas à nos observations, & à nos perquisitions, parce que celui qui s'appercevroit de l'erreur où la supposition le jette, n'auroit qu'à supposer le petit côté F C. incomparablement plus petit, & l'erreur s'évanouiroit.

107.

„ Mais ne peut-on point se former une Idée plus „ exacte du Cercle, & où l'Abstraction n'entre „ plus, ni la Supposition ? Car enfin le Cercle n'est „ point ce que cette manière de concevoir le sup- „ pose.

Fig. 7. „ Le petit Parallélogramme m n, pour mince „ qu'on trouve à propos de le supposer, dans le „ fond, & dans la Verité, a pourtant quelque lar- „ geur, & il peut-être divisé en deux parties égales „ au point o par une ligne parallele à ses deux grands „ côtés.

„ C'est même autour de ce point o qu'il tourne, „ & comme la diagonale o n, est plus grande que le „ côté o p ; lors qu'en tournant, cette diagonale „ sera parvenue de n vis-à-vis de p, l'endroit de „ la Circonférence, où elle se trouvera, sera plus „ éloigné du centre o que le milieu p du petit cô- „ té n v.

„ Ainsi Voilà détruite par la génération même „ du Cercle la supposition d'une petite portion de „ Circonférence plate comme p n. L'éxtrémité du „ Raion décrit sans cesse des portions qui débordent „ par dessus toute portion Rectiligne.

Tâchons de nous former une Idée plus distincte encore de cette génération du Cercle & de ses Suites.

108.

Figurons nous les deux parties qui composent le *Fig. 7.* petit Parallélogramme o n sépareés : Nous aurons deux triangles o c n, o n p.

Je suppose les deux Hypothenuses o n, o n parfaitement polies.

Je rassemble ces deux Triangles pour en former le Rectangle o n, comme il étoit.

La face o n, qui termine le Triangle o n c, n'est pas la même que la Face o n, qui termine le petit Triangle o p n.

109.

Ces deux faces sont à l'opposite l'une de l'autre, & quand elles viennent à se toucher immédiatement, ce Contact immédiat n'empêche pas que l'une ne soit toujours différente de l'autre.

Entr'elles deux il n'y a aucun Intervalle, puis qu'elles se touchent immédiatement ; cependant l'une n'est pas l'autre, & l'éxtrémité d'un des Triangles, n'est pas l'éxtrémité de l'autre. Elles se joignent & leur *Jointe* o n, s'il m'est permis d'employer ce mot, est absolument sans largeur.

110.

Or il me paroit même que le vrai Raion d'un Cercle doit être désigné par cette jointe o n ; car enfin c'est l'éxtrémité n du Triangle o n c, ou du Triangle o c p, qui termine chaque portion du Cercle.

Prenés deux portions de Circonférence, telles qu'il vous plaira ; les deux portions se touchent immédiatement ; les Faces par lesquelles elles se touchent, sont différentes l'une de l'autre ; elles répondent précisément aux deux faces o n, o n, des deux Triangles o n c, o n p ; & la *Jointe* de ces deux portions de Cercle répond précisément à la *Jointe* o n.

De sorte que les deux éxtrémités des Arcs K n, L n, qui se touchent immédiatement en n, sont éloignées du Centre o précisément de la longueur de la Jointe n o.

111.

Je ne saurois, sans tomber en contradiction, poser que quelque partie d'une Circonférence est Indivisible & sans Etendue, & la verité me forceroit bien-tôt à revoquer cette Supposition. Sur quelque partie que mon attention s'arrête, cette partie est composée de deux égales qui se touchent immédiatement, & ces deux moitiés ont leur *Jointe* à la même distance n o du centre o que toutes les autres *Jointes*.

112.

Voilà jusques où mon Entendement peut aller. Sur quelque portion de Circonférence que son attention se borne, il voit d'abord que cette portion en touche une autre immédiatement à la droite, & il comprend que les éxtrémités de ces deux *Jointes* sont précisément à égale distance du Centre.

C'est-à-dire que s'il a été obligé de se servir d'un petit Rectangle o n, comme d'un Raion pour former le Cercle, les deux *Jointes*, l'une à la gauche, l'autre à la droite, de la portion K n, à laquelle il fait attention, sont chacune éloignée de l'éxtrémité o, de la *Jointe* n o précisément de la longueur n o de cette *Jointe*, ou que l'éxtrémité n de la portion n R est éloignée de o, éxtrémité de la ligne n o, précisément de la longueur de la Face n o, qui termine le Triangle o n c.

Après cela je viens à penser & je conçois encore que la portion n R est divisible en b, & je me trouve obligé de raisonner sur la Jointe b, comme j'ai fait sur la Jointe n.

Enfin je ne saurois me dispenser de reconnoitre qu'après avoir divisé, & subdivisé, & n'avoir rien fait d'autre pendant plusieurs siécles, il resteroit toûjours des divisions & des subdivisions à faire ; il resteroit toujours quelque partie où l'on devroit distinguer trois *Jointes* répondantes à la Diagonale *o n*, deux aux extrémités de cette partie, & une au milieu ; toutes trois à égale distance de *o*.

113.

Mais nôtre Entendement borné ne sauroit aller plus loin ; Il sait bien qu'il ne trouvera pas où s'arrêter ; Mais il ne sauroit se représenter cette Multitude innombrable de parties qu'une suite de Calculs, où l'on se perd, ne compteroit jamais. Mais comme pour n'en avoir compté que cent, il ne s'ensuit pas qu'il n'y en ait pas mille, & pour n'en avoir compté que mille, il ne s'ensuit pas qu'il n'y en ait pas un million ; de même pour n'en avoir compté qu'un nombre fini, il ne s'ensuit pas qu'on puisse venir à bout du reste, & qu'elles se réduisent effectivement à un nombre fini.

114.

Comme la largeur du Parallélograme *c p* finit par la face *p o*, & ne s'étend point au delà, de même la longueur de la face *n o* du Triangle *n c o* finit en *o*. Elle finit aussi en *n* & ne s'étend point au delà.

Quelle soit donc touchée en *n* par la ligne droite A E faisant un Angle droit avec la longueur *o n*.

On peut & il faut nécessairement reconnoitre que la ligne A E est divisible en *n*. La portion A *n*, y touche immédiatement la portion E *n*. La Face *n* de E *n* est la continuation de la Face *o n* du Triangle *o n c*, & la Face *n* de la portion A *n* est la continuation de la Face *o n* du Triangle *o n p*.

A *n* est Perpendiculaire sur la Face *o n* du premier Triangle ; E *n* est Perpendiculaire sur la face *o n* du second ; car si la jointe *n* n'avoit deux faces ; il seroit impossible que A *n* seroit perpendiculaire sur l'une & sur l'autre.

115.

Toute ligne tirée de l'extrémité *o*, sur *n* A, ou sur *n* E, sera plus longue que la perpendiculaire *o n* (L. I. Art. 65.)

116.

Et comme il ne peut y avoir aucune partie dans la Circonférence, que le Raion *o n* décrira, qui soit plus éloignée de *o*, que la distance *o n* ; toute Ligne qui sera tirée de *o* sur *n* A, à l'exception de *o n*, la perpendiculaire, passera en delà de la Circonférence, & la Ligne *n* A sera toute hors du Cercle,

Et pour près que l'on suppose de *n*, le point où l'on tirera une Ligne depuis *o*, il sera toujours vrai que ce point se trouvera hors du Cercle.

117.

Figurons-nous présentement l'Angle Rectiligne R *n* T.

Pour éloigner toute contestation je supposerai de la Largeur dans les Jambes : mais la *Jointe* S *n*, n'aura aucune Largeur suivant ce qui a été dit.

Vis-à-vis de cette *Jointe* S *n* concevons la jointe *n y*, c'est-à-dire que la face *y n* soit la continuation de la face *n S*.

Posons encore que les faces R *n*, A *n*, fassent un Angle égal à celui des faces T *n*, E *n* ;

Concevons enfin que la jointe S *n* est la continuation de *o S* perpendiculairement sur A E.

L'Angle R *n o* est aigu.

Donc à égale distance de côté & d'autre du point n, où tombe la perpendiculaire *o n* ; On aura *o m*, *o x*, égales entr'elles (L. I. Art. 74.) & plus longues que *o n*.

118.

Toutes les Lignes tirées de l'extrémité *o* sur *x m* seront plus longues que *o n*, mais plus courtes que *o m*, & *o x* (L. I. Art. 74.) Ainsi en décrivant un Arc, dont *o m* soit Raion, il n'y aura aucun point de la Circonférence de cet Arc qui ne soit plus éloigné de *o*, que les points de la Ligne *m x*, à l'éxception des deux éxtrémités *m* & *x*.

Pour obtus que soit l'Angle R *n* T, & par conséquent pour Aigu que soit l'Angle R *n* A ; pour petite enfin que soit la Ligne *m x*, il n'y aura toujours que les deux extrémités *m* & *x* qui se trouvent dans la Circonférence, le reste sera dans le Cercle. Pourvû que *m* & *x* ait quelque étenduë & ne soit pas absolument indivisible, elle aura une *Jointe* également éloignée de *m* & de *x*.

Cela fait voir qu'à parler éxactement on ne sauroit concevoir aucune portion de Cercle qui soit Rectiligne.

119.

Cela va donner quelque jour à la Comparaison de l'Angle de Contingence avec un Angle Rectiligne.

L'Angle de Contingence a pour une de ses Jambes une Tangente *n A* perpendiculaire sur le Raion *o n*. Que lui assignerons-nous pour l'autre jambe ? Ce ne sera pas une Courbure *n* C, composée de plusieurs parties qui se détournent l'une de l'autre ; car une telle jambe ne seroit pas une seule Ligne ; mais une suite de plusieurs commencemens de Lignes différentes. De plus un tel Angle seroit immesurable ; car entre quel point de ses deux jambes prendroit-on leur écart ? seroit-ce entre C & *c*, ou entre M & *m* ?

120.

Puis donc que la Jambe de l'Angle de Contingence, qui fait portion de la Circonférence, ne peut en aucune façon être une Ligne droite, pas même à sa naissance, & que depuis le point de Contact, qui est le sommet d'un tel Angle, on ne sauroit assigner à celle de ses Jambes, qui fait portion de la Circonférence, deux parties qui fussent une seule ligne en tout sens, il est impossible de mesurer un tel écart, pour comparer sa mesure avec celle qui fait connoitre l'ouverture d'un Angle Rectiligne.

En ce sens on peut bien dire que l'Angle de Contingence est d'une nature trop différente de l'Angle Rectiligne, pour pouvoir comparer la Grandeur de l'un avec celle de l'autre.

121.

Cette Réponse ne léve pourtant pas toute la difficulté, car quand une Ligne droite A *n* E, au lieu de se partager simplement en deux portions droites R *n*, *n* T pour faire l'Angle Rectiligne R *n* T, est pliée en Courbure, je demande si le détour de la face *n* S, appartenante à la portion de la gauche, si son détour de la face *n* S, appartenant à la portion de la droite ; je demande si ce détour est précisément le même pour former une Courbure Circulaire, que pour former un Angle Rectiligne ? Il faut bien dire que non ; Car si, par le détour que la Courbure donne à la face S *n*, elle se trouve déterminée à se porter en T afin que le reste des faces K *b*, *v x*, **se disposât en Courbure Circulaire**, il faudroit que les parties qui suivent S *n* du côté de T au lieu de tendre à la maniere de S *n* vers T rebroussassent par en haut, & se pliassent en un sens contraire.

Ainsi lorsque d'une droitûre A *n* E il se fait une Courbure, la face S *n* de la gauche s'écarte moins de la face S *n* de la droite, qu'elle ne s'écarteroit pour former le plus petit Angle Rectiligne qu'il soit possible de supposer, & à l'éxtrémité de A *n* & de E *n*, il se fait un Angle Obtus plus ouvert qu'aucun Angle Rectiligne que l'on puisse concevoir.

122.

Comme donc on est forcé d'avoüer qu'une Circonférence est composée de parties d'une petitesse inconcevable, & qu'on ne sauroit, sans tomber en Contradiction, dire qu'elle est composée d'un Nombre fini de parties, d'une longueur déterminée, qui se détournent précisément autant l'une que l'autre, chacune de sa voisine ; on se trouve de même obligé de reconnoitre que la petitesse de ces écarts répond

DU PYRRHONISME. 111

pond à la petitesse des parties qui les forment. Deux parties de Circonférence forment un Angle, un Écart, une Ouverture, dont les Jambes sont plus petites qu'aucune Ligne droite, pour petite qu'on la suppose, & ces deux jambes se détournent l'une de l'autre, ou se détournent de leur position en Ligne droite, ou de la Ligne droite *A n E*, qui touche leur sommet, d'un détour moindre que le plus petit de tous ceux qui forment des Angles Rectilignes.

123.

,, Tout de même que nous ne saurions nous représenter, & nous mettre comme devant les yeux, ,, aucune grandeur qui ne soit finie, & que nous ,, sommes pourtant obligés de reconnoître que quelque grandeur que nôtre Esprit se représente, il y ,, en peut encore avoir de plus grandes ; de même ,, aussi quoique, quelque Angle que nôtre esprit se ,, figure, les Jambes & l'Ouverture de cet Angle ,, se présentent toûjours de quelque Grandeur, il faut ,, pourtant avouer qu'il y en peut-avoir de plus petits ,, que tous ceux qu'on se figurera. C'est ainsi ,, qu'on est forcé à reconnoître l'éxistence d'un Païs ,, inconnu, en petit comme en grand, c'est celui ,, de l'Infini.

124.

Fig. 10. ,, Cès Verités, dont on est forcé de tomber ,, d'accord, sans les comprendre, nous étonneront ,, bien plus, si nous refléchissons que la ligne *A n E* ,, peut-être différemment courbée, & que pour former la Courbure *n M c*, les Faces *S n* s'écartent moins que pour former la Courbure *Z*. Ainsi ,, voilà du plus & du moins dans des écarts plus ,, petits qu'aucun écart concevable : Ce n'est pas ,, tout ; car ce plus & ce moins variera à l'infini, ,, suivant que les Raions des Cercles qu'on décrira croîtront eux mêmes.

,, Voici qui pourra répandre quelque jour sur ces ,, obscures, mais incontestables véritez.

125.

Fig. 11. Qu'on forme au point *n* les Angles *a n c A n E*. Qu'on élève sur les points *M. & N*. également éloignés de *n*, deux perpendiculaires.

Ces perpendiculaires se croiseront en C. (L. I. Art. 128.) Les lignes *C M*, *C N* seront égales (L. II. Art. 51.) de sorte qu'en décrivant, du poinct C & de la distance *C M* un Cercle ; *A M & E N* seront tangentes de ce Cercle aux points *M. & N.*

Si l'on élève deux perpendiculaires sur les points *r. & s.* éloignés de *n* autant que *M & N*. Il faut que le point *c* d'où on les tirera soit plus près de l'Angle *C n* que le poinct *C* d'où les précédentes sont tirées (L. I. Art. 131.).

Plus l'Angle *n* s'ouvrira, plus les perpendiculaires tirées sur les Jambes d'une même pointe tomberont près du sommet *n* (L. I. Art. 130.)

126.

Quand donc deux perpendiculaires tirées de la même éxtremité, tomberont sur deux points qui se toucheront immédiatement, & que ces perpendiculaires se toucheront elles-mêmes immédiatement, comme deux Raions se touchent quand ils aboutissent sur deux points de la Circonférence, dont le contact est immédiat ; puis qu'à proportion que les points sur lesquels les perpendiculaires tombent, sont plus près du sommet d'un Angle, à proportion cet Angle est plus obtus, il s'ensuit que quand ces deux points se touchent immédiatement, & par-là sont moins éloignés l'un de l'autre qu'aucune distance assignable, l'ouverture de l'Angle est aussi plus grande qu'aucune ouverture qu'on puisse déterminer.

,, Elle n'est pas nulle cette ouverture, car il n'y ,, auroit point d'infléxion au point *n*, & par conséquent il ne pourroit point se former de Courbure, puis qu'elle ne pourroit commencer nulle ,, part : Mais cette ouverture, sans être nulle, est pour-

,, tant plus obtuse qu'aucune Ouverture qu'on puisse ,, se figurer.

127.

,, Et comme les perpendiculaires qui tombent sur ,, les points *M & N. r, & s*. également éloignés du ,, sommet *n*, comme, dis-je, ces perpendiculaires sont ,, d'autant plus longues que l'Angle *n* est plus obtus, & réciproquement l'Angle *n* d'autant plus ,, ouvert que ces perpendiculaires sont plus longues ; ,, plus ces perpendiculaires sont longues, & par conséquent plus les Raions *C M*, *C N* sont grands ,, en Comparaison des Rayons *c r, c s*; plus l'Angle ,, *A n N* est obtus en comparaison de l'Angle *r n s*.

128.

,, Quand les Raions *C M, C N, c r, c s* viennent à ,, se toucher en *n* comme il arrive dans le Cercle, ,, l'Angle *n* doit-être plus ouvert pour recevoir perpendiculairement les Raions *C M*, *C N* que pour ,, recevoir perpendiculairement les Raions *c r*, *c s*, car ,, quand les Points ou les Raions tombent, se touchent, ,, ils sont à égale distance du sommet *n*.

De sorte que quand la Ligne droite *A E* se ploie pour former une circonférence d'un grand Raion, Il se fait en *n* un écart plus obtus, que quand cette même ligne se ploie pour former une circonférence d'un Raion plus petit.

129.

La Génération du Cercle ne nous permet pas de reconnoître aucune portion de la Circonférence Rectiligne ; & nous avons remarqué que si quelqu'une des portions de la circonférence étoit Rectiligne, cette circonférence devroit être Rectiligne partout.

130.

Ceux qui tiennent pour l'hypothése du Plein, & qui ne reconnoissent point de Vuide, sont obligés de reconnoître des courbures parfaites, puisque, selon eux, tout Mouvement en droite ligne étant environné d'un Mouvement en Courbure, si chaque Courbure étoit composée de petites portions Rectilignes, chaque mobile, qui décriroit une de ces petites portions, devroit être environné d'une Courbure, & les portions de celle-ci d'une autre , & ainsi à l'infini, de forte qu'en voulant éviter un infini, on tomberoit dans un autre encore plus inconcevable.

131.

Mais enfin, dira-t-on, comment une Ligne Droite peut-elle toucher une Circonférence ? Les deux portions qui se touchent ne sont elles pas commensurables ! Leurs Faces ne sont-elles pas uniformes ? Et pour s'empêcher de reconnoître une Courbure qui ne soit pas composée de petites portions droites. Supposera-t-on qu'une Ligne Droite est un assemblage de petites Courbures ?

Voici ce que je me suis répondu sur cette difficulté. La Largeur du Rectangle *e p* a un dernier terme, elle finit en *p o*, & au-delà de cette face *p o* ce Rectangle ne s'étend plus. Fig. 7.

La Longueur du même Rectangle se termine en *o c* & ne va point au delà de *o c*.

L'Extrémité *o* est donc tout ensemble le dernier Terme de la Longueur *o c* & de la Largeur ou de la Face *c o*.

Je reconnois qu'on ne sauroit couper aucune Tranche d'un Rectangle *e p* paralléle à la Face *c o*, sans qu'entre les deux Faces de cette Tranche, savoir *c o*, & celle qui lui seroit supérieure il n'y eut de l'étendue, de l'épaisseur, & du partage à faire.

J'en dis de même des Tranches parallèles à *p o*; elles auroient de la Largeur.

Mais pour les Extrémités qui terminent les Rectangles, c'est-à-dire pour ce qui est des Faces *p o, c o*, certainement elles sont sans épaisseur ; ce sont des Modifications de l'Etendue *p o, c n* & sa Manière d'être terminée.

Ces Faces *p o, c o*, étant sans épaisseur, *o*, qui est leur éxtremité, est par conséquent elle-même sans épaisseur.

E e 2 132.

132.

Faisons maintenant tourner le Triangle *onc*, sans qu'il se sépare entièrement du Triangle, *onp*, & qu'il cesse absolument de le toucher.

C'est-à-dire, après voir conçu que ces deux Triangles se touchent tout le long de leurs faces *on*, & qu'ils se touchent par conséquent dans leurs éxtrémités *n* & *o* ;

Concevons ensuite que la Face *on*, du Triangle *onc* s'écarte pour faire Angle avec la face *on* du Triangle *onp*, & que le sommet de cet Angle soit l'éxtrémité *o*, où ces deux Faces se touchent.

Il est certain que, quand deux Lignes forment un Angle, elles se touchent dans leurs éxtrémités & que par ce Contact elles font le sommet de l'Angle.

L'éxtrémité *o* d'une Face touchoit l'éxtrémité *o* de l'autre avant qu'elle fit cèt Angle, elles se touchent depuis qu'elles font Angle. Mais aucune autre partie de *on*, Face de *onc*, ne touche quelque partie de *on*, Face de *onp*. Car si le Contact s'étend au-delà de l'éxtrémité *o*, s'il est de quelque étenduë, où est ce qu'on le borneroit ?

On le suppose d'une certaine étenduë, & par quelle raison ne borne-t-on pas cette étenduë à la moitié, ou ne la fait-on pas double ?

De plus cette étenduë, suivant laquelle un reste d'une Face toucheroit un reste de l'autre, auroit elle-même une éxtrémité ; elle seroit donc terminée, & c'est juftem.nt à cette éxtrémité que commenceroit l'Angle, l'ouverture & l'écart. Depuis là en dessous, & jusques à l'éxtrémité *o*, il n'y auroit que Contact ; par conséquent aucun Angle ni aucun vestige d'écart, aucun commencement d'ouverture.

133.

Il se fait donc un Contact réel à une éxtrémité *o*, & ce Contact où commence l'Angle est sans longueur, sans largeur & sans épaisseur. Les Faces, & leurs éxtrémités qui se touchent, appartiennent bien à des portions d'étenduë, épaisses & divisibles ; mais ces Faces sont sans épaisseur, & leurs éxtrémités sans longueur. Que sont elles donc ? Elles sont la *Maniére* dont des Portions d'étenduë sont terminées, elles en font la FIN.

134.

Si deux faces droites se peuvent ainsi toucher, & se doivent ainsi toucher pour former Angle, dans une éxtrémité sans longueur & sans largeur, une ligne droite touchera le sommet de l'Angle, de la même maniére que font dans une Circonférence deux parties de petitesse inconcevable.

135.

Personne ne fera difficulté de tomber d'accord que les deux Faces *o* p ne se touchent entant que Faces, & qu'entant que faces elles ne soient sans épaisseur.

Concevons maintenant le Rectangle *p e* transporté sur le Rectangle *pm*, & *c o* parfaitement ajusté sur son égale *o m*, en sorte que la face *op* de l'un de ces Rectangles soit la continuation de la Face *op* de l'autre.

Ces deux faces se toucheront & l'éxtrémité *o* de l'une touchera l'éxtrémité de l'autre, l'éxtrémité *e*, l'éxtrémité *m* ; elles se toucheront entant que Faces, ces Faces sont sans épaisseur. Ces deux faces se toucheront donc, & les termes de leur Contact *o* & *p* seront sans épaisseur, sans longueur & sans largeur.

136.

Ainsi tout Contact ne suppose pas nécessairement dans les parties qui se touchent deux milieux touchés, dont chacun soit placé entre deux Éxtrémités qui se touchent.

Si on se donne la peine de réfléchir sur cèt éxtrait de Géométrie, on se familiarisera avec l'Idée de l'infini & on se convaincra de la nécessité de l'admettre en petit de même qu'en grand.

XLIII. LE CHAPITRE VI. du Livre de Sextus ne contient que des pauvretés, mais qui toutes méprisables qu'elles soient, ne laisseront pas de nous conduire à une Remarque digne d'attention. *Sextus* y prétend prouver contre l'éxpérience que les Mélanges sont impossibles. ,, Dilaïés, dit-il, une ,, Dragme de Ciguë, dans cent Dragmes d'Eau. ,, La Vertu de la Ciguë se trouvera répanduë dans ,, toute cette Quantité d'eau, & puisque les Qua- ,, lités ne subsistent que par leur substance, il faut ,, qu'une Dragme ait pris l'Etenduë de cent Drag- ,, mes & leur soit devenuë égale.

Chap. VI. Des Mélanges.

La Physique d'aujourd'hui fait sentir tout le ridicule de cette Objection : On en a honte ; Cependant Sextus, qui la propose si hardiment est admiré des Pyrrhoniens.

Qu'on mêle une Mesure de Froment avec cent Mesures de Sègle ; Qu'on remuë le plus parfaitement que l'on pourra le mélange de ces deux grains. Si, après cela, on puise dans ce Tas, avec une Mesure qui contienne 1010 grains, il se trouvera dans cette Mesure, 10 grains de froment sur 1000 de Sègle si la Mesure n'en avoit contenu que 505, on y auroit trouvé 5 grains de froment ; Si elle en avoit contenu 3030, la même Proportion auroit encore eu lieu de 30, sur 3000 & de 1 sur 100. Un Mélange de parcelles 10 fois, cent fois, mille fois, dix mille fois plus petites, auroit donné les mêmes Nombres & les mêmes Rapports. C'est ainsi que les Particules des Couleurs, des Poisons, des Remédes, des Corps savoureux, ou Odoriferans se mêlent parmi les Particules de l'Eau, ou des autres Liqueurs.

XLIV. RIEN n'est plus aisé à comprendre que ce que *Sextus* proposoit comme une Enigme inéxplicable, & un Mystere des plus inconcevables & des plus contradictoires. C'est ainsi que le plaisir déraisonnable qu'on trouve à proposer des Difficultés, fait que l'Esprit s'y arrête, & n'a garde d'en chercher la solution.

Caractéres du Pyrrhonisme.

Dans le temps que l'Esprit des Physiciens étoit obsédé de l'Hypothèse des Qualités Occultes, & qu'on s'étoit familiarisé avec un Langage inintelligible, sur la maniére dont elles *s'imprimoient & passoient d'un Sujet sur un autre*, si un Sceptique avoit dit, *Expliqués moi très-nettement & très-précisément de quelle maniére deux Corps, dont les Vertus sont différentes, se mêlent pour composer un troisiéme qui participe des deux, & si vous ne pouvés pas éclaircir ce Phénoméne, sans qu'il y reste la moindre difficulté, convenés qu'il ne se fait aucun Mélange, qu'il ne peut s'en faire, que tout ce que vous avés cru en voir, ci-devant, n'étoit que Illusion & que Songe.*

N'auroit-on pas été en droit de lui répondre. ,, Il ,, me seroit fort aisé de vous satisfaire, si j'avois des ,, Idées plus distinctes & plus éxactes de ce qu'on ,, appelle les Qualitiés des Corps. Je comprens à ,, quoi il tient que je ne puisse éxpliquer les Phé- ,, noménes que vous me proposés. Mais l'Ignoran- ,, ce, où je suis sur les Causes d'un *Fait*, & le Si- ,, lence raisonnable auquel cette ignorance me réduit, ,, ne peut, & ne doit point me faire revoquer en ,, doute un *Fait*, dont je suis assuré par de bonnes ,, Preuves. C'est ainsi qu'en général on auroit tort ,, d'abandonner un Principe très-simple & des Consé- ,, quences très-évidemment liées avec ce Principe, parce ,, que quelqu'un s'avisant d'appliquer ce même Prin- ,, cipe, ou ces mêmes Conséquences, à des sujets qui ,, ne sont pas bien connus, feroit, à cette occasion, ,, mille Demandes auxquelles on ne seroit pas en état ,, de répondre. Il y a plus ; on ne sçauroit même ,, quelquefois distinctement éxprimer pourquoi on ne ,, se trouve pas en état de répondre à de certaines ,, Questions, ou du moins d'y donner des réponses aussi ,, détaillées qu'on les éxige.

On voit que les Sophismes de *Sextus*, les uns spécieux,

cieux, & de peu enveloppés, les autres très-puériles, supposent tous, **QU'IL N'EST PAS PERMIS DE RIEN CROIRE SUR UN SUJET DONT ON IGNORE QUELQUE PARTIE ET QUELQUE PROPRIETÉ**. Voilà pourtant ce grand Philosophe, *Dont le Nom a été ignoré si longtemps, dans les Ecoles !* Les MOIENS *de l'EPOQUE* qu'il a proposés si subtilement, n'étoient pas moins inconnus que la *Terre Australe*, lorsque *Gassendi* en a donné un *Abrégé* qui nous a ouvert les yeux. Ne diroit-on pas, si l'on comptoit sur ces Eloges, que ces Moïens de l'Epoque sont les derniers efforts de l'Esprit humain ? Mr. *Bayle* en parle encore ailleurs sur le même ton (T. III. pag. 732.) Il affecte de retenir ce 'Terme obscur & mystérieux d'*Epoque*. Il ne l'explique pas, il en tait les *Moïens*. Il avoit ses raisons pour ne pas le faire : Un Lecteur, qui n'en est pas instruit, y soupçonne quelque chose de Grand. Nous avons vû à quoi cela se réduit.

Le Chapitre VII. est très-court, & Sextus promet de détruire, dans les suivans, l'existence de toutes les espèces de Mouvement. Dans le VIII. il attaque le *Mouvement Local*, qui aujourd'hui est reconnu pour la seule Espèce de Mouvement.

Chap. VII. & VIII.

XLV. **MAIS** si, dans ce temps-là, on n'avoit pas assés dévelopé cette Matière, s'ensuit-il qu'il ne soit pas possible d'y répandre plus de clarté, & qu'on ne l'ait pas fait depuis ? *Il faut*, dit-il, *que le Mouvement ait une Cause; Il en faudra chercher une à celle-ci, Une 4. à la 3. & à l'Infini.* C'est-là, comme je l'ai déja remarqué, un de ces Chevaux de Bataille, sur lequel il ne se lasse point de revenir à la charge. Mais celui qui reconnoîtra absurde, aussi bien que *Sextus*, d'imputer un seul Effet à une Infinité de Causes, pourquoi ne dira-t-il pas, ,, Je ne ,, saurois disconvenir qu'il n'y ait des Effets ; Je ,, ne saurois disconvenir qu'il n'y ait du Mouvement; ,, Je ne saurois disconvenir qu'il n'ait une Cause & ,, des Causes, je ne serois pas raisonnable de pousser ces ,, suites à l'Infini. Pourquoi donc ne conclurrai-je pas ,, qu'il y a une Cause Première, qui se détermine elle-,, même, & qui, pour être ainsi Arbitre elle-même, ,, de ses propres Choix & de ses Déterminations, est ,, Intelligente & Libre ?

Te l'Exis-tence du Mouvement & d'une Caus. Premiere.

XLVI. LES plus grandes Difficultés, qu'il peut faire sur le Mouvement, ne sont des Difficultés que parce qu'elles amènent à l'Infini. Mais Conclurre que nous n'avons aucune Idée véritable, aucune Certitude sur le Mouvement, parce que nôtre Esprit ne sait pas venir à bout de se représenter ce Mouvement renfermé d'Infini ; c'est tout comme si l'on concluoit qu'on n'a point puisé un Seau d'Eau, & qu'il seroit inutile d'en vouloir faire l'Essai, ridicule de l'entreprendre, & qu'on n'en a aucune Idée, puis qu'on ne sait point venir à bout de se représenter le grand nombre de Seaux que l'Océan renferme. Je ne revoquerai point en doute ce que je sai, parce que j'ignore encore quelque chose, car ce que j'ignore une chose n'empêche pas que je n'en sache une autre. Il n'est pas possible de tout connoître tout à la fois, & de ce que je connois une partie d'un sujet, il ne s'ensuit pas qu'il en soit de même de toutes les autres, & qu'il n'y ait plus rien d'obscur pour moi. J'arrive dans une grande Ville : Je connois mon Auberge & sa Rue : Je connois mon Hôte & une partie de ses Domestiques : Je vais dans un Caffé tout voisin : J'y trouve un Sceptique qui me demande depuis quand je suis arrivé dans cette Ville, & si je saurois bien retrouver mon Logis ? Je lui répons qu'il est tout près ; Je lui en indique l'Enseigne ; Je lui en nomme l'Hôte. Il me replique que tout cela n'est point sûr, & pour me faire voir que je n'en sais rien, il me demande les Noms de toutes les autres Rues, de toutes les autres Maisons & de tous ceux qui y habitent : Il croit me faire beaucoup de grace de ne me demander pas les Noms de tous ceux qui habitent les autres Planètes, car si je veux le croire ; On ne suit rien dès qu'on ne sait pas tout, & de cette supposition il suit que je ne connois non plus mon Hôte que les habitans de la Lune.

Sources des difficultés sur le Mouvement.

XLVII. *UN Corps se meut dans le Lieu, où il est, ou dans celui où il n'est pas. Il ne se meut pas dans le Lieu où il est : Loin de cela il le quitte : & en ne sauroit assigner aucun Temps où il ne le quitte. Il se meut encore moins dans le Lieu, où il n'est pas, car là où il n'est pas, il ne fait rien.*

Objection.

XLVIII. UNE Toise est une Longueur bornée qui a, de côté & d'autre, deux extrémités, au-delà desquelles elle ne s'étend pas. Un Corps qui a parcouru cette Longueur a parcouru une Concavité longue d'une Toise, & d'une ouverture égale à la grosseur de ce Corps. Voilà l'Espace où il s'est mû ; voilà l'Espace qu'il a parcouru, dans un Temps déterminé : Dans un Temps déterminé il n'a pas parcouru cette Concavité & une autre. Quand nous parlons ainsi, nous entendons distinctement ce que nous disons, parce que nos Expressions & nos Idées roulent sur le Fini.

Réponse.

Mais quand on ajoute. Ce Mobile a parcouru la Moitié de la Toise, avant que de la parcourir toute entière ; Avant cela il avoit parcouru la moitié de cette moitié ; avant cela encore, la moitié de celle-ci &c. on s'embarrasse & pourquoi ? Parce qu'on se trouve sur la Route de l'Infini, & qu'on se croit perdu. Mais au lieu de s'épouvanter, qu'on se tranquilise ; au lieu de faire cent Questions à la fois, auxquelles on ne peut pas répondre en même temps, au lieu d'en faire une équivalente à une infinité, parce qu'elle roule sur l'Infini ; qu'on ne propose ces Questions que l'une après l'autre, & il sera facile d'y répondre. *Un Corps qui vient de parcourir une Toise, a-t-il sa Mouvement ailleurs que sur cette longueur ?* Non c'est-là l'Espace où il vient de se mouvoir. *Où continuera-t-il d'être en Mouvement ?* Le long de la Toise suivante. *Où sera-t-il pendant le second temps ? Dans l'Espace que je viens de désigner. Demeurera-t-il placé sur une partie de cet Espace ?* Non ; car, en ce cas, au lieu de se mouvoir, il seroit en répos. *La quittera-t-il donc la première Moitié pour passer à la seconde ?* Oui. *La quittera-t-il toute entière en même tems & tout d'un coup ?* Non, mais il la parcourra successivement & il en quittera les parties l'une après l'autre. Mais cette *Moitié ne se partage-t-elle pas elle-même en deux autres; & le Mobile se meut-il, en même temps, sur l'une & sur l'autre ?* Cela ne se peut, car, par-là même qu'il se meut, il passe de l'une à l'autre. *A-t-il quitté la première avant que d'être sur la seconde ?* Dès-qu'il est parvenu au dernier terme de la Prémière, au lieu de s'y arrêter, il passe sur la Seconde; & il n'y a aucun intervale de Temps entre son arrivée sur la Fin de la Prémière, & son entrée dans le Commencement de la Seconde, car le commencement de la seconde touche immédiatement la fin de la prémière. Mais de ce qu'après être arrivé au dernier terme de la prémière, il passe incessamment, sans s'arrêter & sans aucun intervale de temps, sur la seconde, il ne s'ensuit pas qu'il passe d'abord tout entier. Mais la Moitié postérieure du Mobile se trouve encore sur la prémière Moitié de la Longueur qu'il parcourt, précisément lorsque sa Moitié Antérieure a déja passé sur la seconde. *Mais cette Moitié Antérieure a-t-elle passé sur la seconde partie de la Longueur, toute entière, en même tems ?* Cela est encore impossible ; car cette Moitié Antérieure du Mobile est composée de deux autres, sur lesquelles il faut raisonner, comme nous venons de faire sur les deux Moitiés du Mobile entier. *Vous n'avancés rien par-là*, *continuera-t-on, car je renouvellerai la même Question*, *puisque je subdiviserai encore en deux la subdivision de ces Moitiés du Mobile*. Vous me pardonnerés, j'AVANCE, car j'ai déja répondu à vôtre Première, à vôtre Seconde & à

vôtre

vôtre *Troisiéme* Question & me voici prêt de répondre aussi juste à la quatriéme. *Mais il faudra répondre a une , & a une* 6, &c. A tant qu'il vous plaira, & peut-etre ferés vous plûtôt las de m'interroger que moi de vous répondre. *Avoués moi plûtôt & sans détour que nous cherchons vainement à approfondir un Abîme trop ténébreux pour nous.* Il vous paroit tel, parce que vous n'en voiés les parties qu'en éloignement , que leur Multitude vous fatigue & que les Divisions & les Subdivisions les vont bientôt réduire à une petitesse qui les fera échaper à vôtre **Imagination** ; Mais en vain elles se déroberont à vôtre vuë , elles n'en feront pas moins réelles , & à chaque Question, que ces Divisions & Subdivisions feront naitre, on fera une Réponse précise & satisfaisante , par rapport à cette Question-là. *Disons plûtôt que ces Questions conduisent à des Chiméres, & puisque, à mesure qu'on pousse ses recherches sur le Mouvement, on sent qu'on s'approche toujours plus de s'embarrasser dans l'Infini, que ne concluons nous que le Mouvement est impossible, & que son Idée est pleine de Contradictions.* Ce seroit visiblement Conclure avec trop de précipitation & d'impatience. Jusques ici, en allant pié à pié, comme je viens de faire, je ne les ai point apperçuës ces Contradictions & je ne les trouverai pas non plus en continuant comme j'ai fait.

Si un homme vous demandoit. *Ne pouvés vous pas concevoir qu'au dessus de vôtre tête , ou au moins au dessus de la tête dont vous avés l'Idée , on peut se représenter une Toise d'Etenduë ?* Il ne seroit pas en vôtre puissance de ne lui répondre pas *qu'oui*, du moins intérieurement. Il ajoûteroit bientôt. *Mais au dessus de cette prémière Toise, ne pouvés vous pas vous en représenter une seconde ; au dessus de la* 2 , *une* 3 ; *au dessus de la* 1 , *une* 4. &c. Il ne finiroit ces Questions que quand il lui plairoit. L'interrompriés-vous pour lui dire, ,, Je vous avoue que je suis déja las & je ,, le ferai bien plus, si vous continués. Je succombe ,, sous cette Multitude ; Je ne saurois rassembler tant ,, d'Idées , & beaucoup moins puis-je me rendre ,, présent tout ce qu'on y ajoûtera, & delà je vous ,, invite à conclurre avec moi qu'il n'y a point d'E-,, tenduë ?

Rien n'est plus facile que de se représenter une Etenduë bornée. Mais cette Etenduë, dont l'Idée se présente si naturellement, on peut l'augmenter par Addition, ou la diminuer par Division. Quelque parti qu'on prenne, on prévoit qu'on ne trouvera aucun dernier terme, ni dans l'Addition, ni dans la Division, & en même tems on sent qu'on ne sauroit se représenter tout cèt Infini, vers lequel on se voit entrainé, soit qu'on monte ; soit qu'on descende. A cause de cela, est ce que, par Dépit & par Impatience, on se déterminera à traiter de Contradictoire cèt Infini, dont on se trouve dans la nécessité de reconnoitre l'éxistence.

Quand donc on demande. *Un Corps se meut-il là où il est , ou s'il se meut là où il n'est pas ?* Je demande, à mon tour, ,, Me parlés vous d'un Mouvement , qui, entre deux Termes de Tems, parcourt une Etenduë renfermée aussi entre deux ,, termes. Si c'est-là vôtre Intention & le sens de vôtre Demande ; il m'est aisé de vous répondre, ,, Que, *pendant ce tems-là*, c'est dans cette Etenduë, ,, qu'il *se meut*, & c'est cette Etenduë qu'il *parcourt* & ,, non pas une autre,

Enfin, pour abréger ; au lieu de continuer Questions & Réponses , j'ajoûte 1. Que cette Etenduë est composée de diverses parties. 2. Que quand le Mobile est sur une, il n'est pas, en même tems, sur une autre. 3. Sur quelque partie qu'il se trouve, il ne s'y arrête point , mais il a parcouru sans cesse. 4. Il ne la quitte pas, non plus, tout d'un coup, mais successivement. 5. Il n'est pas plûtôt arrivé à un Terme que son Arrivée est suivie de son Départ, immédiatement & sans aucun intervalle de tems. Telle est la Nature du Mouvement ; SUCCESSION PERPETUELLE ET SANS AUCUNE INTERRUPTION. PENDANT QU'IL EST MOUVEMENT, C'EST-A-DIRE PENDANT QU'IL EST.

Le Mouvement est l'*Etat d'un Corps qui change de Situation.* C'est à cèt égard un CHANGEMENT PERPETUEL. Un grand Changement est toujours précédé d'un moindre : Ce moindre, à son tour, est composé de parties plus petites que lui. Avant que la cinquiéme Partie d'une Toise soit parcouruë toute entière , le Mobile en a parcouru la dixiéme. Jusques ici j'entens ce que je dis, & je l'entendrai toujours très-distinctement, pendant que la Question roulera sur une 100, sur une 1000, en un mot sur une Portion déterminée.

Mais entendrés vous de même ce que vous aurés à répondre, quand on ajoûtera, *& ainsi à l'infini* ? Je répons, qu'alors on m'annonce trop de Parties à la fois pour pouvoir me les rendre toutes présentes en même tems, Ma Pensée ne sauroit embrasser un si grand nombre d'objêts. Voici pourtant ce que j'entens ; C'est que ce que l'on m'annonce doit être tel qu'on me l'annonce.

XLIX. TOUTES les Difficultés qu'on propose sur le Mouvement, toutes les Objections contre son éxistence , toutes les Questions sur la Nature, n'embarrassent, comme je l'ai déja remarqué, que parce qu'elles conduisent à l'Infini ; Elles n'embarrassent qu'à proportion que cèt Infini y entre. C'est dans la Question même de la Divisibilité de la Matière proposée sous une nouvelle Face. Quiconque aura pû se mettre l'esprit en repos sur cette Divisibilité, se trouvera dégagé de doutes sur l'éxistence du Mouvement.

Il implique contradiction, & je le vois évidemment, qu'il y ait des portions d'Etenduë, qui n'aient elles-mêmes aucune étenduë. Comme donc, un Corps, que je vois, peut se partager en deux parties égales , & que je le conçois clairement ; je conçois aussi que quelque partie de ce Corps qu'on assigne, *milliéme, cent milliéme* &c. elle pourra encore être partagée en deux parties égales, dont chacune aura la moitié de l'Etenduë qu'avoit leur assemblage ; Elles seront donc encore étenduës & par conséquent divisibles. Qu'on pousse ces Divisions si loin que l'on voudra, on ne trouvera point où s'arrêter : Je n'en saurois disconvenir ; Je comprens que c'est là une nécessité, quoiqu'il me soit impossible de me représenter toutes ces Parties qui seroient séparées les unes des autres , par des Divisions & des Subdivisions, dont la possibilité est incontestable. Je conçois de même qu'un Corps, qui est mouvement, par-là même qu'il est mouvement, & qu'il éxiste de cette manière, parcourt un Espace divisible, de petit en petit, sans aucune borne ; je conçois qu'on ne sauroit assigner aucun tems, pendant la durée duquel il ne parcoure quelque étenduë : Il n'est jamais fixe dans une place, il change sans cesse de situation ; Mais, dans un tems déterminé, il parcourt une place déterminée, & c'est entre les bornes de cette place que son mouvement s'éxerce, sans cesse & sans interruption, pendant ce tems-là. Qu'on assigne quelque Tems qu'on voudra ; Depuis le commencement jusques à la fin de ce Tems assigné, le Mobile aura, sans s'arrêter, parcouru un Espace terminé par deux éxtrémités.

L. AU LIEU donc d'abandonner ce que l'on comprend & que l'on conçoit devoir être, au lieu, dis-je, de l'abandonner , dès-qu'on ne peut pas se représenter distinctement tout ce qui l'accompagne, n'est-il pas plus conforme au bon-sens de s'en tenir à ce qu'on sait & à ce qu'on entend ? Cèt Exemple même du Mouvement d'où l'on tire tant d'Objections , au lieu de nous jetter dans le Pyrrhonisme , ne devroit-il pas servir à nous rendre plus raisonnables sur d'autres Matières. Un homme passeroit

passeroit pour Insensé, dans l'esprit de tous les autres, si,-qu'il se fût cassé la Jambe, par la raison qu'elle ne pourroit se cesser sans mouvement, & qu'il est impossible qu'il y en ait. Un Médecin qui s'aviseroit de soûtenir que tous les Membres d'un homme qui vient de s'estropier, sont en très-bon état, & chacun dans sa situation naturelle, puisque le mouvement, par où s.ul ils auroient pû en sortir, est démontré contradictoire. Un Médecin qui tiendroit sérieusement ce Langage, ou qui affecteroit de le tenir, ne perdroit-il pas toutes ses Pratiques (A). Quand on n'a point d'Intérêt plus pressant que le Plaisir de chicaner, on soûtient qu'il n'y a point de Mouvement; Mais quand on a intérêt d'en reconnoitre l'Exîstence, on pe peut plus souffrir celui qui la chicane. Un Meurtrier qui auroit jetté un homme d'une Fenêtre sur le Pavé, s'il nioit le fait, par l'impossibilité du Mouvement, & appuioit sa Cause par tous les Argumens que les Sceptiques se sont efforcés de trouver, rendroit, fans doute, sa Condamnation plus inévitable, par ce nouveau dégré d'Impudence. Que penseroit-on d'un Juge qui, après avoir entendu ce Plaidoïer, diroit gravement. *Pour moi je ne sçaurois prononcer contre l'Accusé, puisque je vois autant de raisons pour, que contre, son Innocence.* Où est l'homme, où est le Sceptique qui ne se crût malhureux, si un Fils, qu'il aimeroit tendrement, & de qui il auroit conçû de favorables espérances, venoit tout d'un coup, à régler sa vie sur de telles Maximes? & si, après être tombé malade, il refusoit obstinément les Reméeds les plus vérifiés par l'éxpérience, en alléguant, pour raison, qu'il n'y a point d'*Expérience*, qu'on donne ce Nom à des *Illusîons*, ou que les Expériences sont toutes Incertaines ; que les Remédes qu'on le sollicite à prendre pourroient lui faire autant de Mal que de Bien, qu'il n'y a pas plus de Certitude d'un côté que de l'autre ; qu'il n'y a point de Causes, ni d'Effets, & que ces sentimens, enfin, sont tout aussi vraisemblables que tout ce qu'on pourroit leur opposer?

Voilà des suites naturelles du Scepticisme. Ces Conséquences coulent nécessairement de leurs Principes favoris. Diront-ils? *Point du tout. Au contraire. Un homme qui raisonne ainsi, loin de suivre nos Maximes, il s'en éloigne directement. Dans das cas de cette nature, nous faisons une profession, expresse & constante, de vivre comme les autres & de suivre les Principes reçus, aussi pontuellement que si nous ne étions assurés par les Démonstrations les plus convaincantes.* Mais en faut-il d'avantage, pour se convaincre que les Sceptiques sont des gens, dont la conduite dément les Discours & les Livres. Voulés-vous savoir ce qu'ils pensent? Jugés-en par ce qu'ils font. Il est un grand nombre de choses dont leur conduite ordinaire, leur Vie domestique & civile, l'attachement, enfin, qu'ils ont pour leurs veritables Intérêts, prouvent qu'ils sont très-persuadés. Mais ils les nient, quand ils revêtent un autre Personnage, sur le Théâtre des Disputes, parce qu'alors ils ne se font aucun scrupule de renoncer à la sincérité : Leur Intérêt ne les oblige plus à se régler sur ce qu'ils croient. Si donc ils n'acquiérent pas, sur divers sujets, autant de Certitude qu'ils en ont pour quelques-uns, sur plusieurs mêmes, différens de ceux qu'ils négligent, c'est qu'il ne le veulent pas, & que, dans la crainte de parvenir à quelque Connoissance qui les gêne, ils détournent leur attention des Preuves, pour la fixer sur les Objections.

Que les Sceptiques cessent donc de se faire illusion à eux-mêmes. Quand, par tous leurs Sophismes, ils feront parvenus à regarder comme incertaines, l'Exîstence d'un Dieu, la Néccssité de la Religion, l'Excellence de la Vertu, & le reste des Maximes qui doivent décider de l'Eternité, qu'ils ne s'attendent pas à trouver quelque éxcuse, dans la foiblesse de l'Esprit humain, & dans les ténébres, dont il est enveloppé. Car puisque le moindre Intérêt temporel suffit pour leur faire abandonner leurs spéculations, comme on abandonneroit des Songes & des Rêves ; Pourquoi se fondent-ils, par rapport à l'Eternité, sur ce qu'ils comptent pour rien, dès qu'il s'agit de cette Vie & de ses avantages?

LI. POUR n'être pas obligé de reprendre les Principes que je viens d'établir, & les Raisonnemens que je viens de faire, dans l'Examen des Objections de Mr. Bayle contre le Mouvement, & pour m'éviter, de même qu'à mes Lecteurs, l'ennui des repétitions, au moins autant que cela se peut, j'en useri, comme j'ai fait sur l'Exîstence des Corps, & je joindrai encore, sur la matiére que je traite, l'éxamen de ce Célébre Pyrrhonien Moderne à celui de Sextus.

Examen des Objections de Mr. Bayle sur le Mouvement.

Mr. Bayle savoit bien qu'il m'embarrasseroit des Lecteurs qui ne seroient pas su fait de ces matiéres, & par-là m'en embarrasseroit un très-grand nombre : Il savoit bien que peu de gens ont étudié la Physique, & qu'entre ceux qui l'étudient, la plûpart se contentent d'en faire, dans leur jeune âge, un Cours très-superficiel. Là-dessus il compte qu'on l'en croira sur sa parole & qu'on ajoûtera une pleine foi à ces termes de confiance, avec lesquels il assure qu'on ne répondra rien à ses Objections, ou que si l'on est assés hardi, pour essaier d'y répondre, on n'y repliquera que par des mots vuides de sens, & par un vain Jargon qu'on aura appris dans les Ecoles, sous des Maîtres aussi ignorans que vains. Il se promet encore de faire entrer par-là ses Lecteurs dans des mouvemens d'Impatience & de Dépit contre la Raison, & qu'il leur fera prendre la résolution de ne la consulter plus, afin de s'épargner, en personnes sages, des peines inutiles. Mais il est naturel qu'un homme sage & modéré lui réponde. Si ma Raison n'est pas en état de m'éclairer sur des Matiéres épineuses, que je n'ai point étudiées, ou que je n'ai pas étudiées avec assés d'ordre & d'attention, s'ensuit-il que la Raison d'aucun homme ne puisse ce que la mienne ne peut? Jugerai-je de l'imperfection de tout le reste des hommes, & des bornes de toutes leurs connoissances, par les miennes & par l'état où je me trouve? Et parce que j'ignore quelque chose, ou que j'ignore bien des choses, me persuaderai-je que je ne sai rien? Renoncerai-je à l'*Evidence la plus vive*, & *la plus simple*, & par-la la moins suspecte, & douterai-je des Verités, dont je sens que la Connoissance est tout à fait à ma portée?

Supposons un homme qui depuis une année porte une Montre qui s'est pas dérangée d'une minute entiére : Figurés vous qu'il n'en est pas content & qu'il pense à s'en défaire. Il ne la croit pas juste, malgré les yeux & son expérience, & d'où vient? C'est que celui dont il l'a achetée lui a avoué qu'il ne sauroit pas faire un Horloge. Semblable à celui de Stratsbourg. Supposons encore un homme assés ridicule pour s'imaginer qu'un Ouvrier est incapable de faire un Tournebroche, dès-qu'il ne sait pas déviner la construction de la *Machine de Marli*, qu'il n'a jamais vûë. Voilà précisément le Caractére

---

(A) M. Bayle (Diction. T. IV. p.546.) Le Sophiste *Diodore* ne se trouva pas en état de rire, quand on l'attaqua, pour une maligne Ironie, sur les Leçons contre l'existence du Mouvement. Il s'étoit démis l'Epaule, & il fit appeller le Médecin *Hérophile*, pour la lui remettre. *Vous ne songes pas à ce que vous dites*, lui répondit Hérophile. *Quel? votre Epaule disloquée, celle ne pouvoit être, car elle ne peut être sortie de sa place ni si elle y étoit, ni si elle n'y étoit pas.* Voilà l'une des raisons de ce Sophiste pour combattre le Mouvement. *Si un Corps se mouvoit*, disoit-il, *il le seroit ou dans le Lieu où il est, ou dans le Lieu où il n'est pas. Or il ne se meut, ni dans le lieu où il est,* (car s'il y est, il n'en sort point) *ni dans le lieu où il n'est pas, car il ne peut rien souffrir, ni rien faire, où il n'est point. Donc &c.* Diodore, peu capable alors de goûter cette Logique, pris Hérophile ne plus se souvenir de ses Discours & de lui fournir le Reméde nécessaire.

te des Pyrrhoniens : A leur compte, vous ne savés rien, dès que vous ne savés pas toutes choses. Il ne faut laisser aucune obscurité à dissiper, ou si l'on en laisse quelqu'une, il faut compter pour rien l'évidence du reste. Vous dites que 3 fois 10 font 30 ; que 2 fois 6 font 12, 3 fois 9, 27. Vous le croiés & vous m'assurés que vous n'en pouvés douter ; & moi je vous dis que je n'en crois rien, à moins que vous ne puissiés m'apprendre tout d'un coup, & me faire concevoir à quoi monte le produit de 5497, multiplié par 6873. Vous aurés beau écrire ces Nombres, me prier de me rendre attentif à l'éxecution de vôtre Régle, raisonner enfin pour m'en convaincre, je douterai toûjours qu'elle soit juste & qu'elle ait reüssi, jusques à ce que vous m'aïés appris à quoi monteroit le produit d'un Nombre, qui s'étendroit de la Terre à Saturne, multiplié par lui même & composé alternativement des 9. chiffres, combinés de toutes les façons possibles. *Il n'y a point d'Etendue*, disent-ils, *car quelque Etendue que vous supposiés, vous serés obligé de la reconnoitre divisible en deux parties étendues l'une & l'autre. Je vous obligerai à faire le même aveu sur l'une de ces parties, & d'avœu en aveu je vous conduirai si loin, que vous serés accablé de fatigue, sans avoir rien avancé, car il vous restera toûjours infiniment à faire. Après cela oserez-vous encore soûtenir qu'il y ait de l'Etendue ?* Eh pourquoi Non ? Je prouverai par un Raisonnement tout semblable à celui que vous venés de faire, qu'on n'a pas seulement l'Idée de l'Etendue ; car celui, qui se représente une portion d'Etendue, se représente une portion qu'il peut concevoir divisée en deux parties. Dès-là il est obligé d'avouer que l'Idée de l'une de ces parties est l'Idée d'une partie divisible encore, & il se lassera tôt aussi tout de passer d'Idée en Idée, qu'il se lasseroit de passer de division actuelle en division. A cause de cela doutera-t-on que l'on ait l'Idée de l'Etendue ? Dira-t-on qu'il y a autant d'apparence qu'on n'y pense pas, comme il y a d'apparence qu'on y pense ? Dès qu'on ne rejette pas l'Idée de l'Etendue comme nulle & sans éxistence, sous prétexte qu'on ne peut mettre une dernière borne à l'Idée de sa division, on ne devra pas non plus rejetter l'Idée du mouvement & dire qu'on a autant de raison de la nier que de l'admettre, parce que le ½ d'un Espace se doit parcourir, & doit-être avoué parcouru, avant la ⅓ la ¼ avant le ⅛ &c. On se trouve donc, par rapport au Mouvement & à son Idée, dans le même cas que par rapport à l'Etendue & à la Pensée qui la représente. Ces Divisions & ces subdivisions, qui vont à l'infini, ne forment pourtant qu'une Quantité renfermée de côté & d'autre, dans de certaines bornes, & sautant que la Multitude des divisions, qui ne finissent point, approche la Masse qu'on divise de l'Infini, par le **Nombre des parties, qui s'y trouvent,** autant le petitesse de ces parties qui décroissent toujours avec leur nombre les éloigne de l'infini, & de cette maniére la Masse qu'elles composent demeure dans ses bornes.

Comme ce sont ici des Matiéres très-neuves pour une partie des Lecteurs du Dictionnaire de M. Bayle & que tout l'embarras , où il jette par ses Objections , vient de ce qu'elles roulent sur des sujets très-composés , je me fais un Devoir d'étendre mes Réponses & de les rendre les plus claires qu'il m'est possible Ceux qui se trouveront satisfaits de ce qu'ils ont déja lû pourront passer ce que je vais ajouter. Ce n'est pas seulement pour les personnes à qui la Physique est familiaire que j'écris.

Planche II.
Fig. 12. Supposons un Cube Solide & dont les Faces soient éxactement placées & polies , qui glisse sur la surface d'un Plan aussi parfaitement poli. Le Cube parcourt cette surface dans 3 minutes ; Par conséquent à la fin de la 3. minute , la Face antérieure de ce Cube est précisément vis-à-vis d'une

des Faces du Plan qu'il vient de parcourir, savoir la Face C vis-à-vis de la Face A.

Supposons que ce Plan, dont le Cube est soutenu, soit touché immédiatement par un autre, de niveau avec lui, & dont les Faces soient aussi d'une éxacte polissûre. De la Face A du prémier Plan jusques à la Face B du second, il n'y a *Fig. 13* aucun Intervale. De la Fin de la 3. Minute, au Commencement de la 4, il n'y a non plus aucun intervale ; Le commencement de l'une fait immédiatement la fin de l'autre. Par conséquent la Face Antérieure du Cube mobile qui finissoit de parcourir la surface du prémier solide inférieur , à la fin de la 3. Minute, & se trouvoit précisément vis-à-vis de la Face A , formera avec elle un seul Plan, dans lequel la Face C du Mobile étoit la continuation de la Face A du solide inférieur ; Ce Cube, dis-je mobile, se trouvera , au commencement de la 4. minute, vis-à-vis de la Face B du second solide, & formera avec cette Face un seul Plan B C. La Fin de la 3. Minute n'est pas la même chose que le Commencement de la 4. La Face C non plus n'est pas tout à la fois sur A & sur B. Mais comme de la 3. Minute au Commencement de la 4. il n'y a aucun Intervale ; de même encore, on ne peut-pas dire que depuis que la Face C a quitté la Face A, celle se trouve quelque part avant que d'être sur la Face B ; La succession du mouvement consiste précisément à passer sans interruption de la Face A sur la Face B.

On peut encore concevoir la surface du *Fig. 13.* prémier Solide , qui soûtient le Cube , partagée en deux, là où l'on voudra. Dès-là on aura deux Portions , & par conséquent deux Faces , qu'on supposera encore éxactement polies , F & G. A la fin d'une *Minute Seconde* la 53. par éxemple, la Face C du Cube se trouvera vis-à-vis de la Face F, du Solide inférieur , & en sera la continuation , & au Commencement de la *Minute Seconde* 54. qui suit immédiatement la 53. cette même Face C se trouvera , de la même manière & en même sens , vis-à-vis de la Face G. & en sera la continuation. Il n'y a point de fin dans les Divisions & les subdivisions du Temps, comme il n'y en a point non plus dans les Divisions & les Subdivisions de ce Solide sur la surface duquel le Cube glisse. Mais, dira-t-on, Je voudrois vous voir achever toutes ces *Divisions & ces Subdivisions, & vous entendre recommencer sur chacune, le Raisonnement que vous venés de faire sur chacune d'entr'elles* : Sans cela je vous déclare que je compterai FAUX, ou du moins , pour très INCERTAIN tout ce que vous venés de dire. Voilà justement le Cas d'un Chicaneur , qui ne voudra pas avouer qu'on lui a donné trois pistoles, parce qu'on ne peut pas lui dire le Nombre des grains de Sable **répandus sur la surface de la Terre**, & lui jurer qu'il ne s'en manque pas un seul que le compte ne soit juste.

Si je vouloi séparer la Face C du reste du Cube, & la séparer seule , en sorte que j'eusse une portion de Cube , sans épaisseur , & composée seulement de deux Faces , l'une antérieure , l'autre postérieure ; Je m'appercevrois bien-tôt de l'Impossibilité de cette prétention, parce que deux Faces sans épaisseur, l'une tournée à la droite l'autre à la gauche, ne pourroient pas faire une épaisseur , ni trois telles faces non plus , parce que l'épaisseur de 3. ne surpasse l'épaisseur de deux , que de l'épaisseur d'une qui est nulle, & par conséquent 3 ne seroient nullement plus épaisses que 2, ni 2 qu'une. Ainsi quelque portion qu'on détache du Cube, elle sera terminée par deux faces ; De l'une à l'autre de ces faces il y aura de l'étendue , divisible encore de la même manière. Par là quelque portion que l'on prenne du Cube , cette portion reposera sur une surface de quelque étendue , & cette surface de quelque étendue ne pourra être parcourue que successivement.

a b

Fig. 14.

ab ne parcourra pas *ed* en telle sorte que *b* soit en *c* précisément quand *a* quitte *e*: De sorte que la portion *ab* en parcourant *cd*, sera en partie sur *ed* & en partie hors de *ed*: Quand la portion *a e* en sera dehors, la portion *e b* y sera encore, mais elle ne sera pas sur *e d* entiére, elle sera sur *e o* partie de *e d*. J'en dirai de même de quelque autre portion que l'on m'assignera.

Que le Pyrrhonisme est derraisonable.

LII. LOIN que l'embarras où l'on se trouve, dès que l'on tombe sur l'Infini, & qu'il s'agit de l'approfondir & de se le rendre présent exactement & tout entier dans son Infinité ; loin que cet embarras favorise le Pyrrhonisme, au contraire, rien n'est plus propre pour s'en défendre. Des argumens clairs, simples & solides me prouvent la nécessité de bien vivre ; des Argumens enfin de cette nature me prouvent la Vérité de la Révélation. Là-dessus on me fait une Infinité de Questions que je n'ai pas une assés grande étendue de connoissances pour résoudre parfaitement. Si de là on conclud que j'ai mal établi ces Verités, on est aussi absurde que celui qui nieroit l'éxistence du Mouvement, l'éxistence de l'Etendue, qui celui qui en nieroit les Idées, & qui ne voudroit pas reconnoître que 2 & 2 font 4, parce qu'on ne se trouve pas en état de résoudre toutes les Questions qu'il s'aviseroit de faire sur les Nombres.

LIII. Mr. BAYLE (Diction. Tome IV. page 538.) alléque une objection de Zénon, qui, dans le fond, est la même que celle de Sextus, puisqu'elle roule sur les mêmes Principes, & qu'elle se résout par les mêmes réflexions.

Objection.

„ Si une fléche qui tend vers un certain lieu se
„ mouvoit, elle seroit tout ensemble en repos & en
„ mouvement. Or cela est contradictoire , donc
„ elle ne se meut pas. La conséquence de la Ma-
„ jeure se prouve de cette façon. La fléche dans
„ chaque moment est dans un espace qui lui est
„ égal : Elle y est donc en repos , car on n'est
„ point dans un espace d'où l'on sort : il n'y a
„ donc point de moment où elle se meuve ; & si
„ elle se mouvoit dans quelques momens, elle se-
„ roit tout ensemble en repos & en mouvement.
„ Pour mieux comprendre cette objection, il faut
„ prendre garde à deux principes que l'on ne sau-
„ roit nier, l'un qu'un Corps ne sauroit être en
„ deux lieux tout à la fois, l'autre que deux par-
„ ties du temps ne peuvent point éxister ensemble.
„ Le prémier de ces deux Principes est si évident ,
„ lors même qu'on n'emploie pas l'attention, qu'il
„ n'est pas besoin que je l'éclaircisse ; Mais comme
„ l'autre demande un peu plus de méditation pour
„ être compris, & qu'il contient toute la force de
„ l'objection, je le rendrai plus sensible par un éx-
„ emple. Je dis donc que ce qui convient au
„ Lundi & au Mardi à l'égard de la Succession , con-
„ vient à chaque partie du temps quelle qu'elle soit.
„ Puis donc qu'il est impossible que le Lundi &
„ le Mardi éxistent ensemble , & qu'il faut nécessai-
„ rement que le Lundi cesse avant que le Mardi
„ commence d'être, il n'y a aucune partie du temps,
„ quelle qu'elle soit qui puisse coéxister avec une au-
„ tre , chacune doit éxister seule, chacune doit com-
„ mencer d'être , lors que la précédente cesse d'être :
„ Chacune doit cesser d'être avant que la suivante com-
„ mence d'être : d'où il s'ensuit que le temps n'est pas
„ divisible à l'infini, & que la durée successive des cho-
„ ses est composée de momens proprement dits, dont
„ chacun est simple & indivisible parfaitement dis-
„ tinct du passé & du futur, & ne contient que le
„ temps présent : Ceux qui nient cette conséquence
„ doivent être abandonnés ou à leur stupidité, ou à
„ leur mauvaise foi, ou à la force insurmontable de
„ leurs préjugés. Or si vous posés une fois que
„ le temps est indivisible, vous serés obligé d'ad-
„ mettre l'objection de Zénon, vous ne sauriés trou-
„ ver d'instant, où une fléche sorte de sa place ;
„ car si vous en trouviés un, elle seroit en même

„ temps dans cette place, & elle n'y seroit pas ;
„ Aristote se contente de répondre que Zénon sup-
„ pose très-faussement l'indivisibilité des mo-
„ mens.

Réponse.

LIV. Mr. BAYLE s'étend à prouver & à mettre, dans tout son jour, la partie de son Argument qui ne souffre point de contestation. C'est une de ses addresses ordinaires. Mais son Argument devient sans force dès-qu'on se suppose plus le temps composé d'Instans indivisibles ; C'est cette Indivisibilité qu'il s'agissoit de démontrer pour établir sa conclusion ; Mais sur ce point essentiel Mr. Bayle passe rapidement. *Chaque partie du temps*, dit-il , *doit commencer d'être, lorsque la précédente cesse d'être: Chacune doit cesser d'être, avant que la suivante commence d'être :* Voici de quelle manière cette proposition est très-intelligible. Désignés quelque partie de temps qu'il vous plaira, une Heure , une Minute , une Minute prémière, une Minute seconde , &c. Cette partie du temps commence & finit. La fin de l'heure cinquième est suivie immédiatement & sans aucun intervale, du commencement de l'heure sixième. Quand l'heure sixième commence , l'heure cinquième a cessé ; Elle vient immédiatement de cesser ; Mais cela n'empêche pas que la partie du temps qu'on appelle minute 60. de l'heure précédente, & celle qu'on appelle Minute prémière de l'heure suivante ne soient divisibles l'une & l'autre. Leur intervale n'est pas divisible, car il est nul. En demander davantage, c'est *supposer ce qui est en Question*. Quand donc Mr. Bayle ajoute , *d'où il s'ensuit que le temps n'est pas divisible à l'infini* , il lui plait de tirer cette Conséquence ; mais elle n'est nullement une conséquence nécessaire. *Le temps* ajoute-t-il encore , *est composé de momens indivisibles , dont chacun parfaitement distinct du passé & de l'avenir ne renferme que le présent.* Prétendre que le nom de *Présent* ne peut convenir qu'à un Instant divisible c'est encore *supposer ce qui est en Question* , & c'est même s'éloigner de l'usage des termes ; Car non seulement on dit *un moment que je vous parle*. On dit encore , *l'heure présente le Siecle présent* : Ce Terme est relatif, & il désigne *un temps* par opposition au temps qui l'a précédé & à celui qui le *suivra* ; On ne sauroit marquer un moment d'un seul signe (pour prompt que ce signe fut) sans que ce moment fut composé d'un grand nombre de parties très-distinctes. Mr. Bayle allarme son Lecteur, quand il dit , *Ceux qui nient cette Conséquence doivent être abandonnés ou à leur stupidité , ou à leur mauvaise foi, ou à la force insurmontable de leurs préjugés.* Personne ne veut passer, personne même ne veut se soubçonner de stupidité, de mauvaise foi & d'abandon aux préjugés : De sorte que ces paroles sont équivalentes à trois preuves sur l'esprit d'un grand nombre de Lecteurs. Ils se rendent à Mr. Bayle, pour ne s'éxposer pas à de si honteux reproches : Mais, je l'avoue, je suis des plus stupides ou des plus aveuglés par mes Préjugés, & je suis fort à plaindre si je suis un de ces épouvantails. Osera-t-on dire qu'il n'y a que Stupidité, ou que Préjugé, ou Obstination dans ceux qui sentent la nécessité de reconnoître la divisibilité de la Matière, & qui comprennent l'évidence des démonstrations qui l'établissent ? La divisibilité du temps ne renferme rien de plus inconcevable que celle de la Matière. Les plus petits Objets considérés attentivement, nous amènent à la nécessité d'avouer l'éxistence de l'Infini, quoi que nôtre Esprit soit trop borné dans sa manière de penser, pour se saisir de cet Infini & de se rendre présentes toutes ses parties.

Le Repos & le Mouvement sont deux manières d'être continuelles, l'une & l'autre, & qui ne sauroient souffrir aucune interruption sans changer de nature. Un Corps dont l'application successive cesse, pendant une heure a certainement passé de l'état de Mouvement à celui de Repos ; Il y a encore passé si son application successive cesse pendant la dixiéme partie d'une heure, si elle cesse pendant la soixantiéme, pendant celle que vous voudrés ; car pourquoi pourroit-il cesser de s'appliquer successivement & de changer de situation, c'est-à-dire, de se mouvoir pendant un très-petit intervale, & reprendre ensuite son mouvement sans qu'aucune cause le fît renaître ; pourquoi la même chose arriveroit-elle après deux petits intervales ? Le second pourroit-il ce que le prémier, égal à lui, & précisément de même nature, n'a pas pu ?

Si le Mouvement consiste dans une application continuellement successive, il ne peut y avoir d'Atomes d'étendue ; Car déja un Atome ne sauroit parcourir un Atome, puis qu'un Atome est sans étendue. Or si un Atome supérieur couvre son inférieur sans le parcourir, le mouvement ne peut pas être successif pendant ce temps-là. De plus un Atome supérieur posé sur un inférieur égal à lui, ou le quitte avant que de se placer sur le suivant, (& où seroit-il pendant cet intervale ?) ou il se pose sur le suivant avant que de quitter celui sur lequel il étoit, & alors il est encore sur le prémier en même temps qu'il passe sur le second, & dans ce dernier cas un Atome seroit, in eme temps, dans deux lieux différens ; Il occuperoit en même temps deux places égales chacune à lui, & par là il seroit double de ce qu'il est.

Cette difficulté n'a plus de lieu, dès qu'on ne reconnoit plus de termes dans la division, mais qu'on la conçoit pouvant se pousser de petit en petit, sans fin & sans cesse. On ne disconviendra pas que *a b* ne puisse avancer de la longueur *a b* égale à *b c*; ce qui étant fait *d b* se trouve sur *a c* son égale. Je diviserai *a b* en deux parties, comme j'ai divisé *d b* & je raisonnerai de même.

La surface qui s'applique, & celle contre laquelle elle s'applique sont toujours égales, mais il y a un flux continuel, & la partie postérieure de quelque portion que ce soit, quitte autant de place que la partie antérieure en occupe. *Une flèche occupe-t-elle donc un espace déterminé & qui lui soit égal ?* Sans doute. Reste-t-elle dans cet espace quelques momens ? Non pas quand elle se meut. Sort-elle tout d'un coup & toute entière de l'espace qu'elle occupoit ? Non, mais la prémière moitié en sort avant la seconde: J'en dis autant du prémier cas par rapport au second cas, & Mr. Bayle avoue, dans ce même article de Zénon, que toutes les subtilités de ce Philosophe & les siennes ne sauroient lui empêcher de croire l'éxistence du mouvement & de se conduire en homme qui la croit : Or cette persuasion amène par une Conséquence nécessaire, à reconnoitre la divisibilité du temps : Car déja, pendant un temps indivisible, une partie divisible ne sauroit être parcourue ; Un atome d'espace ne sauroit être parcouru, car absolument il ne peut pas l'être. Ainsi dans le prémier Instant il ne se parcourt rien : Dans un second non plus, égal au prémier, il ne se parcourt quoi que ce soit ; De sorte que dans deux instans il ne se parcourt rien de plus que dans un.

Le Temps est donc divisible comme l'Espace, de petit en petit, sans fin & sans cesse.

Comme le Lundi n'est pas en même temps que le mardi, il n'y a aussi aucune partie de temps, dit Mr. Bayle, qui soit en même temps que l'autre. Donc ce qu'on appelle temps présent est indivisible, car il n'est pas ce qu'on appelloit temps présent avant lui, & il n'est pas ce qu'on appellera temps présent après lui.

Je conclurois par là que le Lundi est indivisible, parce qu'il n'est pas ce qu'on appelloit jour présent avant lui, & qu'il n'est pas ce qu'on appellera jour présent après lui.

Le commencement du Lundi est immédiatement précédé de la fin du Dimanche, & la fin du Lundi précède le commencement du Mardi. S'ensuit-il de là que le Lundi soit un temps indivisible ? Assignés moi une portion aussi petite qu'il vous plaira, je lui appliquerai le même raisonnement. Une Minute XV. par éxemple, commence après la fin de la précédente, & sa fin, à son tour précède le commencement de la suivante ; Mais si l'on pouve par là l'indivisibilité d'une Minute XV. on prouvera de même celle d'une Minute V. celle d'une Minute I. celle d'une heure &c.

Ce qui est indivisible dans le Temps, c'est l'intervalle de la fin d'un Temps quelconque au commencement de l'autre ; intervale qui est indivisible, parce qu'il est nul ; & cét intervale n'est non plus une partie du Temps, que l'intervale entre deux surfaces parfaitement polies, qui se touchent immédiatement n'est une portion de l'Etendue. Or comme la surface d'un Corps est le dernier terme de son Etendue, comme cette surface, non plus que la figure & le Mouvement, n'est pas la substance corporelle, mais une manière d'être de la substance corporelle, entant que terminée : Ainsi la fin d'un Temps quelconque, laquelle fin n'a point d'étendue, est une manière d'être du Temps, ou c'est le Temps quelconque & déterminé, entant qu'il finit. Nous prenons à diférétion une portion de Temps quelconque & cette portion, grande ou petite, nous l'appelons le Temps présent, par rapport à une autre portion égale ou plus petite que nous appelons le Temps passé, ou le tems à venir. Ces termes sont relatifs & non pas absolus. Ce qui convient au Lundi & au Mardi, par rapport à la succession convient à chaque partie du temps, quelle qu'elle soit, dit Mr. Bayle. J'en conviens & voici la conclusion que j'en tire. Il n'y a rien dans le Lundi qui apartienne au Mardi. L'un & l'autre sont divisibles, & très-divisibles. Assignés de même trois parties de temps telles qu'il vous plaira, Je dois raisonner sur elles comme sur le Dimanche, le Lundi & le Mardi. Celle du milieu n'est ni la précédente ni la suivante, mais elle est divisible comme elles.

Par le même Sophisme, on prouveroit l'éxistence des Atomes. Concevés une étendue de 3 piés de longueur. Le pié du milieu n'est ni celui de la droite ni celui de la gauche, comme le Lundi n'est ni le Dimanche ni le Mardi ; Donc il y a dans ce pié du milieu une partie qui est indivisible. Quelque partie que je désigne, je l'appellerai *une* partie, par rapport à une autre égale à elle qui la touchera ; & qui jointe avec la prémière me fera compter *deux* parties. Un & Deux sont des termes relatifs.

LV. CETTE divisibilité du Temps sert à résoudre une Objection que l'on tire de la divisibilité de l'espace contre le Mouvement ; Une prémière moitié d'un Espace, dit-on, doit être parcourue avant la seconde, & ainsi de suite à l'infini. Quand est-ce donc qu'un espace commencera d'être parcouru ? Car un Commencement doit être précédé d'un autre, celui-ci encore d'un autre, & cela sans fin & sans cesse ; Quand est-ce que le prémier de tous aura lieu, puis qu'il est infiniment éloigné de quelque terme qu'on entreprenne d'assigner ?

LVI. L'OBJECTION seroit concluante si tous les Temps étoient égaux ; Car la somme d'une infinité de Temps égaux & finis monteroit à une somme infinie : Mais dans la même proportion qu'ici les moitiés de l'Espace décroissent à l'infini, les Temps destinés à les parcourir décroissent de même. L'une & l'autre de ces progressions décroit à l'Infini. Poussés-la si loin que vous voudrés, il se manquera toujours le dernier des termes où vous serés parvenu, que la somme de toutes vos divisions & subdivisions, dès le prémier terme, n'égale ce prémier. Ainsi puisque la longueur du Temps pendant lequel le Mouvement doit se faire, est proportionnel à la longueur de l'Espace qui doit être parcouru, ce Temps sera suffisant, & le Mobile aura le temps de parcourir cét Espace.

Tout Espace assignable est fini, en un sens, & infini

infini en un autre, il commence à un terme & ne s'étend pas au-delà de l'autre, mais l'Etendue renfermée entre ces deux termes, est compofée de deux moitiés, la prémiére de celle-ci, de deux autres, & ainfi à l'infini: Il en eft de même du temps: L'heure dixiéme commence & fon commencement fuit immédiatement la fin de la neuviéme. Entre cette fin de la neuviéme & le commencement de la dixiéme il n'y a aucun intervale, quoi que l'un de ces termes ne foit pas l'autre; L'heure dixiéme a fon dernier terme comme fon prémier, & fa fin eft immédiatement fuivie du commencement de l'onziéme. Tout temps est donc compofé de deux moitiés, dont la prémiére l'eft encore de deux autres & cela fans aucune fin ; Le temps & l'espace se répondent parfaitement. Un espace fini & enfermé entre deux termes peut-être parcouru dans un temps fini & renfermé de même entre une fin & un commencement. Cêt espace qui se divise à l'infini, peut être parcouru pendant un temps qui se divise de même. Ces divifions de petit en petit, poufsées fans loin qu'on voudra, ne feront de côté & d'autre qu'une somme finie. C'est donc un Sophisme, & une faute contre la Régle qui défend de comparer des chofes qui font d'un genre tout différent, que de s'éblouir, par la divifion de l'espace de moitié en moitié à l'infini ?, & puis d'ajoûter *Un temps fini pourroit il suffire à un mobile pour parcourir cette infinité ?* Pourquoi non, fi ce tems fini renferme auffi une pareille infinité ? Dans un temps fini il se décrit un espace fini. Dans un temps divifible à l'infini il se décrit un espace qui l'eft de même.

Mr. Bayle énonce (pag. 539.) l'objection, que je viens de refuter, dans les term s fuivans, car je me fuis une Loi de les rapporter, afin qu'on voie fi je les élude, & fi j'en fupprime la force.

Objection de Mr. Bayle.

 LVII. S'IL y avoit du Mouvement, il faudroit que le Mobile pût paffer d'un lieu à un autre ; Car tout mouvement enferme deux éxtrémités, *terminus à quo, terminum ad quem*, le lieu d'où l'on part, & le lieu où l'on arrive ; Or ces deux éxtrémités font féparées par des espaces, qui contiennent une infinité de parties, vû que la matière eft divifible à l'infini. Il eft donc impoffible que le mobile parvienne d'une des éxtrémités à l'autre. Le milieu eft compofé d'une infinité de parties qu'il faut parcourir fucceffivement les unes après les autres, fans que jamais vous puiffiés toucher celle de devant, en même temps que vous touchés celle qui eft en deçà : de forte que pour parcourir un pié de matiére, je veux dire pour arriver du commencement du prémier pouce à la fin du 12 pouce il faudroit un temps infini, car les espaces qu'il faut parcourir fucceffivement entre ces deux bornes étant infinis en nombre, il eft clair qu'on ne les peut parcourir que dans une infinité de momens ; à moins qu'on ne voulut reconnoître que le mobile eft en plufieurs lieux à la fois, ce qui eft faux & impoffible. La reponfe d'Ariftote eft pitoiable, Il dit qu'un pié de matiére n'étant infini qu'en puiffance peut fort bien être parcouru dans un temps fini. Rapportons la clarté que les commentaires de Conimbre lui ont donnée. *Huic ratiani fatisfactum, ab fe jam ante Aristoteles ait, vinelicet cum hoc libro docuit infinitum sectioni, quod non actu, sed poteftate infinitum est, tempore finito decurri poffe. Enim vero cum tempus continuum fit, parique modo infinitum, eodem infinitatis jure ejusdemque partium divifionibus sibi mutuo respondebunt, nec contra naturam talis infiniti est hoc modo pertranfire.*

 Vous voiés là deux chofes, 1. que chaque partie du temps eft divifible à l'infini, ce que l'on a refuté ci-deffus invinciblement, 2. que le continu n'eft infini qu'en puiffance. Cela veut dire que l'infinité d'un pié de matière confifte en ce que

l'on pourroit le divifer fans fin & fans ceffe en parties plus petites, mais non pas en ce qu'actuellement il fouffre cette divifion. C'eft fe moquer du monde que de fe fervir de cette doctrine ; car fi la matière eft divifible à l'infini, elle contient actuellement un nombre infini de parties. Ce n'eft donc point un infini en puiffance, c'eft un infini qui exifte réellement, actuellement. La continuité des parties n'empêche pas leur diftinction actuelle ; par conféquent leur infinité actuelle ne dépend point de la divifion ; elle fubfifte également dans la quantité *continué*, & dans celle qu'on nomme *diferéte*. Mais quand même on accorderoit cêt infini en puiffance, qui deviendroit un infini actuel, par la divifion actuelle de fes parties, on ne perdroit pas fes avantages, car le mouvement eft une chofe qui a la même vertu que la divifion. Il touche une partie de l'espace fans toucher l'autre, & il les touche toutes les unes après les autres : n'eft-ce pas les diftinguer actuellement ? N'eft-ce pas faire ce que feroit un Géométre fur une table en tirant des lignes qui défignaffent tous les demi pouces ? Il ne brife pas la Table en demi pouces ; mais il y fait néanmoins une divifion qui marque la diftinction naturelle des parties ; & je ne crois pas qu'Ariftote eut voulu nier que fi on tiroit une infinité de lignes fur un pouce de matiére, on y introduiroit une divifion qui réduiroit en infini actuel, ce qui n'étoit felon lui qu'un Infini virtuel ; Or ce qu'on feroit à l'égard des yeux, en tirant ces lignes fur un pouce de matiére, il eft fûr que le Mouvement le fait, à l'égard de l'Entendement. Nous concevons qu'un mobile en touchant fucceffivement les parties de l'espace la défigne, & les détermine comme la craie à la main. Mais de plus quand on peut dire que la divifion d'un infini eft achevée, n'a-t-on pas un infini actuel ? Ariftote & fes Sectateurs ne difent-ils pas qu'une heure contient une infinité de parties ? Quand donc elle eft paffée, il faut dire qu'une infinité de parties ont exifté actuellement les unes après les autres. Eft-ce un infini en puiffance ? n'eft-ce pas un infini actuel ? difons donc que fa diftinction eft nulle, & que l'objection de Zénon conferve toute fa force. Une heure, un jour, un fiecle &c. font un temps fini ; un pié de matiére eft un espace infini ; Il n'y a donc point de mobile qui puiffe arriver du commencement d'un pié à la fin ; Nous verrons dans la remarque fuivante fi l'on pourroit éluder cette objection en fuppofant que les parties d'un pié de matiére ne font pas infinies. Contentons-nous ici d'obferver, que le fubterfuge de l'infinité des parties du temps ferti ; car s'il y avoit dans une heure une infinité de parties, elle ne pourroit jamais fe commencer ni finir, il faut que toutes fes parties exiftent féparément ; jamais deux n'éxiftent ensemble, & ne peuvent être ensemble : Il faut donc qu'elles foient comprifes entre une prémiére & une derniére unité, & ce qui eft incompatible avec le nombre infini.

LVIII. ON VOIT ici un exemple bien fensible de la Méthode de Mr. Bayle. Quand un Auteur a mal répondu à quelqu'une de fes Objections, il fe faifit de cette Réponfe, il en fait voir l'insuffifance, il en étale l'abfurdité, il la met dans fon beau jour, en un mot il accable fon antagonifte. de coups terraffans ; & dans le temps que fon Lecteur fe félicite de fa victoire, il paffe légérement fur une autre reponfe. Peu de mots felon lui fuffifant pour le refuter. La matière eft difficile par elle-même : Un Lecteur fe difpenfe de l'éxaminer & s'en rapporte à fon Auteur. Mr. Bayle s'affure qu'on ne fera content dès-qu'on aura lû. Contentons nous ici d'obferver que le fubterfuge de l'infinité des parties du tems eft nul ; mais on [ces expreffions méprifantes ont leur effet ; mais on vient

Réponfe.

vient de voir que M. Bayle n'a point prouvé ce qu'il pose si hardiment en fait ; car s'il y avoit, dans une heure, une infinité de parties, elle ne pourroit jamais ni commencer ni finir ; Il faut que toutes ses parties existent séparément ; jamais deux n'existent ensemble, & ne peuvent être ensemble : Il faut donc qu'elles soient comprises entre une première & une dernière unité, ce qui est incompatible avec le nombre infini.

Divisés le Temps qu'il vous plaira, de quelque longueur que soit sa durée, en parties égales & supposés ces parties si petites que vous voudrés, le nombre en sera toujours fini, il le sera encore, lorsque ces parties seront plus petites les unes que les autres d'une unité, d'un tiers &c. en un mot dans une raison déterminée. A cèt egard, il faut appliquer au Temps, *Quantité successive*, ce qu'on a remarqué sur l'Etenduë du Corps, *Quantité continuë*. Mais chaque partie déterminée se divise en deux, sans qu'il soit possible d'assigner un terme à ces divisions, & sans que la durée du Temps devienne par là sans bornes, non plus que la longueur d'un espace ; & pourquoi ? Parce que la petitesse des parties qui décroissent sans cesse, les éloigne précisément autant de l'infini, que leur nombre, qui croit sans cesse, pourroit les en approcher. Deux parties, ou deux durées de Temps, ainsi divisibles & subdivisibles ne subsistent point ensemble, mais le dernier terme de l'une est immédiatement suivi du prémier de l'autre, tout comme la surface, au delà de laquelle un prémier Corps n'est plus, au delà de laquelle sa substance ne s'étend point, est immédiatement touchée, & sans aucun intervale, par la surface d'un autre, dont l'étenduë ne commence qu'à se terme.

Un pié de matière est un espace infini. Je réponds, il est infini comme le Temps & fini de même comme lui, & on pourroit dissiper encore l'Objection que Mr. Bayle donne de son Chef pour la IV. (Diction. Tom. IV. pag. 542.) Il multiplie la même difficulté & par ces rétérations il étourdit, il accable l'Imagination de son Lecteur, & il l'amène au point qu'il veut.

Objection. LIX. "JE M'EN VAIS, dit-il, *proposer une*
" *Objection beaucoup plus forte que la précédente.*
" Si le mouvement ne peut jamais commencer il
" n'existe point ; Or il ne peut jamais commencer,
" donc &c. Je prouve ainsi la mineure. Un Corps
" ne peut jamais être en deux lieux tout à la fois,
" or il ne pourroit jamais commencer à se mouvoir
" sans être en une infinité de lieux tout à la fois ;
" car pour peu qu'il s'avançât il toucheroit une par-
" tie divisible à l'infini, & qui correspond par con-
" séquent à des parties infinies d'espace, donc &c.
" Outre cela, Il est sûr qu'un nombre infini de
" parties n'en contient aucune qui soit la prémière ;
" & néanmoins un mobile ne sauroit jamais toucher
" la seconde avant la prémière : Car le mouvement
" est un Etre essentiellement successif, dont deux
" parties ne peuvent exister ensemble, c'est pour-
" quoi le mouvement ne peut jamais commencer,
" si le continu est divisible à l'infini, comme il l'est
" sans doute, en cas qu'il existe. La même raison
" démontre qu'un mobile roulant sur une table in-
" clinée, ne pourroit jamais tomber hors de la ta-
" ble ; Car avant que de tomber il devroit toucher
" nécessairement la dernière partie de cette table,
" & comment la toucheroit-il, puisque toutes les
" parties que vous voudriés prendre pour les der-
" nières, en contiennent une infinité, & que le
" nombre infini n'a point de partie qui soit la
" dernière ? Cette Objection a obligé quelques Phi-
" losophes de l'Ecole à supposer, que la nature a
" mêlé des points Mathématiques avec les parties di-
" visibles à l'infini, afin qu'ils servent de lien, &
" qu'ils composent les extrémités des Corps ; Ils
" ont crû par-là répondre aussi à ce qu'on objecte
" du Contact pénétratif de deux surfaces : mais ce
" subterfuge est si absurde qu'il ne mérite pas
" d'être refuté.

Réponse. LX. IL NE le mérite pas en effet, mais les réponses qu'il auroit été nécessaire de prévenir, & de refuter, pour conserver la force de l'Objection, Mr. Bayle les dissimule, ou il ne les touche que légèrement. *Le mouvement*, dit-il, *est un Etre essentiellement successif, dont deux parties ne peuvent exister ensemble ; c'est pourquoi le mouvement ne peut jamais commencer, si le continu est divisible à l'infini, comme il l'est sans doute, en cas qu'il existe* ; Mr. Bayle fait de deux aveux bien dignes d'attention. 1. le Mouvement est un Etre essentiellement successif. 2. L'Etenduë est divisible à l'infini, au cas qu'elle existe, & cela SANS DOUTE : Or si les bornes de notre Esprit, qui ne manque pas de s'embarrasser dès qu'il veut embrasser l'infini, n'empêchent pas qu'il ne se trouve forcé à reconnoitre pour indubitable la divisibilité de l'étenduë au cas qu'elle existe, ces mêmes bornes ne doivent point empêcher de reconnoitre une même divisibilité dans le temps & dans le mouvement dont on se sert pour le mesurer, au cas qu'il existe. *Une partie du Temps a atteint son dernier terme, avant que l'autre commence.* Mais le commencement de la suivante succéde sans intervale à la fin de la précédente ; C'est ainsi qu'aucune partie d'un corps ne pénétre l'autre, & que l'étenduë de l'une est terminée par une surface qui touche immédiatement la surface d'une autre partie étenduë, & terminée de même.

Servons nous des raisonnemens Hypothétiques, à l'imitation de Mr. Bayle, & disons ; *Au cas qu'il y eut Mouvement & Temps, un Mobile qui parcourroit une mesure dans un temps, en parcourroit trois mesures égales à celle-là, dans trois temps égaux.* De là il suit qu'un Mouvement peut parcourir un Espace déterminé avec une vitesse déterminée, pourvu que le Temps soit proportionné à l'Espace ; Si un Espace renfermé entre deux bornes, à l'une desquelles il commence, & à l'autre desquelles il finit, est parcouru pendant un Temps qui commence, & finit de même ; Si cèt Espace fini en ce sens-là, peut se diviser sans fin & sans cesse, de moitié en moitié, & de petit en petit ; le Temps pendant lequel il se parcourt, lui est parfaitement proportionné à cèt egard, & peut se diviser de même. Ce sont-là les suites nécessaires de l'existence de l'étenduë, & de l'existence du Mouvement, & qui peut douter que l'Etenduë & que le Mouvement n'existent ?

Une proposition Hypothétique ne laisse pas d'être véritable quand même les parties qui la composent ne le seroient pas. Ainsi, qu'il y ait du mouvement, ou qu'il n'y en ait point, qu'il soit possible ou impossible, cette proposition conditionelle sera toujours vraie par la liaison nécessaire de ses deux Membres. *Si un Mouvement d'une certaine force peut parcourir 3 toises dans un certain temps, il en pourra parcourir 6 dans le double de ce temps.* Que vois je dans la Verité de cette condition ? J'y vois la nécessité de proportionner le temps à la longueur de l'espace parcouru, pendant qu'un mouvement sera ou ira d'une égale force. Or je trouve cette Proportion entre l'Espace & le Temps. A une longueur finie répond un temps fini, à cette longueur divisible sans fin & sans cesse, de petit en petit, répond un temps divisible de même. Pendant un Temps fini & divisible à l'infini, se parcourt un Espace fini & divisible à l'infini. Un temps composé d'une infinité de parties égales seroit infini, mais de la manière qu'il se divise, l'infinité de ses parties ne compose qu'une Quantité finie, qu'une Masse renfermée entre deux termes. Ainsi en est-il du Temps.

Objection LXI. APRES avoir combattu l'existence du Mouvement ; par les mêmes raisons qui lui paroissent rendre douteuse & impossible l'existence de l'Etenduë, il continuë. (pag. 542.) " Qu'il y ait
" de l'étenduë hors de nôtre Esprit, je le veux ; je
" ne laisserai pas de dire qu'elle est immobile. Le
" mouvement ne lui est pas essentiel, elle ne l'enferme pas dans son idée, & plusieurs corps sont
" quelquefois en repos. C'est donc un accident.
" Mais

„ Mais eſt-il diſtinct de la matiére ? s'il en eſt di-
„ ſtinct, de quoi ſera-t-il produit ? De rien ſans
„ doute ; & quand il ceſſera d'être, il ſera réduit à
„ néant. Mais ne ſavés-vous pas que rien ne ſe fait
„ de rien, & que rien ne retourne à rien ? De plus ne
„ faudra-t-il pas que le mouvement ſoit répandu ſur le
„ Mobile & dans le Mobile ? Il ſera donc auſſi étendu
„ que lui, & de la même figure ? Il y aura donc
„ deux étenduës égales dans le même eſpace, & par
„ conféquent pénétration de dimenſions. Mais lorſ-
„ que trois ou quatre cauſes meuvent un Corps, ne
„ faudra-t-il pas que chacune produiſe ſon mouve-
„ ment ? Ne faudra-t-il pas que ces trois ou quatre
„ mouvemens ſoient pénétrés tout enſemble avec le
„ Corps & entr'eux ? Comment donc pourroient-ils
„ produire chacun ſon effet ? Un vaiſſeau mû par
„ les Vents, & par des Courans, & par des Ra-
„ meurs, décrit une ligne qui participe de ces trois
„ actions, ou plus ou moins, ſelon que l'une eſt plus
„ forte que les autres. Oſeriés-vous dire que des
„ Entités inſenſibles & pénétrées entr'elles, & avec
„ tout le vaiſſeau, ſe reſpecteront juſqu'à ce point-là
„ & ne ſe brouïlleront point ? Si vous dires que le
„ mouvement eſt un mode, qui n'eſt pas diſtinct
„ de la matiére, il faudra que vous diſiés que celui
„ qui le produit crée la matiére, car ſans produire
„ la matiére, il n'eſt pas poſſible de produire un
„ Etre qui ſoit la même choſe que la matiére. Or
„ ne ſeroit-il p^as abſurde de dire, que le vent qui
„ meut un vaiſſ^{au} produit un vaiſſeau ? Il ne pa-
„ roit pas qu'on puiſſe répondre à ces objections ,
„ qu'en ſuppoſant avec les Cartéſiens que Dieu eſt
„ la Cauſe unique & immédiate du mouvement.

Réponſe. LXII. VOICI ce me ſemble à quoi ſe réduit cette Objection : *On n'a pas encore ſû bien expliquer de quelle manière le Mouvement ſe produit, donc il n'y a point de mouvement.* Pour ſentir l'inconféquence de ce Raiſonnement, il n'y a qu'à ſe repréſenter un homme qui dit ; *Je voudrois bien découvrir de quelle manière la Lumiére agit ſur les yeux.* A cela on lui répondroit. Il faut prémiérement ſavoir s'il y a de la Lumiére, & ſi vous avés des yeux. *Qui en doute ?* Moi, & je vai vous forcer d'en douter vous même. Vous ne ſavés pas de quelle maniére vos yeux ont été formés, vous ne ſavés ni comment la Lumiére agit, ni comment elle eſt produite. Que devés vous conclure de là, ſi ce n'eſt, qu'il n'y a ni œil ni lumiére ? J'aimerois autant dire que tous les arts, dont on ne connoit pas l'origine, ni le prémier inventeur, ne ſubſiſtent que dans nôtre imagination.

Faut-il s'étonner ſi la Phyſique, deſtinée à nous découvrir la nature des choſes qui frappent nos ſens, & à nous inſtruire de leurs Cauſes, eſt encore très-imparfaite à pluſieurs égart, & ſi elle l'a été ſi longtemps. Un homme qui s'eſt acquis la réputation de Savant propoſe une Conjecture ; ſes Diſ-ciples l'adoptent, chacun d'eux la loue & l'enſeigne d'un ton aſſuré, à ceux dont il devient à ſon tour le Maitre : L'Eſprit d'Autorité, & l'Eſprit de Pareſſe, font recevoir ſans ſcrupule & ſans examen, une Conjecture incertaine, fauſſe peut-être, & toûjours très-inſuffiſante. On s'apperçoit enfin de ſes défauts ; on lui en ſubſtitue une autre qui a le même ſort. Mais parce qu'on n'a pas fait ce qu'on devoit, faut-il conclure qu'on ne ſauroit faire mieux.

Mr. Bayle donne à l'Objection qu'on vient de lire, le même tour que *Sextus* a coutume de donner aux ſiennes ; Il propoſe d'abord des différentes Hypothéſes, dans leſquelles on ſe partage, ou l'on peut ſe partager. Cette Méthode porte le caractére d'une grande exactitude, il tombe enſuite rudement ſur les Hypothéſes les plus foibles, il les tourne en ri*i*cule & les renverſe ſans miſéricorde : Il prévient par là ſon Lecteur, on ſe perſuade qu'il n'a tenu qu'à lui de traiter les autres Hypothéſes

avec la même ſévérité, & on ne lui fait point de reproches de ce qu'il paſſe légérement ſur celle qu'il n'eſt pas également aiſé de dé*t*ruire ; Voilà ce que fait Mr. Bayle ; La prémiére Hypothéſe inint*ell*igi-ble par elle-même, il ſe donne le ſoin de l'étendre, mais quand il eſt venu à celles don*t* on peut ſe former des Idées, il ne les expoſe, il ne les combat qu'avec une briéveté obſcure. Il s'agit de prouver l'impoſſibilité du mouvement, par l'impoſſibilité de lui aſſigner une Cauſe : Il ne s'agit pas de déterminer quelle eſt ſa veritable cauſe, il s'agit ſeulement d'en trouver une poſſible & convenable, pour faire tomber l'Objection contre ſon éxiſtence, tirée de ce qu'il ne peut avoir aucune cauſe. Les uns penſent que la volonté de Dieu eſt la cauſe réelle & immé-diate de tous les mouvemens, & que ſa Sageſſe a trouvé à propos de les faire naitre ſuivant de certaines Loix, & à l'occaſion de certains cas & de certaines circonſtances qui ſemblent elles-mêmes en être les cauſes ; On ne dit en cela rien qui ne ſoit poſſible & concevable : Les Philoſophes qui ont crû la ma-tiére éternelle n'ont trouvé aucune difficulté à reconnoitre que l'Intelligence ſuprême en avoit rangé les parties, & les avoit miſes en mouvement de la ma-niére que nous le voions. Or ce que Dieu a fait une fois, certainement il peut continuer à le faire. D'autres penſent que Dieu ne s'eſt pas contenté de produire des Etres *réels*, mais qu'il en a encore vou-lu produire d'*actifs* ; & qu'un Corps en mouvement, par-là même qu'il eſt en mouvement, peut en pouſſer un autre, & à la force de le faire paſſer de l'état de repos à l'état de mouvement.

L'Etat de Mouvement n'eſt pas une ſubſtance différente de l'étenduë, qui tantôt la pénétre, & tantôt l'abandonne ; le Mouvement & le Repos ne ſont pas des *Subſtances*, mais ſeulement *des maniéres d'être de la ſubſtance étenduë*. La même ſubſtance continue d'éxiſter par-là même qu'elle eſt ſubſtance, quoique ſes états & ſes maniéres d'être changent & ſe ſuccédent l'une à l'autre. Je ne penſois pas de la même maniére, quand je décrivois l'objection de Mr. Bayle, que je penſe quand je réponds à cette Objection ; mais je ſens inconteſtablement que c'eſt moi-même, & non pas un autre, qui ai penſé à l'Objection, & à la Réponſe. Il me ſemble qu'en m'éxprimant ainſi j'énonce des Verités claires ; trou-ve-t-on la même clarté dans ces paroles de Mr. Bayle qui fait parler ſi clairement quand il veut. *Si vous dites que le mouvement eſt un mode qui n'eſt pas diſtinct de la matiére, il faudra que vous diſiés que celui qui le produit, crée la matiére, car ſans produire la ma-tiére, il n'eſt pas poſſible de créer un Etre qui ſoit la même choſe que la matiére.* C'eſt la un Sophiſme d'équivoque, quand un Corps eſt en mouvement, il n'y a pas dans ce Corps deux ſubſtances ; l'une la ſubſtance étenduë, & l'autre le Mouvement. Le Mouvement n'eſt pas une ſubſtance, c'eſt un Etat de la ſubſtance étenduë, c'eſt la ſubſtance éten-duë dans un certain état. Si de là vous concluës ; donc le Mouvement & la ſubſtance étenduë ne ſont qu'une même choſe, vous changés la ſignification des termes ; Par-là vous prouveriés que le Repos & le Mouvement ne ſont qu'un même Etat. Car le Repos, diriés vous, eſt la ſubſtance étenduë, le Mouvement eſt la ſubſtance étenduë, donc le repos eſt le Mouvement ; Cette éxpreſſion le Mouvement eſt *l'Etenduë même dans un certain état* eſt vraie, pour-vu qu'elle ſoit Synonime à celle-ci, *Le Mouvement eſt un état de l'étenduë :* Or il eſt clair par l'état d'une ſubſtance peut ceſſer ſans qu'elle ceſſe d'être, & qu'elle peut ſubir un état nouveau, ſans avoir beſoin de devenir une nouvelle ſubſtance ; Je n'en veux d'autres preuves que ces paroles de Mr. Bayle même, *Ne ſeroit-il pas abſurde de dire que le Vent qui ment un vaiſſeau, produit un vaiſſeau.* Pour mettre l'étenduë dans un certain état il n'eſt nullement néceſſaire de la créer au contraire il faut qu'elle éxiſte déja afin de pouvoir subir des changemens & recevoir des impressions.

LXIII. J'EXPOSERAI ici en peu de mots les deux Hypothéses que Mr. Bayle rejette avec tant de mépris, afin qu'on en reconnoisse la possibilité ; Ce qui sufit pour renverser son Objection.

Quand la suprême Intelligence a voulu qu'une certaine portion d'étendue fut en mouvement, toujours infiniment sage & infiniment d'accord avec elle même, il ne se peut qu'elle n'ait voulu en même temps, tout ce sans quoi ce mouvement ne pouvoit se faire. Par conséquent elle a voulu que les Corps, rencontrés par le Mobile, lui fissent place & avançassent pour le laisser avancer. Cette volonté a eu nécessairement son effet, & comme il a voulu que le mouvement continuât dans l'Univers, il a voulu par conséquent que le déplacement ou le mouvement des Corps rencontrés & choqués par ceux qui en auroient, continuât à se faire dans toute la suite des temps. Sa volonté toute puissante est exécutée, & cela arrive comme elle l'a ordonné.

Mais un Mobile après avoir frappé le Corps qu'il rencontre, continuroit à se mouvoir avec autant de vitesse qu'auparavant, celui qu'il pousseroit avant lui, avanceroit aussi vite que lui, pour lui laisser faire son chemin ; Le mouvement redoubleroit donc dés le prémier choc ; Ces deux masses en pousseroient une troisiéme égale à leur somme, & le mouvement deviendroit quadruple ; de sorte que si cela avoit eu lieu, une certaine doze de mouvement que la Sagesse du Createur avoit trouvé à propos d'établir dans l'Univers, pour en faire la Beauté, seroit parvenue, dans peu de momens, aux plus grands éxcés, & auroit tout dérangé. Voilà pourquoi la Sagesse suprême qui vouloit que l'Univers subsistât, dans l'état où elle l'avoit d'abord mis, a trouvé à propos qu'un Corps qui en rencontre un autre, & qui est cause du Mouvement où il se met, en perdit autant que l'autre en reçoit de nouveau. Il a falu que la Maniére d'être du prémier devint d'autant moins successive que celle du second le devient plus. A proprement parler, il ne se fait pas un partage ; mais les mêmes effets arrivent que si le mouvement étoit une substance qui se partageât proportionnellement. C'est ce qui a donné lieu à des expressions tellement établies par l'usage, qu'il n'y a pas moien de les quitter : Elles sont moins justes, mais elles sont plus commodes que des circonlocutions continuelles, & quand on les a une fois expliquées, il n'est plus à craindre qu'elles jettent dans l'erreur.

On ne se formeroit pas des Idées assés justes de ce Systême, si l'on concevoit l'Etre Suprême continuellement attentif à tous les chocs, pour créer une certaine quantité de mouvement dans le Corps frappé, & en detruire précisément autant dans le frappant, ou pour faire que le Corps frappé éxistât en appliquant sa surface successivement dans un certain degré, & que le frappant appliquât la sienne moins successivement qu'il ne faisoit, précisément dans le même degré ; Mais il sufit de concevoir qu'en faisant naître le prémier mouvement il a voulu que les choses allassent ainsi, & il l'a voulu pour toujours. Cette volonté ne s'est pas évanouïe, elle est permanente en lui, & elle est constamment suivie des effets qu'elle a ordonnés.

LXIV. MAIS il se peut qu'on n'eut pas besoin de recourir à la Toute Puissance de l'Etre souverain, pour y chercher la Cause veritable & imédiate de tous les mouvemens nouveaux qui se produisent, & de tout ce qui s'en détruit. Il se peut que les Chocs qu'on regarde dans cette Hypothése uniquement comme des *Occasions* & des *Causes apparentes*, soient eux-mêmes des CAUSES VERITABLES ET REELLES.

Qui dit Mouvement, dit *l'Etat d'un Corps qui change de place*. Cèt état est réel ; le Mobile éxiste veritablement avec cette maniére d'être ; A la Verité l'étendue a reçu d'ailleurs le mouvement qui se trouve en elle, elle l'a reçu de la prémière Cause : C'est L'Etre Souverain qui a produit dans l'étendue les prémiers changemens de situation ; mais comme l'Etendue elle-même n'en est pas moins Etendue, qu'elle n'est pas moins un Etre effectif & veritable, parce qu'elle tire son éxistence d'une Cause différente d'Elle ; Cette Cause Toute Puissante & toute Réelle ne s'étant pas déploiée pour faire des riens, mais pour produire des choses, & faire naître des effets réels ; Le Mouvement de même, qui est un effet de cette Puissance, ne laisse pas, dés-qu'il a été formé, d'être un état réel, pour avoir reçu son éxistence d'une Cause extérieure & différente de lui.

Le mouvement est donc un Etat réel du Corps ; il y éxiste, il est en lui, ou plutôt c'est le Corps même éxistant d'une certaine façon. Un Corps qui se meut change réellement de place. Qui dit un Corps *qui change de place* dit un Corps qui *déplace* ce qui s'oppose à son passage : Et qui dit un Corps *qui change réellement de place*, dit un Corps qui *déplace réellement* ceux qu'il rencontre, & qui par conséquent les met en mouvement. Il implique contradiction qu'un Corps change de place, sans déplacer ceux qu'il rencontre. Il implique donc contradiction qu'un Corps soit en mouvement sans y mettre ceux qu'il frappe. Or c'est le *Caractére essentiel d'une veritable Cause*, quand il implique contradiction qu'elle agisse, & que l'effet ne naisse pas de son action. Changer de place est un *état actif*; l'effet nécessaire de cet état actif, est de faire aussi changer de place à ce qu'il rencontre, & c'est-à-dire de le déplacer.

La Souveraine Sagesse a vû cela en créant le mouvement. En lui donnant l'éxistence il lui a donné tout ce qui étoit nécessaire pour subsister, & la force de déplacer l'étoit. Le mouvement a donc reçu cette force ; il l'a reçue en recevant son éxistence, & cette force, à le bien prendre, n'est pas différente de lui même. Changer de place & déplacer, c'est le même état considéré sous deux diverses rélations.

Le Corps rencontrant & le Corps rencontré s'unissent en une seule Masse ; Car chaque Corps est composé d'une infinité de substances dont chacune a son éxistence à part ; mais ces substances composent *un seul tout* par le *contact* & par le *repos* qu'elles sont l'une à l'égard de l'autre. Le Corps frappant touche le frappé, & il faut qu'ils avancent d'un pas égal, au moins dans le moment du choc, afin que le prémier continue à se mouvoir. Les voilà donc qu'ils forment une *seule Masse* ; Ce nouveau tout éxiste en appliquant successivement sa surface à ce qui l'environne. Quelle est la Cause de cette application successive commune à toute cette masse ? C'est l'application successive de celle des deux parties qui a poussé l'autre. Un effet ne sauroit être plus grand que sa Cause. Il n'y aura donc pas plus d'application successive dans le nouveau Tout, qu'il n'y en avoit dans celle de ses parties qui en est la Cause. Le nouveau Tout ne parcourra pas un plus grand espace que celui que parcouroit l'une de ses parties, dans un temps égal, avant qu'elle fut unie à l'autre.

Pour avoir la longueur du prémier espace parcouru, je diviserois cet espace par sa baze, qui est le poids du mobile. Pour avoir la longueur du second espace, je le diviserai de même par la nouvelle masse ; & comme le diviseur croitra, le quotient diminuera dans la même proportion. C'est ce qui fait dire que la vitesse du mouvement est diminuée par le choc & par l'union du frappant & du frappé, & qu'autant que celui-ci devient un Corps s'appliquant plus successivement qu'il ne faisoit,

autant

autant celui-là s'applique moins succeffivement.

LXV. JE VOIS bien des gens prévenus de la pensée qu'un Etre créé ne sauroit rien produire, ou être la Cause réelle de quoi que ce soit ; Car, difent-ils, pour produire il faut que ce qui n'exiftoit pas vienne à éxifter ; & de l'un de ces termes à l'autre il y a une diftance infinie : Or franchir cette diftance & par conféquent produire un changement infini, c'eft ce qui paffe les forces d'un Etre créé, qui par-là même eft un Etre fini : Mais ce font là de ces Subtilités Métaphyfiques qui éblouiffent & qui jettent aifément dans l'erreur, parce qu'elles font éxprimées dans des termes vagues & très-équivoques.

Les termes auxquels on prépofoit une négation avoient reçu dans l'Ecole le nom de *termes infinis*. *Non métal* ; *Non Animal*. En parlant ainfi j'éloigne à l'infini les Sujets dont je fais mention ; Ici, par éxemple, tout ce qui peut-être *métal*, tout ce qui peut-être *Animal*. De-là on a conclu que quand on dit *mouvement*, *non mouvement*, il y a une diftance infinie de l'un de ces termes à l'autre.

Mais tout ce qui n'eft pas métal, tout ce qui n'eft pas Animal eft-il infiniment éloigné de l'Etre ? Un noiau de Cerife n'eft pas un Cerifier, c'eft un *non Cerifier*, mais il n'eft pas infiniment éloigné d'être Cerifier, il a une aptitude à le devenir, qui ne fe trouve pas dans le noiau d'aucun autre fruit, & dont d'autres femences font encore plus éloignées. L'Eau, le fel, le fouphre ne font pas des Arbres, mais ces parties fervent réellement à les nourrir, & en les nourriffant elles deviennent arbres, ou parties d'arbres.

En général, une chofe qui éxifte, n'eft éloignée du Néant, ou n'eft différente du rien, qu'en vertu de ce qu'elle poff. de de réel ; elle n'en eft différente qu'autant qu'elle eft réelle. Or toute Réalité créée eft finie. Donc aucune Creature n'eft infiniment éloignée du Néant. C'eft éloignement infini eft le Caractère propre de l'Etre Eternel & Néceffaire. Produire du mouvement, ce n'eft donc pas produire un changement, & par conféquent, un effet infini, puifque le mouvement eft une réalité finie, laquelle même ne différe pas autant du néant, & n'a pas autant de réalité que la Subftance.

L'Idée de la production d'une Subftance, n'eft pas à beaucoup près fi facile à former que l'Idée de la production d'un Mode ; nous avons de la peine à y venir : Mais celle d'un Mode fe préfente d'abord, parce que c'eft l'Idée d'un effet qui eft en nôtre puiffance ; Car enfin, j'introduis dans un morceau de cire tant de figures qu'il me plait, nous fimplement parce qu'en retranchant de certaines pièces, je laiffe paroitre des figures qu'elles enveloppoient, & qu'elles couvroient, mais en y en faifant naitre qui n'y étoien point : Par éxemple quand de ronde qu'elle étoit je l'applatis, & que d'un Cube j'en fais une piramide &c. Mais je n'ai pas reçu le pouvoir de produire des Subftances ; pouvoir qui nous auroit été inutile puifque fi tout eft plein, nous n'aurions pû les placer nulle part, & au cas du Vuide, fi les Corps nous environnoient ont le degré de denfité qui leur convient, & qui convient à l'Univers, de nouvelles Subftances, en augmentant cette denfité, n'auroient fait que le dérangement.

Mais cette puiffance que nous n'avons pas, il eft très-facile de nous convaincre que Dieu l'a ; Car il implique contradiction que la Volonté de l'Etre Infini ne foit pas infiniment réelle, & par conféquent infiniment efficace : Car la force eft toûjours proportionnée à la réalité, puifque la force d'un Etre, c'eft cet Etre même agiffant ou en état d'agir.

Je ne m'arrête pas à réfuter ce que Mr. Bayle trouve à propos d'inférer dans fon Objection. *Si le Mouvement étoit un Etat du Corps, il feroit étendu*

autant que le Corps, & dans la même enceinte, il y auroit deux étendues qui fe pénétreroient. C'eft une vérille. Le Poids d'une Boule eft d'une Livre, y a-t-il dans l'enceinte de cette furface fphérique, deux étendues qui fe pénétrent l'une du poids d'une Livre, l'autre de fa figure ?

Après avoir reconnu que le Mouvement eft un Etat actif, foit en vertu des Loix conftamment établies par le Créatteur des Corps & de leurs Mouvemens, foit par la nature même du Mouvement qu'il a créé ; ou, pour m'éxprimer en d'autres termes après avoir reconnu qu'un Corps ou Mouvement a de l'activité & doit produire des effers fur ce qu'il rencontre, rien n'eft plus aifé que d'éxpliquer ce que Mr. Bayle propofe comme une difficulté qui lui donne lieu de fe jouer des Phyficiens & de les regarder en pitié. *Un Vaiffeau*, dit-il, *mû par des Vents, par des Courans & par des Rameurs, décrira une Ligne qui participera de ces trois actions, plus ou moins felon que l'une eft plus forte que les autres. Ofériés-vous dire que des Entités infenfibles & pénétrées entr'elles, & avec tout le Vaiffeau, fe refpecteront jufqu'à ce point & ne fe brouilleront point ?*

Le Corps *a* eft pouffé fuivant la direction *b a* avec une viteffe qui le feroit avancer de *a* en *d* dans une Minute, du Septentrion au Midi. En même temps il reçoit une impulfion, fuivant *c a* plus forte & capable de le porter auffi, ci elle étoit feule de *a* en *e*, dans une Minute. 1. Il eft impoffible que ce Corps décrive, en même temps *a d* & *a e*. Donc il ne les décrira pas ; Mais 2. Les effets de ces deux impulfions fubfifteront dans les deux fuivant l'un peut coéxifter avec l'autre. 3. En même temps que *a*, peut devenir plus Méridional de la longueur *a b*, il peut auffi devenir plus Oriental de la longueur *a e*. 4. Les Mobiles en Mouvement font des Agens néceffaires, c'eft donc une néceffité que leurs effets foient produits dans le fens qu'ils font poffibles. 5. Ces deux Mouvements l'un du Septentrion au Midi & l'autre de l'Occident à l'Orient nuiront & ces deux déterminations avanceront fuivant la proportion de leurs chocs, fi le Mobile fe meut fur la diagonale *a f*, car en quelque point qu'il fe trouve de cette diagonale, fon progrès vers le Midi, fera à fon progrès vers l'Orient comme *a d* eft à *a e*.

Ce n'eft point par choix que les deux impreffions qui fe font fur *a* fe partagent ainfi ; C'eft une néceffité que le Mobile à cédé à ces deux chocs dans cette direction. Pour peu que les chocs qui tombent fur *a*, ou pour peu que les déterminations *b a*, *c a* variaffent, la détermination *a f*, varieroit dans les mêmes proportions. Les effets des Mobiles pouffans fur le pouffé répondent néceffairement à la force & à la direction des chocs.

LXVI. ,, VOICI, dit Mr. Bayle, une autre ,, Objection. On ne fauroit dire ce que c'eft que ,, le mouvement ; car fi vous dites que c'eft aller ,, d'un lieu à un autre, vous expliquez une chofe ,, obfcure par une chofe plus obfcure, *obfcurum per* ,, *obfcurius*. Je vous demande d'abord, qu'entendés- ,, vous par le mot de *lieu* ? Entendés-vous un ef- ,, pace diftinct des Corps ? Mais en ce cas-là vous ,, vous engagés dans un abyme dont vous ne pou- ,, rés jamais fortir. Entendés-vous la fituation d'un ,, Corps, entre quelques autres qui l'environnent ? ,, Mais en ce cas-là vous définirés de telle forte le ,, mouvement, qu'il conviendra mille & mille fois ,, aux Corps qui font en r pos. Il eft fur que ,, jufques ici on n'a pas trouvé la définition du mou- ,, vement. Celle d'Ariftote eft abfurde, celle de ,, Mr. Defcartes eft pitoiable ; Mr. Rohault après ,, avoir bien fué pour en trouver une qui rectifiât ,, celle de Defcartes a produit une défcription ,, qui peut convenir à des Corps que nous conce- ,, vons très-diftinctement ne fe mouvoir pas ; de là ,, vient que Mr. Regis s'eft crû obligé de la jetter : ,, Mais celle qu'il a donnée n'eft point capable de ,, diftin-

,, diſtinguer le mouvement d'avec le repos. Dieu
,, l'unique moteur, ſelon les Cartéſiens, doit faire
,, ſur une maiſon la même choſe que ſur l'air, qui
,, s'en écarte pendant un grand vent : il doit créer
,, cet air dans chaque moment avec de nouvelles relati-
,, ons locales, par rapport à cette maiſon : il doit auſſi
,, créer cette maiſon dans chaque moment, avec de
,, nouvelles relations locales par rapport à cêt air. Et
,, ſurement ſelon les principes de ces Meſſieurs, au-
,, cun Corps n'eſt en repos ſi un pouce de matiére
,, eſt en mouvement. Tout ce donc qu'ils peu-
,, vent dire aboutit à éxpliquer le mouvement ap-
,, parent, c'eſt à dire à éxpliquer les circonſtances
,, qui nous font juger qu'un Corps ſe meut & qu'un
,, autre ne ſe meut pas. Cette peine eſt inutile,
,, chacun eſt capable de juger des apparences. La
,, queſtion eſt d'éxpliquer la nature des choſes
,, qui ſont hors de nous, & puis qu'à cèt égard
,, le mouvement eſt inéxplicable, autant voudroit-
,, il dire qu'il n'éxiſte pas hors de nôtre eſprit.

R.'p.79. LXVII. 1. SEXTUS blâme avec raiſon les Phyſiciens après Oneſydême (Liv. 1. Chap. 17.) de
ce que ſouvent-ils s'aviſent de chercher les Cauſes
d'un fait, de la Verité duquel ils ne ſe ſont pas
bien aſſurés. Le bon-ſens veut donc qu'on s'aſſure
de l'éxiſtence du mouvement, avant que de ſe fatiguer à en découvrir la nature.

2. Quand aucune des Définitions, qu'on a données
juſqu'ici du Mouvement, ne ſeroit aſſés éxacte, il
ne s'enſuit pas qu'il fût impoſſible d'en trouver
une qui le fût : Tout ce qu'on n'a pas encore heureuſement éxpliqué, ne doit pas, pour cela , paſſer
pour inéxplicable.

3. Souvent une Définition n'eſt pas approuvée,
non pas parce qu'elle eſt fauſſe, mais parce qu'on
la donne pour ſuffiſante, quoi qu'elle ne le ſoit
point : Souvent encore celui qui ne définit pas
bien, s'éxprime mal, quoi qu'il penſe juſte. Pour
s'aſſurer qu'une choſe eſt en effet, eſt-il néceſſaire
de la connoitre parfaitement, & ne ſuffit-il pas d'en
avoir quelque connoiſſance?

4. Il ne faut pas s'étonner s'il n'a pas été facile
de bien définir le mouvement ; Les Objets les plus
ſimples ſont ceux dont les définitions ſont plus difficiles à donner : On s'eſt tellement accoutumé à
croire qu'ils n'en ont pas beſoin, que quand on la
demande, on eſt ſurpris de cette Queſtion, &
ſouvent les efforts qu'on fait pour y répondre, ſont
cauſe qu'on dit au-delà de ce qu'on devroit. Souvent encore les Idées ſimples ne peuvent ſe définir
que par des termes ſynonimes qui les éx-
priment, & ces définitions paſſent pour vicieuſes ;
Elles le ſeroient effectivement dans des ſujets plus compoſés, mais elles ſont pardonnables dans les ſimples ; &
c'eſt ce qui eſt arrivé aux définitions du mouvement.

5. Le mouvement des Corps qui nous environnent,
de même que celui du nôtre, ayant produit ſur
nous des ſenſations, elles ſe ſont tellement unies à
l'Idée du mouvement, qu'il n'a pas été facile de les
en dégager. Quand on le définiſſoit, ſans y faire
entrer quoique ce ſoit qui répondit à ce qu'éxpri-
ment les termes d'efforts, d'impétuoſité, ces définitions paroiſſoient trop minces, & quand on y
faiſoit entrer ces termes, ou leur ſynonimes, on
paroiſſoit attribuer aux Corps & à la ſimple étenduë, ce qui ne convient qu'à la Penſée ; Ces cauſes & d'autres encore ont retardé ceux qui s'appliquoient à découvrir la Nature du Mouvement.

Peut-être ne manqueroit-on pas tout-à-fait de
ſuccés en s'y prenant de la maniére ſuivante.

Conſiderer les choſes dans leur naiſſance, c'eſt
un des moiens les plus propres pour les connoitre ;
car chaque choſe eſt préciſément ce que ſa Cauſe
lui a donné d'être, en la faiſant ; & ſi elle eſt
l'effet d'une Volonté, elle ſe trouve préciſément
telle que cette Volonté a voulu qu'elle fût, lorſqu'elle en a ordonné la naiſſance.

LXVIII. POUR voir naître le prémiére mou- *Naiſſance du Mou-*
vement, il faut d'abord ſuppoſer qu'il n'y en a *vement.*
point, c'eſt-à-dire, ſe repréſenter toutes les parties
de L'Univers dans un parfait repos.

Cette ſuppoſition eſt très-raiſonnable : On commence par le plus ſimple, & le repos l'eſt infiniment, en comparaiſon du mouvement. Un Corps
en repos eſt toûjours dans le même état, & conſerve conſtamment & uniformément les mêmes relations ; mais quoi qu'un Corps en mouvement ſoit
toûjours en mouvement ; pendant qu'il ſe meut,
& que ſon mouvement, de plus, puiſſe être uniforme,
c'eſt-à-dire, aller toûjours d'un pas égal, il y a
néanmoins dans le mouvement un changement continuel, & ce changement lui eſt eſſentiel ; il s'é-
loigne toûjours plus d'un terme, & s'approche toûjours plus d'un autre, ſes relations de diſtance ne
demeurent jamais les mêmes ; il s'applique toûjours
à des parties différentes, il les parcourt l'une après
l'autre, il eſt dans une ſucceſſion continuelle ; Dans
le repos on ne trouve qu'une parfaite Identité.

Je choiſis dans cette vaſte étenduë, où il n'eſt
encore arrivé aucun changement ; & je déſigne,
par la penſée, une ſphére de ſix piés, par exemple,
de raïon ; ſa ſurface convéxe parfaitement polie,
eſt immédiatement touchée en tous les points, par
une Concavité qui l'embraſſe, & qui eſt auſſi parfaitement polie ; c'eſt-à-dire je ne conçois aucune
des parties de l'une engagée, dans les interſtices de
l'autre.

Cette ſphére, & ce qui l'environne, ſont dans
un parfait repos, ce ſont toûjours les mêmes parties
de l'une & de l'autre ſurface qui ſe touchent conſtamment. Prenés dans cette ſphére quelque partie
qu'il vous plaira, comparés-la avec celle que vous
voudrés des corps qui l'environnent, ſa ſituation
demeurera la même ; ſa relation de diſtance ne changera point.

Concevés après cela que l'Intelligence ſuprême
veut que cette ſphére applique ſucceſſivement ſa
Surface Convéxe qui la renferme, à la Surface Concave qui l'embraſſe immédiatement ; cette volonté
ſera incontinent ſuivie de ſon effet, & cette ſphére
ſe mettra en mouvement. Concevés l'Intelligence
ſuprême, qui ordonne à cette ſphére de ſe mettre
en mouvement, cèt ordre ſera auſſi éxécuté, &
elle, c'eſt-à-dire, toutes ſes parties appliqueront ſucceſſivement la ſurface convéxe, qui les renferme toutes, à la concavité qui la touche.

LXIX. JE VOIS déja par-là que le Mouve- *Propriétés*
ment eſt l'état d'un Corps qui applique ſucceſſive- *eſſentielles*
ment ſa ſurface à l'étenduë qui l'avoiſine immédia- *du mou-*
tement ; C'eſt la *prémiére* propriété eſſentielle au *vement.*
mouvement que ſa naiſſance me fait appercevoir

Je m'apperçois en même temps d'une *ſeconde* qui
n'eſt pas moins eſſentielle, c'eſt qu'il n'y a aucune
partie dans cette ſphére, qui ne change ſans ceſſe
de ſituation, par rapport aux parties de la Concavité, à laquelle je la compare ; ce n'eſt pas la ſurface convéxe de la ſphére qui s'applique ſeule ſucceſſivement ; toutes les parties qu'elle renferme, &
dont elle eſt la ſurface commune, contribuent à
l'appliquer, & en faiſant cela, elles changent toutes
de ſituation.

Déſignés encore par la penſée, vers l'éxtrémité
de cette ſphére, un Anneau d'un pié d'épaiſſeur,
& figurés-vous qu'il ſe meut, tout le reſte demeurant immobile, toutes les parties renfermées entre
les ſurfaces, l'une Convéxe & éxtérieure, l'autre
intérieure & Concave de cét anneau, changeront de
ſituation, par rapport aux Corps qui les environnent, & toutes enſemble appliqueront ſucceſſivement les deux ſurfaces dans leſquel:s elles ſont
renfermées, & qui ſont les éxtrémités du Tout
qu'elles compoſent.

Mais le *Centre de cette ſphére ſe meut il auſſi?* Sans
doute, car tout ce qui eſt renfermé dans ſon enceinte,

ceinte, se meut. On suppose ordinairement un Raion de Cercle tournant autour d'un Centre, qu'on regarde comme Immobile; Mais c'est une supposition abstraite : On fait abstraction du mouvement de ce Centre, on en parle comme d'une sphére infiniment petite, & immobile, autour de laquelle l'éxtrémité du Raion tourneroit, & l'erreur de cette supposition n'est d'aucune conséquence, parce qu'elle est infiniment petite, par rapport même aux Calculs les plus poussés : mais réellement, & éxactement parlant, le Centre c'est l'éxtrémité du Raion; ce Raion se meut, & son éxtrémité, qui est quelque chose de lui même se meut aussi : Une sphére est composée de deux Hémisphéres, les surfaces planes de ces deux Hémisphéres se touchent immédiatement; dans l'un; & dans l'autre il y a un Raion, & ces deux Raions posés bout à bout forment le Diamétre ; Entre l'éxtrémité de l'un & celle de l'autre, (je parle des deux éxtrémités qui se touchent,) il n'y a absolument aucun intervale, & on peut prendre pour Centre celle de ces deux éxtrémités qu'on voudra. Il arrive à chacune de ces éxtrémités des deux Raions, ce qui arrive à toute la surface plane de chacun des deux Hemisphéres : elles changent sans cesse de situation, elles sont toûjours tournées vers de différents endroits; Ce qui étoit supérieur devient inférieur après un demi tour, ce qui étoit tourné à la droite, est tourné à la gauche après autant de mouvement.

Du Mouvement Circulaire. LXX. CE QU'ON vient de lire suffit pour résoudre une Objection que Mr. Bayle pose pour la V. (pag. 542. T. IV.)

,, Je n'insisterai guére, dit-il, *sur l'impossibilité du mouvement circulaire, quoique cela me fournisse une puissante Objection. Je dis en deux mots que s'il y avoit un mouvement circulaire, il y auroit tout un Diamétre en repos, pendant que tout le reste du Globe se mouvroit rapidement. Concevés cela si vous pouvés dans un Continu.*

Mr. Bayle nous fait grace d'une Objection puissante, selon lui, mais cette grace n'est pas fort considérable ; On voit par ce que je viens de dire, qu'elle ne mérite pas une grande reconnoissance, puis qu'il est si aisé de répondre à cette puissante objection : Mais quand la réponse que je viens d'y faire ne seroit encore venue dans l'esprit de qui que ce soit, il ne seroit pas moins vrai que cette réponse est possible, & suffisante en elle même, d'où il suit évidemment qu'un Pyrrhonien peut proposer une Objection dont la solution soit ignorée, sans qu'on soit pour cela en droit de rejetter la Verité que cette Objection combat, ou de la traiter d'Incertaine, à moins qu'on ne s'estime en droit de ne croire quoi que ce soit, pendant qu'on ignorera quelque chose.

De la vîtesse des Mouvemens. LXXI. La vitesse inégale des mouvemens fournir à Mr. Bayle une Objection contre leur éxistence. Il la propose à la page 539. en ces termes: " La 3. Objection
,, étoit l'argument fameux qu'on nommoit Achille. Zé-
,, non d'Elée en fut l'inventeur, si on s'en rap-
,, porte à Diogéne Laërce, qui dit néanmoins que
,, Phavorin l'attribue à Perménides, & à plusieurs
,, autres. Cette Objection a le même fondement
,, que la seconde, mais elle est plus propre aux Dé-
,, clamations. Elle tendoit à montrer que le mobile
,, le plus vîte, poursuivant le mobile le plus lent ne
,, pourroit jamais l'atteindre.

,, Après cela Mr. Bayle ajoute du Grec & du
,, Latin sans nécessité, & qui même est sans élégan-
,, ce ; puis il continue: *Supposons une tortue à 20 pas
,, devant Achille, & limitons la vitesse de ce Héros à
,, la proportion d'un à 10.* (Il a voulu dire détermi-
,, nons cette vitesse dans la proportion de 10 à 1)
,, *Pendant qu'il fera 10 pas la tortue en fera un :
,, elle fera donc encore plus avancée que lui Pen-
,, dant qu'il fera le 21 pas*, elle gagnera la 20
,, partie du 22, & pendant qu'il gagnera cette 20

,, partie, elle parcourera la 20 partie de la partie 21,
,, & ainsi de suite Aristote nous renvoie à ce
,, qu'il a répondu à la 1 corde Objection : nous
,, pouvons le renvoyer à nôtre Replique. Voici
,, aussi ce qui sera dit dans la remarque suivante,
,, touchant la difficulté d'expliquer en quoi consiste
,, la vitesse du mouvement. " Cette remarque, se
,, trouve dans l'Objection que Mr. Bayle donne pour
la VI.

On s'apperçoit facilement de l'utilité que Mr. Bayle tire de ces partages d'une même Objection : Les Répétitions ne servent pas seulement à les mieux imprimer dans l'esprit de ses lecteurs, & à les leur rendre plus familiéres, elles les détournent outre cela du soin d'examiner, soin dont on est très-porté à se dispenser : On renvoye cet examen jusqu'à ce qu'on soit parvenu à l'endroit où Mr. Bayle fait espérer qu'il reprendra son Objection & qu'il la dévelopera plus exactement. Quand on est parvenu à cet endroit-là, ou l'on se trouve fatigué par la lecture de ce que Mr. Bayle a placé entre deux, ou l'on tombe dans des Idées que l'on s'est déja rendués familiéres, & pour lesquelles par conséquent on est déja prévenu de quelque estime & de quelque affection. Voici donc l'objection de Mr. Bayle Continuée. (pag. 542.)

,, Enfin je dis que s'il y avoit du mouvement, il
,, seroit égal dans tous les Corps, il n'y auroit point
,, d'Achiles & de tortues ; un lévrier n'atteindroit
,, jamais un liévre. Zénon objectoit cela, mais il
,, semble qu'il ne se fondoit que sur la divisibilité à
,, l'infini du Continu, & peut-être, me dira-t-on
,, eut-il renoncé à cette instance ; s'il eut eu à faire
,, à des adversaires qui eussent admis ou les points
,, Mathématiques, ou les atomes ; Je répons que
,, cette instance frappe également tous les trois Systê-
,, mes. Car supposés un chemin composé de par-
,, ticules indivisibles, mettés-y le nombre cent points
,, au devant d'Achille, il ne l'atteindra jamais, si elle
,, marche ; Achille ne fera qu'un point à chaque
,, moment, puisque s'il en faisoit deux il seroit en
,, deux lieux tout à la fois. La tortue fera un point
,, à chaque moment : c'est le moins qu'elle puisse
,, faire, rien n'étant moindre qu'un point.

Voila l'Hypothése des Atomes très-simplement, & très-clairement réfutée par son incompatibilité avec le Mouvement. Mr. Bayle compte qu'on ne s'en tirera pas mieux quelque parti qu'on veuille prendre.

,, La raison formelle de la vitesse du Mouvement,
,, continue-t-il, est inéxplicable : la plus heureuse
,, pensée là-dessus est de dire que tout Mouvement
,, n'est Continu, & que tous les Corps qui nous
,, paroissent se mouvoir, s'arrétent par intervalles. Ce-
,, lui qui se meut dix fois plus vite que l'autre s'ar-
,, rête 10 fois, contre l'autre cent. Mais quelque
,, bien imaginé que paroisse ce subterfuge, il ne
,, vaut rien, on le refute par plusieurs raisons soli-
,, des que vous pouvés voir dans tous les Cours de
,, Philosophie. Je me contente de celle qui est ti-
,, rée du mouvement d'une roue. Vous pourriés faire
,, une roue d'un diamétre si grand que la partie des
,, rais la plus éloignée du Centre se mouvroit cent
,, fois plus vite, que la partie enchassée dans le moïeu ;
,, Cependant les rais demeureroient toujours droits :
,, preuve évidente que la partie inférieure ne seroit
,, pas en repos, pendant que la supérieure se mou-
,, vroit. La divisibilité à l'infini des particules du
,, Corps, rejettée ci-dessus comme une chose visi-
,, blement fausse & contradictoire, ne sert de rien contre ce argument.

LXXII. CETTE divisibilité qu'il plaît à Mr. Bayle de rejetter ici & ailleurs comme visiblement fausse, il l'a pourtant reconnue comme une Conséquence liée sans aucun doute, à l'éxistence de la Matiére.

Cette divisibilité ne résoud pas immédiatement
& par

& par elle même l'Objection, mais on en peut faire un usage qui sert à la résoudre.

Mr. Bayle auroit pû citer des Physiciens Modernes, puisque cette Objection, & les Réponses qu'on y fait se trouvent dans tous les Cours de Philosophie. Mais je ne sai par quelle affectation il lui plaît de citer *Arriaga* & *Oviego* Autheurs Espagnols; il met en marge que l'un répond mal, & que l'autre croit donner une nouvelle solution à ce nœud qu'il appelle *Gordien*.

Enfin Mr. Bayle cite *Sextus*, & *Sextus* ne dit que ce que j'en ai rapporté. En le voiant cité par Mr. Bayle j'en aurois soupçonné d'avantage.

Fig. 17.

Faites tourner la ligne A B, autour de son milieu C, en frappant son extrémité B, le point A sera précisément autant de chemin que le point B, & aura la même vitesse. Tout ce qu'il y a sur cette ligne dès B en C & de C en A se mouvra en même temps que les deux extrémités de A & de B, & les points D & E ne demeureront pas sans avancer aucunement, pendant que B avancera de B vers F sur la circonference B F G A. Pour petit que soit cet Arc le R ion C B qui l'aura décrit, aura changé de place, & parvenu en E, il sera avec sa position précédente l'angle B C F, & le point H sera éloigné du point D comme le point K du point E. On voit par là que la Vitesse peut croitre & diminuer à l'infini. En effet comme nous l'avons déja remarqué, qui dit changement, qui dit succession, dit quelque chose qui ne peut-être fixe.

Dès qu'une application n'est pas sur les mêmes parties, elle peut toujours devenir plus successive. Un Changement peut toujours devenir plus grand, & toujours moindre aussi, par degrés jusqu'à ce qu'il soit nul. Une vitesse plus grande, c'est une application à un plus grand nombre de parties, dans le même temps c'est une application plus successive, plus variée. Il n'y faut pas chercher d'autre chose.

Mais l'Esprit humain n'aime pas ce qui est tant multiple: Il a été fatigué, & le même principe qui lui a fait supposer des Atômes, où il bornât ses divisions, & ses subdivisions, lui a fait encore imaginer des *Morules*, des Intervales de Repos, qui lui fournissent la commodité de concevoir toutes les Vitesses égales en elles mêmes, tous les Mouvements également successifs.

Voici un exemple qui force de reconnoitre qu'un plus grand nombre de parties égales peuvent être parcourues dans un temps plutôt que dans un autre, quoique ces deux temps soient toujours égaux & qu'il n'y ait assurément point plus de *Morules* dans un de ces cas que dans l'autre. Que la surface a c coule le long de la surface e o supposée d'abord en repos, & qu'elle la parcoure dans deux Minutes. Après cela que la surface o e parcoure à son tour aussi dans deux Minutes la surface s a qui lui est égale, & qui demeure en repos. Que ces Deux suppositions soient suivies d'une Troisième. Que le *premier* Rectangle se meuve de a en e avec la même vitesse qu'auparavant, & le *second* de o en e avec la même vitesse encore. Il est indubitable, que dans une Minute, le Point a sera vis-à-vis de f; cette f étant vis-à-vis de la moitié de e o.

Dans une minute aussi le point o sera vis-à-vis de g, & dans la ligne f g; o sera donc vis-à-vis de a, & la surface a c aura parcouru dans une Minute toute la surface e o avec la Vitesse précisément qui lui auroit fait parcourir la prémière fois la moitié de a e. Dans le prémier cas, il n'y avoit point eu un plus grand nombre de *Morules*, ni de plus longues que dans celui-ci, car les Vitesses n'ont point changé; cependant l'application a été plus successive, & une plus grande Application a été parcourue dans un des temps que dans l'autre.

Mr. Bayle fait, de ce que je viens d'alléguer pour preuve, une Objection qu'il donne pour Victorieuse. (pag. 539.)

" LIII. AYEZ une table de 4 aunes, prenés *Objection.* " deux Corps qui ayent aussi 4 aunes, l'un de " bois, l'autre de pierre. Que la table soit immobi- " le, & qu'elle soûtienne la pièce de bois, selon la " longueur de deux aunes à l'Occident. Que le " Morceau de pierre soit à L'Orient, & qu'il ne " fasse que toucher le bord de la table. Qu'il se " meuve sur cette table vers l'Occident, & qu'en " demie heure il fasse deux aunes, il deviendra " contigu au Morceau de bois. Supposons qu'il " ne se rencontrent que par leurs bords, & de tel- " le sorte que le mouvement de l'un vers L'Oc- " cident, n'empêche point l'autre de se mouvoir " vers l'Orient. Qu'au moment de leur contigui- " té le morceau de bois commence à tendre vers " L'Orient, pendant que l'autre continue à tendre " vers L'Occident; qu'ils se meuvent d'égale " vitesse: Dans demie heure le Morceau de pierre " achevera de parcourir toute la table: il aura donc " parcouru un espace de 4 aunes dans une heure, " savoir toute la superficie de la table. Or le Mor- " ceau de bois dans demie heure a fait un sembla- " ble espace de 4 aunes, puisqu'il a touché toute " l'étendue du morceau de pierre par ses bords: il " en donc vrai que deux Mobiles d'égale vitesse " font le même espace; l'un dans demie heure " l'autre dans une heure; donc une heure, & une " demie heure font des temps égaux, ce qui est " contradictoire. Aristote dit que c'est un so- " phisme, puisque l'un des mobiles est considéré par " rapport à un espace qui est en repos, savoir la " table, & que l'autre est considéré par rapport à " un espace qui se meut, savoir le morceau de " pierre. J'avoue qu'il a raison d'observer cette " différence: mais il n'ôte pas la difficulté; car il " reste toujours à expliquer une chose qui paroit " incompréhensible: c'est qu'en même temps un " Morceau de bois parcourt 4 aunes par son Coté " méridional, & qu'il n'en parcoure que deux, " par sa surface inférieure. Voici un exemple plus " débarrassé. Ayez deux livres in folio d'égale lon- " gueur, comme de deux piés chacun. Posés-les " sur une table l'un devant l'autre, mouvés-les en " même temps l'un sur l'autre, l'un vers l'Orient, " & l'autre vers L'Occident, jusques à ce que le " bord Oriental de l'un, & le bord Occidental de " l'autre, se touchent. Vous trouverés que les " bords par lesquels ils se touchoient, sont dis- " tans de 4 piés l'un de l'autre, & cependant cha- " cun de ces livres n'a parcouru que l'espace de " deux piés. Vous pouvés fortifier l'objection " en supposant quelque corps qu'il vous plaira en " mouvement au milieu de plusieurs autres qui se " meuvent en différens sens, & avec divers degrés " de vitesse; vous trouverés que ce même corps " aura parcouru en même temps diverses sortes " d'espace, doubles triples &c. les uns des autres, & " songés-y bien, vous trouverés que cela n'est ex- " plicable que par des calculs d'Arithmétique, qui " ne font que des Idées de nôtre Esprit; mais " que dans les Corps mêmes la chose ne paroit " point praticable. Car il faut se souvenir de " ces trois propriétés essentielles du mouvement: 1. " Un mobile ne peut point toucher deux fois de suite la " même partie de l'espace. 2. Il n'en peut jamais " toucher deux à la fois. 3. Il ne peut jamais tou- " cher la troisième avant la seconde, ni la quatri- " éme avant la troisième &c. Quiconque pourra " accorder Physiquement ces trois choses, avec la " distance de 4 piés, qui se trouve entre deux " corps qui n'ont parcouru que deux piés d'espa- " ce; ne sera pas un mal habile homme; Remarqués " bien que ces trois propriétés conviennent aussi " nécessairement à un mobile qui traverse des espa- " ces, dont le mouvement est contraire au sien, " qu'à un mobile qui traverseroit des espaces où rien " ne résisteroit.

LXXIV.

Réponse. LXXIV. UN LECTEUR qui n'est point accoutumé à des Spéculations de cette nature, quand on lui entasse ainsi Question sur Question, sans lui donner le temps de respirer, ne fait que répondre, & de quelque coté qu'il se tourne, il craint de tomber dans les Contradictions dont on le menace, Mais la même chose arrivera-t-elle à un Lecteur qui s'est familiarisé avec les termes qui composent cette Question, & qui se donne la patience de les examiner tranquillement l'un après l'autre?

1. Le mouvement est un Etat successif. Le mobile ne s'arrête pas sur un Atôme pendant la durée d'un Moment ; Après avoir quitté le premier, il ne s'arrête pas encore un Moment sur le second. Sans cesse il change de place, sans cesse il s'applique successivement le long de la surface qu'il touche.

2. Qui dit Successif ne dit rien de fixe ; il est essentiel à la succession & au changement de pouvoir croître & diminuer. La nature du changement est, de pouvoir être plus ou moins grand. Il est de la nature d'une Application successive, de pouvoir être, plus ou moins successive: Le mouvement, cette Manière d'être successive, est une Quantité, & il est essentiel à la Quantité d'être susceptible du plus & du moins. De deux Mouvemens dont l'un est plus successif que l'autre, l'un sera parcouru une Longueur plus grande, que celle qui sera parcourue par l'autre; Plus de parties sont parcourues par l'un, pendant que moins de parties sont parcourues par l'autre.

3. Dans des temps d'égale durée, la même vitesse ne peut pas parcourir plus de parties une fois que l'autre, lorsque les parties du Corps sur lequel elles s'appliquent sont immobiles.

L'Etat successif étant une quantité qui peut croitre, qu'on lui assi ne des degrés ; Deux degrés de vitesse seront parcourir deux Mesures, dans un Temps déterminé, & quatre degrés de vitesse feront parcourir quatre mesures.

5. Si la surface de la gauche est immobile, le Corps de la droite qui se meut, parcourra dans 4. temps, 4. mesures : si son mouvement avoit été le double plus vite, il les auroit parcourues en deux temps : Le double du mouvement produit le double du changement, par rapport à la surface, le long de laquelle le mobile s'applique.

6. Lorsque la surface de la gauche coule le long de la surface de la droite, en même tems que la surface de la droite coule avec une vitesse égale, le long de la surface de la gauche, vers un terme opposé au terme où tend celle-ci, il y a le double du mouvement. Donc dans le *même Temps* que *deux mesures auroient marqué le changement de situation,* 4. mesures le marqueront.

7. *Mais un Corps peut il être en* 2. *lieux en même tems ?* Non pas quand il se repose ; Mais lorsqu'il se meut ; suivant la vitesse avec laquelle il se meut ; pendant un temps, dont on a déterminé la durée, il peut être trouvé sur une longueur deux fois, trois fois, vingt fois &c. égale à la sienne. Le temps est successif comme le mouvement & est divisible comme lui.

8. *Un Mobile ne peut point toucher deux fois de suite la même partie de l'Espace.* Cela est Equivoque. La même partie du mobile ne touche pas 2. fois la même partie de l'Espace. Mais la même partie de l'Espace est touchée, 1. fois, 3. fois, 4. fois &c : par différentes parties du Mobile.

9. Il n'en peut pas toucher deux à la fois. La même partie n'est pas son égale & sur une autre. Mais dans un Temps déterminé & par conséquent divisible, & successif, la même partie, pendant la durée de ce temps peut se trouver vis-à-vis d'un grand nombre de longueurs égales à la sienne.

10. *Il ne peut jamais toucher la* 3. *avant la* 2. *ni la* 4. *avant la* 3. *&c.* On ne le dit pas non plus,

& quand la Vitesse est uniforme, & que les Parties dans lesquelles on conçoit l'Espace divisé, sont égales, ces Parties sont parcourues, l'une après l'autre, chacune pendant la partie du temps qui lui répond. Si vous divisez l'Espace en deux fois plus de parties, il faut tra aussi doubler le nombre des parties du Temps, qui seroit à proportion d'une moindre durée.

11. Si l'on veut pousser la Division des parties de l'Espace, on poussera de même celle du temps, & le temps se trouvera toûjours proportioné à l'Espace.

Quand Mr. Bayle ramène par cette considération ses Lecteurs aux embarras de l'Infini, sous prétexte de proposer une nouvelle Objection, il ne fait que rappeller les précédentes.

12. *Quiconque pourra accorder physiquement ces trois choses avec la distance de* 4. *piés qui se trouve entre deux Corps qui n'ont parcouru que deux piés d'espace, ne fera pas mal habile homme,*

Il n'est pas nécessaire d'être habile homme ; Il suffit d'avoir un peu d'attention, un peu d'habitude & de patience, pour comprendre que les deux Corps, dont Mr. Bayle vient de poser le cas, doivent changer chacun de situation par rapport aux deux piés de la Table en repos, qui les soutient, & qu'en même temps le changement de situation de l'un, par rapport à l'autre doit aller à 4. piés, parce que s'éloignant réciproquement l'un de l'autre, & s'éloignant par une cause double, l'effet en doit être double, Mr. Bayle, dont la sintaisie étoit d'établir le Pyrrhonisme & d'inspirer aux hommes de l'éloignement pour la Raison, allégue cet exemple comme une preuve sens replique d'une Incompréhensibilité, & un cas qui met à bout toutes nos Lumières, Il savoit bien que son Dictionnaire seroit lû par une infinité de gens qui ne seroient point accoutumés à réfléchir, & qui loin d'avoir des Principes solides sur les Sciences, n'en auroit nt même aucune teinture. Il savoit bien qu'il n'y avoit qu'à éblouir une partie de ses Lecteurs pour les amener où il lui plairoit. Mais pour trouver dans cet Exemple une Incompréhensibilité qui mette à bout toute nôtre Raison, il faut supposer que nous sommes nécessitez à concevoir une *Application successive* comme quelque chose de Fixe & de Réglé sur une *certaine Mesure*, Il faut supposer outre cela que la Raison est à bout, dès-qu'elle est obligée de convenir qu'un effet qui résulte des Impressions conjointes de deux Causes d'égale force, est double de ce qu'il seroit s'il n'étoit produit que par l'impression d'une seule.

C'est encore par une semblable Combinaison sophistique du Fini avec l'Infini, que l'on prétendroit prouver, on plûtôt que l'on faisoit semblant de prouver qu'*Achille* ne pourroit jamais atteindre une Tortue. Que celle-ci ait cent toises d'avance sur lui ; Pendant qu'*Achille* parcourra ces cent toises, la *Tortue* avancera d'une centiéme, & tandis qu'*Achille* franchira encore cet espace, la *Tortue* s'avancera de la centième d'une centième, & ainsi à l'infini : Elle le précédera toûjours moins, mais elle le précédera pourtant. Dès qu'il s'agit de comparer deux Vitesses finies avec des chemins finis, il n'y faut plus faire entrer un mélange de l'infini.

Qu'*Achille* parcoure une Toise dans une Minute seconde, & en parcourera cent dans cent minutes, & il parcourera Cent & une Toise, dans cent & une Minute; Alors la *Tortue* n'aura plus qu'une avance d'une centième de Toise; & pendant qu'*Achille* parcourera la toisiéme cent & deuxiéme, la *Tortue* fera encore sur cette cent & deuxième toise une nouvelle centième de chemin ; desorte qu'au bout de cent deux minutes, *Achille* l'aura devancée de $\frac{99}{100}$ de toise.

C'est ce que l'on trouve en comparant, comme la Raison l'ordonne, le Fini avec le Fini.

Si vous voulez savoir précisément, où c'est que deux tels Mobiles se trouvent sur la même Ligne, non ron pour y rester un Instant; mais pour en partir dès qu'ils y seront arrivés, en telle sorte que la fin du Temps qu'ils employent pour y parvenir, soit immédiatement suivie, & sans aucun intervale, du commencement du Temps où ils en partent : Voici la règle ; La Vitesse connue d'*Achille* est b ; celle de la *Tortue*, aussi connue, est e ; la Longueur qu'elle a d'avance sur *Achille* est d. La longueur au bout de laquelle ils se rencontrent précisément sera $d+x$ Donc b (vitesse d'Achille.) x (chemin de la Tortue) Donc e (vitesse de la Tortue) $d+x$ (Chemin total d'Achille.) x (chemin de la Tortue) Donc $ed = bx - ex$ & $x = \frac{ed}{b-e}$

Ici $x = \frac{10 \cdot 1}{99} = \frac{10 \cdot 1}{99}$ & $d + x = 100 + \frac{100}{99} = 101\frac{1}{99}$; car pendant que la Tortue fait $1\frac{1}{99}$, Achille fait $101\frac{1}{99}$.

Pyrrhonisme ne prouve à rien.

LXXV. Mr. BAYLE après avoir rassemblé tout ce qu'il a pû d'Objections contre le Mouvement à l'occasion d'un Philosophe Pyrrhonien, (qui en combatroit l'éxistence, pas des Principes de Chicane & de Vanité,) finit ses Objections en disant (pag. 542.) ,, C'est ainsi à peu près qu'on peut supposer que nôtre ,, Zénon d'Elée a combattu le mouvement. Je ne ,, voudrois pas répondre que ses raisons lui persua- ,, dassent que rien ne se meut : Il pouvoit être ,, dans une autre persuasion, encore qu'il crut tout ,, personne ne le refuteroit, ni n'en éludoit la for- ,, ce : Si je jugeois de lui par moi-même, j'assure- ,, rois qu'il croîoit tout comme les autres le mou- ,, vement de l'Etendue ; car encore que je me sen- ,, te très-incapable de résoudre toutes les difficul- ,, tés qu'on vient de voir, & qu'il me semble que ,, toutes les réponses Philosophiques qu'on y peut ,, faire sont peu solides, je ne laisse pas de suivre ,, l'opinion commune.

Qu'on profite de cette Remarque, & on se trouvera à couvert du Pyrrhonisme & de ses dangers ; En-vain on aura roulé dans son Esprit tout-ce que le plus subtil Disputeur peut opposer, & inventer de Doutes sur l'éxistence du Mouvement, & de l'Etendue ; on ne laissera pas de se trouver persuadé de cette éxistence, tout autant qu'on l'étoit, avant que d'avoir pensé à aucune de ces Objections. Et d'où vient cette Persuasion que rien n'ébranle? Elle vient d'une Evidence victorieuse qui force à se rendre & à croire. Il étoit impossible à Mr. Bayle de ne pas être persuadé qu'il écrivoit contre l'éxistence de l'Etendue, sur du papier & avec une plume, que sa Main alloit appliquant plus & quelquefois moins vite, que son encre étoit plus ou moins coulante. Qu'y a-t-il de plus naturel que de tirer de là cette conclusion, qu'il faut s'en tenir à ce qu'on Sait, sans se laisser ébranler par les Difficultés qu'on éprouve, quand on veut expliquer ce qu'on ne connoit pas assés? **Le bon sens amène encore à conclure qu'il** faut aller pié à pié, s'arrêter sur ce qui est à nôtre portée, & s'appliquer à découvrir, autant qu'on le pourra, sur les sujets qu'on éxamine, quelque partie dont on puisse s'assurer, par le moien de cette évidence qui force.

Les difficultés pour le mouvement se trouveront donc suivre contre les Pyrrhoniens, dès-qu'elles seront éxaminées par un Esprit raisonnable, qui aimera sincèrement la Verité & qui la cherchera affectueusement & tranquilement. M'est-il possible de douter qu'il y ait du Mouvement, dira-t-il, quand je me veux parler de mouvement, & que je ne veux pas me livrer au plaisir de la chicane ? Ne me représente-je pas un Corps en mouvement ? N'en ai-je pas l'Idée ? En est-il des termes dans lesquels je l'éxprime, comme de ceux-ci ; fois 4 font 7, qui se réduisent à de vains sons auxquels je ne puis attacher aucune Idée, parce que la signification de l'un est incompatible avec celle de l'autre ?

On fait là-dessus des difficultés aux-quelles je ne sai pas répondre. Puis donc qu'il n'est pas en mon pouvoir de penser de bonne foi, & de renoncer en même temps à la pensée qu'il y a du Mouvement, à cause de ces difficultés que je ne suis pas assés habil, ou assés savant pour résoudre, ne dois-je pas conclure de cêt éxemple que toutes les fois que des Preuves évidentes, simples, à portée de mon Intelligence, m'auront convaincu de quelques verités & auront forcé ma bonne foi à s'y rendre, je ne dois point me laisser ébranler, parce qu'il reste sur le même sujet quelque chose, que je ne connois pas assés, pour répondre à toutes les questions qu'on s'avisera de me faire.

En particulier dès qu'un Sujet tiendra quelque chose de l'Infini, & qu'on me formera, sur ce sujet là, des Questions, ou qu'on me proposera des Difficultés, pour la solution desquelles il faudroit que j'eusse une Idée plus complète de l'infini, que je puisse me le représenter plus distinctement, embrasser ce qu'il renferme, le mettre sous mes yeux & les y fixer, je dirai ; Il en est de ce Sujet comme du Mouvement. Tous les Sophismes imaginables ne me feront point douter de son éxistence, & cependant on trouve moien de m'embarrasser sur cette Matière, dès qu'on vient à y faire entrer l'Infini. Je profiterai de cette réfléxion, & je me souviendrai de cette Remarque sur tous les sujets qui tiendront de cêt Infini & sur tout quand il s'agira de l'Etre Infini en tout sens.

Si pour avoir refusé de croire qu'il y a du Mouvement, pour m'être mis dans l'Esprit d'en douter & de vivre conséquemment à ce Doute, je m'attirois quelques maux, ne seroit-ce pas ma faute ? N'auroit-on pas sujet de me les reprocher ? Me justifierois-je, m'éxcuserois-je même dans l'Esprit des personnes tant-soit-peu raisonnables, si je leur disois, comment vouliez vous que je crusse qu'il y eut du Mouvement ? Je voiois des raisons égales de côté & d'autre, & il me paroissoit contre la Sagesse de prendre parti dans l'Incertitude : Ce seroient de vains échapatoires. L'impuissance de répondre à quelques Questions subtiles & où l'on a fait adroitement entrer l'infini, devoit-elle tenir contre l'Evidence du sentiment qui nous convainc qu'il y a des Corps & que ces Corps se meuvent ? Il en sera de même, & vous serez également coupable, & également sans excuse admissible, lorsque des Difficultés sur l'Etre infini, que vous aurés recherchées, & dans lesquelles vous aurés aimé à vous embarrasser, vous auront empêché de vous rendre à des Raisons simples, évidentes & très-compréhensibles, qui vous prouvoient l'Existence de cêt Etre Infini & la nécessité d'étudier sa Volonté afin de vous y soûmettre.

Le vent a emporté un Toit qui n'étoit que de Chaume ou d'un bois leger. On dit au possesseur de la Maison qu'il ne sera pas à couvert de la pluïe ; Mais il ne la voit pas encore, il ne la sent pas, & son *Esprit-fort* se fait un mérite de ne point craindre, il s'applaudit de son Intrépidité : On voudroit pourtant amener à prendre des précautions raisonnables. On lui dit l'Argent ne vous manque pas, vous avés de la Tuile dans vôtre voisinage, donnez ordre que l'on vous fasse un Toit qui en soit couvert. *Que voulez-vous dire avec cette Tuile* ? *N'est-elle pas faite avec de l'Argile* ? *Et qu'a-t-il que la pluïe fonde plutôt* ? Mais, lui dira-t-on, On durcit cette Argile ; & *Comment* ? Par un grand feu ; *A d'autres*, repliquera-t-il, *pour qui me prenez-vous* ? *Le feu fond le Verre*, *les Métaux*, *l'Or qui est si Solide*, *les Cailloux, qui paroissent si éloignes de pouvoir devenir Liquides, & si fort au dessus de son impression. Le propre du mouvement n'est-ce pas d'agiter*, *n'est-ce pas là le caractère essentiel du feu* ? *me ferez vous croire qu'il agit contre sa nature* ? Supposons que cêt homme vive dans un Païs où la Physique est parfaitement ignorée, on se trouvera dans l'impuissance de répondre parfaitement à ses Objections, & de ne laisser sur ce sujet aucune obscurité. A cause de cela son doute sera-t-il bien fondé ? Son opiniâtreté

treté deviendra-t-elle raisonnable ? Et combien y a-t-il de sujets sur lesquels nous sommes obligés de demeurer dans le silence, à certains égars, & d'avouer qu'il y a des Difficultés que nous n'avons pas assés de Lumiere pour éclaircir, qui peuvent pourtant être connuts, tout comme nous connoissons présentement les causes de la dureté de la brique, & du changement de l'Argile ? Attendrions-nous à croire ce qu'il y a de prouvé sur ces sujets-là, jusqu'à ce qu'on nous ait fait parfaitement comprendre tout ce qu'ils renferment, toutes leurs suites, & tout ce qui y a du rapport ? Jusqu'à ce que l'on en soit là, nous ferons nous un plaisir & une gloire d'imiter les Chicaneries & l'obstination de celui qui refuse de croire qu'il y ait au Monde de la Tuile dont il pourroit couvrir son Toit ?

Vaine Apologie des Pyrrhoniens.
LXXVI. LES dernières paroles que j'ai citées de Mr. Bayle sont suivies de celles-ci. *Je suis même persuadé que l'exposition de ces Argumens peut avoir de grands usages par rapport à la Religion, & je dis ici, à l'égard des difficultés du Mouvement, ce qu'a dit Mr. Nicolle sur celles de la divisibilité à L'infini.*

,, L'utilité que l'on peut tirer de ces spéculations
,, n'est pas simplement d'acquerir des Connoissan-
,, ces, qui sont d'elles-mêmes assez stériles, mais
,, c'est d'apprendre à connoître les bornes de notre
,, Esprit, & à lui faire avouer malgré qu'il en ait,
,, qu'il y a des choses qui sont, quoiqu'il ne soit
,, pas capable de les comprendre : & c'est pourquoi
,, il est bon de le fatiguer à ces subtilités, afin,
,, de dompter sa présomption, & lui ôter la har-
,, diesse d'opposer jamais ses foibles lumières aux
,, veritès que l'Eglise lui propose, sous prétexte
,, qu'il ne peut pas comprendre; car puisque
,, toute la vigueur de l'Esprit des hommes est con-
,, trainte à succomber au plus petit atôme de la
,, matière, & d'avouer qu'il voit clairement qu'il
,, est infiniment divisible, sans pouvoir compren-
,, dre comment cela se peut faire, n'est-ce pas pé-
,, cher visiblement contre la raison, que de refuser
,, de croire les effets merveilleux de la toute puissance
,, de Dieu, qui est d'elle même incompréhensible,
,, par cette raison que nôtre Esprit ne les peut pas
,, comprendre.

Les Lecteurs attentifs à justifier les Citations, & à comparer les Objections avec les Réponses, ne sauroient manquer de jetter les yeux sur ces dernières paroles, renfermées dans un même article, avec celles sur lesquelles je viens de réfléchir ; & dès-là ils pourroient s'étonner si je les passois sans y faire quelques remarques.

1. L'attention aux bornes de nôtre Esprit est un grand préservatif contre le Pyrrhonisme : Cette attention nous éloigne des Questions qui passent nôtre portée & nous empêche de nous en embarrasser.

2. Il est sur tout important de se convaincre par des raisons simples & sans replique, de la nécessité de reconnoître un Infini, quoi qu'on ne puisse pas le comprendre d'une manière qui l'épuise & qui le représente à nôtre Esprit tout entier, & tel qu'il est.

3. Les Conclusions où le bon-sens nous amène, n'est-ce pas en raison que nous nous en persuadons ? La Raison a donc son usage, & pourquoi agréons-nous, dans le cas dont il s'agit, ses Instructions & ses Leçons ? C'est *l'Evidence* qui nous y force ; Continuons donc à nous rendre à une telle évidence quand nous la rencontrerons, & au lieu de la fuir, d'y refuser nôtre attention & de nous y dérober, respectons-la sans cesse, aimons-la, & ne nous lassons point de la chercher. D'un côté suspendons nôtre jugement sur ce qui n'est pas établi par des preuves Convaincantes & à nôtre portée ; D'un autre, Rendons nous à ce qui est démontré par de telles preuves.

Du même.
LXXVII. AINSI ce que Mr. Bayle assure de son chef, & ce qu'il ajoute de monsieur Nicolle va à établir qu'il ne faut pas se décou ager de croire une Verité, à cause de quelques Incon.préh.nsib litez, dont ses suites sont accompagnées, & il on donne pour exemple l'éxistence des Corps & celle de leur Mouvement. Cépendant d'abord après il ajoute qu'on ne peut avoir aucune certitude raisonnable sur l'éxistence des Corps. *Les preuves di il, que la Raison nous fournit de l'éxistence de la matière, ne sont pas assez évidentes pour fournir une bonne démonstration.*

Siens de l'assurance de l'éxistence des Corps.

,, Il y a deux axiomes Philosophiques qui nous
,, enseignent, l'un que la Nature ne fait rien inuti-
,, lement, l'autre que l'on fait inutilement, par plus
,, de moiens, ce que l'on peut faire par moins de
,, moiens, avec la même commodité. Par ces deux
,, axiomes les Cartésiens dont je parle peuvent sou-
,, tenir qu'il n'éxiste point de Corps ; car soit qu'il en
,, éxiste, soit qu'il n'éxiste pas, Dieu peut nous com-
,, muniquer également toutes les pensées que nous avons.
,, Ce n'est point prouver qu'il y ait des Corps, que
,, de dire que nos sens nous en assurent avec la
,, dernière évidence. Ils nous trompent à l'égard
,, de toutes les qualités corporelles, sans en excep-
,, ter la grandeur, la figure, & le mouvement des
,, Corps ; & quand nous les en croions, nous
,, sommes persuadez qu'il éxiste hors de nôtre
,, Ame un grand nombre de couleurs, & de sa-
,, veurs, & d'autres êtres que nous appellons dureté,
,, fluidité, froid, chaleur &c. Cependant il n'est
,, pas vrai que rien de semblable éxiste hors de nôtre
,, esprit. Pourquoi donc nous fierions-nous à nos
,, sens, par rapport à l'étendue ? Elle peut fort
,, bien être réduite à l'apparence tout comme les
,, Couleurs.

De la on conclut que la Foi seule peut nous assurer de l'éxistence des Corps. Mais si nous ne pouvons pas nous assurer par la Raison de l'éxistence des Corps, parce que cette éxistence est environnée de Difficultés, dont la parfaite solution demanderoit un Esprit moins borné, & en état de se représenter parfaitement l'Infini, l'éxistence de l'Infini ne sera-t-elle pas douteuse par les mêmes raisons ? De plus par quels moiens parvient-on à s'assurer de cette éxistence, sans la supposition, & la persuasion de laquelle, il n'y a point de Foi ? N'est-ce pas en remontant des effets à la Cause ?

Dira-t-on que l'Ame seule, le principe, qui trouve suffisamment en soi de quoi prouver l'éxistence d'un Etre suprême ? Mais outre la raison de ce que cèt Etre suprême possède des Attributs que nous ne saurions exactement comprendre, on fera sur la pensée les mêmes Difficultés que sur le Mouvement. Nos pensées se succédent l'une à l'autre, plus vite ou moins vite : Qui expliquera ces diversités de vitesses ? Où se tiennent celles que nous avons eués, & que nous rappellons ? Comment nôtre Esprit les a-t-il fait naitre en soi, comment a-t-il sû les chercher, s'il ne les connoissoit pas ? Le même Principe qui nous trompe sur les Couleurs, & les autres apparences, sur l'éxistence de l'Etendue, & sur celle du Mouvement, ne peut-il pas nous tromper sur tout le reste de nos raisonnemens ?

Soit qu'il éxistede l'Etendue, dit Mr. Bayle, *soit qu'il n'en éxiste pas, Dieu peut nous communiquer également toutes les pensées que nous avons.*

Il ne s'agit pas de la Puissance de Dieu considérée en elle-même. Il s'agit d'un éxercice de Puissance convenable à ses Perfections ; & nous avons prouvé qu'on ne penseroit point d'une manière conforme à l'Idée qu'on doit en avoir, si on supposoit que toute nôtre Vie n'est qu'une suite d'Illusions. J'ai déja refuté tout le reste de cèt Article.

,, Le Pére Mallebranche (ajoute Mr. Bayle)
,, aiant étalé toutes ces raisons de douter qu'il y

„ sit des Corps au Monde, conclut ainsi. Il est
„ donc absolument nécessaire, pour s'assurer posi-
„ tivement de l'éxistence des Corps de dehors, de con-
„ noître Dieu qui nous en donne le sentiment, & de
„ savoir qu'étant infiniment parfait, il ne peut
„ nous tromper. Car si l'Intelligence qui nous
„ donne les Idées de toutes choses, vouloit pour
„ ainsi dire, se divertir à nous représenter les Corps
„ comme actuellement éxistans, quoi qu'il n'y en
„ eut aucun, il est évident que cela ne lui seroit
„ pas difficile. Il ajoute que Mr. Descartes n'a
„ point trouvé d'autre fondement inébranlable, que la
„ raison empruntée de ce que Dieu nous trompe-
„ roit, s'il n'y avoit pas de Corps; mais il pré-
„ tend que cette raison ne peut point passer pour
„ démonstrative. Pour être pleinement convaincu
„ qu'il y a des Corps, dit-il, il faut qu'on nous dé-
„ montre non seulement qu'il y a un Dieu, & que
„ Dieu, n'est point trompeur, mais encore que Dieu
„ nous a assuré qu'il en a effectivement créé; ce que
„ je ne trouve point prouvé dans les Ouvrages de Mr.
„ Descartes, Dieu ne parle à l'esprit, & ne l'oblige
„ à croire qu'en deux manières, par l'évidence, &
„ par la Foi. Je demeure d'accord que la Foi oblige
„ à croire qu'il y a des Corps: mais pour l'évidence,
„ il est certain qu'elle n'est point entière, & que nous
„ ne sommes point invinciblement portés à croire qu'il
„ y ait quelque autre chose que Dieu, & notre esprit.
„ Prenez garde que lors qu'il assure que Dieu ne
„ nous pousse pas invinciblement par l'évidence à
„ juger qu'il y a des Corps, il veut enseigner
„ que l'erreur où nous serions à cêt égard-là, sne
„ doit point être imputée à Dieu. C'est
„ rejetter la preuve de Mr. Descartes ; c'est dire
„ que Dieu ne seroit nullement trompeur, quand
„ même il n'éxisteroit aucun Corps dans la Nature
„ d.s choses.
Le Pére Mallebranche trouvoit tant de charmes
dans la pensée qu'il voioit tout en Dieu, & toutes les autres manières de connoitre lui paroissoient
si méprisables en comparaison de celles-la, qu'il se
faisoit un plaisir d'en ébranler la certitude : On
trouve donc en lui une Preuve que les grands hommes décident quelques fois par humeur & par goût,
sans réfléchir assés sur toutes les suites de leurs décisions ; car penser, comme faisoit ce Pére, c'est
tomber visiblement, en contradiction, à moins que
par la Foi on n'entende un Enthousiasme, une Révélation intérieure, & une Action secrette, & toute puissante, par laquelle Dieu grave dans l'Ame,
une persuasion inébranlable de ce qui lui plait; Vo-
jés l'Art. XXIII.
Au prémier Livre des Rois Chap. XVII. 24.
A la vüë de son fils ressuscité, la veuve dit à Elie.
Je connois maintenant que vous êtes un homme de Dieu,
& que la parole de l'Eternel & de Verité est en vôtre
bouche.
La Foi de cette veuve est une suite de ce qu'elle
voit, au lieu que selon nos spéculatifs, il faudroit
que la Certitude de ce qu'elle voioit eut été l'effet
de sa Foi. St. Paul dit aux Cor. Chap. II. v 4. Ma
parole ni ma prédication n'ont point été accompagnées
de ces discours composés pour persuader, tels que sont
ceux de la Sagesse Humaine, mais d'une Démonstration
d'Esprit, & de Puissance, afin que votre Foi ne fut
plus fondée sur la sagesse des hommes, mais sur la puissance de Dieu. Nos Sages prétendent que la Certitude de l'éxistence des Corps, n'a pour solide fondement
que la Certitude de la Foi. Et St. Paul opposant
la Sagesse de Dieu à celle des Hommes, dit qu'il a
voulu fonder leur Foi sur les Effets Visibles de sa
Puissance.
„ Un Sicilien, continue Mr. Bayle, qui s'appelloit
„ Michel Ange Fardella fit imprimer à Venise en
„ 1696. une Logique, où il soutient les mêmes dog-
„ mes que le Pére Mallebranche. Voici un éxtrait
„ de ce livre; il s'attache particulièrement à prouver

„ qu'il est très-possible que les objets ne soient pas con-
„ formes à leurs idées. Il dit qu'il conçoit très clai-
„ rement que l'Auteur du la Nature peut tellement
„ disposer nos sens, qu'ils nous représentent comme
„ éxistans des objets qui n'éxistent point du tout. Ce-
„ pendant quand il a défini les sensations dans la 2.
„ partie page 96. il a dit qu'elles naissent dans l'esprit à
„ l'occasion de l'impression que les Corps extérieurs font sur
„ l'extrémité des nerfs Quand on lui objecte que si l'é-
„ vidence des sens n'est pas infaillible, J. Christ s'est mo-
„ qué des Apotres lorsque pour leur persuader qu'il avoit
„ un vrai Corps, il leur a dit, Palpate, & videte
„ quia spiritus carnem & ossa non habent; il répond que
„ les façons d'argumenter dont l'Ecriture se sert pour
„ l'ordinaire sont plutôt tirées d'une dialectique accommo-
„ dée à la portée du vulgaire que d'une vraie Logique;
„ d'où il conclut que J. Christ pour persuader aux
„ Apotres, qu'il n'étoit pas un phantome mais un vrai
„ homme, s'est servi de la Logique qui a été la plus
„ proportionnée au sens du Vulgaire, par laquelle le peu-
„ ple à coutume de se persuader que les choses éxi-
„ stent. Il ajoute que Dieu n'est pas obligé à nous ap-
„ prendre infailliblement qu'il y a des Corps qui existent
„ & que si nous en avons une Certitude que nous
„ Adorale, nous ne l'avons que par la Foi.
Les Amis du Pére Mallebranche ne feront pas édifiés de voir un Logicien qui, pour défendre les
hypothèses de ce Pére s'avisent d'imputer à J. Christ,
& à ses Apotres d'amener les hommes à la Foi par
Argumens qui sont en eux-mêmes des Sophismes. Ce n'est pas au Vulgaire seulement que St. Paul
s'addresse, quand il fait souvenir les Corinthiens
qu'il n'a voulu fonder leur Foi que sur les Effets
Miraculeux de la Puissance Divine. Il tient ce langage aux Parfaits: Nous annonçons, dit-il, une Sagesse
parmi les Parfaits; & cette Sagesse n'est point celle du
ce Siécle, ni des Princes de ce Siécle qui périssent; &
St. Pierre dans sa seconde Epitre Ch. II. v. 15.
s'exprime ainsi sur le Choix des Argumens dont les
Apotres se sont servis pour établir la Verité de l'E-
vangile. Ce n'est point en suivant des Fables composées avec Art, que nous vous avons fait connoitre la
Puissance, & l'avenement de notre Seigneur, J.
CHRIST, mais comme ayant été nous-mêmes les
Témoins oculaires de sa Gloire & de sa Majesté, Il
établit la Verité de l'Evangile sur des Faits, il préfére cette preuve à tout l'artifice des Raisonnemens; Cependant les Faits qu'il allégue, pour amener
les hommes à la Foi, on n'en peut-être assuré &
on ne peut compter sur eux sans le secours de la Foi.
Mais encore contre qui St. Pierre veut-il forti-
fi-r la Foi des Chrétiens, par de tels Argumens (Sophistiques en eux-mêmes, selon nos nouveaux spéculatifs, & qui ne tirent leur force que des Préjugés)?
Il veut fortifier la Foi par des Sophismes (& c'est
ainsi que l'Esprit de Dieu le conduit) contre ces
Esprits mocqueurs qui disent (Chap. III. 3. 4. 5.) car depuis que
nos Pères sont morts, toutes choses subsistent comme
elles étoient au Commencement du Monde. Si ces gens-
là ne connoissent pas que les Cieux & la Terre ont
été faits autrefois par la Parole de Dieu ; c'est
leur Malice qui fait leur IGNORANCE, elle est
VOLONTAIRE. Mais comment s'assurer que
la Terre & les Cieux ont été faits par la parole
de Dieu, si à proportion qu'on s'applique à raisonner juste, & à ne tomber d'accord que de ce qui est
Certain, on ne regarde les Idées des Cieux & de
la Terre, que comme des Idées Chimériques, dont
les Objets ne sauroient subsister? Peut on croire
que l'Impossible éxiste? & la Foi peut-elle nous faire croire ce qu'il est impossible de croire? Nous ne
falsifions point la parole de Dieu dit St. Paul aux
Corinth. Ep. II Chap. II. v. 17.) mais nous nous
rendons recommandables aux Consciences par la Manifestation de la Verité, en sincérité en la présence de Dieu
Chap. IV. v. 2. St. Paul encore en parlant des différens

rens états, par où la Sagesse de Dieu trouve à propos de faire passer les hommes, remarque que dans cette Vie, *c'eſt par la* FOI *que nous marchons, & non pas par la* VUE. La Foi ne nous fait connoître ſes Objets qu'obſcurément, quoi que nous ayons de bonnes preuves de leur exiſtence : la Connoiſſance que la vue nous donne eſt plus claire, & par elle même ſujette à moins de Doutes. Tout cela eſt renverſé par l'hypothéſe de Mr. Bayle : Loin que la Foi tire un mérite de ſon obſcurité, en comparaiſon de ce que la vue nous apprend, c'eſt la vue au contraire qui tire toute ſa Certitude de la Foi.

Continuation du même ſujet.

LXXVIII. L'EXAMEN des Objections de SEXTUS contre l'Exiſtence du mouvement m'a engagé, à examiner celles de *Mr. Bayle*, dont la force eſt appuiée ſur les mêmes fondemens ; & comme dans l'article de *Zénon*, où Mr. Bayle déploie toute ſa ſubtilité pour fortifier le Pyrrhoniſme à cèt égard il prétend avoir rendu par là un grand ſervice à la Foi, la liaiſon de ſes Rémarques m'a mis dans la néceſſité de le ſuivre. Je continuerai encore pour n'être pas obligé de venir deux fois ſur le même Article.

„ Les raiſons du Pére Mallebranche, *dit-il*, ont ſans
„ doute beaucoup de force ; mais j'oſerois bien dire
„ qu'elles en ont beaucoup moins que ce qu'on a
„ vu ci-deſſus. Je voudrois bien ſavoir de quelle
„ manière Mr. Arnauld auroit refuté cela. Perſon-
„ ne n'étoit plus capable que lui d'en trouver la
„ ſolution. Il a fait voir en examinant le dogme
„ du Pére Mallebranche, qu'il entendoit l'art d'at-
„ taquer par les fondem ns. Il s'eſt attaché à la
„ baſe de l'opinion de ſon Adverſaire, car il a mon-
„ tré que s'il n'y a point de Corps, on eſt con-
„ traint d'admettre en Dieu des choſes tout à fait
„ contraires à la Nature Divine, comme d'être trom-
„ peur, ou ſujet à d'autres impreſſions que la lu-
„ miére naturelle nous fait voir évidemment ne
„ pouvoir être en Dieu. Il ſe ſert de huit argu-
„ ments : le Pére Mallebranche les appelle de bon-
„ nes preuves, mais de fort méchantes démonſtra-
„ tions ; je crois, continue-t-il qu'il y a des Corps,
„ mais je le crois comme bien prouvé & mal dé-
„ montré. Je le crois même comme démontré, mais
„ en ſuppoſant la Foi. Il ſe propoſe une Ob-
„ jection qu'il fonde ſur les penſées deshonnêtes,
„ & impies de l'Ame, & il répond qu'il eſt cer-
„ tain que les Corps n'agiſſent point immédiatement
„ ſur l'eſprit, & qu'ainſi c'eſt Dieu ſeul qui met
„ immédiatement dans l'eſprit toutes les penſées
„ bonnes & mauvaiſes, comme c'eſt lui ſeul qui
„ remue le bras d'un aſſaſſin & d'un impie, auſſi
„ bien que les bras de celui qui fait l'aumone ; *la*
„ *ſeule choſe que Dieu ne fait point, c'eſt le pé-*
„ *ché*, c'eſt le conſentement de la volonté. Il eſt
„ vrai que Dieu ne met dans l'Eſprit de l'homme
„ des penſées inutiles & mauvaiſes qu'en conſé-
„ quence des Loix de l'union de l'Ame & du
„ Corps, & du péché qui a changé cette union
„ en dépendance. Mais comment Mr. Arnauld
„ démontrera-t-il, m'entens-je démontrer, qu'il n'a
„ point fait quelque péché il y a dix ou vingt mille
„ ans, & qu'en punition de ce péché il a ces pen-
„ ſées fâcheuſes par leſquelles Dieu le punit, & le
„ veut faire mériter ſa récompenſe en combattant
„ contre ce qu'il appelle les mouvemens de la con-
„ cupiſcence ? Mr. Arnauld démontrera-t-il que
„ Dieu a pû permettre le péché & toutes ſes ſuites,
„ qui l'obligent, en conſéquence des Loix naturel-
„ les qu'il a établies, à mettre dans l'eſprit tant de
„ ſales penſées, & de ſentimens impies, n'a pas
„ pû permettre qu'il ſit péché lui-même il y a
„ vingt mille ans ? Démontrera-t-il que Dieu
„ ne peut ſans Corps lui donner les penſées qui l'in-
„ commodent : & cela en conſéquence des Loix
„ de l'union de l'Ame & du Corps, qu'il a pré-
„ vues, & qu'il peut ſuivre, ſans avoir formé au-
„ cun Corps ? Mais qu'il raiſonne tant qu'il vou-
„ dra, je romprai ſans peine la Chaîne de ſes Dé-
„ monſtrations, en lui diſant que Dieu peut avoir
„ eu des deſſeins dont il ne lui a pas fait part.
„ Mr. Arnauld répliqne beaucoup de Choſes, &
„ nommément celle-ci, qu'il y a dans ſa réponſe
„ du Pére Mallebranche quelques propoſitions ou-
„ trées qui, étant priſes à la rigueur, vont à éta-
„ blir un très dangereux Pyrrhoniſme. Sa preuve
„ ſe pourra voir dans ce paſſage. *Je le ſupplie de*
„ *me dire ce qu'il a entendu, quand il eſt demeuré*
„ *d'accord que l'on pouvoit prendre cette propoſition*
„ *pour un principe évident. Dieu n'eſt point trom-*
„ *peur, & il n'eſt pas poſſible qu'il veuille prendre*
„ *plaiſir à me tromper. A-t-il prétendu que l'évi-*
„ *dence de ce principe étoit abſolue ; ou s'il a crû qu'el-*
„ *le droit reſtreinte par cette condition, ſi ce n'eſt que*
„ *j'euſſe commis quelque péché il y a 10 ou 20. mil-*
„ *le ans, en punition duquel Dieu pourroit prendre*
„ *plaiſir à me tromper ? S'il répond qu'elle eſt abſolue,*
„ *ce qu'il dit de ce Péché que j'aurois pû commettre*
„ *il y a dix mille ou vingt mille ans, eſt tout à fait*
„ *hors de propos. Et s'il diſoit qu'elle n'eſt pas abſo-*
„ *lue, mais reſtrainte à cette Condition, rien ne ſeroit*
„ *plus facile que de lui faire voir que cela ne ſe peut*
„ *dire ſans renverſer & la Foi divine, & toutes les*
„ *ſciences humaines. Car ils ſoutient que non ſeule-*
„ *ment la Foi divine, mais que tout ce que nous ſa-*
„ *vons par raiſonnement eſt appuié ſur le principe que*
„ *Dieu n'eſt point Trompeur. ... Or ce principe que Dieu*
„ *n'eſt point tromper feroit de nul uſage, ſi celui qui*
„ *s'en ſert étoit obligé de démontrer auparavant qu'il*
„ *n'a point commis quelque péché il y a dix ou vingt*
„ *mille ans.* Je n'en veux pas dire davantage les
„ ſuites de cette Chicanerie étant ſi horribles, &
„ ſi impies, qu'il eſt même dangereux de les faire
„ trop envisager. ... Eſt-ce qu'il eſt néceſſaire que
„ Dieu nous ait fait part de tous ſes deſſeins, pour
„ être aſſuré qu'il ne peut pas avoir le deſſein de nous
„ tromper ? Si cela eſt, perſonne n'en pourra être
„ aſſuré, & ainſi plus de Foi divine, plus de ſci-
„ ences humaines, ſelon l'Auteur même, comme
„ je viens de le montrer.

LXXIX. IL NE faut pas s'étonner ſi Mr. Bayle ſe fait lire avec plaiſir, & ſi perſuade : Il écrivoit avec facilité & de plus avec une extrème clarté, une parfaite netteté, & l'on n'en excepte quelques endroits où il alloit mieux à ſon but en ſe ſervant d'un autre ſtile, bien ſur qu'alors ſon Lecteur n'imputeroit l'Obſcurité qu'à la Matière même, & le croiroit ſur ſa parole : De plus il connoiſſoit parfaitement le Cœur humain, & ſavoit tout ce qu'il faut faire pour s'en ſaiſir. C'eſt par cette Connoiſſance qu'il tire un ſi grand parti des Répétitions, par le moien deſquelles il rend ſes Principes ſi familiers à ſes Lecteurs, qu'à la fin il les engage à les regarder comme on fait les Notions Communes. Un Dictionaire lui eſt une occaſion favorable de multiplier ſes répétitions ; Soit que les Auteurs, dont les noms ſont autant d'Articles, aient été dans les mêmes Idées, ou qu'ils ſe ſoient trouvés dans des ſentimens oppoſés, les mêmes matières reviennent. Mr. Bayle après avoir parlé de ſon chef, cite un Auteur qui a penſé comme lui, ou à peu près comme lui : Une Citation en attire une autre, & ſouvent après avoir raſſemblé le Pour & le Contre on ſe trouvera plus affermi dans le Doute qu'auparavant.

En voici un exemple Mr. Bayle prétend avoir démontré que l'exiſtence des Corps renferme des Contradictions : & que par conſéquent la Raiſon ne fournit aucune Preuve ſuffiſante pour en établir la Certitude. *Le Pére Mallebranche* ajoute-t-il , *eſt dans la même penſée, & comprend que la certitude de nos Connoiſſances ne peut ſe tirer que de la Foi.* Mr. Arnauld vient enſuite ſur la ſcène, & prouve que tout ce qu'a avancé le *Pére Mallebranche*, loin de pouvoir remplir l'*Eſprit de quelque Certitude* va à

établir

Addreſſe de Mr. Bayle.

...être un très dangereux Pyrrhonisme; il faut voir *que ce grand principe*, DIEU N'EST POINT TROMPEUR *devient de nul usage par l'Hypothèse du Père Malebranche, & qu'il n'y a plus ni de sciences humaines, ni de Foi Divine.* Voilà donc cette prétenduë ressource de la Foi que Mr. Bayle fait évanouir d'une main, après l'avoir préfentée de l'autre.

Principe de la supposition.

LXXX. LA SUPPOSITION d'une Ame qui a péché, & qui pour punition se trouve aſſujettie à des ſentimens fâcheux, ne préfente rien que de poſſible. On pourroit s'imaginer que des Ames, ainſi coupables, ſont unies à des Corps, pour fournir dans cette nouvelle manière de vivre une nouvelle carière. Mais que, pour punition des péchés que j'aurai pû commettre, il y a cent ou mille ans, & dont je n'ai aucune Idée, & ne puis avoir aucun Repentir, je ſois condamné à m'imaginer que je Lis un Livre, & que j'en Compoſe un autre, pour perſuader à d'autres hommes qui ne ſont point, & qui j'imagine ſeulement, que je ne fais point de Livre, & qu'ils n'en lûrent jamais; ſoupçonner, dis je, qu'en punition de certains Péchés qui ſont pour moi des Néants, la Sageſſe & la Juſtice de Dieu me rempliſt de toutes ces Chimères, & les lie ſi bien l'une à l'autre, que les Evénemens mêmes qu'elles repréſentent ne ſauroient être mieux liés; entrer dans de tels ſoupçons c'eſt ce qui ne m'eſt pas même poſſible.

Si quelqu'un s'obſtine à rouler dans ſon Eſprit ces Paradoxes extravagans, & par cette Obſtination ſe brouille la Cervelle, il me fournira un nouveau motif à le mépriſer.

Raiſons de Mr. Bayle.

„ LXXXI. PLUSIEURS raiſons, continue Mr. „ Bayle, éxigeroient que je rapportaſſe quelques „ Morceaux de la Diſpute de ces deux Illuſtres „ Auteurs, & que j'inſéraſſe, en général dans cet„ te remarque, tout ce qu'on y trouve. Car en „ prémier lieu, j'étois obligé de prouver qu'il y „ a des Objections encore plus fortes que celles du „ Père Malebranche. En effet s'il étoit vrai que „ l'éxiſtence actuelle de l'étenduë enfermât des „ contradictions, & des impoſſibilités, comme on „ le débite ci-deſſus, il ſeroit abſolument néceſſai„ re de recourir à la Foi pour ſe convaincre „ qu'il y a des Corps. Mr. Arnauld qui a trou„ vé d'autres Azyles, ſeroit obligé de ne recourir „ qu'à celui-là. En ſecond lieu il convenoit à l'Article „ de Zénon d'Elée, que l'on trouvât une Exten„ ſion des difficultés que ce Philoſophe a pû pro„ poſer contre l'Hypothèſe du Mouvement. 3, il eſt „ utile de ſavoir qu'un Père de l'Oratoire, auſſi il„ luſtre par ſa piété que par ſes lumières Philo„ ſophiques, a ſoûtenu que la Foi ſeule nous con„ vainc légitimement de l'éxiſtence des Corps; La „ Sorbonne, ni aucun autre Tribunal ne lui a point „ fait d'affaires à cette occaſion. Les Inquiſiteurs „ d'Italie n'en ont point fait à Mr. Fardella qui „ a ſoûtenu la même choſe dans un Ouvrage impri„ mé. Cela doit apprendre à mes Lecteurs, qu'il „ ne faut pas qu'ils trouvent étrange que je faſſe „ voir quelquefois, que ſur les matières les plus „ myſtérieuſes de l'Evangile, la Raiſon nous met à „ bout, & qu'alors nous devons nous contenter „ pleinement des lumières de la Foi. Enfin une „ bonne partie des choſes que j'ai inſérées dans cet„ te remarque peut ſervir de ſupplément à un au„ tre endroit de ce Dictionaire.

Examen de ces Raiſons.

LXXXII. Mr. BAYLE dans la *première* de ſes Raiſons poſe, qu'il eſt néceſſaire de recourir à la Foi, afin de pouvoir croire des Impoſſibilités. Si j'avois paſſé cét endroit ſans y faire aucune Réflexion, mon Lecteur auroit pû s'en étonner, & tel Lecteur auroit pû s'imaginer que je l'ai trouvé ſans replique.

D'ailleurs c'eſt là un Prétexte dont Mr. Bayle s'enveloppe pour tomber non ſeulement ſur tout ce que les Sens & la Raiſon nous apprennent, mais pour traiter d'Incroiable & de Contradictoire tous les Dogmes les plus ſacrés, les plus ſimples, & les plus fondamentaux de la Religion. Je continuerai donc à interrompre l'Examen de Sextus pour donner encore quelques pages à celui de ce vain & malheureux prétexte.

Je demande donc à Mr. Bayle, ou à ceux qui adoptent ſes Idées, ſi pour être un vrai fidèle, il eſt néceſſaire de parler ſans penſer à ce que l'on dit? Je demande en ſecond lieu, ſi un homme qui penſe à ce qu'il dit, qui compare les différentes Propoſitions qu'il affirme ſur un même ſujet, qui les raſſemble & les met ſous un ſeul point de vuë, peut croire des Contradictions, peut croire qu'une Propoſition, qui renverſe celle qu'il croit vraie, eſt vraie elle-même? Si cela eſt impoſſible à nôtre nature, il n'y a ni Religion ni Foi qui puiſſe nous faire croire des Contradictions, quand nous penſons à ce que nous croions, car ni la Raiſon ni la Foi ne changent entièrement la nature humaine, & ne font point d'un *homme* une Eſpèce d'Etre toute différente de l'*homme*.

Règles néceſſaires pour croire.

LXXXIII. UN HOMME qui veut penſer à ce qu'il dit, qui veut éviter de ſe faire foi-même des illuſions, & de donner dans celles des autres, ne peut pas ſe diſpenſer d'obſerver les Règles ſuivantes.

Prémièrement, quand des Perſonnes avancent une propoſition en vuë de la faire recevoir comme vraie ſur leur parole, il faut d'abord en examiner le ſens; il faut s'en former une Idée, entendre ce que les Mots qui la compoſent ſignifient ſéparés, & ce qu'ils ſignifient liés enſemble; car qui dit *Croire* dit un *Acte de l'Eſprit*, dit *Penſer*, dit *avoir des Idées*. Je puis bien avoir aſſez bonne opinion de celui qui parle pour me perſuader qu'il dit la Verité, quand même je n'entends rien dans ce qu'il dit; Mais alors, ſi même je crois qu'il ne dit rien qui ne ſoit vrai, je ne crois pourtant pas la Verité qu'il prononce, car elle n'eſt pas l'Objet de ma croiance, pendant que je n'en ai ſi aucune Idée, alors dis je, je ne la crois, ni ne la rejette, elle n'a d'autre rapport avec ma Penſée que celui d'une entière Obſcurité.

2. Dès que l'on eſt parvenu à l'Intelligence des Mots qui compoſent la Propoſition, ſi ces Mots paroiſſent former un Sens contradictoire, ou plûtôt ne forment aucun Sens à cauſe de leur oppoſition; ſi les Idées qu'ils expriment paroiſſent Incompatibles, il eſt impoſſible d'acquieſcer à une telle Propoſition. Celui qui n'y penſe pas, & ne l'examine pas attentivement, peut ſe trouver d'humeur à en tomber d'accord, & dire que ces Mots contiennent une Verité; Mais un Acquieſcement eſt impoſſible à celui qui y penſe bien. Qui dit *Contradiction*, dit *Impoſſibilité*, & le moien de ſe perſuader que l'on croit *poſſible* ce que l'on croit *Impoſſible*? Si une Authorité, que je reconnoitrois digne de tous les hommages de mon Entendement & de ma Volonté, aſſûroit une telle propoſition, & m'ordonnoit de la croire, je n'aurois garde de ſoupçonner qu'elle ſe trompât qu'elle me voulût tromper, mais pendant que cette Propoſition me préſenteroit de la Contradiction, je me perſuaderois que je n'en ai pas conu le veritable ſens, & que les Idées que je n'en ai pas en forme, ne ſont pas les Veritables que l'on doit s'en former. Ainſi dans l'obligation où je me ſentirois de ne la rejetter point, je lui chercherois un *Sens poſſible*, une *Signification intelligible* & par-là réelle, & recevable. Il peut bien arriver qu'on trouvera le ſens d'un paſſage mal entendu, contraire à la Raiſon, ou le ſens d'un paſſage contraire à quelque mauvais Raiſonnement: Mais alors il faut examiner le Paſſage & le Raiſonnement ſur des Règles bien établies, & ſe donner bien garde de décider ſur un ſujet dont les Principes ne ſont

pas

pas affez diftinctement connus ; Que fi on pouffe la Queftion plus loin, & qu'on demande ce qu'il faudroit faire, fi la Réligion & la Raifon étoient effectivement en Oppofition, c'eft une propofition qui n'a point de fens, car c'eft comme fi l'on demandoit quel parti il y auroit à prendre fi Dieu nous enfeignoit des propofitions contraires l'une à l'autre ; Car c'eft précifément ce qui arriveroit fi la Raifon contrediffoit à la Réligion. Il y auroit encore moins d'abfurdité à délibérer fur le parti qu'il faudroit prendre au cas que le Ciel tombât fur la Terre.

Divers fens du mot de croire. LXXXIV. QUAND on demande s'il eft poffible de Croire une Contradiction, pour répondre à cette Queftion fuivant nos propres Régles, il faut d'abord remarquer que ce mot de *Croire* eft un terme équivoque, auquel l'ufage a attaché plus d'un fens, quoique bien des gens ne s'en apperçivent pas.

On dit que l'on *Croit* ce qu'on ne rejette pas pofitivement comme faux : C'eft de cette manière qu'une grande partie des hommes croient véritable la Réligion de leur Païs : Ils ne fe font jamais avifés de la foupçonner d'être fauffe, & cependant ils font prêts fans le favoir, à la quitter fur le plus leger Raifonnement, pourvû que ce Raifonnement foit foutenu de quelque Intérêt, ou qu'il favorife quelque autre Paffion.

Quelquefois le Mot de *Croire* emporte quelque chofe de plus ; On ne fe borne pas à ne point rejetter une Propofition, on préfume de plus qu'elle eft vraie, & on fe fent du penchant à l'admettre. Ainfi nous croions que nos Amis, nos Parens, nos Supérieurs, fi nous nous fommes dans leurs bonnes graces, ont plus de mérite que les autres hommes, avec qui nous ne fommes pas liés par de femblables rélations. Nous n'en avons aucune Preuve, mais nous nous faifons un plaifir de le croire, & ces préfomptions font plus ou moins durables, fuivant nôtre Humeur ou que nos Intérêts les affermiffent plus ou moins.

Outre cela *Croire* c'eft fe rendre à quelque Preuve, & fouvent ces preuves, auxquelles on fe rend, empruntent toute leur force du Préjugé ou de l'Interet. On acquiefce à la Propofition qu'elles paroiffent établir, fans les avoir le moins du monde éxaminées, fans en avoir fenti la force, & quelquefois même fans en avoir compris le fens. Il fe peut donc qu'on croie des *Propofitions contradictoires*, c'eft-à-dire, *Il ne viendra pas dans l'Efprit de les rejetter comme fauffes.*

On préfumera que ceux dont on les tient ont raifon de les recommander la Croiance : On comptera les preuves par lefquelles on les appuie au lieu de les pefer. Ajoûtons à cela que toute Propofition Contradictoire a deux fens qui fe détruifent l'un l'autre. Quand on effaie de raffembler ces deux Sens, de les voir l'un & l'autre d'un feul coup d'œil, & de les admettre pour Vrais en même temps, on n'en fauroit venir à bout ; car il n'eft pas Poffible de faire ce qui eft Impoffible ; Mais on envifage un des fens d'une telle Propofition, en faifant abftraction de l'autre, on s'en forme une Idée & on l'admet pour Véritable. Un moment après on fait abftraction de cette face qu'on venoit de confidérer, on fait attention à l'autre, & on l'admet à fon tour.

Pierre, Jaques, & Jean, font trois Perfonnes humaines, il ne faut pourtant pas dire qu'il y ait trois natures humaines il n'y en a qu'une. De même le *Pére, le Fils & le St. Efprit* font trois Perfonnes Divines, il n'y a pourtant qu'un Dieu.

Un temps a été qu'on s'éxprimoit de cette manière, & on ne fauroit douter que dans ce temps-là, bien des gens n'aient mal pris ces éxpreffions, & ceux qui les prenoient mal croioient l'unité, & la pluralité des Dieux. Quand ils fe figuroient le Pére, le Fils, & le St. Efprit, comme Pierre, Jaques & Jean, ils donnoient dans le Polythéïfme. Quand enfuite on leur demandoit ; *N'y a-t il qu'un Dieu ?* Ils oublioient leurs précédentes dépofitions, & ils répondoient de bonne Foi qu'il n'y en a qu'un. Mais fi on les avoit inquiétés là-deffus, & qu'on leur eut demandé de fe mettre d'accord avec eux-mêmes, c'eft un embarras où ils auroient refufé d'entrer. Ils confentoient bien de fe faire ces deux Queftions l'une après l'autre ; Mais ils fe faifoient un Devoir de n'y penfer pas en même temps.

Les Stoïciens fentoient la Beauté de la Vertu, & connoiffoient l'Horreur du Vice, en hommes perfuadés de la *Liberté*. Les mouvemens qui font en nôtre puiffance, étoient les feuls biens dont-ils fe permettoient de faire l'Objèt de leurs Défirs. Cependant ces mêmes Stoïciens reconnoiffoient une *Deftinée*, & on ne peut pas s'exprimer fur la Néceffité, & fur l'encheinure des événemens dans des termes plus forts. L'une de ces Hypothéfes renverfoit l'autre de fond en comble. Ils avoient un égal attachement pour toutes les deux ; Mais ils s'épargnoient l'embarras d'en fentir la Contradiction, en évitant de les mettre en parallele.

Toutes les fois que nous nous trompons nous tombons en Contradiction avec nous-mêmes, & en admettant une Erreur nous recevons comme Vraie une Propofition Contradictoire à des Régles & à des Principes de verité dont nous fommes très-perfuadés, & nous ne revenons de notre Erreur que quand nous l'approchons affés près du Principe qui eft en Contradiction avec elle, pour fentir qu'il faut néceffairement renoncer à l'un ou à l'autre.

Les Amis de Mr. Bayle ne devront pas trouver mauvais que je l'imite, & que je faffe parler dans mon Ouvrage d'autres Auteurs qui appuient ce que je viens d'alléguer. Par exemple. L'auteur *des fentimens fur l'Hiftoire Critique du P. Simon* page 337.

„ Si l'on appelloit Foi humaine la croiance que „ l'on ajoute à la fimple Autorité des hommes, & „ *Foi Divine* celle qui eft appuiée fur l'autorité de „ Dieu, cette diftinction pourroit être utile, mais „ on appelle Foi humaine toute forte de croiance „ que l'on ne fonde pas immédiatement fur l'auto-„ rité de Dieu ; Sur quelques Preuves qu'elle foit „ appuiée l'on prétend qu'elle eft toûjours Incer-„ taine, & l'on fe fert du mot d'humain pour dire „ *Incertain* comme vous voiez que fait le P. Si-„ mon. Mais je foutiens qu'un Raifonnement „ Clair & Convaincant, quoi qu'humain, eft auffi cer-„ tain que toute la Révélation, & que la Révéla-„ tion n'eft fondée que fur des Raifonnemens hu-„ mains. Quand je dis qu'il eft jour parce que „ le foleil luit, ne dis je-pas à vôtre avis une cho-„ fe auffi Conftante, & auffi Certaine, que lors „ que je dis qu'il faut croire que J. Chrift eft „ reffufcité ? Quand je dis que quelque chofe eft „ parce que je la vois, fuis-je en danger de me „ tromper. Enfin pourquoi fuis-je Chrétien ? „ Apparemment parce que je crois ce que qu'on dit „ de J. Chrift eft veritable. Et pourquoi crois-je „ que cela eft vrai, fi ce n'eft parce que j'en ai „ des Preuves ? Or je ne puis connoitre que ces „ Preuves font bonnes que par un Raifonnement „ purement humain, car je fuis homme, & non „ pas un Ange. Je ne puis rien favoir que par „ ma Raifon qui eft la Raifon d'un homme fujet, „ à la verité, à fe tromper, mais qui affurément „ ne fe trompe point, lorfqu'il croit qu'il eft jour „ parce que le foleil luit, qui ne fe trompe point „ même, lors qu'il croit, fur de bonnes preuves „ de certaines chofes qu'il n'a point vûes, comme „ qu'il y a un Païs à l'éxtrémité de l'Afie que „ l'on nomme la Chine, qu'il y a eu autrefois un „ Empereur Romain nommé Jules Céfar, & qui ne „ peut

,, peut se tromper en croiant des choses de cette
,, nature, dont il a des preuves Convaincantes ac-
,, tuellement présentes à l'Esprit.
,, Il en est de même des Versions de l'Ecriture
,, Ste. Les Protestans croient en général qu'elles
,, sont fidéles dans le gros de l'Histoire & de la
,, Réligion, parce qu'ils voient qu'elles s'accor-
,, dent toutes en cela, & que malgré les divisions
,, qui régnent entre l'Eglise Romaine & la leur,
,, l'Eglise Romaine en tombe d'accord, & recon-
,, noit que tous leurs Dogmes positifs, en quoi
,, consiste la Réligion, sont vrais, & quoi que ce
,, Raisonnement soit humain, & appuié sur des
,, Traditions humaines, il n'en est pas moins Con-
,, vaincant.

Puisque la Foi & la Raison ne sont jamais contraires l'une à l'autre, & qu'on peut se tromper en éxpliquant un Passage, comme on peut se tromper en matiére de Raisonnement, c'est à dire, ou prendre pour un vrai Principe un Proposition qui ne l'est pas, ou tirer d'un Vrai Principe des Conséquences peu justes; toutes les fois qu'il arrive que ce qu'on appelle Foi ou Raison sont opposées l'une à l'autre, il faut qu'on se soit trompé, ou en éxpliquant mal un Passage, ou en prenant des fausses lueurs pour des veritables Principes du bon-sens, & des Conclusions mal déduites pour des Conséquences bien tirées; & alors il faut ou corriger le Raisonnement par le Passage, ou tirer de la Raison un secours pour passer d'un sens, qui n'étoit pas le plus juste, à celui qui est le veritable.

Dans cette alternative le Sens-Commun dicte que ce qui est Obscur doit être éclairci, par ce qui est plus évident, & que par conséquent il faut redresser une Explication Obscure quand elle se trouve en opposition avec des Lumiéres très Claires.

Comme la Raison humaine est un Raion de la Divine, dès qu'on trouve de l'opposition entr'elles, il faut qu'on se trompe dans ce qu'on attribue à l'un ou à l'autre.

Toute Persuasion est bâtie sur les Lumiéres du Bon-Sens comme sur son principe fondamental.

Un Caractére des faux Docteurs, selon St. Paul (1. Timoth. 7. 1.) c'est de n'entendre *ni ce qu'ils ne disent que par conjectures, ni ce qu'ils soûtiennent* comme très-assuré.

,, Dans la page 220. Vous avés, Mr. continue-
,, t-il trop de connoissance de l'Esprit humain
,, pour ignorer qu'il peut croire de bonne foi les
,, choses du Monde les plus ridicules, & ce qui
,, est encore surprenant, être persuadé en même
,, temps de choses directement opposées. Quand
,, vous inventeriés tout exprès la Réligion la plus
,, ridicule que vous pourriés imaginer, il se trou-
,, veroit des Peuples dans l'Asie, dont les senti-
,, mens ne paroitroient pas plus raisonnables.
,, Les Catholiques croient que plusieurs Unités
,, sont plus qu'une seule, & ils le croient si bien,
,, qu'on passeroit pour fou parmi eux, de même
,, que parmi les autres Chrétiens, si on entrepre-
,, noit de le nier ; & cependant ils croient qu'un
,, Million de Corps humains séparés l'un de l'au-
,, tre, n'en font qu'un seul. Cela est visiblement
,, contradictoire, & vous savés que c'est là leur
,, sentiment touchant le Corps de J. CHRIST.
,, Il y a des gens assurément qui croient que Dieu
,, n'est point Auteur du péché, & qui assurent
,, en même temps qu'il a créé les hommes dans
,, le dessein de les laisser tomber dans le Péché,
,, comme un moien de faire éclater sa Justice en
,, les punissant pour la plupart, & sa Miséricor-
,, de en pardonnant à quelques-uns. Il est clair
,, que c'est faire Dieu Auteur du péché que de
,, dire qu'il a ordonné que le péché arriveroit,
,, afin de s'en servir pour parvenir à ses fins : Mais

,, c'est la foiblesse de l'esprit de l'homme, il ne voit
,, pas ces Contradictions, parce qu'on l'a accoutu-
,, mé, depuis longtemps, à fermer les yeux lors
,, qu'elles se présentent à sa vue.
Montagne L. II. Chap. 13. ,, Les uns font à
,, croire au Monde qu'ils croient ce qu'ils ne croient
,, point, & les autres en plus grand nombre se le
,, font acroire à eux-mêmes, ne sachant pas péné-
,, trer ce que c'est que *Croire*.
Mr. Arnauld Apologie pour les Catholiques Tom. II. page 55. ,, On voit par une expérience
,, sensible que ces Principes de Phisique peuvent
,, subsister dans un même esprit avec la Créance
,, de la présence réelle. Soit que ces Auteurs les
,, aient exprèssement restraints à l'ordre de la Natu-
,, re, soit qu'ils n'aient pas fait une réfléxion ex-
,, presse, sur la Contrariété de ces Principes, avec
,, ce qu'ils croient de l'Eucharistie, soit que pour
,, allier ensemble ces Principes & cette Créance,
,, ils se soient formés une manière de nuage,* par la-
,, quelle on allie souvent des choses qui paroissent
,, contraires, en supposant que Dieu fait bien faire
,, subsister la Verité de ses Myftéres avec ces Prin-
,, cipes Naturels, ils sont Veritables les uns & les
,, autres, quoique nous n'en voions pas l'union.

Croire par *Foi* est-ce Croire sans y avoir été déterminé par aucune Raison? Les Raisons ou les Motifs qui déterminent à croire, s'y rend-on, sans en faire aucun éxamen ? Ou si l'on ne s'y rend qu'après s'être convaincu de leur solidité? Mais si d'autres Raisons, aussi sans réplique, prouvent l'Impossibilité de ce qu'on croit; en opposant preuve à preuve, si on ne rejette rien comme Faux, on ne croira rien non plus comme Vrai, & l'on s'obstinera dans le Pyrrhonisme.

Il semble donc qu'un Philosophe aussi subtil & aussi clairvoiant que Mr. Bayle ne se proposé autre chose par cette prétendue ressource qu'il substitue à la Raison, que de fournir à ses bons amis de quoi se mocquer des Devots.

LXXXV. A L'ARTICLE *de Zénon convenoit une extension des Difficultés contre l'éxistence du mouvement*. On pourroit contester cette convenance; l'Auteur d'un Dictionnaire Historique, doit ce me semble, abréger dans cèt Ouvrage ce qu'il lit dans les Auteurs dont il tire ses recueils, au lieu d'amplifier ce qu'il en tire par ses propres Réfléxions.

On n'a point fait d'affaire au Péré *Mallebranche* ni à *Fardella*, donc on ne doit pas trouver étrange, dit Mr. Bayle, *que je fasse voir quelquefois que nous devons contenter des Lumiéres de la Foi*.

Aucun des Protestans, & en général aucun bon Chrétien ne pensera à susciter des affaires à qui que ce soit, sur le Fondement qu'il s'est trompé. On doit tâcher préalablement de bien entrer dans la pensée d'un homme qui erre, & de s'assurer autant qu'il est possible des Causes de son Erreur. 2. Il faut s'appliquer à tourner son attention sur les Raisons capables de le désabuser, & les lui proposer de la manière la plus propre à les lui faire gouter. 3. S'il s'obstine dans ses sentimens, il est à plaindre. Les Principes de son obstination peuvent le rendre plus ou moins coupable ; Mais comme ces Principes sont secrets, & peuvent plus ou moins venir d'un Temperament, ou des suites d'une Education invincibles, ou très-difficiles à surmonter, ce n'est pas aux hommes qui ne sont point en état de faire, avec l'éxactitude nécessaire, de tels discernemens, à décider sur l'étendue de la faute de ceux qui se trompent, & à les en punir.

Les Personnes Raisonnables n'ont donc point pensé, & on auroit eu grand tort de penser, à rendre Mr. Bayle odieux simplement parce qu'il se trompoit: Mais il étoit si facile de s'appercevoir du plaisir qu'il goutoit à remplir de toutes & d'embarras tous ceux qui lisoient ses ouvrages, tous si propres
à s'at-

Continuation de l'éxamen de l'Apologie du Pyrrhonisme.

à s'attirer des Lecteurs, qu'on ne pouvoit gueres s'empêcher d'en être scandalisé. Le parallèle de Mr. Bayle avec le Pére Mallebranche ne sauroit lui être avantageux. Ce Pére croioit très-fermement de voir tout en Dieu, & il comptoit d'avoir à sa Raison l'obligation d'en être persuadé.

Mr. Poiret a envisagé ce Sentiment sous une face qui a fort déplû à sa piété : mais il saute aux yeux que le P. Mallebranche avoit la meilleure Intention du Monde. Tous ses Ouvrages vont à faire régner Dieu, & ses Loix, & on voit qu'il compte de remplir ses lecteurs de Lumiére & de persuasion L'Evidence selon lui est le caractére sûr de la Verité. Cette Evidence est une Lumiére qui force ceux qui veulent s'y rendre attentifs, & ne leur laisse plus la liberté de demeurer dans le doute. Mais en vain vous lirés d'un bout à l'autre les Ouvrages de Mr. Bayle, vous n'y trouverés nulle part quoique ce soit de positif sur le caractére de la Verité. Si quelquefois Mr. Bayle s'echappe de provoquer à l'Evidence & au bon-sens, s'il accuse de visiblement contradictoire le sentiment qu'il combat, & conclut de là qu'il est faux; peu de pages après il renverse tout ce qu'il a paru poser; Les Preuves les plus démonstratives aménent, selon lui, à des Contradictions. *Toute notre assurance*, dit-il, *se tire de la Foi* ; mais par où s'assure-t on que la Foi à laquelle on s'abandonne, est Veritable, & que ce qu'on reçoit par Révélation est effectivement tel ? Il ne l'apprend nulle part. Au contraire les verités les plus essentielles, les plus simples, les plus nécessaires, les plus fondamentales, les plus évidem'nt établies par la Révélation, il les trouve contradictoires, & directement opposées à ce que la Raison, & à ce que cette Révélation elle même en plusieurs endroits, nous enseigne sur la Nature de Dieu, & sur ses Perfections. On l'a averti du Scandale qu'il donnoit, on lui a représenté combien ses Principes devenoient dangereux par les Conséquences qu'on en tiroit ; On l'a averti que les Libertins étoient charmés de ses Ouvrages, & trouvoient de quoi s'affermir dans leurs Impies sentimens ; On l'a prié d'écrire avec plus de circonspection, & detourner contre les ennemis de la Morale & de la Réligion ce Beau Génie & cette plume infatigable, dont il lui étoit si aisé de faire tout ce qu'il vouloit. On n'a rien avancé par là, & ses derniéres Difficultés ont été au contraire plus étenduës & plus poussées que les prémiéres. Ceux qui ont entrepris de défendre la Réligion & la Morale contre ses Objections n'ont trouvé en lui un adversaire obstiné, pendant qu'il a marqué constamment pour des Objections, qui vont à renverser la Réligion de fond en comble, & pour l'Apologie des Athées, tout le Zèle imaginable. Voilà de quoi on s'est plaint. Il s'en faut du tout au tout qu'on ait eu quelque chose de semblable à reprocher au P. Mallebranche.

Pour ce qui est de *Fardella*, on sait que dans les Païs d'Inquisition, la Foi la plus aveugle, est celle qui a le plus de prix, on s'informe peu si vous raisonnés mal, & si vos Principes sont bien liés entr'eux. Réspectés le Clergé; acquités-vous du Culte exterieur ; n'attaqués aucun des Dogmes décidés vrais, & qu'il n'est pas permis de combattre sans passer pour Hérétique, vous obtiendrés aisément qu'on vous laisse en repos.

Zèle de Mr. Bayle pour les Pyrrhoniens.

LXXXVI Mr. BAYLE enfin donne cet article pour *supplément* à celui de *Pyrrhon*, & par-là fait assés connoitre son zèle pour les Pyrrhoniens, dont il n'a jamais assés étendu à son gré ses Pensées. Je ne remonterai pas à l'endroit qu'il cite. Je destine une *Partie* entiére à l'éxamen de ses ouvrages, & je me suis déja fort écarté de celui de *Sextus*. C'est par cette raison que je laisse l'argument qu'il tire de la nécessité du Vuide, pour la naissance & la continuation du Mouvement, & l'avantage qu'il entire en faveur du Pyrrhonisme. Je reprendrai ce sujet, quand je serai parvenu au Chap. XVI. de Sextus qui roule sur le Lieu, & l'Impossibilité qu'il y en ait.

LXXXVII. LES Aristotéliciens distinguoient du *Mouvement* local cinq autres mouvemens, celui d' *Augmentation*, celui de *Diminution*, celui de *Génération*, celui de *Corruption*, & celui d' *Altération*. On ne reconnoit plus aujourd'hui ces Distinctions. Aussi ne suivrai-je pas Sextus dans tout ce qu'il leur oppose. Seulement remarquerai-je qu'il s'étoit tellement accoutumé à faire le Sophiste, que quand même il peut battre ses adversaires avec avantage, il ne le fait pas toujours: Sur chacun de ses Mouvemens, il allégue la même Objection sous des éxpressions peu différentes.

Ch. IX. X. XI. XII. XIII. XIV. Du changement.

Une chose, dit-il, ne peut recevoir aucun changement de quelque nature qu'il soit, *augmentation*, *corruption* &c. car ce qui ne reçoit aucun changement n'est point changé, & ce qui est changé est une autre chose; ce n'est donc pas celle qui étoit déja qui est changée, c'est une autre.

Je soutiens qu'il étoit impossible à *Sextus* de croire que quand il avoit applati une Boule de cire en la pressant dans sa main, c'étoit aussi bien une autre Cire que s'il l'avoit jettée pour en prendre une seconde; & que quand il se levoit, celui qui se levoit étoit un autre homme que celui qui venoit d'être assis, de lire ou d'écrire ; qu'il y a eu enfin autant d'Auteurs de son Ouvrage qu'on y trouve de lettres.

Quand une chose change d'Etat, cet Etat cesse d'être & un autre Etat commence à naître. De la cessation du prémier à la naissance du second, il n'y a point d'intervalle; mais la substance qui éxistoit de la prémiére façon, c'est elle, & non pas une autre qui éxiste de la seconde. Elle est d'une autre maniére, mais elle n'est pas une autre.

Je finirai l'article du Pyrrhonisme sur le Mouvement par l'éxamen de ces Paroles de Mr. Bayle.

LXXXVIII. TOUT le Monde admire *dit-il* „ (pag. 545. dans le Texte, & 146 dans les Notes) la „ Méthode dont on dit que Diogène se servit pour „ renverser les raisons du Philosophe qui avoit ouï „ dogmatiser sur la Négation du Mouvement. Il fit „ une promenade dans l'Auditoire, & il jugea qu'il n'en „ falloit pas d'avantage pour convaincre de faussetté „ tout ce que le Professeur venoit de dire; mais „ il est certain qu'une réponse comme celle-là est „ plus sophistique, que les raisons de nôtre Zénon, „ C'est le Sophisme que les Logiciens appellent „ *ignorationis elenchi*. C'étoit sortir de l'état de la „ question. Car ce Philosophe ne rejettoit pas le mouvement apparent, il ne nioit pas qu'il ne semble „ à l'homme qu'il y a du mouvement ; mais il soutenoit que réellement rien ne se meut, & il le „ prouvoit par des raisons très-subtiles, & tout-à-„ fait embarrassantes. A quoi sert contre cela de se „ promener, ou de faire un saut ? Est ce prouver „ autre chose que l'apparence du mouvement ? „ S'agissoit-il de cela ? Le Philosophe le nioit-il ? „ Point du tout: Il n'étoit pas assés sot pour nier „ les phénomènes des yeux, mais il soutenoit que le „ témoignage des sens doit être sacrifié au raisonne-„ ment.

Mais n'est-ce point Mr. Bayle lui-même qui ne se rend pas attentif à l'Etat de la Question, quand il traite de sophistique l'Argument de Diogène?

Si le Pyrrhonien que ce Cynique refutât s'étoit borné à soutenir que la Nature du Mouvement n'étoit pas bien connuë, & qu'elle se trouvoit envelopée de grandes Difficultés, les pas ni les sauts du Cynique ne les auroi ent point résolues, & n'auroient répandu aucune Clarté sur ce sujet ; Mais dès qu'il s'agissoit de savoir s'il y avoit du Mouvement

Diogène refute solidement Zénon.

ou

ou s'il n'y en avoit point. Opposer des Preuves d'expérience à des Raisonnemens subtils, ce n'est point donner dans le Sophisme ; C'est opposer preuve à Preuve & dans ce Parallelle d'Argumens, ceux du Pyrrhonien peuvent tout au plus répandre des soupçons : Mais celui du Cynique force & ne laisse pas la liberté de douter. Il humilie la Raison comme Mr. Bayle l'avoue dans cet Article de Zénon.

Il n'étoit pas seulement convaincu de l'apparence du Mouvement, mais de plus il ne pouvoit s'empêcher d'en croire la réalité. Mr. Bayle trouve les argumens des Pyrrhoniens *excellens pour humilier la Raison*; cette réflexion est juste, au cas que l'éxistence de l'Etenduë & du Mouvement soient indubitables. Mais si l'on est fondé à en douter, les Argumens qui rendent douteuse une persuasion si profondément gravée, sont au contraire le plus éclatant triomphe que la Raison puisse remporter sur les sens & sur toute la Nature de l'Homme.

Chapitre XV. Du repos & de la première preuve général.

"Dans le Chapitre 15. Sextus attaque le Repos
" tout comme il avoit attaqué les changemens, il
" s'égaie encore à prouver que rien ne subsiste, &
" ne peut demeurer ce qu'il est ; car ce qui sub-
" siste sans changement demeure à sa place. Tout
" ce qui demeure dans la même place est environné,
" & embrassé par ce qui l'environne. Ce qui est
" ainsi embrassé reçoit l'action de ce qui l'embrasse,
" mais il n'y a point d'action, car il n'y a point de
" Cause. Il prétend l'avoir prouvé ci-devant.
" Revoquez donc l'action, vous revoquez l'Espace
" environnant, vous revoquez l'existence du
" même Lieu.

J'aurois trop mauvaise opinion de mon Lecteur si je m'arrêtois à dévelloper ces équivoques : je ne les ai alléguées que pour prouver qu'il y a dans le Scepticisme plus de dessein & de malice qu'on ne sauroit le dire.

De propos délibéré ils veulent être Sophistes. Quel triomphe pour eux, si les Dogmatistes n'avoyent sû appuier leurs sentimens que par des vétilles de cette nature ! Ils supposent qu'*embrasser*, *environner*, *serrer*, *comprimer*, sont des termes parfaitement Synonimes.

Chap. : : : Du Lieu.

XC. DANS le Chap. 16. Sextus parle du Lieu & en attaque l'éxistence. Ce sujet a été traité de nos jours avec plus de détail que les Anciens n'ont jamais fait. Il s'agit de savoir si toute étenduë est Corps, ou s'il y en a une Pénétrable, & aussi Pénétrable que les Corps est Impénétrable. Les-uns prétendent qu'au mot d'Espace répond une Idée réelle, & que cette Idée représente un Objet. Les autres prétendent que ce mot n'est l'effet des Préjugés, & qu'on s'est servi de ce terme pour exprimer un assemblage supposé de deux significations incompatibles. ESPACE, *c'est Etenduë & Rien*, suivant quelques-uns ; *Etenduë & Etre pénétrable*, suivant quelques autres. Mais les-uns & les autres reconnoissent, sans aucun doute, l'éxistence de l'Etenduë des Corps.

On n'est pas d'accord sur tous les sujets ; donc on ne doit s'accorder sur aucun.

Il y a des Idées si fines qu'elles échappent à une Attention qui n'est pas au dessus de la médiocre ; & quand on a affaire à un Esprit qui n'est pas accoutumé à s'élever au-dessus des Notions sensibles, & pour peu qu'on le trouve prévenu, on a de la peine à le faire entrer dans ce que l'on pense sur de tels sujets. Conclure de-là à l'Incertitude de tous les autres, & à l'Impossibilité de s'en convaincre, c'est chercher à se tromper soi-même.

" Les Argumens par lesquels *Sextus* combat
" l'existence du Lieu, sont si méprisables, que je
" me ferois presque honte de les rapporter, s'ils ne
" servoient à faire connoitre le Caractère & l'hu-
" meur Chicaneuse des Pyrrhoniens.

" S'il y avoit du Vuide, dit-il, dès qu'un Corps

" y seroit entré, cet Espace se trouveroit tout à la
" fois Vuide & plein ; *Vuide* parce qu'il seroit
" Vuide par sa nature ; Plein parce qu'un Corps le
" rempliroit.

Ceux qui tiennent pour le Vuide répondront aisément (& au cas que le Lieu soit un Espace Vuide ils auront raison de répondre) L'espace Vuide dans lequel il n'y a aucun Corps, est un espace pénétrable, & propre à recevoir des Corps ; dès-qu'un Corps l'a occupé il demeure non seulement *pénétrable* comme il étoit auparavant, mais de plus il est *pénétré*; Si ce Corps qui y étoit entré le quitte il n'en sera plus pénétré, mais il demeurera également ce qu'il étoit, Etenduë pénétrable.

Objection de Mr. Bayle.

XCI. La Question du Lieu & par conséquent du Plein & du Vuide est, si l'on en croit Mr. Bayle, une matière de triomphe pour les Pyrrhoniens. Il trouve très-apparent que Zénon n'oublia pas les objections que l'on fonde sur la distinction du Plein & du Vuide. *Voici quel devoit être son syllogisme ; s'il y avoit du Mouvement il y auroit du Vuide ; or il n'y a point de Vuide ; Donc il n'y a point de mouvement.* Tom. IV. page 544.

Réponse.

XCII. IL FAUT avoir un grand penchant à ne rien croire pour trouver dans ces Argumens de quoi se déterminer à un Doute universel. Si le Vuide est absolument nécessaire pour l'éxistence du mouvement, puis qu'on ne peut pas douter qu'il n'y ait du Mouvement, il faudra avouer qu'il y a du Vuide. Faites-moi donc comprendre très distinctement la nature de ce Vuide. Expliqués-moi sans me laisser là dessus le moindre embarras, de quelle manière cette Etenduë qui n'est pas Corps diffère de celle qui est Corps ; si vous ne pouvez pas m'éclaircir parfaitement sur tout cela, concluës que le Vuide est Impossible, & par conséquent le Mouvement, qui ne peut être sans le Vuide.

On ne sauroit argumenter plus déraisonnablement ; c'est pourtant à cela que reviennent presque tous les Raisonnemens des Pyrrhoniens. Dès-qu'on sera résolu de ne rien croire sur un sujet, pendant qu'il y restera quelque chose d'inconnu, on se rangera de leur coté ; mais quand on prend ce parti, c'est tout comme si l'on disoit, je ne veux jamais rien croire, je ne veux jamais rien apprendre, pourvu que je ne puis pas tout voir d'un seul coup d'œil, & que je ne puis pas tout apprendre dans un moment.

Quand je serois forcé, par la Connoissance que j'aurois de l'Existence du Mouvement, de convenir qu'il y a du Vuide, & que j'ignorerois la nature du Corps & la nature du Vuide, je serois à cet égard comme un Ouvrier qui ne sauroit expliquer phisiquement la différence de l'Argile d'avec la Brique.

Je suppose qu'on lui demande un chariot de brique, & qu'au lieu de cela il amène un chariot de Terre Grasse & molle. *Ce n'est pas là*, lui diroit-on, *ce qu'on vous a demandé*. Si ce n'est pas cela, répondroit il, c'est l'équivalent.

Quelle Extravagance repliqueroit-on. Je n'extravague point, c'est vous au contraire qui êtes dans l'erreur, & si vous ne voulés pas convenir qu'*Argile & Brique* soient absolument la même chose, expliqués-m'en donc la différence : Voions jusqu'où s'étendra vôtre savoir. D'où vient que entre les Corps, il en est qui paroissent Mols & d'autres qui paroissent Durs ? Qu'est-ce que Corps ? Qu'est-ce que Dureté ? Qu'est-ce que la Chaleur qui durcit les Briques ? Vous ne pouvés pas me répondre. Avouës donc qu'il n'y a point de différence entre la Brique, & ce que je vous ai amené. Telle seroit l'extravagance d'un homme qui, forcé par l'éxistence du Mouvement, à reconnoitre celle du Vuide, aimeroit mieux nier ou l'un ou l'autre que la différence entre le Repos & le Mouvement ou de tomber d'accord de l'éxistence d'un Espace dont la nature ne lui seroit pas assez connuë.

Un

Un grand Moien pour ne pas devenir Pyrrhonien, dans les cas où il est ridicule de l'être, c'est de sçavoir demeurer en suspens dans ceux où l'on ne trouve pas des raisons assés fortes pour se déterminer.

XCIII. ON PRETEND que le Mouvement seroit impossible dans le Plein : mais pour lever cette Impossibilité, il n'y a qu'à supposer l'Etenduë divisée dans un très grand nombre de Parcelles séparées les unes des autres par des Mouvemens différens. Un mobile détermine ces mouvemens de tous les différens degrés de liquides qui l'environnent, à circuler autour de lui.

Fig. 19.

On se représentera cette Circulation ajoutent-ils en jettant les yeux sur le Corps solide *A* auquel est appliqué le Tuiau *b c* plein de liqueur. Supposons que ce Corps solide *A* ait la vertu de mettre en mouvement quelqu'une de ses parties, ou qu'elle soit mise en mouvement par la Volonté de quelque Intelligence. Si donc il se fait en même temps une Convéxité en *o* & une Concavité en *x* par le mouvement de la partie *o x*, qui prend cette figure, en ce cas dans le même temps que la partie *o* avancera dans le Tuiau, dans le même temps précisément tout ce qui est dans le Tuiau sera poussé & circulera, tellement que dans ce temps-là précisément une portion *x* entrera du Corps solide, dans le Tuiau *x*, & s'avancera de *x* vers *c*, comme *c* de *c* vers *v*. La plénitude du Monde tient lieu de la surface solide du Tuiau, elle produit le même effet ; elle empêche que la matiére liquide ne s'echappe, elle l'oblige à circuler, & elle est cause des tournoiemens *m n. p. s. v.*

Fig. 20.
Fig. 21.

Quand l'anneau *B* circule autour de son centre je conçois aisément que la partie *b* succéde à la partie *c* en même temps précisément que la partie *a* succéde à la partie *b*, comme encore dans le même temps la partie *f* succéde à *g*, & *e* succéde à *f*.

Si j'avois fait un grand Anneau, & que je l'eusse divisé en dix mille parties, il en auroit été du mouvement de chacune, par rapport à celui de ses deux voisines, comme de celui de la partie *b* par raport aux deux *a* & *c*. Je comprens que six mouvemens se peuvent faire en même temps que trois, & 6000. en même temps que 30. en même temps que deux, mais je ne puis pas me représenter d'un coup d'œil 6000. & beaucoup moins 12000. mouvemens, comme, d'un coup d'œil, j'en apperçois 3. & 6. 10. qui se font en même temps ; Ils se font pourtant tous en même temps, quand même je ne les vois pas tous en même temps.

Fig. 20.

Ce qui est situé en *m* & qui se trouve poussé par la partie antérieure du Mobile, qui se porte de *m* vers *n*, avance avec lui. La plénitude du Monde est cause que ce qui est placé en *v* suit la face postérieure de ce même Mobile. Voilà qui dispose à une Circulation ; car ce qui est en *s* suit ce qui est en *v* & ce qui est en *n* se meut vers ce qui est en *p*.

Cette Circulation est facilitée parce que la Courbure *m n p s v* est toute composée de parties, à qui il n'est pas nécessaire que le Solide *A* donne du mouvement, il suffit qu'il détermine à circuler celui qu'elles ont déja.

Ces parties se détermineront d'autant plus aisément à un mouvement de circulation, qu'il se fait dans l'étenduë de cette Courbure, des mouvemens en tout sens ; de sorte que si quelques-unes de ses parties ont un mouvement opposé à celui de la Circulation qu'elles doivent prendre il ne s'en trouve pas en moins grand nombre qui ont déja cette détermination ; de sorte qu'elles joignent leur force à celle du Mobile pour entrainer leurs voisines dans ce même mouvement.

Il s'en trouve encore un grand nombre qui n'ont ni un mouvement tel qu'il le faut pour la circulation, ni un mouvement opposé, mais qui tendent les unes par éxemple de *p* en *g* les autres de *p* en *h*. D'autres auront un Mouvement Perpendiculaire au plan *n p s* en montant, d'autres en descendant; d'autres auront des Mouvemens Obliques, par où elles s'écartent en divers sens, de la Courbure *n p s* sans tendre de *p* en *s*, ce qui favoriseroit la circulation; ni de *p* en *n*, ce qui s'y opposeroit & la rendroit plus difficile. Ces parties donc desquelles le mouvement est indifferent par rapport à celui de la circulation, se déterminent sans peine à le prendre. On voit qu'un Pilote tourne facilement un Vaisseau déja en mouvement, & change sans peine une direction *a b* en une direction *a c* ou *a g*. La proüe du Vaisseau en repos dans l'eau ne tournera pas si vite de *b* en *c* ou de *b* en *g* comme il arrive lorsqu'il est déja en mouvement. Il seroit incomparablement plus difficile de lui donner ce mouvement s'il reposoit sur le sable, & beaucoup plus encore s'il en étroit environné.

Fig. 22.

Une autre cause qui facilite la Circulation, c'est la *Polissure* des parties qui composent la Courbure *m n p s v*, car si même entre ces parties il s'en trouve un bon nombre d'irrégulières, & de raboteuses, il suffit qu'entr'elle il s'en trouve un nombre suffisant de polies pour les faire aisément glisser les unes le long des autres, sans qu'il se perdit quoi que ce soit, ou que très peu de la force du Mobile, quand elles viendroient à s'embarrasser l'une dans l'autre.

Fig. 20.

A cette cause joignons encore la *Petitesse* du plus grand nombre de ces parties qui les rend propres à traverser toutes sortes d'Intervalles. Disons enfin que la Plénitude du Monde, dont la puissance est comme infinie, force ces petites parties tantôt à se briser, tantôt à s'unir les unes avec les autres, en un mot, à prendre toutes les figures nécessaires pour remplir éxactement les intervalles où elles sont chassées & qu'elles doivent traverser.

Les Efforts nécessaires pour briser quelques-unes de ces parties, pour changer le mouvement des autres, pour les unir & les serrer, pour les dégager l'une de l'autre quand elles se sont liées, sont les causes de la difficulté qu'on éprouve à mettre en mouvement des Corps un peu gros, sans compter l'obstacle que leur Pésanteur y oppose, parce qu'il faut presque toujours les soutenir, & les soulever du moins un peu.

Il paroit donc, ce me semble, que les Partisans du Vuide ne sont pas assés bien fondés, quand ils prétendent qu'il y auroit une difficulté infinie à mouvoir des Corps dans le Plein, & une preuve évidente que la densité du Milieu est la principale cause de la peine qu'on éprouve à y mouvoir un Solide, c'est qu'un Corps se meut plus aisément dans l'eau que dans l'huile, quoi que l'huile soit plus *rare* que l'eau, & laisse, (suivant l'hypothése que j'examine, plus de Vuide entre ses parties. Un Solide encore se meut avec incomparablement plus de facilité dans du Mercure que dans du sable, & le traverse avec une toute autre vitesse, il est vrai que la Polissure jointe au mouvement pêle-mêle des parties d'un Liquide, est ce qui contribuë le plus éfficacement à la facilité avec laquelle un Solide s'y meut.

Si cela n'étoit pas, les Corps poussés le plus rapidement, soit dans l'eau, soit dans l'Air, seroient précisément ceux qui iroient le plus loin, & le mouvement cesseroit le plutôt : Car que deux Solides soient égaux : Que l'un encore parcourre, dans *une* Minute, une Toise, & l'autre *trois* dans le même temps, & dans le même milieu. 1. Celui-ci rencontrera dans le même temps d'une minute trois fois plus de parties que l'autre, & 2. Chacune de celles qu'il rencontrera, il les poussera trois fois plus vite. Le second donnera à chaque partie trois fois plus de mouvement que le prémier, & il rencontrera trois fois plus de parties : Il perdra donc neuf degrés de mouvement

quand

quand l'autre n'en perdra qu'un ; cependant il n'en a que le triple. Il sera donc forcé à s'arrêter plus vite. On voit en effet que de deux Bales égales tirées contre l'eau avec la même direction, celle qu'une plus grande force de poudre a fait sortir du fusil s'applatit d'avantage, parce que l'eau oppose plus de résistance à une plus grande vitesse qu'à une moindre, ou que la Bale qui se meut plus vîte perd une plus grande quantité de son mouvement, ou frappe l'eau plus fortement, ce qui produit le même effet sur elle, que si elle en étoit frappée avec un degré de force tout égal à celui avec lequel elle la frappe.

Cependant le mouvement de deux Mobiles, d'une Vitesse inégale ne se perd pas précisément dans cette proportion, parce qu'un Solide ne donne du mouvement aux parties du Liquide qu'il rencontre, qu'autant qu'il leur en faut par-dessus celui qu'elles ont déja pour égaler le sien : Il en donne donc plus, par cette raison, aux Parties de l'Eau qu'aux Parties de l'Air, sans compter qu'elles sont plus solides, & qu'il en rencontre en plus grand nombre dans la même longueur de chemin.

Mais il se peut qu'il n'en donne point du tout aux Parties d'une Matiére plus subtile répanduë dans les intervales que laissent entr'elles les Parties d'Eau, & les Parties d'Air ; Matiére, dont les Particules sont incomparablement plus ménuisées, & outre cela plus agitées dans leurs mouvemens pêle-mêle, que celles de l'eau & de l'air. Et cette Matiére qui cède si aisément, & qui aide aux particules de l'eau & de l'air à céder, ne se trouve pas en petite quantité ; car puisque le Mercure est 14. fois plus pesant que l'eau, quand le Mercure seroit sans pores, l'eau 14 fois plus legére que lui, auroit 14 fois plus d'intervales que de parties d'eau. La somme donc & la quantité de la matiére subtile qui remplit ces intervales, seroit 14 fois plus grande que la somme & la quantité de l'eau. La Matiére aqueuse, entre les parties de laquelle elle est mêlée.

C'est dans la parfaite Polissure, dans l'éxtrême Petitesse, & dans la Véhémence du Mouvement pêle-mêle des parties qui sont au-delà de nôtre Atmosphére, & qui composent la Matiére purement Céleste, qu'il faut chercher les causes de la grande facilité, avec laquelle les Solides qui y sont placés s'y meuvent.

C'est donc en vain qu'on oppose contre le Plein avec tant de confiance, & de hauteur, les Mouvemens des Cométes, qui paroissent se porter par leur mouvement propre d'Orient en Occident avec la même facilité & la même vitesse que d'Occident en Orient, c'est à dire, avec autant de facilité contre le Cours que suivent les Tourbillons.

Les partisans du Vuide ne nient pas que la Terre n'ait un Tourbillon qui s'étend jusqu'à une certaine distance, & qui circule avec elle d'Occident en Orient. Cependant nous ne voions pas que les Oiseaux ou les Nuées se portent avec plus de lenteur vers un de ces termes que vers l'autre : Une pierre, une fléche, une bale, s'élancent avec autant de vigueur du Levant au Couchant que du Couchant au Levant. Pourquoi n'en seroit-il pas de même des Cométes, puisque la matiére où elles nagent est composée de parties beaucoup plus petites, plus polies, & plus agitées d'un parfait mouvement pêle-mêle, que celles qui environnent la Terre ?

Concevés une Boule pleine d'eau qui se meut sur deux Poles d'Occident en Orient, les petits Poissons & les petits Insectes, qui y seront enfermés, éxécuteront leurs mouvemens propres & particuliers d'Orient en Occident tout comme d'Occident en Orient. Il n'en seroit pas de même si la Boule n'étoit pas pleine, & que les Insectes eussent à surmonter des mouvemens contraires dont les secousses s'opposeroient au leur.

A ce que je viens de dire on peut ajoûter, que la Matiére Liquide, que le Solide a fait circuler, est poussée de m en n avec la même vitesse que ce solide avance ; par Conséquent que la matiére située de s en v se porte aussi de s en v avec une vitesse égale à celle du Solide. Comme la Vitesse de la Matiére $s v$ n'est point plus grande que celle du Solide A, on ne peut pas dire qu'elle le pousse, mais comme leurs deux vitesses sont égales, on peut dire, & il est évident que la Matiére $s v$ s'appliquant sur le Solide A, & allant aussi vite que lui, joint son effet, ou son mouvement, à celui de ce Solide pour lui aider à pousser la matière qui lui est antérieure, & qu'il doit déplacer pour lui succéder ; de sorte que si le Solide A, au premier moment de son mouvement, en perd quelque portion, en poussant la matiére qui est avant lui, cette matiére lui rend en quelque sorte ce qu'elle avoit reçu, en lui aidant à pousser ce qui s'oppose en son passage. Quand il commence à s'ébranler, il n'a pour ainsi dire, de ressource qu'en lui même, c'est uniquement à ses frais qu'il se fait passage ; Mais dès qu'il a avancé d'une Ligne ou de beaucoup moins encore, ce n'est plus lui seul qui pousse ce qui est avant lui, la Matiére, qu'il a obligée de circuler, joint son effort au sien, pour faire durer ces Circulations, & engager la matiére suivante à les continuer.

La supposition du Vuide, rend l'Idée de l'Espace parcouru plus simple, mais toute commode qu'elle paroisse pour expliquer le Mouvement, j'en trouve un, où le mobile ne change point d'Espace & est toujours précisément renfermé dans la même place. Le Plan $b c$ se porte de b en e, dans le temps d'une Minute, par un mouvement continuel. Le corps g soutenu par le plan $b c$ va de e en b dans une Minute aussi, par un mouvement continuel, & tout-à-fait uniforme avec le mouvement de b en e de ce plan qui le soutient. Au commencement de la Minute il est vis-à-vis de f, vis-à-vis de e & il y est encore à la fin de la minute, car le point b, sur lequel il sera alors, se trouvera en e, vis-à-vis de f, vis-à-vis de e. Au milieu de la minute il sera sur b, & b, sera vis-à-vis de e & f. Pendant tout le cours de la minute le Corps g se meut sans sortir d'un Espace immobile, qui est précisément de la même grandeur que lui, & qui demeure constamment vis-à-vis des Points immobiles f & e.

Peut-être qu'après avoir lû ces réflexions, on trouvera que l'éxistence d'un espace Vuide n'est pas absolument nécessaire pour la naissance & la continuation du Mouvement. Lors que d'un côté on a des preuves convainquantes, & qui forcent une personne, qui n'a pas renoncé au Sens-commun, à ne douter pas ; & que d'un autre on donne à une objection une solution vraisemblable, le Bon-Sens veut qu'on n'abandonne pas le certain pour une difficulté à peu près levée.

" XCIV. MAIS *j'ai ouï dire* (ce sont les paroles *Continuation du* " de Mr. Bayle Tom. IV. pag. 544.) à un grand *plein &* " Mathématicien, qui a profité beaucoup de Ou- *du Vuide* " vrages & de la Conversation de Mr. Newton, que ce *& des avantages* " n'est plus une chose problématique, si tout étant plein *que les* " tout peut se mouvoir, que la faussité, & l'impossi- *Pyrrhoniens prétendent* " bilité de cette Proposition a été non seulement *tirer.* " prouvée, mais démontrée Mathématiquement, & " que deformais nier le Vuide, sera nier un fait de " la derniére évidence.

Eh bien, si des Démonstrations incontestables prouvent l'éxistence du Vuide, il n'en faut plus douter, & sur un sujet où l'on donne des Démonstrations de cette force, il faut que le Pyrrhonisme cesse.

Point du tout, continue Mr. Bayle ; Un tel avetu accorde la victoire aux Pyrrhoniens. " Nous " voilà sans doute bien redevables aux Mathémati- " ques : elles démontrent l'éxistence d'une chose, " qui est contraire aux Notions les plus évidentes " que nous aions dans l'entendement ; Car s'il y a quel-

„ quelque nature dont nous connoissions avec évi-
„ dence les propriétés essentielles, c'est l'étendue:
„ nous en avons une idée claire & distincte, qui
„ nous fait connoître que l'essence de l'étendue
„ consiste dans les trois dimensions, & que les pro-
„ priétés, ou les attributs inséparables de l'étendue,
„ sont la divisibilité, la mobilité, l'impénétrabilité.
„ Si ces idées sont fausses, trompeuses, chiméri-
„ ques & illusoires, y a-t-il dans notre esprit quel-
„ que notion que l'on ne doive pas prendre pour
„ un vain fantome, ou pour un sujet de défiance?
„ Les Démonstrations qui prouvent qu'il y a du
„ Vuide, peuvent elles nous rassûrer? Sont-elles
„ plus évidentes que l'idée, qui nous montre qu'un
„ pié d'étendue peut changer de place, & ne peut
„ point être dans le même lieu qu'un autre pié
„ d'étendue? Fouillons tant qu'il nous plaira dans
„ tous les recoins de nôtre esprit, nous n'y trouvons
„ aucune idée d'une étendue immobile, indivisible
„ & pénétrable. Il faudroit pourtant que s'il y
„ avoit du vuide, il existât une étendue, qui eut
„ ces trois attributs essentiellement. Ce n'est pas
„ une petite difficulté, que d'être contraint d'ad-
„ mettre l'existence d'une nature, dont on n'a au-
„ cune Idée, & qui répugne aux Idées les plus
„ claires que l'on ait.

Les Défenseurs du Vuide, trouveront que le Zéle avec lequel Mr. Bayle les combat, lui fait oublier des précautions qu'un Pyrrhonien ne doit jamais perdre de vue; Il dit positivement (A) que *l'Idée d'une Etendue impénétrable, Mobile, Divisible, est très-claire, très-distincte;* & il assure avec une égale fermeté que *nous n'avons aucune idée d'une Etendue Pénétrable & par la Immobile.* C'est ce qu'on lui niera; & pendant qu'il soutient le personnage d'un Pyrrhonien, il ne pourra point dire qu'on a tort de lui nier cela ; Car suivant les Pyrrhoniens il est aussi vraisemblable qu'on a cette Idée, comme il est vraisemblable qu'on n'a pas: Or s'il est vraisemblable qu'on a l'Idée d'une Etendue Vuide, on ne peut plus en nier la possibilité, par la raison qu'on n'en a pas l'Idée: Cette Idée, disent ses partisans, est très-simple & c'est sa simplicité même qui la rend difficile à expliquer; Ainsi en est il de l'Idée de l'Etendue en général, de l'Idée de l'Etendue solide, de l'Idée de l'Unité, de l'Egalité, de la Simplicité &c. Une Etendue dont la nature est de nulle résistance, infiniment cédante, comme elle ne peut rien déplacer, elle ne peut point non plus changer de place, sa nature se borne uniquement à recevoir ce qui en change.

Il y a eu sur le Vuide une autre Hypothése, qui me paroit, comme à Mr. Bayle, pleine de contradictions. Nous nous sommes accoûtumés, dès nôtre enfance, à ne concevoir de la réalité que dans ce qui faisoit Impression sur notre Corps.

1. Un Enfant met la main dans son chapeau, il le remue & ne sent rien: Il conclut qu'il n'y a rien que sa main.

Si les Poissons raisonnoient comme nous, ils jugeroient que la Mer est un vuide très-vaste, où sont répandues quelques Parcelles d'Eau très-clair semées, & si eloignées les unes des autres, quelles ne se font sentir que par le moien de quelques agitations extraordinaires qui répondent à nos Vents.

2. On voit que les Bords d'un Vase qui ne paroit rien contenir, ne laissent pas d'être éloignés; de là on tire confusément une seconde Conclusion: On appelle Espace cette étendue qui passe pour n'être rien, & qui par là ne se fait point sentir. On donne le nom de Corps à celle qui le remplit & qui fait quelque chose. On croit enfin d'avoir rassemblé sous le même nom d'*Espace, l'Etendue & la privation de l'Etre,* comme sous celui de CORPS *l'Etendue & la Solidité.* On a mille & mille fois répété ce nom d'*Espace*; à force de se le rendre familier, on est venu à s'imaginer de comprendre ce qu'il étoit destiné à exprimer, & ce Langage devenu le stile ordinaire, a

affermi les Préjugés qui l'avoient fait naitre. Au lieu de se contenter de dire qu'un Corps est d'une telle & telle Grandeur, qu'il est composé de tant & tant de Pouces, &c. On dit qu'il occupe un tel & tel Espace, au lieu de dire simplement qu'il est placé à une telle & telle Distance, ou à une telle Proximité, de tels & de tels Corps qu'on désignera, ou qu'il est renfermé dans une telle & telle surface Concave, on dit qu'il remplit un certain Vuide qu'on lui assigne.

Il n'est pas difficile de s'appercevoir que cette Hypothése renferme des Contradictions. Un Rien qui reçoit successivement divers Corps: Un Rien d'une Grandeur déterminée, le Double de sa Moitié, le Quadruple de son Quart: Un Rien qui est parcouru par un Mobile, Mobile qui par conséquent s'applique à diverses parties de ce Rien; un Rien dont toutes les parties égales se ressemblent parfaitement, mais dont cependant l'une n'est pas l'autre, & dont par conséquent encore chacune est ce qu'elle est indépendamment de sa voisine, & est réalité à part, une réalité qui lui est propre, & que faut-il de plus pour être substance?

On place trois Boules dans un Espace Vuide, depuis la *Prémiére* à la *Seconde*, on peut tendre une Corde de 10. piés. Depuis la *Seconde* à la *Troisiéme* il n'y en peut qu'une de 7 piés. On reconnoit par là qu'elles ne sont pas également distantes; mais ne l'étoient-elles pas déja inégalement, avant que l'on mesurât cette Distance; & qu'on plaçât entr'elles quelques Etendues Corporelles, on ne fait pas la Distance en la mesurant, on la trouve simplement, & on s'en assure; Avant que d'être mesurée elle étoit mesurable, & une Distance qui ne peut être remplie que par une Longueur déterminée, est elle-même déterminée.

Mais voici, ajoûte Mr. Bayle, bien d'autres inconviniens. Ce vuide, ou cette étendue immobile, indivisible & pénétrable, est-elle une Substance, ou un Mode? Il faut que ce soit l'un des deux, car la Division ADÆQUATA *de l'Etre* ne comprend que ces deux membres. Si c'est un Mode il faudra qu'on nous définisse la substance; et c'est ce qu'on ne pourra jamais faire.

A cette Question Mr. Locke répond, *Je n'en sais rien, & je n'aurai point de honte d'avouer mon Ignorance, jusques-là ce que ceux qui font cette Question me donnent une Idée claire & distincte de ce qu'on appelle* SUBSTANCE.

Après ces paroles Mr. Bayle triomphe de ce qu'un si grand Métaphisicien ne peut pas faire de meilleures Réponses, & d'un tel aveu, il fait conclurre à Zénon que le Vuide est Impossible & dès-là le Mouvement.

Cette Conséquence tomberoit sur Mr. Locke, si après avoir reconnu que le Mouvement ne peut se faire, à moins qu'il n'y ait du Vuide, il avouoit que la supposition du Vuide est pleine de Contradictions, au lieu qu'il avouë simplement qu'il n'en connoit pas bien la nature. Or de ce qu'un grand homme ignore quelque chose, s'ensuit-il qu'il ne sache rien surement, s'ensuit-il même, que ce qu'il a ignoré, un autre ne puisse le découvrir: Une telle Découverte n'est point une preuve d'un plus grand Génie, souvent c'est un effet du bonheur & souvent encore on la doit à ce qu'on a appris d'un autre & aux soins qu'on a eu de profiter des instructions qu'on en a reçû, & de les étendre, ce qui quelque-fois n'est pas difficile.

Quand on demande quelle Espéce de substance est l'Espace, & si c'est un Corps ou un Esprit? Mr. Locke a raison de répondre, *Qui vous a dit qu'il n'y a que des Corps & des Esprits?* Il y a Substance qui Pense, Substance Etenduë solide, Substance Etenduë infiniment cédante.

Je ne ferois pas difficulté de compter l'Espace au nombre des Substances, dès que je serois con- [Loc. l. P. Sect. II. Chap. I.]

(A) Accordez cela avec les contradictions, dont il prétend qu'elles fourmille,

vaincu de son éxistence :
La définition de la substance lui conviendroit. Ce qui a son éxistence apart, son éxistence propre est SUB-STANCE. L'Espace est ce qu'il est, & non une autre chose. Son éxistence n'est ni l'éxistence d'un Etre qui pense, ni l'éxistence d'un Etre solide. Une Mesure, une Quantité de cet Espace est cette Mesure-là, & non pas une autre ; Autre est l'espace rempli par le Soleil, autre est l'espace rempli par la Lune. Mr. Bayle se donne des soins superflus, quand il s'étend à prouver cette différence dans l'Article que j'examine. Mr. Bayle continue, *si l'espace est une substance je demanderai, est-elle créée ou incréée ?* Mr. Bayle refute solidement l'imagination de ceux qui confondant l'espace où sont les Corps, avec l'Immensité de Dieu, & il fait bien voir avec quel avantage il sait attaquer une erreur & soûtenir une bonne cause.

Il ne reuslit pas de même quand il entreprend de prouver que l'Etendue Vuide ne peut pas être une substance créée ; *Si elle est créée, elle peut périr, sans que les Corps dont elle est distincte réellement, cessent d'éxister.* Or il est absurde & contradictoire que le Vuide, c'est-à-dire, un espace distinct des Corps, soit détruit & que néanmoins les Corps soient distincts les uns des autres, comme ils se pourroient être après la ruine du vuide, quoique ce Vuide soit nécessaire pour les contenir.

Par une semblable Méthode d'argumenter, on prouveroit que l'Unité & le nombre Pair sont des contradictions. *Dieu ne peut-il pas ôter une Unité du nombre six, & en même temps ne peut-il pas conserver le nombre six ?* Dieu qui connoit toutes les manières possibles dont une Intelligence finie peut penser, connoit qu'elle peut abuser de sa Liberté & de sa fécondité jusques à faire cette Question. Mais sa Sagesse infinie, parfaite, immuable, est infiniment éloignée d'une telle imagination & d'un tel dessein. Toutes les pensées de Dieu sont dans un parfait accord. Si l'Espace est nécessaire pour contenir les Corps, si telle est la Nature qu'il a donnée à l'Etendue Solide & à l'Etendue Pénétrable, il ne se peut qu'il veuille que l'une éxiste sans que ce qui est absolument nécessaire, pour son éxistence, éxiste aussi. Si l'Espace n'est pas absolument nécessaire afin que tous les Corps y soient placés, & y éxistent ; dès que l'Espace sera anéanti, les Corps avec l'éxistence desquels il n'a aucun rapport, continueront d'éxister, mais ils ne pourront plus se mouvoir, au cas que l'éxistence de l'Espace soit une condition nécessaire pour la possibilité du Mouvement.

Mr. Bayle, pour mieux établir la nécessité du Pyrrhonisme, fait encore tomber la même Objection sur l'Hypothése du Plein & sur l'Hypothése du Vuide. " Nous connoissons, dit-il, page 545. que
» quand deux choses sont distinctes réellement, l'une
» peut-être conservée ou détruite, sans que l'autre
» le soit ; car tout ce qui est distinct réellement d'une
» chose lui étant accidentel, & chaque chose pouvant
» être conservée sans ce qui lui est accidentel, il s'en-
» suit que le Corps A réellement distinct du corps
» B, peut demeurer dans l'être des choses, sans que
» le corps B subsiste, & que la conservation du corps
» A ne soit point à conséquence pour la conserva-
» tion du corps B. Cette conséquence qui paroit si
» claire & si conforme aux notions communes, ne
» peut point pourtant convenir au sujet dont nous
» parlons, & vous ne pouvés supposer que tous les
» corps enfermés dans une chambre périssent
» & que les quatre murailles soient conservées ; car
» en ce cas-là il resteroit entr'elles la même distance
» qu'auparavant ; or cette distance, disent les Carté-
» siens, n'est autre chose qu'un Corps. Leur Doc-
» trine semble donc combattre la souveraine liberté
» du Créateur, & le plein Domaine qui lui est dû
» sur tous ses ouvrages. Il doit jouir d'un plein droit
» d'en créer peu ou beaucoup, selon son bon plai-
» sir, & de conserver, & de détruire ou celui-ci,
» ou celui là, comme bon lui semble. Les Cartési-
» ens peuvent répondre qu'il peut détruire chaque
» corps en particulier, moïenant qu'il en fasse un
» autre de même grandeur ; mais n'est-ce point don-
» ner des bornes à sa Liberté ? N'est-ce point lui
» imposer une espèce de servitude, qui l'oblige né-
» cessairement à créer un nouveau corps, toutes
» les fois qu'il en veut détruire un autre ? Voilà
» des difficultés qu'on ne peut parer en supposant
» que l'étendue & le corps sont la même chose ;
» mais on peut les retorquer toutes contre ceux qui
» les proposent à Mr. Descartes, si d'ailleurs ils
» reconnoissent une étendue *spéciale*, réellement éxisten-
» te & distincte de la matière. Cette étendue ne
» peut pas être finie, on ne sauroit en ruiner une
» portion, sans en reproduire une autre, &c. Or
» si la nature de l'étendue pénétrable ou impénétra-
» ble entraine avec soi de si grands inconvéniens, le
» plus court est de dire qu'elle ne peut éxister que
» dans notre esprit.

L'éxistence des Murs qui environnent une Chambre, & qui en font la partie extérieure, est indépendante de l'éxistence de tout ce qui est renfermé dans leur enceinte. L'éxistence de ces Murs leur appartient en propre, c'est eux mêmes & non point l'éxistence d'aucune autre chose. Mais puisque la supposition de ces Murs continuant d'éxister, & d'éxister éloignés, pendant qu'il n'y aura de l'un à l'autre aucune Etendue ni Pénétrable ni Impénétrable, est, de l'aveu de Mr. Bayle, absurde & contradictoire, il seroit absurde & impie de supposer l'Intelligence parfaite capable d'une telle Volonté. Quand on dit qu'il ne se peut qu'elle pense ainsi, ce n'est nullement borner ni sa liberté, ni sa puissance, c'est seulement s'abstenir de donner des bornes à la perfection de sa très-sage Intelligence, qui est essentiellement d'accord avec elle même.

Voici donc, ce me semble, à quoi se réduisent les Questions qu'on peut faire sur ce sujet. *Avés-vous une Idée de l'Etendue ?* Qui oseroit le nier. *Avés vous une Idée d'une étendue solide & en même temps divisible en parties qu'on puisse éloigner les unes des autres ?* Je ne suis pas plus sur de penser, que je suis sur d'avoir cette Idée. *En avés-vous une d'une Etendue différente & souverainement pénétrable & entierement destituée de solidité ?* Pour moi j'avoue qu'il me paroit que je l'ai. *Ces idées se définissent-elles aisément ?* Elles sont si simples qu'il est difficile d'en alléguer de plus claires, ni de les énoncer que par des termes synonimes. *Une Distance sans étendue, une Etendue qui ne soit rien : Ne sont-ce pas des contradictions ?* Rien n'est plus évident. *Cette Etendue Pénétrable est-elle nécessaire, afin que les corps puissent s'y mouvoir ?* D'habiles gens font encore là-dessus dans le doute ; & ils craignent que l'impuissance où est l'esprit humain de se rendre présent ce nombre prodigieux de Mouvemens qui doivent se faire dans le Plein en même temps, afin qu'une Masse sensible y parcoure une longueur, ne l'engage à se jetter dans l'Hypothése plus commode du Vuide, où les Mouvemens peuvent se faire avec plus de facilité. Ils conjecturent qu'il pourroit peut-être suffire d'entendre par l'Espace qu'un Mobile parcourt *la concavité qui l'environne immédiatement :* Cette concavité est corporelle, c'est la surface du corps environnant par rapport auquel le Mobile change de situation : Cette Concavité est d'une capacité déterminée, & dans l'Hypothése du Plein toujours remplie d'une Etendue Corporelle, quoique ce ne soit pas toujours la même, parce que quand il y a du Mouvement, l'une succéde à l'autre.

Quand une Sphére se meut autour de son Centre, une certaine & même portion de Concavité, après avoir été parcourue & touchée successivement par une certaine partie de la Convexité du Mobile, est

enfuite

DU PYRRHONISME. 141

ensuite parcourue par une autre de la même façon ; à la seconde succede une troisiéme, toujours parcourant la même partie, & ainsi sans interruption ; au lieu que dans une concavité étendue en ligne droite, une certaine portion après avoir été parcourue ne l'est plus ; toutes les parties du Mobile l'abandonnent entiérement.

Mais enfin si le *Vuide* est nécessaire afin que les Corps puissent y éxercer leurs Mouvemens, il ne paroît pas de même nécessaire, afin qu'ils aient une place qui les contienne. Chaque Corps peut-être, à lui-même, sa place, chacun d'eux est renfermé dans ses bornes, & dans la surface d'un corps qui l'embrasse ; Voilà où il est. S'il n'y a point d'Espace vuide tout ce qui en peut arriver, c'est que tout sera forcé à demeurer en Repos ; mais pour sa place, chaque corps la trouvera dans ce qu'il est.

Quand l'Espace a été créé, son Créateur lui avoit-il déja préparé une place ? & pour s'empêcher d'être éxposé aux mêmes Questions & aux mêmes Difficultés, sur la Réponse qu'on fera, trouvera-t-on à propos de dire ? *Qu'avant l'Espace il n'y avoit aucune Etendue, & qu'avec l'Espace a commencé la place de l'Espace, qui n'est autre chose que l'Espace même.* Mais pourquoi ne dira-t-on pas de même, *qu'avant le Corps il n'y avoit aucune Etendue, & qu'avec l'Etendue Corporelle commence sa place, qui n'est autre chose qui cette Etendue elle-même ?*

Quand je me demande s'il y avoir nécessairement de l'Etendue avant que Dieu eut créé l'Univers Corporel ? Je me réponds que Non ; & quand je m'éxprime ainsi, pour penser conformément à ma Réponse, je m'abstiens de me représenter quoi que ce soit ; car pour ce qui est de la maniére dont Dieu éxiste, & de son rapport avec le Lieu, je n'en ai aucune Idée ; seulement sai je que Dieu n'a besoin de quoi que ce soit, qu'il se suffit à lui-même & qu'il éxiste en lui-même.

Dès-qu'après cela je me représente l'Univers éxistant ; sur quelque portion de cette Immense Etendue que j'arrête mon attention, je la conçois bornée par sa surface qui est l'éxtrémité d'elle-même & qui appartient à elle même : Tout ce qui est renfermé dans cette surface est une portion de l'Univers ; On peut se passer de le compoter de deux étendues, & on peut n'y en concevoir qu'une d'un seul genre, à moins, comme je l'ai déja dit , que le Mouvement n'oblige & en admettre une seconde. Si mon Imagination, entrainée par une habitude, & par des maniéres de parler qui doivent leur naissance aux Préjugés, va se figurer une Etendue différente de celle des Corps & absolument nécessaire pour se recevoir, je n'ai qu'à lui laisser faire, & elle se figurera de même une troisiéme Etendue, qui sera la place de l'Espace, & dès-là une quatriéme qui sera la place de celle-ci. Mais si je ne dois pas compter sur une troisiéme & quatriéme liberté que mon imagination se donnera ; si je ne dois pas compter sur une troisiéme & quatriéme supposition qu'elle fera, pourquoi compterois-je plus surement sur la prémiére & pourquoi ne m'en défierois-je pas également ?

Réfutation de Spinosa & Caractere de Mr. Bayle.

XCV. Mr. BAYLE en réfléchissant sur l'hypothèse du Vuide s'est apperçu qu'elle renversoit le systême de Spinosa, & comme il ne vouloit rien perdre de ce qu'il avoit pensé, il enchasse cette réfléxion parmi les argumens qu'il entasse en faveur des Pyrrhoniens, en vue de répandre des Doutes sur des Veritès mêmes qui passent pour les plus certaines. Il dit donc contre Spinosa (Tom. IV. pag. 545.) " S'il y
" a deux espéces d'étendue, l'une simple, indivisible,
" & pénétrable, & l'autre composée, divisible & impénétrable, il faut qu'il y ait plus d'une substance
" dans l'Univers. Cela se conclut encore mieux
" de ce que la substance impénétrable ne seroit pas
" un tout continu, mais un amas de Corpuscules
" séparés entiérement les uns des autres, & environnés d'un grand espace incorporel. Les Spinosistes ne nieroient pas que chacun de ces Corpuscules, ne fût une substance particuliére distincte
" de la substance de tous les autres. Et ainsi par leurs
" propres Axiomes ils abandonneroient leur systême, s'ils avouoient une fois qu'il y a du Vuide.

En lisant les ouvrages de Mr. Bayle, on tombe de temps en temps, dans des endroits de cette force, de cette justesse & de cette utilité : Quelquefois on le plaint, quelquefois aussi on le condamne ; Mais toujours on est affligé de voir qu'un si beau génie, si propre à combattre l'Erreur & à mettre la Verité dans son jour, se soit fait un si grand plaisir & se soit appliqué avec tant d'obstination, à ébranler la Certitude des prémiéres & des plus importantes Veritès.

Il découvre son but en termes bien éxprès dans la remarque précédente. *Recueillons*, dit-il, *d'ici quelques Corollaires*. *Le premier est, que la dispute de Zenon ne pourroit pas être entiérement infructueuse ; car s'il manquoit sa principale entreprise qui est de prouver qu'il n'y a point de mouvement, il auroit toujours l'avantage de fortifier l'hypothèse de l'ACATALEPSIE, ou de l'incomprehensibilité de toutes choses.*

XCVI. IL AJOUTE ensuite : " Prenés garde
" qu'il y a des Philosophes de la prémiére volée
" qui ne croient pas que nous connoissions ni ce
" que c'est qu'étendue, ni ce que c'est que substance, ils ne peuvent parler autrement tandis
" qu'ils croient le Vuide. Grand triomphe, pour
" Zénon, & pour tous les autres Acatalepriques,
" car pendant qu'on disputera si l'on sait, ou si
" l'on ignore la nature de la substance, & celle de
" la matière, ce sera un signe qu'on ne comprend
" rien & qu'on ne peut être jamais assuré qu'on fra-
" pe au but, où que les objets de notre esprit
" soient semblables à l'Idée que nous en avons.

Ces triomphes sont imaginaires, car si Mr. Locke se trompe, & qu'il soit possible de connoitre la *Substance Etendue*, de ce qu'un Philosophe modeste, étonné de quelques difficultés, se borne à regarder l'Etendue non comme une Substance, mais comme l'Attribut d'une Substance qui ne nous est pas connue, s'ensuit-il que des personnes qui donneront à l'éxamen de cette Matière, une attention & un temps que Mr. Locke a mieux aimé donner à des Sujets qui lui paroissoient plus importans, ne pourront pas s'assûrer sur ce que ce grand homme a laissé indécis ?

Mais quand on ignoreroit en quoi consiste la Substance dont l'Etendüe est un Attribut, & qu'on ne pourroit venir à bout de s'en former une Idée, pourroit-on conclurre de-là qu'on n'en a point non plus de l'Etendüe : Cette Conclusion seroit aussi peu raisonnable que si l'on disoit ; Je n'entens pas tout ce qui est enseigné dans un Livre ; Donc je n'ai aucune certitude que ce soit un Livre, qu'il ait une couverture, que cette couverture renferme du papier & que sur ce papier il y ait des caractéres. L'ignorance où je suis du fonds d'où naissent mes pensées, & de l'efficace avec laquelle l'une en améne une autre, peut-elle me faire douter que la Pensée ne soit un *Acte qui se sent*, que ces Actes ne se suivent, que quelques-uns se forment simplement eux mêmes, & que d'autres me représentent quelque Objet différent d'eux mêmes, qui éxiste, ou qui peut éxister hors de notre pensée ! En un mot me reste-t-il des Doutes sur les différens & nombreux rapports que mon Attention me découvre entre mes Pensées ; Rapport, sur lesquels je fonde les Régles des Raisonnemens & des Moeurs ! De même donc quand je supposerois que l'Etendüe est un Attribut de cet Attribut ! Serois-je moins assûré par le moien de cet Attribut de cette Substance avec par les Modifications de l'Etendüe, ses différens Etats, forment les différentes Espèces des Corps que nous voyons ?

Serois-je moins assûré qu'un bloc d'Etendue agit sur un autre bloc, & moins fondé à éxpliquer par ce Principe & ses suites, les Phénoménes de la Nature.

Tout ce que les Physiciens, disciples de M. Locke sur cette Question, remarquent & démontrent sur les différens états & les différens effets de l'Etendue, *Attribut* selon eux, appartient veritablement à l'Etendüe; à *l'Etendue Attribut*, si elle est attribut; & à *l'Etenüe Substance*, si elle est substance.

La prémiére Philosophie que Mr. Locke avoit étudiée c'étoit celle de l'Ecôle: Il en reconnût l'abus dans sa suite & rectifia ses Idées. Mais à combien peu de personnes arrive-t-il de se défaire absolument de tous leurs Préjugés, de n'en conserver pas le moindre reste & de n'en sentir pas la moindre atteinte. Il se peut que l'habitude de Définir à la maniére de l'Ecôle, & d'associer des Notions vagues à des Notions déterminées ait d'abord prévenu M. Locke en faveur de la Définition du *Corps par Substance étendue*, & que cherchant ensuite dans son Esprit deux Idées différentes, pour les substituer, l'une au terme d'*Etendue*, & l'autre au terme de *Substance*, & ne pouvant se satisfaire sur l'une de ces substitutions, comme sur l'autre, il en ait conclu que son Entendement étoit borné aux Idées des Attributs, sans pouvoir s'élever jusques à celles des *Substances*. L'attention à la substance qui pense n'aura confirmé dans son sentiment. Ses Actes nous sont connus; La Pensée se fait sentir & se manifeste par là même qu'elle est Pensée, par là même qu'elle est & qu'elle existe; Mais peut-on dire qu'on ait la même connoissance de la substance qui produit ces Actes, ou que ces Actes modifient? Peut-on dire qu'on le sente de même? Ceux-là même qui prétendent que la Pensée est la substance de l'Ame & n'y en veulent reconnoître aucune autre, peuvent-ils expliquer de quelle maniére la Pensée se modifie? Comprennent-ils en quoi consiste ce pouvoir? Mais de ce que le Créateur des Hommes, souverainement Libre dans la distribution de ses graces, a trouvé à propos de les avertir de leur dépendance, en leur cachant à eux-mêmes une partie de ce qu'ils sont, & en ne les élevant pas, au moins dans cette Vie, jusqu'à connoitre le Principe auquel ils doivent leurs Connoissances, de ce, dis-je, qu'ils ne connoissent pas la Substance qui pense, s'ensuit-il qu'ils ignorent ce que c'est que Substance étendue?

Pour moi je l'avoüe, *l'Etendue* me paroit une Substance, & quelquefois je suis surpris qu'on ait trouvé là-dessus de la difficulté. La définition de Substance convient parfaitement à l'Etendue; Il n'y a point de caractére plus sûr, ni de Voie plus naturelle pour en décider. On conçoit que l'Etendue a une éxistence qui lui est propre, une éxistence à part qui n'est l'éxistence d'aucune autre chose, c'est ce qu'on ne concevroit point si elle étoit le Mode, l'Attribut, la Maniére d'être d'une autre Substance.

L'Etendue étant une Substance, l'Etendue & la Substance étendue sont des termes très Synonimes; Il ne faut point chercher dans l'Etendue, une Substance différente d'elle, non plus qu'on ne cherche point dans le *Triangle*, une Figure différente de lui, quand on le définit par une *Figure Triangulaire*; car quelle est cette Figure si ce n'est le Triangle même? Ainsi quand on définit le Corps, *une Substance étendue*; Quelle est cette *Substance*? C'est *l'Etendue* même.

S'il y avoit dans les simples Corps, dans une Pierre, par éxemple, une Substance différente de l'Etendue, on se feroit trompé en regardant cette Pierre comme n'ayant d'autre Substance que son étendue, de la même maniére qu'on se tromperoit en regardant un Animal de quelque espéce jusqu'i-ci inconnue, & que l'on prendroit pour un Animal brute, quoiqu'il eut une Ame semblable à celle de l'Homme. En ce cas il y auroit dans cette Pierre une Substance différente de l'Etendue, & dans cette enceinte où nous ne supposons qu'une seule Substance, il y en auroit deux, mais l'Etendue en seroit toûjours une.

De plus, cette Substance prétendue du Corps, est-elle étendue, ou ne l'est-elle pas? Si elle est étendue, son étendue, différente de celle que nous voions & que nous connoissons, cette étendue inconnue est-elle une Substance, ou encore un Attribut d'une autre Substance? S'ils disent qu'elle est Substance, l'Etendue peut donc être Substance, & tout ce qu'ils objectent contre celle que nous connoissons, retombe sur celle que nous ne connoissons pas, qui étant étendue sera divisible, étant étendue finie sera figurée comme celle que nous connoissons.

Diront-ils qu'elle n'est pas Substance, mais Attribut d'une Substance? Voilà donc deux Attributs étendus, le connu & l'inconnu, & par là encore on n'avance rien, car je réitére la même Question sur la Substance dont l'Etendue inconnue seroit un Attribut plus immédiat que la connue.

S'ils répondent qu'ils n'en savent rien, & qu'ils n'en peuvent rien savoir, puisqu'ils n'en ont aucune Idée; je crois qu'ils le parlent comme ils pensent, mais par là ils ne lévent point la Difficulté.

Ils peuvent ignorer si elle est étendue ou non étendue, mais ils ne peuvent pas ignorer qu'elle est nécessairement l'un ou l'autre; Vous voiés un homme de loin & dans l'obscurité; Je vous demande s'il est de vôtre connoissance? Vous répondés que vous n'en savés rien, & avés raison de répondre ainsi, car vous ne l'appercevés pas assés distinctement pour en décider. Mais si je vous demande; N'est-il pas vrai, ou que vous l'avés vû ci devant, ou que vous ne l'avés jamais vû? N'est-il pas vrai que vous en savés le Nom, ou que vous ne le savés pas? Vous ne sauriés disconvenir qu'un des deux ne soit vrai. De même s'il y avoit dans le Corps une Substance différente de l'Etendue que nous voions, une de ces deux Propositions seroit Vraie, *Cette Substance est étendue*, *cette Substance n'est pas étendue*; car tout ce qui est du rang des choses étendues, ne l'est pas des *non étendues*, & réciproquement.

Or j'ai prouvé qu'on ne peut pas dire dans le systême que je combats, qu'elle soit *étendue*; si donc je prouve encore qu'il n'est pas permis de la supposer *non étenuue*, il faudra tomber d'accord qu'absolument il n'est pas permis de la supposer, & que c'est une Chimére. Cette derniére partie est facile à prouver. Ce qui n'est point étendu, ne peut pas être le Sujet dans lequel l'étendu subsiste; La substance dont l'Etendue est un des Attributs, éxiste d'une maniére étendue, puisque l'Etendue est une de ses maniéres d'être, ou de ses états. Or être dans un Etat étendu, éxister d'une maniére étendue, c'est être étendu, ou c'est être de l'Etendue.

La Figure est un Attribut de l'Etendue, c'est l'Etendue même entant que terminée; le Mouvement est un Attribut de l'Etendue, & c'est l'Etendue même entant que changeant de place. Quelle plus grande différence peut-on imaginer, ou soupçonner, qu'entre ce qui est étendu & ce qui ne l'est pas? Si la substance du Corps n'est pas étendue, l'Etendue son premier Attribut sera infiniment différent de sa substance.

L'Etendue d'un Corps pourroit donc tout au plus être regardée comme quelque chose d'appartenant à une Substance, comme quelque chose sur quoi une Substance étendue ou non étendue auroit quelque pouvoir; Mais en la concevant ainsi,

on

on la concevroit comme une Substance dépendante d'une autre différente d'elle.

Mais l'*Etendue*, disent-ils, *est divisible à l'infini, comment seroit-elle une Substance*? Quoi donc, quand on diviseroit cêt Attribut on ne diviseroit point sa Substance? Quand on a partagé un Pié cube de Metal en cent mille piéces, la Substance de cette masse ainsi divisée demeureroit-elle indivisible? Passe-t-elle toute entiére dans chacun de ces morceaux, ou si elle reste toute entiére avec un seul d'eux?

Le Terme d'*Un* est un terme rélatif & non pas absolu. Un Pié Cube d'étendue est l'Etendue d'un pié, c'est une Substance d'un pié & non pas de deux. Le Pié d'étendue a son éxistence à part de tous les autres piés imaginables. *Mais il contient* 1728. *Pouces Cubes?* Cela est vrai, & chaque Pouce cube est une Substance? Cela est encore vrai, c'est une Etendue d'un Pouce & non de deux, qui a son éxistence à part de tout autre Pouce Cubique imaginable.

Enfin dira-t-on; *On est bien fondé de supposer une Substance Corporelle différente de l'Etendue, puisqu'avec l'étendue seule on ne sauroit expliquer ni la Dureté ni la Pesanteur*: Et d'où sait-on que cela ne se peut? Les défenseurs de cette hypothése savent-ils tout? Ont-ils vû toutes les Combinaisons possibles des Modifications de l'étendue? Peut-être qu'en, ajoutant quelque chose à ce qu'on a déja dit de plus raisonnable sur les Causes de ces deux Propriétés des Corps terrestres, il ne restera plus de difficulté. Ce sont-là des Qualités que Mr. Bayle appelle fort à propos *Cosmiques*. L'Agencement de la vaste machine de l'Univers en est la cause, & elles ne sont pas des Qualités qui dérivent immédiatement de ce qui est essentiel à un Bloc d'étendue en elle-même. On peut donc penser qu'on n'en connoit pas éxactement la Cause, & conjecturer qu'il y a dans la Disposition de l'Univers, quelque arrangement qui ne nous est pas encore assés connu, pour en comprendre toutes les Conséquences & pour en voir tous les Effets.

Supposons que l'hypothése de Descartes sur la Pesanteur soit la veritable; Avant lui on n'en avoit aucune Idée; A cause de cela étoit-on en droit de l'imputer à une *forme substantielle*? Supposons encore que celle de Mr. Newton sur les Couleurs, nous en découvre précisément les Causes; On n'y pensoit pas avant lui, & si quelqu'un, après avoir refuté toutes les autres Conjectures, où il entroit du Méchanisme, avoit conclu en disant qu'il s'en falloit tenir à la Pensée des Aristotéliciens & dire que les *Couleurs* sont, *dans les Corps*, des Qualités toutes semblables aux sentimens qu'elles éxistent, n'auroit-on pas eu raison de leur dire, *votre Conclusion est précipitée; Il viendra un tems qu'un Genie plus pénétrant, plus patient, ou plus heureux, tirera de ses vrais Principes, une explication des Couleurs, aussi différente de celle d'Aristote, que de tous ceux que les Aristotéliciens refutent.*

Combien les Nombres n'ont-ils pas de propriétés? Combien de Théorémes ne fournissent pas leurs Combinaisons? Combien de Problémes ne peut-on pas proposer sur les Nombres, de même que sur les Triangles, les Cercles & les autres Figures? En rejettera-t-on la Définition, dès qu'on sera arrêté par la Difficulté de donner quelque solution à un Probléme compliqué qui roulera sur les Nombres ou sur les Figures?

De très habiles gens, des Philosophes célébres ont disputé & disputent encore sur le Plein & le Vuide; Cependant ils demeurent très persuadés, les uns & les autres, de l'éxistence des Corps & de celle du Mouvement. Ils conviennent que l'Etendue du Corps est une Etendue Solide. Ils conviennent de plusieurs verités, par rapport à la nature & aux propriétés du Mouvement.

La Nécessité du Vuide pour la possibilité du Mouvement les partage. Les uns soupçonnent, & il en est même qui croient qu'on peut s'en passer & ils rejettent l'embarras où ils se trouvent à cêt égard, sur les bornes de l'Entendement humain, qui se perd dans cette innombrable multitude de mouvemens que l'hypothese du plein éxige. Entre ceux qui ont pris un parti opposé, il en est qui ont fait entrer des préjugés, dans la définition de l'Espace. Des Idées fort simples, & pour ainsi dire fort minces, échapent aisément, par leur simplicité même, & on ne les dégage pas assés de quelques autres que le préjugé y attache. Cela fait voir qu'il est des sujets sur l'squels, il n'est pas facile de pousser ses connoissances au-delà de certaines bornes; Mais les ténébres qu'on rencontre dès-qu'on est parvenu à ces bornes, & qu'on entreprend de les passer, n'empêchent pas qu'on ne s'apperçoive encore de la lumiére qui a conduit jusqu'à ce terme.

Pour moi j'avoüe que j'ai passé bien du temps, avant que de prendre parti sur ce sujet; à la fin je me suis déterminé pour le Vuide; On peut voir, si on le trouve à propos, les Idées que j'ai eu & que j'ai encore sur l'Espace, & sa nécessité pour le Mouvement dans les Essais que j'ai fait imprimer à Groningue & dont je pourrai, dans la suite, donner la continuation.

XCVII. DANS le Chap. 17. Sextus se donne carriére sur le *Temps*. Mais quand ce qu'il dit sur ce chapitre embarrasseroit, cêt embarras se réduiroit à nous faire avoüer qu'il y a des choses que nous n'entendons pas bien, & qui sont difficiles à dévelopter, mais nullement à nous persuader que nous ne pouvons rien savoir.

Chap. XVII. Remarques contre toute la Pyrrhonisme.

XCVIII. LE MOT de Temps est un de ces termes dont nous ne saurions nous passer. Les hommes l'ont inventé avant que de s'être formé une Idée juste & éxacte de ce qu'il signifioit; Ils en ont ainsi usé dans une infinité d'occasions, & ils se sont bornés à connoitre la plûpart des Choses & à leur donner des Noms autant que cette connoissance & ces Noms leur paroissoient nécessaires pour les usages de la Vie, & le parti qu'ils en vouloient tirer. Ils n'ont pas attendu, par éxemple, d'avoir compris de quelle maniére une viande nourrit, & de quelle maniére une Plante guérit, pour dire de l'une que c'est un Aliment, & de l'autre que c'est un Reméde. De même encore, ils travaillent, & ils travaillent plus ou moins: Lors qu'ils se portent au travail avec une égale vigueur, s'ils s'apperçoivent neanmoins qu'ils se fatiguent inégalement, ils en imputent la Cause au plus ou moins de travail, ils le mesurent par leurs yeux, & suivant *l'ouvrage qu'ils ont fait*, *ils disent qu'ils ont travaillé plus ou moins long-tems*. Ils n'ont pas encore fini quand on leur préfente un Repas, ils disent qu'il vient trop tôt: Une autrefois on ne les sert pas quand ils voudroient; ils se plaignent qu'on a trop différé. Ces gens-là savent bien ce qu'ils veulent dire, quand ils disent qu'ils ont beaucoup travaillé, ou beaucoup joüé. Mais quand on leur demande de séparer les Notions qui s'unissent pour les faire ainsi penser; on leur demande des Réflexions, des Idées, un Langage auquel ils ne sont point faits; Beaucoup moins sont-ils en état de remonter à la Source de toutes ces Notions.

Du mot de Temps.

Pensés à quelque Objet qui vous plaira, son éxistence & lui ne sont pas deux choses, la Cause qui l'a produit, en le produisant, n'a pas été cause tout à la fois de deux Effets tous différens, de lui & de son éxistence; en faisant l'un elle a fait l'autre, & la même chose répond à l'un & à l'autre de ces noms.

Ce qui éxiste, par-là même qu'il éxiste, qu'il est être, est déterminé à être plûtot qu'à n'être pas. Un *sujet continuant d'être*, & *la continuation de son éxistence*, c'est la même chose; Ainsi la durée d'une chose, & cette chose, ne différent que de nom.

Tout ce qui éxiste, éxiste d'une certaine maniére. Cette maniére d'éxister *Continué*, ou elle fait place à une autre, c'est à dire qu'une chose conserve l'état où elle est, ou le quitte pour en prendre un autre. Elle éxiste *variée* ou non *variée*. Lorsque les différens états dont la même Chose est le sujet, se succédent l'un à l'autre, son éxistence variée, son éxistence succeffive, qui est elle même changeante fucceffivement d'état, cette éxistence variée porte le nom de *Temps* : De sorte que sur le Temps qui est une éxistence succeffive, on peut faire les mêmes Questions que sur le Mouvement & y répondre de même.

Objection & Réponse. XCIX. LE TEMPS, dit Sextus, *n'est pas, car il n'y a point de Mouvement. Il n'est pas, car ce n'est pas un Corps; Personne ne s'est avisé de le dire : Ce n'est pas un Esprit, car il n'y a point d'Esprit, & d'être Incorporel.*

Voilà déja de belles suppositions : Mais l'Idée que je viens d'en donner les fait toutes tomber. Le mot de Temps, est un Mot Substantif : Cela donne lieu à la plûpart des hommes qui ne font pas une grande attention à ce qu'ils difent, de parler du Temps comme d'une Subftance ; voila pourquoi ils peuvent être embarraffés quand on leur demande fi c'est une fubftance corporelle ou fpirituelle. Mais c'est parmi ces gens-là que Sextus cherche des admirateurs.

Objection & Réponse. C. LE TEMS, ajoute-t-il, *est Fini ou Infini. S'il est Fini, & qu'il ait commencé, il y a donc eu un Temps où il n'y avoit point de Temps, & s'il doit cesser, un Temps sera qu'il n'y aura point de Temps.*

A cela on pourroit fort bien répondre que le mot de Tems étant un mot qui exprime la durée des Choses qui fubiffent des changemens, & qui paffent par des différentes maniéres d'éxister, s'il ne s'étoit encore fait aucun changement dans les Etres qui composent l'Univers, il n'y auroit point nu de durée fucceffive, ni par conféquent de Temps. Ceux qui font accoutumés à méditer, & à fixer leurs pensées, fentiront aifément cette Verité. Mais voici de qu'elle maniére l'Efprit humain s'embarraffe fur ce fujet. Il se représente l'Univers comme éxistant fans changement. Quand il penfe ainsi il fe conçoit lui même comme une partie de l'Univers : Accoutumé à une Succeffion de penfées, il ne demeure guéres arrêté fur la même Idée : La Réfléxion même qu'il fait fur le fentiment qui l'occupe, est une nouvelle Maniére de penfer. Lors donc qu'il fe représente foi-même, comme une partie de l'Univers éxiftant fans variation, il fe fait une Succeffion de Penfées ; fon éxistence est du nombre de celles qui portent le nom de Temps, & le nom de fa maniére d'éxifter, il le prête à celle du Monde qu'il conçoit pourtant éxifter fans paffer par aucune variation.

Il n'est pas rare d'emprunter ainfi le nom d'une chofe pour en défigner une autre. Par exemple il est arrivé bien du changement dans vôtre Fortune : Vous étiés dans un état plus bas que moi, & maintenant vous êtes dans un état plus élévé. Mais de plus haut que moi, ou de plus bas qu'un autre, on peut fe trouver plus haut, fans avoir changé d'état. On change de Nom & de Relation par rapport à un autre, uniquement parce que fon état eft changé, fans qu'on ait changé foi-même, ou fans qu'on ait changé d'état.

Pour fentir ce que c'est qu'un état non varié, il faudroit penfer fans variation ; encore la réfléxion qu'on feroit fur cette maniére de penfer feroit elle même une variation. Il me paroit fort vraifemblable que nous penfons ainfi pendant que nous dormons, & que nôtre Repos n'eft interrompu d'aucun Songe. Un certain fentiment, une certaine maniére de penfer foible, c'est-à-dire peu vive, peu occupante,

nous faifit à mefure que nous nous endormons, & ce fentiment demeure Uniforme pendant notre fommeil, & voilà pourquoi, n'étoit un certain retour de forces qui nous fait conclure que nous avons long-tems dormi, il nous fembleroit en nous éveillant, que nous ne venons que de fermer les yeux.

CI. MAIS voions de quelle maniére Sextus entreprend de prouver que le Temps ne peut pas être infini. *Comment feroit-il infini?* dit-il, *Il n'eft compofé que de trois parties dont l'une n'eft plus, l'autre n'eft pas encore, & la feule qui éxifte eft très-courte : On trouveroit-vous l'infini dans ce qui n'eft plus, ou dans ce qui n'eft pas encore?* *Objection & Réponse.*

Il n'auroit pas été difficile de lui répondre, je le trouverai ce que vous venés de dire, que fi le Temps n'étoit pas infini, il auroit commencé, & qu'avant qu'il commençat il y auroit eu un Temps auquel il n'y avoit point de Temps : Je vous dirai qu'il s'en eft déja écoulé une infinité, puifque ce qui eft écoulé n'a point eu de commencement, & j'ajoûterai que ce qui s'en écoulera n'aura point de fin. Entre ces deux Infinis, le préfent eft comme un point : Il eft ce que la plus petite étendue de votre Corps, & une plus petite encore, eft par rapport à l'Infinie étendue fupérieure, & à l'Infinie étendue Inférieure. Sextus ne pouvoit pas rejetter une telle Réponfe ; c'eft lui-même qui l'a fournie. Il a beau fuir l'infini, ce qu'il vient de dire y ramène.

CII. PEU de lignes après il propofe un Argument qui eft le même dans le fonds, quoiqu'il le préfente comme différent. *Le Temps eft Divifible ou Indivifible; Vous ne pouvés pas dire qu'il foit Indivifible, puifqu'on le diftingue en Paffé, Préfent & Avenir. Vous ne pouvés pas dire non plus qu'il eft Divifible, & qu'il a trois parties, puifqu'il ne s'a pas, le Paffé n'étant plus, & l'Avenir n'étant pas encore. Ce préfent même, le feul qui refte, eft Corruptible ou Incorruptible. Vous ne pouvés pas dire qu'il foit Incorruptible, puifqu'il va ceffer d'être. On ne peut pas dire non plus qu'il foit Corruptible, car tout ce qui fe corrompt fe fait de quelque chofe & devient une autre chofe. Le Préfent n'eft pas fait du paffé qui, n'étant plus, eft non-Etre, & il ne fe change pas non plus dans l'A enir, car l'Avenir n'étant pas encore qu'un non-Etre, & le Préfent fe changeroit en rien.* *Objection & Réponse.*

Repréfentés - vous des Chofes qui paffent d'un état à un autre, qui quittent une Maniére d'être pour éxifter d'une autre, & vous méprifés tout ce verbiage. *Lag. P. I. Sect. II. Chap. III. Art. XII.*

Le Temps Paffé n'étoit point une Subftance qui a ceffé d'éxifter, & à laquelle une autre a fuccédé qu'on appelle Temps Préfent, qui s'anéantit de même pour faire place à une troifiéme. Le Temps eft la Durée des chofes mêmes, & cette Durée n'étant pas différente de leur éxiftence, elle n'eft pas différente des Chofes mêmes. Une Subftance demeure toûjours la *Même* en un certain fens ; c'eft à dire, Pendant qu'elle éxifte, il implique contradiction qu'elle n'ait pas fon éxiftence à part, & que fon éxiftence foit l'éxiftence d'une autre chofe ; elle eft ce qu'elle eft & non quelque chofe de différent de foi-même. Mais une Subftance peut changer d'état, & en ce fens on dit qu'elle ne demeure pas la même, quoi qu'elle foit toûjours Subftance & qu'elle continue toûjours d'être. L'éxiftence des Chofes, dans l'état & la maniére d'être defquelles il arrive de la Succeffion, porte le nom de Temps. On donne auffi ce Nom à la Durée des Chofes qui éxiftent fans changer d'état, & fans qu'une maniére d'être y fuccéde à une autre, on fe fert, dis-je, du terme de temps, pour marquer leur Durée, & ce terme exprime alors la comparaifon que l'on fait de ces chofes, ou, avec des Corps qui changent leur fituation, ou, avec des Efprits, dont les maniéres de penfer varient, & chés qui de différentes Idées & de différens féiens sentimens se succédent l'un à l'autre.

Réfléxions sur le Temps & sur le Mouvement

CIII. JE M'ETONNE qu'entre les objections qu'on a fait contre le Mouvement, on n'en ait pas tiré du Temps, dont l'Idée entre dans l'éxplication du Mouvement, & appartient à sa Nature, puisqu'une des propriétés essentielles du Mouvement c'est d'être la Mesure du Temps; si ce n'est qu'on aime mieux dire que le Temps lui même est une des Mesures du Mouvement. Il est certain que si l'on n'établit pas bien ces Idées, on paroîtra tourner dans ce qu'on appelle un *Cercle Vicieux*; car d'un coté dès-qu'il s'agira de comparer deux *vitesses inégales*, il faudra les rappeller à quelque uniformité, & faire attention *aux Longueurs qu'elles sont parcourir dans des Temps égaux*, & d'un autre *les Temps égaux sont ceux pendant lesquels des Longueurs égales sont parcourues par des Vitesses égales*. Je reprendrai donc dès ses prémiers Principes, une Matiére qui, comme on le voit, n'est pas sans obscurité.

Aucun être n'est différent de son éxistence: Quand je tiens ma Plume, je n'ai point deux Choses dans la main, ma plume & son éxistence, mais l'éxistence de ma plume c'est ma plume même.

On a arrêté son attention sur divers Objèts: Quand on les a considérés comme des Etres, l'Idée qu'on a formé pour s'en représenter un, à cèt égard, a été la même dont on s'est servi quand on a pensé à un autre, en le considérant aussi comme un Etre; On s'est servi d'un Nom pour éxprimer cette Idée également applicable à toutes sortes d'Etres; c'est le Nom *substantif*, mais *vague & abstrait*, d'EXISTENCE.

Un Corps qui demeureroit Immobile & qui garderoit constamment sa grosseur, sa Figure, tous ses Attributs en un mot, & qui ne subiroit aucune variation quelle qu'elle fut, démeureroit absolument le *Même* à tous égars, auroit aussi son *Exîstence invariée*, puisque sa propre éxistence ne peut pas différer de lui-même. Telle encore seroit l'éxistence d'un Etre *pensant*, & qui se feroit constamment occupé de la même Idée ou du même sentiment; sans même que la Réfléxion sur la durée de ce sentiment, apportât la moindre variété dans sa maniére de penser & d'éxister.

On dit bien qu'un Corps s'est reposé pendant une heure, un jour, une année, mais ce sont là des *Dénominations éxtérieures*. On éxprime son état & sa maniére d'éxister par des noms qui, au lieu d'être tirés de ce qu'il renferme effectivement, sont empruntés de ce qui se passe au dehors de lui, de ce qui est tout différent de lui & le laisse tel qu'il est. Ainsi que dans ce moment on me blâme, ou l'on me loüe, ou l'on me plaint; Que je sois approuvé ou desapprouvé; Que je sois connu ou ignoré à cent lieuës de moi, c'est ce qui ne m'appartient en aucune façon, qui n'affecte point mon éxistence, qui ne modifie point ma maniére d'être, qui ne fait rien à ce que je suis. Ce sont des Noms dont-on me désigne, mais des Noms tirés de ce qui se passe chés les autres, & dont certainement on abuse, quand, après les avoir joints au mien, on les regarde comme éxprimant quelqu'un de mes Attributs. Je suis à la Gauche d'un homme: Il se léve, & après qu'il a fait un demi tour je me trouve à sa Droite; Il ne m'est survenu aucun changement, c'est lui qui a changé sa place, & sa situation; & si l'on dit en Latin, comme on le peut dire suivant l'usage de cette langue, que *ex sinistro factus sum dexter*, cette éxpression ne sera pas juste, car elle paroîtra poser en fait qu'il m'est arrivé quelque changement, & joindra à mon Nom des termes empruntés de ce qui est arrivé à une autre personne.

Il n'y a donc que les Corps à qui il survient quelque changement, il n'y a que les Corps sur qui le Mouvement produit quelque effet, & par conséquent il n'y a que les Corps qui ont eux-mêmes quelque Mouvement, qui éprouvent quelque Va- riation dans leur maniére d'éxister; Il n'y a qu'eux dont l'éxistence soit successive, & porte à juste titre le nom de Temps. L'éxistence du mouvement dans un Corps est donc l'éxistence du Temps dans ce Corps, & le Temps & le Mouvement d'un Corps c'est la même chose.

On est tellement accoutumé à regarder comme très-justes des éxpressions établies par un long usage, & qu'on a répétées mille & mille fois dès son enfance, & on s'est tellement accoutumé à dire également qu'un Corps a demeuré ou *en Mouvement*, ou, *en Repos*, pendant une heure, un jour, une année, qu'on ne peut s'empêcher d'être surpris quand on entend dire que le Temps n'est pas, à parler éxactement, la Mesure du Repos comme il est celle du Mouvement, & qu'on soupçonne d'abord quelque sophisme dans les argumens, par lesquels on prouve que le mot de *Temps*, est un terme qui éxprime une maniére d'éxister qui n'est pas celle des Corps en Repos. Cependant qu'on repasse sur ces Preuves, que je viens d'alléguer, leur Evidence sera peut-être surmonter ce que le Préjugé contraire à la Conclusion que j'en tire y oppose d'abord.

Chaque Quantité est la mesure précise de soi-même, & par-là chaque Mouvement est sa mesure à lui-même; Sa succession est précisément telle qu'elle est: Mais quand il s'agit de comparer des Quantités, pour en connoître au juste le rapport, on cherche une Mesure commune de même genre. Pour comparer deux Mouvemens & établir leur rapport, il faut donc en chercher un, qui ait ce qu'il faut pour être leur Mesure commune. Et comme on peut comprendre que la Mesure commune de deux Etendues doit être une Etendue qui se trouve précisément un certain nombre de fois dans l'une, & un certain nombre de fois dans l'autre; Dans savoir pour cela comment il faut s'y prendre pour trouver une telle Mesure, on peut de même comprendre en général quel doit être un Mouvement pour servir à la Mesure des autres, sans savoir par où on s'assûrera qu'un tel & tel Mouvement en particulier est la Mesure qu'on demande.

On comprend qu'un Mouvement seroit propre à mesurer les autres, quand il seroit Uniforme, & sans avoir besoin de faire attention au Temps, on conçoit qu'un Mouvement mériteroit le nom d'Uniforme, quand il seroit toûjours également successif, quand l'application successive, dans laquelle il consisteroit, n'iroit jamais ni en croissant ni en diminuant; *Mais par où s'assûrer qu'on a un tel Mouvement?*

On est aisément venu à croire que les Mouvemens des Astres & sur tout celui du Soleil se faisoient avec cette régularité; La supposition étoit commode & on n'y remarquoit pas d'Erreur. Cependant on s'est convaincu du contraire, & il a fallu s'assûrer de quelques autres Mouvemens pour servir de Régle universelle. La Raison les a fait trouver: On a observé (& on en a découvert les Causes,) que de certains Pendules quand ils étoient d'égale longueur, & qu'ils partoient ensemble, achevoient & recommençoient ensemble toutes leurs Vibrations, sans que l'un dévançât l'autre de quoi que ce soit.

Mais comme ces Vibrations n'étoient pas toutes d'égale longueur, & que les Arcs décrits par ces Pendules alloient en diminuant, on a attendu d'en lâcher un, quand le premier eut fait un certain nombre de Vibrations, 56. par éxemple, & alors quoique le Second, dans chaque Vibration, décrivit des Arcs plus longs, que les Arcs décrits par les Vibrations du Prémier, ces Vibrations ne laissoient pas de recommencer & de finir toûjours ensemble.

Ces éxpériences, soutenuës par des Démonstrations, ont paru mettre en droit de regarder la Régulagularité de ces Mouvemens comme propre à en faire la Mesure des autres ; car quoiqu'ils ne soient pas uniformes à tous égars, & que l'application successive varie dans les différentes portions des mêmes Arcs, cependant il reste toûjours une Uniformité suffisante. Ces Vibrations qui recommencent toûjours & finissent toûjours ensemble, ont, à cet égard, une Uniformité qui prouve que les Petites durent précisément autant que les Grandes, & présentent, dans cette égalité de durée, quelque chose d'assés fixe, pour en faire des Mesures justes & certaines. Un Mobile dont l'application seroit toûjours également successive, ne fourniroit rien de plus commode dans les Espaces égaux qu'il parcourroit également, & des Vibrations d'égale durée sont équivalentes pour l'usage à des Mouvemens Uniformes en tout sens. On a donc là des Mouvemens, on a des Temps, dont les Sommes sont égales.

Un certain Mouvement très-uniforme bien déterminé, & en général une Succession bien constante, & coulant toujours de même, exactement assignée & supposée, deviendroit la juste Mesure de toutes les autres.

Il semble que Mr. Bayle lui même le concevoit ainsi : Je vais citer ses paroles ; (Tom. IV. pag. 530.) elles sont à notre sujet, & c'est à mon avis, un des beaux Morceaux de son Dictionaire. " Ceux
„ qui disent que les Créatures n'ont pas toûjours
„ coéxisté avec Dieu, sont obligés de reconnoître
„ que Dieu éxistoit avant qu'elles éxistassent. Il y
„ avoit donc un moment où Dieu éxistoit seul ;
„ Il n'est donc pas vrai que la durée de Dieu soit
„ un point indivisible ; le Temps a donc précédé
„ l'éxistence des Créatures.... Si la durée de Dieu
„ est indivisible, sans passé ni avenir, il faut que
„ le Temps & les Créatures aient commencé ensem-
„ ble, & si cela est, comment peut-on dire que Dieu
„ éxistoit avant l'éxistence des Créatures ? Cette
„ phrase est impropre & contradictoire. Celles-ci
„ ne le sont pas moins, *Dieu pouvoit créer le monde*
„ *plusis ou plus tard qu'il ne l'a créé, il l'eut pû fai-*
„ *re cent mille ans plûtot &c.*

„ On ne prend pas garde qu'en faisant l'éternité
„ un Instant indivisible, on affoiblit l'hypothése du
„ Commencement des Créatures. Comment prou-
„ vés vous que le Monde n'a pas toûjours éxisté ?
„ N'est-ce point par la raison qu'il y avoit une Na-
„ ture Infinie qui éxistoit pendant qu'il n'éxistoit
„ pas ? Mais une Durée de cette Nature peut-elle
„ mettre des bornes à celle du Monde ? Peut-elle
„ empêcher que la durée du Monde ne s'étende au-
„ delà de tous les commencemens particuliers que
„ vous lui voudriés marquer ? Il s'en faut un point
„ de Durée Indivisible me dites-vous, que les Créa-
„ tures ne soient sans commencement ; *que selon*
„ vous elles n'ont été précédées que de la Durée de
„ Dieu qui est un Instant indivisible. Elles n'ont
„ donc point commencé, vous répondra-t-on, car
„ s'il ne s'en falloit qu'un point, (je parle d'un
„ point Mathématique) qu'un baton n'eut quatre
„ piés, il auroit certainement toute l'étendue de qua-
„ tre piés. Voilà une instance que l'on peut fon-
„ der sur la Définition ordinaire de la durée de Dieu ;
„ Définition beaucoup plus incompréhensible que le
„ Dogme de la Transubstantiation ; car si l'on ne
„ peut concevoir que tous les Membres d'un hom-
„ me demeurent distincts l'un de l'autre, sous un
„ point Mathématique, comment concevra-t-on
„ qu'une Durée qui n'a ni commencement ni fin, &
„ qui coéxiste avec la durée successive de toutes les
„ Créatures, est enfermée dans un instant indivisi-
„ ble.

„ Cette hypothése fournit une autre difficulté en
„ faveur de ceux qui soutiennent que les Créatures
„ n'ont point eu de commencement. Si le Décret
„ de la Création n'enferme pas un moment particu-
„ lier, il n'a jamais éxisté sans la Créature ; car on le
„ doit concevoir sous cette phrase, *Je veux que le*
„ *monde soit*. Il est visible qu'en vertu d'un tel
„ Décret le monde a dû éxister en même Temps que
„ cet acte de la Volonté de Dieu. Or puisque cet
„ acte n'a point de commencement, le monde n'en a
„ point aussi. Disons donc que le Décret fût con-
„ çu en cette manière, *Je veux que le monde éxiste*
„ *en un tel moment*. Mais comment pourrons nous
„ dire cela, si la durée de Dieu est un point indi-
„ visible ? Peut-on choisir ce moment-là, ou celui-
„ ci, plûtot que tout autre dans une telle du-
„ rée ?

„ Il semble donc que si la durée de Dieu n'est
„ point successive, le monde n'ait pû avoir de
„ commencement. Cette objection fut proposée à
„ Mr. Poiret l'an 1679. Il y fit une réponse qui ne
„ léve aucunement la difficulté, & qui ôte même
„ tous les moiens de la lever, car il suppose qu'il
„ n'y a point de momens possibles avant l'éxistence
„ des créatures : Il semble même supposer que le
„ Décret de la Création ne fût fait qu'au même
„ moment que les créatures éxistérent. Citons ses
„ paroles : *Nec poterat existere Mundus, nec Momenta*
„ *ulla, sine alio Decreto, nempe eo cùm dixit Deus,*
„ VOLO MUNDUM EXISTERE, & tunc
„ (ut ait scriptura) DIXIT, ET FACTA SUNT,
„ *tunc existit extemplo Mundus & hoc fuit primum*
„ *ejus Momentum, & ante hoc nullum fuit de facto*
„ *possibile Momentum ; estque contradicens concipere*
„ *ante Mundum plura momenta ex quibus unum eli-*
„ *gatur ad existentiam primam Mundi, cæteris par-*
„ *tim sine mundo præterlapsis : nam Momentum est mo-*
„ *dus creaturæ quæ existentis*. Pour moi je fais tout
„ une autre supposition, & je m'assûre qu'elle résout
„ la difficulté. Je suppose qu'entre les êtres possi-
„ bles que Dieu a connu, (Mr. Bayle met en mar-
„ ge " *selon nos manières de concevoir, & selon ce qu'on*
„ *appelle dans l'Ecole priorité de nature ; signum ratio-*
„ *nis*" L'esprit humain très-borné est obligé de par-
„ courir l'une après l'autre des Idées qui sont présentes
„ en même temps à l'Intelligence suprême ; Le choix
„ d'un plan entre tous les plans possibles d'Univers,
„ que l'Intelligence finie conçoit, suppose l'Idée de
„ ces plans possibles ; Une idée , ainsi supposée par
„ une autre, la précéde en priorité de nature) " avant
„ qu'il sit des décrets de création il faut mettre une
„ durée successive qui n'a ni commencement ni fin ,
„ & dont les parties sont aussi distinctes les unes des
„ autres que celles de l'Etendue possible, que Dieu
„ a pareillement connue avant ses décrets , comme
„ infinie selon les trois dimensions. Il a laissé dans
„ l'état des choses possibles, une partie de cette du-
„ rée infinie, & il a fait des décrets pour l'éxisten-
„ ce de l'autre. Il a choisi tel moment qu'il lui a
„ plû dans cette durée idéale pour le premier qui
„ éxisteroit, & il y a attaché l'acte par lequel il a
„ décrété de créer le monde. Voilà pourquoi l'éter-
„ nité de cet acte ne prouve point celle du monde.
„ Voilà encore comment l'indivisibilité de la durée
„ réelle de Dieu ne prouve point que le monde n'ait
„ pas commencé. Nous avons aussi dans cette
„ durée idéale ou possible la vraie mesure du Temps.
„ D'autres la cherchent en vain dans le Mouve-
„ ment des Cieux. D'autres disent plus chiméri-
„ quement encore, que le Temps est un être de rai-
„ son, une manière de concevoir les choses, & que
„ sans le mouvement, ou sans la pensée de l'Homme
„ il n'y auroit point de Temps. Absurdité gros-
„ siére : Qand tous les esprits créés périroient, quand
„ tous les corps cesseroient de se mouvoir, il y au-
„ roit néanmoins une durée successive, fixe & ré-
„ glée dans le monde, laquelle correspondroit aux
„ momens de la durée possible connüe à Dieu, &
„ selon laquelle il se régleroit pour conserver plus
„ ou moins, tant ou tant d'années chaque chose.
„ Une étendue qui est en repos n'a pas moins be-
„ soin d'être créée tous les momens de sa durée,
qu'une

DU PYRRHONISME. 147

„ qu'une étendue qui se meut. La conservation
„ des créatures est toûjours une création continuée,
„ soit qu'elles se meuvent, soit qu'elles demeurent
„ dans la même situation. C'est dans les idées de
„ Dieu que se trouve la vraie mesure de la quantité
„ absolue de choses, tant à l'égard de l'étendue qu'à
„ l'égard du temps. L'Homme n'y connoit rien;
„ il ne connoit que des grandeurs ou des petitesses
„ relatives. Le même temps lui paroit court ou
„ lui paroit long, selon qu'il se divertit ou qu'il
„ s'ennuie. Pendant qu'une heure paroit courte à
„ Pierre, elle paroit longue à Jean.

Caractère de Mr. Bayle.
CIV. VOILA Mr. Bayle qui sans contredit ne parle point en Pyrrhonien sur une Question très-Subtile, mais s'énonce très-positivement. Il aimoit à sentir & à faire sentir les forces de son Esprit, en prenant parti sur des matières qu'on avoit reconnues très-obscures, ou en relevant les fautes de ceux qui avoient acquis sur ces matières le plus de reputation, tout comme il aimoit à combattre celles qui étoient reçues le plus universellement.

De l'Infini du Temps.
CV. ON ne sauroit s'empêcher de confesser l'éxistence de quelque chose d'éternel & d'infini; mais notre Intelligence est trop bornée dans ses actes, pour se représenter l'Infini de quelque genre qu'il soit; Quelque vaste que soit une étendue sur laquelle son Entendement se fixe, cette étendue présente à son Idée n'est pas Infinie; Mais au-delà des bornes qui la terminent il y en a une autre, & au-delà de celle-ci il faut nécéssairement qu'il y en ait une autre encore; Ainsi l'on se convainc de l'éxistence de l'Infini, sans pouvoir nettement résoudre toutes les Questions qu'on peut faire sur l'Infini, qu'on ne peut pas se représenter tel qu'il est. Mais à une Intelligence Infinie l'Infini est parfaitement présent, & comme elle se représente toute la durée des Etres, créés pour ne finir jamais, elle a de même l'Idée d'une Durée Infinie en remontant depuis le Commencement du Monde, tout comme elle a une Idée du Temps infini en descendant. C'est de la même manière qu'elle voit toute l'Etendue sans bornes supérieure à notre Tête & toute l'étendue sans bornes inférieure à nos Piés. Voiés encore l'Art. VII. de la Section. V.

Chap. XVIII. Caractère des Pyrrhoniens.
CVI. LE chapitre 18. du Livre de Sextus est tout rempli de Sophismes, ou plutot de Vétilles & de misérables chicanes contre l'éxistence des Nombres & la certitude des calculs les plus simples. Un homme raisonnable & de bonne foi ne sauroit le lire sans entrer dans les sentimens d'indignation que les Sceptiques semblent affecter de s'attirer.

Quand je lis Sextus, il me semble que je vois un de ces Opposans chicaneurs, qui regardent comme une Flétrissure de se taire, avant que d'avoir poussé à bout la patience du Répondant & fatigué l'attention de tout un Auditoire, désolent avec leur *Alio modo prétendu*, & en reviennent toujours aux mêmes argumens avec quelque leger changement d'expression. Il est très-vraisemblable que *Sextus* étoit de ce goutlà, & qu'il avoit pris ce tour d'esprit dans les Disputes par lesquelles les Maitres d'autrefois exerçoient leurs Disciples; car il ne faut pas s'imaginer que les Maitres de ce temps-là fussent moins fous que ceux d'aujourd'hui. Ils l'étoient même davantage; si ce n'est qu'on prétende que ceux d'aujourd'hui le sont plus, parce qu'ils ont plus grand tort de l'être, lorsque tant de raisons les engagent à se corriger. Quand on s'est une fois mis dans l'esprit que la Dispute est l'endroit par lequel on peut le plus briller, pour peu qu'on ait d'ambition, on s'applique sur tout à se rendre Habile Disputeur. La facilité d'expression y est de beaucoup plus nécéssaire que la justesse, qui souvent arrêteroit tout court. Le grand Art est de savoir embrouiller les Questions, car les Disputes tombent dès-qu'on détermine éxactement les Controverses : Il faut aimer les Difficultés, il faut s'y plaire, sans cela on sera bientôt las de les pousser, & on ne les cherchera que mollement. Il faut se familiariser avec les Ténèbres & se faire une habitude d'aimer l'Obscurité. Il faut être peu curieux de la Lumiére & s'accoûtumer à détourner les yeux de l'évidence, dont la vue & le respect faisant sentir la foiblesse des Objections, forceroit, par pudeur, à les abandonner : Sur tout il faut être sur ses gardes contre l'habitude, fatale aux chicaneurs, d'un langage précis : Les éxpressions équivoques sont des Armes à toute épreuve; & quand on en a pris le goût, non seulement elles se présentent en foule, mais cêt heureux goût empêche encore l'esprit des Disputans d'être frappés de ce qu'elles ont de méprisable. On pouroit être arrêté, pour peu que l'on eut de Pudeur, & l'on appréhenderoit de se rendre ridicule, à force de vétiller & de s'opiniatrer : Mais si par un travers d'esprit, bien affermi par l'habitude, on interpréte effectivement ce qu'on vient d'entendre, dans un sens tout contraire à la pensée de celui qui parle, les Instances ne tariront jamais, & on aura de fréquentes occasions de s'écrier. *Quelles absurdités ! Est-il permis d'ainsi répondre ?*

De l'éxistence des Nombres.
CVII. L'ESPRIT de Dispute nourrit l'Esprit de Parti, & c'est par l'Esprit de parti, par la haine qui en est la suite, & par ses effets, que les Sceptiques s'animoient contre les Dogmatistes „ Dans le cours de
„ la vie, disoit Sextus, Nous comptons comme les au-
„ tres. Mais la curiosité des Dogmatistes, qui pré-
„ tendent savoir quelque chose sur les nombres, nous
„ engage à la Dispute, jusqu'à soûtenir contr'eux
„ qu'il n'y a point de nombre; car ou le Nombre
„ a une éxistence apart & différente de l'éxistence
„ même des choses que l'on compte, ou l'éxistence
„ du Nombre est la même que celle des choses
„ qui sont l'objet de nos calculs. Si le nombre de
„ deux, & deux boeufs que je compte, sont une
„ même chose, quand je compterai deux hommes,
„ le nombre de 2 sera aussi la même chose que les
„ hommes que je compte. Ainsi deux hommes &
„ deux boeufs c'est tout un. Mais si le nombre
„ éxiste hors des choses mêmes qui tombent sous
„ le calcul; si l'Unité, par éxemple, a sa nature
„ apart, un Boeuf, un Cheval, un Arbre partici-
„ peront à l'Unité. Mais si l'un d'eux a part à
„ l'Unité entiére, les autres n'y en ont aucune;
„ si chaque chose a part à une portion d'unité,
„ aucune d'elles ne pourra être appellée une, mais
„ seulement une très-petite partie d'une, à pro-
„ portion que l'Unité aura été divisée par
„ le grand nombre des choses qui y auront
„ part.

Que les Sceptiques disent après cela qu'ils sont bien réduits à Douter, puisque pour les sujets qu'on croit les plus incontestables, il se trouve des raisons aussi évidentes en faveur du *Contre* qu'en faveur du *Pour*! Sans doute qu'on sent la force de l'Objection que je viens de rapporter aussi évidemment qu'on s'appercoit que l'on compte; & que l'on s'assure que 2 fois 2 font 4.

Je vois un Arbre, & il me suffit de savoir penser, pour dire que cêt Arbre est un arbre & non pas deux arbres. J'en vois un second : A cette vue il naît en moi de certaines manières de penser que j'appelle Idée d'unité, Idée de 2, & de là il en naît encore que j'appelle Idée de 3. J'ai appliqué ces Idées à *un* à 2 à 3 arbres. Je les applique ensuite à *un* à 2 à 3 Maisons, & ces mêmes Idées sont également applicables à une infinité de choses. Ce sont-là des faits d'éxpérience & d'éxpérience intérieure & absolument indubitable. Il est en ma puissance de croire qu'un homme dit ou doute; mais je suis absolument dans l'impuissance de croire qu'il en doute en effet.

Le mot de Nombre est un Nom qui éxprime & des Idées & les Choses auxquelles on applique ces
O o 2   Idées

Idées; Il faut penser sur ce Mot & sur sa signification comme l'on doit penser sur le mot de *Genre*. Sextus continue ses Sophismes quand il dit „ que „ de l'Unité on ne sauroit venir au nombre 2 ; „ car ce passage ne pourroit se faire sans Addition ou „ Soustraction. Visiblement la Soustraction n'augmenteroit pas l'Unité. L'Addition non plus ne „ le fera pas; car il n'y a pas moien d'augmenter „ l'Unité, puisque si vous l'aviés augmentée ce ne „ seroit plus une Unité.

Qui a jamais pensé que quand on avoit hier une Pistole & qu'aujourd'hui on en a deux, c'est parce que celle qu'on avoit est changée & est devenue plus grosse qu'elle n'étoit ? L'idée d'Unité appliquée à une Chose lui fait donner le nom d'une : Cette même idée appliquée à une seconde lui fait encore avoir le nom *d'une*. Mais quand je fais attention que j'ai appliqué l'Idée de l'unité à l'une & à l'autre, j'exprime cette réitération par le nom de 2 ; Réïterant encore une fois l'application de cette même Idée de l'Unité, je donne à ma manière de penser le nom de 3, & j'étens ce Nom aux choses que je me suis représentées par cette manière de penser.

On vient de voir un éxemple, & j'en ai déja allégué plusieurs, de l'éxactitude de Sextus à raisonner, à faire une énumération de tous les cas possibles & à les éxaminer l'un après l'autre : Souvent il est si scrupuleux sur l'éxactitude de ces énumerations, qu'il les pousse jusqu'à la superfluité. L'exactitude dans les raisonnemens, les Divisions & les Subdivisions lui paroissent-elles donc comme tout le reste une chose douteuse ? Regardoit-il cette méthode comme vraisemblablement aussi propre à obscurcir sa pensée, & à la déguiser, qu'à l'éclaircir & qu'à la faire entendre ? L'Ordre & la Confusion étoient ils tels, suivant lui & conformément à son hypothèse favorite, qu'il y eut autant de raison pour l'ordre que contre l'ordre, & pour la confusion que contre la confusion ? Concluons encore une fois qu'il y avoit de la Malice chés lui, qu'il vouloit Disputer, briller par la Dispute, faire admirer son génie, & prouver qu'il avoit étudié & profité de ses études.

On voit qu'il écrit dans cette vuë, par le soin qu'il se donne de rapporter en toute occasion les Sentimens des Philosophes & de les ranger dans leurs Classes avec une grande précision, en remarquant les plus petites différences de leurs hypothéses. C'est ce qu'il fait avant que d'attaquer la Morale.

Chap. XXIII. De la différence du Bien & du Mal.

„ CVIII. DANS le Chap. 23. il s'efforce d'en „ renverser les fondemens & de prouver qu'il n'y a „ quoi que ce soit qui de sa nature soit Bon, Mauvais „ ou Indifférent, & toute sa preuve roule sur ce que „ l'un regarde avec Indifférence, ce qu'un autre „ recherche comme un Bien & qu'un autre encore „ rejette comme un Mal. Or si le Bon, le Mauvais, l'Indifférent étoient réglés par la Nature, on „ ne pourroit non plus les changer qu'on ne change „ le Feu en Eau; Chacun sentiroit également les „ impressions du Bien, chacun s'appercevroit également „ de celles du Mal. Cela lui donne encore un „ beau chamt à s'égaier sur les différens goûts des „ hommes.

Mais voici à quoi se réduit cette Question. Les hommes sont-ils assés heureusement disposés pour ne se tromper jamais dans les Jugemens qu'ils portent sur ce qui est veritablement *Bon*, sur ce qui est *Mauvais* & sur ce qui est *Indifférent* ? Soit qu'ils en jugent par Idée & par Lumière, soit qu'ils en jugent par Sentiment, par Inclination & par Intérêt.

De ce que ces trois Différences du Bon, du Mauvais & de l'Indifférent se trouveroient établies par la Nature indépendemment de l'Opinion des hommes, il s'ensuivroit pas nécessairement que l'on eut autant de différences dans leurs Idées, & les mêmes précisément, qu'il y en auroit dans les Choses. De ce que l'un, sur le simple rapport de ses yeux, dira qu'une Tour qu'il voit de fort loin est quarrée, & qu'un autre appuié sur de certaines conjectures, soutiendra qu'elle est Ronde, s'ensuit-il qu'elle ne soit de sa Nature ni Quarrée ni Ronde, & que sa Figure soit indéterminée ? Toute Proposition est ou conforme à l'Objet sur lequel elle roule, ou ne l'est pas : Si elle l'est, elle est Vraie, si elle ne l'est pas, elle est Fausse : En elle-même, elle n'est pas l'un & l'autre, ou l'un autant que l'autre, ou ni l'un ni l'autre. Les Jugemens des hommes pour être différens sur la vérité ou sur la fausseté d'une Proposition, n'en changent pas la nature; Leurs jugemens non plus sur le Bien & sur le Mal, sur la Vertu & le Vice n'empêchent point, par la différence qui s'y trouve, que le Bien & le Mal ne soient déterminément ce qu'ils sont.

Ce qu'on doit conclure de la différence des sentimens des hommes sur le Bien & le Mal; c'est prémièrement qu'on peut se tromper & qu'on peut se tromper, en effet, sur ce qu'ils pensent sur cette matière. Mais de ce qu'on peut se tromper sur un sujet, il ne s'ensuit pas qu'on soit condamné à une éternelle Incertitude. Il y a un Milieu entre être au dessus de tout Doute & de toute Ignorance, & entre Douter & Ignorer toûjours; & ce Milieu c'est d'éxaminer avec circonspection, d'aller par ordre & de se de rendre qu'à l'évidence, c'est ce que font ceux qui cherchent la Verité de tout leur cœur.

2. Ce qu'un homme regarde comme un Bien; ce qu'il désire comme tel, avant que de le posséder, & qu'il se fait un plaisir d'acquérir, est un Bien pour lui pendant qu'il contribue à sa satisfaction : Mais tel Objet peut procurer de la satisfaction pendant quelques heures, quelquefois pendant quelques jours, quelquefois enfin pendant un plus long espace de temps, dont les impressions seront suivies de Malaise, de Douleur, de Reproche, de Confusion &c. Il s'agit donc de savoir si l'on peut choisir des Biens capables de produire une satisfaction solide & de les préférer aux autres, ou si l'on est incapable d'en découvrir de tels.

Il y a des Biens qui sont absolument tels, & qui par eux-mêmes sont plaisir. Il y en a qu'on ne met dans ce rang qu'à cause de leur efficace à en procurer d'autres, & ceux-ci sont appellés *Utiles*. Ceux qui plaisent par eux-mêmes & indépendemment de leurs suites, sont ou les Plaisirs des Sens, ou les Satisfactions de l'Esprit; & l'Esprit humain tire sa satisfaction, ou de la pensée qu'il est estimé, ou de la persuasion qu'il Mérite de l'être, ou indépendemment de toute Idée de gloire, il trouve sa satisfaction dans la pensée qu'il se Régle comme il le doit, soit par rapport aux Connoissances qu'il acquiert, soit par rapport aux Objets qu'il affectionne & aux degrés d'affection qu'il a pour eux.

L'attention à ces Principes fera disparoître les Objections de Sextus. *S'il y avoit*, dit-il, *des Choses BONNES de leur nature, elles paroitroient telles à tous les hommes, & ils en conviendroient, comme ils conviennent que le Feu est Chaud & que la Neige est Froide.* „ Mais les hommes bien éloignés de s'accorder sur ce point; car sans parler des différens „ goûts & des différentes fantaisies du Vulgaire, „ dans combien de sentimens les Philosophes ne se font „ ils pas partagés sur la nature des vrais Biens. De „ plus la Félicité consiste-t-elle à Désirer ? pourquoi „ donc veut-on joüir ? Donnent-t-on le nom de „ Bien aux Choses mêmes qui sont hors de nous. „ Mais il n'est pas sur qu'il y en ait, & ce qui „ est hors de nous ne nous fait ni Bien ni Mal. „ Notre bonheur dépend-il des impressions qui se „ font sur un Corps incapable de connoissance ? „ Faut-il que ces Impressions passent jusqu'à l'Esprit ? Mais on ne sait ce que c'est que l'Esprit & „ peut être n'y en a-t-il point.

On

On ne trouve là que des Répétitions de ce qu'on a déjà refuté plusieurs fois, ou des Equivoques puériles. Le Désir contribue à la félicité parce qu'il prépare à la jouissance. L'Ame a des biens Intérieurs, & les Objets de dehors font des impressions qui parvenant jusqu'à elle, lui font sentir la Douceur de leurs Impressions, & pour savoir en faire usage il n'est pas absolument nécessaire qu'elle connoisse toute son essence & tout ce qu'elle est.

Chap. XXIV. des Préceptes.

CIX. DANS le chap. 24. Sextus entreprend de réduire à rien ce qu'on appelle l'Art de bien vivre, & à son ordinaire il débute par un *Sophisme d'Equivoques*. " Un Art, dit-il, résulte de l'assemblage „ de plusieurs Maximes. Or il ne peut rien y avoir „ de tel dans l'Esprit humain, parce qu'une Pensée „ succéde à une autre, & que la *prémière* doit cesser „ pour faire place à la *seconde*, " Il détruit par cêt Argument tous les Arts, & celui dont il faisoit profession, en même tems que tous les autres, quoiqu'il eut été bien faché qu'on eut cru qu'il ne possedoit tout au plus qu'une seule Maxime au-delà de ce que pouvoit l'Esprit le plus Ignorant des hommes. Suivant ce beau Raisonnement, un homme ne pourroit jamais apprendre à parler, parce qu'un nouveau Mot lui seroit oublier l'autre, on ne sauroit jamais ce qu'on diroit parce que, quand on prononceroit un Discours, ne fut-il que de l'étendue d'une ligne, on en auroit déja oublié la première partie avant que d'avoir prononcé la seconde qui seule n'auroit point de sens.

Mauvaise foi des Sceptiques.

CX. CELA fait voir évidemment qu'il n'étoit pas possible que les Sceptiques pensassent comme ils parloient. S'ils avoient eu le moindre goût pour la vérité, la moindre affection pour s'en instruire, le moindre Resp.&t pour la Bonne Foi, la moindre appréhension de manquer de sincérité, ils auroient senti une secrette honte de parler comme ils faisoient. Croioient-ils de n'avoir rien appris & de n'avoir fait aucun progrès dans l'Art de composer des Livres ?

Il est certain que nôtre esprit peut en même temps se rendre attentif à plusieurs Idées ; Nous le sentons tout autant de fois que nous faisons des Comparisons : il est vrai qu'il ne peut pas en même temps, penser à un très grand Nombre d'objets ; Mais en suivant un certain ordre il acquiert la force de faire naitre promptement les Idées dont il a besoin, soit pour éclaircir quelque Question, soit pour en faire un heureux choix. Les Sceptiques avouent eux-mêmes, comme on le lit dans *Sextus*, lors qu'il parle du Signe, dans le Traité qu'il a joint à ses Hypotyposes, *qu'il y a des Signes propres à rappeller des pensées dans sa Mémoire*. Il y a donc un Art qui sert à faire revenir dans la Mémoire ce qui y est, ou ce qui s'y est déja présenté. Dans la Suite de ce chapitre il reprend encore les différentes Idées des Hommes sur la Manière dont il faut vivre, Il étale, sur ce sujet, une diversité curieuse & fait voir une grande Lecture.

Etoit-il possible qu'en parcourant tant de volumes il ne sçut pas qu'il rassembloit tant de Remarques ; Il ne sçut s'il Veilloit ou s'il Rêvoit ? S'il tenoit des Livres ou s'il n'en tenoit point ; Si sa Mémoire le servoit ou si son Esprit s'égaroit, comme celui de ses malades dans un accès de fièvre !

Des Coutumes.

CXI. AU RESTE toutes ces Différences & toutes ces Oppositions de Loix & de Coûtumes que *Sextus* allègue, & qu'on a allégué & multiplié depuis lui, aboutissent uniquement à prouver qu'on s'est trompé dans les Régles qu'on a donné ; & qui s'en étonnera ? On devroit être infiniment plus surpris que les hommes ne se trompassent point, ou qu'ils ne se trompassent que rarement, quand on fait avec quelle Précipitation ils se déterminent, & quels Principes ils ont accoutumé de suivre pour décider.

Cette Diversité prouve encore qu'il faut chercher ailleurs que dans le Consentement des hommes, les Principes par où on doit décider sur ce qui est Bien & sur ce qui est Mal.

Les Enfans apprennent d'abord à vivre comme les autres hommes ; L'intérêt qu'ils ont à imiter les personnes que l'on considère, le plaisir qu'ils trouvent dans cette imitation leur tient lieu de Régle & de Loi : C'est encore par ce Motif qu'on les détermine à préférer leur Devoir à leurs Fantaisies. *Que dira-t-on de vous ? Voyés si quelqu'un en use ainsi, où Considérés ce qu'on pense sur le compte de ceux qui font ce que vous voulés faire.* Quand on les trouve Opiniatres & qu'on s'impatiente d'entasser preuve sur preuve pour les convaincre, on leur dit ; *Voulés vous passer pour un fou & croiés vous savoir mieux penser que tout le reste des hommes ?* La Morale de la plûpart des gens se trouve par là établie sur le préjugé & le pouvoir de la Coûtume. Dépouillés ce qui est établi, de l'autorité que la plûpart des gens lui accordent, Vous ébranlés chés eux toute Régle & toute Certitude. Ceux qui ne se sont pas fait de bonne heure, une habitude de ne point écouter les Préjugés, & qui n'ont pas tiré de bonne heure les Loix naturelles de leur véritable source, pour peu qu'ils aient de penchant à vivre à leur gré, & à s'affranchir de tout joug, se plaisent à étudier les différentes Coûtumes des Nations : Plus leur esprit s'embarrasse dans cette Multitude, moins ils sçavent venir à bout de décider qui est le mieux fondé dans les Maximes qu'il suit, & dès-là ils se croient moins obligés de faire un Examen qu'ils entreprendroient peut-être inutilement. On lit dans Monsr. Baile une Réflexion qui va là (Tome IV, pag. 413.)
„ On trouve de belles pensées répandues dans ses „ ouvrages ; on y trouve de solides raisonnemens, „ l'Esprit & l'Erudition y marchent de compagnie ; l'Esprit paroîtroit sans doute beaucoup „ plus s'il alloit seul : les Autorités & les Citations qui l'accompagnent, l'offusquent souvent ; „ mais en quelques endroits il tire son plus grand „ brillant de l'application heureuse d'une pensée „ étrangère. L'Auteur s'étoit appliqué entr'autres Lectures à celles des Relations des *Voyageurs*. Ordinairement chacun a un but particulier dans cette lecture ; Mr. Doïllé ne s'y attachoit, que pour y trouver des différences entre la manière dont les Apotres avoient converti les Anciens Paiens, & la manière dont les Missionnaires du Pape convertissent les nouveaux. Notre le Vayer se proposoit une autre chose ; *il ne cherchoit que des argumens de Pyrrhonisme*. La div rsité prodigieuse qu'il rencontroit entre les mœurs & les usages de différens Peuples, le charmoit : Il ne peut cacher la joie avec laquelle il le met en œuvre ces matériaux, & il ne cache pas trop les conséquences qu'il voudroit que l'on en tirât ; c'est qu'il ne faut pas être aussi décisif qu'on l'est à condamner comme mauvais & dénisonnable ce qui ne se trouve pas conforme à nos opinions & à nos Coutumes. Je ne sai pas s'il croioit avec Cardan que l'*Opinion est la Reine du Genre Humain* ; mais je crois qu'il auroit pû faire une Harangue aussi bonne sur l'Empire de l'opinion que celle de Schupius, & un excellent Commentaire sur ces Vers de Sophocle, qui signifient, *Arrêtés-vous, Il me suffit de passer pour son Fils ; si cela n'est pas, n'importe, l'Opinion prévaut de beaucoup sur la Vérité.*

Article Vayer.

CXII. DANS le Chapitre 25. *Sextus* continue le même sujet, & le continue sur le même ton. " Il faut „ qu'un Art pour mériter ce nom consiste en Maximes, „ dont on sit bien compris la Vérité & l'Utilité ; „ Mais pour bien comprendre il faut avoir une Faculté capable de comprendre & de discerner sûrement le vrai d'avec le faux. Pour s'assurer qu'on a une telle Faculté, il faut avoir la faculté de comprendre qu'on l'a & de s'en assurer ; En voilà une seconde, on ne pourra pas s'en assurer „ que par une 3e., pour s'assurer de celle-ci il en

Chap. XXV. Obj. & Rép.

faut

fuit une 4e. & ainfi à l'infini. L'Infini eft un nuage dont il enveloppe, tout autant de fois qu'il lui eft poffible, fon Efprit & celui de fes Lecteurs.

Quand *Sextus* écrivoit ces paroles s'appercevoit-il s'il les écrivoit ou non ? En vain auroit-il voulu échapper en difant, *je n'affure pas que je les écrive & je ne le nie pas non plus* : Mais aurois-je repliqué *Vous femble-t-il que vous les écrivés*, ou ne *Vous le femble-t-il pas* ? Auroit-il répondu, *fi je veux parler comment j'y penfe*, *je vous avouerai que je ne fai pas s'il me paroît que j'écris ou s'il me paroit que je n'écris pas*. Cette Faculté, en Vertu de laquelle ou il lui fembloit qu'il écrivoit, ou il lui fembloit qu'il ne favoit pas feulement s'il lui paroiffoit qu'il écrivoit, avoit-elle befoin d'une Seconde en Vertu de laquelle, il lui fembloit que celle-ci étoit affectée de quelque apparence, où il lui fembloit qu'il en doutoit ? Une troifiéme étoit-elle néceffaire pour faire fentir à la *Seconde* qu'il lui fembloit de faire entrevoir quelque chofe à la *Prémiére* ? Tout nous amene à reconnoître que nous avons la puiffance de nous fentir, que nos Penfées font des Actes qui fe fentent eux-mêmes, & qui n'ont befoin que d'eux-mêmes pour fe fentir, qui fe fentent dès-là même qu'ils exiftent ; de forte que la Penfée ne feroit pas penfée, & par conféquent n'exifteroit pas fi elle ne fe fentoit pas elle-même.

„ CXIII. A QUOI, dit-il, aboutit cet Art tant
„ vanté de bien vivre ? Interrogés ceux qui en ti-
„ rent leur gloire. Un Art fe fait connoitre par
„ des Ouvrages : Quelles font les Oeuvres d'un Art
„ fi exquis & fi digne d'être recherché ? Encore
„ une fois, confultés les Maitres, vous n'apprendrés
„ rien d'eux qui ne foit très-commun & que le
„ Vulgaire ne fache. *Il faut honorer fes Parens*. *Il
„ faut fidellement rendre les Dépôts*, & d'autres Ré-
„ gles de cette nature, que perfonne n'ignore. Mais,
„ puifque, felon lui, tout le Monde en convient,
„ d'où vient qu'un moment auparavant il combattoit ce
„ même Art fur la Différence des opinions ? Sa paffion pouvoit objecter lui fait lancer des traits, fans fe mettre en peine s'ils retomberont fur lui.

Il fe trompe encore, ou plûtôt il cherche à tromper fes Lecteurs, & n'ufe point de bonne foi, quand il pofe fi hardiment, que l'Art de bien vivre ne confifte que dans la Connoiffance de quelques Principes généraux & avoués de tout le Monde. Les Principes ne feroient pas Principes s'ils étoient obfcurs & qu'ils euffent befoin de preuves. Dans tous les Arts & dans toutes les Sciences on pofe des Principes pour fondement. Mais on tire des Conféquences de ces Principes : D'une Conféquence on paffe à une autre, & par degrés on vient à s'affurer de ce à quoi le commun des hommes ne penfe pas, & **dont la difficulté auroit pû rebuter les Commençans**, fi on en avoit fait le fujet des prémiéres Leçons qu'on leur auroit données.

Les Principes de la Morale font les plus faciles à connoitre & les plus univerfellement reçus : De toutes les Connoiffances c'eft la plus néceffaire, & l'Auteur de la Nature a voulu rendre plus aifé & plus commun ce qui eft le plus néceffaire. On verroit aifément couler de ces Principes fi fimples les conféquences qui en naiffent, & de la connoiffance defquelles on a befoin pour fe bien conduire, fi les Paffions, la Senfualité, les Intérêts préfens ne repandoient pas des Ténébres fur l'efprit à cet égard, & ne lui fourniffoient pas des Prétextes pour fe faire illufion : C'eft ce qui rend la Morale fi néceffaire : On a les derniéres Obligations à ceux qui fe donnent le foin d'expofer, à dans tout leur jour, les Conclufions qui doivent nous fervir de Loix, nous éclairer & nous convaincre par leurs enchainures. Il eft heureux qu'il y ait des hommes d'un affés grande habileté, d'un affés grand détachement, & d'un pouvoir affés étendu fur leurs fens & fur leurs paffions, pour faire cette Etude avec fuccès, & pour préfenter aux autres hommes, bien éclaircies & bien démontrées, des Vérités qu'ils n'auroient pas fû découvrir, faute de Génie ou d'Application.

CXIV. QUANT à ce qu'on pouvoit lui alléguer que l'Art de bien *vivre fe peint dans la fageffe d'une Conduite réguliérement foutenue*, il répond en deux mots, que c'eft là un vain Difcours un Langage qui exprime plutôt des Voeux que des Faits, & pour preuve d'une Décifion fi hardie, il cite un vers, dont le fens eft que *l'Efprit de chaque homme eft tourné fuivant qu'il plait au Pére des Dieux & des hommes*. Ce Sceptique, dont la Circonfpection perpétuelle fait toute la Philofophie & qui met fa gloire à s'y foutenir, prononce un Jugement des plus téméraires, & fe contente de l'appuier de l'autorité d'un Poëte. *Objection & Réponfe*.

Moins les Régles de la Morale font obfervées, plus il eft néceffaire que des Perfonnes éclairées mettent ces Régles dans un grand jour, forcent les plus obftinés à tomber d'accord de leur Beauté, de leur Néceffité & des dangers où l'on s'expofe en les violant. Plus la corruption du cœur humain rend difficile l'obfervation de ces Régles, plus il importe de l'animer à furmonter tous les obftacles qui s'y oppofent par des Motifs intéreffans, puiffans & auxquels tout céde, dans un Efprit attentif. On fait encore que les Arts ne fe bornent pas à inftruire de ce qu'on doit faire, mais leur habileté de ceux qui les enfeignent confifte fur tout à en rendre la Pratique aifée, & à faciliter l'exécution des ouvrages auxquels ils font deftinés ; Ainfi l'Art de Bien vivre eft d'autant plus recommandable & d'autant plus néceffaire qu'il eft moins fuivi.

Au refte, fi c'eft une Erreur ancienne, c'eft une erreur qui s'eft perpétuée, de rejetter fur l'Etre Suprême la Caufe de nos propres défordres. Le Vulgaire donne aifément dans cette Erreur ; fa Pareffe, & le peu de penchant qu'il a à fe corriger, lui fait trouver cette Excufe charmante, & il n'y a que trop de Métaphyficiens dont les vaines Subtilités vont à l'établir & lui donner un tour fpécieux.

CXV. DANS le Chapitre 26. Sextus prouve que la *Nature n'enfeigne point l'Art de bien vivre*, *parce qu'elle l'apprendroit également à tous*, comme s'il n'y avoit rien de naturel que ce qui fe trouve néceffairement dans chacun des hommes, bongré malgré qu'ils en aient, & comme fi l'Auteur de la Nature n'avoit pas diverfifié fes Préfens, ou comme fi chacun mettoit également à profit ceux qu'il en a reçus. *Chap. XXVI. Objection & Réponfe*.

CXVI. POUR prouver qu'il n'y a point d'Art, Sextus raifonne ainfi. Afin que quelque Art exifte, l'exiftence de trois chofes eft abfolument néceffaire, favoir 1. *des chofes enfeignées*, 2. *de celui qui enfeigne*, 3. *de ceux qui font enfeignés* ; *Chap. XXVII. Objection & Réponfe*.

Mais quand *Sextus* pofe en fait pour ne douter point de l'Exiftence d'un Art, il faut tomber d'accord de ces trois chofes & les reconnoitre pour indubitables, ne raifonne-t-il pas avec toute la fermeté d'un Dogmatique, & n'eft-ce pas fur une Evidence, qui fe fait néceffairement fentir, qu'il fonde fon Argument.

CXVII. LES hommes, ajoute-t-il dans fon Chapitre 28. ne peuvent pas non plus enfeigner cet Art ; car ou ils enfeigneroient des Erreurs, ou ils enfeigneroient la Vérité, les Erreurs ne compofent pas un Art. Pour ce qui eft de la Vérité, nous n'avons point de Caractére qui nous la faffe connoitre furement. De plus les Inftructions qu'ils donneroient, feroient corporelles ou incorporelles. On ne dira pas que la Vérité foit un Corps. Si elle eft Incorporelle, on ne fait point ce que c'eft, car on n'a point d'idée de l'incorporel. *Chap. XXVIII. Objection & Réponfe*.

Parce que le Mot de Vérité eft fubftantif, il en parle comme d'une fubftance. La Vérité d'une Propofition confifte en ce qu'elle exprime les chofes telles

les qu'elles font, & qu'elle fait naitre des penſées qui nous les font connoître. Cette conformité eſt un Rapport & non une Subſtance.

Je lui prouverois de même qu'il n'y a point de Doute, point de Suſpenſion, parce que le Doute n'eſt ni Corporel, ni Incorporel &c.

CXVIII. EN TRAIN d'entaſſer des Sophiſmes & des équivoques, on enſeigne, dit-il, ce qui eſt, ou ce qui n'eſt pas. On ne peut pas enſeigner ce qui n'eſt pas. On ne peut pas non plus enſeigner ce qui eſt, car on ne peut pas enſeigner ce qui n'eſt pas compréhenſible. Or *tout ce qui eſt* eſt incompréhenſible. Je le prouve.

Si ce qui eſt, *étoit compréhenſible*, il le ſeroit ou en Vertu de ce qu'il eſt, ou en Vertu de ce qu'il n'eſt pas. Or certainement il n'eſt pas compréhenſible en Vertu de ce qu'il n'eſt pas. Il n'eſt pas non plus compréhenſible en Vertu de ce qu'il eſt; car ſi un Etre étoit compréhenſible en Vertu de ce qu'il eſt & par là même qu'il eſt; comme tout *Etre eſt*, tout Etre ſeroit également compréhenſible, on comprendroit tout, on ſauroit tout.

Voilà un Entaſſement d'équivoques. Ce qu'un *objèt n'eſt pas* ne contribue pas à le faire connoître. Mais ce qu'il eſt ne ſe manifeſte pas néceſſairement, il faut s'y rendre attentif & l'étudier avec une certaine Méthode. Sextus connoiſſoit-il également les malades qu'il voioir & ceux qu'il ne voioit pas? Leur faiſoit-il prendre les mêmes Remédes? Ils étoient pourtant auſſi effectivement malades les uns que les autres.

Outre cela, tous les Etres ne ſont pas égaux, & pour être tous compréhenſibles, il ne s'enſuit pas qu'ils le ſoient tous également. Les uns renferment beaucoup plus de choſes que les autres, & ce qu'ils renferment, eſt inégalement enveloppé.

J'ai réſolu plus d'une fois d'abandonner Sextus, j'apprehende d'ennuier mon Lecteur. Mais je le prie de ſe ſouvenir que je me ſuis propoſé de dévelloper le Caractére des Sceptiques. Leurs partiſans n'aimeront pas à tomber d'accord qu'ils ſoient effectivement tels que je les repréſente. Cette diſpoſition d'eſprit eſt en effet ſi étrange & ſi incroiable, & elle même, qu'on a beſoin d'entaſſer preuves ſur preuves pour s'en aſſurer. Je tire les miennes d'un de leurs plus Célébres Défenſeurs.

CXIX. DANS le Chapitre 29. Sextus continue à faire ſes efforts pour renverſer les Arts: Un ignorant, dit-il, enſeigneroit-il un Art à un autre ignorant? L'enſeigneroit-il à un Maitre? Enfin un Maitre ſera-t-il paſſer un ignorant de ſon état d'ignorance à celui de Maitriſe? Perſonne n'a jamais prétendu que cela ſe puiſſe par un ſeul Précepte. Si deux en venoient à bout, le ſecond ſeroit ce que n'a pas fait le prémier & le voilà Maitre pour avoir appris le ſecond, c'eſt-à-dire le voilà Maitre pour un précepte. Oh cela ne ſuffit pas ſi il en faut trente. Il n'étoit donc pas encore Maitre quand il n'en ſavoit que vint & neuf. C'eſt le trentiéme qui de l'état d'Ignorance la fait paſſer à l'état de Maitriſe.

Un médiocre Ecolier lui répondroit en deux mots. Le Trentiéme précepte rendra Maitre: *Seulje le nie, conjointement* avec ceux qui l'ont précedé, & j'en tombe d'accord.

Ajoutons, que, pour un Art, il faut Théorie & Pratique. Il y en a dont la Théorie ſe borne à un petit nombre de Principes & de Régles, tel eſt, par exemple, l'Art de l'Arithmétique ordinaire. Il y en a dont la Théorie s'étend loin; parce que leurs principes ſont féconds en conſéquences importantes, & que l'on peut s'y rendre toûjours plus ſavant: Tel eſt le Droit: Telle eſt la Médecine.

Si je connois tout ce que ſavent deux Médecins, il me ſera facile de dire combien de choſes l'un fait de plus que l'autre: Mais ſi l'on me demande combien de choſes il faut ſavoir pour porter à juſte Titre le Nom de Médecin, je répondrai que l'impoſition des titres étant arbitraire, il faut prémiérement me déclarer quelle ſignification on attache à ce Nom-là.

Pour ce qui eſt de la pratique des Arts lorsqu'ils ſont un peu compoſés, & qu'ils roulent ſur des Ouvrages différens, on peut toute ſa Vie s'avancer en juſteſſe & en facilité, & c'eſt chercher à ſe faire à ſoi même des illuſions de traiter *d'abſurde* ce qui eſt purement *relatif.*

CXX. SEXTUS ne ſe laſſe point; Un Ignorant, dit-il, eſt aveugle par rapport à un Art dans lequel il ne voit goute: Le Maitre qui poſſéde cèt Art a des yeux & s'en ſert, mais de quelque excellente vue qu'un homme ſoit favoriſé, il ne ſauroit faire voir un Aveugle. Si un Maitre pouvoit faire paſſer ſes Connoiſſances chés un Ignorant, cèt Ignorant ſeroit en même temps & dans l'Ignorance & dans la Connoiſſance.

Me ſera-t-il permis de relever en deux mots ce ſophiſme, ne ſe ſoin ne paſſera-t-il point pour ſuperflu? Si l'on dit d'un homme qui ignore un Art, qu'il eſt dans l'Aveuglement par rapport à cet Art, ce langage eſt *Méthaphorique*, & Sextus appuie ſur ces expreſſions, comme ſi elles étoient vraies *à la lettre*. Un Ignorant acquiert des Connoiſſances peu à peu, & s'il eſt heureuſement diſpoſé, il égalera enfin ſon Maitre, Mais ce ne ſera que par degrés: Son ignorance n'eſt pas une certaine *Qualité Poſitive* qui ſoit chaſſée par une autre. Il acquiert ce qu'il n'avoit pas. Une Chambre eſt pleine de fumée, le Vent en chaſſe une partie après l'autre. Ce qui en eſt ſorti n'y eſt plus, & ce qui y reſte, n'eſt pas encore dehors, mais il en ſortira.

CXXI. COMME on peut bien ſuppoſer que Sextus n'étoit pas indifférent à ſa réputation, puis que ſi *Théoretiquement* il fait profeſſion de n'avoir aucun Principe reconnu de lui pour Vrai, *Pratiquement*, il adopte pour Maxime fondamentale de ſuivre, dans ſa manière de vivre, ce qu'il trouve établi chés ſes Compatriotes. Il y a donc bien de l'apparence qu'il n'auroit point diſputé comme il l'a fait, ſi l'uſage de ſon temps n'avoit autoriſé de Raiſonnemens de cette nature. On voit en effet que la Logique d'Ariſtote tendoit preſque toute à mettre un Diſputant en état de ſe tirer de ces Sophiſmes & de l'embarras où ces Equivoques jettent. Ce Temps me fait ſouvenir de celui dont Eſope parle à tout coup quand il dit, *du temps que les Bêtes parloient*. On peut bien aſſurer que tel étoit ce tems-là, puiſque ce n'eſt point parler en homme que de parler ſans ſe rendre attentif à ce que l'on dit.

CXXII. C'EST ce que Sextus continue de faire au Chapitre 30. Un Art, dit-il, ne peut ſe communiquer à celui qui ne fait pas que par l'entremiſe des Mots: Les Mots par eux-mêmes ne ſignifient rien; Le ſens qu'on leur donne eſt arbitraire, c'eſt l'uſage qui le fixe: Quand on a connu une choſe & qu'on en a appris le Nom, ce nom en rappelle l'Idée; Sans cela en vain on l'entendroit nommer; De ſorte que celui qui veut, s'inſtruire d'un Art, pour entendre le Langage de celui qui l'enſeigne, doit auparavant connoitre les choſes dont ce Maitre lui parlera, & ſi cela eſt, il n'apprendra rien de lui.

Pour qui donc écrit Sextus? Eſt ce uniquement pour ceux qui ſont autant Sceptiques que lui, & qui en ſavent autant que lui? Pourquoi définit-il ſes Termes? Savoit-il déja la Médecine avant que de l'étudier?

Qu'on ſe ſente, qu'on ſe conſulte ſoi-même, qu'on ſe rende attentif à ſes penſées & à la propriété qu'elles ont de naitre les unes des autres, on s'appercevra que l'eſprit humain ſait former des idées, qu'il ſe forme plus ou moins aiſément; que de certains

tains discours qu'il entend ou qu'il lit, lui sont une occasion de se former des idées nouvelles; qu'en comparant des termes dont il connoit déja la signification, il résulte de cette comparaison de nouvelles idées, auxquelles il donne lui-même de nouveaux noms, ou il apprend que ceux qui les ont formées avant lui, leur en ont déja donné.

Critique d'Espion.   CXXIII. SEXTUS finit ses objections contre la Morale en soutenant que " les Régles de bien vivre „ nuisent plus qu'elles ne servent; car la connoissance „ de ces Régles ne rend point vertueux, un hom- „ me qui les suivroit sans les connoitre, ou sans y „ réfléchir par la constitution physique de son Tem- „ perament. A cét égard-là elles sont donc inuti- „ les. Pour ce qui est de la plupart des hommes, „ elles les gênent, elles les rendent malheureux, el- „ les les engagent à se refuser ce qui leur plait & „ ce qui les rendroit contens, pour se ployer & se „ forcer à ce qui les fatigue & qui les incommo- „ de.

Cette objection ne seroit pas sans force s'il n'y avoit point d'autre vie; car abandonné qu'on seroit de Dieu comme les Animaux Brutes, autant vaudroit-il se laisser aller à l'aventure que de se gêner pour néant, ou pour peu de chose.

Mais par rapport même à la Vie présente, combien se refuse-t-on de choses, de peur de paier, par des suites facheuses, des Plaisirs qui dureront peu? SEXTUS ne préscrivoit-il jamais à ses Malades des Remédes pour lesquels ils eussent de la repugnance? Les abandonnoit-il à leur appetit & à leur sensualité, ou s'il leur préscrivoit des diétes dont l'observation supposoit quelque contrainte.

Celui qui, par Temperament, est porté à quelque Vertu, sentira plus agréablement son bonheur, dès qu'il saura que s'il n'avoit pas cette Inclination naturelle, il seroit obligé à des Efforts pour l'acquerir. Cette réflexion l'engagera à la conserver plus cherement, à l'entretenir avec plus de soin, & à être plus sur ses gardes contre tout ce qui pourroit l'affoiblir; & pour peu qu'on ait d'expérience, on sait que toutes ces précautions sont nécessaires.

Il sera plus, pour avoir la satisfaction de se persuader qu'il s'attacheroit à son Devoir par Raison, quand même son Temperament lui en rendroit la Pratique pénible, il donnera ses soins à remplir ceux pour lesquels son humeur, ou son Education pourroient lui avoir donné de l'éloignement. Il adoucira la fatigue de ses Combats par l'Idée d'une belle victoire: S'il se trouve moins heureux, il se consolera par l'Esperance de le devenir d'avantage. Il aura enfin la satisfaction d'éprouver que ses Peines diminuent par l'effet de son Application, & que ses Contentemens augmentent. **A tout cela enfin il joindra** la consolation, si digne d'un honnête homme, d'être utile aux autres par ses Discours & par son Exemple.

Ruse de Sextus & des Pyrrhoniciens.   CXXIV. TOUT indolent que le Scepticisme doive naturellement rendre ceux qui en ont fait choix & qui s'y attachent, SEXTUS veut qu'on rapporte à cette Affection naturelle & louable qui lie les Sceptiques au reste des hommes (Chapitre dernier) & qui doit lier les hommes entr'eux, il veut, dit-je, qu'on rapporte à cette Affection si digne de l'homme, le soin qu'il se donne de rabattre la présomption des Dogmatistes, & c'est par la véhemence de son Zéle charitable qu'il s'excuse de ce qu'il met en oeuvre toutes sortes d'armes, &, qu'il a chargé son Livre de Raisonnemens qui pourront paroitre peu solides. *Ils trouveront*, dit-il, *des Esprits foibles à la portée desquels ils seront proportionnés*.

A la fin nous trouvons un trait de sincérité. Il est content pourvû qu'il fasse des Disciples. Qu'il les gagne par des Raisons de poids, ou qu'il les éblouïsse par des Equivoques, c'est de quoi il ne se met pas en peine. Un homme a la bonne & de la mauvaise Monnoie: Qu'importe? Ceux qui reconnoitront le mauvais aloi ou la mauvaise marque, ne refuseront pas de se paier de la bonne; Ceux qui ne s'en apercevront pas seront toujours paiés, & s'il s'agit d'enrollemens, ce seront toujours des soldats enrollés, s'il s'agit d'Esclaves, ce seront toujours des Esclaves achetés. &c.

SECTION V.

Examen du Traité de Sextus intitulé contre les Mathématiciens.

I. LE SECOND Ouvrage que nous avons de *Sextus Empiricus* est contre les *Mathématiciens*, c'est-à-dire contre ceux qui font profession d'enseigner les Arts & les Sciences & d'apprendre aux hommes quelque chose, car c'est-là la force du Terme Grec; & ce que nous appellons aujourd'hui les *Mathématiques* ne renferme qu'une partie de ce que ce Terme signifioit.   *Du second Ouvrage.*

Ce Second ouvrage est plus étendu que le prémier. La passion de contredire & de tourner en ridicule y régne encore davantage, ou du moins elle se répand dans des Discours plus étendus.

II. Dès que vous aviés tiré un Sceptique de la Dispute & de ses spéculations, il étoit par rapport à la Pratique de la vie tout comme un autre homme. Il aimoit le plaisir, la reputation, l'argent, la faveur & l'affection & la protection de ceux qui pouvoient lui être utiles. Le soin que SEXTUS se donne d'écrire de gros ouvrages, d'écrire avec ordre, de disputer avec exactitude, son attachement à l'ordre & à la précision en apparence, son Zéle à attaquer ses Adversaires dans toutes les parties de leur Philosophie, le plaisir qu'il se fait de pousser ses argumens, de les étendre & de les tourner en cent façons, tout cela bien connoitre son empresement à se faire des Disciples, & moins de Circonstances auroient suffi pour le découvrir.   *Réflexion sur les Sceptiques.*

Il y a toute apparence que les Sceptiques avoient moins de Disciples que les autres. Peu de péres se trouvoient d'humeur de remettre leurs enfans à des Maitres qui faisoient profession de ne rien savoir. Une humeur contredisante qu'ils devoient prendre dans les Ecôles de tels Maitres, devoit paroitre un Défaut des plus odieux. Par ces raisons, il étoit naturel que l'éloignement des Sceptiques pour les autres Philosophes se changeât en aversion. Le Dépit augmentoit leur Emulation, & leur Envie s'aigrissoit toujours plus. C'est à ces principes que nous sommes redevables de tant de *pauvretés* : Une forte passion grossit tout aux yeux d'un homme qui en est prévenu, & avec les plus foibles armes il se flate de pouvoir faire des blessures. Sextus pose d'abord en général, qu'il n'y a point de Disciples, qu'il n'y a ni Corps ni Esprit, ni personne qui enseigne ni personne qui soit enseigné. Il me paroit superflu de repasser sur ces sophismes. Ils ne contiennent que ce qu'on a vû dans les Traités précédents. *Sextus* aime à repéter ; *Mr. Payle* l'a parfaitement imité en cela, il l'a même surpassé.

III. LES prémiers qu'il attaque ce sont les Grammairiens, *Definition de la Grammaire, Division de la Grammaire ; Impossibilité de la reduire en Art*. C'est par-là qu'il débute. Il passe au détail de ce qu'on y enseigne, sur la syllabe, sur le Nom, sur les Piés & les partages des Périodes ; Il traite ensuite de la Pureté du Langage & sur tout de l'Hellénisme ; il examine en particulier si l'on en peut donner des Régles sures ; il traite encore de l'Etymologie ; Il demande si l'Histoire fait partie de la Grammaire, c'est-à-dire, si c'est aux Grammairiens de l'enseigner. Delà il passe aux Poëtes. Son Second livre est sur la Rhétorique, où, à son ordinaire,   *De la Grammaire & de la Rhétorique.*

il nie ce qu'on affirme, & affirme ce qu'on nie, il desapprouve ce qu'on loüe, & loüe ce qu'on desapprouve.

Je ne le suivrai pas dans tous ces Détails, parce qu'à tout coup je trouverois des éxemples qu'il faudroit changer en d'autres assés différens pour accomoder les Argumens à nôtre Langage & à nos Maniéres.

D'ailleurs dans la Grammaire & dans la Rhétorique, il y a bien de l'arbitraire, & quand on en donne des Régles aux Orateurs, pour les mettre en état de plaire & de persuader, on ne prétend pas qu'elles fassent toûjours infailliblement effet, ni que ce qui plaira à l'un des Auditeurs doive nécessairement plaire à un autre. On prétend simplement connoître assés le coeur humain, quoi qu'on soit fort éloigné de le connoître parfaitement, on prétend, dis-je, le connoître assés pour savoir ce qui est le plus propre à le gagner, ce qui peut faire effet sur un plus grand nombre de personnes, & l'attention qu'on doit donner aux Circonstances pour varier son Discours.

Contradiction de Statui. IV. JE REMARQUERAI encore que *Sextus* ne peut attaquer la Grammaire & la Rhétorique, sans se contredire manifestement. Il pose d'abord pour Principe, & c'est le seul qu'il pose de son aveu, il pose, dis-je pour Principe, qu'il ne prétend rien innover dans les Maximes établies par la Coutume, qu'il les veut suivre & qu'il conseille aux autres d'en faire autant; La Grammaire & la Rhétorique étoient en possession d'être enseignées à la Jeunesse; La Coutume autorisoit le cas qu'on faisoit de ces Disciplines; Lui même les avoit apprises, & sans cela il n'auroit pas pû écrire comme il faisoit.

De la Logique. V. EN ATTAQUANT la Logique, il débute par une Dispute vague sur le mot de *Vérité.* Il demande ce que c'est & retombe dans les Sophismes & dans les Equivoques dont nous avons déja parlé.

„ Les hommes, *dit-il*, apres cela, se partagent en
„ prononçant sur ce qui est Vrai & sur ce qui ne
„ l'est pas. Qui décidera sur leurs différens? Lors-
„ que deux Artisans ne sont pas d'accord, prendra-
„ t-on un Ignorant pour Arbitre de leur oppositi-
„ on? Prendra-t-on celui qui professe un autre Art
„ & qui ignore le leur? S'en remettra-t-on à des
„ gens du même Métier? Mais depuis quand est-
„ il permis d'être Juge en sa propre cause.

Faire des Noeuds & en demeurer là, c'étoit la Marotte des Sceptiques. Ceux-ci sont pourtant aisés à délier. C'est à moi à juger si les Souliers que mon Cordonnier m'apporte, m'accommodent, & il n'est point nécessaire pour cela que j'en sache faire moi même. Quand il survient une Contestation entre deux Maitres sur quelque sujet de leur Art, on ne prend ni l'un ni l'autre pour Juge; Mais on en choisit du même Métier qui soient affranchis des Préjugés, des Interêts & des Passions qui empêchent les autres de s'accorder.

Ce n'est point pour les Orateurs seulement qu'un habile Orateur harangue. Ce n'est point pour les Poëtes seuls qu'un Poëte fait des Vers. Et en général un habile homme ne se contente pas de faire naître dans son esprit de nouvelles Idées, ou de faire de nouveaux assemblages d'Idées, il veut de plus exprimer ce qu'il a pensé, & il vient à bout de l'éxprimer, avec des termes si choisis, avec tant d'ordre, d'agrément & d'éxactitude, qu'il met en état ceux qui n'ont jamais médité ce qu'il éxplique, de connoître sa Pensée & de pouvoir en être Juges.

Objection & Réponse. VI. POUR prouver que les Logiciens se fatiguent inutilement à chercher des Régles, qui les mettent en état d'acquerir des Connoissances, voici le Précis de son Raisonnement. " On ne peut pas
„ connoître ce qui n'est pas, & on ne peut pas di-
„ re qu'il y ait quelque chose; car s'il y avoit quel-
„ que chose, ce qui éxisteroit seroit éternel ou ne
„ le seroit pas. Il ne peut pas y avoir un Etre éter-
„ nel, car ce qui est éternel n'est pas né & n'a pas
„ été fait. Ce qui n'a pas été fait, n'a pas de Prin-
„ cipe. Ce qui n'a pas de Principe, n'a pas de
„ commencement. Ce qui n'a pas de commence-
„ ment est infini. Ce qui est infini, n'est nulle
„ part. Ce qui n'est nulle part, n'est pas. Donc
„ il n'y a point d'Infini, ni par conséquent d'E-
„ ternel.

Si le plaisir de faire le subtil, d'entasser des équivoques, & l'envie d'embroüiller ses Lecteurs par ces entassemens n'avoit pas été sa passion dominante, il auroit pû dire en deux mots. Ce qui est, est infini, ou ne l'est pas. Il n'y a point d'Infini, car ce qui est Infini n'est nulle part. Et comment prouve-t-il que l'Infini n'est nulle part? Si *l'Infini*, dit-il, *étoit quelque part, la place où il se trouveroit l'envelopperoit, & seroit plus grande que lui.*

La surface convexe qui termine un Corps fini est nécessairement enveloppée & embrassée par une surface Concave. Mais qui dit Infini, s'impose la nécessité de ne terminer point par une surface ce à quoi il a donné ce Nom. Ceux qui font pour l'Espace le font Infini, & un Corps Infini rempliroit cét espace. Ceux qui ne donnent pas dans cette Idée disent qu'un Corps est en soi-même & non hors de soi-même, que lui & sa place sont un, & que par conséquent un Corps Infini occupe une place infinie.

De l'Existence de l'Etre Eternel & de ses ouvrages. VII. CE QUI est, continue-t-il, ne peut pas avoir „ commencé, car il ne peut pas avoir tiré son origi-
„ ne de ce qui n'est pas. Il ne peut pas l'avoir ti-
„ rée de ce qui est, car l'éxistence de ce même
„ principe, la même Question reviendroit." J'ai déja répondu à tout cela.

Tout être qui peut éxister n'éxiste pas doit avoir été déterminé à éxister par quelque Cause différente de lui. Mais un Etre tel qu'il implique contradiction qu'il n'éxiste pas, un Etre dont l'éxistence est absolument nécessaire, éxistoit aussi nécessairement hier comme aujourd'hui. Son éxistence ne sauroit avoir un rapport particulier à un certain espace de temps plutôt qu'à un autre. De même encore il n'est pas plus nécessaire qu'il éxiste dans un Lieu que dans un autre, & par conséquent le même rapport de Présence qu'il a avec un certain lieu, il l'a nécessairement avec tous les autres.

Tout ce qui éxiste n'est pas cét Etre Eternel, Infini, Nécessaire, mais l'Etre Eternel, Infini, Nécessaire a pû donner l'éxistence à des Etres différens de lui, & faire que ce qui n'éxistoit pas commençât d'éxister. Par *la même* qu'il est *Eternel*, Infini, éxistant nécessairement, il a une Puissance proportionnée à ce qu'il est, une Puissance qui n'a point de Bornes & qu'aucune Difficulté ne peut arrêter, Il agit & il opére avec une facilité infinie: Par conséquent si Dieu veut qu'une chose soit, & qu'elle naisse de cette Volonté, il ne le veut pas inutilement.

L'Etre qui éxiste nécessairement n'est point borné dans son Pouvoir, comme il ne l'est point dans son Essence & sa Réalité. Il suit de là qu'étant sans bornes ou qu'étant Infini il agit avec une Infinie facilité, qu'aucun Effet ne lui coûte le moindre effort, qu'absolument rien ne lui est en aucune maniére pénible, & que, par conséquent, il opére par l'éfficace seule de sa Volonté, car il saroit avoir voulu un éffet, il falloit qu'il ajoutât à cette Volonté une application pour le produire, il n'agiroit pas avec une facilité parfaite, puisque la facilité n'est entiére que quand l'effet éxiste dès-là même qu'on l'a ordonné. Ce que *vouloir & faire* c'est *tout un.* Nous produisons sur nous mêmes & dans nôtre Corps, divers effets, par cela même que nous les voulons; Nôtre Volonté, dans bien des rencontres, sans autre effort, est d'abord suivie de l'éxécution. Si l'on dit là dessus que la Volonté n'est que Cause apparente & Occasionnelle des effets qui en paroissent naitre je réponds qu'il est tout-à-fait convenable d'attribuer à la Volonté de Dieu la réalité dont l'apparence se trouve dans la nôtre, & d'estimer qu'il possede effectivement le Pouvoir dont l'Ombre & l'Image se voit en nous.

La *Création*, c'est-à-dire l'éxistence d'un nouvel Etre, la Production d'une nouvelle substance, n'est donc point un effet au dessus de ses forces, c'est de quoi on peut aisément se convaincre ; La fermeté de nos résolutions & la force de nos habitudes contribuent à nous rendre *Faciles* les choses que nous entreprenons ; Mais, en lui même, un *Effet* est d'autant plus *Facile* qu'il renferme moins de changement, & par rapport à la *Cause* il est d'autant plus faisable que sa Réalité est au dessous de la Réalité qui le doit produire : Or nous ne connoissons aucun Etre, & il n'y en peut avoir aucun, dont la Réalité approche de celle de Dieu, & quelque grand que soit le changement qui va du Néant à l'Etre, il ne passe pas la grandeur de la Puissance infinie de l'Etre nécessaire & infiniment éloigné du Néant.

Tout Effet consiste dans un Changement ; par conséquent la difficulté, ou la grandeur d'un Effet répond éxactement à la grandeur du changement dans lequel il consiste ; ce Changement enfin est d'autant plus grand, ou, ce qui revient au même, plus difficile, qu'il y a plus loin du terme d'où l'on tire une chose, à celui où on la met ; Or qu'on suppose la différence & la distance du non Etre, à l'Être d'une substance finie, aussi grande qu'on voudra, cette distance sera toujours infiniment au dessous de la distance, & de la différence qu'il y a entre le Néant & l'Etre nécessaire, l'Etre parfait, l'Etre infini, & sa Puissance parfaite & infinie, comme lui est parfair & infini.

Cela est convainçant. La Puissance de Créer appartient visiblement à la Cause première, quoique la Manière de cette operation nous passe. Nous ne saurions comprendre comment la Volonté de Dieu crée, quoi que nous puissions démontrer que la Puissance de créer lui appartient essentiellement. Nous ne saurions nous représenter quel est l'état de la Volonté de Dieu, lorsqu'en voulant elle fait naitre ce qu'elle veut, & donne l'être à ce qui n'étoit point ; nous ne pouvons former une Idée de la Volonté de Dieu opérant ainsi, il faudroit disposer nôtre Volonté comme il dispose la sienne, c'est-à-dire, il faudroit vouloir & penser comme il veut & comme il pense, quand il crée des Substances ; Mais comme nous n'avons pas reçu ce Pouvoir, nous n'en avons aussi aucune Connoissance. Si nous n'avions jamais voulu nous ne saurions ce que c'est que la Volonté, c'est en la sentant que nous avons appris à la connoitre ; Son Idée ne se tire pas d'ailleurs. Nous connoissons les maniéres de Vouloir semblables à celles que nous avons éprouvées ; Quant aux autres nous ne savons ce que c'est, nous ne pouvons nous les représenter, & nous n'avons jamais éprouvé cette Volonté créante & donnant l'Etre à des Substances.

J'ajouterai ici les propres paroles de Mr. Clarke Chapitre XI de l'Existence de Dieu.

,, Quelle contradiction y a-t-il à dire, qu'une
,, Chose , qui n'étoit pas auparavant, a commencé
,, d'éxister dans la suite ? Il y a une grande différence
,, entre ce Langage , & celui-ci , *une chose est & n'est*
,, *pas en même temps*. Ce dernier est une contradic-
,, tion directe & formelle ; mais il n'y a dans l'au-
,, tre, ni contradiction directe, ni indirecte. Il est
,, vrai, qu'accoutumés à ne voir que des choses ,
,, qui ne viennent au monde que par la voye de
,, Génération, ou d'autres qui périssent par la voye
,, de Corruption, & n'ayant jamais vû de Créati-
,, on, nous sommes sujets à nous faire une idée de

la Création, toute semblable à celle de la Formation. On s'imagine, que comme toute Formation suppose une Matière préexistante ; Ainsi il faut, malgré qu'on en ait, supposer en matière de Création, je ne sai quel néant préexistant, duquel, comme d'une Matière réelle les choses créés ont été tirées. Je conviens que cette Notion a un grand Air de contradiction. Mais qui ne voit que ce n'est là qu'une confusion pitoïable d'Idées ? Il en est en ce Point, comme des Enfans qui s'imaginent, que l'obscurité est un Etre réel, que la lumière chasse le matin, ou qui est transformé en lumière. Pour avoir une juste Idée de la Création, il ne faut pas se la figurer comme la formation d'une chose, qui est tirée du Néant, consideré comme cause materielle. Créer c'est donner l'éxistence à une chose, qui ne l'avoit pas auparavant ; c'est faire qu'une chose, qui n'éxistoit pas auparavant éxiste maintenant. Je défie qui que ce soit, de me faire voir de la Contradiction dans cette Idée. Il n'y en a pas plus qu'il n'y en a dans la Notion d'un Etre, qui, après avoir eu une certaine forme, en revêt ensuite une nouvelle. Si les Athées, après tout, étoient gens à avouer la Vérité, il se trouveroit que toutes leurs Objections, se réduisent à ce misérable Argument : Que la Matière n'a pas pû commencer à éxister lorsqu'elle *n'étoit pas*, parce que ce seroit supposer qu'elle étoit, avant qu'elle fût. Et que d'un autre côté, elle n'a pû commencer à éxister, dans le temps *qu'elle étoit*, parce que ce seroit supposer qu'elle n'étoit pas après qu'elle étoit. Cêt Argument est tout semblable à celui de ce Philosophe qui prétendoit prouver qu'il n'y a point de Mouvement ; parce, disoit-il, qu'il n'est pas possible qu'un Corps se meuve, ni dans *le Lieu où il est*, ni dans le *lieu où il n'est pas*. Ces deux Sophismes sont précisément les mêmes, la même réponse peut servir à l'un & à l'autre.

Avant que Dieu eut donné l'Etre à des Créatures, il en avoit déja l'idée & les concevoit possibles ; il se représentoit leur éxistence mesurée par une succession dont l'Idée lui étoit aussi présente : Il désigne dans cette succession dont il a l'Idée, une Minute qui sera la derniére de la simple possibilité des Etres, à qui il destine l'éxistence. La Fin de cette Minute sera suivie, sans aucun intervale, du Commencement de la première qui mesurera le temps des Etres réels, & l'éxistence de ces Etres suivra, sans aucun intervale la fin de leur possibilité ; Qu'on rappelle ce que j'ai remarqué sur le *Temps*. Art. XCVIII. & suivans Sect. IV.

,, VIII. SEXTUS continue : Si quelque chose *De l'Uni-*
,, éxistoit, ou *une seule chose seroit*, ou *il y au- té.*
,, roit plusieurs choses. Il n'est pas possible qu'il
,, éxiste un seul Etre ; car le Corps n'est pas un
,, Etre unique. Il n'y en a point qui ne soit di-
,, visible & qui n'ait longueur, largeur & épaisseur,
,, Mais s'il ne peut point y avoir d'être unique,
,, on ne peut point non plus dire qu'il y en ait plu-
,, sieurs ; car une Pluralité c'est un assemblage de
,, plusieurs Unités.

Quand on me demandera si, entre les Objets qui sont au dehors de moi, j'en connois quelqu'un qui soit parfaitement simple, & qui ne renferme aucune Composition, qui ne présente à mon Esprit qu'une seule Réalité à connoitre, je répondrai que je n'en connois point de tel & que je ne saurois m'en représenter. Dans un pié, il y a plusieurs Pouces, & dans un Pouce, plusieurs Lignes, &c. Mais, dira-t-on, S'il y a plusieurs Lignes, il y a une Ligne. Cette ligne est donc un Etre unique, très simple & très indivisible. Je serois obligé de reconnoitre cette conséquence si j'avois dit qu'un Pouce renferme plusieurs lignes très simples & très indivisibles. Le mot d'Unité est un mot *rélatif*. Un poids de deux livres
n'est

n'est pas deux poids dont chacun soit de deux Livres, mais il n'est qu'un poids de deux livres.

Lorsque les Objets que l'on compare, & dont les Idées sont en même temps présentes à l'Esprit, éxistent eux-mêmes unis, & trouvent assemblés hors de nous, comme leurs Idées le sont dans notre Intelligence, ils se présentent sous un rapport d'*Unité* ? Mais si on les conçoit séparés, leur Rapport est un rapport de *Multitude*.

Il n'est pas vrai qu'une Grandeur reçoive le nom d'*Une* parce qu'on ne fait pas d'attention aux Parties qui la composent; Car quand je dis *un Tout*, je fais attention à des parties assemblées, & cèt assemblage même est cause que je regarde ce Tout, comme un.

Entre le grand nombre d'Objets que nous connoissons, nous n'en saurions nommer aucun, dans lequel, pour simple qu'il soit, nous ne découvrions plusieurs *Réalités* ; Mais ces Réalités quoi qu'en grand nombre ne laissent pas de former un seul *Tout*, par leur assemblage. Or il y en a qui sont assemblées en un seul tout, parce qu'en effet elles ne sauroient éxister séparées; ainsi la *Longueur* ne sauroit éxister sans *Largeur* & sans *Epaisseur*; Ces trois Dimensions sont nécessairement unies; de même une portion de *Matiére* renferme essentiellement *Mobilité, Figure, Impénétrabilité*. Si on donne aux Réalités qui s'unissent ainsi nécessairement, le nom de *Parties*, ce qu'elles composent sera un *Tout nécessaire*.

Mais il y a aussi des *Réalités* qui, à la vérité, peuvent éxister l'une sans l'autre, mais qui doivent s'associer & se trouver ensemble, pour composer un Tout d'une *certaine Espéce* & d'un certain Nom. Il faut, par éxemple, des particules séparées l'une de l'autre & un mouvement très-rapide pour former ce que l'on nomme *Feu*. Il faut des Pierres, du Sable, de la Chaux, de l'Eau, pour composer ce que l'on appelle une *Muraille*. Ces parties peuvent éxister les unes sans les autres, mais il faut qu'elles soient unies pour faire une Muraille. Les *Unités* de cette espéce peuvent être appellées des *Touts Contingens*. Je n'habite pas deux Maisons, mais une Maison seulement, quoique cette Maison soit un Tout composé de plusieurs appartemens, & mon Ame n'est pas unie à deux Corps, quoique mon Corps soit composé de plusieurs Membres.

Objection & Réponse.

„ IX. MAIS, ajoûte *Sextus*, Quand même quel-
„ que chose éxisteroit, on ne sauroit s'en former d'I-
„ dée; car ou ce à quoi on pense est, ou ce à quoi
„ on pense n'est pas. Si ce à quoi on pense n'est
„ pas, il ne faut pas se mettre en peine de penser pour
„ connoitre les choses. Dira-t-on que ce à quoi on
„ pense est, par-là même qu'on y pense? Il faut
„ donc dire qu'il y a des hommes qui volent &
„ reconnoitre l'éxistence de toutes sortes de Chimé-
„ res, puisqu'on y pense.

1. Sextus aime l'Art. Les divisions ont un air de subtilité: Il ne veut omettre aucun chef, ni négliger aucune maniére d'attaquer, c'est par ce motif qu'il a emploié cet argument.

2. On ne prétend pas conclurre qu'une chose est, de ce qu'on s'en forme une Idée; mais on prétend qu'il y a des Caractéres auxquels on peut reconnoitre si les choses sont telles qu'on les conçoit, ou si ce qu'on a imaginé se borne à des simples possibilités.

De la Certitude.

X. Etre assuré, c'est *ne pouvoir douter*; c'est *ne pouvoir s'empêcher de croire*, toutes les expressions sont visiblement synonymes. On se contrediroit trop impudemment si l'on disoit qu'on doute de ce qu'on ne peut s'empêcher de croire; Or dès qu'un homme se contredit si grossiérement, ou qu'il se plait à parler sans savoir ce qu'il dit, le meilleur est de le laisser là & il auroit tort de se plaindre si l'on refuse de raisonner avec lui, puisqu'il affecte de ne pas raisonner. On peut toujours s'empêcher de croire lorsque, par ignorance, ou par opiniâtreté, on ne se rend ni attentif à ses Idées, quand on pense; ni à la signification des Mots dont on se sert, quand on parle, ou que l'on écoute les autres. Mais lorsqu'on applique son attention je soutiens, qu'il y a bien des cas où l'*on ne peut s'empêcher de croire*, & par conséquent de tomber d'accord que l'on pense vrai & conformément aux choses.

Certitude dans nos Idées.

XI. POUR établir cette vérité par ordre, je considére que nos Jugemens & nos Propositions roulent, ou sur nos Idées, ou sur les Choses qui éxistent au dehors de nous. Quant aux Jugemens que nous portons sur nos propres Idées, le moïen de douter qu'on ne voïe la *Seconde*, ou l'Exclusion de la Seconde contenue dans la *Prémiére*, quand elle y est effectivement ? On le voit & on le sent, car les perceptions sont des actes qui se sentent, & peut-on s'empêcher de croire que l'on sente en effet ce que l'on sent ? Il faut pousser l'impudence jusqu'au dernier excès pour oser soûtenir le contraire. Mais, dira-t-on, souvent; Je me suis trompé en méditant & par conséquent j'ai crû voir dans mes Idées ce que je n'y voïois point: Voilà pourquoi je doute & à chaque moment j'apprehende que peut-être je ne croïe voir ce que je ne vois pas. Je réponds que l'on parle seul aussi bien qu'en compagnie, & qu'en méditant si l'on ne prononce pas des mots on les roule au moins dans sa tête. Il peut donc arriver qu'emporté par la chaleur du Discours intérieur, aussi bien que de l'extérieur, qu'entrainé par le feu de la Composition, l'on suppose au delà de ce qu'on voit; mais il n'est pas permis de conclurre; Je me suis trompé quand j'ai supposé sans voir, donc maintenant que je vai pié à pié, maintenant que j'éxamine partie après partie, que je me rends attentif & que je sens invinciblement que je vois, peut-être néanmoins que je ne vois pas; on ne sauroit se parler ainsi sérieusement hormis d'avoir le cerveau renversé. Il y auroit autant de folie de tenir ce langage, qu'à s'imaginer, malgré son sentiment, que peut-être on n'a pas la main dans de l'eau fraiche, parce qu'une fois on s'est brûlé dans de l'eau chaude.

Au reste les Connoissances qui roulent sur nos Idées ne se renferment pas dans une petite étendue, La Science de la Quantité en général, la Science des Nombres, la Géometrie, le grand Art de raisonner juste, la Connoissance de nous mêmes, la Doctrine des moeurs, tout ce que ces Sciences renferment est établi sur des Principes de sentiment, & roule uniquement sur la comparaison des Idées du Vrai & du Faux, de l'Egal & de l'Inégal, de la Proportion, de la Convenance, de l'Equité, de la Bienséance, Idées qui sont certainement en nous, & sur lesquelles il est en nôtre pouvoir d'arrêter nôtre attention aussi souvent & aussi longtems qu'il nous plaira. Il y auroit là de quoi occuper plusieurs vies.

Certitude sur les choses extérieures.

XII. JE VIENS aux Propositions qui ont pour objet les choses qui éxistent au dehors de nous. Celui qui avoue qu'il croit & croit sans pouvoir s'en empêcher, mais ajoûte en même temps qu'il doute, si ce qu'il croit ainsi est vrai, il ne pense pas à ce qu'il dit, & parle en homme qui ne se fait point une peine de se contredire. Or il nous est impossible de ne pas croire, par conséquent il nous est impossible de ne tenir pas pour vrai, qu'il y a des Cercles & des Triangles dans le Monde, tels que nos idées les représentent, ils renferment certainement & réellement les Propriétés dont nous trouvons les Idées dans la Notion des Cercles & des Triangles; de sorte que sur le Principe le Systême que nous bâtirons sur l'Univers, sera du moins un Systême lié.

Mais lorsque sur les Idées que j'ai de l'Acier, du laiton, du Mouvement, des Roües, des Pignons, des Dents qui s'y engrainent & de leurs combinaisons &c. je me persuade que je puis construire une Montre & je crois voir que le succès répond à mon atten-

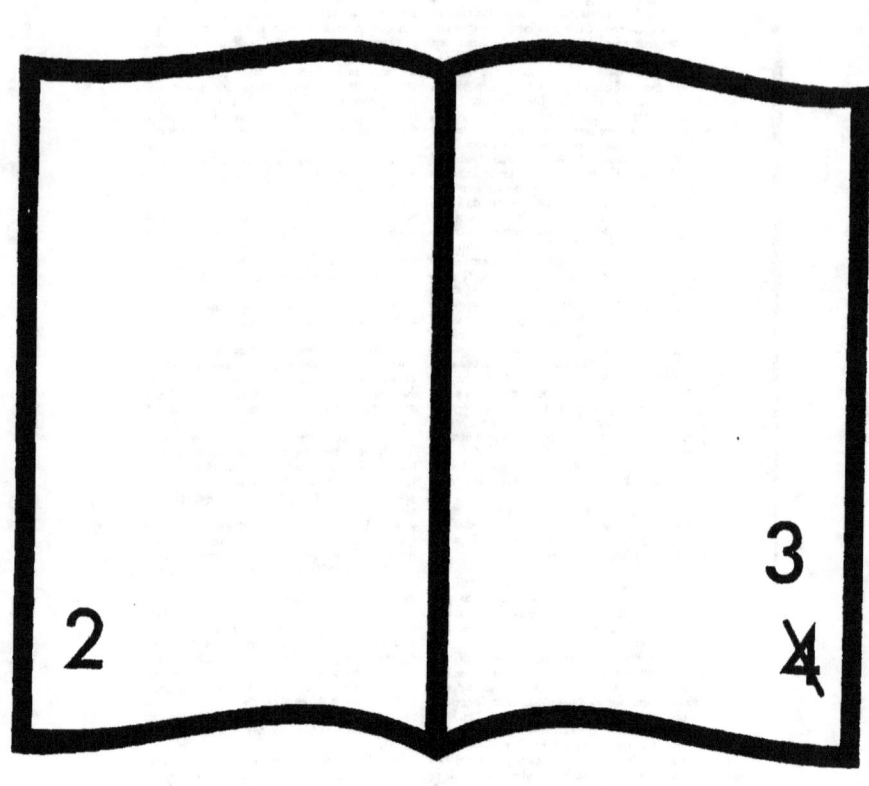

attente; Lorfque j'en fais une seconde, une troisiéme, une centiéme, &c. & que je crois voir de même le profit qui m'en revient, quand je destine ce profit à de certains capitaux, dont les revenus ou les Idées des revenus viennent me saisir à point nommé, suivant l'ordre de mes projets : Quand, dis-je, je me rends attentif à cette suite de sensations, il m'est impossible de douter que les choses que je crois voir, ne soient réelles; je ne saurois m'empêcher d'être plein de certitude; non par un principe d'impatience qui m'entraîne à croire, mais parce que je m'y trouve forcé par l'évidence qui m'éclaire, & par la répugnance que je me sens à soûtenir des contradictions.

Comment les Discours instruisent.

XIII. ENFIN pour porter le dernier coup à la Logique, Sextus pose en fait que quand même il y auroit des Livres, & que l'Esprit d'un homme seroit assés heureux pour les connoître, il ne pourroit pas les faire connoître aux autres, parce que le Discours est différent des choses mêmes qu'on prétend expliquer par le Discours; & comment les feroit-il connoître puis qu'il en est différent ? Fera-t-on connoître les Sons en présentant aux yeux des Couleurs.

J'ai déja répondu à cette Objection, en expliquant de quelle maniére les Mots servent à instruire.

Nous allons plus loin que les yeux & les Oreilles: Il y a donc en nous une puissance qui tire des Idées de son fond; Ce qu'elle voit & ce qu'elle entend lui fournit des occasions de réfléchir, d'éxercer ses forces, de se perfectionner, & de s'enrichir par elle-même. Le langage seroit lui-même inutile sans cette puissance; La force d'un mot prononcé se réduit à faire naître le sentiment d'un son, & c'est l'ame qui, à l'occasion de ce son, s'éxcite à former des Idées. A la Vérité il y a des occasions où, en-même temps que l'Oreille est frappée d'un son, on présente à l'Oeil l'objet, dont ce son devra, dans la suite, rappeller les Idées; Mais il y a une infinité d'occasions où, sans aucun secours de cette nature, par des efforts d'attention plus ou moins grands, on vient à saisir les Idées d'un homme qui parle, & à penser comme lui. La plûpart des Discours sont des espèces de Problèmes, que l'esprit s'applique à résoudre ; Il y en a qu'il résout du prémier coup d'oeil, & ceux-là sont pour lui des discours très-clairs & très-simples; Il y en a qui lui sont plus de peine, & pour l'Intelligence desquels il faut qu'il se recherche. Quelquefois l'Obscurité des éxpressions en est la cause, & quelquefois aussi la Composition des sujets, ou le trop peu d'Exercice sur des sujets d'une certaine nature. Il est certain que l'homme peut toute sa vie, renfermer en soi-même, & posséder très-réellement des Facultés, sans les éxercer & même sans les connoître. Quand, sur quelque sujet, on est instruit des Principes d'où son intelligence dépend, si même quelqu'un s'éxprime peu clairement sur ce sujet-là, on ne laisse pas de l'entendre; Il ne dit pas tout ce qui est nécessaire; Il ne range pas les termes, dont il se sert, dans un ordre assés éxact. Cependant pourvû que l'on connoisse la signification de chacun de ces termes séparés, à force de comparer & de combiner les Idées qu'ils présentent, l'assemblage de ces termes en fait naître de nouvelles, parce que nos Idées naissent les unes des autres: L'Esprit tire de l'intelligence de ce qu'on lui dit de quoi deviner ce qu'on ne lui dit pas ; Un peu de Secours augmente sa fécondité, & il fait tirer de son fonds au delà de ce qu'un Discours imparfait lui a présenté.

Répétitions fréquentes chés les Sceptiques.

XIV. ON VOIT par là que Sextus se répéte : C'est ce qu'il fait dans tout cet ouvrage. Les Sceptiques avoient leurs Préventions tout comme les Dogmatistes, ils applaudissoient à leurs Argumens, & ils flattoient que les autres ne les admireroient pas moins. C'est dans cette vûe qu'ils ne leur épargnoient pas tout ce qu'un air de subtilité a d'éblouïssant.

C'est par la raison que Sextus se répéte que je serai plus court dans l'éxamen de son *second* Ouvrage que je ne l'ai été dans celui du *prémier*, quoi qu'il soit plus long. Dans l'obligation où je me crois d'abréger je m'abstiens de donner par ordre les sommaires de ses Chapitres : Cependant je puis assûrer non seulement que je n'affoiblis point ses preuves, mais que je n'en passe aucune de toutes celles qui lui ont parû propres à établir le Pyrrhonisme, sans la raporter.

XV. SUR ces matiéres, on voit constamment dans Sextus un homme qui répéte, qui éblouït ses Lecteurs, quelquefois par des équivoques assés grossiéres, mais souvent aussi par des subtilités, & sur tout par des apparences d'une grande éxactitude. On voit encore un homme qui avoit beaucoup lû, qui rangeoit ses Lectures avec beaucoup d'ordre, citoit fort à propos, & enfin savoit terrasser une Erreur avec beaucoup de force & de netteté quand il en avoit l'Occasion & qu'il vouloit la saisir. On pourroit à peu près faire, dans les mêmes termes, le portrait de Mr. Bayle. Un homme qui sait si bien mettre à profit ses lectures & ranger dans un grand ordre ce qu'il a tiré de divers Auteurs, n'est-il pas parfaitement assûré qu'il a lû ce qu'il cite, & qu'il écrit ce qu'il compose ? Assûré de quelque chose d'où vient qu'il ne se demande pas sur quoi sa certitude est fondée? & pourquoi ne cherche-t-il pas à pousser ses Connoissances, & à se procurer la même Certitude sur d'autres sujets, en y trouvant les mêmes Caractéres ? En voici peut-être la raison. Son goût n'est pas tourné de ce côté-là : La connoissance de la Vérité n'est pas sa Passion, il faudroit qu'il se donnât beaucoup de peine, & qu'il usât de beaucoup de Circonspection pour avancer peu; il aime mieux s'instruire superficiellement d'un grand nombre de choses, sans connoitre rien sur aucune, avec une certitude qui éxclut le doute. Ce parti lui paroit le plus commode, & il l'est effectivement pour un homme qui aime à disputer, à passer pour subtil & pour avoir beaucoup lû.

Caractères de Sextus.

XVI. POUR éxaminer la Question s'il est possible que l'homme vienne à bout de s'assurer de la Vérité, Sextus suit précisément la même Méthode qu'il a suivie dans ses *Hypotyposes*. Il obscurcit tant qu'il peut l'Idée de l'homme, & tâche de réduire à rien ce qu'on en connoit. Il en use de même à l'égard des Facultés, par où l'on prétend que l'homme est capable de connoître, & il finit par dire, & par prouver, autant qu'il peut, qu'il n'y a rien de sûr dans la maniére dont les Facultés s'appliquent à connoître. Je ne toucherai qu'aux nouvelles Objections qu'il allégue. En voici une " Si l'homme se peut connoitre, ou l'homme entier ou une partie de l'homme est douée de connoissance & connoit le reste. Si tout ce qui est dans l'homme est faculté connoissante, il ne reste rien dans l'homme qui soit Objèt à connoître, car l'Objèt & la Faculté sont deux choses différentes ; Si on se réduit à dire qu'une Partie de l'homme connoit, fera-ce le Corps qui connoitra la Pensée? Donnera-t-on aux sens le pouvoir de connoitre le Corps? Mais les sens sont passifs, ce sont des Facultés qui se bornent à recevoir des impressions, & qui n'ont pas l'activité nécessaire pour chercher la Vérité. De plus la vûe ne connoit que les dehors, l'intérieur ne la frappe point, il lui demeure caché. Apres avoir dit cela Sextus profite de l'occasion de s'étendre sur les Erreurs des sens & il y donne plusieurs pages.

Si l'homme est capable de se connoître soi-même.

Il ne peut pourtant pas s'empêcher de sentir que sa preuve est imparfaite, car il y a en nous une Maniére de penser différente de l'Ouïe, de la Vûe, de l'Odorat, & c'est à cette maniére de penser qu'on attri-

attribuera la Connoissance de la Vérité. Il vient donc à dépouiller la Pensée intellectuelle de toute capacité pour connoitre ; " car ; dit-il , comment con-
" noitroit-elle ce qui est différent d'elle , puis qu'elle
" ne se connoit pas elle-même ? On ne peut point
" dire que la Pensée se connoisse , car ou la Pensée
" toute entière connoitroit la pensée toute entière ,
" ou une partie de la pensée en connoitroit une
" partie. Si toute la Pensée est la Faculté con-
" noissante, il ne restera rien de la pensée pour ê-
tre l'Objet connu. Une partie de la pensée n'en
" peut pas connoitre une autre , si elle ne se peut
" pas connoitre elle même : Or elle ne le peut pas ;
" car ou cette partie entière se connoitroit soi-mê-
" me toute entière, ou non. La même difficulté
" recommence.

A quoi bon tant de *Divisions* & tant de *Chefs*, si sur chacun d'eux on n'a que la même chose à rebattre ?

J'ai déja remarqué que la Pensée est un Acte qui se connoit & se sent par là même qu'elle est pensée, par là même qu'elle existe. J'ai déja remarqué à quel point il est absurde de prétendre qu'on ne peut rien connoitre, pendant qu'on ignore quelque chose, & que c'est une nécessité ou de demeurer éternellement dans une entière ignorance , ou d'apprendre tout d'un seul coup.

Sextus revient à l'argument déja refuté. " Celui
" qui assure quelque chose veut qu'on le croie sur
" sa parole, ou il en allègue des Preuves. Ces preu-
" ves derechef, ou il les prouve ou il ne les prouve
" pas. &c.

Il profite encore ici de l'occasion si agréable aux Sceptiques d'étaler les opinions des Dogmatistes :
" A qui préférera-t-on d'ajouter foi ? La reputati-
" on, l'âge, le nombre des Sectateurs , fournissent-
" ils des preuves & des présomptions suffisantes ? Il a raison de rejetter ce qu'on en prétendroit conclure. Il amuse agréablement un Lecteur , qui s'étant apperçu que le Sceptique raisonne bien dans quelques endroits, se trouve disposé à se rendre à ce qu'il ajoute dans les suivans.

Objection & Réponse.

XVII. VOICI une nouvelle Objection, ou du moins une Objection proposée sous une forme nouvelle.
" Tout de même , dit-il , qu'on ne peut pas s'a-
" bandonner sans aucun doute, à ce que la Vue nous
" rapporte sur l'état d'un Objet , parce qu'il nous
" est souvent arrivé de nous tromper en nous repo-
" sant ainsi sur nos yeux ; nous ne pouvons plus
" nous reposer sur une Faculté , ou sur une maniè-
" re de penser, plus intérieure, puisque quelque Fa-
" culté que nous mettions en œuvre ; il nous est
" arrivé de nous tromper quelquesfois, & que les
" **Jugemens des hommes, lors-même qu'ils se sont**
" servis de cette Faculté Intérieure , n'ont pas laissé
" d'être très-opposés sur le même sujet.

La Question se réduit à sçavoir si une Faculté qui être quelquefois, erre toujours nécessairement , si parce qu'il arrive à un homme de ne pas bien se servir de ses forces, il ne peut jamais bien s'en servir , ni s'assurer qu'il s'en sert bien , ou s'il y a des marques auxquelles il peut reconnoitre ce bon usage & s'en persuader.

Après avoir ainsi réduit la Question à ces termes, je demanderai encore aux Sceptiques , en vertu de quoi ils disent que nôtre Entendement se trompe quelquefois. Qu'en sçavent-ils ? Cette proposition n'est , dans leur bouche , qu'une accusation téméraire. Peut-être que l'Entendement ne se trompe jamais & ne peut se tromper. Cette prétension a toute la vraisemblance imaginable , puisque sans éxamen même , elle est aussi vraisemblable que son opposée.

Les Idées que nous tirons des sens se contredisent quelquefois : Quand je coule ma main le long d'un bâton dont la moitié trempe dans l'eau, l'attouchement m'apprend qu'il est droit ; mais si je le regarde avec toute l'attention possible, l'œil me le fait concevoir courbé. Entre ces oppositions l'Entendement décide, parce que ses Idées ne se détruisent jamais, & que ce que l'une nous apprend , n'est jamais détruit par une autre ; car quand un homme s'apperçoit de son erreur & la retracte, il ne corrige pas une des Idées de son Entendement par une autre plus juste; Mais au lieu qu'il s'étoit trompé en prononçant sur ce qu'il n'avoit pas vû, ou qu'il n'avoit vû qu'en partie, il rentre dans la Vérité en jugeant par Idée & par connoissance.

XVIII. LA MEME Eau qui paroit chaude à l'un, paroit froide à un autre ; Il s'est trouvé des hommes , à qui les Objets ne paroissoient pas de la même couleur, quand il les regardoient de l'œil droit, que quand ils les regardoient de l'œil gauche. Ne se pourroit-il point qu'il en fût de même des Idées, & ne pourroit-on point alléguer cette diversité comme la véritable cause des sentimens qui partagent les hommes.

Objection & Réponse.

Ceux qui se sont avisés de proposer cette Question se sont laissé éblouïr par des mots, à la signification desquels ils ne se rendoient pas assés attentifs. Il est aisé de comprendre que le même Son pourroit être le nom du Cercle chés un Peuple & du Quarré chés un autre ; mais que ce qui est *Quarré* chés l'un soit *Cercle* chés l'autre , si on s'avise de le dire , on n'aura certainement point d'Idée de ce que l'on dit. Les hommes pensent différemment sur un même sujet, cela vient de ce qu'ils supposent d'y avoir remarqué ce qu'ils n'y ont pas effectivement apperçu : Mais dès-qu'un éxamen plus attentif & plus circonspect leur fait écarter ce qu'ils avoient supposé dans leurs idées sans l'avoir effectivement senti , ils corrigent leur Erreur , & dès-qu'ils se donneront pour cela même soin, il n'y a aucun hommes aux mêmes idées.

XIX. SEXTUS prévoit qu'on pourroit lui dire que quand on se trompe, cela arrive ordinairement parce qu'on confond des choses différentes au lieu de les distinguer ; mais que si cela arrive, quand il ne s'agit que de différences fort legères ; cela ne peut pas arriver, ou du moins on peut très-aisément l'éviter , quand il s'agit de différences fort sensibles. Il prévient cette réponse par un Sophisme que j'éxposerai dans toute sa force.

Sorites Sophistique.

" Vous ne dirés pas que *un* est une multitude ;
" ni *deux* non plus. Si je vous demande mainte-
" nant, si 3 commence déja à faire une multitude,
" peut-être serés vous embarrassé ; car pour un de
" plus, passe-t-on du peu au beaucoup ? Si pour
" un de plus on ne passe pas du peu au beaucoup ,
" 3 n'étant pas multitude, 4 ne le sera pas non plus.
" De 4, je vous conduirai à 5 puis à 6 &c. Dirés
" vous que des différences si minces vous écha-
" pent , & que vous manqués de pénétration pour
" décider là-dessus , mais que vous n'hésiterés point
" à assurer que mille est une multitude ? Mais en
" allant d'unité en unité , je vous aménerai à être
" autant embarrassé sur mille que sur 5. Desorte
" que cette Proposition , *Mille sont une multitude*,
" que vous mettés au nombre de celles qu'on com-
" prend distinctement & sur lesquelles on peut dé-
" cider, se trouvera du nombre de celles sur lesquel-
" les on ne sait que dire.

Tout cet Argument que j'ai rendu le plus fort & le plus évident qu'il m'a été possible, & que je crois d'avoir mis dans un plus grand jour que *Sextus* lui même n'a fait, n'embarrasse que parce qu'on ne distingue pas des expressions *Relatives* d'avec des expressions *Absolues*, *Multitude*, *Peu*, *Beaucoup* sont des termes rélatifs. 5 ne sera pas beaucoup par rapport à 4 ; mais il sera beaucoup par rapport à 1, quoique non pas autant que seroit 7. Sept sera beaucoup par rapport à 2 , quoi qu'il ne soit pas beaucoup par rapport à 5. Trente mille ne seroit pas beaucoup par rapport à 27 sera beaucoup par rapport à 4, quoi-

quoique non pas autant que seroit 35 par rapport au même 4, & moins encore que 50 par rapport à 4 & à 3. Ainsi encore on dira que 3000 hommes ne seront qu'une petite Armée, mais que 5000 mille hommes seroient un très-gros Régiment.

Pour éviter autant qu'il est possible les Répétitions dans l'examen des Pyrrhoniens qui se répétent sans cesse, je n'attendrai pas que la troisiéme partie de cèt ouvrage m'appelle à examiner ce que Mr. Bayle dit de ce Sophisme. Il en parle Tom. II. pag. 172.

„ En quoi consiste, demandoit-on, le Peu, le
„ Beaucoup, le Long, le Large, le Petit, le Grand
„ &c. trois grains de blé font-ils un monceau ? Il
„ falloit répondre que non : quatre le font-ils ?
„ Même réponse qu'auparavant ; On continuoit
„ d'interroger sans fin & sans cesse de grain à grain,
„ & si enfin vous répondiés voilà le monceau, on
„ prétendoit que votre réponse étoit absurde, puis
„ qu'elle supposoit qu'un seul grain constituoit la
„ différence de ce qui n'est pas monceau, & de
„ ce qui l'est. Je prouverois par cette Méthode
„ qu'un grand buveur n'est jamais ivre. Une gou-
„ te de vin l'enivrera-t-elle, demanderois-je ? Non
„ répondriés vous. Et deux goutes quoi ? nulle-
„ ment, ni trois ni quatre non plus. Je continue-
„ rois mes demandes, goûte à goûte, & si à la
„ 999 vous me répondiés, il n'est point ivre, &
„ à la millième, il est ivre, je conclurrois qu'une
„ goute de vin constitue la différence spécifique
„ entre l'ivresse & la non-ivresse d'un grand bû-
„ veur, ce qui est absurde. Si les Interrogations se
„ faisoient de trois pintes en trois pintes vous mar-
„ queriés aisément la différence entre l'assés & le trop ;
„ mais le faiseur du Sorites à le choix des armes, &
„ il se sert des plus petites parties de la quantité, &
„ passe de l'une à l'autre, afin d'empêcher que vous
„ ne trouviés aucun point fixe qui sépare la non-
„ ivresse d'avec l'ivresse, le peu d'avec le beau-
„ coup, l'assés d'avec le trop &c. Un homme du
„ monde se moqueroit justement de pareilles ergo-
„ teries, il en appelleroit au sens commun, & à ce
„ dégré de lumière, dont l'usage de la vie civi-
„ le suffit à nous faire discerner en gros le peu d'avec
„ le beaucoup.

Ces dernières paroles de Mr. Bayle insinuent visiblement que le Pyrrhonisme est une espéce de Folie, le Bon sens sert de préservatif contre un égarement de cette nature & empêche d'y tomber. Un homme, dont le Cerveau n'est pas encore troublé & qui n'a pas renoncé au sens commun, se défiera-t-il de la pensée où il a toujours été qu'il étoit un homme, qu'il avoit deux mains & deux piés, parce qu'il en verra qui se croient des oiseaux, des lanternes, des bouteilles ? Quand un Ecolier aura dit à un Païsan, *le Liévre a des oreilles, Vous avés des oreilles, Donc vous êtes un Liévre*, ce Païsan ne sauroit lui répondre, mais il n'en sera pas plus persuadé. Un Sceptique auroit-il raison de dire : voilà un Païsan bien stupide & bien opiniâtre, il s'obstine à croire qu'il est un homme ; mais s'il étoit raisonnable, entre un sentiment qu'il se convainc & un raisonnement auquel il n'a rien à répliquer, il devroit demeurer en suspens.

Il est dans le Monde des personnes de très-bon sens qui, sans le secours d'aucune étude, résoudront aisément le Sophisme de cèt Ecolier, qui ne pourroient pas de même se débarrasser du sorites par lequel on combat l'éxistence du peu & du beaucoup ; mais pour ne savoir pas dévelloper cèt embarras & en marquer distinctement l'erreur, ils n'en seront pas plus ébranlés que le Païsan ne l'est du Sophisme par où on veut lui prouver qu'il est un Liévre.

Mr. Bayle après avoir fourni une bonne Réponse contre les Pyrrhoniens reprend leur défense & ajoute :
„ Mais un Dialecticien de Profession ne pouvoit pas
„ recourir à ce Tribunal, il étoit obligé de répon-
„ dre en forme, & à moins qu'il ne trouvât une
„ solution selon les régles de l'art, il perdoit le
„ champ de bataille ; sa défaite, sa déroute étoient un
„ événement incontestable. Aujourd'hui un Répé-
„ titeur *Hibernois* qui harceleroit par mille chicanes
„ de Logique un Professeur de *Salamanque*, & qui
„ se verroit païé de cette réponse, *le sens commun,
„ la notoriété publique, nous montrent assés que vos
„ conséquences sont fausses*, passeroit pour victorieux,
„ & l'on diroit avec raison que le Professeur avoit
„ été terrassé ; car il étoit de son devoir de répon-
„ dre en forme, & selon la rubrique du métier,
„ puisque c'étoit par cette rubrique que l'on atta-
„ quoit sa thése. Chrysippe qui sur ce point là sa-
„ voit très-bien son devoir, comprit clairement que
„ le Sorites des Dialecticiens de *Mégare* demandoit
„ une solution catégorique. On verra son inven-
„ tion après que j'aurai cité un peu de Latin.

Ce passage Latin sert à achever d'étourdir son Lecteur. Mais Mr. Bayle ignoroit-il que l'embarras où les Logiciens & les Métaphysiciens se trouvent, dans leurs subtiles contestations vient pour l'ordinaire de la longue habitude qu'ils se sont faite de s'attacher aux mots, sans donner assés d'attention à ce qu'ils signifient & qu'ils doivent signifier, & sans se mettre en peine de se former des Idées bien exactes ? Il ne pouvoit pas ignorer que cet attachement à des termes équivoques & mal définis n'ait passé de la Métaphysique de l'Ecole à la Théologie, & n'ait fourni une des Principales causes des Divisions des Chrétiens, & des ténébres qui régnent dans leurs Dogmes & dans leurs disputes. Il devoit donc en fidéle RAPPORTEUR (A) ne se borner pas à étendre le Sophisme, & à dire que les personnes, dont l'Ecole n'a pas affoibli le bon sens, ne feront qu'en rire ; il devoit encore ajoûter de quelle maniére un Logicien qui pense, & qui sait se former des Idées, y auroit répondu, suivant les Régles de Bon Art, & cela auroit été très-facile à Mr. Bayle.

Le terme de *Sorites* signifie entassement ; Aussi le Syllogisme qui porte ce nom contient-il comme un tas de Prémisses, rangées de maniére que l'Attribut de la précédente devient toujours le sujet de la suivante, jusqu'à ce que dans la Conclusion l'on prenne pour sujet, le sujet de la première des Prémisses, & qu'on lui donne pour Attribut, l'Attribut de la derniére.

L'étude de la Physique découvre à l'esprit les Merveilles de l'Univers.

Cette connoissance l'occupe agréablement & le remplit de satisfaction.

Agréablement occupé & vivement satisfait il vit content de son sort, & n'a pas d'empressement pour les voluptés qui corrompent les gens du Monde.

Content de son sort & au dessus des illusions de la volupté, il glorifie la Providence, il conserve son coeur dans la pureté & ne trouble point le repos des hommes.

C'est dans ces derniéres dispositions que consiste la Sainteté.

Donc l'étude de la Physique est tout à fait propre à Sanctifier.

Le fondement du Sorites est manifeste.

A contient B
B contient C
C contient D
D contient E

Donc A contient E puis qu'il contient tout ce qui renferme E.

On voit encore aisément pourquoi le sorites doit plaire à l'Esprit humain ordinairement impatient ; & l'on

(A) C'est le tire que Mr. Bayle se donne dans son Apologie.

l'on voit en même temps que cèt entaſſement, qui nous fait paſſer avec rapidité d'un objèt à un autre, peut facilement nous ſurprendre.

Pour ſe garantir d'erreur il faut éviter dans le *Sorites* toute ſorte d'équivoques, & il eſt d'autant plus néceſſaire d'y être attentif que la multitude des termes y peut aiſément donner lieu ; Non ſeulement chaque terme doit avoir le même ſens, dans les deux propoſitions où il ſe trouve, mais de plus les deux termes de la concluſion ne doivent être reconnus liés entr'eux, que de la même maniére que ceux des prémiſſes le ſont.

On eſt condamnable de n'agir pas avec prudence.
La prudence ne veut pas que l'on riſque.
On riſque quand on ſe livre à des Conducteurs qui ſont eux-mêmes dans l'incertitude. L'incertitude régne chés les Médecins.
Donc on eſt condamnable quand on ſe livre aux Médecins.

Comme la prudence ne condamne les partis où il y a de l'incertitude, que dans les cas où l'on pourroit s'aſſurer pleinement, ou demeurer dans l'inaction, il eſt viſible que la concluſion de ce ſorites ne condamne que ceux qui ſe livrent aux Médecins, ſans être malades, ou qui ſe livrent au prémier venu, ſans daigner juger eux-mêmes de ſes remédes, & de ſa méthode, & ſans s'informer de ſa reputation & de ſes ſuccés.

Il y a des Sorites qui préſentent un tas d'Idées qui croiſſent peu à peu, & dans lequel ras le ſens des termes ſe change imperceptiblement. *On n'eſt pas une multitude, ni deux non plus ; & l'addition d'une ſeule unité ne peut pas changer en multitude ce qui ne l'étoit pas encore avant un ſi legèr changement.*

L'*Unité* n'eſt pas une *Multitude*, mais elle en eſt le fondement. Donc deux eſt le prémier degré de la multitude. Trois en approchent plus que deux. Quatre eſt une pluralité par rapport à deux, mais petite. Cinq en eſt une plus grande, mais très-petite par rapport à quatre & moindre encore par rapport à trois que par rapport à deux.

L'Unité n'eſt multitude, ni *abſolument* ni *rélativement* : Il n'y a aucun nombre qui ſoit une multitude abſolue : Toute Quantité eſt rélative : Qu'eſt-ce que cent ? c'eſt cent unités, c'eſt dix dixaines. Mais je demande, *Cent eſt-il un grand ou un petit nombre ?* En lui-même il n'eſt ni l'un ni l'autre, mais par rapport à mille il eſt auſſi petit qu'il eſt grand par rapport à dix. Il y a donc de l'équivoque dans les termes du Sorites. On nie d'abord que l'unité ſoit une multitude, cela eſt abſolument vrai. Enſuite *l'on prétend que trois n'eſt pas une multitude.* Cette propoſition eſt vraie ou fauſſe ſuivant les nombres avec leſquels on compare le nombre 3, & ſuivant que la queſtion roule ſur une grande ou ſur une petite multitude.

Quand par le moien du *Sorites* on prétendoit faire voir que *l'eſprit de l'homme ne peut jamais parvenir à la connoiſſance d'un point fixe qui ſépare les qualités oppoſées*, ou qui détermine préciſément la nature de chaque choſe, on ne diſtinguoit pas aſſés les choſes qui différent entr'elles par des différences abſolues, d'avec celles qui différent par des attributs rélatifs. On appelle un *Angle droit*, celui que forme la rencontre de deux lignes, dont l'une tombe ſur l'autre ſans pancher pas plus d'un côté que de l'autre. Pour peu qu'une ouverture ſoit plus grande que l'autre, la nature de cèt A-gle change & il devient oblique, & pour peu que L'ouverture de l'angle droit diminue, l'angle droit devient aigu. Mais il y a grande varieté d'aigus & d'obtus ; Un angle eſt beaucoup aigu par rapport à un, qui le ſera beaucoup par rapport à un autre. Il y a grand nombre de termes, qui, quoi qu'abſolus, ne doivent pourtant s'interpréter que dans un ſens de comparaiſon. C'eſt là l'uſage, par exemple, des termes de *grand* & de *petit*, de *ſavant* & d'*ignorant*, de *riche* & de *pauvre*.

Tous ces termes ſont équivoques ; On peut les étendre & les reſſerrer, & en général le langage des hommes eſt plein de termes qui paroiſſent abſolus, & le ſont en effèt, par rapport à la Grammaire, mais qu'il faut pourtant expliquer dans un ſens de comparaiſon, & dont la véritable ſignification roule ſur le plus ou ſur le moins. Tels ſont les mots qui expriment nos ſentimens, *agréable*, *douloureux*, *inſuportable*, *difficile* &c. Tels ſont les *termes d'Autorité*, *Commandant*, *Roi*, *Maitre*, & tels ſont enfin, dans l'imperfection où nous vivons, les noms des *Vertus*, puis que ſur cette Terre, le plus éloigné du vice, & le moins chargé de fautes eſt le plus vertueux. Il en eſt de tous ces termes comme de celui de *chauve* qui a donné ſon nom à un Sorites ſophiſtique Mr. Bayle en parle (Tom II. pag. 415.)

,, Je dirai ſeulement qu'il me ſemble que le Sophiſme qu'on nommoit *le Chauve*, étoit une eſpéce ,, de ſorites, & qu'il conſiſtoit à demander le nom- ,, bre précis de cheveux qu'il faut arracher à un hom- ,, me pour le rendre chauve. Un ou deux ſuffi- ,, ſent ils ? Il falloit répondre que non : On conti- ,, nuoit d'interroger, en paſſant de trois à quatre ,, & de quatre à cinq &c ; & ſi enfin vous répon- ,, dies, *ce nombre ſuffit*, vous vous trouviés obli- ,, gé de confeſſer que la différence du chauve & ,, du non-chauve, conſiſte en un ſeul cheveu.

A un homme qui ſeroit là-deſſus le mauvais plaiſant, & le vétilleur, je demanderois, *ſavés-vous de quoi parlés ? Qu'entendés-vous par le mot de* CHAUVE ? Il faudroit qu'il s'expliquât, ou je rompois la conférence avec un homme qui fait profeſſion de parler ſans ſe faire entendre. Il ſe trouveroit donc dans la néceſſité d'expliquer le mot de *Chauve* dans un ſens abſolu ou dans un ſens rélatif, & dans ce dernier ſens il y a néceſſairement du plus & du moins. Un homme qui a perdu la moitié de ſes cheveux, quoi-qu'ils ſoient encore également répandus, peut dire qu'il riſque de devenir chauve. Dès qu'une partie de la bête eſt plus découverte que les autres, elle commence à pouvoir porter ce nom.

Le dernier verre qu'un homme boit (c'eſt encore un exemple allégué par Mr. Bayle) après lequel il tombe à terre, n'eſt pas le ſeul qui l'ait enivré ; s'il eſt le 30. c'eſt le 30. qui l'a achevé, mais il a tiré de l'effèt des 29. autres la force de l'achéver. Dans un plat de balance, je poſe un Quintal &, de l'autre côté je mets ſucceſſivement une Livre, deux Livres &c. Je vais juſques à 99. livres, j'en ajoute une. Le Quintal ne monte pas encore. Je jette une *once* ſur les Cent Livres que j'ai déja aſſemblées. L'Equilibre eſt rompu. Une Once fait-elle monter un Quintal ? Non pas ſeule, mais conjointement avec cent autres Livres.

Sextus finit cette matiére en prévenant deux Objections, auxquelles il me paroit qu'il ne répond pas bien, de ſorte qu'elles reſtent dans leur force. Les voici.

,, XX. VOUS autres Sceptiques, quand vous ,, jugés qu'il y a autant de raiſons en faveur du ,, *pour* qu'en faveur du *contra*, celle de vos facul- ,, tés qui fait ce jugement eſt-elle dirigée par une ,, ſupérieure, & celle-ci encore par une autre ? On ,, ſi vous vous en tenés au rapport que vous fait cet- ,, te faculté, à qui les raiſons de côté & d'autre ,, paroiſſent d'une égale force ? Si cela eſt vous ,, avoués donc ce que vous traités ailleurs d'abſurde ,, & d'impoſſible, vous convenés & vous éprouvés ,, qu'une faculté eſt juge en dernier reſſort de ſon ,, propre ſentiment.

A cette Demande ou à cette Objection ils répondent. ,, Nous nous ſervons à la vérité de celle ,, de nos facultés qui ſe préſente la prémière, ſins ,, nous mettre en peine d'en chercher une autre qui

„ en soit encore Juge, & parce que cette faculté
„ nous fournit des Objections, nous en sommes
„ contens, nous ne lui demandons autre chose. Mais
„ nous ne faisons pas comme vous ; Vous vous
„ rendés aux argumens que votre faculté vous four-
„ nit, au lieu que nous ne nous rendons point à
„ ceux que la nôtre nous présente, nous demeu-
„ rons en suspens.

Je reconnois là deux différens emplois de la même faculté : Mais cela n'ôte point à l'Objection sa force. Elle ne roule point sur ce que les uns en font un aussi bon usage que les autres. En voici le sens ; Il paroit à une certaine faculté des Sceptiques, que les raisons de côté & d'autre sont d'un poids égal. Je ne leur impute pas de dire qu'en effet ces raisons soient d'un poids égal de côté & d'autre, ils se plaindroi..nt peut-être ; je ne leur attribue que ce qu'ils disent eux-mêmes & qu'ils répétent à tout coup, c'est que *ces raisons de coté & d'autre leur paroissent d'égale force.* Or la faculté à qui elles paroissent telles, voit elle-même, sent, apperçoit & juge qu'elles lui paroissent telles. Elle juge donc de l'apparence en dernier ressort. Elle juge elle-même de ces égalités apparentes.

La seconde Objection à laquelle Sextus répond est celle-ci. " Quand les deux Plats d'une balance
„ sont en équilibre, je conclus que les deux Poids
„ que j'y ai posés sont égaux, au cas que la ba-
„ lance soit juste. Pour m'assurer si elle est juste,
„ j'ôte les poids & je me rens attentif à l'équili-
„ bre des plats. Ainsi l'équilibre de la balance,
„ par où je juge de l'égalité des poids, est lui-
„ même la preuve de la justesse de cet instrument.
„ C'est là l'image de l'Entendement humain,
„ qui juge sur les Objets, sur les idées, sur les
„ comparaisons qu'il en fait & par lesquelles il en
„ juge.

C'est là *une puérilité*, dit *Sextus* hardiment, lui qui en a rempli son Livre. Les Sceptiques sont donc décisifs quand il leur plait, & se conduisent par humeur autant que que ce soit : Et comment prouve-t-il la puérilité de cette Comparaison ?
„ c'est qu'on ne compte sur la justesse d'une ba-
„ lance ainsi examinée qu'après s'être convaincu
„ par la Raison de la justesse de cet examen. Il y
„ a donc un supérieur qui décide sur la question de
„ la balance & sur le cas que l'on doit faire de son
„ équilibre.

Répondre ainsi, c'est éluder l'Objection & non pas la résoudre. Elle ne porte point que la balance soit juge, cela ne se peut dire que métaphoriquement. Voici ce qu'elle pose. La balance en qualité d'instrument, ne s'examine pas par un autre instrument : Elle ne requiert pas un autre instrument par lequel elle soit examinée. Ce qui arrive à la balance en qualité d'instrument, d'avoir cette propriété annexée à sa nature & d'être à elle même sa Régle, pourquoi ne pourroit-il pas avoir lieu dans l'esprit de l'homme ? Pourquoi ne renfermeroit-il pas une faculté qui n'a pas besoin d'une autre, mais qui se justifie elle même à elle même par l'usage qu'elle fait de soi-même ?

XXI. J'ECRIS les Objections de Sextus dans l'ordre que je les ai lûes en parcourant son Livre. En voici une qui porte contre l'évidence. " Toutes
„ Vérités, ou, tout ce que les Dogmatistes préten-
„ dent être Vérité, ne sont pas d'une égale évidence,
„ puis que les unes ont besoin d'être démontrées par
„ une plus longue enchaînure de preuves que les
„ autres & qu'il faut une plus grande attention pour
„ les comprendre. Tout ce qui n'est pas évident a
„ besoin d'être prouvé, car si l'on admet pêle-mêle
„ ce qui n'est pas évident avec ce qui l'est, on
„ s'accoutumera à confondre l'erreur avec la Vérité.
„ Toute preuve qui manque d'évidence a donc be-
„ soin d'une autre preuve qui en manque moins, &
„ celle ci d'une autre jusqu'à ce qu'on parvienne à
„ un Principe évident par lui-même & incontestable.
„ Or il n'y en a point de tel. Je le prouve, dit
„ un Sceptique, car un Principe évident par lui-
„ même paroitroit tel à tout le monde. Ainsi il y
„ a des preuves auxquelles tout le monde se rendroit,
„ ce qui n'arrive pas.

Un Sceptique qui raisonne ainsi, se contente ou de jetter *des paroles en l'air*, ou compte qu'il y a *quelque sens* dans ce qu'il dit. S'il ne prétend pas seulement qu'il y ait du *sens* dans ce qu'il dit, comment veut-il qu'on l'écoute, & la Raison permet-elle de perdre son temps à conférer avec des gens qui font profession de parler, pour parler, sans se mettre en peine si ce qu'ils disent a du sens ? Or s'il y en a dans cette Objection, il est fondé sur ce Principe, qu'au cas qu'il y eut des Propositions véritablement évidentes on s'y rendroit infailliblement, & que telle est la nature de l'homme qu'il ne sauroit y résister.

Distinguons ce que ce principe pose en fait de vrai d'avec ce qu'il renferme de faux. Tel est l'esprit de l'homme, telle est sa constitution, telle est la nature de la pensée, que l'évidence s'en rend victorieuse, quand on l'apperçoit, qu'elle persuade ceux qui le voient & la sentent, & qu'ils ne sauroient s'empêcher de tomber d'accord de ce qu'elle leur présente. Mais cette force de l'évidence va-t-elle jusqu'à se faire respecter, & à se faire voir bongré malgré qu'on en ait, ou s'il est au pouvoir de l'homme de s'y rendre attentif ou d'en détourner son attention : On n'a qu'à se sentir soi-même pour répondre à cette objection & pour se satisfaire en y répondant.

Dès-là l'objection des Sceptiques est résolue & tombe entièrement. *L'Evidence se fait-elle sentir elle-même à tous ceux à qui elle s'est présentée ?* Je réponds qu'oui, moïennant deux conditions. La *première* c'est qu'ils veuillent s'y rendre attentifs, qu'ils arrêtent leur pensée sur elle & se fassent une Loi de ne l'en pas détourner. La *seconde* condition nécessaire pour appercevoir l'évidence, c'est de diriger ses études & ses méditations dans un tel ordre, qu'on n'entreprenne aucune matière tant-soit-peu difficile & tant-soit-peu composée, qu'après s'être éclairé sur les Principes dont elle dépend & les parties qui la composent. Si l'on veut voir l'évidence, il faut se résoudre à voir successivement & à contempler chaque partie l'une après l'autre, après quoi l'on pourra en considérer la liaison & les voir dans leur assemblage.

La lumière n'a besoin que d'elle même pour se faire reconnoitre lumière, pourvû qu'on n'y ferme pas les yeux & qu'on ne les en détourne pas. Il est nuit, vous voulés voir clair. Au lieu d'allumer une chandelle, il ne faut donc pas se faire un plaisir de détourner ceux qui la cherchent & qui, après l'avoir trouvée, cherchent encore du feu pour l'allumer.

XXII QUAND Sextus est parvenu aux Propositions ; " Une Proposition, dit-il, passe pour
„ véritable lors que l'Attribut convient au sujet.
„ Ainsi quand on dit, Socrate est assis, on dit vrai
„ si ce qui est exprimé par le terme d'*assis* convient à Socrate dans ce temps là. Mais comment lui conviendroit-il ? Car quand vous dites que Socrate est assis, vous ne parlés pas simplement d'une partie de Socrate : Il n'est pourtant pas vrai que tout Socrate soit assis, car son ame est-elle assise ? Une partie de son Corps est dans la même situation que s'il étoit debout.

Je doute que Sextus tut voulu, ou eut osé attaquer les Dogmatistes avec ces armes-là, s'il avoit vécu au siècle où nous sommes ; les Equivoques sont trop méprisées aujourd'hui. Le Corps qui, avec l'ame de Socrate fait un seul homme, est assis, c'est-à-dire, dans la situation qu'on appelle de ce nom.

Les

Les différentes parties qui composent ce Corps ont entr'elles le rapport de situation qu'il faut pour cela. Ce qui ne touche pas immédiatement le siége, ce qui n'est pas ployé, a un certain rapport avec ce qui est ployé: Il naît de là un certain sentiment de repos qui se répand partout.

Des Signes.

XXIII. SEXTUS aime à distinguer & quand il écrit quelque page sans disputer, il le fait toujours avec beaucoup d'élégance & de netteté. " Entre " les choses qui nous font *Obscures*, dit-il, il y en " a qui le font tout à fait, d'autres le font en ver- " tu de leur *Nature* & d'autres le font *pour un temps*. " Les absolument obscures ne sauroient parvenir à " nôtre connoissance, comme seroit cette Question, " si le nombre des Etoiles est pair ou impair, quoi- " que, à regarder la chose en elle même, le Pair & " l'Impair soient à la portée de l'Esprit humain, " dans un grand nombre, aussi bien que dans " un petit. Mais les choses obscures de leur natu- " re font celles qui ne sauroient parvenir à nôtre " connoissance. Tels sont les pores par rapport à " la vûe. Un objet enfin nous est obscur, pour " un temps, lorsque nous ne pouvons pas le voir " à cause de son éloignement, quoi qu'il soit très- " visible en lui-même.

" Ce qui en lui-même est obscur & ne parvient " pas directement à notre connoissance, se manifeste " par des Signes. On distingue deux sortes de si- " gnes, les uns qui rappellent dans la Mémoire & les " autres qui indiquent. Les Sceptiques, dit-il, ne " rejettent point ceux-là, car leur but n'est point " de répandre une entière confusion dans la Vie. " Nous avons vû du feu & de la fumée, nous " voions de la fumée, cela nous fait penser qu'elle " part de quelque feu, quoi que nous ne le voions " pas.

Je me suis tellement accoutumé à ne trouver que des petitesses dans la lecture de *Sextus*, que quand je tombe sur un raisonnement sensé, il me semble que je m'entretiens avec quelqu'une de ces personnes renfermées dans les petites maisons, & qui n'ont qu'une Marotte, & qu'enfin je le mets sur des sujets éloignés des Idées qui le troublent. Mais comme ces sortes de gens ne s'arrêtent pas longtems sur ce qui est raisonnable, & que leur Idée dominante revient bientôt à les saisir, il en est de même des Sceptiques. La démangeaison de disputer, & de combattre ce dont au doute le moins, ne tarde pas à s'emparer de leur esprit & à y reprendre le dessus. C'est ce qui arrive à Sextus. " S'il y avoit un signe, " dit-il, qui fût propre à manifester ce qui est ob- " scur & à le faire connoître, ou l'on connoîtroit " en même temps le signe & la chose qu'il signifie " & qu'il est destiné à manifester, ou l'on connoî- " troit le sien: après avoir connu cette chose, ou " on le connoîtroit avant. Un signe seroit inutile " s'il ne pouvoit avoir d'usage qu'après qu'on au- " roit déja connu ce qu'il doit signifier. Si pour " tirer parti du signe, il faut connoître en même " temps & avoir présent à son esprit & ce signe & " ce qu'il doit faire connoître, le signe est encore " inutile, car son usage supposeroit que l'objet est " déja connu.

Mais pourquoi ces détours, dira-t-on à Sextus, Vous nous fatigués inutilement, on suppose que la connoissance du signe doit préceder la connoissance de ce qu'on connoîtra par son moien. A cela il ne demeure pas muet. " Le signe étant un moien " une chose différente de la chose qu'il signifie, " pendant que vôtre attention se bornera à la vûe " du signe, elle se bornera à la vûe d'une chose " différente de ce que vous vous proposés de con- " noître par son moien. Le signe n'éclaircit & " n'indique qu'entant que signe, il n'éclaircit & " n'indique qu'en vertu de son rapport de signe, & " pour le considérer dans ce rapport, il faut com- " parer avec la chose signifiée & penser à l'une &

" à l'autre en même temps.

Il est certain que les Sceptiques trouvent leur compte à fatiguer l'Esprit qui ne sçauroit jamais se rendre qu'à l'évidence; mais qui se rend par préjugé, qui se rend par goût & par passion, qui se rend enfin par lassitude. L'attention se fatigue en se promenant sur ces Idées vagues & en tournant dans les cercles qui en font composés. Je vous développer le sujet que Sextus vient d'embarasser & l'énoncer en termes plus clairs.

L'Esprit humain est fini, il voit peu d'objets d'un seul coup d'œil, & il lui faut du temps pour pousser ses connoissances. Aprés s'être sixé sur un sujet, il passe à l'étude d'un autre: S'il trouve dans le second quelque caractére qui lui donne lieu de soupçonner qu'il pourroit bien ressembler au prémier, à quelques égards, ou à plusieurs égards, il essaye de chercher dans le second ce qu'il a remarqué dans le prémier, il l'étudie dans le même ordre, il fait essai des mêmes secours & des mêmes preuves. Si cela lui réussit, son soupçon se change en certitude. Aprés avoir fait quelques progrès il compare ce qu'il a connu de l'un avec ce qu'il a connu de l'autre: Une comparaison de cette nature anime & féconde le champ de pensées que nous renfermons, nous sentons naître de nouvelles Idées, ces Idées nous appellent à de nouveaux examens. Si elles se trouvent de mise nous nous y arretons, si elles ne font pas ce que nous avions d'abord soupçonné qu'elles pouvoient être, nous les corrigeons, ou pour les abandonner, nous en cherchons d'autres. C'est ainsi que la connoissance d'une chose nous prépare à la connoissance d'une autre & qu'elle est l'usage d'un *Signe* qui conduit à sa découverte.

Sextus frapé de tous cotés & pourvû qu'il frappe, il est content. " Si les Dialecticiens, *dit-il*, " avoient raison dans ce qu'ils enseignent sur les si- " gnes & sur leur usage, ceux qui n'ont point étu- " dié leurs Régles, ne sauroient tirer aucun parti des " signes, ils ne sauroient même ce que c'est. Or sans le secours de la Dialectique, les Matelots, les Laboureurs ne savent-ils pas prédire les vents? Les animaux mêmes, les chiens, par éxemple, ne s'apperçoivent-ils pas par des traces d'un Liévre, d'une bête fauve, & quand un cheval entend claquer le fouet, ne conclut-il pas qu'il faut sauter?

Je laisse Sextus avec ses Chevaux & ses Chiens & je me borne à tirer mes conclusions, non de ce dont je n'ai pas de connoissance, mais de ce qui se passe en moi, & de ce que j'y sens, & il ne me faut pas beaucoup d'attention pour reconnoître que les Préceptes de la Logique ne seroient d'aucune utilité si les hommes n'étoient naturellement faits d'une telle maniére qu'ils peuvent aisément comprendre ces préceptes, quand on les leur explique, parvenir à les connoître quand ils les cherchent, & en faire usage quand ils les ont connus. Ils en ont déja les principes, c'est en les cultivant ces Principes qu'ils les ont perfectionnés, & c'est en les cultivant & en les perfectionnant qu'ils ont inventé & développé les Régles. Il en est de la Logique comme de tous les Arts, on chante sans avoir pris des Leçons d'un Musicien; mais on chante mieux & on chante des airs plus difficiles quand on s'est perfectioné par l'étude & par la connoissance des Régles. Un Malade dans l'ardeur de la fiévre, brule de soif, il se porte à boire de lui même & le Médecin régle sa boisson. Il lui survient une sueur qui le soulage, il en conclut lui même qu'il faut l'aider: Le Médecin en érudit les moiens, les trouve & les ordonne.

De la forme des preuves.

XXIV IL EST fort naturel de demander aux Sceptiques appliqués à prouver qu'il n'i a point de preuves. " Tout ce que vous dites pour nous en- " lever la certitude des preuves vous le dites sans " preuves & dès-là vous n'êtes plus à croire, & à

,, peine méritiés vous qu'on vous écoute, si vous
,, alléguès des preuves elles sont bonnes ou elles ne le
,, sont pas, si elles ne sont pas bonnes, autant vau-
,, droit-il n'en point alléguer, si elles sont bonnes il
,, y a donc des preuves qui sont bonnes & il y a
,, des marques auxquelles vous reconnoissés que les
,, vôtres méritent ce nom. Ils ne peuvent pas s'é-
chapper en disant que toute la force de leurs preuves se réduit à égaler les preuves des Dogmatistes,
& par là à autoriser le doute & à mettre un esprit
raisonnable en suspens & dans l'obligation de demeurer indéterminé ; ils ne peuvent pas, dis-je échapper
par cette réponse, qu'ils doivent au moins reconnoître cette égalité de force à laquelle ils veulent
se réduire, & par là avouer que quelques marques
leur apprennent qu'une preuve est aussi forte qu'une
autre.

Sextus qui avoit bien prévû une Objection si naturelle , ajoûte encore celle-ci. " Les paroles dont
,, vous servés contre nous signifient quelque
,, chose ou n'ont point de sens : Pour en faire con-
,, noître la signification, ou il faut les expliquer par
,, d'autres & celles-ci encore par d'autres & ainsi à
,, l'infini, ou il y a moien de s'assurer par une
,, telle chaîne, que telle & telle est la signification
,, d'un mot. On connoit donc ce qu'un mot si-
,, gnifie, on en a des marques, on en a des signes par
,, lesquels on s'est assuré d'en avoir atteint le
,, sens.

Il répond à cela en distinguant deux sortes de signes.
,, Nous admettons, dit-il, les Signes qui rappellent
,, dans la Mémoire ; tels sont les mots qui nous font
,, souvenir de ce que nous avons vû. Mais nous
,, ne reconnoissons pas des signes indiquans, c'est-à-
,, dire , nous ne reconnoissons pas des signes propres
,, à faire connoître.

Répondre ainsi , ce n'est rien dire, car pour entendre celui qui nous parle, & nous entendre nous
mêmes quand nous parlons , il faut reconnoître à
quelque marque que les mots rappellent bien dans
la Mémoire ce qu'ils sont destinés à y rappeller &
qu'on ne se trompe point dans l'application qu'on
en fait. Je laisse à part que Sextus en s'exprimant
ainsi, reconnoit une Mémoire, reconnoit des Objets qu'il a vû, des Objets dont-il se souvient &
auxquels il est convenu de donner certains noms.
Les Sceptiques peuvent combattre la Nature, mais
ils ne peuvent pas l'étouffer , ils peuvent bien la
chicaner, mais ils ne peuvent s'en défaire.

Description de l'origine des Dieux.

XXV DANS la suite il parle des Dieux. Le
plaisir qu'il se fait d'attaquer l'engage à combattre ce
que d'autres , qui ne reconnoissoient pas des Dieux
non plus que lui, avoient imaginé sur l'origine de
cette Idée.

,, C'est en vain, dit-il , qu'on la cherche dans
,, la Politique des Législateurs , car par quel hazard
,, se seroient-ils tous accordés à donner le même
,, appui à leurs Loix ? Les peuples ont eu trop peu
,, de commerce les uns avec les autres pour avoir
,, tous emprunté cette manière de penser d'un seul.
,, Et puis on demanderois toujours, comment on
,, est venu à s'aviser de cette ruse , & à faire naître
,, cette idée ? On trouve encore la même question à
,, ceux qui disent que les hommes illustres & am-
,, bitieux ont voulu se faire passer pour des Dieux ,
,, que des enfans ont porté jusques la l'honneur qu'ils
,, rendoient à leurs peres, ou que les Sujets ont pouf-
,, sé jusqu'à ce point leurs hommages pour leurs
,, Rois.

Une personne qui n'auroit aucune étude, mais
du bon sens , de l'attention & de l'amour pour la
vérité, sentiroit , sans autre secours, une différence
du tout au tout , entre quelques endroits où Sextus
pense juste & les autres où il se livre à ses sophismes
& à ses équivoques. On a vû de nos jours des Pyrrhoniens auxquels il est aisé d'appliquer la même remarque.

XXVI. LA SECONDE partie de son Discours *Ruse & Sophisme*
sur les Dieux roule sur les différentes Idées que les
hommes s'en sont fait ; J'ai déjà remarqué plus d'u-
ne fois que c'est là un de ses artifices. Un Lecteur
accablé sous cette multitude de sentimens, aime mieux
ne rien penser que de se donner la peine de faire un
choix, ou de chercher encore quelque chose de mieux
que tout ce que les autres ont pensé. *Sextus* qui,
quand il veut, distingue si exactement, définit avec
tant de précision & réduit une Question à ses justes
termes , auroit dû sur tout observer cette méthode
sur la grande Question qui fait le sujet général de tout
son Ouvrage. La Question n'est pas de savoir si
on ne s'est jamais trompé ; on ne demande pas non
plus s'il est extrémement aisé de trouver la vérité ,
mais on demande si cela est possible , & on souhaite
de savoir les précautions dont on doit user.

XXVII. LA PLUSPART des Objections que *Foiblesse des Questions contre la Divinité.*
Sextus fait contre l'existence des Dieux ont , pour
tout fondement, une ressemblance outrée qu'il suppose entre l'homme & la Divinité. " Si Dieu voit,
,, dit-il , ses sens sont frappés par des objets , leur
,, impression les altére , il est donc possible qu'ils
,, soient dérangés. Il pourroit donc se détruire.
On n'oseroit plus aujourd'hui alléguer cette objection ,
parce que le plus grand embarras où l'on soit à l'é-
gard de la vûe , c'est d'en appliquer la liaison qui
se trouve entre les impressions qui se font sur l'œil
& les sentimens qui naissent dans l'ame. Les mouvemens de l'œil passent plutôt pour en être les Occasions & les causes *arbitraires*, que les causes *nécessaires*. Mais sans engager *Sextus* à des efforts d'entendement, on auroit pû lui dire que les Objets ne
font point d'impression sur Dieu malgré qu'il en ait,
qu'il les voit & les sent parce qu'il veut bien les
voir & les sentir, & qu'il a la puissance d'empêcher qu'aucune impression n'aille jusqu'à le déranger
& à lui nuire en aucune façon.

XXVIII. MAIS pour rendre ma Réponse plus *Méthode d'établir l'existence de Dieu*
générale & prévenir toutes les Objections de cette na-
ture, j'établirois 1. qu'il se fait des *Changemens*, 2.
que ces changemens ont des *Causes*, 3. que la Raison nous conduit à une *Cause premiere* & nous met
dans la nécessité de la reconnoître. 4. que cette Cause première est *Eternelle & nécessaire*. 5. qu'elle est
Intelligente. 6. que sa Nature & sa Puissance *ne sont
limitées* par aucune borne. Après cela je demanderois si les Preuves sur lesquelles on établit ces vérités
demeurent sans force, à moins qu'elles n'élévent nos
connoissances jusqu'à pouvoir répondre à toutes les
questions qu'on nous fera sur Dieu , de sorte que
pour être assuré qu'il est , ce seroit une nécessité de
comprendre tout ce qu'il est & de quelle manière
il est. Pour s'assurer qu'il pense il faudroit connoitre tout ce qu'il *pensé & de quelle manière il pense*. Pour s'assurer qu'il agit , il faudroit connoitre
tout ce qu'il fait & de quelle manière il le
fait.

Peut-on douter qu'on ne pense & qu'on ne soit ?
Cependant sait-on en détail de qu'elle manière on est-
né ? par qu'elle force on existe ? & de qu'elle manière on fait connoître ses pensées ? A-t-on là-dessus
des idées complétes ? Nous pouvons donc assurer
sur un sujet diverses propositions , & demeurer à
son égard dans l'ignorance d'un grand nombre de
choses qui le concernent.

XXIX APRÈS cette remarque, je ne rapporte- *Foiblesse de Sextus.*
rai le reste des Objections de *Sextus* , que pour faire
toujours mieux connoître le caractère des Sceptiques
& les sources de leurs Erreurs. " S'il y a un Dieu,
,, dit-il , on ne peut pas dire qu'il soit fini. Dès
,, qu'on en reconnoitra un , il faut le reconnoître
,, Infini , & dès-là il ne peut pas se remuer, & il
,, est sans action.

Sextus n'a pas plutôt fait un pas vers la lumière
qu'il recule de deux dans les ténébres. Il ne daigne
pas attaquer la pluralité des Dieux tels précisément
que

que le Vulgaire les concevoir. Il veut bien que ses Argumens portent sur un Dieu, mais au lieu de suivre cette lumière qui le conduisoit à cette unité, il rentre dans les Idées d'un Dieu qui soit un vaste Corps & qui n'agisse que par le mouvement qu'il se donne. En parlant conformément à son Hypothèse on auroit pu lui répondre que Dieu étant un Corps, il est composé de parties qu'il met en mouvement lors qu'il veut sentir son activité. Mais l'Etre éternel est une Intelligence éternelle, ou tout est pensée, vie & activité, qui veut & qui opere par sa Volonté.

Rien n'est plus petit que ce qu'il dit sur les Vertus de Dieu. On ne peut reconnoitre un Dieu sans vertu. " Or un Dieu n'en peut avoir, c'est donc „ une Idée ou un assemblage d'idées contradictoires. „ La *Continence* consiste à modérer ses appetits, la „ *Valeur* à ne craindre pas les dangers, la *Prudence* „ à savoir les éviter. Il faut être aveuglé d'une étrange passion pour trouver le moindre vraissemblance dans des argumens de cette nature. Cependant Vanini, (grand Nom parmi les Athées,) les avoit renouvellés. Il me semble que j'entens dire à un enfant babillard que son Pere n'est pas sage, parce qu'on ne lui donne pas le fouët, ou parce qu'il ne va pas à l'Ecole, qu'il joué sans en demander la permission à son Précepteur, & qu'il se sert lui-même à Table.

La vertu de chaque Etre consiste à agir conformément à l'excellence de sa Nature. Il en est qui se conduisent ainsi par la seule efficace de leur attention, sur ce qu'ils sont & sur ce qui est digne de leur être, il y en a qui ont besoin des obstacles à surmonter, & l'homme trouve chés lui de ces obstacles.

„ Un Dieu n'est pas Muet, s'il parle est-ce en „ Grec, ou si c'est dans la Langue des Barbares ? Qu'auroit repliqué *Sextus*, si on lui avoit dit que comme Dieu connoit tous les hommes & toutes les Langues possibles il peut s'exprimer dans celle qui lui plait.

Les Sceptiques ne se mettoient point en peine de s'avancer en connoissances, ils se bornoient à faire des Objections contre les sentimens établis, & jusqu'à ce qu'on eut levé de leurs difficultés, ils ne s'embarrassoient pas de l'appuier par une nouvelle. Voilà pourquoi ils alléguent un si grand nombre de foibles argumens. Quand cette pensée se présente à l'esprit de Sextus, il auroit pu se demander, s'il ne pouvoit pas y avoir des Etres qui pensent, bien différens des hommes, par conséquent, si pour faire naitre dans un autre les mêmes pensées, il ne pourroit pas y avoir d'autres moiens que les sens ou les expressions en lettres, ou s'il peut-être il n'y avoit pas des **Intelligences** qui se communiquoient leurs pensées immédiatement.

De l'existence des Corps.

XXX. IL ATTAQUE ainsi l'éxistence des Corps. " On donne, *dit-il*, au Corps trois dimen- „ sions, mais pourquoi pas six. De haut en bas, „ de bas en haut, & de droite à gauche, de gauche à „ droite; en avant, en arriére. Il auroit pu les multiplier tout autrement en distinguant les Perpendiculaires des Obliques & en combinant les Obliques.

Ces argumens & d'autres de cette nature, qui, à proprement parler, ne font que les mêmes tant soit peu diversifiés, tomberont tous dès qu'on aura fait cette demande, & qu'on y aura sincèrement répondu. Faut-il conclure qu'il n'y ait point de Corps, dès qu'une Idée très-simple ne pourra pas elle seule nous faire comprendre tout ce que c'est qu'un Corps ?

„ La Longueur, la Largeur est-ce quelque chose „ de corporel ou non, *dit-il*, si ce n'est pas quel- „ que chose de corporel, le Corps ne peut pas en „ être formé ? Des choses incorporelles ne peuvent „ pas devenir corps par leur assemblage ? Que si „ la Longueur est déja un Corps, il faut que la „ longueur ait déja longueur, largeur & épais- „ seur.

L'objection auroit du sens, si l'on prétendoit que la longueur, la largeur & l'épaisseur fussent trois Corps différens, qui s'unissent pour en former un Quatriéme. Corps, Etenduë, Epaisseur, sont trois termes synonimes auxquels répond la même Idée, ou la même maniére de penser, quoi qu'à mon avis le terme d'Etendue la désigne plus nettement. Il y en a qui à l'idée d'étendue joignent celle de *Solidité* ou d'impénétrabilité. Au termes de Longueur & de Largeur répondent des Idées qui nous font connoitre la maniére dont est un Corps, ce sont les maniéres d'être, c'est le Corps même considéré à de certains égards, considéré dans ses éxtrémités. Cette remarque résoud l'objection que Sextus propose ensuite en ces termes. " Quand deux Corps se „ touchent, *l'intérieur* de l'un touche-t-il *l'intérieur* „ de l'autre ? Le vin d'une bouteille touche-t-il „ *l'eau* qui est renfermée dans une autre ? S'il n'y a „ que les surfaces qui se touchent, il ne faudra plus „ dire que les Corps se touchent, mais seulement „ les surfaces. Mais quiconque pense distinctement ne prétend point que *l'épaisseur* d'un corps touche *l'épaisseur* d'un autre, c'est-à-dire, que l'un pénétre l'autre; la surface du Corps de la droite appartient au corps de la droite, car c'est sa maniére d'être, la maniére dont il est terminé, & c'est par cette surface, qui lui appartient, & qui est, non pas lui tout entier, mais lui à un certain égard, qu'il touche la surface du Corps de la gauche, & laquelle est aussi ce Corps de la gauche à un certain égard.

Le reste de ses Objections sur le Corps ne font que des répétitions de ce qu'il a dit contre les Géométres dans le Livre III. nous avons réservé l'éxamen pour la fin, de même que du IV. contre l'Arithmétique.

Du Mouvement.

XXXI. VOIONS encore ce que Sextus dit sur le mouvement dans son second Ouvrage. Il ne prouve pas mal qu'il est inconcevable qu'une particule indivisible, un atome sans étendue, se meuve ; mais comme il sent qu'il lui faut d'autres armes ; „ Un Corps, dit-il, ne se meut pas sans qu'un au- „ tre le pousse, ou le presse, ou le tire. Celui qui „ pousse, doit estre lui-même pressé ou poussé ou „ tiré. J'en dis de même de celui qui agiroit par „ traction. Ce que je dis d'un second se dira „ d'un troisiéme, de sorte qu'il ne pourroit se fai- „ re aucun mouvement sans que tout l'Univers y ait „ part.

„ Si on dit, ajoute-t-il, qu'un corps une fois „ poussé n'a plus besoin que celui qui l'a poussé le „ suive & continue à le pousser sans cesse, & si „ on en allégue des éxemples, comme celui d'une „ pierre lancée par une main, je répondrai ici, „ que c'est une Illusion. Là dessus il ramène ce qu'il a déja dit pour prouver qu'il n'y a point d'effet, point de cause, point de changement & voici sa preuve. " Un Changement ne peut pas arriver „ à ce qui n'est pas, car ce qui n'éxiste pas, n'est „ susceptible de quoique ce soit. Il faut donc qu'un „ changement arrive à ce qui est, mais une chose „ changée n'est plus la même chose, elle en est une „ autre ; Celle qui est changée étant donc une au- „ tre, n'est point celle qui étoit déja. Nous avons déja développé cette équivoque ; Il est évident que quiconque se plait à raisonner ainsi, ne cherche point à s'éclairer, mais cherche uniquement à embarrasser les autres & à leur empêcher de parvenir à la lumiére.

De la Cause du Mouvement.

XXXII. ENSUITE il prouve solidement que les Corps n'ont pas leur mouvement d'eux mêmes, car si c'étoit une nécessité que les corps se remuassent, cette nécessité de la nature, en vertu de la- „ quelle ils se mouvroient, cette nécessité, dis-je, „ de leur nature qui les détermineroit à être en mou- „ vement, les détermineroit à la-même espéce de „ mou-

,, mouvement : Tout les Corps & toutes leurs par-
,, ties fe porteroient du même côté avec la même
,, vitesse, & par là il ne fe feroit jamais fait de
,, choses ni d'assemblages. Il est certain que c'est
là un argument qui peut-être bien poussé & devenir démonstratif. Si un certain mouvement étoit
essentiel à quelque Corps ; ce Corps ne pourroit
exister sans ce mouvement ; Il ne pourroit ni le
perdre ni en prendre un autre ; Aucun Corps de sa
nature n'étant non plus déterminé à une espèce de
mouvement qu'à une autre. Il faut conclurre
qu'une Cause Intelligente & libre a fait passer les
Corps de l'état de Repos à celui de Mouvement
& au mouvement qui lui a plû. Et c'est dans cette Cause Intelligente & libre qu'il faut chercher la
cause du prémier mouvement.

Réponse d'une Objection sur le Mouvement.

XXXIII. APRES cela Sextus revient à l'argument qu'il a déja proposé. *Un corps qui fé meut, fa
ment ou là où il est, ou là ou il n'est pas.* Nous y
avons déja répondu. Sextus allègue une réponse à
cette objection, dont il ne paroit pas content, & il
ne faut pas s'en étonner. Il ne le veut être que de
lui même & de son hypothèse. La manière même
dont-il propose cette réponse lui fournit des moiens
pour la combattre. En voici le sens. " Un Corps
,, qui a été mis en mouvement & qui a parcouru
,, 2 Toises, par exemple, après être arrivé au ter-
,, me auquel on le poussoit, s'y arrête & se trou-
,, ve éloigné de deux toises de l'endroit où il étoit
,, auparavant & d'où il est parti. Avant que l'on
,, mit ce corps en mouvement, il étoit entière-
,, ment, pleinement & parfaitement sur un certain
,, endroit d'un pavé, maintenant il se trouve en-
,, tièrement, pleinement & parfaitement sur un cer-
,, tain endroit d'un gazon. Il est entièrement,
,, pleinement & parfaitement dans un autre lieu qu'il
,, n'étoit. Ainsi un Corps peut-être là où il n'a
,, point été & cesser d'être là où il étoit tout en-
,, tier.
,, Voila dit-il, qui est bien & que l'on con-
,, çoit, quand on se représente le même corps en
,, repos dans une certaine place, dans un certain
,, temps, & puis en repos dans une certaine place,
,, différente, pourvû que ce soit dans un autre
,, temps, mais ce problême n'est pas là la question. Il s'a-

Tures ard. IV. Art. LI.

,, git de savoir si en même temps il peut être en
,, deux lieux. Je répons. *Non pas entièrement.* Il
y a un temps où par l'effet de son mouvement, sa
moitié postérieure est dans la place où étoit auparavant la moitié antérieure ; Ainsi un Corps peut
encore être en partie dans le lieu ou il étoit & en
partie n'y être pas. Ce que j'ai dit de ce Corps,
en comparant les deux moitiés qui le composent,
se peut appliquer au prémier quart par rapport au
second, à la prémiere *par rapport à la seconde*,
en un mot en quelque nombre de parties qu'on
conçoive partagé, on peut appliquer la proportion
que je viens d'établir à deux de ces parties quel-
conques, qui seront égales l'une à l'autre & qui se
toucheront ; on peut donc l'appliquer à toutes, car
il est incontestable que si deux portions d'étendue peuvent se trouver incontinent en même temps, mille
& dix mille le pourront, & autant qu'on en désignera.

Sextus qui ne s'étoit pas proposé cette réponse
sous ce tour-là, y réplique comme il lui plait.
,, Une pierre, dit-il, qu'on jette sur un toit est
,, pleinement & parfaitement dans la main de celui
,, qui la va jetter, avant qu'il la jette ; ensuite elle
,, est pleinement & parfaitement sur le toit, vous
,, la concevés donc pleinement & parfaitement dans
,, deux différentes situations & cela en repos & dans
,, deux temps différens. Mais pendant qu'elle se
,, meut & qu'elle est encore une coudée loin du
,, toit, dirés-vous qu'elle est imparfaitement sur le
,, toit & imparfaitement dans la main qui la jette :
,, il est très-parfaitement vrai qu'elle n'est ni dans

,, l'unni dans l'autre de ces endroits.
Comme il avoit composé la réponse qu'il résute
de termes vagues de *parfait* & *d'imparfait*, il en
composé aussi la réfutation qui est vague, qui ne
frappe que l'air, & qui ne porte point, comme
on le voit évidemment, sur la véritable réponse.

XXXIV. J'AI gardé pour les derniers articles *De la cer-
ce qui* Sextus *dit contre la Géometrie & l'Arith- titude des
métique.* Il est très naturel d'attendre les Scepti- *matiques.*
ques à ce passage, & tout homme qui auroit bien
étudié les Mathématiques, à proportion qu'il se
seroit rendu habile, s'il n'avoit jamais oui parler de
ce qu'on lui en diroit comme des contes par où
l'on tâcheroit à tenter sa crédulité. Aussi les Mathématiques ne sont guères du gout des Sceptiques,
c'est pour eux un Païs inconnu & il ne faut pas
s'en étonner ; Ils aiment la dispute, & les Mathématiques n'y donnent presque jamais de lieu. La
dispute n'y entre guères que par le mélange de la
Phisique qui fe joint à quelques-unes de fes parties. Il y a bien encore quelques Problêmes si
composés, & dont la solution dépend de tant de
comparaisons & de la combinaison de tant de principes & de tant de conséquences, qu'il peut arriver que l'impatience de les résoudre fasse admettre quelque proposition, sans en avoir bien senti
l'évidence & la nécessité ; Enfin de deux solutions
différentes & vraies l'une & l'autre, l'amour propre attachera chacun à celle qu'il a trouvé comme
à la plus naturelle & la plus aisée ; En effet ce que
nous avons trouvé nous est plus familier & plus
aisé à comprendre que ce qu'un autre nous présente, & par là nous le croions, en lui-même & absolument parlant, plus aisé & plus naturel ; c'est-à-
dire, plus aisé pour tout le monde. Mais à l'exception de ces cas, qui sont en petit nombre, les
Mathématiciens n'ont pas de dispute sur les Vérités de leur Art, & un Professeur dans ces Sciences, seroit bien embarrassé à donner à ses Disciples
chaque semaine, cinq ou six Théses pour exercer leur folie, c'est-à-dire, pour leur être une matière de criailleries, de contestations & d'impoli-
tesses.

XXXV. LES Sceptiques aimoient encore le ver- *Causes du
biage & les équivoques, & c'est à quoi les Mathé- peu de
maticiens ont coupé chemin par leur stile & par leurs gout des
définitions. Dans leur langage une démonstration Sceptiques
élégante est une démonstration précise & déduite de pour les
la manière la plus simple qu'il est possible de ses princi- Mathé-
pes les plus prochains & les plus naturels. matiques.*

Le goût des Sceptiques n'est pas pour la lumière
& sans ce goût, & sans ce plaisir qu'on trouve à
voir, il est difficile de comprendre qu'on put se résoudre à travailler avec de très grands efforts d'attention sur des théories, qui souvent, n'ont pour
tout fruit que de vous amener à des conclusions
vraies.

Les Sceptiques n'aiment pas la peine. Voila pourquoi ils se dispensent de celle d'examiner, & s'autorisent dans ce parti par un certain lieu commun
de difficultés, dont ils se font comme un rempart
contre la lumière, & qu'ils sont toujours prets d'opposer à ceux qui la cherchent, pour leur persuader
qu'on la cherche inutilement. Ils se font donc des
études aisées. Qui dit Etude chés eux sit amusement. Si leur amour propre les sollicite à briller dans
la République des Lettres, & à s'élever au dessus
du commun des Savans, ils prennent le parti de le
faire par l'élégance de leur stile, par les agrémens
de leurs narrations, par quelque exactitude sur des
dates, sur des noms & sur quelques particularités de
la vie des gens de Lettres.

Et comme, en faisant profession de ne rien savoir, ils ne laissent pas de se mettre au dessus de tous
les Savans, sous prétéxte qu'eux seuls savent qu'on
ne peut rien savoir, ou qu'eux seuls ne donnent
point

point dans l'erreur, pendant que les autres en fourmillent, & prennent dans tout ce qu'ils soutiennent l'incertain pour le certain : Comme, dis-je, ils s'accoutument par là à se regarder fort au-dessus des autres, ils se donnent aussi la liberté de mépriser tout ce qu'ils ne connoissent pas. Si la Phisique n'est pas de leur goût, ce n'est qu'un Roman, & les Mathématiques non plus ne sont point, si on les en veut croire, ce que les Mathématiciens prétendent.

Je ne m'étonne pas qu'ils se hazardent de parler sur des matières de Phisique sans les avoir beaucoup étudiées. Une médiocre attention suffit pour en apprendre quelque chose, & on peut aisément copier ce que d'autres en ont déja dit : Mais on court toujours grand risque de dire des absurdités, lorsqu'on avance en matière de Mathématiques, quelque chose qu'on n'a pas exactement compris. Il est vrai que c'est un danger dont ils n'ont guère d'idée, accoutumés comme ils sont à leur Verbiage; & c'est cette réflexion qui m'a fait lire avec moins de surprise ce que ces Messieurs ont de temps en temps laissé échapper contre les Mathématiques ; A cèt égard aussi bien qu'à d'autres, l'esprit de Sextus a passé chés eux.

Chicane de Sextus sur ce que les Mathématiciens appellent POSTULATA.

XXXVI. IL CHICANE d'abord les Mathématiciens sur ce qu'ils appellent *Demandes*. Voici ce que c'est. Les Mathématiciens ne démontrent pas tout ; Quand un homme demande qu'on lui prouve que le *Tout est plus grand que sa Partie*, il faut le laisser comme un homme qui prend plaisir à mépriser ses propres lumières, qui ne veut rien apprendre & qui ne cherche qu'à chicaner. Ces vérités auxquelles la bonne foi veut qu'on se rende, dès qu'on en a compris le sens, ils les appellent *Axiomes*. Ainsi encore, disent-ils *si à deux quantités égales, vous ajoutés à chacune une égale, vous aurés des masses plus grandes, mais toujours égales entr'elles*. Mais il est encore des vérités de cette évidence, & sur lesquelles il y auroit également de la mauvaise foi à faire des contestations, auxquelles pourtant les Mathématiciens n'ont pas trouvé à propos de donner le nom d'*Axiomes*, comme par exemple celle-ci, *D'un point à un autre on peut tirer une ligne droite* ; Or quand on conçoit une ligne droite entre deux points, on ne conçoit rien que de très-possible. D'où vient donc qu'ils n'appellent pas cela un *Axiome* ? C'est par l'effet d'une certaine délicatesse de précision. Ils ont besoin de concevoir de telles lignes, ils n'ont pas encore montré la manière de les faire, ils demandent qu'on ne s'impatiente pas, & qu'on ne leur fasse pas de difficulté sur une chose, dont on ne sauroit contester la possibilité.

Peut-être auroient-ils mieux fait de ne point employer ce terme, il est vrai qu'il ne leur étoit pas facile de prévoir qu'on leur feroit là-dessus une chicane : Mais au fond on pouvoit se passer de ces demandes & on auroit pû dire d'abord ; *Si vous prenés une Règle & que vous la placiés d'une telle manière, que les deux points désignés ne fassent que d'en déborder en traçant une ligne le long de cette Règle, cette Ligne sera Droite ou Courbe*. Or vous vous assurerés de cette manière qu'elle n'est pas courbe. Si elle étoit courbe, ou sa courbure se tourneroit du coté de la Règle, ou elle s'en écarteroit. La prémiere de ces courbures engageroit la convéxité de la Règle, dans la concavité de la courbure de la Règle. Cela posé, quand vous tourneriés votre Règle, en sorte qu'appliquée toujours aux deux points donnés, la même face fut tournée vers l'autre face de la Ligne tirée, les deux concavités, l'une de la Ligne, l'autre de la Règle, seroient vis-à-vous l'une de l'autre, & laisseroient un espace entre deux. C'est qui arriveroit si la Ligne avoit été courbe, le premier sens ; Mais si elle avoit été courbe dans le second, la Convéxité de la Règle déborderoit de dessus la Ligne tracée, dont une partie seroit cachée sous la Règle. Quand ni l'un ni l'autre n'arrivent, c'est une nécessité que la Ligne & la Règle soient droites.

On pourroit donc se passer de ce que les Mathématiciens appellent des Demandes, & reformer leur Méthode à cet égard. Mais j'avouë que ce n'est pas une légere entreprise. Si les Mathématiciens n'ont pas les défauts des Sceptiques, ce n'est pas à dire qu'ils soient exempts de toute prévention. Il n'y en a que trop qui aiment les préliminaires, & qui se font un plaisir de les multiplier. Il s'en trouve qui ne peuvent pas entendre parler de nouvelles Méthodes ; Tout éclaircissement qui n'est pas nécessaire pour eux, n'est nécessaire, si on les en veut croire, pour qui que ce soit. Donnés quelque chose de nouveau, vous aurés à essuïer de vives contradictions. Profités de ce que d'autres ont écrit, cherchés à le ranger dans un ordre plus simple & plus naturel, vous aurés beau y mettre du vôtre, au delà de cèt ordre, vous ne passerés que pour un Compilateur trivial, ou du moins on aura quelque envie de vous faire passer pour tel.

Je reviens à Sextus. " Vous voies bien, *dit-il*, que les Mathématiciens ne sont pas fondés en évidence & en certitude, puis qu'ils démandent pour grace, qu'on leur accorde des suppositions, lesquelles ils ne prouvent pas. Si elles étoient évidentes par elles mêmes, & incontestables, pourquoi les appelleroient ils des suppositions ? Et là dessus, comme il aime à parler, il distingue trois sortes de sens qu'on a donné au nom Grec d'Hypothèse. " Les *Poëtes* appellent de nom, *dit-il*, le " sujet d'une Piéce Dramatique. Les *Réteurs*, le " donnent aux matiéres qu'ils préscrivent à leurs E-" coliers. On le donne enfin à ce que l'on pose, " pour bâtir dessus une démonstration.

Du POINT.

XXXVII. APRES cela il attaque les Mathématiciens sur le POINT, dont ils prétendent que la *Ligne* soit un écoulement, comme la *surface* se trace par le mouvement d'une Ligne. " Si le Point, *dit-* " *il*, n'est pas un Corps, le Corps sera un assem-" blage d'Etres incorporels. Si c'est un Corps, il " a les trois dimensions.

Il y a longtemps que les Mathématiciens ont cette équivoque. Le but des Géometres c'est de mesurer, il faut pour cet effet convenir d'une Mesure. On la choisit un peu grande, pour éviter la fatigue des rétérations fréquentes. Mais cette mesure, on la divise, & on la subdivise en de plus petites. A la fin on s'arrête, & celle à laquelle on s'arrête, on lui donne le nom de *Point*. Qu'elle ait des Parties, ou qu'elle n'en ait pas, c'est dequoi l'on se met peu en peine, on n'y fait aucune attention, on ne daigne plus les compter. Et tout de même que dans des calculs de l'usage ordinaire, on partage une Livre en sols & les sols en deniers, sans faire non plus d'attention à la moitié d'un denier à ses $\frac{1}{4}$ & $\frac{1}{8}$ $\frac{1}{16}$ que si ce n'étoit rien, on en use de même à l'égard du Point. Quand on le considère comme la dernière partie d'une Ligne, on pose pas en fait qu'il soit sans étendué, mais on n'a aucun égard à cette étendué, on en fait abstraction.

Le mot de *Point* a encore une autre signification, c'est l'éxtrémité d'une Ligne, & comme une Ligne n'est point étenduë au delà de son extrémité, on peut dire à cet égard qu'un Point est sans étenduë. Cette distinction pourroit paroitre subtile. Je vai la rendre palpable.

Concevés les deux Lignes *AB*, *BC* qui sont Angle en B ou si vous voulés concevés les deux surfaces *AB*, *BC* d'une longueur qui saute aux yeux, & d'une largeur fort mince, en comparaison de leur longueur ; Ces deux surfaces se rencontrent en B.

Fig. 24.

AB a deux faces, l'une tournée du coté de *BC* & l'autre tournée du coté opposé. J'en dis autant de *BC* par rapport à *BA*.

La face de *AB* c'est son Extrémité ; Au delà de cette

cette face du côté de *BC* il n'y a quoi que ce soit de la substance de *AB*. Détachés de *AB* quelque portion qu'il vous plaira, elle aura & deux faces & quelque épaisseur : Mais une face n'en a point, c'est une éxtrémité.

AB n'est point composé d'un certain nombre de faces, sans épaisseur, car *AB* est une substance toute composée de substances, & sa face ou son éxtrémité, est une maniére d'être, c'est la maniére dont *AB* est terminée.

Cette face de *AB* est donc partout sans épaisseur, & son éxtrémité *B* par conséquent est elle-même sans épaisseur. Cette éxtrémité de la longue face *AB* étant l'éxtrémité d'une longueur, n'a non plus de longueur que la face qui est une éxtrémité de largeur n'a de largeur, & c'est une telle éxtrémité d'une longueur que nous appellons *Point*. Cette éxtrémité est une maniére d'être déterminée & non point une substance qui avec d'autres semblables composent le Corps.

Il faut nécessairement reconnoitre que cela est ainsi, car les deux Lignes *AB BC* s'ouvrent, s'écartent l'une de l'autre, font Angle, c'est-à-dire, s'écartent, & se touchent pourtant. La fin de l'écart est le commencement du Contact, & la fin du Contact est le commencement de l'écart. Il est certain que cet écart commence, il est certain qu'il ne s'étend pas à l'infini. Il ne commence point dans l'épaisseur des Lignes, ni dans toute l'épaisseur *Bb* où elles se touchent, il ne commence que là où cette petite Ligne *Bb* se termine de *B* en *b*. Là l'éxtrémité *b* de *Cb* touche l'éxtrémité *b* de *Ab*.

Dès que les termes de *point*, de *ligne*, de *Longueur* de *largeur* seront ainsi expliqués, les Objections de Sextus n'auront plus de lieu, & leur équivoque, en quoi consistoit toute leur force, sera développée.

Du Cercle. XXXVIII. DES Principes il passe aux Conséquences. Quand une Ligne droite, dit-il, se meut autour de ses éxtrémités, chacun de ses points ne décrit il pas une Circonférence de Cercle ? On le lui accorde. *Est-ce que tous ces Cercles doivent passer pour un seul Etre!* On lui dit que non, & j'ajoûte que cette Question est superflue ; mais il est accoûtumé à en faire de cette nature , pour se donner un air d'éxactitude & de subtilité à distinguer tous les cas. *Ces différens cercles se touchent-ils, ou ne se touchent-ils pas?* S'ils ne se touchent pas, la ligne droite, par son mouvement, ne trace pas une surface, mais plusieurs surfaces séparées les unes des autres; & il faudroit que là où les Cercles sont interrompus, la ligne eut manqué de Points. S'ils se touchent tous, ils remplissent tout l'espace terminé par la circonférence du Cercle, & bien qu'aucun d'eux ne soit qu'une Courbe sans largeur, ils formeront par leur assemblage toute la surface du Cercle, qui est également longue & large.

Fig. 15. J'applique à cette Objection les distinctions que je viens de faire, & les éclaircissemens que je viens de donner. Dans la longueur *CB* designés quelque portion qu'il vous plaira, comme *CD* de la même maniére que l'éxtrémité *B*. de *CB* décrit la face convéxe qui est la surface du Cercle entier & renferme toutes ses parties, de la même maniére l'éxtrémité *D* de la Ligne *CD* décrira l'éxtrémité d'un Cercle plus petit, & la convéxité de ce Cercle, qui sera son dernier terme, touchera la concavité d'une Circonférence convéxe vers *B* concave du coté de *C*. Le Cercle intérieur & l'Anneau supérieur se toucheront par leurs deux faces, l'une Convéxe, l'autre Concave. En quelque endroit qu'on divise la Ligne *CB*, en quelque endroit qu'on la termine depuis *C* en delà, ou entre *C* & *D*, ou entre *D* & *B*, j'appliqueray tout ce que je viens de dire au Cercle qu'on décrira.

Mais le Cercle est-il un assemblage de ces surfaces ? Non, car une substance n'est pas un assemblage de maniéres d'être : Ces maniéres d'être y sont, mais ce ne sont pas les parties qui la composent. Quelque partie qu'on désigne depuis l'éxtrémité *C* jusqu'à l'éxtrémité *B*, cette partie étant une des substances qui composent la Ligne *CB* sura de l'étenduë & par son mouvement tracera une ligne, qui aura de la longueur & de la largeur, qui sera une substance, sera un anneau qui aura convéxité & concavité.

Vous pourriés me lasser, car en supposant la ligne *CB* divisée en Cent parties, vous me formeriés cent questions, & en divisant chaque Centaine en Cent, les Questions recommenceroient ; mais quand un Esprit borné seroit réduit à ne pouvoir se représenter en même temps que le mouvement de dix parties, il ne laisseroit pas de comprendre que, pendant que les dix, dont-il se représente le mouvement, comme s'il le voioit de ses yeux, se meuvent, dix autres peuvent encore se mouvoir, & cent autres, & mille autres, auxquelles il ne pensera pas.

Sextus fait semblant de pousser les détails, mais ce n'est presque que pour avoir accasion de répéter la même chose. " En vain les Mathématiciens parlent de Figures Rectilignes : Cela suppose des Lignes droites : Or il n'y a point de Lignes droites : Je le prouve. S'il y avoit des Lignes droites, il y auroit des Lignes, ou il n'y a point de Lignes, Je le prouve encore. La Ligne se forme par le mouvement d'un point, sans longueur, sans largeur & sans épaisseur. Or il ne peut y avoir de tels points, & quand il y en suroit, ils ne pouroient pas se mouvoir. Donc il n'y a point de Lignes. " Tout cela a déja été discuté.

De la Ligne Droite. XXXIX. IL PAROIT plus fondé quand il combat la Définition de la Ligne Droite, car il la leur fait ainsi définir. " *Une Ligne droite est une ligne qui est également posée dans toutes ses parties.* Voulés-vous dire par là qu'elle est égale à toutes ses parties ? Mais cette définition conviendroit non seulement à la Ligne droite, mais à quelque Tout que l'on puisse alléguer. Voulés-vous dire que ses parties sont uniformément situées? Vôtre définition est plus obscure que ce que vous définissés, outre qu'elle a le défaut, quand elle seroit claire, de ne rien dire que ce que la *definie* présente, & de contenir par là une explication qui suppose déja la connoissance de la chose même expliquée. Et puis cette Ligne également posée entre ses éxtrémités, est-elle posée ? Vous dirés que c'est sur un plan, & voici une autre de vos définitions qui se pose ainsi en fait. *La Ligne droite est celle qui tournant autour de ses éxtrémités, touche par tous ses points le même plan*, En lui faisant faire le tour, vous faites vous même ce qu'on appelle en Logique un *Cercle vicieux*; Vous posés vôtre Ligne droite sur un plan & vous dites tous ses points touchent, & quel est ce plan ? C'est une superficie plane tracée par le mouvement d'une Ligne droite, qui se meut d'un mouvement très-droit & très-uniforme.

Il est certain que les Définitions des termes qui expriment des Idées fort simples, ne font que des paraphrases, & ne présentent à l'esprit qu'un assemblage de termes synonimes à celui que l'on définit. Mais de là il ne s'ensuit point que de telles définitions soient fausses, il ne s'ensuit point non plus qu'elles soient douteuses, la paraphrase est au même mot une preuve de leur vérité, car incontestablement celui qui dit *qu'une Ligne droite* est une *Ligne droite* ne se trompe point. Tout ce dont on pouroit accuser de telles définitions ce seroit d'être inutiles. Cependant on auroit tort de leur imputer ces défauts: Souvent il importe que la même Idée nous soit présentée sous de différens tours, & sous de différentes expressions. Par là nôtre attention s'y arrête plus longtems, nous en sommes plus vivement frappés, & nous nous la rendons plus familiére.

DU PYRRHONISME.

A la vérité les Idées, dont on veut définir les noms, sont quelquefois si simples, si connues si évidentes par elles-mêmes, que la définition paroît obscure, par-là même qu'elle n'a pas l'effet ordinaire des définitions, qui est de répandre plus de lumière. Et comment rendre plus évidente ce qui est déja très évident?

On peut alléguer une autre définition de la *Ligne droite* & cette définition est aussi ancienne que celle que Sextus choisit, parce qu'il la trouve plus propre à être critiquée. *Une Ligne droite est la plus courte qu'on puisse tirer d'un lieu à un autre.* Celui qui soupçonnera cette définition d'erreur ne sera pas loin de penser de même sur cèt Axiome, LE TOUT EST PLUS GRAND QUE SA PARTIE, & par conséquent il est du nombre de ceux avec qui un homme raisonnable ne doit point s'amuser. En vain on dira qu'une Ligne n'est pas droite, parce qu'elle est la plus courte qu'on puisse tirer entre les deux points qui la terminent, mais qu'au contraire elle est la plus courte parce qu'elle est droite. J'avoue que l'un se peut-dire tout de même; que l'autre, & en faisant une Ligne droite, on fait l'un & l'autre en même temps. Mais cela n'empêche pas que cette définition ne soit non seulement *vraie*, mais encore *utile*, parce que renfermant un caractère sûr & incontestable de la droite, elle me met en droit de conclurre qu'une Ligne sera droite, toutes les fois qu'on aura prouvé qu'elle est la plus courte, ou de conclurre qu'elle est la plus courte, toutes les fois que l'on conviendra qu'elle est droite.

Vaines Difficultés.

XL. LES Définitions de la Ligne droite que Sextus attaque, & sur tout la derniére, ne paroissent pas tout-à-fait au dessus du reproche d'un Cercle vicieux. Il y a des choses si claires qu'en voulant les expliquer, si on ne les obscurcit pas, on donne lieu à y opposer des chicanes & des véritiés. J'ai connu des Mathématiciens qui disoient qu'il falloit d'abord expliquer quel est le *Plan* sur lequel on tire les Lignes. Cette prétendue exactitude peut donner lieu aux objections & aux petits sophismes de Sextus, & à de semblables. On peut fort bien s'en passer, & quand, pour donner une idée du Cercle par sa génération, je suppose une ligne droite, la plus simple de toutes les lignes, & que je lui attribue un mouvement autour de ses éxtrémités, l'esprit ne va point se figurer une Ligne qui subtille & dont l'éxtrémité qui doit décrire la Circonférence du Cercle hausse & baisse & se meuve en zic zac. Le mouvement qu'on se représente est précisément celui qui engendre le Cercle sans qu'on ait besoin d'avertir qu'il faut concevoir cette Ligne couchée sur un plan.

Ce seroit encore une chicane de dire, qu'elle décrira un Cercle en tournant autour du point qui est à son milieu; car la Ligne sera alors par la détermination de ce point, partagée en deux. Ce point sera une de ses éxtrémités, & deux raions égaux décriront chacun la moitié du Cercle.

Ce seroit encore une autre puérilité de dire, qu'une Ligne en situation perpendiculaire se mouvant autour de ses éxtrémités, & tournant sur elle-même ne décriroit pas un Cercle, car alors l'éxtrémité supérieure, ne tourne pas autour de l'inférieure, pas plus que l'inférieure ne tourne autour de la supérieure. Ceux qui vétillent ainsi ne s'apperçoivent pas que si l'on persévère dans l'abstraction Mathématique, on ne pourra pas dire qu'une Ligne, dans cette situation tourne autour d'une de ses éxtrémités, pirce qu'on s'est lié par cette abstraction, à ne faire non plus d'attention à la largeur de la Ligne que si elle n'en avoit point. On substitue donc un Rectangle à une Ligne, & le coté supérieur du Rectangle devient Raion ou Diamétre d'un Cercle décrit en l'air. J'en dis de même du côté inférieur, par rapport à un Cercle décrit sur le plan, & chaque Ligne paralelle à ces cotés dans toute la longueur de ce Rectangle droit, décrit aussi son Cercle. Voiés aussi Sect. IV. Art. LXVII—LXX.

Objections contre les Théorèmes.

XLI. QUOIQUE la Sophistiquerie fût éxtremement à la mode parmi les Philosophes Grecs, & que les Stoïciens, qu'on peut compter entre les plus sages, n'eussent composé les plus brillans de leurs Dogmes que d'équivoques, qui aujourd'hui imposeroient à peine à des Enfans; il y a bien apparence qu'on reprochoit sur tout cette manière d'argumenter aux Sceptiques, forcés d'en venir là par la nécessité qu'ils s'étoient faite de contredire tout. En particulier il ne se pouvoit qu'on n'eut fait ce reproche à *Sextus*, & on ne conçoit pas possible, qu'il ne s'en trouvât lui-même quelque peu coupable, avec quelque opiniatreté qu'il refusât son attention à l'éxamen de ses preuves. Il donne lieu à ce soupçon quand il dit. " *De peur qu'on ne nous accusé d'Agir en Sophiste, sans prétexte que nous nous arrétons sur les prémiers principes, passons en détail des Théories qu'ils démontrent par leurs principes.* Ces paroles promettent des argumens qui donneront plus de lieu aux soupçons de Sophistiquerie; Voici pourtant comme il remplit la promesse.

Les Géomètres prétendent qu'il n'y a point de Ligne, qu'on ne puisse partager en deux parties égales. Mais n'est-il pas autant possible qu'une Ligne soit composée d'un nombre impair de points que d'un nombre pair? Si la Ligne qui partage une autre composée de points en nombre impair, tombe sur celui du milieu, il y aura bien de coté & d'autre deux parties égales, mais aucune de ces parties ne sera la moitié de la ligne, 50 points par exemple ne font pas la moitié d'une ligne composée de 101 points. Et si on suppose une Ligne composée de points en nombre pair & que celle qui doit la partager tombe précisément sur un point, la portion qui sera d'un coté, se trouvera infailliblement plus grande que la portion qui sera de l'autre. Qu'une Ligne, par exemple, soit composée de 10 points, & que celle qui la partage tombe sur le cinquième: D'un coté, il s'en trouvera 4 & de l'autre 5, car le 5 elle l'occupe. Or c'est une nécessité qu'une Ligne qui tombe sur une autre, tombe précisément sur un point, car elle ne peut pas tomber sur deux points & les couvrir tous deux, n'aiant elle-même d'autre largeur qu'un point; ni en partie sur l'un & en partie sur l'autre, puis qu'ils n'ont point de parties.

C'est pour éviter les contestations des Phisiciens; sur la divisibilité de la matière à l'infini & sur les Atomes; c'est pour n'assujettir leurs démonstrations à aucune de ces Hypothèses sur lesquelles on ne convenoit pas, que les Géomètres ont pris le parti que nous avons vû, savoir de donner le nom de *point* à une partie si petite, qu'on pût se permettre d'en négliger la Grandeur & de n'y faire aucune attention. Cela posé 1. Ils se trouvoient en droit de dire que deux Lignes de 5000 points chacune font la moitié d'une Ligne de 10001 points & peuvent géometriquement être traitées comme telles, puis que ce qui s'en manque qu'elles ne le soient, est une quantité d'une petitesse à négliger. Ceux qui admettoient les Atomes ne pouvoient pas leur refuser le droit de négliger un Atome, & ceux qui ne les admettoient pas, ne pouvoient pas leur refuser de supposer une partie assés petite pour le mériter plus d'être comptée à cause de sa petitesse, puis qu'on pouvoit la supposer à l'infini plus petite, & plus petite mille fois & cent millions de fois plus qu'aucune qu'on eut désignée. Ils se trouvoient même par là en droit de traiter toutes les Lignes comme composées d'un nombre impair d'Atomes dont la division tomberoit sur celui du milieu, puis que s'ils se trompoient à cet égard, l'erreur n'iroit qu'à un Atome, & seroit à négliger.

Mais cessons de parler par supposition; Ne reconnoissons point d'Atomes. Dès-là si l'on se croit en droit

droit de parler d'une Ligne composée de 101 parties égales, j'en aurai autant & il me sera également permis de la concevoir partagée en 202 parties égales. De la gauche à la droite on en comptera 101 & de la droite à la gauche 101 encore, les deux 101mes de ces deux portions se touchent sans intervalle. Elles seront deux substances différentes. L'une ne sera pas l'autre, elles seront pourtant égales, elles se toucheront immédiatement, la face gauche de l'une, ne sera pas la face droite de l'autre, ces deux faces seront égales, elles seront situées l'une & l'autre dans une parfaite proximité; de l'une à l'autre il n'y aura aucun intervalle, & quand une ligne de quelque largeur tombera sur elle, la moitié de cette ligne perpendiculaire sera sur la fin de la portion gauche, l'autre moitié sur la fin de la portion droite.

Objections contre les Arithméticiens.

XLIII. DANS le IV. Livre, Sextus en veut aux Arithméticiens. Il repéte ce que nous en avons déja lû sur l'unité, qui ne peut pas être *une*, si tant de choses différentes y ont part: Nous avons déja remarqué le ridicule de cette équivoque.

On est surpris de voir qu'un Philosophe qui faisoit profession d'une Secte où l'on se piquoit d'une éxactitude plus grande que celle des autres, se repéte cent fois, & même assés grossiérement dans deux Ouvrages. Cela fait voir qu'il s'étoit entêté d'un petit nombre de sophismes qui lui rouloient sans cesse dans l'esprit, & dans lesquels lui même rouloit comme dans un Cercle, dont il ne sortoit jamais. Je toucherai encore un Sophisme, que j'ai déja éxaminé, qu'il raméne & qu'il étend. " Toute l'Arithmé-
" tique ne s'occupe qu'à augmenter ou qu'à dimi-
" nuer les sommes des Unités. Or il est impossible
" de faire ni l'un ni l'autre. Donc les Arithméti-
" ciens entreprennent l'impossible.

" On ne sauroit ajoûter quoi que ce soit à l'U-
" nité, on n'y sauroit ajoûter, par éxemple, une
" autre unité pour faire le nombre 2. Car si vous
" ajoûtés quelque chose à l'unité, vous l'augmen-
" teriés, & comme vous ne pourriés pas l'augmenter
" de moins que d'une Unité, cette Unité ainsi aug-
" mentée en vaudroit deux, & comme en faisant
" une telle addition vous n'avés pas moins ajoûté la
" prémiére à la seconde que la seconde à la prémié-
" re, cette seconde en vaudra aussi 2, de sorte que
" deux unités seront égales à la somme de 4.

Voilà dequoi embarrasser un homme accoutumé à s'arrêter aux mots & peu curieux de se rendre attentif à ce qu'ils signifient. Afin que ce raisonnement eut du sens, & que cette Conclusion eut de la force, il faudroit que la Régle d'Addition fût une Régle qui apprit à fourrer une seconde unité dans une prémiére, à enfiler par-là cette prémiére & à lui donner la grosseur de 2, pendant qu'en même temps on feroit passer la prémiére dans la seconde pour lui donner une même grosseur. Encore aprés ces tours de passe-passe, faudroit-il s'arrêter là, car pour peu qu'on continuât ce manége on en fourreroit 2 en 2 & on auroit 8, 4 se jetteroient en 4 & on auroit 16. Par malheur pour les Sceptiques l'Addition n'est rien moins que cela. Celui qui est maitre de la Régle d'Addition égales, n'est pas seulement maitre de l'une, il est maitre de l'autre, & cela sans les avoir mises l'une dans l'autre. La Régle d'Addition est l'Art d'éxprimer par un seul nom, ou par un petit nombre de mots, l'assemblage de plusieurs unités. Cét assemblage est *un Rapport de proximité* entre plusieurs choses, dont chacune apart, porte le nom d'une, comme quand on a entassé 1000 briques pour faire un Mur; ou c'est une *Egalité de Rapport à un seul terme*, comme 100000 Ecus dispersés en plusieurs lieux, & par conséquent en plusieurs portions, dont chacune desquelles la même personne est également en droit de disposer. De tels assemblages, de tels rapports ont chacun leur nom.

Sextus passe aprés cela à la soustraction. " De
" 10 on ne peut rien ôter, car si vous ôtés une
" unité, vous l'ôteriés à ce qui est ou à ce qui
" n'est pas : Comment l'ôter à ce qui n'est pas ?
" Or dés que vous l'ôterés de 10, ce 10 n'est
" plus, il ne restera que 9, de sorte que pour l'ô-
" ter à ce qui est, il faudroit l'ôter à 9 & non pas
" à 10. Mais si vous l'ôtés de 9 les Arithméti-
" ciens disent qu'il ne restera que 8, & la même
" difficulté recommencera.

" De plus où vous ôtés cette Unité toute en-
" tiére de chacune des 9 restantes, ou vous l'ôtés
" d'une seule. Si vous l'ôtés d'une seule, 1. vous
" ôtés 1 de 1 & non pas de 10 ou de 9; 2. Otant
" 1, de 1 vous l'ôtés de rien, car 1 diminué de
" 1 n'est rien & comment voulés vous ôter 1 de
" rien ? Si enfin pour vous tirer d'embarras, vous
" vous reduisés à dire que vous ôtés une partie de
" l'unité de chacune des 9 restantes, il faudroit 1. que
" l'unité fut divisible. 2. Il faudroit dire de quel-
" le manière vous faites ce détachement pour le fai-
" re juste ? 3. Il resteroit moins que 9 si de chacu-
" nes des Unités de 9 vous ôtés quelque chose.

A ce cas d'équivoques substituons un Langage qui ait du sens. J'ai assemblé dix unités, ou j'ai dix unités, & parce que je les ai ainsi approchées ou assemblées, ou que je me les suis représentées, ayant chacune un rapport égal, à une certain terme, je leur ai donné un nouveau nom, & j'ai éxprimé ces unités entant qu'elles étoient ainsi assemblées, par le moien du chifre 10. je m'avise d'éloigner une de celles que j'avois approchée des autres & que je considérois comme telle. Je me servirai d'un nouveau nom pour éxprimer l'assemblage de celles que je n'ai pas écarté, & je l'appellerai 9. *Eloignés-vous cette unité simplement d'une de celles qui vous restent ou de toutes celles qui vous restent ?* Je répons que je l'éloigne de toutes : Je me sers du mot d'éloigner plutot que de celui d'ôter, pour ne plus donner lieu à l'équivoque qui exprime l'assemblage, comme s'il consistoit à fourrer une Unité dans une Unité ; l'Unité écartée n'a plus le rapport quelle avoit, avec aucune des 9 restantes. Mais chacune de ces 9 continue à avoir avec les autres le rapport qu'elle avoit auparavant.

Si j'entrois dans le Cabinet d'un Sceptique curieux de Médailles, & que dans une Laïette, où il y en auroit 100, j'en prisse 10 & qu'il me priât de les lui rendre, je lui répondrois, *Comment vous les rendrai-je*, puisque *je ne les ai point ôtées* ? Depuis quand *vous qui êtes si éloigné de Crédulité*, & *n'est-il pas évidemment impossible d'ôter* 10 *médailles de* 100 ? *Comptés vos Médailles, vous verrés qu'il n'y en a pas* 100, & *comment les aurois je ôtées de ce qui n'est pas* ? *Dira-t-il vous les avés ôtées de ce qui reste*, & *comment cela*, repliqueroi-je, *puisque ce reste est tout entier* ? *De plus les ai-je ôtées de toutes* ? *les ai-je ôtées de chacune* ? *Regardés les bien*, vous ne *trouverés dans aucune ni la moindre bréche, ni la moindre diminution de poids*.

Caractére des Sceptiques.

XLIII. JE SAIS bien ce qu'un Sceptique répondroit en ce cas-là, car ils s'en sont déclarés : Il ne s'agit pas, diroit-il, de difficulté, de dispute, il s'agit d'une chose qui regarde l'usage de la vie; Dés que j'y ai intérêt, j'adopte les Principes des Dogmatistes, je suppose qu'ils ont raison & je me suis toujours bien trouvé d'en user ainsi.

De cette Réponse je tire deux Conséquences : La prémiére que les Sophismes des Sceptiques ne les ont point persuadés. Tout cela est bon pour le Discours, mais n'est compté pour rien, dés qu'il s'agit de quelque chose qui leur plait & qui leur tient à coeur. Avec le secours des Sophismes, ils s'étourdissent sur les vérités qui ne leur agréent pas, & pour s'étourdir sur celles-là, ils brouillent leurs idées sur ces spéculations qui, en elles-mêmes, leur seroient indifférentes.

Ma seconde Réfléxion c'est qu'ils abandonnent sans

fans pu leur leur grand principe. La Raifon, difent-ils, nous ordonne de douter & de demeurer en fufpens, pendant que nous voions des Argumens d'un poids égal de côté & d'autre. Car eft-il poffible qu'ils trouvent autant de force dans les argumens que je viens de rapporter & de refuter, tous compofés de termes équivoques, qui roulent fur des Idées vagues & qu'ils ont volontairement négligé de déterminer ? Eft-il poffible, dis-je, qu'ils trouvent dans ces Argumens une force égale & auffi convaincante que dans celui-ci ? *Je tire d'une bourfe un Jetton, & je le mets fur une table, j'en tire encore un, & puis encore un &c. Je compte fucceffivement 1, 2, 3, 4. & je parviens à 10. Je dis qu'en ajoutant un jetton à l'autre j'en ai mis fur la Table un nombre qui porte le nom de 10; Enfuite j'en prens un fur cette Table que je remets dans la bourfe; Je n'ai touché que celui-là, je n'ai ôté que celui-là, chacun des autres eft demeuré dans fon entier. Je compte, & au nombre qui refte fur la Table, je donne le nom de 9. Me trompe-je? Ne me trompe-je pas?*

Il faut donc, pour parler fincérement & conformément à ce qui fe paffe, exprimer en d'autres termes le Grand Principe des Sceptiques, & au lieu du prétexte fpécieux, mais faux, des *Raifons d'un poids égal de côté & d'autre*, il faut dire hardiment ; *Il n'y a rien de fur*, il faut renoncer à la penfée flateufe qu'on connoît quelque chofe, puis que fur les vérités les plus évidentes, les mieux démontrées, les plus inconteftables, *il fe trouve des gens qui chicanent*, qui vétillent, qui fatiguent, qui ennuient par leurs équivoques.

Ceux qui ont du goût pour la chicane, qui aiment à contefter, à inquiéter, à embarraffer, à oppofer des doutes aux Vérités qui les importunent, fe forment à l'Art d'embrouiller en lifant les Chicaneries des Sceptiques, ils les imitent enfuite, en ufant de cette même manière d'argumenter fur des matières d'un côté plus compofées, & de l'autre moins à portée de l'Efprit humain. Un état de queftion mal pofé, donne lieu à des Paradoxes qui les charment. On pofe cét état d'une manière plus diftincte, d'une Queftion on en fait 4, 5, 6. ils les embrouillent encore, & ils trouvent moien de paffer de l'une à l'autre & de ramener la confufion en les réuniffant. Celui qui, aimant la vérité, & la cherchant de tout fon cœur, les lira avec attention, ne manquera point de fe convaincre de ce que je dis.

De toutes les fautes où tombe l'Efprit humain, celle d'outrer eft fans contredit des plus fréquentes. Il va prefque toûjours d'une extrémité à une autre, c'eft ce qui eft arrivé aux Sceptiques, & il faudroit n'avoir point connu la Philofophie des Dogmatiftes pour n'être pas convaincu qu'elle a donné occafion aux excès des Sceptiques. Il étoit facile à ceux-ci de battre des gens qui affuroient tant de chofes fans preuves ; Mais pour éluder de pareils reproches, ne pouvoit-on rien faire de mieux que de douter ?

Fautes des Dogmatiftes.

XLIV. SI, POUR établir leurs fentimens, les Sceptiques étoient réduits à la néceffité des Sophifmes & des équivoques, les Dogmatiftes leur en donnoient encore l'éxemple : Je me contenterai d'en alleguer un tiré des nombres dont je viens de parler.

„ Le nombre 4. difoient les Pythagoriciens eft
„ un nombre plein de merveilles. Qui dit 4 dit
„ Tout, & ce nombre renferme les principes qui,
„ bien connus, ne laifferoient rien à développer. On
„ y trouve l'unité, on y trouve le prémier nom-
„ bre, ou le prémier affemblage d'Unités , qui eft
„ 2, la prémière addition de l'Unité à un nombre,
„ ce qui fait 3, le prémier pair & le prémier im-
„ pair ; Enfin la prémière addition de nombre à
„ nombre qui eft 4. De plus 1 2 3 4. font 10
„ qui eft un nombre fi parfait qu'après cela on ne
„ fait plus que de recommencer le calcul 10 & 1
„ 10 & 2.

„ Ce n'eft pas tout, 4 renferme les Principes de
„ toute Harmonie, l'Octave 2 à 1 la double Octa-
„ ve, 4 à 1 la Quarte 4 à 3 la Quinte ; à 2. Or
„ on fait que tout l'Univers ne fubfifte dans fa
„ beauté que par l'harmonie de fes parties : C'eft l'har-
„ monie qui fait la vie, c'eft l'ame, c'eft donc tout
„ de forte que qui dit 4 dit tout. Qual tas d'é-
„ quivoques & de pauvretés ! Par là on doit être moins
„ furpris fi on les a paié de la même monoie & fi on
„ a parlé avec eux, comme ils parloient.

J'ai connu un homme qui, à peu près dans les mêmes principes, pour faire de 4 un nombre merveilleux, l'emblême de la Plénitude & du Tout, difoit que 4 chofes faifoient la perfection de l'homme, vouloir, apprendre, favoir, faire. Pour bien faire il faut favoir, pour favoir il faut apprendre, pour apprendre il faut vouloir. Mais pourquoi n'en mettoit il pas fix? Ignorer auroit été la prémière, car pour apprendre il faut ignorer, & jouïr la fixième, car un homme raifonnable travaille pour quelque but & il convient qu'il jouïffe de fon travail.

A propos de l'Harmonie & de la Mufique, j'ajouterai que Sextus a auffi fait un Livre contre les Muficiens. Mais ce Livre ne contient rien de particulier par rapport au Scepticifme ; Il a été bien aifé de mettre à profit fes lectures ; Il diftingue d'abord les différentes fignifications du terme de Mufique. Il expofe enfuite, à la manière des Rhéteurs, ce qu'on a dit pour & contre, c'eft-à-dire pour la louër & la blamer. De-là il paffe encore à employer contre elle les Armes redoutables du Scepticifme. Il prouve qu'il n'y a point de fon : C'eft fapper la Mufique par fes fondemens : Il prouve qu'il n'y a point de tems, c'eft anéantir toutes les Régles des intervalles & de l'agrément, qui naît des longues & des brèves. Mais c'eft toujours la même Chanfon qui fe réduit à ceci. *Ce qui n'eft pas ftable n'eft pas. Or le fon & le tems ne font que paffer, quand vous voulés dire qu'ils font, ils ne font déjà plus.* C'eft un lieu commun fur lequel j'ai déjà fait mes remarques.

XLV. Mr. BAILE attaque auffi les Géométres fur la fin de l'article de Zénon. Mais cét article ne lui fera point d'honneur auprès des Connoiffeurs : On voit fa paffion dominante de ne rien laiffer hors de l'atteinte du Pyrrhonifme : Il n'avoit point étudié les Mathématiques, il n'en pouvoit pas juger par lui même. N'importe, il faut raffembler ce que d'autres en ont dit, & fe trouvera toûjours affés de Lecteurs qui n'en fauront pas plus que Mr. Baile & qui feront affés prévenus en fa faveur pour fe perfuader qu'il raifonne jufte.

Il auroit mieux fait ce me femble, de profiter d'une remarque qu'il fait ailleurs, & d'y ajoûter que ce n'eft pas feulement en vue de fe faire beaucoup de difciples, mais furtout en vue de les éclairer, & de les inftruire plus folidement, qu'on doit fur tout s'attacher à fa profeffion. Tom. I. pag. 237. Art. *Andronicus*.

„ C'eft une leçon à tous ceux qui veulent s'atti-
„ rer un grand nombre de Difciples. Il faut, ou
„ qu'ils s'appliquent tout entiers à leur profeffion,
„ ou que l'on ne fache pas qu'ils s'appliquent à
„ d'autres chofes. Un Humanifte qui v ut faire le
„ Philofophe, & qui eft curieux d'expériences phyfi-
„ ques, qui examine avec ardeur fi Defcartes a mieux
„ réuffi que Gaffendi, court grand rifque de voir
„ déferter fa Claffe. Un Médecin fort attaché aux
„ Medailles, aux Mathematiques, aux Genéalogi-
„ es, verra diminuer de jour en jour le nombre de
„ fes Malades. C'eft pourquoi Mr. Spon fut bien
„ aifé d'apprendre au public, que l'on fe tromperoit
„ fort, fi l'on croioit que l'étude de l'Antiquarit
„ fut fa principale affaire. Il éprouvoit que cette
„ opini-

Mr. Bayle a eu tort d'attaquer les Mathématiques.

„ opinion lui faisoit grand tort, eu égard à la pratique
„ de la Médecine. Il est même indubitable qu'un Pro-
„ fesseur qu'on sait engagé à la composition de plu-
„ sieurs Livres, ne passe pas pour être propre à faire de
„ bons Ecoliers; on s'imagine qu'il n'en a pas le
„ temps. C'est pourquoi, ceux qui chercheroient à
„ s'enrichir par l'instruction de la Jeunesse, feroient
„ fort mal de s'engager à être Autheurs.

Si Mr. Bayle avoit plus sérieusement réfléchi sur
ce conseil, sur ses fondemens & ses suites, peut-être
se seroit-il refusé d'écrire les paroles suivantes, dont
une partie le condamne. Tom. IV. pag. 547.

„ Toutes les sciences ont leur foible, les Mathé-
„ matiques ne sont point exemptes de défaut. Il
„ est vrai que peu de gens sont capables de les bien
„ combattre, car pour bien réussir dans ce Combat,
„ il faudroit-être non seulement un bon Philosophe
„ mais un très profond Mathématicien. Ceux
„ qui ont cette dernière qualité si enchantés de
„ la certitude, & de l'évidence de leurs recherches
„ qu'ils ne songent point à examiner s'il y a la quel-
„ que illusion, & si le prémier fondement a été bien
„ établi. Ils s'avisent rarement de soupçonner qu'il
„ y marque quelque chose. Ce qu'il y a de bien
„ constant est, qu'il règne beaucoup de disputes
„ entre les plus fameux Mathématiciens. Ils se
„ réfutent les uns les autres; les repliques & les du-
„ pliques se multiplient parmi eux tout comme par-
„ mi les autres Savans. Nous voions cela parmi les
„ modernes, & il est sûr que les Anciens ne furent
„ pas plus unanimes. C'est une marque que l'on
„ rencontre dans cette route plusieurs sentiers téné-
„ breux, & qu'on s'égare, & qu'on perd la piste
„ de la Vérité. Il faut nécessairement que ce soit
„ le fort des uns ou des autres, puis que les uns
„ assurent ce qui est nié par les autres. On dira que
„ c'est le défaut de l'Ouvrier, & non pas celui de l'art
„ & que toutes ces disputes viennent de ce qu'il y a
„ des Mathématiciens qui se trompent, en prenant
„ pour une démonstration ce qui ne l'est pas; mais
„ cela même témoigne qu'il se mêle des obscurités
„ dans cette Science, outre qu'on se peut servir d'une
„ pareille raison quant aux disputes des autres Savans,
„ on peut dire que s'ils suivoient bien les règles de
„ la Dialèctique, ils éviteroient les mauvaises con-
„ séquences & les fausses thèses qui les font errer.
„ Avouons pourtant qu'il y a beaucoup de matié-
„ res philosophiques, sur quoi les meilleurs Logi-
„ ciens sont incapables de parvenir à la certitude,
„ vû l'inévidence de l'objet, or cét inconveni-
„ ent ne se trouve pas dans l'objet des Mathéma-
„ tiques.

Si les Mathématiciens, qui se trompent, & si
les autres Savans, suivoient bien les Régles de la Dialèctique, ils n'erreroient, avoue Mr. Bayle, les mauvaises conséquences & les fausses Thèses qui les font errer. Le doute universel des Pyrrhoniens n'est donc
plus nécessaire, à moins qu'on ait prouvé qu'il n'est
pas au pouvoir de l'homme de suivre ces Règles &
de réfléchir assés sur un raisonnement pour s'appercevoir qu'il les y a suivies.

Je demande maintenant, d'où vient que Mr. Bayle
s'engage dans un Combat, dans lequel il reconnoit
que pour réussir, il faut être non seulement bon Philosophe, mais de plus profond Mathématicien. Mais il
se trompe, & un Mathématicien médiocre peut se
mettre l'Esprit en repos quant à la certitude qui régne dans cette Science, & j'espère que le peu que je
vai ajoûter suffira pour cét effet.

Il auroit été à souhaiter que Mr. Bayle eut pratiqué lui-même le Conseil qu'il donne aux autres, il
étoit Professeur de Philosophie Théorétique, & par
conséquent de Physique, sans savoir la Géométrie;
Il raisonne pitoyablement dès qu'il s'agit de Mathématiques : On ne peut pas douter que les matières,
dont il a rempli son Dictionnaire, n'aient été, long-
temps, avant son Ouvrage parut, le grand &

presque l'unique Objet de ses Etudes. Quand on
se dissipe ainsi sur des sujets tout différens de ceux
de sa profession, on est ravi de penser qu'on perdroit son temps & ses peines, si on s'y attachoit
avec plus de soin, puis qu'on ne sauroit parvenir à
aucune certitude. Le Pyrrhonisme plaît à un Savant
de ce goût-là, & parce qu'il le trouve à son gré, il
l'embrasse.

XLVI II. S'EST trouvé quelques Mathématiciens *De la-
qui ont vivement disputé les uns contre les autres.* De *justion ti-
là il est naturel de conclure 1 que s'ils conviennent rée de*
tous d'un très-grand nombre de Propositions, ou plû- *quelques*
tot de toutes à l'exception d'un très-petit nombre, *disputes.*
cet accord, ce consentement unanime, n'est pas
l'effet de leur humeur pacifique; Aussi voit-on que
les Mathématiciens se partagent autant que le reste
des Savans sur les matières qui ne sont pas Mathématiques, & de là encore il est naturel de conclure
qu'il faut bien que tout ce de quoi ils conviennent
si unanimement & si parfaitement, soit incontestable, puisque la moindre occasion de dispute leur donne de si violentes agitations.

A ces deux Conclusions on peut encore ajoûter
cette *troisième*, c'est que la certitude qui règne dans
les Mathématiques est peut-être duë, sur tout, à
la nature même des matières qu'on y traitte; L'Influence des préjugés ne s'y étend point, car elles ne
sont pas les objets de nos sensations, & les enfans ne
se hazardent jamais à en décider, puis qu'ils n'y pensent jamais; Elles ne sont point la matière des Conversations ordinaires, & sur ces sujets là, l'autorité
de ceux qui prennent soin de notre éducation ne
nous entraine jamais dans aucune méprise.

Par ces mêmes raisons les passions ne contribuent
pas à aveugler les hommes sur les Mathématiques.
Les Objets de cette Science n'excitent point des sensations vives & les hommes ne prennent pas un assés
grand intérêt à des Triangles à des Cercles & à des
Elipses pour se passionner en leur faveur jusqu'à l'a-
veuglement; leurs Conversations ne s'échauffent point
là dessus. Il n'en est pas de même de la Morale &
de la Religion, on y suffit ou l'on accorde à ce qui *plait* à ce qui
éclaire, & l'on accorde à ce qui favorise *les passions*
dont on est possédé, un *acquiescement* qui n'est dû
qu'à *l'évidence*; D'un autre côté l'on rejette tout ce
qui gêne ces passions, sans daigner l'éxaminer, ou
sans l'éxaminer que très-légèrement. La voix de ces
Conseillers qui nous dominent, impose silence à la
tranquile Raison, & quand elle parle au milieu
de ce tumulte, elle parle souvent en vain, on ne
l'écoute pas, & on néglige ses avertissemens.

Les hommes aveuglés par leurs préjugés, agités
& troublés par leurs Passions & ne pensant aux choses qu'à la hâte, ne les peuvent connoitre que très
imparfaitement, & le plus souvent ils se figurent
tout autres qu'elles ne sont : Ils parlent ensuite comme ils pensent, ils imposent des noms à ce qu'ils ne
connoissent pas comme à ce qu'ils connoissent: Un
peu de ressemblance leur suffit pour confondre, sous
un même nom des choses d'ailleurs très-différentes,
ils en assemblent même d'incompatibles, & ils s'i-
maginent de les concevoir, parce qu'ils en parlent.

Cét inconvénient n'a pas lieu dans les Mathématiques. Comme les choses qu'on y traite ne se font
pas présentées d'elles mêmes aux sens, mais que l'Esprit les a fait naitre, les Mathématiciens ont pensé
avant que de parler, & ils se sont formés d'éxactes
Idées avant que d'imposer des Noms. La nécessité
où ils se sont vûs d'aller pié à pié, dans des routes
nouvelles & par là difficiles à ouvrir & à suivre, &
la crainte de se méprendre dans des matières qui tirent presque tout leur prix & tout leur agrément
de leur Evidence & de leur seule Vérité, les a obligé
de donner à chaque chose un nom bien clair & bien
déterminé. Ainsi les termes vagues n'ont donné lieu
à aucune équivoque & les Mathématiciens n'ont pas

eu

eu occasion tantôt de resserrer l'étendue d'un terme, afin de faire passer une proposition à la faveur de son Idée ainsi corrigée, tantôt de lui donner dans la Conclusion une étendue qu'il n'avoit pas dans les prémisses.

En Physique, en Morale &c. les sujets sur lesquels on raisonne sont éxtremement composés. Qu'elle diversité de Principes n'entre-t-il pas dans la composition de chaque Corps? On n'apperçoit presque aucun Phénomène qui ne résulte d'un Systême entier de Causes. Combien de choses n'y a-t-il pas à consulter dans chacune de ces actions qui sont le sujet d'une Vertu, ou d'un Vice? La nature de nos Facultés, l'importance des Motifs, le Mérite des objets, la qualité des Circonstances. Combien de choses à peser à à mesurer pour se conduire avec poids & avec mesure?

Tous ces Objets si multipliés & si composés ne se présentent jamais à nous que dans leur assemblage, & nous nous sommes tellement accoutumés à ne les regarder qu'en gros, que ce n'est pas une légère entreprise de les démêler pour les réunir ensuite. La Connoissance d'une partie se trouve souvent si liée avec la connoissance de l'autre, qu'on ne sait par où commencer, ni de quelle manière s'y prendre pour se former une exacte Idée de chaque Partie avant que de passer à la vuë entière du Tout qu'elles composent. Il n'en est pas de même des Mathématiques; l'Esprit dont elles sont la production n'a enfanté que Démonstration après Démonstration, Objet après Objet; ce n'est qu'après s'être formé une Idée très-nette des Parties qu'on s'est avisé de les comparer, pour en former, par leur assemblage, un nouveau Tout, auquel on donneroit un nouveau Nom. Le chemin se trouve déjà difficile par lui même, l'embrouillement l'auroit rendu impraticable. Ainsi la composition des objets n'a point embarassé les Mathématiciens, parce qu'ils les ont composés eux mêmes, & parce qu'ils les ont composés peu à peu.

Il ne faut donc pas s'étonner si l'Esprit humain, quoique sujet à se méprendre, est venu à bout de former un Systême de Vérités, sans mélange d'incertitude. C'est un systême qui roule sur des sujets d'une nature, à ne donner pas de lieu à l'illusion, ni de prise à l'erreur: Voilà pourquoi il me paroit bien plus raisonnable de féliciter les Mathématiciens de ce qu'ils ont travaillé sur de tels sujets, que de partager la gloire de leurs succès entre l'excellence de leur Méthode, & celle de leur Génie, comme s'ils étoit d'un ordre supérieur aux autres; car enfin par tout où l'objet de leurs études a été susceptible de Causes qui font tomber dans l'Erreur, les Mathématiciens se sont trouvés des hommes comme les autres.

Les passions ont quelquefois joué leur role ordinaire aussi bien que les préjugés. La Gloire que l'on attache à la découverte de la Quadrature du Cercle, ou du Mouvement perpetuel, a produit de longues Théories qui renferment des Paralogismes dont leurs Auteurs ne vouloient point convenir. Le point d'honneur a élevé des contestations sur des Problêmes sublimes & une longue & subtile discussion? Et en matière des Mathématiques comme en d'autres les nouvelles Opinions ont essuié de vives & d'obstinées contradictions, de ceux-là mêmes de qui on ne devoit pas les attendre. Il s'est trouvé de savans Mathématiciens qui ne pouvoient se résoudre à convenir qu'une Méthode ignorée des Anciens fût quelque chose de plus qu'éblouissante, & ne renfermât que des vérités.

Dès que les Mathématiciens se sont tant soit peu relâchés de leur éxactitude à définir précisément ou à bien déterminer le sens de chaque terme, l'Equivoque a donné lieu à des Disputes de mots. La dispute sur l'*Angle de Contingence* & la Question autrefois agitée, avec tant de chaleur, *si l'UNITÉ est un nombre ou la RACINE des nombres*, fournissent des éxemples de Logomachies, où il est presque incroiable qu'il arrive de tomber quand on n'a pas renoncé au Sens commun. On voit dans ces éxemples avec combien de facilité les Passions s'emparent de l'Esprit de l'homme, & l'écartent du chemin qui conduit à la Vérité. Mais pour en conclure la nécessité d'un Doute universel & perpetuel, il faudroit avoir prouvé qu'il n'est pas possible à l'homme d'être en garde contre ses passions, qu'il n'est pas possible à un homme attentif & tranquille de s'appercevoir des écarts où les passions en ont jetté un autre, ou l'ont jetté lui même quand elles le dominoient. On peut voir ce que j'ai écrit sur l'Angle de Contingence dans ma Géométrie Livre IV. proposition 102 & suivantes.

Si Mr. Bayle s'étoit donné le soin d'étudier les Mathématiques, il auroit vû qu'à l'éxception d'une ou de deux Logomachies sur des matières simples, mais fines & subtiles, les Disputes des Mathématiciens n'ont eu lieu que sur des Théories très composées & sur lesquelles il peut très sûlement arriver qu'un Esprit impatient & fatigué, parmi cent conséquences bien suivies, en tire une qui n'ait pas la même liaison avec ses principes. Il auroit encore vû que les Disputes ont eu lieu sur les *Matières Mixtes*, c'est-à-dire, sur les matières qui renferment un mélange de Physique & de Géométrie. Enfin il auroit sû que les Disputes très-vives, ont roulé, non sur la vérité d'une solution, mais sur son universalité & sur sa simplicité, l'un des Antagonistes prétendant que la sienne étoit plus naturelle que celle de l'autre.

XLVII. IL EST facile aux Géométres de détruire les Objections que l'on fait contre leurs points & leurs Lignes. Quand on supposeroit qu'Euclide par le mot de *Point*, a entendu un véritable Atome sans aucune partie, heureusement ce que cette définition, trop problématique pour en faire le commencement d'un Systême de pures Certitudes, renferme d'erreur, s'est trouvé sans influence sur le reste. On fait la définition d'une idée abstraite. Le but de la Géométrie est le mesurage, tout mesurage se borne à de certaines mesures déterminées & l'on appelle un Point, le terme au delà duquel on ne daigne plus descendre, & aux parties duquel on ne fait non plus d'attention que s'il n'en renfermoit aucune. Seulement faut-il se rendre bien attentif à cette definition du Point, afin de remarquer si on le prend toujours en ce sens-là. Une portion d'étendué tant petite qu'on veut, dès-là on ne fait plus d'attention à ses parties, & par conséquent, on ne se met point en peine si cette petite portion est courbe ou droite, si plusieurs est cause que l'erreur de cette supposition est de nulle conséquence.

Du Cercle.

Suivant cela on considére la Circonférence du Cercle comme composée de parties si petites que la différence de la Courbure de l'une avec une ligne droite d'égale petitesse ne méritera plus qu'on y fasse attention. On raisonne sur les propriétés du Cercle conformément à cette supposition: Si elle est éxactement véritable, les conséquences qu'on en tire le sont aussi parfaitement. S'il s'en manque quelque chose, il y aura aussi à rabattre sur l'éxacte vérité des Conclusions, mais ce rabais ne montera qu'à une quantité imperceptible, vû la petitesse éxtrême de l'erreur que renferme la supposition. Et certes tous les Cercles que la main de l'homme décrit, peuvent passer pour tels. Décrivés une circonférence aussi fine qu'il vous sera possible, une ligne droite la touchera dans une étendue dont les deux termes sont distans l'un de l'autre.

Si on demande ensuite, *Mais cela arriveroit-il quand la Courbure seroit parfaite, & la ligne droite, exactement droite?* Je réponds que non. Et voici comment je conçois la chose.

Qu'on se représente une circonférence du Cercle A. Qu'on y désigne les deux parties *b* & *c* la partie *b* est renfermée entre les termes *f* & *g*, & la partie

Fig. 16.

e entre les termes *f* & *b*.

Entre l'éxtremité *f* de *e* & l'éxtremité *f* de *b* il n'y a aucun intervale. *e* commence en *f* dès-là s'étend vers la droite. *b* commence en *f* & dès-là s'étend vers la gauche.

Je pose sur *f* la droite *i k*. J'y désigne suffi les deux parties *m n* renfermées entre les termes *i e*, *i p*.

Le commencement de *n* touche le commencement de *b*, & le commencement de *m* touche le commencement de *e*. Ces quatre commencemens font dans la même direction de la face droite *f l*. Ces portions *n*, *b*, *e*, *m*, se touchent à leur naissance, au terme où elles commencent, & dès-là s'écartent.

La *Circonférence du Cercle A* est-elle donc toute composée de ces portions *f infiniment petites*, *dernier terme d'étenduë & sans étenduë elle-même*? Je réponds que non, car la Ligne Courbe dont *b* & *e* sont des parties est une substance qui est composée elle-même de substances & non pas de simples *Modes*, ou de manières dont les substances sont terminées.

Depuis *f* en tirant vers *b* désignés quelque portion qu'il vous plaira, cette portion aura un dernier terme du côté de *b* & entre ce dernier terme (*u* par exemple) & le terme *f* il y aura de l'étenduë.

Qu'on désigne un terme entre *u* & *f* ce sera la même chose; ainsi l'étenduë courbe est une substance toute composée de substances, dont chacune est divisible à l'infini, chacune est enfermée entre deux termes, ou entre deux faces, elle commence à l'une & finit à l'autre.

Il en est ainsi de quelque portion qu'on assigne dans une Droite: La Droite *m n* ne touche la Courbe *e* que de cette manière, l'éxtremité *inférieure* de la face *f* qui termine la portion droite *m* touche l'éxtremité *supérieure* de la face *f* qui termine la portion courbe *e*.

Fig. 26.

Si on veut se rendre attentif à ce que je viens de dire on se convaincra du paralogisme renfermé dans ces paroles de Mr. Bayle Tom. IV. pag. 548.

,, On n'a pas besoin d'un long discours afin de
,, montrer qu'il est impossible que le Globe ni le
,, Triangle &c. éxistent réellement, il ne faut que
,, se souvenir qu'un pareil Globe posé sur un plan,
,, ne le toucheroit qu'en un point indivisible, &
,, que roulant sur ce plan, il le toucheroit toûjours
,, à un seul point. Il résulteroit de là qu'il seroit
,, tout composé de parties non étenduës: or cela
,, est impossible & renferme manifestement cette con-
,, tradiction-ci, qu'une étenduë éxisteroit & ne se-
,, roit point étenduë. Elle éxisteroit selon la sup-
,, position, & elle ne seroit point étenduë, puis
,, qu'elle ne seroit point distincte d'un être non
,, étendu. Tous les Philosophes conviennent que
,, la cause matérielle n'est point distincte de son ef-
,, fet, donc ce qui seroit composé de parties non
,, étenduës ne seroit pas distinguë d'elles, or ce qui
,, est la même chose qu'un être non étendu est né-
,, cessairement une chose non étendue. Nos Theo-
,, logiens lors qu'ils enseignent que le Monde a été
,, produit de rien, n'entendent pas qu'il soit compo-
,, sé de rien, le mot *rien* ne signifie pas la Cause
,, Matérielle du Monde, *materiam ex qua*, mais l'é-
,, tat antérieur, à l'éxistence du Monde, ce qu'ils
,, appellent *terminum a quo*, & ils reconnoissent qu'en
,, prenant le mot de rien au prémier sens, il est ab-
,, solument impossible que le Monde en ait été fait.
,, Il n'y a pas plus d'éxtravagance à soûtenir que le
,, Monde a été fait de rien, comme de sa cause ma-
,, térielle, qu'à soûtenir qu'un pié d'étendue est com-
,, posé de parties non étendues. Il n'est donc pas
,, possible ni qu'un Ange ni que Dieu même pro-
,, duisent jamais le Triangle, ni le Plan, ni le
,, Cercle, ni le Globe &c. des Géomètres.

Dans la page précédente, Mr. Bayle se fortifie de l'autorité de Gassendi qui ne paroit pas un grand Géomètre dans ce qu'il en cite.

,, Gassendi a fait une observation ingénieuse. Il
,, dit que les Mathématiciens & sur tout les Géo-
,, mètres, ont établi leur empire dans le païs des Ab-
,, stractions & des Idées, & qu'ils s'y promenent
,, tout à leur aise, mais que s'ils veulent descen-
,, dre dans le païs des réalités, ils trouvent bientôt une
,, résistance insurmontable. Il donne un exemple de
,, la vanité de leurs prétendues démonstrations, c'est
,, que deux subtils Mathématiciens venoient de prou-
,, ver qu'une quantité finie & une quantité infinie é-
,, toient égales. D'autres prouvent qu'il y a des quan-
,, tités infinies bornées de chaque côté. S'ils trou-
,, vent de l'évidence dans ces sortes de démonstrati-
,, ons, ne leur doit elle pas être suspecte, puis qu'a-
,, près tout elle ne surpasse pas l'évidence avec quoi
,, le sens commun nous apprend que le fini ne sau-
,, roit jamais être égal à l'infini, & que l'infini en
,, tant qu'infini ne peut point avoir de bornes? J'a-
,, joute qu'il n'est pas vrai que l'évidence puisse ac-
,, compagner ces Messieurs par tout où ils se pro-
,, mènent. J'en prens à temoin un homme qui en-
,, tend bien leurs rafinemens. *Il seroit à souhaiter*,
,, dit-il, *que l'Analyse des infiniment petits que l'on*
,, *prétend être d'une fécondité admirable, portât*, *dans*
,, *ses démonstrations, cette évidence que l'on attend*, *&*
,, *que l'on a droit d'attendre de la Géométrie. Mais*
,, *quand on raisonne sur l'Infini, sur l'infini de l'infini*,
,, *sur l'infini de l'infini de l'infini, & ainsi de suite*,
,, *sans trouver jamais des termes qui arrêtent, & que*
,, *l'on applique à des grandeurs finies, ces infinités d'in-*
,, *finis, ceux que l'on veut instruire, ou que l'on en-*
,, *treprend de convaincre, n'ont pas toûjours la pénétra-*
,, *tion requise pour voir clair dans de si profonds abi-*
,, *mes*. ..... Ceux qui sont accoutumés aux
,, anciennes manières de raisonner en Géométrie, ont
,, de la peine à les quitter pour suivre des Métho-
,, des si abstraites, ils aiment mieux n'aller pas si
,, loin que de s'engager dans les nouvelles routes de
,, l'infini, *de l'infini de l'infini*, où l'on ne voit pas
,, toûjours assés clair autour de soi & où l'on peut
,, aisément s'égarer sans qu'on s'en apperçoive. Il
,, ne suffit pas en Géométrie de conclure, il faut
,, voir évidemment ce qu'on conclut bien.

Le raisonnement de Mr. Gassendi ne porte point sur l'incertitude du Nouveau Calcul; Il ne tombe que sur son obscurité, & pour ne rien dissimuler, il avoit sujet de se plaindre. Les Auteurs de ce nouveau Calcul en ont senti la sublimité; Plus on l'a passé, plus on l'a trouvé merveilleux. Ils vouloient bien qu'on les admirât d'avoir pu découvrir des trésors si cachés, mais ils n'étoient pas d'humeur d'en faire part aux autres, au point de leur en rendre aussi très-facile la possession. Ils prouvoient par des effets l'utilité & la fécondité de leur Art; mais ils cachoient avec soin la route, par laquelle ils y étoient parvenus. Cela est si vrai que deux grandes Nations se disputeront encore, & se disputeront la gloire d'avoir vû naître les Auteurs de ces grandes découvertes. S'ils s'étoient moins cachés & s'ils avoient été plus empressés à faire part de leurs lumières & à mettre les autres en état de les suivre & de les pousser plus loin, jamais il n'y auroit eu de contestation sur ce sujet.

Il paroîtra bien hardi aux admirateurs de Mr. Bayle & ce sera pour eux quelque chose de bien nouveau, & de bien paradoxe quand ils m'entendront dire, que ce grand Critique fait pitié; il n'y a pourtant rien là qui doive surprendre, c'est une nécessité qu'il n'y ait pas de sens dans ce que l'on dit, quand on parle de ce qu'on n'entend pas & dont on n'a pas d'idée. Voici un Dictionaire qu'on peut appeller au moins *sur les Matières décidées, la Chambre des Assurances de la République des Lettres* (Tom.IV. page 608.) On peut-être en repos dès que son Auteur a prononcé, cé, les Mathématiciens sont des Visionaires outrés, qui vont jusqu'à égaler le fini avec l'infini : Mais qui est-ce qui les condamne ainsi ? Un homme qui ne les a pas lus, & qui n'entend pas seulement la signification de leurs termes.

Le nouveau Calcul dont l'éxactitude s'étend jusques sur l'infini même , a eu le sort de toutes les nouvelles Méthodes, ceux qui n'y étoient pas accoutumés se sont d'abord hautement déclarés contre, mais cela même qu'il a pû tenir contre des adversaires redoutables , par leur grand savoir & par leur grand crédit , est une preuve de sa solidité , toutes les oppositions qu'on lui a faites n'ont servi qu'à l'affermir.

Si je voulois faire connoitre à quel point Mr. Bayle se trompe en développant ici avec une suffisante clarté ce qu'on entend par les *Infiniment petits*, & par leur *Calcul*, j'écrirois pour un trop petit nombre de Lecteurs. Je me flate d'avoir éclairci cette matière dans le prémier discours d'un autre Ouvrage; (A) & tout récemment un Auteur incomparable l'a tout autrement illustré.

Comment sur l'Analyse des Infiniments petits.

Il me sera plus aisé de faire connoitre l'erreur de Mr. Bayle quand il donne pour une prétention contradictoire l'égalité d'une étendue qui s'étend à l'infini avec une quantité finie.

Concevés le Parallelogramme *A, B, C, D*. de deux piés , par éxemple, sa moitié *A E F D*. est d'un pié quarré. Cette moitié je la partage en deux. La portion *G E F H*. je la place à coté de *E B C F*.

Fig. 17

L'autre portion *A G H D* je la partage encore en deux, & j'en place la moitié *J G H K* à coté de *G E F H*.

Après cela je partage encore de même *A J K D* & je place une des moitiés sur la Ligne *C B Z*.

Dès que la divisibilité de la matière est accordée, ce que Mr. Bayle avoue qu'on ne peut nier, dès qu'on a reconnu l'éxistence de l'étenduë, on placera sur la Ligne *C D Z* prolongée à l'infini des Parallelogrames , dont chacun sera la moitié de celui qui le précéde.

Quelque nombre de Parallelograms que l'on place sur cette ligne, il s'en faudra toujours la valeur du dernier que la somme de tous ces Parallelograms n'égale le Parallelograme total *A B C D* dont ils sont des portions.

De sorte que si l'on pouvoit venir à bout de rendre infinie la ligne *A B Z* le dernier Parallelograme qui y seroit placé, seroit infiniment petit, puis que les Parallelograms décroîtront en grandeur de surface, à proportion que leur nombre se multiplie.

Alors il ne s'en manqueroit plus qu'une infiniment petite quantité pour égaler la somme de tous ces *Parallelograms décroîssans, au grand Parallelograme A B C D*.

Cela signifie que quand on en auroit assés placé sur la Ligne *A B Z* pour se permettre de négliger la grandeur du dernier & de la compter pour infiniment petite, c'est-à-dire, pour plus petite encore qu'aucune grandeur qu'on assigneroit , cette somme que l'entendement regarde comme infinie , par la multiplication des parties qui la composent, n'auroit pas plus d'étendue que la surface que la Parallelograme *A B C D*.

On démontre quelle est la nature d'une courbe, qui s'approchant toujours plus de la droite *A B Z* laisse un espace entr'elle, & cette droite qui quand même elle seroit prolongée à l'infini, n'égaleroit qu'un Parallelograme donné & fini , de sorte que cette *surface mixtiligne*, pour prolongée qu'elle soit , pendant que la longueur en sera finie, n'égalera point le Parallelograme donné. La démonstration fait connoitre que cela doit être ainsi, & fait comprendre en même tems la raison pour laquelle cela est effectivement ainsi.

Mr. Bayle se moque quand il donne M. le Chevalier de Méré, un des Auteurs le moins précis en matière de raisonnement, & qui bat le plus la Campagne, pour une autorité , en matière de Science ou de Pyrrhonisme ; Mr. Bayle a beau dire que ce Chevalier entendoit la Géometrie ; On peut l'avoir étudiée, & ne s'être pas guéri de la fantaisie d'être grand parleur, & peu scrupuleux en matière d'Argumens & de Conviction. Le poids même que l'on tire de son témoignage, s'évanouit entièrement par ce que Mr. Bayle en allegue , la *divisibilité à l'infini fonds la principale de ses objections, il n'en veut pas tomber d'accord*, & suivant Mr. Bayle, c'est ce qu'on ne peut refuser d'admettre, dès qu'on reconnoit l'éxistence de l'étendu. *Je ne conseille à personne*, dit ce Chevalier, *de mépriser cette Science, & pour dire le vrai, elle peut servir pourvû qu'on ne s'y attache pas trop*. C'est sur le peu d'utilité & non pas sur l'incertitude que Mr. De Méré appuye pour empêcher qu'on ne s'y donne tout entier. Enfin entre ses Objections Mr. Bayle reconnoit ,, que les unes sont assés bonnes, & les autres
,, très-mauvaises , & sentent plûtôt la plaisanterie
,, que le raisonnement , & l'on a lieu de s'étonner
,, qu'une même Lettre soit mêlée de tant de choses
,, si inégales.

,, Notés , ajoute Mr. Bayle, qu'il est fort dans
,, l'ordre que ceux qui s'attachent à montrer le foible
,, des Mathématiques , fassent voir qu'ils les entendent, qu'ils les ont étudiées , qu'ils en reconnoissent l'utilité, & qu'ils n'ont point dessein de
,, leur dérober leur juste prix.

Je me sers de l'autorité de Mr. Bayle pour engager ses admirateurs à suspendre leur jugement sur l'incertitude des Mathematiques , jusques à ce qu'ils les connoissent mieux que ne faisoit leur Héros.

C'est ainsi que le savant Evêque d'Avranches que j'ai cité ci dessus en a usé , après avoir dit plusieurs belles choses touchant les incertitudes & les illusions de cette Science.

Puis que Mr. Huet a laissé un Ouvrage posthume en faveur du Pyrrhonisme , & que ce posthume étoit même, dit on , son Ouvrage favori , il faudra bien se résoudre à en entreprendre l'éxamen, après que j'aurai achevé celui des Ouvrages de Mr. Bayle.

Est-ce pour divertir ses Lecteurs aux dépens de Mr. de Méré que Mr. Bayle en cite ces paroles. ,, Sachés que c'est dans ce Monde invisible , & d'u-
,, ne étendue infinie qu'on peut découvrir les raisons,
,, & les principes des choses, les Vérités les plus cachées , les convenances , les justesses, les proportions , les vrais originaux , & les parfaites idées
,, de tout ce qu'on cherche. " C'est la conclusion de sa Lettre à Mr. Pascal.

Mr. de Méré veut qu'on abandonne l'Incertitude des Mathématiques, pour chercher des Vérités sures dans la Philosophie des Idées , c'est à dire, dans la plus fine Métaphysique. Qu'on tire de cette Métaphysique des argumens pour prouver les Vérités de la Réligion , les Pyrrhoniens en seront sans doute un grand cas.

On peut aisément venir à s'étonner que Mr. Bayle, qui avoit l'esprit si fin, ait cependant entrepris d'attaquer la certitude des Mathématiques qu'il n'entendoit pas , & de citer avec trop de crédulité, les argumens d'autrui ; Mais si l'on y veut faire un peu plus d'attention, on cessera sans doute d'en être surpris. Mr. Bayle savoit bien que de mille de ses Lecteurs à peine s'en trouveroit-il 30 qui auroient étudié les Mathématiques, & de ces 30 dix qui les eussent assés approfondies pour lui répondre. Mais supposons le Nombre des Mathématiciens plus grand. Dans ce nombre il s'en trouvera plusieurs

X x

(A) Ce qu'on allégue dans ce Commentaire peut suffire pour dissiper les Objections qu'on vient de rapporter. Du depuis un Mathématicien du premier ordre a poussé ce Sujet beaucoup plus loin, comme je viens de le dire.

qui ravis de mettre leur Science favorite au deſſus de toutes les autres, ſe feront un plaiſir de penſer que Mr. Bayle n'a du deſſous que quand il les attaque. D'ailleurs tel eſt Mathématicien après midi, qui dès là eſt ſimplement homme de plaiſir. Des perſonnes de ce goût pardonneront toujours à Mr. Bayle ce qu'il a écrit contre leur Art, par le plaiſir qu'ils trouvent à lire ſes gaillardiſes & par celui de ſe ſentir affranchis de toute contrainte, en ceſſant après lui de regarder comme inconteſtables des Principes dont on ne peut reconnoitre la Certitude, ſans ſe trouver dans une obligation indiſpenſable de les prendre pour Régles.

Fin de la Seconde Partie.

TROI-

TROISIEME PARTIE

OU L'ON ENTREPREND

L'EXAMEN

de ce que Mr. BAYLE a écrit en faveur du

PYRRHONISME

Sur divers Sujets, mais très particuliérement sur ce qu'il importe le plus aux hommes de connoitre avec Certitude.

SECTION PREMIERE

Où l'on réfléchit sur le caractére de Mr. Bayle & le but qu'il paroît s'être proposé dans plusieurs de ses Ouvrages.

Dessein de l'Auteur.

I. J'AI pû entreprendre de traduire, & de critiquer SIXTUS EMPIRICUS, hardiment, & sans aucune crainte de me faire soupçonner de présomption. On est tout accoutumé à croire les Professeurs de Philosophie en plein droit de relever les erreurs des Anciens Philosophes ; Mais s'être mis dans l'esprit d'examiner de même Mr. Bayle, & oser dire, qu'on ne laissera passer, sans replique, quoi que ce soit de ce qu'il a écrit de propre à répandre des doutes, directement ou indirectement sur les Vérités de la Réligion & les Régles des Moeurs ; C'est ce qui va révolter bien des gens contre moi. Je l'ai prévû, mais je l'ai prévû sans me rebuter, & je me fais bon gré de mon courage. Si ces expressions paroissent trop hardies, je demande au moins que ma Sincérité me tienne lieu d'Apologie. On se trompera si l'on s'imagine que j'aurois humblement gardé le silence, au cas que Mr. Bayle fût encore plein de vie ; Ne sai-je pas qu'il y a un grand nombre de Partisans, & que parmi eux il y en a, qui n'ont pas moins d'esprit & d'étude, que de zèle pour sa gloire ? Mais c'est leur nombre même & leur zèle qui anime le mien. Il importe de défendre la Vérité & la Réligion contre les insultes de tant d'ennemis. Ne craignés-vous point, dira-t-on, d'irriter vos Lecteurs par cèt aveu, & de les prévenir contre vous, par votre immodestie ? Qu'il me soit permis de dire quelques Vérités, après poli qu'il est : Je sai que je n'ai aucun droit sur la Liberté des autres, & je n'ai jamais été assés ridicule pour m'en flatter ; je proteste, devant Dieu, que je suis très-éloigné de tirer la tranquillité où je me trouve sur le succès de mon Ouvrage, de quelque bonne opinion que j'aie de moi-même ; C'est sur la bonté de ma cause que je fonde toute ma confiance. Je suis encore très-persuadé, que bien des gens se feroient mieux

aquittés que moi de cette entreprise ; Avec tout cela je ne me répens ni d'y avoir pensé, ni d'y avoir travaillé. J'aurai au moins rendu au Public cèt important service, d'avoir facilité l'examen des ouvrages de Mr. Bayle, à ceux qui sont plus en état d'y réussir que moi. J'ai connu par expérience à quel point il étoit fatiguant de rassembler tant de parties dispersées, de ranger par ordre tant de répétitions, dont presque chacune semble renfermer un argument nouveau, ou du moins donner une nouvelle force à un argument déja proposé. Si je n'ai pas assés bien réussi dans l'ordre que j'ai donné à ces morceaux, que Mr. Bayle a si adroitement dispersés, il sera facile à des esprits plus attentifs & plus exacts de rectifier mon travail, & de perfectionner ce que j'ai ébauché. & je ne doute point qu'il ne se trouve un bon nombre de Savans, qui auront assés à coeur la Cause que j'ai à defendre, pour ajoûter leurs réflexions à mes réponses, pour les fortifier, & les mettre dans une plus grande évidence.

II. A CETTE Apologie générale, & à ce petit soin que je prens de ma reputation, qu'il me soit encore permis d'y en joindre une plus particuliére, afin de me mettre à couvert de ces Savans, qui ont assés de crédit pour troubler le repos de ceux qui n'entrent pas dans leurs Idées. A la Vérité ma fortune est à couvert de leurs coups, mais cela n'empêche pas que mon inclination ne me porte à vivre en paix avec tout le monde. On sait que Mr. Bayle a eu l'adresse de mettre dans ses intérêts un grand nombre de Théologiens : Il en est plusieurs qui, chagrins contre la Raison, avec laquelle ils ne savoient pas toujours mettre d'accord leurs hypothéses, ont été charmés de voir un Philosophe célébre & admiré, soûtenir que rien n'étoit plus digne d'un Théologien, que de ne faire aucun compte de la Raison, & qu'elle se rendoit elle-même bien digne de ce mépris, par les subtilités dont elle s'embarrassoit, & la parfaite incertitude où elle entraînoit l'esprit, à force même de vouloir perfectionner ses idées. Mon respect pour ces Théologiens, & pour le seul nom de Théologien, titre par lui-même si grand & si beau, ne m'a pas permis d'appercevoir, sans une extrême mortification, à quel point Mr. Bayle se divertissoit à se moquer de ceux qui le portent, a les

Mr. Bayle se moque des Théologiens.

pren-

prendre, ou du moins à vouloir les prendre pour ses dupes: Cèt esprit Critique, si jamais il en fut, & continuellement appliqué à chercher du foible, dans tout ce que les autres hommes connoissoient de plus certain & de plus respectable, quelle fête ne se procuroit-il pas quand il voioit les Protecteurs Zélés de la Réligion même, accorder leur protection au plus grand Adversaire qu'elle ait jamais eu, & applaudir à ses Principes! Quelle honte pour eux de s'imaginer, qu'un Auteur plein d'esprit & de finesse, soûtienne que les objections de la Raison contre la Réligion & contre la Morale, sont absolument sans réplique ; mais que toutes fortes & tout invincibles qu'elles soient, elles n'ébranlent pas chés lui une persuasion de Foi, qu'une Grace Divine & un secours surnaturel a fait naître, & affermit, si on veut l'en croire, lors même que la plénitude de son cœur lui fait incessamment couler de sa plume les Obscénités les plus condamnées par cèt Esprit de Grace, à qui il fait profession de devoir toute sa certitude & toute sa tranquilité.

J'ai donc crû qu'il étoit nécessaire de me rendre ces Théologiens favorables, en leur faisant connoitre qu'un cœur capable de se plaire à écrire tant d'ordures, ne paroît point sincèrement, quand il assuroit que son but étoit d'amener les hommes à sentir le prix de la Foi, que la Grace de Dieu lui avoit accordée.

Caractéres de l'esprit du Pyrrhonisme.

III. JE DONNERAI en même temps un des caractéres de l'esprit du Pyrrhonisme, & je ferai connoitre une de ses suites naturelles. Si les hommes naissent condamnés à ne pouvoir s'assurer de quoi que ce soit, à quel propos se fatigueroient-ils à exercer leur Raison ? Ce ne seroit visiblement que pour se procurer la malicieuse habitude & le plaisir inhumain de chicaner les autres, & de les forcer à reconnoitre, qu'en étudiant ils ne se sont donnés, que des peines inutiles. Mais d'un côté, le moïen de tirer qu'une satisfaction bien foible du plaisir d'entasser tant de difficultés, & de s'embarrasser soi-même à force de vouloir embarrasser les autres ? D'un autre, à quoi conduit l'incertitude & l'impuissance de s'en tirer, si ce n'est à nous faire conclure que les hommes n'ont point d'avantages par dessus les bêtes, que les plaisirs de l'esprit ne sont que des chimères, & que la voix de la nature nous appelle à quitter ces rêveries fatiguantes, pour imiter tranquilement la sensualité des animaux brutes? Un homme qui ne sait, d'où il vient, ni où il va, & qui n'en veut rien savoir, a besoin de s'étourdir par quelques débauches, pour se borner à jouir du présent. On voit, par les endroits mêmes que Mr. Bayle en rapporte, que les Anciens Philosophes Pyrrhoniens, les chefs de la Secte, ne se faisoient aucune contrainte en matière de sensualité, & on dit que Hobbes, à qui ni la Raison ni la Foi n'avoient pas donné de grandes certitudes pour l'avenir, reconnoîtroit à la fin de ses jours, que la vie est peu de chose, & que si la nature ne l'avoit pas fait naître d'un tempérament fort propre pour les Voluptés, il l'auroit passée dans une langueur ennuieuse.

Avantages de Mr. Bayle.

IV. ENCORE une fois je vois bien avec qui j'ose me mesurer; je connois les avantages qu'a sur moi Mr. Bayle, car, outre ceux qu'il tire d'une reputation établie, de la prévention des hommes, de la corruption du cœur humain qu'il favorise, de ses ouvrages tant de fois réimprimés, il en a de très réels; Il faudroit être bien aveugle, ou de bien mauvaise foi, pour lui contester une legéreté de Stile, une netteté parfaite, un esprit qui sait s'emparer de ses Lecteurs, qui ne fatigue point, qui n'ennuie jamais, une fécondité, inépuisable, une facilité qui se fait & agréablement sentir, & si insinuante qu'elle semble se communiquer à ses Lecteurs, une vaste lecture, une critique ordinairement fine & exacte, une mémoire à qui tout est présent, des ci-

tations qui semblent s'offrir d'elles mêmes ; dès que l'occasion de les mettre en œuvre se présente, une habileté sans égale à établir, (quand il lui plait, & qu'il y a intérêt) *l'état d'une Question*, très-précisément, à partager un sujet composé, à éclaircir les matières les plus obscures, à mettre une preuve dans tout son jour, & à faire sentir tout le poids d'une difficulté. Je reconnois tout cela ; Je dois même le connoitre mieux que qui que ce soit, par l'attention avec laquelle j'ai lû tous ses ouvrages, de sorte que, sans la parfaite confiance que j'ai en la bonté de ma Cause, j'abandonnerois la pensée d'attaquer un si redoutable adversaire. J'ose pourtant croire que j'aurois pris des forces en le lisant ; & que je me trouverois moins inférieur à lui, s'il m'avoit été possible de prendre un peu plus de plaisir à le lire ; Mais il m'est arrivé, en promenant mon esprit sur ses ouvrages, quelque chose de fort semblable à ce qui arriva à St. Paul, quand il parcouroit la célèbre Ville d'Athènes: Son *esprit s'aigrissoit* à la vue des Superstitions prodigieuses d'un peuple si poli & si ingénieux ; On ne souffre pas moins de rencontrer, presque à chaque feuille, des ouvrages d'un si bel esprit ou des obscénités, ou des argumens qui vont à faire trouver, tantôt de l'incertitude, souvent de la contradiction, dans les Vérités les plus intéressantes. J'ai par-là tiré peu de fruit d'une lecture qui m'auroit été infiniment utile, s'il avoit plû à Mr. Bayle d'écrire partout, comme il l'a fait dans quelques endroits, qu'il semble n'avoir composés que pour apprendre qu'il n'a tenu qu'à lui de faire aussi bien partout ailleurs. *Actes XVII.*

On trouvera, peut-être, que j'ai appris à imiter ses digressions ; mais celle-ci m'a paru nécessaire. Je vai présentement entrer en matière ; je commencerai cette Section par l'examen de sa Préface. Je parcourrai en suite divers endroits qui m'ont paru développer son dessein & son caractère. L'Examen de son Apologie & de ses Eclaircissemens fera le sujet d'une Section suivante.

V. QUAND on aime la vérité, & qu'on n'a point de plus grande passion que de s'en instruire, pour en faire la Régle de sa conduite, on examine avec une grande attention, afin de se garantir d'erreur, & on suspend son jugement, jusqu'à ce que l'évidence le détermine ; mais aussi on la cherche de tout son cœur cette évidence, & on ne manque pas de s'y rendre dès qu'elle paroit. Il n'en est pas ainsi d'un homme qui se fait un plaisir de ne rien croire, & dont une des passions dominantes est de contredire & de chercher sans cesse des raisons pour combattre tout ce que les autres avancent comme vrai ; Il fuit l'évidence, & dans les matières, où il n'est pas facile de l'éluder, il donne dans des Vétilles. Toutes les raisons lui paroissent assés bonnes, pourvû qu'il les trouve propres à embarrasser les autres, à s'éblouir lui-même, & à favoriser ses doutes: Dans l'incertitude où il est perpétuellement, par rapport au vrai & au faux, c'est son humeur qui le détermine. Comme toutes les raisons, de part & d'autre, lui paroissent légères, il ne se fait aucune peine d'en alléguer de telles, quand il en a besoin, son humeur les lui fait trouver bonnes, il les goûte, & cela lui suffit pour les proposer hardiment. *Paralléle d'un homme qui cherche sincèrement la Verité avec un Pyrrhonien.*

Mr. Bayle se donne pour un Raisonneur des plus exacts ; Une répugnance presque invincible à ne se rendre qu'à des principes les plus incontestables, & à des conclusions les mieux démontrées, lui fait trouver, si on veut le l'en croire, du foible dans tout ce que les autres croient très solidement prouvé, & des difficultés, là où tout leur paroit de bien pié; Cependant si on examine de près ses raisonnemens, on trouvera qu'il en oppose de bien foibles à des solides. Il se familiarise par-là avec de très légères vraisemblances, & il croit que les autres s'en contenteront aussi aisément que lui.

Il avoit entrepris un vaste Ouvrage (son Dictionaire Cri-

Critique) Mais après l'avoir déjà annoncé, Il vit que pour tenir parole, il lui falloit plus d'années qu'il n'en avoit destiné à ce travail; Il avoit des raisons pour se hâter de publier son Ouvrage. Mais ces raisons, il ne les allégue pas, il leur en substitue d'autres: *J'étois résolu*, dit-il, *de donner l'article de la plûpart des personnes mentionnées dans la Bible*, m'ait j'appris qu'on feroit paroître bien-tôt à Lion un Dictionnaire tout particulier sur ces matières; Le parti qui résulit à prendre

» doit le Recueil de ce qui a été dit par les Rabins
» touchant ces Personnes, mais ayant sçû qu'on imprimoit à Paris la *Bibliothéque Orientale* de feu Mr.
» d'Herbelot, je cessai de travailler à de tels Recueils.
» Non-obstant les mêmes difficultés, j'eusse composé les
» Articles qui se rapportent à l'Histoire Ecclésiastique,
» si je n'eusse considéré que Mr. du Pin donnoit
» aux Lecteurs tout ce qu'ils pouvoient désirer. Son
» Ouvrage est propre, & pour les Savans & pour ceux
» qui ne le sont pas. Les Editions de Hollande le
» font courir par toute la Terre : tous les Curieux
» l'achetent & l'érudient. J'eusse donc été blâmable de parler des choses qui s'y rencontrent : faut-il
» faire acheter deux fois les mêmes Histoires ? J'ai donc
» mieux aimé m'abstenir d'une matière si féconde & si aisée à trouver, que de redire ce que
» l'on pouvoit apprendre plus commodément ailleurs.

» Je me suis vû reserré par d'autres endroits, A peine cèt ouvrage étoit commencé, que j'ouïs dire
» que l'on imprimoit une traduction Angloise à Londres du Dictionnaire de Moreri, avec une infinité
» d'Additions, & qu'on travailloit en Hollande à un
» ample Supplément de ce même Dictionnaire. Dès lors
» je me crus obligé à ne plus parler des Hommes
» Illustres de la grande Bretagne : Je jugeai que
» de l'Edition Angloise ils passeroient tous dans
» le Supplément de Hollande, & qu'ainsi l'on acheteroit deux fois la même chose, si je n'y mettois
» bon ordre, en me privant d'une matière aussi
» riche que celle-là, & aussi propre à faire honneur à un Dictionnaire; La même raison a fait
» que je discontinuai la recherche des hommes
» Illustres qui ont fleuri dans les Provinces Unies,
» & que j'ai très-peu parlé de ce qui concerne ou
» l'Histoire, ou la Géographie de cet Etat. Je compris que le Supplément de Hollande traiteroit de toutes ces choses amplement
» & exactement. Je compris aussi qu'on y narreroit avec beaucoup d'étendue, ce qui s'est fait de
» nos jours dans toute l'Europe. Voilà pourquoi je
» ne touche point à toutes ces Histoires modernes.
» D'autre côté, j'ouïs dire qu'on alloit donner à Paris
» une nouvelle Edition de Mr. Moreri fort augmentée. Cela me fit prendre le parti de supprimer
» **beaucoup de choses & d'arrêter mes Recherches sur**
» plusieurs sujets, que je n'eusse pû traiter qu'imparfaitement, en comparaison de ce que nous en
» pourrions apprendre ceux qui travailloient à cette
» nouvelle Edition. Ils sont sur les lieux, & à portée de consulter les Bibliothéques mortes & les Bibliothéques vivantes. Il faut donc leur laisser toute entière cette occupation, & ne leur pas faire le
» chagrin d'effleurer une matière qui sera lue avec plus
» d'empressement si elle paroit dans tout son lustre par leur moïen, avant que d'autres l'entament.

» Mais outre ces nouvelles Editions & ces nouveaux Supplémens du Dictionnaire de Moreri, il
» y a eu d'autres choses qui m'ont mis fort à l'étroit.
» Mr. Chappuzeau travaille depuis long temps à un
» Dictionnaire Historique. On peut être très-certain qu'on y trouvera, parmi une infinité d'autres matières, ce qui regarde la Situation des Peuples, leurs Mœurs, leur Réligion, leur Gouvernement & ce qui concerne les Maisons Roïales &
» la Généalogie des Grands Seigneurs, vous y trouverés
» en particulier; avec beaucoup d'étendue, tous les Elec-

» teurs, tous les Princes, & tous les Comtes de l'Empire,
» leurs Alliances, leurs Intérêts, leurs principales
» actions, vous y verrés, par cet endroit-là, les
» Païs du Nord, & le reste de l'Europe Protestante;
» J'ai donc cru qu'il falloit que je me tusse sur ces
» grands sujets, afin de n'exposer pas les Lecteurs
» à la fâcheuse nécessité d'acheter deux fois les mêmes choses. Je me suis vû même géné à l'égard des
» Hommes Savans du XVI. Siècle, car je savois que
» Mr. Teissier faisoit imprimer, avec de nouvelles
» additions les Commentaires qu'il a ramassés si curieusement sur les Eloges tirés de Mr. de Thou.
» Je craignois toujours en parlant de ces Savans, que
» les faits que j'en dirois ne fussent les mêmes
» que ceux de Mr. Teissier; & cette pensée m'a
» souvent déterminé à supprimer mes Recueils.
» Mr. Bayle dit que *s'il donnoit un Dictionnaire complet, on y verroit ce qu'on va bientôt lire dans des Dictionnaires auxquels on travaille en Angleterre, en France & en Allemagne.*

Mais puisque les Auteurs de ces Dictionnaires n'abandonnent pas leur travail, de peur de se rencontrer avec lui, pour quoi abandonne-t-il le sien, de peur de se rencontrer avec eux ? Il savoit bien que ces gens-là n'écrivoient pas tous en François. & qu'une infinité de gens se feroient un plaisir de voir, en cette langue, ce que d'autres auroient écrit dans une langue qu'ils n'entendent point, ou qu'ils n'entendent qu'avec peine. Il n'y a point d'ouvrage qu'on aime mieux lire en sa propre langue, que ceux qui servent à amuser autant qu'à instruire ; Aussi a-t-on traduit en Anglois le Dictionnaire de Mr. Bayle; Mais si l'on excepte les digressions, où il est entré pour faire sentir l'embarras de quelque cas de conscience, pour appuyer le Pyrrhonisme, pour porter quelques coups aux Théologiens qu'il n'étoit pas, & attaquer leurs Systêmes Théologiques, suivant qu'il le trouve en chemin; Si l'on excepte enfin ce qu'il dit pour réjouïr ceux de ses Lecteurs qui se plaisent à lire des obscénités, on trouvera que ce qu'il a écrit dans son Dictionnaire, est tout tiré d'ailleurs, & cela doit être ainsi ; Car un Historien n'invente pas les faits qu'il avance, comme fait un Poëte. Les Auteurs même qu'il cite, sur des sujets tant soit peu intéressans, sont la plûpart dans les mains de tout le Monde; Mais on aime à voir rassemblé dans un Ouvrage ce qui est répandu dans plusieurs. Les Obscénités même dans lesquelles Mr. Bayle s'égaïe, consistent très-souvent en de longs passages de livres très connus de tous ceux dont l'imagination gâtée se plait dans ces Vilenies, & ceux qui ne les ont pas encore vû ne manqueront pas de les acheter, dès qu'ils les auront appris les titres dans le Dictionnaire, & ne se feront pas de la peine de lire deux fois la même chose dans de différens Volumes.

En matière de Physique, c'est une grande recommandation pour une conjecture, de satisfaire à tous les phénomènes & à toutes leurs circonstances; il étend ce principe aux entreprises des hommes & à leurs motifs, le but de Mr. Bayle paroîtra peut-être sans obscurité : Un seul Principe suffit pour développer ses motifs & les raisons de toute sa conduite. Il se proposoit d'attaquer les Régles de la Morale & les Dogmes de la Réligion, & de remplir l'esprit des Hommes de doutes & d'incertitude sur ces importans sujets. Il ne trouvoit pas à propos de composer un Livre uniquement sur cette matière, il comprenoit bien qu'un tel Ouvrage auroit rebuté l'esprit de ses Lecteurs, la refutation en auroit même été plus facile; Il lui convenoit donc mieux de semer ses objections sous d'autres prétextes; Il comprenoit que cette méthode fatigueroit beaucoup plus un Critique, obligé de le suivre dans tous ses écarts ; Il voioit qu'il le forceroit à des redites rebutantes pour un Lecteur; Mais il ne craignoit pas le même effet pour les siennes, semées de loin à loin, mêlées parmi des

narra-

narrations amusantes, & sur tout parmi des contes & des réflexions, qui par cela même qu'elles sont si licencieuses & si opposées au goût de la Religion, disposent un mauvais coeur à se rendre à ceux qui la combattent & à leur en savoir bon gré. Ce que Mr. Bayle a fait entrer d'articles, dans son Dictionnaire, suffisoit pour ce dessein; un plus grand nombre seroit devenu superflu; Il les a sçû choisir tels qu'il les falloit, & il en a assés mis pour s'établir sur le pié d'un Savant & d'un Critique éxact. Il s'est borné par rapport aux personnes mentionnées dans l'Ancien Testament, à ce qui lui a paru propre à des réflexions satiriques.

Mr. Bayle comptoit, & il avoit raison de se persuader, que la manière dont il s'est pris pour refuter, & pour accabler de certaines erreurs, celles de Spinoza (par Exemple) celles de Mr. Leibnitz, celles des Matérialistes qui attribuent à l'étendüe la faculté de penser, & d'autres encore, en assés bon nombre, le feroient connoître pour un Auteur qui possédé à merveilles l'art de bien raisonner: Apparemment qu'il n'espéroit pas moins, & peut-être esperoit-il encore d'avantage de ses Objections; Mais afin de paroître plus sûrement grand à tous égards, il relève encore dans son Dictionnaire la difficulté qu'il y a d'être bon Critique & bon Grammairien.

Diction. Tom. II. pag. 288. 924. Tom. III. pag. 10. 78. 781.

Examen des paroles de Mr. Bayle sur les evasions.

„ VI. JE CROI, dit-il (Tom. II. pag. 366.) qu'on „ peut réduire à deux classes les grands Citateurs: il y en a „ qui se contentent de piller les Auteurs Modernes, & „ de ramasser dans un corps les compilations de plusieurs autres qui ont travaillé sur la même matiére. „ Ils ne vérifient rien, ils ne recourrent jamais „ aux Originaux, ils n'examinent pas même ce qui „ précède & ce qui suit dans l'Auteur moderne qui „ leur sert d'original; ils n'écrivent point les passages, ils marquent seulement à leur Imprimeur les „ pages des Livres imprimés, d'où il faut tirer ces „ passages. On ne peut nier que cette méthode de „ faire des Livres ne soit très-aisée, & que, sans fatiguer beaucoup la tête d'un Ecrivain, elle ne le „ puisse mener bientôt à dix gros Volumes. Il y „ a d'autres Citateurs, qui ne se fient qu'à eux-mêmes; ils veulent tout vérifier, ils vont toujours à la source, ils examinent quel a été le but „ de l'Auteur, ils ne s'arrêtent pas aux passages dont „ ils ont besoin, ils considérent avec attention ce „ qui le précède, ce qui le suit. Ils tâchent d'en „ faire de belles applications, & de bien lier leurs „ autorités: ils les comparent entr'elles, ils les concilient, ou bien ils montrent qu'elles se combattent. D'ailleurs ce peuvent être des gens qui se „ font une Religion, dans les matiéres de fait, de „ n'avancer rien sans preuve. S'ils disent qu'un „ tel Philosophe Grec croyoit ceci ou cela, qu'un „ tel Sénateur ou Capitaine Romain suivoit certaines maximes, ils en produisent les preuves tout „ aussi tôt, & parce qu'en certaines occasions la singularité de la chose demande plusieurs témoignages, ils en ramassent plusieurs. Je ne crains point „ de dire de cette méthode de composer, qu'elle est „ cent fois plus pénible que celle de notre Epicure, „ qu'on feroit un Livre de mille pages en moins de „ temps, selon la derniére méthode, qu'un livre de „ quatre cent pages selon la première. On comprendra mieux ceci par un éxemple.

„ Qu'un habile homme ait à prouver qu'un tel „ Pére de l'Eglise a été d'un tel sentiment, je suis sûr „ qu'il lui faudra plus de jours, afin d'assembler tous „ les passages qui lui seront nécessaires, qu'afin de „ raisonner à perte de vue sur ces passages. Aiant „ une fois trouvé ses autorités & ses citations, qui „ peut-être ne rempliront pas six pages, & qui lui „ auront coûté un mois de travail, il aura dans „ deux matinées vingt pages en raisonnemens, en objections, & en réponses à des objections; & par „ conséquent ce qui naît de notre génie, coute quelquefois beaucoup moins de temps que ce qu'il „ faut compiler. Je suis sûr que Mr. Corneille auroit eu besoin de plus de temps pour justifier une „ Tragédie, par un grand ramas d'Autorités, que „ pour la faire, & je suppose le même nombre de „ pages dans la Tragédie, & dans la justification.

„ *Heinsius* mit peut-être plus de temps à justifier „ contre *Balzac* son *Herodes Infanticida*, qu'un Métaphysicien Espagnol n'en met à faire un gros Volume de Disputes, où il débite tout de son crû. „ Je pense que les Plaidoiers où Mr. le Maître ramassa quantité d'Autorités, lui coutérent plus que „ les autres, & qu'ils furent composés avec plus de „ peine que ceux de Mr. Patru qui ne citoit presque rien.

Rien n'est plus aisé que d'éblouir un Lecteur médiocrement attentif, par des raisonnemens, & par des parallèles qui ne lui présentent un sujet que sous un certain point de vue. *Qu'un habile homme, dit Mr. Bayle, ait à prouver qu'un tel Pére de l'Eglise a été d'un tel sentiment, je suis sûr qu'il lui faudra plus de jours, afin de rassembler tous les passages qui lui sont nécessaires, qu'afin de raisonner a perte de vue sur ces passages.*

Il s'agissoit de savoir, s'il est plus difficile à un Auteur de donner un excellent Ouvrage, tout composé de raisonnemens qu'il aura tirés de sa propre méditation, que d'en donner un varié par des citations, bien choisies, bien vérifiées & bien appliquées. Or c'est déja oublier l'état de la question que de comparer, avec un homme qui cite éxactement & judicieusement, un autre qui ne raisonne qu'à perte de vue. 2. Il faut nécessairement distinguer les matières: Il est des faits dont l'éclaircissement demande des citations éxactes & des recherches pénibles & judicieuses. Il en est d'autres, sur lesquels il se trouve qu'on a déja assés travaillé, pour n'avoir besoin que de rassembler ce qu'il y a de plus précis, & de plus fort; Il est des matières neuves, ou qui peuvent être si composées, qu'il peut dépendre de principes auxquels on a si peu fait d'attention, & que l'on a si peu dévelopés, qu'il ne faudra pas de médiocres talens pour les mettre en évidence; En général ses comparaisons roulent sur des travaux d'une nature trop différente pour décider éxactement de quel côté il se trouve le plus de mérite. Voïés Log. Part. I. Sect. II. Chap. III. Art. XI.

Quant à l'exemple, cité par Mr. Bayle, d'un homme qui auroit à prouver distinctement, par la comparaison d'un grand nombre de passages, quel a été le sentiment d'un Pere de l'Eglise sur tel & tel Sujet, il présente un travail très-difficile aux yeux d'un Lecteur qui n'a jamais lû les ouvrages d'aucun Pere, & qui se met à la place de celui qu'on charge de cette commission; Mais pour un homme qui, dès sa jeunesse, a été en gout de lire, de faire des recueils, & des éxtraits de ce qu'il lisoit, & qui s'est accoutumé à les faire avec ordre, rien n'est plus aisé que de les parcourir & d'en rassembler les pièces qui peuvent servir à résoudre une Question.

Quand Mr. Bayle demande ce qui est le plus facile ou de donner des Ouvrages qu'on tire tout entiers de son génie & de sa méditation, ou d'en donner qui soient remplis de remarques & de citations, il met donc en parallèle deux sortes d'ouvrages tout différens. Mais les comparaisons qui roulent sur le *plus & le moins*, doivent avoir pour objet des matières d'une même nature. Je reconnois qu'un même homme peut être capable d'écrire de ces deux manières; mais je soutiens qu'en composant ainsi, il prend successivement deux caractéres différens. Si l'on suppose des personnes qui n'aiment ni l'oisiveté, ni la dissipation, aucun de ces deux travaux ne leur paroîtra pénible, pourvû que celui des deux auquel ils se détermineront soit conforme

forme à leur goût; Il est vrai qu'on se lasse par la continuation du travail, quand même il roule sur des sujets où l'on se plaît, & à cet égard, je trouve une différence entre ces deux genres de compositions. Celui qui tire son ouvrage de sa méditation, doit l'interrompre, quand il s'apperçoit qu'il se lasse, sans quoi il pourra se tromper, il s'exprimera obscurément & ne sera pas attention à diverses choses importantes. Mais quand même on est las on peut toûjours continuer à copier.

Mr. Bayle est outré, quand il exagére les fatigues d'un homme qui cite avec exactitude; Lui même me servira d'exemple: Si j'avois été de son goût; dans chaque livre que j'aurois lû, j'aurois écrit en marge des notes particuliéres, pour me souvenir de ce que j'y aurois trouvé de propre à obscurcir la Providence & à combattre la Réligion, par exemple, & pour le retrouver ensuite aisément. Afin d'attaquer par leurs propres armes ceux qui la défendent, je n'aurois pas manqué d'observer tout ce qui leur peut être échapé d'outré ou de foible; & ensuite je n'aurois proposé tout comme ce qu'on peut alléguer de plus fort pour leur cause. J'aurois parcouru les vieux Métaphysiciens, & les autres Livres qui, pour n'avoir pas été excellents, sont tombés dans l'oubli. J'aurois soigneusement recueilli toutes les gaillardises, tous les mauvais contes, toutes les obscénités qui m'auroient parû propres à servir à mon dessein, & à entrer dans mon plan. Un homme qui aime à lire peut, dans un petit nombre d'années, faire de grandes provisions. Il n'a pas même besoin d'interrompre ses lectures pour copier de longs passages. Il suffit qu'il ait ses lieux communs, pour y marquer les pages avec un petit avertissement.

Un homme qui entreprendroit de donner une Chronologie exacte, où chaque événement fut rangé dans la place qui lui convient indubitablement, s'il pouvoit y reussir, rempliroit un Plan dont on n'a pas crû jusqu'ici que personne fut capable: Mais après s'être fait une idée générale de la Chronologie, si l'on trouve, par-ci par-là, quelques événemens qu'on puisse plus heureusement placer que d'autres n'ont fait, on a des occasions de grossir son recueil, en chemin faisant & comme *aliud agendo*: On profite de ce qui se présente, & on ne court pas après ce qu'il faudroit aller chercher fort loin.

Ouvrages diverses de Mr. Bayle Tom. III. Part II. pag. 110. & suiv.

Dans les Réponses aux Questions d'un Provincial, T. I. Chap: LXIV & LXV, Mr. Bayle traite du Despotisme, & entasse sur cette matière, me la coutume de faire sur toutes les autres, un grand nombre de citations. Mais celui qui voudroit décider, par les faits qu'il rapporte, & les autorités qu'il allégue, sur les utilités & les inconvéniens du Despotisme, se trouveroit bien embarrassé & se verroit bientôt réduit à prendre le parti du Pyrrhonisme, par exemple, page 614 & suivantes.

Pag. 625. Oeuvres div. de M. Bayle, Tom. III. part. II.

„ Pour n'avoir nulle envie d'établir une succession non
„ héréditaire, & un gouvernement mixte, on n'a
„ qu'à lire l'Histoire des Diétes de ce Royaume
„ Républicain, & la manière tumultueuse dont el-
„ les élisent des Rois, & dont délibérent
„ sur le bien public.
„ Mais quand cherchés-vous à tromper? Que
„ ne jettés vous les yeux sur d'autres formes de gou-
„ vernement, où l'abondance, la prospérité font si
„ visibles, & où les païsans mêmes sont bien vêtus,
„ bien nourris & bien logés, & aussi à leur aise,
„ qu'ils sont misérables sous le pouvoir arbitraire en
„ tant de lieux de l'Europe? Pourquoi vous allés-
„ vous figurer que la misère des Turcs, la foiblesse
„ & la décadence de ce vaste Empire, que Mr. Du
„ Vigneau a si bien représentées, ont pour cause non
„ pas le Despotisme, mais le naturel féroce de la
„ Nation, & quelques autres défauts particuliers ?
„ Pourquoi vous tournés-vous sur la Perse & sur
„ la Chine, où la puissance absolue, dites-vous, ne
„ s'oppose pas au bonheur du peuple? En pouvés-vous
„ parler comme témoin oculaire ou sur des mémoi-
„ res éxacts?
„ Vous avés lu avec trop de complaisance les
„ écrits de *Louis le Roi*, où il rapporte amplement la
„ déscription que *Thucydide* nous a laissée des factions
„ épouvantables des Grecs, & ce que *Sallaste* & *Appien*
„ disent des factions de la République Romaine. Il
„ écrivoit dans la vûe d'éloigner les divisions qui
„ agitoient le Royaume.
„ Faites mieux, lisés-le dans le morceau de son livre
„ qu'un autre Auteur a pillé pour en orner la
„ *Méthode qu'on doit tenir dans la lecture de l'His-
„ toire*. Cét autre Auteur étoit Avocat au Parle-
„ ment de Paris, sous le Régne de Henri III. Il
„ vous dira des nouvelles des éxtorsions Roiales,
„ qui ont fait gémir si souvent les peuples. Il vous
„ dira qu'elle fut l'une des raisons pourquoi les
„ François détronérent Childeric leur quatrième
„ Roi.

Quand on cherche la Vérité de bonne foi, quand on a une juste défiance de soi même; quand on craint de se distraire ou de distraire un Lecteur, quand on veut éloigner de soi-même & de lui toute préoccupation & tout embarras, on ne doit citer que des témoignages bien compétens, quand il s'agit de faits en matière de Dogmes & de raisonnemens: Mais L'Autorité des hommes doit être comptée pour rien; beaucoup moins doit-on compter sur des expressions qui leur seront échapées dans la chaleur de la dispute, ou par un effet du grand intérêt qu'ils auront pris dans quelque affaire, intérêt, qui leur aura empêché de l'examiner sous toutes ses faces. On peut appliquer à un grand nombre de sujets & à un grand nombre de citations de Mr. Bayle ce qu'il remarque lui même, quand il dit à son Correspondant, qui avoit ramassé un grand nombre de citations en faveur du Despotisme. *Vous avés lû avec trop de complaisance les écrits de Louis le Roi*. Il est incomparablement plus facile de rassembler ce qu'on a dit pour & contre le Despotisme, que de décider, par des raisons solides, quel genre de Gouvernement, tout bien compté, est le plus utile aux hommes. De l'aveu de Mr. Bayle il est donc quelquefois plus difficile de bien raisonner que de citer exactement. Mr. Bayle (Dict : Tome. IV. page 612.) parle des observations Critiques, comme d'un genre d'étude pour lequel on a aujourd'hui le plus de goût.

„ Qu'on ait raison ou non de se plaire à n'être
„ pas dans l'erreur, sur aucun point de Géographie,
„ de Chronologie, d'Histoire, cela ne m'importe,
„ je ne suis responsable de rien; c'est assés pour
„ moi que le Public veuille connoitre exactement,
„ toutes les faussétés qui courent, & qu'il fasse
„ cas de ces découvertes.
„ Et qu'on ne me dise pas que notre siécle re-
„ venu & guéri de l'esprit critique qui régnoit
„ dans le précédent, ne regarde que comme des pé-
„ danteries les Ecrits de ceux qui corrigent les faussé-
„ tés de fait, concernant ou l'histoire particuliére
„ des grands Hommes, ou le nom des Villes, ou
„ telles autres choses, car il est certain à tout pren-
„ dre, qu'on n'a jamais eu plus d'attachement
„ qu'aujourd'hui à ces sortes d'éclaircissemens. Pour
„ un Chercheur d'Expériences Physiques, pour un
„ Mathématicien, vous trouvés cent personnes
„ qui étudient à fond l'Histoire, avec toutes ses
„ dépendances, & jamais la Science de l'Antiqua-
„ riot, je veux dire des Médailles, des Inscriptions,
„ des Bas-Reliefs n'avoit été cultivée comme elle
„ l'est présentement. A quoi aboutit-elle ? A mieux
„ arrivés, à empêcher qu'on ne prenne une Ville
„ ou une Personne pour une autre, à fortifier des
„ Conjectures sur certains Rites des Anciens, & à
„ cent autres curiosités donc le Public n'a que faire,
„ selon les dédaigneuses maximes qui font le su-

jet

„ jet de cette Difficulté: Maximes qui n'ont pas
„ empêché un grand Homme aussi consommé dans les
„ Affaires d'Etat, que dans l'Etude des belles Lettres
„ de publier un gros Livre sur l'excellence & sur
„ l'utilité des Médailles.

Tom. II. „ Je sai que bien des Lecteurs s'écrieront que je
Pag. 64. „ m'arrète plus qu'il ne faut à des minuties, &
„ qu'on n'a que faire de savoir si Carneade est venu
„ à Rome l'année 552, ou l'an 598, mais je me
„ soucie peu du goût de tels Censeurs, & j'aurois
„ mauvaise grace de faire le délicat par rapport
„ à des Recherches qu'un Illustre Conseiller au Parle-
„ ment de Bourgogne, & un Illustre Chanoine de
„ la Capitale de la même Province, n'ont pas jugées
„ indignes de leur attention, & qu'ils ont communi-
„ quées au public, sous les auspices d'un célèbre Prési-
„ dent à la Cour des Monoyes à Paris. Si quelqu'un
„ vouloit répondre pour moi à la censure de ces es-
„ prits dégoutés, qui méprisent cette espèce de Discussi-
„ ons, je le prierois de m'appliquer ce vers de Térence.
„ *Faciunt ne intelligendo ut nihil intelligant &c.*
„ Mr. Bayle fait honneur à ce qu'il lui plaît, & à
qui il lui plaît, il badine sur les Noms les plus respectables, il tourne en ridicule les Ss. Patriarches,
& toute la satisfaction qu'il donne au Public scandalisé, c'est la complaisance de retrancher quelques lignes, dans une seconde édition, pour ne pas s'attirer
de nouvelles affaires. Du reste il ne daigne condamner par aucune raison ce qu'on a trouvé si condamnable. Quand il s'agit d'accabler la Réligion de
doutes & de difficultés, l'exemple des personnes qui
desaprouvent cet excès, & qui se sont appliquées à lever ces difficultés & à les diminuer, ne lui paroit
d'aucun poids: Il cite, de temps en temps, quelques
Auteurs célèbres qui desaprouvent les obscénités, & le
genre de stile dont il se sert si souvent, mais leur
autorité n'a point de force sur lui; s'agit-il au contraire de justifier des recherches laborieuses sur des points
de nulle conséquence; deux ou trois autorités lui
fournissent une matière de triomphe, & une occasion de faire main basse sur une objection, & de se
croire en droit de n'y rien répondre.

Mais pourquoi chercher des raisons pour justifier
son genre d'étude, puisque selon lui il n'est pas possible d'alléguer, surquoi que ce soit, aucune raison
solide. Il paroit qu'il se détermine par goût; Il ne
comptoit pas de pouvoir se tirer de pair sur la Logique, sur la Physique, sur les Mathématiques, sur
le Droit; il aime mieux prendre une route où fort
peu de gens sont entrés. L'inutilité de quelque
Datte ou de quelque Nom propre, étant cause qu'on
n'y a pas fait beaucoup d'attention, a donné aisément
lieu à des erreurs. Voilà un beau champ pour un
homme qui aime à objecter. Mais si sur une matière si obscure, on peut déterrer le vrai, ne le pourra-t-on pas plus aisément sur d'autres, & le Pyrrhonisme n'en souffre-t-il pas?

Du reste je n'ai garde de rien dire contre le mérite
des personnes que Mr. Bayle cite. J'honore ces noms
aussi bien que lui, mais si je m'étois déterminé de
ce côté-là, & si j'avois entrepris de me mettre à
couvert sous leur autorité; je me serois étudié à prouver qu'on doit faire cas de ce genre d'étude; car si
quelqu'un faisoit à ces Messrs. la même objection,
qu'on a faite à Mr. Bayle, répondroient-ils en s'au-
torisant à leur tour de l'éxemple de Mr. Bayle?
Seroient-ils réduits à se mettre à couvert sous des
noms beaucoup au dessous de celui qu'ils portent &
qu'ils ont illustré? il s'agiroit toujours de savoir
qui a le prémier cherché à mettre cette Etude à la
mode, & quelle raison il en a eu. Mr. Bayle, ici
comme ailleurs, tire des conclusions générales d'un
petit nombre d'Inductions.

Il peut arriver à un grand homme de faire deux
ou trois *Sonnets* qu'on estimera, deux ou trois *Ron-
deaux* qui plairont, il pourra aussi remplir quelques
bouts rimés; Lui seroit-on beaucoup d'honneur en

le citant pour autoriser quelques Volumes *in Folio*
tout remplis de ces bagatelles.

Mr. Bayle paroit faire un si grand cas de ce genre d'Erudition, que dans la page 506, Tome I, il
donne un assés long extrait d'une Lettre écrite par
Mr. Minutoli, dont il admire l'étendue des recherches,
& qui a pris soin de s'informer avec une grande éxactitude du livre appellé *Ragionamenti di Pietro Aretino*;
Ce sont des livres indignes d'être lûs, pleins d'ordures & de licences; On s'est informé de l'année de
leur impression, des Epîtres Dédicatoires, & d'autres bagatelles de cette nature, indignes presque d'occuper le tems d'un habile homme, sur un ouvrage
même très estimable. Mais jettons les yeux sur un
autre endroit.

„ Le goût de cette espèce d'Erudition, dit Mr. Bayle,
„ (T. III. pag. 587.) est entièrement éteint, & il y a
„ beaucoup d'apparence que si Méziriac vivoit au-
„ jourd'hui on ne lui feroit point honneur de l'aller
„ chercher en Bresse pour lui donner une place dans l'A-
„ cadémie Françoise. Ce qui lui fit avoir autrefois cet
„ avantage, seroit présentement une raison de ne pas
„ songer à lui.... On ne tient plus compte d'un Au-
„ teur, qui sait parfaitement la Mythologie, les Poë-
„ tes Grecs, les Scholiastes, & qui se sert de cela
„ pour éclaircir, ou pour corriger des passages dif-
„ ficiles, un point de Chronologie, une question de
„ Géographie ou de Grammaire, une variation de
„ Récits, &c. On ne se contente pas de préférer à la
„ lecture des ouvrages d'un tel Auteur, celle d'un
„ Ecrit où il n'y a rien de semblable, on traite
„ aussi de pédanterie cette sorte d'Erudition; & c'est
„ le véritable moien de rebuter les jeunes gens
„ qui auroient des dons pour réussir dans l'étude
„ des Humanités. Il n'y a point d'injure plus offen-
„ sante que d'être traité de pédant: c'est pourquoi
„ on ne veut point prendre la peine d'acquerir beau-
„ coup de Littérature; car on craindroit de s'expo-
„ ser à cette offense, si l'on vouloit faire paroître que
„ l'on a bien lû les anciens Auteurs.

Il est difficile d'accorder cela avec ce que Mr.
Bayle dit ailleurs à l'avantage de ce genre de Littérature. Est-ce pour dédommager le Public du dégout
que doit lui donner cet entassement de lectures mises à profit, que Mr. Bayle a pris soin de le regaler
de tant de contes obscènes? Il le semble, & lui même l'insinue. Mais n'est-ce point trop chercher à
plaire à des Lecteurs qui méritent d'être négligés?
N'est ce point flatter un goût que tout honnête
homme doit se faire un devoir de ne point entretenir,
mais d'anéantir s'il le peut? Payer aux dépens d'un
tel devoir, la multitude des Lecteurs, c'est les acheter beaucoup trop cher. *Et où sont les gens qui s'aiment pas à se faire honneur de ce qu'ils savent, & qui
ne sont point animés de l'espérance de la gloire? Ôtés
cette espérance, vous refroidissés les plus ardens, vous redoublés la paresse de ceux qui craignent une application
pénible.*

Mr. Bayle s'exceptoit donc bien glorieusement de
la régle commune, puis qu'il ne vouloit pas seulement mettre son nom à son Dictionnaire, n'é-
toit-ce point là un pur Compliment; Etoit-il possible que l'Auteur d'un tel ouvrage fût ignoré? De
tous les ouvrages que Mr. Bayle a composé, il n'y
en a aucun, à l'éxception d'un seul assés petit, qu'on
ne lui ait attribué aussi hardiment, que si on avoit
lû son nom à leur tête.

JE L'AVOUE, cèt endroit de sa Préface me
jetta d'abord dans une éxtrème surprise; Mais le caractère de Mr. Bayle développé à mes yeux, dans le
reste de ses ouvrages, a diminué mon étonnement. On
y découvre le but secret qu'il s'étoit proposé, il
vouloit établir le Pyrrhonisme & ses suites. Pour
réussir dans ce dessein il étoit capital d'en faire un
mystère, & par conséquent de se former à l'habitude du mystère. Jamais Auteur ne s'est rendu cét
Art si familier que Mr. Bayle, il a supposé traduit
de

DU PYRRHONISME.

de l'Anglois le plus excellent de ses ouvrages, il a même sû y déguiser son stile. Dans les *Additions à la Critique de Mr. Maimbourg*, il s'est fait écrire des Lettres, il s'est fait proposer des objections. A force d'user de déguisement, on en use sans qu'on s'en apperçoive soi-même, & il ne vient pas dans l'esprit que les autres s'en apperçevront.

„ Ceux qui verront de Mr. Bayle (Préface du
„ Diction. pag. X.) mon nom à la tête de ce livre, &
„ qui sauront que pendant le cours de l'impression j'ai
„ dit en toutes rencontres que je ne l'y mettrois pas,
„ méritent un petit coin dans cette Préface. Non seule-
„ ment j'ai dit cela en cent rencontres, mais je l'ai écrit
„ en divers endroits, plusieurs personnes savent que tous
„ mes Amis ont fortement combattu ma résolution,
„ sans que les raisons innombrables que la fécondité
„ de leur génie & leur bonté généreuse leur suggéroit,
„ aient rien gagné sur moi; Je ne blâme point ceux
„ qui se nomment à la Tête de leurs Ouvrages; mais
„ j'ai toujours eû une antipathie pour cela; On
„ ne donne point raison des antipathies non plus que
„ des gouts; cependant je pourrois dire que la Ré-
„ ligion a fortifié en moi la disposition naturelle,
„ Cette sage indifférence que l'Ancienne Philosophie à
„ tant prêchée, m'a toujours plû. Cet Illustre qui
„ travailloit plus à être honnête homme qu'à le pa-
„ roitre, toujours en peine comment il pratiqueroit
„ la Vertu, jamais en peine s'il en seroit loué, m'a
„ paru depuis longtemps un très-beau modèle; & ja-
„ mais aucune censure ne m'a paru plus sensée que
„ celle qu'on emploie contre certains Philosophes
„ qui mettroient leur nom & des traités, où ils con-
„ damnoient le désir des louanges. En effet pour-
„ quoi blâmez-vous ceux qui courent après la répu-
„ tation, si vous publiés vous-même que vous con-
„ damnés cette foiblesse ? En conséquence de ces
„ idées rien ne m'a semblé plus beau, que d'étendre
„ sur tous les services qu'on tâche de rendre au public,
„ le même desintéressement qui se doit trouver selon
„ l'Evangile dans les actes de charité. Voilà les
„ maximes qui me portoient à ne pas mettre mon
„ nom à la tête de ce Dictionnaire ; Les médisans
„ ne m'en croiront pas. Ils se persuaderont que mes
„ scrupules étoient fondés sur le peu d'honneur que
„ l'on acquiert en paroissant à la tête d'un gros Ou-
„ vrage de Compilation, qu'ils appelleront Egoût de
„ Recueils, Rhapsodie de Copiste &c. De tous les
„ emplois, diront-ils que l'on puisse avoir dans la
„ République des Lettres, il n'y en a point de plus
„ misérable que celui des Compilateurs, ils sont les
„ porte-faix des grands Hommes. A la vérité ils ne
„ sont pas inutiles: Telles gens, disoit Scaliger, sont

„ les Crocheteurs des hommes doctes, qui nous
„ amassent tout ce la nous sert de beaucoup si l'on sait qu'il y
„ ait de telles gens. Mais les métiers les plus vils
„ ne sont-ils pas nécessaires ? & l'utilité qu'ils ap-
„ portent les tire-t-elle de leur bassesse. ? Il y a donc plus
„ de Vanité que de Modestie, à ne vouloir point
„ passer pour un Auteur porte-faix, & à vouloir
„ sortir de la Classe de ces Ecrivains, dont les pro-
„ ductions ne sont pas tant un travail d'esprit qu'un
„ travail du corps, & qui portent leur cervelle
„ sur leurs épaules; Les Médisans croiront ce qu'il
„ leur plaira ; ce n'est point contr'eux qu'il faut rai-
„ sonner ; je dirai donc seulement que ce n'est point
„ inconstance, mais pour obéir à l'Autorité souverai-
„ ne, que je fais ce que j'ai dit si souvent que je
„ ne voulois point faire. On a trouvé à propos pour
„ appaiser le différent de quelques Libraires, que
„ je me nommasse, sans cela le Sieur Reinier Leers,
„ n'eut pû obtenir le Privilège, dont il avoit, à ce
„ qu'il a crû, un besoin indispensable, j'obéis donc
„ aveuglément ; Je n'aurois donc point à craindre le
„ Tribunal du redoutable Caton le Censeur.

Il s'est fait une grande peine, dit-il, *de mettre son nom à la tête de son Ouvrage*. Quelle affectation ! L'Auteur de quelques gros Volumes pourroit-il être caché, comme s'il n'avoit donné que le Commentaire Philosophique, ou l'Avis aux Réfugiés. Pour composer son Dictionnaire, il avoit besoin d'emprunter un grand nombre de Livres, & de consulter diverses personnes; Le public étoit averti qu'il vouloit donner cet ouvrage longtemps avant qu'il parut. Avec tout cela sa modestie ne pouvoit pas se rendre aux sollicitations de ses Amis; il étoit si modeste qu'il ne pouvoit pas se résoudre à avoir pour eux autant de complaisance que pour les Débauchés, en faveur desquels il a rempli son Livre de tant de grossiéretés ; & si *son Libraire avoit pû obtenir son privilège, sans cette condition*, on n'auroit pas vû le nom *de Mr. Bayle à la prémière page*, comme si le Souverain ne pouvoit pas savoir autrement qui étoit l'Auteur de cet Ouvrage, & s'il n'avoit pas pû s'en assurer par un signé qu'on auroit mis entre ses mains.

Mr. Bayle prévoit encore dans sa Préface, une objection qu'il auroit beaucoup mieux fait de prévenir absolument, en ne lui donnant aucun lieu. Combien d'Apologies ne se seroit-il pas épargné ? Son Dictionnaire en est chargé, il eut mieux valu, qu'il ne l'eut pas rempli de ce qui a rendu ces Apologies si nécessaires. (A).

„ Les gens graves & rigides blameront sur tout, dit-il, *Desobéissances*
„ (Préface du Diction. pag. VI.) les Citations de Bran-
„ tome

(A) Mr. Bayle (Lettre CXXXVII.) * parle ainsi de son Dictionnaire. "Je n'ai jamais écrit, ni ne prétens encore à l'avenir écrire *Oeuvres, acquerir le titre de bon Auteur, ne le trouvant pas digne d'être fort souhaité, de sorte que c'est pour m'occuper d'une façon Tom. IV. qui ne me soit pas à charge à moi même (or cela-c'est assez de cette nature) que j'entrepris ce Dictionnaire. Puisque Mr. Bayle ne considéroit pas assés le Public, pour se mettre en peine s'il lui donneroit un bon ou un mauvais Livre, faut-il s'étonner qu'il ne s'est fait aucun scrupule de le scandaliser par les contes & par ses Objections. Si la compilation de Dictionnaire n'étoit pour lui qu'une matière d'amusement, moins à charge qu'aucun autre, il est peu à croire quand il étale la fatigue de rassembler des faits, & de les examiner.

Si l'on compare la seconde Edition de son Dictionnaire avec la prémière & qu'on joigne à ce parallèle ce qu'on lit dans ses Lettres, on viendra aisément à concevoir que quand Mr. Bayle donna sa prémière Edition, il n'avoit guère de prêt que ses Objections contre la Religion, ses recueils de gaillardises, quelques remarques sur Mortel & quelques traits historiques. A mesure que des correspondans lui fournissoient des matériaux, & lui indiquoient des secours, il consoit remarquer à remarque & enfin il se hâte ce qui se présentoit sous sa main, afin que son livre répondit d'avantage au Titre de Dictionnaire Critique & renfermât plus de matériaux propres à en envelopper le principal but, l'etablissement du Pyrrhonisme & de ses suites.

Lettre CXLII. "Je renvoie toujours au temps où les Imprimeurs font des Articles faciles à compiler, & je donne cependant mon temps „ à ceux dont les pieces sont plus malaisées à rassembler.

Lettre CLXVII. *Ce que vous avés écrit sur le Catholicon sera un ragout pour moi*, & *une source de mille particularités*, dont je pourrai *profiter dans mon Dictionnaire*. P. S. *Je prens la liberté de vous demander quelques mémoires sur Mr. Ferri*.

Lettre CLXX *Vous êtes très-bien situé pour les Livres nécessaires à vos travaux & aux miens*. Je ne suis bien placé ni pour la forme *des Livres dans si ne pas leur usage*. Lettre CLXXV. *Je vous avoüe ingenuement que cet ouvrage n'est qu'une compilation uniforme de passages cousus les uns à la queuë des autres*.

Lettre CLXXXI. *Ce qui me retarde beaucoup, c'est que n'ayant pas sous ma main toutes Livres qu'il saut que je consulte, je suis ob-ligé d'attendre jusques à ce que je les aie fait chercher quand quelque personne de cette ville les a*.

Lettre CCLIX. *Comme les additions que j'étois obligé de faire alors, contenoient plus de temps que je ne m'étois figuré, je n'ai jamais pû préparer mon Dictionnaire sous plusieurs jours ce que j'avois à donner aux Imprimeurs*.

Lettre CCLXVII. Contient encore des preuves des fautes où il est tombé par sa précipitation.

Lettre CCLXXIII. *Rien ne me peut être plus avantageux, que cela dans le dessein où je suis de faire en sorte que mon Dictionnaire se purge des fautes innombrables qui me sont échapées*, & *ayant toujours travaillé avec précipitation* & *sans le secours d'une bonne Bibliothèque*. Voiés aussi Lettre CCLXXXVII. CCLXXIX. CCCVI. CCCXXII. *C'est sans ma participation que le Libraire a fait imprimer à part l'article de David*. Mr. Bayle n'avoit qu'à le faire rayer & menacer d'en porter les plaintes.

„ tome ou de Montaigne qui contiennent des actions &
„ des réflexions trop galantes. Il faut dire un mot là des-
„ sus. Quelques personnes de mérite qui prenoient à
„ cœur les intérêts du Libraire, ont jugé qu'un aussi
„ gros Livre que cet Ouvrage, farci de citations
„ Grecques & Latines, en divers endroits & char-
„ gé de discussions peu divertissantes, effrayeroit des
„ Lecteurs qui n'ont point d'étude, & ennuyeroit
„ des gens doctes; qu'il étoit donc à craindre que
„ le débit n'en tombat bien-tôt, si l'on n'attiroit la
„ curiosité de ceux mêmes, qui ne savent pas le
„ Latin. On me fit comprendre qu'un Ouvrage
„ qui n'est acheté que par les Savans, ne dédommage
„ presque jamais celui qui l'imprime, & que s'il y
„ a du profit à faire dans une impression, c'est lors
„ qu'un Livre peut contenter les gens de Lettres, &
„ ceux qui ne le font pas; qu'il falloit donc qu'en
„ faveur de mon Libraire, je rapportasse quelquefois
„ ce que les Auteurs un peu libres ont publié, que
„ l'emploi de telles matières est semblable à la liber-
„ té qu'on prend de faire sa Vie. Dans quelques
„ personnes c'est la marque d'un défaut, dans d'au-
„ tres ce n'est qu'une juste confiance en leurs bon-
„ nes mœurs, & que je pouvois justement me met-
„ tre au nombre de ces derniers; qu'enfin si j'avois trop
„ de répugnance à déférer à ces avis, je devois du moins
„ souffrir qu'on fournit de tels mémoires aux Librai-
„ res, & même quelquefois des réflexions dogma-
„ tiques qui excitassent l'attention. Je leur promis
„ d'avoir quelqu'égard à ces remontrances, &
„ j'ajoutai que je n'avois point de droit de m'op-
„ poser à leur supplémens: Que j'avois laissé au Li-
„ braire une pleine autorité d'insérer, même sans me
„ consulter, les Mémoires que ses Correspondans & ses
„ Amis lui enverroient, & que je voudrois qu'à l'égard
„ de tout le livre, ils voulussent faire ce qu'ils té-
„ moignoient avoir assés d'envie de pratiquer en cer-
„ tains endroits, c'est-à-dire, qu'ils ajoutassent à
„ mes Compilations, qu'ils en retranchassent, qu'ils
„ les arrangeassent, comme ils le trouveroient bon.
„ Il est certain que j'ai toujours souhaité de
„ n'avoir pour mon partage, dans ce Travail, que
„ le soin de compiler; j'eusse voulu que d'autres
„ prissent la peine de donner la forme aux matéri-
„ aux, d'y ajouter & d'y retrancher, & j'eus beau-
„ coup de plaisir lorsque les personnes dont je parle
„ m'assurèrent qu'elles se souviendroient de nôtre
„ conversation. C'est à quoi je supplie mes Lecteurs
„ de prendre garde. Quant aux Réflexions Philo-
„ sophiques que l'on a quelquefois poussées, je ne
„ crois pas qu'il soit nécessaire d'en faire excuse;
„ car puis qu'elles ne tendent qu'à convaincre l'hom-
„ me que le meilleur usage qu'il peut faire de sa rai-
„ son, est de captiver son Entendement à l'obéissan-
„ ce de la Foi, elles semblent mériter un remercî-
„ ment des facultés de Théologie.

Ce qu'a dit à Messieurs les Théologiens qui lui ont lu sa Théologie.

VIII. POUR ce qui est des remercîmens que Mrs. les Théologiens doivent à Mr. Bayle, il avoit trop d'esprit pour s'y attendre, à moins qu'il ne les supposât remplis d'une stupide prévention. C'est une grande satisfaction, sans doute, pour un homme qui a lore Dieu, & qui l'aime par dessus toutes choses, & un grand sujet de reconnoissance pour celui qui la lui procure de voir l'existence du Créateur, qu'il adore & qu'il aime, chargée de contradictions, sa sainteté & sa bonté en opposition perpétuelle avec sa Conduite. J'aimerois autant qu'un homme après avoir chargé mon Pere de plusieurs défauts, & de plusieurs vices, & m'en avoir allégué les preuves les plus fortes, & selon lui les plus sans replique, ajoutat: *l'ons m'avés beaucoup d'obligations, car desormais votre Pere vous tiendra beaucoup plus de compte de ce que vous le croirés honnête homme, sur sa seule parole, malgré tant de preuves qui font contre lui, & qui vous condamnquent du contraire.*

Un homme encore devra de grandes actions de graces à celui qui aura fait tous ses efforts pour prouver que sa naissance est illégitime, parce que sa confiance en sa Mere deviendra par là d'un plus grand prix.

Mr. Bayle s'étoit tellement accoutumé à se moquer d'une partie de ses Lecteurs, en composant son Dictionnaire, qu'il ne daigne pas seulement les respecter, ou les épargner dans sa Préface. Si on étoit assés simple pour croire ce qu'on y lit, on s'imagineroit puérilement, qu'on se rendit en foule à l'Imprimerie, & que suivant qu'on trouvoit le Libraire facile ou attentif à ses intérêts, on se donnoit la liberté d'inférer tout ce qu'on trouvoit à propos, dans le Dictionnaire, dont Mr. Bayle se contentoit de fournir les articles & les principales matières: Mais son Zéle à justifier ce qu'il paroit ici imputer à d'autres personnes, ne permet pas de se tromper sur leur véritable Auteur.

IX. Mr. BAYLE justifie donc la liberté qu'il *Si l'intérêt vil excentrique les obscénités*. s'est donnée de répandre dans son Dictionnaire tant de grossièretés obscénités, & cela dans des termes que presque tout le monde auroit honte d'employer; il s'en justifie, dis-je, parce que cela lui a paru presque nécessaire, pour égaier un ouvrage fatiguant, par la multitude des citations qu'il renferme, & qui le seroit encore d'avantage, s'il ne contenoit rien que de sérieux; Mais ceux qui le trouvent fatiguant n'auront qu'à le lire par reprises, comme effectiment-il est assés difficile de lire, au moins avec quelque fruit, tout de suite des matières si détachées, & si différentes l'une de l'autre, par l'éloignement des temps & des lieux, où elles sont arrivées, & le plus souvent encore par leur propre nature. Mr. Bayle fait beaucoup d'honneur à son Libraire d'insinuer que c'a été en vue de lui faire plaisir & de lui procurer un plus grand débit, qu'il a semé dans son Livre tant d'obscénités. Sied-il bien à un Philosophe qui regarde les choses du monde avec tant d'indifférence, (A) si éloigné même de s'inquièter sur la conservation de sa vie, & le rétablissement de sa santé, qui sans Patrimoine perd sa pension, & ses disciples d'un esprit tranquile, qui paroit si scandalisé du célébre Alciat, qui passoit d'Academie en Academie à mesure que de grosses pensions l'y attiroient, qui fait partout l'Eloge du desintéressement, & particulièrement celui d'Anaxagore: sied il bien à un tel Philosophe de remplir son Livre d'ordures, afin de servir d'instrument à l'avidité de son Libraire pour le gain? Sur le nom *Ales*, (Diction. Tom. I. pag. 157.) il remarque avec raison *qu'une fille qui se seroit estropiée un bras ou une jambe, en commentant un vol, à la sollicitation d'une autre personne, loin d'être en droit de lui demander une dédomagement par devant les Magistrats, mériteroit d'en être punie;* & que sert à Mr, Bayle la pureté de ses mœurs, par rapport à l'argent, & aux plaisirs illicites, s'il a la complaisance, ou pour mieux dire la lacheté, de se prêter à des gens vendus à l'intérêt, & à l'impureté & qui vont à ces fins, par tous les moïens qui sont
en

(A) Histoire de Mr. Bayle page XXXI. Voïés sou Diction. de l'Edit. de Geneve Tom. I.
„ Il soutint sa disgrace en vrai Philosophe, qui regarde comme inutile tout ce qui lui manque, & à qui le desintéressement,
„ sa temperance & sa sobriété, tiennent lieu d'un revenu suffisant. Il se trouva cependant au dépourvu tant par la perte de sa
„ Chaire & de sa pension, qu'à cause du peu de soin qu'il avoit de thésaurifer.
„ Dans son situation si triste pour d'autres, Mr. Bayle s'y trouve heureux, il possède son Ame dans une grande tranquilité, dé-
„ taché de l'amour des biens & des honneurs, il étoit disposé à refuser même les Vocations quand on lui en eut adressé.
„ Page XXXVI. Jamais Philosophe ne pratiqua plus à la lettre l'avis exprimé dans ce vers de Martial.
Summum nec metuas diem nec optes.
„ Il vit venir à pas lents la mort, sans la craindre, & sans la désirer, il conserva toute sa tranquilité, sans se déranger en rien
„ jusqu'à la fin.

en leur puissance. Comment s'est-il pû faire que la Religion Chrétienne dont une Grace toute singulière a imprimé, par *Foi*, la persuasion dans son cœur, n'ait pas fortifié son heureux & chaste naturel, contre les chéris appas des intérêts de son Libraire ?

X. Mr. BAYLE connoissoit trop bien le cœur de l'homme, pour ignorer que rien n'est plus dangereux que de se familiariser avec ces idées, soit par la lecture, soit dans la conversation. Suivant les principes qu'il pose dans l'Article que je viens de citer, il n'auroit cu que faire l'éloge des Magistrats, qui auroient défendu sous des Amendes très-severes (& corporelles, si les pécuniaires ne suffisoient pas) les livres propres à salir l'imagination, & à faire passer dans le cœur des agitations impures. La Moindre Velléité doit allarmer sur ces matieres ; Mr. Bayle en convient, car voici ses termes. " Rien ne pou-
" voit faire plus d'honneur à la Religion Protestan-
" te, que la sévérité des maximes qui se rapportent
" à la chasteté, car l'observation de ces maximes est
" le Triomphe le plus difficile à obtenir sur la natu-
" re, & celui qui peut le mieux témoigner que l'on
" tient à Dieu par les liaisons réciproques de sa pro-
" tection & de son Amour.

Mr. Bayle ne répand point dans son Dictionnaire ces contes & ces réfléxions qu'il appelle gaillardes, pour guérir les hommes d'un vice, dont la correction seroit selon lui le plus bel ornement de la Religion, puis qu'au contraire il s'accomoda au goût des cœurs gatés, qui payeront mieux son Livre, quand ils le sauront rempli de ces ordures. Si les Magistrats, dont il blâme l'indulgence, sur ce sujet, s'étoient avisés de défendre l'impression de ces obscénités, dans le temps qu'il en alloit faire un des ornemens de son ouvrage, auroit-il été mortifié de cette défense, ou s'il en auroit été édifié ? & pourquoi ne pas s'abstenir de ce qui est condamnable, jusqu'à ce que la Loi civile le défende ? Un grand nombre de bonnes gens, & d'un cœur en garde contre tout ce qui peut conduire à la licence ; des Péres sages, des Meres chastes, & en même temps, prudentes & scrupuleuses, des jeunes gens en danger, & disposés par le feu de leur âge à abuser des occasions de penser agréablement au mal, & par là d'y tomber ; tous ces gens-là, & d'autres, dans des cas semblables, ne méritoient-ils pas que Mr. Bayle eut plus d'égards pour eux, que pour le profit d'un Libraire, qui veut tirer parti de la corruption du cœur ? Si Mr. Bayle avoit fait la même attention au goût & au désir de la plus grande partie des Chrétiens, il se seroit abstenu d'étaler & de pousser, plus loin que personne n'a fait, tant d'objections & tant de scrupules contre des Vérités respectées & respectables Quand même il n'auroit regardé que comme des foiblesses les plaintes de ceux qui s'en scandalisent ; puis qu'on ne peut nier qu'il n'y ait aussi, au moins, de la foiblesse à demander des contes & des réflexions licentieuses, l'équité auroit voulu qu'il craignit autant de chagriner les prémiers de ces esprits foibles, qu'il pouvoit avoir de pancher à contenter les autres.

Dessein de Mr. Bayle en s'obscurcissant sur les Cens aures.

XI. ON NE peut pas s'empêcher de percer le voile dont Mr. Bayle tâche de s'envelopper, & ne s'éclaircit plus qu'on ne voudroit, sur une intention qu'il déguise autant qu'il peut. On trouve dans son Dictionnaire un mélange de réflexions, dont les unes vont à remplir l'esprit de doutes, à le jetter dans le découragement, & à lui faire perdre l'espérance de voir la Vérité ; Les autres à mettre en opposition la Raison & la Foi, à établir une égalité de vraisemblance entre les plus absurdes & les plus impies Systèmes, & celui de l'unité d'un Dieu très-saint & très-bon, à prouver que les uns tout comme les autres, ont leurs côtés lumineux & leurs côtés ténébreux, dans une parfaite égalité ; en sorte que dès que l'entendement humain pancheroit d'un côté il trouveroit bientôt dans l'autre des raisons pour se retracter ; Quel est l'effet naturel de tout cela ? N'est-ce pas d'amener l'esprit à un entier découragement & une parfaite incrédulité ? Mr. Bayle reconnoit lui même qu'il n'y a qu'une grace miraculeuse qui puisse, dans une telle rencontre, suppléer à l'infirmité de la Raison ; Voilà donc ses Lecteurs réduits à une entiere incrédulité en matiere de Religion & de Morale, si la Grace de Dieu ne s'oppose aux impressions que doivent naturellement produire les Argumens de Mr. Bayle ; Or que peuvent attendre de la Grace de Dieu des Lecteurs qui se plaisent dans toutes ces idées impures, dont-il a chargé son Livre en leur faveur ?

A quels vices la Religion est sur tout nécessaire.

XII L'AVARICE, l'Orgueil, la Férocité ne conduisent pas à beaucoup près si directement, & si manifestement à l'Athéisme que l'Impureté. L'Avare a une petitesse de génie, qui le dispose à la superstition ; il se fait aisément illusion, il regarde son attention à de vils intérêts, comme un effet de prudence, il s'applaudit de la sobriété & de son éloignement pour le luxe. Le superbe se justifie par l'attachement qu'on doit avoir pour le point d'honneur & pour la bienséance, & par les égards que mérite ce qu'on doit à sa naissance & à ses dignités ; La férocité même passe pour un effet de Zéle contre le vice, & contre l'opiniatreté de ceux qui répandent des erreurs ; Mais *l'Impureté* est sans excuse ; On est Avare, on est hautain, on est dur, sans croire de l'être, mais on ne peut se livrer aux plaisirs des sens, sans que lon s'en apperçoive ; La Raison fait naturellement des sécrets reproches à ceux qui s'y abandonnent, & on ne peut s'y livrer sans remords & sans retenue, qu'après s'être persuadé qu'on ne différe des autres Animaux que par la figure seulement & par quelques dégrés de finesse. Si la Raison ne présente que des lueurs incertaines, il est évident que nous ne sommes pas nés pour la consulter & la suivre ; Tout son usage se borne à nous rendre plus industrieux à satisfaire nos sens & nos passions. *Je veux mettre à part toute conjecture sur les intentions de Mr. Bayle* : Je demande seulement, si un homme d'esprit, qui auroit eu envie de rendre la Raison méprisable, & de faire renoncer au dessein de s'instruire par son sécours, qui se seroit proposé d'ôter à la Religion toutes les lumières par lesquelles on en établit la Vérité, & tous les moyens par lesquels on peut s'en assurer à l'exception de l'Enthousiasme, je demande si un homme, qui cherche dans des contes obscénes, & dans les idées des plaisirs des sens, de quoi revenir du sombre où jettent nécessairement toutes les raisons que je viens d'alleguer ; Je demande, dis-je, si un homme d'esprit qui auroit eu réellement cette intention, auroit dû s'y prendre d'une autre manière qu'a fait Mr. Bayle, pour arriver à ses fins ; & je demande s'il étoit possible que cet habile homme n'eut compris par quel devoit être l'effet naturel de ses Ouvrages ? Après cela peut-on assés s'étonner de la stupidité excessive de quelques Théologiens qui lui savent si bon gré de sa prétendue Orthodoxie, c'est-à-dire, de son affectation à paroitre Orthodoxe. Il me semble au contraire que c'est là un des endroits qui doit le plus revolter contre lui un cœur raisonnable. Il faut se crever les yeux pour ne pas reconnoître en lui un Pyrrhonien, partagé entre le plaisir de répandre à chaque page des obscénités, & celui d'accabler de difficultés les sentimens les plus universellement reçus & réconnus pour vrais, & dont la croiance est la plus intéressante pour le Genre humain. Par quel principe, si l'on y pense attentivement, peut-on croire qu'un Pyrrhonien se soit déterminé à préférer une hypothèse Théologique à bâtir sur elle plutôt que sur une autre ? Dans le dessein où il étoit de rendre tout douteux, & d'ouvrir une libre carriére à tous ceux dont il se promettroit que son Libraire tireroit le plus d'argent, que pouvoit-il faire de plus convenable que de préférer celle de toutes les hypothèses, contre laquelle il sentoit bien que la Raison

son se révoltoit le plus ? Pour agir conséquemment il faloit qu'il donnât la préférence à celle sur laquelle il trouveroit le plus de prise. Il a donc rendu suspecte l'Orthodoxie en paroissant l'estimer. Il ne l'a confondue avec le Christianisme, que pour les attaquer l'une & l'autre en même temps, avec plus d'avantage. Cependant on lui en sçut bon gré. Quel aveuglement ! On compte pour quelque chose l'autorité de son Dictionnaire, & on dit de son Auteur voilà un *grand Homme, & un Homme d'un grand goût en matière de Réligion*.

Mauvais effets du Pyrrhonisme.

XIII. IL EST assés naturel de s'étonner qu'un homme d'esprit comme Mr. Bayle, laborieux à proportion, & capable par-là d'éclaircir & d'étendre toutes les sciences auxquelles il auroit voulu s'appliquer, ait mieux aimé employer, pour ne pas dire perdre, la plus grande partie de son temps à rélever les fautes des faiseurs de Dictionnaires, & de quelques autres Auteurs sur quelques dattes, quelques noms, & quelques menues circonstances des temps fabuleux, sur les noms des Dieux & des Heros de l'Ancienne Rome. Il est étonnant qu'un génie de cette sorte se soit abandonné à des ouvrages qu'il auroit été obligé de supprimer, par le peu de gens qui y auroient jetté les yeux, s'il n'avoit sçû méler ces minuties parmi d'autres sujets; Mais c'est là une suite du Pyrrhonisme; si la Raison est condamnée à ne pouvoir s'assurer du vrai, c'est perdre son temps que de la chercher, & autant vaut-il s'amuser à se perdre sur les sujets les plus minces, que sur les plus importants. D'ailleurs si Mr. Bayle s'étoit avisé, par exemple, d'attaquer tous les Physiciens, ou tous les Logiciens, il se seroit attiré de redoutables adversaires; il s'en seroit peut-être trouvé qui l'auroient convaincu d'ignorance ; il auroit pû s'attirer non seulement la haine, mais encore le mépris de ceux qui se seroient trouvés plus savans, que lui. Ces Sciences demandent un homme capable de se soutenir à chercher & à méditer. Il est incomparablement plus aisé d'inventer & de pousser des objections sur les sujets que Mr. Bayle attaque ; il ne faut pour cela qu'un peu d'habitude, soutenue d'une humeur contredisante.

Je ne lui impose rien dans ce que je dis ; lui-même reconnoit, qu'aucune de ses remarques ne peut passer pour importante. Pourquoi donc s'amuse-t-il à en faire ? Il faut bien se borner à des amusemens, quand on est réduit à ne pouvoir rien faire de meilleur : Or selon lui, c'est là le sort de tous les hommes, *Il est certain*, dit-il, *que la découverte des erreurs, n'est importante, ou utile, ni à la prospérité de l'Etat, ni à celle des Particuliers*.

Que la verité est plus utile que l'Erreur.

XIV. LA MÊME Vivacité & la même Impatience qui jette dans le Pyrrhonisme, qui fait conclurre qu'on ne peut s'assurer de rien, parce qu'on a de la peine à s'assurer de quelque chose, cette même vivacité & cette même impatience, rend de temps en temps trop exclusif : Rien n'est plus outré que ce que vient de dire Mr. Bayle : Il sent l'inutilité de ses remarques ; il n'est pas possible que cette réflexion ne le mortifie, au moins un peu, mais il s'en console, en étendant à toutes celles qu'on peut faire *sur la découverte des Erreurs*.

Preface §. i. 1.

,, *Un récit plein de faits crasse ignorante*, est aussi
,, *propre que l'exactitude Historique à remuer les pas-*
,, *sions. Que dix mille personnes très-ignorantes vous*
,, *entendent dire en Chaire, que la Mére de Corio-*
,, *lan obtint de lui ce que ni le sacré Collége des*
,, *Cardinaux, ni le Pontife lui même qui étoient*
,, *allés au devant de lui, n'avoient jamais pû ob-*
,, *tenir. Vous leur donnerés la même idée du pou-*
,, *voir de la Sainte Vierge, que si vous n'avanciés*
,, *pas une bévuë. Dites-leur, Quoi! Chrétiens*
,, *vous ne serés pas touchés de voir Nôtre Sauveur*
,, *J. Christ à l'Arbre de la Croix tout meurtri*
,, *de Coups, & l'Empereur Pompée fut bien ému*
,, *de compassion lors qu'il vit les Eléphans de Phyr-*
,, *rhus percés de fléches, vous serés autant d'effet*
,, *que si vous disiés de Pompée une chose très-vé-*
,, *ritable ; Il est donc certain que la découverte*
,, *des erreurs n'est importante ou utile, ni à la pros-*
,, *périté de l'Etat, ni à celle des Particuliers*.

Quand on est Pyrrhonien, & qu'on ne compte plus sur l'évidence, parce qu'on n'en reconnoit point, ou qu'on ne veut pas s'y fier, on ne consulte que son goût, c'est-à-dire, son humeur, dans le choix des preuves. Mr. Bayle aimoit les contes, & il en trouve deux sous sa main, c'est assés pour en faire deux preuves. Un Prédicateur dit des absurdités ; des Ignorans qui composent son auditoire les écoutent & en sont émus ; Voilà des erreurs qui valent des Vérités puis qu'elles font le même effet ; Ce frontispice ou ce commencement de Préface avertit les Lecteurs chéris de Mr. Bayle, de ce à quoi ils doivent s'attendre ; Les contes les plus propres pour amuser le Peuple, pour l'agiter, & le porter à une manière de vivre commode, pour la Société, sont une assés bonne Réligion.

Mais faut-il avoir beaucoup de génie pour lui répliquer que des mouvemens & des résolutions qui n'auront eu qu'une erreur pour cause, cesseront dès qu'on s'éclaircira sur leurs principes ? Alors honteux de ces mouvemens & de ces résolutions si peu fondées, on y renoncera. N'est-ce donc pas rendre un très-grand service au Public & aux Particuliers que d'éclairer assés les hommes, pour qu'ils n'ayent pas besoin de chercher, ailleurs que dans la Vérité, des motifs à devenir eux mêmes honnêtes gens, & à porter les autres à la Vertu.

Mr. Bayle excepte en marge les Vérités de la Réligion, mais les exemples qu'il cite, ne prouvent rien, ou prouvent que l'erreur est aussi utile à cet égard que la Vérité.

Un Historien, dit-on, & le Dictionnaire Historique est fort assujetti aux Loix de l'Histoire, doit *rapporter exactement le bien & le mal, afin qu'un Lecteur puisse se former de justes idées des personnes qu'on lui dépeint ; Quand donc un homme a été impur dans ses mœurs, ou qu'un Auteur a été obscène dans ses Ouvrages, il faut bien qu'un Historien en avertisse, & à moins qu'il ne prétende être crû sur sa parole, ce qui seroit une vanité des plus impertinentes, il faut qu'il le prouve par des citations*, c'est à quoi Mr. Bayle a été obligé malgré lui.

Devoir d'Historien violé par Mr. Bayle.

XV. MAIS que dira-t-on si le plaisir de salir son Livre lui fait oublier les loix d'un Historien, & engage son lecteur à se former des idées fausses ; Il donne le nom de Garces * aux deux femmes qui furent le sujet des querelles d'*Agamemnon* & d'*Achile* ; or ce n'étoit point cela, c'étoient des personnes d'une grande naissance, le Pére de l'une étoit Roi, & prémier Sacrificateur de son Peuple, sa fille lui avoit été enlevée, & Apollon y prend un si grand intérêt qu'il envoye la peste dans l'armée des Grecs ; *Briseis* étoit aussi d'une grande condition, & avoit eu pour freres presque des Héros, à la manière de ces temps ; Les Chefs des Grecs prennent de la passion pour ces Dames, ils tâchent de s'en faire aimer, & ils en veulent faire leurs concubines, c'est à-dire à peu-près leurs secondes femmes. Mais le vilain mot qu'employe Mr. Bayle donne de tout autres idées ; le terme est impoli & grivois, un homme qui fait vivre n'auroit garde de le prononcer en présence d'honnêtes gens ; Mais Mr. Bayle se promet que ceux qui seront charmés de s'affranchir par la lecture de son Livre, du joug de la Morale incommode, & de la Réligion, lui sauront bon gré de cette expression licentieuse, c'est là leur stile favori.

Je veux que Mr. Bayle en qualité d'Historien suit en droit de parler comme il fait des fanatiques qui prenoient le nom d'Adamites, mais le devoir d'Historien ne l'engageoit nullement à profiter de cette occasion pour promener l'Imagination de son Lecteur

* *Diction. Tom. I. page 57.*

teur fur des peintures dont il auroit bien pû fe paſſer, & qu'il auroit même dû ne point faire, par la Loi qu'il s'étoit impoſée de ne pas répéter fans néceſſité ce qu'on liſoit aſſés dans d'autres livres.

Ainſi à l'occaſion d'Adonis (Diction. Tom. I. pag. 83.) il nous parle de Sortilège, ou de quelqu'autre principe que nous ne connoiſſons pas, *qui jette ſur Adonis un Dévolu, ou une funeſte mortification. &c.*

Mr. Bayle condamné par à propos ſes Cenſures.

XVI SOIT pour ſe donner le plaiſir de dire le pour & le contre, ſoit pour faire hautement connoitre qu'il ne pèche pas par ignorance, il fait (dans la page 107.) un grand nombre de réflexions judicieuſes ſur l'indolence avec laquelle l'impureté eſt regardée par ceux qui pourroient s'oppoſer à ſes progrès; Il fait fort bien, quand il veut, s'exprimer honnêtement & éviter par ſon ſilence tout qui auroit fait ſouffrir une Imagination ſage, s'il s'étoit exprimé avec plus d'étendue. Page 159. Il remarque *qu'Alexander ab Alexandro avoit vû dans ſa jeuneſſe un fort honnête homme, ſavant en Latin & en Grec, qui n'aiant fait que luter contre une extrême pauvreté, pendant qu'il ſe fioit à ſa vertu, & à ſa ſcience, ſe réſolut de tenter une autre voie; Il ſe jetta dans un ſi vilain métier qu'on n'oſeroit le nommer, & peu après le voilà riche & puiſſant & pourvu de bons bénéfices.*

Il eſt très-rare que le devoir d'un Hiſtorien l'oblige à parler avec moins de retenue, pourquoi Mr. Bayle n'en a-t-il pas toujours uſé ainſi? Il ne le vouloit pas, il aimoit mieux divertir des Lecteurs qu'un Philoſophe, & un Chretien fur tout, doit regarder avec mépris.

Je dis plus, & on doit convenir, ce me ſemble, que le devoir d'un Hiſtorien ne l'oblige pas d'informer la poſtérité de tout ce que les hommes ont dit & écrit, mais de ce qui mérite qu'on en conſerve le ſouvenir, ſoit par ſon propre poids, à le regarder en lui-même, ſoit par des influences ſur des évenemens dignes d'être conſervés dans la Mémoire des hommes.

Diction. Tom. I. Art. Anabaptiſtes.

Dans la page 188. Mr. Bayle remarque que ceux qui, dans ces derniers temps, ont fait des Livres fous des Titres Obſcènes, auroient pû ſe paſſer, de leur donner ces Titres. *Ils ne ſont pas originaux.*

Note A.

Je me hazarderai à rapporter ſes propres termes. *Ceux qui, ces derniers temps ont fait des Livres intitulés le* PUTANISME *de Rome, ou de quelque autre grande Ville, n'ont pas été des Auteurs Originaux. L'Antiquité avoit vû quantité d'ouvrages de cette Natur, qui heureuſement ſont demeurés ſur les chemins. Il n'en eſt parvenu aucun juſqu'à nous.*

Si quelque Auteur, aux Principes de Mr. Bayle, s'étoit fait une Loi de conſerver divers extraits de ces livres, pour ſe conformer aux Loix de l'Hiſtoire, pour ſe conformer au goût d'une partie des Lecteurs, & pour les amuſer par d'agréables variétés, devrions nous ſavoir bon gré à leur zèle, & à la prétendue Maxime qu'ils ſe ſeroient fait une obligation de ſuivre? Il eſt peu d'ouvrages dont on puiſſe ſe promettre une durée auſſi longue que des Dictionnaires, & pourquoi Mr. Bayle n'a-t-il pas voulu que la poſtérité ſe félicitât de ce qu'il auroit négligé de conſerver dans le ſien, la mémoire de mille obſcénités, dignes d'être enſévelies dans un éternel oubli?

,, *L'Antiquité avoit vû quantité d'Ouvrages de cette*
,, *nature, qui heureuſement ſont demeurés par les che-*
,, *mins. Il n'en eſt parvenu aucun juſqu'à nous.*

Si quelques-uns de ces livres s'étoient conſervés & que Mr. Bayle en eut découvert le Manuſcrit, auroit-il pû le rendre public ſans contredire à cèt Article? N'auroit-il donc pas agi d'une manière plus conforme aux ſentimens qu'il y fait paroitre, s'il n'avoit pas tenu à lui, que tant de ſottiſes qu'il rapporte ne fuſſent demeurées dans l'oubli? Pour en charger ſa mémoire, ou pour en charger ſes recueils, il faut certainement les aimer, ou avoir une exceſſive complaiſance pour ceux qui les aiment. On ne ſauroit nier que Mr. Bayle n'eut une très belle Imagination, & qu'il ne fût capable de faire de ſa plume ce qu'il vouloit; cependant à force de ſe familiariſer avec les Auteurs qui ont écrit, dans un ſtile contraire à l'honnêteté, il avoit aſſés gâté le ſien, pour ſe laiſſer aller à des turlupinades qui ſont pitié, & qui ne ſauroient faire rire que le plus groſſier Vulgaire. Elles ne ſont bonnes que fur des Théatres de Batteleurs. *Alcmène Mère de deux jumaux, dont l'un eſt à ſon Mari & l'autre à Jupiter* eſt comme on voit, un tiſſu de fables; Valoit-il la peine de rapporter toutes les circonſtances avec leſquelles on les conte, & de faire ſur ces circonſtances des réflexions turlupines? Qu'on liſe cèt article & ſes Notes, on verra ſi j'ai tort. Dans l'Article *d'Amphitryon,* on prétend, dit-il, *qu'Alcmène mit ſur ſa tête un ornement qui faiſoit reconnoitre au monde que Jupiter avoit triplé la durée de la nuit.* Il falloit au moins s'arrêter là, on l'entend aſſés, & la groſſièreté qu'il ajoute eſt ſuperflue; la Note n'eſt encore d'avantage; *Voilà qui eſt ſingulier. Il lui devoit ſuffire que la tête de ſon Mari fut chargée de pinnacle, & fortifiée d'ouvrages à cornes, & de demi lunes capables de l'emporter ſur les tours de la Déeſſe Cibèle. Qu'étoit-il beſoin qu'elle portât trois lunes entières ſur ſon front? Beau trophée portoit pour le pauvre Amphitryon. Quel monument de ſon honneur ſain & ſauf. Que de pauvretés!* Qui connoitra dans ce ſtile le prémier Auteur de *la République des Lettres,* & de la *Critique de l'Hiſtoire du Calviniſme du Père Maimbourg.* Il ſemble que Mr. Bayle prend pour régle de ſa conduite, le *Video meliora, probeque, ſed deteriora ſequor,* avec cette petite correction, *Video meliora videoque, deteriora ſequor. Je voit fort bien ce qui eſt le plus conforme à la bienſéance, mais je m'en moque & j'affecte de m'en éloigner.* Dans l'article *d'Appelles,* Il rapporte qu'il fut le prémier Amant de Laïs. *Il la mèna,* dit-il, *à un repas, où quelques uns de ſes amis ſe devoient trouver. Ils ſe moquèrent de lui, de ce qu'au lieu de leur amener une courtiſane, il amenoit une pucelle: Ne vous en mettés pas en peine, leur répondit-il; en ſoiés point ſurpris; je la dreſſerais bien qu'avant que trois ans ſe paſſent, elle ſaura ſon métier en perfection.* On a horreur, (dit-il, après cela,) *il fait ſemblant de le dire gravement,) quand on ſonge à la corruption de ces* SIECLES *la;* Cependant ce Saint homme, ou ce ſage Philoſophe, ſi ſcandaliſé, ſe donne le ſoin de commenter la réponſe qui lui fait horreur, & de la rendre encore plus licentieuſe, par ce qu'il y ajoute. Si dans des Païs où les femmes ne ſont pas ſcrupuleuſes ſur la Vertu, & vont manger au cabaret avec les hommes, s'entretenoient dans le ſtile dont Mr. Bayle ſe ſert ſi ſouvent; ſi chacun ſe faiſoit un plaiſir de rapporter à table ce que ſa mémoire auroit conſervé de ſon Dictionaire, pourroit-on ſe former une Idée plus condamnable que celle-là de la débauche des Anciens, à laquelle Mr. Bayle dit qu'il ne peut penſer ſans horreur?

Sur le mot *d'Anabaptiſte.* Il dit *" que la déſcription* on que le Sieur Morcri donne de cette Secte, ne convient point au temps où il écrivoit, & je doute un peu que jamais on ait eu raiſon de la charger de ces deux Doctrines qu'il lui impute, l'une eſt qu'une femme eſt obligée de conſentir à la paſſion de ceux qui la recherchent; l'autre eſt, qu'ils condamnent les Mariages des perſonnes qui n'adhérent pas à leurs Sentimens " Moreri ſe trompe, mais ſon ſtile eſt celui d'un honnête homme & de la pudeur, & qui en ſuppoſe dans ceux qui le liront. Mr. Bayle eſt obligé de s'étendre un peu plus, pour refuter la ſuppoſition de Moreri. Dans la moitié de la Note M il ménage ſes expreſſions, mais je vois bientôt les de la retenue, il revient à ſon Naturel ou à ſes habitudes; il aſſaiſonne ſes railleries d'un paſſage du N. T. " Ce ſeroit, dit-il, renouveller la plainte *d'un joug que* ,, *ni nous ni nos Pères n'avons pu porter.* Les mots *Grivois* viennent bien-tôt après cela; *ce poids feroit*
bientôt

bientôt crèvera les plus vigoureux.

Les remarques de Mr. Bayle sur l'Article d'*Ales* comparées avec d'autres endroits de son Ouvrage & avec son Stile presque ordinaire, ne contribuent pas peu à développer son caractère.

Alexandre Alesius Théologien Célèbre, croioit qu'il étoit du devoir du Magistrat de punir la paillardise: Mr. Bayle fait à cette occasion son Eloge dans les termes que j'ai cités Art. VIII. Il se recrie après cela sur une coûtume dont il n'est pas bien assuré c'est que le Magistrat de Strasbourg réhabilite les filles qui accouchent sans être mariées & établit des peines contre ceux qui leur feroient des reproches; Il ajoute un peu après ce qu'on lui a dit qui se passoit à Amsterdam, sans toutefois se porter pour garand de ce qu'il allégué.

S'il s'agissoit de ce que quelque Ancien a écrit il y a deux mille Ans, Mr. Bayle en chercheroit la vérité avec plus de soin, il condamneroit la crédulité d'un Auteur qui se seroit fait à un rapport peu sûr, il diroit qu'il faut voir par soi-même quand on écrit pour le public, que des honnêtes gens se laissent souvent tromper sur des faits qui ne les intéressent pas, & sur lesquels ils ne sont pas appellés à prononcer. Dans ces cas-là Mr. Bayle se fait une Loi de vérifier les citations sur les Originaux. Mais pour ce qui est de ce qui se passe de ses jours & dans son Voisinage, il lui suffit pour le mettre dans son Dictionnaire, que ce soit une matière à divertir son Lecteur.

Pour faire voir qu'il fait regarder un fait sous toutes ses faces, il paroit fort vif sur le châtiment de l'impureté, & se recrie beaucoup sur l'indolence des Magistrats à cet égard; Mais en même temps il n'a garde de laisser échapper un sujet de cette Nature, sans en plaisanter: Il décrit en termes grossiers la faute dont-il parle, & il la met presque sous les yeux. Après cela, il turlupine le Magistrat de Strasbourg. S'il étoit permis, dit-il, de rire dans une matière de cette importance, on diroit que les Magistrats de Strasbourg dans ce qui nommément stipulent la conservation de ce privilége, lorsqu'ils ont capitulé avec la France, & lorsqu'après la paix de Ryswyk, ils ont demandé le renouvellement de leur capitulation. Ce n'est point la un privilège singulier, chaque Magistrat en peut faire autant dans l'étendue de sa Jurisdiction. Mr. Bayle n'avoit-il jamais lû dans aucun Jurisconsulte le Chapitre de Existimatione, Il est des fautes, dans lesquelles la flétrissure entre pour beaucoup, & comme les circonstances aggravent les fautes, elles sont aussi qu'on aggrave les flétrissures, ou qu'on les diminue, à proportion que ces circonstances affoiblissent ou rendent plus atroce la grandeur du péché. On sait qu'en Angleterre par exemple on se contente d'appliquer un fer froid sur la main d'un homme qui en a tué un autre, dans de certaines occasions; Ainsi encore une fille peut-être à suite par des promesses de Mariage; Son âge d'un côté, celui de la personne qui la trompe, d'un autre; les raisons qu'elle avoit de s'y fier, tout cela peut engager un Magistrat à faire en sorte que la honte ne dure pas autant que ses jours. Tout doit-être rapporté en peu de mots dans un Dictionnaire Historique. Mais Mr. Bayle en excepte les sujets de cette nature, dont-il étend la Narration plus que tous les autres Auteurs. Quand on lit le Titre de son Dictionnaire, on ne croiroit pas qu'il y destinat une place à l'avanture de ce Précepteur qui épousa la fille qu'il vouloit tromper, de peur d'être puni de sa faute & de son incontinence.

Variations du Stile de Bayle.

XVII. SUR le sujet des obscénités, Mr. Bayle en a quelquefois démontré le danger; il a aussi quelquefois fait connoître qu'il ne renoit qu'à lui de s'exprimer avec toute la modestie & toute la retenue qu'on peut demander; Mais comme s'il ne s'étoit donné ces soins que pour s'attirer de plus grandes obligations de la part des Lecteurs à qui il se propose de plaire, il s'égaie pour l'ordinaire sans modération.

Mr. Bayle en parlant des choses desavantageuses qu'on avoit publiées sur les amours d'Aristote, se contente de remarquer qu'il y avoit là dessus une complication d'ordures.

Art. Aristote, Note T.

Je demande s'il y a un honnête homme, un homme plein de pudeur, & qui s'intéresse à celle des autres, qui ne sache bon gré à Mr. Bayle d'avoir parlé, dans cet Article, avec plus de modération qu'ailleurs, & qui n'eut été fâché qu'il eut étalé cette complication.

Il n'y a point de passion, dit Mr. Bayle, plus incorrigible, ni plus brutale que l'impudicité. Tous les Chrétiens savent que la Loi de Dieu leur interdit le commerce des femmes infidèles; ils sont élevés sous des maximes qui inspirent de l'horreur pour ce commerce. Les loix humaines qui le punissent fortifient les impressions de l'éducation. Cependant jusqu'où ne s'est point portée la lasciveté des Chrétiens qui ont découvert le nouveau Monde. La laideur, la grossiéreté des femmes sauvages a-t-elle pu refréner des gens qui portoient d'ailleurs le joug des Loix Divines, & des loix humaines, ne sortons point de la Relation de Jean de L. ri Nenous apprend-elle pas que des Normans sauvés d'un naufrage, s'abandonnèrent à cette espèce d'impureté, & qu'il fallut que Villegagnon établit la peine de mort contre ce qui se plongeroient dans ce désordre, ce qui ne fut point capable d'arrêter la fougue d'un truchement?

Article de l'Alésia. Not. G.

Mr. Bayle reconnoit dans ce même article que la chasteté est une Vertu que le tempérament des jeunes gens leur fait facilement perdre; Se pouvoit-il qu'il ne comprit pas l'obligation où l'on est d'éviter tout ce qui sert à émouvoir le tempérament, & à faire naître des idées qui contribuent à le rendre victorieux de la Raison?

"XVIII. ON PEUT dire qu'il y a, dit Mr. Bayle, des expressions qui nous choquent encore qu'elles ne signifient rien qu'on soit signifié par des expressions qui ne nous offensent pas. Par exemple, les paroles que la pudeur nous défend de nommer peuvent être désignées par des noms honnêtes; & cependant ces noms signifient la même chose que ces noms qu'on appelle sales.

Différence des termes. Art. Bèze Not. H.

Puisque Mr. Bayle reconnoissoit cette différence entre les expressions, il en devoit donc choisir qui ne fissent point de peine aux plus sages de ses Lecteurs, & qui ne fussent pas propres à réveiller dans l'esprit des jeunes gens, trop tournés aux plaisirs illégitimes, des idées vives & des sentiments auxquels ils doivent refuser leur attention.

Mais, dit-il, "si on est choqué de ceux-ci, ce n'est pas à cause de la chose même qu'ils signifient, mais à cause que l'on juge que celui qui les employe contre l'usage, ne nous porte pas le respect que la bienséance exige.

Ce n'est pas par cette seule raison, qu'on est choqué des expressions licencieuses, on les évite encore, par le mauvais effet qu'elles sont capables de produire, & qu'elles produisent souvent: On regarde comme un homme pour le moins bien négligent sur son devoir, ou bien gâté, celui qui s'en sert hardiment. En particulier on a eu raison de trouver mauvais que Mr. Bayle ait mieux aimé divertir par là les personnes qui aiment la licence que de respecter des Lecteurs graves & pleins de sens.

Mr. Bayle Après avoir parlé d'une corse que François Blondel avoit inférée dans une Rélation de Voyage & qu'il supprima dans une seconde édition, Mr. Bayle remarque "On avoit donc trompé les Lecteurs, dit-il, outre cela on leur avoit présenté des images très-obscènes, & qui étoient fort injurieuses aux habitans du Païs, & par conséquent toutes sortes de raisons demandoient que l'on effaçat cette partie de la Rélation. Si quelqu'un me demandoit; Eut-il fallu retrancher cela, au cas même „ que

Art. Blondel (François) Mathematicien. Note. A.

,, que la chose eut été très-véritable ? Je répondrois
,, franchement qu'il faut distinguer Livres & Livres,
,, Auteurs & Auteurs. Il y a des personnes dont le
,, caractère exige une gravité extraordinaire, & qu'il
,, faudroit louer des scrupules qu'elles auroient par
,, rapport à la Narration d'une Vérité historique de
,, cette Nature.

Quand on doit s'abstenir sur tout &c. dans les obscénités.

XIX. S'IL est quelque Ouvrage où l'on doive s'abstenir d'égaier son Lecteur par des recits obscénes, & de l'exposer aux dangereux effets des idées licentieuses, ce doit être dans un Livre où l'on ne néglige aucune occasion d'étaler, dans toute leur force, des objections qui attaquent les fondemens les plus essentiels de la Religion & des bonnes Mœurs; Quelle profession plus grave que celle de fidéle Rapporteur sur des matières de cette nature ? Mr. Bayle continue. "Il y a des ouvrages où il ne seroit

idem

,, nullement à propos de faire entrer de tels faits ;
,, mais je ne croi pas qu'un Laïque, qui fait l'Hi-
,, stoire d'un Païs, ou la Rélation d'un Voyage, soit
,, obligé de se taire à l'égard d'une coûtume publi-
,, que, sous prétexte qu'elle est ridicule, sale & de
,, fort mauvais éxemple. Etabliffés une maxime con-
,, traire ; vous verrés qu'on en conclura nécessaire-
,, ment & sans beaucoup de gradations de conféquen-
,, ces, que le travail des Historiens est mauvais, &
,, que leur profession doit-être rangée au Catalogue des
,, Arts illicites & pernicieux ; car il est impossible
,, d'écrire l'Histoire, sans rapporter des actions infames
,, & abominables.

Si la profession d'Historien oblige à ne pas mettre des Narrations de cette Nature ; Un Historien Ecclésiastique est assujetti à cette Loi, tout comme un Laïque. Ce n'est pas aux faits qu'on rapporte, qu'on doit imputer le Scandale des Lecteurs, c'est à la maniére dont on les rapporte. Charger un Livre d'ordures, en s'exprimant d'une maniére propre à divertir ceux qui s'y plaisent, c'est verser du poison dans leur Ame, & se rendre responsable de tous leurs mauvais effets de ce stile & de ces tours.

,, Souvenons nous dit Mr. Bayle que les Cen-

ibidem

,, feurs les plus rigides, ne blâment pas les historiens
,, qui exposent tout le détail d'un Vilain Assassinat,
,, ou d'une noire trahison, & qu'ils ne blameroient
,, pas ceux qui diroient avec Vérité qu'il y a des
,, Villes qui choisissent pour leurs Bourg-Maitres les
,, Bourgeois qui ont pratiqué telles & telles maniéres
,, tout à fait brutales de s'enivrer qu'à moins d'avoir
,, résisté à cette preuve, on n'est point admis au Con-
,, sulat. Ils ne condamnent que les Rélations qui con-
,, tiennent des pratiques malhonnêtes par rapport à la
,, Chasteté.

Les raisons de ces différences sautent aux yeux. Il est des crimes dont l'Image fait toujours horreur; Il en est dont l'image plaît toujours aux cœurs corrompus, dès-qu'on la leur présente sous de certains tours, & sous de certaines faces.

,, Ils condamneroient, par éxemple sans remissi-
,, on un Ecrivain qui donneroit le détail de la pra-
,, tique du congrès si sagement abolie enfin par le
,, Parlement de Paris ; & ils ne considéreront pas que
,, leur Critique condamne les Anciens Péres qui ont
,, représenté fort naïvement les impuretés effroiables
,, de plusieurs coutumes des Païens & des Héréti-
,, ques.

Un Historien qui, d'ici à quelques Siécles, parleroit de l'abolition qui s'est faite du congrès ne seroit pas condamnable, & il feroit honneur au temps où on a aboli cette coûtume. Mais il y a une différence infinie entre en rapporter tous les détails, & se contenter de dire. *Un temps étoit que les femmes accusoient leurs mari d'un défaut phy que devant les Tribunaux ; Les maris mioient tous les fondemens de cette plainte, & imputoient à d'autres causes la malignité & l'impudence de leurs femmes ; Les Tribunaux pour s'assurer de la Vérité nommoient des personnes qui en fussent les témoins, & leur en fissent le rapport ; On*

peut aisément croire que ce rapport étoit chargé d'expressions que la bienséance a enfin obligé d'interdire. On a aboli cette coutume & je m'assure qu'aucun Lecteur raisonnable ne se plaindra qu'on en supprime les circonstances. Voilà je pense qui suffiroit pour remplir avec exactitude le devoir du plus scrupuleux Historien ; Mais comme je viens de le remarquer, Il y a une différence infinie entre s'exprimer ainsi, & s'égaier, comme fait Mr. Bayle, à rapporter des détails que l'honnêteté a fait condamner, & à les commenter par diverses citations & diverses remarques. Quand donc la coûtume dont parle Mr. Blondel n'auroit pas été fabuleuse, je ne saurois penser comme Mr. Bayle ; qui " soutient qu'on auroit ,, pu faire des recherches sur l'origine de cette coû-
,, tume, & les inférer dans une Histoire ; rechercher,
,, dis-je, quels avoient pû-être les inconvéniens qui
,, avoient fait introduire cette maniére de discerner
,, ceux qui étoient inhabiles au Mariage, & ceux
,, qui y étoient propres ; quels procès on voyoit
,, suparavant régner entre les Maris & les Femmes,
,, quelles consultations furent faites pour y obvier
,, & pour inventer ce sot reméde ; car enfin l'histoi-
,, re de l'esprit humain, de ses sottises, & de ses
,, éxtravagances, & enfin l'histoire des Variétés qui
,, se trouvent dans les loix & dans les usages des Nations,
,, ne font pas des choses dont on doive frustrer les
,, Lecteurs, & dont on ne doive pas espérer des utilités.

Il auroit suffi de dire, voilà des exemples bien marqués de la brutalité des hommes, dans ces temps-là, & de la grossiéreté de leurs Législateurs ; Des détails plus circonstanciés n'auroient pas mieux convaincu des Lecteurs de ce que le cœur de l'homme est capable de penser en matière d'éxtravagances. Un récit plus détaillé auroit offencé les uns, & auroit pû faire beaucoup de mal à d'autres, & qu'auroit-ce été quand on se seroit permis de prolonger les narrations de cette Nature, par des commentaires, par des réflexions & par des citations ; n'est-ce pas là le caractère d'un cœur bien ordurier ?

Mr. Blondel a effacé dans sa seconde Edition un conte qui lui étoit échapé dans la prémière. Le devoir d'un Historien obligeoit-il Mr. Bayle de rapporter ce conte effacé, dans son Dictionnaire ? Mais il ne se contente pas de le rapporter, il en fait le Commentaire ; De ce conte, il passe à un autre, *Je ne sai, dit-il, si le jeu d'esprit &c.* On peut, si l'on veut, lire ce qui suit, pour moi je me ferois trop de peine de le mettre sous les yeux mon Lecteur.

XX. ON se plaignoit que les contes de Mr. *Mauvais effet de la lecture. Art. Guarin.* de la Fontaine n'étoient propres qu'à faire naitre mille désirs impudiques dans l'ame de ses lecteurs ; *Il répond que si les femmes qui lisent son livre, ne laissent approcher d'elles aucun Galans, elles ne pourront point à leur honneur.* " Cette réponse sent le Sophiste, dit Mr. Bayle, car elle demande une condition que le Livre même dont on se plaint rend très-mal-aisée à pratiquer ; Vous voulés que nous lisions vôtre Livre & que nous chassions les Soûpirans. Vos narrations nous remplissent d'amour ; elles nous échauffent, elles nous embrasent, elles nous font souhaiter violemment la présence de ces Messieurs. Vous avés bonne grace après cela de nous dire que pourvû que nous les chassions, il ne nous arrivera rien de facheux ; On peut-faire une autre difficulté à Mr. de la Fontaine, c'est lors même que l'on chasseroit les soûpirans, on se trouveroit exposée à plusieurs passions impures éxcitées par la lecture de ses Contes. Et n'est-ce pas un assés grand mal ?

,, Pour faire une bonne Apologie de cét Auteur,
,, il faudroit pouvoir supposer, que son Livre n'est
,, point capable de préjudicier à la chasteté, & qu'il
,, n'y a que la vue des objets aimables, & la cajole-
,, rie de vive voix qui nuisent à la Vertu. Mais
,, c'est ce qu'on ne sauroit supposer, s'il est vrai,
,, comme on le prétend, que la lecture du *Pastor*
,, *Fido*

,, *Fido* ait perdu beaucoup de femmes & de filles.
,, Quand ce que l'on conte des mauvais effets de
,, ce Poëme feroit faux, il ne laisseroit pas d'être
,, vrai que la lecture de certains livres est très pernici-
,, euse aux jeunes gens de l'un & de l'autre sexe.
,, Je me souviens d'avoir lû dans le *Tassoni* que
,, l'étude excite l'impudicité, entre autres raisons
,, par ce qu'elle fait connoitre mille saletés, qui sont
,, dans les livres. Par là il explique d'où vient que
,, plusieurs femmes savantes, dont l'Antiquité fait
,, mention ont été fort impudiques.

Note D. ,, Guarini auroit pu dire que sa Pastorale n'appre-
,, noit rien de nouveau à ses lecteurs, ou que si les
,, jeunes gens y rencontroient quelque chose qu'ils ne
,, savoient pas, ils l'auroient appris ailleurs : De sor-
,, te qu'il n'auroit servi de rien de ne pas donner au
,, public le *Pastor* de *Fido*. Un ami de Mr. la Fontaine
,, a touché délicatement cette sorte de justification.
,, Il est de la prudence des personnes commises à l'E-
,, ducation de la jeunesse, dit-il, non seulement de leur en
,, interdire la lecture, mais encore de leur empêcher
,, d'en apprendre d'avantage, par une méchante fré-
,, quentation. *Ce ne sont pas toujours les Livres qui*
,, *apprennent ce qu'on ne doit pas savoir.* C'est in-
,, sinuer fort clairement que de la manière que l'on
,, se comporte dans le monde, ceux qui n'appren-
,, droient point par le livre de Mr. de la Fontaine
,, ce qu'il seroit bon qu'ils ignorassent, l'appren-
,, droient par cent autres voies.

,, Cette manière d'Apologie est plus supportable
,, que la maxime de Mr. de la Fontaine, & néant-
,, moins elle n'est pas bonne; car enfin quelque
,, inévitables, que puissent être les desordres, lors-
,, même qu'on n'y contribuera pas, chacun doit
,, mieux aimer qu'ils viennent d'ailleurs que de son
,, intervention.

Peut-on s'exprimer avec plus de force pour condamner ce qu'on lit si souvent dans le Dictionnaire
de Mr. Bayle ! En vain il ajoute; *Notés que ceci*
concerne ceux qui inventent des Histoires sales ou qui les
traduisent avec de nouveaux embellissemens, & non pas
ceux qui citent un passage de Martial &c. comme la
preuve de quelque fait dont la Nature de leur Livre,
ou leur caractère d'Historien, de Commentateur &c, les
oblige à faire mention.

Un homme se choisit un genre d'écrire qui l'engage à des recits qu'on ne peut excuser, qui ne
produisent aucun bien, & qui certainement sont
très-propres à faire beaucoup de mal. Pourquoi
choisit-il ce genre d'écrire ? Y avoit-il quelque chose
qui obligeat Mr. Bayle d'entrer dans les détails où
il entre, & de s'exprimer comme il fait. Les mêmes expressions licentieuses, qu'on les lise dans
l'Original ou dans la Copie, n'ont-elles pas le même effet.

Condam-
nation de
Mr. Bayle
par lui
même.
Art. Pa-
normita.

XXI. Le Poëme Latin de *Panormita* intitulé
Hermaphroditus, dit Mr. Bayle, n'a point vu le
jour. C'est une pièce si remplie de saletés que
Pogge même la desapprouva. Il en avoit condamné les obscénités, & il avoit conseillé à l'Auteur de travailler deformais à des sujets plus convenables à un Chrétien.

Ibidem
Note I.

,, Panormita repondit à Pogge & lui allégua bien
,, des raisons, ou pour s'excuser, ou pour se justi-
,, fier. Pogge lui répliqua & lui soutint, qu'il
,, faut pratiquer l'honnêteté, non seulement dans les
,, actions, mais aussi dans ce qu'on écrit. D'où
,, l'on peut conclurre qu'il se repentroit d'avoir
,, employé sa plume & ses productions lascives pendant
,, sa jeunesse ". Pourquoi Mr. Bayle n'a-t-il pas re-

Art. Ly-
curgue
Note 3.

gardé ces paroles comme une leçon pour lui. " Il ne
,, faut pas s'étonner, dit-il, de ce qu'Euripide assu-
,, re qu'il étoit impossible qu'avec une telle Edu-
,, cation, les femmes de Lacedémone fussent
,, honnêtes. Les filles ainsi habillées qui s'en allo-
,, ient promener avec les garçons, avoient bientôt
,, les oreilles accoutumées à toutes sortes de vilains
,, mots ; La conversation ne pouvoit être qu'une
,, Ecole d'impudence.

S'accoutumer aux vilains mots, est de l'aveu de
cet Auteur, qui ne fait qu'en remplir son Ouvrage, une habitude très-dangereuse, & l'Ecole ou
l'on se familiarise avec eux est une Ecole d'Impudence.

" N'étoit-ce point, continue Mr. Bayle, inspirer *Note G.*
" aux filles l'effronterie des yeux, qui est pire que
" l'effronterie des oreilles ? C'étoit le moien dira-
" t-on d'émousser la pointe d'une curiosité qui est fort
" rongeante ? Mais cette prétendue raison, n'a pas
" empêché les Nations civilisées d'inspirer au sexe
" beaucoup d'horreur pour les nudités en peinture ;
" & voici un Législateur de Lacédémone, qui fai-
" soit voir aux jeunes filles les nudités en original.
" Bannir la jalousie est sans doute délivrer d'une *Note E.*
" grande & affreuse peste les gens mariés ; Cepen-
" dant Lycurgue étoit bien blamable de la chasser par un
" remède qui étoit pire que le mal. Elle n'est au
" fond qu'un mal Physique qui a ses usages dans
" le monde ; car elle contribue plus qu'on ne pen-
" se à conserver la pudeur, & à prévenir plusieurs
" infamies ; Mais le maquerelage & l'adultére sont
" un mal moral ; Or s'lon la bonne morale, il ne
" faut jamais guérir un crime ce qui n'est qu'un
" mal Physique ; Mr. Dacier blâme justement Ly-
" curgue d'avoir sacrifié toute sorte d'honnêteté &
" de bienséance à des vues chimeriques sur l'utilité
" du public, comme si ce qui est honteux, pou-
" voit jamais être utile. On peut même dire que
" ce grand Législateur bannissoit toute sorte de po-
" litesse, en donnant lieu aux femmes de devenir im-
" pudentes ; car il est sûr que si le beau sexe ne
" conservoit pas la modestie & l'honnêteté qu'il
" conserve parmi les peuples civilisés, le genre hu-
" main tomberoit par tout dans une sale & brutale
" grossièreté.

" Il n'y a personne qui sans sortir de ce qui pa- *Note G.*
" roit aux conversations, ne soit en droit d'assurer
" qu'un Miriage précoce ne permet point à la pu-
" deur de prendre d'assés profondes racines. Le res-
" pect qu'on a pour le sexe, & le soin qu'on prend
" de ne point tenir de discours trop libres en sa pré-
" sence, diminue la moitié envers celles qui ont,
" ou qui ont eu un Mari. On les regarde com-
" me des personnes initiées, à qui l'on ne doit point
" cacher les mystére.

" De sorte que les filles qui se marient fort jeu-
" nes, n'ont pas le temps de s'accoutumer à un ex-
" térieur sévère, qui a plus d'influence qu'on ne s'i-
" magine sur l'intérieur. Les Romains étoient si
" persuadés des mauvais effets des discours libres, qu'ils
" ne souffroient pas que les jeunes filles assistassent
" des festins ; Ils supposoient qu'elles avoient l'oreil-
" le bouchée aux mots sales, jusqu'à ce que des
" petits garçons la leur débouchassent à cet égard
" le jour des noces.

" Voici un autre supplément, qui sera plus éten-
" du & qui se rapporte à l'observation que j'ai faite
" sur le mauvais effet des discours libres. Muret
" remarque que les Anciens Grecs établirent fort sa-
" gement que les femmes n'assistassent point aux
" festins ; car les hommes étant accoutumés à y par-
" ler plus librement, il étoit bien difficile qu'il ne
" leur échapat des plaisanteries contraires à la pudeur.
" Ils auroient donc offensé les chastes oreilles du sexe;
" Et s'ils eussent voulu les ménager, ils eussent per-
" du une très-bonne partie de la gaieté qu'ils cherchoi-
" ent à Table.

" Voilà les raisons qui firent que cette Nation
" établit cette coûtume, si quelque femme s'y trou-
" voit, c'étoit une raison de ne se plus tenir & de s'é-
" claroit par là, que non seulement il n'y avoit rien
" que l'on ne pût dire en sa présence, mais
" aussi qu'elle étoit fort résignée à souffrir tout pa-
" tiemment.

Que

Que signifie tout cela, si se familiariser avec de certaines expressions, n'est point un acheminement à renoncer à la pudeur? Et si cela est vrai, comme Mr. Bayle le pose en fait, ne semble-t-il pas avoir eu dessein d'avertir, dans quelques endroits de son Ouvrage, ses Lecteurs favoris, qu'il a bien écrit ces gaillardises dans la pensée qu'elles auroient l'effet dont se plaignent les personnes qui aiment la Religion & ses devoirs?

Dans cêt Article de *Licurgue*, & les notes dont Mr. Bayle l'accompagne, on voit qu'il connoissoit, aussi bien que qui que ce soit, ce qui conduit au vice de l'impureté, & le danger des contes libres, & des expressions licentieuses. Mais comme s'il avoit appréhendé de mortifier son Lecteur, par une Morale trop sévére, il peint à tout coup ce qu'il condamne de temps en temps, & le représente sous des traits si hardis, & si vifs, qu'on voit bien qu'il se moque de ses réfléxions morales.

Art. Licurgue. "Longus Sophiste Grec, dit Mr. Bayle, a écrit des Pastorales, c'est un Roman sur les amours de Daphnis & de Chloé. Mr. Huët un grand juge en toutes matiéres, dit assés de bien de cêt ouvrage; mais il y remarque aussi beaucoup de défauts, entre lesquels le plus grand sans doute consiste dans les OBSCENITES, qui s'y trouvent.

Note B. Je croi que ce fut à cause de cela que Mr. Huet n'acheva pas de le traduire en Latin; car il nous apprend qu'il entreprit cette traduction dans sa jeunesse, avant qu'il connut parfaitement le caractére de cet Ouvrage, & combien cette Lecture pouvoit nuire aux jeunes gens, & convenoit peu à des personnes agées. Cette raison n'empécha pas son Professeur de Franeker de traduire ce Roman, & de le donner au public avec de savantes Notes, l'an 1660; Il craignit la censure de certaines gens, dont l'humeur austére & chagrine ne peut-souffrir qu'on publie des Avantures de mauvais exemple. Voici les devans qu'il prit contr'eux, ses paroles méritent d'être rapportées, parce qu'il y a des Auteurs dont la Vertu pourroit bien être chicanée, si l'on n'opposoit à la Critique farouche & maligne des faux Catons le bouclier de ce Traducteur de Longus.

Hardiesse de Mr. Bayle. XXII. CE ROMAN *a des défauts, dit-il, qui foroient aujourd'hui échouer le mieux écrit, & qui feroiem passer son auteur pour un fou.*

*La Bergére verse à boire, boit un peu la prémiére; Le Roman commence à leur naissance, & se continue jusques à leur mariage, à leurs enfans, & à leur Vieillesse,*avec cela, dit Mr. Bayle, LE PLUS GRAND DE TOUS CONSISTE DANS LEURS OBSCENITES. Il semble que Mr. Bayle prend plaisir à se donner dans la République des Lettres, les mêmes airs que des fanfarons se donnent dans la Société. Ils se font une gloire, l'un de conter ses emportemens, l'autre ses voleries, un troisiéme ses débauches, & ils se regardent comme une distinction glorieuse de pouvoir hardiment reciter ce que d'autres cacheroient de tout leur possible, s'il leur étoit arrivé de l'avoir fait. Mr. Huët, par exemple, n'osa pas se donner ces airs (voyés note B.) *Il n'acheva pas de le traduire en Latin; car il nous apprend, qu'il entreprit cette traduction dans sa jeunesse, avant qu'il connut le caractére de cet Ouvrage, & combien cette lecture pouvoit nuire aux jeunes gens, & convenoit peu aux personnes agées.*

Mais c'est là un scrupule dont Mr. Bayle s'affranchit parfaitement; il semble n'en parler que pour faire hautement connoître qu'il se met au dessus.

L'Exemple de Mr. Huet paroissoit être une leçon pour Mr Bayle; mais pour en éluder la force, il ajoute: *Cette raison n'empécha pas son Professeur de Franeker de traduire ce Roman.*

A l'autorité de Mr. Huet, il se fait un plaisir d'opposer celle d'un Professeur de Franeker. Ce Professeur *craignit la censure de certaines Gens dont l'humeur austére & chagrine ne peut souffrir que l'on publie des avantures de mauvais exemple. Voici les devans qu'il prit contre eux: ses paroles méritent d'être rapportées, parce qu'il y a bien des Auteurs dont la vertu & la sagesse pourroient être chicanées; si l'on n'opposoit à la critique farouche & maligne des faux Catons, le bouclier de ce Traducteur de Longus.*

Il rapporte en Latin l'Apologie de ce Traducteur, en suite il ajoûte;" Ce Professeur de Franeker s'est vu indispensablement obligé dans son Commentaire à toucher les impuretés de Longus; mais il l'a fait en y apposant sa détestation. *Que pouvoit-il faire d'avantage*? Que pouvoit-il faire? Il pouvoit faire infiniment mieux, il pouvoit & il dévoit laisser ce sale Grec dans son obscurité, puis qu'il a écrit avec tant d'impudence, *que pour le lire sans en rougir, de honte il faudroit avoir l'ame d'un Cynique, & l'effronterie d'un chien,* comme parle Mr. Huët.

Ibidem Article Longus Dans la Note sous la lettre C Mr. Bayle fournit à son Lecteur dequoi connoître s'il a de la modestie, ou s'il y a renoncé, pour prendre les sentimens des Cyniques; je n'ai garde de les rapporter ici.

J'ai déja remarqué que Mr. Bayle se divertit à faire son Apologie sur le sujet des obscénités, par des raisons dont-il avoit trop d'esprit pour ne pas sentir la foiblesse. Mais la foiblesse méme des raisons dont-il se sert, fait comprendre à ses bons amis, qu'il a bien voulu faire ce qu'il a fait. Suffit-il d'avoir été Professeur à Franeker pour donner aux hommes un exemple dont l'autorité les mette à couvert de tout blâme; Je trouve, dit-il, dans l'Apologie que ce Professeur fait de sa hardiesse à traduire un Auteur très-obscéne, un grand nombre d'expressions très fortes contre ceux qui pourroient le condamner, & deux raisons très-foibles; voici les authorités, *Alexandre a fait grand cas d'Homére, Jean Chrysostome lisois Aristophane, & se formoit par cette lecture à l'élégance.* Est ce donc que Longus ne sera là que par des gens de la sagesse de St. Chrysostome, & peut-on comparer les obscenités dont ce Dictionaire est rempli, avec les Poésies d'Homére? Homére parle des Heros & de leurs concubines; Il parle des Dieux & de leurs adultéres; Mais ce n'est pas simplement en rapportant un fait qu'on gâte le coeur & c'est sur tout en le mettant sous les yeux par des expressions vives.

Continuation de cet article. Art. Sanchez. "XXIII. IL SEROIT à souhaiter, dit Mr. Bayle, que l'ouvrage de Sanchez imprimé à Genes, & puis en bien d'autres Villes, donnât autant de preuves de son jugement, que de son esprit & de son savoir; Car la témérité qu'il a eue d'expliquer une multitude incroiable de questions sales & horribles, peut produire de grands desordres.

NB "On s'en est plaint amérement, & tout ce qui a été dit pour la justification est foible, & néanmoins il y a des Casuistes qui continuent tous les jours à publier de pareilles saletés. Il y a longtems qu'ils le font, & c'est une chose déplorable que de voir que les Courtisans qui avoient le plus rempli leur memoire de toutes sortes de Contes en ce genre-là, aient cité comme un répertoire le *Summa Benedicti*, qui est un Cordelier Docteur qui a très-bien écrit de tous les pechés, & montre qu'il a beaucoup vû & lû. Cet ouvrage de *Benedicti* a été traduit en François, on le publia en cette langue à Lion l'an 1584, & à Paris l'an 1602. de quoi l'on auroit bien pû se passer.

Ne diroit-on pas que Mr. Bayle n'a écrit ces particularités, que pour faire hardiment connoître que ce qu'il a repandu d'ordures dans son Dictionnaire, il l'a fait *volens & sciens*, prévoiant ce qui en arriveroit, & se le proposant pour but?

Ibidem Note. G. "Les Censeurs de cêt Ecrivain, continue-t-il, peuvent prétendre deux choses. L'une qu'il n'a pû repandre sur le papier un si grand détail d'impu-

" retés fans être impudique. L'autre qu'il n'a pu
" communiquer au public la connoissance de tant de
" déréglement monstrueux, sans faire un grand pré-
" judice aux bonnes mœurs: étant certain que plu-
" sieurs personnes se portent à ces abominations, sur
" tout quand elles apprennent qu'on les pratique. Il faut
" donc qu'un homme sage & zélé pour le salut de son
" prochain, évite soigneusement de faire connoître les
" saletés qu'il découvre dans le Tribunal de la Confessi-
NB " on, car on doit être assuré que ceux qui n'en savent
" rien s'en abstiendront beaucoup mieux que ceux qui
" en savent l'énormité & la turpitude ; Sur la prémiére
" de ces deux Accusations les Amis de Sanchez
" répondent que c'étoit un homme d'une vertu admi-
" rable, & d'une parfaite chasteté &c.
" C'est nous dire que son esprit & son Imaginati-
" on se remplissoient de ces vilaines matiéres, sans
" que son cœur & son corps en sentissent la conta-
" gion.
" Bien des gens se persuadent que cela n'est guê-
NB " re moins difficile, que d'être comme les enfans Hé-
" breux dans la fournaise de Babylone sans se brû-
" ler. Mais après tout il ne seroit pas impossible que
" l'horreur que l'on concevroit pour ces abus exécrables
" du Mariage, & le désir de les corriger, conservas-
" sent l'innocence d'un Auteur qui se vautreroit dans
" ses ordures, d'un Auteur, dis-je, dont l'âge, le
" temperament, & l'éducation seroient de puissans
NB " préservatifs contre les souillures de la chair. On a
" lieu de croire que des auteurs qui s'amusent trop
" aux explications des Priapées, & des endroits de
" Catulle & de Martial, ne sont pas trop chastes,
" & il n'est que trop certain qu'il y a eu des Com-
" mentateurs qui ne se sont arrêtés sur ces matiéres,
" & qui ne les ont approfondies, & curieusement
" épluchées, que parce qu'ils étoient fort impudi-
" ques. Cependant on ne doit pas faire de cela une
" régle générale ; car le désir d'étaler un savoir
" peu commun est bien capable d'engager un huma-
" niste à commenter amplement les Poëtes dont j'ai
" parlé. Les prémiéres lectures de ces Poësies
" donnent de vives atteintes à la Vertu ; & sur
" tout à celle des jeunes gens ; peu à peu on s'y
" endurcit, & il y a tel Critique qui après avoir
" lû Catulle & Martial, ou pour y chercher l'é-
" claircissement de quelque vieille coûtume, ou pour
" les orner d'un commentaire, n'est non plus ému de
" leurs saletés, que s'il lisoit un Aphorisme d'Hypo-
" crate. Il arrive à ces Critiques ce qui arrive
" aux Médecins & aux Chirurgiens, qui à force de
" manier des ulcéres & de se trouver exposés à quel-
NB " que mauvaise odeur, se font une habitude de n'en
" être point incommodés. Dieu veuille que les
" Confesseurs & les Casuistes dont les oreilles sont
" l'égout de toutes les immondices de la vie
" humaine, se puissent vanter d'un tel endurcisse-
" ment. Il n'y en a que trop sans doute qui n'y
" parviennent jamais, & dont la vertu fait naufrage
" à l'ouie des déréglemens de leurs pénitentes. Mais
" cela ne tire point à conséquence contre celui là,
" ou celui-ci en particulier ; c'est pourquoi nous
" serions fort téméraires si nous assurions que
" Thomas Sanchez ne possedoit pas cette insensibi-
" lité, & qu'il s'infectoit des ordures très-puantes
" qu'il remuoit avec tant d'application ; & après
NB " tout il a une excuse que les plus chastes Com-
" mentateurs des Catulches ne sauroient avoir ; car
" il peut-dire qu'il n'a mis la main à ces vilenies,
" que pour tâcher de les en purger le monde, c'est
" par là que l'on s'efforce de répondre à la seconde
" Accusation beaucoup plus embarassante que la pré-
" miére.
" J'ai dit ailleurs ce qu'on allégue pour justi-
" fier *Albert le Grand* qui se trouve dans le même
" cas, ses amis prétendent qu'il faut qu'il y ait des
" livres où les Confesseurs puissent rencontrer les
" instructions nécessaires contre les desordres dont

" on leur fait confidence ; & qu'ainsi un grand
" Docteur comme lui a dû écrire là-dessus. C'est ce
" qu'on répond aussi en faveur de Sanchez, lesquelli-
" ons sales & les impudicités énormes qu'il examine si
" exactement, nous dit-on, servent beaucoup aux Di-
" recteurs des Consciences. Il ne faut donc point s'en
" scandaliser : trouvera-t-on mauvais qu'un Méde-
" cin pour le bien de ses Malades remue ses excré-
" mens ? Cette consideration détermina les Jésuites
" à ne point ôter du livre de Sanchez les obscénités
" dont on se plaignoit. L'un d'eux exposa entr'autres
" choses, qu'ayant à juger l'une des plus impures
" matiéres qui s'y voient, il n'eut jamais pû ré-
" soudre les difficultés insurmontables qui se pré-
" sentoient, s'il n'eut eu les solutions de cet Au-
" teur.
" L'Abbé de St. Cyran, sous le nom de Petrus
" Aurelius, avoit refuté par avance cette mauvaise
" raison ; Il soutint que cet Ouvrage pouvoit fai-
" re de très-grands maux, & ne pouvoit rendre
" que peu de service. En étalant aux yeux du pu-
" blic une infinité de lascivetés infames, qui se com-
" mettent dans le lit nuptial, on scandalise les bonnes â- NB
" mes, on excite la curiosité des uns, la lubricité
" des autres, &c. Que si les Directeurs de conscience
" ont à prononcer sur de tels faits, il vaut bien
" mieux qu'ils recourent à la vive voix des Doc-
" teurs, qu'à un Ouvrage si public, où il est bien
" malaisé de rencontrer, selon les mêmes circonstan-
" ces, le cas dont-il est question. Il faut avouer
" que cette remarque est bien solide. Les Catholi-
" ques Romains ont eu grand tort de n'imiter pas
" les Sectes de l'ancienne Philosophie, où l'on n'en-
" seignoit jamais par écrit tout le Systême ; on en
" reservoit une partie pour être enseignée de vive
" voix aux Disciples favoris. Celle-là ne se conservoit NB
" que par tradition. Le Pape auroit dû défendre
" aux Casuistes de rien imprimer touchant le cas
" de luxure : Il auroit dû faire en sorte que l'in-
" struction des Confesseurs, soit à l'égard des deman-
" des, soit à l'égard des pénitences, sur ce grand
" chapitre, se communiquât des uns aux autres en
" particulier, ou tout au plus en manuscrit, sous
" le sceau d'un grand secret.
" Les autres raisons de Théophile Raynaud ne sont
" pas meilleures. Il cite de longs passages de St.
" Chrysostome qui prouvent que ce Pére de l'Egli-
" se a représenté vivement & naturellement les impure-
" tés infames de ce temps-là. Il fait voir que St.
" Epiphane a décrit de la même sorte les saletés des
" Gnostiques, & que St. Cyrille s'est servi de la
" même liberté pour décrire celles des Manichéens.
" Ils soutiennent qu'Hincmar dans l'Ouvrage, sur le di-
" vorce de Lothaire & de Telberge, a parlé plus sa-
" lement que Thomas Sanchez ; Il dit que les ex-
" cuses de St. Chrysostome, St. Epiphane, St. Cy-
" rille & Hincmar ne font faites à leurs Auditeurs, ou
" à leurs Lecteurs, peuvent servir d'Apologie à leur
" confrere. Il rapporte ce que *Raoul de Flavigni* a
" observé, contre la fausse délicatesse de ceux qui blâ-
" moient les termes sales dont Moyse s'est servi dans le
" Lévitique. Mais il est si facile de s'appercevoir NB
" de la différence qui se trouve entre ces exemples,
" & la conduite de l'Ecrivain Espagnol, que je ne
" m'amuse pas à donner des preuves de la foiblesse,
" ou de l'inutilité de ce parallele. Chacun s'apper-
" çoit aisément que les mêmes choses qui sont per-
" mises à ceux qui savent un fait, que les recherches des
" Historiens, ou les procédures juridiques ont ma-
" nifesté, doivent être défendues à ceux qui ne le
" connoissent que par le moien de la Confession au-
" riculaire ; Les Anciens Péres ont dû jouir de
" la liberté de faire savoir les déréglemens exécrables
" des Hérétiques. Hincmar a pû composer une Re-
" lation sur la conduite très-impure d'une Reine
" répudiée, & dès qu'une fois le Vice est attesté,
" ou par l'Histoire, ou par des Procés verbaux, les
" Au-

"Auteurs ont droit de le rapporter, si cela vient à
"propos ; mais quand aux vices qui ne se revélent
"qu'aux Confesseurs, il en faut user d'une autre
"manière. Je laisse ce que bien des gens ne lais-
"seroient pas de dire, qu'il n'y a point aujourd'hui
"de fameux Prédicateur qui osât prendre la liberté
"que St. Chrysostome & que St. Cyrille se sont
NB "donnée; Et que si quelque Ecrivain de l'anci-
"enne Eglise doit être imité là-dessus, c'est Sal-
NB "vien dont Théophile Raynaud allégue ces belles
"paroles. Voilà l'opinion de Salvien touchant les
"impuretés du Théatre; *Il falloit avoir de l'honneur*
"*& de la pudeur pour les condamner ; Mais il eut*
"*fallu avoir de l'impudence pour les décrire.* C'est le
NB "modele de Sanchez & plusieurs autres Casuïstes
"se dévoient donner. Je dis plusieurs autres ; car il
"n'est ni le prémier ni le dernier qui ait écrit de tel-
"le manière... Concluons que c'est une chose bien
"blâmable & bien déplorable qu'il y sit tant de li-
"vres de cette Nature ; mais il est infiniment plus
"déplorable que les Saletez qu'ils contiennent,
"soient des crimes effectifs. Les Scholastiques se
"sont tant plû à subtiliser, que même dans
"les matières de Morale, ils ont agité des ques-
"tions fort inutiles, & des faits qui n'arrivent
"point, & vous voïés à tout moment les Ca-
"suïstes distinguer entre la pratique & la théorie &
"se proposer des Cas Métaphysiques & Imaginai-
"res.

Ne trouve-t-on pas dans ces dernières paroles la
condamnation de Mr. Bayle ? A l'occasion d'un fait
obscène, combien de cas, combien de conjectures
n'imagine-t-il pas ? On n'a qu'à lire ce qu'il dit de
Art. Fon- *Robberts & d'Avbriffel*; Il suit la même méthode toutes
tevraud. les fois qu'il en a l'occasion.

Je ne choisis pas, dans tout ce que je viens de
citer, les endroits qui servent le plus à condamner
sa méthode & son genre d'écrire, en matière d'obscénités. Mon Lecteur fera aisément ces remarques,
lui même pour peu qu'il soit attentif ; *L'honneur &*
la pudeur, comme dit Salvien *engageant à condamner ce*
qu'il y auroit de l'impudence à décrire.

Art. Ga- "Les Voïageurs remarquent, dit Mr. Bayle, une
lius Nou- "diversité infinie parmi les hommes. D'un jour à
tes E. "l'autre ils se trouvent transportés dans un Païs tout
"nouveau ; nouvelle Langue, nouvelles Vêtures,
"nouvelles manières ; mais nonobstant cette infinité
"de variations tout les peuples se ressemblent & se
"réunissent en ce point-ci : c'est qu'il y a par tout
"d'honnêtes Gens, & que les plaisirs défendus font
"l'exercice ordinaire.

Plus ce vice régne, plus il faut éviter de lui fournir des occasions de naitre, & de s'emparer du cœur,
après s'être emparé de l'imagination. Il s'agit toujours de savoir si les desordres ne seroient pas plus
grands, sans la Raison, & sans la Réligion ? On ne
peut pas dire qu'ils soient parvenus à un point à ne
pouvoir croire. Où est le païs Chrétien, où l'on
souffrit qu'on proférat en public les expressions licentieuses qu'on lit dans les Comédies d'Aristophane ?

De la "XXIV. IL FALLOIT du moins, dites-vous,
grosserité "continue Mr. Bayle, choisir des phrases qui mis-
ors Ex- "sent un voile épais sur ces infamies. Je répons
pressions. "que auroit été le moien d'en diminuer l'horreur;
"car ces manières délicates & suspendues, dont on se
"sert aujourd'hui quand on parle de l'impureté, n'en
"donnent pas autant de dégout qu'en donneroit un
"langage plus naïf & plus fort, & par cela même
"plus rempli d'indignation, parce que l'Auteur ne
"s'amuse pas à inventer des obliquités de sti-
"le, qui à proprement parler ne font que un
"fard.

Si des gens tomboient aujourd'hui dans les infamies des Cyniques, Mr. Bayle n'accuseroit-il pas de
présomption & de témérité *les jeunes garçons & les*
jeunes filles qui s'exposeroient à en être les témoins ?

Il en juge ainsi dans l'article *Fontevraud*. Or un Livre qui, par la vivacité de ses termes, supplée à la
présence des objets, n'approche-t-il pas d'en produire
l'effet ?

"J'ajoute qu'il est plus utile & plus important
"qu'on ne pense de représenter naïvement les hor-
"reurs & les abominations que les Philosophes pa-
"yens ont approuvées. Cela peut humilier & mor-
"tifier la Raison, & nous convaincre de la corrup-
"tion infinie du cœur humain, & nous apprendre
"une Vérité que nous ne devrions jamais perdre de
"vûé, c'est que l'homme a eu besoin d'une lu-
"mière révélée qui suppléat aux défauts Philoso-
"phiques.

Mr. Bayle convient donc qu'il importe de représenter ces horreurs dans des termes qui fassent connoitre qu'on les regarde effectivement comme telles,
& non pas avec des expressions qui tendent à faire
rire les personnes qui se plaisent dans la licence. Mr.
Bayle qui avoit tant de génie & qui savoit si bien
s'en servir, quand il vouloit, auroit pu très aisément
montrer combien la Raison condamne ces impuretés ; au lieu qu'il s'efforce de prouver que ses lumières sont trop courtes, pour réfuter les Apologies
de ces horreurs, & qu'il entasse contre la Raison des
argumens qu'il est ensuite si aisé de retorquer contre
la Révélation. Mr. Bayle reconnoit qu'on peut parler trop librement de certaines matières chatouilleuses
Joubert averti de cela, retrancha ensuite ce qui *Art. Jou-*
avoit scandalisé, après s'être excusé sur la né- *bert.*
cessité d'écrire en Anatomiste. Mr. Bayle
même dans ses nôtes une partie de ces éxpressions qui avoient paru trop crues & qu'l'Anatomiste avoit retranchées. Pourquoi choisir plûtot ces
matières, qu'un grand nombre d'autres qui ne sont
pas moins Anatomiques, & qu'il ne rapporte nulle
part ?

"XXV. SCIOPPIUS fut averti, dit *Danger*
"Mr. Bayle, que la lecture des Anciens *du Dic-*
"Poëtes étoit dangereuse aux jeunes gens ; *tionnaire de*
"Afin donc de ne pas perdre la pureté des *l'aveu de*
"mœurs en cherchant la Langue Latine dans ses *son Au-*
"sources les plus pures, il se servit du remède *teur.*
"qui mérite d'être rapporté. *Art. de*
Scioppius

"Ce fut de matter son corps par une diète ri- *Note T,*
"goureuse ; Il jeunoit en Allemagne les jours entiers,
"cloué sur ses Livres, & quand il fût à Rome, il
"renonça tout-à-fait au vin & à la viande, aux
"œufs & aux poissons ; il ne faisoit qu'un repas par
"jour, & il ne mangeoit dans ce repas que des cho-
"ses très-communes & en petite quantité ; la
"moitié d'un choux un peu de riz, un petit mor-
"ceau de fromage, une poire, ou une pomme, &
"il n'avoit pour tout lit l'hiver & l'été, que des plan-
"ches, deux couvertures & un oreiller. Il n'y a
"point de doute que ces remèdes ne soient excellens
"contre la fureur de l'incontinence.... Ceux qui pré-
"tendent qu'ils n'ont pas beaucoup d'efficace, & qu'il
"n'y a point d'autre bon remède que le mariage, sont de
"gens qui ne les ont jamais essaiés, & qui n'ont pas
"trop d'envie de résister à la luxure ; Leur témoi-
"gnage ne peut donc pas être de grand poids : mais
"il ne s'agit point ici de dispute, il ne s'agit que de
"narration.

"Notés qu'il croioit que la lecture de certains
"ouvrages étoit capable de reveiller la nature la plus
"endormie. Il mettoit dans cette Classe quelques
"Commentaires de Scaliger & leur Texte.
Combien de gens, la lecture des gaillardises que
Mr. Bayle répand à pleines mains, ne surprend-elle
pas au dépourvu ; On les trouve là où on les attend
le moins, & quel effet tous ces commentaires & toutes ses réflexions ne doivent-elles pas produire sur ceux
qui s'y portent avec empressement, & au goût desquels Mr. Bayle a voulu s'accommoder, pour faire
acheter son Livre à plus de Lecteurs.

"XXVI. IL Y a des gens qui blâment Sue- *Du Au-*
Bbb 2 tone

"tone; dit Mr. Bayle; d'avoir écrit tant de
"choses, qui font connoitre le détail des acti-
"ons impures & des débauches horribles de Ti-
"bere, de Caligula & de Neron &c. On ne
"peut nier que ses recherches là-dessus n'aient
"été fort singuliéres & qu'il n'ait donné à sa plume
"beaucoup de licence : c'est ce qui fait dire qu'il avoit
"écrit la vie des Empereurs avec la même liberté
"qu'ils avoient vécu.

"Muret est celui qui a déclamé avec le plus d'Elo-
"quence contre Suetone à ce sujet-là, & il vint
"jusqu'à dire que la lecture de cet Historien est
"aussi à craindre pour les jeunes gens que celle des
"vers de Catulle & de Martial.

"La remarque de Muret, *que le Public n'a que
"faire de savoir tout le détail de la débauche des Em-
"pereurs*, prouve trop; car on lui répondra que le
"public n'a que faire de savoir les particularités que
"Tacite nous raconte touchant Agrippine qui pro-
"voquoit à l'inceste son propre fils. Qu'avons nous
"à faire, lui dira-t-on, du *lasciva oscula, & præun-
"tias flagitii blanditias que l'on trouve dans Tacite.
"Vous devés, condamner cet Historien, ou absoudre
"Suetone, & reconnoître que leurs fautes ne diffé-
"rent que du plus au moins.

"Eh bien quand nous ne mettrions que cette dif-
"férence entre Tacite & Suetone, Mr. Bayle sera-t-il
"excusable d'avoir surpassé Suetone? Le peu de mots
"dans lesquels Tacite s'exprime suffisent pour donner
"de l'horreur de l'impudique Agrippine; Mais entrés
"dans des détails, & faites des Commentaires sur ces
"paroles, il est mille imaginations en qui vous réveil-
"lerés des idées & des sentimens dangereux. "No-
"tés, dit-il, qu'Erasme dont l'autorité doit bien
"valoir celle de Muret, ne juge pas que la descrip-
"tion des infamies des Empereurs dont Suetone a écrit
"l'histoire, soit inutile au Public. Il croit au con-
"traire qu'elle peut servir d'épouvantail aux mauvais
"Princes, & qu'il n'y a point de Tyran qui pût
"sentir du repos, s'il consideroit que sa mémoire seroit
"un jour aussi éxécrable que celle de Caligula & de Ne-
"ron. Ce fut dans la vue du bien public qu'il tra-
"vailla à une Edition de Suetone & des autres His-
"toriens qui ont laissé le détail des actions abomina-
"bles des Empereurs Romains.

"Mais pour rendre odieuse la mémoire des débau-
"chés, il faut bien se garder d'écrire leurs débauches
"d'un Air *guogenard*, & propre à divertir ceux qui
"y ont de l'inclination, c'est le reproche qu'on fait
"à Mr. Bayle. Mais dit-il " la maniéredont Suetone
"a particularisé les débauches des Empereurs, n'est
"nullement une preuve, ni qu'il aimât les impure-
"tés, ni qu'il se plût à les décrire, ni qu'en géné-
"ral il y eut rien à désirer à sa probité & à son
"honnêteté. Cela fait voir seulement qu'il étoit fort
"ingénu & fort sincére, & qu'il croioit qu'un
"Historien doit représenter naivement & fidèlement ce
"qu'il sait déterrer de véritable, & pour peu qu'on se
"connoisse au caractère des Auteurs par leur maniè-
"re d'écrire; on peut juger que celui-ci ne faisoit
"que suivre la sincérité & son ingénuité naturelle,
"& qu'il ne cherchoit point l'amusement ou le di-
"vertissement de son cœur. On doit-même pré-
"sumer qu'il eut en vue de punir le crime autant
"qu'un Historien le peut punir, & de châtier la
"mémoire de ces monstres, en la transmettant aux
"siécles futurs, chargée de toute l'exécration dont
"elle est digne, & qu'il crut que cela pourroit répri-
"mer la brutalité un jour à venir; Il est certain que lui
"& *Lampridius* inspirent plus d'aversion & plus d'hor-
"reur pour les Princes dont-ils décrivent les dépor-
"temens abominables que ne le font les Historiens
"les plus prudes & les plus graves.

"Un Auteur peut avoir eu une bonne intention &
l'avoir mal éxécutée. Quand cela arrive & qu'il en
a le temps, il doit corriger dans une seconde Edition, ce qu'il a écrit de licencieux dans une prémié-

re; au lieu de l'augmenter comme l'a fait Mr.
Bayle.

Un auteur encore, ajoute Mr. Bayle, peut condamner
les personnes dont il écrit les impuretés, il met par là à
couvert son honneur & sa reputation. Mais s'il les décrit pourtant dans l'esperance qu'il sera plu par là
à une partie des lecteurs, met-il leur conscience & la
sienne en repos.

"Mettons ici la réfléxion que la Mothe le Vayer
"a faite sur l'Invective de Muret. Il seroit à sou-
"haiter, dit Muret, que nous n'eussions point
"appris tant de débauches, & tant de vices honteux
"qu'ont pratiqués les Tiberes, les Nerons & les Caligu-
"les. Ce sont des ordures qui font presque rougir
"le papier sur lequel Suetone nous les représente.
"Et si ce que dit un Ancien est véritable qu'il n'y
"à guéres de différence entre la personne qui décrit
"de semblables infamies avec soin, & celui qui les
"enseigne; à grande peine pourrons nous excuser Sue-
"tone de s'en être acquitté de la façon qu'il l'a
"fait.

"Mais comme nous avons déjà répondu à de sem-
"blables objections dans d'autres Sections que celle-
"ci, y a-t-il un seul de tous les Historiens de nom qui
"ne soit coupable .... d'avoir répresenté les méchan-
"tes actions qui sont la plus grande, & souvent la
"plus considerable partie de sa Narration. L'Histoi-
"re sacrée même ne nous fait-elle pas voir des par-
"ricides, des incestes, des idolatries & mille autres
"profanations, parmi ses meilleurs exemples & ses
"plus Saintes instructions.

"Il est difficile de bien répliquer à cette remarque, &
"je voudrois bien savoir ce qu'auroit pu dire contre
"cela le scrupuleux Tillemont. Il auroit sans doute al-
"légué des choses spécieuses; mais dont on auroit pû in-
"férer que le plus ancien des Historiens, & celui qui
"avoit le plus de lumières, vû qu'il écrivoit par
"inspiration, ne devoit jamais parler des filles de
"Lot; car dira-t-on c'est enseigner indirectement
"l'inceste dans des circonstances tout à fait af-
"freuses.

Ce parallèle de Suetone & de Moïse me fait souvenir de l'égalité que trouve Me. Dacier entre une
fable d'Homère & le récit de St. Luc. On
reproche à Homère des fictions absurdes & infiniment éloignées de toute vraisemblance, Poëtique méme, d'Ulisse à cheval, neuf jours & neuf nuits sans
boire ni manger sur le mat du Navire où il avoit fait
naufrage. Pour justifier Homère Me. Dacier cite
les Actes des Apotres, & St. Paul disant à ceux
qui étoient prêts de faire naufrage. Il y a trois jours
que vous n'avés rien mangé, ce qui signifie visiblement vous n'avés mangé que peu, & sans aucune régularité. C'est ainsi qu'on aime mieux supposer
dans l'Ecriture Sainte des défauts qui n'y sont point,
que de se corriger des siens, ou que d'avouër ceux
des Auteurs qu'on aime & dont on se plairoit d'imiter. L'Ecriture Ste. alléque des faits criminels, très
brièvement & très-simplement, & on ne peut les
lire sans les condamner; Donc on ne doit se faire
aucun scrupule d'entrer dans le détail de ces faits, &
de les décrire dans des termes qui fassent plaisir à
une imagination tournée du côté de la sensualité.

"On inféreroit aussi des raisons de cet Auteur que
"l'Histoire en général est condamnable, & qu'on
"eut grand tort de publier dans Paris le procés de
"Madame de *Frinvilliers*, & que la Rélation des Con-
"jurations est une chose à proscrire, puis qu'on y
"peut apprendre l'art de former des conspirations, &
"d'éviter les fausses mesures qui ont fait échouer
"celles de Pazzi & plusieurs autres.

XXVII. Mr. BAYLE a trouvé le secret de rendre difficile la refutation de ses vains subterfuges &
force de les réiterer: Laissés quelque endroit sans
réponse, ses amis concluront qu'il n'y avoit pas
moien de répliquer à un de ses Sophismes ou de
ses

ses subterfuges, quoiqu'allégué & réfuté déjà plusieurs fois. D'un autre côté repliquer comme on l'a déja fait, c'est s'exposer au risque d'ennuier un Lecteur, en rebattant toujours la même chose, & de groſſir inutilement un Ouvrage. Je ne doute point que cette conſidération n'ait rebuté pluſieurs perſonnes très-capables de réfuter Mr. Bayle & ne leur ait empêché d'entreprendre un ouvrage très-embarraſſant, quelque parti qu'on trouve à propos de prendre. Perſonne n'a jamais accuſé Mr. Bayle d'apprendre aux jeunes gens, ce qu'ils auroient ignoré ſans lui, en matière d'obſcénités ; On s'eſt plaint ſeulement que ſon Dictionnaire familiariſe ſes Lecteurs avec des idées auxquelles la Raiſon ordonne de refuſer ſon attention, & qu'il les engage à ſe plaire à des contes & à des réfléxions très-propres à diſpoſer à l'impureté. Le détail d'une conſpiration apprend aux Souverains & à ceux qui ſes ſervent à s'en garantir : Ce détail ne fournit aux mauvais Sujets aucun ſecours. Pour réuſſir dans ces ſortes d'entrepriſes. Il ne faut pas marcher ſur les traces d'autrui, il faut ſavoir faire des complots tout neufs. Pour ce qui eſt des empoiſonneurs, leur nom ſeul fait frémir, & le détail de leur procès n'apprend point où l'on doit chercher les poiſons & comment on doit les préparer.

Quand je vois l'aſſurance avec laquelle Mr. Bayle allégue des argumens pitoiables, je ſuis moins tenté d'en conclure qu'il comptoit étrangement ſur la ſtupidité de ſes Lecteurs, que d'en inférer à quel point le goût du Pyrrhoniſme eſt dangereux. J'ai connu des gens qui à force d'entreprendre tous les procès ſur leſquels on les conſultoit, & de chercher des raiſons pour appuyer toutes ſortes de prétenſions, (parce que leurs conſultations & leurs écritures étoient toujours également bien païées) avoient tellement perdu tout pouvoir de prendre un parti ſûr, & de diſtinguer une raiſon ſolide d'avec une ſimple vraiſemblance, que les cauſes ſur leſquelles il étoit le plus aiſé de triompher, n'étoient pas mieux dans leurs mains, que les plus foibles & les plus embarraſſées. Ne ſeroit-il point arrivé quelque choſe de ſemblable à Mr. Bayle ? Son eſprit prévenu pour le Pyrrhoniſme, ne s'embarraſſoit plus de chercher de la certitude, il lui ſuffiſoit de trouver des vraiſemblances, & de les ſavoir étaler ; Les obſcénités étoient entrées dans ſon plan ; Il comprenoit de quelle utilité elles étoient pour ſon grand but. Là-deſſus on l'accabloit d'objections, il falloit ſe juſtifier, il ne vouloit pas demeurer ſans réponſe : Mais cela l'embarraſſoit peu, parce que de puis longtemps, il n'avoit de goût que pour la vraiſemblance.

Mr. Bayle fait écrire inutilement quand il veut. Art. Farel Note I.

XXVIII. QU'ON liſe avec attention tout ce que Mr. Bayle a écrit dans cet endroits-ci à l'occaſion de *Farel* qui ſe maria à l'âge de 69. ans, on verra qu'il ne tenoit qu'à lui de s'exprimer ſur des objects délicats, d'une manière très Philoſophique, & d'écrire des choſes que les perſonnes les plus ſcrupuleuſes pourroient lire à haute voix, & en préſence de témoins, ſans rien faire contre la bienſéance. Mr. Bayle ſait éloigner quand il veut les mêmes idées groſſiéres & obſcénes qu'il force l'imagination à recevoir, quand il lui plait.

„ Il ſe maria, dit-il, à l'âge de 69. ans, il paroit par un écrit de la main de Farel, qu'il épouſa ſa femme avancée en âge, nommée Marie, fille d'Alexandre Torel de la Ville de Rouen, que cette fille s'étant retirée à Neufchâtel à cauſe de la Religion avoit été élevée dans la diſcipline du Sieur par ſa Mère qui étoit une véritable Veuve, qui craignoit Dieu, & qui le ſavoit ; que cette fille avoit de la ſageſſe & de la vertu, que ſa vie étoit réglée & honnête. Les Anonces du Mariage de Farel & de Marie Torel ſe trouvent écrites avec une grande ſimplicité ; Elles furent publiées le 11. & 21. Septembre & le 2. d'Octobre 1558. Voions de quelle manière Mr. Ancillon juſtifie ce mariage. Farel ne ſe maria qu'à l'âge de 69. Ans, & comme diſoient ſes amis lorſqu'il étoit ſur le bord de ſa foſſe. Les amis de Farel trouvoient ce mariage fort étrange & fort hors de raiſon ; néanmoins Farel fit goûter à ſes amis les raiſons qui le portoient à une ſociété, telle qu'eſt celle du Mariage en un âge ſi avancé ; L'on a crû juſques ici que Farel avoit été porté à ce Mariage par une inſpiration ſecrete, & par un mouvement extraordinaire. Quoiqu'il en ſoit, on a ſçu qu'en ſe mariant il ſe propoſa de pourvoir à ſa Vieilleſſe à cauſe de ſes infirmités, par le moyen que Dieu lui même a ordonné, en prenant une aide à la pieté, pour s'y entretenir, une aide à la ſociété pour la lui rendre agréable, une aide à l'oeconomie ſur laquelle il ſe repoſoit ſur bien des choſes appartenantes à cette vie, & enſin une aide d'infirmité pour poſſeder ſon vaiſſeau en ſanctification, & honneur. On a ſçu que Farel ſe maria, afin de faire voir que comme l'enſeignent ceux de l'autre Communion le Célibat n'étoit point méritoire ni ſatisfactoire. On a ſçu que Farel ſe maria pour juſtifier que la grace de la continence perpétuelle n'eſt donnée, ni à tous ni pour toujours, La fin de cette Apologie ſurprendra tous les eſprits ſuperficiels & bien d'autres gens auſſi. On aura beaucoup de peine à ſe figurer que le don de continence conſervé juſqu'à l'âge de 69. ans, diſparoiſſe tout d'un coup & s'évanouiſſe. Les plus ſenſuels & les plus voluptueux perdent ordinairement à cet âge-là & même plutôt leur incontinence, ceux meme qui ont une peu trop abuſé de la chaleur exceſſive du tempérament, ſe trouvent au bout de leurs forces avant que d'avoir atteint leur année 69. & voici un homme qui commence alors à ne pouvoir plus ſe contenir : Cela eſt ſans doute fort ſingulier ; Mais néanmoins ne le traitons pas de fable. Conſidérons que l'impreſſion de certains objets ſur nôtre cerveau, ne dépend point de nôtre ame. Ce n'eſt point à cauſe que nous le voulons que certains objets nous plaiſent, c'eſt à cauſe qu'ils remuent d'une certaine manière les fibres de nôtre cerveau, & qu'ils y ouvrent des valvules qui étoient fermées, ce changement en produit d'autres preſqu'à l'infini dans la machine, de la naiſſance des déſirs & des avantgouts de plaiſir, & cent autres innovations qui détruiſent la continence. Voilà comme Marie Torel changea le cours des eſprits de ce bon Vieillard ; Elle lui plût, elle eut cette proportion de l'objet à la faculté qui excite les ſentimens de l'amour, & ce qui s'enſuit. Il n'en falloit pas davantage ; ne m'alléz pas dire ; Cette fille n'étoit pas jeune, & on ne la repréſente pas comme belle. Cela n'y fait rien, la proportion dont il s'agit, ne gît point ſort, ce grand mobile, ne conſiſte ni dans la grande jeuneſſe ni dans la beauté ; c'eſt un je ne ſai quoi qui a ſon ſiége dans des particules inſenſibles. On ſent leur effet, ſans connoitre la manière de leur action. Il y a tel homme qui a vu 20. ans durant une infinité de femmes ſans ſavoir jamais eu l'envie de ſe marier. Ce même homme en rencontrera quelqu'une fortuitement dans un bateau, dans un feſtin, dans une viſite, il en ſera ſi touché qu'il l'épouſera ſur le champ ; Elle n'eſt ni auſſi jeune ni auſſi belle que celles qui n'ont point plû à perſonnage, elle a fréquenté des gens plus ſuſceptibles d'amour que celui-ci, & ne les a point bleſſés ; la proportion de l'objet à la faculté n'y étoit point ; elle ſe trouve dans ce cas particulier, & voila un Mariage bien-tôt conclu ; On peut même dire qu'un homme, avancé en âge, qui conclud après une longue ſuite de raiſonnemens, qu'il doit renoncer au Célibat, eſt diſpoſé par cela même à l'incontinence, il devient facile à être frappé dans cêt endroit du cerveau qui donne le brin-

„ branle à l'amour: l'objet qui touche à cet endroit-
„ là lui plait & le charme; il y songe à toute heu-
„ re, il en veut jouïr, cela lui ôte ce beau don
„ de continence que la Nature lui avoit donné; il
„ se trouve dans un état de brûlure, & il se marie
„ selon le conseil de St. Paul. Il n'y a
„ donc rien qui ruine le vraisemblable dans notre
„ Vieillard, & nous y trouvons au contraire qu'il
„ n'y a rien de plus téméraire que le vœu de cé-
„ libat. Le don de continence n'est point quelque
„ chose sur quoi l'homme puisse compter. Il a
„ été à l'épreuve de mille objets très-aimables, il y
„ a été, dis-je, pendant une longue suite d'années;
„ Pouvés vous répondre qu'enfin il ne vous tombera
„ pas sous les yeux quelque autre objet mieux pro-
„ portionné aux fibres de votre cerveau? *Cela vient*
„ *comme le larron de nuit*, à l'heure qu'on ne s'y
„ attend point. Gardés donc toujours votre liberté,
„ possédés votre don comme* ne le possédant
„ point; songés que vous le pouvés perdre, & que
„ vous le perdrés peut-être lorsque vous y pense-
„ rés le moins: Il ne faut pour cela que rencontrer
„ une personne qui vous donne de l'amour; Ce sera
„ l'éponge de votre continence.

Des Lectures telles que celles que Mr. Bayle présente à tout coup, ne peuvent-elles pas avoir l'effet des objets mêmes. Il se le proposoit ainsi, puisque par là il vouloit plaire.

Preuve du Danger par Mr. Bayle.

XXIX. IL N'Y a rien de moins incompatible avec la pureté du cœur & avec la pureté du corps que la prétendue mortification, de résister à des tentations que l'on auroit irritées; le véritable triomphe est de se tenir le plus éloigné qu'il est possible d'un tel ennemi, & de n'y penser jamais.

Art. Tourand Note I.

„ Les péchés de l'impureté, dit Mr. Bayle,
„ ne sont point de la nature de ceux que l'on
„ peut vaincre en les attaquant, en les prévenant,
„ en faisant des irruptions sur leurs terres. Se bat-
„ tre en retraite, ou plutôt prendre la fuite est
„ le moïen le plus assuré pour remporter la victoi-
„ re. N'est-ce donc pas une étrange témérité
„ & un mépris punissable de ce sage Avertissement,
„ *Quisquis amat periculum peribit in illo*, que d'aller
„ provoquer ce dangereux ennemi & que de lui faire
„ des insultes jusques dans son fort? A peine de-
„ voit-il être permis à *d'Arbrissel* de le regarder en fa-
„ ce, & il étoit assés téméraire dit-on, pour le col-
„ leter, afin de luter avec lui.

„ Ceux qui font vœu de continence, s'ils sont
„ sages, doivent chercher avec ardeur le don de l'ou-
„ bli & repousser dès l'entrée l'image de l'impureté
„ tant s'en faut qu'il leur soit permis de coucher au-
„ près des objets vivans. Quand ils seroient assurés de
„ la victoire, ils ne laisseroient pas d'être obligés de fuir
„ **ce combat comme la peste. La charité envers le pro-**
„ chain leur commande cette fuite; Sont-ils assurés
„ de leur compagne?

Pourquoi donc présenter à tout coup ces images? pourquoi les mettre sous les yeux de ses Lecteurs, lorsqu'ils s'y attendent le moins. La Charité envers le prochain n'éxige-t-elle pas de tout autres précautions? Mr. Bayle *est-il assuré de ses Lecteurs?* Je me sers de ses propres réfléxions; Ses expressions vives, les détails où il entre, tout cela n'a-t-il pas l'effet des objets présens. Mr. Bayle ne pouvoit pas se résoudre à laisser mettre son Nom à la tête de son Dictionnaire. Il travailloit pour le Public par un motif de cette Charité Chrétienne qui fait qu'on s'oublie soi-même; & sa charitable complaisance le rendoit inépuisable en gaillardises.

Ceux qui voudront lire cet Article seront surpris, (je ne sai si je l'oserai dire) de l'affectation, de la fantaisie, du goût & de l'obstination de Mr. Bayle.

Mr. Bayle a promené l'imagination de ses Lecteurs sur des idées dangereuses; lui-même l'avoue;

Cependant il ne peut les quitter, il y revient, il les varie, il les exprime par tous les autres termes, que par les seuls qu'il auroit su se permettre.

XXX. Mr. BAYLE qu'une grace surnaturelle, si on veut l'en croire, a rempli d'une soi victorieuse de toutes les foiblesses & toutes les contradictions de la Raison, ne laisse pas de se jouer & de chercher à plaisanter sur une Histoire renfermée dans des Livres que cette grace surnaturelle a rendus les objets de sa foi & de son respect. Il parle *d'Abimelech* qui conjecture sur quelque chose qu'il apperçut que Rebecca étoit la femme d'Isaac. Les Arabes du desert qui ont conservé toutes les manières des Anciens temps, vivent avec les femmes avec une grande retenue, & une Relation nous apprend qu'un Emir ne pût pas s'empêcher de rougir quand on lui dit qu'en France on saluoit une femme par un baiser. Une telle action pouvoit donc suffire pour fonder la conjecture d'Abimelech.

Assassination contraire au resp. d. aux Livres sacrés

Art. Abimelech.

Voyage au Camp du Grand Vizir p. 177. Edit. d'Amsterdam.

On ne sauroit lire cet Article sans en être scandalisé, on y sent malgré qu'on en ait le penchant éxtrême de Mr. Bayle à saisir certaines idées, & à ne les point abandonner. De diverses applications qu'on pouvoit donner aux paroles de la Genèse, il en choisit une, parce qu'a le refutant à demi, il trouve une occasion de mettre en œuvre son stile favori, qu'aucune circonstance ne peut lui faire supprimer. Il seroit à souhaiter, *dit-il*, en finissant cet article, que *les imaginations mystiques fussent inconnues*; ses gaillardises valent-elles mieux?

XXXI. Mr. BAYLE ne commente guere que des endroits de cette Nature, les moindres occasions reveillent là-dessus ses idées; Il falloit qu'il en fut étrangement rempli; *On disoit autrefois d'un homme, ce sont ses paroles, éxtraordinairement vaillant & courageux, c'est un Achile*, comme on dit aujourd'hui *c'est un César; c'est un Alexandre. Un débauché a étendu la métaphore sur un tout autre sujet.* Cela valoit bien la peine d'en charger un Dictionnaire Historique?

Autre preuve d'affectation Art. Achille.

Quand il seroit vrai que les termes *d'Achile* en impureté auroient passé en proverbe, valoit-il mieux la peine de rapporter celui-ci que tout ce qu'on en trouve dans les Adages d'Erasme? Mais c'est une allusion dont Mr. Bayle n'allègue qu'un seul exemple tiré d'un Débauché qui auroit le même regret à une foiblesse, dont-il auroit dû se féliciter, que Milon en avoit à la perte de la force de ses bras.

Quand Mr. Bayle auroit supprimé cette remarque auroit-il mérité d'être mis au nombre de ceux dont-il parle " à qui on peut intenter „ dans la République des Lettres la même ac-„ tion, que l'on intente dans le Barreau à certaines „ réticences des vendeurs. Il seroit à souhaiter que „ le Public fut plus sévère qu'il ne l'est contre les „ Historiens qui suppriment certaines choses. Il y en „ a si peu qui ne le fassent qu'il seroit desormais „ temps d'y remédier si on le pouvoit.

Art. Aldus.

XXXII. Mr. BAYLE après avoir allégué ce qu'on disoit pour justifier Molière, qu'il avoit travaillé non seulement pour les esprits fins & de bon goût, mais aussi pour les gens grossiers.

Parallèle de Molière & de Mr. Bayle.

„ Souvenons-nous, dit-il, que les frais des Co-„ médiens sont grands, & que l'usage de la Comédie „ est de divertir le Peuple aussi bien que le Senat. Il „ faut qu'elle soit proportionée au gout du Pu-„ blic, c'est-à-dire, qu'elle soit capable d'attirer „ beaucoup de monde: car sans cela ne fut-elle qu'un „ élixir de pensées rares, ingénieuses, fines au sou-„ verain point, elles ruineroient les Acteurs, & ne ser-„ viroit de rien au peuple.

Art. Poquelin, Note G.

„ Ce ne sont pas seulement les Critiques de Mo-„ lière qu'on peut repousser par de telles réflexions, „ il y a beaucoup d'autres livres qu'on critique de cette „ manière, parce qu'on ne songe pas aux divers us-
„ ges

„ ges auxquels ils sont destinés, & parce qu'on y
„ trouve cent choses que l'on voudroit que l'Auteur
„ eut retranchées. J'ai bien à faire de cela, dit l'un,
„ que m'importe, dit l'autre, qu'un tel ait été mal
„ marié, à quoi bon tant de citations, tant de pen-
„ sées gaillardes, tant de réfléxions Philosophiques
„ &c. C'est le langage perpétuel de ceux qui cri-
„ tiquent ce Dictionnaire : mais ils me permettront
„ de leur dire, qu'ils ont négligé de se pourvoir de
„ la chose qui leur étoit la plus nécessaire pour bien
„ juger de cét Ouvrage. Ils n'ont point connu qu'il
„ doit servir à toutes sortes de Lecteurs & que par ce-
„ la même qu'il ne seroit fait que selon le goût des
„ plus grands puristes, il sortiroit de sa sphére na-
„ turelle. Songent-ils bien que si je m'étois reglé sur
„ leurs idées de perfection, j'aurois fait un Livre
„ qui leur eut plû à la vérité, & qui auroit déplu
„ à cent autres, & qu'on eut laissé pourir dans les
„ magazins du Libraire ? La pauvre chose pour lui
„ que deux gros Volumes qui ne contiendroient que ce
„ qui peut plaire à ceux qui se piquent d'un air
„ grave & d'un goût exquis, & qui voudroient
„ qu'on expliquat par monosyllabes les matieres les
„ plus étendues. Qu'ils fassent la réfléxion qui fai-
„ soit Socrate à la vue d'une foire, *Combien de cho-*
„ *ses y a-t-il dont je n'ai pas besoin* ! On le veut bien :
„ mais la foire n'en sera pas moins ce qu'elle doit
„ être. ” Cela signifie que Mr. Bayle suivra toûjours
son train, & qu'il n'aura aucun égard pour ceux
qui, peuvent se passer de ses gaillardises, non plus
que pour ceux qui de plus en sont trés-scandalisés ;
Il déclare pourtant à la fin de la seconde Edition
qu'il a *corrigé & supprimé beaucoup en leur faveur,*
mais il n'a écrit cela que pour se moquer d'eux &
pour les traiter comme des gens avec qui il se dispense du devoir de la sincérité. Que ses bons cha-
lans ne s'éfraient pas de ces promesses jettées en l'air ;
Qu'ils achettent hardiment son Livre, ils y trouveront *une suire de leur goût*, les matieres dans lesquelles leur cœur corrompu se délecte n'y seront
point traitées par *monosyllabes*. Si le motif du gain
étoit une raison valable pour justifier toutes sortes de
métiers, & tout ce qu'on y emploie d'artifices, pour
les rendre plus lucratifs, on se contenteroit d'opposer à Mr. Bayle ce qu'il dit ailleurs sur le sujet de
la belle gloire & du desintéressement , & sur les critiques qu'il fait des Savans qui ont aimé les pensions,
& qui ont été bien aises de les faire grossir ; Mais
ne seroit-ce point trop découvrir en Mr. Bayle un
cœur Pyrrhonien sur la Morale que de dire qu'il a
rempli son Dictionnaire de gaillardises & d'objections
contre la Providence, afin d'en procurer un plus grand
débit à son Libraire ? C'est pourtant lui qui nous l'apprend. Comment accorder cela avec ce qu'il allégue lui-
même, que *la maniére dont il conte ce dont on se plaint,
est plus propre à donner de l'horreur, que s'il s'étoit
exprimé dans d'autres termes*, & *que ses objections tendent à faire sentir* LA NECESSITÉ DE LA
FOI. Quelle contradiction ! quelle hardiesse ! N'é-
toit-ce donc que pour faire plaisir aux ames fidéles
& à ceux qui ont en horreur l'impureté qu'il a rempli son Dictionnaire d'ordures & d'objections ? &
qu'il a si vivement & si rudement repoussé ceux qui
ont entrepris de mettre à couvert la Réligion de ses
attaques ! Mr. Bayle se seroit épargné bien des redites dans son Dictionnaire, & la nécessité de les
rassembler dans une Apologie particuliere, s'il avoit
eu moins de complaisance pour les Lecteurs qui n'en
méritent pas. Sans des secours si peu dignes d'un
Sage, uniquement sensible à la belle gloire, on ne
laisse pas de réitérer *sans cesse les Editions du Dictionnaire de Moreri.*

Si Mr. Bayle avoit voulu rapporter toutes les particularités de la vie de Malherbe, & tout ce qui,
dans ses Vers, dans ses Lettres, dans ses Conversations pouvoit servir à faire connoitre le caractere de son
esprit & de son cœur, il auroit eu dequoi faire un

petit Volume. Pourquoi choisir particuliérement ce
qui est obscéne & licentieux, si ce n'est parce que
Mr. Bayle aimoit à suivre son goût, ou à flatter
celui de ses Lecteurs, à qui il devoit d'autant plus
se faire un devoir de refuser ce plaisir, qu'il les y
savoit plus portés ?

„ Il y a beaucoup d'apparence que Malherbe
n'avoit guére de Réligion. Son bon Ami ayant
voulu faire en sorte qu'on ne crût pas cela, s'y
est pris d'une maniere à n'en laisser point douter,
On a vû dans l'article de Madame des Loges quelques faits concernant Malherbe.

Mr. Bayle auroit-il voulu faire connoitre que les
motifs licentieuses, disposent le cœur à se tourner
du côté de l'Irréligion & à détourner son attention
de tout ce qui va à établir la vérité & la certitude
de quelques maximes qui génent ?

„ XXXIII. MAIS quant à ce que Philon ajou- *On consi-*
te, dit Mr. Bayle, que ce Patriarche (Abraham) *re à fai-*
cessa de jouir des qu'il s'apperçut qu'elle étoit *re connoi-*
grosse, je n'ai garde de le nier, ni de l'affirmer. *tre Mr.*
Ce sont des mystéres dont-il ne faut point être *Bayle.*
curieux : Il faut supposer qu'ils se passent sous le *voyez Note*
voile de la nuit, ou derriere le rideau, & les *A.*
laisser dans leurs ténebres naturelles.

Abraham trouvoit sa condition triste , parce qu'il
n'avoit point d'enfant pour héritier. *Sara* entra dans
ses idées & lui proposa *Agar*, cela donne naturellement lieu à la pensée de *Philon*. Mr. Bayle qui
aime à plaisanter dans l'article d'*Abimelech*, & fait
des conjectures sur Isaac & sur Rebecca, n'approuve pas une pensée de Philon qui soit honneur à
Abraham, & pour le refuter honnêtement, il dit,
ce sont des mysteres dont-il ne faut pas être curieux,
Que n'a-t-il suivi cette régle ?

Charles-Quint, dit Mr. Bayle, *ne sut pas éxempt de* *Art.*
l'infirmité humaine par rapport aux femmes : Il étoit *Charles-*
beaucoup plus sobre que chaste. Sur quoi Mr. Bayle *Quint.*
cite Brantome, après quoi il commente, selon sa
coutume, les paroles de ce sale Auteur ; Dès-là il
fait une course sur des vers ordurieres d'Horace. Tout
cela étoit si peu à propos, qu'il ajoute, d'abord a-
près, un témoignage tout opposé. Mais que la narration de Brantome soit faulse ou véritable, elle étoit
trop du goût de Mr. Bayle pour la laisser échaper ;
Sur tout autre sujet il en auroit fait voir l'éxtravagance. Brantome s'émancipe hardiment à conter
ce qui s'est passé sous les enveloppes de la nuit. Qui
pouvoit savoir cela, sur tout puisque Charles-Quint
affectoit du moins les dehors d'une grande sagesse.

Pourquoi sur l'article de *Thamyris* Mr. Bayle ne
se contente-t-il pas de traduire simplement l'auteur
Grec qui cite, *Thamyris comme le prémier qui ait
aimé les garçons ?* & d'où vient qu'il aime mieux
employer certaines expressions pour plaisanter sur le
crime, par une allusion burlesque, que je ne rapporterai pas ? Si Lucien avoit plaisanté sur le défi
que Thamyris fit aux Muses, & que Mr. Bayle en
eut cité les paroles, il se seroit mis à couvert par le
titre d'Historien & de Rapporteur, quoi que ce titre ne lui permit pas d'être en droit de chercher des sotises
pour en charger un Dictionnaire, où on ne transporte pas tout ce qu'on lit. Mais Mr. Bayle plaisante
de son chef en stile indécent à un Philosophe. Il
invente de plus dans la note E une plaisanterie
qu'il auroit faite, s'il avoit été à la place de Lucien sur lequel il fait voir qu'il sait enchérir.

On a été surpris dit Mr. Bayle qu'un homme si
sage (Mr. le Vayer) ait écrit fort librement sur des
matieres obscénes.

„ Mais il est plus rare qu'un Auteur se donne *Art. Vi-*
beaucoup de licence dans ses Livres, & peu dans *yr. Bo-*
ses mœurs, qu'il n'est rare qu'il s'en donne beau- *se. D.*
coup dans ses mœurs & peu dans ses Livres. Il
est bien aisé de comprendre les raisons de cela ; car
qui peut le plus peut le moins ; mais qui peut le
moins ne peut pas le plus ; Qu'y a-t-il de plus
„ facile

„ facile que de déclamer en vers ou en prose contre
„ les déréglemens du siécle, & qu'y a-t-il de plus
„ maliaisé que de n'y prendre aucune part? Un hom-
„ me sage fait ce qui est le plus difficile; Il ne lui
„ est donc pas malaisé d'édifier par les productions de
„ sa plume; car ceci est infiniment plus facile que
„ cela. Mais de ce qu'un homme peut composer des
„ Ouvrages édifians, dévots & nétoyés de toute li-
„ cence morale, il ne s'enfuit pas qu'il puisse vivre
„ avec une telle régularité, & ceci est infiniment
„ plus difficile que cela.

„ S'il est séant à un homme sage de s'abstenir d'ac-
„ tions licentieuses, pourquoi s'expose-t-il au risque
„ d'autoriser, par ses expressions & par le plaisir qu'on
„ y trouve, les écarts où elles jettent, & auxquels on
„ ne peut nier qu'elles ne disposent. Excusera-t-on ceux
„ qui n'ont pu résister à la tentation de s'exprimer, d'une
„ maniere qui feroit tout leur génie: En disant, ils vou-
„ loient s'accommoder au goût d'une infinité de Lecteurs,
„ qui trouvent la où je y des agrémens qui les enchan-
„ tent? N'assura-t-ils pas mieux fait de résister à la
„ tentation? Tantis non erat ea essa dipretum? Il ne fal-
„ loit pas être Eloquent à ce prix; Ceux à qui on
„ plaît par là sont précisément ceux à qui on devroit le
„ plus éviter de plaire.

Idem Note E.

„ Tous ces Ecrivains, dit-il sont très-blamables,
„ & d'autant plus indignes d'excuse qu'ils connois-
„ soient la foiblesse de leurs Lecteurs. Ils n'étoient
„ pas d'un pais où ils fussent soutenus contre les
„ moindres objets; mais d'un pais où elle est facile-
„ ment échauffée, ce qui faisoit que le Pogge envi-
„ soit aux Suisses l'honnêteté & la bonne foi, qu'il
„ observoit parmi eux. Il ne pouvoit pas assés ad-
„ mirer les bains de Bade où les hommes & les fem-
„ mes, les garçons & les jeunes filles se trouvoient
„ ensemble en chemise, sans faire naître de mauvais
„ soupçons.

Et Mr. Bayle pouvoit-il ignorer que son Dictionnaire courroit tous les Pais, & que ceux, où on avé-
cu le plus réguliérement autrefois, ont fort dégénéré
de leurs moeurs anciennes? Dans ce même Article
Mr. Bayle cite l'Apologie que Mr. le Vayer fait
des Auteurs qui ont répandu des obscénités dans leurs
Livres, & par conséquent il fait la sienne; Que de
peine & de paroles inutiles se seroit-il épargnées,
s'il avoit eu autant d'éloignement qu'il avoit de zèle
pour ces gaillardises, toujours si dangereuses par rapport à rien des gens, & si indécentes à un Ecrivain
qui fait profession d'avoir pour son grand but d'humilier la Raison, afin d'amener à la Foi, & à la grâ-
ce surnaturelle de Dieu: sont-ce là de belles préparations à y recourir?

Mr. Bayle a un si grand foible pour des
Idées si indienes d'un Philosophe, & à plus
forte raison d'un Chrétien, dont la persuasion
est l'unique ouvrage d'une grace surnaturelle, qu'il
n'apprehende pas de charger son Dictionnaire de pauvretés qui sont toutes, & qui ne semblent convenir qu'à des bateleurs.

Sangébéria Note A.

„ Voici une partie de la réplique, dit-il, je vous
„ avoue franchement répondit l'Oncle que le der-
„ nier plaidoier de l'Avocat de mon infidèle m'a
„ percé le coeur, & il n'a nullement tenu à lui
„ que je n'aie passé pour le plus méchant,
„ de tous les hommes; Vous saurez encore que
„ d'abord que je fus sorti de la chambre, j'en-
„ tendis une voix confuse de Libraires s'addressant
„ à moi, *Voici Mr. le curieux impertinent*, le C.
„ **IMAGINAIRE: peignes de corne**: & il n'y eût
„ pas jusqu'à un misérable garçon de boutique, qui
„ ne me suivit sur le bas des degrés de la Cour, & qui
„ par une froide allusion jouoit à mes cotés de la
„ *Cornemuse*. La tous les Marchands se récrierent,
„ d'un commun concert, *Peignes de corne*, & j'es-
„ sui toutes les ordures, c'est-à-dire toutes les
„ plaisanteries des Halles, " C'auroit été vraiment un grand dommage qu'un si bon morceau se fut

perdu! C'est là une de ces piéces fugitives dont le
public a intérêt qu'on fasse un recueil dans des ouvrages durables.

XXXIV. QUAND je lis l'éxamen que Mr. *Bêtheim*
Bayle fait du Systême de Spinoza; quand je lis ses *sur les Sos-*
réflexions sur celui de Mr. Leibnitz, quand je le *Cinéite.*
vois traiter les matiéres de la Tolérance, quand je
le vois mettre dans un plein jour l'innocence de
quelques grands hommes accusés par des Auteurs
Satyriques, quand je le vois débrouiller, lorsqu'il
lui plaît, les Questions les plus compliquées, j'ai un
éxtrême regret qu'un génie de cette force ait donné
ses principaux soins à sapper les vérités les plus utiles, par des objections proposées sous tous les
plus propres à éblouir; Mais aussi quand je vois ce
grand Critique, ce Fleau des Logiciens, des Physiciens, des Mathématiciens, des Théologiens qui s'avisent de raisonner; quand je le vois qu'il ne peut finir, dès qu'il est tombé sur quelques matiéres obscénes, quand je le vois y prendre assés de goût
pour ramasser des pauvretés de la Nature de celles
qu'on lit dans *le Tombeau de la Melancholie*, c'est
une consolation pour moi de remarquer ce travers
d'esprit dans un homme si obstiné à attaquer la Réligion & les Principes de la Morale.

XXXV. *Anne Robert*, dit Mr. Bayle, publia *des Li-* *Assistan-*
vres de Jurisprudence qui passent pour bons. Il *ou d'as-*
suffisoit ce me semble, d'en indiquer les titres & la *sensates.*
matiére. Mais Mr. Bayle n'a garde de perdre une si
belle occasion de revenir à une matiére dont-il n'a
déja que trop parlé, & de s'égaier sur de certains
procès, & sur la maniére aujourd'hui abandonnée, de
les décider. Ils prétend faire cesser le scandale qu'il
cause en revenant si souvent à ce sujet, & il assure
en termes éxprès que c'est la son dessein. Mais il
semble que Mr. Bayle se plaît à surprendre son Lecteur sur ces sortes de matiéres, en les faisant venir
dans les endroits où on les attendroit le moins, & il
passe assés légérement sur les articles où on les chercheroit plutot, *Sapho* & *Luis* sont, par exemple, des
noms connus de tout le Monde; Mr. Bayle ne satisfait pas là dessus un Lecteur du goût dont-il les
suppose. Sangébére a étendu Jurisconsulte, dont Mr. *Art. Sen-*
Bayle rapporte quatre choses, 1. il a écrit contre Mr. *gébère.*
De Saumaise, 2. Il a prétendu à une Chaire à An-
gers. 3. Il avoit enseigné Mr. Ménage, 4. Il vouloit répudier sa femme pour cause d'adultere, Mr.
Bayle passe légérement sur les 3. prémiers articles, *Note. B.*
mais il s'étend beaucoup sur le dernier. Il a regret
qu'on n'en ait pas imprimé les plaidoiers, Il console
son Lecteur de cette perte par des morceaux de plaidoiers de cette Nature, & par des circonstances qu'il
y joint. Il est une infinité de gens à l'Histoire des
quels le public n'a aucun intérêt, & pourtant si on
suit la méthode de Mr. Bayle, il faudroit conserver
leurs noms dans l'Histoire, pour peu qu'il y auroit
eu une femme grondeuse, l'autre une ivrogne; l'un
auroit patiemment digéré les vices de la sienne; Un
autre se feroit rempli la tête de soupçons mal fondés.
Est ce pour cela qu'on fait des Dictionnaires Historiques? Il me semble que ces ouvrages sont pour but
de transmettre à la postérité les Noms des personnes
qui méritent qu'on s'en souvienne, ou qui ont eu influence dans de grands événemens. C'est un soulagement pour la mémoire de pouvoir aisément trouver
ces Noms dans un Livre, & y repasser leur histoire
en abregé. Un Dictionnaire, en rapportant leurs Vices,
leurs Vertus, leur maniére de vivre, fournit des instructions utiles. Elles le sont encore par la Critique qu'on y trouve des Auteurs qui en ont parlé,
par la liste & par le caractére qu'on y donne de leurs
Ouvrages; Mais c'étoit visiblement abuser de son
loisir & oublier la destination de son Dictionnaire
que de ne négliger aucune occasion de le remplir de
gaillardises. Cela est sur tout dangereux dans un Ouvrage, où on trouve tant d'objections contre les fondemens de la Réligion & de la Morale. Si *Januius* *Art.*
avoit *Janua*

avoit pris plaisir à des lectures de ce genre, les doutes dans lesquels des objections sur la Providence l'avoient jetté, auroient été agréables pour lui, ou la liberté où ils auroient mis son cœur corrompu de se livrer à ces idées. Pour avoir le plaisir de suivre le penchant de son cœur, il auroit fortifié ses doutes; Il ne seroit point venu si aisément à se défaire des principes spéculatifs d'Irréligion où il étoit, & peut-être n'auroit-il jamais pensé à les examiner & à les combattre.

Art. Hipparchia.

„Hipparchia femme du Philosophe Crates, dit „Mr. Bayle, avoit été si charmée des discours de ce „Cynique, qu'elle voulût l'épouser à quelque prix „que ce fût. Elle étoit recherchée par un bon nom-„bre de soupirans, dont la Noblesse, les richesses, „la bonne mine, étoient d'une grande distinction. „On la pressa dans sa famille de se choisir un Epoux „parmi ces Rivaux; Mais rien ne fut capable de la „détacher de Crates. Elle déclara que Crates lui „tenoit lieu de toutes choses, & que si on ne la „marioit point avec lui, elle se poignarderoit. La „famille sur cette déclaration s'addressa à Crates, & „le pria d'employer toute son Eloquence, & toute „son autorité auprès de leur fille pour la guérir de „sa passion. Il employa tout son savoir-faire sans „rien gagner sur cette opiniatre. Enfin quand il „vit que ses raisons & ses conseils n'avoient nulle „force, il étala sa pauvreté devant cette fille, il lui „découvrit sa bosse, il mit par terre son bâton, & „son manteau, & il lui dit; Voila l'homme que „vous aurés, & les meubles que vous trouverez chés „lui; songés y bien, vous ne pouvés pas devenir „ma femme sans mener la vie que notre Secte pré-„scrit. A peine eut-il cessé de parler, qu'elle décla-„ra que le parti lui plaisoit infiniment. Elle prit „l'habit de l'ordre, je veux dire l'équipage des Cy-„niques, & s'attacha tellement à Crates, qu'elle ro-„doit par tout avec lui, & qu'elle ne faisoit point „de scrupule de lui rendre le devoir conjugal au „milieu des ruës. C'étoit un des dogmes de la Secte „qu'il ne falloit avoir honte d'aucun exercice cor-„porel que la Nature exige de nous.

Voila sans contredit ce qui étoit plus que suffisant pour remplir le devoir d'Historien, quand Mr. Bayle ajoute, dans la note *A* " Personne n'a décrit „ceci avec tant d'éxactitude qu'*Apulée*: il prétend „qu'Hipparchia répondit qu'elle avoit songé assés à „cette affaire, & qu'elle étoit persuadée qu'il n'étoit „pas possible de trouver ni un plus beau ni un plus „riche Mari que Crates, & qu'il n'avoit qu'à la „mener où il voudroit; Il la mena dans le Portique „qui étoit un des plus superbes batimens publics, & „l'un des plus fréquentés que l'on pût voir dans „Athènes, & il consomma là le Mariage. Tout le „monde l'auroit vu, & l'épouse étoit résoluë à ré-„galer de ce spectacle la Compagnie; mais un des „amis de Crates étendit son Manteau autour d'eux, „& leur fit par ce moien une espèce de rideau, qui „arrêta la vuë des Assistans.

C'est tout le plus si on lui peut pardonner cette superfluité. Mais il est des sujets qu'il ne peut pas quitter, dés qu'il a commencé d'en faire mention. La note *C* fait souffrir. Un Historien doit-il se faire un devoir, dans un Dictionnaire sur tout, de rapporter toutes les sottises qui sont échapées à un homme ou par malice ou par imprudence?

Que seroit-ce si les Auteurs de Dictionnaires historiques, qui ne doivent faire entrer dans leurs Livres que ce qui est arrivé de plus remarquable aux personnes dont-ils rapportent les Noms, s'amusoient de tenir registre de toutes les pagnotteries qu'on attribue aux personnes dont le nom s'est conservé, ou qui sont effectivement sorties de leur bouche. Mr. Bayle rapporte un misérable sophisme d'Hipparchia, & pourquoi? parce que cela lui fournit une occasion d'alléguer, à cette objection, une réponse pleine d'obscénités, & pour joindre encore à cette réponse une réflexion grossière.

Dans l'article *Babylone* Note *B*, Mr. Bayle explique, par un endroit d'Hérodote, un passage de Jérémie, ou de la *Lettre* qui lui est attribuée au livre de *Baruc*: il il rapporte une affreuse coutume établie à Babylone, & c'est assurément contre toutes les régles d'un bon stile de plaisanter comme il fait en rapportant une coutume si infame.

Jupiter commit inceste avec ses sœurs, avec ses filles & avec ses Tantes. En voilà assés pour un Historien; pourquoi ajouter la note *B* & la remplir de synonymes entassés, & pourquoi suppléer en marge & en François à ce qu'il n'y dit pas?

Art. Jupiter.

C'est un malheur pour une femme que certains procés, où il faut dire cent choses en pleine audience qu'on aimeroit mieux cacher, soit que l'infirmité naturelle, ait plus de part que l'infirmité morale, soit qu'elle y ait moins de part. Ce sont ses propres paroles. S'imagine-t-il donc que ses Lecteurs ne souffriront point de telles atteintes qu'il donne à leur modestie? Pourquoi ne pas se contenter de dire que les maux de *Pudentilla* avoient été une preuve de sa sagesse? pourquoi affecter de dire grossièrement, *que qu'elle avoit été tourmentée dans son jeune âge étoit une preuve qu'elle ne s'étoit pas servi du vrai remédé.*

Art. Apulée, Not. G.

Si tous les faiseurs de Dictionnaires Historiques les chargeroient de contes aussi peu interressans que celui que Mr. Bayle fait d'un Chanoine Prosélyte, quels ouvrages répondroient moins à leurs titres que ceux-là? Un conte qui n'est bon que dans une conversation des plus triviales, & des plus languissantes, & que l'honnêteté vouloit même que Mr. Bayle supprimât, puis qu'il n'en avoit été instruit que par un effet de confiance, il le fait pourtant imprimer parce qu'il donne lieu à une de ses réfléxions favorites; *je me contenterai de croire que l'envie de ne laisser point périr sa race avoit été pour lui une vive source de lumières.*

Si Mr. Bayle avoit partagé son temps entre le Cabinet & le commerce des gens qui aiment les gaillardises, & les contes obscènes, les Volumes de son Dictionnaire seroient considérablement grossis; car sur ce Chapitre là rien ne modéroit sa plume.

En parlant de l'*Ane d'Apulée*, il dit qu'il y a des endroits fort sales dans ce Livre; pourquoi donc remplir le sien de réfléxions de cette Nature?

En parlant d'*Archilochus*, des ouvrages duquel il ne s'est presque rien conservé, il remarque *que c'est un gain plutôt qu'une perte, par rapport aux bonnes mœurs*; pourquoi donc retracer aux yeux de toutes sortes de Lecteurs des idées capables de nuire & d'affoiblir le goût de la Vertu? idées qui ne manquent jamais de faire cet effet-là dés qu'on y prend plaisir.

Mr. Bayle à l'occasion de Lycoris fait venir sur la scène les incontinences d'Anthoine; & là dessus il allégue des particularités aussi peu dignes d'être conservées dans la mémoire des hommes que le nombre de livres de Viande qu'on servoit à la table de ce Romain. A l'occasion d'une équivoque obscéne, il en rapporte une seconde, puis une troisième, & ses citations dégénèrent en pagnotteries: Il n'y a qu'un grand goût pour les ordures qui puisse rendre supportable la lecture de celles-là.

Art. Lycoris.

Mr. Bayle auroit pleinement satisfait au devoir d'Historien, & sur tout d'un Historien tel qu'un Dictionnaire le demande, quand il se seroit contenté de dire que Marc Anthoine étoit très-débauché & très grossier dans ses discours; A quoi bon ce morceau de Manuce tout rempli d'impudence? A la vérité il ne le traduit pas, mais il en dit assés à peu près autant de son chef, & prend de la occasion de conserver la mémoire d'un conte de quelque jeune Grivois.

On ne peut pas nier qu'un Sexe n'ait naturellement de l'inclination pour l'autre; la pudeur modére

Ddd   cette

cette inclination, & pendant qu'elle subsistera, le devoir sera toujours le plus fort. Or rien n'est plus propre à faire évanouir la pudeur que de se familiariser peu à peu avec les idées qui l'éfraient pendant qu'elles ne sont pas familières.

Art. Louis XII. Ce fut un bonheur pour la France, dit Mr. Bayle, que Louis XII. n'eut point d'Enfans, car si la Reine avoit accouché d'un fils, on auroit eu à la place de François I. un Roi enfant qui auroit été fort foible toute sa vie.

Ibidem Note K. On ne donne pas ceci, dit-il, pour très-certain, mais seulement comme vraisemblable ; Un autre se seroit contenté de dire, il est naturel que les Enfans se sentent de la complexion de leur Pére. S'il avoit voulu fortifier sa pensée de quelque autorité, il auroit pu alléguer des passages de quelque Médecin fameux, ou tirer ses preuves de quelque trait d'histoire ; Mais Mr. Bayle trouve mieux son compte à citer tout ce que la Veine poëtique a de plus insolent.

Ecrire ainsi est-ce s'acquerir du devoir sérieux d'un grave Rapporteur, ou faire le personnage méprisable d'un ordurier ? Et des compilations de cette Nature ne méritent-elles pas plutot le titre de *pot pourri* que celui de Dictionaire Historique & Critique ? Titre qui promet un Dictionaire composé avec un grand discernement.

Mr. Bayle, après avoir parlé & réfléchi en Historien sur le double Mariage du Landgrave de Cassel, au lieu *Art. Luther. Nº 1t. Q.* de continuer sérieusement ; " Loin d'ici dit-il, ces mauvais plaisans, qui seroient capables de critiquer Mr. de ,, Thou, pour avoir pensé que la Princesse, ne se sentant pas ,, la force de soutenir se souvent le choc, implora l'aide d'une ,, concubine. Pourquoi donc les raporte-t-il ? Que ne supprime-t-il cette mauvaise plaisanterie ? *Montagne*, dit-il, *eut été capable de railler là-dessus ; mais son autorité est suspecte*. Mais cela étant ainsi à quel propos, en raporte-t-il un long passage ? On voit évidemment qu'il ne veut pas perdre l'occasion que Montagne a fait naitre de charger son Livre d'obscénités les plus hardies.

Art. Marot. L'Epitaphe. Note A. Mr. Bayle après avoir dit, ou fait semblant de dire d'un ton sérieux, *plus les dérèglemens d'une débauchée ont été énormes, plus devons nous admirer sa conversion, & les longues austérités de sa pénitence. Les Legendaires*, ajoute-t-il, *n'ont cas choqué la vraisemblance, car ces créatures victimes de l'impureté publique comme les appelle Tertullien, sont quelquefois reduites au dernier denier, ou bien elles aiment mieux faire plaisir de leurs corps à un Créancier, que de s'acquiter de leurs dettes en mettant la main à la bourse*.

Mr. Bayle passe d'une Legende à l'autre, pour ne manquer pas une occasion de divertir ses Lecteurs. Par zèle pour les vérités historiques, & le devoir qu'il se fait de relever les fautes des Historiens, il pouvoit se contenter de dire que d'Aubigné a falsifié la Legende: Mais après avoir présenté à son Lecteur d'obscénes & de ridicules idées, il prend soin d'y fixer leur imagination par ses remarques ; *Ne falloit-il pas*, dit-il, *en demeurer à la jambe ? S'il s'agissait*
Ibidem Note C. *d'un tronc d'Arbre, ce seroit une méprise de rien : Un peu plus près, ou un peu plus loin &c.* Et un peu après, pour faire voir qu'il se moque de tout, il dit, *qu'aimer à consulter les Satyres, & les Ouvrages burlesques, c'est s'asseoir au banc des moqueurs*, *action condamnée dans le premier Pseaume*. Il se seroit épargné la peine de perdre bien des heures pour faire beaucoup de mal, s'il s'étoit appliqué à lui même ce *Note B.* qu'il dit de ces Auteurs ; *Ce sont ceux qui raisonnent le plus mal*, *qui communiquent le plus un certain plaisir, qui empêche de rechercher des non consistent leurs Sophismes. Souvenons-nous cependant que s'ils peuvent se dispenser de plusieurs Régles, ils ne doivent pas être moins soumis que les Auteurs graves aux loix du Raisonnement*.

Art. Metella. De Metella Mr. Bayle passe à FAUSTA sa fille plus impudique encore que la Mere, & comme si on achetoit des Dictionaires pour y trouver encore des pauvretés parmi les ordures, entre les Amans de Fausta il compte *Villius* qui lui donne sujet de citer des vers remplis d'infamie.

Quelque sérieux que soit le sujet que Mr. Bayle traite, il suffit qu'il y entre un mot capable de réveiller ses idées & ses expressions favorites; le voilà qu'il s'échappe. Je doute que de telles idées s'offrent, & que de tels mots se présentent à une personne qui a fait de la sagesse son étude, & l'objet de son affection, & si elles se présentent, il faut avoir bien peu de modestie & bien peu de respect pour les personnes qui ont de la pudeur si on les leur présente & si on s'y arrête, au lieu de les écarter. Si *Art. Mariage, par. Nº R.* *les secondes nôces*, dit Mr. Bayle, *étoient criminelles, un garçon qui épouseroit une Veuve seroit criminel*. Il devoit s'arrêter là ; mais il ne peut tenir contre la tentation d'ajoûter des grossiéretés ; Un peu après il joint une réflexion sérieuse, sur la cause qui a pu porter quelques-uns des prémiers Chrétiens à blamer les secondes Nôces ; mais bien-tôt las du sérieux, il introduit un mauvais plaisant, & ce mauvais plaisant, c'est Mr. Bayle qui assaisonne de turlupinades son Dictionnaire Historique & Critique. Ses mauvais plaisans feroient plus que ridicules, s'ils s'avisoient de critiquer ce qui fut prescrit *au souverain Sacrificateur. Il auroit fait l'apologie à quelque Loi onéreuse, dira-t-on ; mais au contraire il a été obligé de faire le délicat, & à ne vouloir pas être servi d'une viande recherchée*. Mr. Bayle auroit bien pu se passer de cette transition, & joindre le paragraphe précedent, à ce qu'il ajoute ensuite de sérieux, en disant. *Au reste la sagesse du Legislateur est visible dans cette Loi ; car si une seule absence, qui est moins un vice réel, que la simple privation d'un mérite distingué, suffisoit à faire qu'elle fut indigne d'épouser le grand Sacrificateur, n'étoit-ce point une preuve que Dieu exigeoit de lui un éloignement particulier de l'impureté, & un attachement particulier à la conduite la plus exacte ?*

Averroës avoit composé beaucoup de vers de galanterie, *Art. Averroës Note P.* dit Mr. Bayle ; mais quand il fut vieux, il les fit jetter au feu. *Les discours*, ajoute-t-il, *qui accompagna cet acte est tout consit en sagesse. L'Homme dit-il, sera juge par ses paroles, & si j'ai mal parlé, je ne veux pas donner à connoitre ma folie. Si mes vers plaisoient à quelqu'un, il me prendroit pour un homme sage, & je ne le suis point.* " Vous voyés là ,, un bon caractère. Averroës ainsi fait la rapera: il voulut se dérober également à l'approbation qu'il ne croioit pas mériter, & au blâme qu'il mériteroit ; Il se seroit trouvé une infinité de gens, qui auroient sû ses vers l'encens à la main, qui les auroient admirés, qui auroient béni sa mémoire. Ovide & Catulle sont des éxemples de cela ; Il ne vouloit point de cette louange. D'autres eussent trouvé fort mauvais qu'un si grand homme, un Légiste & un Philosophe si excellent, eut fait des vers de galanterie ; Il prévint leur critique en mettant ordre que personne ne pût lire ce qu'il avoit composé sur cette matière. Mr. Bayle auroit bien fait de profiter des sentimens qu'il loüe & qu'il paroit admirer.

Sur le nom de *Bubelot*, un des plus infames hommes que la Terre ait porté, Mr. Bayle fait une note, *Art. Bubelot Note B.* où au lieu de décrire les horreurs qui avoient servi de modéle à celles de Bubelot, dans un stile propre à faire naitre les sentimens qu'il est juste d'en concevoir, il emprunte les termes de *Brantome*, qui s'est toujours étudié à donner un air risible à tout ce où il se trouvoit de déshonneté, pour infame qu'il fut : C'est une des plus grandes fautes Morales qu'on puisse commettre en matière de stile.

A quoi bon faire la paraphrase de cette réponse de Pericles ? *Vous êtes trop vieille pour réussir dans une* *Art. Péricles Note N.* *telle sollicitation. Si votre jeunesse me pouvoit persuader, vous paieriez les services que je vendrois à votre Frere, si je servirois ; mais vous n'êtes pas d'un âge à me faire souhaiter cette marque de reconnoissance, vous n'obtiendrés donc rien de moi ;* Dans la Note suivante il dit, *qu'Aspasie*

DU PYRRHONISME. 217

qu'*Aspasie* fut accusée d'attirer chés elle des femmes pour le plaisir de Pericles. Voilà qui est assés clair, & qui satisfait au devoir d'un Historien, & rien n'est plus superflu que le vilain mot qu'il ajoute deux fois ; l'honnêteté y auroit substitué une autre expression ; ce manége, par exemple, ou ce vilain manége.

Sur l'Article *Quellenne* Mr. Bayle s'étend à faire des réflexions sur une Coûtume dont les embarras sautent aux yeux. Toutes ses réflexions auroient eu également de force, s'il s'étoit exprimé avec plus d'honnêteté, & plus de retenue; Mais il est résolu d'égaier une partie de ses Lecteurs, & de faire soufrir les autres : C'est ainsi que dès qu'il s'agit d'opter entre l'homme sans Religion, & le superstitieux, il se déclare hautement pour le premier. Il a donc tout à la fois le plaisir d'agréer à ceux qu'il aime, & de chagriner ceux qu'il n'aime pas.

Note C.
Sur le nom *Parthenai*, Mr. Bayle en traitant le même sujet, après avoir cité les vers de Mr. Despreaux, *Jamais la Biche* &c. Paroit se mettre en devoir de justifier des Dames d'un nom, & d'une vertu célèbre. S'il est d'un côté étonnant que lors que les Dames Protestantes se distinguoient par la Reformation des moeurs, aussi bien que par celle des dogmes, une des principales du Parti se soit avisée de susciter un procès qui n'étoit autre é fifant, un doit considérer de l'autre que la lecture continuelle de la Bible étoit alors plus capable de communiquer certaines inclinations ; car on étudioit alors avec plus de zèle l'esprit des Saints Patriarches, & celui de leurs Epouses, parmi lesquelles il a regné un ardent, quoi que très-chaste, désir de laisser de la postérité.

Voyés Art. XXII. presque sur la fin
Mr. Bayle n'ignoroit pas que le mode de plaisanter sur l'Ecriture Sainte, n'est plus en usage parmi ceux qui se piquent d'avoir du goût & de la politesse, Mr. Bayle, qui reconnoit pour très-solides toutes les raisons que l'Abbé de Saint Cyran a alléguez contre les Livres de *Sanchez*, " remplis de ces impurs, dont la lecture scandalise les *Art. Sancirz. (Tomas) Note C.* " bonnes ames, excite la curiosité des uns & la lubricité des autres " qui dans la page suivante, cite un passage de Salvien, touchant les impuretés du Théâtre " Il falloit avoir de l'honneur & de la " pudeur pour les condamner, mais il ssit falu avoir de " l'impudence pour les décrire". Mr. Bayle qui sême par tout des principes d'Irréligion & combat des vérités dont la refutation va à affranchir les Libertins de tout joug incommode, s'en affranchit lui-même; Il propose des régles qu'il se fait un honneur de violer.

Art. Thesmophories.
A l'occasion de la fête des *Thesmophories*, il emploie une fuille à discuter une question, sur une circonstance de la fête, qui ne lui paroit pas vraisemblable. Rien au monde n'est plus inutile. De plus en matière de fait, il faut des autorités & non pas des conjectures; mais il a une occasion de parler selon son gout. Il me semble que je vois des desoeuvrés, *grivois de plus*, qui las de jouër & n'aiant rien à faire, ou ne voulant rien faire de meilleur, prennent le parti de tuer le temps à réflechir sur des contes borgnes, & de se tirer de l'ennui par les expressions les plus sales.

Art. Tiresias. Note B.
Dans l'Article *Tiresias* un autre se feroit contenté de rapporter ce que la Fable en dit; mais pour Mr Bayle il n'a garde de perdre une occasion d'enrichir son Dictionnaire d'un conte trivial qui se lit dans le *tombeau de la mélancholie*, & dans d'autres recueils de pensées plates. Malherbe & Racan viennent ensuite sur la scène, & ce n'est point pour éclaircir la fable, c'est uniquement pour étendre ce qu'elle renferme d'obscène.

Art. la Vayer.
" Vous avés beau faire, dit Mr. Bayle, partisans des " voeux Monastiques, vous ne persuaderés jamais (aux " Protestans,) avec tous les temoignages qu'il vous plaîra de citer de la Mothe la Vayer & de cent autres " Auteurs, que la promesse de fidelité conjugale ne

" soit mieux gardée que le voeu de célibat ; & que " l'hymen ne soit un reméde d'incontinence, pour " un grand nombre de personnes, " A cette réflexion sérieuse, il joint d'abord les histoires les plus gaillardes, qui ne font rien à ce dont il s'agit ; car la confiance de la Victoire de soi-même contre la chair, étant visiblement une témérité ou une folie très-superstitieuse, ou plutôt l'une & l'autre, ne peut être tirée à conséquence contre des voeux réiglés. Le Preambule de son Histoire avertit assés de ce qu'on y va trouver, c'est une allusion à la fable du Renard, qui ne peut sortir du grenier.

Art. Naples.
Sur l'impudicité de Jeanne de Naples, Mr. Bayle pouvoit s'exprimer en termes plus honnêtes, & citer des Historiens plus sérieux & par là d'une plus grande autorité que Brantome, mais il ne seroit pas content s'il ne faisoit encore commenter Brantome par Montagne.

Devoir d'un Historien.
XXXVI. UN HISTORIEN qui conserve à la postérité la mémoire des plus grands vices, ne le doit faire que pour en donner de l'horreur ; or c'est la manière de les peindre qui produit cet effet. Une femme du tempérament & du gout de Jeanne de Naples ne se corrigera pas assurément en lisant les gaillardises de Mr. Bayle, & en particulier ce qu'il dit sur le compte de cette Reine.

Continuation de contradictions. Art. Ramus Note K.
XXXVII. Mr. BAYLE loue Ramus de sa sobrieté & de sa chasteté, *il garda*, dit-il, *le Celibat avec une pureté qui ne fut pas même soupçonnée de quelque tache*, & *il évitoit toutes les conversations malhonnêtes*.

Si Mr. Bayle veut qu'on pense si avantageusement de la pureté de son coeur, & de celle de ses moeurs ; il faut qu'il regarde les précautions dont se servoit Ramus comme de vains scrupul s d'un petit esprit. Mais la vérité se fait jour de temps en temps, &, quand on compose à la hâte un Grand Dictionnaire, en copiant par-ci par-là des Articles, on ne se donne pas toujours le soin d'examiner si on est parfaitement d'accord avec soi-même. Il suffit qu'un article ait du brillant, de quelque Nature qu'il soit, pour le copier & le porter dans son Ouvrage.

Art. Tiresias.
Je viens encore à l'article *Tiresias*. Sans trop faire le Censeur de Mr. Bayle, en lui préservivant ce qu'il auroit pu dire sur le mot de Tiresias, pour répondre au titre de Dictionnaire Critique, & si vous voulés encore Historique & Mythologique, on conviendra que la matière de l'article F est remplie de contes trop plats pour convenir à un homme d'esprit. Je suis tenté de vulgaires, que quand on cherche la raison physique qui a pu déterminer un homme comme Mr. Bayle à prostituer son Dictionnaire de ces contes, on ne peut la trouver que dans une habitude dominante de céder au plaisir de dire des obscénités. Ne seroit il point arrivé à Mr. Bayle de se faire une habitude de plaisanter dans ce stile , avec ses camarades, lors qu'il étudioit dans les Académies, ou de chercher un délassement des *Ergoteries* de l'Ecole dans la lecture de ces Livres dont-il paroit qu'il s'est fait un singulier plaisir de grossir ses recueils.

Il n'y avoit plus de place dans son Dictionnaire, à ce qu'il dit dans un endroit, pour discuter la question si on a eu droit ou tort d'accuser les Philosophes de favoriser l'*Irréligion* : Mais il auroit été dommage d'omettre ces pauvretés ; N'auroit-il pas mieux valu les supprimer pour faire place à cet article, qu'il n'a pas voulu toucher.

Note G.
Mr. Bayle auroit mieux fait de profiter de ces paroles qu'il transporte de la République des Lettres dans son Dictionnaire, à l'Article de la Mothe le Vayer ; *Cela regarde la quatrième journée de l'examen rustique de Mr. la Mothe le Vayer* , insigne Pyrrhonien. *Effectivement il vaudroit mieux que sur ses vieux jours il n'eut pas laissé imprimer un écrit tel que celui là , ou malgré les ménagemens qu'il garde en plusieurs endroits , on ne peut nier qu'il n'y ait trop de pensées impures.*

Ddd 2   En

En faisant la même remarque sur le Dictionnaire de Mr. Bayle, & sur quelques autres de ses Ouvrages, on n'aura pas lieu d'y joindre le même adoucissement ; car on ne voit guére qu'il ait pris soin de ménager ses expressions ; Au contraire dès qu'il tombe sur ces matiéres, il n'est plus maitre de lui-même. Mr. de la Mothe le Vayer se maria dit-il à 78. ans. En voilà assés pour s'étendre sur les incommodités du Mariage, & sur la question s'il remédie plus ou moins à l'incontinence que les voeux Monastiques du Célibat, & sur cette Question il dit à son ordinaire le pour & le contre, & il ramène ce qu'il avoit déja dit ailleurs touchant les avortemens. L'Allusion à la fable du Renard revient sur la scéne ; & après bien des discours & des réflexions, dont il auroit mieux fait de se passer, il en infére une raisonnable ; " Vous avés beau faire, partisans des ,, voeux Monastiques, vous ne persuaderés jamais ,, avec tous les témoignages qu'il vous plaira de citer ,, de la Mothe le Vayer & de cent autres Auteurs, ,, que la promesse de fidélité conjugale, ne soit mieux ,, gardée que le voeu de Célibat, & que l'hymen ,, ne soit une reméde d'incontinence pour un grand ,, nombre de personnes. " Cette réflexion pouvoit suffire pour ce sujet ; mais la tentation d'agréer à de certains Lecteurs est trop forte pour y résister, il faut lui faire rire à quelque prix que ce soit. Mr. Bayle trouve une occasion de citer le livre de Mr. ,, du Moulin intitulé *de la Paix de l'Ame, & du Contentement de l'esprit*, un des meilleurs ouvrages que ,, nous aions, dit-il, sur la Morale, *livre férieux* ,, ajoute-t-il, *grave, & rempli d'onction*. Il a raison de dire que c'est un bon Ouvrage, il est plein de réflexions sensées, simples & à la portée de tout le Monde. Mais il semble que Mr. Bayle n'en parle avec ces éloges que pour faire mieux sentir le contraste du sérieux & de l'onction qu'il lui reconnoit avec les paroles qu'il en tire. *Un Mari dont la femme n'est pas fidéle doit pratiquer le grand reméde aux maux irrémédiables, qui est la patience, & que la bonne compagnie de tant d'honnêtes gens; qui sont dans la même condition aide à le supporter, & qu'il ne le faut pas trouver plus étrange que de porter un chapeau à la Mode.*

Mr. Du Moulin s'étoit proposé d'écrire un livre propre à calmer les inquiétudes qui troublent le coeur humain. Il fait ordinairement servir à ce dessein des considérations Chrétiennes ; mais connoissant les gouts différens des hommes, afin de ne rien négliger, il joint à ces considérations des raisons populaires & des motifs d'intérêt. l'Inquiétude nous rend malheureux par elle même, & un esprit qui est agité, est peu propre à connoitre son devoir, & à s'en acquitter. C'est donc rendre aux hommes un des plus grands services ; que de leur fournir des moiens pour s'en garantir. Rien ne donne plus de prise à l'inquiétude que la comparaison qu'on fait de soi-même avec les autres : On sent ses propres maux, on ne voit pas les leurs ; on se croit : le plus infortuné de tous les hommes. Mr. du Moulin combat ce préjugé, sur un sujet où il est assés ordinaire ; Son dessein n'est pas de faire regarder la licence d'un oeil indifférent ; mais il vaut mieux pardonner une faute à une personne qui veut s'en corriger, que de se laisser aller à des éclats qui ne font qu'augmenter le mal & ses suites. Mr. Bayle avoit déja amené dans son livre la fable du Renard, mais il ne l'avoit pas encore commentée assés à son gré. Il laisse Mr. la Mothe le Vayer, pour aller à d'autres contes, & il fait l'histoire d'une confrairie, dans des termes tirés d'un autre Auteur, il est vrai, mais qu'il n'emprunte que par la conformité du stile de cèt Auteur, avec le stile qu'il aime.

Dans l'Article de Combabus, Mr. Bayle dit, *On verra la faute de ceux qui ont écrit que les Courtisans &c. imitérent Combabus*, & il se sert nécessité des termes que la bienséance condamne dans une histoire. Dans la même page il met dans la note *E.* que Combabus avoit le privilége de n'être pas renvoié par les gardes, dût-il interrompre les plaisirs du Roi & de la Reine. Dans le texte il s'étoit servi d'une autre expression, il auroit pu s'en passer, & par là il se seroit épargné la nécessité de faire sa remarque *E.* On voit dans tout cet article l'esprit d'un Commentateur qui ne peut quiter un sujet.

,, Diogéne ennemi de toute superfluité, dit Mr. ,, Bayle, & cherchant l'indépendance autant qu'il ,, étoit possible, commettroit publiquement ce que ,, les Casuistes appellent péché de mollesse, & disoit ,, effrontément qu'il seroit bien aise de pouvoir appaiser par une semblable voie les désirs de son ,, estomac.

C'est beaucoup d'être allé jusques-là ; Certainement il faloit s'y arrêter. Il n'est point du devoir d'un Auteur de Dictionnaire, qui par là est un Historien abrégé, de s'étendre en réflexions sur tous les faits, & à beaucoup moins sur ceux dont la bienséance défend de parler. Il me paroit qu'il faut avoir un grand nez l'humeur Cynique, pour oser dire à un ami des plus familiers ce dont Mr. Bayle remplit une colonne et entiére. Quel long commentaire sur un vice ? Ce ne seroit pas être fort ignorant que de ne savoir point que Diogéne y est tombé.

Pensées diverses Article XXX.

Quand Mr. Bayle composa cèt Ouvrage, il ne s'étoit pas encore accoutumé à entretenir le public de contes obscénes ; aussi s'exprime-t-il avec modestie ; ,, On croit même, dit-il, qu'il y a des noms qui ,, sont de conséquence pour la Morale, & j'ai lu ,, dans Brantome sur ce sujet que l'Empereur Sévére se consoloit de la mauvaise vie de son Epouse, ,, sur ce qu'elle s'appelloit *Julie*, considérant que de ,, toute ancienneté celles qui portoient ce nom, étoient sujettes aux plus impudiques déréglemens. ,, Cèt Auteur ajoute qu'il connoit beaucoup de Dames qui portent certains noms qu'il ne veut pas ,, dire à cause du respect qu'il a pour la Réligion ,, Chrétienne, qui sont ordinairement sujettes à s'abandonner plus que d'autres, qui ne portent pas ,, ces noms-là, & qu'on n'en a guére vû qui s'en soient échapées. " Mr. Bayle s'est-il toujours souvenu qu'on ne doit alléguer des faits que sur de bons garans.

Mr. Bayle s'est furieusement étendu sur un procès qui lui donnoit lieu de remplir son papier de ses idées favorites. On lui avoit conseillé de retrancher dans une seconde Edition de son Dictionnaire les obscénités ; Au lieu de cela, il fait son Apologie, & s'étendant encore d'avantage sur les matiéres dont on avoit été scandalisé, il a recours à sa défaite ordinaire, le devoir d'un Historien ; comme si l'Auteur d'un Dictionnaire, où les événemens ne doivent être exposés qu'en peu de mots, étoit obligé de mettre tous les détails sous les yeux de son Lecteur ; & pourquoi ces détails sur cette matière plus que sur toute autre ? *Pourquoi*, dit-il, *supprimerois-je*, *dans mon Dictionnaire, ce qu'on trouve dans les plaidoiers de Trigevo, qui sont imprimés* ? A cela il est facile de répondre ; Puis qu'on les a, il suffit de les indiquer. Les partisans de Mr. Bayle diront ils ? *Mais ces plaidoiers pourroient se perdre, & c'est un dommage que le zéle de Mr. Bayle a voulu prévenir* ? Je répons que cet argument prouve trop ; car sous ce prétexte il n'y a point d'obscénités dont-il n'eut été en droit de remplir son Dictionnaire ; pourvû qu'on les eut trouvées déja imprimées dans quelque livre. Il est un grand nombre de Noms Illustres qu'il n'a pas fait entrer dans son Dictionnaire, *de peur*, dit-il, dans la Préface, *de faire lire deux fois la même chose* ; Mais il comptoit certains sujets pour priviligiés.

Epicure

Art. Epi-cure.

Epicure fit un ouvrage, dit Mr. Bayle, intitulé le FESTIN. Il y traita la question en quel temps l'homme doit approcher sa femme. Ses Censeurs voulant avoir une occasion de médire, en changèrent les circonstances. Plutarque a en l'équité de faire voir qu'il n'y avoit rien là d'indigne d'un Philosophe.

Mr. Bayle s'est enfin servi d'une expression modeste. Quand on s'est plaint des Obscénités dont il a rempli son Dictionnaire ; c'est parce qu'on a été scandalisé de son affectation à les répandre sans fin & sans cesse. Ne valoit-il donc pas mieux les retrancher que d'être obligé à tout coup d'en faire l'Apologie & d'en ménager si souvent les occasions ? Il falloit bien que Mr. Bayle comptât sur le penchant de ses Lecteurs pour ces sortes de sujets, & pour les raisonnemens qui favorisent le libertinage, puis qu'il appréhende si peu de les ennuier & de les lasser en y revenant si souvent.

Nicolum Dato 2.

En voilà assés, selon Mr. Bayle, pour apprendre à nos faux dévots, & à nos faux délicats qu'ils se scandalisent témérairement de la liberté qu'en s'est donnée dans ce Dictionnaire, de rapporter ce qu'on nomme matières grasses. Car Epicure a traité cette matière, La Medecin Zopyrus en a fait l'Apologie. Plutarque à traité la même question. Voilà sans doute une censure bien appliquée & bien méritée par ceux à qui elle s'addresse.

On trouvera dans l'Article de *Cassandre*, & dans ce qu'il dit à cette occasion sur la Sybille de Cumes, de certaines expressions que Mr. Bayle n'ignoroit pas être contraires à la bienséance , & enfermer des idées accessoires de hardiesse, qui ne les rendent agréables qu'aux débauchés ; On trouvera encore la même chose dans l'article d'*Apelles*. Pourquoi familiariser un Lecteur avec des expressions dont-il ne doit pas se servir, sur tout quand on peut en emploier d'autres ? On sait que la Pudeur & la Timidité sont de grands freins, & des freins très nécessaires; pourquoi aider le coeur de la jeunesse, à franchir ces barrières en la familiarisant avec des expressions hardies.

Ouvrage diverses Tom. III. pag. 1-159.

Dans les reponses aux Quest : d'un Prov. Tom. V. Chapitre XX. page 256.

XXXVIII. Mr. BAYLE ne se lasse point de réitérer les mêmes défaites. " La remarque de Mr.

Comparaison des obscenités decouvertes avec les envelopées.

,, Bernard, dit-il , à l'égard de la question, si les ob-
,, jets obscènes sont plus dangereux quand on les repré-
,, sente grossièrement, me fournira une occasion de
,, mieux éclaircir ce sujet. Je croiois, dit-il que
,, les livres où l'on fait des ordures à découvert étoient
,, moins dangereux que ceux où on les envelope, non en
,, supposant que on les lise les uns & les autres ; mais
,, en supposant que dès qu'on jetteroit les yeux sur les
,, premiers on les laisseroit là , averti du danger ; au lieu
,, qu'on pourroit lire les autres d'un bout à l'autre ,
,, parce que le danger seroit moins évident. Qu'il n'y
,, auroit qu'un homme qui auroit déja le goût gâté ,
,, qui voudroit continuer la lecture des prémiers , après
,, l'avoir commencée, au lieu qu'il pourroit arriver que
,, des personnes qui ne sont point vicieuses lussent les se-
,, conds d'un bout à l'autre , & ne s'apperçussent du
,, venin qu'après qu'ils auroient été empoisonnés. Si
,, nous pensions la chose autrement, ajoute-t-il , si
,, nous supposons qu'on lise les uns & les autres ,
,, j'abandonne les auteurs cités; Il y a sans contre-
,, dit plus de danger à avaler du poison tout pur, qu'à
,, le prendre mêlé avec de bons alimens qui peuvent en
,, diminuer l'effet.

,, Il y a du vrai dans ce discours, mais il y man-
,, que quelque chose. Il est certain que les ordu-
,, res non envelopées peuvent faire abandonner un
,, livre que les ordures délicatement exprimées ne
,, feroient pas abandonner, & ainsi cette dernière es-
,, péce d'obscénités est plus dangereuse entant qu'elle
,, se laisse lire, & que l'autre ne le fait point. Mais
,, ce n'est pas le tout : il faut dire aussi que celles
,, de la première espèce sont moins dangereuses que

,, celles de la seconde, lors même qu'on les lit & les
,, unes & les autres , avec un goût & avec un coeur
,, bien tournés. Un homme de bien & qui a d'ail-
,, leurs bien envie de connoitre le caractère des Au-
,, teurs, les excès de la corruption humaine, & plu-
,, sieurs choses qui concernent la littérature la plus
,, rare, ne jette point *Petrone* , *Martial*, *Apulée* ,
,, dès qu'il y rencontre une obscénité grossièrement
,, représentée. Il s'indigne contre l'impudence de
,, ces Ecrivains , & ne laisse pas de les lire d'un bout
,, à l'autre pour les intérêts de ses études & pour sa-
,, tisfaire sa curiosité. Les saletés excitent toujours
,, son indignation, & par là il fortifie plus sa vertu
,, qu'il ne l'affoiblit. Il ne seroit pas si choqué
,, d'un livre où les desordres de l'impureté seroient
,, décrits d'une manière délicate , & ainsi cette lec-
,, ture seroit accompagnée d'un plus grand péril.
,, Mr. Bernard se trompe lorsqu'il suppose qu'il n'y
,, a point de différence entre la lecture d'un livre
,, empoisonné & la prise du poison. S'il veut com-
,, parer les choses, il doit dire qu'on avale le poison,
,, lorsqu'on lit avec plaisir les obscénités ; mais qu'en
,, les lisant avec horreur, on mâche de la même
,, manière qu'un morceau amer que l'on jette après
,, l'avoir promené avec beaucoup de dégout dans
,, tous les endroits du palais. Si vous faites atten-
,, tion à la lecture des livres hétérodoxes , vous ne me
,, pourrés nier qu'à l'égard d'un homme rempli de
,, zèle pour l'Orthodoxie, & d'aversion pour le So-
,, cinianisme, un livre où l'on ne fait qu'adroite-
,, ment insinuer les erreurs des Sociniens, ne soit
,, plus dangereux qu'un livre où elles sont soutenues
,, avec la dernière audace. Cet homme ne lira ce
,, dernier livre qu'avec dépit , & détestera les raisons
,, & les objections de l'auteur , & sera plus en co-
,, lère contre cette Secte après avoir achevé de lire
,, qu'il ne l'étoit auparavant.

On est naturellement disposé, par l'éfficace puissante des préjugés de l'Education & de la coûtume, à un grand éloignement pour tout ce qui passe pour Hétérodoxie, & plus l'Hérésie paroit à découvert & se présente hardiment, plus cèt éloignement se fait sentir. Mais il y a dans la Nature de puissans principes qui ne tardent pas à favoriser les expressions licentieuses & obscénes & à en suivre la pente pour peu que l'on consente à s'y accoutumer. La tendresse subsiste avec la pudeur, mais l'effronterie des expressions éteint dès qu'on s'y plait.

,, N'oublions pas de comparer les yeux avec les
,, oreilles. Une honnete femme qui n'a pas assés
,, d'autorité pour faire taire un insolent , est con-
,, trainte quelquefois de lui entendre dire les ordures
,, les plus dignes d'un crocheteur. Voilà le poison
,, sans mélange ; mais comme elle le reçoit pas
,, volontairement , on peut dire que l'indignation
,, qu'elle conçoit lui fournit un bon antidote. Le
,, péril seroit bien plus grand , si la politesse du
,, discoureur mettoit un voile sur les obscénités.
,, Je persiste donc à dire , que les Auteurs que
,, j'allègue, sont obligés de prétendre que la lecture
,, d'Ovide est plus dangereuse que celle de Martial,
,, &c. Mr. Bernard qui au cas qu'ils le prétendent ,
,, les abandonne, n'a pas bien examiné cette ma-
,, tière.

Mr. Bayle prend visiblement le change. Ce n'est point pour s'acquiter des devoirs d'un Historien qui range les faits sous les lettres d'un Dictionnaire, qu'il a rapporté tant d'obscénités : Ce n'est point pour engager son Lecteur à déplorer la corruption du coeur humain; C'est pour l'amuser agréablement qu'il charge son livre d'ordures ; Sa Préface en avertit , & rien ne seroit plus ridicule que de dire ; je prévois bien que mon Lecteur sera souvent fatigué de ma subtilité scrupuleuse sur l'exactitude des dattes & sur d'autres minuties de cette Nature, qui n'ont rien d'intéressant ; Je comprends encore que si mon Livre ne contenoit que des remarques de cette Nature, peu de per-

E e e

personnes m'en sauroient gré. Mais pour procurer plus de débit à mon Libraire, je vai le charger d'obscénités scandaleuses, & dès là un grand nombre de personnes l'achéteront & le liront, ne fut-ce que pour avoir la consolation de se scandaliser, en voyant tant d'horreurs si naïvement représentées ! On ne sauroit disconvenir que les expressions, grossiéres, hardies licentieuses, impudiques ne soient plus propres à gâter entiérement un coeur qui s'y plaît, que des lectures où la pudeur est ménagée & où l'imagination n'entre dans les idées qu'on lui propose que beaucoup plus foiblement. Il semble que Mr. Bayle ne fait toutes ces Apologies que pour faire tant mieux comprendre à ses amis les libertins, les obligations qu'ils lui ont, de s'être exposé comme il a fait, en vuë de leur plaire, aux attaques des personnes de piété, & à la nécessité de se donner l'entorse pour éluder leurs censures, & n'en être pas accablé.

Mr. Bayle condamné par lui-même.
On sait, dit il, *que les mauvais plaisans débitent dans leurs conversations libres, je ne sai combien de contes touchant les personnes mariées devant les Tribunaux.*

Art. Bloodri. Note I.
Moi dans ce même endroit, & beaucoup plus dans d'autres à cette occasion, Mr. Bayle affecte de s'enrôler au nombre des mauvais plaisans.

Art. Bassiere Socrate I.
Personne, peut-être, n'a plus écrit contre Boccace, dit Mr. Bayle, que lui l'amoureux. Il prétend que la lecture du Décaméron a produit tant de courtisannes, que si on en savoit le nombre, on en feroit épouvanté. Mr. Bayle comptoit-il que son Dictionnaire ne seroit lû que par des gens sur l'imagination de qui les obscénités, qu'il répand à pleines mains, ne pourroient avoir aucun mauvais effet, & si son coeur avoit eu un éloignement pour la licence, digne, je ne dis pas d'un Chrétien, mais d'un Philosophe, auroit-il sacrifié sa modestie à l'intérêt d'un Libraire, dont le livre aura plus de débit quand il sera farci de saletés ? Et comme s'il ne pouvoit se lasser de faire voir également qu'il fait les Régles & qu'il les méprise, il cite ces paroles de Mr. Arnaud sur Boccace. "Ce n'est „ donc pas une chose qui fasse beaucoup d'honneur „ à la Réligion Chrétienne, d'avoir laissé un livre si „ dangereux, & ce côté-là, entre les mains de tout „ le monde, par cette raison qu'il est écrit fort po„ liment, pendant qu'on en défend une infinité d'au„ tres, où il y a plus à apprendre, & où les dangers de „ se nuire sont infiniment moindres.

Ibidem Note L.

Mr. d'Albertmoris Vie de Mr. Bayle.
Ce Philosophe desinteressé, qui aime mieux refuser les offres d'un Seigneur des plus généreux & des plus aimables, que de donner la moindre atteinte à sa liberté, veut se prêter indignement à l'avarice d'un Libraire.

Réflexions sur sa Provincial Tome II. Chap. 72. page 67.
XXXIX. DANS les Réponses aux Questions d'un Provincial Tome II. Chap. 72. page 67. Mr. Bayle a encore traité la Question ; *Si les objets obscènes sont plus dangereux quand on les présente plus délicatement, que lors qu'on les représente grossierement.*
Oeuvres div. Tom. III. pag. 648.
Pour décider juste sur cette Question, au lieu de la proposer ainsi en général, il auroit fallu la distribuer en Questions particuliéres ; car I. Toutes les grossiéretés ne sont pas de même Nature ; il est des expressions qui peuvent simplement l'impolitesse de celui qui s'en sert & sa rusticité ; Il y en a qui sont une preuve de son goût impur, & du plaisir qu'il trouve à remplir son imagination des idées les plus vives, en matière d'obscénité, & de les faire passer dans celle des autres, & ce défaut si honteux a encore divers degrés. 2. Les Ouvrages, soit de prose, soit de vers, qui roulent sur l'amour & ses suites, peuvent se renfermer dans certaines bornes, qui ne font rien penser au delà de l'honnêteté & de la biensence ; & ceux qui franchissent ces bornes, s'en écartent encore fort différemment, & se donnent beaucoup plus de licence les uns que les autres. 3. Un Auteur qui est obligé de parler des actions grossiéres & criminelles peut choisir des éxpressions & des termes propres à donner à son Lecteur de l'éloignement, & de l'horreur même pour
NB.

ces actions-là ; Mais il peut aussi se servir d'un stile qui présente ces mêmes actions, sous des faces indifférentes, ou sous des faces qui divertissent, & qui l'accoutumant à en plaisanter, affoiblissent peu à peu & éteignent enfin, dans un jeune coeur, ces sentimens de retenue, de crainte & d'aversion que la pudeur y a gravés. 4. Des Livres dangereux par l'un & par l'autre de ces stiles peuvent tomber dans différentes mains, & l'un se laissera séduire par une lecture qui remplira une autre d'indignation, l'un achévera avec plaisir ce que l'autre rejette dès les prémiéres pages ; l'un aimera à sentir dans un Poëme les douceurs d'une affection légitime par le mérite de la personne qui en est l'objet, & par toutes les autres circonstances. Un autre en prendra seulement occasion de se livrer au plaisir d'aimer, sans faire attention à ses suites, ni aux principes qui doivent servir à régler cette passion. Mr. Bayle au lieu de suivre cette méthode & d'établir distinctement l'état de la question, dépaise son Lecteur par des autorités.

Il cite le Journal de Trevoux. "Quand avec „ l'agrément que la passion y fait trouver, ils au„ roient encore tout ce qui peut contenter un esprit „ juste, ils n'en seroient que plus dangereux, & la sû„ reté n'en seroit que plus défendue, non seule„ ment aux personnes soigneuses de leur salut, mais „ à tous ceux qui craignent avec raison les suites „ toujours criminelles & toujours funestes d'un en„ gagement : Le soin qu'on y prend d'ôter à l'a„ mour tout ce qui le feroit paroître une passion „ honteuse & grossiére, le rend plus propre à s'in„ sinuer dans les ames bien élevées. Ensuite l'Abbé „ de Bellegarde : A mesure que les piéces de Théatre „ se commencérent à se polir, & à se perfectionner, el„ les commencérent aussi à devenir plus dangereuses. „ Voilà pourquoi plusieurs Docteurs, qui ne sont „ pas même les plus sévéres, décident qu'on ne peut „ assister, sans pêché mortel, aux Comédies telles „ qu'on les représente aujourd'hui ; par le péril où „ l'on s'expose : Car quoique l'on en ait retranché „ les grossiéres équivoques, & tout ce qu'il y avoit „ de trop libre dans les Anciennes Comédies, & que „ les modernes soient plus délicates & plus fines, el„ les n'en font pas pour cela moins dangereuses. „ Vient en suite Mr. Baillet : "Quand les Prédicateurs „ & les Directeurs de conscience seroient venus à bout „ de bannir du monde toutes les tendresses de l'amour „ illicite, on les trouveroit presque toutes dans ce „ pernicieux poëme du *Pastor Fido*. Personne n'en„ core mieux réussi à diminuer l'horreur du vice, „ personne ne l'a coloré d'un fard si délicat & plus „ trompeur. On n'a point encore vu de Poëtes las„ cifs, ou d'Auteurs de Romans qui aient sû dé„ guiser plus agréablement l'infamie des passions hon„ teuses. En un mot personne n'a rendu un service „ plus signalé au Démon de l'impureté pour s'insinuer „ si adroitement dans les esprits & les coeurs les plus „ éloignés de lui, & il y a peu de livres qui aient „ séduit plus de Monde. Je finis, ajoute Mr. Bay„ le, par vous faire remarquer que les Moralistes „ dont nous parlons doivent prétendre, s'ils raison„ nent conséquemment, 1. Que les Poësies d'Ovide sont „ plus pernicieuses que celles de Catulle: 2. Qu'il „ y a plus de danger à lire les Livres galans du „ goût nouveau, que ceux que l'on publioit au „ commencement du XVII. Siecle, lorsque les li„ braires vendoient, la Muse follatre, les Muses „ raillées, l'Histoire comique de Francion &c. Le „ poison étoit présenté tout pur dans ces livres-là ; „ mais aujourd'hui on le cache, & on l'envelope. C'est „ un moien pour tromper plus surement les bonnes „ ames qui n'ont point encore d'expérience. C'est „ emploier pour la ruine de la Vertu le même ar„ tifice dont on se sert innocemment pour encou„ rager la jeunesse à prendre une médecine à s'é„ tudier. Si l'on dérobait à la vuë la saleté de „ l'objet, afin d'introduire dans l'ame une instruc„ tion

Idem Journal de Trevoux février 1703. Art. 26.

,, tion profitable, on mériteroit un éloge.

Il est aisé de comprendre d'où vient que des Auteurs Catholiques pleins de bon sens, de zèle & de piété ont crû le Pastor Fido plus dangereux que plusieurs Poësies d'une grande obscénité. Dès qu'on se croit lié par un voeu sacré à garder le célibat, on se fait une habitude d'être en garde contre tout ce qui pourroit y donner de l'atteinte, & dès là on conçoit d'abord de l'horreur & de l'effroi pour des expressions où il n'y a pas moins d'impureté que d'impudence; mais il est naturel que les idées d'une tendresse innocente, par la même qu'elle bute au mariage, état encore légitime en lui-même, ne donnent pas le même effroi. Ces idées cependant deviennent séduisantes pour ceux qui se comptent liés à garder un perpétuel célibat. Hors de cela une disposition de coeur à la tendresse, lorsqu'elle est accompagnée d'estime & de goût pour l'innocence & la fidélité, me paroit devoir contribuer avec beaucoup d'efficace à rendre l'état de mariage heureux, & par rapport à la douceur de la vie présente & par rapport à ses suites, dont on a tout lieu de bien espérer, quand on la passe dans l'innocence, la concorde & la fidélité.

Si l'on déroboit à la vue la saleté de l'objet, afin d'introduire dans l'ame une instruction profitable, on mériteroit un éloge.

Mr. Bayle ne s'est pas donné le moindre soin pour dérober à la vue les saletés, il les expose de la manière du monde la plus frapante.

La politesse, la délicatesse dont on se pique, & ce grand soin d'écarter les apparences de l'impureté, ne sont qu'une amorce pour faire mieux prendre le venin.

Ce n'est pas la politesse, ce n'est par la délicatesse qui empoisonne l'ame, c'est le venin que la politesse enveloppe; ce n'est pas l'amorce qui tue, c'est le poison qui est caché sous l'amorce. Qu'on l'avale seul, on ne mourra pas moins, il sera même plutôt son effet, parce que l'amorce le retarde, & absorbe une partie de sa pointe. Ce qu'il y a de dangereux dans les livres que Mr. Bayle reprend, y est caché, mais il se trouve tout à nud dans le sien.

Quand il fait l'Apologie de ses obscénités, & qu'il veut les faire passer pour moins dangereuses, par la même qu'elles sont plus grossières, il raisonne comme feroit un homme qui voudroit détourner les jeunes garçons de fréquenter les jeunes filles, de peur de prendre de la passion pour elles, & qui leur diroit désiés vous sur tout de celles qui sont habillées; *Votre Imagination ne laissera pas de percer ces envelopes, vos désirs s'en seront que plus irrités; c'est une amorce; il vaudroit mieux voir des nudités;* J'avoue qu'un coeur souverainement éloigné de tout mouvement contraire à la pureté des moeurs, seroit encore plus en sureté contre ce second spectacle, & l'horreur qu'il auroit de l'effronterie, l'obligeroit d'en détourner les yeux; C'est de cette manière que de certains livres, où l'impudicité paroit à tête levée, sont moins dangereux; mais pourquoi? parce qu'on ne les lit pas, & que comme on auroit honte d'avouer aux autres qu'on les a lû, on auroit honte de soi-même si on se faisoit un plaisir de les lire. Mais Mr. Bayle n'a pas écrit en vue de rebuter ses lecteurs, & de les obliger à fermer son livre; Il a écrit pour leur faire plaisir. Or certainement il seroit beaucoup plus dangereux & des bonnes moeurs de se plaire à des spectacles de nudité qu'à voir des personnes habillées, quand même leur habit serviroit à relever leurs agrémens.

Mr. Bayle en parlant du Peintre Durer, XL. Mr. BAYLE en parlant du Peintre Durer, dit, " Ce fut un homme dont la conversati" on étoit charmante; il aimoit la joie & les divertissemens, mais d'une manière qui n'étoit point opposée aux bonnes moeurs. Il fut vertueux & sage, il n'employa jamais son art à des représentations obscénes.

Il loue encore Paul Emile de ce " qu'il vivoit exemplirement, & de ce que ses moeurs étoient aussi pures que son langage. *Art. E- mils.*

Peut-on marquer plus expressément qu'on se croit au dessus des Régles, & que l'on n'en prend pas de sa fantaisie, lorsqu'on loue tout le contraire de ce que l'on fait hautement.

XLI. SI ON n'est pas excusable de faire passer sous les yeux de la jeunesse, & en général sous les yeux de toutes les personnes dont la vertu en peut souffrir, des pensées & des expressions trop libres, sous prétexte que ce qu'on ne fera pas d'autres le feront; est-on excusable d'exposer à ces dangers ceux à qui l'on parle, & pour qui l'on écrit, sous prétexte qu'on ne fera que leur répéter ce que d'autres ont déja dit? Le faux-fuiant que Mr. Bayle se ménage est donc visiblement absurde. " Notés, ,, dit-il, que ceci concerne ceux qui inventent des ,, Histoires sales, ou qui les traduisent avec des ,, nouveaux embellissemens, & non pas ceux qui ,, citent Martial &c. comme la preuve de quelque ,, fait dont la Nature de leur livre, ou leur caracté,, re d'Historien & de Commentateur les oblige à ,, faire mention. *Si l'impli- cation ex- cuse.*

Je reconnois qu'on n'a pas tort quand on fait ce qu'on est obligé de faire; mais quelles raisons pourront obliger un homme de bien d'abandonner la méthode du Pere Tarteron, & de laisser sans traduction & sans commentaire ce qu'il seroit à souhaiter qu'on n'eut jamais écrit? Mr. Bayle lui-même vient de remarquer que les gens de Lettres souffrent de ces lectures. C'est donc pour le jouir à son ordinaire des Régles qu'il donne, pour s'abandonner à son goût & plaire à ses chers lecteurs, qu'il revient à Montagne & qu'il en fait un ample commentaire. Si les choses qu'il rapporte sont si connues, pourquoi en charger son Dictionnaire? Au fond je ne lui passe point tout ce qu'il allégue. Les Peres qui ont à coeur l'éducation & la pureté de leurs enfans, ont soin d'en éloigner les occasions dont parle Mr. Bayle. Pourquoi remplir son Dictionnaire des choses qui vont directement à ruiner toutes ces sages précautions? La vue d'une Nôce peut reveiller toutes les idées dont Mr. Bayle fait mention, dans un esprit qui en est rempli comme lui, & qui s'est gaté en lisant ses Ouvrages, ou en conversant avec des personnes de son goût. Mais toutes ces idées ne se présenteront point à des personnes sages & modérées, ou ils y refuseront incontinent leur attention, & dès là ces idées s'évanouiront. Si elles étoient inféparables de celles du Mariage, l'Ecriture Sainte seroit un effet tout contraire à celui qu'elle se propose, quand elle met ce terme sous nos yeux.

Mais dans ces occasions, il se dit une infinité de choses libres. Il se peut que Mr. Bayle en sache des nouvelles, & puis qu'il a voulu paraitre aux yeux du public tel qu'il est, il sçavoit bien que des Libertins & des hommes grossiers tout farcis de pagnoteries, ne s'en scandaliseroient pas.

Est-ce pour se moquer de la simplicité *de saint Cyprien* qu'il en rapporte un long passage, où ce Pére ne trouve pas à propos que des jeunes filles assistent à ces Solennités? Mais s'il approuve sa précaution, d'où vient qu'il affecte de mettre sous les yeux de tout le monde ce qu'il reconnoit si dangereux?

Je vai plus loin & j'ose soutenir qu'à divers égars la lecture est plus dangereuse que le discours. Les paroles passent comme des éclairs, mais l'attention s'arrête bien plus long temps sur ce qu'on lit, & à moins d'être parvenu au dernier degré d'impudicité on n'exprime qu'en partie ce qui est deshonnête; Mais quand on écrit comme Mr. Bayle, on ne rabbat pas le moindre trait de ses obscénités, & par là, il ne se peut pas que les idées ne se forment plus vives & plus profondes. Pour peu qu'une personne sait de modestie, elle fait connoitre que la li-

Eee 2 berté

berté des discours l'offense ; elle refuse de les écouter; elle s'en éloigne ; elle ne permet pas d'achever ce qu'on a commencé ; mais quand on est seul on peut-être tenté de donner essor à sa curiosité, & sur tout quand on lit des ouvrages dont le titre lui-même n'allarme pas la pudeur, & où les obscénités sont liées avec des articles d'un genre tout différent. J'ai connu une personne dont la vertu avoit constamment été au dessus même des soupçons & de la médisance ; Elle avoit du bien, un Cavalier qui en manquoit, d'ailleurs bien fait, mais ordurier cherchoit à en faire sa femme ; Il vit bien-tôt que ses maniéres & ses discours ne faisoient pas en sa faveur. Il laissa chés elle comme par hazard un livre. On le lût & il ne se trompa pas dans sa conjecture. Une ame neuve par rapport aux idées du vice n'y apperçoit rien qui ne la rebute ; mais à mesure qu'on se familiarise avec ces idées, ce quelles avoient de rebutant disparoit. Or de deux choses l'une, ou en lisant le Dictionnaire de Mr. Bayle, on souffre & on sent à chaque page de nouveaux mouvemens d'indignation contre cet Auteur, ou on se familiarise avec ces idées, auxquelles on ne sauroit mieux faire que de refuser constamment son attention.

On continue de tirer de paroles de Mr. Bayle at prem. contre lui. Note D.

XLII. A L'ARTICLE Henri *de Guise*, „Tenir une conduite qui ne peut que procurer éter-„nellement un mauvais renom dans quelque coin „de l'Histoire, ou dans les plus longs chapitres de „la Chronique scandaleuse, c'est en vérité un des-„ordre qui mérite toute l'indignation que le coeur „de l'homme puisse concevoir.

Si quelqu'un s'avise de faire un jour le catalogue des Auteurs qui se sont distingués en écrivant des obscénités & en faisant l'Apologie de ce stile, je doute qu'on en trouve qui ne soient inférieurs à Mr. Bayle, & par rapport à la quantité & à la qualité. Une chose qui au moins est édifiante, c'est de trouver l'Apologiste des discours les plus immodestes dans l'Apologiste des Athées, & dans le défenseur des Libertins, qui insultent à la Raison, & la défient de parer les coups qu'ils portent sur la Réligion.

Art. Cavalcagna Note C.

Mr. Bayle rapporte un morceau d'une leçon d'un Professeur de Louvain, qui voulant rendre raison pourquoi Joseph avoit pensé à quitter la sainte Vierge, dit que ce grand Saint eut peur de passer pour C. . . . . . *La pudeur m'empêche*, dit-il, *de dire ce qui n'a pas rougi de nommer en pleine classe*. Mais il a bien-tôt secoué sa pudeur, car immédiatement après en parlant de Cassandre, il dit qu'Apollon lui promit le don de prophétiser, pourvû qu'elle lui voulut donner son p. . . . . . Il fait bien qu'on peut s'exprimer dans d'autres termes; & quand il veut, il fait faire les emplois; & parlant d'Ajax fils d'Oïlée & de son audace dans le Temple de Minerve, il l'appelle *une sole impieté*.

Art. Cassandre.

Art Fonteveraud. Note M.

Sur les articles d'*Abelard*, d'*Heloïse*, & de *Foulgues*, Mr. Bayle revient au même sujet. Il convenoit à l'Auteur d'un Dictionnaire de faire le récit de cette histoire en peu de mots. Qu'étoit-il besoin de ramener le lecteur sur mille idées qui plaisent à ceux qui devroient le plus les craindre & les bannir, & qui scandalisent les personnes sages ? De même encore sur l'Article *Fonteuraud*, l'office d'un Historien se réduisoit à rapporter en peu de mots, & en termes modestes le fait, puis à y ajouter ce qu'on a dit d'un côté pour en établir la vérité, & d'un autre ce qu'on allegue pour le traiter de fable, & d'exagération. Que de choses dans cet article par où il se condamne ? *Les avanturiers devots*, dit-il, *ne sont-ils pas responsables des désirs lascifs qu'ils allument ?* Et Mr. Bayle qui ne peut quiter ce sujet, qui l'étend, qui le met sous les yeux, dans les termes les plus hardis, les plus grivois, les plus immodestes, ne seroit-il responsable de rien ? Après avoir dit que *la fuite est le remede le plus sur*, pourquoi prendre plaisir à y ramener ses Lecteurs ? Il se

récrie sur la *Sécurité où l'on vit à cet égard*, & *le peu de fraieur qu'on se donne*, *malgré des maximes si certaines & si recommandables*, *par la vénération que l'on doit aux Saints qui les ont établies*; & il n'a pas plutot dit cela qu'il employe la colonne suivante à de nouveaux contes qui n'ont rien de commun avec l'histoire ou la fable de ce Monastere, si ce n'est qu'ils roulent sur des sujets licentieux.

Note N.

„ C'est une témérité enragée, dit Mr. Bayle, dans „ des personnes qui aspirent à la plus grande pureté, „ de s'approcher d'un état, qui, suivant le dogme „ des plus fameux Philosophes, ne laisse à l'ame au-„ cune liberté de raisonner.

Art. S. François

Il falloit s'en tenir là au lieu de commenter ces paroles licentieuses. Mr. Bayle affecte de remplir l'esprit d'idées dont il connoit le danger, de les pétrir dans l'Imagination, & de l'accoutumer par des répétitions qui ne finissent point, à se les rendre sans cesse présentes. On auroit presque aussi peu de honte que lui, si l'on transcrivoit les paroles qu'il cite & qu'il commente.

Mr. Bayle se croit-il au dessus de tout reproche & en droit de parler deshonnêtement pourvû qu'il se serve des paroles d'un autre Auteur ! Ne pouvoit-il pas le faire entendre en s'exprimant en d'autres termes, & qu'importe au public d'apprendre par de si longs Articles, qu'un grand Roy a eu des maux honteux ?

Art. François I.

Quelle démangeaison n'a pas Mr. Bayle pour décrire des contes propres à réjouir les Grivois , puis qu'il cite un livre que le titre seul (des 15. Joies du Mariage) doit faire mépriser à tout homme qui a le moindre gout, & qui peut mieux employer son temps ! Quelle pauvreté donc d'en faire des extraits, & que *cèr a propos* est tiré de loin !

Art X. ti chms

Lucrece de Gonzague recommande de fuir les conversations lascives, *de s'abstenir des plaisirs permis*, *d'étudier les Stes. Lettres*, & *de vaquer à l'oraison*. Mr. Bayle l'en loue, *Voila pour le dire en passant*, ajoute-t-il, *une illusion très-commune*. *On se plaint de ne pouvoir résister à certaines tentations quoi qu'on les combatte de toutes ses forces*, dit-on; *Mais est-ce les combattre de cette maniere que de se nourrir des meilleures viandes*, *que de faire toutes sortes de visites*, *que de chercher les conversations les plus agréables* &c ?

Art. Gonzague.

Quels termes plus propres à condamner la conduite de Mr. Bayle dans son Dictionnaire, que ceux qu'il fournit lui-même.

Si la Philosophie ne peut ni nous garantir de prendre des mauvaises habitudes, ni nous corriger de celles que nous pourrions avoir prises, il faut avouer que rien n'est plus vain, & il est triste de voir un Philosophe tel que Mr. Bayle , si peu Maitre de lui, dès que l'occasion se présente de dire des obscénités, qu'il les fait venir dans les matiéres même les plus sérieuses „ S'il y a , dit-il , dans quel-„ que Créature dont la formation ait besoin d'être „ dirigée par un esprit, c'est assurément dans celle des „ animaux. S'ils ont fait ce que je suppose, ils n'ont „ rien dit là dessus qu'on ne puisse concilier avec „ l'Ecriture Sainte. Mais s'ils ont crû, comme tant „ d'autres, qu'au commencement les hommes sont „ nés de la terre, par la seule force de l'humidité „ & de la chaleur &c, ils ont dit une Sottise la plus „ ridicule du monde, & ils n'auroient sû se tirer „ de la question, pourquoi dans la suite du temps „ on n'a jamais vû naitre des hommes de cette ma-„ niére : Cette question ne les auroit pas embarrassés „ dans l'autre cas, puis qu'ils auroient pu répondre „ comme feroient les Chrétiens, *que l'Intelligence ai-„ ant une fois formé des animaux*, &c. Que n'ajoute-t-il *les avoir mis en état*, *aussi bien que les plantes*, *de se perpétuer*, & *de conserver leur espéce* ; *Voila comme parlent les Chrétiens*, & *les personnes raisonnables*, & Mr. Bayle a tort de leur prêter un stile, que la modestie ne permet pas de citer.

Art. Aricheluns Note D.

On a encore dans l'article *Artémidore* note B une expres-

expression basse autant que grossiére, le chat, &c. Tout le monde a pû voir qu'il pouvoit parler plus honnêtement, aussi bien que plus poliment.

Art. Ar-
chel. §. G.
Mr. Bayle fait bien adoucir ses expressions quand il veut; il dit, par exemple, que la source de haine de Crateuus contre Archelaüs venoit de *l'injure qu'il avoit reçuë en son corps* ; mais quelques lignes après viennent sans nécessité dis termes qu'on ne prononce pas en présence des personnes pour qui on a de la consideration.

Art. Rei-
nes. Si-
is D.
,, Ils ont dit que le prémier soin des Protestans ,, en faveur d'un Moine, ou d'un Prêtre, dit Mr. ,, Bayle, qui passe dans leur Communion, est de lui ,, chercher une femme; c'est le ciment qu'ils em- ,, ploient pour l'incorporer à leur Secte, & pour l'y ,, tenir fermement collé. Ils se persuadent que de tels ,, oiseaux de proie ne peuvent mieux être attirés, ,, ni mieux apprivoisés que par ce morceau de chair. ,, Que cela est grossier, je ne le raporte que comme ,, un exemple des brutalités à quoi s'émancipent assés ,, souvent les Controversistes. "

Mr. Bayle qui connoit les grossièretés, & les fait mépriser, pourquoi a-t-il eu la complaisance d'en d'en farcir son Dictionnaire?

Article
Ev.
,, Un autre bel Esprit Italien de Nation, Noble Vé- ,, nitien, le célébre Loredano en un mot; ce bel esprit, ,, dis-je, a mérité quelque censure pour n'avoir pas assés ,, ménagé les bienséances dûës à la gloire d'Eve; car il ,, supposé qu'après qu'elle eut été chassée du Paradis ,, avec son Mari, elle s'éxorta à lui rendre le de- ,, voir conjugal, en éxécution de l'ordre que Dieu ,, lui avoit donné de croitre & de multiplier. Le ,, *Decorum* éxigeoit qu'on supposât qu'Adam étoit le ,, demandeur. Il y a quelques autres choses à ,, reprendre dans le Loredano. "

Un Dictionnaire Historique doit-il tenir compte au Public de toutes les impertinences qui sont échapées à des Auteurs à l'occasion d'un nom propre?

Mr. Bayle déclare qu'il ne veut pas faire le controversiste dans son Dictionnaire, & ce dessein ne convenoit pas non plus à un tel ouvrage; cependant quand il pouvoit fidèlement rapporter il auroit allégué ce qui s'est dit de part & d'autre, sur le sujet de la chure, ou bien sur la Création d'Eve, on lui auroit passé cela, quoique ce fut plûtot la tâche d'un Dictionnaire Théologique que d'un Dictionnaire simplement **Historique & Critique** sur l'exactitude des faits. Mais Mr. Bayle après avoir inséré une remarque fort inutile dans le texte, remplit une note d'obscenités & d'impietés extravagantes. Les personnes sensées en ont honte; ce n'est pas assés d'être libertin, il faut avoir un génie des plus petits pour en sourire.

Pensées diverses Article CXXVI.

Oeuvres
Tom III.
Pag. 85.
" Le Pape Urbain VIII, dit Mr. Bayle, qui " composa une fort belle Elégie, que l'on voit à " la tête de ses Poëmes, pour éxhorter les Poëtes " ses confréres à chanter des vers saints & pieux, est " assurément tout loüable. Mais il eut encore mieux " fait, si au lieu de leur donner cèt avis en Poëte, " il leur eut défendu, en qualité de souverain Pon- " tife, d'en composer d'autres. Et comme il ne " pouvoit pas pratiquer à l'égard de tous, ce qu'il " pratiquoit chez celui qui lui avoit présenté un " Ouvrage peu digne d'un bon Chrétien, dont il " censura l'impudence avec tant de force, que ce " miserable en mourut de confusion; il devoit in- " terposer les foudres redoutables du Vatican, pour " arrêter les désordres qui naissent de la Poësie. Le " célébre Mr. Thou remarque fort judicieusement, " qu'après la mort de Henri II. Ceux qui prenoient " la liberté de dire les vérités, ou plûtot qui fai- " soient la revuë générale de tous les désordres de " son Régne, ne comptoient pas pour un des moins " pernicieux, le grand nombre de Poëtes dont sa " Cour avoit été pleine; leurs basses flatteries pour

" la Duchesse de Valentinois, sa Maitresse; leurs " bagatelles qui gâtèrent le goût des jeunes g ns, & " les détournèrent des bonnes études; & leurs chan- " sons tendres & passionnées qui ruinèrent dans l'a- " me des jeunes filles, toutes les impressions de la " pudeur... Mr. De Mezerai s'accorde parfaitement " en cela avec l'autre Historien, car il dit, Qu'on " eût pû loüer Henri II. de l'amour des belles Let- " tres, si la dissolution de sa Cour autorisée par son " éxemple, n'eût tourné les plus beaux esprits à " composer des Romans pleins de visions extrava- " gantes, & des Poësies lascives pour flatter l'impu- " reté qui tenoit en main les récompenses, & pour " fournir des amusemens à un sexe qui veut régner " en badinant. "

A quoi donc pensoit Mr. Bayle, quand il remplit son Dictionnaire de ces historiettes propres à corrompre le coeur, de ces bagatelles propres à gâter le goût des jeunes gens, & à les remplir de son Pyrrhonisme, qui va directement à les détacher de l'étude comme d'une peine infructueuse, de tant de morceaux sales & effrontés en prose & en vers, fruit de ses grandes lectures? A quoi pensoit-il, quand il remplissoit ses recueils de toutes ces vilenies? Est-ce à faire ce qu'il avoit condamné, & ce qu'il auroit souhaité que le Pape Urbain VIII. eut puni.

Vie de
Mr. Bay-
le.
XLIII. QUAND on lit avec attention le Dictionnaire de Mr. Bayle, on reconnoît aisément que son Auteur est sur tout rempli de trois genres d'idées; Les Objections contre la Providence y sont ramenées à toute occasion; on y trouve là-dessus un grand nombre de répétitions, qui ne sont même que très peu variées 2. Il ne néglige aucune occasion de tomber sur Mr. Jurieu, & c'est pour se le procurer qu'il rapporte quelquefois des minucies. *Un Savant ne s'est pas mêlé des affaires publiques, ni des intrigues des particuliers; un autre n'a pas cherché des loüanges; l'un a donné dans des vi eux; un autre a mal raisonné; la femme de l'un a été modeste & attentive à conduire son ménage; une autre a été satyrique une autre railleuse; Mr. Jurieu revient cent fois sur la Scène.* Enfin les gaillardises y paroissent plus souvent que tout autre sujet.

A tout cela on peut bien ajoûter les traits que Mr. Bayle séme par-ci par-là, soit pour justifier ses Ouvrages, soit pour mettre les Lecteurs, à qui il les destine, au fait de ses véritables intentions. Enfin comme il a intérêt de se mettre lui-même à couvert, sous l'autorité des Théologiens, il fait sa cour à ceux d'entr'eux qui ont le plus de crédit, & dont les hypothèses sont dominantes.

Je vai en donner des exemples.

XLIV. IL N'Y a point, *dit-il* de doute que " l'amour des nouveautés ne soit une peste, qui après " avoir mis en feu les Académies & les Synodes, é- " branle & secouë les Etats, & les bouleverse quel- " quefois: ainsi l'on ne sauroit trop loüer les Pro- " fesseurs, qui recommandent à leurs disciples de s'é- " loigner de cet esprit d'innovation. Il ne faut point " se rebuter sous prétexte qu'en recommandant " fortement l'observation de l'ancienne & commune " tradition, il semble qu'on suppose le principe ou " la voie de l'autorité, que l'on a rejettée quand on " a eu à combattre l'Eglise Romaine; Il ne faut " point, dis-je, se décourager pour tout cela; car " si l'on attendoit de se servir d'une raison, jusqu'à " ce qu'elle fut à couvert de toute difficulté on se- " roit trop long-tems sans rien faire.

Mr. Bayle
fait sa
cour aux
Théolo-
giens.
Article
Akosta.
Note G.
On voit bien à qui Mr. Bayle veut faire sa cour en parlant ainsi. Entre les dogmes des Théologiens, il avoit choisi ceux qui donnoient le plus de prise aux Libertins, dont il savoit qu'ils devoient pousser les objections; Mais en même tems qu'il attaquoit ces dogmes avec tant d'acharnement, & comme il le croïoit avec tant d'avantage, il faisoit paroitre un grand zèle pour eux, il ne négligeoit rien de ce qu'il pouvoit mettre adroitement en oeuvre pour rendre odieux

F f f

odieux ceux qui, par des adouciſſemens, donneroient quelque atteinte à ces dogmes qu'il trouveroit
ſi commodes pour lui. Il travaille ici à les faire regarder comme les ennemis de la *Traditive*, il veut
qu'on ſe ſcandaliſe contre les nouveautés, lui qui
renouvelle la Philoſophie d'Arceſilas, & la Théologie de Manes. Quand on connoit Mr. Bayle, on
ne peut s'empêcher de croire qu'il rioit ſous cape, en
écrivant cet article : il s'y moque viſiblement de la
ſimplicité de ceux dont il paroit ſoûtenir la cauſe.
Ce ſont des Proteſtans, ennemis par-là du mot de
Tradition, aſſés ambitieux en même tems pour vouloir régner ſur les autres hommes, & leur faire recevoir avec autorité les dogmes qu'eux mêmes a-
voient reçûs de leurs Maitres. *N'eſt-ce pas la reſ-
ſuſciter les Traditions?* Non c'eſt ſeulement faire valoir la Traditive. Mr. Bayle éllude encore plai-
ſamment l'objection qui ſe préſente ſi naturellement
contre les Proteſtans qui abandonnent leur grand
principe de l'*Examen* pour y ſubſtituer celui de
l'*Autorité: Si l'on vouloit parer à tous les inconveniens*,
dit-il, *on n'auroit jamais fait.* Mais qu'on aime à
s'inſtruire, qu'on reſpecte l'évidence, qu'on ne force perſonne, qu'on ſoit modeſte ſoi-même, qu'on
uſe de charité & de ſupport envers les autres, qu'on
permette à chacun de s'en tenir à ce qui eſt à ſa
portée, tous les inconveniens ceſſeront.

Mr. Bayle qui marque tant de vénération pour
le Synode de Dordrecht, & qui ſe croit à couvert
d'inſulte, quand il eſt ſous ſes Canons, lors-même
qu'il raſſemble tout ce que les plus ſubtils Manichéens, Déiſtes, Athées, ſeroient capables d'oppoſer à la Réligion, d'où vient qu'il n'a pas profité des paroles qu'il cite de ce Synode, qui s'énonce ainſi au ſujet de Vorſtius." Et partant que non

*Art. Vor-
ſtius.
Note I.*

„ ſeulement ceſte licence desbordée & desreiglée de
„ diſputer & mettre en doubte les principaux poincts
„ de la Religion Chreſtienne, & ceſte façon &
„ maniere ondoyante, incertaine, douteuſe, &
„ oblique d'enſeigner, eſt très-pernicieuſe & dan-
„ gereuſe à l'Egliſe, nullement du monde ſeante ni
„ convenable à choſes ſi ſainctes, & de ſi haulte lice,
„ & partant du tout indigne d'un Profeſſeur qui ſe
„ dit Orthodoxe.,, Qu'y a-t-il de plus ondoyant & de
plus favorable aux doutes que les ouvrages de Mr. Bayle?

*Ibidem
Note O.*

„ Je trouve aſſés vraiſemblable, dit Mr.
„ Bayle, ce que j'ai ouï dire pluſieurs fois qu'Ar-
„ minius & les Docteurs de ſon opinion euſ-
„ ſent rendu un très grand ſervice à leur
„ cauſe, s'ils avoient gardé un profond ſilence.
„ Leurs 5. Articles ſont de nature à s'inſinuer d'eux-
„ mêmes ; il ſeroit arrivé, dit-on, au Calviniſme
„ la même choſe qu'au Luthéraniſme, il ſe ſe-
„ roit trouvé inſenſiblement Arminien, ſi on eût
„ laiſſé faire la nature. L'ancienne Egliſe n'étoit
„ point du ſentiment de St. Auguſtin. Ce Pere fut
„ cauſe qu'elle embraſſa la doctrine, qu'on nomme
„ aujourd'hui le Calviniſme ; mais elle revint in-
„ ſenſiblement au prémier état. Si l'on voit la doc-
„ trine de la Prédeſtination avec ſes ſuites fortement
„ ſoutenuë dans le Parti Réformé, c'eſt à cauſe que
„ les diſputes y ont cauſé deux factions, & un
„ Schiſme qui ſubſiſte encore. L'Egliſe Anglicane,
„ qui s'eſt conſidérée comme un corps à part, &
„ détaché de celui ou ce Schiſme s'eſt formé, n'a
„ point été préoccupée du zèle ardent que la diſpu-
„ te avoit fait naitre dans l'eſprit des Contre-Remon-
„ trans : ainſi elle a coulé peu-à-peu vers des Hy-
„ pothétes mitigées & bien différentes du Calviniſ-
„ me. La même choſe ſeroit arrivée en Hollande, ſi
„ Arminius n'eut point formé de Parti. Voilà ce
„ que j'ai ouï dire pluſieurs fois à des gens de tête.
Le Synode de Dordrecht s'eſt donc écarté de
l'Ancienne Egliſe, & a préféré, à ce qu'on y penſoit, le ſentiment de St. Auguſtin. La Doctrine de
la Prédeſtination, de laquelle Mr. Bayle ſe ſert comme d'un bouclier, par le moien duquel il repouſſe

tout ce que la raiſon allégue contre les Manichéens,
& les Athées ; cette Doctrine n'eſt ſi fortement ſoûtenuë que par un eſprit de parti. J'avouë que Mr.
Bayle finit en diſant, *je n'examine pas ſi ceux qui
parlent ainſi ont raiſon; mais toûjours les reconnoit-il
pour des gens de tête*, & ce qu'il rapporte, après eux,
lui paroit très-vraiſemblable: Il eſt aſſés naturel d'en
conclure qu'il ne reclame l'autorité du Synode de
Dordrecht, que quand il ſe ſent preſſé par les Défenſeurs de la Réligion, & par les réponſes qu'ils
font aux argumens qu'il prête aux Athées; Alors
il ſe bat en retraite & cherche des ſecours.

Mr. Bayle ſaiſit l'occaſion de faire un plaiſir aux
Lecteurs qu'il aime? *Mr. Ancillon ſe hâtoit d'acheter les prémières éditions, ſans attendre les ſecondes, on
a tort de ne l'imiter pas.*

*Art. A-
cillon N;
te D*

„ C'eſt l'entendre cela, dit-il, c'eſt-ce que l'on
„ peut nommer amour des Livres, avidité d'in-
„ ſtruction ; mais ceux qui attendent tranquillement
„ à acheter un Ouvrage qu'il ſoit réimprimé, ſont
„ bien paroitre qu'ils ſont privés à leur ignorance,
„ & qu'ils aiment mieux l'épargne de quelques piſ-
„ toles que l'acquiſition de la Doctrine.

„ On me dira que l'Auteur corrige des fautes
„ dans la ſeconde édition, j'en conviens, mais ce
„ ne ſont pas toûjours des fautes réelles, *ce ſont des
„ changemens, qu'il ſacrifie à des raiſons de prudence*,
„ *à ſon repos, & à l'injuſtice de ſes Cenſeurs trop
„ puiſſans.* La ſeconde Edition que Vézerai fit de ſon
„ Abrégé Chronologique, eſt plus correcte : il en ôta
„ des fauſſetés ; mais il en ôta auſſi des vérités qui
„ avoient déplû; & c'eſt pourquoi les curieux s'em-
„ preſſent à trouver l'édition in 4. qui eſt la pré-
„ miere, & la parue un gros prix.

Avertiſſement au Lecteur de regarder ce que Mr.
Bayle a retranché de la prémière Edition comme
ſon vrai ſentiment, & d'interpreter tout ce qu'il a
dit au Conſiſtoire, comme de vains Complimens ;
Accordés cela ; ſi vous le pouvés, avec ce qu'il dit
dans l'Article de Mr. Amirault, *ſur la répugnance
qu'on doit avoir à publier tout ce qui eſt capable
de ſcandaliſer* ; & concluës de là qu'il ſe joué des
mots de *ſcandale* & de *devoir*.

XLV. C'ETOIT un Paſteur accompli, dit Mr.
Bayle en parlant de Mr. Ancillon, ſavant, éloquent, ſage, pieux, modeſte, charitable, diſ-
penſant la cenſure avec douceur, ou avec vigueur,
ſelon l'éxigence des cas ; pratiquant ce qu'il prê-
choit, occupé uniquement des fonctions de ſon Miniſtère, ſans ſe mêler comme tant d'autres, de ce qui
n'eſt convenable qu'aux ſéculiers, ni tenir ſa maiſon ouverte aux Délateurs & aux Nouvelliſtes ;

*Conſeils u-
tiles à
Mr. Ju-
rieu Art.
Ancillon.*

Les perſonnes de Mr. Bayle loué, ne doivent
ſouvent les éloges qu'il leur donne, qu'au plaiſir
malicieux de les mettre en oppoſition avec des gens
qu'il n'aime pas ; ſans cela la femme d'*Alting*, non
plus que celle de Mr. *Ancillon*, n'auroient point eu
de place dans ſon Dictionnaire.

„ Toutes les perſonnes de ſa profeſſion, dit Mr.
„ Bayle devroient régler leurs domeſtiques comme
„ le ſien étoit réglé. On n'en parloit que pour dire
„ en général que tout y étoit dans l'ordre : il ne four-
„ niſſoit point d'autre matière aux converſations.
„ On ſavoit ſeulement que perſonne ne ſavoit
„ ce qui s'y paſſoit, hormis qu'on y vi-
„ roit pas que toutes choſes y étoient dans
„ bienſéance & ſelon la crainte de Dieu... Cela
„ eſt cent fois plus beau que ſi tout le monde s'en-
„ tretenoit de ce qui ſe dit, & de ce qui ſe paſſe chés
„ un Miniſtre. On y a débité une telle nouvelle ce
„ matin, dit l'un, on y diſputa hier au ſoir ſur une
„ telle réflexion de Nouvelliſte, dira l'autre. Il peut
„ s'excuſer ſûr un troiſième comme Adam, & dire
„ *la femme que tu m'as donnée me l'a fait faire.* Quoi
„ dit un quatriéme, *n'avés-vous appris cette circon-
„ ſtance qu'en ce lieu-là* ? *je m'en défie* ; *c'eſt un mau-
„ vais bureau d'adreſſe*, &c. la NYMPHA LOQUAX
qui

*Art.
Alting.
Note H.*

„ qui y préside, ajoûte & fait ajoûter ce que bon lui
„ semble aux relations. Je ne veux point de ces glo-
„ ses ni de ces commentaires; j'en appelle au Texte,
„ quelque in certain qu'il puisse être. Il ne faut pas
„ s'étonner qu'Alting ait été inconsolable après la
„ mort de son épouse, s'il est vrai comme son His-
„ torien le débite, qu'il ait vécu avec elle près de
„ 30. ans, sans aucune plainte ni contestation... Peu
„ de gens se peuvent vanter d'une telle chose, &
„ se plaindre d'ignorer si les effets de la réconcilia-
„ tion sont aussi doux dans le mariage que dans la
„ galanterie. "

Note F. En parlant encore de Mr. Ancillon; " C'est le mo-
„ déle, dit Mr. Bayle, sur quoi tous les Ministres doi-
„ vent se régler. Ils ont tous choisi la bonne part
„ comme Marie; mais quelques-uns ne laissent pas
„ d'imiter Marthe qui se soucioit & se tourmentoit
„ de beaucoup de choses. Ils se mêlent d'affaires d'E-
„ tat, ils se fourrent dans les intrigues de Ville, ils
„ s'empressent de savoir toutes sortes de nouvelles,
„ ils en trafiquent, ils en font leur Cour; ils se ha-
„ zardent quelquefois à suggérer des conseils de guer-
„ re & de négociation, & ne se rebutent pas du
„ mépris que l'on témoigne adroitement pour leurs
„ fausses vûes. On les voit souvent dans les Anti-
„ chambres des Puissances; ils y attendent impa-
„ tiemment l'occasion d'être introduits. Ce n'est pas
„ pour des affaires de conscience; c'est pour de-
„ mander mille faveurs; c'est pour recommander
„ leurs Enfans, leurs Parens, leurs Amis, par rap-
„ port à des emplois honorables & profitables. Ils
„ savent à point nommé lorsqu'une charge est va-
„ cante, & ils font ensorte qu'elle soit remplie à leur
„ recommandation. On les loueroit si elle n'étoit
„ employée qu'à faire donner du pain à ceux qui
„ en manquent; mais ils l'emploient principalement
„ en faveur de ceux qui sont déjà riches; gens qui
„ n'oseroient recourir à leurs sollicitations s'ils ne
„ les croioient de véritables Ministres de J. C. Car en
„ en ce cas là ils s'attendroient à une censure ils
„ craindroient qu'on ne leur citât l'ordre de Saint
„ Paul, *que pourvû que nous aions la nourriture &*
„ *de quoi être vêtus*, cela suffit. Ce n'est point le de-
„ voir d'un Pasteur de procurer à ses brebis un plus
„ fort attachement pour les biens de la Terre; il
„ doit plûtôt les en détacher, & combattre leur cu-
„ pidité & leur ambition, & il seroit sans
„ doute, s'il étoit lui même dégagé des soins ron-
„ geans de la vaine gloire: mais comme les besoins
„ de ses passions, demandent que les charges d'une
„ Ville soient entre les mains qui lui en aient
„ l'obligation, & qui, ou par reconnoissance, ou
„ par l'espérance de nouvelles graces, soient tou-
„ jours prêts à le servir, il se donne tous les mou-
„ vemens possibles pour les élever, il applaudit à leurs
„ vûes ambitieuses, & afin de se maintenir dans ce
„ manége, il est obligé de s'intriguer & d'avoir
„ partout des émissaires. Un tel homme auroit
„ besoin de la menace que l'on emploie quelquefois
„ contre les Evêques qui violent les Canons de la
„ Résidence, & ne songe guére que pour Emploi
„ est d'une nature, que toutes les forces humaines y
„ suffisent meilleurement. Ceux qui songent bien à cela
„ imitent Mr. Ancillon, & ne donnent pas de
„ tems à des visites intéressées. Notés de ceux
„ qui n'imitent pas sa conduite, s'emploient quel-
„ quefois en faveur de quelques personnes qui ne
„ font pas à leur aise; mais si vous y prenés garde,
„ vous trouverés que ces personnes sont ce qu'on ap-
„ pelle gens de service, propres à tout, & fort en-
„ clins à consacrer leur loisir, aux passions du Pro-
„ tecteur qui le leur a procuré. Ils en font leur Dieu:
„ ils se reconnoissent ses Créatures, & remplissent
„ les devoirs de ce mot-là.

Je n'ai garde de disconvenir des Eloges que Mr.
Bayle donne à Mr. Ancillon: mais on ne disconviendra pas non plus, que le plaisir qu'il s'est fait

(A) Dans ces tems une grande ignorance régnoit parmi le Clergé.

de les lui donner, n'ait été rehaussé de beaucoup
par la longue Antithése qu'on vient de lire.

Il est bien à présumer que Mr. Bayle ne prend *Art. Cro-*
si vivement le parti de Grotius, & qu'il ne le loue *tius.*
sur tout de l'attachement qu'il a conservé pour sa
Patrie que pour opposer sa conduite à celle des Réfugiés qui n'avoient pas goûté l'Avis qui a fait tant
de bruit & que Mr. Bayle avoit tant d'intérêt à dés-
avouer. Le même Article de *Grotius* lui fournit encore
une occasion favorable d'attaquer Mr. Jurieu; " mais
„ personne, dit-il, n'a outré la chose autant que l'Au-
„ teur de l'Esprit de Mr. Arnauld. Il a osé débiter *Ibidem*
„ que Grotius étoit mort comme Athée. Plu-
„ sieurs ont trouvé étrange que ses petits-fils n'aient
„ pas demandé reparation de cette injure, & qu'ils
„ aient paru moins sensibles, sur ce point-là que
„ les Parens de Jansénius, sur des calomnies bien
„ plus légéres. Mais des personnes très sages aprou-
„ vent fort qu'on ait négligé là-dessus toute Procé-
„ dure Juridique. Il a paru une très forte réponse
„ à cet endroit de l'Esprit de Mr. Arnauld, qui é-
„ tant demeuré sans repartie, montre clairement que
„ l'Accusateur se sent convaincu de calomnie. Or de
„ là nait un double scandale, puis que d'un côté
„ il n'a fait aucune démarche pour la reparation d'une
„ injure si atroce; & que de l'autre ses Supérieurs
„ Ecclésiastiques ne l'ont jamais censuré d'une ca-
„ lomnie si manifeste, & ne lui ont jamais témoigné
„ qu'ils n'approuvoient pas qu'il publiât des Ouvra-
„ ges tels que l'Esprit de Mr. Arnauld.

Mr. Bayle rapporte diverses railleries de Luther, &
de Mélanchthon, & divers bons-mots par où ils
tournoient en ridicule l'ignorance & l'entêtement de
la plûpart des Académies. Mr. Bayle s'est moqué
un peu plus finement de celles d'Angleterre; il a mis
en marge *Eloge des Académies d'Angleterre*; & cet é-
loge se renferme dans un petit extrait d'une harangue d'un Professeur d'Oxford, qui dit, *qu'on ne*
trouvera dans aucune autre Ville de l'Europe, ni un
si grand nombre de Colléges à beaucoup près, ni de Collé-
ges si commodes & si bien bâtis. Cependant Mr. Bayle n'approuve pas les railleries de Luther, & de Mélanchthon, & pourquoi ? " C'est qu'il ne s'agit pas
„ de rire quand on est sous la croix, & ils dévoient
„ plûtôt pleurer, en se rendant attentifs au triste é-
„ tat d'un grand nombre de leurs fréres. " A cela
il auroit été facile de répondre. Luther & Mélanchthon auroient dit, nos fréres ne souffrent que par un
effet de l'entêtement de leurs ennemis, & de leur a-
veugle soumission à l'autorité de quelques ignorans.
(A) Nous voulons leur faire sentir combien cette soumission est absurde: Ce ridicule sera très-propre à les y
faire renoncer. Mais la critique des railleries de Luther & de Mélanchthon fournit à Mr. Bayle dequoi attaquer Mr. Jurieu, & de lancer contre lui une longue censure de Mr. Brueys.

„ Je ne puis pas croire que ceux des Protestans *Art. Lu-*
„ de ce Roiaume, dit-il, qui ont véritablement de la *ther Not*
„ piété, approuvent, quelque estime qu'ils aient *LL.*
„ pour l'esprit & pour le savoir de Mr. Jurieu, qu'un
„ Ministre qui les a abandonnés, & qui s'est enfui
„ dans les Pays étrangers, affecte dans tous ses ou-
„ vrages un caractére railleur & goguenard, tandis
„ qu'il apprend tous les jours de loin la ruine & la
„ désolation de son parti. Parmi, Il me semble que dans les
„ sentimens où il devroit être, la joye qu'il fait pa-
„ roître dans tous ses Ecrits, d'être hors du danger,
„ où ceux de sa Sécte sont exposés, n'est pas
„ bien naturelle & bien légitime. Il lui sied mal, ce
„ me semble, de plaisanter en sûreté, tandis que ceux
„ qu'il a abandonnés gémissent dans les justes châ-
„ timens que l'Eglise, comme une bonne Mére
„ mêle aux caresses & aux bienfaits qu'elle employe
„ pour les ramener dans son sein. Il me semble que
„ c'est renverser l'Evangile que de rire avec ceux qui
„ pleurent; & que les Ouvrages de cet Auteur,
„ quelques fins & délicats qu'ils puissent être d'ail-
„ leurs

„ kurs, devroient au moins se sentir un peu de l'a-
„ mertume de son cœur, s'il est vrai qu'il sût plus
„ sensible à la douleur de ses frères, qu'au calme
„ dont il jouit en son particulier.

Il auroit été à souhaiter que Mr. Bayle se fût fait
un devoir de s'écarter & de se distinguer de ces Auteurs qui, comme il le dit, " sait qu'ils écrivent par
„ un motif de vengeance ou de jalousie; sort qu'ils le
„ sassent pour mettre à profit leurs pensées & pour
„ exercer leur plume, se proposent comme une fin
„ principale le divertissement du Lecteur & les louan-
„ ges de leur génie. Car comme ils craignent qu'en ne
„ disant que la vérité, ils ne divertiroient guère leurs
„ Lecteurs & que leur Ouvrage passeroit pour une mau-
„ vaise Pièce, ils assaisonnent de mille fables... leurs récits
„ Examinés bien les Satyres les plus piquantes & les mieux
„ écrites, vous trouverés l'esprit de l'Auteur, son stile &
„ son caractere dans toutes les lettres qu'il suppose, que les
„ amans s'écrivirent, & dans tous les entretiens qu'il leur fait
„ avoir. Sur cette Regle approuvée par Mr. Bayle,
qu'on juge de son caractère, en réfléchissant sur son
habileté & sa fécondité, à charger son Dictionnaire
de réfléxions qui vont à réjouir les coeurs gatez, par
les idées impures & licencieuses qu'on leur présente,
& par les termes hardis & effrontés qu'il choisit pour
les exprimer, & tout propres à mettre ses Lecteurs
en état de se livrer à ces idées, & de s'a-
bandonner aux mouvemens, & aux actions où elles ménent; sans se gener par des principes de Morale &
de Réligion, dont la raison, dit Mr. Bayle, anéantit le certitude, à mesure qu'on la consulte & qu'on
sait en faire usage avec autant d'adresse & de force que
lui. C'est encore son éloignement pour M. Jurieu
qu'on doit un grand nombre de ses réfléxions générales.

XLVI. Mr BAYLE parle ainsi: On prétend que
„ le Cardinal Bagni à la vue des Conciles imprimés
„ au Louvre en 37. Tomes, s'écria: *Je m'étonne qu'il
„ y ait encore des Hérétiques en France Où est le Clergé
„ sien qui desormais puisse n'être pas Catholique.* Sorbiere
„ admire cette pensée OPTIME CARDINALIS Ba-
„ gnus in Gallia nuncius &c.

Mr. Bayle démontre parfaitement l'absurdité de
cette pensée ; après quoi il ajoûte, " *Ceux qui connois-
„ sent la Religion de Sorbiere, ne devroient-ils pas
„ être étonnés de son* OPTIME! Que Messieurs
les Orthodoxes se tiennent avertis par cette réfléxion
du cas qu'ils doivent faire des éloges d'un Libertin qui se jouë d'eux & qui rit de tout son cœur
de leur simplicité.

XLVII. IL NE faut pas douter que ceux qui
s'intéressoient à Mr. Bayle ne se fissent un plaisir
de remarquer l'adresse avec laquelle il se déguis-
soit, & se mettoit en sureté par ses déguisemens :
Mais ce ne devoit pas être pour eux un moindre
plaisir de remarquer son addresse à faire connoitre ce
qu'il pensoit sans s'exposer. L'Article *d'Aureolus
Note C* étoit bien propre à leur procurer ce plaisir.

„ Je suppose dit-il, *qu' Aureolus n'a point nié sim-
„ plement & absolument, que la Création fut pos-
„ sible ; car c'eût été avancer une opinion très op-
„ posée à la Religion Romaine.* Il a seulement sou-
„ tenu que pour telles & telles raisons il trouveroit
„ impossible qu'un Etre sut fait de rien, si la foi ne
„ lui apprenoit que l'on doit prendre, dans un sens de
„ Création proprement dite, les paroles dont l'Ecriture
„ se sert, touchant la première formation du Mon-
„ de. S'étant une fois couvert de ce bouclier il a pû
„ impunément se servir de toutes les forces de son génie
„ pour prouver l'impossibilité de la Création : Il ne ris-
„ quoit qu'une Dispute Philosophique, où il ne
„ craignoit pas que les chicanes & les détours du mé-
„ tier l'abandonnassent.

A la place *d'Aureolus* lisés Mr. Bayle, à la
place de la *foi Romaine* lisés la foi au *Synode de
Bordrecht*, & à la place de *l'Impossibilité de la
Création*, lisés *l'impossibilité de répondre aux Ma-*
nicheens & de défendre l'unité d'un seul Principe tout
Puissant & tout Bon : vous verres que les Orthodoxes donnent leur admiration à un homme qui les regardoit comme des innocens.

En parlant du Juif Benjamin *Arodon*; *Il est certain, dit Mr. Bayle, que si cet homme eut reçu avec
une entière soi la doctrine de J. Christ & s'il eut été animé de l'esprit de Grace, il n'eut pas donné des conseils
plus dignes de la pureté Evangelique. Cela doit faire
honte aux Docteurs de relâchement, qui sont si communs parmi les Chrétiens.* Remarqués que ce * *Saint
Philosophe*, pour saire plus hautement triompher sa
foi de sa Raison, a trouvé à propos de choisir
l'Orthodoxie la plus rigide, de s'y renfermer & de
mépriser dès là, toutes les attaques de la Raison,
quoi qu'il les reconnoisse sans replique. *Le Peché
Originel & ses suites, l'Impuissance de l'homme à penser vrai en matière de Réligion, sont les Dogmes cheris
de Mr. Bayle* : Il les trouve tellement de son goût,
que toutes les lumières naturelles lui paroissent méprisables en comparaison ; Cependant voici un *Juif
qui pense comme les plus grands degrés de Grace pourroient faire penser.* N'est ce point le jouer de la
Doctrine, pour laquelle il fait paroitre tant d'attachement? C'est ainsi qu'il trouve à propos d'a-
vertir, par-ci par-là, ses amis, & principalement
ceux à qui il destine son Livre, de ne s'y méprendre
pas ; Il ne s'arrete pas en si beau chemin, après
avoir protesté assés burlesquement ce sentiment d'Arodon, prétendu chef d'œuvre de la Grace, il fait parler des Médecins pour en prouver le ridicule.

Que l'on compare ces paroles, *Introduire la pureté là où les fureurs d'une convoitise brutale ne régnent que trop* : *Il leur impose tout à la fois la Loi
du* FAVETE LINGUIS, *dont les Payens recommandent l'observation dans les grands Mysteres, & celle du* SURSUM CORDA, *que l'Ancienne Eglise
n'oublioit jamais de notifier dans la celebration aux ses
plus augustes Cérémonies*.

Que l'on compare, dit-je, ces paroles, avec les
suivantes ; Notés, dit Mr. Bayle, que le dogme de
ce Rabin ne s'accorde guere avec le conseil des
Docteurs en Médecine. Ceux-ci prétendent
qu'un Enfant conçu sous des distractions
„ d'esprit, je veux dire, sous des pensées séri-
„ euses, graves, immaterielles, est nisi, sot,
„ imbécile ; & ils donnent de tout autres con-
„ sils à ceux qui désirent des enfans ; Mais pour
„ peu qu'on soit raisonnable, on demeurera d'ac-
„ cord qu'ils menent les hommes à une très-mau-
„ vaise Ecole de chasteté, leurs préceptes ne sont
„ faits que pour des gens qui voudroient borner tou-
„ tes choses à une vie animale, terrestre, sensuel-
„ le, Epicurienne. Il faut aller à l'Ecole du Ra-
„ bin, si l'on veut apprendre à se comporter dans
„ cette partie des devoirs en Créature douée d'une
„ ame spirituelle, & qui ne veut point se rendre
„ digne de cette censure, *ò curvæ in terras animæ
„ & cœlestium inanes!* On comprendra mieux com-
„ bien la Morale de ce Juif est belle & sublime, si
„ l'on se souvient qu'elle est directement opposée
„ aux maximes de ces Docteurs de corruption, qui
„ ont rempli leurs Poësies de tant de lascivetés. Ces
„ dangereux Empoisonneurs &c. " Dès la il verse le
poison à pleines mains : Vous diriés que son sérieux
précédent (quoique prophane & tout railleur)
n'a été mis en oeuvre que pour relever mieux la vivacité des expressions qui remplissent le reste de la
note. Trente lignes de ce stile, plus emportées les
unes que les autres, finissent par ces paroles. . . .
*Non murmura vestra columba, Brachia non hedera
non vincant oscula conchæ.* Certes il est difficile de rien
„ dire de plus pathétique ce qui plus prissionné là
„ dessus. Etre diamétralement opposé à ces faux
„ Docteurs, aux pestes de la Jeunesse, c'est un
„ grand Eloge, c'est un préjugé légitime que la
„ Morale que l'on avance est d'une admirable pureté.

Je

Je conçois bien que quelqu'un pourra dire froidement & malicieusement, qu'il ne voit point sur quel fondement on blâmera Mr. Bayle d'avoir écrit tout cet Article; mais je suis bien assuré qu'il n'y a personne assés stupide pour ne pas sentir qu'il se moque des Dévots en faisant semblant de les admirer, & qu'il cherche à faire rire ceux dont l'imagination se plaît dans les idées obscénes, à proportion qu'elles sont vives. Qu'on life si l'on veut les trente lignes suivantes, on y trouvera des nouvelles preuves de ce que je pose en fait.

Ce passage seul suffiroit pour présenter Mr. Bayle sous l'idée d'un esprit moqueur & prophane, & pour le rendre suspect à tous ceux qui ont encore quelque appréhension de se tromper: C'est tout ce que je prétens; car pour ce qui est des Lecteurs déterminément résolus à lire avec plaisir & avec approbation, tout ce qui va à ébranler la certitude des vérités qui les gênent, & qui ne peuvent souffrir ceux qui travaillent à les ramener de leurs préventions, il me paroit qu'on peut leur appliquer ces paroles; *que celui qui est sale se salisse encore, que celui qui est injuste le devienne encore plus.* Ils sauront un jour qui a tort, & ils se diront trop tard, *Ainsi l'avés vous voulu;* & de là des angoisses également justes & sans remède. Qu'ils se consolent alors, s'ils le peuvent par les idées du parti qu'ils auront choisi. Qu'ils se nourissent du souvenir de leurs ordures, de leurs cas d'objections & de toutes les difficultés par lesquelles ils se seront efforcés d'obscurcir les Vérités les plus respectables!

Art. Charron Note O. „ Otés certains mots, dit Mr. Bayle, qui semblent être trop crûs, emploiés-en d'autres qui signifient la même chose, mais qui sont moins brusques, vous passerés de la reputation d'hérétique à celle d'un vrai fidéle, l'impression de votre Ouvrage ne sera plus interdite, on en permettra le débit." Mr. Bayle en donne pour exemple un passage de Charron différemment tourné dans deux Editions.

„ Voici, dit-il, le passage; L'immortalité de „ l'homme est une chose la plus universellement, „ réligieusement & plausiblement reçue par tout le „ monde, (j'entens d'une externe & publique „ profession, non d'une interne, sérieuse & vraie „ créance, de quoi sera parlé ci après) la plus „ utilement crûe, la plus foiblement prouvée, & „ establie par raison & moiens humains. *Ces paroles se lisent au Chapitre 14. du prémier livre de la sagesse à l'édition de Bourdeaux, elles furent rectifiées de la manière que vous alés voir.* L'immortalité de l'ame est la chose la plus universellement, réligieusement, (c'est le principal fondement de toute la Réligion) & plausiblement retenuë par tout le monde: j'entens d'une *externe & publique profession, car d'une sérieuse, interne & vraie*, ça ta, témoins tant d'Epicuriens, libertins & moqueurs: Toutes-fois les Saducéens, les plus gros Milours des Juifs, n'en faisoient point la petite bouche la nier: la plus utilement crûe, aucunement assés approuvée, par plusieurs raisons naturelles & humaines, *mais proprement & mieux établie par le ressort de la Réligion*, que par tout autre moien." Après „ cette correction, il ne restoit nul bon pré-texte de murmurer; car on seroit très-injuste de blâmer un homme qui déclareroit que les plus forts argumens qui le convainquent de l'immortalité de l'ame, sont ceux qu'il tire de la parole de Dieu. C'est de quoi il parle amplement dans l'article de Pomponace."

Mr. Bayle a mis en oeuvre l'adresse qu'il loüe dans les autres, & peut-être ne la loüe t-il que pour donner à ses bons amis le plaisir de remarquer qu'il les en a bien voulu avertir. Pour achever de se convaincre que Mr. Bayle se joue, il n'y a qu'à jetter les yeux sur les paroles suivantes. „ Les Libertins savans se soucient peu qu'un Théologien avoüe que les preuves philosophiques de l'immortalité de l'ame ne sont point fortes. Ils n'igno-

Ibidem Note O.

rent point qu'une telle confession n'avance point leurs affaires, pendant que les preuves tirées de l'Ecriture sont aussi démonstratives qu'elles le sont.

Les Livres du Vieux & du Nouveau Testament n'ont aucun droit d'autorité sur les Libertins; mais si on peut prouver par la Raison l'immortalité de l'ame & ses suites, les voilà obligés à des Loix, dont le plaisir de s'affranchir les séduit, & les porte à mépriser l'autorité des Livres que nous respectons, & que nous reconnoissons pour divins.

XLVIII. Mr. BAYLE en parlant de Mr. Amyraut ne néglige pas une occasion de faire sa cour aux Théologiens sous la protection desquels il s'est mis.

S'il avoit été consulté Mr. Amyraut seroit demeuré dans le silence. *Ce seroit médire, je pense bi n „ cruellement,* dit Mr. Bayle, de ceux qui ont les „ prémiers remué cette question, que de soutenir „ qu'ils n'auroient pas laissé de le faire, encore „ qu'ils eussent prévû tous les maux qui en devoient résulter: car où est l'utilité & le *cui bono* de ces disputes? Ne rest-il plus de difficultés, pourvû qu'on se serve de l'Hypothése de Cameron? N'est-il pas vrai au contraire que jamais remède ne fut plus palliatif que celui-là? On a bien besoin d'autre chose pour contenter la raison; & si vous n'allés pas plus loin, autant vaut-il ne bouger de votre place, tenés vous en repos dans le Particularisme. Mais je veux que l'Universalisme ait qu lque avantage, & qu'il réponde mieux „ à certaines objections. Cela est il capable de balancer tant de crimes spirituels, que les factions „ traînent après elles tant de mauvais soupçons, tant „ de sinistres interpretations, tant de fausses imputations, tant de haines, tant d'injures tant de libelles, tant d'autres désordres qui viennent en foule à la suite d'un tel conflict Théologique? Si vous croiés que le Particularisme damne les gens, vous faites bien de le réfuter quoi qu'il en coûte: Je dis la même chose à ceux qui prendroient l'Universalisme pour une hérésie mortelle: mais puisque de part ni d'autre vous ne croyés pas réfuter une opinion pernicieuse, ne disputés qu'autant que vous le pouvés faire sans troubler le repos public, & raisés-vous, dès que l'événement vous montre que vous divisés les familles, ou qu'il se forme deux partis. (A) N'achevés pas de réveiller mille mauvaises passions qu'il faut tenir enchaînées comme autant de bêtes féroces; & malheur à vous si vous êtes cause qu'elles brisent leurs fers.

S'il falloit supprimer tout ce qui ne peut paroitre aux yeux du Public, sans exciter l'envie des Savans factieux & superbes, & sans donner lieu ensuite à tous les tristes & scandaleux effets de l'envie & de l'esprit de faction, il faudroit que les hommes eussent supprimé tout ce qu'ils ont jamais pensé de meilleur. Y a-t-il quelque nouvelle Vérité, quelque nouvelle Méthode, contre laquelle on ne se soit soulévé, on ne se soit même souvent emporté, & on n'ait sollicité le bras séculier; Les prémiers Cartésiens ont été traités à peu près en Hérétiques; Le Public a beau manquer son goût pour une certaine Méthode de sermons, par son empressement à les écouter & à les lire. Par là même que leur Auteur s'attire de la réputation, il dépait, & afin que sa Méthode tombe avec lui, on forme des Sacrés Décrets pour défendre de l'imiter. Doit-on se faire un scrupule d'être une cause innocente de l'envie, & de ses suites, Mr. Bayle page 186. ne rapporte-t-il pas *que la gloire dont Mr. Amyraut jouissoit, lui avoit été contraire au Synode National de Loudun, comme s'il eût été un grand arbre qui faisoit ombre aux petits, & qu'il falloit abbaisser.*

Mr. Bayle qui se feroit un scrupule de concevoir Mr. Amyraut capable de publier sa Doctrine, s'il avoit prévû les agitations qu'elle a causées, au-

Ibidem Note O.

roit

(A) Y a-t-il des Passions plus brutales & qu'on doive plus enchaîner que celles de l'impureté auxquelles les obscénités donnent naturellement lieu.

Ggg

roit bien dû supprimer ce prodigieux mélange de tant d'obscénités propres à corrompre le coeur, & ce grand nombre de raisonnemens qui vont à ébranler dans l'esprit des hommes, la persuasion des plus importantes maximes. Le mal que Mr. Bayle a fait est de Notoriété publique; il va en croissant, & il n'est pas possible de s'imaginer que lui, qui connoissoit si bien le coeur humain, ne l'ait pas prévû, & c'est à lui à répondre à la question qu'il propose à Mr. Amyraut *cui bono* ? A quoi bon cela ? Pour ce qui est de Mr. Amyraut il lui auroit été facile de répondre; Vous n'ignorés pas, auroit-il dit, à quelles objections la Doctrine des Calvinistes sur la Prédestination est exposée: * On leur reproche d'avoir introduit dans la Réligion Chrétienne, un Dogme qui ne va pas à moins qu'au renversement de la Morale, & qu'à donner aux hommes l'idée la plus affreuse de leur Créateur. Les Calvinistes nient toutes ces conséquences: On leur feroit grand tort, sans doute, si on n'étoit pas persuadé qu'ils les nient très sincèrement. Dans quelques termes donc qu'ils s'expriment sur la Prédestination, ils sont persuadés qu'il ne faut point prendre leurs expressions dans le sens qui donne juste sujet à ces conséquences: Ils reconnoissent sans doute que ce sens feroit faux; car il est impossible que d'une proposition, prise dans un sens véritable, il naisse des conséquences fausses. Cela posé, auroit dit Mr. Amyraut, il s'ensuit que les expressions dont on se sert, sur un si grand mystère, approchent d'autant plus d'être justes, d'être telles qu'on doit effectivement employer, qu'elles montrent moins directement le sens qui donne lieu aux conséquences odieuses, & qu'elles sont plus éloignées de le présenter. Je veux que les expressions que j'ai choisies & le tour que j'ai préféré ne soient pas capables de lever toutes les difficultés; C'est toûjours beaucoup qu'elles les éloignent. Si un homme qui a la témerité de s'enfoncer dans un abyme, s'embarasse de difficultés qu'il ne lui est pas possible de résoudre, c'est sa faute; pourquoi s'est-il sollicité lui-même à les chercher ? Mais quand un homme dit: *Je n'avois garde de les chercher, je les fuïois & je les redoutois. Avec tout cela je n'ai pû m'y dérober, car en m'instruisant sur ce Dogme, on a débuté par des termes, & par une Méthode dont les premières impressions m'ont rempli d'éfroi.* N'aura-t-on aucun égard à ces sages représentations, pour en conclure qu'il faut mieux modérer son style, & mieux choisir ses expressions ? Je veux qu'il soit permis aux Savans de pousser, sur des Matières incomprehensibles, leurs spéculations sans une témerité coupable; Est-il permis au vulgaire d'en faire autant ? Par conséquent les manières de s'éxprimer qui donnent le moins de lieu à des doutes & à des scrupules, sont celles qu'il convient de préférer.

Quand un homme demande qu'on l'éclaircisse, sur cette question, & qu'on le dégage de cet embaras, *Si je ne suis pas prédestiné, il est inutil e que je pense à mon Salut; car il est impossible que j'y parvienne jamais. Mais si je suis prédestiné il est impossible qu'il me manque, & par conséquent je n'ai qu à faire de me travailler pour y parvenir.*

Voici une des Réponses qu'on y fait vous ne favés, lui dit-on, si vous étes du nombre des Prédestinés ou des Réprouvés : Conduifés-vous donc conformément à cette incertitude, & tâchés de vous mettre du bon côté. Quelle folie, ajoûte-t-on. Lorsqu'il s'agit de prendre parti sur ce qu'on doit faire; vous détournés vôtre attention de dessus des Loix, & des Invitations très-claires, pour l'élever mal à propos à ce qui est obscur & incomprehensible. On conseille donc à un homme ainsi agité de détourner sa vuë de dessus ce qui l'agite, pour la fixer uniquement sur les Loix & sur les Invitations de Dieu. Puis donc qu'il s'agit de se donner garde, lorsqu'il s'agit de se convertir, d'arrêter témerairement son esprit sur ce que le Dogme de la Prédesti-

nation présente d'éfrayant; & de rébutant ; N'est-il pas d'une grande utilité, auroit dit Mr. Amyraut, de propo[ser] ce Dogme sous des expressions, & conform[ément] à des Hypothéses, qui ne présentent rien, q[ui ten]de directement & immédiatement, dont il soi[t qu]estion de détourner les yeux, afin de se livrer [à pou]voir & travailler, comme Dieu le commande [de se] convertir ?

D[e plus, d]'un côté, Mr. Amyraut & ses Collég[ues voy]oient prévoir que leur Hypothéfe ne passe[roit pas] sans quelque trouble, ils pouvoient aussi prévoir, & cela très-naturellement, que ces troubles cesseroient, & seroient place à des réconciliations très-édifiantes; Ce n'étoit point là des espérances chimériques; leur coeur plein d'amour pour la paix, & sincèrement prêt d'oublier les offenses, leur étoit garand du succès; Aussi l'événement a-t-il répondu à de si justes espérances." Dès qu'on faisoit à Mr. Amyraut quelque proposition de paix, " il y donnoit les mains avec joie, & faisoit toutes " les avances. On a publié pour l'édification de " l'Eglise, les lettres pleines d'amitié Chrétienne " qu'il envoya à Mr. Du Moulin, avec les répon- " ses qu'il en a reçues,. Et là-dessus Mr. Bayle lui " même fait cette réflexion.

" La raison & la charité nous portent à croire " que ceux qui avoyent tant crié, & tant excité de " tempêtes contre un Dogme qu'ils ont reconnu en- " fin innocent, & dont enfin le défenseur leur a " paru un fidèle serviteur de Dieu, ne font point " morts fans s'être couverts de confusion, pour le " moins aux piés du throne de la Majesté Divine, " à la vûë de cette prévention mortifiante, qui leur " avoit montré comme un Dogme affreux, une Hy- " pothése où il n'y a nul venin. "

" Si ceux qui parloient de déposer Mr. Amyraut " ont vécu encore trente ou quarante ans, je ne vois " pas de quelle manière ils osoient regarder le mon- " de; car enfin cette Doctrine qu'ils jugeoient di- " gne des Anathemes les plus foudroiáns, se trou- " va être celle des plus grands hommes qui servissent " les Eglises Réformées de France. Ce fut celle de " Mr. Mestrezat, celle de Mr. le Faucheur, celle de " Mr. Blondel, celle de Mr. Daillé, celle de Mr. " Claude, celle de Mr. du Bosc. Il falut que les " Particularistes reconnussent bien-tôt pour leurs fré- " res, & pour de fidèles Ministres de J. Christ, les " Partifans de la grace Universélle ; & l'on a vû " que les Ministres Réfugiés qui ont signé un For- " mulaire au Synode de Rotterdam en l'année 1686. " n'ont point été soûmis à quelque déclaration qui " donnât la moindre atteinte au Système de Mr. A- " myraut. D'où venoient donc les vacarmes que " l'on fit au commencement contre ce système ? " D'où vient que la même Doctrine passa d'abord " pour un monstre, & puis pour une chose inno- " cente ? Ne faut-il pas reconnoitre là le doigt du " péché original, & l'influence de mille passions " ténébreufes, qui doivent enfin produire, & l'on " en est du nombre des prédestinés une salutaire & mor- " tifiante humiliation.

Sans remonter, comme fait d'abord Mr. Bayle, à la cause universélle de nos maux le *péché originel*, & m'y borner uniquement ; je dirai que je reconnois là l'esprit d'Impatience ; l'esprit d'Entêtement pour ce qu'on a admis dés fon enfance, souvent fans examen, ou fans beaucoup d'éxamen: J'y reconnois un respect aveugle pour de certains mots, dont les hommes font les auteurs, & desquels pour peu qu'on soit pressé, on avoué qu'on ignore le vrai sens; Je reconnoîtrois encore en cela la fausse honte qu'on se fait d'apprendre quelque chose & de corriger quelques idées, quelques méthodes, & quelques expressions dès qu'on est parvenu à un certain âge.

XLIX. AU RESTE; on voit ici un mauvais effet de l'esprit du Pyrrhonisme, il accoûtume si pour & au contre, & est cause qu'on ne se soutient pas.

pas. Mr. Bayle fait fa Cour aux Orthodoxes rigides, dont il brigue la protection en traitant d'inutile l'Hypothéfe de l'Univerfalifme de Saumur, & en déclarant qu'il auroit été mieux de la fupprimer. Un peu après il avoué qu'elle eft fans venin. Mr. Bayle, connoit parmi les Orthodoxes quelques Théologiens qu'il n'aime pas, & il ne laiffe pas échapper l'occafion de leur porter des coups. Il voudroit les voir humiliés, & apparemment qu'il ne croit pas leur pouvoir demander rien qui leur foit plus defagréable que la pratique de l'humilité.

Son affectation encore à fe déclarer pour le fyftême de la Prédeftination, & ne le point perdre de vûë, lui fait lâcher un mot que fes Partifans n'avouëront pas, ou qui du moins ne leur fait pas honneur; *Ceux qui se sont laissés aller à la fougue de leurs passions ténébreuses, doivent en concevoir une salutaire & mortifiante humiliation,* S'ILS font DU NOMBRE DES PREDESTINE'S. N'y a-t-il donc que ceux qui font de ce nombre qui doivent être mortifiés de leurs emportemens déraifonnables, & fi les Prédicateurs fe faifoient une Loi d'inférer cette claufe parmi leurs exhortations, ne feroient ils pas infailliblement venir dans l'efprit de leurs Auditeurs l'objection dont j'ai parlé ci-deffus, & dont tous les Théologiens difent qu'il faut éloigner fon attention.

Mr. Amyraut confulteur à faire fon Apologie. L. JE vai plus loin, & je conjecture que fi quelque intime ami de Mr. Amyraut lui avoit dit; Examinés bien vôtre fyftême, prenés la peine de l'approfondir fans prévention; vous ne vous tromperés pas en croiant qu'il ne fait pas d'abord naitre les difficultés dont on ne peut pas s'empêcher d'être éfraié, pour peu qu'on arrête fon attention fur les autres fyftêmes. Mais vous trouverés auffi que fi le vôtre éloigne les difficultés & les cache en quelque forte, il les éloigne feulement, & qu'il s'en faut beaucoup qu'il ne les léve tout entières. Dieu donna au prémier homme le pouvoir d'obéïr, de fe conferver dans l'innocence, de s'y affermir, de fe perfectionner; mais il étoit en fon pouvoir de faire un bon ufage de fa Liberté, il étoit auffi en fon pouvoir, d'en abufer. Il prit ce dernier parti, il fe détermina legèrement fur des aparences trompeufes, il défobéit; fon fort changea de nature par une jufte punition. De ce prémier Père dérangé naiffent des enfans, tels qu'en vertu de l'Union de l'Ame avec le Corps, ils éprouveront des panchans qui ne manqueront pas de les entrainer à des actions de vice & de défobeïffance, qui les mettront hors d'état de fe plaire dans la lumière, dans la vertu & la communion de Dieu. Le Pére des Miféricordes a pitié de l'infortunée poftérité d'Adam. Ses compaffions vont jufqu'à leur ofrir un chemin au bonheur, par le **moien de la répentance**, de la Foi & de fes fuites: Il leur donne fon FILS. Le mérite & le Sacrifice de ce FILS met DIEU en état de pardonner aux rebelles, fans que ce pardon ait rien de contraire à fon Amour pour l'ordre, & à fon zèle pour la Sainteté & pour la Majefté de fes Loix; DIEU qui pour raffurer les hommes tremblans à la vûë de fa juftice, & dans le fentiment de leur indignité, ne fe contente pas de dire, mais porte fa condefcendance jufqu'à jurer, *qu'il ne veut pas la mort du pécheur, mais qu'il fe convertiffe & qu'il vive,* Dieu qui dit, *Et pourquoi mourriés vous maifon d'Ifraël? O mon peuple fi tu m'écoutois!* Or fi tu avois toûjours ici que il faut pour me craindre! Ce Pere de miféricordes a envoyé fon FILS *au Monde, afin que quiconque croit en lui ne perifse point, mais qu'il ait la vie Eternelle;* Il fait annoncer de Salut aux hommes, il le leur offre, il les follicite à l'accepter en toute fincérité; *Jefus Chrift fur la croix prit pour fes ennemis, & dit, Pere pardonne leur, car ils ne favent ce qu'ils font;* Un peu auparavant fon coeur s'étoit attendri à la vûë de Jérufalem, & il s'étoit écrié, baigné de larmes *Jérufalem! Jérufalem! qui tues les Prophètes, & qui lapides ceux qui te font envoiés, combien de fois ai-je voulu rassembler en un tes enfans, comme la poule rassemble ses poulets sous ses ailes, mais vous ne l'avés point voulu?* Ceux qui l'abandonnent *renoncent au Sauveur qui les a rachetés;* Vous connoiffés tout cela, auroit dit à Mr. Amyraut un intime ami, vous ajoûtés que DIEU prévoiant que la corruption du coeur humain, pourroit bien le rendre infenfible à toutes ces offres de graces, & le porter à rejetter ces préfens infinis; pour ne laiffer pas fans fruit les Merveilles de fa Sageffe & de fa Miféricorde, l'Incarnation de fon FILS, fe choifit dans ce tas d'hommes endurcis, d'hommes abrutis, un certain nombre que l'effufion & le fecours de fes graces victorieufes détermineront à la Foi, & foûtiendront dans la Perfévérance; Quand vous parlés ainfi, vous repréfentés le fyftême de la Providence & de la Prédeftination fous une face beaucoup moins terrible, & moins rebutante qu'on ne fait ordinairement. Mais il refte encore à lever une difficulté très grande; Car enfin, cette multitude prodigieufe d'hommes, fur lefquels Dieu ne daigne pas faire tomber fon *Election* & fes fuites, feront-ils exclus de leur faute, ou par un pur éfet de leur malheur? Sont-ils à plaindre ou à condamner? Ont-ils la moindre part à la défobéiffance d'Adam? Sont-ils caufe de leur naiffance, & des dérangemens dans lefquels ils naiffent? Eft-il en leur pouvoir de réparer, en tout ou en partie, ces dérangemens? Eft-il en leur pouvoir d'en prévenir les effets? Ne tient-il qu'à eux d'accepter les ofres fincéres que Dieu leur fait! Ou fi de triftes difpofitions, dont ils ne font point les caufes, & qu'il n'eft pas en leur pouvoir de furmonter, les mettent dans l'impuiffance de profiter de ce que Dieu a fait pour eux? Dans ce dernier cas, quel châtimnt méritent-ils, parce qu'ils refufent de faire, ce qu'il n'eft pas en leur pouvoir de faire? Ainfi tous les Argumens par lefquels vous paroiffés prouver démonftrativement l'univerfalité de la grace, & du don de J. CHRIST, & la fincérité de l'offre que DIEU en fait à tous les hommes, ne prouvent rien, ou ils prouvent que DIEU accorde à tous les hommes autant de fecours qu'il leur en faut naturellement pour fe fauver, s'ils en veulent en faire ufage. A cet intime Ami peut-être que Mr. Amyraut auroit ouvert fon coeur, & auroit dit, je fens la néceffité de cette conféquence, mais je n'ôfe encore la publier: „ Vous connoiffés „ les préventions des hommes; vous n'ignorés pas „ ce qu'on en doit craindre; fi je paroiffois d'abord „ leur demander trop, quoi que je ne leur demandaffe „ quoi que ce foit que de très-raifonnable, ils fe „ feroient une Loi de ne m'accorder rien; ils rejet-„ teroient mon Principe à caufe de la conféquence „ que j'en tirerois, toute jufte qu'elle fut: Ainfi „ je nuirois à la vérité par mon impatience & par „ l'excès de mon zèle pour elle; Aux yeux qui ne „ font pas accoûtumés à l'éclat de la lumière, il „ ne faut la préfenter, que couverte d'un nuage; „ Donnons le tems aux hommes qui compofent nos „ Eglifes de s'affermir dans l'eftime des Principes que „ je pofe, ils viendront d'eux mêmes à en tirer les „ conféquences que j'ay en vûë. Qui fait fi Mr. Amyraut & fes Collégues ne penfoient point ainfi? Et en ce cas-là, loin de condamner leur imprudence, fous prétexte que pour établir une Hypothéfe legère & infuffiffante, ils ont expofé l'Eglife à des troubles & à des factions; On loüera, au contraire, la prudence & la modération par le moien de laquelle, ils ont ouvert un chemin fûr, à ce qu'ils regardoient comme des Vérités d'une très grande importance.

Avis au Lecteur. LI. JE DEMANDE à mon Lecteur de ne pas regarder ce que je viens de dire comme une juftification du fyftême de l'Univerfalifme, & une Condamnation du contraire; C'eft à une difcuffion que je n'ai garde d'entreprendre; Il me fuffit de prouver qu'il qu'il faut avoir envisagé une chose sous un très-grand nombre de faces, & peut-être sous toutes les faces avant que de reprocher à ses Auteurs de la témérité & de la précipitation ; C'est ainsi qu'on doit user un Rapporteur éxact & fidéle.

Ces réflexions dont Mr. Amyraut auroit pu faire part à un intime ami, serviront à dissiper ce que Mr. Bayle objecte (dans la continuation des Pensées Diverses page 481.) contre les Méthodes radoucies d'expliquer la Prédestination ; Méthodes qu'il lui plait d'appeller *relâchées*.

„ Vous suivés, *dit-il*, les hypothéses de Saumur,
„ & je vous apprens, si vous l'avés oublié, que l'un
„ de ceux qui écrivir.nt contre Mr. Amyraut lui
„ soutint que l'on donne une idée b.aucoup plus
„ foible de la bonté de Dieu, lorsqu'on parle d'une
„ grace Universelle destinée à tous les hommes ;
„ mais que la plûpart ne pourront pas accepter, que
„ lorsqu'on avoue qu Dieu ne destine sa grace qu'à
„ ceux à qui il a résolu de donner la force d'y con-
„ sentir : C'est toute la même chose, disoit le Théo-
„ logien Particulariste, de ne rien faire pour le salut
„ des hommes, que de les vouloir sauver par des
„ graces qui dépendent d'une condition, que Dieu
„ sait certainement qu'ils n'accompliront pas, &
„ qu'ils ne pourront accomplir. Souvenés-vous, s'il
„ vous plait, que selon Mr. Amyraut, ces graces-
„ là ne serviront qu'à aggraver le malheur des Incré-
„ dules, *offerri* (virtutem mortis Christi) *quibus*
„ *destinata non est, non modo ad salutem nihil prosunt,*
„ *sed damnationem & exitium aggravat ob infalibi-*
„ *lem incredulitatem*. Il objecte cela à ses adversai-
„ res, mais vous ne pouvés pas nier qu si Doctri-
„ ne ne souffre la même difficulté. Mr. Spanheim
„ le lui fit voir & lui fournir que ce n'est pas
„ une conséquence qui doive passer pour absurde ;
„ il en prouve la vérité par des éxemples tirés de la
„ Bible.

L'Hypothése que Mr. Amyraut a publiée, poussée un peu plus loin, comme effectivement on l'a poussée, suppose que Dieu met tous les hommes en état de se sauver, s'ils veulent profiter de ses secours, & par là il n'est pas vrai qu'ils ne peuvent pas accomplir la condition.

Un peu auparavant Mr. Bayle dit, que le mieux est *s'adorer en silence ce profond mystère* Que ne se fait-il donc un devoir de n'en parler point ! Pourquoi employer toute la vivacité de son esprit à le représenter sous les faces les plus terribles, & par là les plus odieuses ; Il finit en disant, *Notre pauvre Raison se perdra là dedans, la Foi est notre seul refuge*.

Si Mr. Bayle ne se bornoit pas à chercher dans ce langage un pur échapatoire, il auroit donné au moins quelques pages à montrer de quelle maniére on peut passer de la Raison à la Foi, & comment on peut distinguer une Foi véritable d'avec la Fanatisme & les égaremens de l'Imagination.

LII. Mr. BAYLE a encore les mêmes vûes, dans l'Article d'*Arminius* ; " Il auroit été à souhaiter, dit-il, qu'il eut fait un meilleur usage de ses lumiéres. Et en quoi consiste-ce son usage de ses lumiéres qu'on voit êtfit faire Arminius ? " C'est, dit-il de reconnoitre que St. Paul, ce grand Apotre, inspiré de Dieu & immédiatement, dirigé par le St. Esprit, prête de laquoi on peut conclure, suivant l'hypothése de Calvin, que Dieu veut que les hommes péchent ; Cet Aporre ne nie pas le fait, il ne se contente pas d'en alleguer une partie, il ne répond qu'en alléguant le souverain droit de Dieu.

Je ne veux point entrer dans cette controverse, Il me suffit que suivant Mr. Bayle, un homme fera un bon usage de ses lumiéres naturelles, s'il interprète les paroles de St. Paul conformément à la plus rigide Orthodoxie. Selon lui le bon usage des lumiéres naturelles conduit à cette éxplication ; La Raison

peut donc établir des Régles sures, & elle peut s'assurer qu'elle les suit précisément & exactement. Mais comment peut-on se procurer cette certitude, si la Raison ne doit pas être écoutée, quand elle tire de quelques Principes incontestables les conséquences les plus nécessaires ? La Raison s'assure qu'elle a compris le vrai sens des paroles de St. Paul ; or pour s'en assurer il faut qu'elle compte sur sa force & sur ses lumiéres. Mais suivant Mr. Bayle, ce sens est directement contraire à toutes les Lumiéres de la Raison ; La voilà donc dans la nécessité de se défier d'elle même, & de renoncer à ses lumiéres les plus évidentes. Mais tandis qu'elle sera dans cette défiance, pourra t elle compter sur l'évidence de ses Régles, & sur la justesse de leur application ? Mr. Bayle suppose en l'homme des lumiéres naturelles, il y suppose la puissance d'en faire un bon usage, & de découvrir par cet usage, le vrai sens des passages obscurs & difficiles à expliquer ; Cela va contre son Pyrrhonisme, n'importe, il plaira par là à des Protecteurs dont il a besoin.

J'ajouterai que Mr. Bayle confond deux choses bien différentes ; car la Raison peut opposer deux sortes de difficultés à ces Dogmes, un argument peut prouver d'une maniére évidente, & sans réplique qu'un Dogme est contraire à la Raison, ou qu'il autorise quelque action condamnable, & à de tels argumens il faut se rendre ; mais il y a aussi des Objections qui ne supposent dans un dogme, que des obscurités ; Il faut bien compter sur une malheureuse habilité à déguiser l'état des Questions, & à tout brouiller par des Sophismes, pour se promettre qu'on aménera des hommes raisonnables, & à mettre aucune difference entre ces deux hypothéses : L'une conçoit Dieu formant de toute Eternité la résolution de créer un certain nombre d'hommes dans le dessein de les rendre éternellement malheureux, & éxécutant, dans le temps tout ce qui est nécessaire pour les accabler d'une si affreuse destinée ; l'autre attribue à Dieu le Dessein Eternel de former des Créatures Intelligentes & Libres, de combler de félicité celles qui feront un bon usage de leur Liberté, & de les y solliciter, & de les aider par un grand nombre de secours. Mais quant à celles qui, loin de profiter de ces secours, & de répondre à ces invitations, lui tourneront le dos, & s'acharneront à scandaliser & à traverser celles qui auront à cœur de mieux faire, il leur fera trouver le sort dont elles sont dignes.

La prémiére de ces hypothéses paroit renfermer une contradiction manifeste, avec les Idées les plus claires de l'équité, & bien des gens assurent qu'il leur est impossible de ne voir pas & de ne sentir pas cette contradiction ; l'autre n'en est visiblement éxempte ; Il est vrai qu'elle donne lieu à de nouvelles Questions. On demande par éxemple, s'il n'auroit pas mieux valu ne point faire de Créatures Libres ? on demande encore si Dieu n'étroit pas en quelque maniére engagé par sa Bonté de courir au secours de chaque Créature Libre, dès qu'il la verroit, en danger d'abuser de sa Liberté ? Quand on répond à des Questions de cette Nature, en disant que pour les bien résoudre, il faut être instruit de tout le Plan de Dieu, & de toutes les raisons qui ont déterminé sa sagesse à le faire tel qu'il l'a fait ; cette Réponse est visiblement très-sensée, la Question roule sur le plus ou le moins de Bonté qu'il convenoit à Dieu d'éxercer, ou le plus, ou le moins de Bienfaits qu'il lui convenoit de répandre. La Justice de Dieu est à couvert, & le plein éclaircissement de ses derniéres Questions suppose plus de lumiéres qu'on n'en a.

En général, il est évident que le Droit de l'Etre suprême va à créer des Etres renfermés dans les bornes qu'il trouve à propos, & de leur imposer des Loix & des Conditions auxquelles ils doivent s'assujettir de bon cœur, & dont ils ne peuvent se plaindre sans ingratitude & sans crime, pendant qu'elles ne sont ni impossibles ni injustes.

En particulier il me semble que prévenir toûjours les plus legers principes des déterminations d'une volonté prête à se tourner du coté opposé aux devoirs, & ne la faire point libre, seroit la même chose, car ce seroit lui donner une Liberté dont il lui seroit impossible de faire usage que d'un seul côté, de sorte que dans toutes leurs déterminations vers le bon côté, des créatures ainsi faites ignoreroient toûjours si elles sont passives ou actives.

La satisfaction de se dévouer à son Créateur, de l'aimer & de lui obéir par choix, est une satisfaction si grande, qu'une Créature Intelligente, qui y pense attentivement, & qui en sent tout le prix, se trouve dans l'impuissance d'en rendre à Dieu des actions de graces aussi vives qu'elle le souhaiteroit & que ces présens le méritent; & il ne convenoit pas à la Sagesse & à la Bonté de Dieu de ne faire pas des Créatures, dont-il seroit ainsi aimé, parce que dans cêt ordre & ce genre de Créatures, il s'en trouveroit qui abuseroient de leur Liberté, car à celles-ci il n'arriveroit rien qu'elles ne méritassent. Que trouvera-t-on de surprenant, si je dis que Dieu s'aime lui-même infiniment, qu'il aime ses Perfections infinies, qu'il aime sa Grandeur, son Elévation, son Souverain Droit, & qu'il étoit digne de lui de former des Créatures qui le reconnussent tel qu'il est. Il ne convenoit pas seulement de leur faire connoitre ce qu'il est par des déclarations analogues à celles de la Parole & des Enseignemens; mais de plus il convenoit qu'il les instruisît par ses actions, & sa conduite même. S'il avoit continuellement déployé sa puissance pour prévenir tous les abus possibles de la liberté, ses Créatures n'auroient crû cet abus possible que par leur Foi à des Révélations qui les en auroient averti; & naturellement elles-auroient dû regarder leur Créateur comme engagé par sa Bonté à leur faire tout le Bien qu'il leur auroit fait, & ne pouvant en rien en rabattre sans tomber en contradiction avec ses Perfections, c'est-à-dire, avec lui-même, & si Dieu leur avoit dit qu'il n'en est pas ainsi, elles l'auroient crû sans le comprendre, & pour le croire sur cêt article, & pour prévenir la naissance de tout doute, il auroit fallu que Dieu imprimât en elles cêt acte de Foi par sa Toute Puissance.

Des Editions corrigées. Note A. LIII. A L'OCCASION d'un passage retranché dans l'histoire de l'Eglise Gallicane de Bosquet, Mr. Bayle fait cette remarque, " Je ne sai si ce fût par
" une politique bien entendue que l'on supprima
" ces belles paroles dans la seconde Edition; Ce re-
" tranchement ne fait-il pas voir à tout le monde
" le servile ménagement qu'il faut garder pour
" l'erreur & la délicatesse excessive, ou plûtot la
" sensibilité scandaleuse de ceux qui ont intérêt à
" maintenir le mensonge? Et après tout n'est ce pas
" avoir attiré l'attention de tout le Monde sur ces
" paroles? Tel qui les auroit lues sans réflexion,
" apprend à les regarder comme quelque chose de
" la dernière importance; il l'apprend, dis-je, par le
" soin qu'on a de les supprimer.

On sait que Mr. Bayle a supprimé dans la seconde édition de son Dictionnaire quelques endroits qui avoient scandalisé dans la prémiere. L's-t-il fait parce qu'il a compris qu'il s'étoit donné trop de licence, & qu'il s'étoit laissé aller à cela par une complaisance forcée? Ce qu'il insinue ici & ailleurs, sur ces endroits supprimés, rend la confession fort suspecte. Un Pyrrhonien à qui il est si facile de disputer pour & contre, auroit pû aisément adoucir ce que ces expressions avoient de trop libre, & lever le scandale qu'elles avoient donné. Mais Mr. Bayle n'étoit pas homme à se repentir d'avoir porté des coups directement ou indirectement à ce que les hommes respectent.

Dans ses Réponses aux Questions d'un Provincial Tome IV. les cent prémieres pages de cét Ouvrage ne sont guére intéressantes aujourd'hui. Mr. Bayle étudioit alors les accusations de Pyrrhonisme & d'Athéïsme qui sont aujourd'hui une grande partie de son mérite dans l'esprit de ses Partisans, & il met en oeuvre si ruse ordinaire, qui est de géner ceux qui attaquent ses Sophismes, & qui osent s'opposer aux insultes qu'il fait à la Réligion, en les intimidant & en leur présentant les Canons du Synode de Dordrecht, à l'abri desquels il se met, prêt à foudroier tous ceux qui s'aviseront de vouloir lui fermer la bouche, & d'opposer des répliques solides à ses argumens contre la Bonté & la Sainteté de Dieu.

Mr. Bayle se décente. LIV. MAIS Mr. Bayle ne s'est pas toûjours enveloppé de ténèbres; il s'est fait un plaisir de semer par-ci par-là dequoi ouvrir les yeux de ses Lecteurs sur ses desseins, page 981; " Il ne faut pas que je
" finisse cette remarque sans observer l'injustice de
" certaines personnes, qui croient que lors que l'on
" rejette les raisons qu'ils donnent d'un certain dog-
" me, on rejette le dogme même. Il y a une dif-
" férence capitale entre ces deux choses, ceux qui
" ont de l'équité & un bon esprit ne manquent pas
" de les distinguer, & souffrent patiemment sans au-
" cun mauvais soupçon, que l'on combatte la témé-
" rité des Orthodoxes, à l'égard des argumens foi-
" bles dont on se sert trop souvent pour soûtenir la
" vérité. Ce n'est pas qu'il ne se puisse commettre
" bien des abus là dedans; car par exemple, les Pyr-
" rhoniens, sous le prétexte de ne combattre que des
" raisons des Dogmatiques, à l'égard de l'éxistence
" de Dieu, sapoieroient effectivement le dogme mê-
" me; ils déclareroient d'abord qu'ils s'attachoient au
" train général, sans s'attacher à aucune Secte par-
" ticulière, qu'ils convenoient qu'il y a des Dieux,
" qu'ils les honnoroient, qu'ils leur attribuoient de
" la Providence, mais qu'ils ne pouvoient souffrir
" que les Dogmatiques eussent la témérité de raison-
" ner sur cela, ensuite dequoi ils les combattroient
" par des argumens, qui par le renversement de la
" Providence, tendoient au renversement de l'éxi-
" stence de Dieu."

Mr. Bayle se déclare d'abord pour le Systême autorisé, il fait semblant de ne proposer que des doutes à résoudre, & en faisant cela il pousse des argumens, qui, s'il en est crû, rendent impossible la conversion des incrédules, & obligent ceux qui voudroient y travailler à cacher leurs démarches, & à débuter par des sentimens tous opposés à ceux qu'ils croient véritables.

Rep. au Quest. d'un Provincial Tome. III. page 642. Chapitre CXXIX.

Ouvr. cit. Tom. III. pag. 705. Origines fausses. " LV. IL NE suffit pas dit Mr. Bayle à Mr.
" Jaquelot de perdre le rôle de défenseur de la Foi,
" il falloit aussi qu'il donrât à son adversaire le rôle
" de pur attaquant. & non pas celui de défenseur de
" la foi de une voie moins sûre. C'étoit pourtant
" ce dernier rôle qu'au pis aller il eut laissé à Mr.
" Bayle; il eut mis l'affaire dans son véritable point
" de vûë; car il est visible à tous ceux qui ont bien
" examiné les choses, que les objections sur les ori-
" gines du mal & les autres difficultés proposées dans
" le Dictionnaire Historique & Critique aboutissent
" à la necessité de captiver notre entendement sous
" l'autorité de Dieu. Tout ce donc qu'on pourroit
" prétendre, c'est que cette voie de soûtenir les
" mystères n'est pas la bonne, & que pour les bien
" soûtenir il faut les concilier avec tous les aphoris-
" mes des Philosophes. Mais Monsieur Jaquelot,
" connoissoit trop bien l'air du bureau, pour se pro-
" mettre favorables les préjugés de la Communion
" Réformée, il avertissoit naïvement ses Lecteurs,
" qu'y ayant deux manières de plaider la cause de l'ori-
" gine & des suites du péché, il laissoit à Mr. Bay-
" le celle qui fait plier la Raison sous l'autorité de
" Dieu, & prenoit celle qui s'approvisoit le mieux a-
" vec la Philosophie. Il savoit bien que cette se-
" conde manière est fort suspecte aux Orthodoxes,

Hhh &

„ & qu'ils la regardent comme le grand chemin où „ au Pélagianisme ou au Socinianisme. Il n'a donc pu „ se résoudre à représenter cette controverse sous sa „ véritable forme. De là ce grand nombre d'omis- „ sions qui la défigurent.

Mr. Bayle dans ce Chapitre, dans le précédent, & dans les suivans, fait bien du bruit contre Mr. *Jaquelot*: Sa conscience lui fait sentir la vérité de ce que Mr. *Jaquelot* se contentoit d'avancer indirectement & comme des soupçons, & il comprend bien qu'il n'est pas encore tems de se déclarer sans détour pour ce qu'il est. Il craint que Mr. Jaquelot ne lui arrache le masque dont il se couvre: il redouble donc ses efforts pour se l'attacher: Si on veut l'en croire, il n'a fait argumenter la Raison contre l'existence de Dieu, la Providence, la nécessité & l'efficace de la Réligion que pour faire mieux comprendre l'utilité & le prix de la Foi. Il seroit inutile aujourd'hui d'entrer plus avant dans cette controverse. Les Orthodoxes ont enfin ouvert les yeux, on a compris quelle injure Mr. Bayle faisoit aux Théologiens Protestans assemblés à Dordrecht, d'avoir fabriqué des Canons sous lesquels un Athée est à couvert de tout ce que les défenseurs de la Réligion peuvent faire pour lui attacher les armes avec lesquelles il la combat. Protégé par ces décisions il tourne en ridicule tout ce qu'on connoit de plus sacré, il fait hardiment & hautement l'Apologie de l'Athéisme. On ne peut plus disconvenir que Mr. Bayle n'ait bien calculé quand il a compté de réussir à augmenter de beaucoup le nombre des Pyrrhoniens & des Libertins, & aujourd'hui on le peut attaquer sans détour comme leur Maître, & l'objet de leur admiration.

Réponse aux Quest. d'un Prov. T.III. Cix.143. Oeuvres div. Tom. III. pag. 794.

„ Page 807. Vous avés, dit Mr. Bayle, un grand „ sujet de craindre, en considérant l'étendue des „ difficultés du Dictionnaire Critique, que je „ n'aie ici besoin d'un fort long détail de discus- „ sions: Mais pour dissiper cette crainte, je dois „ vous dire que Monsieur Jaquelot ne s'est point as- „ sujetti aux détails. Il a tout réduit à un petit „ nombre de propositions générales; & il a crû „ mettre toute la force des argumens de Mr. Bayle „ dans très peu de lignes, puis qu'il ait fallu y „ *renfermer tout le précis de 25. Colonnes IN FO-* „ *LIO de petit caractère.* Cela me sera aussi com- „ mode qu'à lui, car à mesure qu'aura laissé sans „ réponse certaines choses, & qu'il aura proposé „ des observations qui avoient été réfutées par avan- „ ce, qu'il les aura, dis-je, employées purement „ & simplement sans toucher aux réfutations, je „ me trouverai dispensé de vous en parler.

„ Agréés le remarque par occasion, que la „ méthode que Mr. Jaquelot a suivie est la plus „ commune. On se contente ordinairement de ne „ prendre dans le Livre qu'on refute les *Summa* „ *Capita,* soit que l'on appréhende que si l'on vou- „ loit rapporter tout à toutes les raisons de son „ adversaire, il ne fallut s'engager à des détails de „ réponse fastidieux aux Lecteurs, soit que d'autres „ motifs fassent éviter ce détail; mais il est certain „ que cette méthode ordinaire ne donne point aux „ Lecteurs assés d'instruction pour juger des coups, „ & qu'il faut pour en bien juger qu'il comparent „ les passages de l'un des Antagonistes, avec tous „ les passages de l'autre; Car si l'on reduit à un pe- „ tit nombre de chefs généraux un long plaidoyer, „ l'on fait bien connoitre sur quoi portent les moi- „ ens de l'Avocat, mais on fait entièrement dispa- „ roitre la force qu'il leur a donnée en développant „ ses preuves, & en les faisant ensemble, afin qu'elles „ se soutiennent réciproquement.

Mr. Bayle voudroit qu'on eut toujours le Dictionnaire Critique à côté des réfutations qu'on en donne.

„ Les Lecteurs, dit-il, qui ne connoîtront les ob- „ jections de Mr. Bayle que par le livre de Mr. Ja-
„ quelot, ne pourront voir que des membres dis- „ persés & décharnés, au lieu qu'ils verront les ré- „ ponses avec tous leurs ornemens, & avec tout le „ meilleur suc dont on a pû les animer. S'ils veu- „ lent donc être équitables, ils doivent suspendre „ leur jugement jusqu'à ce qu'ils aient vû les ori- „ ginaux des pièces de l'autre partie.

Mr. Bayle a fort bien compris l'avantage qu'il retiroit de répandre ses sentimens dans un Dictionnaire. Il s'est ménagé par ce moien le droit de faire autant de redites qu'il trouveroit à propos, & de présenter le même argument sous autant de faces qu'il lui plairoit, & en même tems il a vû quels embarras il préparoit à ceux qui entreprendroient de le réfuter. Ils ne voudroient pas qu'on leur reprochât de l'avoir réfuté en courant; on le refutant pié à pié, on ne sauroit manquer d'ennuyer par des répétitions.

„ LVI. Chapitre 152. page 915. Mr. Jaquelot a „ un avantage, dit Mr. Bayle, que ses adversaires „ n'ont pas: Il peut choisir les expressions les plus „ fortes, & les couleurs les plus vives, & quand à „ eux ils sont obligés à de grands ménagemens, & „ à émousser leurs traits. Monsieur Jurieu s'est „ moins gêné que beaucoup d'autres; cependant „ lorsqu'il accable de ses rétorsions Mr. Sculter, il „ suppose que c'est un impie qui lui peut faire. Je „ ne saurois comprendre l'utilité de cela, car la force „ ou la foiblesse des objections est quelque chose „ d'interne, & qui ne dépend nullement des vertus „ ni des vices de celui qui les propose. Un hom- „ me pieux ne rend point solide un mauvais raison- „ nement: un impie ne rend point mauvaises les „ bonnes raisons. Ce n'est pas entant qu'impie, mais „ entant que bon Logicien qu'il peut faire des ob- „ jections embarrassantes.

Quand Mr. Jurieu a usé à peu près comme Mr. Bayle il a eu tort. Cependant c'est par une éspèce de respect pour des vérités, qu'il combat en quelque sorte malgré lui, que Mr. Jurieu ne parle pas de son chef. Mais est-ce par respect pour la vérité que Mr. Bayle fait venir sur la scène un Manichéen, un Stratonicien, un Chinois, un Abbé faisant le Pyrrhonien, d'autres personnages enfin, qu'il a toujours prêtes pour répandre des doutes sur ce dont on doit être le plus persuadé.

Chapitre 160. Mr. Bayle se plaint que Mr. Jaquelot lui impute le dessein de vouloir ruiner la Réligion. Il s'étonne qu'un homme d'Esprit se fasse de tels fantômes. Mais il est bien plus étonnant que des gens d'Esprit aient pû lire le Dictionnaire de Mr. Bayle sans s'en appercevoir, c'est un fait qu'on ne doit plus contester. On comprend encore aisément que Mr. Bayle cherche de vaines échappatoires dans le Chapitre 161 contre la même accusation.

„ L'Illusion de Mr. Jaquelot, dit Mr. Bayle, „ page 1005. consiste à prendre pour une même „ chose l'aveu que les Mystères Evangeliques doi- „ vent être crûs encore que notre raison n'y trouve „ goute, & le dessein de ruiner la Réligion en „ prétendant quelle est toujours opposée à la Raison. Je „ vous ai montré la différence qui se trouve entre „ ces deux choses, n'y revenons plus, admirons „ seulement que des personnes d'Esprit se fassent de „ tels fantômes pour les combattre, & qu'ils s'échau- „ fent comme s'ils avoient à faire à un ennemi réel, „ & non pas à une chimère que le défaut d'atten- „ tion leur a fait produire.

Réponse aux Quest. d'un Prov. T. III. Cha. 160. Oeuvres div. Tom. III. pag. 834.

LVII. Dans la page 2014. Mr. Bayle prétend que Mr. Jaquelot lui fait tor. quand il suppose que son intention est d'obliger les Chrétiens d'abandonner la droite raison & le bon sens, pour se mettre derrière les retranchemens de la Révélation & de la Foi, comme *si la Réligion, la Foi, & la Raison ne pouvoient compatir ensemble.* Il paroit ensuite s'étonner qu'un si habile homme ait tant abusé de la signification

De quelle manière la Raison est nécessaire à la Foi. Réponse aux Quest. d'un Prov. T.

cation des mots. Enfin après toutes ces plaintes il déclare *qu'en un certain sens il n'y a point ne Foi mieux établie sur la raison, que celle qui est établie sur les ruines de la Raison*.

"Je m'éxplique *continues-t-il*, Il n'y a point de " vérité plus certaine que celle-ci. Le témoignage " de Dieu est préférable à celui des hommes. Si l'on " en conclut; Il n'y a donc rien de plus raison- " nable que de croire plûtôt ce que Dieu dit, " que ce que la lumière *naturelle dicte*, il faut donc " abandonner ce qu'elle dicte qui ne s'accorde point avec " l'*Ecriture Sainte*, n'établit-on pas son Christianisme " sur l'une des plus évidentes maximes de la Raison? " Qu'on soule aux piés tant qu'on voudra, s'il est " nécessaire, toutes les autres maximes de la raison, " s'ensuivra-t-il que l'on établit sa Foi sur les rui- " nes de la Raison ? Et si l'on veut accorder cet- " te conséquence à Mr. Jaquelot, afin de ne se " point rendre difficile sur les termes, ne lui pour- " ra-t-on pas soutenir qu'un Christianisme établi en " ce sens là, sur les ruines de la raison, est le vé- " ritable Christianisme, le Christianisme le plus rai- " sonnable?

Est-ce là s'éxpliquer? Ou si c'est s'enfoncer dans des équivoques afin d'éluder l'état de la question? Le voici précisément; Les argumens par lesquels les Pyrrhoniens tâchent d'ébranler la certitude de toutes les connoissances que la Raison nous procure, ou ne renferment que des Sophismes, auxquels on peut répondre solidement, ou ils sont sans réplique, & la Raison n'y peut rien opposer qui la satisfasse. Si l'on fait le prémier de ces aveux les Pyrrhoniens ne sont que des fanfarons, & le Dictionnaire de Mr. Bayle est un tissu de vanteries, d'éxagerations & de Rodomontades, qui ne peuvent éblouir que des ignorans. Si au contraire la Raison est obligée de céder au Pyrrhonisme, si les lumiéres se changent en ténebres dès qu'un Sceptique les attaque vivement, l'Esprit humain, abandonné sans ressource à l'incertitude & aux doutes qu'apperçois plus rien, sur quoi il puisse reposer sa foi & sa confiance.

LVIII. CEUX donc qui travaillent à l'établissement du Pyrrhonisme tâchent inutilement de couvrir leur mauvais dessein, en disant qu'ils n'ont d'autre but que d'humilier la raison, & de l'engager par le mépris même de ses lumières & par le peu qu'il y a à compter sur elle, à faire de la FOI son tout, car pour suivre la *Foi*, & pour se conduire sur ce que la parole de Dieu nous ordonne de croire & de faire, il faut prémièrement s'être assuré que ce Livre sur lequel nous nous reposons, ce Livre, l'objet de notre Foi, le fondement de nôtre certitude, est très-certainement un Livre qui nous apprend la volonté de Dieu ; Pour cela il est encore nécessaire d'avoir déjà quelque idée de Dieu, afin de pouvoir s'assurer que ce Livre est de lui, en comparant ce que nous y apprenons avec son Idée. C'est en raisonnant que tous les Docteurs Chrétiens ont posé des preuves à persuader que ceux qui ont écrit ce Livre l'ont écrit de la part de Dieu, & que c'est lui qu'on écoute en les écoutant. Mais si la raison ne peut rien alléguer qui ne devienne douteux par une proposition contraire, & d'égale vraisemblance, on sera par-là condamné à un doute éternel sur la certitude de la Révélation ; de sorte que nos Sceptiques vont tout droit à anéantir cette Foi, de laquelle ils font semblant de vouloir faire mieux connoître le prix, & faire mieux sentir la nécessité.

De quelque preuve qu'on se serve pour montrer que ce Livre est divin, on opposera à leur évidence & à leur force les raisonnemens par lesquels ce fameux Sceptique se croit invincible, & auxquels il ne croit pas qu'on puisse opposer de réponse satisfaisante. Ce Livre dont vous faites l'objet de vôtre Foi, suppose un Dieu infiniment Bon, seul Eternel & tout Puissant : Mais nous voions sur la terre une infinité de choses qui déposent contre cette vérité, & qu'il n'y a pas moien d'éxpliquer en retenant ce principe, & en se bornant à cette Hypothèse : Nous voila donc suspendus entre des argumens opposés d'une force égale ; voila nôtre Foi changée en des doutes, dont la Raison ne sauroit se démêler, & dont on ne peut sortir que par une espéce d'entêtement.

Les preuves capables de démontrer la vérité & la Divinité de l'Ecriture Sainte, ne sauroient surpasser en évidence ce que Mr. Bayle allégue contre le Systême de Spinoza, & cela de son propre aveu. Cependant il reconnoît que la Raison ne peut pas triompher pour avoir découvert le ridicule du Système de ce fameux Athée, qu'il lui seroit facile d'avoir la revanche & d'arrêter la Raison tout court par une objection contre la Providence, que la seule Hypothèse d'un double Principe peut résoudre ; Hypothèse qui en même tems renferme des incompréhensibilités & des absurdités. Ainsi nous voila rejettés de ténébres en ténébres, & d'incertitudes en incertitudes. Mr. Bayle insinue que c'est à une lumière intérieure à nous tirer de là ; Mais ce sont là des paroles dont lui-même reconnoissoit sans doute la foiblesse, & il fait bien faire sentir dans quels détroits Mr. Jurieu s'enfile par cette Hypothèse, & dans quelles incertitudes il laisse les Chrétiens. La Grace nous fera passer de l'état d'incertitude à celui d'une persuasion qui nous délivera de doutes, ou en nous éclairant & en nous mettant en état de voir, dans des preuves, une évidence que nous ne savions pas sentir telle qu'elle y étoit, ou déterminés par la Grace il nous arrivera de croire, & sans savoir pourquoi. Mais si cela est, par où distinguer la Foi de l'entêtement ; & l'Inspiration du Fanatisme ; & ces secours intérieurs, enfin notre unique resource, de nos illusions & de nos imaginations ?

Mais quand par un secours miraculeux, je me trouverois pleinement persuadé que l'Evangile est un Livre divin, ils n'agit d'en éxpliquer le sens, sans quoi il pourroit m'arriver de croire tout le contraire de ce qu'il dit. On est partagé sur ce sens, chacun allégue des raisons pour appuier le parti qu'il a pris, & quiconque a de l'habileté sait donner à ses preuves des tours éblouïsans. Si donc un homme raisonnable doit prendre le parti du doute, dans des matières contestées, dès qu'il y a du vraisemblable d'un côté aussi bien que de l'autre, quand même je croirai l'Evangile divin, je n'en serai pas plus avancé, puisque je serai toujours incertain sur le sens des paroles qui doivent régler ma foi & ma conduite.

Mr. Bayle insinue encore ici, comme il fait à tout coup, qu'on est réduit à se déterminer par un secours intérieur & à implorer une Grace qui le détermine. Certainement un homme qui paroit avoir pour principale fin, dans toutes ses études, de se convaincre de l'impuissance de la Raison à dessein de s'humilier, de faire de la Foi son tout, & de recourir de tout son coeur à la Grace qui la donne, comme à l'unique ressource de l'homme & à la seule voie qui reste pour démêler la vérité d'avec l'erreur, pour s'assurer & pour se tranquiliser ; un homme qui a ainsi dirigé ses études, un homme qui a amené son esprit & son coeur à ce point, à moins d'être d'une indifférence desespérée pour son Salut, & d'être profane au souverain degré ; que doit-il faire avec plus de plaisir & de plus d'empressement que d'implorer cette Grace & d'en reconnoître le prix, par la pureté & la droiture de sa conduite, après l'avoir obtenue ? Est-il possible qu'un homme qui regarde la persuasion où il est, & toute l'assurance dont il jouit comme un singulier présent de l'Esprit de Dieu qui est en lui, qui le soûtient ; & le met au dessus des doutes auxquels la Raison est abandonnée, à moins que l'entêtement ne vienne à son secours ; est-il possible qu'un tel homme se fasse un singulier plaisir, de remplir un gros ouvrage d'Ordures, de ne laisser échaper aucune occasion d'en dire, d'épier ces occasions & de se faire naître en les tirant comme par les cheveux?

En vain Mr. Bayle veut se rabattre sur la qualité d'Historien, qui raporte les faits tels qu'ils sont, Je l'ai déjà remarqué; il n'est point du devoir d'un Historien de charger ses recueils de toute sorte de minuciés, & sur tout de celles qu'on ne devroit point trouver mauvais qu'il eut laissé tomber dans l'oubli. Outre cela, pour peu qu'on se connoisse en stile, & qu'on ait de gout, on sait qu'il y a une manière d'éxprimer certains faits, par laquelle on fait sentir qu'on trouve du plaisir à s'en entretenir, & qu'il y en a une autre par où on fait connoitre qu'on en parle à regrêt. L'une y appelle & fixe l'attention du Lecteur, une autre épargne sa pudeur; on présente en éloignement ce que la bienséance ne veut pas qu'on fasse voir de prês, & dans la crainte de trop dire, on se laisse deviner.

Les généralités convainquent moins que les détails. C'est par cette raison que je me permets de parcourir un Dictionnaire, afin de montrer du doigt à mon Lecteur divers endroits qui plaisent aux coeurs gâtés, & qui sont tournés d'une manière à faire souffrir les honnêtes gens.

Continuation de Rusus. Art. Diogene. Note N.

„ LIX. PLUTOT que de perdre un bon mot „ dit Mr. Bayle, un railleur qui croit en Dieu par„ lera comme un Profane, & un Profane parlera „ comme un homme qui croit en Dieu.

Mr. Bayle reconnoissoit donc quelle est l'efficace des bons mots, & quel plaisir les hommes se font d'écouter des railleries sur la Religion.

Art Février. Note L.

„ Les têtes chaudes, dit-il, ne connoissent guéres „ les autres & ne se connoissent guéres eux-mêmes. „ Leur temperamment leur fait abhorrer tous les con„ seils de douceur & de patience; ils ne goûtent que „ les desseins vigoureux, & qui leur paroissent „ propres à conserver le crédit & le tempo„ rel du parti; ils appellent cela avoir du zèle „ pour la cause de Dieu. Passe pour cela; mais ils „ se portent quelquefois à une étrange injustice env„ tre leur prochain, ils ne croient pas qu'on puisse „ donner dans un autre sentiment que par un esprit „ de trahison; néanmoins il y a des circonstances „ où l'on peut-être fermement persuadé que même „ pour l'intérêt temporel, il vaut mieux n'être pas „ si roide.

On devine aisément à quoi Mr. Bayle pensoit quand il écrivoit ainsi. Dans cet endroit & dans plusieurs autres il glisse adroitement de quoi faire des Apologies de son Avis aux Refugiés, au cas qu'il vint à en être convaincu aux yeux de tout le monde.

Article François Note I.

Mr. Bayle après avoir dit *qu'on est bien malheureux lorsqu'on est exposé à un certain genre d'attaques*, où quelque parti qu'on donne lieu à son ennemi de s'applaudir & de triompher, commence ces paroles d'une manière qui en fait sentir au Lecteur toute la force. Mr. Bayle a bien su profiter de sa remarque; il a compris l'embaras où il jetteroit ceux qui entreprendroient de lui répondre, & de dégager la Religion des difficultés dont il l'accable, par la nécessité où il les mettroit de se joindre à lui pour déclamer contre la Raison, ou de se faire battre par des réponses insuffisantes, ou de s'éxposer au reproche de ne respecter pas avec assés de déférence l'ancienne métaphysique de l'Ecole, & de ne s'en tenir pas assés ponctuellement à une Orthodoxie, dont il se vante que la Foi & la Grace de Dieu a gravé la persuasion dans son ame.

Art. Bonfadius Note E

Quand on peut, dit Mr. Bayle, *expliquer un phénomène par trois ou quatre suppositions probables, il n'y a aucune qui puisse former une juste conviction*. On ne peut donner une preuve démonstrative que lorsque les hypothèses différentes de celles que l'on employe sont ou impossibles ou manifestement fausses; Il y a bien apparence que Mr. Bayle a lâché ces paroles comme bien d'autres, en vue de la querelle qu'il avoit avec Mr. Jurieu. Il avoit imaginé une hypothèse par le

moien de laquelle, malgré toutes les circonstances que Mr. Jurieu avoit rassemblées contre lui, il se pouvoit que la conclusion qu'il en tiroit ne fût pas véritable. Ce qu'on vient de lire favorise aussi le Pyrrhonisme historique, que Mr. Bayle soûtient quand il lui plait, Mais toujours voit-on ici un éxemple de ce que font les Pyrrhoniens. Quand il est de leur intérêt de poser quelque chose, ils établissent des Régles. Je me servirai de celles-ci pour combattre Mr Bayle. Pour prouver que la Révélation enseigne des choses directement contraires aux notions les plus simples & les plus claires du bon sens, il allégue l'éxemple de la Prédestination. Mais pendant que l'on peut expliquer les paroles de Saint Paul par une Hypothèse, qui loin d'être impossible, ou manifestement fausse, ne manque pas de vraisemblance, de l'aveu même de ceux qui la condamnent avec le plus de zèle, on ne peut plus donner les paroles de Saint Paul comme une preuve démonstrative de la prédestination.

Art Genevois. Note I

„ Une mauvaise maxime, dit Mr. Boyle, ou con„ tre les bonnes moeurs, ou contre les Dogmes spé„ culatifs, est très-condamnable dans quelque sorte „ de Poësie qu'on la propose. Je conviens aussi „ que la licence qu'un Poëte se donne d'étaler plu„ sieurs pensées contre la Morale, & contre la Ré„ ligion, peut produire de mauvais effets; J'avoue „ même que les agrémens de la Poësie rendent quel„ quefois plus pernicieux un venin qu'il ne le se„ roit en prose. "

„ Les contradictions d'un Poëte portent à juger „ que leurs maximes les plus graves & les plus dé„ votes ne sont que des jeux d'Esprit, & qu'ils „ n'en sont point persuadés. On s'imagine qu'ils „ ne les étalent que parce qu'ils ont trouvé là une „ matière susceptible d'une belle forme, & de tou„ te la Majesté de la Poësie. Effectivement il y a „ des Poëtes, qui, sans avoir aucune pieté, ni au„ cune foi, ont fait des Vers magnifiques & admira„ bles sur les vérités les plus sublimes de la Réligion. „ Ils choisissoient ce sujet parce qu'il leur don„ noit lieu d'étaler les plus belles phrases, & les plus „ brillantes figures de l'art. Un autre jour ils choi„ siront une matière toute contraire, pourvu qu'el„ le favorisât les Enthousiasmes de leur imagination, „ je veux dire, pourvu qu'elle leur fournit des „ idées qu'ils se crussent propres à bien éxprimer. „ Quel poids peut avoir la bonne doctrine que l'on „ trouve dans des Auteurs que l'on croit ainsi tour„ nés? "

Quel fruit Monsieur Bayle prétend-t-il qu'on tirera de tout ce qu'il dit sur la nécessité de recourir à la Grace, de substituer la lumière de la Révélation à celle de la Raison, & de s'y tenir ferme par foi, quand presque dans la moitié de son livre il foule aux piés des Loix les plus éxpresses de l'Evangile, c'est d'éloigner de son Esprit & de ses discours, tout ce qui peut donner des atteintes à la pureté; quand il accable de difficultés les dogmes les plus respectables, quand il turlupine la vie des plus grands Saints, & enfin quand il ne daigne, lui qui fait faire venir dans des Ouvrages toutes les matières qu'il lui plait, quand, dis-je, il ne daigne donner aucune preuve de la vérité des Saints Livres, ni aucune regle pour s'assurer qu'on les éxplique juste.

A l'Article *Gedicius* Mr. Bayle loüe ces paroles de Mr. Bailler. „ Le Pére Théophile Raynaud „ fait voir qu'il n'y a point de livre, quelque par„ fait & quelque Saint qu'il puisse être, où l'on ne „ puisse trouver quelque chose à dire, à droit ou „ à tort, quand une fois on s'est mis sur le pié „ de tout pervertir & de controller sur toutes „ choses. Mais il n'étoit pas fort nécessaire qu'il „ nous en donnât des preuves si sensibles & si effi„ caces, en voulant nous persuader qu'il savoit au„ tant qu'aucun autre l'art de tricher & de chicaner; „ lorsqu'il a publié une censure libertine & impie du Sym-

Note A

„ Symbole des Apôtres, dans laquelle ou lui, ou ce-
„ lui à qui il l'attribue, & qu'il appelle très-Catho-
„ lique & très-Savant homme, tire en effet tous les
„ mots de ce Symbole par les cheveux, ou par les
„ piés, pour faire voir qu'il n'y en a point qui ne
„ soit suspect, dangereux, captieux, impie, héré-
„ tique en un sens. Voilà à dire le vrai un essai de
„ ce que peut produire la maudite chicane. "
    Jamais Auteur a-t-il fait paroître plus d'acharne-
ment que Monsieur Bayle? Jamais homme a-t-il plus
abusé de la subtilité de son esprit? Jamais a-t-on attaqué des vérités plus fondamentales? Jamais a-t-on
mis en œuvre plus de comparaisons éblouissantes?
Jamais a-t-on tiré plus de parti d'une Métaphysique
abandonnée? Jamais a-t-on su mieux profiter de l'é-
quivoque des termes vagues, & donner un air Philosophe à des Pagnoteries mêmes? Quelle est cette
Foi de Monsieur Bayle à laquelle il sacrifie si humblement la Raison?

Art. Gro-
tius.
Note K.
    „ Il n'y a point de choses, dit Mr. Bayle, qui
„ méritent d'être déplorées, si les abus, dont il est
„ ici question, ne méritent pas de l'être; & néan-
„ moins on voit le monde si endurci à cela, & si
„ peu touché de ce désordre, qu'il faut conclure
„ qu'il n'appartient qu'aux personnes d'un jugement
„ très-exquis de penser sur cette affaire comme faisoit
„ notre Professeur. L'Eglise divisée en factions & en
„ cabales, tout comme les Républiques; en factions,
„ dis-je, qui triomphent ou qui succombent tout
„ comme dans les Républiques; non pas à propor-
„ tion que les causes sont bonnes, ou ne le sont pas
„ mais à proportion que l'on peut mieux, ou que
„ l'on peut moins se servir de toutes sortes de ma-
„ chinations; Une telle Eglise est sans doute un ob-
„ jet de compassion, un sujet de gémissemens. Une
„ autre chose que Gronovius a recueillie est de très-
„ bon sens ce me semble. Golius qui avoit tant
„ voïagé, n'avoit trouvé rien de plus rare qu'un
„ Chrétien digne de ce nom. Le Genre humain lui
„ avoit paru tellement plongé dans le vice, par tout
„ masqué. Les voïageurs remarquent une diversité in-
„ finie parmi les hommes; d'un jour à l'autre ils
„ se trouvent transportés dans un païs tout nouveau;
„ nouvelle langue, nouvelle vêture, nouvelles maniéres;
„ mais nonobstant cette infinité de variations, tous les
„ peuples se ressemblent; & se réunissent en ce point-ci,
„ c'est qu'il y a par tout peu d'honnêtes gens, & que
„ les plaisirs défendus sont l'éxercice ordinaire. "
    Monsieur Bayle est sans doute fort touché de cet-
te réflexion, lui dont l'imagination & les écrits sont
remplis d'obscénités, lui, qui enseigne que les maximes de probité sont préjudiciables aux Etats, &
ne s'accordent pas avec leur prospérité, lui qui soutient que la Raison est à bout dès qu'il s'agit d'éta-
blir les caractéres qui distinguent ce qui est honnête
d'avec ce qui ne l'est pas. Nous renvoiera-t-il à
l'Ecriture pour l'apprendre? Mais il déclare lui-même qu'il ne faut pas l'éxpliquer toujours à la lettre,
& que le sens qu'on lui donne doit se régler sur la
nature des choses dont-il est parlé. Est-il fort touché des inconvéniens qui font les effets des partis, lui
qui cherche à les fomenter qui fait sa cour à l'un
pour se faire risque des impiétés, & qui tâche
de mettre aux prises, avec une partie des Théologiens Protestans, ceux qui lui font des réponses qui
l'embarassent?

    St. Paul profita d'une division qu'il y avoit par-
mi les Juifs, mais pourquoi? Pour leur épargner à
eux-mêmes un crime, celui de la persécution. 2.
Pour mettre sa personne à couvert, 3. Pour se trouver en liberté d'annoncer la vérité. Au lieu que Mr.
Bayle n'exerce son esprit qu'à la combattre, & ne
se prévaut des divisions que pour l'attaquer impunément.

Art. Gor-
lant.
Note A.
    „ Que peut-on dire de plus contraire aux intérêts
„ de ces Dogmes fondamentaux de la Réligion, que
„ de soûtenir qu'ils ont un besoin extrême de la
„ Doctrine des Scholastiques, sur la distinction de
„ *l'ens per se*, & de *l'ens per accidens*.
    Mais Monsieur Bayle n'embrouille-t-il pas dans
plus d'un endroit, les Dogmes les plus sublimes, par
des subtilités Métaphysiques, composées de termes
vagues, & dont on a si souvent reconnu l'obscurité
& les inconvéniens.

Art. Cro-
tius.
    „ Les calomnies que ses ennemis répandirent, dit
„ Mr. Bayle malignement, touchant sa mort, sont
„ réfutées d'une maniére invincible, par la relation
„ du Ministre qui le prépara au dernier passage.
„ Note I. " J'ay déjà dit, continua Mr. Bayle, qu'on
„ n'a aucune raison de douter de la bonne foi de
„ de Quistorpius, & j'ajoute ici que l'affaire dont-il
„ porte témoignage est d'une telle nature, qu'il n'a
„ pu y être trompé.
    Quand il s'agit de convaincre de calomnie un Au-
teur que Mr. Bayle n'aime pas, on peut s'assurer
de la vérité de l'Histoire, & la Raison peut parvenir à quelque certitude. Mais dès qu'il s'agit de
rendre douteux si Mr. Bayle est l'Auteur de l'Avis
aux Réfugiés, on ne peut plus s'assurer de rien, &
il faut établir le Pyrrhonisme historique. Après a-
voir raporté l'éxemple du Père Hazart dont les Parens de Jansenius se plaignirent inutilement, il ajoute. " A la vûe de cét éxemple les descendans de
Ibidem
Note K.
„ Grotius doivent se féliciter de n'avoir pas sollicité
„ juridiquement la réparation de la Calomnie, car
„ l'Auteur de l'esprit de Mr. Arnaud n'eut pas
„ cédé en invention de chicaneries, au Père Hazart,
„ & n'eut pas trouvé moins d'appui que lui pour
„ s'éxempter de la peine qu'il meritoit. "
    Monsieur Bayle ne lâche pas ce trait sans dessein,
mais la disproportion entre le cas où il se trouvoit & l'accusation intentée à Grotius saute aux
yeux. " Les descendans de ce grand homme ne
„ pouvoient pas se vanger d'une maniére plus digne
„ & d'eux & de lui, qu'en méprisant la calomnie
„ & le Calomniateur, & qu'en faisant connoître
„ par leur silence, la persuasion où ils étoient que
„ le public mettroit toûjours une infinie différence
„ entre un Chrétien d'un raisonnement admirable,
„ & d'une bonté de cœur qui lui avoit fait cher-
„ cher la paix, & un Visionnaire qui s'attribuoit
„ dans son parti toute l'autorité d'un Pontife, &
„ sabroit impitoïablement tous ceux qui ne l'admi-
„ roient pas, & ne lui rendoient pas d'assés pro-
„ fonds hommages. " Mais cela n'empêchoit pas
qu'il ne lui parut venir de dire quelque vérité, & il s'en
falloit du tout au tout que l'innocence de Monsieur
Bayle ne fût d'une notoriété publique comme celle
de Grotius.

Art. Bion.
Note C.
    „ Il est facile de montrer qu'il y a du faux dans
„ presque tous les bons mots de Bion. Cela n'em-
„ pêche pas qu'ils ne soient, pour la plûpart,
„ l'effet d'une vive & heureuse imagination; &
„ l'on peut dire en général que presque tous les bons
„ mots ont un faux côté. L'impudence qu'il avoit
„ de tourner en ridicule la Religion devoit être ré-
„ primée; Car une réfutation sérieuse, ne fait pas
„ à beaucoup près tant de mal que les railleries d'un
„ homme d'esprit. Les jeunes gens se laissent gâter
„ par ces sortes de moqueurs plus que l'on ne scau-
„ roit dire. Bion en gâta beaucoup. Cela étoit
„ inévitable, vû la hardiesse avec laquelle &c. "
Mr. Bayle qui connoît si bien le mauvais effet du
ridicule qu'on répand sur la Religion, qui n'ignore
pas qu'il en reste dans la plûpart des gens des impressions que les réfutations les plus solides ont de la
peine à dissiper, pouvoit-il ne pas comprendre le mal
que feroient ses objections contre la Religion, & le
danger encore plus grand des tours sous lesquels il les
proposel. Pouvoit il ignorer le mal que feroient cette Mére, ces filles qu'il fait si souvent revenir sur
la scéne, dans les circonstances, dans les attitudes à
s'emparer de l'Imagination d'une infinité de gens,
peu préparés à la foi, le seul remède qu'il indique,

& dont lui-même ne paroit pas faire grand cas.

Quand un Pyrrhonien oppose sérieusement ses difficultés contre ce qui ne passe pas pour vérité bien claire & bien démontrée, on peut présumer charitablement qu'un respect délicat pour la vérité, lui fait craindre d'adopter pour certain ce qui ne l'est pas. Mais quand on lui voit mettre en œuvre des Sophismes, des équivoques, des pagnotteries, quand il tâche à s'emparer de l'Imagination par des badineries, souvent par des obscénités, quand il revient plusieurs fois aux mêmes argumens, & à frapper les mêmes coups afin qu'on se rende à lui par coûtume, n'a-t-on pas lieu de conclure qu'il se défie de sa cause puisqu'il a recours à ces voies détournées. " Presque ,, tous ceux qui vivent dans l'Irréligion ne font que ,, douter ; ils ne parviennent pas à la certitude ; Se ,, voiant donc dans le lit d'infirmité, ou l'Irréli- ,, gion ne leur est plus d'aucune utilité, ils prennent ,, le parti le plus sûr.

Pourquoi donc Monsieur Bayle s'obstine-t-il à troubler par son Pyrrhonisme par ses objections contre la Providence & par ses doutes entassés, une opinion, qui étant selon lui la plus sûre, est par là même préférable, & qui de plus convient mieux au Genre Humain.

LX. CEUX qui n'ont pas de Réligion & qui sont venus à bout d'oser la regarder comme une chimère, goûtent un certain plaisir à vivre affranchis du joug qui leur paroissoit très-onéreux. Mais ce plaisir est imparfait. La crainte de se tromper le trouble de tems en tems, ou du moins est sur le point de les troubler, & pour chasser cette seconde crainte, ils sont obligés à de nouveaux efforts. La singularité de leurs sentimens augmente cette crainte ; & ils appréhenderoient moins si plusieurs personnes pensoient comme eux. Ils cherchent donc à se faire des disciples afin de pouvoir se croire eux mêmes plus éclairés ; ils déploient toute leur subtilité & toutes leurs finesses pour tromper des gens qui serviroient à leur tour à les tromper. C'est-là, je pense, la véritable raison pour laquelle les incrédules écrivent, malgré l'intérêt qu'ils ont à laisser le reste des hommes dans une opinion qui les rend des membres plus commodes de la société, & qui fait que les Incrédules eux-mêmes s'y peuvent fier d'avantage, pourvu qu'ils aient la précaution de se taire sur leur Incrédulité. Si cette raison ne me paroissoit pas suffisante, je serois presque forcé d'en chercher la cause, dans cet esprit de séduction ennemi des hommes & à la fureur, & qui porte l'aveuglement de ceux qui aiment les ténèbres à des excès qu'on à de la peine à comprendre.

,, Il est assés apparent que ceux qui affectent dans ,, les compagnies de combattre les vérités les plus ,, communes de la Réligion, en disent plus qu'ils ,, n'en pensent. La vanité a plus de part dans leurs ,, disputes que la conscience. Ils s'imaginent que la ,, singularité & la hardiesse des sentimens qu'ils soû- ,, tiendront leur procurera de grands esprits. Les ,, voilà tentés d'étaler contre leur propre persuasion, ,, les difficultés à quoi sont sujettes les doctrines de ,, la Providence & celles de l'Evangile. Ils se font ,, donc peu à peu une habitude de tenir des dis- ,, cours impies, & si la vie voluptueuse se joint à ,, leur vanité ils marchent encore plus vite dans ce ,, chemin. Cette mauvaise habitude contractée d'un ,, côté, sous les mauvais auspices de l'orgueil, é- ,, mousse la pointe des impressions de l'éducation, je ,, veux dire qu'elle assoupit le sentiment des vérités ,, qu'ils ont apprises durant leur enfance touchant la ,, divinité, le Paradis & l'Enfer.

Monsieur Bayle soûtient que, sans le secours de la Réligion, l'éducation, le point d'honneur & l'intérêt peuvent engager les hommes à vivre dans les bonnes mœurs. Mais il convient ici que le désir de se distinguer (qui est une branche du point d'honneur) fait débiter à la jeunesse des lieux communs contre la Réligion. De là ne saute-t-il pas aux yeux qu'un Dictionnaire qui leur en fournit en abondance, & très spécieusement tourné, est très-dangereux pour eux.

Si la vie voluptueuse, dit Monsieur Bayle, *se joint à cette vanité, ils marchent encore plus vite dans ce chemin*. Or les du Dictionnaire de Monsr. Bayle un grand nombre de remarques critiques & Grammaticales, du goût assurément de peu de personnes, vous le trouverés rempli d'un grand nombre de raisonnemens, propres à ébranler les vérités de la Réligion, accompagnés de contes gaillards, & de réflexions vives sur ces contes, toutes très-propres à remplir l'Imagination d'idées voluptueuses.

Quand je lis dans le même endroit ces paroles ; ,, On n'a presque jamais vu qu'un homme grave, é- ,, loigné des voluptés & des vanités de la terre, se soit ,, amusé à dogmatiser pour l'impiété, dans les com- ,, pagnies, encore qu'une longue suite de méditations ,, profondes, mais mal conduites, l'ait précipité dans ,, la rejection intérieure de toute la Réligion. Bien ,, loin qu'un tel homme voulût ôter de l'esprit des ,, jeunes gens, les doctrines qui les peuvent préser- ,, ver de la débauche, bien loin qu'il voulût inspirer ,, ses opinions à ceux qui en pourroient abuser ; ou ,, à qui elles pourroient faire perdre les consolations ,, que l'espérance d'une éternité heureuse leur fait ,, sentir dans leurs misères, il les fortifiroit là dessus ,, par un principe de charité & de générosité. Il ,, garde ses sentimens ou pour lui seul, ou pour des ,, personnes qu'il suppose très-capables de n'en faire ,, pas un mauvais usage. Voilà ce que sont les A- ,, thées de systême, ceux que la débauche ni l'es- ,, prit hâbleur n'ont point gâtés.

Je ne comprens rien dans la conduite de Monsieur Bayle. Un Ouvrage varié & composé avec tout l'esprit & tout l'art nécessaire pour se faire lire, est bien d'une toute autre efficace, qu'une simple conversation. *Un Athée de systême que la débauche ni l'esprit hâbleur n'ont point gâté, garde ses sentimens pour lui, ou pour des personnes qu'il suppose capables de n'en faire pas un mauvais usage*. Pouvoit-il ignorer la facilité avec laquelle on pouvoit faire un très-mauvais usage de son livre ? & s'il avoit eu de la foi, au point qu'il paroît le vouloir faire croire, comment auroit-il pû se résoudre à ce que les Athées même de systême se défendent ! En supposant à Monsieur Bayle la Foi qu'il s'attribue, je ne puis développer les principes de sa conduite, qu'en m'imaginant qu'il comptoit les Prédestinés au dessus de tous les dangers de son livre, & que pour ce qui est des autres, il ne falloit pas s'en mettre en peine puisque leur damnation étoit inévitable. Si c'est là un abus que Monsieur Bayle faisoit de son Orthodoxie, ou une preuve de la sincérité avec laquelle il s'y étoit abandonné, de tout son cœur, c'est ce que je laisse à décider ou à déviner à mes Lecteurs (A).

Un Athée qui auroit conçu le dessein de gâter l'esprit & le cœur des autres hommes, de quelle manière plus adroite & plus efficace auroit-il pû s'y prendre que celle dont use Monsieur Bayle ? Il choisit un Païs dans lequel on écrit avec beaucoup plus de liberté que dans aucun autre. Il profite des divisions qu'il y trouve entre les Théologiens, & se déclare hautement pour le parti où il remarque tout à la fois plus de vivacité dans le zèle, & plus d'autorité dans les manières ; Il se met à couvert d'insultes sous cette protection. Pour se faire dans ce parti un plus grand nombre de Protecteurs, il ramasse avec une attention extrême, tout ce qu'il a remarqué dans leurs ouvrages d'expressions dures & dont les

---

(A) Un Ecclésiastique me disoit tout bonnement qu'il trouvoit fort inutile la peine de réfuter M. Bayle, parce que ses écrits étoient incapables de faire du mal aux Elus.

les Libertins peuvent abufer ; il loue ces expreſſions & il les adopte, ſe reſervant pourtant le droit & le plaiſir de relever de tems en tems, l'imprudence des Zélateurs qu'il n'aime pas : Après ces préparations il repand à pleines mains tout ce, non pas qu'on a dit, mais tout ce qu'il eſt poſſible d'imaginer pour renverſer la Réligion ; il ſe joüe de toutes les réponſes qu'on a faites à des objections de cette nature. Il aime à faire connoitre qu'en comparaiſon de lui les Manichéens & les Pauliciens n'ont été que des enfans. Il emprunte toutes les armes des Pyrrhoniens, & leur en prête de nouvelles ; Il fait regarder comme probable l'éxiſtence de mille & mille Etres penſans, à qui on peut rapporter des événemens que les uns attribuent à la Fortune, les autres à la Providence. Il ſeme adroitement, par-ci par-là, des principes dont on ſe défie d'autant moins, que n'étant pas raſſemblés on n'en apperçoit pas ſi ſenſiblement le venin, mais on n'y a qu'à rapprocher pour en tirer immédiatement des concluſions impies. Tantôt il établit la vraiſemblance, & presque la néceſſité des *Formes plaſtiques*; tantôt il dit qu'elles favoriſent l'Athéïſme, & l'Eternité du Monde ſans Auteur & ſans cauſe ſuprème. Selon lui c'eſt par des préventions fauſſes que l'on regarde l'Athéïſme comme dangereux à la ſociété. Chaque homme ſe conduit ſuivant ſon humeur, & non pas ſuivant des idées qui n'étendent pas leur influence au delà de la Théorie ; Il inſinue l'inutilité de la Réligion pour la correction de l'eſprit & du coeur ; Il ſe joüe des plus grands Noms, il plaiſante ſur les matieres les plus reſpectables. Il déſire les Sophiſmes avec un air de confiance tout propre à impoſer ; il les aſſaiſonne de plaiſanteries, il s'empare de l'imagination par des comparaiſons qui la frappent vivement & qui l'occupent toute entiere ; Il ne donne pas à chacun des chefs que je viens d'indiquer ſon article ; Il ſe prévaut de la liberté que fournit un Dictionnaire pour revenir très ſouvent ſur le même ſujet ; Il familiariſe ſon Lecteur avec ces idées & il fait bien que le plus grand nombre lit avec rapidité & ſans éxamen, & qu'on ne manquera pas de ſe rendre à des idées qu'on ſe ſera renduës familieres pour y être revenu pluſieurs fois ; Il comprend de quelle influence eſt l'eſprit de débauche pour diſpoſer le coeur à écouter agréablement les propoſitions des Athées ; Et peut-on aller au-delà de ce qu'il a écrit en ce genre ?

Art. Pyrrhon. Note C.

Quatre choſes ſelon lui s'oppoſent aux progrès du Pyrrhoniſme. *L'ignorance, les préjugés de l'Education, le plaiſir de décider, & de croire que l'on ſait quelque choſe, & la Grace de Dieu*. Voilà un bel aſſortiment, & il met en belle compagnie une reſſource adorable. Ce n'eſt pas tout : L'ignorance la diſſipe ; Jamais perſonne n'a écrit avec tant d'étenduë & tant de force en faveur du Pyrrhoniſme & **de l'Irréligion**. Dans l'article que je viens de citer, il reconnoit que les *préjugés de l'Education* ne tiennent plus contre des adreſſes intérieures aux ſiennes. Il inſinuë, quant au plaiſir de décider, en plus d'un endroit que le Pyrrhoniſme ſuit plus d'*honneur* à l'homme qu'aucun autre parti, & qu'il marque un eſprit d'une plus grande force. Pour ce qui eſt de la derniere reſſource qui pourroit rendre inutile tout ce qui ſe trouve répandu de dangereux dans ſes Ouvrages, les idées, & les ſentimens de débauche, dont l'imagination s'y remplit preſque à chaque page, éloignent un homme de la Grace, autant que les ténebres ſont éloignées de la lumiere ; & Monſieur Bayle, dont la vanité ſemble craindre qu'on ne le ſoupçonne de n'avoir pas aſſés penſé à tout ce qu'il alloit faire, a ſoin d'avertir dans quelques endroits, qu'on ne doit pas faire de lui un jugement ſi téméraire.

„ On n'a preſque jamais vû, *dit-il*, qu'un hom-
„ me grave, éloigné des voluptés & des vanités de
„ la terre, ſe ſoit amuſé à dogmatiſer pour l'impié-
„ té dans les compagnies, encore qu'une longue

ſuite de méditations profondes, mais mal conduites, l'aient précipité dans la réjection intérieure de toute Réligion &c. Il garde ſes ſentimens ou pour lui ſeul, ou pour des perſonnes, qu'il ſuppoſe très-capables de n'en faire pas un mauvais uſage. Voila ce que ſont les Athées de Syſtême, ceux que la débauche ni l'eſprit hableur n'ont pas gatés. Le malheur d'avoir été trop frapés d'un certain principe, & de l'avoir ſuivi avec trop de gradations de conſéquences, les a amenés à une certaine perſuaſion. Mr. Bayle eſt allé au delà & a eu plus de courage.

LXI. LE PLAISIR que Mr. Bayle ſe fait de reprendre Monſieur Jurieu prévalant ſur ſon plaiſir ordinaire de rendre tout douteux, il fait voir qu'il ne tient qu'à lui d'expoſer par tout, avec une parfaite équité, l'état des queſtions.

La paſſion fait oublier le Pyrrhoniſme à Mr. Bayle. Article de Beaulieu. Note F.

„ Si Monſieur le Blanc, dit-il, entend, par une dé-
„ monſtration Mathématique une démonſtration con-
„ tre laquelle la chair & le ſang ne ſont point d'ob-
„ jection, on reconnoit que la Divinité de l'Ecri-
„ ture ne peut pas être démontrée Mathématique-
„ ment ; mais cela n'empeche pas qu'elle ne ſoit dé-
„ montrée moralement d'une maniere à exclure tout
„ doute, ce qui eſt manifeſtement contraire aux
„ principes de Monſr. Jurieu.

NB.

„ Dévelopons un mal entendu. Monſieur Saurin
„ s'imagine que dans les principes de ſon Adverſaire, les
„ preuves de la Divinité de l'Ecriture, ne ſont point
„ excluſives de tout doute. Cela eſt plein d'équi-
„ voques ; Cet adverſaire ne prétend point que tous
„ ceux qui ont compris le poids & la force de ces
„ preuves, doivent demeurer dans quelque doute,
„ il ne leur ôte pas une pleine certitude, une entiere
„ perſuaſion. Il prétend ſeulement qu'ils ne voient
„ pas que le contraire ſoit impoſſible, comme on le
„ voit à l'égard des choſes qui ont été démontrées
„ mathématiquement. Il nous arrive tous les jours
„ d'être pleinement convaincus d'une choſe, & ſans
„ le moindre doute, quoi que nous ſachions que le
„ contraire eſt poſſible. Un Voïageur logeant dans
„ un Cabaret, dont il n'a jamais connu l'hôte, mange ſans ſcrupule ce qu'on lui ſert à table Il ſait
„ fort bien que ce pourroit être des viandes empoi-
„ ſonnées ; & qu'il n'y a ni contradiction metaphy-
„ ſique, ni contradiction phyſique, ni contradiction
„ morale, à ſuppoſer que le hazard ou la malice
„ ont mêlé quelque poiſon à ſes alimens. Il n'igno-
„ re pas qu'on ait des exemples de pareilles choſes,
„ & cependant il ſe perſuade qu'il ne doit rien crain-
„ dre en cette rencontre : il mange avec une pleine
„ perſuaſion qu'il ne ſera point empoiſonné. Nous
„ avons encore moins de doutes quand nous man-
„ geons chés un Ami, & cependant nous ſommes
„ très-convaincus qu'il eſt poſſible que les viandes
„ ſoient empoiſonnées. Il ne faut donc pas critiquer un
„ Théologien qui aſſure que nous ſommes pleine-
„ ment convaincus de la vérité des Doctrines que
„ nos Paſteurs nous annoncent, quoique les raiſons
„ ſur qui ils les appuient ne nous faſſent pas con-
„ noitre qu'il eſt impoſſible que la choſe ſoit autre-
„ ment. Souvenons-nous que Monſieur Saurin re-
„ nonce à la prétenſion des preuves Géometriques,
„ il ſe contente d'une démonſtration morale, con-
„ tre laquelle il n'y ait que la chair & le ſang qui
„ puiſſent former des objections ; Or c'eſt juſtement
„ la doctrine de ſon Adverſaire, ils ſe ſont querelés
„ ſans ſavoir pourquoi.

„ Prenés garde encore à ceci : Monſieur Jurieu
„ déclare que ſon ſens a été que ces caracteres ex-
„ ternes & internes, compoſés & arrangés par l'art
„ de la Rhétorique & de la Logique dans les Ou-
„ vrages de nos ſavans, en poſant d'abord des
„ principes évidens par eux mêmes, & ménant
„ l'eſprit de concluſion en concluſion, font une preuve, pour
„ la Raiſon, qui vaut mieux que les démonſtrati-
„ ons ordinaires ; Mais que ces mêmes caracteres
„   pro-

„ proposés nuement, & sans art, ne font pas une
„ démonstration morale, sur tout pour les simples
„ qu'il faut mener par la main, & que même on ne
„ sauroit faire passer par des endroits où il faut de
„ la pénétration d'esprit & de l'étude.
„ La plupart de nos simples n'ont jamais fait une
„ attention distincte à cette démonstration qu'on ap-
„ pelle morale. Mais ces mêmes caractères tous as-
„ semblés qui ne font pas une démonstration morale
„ pour l'esprit, sur tout des simples, font une preu-
„ ve de sentiment qui est au dessus de toute ex-
„ ception, & qui est aussi vive que l'impression du
„ soleil sur les yeux. Voilà donc enfin ces Mes-
„ sieurs dans le même sentiment. L'un ne prétend
„ point qu'il y ait ici des démonstrations mathé-
„ matiques; l'autre y renonce. Celui-ci demande
„ qu'on lui accorde des démonstrations morales;
„ l'autre y consent. Tout ce qu'on peut dire de
„ plus plausible à l'égard de Mr. Saurin est, que Mr.
„ Jurieu n'avoit pas d'abord bien développé son opi-
„ nion, & qu'il semble ne l'avoir développée qu'en
„ se contredisant selon sa coutume.
„ Ce qui trompoit peut-être Mr. Jurieu étoit de
„ voir que la certitude & l'évidence avec laquelle
„ nous connoissons qu'il y a eu un Jules César,
„ une République Romaine &c. ne passent pas pour
„ une science, mais pour une foi humaine, pour une
„ opinion, & tout au plus pour l'effet d'une dé-
„ monstration morale, & comme il ne voioit pas
„ que l'inspiration de l'Ecriture pût-être prouvée
„ par des raisons aussi convaincantes, que celles qui
„ prouvent que Ciceron a existé, il craignoit de
„ dire qu'il y eut une démonstration Morale, tou-
„ chant cette inspiration: S'il a eu de telles pensées,
„ il n'a point su le fin des choses, car il n'est pas
„ vrai que le fondement de l'évidence & de la cer-
„ titude avec laquelle nous connoissons qu'il y a eu
„ une République Romaine, soit une simple démon-
„ stration morale, ni que notre persuasion à cet égard
„ soit un acte de foi humaine, ou une opinion.

NB. „ C'est une science proprement dite, c'est la con-
„ clusion d'un syllogisme, dont la majeure & la
„ mineure sont des propositions clairement & né-
„ cessairement véritables.

NB. „ J'ajoute qu'il y a des vérités contre lesquelles
„ une personne la plus intéressée à les combattre,
„ la plus prévenue, la plus passionnée, ne dispute point.
„ Porphyre grand ennemi de la Religion Chrétienne,
„ grand Zélateur du Paganisme demeuroit d'accord
„ de certaines vérités de fait alléguées par les Chré-
„ tiens.
„ D'où vient donc que cet ennemi de Jesus
„ Christ n'a point nié certains faits allégués par les
„ Apôtres? N'est-ce point à cause qu'on pouvoit les
„ soutenir par des raisons beaucoup plus claires que
„ ne l'étoient les raisons de ce qu'il nioit. Je ne
„ décide rien: il me suffira de dire que la chair &
„ le sang rendent quelquefois les armes, & se soûmet-
„ tent à une clarté qui ne leur plaît pas.
Je ne sai trouver quoique ce soit dans ces paroles
qui sente le Pyrrhonisme, & qui au contraire ne porte le caractère d'un homme qui raisonne avec précision, & qui sait démêler le certain d'avec ce qui ne
l'est pas.

Ru'e de
Mr. Bayle
Art. Bru-
nus Note
C.

„ LXII. LE SIEUR Sorel a rapporté &
„ combattu, dit Mr. Bayle, quelques opinions
„ de notre Bruno, & il a même tâché de l'accuser,
„ mais il ne s'y est pas bien pris.
„ Il auroit bien, dit Sorel, pu sauver le reste &
„ se sauver soi-même, faisant passer tout cela pour
„ des Hypothèses & des suppositions qu'il n'approu-
„ voit point. Sur quoi Mr. Bayle remarque. On
„ est aussi responsable d'une impiété quand on la dé-
„ bite dogmatiquement dans un Système composé
„ en vers, que quand on l'avance dans un Système
„ composé en prose.
Peut-on exposer plus dogmatiquement une opinion,

que quand on entasse argument sur argument en sa faveur,
& comparaison sur comparaison, & qu'on défie d'y pouvoir faire des réponses solides? Lorsque des personnes de
savoir & de piété ont entrepris d'affoiblir les argumens que Mr. Bayle a prêté aux ennemis de la Réligion, n'a-t-il pas pris contre eux la défense de l'Irréligion, & n'a-t-il pas rudement attaqué ceux qui
répondoient à ses argumens, à proportion qu'ils tâchoient de les affoiblir? Il est donc visible qu'il condamnoit dans les autres une liberté qu'il se donnoit,
& on peut lui appliquer ces paroles de *Numenius* contre *Arcesilas* (page 186) „ C'étoit un homme, dit-
„ il, qui nioit & qui affirmoit les mêmes choses;
„ il se jettoit aveuglément à droite & à gauche; il
„ faisoit gloire d'ignorer la différence du bien & du
„ mal; il débitoit la première fantaisie qui lui venoit
„ dans l'esprit; & tout d'un coup il la renversoit par
„ plus de raisons qu'il ne l'avoit établie. C'étoit une
„ Hydre qui se déchiroit elle même.

Monsieur Bayle ne perd de vûe ni lui ni Monsieur Jurieu. On en trouve encore des preuves
dans la première de ces pages à l'occasion de Chrysippe qui abusoit de la subtilité de son Esprit, & qui
pensoit plus *à la Victoire qu'à la vérité* en disputant.
Il fait une réflexion, &c. On voit bien qu'elle regarde Monsieur Jurieu.

Article
Chrysip-
pe Note E.

„ C'est un très-grand mal, dit il, à une Secte que
„ d'avoir pour défenseur un Ecrivain qui ait l'esprit
„ vaste, vif, prompt & superbe, & qui aspire à la
„ gloire non seulement de belle plume, mais aussi
„ de plume féconde. Le grand & unique but d'un
„ tel Ecrivain est de réfuter quelque Adversaire que
„ ce soit qu'il entreprend de combattre; & comme
„ il travaille plus pour sa propre réputation, que
„ pour l'intérêt de sa cause, il s'attache principa-
„ lement aux pensées particulières que son imagi-
„ nation lui fournit. Il lui importe peu qu'elles ne
„ soient pas conformes aux principes de son parti,
„ c'est assés qu'elles soient utiles ou pour éluder u-
„ ne objection, ou pour fatiguer ses Adversaires. E-
„ bloui de ses inventions, il n'en voit pas le mau-
„ vais côté, il ne prévoit pas les avantages que le
„ même ennemi, ou une autre Sorte d'Antagonistes
„ en retireront. Le présent lui tient lieu de toutes
„ choses, il ne se met point en peine de l'avenir.
„ Enfassant d'ailleurs livre sur livre, tantôt contre une
„ Secte, tantôt contre une autre, il ne sauroit éviter
„ de se contredire, il ne sauroit raisonner conséquem-
„ ment. Il trahit par ce moien les intérêts de sa
„ Communion, & à force de s'éloigner d'une ex-
„ trémité, il tombe dans l'autre & successivement
„ dans toutes les deux.

*Je ne trouve point, dit-il, qu'on attaque Chrysip-
pe du côté des moeurs: cela me fait croire qu'il menoit
une vie irréprochable.* On m'a lui donne pour tout domestique qu'une fort vieille Servante. C'étoit l'é-
quipage de Monsieur Bayle, & ses Partisans l'ont
fait sonner fort haut pour preuve de sa vertu, & en
particulier de la continence. Ils ont cru que cette
circonstance le justifieroit de toutes les obscénités
dont il a rempli ses Livres.

Ibidem.

„ Scaliger, dit Mr. Bayle, avoit parlé des démélés
„ de son Père avec Erasme: Rien n'arrive, dit là-des-
„ sus M. Bayle, plus éclatant dans une conversation
„ que de ne s'exprimer pas avec exactitude sur les
„ circonstances d'un fait; il ne peut encore être que la
„ mémoire de ceux qui ont recüeilli les discours de
„ Scaliger ne les ait pas toujours servi fidèlement.
Monsieur Bayle donne quelques pages à discuter si
Erasme avoit reproché à Scaliger d'avoir été Soldat,
il prétend que non, & cela lui donne lieu de dire;

Art. Eras-
me.

„ Allés vous fier, à ce que les hommes Doc-
„ tes vous disent au coin de leur cheminée. En
„ voici un des plus haut montés, qui à tous pro-
„ pos dit & répète, touchant son propre Père, deux
„ ou trois mensonges, que des Pièces publiques &
„ originales refutent évidemment. „

Dé-

Dès là, sur ce qu'Erasme avoit attribué à Léandre un ouvrage de Jules César Scaliger, il ajoute ", D'où paroit que les plus habiles gens donnent à gau-che dans l'attribution des Livres à tels ou à tels Auteurs, & si Erasme qui étoit la douceur & la modestie même, a décidé à faux d'un fait de cette nature avec tant de hardiesse, il ne faut faire au-cun fond sur ce que des esprits fiers, emportés de tempérament & d'habitudes, opiniâtres & fana-tiques peuvent déclamer d'un ton magistral sur un tel sujet." Ces dernières paroles font manifestement comprendre la Raison pour laquelle Mr. Bayle a donné quelques pages à une discution des plus inutiles. C'est encore, ce me semble, par un retour sur lui-même qu'il dit.

,, Erasme assure qu'il n'a jamais été l'esclave de ,, Venus, & que même il n'en avoit pas eu le loi-,, sir à cause des grands travaux de l'Etude ; mais ,, qu'enfin les fautes qu'il peut avoir faites de ce ,, côté-là ont cessé depuis long-tems, l'âge l'aiant ,, délivré de ce tyran, ce qui fait qu'il trouve très-,, agréable la Vieillesse. . . . Qu'on n'aille point ,, objecter qu'il y a des personnes sobres & laborieu-,, ses qui sont fort sujettes à l'impureté ; un peu d'ex-,, ceptions à la règle générale fondées sur les qualités ,, occultes du tempérament ne doivent point nous ,, servir de guide, quand il s'agit de juger de notre ,, prochain ; & ainsi pendant qu'on ignore si Eras-,, me a été d'un tempérament à faire brèche à la ,, règle générale, l'on doit croire qu'en négligeant ,, de se bien nourrir, & en s'appliquant beaucoup à ,, bien étudier il a émoussé la pointe de l'amour, & ,, s'est garanti de la servitude. Joignés à cela que ,, son caractère, la réputation qu'il avoit acquise, & ,, la profession qu'il faisoit d'être sage & honnête ,, homme, l'engageoient nécessairement à sauver les ,, apparences, & à ne se porter à la transgression des ,, Loix de la chasteté qu'avec beaucoup de circon-,, spection. Or pour cela il faut être un homme ,, de grand loisir, il faut tourner sa vuë non pas vers ,, la Venus Vulgivaga, vers ces Thaïs qui expédient ,, sur le champ le prémier venu ; mais vers des per-,, sonnes qui de leur côté soient obligées à sauver les ,, apparences. Elles exigent des préliminaires, elles ,, se sont assiéger dans toutes les formes : se sont-el-,, les renduës, c'est un benefice qui demande de la ré-,, sidence, mille soins grands & petits ; c'est un Ciel ,, qui n'a pas d'auparavant ne conserve pas tou-,, jours la même sérénité ; Les froideurs, les jalou-,, sies, les plaintes, les éclaircissemens, les ruptu-,, res, les reconciliations continuent à y produire ,, bien des changemens, & cela sans nulle règle. Il ,, est rare qu'on ne tombe qu'une fois dans cette es-,, pèce d'engagement, on ne s'en retire qu'avec un ,, morceau de chaine, qui forme bien-tôt une nou-,, velle Captivité. On m'avoüera qu'un homme ,, qui, à l'éxemple d'Erasme, a presque toûjours ,, la plume & les livres à la main, ne sauroit trou-,, ver assés de temps pour toutes ces choses ; & qu'ain-,, si Erasme a parlé raisonnablement, quand il a dit, ,, que ses études ne lui avoient point permis de s'at-,, tacher à l'amour.

Un homme qui suroit dans ses motifs & dans sa manière autant de grossièreté qu'on en trouve dans les discours de Mr. Bayle, pourroit vivre au gré de ses désirs sans fréquenter des maisons aussi publiques que celle d'une Thaïs & sans s'attacher à des femmes qui ne se rendent qu'après quelque persévérance & ne se donnent qu'à quelque espèce de mérite.

Il paroit par le peu que je viens de citer du grand nombre des Ouvrages de Mr. Bayle, que l'on peut en tirer les conséquences suivantes. 1. Il étoit capable de faire de lui ce qu'il vouloit ; car quand il lui plait il renverse les erreurs des hommes Célèbres par des preuves les plus claires & les plus convaincantes, qu'il sait éxposer dans toute la clarté imaginable. En même temps il sait attaquer les vérités les plus sures de la manière du monde la plus éblouissante & par des argumens, qu'il soutient être sans réplique. 2. Il ne perd pas de vuë ni ses ennemis ni ses propres intérêts ; Lorsqu'il fait des Eloges c'est qu'on en peut tirer des conséquences en sa faveur, & que ceux qu'il n'aime pas méritent qu'on en dise tout le contraire. 3. Très éloigné d'entreprendre une réformation de l'Histoire & de la Chronologie il ne laisse pas, pour mettre à profit ses Recueils, de redresser les dates de diverses minuties. 4. Il n'étoit pas possible qu'il ne comprit à quoi il s'exposoit en écrivant avec tant de subtilité & d'étenduë contre les vérités qui passent pour les plus sacrées & les plus respectables ; Mais pour se mettre à couvert de disgrace & des suites de la disgrace, il affecte un zèle à toute épreuve pour le système le plus accrédité 5. On trouve des preuves qu'il écrit en faveur sur tout de quelques Lecteurs chéris, dans divers endroits, où il se moque finement des mêmes Théologiens qu'il prend pour ses Protecteurs. 6. Il semble encore que c'est en vuë de plaire à des Lecteurs de son goût qu'il déclare par-ci par-là de quelle manière des Auteurs Athées auroient dû s'y prendre pour publier leurs sentimens, sans s'attirer aucune persécution ; c'est précisément la manière dont il s'y est pris. 7. Il savoit bien que le Libertinage du cœur conduit naturellement au libertinage de l'Esprit, c'est-à-dire l'Incrédulité. Il avoit trop d'esprit pour ne pas le comprendre, & pour plaire encore davantage à ses Lecteurs favoris il s'explique là-dessus en termes exprès. Il met en œuvre ces deux secours, & aux raisonnemens il unit l'amour de la licence & les Contes les plus propres à l'inspirer, soutenus de Citations & de Commentaires de la plus hardie saleté. Voilà l'Auteur dont il faut parler avec admiration & écouter comme un Oracle, pour plaire à une partie des grands, & pour se faire regarder comme un esprit propre à figurer dans le beau monde. M. Bayle avoit connu son siècle & compté qu'en flattant sa corruption, & en lui aidant à secouer le joug importun de la Réligion, on verroit chaque jour le nombre de ses admirateurs se multiplier.

SECTION SECONDE.

Examen de l'Apologie de Monsieur Bayle sur les obscurités qu'il a répanduës dans son Livre ; & des Eclaircissemens qui accompagnent cette Apologie.

Monsieur Bayle se donne d'abord pour un Auteur qui va éxaminer son sujet avec une grande éxactitude : C'est une de ses ruses ordinaires : Il sait bien qu'il ne manquera pas d'en imposer par là à des Lecteurs peu attentifs qui font toûjours le plus grand nombre, & qu'il affermira dans leurs préventions ceux qui en ont déjà beaucoup en sa faveur. Mais au lieu de remplir les espérances qu'il a fait entrevoir, il fait bien-tôt prendre l'échange, & sans se mettre en peine de répondre précisément aux justes sujets de plainte que des Lecteurs sages & pieux avoient raison de former contre lui il bat la campagne, & tâche d'échaper, par des écarts & des faux-fuians, aux objections qui le pressent.

I. IL DONNE neuf sens aux reproches d'obscénités. Voici le premier : *Un Auteur donne en vilains termes la déscription de ses débauches, il s'en félicite, il exhorte ses Lecteurs à se plonger dans l'impureté, il leur recommande, & cela comme le plus sûr moyen de bien jouir de la vie, & il prétend qu'il faut se moquer de qu'en dira-t-on, & traiter de contes de vieille les maximes des gens vertueux.*

Quant à ceux-là s'ils sont dignes, dit-il, *non seulement*

de toutes les peines les plus sévéres du Droit Canon, mais ils doivent aussi être poursuivis par le Magistrats comme des perturbateurs de l'honnêteté publique, & comme des ennemis déclarés de la Vertu.

Je ferai là-dessus quelques remarques. On ne punit pas les hommes qui ont porté l'effronterie à cét excès, simplement par ce qu'ils ont travaillé à faire tomber incessamment dans les mêmes infamies, ceux d'entre leurs Lecteurs, en qui il se seroit trouvé tant soit peu de penchant, & qu'il n'a pas tenu à eux d'ébranler la vertu des autres, en les familiarisant avec des idées & des expressions auxquelles l'attention doit toujours se refuser, & sur lesquelles on ne peut l'arrêter sans souffrir, quand on a de la vertu.

Or que l'on conte ses propres débauches, ou les débauches d'autrui, c'est toûjours les mêmes idées qu'on présente. Un narré de celles des autres dans des termes tels que les demandent les personnes qui ont du goût pour la débauche, qui se régalent de ces idées, qui aiment à en plaisanter, à les rouler dans leur esprit, qui sont ravis d'en faire le sujet de leurs entretiens, un tel narré est toujours très-dangereux. N'a-t-on pas à craindre des contes de cét nature tous les mauvais effets que Mr. Bayle imputeroit à un Auteur qui conteroit lui-même ses propres avantures? Il est même certain que celui-là seroit moins de mal, parce qu'il auroit moins de Lecteurs, & que l'excès de son effronterie rebuteroit tous ceux qui ne seroient pas aussi perdus que lui.

Le second cas dont parle Mr. Bayle est celui d'un *Auteur qui raconte d'un stile libre & enjoué quelques avantures amoureuses inventées à plaisir quant au fond même, ou pour le moins quant aux circonstances, & quant à la broderie; & qu'il fait entrer dans ce récit plusieurs incidents impurs, sur quoi il verse tous les agrémens qu'il lui est possible, afin que ce soient des narrations divertissantes & plus propres à faire naître l'envie d'une intrigue d'amour qu'à toute autre chose.*

Personne n'a jamais accusé Mr. Bayle d'avoir composé un Roman plein de licence. Mais on se plaint & on a raison de lui réprocher que si l'on rassembloit tout ce qu'il a répandu d'ordures dans ses Ouvrages, on en feroit un gros Volume. Or s'il est deshonnête de traiter de certains sujets d'une manière propre à séduire l'imagination & à faire en sorte qu'elle s'arrête avec plaisir sur des idées qui devroient toujours faire de la peine, on ne peut pas disconvenir que Mr. Bayle ne soit dans ce cas-là, & par conséquent dans un cas tout semblable à celui du second Article, quoi qu'il prétende *n'être tombé dans rien d'approchant.* C'est ce qu'il dit en deux mots, mais aussi hardiment, qu'il pourroit avancer la vérité la plus incontestable. Mr. Bayle multiplié les cas sans nécessité, & simplement pour le donner un air d'exactitude. La faute qu'il place dans le troisième cas est de la même nature que celle du second. *Un Auteur voulant se vanger d'une Maîtresse infidéle, ou dans les transports de sa passion, ou faire d'invectives contre une vieille Courtisanne, ou célébrer les nôces de son Ami, ou, on se divertir à débiter des pensées, donne l'essor à ses Muses, & les fait servir à des Epigrammes, à des Epithalames &c. dont les expressions contiennent une infinité de saletés.*

Je demande si un Auteur qui veut ainsi se divertir, composé d'une manière plus contraire à l'honnêteté, qu'un homme qui rassembleroit par ordre Alphabétique ce que divers Auteurs auroient écrit sur des sujets de cette nature?

Pour excuser celui-ci, il seroit inutile de dire, qu'aiant entrepris d'écrire l'histoire de la Poësie ou des Poëtes, il s'est cru obligé de rapporter les faits tels qu'il les a trouvés, afin de s'aquiter du devoir de fidèle Historien. Ce seroit là un vain prétexte. Un honnête homme qui donne son attention à écrire l'histoire, un Historien digne de sa profession ne doit point se faire un devoir de conserver à la postérité le détail de tout ce qu'ont fait les hommes ; il doit se borner aux faits dont il est de l'intérêt du Genre Humain que le souvenir ne se perde pas. Il importe par exemple qu'on apprenne par la vie de Tibére, qu'une humeur cruelle ne sauroit rendre heureux ceux qui en sont esclaves, quoi qu'ils aient tout le pouvoir imaginable de se satisfaire & d'accabler au gré de leur cruauté, tous ceux qu'ils haïssent. Ce Sanguinaire Empereur, peu content de sa sévérité & de ses violences, est obligé de se tourner du côté des plaisirs des sens. On doit sçavoir bon gré aux Historiens qui nous ont appris en général que n'y trouvant pas la félicité qu'il y cherchoit, il s'abandonna aux excès les plus énormes, & que pour être en état de s'y livrer avec plus de fureur, il s'éloigna de son Palais & de cette malheureuse Rome, où il avoit répandu tant de sang innocent, afin d'y régner avec plus de sureté ; mais que retiré dans la solitude il ne laissoit pas d'y mourir d'ennui, quoiqu'il ne s'y refusât rien. Mais je doute qu'il y ait quelque débauché qui osât accuser de négligence les Poëtes & les Historiens, pour n'avoir pas fait passer jusqu'à nous le détail de toutes les horreurs auxquelles on fait en gros que cét Empereur se livroit.

Un Auteur qui écriroit l'Histoire de la Poësie & des Poëtes, quand il seroit venu à la Classe des Poëtes licentieux, pourroit utilement apprendre que les plus condamnables ne sont pas venus à ces compositions auxquelles on doit refuser ses yeux, que par des progrès insensibles, il pourroit citer les commencemens de quelques unes de leur Poësies : Et quand il auroit ajoûté qu'il seroit à souhaiter que les autres n'eussent trouvé aucun Lecteur, & que pour lui il n'a garde de contribuer à leur conservation & à les mettre sous les yeux des siens. Il n'y auroit sans doute que les cœurs vendus à la débauche qui eussent regret à la modestie de l'Historien, & il me paroit qu'il faudroit être bien pudeur, & compter étrangement sur la stupidité des hommes pour prétendre leur imposer, en disant, pour moi j'aime tellement la vérité en fait d'Histoire, que la lecture des plus grossières & des plus honteuses infamies ne laisse pas de me faire plaisir, pourvû qu'il n'y ait rien d'exageré, & que ceux à qui on les attribue s'en soient entièrement rendus coupables.

Que diroient les honnêtes gens d'un Auteur qui se seroit fait imprimer sous ce Titre, LE VOIAGEUR SINCERE ; & pour en remplir l'étenduë entreroit dans le détail de tous les lieux Infames que sa curiosité & ses soins auroient pû déterrer & chargeroit ses Chapitres de tout ce qu'il y a oui dire de plus libre & de plus effronté, & de tous les contes dont il auroit été instruit par les pilliers de ces louables maisons?

Quoi donc diroit cét Auteur, dans son Apologie? *Est ce qu'on prétend fermer la bouche aux Voiageurs sincéres? Ne leur sera-t-il pas permis de peindre les hommes tels qu'ils sont? Leur Conscience leur permet-elle de trahir la Vérité par un timide silence?*

Beau choix! Digne métier que celui de courir le monde pour en rassembler les ordures, & les mettre sous les yeux de ceux qui n'ont pas la commodité d'entreprendre de tels Voiages! Est-ce pour piquer votre curiosité? Est-ce au contraire pour les remplir d'horreur & d'éloignement, qu'il a rassemblé tant de détails. Si ce qu'il a vû & ce qu'il a ouï avoit été pour lui des Objets, jamais il n'auroit pû se résoudre d'en voir & d'en entendre la moindre partie, beaucoup moins d'en charger sa mémoire & ses Recueils.

Un homme qui voiage dans le Païs des Livres. Le Titre de Voyageur qu'il lui a plû de choisir, le met-il en droit, de s'étendre sur ce qui devroit en être banni, & d'y revenir à tout coup?

Le quatriéme cas que Mr. Bayle rapporte, est celui d'un Auteur *qui fait des invectives contre l'impu-*

pudicité qui la *décrivent trop nuement, trop vivement, trop grossierement.*

Dequoi blame-t-on un tel Auteur. Est ce d'avoir eu dessein d'invectiver contre l'impudicité & de condamner ce qui est deshonneté? Non sans doute. On ne se plaint que de sa grossiéreté & de ses descriptions trop nuës. N'est-ce pas là le cas de Mr. Bayle, quoi qu'il dise froidement que cet Article ne le regarde point?

Je passe au cinquiéme. *Un Auteur dans un Traité de Physique, ou de Médecine, ou de Jurisprudence s'est exprimé salement, ou sur la génération, ou sur les causes & les remedes de la stérilité, ou sur les motifs du divorce &c.*

Un Anatomiste qui charge son livre d'expressions non nécessaires pour l'intelligence de son sujet, & inutiles au dessein qu'il se propose, de donner à ses Lecteurs des lumiéres qui puissent servir à prevenir des maux, ou à les guérir, mérite de passer pour un Auteur obscéne. C'est une faute où Mr. Bayle n'a pas manqué de tomber quand il en a eu l'occasion. Combien d'indécences ne lit-on pas dans son Dictionnaire qui ne sont d'aucune utilité, & qui peuvent faire beaucoup de mal à un grand nombre de gens?

J'en dis de même du sixiéme cas, *où l'Auteur voulant expliquer le texte Latin de Catulle, ou de Petrone, ou de Martial, a répandu beaucoup d'ordures dans son Commentaire.*

Monsieur Bayle ne nous a pas donné des Commentaires sur les Auteurs de ce genre; mais quand l'occasion s'en est presentée, il ne s'est point fait de scrupule de charger son Dictionnaire de ce qu'on a raison de condamner dans ces Commentaires. Dequoi doit-on plûtot se faire une honte, ou d'ignorer le sens de quelques endroits d'un Poëte Latin, & de n'être pas en état de les expliquer exactement, ou d'avoir donné son temps & son attention à le comprendre, à le faire comprendre aux autres, & à justifier ses explications par des raisonnement pleins d'obscénités & par des citations contraires à la pudeur?

Le septiéme cas est celui d'un *Auteur qui faisant l'histoire d'une Secte, ou d'une personne dont les actions étoient infames, a raconté bien naïvement quantité de choses qui blessent les oreilles chastes.* C'est précisément le reproche qu'on fait à Mr. Bayle.

Le huitiéme cas, *est d'un Auteur traitant des cas de conscience, & particularisant les differentes espéces du péché de la chair, a dit bien des choses que la pudeur ne digéra pas facilement.* Ce cas est dans le fond & pour rapport à la faute morale, le même que le troisiéme.

Monsieur Bayle prétend que tous ces cas n'ont rien de commun avec le sien. Il le dit en deux mots & de ces ton dont on dit les vérités les plus incontestables; Mais il avoit trop d'esprit, & connoissoit trop bien celui des hommes, pour ne pas comprendre qu'un grand nombre de Lecteurs ne seroient point satisfaits de cette Réponse. Il veut donc faire le plaisir à ses Amis en ajoûter trois autres par surabondance de droit.

La prémiére consiste en ce qu'il y a divers degrés dans chacune des huit Classes qu'il vient de rapporter. Mais ce sont là des termes généraux qui ne décident rien dans la Controverse presente, & qui ne servent qu'à faire nombre. Mr. Bayle n'est pas tombé dans la faute de ceux qui s'expriment sur les énormités les plus monstrueuses sans aucune pudeur. Les obscénités qu'il a rapportées sont du nombre de celles contre lesquelles la nature humaine ne se souléve pas toûjours. Il n'avoit garde de remplir d'horreur l'esprit de ses Lecteurs, il se proposoit de les divertir & d'égaier leur imagination. Il a tiré des Livres qu'il a lû des morceaux qui pourroient servir à ce dessein, & il en a composé les recueils, qui par-là même n'en sont que plus dangereux.

II. Il cite après cela un grand nombre d'Auteurs qui se sont donnés les mêmes libertés que lui, il remplit de ces citations une demi feuille. Si Mr. Bayle pouvoit-être mis au nombre des petits génies, on riroit, ou on auroit pitié de sa simplicité; mais le plaisir qu'il trouvoit à critiquer, à contredire, à embarrasser, & à tout hérisser de difficultés, force de reconnoitre en lui tous les caractéres d'un homme qui se divertit en secret de l'embarras où il jette les autres: Il ne pouvoit sans peine ne feroit à une infinité de gens ces tas de difficultés dont-il remplissoit ses livres pour répandre des doutes sur tout ce qu'il importe aux hommes de savoir & de croire avec le plus de certitude: Il ne pouvoit pas ignorer que les obscénités dont il chargeoit son Dictionnaire, ne fussent pour les personnes de cette trempe un sujet de scandale. Mais c'est dequoi il se mettoit peu en peine. Il fait semblant de répondre aux plaintes de ces *bonnes gens;* Mais au lieu d'une Apologie, il se divertit à donner des preuves de son goût pour les Lectures dont on le blame; On voit qu'il ne lui est échapé aucun des Auteurs qui ont écrit sur cette matiere. Ce grand Ouvrage, qu'il a intitulé Dictionnaire Historique, ne lui est pas venu dans l'esprit tout d'un coup, ou du moins l'exécution n'a pas suivi de près le dessein de le composer, il a fallu nécessairement beaucoup de temps pour rassembler tant de matériaux, & il est visible qu'il partageoit ce temps entre lire des ouvrages obscénes pour en tirer des Lambeaux, & à déploier toute la subtilité de son génie pour prêter des armes aux Pyrrhoniens, aux Athées, aux Déistes, & à tous ceux qui ont avancé des Dogmes ou des doutes directement, ou indirectement contraires aux bonnes mœurs; il étend leurs raisons, & il y en ajoute de nouvelles. On pourroit ainsi paraphraser la seconde de ses Réponses. *Vous m'accusez d'avoir rempli mon Dictionnaire d'obscénités; je vous dirai pour ma justification, qu'il n'y aucun Auteur de tous ceux qui ont écrit sur ces matières que je ne connoisse, que je n'aie lû, je me jette dans cette foule, & je m'en fais un rempart. Si vous continuës à m'attaquer, vous aurez à vous défendre vous mêmes, contre tous leurs Partisans.* Parlons de bonne foi, est-ce là se justifier, ou si c'est se moquer des gens?

III. Entre les Auteurs qui ont devancé Mr. Bayle dans cette Carrière, où l'on trouve mauvais qu'il soit entré, il cite *Heinsius*, & en le citant il donne encore une preuve de son caractére moqueur; *Il étoit*, dit-il, *un des Secrétaires du Synode de Dordrecht.* Ce n'est pas là, le prémier coup qu'il a porté à ce Synode; Prémierement on m'avoûera qu'il est peu édifiant que Mr. Bayle, dans le dessein de tirer de sa Raison, des preuves qui rendent doutéuse la bonté de Dieu, & qui aillent jusques à faire trouver contradictoire cette proposition: *Le Souverain Etre est souverainement bon*, ait choisi, pour aller plus sûrement & plus directement à ce but, les décisions du Synode de Dordrecht, & les ait prises pour fondement de ses objections scandaleuses. Un des prémiers génies de son siécle deploie tout ce que ses Lectures & ses Méditations lui ont procuré d'habileté pour étaler une opposition continuelle entre ce que la Religion enseigne & ce que les preuves les plus évidentes de la Raison nous apprennent, on n'a jamais rien lû de plus fort, & de plus adroitement tourné en faveur de ceux qui n'ont point de Religion, en faveur des Pyrrhoniens, & des Athées, que ce qu'on lit dans les Ouvrages de Mr. Bayle; Cependant après des propositions si scandaleuses, & soûtenuës avec tout le feu imaginable, il marche tête levée, il ne craint rien, il prétend même que l'Ortodoxie le doit compter entre ses défenseurs, il défie de répondre à tout ce qu'il a proposé d'objections, il se croit invincible, & pourquoi? *Parce qu'il se campe sous les Canons du Synode de Dordrecht.* Qu'on me dise si c'est là c'eſt-là faire honneur à ce Synode ou ſi c'eſt plûtôt l'inſulter? Quelle fête pour un eſprit tourné comme celui de Mr. Bayle, de compter parmi ſes dupes, les Théologiens les plus zèlés & de les rendre ſes Partiſans, par le moien de deux mots, par le moien d'une pointe, & preſque d'une pignotterie adroitement gliſſée! *Je me mets ſous les Canons du Synode de Dordrecht, c'eſt la Régle de votre Foi, & dès-là je renverſerai cette Foi en toute ſûreté.* C'eſt par l'effet du même goût qu'il cite ici Heinſius. Qui eſt ce qui oſera mal parler d'un Auteur qui charge ſon Livre d'obſcénités? le contrecoup en tomberoit ſur Heinſius *un des Sécrétaires du Synode de Dordrecht.* Qui eſt-ce qui oſeroit dire que l'Eſprit de Dieu n'y ait pas préſidé, & ne l'ait pas dirigé? Si ce n'eſt pas par un ſecours immédiat, du moins par la Providence, par les ſuffrages des Pères qui le compoſoient, & par la plume du Sécrétaire qui écrivoit leurs Déciſions, & qui pouvoit lui même y avoir bonne part? Qui eſt ce qui oſeroit dire que la Politique y a influé, que l'Eſprit de Modération n'y ait pas régné depuis le commencement juſques à la fin, & qu'on n'y ait pas été infiniment éloigné de donner à ceux qu'on y avoit condamné, quelque ſujet de plainte tant ſoit peu approchante de ce que les Proteſtans ont blâmé dans le Concile de Trente? Pourquoi Mr. Bayle ſi zèlé pour les déciſions de ce Synode, auquel il ſacrifie les plus évidentes lumières de la Raiſon, ne ſe ſeroit-il pas acquis, par un zèle ſi exemplaire, le droit de marcher ſur les traces d'un de ſes Sécrétaires, en matière d'obſcénités?

Des Porſies de Bèze ne en ont Théodore de Bèze.

IV. Il cite encore *Theodore de Bèze* entre ſes Modéles; c'eſt à lui principalement ſi on l'en croit, qu'on eſt redevable de l'Apologie hardie des obſcénités; & il continue ainſi à ſe divertir par l'adreſſe qu'il a d'intéreſſer dans ſa mauvaiſe cauſe les Partiſans de la plus ſublime Théologie.

Mais diſons la vérité, il s'en faut beaucoup que le cas de Heinſius & celui de Théodore de Bèze ſoit le même que celui de Mr. Bayle. Dans le temps où vivoient ces hommes célébres, la Philoſophie étoit ſur un ſi miſérable pié, que plus on avoit de génie bon, moins on pouvoit la goûter. Cette raiſon déterminoit tous les bons Eſprits à ne s'attacher preſque qu'aux humanités. On ſe formoit au goût de l'élégance par la lecture continuelle des Auteurs Grecs & Latins que le temps nous a conſervés. Pour entrer mieux dans leur génie, on ne ſe contentoit pas de les lire, on les imitoit, ça a été l'origine de pluſieurs pieces ingénieuſes, mais trop libres. Ce qui en faiſoit le ſujet paſſoit pour indifférent chez les Grecs & les Romains, mais les Chrétiens en ont eu de tout autres idées; auſſi Bèze de l'aveu même de Mr. Bayle, a marqué un grand repentir de ce qu'il lui étoit arrivé d'écrire de trop libre dans ſa jeuneſſe, & l'aveu public de ſon repentir lui a ſervi d'Apologie. Cèt aveu public méritoit que Mr. Bayle en profitât, au lieu de pouſſer beaucoup plus loin la même faute.

Enfin puiſque Mr. Bayle lui-même reconnoit divers degrés dans les cas qui compoſent les ſept Articles, & le prémier de ces ſept il nous fournit par là une juſte occaſion de lui dire, qu'il eſt allé beaucoup plus loin que Heinſius & que Bèze.

Si Mr. Bayle a rien décidé la-deſſus.

V. Mais dit Mr. Bayle, *la République des lettres n'a encore rien décidé la-deſſus*, elle n'a point prononcé d'arrêt qui donne le droit de refuſer le nom d'honnéte homme à des Auteurs qui écrivent avec trop de liberté. Mr. Bayle ſe reclame donc membre d'une République qui n'a point laiſſé géner ſes droits par les maximes de l'Evangile.

Dans un païs où l'on ne condamneroit perſonne à moins qu'il n'eut violé une Loi expréſſe, priſe au pié de la lettre, Mr. Bayle auroit pû alléguer ce qu'il inſére dans ſa prémière Remarque contre les accuſateurs qui lui auroient intenté procès, pour lui faire perdre une penſion & des titres; mais ce n'eſt

point là l'état de la queſtion. Mr. Bayle l'élude à ſon ordinaire, & l'élude auſſi hardiment que s'il n'en avoit aucune connoiſſance. On n'intentoit pas un procès criminel à Mr. Bayle, on ne penſoit pas à lui faire perdre ſes emplois, ſes penſions, ſa liberté parce qu'il a chargé ſon Dictionnaire d'ordures, Mr. Bayle élude à tout coup l'état de la Queſtion, & par là force ceux qui entreprennent de lui répondre de ramener plus ſouvent qu'ils ne voudroient le véritable ſujet des plaintes auxquelles il n'a pas trouvé à propos de ſatisfaire. Voici préciſément dequoi il s'agiſſoit.

On s'eſt étonné que Mr. Bayle ſe ſoit determiné à donner la principale partie de ſon temps, & ait emploié la force de ſon grand génie, à accablèr de difficultés les vérités qu'il importe le plus au genre humain de connoître, & de croire ſans aucun doute; on s'eſt étonné qu'il ſe ſoit fait une tâche d'entaſſer objections ſur objections, on en a été ſcandaliſé. *Je ne l'ai fait*, a-t-il dit, *que pour me convaincre moi-même, & pour convaincre les autres de l'infirmité de la Raiſon humaine*: Par-là j'ai relevé le prix de la Foi, & j'ai fait ſentir la néceſſité de la Grace & l'obligation indiſpenſable à en tout attendre, à implorer ſon ſecours, & d'en profiter. Mr. Bayle ſe donne donc à ſes Lecteurs pour un homme dont la Raiſon trouve contradictoires les prémières vérités de la Réligion, la Bonté de Dieu par exemple; à plus forte raiſon trouve-t-il de la contradiction dans toutes les autres: Avec cela il ne laiſſe pas d'être perſuadé de tous les Articles ſur leſquels le Synode de Dordrecht a décidé, & il en eſt perſuadé non par *Raiſon*, mais par *Foi*, & cette Foi eſt en lui l'effet de la *Grace* de Dieu qui l'a rempli d'une perſuaſion à èxclure tout doute.

Un homme convaincu qu'il doit toutes ſes lumières & tout ſon repos à un ſecours ſi ſurnaturel, eſt-il poſſible qu'il n'en ſoit pas pénétré de reconnoiſſance, & qu'il ne ſe trouve pas plein d'éloignement pour des obſcénités que l'Evangile, qu'il embraſſe, par une Foi ſi divine, condamne ſi expreſſement? Eſt-il poſſible que le même Eſprit de Grace qui l'a ſi merveilleuſement élevé au deſſus de ſa Raiſon n'ait pas rempli ſon coeur d'averſion pour un ſtile que la Raiſon & la Réligion condamnent, & dont la nature a honte, lorſqu'elle n'eſt pas encore gâtée par de mauvaiſes habitudes. Les obſcénités que Mr. Bayle s'eſt fait un plaiſir de répandre ſi fréquemment, & à pleines mains, dans ſes Ouvrages, font donc douter de ſa ſincérité. Comment eſt-il poſſible qu'un homme qui ſe ſent perſuadé, & très fortement perſuadé, malgré la Raiſon, de la Divinité de l'Evangile, ſe faſſe un plaiſir de prendre ſi expreſſement le contrepié de ce qu'à fait ſon Divin Auteur, & de ce qu'ont fait ſes Apôtres. Ils ont toûjours eu ſoin de ne point ſcandaliſer les foibles: Ils ont mieux aimé laiſſer les hommes dans quelques légéres erreurs que de les élever à des vérités dont ils n'étoient pas encore capables. Or quelle erreur plus innocente & plus utile, ſuppoſés que c'en ſoit une, que celle de regarder un homme qui refuſe de croire les prémières vérités de la Réligion, & qui refuſe de vivre ſuivant les maximes de la Juſtice, de la pureté, & de l'honnéteté, non ſeulement comme un mauvais Chrétien, mais auſſi comme un homme déraiſonnable, & qui ſe deshonnore pas le peu de reſpect qu'il a pour ce que la Raiſon ordonne. Si ce n'eſt pas une innocente erreur de croire qu'un homme qui s'écarte de ce que l'Evangile enſeigne, deshonnore ſa Nature & ſa Raiſon, qu'elle erreur pourroit-on regarder comme pardonable. Mais Mr. Bayle n'a pas voulu laiſſer les hommes dans cette innocente erreur; d'où vient cela? Moins ils devront à leur Raiſon, plus ils ſauront qu'ils doivent à leur Foi, & à la Grace qui l'opére.

Mais de la manière dont tous les hommes ſont faits, n'y a-t-il pas toute aparence que les objections de Mr. Bayle ſerviront plûtôt à jetter le grand nombre de ſes Lecteurs dans l'incrédulité, qu'à les obliger à recourir à la Grace pour obtenir la Foi? Jeſus Chriſt,

que

DU PYRRHONISME.

que Mr. Bayle reconnoît son Maître, par la vertu de la Foi, déclare que ceux qui *ont inclination à faire la volonté de son Père sont par là disposés à reconnoître la Divinité de sa Doctrine*. Et la raison, si Mr. Bayle avoit trouvé à propos de l'écouter, le lui auroit ainsi appris. Or je demande si des Lecteurs qui se plaisent à lire toutes les gaillardises que Mr. Bayle a répanduës dans son Dictionnaire, en vuë de les réjouir & d'en faire débiter un plus grand nombre d'Exemplaires, sont propres à se remplir le cœur de ces dispositions que Jesus Christ connoît nécessaires pour faire embrasser sa Doctrine? Ne faut-il pas se crever les yeux, & refuser également son attention à la Raison, & à l'expérience pour ignorer que le Libertinage, & le goût des sales voluptés disposent le cœur à écouter avec plaisir les Incrédules, & à s'accommoder, ou de leurs Doutes, ou de leurs Dogmes, suivant qu'on trouve à propos de combattre la Religion par le Pyrrhonisme, ou par des Dogmes opposés? On trouve donc que Mr. Bayle a rassemblé dans son Dictionnaire tout ce qu'on peut unir pour faire des Pyrrhoniens, des Incrédules, force objections, & force contes sales. D'un côté moins on croit les vérités de la Religion, moins aussi on se refuse aux discours licentieux & à leurs effets; D'un autre plus on a de goût pour les discours de cette nature, plus aussi on écoute favorablement ce qui sappe la certitude d'une Religion qui les condamne.

Mr. Bayle fait donc visiblement prendre le change à ses Lecteurs & les distrait de la Question en les faisant passer devant des Tribunaux où on ne les cite point, & c'est inutilement pour sa justification qu'il dit,

Diff. Hift. T. IV. pag. 630.

„ Ne nous étonnons donc point que la faction op-
„ posée à ceux qui condamnent les obscénités, se
„ soit toûjours maintenuë dans la République des
„ Lettres; car outre qu'elle cite des raisons, elle se
„ couvre de l'autorité de plusieurs exemples. Vous
„ trouverés ces deux sortes de batterie dans les Pro-
„ légomènes du Petrone de Goldast. Tous ceux
„ qui ont fait l'Apologie des Auteurs ont, en qua-
„ lité de Physiciens, ou en qualité de Casuïstes, a-
„ vancent des choses obscénes, ont opposé raisons
„ à raisons, & autorités à autorités. Les grands
„ noms & les témoignages les plus graves ne leur
„ manquent pas. *Magno se Judice quisque tuetur*.
„ Mais n'allés pas vous imaginer, je vous prie,
„ que je veuille mettre de l'égalité entre leurs raisons
„ & celles de leurs Adversaires. J'ai assés déclaré
„ en divers endroits que je condamne pleinement les
„ impuretés de Catulle, & celles de ses Imitateurs, &
„ les excès des Casuïstes, & j'ajoûte ici que les rai-
„ sons de ceux qui plaident pour la liberté d'insérer
„ des obscénités dans une Epigramme, me semblent
„ très foibles en comparaison des Argumens qui les
„ combattent. (A)

„ J'ajoûte aussi qu'une obscénité moins grossière,
„ destinée seulement à plaisanter, me paroit plus con-
„ damnable qu'une invective très-obscéne destinée à
„ inspirer de l'horreur pour l'impureté. Et quant
„ aux obscénités du Théatre, je serois fort d'avis
„ que les Magistrats les châtiassent rigoureusement.
„ Elles ne peuvent être qu'une École de corruption,
„ & appartiennent là la première Classe plûtôt qu'aux
„ sept Classes qui la suivent, & qui sont ici le su-
„ jet de leurs remarques préliminaires.

Il ne s'agit point de décider sur ce qu'on tolère, ou ce qu'on devroit défendre dans la République des Lettres: On ne touche point à cette Thèse générale, on se plaint de l'affectation particulière de Mr. Bayle, à répandre tant d'obscénités, & à les mêler parmi les objections les plus fortes qu'on ait luës jusques ici, contre les vérités de la Morale & de la Religion. *Je ne les ai proposées*, dit Mr. Bayle, *que pour faire sentir aux hommes la nécessité d'une Grace surnaturelle & les obliger à y re-*

courir. Vraiment Mr. Bayle prépare bien ses Lecteurs à si saintes élévations, par tous les contes impurs & licentieux par lesquels il cherche à les amuser & à les faire rire.

Tout ce que Mr. Bayle paroît condamner dans l'Article qu'on vient de lire est sur tout condamnable, parce qu'il sappe la pudeur & familiarise avec des idées qui doivent toûjours faire de la peine. Or c'est-là précisément l'effet naturel des gaillardises & des contes licentieux dont il a rempli son Dictionnaire.

Si nous suivons Mr. Bayle dans ce qu'il ajoûte pour sa justification, nous verrons qu'il continuë à se moquer des gens de probité, & qu'il ne cherche qu'à faire rire les Lecteurs qui se trouveront dans ses principes & de son humeur.

„ VI. Je dis en troisième lieu que l'on sortiroit
„ de l'état de la Question, si l'on alléguoit aux E-
„ crivains de ces sept Classes, qu'ils feroient mieux
„ de ne s'attacher qu'à des matières sérieuses & de
„ les traiter avec toute la pudeur que l'Evangile de-
„ mande. Cet avertissement, très-bon en lui-même,
„ n'est pas ici à-propos, puisque ces gens-là pour-
„ roient répondre, qu'il ne s'agit pas de savoir s'ils
„ *ont choisi la bonne part*, & si l'usage qu'ils ont fait
„ de leur loisir & de leur plume est le meilleur qu'on
„ en puisse faire: mais qu'il s'agit uniquement de
„ savoir s'ils ont pris une liberté condamnée sous
„ peine de flétrissure par les Statuts de la Républi-
„ que des Lettres, par les Réglémens de la Police
„ Civile, & par les Loix de l'Etat. Ils convien-
„ droient sans p.ine qu'ils ne pourroient éviter la con-
„ damnation s'ils étoient jugés selon les règles de l'E-
„ vangile; mais ils soûtiendroient que tous les Au-
„ teurs sont dans le même cas, les uns plus, les au-
„ tres moins, vû qu'il n'y en a aucun à qui l'on
„ puisse dire qu'il pouvoit choisir une occupation
„ plus Chrétienne que celle qu'il s'est donnée; car
„ par exemple un Théologien qui a donné tout son
„ temps à commenter l'Ecriture, en auroit
„ pû faire un usage plus Chrétien. N'eut-il
„ pas bien mieux valu qu'il eut partagé sa journée
„ entre l'Oraison mentale, & les Œuvres de cha-
„ rité? Que n'employoit-il une partie du jour à mé-
„ diter les grandeurs de Dieu & les quatre fins
„ dernières? Que n'employoit-il l'autre à cou-
„ rir d'Hôpital en Hopital pour l'assistance des pau-
„ vres, & de maison en maison pour consoler les
„ affligés & pour instruire les petits enfans? Tous
„ donc que tous les hommes, sans en excepter un
„ seul, diroient, ces gens-là, seroient incapables de
„ rendre un bon compte de leur temps au Tribu-
„ nal sévére de la Justice divine, & qu'ils ont tous
„ besoin de miséricorde sur une infinité d'inutilités,
„ & sur l'erreur d'avoir choisi ce qui n'étoit pas le
„ plus nécessaire; nous demandons une autre Juris-
„ diction; nous demandons que l'on examine si nous
„ avons fait des choses qui, au jugement du public,
„ ou au Tribunal des Magistrats, dégradent de la
„ qualité d'honnête homme, & privent du rang &
„ des privilèges dont jouïssent les hommes d'honneur.
„ Nous demandons une chose que l'on ne peut re-
„ fuser à plusieurs honnêtes femmes qui vont à la
„ Comédie, & au Bal, qui aiment le jeu, & les
„ beaux habits, & qui ont assés de soin de leur beau-
„ té, pour étudier avec beaucoup d'attention quels
„ sont les ajustemens qui la font paroitre avec plus
„ d'éclat. Elles ne sont pas si aveugles qu'elles ne
„ sachent que c'est être dans le désordre par rapport
„ à l'Evangile; mais pendant qu'elles ne font que
„ cela, elles ont droit de prétendre au nom, à la qua-
„ lité, au rang, & aux privilèges des femmes d'hon-
„ neur. Elles méritent la Censure de la Chaire, &
„ celle des Moralistes Chrétiens; d'accord; mais jus-
„ ques à ce que le Jugement du Public, ou celui
„ des Magistrats, ait attaché une Note d'infamie
„ au train qu'elles ménent, on ne peut pas les quali-
„ fier

De l'emploi plus ou moins D. H. T. IV. Eclaircissemens sur les Obscénités, pag. 639.

(A) Quelle nécessité donc de les répéter, ou d'en répéter de toutes semblables, & de pires?

„ fier de malhonnêtes femmes, & quiconque l'en-
„ treprendroit feroit condamné à leur en faire repa-
„ ration authentiquement. Elles fe peuvent fonder
„ fur l'ufage de tous les fiècles, y aïant toûjours eu
„ des femmes vertueufes, qui aimoient le jeu, le bal,
„ le théatre, & les Pierreries: Après tout elles
„ ne choquent, ni les Loix Civiles ni les Régles de
„ l'honneur humain, & ne participent pas à une ef-
„ péce de defordre qui aît été abandonnée aux fem-
„ mes galantes, & qui en foit le propre & le carac-
„ tere diftinctif. Les Poëtes qui dans un Epithala-
„ me décrivent trop nuement une nuit de noces,
„ peuvent alléguer les mêmes moiens. Ils avouë-
„ ront que leur Mufe pouvoir s'emploïer plus
„ loüablement, & que la compofition d'un Sonnet
„ Chrétien étoit préférable à celle-là; mais cette com-
„ pofition même n'étoit pas le meilleur travail qu'ils
„ euffent pû entreprendre. Il eut mieux valu fe
„ plonger dans l'Oraifon, & n'en fortir que pour
„ aller rendre du fervice aux malades dans les Hopi-
„ taux &c: Il n'y a prefque point d'occupation qui
„ ne foit blâmable fi l'Argument que l'on en pou-
„ voit choifir une meilleure; & de toutes les occu-
„ pations de la vie il n'y en a prefque point de plus
„ condamnable, fi on la juge felon les Régles de la
„ Réligion, que celle qui eft la plus ordinaire, je
„ veux dire que celle des gens qui travaillent à ga-
„ gner du bien, foit par le Négoce, foit par d'au-
„ tres voies honnêtes. Les moiens humainement
„ parlant, les plus légitimes de s'enrichir font con-
„ traires, non feulement à l'Efprit de l'Evangile,
„ mais auffi aux défences literales de Jefus Chrift,
„ & de fes Apôtres. Il eft donc de l'intérêt de tous
„ les hommes que Dieu leur faffe miféricorde fur
„ l'emploi du Tems.

Mr. Bayle reconnoit dans cette troifième remarque, qu'il n'auroit pû faire un meilleur ufage de fa
plume; mais après cet aveu il croit fe tirer d'affaire en
fe jettant dans la foule des Coupables, & cette foule, felon lui, eft compofée de tout le Genre Humain. Après avoir avoüé qu'on eft tombé dans une
faute, l'ordre veut qu'on fe la reproche, & qu'on
fe condamne; mais Mr. Bayle aime à s'affranchir des
Régles, & après avoir reconnu qu'il n'a pas bien fait,
au lieu de fe corriger, il fe juftifie, & compte pour
rien de n'avoir pas fait mieux: Il fe croit à cèt égard
dans le cas de tous les hommes, qui auront tous befoin d'implorer la Miféricorde Divine, pour n'avoir
pas fait de leur tems tout le bon ufage qu'ils en pouvoient faire.

Mr. Bayle n'ignoroit pas, que tout *Argument
qui prouve trop ne prouve rien*. Il auroit bien fû la
faire remarquer à quiconque feroit tombé dans cette
faute, en argumentant contre lui. Si ce qu'il allégue pour fa défenfe juftifie univerfellement, & fans
diftinctions toute forte d'abus & de perte de tems,
elle va à mettre à couvert de cenfure & de châtiment tous les Criminels. Mais s'il eft des dégrés dans
l'abus qu'on fait de fon tems & de fes talens comme
Mr. Bayle le reconnoit dans cette Differtation même, ce qu'il vient d'alléguer en fa faveur perd toute fa force. Suppofons par exemple avec Mr. Bayle
qu'un Théologien fait une faute, quand il *préfére
d'écrire un Commentaire fur l'Ecriture Sainte*, à *courir d'Hopital en Hopital*, il faudra pourtant avoüer
que ce Théologien approche autant, dans ce qu'il
fait, de la perfection Chrétienne, que Mr. Bayle à
approche dans ce qu'il à écrit, des excès dont il
connoit les Auteurs dignes d'être deshonnorés. Il
n'y a donc point d'égalité entre lui & un tel Théologien. Il y a encore beaucoup plus de diftance entre
*une Dame qui fe pare, & qui de tems en tems fe trou-
ve dans des bals & des fpectacles* (ce font des exemples allégués par Mr. Bayle,) & une femme qui
aime à lire les obfcénités dont il a rempli fon Dictionaire, qu'il n'y en a entre la corruption d'un coeur
qui aime à les copier & à en charger fes recueils, &

celle d'un autre qui fe plaît à les compofer. On n'accufe pas fimplement M. Bayle de n'avoir pas fait un
meilleur ufage de fon tems; l'accufation & le fcanda-
le roulent principalement fur le mélange qui fe trouve dans fes Ouvrages, & dans fon Dictionnaire en particulier; d'un côté d'obfcénités très-propres à corrompre le coeur de ceux qui les lifent; d'un autre
d'objections très-pouffées contre les principes fondamentaux de la Réligion & des bonnes Moeurs & contre les conclufions les plus refpectables qu'on en tire;
& la raifon pour laquelle on s'eft fi fort récrié fur
ce mélange, c'eft que l'expérience fait voir que les
coeurs gâtés par l'habitude de l'incontinence, que
le plaifir de lire des obfcénités fait naître & affermir,
fe laiffent aifément aller à douter de la Réligion &
des Régles de la Morale, & à plus forte raifon fe rendent fans répugnance à des Objections propofées fous
les tours les plus éblouïfans.

On voit ici un exemple de la Méthode ordinaire
de Mr. Bayle; quand il met en oeuvre des comparaifons. Il ne cherche pas à les rendre juftes, c'eft de
quoi il fe met peu en peine, il s'en fert feulement,
& s'en fert prefque à tout coup, pour faire perdre
de vuë à fon Lecteur l'état de la queftion. Il les
choifit frappantes, propres à s'attirer l'attention, &
à l'occuper toute entière. On fe remplit de l'image, & on ne fe donne pas le tems de réfléchir fi
elle eft jufte. De ce genre font la Charité d'un homme *qui court d'Hopital en Hopital*, l'humilité & le
zèle d'un autre qui fe borne à *inftruire des petits enfans*. Mais il y a plus, Mr. Bayle blâme ce qu'on
doit loüer : car un Théologien qui éclaircit l'Ecriture Sainte dans fes Commentaires, & qui y fait fentir à fon Lecteur la juftesse & la force des raifonnemens qu'on y lit, de même que la beauté & la néceffité des préceptes qu'on y trouve, auroit-il à fe réprocher de n'avoir pas préféré ce qu'une infinité de
gens font en état de faire auffi bien que lui, à des occupations importantes, qui demandent une grande capacité & de longues préparations. Le Vieux & le
Nouveau Teftament font des Livres Anciens, écrits
dans des Langues mortes aujourd'hui. Une infinité
de chofes qui étoient fans obfcurité, dans le tems
que ces Livres parurent, & qu'on étoit diftinctement au fait de certaines circonftances, ont befoin
aujourd'hui que des Hommes Savans & Laborieux
cherchent dans l'ancienne Hiftoire & dans la connoiffance profonde des Langues, dequoi les éclaircir. Ces
Livres Sacrés font parfaitement dignes de l'attention
des hommes; tous ceux qui font perfuadés de leur
Divinité doivent goûter une fatisfaction extrême à
les bien entendre, & ils ont les derniéres obligations
à ceux qui leur fourniffent des fecours, fans lefquels
ils y comprendroient peu. Tel endroit qui fournit
une objection aux Libertins ou fous prétexte de chicane & d'infultes, quand il eft bien éxpliqué, fe trouve renfermer une preuve de la vérité de ces Saints
Livres. Les Prophéties feroient abfolument inutiles
pour le Vulgaire, fi des hommes Savans ne s'étoient
pas appliqués à en chercher les accompliffemens, dans
la fuite des Hiftoires. Eclaircir les ames, n'eft-ce
pas un devoir de charité autant & plus encore que
de foulager les corps. Les Déïftes & les Athées auroient bon marché des Théologiens qui borneroient
toute leur attention à enfeigner des petits enfans, &
à courir les Hopitaux. Un homme encore connoitroit bien mal l'Efprit de l'Evangile, qui confume-
roit tous fon tems dans ce qu'il plaît à Mr. Bayle d'appeller *l'Oraifon mentale*, & *la Méditation des
quatre derniéres fins*. Mais partout Mr. Bayle
affecte de préfenter la Réligion Chrétienne comme fi elle portoit les hommes à l'inaction, &
à l'Enthoufiafme. Pourquoi recommande-t-on aux
hommes de réfléchir fur la mort, & fes fuites, fi
ce n'eft afin qu'ils s'animent par ces réfléxions à bien
régler leur vie? S'ils ne tirent pas ce fruit de leur
attention à ces objets-là, ils n'en feront que plus

cou-

coupables. Or pour bien vivre il faut que chacun s'applique aux engagements de sa vocation & donne à les remplir la meilleure partie de son temps. Dès qu'il s'agit de se justifier les exagerations ne content rien à Mr. Bayle Lettre 171. Il n'y a point d'homme d'Eglise, qui ne dût se faire un scrupule d'avoir dans sa Bibliotheque un Roman, ou une Comedie. Cependant combien y a-t-il d'excellens Romans & des belles Comedies?

C'est continuer à se moquer des gens que de mettre en parallele un Auteur qui s'égaie à remplir ses Livres d'obscénités avec des Marchands qui travaillent à s'enrichir. Ce n'est pas l'acquisition même des richesses que la Raison & l'Evangile condamnent. Si ces acquisitions étoient un mal, en elles mêmes, ou seulement un état d'imperfection Morale, Dieu n'en auroit jamais fait la récompense de divers hommes des plus Saints, & que l'une & l'autre Loi nous donne pour Modéles. C'est seulement par le mauvais usage qu'on en fait, & par le dégré d'affection qu'on leur donne que les richesses deviennent un mal pour ceux qui en abusent, ou qui s'y attachent trop. Le plaisir d'être Riche, n'est point un plaisir infame. La Société profite de l'avidité même des Marchands pour le gain, on en tire mille avantages innocens qui rendent la vie plus commode, & plus délicieuse; mais la lecture d'un Ouvrage licentieux que peut-elle produire que de mauvais effets. Ce qui empêche aux plus grands pécheurs de se corriger, c'est qu'ils s'enfoncent dans la foule de ceux qui ont besoin de la miséricorde de Dieu. Mais entre ceux-ci il en est en état de l'obtenir, & il en est hors de l'état de Grace, par leur impénitence & le dégré de leur corruption.

Mauvais effets du Pyrrhonisme.

VII. Au reste si Mr. Bayle, dans sa prétendue Apologie, se joüé de ses Lecteurs, & se fait un plaisir de badiner sur tout ce qu'on lui a fait de reproches, en ne daignant pas y répondre sérieusement, on voit en cela un des malheureux effets du Pyrrhonisme. Un homme qui ne se plait qu'à contredire, fuit l'évidence, & s'accoûtume à être sans respect pour la vérité, qui passe chez lui pour une Chimere. Il est naturel qu'on prenne avec un goût du Pyrrhonisme un Esprit moqueur, & qui ne se fait scrupule de rien. Mais si Mr. Bayle a effectivement prétendu se justifier par ce qu'il allegue, on voit encore que l'habitude à raisonner de tout en Pyrrhonien, à envisager toute sorte de sujets sous des faces contraires, à trouver également vraisemblables les décisions les plus opposées, amene enfin les Esprits les plus heureusement nés à penser sans aucune justesse.

De la liaison des écrits & des mœurs.

VIII. Les Ecrits licentieux, ajoute Mr. Bayle, ne sont pas une preuve des mœurs le soient. Cela ne disculpe point les Auteurs qui écrivent en ce stile; ils donnent lieu à des soupçons, & ils sont responsables des jugemens qu'on porte sur leur compte. Examinons le point sans prévention. Un Auteur avoüé qu'il s'exprime licentieusement ; mais il assure qu'en échange il vit dans une grande pureté: Si on le croit sur ce dernier Article, ne le trouvera-t-on point, par là même, plus condamnable? Le tempérament ne justifie pas les fautes dont il est la cause, mais il est certain qu'il les excuse en partie & qu'il est jus qu'on plaint les coupables. Il est écháppé quelques paroles à un homme que l'on reconnoît très bilieux, il s'est laissé aller à quelques mouvemens trop vifs; on le desapprouve, on le blâme; mais on desapprouveroit tout autrement un homme qui de sang froid auroit parlé & agi de la même manière. Il en est ainsi du sujet dont nous parlons. Un homme avec un tempérament qui ne le porte point à ce que la pudeur & l'honnêteté défendent, ou qui a sû se rendre Maître de son tempérament à cét égard-là, se fait un plaisir de lire des Livres les plus salés Latins, François, en toutes Langues, il en remplit ses récueils, il ne néglige aucune occasion d'en tirer parti,

il se familiarise avec le stile, il le répand dans ses Livres & dans ses conversations, il a cette complaisance pour ceux qui se plaisent dans ces idées, & on trouve en lui tous les caractères d'un homme qui s'y plait lui-même. Ce qu'un autre feroit, entrainé par l'impetuosité d'un Tempérament dont il ne sait pas se rendre Maître, un Auteur qui n'éprouve rien de pareil, le fait par choix & par fantaisie, ou par un sordide intérêt; ses Ouvrages en auront plus de Lecteurs, le débit en sera plus grand. Se reconnoître dans ce cas, c'est ce me semble, se faire à soi-même son procès.

Examen de ceux qui excusent les obscénités.

IX. Dans toute cette Apologie Mr. Bayle compte de trouver des Lecteurs indulgens, qui seroient eux mêmes fâchés que son stile eut été moins libre, & par la manière dont il répond aux autres, il fait bien voir qu'il se met peu en peine de leur estime. Les Auteurs, dit-il, que je cite se vendent chez les Libraires, autant vaut-il qu'on lise des morceaux dans mon Dictionnaire que de les chercher dans l'Original. A cela il est facile de répondre. 1. Catulle, Lucréce, Juvenal, Suetones, sont des Auteurs que bien des gens qui lisent le Dictionnaire de Mr. Bayle ne se donnent pas la peine de feuilleter. 2. Dans ces quatre Auteurs, que Mr. Bayle vient de citer, quelques lignes licentieuses sont ensevelies sous des tas de belles choses qui méritent d'être lûës : Mais dans le Dictionnaire de Mr. Bayle, les obscénités & les raisonnemens favorables à l'irréligion sont précisément ce qui s'y fait le plus remarquer. 3. Il cite quantité d'Auteurs obscénes qui ne sont point communs. Enfin puisque tout le monde peut trouver ces Auteurs chés les Libraires, il étoit superflu d'en faire entrer les lambeaux les plus sales dans le Dictionnaire avec des Commentaires assortis.

Mais dit-il, *je rapporte en Latin les paroles licentieuses sans les traduire en François.* Il le fait quelquefois; mais souvent aussi il ne le fait pas. On trouve encore dans son Dictionnaire de longues citations d'Auteurs qui ont écrit très-grossièrement des impuretés, & que les personnes, qui ont la pudeur en partage, se font un mérite de ne lire pas. Il dit, qu'il a cité de *Brantôme*, de *Montagne*, que les endroits moins choquans. Il faut que ces Auteurs en sient d'horribles pour croire que ceux que Mr. Bayle en cite soient si legers en comparaison du reste. Mais quand cela seroit, aucune nécessité, aucune bienséance, aucune véritable & légitime utilité ne l'obligeoit à charger son Dictionnaire de ces Citations.

Si le titre de Dictionnaire justifie.

X. Mais, dit-il je n'ai pas donné au public, des Sermons, ni des Romans que des Dames puissent lire sans s'exposer au reproche de ne garder pas les bienséances. J'ai composé un Dictionnaire qui me permettoit de plus grandes libertés. C'est ce que je nie. Le titre de Dictionnaire a fourni à Mr. Bayle divers prétextes qu'il cherchoit. C'étoit un moïen des plus sûrs, pour mettre à profit toutes les Lectures de quelque nature qu'elles fussent, & en même temps pour se faire honneur des faits d'histoire, ou sur des morceaux de Science qu'il n'entendoit pas assés; car il en lissoit ce qu'il y trouvoit à propos, sous prétexte de ne pas donner au public un Dictionnaire immense. Mais de dire, je me présente aux yeux de mes Lecteurs en qualité d'Auteur d'un Dictionnaire. Donc je m'y présente avec le privilege d'écrire grossièrement des obscénités. Si ce n'est pas de mon chef, c'est en rapportant les propres paroles de ceux qui les ont écrites. Parler ainsi ce n'est point alleguer un titre qui affranchisse de l'obligation de ne point blesser la pudeur de ne point salir l'imagination des jeunes gens, de ne point s'exposer au risque de corrompre leur cœur en les familiarisant avec des idées auxquelles il doit se refuser. Une Comedienne justifieroit-elle de semblables grossieretés sous prétexte qu'elle représente une Courtisane. On sait qu'il faut une certaine modération dans les caractères.

Mr. Bayle s'égaie à rapporter les termes dont un

bel Esprit devroit s'abstenir, s'il étoit prié par des Dames de leur composer une Histoire Romanesque de Jupiter ou d'Hercule, là-dessus il vous fait une tirade d'expressions grossières dont je ne salirai pas ma réponse; comme s'il disoit, *vous n'en voulés pas de ces termes, vous en aurés malgré que vous en aiés*, & dans mon Apologie même je les répandrai avec profusion. On voit déja en cela des exemples qui prouvent le contraire de ce qu'il assûre, quand il dit; *toutes les fois que j'ai parlé de mon chef, je ne me suis point dispensé de la bienséance commune*. Dans la suite de cêt Examen j'aurai encore bien des occasions de faire remarquer de quelle manière il s'est éxprimé, quand il a parlé de son chef, & qu'il a voulu se divertir à faire des Commentaires & des réflexions.

Sans ce privilège continue-t-il, *pourra-t-on écrire la Mythologie qui fait une partie essentielle de son Dictionnaire?* Pourquoi non? On a dit que Jupiter s'insinua chez Danaë en se changeant en pluïe d'or; qu'il prit, auprès de Leda, la forme d'un Cigne, & qu'il enléva Europe sous celle d'un Taureau. Voilà ce que les Poëtes nous content, & ils nous disent que ces femmes eurent de Jupiter des fils qu'ils nomment, & qui ont passé pour des demi-Dieux. Ce sont là les extravagances dont les Païens souffroient que leur Réligion fut deshonnorée. On peut suffisamment expliquer dans ce stile la Fable, & l'histoire prétendue des Dieux du Paganisme. Il n'est nullement nécessaire d'y ajoûter des ornemens licentieux qui remplissent l'imagination d'idées dangereuses.

Autres autoritès nulles.

XI. *Mais pourquoi ne me permettra-t-on pas*, dit *Mr. Bayle*, *ce que se permet un Avocat dans de certains plaidoiers?* Justifiés premièrement cet Avocat, avant que de vous autoriser par son éxemple. Aujourd'hui les Avocats distingués se font une Loi de parler avec plus de bienséance. Qu'est-il nécessaire d'immortaliser dans un Dictionnaire qui durera, des pièces qui n'auroient jamais dû être prononcées: Si l'on veut faire honneur au bon goût de ceux qui ont supprimé de certaines maximes, il suffira de dire que sur de certains cas, on ordonnoit des preuves Physiques, que la bienséance ne permet pas d'éxpliquer, & que l'on permettroit alors des plaidoiers qui répondoient à des preuves si peu honnêtes. S'en est assés pour faire comprendre qu'on a eu raison d'abolir ces usages.

Mr. Bayle trouve étrange que l'on se donne la liberté *de condamner en lui ce que l'on permet aux Médecins*. Le cas est tout à fait différent, & Mr. Bayle ne se trouveroit point dans la nécessité de s'éxprimer comme il a fait. Il n'y a rien dans le corps humain qui ne puisse devenir le sujet de quelque dérangement douloureux, & de plus dangereux pour la vie. Il est de l'intérêt du Genre Humain que des Savans s'appliquent à connoître la nature, & à découvrir la cause de ces maux, qu'ils en cherchent les remédes, & qu'ils fassent part aux autres de leurs connoissances. Un Médecin qui a de la Vertu & de l'honnêteté, n'aura garde de se faire un plaisir de profiter de certaines occasions pour répandre dans son livre de grossières obscénités, qui ne font rien à son but. Il est de certains remédes dont on use très-innocemment, leur usage est absolument dégagé de vice. Mais on pourroit en user d'une manière à s'attirer le mépris des personnes sages. Un Médecin n'interroge pas ses malades sur l'effet de ses remédes en présence de tout le monde indifféremment, il ne s'éxprime encore là-dessus qu'en termes vagues, on lui répond de même, & ce stile est de part & d'autre une preuve d'une imagination qui a soin de s'éloigner des idées, sur lesquelles il seroit ridicule de prendre plaisir à s'arrêter.

Si les grossières obscénités ne sont qu'usitées.

XII. On blâme Mr. de Mezerai, dit Mr. Bayle, *de se servir ordinairement des termes de Concubine, de Batard, & d'Adultere qui blessent la délicatesse de nôtre siécle*. On ne condamneroit pas je m'assûre les termes de *favorite, d'enfant naturel, & d'infidélité conjugale, qui ont tout à fait la même signification*. Quelle conséquence!

ne assûre to de pure mode. D. H. T. IV. pag. 643.

„ On trouveroit moins déraisonnables, dit-il, les „ caprices de la nouvelle mode, qui, à ce qu'on m'a „ dit, commence de renvoïer parmi les termes ob- „ scènes les mots de *lavement*, & de *médecine*, & „ de substituer à leur place le mot général *reméde*. On „ avoit substitué le mot de lavement dont la signi- „ fication étoit bien plus générale: Mais parce que „ l'idée de lavement est devenue spécifique, & qu'el- „ le s'est incorporée avec trop de circonstances, on „ va l'abandonner tout à fait pour ne point salir & empuantir „ l'imagination, & l'on ne se servira plus que des „ phrases générales, *j'étois dans les remédes, un remé- „ de lui fut ordonné* &c; Cela ne détermine point à „ penser plûtot à un lavement, ou à une médeci- „ ne, qu'à un paquet d'herbes pendu au cou. J'a- „ voüe que ces caprices sont bien étranges, & que „ si on y étoit uniforme, ils ruineroient une infi- „ nité d'expressions à quoi tout le monde est accou- „ tumé, & qui sont très-nécessaires aux convales- „ cens, & à ceux qui les visitent; car autrement on „ soutiendroit assés mal la conversation dans leur „ chambre, & il faudroit recourir à tout le jargon „ des précieuses; mais après tout ces caprices-là sont „ mieux fondés que ceux des Puristes qui veulent „ bien que toute l'image obscène s'imprime dans les „ esprits, pourvû que ce soit par tels & tels mots „ & non point par d'autres.

Si la bienséance & la politesse engagent à préférer des termes vagues à des éxpressions plus déterminées, de peur de faire souffrir l'Imagination, en lui présentant d'une manière trop forte des idées dont les objets déplaisent, à plus forte raison doit-on éviter les éxpressions propres à faire naître des sentimens dont le coeur doit s'éloigner.

Il est certain encore que les termes de *Concubine, de Batard, & d'Adultere &c.* réveillent des idées grossières, & c'est peut-être par cette raison, qu'on évite de s'en servir quand on veut se faire compter au nombre des personnes dont l'imagination fuit ce qui présente de l'impureté. Si j'écrivois l'histoire, j'aimerois mieux dire que N. étoit aimée du Prince, que de l'appeller sa Concubine; Il est encore sûr qu'on passe plus légèrement sur le mot de *fils naturel*, peut-être encore me sauroit-on meilleur gré, si je disois qu'une femme oublia la fidélité qu'elle devoit à son Epoux, que si j'avois dit qu'elle tomba en adultère. Les circonstances fournissent des tours aux personnes qui ne veulent pas flatter le vice, & à qui la grossiéreté des termes ne laisse pas de faire de la peine.

XIII. Mr. Bayle se félicite, & veut qu'on lui tienne compte de ce qu'il *a passé sous silence des énormités qui sont bientôt*, &c. ausquelles beaucoup de gens n'ont jamais pensé. Il m'est bien permis de profiter de cette remarque & de la combattre par ses principes. La qualité d'Historien engage-t-elle à ne rien omettre de ce qu'on peut ranger sous un certain nom, à rapporter sans déguisement le bien & le mal, & sur tout à ne pas supprimer les événemens les plus extraordinaires? Ou si le devoir d'un Historien se borne à transmettre à la postérité ce dont-il importe que la mémoire se conserve? Si l'on doit suivre la première de ces régles Mr. Bayle n'a pas rempli ce qu'il devoit. S'il faut se borner à la seconde, il est allé beaucoup trop loin, & quand il se sert de justifier en alléguant les loix de l'histoire il se sert d'un argument qui ne prouve rien, par là même qu'il prouve trop.

Mr. Bayle refuté par lui-même.

De plus s'est il abstenu de rapporter ce dont il ne voudroit pas avoir fait mention mais la crainte de remplir son Ouvrage d'éxpressions qui peuvent corrompre le coeur, & y faire naître des désirs criminels? Mais cette raison le devoit encore plus éloigner des matières sur lesquelles il a trouvé à propos de s'égaier.

gnier. La nature se porte avec une tout autre facilité à ce dont Mr. Bayle a parlé qu'à ce qu'il a passé sous silence. Dira-t-il qu'il s'est abstenu de décrire les derniers excès de la corruption dans la crainte de faire souffrir les Lecteurs ? L's-t-il donc sur tout écrit pour les hommes & pour les femmes qui ne se font aucune peine de lire ce qu'on a tant condamné dans son Dictionnaire, & sur quoi il a enfin composé une longue Apologie ?

De quoi servira la connoissance des mauvais & les des ordures.

XIV. C'est envain qu'il prétend ne devoir point passer pour un Docteur qui forme la jeunesse au Vice, parce qu'il ne leur donne point des instructions qu'on auroit ignoré sans cela. Mr. Bayle élude encore la question ; C'est sa ressource ordinaire.

Un livre est dangéreux, & propre à gâter le coeur, ou parce que les hommes y apprennent des vices qui leur auroient été inconnus sans cela, ou parce qu'il Ils remplit d'idées & de sentimens qui les sollicitent, & qui les entretiennent à ce qu'on devroit éviter. C'est ce dernier reproche qu'on a fait à Mr. Bayle. Pour ce qui est du premier tout Auteur licentieux se justifiera comme Mr. Bayle. Ce n'est pas dans des livres que le vulgaire s'instruit de l'amour & de ses suites. Mais ce à quoi la nature ne porte qu'avec pudeur, & avec retenue, les Auteurs impudiques apprennent à en parler avec effronterie par la licence de leurs expressions grossières ; & dès-là à s'y porter sans retenue.

Mr. Bayle profite habilement de l'occasion de marquer sa reconnoissance à un de ses Protecteurs. Il s'est trouvé en Angleterre un homme de mérite, & de distinction qui a paru très surpris de ne rien trouver dans tout ce que Mr. Bayle à répandu d'obscène dans son Dictionnaire qu'il ne fût déja à l'âge de dix-huit ans. *C'est ainsi que dans les ames bien nées, la valeur n'attend pas le nombre des années.* C'est aux personnes initiées dans tous ces Mysteres, que Mr. Bayle s'est proposé de plaire, & il ne pouvoit manquer de réussir par les soins qu'il s'est donné d'affoiblir, & de reduire à rien si on veut l'en croire tout ce que les lumieres de la Raison nous fournissent du plus convaincant sur l'existence de Dieu, sur l'immortalité de l'ame sur le dogme important de la Providence, sur la distinction réelle qui se trouve entre ce qu'on appelle Bien moral, & Mal moral.

Je me représente le Chapelain d'un Seigneur Anglois qui Chrétien, raisonnable, honnête homme, apprend que les Domestiques de son Lord, ne s'entretiennent que d'ordures. Il compte entre ses devoirs l'obligation de leur donner de l'éloignement pour ce langage. Mais ils se répondent à soi seule que par des éclats de rire, & l'avertissent qu'ils ne disent rien entr'eux que leur commun Maître ne sçût à 18. ans. Ne seroit-ce pas se moquer de Dieu & des hommes que de donner à cette réponse le nom d'Apologie ?

Mr. Bayle qui dans la crainte de gêner son goût pour la Liberté, s'étoit excusé d'accepter les offres obligeantes d'un grand Seigneur, ne connoissoit-il pas les dispositions de leur coeur & celles, du Genre Humain en général ? Ne sçavoit-il pas que l'exemple des Grands est d'un grand poids, quand il s'agit de vertu ; mais qu'il n'ait la même autorité, par rapport à ce qui s'en éloigne ? Les Grands ont tant d'occasions & tant de facilités à s'écarter de leurs devoirs, ils se voient tellement au dessus des suites, qui font reprenir le commun de les avoir négligés, que leur conduite mérite rarement de tenir lieu de Régle.

Outre cela ils se voient environnés de gens qui se croient intéressés à flatter leur ambition & leurs penchans aux voluptés. On dit ordinairement que *l'Orgueil est,* dans le coeur humain, *le prémier vivant & le dernier mourant.* La dépendance pése à tous ceux qui n'établissent pas le sort de leur félicité à remplir les engagements du rang où la suprême Providence a trouvé à propos de les placer. Ils cherchent à se mettre adroitement au niveau de leurs Maîtres, & pour en venir là, le plus court chemin, est de les abaisser en dégradant leur Raison & la soûmettant aux Voluptés des sens & des Passions qui en naissent. Ils arrivent par là à s'égaler à leurs supérieurs & à entrer en partage de leurs plaisirs & de leurs occupations. Il se tirent de la dépendance pour devenir nécessaires ; & malgré la légéreté si naturelle à l'esprit humain, un Grand quoique las d'un confident de cette espéce, se trouve forcé à le ménager.

Après cela que M. Bayle cite l'éxemple des Grands & s'applaudisse de leur approbation. Plus il y aura de vérité dans ce genre d'Apologie, plus on se trouvera en droit de conclurre que ces Ouvrages sont pernicieux au goût de la Réligion & des bonnes moeurs.

On peut aisément outrer la Maxime *Qui nescit dissimulare nescit regnare.* Mais pour moi si j'étois né Souverain, je croirois en faire un usage très légitime, en prétant une audience gracieuse aux admirateurs des pensées de Mr. Bayle : J'écouterois aussi, mais d'un sang froid, ceux qui auroient le courage de m'analiser cét Auteur, de m'en découvrir le venin & de m'en prouver les dangers. Ensuite je dirois des prémiers. Voilà mes Pyrrhoniens, mes Epicuriens, mes gens sans principes, qui n'en veulent qu'à ma bourse & à ma Table ; Mais quant aux autres, leur sincérité & la droiture de leur esprit & de leur coeur méritent que j'en fasse mes plus assidés Conseillers.

Au reste quand Mr. Bayle assure tranquilement & positivement qu'il n'a rien allégué d'obscène de son chef, & que sur cette matière il s'est contenté de charger ses recueils de ce qu'il a trouvé ailleurs, je veux croire qu'il parle comme il pense. Il avoit tant lû de livres de ces vilaines matières, il s'étoit tellement familiarisé avec les idées impures & les éxpressions obscénes qu'elles lui échappent sans qu'il s'en apperçoive. Il se trompe donc, & en un sens il trompe ses Lecteurs, sans en avoir peut-être le dessein. Sur un fait tiré d'ailleurs, combien de Commentaires, combien de questions & de réflexions ne donne-t-il pas !

Tout ce que je viens de remarquer ne roule que sur les Préliminaires de l'apologie de Mr. Bayle. Il paroit ensuite venir au noeud de la question. *On peut,* dit-il, *me faire que deux accusations. L'une de n'avoir pas voilé sous des expressions ambigues, les faits que l'histoire m'a fournis ; l'autre de ne les avoir pas supprimés.*

L'ordre vouloit qu'il commençat par le second de ces cas ; car il saute aux yeux qu'il faut prémièrement décider si l'on doit parler ou se taire sur de certains sujets ; après quoi, s'il se trouve qu'on en doive parler, les mêmes raisons qui y déterminent servent à faire connoître de quelle manière on en doit parler. Mais il est rarement de l'intérêt de Mr. Bayle de repandre un plein jour sur les sujets qu'il traite, & pour l'ordinaire il employe la subtilité de son génie à les embrouïller sous prétexte même de les éclaircir.

Si trouve la faute de Mr. Bayle le ne regardé que la Grammaire. Dist. Hist. Tom. IV. pag. 641.

XV. Sur la prémière de ces questions, Mr. Bayle s'éxprime d'une manière à faire croire que toute sa faute, si on peut lui en reprocher, consiste à n'avoir pas été assés *Puriste* par rapport au langage.

„La prémière de ces deux questions, dit-il, n'est à „proprement parler que du ressort des Grammairiens ; „Les moeurs n'y ont aucun intérêt. Le Tribunal du „Préteur ou de l'Intendant de Police n'a que faire „là, *nihil hæc ad ediltum prætoris.* Les Moralistes ou „les Casuïstes n'y ont rien à voir non plus ; toute l'ac- „tion qu'on pourroit permettre contre moi seroit une „action d'impolitesse de stile, sur quoi je demande- „rois d'être renvoyé à l'Académie Françoise, le juge „naturel & compétent de ces sortes de procés ; & je „suis bien sûr qu'elle ne me condamneroit pas. car el- „le se condamneroit elle-même, puisque tous les ter-

Mmm mes

„ mes dont je me suis servi se trouvent dans son Dic-
„ tionnaire sans aucune note de deshonneur. Dès-là
„ qu'elle ne marque point qu'un terme est obscéne, elle
„ autorise tous les écrivains à s'en servir : Je parle
„ des termes dont elle donne la définition. Mais de
„ plus je renoncerois sans peine à toute défense, & je
„ me laisserois facilement condamner. Je n'aspire point
„ à la politesse du style j'ai déclaré dans ma Préface
„ que mon stile *est assés negligé*, *qu'il n'est pas exemt*
„ *de termes impropres, & qui vieillissent, ni peut-être mê-*
„ *me de Barbarismes, & que je suis là dessus presque sans*
„ *scrupules.* Pourquoi me piqueroit-je d'une chose dont
„ même de fort grands Auteurs domiciliés à Paris, &
„ membres de l'Academie Françoise ne se sont pas sou-
„ ciés. Pourquoi se géner dans un Ouvrage que l'on
„ ne destine point aux mots, mais aux choses, & qui
„ étant un assemblage de toutes sortes de matiéres, les
„ unes sérieuses, les autres risibles demande nécessai-
„ rement que l'on emploie plusieurs espéces d'expres-
„ sions ? On n'est point obligé là aux mêmes égards
„ que sur la Chaire : & si un Prédicateur doit s'absté-
„ nir de cette Phrase, *ceux qui engrossent une fille doi-*
„ *vent l'épouser ou la doter*, il ne s'ensuit pas qu'il ne
„ puisse s'en servir sans grossiéreté dans un Cas de Con-
„ science. Tant il est vrai que selon la nature des li-
„ vres on peut s'exprimer ou non d'une certaine ma-
„ niére.

„ Mais si quelque chose peut rendre excusable les E-
„ crivains qui se mettent au-dessus de je ne sai quel
„ rafinement de délicatesse qui s'augmente tous les jours,
„ c'est qu'on ne voit point de fin là-dedans ; car si l'on
„ veut aller uniforme, il faudra condamner d'obscénité un
„ nombre infini de mots dont nôtre langue ne peut se
„ passer, & l'on peut facilement réduire à l'absurde les
„ écrivains qui se piquent d'une si grande chasteté &
„ délicatesse d'oreille. On peut leur prouver que dans
„ leurs principes il n'y a point de Précieuses ridicules,
„ & qu'au contraire les femmes qu'on qualifie ainsi sont
„ très-raisonnables ou très habiles, à raisonner consé-
„ quemment. Qu'ils me disent un peu, pourquoi le
„ verbe *chatrer* leur paroit obscéne. N'est-ce point par-
„ ce qu'il met dans nôtre imagination un objet sale ?
„ Mais par la même raison on ne sauroit prononcer le
„ mot d'adultere sans dire une obscénité encore plus
„ forte. Voila donc un mot qu'il faudra proscrire. Il
„ faudra proscrire aussi les termes de mariage, de jour
„ de noces, de lit de la mariée, & une infinité d'ex-
„ pressions qui réveillent des idées tout-à-fait obscénes
„ & incomparablement plus choquantes que celle qui
„ effraioit la Précieuse de la Comedie. *Pour moi-mon*
„ *Oncle*, c'est une Précieuse ridicule qui parle, *tout ce*
„ *que je puis dire*, *c'est que je trouve le mariage une*
„ *chose tout à fait choquante. Comment est-ce qu'on peut sou-*
„ *frir la pensée de coucher contre un homme vraiement nud?*
„ Selon le principe de nos Puristes rien ne feroit plus rai-
„ sonnable qu'un tel discours, & il n'y a point d'hon-
„ nête fille qui ne doit chasser de sa chambre tous ceux
„ qui lui viendroient dire qu'on a dessein de la marier.
„ Elle feroit en droit de se plaindre de ce qu'on mé-
„ nage si peu sa pudeur, qu'on ne se sert d'aucun voi-
„ le en lui présentant une obscénité affreuse.

Je m'arrête là, je m'en fais un devoir, & peut-
être trouvera-t-on que je devois m'abstenir de transporter dans mon ouvrage les derniéres lignes que j'ai
fait décrire. Il me semble que je vois rire les partisans de Mr. Bayle & que je leur entens dire,
Messieurs les Lecteurs qui prétendés que vôtre
chasteté devoir gêner l'imagination toute gaie de Mr.
Bayle, lisés son Apologie, & comprenés par les entassemens qu'il fait de ces termes qui vous ont déplu,
à quel point il méprise vôtre goût, & vôtre critique. Les pages 641, 642, 643, en sont far-
cies à force d'y joindre sinonimes, à sinonimes, &
encore des sinonimes, des idées accessoires sont
toujours plus déterminés, & plus libres il remplit
l'imagination de mille détails que les termes en usage
n'auroient jamais présenté.

XVI. Ce morceau de son Apologie justifie par- si Mr
faitement une remarque que j'ai déjà faite. C'est *Bayle a*
que Mr. Bayle dans le fond se met peu en peine de *tu sérieu-*
se justifier. Ce qu'il a composé sous le nom d'A- *vue de se*
pologie lui fournit une nouvelle occasion de se mo- *justifier.*
quer de ceux qui ont osé le condamner, & de leur
faire voir qu'il les méprise assés pour ne daigner pas
seulement s'établir mieux dans leur esprit. Il seroit
fort aisé de prouver que Mr. Bayle a emploié diverses expressions que l'usage condamne comme indécentes, & que ceux qui passent pour juges com-
pétans sur ces matières ont noté de caractére. Mais
pour le prouver il faudroit rapporter une longue liste
de termes indécens, & ramener par là aux yeux de
mon Lecteur ce qu'on trouve mauvais que Mr. Bayle ait présenté aux yeux des siens. Si pendant qu'il
vivoit quelqu'un s'étoit avisé de critiquer son stile
sans faire aucunement entrer dans la critique les matiéres dont nous parlons, il est aisé de se figurer de
quelle maniére il seroit tombé sur ce Critique, &
l'auroit fait repentir de sa témérité. Peut-être même
auroit-il cru lui faire trop d'honneur en lui répondant, car il étoit fondé à croire que le public l'auroit assés vangé, sans qu'il s'en mêlât. En effet il
est peu d'Ecrivains qui aient sû plaire d'avantage, &
dont le stile ait remporté plus d'éloges : On ne sauroit disconvenir, qu'il ne possédat trop bien sa langue, pour faire contre la pureté d'autres fautes que
celles qu'il vouloit bien faire. Qu'on se représente
un homme qui dans un cercle composé en tout ou
en partie de femmes qui méritent quelque considération s'avise de réciter quelques-uns de ces endroits
qu'on a condamné dans Mr. Bayle ou de rapporter
quelques autres lambeaux des Auteurs d'où il a tiré
ses recueils : Après avoir remarqué que ce langage déplait, auroit-il bonne grace de dire, *vous avés tort à*
me savoir mauvais gré de mes expressions, *je ne me*
piquai jamais d'être Puriste, *& je n'ai jamais fait de*
la Grammaire mon étude.

Ne se croira-t-on point en droit de regarder cette
Apologie comme une nouvelle insulte ? Il faut se taire pour peu qu'une compagnie soit nombreuse, &
qu'elle soit composée de personnes respectables, dès-
que pour ne posséder pas assés la langue dans laquelle on s'exprime, on s'expose au risque de parler contre la bienséance. Quand même Mr. Bayle auroit
négligé d'étudier la langue Françoise, & qu'il se seroit permis cette négligence, il auroit au moins dû se
faire un devoir particulier d'en connoitre les Régles
& de les suivre sur le sujet dont-il s'agit.

Mais, dit-il, *Cette étude n'auroit point de fin. Telle*
expression qui dans un tems n'avoit rien de bas, *& in-*
décent, *est condamnée dans la suite*, *& il n'est plus*
permis de l'emploier. Ne diriés vous pas que l'étude
des Bienséances, & la connoissance des termes
dont s'abstiennent les personnes qui ont de la politesse,
& de la vertu est la chose du monde la plus fatigante & demande presque un homme tout entier ? Un
Perruquier, un Tailleur, & en général tous les artisans, sont obligés de s'instruire des Modes & de varier leur travail à mesure qu'elles changent. Un Auteur se croira-t-il dispensé de cette Loi, & ne doit-
il pas cette attention au goût du public, & sur tout
au goût de ce qu'il y a de plus sage dans le Public.

XVII. SI L'ON en croit Mr. Bayle *il n'y a de* si Lecteurs
gens scandalisés de ses obscénités que ceux dont le petit honnêtes
genie a toute la foiblesse, *& tout le travers des Précieu-* comparés
ses ridicules. C'est là se moquer trop hardiment de *mal à*
ses Lecteurs, à l'exception de ses bons amis, parce qu'ils *propos*
sont les amis du libertinage, & parce qu'ils se croient *aux pri-*
en droit, & qu'ils sont en possession de traiter de pe- *cieuses*
tits esprits, ou de gens trop scrupuleux, tous ceux qui *ridicules.*
ont de la retenue & du respect pour la vertu. De
bonne foi une femme qui ne pourroit se résoudre à
lire à haute voix en présence de trois ou quatre personnes quelqu'un de ces endroits où Mr. Bayle a pris
plaisir à s'égaier, & à égaier les Lecteurs d'un certain

tain ordre, ou qui trouveroit mauvais qu'on les lût ou qu'on les récitât en sa préfence, mériteroit-elle de groffir le nombre des Prédicables ridicules? Il eft de certains contes, il eft de certains termes il eft de certains tours d'expreffion, dont on ne peut s'empêcher de fentir l'irrégularité, & l'immodeftie, à moins de s'être faite une longue habitude de rouler dans fon efprit les idées les plus obfcénes, de s'y plaire, & de n'y trouver rien d'indécent, & de condamnable. Des expreffions de cette nature différent du tout au tout d'avec de certains termes & de certains tours qu'on entendra prononcer mille & mille fois, fans qu'ils réveillent aucune idée contraire à l'honnêteté : Ils ne font cet effet-là, que quand une imagination gâtée s'avife de les décompofer, & d'y faire remarquer de certains rapports avec d'autres qui ne feroient jamais venus dans l'efprit fans cela. Dans ces cas là, ce n'eft pas celui qui prononce ces mots conformément à l'unique fens que l'ufage y attache, qui néglige les bienféances; C'eft celui qui s'éforce d'y attacher des idées auxquelles on ne penfoit point, qui péche contre l'honnêteté.

Lors qu'enfuite Mr. Bayle cite des paffages de Moliére & fe juftifie par fon exemple, je reconnois que le cas de l'un eft à peu près le même que celui de l'autre, & toute la différence qu'il y trouve, c'eft que Mr. Bayle eft allé incomparablement plus loin, & qu'il n'eft point laiffé de retomber dans la même faute. On fait à qui Moliére vouloit plaire dans de certains endroits de fes Comédies; on lui a reproché d'avoir fait trop de cas des applaudiffemens du parterre & de la groffiére multitude. A la vérité cette faute ne lui eft pas ordinaire; Mais il a pourtant quelquefois mérité qu'on la lui reprochât. Si aucune Piéce de Théatre ne paroiffoit qu'après avoir paffé par l'examen de quelque Cenfeur judicieux, & chargé de ne rien laiffer paffer aux yeux du Public qui fut capable de corrompre les mœurs, comme Platon en faifoit une Loi de fa République, Mr. Bayle n'auroit rien trouvé dans les Comédies de ce célébre Auteur qui pût l'autorifer.

Moliére s'eft trouvé du nombre de ces Auteurs (& c'eft le plus grand nombre fans contredit) qui ne fauroient fe réfoudre à fe condamner & à fe retracter, & qui au contraire paroiffent ravis d'avoir occafion d'étaler la fécondité de leur génie en juftifiant des fautes réelles & en tournant en ridicule ceux qui ont été affés hardis pour les condamner. Il faudroit avoir perdu la fincérité, pour difconvenir que la Scéne d'Agnès ne faffe venir dans l'efprit les idées dont on s'eft plaint. Les inquiétudes de celui qui l'écoute forcent à en venir là, & fi Moliére n'avoit pas prévu que cét effet étoit immanquable, il n'auroit jamais fait jouer cette Scéne. On a donc eu raifon de la regarder comme dangereufe pour les mœurs. Une jeune fille qui voit tout un théatre éclater de rire fur de certaines expreffions, qui n'auroient rien que de plat, & de pitoiable, fi elles ne faifoient pas l'effet auquel le Comédien les a deftinées, s'arrête de même fur ces idées, & comme elle n'ignore pas que chacun approuve ce qui la fait rire, elle devient par là moins fcrupuleufe. Les idées avec lefquelles elle s'eft agréablement familiarifée au théatre, elle fouffre fans peine qu'un jeune homme les lui réveille. Une Mére voit avec chagrin de tels Spectacles, inévitables dans les grandes villes aux perfonnes d'un certain rang, produifent de temps en temps de fi mauvais effets; de forte que quand les obfcénités dont Mr. Bayle a rempli fon livre n'iroient pas plus loin que celles de Moliére, la jufte condamnation de l'un entraineroit celle de l'autre.

Mais fi *Moliére a tort*, d'où vient qu'on ne peut s'empêcher de condamner les femmes qui dans une Comédie fuivante entreprennent de le critiquer, d'où vient qu'on ne peut s'empêcher de trouver *du ridicule dans leur critique*? Cela fait pour moi, & contre Mr. Bayle. Le ridicule qu'on trouve dans cette critique prouve manifeftement la néceffité d'obferver les bienféances avec la derniére exactitude. La même pudeur qui fait fouffrir les perfonnes fages qui font préfentes à cette fcéne ne permet pas, à les femmes fur tout, de s'énoncer publiquement fur ce fujet & de développer des idées qu'on doit écarter quand elles fe préfentent, & le Commentateur force de s'y arrêter.

XVIII. C'eft une faute où Mr. Bayle tombe dans la page que j'examine. Il ne fe contente pas d'y répondre des termes fales & indécens, il paraphrafe le mot de *Mariage* d'une maniére à faire naitre des idées que ce mot n'excite point par lui-même, & néceffairement; On le prononce mille fois fans qu'elles fe préfentent, mais Mr. Bayle les fait naitre, parce qu'il en avertit. Tout ce dont on parle a diverfes faces. Tel mot préfente un fujet d'un certain côté, fans faire aucunement naitre l'idée des autres qui l'accompagnent; on penfe fouvent à un effet fans penfer aucunement à fa caufe. Il eft des termes à qui l'ufage a donné cette force, que, quand on les prononce ou qu'on les entend prononcer, l'efprit ne s'arrête qu'à ce qu'il y a d'honnête & de légitime dans le fujet dont ils font les noms. Il eft des actions qui ne font nullement illégitimes en elles-mêmes, mais qui deviennent très-criminelles par un leger changement dans les circonftances. L'intérêt du Génie humain exige la fidélité conjugale. Pour y perfévérer avec plus de facilité, il importe extrêmement qu'on s'abftienne en public, & dans les converfations même particuliéres, de toutes les expreffions, qui fur de certains fujets, pourroient faire qu'on deviendroit trop familier avec des perfonnes avec qui on ne le doit pas être, & feroient tomber par là une des barriéres qui s'oppofent à la licence. C'eft donc agir contre les intérêts du genre humain, c'eft travailler à renverfer une barriére refpectable, que de s'éforcer, par des paraphrafes, à lier, avec de certains termes, des idées que l'ufage n'y a pas attachées.

Mr. Bayle infifte beaucoup fur la difficulté qui fe trouve à éviter tous les termes dont le cœur humain corrompu peut abufer, pour paffer à des idées licencieufes : Mais plus cela eft difficile, plus on a tort de n'y faire aucune attention & de fe permettre là-deffus une pleine licence. On ne fauroit guére le porter plus loin, qu'en s'éforçant, comme fait Mr. Bayle, de confondre pêle-mêle, les termes qui, exprimant des actions deshonnêtes les préfentent fous des idées accefoires de bagatelles, dont-on ne doit pas fe faire de fcrupule, & fous des accompagnemens propres à s'emparer de l'imagination, à faire naitre des défirs à féduire le cœur, & à rendre la victoire de la Vertu fur le vice, très-difficile, & fa défaite très-aifée. L'ufage, par exemple, a attaché au terme d'*Adultere* des idées accefoires, flétriffantes odieufes; Paraphrafés ce mot par de certains termes, en vertu de laquelle il fe confonde avec ceux qui dépouillent ce crime de tout ce qu'il a d'odieux, vous faites par là tout vôtre poffible pour éfacer toute la différence que l'ufage a fagement établi entre les expreffions qui l'éloignent de l'idée, & celles qui y follicitent.

Les expreffions vagues frappent beaucoup moins l'imagination que les expreffions déterminées; Sur les fujets même où il ne s'agit pas d'obfcénités vicieufes, on préfére ces expreffions : Il eft bon que l'efprit, par éloignement pour les idées defagréables d'ordures phyfiques, fe forme à l'heureufe habitude de s'éloigner des ordures morales. Par cette raifon on s'abftient de parler de certains remédes, on ne les exprime pas par leurs noms fpécifiques, Mr. Bayle fe moque de ces fcrupules & de ces ménagemens; Mais s'il n'a rien meilleur à alléguer il perd vifiblement fa caufe.

On voit aifément fi Mr. Bayle eft fondé à conclure, qu'il *n'eft pas queftion d'un point de morale, mais que c'eft ici un vrai procès de grammairien, qu'il faut porter devant les Juges de la politeffe du ftile.*

Je tombe d'accord que le plaifir que Mr. Bayle goû-

De la différente force des mots

goûtoit à écrire des grossiéretés, & l'intérêt qu'il avoit à en parsemer son livre lui a fait employer quantité d'expressions contraires à la pureté de la langue ; Mais je soutiens que c'est là son moindre défaut & que de la maniere dont-il les place, elles sont encore plus contraires à la pureté des mœurs. Il est des mots, il est des constructions, qui n'ont pas assés de rapport avec le génie de la langue, il en est qui n'ont pas assés de dignité pour être employés dans des sujets graves, il en est qui ont vieilli, & qui ont subi le caprice de la mode. Mais il en est aussi que les personnes polies ne se permettent pas, parce que par leur propre énergie, ou par l'abus qu'on en a fait, elles présentent des idées accessoires contraires à la bienséance, & que par là elles scandalisent les uns, & vont à seduire les autres.

Quel stile en plus propre à corrompre le cœur. Bouton Eclaircissement sur les obscénitez.

XIX. DANS la page 644. Mr. Bayle se récrie contre l'injustice de ceux qui regardent les obscénités qu'il a rapportées & le stile grossier dans lequel il les a énoncées, *Comme propres à éteindre la pudeur & à y faire succéder la licence.* C'est, dit-il, précisément tout le contraire. *Que l'on passe le même conte dans un stile poli, qu'on l'habille, qu'on le voile sous des expressions qui naient rien de grossier, qu'on s'exprime à demi-mot, on[le] fera écouter, on fera naitre des idées séduisantes, on y arretera l'attention, on les insinuera dans le coeur. Mais qu'on s'énonce, comme j'ai fait, la pudeur s'effarouchera & on sentira de l'éloignement pour le conte & pour tout ce qu'il renferme.* Il est bon de relire cet endroit tout entier.

,, Mais pour montrer plus évidemment que l'affaire dont il s'agit ne regarde point les mœurs, il
,, faut prévenir une instance de mes critiques,
,, Voions s'ils se peuvent appuier sur ce prétexte que
,, toute Phrase qui blesse la pudeur est un attentat
,, contre la bonne Morale, puis que c'est faire du
,, tort à la chasteté.
,, Je sais d'abord cette Remarque, que ceux qui disent que certaines choses blessent la pudeur doivent
,, entendre,[ou qu']elles affoiblissent la chasteté,ou qu'el-
,, les irritent les personnes chastes.On leur peut soutenir
,, qu'au prémier sens leur proposition mérite d'être ré-
,, jettée, & que si les femmes sont prises pour Juges de
,, la question, ils perdront leur procès infailliblement.
,, Or sans doute les femmes sont les Juges les plus com-
,, pétens d'une telle affaire, puis que la pudeur & la
,, modestie sont leur partage incomparablement plus que
,, celui des hommes. Qu'elles nous disent donc, s'il
,, leur plait, ce qui se passe dans leur ame lors qu'elles
,, entendent ou lors qu'elles lisent un discours grossier,
,, qui offense ou qui blesse la pudeur. Elles ne diront
,, pas, je m'assure, que non seulement il imprime des
,, idées sales dans leur imagination, mais qu'il excite
,, aussi dans leur cœur un désir lascif qu'elles ont bien
,, de la peine à réprimer, & qu'en un mot elles se sen-
,, tent éxposées à des tentations qui sont chanceler leur
,, vertu, & qui la ménent jusqu'au bord du précipice.
,, Soions bien persuadés qu'au lieu de cela elles répon-
,, dront que l'idée, qui s'éxcite malgré elles dans leur
,, imagination, leur fait sentir en même temps ce que
,, la honte, le dépit & la colère ont de plus insuppor-
,, table. Or il est sûr que rien n'est plus propre que
,, cela à mortifier la chasteté, & à rompre l'influence
,, contagieuse de l'objet obscène qui s'est imprimé dans
,, l'imagination; de sorte qu'au lieu de dire, selon le
,, prémier sens, que ce qui blesse la pudeurmet en ris-
,, que la chasteté, il faut soutenir au contraire que
,, c'est un renfort, un préservatif, & un rempart pour
,, cette vertu, & par conséquent si nous entendons de
,, la seconde manière cette Phrase, *une telle chose blesse la*
,, *pudeur* nous devrons penser que cette chose, bien loin
,, d'affoiblir la chasteté, la fortifie, & la restaure.

Une femme que la lecture des contes obscènes tels qu'on les lit dans Mr. Bayle met sur les bords du précipice, n'aura garde de l'avouer, & ils ne produiront point cèt effet sur celles qui se refuseront

de les lire ; & pourquoi ? C'est qu'elles en concevront de l'horreur. Mais est-ce en vue d'éxciter cette horreur que Mr. Bayle les a écrits ?

,, Il sera pourtant toûjours vrai que le procès qu'on
,, peut faire à un Auteur, qui n'a pas suivi la Politesse la
,, plus rafinée du stile, est un procès de Grammaire
,, à quoi les mœurs n'ont point d'intérêt.
,, Si l'on me replique que c'est un procès de Morale,
,, vû que l'Auteur s'est éxprimé d'une manière qui
,, chagrine les Lecteurs : Je repliquerai qu'on raisonne
,, sur une fausse hypothése ; Car il n'y a point d'Ecri-
,, vain qui puisse épargner à ses Lecteurs le dépit, le cha-
,, grin & la colère en mille rencontres. Tout Con-
,, troversiste qui soutient subtilement sa cau-
,, se, fait enrager à toute heure les Lecteurs zélés de
,, l'autre parti. Tous ceux qui dans un Relation de
,, Voyage, ou dans l'Histoire d'un Peuple, rapportent
,, des choses glorieuses à leur Patrie, & à leur Reli-
,, gion, & honteuses aux Etrangers & aux autres Ré-
,, ligions, chagrinent cruellement les Lecteurs qui n'ont
,, pas les mêmes préjugés qu'eux. La perfection d'une
,, Histoire est d'être désagréable à toutes les Sectes & à
,, toutes les Nations ; car c'est une preuve que l'Auteur
,, ne flatte ni les uns, ni les autres, & qu'il a dit à
,, chacun ses vérités. Il y a beaucoup de Lecteurs qui
,, se sachent à un tel point, lors qu'ils rencontrent cer-
,, taines choses, qu'ils déchirent le feuillet ou qu'ils é-
,, crivent à la marge, *Tu en as menti coquin, & tu méri-*
,, *terois les étrivières.* Rien de tout cela n'est une rai-
,, son de dire que les Auteurs sont justiciables au Tri-
,, bunal de la Morale. Ils n'ont à répondre qu'au Tri-
,, bunal des Critiques.

,, Il ne reste donc qu'à dire que la représentation des
,, objets sales intéresse les mœurs, puisqu'elle est pro-
,, pre à éxciter des mauvais désirs, & des pensées im-
,, pures. Mais cette objection est infiniment moins va-
,, lable contre moi, que contre ceux qui se servent de
,, ces enveloppes, de ces détours & de ces manières
,, délicates, qu'on se plaint, que je n'ai pas employées;
,, car elles n'empéchent point que l'objet ne s'aille pein-
,, dre dans l'imagination, & elles font cause, qu'il s'y
,, peint sans exciter les mouvemens de la honte & du dé-
,, pit.Ceux qui se servent de ces enveloppes ne prétendent
,, point qu'ils seront ininrelligibles, ils savent bien que
,, tout le monde entendra dequoi il s'agit, & il est
,, fort vrai que l'on entend parfaitement ce qu'ils veu-
,, lent dire. La délicatesse de leurs traits produit seu-
,, lement ceci, que l'on s'approche de leurs peintures a-
,, vec d'autant plus de hardiesse que l'on est craint pas
,, de rencontrer des nudités.

,, La comparaison fait contre Mr. Bayle. Une femme
,, qui a de la pudeur n'a garde de s'approcher des nu-
,, dités, si peu voilées, & il n'est pas vrai que les éx-
,, pressions que l'honnéteté permet, présentent les idées
,, obscénes aussi à découvert qu'un voile de crèpe lais-
,, se voir les nudités.

,, La bienséance ne souffriroit pas que l'on y jettât
,, les yeux si c'étoient des salétés toutes nuës;mais quand
,, elles sont habillées d'une étofe transparente, on ne se
,, fait point un scrupule de les parcourir de l'œil, de-
,, puis les piés jusques à la tête, toute honte mise à part,
,, & sans se fâcher contre le Peintre : & ainsi l'objet
,, s'insinue dans l'imagination plus aisément, & verse
,, jusques au cœur, & au-delà les malignes influences
,, avec plus de liberté que si l'ame étoit saisie & de hon-
,, te & de colere; car ce sont deux passions qui épui-
,, sent presque toute l'activité de l'ame, & qui la met-
,, tent dans un état de souffrance peu compatible avec
,, d'autres sentimens. Il est pour le moins certain que
,, l'impureté ne peut pas agir aussi fortement sur les
,, ames, oprimées de honte & irritées, que sur cel-
,, les qui n'ont nulle confusion ni nul chagrin. *Pluri-*
,, *bus intentus minor est ad singula sensus.* Ce que que
,, l'ame donne à une passion affoiblit d'autant ce qu'el-
,, le donne à une autre.

,, Joignés à cela que quand on ne marque qu'à de-
,, mi une obscénité mais de telle sorte que le supplément

n'est

„ n'est pas mal-aisé à faire, ceux à qui l'on parle aché-
„ vent eux-mêmes le portrait qui satit l'imagination. Ils
„ ont donc plus de part à la production de cette image,
„ que si l'on se fût expliqué plus rondement. Ils
„ n'auroient été en ce dernier cas qu'un sujet passif, &
„ par conséquent la réception de l'image obscène eut été
„ très-innocente ; mais dans l'autre cas, ils en sont l'un
„ des principes actifs, ils ne sont donc pas si innocens,
„ & ils ont bien plus à craindre les suites conta-
„ gieuses de cet objet qui est en partie leur ouvrage.
„ Ainsi ces prétendus ménagemens de la pudeur sont
„ en effet un piège plus dangereux. Ils engagent à
„ méditer sur une matière sale, afin de trouver le sup-
„ plément de ce qui n'a pas été exprimé par des paro-
„ les précises. Est-ce une méditation qu'il faille impo-
„ ser ? Ne vaut-il pas bien mieux faire en sorte que
„ personne ne s'y arrête ?
  Je crains d'ennuier mon Lecteur en revenant trop
souvent à la même remarque. Mais Mr. Bayle m'en
fournit à tout coup les occasions, & me met dans
cette nécessité. A-t-il composé son Ouvrage en vuë
de rebuter ses Lecteurs, de les chagriner & de les
effaroucher ? S'il avoit appris que tout le monde jettoit son Dictionnaire à terre, ou le fermoit avec indignation, ou en chargeoit les marges d'injures, toutes fois qu'on tomboit sur quelqu'un de ces contes dont il est embelli, auroit-il dit ? *Voilà ce que je me
suis proposé, je suis arrivé à mon but, je suis ravi qu'on
souffre à la lecture de mes écrits obscènes.* Peut-être
Mr. Bayle n'étoit-il pas fâché que ces endroits fissent du chagrin à ceux qui ne sont pas d'humeur à
s'en divertir. Si le soin perpétuel qu'il se donne de
contredire les vérités les plus importantes, & qu'on
regarde comme les plus sûres ; si le plaisir qu'il paroit trouver sur tout à accabler d'objections la Doctrine de la Providence & de la bonté de Dieu, semble prouver qu'il affecte d'inquieter une partie de ses
Lecteurs, il sait qu'il en est d'autres qu'il réjouïra
par ces mêmes objections, & ce sont les mêmes à qui
il est aussi très-assuré de plaire par ces gaillardises,
& par la manière dont-il les rapporte.
  Il continue, & il emploie plus d'une grande page
à prouver qu'il est des manières de conter des obscénités
plus dangereuses que celles qu'il a suivies. C'est-là ce
qu'on appelle faire prendre le change, & éluder parfaitement ou hardiment l'état de la Question ; Il ne
s'agit pas de savoir si on peut faire plus mal que Mr.
Bayle, il s'agit de savoir, s'il n'a pas mal fait, &
s'il n'a pas répandu dans son livre bien des choses indignes d'un Philosophe comme lui, & propres à gâter le coeur. De quelque tour qu'il se fût servi,
pour tourner les Lecteurs du côté des voluptés il pouvoit leur être fatal par là même, mais
sur tout il le devenoit en faisant passer ces idées &
en inspirant ces sentimens avec les difficultés qui é-
branlent la Réligion.
  La comparaison que Mr. Bayle fait entre deux
manières d'écrire & qui est deshonnêtes, renferme encore un autre sophisme. Les expressions grossières
feront moins de mal à des personnes qui ont un grand
fond de sagesse, parce qu'elles en concevront de l'horreur, & quelles ne se résoudront point à en continuer la lecture ; mais elles en feront beaucoup plus à
tous ceux qui se feront un plaisir de les lire, parce
qu'ils se familiariseront beaucoup plus avec ce dont
la sagesse veut qu'on détourne son attention. Une
comparaison fera très-clairement sentir la vérité de
cette remarque : Qu'on se représente une grande Ville, où la licence régne comme elle régnoit à Rome,
du temps de Néron : Il s'y fait en même tems deux
grandes assemblées. Un Etranger passe, & attiré par
la symphonie, il entre dans une Maison dont les portes sont toutes ouvertes, il voit que tout le monde y
a quitté ses habits pour danser & que tout y répond
à une si furieuse licence ; ces excès lui font horreur
il se retire sur le champ. Il conte à un ami ce qui
lui vient d'arriver, & cèt ami le conduit à une au-

tre assemblée dont l'éxtérieur ne présente rien d'indécent. On voit bien que ceux qui la composent ne
sont point fâchés de plaire ; mais enfin il ne paroit pas que
les femmes qui s'y trouvent, prétendent tirer d'autre fruit de leur beauté, & de tout ce qui la révéle,
que celui d'être louées, & peut-être encore d'engager des coeurs, de la fidélité des quels elles s'assureront en suite, par une sagesse qui réponde à leur é-
clat extérieur. Entre les personnes qui pensent ainsi
il s'en peut trouver qui ne connoissent pas toutes
leurs foiblesses, & qui se laisseront surprendre par
quelque commencement de passion, qui croîtra, & aura de facheuses suites : Se permettra-t-on donc de conclure de là que la première assemblée étoit moins
dangereuse, que la seconde, & que le vice où l'on
pouvoit s'engager se présentant à découvert, il ne
pourroit plus s'insinuer imperceptiblement dans le
coeur par la voïe de la surprise ? Le sophisme de cette
conséquence sautera aux yeux. Le vice n'a plus besoin de s'insinuer à la faveur de la surprise, dès qu'il
ose se présenter sous ses faces les plus marquées &
plaire en se présentant ainsi : Quiconque peut se plaire dans la première troupe, est par là même un
homme perdu, qu'aucune indécence & aucune effronterie n'est capable d'é.onner : Un homme peut prendre dans la seconde une passion, qui le ménera dans
la suite plus loin, qu'il ne se l'imaginoit : Il en sort
presque innocent, mais c'est assés que son innocence y ait souffert quelque altération pour mettre son
coeur en danger. Supposons que cette passion en triomphe & l'entraine à un commerce que les Loix & la
Raison condamnent. Il y aura pourtant une différence du tout au tout, entre la licence effrénée du
prémier & la faute du second, puisque cette faute ne
l'empêchera pas d'être à divers égards, retenu & circonspect ; Il se bornera à la première passion pendant
que l'autre franchira toutes les bornes.
  Il est présentement aisé de comprendre si Mr. Bayle
est tant soit peu fondé quand il dit, *que les prétendus
ménagemens de la pudeur sont un piège plus dangereux,
parce qu'ils engagent à méditer sur une matière sale, afin
de trouver le supplément de ce qui n'a pas été exprimé
par des paroles précises.*
  Pour peu qu'on ait de pudeur on s'en tient, à des
idées vagues & confuses ; que ces éxpressions ménagées présentent, & comme ces idées ne sont ni dé-
veloppées, ni vives, elles se conservent moins dans la
mémoire, & le coeur a plus de facilité à s'y refuser.
  Est-ce une méditation qu'il faille imposer, continue
Mr. Bayle ? Non sans doute, & ce ne sont pas non
plus les éxpressions ménagées qui y engagent, ce sont
les expressions grossières qui y forcent :
  *Ne vaut-il pas bien mieux que personne ne s'y ar-
rête ?* Sans doute ; C'est ce qu'on demandoit à Mr.
Bayle, & c'est ce qu'il s'est obtinié à réfuser. Ces
Synonimes entassés, ces éxpressions vagues & modestes paraphrasées, ces citations cousues l'une à l'autre, ces réflexions libres, ces *à propos* qui ne finissent
point, ne font ils pas nécessairement tout l'effet que
Mr, Bayle condamne ?
  Mr. Bayle écrit donc sa propre condamnation dans *Ibidem*
les paroles suivantes. " Ceci est encore plus fort con- *pag. 645.*
tre les chercheurs de détours. S'il s'étoient servis
„ du prémier mot que les Dictionnaires leur présen-
„ toient, ils n'eussent fait que passer sur une matiè-
„ re sale, ils eussent gagné promptement païs ; mais
„ les envelopes qu'ils ont cherchées avec beaucoup
„ d'art, & les périodes qu'ils ont corrigées, & abré-
„ gées, jusques à ce qu'ils fussent contens de la fi-
„ nesse de leur pinceau les ont retenus des heures en-
„ tiéres sur l'obscénité. Ils l'ont tournée de toutes
„ sortes de sens ; ils ont serpenté autour, comme s'ils
„ eussent eu quelque regret de s'éloigner d'un lieu
„ aimable. N'est-ce pas ad *firmam scopulos consonescere,*
„ jetter l'ancre à la portée du chant des sirénes ?
„ N'est-ce pas le moïen de se gâter & de s'infecter
„ le coeur ?

Si on veut l'en croire, ceux qui ont paru scandalisés, de ses obscénités, & qui en ont craint les mauvais effets, se réduisent à *quelques Puristes*, c'est-à-dire, à quelques personnes qui font consister leur gloire à ne se servir d'aucune expression, qui ne soit parfaitement à la mode, aussi scrupuleux à cet égard, qu'à celui des habits, le tout pour plaire à des femmes de leur goût, *pour en couter à la blonde & à la brune & avoir assés souvent deux Maistresses, l'une qu'ils passent, & l'autre qui les poit*.

Il me paroit que ces paroles n'ont pas été écrites de sang froid; la colére a fait oublier à Mr. Bayle des véritées de fait; il s'attendoit bien *que ces galans de profession seroient zélés partisans de son Dictionnaire*, & l'expérience ne l'a point trompé.

Dans le même article, il range les personnes zélées pour les bonnes mœurs & pleines d'un véritable respect pour la pudeur, & qui par là ont prévu le mauvais effet de son Dictionnaire, il les met, dis-je, au nombre de ces précieuses sans cervelle, de l'affectation desquelles il n'y a pas jusqu'aux laquais qui ne s'apperçoivent. C'est ainsi que par une raillerie on élude, dans un Cercle, l'état d'une Question, & qu'un conte ou un éclat de rire tiennent lieu à bien des gens d'une solide réponse.

Mr. Bayle continue "Les Jansénistes passent pour „ les gens les plus capables, dans la doctrine des „ mœurs. Or c'est sur eux que je me fonde, quand „ je dis qu'une saleté grossiére est moins dangereuse qu'une saleté exprimée délicatement. Je sçai „ bien dit l'un d'eux. *Qu'on n'appelle* ORDURES *que les paroles grossiérement sales, & qu'on nomme* „ GALANTERIES *celles qui sont dites d'une manière fine, délicate ingénieuse. Mais des ordures pour* „ *être couvertes d'une equivoque spirituelle, comme d'un* „ *voile transparent, n'en sont pas moins des ordures,* „ *ne blessent pas moins les Oreilles Chrétiennes, ne satisfont pas moins l'imagination, ne corrompent pas moins* „ *le cœur. Un poison subtil & imperceptible donne aussi bien* „ *la mort que le poison le plus violent. Il y a des éloges de la* „ *pudeur, que la pudeur même ne peut souffrir.* Témoin „ celui du P. le Moine, il s'en faut bien que les saletés grossiéres à un Chartier, ou d'un Crocheteur, „ fussent autant de ravage dans une ame que les paroles „ ingénieuses d'un Conteur de fleurettes. Ce Janséniste „ aïant rapporté quelques pensées galantes que le Pére Bouhours a débitées sous un personnage de Dialogue, & qui sont conçues en termes fort délicats, „ poursuit ainsi. *Il n'y a point de parens, je dis même de ceux qui sont du monde, qui ne jugent que* „ *c'est gâter l'esprit, corrompre le cœur, inspirer le* „ *plus méchant caractére à la jeunesse, que de les remplir de ces pernicieuses sottises* PLUS DANGEREUSES *que des ordures* GROSSIÉRES. On a pû voir ci-dessus un passage de Mr. „ Nicole, où il est décidé que les passions criminelles sont plus dangereuses lorsqu'on les couvre sous „ un voile d'honnêteté."

Les autoritez sur lesquelles Mr. Bayle s'appuie seroient desavouées par leurs Auteurs, dès qu'ils verroient qu'on en fait des abus. Rien n'est plus ordinaire à un homme scandalisé que d'outrer des comparaisons. Dans le tems que la superstition régnoit, & qu'elle éteignoit visiblement l'esprit de l'Evangile & les bonnes mœurs, on la comparoit à l'Irréligion, & quelquefois on la trouvoit pire; cette comparaison étoit sans danger dans un tems où l'on ne connoissoit personne d'humeur à en abuser, & en général on sait que rien n'est plus ordinaire à un grand nombre de Prédicateurs que de présenter le Vice contre lequel ils prêchent, comme le plus dangereux de tous, dès qu'ils s'avisent de le mettre en parallele avec quelques autres, de la condamnation desquels on convient. Messrs. de Port Royal comprenoient bien le mauvais effet que de certaines compositions ingénieuses étoient capables *de produire*; ils en comparent le danger avec celui de quelques autres Ouvrages qui rouloient sur au

fond sur le même sujet, & que tout le monde se faisoit un devoir de desapprouver; Mais ils posent pour principe dans ce raisonnement, que tout ce qui est écrit, dans le stile de Mr. Bayle, sur des matiéres contraires à l'honnêteté, est condamné par tous les honnêtes gens, & ne s'attire l'attention que des personnes qui osent être sans pudeur & sans honneur.

Mr. Bayle avoit trop d'esprit pour ne pas comprendre que les raisons, par lesquelles il paroit vouloir se justifier, prouvent au delà de ce qu'il se propose; car s'il est vrai qu'un stile châtié soit plus dangereux sur de certaines matiéres, que celui qui ne l'est point, il suit de là que Mr. Bayle auroit pû rendre ses obscénités moins dangereuses, en les exprimant dans des termes encore plus grossiers, & de là on concluroit qu'il a eu tort de les écrire d'un stile qui pourroit encore être dangereux, par là même qu'il n'étoit pas assés impoli, à cela il répond, *qu'il faut ménager le public*, *& que frapper les oreilles des personnes de considération par des termes abandonnés à la plus vile populace, ou les mettre sous leurs yeux hardiment & sans necessité, c'est manquer au respect qu'on leur doit*. Mais à quoi aboutit tout cela, si ce n'est à prouver que Mr. Bayle auroit pû porter encore plus loin qu'il n'a fait la licence de ses expressions? Encore une fois ce n'est point là ce dont il s'agit. Il pouvoit plus dire, donc il n'a pas trop dit. Qui est-ce qui tombera d'accord de ce raisonnement? "Les „ femmes qui ne seroient vertueuses qu'à demi, cour„ roient moins de risque parmi des hommes brutaux, „ qui se mettroient à chanter les chansons les plus „ malhonnêtes, & à parler grossiérement comme „ des soldats, que parmi des hommes civils, qui ne „ s'expriment qu'avec des termes respectueux. El„ les se croiroit indispensablement obligées à se fâ„ cher contre ces brutaux, & à rompre toute partie, „ & à sortir de la chambre pleines de colére, & d'in„ dignation. Mais des complimens flateurs & ten„ dres, ou parsemés tout au plus de paroles ambi„ gues, & de quelques libertés délicatement expri„ mées, ne les cabreroient pas, elles y prêteroient „ l'oreille; & ainsi de là se glisseroit le poison.

Et en quoi consiste le danger de ces libertés délicatement exprimées? C'est d'amener enfin, mais peu à peu & insensiblement, à des sentimens, & dèslà à des fautes, où les Contes, les expressions, les tours de Mr. Bayle conduisent directement. Une femme qui se sera familiarisée avec ce stile ne se fera pas une peine de l'entendre. Il y a une différence du tout au tout, entre une faute dans laquelle des sentimens de tendresse & d'attachement pour une personne sont tombez, & celles, auxquelles les personnes qui aiment la débauche, les expressions grossiéres & les discours licentieux s'abandonnent, ou sont prêtes s'abandonner à toute occasion.

Si quelque chose à pû rendre très-pernicieux les Contes de la Fontaine, c'est qu'à l'égard des expressions ils ne contiennent presque rien qui soit grossier. Pag. 646.

Les Contes de Mr. de la Fontaine ont fait du mal, parce qu'en les lisant, on s'est familiarisé avec des idées auxquelles la Chasteté & la Prudence veulent qu'on refuse son attention. Si ce Livre avoit été écrit sans esprit, s'il n'y avoit rien eu que d'impoli & de très grossier dans ses vers, il auroit fait moins de mal, parce qu'il en auroit fait d'avantage à ceux qui auroient aimé à le lire.

Au reste on dit que Mr. de la Fontaine en a eu de très-grands remords à la fin de ses jours, & qu'il auroit souhaité de pouvoir abolir cet Ouvrage; au lieu que Mr. Bayle est mort dans une parfaite indolence par rapport à tout le mal qu'il a causé aux bonnes mœurs, & à la Religion. Il est mort la plume à la main contre ses Défenseurs. Quoiqu'il en soit, si l'on tiroit des écrits de M. Bayle, & si l'on rassembloit tout ce dont il cœur s'offense & qui fait craindre pour la pureté des autres, on feroit

un

un volume beaucoup plus gros, plus libre, plus varié plus fé lufant que les poësies licentieuses de Mr. de la Fontaine.

De tout cci on auroit tort de conclure, que le moindre mal feroit de fe fervir des expreſſions des Crocheteurs.

Je reconnois qu'on auroit tort de pofer cela en fait, & d'écrire conformément à cette Maxime. Mais pour cela on n'a pas tort de dire qu'une telle conféquence étoit odieufe & très-abfurde en elle-même eft une fuite naturelle de ce que Mr. Bayle alléguoit pour fe juftifier. Dès qu'on écrit fur un fujet dont les idées p uvent nuire aux bonnes mœurs, les expreſſions les plus éloignées de produire ce mauvais effet font fans contredit préférables. Mais on ne liroit pas un livre écrit dans ce ftile. Mr. Bayle a donc écrit pour fe faire lire ; il auroit été faché de foulever fes Lecteurs contre lui ; fon Apologie le fait bien voir. Or dès qu'on aime à lire des penſées licentieufes, plus la licence en eft groſſiére, plus l'effet en eft à craindre.

Du détour d'un Rapporteur.
XX. Mr. BAYLE diftingue dans cette page 646, entre le ftile défendu à un Avocat, & celui qui eft permis à un *Rapporteur.* „ Un Avocat plaidant fur un fujet contraire „ à l'honnêteté, doit parler avec beaucoup de rete- „ nue, & de modération, & faire connoître que fon „ refpect pour l'Auditoire l'oblige à s'exprimer ob- „ fcurément, & à taire une partie du fujet qu'il „ traite. S'il en ufoit autrement, on lui impoferoit „ filence. " Il eft donc certain que des Juges qui fentiroient ce qu'on doit à leur rang dans une Audience publique, arrêteroient tout court des Avocats qui s'énonceroi nt dans le ftile que Mr. Bayle femble affecter de fuivre en divers endroits. *Mais un Rapporteur eſt obligé de préſenter les actions infames dans toute leur énormité. C'eſt alors une néceſſité ; ſans cela on couvriroit le riſque de ne proportionner pas aſſez le châtiment à la faute.*

Mais un Rapporteur compte fûrement de fe trouver dans des circonftances, où fes expreſſions ne ferviront qu'à augmenter l'horreur, qu'on doit avoir pour ce qu'elles énoncent ; Rien n'eft plus éloigné de fatisfaire que d'ébranler par là des Juges fatigués par des conteftations auſſi embrouill£s que peu intéreſſantes. Mr. Bayle à expreſſément déclaré que c'étoit là fon but.

Logique de la précipitée des Stoïciens.
XXI. Mr. BAYLE fait en paſſant mention des Stoïciens, & de leur erreur fur l'honnêteté, & l'obfcénité des termes, il fe contente de rejetter cette erreur, mais il ne la réfute pas : Il n'en avoit garde ; car ailleurs il définit la Raifon de pouvoir renverfer le fyftême des Philofophes Cyniques, & d'aſſigner les bornes qui féparent *l'honnête d'avec le deshonnête.* L'erreur des *Stoïciens* pourtant facile à diſſiper : Tous les mots font par eux-mêmes des fons indifférens, & des fons qui ne fignifient rien ; Ils fervent à faire naitre les idées que l'ufage y a attachées : Il eft des actions qui, felon la diverfité des circonftances, fe trouvent très-innocentes ou très-condamnables : Pour répondre à ces différens cas , il eft des termes qui préfentent ces actions dans leurs différentes circonftances ; Il en eft qui par la force que l'ufage leur a donnée, font connoître qu'il celles qui les emploie condamne ce qu'on doit condamner ; Il en eft d'autres qui font connoitre qu'il en plaifante & qu'il s'en moque ; Il en eft donc on fe fert pour éloigner les hommes du mal ; Il en eft d'autres dont on fe fert quand on veut les y engager ; Il en eft qui appliquent l'attention fur ce à quoi elle doit fe refufer ; Il en eft qui l'en éloignent. Les termes deftinés à produire un bon effet font ceux qu'on appelle *honnêtes* ; Ceux dont la licence des hommes a abufé, & dont ils fe fervent pour féduire le cœur & l'imagination, paſſent pour licentieux & pour *deshonnêtes.* Ces diſtinctions auroient fait le procès à Mr. Bayle ; auſſi n'a-t-il garde de les employer pour faire connoître l'erreur des Stoï-

ciens. Si on veut le croire il n'eft point néceſſaire de fe convaincre par la Raifon qu'ils fe trompoient, il fuffit de s'en tenir à l'ufage, & de le prendre pour régle de fes mœurs, c'eſt-à-dire que dans un païs où la licence régneroit, & où l'on fe permettroit le ftile le plus propre à engager les hommes à l'impureté, on pourroit en toute innocence fe familiarifer avec ce langage & fes fuites.

Réfutation, qui uſage & des échappatoires.
XXII. Mr. Bayle à encore une autre raifon pour en appeller à l'ufage, & s'y tenir entiérement C'eſt que *l'uſage a varié*, ce qui lui fournit des autorités, & des échappatoires.

„ Puis donc que le mot P ..... dont nos Péres „ fe fervoient dans les livres les plus graves, auſſi „ franchement, que les Latins de celui de *meretrix*, „ commence à tomber dans un décri général, il eft „ jufte que tous les Auteurs commencent à s'en ab- „ ftenir, & à lui fubftituer le terme de Courtifane, „ puifqu'on le veut. C'eſt dans le fond par une „ délicateſſe mal entendue ; car voici comme je rai- „ fonne. Ou le mot de Courtifane excite une idée auſſi „ forte que l'autre, ou une idée plus foible. Si c'eſt „ le prémier, on ne gagne rien ; on n'épargne à per- „ fonne l'horreur d'avoir dans l'efprit un objet infa- „ me. Si c'eſt le fecond, on diminue la haine que le „ public doit avoir pour une proſtituée. Mais eſt- „ ce à une créature qui mérite ce ménagement ? „ Faut-il la repréfenter fous une idée favorable ? Ne „ vaudroit-il pas mieux aggraver la notion infame du „ métier qu'elle profeſſe ? Quoi vous craignez de la „ rendre trop odieufe ? Vous lui cherchez un nom „ commode, & qui ne fignifioit autrefois qu'une „ Dame de la Cour. On diroit que vous craignez de „ l'offenfer, & que vous tâchés de radoucir les ef- „ prits en la défignant fous un nom de mignardife. „ Ce qui arriveroit de tout cela, fi l'on agiſſoit con- „ féquemment, feroit que le terme de Courtifane „ paroîtroit bien-tôt obfcéne, & qu'il en faudroit „ chercher un plus doux. Il faudroit dire *une fem- „ me qui ſe gouverne mal*, & puis *une femme dont on „ cauſe*, & puis *une femme ſuſpecte*, & puis *une fem- „ me qui ne ſe comporte pas faſiement*, & enfin prier „ les précieufes du plus haut vol d'inventer quelque „ Périphrafe.

Il eſt des actions dont l'idée plait aux fens, & auxquelles la nature animale s'abandonneroit, comme on le voit dans les bêtes, fans ſcrupule & fans reſerve, fi la raifon & la pudeur ne fervoient de contrepoids au penchant de la fimple nature. Il importe infiniment pour la pureté, l'ordre, la bienféance, l'honneur du genre humain, que les termes dont on fe fert pour exprimer & ces actions, & ce qui y a du rapport, préfentent à l'efprit des idées acceſſoires fort vives, qui faſſent fentir que l'attention qu'on donne à des objets de cette nature eft indécente & dangereufe, & qu'on fe rend très coupable, lorfqu'on a l'imprudence de fe familiarifer avec ces pretées dangereufes. Dès qu'un terme qui avoit la force de réveiller des idées acceſſoires d'éloignement & de haine, perd de cette force fi utile & fi néceſſaire, qu'on la corruption des hommes groſſiers eft prévenue à donner à de tels termes le foin de préfenter hardiment des idées à éviter, dès qu'ils font devenus familiers à ceux qui aiment à parler avec effronterie de ce qui offenfe la pudeur alors de peur que la contagion des fentimens licentieux ne fe gliſſe avec le langage, à ces expreſſions trop hardies, on en doit fubſtituer d'autres, & on ne doit point fe laſſer de faire ces fubſtitutions. Le genre humain eft eſtimable & en uſe ainfi, malgré le grand nombre des mauvais cœurs qui le compofent. C'eft manquer infiniment au refpect qu'on lui doit de ne s'aſſujettir pas très-fcrupuleufement à une fi heureufe pratique, & on doit ici appliquer à tous les hommes ce que Mr. Bayle lui-même dit des Stoïques. *Si dans leurs conférences particuliéres ils ne jugeoient pas à propos de préférer un mot à un autre, il falloit pour le moins que dans le public ils ſe se confermassent au stile commun. Le consentement unanime des peuples doit-être en cela une barriére pour tous les particuliers.*

XXIII. DANS la page 647. Mr. Bayle suit sa Méthode ordinaire. À l'occasion d'une Question il passe adroitement d'une autre par le moïen de quelque rapport qu'elles ont entr'elles. On sent par là de la liaison dans ses Ouvrages, & cependant il trouve moïen de faire disparoître une Question pour amener son Lecteur sur une autre, sans lui donner le temps d'approfondir la première & de s'en procurer une exacte connoissance. Il vient de dire, qu'on doit respecter l'usage ; il étoit naturel de lui objecter, qu'il ne l'a pas fait, & qu'il a écrit une infinité de choses que l'usage établi parmi ce qu'on appelle des honaêtes gens, & les personnes qui sçavent pour sçavoir vivre, ne permettroit pas de dire en conversation. Mr. Bayle reconnoit que ce *seroit la une incivilité*, & là-dessus il parle de l'obligation où l'on est d'être civil & poli, & de ce qui peuvent excuser celui qui ne l'est pas ; Il substitue donc à l'idée de l'*honnêteté*, & de ce que l'on doit à la pureté de son cœur & à celle des autres, il lui substitue, dis-je, l'idée de l'*impoliteße*. Aux discours impurs & obscènes qui familiarisent le cœur & l'imagination avec le Vice, il substitue le nom de *simple incivilité*, encore trouve-t-il moïen d'en bien rabattre : Peut on plus hardiment changer l'état de la question ?

L'incivilité n'est *mauvaise moralement parlant*, que lorsqu'elle vient d'orgueil, & d'une intention précise de témoigner du mépris à son prochain.

Et n'est-elle pas mauvaise moralement parlant, quand elle part d'un cœur qui se plait aux idées impures, & qui par un principe encore d'intérèt, de lâche complaisance, ou par d'autres motifs autant condamnables, se donne la liberté de conter & de réfléchir licentieusement ? Mr. Bayle a-t-il donné une grande preuve de sa modestie en s'opiniatrant à remplir son Dictionnaire d'ordures, & à les multiplier dans une seconde édition.

La liberté que l'on peut prendre à beaucoup plus d'étendue dans un livre, que dans un discours de vive voix. *Une obscénité dite en face à d'honnêtes femmes, en bonne compagnie, les embarasse beaucoup. . . . Mais il ne tient qu'à vous de lire, ou de ne pas lire ce qui n'est pas assés chaste à vôtre gré.*

Vous diriés que tous les reproches qu'on a fait à Mr. Bayle sur le sujet des obscénités se reduisent à ceci. Vous êtes un impoli qui embarasses les Dames par les Contes dont vous avés parsemé vôtre Dictionnaire, par ces réfléxions dont vous les embellissés, & par les expressions grossiéres & licentieuses dont vous avés trouvé à propos de vous servir. On fait cette plainte effectivement ; mais ce n'est pas la seule ni la plus importante. On est persuadé que la lecture de vos obscénités est tout à fait propre à gâter le cœur des jeunes gens, & l'expérience ne l'a que trop prouvé. Pour ce qui est du *lise qui voudra*, on peut de plus se faire marquer les endroits qu'on ne doit pas lire. Ce sont des défaites que Mr. Bayle lui-même ne proposoit pas sérieusement ; il sçavoit bien que souvent on trouve le plus d'ordures dans son livre, là où on en attendroit le moins ; & que la bienséance ne permet pas à une Dame d'éxiger d'un homme qu'il mette des notes à tous les endroits qu'elle ne doit pas lire, elle paroitroit par là l'inviter à lui dire des plaisanteries.

Croiés vous qu'un vieux Professeur de Sorbonne soit obligé de sçavoir tout ce que sçavent les jeunes Abbés de Cour, dans l'art de marquer aux Dames beaucoup de respect, avec une grande politeße ?

Un Docteur de Sorbonne qui a vieilli dans l'Etude des Controverses, est amené, par de certaines circonstances dans une maison où il se trouve des Dames de tout âge ; il ne fait pas saluer le monde, ni entrer dans une assemblée de la maniére que feroit un jeune Cavalier qui n'a rien appris que la mode. On auroit tort de se moquer du Docteur, à qui il arrive de faire quelque chose contre des usages arbitraires qu'il ne connoit pas, & dont il n'a pas été obligé de prendre connoissance. Qu'est-ce que cèt exemple à de conforme avec le cas de Mr. Bayle ? Un homme qui s'exprimeroit en présence de quelques Dames, ou simplement en présence de quelques hommes, pour qui il devroit avoir des égards, de la maniére dont Mr. Bayle s'exprime à tout coup dans son Dictionnaire, de quel œil le regarderoit-on ? A cela est-il permis de répondre ? On seroit fondé de regarder de mauvais œil un Cavalier qui doit avoir étudié le monde, & connoitre ce qui y est établi. Mais quelle injustice d'éxiger la même attention & les mêmes connoissances de Mr. Bayle, qui a passé sa vie dans la retraite, qui ne lisoit point les livres où il auroit pû s'instruire de ce qu'on appelle le bel usage, qui ne les croiot jamais, mais qui se contentoit d'écrire tout bonnement, tout simplement, & tout grossiérement. Mr. Bayle ne connoissoit point le cœur humain, il ne l'avoit jamais étudié, il ignoroit ce qui peut contribuer à le *séduire* ; Il n'avoit point étudié la Morale, il ne sçavoit point ce que le Christianisme enseigne sur la retenue dont on doit user dans ses discours : Il se donne pourtant pour le même que la *Foi* & la *Grace* ont pleinement convaincu des vérités de la Religion, que sa Raison étoit incapable de lui faire comprendre.

Mr. Bayle comprend donc qu'il a besoin d'une autre échapatoire ; *Il n'est pas*, dit-il, *contre la Civilité d'écrire ce qu'il est contre la civilité de prononcer.* Avec cette distinction un Prédicateur qui chargeroit ses sermons imprimés d'expressions semblables à celles que Mr. Bayle se plait à rapporter à la page 643, & de plus grossieres encore, auroit sa justification toute prête, en disant, qu'il n'a pas prononcé ces termes, & qu'il les a réservés pour l'impression. J'oserai donc me montrer aux yeux d'une infinité de gens tel que je n'oserois paroitre aux yeux de trois ou quatre personnes. Il y a plus ; Mr. Bayle fournit à un Prédicateur de quoi faire l'Apologie des expressions les plus grossiéres, & de les condamnées, disent-elles plus que je n'en dis toutes les fois que je bénis un Mariage, ou que je publie des *Annonces* ?

Pour moi je ne sai pas éxactement comme étoit faite l'imagination de Mr. Bayle ; mais je sai bien que j'ai mille fois oui publier des annonces, & que j'ai vû bénir des mariages, sans qu'il me soit jamais venu dans l'esprit aucune des idées que les expressions de Mr. Bayle font nécessairement naitre. Une imagination mérite à juste titre le nom de *Coureuse* que Mr. Bayle lui donne, dès qu'elle passe avec cette rapidité de quelques idées vagues aux plus déterminées, & de ce qu'il est permis de penser à ce à quoi on doit refuser ses idées. Y a-t-il un honnête homme qui n'ait prononcé un milion de fois le nom de *Dame*, & le mot de *Coiffe* sans penser le moins du monde à aucune des idées que l'*imagination coureuse* de Mr. Bayle enchaine si hardiment l'une à l'autre ? Il faut pour en venir là s'être familiarisé autant que lui avec ces idées, auxquelles la pudeur se refuse, par les lectures continuelles des sales Auteurs dont il a tiré ses recueils.

Mr. Bayle pose en fait que les termes les plus grossiers & les termes les plus honnêtes dont on se puisse servir pour désigner une chose sale, la peignent aussi vivement & aussi distinctement les uns que les autres, dans l'imagination de L'*Auditeur*, ou du *Lecteur*.

Ce fait bien prouvé, établit sans réplique l'Apologie de son stile. Mais comment le prouve-t-il ? En le rendant sensible par un argument populaire. Il veut qu'on se figure *une de ces avantures qui servent quelquefois d'entretien à toute une ville. Une fille qui s'est mal conduite, & un Mariage prêt à être célébré, mais arrêté tout à un coup par l'opposition d'un tiers.* Mr. Bayle place adroitement son Lecteur

dan

dans des circonſtances, qui ſignifient beaucoup par elles-mêmes, & qui frappent vivement l'imagination: Après quoi il ne lui eſt pas difficile d'y faire naître ce qu'il veut, par cinq lignes d'expreſſions ſynonimes, les unes plus les autres moins fortes, & libres. L'eſprit arrêté ſi longtemps ſur le même ſujet s'accoutume enfin à attacher les mêmes idées à tous ces termes différens.

Dans des cas de la Nature de ceux que Mr. Bayle allégue, les honnêtes gens condamneront la perſonne coupable, & plaindront ceux à qui elle appartient. Les Mauvais coeurs ſe feront, à leur ordinaire une fête du mal d'autrui, & ſi leur coeur a encore un tant d'éloignement pour la pureté que pour la bonté, ils en plaiſanteront dans le ſtile de Mr. Bayle ou dans celui des Auteurs mépriſables & effrontés, ſur leſquels il a trouvé à propos de former le ſien, à cét égard.

Les précautions inutiles de notre Auteur que prescrit. XXIV. POUR ſe convaincre que dans le fond, il n'y a pas moins d'incivilité à écrire qu'à parler, qu'on ſe figure deux Cavaliers qui penſent à ſe marier; L'un déclare ſes intentions à celle qu'il ſe propoſe d'épouſer, non pas dans les termes que l'uſage approuve, & qui ſont établis pour ſignifier que celui qui les emploie ſe renferme dans les bornes de la retenue, & de la modeſtie, qu'il reſpecte la Vertu, & qu'il en fait cas; au lieu, dis-je, de s'exprimer dans ce langage, ſuppoſons qu'il paraphraſe la demande dans tous les termes que Mr. Bayle ſe plait à entaſſer comme ſynonimes.

Un autre a la précaution de ne parler pas ainſi; mais ce que ſe prémier à dit il prend le parti de l'écrire à celle qu'il voudroit épouſer. Si le diſcours du prémier a été prononcé ſans témoin, celle qui a eu le malheur de l'entendre, ſe trouve réduite à taire l'affront qu'elle a reçu, elle n'en ſauroit tirer ſatisfaction, peut-être même ne l'en croiroit-on pas; Mais pour celle qui a reçu la lettre, elle la fait lire à ſes Parens, & les met en droit d'en tirer vangeance: Et l'effronté Ecrivain pourroit-il éviter les étriviéres qu'il mérite, en diſant, *Lit qui vent, ſi les prémiéres lignes d'une lettre déplaiſent il n'y a qu'à la jetter au feu*.

Cette excuſe n'eſt pas moins impertinente dans la bouche d'un Auteur. Ecrit-on des livres, ſi ce n'eſt à deſſein de les faire lire? Et Mr. Bayle pouvoit-il ignorer de ceux qui auront le plus de penchant au mal liront avec le plus de plaiſir ſes obſcenités; pouvoit-il ignorer que c'eſt ſur de tels coeurs qu'elles feroient un plus mauvais effet?

Mauvais effet des mauvais livres. XXV. L'AUTEUR a trouvé à propos de faire naître les perſonnes qui compoſent le genre humain avec de certaines diſpoſitions, d'où naîtront en ſuite certains penchans. Des ſentimens de pudeur & de retenue qui s'élevent en même temps, modérent ces penchans, & font qu'on s'y refuſe, & qu'on s'éloigne d'y penſer: Ces ſentimens qui paroiſſent ſi oppoſés ſe réuniſſent pour le bonheur des hommes, pour conſerver la ſocieté, & pour la conſerver dans l'ordre, pour établir enfin la fidélité conjugale. A meſure qu'on ſe familiariſe avec certaines idées, la retenue qui fert au bon effet dont je viens de parler, s'uſe, & s'annéantit peu à peu. Mr. Bayle affecte de familiariſer ſon Lecteur avec les idées dont j'ai ſi ſouvent remarqué qu'il faut éloigner l'attention; Les termes les plus vagues, les moins frappans, ou les plus chargés de ces idées acceſſoires qui renferment l'imagination dans les bornes de l'honneteté, il les paraphraſe avec tant de hardieſſe, il entaſſe tant de mots expreſſifs l'un ſur l'autre, & force l'imagination à s'arrêter ſi longtemps ſur la même idée, que tous les mots contenus en pluſieurs lignes lui préſentent l'un après l'autre, qu'à la fin il vient à bout de procurer à de certains termes, qui ne préſentoient rien d'indécent à l'imagination, la malheureuſe force de ſignifier tout ce qu'il lui plait.

Si l'on en croit ce que dit Mr. Bayle dans la page 648. lors qu'une Dame s'offenſe des expreſſions groſſiéres & licencieuſes dont on uſe en lui parlant, ce n'eſt pas par goût pour la pureté, & par l'horreur qu'elle conçoit pour ce qui en éloigne, *C'eſt par vanité ſeulement*, on n'a pas eu pour elle les ménagemens que l'uſage a établi pour des marques de reſpect. Il ſe peut que Mr. Bayle juge des coeurs de toutes les femmes par le ſien; mais il ſe peut auſſi qu'il ſe trompe, quand il ſuppoſe qu'elles ne ſe conduiſent que par les mêmes motifs & par les mêmes principes ſur leſquels il ſe régleroit lui-même, s'il étoit en leur place.

Mais, dit-il, il en eſt qui ont peu de vertu, & qui ne laiſſent pas de s'offenſer d'un diſcours libre; Elles n'en pas de la vertu. Ces diſcours ne les offenſent pas, parce que leur pudeur en ſouffre, elles aiment ces idées, mais leur vanité, ne trouve pas ſon compte dans la liberté qu'on ſe donne de les leur préſenter groſſiérement. Il leur paroit que c'eſt manquer à la conſidération qu'on leur doit.

Cette réponſe de Mr. Bayle renferme un tas de ſophiſmes. 1. Eſt-il permis de conclure de celles qui n'ont pas de la vertu à celles qui en ont, & de ſuppoſer qu'elles ſe conduiſent ne par les mêmes principes? S'il eſt permis de raiſonner ainſi, il ſuffira de prouver que deux hommes ſont hipocrites pour conclure qu'il n'y en a point qui agiſſe ſincérement 2. D'une femme dont la vertu n'eſt pas inébranlable, & dont le coeur n'eſt pas au deſſus de toute ſurpriſe, d'une femme même qui a pû oublier ſon devoir à de certains égars, il y a une extrême diſtance à une qui ne connoit d'autres régles que ſon penchant pour les plaiſirs. On peut avoir cédé à un homme, & être inébranlable à tous les autres. On peut oublier ſon devoir à de certains égars, & s'en acquiter ſcrupuleuſement à d'autres, & la pudeur n'eſt pas éteinte dans toutes les perſonnes qui ont eu une foibleſſe. Suppoſons enfin une parfaite hipocrite qui dans le fond, n'a ni pudeur, ni vertu. Pour celle-là, il eſt certain qu'elle ne ſe recrie ſur un diſcours trop libre que par vanité. Mais cette vanité même eſt, dans cette occaſion, un hommage qu'elle rend à la vertu qu'elle n'a pas. Telle femme n'aura pas aſſez d'attachement à la vertu pour lui ſacrifier ſon inclination aux plaiſirs, qui, ne pourra pas s'empêcher de l'eſtimer aſſez pour ne vouloir pas paſſer pour ne ſe faire aucun ſcrupule de ſacrifice. Or ſi les femmes qui manquent de vertu ſe font un honneur de paſſer pour en avoir, à plus forte raiſon celles qui en ont effectivement, ſont conſiſter leur gloire à s'y affermir. Voila pourquoi elles comprennent qu'on lui donne atteinte, lors qu'on les croit capables de prendre plaiſir à des diſcours que la pureté condamne.

Il me paroit qu'il ne convient pas à un Auteur qui ſe pique d'éxactitude, qui donne ſon attention à relever les fautes où les autres ſont tombés en raiſonnant, à moins qu'il ne faſſe en même temps profeſſion de chicane, & d'avoir renoncé à la ſincérité; il me paroit, dis-je, qu'il ne lui convient pas de raiſonner lui-même dans ſes livres comme l'on feroit dans un cercle, où chacun ſe piqueroit de n'être point du même ſentiment que les autres, & feroit fort content de lui-même, pourvû qu'il eut alégué quelque apparence de raiſon & de preuve pour ſoutenir ſon ſentiment.

„ Je ſuis perſuadé, dit-il, qu'aujourd'hui de quel-
„ que ſexe que l'on ſoit, on n'a pas plutôt vû le
„ monde quatre ou cinq ans, que l'on ſait, par
„ oui dire, une infinité de choſes graſſes. Cela eſt
„ principalement vrai dans tous les païs où la ja-
„ louſie n'eſt pas tirannique. On y vit dans une
„ grande liberté. Les converſations enjouées, les
„ parties de plaiſirs, les feſtins, les voiages à la
„ campagne y ſont preſque un pain quotidien. On
„ ne ſonge qu'à ſe divertir, & qu'à épuiſer l'eſprit.
„ La préſence du beau ſexe eſt bien cauſe que les
„ obſcenités n'y entrent pas à viſage découvert,

„ mais non pas qu'elles n'y aillent en masque, on
„ les produit sous des enveloppes, qui, comme je l'ai
„ prouvé ci-dessus; n'empêchent pas que l'objet
„ sale ne se peigne dans l'imagination, tout comme si
„ l'on se servoit des termes d'un Païsan. La crainte
„ d'être raillées comme des prudes & des précieu-
„ ses, fait que les femmes n'osent se fâcher, pen-
„ dant qu'on ménage les expressions. C'est une pure
„ question de nom, une vraie dispute de mots, la
„ chose signifiée passe, mais non pas toutes les pa-
„ roles qui la signifient.

Plus on se voit familiérement, plus il y a de danger que le mode du discours licentieux s'établisse, & par conséquent plus les mauvais effets du Dictionnaire de Mr. Bayle sont à craindre. Je veux qu'il se dise de temps en temps, quelque chose qui ait du rapport aux matiéres sur lesquelles il aime tant à revenir; mais il n'est pas moins vrai qu'une personne qui s'exprimeroit là-dessus grossiérement seroit le fleau des compagnies. Mais qu'on s'exprime grossiérement ou délicatement, qu'on dise beaucoup, ou qu'on dise peu, n'est ce pas la même chose? Non, & il s'en faut extrêmement? Il en est de cela comme de deux personnes dont l'une crie, & l'autre parle fort bas. On est forcé d'entendre l'une, & on peut aisément s'empêcher d'écouter l'autre. On a bien-tôt refusé son attention à un petit nombre de mots qui ne présentent que des idées vagues & imparfaites; Il en est au contraire dont tout le sens se présente incontinent; & pour ce qui est de ceux-ci, se plaire à les entendre, & à plus forte raison se plaire à y répondre, est une des plus facîles habitudes. Au reste Mr. Bayle paroit n'avoir pas eu de bons mémoires; Il vivoit dans une grande retraite, comme il l'apprend lui-même dans sa Préface, peut-être s'est-il imaginé que les lectures auxquelles son imagination se délectoit, avoient un parfait rapport au sujet des conversations, pour lesquelles il comptoit que les hommes & les femmes avoient tant d'empressement. J'ai quelquefois ouï parler de cette maniére des Laboureurs qui ne m'appercevoient pas. Mr. Bayle y auroit pû trouver dequoi grossir son Dictionnaire. De quoi ces gens-là peuvent-ils s'entretenir quand ils veulent s'égaier ? Aussi les Péres qui ont soin de l'éducation de leurs enfans ne les laissent pas avec leurs domestiques, & la grossiéreté de ces gens-là fait sur les enfans bien nés & bien élevés ce que la vue des esclaves faisoit sur la jeunesse de Lacedémone; Mais que leur dira-t-on lors que dans le plus grand feu de leur âge, ils verront un Philosophe célébre plein de ces idées dont-il a chargé ses recueils, & qui pour mettre toujours mieux en état ses Lecteurs de s'y livrer sans retenue, les affranchit du joug de la Raison, qui ne fait selon lui ce qu'elle dit, & de celui de la Religion qui n'est encore qu'un tas d'incertitudes & de contradictions ?

Si l'on trouve des endroits choquans, cette peine sera bientôt suivie du doux plaisir de s'être donné à soi-même de nouvelles preuves de la force de sa pudeur. Si l'on se plaît à ces endroits-là, & si l'on s'y gâte, ce ne sera point ma faute, il s'en faudra prendre à sa propre corruption. Ne sont-ce pas des choses que je sais voir comme criminelles?

Mr. Bayle veut-il imiter Robert d'Arbrissel & prouver à ses Lecteurs le plaisir de remporter des victoires ? Ce n'est pas là l'effet naturel des idées dont il travaille à les pénétrer. Ceux à qui elles ne nuiront point en auront toute l'obligation à eux-mêmes. Mais Mr. Bayle partagera la faute de ceux sur lesquels elles auront eu l'effet qu'on en doit naturellement attendre.

Dans la page 648. Mr. Bayle continue à rebatre que la lecture de ses obscénités n'apprend rien qu'on ne sût déja; qu'on n'y trouve rien que ce qui fait la conversation des jeunes gens dans leurs parties de plaisirs. J'ai déja fait voir la vanité de cette excuse; Je ne sai avec qui Mr. Bayle a passé les premiéres années de sa vie, & avec qui il s'est entretenu le plus familiérement. Mais à en juger par ses Lectures favorites, par ses amples recueils, par ses expressions chéries, & en particulier par ce qu'il rapporte ici des entretiens de la jeunesse dans leurs repas, & dans leurs promenades, on auroit lieu de présumer qu'il n'a pas vécu avec tout la sagesse que ses amis lui attribuent, & que sa conduite secréte auroit assez bien pû s'accorder avec ses lectures & ses écrits.

Si nous en croions Mr. Bayle, *une femme qui a lû des Comédies, des Opera, quelques Romans & quelques Poëmes tendres, ne trouvera rien de nouveau pour elle dans son Dictionnaire, & elle poura se plaire à le lire sans aucun danger.* C'est là se plaire à débiter des Paradoxes. Dès qu'une femme a lû *Moliére*, c'est une fausse prude, si elle n'ose pas lire *Brantome*, ni avouer qu'elle l'a lû. On peut avoir du penchant à la tendresse, on peut encore si vous voulés se plaire trop à lire des ouvrages qui entretiennent ce penchant, & conserver avec cela un grand éloignement pour le libertinage. Un coeur susceptible d'une grande tendresse refusera par la même de se rendre à toute autre personne qu'à une qui paroitra, par sa vertu très-digne de le posséder. Oser dire que les idées dont Mr. Bayle charge une partie de ses observations, ne sont pas d'une nature toute différente de celle des Romans approuvés, & ne vont pas tout droit à familiariser le coeur avec les actions de débauche & de grossiéreté, c'est se moquer, & prendre ceux à qui l'on parle pour des bêtes.

A qui Mr. Bayle imposera-t-il qu'à des gent qui cherchent eux-mêmes à se tromper, quand il prétend qu'on ne sauroit se trouver présent à un baptême sans remplir son imagination de tout ce qu'il a recueilli de *Monraque*, ou de *Brantome*, ou de quelque chose d'équivalent. Comme il est des termes qui marquent la cause sans ramener dans l'esprit l'idée de l'effet, il en est qui présentent à l'esprit l'effet seul sans le faire aucunement penser à la cause de cet effet. C'est Mr. Bayle qui améne dans l'esprit de ses Lecteurs les idées de *Brantome* par le moîen de ses paraphrases, & qui apprend à les attacher à des mots qu'on a ouï prononcer mille fois sans qu'ils les présentassent.

Il est un grand nombre de mots. Pere, Mere, Mari, Epouse, Fiancé, Fiancée, Noces, Garçon Fille &c. que l'on s'est rendu familiers dès sa premiére enfance, sans y attacher que des Idées vagues, & on s'est fait une si longue habitude de ne les prononcer que dans ce sens, qu'on ne vient à y attacher les Idées de Mr. Bayle y joint, que par une espéce de violence. Elles paroissent des Idées étrangéres, & un honnête homme après avoir lû les paraphrases de Mr. Bayle en oublie bientôt l'effet. Elles n'en ont que sur les coeurs disposés à se gâter. Il les gâte par-là & les dispose à écouter avec plaisir ses Leçons de Pyrrhonisme.

A la page 649. Mr. Bayle vient à la seconde Question qu'il a entrepris de discuter, & cette Question encore il la subdivise en deux. Il demande si un Historien doit supprimer toutes les impuretés de ceux dont-il écrit l'histoire, & si un Moraliste qui condamne l'impureté doit s'abstenir de tous les termes qui offensent la pudeur.

XXVI. POUR ce qui est du second article *Du fuie des Mora- listes. III. Part. Sect. 1. Art. XXII.* Je renvoye mon Lecteur à ce que Mr. Bayle remarque lui-même dans l'article de Sanchez à L'expérience apprend tous les jours avec combien de retenue, de précaution, de circonspection il faut combattre certains vices tout dangereux qu'ils soient. On a judicieusement remarqué qu'il faut les combattre en leur tournant le dos, & non pas de les attaquer de plein front. L'imagination se remplit de leur idée, les sens lui prêtent leur force, & l'entendement se trouve tout distrait ; Cela fut tout à lieu dans les Sermons, & Mr. Bayle n'a pas manqué d'en

rap-

rapporter quelques exemples. Dès qu'un Prédicateur a fait rire cinq ou six de ses Auditeurs, quelque raison qu'il ait dans le fond, il vaudroit mieux qu'il ne fût pas monté en chaire. Qu'on apprenne à ses Auditeurs à respecter la Raison, à vivre en la présence du Seigneur, à connoître les plaisirs de l'esprit. Qu'on les forme au goût des vrais biens, ils se trouveront par là en état de surmonter, sans autre leçon, tout le penchant que leurs sens, & leurs passions leur pourroient donner pour les voluptés illégitimes.

Du Dec. XVIII. 1720.

XXVII. SI Mr. Bayle avoit commencé par la prémière de ses deux questions, après avoir prouvé qu'il est de l'intérêt du genre humain que la mémoire des Grands, qui se sont abandonnés au vice soit notée d'infamie, & qu'il importe encore à tous les hommes de comprendre que, de plus legers commencemens de libertinage, on passe peu à-peu aux plus grands excès, il auroit conclu de là que l'on doit parler des vices, où quelques-uns des hommes sont tombés, d'une manière à faire craindre aux autres les mêmes chûtes, & à les remplir d'horreur pour les fautes, qu'il leur importe d'éviter. Il auroit ensuite conclu à l'obligation où un Historien se trouve de s'exprimer sur des sujets de cette nature dans un stile, & sous des tours incapables de contribuer à porter les hommes aux vices, dont on se propose de les éloigner.

Prenons pour exemple l'histoire d'Abélard que Mr. Bayle ramene souvent sur la scène. Ne suffiroit-il pas à un Historien, aussi abrégé que le doit être l'Auteur d'un Dictionnaire, de dire qu'Abélard étoit un des Savans Hommes de son siécle; qu'un Religieux lui confia le soin d'une jeune Niéce, qui avoit beaucoup d'esprit, & de goût pour les Sciences; qu'elle y fit d'abord de grands progrès sous ce savant Maître; mais que malheureusement il ne se borna pas là, il prit de la passion pour son Elève, & il fût s'en faire aimer. Cela ne lui étoit pas fort difficile; il étoit éloquent, il étoit bienfait, il la voioit aussi souvent qu'il trouvoit à propos: leur passion alla aux derniers excès; L'Oncle se mit en droit d'en tirer une cruelle vangeance & se persuada qu'il ne commettroit rien d'injuste, quand il mettroit le Docteur qui l'avoit trompé hors d'état d'en tromper d'autres: Le châtiment d'Abélard fut suivi de bien des plaintes, & on lit encore de ses Lettres à Héloïse, & des réponses qu'elle lui a faites, qui sont des mélanges de regrets, d'idées de tendresse, de sentimens licentieux, & en même tems de repentance & de dévotion. Il y régne une vivacité qui peut devenir contagieuse, & je n'en conseillerois la lecture qu'à des personnes assés affermies dans leur devoir pour se trouver en état de profiter de tout. Moins de prévention pour les idées du Célibat, auroit pû faire vivre heureux, & dans l'innocence, des personnes qui se rendirent très-malheureuses & très-coupables.

Seroit-ce un malheur pour le genre humain qu'Abélard & Héloïse ne se fussent point écrit, ou qu'ils eussent eu la prudence de ne faire voir leurs lettres à qui que ce soit? Supposons que dans ce siécle-là, & dans d'autres, aucun livre n'eut pû paroître qu'après en auroient fait effacer tout ce qui peut nuire aux bonnes moeurs. Supposons encore que pour décider sur ce point sans partialité, & sans que la République des Lettres se plaignit qu'on donnoit de trop grandes atteintes à sa liberté, on n'eut prononcé sur aucun livre qu'après lui avoir assigné un Défenseur qui plaidât pour sa conservation, ou pour la conservation de ce qu'on vouloit en retrancher. Ces Avocats auroient conte fait l'office de *Rapporteurs*, & auroient exposé aux yeux des Juges les propres termes sur lesquels ils avoient à délibérer, quelque licentieux qu'ils fussent, il auroit pourtant fallu les lire, & ne pas les condamner sans connoissance de cause: Ces Juges graves & choisis d'entre les hommes d'une ver-

tu à toute épreuve, auroient pû lire sans danger les endroits les plus condamnables; mais ils auroient en même tems compris qu'ils étoient dangereux pour d'autres, & qu'il importoit de les supprimer. Quelle nécessité de faire revivre dans de nouvelles éditions, sous de nouvelles formes, & de nouveaux prétextes ce qu'il seroit à souhaiter qui n'eut jamais paru? Quand Mr. Bayle insère, dans son Dictionnaire, le Nom de quelques fameux Scholastiques, d'où vient qu'en qualité d'Historien fidéle, il ne se fait pas une Loi de donner une idée de son systême, & de rassembler une longue liste de ses subtilités métaphysiques, & de ses distinctions? Il en a eu cent fois l'occasion, & il l'a toujours négligée. Mais toutes les fois qu'il s'agit d'un Auteur qui a pensé contre les vérités de la Réligion, ou qui en a été soupçonné, Oh! alors il est de son devoir que Dictionnaire entienne un fidèle Régître; & si cet Auteur n'a pas sû raisonner, ou n'a pas osé raisonner au gré de Mr. Bayle; plus hardi que lui il lui prête des raisons pour soutenir sa mauvaise cause. De même encore, rencontre-t-il en son chemin quelque Auteur qui ait écrit licentieusement, ou quelque Nom, & quelque avanture qui ait donné lieu à des compositions trop grossières, il se fait encore une Loi d'en donner des extraits étendus, circonstantiés, commentés. L'histoire des vaines subtilités des Scholastiques auroit servi à nous donner une juste idée de l'état des Sciences dans leur siécle, & nous auroit fourni un motif des plus forts de profiter des lumières du nôtre, & à les perfectionner. Mais tout cela n'auroit pas réjoui les bons amis de Mr. Bayle: C'est à eux qu'il destinoit ses discours obscènes, & ses méditations paradoxes contre la certitude des plus importantes vérités.

Mr. Bayle après avoir proposé ces deux dernières questions, y répond comme s'il ne s'agissoit que de bagatelles, & de quelques disputes de Grammaire. Il appelle *Puristes* ceux qui sont pour l'affirmative, & *Antipuristes* ceux qui pensent autrement. Il répete ce qu'il a déja dit, que la question n'est pas encore formellement décidée; il donne encore une nouvelle liste de ceux qu'il compte dans ses idées, & cette liste est remplie des noms les plus respectables. Les Ecrivains sacrés se trouvent dans le Catalogue des *Antipuristes*, leur cas est le même que celui de Mr. Bayle, & il faut dire qu'ils ont eu tort, ou cesser de condamner ce que Mr. Bayle a tiré de *Brantome*, & d'autres Auteurs, qui comme lui, faisoient profession de libertinage, & qui, sur le chapitre de l'impureté se permettoient tout à la manière des Cyniques.

On trouve dans l'Art de penser, Logique généralement aprouvée, des réflexions très-simples & très-sensées, qui suffisent pour faire évanouir toutes les éxcuses de Mr. Bayle. Ses Auteurs semblent n'avoir pas moins eu en vuë l'avenir que le passé, quand ils ont dit P. I. Ch. XIV.

„ Mais tout cela n'est qu'une vaine subtilité; car
„ il arrive qu'une même chose peut être exprimée
„ honnêtement par un son & déshonnêtement par un
„ autre, si l'un de ces sons y joint quelqu'autre idée
„ qui en couvre l'infamie, & si l'autre au contraire
„ la présente à l'esprit d'une manière impudente.
„ Ainsi les mots *d'adultére*, *d'inceste*, ne sont pas in-
„ fames quoi qu'ils expriment des actions très infa-
„ mes, parce qu'ils ne les présentent que couvertes
„ d'un voile d'horreur, qui fait qu'on ne les regarde
„ que comme des crimes, au lieu qu'il y a de cer-
„ tains mots qui les expriment sans en donner de l'hor-
„ reur, & plûtôt comme plaisantes que comme cri-
„ minelles.

„ Les tours sont honnêtes, quand ils n'expriment
„ pas seulement les choses, mais aussi la disposition
„ de celui qui en parle, qui témoigne, par sa rete-
„ nuë, qu'il les envisage avec peine, & qu'il les ca-
„ che autant qu'il peut à soi-même & aux autres.

„ Au lieu que ceux qui en parleroient d'une autre
„ manière feroient paroître qu'ils prendroient plaisir à
„ regarder ces sortes d'objets, & ce plaisir étant infa-
„ me, il n'est pas étonnant que les mots qui impriment
„ cette idée soient contraires à l'honnêteté.
„ C'est pourquoi il arrive aussi qu'un même mot
„ est estimé honnête en un temps & deshonnête en
„ un autre &c.
„ Aussi c'étoit une mauvaise défence à un hom-
„ mes qui s'étoit servi d'un mot peu honnête, d'al-
„ léguer qu'on trouvoit chés les Péres les mots de
„ Lupanar, Meretrix, Leno; Car ce que les Péres s'en
„ étoient servis devoit lui faire connoitre que de leur
„ temps l'usage n'y avoit pas attaché cette idée d'ef-
„ fronterie qui les rend infames.

Mr. Bay- *le n'ose* *d'exem-* *ples.*
XXVIII. PEUT-ON mettre en paralléle des
Auteurs graves & zélés, qui se font constamment
proposé de corriger les hommes, on de les humilier, en leur faisant connoitre à combien de chûtes
la nature humaine est exposée, pour les engager à
se tenir plus attentivement sur leurs gardes? Peut-on
mettre en paralléle ceux qui ont uniquement écrit
dans ce dessein, avec un Auteur qui déclare, dès
l'entrée, le dessein où il est de recréer ses Lecteurs
par de fréquentes gaillardises, & d'attirer par-là plus
de débit à son Libraire, & qui s'en est acquité
d'une manière à n'en laisser douter qui que ce soit,
quand même il ne s'en seroit pas déclaré ?
Mais les Auteurs graves se sont quelquefois servis
d'expressions sur lesquelles on seroit plus difficile aujourd'hui. Il est aisé de répondre. Tous les termes
sont par eux-mêmes sont indifférens : Ils deviennent honnêtes, ou deshonnêtes, & on peut les employer, ou l'on doit s'en abstenir, suivant les idées
accessoires qu'ils reveillent : Or on sait que les idées
accessoires varient ; Tels termes & tels tours d'expressions qui, dans un tems, ne présentoient à l'esprit
que des idées vagues, & ne lui faisoient voir de
certains sujets que comme en éloignement, n'attiroient sur ceux qu'une attention légére, ont acquis
dans la suite du tems, une force, qu'ils n'avoient
pas d'abord, ils ont présenté un plus grand nombre
d'idées, ils ont frappé plus vivement l'imagination
& ont fait regarder ceux qui s'en servoient comme
des personnes très-peu scrupuleuses sur le chapitre
de l'honnêteté.

Ter. Adel- *phes.*
Il est certain que des actions très-condamnées par
l'Evangile passoient pour indifférentes parmi les Payens. Un Vieillard auroit crû manquer à la bienséance s'il avoit fait ce qu'il ne condamnoit pourtant point dans un jeune homme : Mais c'étoit-là
une bienséance extérieure. Il est un âge où l'on
doit s'habiller plus simplement, & où il ne convient
pas de se plaire beaucoup dans les amusemens qui
conviennent à la jeunesse : C'est ainsi que les Grecs,
& les Romains condamnoient dans les Vieillards,
ce qu'ils voioient fort aux jeunes gens sans les en
blâmer. La langue des Grecs, & celle des Latins
se trouvérent par là chargés d'un grand nombre d'éxpressions qu'un long usage avoit autorisées : Elles
répondoient à leurs moeurs, & à leurs préjugés.
Nôtre langue est aujourd'hui plus sage, & plus
chaste. Pourquoi ne nous rendre pas dignes d'un
avantage qui fait honneur à nôtre siécle, & affecter
au contraire de ramener les grossiéretés de ceux qui
l'ont précédé ?
La liberté avec laquelle l'on vit dans une partie de
l'Europe rend la pureté & la modestie des expressions d'une absolue nécessité : Après s'être familiari-
risé dans la conversation avec les idées les plus grossiéres, & les expressions les plus hardies, il est naturel qu'on devienne par là grossier & hardi dans ses
maniéres, & après avoir cessé d'être retenu dans ses
discours, on cessera infailliblement d'être dans ses
actions. Il n'en étoit pas de même chez l'ancien
Peuple de Dieu ; On sait que les Orientaux vivent
avec les femmes d'une maniére très-différente de celle

des Européens, & il est bon de lire sur ce sujet une
Relation, dont j'ai déja parlé, des Arabes du Désert,
qui ont éxactement conservé les anciennes coûtumes
& qui descendus d'Ismael, vivent, à divers égars,
comme les Patriarches.
Les loix étoient très-sévéres chez les Juifs contre
l'infidélité conjugale ; ils vivoient d'une maniére simple, & telles expressions qui nous étonnent ne faisoient pas le même effet sur eux que sur nous.

XXIX. VOULEZ-vous savoir d'où vient qu'une *Nouvelles* *Remar-*
partie de nos Auteurs se piquent d'écrire avec plus *ques sur*
de retenue, & que la pudeur, & la modestie réglent *la partie*
beaucoup plus leur plume que la plume de ceux qui *du langa-*
les ont précédés ? Mr. Bayle vous l'apprendra. *C'est* *ge.*
une affaire de parti ; C'est à l'envoie & aux contestations
que l'on doit le craindre, où sa trouvent aujourd'hui
bien des Auteurs, qui n'étoient parler comme Branto-
me & Montagne.

„ Le parti des Antipuristes seroit, dit-il, beaucoup *Pag. 650.*
„ plus nombreux, si la vanité, ou la malignité des Es-
„ prits critiques n'engageoit plusieurs Ecrivains à
„ passer dans l'autre Faction. Il ne paroit presque
„ point de bon livre contre lequel on ne compose.
„ On l'épluche de tous les cotés : & si l'on y trou-
„ ve des pensées, ou des expressions, qui ne soient
„ pas assés délicates par rapport à la passion impudi-
„ que, on ne manque pas de faire éclater beaucoup
„ de zéle pour les intérêts de la pudeur offensée.
„ On se jette à corps perdu sur ce Lieu commun, &
„ l'on fait bien des vacarmes. Rien n'est plus faci-
„ le que cela, & rien n'est plus propre à prévenir
„ le public. Un Censeur qui prend la chose sur
„ ce ton-là, se fait louer des dévots, & du beau
„ monde : On le regarde comme un protecteur de
„ la pureté. Voilà ce qui le détermine à se dé-
„ clarer pour les Puristes. Il se donne du relief en
„ deux maniéres ; car il se produit comme une per-
„ sonne, qui travaille pour les bonnes moeurs, &
„ qui fréquente le monde poli, & non pas les ta-
„ bagies où l'on contracte l'habitude de parler gros-
„ siérement, comme la remarque plus d'une fois la
„ critique de Mézeri, Artifices, & ruses d'Au-
„ teur que tout cela : L'intérêt du bien honnête
„ n'y est appellé que pour y former un beau dehors.
„ Beaucoup de gens qui en critiquent les livres
„ qu'en conversation suivent les traces des Critiques
„ imprimés.
„ Combien croiés-vous qu'il y ait eu de per-
„ sonnes, qui ont crié contre le livre *de contactibus*
„ *impudicis*, & contre l'histoire des Flagellans, par
„ ce que Mr. Boileau le Docteur n'étoit pas de leur
„ cabale dans la Faculté de Théologie ? S'ils eussent
„ été contens de l'Auteur qui est un homme célé-
„ bre par sa probité & pour son savoir, ils eussent
„ trouvé fort bon qu'il eut fait connoitre vivement
„ les obscénités qu'il a censurées ; mais à cause qu'ils
„ ne l'aimoient pas, ils ont embrassé les maximes
„ des Puristes.
Je ne me sais pas une loi de suivre Mr. Bayle dans
toutes ses courses ; la discussion de cette conjecture ne
fait rien à mon but ; mon inclination ne me porte point à imputer uniquement & principalement
un excellent effet à une mauvaise cause. Mais de
quelque nature que soient les circonstances qui y ont
contribué, il est de nôtre devoir de ne pas laisser
glisser dans nôtre langage des dépravations dont il s'est
dégagé, un stile chaste vaut mieux qu'un stile grossier. Mr. Bayle n'a pas osé en disconvenir, & nous
avons vû que les raisons par lesquelles il pretend prouver qu'il n'y a que très peu de distance de l'un à
l'autre, sont de véritables Snohismes.

XXX. Mr. BAYLE finit son Apologie par ré- *Nouvelles*
pondre à trois objections La premiére consiste en ce *Remar-*
qu'aucune nécessité, aucune raison de poids ne l'obligeoit *ques sur*
a rapporter les infamies qu'il met sous les yeux de son *le devoir*
Lecteur. Il n'y a point d'homme raisonnable qui *d'un His-*
puisse dire que le Public auroit fait une perte, s'il *torien.*
les

les avoit suprimées. A cette objection dont on sent la force, & sur laquelle nous avons déja insisté dans cèt éxamen de son Apologie, il répond qu'il *ne devoit suprimer quoique ce soit de ce qu'il a trouvé à propos de rapporter*: Et pourquoi? Parce qu'il ne donne pas simplement au Public un Livre sous le nom de *Bouquet Historial*, ou de *Parterre Historique*, mais un grand *Dictionnaire Historique*. Un Dictionnaire qui supplée à ce qui manque dans les autres. Mais quand une partie de ses Lecteurs à la vuë de ce livre, se seroit attendu à trouver dans ce nouveau Dictionnaire, un grand nombre de morceaux sur des matiéres contraires à l'honnêteté, dont les Auteurs des autres Dictionnaires n'avoient pas osé les remplir; Mr. Bayle auroit-il fait grand tort à des Lecteurs de ce goût, s'il avoit trompé leur attente, & leur auroit-il donné sujet de justes plaintes?

Mais devois-je suprimer le nom de Laïs cette célèbre Courtisane, & pouvois-je la rapporter sans entrer dans le détail de ses débauches? Sans doute, & c'étoit assés de dire que les Païens, pour avoir négligé de cultiver une Raison qui pouvoit les conduire à la connoissance de Dieu, & de ce qui lui est dû, avoient deshonnoré la nature humaine par une licence effrénée, qu'une Laïs s'étoit rendue célèbre, & avoit amassé des biens immenses par des ordures dont le détail est contraire à l'honnêteté, & qu'un Chrétien ne doit pas se permettre par cette raison. Il auroit pû dire la même chose de *Theodora*, d'*Hipparchia*, & de son mari Philosophe Cynique, qui accomplit dans son auditoire, ce qu'il auroit dû se faire une extrême honte d'y conter. Mr. Bayle s'exprime la dessus sous des tours si indécens, qu'il faut avoir perdu le goût de l'honnêteté, & l'idée de ce qui la distingue d'avec l'effronterie, pour ne pas convenir de son affectation à parler licentieusement. Qu'on lise cet article, si l'on veut, je n'ai garde de le rapporter.

J'avouë qu'en rapportant le divorce de *Lothaire* & de *Teiberge*, il pouvoit donner les extraits de ce que *Hincmar* Archevêque de Reims a dit il pouvoit citer les termes mêmes de *Hincmar*, & ajouter que dans ce siécle grossier, de certaines expressions ne produisoient pas tout l'effet, qu'elles feroient dans nôtre siécle, dans lequel l'imagination est plus vive, & les idées accessoires attachées à de certains termes sont en plus grand nombre, & plus dangereuses.

Sur les éxamples.

XXXI. Mr. BAYLE continue à vouloir se disculper par le nombre de ceux qu'il enveloppe dans sa faute; il cite des *Ministres savans qui ont écrit sur des matiéres obscénes sans en avoir été repris*.

Ces citations font jusques où les hommes peuvent aller, quand ils ont la foiblesse de chercher leur gloire à creuser dans les recoins de l'antiquité, à approfondir des sujets qui n'ont pas encore été traités, ou qui ne l'ont été que légérement. Si Mr. Bayle n'avoit pas plus d'esprit que ces gens-là, la faute ne seroit pas plus grande. Mais on voit bien qu'il comprend, *que tout n'est pas tout dans le même cas*, & on lui soutiendra même qu'il s'en faut beaucoup, *parce qu'il a écrit en François, & que ceux qu'il cite n'ont écrit qu'en Latin*. Envain Mr. Bayle répond que cette *différence doit-être comptée pour rien*: Il le dit, mais il ne le prouve pas, & tout homme de bon sens qui entend les deux langues conviendra du contraire. L'imagination n'est point frappée des expressions Latines aussi vivement qu'elle l'est des Françoises, sur tout quand on a l'art de donner aux obscénites, qu'on écrit en François, un tour de plaisanterie comme fait par tout Mr. Bayle. Est-ce seulement pour se moquer de ses Lecteurs, & pour leur jetter de la poussiére aux yeux, qu'entre les raisons, par lesquelles il se justifie, il allegue qu'il s'est contenté fort souvent de rapporter les paroles des Auteurs sans les traduire? S'il est à croire dans tout ce qu'il pose en fait dans les pages 631. & 652. sur la nullité de la différence du Latin d'avec le François, par rapport aux mauvais effets, qui en peuvent naître sur le coeur, une des raisons sur lesquelles il s'appuie, savoir de s'être abstenu de traduire n'est de son propre aveu qu'un misérable sophisme. Mais elle pose doublement en fait ce qui n'est pas. Souvent Mr. Bayle a traduit, & a traduit licentieusement.

Un Dictionnaire historique est certainement un livre très-commode; il amuse par la variété des matiéres qu'on y trouve; & sa lecture peut tenir lieu de jeu & de divertissement. Peu de personnes encore ont la mémoire assés heureuse, & sont en état d'étudier avec assés d'ordre & avec assés d'application, pour retenir distinctement ce qu'ils lisent dans les livres d'Histoire, quoi qu'ils se fassent un plaisir singulier de cette lecture. Un Dictionnaire y supplée. Ils y retrouvent sans peine ce dont il ne leur étoit resté qu'un souvenir confus; mais pour être propre aux usages dont je viens de parler, il n'est nullement nécessaire qu'il contienne toutes les rêveries & les creuses spéculations des Philosophes de l'École, ni le détail de toutes les horreurs de ceux qui se sont rendus Célèbres par leurs infamies; il suffit qu'ils y trouvent toutes les choses auxqu'elles une personne raisonnable doit se faire un plaisir de penser.

Des moeurs de ce siécle.

XXXII. J'AI déja fait voir la nécessité où l'on est dans nôtre siécle de s'éxprimer avec une éxtrême retenuë sur les sujets, sur lesquels on reproche à Mr. Bayle d'avoir parlé trop licentieusement. Il a prévû qu'on pouvoit lui faire cette objection, & c'est la derniére à laquelle il répond. D'abord il revoque en doute *St plaindre des moeurs de son siécle, déplorer la corruption qui y régne, insister sur la nécessité d'en chercher les remédes*, c'est dit Mr. Bayle, *une vieille chanson*. Mais si cette réflexion qu'il allegue d'un ton hardi, & décisif doit imposer silence il n'y a point eu de siécle où l'on n'eut dû se moquer de ceux qui insistoient sur la nécessité d'en reformer les moeurs. *Tranquilisés-vous*, leur auroit-on dit, & *laissés une fois pour toutes ces vieilles chansons*. Mais je veux que le danger de donner dans la licence, ne soit pas plus grand aujourd'hui qu'autrefois. Auroit-on tort de vouloir y opposer des remedes plus efficaces, & de détourner avec plus de soin toutes les sources qui peuvent y contribuer. Dans un siécle, où l'on est plus éclairé, il convient d'être plus sage, & on s'en doit faire une plus grande obligation. Mr. Bayle dit qu'il a *bien de la peine à croire que la corruption de nôtre tems soit égale à celle du Régne de Charles IX. & de Henri III*. J'emprunte ses propres paroles pour lui répondre. Ne disputons pas sur cela, supposons ce qu'on nous demande. *Du tems de Charles IX. & de Henri III. la licence des moeurs répondoit à celle du Langage*. Il y a bien aparence que l'une contribuoit à l'autre. Cette conséquence est tout à fait naturelle. Soions plus chastes dans nos discours, il nous sera plus facile de le devenir dans nôtre conduite.

L'usé de l'Article Laïs.

Redites de Mr. Bayle.

XXXIII. Mr. BAYLE revient à ce qu'il a déja dit, que les discours licentieux *ne sont condamnables que par leur impolitesse, que les femmes ne s'en formalisent que par vanité, qu'on ne trouve dans son livre en matiére d'obscénité, rien au-delà de ce qui fait le sujet ordinaire des conversations des jeunes gens*. Si lui même n'en a pas été le temoin, & n'y a pas joué son rôle, il a grand tort de poser en fait, ce dont il n'est pas assuré; & il a grand tort encore de juger de tous par quelques-uns. Pour moi, je ne vois goute dans les caractéres du coeur humain, ou je ne me trompe pas quand je me persuade qu'à moins d'avoir eu le milheur de lier commerce, au sortir de l'enfance, avec des personnes perduës de débauche, & d'une prostitution infame, il n'est pas possible de se plaire, ni à entendre, ni à prononcer, les obscénités les plus grossiéres, & qu'on ne pourroit sans se faire une éxtrême violence, porter l'impudence à ce point. Il faut nécessairement quelque tour ingénieux, que quelque air de badinage, & de plaisanterie serve de passeport à ce qu'on se permet de prononcer & d'entendre de deshonnête. Or quel Maître plus habile pour se former à cèt art si dangereux que Mr. Bayle? Grace à ses soins, on peut dire aujourd'hui, avec vérité, ce qu'il avançoit, il y a quelques années, peut-être avec quelque exagération, sur la dépravation de nôtre siécle. Jamais Ouvrage n'a fait plus de mal que le sien: C'est la voix publique. Les Libertins, & les Débauchés, les seuls qui n'aiment pas à l'avouer, aiment à s'en appercevoir, & en sont convaincus.

Mr. Bayle ajoûte que *la Lecture de ses obscénités n'empirera point la conduite des cœurs déja gâtés*. Cela paroît d'abord vraisemblable; Mais je le nie hardiment, Et pourquoi? C'est qu'à quelque degré que la corruption du cœur soit déja parvenue, il est très-rare qu'elle se trouve à un point à ne pouvoir plus croître, & à ne pouvoir plus s'affermir. Je réponds après cela que Mr. Bayle apprendra à ces cœurs gâtés l'art de corrompre adroitement les autres. Pour en venir là, on commence par les discours, & il en donne des modéles des plus séduisans.

Je devine aisément que quelqu'un de ses Apologistes me dira; vous avés tort d'appeler séduisans des recueils qui font souffrir la pudeur, puisque par la même l'attention s'y refuse. *Il n'y a point de Pere*, ajoûtent-t-il, *qui n'aime mieux que ses filles fussent obligées de rougir de quelque conte qu'on feroit en leur présence, qui si elles en rioient.*

J'en conviens, mais par la même, j'ajoute qu'il n'y a point de Pere raisonnable qui ne voie avec déplaisir qu'un grand Ouvrage d'un Auteur Célébre peut tomber entre les mains de ses enfans, & qu'en lisant les obscénités qui y sont contenues, ils se familiariseront assés avec elles pour les entendre sans en plus rougir; & que les raisonnemens qu'ils trouveront étalés, &poussés dans ce même livre pour ébranler les maximes qui composent la Réligion, & les régles des mœurs, les mettront bientôt en état de ne se faire aucun scrupule de tomber dans les fautes dont ils auront déja appris à ne rougir plus.

Exemples inutiles nuits même aux égards.

XXXIV. Je répondrai en peu de mots à ce que Mr. Bayle expose dans les pages 653 & 654. Il se plaint de ce qu'on ne tient pas à son égard une balance égale, & il cite plusieurs personnes, *dont on loué le zéle quoiqu'ils aient chargé leurs ouvrages des mêmes obscénités qu'on lui reproche d'avoir répandues dans les siens.*

J'ai déjà fait diverses remarques sur le peu de droit qu'a Mr. Bayle de se justifier par les exemples qu'il alléque. Quant à ce qu'il dit dans les pages que je viens de citer, il est encore plus facile d'y répondre, & d'en faire voir le sophisme. On peut parler des actions deshonnêtes en elles-mêmes, & quelquefois encore des plus outrées & des plus infames, d'une maniére qui remplit le cœur d'aversion pour ces fautes, & pour leurs Auteurs; Mais on en peut aussi parler sur un certain ton, & les exprimer sous de tels tours qu'on les fera simplement regarder comme des bagatelles, & des plaisanteries. Il faut aux yeux que de ce que l'on se permet l'un, il n'y a nulle conséquence à se permettre l'autre. Il faudroit par exemple, avoir porté l'Irréligion, & le goût de l'Impureté à un excès que je ne conçois pas, pour se divertir en lisant ce que Mr. de Meaux rapporte au sujet de Madame Guyon.

,, Mr. de Meaux aiant été obligé, dit Mr. Bay-
,, le, d'insinuer un trait semblable, pour faire con-
,, noître les fureurs d'une Visionnaire, a crû avoir
,, contracté quelque souillure, & y a cherché du re-
,, méde par cette oraison. Mais passons; & vous,
,, ô Seigneur qui j'osois & y demanderois un de
,, vos Seraphins avec le plus brulant de tous ses
,, charbons, pour purifier mes lévres souillées par
,, ce récit, quoique nécessaire. Notés bien ce der-
,, nier mot: il porte beaucoup contre ceux qui di-

,, sent qu'aux dépens même de la vérité, il faut mé-
,, nager l'imagination du Lecteur. Ce prélat qui
,, est au reste si ennemi des grossiéretés du stile, qu'il
,, n'ose employer le mot de *paillard*, sans en faire excu-
,, ses, n'a point crû que les folies épouvantables de
,, la Dame Guyon dûssent être suprimées."

Ce que je dirai sur cèt exemple servira pour répondre à tous les autres. Je ne veux point multiplier les Questions, & les Controverses, je n'entre point ici dans le procès de Mr. Du Meaux avec les Mystiques, non plus que dans toutes les autres controverses qui ont fourni des citations à Mr. Bayle, Je m'éxprime conditionnellement. (Cela soit dit une fois pour toutes) Je suppose les faits rapportés par Mr. De Meaux. Loin que la vivacité de l'imagination se réveille à leur lecture, & qu'elle fasse naître dans le cœur quelque leger principe de sentimens, & de désirs licencieux, qu'au contraire l'occasion qui donne lieu aux rapports de Mr. De Meaux, l'endroit où il les place, le bût qu'il se propose, tout cela émousse l'imagination, glace la concupiscence, & remplit de fraieur pour les égaremens de ceux qui donnent dans des visions, & pour le moins remplit de pitié pour leurs troubles.

XXXV. Mr. BAYLE après s'être objecté ce beau passage d'Isocrate *Croyés que tout ce qui est malhonnête à dire*, tout conforme à celui de St. Paul qui défend aux Chrétiens *de nommer ce qui est deshonnête*, répond d'abord qu'il seroit déraisonnable de prendre ni l'un ni l'autre au pié de la lettre. St. Paul lui même se contrediroit, puisqu'il a parlé dans son Epître aux Romains des abominations où l'oubli de Dieu avoit entraîné les Païens. Cèt excellent axiome ne condamne dont que la mauvaise coûtume qui regne & parmi les jeunes gens, & parmi les hommes mariés de parler à tout moment de leurs plaisirs impudiques, & de s'entretenir effrontément de tout ce qui appartient à cette espéce de volupté. Pourquoi donc Mr. Bayle autorise-t-il par son éxemple ce que St. Paul défend, & ce qu'un Païen même a condamné? Pourquoi fournit-il des modéles dont l'imitation peut rendre les conversations plus libres, plus enjouées, & par là toujours plus dangereuses? Dira-t-il encore? *Je ne sui rien que ce qui est déja établi*. Si cette réponse fournit une légitime excuse, il ne faut plus penser à corriger aucun desordre dès qu'il se trouvera un peu répandu.

Idée historique dans la nouvelle.

XXXVI. Mr. BAYLE finit son Apologie d'un air triomphant. *Il espére que ses Accusateurs pénétrés de la lumiére qu'il vient de répandre, demanderont pardon à Dieu de leurs jugemens téméraires, & s'ils ne le font pas, il les abandonne à la dureté de leurs cœurs: Loin d'être si prompts a le condamner, ils auroient mieux fait de penser que Mr. Bayle a eu ses raisons, & qui avant que de se porter à écrire ses obscénités, il avoit envisagé son sujet de tous les côtés.*

C'est donc en vain que pour se justifier de ce qu'un autre auroit appellé *impureté*, & qu'il appelle *impolitesse*, il se met au nombre de ceux qui manquent à la civilité par ignorance ou par mégarde; *car il avoit envisagé son sujet de tous les cotés.*

Mais ce qui est fait, est fait. On peut seulement espérer que les secondes pensées seront meilleures. Il seroit à souhaiter pour l'honneur de Mr. Bayle & pour l'édification publique, qu'il en eut donné l'éxemple en se condamnant lui-même, & en élaguant, dans une seconde édition, tout ce dont on avoit eu de si grands sujets de se plaindre. Mais le ton grave sur lequel il finit son Apologie, & le scrupule qu'il fait naître à ses Critiques sur les suites des jugemens téméraires, donnent lieu de lui appliquer, au moins par rapport à cèt endroit, *Qui Curios simulant & Bachanalia vivunt*.

XXXVII. J'AUROIS passé sous silence tout ce qu'on peut reprocher à Mr. Bayle sur le sujet des obscénités, dans lesquelles il s'est tant égaré, s'il ne m'avoit pas paru très-important d'y faire remarquer une preuve évidente des dangers du Pyrrhonisme,

Utilité des réfléxions précédentes.

&

DU PYRRHONISME.

& de son influence sur les moeurs. J'ai encore pensé que les réfléxions qu'on vient de lire, & celles qu'elles doivent naturellement faire naître, pourront servir à détromper les Théologiens trop prévenus pour Mr. Bayle. Il est de leur honneur & de leur intérêt de revenir enfin de leur méprise, & d'être mortifiés d'avoir été si long-temps ses dupes. Car enfin, il en est plusieurs, des plus graves mêmes, & des plus en credit, qui frapés & charmés de ces expressions dont Mr. Bayle affecte de s'envelopper, *Synode de Dordrecht, Ténébres profondes, Impuissance de la Raison, Contradictions irréconciliables, Nécessité de la Foi & de la lumière surnaturelle de la Grace. Je suis Orthodoxe &* je me tiens au gros de l'arbre. En vain ma *Raison* combat toutes les vérités de la Réligion par des argumens auxquels je ne vois rien à repliquer, je la *sacrifie à la Foi, & je crois tout le contraire de ce qu'elle me dit.* Ils se sont laissés prendre à ces amorces, & ont cru que la reconnoissance les obligeoit à accorder leur protection & à honnorer de leurs éloges un Homme Célébre, qui les flatoit humblement, & qui leur donnoit de l'encensoir au visage. *O le St. Homme ! O l'excellent Théologien ! O le parfait Philosophe ! O l'admirable Auteur !* Lisés-le avec une grande attention, entrés dans ses vûes il préparera comme un nouveau *Jean Baptiste* le chemin par le quel la Grace de Jesus Christ doit entrer dans votre coeur. A la vérité on commence à revenir de ces préventions. Bien des gens voient le mal qu'ils ont fait, en le recommandant ; mais ils n'ont pas le courage de se le reprocher & de l'avouer.

Qu'il me soit encore permis d'ajouter que si l'on adopte une fois ces déclamations contre la *Raison,* sous prétexte qu'elles servent à relever le prix de la *Foi,* c'est fait de cette Foi, & de tout ce qu'enseigne l'Evangile dont elle embrasse la vérité. L'explication du précepte de St. Paul sur la Loi qu'on doit se faire de ne parler pas des choses deshonnêtes est une preuve évidente de ce que je dis ; car à moins qu'on ne donne un bon sens aux paroles de cêt Apotre, il tombera en contradiction avec lui-même, & il se trouvera qu'il a violé son précepte. Mais cette explication, & cette conciliation, c'est la *Raison* qui la cherche & la trouve. Mr. Bayle raisonne lui-même pour l'établir. Or si la Raison n'a point de régles sures, si elle n'est point en état de s'assurer que sa conduite conformément à ces régles infaillibles, si elle ne marche qu'à tâtons, si elle ne peut faire que des pas chancelans, si elle ne rencontre la Vérité que par hazard, & sans pouvoir s'assurer qu'elle l'ait trouvée, si ses lumières ne sont que des lueurs ténébreuses, si elle ne peut parvenir à aucune conclusion, sans qu'on y en puisse opposer une toute contraire, & d'une égale évidence, on ne sauroit jamais s'assurer, si par le soin que l'on se donne de parler & d'agir d'une certaine manière, on fait ce qu'on doit. ou si on fait tout le contraire. Voila à quoi le Pyrrhonisme de Mr. Bayle conduit nécessairement. Après cela que les Théologiens continuent à le prendre sous leur protection ! A quoi devra-t-on attribuer cette protection, à l'esprit de l'Evangile, ou à l'esprit de parti ? A un zèle éclairé, ou à un zèle plein d'aigreur & de passion ?

XXXVIII. L'apologie que M. Bayle fait de ce qu'il a écrit sur les Obscénités, est précedée de plusieurs éclaircissemens sur d'autres sujets, qui n'ont pas moins scandalisé, & dont j'ai entrepris l'éxamen. Il me paroit nécessaire de commencer par ces éclaircissemens que Mr. Bayle a écrit pour se justifier, & voici pourquoi. Une partie des remarques qu'on lira dans la suite pourroit être suspecte à mes Lecteurs, pendant qu'ils soupçonneroient que Mr. Bayle y a suffisamment répondu dans les Eclarcissemens qu'il a donnés à la fin de son Ouvrage : En même tems j'irai par là à mon bût principal, qui est de faire connoître le caractére du Pyrrhonisme en général, par celui de ses principaux Défenseurs. Il est de certains sujets sur lesquels on aime à douter. Mais de peur de paroitre trop singulier aux autres hommes, & pour se cacher à soi-même qu'on prend, sur ces sujets-là, le parti du doute, par l'effet de quelque prévention, ou de quelque aversion, on étend cêt esprit de doute sur tous les autres. Dans le fond il y en a un grand nombre dont on ne doute point, & dont il n'est pas possible de douter ; Mais de peur d'être amené insensiblement d'un aveu à d'autres, on ne veut tomber d'accord de rien, & dans la dispute on soutient douteux, ce dont on ne laisse pas d'être très-assuré.

XXXIX. Mr. BAYLE dans son projet (page 614 Tom. IV.) dit en termes exprés qu'il n'y a rien de plus ridicule qu'un Dictionnaire où l'on fait le Controversiste. Mais s'est-il jamais élové parmi les hommes de plus importantes Controverses en matiére de Réligion, que celles que Mr. Bayle agite, & sur lesquelles il fait à tout coup de longues courses, & paroit affecter de les faire ? Il dit ailleurs que *les esprits brouillons se fourent par tout, & jusques dans les affaires d'Etat.* Mais où est-ce que Mr. Bayle n'entre pas, dans son Dictionnaire, par rapport à l'Etat & à la Réligion ? il y sappe les fondemens de l'un & de l'autre : si on veut l'en croire, il n'y a qu'incertitude dans celle-ci, & non seulement la Société civile pourroit subsister sans elle ; mais elle fleuriroit moins, si les maximes de la Réligion y étoient exactement suivies. A juger de son dessein par la manière dont il l'a éxécuté, il se proposoit toute autre chose que de relever dans son Dictionnaire les erreurs de fait où les Auteurs sont tombés. Les gaillardises & les Apologies de l'Irréligion, les plus spécieuses & les plus étendues que l'on ait jamais lûes sont véritablement ce dont on y est le plus frappé : C'est là le fond d'un Ouvrage qu'il a parsemé de minuties literaires.

Mr. Bayle soutient qu'il est plus dangereux de s'exprimer sur certains sujets sous des tours dont la délicatesse voile l'obscénité, que de s'énoncer cruement & grossièrement ; par l'un de ces stiles on plait, & on se fait lire, par l'autre on rebute, & on remplit l'esprit d'aversion pour ce qu'on lui présente de malhonnête. Mais pour preuve que ce ne sont là que de vaines défaites, & que Mr. Bayle dans le fond, pensoit tout autrement, & qu'il auroit mêmê été très-fâché qu'on ne fût pas ce qu'il pensoit, il n'y a qu'à lire ce qu'il déclare lui-même sur ses vûes, & sur les motifs qui l'ont determiné à parsemer son Dictionaire Critique de tant de traits qui ont paru contraires à l'honnêteté. *Pour delasser les Lecteurs on aura soin,* dit-il (page 609. Tom : IV.) *que de tems en tems ils trouvent des endroits un peu enjoués ; on aura,* dit-je, *ce soin sans se trop servir du privilége, que ces sortes d'Ouvrages donnent de s'exprimer naturellement : Rien n'est plus nécessaire que ces endroits dans un Dictionnaire ; car c'est un Ouvrage sec & ennuiant de sa nature.*

Qu'y auroit-il de plus ridicule que ce raisonnement, si la manière dont M. Bayle s'énonce sur ce qu'il appelle des sujets enjoués, étoit, comme il paroit vouloir l'établir dans son Apologie, la moins dangereuse, parce qu'au lieu de plaire, elle offense & rebute ; car il s'ensuivroit que pour delasser les Lecteurs de ce que des dates redressées, des noms qu'on avoit confondus distingués, & d'autres minuties de cette nature ont de sec & d'ennuiant, il leur présentera de tems en tems des Contes qui leur feront de la peine. Qui ne voit au contraire qu'il se promet de leur faire plus de plaisir, en s'exprimant dans le stile qu'il appelle le plus naturel, & en se servant d'un privilege qu'il se donne, en qualité d'Auteur d'un Dictionnaire Historique ?

XL. SI L'ON ne peut s'assurer de la certitude d'aucune histoire ; Si dans le siécle, & dans l'année même qu'il se donne une grande bataille, & que les vaincus conviennent de celui qui a remporté la Victoire, on ne peut pourtant s'assurer selon Mr. Bayle si cesi celui que tout le monde dit vaincu, n'a pas été au contraire le Vainqueur, que prétend-il qu'on fasse de son Dictionnaire ? Tout ce qu'il y alléguera en preuve d'une bevuë de Moreri, ou de quelque autre Historien, égalera-t-il en force les preuves qui assurent aux Alliés contre la France la victoire d'Hogstet. *Un Dictionnaire Critique*, dit-il, *porté à sa perfection seroit d'une grande utilité, car des que sur SENEQUE par exemple, on n'y trouveroit pas un fait sur le pié de fausseté, on le pourroit tenir pour véritable*. Mais jamais prétention n'a été plus fausse que celle-là, si l'hypothése de Mr. Bayle sur le Pyrrhonisme est véritable. Après s'être fatigué à comprendre des recherches subtiles, & à comparer un grand nombre de citations & de remarques, sur ces citations, on ne saura si l'erreur se trouvera dans le sentiment de celui qui corrige, ou dans la pensée de celui qui est corrigé.

De cette manière ce que Mr. Bayle établit pour faire valoir son travail, & pour étonner son Lecteur sur toutes les peines qu'il s'est données, aboutit à en démontrer l'inutilité. *Pour un dessein comme celui-ci,* dit-il (page 608.) *ce n'est pas trop que de comparer ensemble quatre Ecrits publiés successivement, deux par la personne attaquée, & deux par la personne attaquante, & j'oye même dire que sur de certains faits, cela n'est pas suffisant*. Et au bis de même page, " Après " avoir lû la Critique d'un Ouvrage, on se croit " desabusé de plusieurs faits faux, que l'on avoit " pris pour vrais en le lisant ; On passe donc de " l'affirmation à la négation ; mais si l'on vient à " lire un bonne réponse à cette Critique, on ne man- " que guére à l'égard de certaines choses de revenir " à la prémiére affirmation, pendant que d'autre cô- " té, on passe à la négation de certaines choses, " qu'on avoit cruës sur la foi de cette Critique. On " éprouve une semblable révolution, quand on vient " à lire une bonne Réplique à la Réponse. Or cela " n'est-il pas capable de jetter la plus grande partie " des Lecteurs dans une défiance continuelle ? Qu'y " a t-il qui ne puisse devenir suspect de fausseté, à " ceux qui n'ont pas en main la clef des sources ? " Si un Auteur avance des choses sans citer d'où il " les prend, on a lieu de croire qu'il n'en parle que " par ouï-dire, s'il cite, on craint qu'il ne rapporte " mal le passage, ou qu'il ne l'entende mal, puisqu'on " ne manque guére d'apprendre par la lecture d'une " Critique, qu'il y a beaucoup de pareilles fautes " dans le Livre critiqué. Que faire donc, Mon- " sieur, pour ôter tout ces sujets de défiance, y " aiant un si grand nombre de Livres qui n'ont ja- " mais été refutés, & un si grand nombre de Lec- " teurs, qui n'ont pas les Livres où s'est contenuë " la suite des Disputes Literaires ? Ne seroit-il pas à " souhaiter qu'il y eut au monde un Dictionnaire " Critique auquel on pût avoir recours, pour être " assuré, si ce que l'on trouve dans les autres Dic- " tionnaires, & dans toute sorte d'autres Livres, est " véritable ? Ce seroit la pierre de touche des autres " livres, & vous tiendriez un homme un peu pré- " cieux dans son Langage, qui ne manqueroit pas " d'appeller l'Ouvrage en question *la Chambre des Assurances de la Republique des Lettres*.

Mais pour donner à juste titre, cèt éloge à un Dictionnaire, il faudroit s'être assuré, que son Auteur ne s'est point trompé, ni par prévention, ni par impatience, ni par légéreté, ni par lassitude. Il faudroit pouvoir s'assurer si de deux Antagonistes, celui qui a paru succomber sous les raisons de l'autre, ne l'auroit point embarrassé à son tour, s'il avoit encore vécu quelques années, ou s'il avoit eu loisir de recommencer la querelle. Si l'éxécution d'un tel dessein a été le principal but de Mr. Bayle, s'il s'est effectivement proposé d'en faire le Corps de son Dictionnaire, comment accorder avec ce dessein l'obligation de le faire, *tel qu'il devoit être, à l'usage, & à la portée de tout le monde*.

" Je louë la simplicité d'un Plan : j'en admire l'éxé- " cution uniforme & dégagée : je fais consister en " cela l'idée de la perfection : Mais si je veux passer " de cette théorie à la pratique, j'avouë que j'ai de " la peine à me régler sur cette idée de perfection. " Le mélange de plusieurs formes, un peu de bigar- " rure. pas tant d'uniformité, font assés mon fait.

" Je pense que ce saux goût est un effet de ma " paresse : je voudrois que le même Livre satisfît ma " curiosité sur toutes les choses auxquelles il me fait " penser, & je n'aime point à être obligé de pas- " ser de livre en livre pour la satisfaire. Comme " il est assés naturel de juger des autres par soi-mê- " me, il me semble qu'on fait beaucoup de plaisir " à un Lecteur, lors qu'on lui épargne la peine de " sortir de sa place, & de chercher dans un autre " livre certains petits éclaircissemens qu'il peut sou- " haiter. ----- Pour délasser les Lecteurs, on aura " soin que de temps en temps, ils trouvent des " endroits, un peu enjoués ; on aura, dis je , ce " soin sans se trop servir du privilége que ces sortes " d'Ouvrages donnent de s'éxprimer naturellement ; " rien n'est plus nécessaire que les endroits dans un " Dictionnaire ; car c'est un Ouvrage sec & ennuiant " de sa nature. Dieu veuille que ces couleurs fussent " tous les méchans côtés : mais il s'y en trouve de plus " rebutans, puis qu'il n'y a point d'Ouvrage dont " on juge sur d'aussi mauvais principes que de ce- " lui là. Vous ne voïés que des Lecteurs qui se " plaignent d'y trouver des choses communes. Que " voudroient-ils donc ? Que tout y fut d'un sa- " voir exquis, & qu'on n'y mit rien, que ce qu'ils " ignorent ? Mais en ce cas là, ce ne seroit point " un Livre tel qu'il doit-être, c'est-à-dire à *l'usage " & à la portée de tout le Monde.*

Pour ce qui est d'être à la portée de tout le Monde, il faute aux yeux, que toute de détail de Critique ne l'est point ; Très-peu de gens sont capables de l'attention que demandent les conséquences qu'on tire de ces citations combinées, & parmi ceux qui en seroient capables, il en est peu qui veulent s'en donner la peine. Quant à *l'usage* j'ose dire hardiment, qu'on ne peut s'occuper de quoi que ce soit qui soit moins utile, ou dont l'utilité se borne à un plus petit nombre de personnes. Un petit nombre d'*Erudits* ont sû tourner leur esprit à se plaire dans ces épines, ils aiment à en faire le sujet de leurs contestations. En est-il de même du reste des connoissances, & des Arts auxquels des personnes capables d'inventer & de perfectionner donnent leur temps, & leur application. La Musique rejouit presque tout le Monde, sa Théorie découvre des rapports entre les Sons & les Organes de l'ouïe qui font admirer la Sagesse du Créateur. Les ouvrages de Peinture. de Sculpture plaisent à tous les yeux, ils charment le Vulgaire, & remplissent d'admiration les Connoisseurs. Tout le monde profite de l'Architecture, & de la Navigation. Tout ce qui va à embellir la Terre, va à imiter le Créateur dont les Ouvrages sont si beaux. Les expériences de Phisique servent, de temps en temps à perfectionner ou l'Agriculture, ou la Médecine & quelquefois l'une & l'autre en même temps. Etudier la Nature, c'est profiter de la grace que son Auteur a fait de nous donner un entendement propre à la connoitre, & une vive curiosité qui nous y sollicite.

Quand Mr. Bayle compare l'étude des minuties Grammaticales & Critiques avec les Mathématiques, vous diriés que ces dernières Sciences se réduisent à *inventer de nouveaux moïens de détruire les hommes, a arpenter des Terres, à perfectionner la Navigation, & le Charroi*. Il n'en dit pas davantage ; encore use-t-il d'une expression basse pour repandre plus de mépris sur ce dont il parle.

" Il ne nous reste, dit-il, de tous ces beaux rai- " sonnemens que l'usage des Arts méchaniques, & " autant de Géométrie qu'il en faut pour perfection- ner

„ ner la Navigation, le Charroi, l'Agriculture, & la
„ Fortification des Places. Pour tous Profeſſeurs, on
„ n'auroit preſque que des Ingénieurs, qui ne feroient
„ qu'inventer de nouveaux moiens pour faire périr
„ beaucoup de Monde.... Les productions groſſiéres
„ de tous ces Arts fuffiſent à remplir les beſoins de
„ l'homme : On peut être logé commodément &
„ furement ſans l'aide de l'ordre Corinthien, ou de
„ l'ordre Compoſite ; ſans Friſes, ſans Corniches,
„ ſans Architraves. Encore moins eſt-il néceſſaire
„ pour les commodités de la vie, de favoir tout ce qui
„ ſe dit de l'incommenſurabilité des aſymptotes, ou
„ des quarrés magiques, ou de la duplication du Cu-
„ be &c. De ſorte que ſi l'on étoit reçu à mépriſer
„ un Ouvrage, dès qu'il ne traite pas *de pane lucran-*
„ *do* ou qu'il ne ſert de rien πρὸς τὰ χρώρια, comme
„ diſoient vos bons Amis les anciens Grecs, on en-
„ fin dès que le public s'en peut paſſer, il n'y a
„ que peu de Livres qui ne fuſſent mépriſables, &
„ qui ne méritaſſent la brusquerie que vous avés lue
„ ſans doute dans la vie de Malherbe. Mr. de Me-
„ ziriac accompagné de 2 ou de 3 de ſes Amis lui
„ avoit apporté ſon Commentaire ſur Diophante ;
„ ces amis *louoient extraordinairement ce Livre,* comme
„ *fort utile au public ; Malherbe leur demanda, s'il*
„ *feroit amander le pain.* Une autrefois il approuva
„ qu'il n'y eut des recompenſes que pour ceux qui
„ ſervoient le Roi dans les armées, & dans les affai-
„ res, & dit qu'un *bon Poete n'étoit pas plus utile à*
„ *l'Etat,* qu'un bon joueur de quilles.

Je veux bien ne comparer, avec les utilités de la Grammaire & de ſes Minuciés, que ce que Mr. Bayle choiſit de plus bas pour en faire l'objet des Mathématiciens, *les Charrois.* Qu'y-a-t-il plus utile que ce qui facilite le commerce entre les peuples. L'expérience fait voir que c'eſt le grand moien de faire circuler l'argent. Par le moien du commerce, on n'eſt jamais inutilement chargé du ſuperflu & on tire d'ailleurs un grand nombre de choſes & agréables & utiles, dont on peut manquer dans ſon pais. Quelles obligations donc n'a-t-on pas à ceux qui ſans être eux-mêmes Négocians, ni penſer à le devenir, s'appliquent à rendre plus aiſés & plus ſûrs les tranſports des danrées ou des marchandiſes ſoit par eau, ſoit par terre ; Les voiages ſont devenus plus prompts, moins fatigans & moins dangereux. Juſques où l'Art de la Navigation n'a-t-il pas été pouſſé par le ſecours des Mathématiques ! & de quelle utilité la Navigation ne ſeroit-elle pas pour le Genre Humain, ſi les hommes & ceux qui les gouvernent avoient plus de zéle & de charité ! Les Grammairiens auroient éternellement féché ſur leurs Livres, avant que de pouvoir faire à la Geographie des Anciens, la moindre de ces corrections dont les Mathématiciens ont démontré la juſteſſe. Que deviendroient-ils lorſque leurs yeux uſent par l'âge, ſans le ſecours des Lunettes, dont les Mathématiques encore ont pouſſé la perfection ſi loin. L'Arpentage eſt ſi facile & ſi commun qu'il en eſt preſque mépriſé. Cependant de quelle utilité n'eſt-il point pour partager des héritages & pour la ſureté de ceux qui achettent des fonds de Terre.

Mr. Bayle ne diriens de l'Architecture Civile, qui fournit des embelliſſemens beaucoup plus ſolides & plus utiles que les bas-reliefs & les ſculptures que les Grammairiens s'échauffent à expliquer.

Il n'étoit pas néceſſaire d'être Mathématicien pour inventer les Bombes; mais il le falloit être pour découvrir l'Art de les faire tomber où l'on ſouhaite, & il vaut mieux qu'elles tombent ſur les Magazins & ſur de certains endroits des Remparts, que d'être jettés au hazard & défoler les Bourgeois & leurs femmes autant que ceux qui ont les armes à la main. Les Gens de Guerre trouvent que ce qui abrége les ſiéges conſerve la vie à plus de gens. Ou toutes les anciennes hiſtoires ſont fauſſes, ou la maniére dont on faiſoit autrefois la guerre étoit beaucoup plus meurtriére, & encore aujourd'hui le Carnage eſt plus grand

dès qu'on en vient aux armes blanches. On a tiré de l'art de jetter les Bombes un avantage qui mérite d'être compté. On a châtié les Corſaires, qu'on peut appeller les Ennemis du Genre Humain. De plus les Mathématiciens ne travaillent-ils pas à perfectionner l'Art de défendre les places ? Or plus long-temps les places tiendront, moins l'agreſſeur avancera; les Campagnes ſeront moins déſolées, & les attaquans ſe laſſeront plûtôt d'une guerre longue & peu fructueuſe, & ſeront moins prompts à rompre la paix.

Mr. Bayle compte-t-il pour rien tout ce qu'on peut retorquer à ſes réflexions ? Il compare les matiéres de Grammaire, & de Critique, avec celles de la Phyſique, & des Mathématiques. Dans les Mathématiques, il choiſit ce qu'il lui plaît; Il dit que c'eſt peu de choſe, & que le Genre Humain en retire peu d'utilité. qu'elles ne font pas régner *l'abondance du Pain.* Cela eſt vrai au pié de la Lettre de la Science Grammaticale, & Critique, mais il eſt certain, que les Arts, & la connoiſſance de la Phyſique ſont propres à faire régner l'abondance, & à rendre la vie incomparablement plus agréable, & plus commode.

Je n'ai pu m'empêcher de rire quand j'ai lû dans Mr. Bayle *l'incommenſurabilité des Aſymptotes.* Je crois qu'il avoit crû faire merveille de raſſembler de grands mots qu'il n'entendoit pas. On donne le nom d'IN-COMMENSURABLE à deux lignes finies, telles qu'il n'eſt pas poſſible qu'il y ait une meſure, qui ſe trouve un certain nombre de fois dans l'une, & un certain nombre de fois dans l'autre préciſément, ou dont les longueurs ſeroient telles, que le rapport de l'une à l'autre ne pourroit s'exprimer en nombres. On en donne pour exemple ordinaire le *Côté d'un quarré* & *ſa Diagonale.* Si on pouvoit trouver de la *Commenſurabilité* entre la Circonférence d'un Cercle & ſon Diamétre, on auroit bientôt ſa *Quadrature,* c'eſt-à-dire un *Quarré* dont la ſurface égaleroit préciſément la ſurface du Cercle.

Cette Incommenſurabilité n'a rien de commun avec les *Aſymptotes.* On donne ce nom à des *lignes droites,* tirées d'une telle façon, que de certaines courbes qui ont auſſi une certaine poſition, s'approchent continuellement de ces lignes droites, ſans qu'il ſoit poſſible, vu la nature de ces courburres, que jamais elles atteignent ces droits dans quelque étendue finie qu'on les prolonge. On ne s'eſt point informé de chercher ſi un *Aſymptote* eſt commenſurable, ou *incommenſurable* avec ſa *Courbe* ; on n'a jamais une Aſymptote entiére, & quelque longueur qu'on lui ſuppoſé, cette longueur n'en eſt qu'une portion, & l'Aſymptote & ſa Courbe peuvent ſe continuer à l'infini, c'eſt-à-dire on ne ſauroit leur attribuer des bornes, au de là deſquelles elles ne puiſſent pas encore s'étendre ; On cherche donc ſeulement, s'il y a quelques courbes, telles que ſi on en détermine une certaine portion, cette portion déterminée ait un rapport exprimable en nombres, avec une portion de l'Aſymptote. Cela poſé 2. auront avec 2. 3 avec 3. & ainſi ſans aucune fin. La Nature d'une Courbe bien connue décide la queſtion, & la connoiſſance des Courbes à ſes uſages : Elle en a de grands dans la Navigation.

Compte-t-il pour rien l'Optique & tout ce qu'on en a tiré de ſecours ? Si l'*Aſtronomie* avoit été portée ſur le pié de perfection, où on l'a portée de nos jours, la Chronologie ſeroit elle paſſe d'une toute autre exactitude, & un grand nombre de difficultés qui font tant de peine aux Critiques ne ſeroient-elles pas levées ? Pour parler en Philoſophe & non pas en Déclamateur, au lieu de chercher dans l'Indice de quelque livres, ou dans la liſte de quelques définitions, de quoi entaſſer quelques termes uſités dans les Mathématiques, il falloit s'être aſſuré par l'étude même de ces Sciences de l'utilité que l'eſprit humain en tire pour connoître ſes propres forces & pour les étendre : Et en comparant ces effets avec l'étude des legéres critiques répandues dans le Dictionnaire Hiſto-

Hiſtorique, Mr. Bayle auroit ſenti que cette derniére occupation peut abbaiſſer l'eſprit, l'affoiblir, le diſtraire; de ſorte qu'au lieu d'entreprendre pour l'utilité du Public, des travaux qu'il repréſente ſi pénibles, il auroit compris qu'il lui rendroit un tout autre ſervice, en s'appliquant au contraire à prévenir le goût qu'on pourroit prendre pour ces bagatelles.

On peut dire que l'Eſprit du Pyrrhoniſme conſiſte dans un goût particulier pour les Paradoxes; En voici un que Mr. Bayle ſoûtient avec une fermeté qu'on n'auroit pas attenduë de lui, ſi on n'étoit pas convaincu, par la lécture de ſes Ouvrages, que ſon plus grand plaiſir eſt de combattre ce qui eſt le plus univerſellement reçu. „ *Je ſoutiens*, (dit il page 613.) „ *que les Véritès hiſtoriques peuvent être pouſſées à* „ un dégré de certitude plus indubitable, que ne l'eſt „ le dégré de certitude, à quoi l'on fait parvenir les „ Véritès Géométriques, bien entendu que l'on „ conſidérera ces deux ſortes de Véritès ſelon le gen- „ re de certitude qui leur eſt propre. Je m'éxplique „ dans les diſputes qui s'élèvent entre les Hiſtoriens, „ pour ſavoir ſi un certain Prince a régné avant ou „ après un autre, on ſuppoſe de chaque côté, qu'un „ fait a toute la réalité, & toute l'éxiſtence, dont „ il eſt capable hors de nôtre entendement, pourvû „ qu'il ne ſoit pas de la nature de ceux qui ſont „ rapportés par l'Arioſte, ou par les autres Con- „ teurs de Fictions, & l'on n'a nul égard aux diffi- „ cultés dont les Pyrrhoniens ſe ſervent pour faire „ doûter ſi les choſes, qui nous paroiſſent éxiſter, „ éxiſtent réellement hors de nôtre Eſprit. Ainſi „ un fait hiſtorique ſe trouve dans le plus haut dé- „ gré de certitude qui lui doive convenir, dès que „ l'on a pû prouver ſon éxiſtence apparente, car on „ ne demande que cela pour cette ſorte de Véritès: „ & ce ſeroit nier le principe commun des Diſputans, „ & paſſer d'un genre de choſe à un autre, que de „ demander, que l'on prouvât, non ſeulement qu'il „ a paru à tout l'Europe, qu'il ſe donna une ſan- „ glante bataille à Sénef l'an 1674. Mais auſſi que „ les objets ſont tels hors de notre eſprit, qu'ils „ nous paroiſſent. On eſt donc délivré des impor- „ tunes chicaneries que les Pyrrhoniens appellent, „ *moïens de l'Epoque*, & quoi qu'on ne puiſſe rejet- „ ter le Pyrrhoniſme hiſtorique par rapport à une „ infinité de Faits, il eſt ſur qu'il y en a beaucoup „ d'autres, que l'on peut prouver avec une pleine „ certitude: de ſorte que les Recherches Hiſtoriques „ ne ſont point ſans fruit de ce côté-là.

Je n'en veux pas davantage, pour prouver que la certitude des Mathématiques paſſe en dégré celle de l'Hiſtoire. N'eſt-on pas plus ſûr de ce qu'on a vû que de ce qu'on a ſimplement appris ſur le rapport d'un autre? Or nous voïons les Figures qui ſont l'objet de nos Théorèmes, & de nos Problèmes, nous voïons les Machines à la conſtruction des quelles nos raiſonnemens nous conduiſent, nous ſommes témoins de leurs effets, nous en rendons les raiſons, nous en connoiſſons la Nature & les Cauſes. S'eſt-il jamais trouvé un Mathématicien qui n'ait regardé comme indubitable un très grand nombre de Théorèmes Géométriques, au lieu qu'il s'eſt trouvé un Hiſtorien Critique du prémier ordre, qui n'a jamais ſû convenir d'une vérité qui paſſe celle de tous les événemens, en fait de notoriété publique.

On aſſure que Mr. Bayle dînant à la Haye chés Mr. De Beauval avec un Lieutenant Colonel François, qui avoit été fait Priſonnier à la Bataille d'Hogſtet, ne voulut jamais convenir que les Alliés l'euſſent gagnée; Il ſoûtint à un Officier qu'il ſe trompoit; il ne ſe laſſa point d'entaſſer raiſonnement ſur raiſonnement pour prouver que les François n'avoient point perdu cette Bataille. Mr. Bayle n'étoit pas ſur ce ſujet dans un cas ſemblable à celui de ces viſionnaires qui s'imaginent l'un d'être Roi, & l'autre d'être Oiſeau &c: & qui ſur d'autres ſujets, raiſon-

nent comme le reſte des hommes. Mr. Bayle avoit ſes raiſons pour traiter de douteux le ſujet dont toute l'Europe convenoit le plus; il comptoit par-là de s'autoriſer à traiter de chimères toutes les ſortes conjectures, qui par leur aſſemblage ſembloient approcher de la démonſtration, ſur l'Auteur de l'*Avis aux Réfugiés*.

Pour établir la certitude de l'Hiſtoire, Mr. Bayle demande que l'on faſſe abſtraction de la grande hypothéſe des Pyrrhoniens: Mais un Mathématicien n'a aucun beſoin d'une telle abſtraction. Quand on doûteroit effectivement s'il y a des Corps qui aient une éxiſtence réelle hors de nôtre penſée, ou ſi ce que nous croïons voir paroit-être, ſans éxiſter effectivement, toujours ſeroit-on ſûr qu'on penſe, toûjours ſeroit-on ſûr qu'on a de différentes penſées, toûjours ſeroit-on ſûr qu'on s'apperçoit que l'on penſe. On ſent les rapports que les penſées ont les unes avec les autres: Ces rapports occupent les Mathématiciens; Ils ſont aſſurés qu'ils les voient ou qu'ils les ſentent.

Si Mr. Bayle a démontré, comme il le prétend, que l'idée de l'étenduë eſt pleine de contradictions, & que l'éxiſtence de ſon Objet eſt impoſſible, dès là tout ce que rapporte l'hiſtoire la plus ſimple, eſt auſſi faux & auſſi chimérique que les fictions de l'Arioſte.

Il eſt un grand nombre de points d'hiſtoire ſur leſquels on n'eſt nullement d'accord; ces points-là, ſont l'objet principal du Dictionnaire Critique. Pour s'aſſurer de chacun d'eux, il faut, de l'aveu de Mr. Bayle, diſcuter un procès à 4 parties, & ſouvent faire beaucoup plus: Les diſputes ſont très rares parmi les Mathématiciens, & pour une propoſition, ſur laquelle ils ont penſé différemment, il en eſt des Milliers, ſur leſquelles il n'eſt pas ſeulement concevable que l'on puiſſe ſe partager.

„ On montre certainement, dit Mr. Bayle, la fauſ- „ ſeté de pluſieurs choſes, l'incertitude de pluſieurs „ autres, & la Vérité de pluſieurs autres, & voilà „ des Démonſtrations qui peuvent ſervir à un plus „ grand nombre de gens que celles des Géomètres; „ car peu de gens ont du goût pour celles-ci, ou „ trouvent lieu de les appliquer à la reformation des „ moeurs: mais on m'avouëra, Monſieur, qu'une infini- „ té de perſonnes peuvent profiter moralement parlant de „ la lecture d'un gros Recueil de Fauſſetés Hiſtoriques „ bien avérées, quand ce ne ſeroit que pour deve- „ nir plus circonſpects à juger de leurs prochains, „ & plus capables d'éviter les piéges que la Satyre & „ la Flaterie tendent de toute part au pauvre Lecteur. Or n'eſt-ce rien que de corriger la mauvaiſe inclination que nous avons à faire des jugemens téméraires? N'eſt-ce rien que d'apprendre à ne pas croire légèrement, ce qui s'imprime? N'eſt-ce pas le nerf de la prudence, que d'être difficile à croire?

A la vuë de tant d'erreurs que l'Auteur d'un Dictionaire Critique remarque & relève, *on devient*, *dit Mr. Bayle*, *plus circonſpect & plus capable d'éviter les piéges que tendent la Satyre, & la Flaterie*. En vain chercheroit-on cet utilités morales dans un recueil de quinteſſence d'Algèbre, Mais eſt-ce aſſés de s'être convaincu que les hommes ſe trompent ſouvent parce qu'ils ne jugent pas avec aſſés de circonſpection? Eſt-il même néceſſaire d'étudier la Critique pour ſe convaincre de cette vérité? Ce qui ſe paſſe chaque jour ſous nos yeux ne ſuffit-il pas pour nous en inſtruire? Mais, comme je viens de le dire, ſuffit-il de ſavoir que les hommes tombent ſouvent dans cette faute pour s'en corriger? Si cela ſuffiſoit, il n'y a perſonne qui ne s'en corrigeât, car il n'y a perſonne qui ne le ſache, & ne s'en plaigne. Le grand point, c'eſt de vouloir s'en corriger; ce n'eſt pas même aſſés de le vouloir, il faut ſavoir comment on doit s'y prendre pour réüſſir aiſément. Pour éviter l'erreur, il faut reſpecter l'évidence, il faut ſe familiariſer avec elle, il faut ſe former à l'habitude de bien établir l'état des Queſtions, de penſer avec ordre, de

tirer

tirer d'un Principe les Conséquences qu'il est propre à faire naître. Si Mr. Bayle avoit sû l'Algèbre, il auroit compris qu'elle est tout autrement propre, à produire ces heureux effets, que les minuties dont il s'est tant occupé.

Pour ce qui est des objections qu'il fait sur la fin de cette page, contre la certitude de la Géométrie, & la réalité des objets, on y a déjà répondu en éxaminant le Pyrrhonisme de Sextus de Mr. Bayle, par raport aux Mathématiciens. Voïés partie II. Section I. Article 40. & suivans, & encore article 36. & aussi Section IV. Art: 13. & suivans Sect. V. Art. 30.

XLI. Mr. BAYLE fait pitié dans cet endroit. Voilà ce grand Philosophe qui foule hardiment aux piés la plus respectable des Régles ; c'est de ne parler pas de ce qu'on ignore, & de ce qu'on n'a point appris.

Caractére du Pyrrhonisme.

Mr. Bayle fournit ici assés de traits pour en former le Caractére d'un Pyrrhonien, son inclination le porte à contredire, il se fait un plaisir de nier tout ce qu'on affirme : On le pousse de question en question. On lui demande s'il ne croit pas que son Corps & celui des autres, avec qui il s'entretient, éxistent réellement ; Il ne veut pas qu'il soit dit, qu'on l'ait forcé à un aveu ; Je n'en sai rien répond-il, peut-être n'y a-t-il en tout cela que de l'illusion, & que tout ce qui paroit-être n'est pas. A quoi donc vous amusés-vous, quand vous lisés (par éxemple) des histoires ? Autant vaudroit-il s'occuper à lire des fictions. D'où vient que vous vous avisés de préférer un Auteur à un autre, puisqu'il n'y a rien de réel, dans ce qu'ils disent l'un & l'autre ? Le Pyrrhonien ne demeure pas sans réplique, pourvû qu'il parle, & qu'il s'échappe en quelque sorte aux Questions qu'on lui fait, il est content. *Je ne disconviens pas*, dit-il, *qu'il n'y ait eu dans une année qu'on appelle 1674. année vraie ou apparente, dans un lieu qu'on appelle Seneff, ou une Bataille sanglante réelle, ou les apparences d'une telle Bataille ; Si quelqu'un de ceux qui entreprendront d'en écrire l'histoire, me paroîtra placer cet événement dans un autre Mois ; que celui où il a paru arriver, je lui prouverai qu'ils se trompent, & qu'ils ne rapportent pas bien les apparences.*

Il seroit facile de lui répliquer ; Mais surquoi fondé pretendés-vous que ce qui n'est point réellement, paroit être de la même manière à un grand nombre de personnes dont les yeux n'ont aucune réalité ? Qui vous assurera que ce qui vous paroit le Mois de May, ne paroit point à un autre le Mois d'Août ? Ce qu'on appelle le Genre Humain, n'est occupé selon vous, que de simples apparences, il ne se proméne, pour ainsi dire, que parmi des ombres, rien de réel ne l'environne. Est-il sûr, est-il même vraisemblable qu'il soit aussi constamment frappé de toutes ces apparences, & aussi régulièrement occupé de toutes ces impressions, dont les objets n'éxistent point, que si ils éxistoient en effet, & qu'ils eussent une nature fixe & une activité conforme à leur nature ?

Si Mr. Bayle n'avoit pas été persuadé que le papier sur lequel il écrivoit, éxistoit réellement, qu'il se formoit sur ce papier des caractéres réels, qu'une infinité de gens le liroient, & pendant sa vie, & après sa mort, de la même manière dont il les lisoit lui-même, se seroit-il donné tous ses soins, & auroit-il espéré que d'autres travailleroient après lui sur le même plan, où tous les faits seroient rapportés tels qu'ils auroient parus, & dégagés de toutes les altérations, qu'il est arrivé, à des Ecrivains peu attentifs, d'y faire ? Quand donc les Pyrrhoniens, assurent qu'on ne peut s'assurer de rien, il n'est pas vrai qu'ils pensent toûjours comme ils parlent, & cela signifie seulement que dès qu'une question sera proposée, quelque parti qu'une personne prenne sur cette Question, on pourra lui contester la certitude de sa décision, & qu'une imagination féconde & hardie, trouvera

moïen d'éluder, sans fin & sans cesse, tout ce qu'on lui alléguera de preuves, sans être jamais réduite au silence. Mais celui qui a pris un parti, le soutiendra aussi de son coté contre toute sorte d'objections, sans convenir jamais qu'il eut mieux fait d'en prendre un autre, & qu'il pourroit s'être trompé.

Dès qu'une fois on s'est fait une habitude de ne plus respecter l'évidence, au lieu de se conduire par Raison, on se conduit par Humeur. Sur de certains sujets on aime à croire, & on croit: sur d'autres on aime à douter, & on doute. Mr. Bayle, par éxemple, demeure dans le doute par rapport aux vérités de la Réligion, & aux principes de la Morale. Ses inclinations ne le déterminent pas à chercher d'établir ces vérités par des preuves solides, aux yeux des autres hommes, afin qu'ils en fussent la Régle de leur conduite & le fondement de leurs espérances. Mais en même tems Mr. Bayle est un homme actif, & qui ne sauroit demeurer sans rien faire, il a du goût pour la Lecture. il prend plaisir à faire des recueils. Sur quelques sujets qu'ils roulent, ils ne sauroient rouler que sur des sujets très-legers aux yeux d'un homme plein de doutes sur les principes de la Réligion & de la Morale ; car ôtés ces principes, qu'est-ce que la vie humaine, & que se passe-t-il sur la Terre qui soit digne d'attention ? Lire des faits est une occupation qui amuse sans fatiguer, comparer ce qu'ont écrits divers Auteurs sur le même fait, quand on se trouve d'humeur à faire ces comparaisons, & qu'on a ces Auteurs sous les mains, & une diversité qui recrée, & qui fatigue peu, au moins dès qu'on s'en est fait une habitude. Le Pyrrhonien cherche à s'amuser, c'est le seul parti qui lui reste. L'Etude des Mathématiques le familiariseroit trop, avec l'évidence ; c'est un goût pour lequel il a de l'éloignement. Celui de la Physique le pourroit amener à l'admiration de la Cause suprême, & dès là au respect de ses Loix ; c'est un joug auquel il se refuse, & qui lui fait fuïr l'étude de la Morale. Ce Parti, je l'avoüe, s'engager à un travail immense, que d'entreprendre de faire toutes ces comparaisons avec éxactitude, sur une longue suite de faits sans en ômettre aucun. C'est à quoi s'engageroit un Chronologiste qui promettroit une Histoire suivie, & qui entreprendroit d'en accompagner tous les points d'une Critique de ce genre ; Mais ce sont là des soins dont on se dispense aisément, dès qu'on n'écrit qu'un Dictionnaire : On fait ces remarques Critiques quand on veut, & on les néglige de même quand on veut, on compose avec une entière liberté. Il semble que les Sceptiques Grammairiens ont fait entr'eux cette ligue. Nous ne nous chicanerons point sur la certitude de notre Art favori, & nous nous contenterons de chicaner tous les autres.

XLII. Mr. BAYLE ne perd pas de vuë Mr. Jurieu, & comme les Pyrrhoniens se conduisent par humeur, c'est une nécessité que leurs passions, quand ils en ont, soient fixes, ces esprits brouïllons qui aimmt à se mêler de tout & des affaires même d'Etat. *Cette utilité morale qu'on tire de la Critique & qui rend circonspects à juger des autres & retenus à prononcer sur des faits.* On voit assés que cela regardoit Mr. Jurieu, & ses plaintes contre le Livre de l'*Avis aux Réfugiés.*

Passion de Mr. Bayle.

XLIII. NE RIEN croire sur l'Immortalité de l'Ame, sur la Providence, sur la distinction réelle du Bien avec le Mal, c'est vivre dans les ténèbres sur le sort du Genre Humain. Certainement ce n'est point-là un état bien satisfaisant ; Il faut de toute nécessité chercher à se distraire & à s'occuper de toute autre idée, afin de se dérober à ce que celles-ci ont de triste. Il ne faut donc pas s'étonner si Mr. Bayle avoir recours aux Lectures dont il a tiré ses recueils. Les Poësies qui roulent sur des sentimens tendres condamnent l'*Inconstance*, elles sont l'éloge de la *Fidélité*, on y respecte les maximes d'*honneur* & de *devoir*. Rien de tout cela ne se trouve dans les compo-

Causes du son goût pour les recueils.

positions groſſiéres des Ecrivains qui ont fait proteſtion de débauche, ou qui ont pris plaiſir d'écrire comme s'ils étoient eux mêmes des débauchés.

Parmi les perſonnes qui avoient de l'inclination à eſtimer Mr. Bayle, il s'en eſt trouvé qui ont été également ſurpris & mortifiés de trouver dans ſon Dictionnaire tant de choſes qui peuvent plaire à ceux qui ont de l'Irréligion, & qui ſont capables de les affermir dans leurs funeſtes préventions; ils s'eſt auſſi attiré par-là des Adverſaires & des Critiques;

Mr. Bayle veut con eau cau ſes qu'il a dis à allegues, ucs.

XLIV. DANS la page 616. Mr. Bayle allégue pour ſa juſtification que les diſputes des Grammairiens, que les Avantures d'un petit particulier, que les détails de Critique qui ſont les objets directs de ſon Dictionnaire, ne préſentent rien qui ne ſoit fatigant & dégoutant au dernier point pour ceux qui ne ſont pas du métier, & qui n'ont pas déterminé leurs inclinations à ce genre de Vie, & comme ceux-ci ne ſont pas en petit nombre, ils méritoient bien qu'on y eut égard.

J. Luirciſ puiras ſur certaines choſes recueillees dans le Dictionaire Hiſt. Ibid. Tom.

„ C'eſt une vaſte compilation dit-il, néceſſairement chargée de pluſieurs détails de Critique dégoutans & fatigans au dernier point pour ceux qui ne ſont pas du métier; & il a falu que dans cet amas de toutes ſortes de matiéres je ſoûtinſſe

Ibidem pag. 616.

„ deux perſonnages, celui d'Hiſtorien, & celui de Commentateur. Il n'a pas été poſſible de le tirer du mépris par rapport à bien des gens, qu'en y faiſant entrer des choſes qui ne fuſſent pas communes. Ceux qui ne ſe ſoucient guere ni des diſputes des Grammairiens, ni des Avantures d'un petit particulier, ne ſont pas en petit nombre, & méritent que l'on ait égard à leur goût. Il eſt donc permis à un Auteur de faire en ſorte que ſon Livre leur paroiſſe recommandable par quelque endroit; & ſi cet Auteur écrit en Hiſtorien, il doit dire, non ſeulement ce qu'ont fait les Hérétiques, mais auſſi quel eſt le fort & le foible de leurs opinions. Il doit faire principalement cela s'il eſt lui-même le Commentateur de ſes Récits; car c'eſt dans ſon Commentaire qu'il doit diſcuter les choſes, & comparer enſemble les raiſons du pour & du contre avec tout le deſintéreſſement d'un fidéle Rapporteur.

Mr. Bayle met bien en œuvre le privilége des Pyrrhoniens qui s'attribuent en propre le droit de dire le pour & le contre, ſuivant la nature de la choſe, en faveur de laquelle ils plaident & l'intérêt qu'ils y prennent. S'agit-il de répondre à une objection ſur l'inutilité des recherches qui ſont le prémier objet de ce Dictionnaire, Mr. Bayle ſoutient (page 611) qu'on n'a jamais en plus d'attachement qu'aujourd'hui à ces éclairciſſemens. S'agit-il de juſtifier ce qu'on y trouve de tout différent, il allegue le grand nombre des Lecteurs qui ſe feroient dégoutés de ſon livre, s'il n'avoit contenu que les matiéres, pour leſquelles il dit ailleurs qu'on a plus d'attachement que jamais.

Mais encore par où prétend-il dédommager des Lecteurs qui ne ſont point Grammairiens, & qui ne prennent point de plaiſir à des minucies. Par quel autre endroit leur ven-il rendre recommandable ſon Livre? Il le chargera d'obſcénités & d'objections contre les Vérités les plus importantes de la Réligion & de la Morale: Certainement Mr. Bayle a une grande idée des hommes qui ne ſont pas Grammairiens, & qui ne ſe plaiſent pas dans des minucies de Critique; il leur fait beaucoup d'honneur, & c'eſt comme s'il leur diſoit: Je prévois que ce que les Grammairiens ſe feront un plaiſir de lire, ne fera que vous fatiguer, & vous ennuier; mais paſſés moi ces morceaux de cette nature en vûe des ſoins que je me ſuis donnés pour vous ſatisfaire; vous trouverés dans mon Dictionnaire force guillardiſes & force objections contre ces Maximes qui génent le cœur humain en l'aſſujettiſſant à la Raiſon & à la Réligion.

Devrir d'un Rapporteur.

XLV. IL CONTINUE ſon Apologie, mais il la continue en Pyrrhonien, qui ne cherche qu'à éblouïr, ou du moins qu'à éluder les objections qu'on peut lui-faire. Sur ces matiéres, je devois dit-il, comparer le pour avec le contre, avec tout le deſinteréſſement d'un fidéle Rapporteur. Dans un Dictionnaire Hiſtorique le pour & le contre roule ſur des faits; C'eſt ainſi par éxemple, que ſur l'Article d'Eraſme, l'Auteur d'un Dictionnaire Hiſtorique pouvoit rapporter, tout ce que les Auteurs Proteſtans ont dit pour prouver qu'Eraſme s'étoit fait Proteſtant, & tout ce que les Catholiques ont allégué pour prouver qu'il ne s'étoit point ſéparé de leur Communion; L'Auteur d'un Dictionnaire Critique, pourroit examiner les faits & l'autorité de ceux qui les alléguent; il pourroit même aller juſqu'à concilier des ſentimens qui ſont très-oppoſés, en faiſant remarquer que le même fait a été regardé ſous des faces différentes; mais il n'eſt nullement néceſſaire qu'il entre dans le détail des raiſons qu'Eraſme a pû avoir pour favoriſer l'une ou l'autre de ces Communions; il n'eſt nullement néceſſaire qu'il lui en prête quelques-unes, qu'il auroit pû dire, & qu'on ne lit point dans ſes Ouvrages; En s'ier ainſi, c'eſt viſiblement ſortir des bornes dans leſquelles un Hiſtorien doit ſe renfermer.

J'ajoute que pour agir en fidéle Rapporteur, il auroit falu que Mr. Bayle, après avoir plaidé la Cauſe de l'Irréligion, & après avoir ſollicité tout ſon génie à fournir des preuves à ceux qui ſont dans ce parti-là; Après avoir allégué tout ce qu'il a dit en vûe de prouver que la Raiſon eſt en oppoſition directe avec la Réligion, il auroit falu qu'il eut ajouté tous les argumens que la Raiſon fournit pour amener les hommes à ſe convaincre de l'éxiſtence de Dieu, à ſe perſuader de ſa Providence, à s'inſtruire de ſes Loix & à ſentir le grand intérêt qu'ils ont à les obſerver. Il auroit falu que Mr. Bayle pour remplir le devoir de fidéle Rapporteur, eut emploié toute la ſubtilité, toute la force, toute la fécondité de ſon beau génie, à expoſer tout ce qu'on a dit, & tout ce qu'on peut dire en faveur de la Réligion, & qu'il ſe fût fait autant de plaiſir de nous prêter des armes, comme il s'en eſt fait d'en prêter à nos Adverſaires.

Sur l'Article de Pomponace Mr. Bayle en qualité d'Hiſtorien Critique auroit pû rechercher, ſi c'eſt avec fondement qu'on l'accuſoit de nier l'immortalité de l'ame, ou ſi on lui a prêté cette erreur. Mais pourquoi ces miſérables raiſons que Pomponace Peripatéricien & Scholaſtique, & par conſéquent chétif Philoſophe, avoit pû alléguer, en ajoûter de plus fortes dont-il auroit pû ſe ſervir.

Un Avocat honnête homme, évite de ſe charger d'une mauvaiſe cauſe. Il eſt quelquefois de mauvaiſes dont les Juges ordonnent à un Avocat d'entreprendre la défenſe, de peur qu'on ne puiſſe dire qu'une perſonne a été condamnée ſans être entendue, & qu'on ne tire cet éxemple en conſéquence. Mais qui a chargé Mr. Bayle de plaider en faveur de l'Irréligion?

Diſons encore qu'il eſt des Cauſes d'une telle nature, qu'il ne convient point de les plaider, devant toutes ſortes de Tribunaux. Il en eſt qui demandent des Juges capables d'une grande attention & de ſe ſervir de tous les artifices dont un Avocat habile ſe ſert pour embrouiller toûjours plus une matière profonde, & pour mettre par ce moien les juges dans une eſpèce de néceſſité de décider par d'autres principes que par ceux d'une évidente lumière. Les Raiſonnemens de Mr. Bayle contre les Vérités les plus intéreſſantes pour les gens de bien, & les plus génantes pour les mauvais cœurs, ſont ſi ſubtiles & ſi pouſſées, que la diſcuſſion en eſt beaucoup plus difficile que celle de ſes Critiques, & des conteſtations des Grammairiens.

XLVI.

XLVI. J'ESPEROIS en second lieu, dit-il, que l'on prendroit garde à l'air, & à la manière dont je débite certains Sentimens. Ce n'est point avec le ton de ceux qui veulent dogmatiser, ni avec l'entêtement de ceux qui cherchent des Sectateurs. Ce sont des pensées répanduës à l'avanture, & incidemment & que je veux bien que l'on prenne pour des jeux d'esprit, & que l'on rejette, tout comme on le jugera à propos, & avec encore plus de liberté que je ne m'en donne. Il est aisé de connoître qu'un Auteur qui en use de la sorte, n'a point de mauvaises intentions, & qu'il ne tend point de piéges; & que s'il lui échape des réflexions qui pourroient être dangereuses venant sous une autre forme, il ne faut guére s'en formaliser.

Mais, dit Mr. Bayle *je ne débite pas certains sentimens avec le ton de ceux qui veulent dogmatiser.* Quoi! établir l'état d'une Question de la manière la plus favorable aux sentimens pour lesquels on panche, la présenter sous les faces les plus propres à déterminer à une certaine conclusion, faire servir à ce but les comparaisons les plus ingénieuses, & les plus éblouïssantes, entasser argumens sur argumens, défier au combat, & soûtenir qu'on ne sauroit parer aux Objections que l'on propose, par aucune Raison solide, n'est-ce pas là dogmatiser?

Et quand Mr. Bayle dit froidement & hardiment, que pour lui il ne dogmatise point, ne marque-t-il pas son mépris pour les personnes qui osent le desapprouver: Des Disputes où l'on combat tout ce que les hommes reconnoissent de plus sacré ne doivent plus passer pour dangereuses, dès qu'on ne les dispute pas avec la méthode la plus scholastique: Mais c'est par là même qu'elles sont plus dangereuses; Revenir sans cesse à des argumens propres à ébranler la persuasion des Dogmes de la Réligion, & des devoirs de la Morale, les proposer sous diverses formes, les répandre comme à l'avanture, les débiter sous des tours si ingénieux qu'ils peuvent passer pour des jeux d'esprit; Niera-t-on que ce soit là tendre des piéges, & cacher le poison sous une amorce qui le couvre, ou qui le déguise en partie? Dans un Auteur qui écrit avec tant d'art, on auroit grand tort, sans doute de trouver des apparences d'une mauvaise intention!

„ J'espérois en troisième lieu, dit Mr. Bayle, „ que l'on prendroit garde aux circonstances qui font „ qu'un erreur n'est pas à craindre, ou qu'elle est à „ craindre. On doit en apprehender les suites lors- „ qu'elle est enseignée par des gens dont les relations „ au peuple leur ont fourni les occasions de s'auto- „ riser, & de former un parti. On doit la suivre „ de près, l'observer & la refrener soigneusement lors- „ qu'un caractére vénérable, un Pasteur, „ un Professeur en Théologie la répand par des Ser- „ mons, **par des Leçons, par de petits Livres re- „ duits en Système, ou en forme de Catéchisme, & „ par des Emissaires qui vont de maison en maison** „ recommander la lecture de ses Ecrits, & prier les „ gens de se trouver aux Conventicules, où l'Au- „ teur explique plus en détail ses raisons & sa mé- „ thode. Mais si un homme tout-à-fait Laïque „ comme moi, & sans caractére, débitoit parmi de „ vastes Recueils Historiques & de Litérature, quelque „ erreur de Réligion ou de Morale, on ne voit point „ qu'il fallût s'en mettre en peine. Ce n'est point „ dans de tels Ouvrages qu'un Lecteur cherche la „ réformation de sa Foi. On ne prend point pour „ guide dans cette matière un Auteur qui n'en parle „ qu'en passant, & par occasion & qui par cela même „ qu'il jette ses Sentimens comme une épingle dans une „ prairie, fait assés connoître qu'il ne se soucie point d'ê- „ tre suivi. Les erreurs d'un tel Ecrivain sont sans „ conséquence, & ne méritent point que l'on s'en „ inquiéte. C'est ainsi que se comportérent en Fran- „ ce les Facultés de Théologie par rapport au Livre „ de Michel de Montaigne. Elles laissérent passer

toutes les maximes de cet Auteur, qui sans sui- „ vre aucun système, aucune Méthode, aucun ordre, „ entassoit & faussoit tout ce qui lui étoit présenté „ par sa mémoire. Mais quand Pierre Charron Prê- „ tre & Théologal s'avisa de débiter quelques-uns „ des sentimens de Montaigne dans un Traité métho- „ dique & systématique de Morale, les Théologiens „ ne se tinrent plus en repos.

Mr. Bayle continuë à se moquer de ses Lecteurs, au moins des Lecteurs qui le desapprouvent, quand il compare ces raisonnemens si subtils, si longs, si dévelopés, si poussés, avec des saillies de Montaigne qui ne sont presque jamais accompagnées d'une apparence de preuve; Ce qu'il y a d'Irréligieux & d'Obscéne dans son Dictionnaire, doit-il être regardé, que comme *une épingle jettée à hazard dans une prairie,* & n'est-ce pas là plûtôt l'émail dont-il a voulu orner son Ouvrage, ne sont-ce pas là les fleurs dont-il l'a embelli, & par lesquelles il a tâché de mériter qu'on lui pardonnât la fatigue & l'ennui, que donnent ses Critiques Grammaticales?

Mr. Bayle répond aux plaintes qu'on a faites contre ses Ouvrages, comme un homme répondroit dans un Cercle à des personnes avec qui il ne daigneroit pas lier conversation; Au lieu de répondre à une objection qu'on lui a effectivement proposée, il suppose qu'on lui en fait une toute différente. D'abord on regarde toutes les choses qu'il a écrites en elles-mêmes, & indépendament de la profession de Mr. Bayle. On ajoute, pour augmenter le scandale, qu'elles sont sorties de la plume d'un homme qui faisoit profession de vivre en Philosophe, & qui étoit très-capable de réussir dans tout ce qu'il lui auroit plû d'entreprendre. Il ne s'agit point des formalités du Droit Civil ou Canonique, il ne s'agit point de citer la personne de Mr. Bayle devant le Tribunal de quelques Corps Ecclésiastiques, ou de quelque Consistoire, il s'agit seulement de savoir, si son mauvais dessein ne saute pas aux yeux, par la manière même dont-il l'exécute, & s'il ne donne pas une preuve manifeste que le Pyrrhonisme conduit au Libertinage.

C'est encore se moquer que de dire que ce qu'il a écrit contre la Réligion ne sauroit avoir aucun mauvais effet, puisqu'il n'est pas Théologien de profession, & qu'il ne l'a pas écrit en forme de Catéchisme, ou de Système de Théologie.

Un Catéchisme où l'on auroit tout simplement & tout naïvement exposé comme des articles de Foi ce que Mr. Bayle a écrit de propre à ébranler la Foi, & à sapper les fondemens de la Morale, n'auroit produit aucun mauvais effet, parce que personne n'auroit daigné le lire: Personne ne regarde les Catéchismes comme articles de Foi, parce qu'ils portent ce titre; ils tirent toute leur autorité de la persuasion où l'on est qu'ils sont conformes à une autorité plus grande. Mr. Bayle encore n'avoit garde de donner à son Pyrrhonisme & à ses suites une forme de Système; la réfutation en auroit été beaucoup plus aisée, & il auroit par là épargné bien de la fatigue à ceux qui auroient voulu l'entreprendre. Ses objections cent fois répétées & semées parmi une diversité de matiére qui tient le Lecteur en haleine, & lui ôte la pensée de s'arrêter & d'examiner, devoient naturellement avoir un tout autre succès.

Toute intéressante & toute grave que soit cette Matiére, on a de la peine à s'empêcher de rire du contraste que font avec un si grand sujet les expressions de Mr. Bayle; qui deviennent même burlesques par l'application qu'il en fait. Qu'on rassemble par ordre ce que Mr. Bayle a répandu, & dont on doit avoir raison de se scandaliser: Vrayement ce seroit un plaisant titre pour cet Ouvrage que celui de Catéchisme! & les Disciples chéris de Mr. Bayle ne manqueroient pas de s'en faire une grande Fête: Déja on y trouveroit un ample Commentaire sur le septième Commandement: pour ce qui est du prémier,

à la

à la demande N'y a-t-il qu'un Dieu? l'Enfant repondroit: *Il n'y en a qu'un.* D. D'où le savés-vous? R. *De l'Ecriture Sainte.* D. Sur quoi fondé croiés-vous ce que vous lisés dans la Bible? R. *Sur la Foi uniquement.* D. Et la Raison ne vous prouve-t-elle pas la Divinité de ce Livre? R. *Il s'en faut bien car elle suit est directement contraire.* D. Est-ce que la Raison n'établit pas l'unité d'un Dieu? R. *Pas plus que l'unité de Deux Principes Eternels l'un très-Bon, l'autre très Mauvais.* D. Mais est-ce que le seul Dieu que nous adorons, n'est pas très-Bon? R. *Il faut bien le croire puisque la Foi le veut ainsi, mais la Raison prouve le contraire par des Argumens sans réplique.* D. Avés-vous bien mis dans vôtre Mémoire ces Argumens Victorieux? R. *Sans doute.* D. Récités les &c.

Mais dit Mr. Bayle, je ne suis point un homme à me faire des partis, & je n'ai pas des Zélateurs qui aillent de maison en maison recommander la lecture de mes Ouvrages. Mr. Bayle avoit trop d'Esprit pour ne pas prévoir que tous ceux qui aiment à s'affranchir du joug des Régles, feroient tous les efforts imaginables pour entrainer dans leurs idées tout autant de gens qu'ils pourroient.

Si Mr. Bayle, a reparé ses fautes.

„ XLVII. MAIS l'événement, dit-il, (page 616) n'a „ point répondu à mon espérance on a murmuré, on „ a crié, contre ces endroits de mon Dictionnaire. Je „ n'ai jamais été persuadé que ce fut avec raison, „ néanmoins jai été fâché d'avoir dit des choses qu'on „ trouvoit mauvaises, & je me suis toûjours sen-„ ti parfaitement disposé à remédier aux scrupules „ dans une seconde édition. Aiant sû en quoi con-„ sistoient les griefs, il m'a paru qu'il étoit facile „ d'y apporter du remède, soit par la suppression de „ quelques pages, soit par quelques changemens d'éx-„ pressions, soit par des Eclaircissemens qui fissent „ envisager les choses selon leur vrai point de vuë. „ Je me suis engagé en cela sans aucune répugnance, & „ comme doivent faire tous les Ecrivains qui ne sont „ point entêtés de leurs pensées, & qui en sont a-„ gréablement un sacrifice à l'édification du Lecteur. „ Je souhaite que l'on soit content de ma conduite, „ tant à l'égard de ce qui a été supprimé, qu'à „ l'égard des choses que je m'en vais éclaircir, & „ il me semble que j'ai lieu de me promettre qu'on „ en sera satisfait. Je me suis proposé ce but, j'ai „ eu beaucoup d'attention à y parvenir.

L'Evénement n'a point répondu à mon espérance. Ce pauvre homme avoit les lumières trop courtes, & l'esprit trop borné pour prévoir les mauvais effets de son Ouvrage; c'étoit pour le délassement de ses Lecteurs qu'il l'avoit chargé d'objections contre les vérités pour lesquelles il ignoroit apparemment que bien des gens ont encore du zèle : Ce qu'il avoit écrit pour amuser & pour divertir, à scandalisé, à ébranlé, a répandu des doutes, & plus encore que des doutes; Qui l'auroit crû?

Dès que Mr. Bayle s'en est apperçu, *il lui a été facile d'y apporter du remède, soit par la suppression de quelques pages, soit par quelques changemens d'expressions.* Il l'a fait, au moins il le dit avec autant de vérité, qu'il assure que de lignes auparavant, que l'événement n'a pas répondu à ses espérances ; à moins que par ces expressions ambiguës, il ne vueille dire que l'événement les a surpassées de beaucoup. Ce qu'il y a de sûr, selon lui, c'est que de la manière dont son Dictionnaire a paru dans les dernières éditions, on peut le lire sans scandale & sans danger, le remède étoit trop facile pour le différer tant soit peu.

Caractère des Pyrrhoniens.

XLVIII. JE TROUVE encore ici une preuve du caractère, & du tour d'esprit des Pyrrhoniens. Ils comptent les preuves au lieu de les péser, & ils se mettent peu en peine si elles s'accordent entr'elles, ou si elles s'affoiblissent l'une l'autre. La contradiction ne les embarrasse point, & ils se sont accoutumés à en supposer partout. Mr. Bayle, pour se justifier, déclare *qu'il n'avance jamais sur le pié de son*

opinion *aucun dogme contraire à la confession de Foi du Païs où il est né, & qu'il ne dit rien de son chef*; Il venoit de dire que *n'étant pas Théologien son autorité n'étoit d'aucun poids.* Ses argumens n'auroient donc point été à craindre, quand même il les auroit allégués de son chef, & comme des preuves de ses sentimens. S'il avoit eu l'imprudence d'en user ainsi, il se seroit exposé à quelque danger, mais pour avoir pris la précaution de s'en garantir, ce qu'il a écrit n'est pas moins dangereux pour un très-grand nombre de ses Lecteurs, & n'est pas moins capable d'embarasser leur esprit, & de corrompre leur coeur.

XLIX. ON A lieu d'être surpris, que Mr. Bayle, qui possédoit si bien la langue Françoise, & qui savoit quand il vouloit, s'éxprimer avec tant de clarté & d'élégance, semble de temps en temps affecter le jargon de l'Ecole, & l'emploie sans nécessité.

Affectations.

Dans la page 613. „ En cet endroit Monsieur, dit-„ il, vous ne manquerés pas de prévoir, que les Enne-„ mis des belles Lettres inventeront cent exceptions. „ Ne pouvant nier que leurs maximes ne tendent à „ ressusciter la barbarie à tous égards, ils étaleront les „ utilités qui naissent de certaines Sciences; mais ils „ n'y gagneront rien : car dès là qu'ils mettront au „ nombre des choses utiles, celles dont il sort des „ utilités, soit par *résultance* soit par *émanation* (per-„ metres-moi de me servir de cette vieille rubrique „ de l'Ecole, puisqu'elle embrasse si bien les deux „ sortes d'utilités accessoires qui peuvent venir ici „ en ligne de compte) ils se verront obligés d'y com-„ prendre les belles Lettres & la Critique. Je me „ pourrai servir contr'eux de toutes leurs Observa-„ tions. En voici un petit essai.

D. Hist. T. IV. Dissertations contenant le Proj.

Il s'agissoit de l'utilité qu'on peut tirer des Sciences, au lieu de dire simplement qu'elles font quelquefois utiles par les instructions qu'elles renferment, & leurs effets immédiats, & quelquefois par certaines force que l'esprit humain y acquiert, par de certaines habitudes qu'il contracte en les étudiant, & dont-il tire parti de d'autres sujets, plus intéressans que ceux dont l'Etude lui a servi à se procurer cette force & ses habitudes: il aime mieux dire qu'une Science est utile par voie d'*Emanation*, ou par voie de *Résultance*; Il est un grand nombre de Lecteurs que ces mots arrêtent tout court, & qui s'imaginent qu'un habile homme ne les auroit pas emploiés, s'ils n'étoient pleins de justesse & de force, & tout ce qu'ils n'entendent pas, ils le mettent sur le compte de leur ignorance ; c'est ainsi qu'on les dépaïse.

L. A LA Page 617. Mr. Bayle pour dissiper le scandale qu'on a pris de son affectation à louër la bonne vie des Athées, & des Epicuriens propose les considérations suivantes.

De l'Apologie des Athées.

„ 1. La crainte & l'amour de la Divinité ne sont „ point l'unique ressort des actions humaines. Il y „ a d'autres principes qui font agir l'homme.

Dial. Hist. T. IV. Eclaircissemens sur certaines choses répandues dans ce Dictionnaire.

„ 2. La crainte & l'amour de la Divinité ne sont „ pas toujours un principe plus actif que tous les au-„ tres... Le monde est rempli de gens qui aiment mieux „ commettre un péché, que de dégager leur parole, „ ce qui peut faire & renverser leur fortune. On si-„ gnale tous les jours des formulaires de Foi contre „ sa conscience afin de sauver son bien, ou afin d'é-„ viter la prison, l'éxil, la mort &c.

„ 3. Il est très possible que des gens sans Réli-„ gion soient plus fortement poussés vers les bonnes „ moeurs, par les ressorts de leur tempérament ac-„ compagnés de l'amour des loüanges, & soutenus „ de la crainte du deshonneur, que d'autres gens „ n'y sont poussés par les instincts de la conscience.

„ 4. Le scandale devroit être beaucoup plus grand „ lorsqu'on voit tant de personnes persuadées des „ vérités de la Réligion, & plongées dans le cri-„ me.

Mr. Bayle se feroit épargné bien des embarras & auroit prévenu bien des troubles & bien des scandales s'il avoit trouvé à propos d'établir distinctement l'état des Queſtions, ce qui lui étoit très-facile. Il ne s'agit pas de ſavoir, ſi, dès qu'un homme eſt perſuadé de l'exiſtence d'un Etre ſupérieur, d'une Providence dont on s'attire la faveur par la vertu & par l'averſion pour le vice, eſt par là infailliblement déterminé à bien vivre, & à s'éloigner du Mal Moral. C'eſt ce que perſonne n'a jamais prétendu. Il s'agit de ſavoir ſi celui qui malgré la perſuaſion de ces vérités, ne laiſſe pas de négliger ſon devoir en divers rencontres, ne s'en éloigneroit pas encore plus, s'il ne les croioit pas: Il s'agit de ſavoir ſi des connoiſſances qui ne tiennent pas contre une certaine tentation, n'auront pas la force de ſoûtenir la même perſonne contre une autre: Il s'agit de ſavoir ſi, parce qu'un homme de Guerre ſe fait illuſion ſur de certaines Loix, & ſur la néceſſité où il eſt de les obſerver, ou la permiſſion qu'il ſe donne de s'en diſpenſer, ſi enfin il ſe laiſſe éblouïr ſur de certains ſujets par la multitude des exemples, il lui arrive de ſe faire illuſion & de ſuivre le même oubli de ſon devoir ſur tous les autres ſujets ; ou ſi au contraire il s'y affermit par le ſecours de ſes connoiſſances?

La 5. Conſidération de Mr. Bayle porte qu'il *eſt plus étrange que les Idolatres du Paganiſme aient fait de bonnes actions, qu'il n'eſt étrange que des Philoſophes Athées aient vécu en honnêtes gens: La 6. que les Idolatres qui ont vécu honnêtement n'étoient dirigés que par les mêmes principes qui peuvent ſe rencontrer dans les Athées.*

Je ne répons pas ici à ces deux conſidérations; je les examinerai ailleurs où il les fortifie de toutes les preuves qu'il a pû imaginer.

La 7. Conſidération c'eſt qu'il n'a pas regardé les bonnes mœurs des Athées comme des véritables Vertus. Cette Conſidération ne fait rien à la controverſe qui roule ſur ce point, *ſi une Religion quoique mêlée d'erreurs, & d'erreurs même groſſières n'a pas plus d'influence ſur les vertus néceſſaires à la conſervation de la Société que l'Athéiſme.*

Dans la 8. Mr. Bayle déclare en termes exprès qu'il *n'a jamais mis en parallèle l'Athéiſme qu'avec le Paganiſme.* Il faut que ſa grande Mémoire l'abandonne dans ce témoignage qu'il ſe rend, & qu'il ait été étrangement emporté par un Eſprit de diſpute, lorſqu'il a mis en parallèle une Société d'Athées, avec une Société d'hommes qui obſerveroient exactement ce qu'il lui plaît d'appeller les maximes de l'Evangile, & qu'il s'étend à faire voir qu'elle ſeroit la foibleſſe de la ſeconde en comparaiſon de la prémière.

Dans la 9. & la 10. Mr. Bayle ſe juſtifie par l'obligation où eſt un Hiſtorien de dire la vérité ſans déguiſement: Cette manière d'écrire eſt ſur tout digne d'un Chrétien, dont la bonne cauſe n'a beſoin d'aucune diſſimulation, & comme il ſivoit qu'on l'avoit accuſé à cet égard d'affectation il tâche encore de ſe juſtifier dans la 11. Mais pour juger de ſon Apologie il eſt abſolument néceſſaire d'examiner l'un après l'autre, les endroits où l'on croit que cette affectation eſt marquée.

Dans la 11. il dit. *Pour ôter entiérement les ſoupçons d'une affectation vicieuſe,* j'ai eu ſoin de remarquer toutes les fois que je l'ai pû les mauvaiſes mœurs des Athées. Si je ne l'ai pas fait ſouvent, ce n'eſt qu'à cauſe que la matière m'a manquée. Le public ſe ſçait que j'ai demandé qu'on m'indiquât des exemples ; perſonne n'a pris cette peine, & je n'ai pû encore rien déterrer par mes recherches.

De ce qu'on a conſervé la mémoire du petit nombre d'Athées qui ont vécu moralement bien, on tire une preuve de la perſuaſion où l'onelt naturellement, que c'eſt quelque choſe de très-rare & très peu naturel. Par une ſemblable raiſon on a négligé de rapporter les déſordres des Athées vicieux, & de faire remarquer que leurs Vices, étoient les ſuites de leurs Sentimens, ſans compter qu'entre les Athées déreglés dans leurs mœurs, il y en a eu ſans doute un grand nombre qui n'ont pas trouvé à propos de faire profeſſion d'Atheiſme; Et qu'auroit il ſervi de fournir des exemples d'Athées très-vicieux à Mr. Bayle? Il auroit répondu ce ſont des Athées d'une autre eſpèce que les miens. *Diagoras, Vanini, Spinoſa* ne les euſſent pas reconnus pour frères: Les Athées dont je fais l'Apologie ſont les Athées de Théorie & non pas les Athées de Pratique. Outre cela Mr. Bayle auroit déployé toute la ſubtilité de ſon génie & tout l'Art de ſon Pyrrhoniſme pour juſtifier du ſoupçon d'Athéiſme ceux dont on auroit alléguée la mauvaiſe Vie; il auroit dit, ce ſont là de vos gens, & non pas des miens. Il en uſe ainſi à l'égard d'*Arétin*, il nous le renvoie, & après l'avoir repréſenté comme un homme abominable, il l'excommunie de la Société des Athées, & le rend à la nôtre.

Il met encore hardiment *Vanini* au nombre des Athées qui vivoient bien; Son hiſtoire nous le repréſente ſous un autre caractère, & le charge à cet égard. Elle-eſt imprimée.

Sa remarque 11. eſt l'effet de ſon mépris pour la Raiſon. Mais dès qu'on ſe ſert de ſes lumières pour examiner cette remarque, on n'y trouve qu'un Galimathias. Mr. Bayle s'eſt réfugié dans les ténèbres de la plus rafinée Orthodoxie, & s'arme des épines Scholaſtiques pour ne donner pas priſe ſur lui aux Défenſeurs de la Religion contre les Athées.

„ J'aurois été d'autant plus blamable de ſupprimer
„ les vérités dont on ſe plaint qu'outre que j'aurois agi
„ contre les Loix fondamentales de l'Art Hiſtorique,
„ j'aurois éclipſé des choſes qui ſont au fond très-
„ avantageuſes au vrai Sistème de la Grace. J'ai
„ fait voir ailleurs que rien n'eſt plus propre à
„ prouver la corruption du cœur de l'homme, cette corruption naturellement invincible, & ſeulement ſurmontable par le Saint Eſprit, que de
„ montrer que ceux qui n'ont point de part aux ſecours ſurnaturels, font abſolument dans la pratique d'une Religion, que ceux qui vivent dans
„ l'Athéiſme.

„ J'ajoute ici qu'on ne ſauroit faire plus de plaiſir
„ aux Pélagiens, que de dire que la crainte des faux
„ Dieux a pû porter les Paiens à ſe corriger de quelque vice: car ſi de peur de s'attirer la malédiction céleſte, ils ont pû s'abſtenir du mal, ils ont
„ pû auſſi ſe porter à la vertu par le déſir des récompenſes ſpirituelles, & afin de ſe procurer l'amour de Dieu ; c'eſt-à-dire qu'ils auroient pû non
„ ſeulement craindre, mais aimer auſſi la Divinité,
„ & agir par ce bon principe. Les deux anſes avec
„ quoi l'on remué l'homme ſont la crainte du
„ châtiment & le déſir de la récompenſe ; s'il peut-
„ être remué par celle-là, il le peut auſſi être par
„ celle-ci: l'on ne ſauroit bonnement admettre l'une
„ de ces choſes & rejetter l'autre. "

Les Théologiens ont ſans doute de grandes actions de grace à rendre à Mr. Bayle d'avoir ſi vivement pris en main la Cauſe des Athées par ſon grand zèle pour les ſubtilités de leurs Sistèmes.

Mr. Bayle reconnoît (pag.619.) que *Dieu abandonne de certaines gens, juſqu'à permettre qu'ils nient ſon Exiſtence, ou ſa Providence, ce ſont principalement des perſonnes à qui les diſpoſitions du tempérament, l'éducation, la vivacité des idées de l'honnêteté, l'amour de la belle gloire, la ſenſibilité pour le deshonneur, ſervent d'un frein aſſés fort pour les retenir dans leur devoir.* De là n'eſt-on pas viſiblement en droit de conclure que ceux qui ne ſe trouvent pas dans ces heureuſes diſpoſitions, ont beſoin d'être retenus par un autre Principe, & que par conſéquent l'Athéiſme s'oppoſe directement à un de ces *Principes réprimans* qui influent ſur le bonheur du Genre Humain, & qu'il en ruïne l'efficace ; & comme il eſt très-peu de perſonnes dont l'âme s'occupe aſſés de l'idée de la *Belle Gloire,* & de l'éclat de la *Vertu,* pour régler leur conduite ſur ces principes, on voit que le motif tiré de la crainte d'un Etre inviſible & ſupérieur, devient par là d'une néceſſité très-étendue.

Mr Bayle avoüe que *s'il y a des gens que Dieu n'abandonne pas jusques au point de les laisser précipiter dans le systême d'Epicure, ou dans celui des Athées, ce sont principalement ces ames féroces dont la cruauté, l'audace, l'avarice, la fureur, & l'ambition seroient capables de ruiner bientôt tout un grand Païs.* Mais il est un très-grand nombre d'autres panchans vicieux qui ont encore besoin d'être reprimés par les idées que la Religion présente, par les espérances, & par les peines dont elle remplit une ame. Pomponius Atticus passoit pour un Philosophe Epicurien, & j'ai quelque peine à le croire. Parce que Pomponius Atticus, préfera une vie douce & paisible, aux dignités après lesquelles couroient les autres ambitieuses ; cette conformité de son goût avec celui des plus sages Epicuriens lui fit compter dans leur nombre. Mais je veux bien supposer en lui des dispositions d'esprit & de cœur si singuliéres, qu'après s'être persuadé que rien n'étoit plus beau qu'une conduite dont la vertu étoit la régle, il s'étoit déterminé par cela seul à vivre constamment sur ses maximes. Voilà un exemple. Je veux encore qu'il y ait eu à Rome quelques autres personnes de son humeur ; mais qui d'un rang très-inférieur au sien, & d'une fortune fort au dessous de la sienne, n'ont pas eu les occasions de faire connoitre ce qu'ils étoient. Ce qu'il y a de certain, c'est leur nombre étoit très-petit en comparaison de celui des autres ; Les principes d'Epicure en bannissant la crainte des Dieux inondérent Rome d'un Déluge de Vices, sous lesquels ce puissant Empire succomba enfin.

Je souhaite qu'on fasse une grande attention sur ces paroles de Mr. Bayle. *Le principe REPRIMANT si nécessaire pour la conservation des Sociétés comme l'enseignent les Théologiens, exercé sa vertu par le frein de l'Idolatrie en certains Païs, & en certaines personnes, & par le tempérament, ou par la vivacité des idées & du goût de l'honnêteté morale en quelque autres. Les Grecs ingénieux & voluptueux, & par là sujets à une suite épouvantable de crimes, ont eu besoin d'une Religion qui les chargeât d'une infinité d'observances. Ils eussent en trop de temps à donner au mal, si la multitude de Cérémonies, de Sacrifices & d'Oracles ne leur eut causé bien des distractions, & si les terreurs superstitieuses ne les eussent allarmés.*

N. B. Si ce que Mr. Bayle pose dans ces paroles est effectivement vrai, que deviennent tous les argumens par lesquels il s'est efforcé de prouver que c'est attribuer à Dieu une conduite indigne de lui, que de concevoir sa Providence prenant soin de la conservation des Sociétés par le moien des idées de Religion qui ne faisoient qu'affermir les Païens dans une *Idolatrie pire que l'Athéisme.*

N'est-il pas aisé de reconnoitre dans cette opposition de sentimens le caractère de l'esprit de Pyrrhonisme, qui ne se fait nulle peine de soûtenir successivement le pour & le contre, suivant le parti qu'il espére d'en tirer, dans les questions sur lesquelles il dispute.

Mr. Bayle, sans le dire en termes exprès, insinue que les Scythes n'avoient que faire de Religion pour vivre en sûreté, & en tranquilité les uns avec les autres. *Les Scythes, peuple grossier, sans dépenses ni en habits ni en bonne chere, n'avoient besoin que de mépriser les Voluptés, ou de ne les pas connoitre.* Cela seul maintenoit leur République, & les empêchoit de se faire du tort les uns aux autres. Ils étoient tournés d'une maniére que chacun se contentoit de ce qui étoit à lui. Il ne faut point de Code ni de Digest à telles gens.

Je veux que la simplicité dans laquelle les Scythes vivoient eut rendué très superflue chés eux la connoissance de tous les cas décidés dans le Code & dans le Digeste, suit-il de là qu'ils n'avoient pas besoin de Religion? L'envie, les querelles, la paresse & ses suites, la fraude, la férocité, & diverses passions de cette nature, n'ont-elles pas lieu chés les gens de la Campagne qui vivent le plus simplement & le plus grossiérement? N'ont-ils pas du panchant pour les Voluptés qu'ils connoissent? Et n'ont-ils pas besoin de Loix, pour renfermer leurs panchans dans de certaines bornes? Les Sauvages d'Amérique, dont la férocité est aliée jusqu'à se nourrir de chair humaine, dont ils sont le plus délicieux de leurs alimens, ne vivent-ils pas aussi simplement que les Scythes? Si on pouvoit les amener à quelques idées de Religion, ces idées pourroient être très-imparfaites, & avoir pourtant la force de les faire renoncer à leur énorme barbarie.

LI. J'AI reservé pour la fin l'examen d'une malice de Mr. Bayle, qui, pour justifier son parallèle des Athées honnêtes gens avec les personnes qui ont de la Religion, & pour en conclure qu'il s'en faut beaucoup que la Religion n'ait l'efficace qu'on lui attribué, & pour la faire regarder comme une très-foible barriére, allégue pour exemple, *qu'on signe tous les jours des formulaires de Foi contre sa conscience, afin de sauver son bien, ou d'éviter la prison, l'exil, la mort &c.*

Il y a bien de la Ruse, pour ne pas dire de la Malice, dans ces paroles. Mais si l'on y réfléchit attentivement, elles serviront de preuve, de l'éblouissement où la passion est capable de jetter les esprits, même les plus fins, & les plus sur leur garde. Mr. Bayle se moque ailleurs de ces Athées qui se font fait maltraiter, & qui pouvoient aisément pourvoir à leur sûreté : Ils n'avoient qu'à faire comme lui, & déclarer par un serment solemnel, qu'ils sont dans les sentimens où ils ont été élevés, mais qu'ils y sont par un effet de leur Foi, & de la Grace qui leur a été donnée surnaturellement. Dès là sous le prétexte spécieux de relever le prix de cette Grace, ils pouvent poursser sans crainte toutes les objections que leur Raison est capable de leur fournir contre les vérités de la Religion. Mr. Bayle pratique soigneusement ce qu'il trouve que d'autres auroient dû faire ; Il a grand soin de mettre dans son parti les zélés pour les Sentimens Orthodoxes de la Communion ou il est né, & où il vit ; Le soin qu'il a de leur faire sa Cour le persuade qu'il trouvera dans leurs Decrets un azile, où il se verra à couvert de toute insulte, & d'où il pourra impunément braver la Religion & ses Défenseurs, & soûtenir contr'eux les Maximes les plus propres & les plus efficaces pour la renverser. C'est par cette Raison qu'il lance ici un trait fort violent contre ceux qui signent des Formulaires qu'ils n'approuvent pas en tout. Il se persuade que ceux qui sous les appuis des Formulaires lui sauront bon gré de ce qu'il traite des gens qui ne sont pas dans toutes leurs idées, comme des gens sans conscience, qui deshonnorent la Religion, & qui méritent d'être mis en parallèle avec des Athées, & d'avoir le dessous dans ce parallèle. Mais s'il y avoit un peu mieux pensé, n'auroit-il pas vû que les **Protecteurs des Formulaires**, pour peu qu'ils aient de Raison, trouveront très-mauvais qu'il les fasse passer pour des gens qui tendent des piéges, & qui ont l'imprudence de rejouïr les Athées, de leur fournir des armes, & des occasions de dire que la Religion n'est qu'une idée chimérique, dont les plus puissans abusent pour avoir le plaisir d'étendre leur domination, jusques sur les esprits des autres, & à laquelle idée les hommes renoncent quand leurs intérêts temporels le demandent?

Mais tout le scandale sera bien-tôt levé, si on expose distinctement l'état de la Question : Un homme qui conçoit qu'il vaudroit mieux ne pas dresser un certain Formulaire, ou s'il est déja établi qu'on seroit mieux de le laisser tomber que de le conserver, trahiroit visiblement sa conscience, & mériteroit de grands reproches devant Dieu & devant les Hommes, s'il lui arrivoit de solliciter l'établissement ou la conservation, au cas qu'il fut interrogé là-dessus, & que son suffrage, appuyé de quelques Raisons, put être de quelque influence. Mais s'il n'eſt point écouté, ni même conſulté, & que le Formulaire lui ſoit préſenté, que vaut-il mieux qu'il faſſe quand on lui propoſe l'alternative, ou de quitter ſon emploi dans l'Egliſe, ou de s'engager à ne pas attaquer, & à ne pas ſe déclarer publiquement contre ce Formulaire? S'il prend le prémier parti, il tombe précisément, & par là même, dans tout l'inconvénient du ſecond cas; il ſe met par ce choix dans l'impuiſſance d'enſeigner publiquement les matiéres condamnées dans la formule; il fait plus, il abandonne ſa place à des perſonnes qui inſiſteront ſur des matiéres qui ne ſont pas de ſon goût, & qu'il ne croit ni vraies ni édifiantes.

J'ajoute enfin que ſon ſilence ſur les Dogmes, ſur leſquels il n'adopte pas les idées de la Formule, accompagné d'une bonne vie, & de toutes les marques d'une ſolide érudition, & d'un juſte diſcernement, ſur les ſujets ſur leſquels il lui eſt permis de s'étendre, ce ſilence, dis-je, ſera non ſeulement aſſés connoitre quelles ſont ſes idées, mais de plus rendra ſes Auditeurs favorables à ces idées, ſans qu'il ait beſoin de les déclarer & de les ſoutenir par des preuves, ſurtout lorſque les ſentimens oppoſés, & les argumens par leſquels on les appuye, tombent d'eux-mêmes, quand on les examine ſans préjugé, & avec un eſprit de diſcernement.

Si on demandoit à un homme ſage & qui a de la piété, *Voulés vous conſerver votre emploi de Miniſtre à condition que vous ne prêcherés jamais ſur aucun des Articles du Symbole?* Il rejetteroit ſans contredit cette propoſition. Mais ſi on ajoutoit, *Eh bien on vous permet de prêcher ſur tous les Articles du Symbole, mais il en eſt d'autres ſur leſquels on ne veut pas que vos inſtructions roulent*, je ne comprens pas pourquoi il refuſeroit d'accepter ce dernier parti.

Il en eſt vrai pour plus loin, & dont j'expoſerai les Maximes en peu de mots. 1. Un Tribunal compoſé d'hommes qui n'ont pas le don d'infaillibilité, n'eſt pas ſelon eux en droit de propoſer aux autres un Formulaire de Foi, & de demander qu'on s'y ſoumette, ſous quelque peine pour ceux qui le refuſeront. 2. De ce principe ils concluent que l'on eſt en droit de ſe dérober au châtiment en interpretant les paroles du Formulaire, dans le ſens que l'on croit le plus conforme à la Vérité. 3. Ils croient même qu'en cela ils font honneur au Formulaire puiſqu'il vaut mieux lui attribuer des expreſſions peu exactes, que des ſentimens peu vrais. 4. Quand même le Tribunal, qui auroit prononcé ſeroit un Tribunal infaillible, par là même qu'on le reconnoîtroit infaillible, on ſe trouveroit dans l'obligation d'en expliquer les paroles dans un ſens raiſonnable & vrai, puiſque une autre interprétation ne s'accorderoit pas avec l'infaillibilité qu'on lui avoué.

J'allégue ces Maximes comme des faits dont je n'entreprens pas l'examen; cet examen n'eſt point néceſſaire pour le but que je me propoſe; il me ſuffit qu'on m'accorde ce qui eſt manifeſtement équitable, c'eſt que s'il y a de l'erreur dans ces Maximes, non ſeulement ces erreurs ne ſont pas préjudiciables à la Société, mais de plus on peut être dans ces erreurs ſans ceſſer d'avoir de la Réligion, de la conſcience & de la crainte de Dieu.

Ce qu'on vient de lire ne doit pas être compté pour une digreſſion; ces remarques ont un rapport eſſentiel avec le but qu'on ſe propoſe dans cèt Ouvrage, puiſqu'elles vont à enlever aux Athées une occaſion d'inſulter aux Défenſeurs de la Réligion, & qu'elles ſont voir à quel point ils ſont injuſtes, quand ils concluent de certaines ſignatures, que ceux qui les ſont n'ont pas plus de Réligion qu'eux, & même ſont plus coupables par la même que la connoiſſant, ils la violent.

Ceux qu'on refuſe à ſigner ſe perſuadent que Dieu deſaprouve cette contrainte, & qu'ils ſont en droit d'interpreter les paroles des Formulaires dans un ſens dont leur conſcience puiſſe s'accommoder; ſouvent même, ceux qui exigent ces ſignatures aiment mieux leur accorder cette permiſſion que de ſe voir expoſés à un refus qui commettroit leur autorité, ils veulent bien céder dans le fond, pourvû qu'ils triomphent en apparence.

Mr. Bayle ne l'ignoroit pas; puis qu'après avoir dit (Tom: II. page 709) „L'empire qui avoit „été donné à la partie ſupérieure de l'Ame ſur l'in- „férieure a été ôté à l'homme depuis le péché d'A- „dam. C'eſt ainſi que les Théologiens expliquent „le changement que ce péché a produit. *Il ajoute;* „mais comme la plupart des métaphores ne doi- „vent être preſſées que juſqu'à un certain point, il „ne faut pas abuſer de celle-ci; car il ne ſeroit point „raiſonnable de dire, que dans l'état d'innocence, „la partie inférieure, étoit conditionnée comme „elle l'eſt préſentement, mais qu'il n'en pouvoit „arriver aucun deſordre, parce que la partie ſupé- „rieure la pouvoit toujours réprimer bien à propos. Il eſt donc permis, de l'aveu de Mr. Bayle d'interpréter des expreſſions d'une maniére qu'on rende le ſens plus raiſonnable. Il eſt encore important de lire ce qu'il dit ſur la nature de l'eſprit de Parti, qui ſouvent eſt la Cauſe des Formules.

Article Helena Nota I.

„L'Egliſe diviſée en factions & en cabales, tout „comme les Républiques; en factions, dis-je, qui „triomphent, ou qui ſuccombent tout comme dans „les Républiques, non pas à proportion que les „cauſes ſont bonnes, & les mauvaiſes mauvaiſes, mais à pro- „portion que l'on peut mieux, ou que l'on peut „moins ſe ſervir de toutes ſortes de machines, une „telle Egliſe eſt ſans doute un objet de compaſſion, „un ſujet de gémiſſement.

Artn. Gelius Nota K.

Mr. Bayle attire la Raiſon d'argumens, par leſquels elle terraſſe la Réligion, ſans qu'elle ſe puiſſe relever par aucun ſecours que la Raiſon lui fourniſſe. On prétend que Mr. Bayle ſe trompe, on fait plaider à la Raiſon la Cauſe de la Réligion. Mais il trouve un moien de lui impoſer ſilence & de l'empêcher de venir au ſecours de la Réligion terraſſée; Et quel eſt ce moien? Il ſe met à l'abri de toute attaque derriére les Canons d'un Synode, & dès-là il foudroie à ſon aiſe les articles les plus fondamentaux de toute la Réligion. N'eſt-ce pas là l'Eſprit de parti qui il vient de condamner? Ne le reconnoît-il pas cèt Eſprit de parti dans les paroles ſuivantes, quand il dit de *Gomarus*? Barnevelt fit „un petit Diſcours à ces deux Antagoniſtes devant „les Etats de Hollande, dans lequel il déclara qu'il „rendoit graces à Dieu, de ce que ces Controver- „ſes ne regardoient point les Doctrines fondamen- „tales de la Réligion Chrétienne. Sur quoi Gomarus „aiant obtenu la permiſſion de parler, proteſta qu'il „ne voudroit point comparoître devant le thrône de „Dieu avec les erreurs d'Arminius. C'eſt dans les „Lettres de Grotius, que l'on trouve cette particu- „larité. **On la trouve auſſi dans la Préface qui a** „été miſe au devant des Actes du Synode de Dor- „drecht. Je doute qu'il y ait aujourd'hui des parti- „ſans de Gomarus aſſés paſſionnés, pour ſoutenir „qu'il ait eu raiſon de dire cela. La chaleur de la „diſpute & les influences malignes de l'émulation „profeſſorale, lui faiſoient outrer les choſes, & lui „troubloient le jugement; car aujourd'hui les Calvi- „niſtes les plus rigides ne font point difficulté d'avouer „que les cinq Articles des Remontrans ne ſont point „des Héreſies fondamentales; & ils ſont aſſés enten- „dre, que le Schiſme ſeroit facile à lever, ſi la Secte „d'Arminius n'étoit point tombée dans de nouvel- „les erreurs, mille fois plus pernicieuſes, que celles „que commirent Gomarus & Arminius. Ainſi „ceux qui n'ont point eu la tête échauffée par les „démêlés perſonnels qui avoient aigri Gomarus, ne „croient pas comme lui que l'on ſoit damné éternelle- „ment lorſque l'on croit les cinq Articles des Ar- „miniens. C'eſt donc à l'animoſité perſonnelle „qu'il faut imputer l'opinion bourué de cèt Ad- „verſaire d'Arminius.

Article Gomarus Nota D.

Dans l'Article de Lucréce Note K " Les Esprits le moins pénétrans, dit-il, comprennent très-bien, que tous les usages de la Religion sont fondés non pas sur le dogme de l'éxistence de Dieu, mais sur le dogme de sa Providence : puis donc qu'Epicure a été souffert dans une Ville où l'on puniſſoit les Athées, il s'enſuit que l'acception de perſonnes y avoit lieu, & qu'on y avoit double poids, & double meſure ; ou que les Athéniens ſi fins & déliés dans le reſte, étoient fort ſtupides ſur le chapitre de la Religion. Ils ſe laiſſoient joüer comme des enfans : ils ne s'appercevoient pas qu'en dogmatiſant comme Epicure, on ſe moquoit d'eux, ſi l'on proteſtoit que l'on approuvoit l'uſage des ſacrifices, & des priéres, & toutes les autres parties du culte public.

Mr. Bayle ne ſe joue-t-il point de la même maniére des Theologiens les plus graves? Il n'ignoroit pas quelles ſont les opinions que l'Eſprit de parti leur rend chéres par deſſus les autres, & il comprenoit que, par ſon zéle pour ces opinions là, il ſe procureroit le droit d'attaquer la Providence auſſi vigoureuſement que les Epicuriens l'aient jamais fait.

On ne peut rien alléguer de plus fort contre les Formules & la néceſſité qu'on impoſe de les ſigner que ce qu'on lit dans l'article Synergiſtes note B. " On pardonneroit l'intolérance à un parti qui prouveroit clairement ſes opinions, & qui répondroit aux difficultés nettement, catégoriquement, & d'une maniére convaincante ; mais que des gens qui ſont obligés de dire qu'ils n'ont point de meilleure ſolution à donner que des ſecrets impénétrables à l'eſprit humain, & cachés dans les thréſors infinis de l'immenſité incompréhenſible de Dieu ; que de telles gens, dis-je, faſſent les fiers, lancent la foudre de l'anathême, banniſſent, pendent, c'eſt ce qui paroit inéxcuſable.

Pourquoi donc Mr. Bayle ſe met-il à l'abri de tout ce qu'on peut lui oppoſer pour affoiblir ſes argumens contre les vérités de la Religion ? Pourquoi, dis-je, ſe met-il à l'abri ſous des Canons dont-il condamne les foudres? Pourquoi veut-il forcer les Déſenſeurs de la Religion à la reconnoître terraſſée, ou à la défendre d'une maniére, à n'obliger pas les Canoniers derriére leſquels Mr. Bayle ſe cache, à tirer fur eux, les mettant en colére, faute d'une aſſés humble déférence ?

Si on ne le ſavoit pas déjà Mr. Bayle nous apprendroit qu'on a tort de confondre avec les Dogmes de la Religion Chrétienne, les éxpreſſions barbares, & inintelligibles que l'Ecole y a mêlé.

Art. Ariſtote.
Note J.

" Le Pére Paul, dit Mr. Bayle, après avoir rapporté le Décret de la VI. Seſſion (du Concile de Trente) alléguë ce qu'on y critiqua, & il dit entr'autres choſes, que ceux qui étoient verſés dans l'Hiſtoire Eccleſiaſtique, remarquérent que tous les autres Conciles pris enſemble avoient décidé moins d'Articles, que cette ſeule Seſſion, à quoi Ariſtote avoit beaucoup de part.

Art. Paſcal.
Note B.

" Depuis que Mr. Paſcal ſe réſolut de ne plus faire d'autre étude que celle de la Religion, il ne s'eſt jamais appliqué aux queſtions curieuſes de la Théologie, & il a mis toute la force de ſon eſprit à connoître & à pratiquer la perfection de la Morale Chrétienne, à laquelle il a conſacré tous les talens que Dieu lui avoit donnés.

On peut donc à l'imitation de Mr. Paſcal, laiſſer à part ces matiéres curieuſes, & dès qu'elles ne ſeront plus partie de la Théologie & de la Religion, les raiſonnemens par leſquels on combat ces matiéres curieuſes, n'auront plus de priſe ſur la Religion elle même. Qu'on faſſe encore attention à ce qu'il dit.

Art. Giou
ſaus Da-
vid)

" Regius Diſciple de Mr. Des Cartes, ſe voyant harcelé pour une théſe qui concernoit l'union de l'Ame & du Corps, alléguâ qu'il s'étoit ſervi des propres termes de Gorlæus. Cela ne lui ſervit de rien, & fut cauſe que Voetius Profeſſeur en Théologie, flétrit autant qu'il lui fut poſſible les ſentimens de Gorlæus.

" Regius avoit ſoûtenu entr'autres : que de l'union de l'ame & du corps il ne ſe faiſoit pas un être de ſoi, mais ſeulement par accident. . . . . Il ſuffit à Mr. Voetius que cela ne fut pas conforme au langage ordinaire de l'Ecole, pour déclarer Mr. Regius hérétique & faire procéder à ſa dépoſition. Mr. Regius eut beau s'excuſer ſur ce que cette maniére de parler n'étoit pas de lui, mais de Gorlæus, dans ſes écrits duquel il l'avoit priſe, telle qu'elle ſe trouvoit inſérée dans la diſpute. Voetius fit ordonner au nom de la faculté de Théologie, ... que les Etudians en Théologie s'abſtiendroient des Leçons de Mr. Regius, comme de dogmes pernicieux à la Religion. Peu de jours après le même Voetius fit imprimer des Theſes, auxquelles il ajoûta trois Corollaires, dont voici le prémier. L'opinion de l'Athée Taurellus, & de David Gorlœus, qui enſeignent que l'homme compoſé de l'ame & du corps eſt un être par accident & non de ſoi-même, eſt abſurde & erronnée. Voici le troiſiéme. La Philoſophie qui rejette les formes ſubſtantielles des choſes avec leurs facultés propres & ſpécifiques, ou leurs qualités actives, & conſéquemment les natures diſtinctes & ſpécifiques des choſes; telles que Taurellus, Gorlœus, & Baſſon, ont tâché de l'introduire de nos jours, ne peut point s'accorder avec la Phyſique de Moyſe, ni avec tout ce que nous enſeigne l'Ecriture. Cette Philoſophie eſt dangereuſe, favorable au Scepticiſme, propre à détruire notre créance touchant l'Ame raiſonnable, la proceſſion des perſonnes divines dans la Trinité, l'incarnation de JESUS CHRIST, le péché originel, les miracles, les prophéties, la grace de notre régénération, & la poſſeſſion réelle des Demons.

" On voit là manifeſtement, de quoi ſont capables les impreſſions de la coûtume, & les préjugés. C'eſt un poids qui nous entraîne, où l'intérêt de nôtre cauſe demande que nous n'allions pas : car que peut-on dire de plus contraire aux intérêts de ces dogmes fondamentaux de la Religion, que de ſoûtenir qu'on n'a un beſoin extrême de la doctrine des Scholaſtiques ſur la diſtinction de l'Ens per ſe & de l'Ens per accidens, & ſur la nature des formes, qui conſtituent les eſpéces des corps ? Ens per ſe, Ens per accidens ſont des phraſes inéxplicables, un vrai jargon des Logiciens Eſpagnols qui ne ſignifie rien ; & quant aux formes ſubſtantielles, ce que l'on dit de leur nature, & de la maniére de leur production & de leur deſtruction, eſt ſi abſurde, & ſi incompréhenſible, qu'on ne peut le faire paſſer pour une doctrine néceſſaire à la Religion, ſans commettre dangereuſement les Vérités les plus ſublimes de l'Evangile, & ſans remplir de tant de myſtéres le cours général de la nature, que la Religion n'aura plus aucune prérogative ſur la nature. Il eſt ſur que les plus profonds myſtéres de l'Evangile ſont pour le moins auſſi aiſés à comprendre que la doctrine des formes, & que la nature de l'Ens per ſe des Scholaſtiques.

La Philoſophie d'une Ecôle barbare s'étoit répanduë ſur la Religion ; l'Orgueil, & l'Opiniâtreté des Docteurs accrédités leur fiſoit traiter d'hérétiques, tous ceux qui ne ſouſcrivoient pas reſpectueuſement à leur langage inintelligible. Eſt-il juſte de ſuppoſer autant d'oppoſition entre la Raiſon & la Religion, qu'il y en a entre la Raiſon & un langage téméraire, & très-éloigné de la ſimplicité de la Religion?

Encore un mot ſur les ſignatures qui ont déjà donné occaſion à pluſieurs remarques. Il n'eſt pas permis à un ſujet d'interpréter à ſon gré le ſens du ſerment qu'il fait à ſon Prince, il faut qu'il débute par s'aſſurer du ſens que donne

ſimplicité
de la Reli-
gion

aux

aux paroles de ce serment celui qui l'éxige, sans cela les sermens seroient inutiles pour la sûreté de la Societé, & pour celle de ses Conducteurs. Mais il n'est point nécessaire pour la conservation de d'Eglise, & pour y faire régner l'ordre & la paix, que l'on soit tous dans les mêmes idées; il suffit qu'on se fasse une Loi de se supporter charitablement les uns les autres, d'éviter les disputes sur les matiéres dont on ne convient pas, & de ne les discuter jamais que dans des conférences paisibles, où chacun s'abstienne de tout ce qui pourroit offenser ceux qui ne sont pas dans les mêmes idées que lui. Si quelqu'un en demande d'avantage, & pretend qu'on doit être de son sentiment, & de plus se croit en droit de solliciter ceux qui ont la force en main, à faire souffrir quelque peine, positive ou négative, à ceux qui ne suivent pas penser de la même maniére que lui, ou qui ne veulent pas enseigner le contraire de ce qu'ils pensent; un homme qui pousse l'intolerance jusques là se donne sur les autres une autorité qui ne lui est point permise. Or ce qu'aucun homme n'est en droit d'éxiger des autres, un peut le lui refuser, & si il l'éxige, on peut par consequent interpreter ce qu'il présente à signer dans le sens qu'on croira le plus raisonnable, puis qu'il n'est pas en droit d'éxiger qu'on l'interpréte & qu'on le signe autrement. Le Droit de ceux qui gouvernent l'Eglise par rapport aux opinions, se réduit à demander & à travailler à ce qu'on n'en trouble pas la paix par des disputes & par des expressions qui marquent de la haine ou du mépris, & par consequent ils sont obligés de s'abstenir eux mêmes de ce qu'ils condamnent, & qu'ils ont raison de condamner. Le support charitable & les conférences paisibles sont les seules voies qu'ils doivent se permettre.

Un homme qui est dans ces idées ne fait rien contre sa conscience, quand il se résoud à figner, & qu'il les fait dans son sens que Mr. Bayle paroit condamner.

Je ne veux point faire le Controversiste dans cèt Ouvrage; mais visiblement, autre est de décider que ceux qui raisonnent comme je viens de le poser, ne pensent pas juste; autre est de les accuser d'agir contre leur conscience. On peut-être dans l'erreur sans cesser d'être honnête homme.

Mr. Bayle à l'occasion du fameux Bedell Evêque de Kilmaure qui persuada aux Luthériens de Dublin de communier avec l'Eglise du Lieu, fait cette remarque. *J'ai toujours oui dire que pour prevenir les Schismes & les disputes, il n'y auroit rien de meilleur que d'éviter le détail, & que de donner aux Formulaires la plus grande généralité que l'on pourroit.*

Mr. Bayle condamné par ses paroles. Art. Apollonius.

LII DANS la Vie d'Apollonius, Mr. Bayle „ parle d'une traduction Angloise de Philostrate: Si „ l'Auteur, dit-il, n'avoit fait que traduire, on „ n'auroit point eu sujet de se plaindre; mais il a „ joint à la Version quantité de notes fort amples „ qu'il avoit tirées pour la plupart des Manuscrits „ du fameux Baron Herbert. C'est le nom d'un „ grand Déiste s'il en faut croire bien des gens. „ Ceux qui ont lû cet Notes, m'ont assuré qu'elles „ sont remplies de Venin: elles ne tendent qu'à „ ruiner la Réligion révélée, & à rendre méprisible „ ble l'Ecriture Sainte. L'Auteur ne travaille pas „ à cela par des raisons proposées gravement & sérieusement, „ mais presque toûjours par des railleries „ profanes, & par des petites subtilités. C'est donc „ avec beaucoup de justice & de sagesse que ce Livre „ vre qui avoit été imprimé à Londres l'an 1680 a „ été severement défendu.

Je ferai là-dessus deux remarques dit Mr. Bayle; l'une que ce *Traducteur ayant pris de la passion pour la Veuve de son frere, & ne pouvant obtenir la permission de l'épouser, se tua de desespoir*: Son aversion pour la Réligion Chrétienne s'augmenta par l'obstacle qu'elle mettoit à ses désirs. Dire qu'il ne lui auroit servi de rien d'être persuadé de la Réligion, soit pour prevenir sa passion, soit pour s'en guérir, soit pour ne se desesperer pas, c'est avoir des idées si différentes des miennes, je l'avouë, qu'elles me sont incompréhensibles. La Societé seroit bien mal heureuse si la Réligion n'obligeoit pas à mettre un frein à ses passions. Quand on en auroit conçu une violente, plûtot que de se tuer soi-même, ne se porteroit-on pas à tuer les autres? Mr. Bayle vient donc de nous fournir de quoi refuter ce que sa charité excessive lui fait dire en faveur des Athées.

Ma seconde remarque c'est que les objections que Mr. Bayle pousse, avec toute la force qu'il lui est possible, & qu'il soutient être sans réplique, vont par elles-mêmes à ébranler la Réligion, & à la faire revoquer en doute; Il y en a même qui vont à faire regarder comme incroiables les principaux de ses Articles. On ne sauroit nier que Mr. Bayle ne se divertisse de temps en temps à *turlupiner*, & que le plaisir qu'on trouve à lire les obscénités, ne soit directement contraire au goût de la Réligion. Qu'avoit fait de plus le Traducteur de Philostrate? Mr. Bayle résout-il ses Objections? Loin de cela, il met en œuvre toute la subtilité de son génie pour reduire à rien les Réponses qu'on y a faites, & pour obscurcir par des Ténebres impenetrables les Questions les plus interessantes. *Toutes ces difficultés*, dit Mr. Bayle, *ne feront aucun mal à ceux qui s'opposeront le bouclier de la Foi, & qui sous les Canons du Synode de Dordrecht se mettront à couvert des attaques de la Raison*; Les notes sur Philostrate ne pouvoient non plus faire aucun mal à ceux qui se seroient renfermés dans cet azile.

LIII. Mr. BAYLE raisonne ainsi en vûe de lever le scandale des objections *victorieuses* selon lui, qu'il a prétées aux Manichéens & aux Athées. „ Si „ quelques Doctrines, dit-il, sont au dessus de la „ Raison, elles sont au delà de sa portée. Si elles „ sont au delà de sa portée, elle n'y sauroit atteindre. „ dre. Si elle n'y peut atteindre, elle ne peut pas les „ comprendre. Si elle ne peut pas les comprendre, „ elle n'y sauroit trouver aucune idée, aucun principe, „ cipe, qui soit une source de solution; & par con„ sequent les objections qu'elle aura faites, demeureront „ ront sans Réponse, ou ce qui est la même chose, „ on n'y répondra que par quelque Distinction auffi „ obscure que la Thése même que l'on aura été attaquée. „ Or il est bien certain qu'une Objection, que l'on „ fonde sur des notions bien distinctes, demeure également „ galement victorieuse, soit que vous n'y répondiés „ rien, soit que vous y satisfiés une Réponse ou personne „ sonne ne peut rien comprendre. La partie peut elle „ le être égale entre un homme qui vous objecte „ ce que vous & lui concevés très-distinctement, & vous „ qui ne pouvés vous défendre que par des Réponses „ où vous ni lui ne comprenés rien? „ Toute Dispute Philosophique suppose que les „ parties contestantes conviennent de certaines Définitions, „ tions, & qu'elles admettent les régles du Syllogisme, „ me, & les marques sûres par où l'on connoit les mauvais „ vais Raisonnemens. Après cela, tout consiste à éxaminer „ xaminer si une Thése est conforme médiatement „ ou immédiatement aux principes dont on est convenu, „ venu, si les prémisses du raisonnement sont véritables, „ si la conséquence est bien tirée, si l'on s'est servi „ d'un Syllogisme à quatre termes, si l'on n'a pas „ violé quelque aphorisme du chapitre *de oppositis* ou „ *de sophisticis elenchis* &c: On remporte la Victoire, „ re, ou en montrant que le sujet de la Dispute „ n'a aucune liaison avec les principes dont on étoit „ convenu, ou en reduisant à l'absurde le Défenseur. „ seur. Or on n'y peut reduire, soit qu'on lui „ montre que les conséquences de sa Thése sont le „ ouï & le non, soit qu'on le contraigne à ne répondre „ pondre que des choses tout-à-fait inintelligibles. „ Le but de cette espéce de Dispute est d'éclaircir les „ obscurités, & de parvenir à l'évidence, & de là „ vient que l'on juge que pendant le cours du procés „ cés la victoire se déclare plus ou moins. Sou-

Examen des objections des Manichéens Dist. 18 Tom. IV. pag. 620. Eclaircissement sur les Manichéens.

NB

„ Soûtenant ou pour l'Opposant selon, qu'il y a plus ou
„ moins de clarté dans les Propositions de l'un que dans
„ les Propositions de l'autre; & enfin on est d'avis qu'el-
„ le se déclare pleinement contre celui dont les Répon-
„ ses, sont telles qu'on n'y comprend rien, & qui avoue
„ qu'elles sont incompréhensibles. On le condamne
„ dès-là par les régles de l'adjudication de la Victoire, &
„ lors même qu'il ne peut pas être poursuivi dans
„ le brouillard dont il s'est couvert, & qui forme
„ une espéce d'abyme entre lui & ses Antagonistes,
„ on le croit battu à plate couture, & on le compa-
„ re à une armée qui aiant perdu la bataille, ne se
„ dérobe qu'à la faveur de la nuit à la poursuite du
„ Vainqueur.

Si nous accordons à Mr. Bayle tout ce qu'il pose
dans ces raisonnemens qu'on vient de lire, le Chrétien est forcé de demeurer sans réplique, parce que les
matiéres sur lesquelles la dispute roule, sont au dessus de sa portée. Mais aussi l'Opposant doit, à son
tour, avouer qu'il ne comprend rien dans les matiéres qu'il attaque, & dès-là il doit cesser de donner
ses argumens pour des preuves Victorieuses.

Il saute aux yeux que cette remarque est infiniment plus claire que toute la Scholastiquerie de Mr.
Bayle, quand il dit que *tout consiste à examiner si
une Thèse est conforme médiatement ou immédiatement
aux principes dont on est convenu; si les prémisses d'une
preuve sont véritables, si la conséquence en est bien tirée, si l'on s'est servi d'un Syllogisme à quatre termes,
si on n'a pas violé quelque Aphorisme du Chapitre de
Oppositis ou Sophisticis Elenchis.* Je serai moins obscur, & je me flate que je serai plus intelligible à
tous mes Lecteurs, quand je dirai, que les erreurs
dans lesquelles nous tombons en raisonnant, les argumens par lesquels nous embarrassons mal à propos
les autres, & nous nous embarrassons nous-mêmes,
roulent, la plupart du temps, sur des équivoques.
On s'en défend aisément sur des matiéres bien connues, mais il est difficile de les éviter sur des sujets,
dont on n'a qu'une connoissance très imparfaite, &
il est comme impossible de n'y tomber pas, lorsqu'on
est réduit à se renfermer dans des idées vagues, &
seules que l'on ait, & qu'on y veut substituer des
idées déterminées, qui ne naissent pas de l'objet même sur lequel on raisonne, & de la solide & distincte connoissance qu'on en a.

Il est facile d'appliquer ces remarques aux Vérités
de la Réligion, que les Athées se flatent d'attaquer
avec un grand avantage, & on se convaincra par là
de leur impertinente vanité. La Révélation ne s'exprime sur plusieurs grands sujets qu'en termes fort généraux; A ces termes répondent des idées vagues,
& générales, & la prudence veut qu'on s'y borne.
Un Aggresseur de la Réligion & de ses Mystéres,
substitué des notions déterminées à ces notions générales, il prête ses idées à l'Ecriture, après quoi il se
trouve qu'il détruit aisément ce qu'il a lui-même
élevé; il jette *au vent ce chaume & cette paille qu'il
a rassemblés*; si quelques Théologiens ont eu l'imprudence d'adopter ce que des esprits téméraires ont
prêté à la Réligion, c'est leur faute uniquement &
la Réligion n'en doit point souffrir.

*Ibidem pag. 610. Une objection que l'on fonde sur des notions bien di-
stinctes demeure également victorieuse, soit que vous n'y
répondiés rien, soit que vous y fassiés une Réponse où personne
ne tient rien comprendre... Toute Dispute Philosophique
suppose que les parties contestantes conviennent de certaines Définitions & qu'elles admettent les régles du Syllogisme & les marques à quoi on connoit les mauvais
Raisonnemens. Après cela tout consiste à examiner si une
Thèse est conforme médiatement ou immédiatement aux
principes dont on est convenu &c.* Qu'on lise le reste
jusqu'à c'est mots *qu'elles sont incompréhensibles*.

Que doit-on penser en lisant ces paroles, si ce
n'est que celui qui les a écrites reconnoit des Régles;
& qu'il juge que les autres hommes sont capables de
sentir la différence qu'il y a entre des Régles d'une

observation nécessaire, & celles que l'on peut négliger sans crainte d'aucune erreur, 2. qu'on peut
s'appercevoir si on a raisonné conformément aux
Régles, ou si l'on s'en est écarté, 3. que l'évidence se fait sentir & respecter, & qu'on doit regarder
l'obscurité comme une imperfection & une preuve
d'ignorance. C'est ainsi que la nature améne un
Pyrrhonien à penser, toutes les fois qu'il n'a pas
intérêt de penser autrement, & beaucoup plus encore
lorsqu'il est de son intérêt de faire valoir toutes ces
Notions. Si Mr. Bayle ne se compte pas sur l'évidence & sur les autres secours dont-il parle, comme sur
des caractéres qui rendent une preuve victorieuse, il
dit au delà de ce qu'il pense, quand il attribue cet
avantage à ce qu'il allégue en faveur des Manichéens
& des Athées; & sa passion pour ces monstrueux
sentimens, l'engage à louër comme victorieuses ce
qu'il ne croit point tel.

On s'est étonné que Mr. Bayle ne se soit pas
fait autant de plaisir de combattre les Athées & les
Manichéens & de résoudre leurs difficultés, qu'il en
trouvoit à les étaler, à les pousser, & à leur en prêter. Mais il voudroit qu'on s'imaginât que s'il n'a
pas disputé contre eux en faveur des Chrétiens, c'est
parce que les Chrétiens n'aiment pas la Dispute.
Mais en matiére de Dispute, aiment les mieux les Objections que les Réponses? Ecoutons le.

*L'Esprit de dispute, dit-il, est la chose qui paroisse la moins
approuvée dans l'Oeconomie Evangelique; J. C. ordonne
d'abord la Foi & la Soumission. C'est son début ordinaire,
& celui de ses Apotres,* SUI MOI, CROI, ET
TU SERAS SAUVE. *Or cette Foi qu'il exigeoit
ne s'acqueroit point par une suite de discussions Philosophiques, & par de grands raisonnemens; c'étoit un don
de Dieu c'étoit une pure grace du Saint Esprit, & qui
ne tomboit pour l'ordinaire, que sur des personnes ignorantes.* „ Elle n'étoit dans les prémices que produite dans les
„ Apotres par l'effet des réflexions sur la sainteté de
„ la vie de Jésus Christ & sur l'excellence de sa Doc-
„ trine & de ses Miracles. Il falloit que Dieu lui-
„ même leur révélât que celui dont ils étoient les
„ disciples étoit son Fils Eternel. Si J. C. & ses
„ Apotres sont descendus quelquefois au Raisonne-
„ ment, ils n'ont point cherché leurs preuves dans
„ la Lumiére naturelle, mais dans les Livres des Pro-
„ phetes, & dans les Miracles; & si quelquefois Saint
„ Paul s'est prévalu de quelque Argument *ad homi-
„ nem* contre les Gentils, il n'y a guére insisté. Sa
„ Méthode étoit infiniment différente de celle des
„ Philosophes. Ceux-ci se vantent d'avoir des prin-
„ cipes si évidens & un Systême si bien lié, qu'ils
„ n'ont point à craindre d'autres obstacles de persua-
„ sion que l'esprit stupide des Auditeurs, ou que
„ la malice artificieuse de leurs émules, & ils s'expo-
„ sent à rendre raison de leur Doctrine à tout le
„ monde, & à la soutenir *contre tout venant*. St.
„ Paul au contraire reconnoit que sa Doctrine est
„ obscure, qu'il ne la fait qu'imparfaitement, &
„ qu'on n'y peut rien comprendre, à moins que
„ Dieu ne communique un discernement spirituel, &
„ que sans cela elle ne passe que pour folie. Il con-
„ fesse que la plupart des personnes converties par les
„ Apotres étoient de petite condition & ignorantes,
„ il ne défie point les Philosophes à la Dispute, & il éx-
„ horte les fideles à se tenir bien en garde contre la Philo-
„ sophie, & à éviter les contestations de cette Science
„ qui avoit fait perdre la Foi à quelques personnes.

L'Esprit de dispute, dit Mr. Bayle, *est la chose
qui paroisse la moins approuvée dans l'OECONO-
MIE Evangelique.* J'en tombe d'accord & la raison en est évidente. Dès qu'une vérité gêne tant-
soit-peu, & que, par cette raison, on a quelque intérêt à ne s'en pas persuader, l'esprit de dispute
fournit des moiens aisés de l'éluder. Rien n'est plus
opposé à la sincérité, à la bonne foi, au goût de
l'évidence, & au respectueux acquiescement qu'on
doit à de solides preuves, que l'esprit de dispute;

Rien

Rien ne contribue plus à faire perdre ces heureuses dispositions : C'est par là que l'Evangile & le bon sens condamnent cet esprit de dispute, & non pas parce qu'il est directement contraire à l'esprit de crédulité, car il y est même moins contraire qu'on ne pense. Un homme qui aime à disputer, dispute par humeur, & comme il refuse de croire par fantaisie, & que c'est-là le seul principe qui le domine, il se détermine aussi par fantaisie à croire tantôt d'une façon tantôt d'une autre.

N'étoit ce que c'est Jean...

LIV. Mr. BAYLE se plait à confondre le Christianisme avec l'Enthousiasme, & il est difficile de ne pas soupçonner que c'est en vue de le rendre méprisable & de le tourner en ridicule. Il fait concevoir, J. Christ, disant, *suis moi, & tu seras sauvé* & qu'à ces paroles un homme obéît & le suit sans savoir pourquoi. Un *Principe surnaturel & tout puissant est*, dit-il, *l'unique cause de sa confiance.* Là-dessus, je demande, en quoi donc consiste la faute de ceux à qui J. C. ne daigne pas prouver la vérité de sa Doctrine, & qui, dans la crainte de se tromper, attendent de se rendre que quelque raison les y détermine? En un mot en quoi consiste la faute de ceux qui ne croient pas, & pourquoi sont-ils condamnables? J. C. nous l'apprend lui-même, *si la lumière*, dit il, *n'étoit pas venue, ils n'auroient pas de peché, mais ce qui fait la justice de leur condamnation c'est que la lumière a paru à leurs yeux, & qu'au lieu de se rendre à son éclat ils ont mieux aimé les ténèbres.* Quand J. C. raisonne pour établir le Dogme de la Résurrection, je demande; Les preuves qu'il allégue sont elles conformes à l'idée que Mr. Bayle exige de sa caractère qu'il leur suppose, pour qu'elles méritent le nom de preuves victorieuses, & un Dialecticien aussi subtil que Mr. Bayle, auroit-il sçû en ébranler toute la force?

Jean III.

St. Jean commence ainsi sa prémière Epitre *Ce que nos yeux ont vu, ce que nos oreilles ont ouï, ce que nos mains ont touché de la parole de vie, nous vous l'annonçons; Nous n'avons point donné,* dit St. Pierre, *des fables composées avec artifice, mais nous avons été nous mêmes les témoins de ce que nous vous rapportons, & nous avons vû la gloire du Seigneur.* Ils ont eu soin de s'assurer de la vérité; Il nous importoit infiniment de l'apprendre de la bouche, ou de la plume, de tels témoins circonspects & très convaincus. Quand St. Paul au commencement de son Epitre aux Corinthiens reconnoit que *l'Evangile est odieux aux Juifs, & paroit ridicule aux Gentils,* il exprime, dans ces paroles, les effets de leurs diverses préventions. Mais de là il ne suit nullement que la vérité de l'Evangile ne sautât pas aux yeux de ceux qui s'y rendoient attentifs, & qui l'examinoient d'un esprit libre de préjugés; sans cela l'Evangile auroit-il mérité les Eloges que St. Paul lui donne, d'être *la sagesse & la puissance de Dieu?* La PUISSANCE de DIEU se manifestoit par des preuves visibles d'un PRINCIPE dont les forces étoient au dessus des forces de la NATURE. Sa SAGESSE paroissoit encore dans le choix de ces preuves proportionnées à la portée de toute le monde, & propres, en même temps, à convaincre les esprits les plus Philosophes & les plus exercés, & à se faire sentir aux plus simples & aux moins capables de suivre une longue enchainure de preuves. Des Témoins & des Prédicateurs, munis d'un pareil Sceau, étoient à croire, quand ils instruisoient les hommes, d'un petit nombre de Vérités, sur lesquelles ils devoient fonder leurs espérances.

I. Jean 3.

De ces Vérités tout le reste suivoit par une enchainure naturelle. *Que celui qui a ces espérances se purifie comme celui qui en est l'auteur, & l'objet est pur.*

Mr. Bayle attribue à St. Paul des sentimens très-faux & très-éloignés de sa pensée, quand il lui attribue de *n'entendre point ce qu'il dit.* Il est mille objets dont nous n'avons qu'une connoissance très-imparfaite, mais dont nous connoissons clairement le peu que nous en savons.

Mr. Bayle fait toujours semblant de donner dans l'Enthousiasme, quand il dit qu'*on ne peut rien comprendre dans la Doctrine des Apotres, si Dieu ne donne un discernement spirituel.* Dans ces paroles de St. Paul, sur lesquelles Mr. Bayle fait semblant de s'appuier, il ne s'agit point du sens des instructions que les Apotres donnoient à leurs disciples, ou à ceux à la conversion desquels ils travailloient, comme si on n'y pouvoit trouver aucun sens que par un secours surnaturel: Il n'y a qu'à lire leurs Ecrits pour se convaincre du contraire. Qu'y auroit-il de plus absurde que de penser que St. Paul prononça dans l'Aréopage, un discours inintelligible pour tous ceux à qui l'Inspiration n'en découvroit pas le sens? De quoi s'agit-il donc dans ces paroles de St. Paul, citées par Mr. Bayle? il s'agit d'affection, de goût & de sentimens. Un homme affermi dans l'habitude de se livrer aux impressions de ses sens, à nourrir son amour propre par des projets d'ambition, & en général à s'abandonner à l'impétuosité de ses passions, ne sauroit manquer de trouver une Doctrine, qui condamne tous ses penchans, très-incommode, il ne peut se résoudre à l'aimer & à s'y soumettre. Elle a beau être Divine, il est porté à croire qu'elle est outrée, & par là même déraisonnable, & souvent c'est parce qu'il en comprend le sens qu'il ne l'aime pas.

I Cor. II. 14.

La Philosophie contre laquelle Saint Paul veut que les Chrétiens soient en garde, c'est la Philosophie qui régnoit dans ce tems-là, chés les Grecs ; Il a verti les Chrétiens de ne pas faire un mélange de Dogmes curieux, non nécessaires, peu certains, foiblement prouvés, avec le petit nombre de Vérités fondamentales auxquelles il suffiroit de se tenir. Parmi les premiers Chrétiens il se trouvoit beaucoup de gens qui n'avoient pas de l'étude, mais qui avoient assés de bon sens pour sentir la force démonstrative des Miracles, & assés de bonne foi pour s'y rendre. Mais on comptoit aussi parmi les Chrétiens des hommes doctes qui avoient quitté la Synagogue ou le Paganisme, pour se ranger à la Profession du Christianisme. Parmi ces gens-là il s'en trouvoit, qui aux Vérités, qui faisoient la base de la Prédication des Apotres, joignoient les Doctrines dont ils avoient été imbus dès leur jeunesse, & faisoient par là un mélange, dont les suites pouvoient défigurer la Religion, & l'exposer aux traits de ses Adversaires. C'étoit pour prévenir ces mauvais effets que St. Paul recommande à la multitude des Chrétiens, peu propres à discuter des Questions de cette nature, de s'en tenir au petit nombre de Vérités simples qui assuroient leurs espérances & qui suffisoient pour les sanctifier.

Col. II. 8.

Dans la Page 622 &c. Mr. Bayle emploie sa plume très inutilement, ce me semble, à subtiliser sur le Mystère de la Trinité, en confondant toujours les Spéculations Métaphysiques par lesquelles les Scholastiques se sont avisées de l'expliquer, avec les idées simples & générales que l'Ecriture Ste. en veut nous en donner ; Dès que l'on prendra ces idées pour régles, & que l'on établira uniquement sur elles l'état de la Question, les Imitateurs de Mr. Bayle, loin d'y pouvoir montrer un sens & des contradictions, seront bien embarrassés de l'attaquer par des Objections tant soit peu vraisemblables.

Dict. Hist. Tom. IV. Eclaircissemens sur les Manichéens.

„ Il ne faut jamais accorder, dit-il, cette condi-
„ tion que si le sens littéral d'un passage de l'Ecri-
„ ture renferme des Dogmes inconcevables, & com-
„ batus par les Maximes les plus évidentes des Logi-
„ ciens, & des Métaphysiciens, il sera déclaré faux
„ & que la Raison, la Philosophie, la Lumière Na-
„ turelle, seront la régle que l'on suivra pour choisir
„ une certaine interprétation de l'Ecriture préféra-
„ blement à toute autre.

Lorsqu'un passage paroit présenter un sens contraire aux lumières évidentes de la Raison, & qu'on ne sauroit accorder avec les Notions communes, ne conclut pas que le passage est faux; mais on conclut que le sens n'en est pas clair, & on y en cherche un autre : on évite pourtant de faire violence à la force des termes, & plûtôt que de se donner cette liberté, on reconnoît que le sujet dont il y est fait mention, ne nous est pas assés connu : & plûtôt encore que de se rendre coupable de quelques téméraires interprétations, on en demeure à des idées vagues, on s'en tient à des termes généraux, sans se permettre des détails.

Si la Trinité eut été revelée à St. Paul, il se seroit fait entendre aux Maximes des choses.

„ LV. SI LES Apôtres, dit Mr. Bayle, Saint
„ Paul, par exemple, se trouvant parmi les Athé-
„ niens eut prié l'Aréopage de lui permettre d'entrer
„ en lice avec tous les Philosophes, s'il se fut offert
„ de soutenir Thèse sur les trois personnes qui ne sont
„ qu'un Dieu, & sur l'Unité d'hypostase de la Na-
„ ture divine, & de la Nature humaine en JESUS
„ CHRIST, & si avant que de commencer la dis-
„ pute, il fut convenu de la vérité des Régles qu'A-
„ ristote a étalées dans sa Dialectique, soit tou-
„ chant les termes d'opposition, soit touchant les
„ caractéres des prémisses du Syllogisme démonstra-
„ tif &c. Si enfin ces préliminaires aiant été bien ré-
„ glés, il eut répondu que notre Raison est trop foi-
„ ble pour s'élever jusques aux Mystéres, contre les-
„ quels on lui proposoit des Objections, il eut essuié
„ toute la honte qu'un Soutenant mis à bout puisse
„ jamais essuier. La victoire des Philosophes d'A-
„ thénes eut été complette; car il auroit été jugé &
„ condamné selon les Maximes dont-il auroit recon-
„ nu la vérité auparavant. Mais si les Philosophes
„ l'avoient attaqué par ces Maximes, après qu'il
„ leur auroit déclaré le fondement de sa créance, il
„ auroit pû leur opposer cette barriére, que ces
„ dogmes étoient inconnus à la Raison qu'ils avoient
„ été révélés de Dieu, & qu'il falloit les croire
„ sans les comprendre. La dispute, pour être ré-
„ guliére, n'auroit point dû rouler sur la Question
„ si ces dogmes là étoient opposés aux Maximes de
„ la Dialectique & de la Métaphysique. Mais sur la
„ Question si Dieu les avoit révélés.
Si Saint Paul avoit proposé aux Athéniens le Mystére de la Trinité avec tout le jargon d'une Métaphysique Espagnole, il auroit pû avoir avec les Philosophes le dessous dont Mr. Bayle parle: ils lui auroient demandé. *Prétendés vous que pour avoir part à la grace de Dieu, nous devons nous borner à croire que les paroles que vous nous avés prononcées renferment un sens vrai, sans savoir jamais en peine de savoir ce qu'elles signifient: mais, si cela est, autant vaut-il-à que vous nous contentassiés de nous parler en Hebreu. Si vous voulés de plus que nous ajoutions quelque foi à vos instructions, enseignés nous donc & nous donnés quelques idées de ce que nous devons croire.* Supposons que St. Paul se fut alors expliqué à la Scholastique, & que ces Philosophes lui eussent répondu, *mais ces idées auxquelles vous voulés que nous nous rendions se detruisent l'une l'autre, vos sentimens sont pleins de contradictions.* St. Paul auroit-il dit; N'importe, croire de tels sentimens, sans aucun doute, c'est-le mérite de la Foi? Mais quand les Philosophes, *auroient répliqué, le sens commun s'y oppose*; St. Paul auroit-il ajouté, il ne faut point l'écouter, les Lumiéres de la Raison sont toutes incertaines & trompeuses? Alors les Philosophes n'auroient pas manqué de dire; *Qui venés-vous donc faire ici? Nous ne saurions nous assurer que vous nous parlés, & quand nous n'aurions aucun doute sur ce point, nous ne saurions nous assurer si nous comprenons le sens de vos paroles, & si, lorsque nous nous flatterions d'être vos disciples, nous ne croions pas peut-être, tout le contraire de ce que vous pensés.*
Au lieu donc de faire ainsi parler & battre cet Apôtre supposons qu'il demande aux Philosophes Athéniens, s'ils ne croioient pas que la Nature Divine renferme des choses que nous ne comprenons pas? S'ils ne croioient pas qu'il y eut en un seul Dieu pluralité de perfections? Si la pluralité étoit,

absolument & en tout sens, incompatible avec l'Unité? Si Dieu ne peut pas être d'une façon très-particuliére, & dont nous n'avons pas d'idée, avec un homme & dans un homme? S'il ne peut pas y avoir entre ce qui est en Dieu & un Individu de la Nature humaine, des rapports d'affection, d'union, qui n'ont pas lieu avec les autres Individus? Je ne vois pas ce que ces Philosophes auroient trouvé là de contradictoire avec la Raison. Saint Paul, ni aucun Théologien sensé n'a jamais crû, & n'a jamais enseigné que dans le sens que la Parole éternelle différe du Pere, dont elle émane, elle n'en fut pas différente.

D. H. T. IV. pag. 624. Eclaircissemens sur les Mystéres.

„ C'est aux Scholastiques d'Espagne, *dit Mr.*
„ *Bayle,* que Balzac en veut dans un discours qu'il
„ vient de citer; Or il n'y a point de matiére sur
„ quoi ils méritent mieux cette censure, que sur les
„ explications qu'ils donnent du Mystére de la Tri-
„ nité, tant s'en faut qu'il faille juger qu'ils y ont
„ bien réussi, sous prétexte tres certaines qu'ils ont inventé des
„ Réponses aux Objections.
„ Quelque envie que j'aie d'être court, *continue-t-il,* si faut-il que je te remarque la maniére dont un habile Théologien, qui est depuis plusieurs années Eveque de Salisburi, réfuta les Objections d'un fameux Abbé, dont-il fut le convertisseur. Il a donné l'Histoire des Conférences qu'il eut avec lui, & nous y trouvons entr'autres choses qu'étant question de répondre aux Difficultés sur les Mystéres de l'Evangile, il n'eut recours qu'à ceci, que l'incomprehensibilité d'un Dogme n'est point une raison valable de le rejetter, puisqu'il y a dans la Nature beaucoup de choses tres certaines qu'il nous est impossible de comprendre. Il en cita quelques-unes, & nommément l'union de l'ame avec le corps. On lui avoit objecté qu'il n'est pas en la puissance de l'homme de croire ce que l'on ne conçoit pas, & que c'est ouvrir la porte aux fourberies des Prêtres que d'ajouter foi à des Doctrines mystérieuses. Il repondit qu'il ne falloit pas s'étonner de ce que l'essence de Dieu nous est incomprehensible, puisqu'il y a dans chaque être quelque chose dont on ne peut rendre raison, & que la possibilité de plusieurs faits reconnus pour véritables de tout le monde peut être attaquée par des argumens spécieux, & qu'ainsi la révélation du Mystére de la Trinité, & celui de l'Incarnation, & de quelques autres étant certaine, nous devions y soumettre notre Raison: car le seul argument qu'on puisse leur opposer est qu'ils surpassent la portée de notre esprit, mais ne trouve-t-on pas la même difficulté dans plusieurs choses que l'on admet pour véritables? Il fut si éloigné de compter pour quelque chose les Réponses des Scholastiques, qu'au contraire il avoüa qu'elles ne servoient qu'à obscurcir les Difficultés.

Il n'est pas facile de comprendre à quel dessein Mr. Bayle cite les paroles qu'on vient de lire, puisqu'elles ne renferment aucune Objection. Il ne les cite pas non plus pour fortifier celles qu'il a déjà proposées, car au contraire elles les font tomber. Qu'est-ce donc? Le plaisir de citer l'auroit-il réduit jusqu'à citer contre lui-même?

C'est moi qui vois, c'est moi qui entens, c'est moi qui médite sur les sujets de Morale, sur des idées de Mathématique, qui mesure des Longueurs, qui calcule des Nombres, qui doute, qui cherche, qui trouve, qui acquiesce, qui veux, qui ne veux pas, qui aime, qui hait; un seul & même sujet éprouve toutes ces diversités: Cette Nature qui pense est encore unie très étroitement à une Nature étendue, qui ne pense point; Je sens en moi des choses que je ne sai pas expliquer, & dont pourtant il ne m'est pas possible de douter. Douterai-je donc de ce qu'un Livre, de la vérité & de la Divinité duquel je me suis convaincu par de bonnes preuves, m'enseigne sur la Nature Divine? Douterai-je de la vérité

tiré de certaines propositions vagues, parce que je ne suis pas en état d'y en substituer de plus distinctes, & que ceux qui l'ont entrepris se sont embarrassés eux-mêmes par des contradictions dont ils n'ont pû se tirer, qu'en avertissant qu'il ne faut point attacher aux termes dont ils se servent, les idées qu'on y attache ordinairement?

Conclusion sur les Ecrits de Mr. Bayle.

LVI. IL ME sera bien permis de demander, si Mr. Bayle a écrit son Apologie pour satisfaire aux plaintes de ceux qui avoient lû son Dictionnaire, & pour répondre à leurs Objections? A qui donc prétendoit il répondre qu'à ceux-là? Cependant il se trouve qu'il ne leur répond point, puisqu'il ne fait que leur répéter les mêmes choses qui ont fondé leurs plaintes. Tout ce qu'on lit dans ces prétendus Eclaircissemens sur le Pyrrhonisme, se trouve, non seulement dans l'article de *Pyrrhon*, mais encore dans plusieurs autres endroits de son Dictionnaire. Supposons Mr. Bayle vivant, & qu'une personne s'adresse à lui, & lui cite les morceaux de son Dictionnaire qui l'ont le plus scandalisé: Mr. Bayle lui auroit-il répondu, *je vais lever tous vos scandales; rien n'est plus aisé; je n'ai qu'à vous répéter ce dont vous vous plaignés.* Voilà cependant à quoi aboutissent tous ces Eclaircissemens.

Mr. Bayle auroit pû négliger toutes les plaintes qu'on a faites contre son Dictionnaire, puisque ses Apologies ne contiennent rien de plus que ce qu'on y lit. Mais peut-être ce silence lui a-t-il paru équivoque? Quelques personnes auroient pû croire qu'il n'y répondoit pas, parce qu'un effet il sentoit bien qu'il n'avoit rien de bon à y répondre; Mais faire semblant de répondre à ses Critiques, & ne se soutenir pourtant point en peine de les satisfaire, c'est déclarer assés hautement qu'il les méprise & qu'il se met fort peu en peine de les édifier. Une infinité d'ignorans qui ont du penchant à l'Incrédulité & à l'Irréligion, qui ne cherchent qu'à s'étourdir & qu'à s'affermir dans l'habitude de douter, trouveront ces Eclaircissemens merveilleux, & sauront bon gré à Mr. Bayle de la nouvelle occasion qu'il leur fournit de se moquer de ceux qui ont du zèle pour les vérités de la Religion, & qui sont mortifiés des efforts qu'on fait pour en ébranler la certitude.

Sur la Doctrine de la Prédestination de la véritable source aux Pyrrhoniens. Dict. Histor. T. II. p. 625. Eclaircissemens sur les Manichéens.

" LVII. LES ECRITS de St. Paul, dit Mr.
" Bayle, nous apprennent que ce grand Apotre, é-
" tant proposé les difficultés de la Prédestination,
" s'en tira que par le droit absolu de Dieu. Eût-il pû
" les Créatures, & que par un exclamation sur
" l'incompréhensibilité des voyes de Dieu. Eût-il pû
" signifier plus clairement que par une telle solution
" combien le Dogme des Decrets de Dieu fur la des-
" tinée des Elus & des Réprouvés est inexplicable?
" N'est-ce pas nous dire en termes bien clairs, que la
" Prédestination est un des Mysteres qui accable le
" plus la Raison de l'homme, & qui demande le plus
" inévitablement qu'elle s'humilie sous l'autorité de
" Dieu, & qu'elle se sacrifice à l'Ecriture? Les Ob-
" jections qu'elle forme contre les Mysteres de la
" Trinité & de l'Incarnation, ne se sont point pour
" l'ordinaire qu'à ceux qui ont quelque teinture de
" Logique & de Méraphysique; & comme elles ap-
" partiennent à des Sciences de spéculation, elles
" frappent moins le commun des hommes; mais
" celles qu'elle forme contre le péché d'Adam, &
" contre le péché originel, & contre la damnation
" éternelle d'une infinité de gens qui ne pouvoient
" être sauvés sans une Grace efficace que Dieu ne
" donne qu'à ses Elus, sont fondées fur des princi-
" pes de Morale que tout le monde connoît, & qui
" servent continuellement de Régle tant aux Savans
" qu'aux ignorans, pour juger si une action est in-
" juste ou si elle ne l'est pas. Ces principes sont de
" la dernière évidence & agissent sur l'esprit & sur le
" cœur, desorte que toutes les facultés de l'homme
" se soulévent lorsqu'il faut imputer à Dieu une
" conduite qui n'est pas conforme à cette Régle.

" La solution même que l'on tire de l'infinité de
" Dieu & qui sert d'un puissant motif pour capti-
" ver l'entendement, n'est pas exempte d'une nou-
" velle difficulté; car si la distance infinie, qui élève
" Dieu au-dessus de toutes choses, doit persuader
" qu'il n'est point soûmis aux Régles des vertus hu-
" maines, on ne sera plus assuré que sa Justice l'en-
" gage à punir le mal, & l'on ne sauroit ré-
" futer ceux qui soutiendroient qu'il est l'Auteur du
" péché & qu'il le punit néanmoins fort justement,
" & qu'en tout cela il ne fait rien qui ne s'accorde
" avec les perfections infinies du Souverain Etre,
" car ce ne sont pas des perfections qu'il faille ajuf-
" ter aux idées que nous avons de la Vertu.

St. Paul, dit Mr. Bayle, reconnoît lui même *pour* *Ibidem pag. 625. victorieuses, les Objections qui tombent sur la Prédestination & sur la conduite que Dieu a suivie pour l'exécution de ses Décrets. Dans l'impuissance de lever la difficulté, il va chercher un azile dans les profondeurs, & dans l'infinité de Dieu.* Mr. Bayle poursuit St. Paul jusques dans cet azile, & fait voir que cette réponse, par laquelle cet Apotre, selon lui, élude la question, expose la Religion à de nouveaux embarras qui passent encore les prémiers. Car si la distance infinie, dit-il, qui élève Dieu au-dessus de toutes choses, doit persuader qu'il n'est point soumis aux règles des vertus humaines, on ne sera plus certain que sa justice l'engage à punir le mal, & l'on ne sauroit réfuter ceux qui soutiendroient qu'il est l'auteur du péché &c. Mr. Bayle qui a declaré qu'il fieroit très mal à un Auteur de Dictionnaire de faire le Controversiste, pour mériter l'Eloge d'un homme qui se soutient, & qui en use de bonne foi, devoit éviter de prendre, parti entre les Hypothéses qui partagent les Chrétiens. Les Objections qu'il met dans la bouche des Manichéens, des Déistes & des Athées, attaquent le Christianisme en général; Pourquoi charger d'y répondre ceux qui se trouvent les plus gênés & les plus embarrassés par l'Hypothése, à laquelle ils ont trouvé à propos de s'attacher? Il seroit naturel que Mr. Bayle se fût rendu odieux aux plus zelés défenseurs de cette Hypothése, pour l'avoir choisie, comme la plus propre à fournir matière de triomphe aux Incrédules: Son dessein peut-il être obscur? Il fait tous les efforts imaginables, il emploie les expressions les plus choisies & les plus énergiques, il presse les raisonnemens les plus démonstratifs, pour faire sentir, & pour forcer à sentir, que le Dogme de la Prédestination, de la manière dont il l'étale, renverse toutes les Notions les plus claires & les plus simples de l'équité & du Bon-Sens: *C'est pourtant*, dit-il, *incontestablement la Doctrine de St. Paul:* Rassemblés ce qu'il dit, & vous en conclurrés que la Théologie de cet Apotre est contraire au Sens-Commun. Voilà où conduit Mr. Bayle, Qui nauroit pitié des Théologiens qui se déclarent ses admirateurs?

Pour prévenir le mauvais sens qu'on pourroit donner à ma pensée, j'avertis, que si je ne puis m'empêcher de regarder ec étonnement la facilité avec laquelle de grands Théologiens se sont laissés dupper par Mr. Bayle, je n'en faut pas conclurre que ce regard du même œil leurs personnes & leur hypothése; loin d'insulter à aucun Systême des Chrétiens, je ne veux pas même entrer en dispute avec aucun d'eux: Je ne veux point faire le Théologien dans cet Ouvrage, & je n'y dispute qu'avec Mr. Bayle en qualité de Pyrrhonien, ou de Défenseur du Pyrrhonisme.

En le regardant sous ce Personnage qu'il fait si ouvertement, je lui demande, si le Systême de la Prédestination lui paroit le seul, suivant lequel on puisse interpreter les paroles de St. Paul? Je vais plus loin, & je demande; si entre les différentes explications qu'on a données aux paroles de cet Apôtre, celle des Prédestinaciens est la seule vraisemblable? Il ne sauroit répondre que oui sans abandonner manifestement les Hypothéses Pyrrhoniennes. Et d'ailleurs com-

comment oser dire qu'il n'y a aucune vraisemblance, dans un Système embrassé par plus des trois quarts tant des Catholiques que des Protestans, & qui a été le Système commun des Péres Grecs? Je prie mon Lecteur de bien remarquer que JE FAIS PROFESSION DE DISPUTER AVEC UN PYRRHONIEN, ET DE LUI ARRACHER SES ARMES. Vous ne pouvés plus, lui dis-je, prendre pour Principe l'Hypothése des Prédestinaciens, puisqu'il en est une autre, de la vraisemblance de laquelle vous ne sauriés disconvenir. Est-ce à celui qui m'attaque de m'imposer les Loix sur la manière dont je m'armerai pour me défendre? De quel droit, pour me porter plus sûrement des coups qui me terrasseroient, m'ordonneroit-il une attitude, qui m'oteroit toute la liberté de mes mouvemens? Vous voulés renverser la Réligion Chrétienne par son incompatibilité avec le Sens Commun & les Notions les plus pures de l'Equité; & pour argumenter contr'elle avec plus de succès, ou plus de facilité, vous m'imposés l'obligation d'adopter un Système qui n'est pas avoué de la dixiéme partie des Chrétiens. Un Système dont les Défenseurs reconnoissent que la croiance n'est point essentielle au Salut, & dans l'intelligence duquel ils déclarent en termes exprès qu'ils ne voient goute (A).

On voit donc que Mr. Bayle compte sur la facilité de ses Lecteurs à se rendre sans examen à tout ce qu'il diroit, dans ses Livres, de propre à ébranler le Christianisme & la Réligion en général, pour se laisser aller à l'esprit d'incertitude & à ses suites, si commodes pour le relâchement des moeurs.

Mr. Bayle ne pouvoit pas ignorer que des Théologiens célébres & très-respectés dans la Communion où il vivoit, & où il étoit né, n'eussent pensé, & n'eussent écrit qu'il ne s'agit pas de la Prédestination dans le IX. des Romains, telle qu'on la trouve agitée dans les Systèmes de Théologie; mais qu'il s'agissoit de lever l'Objection que les Juifs tiroient du petit nombre d'entr'eux qui se rangeoient au Christianisme. Nous sommes, disoient ils, les descendans d'Abraham & des Patriarches; c'est sur nous que devoient s'exécuter les grandes promesses dont Dieu les avoit honnorés. La venuë du Messie en devoit porter l'exécution au plus haut point, & cependant, s'il est vrai que JESUS FILS DE MARIE soit le MESSIE; sa venuë est incomparablement plus avantageuse aux Païens qu'au peuple de Dieu. St. Paul répond à cette Objection en disant, *que les promesses de Dieu ne regardent & n'ont jamais regardé que les Enfans d'Abraham en Esprit*, c'est-à-dire, ceux qui seroient les *Imitateurs de sa Foi & de ses Vertus*: mais, d'où vient, ajoutoient les Juifs, que Dieu n'a pas fait prêcher son Evangile, & fait paroitre Jesus Christ avec un tel éclat, & un tel assemblage de circonstances, avec une si abondante effusion de graces, que par ce moien les descendans d'Abraham se-

lon la chair se fussent rangés en grand nombre à sa Doctrine, au lieu qu'il n'y en a que très-peu qui l'embrassent. A cela St. Paul répond, & le Bon-Sens ordonne qu'on réponde, que DIEU *a dressé des plans dignes d'une Intelligence infinie, & que par la même que son Intelligence infinie les a formés, sur des Principes & des raisons qui lui sont distinctement connues, il ne faut pas s'étonner si la plus grande partie de ces raisons, & les plus importantes mêmes, nous demeurent cachées, sans que nous nous trouvions en état de les deviner*. J'avoue que tel & tel auroit pû recevoir des faveurs, qu'il n'a pas reçûes, mais là-dessus, il faut s'en tenir à deux principes, l'un que Dieu est libre dans la dispensation de ses graces, l'autre qu'il n'arrivera de mal à personne qu'autant qu'il en aura merité, en faisant volontairement ce qu'il auroit dû éviter, en choisissant un mauvais parti, par un abus de sa liberté, abus qui le rend coupable & seul coupable.

Il ne suffit pas de le dire; il faut encore prouver par quelque détail, qu'on n'est pas tellement réduit à soutenir les insultes d'un Pyrrhonien, ou d'un Libertin, qu'on ne puisse leur opposer une explication des paroles de St. Paul assés vraisemblable, pour faire tomber toute la force de leurs argumens, dans une Matiére, sur tout, par elle-même, si profonde & si difficile. La lecture du Nouveau Testament ne nous permet pas de douter que les Juifs n'eussent une aversion toute particuliére contre St. Paul, de qui la Synagogue, & l'Ecole où il avoit été élevé, s'étoit tant promis; Jugeans de lui par eux-mêmes, ils le croioient animé d'un esprit de parti & de fureur contre la Nation. C'est là que St. Paul s'efforce de lever en commençant le Chapitre IX. de l'Epitre aux Romains. Il s'y propose encore de dissiper une autre prévention. La venue du Messie devoit faire la gloire du Peuple de Dieu. Mais si J. C. est effectivement le Messie, sa vie & sa mort couvre cette Nation d'un opprobre éternel, & il faut que Dieu l'ait abandonnée, puisqu'elle s'est abandonnée jusqu'à crucifier son fils. St. Paul répond à cela que *Dieu n'a point abandonné son Peuple*; mais il ajoûte que le Peuple, que ses promesses regardoient, ne s'étend pas à toute la postérité d'Abraham, mais se réduit à ceux d'entr'eux qui seront par leur Foi & par leur Piété les *Imitateurs de St. Paul*; ce vondrois, dit-il, *qu'ils fussent tous sauvés*, mais de la manière dont il leur plait de vivre, cela est impossible: Ce n'est pas le plan de Dieu, & ce qui m'afflige, *c'est que leur corruption opiniatre est ce qui leur peut empêche d'entrer dans ce plan*; Qu'on ne s'étonne point de voir si peu de Juifs recevoir le Messie, & qu'on n'en conclue pas que les promesses de Dieu ne seroient point accomplies si J. C. étoit le Messie. Loin que Dieu se soit engagé à le faire paroitre sur la Terre avec un éclat qui forçat les plus obstinés & les plus vicieux à le reconnoitre, ses promesses n'ont point une si grande é-

---

(A) *St. Augustin*, dans une Lettre à St. *Jerome* (*Hieron. Tom. II. pag.* 358. 359.) dit; " Je veux avoüer que j'ai appris à rendre un si grand honneur & un si grand respect au Livres des Ecritures qu'on appelle à présent Canoniques, parce que je crois fermement qu'aucun des Auteurs de ces Livres n'a erré. Si je rencontre quelque chose de contraire à la Verité, je ne balance point à croire, ou que c'est une faute de Copiste, ou que l'Interprete ne l'a pas bien expliqué, ou que je ne l'ai pas bien entendu moi-même. Pour les autres Auteurs, quelque éclat qu'ait leur sainteté & leur doctrine, je ne crois pas que ce qu'ils disent soit la Verité, parce qu'ils ont été de tel ou de tel sentiment, mais parce qu'ils me persuadent par l'autorité de l'Ecriture ou par quelque raison probable. Je ne doute point, mon Frére, que ne soit là aussi votre sentiment. Car je ne puis croire que vous prétendiés qu'on aie ces Livres comme ceux des Prophetes & des Apôtres, de l'infaillibilité desquels ce seroit un crime de douter." *Le même St. Augustin dans son Traité du Baptême contre les Donatistes, dit encore*; (Tom. IX. L. II. p. 65. 66.) "Vous avés accoutumé de nous objecter les Lettres; le sentiment de le Concile de *Cyprien*. Mais qui ne sait que la Ste. Ecriture Canonique du Vieux & du Nouveau Testament, est une régle de certitude en ce qu'elle contient, (*certis suis terminis continetur*) & qu'elle est tellement préférable à toutes les Lettres que les Evêques ont écrites depuis, qu'on ne peut ni la revoquer en doute ni disputer pour ou contre sur ce qui y est certainement contenu. Pour les Lettres que les Evêques ont écrites & écrivent encore, depuis que le Canon a été confirmé, il est permis de reprendre ou de relever ce qui pourroit s'y trouver de contraire à la Verité, ou que cela se fasse par quelque particulier plus intelligent, soit par d'autres Evêques, dont l'autorité sera plus grande, & la prudence plus éclairée, ou par les Conciles. Les Conciles Provinciaux eux mêmes, doivent absolument céder à l'autorité des Conciles *Pleniers*, qui sont composés, de tout le monde Chrétien. De plus les premiers Conciles Oecuméniques peuvent être corrigés par les suivans, si l'on a de nouvelles Lumiéres. *Voi: Preservatif contre la Reünion avec le Siege de Rome, par Mr. L'Enfant, Tom. II. pag.* 6. 7. & 8.

On trouve encore dans la Bibliotheque Germanique l'exposition d'un système qui met à couvert la Prédestination des attaques, par lesquelles on prétend trouver l'incompatibilité de cette doctrine avec les Idées de l'Equité. Elle a pour Titre. *Votre oeil est-il mauvais parce que je suis Bon?*

étenduë, elles se bornent à ceux qui seront de bonne volonté ; & semblables à une Terre bien préparée. On voit déja dans le sort de Jacob & d'Esaü, la liberté avec laquelle Dieu a dispensé ses faveurs à la posterité d'Abraham ; pourquoi ne mettroit-il pas de la différence entre les Juifs adultes, & en état de bien choisir s'ils le vouloient, puisqu'il en avoit déja mis dans le sort des enfans à naitre ?

Les paroles dont St. Paul se sert, n'expriment ni Prédestination absolue au Salut, ni Reprobation ; C'est s'écarter des Régles de l'Interprétation, que d'attribuer à des expressions plus d'étenduë que le but de celui qui parle n'éxige qu'on leur en donne, non plus que l'occasion qui le fait parler & la matiére qu'il traite & ce que dans un tel cas la faute seroit d'autant plus grande que le sens qu'on donneroit à des paroles seroit peu raisonnable.

Puis donc que Dieu a mis de la différence dans la distribution de ses graces entre Jacob & Esaü, à plus forte raison est-il libre dans le choix des moiens qu'il met en œuvre pour appeller soit les Juifs soit les Gentils, & dans les facilités qu'il leur fournit d'entrer dans le chemin où il les appelle. Mais les graces qu'il accorde aux uns & aux autres sont toûjours suffisantes & dignes de ceux dont il les favorise, quoi que libres, sont toûjours équitables par rapport à tous. *Il n'y a donc point d'injustice en Dieu ; Il fait miséricorde aux conditions qu'il lui plaît.* C'est à ceux qui les accepteront ces conditions à qui il veut faire miséricorde ; & pour ce qui est de ceux qui les refusent, il n'entasse point grace sur grace en leur faveur & effort sur effort, jusqu'à ce qu'ils les ait convertis, comme malgré qu'ils en aïent. En général, tous ceux qui veulent être sauvés, tous ceux qui ont quelque idée de Réligion & de Vie à venir, se forment quelque plan pour se rendre la Divinité favorable. Mais ce n'est pas de ces *Velléités*, ni de ces *Plans* qu'ils forment à leur *fantaisie*, que dépendra leur sort éternel ; ce sera de leur *Soûmission aux Volontés* que Dieu aura trouvé à propos de leur déclarer. De tous ceux qui entroient dans la lice, il n'y en avoit point qui n'eussent la *Volonté* de remporter le prix & qui ne se missent en mouvement pour le remporter ; Mais il ne suffisoit pas de *Courir*, il falloit courir suivant les Loix établies. Isaac vouloit que la bénédiction tombât sur Esaü, Esaü couroit pour l'obtenir, mais ce n'étoit pas-le dessein de Dieu. La Synagogue s'est formé l'idée d'un certain Liberateur conforme à son goût, elle le *veut* tel, elle se donne bien des mouvemens pour l'obtenir, mais Dieu destine à son Peuple une toute autre délivrance, & leur propose de tout autres conditions pour l'obtenir.

Mais il étoit naturel de pousser l'objection & de dire ; Non seulement les Juifs ne parviennent pas à leur but, ils s'en éloignent encore prodigieusement, & leur éloignement, qui est allé jusqu'à leur faire crucifier le Seigneur de Gloire, & qui leur fait encore persécuter ses fidèles serviteurs, ne marque-t-il pas un abandon de Dieu ? *Ils ont mérité cet abandon par leurs crimes précédans*, pourquoi Dieu ne les traiteroit-il pas comme Pharao, de qui il a dit, *je t'ai élevé quoi que je prévusse bien ton obstination & ses effets.*

Mais ce n'est l'esprit obstiné des Juifs persécuteurs est un effet de l'abandon de Dieu, *pourquoi se plaint-il d'eux ?* Cette plainte suroit du fondement *s'ils n'avoient pas mérité cet abandon*, par des fautes volontaires, qui les ont affermis dans l'habitude incorrigible du vice: Mais enfin n'est-il pas des Juifs à qui Dieu fait miséricorde, sur lesquels il jette un œil favorable, & qu'il convertit par le secours de sa Grace ? Pourquoi sa miséricorde ne s'étend-elle pas avec la même efficace, sur l'aveuglement de tous les hommes ? *Qui êtes vous pour contester avec Dieu, le Vase d'Argile dira-t-il au.* &c. La Réponse de St. Paul justifie Dieu, dans la supposition que l'homme n'est pas véritablement formé pour périr, & créé dans ce dessein. Pourvû que la liberté reste, l'homme ne peut pas se plaindre que son bonheur lui coûte trop de peine ; En vain dira-t-il, d'où vient que Dieu n'a pas établi des conditions plus douces ? D'où vient qu'il n'accorde pas des graces plus efficaces & plus sûres lui à qui ces graces ne couteroient rien ? Ici il faut reconnoitre *le souverain droit & la souveraine liberté de Dieu* ; Liberté qui relève l'éclat de sa bonté, & la rend digne d'actions de graces, ce qui ne seroit pas si elle s'éxerçoit nécessairement dans toute l'étenduë de sa puissance ; En ce cas-là les Créatures toutes très-heureuses, & également heureuses, pourroient se feliciter d'avoir un tel Auteur, mais se seroit pur compliment que de lui rendre graces d'avoir fait ce qu'il lui étoit impossible de ne faire pas ; C'est à cette Liberté suprême que St. Paul se rend attentif, quand il s'écrie, *O profondeur des richesses !* Dieu ne doit rien à personne, car qui lui a donné quelque chose le prémier, afin qu'il en soit recompensé ? Dieu aime à faire grace, mais il ne donne pas en tout temps la même étenduë à ses graces. La profondeur de sa sage conduite nous passe, mais nous la connoitrons un jour. Dieu est ce qui est le plus convenable pour ses desseins éternels & dignes de lui. Dieu attend une conversion possible des vases qu'il *tolere en grande patience,* & qui par leur faute se sont tournés à la perdition.

Voulés-vous plus distinctement vous convaincre du but de ce chapitre & des suivans, & du fond de la distinction entre les *admis & les rejettés* ? lisés-en la fin qui est la Conclusion du IX. & de ce qui le suit & qui par conséquent fait connoitre le but de ce qui est traité auparavant. *Que dirons nous donc ? Nous disons que les Gentils qui ne poursuivoient point la Justice, ont atteint la Justice, c'est-à-dire la Justice qui l'obtient par la Foi. Et que les Israelites au contraire poursuivoient la Loi de Justice ne sont point parvenus à la Loi de Justice. Pourquoi cela ? Parce qu'ils ont prétendu y parvenir, non par la Foi, mais par les œuvres de la Loi.* Il continue dans le Chapitre suivant. *Je leur rends temoignage qu'ils ont du zele pour Dieu, mais c'est un zele sans connoissance, parce qu'ignorant la Justice de Dieu, & cherchant à établir leur propre justice, ils ne se sont point soûmis à la justice de Dieu, pour avoir voulu s'obstiner à prendre pour obtenir de Salut celle qu'ils avoient imaginé, ils ne sont pas parvenus au Salut.* Voilà ceux que Dieu rejette ; mais il ne rejette pas le peuple qu'il a préconnu. Or il a préconnu & prédestiné à être son Peuple & ses Enfans chéris, tous ceux qui voudroient se soûmettre aux conditions proposées dans l'Evangile, ceux qui en usent ainsi sont l'*Elûe* du Genre Humain, les autres en sont le *Rebut*. Voilà de quelle manière il est très-naturel & très-raisonnable d'entendre les termes d'*Elûs* & de *Rejettés*.

La chaleur des Disputes & la vivacité avec laquelle les Docteurs ont enseigné chacun dans son parti, a été causé, sur ce sujet comme sur bien d'autres, qu'on a attaché aux termes dont on s'est servi des idées trop fortes, dont on n'a pû se défaire dans la suite. Qui sont les Elûs ? Ceux qui voudront accepter. Qui sont les Rejettés ? Ceux qui ne le voudront pas. Mais d'où vient que Dieu n'a pas choisi de telles conditions, & pourquoi sa providence ne dispose-t-il pas les choses d'une telle manière, que tous les hommes viennent à accepter, & à remplir les conditions ? S'ils ne le font pas, c'est leur faute. Respectons la suprême liberté de Dieu. Soions attentifs sur nous mêmes pour perfectionner ce que nous avons commencé ; craignons les chûtes & le relâchement qui y conduit. Ce sont là, ce me semble, les vérités sur lesquelles roulent les Chapitres 9. 10. 11. de la même Epître. Voilà comme il est des Chrétiens qui raisonnent. Ce n'ai que tire de cette possible d'échapper aux attaques d'un Pyrrhonien.

De l'Epître de St. Paul aux Romains.

Car dira-t-il préſentement , *La Prédeſtination renverſe toutes les lumieres de l'équité & toutes les notions du ſens commun ; or telle eſt la Doctrine de St. Paul ?* Qu'en ſavés vous Mr. le Pyrrhonien ? De deux explications, vraiſemblables l'une & l'autre, eſt-il, ſelon vous , au pouvoir de l'eſprit humain de décider qu'elle eſt la véritable ? De plus, comment ſavés vous, lui dira un Orthodoxe, que notre ſentiment ſur la Prédeſtination eſt impie & directement contraire au Bon-Sens? Le connoiſſés-vous ce ſentiment là, pour le condamner avec cette rigueur ? Qui vous l'a expliqué ? Sont-ce nos Adverſaires ? Mais ſont ils à croire ? Eſt-ce de nous & de nos amis que vous tenés vos inſtructions ſur ce ſujet ? Mais comment aurions nous pû vous en inſtruire & vous le faire comprendre , puiſque nous mêmes nous ne le comprenons point, & que nous n'y entendons preſque rien ? Qu'on liſe ces paroles de Mr. Bayle.

Dict. Phil. Art. Grotius. Note L.

„ J'obſerve, dit-il , qu'un homme perſuadé „ des articles fondamentaux du Chriſtianiſme , mais „ qui s'abſtient de communier, parce qu'il regarde „ cette action comme un ſigne quel'on condamnel les au-„ tres Sectes du Chriſtianiſme, ne ſauroit paſſer pour „ Athée que dans l'eſprit d'un vieux radoteur, qui „ a oublié l'idée des choſes, & les définitions des pa-„ roles. Je paſſe plus avant, & je dis qu'on ne ſau-„ roit refuſer à un tel homme la qualité d'un Chré-„ tien. Je confeſs que l'on traite d'héréſie l'opini-„ on qu'il a, que la porte du ſalut eſt ouverte dans „ toutes les Communions qui reçoivent l'Evangile ; „ je conſens que l'on aſſure que c'eſt un Dogme „ pernicieux & dangereux : mais cela peut-il em-„ pêcher que ceux qui croient que J. C. eſt le fils „ éternel de Dieu, coëſſentiel & conſubſtantiel au „ Pere, qu'il eſt mort pour nous; qu'il eſt reſſuſci-„ té; qu'il eſt aſſis à la main droite de Dieu ſon Pere; que „ c'eſt par la Foi en ſa mort & en ſon interceſſion que l'on „ eſt ſauvé; qu'il faut obéir à ſes Préceptes, & ſe „ repentir de ſes fautes &c. Cela, dis-je , peut-il em-„ pêcher , que de telles gens ne ſoient Chrétiens. Au-„ cun homme de bon ſens ne le peut prétendre.

Un Chrétien tel que Mr. Bayle vient de le définir, & auquel ſelon lui on ne peut, ſans renoncer au Bon Sens, refuſer ce titre, lui auroit dit; Vous attaqués le Chriſtianiſme par des endroits qui me ſont inconnus, & que vous même reconnoiſſés n'être point de ſon eſſence.

Qu'on liſe encore ces paroles de Mr. Bayle dans l'Article de Vorſtius Note O. "Je trouve aſſés vraiſembla-„ ble, *dit il,* ce qu' j'ai ouï dire plus d'une fois,qu'Ar-„ minius & les Docteurs de ſon opinion euſſent ren-„ du un très-grand ſervice à leur cauſe s'ils avoient „ gardé un profond ſilence. Leurs 5. Articles ſont „ de nature à s'inſinuer d'eux mêmes ; il ſeroit ar-„ rivé, dit-on, au Calviniſme, la même choſe qu'au „ Lutheraniſme, il ſe ſeroit trouvé inſenſiblement „ Arminien, ſi on eut laiſſé faire la Nature. L'an-„ cienne Egliſe n'étoit point du ſentiment de St. „ Auguſtin. Ce Pere fut cauſe qu'elle embraſſa la „ Doctrine qu'on nomme aujourd'hui le Calvinif-„ me; mais elle revint inſenſiblement au prémier „ état. Si l'on voit la Doctrine de la Prédeſtinati-„ on avec ſes ſuites fortement ſoutenue dans le Par-„ ti Réformé, c'eſt à cauſe que les Diſputes y ont „ cauſé deux factions, & un Schiſme qui „ ſubſiſte encore. L'Egliſe Anglicane s'eſt „ conſidérée comme un Corps à part, & dé-„ taché de celui dont lequel s'eſt formé ce „ Schiſme, n'a point été préoccupée du Zéle ardent „ que la Diſpute avoit fait naitre dans l'Eſprit des „ Contre-Rémontrans, ainſi elle a coulé peu à peu „ vers des Hypothèſes mitigées, & bien différentes „ du Calviniſme. La même choſe ſeroit arrivée en „ Hollande, ſi Arminius n'eut point formé de Par-„ ti. Voilà ce que j'ai ouï dire pluſieurs fois à des „ gens de tête ; Je n'examine point s'ils ont raiſon. J'avois déjà cité ce paſſage dans l'Art. XLI. de la

Section I. Part. III. pour prouver que Mr. Bayle eſt un Auteur fort onctoiant.

Mr. Bayle ſe donne la peine de diſcuter dans ſon Dictionnaire un grand nombre de Queſtions infiniment moins importantes ; mais il ne pouvoit pas entrer dans la diſcuſſion de celle-ci , ſans ſe contredire. *Il trouve aſſés vraiſemblable cette conjecture;* Sa ſubtilité auroit bien eu de la prine à lui fournir des raiſons pour lui ôter ſa vraiſemblance. Cela même que l'Arminianiſme eſt ſi ſuſpect, & que l'on eſt ſi fort ſur le *qui vive* par rapport à ſa propagation, prouve aſſés que ſes ennemis ſont dans les mêmes penſées que Mr. Bayle au commencement de ce que je viens de citer. Mais il n'a garde de s'attirer pour ennemis des perſonnes dont-il connoit que la protection lui eſt ſi néceſſaire, pour pouvoir impunément répandre ſon Pyrrhoniſme, & accabler la Réligion, s'il le pouvoit, ſous ſes doutes, & ſous ſes ſophiſmes.

Mr. Bayle fournit des Authorités à ceux qui ne ſont pas pour la Prédeſtination rigide. "*Auſradius,* dit-il, ſavant Portugais, Zélé Catholique, dans ſes „ Epitres duquel on trouve partout de l'eſprit, de „ l'élégance, & de la vivacité, fort au-deſſus du com-„ mun , enſeigne en propres termes que les Philo-„ ſophes, qui ont employé toutes leurs forces pour „ connoitre un vrai Dieu, & pour l'honnorer re-„ ligieuſement, ont tu la Foi qui fait vivre le Juſte.

Art. Auſtradius. Note C, & E.

„ Que ce ſeroit la plus grande cruauté du monde „ (*Neque immanitas deterior ulla eſſe poteſt*) de „ condamner les hommes aux peines éternelles, pour „ avoir manqué d'une Foi, à laquelle il n'y avoit „ pas moien de parvenir.

„ Zuingle avoit penſé de même.

Voici encore ce que j'ai cité dans l'article LIX. de la ſection I. Part. III., tiré de l'Art. BONFADIUS Note E.

En un mot ſi les ſentimens par leſquels Mr. Bayle s'authoriſe, tourniſſent aux Incrédules des preuves ſans réplique contre la vérité de la Réligion, & s'il n'eſt pas poſſible de leur répondre rien de ſolide, lorſqu'ils démontrent l'incompatibilité de ces ſentimens avec les notions les plus ſimples & les plus claires du Bon-Sens ; Ceux qui juſqu'ici ont pris pour defenſeurs des Hypothéſes dont Mr. Bayle a développé le danger, ſont ſans doute trop raiſonnables & trop gens de bien, pour continuer à les ſoutenir & pour vouloir du mal à ceux qui en abandonnérent la défence. Mais ſi les Conſequences que les Incrédules prétendent en tirer , n'en ſont point des ſuites néceſſaires, & viennent uniquement de ce qu'ils donnent à des expreſſions, dont les défenſeurs ne comprennent pas eux-mêmes diſtinctement toute la force , un ſens qu'ils rejettent, & qu'elles n'ont certainement point ; c'eſt en vain que Mr. Bayle ſe met à couvert ſous leur Authorité : Ils lui refuſéront infailliblement leur protection. Mais pour diſcuter cette alternative , il faudroit entrer dans des Controverſes Theologiques, que je n'ai pas trouvé à propos de me permettre dans un Ouvrage où j'entreprens la defence de la Réligion en Général.

Afin que les Chrétiens laiſſent tout dire à Mr. Bayle, il voudroit les perſuader qu'il eſt de leur honneur de ne point raiſonner, & de laiſſer parler tout à lui aiſé, ceux qui ont la fantaiſie de raiſonner ſans ſe mettre en peine de leur répondre & d'entrer en lice avec eux.

„ LVIII. IL N'EST pas tems , dit Mr. Bayle , „ de vouloir ſervir de ſa Raiſon , après l'avoir „ ſoumiſe à la Foi. Quel jeu , je vous prie , de „ quitter tantôt la Raiſon, tantôt de la reprendre ; „ de choiſir dans le Chriſtianiſme certains endroits „ qui nous plaiſent , & de rejetter les autres qui „ ne plaiſent pas ; d'être demi Incrédule & demi „ Croiant ? Ce ſeroit capituler avec Jeſus Chriſt, & „ faire des conditions avec l'Egliſe ; Ce ſeroit faire „ quelque choſe de pis, & paſſer de la complaiſan-„ ce au démenti, en lui avouant une partie de ce qu'elle

Union de la Foi & de la Raiſon Eclairciſſement ſur les Manichéens. Diſſ. Hiſt. T. IV. pag. 625.

„ qu'elle nous propose à croire, & lui soûtenant que
„ le reste est faux. Calvin eut pû se défendre de la
„ sorte contre ceux qui desapprouvoient son Hy-
„ pothése de la *Prédestination*; Il pouvoit leur dire,
„ vous faites mal à-propos les délicats, après avoir
„ digéré les Difficultés d'un seul Dieu en trois per-
„ sonnes, & celles de la *Transsubstantiation*. Vous ne
„ voulés pas qu'on écoute là-dessus les raisonnemens
„ d'un Philosophe, vous ne parlés que de la Toute-
„ Puissance de Dieu; vous vous plaignés qu'on la
„ nie, quand on ne veut pas admettre la conservati-
„ on des accidens sans sujet, & la présence d'un
„ Corps en plusieurs lieux. Pourquoi donc attaqués-
„ vous le Mystére de la Prédestination par des argu-
„ mens humains?

Qu'un Visionnaire se mette dans l'esprit des Extravagances, dans lesquelles il fera entrer les Noms
sacré de *Dieu*, de *Grace*, de *Salut*, de *Mystére*,
qu'il y jmigne, sur un ton dévot, des Déclamations
sur la *foiblesse de la Raison humaine*, sur la *nécessité
absolue de la Foi de l'Humilité* la plus soumise, & du
Renoncement le plus parfait à soi même & à ses lumiéres naturelles, il se trouvera, par la méthode de Mr.
Bayle, & les Disciples que le feu de son Imagination lui aura faits, se trouveront de même que lui
au-dessus de toute attaque, & absolument incorrigibles; Ils se feront un devoir des plus sacrés de fermer leurs oreilles à tous les raisonnemens qu'on les
priera d'écouter. Cette seule proposition leur donnera déja de l'horreur. En vain vous prendrés le
parti de leur alléguer des passages de l'Ecriture Ste;
vous ne passerés à leurs yeux que pour des *hommes
animaux*, qui ne comprennent rien dans le Sens
des paroles que l'esprit de Dieu a dictées, & qui
ne sauroient manquer de les prendre de travers.

L'explication qu'ils donneront à ces passages sera
la seule véritable: Inutilement encore les suplierés vous
de vous écouter, de se souvenir qu'ils ne sont pas infaillibles, d'entrer avec vous en conférence, & de comparer
paisiblement le sens que vous don-
nés aux passages de l'Ecriture Ste, avec celui dans
lequel ils le prennent: Ils vous répondront que ces
conférences ne pourroient se faire qu'en raisonnant,
& que quand la voie de la Raison ne conduiroit
pas à l'erreur, elle n'amèneroit point à la certitude.

Ainsi en sera-t-il de toutes les opinions qu'une
cause Métaphysique aura pû-à-peu introduites dans
la Religion, que la vaine subtilité aura-peu-à peu
augmentées, & que l'esprit d'orgueil, d'opiniâtreté
& de parti aura trouvé moien de rendre respectab-
bles.

On ne disconvient point qu'un Livre, écrit par
la direction de l'Esprit de Dieu, ne soit un tissu de
vérités indubitables; non seulement les Chrétiens, les
Juifs, les Mahométans, qui font profession de reconnoitre de tels Livres, mais en général tous les hommes, & ceux-là même qui n'en ont jamais vûs de
tels, & ne croient pas qu'il y en ait, tomberont
d'accord que s'il y en avoit, on ne sauroit mieux
faire que de le prendre pour régle de sa croiance &
de ses moeurs. Voilà de quoi on convient unanimement. Mais il reste deux certitudes qu'il est
infiniment de savoir procurer; l'une que le Livre qu'on vous donne pour un Livre Divin, l'est effectivement; l'autre certitude, également nécessaire,
consiste à découvrir sans aucun doute, le vrai sens
des paroles qu'on doit prendre pour régle; car il
n'y a pas moien de penser & de croire conformément
aux instructions renfermées dans les paroles d'un Livre Divin, à moins que d'entendre le sens de ces instructions, & d'attacher à ces paroles des idées conformes à celles de leur Auteur.

Mais puisque l'on se partage sur le vrai sens d'un
Livre Divin, & que par conséquent on peut se
tromper, & que quelques Interprétes se trompent en
effet dans le sens qu'ils donnent à quelques-unes de ces
ces paroles, il est absolument nécessaire de suivre de
certaines Régles pour arriver à ce vrai sens; Il faut
que ces Régles soient évidentes par elles-mêmes, ou
fondées sur des principes d'une évidence & d'une certitude incontestable. S'il n'y a aucun principe de
cette nature la Révélation est inutile; on ne peut
s'assurer ni de sa Divinité, ni du Sens de ses instructions. Il est encore absolument nécessaire que
la Raison, l'Entendement, le Bon-Sens, en un mot
l'Esprit humain puisse s'assurer qu'il explique les paroles d'un Livre Divin conformément aux Régles,
sans quoi il ne saura jamais si des propositions, auxquelles il soumet sa Foi & son acquiescement, ne
sont point des erreurs tout opposées aux véritables
instructions de l'Esprit Divin.

Or puis qu'une des Régles que le Sens-Commun
dicte, c'est que tout ce qui a une liaison évidemment
nécessaire avec une proposition vraie, est vrai aussi,
& très certain, & qu'au contraire ce qui est directement & contradictoirement opposé à une vérité ne
peut-être vrai, il s'ensuit qu'une interprétation qui
renverse les Notions du Sens-Commun, n'est pas la
véritable, & p ndant qu'on n'en sauroit donner aucune autre aux paroles de la Révélation, le respect
pour un Livre Divin, & la juste crainte d'imputer
à son Auteur Adorable des pensées indignes de lui,
devroit engager à un humble silence, & à un sincére aveu qu'on n'entend pas encore le vrai sens des
endroits qu'on ne sait pas mieux expliquer.

Il faut bien remarquer qu'il y a une différence du tout
au tout entre refuser de recevoir pour vrai un sens
contradictoire avec les Notions les plus simples &
les plus évidentes de la Raison, & entre rejetter une
explication sous prétexte qu'elle établit la réalité de
certains faits, ou l'existence de certains sujets, ou
des propriétés de quelques substances, dont on ne
connoit pas à fond la nature, & dont on ne sait pas se
former des idées qui n'y laissent rien d'inconnu; Car
rien n'est plus opposé au Sens-Commun, que de ne
vouloir croire quoique ce soit sur un sujet, jusques
à ce qu'on n'ignore rien de tout ce qu'il renferme:
Nôtre esprit est borné, nos connoissances s'avancent
par degrés, & pour nous avancer dans l'intelligence
d'un sujet, pour découvrir ce que nous n'en connoissons pas encore nous prenons pour principe ce que
nous en connoissons déja.

En vain donc Mr. Bayle remplit les pages 615
& 616. de citations. Toutes les authorités dont-il
se munit, n'ont aucune force, si on ne les interpréte conformément au principe que je viens d'établir.
Ces Citations sont de ses artifices ordinaires par où
il amuse son Lecteur, il le détourne de l'Examen de
la Question en elle-même, & il le lasse enfin assés
pour le ranger à son sentiment par lassitude, pour peu
qu'il ait encore de prévention & d'inclination à l'embrasser.

LIX. Mr. BAYLE pour se justifier sur tout ce
qu'il a écrit en faveur des Manichéens, représente
*que les esprits sont aujourd'hui trop prévenus contre ce
Systême, pour penser qu'il soit à craindre de lui attirer
des Sectateurs*. On auroit pû faire là-dessus cette
Question à Mr. Bayle. Par quelle Révélation êtes-
vous assuré que les esprits de tous vos Lecteurs sont
au-dessus de l'atteinte de vos argumens? Le Manichéisme s'est autrefois répandu parmi les Chrétiens;
pourquoi ne s'y répandroit-il pas aujourd'hui, quand
vous le fortifiés d'argumens qui vous paroissent sans
réplique, & qui sont plus forts & mieux tournés
que ceux qui nous restent des Manichéens eux-mêmes?

Je ne veux pas insister là-dessus; Il ne faut pas
être fort clair-voiant pour s'appercevoir que Mr.
Bayle se proposoit un tout autre but que l'établissement du Manichéisme; Selon lui, d'un côté les
Manichéens d'étruisoient l'Hypothése d'un seul Principe par des Argumens sans répliques; D'un autre
le fond de leur Hypothése étoit insoutenable. A
quoi

Ibidem. Eclaircissement sur les Manichéens.

Examen d'une justification de Mr. Bayle sur les Manichéens.

quoi les deux parties de sa prétendue démonstration aménent-elles un Lecteur Lecteur, si ce n'est à conclure, qu'un homme qui sait raisonner n'admettra ni l'Hypothése d'un seul principe, ni l'Hypothése des deux?

Idem Erreurs sensés in les Manichéens.
N B.

Ce que Mr. Bayle ajoûte pag. 628. mérite de l'attention. " Tous ceux qui se connoissent en raisonnemens, dit-il, demeurent d'accord, qu'un Systême est beaucoup plus imparfait lorsqu'il manque de la prémière des deux qualités, dont j'ai parlé ci-dessus, que lors qu'il manque de la seconde. S'il est bâti sur une supposition absurde, embarrassée, peu vraisemblable, cela ne se répare point par l'éxplication heureuse des Phénomenes; mais s'il ne les éxplique par tous heureusement, cela se répare par la netteté, par la vraisemblance, & par la conformité qu'on y trouve aux Loix & aux idées de l'Ordre; & ceux qui l'ont embrassé à cause de cette perfection, n'ont pas accoutumé de se rebuter, sous prétexte qu'ils ne peuvent point rendre raison de toutes les expériences. Ils imputent ce défaut à la petitesse de leurs lumières, & ils s'imaginent qu'avec le temps on découvrira le vrai moïen de résoudre les difficultez. Un Philosophe Cartésien se voïant pressé d'une Objection qui regardoit le principe que Mr. Des Cartes donne du flux & du reflux de la Mer, répondit entr'autres choses, qu'il ne faut pas quitter légèrement une opinion, & cela principalement lorsque d'un autre côté elle est bien établie. On objecta à Copernic, quand il proposa son Systême, que Mars & Venus devroient en un temps paroitre beaucoup plus grands, parce qu'ils s'approchoient de la Terre de plusieurs Diamétres. La conséquence étoit nécessaire; & cependant on ne voioit rien de tout cela. Quoiqu'il ne sçût que répondre, il ne crût pas pour cela devoir l'abandonner, il disoit seulement que le temps le feroit connoitre & que c'étoit peut-être à cause de la grande distance. L'on prenoit cette réponse pour une défaite, & l'on avoit, ce me semble raison. Mais les Lunettes siant été trouvées depuis, on a vû que cela même qu'on lui opposoit comme une grande objection, est la confirmation de son Systême, & le renversement de celui de Ptolomée.

Argument contre le Pyrrhonisme.

LX. VOILA qui renverse directement le Pyrrhonisme; Car dès que je puis faire voir que la solution d'une question suppose certaines connoissances que je n'ai pas encore pû acquérir, ne suis-je pas en droit d'éxiger qu'on me laisse en repos sur cette question, & ne suis-je pas en droit de demeurer en possession de toute la certitude que je me suis procurée sur le sujet, sur lequel cette question roule, quand cette certitude se trouve établie sur des principes simples, clairs, à ma portée, & sur des conséquences qui en découlent évidemment & nécessairement?

Résutation des Manichéens.

LXI. Mr. BAYLE pose en fait dans cette page 628. que le *Systême des Manichéens rend mieux raison de plusieurs expériences, que celui des Unitaires.* C'est ce dont je ne saurois tomber d'accord.

Si les Intelligences créées par le bon Principe peuvent, par le bon usage de leur Liberté, & des forces qu'elles en ont reçuës, demeurer attachées à ce Principe, comme elles peuvent aussi s'en séparer, par un abus de leur Liberté, & suivre des insinuations contraires; cette Hypothèse des Intelligences créées libres suffit, sans la supposition des deux Principes, pour éxpliquer tous les phénomenes de l'origine du mal, & de ses suites.

Si l'on dit que le bon Principe ne devoit pas donner l'éxistence à des Créatures, capables de déchoir de l'innocence, où il les avoit d'abord mises, l'Hypothèse des deux Principes ne leve point cette difficulté; le Bon n'auroit du former aucun être qui ne fut immuable, & à l'épreuve des tentations du Mauvais.

Si l'on dit que le Bon & le Mauvais s'arrachent tour à tour, & autant qu'ils le peuvent, les Ouvrages l'un de l'autre, en sorte que la Toute-puissance du Bon peut remplir de Probité les Ouvrages du Mauvais, de même que la Toute-puissance du Mauvais peut imprimer des inclinations abominables dans les ames formées par le Bon; il y a encore dans cette prétendue éxplication des Phenoménes & des Paradoxes inconcevables. Le Mauvais Principe ne sauroit devenir Bon, cependant les Ouvrages où il n'a mis que du sien peuvent le devenir.

Dès qu'on a une fois supposé, que l'unique Principe Tout-puissant & essentiellement Bon, est aussi essentiellement Libre, qu'il se suffit à lui même, & qu'il n'a pas besoin du secours de ses Créatures pour rendre complete sa félicité; mais que par l'effet d'une bonté toute pure & toute libre, il s'est déterminé à créer des Intelligences, capables, par la perfection de la nature qu'il leur a donnée, d'avoir part à sa Communion, à sa lumière, & à sa félicité, capables de l'imiter & de lui ressembler; mais qu'il a voulu en être aimé d'un amour de choix, qu'il a voulu que ces Intelligences libres & actives, se donnassent à lui librement & volontairement; que sa Sagesse même a trouvé à-propos, pour relever le prix de leur choix, & de leur obéissance, de ne se faire d'abord connoitre à elles qu'imparfaitement, & de les environner d'Objets brillans & délicieux, dont elles devroient se contenter de faire un usage modéré, & s'y refuser dès que sa Volonté le leur ordonneroit; quand on ajoute que si, dit-là, quelques-unes se perdent, par l'abus qu'elles font de leur Liberté, par leur choix déraisonnable, & par leur desobéïssance, alors Dieu, après leur avoir fourni divers moïens, & les avoir sollicitées en diverses manières, de revenir à leur Devoir, si elles s'obstinent à l'abandonner, il les abandonne, à son tour, à leur mauvais sort, & aux effets de leur indigne choix. Il n'a besoin d'aucun Etre que de lui; il n'a pas besoin de tirer son contentement de ses Créatures, & encore moins de celles qui se sont renduës dignes de son mépris & de sa haine. Il en peut créer d'autres à leur place, & celles qui le sont dévouées à l'aimer & à lui obéïr, lui suffisent. Voilà, ce me semble un dénouement propre à satisfaire un esprit raisonnable; Il n'en est pas de même de celui qu'on tireroit de l'Hypothèse de deux Principes. Il ne seroit pas possible que la félicité du Bon ne fut troublée par les avantages du Mauvais. Le Bon seroit essentiellement déterminé à haïr le Mauvais, & à le haïr infiniment; tous les Projets du Mauvais sont l'objet de l'éxécration du Bon, tous ces succès ne peuvent que lui déplaire à proportion qu'il le haït. Le Bon Principe a dans le Mauvais, un ennemi, qui par sa Nature Eternelle, par son infinie Puissance est digne de son attention, en même temps que par des inclinations diamétralement opposées aux siennes, il doit éxercer contre lui toute sa haine, & faire consister sa gloire à le traverser & à le faire échouer; Autant de succès qu'a le Bon, ce sont autant de Victoires délicieuses qu'il a sur le Mauvais. Mais réciproquement aussi tout autant de succès qu'a le Mauvais, ce sont tout autant d'insultes & d'outrages que le Bon en reçoit; Insultes d'autant plus sensibles qu'il s'en sent beaucoup qu'il ne puisse s'en venger, comme il le trouveroit juste, & comme il le souhaiteroit. La Nature du Bon Principe, disent les Manichéens est telle qu'il ne peut produire que du Bien, & qu'il s'oppose de toutes ses forces à l'introduction du Mal; Il veut donc, & il souhaite avec toute l'ardeur dont il est capable, qu'il n'y ait point de Mal; c'est donc à son grand regret qu'il y en a dans l'Univers; Il a fait tout ce qu'il a pû pour empêcher ce desordre; s'il a donc manqué de la Puissance nécessaire pour l'empêcher, ses Volontés les plus ardentes ont été sans effet, & par conséquent les forces, les plus nécessaires à son bonheur lui ont manqué. Il n'a donc

donc point la Puissance qu'il doit avoir le plus né- cessairement selon la constitution de son Etre; Or que peut-on dire de plus absurde que cela? N'est-ce pas un Dogme qui implique contradiction? Les deux Principes des Manichéens seroient les plus malheureux de tous les Etres; Car le Bon Principe ne pourroit jetter les yeux sur le Monde, qu'il n'y vit une multitude épouvantable de toute sorte de Maux; le Mauvais Principe n'y pourroit jetter les yeux à son tour qu'il n'y vit beaucoup de bien; La vuë du Mal affligeroit l'un, la vuë du Bien affligeroit l'autre; Ce ne seroit pas un spectacle interrompû quelquefois, il seroit continuel, & sans le moindre relâche; les Hommes les plus infortunés ne sont pas assujettis à une si dure condition, ils passent successivement de la tristesse à la joie, parce qu'ils peuvent se distraire de que leur esprit est borné, & enfin la mort les met à couvert des miséres de cette vie; mais les deux Principes des Manichéens sont impérissables, ils ne peuvent voir ni aucune fin, ni aucune interruption à ces objets désagréables qui les chagrinent au dernier point.

"Tout ce que les Manichéens, dit Mr. Bayle, "pouvient supposer touchant la prémiére introduc- "tion du mal, & sa prémiére combinaison avec le "bien dans le coeur de l'homme, étoit sujet à mille "difficultés. Leurs propres armes leur étoient con- "traires. Ils ne pouvoient souffrir l'Hypothése que "le mal étoit venu du mauvais usage du franc ar- "bitre. Dieu, disoient-ils, infiniment bon, n'auroit "pas permis que ses Créatures dégénérassent de leur "bonté originelle, & cependant ils n'accordoient pas "qu'elles fussent incorruptibles moralement parlant. "Nous avons vû que Simplicius leur objecte, que les "Ames dont le Mauvais Principe s'étoit emparé, & "qui étoient des portions du Bon Principe, devenoient "mauvaises, & qu'en ce cas elles demeuroient éter- "nellement dans la corruption & dans la misére sous "l'Empire du Conquérant. Mais voici bien "pis. Nous savons par expérience que la même a- "me en nombre péche & fait de bonnes actions. "Quand on se repent, & qu'on implore la Misé- "ricorde de Dieu, & qu'on répare par des aumô- "nes &c. sa mauvaise vie, ce ne sont pas deux sub- "stances qui font tout cela, c'est un seul & même "sujet, nous le savons par conscience; la Raison "veut que la chose soit ainsi; car pourquoi s'affli- "geroit-on & se repentiroit-on d'une faute qu'on "n'auroit point faite? Je demande aux Manichéens, "l'Ame qui fait une bonne action a-t-elle été créée "par le Bon Principe ou par le Mauvais? Si elle a "été créée par le Mauvais Principe, il s'ensuit que "le bien peut naître de la source de tout Mal. "Si elle a été créée par le Bon Principe, il s'en- "suit que le Mal peut naître de la source de "tout bien, car cette même ame, en d'autres ren- "contres commet des crimes. Vous voilà donc ré- "duits à renverser vos raisonnemens, ou à soutenir "contre le sentiment intérieur & évident de chaque "personne que jamais l'ame qui fait une bonne ac- "tion, n'est la même que celle qui péche.

Voilà enfin Mr. Bayle qui lance des traits contre l'Hypothése des Manichéens, & se sert du bon & du mauvais usage de la Liberté pour la combattre. Les argumens qu'on vient de lire sont précédés de plusieurs autres, qui ne servent qu'à fatiguer un Lecteur, & à lui faire regarder les Manichéens, comme mal attaqués. Il peut même aisément arriver que las de les voir foiblement combattus, dans deux pages entiéres, il s'imaginera, que les raisons par où on a achevé de les combattre, ne sont pas plus fortes, & que dans cette prévention il négligé de s'y rendre attentif, & de sentir le poids.

Mr. Bayle fait sonner bien haut l'obligation de *fidelle Rapporteur*, dont-il se charge, par-là même qu'il est Historien. Il devoit donc dire d'abord les raisons de côté & d'autre, au lieu qu'il n'y vient que dans un de ses derniers supplémens.

Mr. Bayle paroit donc se résoudre à avoir quelques égards pour les *personnes de petite foi*, & en leur faveur il dit, qu'il va proposer quelques raisonnemens contre le Manichéisme, dont la plus grande partie, comme on le voit évidemment, sert moins à battre les Manichéens, qu'à battre la campagne, & à mettre à profit ses recueils, puisque lui-même ne trouve pas de force dans la plus grande partie de ce qu'il rapporte, & qu'il tire de *Simplicius*.

Cette Foi qui dans Mr. Bayle, est l'effet de la Grace surnaturelle du St. Esprit, ne lui apprend-elle pas qu'on s'attire l'indignation de Dieu, dès que l'on répand quelque trouble, & quelqu'embarras dans l'esprit des *Foibles & des petits qui croient aussi en lui*? Il ne pouvoit pas douter qu'il le troubleroit, & qu'il en scandaliseroit de tels. Cette considération n'a pas ralenti ses méditations & sa plume, & ce n'est qu'a- près y avoir été forcé par des plaintes *réitérées*, qu'il s'est enfin résolu d'avoir des égards pour les person- nes *de petite foi*. (Tom. IV. pag. 628,) & d'écrire en leur faveur quelque chose contre les Manichéens.

LXII. Mr. BAYLE s'étend encore plus en rai- sonnemens inutiles dans son troisième éclaircissement, où il veut justifier son zéle pour le Pyrrhonisme. Cet éclaircissement roule sur ce que Mr. Bayle a dit du Pyrrhonisme dans son Dictionnaire & il prétend qu'il n'y a rien qui puisse préjudicier à la Réligion. Je serois très mortifié de juger temerairement: si je tombe dans cette faute j'en demande pardon à mes Lecteurs, & je serois fâché de faire tort à la Mémoire de Mr. Bayle; mais ja- voüe qu'il ne m'est pas possible de comprendre qu'un Esprit, aussi accoutumé de se bien à saisir le foible des raisonnemens, & qui par la force de son habitu- de, croioit même de n'en trouver où il n'y en avoit pas, il ne m'est pas possible, disje, de comprendre qu'un Esprit tel que le sien ait eu la foiblesse de don- ner de longues déclamations pour des raisonnemens & pour une solide Apologie. Il paroit affecter de ne compter entre les génies solides, que ceux qui sont dans ses idées, & auprès de qui il n'a pas besoin de se justifier; les autres sont des petits esprits, qu'il servira selon leur goût & selon leur portée: Un tas de verbiage est ce qui leur faut: *LA RAISON*, dit-il, *s'attache à l'évidence*, *la Foi à l'incomprehensi- ble*; Celle-ci se contente de se moquer des Pyrrhoniens, sans se mettre en peine de leur répondre.

"La Foi de Mr. Bayle, le mettra au dessus des "Régions où regnent les Tempêtes de la dispute. Il "se verra dans un Poste, d'où il entendra gronder "au dessous de lui le Tonnerre des Argumens, & des "*Distingue*, & n'en sera point ébranlé; Poste qui "sera pour lui le vrai Olimpe des Poëtes, & le vrai "*Temple des Sages*, d'où il verra dans une par- "faite tranquillité les foiblesses de la Raison, & l'é- "garement des Mortels qui ne suivent que ce gui- "de. Tout Chrétien qui se laisse déconcerter par les "Objections des Incrédules, & qui en reçoit du "scandale, a un pié dans la même fosse qu'eux.

Mr. Bayle se seroit bien diverti aux dépens d'un Prédicateur qui auroit étalé en Chaire ces Antithéses, & cette Eloquence.

LXIII. DES QUE Dieu veut nous instruire, nous ne saurions mieux faire que de l'écouter; Dès qu'il a renfermé ses instructions dans un Livre, nous ne saurions mieux faire que de le lire, & de nous appli- quer à en connoitre le Sens, de nous persuader de sa vérité, & d'en faire la Régle de nôtre vie. Mais a- vant que de m'assurer de ce Livre est Divin, avant que de m'assurer qu'il a été écrit par des personnes, que l'Esprit de Dieu dirigeoit, il faut que je m'as- sure qu'il existe; car sans m'être assuré qu'il existe, je ne puis m'assurer s'il est effectivement Divin. Je ne saurois même trouver des preuves de sa Divi- nité, & des motifs de le croire émané de Dieu dans sa couverture & dans la forme de ses caractéres: c'est des choses que j'y trouve, que je tirerai cette persuasion, mais pour y trouver ces choses qui portent un caractère d'Instructions & de Vérités Divines, pour en être assuré, il faut prémiérement que je lise ce Livre, & que je sois assuré que je le lis ; C'est par là qu'il faut commencer. Or si j'ai été élevé dans les Hypothéses des Pyrrhoniens, ou si en les lisant, j'en ai été ébranlé, ou si frappé de leurs argumens, je m'y range volontairement, ou je suis forcé de m'y ranger malgré que j'en aie, si je ne puis faire ferme sur quoi que ce soit, comme Mr. Bayle prétend qu'on ne le peut contre les Pyrrhoniens lorsqu'ils emploient le dialecte, la prémière certitude sur laquelle ma Foi s'appuie, est renversée, & dès là ma Foi s'évanouit. Mr. Bayle a donc raison de dire que ceux qui sont ébranlés & scandalisés par les Argumens des Incrédules, ont déja un pié dans la même fosse; & cela étant pourquoi les y précipite-t-il ? On voit bien qu'il travaille pour l'Incrédulité.

Un homme qui se met, à tout hazard, dans l'esprit que les Livres que nous appellons le Vieux & le Nouveau Testament, sont Divins, & cela sans examen & sans preuve, ou qui se le persuade uniquement parce qu'il trouve cette persuasion établie dans son Païs, est-il louable, fait-il son devoir ? & s'il est capable de raisonner, & de s'assurer de la Divinité de ces Saints Livres par un éxamen sincère, & par des preuves dignes d'eux, est-il pardonnable de ne le pas faire ? De son côté il ne fait que ce que font les plus grossiers & les plus Opiniâtres Mahométans, & en général tous ceux qui reçoivent pour Divin ce qui ne l'est pas. S'il ne se trompe pas, c'est le hazard qui en décide ; Il faut donc s'être assuré que la voie du Raisonnement peut conduire à quelque certitude, & que le Pyrrhonisme est une éxtravagance ; sans quoi on n'aura jamais sur la *Vérité* de la *Révélation*, sur laquelle on fonde sa *Foi*, que des preuves douteuses.

Nous tenons les Livres du Nouveau Testament de ceux qui ont été les témoins de ce qu'on y lit, & nous comptons sur ces témoins, parce qu'ils nous ont rapporté *que leurs yeux ont oui, ce que leurs oreilles ont oui & que leurs mains ont touché de la parole de Vie*. Mais si le rapport des Sens est incertain, c'est-à-dire si les doutes du Pyrrhonisme sont fondés, il se trouve précisément que ce que les prémiers Prédicateurs de l'Evangile ont écrit pour remplir de confiance ceux à qui ils l'annonçoient, est l'incertitude même, & tout ce qui par conséquent on éléve dessus, est sans solidité.

Ce n'est pas tout. Les Juifs & les Chrétiens conviennent que le Vieux Testament est Divin, mais rien n'est plus opposé que les explications qu'ils en donnent ; Les Chrétiens non plus ne s'accordent pas à interpréter le Nouveau Testament, & ils n'en demeurent pas là de légéres différences. Les uns se croient en droit de faire main basse sur ceux qui ne pensent pas comme eux, & regardent les traitemens les plus durs, & ce qu'on appelleroit dans toute autre occasion, les *Supplices les plus cruels*, & les plus *inhumains*, comme *des actes de Foi*. Il en est encore qui interprétent l'Ecriture Ste. d'une certaine façon qui fait regarder les autres Chrétiens à les regarder comme des Visionaires ; si les Enthousiastes ont le droit de leur côté, eux seuls ont l'Esprit de Dieu, par conséquent ils sont seuls les Enfans de Dieu. Mais si le reste des Chrétiens pense juste, ceux qui se flattent du privilége glorieux de l'Inspiration, sont de véritables Visionaires. Que faire dans cet embarras ? Chacun imitera-t-il Mr. Bayle, & s'applaudira-t-il d'une Foi qui le rend inviolablement attaché à la Communion dans laquelle il est né ? ou tachera-t-on de s'assurer dans cette Communion on pense comme Jesus Christ & ses Apôtres ont pensé, ou si on pense tout le contraire ? Pour faire un Examen si raisonnable & si légitimement dû, pour se mettre en repos sur des points de cette importance, n'est-il pas absolument nécessaire de suivre certaines *Régles*, dans les explications que l'on donne aux paroles de la *Révélation* ? N'est-il pas absolument nécessaire de comprendre le sens de ces *Régles* ? N'est-il pas encore également nécessaire de se convaincre de leur utilité & de leur nécessité ? Ne faut-il pas savoir de quelle manière on doit s'y prendre pour suivre & le plus exactement & le plus aisément qu'il est possible ? Ne faut-il pas pouvoir s'assurer qu'on les a suivies ? La Raison fait tout cela, & non pas la Foi, puisqu'il faut avoir fait tout cela afin de pouvoir connoitre le sens d'une proposition, sur la vérité de laquelle on veut appuier la Foi. Mais si les Pyrrhoniens sont fondés dans leurs doutes perpétuels, jamais on ne pourra s'assurer de l'utilité d'aucune Régle ni de la nécessité de les observer éxactement. Ainsi encore tout ce qu'il est nécessaire de poser pour établir la Foi, sera chancelant, & la Foi ne reposera que sur des fondemens incertains. Les répétitions de Mr. Bayle entraîneront malgré qu'on en ait à l'imiter, ou à laisser sans réplique des morceaux qu'il donne pour décisifs en sa faveur.

Mr. Bayle a donc entassé dans son Dictionnaire de quoi renverser la foi de fond en comble, quand après avoir donné le change à des gens qui font profession de ne rien croire sur quoi que ce soit, il avoue qu'il ne faut pas les entreprendre par la Raison, mais qu'il faut se contenter de leur opposer la Foi ; car on vient de voir que les fondemens de cette Foi reposé, selon lui, sont nuls, il on ne peut pas se convaincre, par la Raison, que les Pyrrhoniens ont tort.

Le moien d'être convaincu de la Divinité de l'Ecriture Sainte, si l'on n'a aucune idée sur de quelque caractère distinctif, & sur lequel on puisse parfaitement compter, & dont on ne serve nullement, pour s'assurer de la Vérité d'une Histoire & de la Divinité d'un Livre ; Mais si le Bon-Sens fournit là-dessus des Notions & des Principes, comme il en fournit en effet, par le moien des quels on parvient à se procurer une ferme persuasion de la Divinité d'un Livre, je demande ce qu'on devroit faire au cas qu'on crût se rencontrer dans un Livre des propositions qui renverseroient manifestement toutes les lumières de la Raison ? En consultant ma Raison je me suis convaincu que ce Livre étoit vrai & Divin, & en continuant de consulter ma Raison j'y trouve du contradictoire, & par conséquent du faux, dont Dieu est incapable. En ce cas-là non seulement un Pyrrhonien, mais l'homme du monde le plus raisonnable, m'apprendroit que je dois demeurer en suspens, & que je ne puis me tirer de mon état de doute & d'incertitude, qu'en me persuadant que je n'entends pas le sens des paroles qui me paroissent enseigner des contradictions, & que ceux qui les interprétent ainsi, s'éloignent de leur véritable Sens.

Mr. Bayle en qualité d'Historien & de *Rapporteur* impartial des différentes Hypothéses, & des Argumens par lesquels chacun a soutenu la sienne, auroit dû rapporter tout ce que les partisans de la Réligion ont allégué de preuves tirées de la Raison, pour démontrer qu'ils ne croioient pas en aveugles & au hazard. L'Equité auroit pour le moins demandé qu'il se fût servi de toute l'étendue de son génie pour leur prêter des preuves, comme il a prêté à leurs adversaires. Sa Foi qu'il fait former si haut, & dont une Grace surnaturelle lui avoit fait ce riche présent, lui imposoit la nécessité absolue de ce devoir.

„ LXIV. A QUOI servent, dit-il, tant de détails que nous donnent les Historiens ? N'est-il pas
„ sur qu'ils ne donnent dont toute l'utilité consiste à
„ faire plaisir aux Lecteurs, & qui peuvent même
„ nuire entre les mains de ceux qui abusent des meil-
„ leures choses ? Cela dispense-t-il les Historiens de
„ l'obligation de rapporter la vérité dans toute l'é-
„ xactitude possible?

DU PYRRHONISME.

„ Ne faut-il donc pas qu'un Historien des opi-
„ nions en fasse voir exactement & amplement le
„ fort & le foible, en dût-il naître par accident quel-
„ que défordre n'en dût-il naître aucun autre bien que
„ l'amusement des Lecteurs, & un exemple de l'é-
„ gard qu'on doit avoir pour les Loix de l'Art
„ Historique?

Mr. Bayle fait visiblement, par raport à la maniére d'écrire l'Histoire, ce que les partisans des Modernes ont reproché aux partisans des Anciens, sur les
Régles du Poëme Epique. On a lû Homére, disent-
ils, & ce qu'il a fait, on l'a pris pour Régle. Après
avoir posé ces Régles, lorsque quelqu'un s'est avisé de
trouver dans les Poëmes d'Homére quelques défauts
ou quelques endroits, qui auroient pû être meilleurs,
on a répondû, pour décider cette question, il faut avoir
recours aux Régles; Les voici, & je soutiens qu'Homére les a constamment suivies; Cela ne se peut autrement, puisque ces Régles ont été établies sur ce
qu'Homére a fait; Je nie donc que Mr. Bayle se
soit préscrit de bonnes Régles; Il a suivi son humeur, il a eu ses vuës; Il n'a pas rapporté avec un
soin impartial le pour & le contre; Il a prêté des raisons à ceux qu'il se faisoit un plaisir d'approuver, &
en cela il a passé les bornes d'un Historien. Une
Loi sacrée qu'il devoit suivre, c'étoit de procurer à
ses Lecteurs des connoissances utiles. Quand un Historien charge ses Ouvrages de Récits, d'où peuvent naître des désordres, il est de son devoir de tâcher de les prévenir, & il manque à ce qu'il doit, si
la lecture de ses Livres n'a d'autre fruit réel que
l'amusement des Lecteurs, pour balancer les désordres
qui en sont les suites naturelles.

Idées de la Chréstianisme qui ne font la déjenroit.
LXV. Mr. BAYLE pour faire sentir à son Lecteur que la Raison feroit mieux de se taire que de
s'émanciper à argumenter, en vuë d'établir la Vérité
de la Religion, se divertit (à peine puis-je m'empêcher d'ajouter malicieusement) à rapporter un long
Ibidem.
pag. 633.
passage de Balsac, & après l'avoir fini, & l'avoir
soupçonné d'un peu d'Ironie, *Il seroit beau voir* a-
joute-t-il, *nos Thomistes & nos Scotistes entreprendre
de convertir le Nouveau Monde en soûtenant des Théses comme on fait en Europe.* Vous diriés qu'on
n'a rien à opposer aux Pyrrhoniens & aux Libertins
que le Verbiage de l'Ecole.

Mr. Bayle présente à tout coup le Christianisme sous des idées qui l'approchent de l'Enthousiasme
& du Fanatisme. Par la *Sagesse* que St. Jaques
Jaq. II.
exhorte ceux à qui il écrit, *de demander à Dieu avec
confiance*, il ne faut pas entendre des dispositions d'esprit qui l'engagent à acquiéscer à de certaines propositions par une crédulité aveugle, sans lumiére &
sans preuves. Cette Sagesse consiste dans un amour
sincére de la Vérité, dans des sentimens qui affection-
nent le coeur à la beauté de la Vertu, dans une tranquilité d'esprit qui le mette en état de discerner aisément ce qui est certain d'avec ce qui ne l'est pas,
dans une aversion pour la chicane, & un éloignement pour les faux-fuians.

Ibidem.
pag. 635.
Laurent Ioyeux sur les Epi-Logu-meut. Ibidem.
Mr. Bayle se plait à donner une preuve de sa facilité à disputer, & s'efforce de donner un sens
raisonnable à une dispute dont Mr. de St. Evremont avoit si naïvement & si judicieusement décrit
le ridicule.

„ On a donné, dit-il, à cette pensée un air ri-
„ dicule, & que vous dit-on de main de Maître. Le Dia-
„ ble m'emporte si je croiois rien, fait-on dire au
„ Maréchal de Hocquincourt. Depuis ce tems-là je
„ me ferois crucifier pour la Réligion ; Ce n'est pas que
„ j'y voie plus de raison ; au contraire, moins que ja-
„ mais ; mais je ne sçaurois que vous dire, je me ferois pour-
„ tant crucifier sans sçavoir pourquoi. Tant mieux,
„ Monseigneur, reprit le Pére d'un ton fort dévot,
„ tant mieux, ce ne sont point des mouvemens humains,
„ cela vient de Dieu. Point de Raison, c'est la vraie
„ Réligion cela ; poinz de Raison. Que Dieu vous a
„ fait, Monseigneur, une belle grace ! ESTOTE

„ SICUT INFANTES, *soiés comme des enfans.*
„ Les enfans ont encore leur innocence ; & pourquoi?
„ parce qu'ils n'ont point de raison. BEATI PAU-
„ PERES SPIRITU, *l'bienheureux sont les pauvres
„ d'esprit, ils ne péchent point : la raison est qu'ils n'ont
„ point de Raison.* Point de Raison; JE NE SAU-
„ ROIS QUE VOUS DIRE, JE NE SAI
„ POURQUOI ; *les beaux mots ! ils devroient être
„ écris en lettres d'or.* Ce n'est pas que j'y voie
„ plus de raison, au contraire, MOINS QUE JA-
„ MAIS. *En vérité cela est Divin pour ceux qui ont
„ le goût des choses du Ciel. Point de Raison ; Que
„ Dieu vous a fait, Monseigneur, une belle grace* !
„ Que l'on donne un air plus sérieux à cette pensée,
„ elle deviendra raisonnable. En voici la preuve, je
„ la tire d'un Ouvrage où l'on a examiné quelques
„ pensées de Mr. de St. Evremont, celle-ci en-
„ tr'autres que nôtre entendement n'est pas assés con-
„ vaincu de la Religion.

„ Pour répondre clairement à cela il faut remarquer un
„ principe commun parmi les Théologiens : l'esprit se
„ porte à la croiance des Mystéres d'une maniére toute
„ différente de celle qui lui donne la connoissance évi-
„ dente des choses naturelles. Il connoit les derniéres par
„ démonstration, & il croit les Mystéres fondés sur les
„ motifs de crédibilité, tels que sont les Miracles
„ qu'ont fait Jesus-Christ & les Apôtres, la croian-
„ ce unanime de tous les fidéles depuis 17 siécles &c.
„ Tous lesquels motifs doivent nous porter à croire
„ prudemment la foi que l'Eglise nous propose, &
„ cela explique les paroles de St. Paul, *que nous
„ voions dans la vie présente, les Mystéres comme des
„ enigmes, en attendant de les voir évidemment dans le
„ Ciel* ; Mais Mr. de St. Evremont demande des
„ démonstrations. Il ne veut donc point de foi.

„ Si l'esprit se porte à la croiance des Mystéres, fondé
„ sur des motifs de crédibilité ; ces motifs de crédibilité
„ peuvent s'énoncer, & on en peut faire des proposi-
„ tions. Ces propositions par la vérité desquelles la foi
„ se fonde, est-on assuré qu'elles soient véritables, ou
„ si l'on en doute ? l'Ecole des Pyrrhoniens dit qu'il
„ en faut douter. Si prévenu pour la Méthode je n'ose
„ compter sur aucune des preuves que ma Raison me
„ fournit, sur quoi apuierai-je ma Foi ? Comment distin-
„ guerai-je les motifs de Prudence d'avec les motifs
„ d'Imprudence ? *Voulés-vous donc des démonstrations ?*
„ Oui sans doute que j'en veux, & l'Ecriture Ste. m'ap-
„ prend par son Exemple à en demander ; c'est par des
„ raisonnemens qu'elle prouve que les Prophéties ont eu
„ leur accomplissement en Jesus-Christ ; elle appelle la
„ FOI DEMONSTRATION, parce qu'elle *est Hebr. XI*
„ fondée sur des faits incontestables, qui ne permettent
„ pas de douter, que Dieu n'ait authorisé les Prédica-
„ teurs de l'Evangile. Dès-lors leur témoignage vaut
„ une démonstration ; Mais c'est parce que la Raison
„ a convaincu l'esprit de sa validité. Il ne suffit pas
„ de s'être convaincu de témoignage des Apôtres, il
„ est Divin, il faut de plus entendre leurs instructions,
„ & les prendre dans leur vrai sens ; il faut par consé-
„ quent avoir des idées qui répondent à leurs expres-
„ sions ; idées plus ou moins vagues, ou plus ou moins
„ déterminées, suivant la nature des termes dont-ils se
„ sont servis. Voici sur ce sujet deux vérités égale-
„ ment sures. La Prémiére c'est qu'une Foi éclairée prend
„ les paroles de l'Ecriture Ste. dans leur vrai sens. La
„ seconde, c'est, qu'il n'est pas permis d'expliquer les
„ paroles d'un Auteur sage dans un sens qui renferme de
„ la contradiction ; car ce seroit les expliquer dans un
„ sens qui renferme de l'erreur.

„ Ni les Sociniens, ni d'autres ne font en droit de
„ traiter de faussé une proposition qui roule sur des
„ choses dont nous n'avons pas des idées assés exactes,
„ pour les comprendre parfaitement ; Quiconque en
„ use ainsi, péche contre les prémiéres Loix de la Rai-
„ son, qui lui recommande sur tout d'être attentif à
„ ses bornes. Mais les Sociniens de même que les
„ Chrétiens & en général tous les hommes sont dans
„ l'obli-

286 EXAMEN

l'obligation de n'acquiefcer pas à des propofitions contradictoires, c'eſt-à-dire, de ne croire pas ce qui au fond ne fignifie rien quand on s'y rend attentif, & qu'il eſt impoſſible de croire par-là même qu'il renferme de la contradiction.

Suppofons un homme très perfuadé de la Divinité d'une Révélation, de quel uſage lui ſera-t-elle, s'il n'en comprend point le fens? & comment s'aſſurera-t-il qu'une telle & telle propofition eſt vraie à la lettre, & que le fens d'une autre eſt figuré? Comment connoitra-t-il juſques où il faut poufſer la Figure, juſques où va la force d'une Comparaifon? Comment s'aſſurera-t-il de tout cela qu'en raifonnant, & comment pourra-t-il parvenir à quelque certitude par cette voie, fi la Raifon eſt incapable de procurer aucune certitude à l'efprit humain? Faudra-t-il qu'une nouvelle Inſpiration le perfude de la Divinité d'un Livre inſpiré, & qu'une nouvelle Inſpiration lui découvre le fens de chaque endroit de ce Livre qu'il aura befoin d'entendre? Et à quoi ſerviroit ce Livre écrit par des Auteurs inſpirés, fi, nonobſtant ce Livre chaque particulier avoit continuellement befoin de nouvelles inſpirations?

Néceſſité de convaincre les Pyrrhoniens.

LXVI. LES *Théologiens*, dit Mr. Bayle, *ne doivent point entrer en lice avec les Pyrrhoniens, ni expoſer à un pareil choc les Vérités Evangeliques.* Que fera donc un Théologien, lorſqu'il rencontrera un Pyrrhonien? L'abandonnera-t-il, & regardera-t-il fa converſion comme défeſpérée? Pourquoi donc Mr. Bayle travaille-t-il, ou du moins, pourquoi s'expoſe-t-il à faire des Pyrrhoniens? Mais faifons une autre ſuppoſition. Figurons nous un Chrétien qui travaille à convertir un Païen, un Mahométan, ou un homme qui par ignorance & par l'effet d'une mauvaiſe éducation, n'a pris aucun parti en matière de Réligion. Si dans le temps de leur conférence un Pyrrhonien ſe préſentoit, & difoit au Catéchumène, *Qu'allés-vous faire? Vous allés-vous gêner toute vôtre vie. Sur quoi fondé?* fur des Incertitudes. A ces mots le Docteur Chrétien rompra-t-il la conférence, & abandonnera-t-il tout honteux le Champ de bataille?

Vraies idées de la Réligion ſubſtituées à celles de Mr. Bayle.

LXVII. VOUS diriés que Mr. Bayle a peur de faire un raifonnement folide en faveur de la Réligion Chrétienne; Il ne met dans la bouche de fes défenſeurs que des pauvretés, ou des paſſages de l'Ecriture Ste. pris dans un fens abſurde & très faux. *Le deſſein de Jeſus-Chriſt,* dit-il, *a été de confondre toute la Philoſophie, & d'en faire voir toute la vanité.* Le deſſein de JESUS CHRIST a été plus digne de lui, il s'eſt propoſé d'ouvrir un chemin au Salut, où des perſonnes de tout ordre pourroient facilement entrer. La Réligion de ce Divin Maitre eſt compoſée d'un petit nombre d'Articles; ſes inſtructions font très-ſublimes, mais très ſimples; il n'a *pas réduit les hommes à la néceſſité de s'en convaincre par une longue enchainure de raifonnemens*; il en a établi la vérité fur des preuves de fait, dont tout le monde peut fe convaincre. La vanité des Philofophes s'eſt trouvée par-là confondue, par ce qu'ils fe flatoient être les ſeuls qui euſſent des Idées raifonnables en matière de Réligion, fur laquelle le Vulgaire n'en avoit que des extravagantes.

La Doctrine de l'*Evangile* paſſoit chés les Grecs pour une *Folie*, non pas à cauſe de ſon oppofition réelle avec les lumières du Bon-Sens, & d'une Saine Logique; mais par ſon oppofition avec leurs préjugés, qu'ils confondoient très-mal à propos avec la Raifon. Les Docteurs Juifs & Païens, les Riches & les perſonnes qui par leurs revenus & par leur naiſſance vivoient dans la ſplendeur, n'entroient pas en foule dans l'Egliſe, & ne compoſoient pas la multitude des Chrétiens; Qu'eſt-ce que Mr. Bayle prétend inférer de là? Eſt-ce que les pauvres gens qui ſe rangéront au Chriſtianiſme ne ſe faiſoient aucune peine de croire des contradictions, comme ſi raifonner juſte étoit le partage des Nobles & des Riches. N'eſt-il pas plus raifonnable de penfer que la modeſtie & le détachement du monde, que l'Evangile exigeoit des Chrétiens, éloignoit de leur Communion les Efprits fuperbes, & tous ceux qui aimoient à vivre dans la diſtinction & dans les voluptés? Et dans quelle condition Mr. Bayle a-t-il aujourd'hui le plus de partifans? N'eſt-ce pas ceux qui ſe trouvent par leur naiſſance & par leurs revenus en état de fe livrer à l'ambition & aux voluptés, qui font de ces Principes fes fondemens de leur Logique, & ceux encore qui ne favent rien admirer que la pompe & la Table des Grands?

St. Paul déclare aux Corinthiens qu'il leur a prêché un petit nombre de dogmes, & qu'à cet égard ſes Inſtructions fe font même réduites à une feule, dont-il a établi la vérité par les effets de la Puiſſance Divine. Suit-il delà qu'il leur propoſoit de croire des contradictions? Ils les connoiſſoit grands raifonneurs, ou plutôt grands parleurs, curieux de fpeculations, & diſpoſés par là à former des partis; c'eſt pour prévenir ces défordres qu'il s'étoit borné à une grande ſimplicité dans fa Doctrine & dans ſes preuves. *1. Cor. 1*

Il n'étoit point venu dans l'efprit ni des Philoſophes Païens, ni des Docteurs de la Synagogue que Dieu amèneroit les Hommes à fa connoiſſance & à fa Grace, par le Méditateur que l'Evangile a fait connoitre; Donc les leçons de ce Méditateur font en contradiction avec la Raifon. Peut-on conclurre avec plus de témérité & plus d'extravagance? La Doctrine des Philofophes & celle des Scribes ne contenoit-elle rien qui ne fut parfaitement raifonnable?

Or *l'homme animal & charnel n'eſt point capable des choſes qu'enſeigne l'Efprit de Dieu; elles lui parroiſſent une folie, & il ne les peut comprendre, parce que c'eſt par une lumière ſpirituelle qu'on en doit juger.* Mr. Bayle eſt admirable; à qui croit-il s'adreſſer? Eſt-ce ſeulement à des Lecteurs qui ſe laiſſeront étourdir par une foule de citations? *L'Homme* ANIMAL, ſuivant la penſée de Mr. Bayle, c'eſt un homme qui refuſe de croire ce qui renverfe le Sens Commun. L'homme ſpirituel, c'eſt celui qui acquieſce à des contradictions. Mais cette lumière ſpirituelle, d'où il tire cette force, lui fournit-elle des Idées; ou ſi Mr. Bayle appelle de ce nom des ténèbres qui ne feroient qu'augmenter la connoiſſance? Ces Idées font-elles évidentes? Peut-on les exprimer? Sent-on ce qu'elles renferment? S'apperçoit-on qu'elles foient d'accord entr'elles, ou ſi elles ſe détruiſent réciproquement? Mr. Bayle pouvoit-il ignorer la vraie explication de ce paſſage, c'eſt qu'un homme Eſclave des Sens & des Paſſions ne ſauroit goûter le prix des biens que l'Evangile nous propoſe pour l'objet de nôtre attachement, toutes fes inclinations, & toutes fes habitudes l'en éloignent. Les Coeurs que le fecours de l'Efprit de Dieu a rendus véritablement raifonnables, font les ſeuls qui en connoiſſent l'excellence. En prenant ce paſſage de St. Paul dans le Sens que Mr. Bayle voudroit lui donner, on fe figureroit les éxpreſſions de l'Evangile comme un aſſemblage d'Enigmes inintelligibles pour tous ceux que l'Efprit de Dieu n'éclaireroit pas intérieurement. Vous diriés que l'Evangile eſt écrit dans une Langue que l'homme animal n'entend point, mais dont les Elus comprennent le fens, tout comme il étoit écrit en leur propre Langue.

Croiés-vous, dit-il, *que ſi l'on avoit dit aux Apôtres que leur Doctrine expoſoit à de nouvelles attaques de la part des Pyrrhoniens, ils s'en fuſſent ſouciés?* Peut-être que non, parce qu'ils auroient regardé les Pyrrhoniens comme des inſenſés, qui avoient renoncé à la bonne foi, & que l'Evangile étoit d'une nature à ne fe faire goûter que par des perſonnes diſpoſées à aimer la vérité & la vertu dans toute la ſincérité de leur coeur.

Mais dans le tems où nous vivons, le danger du Pyrrhoniſme ne peut être ignoré; Il plait à une infinité

finité de gens parce qu'il favorise le libertinage, desorte que tous ceux qui travaillent à en faire connoître non seulement le danger, mais encore le ridicule,
travaillent par là à mettre en sureté la Société & la
Réligion.

Couleurs
„ LXVIII. Je m'en vai citer, dit Mr. Bayle,
„ deux Protestans, dont le témoignage aura d'autant
„ plus de poids, qu'ils sont d'une profession, qui
„ ne passe point pour une Ecole, où l'on appren-
„ ne mieux à abaisser la Raison, & à élever la Foi.
„ L'un d'eux est Médecin; l'autre est Mathémati-
„ cien. Celui-là déclare que lors qu'il médite sur les
„ Mystéres, il s'arrête toujours dès que la Raison
„ est parvenuë à ce point-ci, *O profondeur!* Il pro-
„ teste que si la Raison rebelle, ou Satan, travaillent
„ à l'embarasser, il se dégage de tous leurs piéges
„ par cet unique Paradoxe de Tertullien, *Cela est
„ certain parce que cela est impossible*. Il y a des gens,
„ continuë-t-il, qui croient plus aisément, parce
„ qu'ils ont vû le Sépulchre de JESUS-CHRIST,
„ & la Mer rouge; mais pour moi, je me félicite
„ de n'avoir point vû Jesus-Christ, ni ses Apôtres,
„ & de n'avoir point vécu au temps des Miracles:
„ ma Foi eut été alors involontaire, & je n'aurois
„ point de part à cette bénédiction, *bien heureux
„ sont ceux qui n'ont point vû & qui ont cru*. Il se
„ fait une haute idée de la Foi de ceux qui vivoient
„ avant Jesus-Christ; car quoi qu'ils n'eussent que
„ des ombres & des types, & quelques oracles ob-
„ scurs, ils attendoient des choses, qui paroissoient
„ impossibles. Il dit que la Foi sert d'Epée contre
„ tous les nœuds qui se rencontrent dans les Mysté-
„ res de la Réligion, mais que pourtant il s'en sert
„ plûtôt comme d'un Bouclier, & qu'il a trouvé qu'on
„ sera invulnérable dans ces sortes de combats, si
„ l'on se munit de ce Bouclier. Il rapporte pour quelques
„ articles les Objections que la Raison & l'expérience
„ lui suggéroient, & il ajoute que nonobstant cela, la
„ Foi est très-ferme, & que la Foi pour être ex-
„ quise, doit persuader les choses qui non seulement
„ sont au dessus de la Raison, mais qui semblent
„ aussi répugner à la Raison & au témoignage des Sens.
„ Notés que cet Ecrivain parle de la sorte dans un
„ Livre intitulé la *Réligion du Médecin*, & qui, à
„ ce que disent certaines gens, pourroit être intitu-
„ lé le *Médecin de la Réligion*; Ouvrage en un mot,
„ qui a fait croire à quelques personnes que l'Auteur
„ étoit un peu éloigné du Royaume des Cieux.

„ On lui pourroit donc appliquer ces paroles de
„ l'Evangile, *même en Israël je n'ai point trouvé une
„ si grande foi*.

„ Le Mathematicien que je dois citer publia à
„ Londres en 1699. un écrit de 36. pages in quar-
„ to, intitulé *Theologiæ Christianæ Principia Mathema-
„ tica*. Il prétend que les Principes de la Réligion
„ Chrétienne ne sont que probables, & il réduit à
„ des calculs Géometriques les dégrés de leur pro-
„ babilité, & ceux du décroissement de cette pro-
„ babilité. Il trouve qu'elle peut durer encore
„ 1454 ans, d'où il conclut que JESUS-CHRIST
„ reviendra avant ce tems-là. Il dédie son Ouvra-
„ ge à Mr. l'Evêque de Salisberi; & il représente dans
„ son Epitre Dédicatoire que ceux, qui le blameront
„ de n'appeller que probables les Principes du Chris-
„ tianisme, n'auront ni bien entendu la nature de la
„ Foi... Les fidéles marchent dans le bon chemin,
„ malgré les pierres d'achopement qu'ils y rencon-
„ trent, & les difficultés qui les y arrêtent.

Ces pierres d'achopement & ces difficultés
ce sont les objets des sens & des passions, & non pas
les Objections que la Raison éclairée & qui cherche à
s'assurer. Ce que Mr. Bayle a ajouté dans la page
635. ne repand pas plus de lumière sur ce qu'il devroit éclaircir. Mr. Bayle aime à citer ; il s'est bien
trouvé de cette Méthode, & je crois qu'il a contribué plus que personne à la mettre à la mode : Dès

qu'un argument le presse & l'embarasse, après a-
voir opposé quelques légéres réponses, il s'enfonce
dans la foule des citations, & fait perdre de vuë à
son Lecteur ce dont-il s'agit, en l'entrainant avec lui
dans ce Labirinte.

Il s'appuie de l'autorité de Thomas Browne. A-
près cette autorité vient celle d'un Mathématicien
qui a dédié son Ouvrage à l'Evêque de Salisberi.
Ces Remarques seroient de quelque poids, s'il ne
sortoit rien de la plume d'un Mathématicien, sur
quelque sujet que ce soit, qui ne fut démonéré, &
si le nom qu'on lit à la Tête de l'Epitre Dédicatoire, étoit une preuve de la solidité du Livre. Rien
n'est plus ordinaire aux hommes que de porter par
tout les idées qu'ils se sont renduës familiéres, & de
les appliquer souvent à des sujets auxquels elles ne
conviennent point.

Un Mathematicien après avoir suivi un grand nombre de Cométes dans leurs cours réels ou prétendus,
après de grands efforts d'imagination & des Calculs
longs & subtils, conçoit qu'une Comète a causé le
Déluge, & qu'une autre mettra fin à nôtre Terre, par l'embrasement qu'elle y causera. Un autre
Mathematicien accoûtumé à suivre des progressions,
en a imaginé une, suivant laquelle la Foi décroitra,
& par la finesse de ce Calcul, a sçû découvrir quand
viendra la fin du Monde. Voilà les autorités de Mr.
Bayle. Je serai une remarque sur les Hypothéses de
ces Messieurs. Il est des propositions en matière
même de Mathématique, dont on est pleinement
convaincu, quoiqu'on sente la vérité de l'une plus
vivement que la vérité de l'autre, parce que l'une
est simple, & par la même plus lumineuse ; au lieu
que l'autre est plus composée, & demande par la même de plus grands efforts d'attention. J'applique
cela à l'Histoire de l'Evangile, & à la Foi que j'y
ajoûte. Quand je me conçois présent aux Miracles
de Jesus-Christ & de ses Apôtres, je sens que j'y
aurois trouvé des preuves de la vérité de leur Doctrine. Quand je rassemble toutes les raisons, qui
vont à me persuader que ces Livres ont été écrits
par des Auteurs contemporains, par des Témoins non
suspectés, & que leur témoignage a passé jusqu'à
nous, sans souffrir aucune altération, qui en puisse
ébranler la certitude ; je crois, comme si j'avois vû ;
& je sens que je serois déraisonnable, si j'en usois autrement, quoique je reconnoisse que si j'avois vû
moi même, ce genre de conviction auroit été plus
simple & plus vif. Mais il est certain que les mêmes raisons qui prouvoient sur la fin du second siécle, l'authenticité & l'intégrité des Livres qui composent le Nouveau Testament, sont aujourd'hui d'une é-
gale force pour nous ; Il n'y a qu'à les examiner,
pour s'en convaincre : De sorte qu'il n'est point vrai
que les raisons qu'on a de croire, perdent leur force
de génération en génération. C'est-là tout ce qu'on
pourroit dire d'une Tradition qui auroit passé d'âge
en âge sans avoir été écrite. & sur tout nous avons
été écrite dans un temps, où l'on ne pouvoit se laïs-
ser imposer par de fausses narrations.

Quant à l'autorité de T. Browne, elle n'est d'aucun
poids, & les preuves sont sans force & déja refutées. Mr.
Bayle ne s'arrête pas en beau chemin. Loin qu'on doï-
ve se plaindre des coups qu'il paroit avoir porté sur
la Réligion, on fait lui en tenir compte, & il l'a
mieux servie par les Objections, qu'on ne sauroit la
servir par les Solutions qu'on y donneroit. Peut on
porter plus loin l'amour des Paradoxes?

„ Il y a tant de gens, dit Mr. Bayle, qui exa-
„ minent si peu la nature de la Foi Divine, & qui
„ réfléchissent si rarement sur cet acte de leur Esprit,
„ qu'ils ont besoin d'être retirés de leur indolence
„ par de longues Listes de difficultés qui environnent
„ les Dogmes de la Réligion Chrétienne. C'est par
„ une vive connoissance de ces difficultés que l'on
„ apprend l'excellence de la Foi, & de ce bienfait
„ de Dieu. On apprend aussi, par la même voie,

,, la néceffité de fe défier de la Raifon & de recourir
,, à la Grace. Ceux qui n'ont jamais affifté au
,, grands combats de la Raifon & de la Foi, & qui
,, ignorent la force des objections Philofophiques,
,, ignorent une bonne partie de l'Obligation qu'ils ont
,, à Dieu, & de la Méthode de triompher de tou-
,, tes les tentations de la Raifon incrédule & orgueil-
,, leufe.

Si Mr. Bayle a mieux fait connoître la Foi & la Grace, qui la donne.

LXIX. PERSONNE ne doit avoir mieux connu que Mr. Bayle les grandes obligations dont on
eft redevable à la Grace, quand on en a reçû la Foi,
puifque perfonne n'a pouffé les Objections contre la
Raifon auffi loin que lui; Mais comment témoigne-
t-il fa reconnoiffance à la Grace Divine, qui lui a
donné la force merveilleufe de croire des Dogmes
qu'il reconnoit pleins de contradiction? Donne-t-il
des marques de cette reconnoiffance quand il remplit
fon Dictionnaire d'obfcénités, contre les défenfes fi
expreffes de l'Efprit de Grace, quand il fcandalife
les foibles par tout ce qu'il allégue de propre à les
troubler, quand il fait l'Apologie des Athées? Quand
pour faire fentir les avantages temporels d'une fociété
qui n'auroit point de Réligion, fur une fociété de
vrais Chrétiens, il transforme les Chrétiens en niais,
en fuperftitieux & en fanatiques; quand il apprend
aux Athées à combattre toutes les vérités de la Réligion, fans s'éxpofer à aucune infulte ni à aucun
danger, parce que pour s'en garantir, ils n'ont qu'à
dire, à fon imitation, *je crois par Foi ce que je combats par Raifon?* Si le cœur de Mr. Bayle avoit été
pénétré, comme il voudroit le faire croire, de l'éxcellence de la Foi, & de la merveilleufe efficace de la
Grace dont il avoit reçû un don fi précieux, ne fe
feroit-il pas fait un devoir indifpenfable d'apprendre
aux hommes de quelle manière il étoit parvenu à ob-
tir cette précieufe Foi? & puis qu'il ne croioit pas
toutes les propofitions contradictoires adoptées par
une partie des Chrétiens, d'où vient qu'il ne nous
apprend pas le fecret merveilleux, par le moïen duquel il diftinguoit heureufement entre les propofitions
contradictoires, celles qu'on doit admettre, d'avec
celles qu'on fait mieux de rejetter? C'en étoit ici
le vrai lieu: Mais au lieu de cela il fe contente de
finir par un long paffage plein d'Antithèfes, dont il
faut prendre les termes au rabais, fi l'on veut y trouver du Sens.

De l'ufage du temps. Eclairciff. fur les Objecti. mités. T. IV. pag. 639.

,, LXX. OU EN feroit-on, *dit Mr. Bay-
,, le*, s'il falloit condamner tous ceux à qui
,, l'on peut reprocher qu'ils pouvoient choifir
,, une occupation plus Chrétienne que celle
,, qu'ils fe font donnée! Et-il allégué, fur cela
,, l'Exemple d'un Commentateur de l'Ecriture Ste.
,, qui auroit mieux fait de dire l'Oraifon Mentale,
,, & de courir l'Hopital en Hopital: Mais ce Théo-
,, logien feroit-il condamné pour n'avoir pas pris *:
,, devoir parti?* Au lieu que pour tous ceux qui ont
chargé leurs Livres d'obfcénités Mr. Bayle avoûe
qu'ils conviendroit fans peine, qu'ils ne pourroient
éviter la condamnation, s'ils étoient jugés par les
Loix de l'Evangile. Vraiment Mr. Bayle nous donne de belles preuves de fa Foi, qu'une Grace furnaturelle rend inébranlable contre tous les affauts de la
Raifon où il fe livre. Il ne s'agit pas ici de quelques mots qui échappent à une imagination vive; il
s'agit de la lecture continuée de plufieurs volumes
d'Auteurs méprifables, mais foigneufement parcourus;
de recueils tirés de ces Livres impurs, de Citations
longues & fréquentes, retouchées & deftinées à l'Imprimeur. En tout cela que doit-on plûtot reconnoitre, ou des caractères du Pyrrhonisme qui ne fe
fait fcrupule de rien, ou des caractères de fi Foi?

Incompatibilité du Pyrrho. avec la Foi.

LXXI. JE finirai cette Section en retraçant l'incompatibilité du Pyrrhonifme avec la Foi. L'attention
que je fais à un certain nombre de circonftances d'u-
ne certaine nature, me perfuadent que les faits rapportés dans un certain Livre font véritables, & que
les inftructions qu'on y lit font Divines.

Quand je fais attention à ces preuves, je fens
que j'aurois grand tort, & que je ferois très dérafion-
nable, fi je ne reconnoiffois pas ces Livres pour les
Régles de ma Foi, de mes Efpérances & de ma Conduite. Mais fi d'un autre côté je ne puis m'empécher de faire ce raifonnement; Un Livre qui donne
pour véritables des propofitions vifiblement contradictoires, n'enfeigne pas la vérité; Un Livre qui attribue à Dieu des attributs & une conduite indigne
de lui, parce qu'elle renverfe toutes les idées que l'on
doit avoir de la Sageffe, de la Bonté, & de la Juftice de l'Etre parfait. Un Livre auffi oppofé au Bon-
Sens & aux Notions Communes ne peut pas être
Divin; Je trouve tous ces inconvéniens dans un tel
& tel Livre; Donc je ne dois pas le prendre pour
Régle de ma Foi, de mes Efpérances & de ma Conduite. Cette feconde conclufion fe trouve établie
fur des principes auffi clairs & auffi folides que la
prémiére. Pour arriver à l'une & à l'autre, il me paroit qu'on tire de quelques Principes inconteftables
des conféquences qui en découlent néceffairement. En
vertu de quoi m'en tiendrai-je à la prémiére, & prendrai-je le parti d'affurer fans aucun doute, que la
Raifon m'a mis dans la néceffité de croire ce qui
renverfe la Raifon?

On voit par là que fi les Raifonnemens par lefquels Mr. Bayle attaque la foi, font reconnus, comme il prétend qu'ils do.vent l'être, pour victorieux
& fans réplique, en qualité de raifonnemens, il renverfe tout ce fur quoi on peut affurer cette Foi, qu'il
oppofe comme invincible à toutes les attaques de la
Raifon. Lui-même eft forcé de faire des raifonnemens pour démontrer le prix de la Foi, & pour en é-
tablir la force. Otés à la Raifon fon crédit, tout
ce qu'allégue Mr. Bayle n'eft plus qu'un entaffement
de termes qui éxaminés de près, & comparés avec
attention, ne fignifient rien. C'eft par ce galimatias
qu'il met fa perfonne en fureté, ne doutant point,
& l'on ne doit point douter, que la foule des Docteurs ne s'en laiffe éblouir; Il fait à quel point ils
font accoûtumés à écouter favorablement ceux qui
flattent leurs hypothéfes.

Mr. Bayle dans fa CXII. Lettre écrit ainfi à un Ami.
,, Vous n'étiez pas le feul qui fouhaiteroit que
,, Mr. Jurieu n'eût point publié ce qu'il a mis au
,, jour contre le Socinianifme. Avant qu'il
,, en eut rien donné, on l'éxhorta à ne rien
,, faire là-deffus, & on lui repréfenta que ces *Ecrits
,, en Langue vulgaire feroient connoitre des fentimens
,, qu'il vaut mieux ignorer du vent.* Mais il crût pou-
,, voir oppofer à ces raifons, d'autres raifons encore
,, plus fortes (A) Il doute que préfentement il foit
,, convaincu d'avoir mieux fait de ne fuivre pas les
,, avis de fes Amis. Le Public n'a qu'il paroiffe avoir
,, envie de difcontinuer.

Oeuvres div. Tom. IV. pag. 648.

Mr. Bayle a-t-il expofé le Manicheifme fous les
faces odieufes, & a-t-il fait fon poffible pour le prévenir? Ses Objections contre la Providence tendoient-
elles à en affirmir la perfuafion, & averti de toutes
parts qu'elles faifoicnt un effet tout contraire, d'où
vient qu'il s'eft obftiné à les pouffer, & qu'il s'eft
échauffé contre ceux qui travailloient à en arrêter les
funeftes fuites?

Dans fa Lettre CXVII, Il prévoit avec mortification
que *fa rupture avec Mr. Jurieu va faire rire nos ennemis en France.* Mais a-t-il appréhendé de faire rire
les Prophanes & les Libertins par fes raifonnemens
fubtils, pouffés, éblouiffans, réiterés contre nos Dogmes
& notre Morale? Lettre CXVIII. *Ce qui me fâche le
plus c'eft le triomphe que nos ennemis en tireront.* Il
faut donc ou que Mr. Bayle ne regardât pas les Libertins comme fes ennemis, ou que la Paffion d'objecter l'aveuglât étrangement.

Ibidem pag. 654.

pag. 655.

Au refte ces Sociniens dont-il n'eft pas bon de
faire connoitre les fentimens, de peur de les favorifer, Mr. Bayle fait imprimer un Commentaire Philofophique qui, *en faifant femblant de combattre les
perfé-*

(A) Il lui paroiffoit néceffaire de s'expofer à des fentimens qu'on infinuoit infenfiblement.

persécutions Papistiques va à établir la Tolérance des Sociniens, Mr. Bayle dont le penchant est de couvrir sa marche, fait là-dessus l'étonné. *Ces Messieurs de Londres*, dit-il, *ont une étrange démangeaison d'imprimer. On leur attribué un Commentaire &c. Lettre* *Ibidem pag. 619. LXXXVIII.*

SECTION TROISIEME
Du Pyrrhonisme de Mr Bayle & de ses mauvais effets.

Suites du Pyrrhonisme.
I. AVANT que d'entrer dans le détail de ce que Mr. Bayle allégue dans ses divers Ouvrages contre la certitude de la Logique, de la Physique, de la Morale &c. je ferai quelques remarques générales sur les effets du Pyrrhonisme & sur ses suites naturelles. L'exemple de Mr. Bayle m'en fournira des preuves & je vérifierai mes réflexions générales par les caractéres que Mr. Bayle donne de lui-même dans les Livres que j'examine.

Décider par un moment.
II. DES qu'on ne s'est pas fait une habitude de respecter l'évidence quand elle se présente, & de la chercher quand on ne l'apperçoit pas encore, on suit son humeur, ou son intérêt dans ses décisions. Quelquefois le parti le plus extraordinaire est celui qu'on trouve le plus de son goût. Mr. Bayle en est un exemple dans l'Article *Ancillon*.

Note B.
A l'occasion de ce Pasteur qui avoit essuié les dégrémens qu'attire la jalousie des Collégues; il avance très-légérement que *dans une Eglise où il y a plusieurs Pasteurs, il faudroit avoir la prudence de ne les choisir que d'un mérite égal, pour éviter les suites de l'envie.* Ce seroit vraiment une belle Méthode que celle que préscrit ici Mr. Bayle. Déja pour trouver cette égalité de Collégues, il n'en faudroit choisir que de médiocres, ou au dessous de la médiocrité, car il n'est pas facile d'en trouver au dessus plusieurs qui soient égaux. 2. Des hommes très-médiocres en génie, & très-médiocres en savoir, n'étant excités par aucun exemple, ni animés par aucune émulation, demeureroient dans leur médiocrité, & descendroient même au dessous; car depuis un certain âge, on baisse toûjours, si l'on ne fait pas des progrès. 3. Si l'un d'entr'eux s'animoit à la diligence, pendant que les autres se plairoient à la paresse, il faudroit l'exhorter à ne donner pas ce scandale, & s'il s'obstinoit au travail, il faudroit l'éloigner, & lui substituer une bonne ame qui auroit plus de simpatie avec l'ignorance. Dès que l'un seroit mort, il faudroit avoir soin de lui choisir pour successeur un petit génie, *à qui la jeunesse peut donner quelque feu*, *& par là quelque agrément à un Orateur*, *& que la nouveauté seule a quelquefois cette efficace*, pour prévenir ce qu'on auroit à craindre de *ces qualités-là*, la Prudence demanderoit que de plusieurs Prétendans on choisît toûjours le moindre. Les Disputes causées par la jalousie sont encore plus fréquentes parmis les Professeurs d'une même Académie, que parmi les Pasteurs d'une même Eglise: le Conseil de Mr. Bayle va donc à faire régner l'Ignorance. Tout ridicule qu'il soit par-là, & tout contraire au bien Public, il n'est pas même propre à produire l'effet auquel Mr. Bayle le destine. Il y a cent autres causes qui font naître des partialités, & quand des Pasteurs sont assés malhonnêtes gens, pour traverser l'édification que l'Eglise peut recevoir d'un Ministre que Dieu a distingué par ses dons, ils trouveront bien des moiens de travailler à s'élever au-dessus des autres, parmi un troupeau sur tout abandonné à l'ignorance; Le bien, les Parens, les Protecteurs, le savoir vivre & diverses maniéres de plaire & de se faire des amis, attireront plus de considérations sur l'un que sur l'autre. Mais qu'on fasse sur tout cas de la probité, qu'on se souvienne qu'avec l'inégalité de dons, chacun est également approuvé de Dieu, quand il fait ce qu'il peut: qu'un Caractére plus sûrs d'une haute vertu, c'est d'honorer les dons de Dieu par tout où ils se trouvent, & d'être par là au-dessus de l'injuste & rongeante passion de l'envie. Les moins Savans, les moins éloquens se rendront vénérables par le cas même qu'ils feront des qualités qui leur manquent.

Un homme qui croit qu'on peut trouver la Vérité, & s'en assurer, la cherche avec une grande circonspection, il ne s'arrête pas aux prémiéres idées qui s'offrent à son Esprit, il les examine, il en cherche d'autres pour en faire la comparaison, & pour rectifier les prémiéres par des secondes: Mais si l'homme ne doit pas se promettre de parvenir à la connoissance de la Vérité, à quoi bon se donner tant de peines? Dès qu'on a éprouvé la fécondité de son Imagination, on s'arrête à la prémiére conjecture qui se présente, quelquefois même parce qu'elle est la plus hardie, & on se promet qu'on saura bien la défendre.

Systèmes de sensations.
III. Mr. BAYLE se fait un grand plaisir de combatre les sentimens qui passent pour les plus certains, & d'en ébranler autant qu'il peut la certitude; mais ce n'en est pas un moindre pour lui de répandre de la vraisemblance sur ses conjectures les plus chimériques. Il propose une hypothése, c'est à dire, qu'il y a beaucoup d'esprits, non seulement plus bornés que l'homme à certains égards, mais aussi plus volages & plus capricieux. Que fait-on s'ils n'aiment pas à se divertir à nos dépens, & à nous faire courir après des énigmes, où ils mêlent tout exprès du puérile & du frivole, pour se procurer un spectacle plus ridicule? Que fait-on si nous ne leur servons pas de dupe, comme les bêtes nous en servent? Que fait-on s'ils ne trouvent pas dans le mouvement de nos Esprits animaux, un obstacle qu'ils ne peuvent vaincre lorsqu'ils souhaiteroient de se rendre intelligibles?

Dict.^{re}. ? Art. Ar...mbloe Note B

Si Mr. Bayle regardoit ces idées à peu-près comme celles qui nous viennent dans les songes, à quoi bon en charger un Dictionnaire Historique? Mais il y revient si souvent qu'on voit bien que cette supposition lui paroit aussi croiable que d'autres. Dans l'incertitude où il est venu à bout de se plonger, sa Raison lui fournissant des Argumens sans réplique contre l'Unité d'un bon Principe, & des Argumens aussi forts contre l'existence d'un Mauvais, que lui reste-t-il à conclure, si ce n'est qu'il n'y a aucun Etre suprême, ni bon, ni mauvais, & qu'il s'est pû faire que l'Univers est parsemé d'autres Etres qu'il imagine, tout comme de ceux qui l'ont voir.

Art. Bonfadius Note E

„Il est possible, leur pouvoir-on dire, qu'encore „que l'Ame de vôtre ami soit morte, **vous aïés vû** „un Fantôme qui vous a dit ce qu'il s'étoit enga„gé à vous venir annoncer. Il y a dans l'Univers „plusieurs Génies qui connoissent ce que nous fai„sons, & qui peuvent agir sur nos organes, Quel„qu'un d'eux s'est diverti à vous tromper; il vous „a fait croire qu'il étoit l'Ame de *Julius*. Par des „raisons naturelles & convaincantes nous ne saurions „vous prouver que cela soit vrai, ni vous prouver „que cela soit faux. N'allés donc pas si vite, ne „concluës rien certainement & contentés-vous de „prendre cela pour une hypothése bien pro„bable. Les amis de *Julius* repliqueront que l'é„xistence même de ces Génies est une preuve de „l'immortalité de nôtre ame: car si les Génies sont „immortels, pourquoi nôtre ame ne le seroit-elle „pas? On pourroit leur repartir que ces Génies au„roient la force de faire cent choses, à la place & „sous le nom de l'ame morte de *Julius*, quand „même ils seroient mortels. Les hommes ne sont„ils pas tous mortels, ne meurent-ils pas tous effec„tivement, les uns plûtôt, les autres plus tard?

Cela

„ Cela les empêcheroit-il de tromper les bêtes,
„ dans la supposition que je n'en vois faire? Sup-
„ posons que l'Ame des Chiens se persuadât qu'elle
„ subsiste après s'être séparée du corps. Supposons
„ qu'un Chien en particulier eût promis aux autres
„ de leur venir dire comment-il se trouvoit après la
„ mort. Supposons enfin qu'un homme connût
„ cette promesse, & la manière dont le Chien étroit
„ convenu de l'exécuter. N'est-il pas vrai que cet
„ homme feroit aisément tout ce qui feroit nécessai-
„ re pour tromper les autres Chiens: il leur montre-
„ roit des fantômes, il feroit aboier des marionettes,
„ &c. Si les Chiens en concluoient; Doncnôtre Ame est
„ immortelle; pour le moins les hommes sont im-
„ mortels, ne se tromperoient-ils pas? Il est aisé de
„ comprendre pour peu qu'on y fasse de réflexion
„ que les Esprits invisibles de l'Univers, ce que les
„ Platoniciens appelloient Génies, pourroient faire
„ tout ce que l'art de la Néromance leur attri-
„ bue, quand même ils seroient mortels Il suffiroit
„ que leur espéce se conservât, malgré la mort suc-
„ cessive de tous les Individus, comme nôtre espéce
„ se conserve, quinque tous les hommes meurent.
„ Dire que la génération des individus est impossi-
„ ble parmi les Génies, c'est décider témérairement
„ de ce que l'on ne sait pas, & que l'on ne peut
„ savoir. L'infinité de la Nature peut contenir mil-
„ le propagations qui ne nous sont pas connues."

N'est-ce pas se câter volontairement l'Esprit, que
de se plaire à imaginer des faits, dont on n'a aucune
preuve, & en faveur desquels tout ce qu'on peut alléguer se réduit à dire qu'ils n'impliquent pas contradiction? De la au vraisemblable il y a autant de
distance, que du vraisemblable au certain. Si ces
Génies peuvent quelquefois s'adresser aux hommes &
faire quelques impressions sur leurs sens, dans le
temps qu'ils veillent, ou sur leur Imagination pendant
qu'ils dorment; d'où vient qu'une infinité de gens
passent leur vie sans rien éprouver de semblable?
Chaque être aime à exercer son pouvoir. D'où vient
que ceux-ci seroient si rarement usage du leur?

Il ne faut pas s'étonner qu'un homme accoutumé
à regarder tous les systêmes, ou tout ce qu'il y a
de mieux établi dans châque systême, comme des
Chimères d'une Imagination qui se flatte & qui confond le vraisemblable avec le certain, ne s'effraie pas
de donner carrière à la sienne & ne se fasse aucune
honte des Chimères qu'elle enfante.

Une imagination si éloignée de toute vraisemblance,
Mr. Bayle se flatte pourtant de la faire goûter à ses
Lecteurs à force de la leur répéter.

Hypothè-
ses favo-
rables à
l'Atheïs-
me.

IV. Mr. BAYLE fait par tout remarquer que
l'hypothése de l'Univers rempli d'Etres animés est
tout-à-fait liée avec celle de l'Atheïsme. Dans l'article de *Leucippe* il trouve que ce Philosophe & les
Epicuriens ont fait une grande faute en ne supposant
pas leurs atomes animés. Et dans l'article de *Rug-*

Note D.

geri. " Un Athée osera-t-il dire, suivant lui, que l'U-
„ nivers étant infini, éternel, l'Etre souverainement
„ parfait, qui existe nécessairement, ne contient
„ rien qui surpasse l'homme en lumières & en con-
„ noissance? Quoi! parce que l'homme a deux
„ yeux, un nés, une bouche, un cerveau, des nerfs
„ & des veines, il doit avoir en partage tout ce
„ qu'il y a d'esprit & d'industrie dans la nature?
„ Par tout ailleurs n'y aura-t-il ni volonté, ni enten-
„ dement, ni passions, ni art d'appliquer les corps
„ les uns aux autres? Si vous pouviés m'alléguer
„ qu'il a plû à un Agent libre de ne donner de la
„ connoissance qu'aux êtres qui ont un cerveau,
„ vous m'arrêteriés tout court, mais vous ne recon-
„ noissés point une telle cause. Tout existe, tout
„ agit selon vous nécessairement; vous ne sauriés
„ donc dire pourquoi la matière impalpable se-
„ roit moins ingénieuse, que celle que nous nommons
„ chair & sang, homme & bête &c, & si vous
„ raisonnés bien, vous devés croire que puisque l'E-

„ tre infini pense dans l'homme, il pense par tout
„ ailleurs; & que s'il y a sur la Terre plusieurs
„ corps vivans qui s'entr'aiment ou s'entre haïssent,
„ ou dont les uns oppriment les autres; il y a aussi
„ dans l'air des Composés, qui aiment l'homme, &
„ des Composés qui le haïssent, qui ont plus d'es-
„ prit & plus de puissance que l'homme. Voilà les bons
„ Anges; voilà les mauvais Anges. Enfin un mot
„ puisqu'un Athée ne peut nier qu'il n'y ait des
„ êtres méchans, envieux, vindicatifs, qui se diver-
„ tissent du mal d'autrui, qui par l'application
„ des corps produisent des changemens étranges dans
„ la nature, conformément à leurs passions, il se rendra
„ ridicule s'il ose nier qu'outre ces êtres méchans qui
„ sont l'objet de ses yeux, il n'y en ait plusieurs
„ autres qu'il ne voit pas & qui sont encore plus
„ malins & plus habiles que l'homme.

Voici l'article de Leucippe. " Je me suis souvent *Note E*
„ étonné que Leucippe & tous ceux qui ont mar-
„ ché sur ses traces n'ont point dit que chaque ato-
„ me étoit animé. Cette supposition les eut tirés
„ d'une partie de leurs embarras, & n'est point plus
„ déraisonnable que l'Eternité, & la propriété du
„ mouvement qu'ils attribuoient à leurs corpuscules
„ indivisibles. „

„ Chaque atome étant destitué d'ame, & de fa-
„ culté sensitive, on voit manifestement qu'aucun
„ assemblage d'atomes ne peut devenir un Etre animé
„ & sensible. Mais si chaque atome avoit une ame
„ & du sentiment on comprendroit que les assembla-
„ ges d'atomes pourroient être un composé suscep-
„ tible de certaines modifications particulières, tant
„ à l'égard des sensations & des connoissances, qu'à
„ l'égard du mouvement. La diversité qu'on re-
„ marque entre les passions des animaux raisonnables &
„ irraisonnables s'expliqueroit en général par les combi-
„ naisons différentes des atomes. Il est donc bien sur-
„ prenant que si Leucippe n'a point connu à cet égard-
„ là les intérêts de son systême, ceux qui sont ve-
„ nus après lui, n'aient pas été plus éclairés & n'y
„ aient pas ajoûté cette piéce nécessaire; car le choc
„ de la dispute, & la facilité de corriger ce qui
„ manque aux inventions d'autrui pouvoient les
„ mettre en état de porter plus loin leur vûe que
„ n'avoit fait nôtre Leucippe.

On ne voit pas d'abord quelle raison Mr. Bayle
avoit de se plaire dans cette Imagination & de la rendre familière à ses Lecteurs. Mais pour le comprendre il n'y a qu'à comparer deux passages du Dictionnaire. L'un de l'article *Sennert*, & l'autre dans l'article *Zarab ella*. Voici le premier.

Art. Sen-
nert.
Note C.

„ Je connois, dit-il, d'habiles gens qui se vantent de
„ comprendre que les loix générales de la commu-
„ nication du mouvement, quoique simples, quel-
„ que peu en nombre qu'elles soient, suffisent à fai-
„ re croître un *Fœtus*, pourvû qu'on suppose qu'el-
„ les le trouvent organisé. Mais j'avoue ma foibles-
„ se, je ne saurois bien comprendre cela. Il me sem-
„ ble qu'afin qu'un petit atome organifé devienne un
„ poulet, un chien, un veau &c, il est nécessaire
„ qu'une cause intelligente dirige le mouvement de
„ la matière qui le fait croître; une cause, dis-je,
„ qui ait l'idée de cette petite machine & des moiens
„ de l'étendre & de l'agrandir selon ses justes pro-
„ portions. On m'avouera, je m'assure, qu'il n'est
„ pas plus concevable que les loix du mouvement
„ soient la seule cause de la construction d'une pe-
„ tite maison, qu'il est concevable qu'elles la chan-
„ gent en un grand Palais, où chaque chambre,
„ chaque porte, chaque fenêtre &c. garde les mê-
„ mes proportions que l'Architecte du petit logis
„ avoit observées. Si ces deux choses sont également
„ difficiles pourquoi croirions nous que les loix du
„ mouvement incapables d'organiser un petite ma-
„ tière, auroit la vertu, & elles le trouvent orga-
„ nisé, de la convertir en un animal mille fois plus
„ gros, toutes les proportions observées dans un nom-

,, nombre presque infini d'organes de differente na-
,, ture; Les uns mous, les autres presque fluides,
,, les autres durs &c ? Je trouverois donc assez vrai-
,, semblable que l'accroissement du fœtus, organisé,
,, si l'on veut, depuis le commencement du monde,
,, est dirigé par une cause particulière qui a l'idée
,, de cet ouvrage & des moiens de l'agrandir;
,, comme un Architecte a l'idée d'un édifice, & des
,, moiens de l'agrandir, quand il éxécute un plan,
,, qu'il trouve tout fait, & qu'il pose sur sa table.
,, Une infinité de gens m'avoueront que les animaux
,, se développent dans la matrice; qu'ils s'y nourissent;
,, qu'ils y croissent par la direction d'une Providen-
,, ce; mais ils prétendront que c'est Dieu qui diri-
,, ge tous ces effets. Je leur déclare qu'ils sortent
,, de la question; car nous ne cherchons pas ici la
,, première cause, l'Auteur général de toutes choses;
,, nous cherchons la cause seconde, la raison parti-
,, culière de chaque effet. Donner Dieu pour toute
,, raison dans cette recherche, ce n'est pas philosopher.
,, Dites-moi, je vous prie, s'il y avoit des habi-
,, tans raisonnables dans les Planétes, & qu'ils des-
,, cendissent dans l'une de nos maisons, & qu'ils dé-
,, vinassent l'usage des chambres, celui des fenêtres,
,, celui des portes, celui des verroux &c. & qu'en-
,, fin ils se contentassent d'admirer la Providence de Dieu
,, qui auroit construit un édifice très-commode à l'hom-
,, me, ne les prendroit-on pas avec raison pour des
,, ignorans ? Ils ne sauroient pas que cet édifice a été
,, bati par les hommes, & qu'un Architecte humain
,, a dirigé la situation des pierres, celle des planches
,, &c. selon les fins qu'il se proposoit. A la véri-
,, té c'est de Dieu que l'homme reçoit cette Intelli-
,, gence; mais ce n'est point Dieu qui est la cause
,, prochaine, naturelle & immédiate de cet édifice.
,, Disons la même chose à l'égard de la machine des
,, arbres, & de celle des animaux. Elle dépend de la
,, direction particulière de quelque cause seconde qui
,, a reçu de Dieu les lumières & l'industrie qu'il faut
,, emploier à cet Ouvrage. La difficulté est de dire
,, quelle est cette cause seconde. Quelques-uns veu-
,, lent que la forme substantielle de chaque mixte
,, soit un esprit, que Dieu a doüé des connoissances
,, nécessaires à produire le tempérament & les effets
,, de ce mixte.

,, Henri More qui a cru la préexistence des ames,
,, enseignoit qu'en s'unissant avec la matière, elles
,, s'y bâtissent elles-mêmes un logis organisé. Cette
,, hypothèse est combattue par l'ignorance où nous
,, sommes de ce qu'il faut faire pour ranger ensemble
,, des nerfs, des veines, des os &c. On pourroit
,, répondre que l'ame oublie toutes ses idées, des
,, que son logis est fait, parce que la grossiéreté des
,, organes du corps humain rompt le commerce qu'el-
,, le avoit auparavant des causes occasionnelles
,, fort subtiles; Mais j'aimerois mieux supposer que
,, l'ame même ne dirige point les mouvemens qui
,, font croitre son fœtus ; j'aimerois mieux attribuer
,, cette direction à un autre esprit. Ceux qui vou-
,, droient rectifier les suppositions d'Avicenne, di-
,, roient qu'il y a une Intelligence créée qui préside
,, à l'organisation des animaux, & qui en fait com-
,, me une espèce de manufacture générale; qu'elle a
,, sous soi une infinité d'ouvriers; les uns pour le
,, corps des oiseaux; les autres pour celui des poissons
,, &c. tout de même que dans nos Villes nous
,, voions diverses sortes d'Artisans; les uns font des
,, montres, les autres font des habits &c

Voilà, Mr. Bayle qui établit la nécessité d'attribuer l'organisation des corps à des principes doüés
de quelque connoissance. Zabarella n'avoit pas été
éloigné de ces pensées. Mr. Bayle le remarque &
fait sentir les conséquences qu'un Athée en peut-ti-
rer.

Art. Za- ,, Notez en passant, dit Mr. Bayle, combien peu-
barella ,, vent être dangereuses & pernicieuses les consé-
Not. G. ,, quences de l'Hypothèse des Aristotéliciens, sur

,, l'activité interne des formes distinctes de la matié-
,, re. C'est un dogme qui admet un nombre pres-
,, que infini de premiers moteurs, & de là l'on peut
,, passer aisément à la rejection d'un prémier moteur
,, universel, ou à dire qu'il est sujet à la mort.
,, L'ame de chaque homme & de chaque bête est en
,, son genre un prémier mobile. Elle se meut elle-
,, même, & imprime du mouvement au corps dont
,, elle est la forme. On peut à proportion trouver
,, le même principe dans les corps inanimez. La
,, forme des corps pésans n'a pas besoin d'un moteur
,, externe pour les pousser vers le centre, ni celle
,, des corps legers pour les en faire éloigner. Elle
,, est elle-même le prémier moteur à cet égard là.
,, Or si une fois cette Hypothèse des Aristotéliciens
,, est admise, il ne sera plus nécessaire d'un moteur
,, universel des Cieux, chaque Planéte sera mûe par
,, la forme, le Ciel des étoiles fixes sera mû aussi
,, par la sienne, & aucun de ces moteurs ne pourra
,, passer pour indéstructible, il sera sujet au destin
,, commun des formes, qui ne peuvent subsister
,, apres le dérangement de la matière qui leur est unie.
,, Zabarella comprenant fort bien cette conséquence,
,, a dit que l'ame du Ciel périra un jour, attendu que
,, la matière du Ciel est composée de principes qui se
,, choquent les uns les autres. Il est si évident que
,, la matière est muable, que les anciens Philosophes
,, qui ont crû que les Génies n'étoient point entié-
,, rement séparés de la matière, les ont crus mortels,
,, sans en excepter le plus grand de tous. Temoin
,, l'Histoire raconteé par Plutarque, *le grand Pan est*
,, *mort*. Si Zabarella a sû pénétrer les suites du dog-
,, me commun des écoles, il n'a pas eu moins de
,, justesse lors qu'il a dit que pour trouver un pré-
,, mier moteur éternel, il faut s'arrêter à une cause
,, qui soit unique & qui ait produit tout le mouve-
,, ment. C'est un avantage que l'on rencontre dans
,, la Philosophie Cartésienne. Elle donne à Dieu
,, toute la force motrice & immédiate de l'Univers
,, & ne fait pas un partage de cette force entre le
,, Créateur & les Créatures. *La multitude de moteurs*
,, *peut conduire insensiblement à l'atheisme le plus dange-*
,, *reux, & c'est de là sans doute qu'est sorti l'atheis-*
,, *me des Philosophes Chinois.* Ils croioient au com-
,, mencement un Dieu supérieur, immatériel, & in-
,, fini; mais comme ils attribuoient de grandes ver-
,, tus naturelles aux corps, & principalement aux cé-
,, lestes, ils ont oublié peu à peu la Divinité imma-
,, térielle, & se sont arrétés aux principes matériels.
,, Le Ciel visible & matériel est à présent leur grand
,, Dieu.

Il cite ensuite en marge l'article Spinoza. *Art. Spi-*
Voici ce qu'on y lit qui a du rapport à nôtre *noza*
sujet.

,, De toutes les Hypothéses d'Atheisme, dit Mr.
,, Bayle, celle de Spinoza est la moins capable de
,, tromper; car, comme je l'ai déjà dit, elle combat
,, les notions les plus distinctes qui soient dans l'en-
,, tendement de l'homme. Les objections naissent en
,, foule contre lui; & il ne peut faire que des ré-
,, ponses qui surpassent en obscurité la thèse même
,, qu'il doit soûtenir. Cela fait que son poison por-
,, te avec soi son remède. Il auroit été plus redou-
,, table, s'il avoit mis toutes ses forces à éclaircir
,, une Hypothèse qui est fort en vogue parmi les
,, Chinois.

,, Un Pére de l'Eglise a fait un aveu, que peut-être *Note X*
,, l'on ne pardonneroit pas aujourd'hui à un Philo-
,, sophe; c'est que ceux mêmes, qui nient la Divini-
,, té ou la Providence, alléguent des probabilités fort
,, pour leur cause, que contre leurs adversaires. S'il
,, avoit raison, ce seroit peut-être principalement à
,, l'égard de ceux qui supposent un grand nombre
,, d'ames dans l'Univers distinctes les unes des autres,
,, dont chacune existe par elle-même, & agit par
,, un principe intérieur & essentiel. Elles ont plus
,, de puissance les unes que les autres, &c. C'est en
,, quoi

„ quoi consiste l'Athéïsme qui est si généralement ré-
„ pandu parmi les Chinois. Voici comment on
„ s'imagine qu'ils ont peu à peu obscurci les vraies
„ idées.

„ *Dieu cet Etre si pur & si parfait, est devenu tout
„ au plus l'ame matérielle du monde entier, ou de sa
„ plus belle partie, qui est le Ciel. Sa Providence &
„ sa Puissance n'ont plus été qu'une puissance & une
„ providence bornées, quoique pourtant beaucoup plus
„ étendues que la force & la prudence des hommes.*
„ . . . . . . *La Doctrine des Chinois a de tout tems
„ attribué des esprits aux quatre parties du monde,
„ aux astres, aux montagnes, aux rivières, aux plan-
„ tes, aux villes & à leurs fossés, aux maisons & à
„ leurs foiers, & en un mot à toutes choses. Et tous les
„ esprits leur paroissent pas bons : ils en reconnoissent
„ de méchans, pour être la cause immédiate des maux
„ & les desastres auxquels la vie humaine est sujette.*
„ . . . . . . *Comme donc l'ame de l'homme étoit, à
„ leur avis, la source de toutes les actions vitales de
„ l'homme; ainsi ils donnoient une ame au soleil, pour
„ être la source de ses qualités & de ses mouvemens ;
„ sur ce principe les ames répandues par tout, causant
„ dans tous les corps les actions qui paroissoient naturel-
„ les à ces corps, il n'en falloit pas d'avantage pour
„ expliquer dans cette opinion toute l'oeconomie de la na-
„ ture, & pour suppléer la Toute-Puissance, & la Pro-
„ vidence infinie, qu'ils n'admettoient en aucun esprit,
„ non pas même en celui du Ciel. A la vérité comme
„ il semble que l'homme, usant des choses naturelles
„ pour sa nourriture, ou pour sa commodité, a quelque
„ pouvoir sur les choses naturelles, l'ancienne opinion
„ des Chinois, donnant à proportion un semblable pou-
„ voir à toutes les ames, supposoit que celle du Ciel pou-
„ voit agir sur la nature, avec une prudence & une
„ force incomparablement plus grandes que la force &
„ la prudence humaines. Mais en même tems elle
„ reconnoissoit dans l'ame de chaque chose, une force
„ intérieure, indépendante par sa nature du pouvoir du
„ Ciel, & qui agissoit quelquefois contre les desseins du
„ Ciel. Le Ciel gouvernoit la nature comme un Roi
„ puissant : les autres ames lui devoient obéissance : il
„ les y forçoit presque toujours, mais il y en avoit qui
„ se dispensoient quelquefois de lui obéir.* J'avoue
„ qu'il est absurde de supposer plusieurs êtres éter-
„ nels, indépendans les uns des autres, & inégaux
„ en forces les uns aux autres ; mais cette supposi-
„ on n'a pas laissé de paroître vraie à Démocrite, à
„ Epicure & à plusieurs autres grands Philosophes.
„ Ils admettoient une quantité infinie de petits corps
„ de différente figure, incréés, se mouvans d'eux
„ mêmes &c. Cette opinion est encore fort com-
„ mune dans le Levant. Ceux qui admettent l'é-
„ ternité de la matière ne disent rien de plus raison-
„ nable, *que s'ils admettoient l'éternité d'un nom-
„ bre infini d'atomes; car s'il peut y avoir deux êtres
„ coëternels & indépendans quant à l'éxistence, il y
„ en peut avoir cent mille millions & à l'infini.
„ Ils doivent même dire qu'actuellement il y en a
„ une infinité : car la matière, quelque petite qu'elle
„ soit, contient des parties distinctes.* Et remarqués
„ bien que toute l'Antiquité a ignoré la création de
„ la matière ; car elle ne s'est jamais départie de l'a-
„ xiome *ex nihilo nihil fit.* Elle n'a donc point
„ connu qu'il étoit absurde de reconnoître une infi-
„ nité de substances coëternelles, & indépendantes les
„ unes des autres quant à l'éxistence. Quoi qu'il
„ en soit de l'absurdité de cette Hypothése, elle n'est
„ point assujettie aux inconvéniens épouvantables qui
„ abîment celle de Spinoza. Elle donneroit raison
„ de beaucoup de phénoménes, en assignant à chaque
„ chose un principe actif, aux unes plus fort, plus
„ petit aux autres, où si elles étoient égales en for-
„ ce, il faudroit dire que celles qui emportent la
„ victoire ont fait une ligue plus nombreuse. Je
„ ne sai s'il n'y a point eu de Socinien, qui ait dit
„ ou cru que l'ame de l'homme, n'étant point sortie

„ du sein du néant, éxiste & agit par elle-même. S₂
„ liberté d'indifférence couleroit de là manifestement.

Je ferai en passant une remarque sur les preuves
dont Mr. Bayle se sert pour établir la nécessité d'un
Principe doué de connoissances, qui change en Plantes les Semences des plantes, & en Animaux leurs embrions. Mettre en paralléle les Plantes & les Animaux renfermés en petit dans leurs semences avec des
maisons d'abord petites, qui en s'élargissant deviendroient de grandes maisons, c'est comparer des
choses tout-à-fait différentes. L'air qui remplit les
chambres d'une maison & celui qui les environne,
n'est nullement propre à se changer en pierre, en
bois, & à écarter les murailles, au lieu que les semences des corps organisés, ou plûtôt les corps déjà organisés dans leurs semences, croissent dans des matri-
ces remplies de sucs propres à les nourrir, & à les
étendre, par la facilité qu'ils ont de prendre de certaines figures.

Il revient encore à cette même hypothése : il y *Article*
dit qu'Artemidore avoit écrit plusieurs volumes sur *Artemi-*
l'explication des Songes. *Ce que Mr. Bayle en dit* *dore.*
le fait connoître pour un fou, qui avoit couru, dit-il,
la Grece & l'Italie avec des diseurs de bonne avantu-
re & qui finit son Ouvrage, en priant fort sérieusement
tous ses Lecteurs de n'en rien êtrer & de n'y rien ajou-
ter. Il leur fait là-dessus une espéce d'adjuration au nom
de cet œil perçant de la Providence qui prend garde à tout.

„ Quand on ne seroit point convaincu, dit Mr. *Ibidem*
„ Bayle, par sa propre expérience, qu'il n'y a rien *Note B.*
„ de plus confus, ordinairement parlant, que les
„ idées qu'on appelle Songes, il ne faudroit que con-
„ sidérer les propres maximes de cet Auteur, pour
„ être persuadé que son art ne mérite pas l'attention
„ d'un homme sage. Il n'y a point de songe qu'Ar-
„ temidore n'ait éxpliqué d'une certaine manière, qui
„ ne puisse souffrir une explication toute différente,
„ & cela avec la même probabilité & avec des rap-
„ ports aussi naturels pour le moins, que ceux qui
„ servent de fondement à cet Interpréte. Je ne dis
„ rien du tort qu'on fait aux Intelligences, & la di-
„ rection desquelles il faut nécessairement qu'on at-
„ tribue nos songes, si l'on veut y trouver un pré-
„ sage de l'avenir. Quelle manière d'enseigner leur
„ donne-t-on ! Qu'elle seroit indigne de leurs lu-
„ miéres, & de leur gravité, en un mot de ce qu'el-
„ les sont ! Si elles ne savent pas mieux instruire,
„ quelle ignorance ! Si elles ne veulent pas mieux
„ instruire, quelle malignité ! Ne pourroit-on pas se
„ plaindre mille fois de bon Ange, aussi bien
„ que de son mauvais Génie par ces paroles d'Enée,
„ *Quid natum toties crudelis tu quoque falsis*
„ *Ludis imaginibus !*

Il en falloit demeurer là. Mais le moien que Mr.
Bayle laisse échaper une occasion de faire le plaisant.
Un songe d'Artemidore la lui donne. La postérité
a bien à faire de cette vaine particularité. Cependant
son Lecteur diverti par là, oublie tout ce que
Mr. Bayle vient d'écrire de sensé, & est prêt à écouter le nouveau système. La même raison qui me fait
condamner ses réflexions sur ce songe m'empêche
de le rapporter.

Mr. Bayle ne néglige aucune occasion de donner
carrière à son penchant pour les obscénités.

„ L'Objection que je viens de faire, dit-il, & que *Ibidem*
„ je fonde sur l'idée que nous donnent de la nature *Note B.*
„ Angélique les Docteurs Chrétiens, me paroit très
„ forte en supposant la vérité de cette idée ; mais si
„ l'on suivoit un système différent de celui-là, & qui
„ ne répugne point à la possibilité des choses, on
„ affoibliroit beaucoup cette Objection. Ce seroit
„ dire, qu'il y a beaucoup d'Esprits, non seulement
„ bornés de ce que l'homme à certains égars, par rapport à
„ la manière de s'éxpliquer l'homme. Que sai-on s'il n'y ai-
„ plus capricieux que l'homme. Que sai-on s'il n'y ai-
„ ment pas à se divertir à nos dépens, & à nous faire
„ courir après ses énigmes, où ils mêlent tout exprès du
puérile

,, puérile & du frivole, pour se procurer un spécta-
,, cle plus ridicule? Que fait-on si nous ne leur ser-
,, vons pas de jouet, comme les bêtes nous en ser-
,, vent? Que fait-on s'ils ne trouvent pas dans le
,, mouvement de nos esprits animaux un obstacle
,, qu'ils ne peuvent vaincre lorsqu'ils souhaiteroient
,, de se rendre intelligibles?

Rien n'est plus éloigné de tout fondement & de
toute apparence que cette Hypothése. Nous sommes assurés qu'il y a en nous un Principe qui pense, que l'Imagination rappelle ce qu'elle a vû, le
varie & le combine en mille maniéres, & va même
jusqu'à se représenter des choses très-différentes de
tout ce qu'elle a jamais vû. L'attention met de l'ordre
dans les Idées, & cèt ordre s'évanouit pour faire
place à la confusion, à mesure qu'on cesse de réfléchir & de penser attentivement; c'est ce qui arrive
sur tout dans les songes. Sur un million à peine s'en
trouvera-t-il un, où une personne raisonnable, puisse
trouver un fondement tant soit peu vraisemblable de
présage. Nous avons pensé confusément pendant que
nous dormions, & si quelque évènement a le moindre
rapport à ce songe confus, nous lui prêtons d'abord
des circonstances, & nous admirons un songe dont
nous avons fait la meilleure partie en veillant. On
sait avec quelle facilité les hommes se font illusion
dès qu'il s'agit du merveilleux: il ne faut qu'une
circonstance exagérée, pour donner un air de Prodige
au rapport qui se trouvera entre un Songe & un événement, quoique ce rapport soit l'unique effet d'une
rencontre fortuite; car est-il possible qu'entre tant de
songes & tant d'évènemens il n'y en ait pas quelqu'un qui se ressemble? Dieu enfin peut permettre
quelquefois à de ces Génies, que nous reconnoissons
sous le nom de mauvais Anges, ou ordonner à ceux
qui ont conservé leur intégrité, d'agir sur l'Imagination des hommes. Ces faits sont rares, ils s'éxécutent avec beaucoup d'obscurité; cela convient à
la maniére dont Dieu trouve à propos de faire vivre
le Genre Humain sur la Terre, éloigné du commerce des créatures d'un ordre supérieur.

Ce que Mr. Bayle rapporte de Maldonat ne prouve donc point son Systême.

,, Il crut voir, dit-il, un homme pendant quel-
,, ques nuits, qui l'exhortoit à continuer vigoureu-
,, sement son Commentaire & qui l'assuroit qu'il
,, l'achéveroit, mais qu'il ne survivroit guéres à la
,, conclusion. En disant cela cèt homme marquoit
,, un certain endroit du ventre, qui fût le même
,, où Maldonat sentit les vives douleurs dont il mou-
,, rut. Il est très-probable qu'on a sû cela de Mal-
,, donat même, & qu'il n'a point prétendu tromper
,, ceux à qui il le racontoit. Il est d'ailleurs peu
,, probable que le hazard ait été cause de cette con-
,, formité, entre le songe de ce Jesuite &
,, l'évènement. De ces faits dont tout l'Univers est
,, plein, embarrassent plus les esprits forts qu'ils ne
,, le témoignent.

Mr. Bayle, si Pyrrhonien en matiére d'Histoire,
quand il le trouve à propos, fait bien donner ses
conjectures comme des vérités certaines, dès qu'il y a
intérêt. Tout est plein, dit-il, de contes semblables à
celui de Maldonat. Si on les rassembloit ils ne mon-
teroient pourtant qu'à un très-petit nombre, qu'un
éxamen un peu sévére réduiroit presque à rien. Qui
sait, s'il n'y a point en d'éxagération dans l'Histoire de Maldonat? Un léger malaise paroit énorme à
un homme qui peut, le commencement du mal de
Maldonat pût se faire ainsi sentir; son esprit épouvanté par ce sentiment, conclut qu'il devoit hâter
un Ouvrage qui lui tenoit à cœur. On sait qu'il est
des maux incurables dont on n'apperçoit pas les progrès, tant ils sont lents & foibles d'un jour à l'autre.

Mr. Bayle dit aussi à l'Article Majus.

,, On pourroit supposer selon la doctrine des cau-
,, ses occasionnelles, qu'il y a des loix générales qui
,, soumettent aux désirs de l'homme le mouvement de
,, certains corps. Cette supposition est non seule-
,, ment conforme à un sentiment qui a été fort
,, commun parmi les Païens, mais aussi à la doctri-
,, ne de l'Ecriture, & à celle des anciens Péres.
,, Les Païens reconnoissoient plusieurs Dieux infé-
,, rieurs qui présidoient à des choses particuliéres; &
,, ils prétendoient même que chaque homme avoit
,, un Génie qui le gouvernoit. Les Catholiques
,, Romains prétendent cette doctrine de l'Ange
,, Gardien & d'un Ange qui préside à tout un Peu-
,, ple, à une Ville, à une Province, est fondée sur
,, l'Ecriture. Si vous établissés une fois que Dieu
,, a trouvé à propos d'établir certains Esprits cause
,, occasionelle de la conduite de l'homme, à l'égard
,, de quelques évènemens, toutes les difficultés que
,, l'on forme contre les songes s'évanouiront. Il ne
,, faudra plus s'étonner de ne trouver point un carac-
,, tère de grandeur, ou de gravité, dans les images
,, qui nous avertissent en songe. Qu'elles soient con-
,, fuses ou puériles; qu'elles varient selon les temps
,, & les lieux, & selon les tempéramens; cela ne doit
,, point surprendre ceux qui savent la limitation des
,, créatures, & les obstacles que se doivent faire ré-
,, ciproquement les causes occasionelles de diverse
,, espéce. N'éprouvons nous pas tous les jours que
,, nôtre ame & nôtre corps se traversent mutuelle-
,, ment, dans le cours des opérations qui leur sont
,, propres? Une Intelligence qui agiroit & sur nô-
,, tre corps & sur nôtre esprit, devroit trouver né-
,, cessairement divers obstacles dans les Loix qui éta-
,, blissent ces deux principes cause occasionelle de
,, certains effets. Mais d'où vient, demande-t-on,
,, que ces Génies invisibles ne prennent pas mieux
,, leur temps; pourquoi n'avertissent-ils pas de l'a-
,, venir pendant qu'on veille; pourquoi attendent-
,, ils que l'on dorme?

,, Pourquoi sont-ils plûtôt des Prédicti-
,, ons à des gens d'un esprit foible, qu'aux plus
,, fortes têtes? Il est facile de répondre que ceux
,, qui veillent ne sont pas toujours plus propres à être avertis;
,, car ils se regardent alors comme la cause de tout
,, ce qui se présente à leur imagination, & ils dis-
,, tinguent fort nettement ce qu'ils imaginent d'avec
,, ce qu'ils voient. En dormant ils ne font nulle
,, différence entre les imaginations & les sensations.
,, Tous les objets qu'ils imaginent leur semblent
,, présens, & ils ne peuvent pas retenir exactement
,, la liaison de leurs images: & de là vient qu'ils
,, se peuvent persuader qu'ils n'ont pas enfilé eux-
,, mêmes celles-ci avec celles-là, d'où ils concluent
,, que quelques-unes leur viennent d'ailleurs, & leur
,, ont été inspirées par une cause qui les a voulu averti-
,, de quelque chose. Peut-on nier qu'une machine
,, ne soit plus propre à un certain jeu, quand quel-
,, ques-unes de ses piéces sont arrêtées, que quand
,, elles ne le sont pas? Disons de même de nôtre
,, cerveau. Il est plus facile d'y diriger certains
,, mouvemens pour exciter les images présageantes,
,, lorsque les yeux & les autres sens extérieurs sont dans
,, l'inaction, que lorsqu'ils agissent. Savons-nous les
,, facilités que donnent aux auteurs des songes les effets
,, de la maladie, ou lorsqu'ils la couve? Pouvons-nous dou-
,, ter que les Loix du mouvement, selon lesquelles
,, nos organes se remuent, qui ne sont soumises
,, que jusqu'à un certain point aux désirs des esprits
,, créés, ne troublent & ne confondent les images
,, que l'auteur du songe voudroit rendre plus distin-
,, ctes? Ciceron croit triompher sous prétexte que ces
,, images sont obscures & embarassées.

,, On peut répondre que toute créature est bor-
,, née & imparfaite; il peut donc y avoir des va-
,, riations, & même des bizarreries, selon nôtre fa-
,, çon de juger, dans les effets qui sont dirigés par
,, les désirs de l'Esprit créé. Ceci peut servir con-
,, tre quelques objections que les Esprits forts allé-
,, guent à ceux qui leur parlent de l'éxistence de la
,, magie. Enfin je dis que la connoissance de l'ave-
,, nir,

„ nir, n'est pas aussi grande qu'on s'imagine, en
„ supposant qu'il y ait des songes de divination; car
„ si nous éxaminons bien les relations & la tradition
„ populaire, nous trouverons que, pour la plupart,
„ ces songes n'apprennent que ce qui se passe dans d'au-
„ tres Païs, ou ce qui doit arriver bien-tôt. Un
„ homme songe la mort d'un ami ou d'un parent,
„ & il se trouve, dit-on, que cet ami ou ce parent
„ éxpiroit à 50 lieues de là au temps du songe.
„ Ce n'est point connoître l'avenir que de révéler
„ une telle chose. D'autres songent je ne sai quoi
„ qui les menace de quelque malheur, de la mort
„ si vous voulés. Le Génie auteur du songe peut
„ connoître les complots, les machinations qu'on
„ trame contre eux, il peut voir dans l'état du sang
„ une prochaine disposition à l'apopléxie, à la pleu-
„ résie, ou à quelqu'autre maladie mortelle. Ce
„ n'est point connoître l'avenir qu'on appelle contin-
„ gent. Mais, dit-on, il y a des particuliers qui ont
„ songé qu'ils régneroient, & ils n'ont régné qu'au
„ bout de 20 ou 30 ans. Répondés que leur Gé-
„ nie d'un ordre bien relévé, actif, habile, s'étoit
„ mis en tête de les élever sur le trône, il s'assu-
„ roit d'en ménager les occasions & d'y réussir, &
„ sur ces conjectures presque certaines il communi-
„ quoit des Songes. Les hommes en seroient bien
„ autant à proportion de leurs forces."
Quelle multitude de différentes suppositions. 1.
Nombre de Génies 2. rarement apperçûs 3. très-
clair voians 4. prenant si mal leurs mesures que rarement exécuteur-ils quelque chose. 5. puissans. 6.
arrêtés par quelque petite circonstance des esprits animaux, & saisant peu de mal. Mais si l'on ne peut parvenir à aucune
Certitude, il vaut encore mieux s'amuser à des rêveries, que de se fatiguer inutilement à chercher ce
qu'on ne peut trouver.
3. Un Génie, qui en moins d'une minute fait 50.
„ lieues de chemin. Un Génie, qui élève sur le
„ thrône, un homme dont-il a pris à coeur la for-
„ tune, sera arrêté tout court par le mouvement de
„ quelques particules & ne pourra plus imprimer un
„ songe l'avertissement qu'il se proposoit." Qu'y-a-
t-il de plus mal lié!
Mr. Bayle est sur ses gardes, il est bien aise de
semer dans les esprits de ses Lecteurs, les principes
d'une supposition qui, une fois admise, ne peut
qu'agréer aux Matérialistes, & à tous ceux qui cherchent à éluder les preuves d'une Création; mais il
est bien aise aussi de se ménager des faux fuians & de
ne se faire mépriser à aucun de ses Lecteurs. Voilà
pourquoi il ajoute.

Art. Mal-
lunas.
Note D.

„ Si nous voulions comparer, dit-il, ce qui nous
„ arrive avec une infinité d'images qui s'élèvent dans
„ nôtre esprit, quand nous nous abandonnons en
„ veillant à tous les objets qui voudront s'offrir à
„ nous, je suis sûr que nous y verrions autant de
„ rapport à nos avantures, que dans plusieurs songes
„ que nous regardons comme des présages; & je ne
„ fais aucun cas de la raison qui paroit si forte à
„ bien des gens; c'est, disent-ils que non seulement
„ nous voions en songe les objets; mais nous leur
„ entendons dire des choses qu'ils ne nous ont ja-
„ mais dites en veillant, & dont par conséquent nous
„ n'avions aucune trace dans nôtre cerveau. Nous
„ croions quelquefois voir en songe un livre nou-
„ veau, dont jamais nous n'avions ouï parler, & nous
„ lisons le Titre, la Préface & cent autres choses.
„ Cette raison est nulle. Ne faisons nous pas tout
„ cela en veillant? Ne nous représentons nous pas
„ un tel & un tel, qui nous tiennent cent discours
„ dont nous sommes les architectes? Ne nous figu-
„ rons nous pas, s'il nous plait, qu'un tel vient de
„ publier un livre, qui traite de telles & de telles cho-
„ ses? Ainsi cette prétendue grande raison n'est d'au-
„ cun poids.
Il semble que Mr. Bayle n'a pas plûtôt fait un
aveu raisonnable qu'il s'en repent. Car il continue.
„ Mais je croi en même temps que l'on ne sau-
„ roit douter de certains songes, dont les Auteurs
„ font mention, ni les expliquer par des causes na-
„ turelles, je veux dire sans y reconnoître de l'in-
„ spiration.
Pour aller par ordre sur cette matière, il faudroit
commencer par l'examen des faits, & sur les règles
d'une judicieuse Critique, s'assurer jusques où on
peut compter sur les circonstances avec lesquelles on les
trouve écrits. Un examen de cette nature les feroit
presque tous évanouïr. Le même songe est revenu
sur la scène à diverses fois; On voit aisément qu'ils
ont été inventés pour favoriser des Hypothéses superstitieuses Après une exacte enquête, le petit nombre, où il paroitroit quelque chose au delà du naturel, ne renfermeroit apparemment rien qu'on ne pût
accorder avec les Hypothéses reçues.
Si l'on s'étoit contenté d'écrire des Narrations
merveilleuses & de les accompagner de toutes les circonstances propres à en donner une explication très-
naturelle, circonstances véritables, mais qui sont
péries dans l'oubli, on auroit bien de quoi penser sur ces
événemens, prétendus merveilleux, auxquels Mr. Bayle donne quelquefois tant de poids, quand il se
trouve d'humeur à en faire les fondemens de son
Hypothése, tout comme Mr. Bayle pense lui-même
sur le songe de Lotichius, rapporté par Morhof comme quelque chose de divin.

„ Lotichius, dit Mr. Bayle, vit en songe une *Art. Lo-*
„ grande ville assiégée, & une fille qui se disoit *tichius*
„ la protectrice du lieu, & qui se plaignoit des *Note G.*
„ malheurs qui désoleroient cette ville, & qui en
„ feroient un monceau de cendres. Il ne nomme
„ point la ville & il n'est dit même si elle étoit sur
„ le Rhin, ou sur le Danube, ou sur l'Elbe,
„ mais il croit que c'étoit sur l'Elbe. Il faut
„ pourtant qu'il ait caractérisé Magdebourg,
„ puisqu'on a donné à son Elégie ce titre, *De ob-*
„ *sidione Urbis Magdeburgensis.* Il y a sans doute
„ ici quelque chose de surprenant, quoiqu'il saille
„ convenir que l'état où étoit alors le Poëte dimi-
„ nue le merveilleux. Il étoit dans l'armée de la li-
„ gue de Smalcalde, plus assuré apparemment des bons
„ succès de Charles Quint, que de ceux de cette
„ ligue. Son imagination se répandoit sur les suites
„ que pourroient avoir les victoires de Charles Quint.
„ Peut-être en songeant il tomba sur cette supposi-
„ tion, c'est que l'Empereur châtieroit sévérement
„ Magdebourg, si j'entends bien des Alliés étoit batue.
„ Un Poëte se prépare tout aussi-tôt à déplorer les
„ malheurs d'une ville saccagée : l'une de ses fic-
„ tions est que la Déesse tutélaire fait ses plaintes
„ &c. Quand on se réveille on brouille assez aisé-
„ ment les espèces, parce qu'on ne se souvient pas
„ de leur ordre : on oublie celles qui servent de li-
„ aison, & de là vient qu'on s'imagine que les
„ idées qu'on a enchainées soi-même avec les autres,
„ nous sont venues tout à coup par inspiration. Il
„ est presque aussi facile de se faire des systèmes
„ sur les affaires générales en dormant qu'en veil-
„ lant ; une infinité de gens apres avoir lû de gran-
„ des nouvelles dans la Gazette, se fait un plan ad-
„ mirable des suites qu'elles pourront avoir. Dans
„ un quart d'heure ils ménent le victorieux à la ville
„ du vaincu ; ils se représentent des thrones
„ renversés, ils font changer de face à toute l'Eu-
„ rope ; & s'ils sont Poëtes ou Orateurs, ils joignent
„ à tout cela le plan d'un beau Poëme, ou d'une
„ belle Harangue. Ils en tiennent les figures toutes prê-
„ tes. Ils se représentent même l'air & les paroles
„ des Députés qui viendront porter les clefs des
„ villes. On peut assurer que toutes les heures du
„ jour il se passe de telles choses dans la tête de plu-
„ sieurs personnes. Leur ame, quand ils dorment,
„ n'est pas moins active à l'égard de ces chimères.
„ Elle fait des plans à perte de vûe. C'est peut-être
ce

„ ce que fit Lotichius cette nuit-là. J'ai dit la rai-
„ son pourquoi il n'auroit point dû s'appercevoir en
„ se réveillant, qu'il étoit l'Auteur de cette suite
„ de visions, comme ceux qui bâtissent des châ-
„ teaux en l'air pendant qu'ils veillent, savent & sen-
„ tent qu'ils en sont les vrais Auteurs, sans qu'au-
„ cune intelligence étrangère se fourre là pour leur
„ révéler l'avenir, ce qui fait aussi qu'ils n'y trou-
„ vent aucun présage.

„ J'aimerois mieux dire que Lotichius, fit ce
„ songe durant le siége de Magdebourg, l'an 1550 ou
„ 1551. Il étoit facile de s'imaginer que Maurice
„ Electeur de Saxe, qui commandoit ce siège de la
„ part de l'Empereur, prendroit la Ville & la trai-
„ teroit cruellement. Lotichius agité de cette crain-
„ te se représenta en songe le sac de la ville, & se
„ jetta sur les fictions poëtiques. Il ne manqua
„ pas d'introduire la Déesse tutélaire qui protestoit
„ de son innocence, & de sa fidélité, encore que
„ l'Empereur la chassât de sa demeure &c. Le len-
„ demain il trouva cette matiére si propre à être
„ traitée en vers, qu'il en fit une Elégie, à laquelle
„ il donna lui-même le titre, De obsidione Urbis Mag-
„ deburgensis. Je crois bien qu'il s'imagina qu'il y
„ avoit quelque chose de Prophétique dans ce songe:
„ c'est qu'il ne se souvenoit point du commence-
„ ment de sa rêverie, c'est qu'il ignoroit qu'il eut
„ ensilé lui-même toutes ces visions, comme les
„ nouvellistes enfilent eux-mêmes en veillant tou-
„ tes les suites qu'il leur plaît de supposer aux sié-
„ ges & aux ba ailles. Or comme le siége de Mag-
„ debourg fût terminé, non par la prise de la ville,
„ mais par un traité de paix, Lotichius se desabusa
„ sans doute lui-même : Il connut la fausseté de ses
„ songes ; mais ses Vers se conservérent, & virent le
„ jour après sa mort. Que fait-on des songes cela ? Les Poëtes ne se don-
„ feignit pas qu'il songea cela ? Les Poëtes ne se don-
„ nent-ils pas tous les jours cette licence ? Après
„ avoir bien examiné tout ceci, je trouve plus
„ vraisemblable de dire qu'il ne songea point ce qu'il
„ raconta, mais qu'à l'exemple de plusieurs Poëtes
„ il feignit qu'il avoit songé ces choses.

„ L'expérience nous apprend que les objets qui
„ nous ont occupé pendant le jour, se présentent
„ pour l'ordinaire à nôtre esprit la nuit suivante ;
„ Il y a des gens qui trouvent plûtôt le beau tour
„ d'une Pensée Poëtique pendant qu'ils dorment, que
„ pendant qu'ils veillent. Leurs songes sont véhé-
„ mens, & remuent & agitent les esprits avec une
„ extrême rapidité ? Ils se trouvent à leur réveil dans
„ une émotion qui les étonne ; ils y apperçoivent
„ un merveilleux qu'ils jugent digne d'être cultivé ;
„ ils ne tardent guéres à vérifier là-dessus. Exa-
„ minés bien toutes ces choses vous trouverés un fon-
„ dement à des Conjectures sur des causes naturelles
„ de l'Elégie de Lotichius.

„ Que par un pur jeu d'esprit un Poëte fasse aujour-
„ une Elégie toute semblable à celle de Lotichius, il
„ pourra fort bien arriver qu'au bout de 80 ans la
„ même ville , que de gaieté de cœur il aura voulu
„ désigner, sera bombardée & éxterminée.

Ces réflexions de Mr. Bayle rendent sans force la
conséquence qu'on tire des songes pour prouver
l'éxistence de ces Etres folâtres & aëriens.

Il revient pourtant à cette agréable hypothése, dans *Note N.*
l'Article de Hobbes.

„ A raisonner conséquemment, dit-il, il n'y a point
„ de Philosophes qui soient moins en droit de re-
„ jetter la magie & la diablerie, que ceux qui nient l'éxi-
„ stence de Dieu. Mais, dit-on, Hobbes ne croit
„ point l'éxistence des esprits. Parlés mieux : il croioit
„ qu'il n'y avoit point de substances distinctes de la
„ matiére. Or comme cela ne l'empêchoit point de
„ croire qu'il n'y eût beaucoup de substances, qui
„ veulent du mal ou du bien aux autres, & qui leur en
„ font, il pouvoit, & il devoit croire qu'il y a des
„ êtres dans l'air ou ailleurs tout aussi capables de

„ méchanceté, que les corpuscules qui forment,
„ disoit-il, toutes nos pensées dans nôtre cerveau.
„ Pourquoi ces corpuscules auront-ils plus de connois-
„ sance des moiens de nuire, que ces autres êtres? Et
„ quelle raison y a-t-il qui prouve que ces autres
„ êtres ignorent la manière dont il faut agir sur nôtre
„ cerveau pour nous faire un spectre ?

M. Bayle veut bien fournir des échapatoires aux
Matérialistes, lorsqu'ils se trouveront pressés par des
argumens qui les obligeront à reconnoître quelques
Etres qu'on ne voit pas , & qui ne laissent pas de donner des marques d'un grand pouvoir ; Mais il ne veut
pourtant pas passer pour un homme qui donne légérement dans cette hypothése, & qui ne fait pas
appercevoir l'incertitude des faits, sur lesquels on peut
voir penser à l'établir. Voilà pourquoi il ajoûte.

„ Prenons la chose d'un autre biais. On se- *Ibidem.*
„ roit non seulement fort téméraire, mais aussi
„ fort extravagant si l'on s'engageoit à soutenir
„ qu'il n'y a jamais eu d'homme qui se soit
„ imaginé qu'il voioit un spectre. Et je ne crois
„ point que les incrédules les plus opiniâtres, les
„ plus excessifs aient jamais soutenu cela. Tout ce
„ qu'ils font se réduit à dire que les personnes, qui
„ ont cru avoir été les témoins de l'apparition des
„ esprits, avoient l'imagination blessée. On avoue
„ donc qu'il y a certains endroits du cerveau, qui
„ étant affectés de telle ou de telle sorte, excitent l'i-
„ mage d'un objet qui n'éxiste point réellement hors
„ de nous, & font que l'homme , dont le cerveau est
„ ainsi modifié, croit voir à deux pas de lui un
„ spectre affreux, une furie, un fantôme menaçant.
„ Il se passe de semblables choses dans la tête des
„ plus incrédules, ou pendant qu'ils dorment, ou pen-
„ dant qu'ils sont tourmentés d'une fiévre chau-
„ de. Oseroient-ils soutenir après cela qu'il est
„ impossible qu'un homme qui veille, & qui
„ n'est pas en délire, reçoive en certains endroits du
„ cerveau une impression à peu-près semblable à
„ celle, qui selon les loix de la nature est liée avec
„ l'apparence d'un fantome ?

Les Matérialistes sont dans l'impuissance de prouver par des argumens tant soit peu vraisemblables,
l'éxistence de ces êtres aëriens. Mais quand il seroit
possible de donner à cette supposition toute la vraisemblance imaginable , je soutiens hardiment qu'ils
n'en sauroient tirer aucun parti pour éluder l'histoire
des faits rapportés dans l'Evangile. Ils ne sauroient
attribuer à ces Etres imaginaires les Merveilles qui y
sont rapportés , sans avoir besoin à tout coup de nouvelles suppositions entiérement absurdes & incroiables.
Car si quelqu'un s'avisoit d'attribuer les Miracles de
JESUS CHRIST , ou les apparences de sa Résurrection, à quelques Génies aëriens que nous ne connoîtrions pas, on trouve dans l'histoire de l'Evangile des circonstances qui rendroient cette hypothése
insoûtenable. Car J. CHRIST, dont la douceur,
la sagesse, la compassion forment le caractére , n'auroit jamais pû se résoudre , à tromper & à rendre
en trompant ses plus chers Disciples les plus misérables
de tous les hommes, sans leur faire tirer aucun fruit
de leurs souffrances , & sans en tirer lui-même aucun.

Si Mr. Bayle n'avoit pas eu un goût tout-à-fait
singulier pour animer toute la Nature, lui qui prend
tant de plaisir à faire le difficile, & à combattre
les vérités les plus évidemment & les plus solidement
démontrées, se seroit-il avisé de débiter , sur des
songes , une hypothése qui porte à toute la confusion d'un
songe ? Dieu auroit créé dans les airs de certains
Etres qui auroient assés de connoissance pour percer
dans l'avenir, & assés de pouvoir pour en avertir les
hommes ; mais dont le pouvoir seroit tellement borné,
par certaines Loix arbitraires, qui en régleroient
l'éxercice, qu'ils ne pourroient donner leurs instructions qu'en songe, & encore à de telles conditions
que de deux millions d'hommes, à peine s'en trou-
vera-

vera-t-il sept à qui ces Etres répandus dans les Airs aient pu rendre ce service trois fois pendant leur vie, au cas même que tout ce qu'on en dit fut vrai. Voilà donc une hypothèse qui en elle-même n'a nulle vraisemblance, & qui de plus n'est établie sur aucun fait avéré.

On ne se tire pas mieux des difficultez dont on se trouve accablé, dès qu'on veut bâtir sur cette supposition, & se la représenter exécutée.

Article Mème Note D.
„ Pourquoi sont-ils, dit Mr. Bayle, plutôt part de
„ leurs prédictions aux plus foibles, qu'aux plus
„ fortes têtes ? Il est facile de répondre que ceux
„ qui veillent ne sont pas propres à être avertis ; car
„ ils se regardent alors comme la cause de tout ce
„ qui se présente à leur imagination, & ils distin-
„ guent fort nettement ce qu'ils imaginent d'avec ce
„ qu'ils voient. En dormant ils ne font nulle dif-
„ férence entre les imaginations & les sensations,
„ Tous les objets qu'ils imaginent leur semblent pré-
„ sens, & ils ne peuvent pas retenir exactement la
„ liaison de leurs images ; & de là vient qu'ils se
„ peuvent persuader qu'ils n'ont pas enfilé eux-mê-
„ mes celles-ci, avec celles-là ; d'où ils concluent
„ que quelques unes leur viennent d'ailleurs & leur
„ ont été inspirées par une cause qui les a voulu aver-
„ tir de quelque chose. Peut-on nier qu'une ma-
„ chine ne soit plus propre à un certain jeu, quand
„ quelques-unes de ses pièces sont arrêtées, que quand
„ elles ne le sont pas ? Disons de même de nôtre
„ Cerveau. Il est plus facile d'y diriger certains
„ mouvemens pour exciter les images préságentes
„ lorsque les yeux & les autres sens externes sont
„ dans l'inaction, que lorsqu'ils agissent. Savons-
„ nous les facilitez que donnent aux Auteurs des son-
„ ges les effets de la maladie ou de la folie ? Pou-
„ vons-nous douter que les Loix du mouvement,
„ selon lesquelles nos organes se remuent, & qui ne
„ sont soumises que jusqu'à un certain point aux
„ desirs des Esprits créés, ne troublent & ne confon-
„ dent les images que l'Auteur du songe voudroit
„ rendre plus distinctes ?

Mais quand un homme veille, qu'il se met dans un grand état de tranquillité, qu'il se retire dans un endroit, où il n'est frappé d'aucun bruit, qu'il ferme les yeux, qu'il se refuse à toute question, qu'il est dans la quiétude d'un homme qui s'endort, & qui ne souhaite autre chose que de se livrer à ces Etres secourables dont il croit être environné, en s'abstenant de troubler par sa propre activité les voix auxquelles ils sont assujettis ; il me paroit qu'un tel cas fait tomber tout ce que Mr. Bayle vient de dire.

Une des grandes Loix qu'un homme raisonnable doit se faire, c'est de s'imposer silence sur ce qu'il n'entend pas, ou sur ce qu'il ne connoit pas assés. Il est des sujets sur lesquels on aime à décider par goût ; on se permet des conjectures qui plaisent, on se figure vraisemblables, on aime à les repasser, on s'y affermit par habitude, & lors qu'enfin on se trouve obligé de céder à des objections, contre lesquelles elles ne peuvent tenir, dans le chagrin qu'on a de les abandonner, on cherche à se consoler, en disant, que tout le savoir des autres hommes, n'est non plus qu'un tissu de préventions.

Article L.même
„ Le Roi continuat à être crédule, dit Mr. Bayle,
„ il fallut qu'Emma se justifiât par les voies ordi-
„ naires en ce temps-là, c'est à dire qu'elle mar-
„ chât sur des fers ardens. Cette dure épreuve montra
„ clairement son innocence. Le Roi aiant reconnu sa
„ soûmit à la peine des pénitens. Je ne trouve point
„ ce que devinrent les Accusateurs ; & il faut avouer
„ qu'il y a plusieurs réfléxions à faire sur la coutu-
„ me de ces siècles-là.

Ibidem Note D.
„ Les Histoires sont remplies d'événemens, dit-il, tout
„ pareils à celui-ci. On voit que l'épreuve du fer
„ chaud étoit souvent pratiquée en divers lieux de
„ l'Europe, & que les personnes qui s'y soumettoi-
„ ent s'en tiroient à leur honneur. Pourquoi continue-t-on plus à s'en servir depuis long-temps ?
„ Est-ce qu'on a reconnu qu'elle étoit sujette à l'il-
„ lusion, & que l'artifice humain la pouvoit faire
„ réussir en faveur du crime ? Si cela est, il ne
„ faudroit pas tenir pour justifiés ceux & celles qui
„ ont marché sur les coutres sans sentir aucune dou-
„ leur. Est-ce qu'il ne faut point tenter Dieu ? Mais
„ pourquoi le tentoit-on donc en ce temps-là ? Pour-
„ quoi ne condamne-t-on ceux qui autorisoient cet
„ usage ? Pourquoi croira-t-on que Dieu faisoit voir
„ par un miracle, une, innocence qui ne méritoit
„ pas cette grace, puisqu'elle recouroit à un crime,
„ c'est celui de tenter Dieu ? Il est fort difficile de
„ résoudre ces difficultez sans l'intervention d'une cau-
„ se occasionnelle ; mais avec cette hypothèse on
„ les résoudroit aisément. On n'auroit qu'à suppo-
„ ser une Intelligence qui auroit pris soin des innocens,
„ qui, par ses desirs, auroit déterminé le prémier
„ moteur à ne point suivre dans cette rencontre la
„ Loi générale de la communication des mouvemens.
„ On pourra ensuite supposer, non pas comme les
„ Paiens, que ces sortes d'Intelligences meurent,
„ mais qu'elles passent à d'autres Emplois, & qu'alors
„ elles ne continuent plus de présider à ces épreuves.
„ Voilà comment-il se pourroit faire, que certains
„ miracles fussent en vogue, en un temps & cessas-
„ sent en un autre. Il n'en faudroit rien conclure
„ contre l'immutabilité des Loix générales. On se
„ tromperoit peut-être, si l'on croioit qu'entre les
„ Esprits créés, il n'y a que l'ame de l'homme qui
„ soit sujette au changement.

Mr. Bayle fait semblant d'alléguer une conjecture qui sauve des difficultez contre la Providence, & c'est seulement une conjecture par où on rend raison de certains faits, dans le système de l'éternité du Monde rempli d'êtres de toutes sortes de genres ; car enfin on demandera toûjours, d'où vient que la Providence a laissé périr une espèce d'êtres si utiles & si bienfaisans ? Cette espèce avoit été longtemps paroitre, & il y a long-temps qu'elle a disparu. C'est contre le cours ordinaire. Les individus périssent, mais les espèces durent.

Je ne veux que cet exemple pour ôter toute apparence de raison au système des causes occasionnelles. Suivant ce système, dans le fond c'est Dieu qui fait tout, c'est donc lui qui auroit fait ces Etres Aëriens & merveilleux, qui auroit créé les actes de leur volonté, dans toutes les circonstances où les effets en ont paru ; & qui, ensuite de ces volontés qu'il seroit venu de créer dans ces Etres, auroit fait le Miracle. Depuis fort long temps, à l'occasion encore de quelque volonté qu'il crée dans ces Etres d'une autre espèce, il n'en crée plus de celles qu'il créoit autrefois dans ceux de la prémière. Ces détours sont-ils dignes de sa Sagesse ? C'est ici un système imaginé pour contenter l'esprit humain par quelque apparence de raison. Mais la Raison trouve-t-elle la moindre convenance dans ces suppositions ? N'est-il pas infiniment plus simple, & plus raisonnable de dire, d'abord & sans détour, que l'Etre suprême a sa fes raisons pour en user ainsi dans des temps, & qu'il a ses raisons pour ne pas continuer ?

Il est facile de s'appercevoir que le système des Causes occasionnelles n'entre ici que pour jetter de la poussiére aux yeux. On suppose l'Univers rempli d'êtres très différens, en Idées, en Raison en Humeur, en Inclination, en Puissance. Ce qui est prodige pour nous, est naturel pour d'autres ; cependant ces Etres si puissans & si au dessus des forces humaines, n'auroient pas eu celle de se conserver, leur espèce auroit péri toute entière : il n'y a point de supposition que les Incrédules ne trouvent à leur gré, dès qu'elle leur fournit le moindre prétexte de doute, & la moindre excuse, pour ne se rendre pas aux preuves qui établissent la divinité des miracles de l'Evangile : mais comment peuvent-ils se persuader, je ne dis pas qu'ils seront justifiés, mais

ex-

excusés de n'avoir pas voulu prendre le parti le plus sûr, & outre cela le plus vraisemblable, & qui est beaucoup plus que vraisemblable. Un nombre prodigieux de circonstances s'unissent toutes pour affermir le systême de la divinité de l'Evangile, pendant que pour ôter à chacune de ces circonstances sa force démonstrative, il faut recourir, tantôt à une supposition, tantôt à une autre, dont aucune n'a pour toute probabilité, que de n'impliquer pas directement contradiction.

Si les faits sur lesquels roule cette Question ne sont point fabuleux, on peut dire que la Providence a eu ses raisons pour appuier l'innocence, par ces voies extraordinaires, dans de certains temps, où la grossiéreté, dans laquelle les hommes vivoient, quoique faisant profession du Christianisme, sembloit demander quelque secours de cette nature, mais qu'après que les hommes sont sortis de ces profondes ténébres, & de cette barbarie, il ne tient qu'à eux de profiter des secours ordinaires & de la Vérité de l'Evangile, mise dans une aussi grande évidence qu'elle l'est aujourd'hui. Mais cette pensée ne peut pas subsister avec le Pyrrhonisme.

Article Garisses.

„ Il faut se souvenir, dit Mr. Bayle, qu'il n'y
„ a point d'absurdité dont l'esprit de l'homme ne
„ soit susceptible, & qu'en particulier le dogme de
„ plusieurs Génies bons & mauvais, (supérieurs les
„ uns aux autres, & préposés à diverses Charges,
„ est assés à la portée de la Raison.

Ibidem. Note D.

„ Nous tournons en ridicule le systême des anciens
„ Païens, leurs Naiades, leurs Oreades, leurs Ha-
„ madryades &c. & nous sommes très-bien fondés
„ quand nous condamnons le culte que l'on rendoit
„ à ces êtres; car nous savons par l'Ecriture que
„ Dieu défendoit tout culte de Réligion qui ne s'a-
„ dressoit point à lui directement & uniquement.
„ Mais quand on se représente la Raison de l'hom-
„ me abandonnée à elle-même & destituée du secours
„ de l'Ecriture, on comprend fort aisément, ce me
„ semble, qu'elle a dû se figurer ce vaste Univers,
„ comme pénétré par tout d'une vertu très-active &
„ qui savoit ce qu'elle faisoit. Or afin de donner
„ raison de tant d'effets différens les uns des autres,
„ & même contraires les uns aux autres, qui se voient
„ dans la nature, il a fallu s'imaginer ou un Etre u-
„ nique qui diversifie son opération selon la diversité
„ des Corps, ou un grand nombre d'âmes &
„ d'Intelligences pourvues chacune d'un certain Em-
„ ploi & préposées les unes aux sources des Riviè-
„ res, les autres aux Montagnes, les autres aux Bois, &c.
„ Il y a eu des gens parmi les Païens qui dans le
„ culte de Cérès & de Bacchus n'ont prétendu ho-
„ norer que l'Etre suprême, entant qu'il produit
„ les grains & le vin. D'autres ont prétendu véné-
„ rer l'Intelligence particuliere, qui dans la distri-
„ **bution des charges du grand Univers avoit eu le**
„ département des terres ensemencées, & des Vigno-
„ bles. Ce fondement une fois posé, on ne fait
„ plus où s'arrêter; le nombre des Dieux se multi-
„ plie sans fin & sans cesse; on sacrifie à la Peur &
„ à la Fiévre, aux Bons Vents & à la Tempête: Il s'é-
„ léve une Hiérarchie dont les degrés sont innombra-
„ bles; les combinaisons d'intérêt se diversifient à l'in-
„ fini, parmi ces Intelligences que l'on ne voit pas & que
„ l'on admet pourtant, comme des Causes très-actives.
„ Que l'on compare ces suppositions nombreu-
„ ses & gratuites, avec le systême de l'E-
„ criture, qui nous apprend l'éxistence des In-
„ telligences qui ont gardé leur origine & éxécutent
„ les ordres du Grand Maitre quand il les en ho-
„ nore, & des Intelligences qui ont abusé de leur
„ Liberté. Le Composé plait avec son peu de vrai-
„ semblance. Le simple n'agrée pas, à cause des
„ Loix contenuës dans le Livre où il est enseigné.

„ Si l'on me demande à quoi je songe, une ré-
„ fléxion amenée de si loin; je répondrai que je fraie
„ le chemin à ceux qui voudront prendre le parti
„ des Péres accusés d'avoir imputé aux Hérétiques

cent éxtravagances que personne n'enseignoit. Il
„ est beaucoup plus vraisemblable qu'on ne s'imagi-
„ ne, que des gens qui croient bien raisonner aient
„ admis plusieurs principes, les uns bons, les autres
„ mauvais, & un perpetuel contraste, parmi des E-
„ tres d'une puissance inégale, & sujets à diverses
„ inclinations. C'est un grand égarement, je l'a-
„ voue, mais il se présente par plusieurs bouts, &
„ il est très-possible d'y tomber. Je veux croire
„ que les Gnostiques & leurs semblables s'expli-
„ quoient si confusément, qu'il pouvoit arriver,
„ qu'on leur imputoit de bonne foi, ce qu'ils n'eus-
„ sent point admis comme un point de leur croian-
„ ce; cependant je crois sans peine qu'ils admettoient
„ quant au fond ces Vertus & ces Principes qu'on
„ leur attribue. En raisonnant conséquemment après
„ avoir établi plusieurs Vertus, ils pouvoient éta-
„ blir en particulier que la Nation Judaïque avoit
„ été dirigée par un Etre malfaisant, & passer de là
„ dans toutes les abominables impiétés qu'on leur at-
„ tribue, par rapport au Dieu d'Abraham, d'Isaac,
„ & de Jacob. Puisque j'en suis venu là, autant
„ vaut-il que j'achève. La foi des Intelligences
„ préposées à divers Emplois dans l'Univers, est
„ d'une aussi grande étenduë, que la croiance de
„ Dieu; car je ne pense pas que jamais Peuple ait
„ eu une Réligion sans reconnoitre des Intelligences
„ moiennes. Les Philosophes, les plus subtils, ce-
„ lui qu'on nomme le Génie de la nature, les Car-
„ tésiens les plus pénétrans, en ont reconnu. Les
„ Sectateurs d'Aristote en mettent par tout encore
„ aujourd'hui, sans s'en bien appercevoir; car ils
„ mettent dans tous les Corps une forme substantiel-
„ le, qui a pour son appanage un certain nombre de
„ qualités, avec quoi elle accomplit ses desirs, elle
„ repousse l'énnemi, & se conserve le mieux qu'elle
„ peut dans son état naturel. N'est-ce point admet-
„ tre dans les plantes une Intelligence préposée à la-
„ re végéter une partie de l'Univers, & agissant pour
„ cette fin sous les ordres de l'Etre suprême? Bien
„ loin que ceux qui nient la Création, bien loin que
„ les Spinozistes puissent nier ces Intelligences, qu'il
„ n'y a point de systême que les entraine plus néces-
„ sairement & plus inévitablement que le leur. Il ne
„ seroit pas difficile de le leur prouver; mais ce n'est
„ pas une matiere qui soit propre à un Livre que ce-
„ lui-ci. Dans le systême de la Création c'est une
„ grande difficulté que d'admettre le mal, ou qui selon les reveries de nos
„ Caïnites aient l'intendance des voluptés sensuelles,
„ comme la Venus de Paganisme avoit l'intendance
„ des plaisirs d'amour, de l'aveu même d'un Poëte
„ Epicurien. Mais dans le systême qui nie la Créa-
„ tion, c'est une suite nécessaire qu'il y ait tout
„ **aussi-tôt des Génies mal-faisans, que des Génies**
„ **bien-faisans.**

„ De peur qu'on ne me soupçonne d'avancer té-
„ mérairement ce que j'ai dit des plus habiles Carté-
„ siens, je souhaite qu'on remarque que celui d'en-
„ tre eux qui a le plus fait valoir les volontés sim-
„ ples & générales de Dieu, insinuë très-clairement
„ en divers endroits de ces Livres, qu'il y a un très-
„ grand nombre de causes occasionnelles que nous ne
„ connoissons pas. Or ces causes occasionnelles ne
„ sont autre chose que les volontés & les desirs de
„ certaines Intelligences. Il en faut admettre par
„ tout où les Loix de la communication du mou-
„ vement ne sont pas capables de produire certains
„ effets. Cela va loin, on ne peut comprendre
„ qu'elles suffisent à la construction d'un navire;
„ personne ne fait difficulté d'avouer que jamais le
„ mouvement ne produiroit une Horloge, sans la
„ direction d'une Intelligence particuliere. Par con-
„ séquent ces Loix-là sont incapables de produire la
„ moindre plante, & le moindre fruit: car il y a
„ plus d'artifice dans la construction d'un Arbre, &
„ d'une Grenade, que dans celle d'un navire. Il

faut

" faut donc recourir à la direction particuliére d'u-
" ne Intelligence pour la formation des végétaux, &
" à plus forte raison pour celle des animaux. Loix
" du mouvement, figure, repos, situation des par-
" ticules tant qu'il vous plaira. Cela est bon, pen-
" dant qu'on n'a pas encore 44 ans : Après quoi
" vous voiés les plus excellens Cartésiens vous avouer
" confidemment qu'ils commencent à douter de la
" suffisance de ces principes. Ils entendent alors
" comme il faut leurs Catégories. Il est vrai, di-
" sent-ils, cela suffit pour faire qu'un Arbre & un
" Horloge soient ce qu'ils sont ; mais comme le seul
" mouvement avec les Loix générales n'a point fait,
" ni n'a pu faire que les pièces d'une Horloge ac-
" quissent la figure & la situation qu'elles ont, je
" ne croiés pas que les parties d'un Arbre aient aquis
" par les seules Loix du mouvement leur situation &
" leur figure. Encore un coup cela va loin, & nous
" conduit à un Génie qui préside à la fabrique des
" machines animées. Mais les minéraux, mais les
" météores sont-ils bien aisés à faire ? N'y a-t-il
" point beaucoup d'artifice dans leur construction ?
" Plus qu'on ne pense. Les Scholastiques au lieu de
" Génie & d'Intelligence se servent des mots *Forme
" substantielle, Virtu plastique* &c. Mais les mots n'y
" font rien.
" Bodin a dit une chose qui témoigne qu'il ad-
" mettoit des Génies préposés, non seulement à con-
" server, mais même à produire tous les Etres sub-
" lunaires. Il y a quelque suite dans cette sup-
" position ; car le meilleur moien d'intéresser une
" Intelligence à la protection d'une créature corpo-
" relle, est de lui donner la charge de la fabrique,
" je veux dire d'appliquer le mouvement selon les
" idées qu'elle a de la forme de cette créature, com-
" me font les Horlogers & les Architectes.

Après cela peut-on douter que Mr. Bayle ne
reconnoisse d'une nécessité indispensable l'hypothése
de quelques Etres doués de quelque connoissance, qui
président à la construction des corps organisés ?

Mr. Bayle tout Pyrrhonien qu'il aime ordinairement à paroitre, ne laisse pas de s'exprimer quelquefois très affirmativement. Il vient de mettre son
Lecteur dans la nécessité de reconnoitre l'éxistence
des Formes Plastiques, ou de quelque chose de très-
analogue à ces Formes-là. Dans un autre Ouvrage il
paroit inquiet sur ce que les idées de Mr. Cudwort
peuvent fournir des argumens aux Athées, & de ce
que les Stratoniciens en peuvent tirer de grands avantages. Monsr. le Clerc a soutenu les sentimens
de Mr. Cudwort ne mériteoient point ce reproche,
& ne favorisoient point l'Athéïsme. Mr. Bayle a répliqué à Mr. le Clerc, & a persisté dans son sentiment. Dans un endroit donc il force d'admettre les
Formes Plastiques, dans un autre il soutient, que
dès qu'on reconnoît ces Formes, on ne peut plus
fermer la bouche aux Athées.

Je n'allégue cela que comme une preuve du plaisir
que Mr. Bayle se fait continuellement d'ébranler les
Vérités les plus importantes. J'examinerai dans la
suite ses argumens lorsqu'il s'agira de l'éxistence de
Dieu, & des preuves que l'attention à l'Univers en
fournit.

Article Timoleon.

Mr. Bayle revient encore à proposer ses conjectures sur des Etres invisibles, & qui influent sur les é-
vénemens de la Vie d'une manière que nous ne connoissons pas, & qui, peut-être, faute de lumières
& de pouvoir, aussi bien que de bonté dans ces E-
tres-là, nous paroit quelquefois bizarre. Il emploie
fix pages à promener son Lecteur sur diverses considérations écrites dans un stile qui ne lasse point, au
bout desquelles si on est peu éclairé, on est au moins
si las, qu'on se trouve tout disposé à recevoir pour
vraisemblable la conclusion par où Mr. Bayle finit.

Réflexions sur ce qu'on

V. IL ME paroit sur la réflexion que Mr. Bay-
le fait ; savoir, qu'il *peut entrer dans cette question beaucoup d'équivoques & de disputes de mots*, fournit dequoi

lever les difficultés sans avoir besoin de recourir à sa
conjecture. Si par *malheureux* vous entendés une
personne qui n'a pas réussi dans un dessein qu'il s'é-
toit proposé, & par *heureux* celui à qui il est arrivé
quelque chose d'avantageux, j'avouerai qu'il y a
des hommes heureux & d'autres malheureux ; Si vous
ajoutés , *une certaine suite d'événemens a été cause
que l'un a réussi, & qu'une enchainure d'événemens
s'est opposée au succès de l'autre*, vous ne diréz encore
rien que de vrai. Mais si on prétend que la *Fortune*
se soit tournée du côté de l'un, & ait persécuté l'autre,
& que par ce terme on désigne une certaine *Cause* distincte des événemens mêmes & de la Providence Divines je
ne reconnois là qu'une conséquence précipitée d'un esprit impatient, qui n'a pas assés éxaminé les choses. Il
est des cas où rien ne nous oblige à reconnoitre quoique ce soit au de-là d'une Providence ordinaire &
des Loix générales, soit du mouvement corporel,
soit des déterminations de la Volonté. Il en est que
l'on peut imputer à une Providence particulière.
Dieu, par exemple, aura eu ses raisons pour rendre
heureux *Sylla* dans ses entreprises, pour donner du
succès à *César*. Si l'état où se trouvoit l'Empire Romain, dans ces tems-là, nous étoit connu, comme
il est connu de Dieu ; Si nous voyions dans l'avenir,
comme il y voyoit, & que nous pussions déterminer quelles auroient été les suites de Rome toujours
trouvera à propos ; car l'Intelligence de Dieu, qui
est infinie, & infiniment active, préside sur le sort
des particuliers tout comme sur celui des Maitres.
Quand je suppose ainsi des volontés particulières dans l'Etre Suprême, je me mets fort peu en peine
d'avoir à dos les Cartésiens, & il n'appartient pas
à un esprit aussi borné que le nôtre d'assigner des
bornes à la conduite de l'Etre Suprême, en réduisant à la nécessité de n'agir que par des Loix générales. Je reconnois ces Loix & leur influence ordinaire, je reconnois encore qu'on peut se donner trop
de liberté dans ses conjectures, si on y ajoute à tout
moment des exceptions à ces Loix ; Mais peut-être n'y auroit-il pas moins de témérité à exclure toutes ces exceptions.

Il appelle heureux & malheureux. Article Timoleon.

Si l'on examine les choses avec plus d'attention &
d'exactitude qu'on ne fait ordinairement, on trouvera qu'on impute *à des je ne sai quoi*, ce qui est un
pur effet des causes secondes réelles & connuës. Dira-t-on, par exemple, qu'un je ne sai quel Etre invisible, ou qu'une Providence particulière de Dieu
est cause qu'un Prince a besoin de divers Officiers ?
Plusieurs Péres souhaitent de mettre leurs Enfans auprès de lui ; Il a donc plusieurs Pages, tout cela arrive très-naturellement, & sans qu'on ait lieu de s'en
étonner ; L'un d'eux a plus d'esprit, plus d'activité,
meilleure grace que les autres, le Prince prend pour
ce Page plus d'affection : Quand l'âge, où l'on sert
sous ce nom est passé, il l'éléve à d'autres emplois ;
Comme l'idée de cet Officier lui est plus agréable,
& plus présente, il lui confie des postes plus importans, & il s'en sert pour de plus grandes affaires.
Par-là ce Favori devient à son tour nécessaire ; En
tout cela, il ne faut point aller chercher bien loin
des Causes qu'on a sous les yeux. Il en est de même. Ce Ministre a besoin
lui-même de gens qui lui servent de Sécrétaires, par
éxemple ; Il s'en présente un, & il l'agrée, il s'en sert &
il l'éléve. Choisisséz quel particulier il vous plaira, depuis qu'il est sorti de la maison de son Père ; suivés-le
dans

dans toutes les circonstances où il s'est trouvé, vous verrés une enchainure de causes secondes qui ont produit son élévation sans avoir besoin d'être dirigées par je ne sai quel Etre supposé. Un homme en place, & devenu grand Seigneur par les causes que je viens d'alléguer, ne se refuse pas à la pente de son tempérament pour l'amour & pour la volupté : Un de ses Domestiques le sert dans ses plaisirs, il lui en fait bon gré ; & quand ce Domestique lui recommande un Parent, il avance ce parent-là, il lui donne d'abord des postes qu'il n'auroit obtenu qu'après plusieurs années de service sans cette favorable circonstance. Un autre homme de mérite dont les Parens ne se seront pas trouvés dans les mêmes circonstances passe plusieurs années subalterne ; à la fin il se lasse, & quitte le service. Est-ce une preuve que des Génies se sont divertis à lui fermer le chemin aux avancemens, & qu'ils l'ont ouvert à d'autres ? Non sans doute.

La douceur d'un Hyver favorise un siége, les pluies d'un Eté en font échouer un autre ; Est-il nécessaire de supposer que des Esprits aëriens aient écarté les nuées en faveur de l'un, & les aient rassemblées pour contre carrer l'autre ?

Article Timoleon. Note I. 5me. Réflexion.

Prenés bien garde à ce que je m'en vai dire, continue Mr. Bayle. Les Souverains jugent ordinairement des choses par le succés. On acquiere leurs bonnes graces, si l'on réüssit, dans une entreprise militaire ; mais si on n'y réüssit pas on perd leur estime & leur amitié. Lors même qu'ils savent que la victoire a été un coup de bonheur, & que la défaite n'est point venue de quelque faute du Général, ils se sentent plus disposés à élever le Vainqueur que le Vaincu ; car c'est un grand titre de recommandation auprès d'eux que d'être heureux, & c'est au contraire une qualité rebutante qu'un grand mérite accompagné de malheur. Puis donc qu'il se perd des batailles, & qu'on en gagne par des accidens imprévus, il est clair que l'on tombe dans l'infortune indépendamment de l'imprudence, & qu'on fait fortune indépendamment de la prudence.

Par-là il arrivera qu'un Officier de mérite est éloigné du Commandement, pendant qu'un autre qui ne vaut pas mieux, qui même lui est inférieur, est élevé aux prémiers rangs. Quand vous appellerés celui-ci heureux, & celui-là malheureux, si ces termes signifient simplement avoir des avantages, & n'en avoir pas, je pense comme vous. Mais si vous prétendés que des causes occultes & différentes de celles que nous connoissons pour Causes secondes, aient procuré l'avantage de l'un & le désavantage de l'autre, je ne vois aucune nécessité d'en venir là.

Un Prince peut avoir l'esprit foible ou bizarre, sans miracle & très-naturellement. Il peut aussi être assés Politique & assés attentif à ses intérêts pour profiter de la prévention des peuples, qui marchent avec plus de confiance sous la conduite d'un Général qui a la reputation d'être heureux.

Ainsi encore un homme peut avoir des lumiéres, de la probité, un véritable zèle pour les intérêts de l'Eglise, pour l'honneur de sa Patrie, & il peut s'être acquis par là de la reputation ; Avec tout cela il peut se voir haï, traversé, traité quelquefois avec des hauteurs qui exercent sa patience ; pendant qu'un autre, très-inférieur à divers égars, se sera acquis par des bassesses, par une soûmission aveugle, la protection d'un homme puissant, & qui par le plaisir qu'il prend à donner des marques de son autorité & de son crédit, s'anime à pousser aux dignités ceux qui lui sont dévoués. Qui connoit le coeur humain n'a pas besoin de chercher ailleurs les causes du fort de ces deux hommes, qui ne différent pas moins par rapport aux avantages extérieurs, que par rapport au mérite.

Article Timoleon. Note I. Sixiéme Réflexion.

Vous ne me persuaderés jamais, dit Mr. Bayle, que le hazard puisse produire ce que je vai vous dire. Qu'on range sur une table cent billets bien cachetés, qu'il y en ait dix de blancs, & dix marqués de la lettre A, & qu'on ait écrit sur tous les autres qui-

que Sentence, qu'on fasse entrer dix hommes, qu'on dise à l'un, tirés le prémier billet, le 15, le 21, le 37, le 44, le 68, le 80, le 85, le 90 & le 99, que l'on dise à un autre tirés le 3, le 6, le 13 & le 25, le 50, le 73, le 88, le 89, le 95, le 100. Dites-moi de grace, si le prémier homme tire les dix billets blancs, & si l'autre tire les dix billets marqués A, pourriés-vous bien espérer de me faire croire que cela s'est fait par une suite des Loix générales de la communication des mouvemens ? Ne sentés-vous pas vous même que de dessein prémédité l'on auroit mis ces 20. billets dans un certain ordre, afin qu'ils tombassent les uns entre les mains du prémier de ces dix hommes, & les autres entre les mains du second ?

Je pense là dessus comme Mr. Bayle, mais j'ajoûte que c'est-là une supposition dont on n'a jamais vû d'exemple.

Mr. Bayle ajoute à la même page *Je dis aussi que posé le cas que certains joueurs aient toûjours, ou presque toûjours, les meilleures cartes, cela doit venir d'une destination & d'une direction particulière.* Dès-là il revient à la supposition de quelques génies fantasques. J'avoüe que ce seroit un Phénoméne difficile à éxpliquer par les seules combinaisons des Causes secondes qui nous sont connues, lorsque tout de suite & constamment les mêmes personnes auront toûjours des meilleures Cartes, & des jeux tout comme s'ils les avoient choisis. Mais il ne convient pas de bâtir des hypothéses sur des cas imaginés. Un joueur a beau jeu cinq ou six fois de suite ; là-dessus on le récrie, on se permet l'exagération, on ne pense à rien moins qu'à parler dans une éxactitude Philosophique. S'il avoit choisi les Cartes il ne s'en seroit pas donné d'autres. Il tient la fortune enchainée, mais on ne doit point compter sur de telles expressions.

Un homme qui se rendroit bien attentif à tout ce qui se passe dans le jeu, découvriroit aisément les raisons pour lesquelles celui-ci a perdu, celui-là a gagné : une distraction, un essai trop hardi, une carte jettée imprudemment change la face du Jeu. Un dépit détourne l'Attention de ce qui devroit l'occuper. Quand on néglige d'entrer dans des détails de cette nature, & de les combiner ; quand on ne considére ce qu'on a sous les yeux qu'en gros, & d'une vuë confuse ; quand on suppose, sans preuve, que chacun a joué, à peu près, également bien, on s'étonne que l'on ait fait une grosse perte, que quelques-uns n'aient gagné que médiocrement, que d'autres aient fait un gros gain ; & parce qu'on ne s'est pas donné le soin d'en remarquer les véritables causes, quand il en étoit tems, on en imagine une Chimerique, & on impute hardiment à un *Je ne sai quoi*, dont on n'a point d'Idée ; & qu'on appelle Fortune, le différent sort des Joueurs.

Je fus curieux, il y a quelques années, de donner mon attention à la maniére dont jouoit une Personne, dont on admiroit le bonheur, & sur le sujet de laquelle on ramenoit à tout coup les termes de *Fortune* & de *Je ne sai quoi* ! & voici dont-il ne me fallut pas beaucoup de tems pour me convaincre. Elle jouoit pour s'amuser, & en même tems elle étoit assés raisonnable pour ne perdre pas son argent par un effet de nonchalence. Elle débutoit ordinairement par jouer avec retenuë & continuant sur ce pié, elle ne faisoit pas de grosses pertes, lorsque dans une séance il lui venoit rarement de bêaux jeux : & de plus, comme elle ne jouoit point par Intérêt, elle ne tenoit pas régitre de ses pertes & n'en rompoit pas la tête aux gens. Par là déja elle passoit pour perdre rarement. Lorsque par des vicissitudes assés ordinaires dans le Jeu, elle avoit fait quelque gain, comme elle jouoit pour s'amuser & non pas pour gagner l'argent des autres, elle se dispensoit de fatiguer son attention, & perdoit avec des Cartes qui souvent en auroient fait gagner d'autres. Alors on s'écrioit *Quelle Fortune ! si elle le savoit, on si elle en vouloit user. Quelle heureuse main ! D'où lui vient*

B bbb

ce fort? Un voilà le dénouëment. L'un est ordinairement diftrait. Un autre fe pique, & fon ardeur pour gagner lui fait regarder comme propres à réüſſir des jeux qui ne le font point. Un autre comptant fur fon bonheur hazarde trop legérement & perd. Un grand nombre fe font effacer de la lifte des heureux par les plaintes, dont ils informent tous ceux qui les veulent écouter.

On peut voir ce que j'ai écrit fur ce fujet Log. P. I. S. II. §. 1°. & C. VI. §. 8.

Un homme mêle les Dez ou les Cartes. C'eſt lui qui les mêle, & qui les mêle autant qu'il veut, c'eſt fa Volonté qui fe détermine, quoique ce ne foit pas avec connoiſſance. Il ne faut donc pas chercher hors de lui les Caufes de diverfes Combinaifons, qui réfultent Phyfiquement & néceſſairement de ces mélanges qu'il a opérés, & qui tantôt fe trouvent conformes & tantôt oppoſées à fes défirs, tantôt avec quelque égalité, tantôt avec plus ou moins d'inégalité dans ces alternatives. Sa volonté obligée de fe déterminer fans connoiſſance, préfide à ces combinaifons qui par là même, deviennent irréguliéres & bizarres. L'un s'applaudit & fe récrie de joie fur les coups tels qu'il les fouhaitoit; Il fait au contraire éclater fon impatience. Quand il ne fe fert pas conformément à fes defirs. Il fait bien que ce n'eſt pas fa faute. Il n'a rien à fe reprocher & voilà pourquoi il tourne fon chagrin contre une Chimére & un je ne fcai quoi. L'un s'attire, par le parti qu'il prend, le titre de Fortuné; L'autre celui de Malheureux, & cela d'autant plus, que la Tranquilité de l'un le met mieux en état de profiter de ce qui fe préfente, & que le trouble de l'autre ne lui permet pas de voir les moiens de rendre fon Jeu moins mauvais, & quelquefois de le tourner à fon avantage. Tout cela paſſe fi vite qu'on n'a pas le temps d'y faire aſſés d'attention pour juger fainement des Caufes du Bonheur & du Malheur qu'on fe figure attaché aux perfonnes.

On eſt furpris de voir des perfonnes heureufes, pendant que d'autres, qui paroiſſent plus dignes de l'être, le font beaucoup moins, & voici les caufes de cet étonnement. On fe fait une Idée des plus avantigeufes & prefque parfaite de ceux qui font en pouvoir de faire des graces & des Récompenfes. On fe les repréfente comme uniquement occupés du foin de décerner le Mérite & de le couronner. On ne compte pas, & on ne fait pas qu'ils ont des foibles & des paffions, & qu'on s'y prétant qu'on parvient pour l'ordinaire. Outre cela les Grands fe trouvent bien fouvent obfédés de perfonnes en poffeſſion de leur faveur, & pour s'épargner la peine de voir & d'éxaminer, c'eſt par les yeux de leurs favoris qu'ils voient, & c'eſt par leurs oreilles qu'ils entendent. Un homme qui ne connoit pas toutes les routes de ce Labyrinte, les manque d'abord, & lorfqu'il penfe à reparer cette faute, qu'il les étudie & qu'il les veut fuivre, il s'y prend trop tard. Les avenuës font bouchées pour lui, du moins celles qui conduifent à la faveur.

Souvent encore ceux qui ne réüſſiſſent pas, feroient très-fâchés qu'on éxaminât avec trop de curiofité & trop d'attention toutes les caufes qui s'y font oppofées; Ils n'y trouveroient pas leur compte; ils ont foin de fe les cacher; Ils les rejettent fur une prétendue Etoile, & lorfqu'ils peftent contre le malheur, on ne fauroit leur faire plus de plaifir que de les entretenir de ces Etres aëriens, fantafques & adroits qui favorifent les uns & traverfent les autres, Cela leur empêche d'être forcés à reconnoitre ou à foupçonner plus de mérite ailleurs que chés eux.

C'eſt ainfi qu'on raifonne fur la Providence, & qu'on tombe dans la même faute. On trouve des hommes heureux, & on en trouve de miférables, fuivant qu'ils le méritent; mais pour ce qui eſt du grand nombre, on les voit heureux ou malheureux en différens degrés, fans en connoitre les caufes &

les raifons, & dès là peu s'en faut qu'on ne confidère la Providence, comme jettant les biens & les maux à l'avanture, & fimplement pour varier la face de la terre.

Mr. Bayle raifonne fort jufte dans quelques lignes. " Un homme, dit-il, eſt-il devenu riche, fes enfans " élevés dans l'opulence fe rempliſſent de vanité, font " prodigues & fe ruinent..... Un Roiaume acquiert une " très grande puiſſance, il s'enorgueillit, il traite " fiérement fes voifins: chacun craint d'être conquis; " & pour fe tirer du danger on forme des ligues fi " formidables, qu'elles abaiſſent le Prince qui s'é-" toit tant élevé. " Quand il ajoute, " Cette regle a " fes éxceptions, car il y a des Etats qui confervent " très-long-tems leur élévation. La République Ro-" maine, qui abolit tant des Souverains, s'augmenta " de plus en plus pendant quelques fiécles.

On peut encore découvrir les caufes de cette éxception dans le gouvernement de la République Romaine, & dans les circonftances où fe trouvérent fes voifins; & ainfi cela ne fait pas d'exception à la Régle générale.

Dès qu'on a reconnu que Dieu a trouvé à propos de former des créatures libres & aćtives, on trouve dans la maniére dont il leur plait d'ufer, ou d'abufer de leur liberté, ou de leurs forces, les caufes du fort qu'elles s'attirent; Cette fuppofition eſt infiniment plus raifonnable, & plus digne de Dieu, que celle qui le fait caufe unique & immédiate des penfées des hommes & de leurs mouvements. Suivant cette derniére hypothéfe Dieu crée de moment en moment un Pére vertueux, induftrieux; de moment en moment il crée auſſi de nouvelles richeſſes dans fes mains, & il crée les autres hommes pleins de confidération pour lui: Mais fi le change de vûe par rapport à fes enfans, il les crée fiers, fainéans, voluptueux, diffipés, de moment en moment il crée leurs biens en d'autres mains, & il crée les autres hommes pleins de mépris & d'averfion pour ces orgueilleux & pour ces débauchés. Quand on impute ainfi immédiatement à Dieu tout le bien & tout le mal, on ne devroit pas fe contenter de dire avec Mr. Bayle qu'on doit admirer dans ce jeu la profondeur d'une fage Providence, on feroit en droit d'ajoûter qu'on eſt épouvanté de ces profondeurs, où l'on ne trouve que des contradictions, & qu'on ne fait plus que penfer quand on voit ainfi le bien & le mal moral couler immédiatement de la même fource.

Quand Mr. Bayle ajoute, " Si l'homme n'étoit " pas un animal indifciplinable, ne fe feroit-il pas " corrigé de fon orgueil, après tant de preuves de " la maxime d'Efope réitérées en chaque pais & en " chaque fiécle? D'ici à deux mille ans, fi le monde " dure autant, les réitérations continuelles de la " bafcule n'auront rien gagné fur le cœur humain. " Pourquoi donc les réiterer fans fin & fans ceſſe? " Il faut mettre le doit fur la bouche, & admirer " humblement la Sageſſe du Conducteur de cet U-" nivers, & reconnoitre en même temps la corrup-" tion infinie de notre nature, & fa fervitude fous le " joug des impreſſions machinales, maladie inveterée qui " ne céde qu'aux opérations miraculeufes de la Grace.

On ne fait s'il donne ce langage comme vrai au pié de la lettre, ou comme un langage fiéuré. Si l'homme eſt abfolument parlant un animal indifciplinable fur lequel il n'y a ni inſtruction ni éxemple qui puiſſe rien, néceſſairement aſſujetti qu'il eſt à des impreſſions machinales, font fort eſt très à plaindre, & fon miférable cœur n'eſt point à condamner; fa corruption n'eſt qu'une corruption phyfique, femblable à celle d'un arbre vermoulu qui ne peut point porter de fruit, ou qui n'en porte que d'amers que de flétris & mal-fains; fon état reſſemble à celui d'une montre dont les roues font ufées, enroüillées, & qui n'ont pas le nombre de leurs dens, & qui enfin tantôt retardent & tantôt précipitent le cours de l'aiguille deſtinée à marquer les heures. Pour avoir raison de s'humilier à la vuë de la corruption des hommes, & par la crainte d'imiter l'humeur indisciplinable du grand nombre ; il faut supposer que s'ils s'obstinent à ne se corriger pas, c'est parce qu'ils veulent bien s'obstiner. S'ils vouloient ils en useroient autrement, & c'est parce qu'ils sont appellés à le vouloir, & qu'ils sont formés pour cela, que la bonté de la Providence ne se lasse pas de leur réitérer des éxemples & des éxhortations.

D'ici à deux mille ans, si le monde dure autant, les réitérations de la bascule n'auront rien gagné sur le cœur humain. Ce sont là des propositions vagues, vraies dans un sens, mais également fausses dans un autre. Je reconnois dans ces éxpressions outrées le goût & le stile des Pyrrhoniens ; On se trompe souvent ; Donc, concluent-ils, on se trompe toujours, on confond le vraisemblable avec le certain, Donc il n'y a pas moïen de les distinguer.

Même Note I.
,, Si l'on connoissoit, dit enfin Mr. Bayle, toute l'étendue de cette servitude, & le détail des
,, loix de l'union de l'ame avec le corps, on feroit
,, un Livre sur les causes de la réciprocation conte-
,, nuë dans la réponse d'Esope ; un Livre, dis-je,
,, qu'on pourroit intituler *De centro oscillationis mo-
,, ralis*, où l'on raisonneroit sur des principes à peu
,, près aussi nécessaires que ceux de Mr. Huigens,
,, & des autres Philosophes qui ont traité *de centro
,, oscillationis*, ou des vibrations des pendules.

NB.
Ces raisonnemens n'ont lieu qu'à l'égard de ceux qui se prévalent de la Providence.
Je lui accorde tout cela, pourvû qu'il se borne à ceux qui se sont déterminés à vivre en machines, à ne faire plus d'usage de leur liberté, mais à s'abandonner à toutes les suites des impressions que les objets peuvent faire sur eux.

Le bon sens ordonne de s'assurer éxactement des faits, avant que de s'amuser à faire des conjectures sur ces faits, on diroit que Mr. Bayle prend quelquefois plaisir à s'écarter de cette régle.

Article Accominodera Note B.
,, L'Objection que je viens de faire, dit Mr.
,, Bayle, & que je fonde sur l'idée que nous donnent de la Nature Angélique les Docteurs Chré-
,, tiens, me paroit très-forte, en supposant la vérité
,, de cette idée, mais si l'on suivoit un systême dif-
,, férent de celui-là, & qui ne répugne point à la
,, possibilité des choses, on affoibliroit beaucoup cet-
,, te objection. Ce seroit de dire qu'il y a beau-
,, coup d'Esprits, non seulement plus bornés que
,, l'homme à certains égards, par rapport à la manié-
,, re de s'éxpliquer, mais aussi plus volages & plus
,, capricieux que l'homme. Que sait-on s'ils n'ai-
,, ment pas à se divertir à nos dépens, à nous
,, faire courir après des énigmes, où ils mêlent
,, tout éxprès du puérile & du frivole, pour se pro-
,, curer un spectacle plus ridicule ? Que sait-on si
,, nous ne leur servons pas de jouet, comme les bê-
,, tes nous en servent ? Que sait-on s'ils ne trouvent
,, pas dans les mouvemens de nos esprits animaux un
,, obstacle qu'ils ne p uvent vaincre lorsqu'ils sou-
,, haiteroient de se rendre intelligibles ? "

Rien n'est plus aisé de prouver que l'interprétation des songes est sans fondement par l'expérience même : Il nous vient mille pensées dans le tems de la veille, dont l'on pourroit également tirer des conséquences. On tient un fidéle régître de trois ou quatre Songes auxquels l'événement n'aura répondu que par hazard, & on ne tient aucun compte de plusieurs milliers qui n'ont été suivis d'aucune circonstance qui établisse le moins du monde la signification des Songes ; Mais Mr. Bayle qui savoit bien tout cela, & qui étoit très capable de mettre toutes ces preuves dans leur jour, bâtit sur ces faits si mal circonstanciés, une hypothése des plus éloignées de la vraisemblance. Des Génies d'une nature singuliére, qui, par les Loix des causes occasionnelles auxquelles ils sont assujettis, peuvent agir sur le cerveau de l'homme, prennent leur tems quand il dort d'y imprimer des Songes significatifs : Ces causes occasionnelles auxquelles ils sont assujettis arrêtent souvent l'effet de leurs bonnes intentions, & les réduisent, tantôt à ne faire naître que des Songes très-obscurs, tantôt à en faire naître où le faux se trouve confondu avec le vrai, & tantôt enfin à se borner à des impressions qui ne signifient rien. Voilà selon Mr. Bayle ce qui est beaucoup plus propre à contenter la Raison & à résoudre les difficultés, que ce que la Théologie Chrétienne enseigne. Cependant y cut-il jamais systême moins vraisemblable ? Il peut plaire à de certaines gens, par là même qu'il est éloigné de celui des Chrétiens ; & voilà tout son avantage.

Le Bon-Sens veut, ce me semble, que quand des pensées de cette nature nous viennent dans l'esprit, nous les regardions comme des Songes. Car 1. c'est sur la réalité des faits bien avérés que nous devons nous permettre des conjectures 2. Ces conjectures en elles-mêmes doivent avoir de grands dégres de probabilité. Il vaut mieux tout d'abord avouer nôtre ignorance que de nous hazarder à éxpliquer des faits même certains par des hypothéses pleines d'obscurité & d'embarras. Ce que le systême des causes occasionnelles a de plus favorable, se tire de l'ordre que l'observation des Loix générales conserve dans l'Univers ; & par conséquent rien n'est plus éloigné de l'esprit de ce systême, que de supposer que Dieu a bien voulu s'assujettir à éxécuter les volontés de divers Génies fort bizarres, tantôt bienfaisans, tantôt malicieux, & qu'il a réglé le tarif de toutes les conditions, & de toutes les circonstances, à l'occasion desquelles leur Volonté sera éxécutée, quoique rien ne soit plus inutile que leurs fonctions, en vertu de ces Loix qui bornent leur pouvoir. Car de là naissent quelques songes significatifs, parmi des milliers qui ne signifient rien, sans qu'on puisse distinguer un songe qui signifie d'avec un songe qui ne signifie pas. Mais cette hypothése qui rend l'air rempli d'Etres pensans, de différente nature, a pour elle le goût de Mr. Bayle ; il y revient très-souvent ; & comme il n'ignoroit pas le foible du cœur humain, il le concevoit qu'à force de le rendre familier, il la feroit regarder comme vraisemblable. Quand un homme s'est une fois déterminé au Pyrrhonisme qu'ils s'est mis dans l'esprit qu'on cherche en vain à s'assurer de la Vérité, & que des là, sans respect pour l'évidence, il se fait un plaisir, tantôt de la fuir, tantôt de la chicaner, ce n'est plus que son humeur & ses intérêts qui l'engage à proposer un sentiment & à le défendre.

J'aimerois mieux, dit Mr. Bayle, nier avec quelques hommes doctes, cette distinction de bonheur & malheur, que de l'éxpliquer par les Loix générales ; & moi aussi, au cas que cette distinction allât aussi loin que Mr. Bayle vient de le poser. *Mais nous raisonnons,* ajoute-t-il, *sur l'hypothése qu'il y a des gens heureux & des gens malheureux.*

Cette hypothése, renfermée dans de certaines bornes s'éxplique aisément, par les Loix générales, par la suite & par l'efficace des Causes secondes qui nous sont connues. Il est encore des Cas où l'on ne pense point d'une maniére indigne de Dieu, quand on attribuë, en partie, à une attention particuliére de la Providence. Pour ce qui est enfin des Cas qui semblent demander quelques autres Causes, que ces deux Cas-là ; avant que d'en chercher les Causes, je dis qu'il faut prémiérement les bien vérifier, & les mieux étudier dans toutes leur circonstances.

Article Timoléon.
,, Timoléon, dit Mr. Bayle, avoit avoué que
,, ses grands exploits étoient l'ouvrage des Dieux, &
,, une grace de la fortune. Cela nous donnera lieu
,, de rapporter quelques recueils qui concernent ce
,, que les Anciens ont dit sur l'influence de la for-
,, tune, & nous réfuterons en particulier, ceux qui
,, soutiennent qu'il n'y a point d'autre source du
,, bonheur que la prudence, ni d'autre source du
,, malheur que l'imprudence. Mais il ne faut pas

„ s'imaginer que je refute cela par des raisons qui
„ ne puissent être contestées. Il n'est point possi-
„ ble dans un sujet comme celui-là de mener les
„ gens jusques à l'évidence, ou jusques à la démon-
„ stration. On n'y trouve tout au plus que de grandes
„ probabilités, & ce n'est pas une petite objection con-
„ tre le parti que je défens que de dire que le Cardinal
„ de Richelieu dont les lumières étoient prodigieu-
„ ses, n'admettoit point d'autre cause du malheur
„ que l'imprudence. "

Ce n'est donc que sur des suppositions incertaines, sur des faits mal circonstanciés, sur des phénoménes insuffisans, que Mr. Bayle établit la supposition de ces Génies qui président de temps en temps au bonheur & au malheur.

Il débute comme il l'a promis par des citations. Mais ces citations aboutissent à faire voir qu'avant Mr. Bayle on a déja pensé confusément sur ce sujet.

Ibidem.
Article
Timoleon.
Note K.

Après cela il définit la fortune. *Comme les Dieux des Païens, avec beaucoup de pouvoir, avoient aussi diverses imperfections; Ils attribuoient en particulier à la* FORTUNE *une conduite volage, téméraire, capricieuse ou souveraine point.*

Cela prouve que la fantaisie de rapporter à une Cause invisible la bizarrerie des événemens est fort ancienne: Mais les erreurs ne le sont-elles pas?

Ibidem.
Note K.

Mr. Bayle finit cet article I. en remarquant; *que les voies de Dieu ne sont pas nos voies, que ses pensées ne sont pas nos pensées, quoiqu'il n'agisse jamais contre sa justice absolue & sans de bonnes raisons.*

Cette remarque fournit un dénouement très-naturel aux difficultés dont il fait semblant d'être embarrassé. On en trouve encore un dans l'Article suivant, C'est que les biens du monde sont caduques & périssables & que la possession en est incertaine, parce qu'ils dépendent beaucoup des hommes qui agissent par caprices. De-là tant d'événemens inespérés.

Ibidem.

„ III. On ne peut guéres nier dit Mr. Bayle
„ qu'il n'y ait des gens malheureux & des gens heu-
„ reux.... Le négoce, le jeu, la Cour en fournissent
„ des éxemples, mais sur tout le métier des ar-
„ mes. Mr. Bayle allégue pour preuve, Timoleon,
„ Alexandre, Sylla, Cesar, le Connétable Vrangel,
„ le Duc d'Epernon.

Ibidem.

„ IV. Il est faux, dit-il, qu'un joueur qui gagne,
„ joue toujours mieux que celui qui perd. Il est
„ faux qu'un Marchand qui s'enrichit surpasse tou-
„ jours dans l'intelligence du negoce, dans l'indus-
„ trie, dans la circonspection, les Marchands qui
„ ne s'enrichissent pas. Personne n'ignore que dans
„ les jeux de hazard il régne je ne sai quoi qui con-
„ tribue beaucoup plus ou au grain, ou à la perte,
„ que ce qui dépend de l'adresse du joueur. Il y
„ a des jours où un homme gagne beaucoup: ce
„ n'est pas qu'il joue avec plus d'application, ou a-
„ vec des gens moins habiles; c'est qu'il lui entre
„ beau jeu, c'est qu'il rencontre les cartes dont il a
„ besoin, c'est que les dés tournent selon ses desirs.
„ Un autre jour il éprouve tout le contraire. Dans
„ la même séance il éprouve quelquefois le change-
„ ment de fortune: il est heureux au commence-
„ ment & malheureux à la fin; Il perd à la der-
„ nière heure, plus qu'il n'avoit gagné dans les pré-
„ cédentes. Il y a des gens qui sentent bientôt s'ils
„ jouent de bonheur ou de malheur, & dès qu'ils
„ ont apperçu que la journée ne leur est pas favo-
„ rable, ils ont la sagesse de ne point s'opiniatrer au
„ jeu, ils s'en retirent de bonne heure. C'est sans
„ défiance de leur adresse & de leur capacité: mais
„ ils se défient de ce qui ne dépend pas de leurs lu-
„ mières. "

On ne peut rien conclurre de ces faits, pour en bâtir quelque systême. Ils ne sont pas assés fréquens, & on en remarque souvent de tout opposés. Les joueurs eux-mêmes n'en ont point d'idées distinc-

tes, ils jouent presque toûjours par humeur & par fantaisie, rarement par Raison. Tel se trouve d'humeur de jouer beaucoup plus qu'à l'ordinaire: Deux coups lui réussissent, là-dessus il dit qu'il sent son bonheur. Quand il gagne, il se félicite de son prétendu instinct; quand il perd, il n'y fait pas attention. Un autre fois on a moins d'inclination pour le jeu, on sent, dit-on, qu'on ne sera pas heureux, & là dessus on débute par jouer avec moins de vivacité & plus de modération. Ensuite le plaisir de gagner anime, & on dit *mon bonheur revient* & on joue plus vivement.

IV. „ Je consens qu'on nomme *sage conduite*, dit *Ibidem.*
„ Mr. Bayle, tout ce que l'on fait conformément *Note K.*
„ aux circonstances, comme d'être hableur, débau- *Refle-*
„ ché, badin, folâtre &c. lorsque c'est le plus sûr *xion qua-*
„ moien de plaire; ou comme de faire semblant d'ê- *trieme.*
„ tre fou, lorsque sans cela l'on ne sauroit éviter les
„ grands périls. Je consens qu'on nomme *impru-*
„ *dence* tout ce qu'on fait d'opposé à l'air du bu-
„ reau, comme d'être très-honnête homme dans une
„ Cour dépravée, où il n'y a à faire que pour
„ des fripons. Je soûtiens avec tout cela que l'élé-
„ vation & que la chûte des Grands, ne sont pas pour
„ l'ordinaire le pur ouvrage de la prudence & de l'im-
„ prudence. Le hazard, le cas fortuit, la fortune
„ ont bonne part. Des occurrences que l'on n'a ni
„ préparées, ni prévues ouvrent le chemin, y font
„ marcher à grands pas. Un Caprice, une jalousie
„ qu'on n'a pas pu prévoir vous arrêtent tout d'un
„ coup, & vous jettent même entièrement hors
„ des voies.

De tout cela on doit conclure qu'en vain un homme dit, *je me conduirai avec une grande habileté, donc je réussirai infailliblement*: Ce raisonnement n'est pas toûjours sûr, & celui qui le fait peut se tromper dans son espérance, parce que le succès dépend non seulement de la bizarrerie des hommes, qu'il n'est pas en notre pouvoir de régler, mais encore de divers événemens que l'on ne sauroit tous prévoir.

Dans l'article V. Mr. Bayle parle de l'inégalité *Ibidem.*
des Saisons qui favorisent un Siége ou qui lui sont contraires. On a déja répondu à cela, & des génies aériens & bizarres ne font pas l'inégalité des Saisons.

Dans l'article VI. il dit. „ Tenons donc pour *Ibidem.*
„ une chose certaine, & c'est ma sixiéme réflexion,
„ que la prudence de l'homme n'est point la cause to-
„ tale ni même la cause principale de sa fortune. Il
„ y a des gens heureux qui se conduisent impru-
„ demment: d'autres sont malheureux quoi qu'ils se
„ conduisent prudemment. La difficulté est de sa-
„ voir ce que c'est que cette Fortune qui favorise
„ certaines gens & qui en persécute d'autres, sans se
„ régler sur leur mérite, ni sur les mesures qu'ils
„ prennent. Ce n'est point ôter la difficulté que de
„ recourir à Dieu; car en avouant qu'il est la cause
„ générale de toutes choses, on vous demandera s'il
„ ménage immédiatement, & par des actes particu-
„ liers de sa volonté, ces occurrences imprévues, qui
„ font réussir les desseins d'un homme, & échouer
„ les entreprises d'un autre. Si vous repondés par
„ l'affirmative, vous aurés à dos tous les Philoso-
„ phes, & en particulier les Cartésiens, qui vous
„ soutiendront que la conduite que nous attribuës à
„ l'Etre suprême ne convient pas à un Agent in-
„ fini.

Il n'est nullement nécessaire de recourir immédiatement à Dieu. Les Loix générales du mouvement ne peuvent pas non plus suffire, pour l'explication des phénoménes du bonheur & du malheur; Il faut y joindre l'influence des Causes libres qui se déterminent par divers motifs, souvent sans raison & par fantaisie. Les Combinaisons des volontés, des choix, & des déterminations des autres hommes, fournissent autant de causes qu'il en faut pour expliquer les faits, dont Mr. Bayle parle ici, & visiblement il n'y a
que

que son goût particulier pour un systême qu'il aime & qu'il s'efforce de rendre vraisemblable, qui l'engage à ajouter d'autres Causes à celles-là.

Ibidem. " Ne pourroit-on pas recourir aux causes occasionnelles, dit Mr. Bayle, je veux dire aux desirs de quelques esprits créés ? Le Platonisme s'accommoderoit facilement d'une telle explication ; elle est combatue par de puissans argumens selon l'idée que la Théologie nous donne de la Nature Angélique. Elle nous apprend que les Anges sont les uns parfaitement bons, les autres extrêmement méchans, les uns & les autres d'une connoissance & d'une puissance presque sans bornes, sous la direction générale de Dieu. Cette idée ne s'ajuste pas facilement avec le détail particulier de ce que l'on nomme coups de bonheur & de malheur. Mais en se renfermant dans des hypothêses purement philosophiques, on répondroit mieux aux objections, si l'on supposoit, par exemple, que les esprits invisibles sont plus différens les uns des autres que les hommes ne le sont entre eux ; qu'il y a une grande subordination entre ces esprits ; qu'il y en a qui sont tantôt bons, tantôt mauvais, tantôt de bonne humeur tantôt de mauvaise humeur, & qu'ils sont fantasques, inconstans, jaloux, envieux, qu'ils se traversent les uns les autres, que leur pouvoir est très borné à certains égards, & que s'ils peuvent faire une chose très-difficile, il ne s'ensuit pas qu'ils puissent faire une chose qui est beaucoup plus facile. Ne voïons-nous pas des païsanes qui ne savent ni A ni B & qui connoissent quantité de beaux secrets en matiere de remédes ? Archiméde qui faisoit des machines si admirables savoit-il coudre ? savoit-il filer ? Quoiqu'il en soit il n'y a point de fortune sans la direction de quelque cause intelligente, & je ne saurois assés m'étonner qu'un Savant homme ait osé dire que la Fortune n'étoit ni Dieu, ni la Nature, ni un Entendement, ni la Raison ; mais un certain élancement naturel & irraisonnable.

Qu'y a-t-il de moins conforme au bon Sens que de concevoir la Divinité suivre les fantaisies de quelques Etres aëriens & bizarres pour répandre sur les hommes le bonheur ou le malheur, pour favoriser leurs desseins ou les traverser. La suite des mouvemens & des pensées ; La liaison des sentimens de l'Ame avec les impressions qui se font sur les Organes des Sens, a donné lieu à l'idée des Causes Occasionelles. Mais le systême établi sur ces derniers faits-là est un systême plein de Sagesse, au lieu que l'autre en seroit un de bizarrerie.

Ibidem. Dans le VII. Article Mr. Bayle reconnoît que les hommes sont excessifs dans leurs murmures contre la Fortune, & bien souvent ils lui imputent ce qu'ils devroient imputer à leur imprudence.

De cet aveu encore, il suit manifestement que les faits sur lesquels Mr. Bayle fonde son hypothêse, ne sont point assés certainement ni assés distinctement établis.

Il reconnoît encore, dans cet Article, " que la Théologie fondée sur plusieurs passages de l'Ecriture, établit comme un dogme très-certain, que l'aveuglement de la Fortune, la témérité, la folie, si poltronerie, sont assés souvent l'effet d'une Providence particulière, qui le punit, & que sa prudence, ses réponses à propos dans un interrogatoire, sa fermeté, son espirt, sont des faveurs inspirées par la Providence qui le veut sauver, ou le faire prospérer ; Les Païens savoient ce dogme ; ne nous voïons que Manlius déclara aux bourgeois de Rome que si les Dieux empêchoient sa ruïne, ce ne seroit pas en descendant sur la terre, mais en inspirant de bonnes résolutions aux Romains, comme ils lui avoient inspiré la valeur, & le courage qui avoient sauvé la République."

" Je ne finirai point, dit-il, sans dire, que si d'un côté l'on nomme *malheur*, ce qui quelquefois est une suite de l'imprudence, on donne de l'autre le nom de *bonheur*, à ce qui est quelquefois un effet de la prudence. On a vû tenir à certaines gens une conduite si témeraire, qu'on ne doutoit point qu'elle ne se terminât par quelque rude mortification : ils attaquoient & ils mordoient tout le monde, & si le prémier engagement avoit paru digne d'un étourdi, la continuation n'étoit qu'une longue suite de témérités, & de saillies déréglées & furieuses. Selon toutes les régles ces gens-là devoient succomber honteusement & néanmoins on les a vus triompher, ou du moins se retirer du combat sans aucune marque de flétrissure. Voilà un grand bonheur, s'écrioit-on. Mais il est certain que la ruse, & la fine politique avoit plus de part à ces bons succès que la fortune. Ces prétendus téméraires avoient pris leurs précautions de longue main, avec beaucoup de prudence, ils s'étoient rendus nécessaires à des personnes, qui étoient capables de les tirer de tout mauvais pas. Ils avoient trouvé le secret de leur être utiles, soit par rapport aux plaisirs secrets, soit par rapport à l'ambition. Les circonstances du temps leur avoient été favorables ; le métier de chef d'espions, ou tel autre emploi occulte, étoit d'un usage merveilleux. On étoit donc assûré du succès de ses querelles déraisonnables ; on n'agissoit donc pas témérairement.

Dans ces dernières paroles Mr. Bayle fait allusion au sort de Mr. Jurieu & au sien, selon lui ; L'un vivoit heureux sans en être digne, l'autre étoit malheureux sans l'avoir mérité. Mais il n'y a qu'à se rendre attentif à ce qu'on vient de lire, & on verra qu'il n'est nullement nécessaire de chercher dans l'influence de *je ne sai quels Genies* les causes de leur sort différent. Mr. Bayle le développe, sa passion lui ouvre les yeux à cet égard, & lui fait abandonner son systême chimérique.

On voit qu'il se contente de présenter, dans ce systême confus & sans fondement, des idées qui peuvent plaire aux Libertins, à qui tout agrée, & rien ne fait de la peine que la Religion & ce qui y conduit : Il ne eut pourtant pas paroître lui même entêté de ce systême ; voilà pourquoi il dit toûjours quelque chose qui va à l'affoiblir, & non seulement à l'affoiblir, mais à le faire tomber. Mr. Bayle Après avoir rapporté ces paroles du Cardinal de Richelieu " que dans toutes les grandes affaires, si on ne prenoit des mesures trop longues en apparence, elles se trouveroient toûjours trop courtes en effet, il ajoute, *Ibidem.* Note L.

" Il est mal aisé de croire que ce Cardinal *Ibidem.* n'ait pas reconnu quelquefois dans les entreprises qui ne lui avoient pas réussi, qu'il avoit pris néanmoins toutes les mésures que la prudence avoit pu lui suggerer. S'il se croïoit donc coupable alors de quelque imprudence, il donnoit plus d'étendue à l'idée de prudence qu'il ne lui en faut donner ; car s'il croïoit que ceux qui se fient à un homme qui les trompera, ne sont pas prudens, il supposoit que la prudence renferme la certitude des événemens qui dépendent du franc arbitre. Or c'est une Erreur. Il y a des gens que l'on éprouve fidéls plusieurs fois de suite, & de telle sorte que sans aucune ombre d'imprudence, on leur confie une affaire. Cependant ils s'en acquitent très-mal, & ils commencent alors de trahir, & ils la font échouër. (A) Ce seroit demander d'un prémier Ministre plus de connoissance de la Nature humaine n'en peut avoir, que de prétendre que témérairement & imprudemment il s'est fié à cet homme-là ; que ce n'est point par malheur, mais par sa faute que l'entreprise est échouée puisqu'il auroit dû être instruit du changement intérieur de cette personne. Vous voïés donc qu'il peut entrer dans cette question beaucoup d'équivoques, ou de disputes de mots. Le malheur d'une entreprise est toûjours accompagné de quelque défaut de connoissance. Si vous donnés à ce défaut

---

(A) N. B. On peut donc trouver dans des Causes secondes & connuës les Raisons qui font échouër des desseins, dont il n'étoit pas naturel de prévoir le mauvais succès.

„ défaut-là le nom d'imprudence & si vous voulés
„ raisonner conséquemment à cette définition, vous
„ pourrés soutenir pleinement & sans reserve la thé-
„ se du Cardinal de Richelieu; mais vôtre définition
„ sera fausse, & dans le fond vous serés d'accord a-
„ vec l'Adversaire.

Complaisance pour les idées populaires.

VI. QUAND on trouve étrange que Mr. Bay-
le ait fait servir la fécondité de son génie à trouver
du foible dans les preuves que la Raison allégué pour
établir les vérités les plus importantes, & qu'il se
soit étendu à faire sentir toute la force de celles qu'on
peut opposer à ces vérités pour en ébranler la certitude, il s'éxcuse & il prétend même se justifier par
la Loi raisonnable & très-équitable qu'il s'est faite
de n'user d'aucun déguisement, mais d'éxposer sans
prévention le fort & le foible de tous les sentimens
& de toutes les preuves, & de ne se rendre enfin
qu'à l'évidence la plus convaincante. Mais il fait
bien, quand il lui plaît, s'écarter de cette éxactitude, & avancer des raisons populaires qui ne signifient rien, comptant assés sur le peu d'attention de
ses Lecteurs pour espérer qu'ils se paieront de ses raisons.

Article Epicure. Note N.

Mr. Bayle paroit s'étonner de ce „ qu'Epicure
„ aiant pratiqué une si belle Morale, soit tombé dans
„ une infamie qui a rendu odieuse & sa Secte, & sa mé-
„ moire. " Pour lever cette difficulté, il fait trois
observations dont la prémière est, „ qu'il faut re-
„ connoître ici comme en plusieurs autres choses
„ l'empire de la fatalité. Il y a des gens heureux,
„ il y a des gens malheureux, c'est la meilleure rai-
„ son qu'on puisse donner de la diversité de leur
„ fortune. " Voilà de quelle manière le vulgaire se
permet de raisonner, mais parler ainsi c'est véritablement ne rien dire, c'est vouloir dissiper un sujet d'étonnement, par un plus grand encore.

Mr. Bayle ne cherchoit-il point une occasion de
se faire appliquer cette remarque populaire, & de se
faire regarder comme simplement malheureux & digne d'être plaint dans les accusations que des personnes d'autorité avoient portées contre lui? Il donne lieu
à cette conjecture quand il compare, dans sa seconde
observation, les Stoïciens austéres, qui avoient décrié Epicure aux Pharisiens qui croioient tout permis à
leur zèle.

L'entêtement de Mr. Bayle pour le Pyrrhonisme
a été la source des traverses qu'il s'est attirées. Si l'on
veut remonter plus haut & imputer cette obstination,
à la malice de quelques esprits aériens qui se soient
prévalus des dispositions Physiques de son cerveau, il
se trouvera des gens qui ne rejetteront pas cette hypothése, & tourneront contre Mr. Bayle la permission
qu'il leur donne de s'en servir.

Ibidem.

„ Les Stoïciens, continue Mr. Bayle, faisoient pro-
„ session d'une Morale sévére; se commettre avec
„ ces gens là c'étoit à peu près le même inconve-
„ nient, que celui qu'on a aujourd'hui des démélés avec
„ les dévots. Ils intéressoient la Religion dans leur
„ querelle, ils faisoient craindre que la jeunesse ne
„ fut pervertie, ils allarmoient tous les gens de bien,
„ on ajoutoit foi à leurs délations, le peuple se per-
„ suade aisément que le vrai zèle & l'austérité des
„ maximes vont toûjours ensemble. Il n'y avoit
„ donc point d'aussi grands déstructeurs de reputation
„ que ces gens-là. Il ne faut donc pas trouver étran-
„ ge qu'à force de décrier Epicure, d'emploier con-
„ tre lui des fraudes pieuses, les suppositions de
„ Lettres, ils aient formé des impressions desavanta-
„ geuses qui ont duré fort long-tems. "

Il ajoute enfin, „ je dis en troisième lieu, qu'il
„ étoit facile de donner un mauvais sens aux dogmes
„ de ce Philosophe, & d'effaroucher les gens de bien
„ avec le terme de volupté dont il se servoit. Si
„ l'on n'en avoit parlé qu'en y ajoûtant les éxplica-
„ tions, on n'eût pas gendarmé le monde; mais on
„ écartoit avec soin tous les éclaircissemens qui lui
„ étoient favorables: & puis il se trouva quelques

„ Epicuriens qui abusèrent de sa doctrine. Ils ne se
„ débauchèrent pas à son Ecole, mais Ils eurent la
„ finesse de mettre à couvert leurs débauches sous
„ l'autorité d'un si grand nom.

Mr. Bayle n'est point indifférent à sa reputation,
il veut qu'on sache qu'il sait raisonner, & il raisonne
très juste dans les deux derniers articles: Ce qu'il
dit suffit pour résoudre la question qu'il a proposée &
pour dissiper cet étonnement dont les causes lui ont
d'abord paru si cachées, mais comme il connoissoit
bien le coeur des hommes, il ne doutoit point qu'u-
ne bonne partie de ses Lecteurs ne s'arrêtât à la prémière des raisons qu'il avance, quoi qu'elle ne signifie rien, & que loin de lever l'étonnement elle l'augmente; Mais on donne dans un sentiment par goût
& par humeur; il est agréable aux Libertins de penser qu'il n'y a que bonheur & malheur dans le monde, cela sert à faire évanouïr l'idée d'une Providence. Malheureusement pour Mr. Bayle, il ne se
trouve que trop de conformité à cet égard entre le
fort d'Epicure & le sien, & cette conformité n'est
pas à son avantage. Mr. Bayle a donné des éclaircissemens qui couvrent, à un Lecteur facile à persuader,
le venin de sa doctrine, mais qui loin de le détruire
ne l'affoiblissent pas même. Je veux que quant à
lui, il n'ait point vécu dans la licence, où ses principes ménent, non plus qu'Epicure & ses prémiers
disciples. Mais rien n'est plus aisé que d'abuser de
la doctrine d'Epicure, & de dire je ne suis naturellement assujetti à aucune Loi, les Dieux ne font
aucune attention sur moi, je n'ai rien à espérer ni à
craindre après cette vie, je veux la passer au gré de
mes desirs, & je ne veux me gêner par aucune régle. En vain on me représentera gravement, ou a-
vec des empressemens d'ami, que je ne connois pas
les vrais plaisirs. je répondrai, *Chacun a son goût; vous
vous étonnés que je suive le mien; je suis plus raisonnable que
vous, je ne m'étonne pas que vous suiviés le vôtre, parce qu'il
convient à vôtre humeur; je ne vous en condamne point, ne
me condamnés point non plus. Je n'ai aucun empire sur
vous, ni vous sur moi, & nous ne sommes soûmis à
aucune Loi; Vivre à nôtre gré, c'est nôtre tout.* Rien
de même n'est plus aisé que d'abuser de la doctrine
de Mr Bayle. La Raison n'est incapable de me procurer aucune certitude, je ne sai si ce qu'on appelle
Vertu, mérite effectivement mon estime, ou si elle
n'a rien en soi de plus éxcellent que ce qu'on appelle
Vice; je ne sai même si elle ne lui céde pas; en un
mot je ne puis m'assurer de rien, pourquoi généreuse mes inclinations en prenant un parti qui peut-être
me rendra plus condamnable que louable? En vain
l'on me dira, la Révélation nous apprend ce que la
Raison ne sauroit nous découvrir, j'en serois ravi,
mais voulés-vous que je croie cela sur vôtre parole?
ou ce qui revient au même, voulés-vous que je m'en
persuade sans aucune preuve? Donnés-m'en de convaincantes, je suis prêt de vous écouter, je me rendrai de tout mon coeur à tout ce que vous me prouverés. Mais, par malheur, vous ne pouvés m'alléguer aucune preuve qu'en raisonnant, & selon vous
la Raison n'est que l'incertitude même.

Une régle de Logique des plus universellement
reconnues, c'est que *d'un petit nombre & même
d'un grand nombre de cas particuliers, on ne doit pas
se hazarder de tirer une conclusion générale*. Qu'on
éxplique suivant cette régle, ce que dit Mr. Bayle des maladies de l'esprit qui s'élevent dans de certains tems & dans de certains Païs, qui se répandent & qui deviennent contagieuses comme celles du corps,
il n'y aura rien que de sensé dans ses remarques; Mais
il n'en sera pas de même si on leur donne autant d'é-
tendue que Mr. Bayle paroit vouloir lui en donner.

Mr. Bayle pose en fait & il prouve qu'il n'y a
point de Philosophie qui soit moins en droit de se
moquer de l'apparition des esprits que celle de Spinoza. Il établit d'abord deux différentes idées, qu'on
peut

Art. Spinosa. Note L.

peut se former de la Création, 1. " On peut sup-
" poser qu'un Esprit souverainement parfait a tiré
" les créatures du sein du néant, sans y être déter-
" miné par sa nature, mais par un choix libre de son
" bon plaisir " En second lieu, " On peut supo-
" ser que le Créateur n'a point agi librement & qu'il
" a épuisé son choix en lui-même sans règle toute l'étendue
" de sa Puissance. " De cette supposition il faudroit conclure, " qu'outre les animaux que nous
" connoissons, il y a en une infinité que nous ne con-
" noissons pas, & qui nous surpassent en lumière
" & en malice, autant que nous surpassons à cet é-
" gard les chiens & les boeufs. " Or il paroit que
Mr. Bayle penche pour la seconde hypothèse, puisque selon lui la Raison ne fait pas connoître un Dieu
infiniment bon, pendant qu'elle voit parmi ses ouvrages des facultés en elles-mêmes excellentes, mais
capables néanmoins de dégénérer de leur excellence.
Selon lui la Raison nous dicte qu'il y a un Dieu,
d'une bonté infinie, il faut qu'il en ait suivi toute
l'étendue imaginable, ou qu'il en ait été empêché par
quelque cause extérieure qu'il n'a pas pu vaincre. En
raisonnant de sa Puissance conformément à ces idées,
il faudra dire que Dieu a créé toutes les espèces d'E-
tres qui se pouvoient créer.

Maladies épidémiques c'est prés article Abdère.

" VII. A L'OCCASION d'une fièvre chaude
" qui régna pendant quelques mois dans Abdère, &
" qui se dissipoit au 7. jour par quelque crise ; mais
" qui causoit un tel trouble dans l'imagination des
" malades qu'elle les convertissoit en Comédiens. Ils
" ne faisoient que réciter des morceaux de Tragé-
" die, & sur tout de l'Andromède d'Euripide, com-
" me s'ils eussent été sur le Théâtre : de sorte qu'on
" voïoit dans toutes les ruës je ne sai combien d'Ac-
" teurs pâles & maigres, qui faisoient des exclama-
" tions tragiques. Cela dura jusques à l'hiver sui-
" vent, qui fut fort froid, & par là plus propre à
" faire cesser cette rêverie.

Ibidem. Note H.

Après quoi Mr. Bayle ajoûte " Je pense que les
" premiers qui donnèrent cette Comédie dans les
" Ruës, après que leur fièvre continuë fut passée,
" gatèrent plusieurs autres convalescens. Les dispo-
" sitions étoient favorables alors aux progrès de cette
" contagion : l'Esprit est sujet aux maladies Epidé-
" miques, tout comme le corps ; il n'y a qu'à com-
" mencer sous de favorables auspices, & lorsque la
" matière est bien préparée. Qu'il s'élève un Hé-
" résiarque, ou un Fanatique dont l'imagination con-
" tagieuse, & les passions véhémentes sachent bien
" se faire valoir, ils infatueront d'abord tout un
" Païs, ou pour le moins un grand nombre de per-
" sonnes. En d'autres lieux & en d'autres tems ils
" ne sauroient gagner trois Disciples. Voiés-moi
" ces filles de Miller, qui furent pendant quelque
" tems si dégoûtées du monde qu'on ne pût les
" guérir de la fantaisie de se tuer, qu'en menaçant
" d'exposer nuës, aux yeux du public, celles qui se
" tueroient. Le remède seul témoigne que leur pas-
" sion n'étoit qu'une maladie d'Esprit, où le rai-
" sonnement n'avoit nulle part. On vit à Lion
" quelque chose de semblable vers la fin du XV.
" Siècle. La différence qu'il y a entre ces maladies,
" & la petite vérole, c'est que celles-ci
" sont incomparablement plus fréquentes. "

De certaines dispositions de Tempérament peuvent
favoriser le Fanatisme, & c'est par cette raison qu'il
est fréquent dans de certains Païs & beaucoup plus
rare dans d'autres ; mais on ne sauroit rapporter à ce
Principe l'établissement & les progrès de la Réformation. Les peuples vivoient depuis long-tems misérables sous le Clergé, qui de jour en
jour devenoit plus riche & plus fier. Ce qu'on souffroit
de sa part malgré les yeux sur les vices qui y
régnoient. Les Peuples s'accoutument assés aisément
à se laisser conduire en aveugles, sur tout en matière de Réligion ; Mais ils ne laissent pas de revenir
quelquefois de leur assoupissement ; Ils en reviennent

sur tout dès qu'on leur fait remarquer qu'ils ont
tort d'abandonner leur ame aux décisions ; certaines
de quelques Docteurs, dont le concours, il
est aisé de voir que l'Esprit est dominé par l'intérêt, l'envie & la fierté,
si de plus ces Docteurs se rendent m prisables par leur
ignorance & odieux par leur grossièreté. Pendant quelques Siècles il s'élévoit de tems en tems quelques personnes courageuses, qui osoient parler sur la nécessité de
réformer bien des abus ; On répondoit à leurs raisons en
les étranglant ; C'est par là qu'on les réduisoit au silence ;
leurs supplices en intimidoient d'autres ; Mais leur constance à souffrir la mort, leur courage à s'y exposer, &
leur vie, qu'on savoit avoir été des plus réglées, laissoit de profondes impressions dans l'esprit des Peuples, & dans l'esprit de ceux-là même qui se faisoient un devoir de vivre soûmis aux Conducteurs
de l'Eglise, tout corrompus qu'ils fussent. Ces
impressions furent cause que les Réformateurs, trouvèrent un très-grand nombre de personnes disposées
à les écouter favorablement & à les suivre, dès qu'ils
purent le faire avec quelque sureté.

J'évite de toucher, dans cet Ouvrage, aux controverses des Chrétiens, pour lesquelles je me sens un
grand éloignement ; aussi m'est-il
aisé de le voir à rapporter des faits & des circonstances naturelles dont tout le monde convient.

Ce n'est que pour ne se trouver pas en état de rassembler toutes les circonstances, dont le concours,
dirigé par les causes secondes, contribue à de certains
événemens qui frapent, qu'on est réduit à en exprimer la cause sous les noms vagues de bonheur & de
malheur. On en voit un exemple dans ce que Mr.
Bayle dit.

Article Luther Note AA.

" Wiclef, Jean Hus, & plusieurs autres avoient
" entrepris la même chose, & ils n'y avoient pû réus-
" sir. C'est dira-t-on, à cause qu'ils ne furent pas
" favorisés du concours des circonstances : Ils n'a-
" voient pas moins d'habileté, ni moins de mérite
" que Luther, mais ils entreprirent la guérison de
" la maladie avant la crise, & pour ainsi dire dans
" le croissant de la lune. (A) Luther au contraire l'a-
" taqua dans un temps critique lorsqu'elle étoit par-
" venue au comble, lorsqu'elle ne pouvoit plus em-
" pirer, & qu'il falloit selon le cours de la nature
" qu'elle cessât ou qu'elle diminuât ; car dés que
" les choses sont parvenues au plus haut point où
" elles puissent monter, c'est l'ordinaire qu'elles
" commencent à descendre. Il sema en pleine lune,
" lorsque le decours alloit commencer ; il eût le
" même bonheur que ces remèdes qu'on emploie les
" derniers & qui remportent la gloire de la guérison
" parce qu'on les applique quand la maladie a jetté
" tout son venin. On ajoûtera si l'on veut, que
" la concurrence de François premier & de Charles
" Quint fut fatal dans cette affaire. Je répondrai
" que cela n'empêche point, qu'il n'ait fallu des
" dons éminens pour produire la Révolution que
" Martin Luther a produite. Voici une excellente
" pensée de Frà Paolo. S'il y eut quelque chose
" dans l'établissement de cette nouveauté, qui causa
" du scandale, comme je le raconterai, il se voit
" néanmoins que les Prédécesseurs de Léon avoient
" fait plusieurs concessions pareilles, par des motifs
" encore moins honnêtes, & avoient porté plus loin
" leur avarice & leurs extorsions. Mais souvent il
" échapede belles occasions de faire de grandes choses,
" faute de gens qui les connoissent, ou qui sachent
" s'en servir. Outre que pour l'exécution il faut
" attendre le tems que Dieu a destiné pour punir
" les fautes & les déréglemens des hommes. Et tout
" cela se rencontra sous le Pontificat de Léon, de
" qui nous parlons maintenant. Il faut avouer que
" plusieurs choses favoriserent Luther : les belles Let-
" tres levoient la tête parmi les Laïques, pendant
" que les gens d'Eglise ne vouloient point renoncer
" à la barbarie, & persécutoient les Savans, & scan-
" dalisoient tout le monde par une impudicité éfré-
" nées.

(A) Tout cet article renferme des vérités, si on l'interprète, comme tout ce qu'il s'y exprime en métaphorique.

,, née. On a eu raison de dire qu'Erasme par ses
,, railleries prépara les voies à Luther. Il fût son
,, S. Jean Baptiste. Le Docteur Simon Fontaine se
,, plaint que par occasion Erasme a fait plus de
,, mal que Luther, pour ce que Luther n'a fait
,, qu'élargir l'ouverture de l'huis du quel Erasme
,, avoit déja crocheté la serrure, & l'avoit entr'ou-
,, vert.

Mr. Bayle donne donc de temps en temps dans des idées populaires. Mais quand il lui plaît de regarder comme vraisemblable l'opinion de ceux qui pensent que les Ames ont leurs maladies comme les corps, que ces maladies se répandent & sont épidémiques; si l'on trouve à propos d'éxprimer par ces termes métaphoriques, les erreurs où un homme tombe, & dont de certaines circonstances favorisent la propagation, on ne sauroit nier le fait. Mais si l'on pretend que ces éxpressions sont vraies à la lettre, on anéantit toute distinction entre Erreur & Vérité. De certaines influences nécessaires feront naitre de certaines idées, d'autres influences, également nécessaires, en feront naitre de tout opposées; Soit qu'on acquiesce à celles-ci, soit qu'on acquiesce à celles-là, on le fera toûjours par l'efficace des influences nécessaires, & chacun croiant toûjours nécessairement ce qu'il croit, il décidera téméraïrement s'il s'imagine qu'il croit la vérité. L'impuissance, où l'on est de n'acquiescer pas, est le seul caractére de la certitude, & cette impuissance ne prouveroit rien dans ce cas, elle seroit commune à toutes les maniéres de penser.

Le Vulgaire donne aisément dans de telles idées. Il aime l'éxtraordinaire, il en trouve dans cette p opposition, *Les erreurs qui se répandent sont des maladies épidemiques qui affectent les Ames*. Le Vulgaire est encore paresseux, & il aime ce qui l'affranchit de l'obligation de pousser des recherches & d'entrer dans des détails. Mais qu'on se rende attentif aux circonstances, il n'y aura que faire de supposer des maladies épidémiques dans les Ames, pour comprendre d'où vient qu'une erreur se répand beaucoup & qu'un autre tombe d'abord.

Un homme a un goût singulier pour la Langue Hébraïque & ses appendices. (Rien n'est plus ordinaire que de voir les hommes se partager ainsi en différentes inclinations.) Cét homme s'abandonne à la lecture des Rabins; Il se rend familiére leur maniére de raisonner, il se fait une habitude de se plaire dans les allégories: Un temps a été, & ce temps n'est pas fini, que rien ne contribuoit plus à la réputation d'un Savant, que son érudition dans les Langues pour de personnes étudiant à fond. Un homme célébre par cet endroit est appellé à une Chaire de Théologie; l'Académie où il enseigne est divisée en partis, il se jette dans le plus accrédité, & par là il en augmente la force; L'esprit de parti lui fait des Disciples; dès que le nombre en paroit considérable, on s'y oppose, on les maltraite, & les traitemens les irritent & les fortifient dans leurs préventions; Dès que l'esprit de parti ne soûtiendra plus ces opinions; dès qu'elles auront perdu tout le reste de l'efficace que donne la nouveauté; dès qu'elles n'auront plus pour se soûtenir, que leur propre mérite, l'esprit de justesse & de discernement, qui se fortifie tous les jours, les fera tomber. Quelque attention aux dispositions naturelles du Coeur humain, & une connoissance médiocre de l'histoire nous met au fait des véritables causes, & fait évanouir la chimére des maladies épidémiques des Esprits.

Il n'y a prétexte si léger & si peu fondé dont les Libertins ne se saisissent, dès qu'il leur fournit une occasion d'éluder une preuve, ou qu'il leur fournit une apparence d'argument contre la Réligion. L'établissement de l'Evangile est une preuve de sa Divinité; Une Doctrine si opposée à tous les préjugés des Nations chés qui elle s'est répandue, si affligeante pour les sens, & pour les passions, sans le secours

d'aucun appui temporel, & malgré les obstacles les plus puissans & de tout genre, s'est établie, n'aiant pour toute preuve que des faits dont l'éxamen étoit des plus faciles. Ces réfléxions poussées dans tout le détail, dont elles sont susceptibles, sont d'une force qui va jusqu'à la démonstration.

Je ne m'étonne pas, dira un Incrédule, de cet établissement: *Une certaine maladie se répandit dans les esprits, & les rendit susceptibles d'une doctrine si nouvelle & si incommode*. Voilà qui est bien-tôt dit: Mais comment les génies du prémier ordre, qui accusent le reste des hommes de crédulité & presque d'imbécillité, se rendent-ils avec tant de précipitation, à une conjecture qui éxaminée de près se réduit à rien? *Des maladies de cette nature*, (si l'on veut donner ce nom à de certaines dispositions favorables ou contraires à quelque dogme ou à quelque pratique; quand on en étudiera avec soin les circonstances, se trouveront toutes fondées sur des préjugés, ou sur des circonstances extérieures visiblement propres à faire naitre ces dispositions. Mais d'un côté, plus ces dispositions & ces maladies ont été étranges & contraires à la Nature, moins elles ont duré. D'un autre un tout le contraire dans l'établissement de l'Evangile, il s'est répandu malgré tous les soins & tous les efforts qu'on lui opposoit: Les obstacles mêmes, qui devoient en empêcher l'établissement, ont servi & servent encore de preuve à sa vérité.

La corruption éxtrême du Peuple Juif, qui n'avoit presque plus aucune idée juste en fait de Morale, les superstitions & l'orgueil des Pharisiens, l'Irréligion des Saducéens, la Doctrine d'Epicure & celle de Pyrrhon, qui achevoient de perdre chés les Latins, ce qui n'avoit pas donné dans la plus grossiére idolatrie; le *fatalisme* enfin des Stoïciens qui alloit visiblement à éteindre toute Réligion, rendoient plus nécessaire que jamais la venüe d'un Libérateur; mais en même temps, jamais les hommes n'avoient été moins dignes de cette grace, & moins disposés à en profiter; & il ne fallut pas moins que tout l'éclat des miracles, qui autorisérent l'Evangile, pour faire recevoir à ceux qui n'étoient pas desespérément abandonnés au vice, aux préventions, & à l'oubli de leur Salut.

Pour ce qui est du Pyrrhonisme, qui s'est répandu comme une contagion Epidémique, c'est une maladie d'esprit, ou une peste métaphorique, dont la cause se trouve manifestement dans la corruption des moeurs, qui rend insupportable le joug de la Réligion, aujourd'hui sur tout que la stupidité n'est pas assés grande, pour se croire vrai Chrétien sans vertu.

Je continüe à parcourir en général les caractéres & les effets du Pyrrhonisme.

VIII. DANS l'article d'*Arcesilas*, "l'entreprise de *Les Pyr-*
,, combattre toutes les sciences, dit Mr. *Bayle*, & de re- *rhoniens*
,, jetter non seulement le témoignage des Sens, mais *font vains*
,, aussi le témoignage de la Raison est la plus har- *passion les*
,, die qu'on puisse former dans la République des *fait don-*
,, Lettres. Elle est semblable à celle des Aléxan- *ner dans*
,, dres & des autres Conquérans, qui ont voulu *les sophis-*
,, subjuguer toutes les Nations. Elle demande beau- *tes G.*
,, coup d'esprit, beaucoup d'Eloquence, beaucoup
,, de lecture, beaucoup de méditation. Arcésilas é-
,, toit aussi propre à le pouvoir être pour cette
,, entreprise. La Nature & l'Art avoient con-
,, couru à l'armer de toutes piéces. Il étoit na-
,, turellement d'un génie heureux, promt, vif; sa
,, personne étoit remplie d'agrémens; il paroit de
,, bonne grace. Les charmes de son visage secon-
,, doient admirablement ceux de sa voix, & il
,, aprit sous de bons Maitres, tout ce qui étoit ca-
,, pable de perfectionner les dons naturels, je veux
,, dire, d'étendre leur force par la réünion de plusieurs
,, parties différentes.

Voilà ce qui plait dans le Pyrrhonisme. Les Pyrrhoniens se regardent comme des Héros, pendant que

DU PYRRHONISME.

le reste des gens de Lettres ne compose que le vulgaire des Philosophes. Ceux-ci n'osent attaquer que ce qu'ils comptent pour erreur ; cela fait que leurs victoires ne sont pas fort glorieuses, quand il leur arrive d'en remporter. Mais les Pyrrhoniens osent attaquer ce qu'on croit de plus vrai & de plus certain. Cependant Mr. Bayle reconnoit qu'ils profitent de tous leurs avantages & de tout ce qui peut servir à éblouïr. Les victoires des Pyrrhoniens sont les plus aisées, les paresseux, les contredisans, les coeurs importunés des Loix, sont charmés de les prendre pour Maitres.

Le Pyrrhonisme rend inutile la Morale. Article Acosta Rem K.

IX. DES QU'ON assure, continue Mr. ,, Bayle, qu'il n'y a rien de certain, & que tout ,, est incompréhensible, on déclare qu'il n'est pas ,, certain qu'il y ait des vices & des vertus. Or ,, un tel dogme paroit très propre à inspirer l'in- ,, différence pour le bien honnête & pour tous les ,, devoirs de la vie; ,, Pour se mettre à couvert de cette objection & des reproches qui en sont les suites naturelles, Mr. Bayle prétend, ,, que le ,, vrai principe de nos moeurs est si peu dans les ju- ,, gemens spéculatifs que nous formons sur la nature ,, des choses, qu'il n'est rien de si ordinaire que ,, des Chrétiens Orthodoxes qui vivent mal, & que des ,, Libertins d'esprit qui vivent bien. ,, Mais au lieu de mettre la Morale à couvert par cette réponse, on la trahit, & on l'abandonne entiérement. A quoi bon chercher à s'instruire sur ce qui est honnête, sur ce qui est séant, sur ce qui est digne de l'homme? quand il seroit possible de s'en assurer, on n'auroit rien avancé par là ; suivant le tempérament où l'on se trouve on vivra selon les Régles, sans les avoir aprofies, ou on les violera quoi qu'on les connoisse. Rien n'est donc plus inutile que d'étudier la Morale, rien n'est plus inutile que d'en instruire les autres, ils n'en feront ni pis, ni mieux ; Qu'ils soient éclairés, ou qu'ils soient ignorans, leur humeur leur tiendra lieu des régles.

Quand Mr. Bayle entreprend d'établir ce Paradoxe il tombe dans un Sophisme peu pardonnable à un homme qui se pique de Raison & qui a été Professeur en Philosophie. C'est celui d'une *Induction défectueuse* ; Les hommes ne suivent pas toujours leurs lumières, le plus souvent leur humeur & leurs intérêts présens, leurs Passions réglent leur conduite. Donc ils consultent inutilement la Lumière.

L'Expérience ne prouve-t-elle pas que l'on peut corriger son tempérament, que l'on peut rectifier son humeur, que l'on peut modérer ses passions, que l'on peut s'en défaire, ou en prendre, lors que la Raison l'ordonne ; Quand on veut s'en donner le soin, on devient Musicien, Peintre, Orateur, Soldat, Logicien, Médecin, par étude ; par quelle raison effacera-t-on de tous les Arts celui de *bien vivre*.

Quant à ceux-là même d'entre les hommes qui se règlent rarement sur les Idées de leur Devoir, il suffit qu'il leur arrive d'y penser une fois entre mille pour prévenir un très-grand nombre de crimes ; Un homme succombe à l'amour ou à la colère, de combien de crimes ne se rend il pas coupable, par l'état où il s'est réduit, pour s'y être abandonné? & combien n'en auroit-il pas évité, s'il avoit résisté à une seule tentation ?

Les vertus de quelques Savans qui ont fait profession de Pyrrhonisme ou d'Irréligion ne sont-elles point une preuve qu'un homme peut prendre sur soi? Ils sentoient à quelles haines & à quelles affreuses défiances leurs Dogmes les exposoient. Mais si d'un côté ils aimoient assés ces Dogmes, pour choisir un parti qui étonnoit le reste des hommes & pour s'y tenir ferme ; d'un autre ils jugeoient bien que leurs ennemis se feroient un plaisir de leur reprocher leurs Vices & leurs Infamies, comme une suite nécessaire de leurs Hypothéses, & ils se haïssoient

assés pour se contraindre, afin de leur enlever ce plaisir.

Le Pyrrhonisme est l'éponge des Sciences ; aussi pour en dégouter les hommes Mr. Bayle va-t-il jusqu'à les présenter comme contraire à la Réligion. Par là d'un seul coup il produit deux effets ; Il engage ceux qui aiment les Sciences à mépriser la Réligion, & porte ceux qui aiment la Réligion à haïr les Sciences, ou du moins il y travaille.

,, X. TAKIDDIN Auteur Mahometan, je ,, n'en toucherai, dit Mr. Bayle, qu'une chose ; c'est ,, qu'il disoit que le Calife Almamon, seroit infail- ,, liblement puni de Dieu, pour avoir troublé la dé- ,, votion des Musulmans, par l'introduction des é- ,, tudes Philosophiques. Cette pensée n'a rien de ,, particulier ; elle a paru dans tous les païs du mon- ,, de, & dans tous les Siécles; & encore aujourd'hui ,, l'on voit une infinité de gens qui se plaignent de ,, Monsieur Des Cartes, & des autres grands Phi- ,, losophes modernes, comme de la cause du mépris ,, que tant de personnes témoignent pour la Dévo- ,, tion & pour les Mystéres des Chrétiens. Cela ,, pourroit donner lieu dit-il à un ample Commen- ,, taire.

Si les sciences nuisent à la Réligion comme Mr. Bayle l'insinue. Article Takiddin.

Un Commentaire très naturel, c'est de conclure que l'on charge du soupçon d'Irréligion plusieurs personnes très-innocentes, sous prétexte que, par quelques-unes de leurs dogmes, & par quelque partie de leur conduite, ils s'éloignent de quelques opinions & de quelques pratiques qu'on a fait entrer dans le Corps de la Réligion.

Voici le Commentaire de Mr. Bayle. ,, Il se *Note A* ,, trouve des Docteurs qui soutiennent que les Phi- ,, losophes Arabes ne suivoient le Mahométisme ,, qu'en apparence & qu'ils se moquoient en effet de ,, l'Alcoran, à cause qu'ils y rencontroient des cho- ,, ses contraires à la Raison. Vous ne sauriés ôter ,, de l'esprit d'une infinité de gens, que Des ,, Cartes & Gassendi croioient aussi peu la Réalité ,, que les Fables de la Gréce. Vous auriés la même ,, peine à persuader le monde, que les Sectateurs de ,, ces deux grands Philosophes sont bons Catho- ,, liques, & que s'ils avoient la permission d'ensei- ,, gner publiquement leurs principes, ils ne sappe- ,, roient pas bien tôt tous les fondemens de la Ré- ,, ligion Romaine. Les Protestans n'ont pas une ,, meilleure opinion des dogmes de Mr. Des ,, Cartes. Généralement parlant on soupçonne d'Ir- ,, réligion les Cartésiens, & l'on croit que leur Phi- ,, losophie est très-dangereuse dans le Christianisme : ,, de sorte que selon le sentiment d'une infinité de ,, personnes, les mêmes gens qui ont dissipé dans ,, notre Siécle les ténébres que les Scholasti- ,, ques avoient répandues par tout l'Europe, ont mul- ,, tiplié les Esprits forts & ouvert la porte à l'A- ,, théisme ou au Pyrrhonisme, ou à la mécreance ,, des plus grands Mystéres des Chrétiens. Mais ce ,, n'est pas seulement aux Etudes de la Philosophie ,, que l'on impute l'Irréligion, c'est aussi à celles ,, des belles Lettres. Car on prétend que l'Athéis- ,, me n'a commencé à se faire voir en France que ,, sous le régne de François I, & qu'il commença ,, de paroître en Italie, lorsque les Humanités y re- ,, fleurirent. Moins nous avons de lumières étran- ,, geres, dit un Auteur Catholique, plus nous mon- ,, trons de soumission pour la Foi, & les Siécles les ,, plus sçavans, dit Baronius, ont été souvent les ,, plus infidèles. Les Aladinistes n'ont paru que sous ,, le régne d'Almansor qui fut le plus sçavant Mo- ,, narque de son siécle ; & je ne trouve pas d'Athées ,, chés nous avant le régne de François I, ni en I- ,, talie qu'après la derniére prise de Constantinople, ,, qu'Argyropile, Théodore de Gaze, George de ,, Trébizonde, avec les plus célèbres hommes de la ,, Gréce se retirérent auprès des Ducs de Florence.

Dddd

„ Ce qu'il y a de certain c'eſt que la plûpart des
„ ſavans Humaniſtes qui brillérent en Italie, lorſ-
„ que les belles Lettres commencérent à naître après
„ la priſe de Conſtantinople, n'avoient guéres de
„ Réligion. Mais d'autre côté la reſtauration des
„ Langues ſavantes & de la belle Littérature a prépa-
„ ré le chemin aux Réformateurs; comme l'avoient
„ bien prevû les Moines, & leurs Partiſans, qui ne
„ ceſſoient de déclamer & contre Reuchlin, & con-
„ tre Eraſme & contre les autres fleaux de la barbarie.
„ Ainſi pendant que les Catholiques Romains ont
„ ſujet de déplorer les ſuites qu'ont eues les études
„ des belles Lettres, les Proteſtans ont ſujet d'en
„ louer Dieu & de l'en glorifier. Ils n'ont pas
„ ſujet d'en uſer ainſi à l'égard de la nouvelle Phi-
„ loſophie qui renverſe ſi démonſtrativement la tran-
„ ſubſtantiation & toutes ſes ſuites; car on abu-
„ ſe des mêmes armes pour attaquer les dogmes les
„ plus eſſentiels. " Après cette variété de réfléxions
Mr. Bayle donne le précis de ſon Commentaire en
ces termes, " En un mot le ſort de l'homme eſt dans
„ une ſi mauvaiſe ſituation, que les lumiéres qui le
„ délivrent d'un mal le précipitent dans un autre.
„ Chaſſés l'ignorance & la barbarie, vous faites tom-
„ ber les ſuperſtitions & la ſotte crédulité du peu-
„ ple ſi fructueuſe à ſes Conducteurs, qui abuſent
„ après cela de leur gain, pour ſe plonger dans
„ l'oiſiveté & dans la débauche: mais en éclairant
„ les hommes ſur ſes deſordres, vous leur inſpirés
„ l'envie d'éxaminer tout, ils épluchent & ils ſub-
„ tiliſent tant, qu'ils ne trouvent rien qui conten-
„ te leur miſérable Raiſon.
Un homme s'élève par ſes lumiéres & ſes Ouvrages
au-deſſus du vulgaire des gens de Lettres, & au-
deſſus du grand nombre des Eccléſiaſtiques. On
l'envie, on le haït, on l'accable de ſoupçons, & par
degrés on vient à le faire paſſer pour un homme ſans
Réligion. C'eſt ſur ces bruits populaires que Mr.
Bayle fonde cette oppoſition prétenduë de la Science avec la Foi.

Je tombe d'accord de ſa derniére accuſation, par
rapport à ceux qui obſervent aſſés mal les Régles que
la Raiſon doit ſuivre, pour mériter qu'on accuſe leur
Raiſon de n'être qu'une miſérable; Mais pour conclurre de là qu'on ne ſauroit ſe ſaiſir de rien d'évident, & qu'on a tort de s'y tenir, ſans ſe laiſſer é-
branler par ce qui eſt obſcur, il faut avoir ſa Raiſon
dans un bien triſte état.

Ibidm. Note A. Mr. Bayle continue " Quoiqu'il en ſoit, j'ai ouï
" dire à des perſonnes bien ſages, qu'il n'y a point
" de prudence dans l'affectation qui régne un peu
" trop de rendre ſuſpects d'impiété les Philoſophes.
" Car quel ſcandale ne ſeroit-ce point pour les igno-
" rans, s'ils prenoient la peine d'y faire beaucoup
" d'attention, que de voir que, ſelon la prétention
" de pluſieurs Docteurs, la Foi ne ſe trouve guéres
" parmi les grands Philoſophes, que la dévotion eſt
" principalement le partage du menu Peuple, & que
" ceux qui ont le plus éxaminé les caractéres de Di-
" vinité de l'Ecriture Sainte, ſont ordinairement les
" moins pieux & les moins dévots? Il ſeroit beau-
" coup plus édifiant d'enſeigner avec Plutarque, que
" la Philoſophie eſt le remède de l'impiété & de la
" ſuperſtition; & avec Origène, que ſans la Philo-
" ſophie perſonne ne ſauroit être véritablement
" pieux. "

Je ne travaille dans cette Section qu'à développer
les dangers du Pyrrhoniſme & ſes mauvais effets, &
je ne combats ſes erreurs qu'en paſſant. De quelques
accuſations vagues & téméraires ils tirent hardiment
des conſéquences pour mettre en oppoſition la Raiſon
& la Réligion, comme l'on en tireroit des faits bien
détaillés & bien avérés.

Il ſeroit à ſouhaiter que Mr. Bayle eut profité de
ces avis & qu'il eut porté cette Foi précieuſe, qu'il
reconnoît pour un don ſurnaturel, juſques à éviter

de ſcandaliſer une infinité de foibles, & de jetter
toûjours plus dans le précipice ceux qui ſe donnent
pour les plus forts, quand il s'agit *d'eſprit*. *Les peuples*, dit-il, *ſont ſcandaliſés*. Il ne pouvoit l'ignorer, car cela ſaute aux yeux; mais, ſelon lui, la foi
des plus éclairés eſt-elle mieux fondée en raiſon que
la Foi du peuple?

Raſſemblons ici ce que Mr. Bayle répand en différens endroits. La Philoſophie eſt le remède de l'impiété, & de la ſuperſtition, la Philoſophie ne conduit qu'aux doutes. Donc l'impiété & la ſuperſtition ſont des maux ſans remède. Ainſi le genre humain vit abandonné à l'un ou à l'autre, ſans que la
Raiſon lui puiſſe être d'aucun ſecours. C'eſt elle
qui l'y précipite.

Mais c'eſt ſur la Réligion que le Pyrrhoniſme répand ſes plus malignes influences. Auſſi l'éloignement
des hommes pour la Réligion, eſt une des cauſes qui
les attache au Pyrrhoniſme par gout. J'en ai déja parlé plus d'une fois. Mais on ne ſauroit y trop
inſiſter.

XI. Mr. BAYLE fait une paralléle de l'Ouvrage *De l'in-*
de Mr. Nicolle avec la réponſe de Mr. Claude. Il dit, *fluence*
" que les Ouvrages du prémier, joints aux réponſes *du Pyrr-*
" qu'on lui a faites, peuvent malheureuſement fortifier *honiſme*
" dans leurs mauvaiſes diſpoſitions, tous ceux qui ont *ſur la*
" du panchant à la Pyrrhoniſme. Quel fruit a-t-il re- *Réligion.*
" cueilli de tant de méditations? ajoute-t-il dans ſa *Article*
" Note C. Un avantage qui s'eſt terminé à ſa *Nicolle.*
" perſonne. Il s'eſt acquis la réputation d'un fin
" Diſputeur, d'un Philoſophe Théologien très-capable
" de ſoutenir une cauſe quelle qu'elle fut, & de
" pouſſer les difficultés autant qu'elles peuvent l'ê-
" tre. Mais il n'a rien fait pour ſon parti; Car Mr.
" Claude qui a répondu à un de ſes Livres & Mr.
" Jurieu à l'autre, ont fait voir manifeſtement qu'on
" eſt expoſé dans ſa Communion à toutes ces mêmes
" difficultés; & qu'il faut de plus s'y embarquer
" ſur l'Ocean de la Tradition & parcourir tous les
" Siécles de l'Egliſe, & toute l'Hiſtoire des Con-
" ciles & celle de la diſpute de l'Autorité du Pape,
" inférieure aux Conciles ſelon quelques uns, ſupé-
" rieure ſelon quelques autres; deſorte que la voie de
" l'Autorité, par où les Catholiques Romains font
" profeſſion de ſe conduire, eſt le grand chemin du
" Pyrrhoniſme. Un homme qui ſe veut aſſurer lé-
" gitimement qu'il ſe doit ſoumettre à l'Autorité de
" de l'Egliſe, eſt obligé de ſavoir que l'Ecriture le
" veut ainſi. Le voilà donc expoſé à toutes les diſ-
" cuſſions de Mr. Nicolle, & il faut de plus qu'il
" ſache ſi la doctrine des Péres & celle de tous les
" ſiécles du Chriſtianiſme, eſt conforme à la ſou-
" miſſion qu'il veut avoir. Il ſera bien infatigable,
" s'il n'aime mieux douter de tout, que de s'en-
" gager à tant de recherches; & il ſera bien ſubtil,
" ſi prenant toute la peine que cela demande, il
" rencontre enfin la lumière. C'eſt donc une voie
" de Pyrrhoniſme. La réponſe de Mr Claude à
" Mr. Nicolle intitulée, *Défenſe de la Réformation,*
" eſt un Chef d'oeuvre. Il n'a non ſeulement bien re-
" torqué les objections de ſon Adverſaire, mais auſſi
" il les a directement éclaircies, d'une manière qui
" édifie les bonnes Ames, ſans montrer aux Liber-
" tins la méthode d'inſulter la Réligion.

Dans le jugement que Mr. Bayle porte ſur Mr.
Nicolle, on trouve ſon propre portrait. Ce ſont là
les plaintes qu'on fait ſur ſon Dictionnaire. On voudroit qu'un homme dont le Génie étoit ſi beau, & *Article*
qui ſavoit ſi bien faire tout ce qu'il vouloit, eut voulu *Claude.*
mériter l'éloge qu'il donne à Mr. Claude. *Note B.*

Après cela il condamne Mr. Jurieu d'avoir ſoûtenu non ſeulement que les preuves de la Divinité de *Article*
l'Ecriture ne ſont point propoſées avec évidence par *Nicolle.*
l'eſprit de Dieu qui nous convertit, & qu'il n'eſt
point évident que Dieu nous révèle dans ſa Parole
tel & tel myſtère, mais auſſi que ceux qui poſent
pour

pour fondement de la Foi, l'évidence du témoignage, enseignent une doctrine pernicieuse & très-dangereuse.

N'est-ce pas là précisément la doctrine constante de Mr. Bayle, qui réfuse par tout à la Raison le privilège de nous procurer quelque certitude, & qui se contente d'opposer l'obscurité de la Foi à l'évidence qui, selon lui, manque aux Vérités que la Raison nous découvre.

Ibidem. Note B.

" Si la raison ne nous éclaire pas, dit-il, avec certi-
" tude sur la Divinité de la Révélation, & sur le
" vrai sens des paroles de l'Ecriture, toute nôtre
" croiance se réduit à un Enthousiasme, ou à un
" entêtement, & non seulement les diverses Com-
" munions qui partagent les Chrétiens, mais les
" Juifs, les Mahometans &c. se diront les uns aux
" autres, je crois posseder la vérité, parce que j'en ai le
" goût & le sentiment, & moi aussi diroit l'autre. Je ne
" prétens pas, diroit l'un, vous convaincre par des rai-
" sons evidentes, je sai que vous pourriés éluder tou-
" tes mes preuves; ni moi non plus diroit l'autre;
" Ma conscience est convaincue, diroit celui-ci, elle
" goute mille consolations encore que mon entendement
" ne voie point clair dans ces matières; & la mienne
" aussi, diroit celui-là. Je me persuade, diroit le pré-
" mier que l'opération de l'esprit d' Dieu m'a con-
" duit à l'Orthodoxie, & moi aussi continueroit le
" second; Ne disputons donc plus, ne nous persé-
" cutons donc plus, s'entrediroient-ils; Si je vous
" propose des Objections à quoi vous ne puissiés pas
" répondre, je n'aurai point lieu d'espérer de vous
" convertir. Car puisque vous ne prétendés pas que
" l'évidence soit le caractère des vérités Théologi-
" ques, l'obscurité de vos raisons & la foiblesse de
" vos preuves ne vous paroitront jamais un marque
" de fausseté. Ce seroit donc vainement que je vous
" réduirois au silence; vôtre gout vous tiendroit
" lieu de démonstration; tout de même qu'à l'égard
" des viandes nous nous fions plus à nôtre palais &
" aux bons effets qu'elles produisent pour nôtre san-
" té, qu'aux raisonnemens speculatifs d'un Cuisinier
" ou d'un Médecin, encore que nous ne sachions
" donner aucune raison pourquoi ces viandes nous
" plaisent & nous fortifient.

NB.
" Le bon usage de la Raison consiste à suspendre
" son jugement jusqu'à ce que l'évidence des preu-
" ves se présente. Les esprits Philosophes se repro-
" cheroient comme un grand défaut la facilité avec
" laquelle ils auroient crû les vérités, qui ne leur
" auroient été proposées qu'obscurément. Ils ne se
" pardoneroient pas d'avoir bien jugé un procès, s'ils
" l'avoient jugé avant l'examen sévère de toutes les
" piéces des parties. Ils donnent le nom méprisable
" d'*Opinateurs* à ceux qui prennent parti, sans y être
" comme forcés par des Argumens incontestables. Ils
" soutiennent qu'on ne peut avoir par là qu'une faus-
" se science qui fait que l'on s'imagine savoir ce
" qu'on ne sait point.

On peut donc démontrer la Divinité de la Révélation & le vrai sens qu'on lui donne, & s'assurer là-dessus avec évidence, ou ceux qui croient ne sont pas un bon usage de leur Raison. Dire, comme fait Mr. Bayle un peu après, qu'il faut se défier des lumières naturelles & recourir à la conduite de l'esprit de Dieu, qui rend nôtre Raison très imparfaite. " Ils
" apprendront, dit-il, combien il est nécessaire
" de s'attacher à la doctrine de la Grace, & com-
" bien nôtre humilité plait à Dieu, puisqu'il a vou-
" lu nous mortifier jusques dans la profession de ses
" vérités, n'aiant pas permis que nous les discernas-
" sions par les mêmes voies d'un Examen Philoso-
" phique, par lesquelles nous parvenons à la science
" de certaines choses.

Separer ce secours de la Grace, auquel on conseille de recourir, de l'usage de la Raison, que la Grace au contraire conduit plus surement à l'évidence, c'est réduire les hommes à la nécessité de l'Enthousiasme, ou dès qu'ils voudront être raisonnables à la nécessité du doute.

" Arcesilas fut le prémier, dit Mr. Bayle, qui
" découvrit & qui approuva cette Proposition *Il*
" *est possible qu'un homme n'affirme & ne nie rien sur*
" *les matières incertaines, & c'est le savoir de l'homme*
" *sage,* " Il prétend que ce Philosophe demanda à
" Zenon. " *Qu'arrivera-t-il, si l'homme sage ne peut*
" *rien connoitre clairement, & s'il ne doit rien admet-*
" *tre qui ne soit clairement vrai?* & que Zénon
" répondit, " *il comprendra clairement certaines cho-*
" *ses, & ainsi il n'admettra rien d'obscur.* Il fallut
" ensuite assigner le caractère des choses clairement
" comprises. Celui que Zénon donna fut combattu
" par Arcesilas, qui lui soutint que la fausseté peut
" paroitre sous la même idée que la vérité, & qu'ain-
" si l'on ne sauroit faire le discernement du vrai &
" du faux. Zénon accorda qu'on ne pouvoit rien
" comprendre, si ce qui n'est pas pouvoir nous pa-
" roitre sous la même forme que ce qui est; mais il
" nia la conformité d'idées entre ce qui est & ce qui
" n'est point. Arcesilas au contraire insista sur cette
" conformité. Voila le pivot de leur dispute.

Article Arcesilas Note E.

" Lactance prétend ruiner toute la Philosophie
" en établissant avec Socrate que l'on ne peut rien
" savoir, & avec Zénon que l'on ne peut croire que
" ce qu'on sait. *Si neque scire,* dit-il, *quicquam*
" *potest, ut Socrates docuit, nec opinari oportet, ut*
" *Zeno, tota Philosophia sublata est.* Il confirme
" la prétention par le grand nombre de Sectes, en
" quoi la Philosophie étoit divisée. Chacune s'at-
" tribuoit la vérité & la sagesse, & donnoit l'erreur
" & la folie en partage à toutes les autres; Ainsi
" qu'elque Secte particuliére que l'on condamnât, on
" avoit pour soi le suffrage des Philosophes qui n'é-
" toient point de ce côté-là. Vous pouviez donc
" être assuré du suffrage du plus grand nombre en
" les condamnant toutes; car chacune en particulier
" suroit approuvé vôtre jugement par rapport à tou-
" tes les autres, & n'auroit pu vous opposer que le
" témoignage qu'elle se rendoit à elle même, Juge
" en sa propre cause & par conséquent indigne de foi.
" Voila de quelle manière Lactance détruit toutes
" les Sectes de l'ancienne Philosophie les unes après
" les autres; Elles s'entr'égorgent; Il n'en reste au-
" cune en vie; la raison en est, qu'elles ont bien une
" épée, mais non pas un bouclier, elles ont des for-
" ces pour les guerres offensives, mais non pas pour
" les défensives, "

Ibidem Note F.

" L'Argument dont il se sert pour ruïner toutes
" les Sectes de Philosophie les unes par les autres
" prouve trop. Un Athée qui s'en serviroit au-
" jourd'hui pour renverser tout le Christianisme rai-
" sonneroit mal; les Sectes Chrétiennes s'entr'damnent
" les unes les autres, l'avouë; mais si vous en
" condamnés une dans tous les points de sa doctri-
" ne, vous n'obtiendrés pas l'approbation de toutes
" les autres. "

Mr. Bayle, en relevant une erreur de Lactance, qui, pour donner plus de relief à la Réligion opposoit sa certitude à l'incertitude de la Philosophie, incertitude visible par la diversité des Sectes qui partageoient les Philosophes, dont quelques-uns faisoient profession ouverte de ne savoir rien, Mr. Bayle, dis-je, en relevant cet argument de Lactance prouve qu'il est inutile de chercher dans la Foi un azile contre le Pyrrhonisme: Les mêmes raisons dont on se sert pour l'appuïer contre les Sciences, servent à l'établir contre la Réligion.

Dès qu'on assure qu'il n'y a rien de certain, & que tout est incompréhensible, on déclare qu'il n'est pas certain qu'il y ait des Vices & des Vertus. Or un tel dogme paroit très-propre à inspirer de l'indifférence pour le bien honnête, & pour tous les Devoirs de la vie.

Le Pyrrhonisme paroit très-propre à ruïner le respect pour la Vertu, car puisque la plupart des hommes

mes se conduisent selon des apparences probables, voilà le Pyrrhonisme très propre à influer sur la conduite; car si on croit les Pyrrhoniens, il est probable que la vertu n'est qu'un vain Nom, & tout au plus un beau Nom, ou une belle Chimére.

Condamnation du vieux Juifs. Article Acosta.
"XII. ACOSTA Gentilhomme Portugais redoutoit vivement la damnation & ne voioit pas comment il pourroit se sauver, & s'aquitter de tout ce que les rigides Casuistes demandent. Ses fraieurs furent un peu calmées par des doutes; aux doutes succederent des recherches: la lecture de la Loi & des Prophétes le déterminà à embrasser le Judaïsme. Il se retira à Amsterdam; il n'y fut pas content de la Synagogue; il s'en plaignit; il en fût maltraitté à son tour, & de desespoir d'avoir manqué l'ennemi qu'il vouloit tuer, il se tua lui-même. " Sur quoi Mr. Bayle dit. " Voilà un exemple qui favorise ceux qui condamnent la liberté de philosopher sur les matiéres de Réligion; car ils s'appuient beaucoup sur ce que cette méthode conduit peu à peu à l'Athéïsme, ou au Déïsme. "

Mr. Bayle se donne ici la liberté de se servir d'un éxemple particulier, pour conduire adroitement son Lecteur à en tirer une conséquence génerale.

Ibidem. Note G.
"Acosta ne voulut point, dit-il, aquiescer aux décisions de l'Eglise Catholique, parce qu'il ne les trouva point conformes à sa Raison; & il embrassa le Judaïsme, parce qu'il le trouva conforme à ses lumières. Ensuite il rejetta une infinité de traditions Judaïques, parce qu'il jugea qu'elles n'étoient point contenues dans l'Ecriture; il rejetera même l'immortalité de l'ame, sous prétexte que la Loi de Dieu n'en parle point; & enfin il nia la Divinité des Livres de Moïse, parce qu'il jugea que la Réligion naturelle n'étoit point conforme aux ordonnances de ce Législateur. S'il eut vécu encore 6 ou 7 ans, il auroit peut-être nié la Réligion naturelle, parce que sa misérable Raison lui eut fait trouver des difficultés dans l'hypothése de la Providence, & du libre arbitre de l'Etre éternel & nécessaire. Quoiqu'il en soit, il n'y a personne qui en se servant de la Raison n'ait besoin de l'assistance de Dieu, car sans cela c'est un Guide qui s'égare; & l'on peut comparer la Philosophie à des poudres si corrosives, qu'après avoir consumé les chairs baveuses d'une plaie, elles rongeroient la chair vive, & carieroient les os, & perceroient jusqu'aux mouëlles. La Philosophie refute d'abord les erreurs, mais si on ne lui arréte point là, elle attaque les vérités; & quand on la laisse faire à sa fantaisie, elle va si loin qu'elle ne sait plus où elle est, ni ne trouve plus où s'asseoir. Il faut imputer cela à la foiblesse de l'esprit de l'homme, ou au mauvais usage qu'il fait de ses prétendues forces.

NB

Un homme qui a été élevé dans le Christianisme ne peut venir à rejetter les Livres du Vieux & du Nouveau Testament, que par de mauvaises dispositions de cœur qui influent sur ses raisonnemens. Les rejetter sans examen c'est visiblement agir contre la Raison; Examiner légerement, c'est encore se rendre coupable de la même faute; Examiner sans consulter personne sur les difficultés qu'on rencontre, c'est une présomption que la Raison condamne aussi. Ne tenir aucun compte de ce qui est établi par des preuves claires & simples, par ce qu'on ne sait pas se tirer avec une égale facilité de quelques difficultés dont la discussion est peu importante, & qui de plus roulent sur des matiéres obscures par elles-mêmes, c'est ignorer une des premiéres Régles du Bon Sens. Ceux qui après avoir abandonné la Réligion révelée se sont un mérite d'en demeurer à la Réligion naturelle ne s'en tiennent là, que par ce qu'il l'ont composée eux-mêmes, & qu'ils n'y ont rien fait entrer qui les gêne.

Quoiqu'il en soit, il n'y a personne qui en se servant de la Raison, n'ait besoin de l'assistance de Dieu, car sans cela c'est un guide qui s'égare.

Si le sécours de la Grace nous met en état de nous servir mieux de nôtre Raison, ce sécours ne la détruit pas: Au contraire ce sécours fait toujours plus respecter l'évidence, il empêche qu'on ne se rende par précipitation ou par mauvais goût, à des conclusions favorables aux passions, & à la licence de quelque nature qu'elle soit; il donne la force de soûtenir sans découragement la fatigue de l'éxamen; il fait encore qu'on s'attache à l'important, & qu'on évite de s'embarasser de ce qui ne l'est pas.

Il faut imputer cela à la foiblesse de l'esprit de l'homme, ou un mauvais usage qu'il fait de ses prétendues forces. Que veut dire Mr. Bayle par ces mots de prétendues forces? S'il entend par là des forces que l'on présume plus grandes qu'elles ne sont, j'en conclus qu'on doit renfermer l'usage de ses Facultés dans de justes bornes, & s'abstenir de laisser égarer son esprit sur des matiéres qui le passent, pour se borner à connoitre ce qui est à sa portée. Mais si l'on peut abuser de ses forces, on peut aussi en faire un bon usage & s'abstenir d'en abuser, sans quoi un abus inévitable cesseroit de la même d'être une faute.

Mais si Mr. Bayle insinue que l'homme n'a point de force réelle, & qu'il ne s'en attribue que par une chimérique prétention; si cela est, si l'homme n'a aucune force, il n'a donc pas seulement la force de reconnoitre sa foiblesse, & le besoin qu'il a d'un autre sécours; il est encore dans l'impuissance de discerner, si après avoir imploré ce sécours, la force & la tranquilité dont il se croit en possession, est réelle ou imaginaire: si sa persuasion est une foi véritable ou une confiance fanatique.

Mr. Bayle parlant des bons mots de Bion, dit, "Le plus insupportable & le plus criant de ses railleries, étoit qu'il attaqua insolemment la Morale & la Réligion: Si Socrate, disoit-il, a eu besoin d'Alcibiade & n'en est point servi, il a été un grand sot; s'il n'en a pas eu besoin, sa continence n'est pas grand chose. Pour se moquer de ce qu'on disoit du supplice des Danaïdes, il dit, qu'on les puniroit bien mieux si on les condamnoit à porter de l'eau dans des vases qui ne fussent pas trouës: & sur la remarque qu'on fait ordinairement que la justice divine punit quelquefois sur les enfans la faute des péres, il dit, que cela étoit plus ridicule que si un Méiacin faisoit prendre des rémédes au fils ou au petit fils, afin de guérir la maladie du pére, ou la maladie du grand pére. Plutarque montre très solidement la fausseté de cette comparaison. Il est facile de montrer qu'il y a du faux dans presque tous les bons mots de Bion. Cela n'empêche pas qu'ils ne soient pour la plûpart l'effet d'une vive & heureuse imagination, & l'on peut dire en général que presque tous les bons mots ont un faux côté. L'impudence qu'il avoit de tourner en ridicule la Réligion devoit être reprimée; car une réfutation sérieuse ne fait pas la beaucoup près tant de mal, que les railleries d'un homme d'esprit. Les jeunes gens se laissent gâter par ces sortes de moqueurs plus qu'on ne sauroit dire. Bion en gâta beaucoup. Cela étoit inévitable vu la hardiesse avec laquelle il abusoit de son esprit contre une fausse Réligion, que l'ignorance & la fourberie avoient rendue cent fois plus ridicule, que la Réligion en elle-même, & dans son véritable état, n'est une chose excellente.

Art. Bion. Note C.

NB.

Je me suis étonné que Mr. Bayle qui simote tant à citer, n'ait pas trouvé à propos d'enrichir son Dictionnaire d'une aussi belle & si longue citation qui ne lui auroit coûté que la peine d'un Copiste. On pourroit tourner ce silence à son avantage, & dire, que pendant que lui né dans le Christianisme, faisoit tous ses efforts pour obscurcir la Sagesse, la Justice

stice & la Bonté de la Providence, il lui a paru que Plutarque recherchant toutes les lumières & toute la force de sa Raison, pour mettre la Providence au dessus des blasphêmes des *Epicuriens*, seroit un contraste trop marqué avec son Dictionnaire Critique & ses morceaux les plus poussés.

Dans cette recherche Philosophique des raisons pour lesquelles la Providence Divine ne se hâte pas de punir les méchans; il débute par exposer dans toute leur force les Objections des *Epicuriens* qui ne reconnoissoient aucune Providence; & il ne manque pas d'alléguer la principale, repétée souvent par Mr. Bayle, qu'il vaudroit mieux prévenir les maux, que d'en punir les Auteurs, après leur avoir donné le temps de s'abandonner à leurs criminelles inclinations.

Sa première Réponse est générale. On se rend souvent très-ridicule quand on veut raisonner sur la conduite d'un Médecin, d'un Chirurgien, & en général de tout Artisan dont on n'a pas étudié à fond le métier & la profession. N'aura-t-on pas assés de retenue, de respect & de Bon Sens pour présumer que Dieu seul connoît le mieux en quel temps & de quelle manière il convient de punir les Méchans. L'intention du Législateur connue sert à expliquer ses Loix, sans cela on peut aisément se tromper; & on jugera de la conduite de Dieu, sans être instruit de ses desseins & de ses plans?

Il pose *en second lieu* que par cette conduite Dieu nous donne de grandes leçons pour régler la nôtre, & pour nous apprendre, par des Exemples si respectables, à ne point précipiter, à user de miséricorde, à faire tout avec ordre & avec tranquilité.

3. La Punition des méchans retardée les invite à la repentance & ramène souvent par la douceur ceux qui seroient péris pour jamais, s'ils avoient été châtiés sur le champ. Plutarque établit ces vérités par un grand nombre d'exemples.

4. La Justice divine se sert des méchans pour l'éxécution de divers desseins, & en particulier pour châtier d'autres méchans; souvent encore Dieu tire des méchans divers biens avant que de les éxterminer.

5. La Punition des méchans retardée, mais venuë à son terme, expose aux yeux des caractères évidens de la Providence, qui préside sur les événemens & amène tout à son point.

6. Les Méchans sont déja châtiés entièrement, avant que l'on s'en apperçoive; La punition qui se voit n'est que la consommation de celle qui ne se voit pas; Dans l'attente de cette dernière cette vie est une prison pour les méchans, qui ne sauroient échapper à leur juste destinée; un temps qui nous paroit long est court aux yeux de Dieu.

7. Souvent une prompte punition seroit un **moindre mal qu'une longue, quoique plus lente.**

Tout ce Traité est excellent & les réflexions de Plutarque deviennent très satisfaisantes, dès qu'on a reconnu que Dieu a trouvé à propos, & qu'il étoit en plein droit, de donner l'éxistence à des Créatures, intelligentes, libres & actives & de les gouverner conformément à cette nature; sans déployer à tout coup sa toute-puissance pour les rendre ce qu'il leur seroit utile d'être.

Quelles railleries peut-on faire sur le sujet de la Religion plus capables de mauvais effets, que la plupart des comparaisons dont Mr. Bayle se sert pour combattre la Providence, & pour prouver que Dieu n'est point un Etre Bon, que la Raison ne le sauroit connoître tel.

Inutilité & préjudice du Pyrrhonisme.

„XIII. PRESQUE tous ceux qui vivent dans „l'irréligion ne font que douter, ils ne parviennent „pas à la certitude, se voïant donc dans le lit d'in- „firmité, où l'irréligion ne leur est plus d'aucun „usage, ils prennent le parti le plus sûr, celui qui „promet une félicité eternelle, en cas qu'il soit vrai, „& qui ne fait courir alors aucun risque, en cas „qu'il soit faux."

Il n'en faut pas d'avantage non seulement pour prouver l'inutilité du Pyrrhonisme, mais le préjudice infini qu'il fait aux hommes: A quoi les amène le doute? A risquer infiniment. Pendant que leurs Intérêts s'en accommodent, ils s'applaudissent de douter; Dès que leurs Passions tranquilisées leur font voir à quoi ils s'éxposent, ils voudroient n'avoir jamais douté.

XIV. Le gout du Pyrrhonisme jette Mr. Bayle, dans les sentimens qu'il vient de condamner dans Mr. Jurieu " Quand on est capable de bien comprendre, „dit-il, tous les moïens de l'époque qui ont été éx- „posés par Sextus Empiricus, on sent que cette „Logique est le plus grand effort de subtilité que „l'esprit humain ait pu faire; mais on voit en mê- „me temps que cette subtilité ne peut donner aucu- „ne satisfaction: elle se confund elle-même, car si „elle étoit solide, elle prouveroit qu'il est certain „qu'il faut douter. Il y auroit donc une règle „sure de la verité. Or cela ruine le système, mais „ne craignés pas qu'on en vienne là, les raisons de „douter sont elles-mêmes douteuses: il faut donc dou- „ter s'il faut douter. Quel cahos & quelle gène pour l'es- „prit! Il semble donc que ce malheureux état est le plus „propre de tous à nous convaincre que nôtre Rai- „son est une voie d'égarement, puisque lorsqu'el- „le se déploie avec le plus de subtilité, elle nous jet- „te dans un tel abime. La suite naturelle de cela „doit être de renoncer à ce guide, & d'en demander „un meilleur à la cause de toutes choses. C'est un „grand pas vers la Religion Chrétienne; car elle „veut que nous attendions de Dieu la connoissance „de ce que nous devons croire, & de ce que nous „devons faire; elle veut que nous captivions nôtre „entendement à l'obéissance de la Foi. Si un hom- „me s'est convaincu qu'il n'a rien de bon à se pro- „mettre de ses Discussions Philosophiques il se sen- „tira plus disposé à prier Dieu, pour lui demander „la persuasion de ce que l'on doit croire, que „s'il se flatte d'un bon succès en raisonnant, & en „disputant"

Que peut dire de plus fort un Enthousiaste? & celui qui adopte les principes que Mr. Bayle vient de poser, ne se met-il, pas, par là même, dans l'impuissance de prouver que la Religion Chrétienne n'est pas un Enthousiasme?

Mr. Bayle dit dans le texte que le Pyrrhonisme a ses usages pour *disposer l'homme à implorer le secours d'enhaut*; Dans les notes il éxplique sa pensée, précisément dans tous les termes qu'un Enthousiaste pourroit employer. Peu de lignes après il cite ces paroles de Mr. de la Placette. " C'est l'éxtinction totale non seulement de la Foi, mais de la Raison, & rien n'est plus impossible que de ramener ceux qui ont porté leur égarement jusqu'à cet excès. On peut instruire les plus ignorans. Mais il est impossible je ne dirai pas de convaincre un Sceptique, mais de raisonner juste contre lui, n'étant pas possible de lui opposer aucune preuve, qui ne soit un sophisme, le plus grossier même de tous les sophismes, je veux dire une *pétition de principe*. En effet il n'y a point de preuve qui puisse conclure, qu'en supposant que tout ce qui est évident est véritable, c'est-à-dire, qu'en supposant ce qui est en question.

Vient après cela la Motte le Vayer qui dit, " Je tiens pour desesperé le salut de Pyrrhon, & de tous ses disciples qui ont eu les mêmes sentimens que lui touchant la Divinité. Ce n'est pas qu'ils fissent profession d'Athéïsme comme quelques-uns ont cru. On peut voir dans Sextus Empiricus qu'ils admettoient l'éxistence des Dieux, comme les autres Philosophes, qu'ils leur rendoient le culte ordinaire, & qu'ils ne nioient pas leur Providence. Mais outre qu'ils ne se sont jamais déterminés à reconnoître une Cause première, qui leur fit mépriser l'Idolatrie de leur temps; il est

„ certain qu'ils n'ont rien cru de la Nature Divine qu'a-
„ vec suspension d'esprit ; ni rien confessé de tout ce
„ que nous venons de dire qu'en doutant, & pour
„ s'accommoder seulement aux loix & aux coûtumes
„ de leur siécle, & du Païs où ils vivoient. Par con-
„ séquent puisqu'ils n'ont pas eu la moindre lumié-
„ re de cette Foi implicite sur laquelle nous avons
„ fondé l'espérance du salut de quelques Païens, qui
„ l'ont possédée conjointement avec une grace extra-
„ ordinaire du Ciel, je ne vois nulle apparence de
„ croire qu'un Sceptique ou Pyrrhonien de cette
„ trempe ait pu éviter le chemin de l'Enfer.

Rassemblés tout cela; Il en faudra conclure que si l'on ne veut pas raisonner précisément comme les Fanatiques, il faut reconnoître que le Pyrrhonisme va à éteindre la Foi & la Raison. Il ne se peut que Dieu ait fait les hommes pour être damnés, à moins qu'ils ne soient Fanatiques ; Il ne se peut qu'il les ait fait pour être condamnés dès qu'ils voudroient être raisonnables. Il ne les condamnera donc pas s'ils sont Pyrrhoniens, puisque ce parti est le seul où la Raison conduite ; la certitude dont quelques-uns se flattent, n'est qu'une certitude imaginaire.

Article Comenius. Mr. Bayle parlant de Comenius dit, " Pour peu
" qu'il eut vécu d'avantage, il auroit été témoin de
" la fausseté de ses prédictions.

" On le représenta comme un escroc & un vérita-
" ble Chevalier de l'industrie, qui se servoit admira-
" blement de la qualité de fugitif pour la Réligion,
" & des idées pompeuses de sa méthode d'ensei-
" gner ; qui se servoit, disje, admirablement de ces
" ressorts pour vuider la bourse des bonnes ames. On
" le fit aussi connoître par d'autres endroits desa-
" vantageux. Il reconnut enfin la vanité de ses tra-
" vaux & de cette agitation qu'il s'étoit donnée de-
" puis que la Providence l'avoit fait sortir de sa pa-
" trie. En effet il eut été plus louable de se re-
" cueillir en lui-même, pendant son éxil, pour ne
" songer qu'à son salut, que de jetter tant la vûe
" sur les événemens de l'Europe, afin de trouver
" dans les intérêts des Princes, dans leurs guerres,
" dans leurs alliances &c. dequoi flatter l'espérance
" d'être rétabli & repaître. C'est ce qui le jette dans
" le Fanatisme. Il mourut à Amsterdam le 15. de
" Novembre 1671. Pour peu qu'il eût vécu d'a-
" vantage il auroit été témoin de la fausseté des
" promesses à l'égard du régne de mille ans.

On voit bien ici Mr. Bayle porte des coups sous le nom de Comenius. Son Dictionnaire lui fournit des titres sous lesquels il place ce qui va à son but, & qui sert ses passions dominantes.

Ibidem Note I. „ Il n'y a presque personne, dit-il, qui ne croie
„ qu'il mourut donc bien à propos, puis qu'il é-
„ vita la confusion de voir lui-même la vanité de
„ ses prophéties. Je suis persuadé qu'il ne gagna pas
„ grand chose. Il étoit si accoutumé à des sembla-
„ bles disgraces, & si endurci au qu'en dira-t-on,
„ qu'il auroit essuié ce dernier échec sans le sentir.
„ Ces Messieurs sont d'une constitution admirable :
„ rien ne les déconcerte, ils se montrent har-
„ diment dans les compagnies après l'éxpiration du
„ terme qu'auparavant ; ils ne craignent ni les rail-
„ leries, ni les plaintes sérieuses dont-ils devroient
„ être la proie. Ils sont toûjours prêts à recom-
„ mencer, en un mot ils. sont à l'épreuve des plus
„ légitimes humiliations. Il ne faut pas tout à fait
„ s'en prendre au tour singulier de leur esprit & de
„ leur coeur. Le public est plus blamable de ce
„ qu'eux mêmes, à cause de son indulgence prodi-
„ gieuse. C'est que ordinairement que Dieu pardonne
„ tout, & que les hommes ne pardonnent rien, mais
„ cette maxime est faussé à l'égard des Commenta-
„ teurs de l'Apocalypse; Il est fort apparent que
„ Dieu n'a pas le même support que le public pour
„ la hardiesse avec laquelle ils manient ses Oracles, &
„ les éxposent au mépris des infidéles. Un savant
„ Théologien observe que Comenius ne perdoit rien

„ de son crédit , pour avoir abusé cent fois le peu-
„ ple par ses visions : il ne laissoit pas de passer toû-
„ jours pour un grand Prophéte ; tant il est vrai
„ qu'on se plait à être trompé sur de certains articles.

Le Fanatisme s'emparant de l'esprit humain avec tant de facilité, l'orgueil, l'interêt, & presque toutes les passions se trouvant capables d'y précipiter, & les fanatiques étant si incurables & si obstinés dans leurs préventions; Le Pyrrhonisme ne s'étendra-t-il pas sur la Réligion même, & ne l'accablera-t-il pas sans qu'elle puisse s'en garantir, si la Raison ne nous fournit aucun secours par où l'on puisse. surement discerner l'inspiration d'avec l'Enthousiasme, & la foi d'avec les inspirations.

Article Discours de. Note A. " Ces misérables Docteurs dit Mr. Bayle enseignent
„ que la perfection de la contemplation ne consiste pas à con-
„ noître Dieu plus parfaitement que les autres, mais à ne le
„ point connoitre. Que le vrai contemplatif ne se forme point
„ d'idée de Dieu ; qu'il n'a de connoissance distincte
„ d'aucun de ses attributs ; qu'il ne le connoit point par
„ des idées, par des réflexions, & par des raisonnemens, mais
„ par une foi obscure, générale & confuse, sans distinction
„ de perfections, d'attributs, ni de personnes. Que la
„ vraie contemplation parfaite a pour seul objet l'essence
„ de Dieu, considérée sous l'idée la plus abstraite qu'il
„ est possible. Que l'ame doit se persuader que les
„ créatures sont trop grossiéres pour lui servir de
„ maitre & de guide dans la connoissance de
„ Dieu. Il faut donc que l'amour prenne les de-
„ vants & qu'elle laisse l'entendement derriére. Que
„ l'ame aime Dieu comme il est en lui-même, &
„ non comme l'imagination le lui représente. Que
„ si elle ne peut le connoître tel qu'il est , qu'elle
„ l'aime sans le connoitre, sous le voile obscur de la
„ foi, à peu près comme un enfant qui n'auroit
„ jamais vû son pére, & qui s'en rapportant à ceux
„ qui lui en parlent, l'aimeroit autant que s'il l'a-
„ voit vû. Que tout ce que l'Ecriture Sainte dit
„ de Dieu ne peut passer que pour des fleurs; & s'y
„ arrêter à la superficie, parce que Dieu ne pouvant
„ se comprendre par l'esprit , ne peut aussi être éxpliqué
„ par les paroles, & quand nous voulons par là nous
„ élever à lui, nous nous abaissons. Que Dieu n'a fait écri-
„ re ces Livres, que pour nous donner une haute opi-
„ nion de sa grandeur, afin que si nous l'aimions en ce
„ qu'on dit de lui, nous l'aimassions encore plus en lui
„ même. Mais que si l'ame aimoit Dieu tel qu'il est
„ représenté dans les Ecritures, elle n'aimeroit qu'un
„ fantome, ou que le masque de Dieu, & non pas Dieu
„ tel qu'il est. Que Dieu n'est rien de ce que conçoit
„ la Raison, parce que tout ce que nous connoissons se
„ peut comprendre, & Dieu est incompréhensible. Quand
„ nous voulons connoitre Dieu nous changeons la Créatu-
„ re en Dieu, comme les Idolatres & nous abaissons
„ Dieu à la Créature. Que tant que l'ame connoîtra
„ quelque chose par des images, ou par des similitudes,
„ de quelque nature qu'elles soient, même infuses & sur-
„ naturelles, elle ne conçoit point Dieu. Que l'idée
„ que Saint Paul donna de Dieu aux Athéniens ado-
„ rateurs d'un Dieu inconnu est fausse, en ce qu'elle
„ ne représente pas Dieu comme il est, car Dieu ne
„ peut être compris ni connu. Qu'on est obligé de se
„ servir des termes proportionés à notre foiblesse pour par-
„ ler de lui : mais ces expressions n'ont rien de digne
„ de lui, & les idées qu'elles forment en nous ne sont
„ pas la véritable idée de Dieu. Qu'on peut dire de
„ Dieu qu'il est juste, bienfaisant, remunerateur,
„ vangeur, tout puissant &c. mais tout cela n'est point
„ Dieu. Ce n'est point de cette maniére que la Foi le
„ regarde ; Elle n'a d'autre objet qu'un Dieu inconnu
„ présent par tout.

Mais comment distinguera-t-on cette Foi que Mr. Bayle recommande & qui supplée à toute l'impuissance de la Raison? comment la distinguera-t-on d'avec les rêveries des Enthousiastes, leurs superstitions, leurs impiétés mêmes, si la Raison ne doit être ni consultée, ni écoutée ?

DU PYRRHONISME. 313

Que prétendoit Mr. Bayle? Les Enthousiastes sont partagés: Il en est qui portent le galimathias aux derniers excès; Par où m'assurerai-je que je ne suis point Enthousiaste; si je crois sans savoir pourquoi, par instinct, & par ce qu'il me plait de croire? La Raison me peut-elle amener à quelque certitude? Par quel secours y viendroit-je qui me rassure contre la crainte du Fanatisme? Que prétendoit Mr. Bayle? Si on en a pû douter pendant sa vie, en douteroit-on encore aujourd'hui que l'expérience a si hautement vérifié, qu'on ne s'étoit pas allarmé, sans fondement, de son zèle à remplir ses Lecteurs de doutes? Lui-même reconnoît les contradictions des Enthousiastes; il en raporte les excès; La Raison selon lui ne peut les guérir; Chacun d'eux se repose sur la Foi qu'il croit la véritable. Mr. Bayle ce fidéle Rapporteur, ne propose pas la moindre ouverture pour se tirer de ce Labirinthe. Que conclure de là, si ce n'est qu'il écrivoit pour y enfoncer ses Lecteurs?

Impossibilité d'assurer sa Foi sans le secours d'une Raison sur laquelle on puisse compter. Ibidem Note B.

" Les Païens, dit-il, ne pourroient pas rétorquer " cette remarque sur le Christianisme, sous prétexte " qu'on y recommande de captiver son entendement " sous l'obéïssance de la foi, & qu'on y dit que la " foi se définit mieux par l'ignorance que par la con" noissance; & qu'il faut se conduire non par la " voie de l'éxamen, mais par la voie de l'autorité, " & adorer les mystères sans les comprendre: cette " rétorsion, dis-je, seroit injuste, si on la faisoit " sur le Christianisme en général, puisque les Communions Protestantes ne rejettent point la voie de " l'éxamen.

Mais comment éxamine-t-on que par la Raison? Une Objection qui ne tombe que sur une hypothése particulière à quelque Communion, ne tombe pas sur le Christianisme en général, de l'aveu de Mr. Bayle; & le Christianisme en général ne fournit pas à cet égard aux Pyrrhoniens un argument *ad hominem*. Il est pourtant vrai qu'elle tombe sur tous ceux qui s'expriment comme Mr. Bayle en matière de Certitude & de Foi.

Article Mahomet Note DD.

" La Réligion Mahométane dit Mr. Bayle n'est " pas aussi dépourvû d'Apologistes qu'on le croit " ordinairement. Il y a des Arabes qui ont écrit " en faveur de l'Alcoran, & contre la Bible avec " assés d'industrie pour fomenter les préjugés. Hot" tinger parle d'un Auteur qui épluche les contra" dictions apparentes de l'Ecriture, & qui prétend " même prouver par la Bible la mission de Mahomet. " Nous serions fort simples si nous croyons qu'un " Turc qui examine cela, la trouve aussi foible que " nous le trouvons. Il n'apperçoit aucune force dans " les objections contre l'Alcoran; & il en apperçoit " beaucoup dans les objections contre les Chrétiens. " Tant est grande la force des préjugés.

Que sera donc un Païen, un Juif, ou un Déïste après avoir entendu deux Savans l'un Mahométan & l'autre Chrétien? Se servira-t-il de sa Raison pour comparer les argumens de côté & d'autre? Renoncera-t-il à son secours pour s'abandonner à celui de l'Inspiration? Mais si le Mahométan & le Chrétien soûtiennent, l'un & l'autre, que leur Foi est le don d'une Grace surnaturelle, l'embarras croîtra. Il comprendra bien que l'un des deux se trompe, & il craindra de se faire la même illusion.

Midem Note II.

" Quand une fois on est prévenu de l'opinion " qu'un certain homme est Prophéte, ou un grand " serviteur de Dieu, on croit plûtôt que les crimes " ne sont point crimes quand il les commet, que " l'on ne se persuade qu'il fait un crime. C'est-là " l'effet de la sotte prévention de plusieurs petits es" prits. Seneque lui-même ne disoit-il pas qu'on " prouveroit plus facilement que l'yvrognerie est loua" ble, que non pas que Caton commit un péché " en s'énivrant? Les Sectateurs de Mahomet disoient " de même en leur coeur; il vaut mieux croire que " l'impudicité n'est pas un vice, puisque nôtre grand " Prophéte y est sujet, que de croire que puisqu'il

" y est sujet, il n'est pas un grand Prophéte. Tous " les jours on voit des diminutifs de préjugés: un " homme s'est-il une fois acquis la réputation de " grand Zélateur de l'Orthodoxie; s'est-il signalé " dans les combats contre l'Hérésie offensivement & " défensivement, vous trouverez plus de la moitié du " monde si prévenu en sa faveur, que vous ne pou" vés plus leur faire avouer qu'il ait tort, en faisant " des choses qu'ils condamneroient, si un autre les " faisoit.

Comment donc se tirer d'affaire qu'en examinant, & à quoi sert l'éxamen si la Raison qui le fait ne peut amener à aucune certitude?

" St. Paul a dit seulement que la femme infidelle " seroit sanctifiée dans le mari fidelle, mais s'il eût " parlé selon le goût de ces gens-là, il auroit dit " que tout ce qui appartient à l'homme fidelle, à " l'homme orthodoxe, & tout ce qu'il fait, est " sanctifié en lui.

Cette remarque confirme toûjours plus la nécessité du raisonnement.

J'ajoûterai que Mr. Bayle avoit bien connu cette vérité. Jamais on n'a attaqué la Réligion avec plus de force & plus de succès; jamais on ne l'a attaquée plus impunément qu'il a fait; & d'où vient cela? C'est que depuis la tête jusqu'aux piés, il s'étoit tout couvert des livrées de l'Orthodoxie.

Au reste ces *diminutifs de Prophétes*, cette *femme sanctifiée en son mari*, ce pouvoir des préjugés *en faveur de l'Orthodoxie*, on voit bien qui tout cela regarde, & que nôtre bon Pyrrhonien ne l'étoit que quand il vouloit. Les dix moïens de l'Epoque ne l'avoient point amené à cette tranquillité & à ce vuide de passions, à cette indifférence, à cette *ataraxie* dont les Pyrrhoniens se vantent.

Article Rapin Rend Note C.

,, Le Pere Rapin, dit Mr. Bayle, suppose un ,, Janséniste qui s'en va porter la lumière de l'Evan,, gile dans les païs infidelles, & qui annonce since,, rement son systême de la Grace; savoir que de ,, toute éternité la plûpart des hommes ont été pré,, destinés aux supplices éternels, & les autres à la ,, gloire du Paradis, que Dieu l'Auteur de cette pré,, destination absolue, ne voulant point manquer de ,, prétextes pour colorer ses arrêts de damnation, dé,, clare aux hommes qu'il ne tient qu'à eux de se ,, sauver, qu'ils n'ont qu'à faire ce qu'il leur com,, mande: il les menace, il les exhorte; cependant ,, ils n'ont point la force d'obéïr, & qu'il refu,, se à tous les hommes excepté à ses élus, la Gra,, ce efficace sans laquelle il est impossible de se con,, vertir, & d'avoir même un bon mouvement. Le ,, Pére Rapin suppose que les Infidelles qui enten,, dent un tel Evangile s'étonnent étrangement qu'on ,, leur fasse un tel portrait du bon Dieu, & qu'ils ,, demandent pourquoi il envoïe des Prédicateurs à ,, des gens qu'il voit incapables de se convertir, s'il ,, ne leur donne une Grace qu'il s'est engagé par ses ,, Décrets éternels à leur refuser. Le Janséniste du ,, Pére Rapin replique que Dieu en use de cette ,, manière, afin de rendre les hommes inéxcusables, ,, & dignes des supplices de l'Enfer. On lui ,, réplique qu'un tel motif n'est point digne de l'E,, tre infiniment bon, & qu'il n'est nullement pro,, pre à ôter à l'homme les moïens de se défendre ,, devant le thrône de Dieu; qu'il laisse le droit de ,, dire qu'on n'est point tenu à l'impossible, & que ,, jamais un Législateur n'inflige des peines, qu'en ,, supposant que les infracteurs de la Loi ont eu la force ,, de les observer; de là vient qu'on ne punit pas ,, les frénétiques. On peut aisément s'imaginer ce ,, qu'un Moliniste auroit pû tourner à son avantage ,, une pensée, a pu faire répliquer de part & d'au,, tre, après avoir enfilé l'affaire comme je viens de ,, le rapporter. Mais outre cent autres bonnes ré,, ponses, on lui peut dire ceci, c'est qu'un Jansé,, niste, qui prêcheroit aux infideles du Japon ou de ,, la Chine pour la prémière fois, ne seroit pas assés

Eeee 2

bête

" bête pour douter par le dogme de l'extinction du
" Franc arbitre, ou par celui de la prédestination ab-
" solue. Il prêcheroit à la Pélagienne, comme un de
" nos plus rigides *Prédestinateurs* dit qu'il faut fai-
" re, & il renverroit son Janſéniſme au temps que
" les Néophytes n'auroient plus besoin de lait, &
" seroient capables d'une viande ferme. Ce sont des
" mystères qu'on ne doit découvrir qu'aux initiés. "

Le caractère d'un homme sage, c'est de penſer, &
de vivre conſéquemment, & de n'être pas en contradiction avec lui-même ; Je ſuppoſe donc un Indien
habilement converti par l'adreſſe qu'on a eu de ne lui
repréſenter la Religion Chrétienne que par ſon beau
côté. Dès que quelques années de perſévérance le
font regarder comme affermi dans l'habitude d'en faire
profeſſion, on lui expoſe la Doctrine des Prédeſtina-
tiens. Ces nouvelles propositions le frappent, & il
ne ſe peut autrement. Vous m'épouvantés, dit-il,
& ſi vous m'aviés d'abord propoſé ce que vous venés de me dire, vous m'auriés infailliblement rebuté. Or ce qui m'auroit paru très-faux, il y a quatre ans, a-t-il changé de nature) depuis ce temps-là ?
Alors vous ne me demandiés pas d'être crû ſur vôtre parole, & vous auriés eu tort de le demander,
vous l'auriés demandé inutilement. Vous me con-
juriés d'éxaminer vos raiſons ſans préjugé, Je l'ai fait,
& je me ſuis convaincu qu'il étoit digne de Dieu
de ſauver les hommes par la voie que vous m'annon-
ciés : J'éxamine aujourd'hui & je trouve tout le contraire ; Me voici pour le moins réduit à la néceſſité
de douter. Voulés-vous que je renonce à la Raiſon ?
Mais s'il eſt juſte d'y renoncer aujourd'hui, il étoit
juſte d'y renoncer il y a quatre ans ; Pourquoi donc
m'avés-vous fait raisonner ? Pourquoi avés-vous demandé que je me repoſaſſe ſur des principes & ſur
des conſéquences, ſur quoi on ne doit point compter, puiſqu'on ne doit point compter ſur la Raiſon
& l'évidence ?

Selon Mr. Bayle, il faudroit être bête pour inſtruire
un Païen ſur les Dogmes que lui-même ſe fait une
ſi grande gloire d'embraſſer par Foi ; & la propoſition de ces Dogmes ſeroit un obſtacle invincible à
la Foi, à laquelle on ſe proposeroit de l'amener. Nous
voilà donc 1. dans l'impuiſſance de perſuader la Vérité de l'Evangile à aucun de nos Incrédules ; car
ils ſont tous inſtruits de cette controverſe. Mr. Bayle a fait de plus tous ſes efforts pour rendre les objections de la Raiſon ſans réplique : & pour engager
les Libertins à lire ſon Dictionnaire, il a eu un grand
ſoin de le remplir de gaillardiſſes 2. Si un Païen s'a-
viſoit de propoſer cette Objection qui ſe préſente ſi
naturellement, *d'où vient que ſi la Foi en l'Evangile
eſt néceſſaire pour le Salut, ſa Nation n'en a pas été
avertie plûtôt*. Si enfin on trouvoit des Nations pré-
venues de la pensée de deux Principes, comme en
effet la plûpart des Païens ont reconnu des Dieux
malfaiſans, que faire avec eux ? Suivant Mr. Bayle
il faudroit être bête pour entrer dans la Queſtion,
& pour avouir de la vérité : Cependant ſi on ne
voit pas leurs doutes, leur conversion ſeroit impoſſible. 3. Suppoſons qu'on eſt venu à bout
de leur perſuader la vérité de l'Evangile en éloignant, avec une grande habileté, les idées qui en
auroient rendu inutile la prédication, qu'arriveroit-il ? Ils liroient St. Paul, on le leur feroit
lire, on le leur expliqueroit, ſuivant la Foi Orthodoxe ; Mais vous n'avés pas uſé de bonne foi, ajou-
teroient-ils, quelle confiance pouvons-nous prendre
en vous ? 4. En effet Mr. Bayle fait jouer un ridicule perſonnage à ſes Miſſionnaires, il les fait débuter à la Pélagienne, c'eſt-à-dire, d'une manière toute

oppoſée à ce qu'ils penſent, afin de ſurprendre des
ſimples qui ne prévoient pas leur ruſe. Enfin de l'a-
veu de Mr. Bayle. *Il y a des hypothèses plus propres
à la conversion des hommes, & qui ſont moins expoſées
que d'autres à des inconvéniens,* Ce grand Déſenſeur
de l'Orthodoxie conçoit donc qu'il faut y renoncer
pour quelque temps. Mais ſe croit-il bien en ſureté ſous les Canons du Synode de Dordrecht, quand
il dit, qu'il faut prendre un ſtile tout oppoſé à celui
de ce Synode, ſi l'on veut faire des Chrétiens, &
convertir ceux qui ne le ſont pas encore ? Les Orthodoxes n'ouvriront-ils jamais les yeux, pour voir
à quel point il ſe moque d'eux, & continueront-ils à
le ſoutenir de leur autorité ?

La Raiſon eſt néceſſaire pour l'intelligence de l'E-
criture, & le Pyrrhoniſme qui porte à s'en défier &
à ne la point croire, nous laiſſe ſur le ſens de l'Ecriture dans des doutes inſurmontables.

,, On ne ſauroit aſſés admirer qu'une ſemblable *Article*
,, fantaiſie, ſit été ſi ſouvent renouvellée parmi les *Turlupins*
,, Chrétiens. Le Paganiſme ne nous fournit que la *Mots A.*
,, Secte des Cyniques qui ait donné dans cette impu-
,, dence, encore faut-il reconnoître que jamais cette
,, Secte n'a été nombreuſe & que la plûpart des Cy-
,, niques ne pratiquoient point, en fait de montrer
,, ſa nudité, & ce qui s'enſuit, ce qu'on attribue à
,, Diogène. Les Gymnoſophiſtes Indiens n'étoient
,, point nudst, quant aux parties que les Adamites,
,, les Turlupins, les Picards, & quelques Anabap-
,, tiſtes découvroient. Il faut donc demeurer d'ac-
,, cord que les Chrétiens ſe ſont plus ſouvent déré-
,, glés à cet égard que les Païens. On ne s'en éton-
,, nera pas, quand on prendra garde à un principe
,, dont on peut abuſer ſous l'Evangile & dont les
,, Païens n'avoient nulle connoiſſance. Ce principe
,, eſt que le ſecond Adam eſt venu réparer le mal
,, que le prémier Adam avoit introduit au monde.
,, De la un Fanatique ſe hazarde de conclure, que
,, ceux qui ſont une fois participans du bénéfice de
,, la Loi de Grace, ſont parfaitement réhabilités dans
,, l'état d'Adam & d'Eve. J'avoue qu'il faut que
,, le Fanatiſme ſoit bien outré, & que la doſe en ſoit
,, très-forte, quand il eſt capable de vaincre les im-
,, preſſions de pudeur que la nature & l'éducation
,, Chrétienne nous donnent : mais de quoi ne ſont
,, point capables les combinaiſons infinies de nos paſ-
,, ſions, de nos imaginations, de nos eſprits ani-
,, maux &c ? J'ai parlé ailleurs de quelques anciens
,, ſolitaires, qui faiſoient ſcrupule de voir leur pro-
,, pre nudité. De pareils exemples, n'ont point eu, que je
,, ſache, de tels exemples, ils en ſont demeurés aux
,, termes de ſe cacher ſoigneuſement aux yeux du pro-
,, chain.

Poſons que l'Interprétation de l'Ecriture Sainte
doit ſe faire ſuivant de **certaines Régles**, dont la Raiſon eſt capable de reconnoître la néceſſité, & qu'elle
eſt en état de manier avec éxactitude ; On a dans ces
Régles des moiens ſurs pour éviter l'écart dont Mr.
Bayle vient de donner un exemple, & avec celui-
là tous les autres. Mais ſi la Raiſon ne fournit aucun
ſecours ſur lequel on puiſſe ſurement compter, aucun jour à dire que ſa Foi eſt la véritable, & que c'eſt lui
qui eſt conduit par le bon eſprit, on ne pourra point
s'éclairer les uns les autres, les conférences, qui ſe
font en raiſonnant, deviendront inutiles, le tout ſe
décidera par la Loi du plus fort, ou le monde
Chrétien ſera bien tôt un Chaos de Fanatiques.

XIII. A L'OCCASION d'un Livre compoſé *On ne*
par un Athée, intitulé *l'Art de ne rien croire*, Mr. *peut for-*
Bayle dit, que Maldonat " veut que le Calvini- *ner de l'or-*
" me ſiant une fois ſecoué le joug de la tradition à *thogra-*
" l'égard de la préſence réelle, ſous prétexte que *jusqu'à un*
" c'eſt une dogme embarraſſé de mille difficultés, & *d'une Rai-*
" contraire aux ſens & à la Raiſon, ait fourni à *ſon qui*
" toutes ſortes d'Hérétiques une méthode générale de *enſeigne*
" rejetter tous les myſtères ; & qu'en effet quelques *tudes.*
" Calviniſtes plus ſubtils & plus incrédules que les *Article*
l'allée
D. Note A.

,, autres ont nié la Trinité, par les mêmes argumens
,, dont ils s'étoient déja servis pour nier la Tranſub-
,, ſtantiation. Quelques-uns, ajoute-t-il, ſont allés
,, encore plus loin, & juſqu'à à ne rien croire, &
,, c'eſt à quoi les devoit conduire néceſſairement le
,, chemin qu'ils avoient pris: ce que je remarque,
,, pourſuit-il, non pas pour injurier les Calviniſtes,
,, mais pour leur montrer le précipice qui eſt au bout
,, de leur route & pour faire enſorte qu'à la vue de
,, ce grand péril, ils ſe retirent de cette voie de per-
,, dition. Ce ſens commun de Maldonat mérite la
,, réprimende par deux endroits; car en prémier lieu,
,, c'eſt donner trop d'avantage aux Libertins & aux
,, Eſprits forts, que d'avouer que lorſqu'on préfére
,, les lumières de la Raiſon à l'autorité des Conciles
,, qui ont défini la réalité, on entre dans une route
,, qui conduit à l'Athéiſme. N'eſt-ce pas dire que
,, le Dogme de l'éxiſtence de Dieu n'eſt pas moins
,, contraire aux notions communes, que celui de la
,, Tranſubſtantiation? N'eſt-ce pas dire que pour
,, croire cette éxiſtence, il faut ſacrifier aveuglé-
,, ment à l'autorité de la Tradition les lumières les
,, plus diſtinctes de la Philoſophie; comme il faut
,, les ſacrifier à cette même autorité, pour croire ce
,, que les Papiſtes enſeignent concernant l'Eucharistie?
,, Or qu'y auroit-il de plus pernicieux à la Religion
,, qu'un ſemblable aveu? Il eſt donc très néceſſai-
,, re de mettre des bornes à cette objection. Il fal-
,, loit ſeulement dire que la bréche faite aux déci-
,, ſions des Conciles par la rejection de la préſence
,, réelle, ſe peut étendre juſqu'aux autres dogmes in-
,, compréhenſibles de la Communion Romaine.
Mr. Bayle dans l'Article de Symoniſte prétend que
l'éxiſtence de Dieu eſt un Dogme ſur lequel la Raiſon ne fournit que des incertitudes. Le voilà donc
en paralléle avec celui de la préſence réelle. La Raiſon découvre dans l'un & dans l'autre des contradictions & l'avantage eſt du coté des Libertins.

*Autres dé-
fauts.
Article
Wiclef.*

XVI. Mr. BAYLE à l'occaſion d'un Livre où
un Catholique faiſoit de grandes objections contre la
Doctrine reçûe, ſur les enfans décédés ſans batême,
il met en marge, *Réflexion ſur beaucoup de certaines
gens contre ceux qui pouſſent beaucoup les objections des
Libertins*; à côté de quoi on lit. ,, Quelqu'un me
Note B. ,, dira peut-être que les objections des enfans ſont
,, trop pouſſées, & que cela rend ſuſpecte la Foi de
,, leur Avocat. Je ne daignerois pas répondre à
,, cette difficulté, ſi je ne ſavois qu'elle eſt dans la
,, bouche d'une infinité de gens contre tous ceux
,, qui étalent ſans aucun déguiſement les raiſons de
,, Hérétiques ou des Libertins. Répondons à ces gens-
,, là par cette demande; Si vous aviés à éxaminer
,, quelqu'une des controverſes qui ſont agitées en-
,, tre les fidéles & les infidéles, rapporteriés-vous tout
,, ce que vous ſauriés que ces derniers peuvent dire
,, de plus fort en faveur de leurs opinions? Affoi-
,, blirés vous de deſſein prémédité leurs argumens,
,, afin que vos Lecteurs ne trouvaſſent rien qui ren-
,, dit douteuſe vôtre victoire? Vous me répondrés
,, ſans doute que vous feriés la prémière de ces cho-
,, ſes & que la ſeconde eſt une ſupercherie très-in-
,, digne d'un homme d'honneur, tant s'en faut qu'on
,, la puiſſe pardonner à un Serviteur de Dieu. Pour-
,, quoi donc trouvés-vous étrange que l'on donne
,, aux difficultés des impies toute la force que la
,, Raiſon naturelle leur peut donner? Vous le ſe-
,, riés dites-vous, ſi vous aviés à les réfuter,
,, & vous convenés qu'en ne faiſant point cela vous
,, commettriés une faute ignominieuſe. Apprenés donc
,, à ne point épandre par des prévaricateurs ceux
,, qui ſont paroitre par ſon beau côté la cauſe de
,, leurs adverſaires, & s'ils ſont obligés de confeſſer
,, qu'il n'y a que l'Ecriture qui puiſſe fournir des
,, armes contre ces puiſſantes Objections des impies,
,, que c'eſt à elle qu'ils reconnent comme au fonde-
,, ment inébranlable de leur Foi, ſoïés très-contens
,, de leur conduite; car autrement on aura ſujet de

,, ſe défier de vous, & de prétendre que vous cher-
,, chés à triompher par un attirail de ruſes de guer-
,, re qui ne convient point à la milice Evangelique.
,, J'ai découvert depuis peu l'une des cauſes qui
,, portent beaucoup de gens à ſoupçonner de Liberti-
,, nage ceux qui propoſent avec force les objections
,, des Libertins. Un fort honnête homme, & bien
,, craignant Dieu, me dit l'autre jour, en me nom-
,, mant quelques Ecrivains dont le Zéle pour la bon-
,, ne cauſe eſt connu de tout le monde, Vous ne
,, voïés point dans leurs Livres que les ennemis de
,, la vérité alléguent rien de conſidérable; ce ſont des
,, livres où les objections des Incrédules ſont propo-
,, ſées en peu de mots, & réfutées amplement & vic-
,, torieuſement; mais dans un tel & dans un tel E-
,, crivain, qui ne paſſe pas pour zélé, elles ſont
,, prolixes & plus capables de fraper que la réponſe.
,, Je me ſervis de la demande qu'on a vûe ci-deſſus.
,, Ces Ecrivains zélés ont-ils ſû tout ce qui ſe trou-
,, ve dans les Auteurs non zélés, ou bien l'ont-ils
,, ignoré? En ce dernier cas il ne faut point leur
,, faire un mérite, ni de leur ſilence, ni de leur vic-
,, toire. Au prémier cas ils méritent d'être bien
,, blâmés; car ils ſont coupables d'une fraude pieuſe
,, dont la vérité ne doit point avoir beſoin, & je
,, ſuis bien ſûr qu'ils n'oſeroient dire qu'ils aïent
,, diſſimulé la moindre choſe de ce qui pouvoit re-
,, préſenter ſous une belle apparence les objections de
,, l'Ennemi. En quoi donc leur zéle a-t-il ſurpaſſé
,, cet Ecrivain indévot dont vous me parliés? Ils
,, ont dit tout ce qu'ils ont pû en faveur de l'Adver-
,, ſaire avant que de lui répondre; l'indévot en a-t-il
,, fait davantage?
,, Il y a bien de la différence, entre éxpo-
,, ſer ſincérement & dans toute leur force les rai-
,, ſons d'un Philoſophe ou d'un Théologien
,, qu'on croit dans l'erreur, & qu'on entre-
,, prend de réfuter, & entre lui prêter de raiſons
,, qu'on ne trouve pas dans ſes écrits. C'eſt ce
,, dont on accuſe Mr. Bayle. On ne s'arrête pas là,
,, on ſe plaint qu'il a plus fait; il s'eſt contenté de les
,, propoſer ſans les réfuter; il eſt même allé juſqu'à
,, défier qu'on pût répondre à ce qu'il lui a plû de prê-
,, ter aux plus dangereux ennemis de notre Réligion,
,, & lorſque des Théologiens ont entrepris de leur cô-
,, té de réſoudre les Objections de Mr. Bayle, & de
,, plaider contre les Manichéens & les Pyrrhoniens, la
,, Cauſe de la Vérité & du Chriſtianiſme, il a raſſem-
,, blé tout ce qu'il avoit de génie pour entaſſer inſtan-
,, ces ſur inſtances, il s'eſt très éloigné de la modéra-
,, tion où il avoit paru juſques alors, il a fait voir que les
,, Cauſes dont il s'eſt déclaré Avocat lui tenoient à cœur.
,, Il s'eſt ſervi de toute ſa ſubtilité & de toute ſon habileté
,, pour répandre des ſoupçons odieux ſur ceux qui avoient
,, oſé entreprendre contre lui la défenſe de la Cauſe
,, commune de la Réligion & des bonnes Mœurs; il a
,, profité adroitement des triſtes diviſions des Chrétiens
,, ſur des Dogmes incompréhenſibles & très-éloignés
,, d'être Capitaux. Il a pris pour Dupes ſes protec-
,, teurs, & s'eſt moqué de ceux derrière leſquels il ſe
,, réfugioit, & ſe mettoit à couvert de toutes les rai-
,, ſons qu'on lançoit contre lui, en vûe de parer aux
,, coups qu'il portoit à la Réligion & aux bonnes
,, Mœurs.
Mr. Bayle parle ſouvent du devoir d'un *Rapporteur*, & ſon but eſt de perſuader qu'il s'eſt fait une
loi de le remplir, en ne déguiſant rien les argumens
de part & d'autre ſur les queſtions qu'il a eu occaſion de traiter. On pourroit pourtant douter qu'il en
ait eu ſincérement l'intention, & on ne voit pas
qu'il l'ait fidélement éxécuté. Que diroit-on d'un
Rapporteur qui alléguerait dans une Séance un parti des raiſons d'un des plaidans; & dès la entretiendroit les Juges d'Articles tout différens; qui le
lendemain reprendroit le même ſujet, & après avoir
entamé feroit les mêmes écarts; prendroit enfin viſiblement parti pour une des parties contre l'autre,

& s'échaufferoit à soutenir une Cause mauvaise & à harceler les défenseurs de la bonne.

Les Pyrrhoniens veulent triompher & pour embarrasser leurs Adversaires, ou pour faire croire qu'ils les embarrassent, ils ne se font pas scrupule de déguiser les sentimens qu'ils se proposent de terrasser. On en va voir un exemple.

Réligion Chrétienne mal représentée. Article Wesalia.

,, XVII. JEAN *de Wesalia* Docteur en Théo-
,, logie dans le XV. Siécle, fût fort maltraité par
,, l'Inquisition d'Allemagne, pour avoir enseigné
,, des choses qui ne plaisoient point aux Catholiques.
,, Les Thomistes furent les prémiers Auteurs des per-
,, sécutions qu'il endura. Jean de Wesalia que l'on
,, tenoit en prison dans le cloitre des Cordeliers à
,, Maience, fut interrogé par l'Inquisiteur Jean El-
,, ten Président de l'Assemblée. Il se tint sur la né-
,, gative à l'égard de presque toutes les questions
,, qui lui furent faites, & il parut un peu biaiser sur
,, quelques autres. C'est pourquoi l'Inquisiteur
,, déclara le lendemain avec beaucoup d'éloquence,
,, qu'il le falloit interroger encore une fois. Ses ré-
,, ponses furent assés conformes à celles du jour pré-
,, cédent ; mais il eut la confusion d'être convaincu
,, par ses écrits, d'avoir enseigné des choses qu'il a-
,, voit niées en répondant à l'Inquisiteur. Il se soû-
,, mit à la peine qu'on lui imposa, qui fut de se re-
,, tracter devant tout le peuple. Ses livres furent
,, brulés, & il y eut des Docteurs qui trouvérent
,, qu'on usa d'une trop grande sévérité envers ce vé-
,, nérable vieillard, & que la passion monachale eut
,, beaucoup de part à cette affaire. Il fut mis en
,, pénitence perpetuelle dans un Couvent d'Augus-
,, tins, où il mourut bientôt après. Les Protestans
,, ont mis cet homme dans la Liste des témoins de la
,, Vérité. Je ne m'en étonne point ; car il fut condam-
,, né pour plusieurs doctrines qu'ils ont depuis en-
,, seignées.

Note D.

,, Ce pauvre homme cassé de maladies & de vieil-
,, lesse n'avoit pas la force de dire ce qu'il pensoit,
,, en présence d'un tribunal si rédoutable. Peut-ê-
,, tre ne se souvenoit-il pas de tout ce qu'il avoit écrit.
,, Les Inquisiteurs prévirent bien sa négative ; c'est
,, pourquoi ils ne se contentérent pas de le lier par
,, les sermens les plus solennels, ils voulurent avant
,, toutes choses être saisis de tous ses papiers.

Note E.

,, L'Auteur anonyme du procés verbal, qui avoit
,, assisté à tout, trouve, & il déclare qu'il n'étoit
,, pas le seul qui le trouvoit ainsi, qu'on en avoit
,, usé trop sévérement. Il ajoute que c'est le Dia-

NB.
C'est par la que la liste des prétendus Athées, ou Déistes s'augmente.

,, ble qui a semé la Zizanie entre les Théologiens &
,, les Philosophes, & qui les a tellement alliénés les
,, uns des autres, que si quelqu'un nie la réalité des
,, Universaux, on s'imagine tout aussi-tôt qu'il pé-
,, che contre le St. Esprit, & qu'il offense mortel-
,, lement **la Divinité, le Christianisme, la Justice &
,, la République.** Cèt aveuglement peut-il venir que
,, du Diable, qui pour nous détourner des bonnes
,, choses nous attache à de vaines spéculations qui
,, ne nous inspirent, ni la dévotion envers Dieu, ni
,, la charité envers le prochain ? " Mr. Bayle finit en
disant : " Cette réfléxion est belle & capable de mor-
,, tifier non seulement les Reaux & les Nominaux,
,, mais aussi d'autres Factions.

NB.

Il seroit à souhaiter que Mr. Bayle se fût fait un devoir de ne jamais perdre de vuë cette belle réfléxion ; dès là il s'en seroit fait un de ne présenter aux hommes la Réligion Chrétienne, que dans sa simplicité, & conformément à ce qu'elle est, au lieu de l'habiller à la maniere de l'Ecole & des Hypothèses Metaphysiques, & d'en énoncer les articles sous des termes souvent barbares, durs, & inintelligibles. En la proposant sous ces termes, on l'expose aux Objections & aux Insultes des Libertins & on embarrasse étrangement ceux qui veulent en entreprendre la défense, & qui n'osent pas se donner la liberté de ne tenir point pour sacrées & pour irrévocables des expressions & des façons de parler auxquelles les uns, par simple inadvertance, les autres par malice ; & par principe de libertinage, donnent des sens qu'on ne trouve point établis par les expressions simples & très-sages des Ecrivains sacrés.

Mais il paroit affecter l'oubli d'une maxime si recommandable & se plaire à présenter la Réligion sous les faces les plus scandaleuses pour la Raison. Aussi ne comprens-je pas comment les vrais & sensés Orthodoxes lui peuvent savoir bon gréde ses tours. "La
,, Philosophie de Platon, *dit-il*, enseignoit que l'ame

Article Tullio Note R.

,, de l'homme avoit éxisté, avant que d'être enfer-
,, mée dans le corps humain ; & que cèt état anté-
,, rieur avoit été beaucoup plus noble, & plus heu-
,, reux, que ne l'est celui de l'homme. Là-dessus il
,, s'éleva des raisonneurs, qui prétendirent que l'ame,
,, n'auroit pas été tirée de cèt état, si elle n'avoit
,, mérité d'être charité : & ils conclurent qu'on l'en-
,, serma dans le corps comme dans une prison, afin
,, de lui infliger les peines que les crimes méritoient.
,, Ciceron adopta cette hypothése ; mais Lactance la
,, regarde comme la plus insensée de toutes les rêve-
,, ries. Cependant il est très-vrai qu'elle ne différe
,, de la doctrine du péché originel qu'à l'égard des
,, circonstances ; car puisque la foi nous enseigne qu'A-
,, dam a péché & pour lui & pour tous ses descen-
,, dans, il s'ensuit 1. que toutes les ames sont cri-
,, minelles aux yeux de Dieu, avant même qu'elles
,, éxistent. 2. Qu'elles ne sont unies au corps que
,, par un acte de punition, vu que par cela même
,, qu'elles sont unies au corps, elles encourent la peine
,, de la damnation éternelle, & s'y sont de droit a-
,, jugées, n'y siant que la rémission, & la voie des
,, lettres de grace qui en sauve quelques-unes ; &
,, c'est pourquoi l'Ecriture dit que tous les hommes
,, naissent *enfans d'ire*. Il eut donc fallu que Lac-
tance eut réfuté plus adroitement l'hypothése de Ciceron, & par des preuves qui ne concernassent que les articles en quoi elle est différente de l'hypothése du péché originel. S'il eut bien pesé le second livre d'Arnobe, il eut senti qu'il est malaisé de réfuter Ciceron par des argumens philosophiques ; car on ne voit pas ce que les Platoniciens eussent pû répondre aux raisons d'Arnobe, je parle des objections qu'il leur a faites sur ce qu'ils disoient que des esprits immortels de leur nature, innocens, heureux, remplis de science, étoient descendus de leur bon gré dans des corps humains, ou y avoient été envoiés par la Providence. Il fait une longue énumeration des sotises, & des crimes, & des miséres du genre humain, & il en conclut que la bonté & la Justice de Dieu n'ont pû permettre que de tels esprits fussent unis à des corps humains. Il prend pour la même chose leur commander d'y descendre, & souffrir qu'ils y descendent.

" On seroit trop modéré, si l'on disoit seulement que cette doctrine d'Arnobe est mauvaise ; il faut la traiter d'abominable ; car elle sappe les fondemens du Christianisme, & ne vaut pas mieux que le dogme des Manichéens. Ciceron y auroit trouvé une déscription aussi forte, que celle qu'il eut pû faire du malheur de l'homme ; mais il se seroit tiré facilement de cette objection, par son hypothése de la préxistence de l'ame, qui toute fausse qu'elle est ne laissoit pas de lui pouvoir inspirer quelque patience.

La doctrine du péché originel sous la face que Mr. Bayle a trouvé à propos de la présenter n'est pas mal attaquée. Mais la justice & la bonté de Dieu ne reçoivent de là aucune atteinte, si nous supposons, comme il le faut nécéssairement, & comme il est vrai, que Dieu qui connoit parfaitement les infirmités humaines, jugera les hommes suivant son Equité, agréera & couronnera même leur repentance, leurs efforts & leur application sincére à se rendre meilleurs.

XVIII. Mr. Bayle revient à ses mauvaises excuses dans l'Article de Pyrrhon. " C'est avec raison dit il, qu'on nie.

Foiblesse Apologie du Pyrrhonisme.

DU PYRRHONISME.

„ qu'on déteste le *Pyrrhonisme* dans les Ecoles de Théolo-
„ gie, où il tâche de puiser de nouvelles forces, qui
„ ne sont que des chimères : mais il peut avoir ses
„ usages pour obliger l'homme par le sentiment de
„ ses ténèbres, à implorer le secours d'enhaut & à
„ se soumettre à l'autorité de la Foi.

Accordés avec ces paroles de la remarque B du
même article. „ C'est par rapport dit-il à cette di-
„ vine Science que le Pyrrhonisme est dangéreux.... Il
„ n'y a que la Réligion qui ait à craindre le Pyr-
„ rhonisme : elle doit être appuiée sur la certitude ;
„ son but, ses effets, ses usages tombent dès que la
„ ferme persuasion de ses vérités est effacée de l'a-
„ me.

Il est vrai que Mr. Bayle tache de mettre la Réligion à couvert de ce danger, où le Pyrrhonisme à
couvert de cette accusation, quand il ajoute, " On
„ a sujet de se tirer d'inquiétude ; il n'y a jamais
„ eu, & il n'y aura jamais qu'un petit nom-
„ bre de gens, qui soient capables d'être trompés
„ par les raisons des Sceptiques. La Grace de Dieu
„ dans les fideles ; la force de l'éducation dans les au-
„ tres hommes, & si vous voulés même l'ignorance, &
„ le panchant naturel à décider, sont un trait impé-
„ nétrable aux traits des Pyrrhoniens.

Mr. Bayle ne prête point, comme on voit, à la
Réligion des armes tirées de la Raison. Il ne paroit
pas, selon lui, qu'elle lui en fournisse ; la force de l'éducation, l'ignorance & le panchant à décider sont les
moiens naturels qui garantissent les hommes de tomber dans le Pyrrhonisme en matière de Réligion. Or
quelle certitude est celle qui n'a pour fondement que
l'ignorance, les préjugés & la présomption ? Qu'est-
ce que cette certitude ? Un homme raisonnable ne
s'en accommodera jamais, & par là il n'y aura que
des raisonneurs déraisonnables qui ne soient pas Pyrrhoniens sur la Réligion.

Pour ce qui est du secours surnaturel de la Grace,
si on le fait consister en autre chose que dans des
impressions qui mettent l'esprit humain en état de
sentir la force des preuves, & d'aimer à s'y rendre,
malgré ce que les sens & les passions trouvent de gênant dans cette soûmission, Mr. Bayle sous ce mot
respectable ne donne qu'un pur Enthousiasme. L'éfet
de la Grace ne consiste pas à faire croire sans raison,
il consiste au contraire à fortifier la Raison, afin
qu'elle sente mieux la force des preuves.

Article
Pyrrhon.
Note B.

„ La vie civile, dit il, n'a rien à craindre de cet
„ esprit là ; car les Sceptiques ne nioient pas qu'il ne
„ fallut se conformer aux coûtumes de son Païs, &
„ pratiquer les devoirs de la Morale, & prendre par-
„ ti en ces choses-là sur des probabilités, sans atten-
„ dre la certitude. Ils pouvoient suspendre leur ju-
„ gement sur la question, si un tel devoir est natu-
„ rellement & absolument légitime : mais ils ne le
„ suspendoient pas sur la question, s'il le falloit pra-
„ tiquer en telles & telles rencontres.

Je veux qu'un homme qui n'est pas absolument
fou, mais simplement Pyrrhonien, comme l'étoit
Mr. Bayle & comme nous avons défini les Pyrrhoniens, au commencement de cet Ouvrage, se conforme aux Loix & aux Coûtumes, quand son intérêt
le demande ; Mais se généroit-il dès que son crédit & son
adresse le mettroient en état de s'en écarter impunément ?

Comme rien n'est certain, rien aussi n'est sacré pour
un Pyrrhonien.

Mr. Bayle
se sert des
l'Ecriture
en faveur
du Pyr-
rhonisme.
Article
Grotius.
Note L.

XIX Mr. BAYLE après avoir rassemblé diverses circonstances pour prouver que Grotius n'est point
mort Athée, conclut que l'impudence d'une telle
calomnie iroit au prodige, & que pour la croire il
faudroit faire un Acte de foi sur ces paroles de Jérémie chap. XVII v. 9. *Le cœur de l'homme est desespérément malin*. Or si c'est faire un acte de foi
que d'interpréter ces paroles dans un sens si universel, la Foi, loin de remédier au Pyrrhonisme, l'établira sans espérance de retour ; car pendant que j'é-

erceroi de tels actes de Foi, je ne pourroi compter
sur aucun témoignage. On aura beau rassembler toutes les preuves par où on démontre la sincérité des
Apôtres, & étaler l'éxtravagance de la supposition
qu'ils ont été trompeurs à leur grand préjudice, sans
qu'il leur en revint aucun fruit ; ils ne pussent
beaucoup plus aisément & plus surement se procurer par
d'autres voies, on s'empêchera toûjours de se rendre
à ces preuves par un *acte de Foi*, & on dira, le
cœur de l'homme est desespérément malin ; desorte que
la Foi qu'on aura à Jérémie ne permettera pas d'ajouter
foi à l'Evangile. On voit par là que la nécessité de
raisonner pour établir la Foi, est une nécessité qui
saute aux yeux. Il est absolument nécessaire d'interpréter les paroles de Jérémie dans un sens raisonnable
qui ne fasse pas de tous les hommes autant de Démons,
contre la déposition expresse de l'expérience Chaque homme doit se défier de son propre cœur, il
renferme souvent plus de corruption qu'on ne s'imagine, & rien n'est plus fréquent que de se flatter de
se faire d'agréables illusions. Quand on a quelque
intérêt à faire une chose, on se persuade aisément
qu'elle est juste, & il faut être éxtrémement en garde contre les preuves qui favorisent nos panchans,
& les éxaminer avec une grande sévérité. Quel rapport a cette leçon avec la foi qu'on ajoûteroit à une
calomnie, dont l'impudence iroit jusqu'au prodige,
& celle qu'on refuseroit aux témoignages les plus
acompagnés des caractéres de sincérité, de vérité, &
d'impossibilité de méprise & de fraude ?

„ Les voies les plus faciles du discernement de la
„ bonne cause, dit Mr. Bayle, nous échapent tôt ou
„ tard. Il seroit bien plus à la portée du peuple
„ de connoitre à certaines marques extérieures quelle
„ est la vraie Réligion, que d'entrer dans un éxa-
„ men sévère de la Doctrine. Or entre les marques
„ extérieures, la constance des martyrs est la plus
„ capable de faire impression. Elle fut tout-à-fait utile
„ à l'avancement de la Foi Chrétienne : leurs cendres
„ furent la semence des justes, & donnèrent une infinité
„ d'élèves à l'Evangile. Mais cette preuve devint
„ équivoque après que le Christianisme se fut par-
„ tagé en diverses Communions : elles eurent toutes
„ leurs Martyrs, & ainsi pour n'être pas abusé, il
„ falloit entrer dans la discussion de la doctrine.

Article
Origène
Note F.

Pour n'être pas abusé il faut entrer dans la discussion de la Doctrine. Or cette discussion peut-
elle se faire sans l'usage de la Raison. Ne faut-il pas
peser la force des mots, expliquer un passage suivant les régles, comparer les expressions, réünir les
différentes propositions qu'on trouve répandues sur
divers sujets, concilier les contradictions apparentes ?

XX. Mr. Bayle pour secoûtumer l'esprit de
ses Lecteurs aux idées du Pyrrhonisme, & les disposer à l'embrasser, ne laisse échapper aucune occasion
de s'étendre sur les foiblesses de la Raison ; Mais
il est par tout ravi, lorsqu'il peut emprunter
les paroles de quelque homme célébre, & de quelque Savant d'une probité reconnue, pour exprimer les
doutes qu'il aime à répandre. Mr. Perrot étoit un
bel esprit, il avoit beaucoup lû, il s'étoit appliqué
à entendre les Auteurs anciens ; il en avoit traduit heureusement plusieurs ; C'étoit un fort honnête homme. Mais ces titres ne sont pas des autorités
en matière de Philosophie, où l'on fait profession de
ne se rendre qu'à l'évidence : Unechabitude qu'on s'est
faite de se sentir ce que des Auteurs élégans ont de propre à frapper l'imagination, a trés-peu de rapport a-
vec les dispositions nécessaires pour bien entrer dans
les Idées Métaphysiques. Mr. Perrot, homme de
bien & trés-persuadé de la Vérité de la Réligion
Chrétienne, n'avoit besoin d'aucun autre secours
pour s'attendre à la bienheureuse Immortalité : Il vivoit conformément à sa Foi : Il a supprimé les ordures qui se lisent dans Lucien, & pour se donner
la licence de les traduire, il n'a point mis en usage

Voiés Art.
Perrot
d'Ablan-
court.

le prétexte de Traducteur & d'Historien célébre.

„ Il ne suffit pas, *dit Mr. Perrot*, pour être vertueux de faire de bonnes actions, mais il faut encore que nos intentions soient innocentes, & que ce que nous faisons parte d'un bon mouvement; aussi n'est-ce pas assés pour être Catholique, de ne rien revoquer en doute de tout ce que l'Eglise veut que nous tenions pour certain; il faut avec cela que nous croions en Chrétiens, & que l'humilité soit cause de nôtre Foi, & non pas la présomption.

Quand Mr. Perrot s'est ainsi exprimé, il lui est arrivé ce qui est fort ordinaire aux Orateurs, & à beaucoup de gens encore qui ne sont point Orateurs, c'est d'outrer les Antithéses; si par *l'humilité*, on entend une Modestie & un respect pour l'évidence des preuves, quoiqu'opposées à cet orgueil, qui fait tant trouver de plaisir à chicaner & à contredire, la Modestie est une *heureuse préparation à la Foi*. Mais la *Modestie* n'est point opposée à l'*Amour de la Vérité*, & il faut bien se donner garde de la confondre avec une *Crédulité* qui se soûmet sans preuves. Un homme qui s'est rendu attentif à l'Evangile, qui a reconnu des preuves convaincantes de la Divinité, & s'y est soûmis, c'est celui qui a une véritable Foi, & une Foi éclairée.

" Ce n'est pas avoir une parfaite confiance en Dieu, que de se reposer sur notre Raison des choses qu'il veut que nous croions.

Mr. Perrot ne paroit pas assés Philosophe dans cet endroit, & il ne s'éxprime point assés éxactement, pour mériter qu'on fasse un grand compte de son Autorité. Après s'être convaincu que Dieu parle, & après avoir connu le sens des paroles dans lesquelles il s'est énoncé, si on refusoit de croire ce que ce sens renferme, jusques à ce que l'on se fut assuré de sa vérité par d'autres preuves, on manqueroit de confiance en Dieu. Mais s'ensuit-il de là, qu'il ne soit pas très agréable, & très consolant de voir deux lumières réunies, celle de la Raison & celle de la Révélation, qui viennent toutes deux de Dieu.

„ Encore si nôtre Raison ne nous trompoit jamais, continuet-t-il, & si nous avions une parfaite connoissance des choses mêmes qui tombent sous nos sens, peut-être que nôtre témérité seroit supportable, & il ne se faudroit point étonner si ne trouvant rien ICI-BAS capable de nous arrêter, nous nous portions à la recherche de ce qui est AU-DESSUS de nous.

Il saute aux yeux que Mr. Perrot fait l'éloquent, & qu'il se laisse emporter aux charmes des Antithéses; Il suppose qu'il est au-dessus de nôtre portée, de nous convaincre par la Raison, de l'immortalité de nôtre Ame; C'est supposer ce qui est en question.

„ L'homme ne sauroit juger assurément de quoi que ce soit; sa Raison le trompe aussi bien que ses sens; nous vivons parmi les erreurs & les doutes; & nous n'avons point ici bas de vérités bien certaines, que celles que Dieu a révélées à son Eglise.

Il est de bonnes gens, dont le *cœur honnête & bon*, pour me servir des éxpressions de l'Evangile, & *semblables à une terre bien préparée*, trouvent tellement de leur goût les Loix de l'Evangile, qu'il n'ont pas besoin d'autres attraits pour s'y rendre; tout leur paroit méprisable dès qu'ils en font comparaison avec l'Evangile, & tout ce que la Raison humaine enseigne leur paroit ténébres & foiblesses en comparaison de cette lumière dont ils aiment à sentir la force. Mais ils faut régarder ce qu'ils disent comme l'éxpression de ce qu'ils sentent, plûtôt que de ce qu'ils connoissent après éxamen & connoissance de cause.

De bonnes gens, chés qui la persuasion n'est pas un effet d'éxamen, qu'on ne leur a point appris à faire & qui par-là seroient incapables de convertir au Christianisme un Païen, ou un Incrédule en raisonnant, ne laissent pas d'avoir un très-ferme attachement à la vérité, mais c'est un attachement de goût & de cœur & Dieu qui aime ces heureuses dispositions, leur tient compte, dans sa Bonté paternelle, de cet attachement, il le bénit & l'affermit par les influences de sa Grace.

Il ne faut donc pas prendre au pié de la lettre ce que dit Mr. Perrot; car les raisonnemens par lesquels on démontre que l'Evangile est effectivement un Livre divin, sont fondés sur des principes, & composés de conséquences dont la Raison établit la Certitude.

„ Proméne-toi par toutes les Ecoles des Philosophes, considére ce qu'on y fait, & ce qu'on y enseigne: ici tu trouveras de la présomption, là de l'opiniâtreté, mais par tout de l'ignorance, de l'erreur & de la foiblesse.

Malheureusement la présomption, l'opiniâtreté, l'ignorance, l'erreur & les foiblesses qui sont les sources de mille disputes & de mille durs traitemens, se trouvent encore plus dans les Ecoles des Théologiens que dans celles des Philosophes. Certes, ajoute Mr. Perrot, *nous avons besoin de notre IMBECILLITE, pour demeurer dans notre DEVOIR.* Tout cela, de même que ce qui le précéde sent le Déclamateur.

„ C'est un avantage, *dit Mr. Bayle*, que de pouvoir concilier les vérités de la Religion Chrétienne avec les Principes des Philosophes, c'est un bien qu'on ne doit point négliger, & que l'on doit faire profiter autant que l'on peut; mais il faut être toûjours très-résigné à le perdre sans regret, lorsqu'on ne peut pas l'étendre jusqu'aux Doctrines où il ne sauroit atteindre, & qui par l'essence du mystére font au-dessus de la portée de notre Raison.

Non seulement c'est-là un bien, qu'on ne doit pas négliger, c'est-là de plus un bien qui mérite d'être recherché, & ceux qui le reconnoissent pour un bien, prononcent à cet égard leur condamnation, quand ils font tout leur possible, pour persuader ceux qui s'en croient en possession, que ce n'est qu'une Chimére.

„ Si *un homme* croyoit l'immortalité de l'Ame à cause des raisons Philosophiques, il ne seroit point un acte de Foi, & c'est pourtant ce qu'il doit faire, s'il veut remplir les devoirs de la Réligion & être agréable à Dieu.

Suivant ce beau Raisonnement, ce seroit un malheur de connoître la nature de l'Ame; ce seroit un malheur d'avoir médité sur la nature, l'éxcellence, & la nécessité de nos devoirs; car plus on s'en seroit convaincu par les lumières de la Raison, moins on plairoit à Dieu, lors même qu'on les observant on s'appliqueroit de tout son cœur à lui plaire. Un homme déja persuadé par les lumiéres de sa Raison de plusieurs Vérités qui se trouvent dans l'Evangile, est regardé de Dieu comme s'il s'étoit soûmis à toutes ces vérités par respect pour la Révélation, lorsqu'en effet-il la respecte assés pour se rendre à tout ce qu'elle enseigne, quand même il n'en seroit pas convaincu par d'autres preuves.

Mr. Bayle joint à Mr. Perrot deux personnes qui méritent tout autrement le titre de Philosophes; seu Mr. Locke & Mr. Le Clerc; Je ne rapporterai pas tout ce qu'il en tire; Ces Messrs. ne nient point que l'Immortalité de l'Ame ne puisse être démontrée; mais ils soûtiennent que quand la Raison ne fourniroit aucune lumière là-dessus, & ils sont plus, ils soûtiennent que quand l'Ame seroit aussi mortelle que le corps, la Révélation suffiroit pour nous donner une pleine assurance sur sa durée immortelle; Tout comme elle nous en donne une parfaite sur la Résurrection du Corps.

„ XXI. Lorsqu'un Théologien s'éfforce, lui en dût-il coûter la santé, ou même la vie, de concilier

cilier ensemble l'Ecriture & la Vérité, lorsqu'elles ,, semblent n'être pas d'accord, cela est louable cela ,, est héroïque. Mr. Bayle fait donc tout le contraire de ce qu'il reconnoît pour louable & pour héroïque ; Il s'efforce continuellement à mettre en opposition l'Evangile avec la Raison.

Article Pomponace.

Mr. Bayle rapporte un long extrait de Mr. Arnaud, où il prouve que dans un siécle comme le nôtre, où l'on est si porté à l'Irréligion, on doit regarder comme un favorable présent de la Providence la nouvelle Philosophie, qui nous apprend si bien la différence qu'il faut mettre entre la substance étendue & la substance qui pense. On ne sauroit disconvenir qu'il ne soit très-utile au genre humain de voir éloigner les obstacles qui s'opposent à la Foi, & d'être éclairé par des Raisonnemens qui mettent dans la nécessité de penser comme les Chrétiens ou de n'être par Raisonnable.

Note G.

Voici le passage. " Ce que j'ai à dire ici ne sauroit être exprimé, dit Mr. Bayle, ni plus clairement, ,, ni plus noblement que par les paroles d'un Théo- ,, logien Sectateur de Mr. Des Cartes. C'est pour- ,, quoi je n'emploie point d'autre Commentaire. ,, On dit, qu'on a découvert à Naples des gens que la ,, lecture des Ouvrages de Mr. Gassendi a jettés dans ,, l'erreur d'Epicure sur la mortalité de l'Ame. Il faut ,, avouer que le Livre des Instances de ce Philosophe ,, contre les Méditations Métaphysiques de Mr. Des- ,, cartes est très-capable d'inspirer cette erreur perni- ,, cieuse à de jeunes gens qui ne seroient pas fermes ,, dans la Foi ; parce qu'il y a employé tout ce qu'il ,, avoit d'esprit à montrer qu'en s'arrêtant à la Rai- ,, son il n'y a point de preuves solides qui no s empê- ,, chent de croire, que notre ame n'est distinguée de ,, notre corps, que comme un corps subtil l'est d'un ,, corps grossier. Je sai au contraire qu'il y a des ,, personnes de piété qui croient qu'on doit regarder ce ,, que Mr. Descartes a écrit sur ce sujet comme un ,, effet de la Providence de Dieu, qui a voulu arrêter ,, la pente que beaucoup de personnes de ces derniers ,, tems sembloient avoir à l'irréligion & au libertinage, ,, par un moien proportionné à leur disposition. Ce sont ,, des gens qui ne veulent recevoir que ce qui se peut ,, connoître par la lumière de la Raison, qui ont un ,, extrême éloignement de commencer par croire ; à qui ,, presque tous ceux qui font profession de piété sont sus- ,, pects de foiblesse d'esprit, & qui se ferment toute en- ,, trée à la Religion par toute prévention, qui dans la ,, plûpart est une suite de la corruption de leurs moeurs, ,, que tout ce qu'on dit d'une autre vie n'est que fa- ,, ble, & que tout meurt en nous avec le corps. Il ,, semble donc que ce qu'il y avoit de plus capable de ,, lever le plus grand obstacle au salut de tous ces gens- ,, là, & empêcher que cette contagion ne se répan- ,, dit, étoit de les troubler dans leur faux repos, qui ,, n'est appuyé que sur la persuasion où ils sont, qu'il y ,, a de la foiblesse d'esprit à croire que notre ame sur- ,, vit à notre corps. Or n'a-t-on pas sujet de croire que ,, Dieu qui se sert de ses créatures comme il lui plaît, ,, & qui cache sous des moiens humains les ordres ad- ,, mirables de sa Providence, a eu pour but la guérison ,, de ses malades, en les forçant d'entrer dans de jus- ,, tes défiances de leurs fausses lumières, lorsqu'il leur ,, a suscité un homme qui a eu tant de qualités natu- ,, relles si propres à les toucher; une pénétration d'esprit ,, tout-à-fait extraordinaire dans les sciences les plus ,, abstraites; une application à la seule Philosophie, ce ,, qui ne leur est point suspect; une profession ouverte ,, de se dépouiller de tous les préjugés communs, ce qui ,, est fort à leur goût; & qui par cela m'a me fait trouver ,, moien de convaincre les incrédules, pourvû qu'ils ,, veuillent seulement ouvrir les yeux à la lumière qu'on ,, leur présente, qu'il n'y a rien de plus contraire à la ,, Raison, que de vouloir que la dissolution de notre ,, corps soit l'extinction de notre ame. Et comment l'a- ,, t-il montré? En établissant par des principes clairs, ,,& uniquement fondés sur les notions naturelles, dont

,, tout homme de bon sens doit convenir. Que l'ame ,, & le corps, c'est-à-dire, ce qui pense, & ce qui est ,, étendu, sont deux substances totalement distinctes, de ,, sorte qu'il n'est pas possible, ni que l'étendue soit une modi- ,, fication de la substance qui pense, ni que la pensée en soit ,, une de la substance étendue. Cela seul étant bien ,, prouvé, (comme il l'est très-bien dans les Médita- ,, tions de Mr. Descartes) il n'y a point de Libertin, ,, pour peu qu'il ait l'esprit juste, qui puisse demeurer ,, persuadé que nos ames meurent avec nos corps.

,, Vous voiez dans ce long passage de Mr. Arnaud en quoi l'hypothèse, que Pomponace a combatue, peut être utile par rapport à la Religion, c'est qu'on peut la faire servir contre certains Libertins qui veulent voir avant que de croire, & qui méprisent les raisons obscures des Théologiens Il n'y a rien de plus propre à ramener ces gens-là que des convaincre de l'immortalité de l'ame; c'est une entrée dans le bon chemin; & si une fois on leur fait faire ce pas, on en peut espérer d'heureuses suites. *Pomponace* n'eut point pû les manier par cet endroit-là, il les eût plutôt endurcis dans leur erreur, & par conséquent son hypothèse est plus nuisible que profitable dans ce conflit particulier où l'on se propose la conversion de cette espèce de gens : & pour dire la vérité, il seroit bien plus louable, si au lieu de cet examen pénible des raisons Péripatéticiennes, il eût cherché de meilleures preuves de l'immortalité de l'ame que celles qui lui paroissoient infirmes. Mr. Bayle auroit donc dû faire ce qu'il reproche à Pomponace de n'avoir pas fait. " Notés que Mr. Arnaud allégue ce fait particulier de Descartes & de Gassendi, afin de montrer le mauvais discernement de l'Inquisition de Rome. *Les Censeurs de Rome*, dit il, n'ont pas assés ménagé les Intérêts de la Réligion, lorsqu'ils ont mis dans leur Index l'Ouvrage de Mr. Descartes où il établit par des raisons naturelles, plus solidement qu'on ait jamais fait, l'immortalité de l'ame: & qu'ils n'y ont mis aucun des Ouvrages de Mr. Gassendi, pas même celui où il a travaillé de toute sa force à détruire ces preuves, ce qui est ôter à ceux qui auroient perdu la foi tout moien humain de sortir de leurs pernicieux préjugés contre cette importante vérité. N'est-ce pas permettre d'avaler le poison & empêcher qu'on ne prenne l'antidote ? C'est que l'on ont fait encore en mettant en ce même rang un autre Ecrit de Mr. Descartes sur la même Matière. Car un de ses Disciples qui l'avoit abandonné à l'égard des vérités de Métaphysique ayant soutenu cela à l'égard de l'immortalité de l'ame: & qu'ils n'y ont mis aucun des Ouvrages de Mr. Gassendi, pas même celui où il a n'étoit la foi, on pourroit croire que la pensée ne seroit qu'une modification de la matière; Mr. Descartes se crut obligé de refuter ce dangereux sentiment, & d'en faire voir l'absurdité. C'est cependant ce qui est défendu dans l'INDEX sous ce titre. Notés in programma quoddam sub finem Anni 1654, in Belgio editum, sans qu'on y ait mis en même temps le placard. N'est-ce pas encore une fois ne pas défendre qu'on s'empoisonne, en même temps qu'on défend de prendre le contrepoison ?

Il semble que Mr. Bayle n'a rapporté cet article que pour faire comprendre aux Lecteurs à qui il veut plaire, & l'obligation qu'ils lui ont pour les soins qu'il s'est donné d'affoiblir tout ce que la Raison allégue en faveur des vérités de la Religion, & de mettre ces deux lumières en opposition perpétuelle. D'un côté, il comprendroit bien, que la Raison de l'homme une fois éteinte, lui laisse dans l'impuissance d'établir la foi, & d'un autre, que si un homme ne se trouve pas d'humeur à compter pour rien ce que le sens commun lui dicte, le voilà dans la nécessité de regarder les Dogmes de la Religion Chrétienne comme remplis de contradictions.

Je vai tirer des propres paroles de Mr. Bayle une preuve convaincante de la nécessité de la Raison & de l'obligation de la consulter, de l'écouter, de la respecter. On verra en même temps qu'après avoir dit qu'on ne peut non plus se réposer sur les lumiéres que sur une *girouette qui tourne à tout vent*, quand il ajoûte qu'il faut donc recourir à la Foi, & y chercher ce que la Raison est incapable de donner, ce n'est qu'un subterfuge, par où il jette de la poussiére aux yeux des Orthodoxes, & des rigides Théologiens, & les prend pour ses dupes.

Article Saintblancai.
" Renaud de Beaune, II Fils de Guillaume, a été
" Archevêque de *Bourges*, & puis de *Sens* fous le Ré-
" gne de Henri IV, & l'un des plus éloquens &
" des plus savans Prélats de ce temps-là. Mais ce
" qui le distinguë d'avantage, est qu'il n'abandonna
" point, comme firent tant d'autres Ecclesiastiques,
" les Loix du Roiaume à l'égard de la succession à
" la Couronne. Il soutint jusqu'à la fin qu'encore
" que le Roi de Navarre fût héretique, c'étoit à
" lui que le Roiaume de France appartenoit légiti-
" mement après la mort de Henri III. Il déploia
" pour soutenir cette Thése, aux Conférences de Su-
" renne, tout ce que le Droit & l'Ecriture peuvent
" fournir de plus spécieux : mais ni son esprit, ni
" son éloquence, ni son savoir, ne persuadérent pas
" les Députés de la Ligue ; car outre qu'ils étoient
" résolus de ne point céder, soit qu'ils sussent, soit
" qu'ils ne sussent point répondre aux raisons des
" Roialistes, ils avoient à leur tête Pierre d'Epinac
" Archevêque de Lion, qui ne cédoit, ni en es-
" prit, ni en éloquence, ni en savoir à Renaud de
" Beaune, & qui allégua aussi bien que lui & les
" Loix divines & les Loix humaines; de sorte qu'a-
" près plusieurs beaux discours il fallut chercher un
" autre biais, & recourir au changement de Réli-
" gion du Roi de Navarre. Ce fut la seule chose
" qui coupa le nœud Gordien.

Note D.
" Mr. de Thou a inséré dans le 106. livre de
" son histoire le précis de ce qui fut allégué de part
" & d'autre. Cayet le rapporte encore plus am-
" plement, & dit entr'autres choses, que l'Archevê-
" que de Bourges ne pouvant nier *que chacun allé-*
" *guoit divers exemples, & se servoit de l'autorité des*
" *Ecritures, pour preuve de ses opinions, & la retor-*
" *quoit en divers sens*, se retrancha dans cette maxi-
" me, qu'on pouvoit avoir l'intelligence de l'Ecri-
" ture, *invoquant l'Esprit de Dieu*, qui le donnoit à
" *ceux qui le demandoient, & imprimoit en leur ame*
" *la connoissance de la vérité* : intellectum bonum da
" petentibus eum. Il ajouta, *que la voix de Jésus*
" *Christ & les Apotres étoit évidente, & la prédi-*
" *cation continuelle des Chrétiens, qu'il falloit craindre*
" *Dieu, honorer le Roi, rendre à Dieu ce qui lui étoit*
" *dû, & à Cesar ce qui lui appartenoit, que toute*
" *ame devoit être sujette aux Puissances ordonnées de*
" *Dieu. . . . . . Mais qu'il ne se vouloit arrêter*
" *plus longuement à contredire les lieux & exemples*
" *allégués*, on ne pouvoient empêcher de se résoudre à
" ce qui étoit commandé par l'expresse parole de Dieu.
" Son sens, ce me semble est celui ci, quand on
" emploie l'Ecriture à soûtenir le pour & le contre,
" le vrai moien de se tirer des embarras où nôtre
" Raison se confond, c'est d'implorer humblement
" les lumiéres du St. Esprit. Avec le secours de
" ces lumiéres on peut discerner le parti qu'il faut
" choisir ; on connoit qu'il faut prendre pour sa ré-
" gle les ordres exprès de Dieu, & non pas certains
" exemples particuliers, qui semblent être des excep-
" tions à ces ordres. Cette maxime paroit raisonna-

NB.
" ble ; mais je ne vois pas qu'elle puisse terminer les
" différens, car chaque parti se vantera d'avoir de-
" mandé humblement les lumiéres du Saint Esprit,
" & soûtiendra si l'intérêt de sa cause le demande,
" qu'il faut interpréter les commandemens par les
" exemples, c'est à dire que l'on est dans le cas
" où il faut imiter les exemples, des Maccabées &c.
" & non pas se conformer au précepte de St. Paul,
" *que toute ame soit sujette aux Puissances supérieures*.
" Ainsi il faut demeurer d'accord que pendant

" que les Souverains n'auront point de meil-
" leur appui de leur Majesté, que les Dogmes des
" Théologiens, ils s'appuieront sur des *girouettes qui*
" *tourneront selon le vent de l'Intérêt*, & qui traite-
" ront la parole de Dieu *en nés de Cire*, *au grand*
" *scandale des consciences timorées & au grand conten-*
" *tement des Profanes & des Libertins*, qui font ra-
" vis de pouvoir dire de l'esprit dont les Prophétes
" & les Apotres ont été inspirés, ce que les Protes-
" tans disent de celui qui fait parler les Papes *ex Ca-*
" *thedrà*, & les Conciles ; qu'il se comporte en Pere
" commun des Thomistes & des Scotistes, qu'il tempé-
" re de telle sorte ses expressions, que chaque parti y
" trouve sa core part ; qu'il ne veut ni desarmer
" ceux qui se soûlévent, ni les bien couvrir contre
" les traits de ceux qui perseverent dans l'obéïssan-
" ce ; en un mot qu'il fait ce que l'on pratique dans
" les Villes neutres : on y vend des armes aux deux
" Partis.

Suivant tout ce que Mr. Bayle vient de dire, à quoi sert l'Ecriture Sainte, plus que la Raison ? Ou plutôt à quoi sert elle ? Dès qu'une Raison attentive, impartiale, libre de préjugés, qui conduit ses recherches avec un grand ordre & une grande circonspection, ne décidant rien légérement, & ne se rendant qu'à l'évidence, n'en établit pas le vrai sens ?

Article Des Marets.
" *Jean Des Marets* Parisien, Sieur de Saint Sorlin
" a été, dit Mr. Bayle, un des beaux Esprits du dix-
" septiéme siècle ; mais il devint enfin visionnaire &
" fanatique. Il nous a laissé une peinture de ses mœurs
" qui n'est pas fort avantageuse ; car il avoue que
" pour séduire les femmes qui lui opposoient l'inté-
" rêt de leur Salut, il ne feignoit point de les pous-
" fer vers l'Athéisme.

" Il ne se contente pas de dire *qu'il s'étoit arrêté*
Note E.
" *quelque temps dans la cabane des plaisirs charnels &*
" *grossiers, qui n'avoit qu'une enseigne grossiérement pein-*
" *te, où étoient représentés un Bacchus & une Venus,*
" *& qu'aiant senti que ces plaisirs ruinoient son corps*
" *& sa fortune, il en voulut chercher de plus rélevés.*
" *Il ajoute, qu'il devroit pleurer des larmes de sang,*
" *pensant au mauvais usage qu'il a fait de l'éloquence*
" *auprès des femmes ; Car je n'y emploioit que des men-*
" *songes déguisés, des malices subtiles, & des trahisons*
" *infames. Je tachois à ruiner l'esprit de celles que je*
" *feignois d'aimer. Je cherchois des paroles artificieuses*
" *pour le troubler, pour l'avenger, & pour le séduire*
" *afin de lui faire croire que le vice étoit vertu, ou*
" *pour le moins chose naturelle & indifférente. Je tra-*
" *hissois Dieu meme en interpretant malicieusement ses*
" *Loix, & en faisant valoir les faux & damnables rai-*
" *sonnemens des voluptueux & des impies comme moi,*
" *& mon éloquence faisoit toute sorte d'efforts pour é-*
" *teindre la vertu dans une ame*.

" Au commencement il spiritualisoit toutes choses,
Note E.
" en réduisant les bêtes les plus terribles de l'Apo-
" calypse en chimères, & en quintessences de Théo-
" logie Mystique. Mais enfin il s'est lassé de ces
" Spiritualités si déliées, & la pente naturelle de
" l'Imagination fanatique l'a porté à former, comme
" les autres, un dessein vaste pour ce monde-ci, à
" l'exécution duquel il a cru qu'il étoit choisi de
" Dieu. L'idée n'en est pas tout à fait noble & re-
" lévée. Mais, afin que vous ne croiés pas que je
" lui impose, je ne vous la rapporterai que par ses
" propres paroles. Ce dessein donc est de dresser
" une armée pour combattre & exterminer par tout les
" impiétés & les hérésies.

Posons qu'un homme dont le cœur se soit nourri des gaillardises que Mr. Bayle séme avec tant de profusion dans son Dictionnaire, & qui de plus se soit rempli l'esprit de tout ce qu'il objecte contre la Morale & la Réligion. Voilà l'état où se trouvoit *Jean Des Marets* Sieur de St. Sorlin dans le temps qu'il étoit des beaux esprits du XVII. Siècle. Il avoue que *pour séduire les femmes qui lui opposoient*

Fin-

l'intérêt de leur falut, il ne feignoit point de les pouffer vers l'Athéïsme.

Un homme dans l'état de *Des Marets*, vient à réfléchir fur le danger de fon fyftême, ou fur le danger de fes Doutes & de fon Libertinage : Mais inftruit encore par Mr. Bayle, au lieu de confulter fa Raifon pour fe tirer d'embarras, il fe livre à la foi, & croit avec une foumiffion des plus aveugles. S'il devient donc fanatique comme Saint Sorlin ; s'il fait pis & que fon fanatifme le jette, comme il en a jetté plufieurs, dans de nouveaux défordres, dans des impuretés, par exemple, & des confpirations, par quelle voie fe pourra-t-il tirer d'erreur, & fe défaire de fes entêtemens ?

S'il ne faut point raifonner, fi la Raifon n'a non plus d'autorité, & ne peut non plus procurer de certitude qu'une *Girouette à tout vent*, que deviendrons nous ? Que pouvons nous apprendre ? PRIES, dira Mr. Bayle, *& vous abandonnes à la foi*. Mais fi mon cerveau fe trouble, & que je me mette dans l'efprit des imaginations, par quel moien m'en déferai-je, s'il ne faut point raifonner, & fi les contradictions les plus palpables ne doivent point ébranler la perfuafion d'un fidèle ?

Article Kohlman.

" Mr. Bayle remarque que le fanatifme eft un mal
" plus contagieux qu'on ne penfe & qui fe varie en
" mille manières.

Article Brachmanes.

" Les Brachmanes ont des fentimens fort bizarres
" fur le néant, & une morale qui a beaucoup de
" conformité avec les vifions de nos Quiétiftes.

Note K.

" Les Brachmanes affurent que le monde n'eft
" qu'une illufion, un fonge, un preftige; & que
" les corps pour exifter véritablement doivent ceffer
" d'être en eux-mêmes, & fe confondre avec le
" néant qui par fa fimplicité fait la perfection de
" tous les Etres. . . . . Leur Morale eft encore
" plus outrée que celle de nos Stoïciens. Car ils
" pouffent l'infim l'apathie ou l'indifférence, à la-
" quelle ils rapportent toute la Sainteté, qu'il faut
" devenir pierre ou ftatue pour en acquérir toute la
" perfection. Non feulement ils enfeignent que le
" Sage ne doit avoir aucune paffion; mais qu'il ne
" lui eft pas permis d'avoir même aucun défir. De
" forte qu'il doit continuellement s'appliquer à ne
" vouloir rien, à ne penfer à rien, à ne fentir rien,
" & à bannir fi loin de fon efprit toute idée de
" vertu & de fainteté, qu'il n'y ait rien en lui de
" contraire à la parfaite quiétude de l'ame. C'eft,
" difent ils, ce profond affoupiffement de l'efprit,
" ce repos de toutes les puiffances, cette continuelle
" fufpenfion des fens, qui fait le bonheur de l'hom-
" me : en cèt état il n'eft plus fujet au changement,
" il n'y a plus pour lui de *tranfmigration*, plus de
" viciffitude, plus de crainte pour l'avenir, parce
" qu'à proprement parler, il n'eft rien, ou fi l'on
" veut qu'il foit encore quelque chofe, il eft fage,
" parfait, heureux, & pour dire en un mot, il eft
" Dieu, & parfaitement femblable au Dieu Fo. Ce
" qui affurément approche un peu de la folie. C'eft
" contre cette ridicule doctrine que les Philofophes
" Chinois déploient toute la force de leur Eloquen-
" ce. Ils regardent l'indifférence parfaite comme
" un monftre dans la Morale, & comme le renver-
" fement de la Société Civile. " Je laiffe la folide
" & courte réfutation que le Pere Gobien rappor-
" te.

" Mais je prie d'obferver que ce monftre
" d'indifférence eft le Dogme favori des Quiétiftes,
" & que felon eux la vraie béatitude confifte dans
" le néant. Alors dans ce triple filence de paroles,
" de penfées, & de defirs, fe trouvant dans un fom-
" meil fpirituel, dans une yvreffe myftique, ou plû-
" tôt dans une mort myftique, toutes les puiffances
" fufpendues font rappellées de la circonférence au cen-
" tre. Dieu qui eft ce Centre, fe fait fentir à l'ame par
" des touches divines, par des goûts, par des illaps,
" par des fuavités ineffables. Ses affections étant
" ainfi émues, elle les laiffe repofer doucement, ...

" & trouve un délicieux repos qui l'établit au def-
" fus des délices & des extafes, au deffus des plus
" belles manifeftations, des notions & des fpécula-
" tions divines : on ne fait ce qu'on fent, on ne
" fait ce qu'on eft. N'allés pas vous imaginer que Mr.
" de la Bruyere s'eft fervi d'amplifications ; vous
" verrés fon livre muni de preuves. Vous y trou-
" verés ce paffage de Molinos.

" C'eft alors que le divin époux fufpendant fes
" facultés, l'endort d'un fommeil doux & tranquile ;
" c'eft dans cèt affoupiffement qu'elle jouït avec un dé-
" lice inconcevable, fans favoir en quoi confifte fa
" jouïffance. Vous y trouverés, qu'une ame fpiri-
" tuelle doit *être indifférente à toutes chofes*, foit pour
" le corps, foit pour l'ame, ou pour les biens temporels
" & éternels : laiffer le paffé dans l'oubli & l'avenir à
" la Providence de Dieu, & lui dénier le préfent, &
" que l'abandon de l'ame doit aller jufqu'à agir fans
" connoiffance, ainfi qu'une perfonne qui n'eft plus. Que
" l'ame ne fe fent plus, ne fe voit plus, ne fe connoit
" plus ; Elle ne voit rien de Dieu, elle n'en comprend
" rien, n'en diftingue rien, il n'y a plus d'amour, de
" lumières, ni connoiffance. Que cette ame ne fe
" fentant pas, n'eft pas en peine de chercher ni de rien
" faire : elle demeure comme elle eft, & cela lui fuffit.
" Mais que fait elle ? Rien, rien, & toujours rien.
" Que l'indifférence de cette amante eft fi grande, qu'el-
" le ne peut pancher ni du côté de la jouïffance, ni du
" coté de la privation. La mort & la vie lui font égales,
" & quoique fon amour foit incomparablement plus fort
" qu'il n'a jamais été, elle ne peut néanmoins défirer
" le Paradis, parce qu'elle demeure entre les mains de
" fon Epoux comme les chofes qui ne font point. Que
" doit être la l'effet de l'anéantiffement le plus profond.
" Que l'oraifon parfaite de contemplation met l'homme
" hors de foi, le délivre de toutes les créatures, le fait
" mourir & entrer dans le repos de Dieu, & il eft en
" admiration de ce qu'il eft uni avec Dieu, fans dou-
" ter qu'il foit diftingué de Dieu : il eft réduit
" au néant, & ne fe connoit plus : il vit &
" ne vit plus; il opère & n'opère plus; il eft & n'eft
" plus.

" On ne manque point dans l'Europe, non plus
" qu'à la Chine, de réfuter éloquemment ces
" folles vifions ; Mais à la honte de notre fiécle &
" de nos climats, elles y trouvent des Apologiftes
" qui fe font craindre. Notés que le Dogme des
" Brachmanes nous moins affreux à de certains égards
" que celui de nos Myftiques ; car ceux-ci établif-
" fent l'indifférence, & la quiétude parfaite, dans
" une transformation de l'ame en Dieu, laquelle ils
" expliquent par les idées de la confommation du
" mariage. L'union effentielle, difent-ils, *eft* le ma-
" *riage fpirituel*, où il y a communication de fubftan-
" ce, où Dieu prend l'ame pour fon Epoufe, & fe l'u-
" nit, non plus perfonnellement, ni par quelque acte ou
" moien, mais immédiatement, réduifant tout à une
" unité . . . . L'ame ne doit plus & ne peut plus
" faire de diftinction de Dieu & d'elle : Dieu eft elle,
" & elle eft Dieu, depuis que par la confommation
" du mariage elle eft recoulée en Dieu, & fe trouve
" perdue en lui fans pouvoir fe diftinguer en fe trouver.
" La vraie confommation du mariage fait le mélange de
" l'ame avec Dieu, ... Le mariage fe fait lorf-
" que l'ame eft morte & expirée entre les bras de l'é-
" poux, qui la voiant ainfi difpofée la reçoit à fon union,
" mais la confommation du mariage ne fe fait, que
" lorfque l'ame eft tellement fondue, anéantie, défap-
" propriée qu'elle peut toute fans referve s'écouler en fon
" Créateur avec fon Créateur qui les réduit en unité.
" Que fi quelques Saints, ou quelques Auteurs, ont établi
" ce mariage divin dans des états moins avancés que n'eft
" celui que je décris, c'eft qu'ils prenoient les fiançailles pour
" le mariage, & le mariage pour la confommation. L'ab-
" furdité de ce dogme par rapport à la Métaphyfique
" eft monftrueufe ; car s'il y a quelque chofe de

„ certain dans les idées les plus claires, il est im-
„ possible, de toute impossibilité, qu'il se fasse un
„ changement réel, ni de Dieu en la Créature, ni de
„ la Créature en Dieu. Ovide & les autres Poë-
„ tes Païens n'étoient pas assés insensés pour faire
„ mention d'une semblable métamorphose. Que ne
„ pourroit-on pas alléguer contre ce jargon des
„ Quiétistes? qu'une ame n'est plus en soi, ni par soi,
„ qu'elle est recueilie & abimée en Dieu par une pré-
„ sence foncière & centrale; qu'elle admire Dieu en son
„ fond abyssal & suréminent. Peut-on leur passer
„ cet état de Deïsication, si tout est Dieu sans savoir
„ que cela est ainsi. . . . . cet état d'union
„ essentielle où l'ame devient immuable & a perdu tout
„ mouver. . . . . . . cette union non seulement es-
„ sentielle, mais immédiate & sans moiens, plus sub-
„ stantielle que l'union hypostatique, cette union centra-
„ le avec Dieu, laquelle n'a point besoin de Jesus
„ Christ Médiateur. Cette sorte d'Eutychianisme
„ multipliable à l'infini seroit horreur à Eutyches
„ même. Mais quand on voudroit leur faire quar-
„ tier sur toutes ces choses, pourroit-on leur par-
„ donner les grossiéretés & les images d'obscénités
„ dont-ils se servent; si propres à faire tourner en ri-
„ dicule la Religion, & qui surpassent en quelque
„ maniere toute la licence des anciens Poëtes du Pa-
„ ganisme? Pourroit-on leur pardonner qu'ils assu-
„ rent que pour mener l'ame à l'état de mort, qui est
„ un préparatif à la Deïfication, Dieu permet que les sens
„ s'extroversissent, c'est-à-dire qu'ils se débauchent, ce qui
„ paroit à l'ame une grande impureté. Cependant la chose
„ est de saison, & on faire autrement, c'est se purifier au-
„ trement que Dieu veut, & se salir. Il se fait des
„ fautes dans cette extroversion, mais dans la confusion que
„ l'ame en reçoit, & la fidélité à en faire usage fait le
„ fumier où elle pourrit plus vite & hâte sa mort.
„ Quoi de plus dangereux aux bonnes moeurs?
  Mais que deviendra un Chrétien nourri dans l'E-
cole de Mr. Bayle, & pénétré de ses principes? Il ne
consultera ni n'écoutera la Raison, parce qu'il sera
persuadé de l'insuffisance de toutes ses lumières. Il y
renoncera pour s'abandonner à la foi. En vain on
lui dira que sa foi prétendue ne croit point conformément aux instructions de l'Ecriture Sainte, &
qu'elle l'interpréte mal; sa foi lui-sera encore regarder ce reproche comme une dangereuse fausseté. Si
pour lui en prouver la justice on raisonne tant soit
peu, ce Chrétien, fidelle disciple de Mr. Bayle, dira
qu'il sacrifie tous les raisonnemens à sa foi, que cette
foi lui fait regarder sans trouble tout ce qu'on lui
dit, pour lui prouver qu'elle croit des contradictions. Il est donc visible qu'il est absolument nécessaire de raisonner & de respecter la Raison, pour s'empêcher d'adopter des visions sous le prétexte de foi;
pour mettre à couvert la Réligion du deshonneur
que les visionnaires lui font; & pour sauver la Morale du danger où ils l'exposent. Le Visionnaire,
mauvais Moraliste, prétendra que sa Morale conduit
à la plus sublime perfection: Si vous raisonnés pour le
desabuser, il se servira des raisons de Mr. Bayle
pour recuser la Raison; si vous lui cités l'Ecriture,
il dira que vous l'entendés mal; il ajoûtera que l'intelligence de son vrai sens, de même que la persuasion
de sa Divinité dépend du secours surnaturel de la
foi & de l'esprit de Grace qui la donne. Voilà
donc le plus outré Mysticisme, qui marche de pair
avec la Foi de Mr. Bayle, à laquelle, selon lui,
la Raison n'a point de part : Ce sont deux jurisdic-
tions séparées. Si l'on convient que Mr. Bayle a sérieusement réfléchi sur ce qu'il avançoit, quand il
posoit de tels Principes; si l'on tombe d'accord qu'il
en prévoioit toutes les conséquences, il en faudra
conclure, qu'il mettoit tous les Chrétiens au rang des
visionnaires qui ne différoient entr'eux qu'en degrés.

De l'oppo-
sition de la
Philoso-
phie à la

„ XXII On dit que Luther enseignoit qu'un
„ même Dogme est faux & vrai en même temps,
„ faux en Philosophie, & vrai en Théologie, faux

„ en Physique, vrai en Morale. Disons aussi qu'il
„ se peut mêler des malentendus dans cette dispute-
„ là, & beaucoup de Logomachies, & qu'on blâ-
„ meroit à tort la doctrine de Luther, s'il l'eût
„ exprimée de cette façon, Les mêmes dogmes qui
„ paroissent faux & impossibles quand on n'en juge que
„ par les lumières naturelles, sont vrais & certains,
„ quand on en juge par les lumières de la parole de
„ Dieu. Mais de prétendre qu'après même que la
„ Révélation nous a fait comprendre qu'une Doc-
„ trine est véritable, elle continue d'être fausse en
„ Philosophie, c'est s'abuser. Il est bien plus juste
„ de reconnoître que les lumières philosophiques,
„ dont l'évidence nous avoit paru un guide certain
„ pour juger des choses, étoient trompeuses & illu-
„ soires, & qu'il les faut rectifier par les nouvelles
„ connoissances que la Révélation nous communique.
  Mr. Bayle prétend dissiper, par ce langage, les
Logomachies & les malentendus de cette dispute,
qu'au même dogme faux en Philosophie, ne laisse pas
d'être vrai en Théologie. Le malentendu est effectivement levé, si on se contente de dire que la
Révélation peut s'énoncer sur des sujets, dont nous
n'avons pas de connoissance, dans des termes, qu'on
pourroit imprudemment interpréter d'une manière
qui renfermeroit des contradictions; Mais certainement il n'est pas permis de donner un tel sens aux
paroles de la Révélation; il vaut mieux avouer humblement qu'on ne les entend pas, & se contenter de
substituer des idées vagues à des expressions qui
n'en présentent pas des déterminées. Je doute que
Mr. Bayle ait eu dessein d'en demeurer là, &
n'ait voulu dire autre chose, car il ajoute.

Ibidem.

„ Continués d'assurer, dit Mr. Bayle, tant qu'il
„ vous plaira, selon les notions que la Logique nous
„ donne dans le Chapitre *de oppositis*, que l'homme
„ n'est pas une pierre. Aristote n'auroit-il pas assuré
„ qu'il est impossible que Dieu naisse d'une femme;
„ que Dieu souffre le froid & le chaud; que Dieu
„ meure, que Dieu soit homme en un mot? Et
„ ne se feroit il pas trompé dans cette assertion? Or
„ depuis qu'on fait que l'opposition qui se rencontre
„ entre l'idée de Dieu, & l'idée de l'homme, n'em-
„ pêche pas que l'un de ces Etres ne soit véritable-
„ ment affirmé de l'autre, ne faut-il pas dire que
„ rien n'empêche que l'homme & la pierre ne soit
„ le sujet, l'autre l'attribut, d'une proposition
„ affirmative très-véritable? Disons donc que le
„ Jésuite, quia tant crié contre Luther, se brouille
„ pitoiablement, & se fâche mal-à-propos. On
„ diroit qu'il assure qu'absolument il est impossible
„ que deux natures créées soient unies hypostatique-
„ ment; & ne voit-il pas que si une fois cela est
„ impossible, on en concluroit la même chose con-
„ tre le Mystere de l'Incarnation.

  Les mêmes raisons qui m'engagent à nier que
l'homme soit une pierre, m'obligent de nier qu'il
puisse devenir une pierre, en demeurant un homme
car il se trouve l'exclusion d'une pierre nécessairement
enfermée dans l'idée d'un homme, tout comme je
trouve l'idée d'une ligne courbe, exclue de l'idée
d'une ligne droite; ce qui me fait dire non seulement qu'une ligne droite n'est pas courbe, mais qu'il
est impossible qu'elle le soit pendant qu'elle sera
droite.
  Je ne trouve point en Mr. Bayle le caractère d'un
homme rempli d'une Foi respectueuse pour l'Evangile,
lorsque sous prétexte que Dieu est uni à l'homme en Jesus Christ, il insinue que Dieu est un
Homme, & qu'un Homme est Dieu. La Révélation
n'enseigne point ces vérités, dans le sens que la
Raison les trouve contradictoires : Dans ce sens il
n'est pas plus vrai que Dieu soit Homme, & que
l'Homme soit Dieu, qu'il n'est vrai que l'Ame humaine est devenue Corps humain, & que le Corps
est devenu une Ame par leur union.
  Quand on rassemble ce que Mr. Bayle écrit sur
le

le même sujet en différens endroits, le but qu'il se proposoit est bien manifeste, c'étoit d'établir les Maximes les plus pernicieuses, tantôt d'une manière indirecte, & tantôt d'une directe; car on trouve des endroits où il soûtient expressément que les Vérités de la Théologie paroissent contradictoires à la Raison, qu'elle ne sauroit lever cette contradiction, & qu'elle est réduite à renoncer à elle-même pour se soumettre humblement, & pour croire sans raisonner.

» Jaques *Thomasius*, dit Mr. Bayle examine si » une chose peut-être vraie en Philosophie, & fausse » en Théologie, comme quelques-uns l'ont prétendu; & il observe qu'entre ceux qui ont osé » affirmer un tel Paradoxe, les uns ont été poussés » par un respect excessif pour Aristote, & les autres par une haine déréglée contre ce Philosophe. » *Thomasius* a raison de dire que ce fut une chose » très-scandaleuse, de voir soûtenir qu'il est vrai en » Philosophie que Dieu est auteur du péché par » accident, mais que cela n'est pas vrai en Théologie. Il a raison d'approuver *Casman* qui a dit » qu'un tel partage de la vérité est un *moien* de » soûtenir les erreurs *les plus impies*: Car en effet rien » n'est plus propre que cela à introduire le *Pyrrhonisme*, puis qu'en raisonnant de la sorte, on réduit la » vérité à la condition des qualités corporelles. De » ce que le même corps nous paroit petit ou grand, » selon que nous le voions, ou sans lunettes, ou avec » des lunettes, on a droit de couclurre que nous ignorons s'il est grand, ou s'il est petit absolument » parlant, & que la petitesse ou la grandeur absolue » des Corps nous est inconnue. Si donc la même » proposition étoit vraie & fausse, selon qu'on la considéreroit en Théologien ou en Philosophe, il s'ensuivroit nécessairement que nous ne connoîtrions pas la » vérité en elle même, & qu'elle ne consisteroit que » dans un rapport muable aux dispositions de nôtre » Esprit, comme la bonté des viandes ne consiste » que dans un certain rapport aux dispositions de la » langue; lesquelles venant à changer font cause que » les alimens qui étoient bons ne le sont plus. Je » m'en vai citer un Auteur qui nous apprendra que » Nôtre *Hoffman* & ses partisans soûtenoient qu'il » falloit exterminer la Philosophie dans les Académies, comme une discipline très-pernicieuse, & » selon laquelle plusieurs vérités Théologiques étoient fausses. Ceux qui s'opposèrent à cette faction » furent exclus du St. Ministère. Enfin par l'autorité du Prince, ces disputes furent appaisées, » & il falut qu'*Hoffman* calât les voiles.

Mr. Bayle enseigne formellement qu'une Proposition Contradictoire en Philosophie, & reconnuë telle devant le Tribunal de la Raison la plus éclairée, & du sens commun le plus simple, ne laisse pas d'être vraie en Théologie: Or de son aveu encore, rien n'est plus propre à introduire le *Pyrrhonisme* & l'Impiété, & à nous persuader que la Vérité ne consiste que dans un rapport muable avec les dispositions de nôtre Esprit.

XXIII. DANS ses Réponses aux Questions d'un Provincial, Chapitre CLIX. "Selon Mr. » Saurin, dit Mr. Bayle, l'Accord de la Raison avec la Révélation ne consiste qu'en ce » que la Révélation ne dit rien de contraire » aux vérités éternelles. Mais je n'entens pas » que la foible Raison que nous avons en » partage durant cette vie, soit assés pénétrante pour » découvrir cette conformité entre les vérités que » cette même Raison envisage, & celles qui lui sont » cachées. La Trinité n'est pas contraire à l'essence Divine puisqu'elle y est enfermée. Mais la Raison qui nous fait connoître l'Essence Divine par » quelques-uns de ses attributs, ne nous en fait pas » voir la liaison naturelle & nécessaire avec la Trinité. » Cependant il est indubitable que la Trinité n'est » pas contraire aux idées & aux notions communes » que nous avons de l'Essence Divine.

Il ajoute après cela ; " Il n'est pas nécessaire que je » développe ce passage pour faire voir clairement qu'on » y met de la distinction entre ces deux theses, l'une, » *tous les dogmes du Christianisme s'accordent avec la » Raison*; l'autre , *la Raison humaine connoit qu'ils » s'accordent avec la Raison*. Mr. Saurin affirme la » première de ces deux théses, mais non pas la seconde, & c'est justement la doctrine de Mr. Bayle, car il n'a point mis en doute si nos mystères » sont conformes à la Raison suprême & universelle » qui est dans l'Entendement divin, ou à la Raison » en général; il a seulement soûtenu qu'ils ne paroissent point conformes à cette portion de raison dont » l'homme se sert pour juger des choses.

C'est Mr. Bayle lui-même qui change l'état de la question & présente la pensée de Mr. Saurin fort différente de ce qu'elle est , à la faveur d'une distinction qui ne répand ici aucune lumière. Mr. Bayle distingue deux Propositions, l'une, *tous les Dogmes du Christianisme s'accordent avec la Raison*, l'autre , *la Raison humaine connoit qu'ils s'accordent avec la Raison*. Mais ces deux propositions sont nécessairement liées l'une à l'autre; car le moien de penser à ce que l'on dit quand on assure que les Dogmes de la Révélation s'accordent avec la Raison, si on ne sait pas qu'ils s'accordent effectivement avec elle. Le Sens Commun dicte que la Raison vient de Dieu, que l'Evidence ne trompe pas, & ce même Sens Commun dicte encore qu'une Lumière Divine ne peut pas être contraire à une autre Lumière Divine.

Mais il y a bien de la différence entre, être assuré, par la Raison même de cèt Accord , & comprendre distinctement & parfaitement en quoi il consiste. Je puis reconnoître en Dieu de certaines perfections, quoique je ne puisse pas me les représenter telles qu'elles sont ; La Révélation m'apprend , par éxemple , que Dieu voit tout. La Raison m'en convainc aussi ; car l'Etre, dont la réalité & la perfection n'est point bornée, n'est point borné non plus dans sa manière de connoître, il connoit donc tout, & il voit tout en même temps : Mais mon Intelligence bornée, ne peut pas se représenter cette infinité d'idées, présentées en même temps.

XXIV. Mr. BAYLE continue, " Je vous dirai » en passant qu'il me semble qu'il s'est glissé une » équivoque dans la fameuse distinction que l'on met » entre les choses qui sont au dessus de la Raison » & les choses qui sont contre la Raison. Les » Mystères de l'Evangile sont au dessus de la Raison, dit-on ordinairement ; mais ils ne sont pas contraires à la Raison.

» Je crois qu'on ne donne pas le même sens au » mot *Raison* dans la première partie de cet Axiome, » que dans la seconde, & qu'on entend dans la première la Raison de l'homme, & dans la seconde la » Raison en général....Car les plus Orthodoxes avouent » que nous ne connoissons pas la conformité de nos » Mystères aux maximes de la Philosophie. Il nous » semble donc qu'ils ne sont point conformes à notre » Raison. Or ce qui nous paroit n'être pas conforme à » notre Raison, nous paroit contrariè notre Raison , » tout de même que ce qui ne nous paroit pas conforme » à la vérité, nous paroit contraire à la vérité, & ainsi » pourquoi ne diroit-on pas également & que les Mystères sont contre notre foible Raison, & qu'ils sont » su ffisants de nôtre foible Raison ?

Ces paroles de M. Bayle renferment un misérable *sophisme d'équivoques*. *La Raison ne voit pas la conformité d'une certaine proposition avec ses lumières*. Cela a deux sens , un sens *négatif*, ou un sens *positif* : Le Sens Négatif se réduit à ceci ; Nos Idées ne sont pas en assés grand nombre, assés distinctes & assés étendues pour nous délivrer sur cette conformité ; nous sommes là-dessus dans un état d'ignorance. Le Sens Positif va plus loin, & porte que nous appercevons de la contrariété & de la contradiction entre le sens d'une Proposition & les Lumières de

notre

notre Raison; Dans ce cas-là, si cette contradiction est bien manifeste, & si cette proposition est révélée & divine, nous devons conclure, non pas qu'elle est fausse, mais que le sens, dans lequel nous l'avions expliquée n'est pas le véritable. Un exemple éclaircira parfaitement ce que je viens de dire. Non seulement l'Ame de l'homme est immortelle, mais de plus elle se réunira à son Corps, qui reprendra une vie dont la fin n'arrivera jamais.

Il n'est pas contradictoire que des parties de matiére qui ont été une fois unies, pour former un corps vivant, le soient une seconde.

Il y a une diversité innombrable entre les perfections des Corps qui composent l'Univers; Et la puissance infinie de Dieu peut pousser ces degrés de perfection incomparablement plus loin.

Il est des manières d'être qui durent peu; Il en est qui durent long-temps, & qu'il n'est pas facile de changer; il n'implique pas contradiction que ce qui a duré hier dure encore demain; La puissance de Dieu peut prolonger une durée autant qu'il lui plaira.

La Vie éternelle des corps ne présente donc rien de contradictoire, quand on se borne à la considérer ainsi en général.

Mais si l'on pousse plus loin cette Question, & si l'on demande quel sera précisément l'état d'un Corps humain ressuscité, qu'elle sera sa maniére d'être, d'agir & de vivre? je répondrai que je n'en ai pas d'Idée, que sur cette matiére je ne me livre à aucune Conjecture, que je n'adopte aucune opinion, que je suis dans l'ignorance, & que par conséquent je n'en vois pas la conformité avec des idées que je n'ai point. Cet état passe mes idées présentes, il l'ur est supérieur.

Mais si quelqu'un au lieu d'en demeurer là s'avisoit de dire que les Corps humains, après la Résurrection, seront tels que nous les voions, animaux, sans avoir rien d'animal, pesans sans avoir aucune pesanteur, solides sans dureté, visibles, sans pouvoir être vûs &c. Ce seroient là des assemblages d'idées contradictoires, & on s'exprimeroit mal si l'on se contentoit de dire que de telles propositions sont simplement au-dessus de la Raison, elles lui sont directement contraires. Cette expression conforme à la vérité aura de même deux sens. On connoit qu'une *proposition n'est pas conforme à la vérité, ou on ne connoit pas de quelle maniére elle lui est conforme.*

Voilà, ajoute Mr. Bayle, *une Note que je hazarde, je n'y prens pas beaucoup d'intérêt.* Ce sont là de ses artifices ordinaires, il fait tout ce qu'il peut pour l'établir; mais au cas que cette nouvelle proposition l'expose, il se ménage une excuse.

" Je veux néanmoins le confirmer par un éxem-
" ple que je tire *de la vûe qui est à l'égard des*
" corps colorés, ce qu'est l'entendement à l'égard
" des choses intelligibles. Une tour quarrée nous
" paroit ronde quand nous la voions de loin, &
" nous pourrions dire à un homme qui nous assureroit
" qu'elle est quarrée, que cela est contraire au témoig-
" nage de notre vûe; S'il le nioit, & s'il soute-
" noit que la figure quarrée de cette tour est seule-
" ment au dessus de notre vûe, ou au dela de sa por-
" tée, nous lui pourrions répliquer que non seule-
" ment nos yeux déposent très-clairement qu'ils n'y
" perçoivent rien de quarré dans cette tour, mais
" aussi qu'ils y découvrent une figure ronde in-
" compatible avec la figure quarrée.

Mr. Bayle suppose gratuitement que la vûe soit à l'égard des corps colorés, ce que l'entendement est à l'égard des choses intelligibles; Les Philosophes Modernes le lui nieront formellement, & en effet cela ne peut être vrai que dans la supposition que la Vérité est simplement quelque chose de rélatif aux différentes dispositions de notre esprit; car les perceptions des Sens se bornent, par elles-mêmes, à nous apprendre ce que les choses nous paroissent; Mais c'est par le secours de l'entendement que nous distinguons les cas, où les choses sont telles qu'elles paroissent à nos sens, d'avec ceux dont la réalité différe de l'apparence.

Réponse aux Questions d'un Provincial Chapitre CLXI. *Continuation. Oeuvres div. Tom. III. 3. part. p. 836.*

" XXV. Puisqu'ils vous ont assuré, dit Mr. Bayle, selon Mr. Jaquelot, *abandonner la droite raison & le bon sens pour se mettre derriere les retranchemens de la parole de Dieu, & qu'établir le Christianisme dans son coeur sur les ruines de sa raison*, n'est autre chose que croire sur le témoignage de l'Ecriture, ce qu'on ne sauroit concilier avec la Philosophie, il faut qu'ils aient lû son Ouvrage peu attentivement. S'ils n'avoient fait que le parcourir avec un peu d'application, je ne crois pas qu'ils eussent pû démêler cette hypothése, ni se figurer qu'un habile homme ait tant abusé de la signification des mots. C'est, je vous l'avoue, une chose étrange que cet Auteur, avec tout son beau génie, ait pû croire que l'on agit contre le bon sens lorsque l'on s'en plus de déférence pour les Ecrivains inspirés de Dieu que pour les Maximes des Philosophes; car que pourroit-on faire de plus conforme à la droite Raison & au bon Sens que d'aimer mieux obéïr à Dieu qu'aux hommes, soit qu'il s'agisse de la morale pratique, soit qu'il s'agisse d'un Dogme de spéculation?

Voilà qui seroit bien, quand on opposeroit autorité à autorité; quand je serois convaincu, par exemple, que Dieu m'ordonne de vivre d'une certaine maniére, si un homme, quelque reputation que lui eut acquis son savoir, me conseilloit de vivre tout autrement, j'aurois grand tort de respecter l'autorité de ses conseils; mais si ce savant homme au lieu de me dire, *Croiés-moi plutot que de croire votre prétendue Révelation*, me faisoit comprendre que j'ai mal interprêté les paroles de Dieu, que je leur donne un sens fort opposé à ses intentions, & que pour me convaincre de mon erreur, il me fit voir très-clairement que j'attribuois à Dieu une pensée absurde: en ce cas là, seroit-ce par respect pour cêt homme, ou par respect pour Dieu que je corrigerois ma prémiere Interpretation?

Quand Mr. Bayle continue d'assurer qu'en un certain sens, *il n'y a point de foi mieux établie sur la Raison que celle qui est établie sur les ruines de la Raison*. Il sçavoit bien que ce langage plairoit à quatre sortes de personnes, 1. aux Théologiens entêtés de quelques systêmes chargés de contradictions. 2. A de bonnes gens qui ne raisonnent point, & qui, par simplicité, se laissent conduire à ceux qui se font connoitre pour leurs Maitres en Matiere de Réligion. 3. Aux gens du Monde qui aiment mieux s'occuper à *tout autre chose qu'à s'instruire*, & à examiner scrupuleusement la Vérité, & 4. aux Libertins qui prendront occasion de là de se mocquer d'une foi qui est le renversement de la Raison.

Mais ajoute Mr. Bayle, pour expliquer ce Paradoxe, *Il n'y a rien de plus raisonnable que de croire plutot ce que Dieu dit, que ce que la lumiere naturelle dicte.*

1. Supposer que Dieu enseigne par la lumière de la Révélation le contraire de ce qu'il découvre par la Lumière Naturelle, qui est aussi sa voix dans l'homme, c'est supposer ce qui est en question 2. Il faudroit n'avoir aucune étincelle de bon Sens, pour ne pas convenir que Dieu peut révéler aux hommes des Vérités auxquelles toute leur Pénétration, & toute la force de leur Raison ne les auroient jamais élévés. Mais 3. Représentons nous un homme à qui Dieu parle immédiatement; Supposons encore que le Sens des Paroles que Dieu a eu la bonté de lui addresser lui paroit contraire aux Notions les plus, simples & les plus évidentes du bon Sens; En ce cas, ne doit il pas craindre d'avoir mal interprété les paroles du Seigneur, & cêt homme-là sera-t-il blâmable,

ble, si dans la crainte de déplaire à Dieu, en attribuant à ses paroles un sens qui n'est ni vrai, ni digne de lui, il lui en demande l'Explication.

La supériorité de leur Esprit, continue Mr. Bayle *comble-t-elle l'abyme qui sépare la Raison de l'homme de ces objets inconcevables? Et leur Philosophie est-elle assés sublime pour rejoindre par les deux bouts notre Raison avec ce qui est au-dessus de notre Raison?*

Mr. Bayle entasle des éxpressions grandes & sublimes pour jetter de la poussiére aux yeux de son Lecteur, & pour changer tout l'état de la Question; Il y a une infinie différence, entre croire ce que l'on comprend renfermer des contradictions, & ajoûter foi à quelque Proposition où on ne voit rien de contradictoire, & qui roule sur un sujet imparfaitement connu, & sur lequel par conséquent on peut faire à l'esprit humain grand nombre de Questions auxquelles il n'est pas en état de répondre.

Mr. Bayle remplit le reste de ce Chapitre de citations qui ne prouvent rien pour l'Esprit de ceux qui examinent si ceux qui leur parlent ont pensé juste, avant que de se rendre à leurs instructions.

J'ai déja souvent remarqué que Mr. Bayle aime à répéter les mêmes Objections, ces répétitions ne lui sont pas échappées sans qu'il s'en soit apperçu; dans la page 840. il les cite lui-même & il y en renvoye.

Mr. Bayle renvoie en marge au Chapitre 128. jusques à 133. Dans le prémier il met en paralléle la Doctrine de l'Unité d'un Principe contre le dogme des Manichéens, avec le dogme de la Trinité; C'est un Article auquel il revient très-souvent : Mais on lui répétera tout autant de fois, que si quelques Théologiens se donnent carriére sur ce Mystére, & le présentent sous des idées manifestement contradictoires, ils ajoûtent du leur & ce que l'Ecriture en dit, & qu'ils veulent savoir sur ce Mystére plus qu'elle n'en enseigne, au lieu de s'en tenir modestement aux Idées générales que la Révélation en donne.

La Présence réelle & la Prédestination viennent ensuite. Mais ce sont des dogmes particuliers à quelques-unes des Communions Chrétiennes.

Réponse aux Questions d'un Provincial. Oeuvres div. Tom. III. 1 part. pag. 762.

Dans le Chapitre CXXIX. Il revient encore à la Prédestination ; Mais il y a une différence infinie entre dire, qu'on ne connoît pas toutes les raisons que Dieu a eu pour créer les hommes libres, quoi qu'il prévît bien qu'ils pourroient abuser de leur liberté, & dire qu'il ait a destiné une grande partie à être éternellement malheureux, & que pouravoir une occasion de les condamner, il les invite très-gracieusement à bien faire, sans leur fournir les secours sans lesquels il leur est impossible de bien faire.

Réponse aux Questions d'un Provincial. Ibidem pag. 763.

Le Chapitre CXXX. contient des Narrés des Disputes qui se font entre les Théologiens, sur l'usage & l'autorité de la Raison. Mais de ce que les uns se sont mal exprimés, que les autres n'ont envisagé leur sujet que sous quelques-unes de ses faces, que les autres n'ont pas assés distingué les différens cas d'une Question ; De ce qu'enfin la plûpart au lieu de poser des Régles, dont l'observation les conduiroit à des Conclusions modestes & sensées, se sont d'abord prévenus pour de certains Dogmes & ont ensuite inventé des Régles qui serviroient à les autoriser, s'ensuit-il qu'on ne sauroit mieux faire?

Réponse aux Questions d'un Provincial. Ibidem pag. 766.

Dans le Chapitre CXXXI. Il revient à la TRINITÉ; Il dit après Mr. Saurin que *la Raison ne fournit rien qui roule sur ce dogme vraisemblable, en la considérant précisément en lui-même, ni qui en enlève les absurdités ni les contradictions apparentes.*

Je répons encore que la Raison n'y découvre aucune contradiction, quand elle est assés sage pours'en tenir aux expressions de l'Ecriture, de sorte que des *Contradictions prétendues* & *non réelles* de ce Dogme, on ne peut point tirer de conséquence, pour faire respecter les contradictions manifestes, qui se trouve-

ront dans d'autres Dogmes. *Quand on n'a rien à opposer à un Texte formel & précis, qu'une maxime de la lumière naturelle, il faut ajouter plus de foi à l'Ecriture qu'à cette maxime.* C'est là supposer ce qui est en question ; on soûtient que cette contrarieté n'a pas lieu, & ne peut pas avoir lieu entre un Texte bien éxpliqué & la Lumière du bon Sens. Quand deux Textes paroissent contraires l'un à l'autre, où est le Théologien qui se fasse un devoir de les croire l'un & l'autre dans le sens dans lequel ils lui paroissent directement contraires ? & toute explication qui les *concilie*, n'est-elle pas plus croiable que celle qui les met en contradiction? Il en est ainsi de la Lumiére Naturelle comparée avec la Lumiére de la Révélation.

Mr. Bayle cite toujours à son ordinaire ; mais aucune de ses citations ne prouve que, si la Raison n'est pas capable de nous procurer aucune Certitude, la Foi est capable de suppléer à ce que la Raison ne sauroit faire.

Mr. Bayle, après avoir donné carriére à ses digressions ordinaires, fait semblant dans le Chapitre 133. détablir l'état de la Controverse, par le moien de quelques distinctions. *On ne prétend pas*, dit-il, *que tous les dogmes du Christianisme soient contraires à la Raison*, *l'Existence de Dieu, par exemple, se prouve par des argumens Philosophiques tous à fait certains.*   NB.

Voilà qui est bien contraire à ce qu'on lit dans l'Article de *Symonide*, & qui ne s'accorde point avec l'argument tiré des Formes plastiques.

Il n'y a que quelques Dogmes qui soient contraires à *la Raison; mais cela ne suffit-il pas pour ébranler la Certitude que la Raison est elle-même capable de procurer*, puisque ce qui est directement contraire à ses Lumières ne laisse pas d'être Vrai, & que ce qu'elle établit le plus expréssement ne laisse pas d'être faux ?

En vain on ajoûte que *s'il y a des Axiomes opposés à la Révélation*, *il y en a qui lui sont favorables*, car quelle proposition peut mériter le nom *d'Axiome*, si entre ceux que la Raison regarde comme tels, il s'en trouve de faux & de condamnés par la Révélation ?

En vain encore ajoute-t-on que *la Véracité de Dieu est la notion la plus évidente de l'Esprit humain*; Car que puis-je conclurre de cette Véracité, si la lumière de la Raison qui m'en assure, ne m'assure pas avec moins d'évidence qu'entre les Lumières les plus simples & les plus indubitables, par lesquelles elle se croit éclairée, il s'en trouve de *fausses* & d'opposées aux instructions de l'Ecriture Ste.

Mr. Bayle se jouë donc de ses Lecteurs, quand il veut faire croire, qu'il ne rejette pas toutes les Lumières de la Raison ; car il s'éxprime d'une manière à renverser toute la Certitude de ce qu'elle enseigne ; quand il dit. " La Raison n'est-elle pas un " Marché public, où chaque sécte va faire ses pro- " visions tant bien que mal? Ceux même qui tou- " jours disposés à croire les événements les plus in- " croiables vont faire emplette de ce marché, ne s'en " retournent pas les mains vuides: ils en remportent " cèt axiome très-certain, qu'il est vraisemblable qu'il " arrive bien des choses qui ne sont pas vraisembla- " bles, & qu'il est de l'ordre que de temps en " temps il le fasse quelque chose contre l'ordre.

Et il ajoute. " Les Défenseurs de la Transubstantiation, de l'Ubiquité, de la Prédestination ne répondent-ils pas, ne retorquent-ils pas, n'alléguent- ils pas des principes & des maximes ?

Que prétend faire par là Mr. Bayle ? Prétend-il qu'il est inutile d'argumenter par la Raison contre quelque Dogme ; puisqu'il n'y a point d'argument auquel on ne puisse faire une Réponse bonne ou mauvaise ? Que fait cela contre l'Autorité de la Raison, & la Certitude des lumières ? Il est des gens qui ne s'y rendent pas ; Donc quiconque s'y rend va trop vite & décide avec trop de précipitation ; Qu'elle conséquence ? Son but est-il d'insinuer, qu'on ne peut

peut point compter sur un Argument auquel un adversaire oppose une Réponse ? Voilà le Pyrrhonisme établi, lequel Mr. Bayle reconnoit pourtant dans l'article de *Pyrrhon* très-préjudiciable à la Religion. La Religion elle-même est donc incertaine, car les Chrétiens s'objectent réciproquement des passages, & chacun demeure dans son sentiment, la Révélation les met aussi peu d'accord que la Raison.

"XXVI. Qu'est-il donc besoin de faire, pour
" prouver qu'on a mis d'accord la Raison a-
" vec la Religion ? Il faut montrer non seu-
" lement qu'on a des maximes philosophiques qui
" sont aussi favorables à notre foi, mais aussi que
" les maximes particulières qui nous sont objectées
" comme non conformes à notre Catéchisme, y sont
" effectivement conformes d'une manière que l'on
" conçoit distinctement. Pour cet effet nous avons
" besoin d'une réponse qui soit aussi évidente que
" l'objection, & s'il faut répliquer & dupliquer,
" nous ne devons jamais demeurer en reste, ni pré-
" tendre que nous soions venus à bout de notre
" adversaire pendant qu'il nous repliquera des cho-
" ses aussi évidentes que le fauroient être nos rai-
" sons. Si l'on prétendoit que faisant une objec-
" tion évidente, il doit se paier d'une réponse que
" nous ne pouvons donner que comme une chose
" possible, & que nous ne comprenons pas, on se-
" roit injuste.

Afin qu'une proposition soit reconnue pour certainement vraie, il n'est pas nécessaire qu'elle ne soit exposée à aucune Objection. Les Objections naissent souvent de l'Ignorance où sont ceux qui les proposent, & pourquoi douteroit-on de ce qu'on sait parce qu'un autre l'ignore ? Il y a aussi des Objections par où on demande certains éclaircissemens sur un sujet, & on prie qu'on dissipe de certaines obscurités qui l'environnent. Or dans un sujet il peut se trouver des choses qui sont à nôtre portée & d'autres qui ne le sont pas. Il y a plus, le même Attribut d'un sujet peut-être à notre portée, à de certains égards, & ne l'être pas à d'autres. Quand donc j'ai établi sur des Raisonnemens simples, sur des Principes clairs, & par des conséquences évidemment nécessaires, quelque proposition, je ne puis douter de sa Vérité : On me questionnera ensuite sur de certaines choses qui paroissent avoir du rapport à ce sujet. A cause de cela douterai-je de ce que je sai ? Sur tout lorsque je comprendrai distinctement que la solution de ce qu'on me propose demanderoit de certaines lumières que je n'ai pas ?

Mr. Bayle finit ce Chapitre en remarquant que
" pour pouvoir dire que l'on a concilié avec la Rai-
" son une Thése Théologique, cet accord deman-
" de non seulement que votre Thése soit conforme
" à plusieurs maximes philosophiques, mais aussi
" qu'elle ne soit pas victorieusement combattuë par
" quelques autres maximes de la Raison. Or elle
" en sera combattuë victorieusement si vous ne pou-
" vés vous défendre que par des dictions intelli-
" gibles, ou que vous excusent sur la profon-
" deur impénétrable du sujet.

J'avoue qu'alléguer des Distinctions inintelligibles c'est tout comme si on disoit qu'on n'a rien à alléguer. Encore y auroit-il dans ce dernier parti de plus que dans l'autre, une sincérité & une modestie louable ; mais dans une Dispute, toute Philosophique qu'elle soit, je soûtiens qu'on ne perd point sa cause, lorsqu'on ne peut pas répondre à toutes les Questions proposées sur un sujet reconnu pour impénétrable.

Quand des Vérités roulent sur un Sujet distinctement connu, il est aisé de comprendre que ces Vérités-là sont parfaitement d'accord avec la Raison. Mais pour ce qui est des Sujets qui sont au-dessus de nôtre portée, il suffit qu'on n'y voie rien de contradictoire, & ce qu'on ne les entend pas, ou ce qu'on n'y connoit que très-peu, ne prouve point

qu'ils soient en contradiction avec la Raison. *Dieu cond mnant un Innocent comme coupable & l'estimant coupable*, voilà une contradiction qu'il m'est impossible de croire. Dieu faisant passer des créatures qu'il aime, par des Epreuves, & leur proposant la félicité sous des Conditions difficiles, mais possibles, je ne vois rien là qui implique contradiction ; Je comprens qu'elles ne peuvent point se plaindre qu'il leur fasse tort. Je vois qu'il en use en *Maître, non Injuste, mais Libre*. Si on me demande après cela, d'où vient que Dieu trouve à propos d'en user ainsi, je réponds, que pour résoudre cette Question, sans y laisser aucune obscurité, il faudroit avoir une connoissance plus étendue que celle que j'ai des grands Desseins de Dieu & de ses Plans infiniment vastes.

C'est donc en vain que Mr. Bayle s'efforce d'établir que la Raison est en contradiction avec la Religion, & qu'on ne sauroit s'empêcher d'en convenir. Il fait fort bien accorder la Foi avec la Raison, quand il lui plait, mais quand il veut, il se sert de celle des deux foûls qu'il lui plait de choisir pour anéantir l'autre.

"XXVII. Pensées Diverses sur les Cometes Article VIII. " Vous vous êtes accoutumé, dit Mr. Bay-
" le, par votre caractére de Théologien à ne plus
" raisonner, dès que vous croiés qu'il y a du My-
" stére ; c'est une docilité fort louable, mais qui ne
" laisse pas quelquefois, par le trop d'étenduë qu'on
" lui donne, d'empiéter sur les droits de la Raison
" comme l'a fort bien remarqué Mr. Pascal.
" Article XXI. Des mêmes Pensées. Peu à peu
" notre Nation, dit-il, s'est guérie de cette foiblesse,
" soit que nous aimions le change, soit que l'atta-
" chement qu'on à eu pour la Philosophie, dans ce
" siécle ici, nous ait fortifié la Raison, que toutes
" les autres sciences qu'on cultivoit avec tant de soin
" depuis François premier n'avoient guere délivrée
" du joug des préjugés. Aussi faut-il avouer qu'il
" n'y a qu'une bonne & solide Philosophie, qui,
" comme un autre Hercule, puisse exterminer tous
" les monstres des erreurs populaires ; c'est elle seule
" qui met l'esprit hors de Page.

Un Auteur qui croit que le Pyrrhonisme conduit à la Foi mieux que la Raison, est-il bonne grace de faire l'éloge de la Raison ? S'il reconnoit que son usage peut faire du bien aux hommes, pourquoi travaille-t-il à les déposseder d'une si utile illusion & à les y faire renoncer ? Quand croions nous qu'il parle sincérement ? est-ce quand il compare la *Raison* à une *Girouette*, pour laquelle on ne peut point compter, & qu'il dit qu'elle ne sert qu'à nous convaincre elle-même de sa propre foiblesse, & de son impuissance à nous procurer la Certitude, ou quand il déclare tout net que c'est elle seule qui met l'esprit *hors de Page* ?

Lorsque, Mr. Bayle écrivit ses *Pensées diverses*, comptoit il de ne remplir son papier que d'Incertitudes ? Ne croioit-il pas ses raisonnemens d'un plus grand poids que ceux qu'on lui oppose ? Tout son travail seroit donc allé à tromper ses Lecteurs, à leur faire regarder d'un côté comme foibles, & d'un autre comme fondés & comme solides, des argumens égaux de part & d'autre ? Est-ce la Foi, est-ce la Raison qui le fait pancher pour un parti plûtôt que pour un autre ? Si c'est la Foi, pourquoi se contente-t-il de raisonner ? Pourquoi s'avise-t-il de dire que l'Idolatrie est pire que l'Athéïsme, & qu'il vaut mieux être sans Religion que d'être Idolatre ? Pourquoi avance-t-il une Proposition dont il lui étoit aisé de prévoir le scandale, contre les Maximes qu'il établit ailleurs en parlant d'*Amiraut* & d'*Arminius* ? Pourquoi ne laisser pas tomber cette Controverte, quand il vit qu'elle produiroit de mauvais effets ? Pourquoi s'obstiner à la défendre, quand il vit qu'il n'y avoit pas plus de certitude d'un côté que d'un autre ? Voiés encore dans la Section précédente ce qui se lit sur le Mot *Bion.*

XXVIII.

" XXVIII. SOUFFREZ que je remarque, dit Mr. Bayle, Pensées diverses, Article XCI. par occasion, l'injustice de ceux qui blâment la Philosophie, en ce qu'elle cherche des causes naturelles là où le Peuple veut à toute force qu'il n'y en ait pas. Cela ne peut venir que d'un Principe extrêmement faux, savoir *que tout ce que l'on donne à la Nature est autant de pris sur les Droits de Dieu*. Car en bonne Philosophie la Nature n'est autre chose que Dieu lui-même agissant, ou selon certaines Loix qu'il a établies très librement, ou par l'application des créatures qu'il a faites, & qu'il conserve. De sorte que les ouvrages de la Nature ne sont pas moins l'effet de la Puissance de Dieu que les miracles, & supposent une aussi grande Puissance que les miracles; car il est tout aussi difficile de former un homme par la voie de la génération, que de ressusciter un mort. Toute la différence qu'il y a entre les miracles, & les ouvrages de la nature, c'est que les Miracles sont plus propres à nous faire connoître que Dieu est l'auteur libre de tout ce que font les corps, & à nous désabuser de l'erreur où nous pourrions être là-dessus; ensuite dequoi l'on juge assés naturellement, que ce qui se fait par miracle, vient d'une Bonté, ou d'une Justice particulière. Mais il ne s'ensuit pas pour cela, qu'on doive trouver mauvais que les Philosophes s'en tiennent à la Nature autant qu'ils peuvent. Car comme *Plutarque* l'a fort bien remarqué au sujet de *Périclès* & d'*Anaxagoras*, la connoissance de la Nature nous délivre d'une superstition pleine de terreur panique, pour nous remplir d'une Dévotion véritable, & accompagnée de l'espérance du bien, les Païens eux-mêmes ont remarqué qu'il importe extrêmement, sur le Chapitre de la Religion, plus qu'en toute autre chose, de ne se point conduire par le principe d'une aveugle crédulité; mais de le bien assurer du fait, par ce qu'en négligeant une Cérémonie bien pensée, qu'on ne doit jamais faire quartier à l'erreur, de qu'elle espèce qu'elle soit. J'avoué qu'il est bien moins scandaleux de combattre les erreurs avant qu'une longue possession les ait enracinées dans les esprits de tout un Peuple, que lorsque leur antiquité semble les avoir consacrées. Mais comme il n'y a point de préscription contre la vérité, il ne seroit pas juste de la laisser perpétuellement ensevelie dans l'oubli, sous prétexte qu'elle n'auroit jamais été connuë. Je conviens aussi qu'il faut se conduire avec une grande discrétion, & de grands ménagemens, lorsqu'on attaque de vieilles erreurs de Religion: & c'est pour cela que quelqu'un a dit en parlant ces choses de cet ordre-là, Qu'il y a plusieurs vérités, *que nous seulement il n'est pas nécessaire que le Peuple sache*, mais aussi dont il est expédient que le Peuple croie le contraire. Il n'y a d'autre de Politiques, ni de gens d'Eglise qui ne soient dans ce sentiment. Mais je dis néanmoins, qu'en gardant toute la circonspection que la prudence Chrétienne exige de nous, il doit être permis de travailler à l'éclaircissement de la vérité en toutes choses. Comme c'est une grande erreur de s'imaginer *que tout ce qu'on donne à la Nature est autant de pris sur les Droits de Dieu*; C'en est pas une moins grande de

NB.

NB.

NB.

s'imaginer que tout ce qu'on donne à la Raison, est autant de tort que l'on fait à la Foi.

Comme la même Puissance qui fait les Miracles a aussi fait les Ouvrages de la Nature. La même Sagesse qui nous éclaire par la Raison, est aussi celle qui nous éclaire par la Révélation.

La Puissance & la Sagesse de Dieu ne sauroient être en Contradiction avec elles-mêmes, la Puissance de Dieu peut ôter à un corps l'existence qu'il lui a donnée; Mais elle ne fera point qu'un corps soit & ne soit pas en même temps, qu'il soit corps sans être corps. Elle peut ôter à un Corps sa pesanteur, mais elle ne fera point qu'en même temps il pése & ne pése point &c. La Connoissance de la Nature ne peut pas nous délivrer de la Superstition & des terreurs Paniques, à moins que son étude ne nous procure des lumières sures.

Si en matière de Religion, il importe sur tout de ne point se conduire par le principe d'une aveugle Crédulité, il faut prendre le parti de s'assurer par la voie de l'éxamen.

Où sont ces Philosophes Chrétiens qui nous délivrent des préjugés si on n'est Chrétien qu'à proportion qu'on n'est pas Philosophe.

Si on ne doit jamais faire quartier à l'erreur de quelque espèce qu'elle soit, il faut donc attaquer celles qui sont contraires à la Raison.

Enfin s'il est permis de travailler à l'éclaircissement de la vérité en toutes choses, il est permis de raisonner sur toutes sortes de Sujets, car le moien d'éclaircir quoi que ce soit qu'en raisonnant.

Monsieur Bayle fait bien se prévaloir des opinions inveterées; il fait profiter du foible des Théologiens, & s'appuier de leur autorité, comme s'il y avoit de la préscription contre ce qui est vrai.

" XXIX. SI Coëffeteau avoit dit que Luther fut cause qu'une infinité de gens se damnèrent par la profession de l'Hérésie, il auroit parlé selon l'esprit de ses préjugés, on le lui pardonneroit; mais ce n'est point là le mal qu'il déplore. Ecoutons le, *Cependant*, dit-il, *au lieu de nous représenter ici les saillies de ce furieux esprit de Luther, l'insolence duquel a même déplu aux Calvinistes, le Sieur du Plessis devoit méditer l'horreur de son crime, & se représenter devant les yeux la grande perte des ames dont il est coupable devant Dieu & devant ses Anges, pour avoir été Auteur de toutes les disputes qui se sont élevées dans la Chrétienté. Dieu avoit ordonné, sous l'ancienne Loi que, s'il arrivoit que quelques-uns aians debat les uns contre les autres frapassent une femme enceinte, de sorte qu'ils étouffassent son fruit, leur vie iroit pour la vie de l'enfant. Et donc qu'ordonnera sa Divine justice contre ceux qui par leur ambition, & par les disputes qu'ils auront excitées en l'Eglise, ont fait mourir tant de millions d'ames qui se sont rebutées de la Religion Chrétienne, voiane ceux qui s'en disent les Ministres si mal s'accorder des principaux points de l'Evangile*. On peut assurer que le nombre des esprits tièdes, indifferens, dégoutés du Christianisme, diminua beaucoup plus qu'il n'augmenta, par les troubles qui agitèrent l'Europe à l'occasion de Luther. Chacun se prit parti avec chaleur: les uns demeurèrent dans la Communion Romaine, les autres embrassèrent la Protestante: les prémiers conçurent pour leur Communion plus de zèle qu'ils n'en avoient, les autres furent tout de feu pour leur nouvelle Créance. On ne sauroit montrer ces personnes qui au dire de Coëffeteau rejettoient le Christianisme à la vuë de tant de disputes. S'il avoit dit que les divisions des Chrétiens, & la conduite qu'ils tiennent les uns contre les autres après avoir formé plusieurs Sectes, sont très-propres à inspirer du dégout, & de l'incrédulité pour l'Evangile, je croi qu'il eut eu raison; mais il eut fallu supposer en même temps une chose que très peu de personnes mettent en pratique. Il auroit fallu supposer qu'il y a beaucoup de gens qui n'ont

Article Luther Note CC

„ pas deux poids, c'est-à-dire qui examinent sans
„ préjugé ce qui se passe & au dedans, & au
„ dehors. Mais où trouve-t-on de telles personnes ?
„ Où sont ceux qui par la force de la coûtume ne
„ jugent pas que les mêmes choses sont très-justes
„ quand ils les sont souffrir aux autres, & très-in-
„ justes quand ils les souffrent eux-mêmes? Avec
„ cet esprit n'aïés pas peur que la multiplicité des
„ Sectes fasse beaucoup de Pyrrhoniens ; chacun,
„ quoi qu'il arrive, se tiendra colé au parti qu'il
„ aura pris.

Quand Mr. Bayle parle de l'effet des Divisions par rapport au Pyrrhonisme, est-ce à l'égard de ceux qui raisonnent bien, ou à l'égard de ceux qui raisonnent mal? S'il veut parler de ceux qui raisonnent bien, il se trompe, puisque les Disputes les engagent à examiner avec attention, & que l'éxamen les conduit à la Certitude; S'il paroit prétendre que ces Disputes ne sont aucun mauvais effet par rapport au Pyrrhonisme, & à l'incrédulité, sur le Vulgaire ; en cela il se trompe encore manifestement, & il parle contre l'expérience. Quand il s'élève des Disputes, rien n'est plus ordinaire que d'entendre les gens du Commun, dire, *pour nous autres que voulons nous faire, & comment saurons nous ce que qu'il faut croire, puisque les plus habiles ne peuvent s'accorder sur ce qu'on doit croire.* Je reconnois avec Mr. Bayle, qu'il *est des naturels violens que les objections irritent, & rendent plus opiniatres;* mais il en est aussi des modérés, & des timides qu'elles ébranlent.

Quand il avance que pour être en droit de regarder les Disputes comme propres à inspirer l'Incrédulité, & du dégout pour l'Evangile, il faudroit *supposer qu'il y a beaucoup de gens qui n'ont pas deux poids, c'est-à-dire qui examinent sans préjugé ce qui se passe & au dedans & au dehors.* En parlant ainsi il découvre manifestement le fond de son coeur plein de foi & d'estime pour l'Evangile, si on est assés simple pour croire ce qu'il dit ailleurs. *N'uses point d'un double poids, examinés sans prévention, ce qui se passe au dedans & au dehors.* Suivant les Idées de Mr. Bayle, comparés, par exemple, & les raisons & la conduite des Catholiques Romains, avec les raisons & la conduite des Calvinistes, si vous êtes né dans leur Communion ; mais faites cette comparaison sans préjugés & sans double poids, c'est-à-dire, soïés raisonnables. Alors vous ne manquerés pas d'éprouver *que la diversité des sentimens vous remplira d'incrédulité, & de dégout pour l'Evangile.* Si les Divisions ne produisent pas cet effet sur le grossier vulgaire, c'est qu'il s'est très-obstiné dans ses préventions & qu'il n'est ni judicieux, ni juste dans le parti qu'il prend. Pourquoi n'y a-t-il pas un plus grand nombre de Pyrrhoniens? C'est que la plûpart des gens usent d'un double poids.

Article la raison de la défense de

Il n'est pas fort difficile, dit Mr. Bayle, à concevoir, pour les Protestans qu'un homme qui étudie la Controverse, change de sentiment, & trouve que les Protestans ont raison.

Si la voie de l'éxamen peut conduire un Catholique à embrasser le Calvinisme, cette voie d'éxamen continuée pourroit l'amener à admettre quelques-uns des sentimens des Lutheriens ; comme il pourroit aussi, au cas qu'il fut pas Lutherien, l'amener à embrasser quelques-uns des sentimens des Calvinistes. Cela étant ainsi Mr. Bayle ne peut plus alléguer le *Synode de Dordrecht* comme une formule de foi, dont il n'est point permis de s'écarter, pas même pour le mettre à couvert des insultes des libertins, & se fortifier plus avantageusement contre eux.

Nécessité de la Raison pour expliquer l'Ecriture Sainte. Thsaum. Note D.

„ XXX. REMARQUES bien que Reihing & „ & l'Auteur de son Oraison funèbre, expliquent „ comme un précepte les paroles de St. Paul ; ils „ prétendent que l'Apôtre ordonne aux Pasteurs de „ l'Evangile d'être mariés, & de ne l'être qu'à une „ femme. Ce seroit sans doute la véritable interpré-
„ tation des paroles de St. Paul, si on les prenoit à „ la lettre, je veux dire selon les loix de la Gram-
„ maire ; car les termes qui désignent le Mariage de
„ l'Evêque avec une seule femme sont *autant régis*
„ par le mot *il faut*, que ceux qui désignent l'irré-
„ préhensibilité, la sobrieté, la prudence, la gravité,
„ la modestie, l'équité, la modération, & le des-
„ interessement de l'Evêque. Comme donc il se-
„ roit absurde de prétendre que St. Paul laisse à la
„ liberté des Pasteurs, d'être sobres, modestes & ir-
„ répréhensibles &c. ou de ne l'être point, il est
„ absurde de prétendre qu'il laisse à leur choix ou
„ d'épouser une femme, ou de n'en épouser point;
„ cela dis-je est absurde, si l'on s'attache au sens lit-
„ téral, & si l'on suppose que St. Paul a observé
„ l'éxactitude de la Grammaire. Je ne parle point
„ d'une éxactitude rigoureuse comme celle qu'on ob-
„ serve dans les Articles d'un Traité de Paix, où
„ l'on pése toutes les expressions, afin d'empêcher
„ les abus que l'on pourroit craindre d'une équivo-
„ que, ou de l'omission d'une particule. Je ne
„ parle point non plus de l'éxactitude de ces Gram-
„ mairiens scrupuleux, pédans, ou puristes, qui ai-
„ meroient mieux employer trois heures à corriger
„ une période, que de souffrir qu'il y restât quelque
„ négligence. Je parle d'une Méthode de s'expli-
„ quer nettement & sans confusion, comme seroient
„ les gens du bon sens dans une lettre où ils donne-
„ roient des ordres à un Précepteur. S'ils lui écri-
„ voient, nous voulons que nos enfans prient Dieu
„ *deux fois le jour, qu'ils aillent au Prêche deux fois*
„ *la semaine, qu'ils ne jurent point, qu'ils ne soient*
„ *point querelleux, qu'ils obéissent à leur Ayère, qu'ils*
„ *aillent à la Comédie tous les Lundis,* il regarderoit
„ tout cela comme des Préceptes ; il ne s'imagineroit
„ pas qu'on laisse à sa discrétion ou de mener ses é-
„ lèves à la Comedie tous les Lundis, ou de ne les y
„ point mener : car il supposeroit en ce cas-là, que
„ les maîtres n'ont point lié *nous voulons avec qu'ils*
„ *aillent à la Comédie,* & qu'ils eussent changé de
„ verbe, qu'ils eussent dit par éxemple, *& nous vous*
„ *permettons de les mener à la Comedie tous les Lun-*
„ *dis* Il faut donc demeurer d'accord que si un so-
„ phiste s'opiniatroit à soutenir que tout ce que dit
„ St. Paul des qualités d'un Evêque est d'obligation,
„ il ne seroit pas facile de le réfuter ; & qu'il fau-
„ droit lui demander humblement qu'il trouvât bon
„ qu'on se départit des rigueurs grammaticales : vu
„ qu'il n'est point apparent que cet Apôtre ait vou-
„ lu exclure de l'Episcopat ceux qui pourroient vi-
„ vre dans la continence, ornés d'ailleurs des ta-
„ lens requis. On voit par là qu'un attachement
„ trop scrupuleux pour le sens littéral de l'Ecriture
„ seroit fort souvent une source d'illusion, & que
„ *l'axiome summum jus summa injuria,* doit être
„ considéré, & consulté en bien des rencontres par
„ les Interprètes. On voit en même temps qu'il saut NB.
„ faire non pas ce que les Apôtres, ordonnent selon
„ le sens grammatical, mais ce que le bon sens nous
„ dicte, qu'ils ont eu dessein d'ordonner. St. Paul
„ selon la Grammaire commande le Mariage aux E-
„ vêques, mais la raison nous montre qu'il n'a pré-
„ tendu leur défendre que la polygamie. C'est
„ donc à cela qu'il s'en faut tenir.

Mais si les Lumières de la Raison, ou ce qui est la même chose, si les réflexions du bon sens, sont incertaines, comment pourra-t-on s'assurer qu'on ait interprété les paroles de la Révélation dans leurs vrai sens. Cette révélation suivant Mr. Bayle nous apprend que des propositions directement contraires à la Raison, & aux Notions les plus évidentes du sens commun, ne laissent pas d'être très-vraies.

„ Reihing & ses semblables ont tort de trouver „ là un commandement de se marier : on n'y en „ trouve raisonnablement que la permission : Mais „ leur erreur est beaucoup plus digne d'excuse, que „ la hardiesse épouvantable que l'on s'est donnée „ d'interdire le Mariage aux Ecclésiastiques. Les

peuples

„ peuples ne se laveront jamais devant Dieu, de la
„ sainteté qu'ils ont eu; de souffrir que l'on abrogeât
„ les loix de St. Paul, claires, précises, intelligibles
NB. „ s'il en fut jamais.

Mais suivant Mr. Bayle, & les Pyrrhoniens, dès
que les Savans se partagent sur quelques sujets, on
ne peut plus acquérir sur ces sujets, de la certitude.

Ils en ont été bien punis, continue Mr. Bayle, *par le
déluge effroiable d'impuretés qui a souillé leurs familles, & ils n'en sont pas quites encore.* Mais puisque la Raison ne prouve point que l'Impureté soit
un vice, les explications qui la font paroitre condamnée dans l'Ecriture, ne peuvent pas passer pour
plus raisonnables que les autres.

Idem. „ Disons en passant que l'on a traité l'Ecriture dans
„ le Christianisme, à peu près comme le Code de Justinien. On est bien aise quand le Droit coutumier
„ est conforme au droit écrit; mais si l'on trouve
„ mieux son compte au Droit coutumier qu'au Droit
„ écrit, on se passe de tout conformité. Le Christianisme pendant plusieurs siecles n'a point été un
„ Païs de Droit écrit. *Pendant plusieurs années*, dit
Mr. Bayle, *le Christianisme n'a pas été un païs de Droit
écrit.* C'est-à-dire qu'on a décidé ce qu'il faut croire,
moins par l'Ecriture bien expliquée, suivant les Régles du bon sens & de la Raison, les seuls secours
dont on doive se servir, que par l'autorité de la
tradition, que Mr. Bayle trouve ailleurs qu'on doit
suivre. S'il approuve que dans le Christianisme on
abandonne le Droit coutumier, il ne doit plus gener ceux qui entrent en lice avec lui, par les décrets du Synode de Dordrecht; c'est du Droit coutumier qu'il se fortifie, quand il se met à couvert par
les Décisions de ce Synode, de tout ce qu'on peut lui
opposer en faveur du Christianisme contre les arguments qu'il prête aux Athées.

Mr. Bayle reconnoit donc que c'est au bon sens,
& par conséquent à la droite Raison à interpreter
l'Ecriture Ste. & à fixer son véritable sens, sans quoi
il seroit inutile d'être persuadé de sa Divinité, puisqu'on ne pourroit s'y instruire seurement, ni de ce
qu'il faut croire, ni de ce qu'il faut faire. Dans
Oeuvres la Lettre XCVI en parlant des explications de l'A-
Div. Tom. pocalipse qu'il n'approuve pas & que certains événemens
II. pag. paroissoient favoriser. *Ne seroit on pas, que la Providence veut tenter la Foi des Incrédules, en leur fournissant des amorces très-capables de les ébranler & de les
faire déchoir de la Régle du Bon Sens.* Selon lui il faut
donc suivre le bon sens pour régle dans l'explication
de l'Ecriture, & on est fondé à refuser sa croiance à
celles qui y sont opposées. Mr. Bayle reconnoit encore la nécessité de la Régle célébre de *Est sermo interpretandus pro subjectâ materiâ*. Si l'on veut ne pas se
tromper dans le sens qu'on donne aux expressions, il
faut faire attention à la nature des choses, s'y
conformer, & ne rien faire signifier aux termes qu'on
interpréte qui leur soit contraire. Mais qu'y a-t-il de
plus inutile que cette régle, dont il connoit pourtant
la nécessité, & par Conséquent qu'y a-t-il de plus
incertain, selon lui, que le sens de l'Ecriture, si la
Raison est incapable de nous éclairer seurement sur la
nature des choses, & en particulier sur celle de nos
Devoirs, si elle est souvent incapable de démêler
l'honnête d'avec le deshonnête, si elle ne peut apporter aucune preuve qui ne soit d'abord renversée
par une objection d'égale force; en un mot si c'est
une girouette qui tourne à tout vent, & dont toute
la force aboutit à nous convaincre de nos ténébres
sans les dissiper; & si toutes les réflexions qu'on fait
sur sa foiblesse ne servent qu'à nous faire recourir à
la Foi, c'est-à-dire à nous mettre dans la nécessité de
puiser nos Connoissances dans des livres dont nous ne
pouvons entendre le sens, que par cette Raison sur laquelle on ne peut pas compter? C'est ainsi que Mr.
Bayle procure à ses lecteurs favoris le plaisir de voir
qu'il se joué de la Réligion, & que d'une main il
renverse hardiment & habilement ce qu'il a fait semblant d'établir de l'autre.

Quand St. Paul défend des paroles contraires à l'honnêteté, comment est-ce qu'on pourroit s'assurer de
leur vrai sens, suivant les Principes de Mr. Bayle?
Selon lui la Raison ne fournit point d'idées par où
on puisse surement distinguer l'*honnête* d'avec ce
qui ne l'est pas; Elle ne détermine donc point la
signification de ce mot, elle sera à cet égard une *girouette* qui réduira à rien le Précepte par mille distinctions, & mille limitations; car enfin on pourra
alléguer un très-grand nombre de cas qui en dispensent; pas moins de la nécessité de parler modestement,
& qui en dispensent encore plus qui s'interêt qu'on
prend au débit d'un livre.

„ On y trouve, dit-il, qu'un Professeur de Padouë Article
„ censuroit dans les Leçons ceux qui pour être plus Bunel.
„ attachés aux études de la Philosophie, ou à ce n'est Note E.
„ nécessaire à un Chrétien, négligoient les Saintes
„ lettres toute leur vie, ou ne les examinoient "que
„ bien tard. Les raisons de ce Professeur étoient si
„ fortes qu'elles touchérent le jusques-un de ceux qui
„ méritoit sa censure; mais une lettre de Sadolet ralentit leurs résolutions. Ils commencérent de renoncer à
„ leur concubine, c'est-à-dire à la Philosophie, pour s'attacher à la Théologie comme à une chaste Epouse,
„ lorsque la lettre de Sadolet les rengagea tout de nouveau
„ au Concubinage. Voici l'occasion de cette lettre. Ré-
„ ginald Polus écrivant à Sadolet, le supplia de faire
„ en sorte que Lazare Bonamicus s'attachât aux Stes.
„ Lettres, ou qu'au moins il abandonnât la Rhétorique pour s'appliquer à l'étude de la Philosophie.
„ Polus espéroit que cette étude n'arrêteroit pas fort
„ long-temps Bonamicus, & qu'elle le méneroit
„ beaucoup plus loin. Il crut que Bonamicus s'appercevroit des lumières Philosophiques ne peuvent conduire l'homme qu'à lui faire enfin avouër
„ qu'il sait seulement qu'il ne sait rien; que c'est-
„ là le *non plus ultra* de la Philosophie; d'où l'on
„ doit conclure nécessairement que l'esprit de l'homme a besoin d'une autre lumière pour dissiper les
„ ténébres de son ignorance. Or où trouve-t-on
„ cette autre lumière que dans la Révélation? Sadolet répondit qu'il trouvoit étrange que l'on méprisât ainsi la Philosophie, puisque sans elle la Théologie ne peut subsister; & là-dessus il étala amplement les avantages de la Philosophie. Bunel éclaircit cela, & montre que les véritables sentimens
„ de Sadolet ne sont pas ceux qui semblent être d'abord dans cette lettre. Mais quoiqu'il en soit,
„ je trouve avec le jugement de Polus est le plus
„ sensé que l'on puisse faire de la Philosophie, &
„ je suis ravi qu'un tel Auteur me fournisse dequoi
„ confirmer ce que j'établis en divers endroits, *que
„ notre Raison n'est propre qu'à brouiller tout, & qu'à
„ faire douter de tout*, elle n'a pas plutot bati un ouvrage, qu'elle vous montre les moïens de le ruiner.
„ C'est une véritable Pénélope qui pendant la nuit défait
„ la toile qu'elle avoit faite pendant le jour.

„ Ainsi le meilleur usage qu'on puisse faire de la
„ Philosophie, est de connoitre qu'elle est un sujet
„ d'égarement, & que nous devons chercher un autre guide qui est la Lumière révélée.

Dans un endroit Mr. Bayle établit qu'il faut suivre le bon sens pour régle, si on veut interpreter
juste les paroles de l'Ecriture Ste. Dans un autre endroit, sous prétexte de relever le prix de la Lumiére révélée, il anéantit la Raison; si on veut l'en
croire *elle brouille tout*, & comme il a accoutumé de
faire lui-même, elle renverse d'une main tout ce
qu'elle a posé de l'autre.

Je remarquerai encore en passant qu'on est un
grand homme, & qu'on a grande autorité, dès
qu'on fournit à Mr. Bayle une occasion de recommander le Pyrrhonisme.

Pensées diverses sur les Cometes Article. XCVII. Oeuvres
Mr. Div. Tom.
III. pag.
66.

Mr. Bayle trouve que l'arrêt, qui déclare les enfans de 7 ans capables de difcerner *que l'Eglife Romaine eft plus conforme à la Révélation de Dieu que la Reformée*, ne fera pas d'honneur à l'hiftoire du Roi. Et pourquoi? Eft-ce qu'à cét âge-là on n'eft pas autant fufceptible de Foi aveugle, & des Impreffions de la Grace que dans un âge plus avancé? Quel eft le privilége d'un homme de 20. ans, & de 30. ans à cet égard-là, par deffus un enfant? Dira-t-on qu'il a plus étudié, que la Raifon a acquis plus de force, & qu'il eft plus capable de Difcernement, au moins s'il a bien conduit fes études? Mais il fe trouvera précifément fuivant Mr. Bayle, que la Raifon eft incapable de fe conduire fûrement à un jufte choix, & qu'il eft autant dans l'impuiffance de s'éclairer par fon moien, qu'un enfant qui n'en a encore point fait d'ufage.

Penf. Div. Ibidem. pag. 89.
"Article C. Mr. Bayle dit, qu'à la réferve de
" quelques efprits Philofophiques perfonne ne s'avi-
" fe d'examiner fi ce qu'on entend dire par tout, eft
" véritable. Chacun fuppofe qu'on l'a examiné au-
" trefois, & que les anciens ont affez pris les devants
" contre l'erreur ; & là-deffus c'eft à fon tour à l'en-
" feigner à la poftérité, comme une chofe infailli-
" ble. Souvenés vous de ce que j'ai dit ailleurs de
" la pureté de l'homme, & de la peine qu'il faut
" prendre pour examiner les chofes à fond, & vous
" verrés qu'au lieu de dire avec Minutius Felix,
" *Tout eft incertain parmi les hommes, mais plus tout
" eft incertain, plus y a-t-il lieu de s'étonner que quel-
" ques-uns par le dégout d'une recherche exacte de la
" vérité, aiment mieux embraffer témérairement la
" première opinion qui fe préfente que d'approfondir les
" chofes long-tems & foigneufement ;* il faut dire, *plus
" tout eft incertain, moins y a-t-il lieu de s'étonner
" que quelques-uns* &c.

Et avec quoi Mr Bayle veut-il qu'on examine la vérité, & qu'on parvienne à la connoître? Eft-ce avec les yeux feulement, & les autres fens extérieurs, ou fi c'eft avec la Raifon, auffi peu propre à nous y conduire, felon lui, que nos gants, & que nos fouliers? L'efprit de Contradiction avoit bien changé Mr. Bayle, depuis ce premier Ouvrage, jufques à la Compofition de fon Dictionnaire.

Dict. Hift. Art. Diagoras Note D.
Mr. Bayle rapporte après *Sextus Empiricus*, que Diagoras devint Athée, *de fuperftitieux qu'il étoit*, des qu'il eut vu l'impunité d'un parjure qui lui avoit fait du tort. Il fe peut que l'Efprit de Contradiction a commencé le défordre de Mr. Bayle, & que mécontent des Théologiens qui le gênoient, & qui s'attiroient une Confidération qu'il ne voioit pas avec plaifir, il fe foit déterminé à écrire de la manière qu'on a vu.

Ce n'eft pas feulement les Prêtres qui s'allarmoient de l'Athéifme, foit par zele, foit par intérêt, tous les particuliers s'éfraient d'une Doctrine qui va à miner la Confiance que les hommes prennent les uns aux autres. On le voit par l'exemple de Diagoras, car il comprit que la crainte des Dieux empêcheroit qu'on ne lui volât fon dépôt. Diagoras recourt encore à la défaite dont Mr. Bayle a ufé ; c'eft que la fociété fubfifte fuffifamment fans le fecours de la Religion par de bonnes Loix.

Art. Sarr. Note L.
"O voi bien dit-il que je défigne la fameux Sonnet
" de Sarrafin *Quand Adam vit cette jeune beauté*. La Con-
" clufion eft non feulement trop Satirique contre le
" fexe, mais auffi d'un libertinage qui va jufqu'à
" l'impiété.

Cher Charleval, alors en vérité,
Je croy qu'il fut une femme fidelle ;
Mais comme quoy ne l'auroit-elle été,
Elle n'avoit qu'un feul homme avec elle.
Or en cela nous nous trompons tous deux ;
Car bien qu'Adam fut jeune & vigoureux,

Bien fait de corps & d'efprit agréable,
Elle aima mieux, pour s'en faire conter,
Préter l'oreille aux fleurettes du Diable,
Que d'être femme & ne pas coqueter.

"On diroit que *Sarrazin* écrivit cela pendant l'accès d'une furieufe jaloufie, & étant appris tout
fraichement que fa Maitreffe avoit eu beaucoup de
civilité pour quelques jeunes blondins qui l'a-
voient louée ; car voilà l'un des caprices de l'a-
mour. Un homme n'eft jamais plus difpofé à pefter
contre les femmes en général, que lorfqu'il fait que celle qu'il aime, & qu'il aime écoute agréablement les douceurs que d'autres lui difent, qu'elle s'engage volontiers à un tete à tete, qu'elle fe divertit fort bien
où il n'eft pas &c : Il voudroit que dès qu'une
femme a lié avec lui une intrigue d'amour elle
regardât du haut en bas tous les autres hommes
& rejettât dédaigneufement toutes leurs cajoleries,
& devint à leur égard chagrine, incivile, farouche, brutale, & quand il voit tout le contraire,
comme cela lui arrive affés fouvent, il fe dépite,
& il s'emporte avec fi peu d'équité, qu'il faut
que tout le beau fexe en patiffe. Il fe déchaîne
contre toutes les femmes ; il les accufe toutes d'ê-
tre coquettes effentiellement : & s'il faifoit alors
une Logique, & qu'il en fût au Traité des Uni-
verfaux, il donneroit la Coquetterie pour le pro-
prium quarto modo du fexe féminin, pour cette
proprieté que convient omni, foli, & femper fub-
jecto, & cum eo reciprocatur. Il feroit fort éloigné de cette injuftice, s'il n'étoit pas amoureux ;
car il ne verroit rien de condamnable dans le plaifir qu'elles trouvent à être flatées & cajolées, &
dans la manière honnête & civile dont elles répondent à un compliment. Il fe donne pas même
dans cette injuftice lorfqu'il eft fort amoureux, &
qu'on n'eft coquet que pour lui ; c'eft donc la jaloufie qui le fait tant déclamer, c'eft elle qui le
porte à répandre fes médifances, non feulement fur
la Maitreffe infidelle, ou prétendué infidelle, mais
auffi fur toutes les femmes en général, comme fi
la Coquetterie en étoit inféparable. Peut-on voir
un Caprice plus bourru & plus aveugle, que celui
de ces galans jaloux? Ils ne peuvent pas même en-
durer que leur Maitreffes témoignent à leurs maris
une complaifance careffante : Voici l'une de leurs
complaintes à ce fujet l`.

" Je penferois n'être pas malheureux,
" Si la beauté dont je fuis amoureux
" Pouvoit enfin fe tenir fatisfaite,
" De mille amans avec un favori,
" Mais j'enrage que la Coquette
" Aime encor jufqu'à fon Mari.

Voilà de l'aveu de Mr. Bayle comment on outre les chofes fuivant l'intérêt qu'on y a. Il donne en cela une clef qui découvre les Caufes de fes Sophifmes, *Perfonne*, dit-il, *ne fe conduit par principe chacun fuit fon humeur*, On voit dans des Athées des exemples de moderation, On remarque des emportemens dans des perfonnes zelées pour la Religion ; L'intérêt eft quelquefois oppofé à la probité. *C'eft donc en vain que l'on prétend de pouvoir s'inftruire par la Raifon ; C'eft en vain que l'on regarde la Religion comme le plus ferme foûtien des fociétés.* Toutes ces Propofitions fi outrées font chés les Pyrrhoniens l'effet de leur paffion extrême à tout combattre, & à tout renverfer.

Mr. Bayle après avoir fait remarquer l'oppofition de la conduite de *Carneade* avec fes Théories, ajoute, *Tout le monde ne eft logé là, on ne vit point fuivant fes principes*. Conclure avec cette précipitation du particulier au général, c'eft raifonner comme le Vulgaire le plus groffier, comme des gens en un mot qui ne ne savent ce que c'est que raisonnement. Un Pyrrhonien dont la Marotte est de contredire, & de ne reconnoître aucun principe sûr, se contredit. Donc tout le monde en est logé là. Mais quand on accordera à Mr. Bayle qu'il n'y a point d'homme à qui il n'arrive quelquefois de s'oublier, & d'oublier ses principes, s'ensuit-il que les uns ne les suivent pas plus que les autres, & que ce qu'on appelle Connoissance, Persuasion, Estime de quelque Maxime, ne soient jamais dans l'esprit de l'homme que des pensées indifférentes, & sans aucune force sur son Coeur? Mr. Bayle sait bien étaler quand il le veut les maux que causent la Superstition, en rapportant ce que les Superstitieux ont fait conformément à leurs Principes; Mais il est aussi bien aisé d'insinuer, par-ci, par-là, que les Principes de la Vertu, quoi qu'on en soit persuadé, n'ont point d'influence sur la conduite; Cela lui sert en temps & lieu pour décharger l'Athéisme de reproches, & pour établir que la Réligion n'a aucun avantage sur lui par rapport aux moeurs.

Des Causes d'Incrédulité. Oeuvres div. Tom. III. 1. part. pag. 110.

XXXI. PENSEES diverses sur les Comètes. Art. CLXXXVII. Mr. Bayle prétend qu'il y a des Causes d'Incrédulité purement physiques, inévitables par rapport à une partie des hommes; & si les raisonnemens qu'il fait pour appuier sa pensée étoient justes, St. Paul se seroit trompé en traitant les Gentils *d'inexcusables*, & Jesus Christ lui-même auroit parlé trop généralement, quand il a dit, *celui qui ne croit pas est condamné, par la même qu'il ne croit pas.* La comparaison tirée de la vuë n'est point juste, dans le sens que l'applique Mr. Bayle, nous ne voions pas dans les ténèbres, nous ne voions pas quand nous avons mal aux yeux, nôtre vuë ne démêle pas les objets qui sont très-éloignés, à moins qu'ils ne soient fort gros, & il est des hommes à qui il est impossible de voir au-delà de quelques pas. Disons de même qu'un homme, qui entreprend d'en instruire un autre, peut lui parler avec tant d'obscurité, & tant de confusion, que ses preuves n'auront aucun effet, quoique très-solides en elles-mêmes. Il se trouve encore beaucoup de gens incapables de bien comprendre les Démonstrations les plus incontestables, lorsqu'elles sont trop composées, ou qu'elles roulent sur des Matières dont les Principes ne leur sont pas assés connus. Mais de croire qu'un homme qui a le Raisonnement assés exercé pour examiner toutes les preuves qu'on allégue de l'éxistence de Dieu, & de la nécessité d'une Réligion, & qui se trouve assés de fécondité pour entasser Objection sur Objection, ne soit dans l'erreur que par l'effet de la petitesse de son génie, c'est ce qui est incroiable, & que l'on ne prouvera jamais. Mr. Bayle reconnoit ailleurs que l'Athée ne va pas jusqu'à la Certitude, mais qu'il en demeure au Doute. Or y a-t-il quelqu'homme dont le génie soit assés petit, & assés visiblement reuversé, hormis qu'il ne soit tout à fait hors du sens, pour ne pas comprendre qu'à l'occasion de quelques Doutes il n'est pas à propos d'inquieter le Genre humain, sur une croiance dont-il est persuadé depuis un temps immémorial, & pour ne voir pas que l'Athéisme est capable d'y faire d'autant plus de désordre qu'il sera plus étendu? Il n'y a point d'homme qui ne soit capable de comprendre que l'Athéisme n'est pas le parti le plus sûr, & qui ne sache, ou qui ne puisse savoir, que le bon sens ordonne de prendre le parti le plus sûr.

Si la Certitude existe tant s'en &c.
Oeuvres Div. Tom. III. part. 1. pag. 770.

XXXII. REPONSE aux Questions d'un Provincial Tom. III page 683. La troisième Illusion, dit Mr. Bayle, consiste en ce que Mr. Jaquelot se persuade que pour faire voir l'accord de la Réligion & de la Raison, il suffit de pouvoir répondre quelque chose directement, & par retorsion aux difficultés objectées, & de s'appuyer sur quelques Maximes de Philosophie, telles que celles-ci *de deux inconvéniens il faut éviter le pire; le bien du tout est préférable à celui d'une partie;*

„ *les intérêts de la gloire de Dieu doivent l'emporter*
„ *sur ceux du l'homme.* Mais si ces moiens étoient
„ suffisans pour vuider une question il n'y auroit
„ presque point de dogme absurde qui ne put passer
„ pour bien soûtenu.
„ Quel Cahos! Qu'elle multitude d'opinions
„ bizarres ne trouve t-on pas dans les gros volumes
„ des Scholastiques! Y en trouverés-vous une seule
„ que l'on ne soûtienne par des réponses, par des re-
„ criminations, par quelques principes? la Raison
„ n'est-elle pas un marché public, ou chaque secte
„ va faire ses provisions tant bien que mal?

Si on ne peut être assuré de rien pendant que la Raison, c'est-à-dire la faculté de poser des principes, & d'en tirer des conséquences tant bien que mal, fera venir dans l'esprit quelques argumens d'un côté, & quelques objections de l'autre, Mr. Bayle se moque visiblement lorsqu'il renvoie les hommes à la Foi, & qu'il fait semblant d'y trouver un Azyle sur lequel il se repose parfaitement; car à moins d'être assuré de la Divinité de l'Ecriture, & de la vérité d'un sens dans lequel on entend les propositions qu'on y lit, on ne saura jamais si elle est divine ou non, si on l'interprète bien ou si on l'interprète mal, puisqu'on fait des Objections sur la Divinité de l'Ecriture, & que ni les Commentateurs des Juifs, ni les Commentateurs des Chrétiens ne sont pas d'accord sur le sens d'un grand nombre de passages importans.

C'est comparer des choses, absolument différentes, que de conclure de l'Incertitude des Questions bizarres de l'*Ecole*, à l'Incertitude générale de nos connoissances. Il est des Questions qui ne signifient rien; il en est qui roulent sur des sujets qui ne sont pas à nôtre portée; il en est dont le sens est précis, & dont le sujet peut être connu.

Pour ne flatter pas dans le doute, nous avons besoin de réponses qui soient aussi évidentes que les objections. Quand les Objections roulent sur un sujet, ou sur quelques-unes de ses attributs, que nous comprenons être au dessus de nôtre portée présente, & que d'un autre côté les Propositions que des Objections de cette nature paroissent combattre, sont établies sur des preuves simples, & dont nous avons senti, & sentons encore l'évidence & la force, il est visible que l'ignorance de ce que nous ne connoissons pas, ne doit faire aucun préjudice à l'évidence de ce que nous connoissons. Cette réflexion est très raisonnable, & d'une évidence fondée sur les Maximes du Sens commun. Rien ne seroit plus ridicule que de ne vouloir rien croire sur un sujet, jusques à ce que l'on comprenne parfaitement que ce sujet ne renferme rien qui ne nous soit absolument connu. Si cela étoit il ne faudroit croire aucun Principe, jusques à ce qu'on en eut tiré toutes les conséquences; mais pourquoi s'amuser à tirer des conséquences d'un Principe qu'on ne croiroit pas vrai?

Contradictions de Mr. Bayle qui vont à ruiner la certitude de la Vue avec celle de la Raison.
Oeuvr. Div. Tom. III. Part. I.

XXXIII. PENSEES diverses sur les Comètes. Art. CCXVIII. Si les Miracles & la parole dit „ Mr. Bayle ne produisent pas leur effet, tant pis „ pour ceux qui s'endurcissent comme Pharao, non „ seulement parce qu'ils ne se convertissent pas, mais „ aussi parce qu'ils résistent à une vocation tout à „ fait proportionnée à leurs facultés, & qui ne leur „ laisse aucune excuse.

S'il en est de l'entendement de l'homme comme des yeux du Corps, & du sens de la vuë, conformément à ce que Mr. Bayle pose ailleurs, il est impossible de savoir s'il y a quelque Incrédulité *pag. 135* qui soit sans excuse. Un homme qui voudra chicaner, s'il est armé de cette hypothése & qu'on la lui accorde, soupçonnera toujours que l'oeil de l'entendement, est renfermé dans une trop petite sphére, & qu'il est physiquement disproportionné avec les Objets qu'on lui présente. Nous avons quatre vérités incontestables. 1. Que l'esprit de l'homme est capable de sentir l'évidence; 2. de suspendre son jugement

Kkkk

gement jufques à ce qu'il l'ait apperçuë; 3. de la chercher, & de s'agiter en diverfes maniéres jufques à ce qu'il l'ait trouvée; 4. qu'en fe donnant ces foins-là, il étend fa pénétration & fa Sphére d'activité. Ce font là des pouvoirs qui lui font effentiels, & fuivant qu'il néglige de les employer de bonne foi, il eft plus ou moins fans éxcufe.

Ibidem. Pag. 135.

,, Penfées div. fur les Cométes Art. CCXIX. J'a-
,, voue, dit Mr. Bayle, que fi la confidération de la Co-
,, méte le porte à confidérer les oeuvres de la Création, il
,, arrivera par cette voie à la connoiffance d'un Etre infi-
,, niment fage & infiniment puiffant, pourvu qu il faffe

N B.
,, un ufage légitime de fa fcience. Je fuis perfuadé qu'il
,, n'y a point d'ignorance invincible d'une prémiére
,, caufe qui gouverne le Monde. Je conviens avec
,, le Prophéte David que *les Cieux,* tout muëts qu'ils
,, font, *ne laiffent pas d'annoncer la gloire de Dieu de-*
,, *puis l'un des bouts de la terre jufqu'à l'autre* par l'ad-
,, mirable fymmétrie de leur Conftruction, & par
,, la régularité de leurs mouvemens. Je reconnois a-
,, vec St. Paul *que ce qui eft invifible dans la nature*
,, *de Dieu*, *eft devenu vifible par la création du Mon-*
,, *de à ceux qui confidérent fes ouvrages.*

Ibidem. Pag. 139.

,, Penfées Div. fur les Cométes Art. CCXXVII.
,, Ce n'eft donc point en cela qu'ils feront inéxcu-
,, fables, mais en ce qu'ils n'auront pas fait un bon
,, ufage de leur Raifon pour connoitre le vrai Dieu,
,, dans l'ordre, dans la beauté, & dans la grandeur
,, qui éclatent en toutes les parties de l'Univers.
,, Avoir méconnu le doigt de Dieu dans une Co-
,, méte, n'eft rien en comparaifon de l'avoir m'é-
,, connu dans toute la machine du Monde.
Ce qu'il pofe dans ces Articles pour fi vrai, feroit très-faux fi par une certaine difpofition de machine, & une certaine Conftitution de Cerveau, une
partie des hommes fe trouvoit dans une impuiffance
Phyfique de connoitre l'éxiftence de Dieu, & par
là étoient déterminés à vivre en Athées de bonne
foi, comme Mr. Bayle le prétend ailleurs.

Ibidem Pag. 138.

Penféts Diverfes fur les Cométes Art CCXXXV. Si
,, felon l'efprit de l'Eglife, dit-il, toute Interprétation
,, de l'Ecriture qui attribue à Dieu des actions mani-

N B.
,, feftement contraires à l'Idée que nous avons de
,, fes Vertus, eft fauffe, fans qu'il foit permis d'allé-
,, guer que Dieu a des droits que nous ne connoif-
,, fons pas, & qui s'accordent avec fes autres ver-
,, tus, d'une maniére que nous ne connoiffons pas;
,, le droit par éxemple d'endurcir Pharao litéralement
,, parlant, fi, dis-je, cela eft ainfi, on peut foûtenir
,, que tout miracle qui eft manifeftement contraire
,, à l'idée que nous avons des vertus de Dieu, eft
,, faux, fans qu'il faille avoir égard pendant qu'on
,, n'eft pas affuré du fait à des fins cachées, ou à
,, des droits inconnus que Dieu peut avoir: car s'il
,, eft néceffaire d'avoir ces égards nous ferons ré-
,, duits au plus étrange Pyrrhonifme qui fut ja-
,, mais.
Sa foi ne fera donc d'aucun fecours contre le Pyrrhonifme, s'il eft vrai que la Raifon ait toute la foibleffe dont Mr. Baile l'accufe; car d'un côté on ne
pourra point compter fur elle, & d'un autre on ne
pourra point s'affurer de la Vérité d'une Révélation qui lui eft contraire.

Ibidem. Pag. 159.

,, Penfées Diverfes fur les Cométes Art. CCLXIII.
,, Il eft facile, dit Mr. Bayle, à chacun des en con-
,, vaincre, & de voir par même moien le tort que nous
,, avons de nous glorifier de nôtre Raifon, qui nous
,, eft de fi peu d'ufage, que prefque tous les hom-
,, mes fe trouvent engagés dans un fentiment defti-
,, tué de toute forte de preuves, tant fur la Quef-
,, tion de droit, que fur la Queftion de fait.
La Raifon eft de peu d'ufage, ou plûtôt elle n'eft
d'aucun ufage, ou plûtôt encore elle nuit, quand on
ne veut pas fe rendre affés attentif aux Régles qu'elle fait connoitre, & qu'elle ordonne d'obferver. Mais
conclure de là qu'elle n'eft d'aucun ufage abfolument,
& qu'on ne fauroit parvenir par fon fecours à des

connoiffances fures, c'eft fuppofer qu'à moins d'être Infaillible on fe trompe toûjours, ou on n'eft ja-mais affuré fi on ne fe trompe pas; c'eft être auffi ri-dicule que fi l'on difoit qu'on ne peut rien favoir à moins de favoir tout, & qu'un homme qui eft une fois tombé ne peut plus s'affurer, s'il eft debout, s'il marche, s'il eft affis.

,, XXXIV. COURCELLES entre autres loü-
,, anges, dit-il, a donné celle-ci à David Blon-
,, del, que les Catholiques admiroient de telle forte
,, fon érudition, qu'ils lui offrirent la Mitre pendant
,, qu'il étoit à marier, & puis une belle Charge ou à
,, la Cour, ou au Parlement, s'il vouloit abjurer fon
,, héréfie. Des Marets répond que ce n'eft pas un
,, fujet de loüange, tant parce que les Papiftes ten-
,, dent le hameçon en tout temps & en tout lieu,
,, qui parce qu'une homme femme ne m'e. point par-
,, mi fes Eloges d'avoir réfifté à des propofitions
,, impudiques. Cette derniére maxime n'eft pas ab-
,, folument vraie, elle a befoin d'être vuë d'un cer-
,, tain côté pour ne point paroitre fauffe. Il eft hon-
,, teux à une femme qu'on lui ait fait des propo-
,, tions d'amour; car cela fait voir qu'on n'a pas eu
,, trop bonne opinion de fa vertu, & ainfi, toute
,, femme qui fe vante d'avoir réfifté à des follici-
,, tations impures, fait favoir en même temps qu'el-
,, le n'a pas fu mettre fa réputation fur le bon pié
,, qu'il falloit, ou qu'infpire tout le refpect qu'une
,, femme vertueufe mérite. En ce fens-là on doit
,, admettre la Maxime du Cenfeur de David Blon-
,, del. On m'accordera fans doute que de deux
,, femmes également belles, & également charman-
,, tes, & engagées dans le Monde, celle qui n'au-
,, roit jamais effuié aucune propofition malhonnéte
,, auroit plus de lieu de fe vanter que celle qui au-
,, roit fouvent repouffé le tentateur, une chofe injufte. Mais
,, tournons la médaille, nous verrons que le Profes-
,, feur à mal cenfuré Courcelles. Il n'eft pas vrai, gé-
,, néralement parlant, qu'une honnéte femme ne doi-
,, ve pas s'eftimer digne de loüange, pour avoir fou-
,, vent réfifté à de mauvaifes follicitations. Toute
,, famille, qui peut citer une telle ou une telle qui
,, ont réfifté aux offres d'un Grand Financier ou
,, d'un Grand Prince, croit fe couronner de gloire.
,, Plus les tentations ont été fortes & fréquentes, plus
,, s'eft-on affuré par de bonnes preuves que l'on ai-
,, me l'honneur & la vertu, & que l'on eft digne
,, d'être eftimée & loüée. Il y a des Relations qui
,, portent que les plus honnêtes femmes en Efpagne
,, font bien aifes, quand elles font feules avec un hom-
,, me, qui leur demande jufqu'à la derniére faveur,
,, & qu'elles trouvent fort mauvais s'il ne fe fait
,, point. Ce n'eft pas qu'elles veuillent l'accorder;
,, mais elles fe font un plaifir de ne l'avoir pas accor-
,, dée à des priéres ardentes. Après tout on a une
,, raifon de loüer Blondel par l'endroit que Des
,, Marets a critiqué. Les Catholiques de France
,, n'auroient point emploié tant de promeffes, s'ils ne
,, l'euffent confidéré comme une perfonne de grand
,, mérite. Il y a beaucoup de différence entre un
,, Miniftre à qui on offre des honneurs s'il change
,, de Réligion, & une femme qu'on cajole avec des
,, préfens. L'action qu'on propofe au Miniftre n'eft
,, point mauvaife dans les Principes de ceux qui en
,, font la propofition, & l'on n'éxige point qu'il
,, la faffe pendant qu'il la croira mauvaife: on l'éx-
,, horte à s'inftruire, & on lui promet que s'il peut
,, fe defabufer, on recompenfera largement la peine
,, qu'il aura prife à chercher & à trouver la vérité.

Mais

„ Mais ce qu'on propose à une femme est une mau-
„ vaise action, & selon ses principes, & selon les
„ principes du tentateur. On ne peut donc la ten-
„ ter sans lui faire affront; c'est-à-dire sans la croire
„ très-capable de faire une chose dont elle connoit la
„ saleté. Ainsi la Comparaison de Des Marets n'est
„ point juste; car on ne fait pas d'injure à un hom-
„ me, lorsqu'on croit qu'il sera capable de connoitre
„ ses erreurs, & de donner gloire à la Vérité, ou
„ ce qui est la même chose, lorsqu'on le sollicite à
„ changer de Réligion. Je suis bien assuré que si
„ Mr. Des Marets avoit eu à faire le Panégirique
„ d'un Ministre qui eût refusé cent beaux avan-
„ tages qui lui auroient été offerts, il auroit ti-
„ ré la matière d'un bel éloge, & qu'il n'auroit pas
„ fait scrupule d'avoüer lui-même comme un ex-
„ ploit remarquable, la force qu'il auroit eue de rési-
„ ster aux tentations de cette nature. Admirés en

NB. „ passant le Pyrrhonisme qui règne sans qu'on le sa-
„ che dans la plûpart des disputes. Il y a cent ma-
„ ximes qui sont vraies d'un côté & fausses de l'au-
„ tre. On s'en sert tour-à-tour, ou pour sa cause, ou
„ contre ses adversaires; Mais est-ce le moien de
„ parvenir à une légitime certitude?

Mr. Bayle fait donc ordinairement tous ses efforts
pour se dérober à la certitude, & pour empêcher ses
Lecteurs d'y parvenir, à moins que ce ne soit sur
quelque matière de peu d'importance. Que ne dis-
tingue-t-il, dans les Propositions équivoques, les différens sens qu'on peut leur donner; & les différens
cas auxquels on peut les appliquer, comme il vient
de faire sur la Question. *Si le mépris avec lequel une
femme a rejetté des propositions contraires à son devoir,
doit lui imputer à compte, ou si c'est une preuve qu'elle a donné quelque lieu à la liberté avec laquelle on
lui a fait connoitre ce qu'on souhaite;* les circonstances ne laisseront aucun doute sur cette question.

Il est des Maximes universelles, & qui ne souffrent point d'exception. Il en est qui varient suivant les circonstances; Or c'est ici une Maxime générale, qu'on doit faire attention aux circonstances
pour bien juger d'un fait. Dès là les jugemens varient autant que les faits & que les circonstances;
mais cela suppose que chaque circonstance a son poids,
& que la Raison fait les peser.

Si la méthode & les tours de Mr. Bayle se font sentir. Article Garasse dans I.

„ XXXV. JE suis très persuadé, dit Mr. Bayle,
„ qu'en mille rencontres il y a beaucoup moins de
„ mal à débiter une méchante Morale en vers, qu'à
„ la débiter en prose, & qu'il faut rabattre beaucoup
„ de la pesanteur d'une censure, par la raison que
„ c'est un Poëte qui parle. Un homme qui sou-
„ tiendroit dogmatiquement des Propositions Héré-
„ tiques seroit cent fois plus criminel, que s'il les
„ mêloit dans une pièce de Poësie: il y a tel Poë-
„ me où l'Auteur avance mille choses qu'il ne croit
„ pas, & qu'il ne voudroit jamais réduire en Théses
„ à soutenir contre tout venant, & que même il
„ ne diroit pas en vers, s'il croioit que les Lecteurs
„ les considéraffent, non pas comme un jeu d'esprit, mais
„ comme des dogmes ou des articles de foi. Il prend
„ plus de peine, je l'avouë, à les tourner & à les or-
„ ner, que s'il les disoit en prose, il y applique
„ donc plus fortement son esprit; il y médite plus
„ profondément; mais enfin ce n'est pas toujours l'i-
„ mage fidèle de ce qui se passe dans son cœur; il
„ ne prétend point donner ni sa confession de foi, ni
„ un modèle de créance à ceux qui le lisent: & il
„ faut tomber d'accord que les hommes ne sont pas
„ si dupes, qu'ils se laissent aussi aisément persuader
„ une Hérésie débitée par un Poëte, qu'une Hérésie
„ débitée en chaire, ou dans un écrit dogmatique.

Mr. Bayle a jetté dans ces paroles quelques traits
pour sa Justification, & ce sont les mêmes qu'il repète dans les Eclaircissemens qu'il a ajoûtés à la fin
de son Dictionnaire; Ce qu'il a écrit contre la Réligion, il ne l'a point écrit *comme une Confession de Foi,*

belle excuse! *Je n'ai pas fait de mal par mes objections, car je ne les ai pas proposées sous un tour qui
m'auroit rendu ridicule aux yeux de mes lecteurs!*
Je ne les ai pas données *comme un Modèle de créance.* On ne se plaint pas que Mr. Bayle ait abusé
de son autorité pour entrainer par cette voie ses Lecteurs
à ses sentimens; on se plaint de ce qu'il a abusé, plus
que qui ce soit de la subtilité de son esprit. S'il
avoit écrit en forme de système, il auroit été plus
facile à réfuter: chacun sait aujourd'hui qu'il a fait
plus de mal que Spinosa, & qu'aucun Déiste; & en
effet ces traits qu'on sème de loin à loin, & comme
par occasion, font beaucoup plus d'effet que les Ouvrages les plus méthodiques. Quoique le Commentaire de Mr. Baile sur la Tolérance soit un Ouvrage
excellent, cêt heureux goût, & ces dispositions Chrétiennes à la Paix, & à la Charité se font beaucoup
plus établies par le moien des réflexions que des personnes sages & zélées ont adroitement semées dans
des Ouvrages où on ne les attendoit pas, que par le
moien des Ecrits où on a directement & uniquement
traité ce grand sujet. Le Système Théologique du
Célébre Mr. De Limborch, & les Ouvrages d'Epis-
copius & de Courcelles, ont contribué à faire
entrer dans les Idées des Remontrans, que les morceaux détachés qu'on en a lû dans d'autres livres.

„ Je n'adopte pas donc point, *dit-il*, les raisons du *ibidem*
„ Père Garasse, quoi que je convienne du gros & du
„ fond de son hypothèse; c'est qu'une mauvaise ma-
„ xime, ou contre les bonnes mœurs ou contre les
„ dogmes spéculatifs de la foi, est très-condamnable
„ dans quelque sorte de Poësie qu'on la propose. Je
„ conviens aussi que la licence qu'un Poëte se don-
„ ne d'étaler plusieurs pensées contre la Morale, &
„ contre la Réligion peut produire de mauvais effets,
„ J'avouë même que les agrémens de la Poësie ren-
„ dent quelquefois plus pernicieux un venin, qu'il
„ ne le seroit en prose. On ne sauroit assés déplorer
„ les maux que les impiétés poétiques d'Homère, &
„ de ses imitateurs, introduisirent dans le Paganisme.
„ Les personnes éclairées connurent bien cette four-
„ ce, & s'en plaignirent hautement. Ils murmurè-
„ rent avec raison de ce que les Poëtes imputoient
„ aux Dieux les mêmes crimes qui se commettent
„ sur la terre.

Il semble que Mr. Bayle a peur qu'on ne le soupçonne d'avoir péché par ignorance; *car tout ce qui
est contraire aux bonnes Mœurs, & aux dogmes de la
Foi,* n'est-il pas autant *condamnable* en stile de prose qu'en vers?

„ La Corruption du cœur, ajoûte *Mr. Bayle*, nous
„ porte plûtôt à choisir ce que les Poëtes avancent
„ en faveur du vice, que ce qu'ils avancent en fa-
„ veur de la vertu. Outre cela les contradictions
„ portent à juger leurs maximes les plus graves,
„ & les plus dévotes ne sont que des jeux d'esprit,
„ & qu'ils n'en sont point persuadés. On s'imagi-
„ ne qu'ils ne les étalent, que parce qu'ils ont trou-
„ vé là une matière susceptible d'une belle forme,
„ & de toute la majesté de la Poësie. Effective-
„ ment il y a des Poëtes qui sans avoir aucune piété,
„ ni aucune foi, ont fait des vers magnifiques, &
„ admirables sur les vérités les plus sublimes de la
„ Réligion. Ils choisissoient ce sujet, parce qu'il leur
„ donnoit lieu d'étaler les plus belles phrases, &
„ les plus brillantes figures de l'Art. Un autre jour
„ ils choisiroient une matière toute contraire, pourvu
„ qu'elle favorisât les enthousiasmes de leur imagi-
„ nation; je veux dire, pourvu qu'elle leur fournit
„ des idées qu'ils se crussent propres à bien exprimer.
„ Quel poids peut avoir la bonne doctrine que l'on
„ trouve dans les Auteurs que l'on croit ainsi tour-
„ nés!

La même Corruption du cœur ne sera-t-elle pas
beaucoup plus adopter ce que Mr. Bayle dit pour
établir le Pyrrhonisme, que ce qu'il dit pour solliciter
à la foi? *Ses contradictions ne portent-elles pas à juger*

Kkkk 2 *que*

que les Maximes les p'us dévotes ne font que des jeux d'esprit, & que de temps en temps il entame ce sujet pour avoir lieu d'étaler *de belles phrases* ou pour se donner le plaisir de faire des dupes.

La suite des Ouvrages de Mr. Bayle n'a rien laissé d'enveloppé dans les vuës qu'il s'est proposées dans son coup d'essai, ses *Pensées diverses sur les Comètes*. Pourquoi dans un temps où l'Astrologie Judiciaire étoit tombée dans le mépris, & où il paroissoit presqu'aussi inutile de la combattre que les formes substantielles, dans un temps que les Astronomes & les vrais Physiciens s'appliquoient à décrire exactement le cours des Comètes, à en chercher les Périodes, & à bien remarquer le détail de leurs Phénomènes, pour en faire dans la suite les fondemens de quelque conjecture solide; pourquoi, dis-je, s'amuser alors à prouver que ce n'étoient pas des présages? C'étoit-là un trop petit objet pour un homme qui se sentoit tel que Mr. Bayle étoit déja dans ce temps-là, où il avoit, suivant toutes les apparences, déja commencé de préparer des materiaux pour un vaste plan. Il valoit encore moins la peine de se cacher, & de prendre l'air d'un Catholique qui écrit à un Docteur de Sorbonne; car s'il s'étoit borné à dépouiller les Comètes de ce que les préjugés des temps précédens y avoient attaché, on auroit eu raison, de se demander, où est le fin de ce déguisement, & de s'en étonner. Mais comme je viens de le dire la suite de ses Ouvrages ne permet pas de se douter qu'il n'ait voulu tâter le goût du public sur des principes qu'ils se proposoit de faire valoir.

Il entre en matière par la Question, si Dieu auroit eu une conduite digne de lui en se servant des Comètes pour effraier les hommes, & les amener par la fraieur à la Repentance. Suivant les principes memes de Mr. Bayle il auroit fallu 1. S'assurer du fait, & si l'on avoit effectivement découvert par des preuves Convaincantes, que les Comètes sont des présages. 2. Il auroit fallu en conclure que quand Dieu avertit les hommes par de tels moiens, il fait ce qui est digne de lui, puis qu'il ne peut faire autrement. Mais il n'est pas oisé de décider la Question du *Fait* par celle du *Droit*, quand ce Droit roule sur une matière assés obscure pour remplir plus de la moitié de l'Ouvrage de Mr. Bayle. Si jusqu'à l'Article CII. il n'a pas amusé ses Lecteurs par de vaines conjectures, s'il a établi par des preuves solides que des Comètes ne sont point des présages, il devoit conclure en disant, *maintenant il est inutile de disputer s'il convient, ou s'il ne convient pas à la sagesse de Dieu de mettre en oeuvre ces présages, puis que nous venons de prouver qu'on ne doit point regarder les Comètes sur ce pié là*. Mais tout ce qu'il avoit avancé jusques à cet Article CII. n'étoit qu'un Préliminaire de ce qui lui tenoit à coeur.

Article Article plus Note E.

" On a cherché, dit Mr. Bayle, la raison de la
" conduite d'Arcesilas, & l'on a crû la trouver dans
" l'émulation ardente qui s'éleva entre lui & Zénon
" son condisciple. Ils avoient tous deux été Ecoliers de Polemon, & ils se piquèrent de se surpasser l'un l'autre. Or Zénon prit le parti des dogmatistes, & donna des définitions & des axiomes, qu' Arcesilas combattit vigoureusement; & ainsi pour
" mieux réussir, il fut bien aise de renverser tous
" les fondemens des Sciences, & de réduire toutes
" choses à l'incertitude. Le passage que je vai cite,
" témoigne cela, & en même temps le peu de succés de cette entreprise, quoi qu'elle fut soutenuë
" par une éloquence qui plaisoit beaucoup. D'autres disent que la crainte d'être accablé par des objections de certains gens, qui prenoient plaisir à
" harceler les Philosophes, contraignit Arcesilas à
" n'affirmer rien. Il mit devant lui l'Epoque comme un rempart, se fut une nuit à la faveur de laquelle il espéra de se dérober à la poursuite du
" Sophiste ion, & des Sectateurs de *Théodore*, frondeurs perpetuels des Philosophes. *Numenius* qui

" observe que *Diocles le Cnidien* avoit adopté cette
" conjecture, la rejette, & il me semble qu'il a raison; car quoi qu'en ne décidant ni pour ni contre,
" l'on se puisse garantir de mille difficultés embarrassantes, on ne laisse pas de se commettre beaucoup;
" & si d'un côté on a moins à craindre les objections graves & sérieuses, les rétorsions & les argumens *ad hominem*, l'écueil ordinaire & inévitable
" des Dogmatistes, l'on s'expose de l'autre beaucoup
" plus à la raillerie, & aux insultes des gogunards.

Je ne me donnerai pas des soins inutiles pour découvrir sur quel pié les choses étoient à cet égard dans les Anciens temps; pour aujourd'hui chacun sait que les rieurs sont du coté du Pyrrhonisme, & de l'Incrédulité : Une infinité de coeurs gatés trouvent un plaisir extrème s'affranchir du joug de la Réligion : Dès qu'ils ont secoué ce joug, ils se livrent à la joie, & au plaisir de regarder comme peu raisonnables ceux qui veulent bien le porter.

XXXVI. PENSEES diverses sur les Comètes Article LXXIV. *Tous ceux qui s'élévent*, dit Mr. Bayle, à Dieu par la Connoissance des choses naturelles, *entrent assurément dans les voies que Dieu s'est proposées en faisant les Créatures*.

Si c'étoit une vuë de Dieu que les hommes s'élévassent à lui par la consideration de ses Ouvrages, il leur auroit donné une Raison capable de les élever jusques-là, & non pas une Raison qui ne peut conduire les hommes à lui que par le circuit du Pyrrhonisme. Sur le mot de *Pyrrhon*, c'est avec raison, dit Mr. Bayle, qu'*on le déteste dans les Ecoles de Théologie*, où il a tâché de puiser de nouvelles forces, qui *ne sont que des Chimères*. Si cela est, c'est donc avec raison qu'on y détestera le Dictionnaire de Mr. Bayle, où on ne perd aucune occasion de l'établir. Je demande si les Préjugés ne nuisent pas à l'étude de la Théologie, & s'ils ne sont pas cause que bien des gens n'embrassent pas la vérité en matière de Réligion? Je demande si une fausse Philosophie n'est pas un obstacle à bien étudier la Théologie? Je demande encore si l'habitude du Pyrrhonisme qu'on a pû prendre en étudiant la Philosophie, ne peut pas facilement s'étendre sur la Théologie, & si cela ne doit pas arriver vraisemblablement vû la force des habitudes? Tout le soin donc que Mr. Bayle se donne pour ôter à ses Lecteurs toute esperance de s'assurer d'aucune vérité par le moien de la Raison, peut être très-prejudicible, par consequent, puisque sa Foi doit sa Règle, comme il voudroit le persuader, il ne devoit pas exposer les hommes, & sur tout les jeunes gens, à un si grand danger. En vain il ajoute, *que le Pyrrhonisme peut avoir ses usages pour obliger l'homme par le sentiment de ses ténèbres à implorer le secours d'enhaut, & à se soûmettre à l'autorité de la Foi*. Quand un secours est si équivoque, la prudence veut qu'on s'en abstienne. S'il n'y avoit aucun autre chemin qui nous conduisît à la Foi, la nécessité de s'en servir en rendroit l'usage & la recommandation très-legitime, nonobstant ses dangers. Mais de la manière dont les hommes font faits, beaucoup plus portés à en abuser qu'à en faire usage, il étoit de la prudence de ne pas insister sur un tel moien. Ce ne sont point ici des conjectures, & des accusations vagues, l'expérience est pour moi, le *Pyrrhonisme* est le fort des Libertins; c'est leur dernière ressource, c'est leur grand refuge; Quand ils se sont une fois bien formés & manége, & qu'ils en ont pris tout l'esprit ils se croient invincibles. Qu'on me cite au contraire quelque personne que le Pyrrhonisme ait conduit à la Réligion? Ce seroit assurément un cas bien extraordinaire, & si cela étoit son effet, les Théologiens seroient bien peu raisonnables, bien peu charitables, & bien peu éclairés sur leurs véritables intérêts, pour marquer tant d'aversion pour le Pyrrhonisme.

Supposons que de Pyrrhonien vous êtes devenu
Chré-

Chrétien par un Miracle de la Grace, supposons encore que cette grande métamorphose porte vôtre zèle, & vôtre reconnoissance à faire tous vos efforts pour la conversion des hommes plongés dans l'ignorance; supposons enfin que quelques Indiens sont l'objet de vôtre zèle; Que serés-vous pour les convertir, & les persuader? Vous contenterés-vous de prier Dieu qu'il répande sur eux le même esprit dont il vous a fait part? La Foi dont cèt esprit vous a rempli ne vous permet pas d'en demeurer là, elle vous apprend que c'est par la prédication que l'Evangile s'est établi. Vous annoncerés donc la vérité à ces gens-là; mais vous contenterés-vous de la leur alléguer sans preuves? Leur demanderés-vous qu'ils vous croient sur vôtre parole? Un Dervis un Bonze leur en diront autant; Leur dirés-vous, priés Dieu qu'il décide entre nous? Soit, diront peut être ces gens-là. Mais le pauvre Indien ne sera pas plus tranquille; Il dira que par cette voie les uns s'attachent à un Dieu, les autres à un autre; Il dira que la voie prétendue de l'Inspiration, & de la Grace intérieure, jette les hommes dans des sentimens tout opposés; si les uns sont véritablement conduits par le bon Esprit, les autres se trompent & sont le jouët de leur Imagination; & peut-être se trompent-ils tous: serai-je réduit à chercher dans ma seule persuasion, les Caractères de la vérité de ma persuasion?

Raisonnerés-vous pour le persuader? mais où sera la bonne foi? où sera la sincérité? vous savés bien que les lumières de la Raison sont incertaines; vous serés semblant de compter beaucoup sur la Raison, & cependant vous serés persuadé que tout ce qu'elle fournit n'a aucun caractère certain de vérité. Si cèt Indien avoit ouï parler du Pyrrhonisme, & de l'Incertitude de tout ce que la Raison peut s'imaginer, & qu'il vous demandât ce que vous en pensés; Que lui répondriés vous? Mais ce seroit bien pis s'il étoit Pyrrhonien lui-même, s'il étoit fait à toutes leurs échapatoires, & s'il avoit pris dans leurs Ecoles l'habitude infatigable d'objecter, d'éluder, & d'opposer des ténèbres à la lumière. Après cela dites que le Pyrrhonisme a son usage pour conduire à la Foi; mais en ce cas, bornés-vous à chercher des dupes parmi ceux qui se font un plaisir de l'être.

Mr. Bayle a beau faire sonner les noms magnifiques de Grace du St. Esprit & de Foi, jamais dans son système on n'apprendra à distinguer une persuasion qu'on doit à la Grace d'avec l'Enthousiasme, & le pur Fanatisme. Aussi à cette Grace, pour laquelle il manque de respect, puisqu'il n'en parle pas assés sincérement, il joint d'autres causes qui doivent rassurer les hommes contre les dangers du Pyrrhonisme. Quelle doctrine, lui dira-t-on! Un homme est incapable de trouver des raisons qui puissent l'assurer, si une action est honnête ou si elle ne l'est pas, si elle est louable ou criminelle, s'il y a un Dieu ou s'il n'y en a point? & au cas qu'il y en ait un si on doit lui obéir, ou le mepriser? La Raison ne peut rien nous apprendre là-dessus : Quel guide donc suivrons nous? Voilà les hommes abandonnés à toutes leurs fantaisies & autorités, à vivre sans Loi & sans Régle. & à se faire scélérats autant que leurs Intérêts le demanderont, & qu'ils pourront être ensuréré. Oh ne vous allarmés pas répond Mr. Bayle. Il n'y aura jamais beaucoup de Pyrrhoniens.

Pourquoi donc travaillés-vous, lui repliquerois-je, à en augmenter le nombre? Et quand il n'y en auroit que dix, quand il n'y en auroit que trois, quand il ni en auroit qu'un, ne seroit-ce pas toujours un mal pour la Société? Ne vaudroit-il pas mieux qu'il n'y en eut point? Et sur quoi fondé me persuaderai-je qu'il n'y aura jamais beaucoup de Pyrrhoniens? La Grace de Dieu s'y opposera. Il s'est donc lui même opposé à la persuasion qu'opère la Grace, & en effet le Pyrrhonisme se joue de la Réligion même, il y cherche de quoi s'autoriser, par conséquent il la combat tant qu'il peut. Mais que cela ne vous

fasse pas de peine; divertissés-vous au contraire à faire le Pyrrhonien. Si on vous dit que ce divertissement est dangéreux, & qu'il peut nuire à la probité, répondés que la Grace de Dieu saura bien empêcher qu'il n'arrive aux hommes quelque mal de vôtre jeu; & si vous en trouvés qui ne se paient pas de cette réponse, ajoutés que les *préjugés de l'éducation feront encore un plus grand effet que la Grace*. Mais pourquoi donc vous opposés-vous à ces effets de l'éducation, & vous efforcés-vous de les réduire à rien? N'appréhendés pas, continueront les disciples de Mr. Bayle, *l'Ignorance & le panchant naturel à décider sont un bouclier impénétrable aux traits des Pyrrhoniens*. Voilà donc les hommes rangés en cinq Classes; 1. Les Pyrrhoniens, 2. Les Entousiastes, 3. ceux qui n'ont pour tout principe que les préjugés de l'Education, 4. les Ignorans, 5 les présomptueux, & les décisifs; Choisissés, Si Mr. Bayle le étoit encore en vie, & que vous eussiés intérêt à lui plaire, il seroit facile de deviner le parti que vous auriés à prendre.

Il sent pourtant si évidemment combien son hypothèse doit être odieuse, qu'il a toujours soin de glisser quelques termes pour l'adoucir. Le *pyrrhonisme tâche de puiser de nouvelles forces dans la Théologie, mais ces nouvelles forces ne sont que des chimères*. C'est vôtre Grace au contraire, lui répondra un Pyrrhonien, & la *persuasion* que vous prétendés en tirer *qui sont des Chimères*, puisque vous ne pouvés alléguer aucun caractère qui vous assure que c'est la véritable Grace qui vous éclaire; Grace très-différente des *Visions* opposées entr'elles, auxquelles tant de fanatiques & de cerveaux troublés donnent le même nom. Mais enfin si tout ce que le Pyrrhonisme tire de la Réligion pour la fortifier, mérite d'être méprisé comme des Chimères, d'où vient que Mr. Bayle est si acharné à fatiguer son Lecteur de chimères, & à les respecter assés pour en remplir son Livre? Pourquoi a-t-il pris si vivement la plume contre ceux qui ont travaillé à prouver que les argumens des Pyrrhoniens n'étoient que des chimères? Au reste pour nous engager à recourir à la Grace, il n'est nullement nécessaire de troubler nôtre esprit en le faisant passer par le Pyrrhonisme. Il sied bien mieux de dire *devenés Chrétiens, si vous voulés être véritablement raisonnables*, que de dire *Renoncés à la Raison, afin de devenir Chrétiens*. L'éxperience de nos foiblesses, de l'inconstance de nos résolutions, le pouvoir des sens, & des objets qui les frappent, la connoissance de la force des préjugés, la légereté ordinaire de nôtre attention, ces réflexions, & un grand nombre d'autres, doivent nous engager à nous défier de nous-mêmes, à implorer le secours *miséricordieux de Dieu, par le moien duquel* nos lumières deviennent plus vives, nôtre Raison se perfectionne, nôtre attention est plus appliquée, nos idées plus nettes, nôtre respect pour l'évidence plus grand, & nôtre répugnance à l'abandonner plus ferme.

XXXVII. Mr. BAYLE en parlant des Sociniens dit, " On suppose que sans douter des Mystéres sei-
" gnirent de combattre, on iroit d'attirer beaucoup de
" Monde. C'est un pesant joug pour la raison que
" de captiver son entendement à la foi de trois per-
" sonnes de la nature Divine, & à celle d'un Dieu
" homme: On suppose donc infiniment les Chrétiens
" lorsqu'on les délivre de ce joug, & par consé-
" quent il est croisible qu'on se fera suivre par une
" foule de peuple, si on leur ôte ce grand fardeau.
" Voilà pourquoi *ces transfuges d'Italie* transplantés
" en Pologne nièrent la Trinité, l'Union hypostatique,
" le péché Originel, la Prédestination absolue, &c.
" Mais on peut répondre qu'ils eussent été bien fous,
" & bien indignes de l'éducation Italienne, s'ils eus-
" sent pris cette voie de fourberie. Les mystéres
" spéculatifs n'embarassent guère les peuples : ils fa-
" tiguent en vérité un Professeur en Théologie, qui

Reflexions de Mr. Bayle sur le Socinianisme. Article Socin. Note H.

„ les médite avec attention pour tâcher de les éx-
„ pliquer, & de satisfaire aux objections des héréti-
„ ques. Quelques autres personnes d'étude, qui les
„ éxaminent avec une grande curiosité, peuvent aussi
„ être fatigués de la résistance de leur Raison ; mais
„ tout le reste des hommes sont là-dessus dans une
„ parfaite tranquilité : ils croient, ou ils croient
„ croire, tout ce qu'on en dit, & ils se reposent
„ doucement dans cette persuasion. On seroit donc
„ presque Visionnaire, si l'on se persuadoit que le
„ bourgeois, & le païsan, l'homme de guerre, le
„ gentil-homme, seroient délivrés d'un pesant joug,
„ pourvû qu'on les dispensât de croire la Trinité,
„ & l'Union hypostatique. Ils s'accommodent beau-
„ coup mieux d'une doctrine mystérieuse, incom-
„ préhensible, élevée au-dessus de la Raison : On ad-
„ mire beaucoup plus ce que l'on ne comprend
„ point ; on s'en fait une idée plus sublime, & mê-
„ me plus consolante. Toutes les fins de la Ré-
„ ligion se trouvent mieux dans les objets qu'on ne
„ comprend point : ils inspirent plus d'admiration,
„ plus de respect, plus de crainte, plus de confian-
„ ce. Si les fausses Religions ont eu des mystéres,
„ c'est qu'elles ont été forgées par le singe de la vé-
„ ritable. Dieu par une infinie sagesse s'est accom-
„ modé à l'état de l'homme, en mêlant les ténébres
„ avec la lumière dans sa révélation. En un mot
„ il faut convenir que dans certaines matiéres l'in-
„ compréhensibilité est un agrément.... Disons donc
„ que ces fugitifs d'Italie n'étoient point des four-
„ bes : ils s'étoient trompés en subtilisant, & en
„ consultant avec trop de déférence la Lumiére natu-
„ relle, & s'ils ont gardé une partie du Christia-
„ nisme, & non pas l'autre, c'est que leur prémier
„ principe de ne rien admettre qui choquât direc-
„ tement les lumiéres de leur Raison, les a conduit à
„ ceci, ou à cela. C'est apparemment la cause du
„ choix qu'ils ont fait ; s'ils eussent été des fourbes
„ avides de Sectateurs, ils s'y fussent pris d'une autre
„ maniére. Condamnons donc leur principe, comme
„ une voie d'égarement, & n'usurpons point la place
„ de celui qui sonde les reins, & les coeurs. Leur
„ principe avilit la Religion, & la convertit en Phi-
„ losophie. La Grandeur, l'Autorité, & la Souverai-
„ neté de Dieu demandent que nous cheminions ici par
„ foi, & non point par vûë. " On voit par ces
paroles ce que Mr. Bayle entend par la Foi, &
sur quelles gens il compte ; c'est sur des gens qui
croient bonnement ce qu'on leur dit, & qui l'aiant
reçû dans leur enfance sans éxamen, se reposent là-
dessus avec une parfaite tranquilité, & se font un
mérite de leur fermeté, & d'une persuasion dont ils
ne sauroient dire la cause.

On voit encore dans Mr. Bayle une politique bien
basse, pour un homme qui fait profession de Tolérance ; une politique bien contraire aux sentimens qu'il
établit avec tant de zèle dans son Commentaire Philosophique. Il prouve par la conduite & par les Dogmes des Sociniens, qu'ils étoient des gens de bonne
foi, & dont le malheur se réduisoit à s'être trompé
en subtilisant, & en déférant trop à la Lumiére naturelle. Or ils ne lui déféroient que parce qu'ils é-
toient persuadés qu'elle vient de Dieu. De quel
Principe est-ce donc que Mr. Bayle la fait venir, lui
qui subtilise plus que personne n'a jamais fait ; pour
en réduire les instructions à rien ? Des gens qui pour
passer leur vie suivant les Lumiéres de leurs conscience, s'éloignent du redoutable Tribunal de l'Inquisition, & de ses flames cruelles, le déshonneur
de la Nature humaine, qui persécutés dans un lieu
fuïent dans un autre, méritent-ils à cause de cela le
sobriquet méprisant de *fugitifs d'Italie* ; Qu'auroit-il
dit du procédé d'un Catholique, qui par Zèle, ou
par Politique l'auroit traité de FUGITIF DE
FRANCE ; mais il veut faire sa Cour à des gens
dont-il concevoit que la protection lui étoit nécessaire pour combattre impunément & avec avantage la
Religion en général ; Il faut avouer que Mr. Bayle leur fait en cela beaucoup d'honneur.

Mr. Bayle tombe donc dans la faute qu'il re-
proche aux autres, quand il dit ; " La fausse Eglise *Note L.*
„ qui demande la tolérance, & qui se plaint des
„ loix pénales, allégue les mêmes lieux communs
„ que la vraie Eglise qui se trouve dans le même cas.
„ La vraie Eglise qui demande au Souverain l'éxtir-
„ pation de la fausse, emploie les mêmes motifs, &
„ les mêmes preuves, que la fausse allégue, en demandant
„ l'éxtirpation de la véritable. Il seroit à souhaiter
„ que des Communions si différentes dans le fond,
„ ne se ressemblassent pas dans l'emploi du même
„ stile, & de la même topique, mais c'est un bien
„ que l'on ne se peut promettre dans ce monde. Le
„ mal est à cet égard sans rémede. Il faut que l'hom-
„ me ait entre autres éxercices celui de chercher le
„ droit réel au milieu de cent prétendans, qui tien-
„ nent le même langage quant aux raisons générales.
Mr. Bayle se sert donc d'un double poids, quand
il se donne la liberté de maltraiter les Sociniens.

Au reste s'il veut que l'homme *s'éxerce à chercher
le Droit réel entre cent prétendans*, peut on, sans accuser de cruauté son Auteur, dire qu'il l'a condamné à chercher ce qu'il ne sauroit trouver, & qu'aucune marque ne sauroit lui faire connoitre. Il n'est
pas possible qu'un Pyrrhonien évite de se contredire.

*La Grandeur, l'Autorité, la Souveraineté de Dieu
demandent que l'on chemine ici par Foi, & non point
par vûë*. Ce sont les paroles de Mr. Bayle D'où
sait il cela ? St. Paul dit bien que nous cheminons
par foi, & non pas par vûë ; mais que la Grandeur,
l'Autorité & la Souveraineté de Dieu le demandent
ainsi, c'est un Commentaire que Mr. Bayle ne
trouvera dans aucun endroit de l'Ecriture en termes
éxprès.

„ S'il est commode, *dit-il*, à chaque particulier de *Ibidem,*
„ ne pas craindre les supplices de l'autre vie, il est *Note L.*
„ encore plus incommode de songer qu'on a tous les
„ jours à faire avec des gens qui ne les redoutent
„ pas. Il n'est point de l'intérêt des particuliers,
„ qu'aucun dogme qui est capable de diminuer la
„ peur des Enfers s'établisse dans le païs, & il est
„ assés probable que les Prédicateurs de cette espéce
„ de rélâchement choqueront toujours la public beau-
„ coup plus qu'ils ne lui plairont. Quelqu'un a dit
„ que les mêmes personnes qui rejettent l'Evangile à
„ cause de l'austérité de sa morale, rejetteroient en-
„ core avec plus d'horreur une Religion qui leur
„ commanderoit de se souiller dans les plus infames
„ déréglemens, si on la leur présentoit lorsqu'ils NB.
„ sont en état de raisonner, & avant que d'être en-
„ sévelis dans les préjugés de l'Education. Il a rai-
„ sonné fort cela ; mais il a omis l'une des meilleu-
„ res réflexions, il n'y a point touché à l'amour pro-
„ pre, à l'intérêt personel. Il est vrai qu'un mé-
„ chant homme trouveroit son compte, par rapport
„ à sa conscience, dans une Doctrine qui lui per-
„ mettroit l'empoisonnement, l'adultére, le parju-
„ re, &c ; mais par bien d'autres endroits il ne l'y
„ trouveroit point. Il a Mere, Femme, Soeur &
„ Niéce qu'il le chagrineroient mortellement, si elles se
„ diffamoient par leurs impudicités. Il y a plus de
„ gens qui le peuvent empoisonner, voler, tromper
„ &c. qu'il n'y en a contre qui il puisse commet-
„ tre ces mêmes crimes. Chacun est plus capable
„ d'être offensé que d'offenser ; car entre 20. person-
„ nes égales, il est manifeste que chacune a moins
„ de force contre 19, que 19. contre une.
„ Il est donc de l'intérêt de chaque particulier, quel-
„ que corrompu qu'il soit, que l'on enseigne une
„ Morale très-propre à intimider sa conscience.

Quand Mr. Bayle s'éxprime ainsi il semble que
sa Raison s'est échapée de la Contrainte où il l'en-
chaîne ordinairement, qu'elle s'est débarassée pour un
moment de ses Sophismes pour lui fournir cette lumière.

XXXVIII.

Du PYRRHONISME.   337

Danger du pyrrhonisme pour la société.

XXXVIII. SI LA Raison ne nous peut amener à aucune certitude, c'est une conséquence que la Réligion ne peut-être d'aucun usage au genre humain, & quelle peut même lui attirer de fâcheux embarras. On n'a vû parmi les Hommes de plus affreux que les persécutions en matière de Réligion. Les Persécuteurs les plus cruëls citent l'Ecriture pour eux, on ne peut l'expliquer qu'en raisonnant, & si la Raison n'en peut donner que des explications incertaines, il faut renoncer à l'espérance de corriger sur ce sujet, non plus que sur les autres, les erreurs de qui que ce soit, & jamais Ouvrage n'a été plus inutilement entrepris que le *Commentaire Philosophique* de Mr. Bayle, dans lequel il tourne ses argumens en tant de maniéres pour faire voir l'injustice de la contrainte. Qu'on lise ce qu'il a écrit.

Article Lysis Note X.

,, L'opinion que l'Autorité des Rois, est inférieu-
,, re à celle du Peuple, & qu'ils peuvent être pu-
,, nis par le Peuple en certains cas, a été enseignée,
,, & mise en pratique dans tous les païs du monde,
,, dans tous les siècles, & dans toutes les Commu-
,, nions Chrétiennes, qui ont fait quelque figure.
,, L'Histoire nous montre par tout des Rois dépo-
,, tés à l'instigation ou avec l'approbation du Clergé.
,, L'opinion que les Souverains ont reçu de Dieu le
,, glaive pour punir les Hérétiques est encore plus
,, universelle que la précédente, & a été réduite en
,, pratique parmi les Chrétiens, depuis Constantin
,, jusqu'à présent, dans toutes les Communions Chré-
,, tiennes qui ont dominé sur les autres, & à peine
,, ose-t-on écrire en Hollande contre une telle opi-
,, nion. Ce ne sont donc pas les Jésuites qui ont
,, inventé ces deux sentimens; mais ce sont eux qui
,, en ont tiré les conséquences les plus odieuses, &
,, les plus préjudiciables au repos public: car de la
,, jonction de ces deux principes, ils ont conclu, &
,, cela en croiant raisonner très-conséquemment, qu'il
,, faut absolument un Prince Hérétique, & extirper l'Hé-
,, résie par le fer & par le feu, si on ne la peut ex-
,, tirper autrement. Si les Souverains ont reçu le
,, glaive afin de punir les Hérétiques, il est évident
,, que le Peuple, le véritable Souverain de ses Mo-
,, narques selon le prémier principe, les doit punir
,, dès qu'ils s'opiniatrent dans l'Hérésie. Or la plus
,, douce punition qu'on puisse infliger à un Héréti-
,, que, est sans doute la prison, l'éxil, la confisca-
,, tion des biens, & par conséquent un Roi Héréti-
,, que doit par le moins être déthroné que le Peu-
,, ple son Souverain & son Commettant, s'il m'est
,, permis de me servir de ce mot Walon, dans une
,, matiére où il est fort propre, puisque selon le pré-
,, mier principe, les Monarques ne sont que des Com-
,, missaires, à qui le Peuple, ne pouvant éxercer
,, par lui même la Souveraineté, en recommande les
,, fonctions & l'exercice, avec la réserve, & le droit
,, inaliénable de les leur ôter, quand ils s'en acquit-
,, tent mal. Or il n'y a point de cas où il faille plus
,, soigneusement les en dépouiller, que lorsqu'ils mé-
,, ritent les peines que les Souverains, selon le second
,, principe, ont ordre de Dieu d'infliger aux Héréti-
,, ques. Mais comme le plus souvent il n'est pas pos-
,, sible d'ôter aux Monarques, par les formes judi-
,, ciaires les biens dont ils sont déchus de droit, en
,, vertu des Loix que Dieu veut que l'on établisse
,, contre l'Hérésie : comme, dis-je, le plus souvent
,, ils ont en main assés de forces pour se maintenir
,, dans l'éxercice de la Roiauté, éxercice qui ne
,, peut-être qu'une usurpation depuis qu'ils sont Hé-
,, rétiques, il s'ensuit qu'on peut recourir à l'arti-
,, fice, afin de leur faire subir les peines qu'ils ont
,, encourues de droit; c'est-à-dire, qu'on peut for-
,, mer des conspirations contre leur personne, puis
,, qu'autrement ce glaive que Dieu a donné au Peu-
,, ple comme au véritable Souverain, pour la puni-
,, tion des Hérétiques demeureroit inutile. D'autre
,, côté, si les Souverains ont reçu le glaive pour pu-
,, nir les infracteurs des deux tables du Décalogue,

,, il s'ensuit qu'ils doivent punir avec plus de vigilan-
,, ce les Hérétiques qui violent la prémière table, que
,, les meurtriers & les larrons qui violent la seconde;
,, car les infractions de la prémière sont des crimes
,, de Léze Majesté Divine au prémier chef, & at-
,, taquent Dieu directement; au lieu que les infractions
,, de la seconde, l'attaquent d'une manière plus in-
,, directe. C'est donc le devoir des Ecclésiastiques
,, d'animer les Souverains à la Punition des Héré-
,, tiques, violateurs du Décalogue quant à la pré-
,, mière table; & si les Princes se relâchent à cet é-
,, gard, il faut crier beaucoup plus contre cette né-
,, gligence, que contre celle qu'ils pourroient avoir
,, de punir les homicides, & les voleurs. Il faut
,, même leur représenter que si le danger inévitable
,, de perdre l'Etat les oblige à accorder des Edits de
,, Tolérance aux Hérétiques, ils ne sont tenus à leur
,, parole qu'autant de temps que ce péril dure, &
,, qu'ainsi ce péril cessant, ils doivent mettre l'épée
,, à la main pour l'éxtirpation de l'Hérésie, tout de
,, même qu'ils l'y remettroient contre les voleurs, &
,, les meurtriers, dès que le péril qui auroit con-
,, traint de faire trêve avec eux seroit passé. En un
,, mot si Dieu a mis le glaive en main aux Souve-
,, rains pour la punition de l'Hérésie, ils ne peu-
,, vent lui accorder l'impunité sans se rendre aussi
,, criminels devant Dieu que s'ils l'accordoient au
,, vol, à l'adultére, & à l'homicide, & la seule
,, chose qui pourroit les disculper, seroit de dire que
,, pour éviter un plus grand mal, la ruïne infailli-
,, ble de l'Etat & de l'Eglise, il a fallu promettre
,, de suspendre l'éxécution des Loix pénales: d'où il
,, résulte qu'ils sont obligés de reprendre leur pré-
,, mier engagement, dès que le péril est cessé, car
,, tout serment qui engage à désobéir aux Loix de
,, Dieu est nul essentiellement. Voilà sur quels fon-
,, demens on a bâti le système qui a rendu les Jé-
,, suites si odieux, & qui a fait avoir une horreur
,, si juste des Maximes que plusieurs d'entr'eux ont
,, débitées. Ils ont bâti sur un fondement qu'ils ont
,, trouvé tout fait: ils ont élevé une conséquence sur
,, conséquence à perte de vuë, sans s'étonner de la
,, laideur des objets; ils ont cru que d'une part
,, cela serviroit au bien de l'Eglise, & de l'autre
,, qu'ils ne feroient rien contre l'art de raisonner. Je
,, n'exéminerai point si en effet la Dialectique les
,, a pu mener par toutes ces conséquences ; la matié-
,, re seroit trop diffuse. Je me contente de dire que
,, la France, aïant vû périr tant de suite deux de ses
,, Rois sous le pernicieux prétexte qu'ils étoient fau-
,, teurs des Hérétiques, ne crut point pouvoir mieux
,, ruïner cette malheureuse gradation de conséquen-
,, ces, qu'en renversant le principe primitif d'où on
,, la faisoit couler. C'est pour cela que la Chambre du
,, tiers Etat voulut faire condamner comme un dogme
,, pernicieux, l'opinion qui fait dépendre d'ailleurs que
,, de Dieu, l'Autorité des Monarques. J'ajoûte à
,, ceci un observation de Mr. Jurieu : Il ne peut
,, pas être suspect de partialité pour les Jésuites, &
,, néanmoins il est sûr qu'il a loué ce raisonnement,
,, les Princes peuvent faire mourir les Hérétiques,
,, donc ils doivent les faire mourir; & qu'il s'est
,, moqué d'un homme qui ne blâmoit ni ceux qui
,, les font mourir, ni ceux qui ne les font pas mou-
,, rir. Voions les Paroles de Mr. Jurieu.

,, J'explique ma pensée, & je dis que je suis pour
,, ceux qui ne font pas mourir les Hérétiques, &
,, j'opine qu'on suive leur éxemple. Mais comme
,, je crois d'autre part qu'il est permis de punir les
,, Hérétiques du dernier supplice, je ne condamne
,, pas ceux qui les y livrent. Les uns & les autres
,, font bien selon mon sentiment. Mr. Ferrand ajoû-
,, te cette dernière période pour expliquer sa pensée,
,, à ce qu'il dit. Il n'eut pas mal fait d'en ajouter
,, deux ou trois autres pour l'expliquer d'avantage.
,, Car tous les gens qui ont un peu de pénétration
,, auront peine à démêler les sentimens de l'Auteur.

Lll 2   Il

„ Ils jugeront qu'il a pris là un plaisant milieu. Il
„ trouve qu'il est très-permis, & par conséquent
„ très-juste de faire brûler les Calvinistes, mais pour-
„ tant que le meilleur est de ne le faire pas ; Quel-
„ que discoureur incommode raisonnera ainsi. S'il
„ est permis de faire mourir les Calvinistes, ils mé-
„ ritent assurément la mort. Or comment la raison,
„ la justice, & l'équité peuvent-elles permettre
„ qu'on laisse vivre dans la société publique des gens
„ qui méritent la mort ? Je sai bien qu'un Souve-
„ rain peut sans crime donner la vie à un meurtrier,
„ à un larron, à des rebelles qui méritent la mort :
„ mais on suppose que ce sont des gens repentans
„ qui sont tombés une fois dans le crime, qui y
„ ont renoncé, & qui s'engagent à n'y retourner ja-
„ mais ; à tout péché miséricorde. Mais il n'y a
„ rien là dedans de semblable, à laisser vivre des
„ Hérétiques qui méritent la mort par leur Hérésie,
„ & qui persévérent pourtant & déclarent vouloir
„ persévérer dans leur Hérésie. J'aimerois tout au-
„ tant dire qu'il est juste de faire mourir les larrons,
„ les homicides, & les sorciers, qui protestent
„ qu'ils voleront, qu'ils tueront, qu'ils empoison-
„ neront autant de gens qu'ils pourront, tout au-
„ tant qu'on les laissera vivre.

„ Mr. Jurieu raisonne aussi bien dans ce Passage
„ qu'il raisonne mal dans un autre Livre, où il
„ soutient que les Magistrats sont obligés de punir
„ les Idolâtres, & où néanmoins il ne blâme pas
„ l'impunité dont les Etats de Hollande les laisse
„ jouir pendant des siecles entiers. Notés que quand
„ j'ai dit qu'il raisonne bien, j'ai suppléé d'imagi-
„ nation une clause très-essentielle à son discours
„ qu'il a omise. La dernière période est absurde si
„ l'on n'y ajoûte ceci, ou quelque chose d'équiva-
„ lent, & néanmoins je suis pour ceux qui ne les font
„ pas mourir, & j'opine qu'on suive leur exemple.

Voilà les fondemens de la Société renversés, sa sureté ne tient à rien : Non seulement elle n'est établie, mais elle ne peut s'établir, que par quelque Dogme certain: or si la Raison ne peut parvenir à aucune Certitude, on soûtiendra comme vrais les Dogmes les plus pernicieux, dès qu'on aura quelque intérêt à les prendre pour Régle. On voit par là que les Principes d'un Pyrrhonien le conduiroient nécessairement à dire que la Religion n'est pas d'un plus grand usage que la Société que l'Atheïsme, & je le reconnois ainsi, pendant que les hommes voudront être Pyrrhoniens ; Dès qu'on regarde comme une chimère l'espérance de parvenir à la connoissance sûre des vérités qui doivent nous régler, on mérite d'être traité de fou à proportion qu'on se travaille pour se procurer cette Connoissance, impossible à acquerir parmi des hommes condamnés à passer leur vie sans lumière, & par conséquent sans cette sagesse à laquelle la lumière conduit. Le moins fou & le moins aveugle sera celui qui, au lieu de se donner des peines inutiles, suivra sans se contraindre la pente de ses fantaisies : C'est la seule satisfaction qui reste ; Elle est présente, elle se fait sentir. Mais pour ce qui est de l'avenir, on n'en peut rien savoir qu'en raisonnant, par conséquent, suivant Mr. Bayle Avocat du Pyrrhonisme, on n'en peut rien savoir. Pourquoi donc s'en embarrasser ?

Caractères de Mr. Bayle tirés de son Histoire & de ses Lettres.

XXXIX. ON NE sauroit assés déplorer les fatales influences qu'a eu le Pyrrhonisme sur un Esprit aussi beau & aussi capable de travail que celui de Mr. Bayle. Il paroit par sa lettre à Mr. Minutoli du 31. Janvier 1673. qu'il avoit déjà un grand goût pour cette manière de philosopher. Il s'y arrête plus que sur les autres, il ne lâche pas le moindre petit mot qui aille à la condamner & à la corriger ; Il parle avec Eloge de ceux qui l'ont embrassée, & il enrolle dans cette Secte les plus Illustres Noms : Il conçoit que *le plaisir de se mettre au large dans la dispute, est un motif bien propre à engager dans le Pyrrhonisme.*

Faut-il s'étonner si, dans cet disposition, il a négligé l'étude des Mathématiques si nécessaires à un Physicien : Elles ne lui paroissoient pas d'usage pour la Dispute, & la Certitude n'est pas ce qu'il cherchoit ; prévenu de la pensée qu'on la chercheroit en vain.

Quand il fût appellé à Sedan, il lui arriva précisément de faire ce que nous avons compté entre les Causes du Pyrrhonisme & du peu de progrès des Sciences Part. I. Sect. II.

Ce goût pour la Dispute, tout à la fois principe & fruit du Pyrrhonisme, l'engagea à se familiariser avec les abstractions Métaphysiques, à s'éloigner des Idées simples & déterminées pour se jetter dans les termes vagues de la Métaphysique, si propres à fournir matière à des contestations & à des sophismes, & à éblouir par des équivoques ceux qui ne sont pas faits à ce langage, & qui n'ont pas appris de bonne heure à l'apprécier juste & à le mépriser. On trouve à toutcoup dans ses Ouvrages des preuves de cette habitude.

Pour peu qu'un Pyrrhonien ait d'esprit, (& qui peut douter que Mr. Bayle n'en eut extrémement) il ne sauroit manquer de s'appercevoir qu'il se rend importun, par ses objections perpétuelles, & que cette habitude va à le rendre haïssable à une grande partie des hommes : Dès-là il se dispose du moins insensiblement, à les haïr à son tour. Cette haine doit naturellement croitre, à mesure qu'il est gêné dans son penchant à contredire, & regardant tous ceux qui se croient en possession de quelque certitude, comme des présomptueux & des Visionnaires, il se fait de jour en jour un plus grand plaisir de leur enlever ces idées flateuses, & sans se soupçonner lui-même d'aucun entêtement ; il se fait encore une espéce de devoir de mortifier ceux qui selon lui en ont, & il s'applaudit à proportion qu'il les chagrine.

Dans cet esprit, (avoué en Historien raisonnable l'ingénieux Auteur qui nous a donné l'Abrégé de sa vie,) il se faisoit un plaisir malicieux d'ébranler leur assurance, & de leur montrer que certaines vérités, qu'ils regardent comme évidentes, sont environnées & obscurcies par tant de difficultés, qu'ils seroient quelquefois plus prudemment de suspendre leurs décisions.

Un Avis de cette nature donné aux Esprits décisifs, par un effet d'amitié pour les hommes, & de zèle pour la vérité & pour la certitude, sans mélange de ce plaisir malicieux, qui va tout droit à aigrir & s'opposer au bon effet des conseils, auroit mérité bien de la reconnoissance. Mais à quoi auroit abouti cet avis charitable, si on l'avoit suivi ? Il est si outré qu'il auroit amené au plein & entier Pyrrhonisme. Ce sont les prémiers & les principaux dogmes de la Religion que Mr. Bayle combat à toute outrance ; & loin d'en vouloir principalement aux plus décisifs, ce sont eux seuls qu'il flate & qu'il épargne. Si quelqu'un disposé à profiter de ses charitables avis, pour se garantir de présomption & pour dérober en même temps aux attaques de Mr. Bayle les Vérités les plus importantes & les plus dignes d'être reçues, sans mélange de doutes, se défendoit de décider sur ce qui ne lui est pas assés connu, & séparoit avec soin & une scrupuleuse Religion, ce que les termes de l'Ecriture nous enseignent, d'avec ce qu'une ténébreuse & téméraire Métaphysique y a joint ; un Théologien si craintif & si modeste, plaisoit fi peu à Mr. Bayle qu'il s'efforce de susciter contre lui & ses semblables, tous les préjugés & le zèle aveugle de la Multitude & de ses chefs les plus rigides & les plus décisifs.

Aussi son Historien fait assés connoitre que pour lui il n'auroit pas voulu en user de cette manière. Il avoué que, *sur le sujet de la Religion, il s'est trop abandonné à son esprit de Pyrrhonisme & de doute, & il a poussé trop loin sa sagacité à trouver des difficultés. Il pouvoit s'expliquer avec plus de circonspection. En* voulant rabatre l'orgueil de la Raison, il n'a pas assés ménagé le Public; il a donné l'essor à son imagination, & pris des libertés, qu'on appellera, si l'on veut, des débauches d'esprit.

Le grand mal est que par ces prétenduës débauches d'esprit, il a amené bien des gens à se débaucher d'esprit & de corps, & ses ouvrages ont été pour eux une Coupe d'étourdissement, où ils ont noié leur Réligion & leur Raison, & se sont enivrés à n'en revenir peut-être jamais.

Dès qu'on a une fois renoncé à l'espérance, & peut être encore au désir, de parvenir à quelque certitude, quel autre parti reste-t-il à prendre que celui de s'amuser? Si l'on est déterminé par son goût à la Lecture, sans se faire aucun plan, en vuë de le remplir avec exactitude, on s'informe des Editions, du sort des Auteurs, des particularités de leur vie, des méprises de quelques citations & de quelques dates, & tout cela suivant que l'occasion s'en présente, pour ne pas s'ennuier & pour *tuer le temps*. Les gens de Lettres de cette humeur me semblent pas mal à ces Officiers, qui dans des Tabagies rapellent le temps ou un tel & tel Regiment s'est levé, comptent ses campagnes, rapportent les Quartiers d'Hyver & les Noms des Colonels qui l'ont commandé; sont là se rabattent sur quelque nouvelle idée, sur la façon des habits, la forme des Bonnets de Grenadiers & la manière de trousser des chapeaux, s'étendent ensin sur mille bagatelles de cette nature, qui n'annoncent pas en eux un goût fort solide, & ne promettent pas une grande capacité pour l'Art de la Guerre, Art qui ne demande pas moins un grand sens qu'un grand courage, dans ceux qui se destinent à y briller avec quelque commandement.

Dès que l'on a conçu du mépris pour la Raison, & qu'on s'est persuadé de son Impuissance à éviter l'erreur, si ce n'est par hazard, & sans qu'on puisse s'assûrer si elle l'a évitée, rien n'est plus naturel que de ne la consulter plus, & de substituer à sa voix présomptueuse & incertaine, les panchans de son humeur.

Dès là on souffre impatiemment toute constrainte & toute gêne. La Régularité devient un poids. Aussi Mr. Bayle se plaignoit-il de la fatigue de sa charge. Est-ce qu'il avoit besoin d'étudier beaucoup pour se préparer à ses leçons? Est-ce qu'il n'avoit pas l'expression aisée? C'est une roue qu'il falloit tourner, les heures en étoient marquées. Voila ce qui pesoit. Il étoit incomparablement plus conforme à son panchant de rassembler peu à peu, & à mesure qu'il y étoit amené par son Inclination, les matériaux dont le recueil a rendu son Nom si célébre.

Presque tous ses ouvrages sont une preuve perpétuelle d'une imagination qui ne se gêne point, & qui enfile à propos après à propos, à mesure que ses idées naissent, sans en avoir prévu l'enchainure. Il en condamne lui-même le Principe dans la sixiéme Lettre; Mais il est trop dominant chés lui pour se résoudre à l'abandonner, il est, dit-il, à cet égard du même goût que Montagne.

*Oeuvr. div. Tom. I*er pag. 862.

Lettre CCCXXIII. *Jamais homme n'a été moins propre que moi à dresser une Méthode d'Etudes; car je n'ai jamais suivi que ce qui étoit de mon goût. Je ne conseillerois pourtant à personne d'en user ainsi*. Pourquoi donc travaille-t-il à faire des Pyrrhoniens? car qu'est-ce qu'un Pyrrhonien doit préférer à son goût, lui qui ne reconoit aucune Maxime sûre, ni en Logique ni en Morale.

Par là même qu'un Pyrrhonien n'a que faire de se gêner, il prend de l'aversion pour tous ceux qui travaillent à persuader aux hommes qu'il faut se régler, & faire ploier son goût sous la Raison; Par un esset très-naturel de cette aversion, on joint au mépris de la Réligion, la haine pour les Ministres. Lettre CCCXIX. *Si Mr. SYLVESTRE avoit été*

Ibidem. pag. 865.

Théologien, & non pas Médecin, il auroit emploié la fraude pieuse, & exposé que le mourant fit les plus beaux actes de foi & de contrition qu'il soit possible; mais il n'a point pris d'autre parti que le silence. Mais en matière de fraude pieuse, que l'on compare *Janua Coelorum reserata* (Livre favorable aux Orthodoxes contre Mr. Jurieu) avec son Traité de la *Tolérance*, qui de son aveu s'étend aux Sociniens, & avec sa Lettre à Crelliut c'est la CCCXXXIX.

Ibidem. pag. 873.

Le Pyrrhonisme n'a point ce qu'il faut pour remplir l'ame de l'homme d'une solide tranquilité; c'est tout au plus s'il peut l'amener à un état d'indolence: Mais cèt état n'a pas assés de conformité à la nature active de l'ame, pour la satisfaire entiérement, il la hisse dans une langueur, qui ne tarde pas à lui peser & à l'ennuier. Les Lectures qui ont fourni à Mr. Bayle ce grand nombre d'obscénités dont on s'est plaint, tiroient son imagination de cette espéce de sommeil, où jette l'indolence Pyrrhonienne, & ce goût a assés été celui des Pyrrhoniens. Mr. Bayle s'y étoit tellement livré, que dans sa septiéme Lettre à Mr. Minutoli, après avoir cité de Térence *O Fortuna! & nunquam perpetuo es bona!* Et après y avoir ajouté *Le Lieu commun seroit riche, qui voudroit compiler les Dits Notables des Anciens la dessus*. Il est peu de pensées qu'on ait tournées en tant de façons: marque indubitable que tout le monde est convaincu de la chose; car on voit ordinairement que l'abondance des termes, & des expressions, à l'égard de quelque sujet, est une preuve que ce sujet se présente à tout le monde, & qu'on a médité en plus d'une part. De ces réflexions sérieuses & sensées il passe tout d'un coup à ses idées favorites. *Je me souviens à ce propos de la remarque d'un certain Médecin &c.* & ces idées l'amènent à citer Diogéne, & à commenter des paroles qu'on lui attribue avec une grossiéreté, dont on ne s'étoit pas encore avisé; & pour soutenir sa conjecture il cite encore d'autres grossiéretés. N'est-ce pas affectation, un goût bien dépravé de choisir précisément ces endroits-là dans ses extraits des Jurisconsultes? Voiés sa Lettre CCLVI. où il traite *d'esprits scrupuleux ceux qui avoient souhaité qu'il supprimât ces Articles.*

Ibidem pag. 798.

Dans sa Lettre CXIV. à l'occasion de ce qu'on sit souffrir aux Albigeois & aux Vaudois, après avoir dit en deux mots qu'on les accusoit de Manichéisme, il s'étend de la manière la plus grossiérement & la moins nécessaire tout ce que les impuretés & abominations dont on les chargeoit; je n'oserois transcrire ses termes. A son ordinaire il ne peut quiter ce sujet, dès qu'il l'a entamé, ni se résoudre à faire grace à son Lecteur d'aucun Synonime. Mais à qui écrit-il dans ces termes? A un Ministre; & à quel Ministre? Ecoutons le lui même dans la Lettre XXXIII. *Un homme dont les talens pour la Chaire sont si rares; qui soutiennent la doctrine & la grandeur de l'Evangile avec tant d'esprit & d'imagination. C'étoit envier au Public un trésor qui peut couler abondamment & enrichir la Patrie & les Païs étrangers que de lui former des digues qui arrêtassent sa course*. Mr. Bayle parle-t-il sincerement, ou s'il flatte & s'il se moque? A la vérité on voit par ses Lettres que ses amis, si on veut l'en croire, sont des personnes admirables, *de l'éloquence desquels partent des éclairs qu'on voit briller de loin*. Il les sollicite à publier leurs Ouvrages; mais des qu'ils se sont laissés persuader, les Libraires sont si mauvais goût, & le Public encore plus, que les plus excellens Livres sont les moins recherchés; du reste tout y est judicieux & savant.

Pag. 651.

Lettre LXXIII. LXXXIV. XL. LXXXIV. CLXXXIX. CLXXXV.

Pendant que Mr. Jurieu étoit de ses amis, il y avoit dans l'esprit de *Adv. Arnaud*, bien de la délicatesse, du savoir, & des choses dequoi s'applaudir. Lettre LX.

Pag. 608.

Lettre CLXXVI. *J'ai sû par Mr. DE BEAUVAL la manière honnéte & généreuse dont vous aviés refusé de vous conformer aux desseins des Libraires qui veulent donner une nouvelle Edition de MORERI & je répondis tout aussi-tôt à Mr. DE BEAUVAL, que j'étois fort sensible à un procédé si louable, & que j'avois*

Pag. 716.

Mmmm

j'avois TOUJOURS ATTENDU *d'une personne qui comme vous, a joint la belle & bonne conduite avec l'Erudition* CE QUE PEU DE SAVANS *ont sû faire..... En un mot, Monsieur, il n'y a qu'une* FIDELE IMAGE *de ma persuasion dans le bien que j'ay dit de vous.... Je m'estimerois très-heureux, si vous vouliés joindre a cette honnêteté celle de me donner de vos bons avis sur mes grands défauts. Je vous assure que je tâcherois d'en profiter avec toute la docilité que vos grandes lumieres méritent, & que j'en aurois une grande reconnoissance*. Il parloit de Mr. le Clerc. Il a bien tenu parole ; Mais les avis de Mr. le Clerc rouloient sur des matiéres plus intéressantes que des dates. Il s'est peu souvenu de ce qu'il annonçoit à

Pag.739. un ami Lettre CXCVII. *Si l'ouvrage je réimprime, je le retoucherai avec la derniére application, & j'en écrirai même ce qui a paru déplaire à presque tous les Lecteurs.*

Pag.815. Comparés cela avec ce qu'il dit Lettre CCXXXVI. *La seconde Edition n'a été mutilée que sur l'Art, de David, les autres suppressions ne sont pas considérables.*

Pag.720. Lettre CLXXXI. *Je ne trouve pas étrange que le Livre de* Mr. SAURIN *vous ait plû ; c'est un Ouvrage solide & brillant, & qui drappe comme il faut son homme.*

Pag.724. Lettre CLXXXIV. Mr. SAURIN *est le plus puissant Raisonneur que nous ayons en ce pais-ci. Il écrit bien ; Il a sû entiérement comme bien d'autres : & avec toute sa Logique & sa Métaphysique, il n'évite pas toujours le Paralogisme.* Mr. SAURIN *avois refuté quelques Chapitres du* COMMENTAIRE PHILOSOPHIQUE.

Mr. Bayle paroit faire un cas tout particulier de la litérature, & c'est assés le goût des Pyrrhoniens ; Mais il n'estime pas la litérature dans les Auteurs qui lui paroissent en matiére de Réligion, dans des

Pag.719. idées différentes des siennes Lettre CLXXXV. *Il y a un étalage de litérature (dans le Livre sur l'éxistence de Dieu) qui paroit affecté & qui indispose contre lui. Il attaque mieux qu'il ne défend, & il ne propose pas les Objections dans toute la force où les Libertins les pourroient mettre.* Cela signifie qu'il n'avouë pas qu'on n'y peut faire de solide réponse. Il s'agissoit de Mr. Jaquelot.

Pag.754. Lettre CCI. Il s'agissoit de se justifier auprès de Mr. le Clerc & de Mr. Leti. Après une longue lettre à Mr. Regis, il finit en disant, *N'en fatigués point* Mr. LETI, *ni* Mr. LE CLERC, *contentés-vous, je vous prie, de leur marquer, si vous voulés épargner leur temps, que je m'en tiens là-dessus, & que je ne vous écris cette longue lettre, qu'afin qu'ils connoissent combien se fouhaite que mon innocence soit à couvert même des soupçons les plus mal fondés ;* PRINCIPALEMENT LORSQUE JE FAIS PROFESSION D'ESTIMER, D'AIMER ET D'HONORER, *comme vous savés que je fais.*

Pag.712. Voulés-vous sçavoir le cas qu'il fait de Mr. Leti ? apprenés-le de la Lettre CLXX. *C'est un homme qui ait d'un même sujet tout le bien des Panégyristes & tout le mal des Satyres. Il a le bonheur que quoi qu'il écrive, tout se vend bien, & se traduit en diverses langues.* Voulés vous sçavoir ce qu'il pense de Mr. Le

Pag.613. Clerc ? la LXXXIII. Lettre vous l'apprendra. Mr. LE CLERC *se signale de jour en jour par sa hardiesse à imprimer des Hérésies, & par sa hardiesse à condamner sans rémission, & avec une médisance outrée, dans les Boutiques des Libraires, tous les Auteurs qui ne lui plaisent pas ; & cela veut dire beaucoup & enferme presque tout le monde.* Consultés encore la

Pag.626. LXXXIV. *Si vous voulés conserver l'amitié de* Mr. LE CLERC, *il faudra vous observer d'une maniére singuliére, car il est facile à se fâcher & il ne pardonne rien ; Il crie éternellement contre* L'ODIUM THEOLOGICUM, *& il ne prend pas garde qu'il fait lui même son portrait.*

L'Historien de Mr. Bayle s'acquite encore de ce que cette qualité demande, quand il reconnoit qu'il

s'est quelquefois émancipé sur le chapitre des femmes, qu'il s'est quelquefois échapé au-dela de la bienséance, & qu'enfin le plus essentiel, c'est qu'il a été trop libre dans ses Ecrits.

Quand on a présenté les fautes qu'il avoüé, & qu'on réfléchit sur leurs dangereuses suites, on s'apperçoit que l'amitié a fort adouci les éxpressions de l'Historien, en cela on reconnoit un Principe que l'on n'a garde de condamner.

On ne lui passe pas de même ce qu'il ajoûte pour sa justification, c'est que *s'il avoit eu l'usage du monde poli, qui ne s'acquiert pas dans la solitude & la retraite du cabinet, il auroit badiné avec plus de retenuë, & evelopé plus délicatement certaines choses qu'on peut faire entendre finement, sans qu'il soit besoin de les dire.*

Cela seroit bon pour éxcuser un esprit qui naturellement, sombre & de plus émoussé par la retraite & des lectures sans relâche, n'auroit sû s'exprimer que grossiérement & que pesamment ; Mais rien n'est plus aisé que le Stile de Mr. Bayle ; Il est le Maitre de sa plume, & l'on voit par ses Lettres qu'il étoit capable de donner à cêt égard des leçons à des Auteurs, qui méritent eux mêmes de passer pour des Maitres. Lettre CLXXVIII, CLXXIX, CLXXXIII, CCCXVIII.

On voit encore qu'il lisoit toute sorte de Livres, & qu'il connoissoit le fort & le foible des historiettes du temps.

La Lécture des ouvrages polis qu'on avoit déja, de son temps, en très-grand nombre : auroit suffi peut rectifier à cet égard le Stile d'un homme né avec de si heureux talens, & qui *après avoir lu franchement un Auteur, conservoit si bien ses Phrases, qu'elles se présentoient d'elles mêmes à sa plume, sans qu'il se souvint distinctement de les avoir lus.* Ne doit-on pas présumer que les ouvrages des Auteurs les plus polis avoient sur tout cet effet ? Lettre CCI.

Pag.731.

On sait que généralement parlant les Académies de France étoient des Ecoles de politesse. Mr. le Comte de Dhona n'auroit eu garde de confier l'Education de Messieurs ses Fils à un Précepteur grossier & sans maniéres. Cette Illustre Maison suffisoit pour former Mr. Bayle à tout ce point l'ignorance a été, à ce que dit son Historien soupçonnée, la cause de ses écarts. On savoit tout ce qui la composoit des Modèles d'Esprit, de Vertu, d'Honneur, de Politesse, & à tout coup il s'y rendoit des personnes de mérite, qui se faisoient un honneur d'y être gracieusement reçûs. Lettre CXCV. *J'y ay fait la révérence*

Pag.733.

(à la Haye), à l'Illustre Comtesse (de Frisen née Dhona) aiant nous admirions, comme vous savés, à Copet , ses charmes, la vivacité d'esprit, & mille autres belles qualités. Mr. Bayle avoit l'avantage de profiter du voisinage de Geneve qui est une Athéne de nos jours. On voit par ses Lettres qu'il a demeuré à Roüen, à Paris, & qu'il y a fait des connoissances ; de sorte que si on ne peut alleguer d'autre justification en sa faveur, on est réduit à le trouver à cêt égard sans excuse.

Pouvoit-il ignorer sur les sujets où il s'est donné tant de liberté, on s'éxprime en quatre maniéres différentes ? 1. avec des détours si délicats & une Eloquence si fine, que les personnes mêmes qui ont encore & de la pudeur & de la réligion, peuvent s'y laisser surprendre, & laisser passer les choses en faveur des tours & des éxpressions sous lesquelles elles sont déguisées. 2. On peut s'éxprimer avec une licence qui acheve de perdre ceux qui y prennent plaisir, & de les abimer dans des idées de débauche. 3. On peut encore s'énoncer d'une maniére brusque, badine & qui va à faire regarder les actions dont on parle comme des bagatelles & des sujets de plaisanterie. Tout cela ne vaut rien : Mais enfin il est très aisé de se servir d'un autre stile, & il faudroit avoir ou bien peu d'ésprit, ou bien peu de bonne volonté, pour ne sçavoir pas narrer d'une

maniémanière qui amène à regarder comme indécent, flétrissant, méprisable, odieux ce qui l'est effectivement.

Quand son Historien également ingénieux & charitable continuë. *Mais cela n'influe point sur les Auteurs, & ses ennemis les plus acharnés ne lui ont jamais rien reproché là-dessus.* Je n'entrerai point en contestation sur le fait. J'ai connu un homme qui n'avoit jamais été soupçonné de libertinage; on sçavoit même qu'il auroit été absurde de l'en soupçonner: Cependant des personnes qui le voioient souvent m'ont assuré qu'il étoit très ordurier dans ses discours, & il avoit cette reputation. Mais c'étoit un petit génie, & outre cela sans culture, qui auroit rarement parlé, & peut être auroit très-peu pensé, si son Imagination ne s'étoit livrée à des sottises. Le cas de Mr. Bayle est différent, & en supposant à cet homme d'esprit & à cet habile homme, toute la retenuë & tout l'éloignement pour la débauche, dont ses Apologistes prennent plaisir de le laver, se disculpera-t-on, ou si l'on aggravera sa faute, quand on le concevra s'abandonner de sang froid à des narrations dont-il n'ignoroit pas le danger, comme j'en ai allégué des preuves tirées de ses propres paroles? Mr. Bayle ne peut se satisfaire à témoigner sa gratitude à ceux dont il reçoit des avis; Mais sur quels sujets! Sur des Editions, des dates, des Etimologies, des Minucies, en un mot, incapables de contribuer le moins du monde à la justesse de l'esprit, ni à la droiture du coeur. Mais quand des personnes respectables, quand ses amis mêmes, quand des Corps entiers lui ont fait connoitre leur surprise & leur mortification, ou il ne leur a allégué que de très-legéres excuses, ou après avoir fait espérer de reporter sa faute dans une édition suivante, ce qu'il retranche dans un endroit, il le replace dans un autre & entasse de nouvelles obscénités, dans son Discours d'Apologie sur les obscénités.

Mr. Bayle dans quelques endroits, fait le surpris du scandale avec lequel on a lu ce qu'on vouloit qu'il n'eut pas écrit; mais il ne s'exprime pas de même en parlant à ses amis. Lettre CXC. *J'ay pressenti ce qu'on diroit, & dequoi l'on murmureroit*, NULLA MIHI NOVA RERUM FACIES INOPINAVE SURGIT; OMNIA PRÆVIDI &c: En vain il ajoute *J'ay toujours senti en moi la docilité nécessaire, pour préférer à mon gout, le sentiment des Lecteurs judicieux.* Vraiment il a donné de grandes preuves de sa docilité, par rapport à tous ceux qui ont essaié de parer aux mauvais effets de ses Ouvrages.

Lettre CCXIII. Il apprend à son ami qu'il déclara au Consistoire *que si j'avois prévû la liberté que je prevois, je m'en serois abstenu soigneusement que je me rectiferois ces endroits dans une seconde Edition, & que j'aurois de grands égars pour les Remarques que la Compagnie m'avoit fait communiquer.*

Il seroit à souhaiter, dit son Historien, *qu'il eut pu contenir son courrons; Mais il fut aigri & piqué, parce qu'il crut que ses ennemis en vouloient à sa personne encore plus qu'à sa doctrine.* Je ne m'étonne pas que les Réponses qu'on a faites aux objections de Mr. Bayle ai ent démontré sa Philosophie, & l'aient tiré de cette heureuse *Ataraxie*, l'admiration des Pyrrhoniens. Il n'y avoit plus moien d'ignorer les mauvais effets des Ouvrages de Mr. Bayle, & en particulier ceux de son Dictionnaire, dont la lecture étoit devenuë à la mode: L'événement paroit, & il n'étoit pas moins aisé d'en prévoir les conséquences. Des coeurs éloignés de l'Incrédulité & de tout ce qui y conduit, des coeurs pleins de zèle pour la Religion, se firent un devoir de développer les Sophismes par lesquels on en ébranloit la certitude: Ils s'appliquérent à prouver que les argumens par où on la combattoit, n'avoient point la force que les amis de l'Incrédulité leur attribuoient. Ils firent connoitre en même temps combien ce mélange de contes &

de soupçons présentoit une lecture dangereuse pour peu qu'on eut le coeur tourné à l'amour des voluptés, & au plaisir de l'indépendance, lors sur tout qu'on n'étoit pas fait à ces spéculations métaphysiques & à débrouiller des controverses embarassées.

Dès là bien des gens se persuadérent qu'un Esprit aussi fin que celui de Mr. Bayle avoit infailliblement prévû des effets si naturels, si prompts & si étendus; & on s'étonna de l'application avec laquelle il avoit emploié toute la subtilité de son génie à rendre difficile la solution des difficultés, qui aloient à ébranler tout ce qu'il importe le plus aux hommes de croire sans mélange de doutes. De cette maniére il ne se pouvoit que les raisons, par lesquelles on s'opposoit au mauvais effets de ses Ouvrages, ne fissent naitre indirectement, mais nécessairement des soupçons contre sa personne.

Ces réfléxions lui firent prendre sa contre les Antagonistes. Il mit tout en oeuvre pour les décrier aux yeux du public & les charger à son tour, non seulement des soupçons d'hétérodoxies tolérables, & dont ils ne se défendoient pas, mais des Hérésies les plus odieuses, comme si, selon eux, il n'y avoit pas moien de demeurer Chrétien, sans se déclarer Hérétique. Les Répliques & les Dupliques augmentérent les aigreurs jusques-là, que ce Philosophe, d'un génie si beau & si capable de travail, mourut la plume à la main, pour appuier avec tout ce qu'il lui restoit de forces le paradoxe scandaleux que la Raison est incapable de nous convaincre, que nous avons pour Auteur de notre éxistence un Dieu très-bon & très aimable, & que la Révélation qui nous en assure en termes exprès, ne laisse pas de renfermer des instructions toutes contradictoires à cette grande Vérité. Il auroit été à souhaiter pour Mr. Bayle qu'il se fût arrêté à la pentée qu'il écrit Lettre CCCXV. *Je repliquerai à Mr. Jaquelot, si cela paroit absolument nécessaire, non autrement.*

Sans rien rabattre des justes Eloges que Mr. Bayle a pû mériter, il me paroit que Mr. Ramsay en donne le caractére ave autant de vérité que de modestie, quand il dit, (dans son Discours sur la Mythologie pag. 9. Amst. 1728) *Il avoit un génie capable de tout approfondir, mais il écrivoit quelquefois à la hâte, & se contentoit d'effleurer les matieres les plus graves. D'ailleurs on ne peut justifier cèt Auteur d'avoir trop aimé l'obscurité désolante du Pyrrhonisme. Il semble, dans ses ouvrages, être toujours en garde contre les idées satisfaisantes sur la Religion. Il montre avec art & subtilité tous les côtés obscurs d'une question; mais il en présente rarement le point lumineux, d'un fort évidence. Quels éloges n'eut il pas mérité, s'il avoit emploié ses rares talens plus utilement pour le Genre Humain.*

Un Gentil homme de mes compatriotes s'est donné le soin d'approfondir son caractére. " Un Auteur " renommé, qui après s'être éxercé dans ses Ecrits " sur toute sorte de matiéres, avec une facilité éx- " trème, & avoir aquis beaucoup de reputation, s'est " enfin avisé de vuider toute son Erudition dans un " grand Livre critique. Cèt Auteur sur tout peut " faire voir jusqu'où un homme qui manque par le " coeur, peut s'égarer par l'Esprit; & son Ouvra- " ge, qui par la maniére dont il est écrit, impose à " tant de gens, montre de quel côté est tourné le " goût presque général de nôtre temps. Le Raison- " nement est la fort de cet Ecrivain, mais les raison- " nemens ne se rapportent qu'à l'homme corrompu " qu'ils corrompent encore d'avantage. L'Auteur s'est " plû à y répandre des obscénités, aussi bien que des " railleries sur des sujets que toute personne sensée fera " toujours profession de respecter; C'est l'Ouvrage " du monde où ceux qui veulent être amusés & " trompés le font d'avantage. Ce terrible volume, " cette Montagne après avoir jetté de grands cris dans " une Préfact, qui dispense un homme judicieux " de la lecture de l'Ouvrage, n'enfante véritablement

M mmm 2 qu'une

" qu'une souris; ou plûtôt elle en enfante une nichée
" qui se fourrent partout, pour ronger & faire du
" dégat, & qui n'épargnent pas même les choses les
" plus sacrées. Cèt Ecrivain qui pense si mal de tout
" ce que nous respectons, dira-t-il tout cequ'il pen-
" se, & se fera-t-on une bienséance de ne pas dire ce
" qu'on pense de lui? Disons hardiment que le ca-
" ractère d'Esprit de l'Auteur du Dictionnaire Cri-
" tique, est celui d'un Charlatan, & que c'est peut-
" être de tous les Charlatans, qui aient jamais paru,
" le plus signalé; Paré d'une lastueuse Erudition,
" d'un ramas de faits & de circonstances qui ne mé-
" riteront jamais l'attention d'un homme sensé, il se
" produit avec une espèce d'éclat, & atire sur lui les
" yeux de tout le monde; & la fertilité de son es-
" prit, qui le rend propre à jouer toutes sortes de
" personnages, le met en état d'amuser agréablement
" la foule qu'il assemble. Tantôt il fait le Philoso-
" phe, qui témoigne faire cas des bonnes moeurs, &
" il fait des Réflexions qui les recommandent. Tantôt
" c'est un Libertin qui se jouë de tout, & se laisse aller à
" son penchant. Quelquefois il paroit comme un
" Esprit-fort, devant qui rien ne doit tenir; d'au-
" trefois il se met en posture contre les esprits forts
" eux-mêmes, & vous diriés qu'il va les combattre.
" C'est un Savant qui cite ou qui refute d'autres Sa-
" vans; c'est un Cavalier qui imite le langage de la
" Cour; quelquefois il affecte celui de la Guerre;
" d'autrefois il emploie celui du Barreau. Souvent-
" il en parle un qui n'est propre qu'à charmer la Ca-
" naille, & il le parle si bien, que par là principa-
" lement, il l'emporte sur tous les Charlatans qui
" ont paru avant lui. Il n'est rolle qu'il ne joué,
" ni figure qu'il ne prenne, pour grossir la foule des
" Spectateurs, aussi bien que pour les contenter, &
" le fruit de tout cela est de leur faire envisager tou-
" tes choses comme faites pour servir de matière au
" Raisonnement, & le Raisonnement fait pour se
" jouer de toutes choses. Quelques-uns se conten-
" tent d'être simples Spectateurs de ses singeries, &
" ils n'y perdent que leur temps. D'autres, plus
" à plaindre, ajoûtent fois à ses Discours, & se pour-
" voient de ses drogues, comme de quelque chose
" d'exquis, & qui préserve les hommes des scrupu-
" les & des terreurs incommodes que la Réligion
" leur cause, & ils trouvent, en effet, ce qu'ils
" cherchent. De toute manière c'est un Ouvrage
" propre à séduire ceux qui veulent être séduits.

Quand on a réfléchi sur le caractère de Mr. Bayle
& qu'on a quelque usage & quelque connoissance
du monde, on peut aisément s'assurer sur les causes
de sa grande reputation & de ses rapides succès. 1. Il
conte bien, ce talent n'est pas commun, & c'est un
des plus agréables amusements que d'*écouter* & de lire
ceux qui le possèdent au point qu'il faisoit. 2. Bien
des gens trouvent beaucoup de plaisir à lire des morceaux
détachés que des histoires suivies. On les quitte
quand on veut, & on les recommence quand on trouve à propos. 3. Il a sû choisir les contes qui plaisent à ceux dont il s'est proposé de s'emparer. 4. Il
n'ignoroit pas que le joug de la Réligion pèse à bien
des coeurs, qui par là seroient charmés de lire ce
qui va à en décharger en le dépouillant de certitude.
5. Lorsque les coeurs qui ne sont encore tout à
fait gâtés, mais qui faute de bonne éducation & de
solides instructions, ne savent pas tirer des Sophismes éblouïssans de cèt Auteur, sont las de flotter
dans les ténèbres, & de voir & d'entendre répéter le
pour & le contre. Si quelqu'un leur vient dire
Finissons ces raisonnemens qui nous cassent la tête, il
est temps d'aller souper, il est naturel de goûter des
plaisirs aisés, qui succedent à des raisonnemens qui fatiguent. Que le goût de cette sauce est fin, que la
fève de ce vin est délicieuse! Jamais perdrix ne furent mieux choisies! A la table du Roi on ne mange
pas des fruits plus excellents! Que Zenon soit mieux entendu à la dispute qu'Epicure, il faut avouer que
celui-ci a beaucoup plus judicieusement pensé sur la
nature du Souverain Bien. Le prix de la volupté enchan-
te tout ce qui est capable de la connoitre, & s'il est
vrai qu'Epicure se soit borné aux volupés de l'esprit, il a été en cela moins Philosophe, & moins
sage que nous. La Jeunesse est charmée de ces leçons. Les vieux pécheurs de l'un & de l'autre sexe,
& qui ont d'une fois renouvellé leurs Noviciats
dans l'Ecole de la débauche, tout plains de mépris
qu'ils soient pour la Raison, s'applaudissent de l'a-
voir à cet égard pour eux. J'ai été plus d'une fois
témoin de ces manèges, & j'en ai été instruit par des
témoins qui avoient autant de lumière que de probité, & qui savoient réfléchir juste.

SECTION QUATRIEME

Où l'on examine les Fondemens du Pyr-
rhonisme en général, & du Pyrrho-
nisme Logique en particulier.

JE me suis étendu à faire connoître les dangereux
effets du Pyrrhonisme, qui a ou assés gaté l'esprit de Mr. Bayle pour le faire tomber en cent
Contradictions, ou assés corrompu son coeur pour
l'engager à se joüer également de la Réligion, & de
la Raison, en renversant l'une par l'autre. J'ai crû
que sur un si important sujet, je ne devois pas me
borner à un petit nombre d'exemples, car le Pyrrhonisme n'a pas seulement fait tomber Mr. Bayle
une fois ou deux, dans de grandes fautes, son Dictionnaire en est tout parsemé. Mais il ne suffit pas
de prouver que le Pyrrhonisme est dangereux, il faut
encore prouver que les Pyrrhoniens raisonnent très-
mal, & que quiconque aime la vérité, se convaincra aisément qu'ils ont tort de raisonner si mal.

Toutes mes remarques sur ce sujet se rapporteront
à *trois chefs*. 1. qu'il y a de l'évidence & qu'on peut
la sentir. 2. que l'on est dans un tort inexcusable,
lors qu'au lieu de la chercher & de s'y rendre attentif, on en détourne les yeux & on fait ses efforts
pour la chicaner 3. Que cette fantaisie est un renversement de la nature humaine, qui n'étant point
dérangée, nous porte à aimer & à respecter l'évidence.

Je parcourrai les Ouvrages de Mr. Bayle pour
prouver que lui-même fournit dans divers articles dequoi combattre les Pyrrhoniens, & que dans d'autres il les défend très-mal. Il ne sera pas facile d'observer toûjours un ordre parfaitement exact, dans la
nécessité où l'on est de parcourir des Livres dans lesquels Mr. Bayle n'a rien moins pensé qu'à l'ordre.

Dans la réponse aux Questions d'un Provincial
Tome V. Chap. 24. pag. 311. Je reconnois, dit-il,
avec tous les Dogmatiques que *l'évidence est le Ca-*
ractère de la vérité; & à la page 314. J'avertis
Mr. Bernard qu'on l'a trompé, lors qu'on lui a dit
que Mr. Bayle soutenoit que toutes les propositions
évidentes étoient également évidentes. Je lui réponds
que cette Thése, *que les corps sont incapables de penser*
paroit assés évidente pour Mr. Bayle, pour la juger
certaine, mais qu'il ne la croit pas assés évidente,
que cette proposition *deux & deux font quatre*.
C'est-là ruiner le Pyrrhonisme qui fonde son grand
principe de la suspension sur une évidence égale d'un
coté & d'autre.

" Dans la page 315. Ces paroles de *Mr. Bernard*. *Ibidem.*
" Il en est tout au plus comme de la préscience Di-
" vine, & de la Liberté des Etres Intelligens, on
" ne voit pas la liaison qu'il y a entre ces deux cho-
" ses, mais on ne voit pas qu'elles renferment une
" Contradiction évidente. Il y a de semblables vé-
" rités dans les Mathématiques, desquelles pourtant
" il n'y a pas un seul Mathématicien qui ne soit
" per-

„ perfuadé, Il nie enfuite que fon fentiment foit
„ différent de celui qu'expriment ces paroles.
Voilà donc le Pyrrhonifme fur la Providence renverfé ; l'hypotéfe d'un Principe Infini, Eternel & tout Mauvais, eft pleine d'extravagances de l'aveu de Mr. Bayle; On ne peut point dire la même chofe de l'éxiftence d'un Principe Infini, très-parfait, très-fage & très-bon. Il est digne de lui d'aimer la vertu, & de condamner le Vice, de favorifer les gens de bien, & de punir les méchans. Les preuves qui établiffent ces Vérités font claires, fimples, & à portée de nôtre Intelligence ; Les Objections qui les combattent fe tirent de certaines combinaifons qui ne nous font pas affés connuës pour réfoudre parfaitement ces Objections : Nous comprenons qu'il nous faudroit favoir bien des chofes que nous ne fommes pas en état de favoir, ni de découvrir encore. Rien ne feroit plus déraifonnable que de refufer de nous tenir à ce que nous favons, parce qu'il y a des chofes que nous ne favons pas, & que nous ne pouvons pas encore démêler. Cela fe confirme par ce que Mr. Bayle ajoute dans la page fuivante, *que la Raifon ne comprend rien dans nos Myftéres.* Or elle même nous apprend qu'elle n'a aucun droit de rejetter ce qu'elle ne comprend pas, quand d'ailleurs la Vérité de fon éxiftence fe trouve établie par de bonnes raifons.

II. Dire comme il fait enfuite, *La Raifon ne comprend rien dans quelques-uns des Myftéres de la Religion; voilà un fait ; & voici la caufe de ce fait*, c'eft que la Raifon leur oppofe des Notions évidentes; je foutiens que parler ainfi c'eft fe contredire ; Pour s'affurer que ces Notions évidentes font en contradiction avec les Myftéres, il faut avoir une idée diftincte de la chofe avec laquelle ces Notions évidentes fe trouvent en Contradiction, fans quoi lors-même qu'on n'auroit pas des preuves de l'éxistence de cette chofe, on devroit préfumer que la Contradiction peut n'être qu'apparente.

Réponse aux Questions d'un Provincial Chap. XXV. pag. 328. *Comme Mr. Bayle fait toûjours femblant de fe repofer fur l'autorité du témoignage de Dieu qui ne peut tromper ni être trompé*; Mr. Bernard lui demande avec raifon, comment prouvera-t-il que fa croiance a ce fondement ? " Comment le prouvera-
„ t-il que par cette pauvre milheureufe Raifon fur
„ laquelle il n'y a nul fondement à faire, & qui nous
„ trompe toûjours, lors même qu'elle nous fait voir
„ les chofes avec évidence. Voilà un défilé où Mr.
Bernard preffe Mr. Bayle, & dont il le défie de fe tirer qu'en fe retractant. Mais Mr. Bayle affecte de ne point paroître furpris, *Je n'ai jamais dit*, repond-il, *que la Raifon trompe toûjours*. Il ne s'agit pas de cela ; car fi la Raifon trompoit toûjours, il n'y auroit qu'à croire le contraire de ce qu'elle dit, & on croiroit la Vérité, & par là on auroit une route fûre pour fe délivrer du Pyrrhonifme. Mais Mr. Bayle parle toûjours de la Raifon comme d'un fecours très-foible , d'une Faculté inutile, incapable de nous affurer, qui détruit d'une main, ce qu'elle établit de l'autre ; La voila donc incapable de nous affurer fur la Vérité de la Révélation. Si la Raifon eft incapable de rien établir, elle nous trompe toûjours, quand elle nous rend perfuadés, car celui qui eft perfuadé croit certainement.

Page 332. " Il fuffiroit ajoute Mr. Bernard, conti-
„ nue Mr. Bayle, que la Réligion fût contraire ; à
„ des Axiomes que dicte la droite Raifon pour a-
„ voir lieu de la rejetter: par éxemple à l'Axiome,
„ *que le tout eft plus grand que fa partie*, parce que
„ cet Axiome étant fondé fur la nature immuable de
„ Dieu même, tout Dogme contraire à cet Axio-
„ me fera contraire à la nature de Dieu, & par con-
„ féquent ne pourra être un Dogme révelé. On
„ aura beau dire que le Dogme eft fondé fur la vé-
„ racité de Dieu ; De cela feul qu'il fera contraire à
„ l'Axiome, on niera qu'il foit fondé fur cette vé-
„ racité ; & jamais il ne fera auffi évident que Dieu

„ l'a révelé, qu'il eft évident que le tout eft plus
„ grand que fa partie. Cette réflexion eft plus fa-
„ vorable aux Sociniens qu'au myftére de la Trini-
„ té ; car ce qui les oblige de foutenir que l'Ecri-
„ ture ne révéle point l'éxiftence des trois perfon-
„ nes Divines, eft qu'ils croient qu'aucune révéla-
„ tion ne fauroit être contraire à cet Axiome; *qua*
„ *funt idem uni tertio , funt idem inter fe*, les chofes
„ identifiées avec une troifiéme, font identifiées en-
„ tr'elles. Ce principe n'eft-il pas auffi évident que
„ celui-ci, le tout eft plus grand que fa partie ? Or
„ felon Mr. Bernard on auroit droit de rejetter tou-
„ tes les éxplications de l'Ecriture qui formeroient
„ une Doctrine contraire à l'Axiome, le tout eft
„ plus grand que fa partie. Pourquoi donc veut-il
„ qu'on admette le dogme de la Trinité, quelque
„ contraire qu'il foit à l'Axiome, *qua funt idem uni*
„ *tertio &c* ? Je m'imagine qu'il répondra que le
„ dogme de la Trinité n'eft contraire qu'en apparen-
„ ce à cet Axiome, mais on lui feroit la même ré-
„ ponfe, en faveur d'une Doctrine qu'il croiroit con-
„ traire à l'Axiome qu'il a rapporté ; on lui fou-
„ tiendroit que cette Doctrine & cet Axiome s'ac-
„ cordent enfemble d'une manière qui ne nous
„ eft point connuë ; la petiteffe de nôtre efprit ne
„ permettant pas que nous pénétrions un fi grand
„ fecret, & nous faifant voir de l'oppofition entre
„ des chofes qui réellement ne font point contrai-
„ res.

Pag. 333. Mr. Bayle revient encore à fon Axiome contre la Trinité, " *Les chofes qui font les mêmes a-*
„ *vec une troifiéme, ou qui fe confondent avec une troi-*
„ *fiéme, font auffi les mêmes entr'elles, elles ne font*
„ *point trois chofes, mais une chofe.* " On pourroit s'étonner de l'obftination de Mr. Bayle à ramener une Objection à laquelle il eft facile de répondre, & à laquelle il fait bien qu'on a déjà répondu. On a mille éxemples des chofes qui à un égard font différentes, & à d'autres ne le font pas: Toutes nos Idées, tous nos Sentimens, toutes nos Volontés font des états d'une même fubftance, & à cet égard font la même fubftance, mais elles n'en font pas les mêmes états : Il n'implique donc pas contradiction que dans le même Etre, il n'y ait *Unité* & *Pluralité*.

Si après cela on ajoutoit ; Mais éxpliqués-nous un peu en quoi confifte cette *diverfité*, ou cette *pluralité*, qui dans l'Etre Suprême donne lieu aux trois noms de *Pere*, de *Fils* , ou de *Parole*, & de *St. Efprit*; & que je répondiffe; Il s'en faut beaucoup que je ne connoiffe affés à fond l'Etre infini pour vous donner là-deffus un parfait éclairciffement ; N'y auroit-il pas de l'éxtravagance à me répliquer, *Vous avoués donc la Contradiction ?* Comme fi tout ce que je ne comprens pas étoit Contradiction.

Encore une fois d'où vient que Mr. Bayle revient fi fouvent à une Objection à laquelle on peut oppofer une fi folide Réponfe ? Il cherche à faire des Incrédules, & pourvû qu'il en faffe, il fe met peu en peine où il en trouvera. Il n'aime pas la Réligion ; il aime encore moins fes défenfeurs : il veut donc leur ôter des partifans. Il fait qu'en matière de Réligion une grande partie des hommes n'a point corrigé les Idées très-imparfaites, & à de certains égards très-fauffes, qu'ils s'en font faites dès leur enfance : Il fait que la plûpart des Enfans prennent tout bonnement, & tout groffiérement *le nom de perfonne* , & qu'ils croiffent avec cette erreur. Pour moi j'ai vû des Adultes, des perfonnes même d'âge, que je n'aurois jamais foupçonné d'être mal-inftruits, qui appliquoient le nom de feconde Perfonne de la Trinité à la Nature humaine de J. C., & à J. C. homme, au fils de Marie : Ils paroîoient contraires aux autres, & ce fut par grand hazard que je découvris leur erreur, & depuis ce tems-là curieux de favoir fi je ne la trouverois pas dans d'autres de la même manière, je la trouvai effectivement. Tous ceux dont qui ont attaché aux noms de Pere , de Fils, & de St. Efprit

Esprit des Idées qu'ils ne devroient pas y attacher, tomberont d'accord de la Contradiction, ils en feront frappés, & ils se laisseront mener par Mr. Bayle à l'Incrédulité.

Mr. Bayle, avec toute sa féconde subtilité, auroit été bien embarrassé, si on lui avoit demandé un seul exemple qui eut la plus légére apparence d'opposition avec cèt axiome, *le tout est plus grand que sa partie*; au lieu que les termes d'unité & de différence sont tellement rélatifs, qu'une infinité de choses peuvent différer en un sens, convenir en un autre, & former différentes espéces d'Unité.

Pour établir le Pyrrhonisme, il ne suffit point d'alléguer quelque sujet, que nous ne connoissions qu'imparfaitement, & prononcer ensuite sur ce qui est vrai, dans des termes vagues, qui en eux-mêmes soient susceptibles de différens sens, dont quelques-uns renferment de la Contradiction; car les sens visiblement Contradictoires ne sont point les vrais sens d'une proposition qui n'est pas fausse, & ainsi jamais une Vérité n'est Contradictoire à une Vérité.

On voit sur Mr. Bayle fonde son Pyrrhonisme sur ce que la Révélation, qui est très sure, enseigne, dit-il, des Vérités opposées aux Axiomes les plus évidens, aux Propositions que la Raison trouve indubitables; & un des Argumens sur lequel il compte le plus, c'est celui qu'il tire de la Trinité.

Mission Article Irrision Ecte II.

„ Pour espérer quelque victoire, dit-il, sur un Sceptique, il faut lui prouver avant toutes choses que la vérité est certainement reconnoissable à quelques „ marques. On les appelle ordinairement *Criterium „ Veritatis*. Vous lui soutiendrés avec raison que „ l'évidence est le Caractére sûr de la Vérité; car si l'é- „ vidence n'étoit pas ce Caractére rien ne le seroit. „ Soit, vous dira-t-il, c'est là où je vous attens, je „ vous ferai voir des choses que vous rejettés com- „ me fausses, qui sont de la derniére évidence. Il „ est évident que les choses *qui ne sont pas différen- „ tes d'une troisiéme, ne différent point entr'elles*, c'est „ la base de tous nos raisonnemens; c'est sur cela „ que nous fondons tous nos Syllogismes, & néan- „ moins la Révélation du Mystére de la Trinité nous „ assure que cet Axiome est faux. Inventés tant de „ distinctions qu'il vous plaira, vous ne montrerés „ jamais que cette maxime ne soit pas démentie „ par ce grand Mystére. Mr. Bayle dans sa Lettre CXVII. écrivant à un ami de Mr. Jurieu. *Tachons*, dit-il, *de démentir la Maxime, Quæ non sunt idem uni tertio, non sunt idem inter se.* Je reconnois donc que ces termes vagues & Métaphysiques sont susceptibles de plus d'un sens.

Oeuvres Div. Tom. II. pag. 654.

Cet Axiome que Mr. Bayle fait sonner si haut, & dont-il tire contre la Révélation une Conséquence qu'il donne pour être sans réplique, est éxprimé en termes vagues, par conséquent est susceptible de plus d'un sens; & ce sens suivant l'application que l'on en fera, & la maniére dont-on le déterminera, il sera vrai ou il sera faux. Il est très-vrai que la longueur, que la largeur, & que l'épaisseur de deux piés cubes, par exemple, ne sont pas trois masses de deux piés cubes chacune, mais une seule masse de deux piés cubes. Il est également faux que la largeur, que la longueur, & que l'épaisseur ne différent point entr'elles, quoi qu'elles fassent un seul Corps, & non pas trois Corps.

Au sens auquel le *Pére* n'est pas le *Fils*, & le St. *Esprit* n'est ni le *Pére* ni le *Fils*, ils sont *trois* & non pas *un*; & au sens auquel ils *sont un*, ils ne *sont pas trois*; Me demandera-t-on? Expliqués *ce sens, donnés-nous une idée claire de cette distinction*. Je répons que ce sont là des choses dont je n'ai pas une Idée déterminée, mais je suis assuré que ce que je viens de dire en termes généraux, est vrai dans un sens déterminé. Ce qui rend l'eau Liquide n'est pas la même chose que ce qui la rend Pesante, ce n'est pas la même chose que ce qui la rend Froide; ce n'est pas la même chose que ce qui la rend Transparente. Voilà quatre propriétés différentes. La figure de ses parties non plus n'est pas la même chose que leur mouvement. De là conclura-t-on qu'il y a quatre eaux, six eaux & non pas une, & de ce qu'un n'en pose qu'une, dira-t-on que mouvement, figure & tout le reste n'est qu'une même chose? Le laboureur le plus simple ne le dira point, & il auroit tort de le dire; il se trouvera pourtant dans l'impuissance de concilier toutes ces différentes propositions, parce que pour lui il ne fait non plus ce que c'est que Liquidité, Froideur, Pesanteur Transparence, que je ne comprens les personnes Divines, & que je n'en ai d'Idées.

Quand Mr. Bayle ajoute; " Il est évident qu'il n'y a nulle différence entre Individu, Nature, Personne; cependant le même Mystére nous a convaincus que les Personnes peuvent être multipliées, sans que les Individus & les Natures cessent d'être uniques. Il est évident que pour faire un homme qui soit réellement, & parfaitement une personne, il suffit d'unir ensemble un corps humain & une ame raisonnable. Cependant le Mystére de l'Incarnation nous a appris que cela ne suffit pas. D'où il s'ensuit que ni vous ni moi ne saurions être certains si nous sommes des personnes; car s'il étoit essentiel à un corps humain & à une ame raisonnable de constituer une personne, Dieu ne sauroit jamais faire qu'ils ne la constitu:ssent: il faut donc dire que la personnalité leur est purement accidentelle. Or tout accident est séparable de son sujet en plusieurs maniéres: il est donc possible à Dieu de nous empêcher par plusieurs moiens, d'être des personnes, quoi que nous soions composés de corps & d'ame: & qui nous assurera qu'il ne se sert pas de quelqu'un de ces moiens pour nous dépouiller de la personnalité? Est-il obligé de nous révéler toutes les maniéres dont-il dispose de nous?

Dictum. Art. Pyrrhon Sect. II B.

Je ne veux que ces paroles pour convaincre toute personne, qui aura un peu étudié, & qui aura lû cent pages de quelque Ouvrage de Mr. Bayle, pour le convaincre qu'il manque de sincérité: Il entasse des Inintelligibilités, il dit qu'il ne fait pas les concilier avec la Raison. Donc la Raison ne mérite plus d'être écoutée. Mais qui a-t-il de si sacré dans cèt entassement de paroles inintelligibles, dont l'autorité, à ce qu'il prétend doit confondre la Raison? Dans quel passage de l'Ecriture Ste. Mr. Bayle, dont je l'ai fait toute la gloire, toute la tranquilité, toute l'assurance, a-t-il trouvé tout cèt entassement, & ce jeu de termes obscurs, vagues, métaphysiques, & tous presque éloignés de la signification qu'ils ont ordinairement? Je liroîs cent & cent fois l'Ecriture Ste. sans que rien de tel me vint en pensée. Je vois aussi peu clair dans ce que je viens de tirer de Mr. Bayle que dans une enfilade de mots que je prendrois au hazard dans un Dictionnaire, & une tirade de cette Nature me feroit-elle renoncer à la Raison? Il faudroit déja l'avoir perdue pour le prétendre sincérement, & il faut être sans pudeur pour faire semblant de le croire. A la vérité je me souviens de quelques endroits, où de vieux & téméraires Métaphysiciens agitent ces Questions; Mais je me souviens aussi qu'ils prennent grand soin d'éloigner la Contradiction de leurs conclusions, & que dans cette vue ils avertissent que quand on applique ces termes-là à Dieu, il ne faut pas les prendre dans le même sens, que quand on les applique aux hommes. Ils déclarent nettement que ces termes appliqués à Dieu ne doivent pas signifier ce qu'ils signifient ordinairement, & ils ne désignent que d'une maniére très-vague le sens qu'il est permis de leur attacher. Les éclaircissemens que les Théologiens Orthodoxes donnent à leurs éxpressions sur la Trinité, vont plus à écarter les fausses idées qu'on pourroit attacher à leurs termes, qu'à en donner de précises de

ce

ce qu'ils fignifient. Les diſtinctions, qu'ils poſent réelles, ſont plus que des Noms & de ſimples Modalités. On peut tomber en contradiction en appliquant des termes mal définis à un ſujet dont on n'a pas de connoiſſance. Donc les Principes les plus clairs, & les plus évidens de la Raiſon doivent être comptés comme rien. C'eſt ainſi qu'il faut conclure pour prouver que la Raiſon eſt une cauſe d'égarement, comme Mr. Bayle le prétend. Le Pyrrhoniſme n'étant point un état naturel, il forme au déguiſement & en fait prendre l'habitude. Que l'on compare ce que Mr. Bayle écrit ſur l'origine de la Lettre ſur les Comètes, Lettre LVI, avec ce qu'il en dit dans la Préface de la troiſiéme Edition, & on ſe convaincra qu'il déguiſe dans l'une ou dans l'autre de ces narrations.

Je ſens que je penſe, ou ſi vous voulés, ma Penſée ſe fait ſentir par la maniére qu'elle exiſte, elle ſe ſent elle-même, elle s'apperçoit elle-même : Je ſens que je penſe, & en même-temps je ſens que je ſuis; il m'eſt impoſſible de douter ni de l'un ni de l'autre. Je ne ſuis pas ſeulement une maniére d'être, je ſuis une ſubſtance, car dès le même moment que la penſée que je ſens eſt une maniére d'être d'une certaine ſubſtance, elle eſt cette ſubſtance dans un certain état. Or une ſubſtance Intelligente porte le nom de perſonne. Cette ſubſtance Intelligente qui penſe en moi, prend le même intérêt au Corps qu'elle anime, & qu'elle appelle ſien, qu'à elle même. Elle le regarde comme ſoi-même; le ſentiment de la penſée n'eſt guére plus préſent à ce qui penſe, dans un homme, que l'Idée du Corps qui lui appartient en propre; c'eſt ce qu'on appelle compoſer avec ſon Corps une ſeule Perſonne.

Figurés-vous préſentement un homme qui dit, je ne veux rien croire de tout ce que vous venés de dire, peut-être le croirai-je dans la ſuite, mais juſqu'ici, il me paroit très-douteux. Et qu'attendés-vous donc pour le croire ? J'attends que vous m'aiés expliqué, & que vous m'aiés fait diſtinctement comprendre de quelle maniére ce qu'il y a de Divin en Jeſus Chriſt, eſt uni avec cette ame & ce corps, par leſquels il reſſemble au reſte des hommes à l'exception du péché; j'attens d'avoir compris ces rélations particuliéres de l'Etre ſuprême avec le *Fils de Marie*, pour me perſuader que je ſuis un Etre Intelligent, qui regarde un certain corps organiſé & vivant, comme lui-même, tant l'idée de ce corps lui eſt préſente, tant il prend d'intérêt à ſa conſervation.

Quelles ſecours s'en auront pour la Certitude. III. QU'ON parcoure l'une après l'autre toutes les difficultés que les Pyrrhoniens nous oppoſent, en vûe d'ébranler la certitude de toutes nos connoiſſances, on verra manifeſtement qu'elles ſe réduiſent à ceci, *Vous ne ſavés pas tout, donc vous ne ſavés rien*. Toutes leurs objections tombent & leur force s'évanouit, dès qu'on comprend qu'on peut connoître un ſujet; & en ignorer d'autres; & que quand un ſujet eſt fort compoſé, il peut aiſément arriver qu'on en connoîtra quelques parties, pendant qu'on en ignorera d'autres. On peut enfin ſe convaincre de la vérité d'une Propoſition, aux termes de laquelle on n'attachera des Idées vagues, parce qu'on ne ſera pas en état d'y en ſubſtituer de plus déterminées. J'apperçois qu'une choſe change d'état, je conclus que ce changement eſt l'effet de quelque cauſe : *cette concluſion n'eſt pas ſûre*, me dira un Pyrrhonien, & pourquoi ? *Parce que vous n'avés pas découvert quelle eſt cette cauſe, ni de quelle maniére elle a produit ſon effet*.

Il n'eſt pas en ma puiſſance de me perſuader qu'un homme qui parle ainſi parle ſincérement. Un Pyrrhonien qui ouvrant ſon coffre, s'apperçoit que l'argent qu'il y avoit enfermé n'y eſt plus, ne prendroit-il pas les meſures pour découvrir qui le lui a enlevé, ſouffriroit-il patiemment qu'on vint lui dire d'un ton Philoſophe, *Vous n'y penſés pas ; car avant que de vous mettre*

dans l'Eſprit que quelqu'un a ouvert vôtre coffre, & a pris vôtre argent, il faudroit premiérement connoître qui c'eſt qui l'a pris, & de quelle maniére il a ſu ouvrir vôtre coffre pour ſe ſaiſir de ce qu'il renfermoit.

„Penſées diverſes ſur les Comètes Art. 199. Si „un Docteur de Sorbonne, dit Mr. Bayle, avoit la „hardieſſe de chanceler tant-ſoit-peu ſur le Myſ-„tére de l'Incarnation, je ne dis pas quant à la „ſubſtance du Dogme, mais quant aux maniéres de „l'expliquer; s'il diſoit par exemple, que la Nature „humaine de Jeſus Chriſt eſt une Perſonne, „ſans vouloir pourtant déroger le moins du monde „au mérite de ſes ſouffrances : ou bien s'il di-„ſoit que la Nature humaine a été tellement unie „avec la Divinité, que la volonté de l'une ou l'autre eſt deve-„nue la volonté de l'autre, on crieroit auſſi-tôt „au Neſtorien, au Monothélite, ſes Bénéfices ſe-„roient impétrés, & il courroit riſque du feu de la „Gréve.

„Je ſoutiens que nous formons tous, dit-il, Art. „200. & ſur la Nature de Dieu & ſur ſes Decrets, „mille jugemens auſſi faux que la fauſſeté elle-mê-„me. Je ſoutiens que tous nos Peuples ſont An-„thropomorphiſtes, & Neſtoriens, & qu'il n'y a point „de Païſan, qui après avoir appris par cœur que „Dieu eſt un Eſprit, & que Jeſus Chriſt eſt Dieu „& homme tout enſemble en Unité de perſonne, „ne forme des Idées toutes contraires à ce qu'il dit „comme un Perroquet.

Mr. Bayle fournit dans ces paroles une Réponſe aux Objections qu'il met dans la bouche d'un Pyrrhonien dans ſon Dictionnaire, quand il s'applique à prouver que ce que les Théologiens aſſemblent, ſur l'unité perſonnelle des Natures, n'eſt qu'un aſſemblage formel de contradictions. Il y a tant d'obſcurité dans les termes dont la Métaphyſique s'eſt aviſée, que les peuples ou ne les entendent pas, ou les prennent dans un ſens qu'il ne faut pas leur donner, & qui par là devient contradictoire. Mr. Bayle vient d'en convenir.

Mr. Bayle qui ſe plaiſoit à feuilleter les Scholaſtiques, & à tirer de leur jargon barbare dequoi harceler la Théologie & la Réligion, auroit mieux fait de conſulter Clauberge Théologien célèbre dans ſa communion, & Philoſophe, grand partiſan de l'évidence? Il a compoſé pluſieurs Diſſertations excellentes ſur l'Unité de Dieu, & ſur la Trinité, où il a fait voir que ces Matiéres ne renfermoient aucune contradiction pour les eſprits modeſtes qui connoiſſent leurs bornes, qui s'y renferment, & qui n'affectent point de décider ſur ce qu'ils ne comprennent pas, ni d'entrer dans des détails lorſqu'il convient d'en demeurer à des Idées générales.

Ce que Mr. Bayle dit ſur l'Epoque du Pyrrhoniſme & les conſéquences qu'il en tire. Dict. Articl. Pyrrhon. Rem. C. IV. QUAND on eſt capable de bien comprendre (dit Mr. Bayle) tous les moiens de l'époque qui ont été expoſés par Sextus Empiricus, on ſent que cette Logique eſt le plus grand effort de ſubtilité que l'homme ait pû faire ; mais on voit en même temps que cette ſubtilité ne peut donner aucune ſatisfaction : elle ſe confond elle-même ; car ſi elle étoit ſolide, elle prouveroit qu'il eſt certain qu'il faut douter. Quel cahos, & quelle gêne pour l'eſprit ! Il ſemble donc que ce malheureux état eſt le plus propre de tous à nous convaincre que nôtre raiſon eſt une voie d'égarement, puiſque lorſqu'elle ſe deploie avec le plus de ſubtilité, elle nous jette dans un tel abime. La ſuite naturelle de cela doit être de renoncer à ce guide, & d'en demander un meilleur à la cauſe de toutes choſes. C'eſt un grand pas vers la Réligion Chrétienne, elle veut que nous attendions de Dieu la Connoiſſance de ce que nous devons croire, & de ce que nous devons faire : elle veut que nous captivions nôtre entendement à l'obéiſſance de la Foi. Si un homme s'eſt convaincu qu'il n'a rien de bon à ſe promettre de ſes diſcuſſions Philoſophiques, il ſe ſentira plus diſpoſé à prier Dieu, pour lui

Oeuvres Div. Tom. III. 1. Part. Pag. 116

Ibidem. Pag. 125

„ lui demander la persuasion des vérités que l'on doit
„ croire, que s'il se flatte d'un bon succès en raison-
„ nant & en disputant. C'est donc une heureuse
„ disposition à la Foi que de connoître les défauts
„ de la Raison : & de là vient que Mr. Pascal, &
„ quelques autres, ont dit que pour convertir les Li-
„ bertins, il faut les mortifier sur le Chapitre de la Rai-
„ son, & leur apprendre à s'en défier. Calvin est
„ admirable sur cette pensée, car voici ce qu'il éx-
„ pose sur la liturgie du Baptême &c :

Nous pensons, & nous sommes capables de conduire nos pensées dans un tel ordre, qu'elles nous
procurent des Idées aisées à combiner, évidemment
liées les unes avec les autres. Quand nous nous con-
duisons ainsi, & que nous n'acquiesçons qu'à ce que
de telles idées, & de telles combinaisons nous font
connoitre, nous faisons un bon usage de nôtre capacité, ou de nôtre *Raison*; car c'est le nom que l'on
donne à cette capacité, de s'instruire en allant
par ordre d'Idée en Idée. Mais comme nous pouvons faire un bon usage de nos forces, nous pouvons
aussi en abuser. Un homme qui, au lieu d'aimer la
Vérité, & de la chercher de bonne foi pour en faire
la Régle de sa conduite, & pour lui sacrifier toutes
ses inclinations, s'abandonne au plaisir de contredire,
de fatiguer les autres, & de les embarasser, qui refuse son attention à une évidence qui le convaincroit
pour la tourner sur de vaines subtilités, & sur des
équivoques qui souvent ne signifient rien, où qui
renferment des significations incompatibles, & qui se
détruisent réciproquement : Un tel homme tombe
dans des abimes ténébreux ; il doute, il s'obstine à douter, & il ne sait même s'il doit douter.

La suite naturelle, de cela, dit Mr. *Bayle*, *c'est de renoncer à ce guide*. J'en tombe d'accord, si par ce
guide on entend une Raison, qui ne se plait qu'à
chicaner, qui se dérobe à la Lumière, & qui s'obstine à se perdre elle-même dans de vaines subtilités.

Quand on réfléchit qu'on est homme de même
qu'un Pyrrhonien, capable par conséquent de s'égarer dans les mêmes fantaisies, cette réfléxion sage &
modeste peut disposer au Christianisme ; la crainte
de ressembler aux Sceptiques nous tient colés à l'é-
vidence, & l'éxemple de ceux qui s'égarent nous remplissent de défiance de nous mêmes, nous demandons
à Dieu la grace de persévérer dans l'amour de l'Evidence, de la Vérité, & de la Circonspection qui y
conduit.

Mais si l'on prétend qu'une habitude à douter
très-longue, & très-affermie, nous dispose à croire a-
vec plus de fermeté ce que la Révélation nous enseigne, c'est comme si l'on disoit qu'une longue habitude à l'impureté nous dispose merveilleusement à la
pureté que l'Evangile demande.

Un homme que l'Esprit de Dispute, & le goût
des vaines subtilités aura affermi dans le doute, &
qui ne saura que combattre & détruire, & qui par
là se trouvera incapable de rien établir, & de croire,
quinque ce soit, comment croira-t-il la Divinité d'une
Révélation, combattué par tous ceux qui lui ressemblent, & qui raisonnent comme lui ? Le Juif & le
Mahométan se vantent, & se flatent l'un & l'autre
d'une Grace d'une Impression Divine, qui les rend
convaincus de la vérité de leur Réligion. De quel
Droit un Pyrrhonien présumera-t-il que le Juif &
le Mahométan se trompent, & que c'est lui qui est
favorisé de ces impressions dont les autres se flatent
vainement ? Quelles preuves en a-t-il, & à quel caractère reconnoit-il que ses preuves sont solides, lui
qui ne veut connoitre aucun caractère qui distingue
la vérité d'avec l'erreur ?

J'ai déja remarqué ci-devant que rien n'est plus
aisé que d'abuser des expressions générales d'un Auteur célébre, de leur donner plus d'étendüe qu'il ne
leur en donnoit, & de les appliquer à des sujets &
à des circonstances auxquelles elles ne conviennent

point. Selon *Calvin*, & selon le bon sens, la Régénération consiste à renoncer à la fantaisie de nous conduire à nôtre gré, de nous faire une Morale conforme à nos Panchans, & à nos Préjugés : Il en est
qui débutent par là, c'est-à-dire par vouloir se conduire au gré de leurs Inclinations, & qui ensuite font
violence aux éxpressions de l'Ecriture Ste. pour n'y
trouver rien qui les gène, & qui ne s'accommode a-
vec cette Morale qu'ils se sont faite, & qui n'est ni
démontrée, ni tirée de principes très-évidens par le
moien d'une enchainure de conséquences, très-né-
cessairement liés l'une à l'autre.

Quand même le Livre qui est l'objet de nôtre Foi,
nous impose, dans de certains cas, une obéissance qui
nous gène, nous devons nous soûmettre humblement
à ses Loix, & nous éloigner de l'éxemple de nôtre
prémier Pére, qui au lieu d'obéïr à un Commandement très-clair, & très-juste, s'avisa de raisonner,
voulut lui donner une Interprétation qui s'accomo-
dât avec son désir, & se hâta d'embrasser comme vrai
un sens qui n'étoit pas raisonnable, & qu'il n'avoit
pas examiné avec assés de circonspection.

Mr. Bayle a compté sur la crédulité de quelques
bons coeurs, qui donneroient aisément dans les panaux
qu'il leur a dressés, & qui auroient la charité de le
croire, quand il se déclare en termes si éxprès pour
la Foi, & pour *l'Orthodoxie*.

Mais il s'est trompé quand il a crû que ces gens
de bien iroient avec lui jusqu'à confondre avec la
Simplicité des Vérités révelées, les subtilités Scholastiques les plus ambigues, & que ces gens de bien auroient encore la foiblesse de s'élever contre ceux qui
ne s'embarasseroient pas de ces Scholastiqueries, &
de traverser ceux qui dégageroient la Vérité d'avec
les subtilités, par lesquelles il tache de la faire disparoitre, qui séparoient l'évident & le certain de
l'Obscurité des termes, & des jeux de mots dont-il
l'enveloppe, & que par-là enfin il s'est flaté qu'il se
rendroit assés redoutable pour que qui que ce fût
n'osât se hazarder à lui répondre.

V. Qui ne s'ennuieroit de voir à quel point Mr
Bayle se joue de ses Lécteurs, & donne carrière à
son panchant sur l'article de *Pyrrhon*. Calvin, dit-il, *est
admirable sur cette pensée, la régénération consiste en
deux parties, c'est que nous renoncions à nous mêmes, ne
suivant point notre propre Raison, notre propre plaisir & notre
propre volonté*. Après quoi il ajoute. " Quoi qu'il en soit
„ il y a d'habiles gens qui soutiennent que rien n'est plus
„ opposé à la Réligion que le Pyrrhonisme. C'est
„ l'éxtinction totale non seulement de la Foi, mais
„ de la Raison, & rien n'est plus impossible que
„ de ramener ceux qui ont porté leur égarement jus-
„ qu'à cét excès.

„ On peut instruire les plus ignorans. On peut
„ convaincre les plus entêtés. On peut persuder
„ les plus incrédules.

„ Mais il est impossible, dit Mr. Bayle, je ne di-
„ rai pas de convaincre un Sceptique, mais de raison-
„ ner juste contre lui, n'étant pas possible de lui
„ opposer aucune preuve, qui ne soit un Sophisme,
„ le plus grossier de tous les Sophismes, je veux
„ dire une *pétition de principe*. En effet il n'y a
„ point de preuve qui puisse conclure que'n suppo-
„ sant que tout ce qui est évident est véritable, c'est-
„ à-dire qu'en supposant ce qui est en question.
„ Car le Pyrrhonisme ne consiste proprement qu'à
„ ne pas admettre cette maxime fondamentale des
„ Dogmatistes.

Calvin *est admirable*. Cependant d'habiles gens pensent autrement que lui, & *ils établissent ce qu'ils pensent par de bonnes raisons, & de bonnes Authorités*.

„ *Notés*, dit-il après cela, que la Mothe le Vayer
„ éxclut les Pyrrhoniens de la grace qu'il a faite à
„ plusieurs Anciens Philosophes : ce qu'il nous va
„ dire contient quelques faits qui appartiennent à cet
„ Article. Je tiens pour desespéré le Salut de Pyr-
„ rhon, & de tous ses disciples qui ont eu les mêmes

De PYRRHONISME.

„ mes sentimens que lui touchant la Divinité. Ce
„ n'est pas qu'ils fissent profession d'Athéisme, com-
„ me quelques-uns ont cru. On peut voir dans
„ Sextus Empiricus qu'ils admettoient l'existence des
„ Dieux comme les autres Philosophes, qu'ils leur
„ rendoient le culte ordinaire, & qu'ils ne nioient
„ pas leur providence. Mais outre qu'ils ne se sont
„ jamais déterminés à reconnoitre une Cause prémiére;
„ qui leur fit méprifer l'Idolatrie de leur tems, il
„ est certain qu'ils n'ont rien cru de la Na-
„ ture Divine qu'avec suspension d'esprit, ni
„ rien conféssé de tout ce que nous venons de dire
„ qu'en doutant, & pour s'accommoder seulement
„ aux loix & aux coutumes de leur siécle, & du
„ païs ou ils vivoient. Par conséquent, puis qu'ils
„ n'ont eu la moindre lumière de cette foi impli-
„ cite, sur laquelle nous avons fondé l'espérance du
„ salut de quelques Païens, qui l'ont posledée conjoin-
„ tement avec une grace extraordinaire du Ciel,
„ je ne vois aucune aparence de croire qu'aucun
„ Sceptique ou Pyrrhonien de cette trempe ait pû
„ éviter le chemin de l'Enfer.

En parlant de la *Mothe le Vayer* qu'il donne dans son Dictionnaire pour un très-grand Pyrrhonien, il lui fait dire que le salut des Pyrrhoniens est désespéré. Que conclure de là, si ce n'est que les Pyrrhoniens modernes se mocquent du salut, & se font un plaisir d'en avertir ceux qui ont des oreilles pour les entendre ! Excellente préparation à la Foi que le Pyrrhonisme ! Mais un homme dans cet état sentant son impuis-sance à s'éclairer, aura recours au secours d'enfans & le demandera avec autant d'ardeur que d'humilité. Pures Chimères! car 1. les Pyrrhoniens regardent leur état de doute, & de suspension comme un état qui relève l'excellence de leur Esprit au dessus du Com-mun ; ils en tirent leur gloire, ils prétendent que c'est l'état le plus heureux, & le plus convenable à l'hom-me. 2. Pour s'adresser à Dieu il faut etre persuadé *qu'il, est qu'il écoute ceux qui l'invoquent, & qu'il récompense ceux qui le respectent, & le servent*. La Foi à appris cela à Mr. Bayle, donc la Foi lui apprend que le *Pyrrhonisme* n'est pas le chemin à la *Foi*, & qu'il y oppose un obstacle invincible. Mr. Bayle le jouë donc d'une partie de ses Lécteurs, mais tous les autres ne méritent pas qu'il s'en mocque.

Mr. Bayle interpréte ainsi ces paroles de Calvin. En voici le sens: Se soûmettre aux lumières de la Droite Raison, c'est se soûmettre à Dieu qui en est l'Au-teur ; ses Lumières sont la voix de Dieu dans l'hom-me, comme St. Paul le déclare expréssement dans son Epitre aux Romains. Ce que la Raison est *capable de nous faire connoitre de Dieu, de ses perfections, & de sa volonté, c'est lui qui nous le manifeste*, & on est inexcusable quand on néglige de se rendre attentif à ses instructions, & de les prendre pour Régle.

Quand l'Ecriture Ste. parle de ce qui est en nous, elle distingue ce que Dieu y a mis d'avec ce que nous y avons mis nous-mêmes de contraire. Ce que Dieu y a mis est Divin, & très respectable. Ce que nous y avons mis de Contraire est tout-à-fait nôtre, & c'est en ce sens que nous devons *renoncer à nous-mêmes, devenir des hommes nouveaux*, être faits *de nouvelles Créatures* & posséder un *Entendement trans-formé*.

VI. AU RESTE ce n'est pas dans cet endroit seul que Mr. Bayle se fortifie de l'autorité des Théologiens célèbres, c'est sa méthode ordinaire: Il y revient sur tout, lorsqu'il se sent pressé par les défenseurs de la Réligion, & qu'ils opposent aux Manichéens & aux Pyrrhoniens quelques réponses propres à faire tomber leurs objections. „ Dans la Réponse „ aux Questions d'un Provincial, Tom. V. pag. 345 „ Un Philosophe qui seroit incommodé, dit-il, par „ ses réponses, & qui s'appercevroit quelles vont à „ faire évanouïr une partie de ses difficultés, deman-„ deroit d'abord à ceux qui les lui allégueroient, si „ elles se trouvent dans les Confessions de Foi, dans

„ les lieux communs de Théologie, dans les livres „ symboliques de quelque Sécte Chrétienne; ou si „ ce sont seulement les opinions de quelques Doc-„ teur qui ne les avance qu'en tremblant, & qui „ ne leur donne que la forme de doutes, ou de con-„ jectures. Il n'est pas besoin de vous avertir qu'au-„ cun Protestant, ni aucun Catholique Romain ne „ peut suivre la prémiére de ces trois propositions, sans „ abandonner la doctrine de son Eglise, & sans s'ex-„ poser à des censures & des condamnations.

Il est de notoriété publique que les Confessions de Foi & les Sistèmes Théologiques ont grossi de siécle en siécle, & que, sur des Articles reconnus pour très-importans, les Docteurs des prémiers siécles se sont exprimés d'une manière qui a souvent incom-modé les Théologiens qui les ont suivis : On s'est continuellement tiré de l'embarras, où il est naturel que ces diversités jettent, en disant, que les dispu-tes qui se sont élévées par la téméraire curiosité de quelques esprits, ont obligé d'examiner avec plus d'attention & d'exactitude de certains sujets, sur les-quels on s'étoit contenté de quelques idées générales. Pourquoi ne veut-on pas que les sages & prudens Théologiens tirent le bien du mal à l'imitation du Sei-gneur, & faisant servir les Objections mêmes des In-crédules à l'éclaircissement des vérités qu'ils combat-tent, & à mettre la Réligion *Chrétienne* dans une simplicité, dont elle tire plus de lustre & plus de force. Lorsqu'une République est déchirée en fac-tions, si un ennemi étranger pense à profiter de ces divisions, il arrive souvent qu'ils se réünissent ; on s'écoute les uns les autres, on se regarde d'un œil moins prévenu, & on se réünit contre l'ennemi com-mun : C'est ce que Mr. Bayle ne voudroit pas que l'on fit, & il a grand intérêt de ne le vouloir pas : S'il en étoit cru il réduiroit ceux qui ont entrepris contre lui la défense de la *Réligion* à adopter le Sis-tême qu'il s'adapte lui-même, ou parce qu'il trouve moïen de l'acculer d'Objections, auxquelles il soûtient qu'on ne peut rien répondre qui ait du sens.

Voici l'occasion de la dernière de ses remar-ques que je viens de citer. Réponse aux Questions d'un Provincial, Tom. V. pag. 344. „ Mr. Bernard „ est surpris qu'en parlant du nombre des damnés & de „ leurs peines, je ne dise rien de la peine de ceux, „ qui ne leur lévent les difficultés que cette doctrine peut „ causer, j'établirois, 1 Que tous les enfans qui meu-„ rent en bas âge, & qui font près de la moitié du „ genre humain, sont sauvés, parce qu'ils n'apportent „ point d'obstacles à la satisfaction que J. C. a of-„ ferte pour eux. 2 Qu'parmi les Chrétiens, il y a „ plusieurs adultes de sauvés. 3 Qu'il y a divers „ degrés de peines. Il ajoute, je veux bien par oc-„ cation vous faire une confidence. Je suis si éloi-„ gné de croire qu'un Protestant ou un Catholique „ Romain, puisse dire que tous les enfans qui meu-„ rent en bas âge sont sauvés, que jusqu'ici je n'ai „ pû comprendre, ni pourquoi les Catholiques Ro-„ mains sauvent les enfans qui meurent après le Baté-„ me conféré par des Hérétiques, ni pourquoi les „ Protestans sauvent les enfans qui meurent dans le „ Papisme, soit sans Batéme, soit après le Batéme. „ Je trouve là des inconséquences prodigieuses. Il „ faudroit ou dire moins de mal des Hérétiques, ou „ reconnoitre nul le Batéme qu'ils conférent. Il „ faudroit aussi, ou ne pas tant dire de mal du Pa-„ pisme, ou y damner tous les enfans, & le condam-„ ner le Batéme. Qu'une Société qui est tombée dans „ l'Apostasie de l'homme de péché, & du fils de per-„ dition, & la grande Prostituée de l'Apocalypse „ &c., ne produise de ses œufs des enfans que Dieu „ reconnoit pour siens & pour bien batisés, & qu'il „ les sauve tous lorsqu'ils meurent en bas âge, c'est „ ce qui me paroit incompréhensible, & je ne vois „ point qu'on ait pû répondre aux Objections de „ Mr. Arnauld sur ce sujet, ni qu'aucun Ministre puis-

„ puisse rien trouver à reprendre dans le sermon où
„ Bullinger prouve que l'Eglise Romaine engendre
„ des enfans non à Jesus Christ, mais à l'Antéchrist,
„ & que ce sont des enfans que Dieu tient pour
„ illégitimes, puisqu'ils viennent de la prostitution
„ d'une épouse adultéresse, & qui les rend plus odieux
„ que s'ils naissoient d'une simple fornication. Si
„ Bullinger oublioit cette controverse capitale, lors-
„ qu'on lui auroit représenté d'une maniére assés pa-
„ thétique pouratirer l'attention de son esprit, qu'il
„ faut diminuer autant qu'il se peut le nombre des
„ enfans damnés, étoit convenu que tous les En-
„ fans des Papistes naissent légitimes, & sont desti-
„ nés à la gloire bienheureuse en cas qu'ils meurent
„ avant l'âge de raison, n'auroit-on pas pû lui dire ?
„ *Vous passes du blanc au noir selon la variété des*
„ *intérêts de vos disputes; les adoucissemens que vous*
„ *cherchés n'arrêteront point les irruptions d'un Philo-*
„ *sophe; il s'en prévaudra même: car il vous représen-*
„ *tera que même vos réponses lui font connoitre de*
„ *plus en plus que vous vous sentés accablé de son*
„ *Objection, puisque vous faites des bréches à votre*
„ *Systême par des inconséquences visibles, afin de trou-*
„ *ver par où sortir d'embarras, & que ces inconsé-*
„ *quences ont plus l'air d'une retractation, que d'une*
„ *variation*. Pour ne point passer entièrement sous
„ silence la seconde des propositions rapportée par
„ Mr. Bernard, je veux vous dire. Qu'aucun Protes-
„ tant ne peut croire sans tomber dans l'inconséquen-
„ ce, qu'il y a plusieurs adultes de sauvés parmi
„ les Chrétiens idolatres, a Qu'aucun Catholique
„ Romain ne peut croire, sans tomber aussi dans l'in-
„ conséquence, qu'il y a plusieurs adultes de sau-
„ vés parmi les Chrétiens schismatiques, 3 Que selon
„ les Protestans, l'Eglise Latine & l'Eglise Grecque,
„ & en général toutes les sectes qui invoquent les
„ Créatures, sont idolatres, & que selon les Catho-
„ liques Romains, toutes les sectes Chrétiennes, qui
„ n'adhérent pas à la Primauté du Pape sont schis-
„ matiques. Vous voiés où cela va, & que la
„ seconde proposition de Mr. Bernard signifie peu
„ de chose; il elle est réduite à la signification que
„ les Protestans & les Catholiques Romains doivent
„ lui donner.

VII. SI Mr. BAYLE a pû tromper autrefois quelqu'un en matière de Réligion & de rigide Orthodoxie,
il seroit difficile que ceux qui ont lû attentivement
ses derniers Ouvrages s'y trompassent encore. Je me
mets donc peu en peine de démêler ce qu'il pensoit.
Mais quant à Bullinger, je suis assuré que Mr.
Bayle interpréte mal sa pensée: Car c'étoit un Théologien très-doux, très-modéré & Universaliste. Ce
Théologien ne parle pas de la naissance naturelle, comme si tous les enfans qui viennent au Monde, dans
une ville dont les habitans sont tous Catholiques
Romains, ne naissoient que pour périr éternellement.
Ce n'est point là sa pensée : Il parle d'une naissance
morale qui consiste dans l'éducation; On sait que de
son temps l'Eglise Romaine étoit très sanguinaire &
poussoit l'intolérance jusques aux derniers excès. Ceux
donc qui sont élevés dans ces maximes fières & cruelles prennent le chemin de ne point porter le caractère d'enfans de Dieu, puisque Jesus Christ reconnoit sur tout les siens, à leur *charité*, à leur modestie, à leur esprit de compassion & de tolérance.

En vain Mr. Bayle introduit sur la scene un Philosophe qui somme le Théologien Bullinger & ses
Confreres de se soûtenir. Je demanderois à ce Philosophe, Voulés vous agir en homme équitable, ou
si vous cherchés seulement à m'embarasser & à m'attirer des affaires? Vous paroissés avoir des Doutes sur
la Réligion Chrétienne ; Avés-vous peur qu'on ne
les dissipe, & pour prévenir les éclaircissemens que
je pourrois vous donner, refuserés-vous de m'écouter dès que je poserai quelque chose qui n'est pas
universellement reçu dans un des Païs de la Chrétienté qu'il vous plaira de me nommer, & aux préju-

gés duquel il sera plus commode pour vous que je m'as-
sujetisse. La grande Formule des Chrétiens, leur
grande Confession de Foi, leur grande Régle en matiére de croiance à des moeurs, c'est le vieux & le
nouveau Testament. Sur cette Régle, il faut toujours examiner toutes les autres ; C'est à elle qu'elles doivent toujours se rapporter ; Contre cette grande
Régle, il ne peut jamais y avoir de la Préscription ;
Faites-moi connoitre que je m'en écarte, & je me
retracterai. Pour me persuader qu'une réponse à une
Objection d'un Incrédule est solide, je n'ai que
faire d'attendre qu'un certain nombre d'hommes,
d'un certain ordre, se trouvent d'humeur à l'approuver.

Réponse aux Questions d'un Provincial Chap.
XXVI. pag. 345.

Plus on presse Mr. Bayle, plus il s'apperçoit du danger où il s'est exposé, & par là il s'étudie toûjours
plus à se faire des protecteurs de ceux dont il devoit
naturellement le plus craindre. Il fait bien comme
il faut s'y prendre pour les gagner ; Il s'humilie sous
eux, il éléve jusques au ciel ce qui est l'objet de leur Zèle
& de leur tendresse, il ne veut reconnoitre pour Dogmes
Evangeliques & pour Maximes Chrétiennes, ce qui
est écrit dans des Catéchismes, dans des Actes de Synodes, dans des Formules, dans des Confessions de
Foi. Voudroit-il donc mieux laisser la Réligion éxposée aux insultes des Libertins, & n'opposer que le
Silence, la confusion, ou l'obstination à tous les
Argumens par lesquels ils la traitent d'absurde, &
de contradictoire, que de hazarder des réponses tirées d'ailleurs que de ces Livres si chers aux hommes?
Il est certain qu'il est de gens à qui Mr. Bayle a
imposé silence par ses adresses, mais il devoit prévoir qu'il s'en trouveroit d'assés Zélés pour ne
négliger aucune Preuve, ni aucune Réponse contre
les Incrédules, pourvû qu'elle leur parût solide. Si
donc il ne peut pas désarmer ses adversaires & affoiblir la solidité des réponses qu'ils lui font à ses Objections,
il les intimide au moins, il leur empêche de se servir de leurs armes en toute liberté, il se fait contr'eux
des protecteurs, & se procure l'avantage d'attaquer la
Réligion de toutes ses forces, sans exposer sa personne à aucun danger.

A la pag. 348. de ladite Réponse, pour combattre la Réligion avec plus de succès, & pour faire plus
vivement sentir combien elle est opposée à la droite
raison, Mr. Bayle adopte les sentimens les plus rigides
& les plus outrés ; Il fait bien qu'étant ainsi présentée,
elle donnera plus de prise aux Objections, & qu'il aménera plus aisément ses Lecteurs à ne point croire ce
qui est si difficile à croire. Il comprend en même
temps que la profession qu'il fait d'être dans des sentimens si inhumains & si éloignés de la Raison, servira d'avertissement qu'on ne doit point le croire quand
il fait sonner si haut sa Foi, & qu'il ne tient ce langage que pour avoir le plaisir d'ajoûter la mocquerie
à l'insulte, & se procurer la satisfaction de regarder
comme des Bufes les gens qui ont de la Réligion, &
qui marqueront quelque Zèle pour son Apologie,
quelque grand que soit le besoin qu'il en ait ; tant il
compte sur leur aveuglement & sur leur peu d'esprit.
Celui qui d'un côté regarde la Réligion Romaine
comme une Société qui est tombée dans *l'apostasie de
l'homme de péché, & du fils de perdition & de la grande
prostituée de l'Apocalypse*, &c. & qui d'un autre traite comme des fanatiques, comme de très-mauvais Chrétiens,
& des furieux, ceux d'entre les Protestans qui se sont
armés pour se défendre, & pour défendre les Souverains
sous la Protection desquels ils vivent & ils exercent
leur Réligion en sûreté ; quelles idées donne-t-il de
lui ? Croire Mr. Bayle, c'est donc ce qu'on devroit
appeller savoir digérer les contradictions.

Mr. Bayle fait main basse sur tout ce qui porte le
nom d'Hétérodoxes & de Schismatiques ; Il les éxclut
tous du salut. C'est ainsi que trouve à propos de
s'éxprimer ce grand défenseur de la Tolérance. Il

en a plaidé la Cause avec beaucoup de force, & il en a établi la Justice & la nécessité par de très-solides raisons : Mais il est des intérêts qui lui tiennent encore plus à cœur. Il auroit été agréable pour lui de voir tous les hommes, qui composent toutes les différentes Communions, dans lesquelles le Christianisme se trouve partagé, pleins d'aversion les uns pour les autres, & se dévouant réciproquement aux Enfers. Ces injustes haines & leurs cruels effets n'auroient pas manqué de lui fournir des Argumens pompeux, pour persuader que les hommes vivroient plus tranquillement les uns avec les autres s'ils n'avoient point de Réligion, & que par conséquent on a grand tort de regarder l'Atheïsme comme préjudiciable à la Société.

Mr. Bayle attaque les Catholiques dans l'article de *Pyrrhon* sur la préssence réelle avec beaucoup d'avantage : Il se promettroit de faire chés eux une abondante moisson de Pyrrhoniens, & j'apprens qu'il n'a que trop bien réüssi; Cependant il me paroit qu'un Catholique pouvoit encore y répondre. Vous prétendés, lui disoit-il, que deux Propositions Contradictoires sont également vraies, & de-là vous concluës que l'Evidence n'est pas le Caractère sûr de la vérité, puisque ce qui est directement contraire à l'Evidence ne laisse pas d'être vrai. Pour établir vôtre prétention vous dites, *Un seul & même corps ne peut pas être en même temps à Paris & à Rome* ; *rien au monde n'est plus évident*. *Le corps de Jésus Christ est en même temps à Paris & à Rome*, *rien n'est plus certain*. Voilà vôtre Objection. Mais afin qu'elle ait de la force, il faut que vous nous falliez trouver de la contradiction entre deux choses qui nous soient connuës; car pendant que nous comprendions clairement le sens de l'une, & que nous ne connoitrons point le sens de l'autre, nous ne pouvons pas savoir si elles sont contradictoires, ou si elles ne le sont pas. Cette proposition, *Le Corps de Jésus Christ est en même temps à Rome*, *à Paris & au Ciel*, nous ne la reconnoissons point pour vraie dans tous les sens qu'il est possible de lui donner. Par exemple il n'est pas au Ciel & en la Terre avec la même éclat. Si vous me demandés dans quel sens cette proposition est véritable, je vous répondrai que je n'en sai rien, je n'en ai aucune idée déterminée; seulement sai-je en général que ce sens là n'est point contraire à cette vérité; *Un seul & même corps ne peut pas être en même temps à Paris & à Rome*. Il est des Chrétiens qui conçoivent que le Corps de Jésus Christ est en plusieurs lieux tout à la fois, *Sacrementalement*, c'est-à-dire *répréssentativement*, *opérativement* : Ce seul & même Corps est également représenté en divers lieux par des Symboles sacrés & des honneurs de son nom, & dans tous ces différens lieux on a part aux fruits de son Sacrifice, & aux graces qui en découlent. Ce sens anéantit toute contradiction.

Vous me dirés ; Mais ce n'est pas là l'explication que vous donnés à ces paroles. J'en tombe d'accord ; Aussi l'ai-je seulement proposée pour prouver que des Propositions contradictoires, dans un sens, ne le sont pas dans un autre. Or dès qu'on a trouvé une première conciliation, vous m'avouerés qu'il est possible d'en trouver une seconde, & d'en trouver une troisiéme : Celle qui n'a pas encore été trouvée ne laisse pas d'être possible ; & entre ces conciliations possibles, dont je n'ai pas d'idée, il en est une qui est la véritable ; Peut-être le pain consacré, pour l'usage de la Communion, est-il le Corps de Jésus Christ, parce qu'on le regarde comme tien, qu'il le reconnoît pour sien, & que celui, dont la Puissance a donné à de la boue d'élever des yeux aveugles à la faculté de voir, peut donner à ce pain la vertu de son Corps glorieux.

Si vous me soûtenés que ce n'est point là le sentiment de nôtre Eglise, je vous répliqueroi hardiment que vous n'en savés rien; Car comment pouvés-vous comprendre quel est son sentiment, quand elle vous assure que tous les termes dont elle se sert ne sont pas capables de l'éclaircir & de le faire connoître ? A proprement parler elle n'a point déterminé ce sens, puisqu'il est demeuré incompréhensible, & je puis tenir pour le vrai sens celui qu'elle n'a pas rejetté.

Réponse aux Questions d'un Provincial Tom. V, pag. 168.

„ VIII Mr. BERNARD calomnie Mr. Bayle, „ à ce qu'il *dit*, quand il l'accuse de croire que sans „ la Révélation, on ne sauroit éviter ou le dogme „ des deux Principes, ou l'Atheïsme. La doctrine „ de Mr. Bayle porte que la lumière naturelle nous „ montre que le Principe de toutes choses est unique, „ & infiniment parfait. Est-ce prétendre que l'on „ n'apprend cette vérité que par l'Ecriture ? La seule „ chose que l'on puisse attribuer à Mr. Bayle, est „ de dire que la lumière naturelle ne nous fournit „ pas les notions qui seroient propres à réfuter les „ objections des Manichéens. On voit un semb- „ ble défaut dans la doctrine de la divisibilité à l'in- „ fini. La lumière naturelle la démontre & nous „ laisse neanmoins dans l'impuissance de résoudre „ les objections. Mais cette impuissance n'empêche „ pas qu'on ne soûtienne comme une doctrine évi- „ dente la divisibilité à l'infini.

1. Mr. Bayle ne dit plus que les objections des Manichéens soient d'une évidence qui force, il les compare simplement aux objections qu'on oppose à la Divisibilité de la matière.

2. Il soûtient que l'impuissance de résoudre des objections, n'empêche pas qu'on ne regarde comme Doctrine évidente la divisibilité à l'infini.

Enfin il se tâche de ce qu'on paroit refuser de reconnoitre la différence qu'il y a entre une évidence qui persuade, & une objection qu'on se trouve dans l'impuissance de résoudre, faute d'une connoissance plus étendue. Faut-il dit Mr. Bayle, *que des gens d'étude aient besoin qu'on leur représente si souvent leurs illusions sur l'état de la question, & que les derniers venus ne profitent pas de la correction des autres ?*

Mr. Bayle doit s'en prendre à lui même, si l'on ne s'en pose pas toûjours l'état d'une question dans des termes qui lui agréent, puisqu'il s'énonce si différemment : *La Voix de la Raison*, selon lui, *est une Voix d'égarement*, *elle est propre à tout détruire*, *& n'est pas capable de rien établir*; *elle trouve des contradictions dans l'idée du mouvement & dans celle de l'étendüe*, c'est une girouette qui tourne à tout vent. Qu'y a-t-il de plus naturel que de conclure de toutes ces expressions, que suivant Mr. Bayle, la raison ne peut nous assurer de quoi que ce soit ?

Mais il ne s'exprime pas toûjours ainsi, & quelquefois son exemple même enseigne tout le contraire, il s'énonce très-affirmativement, & il prouve ce qu'il avance par des argumens très-solides. Mais que doit-on conclure de ces oppositions-là ? Une Vérité que nous avons établie dès le commencement ; C'est que le *Pyrrhonisme* n'est point un *Etat Naturel*; nous ne sommes point faits pour passer nôtre vie dans le Doute & dans les Ténébres, nous avons beau vouloir nous y enfoncer, la Lumière nous suit, & de temps en temps elle nous force à sentir ses impressions & à nous y rendre.

Quelque inclination qu'on ait au *Pyrrhonisme*, & quelque habitude qu'on s'en soit faite, on ne sauroit y perseverer sans interruption : Voilà pourquoi il échappe de temps en temps à Mr. Bayle de quoi le détruire.

La lumière naturelle, dit-il, *au même endroit*, *démontre la divisibilité de la matière à l'infini*. Voilà donc de son aveu de l'évidence & de la démonstration. *Que le principe de toutes choses soit unique & très-parfait*, *la même lumière nous en convaine*. Voilà des coups qui terrassent le Pyrrhonisme. Car pourquoi ne me rendre pas à ce qui est évident & à ce qui est démontré.

Mais, ajoute Mr. Bayle; *La Lumière naturelle se trouve*

trouve dans l'impuissance de résoudre les Objections. Si ces Objections prouvent évidemment que l'Unité d'un Principe est contradictoire, & qu'une divisibilité qui ne peut se finir, fait tomber en contradiction, ceux qui la soutiennent, voilà le Pyrrhonisme parfaitement rétabli, & Mr. Bayle a tort de se plaindre de ceux qui l'en accusent ; car la Raison ne démontre quoique ce soit, si elle démontre également le pour & le contre ; Mais si par l'Impuissance de résoudre parfaitement les Objections, il entend l'impuissance de développer toute l'étendue', toute la finesse & toutes les raisons du desseins de Dieu, ou l'impuissance de se représenter toutes les parties qui se séparent les unes des autres en conséquence de cette division qui ne finit point, & de les représenter avec autant de facilité qu'on se représente 12, 24, 48, parties ; alors l'Impuissance de répandre une pleine lumière, sur ce qui passe la portée & les forces de nôtre entendement, ne doit point ébranler la Certitude que des raisons, dont l'évidence est à nôtre portée, font si naturellement naitre.

Si on interprete de cette maniere les éxpressions de Mr. Bayle, il faudra, pour lui rendre justice, avouer qu'il a travaillé à établir le Pyrrhonisme sans en avoir l'intention ; mais il faut aussi avouer qu'il faut faire bien de la violence aux paroles d'un Auteur qui sait s'énoncer si clairement quand il lui plait, pour ne pas se persuader qu'il se joué de ses Lecteurs, & que, quand il est pressé par des Objections rédoutables, il cherche à se tirer d'affaire par des apparences de retractation.

IX. QU'ON lise ces paroles de l'article d'Hipparchia dans le Dictionnaire.

Mr. Bayle venoit d'y faire l'Apologie des Cyniques, & de prouver que la Raison ne sauroit alléguer des argumens assés concluans pour prouver que leur conduite étoit vicieuse & moralement mauvaise, par sa nature, après quoi il continue ainsi.

„ Ceci soit dit pour montrer à combien d'égaremens la Raison humaine peut conduire; Elle nous „ a été donnée pour nous conduire au bon chemin; „ mais c'est un instrument vague, voltigeant, sou„ ple & qu'on tourne de toutes manieres comme „ une girouette. Voiés combien les Cyniques s'en „ servoient pour justifier leur abominable impudence. „ Je puis ajouter pour l'honneur & la gloire de la „ véritable Religion, qu'elle seule fournit de fort „ bonnes armes contre les Sophismes de ces gens-là; „ car quand meme on ne pourroit pas montrer dans „ l'Ecriture un précepte exprés touchant les ténè„ bres dont on doit couvrir les privautés du maria„ ge, il suffit de dire en prémier lieu, que l'esprit „ de l'Ecriture nous engage à éviter tout ce qui pour„ roit affranchir les impressions de la pudeur; & en „ second lieu, qu'il y a des textes précis qui nous „ défendent de rien faire qui choque la bienséance „ ou qui scandalise notre prochain.

„ Mais quand on parle ainsi & qu'on ne reconnoit „ aucune autre Raison, on ne prétend qu'il n'y ra a „ point d'autre, on a manque d'alléguer l'Ecriture Ste. „ comme le seul guide que l'on peut suivre en sûreté; „ car cette Raison Vague, Voltigeante, & qu'on tourne „ de toutes manières comme une girouette, suivant l'hu„ meur dont se trouve, fournira autant de preuves „ contre la Divinité de cette Ecriture, que pour la „ Vérité ; & quand il s'agira d'en établir le vrai sens, „ on n'aura ni Régle sûre, ni application de régle, sur „ laquelle on puisse compter.

Mr. Bayle qui se plait à dire le pour & le contre, suivant l'humeur dont il est, & l'occasion qu'il en a, s'avise de blâmer *Lycurgue*. "Bannir la jalousie, „ dit-il, est sans doute delivrer d'une grande & a„ fraude peste les gens mariés : cependant Lycurgue „ étoit bien blâmable de la chasser par un reméde qui „ étoit pire que le mal. Elle n'est au fond qu'un „ mal Physique qui a ses usages dans le monde, car „ elle contribue plus qu'on ne pense à y conserver

„ la pudeur, à prévenir mille infamies : mais le ma„ querelage & l'adultére sont un mal moral. Or „ selon la bonne morale, il ne faut jamais guérir par un „ crime un mal Physique.

„ Mr. Dacier blâme justement Lycurgue, d'avoir „ sacrifié toute sorte d'honnêteté & de bienséance à des „ vues chimériques sur l'utilité du public, comme si „ ce qui est honteux pouvoit jamais être utile. On „ peut même dire que ce grand Législateur inani„ soit toute sorte de politesse, en donnant lieu aux „ femmes de devenir impudentes ; car il est sûr que „ si le beau sexe ne conservoit pas la modestie & „ l'honnêteté qu'il conserve parmi tous les peuples „ civilisés, le genre humain tomberoit par tout dans „ une sale & brutale grossiéreté. " Mr Bayle cite encore ce qu'il a écrit dans ses Lettres contre l'Histoire du Calvinisme de Maimbourg, pag. 57, & suivantes.

Que l'on compare ce que l'on vient de lire, d'un côté avec les remarques où dit-il que Mr. Bayle se divertit à enfasser dans la Note C. de l'Article *Hipparchia* & on verra si la Raison, quand on veut s'en servir comme on doit, ne mérite d'autre *Eloge* que celui de *girouette*, qu'il tâche malicieusement dans cet endroit de lui faire mériter : Dans cette Note Mr. Bayle, après avoir disputé contre un des prémiers préceptes de la Religion, veut encore se faire remercier par les dévots.

„ La Raison *dit-il*, est trop foible pour amener „ jusques au point de la Vérité, c'est un principe „ de destruction, & non pas d'édification ; elle n'est „ propre qu'à former des doutes, & à se tourner à „ droite & à gauche pour éterniser la dispute. Mr. Bayle qui le conçoit ainsi trouve la Raison en état d'éterniser la dispute sur la Vérité de la Religion Chrétienne, sur les différentes explications de l'Ecriture Ste. & d'obscurcir par ses doutes les plus importantes matières.

Dans sa Réponse aux Questions d'un Provincial T. V Chap. XVIII. Mr. Bayle dit que; " Si les „ Catholiques Romains croioient que le moindre de „ leurs Païsans pourroit satisfaire aux Objections les „ plus subtiles d'un Ministre, ils se rendroient ridi„ cules ; & il n'y a point de Protestant judicieux „ qui n'avoüé qu'un Païsan de leur Réligion n'au„ roit pas été capable de se démêler de tous les So„ phismes de Mr. De Meaux. Mais que font plu„ sieurs Païsans réduits au silence ou par les raisons „ d'un Ministre, ou par celles d'un Prêtre ? Ils per„ sévérent dans leur foi aussi fermement qu'un hom„ me d'Etude qui peut rendre raison de la sienne, & „ suivre un Antagoniste jusques aux derniers recoins „ de la dispute.

La persuasion où l'on est d'une Vérité établie sur des preuves évidentes tient contre des Objections embarrassantes, quand on voit que pour les résoudre il seroit nécéssaire d'avoir des connoissances que l'on n'a pas. Voilà une Maxime raisonnable & qui suffit pour se garantir du Pyrrhonisme. C'est ainsi qu'on trouve à tout coup dans des Ouvrages de Mr. Bayle tantôt de quoi répondre aux *Pyrrhoniens*, & de quoi s'affermir dans la persuasion certaine de plusieurs Vérités, sans mélange de doutes, & tantôt de quoi se plonger dans des Doutes dont il n'est pas possible de sortir, si on veut l'en croire.

„ Mr. Bayle renvoie à Mr. Jurieu, lequel, *dit-il*, „ a montré comme le jour, que ni la méthode des „ Scotistes, ni celle des Molinistes, ni celle des Re„ montrans, ni celle des Universalistes, ni celle des Lu„ thériens, ni celle des Sociniens, ne sont capables de ré„ foudre les objections de ceux qui imputent à Dieu l'in„ troduction du péché, ou qui prétendent qu'elle n'est „ point compatible avec sa bonté, ni avec sa sainteté, ni „ avec sa justice. " Voilà donc toutes les Hypothéses de niveau. Quiconque aura déja avec fermeté & avec persévérance, tirera, pourvu qu'il emploie un peu plus de Syllogismes, de l'hypothése la
plus

plus radoucie, les mêmes conséquences qu'il tireroit d'abord de la plus hardie & de la plus rigide: Voilà donc les Chrétiens obligés de reconnoitre que leur Sistême est exposé à tous les inconvéniens du *Superlapsarianisme*. Mais selon Mr. Bayle et *Superlapsarianisme*, est bien le plus monstrueuse doctrine, & le plus absurde paradoxe qu'on ait jamais avancé. Ainsi toutes les hypothéses étant suivies des mêmes inconvéniens, la Doctrine des Chrétiens est la plus monstrueuse qui se puisse imaginer; La Raison, selon lui, est nécessitée à la trouver telle, & cela étant, peut elle s'empêcher de reconnoitre que tout ce qu'on allégue pour en prouver la Divinité & la Vérité, est contrebalancé par une Objection sans réplique.

Mais quand on se seroit persuadé de la Divinité & de la Vérité du Vieux & du Nouveau Testament, de quoi serviroit cette persuasion? Il faut expliquer ces Saints Livres, & déterminer le sens des passages qui nous déclarent ce que nous devons croire, & ce que nous devons faire. Les Chrétiens se sont partagés là-dessus, & rien ne seroit plus facile à un adversaire commun que de les réfuter les uns par les autres, comme on réfute, suivant Mr. Bayle, les différentes hypothéses sur la Providence & la Prédestination.

Quand donc un homme auroit eu le bonheur de se tirer du Pyrrhonisme sur un point, & de croire la Divinité du Vieux & du Nouveau Testament, il seroit forcé d'y retomber dès qu'il entreprendroit de les expliquer; Voilà où Mr. Bayle a pour but d'amener les hommes; Et il se moque à son ordinaire des Chrétiens dociles, ou des Orthodoxes à brûler, de ceux enfin qu'on appelle de la vieille Roche, quand il dit. *Il est plus utile qu'on ne pense d'humilier la Raison de l'homme, en lui montrant avec que le force les Hérésies les plus folles, comme sont celles des Manichéens, se jouent de ses lumières, pour embrouiller les vérités les plus capitales*. Après avoir porté une botte aux Sociniens, pour servir de passe-port à sa réflexion malicieuse, il ajoute; Que faut-il donc faire? *Il faut captiver son entendement sous l'obéissance de la Foi, & ne disputer jamais sur certaines choses*. Pourquoi donc s'étend-il sur cette Dispute? pourquoi ressuscite-t-il des Erreurs ensévelies? pourquoi leur prête-t-il de nouvelles armes? pourquoi employe-t-il toute la subtilité de son génie à rendre cette Dispute la plus épineuse qu'il lui est possible? pourquoi rassembler tout ce que la vieille & la nouvelle Ecôle ont dit? S'il ne craint point que ses argumens ébranlent la foi des Orthodoxes les plus robustes en Foi, n'appréhende-t-il point de troubler les autres, & de scandaliser les foibles & les *petits enfans* dans le Christianisme? n'appréhende-t-il point de déterminer tout à fait du mauvais côté ceux qui flottent encore dans l'incertitude? Ces Lecteurs à qui il a tant à coeur de plaire, que pour leur agréer & pour les réjouir, il emprunte à tout coup le langage des débauchés, & il en fait naître les occasions, en les tirant par les cheveux; Ces Lecteurs ne se prévaudront-ils pas des argumens invincibles que la Raison leur fournit contre les Dogmes des Chrétiens? Ne seront-ils pas charmés d'avoir une occasion de se trouver raisonnables & de s'affranchir, par la Raison même, d'un Joug qui gêne leurs inclinations? Où est donc cette prudence Chrétienne de Mr. Bayle qu'il attribue charitablement à Mr. Amyraut, quand il croit que lui & ses amis auroient supprimés leurs conjectures, sa eux qu'ils eussent prévû les contestations dont elles ont été la cause innocente?

J'avouë qu'il y a des choses sur lesquelles il ne faut pas disputer, ou ne disputer que peu, & la *Raison* l'ordonne ainsi. Les Matiéres sur lesquelles Mr. Bayle a tant disputé, & qu'il s'est appliqué à embrouiller plus qu'aucun adversaire de la Religion, sont précisément de cette nature. L'Existence de Dieu, l'Unité d'un principe éternel, & sa bonté infinie, & le reste de ses Attributs sont des Vérités aisées à démontrer & à établir par des Argumens d'une évidence invincible; Il faut bien que cela soit, puisque Mr. Bayle qui fait tant le difficile en matière de preuves, l'avouë lui même. Nous venons de voir dans cette Section. A des vérités si sures & si solidement prouvées on oppose les Maux qui inondent la Terre, & qu'il n'est pas facile de concilier avec la bonté de l'Être Infini.

Pour lever parfaitement tout ce qui se présente de difficultés sur ce sujet, il faut décider si l'Univers auroit été un ouvrage plus digne de son Auteur tout parfait, au cas qu'il n'y eut eu aucune créature éxposée à quelque fatigue, à quelque douleur, à quelque faute; si pour prévenir tout cela, il convenoit que Dieu ne formât point des Intelligences libres, ou qu'il veillât à un tel point sur leur Liberté, qu'il ne laissât pas en leur pouvoir d'en abuser; Déja il est certain que Dieu en ne s'assujettissant pas à former des Intelligences suivant ces conditions, ne leur a fait aucun tort, puisqu'il ne leur arrive aucun mal, dont elles ne se soient rendues dignes.

Mais pour ne laisser aucune obscurité sur ce sujet, il faudroit être éxactement informé de toutes les raisons que la Sagesse Infinie de Dieu a eu pour en user comme il a fait; Il faudroit être en état de combiner une infinité de desseins avec leurs suites, & de comparer tous les plans possibles avec leurs avantages & leurs inconvéniens. La Raison sent bien que nous sommes très-éloignés de tous ces secours, si nécessaires pour le parfait éclaircissement de cette Question; & la même Raison nous dicte que quand une Proposition est une fois démontrée par des preuves solides & à portée de nôtre Intelligence, ces preuves dont nous sentons l'évidence, & dont nous comprenons la force, nôtre persuasion ne doit nullement s'ébranler par des difficultés dont nous comprenons, évidemment encore, que l'éclaircissement parfait suppose une étenduë de connoissances que nous ne sommes pas en état de nous procurer; desorte que pour faire évanouir une dispute si scandaleuse, il n'y a qu'à écouter la Droite Raison, qui ne manquera pas d'imposer silence à une Raison impertinente, & d'en faire voir la témérité.

Ainsi un Préservatif également sûr & sensé contre le *Pyrrhonisme*, c'est de ne point laisser ébranler dans son esprit la certitude d'une Proposition démontrée par des raisons bien évidentes, & d'une simplicité tels à portée de nôtre capacité, sous prétexte qu'on peut encore faire, sur le sujet pour lequel cette proposition rouble, diverses questions obscures, pour le parfait éclaircissement desquelles nous n'avons pas une assés grande étenduë de connoissances.

X. Mr. Bayle nous fournit donc lui-même, dans les éxemples dont il se sert, des occasions très-naturelles & très-raisonnables d'établir des Maximes dont l'observation est un sûr Préservatif contre le *Pyrrhonisme*. Dans d'autres occasions son propre éxemple & l'habileté avec laquelle il raisonne, nous fournit des Modéles & des Secours encore plus aisés & plus utiles.

Qu'on lise la manière dont Mr. Bayle démêle les raisonnemens de Mr. Saurin contre lui, & on sentira si vivement l'utilité des Régles & la force de l'évidence, que cela même suffira pour se convaincre qu'il y a des Caractéres sûrs de Vérité.

„ C'est ce qui fait, dit-il, qu'on ne sauroit se scan-
„ daliser assés, de voir que les Disputes de la grace
„ produisent une division si envenimée dans les es-
„ prits. Chaque Secte impute à l'autre d'enseigner
„ des impiétés & des blasphêmes horribles, & pousse
„ l'animosité jusques aux derniéres bornes: Et néan-
„ moins c'est sur de telles doctrines que l'on devroit
„ pratiquer le plus promptement une tolérance mutuel-
„ le. On pardonneroit l'intolérance à un Parti qui prou-
„ veroit clairement les opinions, & qui répondroit
„ aux difficultés nettement, catégoriquement, & d'une
„ manière convaincante; mais que des gens qui sont

„ obligés de dire qu'ils n'ont point de meilleure so-
„ lution à donner que des secrets impénétrables à
„ l'esprit humain, & cachés dans les tréfors infinis
„ de l'immenfité incomprehenfible de Dieu; que de
„ telles gens, dis je, faffent les fiers, lancent les fou-
„ dres de l'Anathême, bonniffent, pendent, c'eft
„ ce qui paroit inexcufable.

„ Melanchthon étoit plus humain, il ne croit pas
„ que ceux qui nient la liberté, fuffent indignes de
„ l'éloge de bons Serviteurs de Dieu, il les excu-
„ foit fur l'obfcurité de la matiére, & fur la bon-
„ té de leurs motifs.

Sidtm. Note C.
„ *La réponfe qui a été faite à un endroit du Com-
„ mentaire philofophique.* Il me femble que l'une des
„ chofes qui infpirérent à Melanchthon cet efprit de
„ paix & d'honnêteté, qui parut dans fa conduite,
„ étoit qu'il confidera, que la maniére dont Dieu a
„ voulu agir, a été choifie entre une infinité d'au-
„ tres également dignes de l'Etre Souverainement par-
„ fait. Or voici la conféquence de cette penfée;
„ c'eft qu'on peut fe tromper dans l'éxplication des
„ matiéres Théologiques, fans attribuer à Dieu au-
„ cune chofe qui faffe tort à fes perfections: car
„ ceux-là fe trompent qui fe fervent d'une Hypo-
„ thefe qui n'eft point conforme à ce que Dieu a
„ fait actuellement; mais fi elle eft conforme à l'u-
„ ne de ces autres maniéres qu'il eût pu choifir, elle
„ donne à Dieu une conduite parfaitement digne de lui.

„ Je ne touche point aux queftions de droit quant
„ à cela; mais voici un fait qu'il me fera bien per-
„ mis de rapporter: Les Loix de l'Hiftoire m'auto-
„ rifent pleinement, & fi mon rapport eft mêlé d'au-
„ cune Critique, je ne ferai pourtant rien qui foit
„ au delà des bornes de ce Dictionnaire. Un Mi-
„ niftre d'Utrecht dans fes réflexions fur le Com-
„ mentaire Philofophique a réfuté le plus fortement
„ cet endroit-ci. Voilà une ouverture pour diffiper les
„ phantomes les terreurs paniques qui agitent depuis fi
„ long-tems les Théologiens fur le Chapitre des erreurs:
„ car il eft certain que la raifon pour laquelle l'efprit
„ de l'homme trouve tant de raifons également folides
„ en apparence pour défeature la Vérité, & la fauffeté
„ dans les controverfes de Réligion, c'eft que la plu-
„ part des fauffetés qui fe voient là-dedans font auffi
„ poffibles que les vérités. En effet, nous fuppofons tous
„ que la Révélation dépend d'un décret libre de Dieu;
„ car il n'eft point néceffité par fa nature à faire ni les
„ hommes, ni d'autres Etres. Par conféquent il auroit
„ pû, s'il l'avoit voulu, ne rien produire ou produire
„ un monde différent de celui-ci, & en cas qu'il eut
„ voulu des hommes, il auroit pû les mener à fes fins
„ par des routes toutes contraires à celles qu'il a choi-
„ fies, & qui auroient été également dignes de l'E-
„ tre parfait; car une infinie fageffe a des moiens infi-
„ nis de fe manifefter, tous dignes d'elle. Cela étant
„ il ne faut pas s'étonner que les Théologiens trouvent
„ autant de bonnes raifons pour foutenir le franc arbi-
„ tre de l'homme, que pour l'impugner; car nous a-
„ vons des idées & des principes pour concevoir &
„ prouver, que Dieu a pû faire l'homme libre, & ne
„ le faire pas libre de la liberté qu'on appelle D'IN-
„ DIFFERENCE, & ainfi de cent autres
„ propofitions contradictoires. Tom. II. Supplem.
„ aux penfées fur les Cométes Chap. 24. pag. 308-
„ 310. Ces réfléxions fur ce paffage infinuent
„ qu'elles peuvent appartenir au fujet préfent, fe ré-
„ duifent d'abord à cette interrogation: *Qui lui a

Suivant Mr. Bayle la/fuppofition de la Liberté d'indifférence eft permife, & non contradictoire.
„ dit que nous avions des idées & des principes pour
„ concevoir & pour prouver, que Dieu a pû faire l'hom-
„ me libre, & ne le faire pas libre de la liberté d'in-
„ différence?* Je crois que Mr. Saurin n'auroit pas
„ demandé cela, s'il fe fût bien fouvent que de-
„ puis 150. ans, on ne ceffe de publier pour &
„ l'Europe une infinité de Livres pour & contre la
„ liberté dans lefquels chaque parti fait des Objec-
„ tions victorieufes. Il eût été des prémiers à con-
„ feffer, que nous avons *des idées & des principes pour*

„ *concevoir &c.* Qu'il prenne la peine de jetter les
„ yeux fur quelques Livres des Arminiens, ou des
„ Réformés, ou des Molinistes, ou des Janféniftes;
„ & il verra que ces idées & ces principes fe trou-
„ vent en abondance dans l'efprit humain. Il ajou-
„ te; *Qu'il y a des chofes contradictoires, oppofées à
„ l'effence de Dieu & par conféquent impoffibles . . . .
„ que Dieu ne pouvoit pas créer des corps fans étendue
„ & fans les trois dimenfions, ni des efprits qui ne fuf-
„ fent pas des êtres qui penfent.* Tout cela paroit inu-
„ tile, car le Commentateur n'avoit rien dit qui
„ infinuât qu'il n'y a point de chofes abfolument
„ impoffibles; à quoi fervoit donc de remarquer,
„ que les attributs qui conftituent l'effence d'une
„ Créature, n'en peuvent point être féparés? Dou-
„ toit-il de cette vérité? *Si Dieu*, continue-t-on, *n'a
„ pas fait l'homme avec fa Liberté d'indifférence, notre
„ Philofophe ne peut pas favoir s'il l'auroit pû créer avec
„ cette liberté; & fi cette liberté n'eft point auffi con-
„ tradictoire qu'un cercle quarré, ou qu'une créature
„ indépendante.* Je n'entens pas allés cela, pour pouvoir
„ le réfuter; mais, je penfe que Melanchthon aiant à
„ répondre à une pareille inftance fe feroit borné à dire,
„ je n'aime pas à fubtilifer dans cette matiére, je
„ m'accomode aux notions du peuple, je crois que
„ Dieu a fait librement toutes les oeuvres de la Cré-
„ ation, & je trouve fort étrange qu'un Miniftre
„ revoque en doute cette vérité; je trouve encore
„ plus étrange qu'il infinue que la liberté d'indiffé-
„ rence eft auffi contradictoire qu'un cercle quarré,
„ vû que peu après il affure qu'il eft impoffible que
„ *Dieu produife une Créature intelligente fans lui don-* NB.
„ *ner des Loix.* Les Loix que Dieu a données *Néceffité de treenâitre la liberté & le pouvoir de la créature détermi*
„ à Adam ont été accompagnées de promeffes & de
„ menaces. Cela fuppofe clairement qu'Adam pou-
„ voit obéir ou defobéir. Les Théologiens les plus
„ rigides, St. Auguftin & Calvin, enfeignent for-
„ mellement, que les hommes n'ont perdu le franc
„ arbitre qu'à caufe du mauvais ufage qu'Adam en
„ fit dans le Paradis terreftre. Je n'en demande pas
„ d'avantage pour être affuré, qu'il eft poffible que
„ Dieu donne à l'homme la liberté d'indifférence.
„ S'il ne l'avoit pas donnée à Adam, tous nos Sy-
„ ftêmes de Réligion tomberoient par terre; d'où je
„ conclus qu'il l'a lui donna; or chacun fait que de
„ l'acte à la puiffance la conclufion eft néceffaire;
„ mais je conçois qu'il auroit pu le créer déterminé
„ aux bonnes chofes, & l'y tenir fi fixé qu'il ne lui
„ eut point permis de flotter entre le bien & le mal:
„ c'eft pourquoi je trouve poffible & l'Hypothefe de
„ la liberté, & celle de la néceffité. Voilà ce me
„ femble ce que Melanchthon auroit pû répondre.
„ Il me femble auffi qu'il eut trouvé fort mauvais,
„ que l'Auteur des Réfléxions fur le Commentaire
„ Philofophique ne déclarât pas fon fentiment, &
„ fe contentât d'un, *Si Dieu &c.* Phrafe chancelan-
„ te, & de laquelle on peut inférer que la privation
„ du franc arbitre eft contradictoire; car fi de ce
„ que Dieu auroit produit Adam fans la liberté d'in-
„ différence, il pouvoit fuivre que c'eft une liberté
„ qui implique contradiction, d'autres foutiendront
„ que de ce qu'il l'auroit produit avec cette liberté,
„ il refulteroit que de ces contraires feroit auffi impoffible qu'un cercle quarré.
„ Je laiffe ce que l'Auteur des Réfléxions oppofe à
„ la prétention du Commentateur, que les pruves
„ d'une chofe fauffe font quelquefois auffi bonnes
„ que les preuves d'une chofe vraie. Ce qu'on ré-
„ pond à ce ci eft rempli d'inutilités; car il eft inu-
„ tile dans une difpute, de prouver à fon adverfaire
„ ce qu'il ne conteste pas. La feule chofe qui ne pa-
„ roit pas fuperflue eft de dire, *que les raifons qui
„ nous déterminent au choix d'une Réligion, doivent
„ être des démonftrations morales*: mais cela même ne
„ fert de rien dans la Controverfe du franc arbitre,
„ qui avoit été articulée par le Commentateur; car
„ puifque chaque parti fe vante d'avoir pour foi cette

DU PYRRHONISME.

,, te espéce de démonstrations, c'est nous renvoier
,, à des signes équivoques.
,, Voici un autre passage du Commentaire: *Qu'ar-*
,, *rive-t-il donc lorsque la Révélation est dontense sur*
,, *quelque point?* C'est que les uns l'expliquent par un
,, *Systême, & les autres par un autre*; je veux que le
,, *Systême des uns soit conforme à ce que Dieu a véri-*
,, *tablement choisi, cela n'empêche pas que celui des autres*
,, *ne soit conforme à ce qu'il auroit pû faire aussi di-*
,, *gnement & glorieusement pour lui, qu'en faisant une*
,, *autre chose, puisque nous concevons que Dieu auroit*
,, *pû faire les choses autrement qu'il ne les a faites, en*
,, *cent manières différentes toutes dignes de sa perfection*

N B. ,, *infinie*; car sans cela il n'auroit point de liberté, &
Dieu est ,, ne différeroit point du Dieu des Stoïques, enchainé
p. Agent ,, par une destinée inévitable, dogme qui n'est guere
livre. ,, meilleur que le Spinozisme.

,, *Par conséquent il ne peut y avoir de crime dans*
,, *les faux Systèmes, que lorsqu'un Théologien les dresse*
,, *sur une idée qu'il croit contraire à ce que Dieu mé-*
,, *rite en a dit, & dérogeant à sa Majesté*: Or je ne
,, croi pas qu'il se trouve au monde de semblables
,, Théologiens, Tom. II. Supplem. aux Pensées sur les
,, Comêtes. Chap. XXIV. pag. 310. 311. Mr. Sau-
,, rin, en comparant ces paroles avec un au-
,, tre passage où le Commentateur dit, *qu'il ne se vent*
,, *point prévaloir de la comparaison d'un Prince dont le*
,, *vaste Empire contiendroit plusieurs Nations diffé-*
,, *rentes en loix, coutumes & langues*, trouve que
,, l'on justifie là toutes les Sectes du Christianisme;
,, mais aussi toutes celles du Paganisme. Je m'éton-
,, ne qu'il n'ait point vû que son adversaire se bor-
,, ne aux Systêmes qui sont fondés sur les divers
,, sens que l'on donne à l'Ecriture? Vous allés voir
,, un autre passage qui vous surprendra. *Dieu auroit*
,, *pû faire les choses autrement qu'il ne les a faites en cent*
,, *manières différentes toutes dignes de sa perfection infinie.*
,, Mr. Saurin aiant rapporté ces paroles du Com-
,, mentaire Philosophique, les réfute par une distinc-
,, tion entre les parties essentielles, & les parties non
,, essentielles de la Religion: après quoi il dit; *L'Au-*
,, *teur ne fait pas cette distinction; sa proposition est u-*
,, *niverselle.* Dieu auroit pû faire les choses autrement
,, qu'il ne les a faites, en cent manières différentes.
,, *Et ce qu'il y a de remarquable; c'est qu'entre ces*
,, *manières différentes*, il met celle que les Poëtes du
,, Paganisme, & les Philosophes Chinois ont imaginées;
,, *car il veut, justifier tous les Systèmes de Religion qui ont*
,, *été inventés par les Docteurs, & reçus par les peu-*
,, *ples*. Pour prouver sa Thèse, il allégue la liberté
,, de Dieu. Sans cela, (dit-il), il n'auroit point de li-
,, berté, & ne différeroit point du Dieu des Stoïques,
,, enchainé par une destinée inévitable, dogme qui n'est
,, guere meilleur que le Spinozisme. *Si cette conséquen-*
,, *ce étoit juste, Dieu auroit la plus affreuse liberté*
,, *d'indifférence qui se puisse imaginer*; il pourroit men-
,, tir, & se parjurer, quand il jure par soi-même; il
,, pourroit nous ordonner de le hair, & nous défendre de
,, l'aimer; il pourroit nous commander la trahi-
,, son, le parjure, en un mot toutes sortes de cri-
,, mes: enfin il pourroit faire de toutes les vertus au-
,, tant de vices, & de tous les vices autant de vertus.
,, Pour réfuter ces réflexions, il ne faut que ces quatre
,, mots: Prenés garde à cette clause *toutes dignes de sa per-*
,, *fection infinie*. Elle porteroit la dernière évidence que
,, la liberté de Dieu ne consiste pas, à pouvoir faire les
,, choses bien ou mal, sagement ou imprudemment,
,, mais à pouvoir suivre entre une infinité de Plans,
,, infiniment beaux & bons, celui ci, ou celui-là
,, selon son plaisir. Cela veut-il dire qu'il a
,, pû être l'Auteur des faux Cultes que les Poëtes
,, du Paganisme ont chantés? Sont-ils des Productions
,, dignes de sa perfection infinie? "

Mr. Bayle avoit dit, *Dieu auroit pû faire les*
choses autrement qu'il ne les a faites, en cent manières
différentes, toutes dignes de sa perfection infinie. De là
Mr. Saurin conclut, que suivant Mr. Bayle, Dieu

auroit pû préscrire aux hommes des Religions toutes conformes aux Fictions des Poëtes, & aux Imaginations des Chinois. Je voudrois bien savoir de
quel oeil Mr. Bayle auroit regardé un Pyrrhonien
qui lui auroit dit froidement, *Je trouve Mr. Sau-*
rin aussi fondé à tirer cette Conséquence de vos ex-
prssions, que vous l'êtes à nier que cette Conséquen-
ce soit juste, & bien tirée.

Qu'on lise attentivement ce que Mr. Bayle a é-
crit contre le systême de Spinosa, & on verra s'il est
possible de faire un parallèle entre l'évidence de ses
raisons d'un coté, & l'obscurité des Chimères Spinozistes de l'autre, & de les mettre en balance, pour
dire en Pyrrhonien, qu'il n'y a pas plus de force
d'un côté que de l'autre.

On attaque Mr. Bayle: L'intérêt de sa reputation
lui fait rassembler ses forces. Il ne trouve rien de
contraire à l'idée des perfections du Créateur, dans
la supposition d'une intelligence créée avec la Liberté
d'indifférence. Que l'on compare ce qu'on vient
de lire avec ses galimathias sur la *Personnalité*, & l'on
sentira la différence qu'il se trouve entre la force de
l'Evidence & l'embarras des Sophismes ténébreux.

Dira-t-on que la Raison s'affranchit de temps en
temps, des hypothèses dans lesquelles on s'efforce de
l'enchainer? Ou dira-t-on que Mr. Bayle, n'a entrepris Spinoza que pour avoir le plaisir de combattre un nom qui s'étoit rendu célébre, & qu'il prend
assés d'intérêt à l'*Irréligion* pour ne pouvoir souffrir
qu'on l'établisse sur des hypothèses si faciles à renverser? Quoi qu'il en soit, Mr. Bayle reconnoît
dans cette occasion, l'évidence des Lumières de
la Raison, & que s'il n'est pas toûjours inutilement
qu'on les consulte. Il ne se contente pas d'opposer
vraisemblance à vraisemblance: Il oppose nettement
des Démonstrations & des absurdités.

Il semble avoir pris à tâche de réfuter tout ce
que les Partisans de l'Athéisme & de l'Irréligion
pourroient dire de plus fort pour établir leurs sentimens. Il pose en fait que l'Incertitude étant égale de
part & d'autre, l'opinion reçuë est la plus commode, & la plus utile, & de là, il suit manifestement,
selon lui-même, que ceux qui travaillent à ébranler cette hypothèse, & à se faire des Sectateurs, se
déclarent par là ennemis du genre humain; & opposés à ses intérêts; d'où il suit encore que le repos
& les intérêts du genre humain demandent que ces
gens-là soient regardés, & soient traités comme des
enemis de la Société.

,, Le bon sens veut, dit-il, que la coûtume soit   Article
,, maintenuë contre l'entreprise des Innovateurs, à   Spinoza
,, moins qu'ils n'apportent de meilleures Loix; &   Note O.
,, de cela seul que leurs pensées ne vaudroient pas
,, mieux que les établissemens qui jouïssent de la pos-
,, session, elles mériteroient d'être rejettées, quand
,, même elles ne seroient pas plus mauvaises que les
,, abus qu'elles combattroient. Soumettez-vous à
,, la coûtume, doit-on dire à ces gens-là, ou donnés
,, nous quelque chose de meilleur. A plus forte
,, raison est-il juste de rejetter le Systême des Spino-
,, zistes, puisqu'il ne se dégage de quelques difficul-
,, tés, que pour s'engager dans des embarras plus inex-
,, plicables. Si les difficultés étoient égales de part
,, & d'autre, ce seroit pour le Systême ordinaire
,, qu'il faudroit prendre parti, puis qu'outre le pri-
,, vilège de la possession, il auroit encore l'avantage
,, de nous promettre de grands biens pour l'avenir &   N B.
,, de nous laisser mille resources consolantes dans les
,, malheurs de cette vie. Quelle consolation n'est-
,, ce pas dans ses disgraces, que de se flâter que les
,, prières qu'on adresse à Dieu, seront exaucées, &
,, qu'en tout cas il nous tiendra compte de nôtre pa-
,, tience, & nous fournira un magnifique dédomma-
,, gement? C'est une grande consolation que de se
,, pouvoir flâter que les autres hommes déféreront
,, quelque chose à l'instinct de leur Conscience, &
,, à la Crainte de Dieu. Cela veut dire que l'Hy-
,, pothé-

„ pothése ordinaire est en même temps, & plus vé-
„ ritable, & plus commode que l'impiété. Il suffi-
„ roit donc pour avoir plein droit de rejetter l'Hy-
„ pothése de Spinoza, de pouvoir dire, *elle n'est pas
„ exposée à de moindres Objections que l'Hypothése Chré-
„ tienne.* Ainsi tout Auteur qui montre que le Spi-
„ nozisme est obscur & faux dans ses prémières pro-
„ positions, & embarrassé d'absurdités impénétrables
NB. „ & contradictoires dans ses suites, doit passer pour
„ l'avoir bien réfuté, encore qu'il ne satisfait point
„ clairement à toutes ces Objections; Réduisons tout
„ à peu de mots.

„ L'Hypothése ordinaire, comparée avec celle des
„ Spinozistes, en ce qu'elles ont de clair, nous mon-
„ tre plus d'évidence; & quand elle est comparée a-
„ vec l'autre en ce qu'elles ont d'obscur, elle paroit
„ moins opposée aux lumières naturelles; & d'ail-
„ leurs, elle nous promet un bien infini après cette
„ vie, & nous procure mille consolations dans celle-
„ ci, au lieu que l'autre ne nous promet rien hors
„ de ce monde, & nous prive de la confiance dans
„ nos prières & dans les remors de nôtre prochain :
„ l'Hypothése ordinaire est donc préférable à l'au-
„ tre.

Idem. Rapportons encore quelques-uns des raisonnemens
Note N. de Mr. Bayle " Remarqués bien comme je l'ai déja
" dit, que les *modes* ne font rien, & que ce font
" les *substances* seules qui agissent & qui souffrent.
" Cette phrase, *la douceur du miel chatouille la lan-
" gue,* n'est vraie qu'entant qu'elle signifie que la
" substance étenduë dont le miel est composé cha-
" touille la Langue. Ainsi dans le Systême de Spi-
" noza tous ceux qui disent *les Allemans ont tué dix
" mille Turcs* parlent faussement, à moins qu'ils
" n'entendent, *Dieu modifié en Allemans a tué Dieu
" modifié en dix mille Turcs* ; & ainsi toutes les phra-
" ses par lesquelles on exprime ce que font les hom-
" mes les uns contre les autres n'ont point de sens
" véritable que celui-ci, *Dieu se hait lui même, il se
" demande des graces à lui-même, & se les refuse, il
" se persécute: il se tuë, il se mange, il se calomnie,
" il s'envoie sur l'Eschafaut, &c.* Cela seroit moins,
" inconcevable, si Spinoza s'étoit représenté Dieu
" comme un assemblage de plusieurs parties distinc-
" tes; mais il l'a réduit à la plus parfaite simplicité,
" à l'unité de substance, à l'indivisibilité. Il dé-
" bite donc les plus infames & les plus furieuses éx-
" travagances qui se puissent concevoir, & infini-
" ment plus ridicules que celles des Poëtes, touchant
" les Dieux du Paganisme. Je m'étonne ou qu'il
" ne s'en soit pas apperçu, ou que les aiant envisa-
" gées, il se soit opiniatré à son principe. (A). Un
" bon esprit aimeroit mieux défricher la terre avec
" **les dents & les ongles, que de cultiver une Hypo-**
" thése aussi choquante & aussi absurde que celle-
" là.

" Encore deux objections, il y a eu des Philo-
" sophes assés impies, pour nier qu'il y eut un Dieu,
" mais ils n'ont point poussé leur éxtravagance jus-
" ques à dire que s'il éxistoit, il ne seroit point une
" nature parfaitement heureuse.

" Les plus grands Sceptiques de l'Antiquité, ont
" dit que tous les hommes ont une idée de Dieu,
" selon laquelle il est une nature vivante, heureuse,
" incorruptible, parfaite dans la félicité, & non sus-
" ceptible d'aucun mal. Le bonheur étoit la pro-
" priété la moins séparable qu'on enfermât dans son
" idée: ceux qui lui ôtoient l'autorité & la direc-
" tion du Monde, lui laissoient au moins la félicité
" & une immortelle béatitude. Ceux qui le sai-
" soient sujet à la mort, disoient pour le moins qu'il
" étoit heureux toute sa vie. C'étoit sans doute une
" éxtravagance qui tenoit de la folie, que de ne pas
" réunir dans la nature Divine, l'immortalité & le
" bonheur; Plutarque réfute très-bien cette absurdi-
" té des Stoïques; je raporte ses paroles un peu au

" long, tant à cause qu'elles prouvent une pensée
" que j'avance ci-dessus, que parce qu'elles combat-
" tent les Spinozistes; car son raisonnement ne peut
" compatir avec l'Hypothèse que Dieu soit sujet à la
" mort, quant à ses parties, ou à ses modalités;
" qu'il soit comme la matière des générations & des
" corruptions, qu'il détruise ses modalités, qu'il s'en-
" tretienne de cette ruïne &c:
" Mais quelque folle que fut cette rêverie des Stoï-
" ciens, elle n'otoit point aux Dieux leur bonheur
" pendant la vie. Les Spinozistes sont peut-être les
" seuls qui aient réduit la Divinité à la misére: Or
" quelle misére? Quelque-fois si grande qu'il se jet-
" te dans le désespoir, & qu'il s'anéantiroit, s'il le
" pouvoit; il y tâche; il s'ôte tout ce qu'il se peut
" ôter; il se pend, il se précipite, ne pouvant plus suppor-
" ter la tristesse affreuse qui le dévore. Ce ne font point
" ici des déclamations; c'est un langage éxact &
" & philosophique. Car si l'homme n'est qu'une
" modification, il ne fait rien: ce seroit une phrase
" impertinente, bouffonne, burlesque, que de dire
" *la joie est gaie, la tristesse est triste;* C'est une sem-
" blable phrase dans le Systême de Spinoza, que d'af-
" firmer, *l'homme pense, l'homme s'afflige. l'homme se
" pend, &c.* Toutes ces propositions doivent être di-
" tes de la substance dont l'homme est le mode.
" Comment a-t-on pû s'imaginer, qu'une nature
" indépendante, qui éxiste par elle-même, & qui pos-
" séde des perfections infinies, soit sujette à tous les
" malheurs du genre humain? Si quelqu'autre natu-
" re la contraignoit à se donner du chagrin, à sen-
" tir de la douleur, on ne trouveroit pas si étrange
" qu'elle employât son activité à se rendre malheu-
" reuse; on diroit, il faut bien qu'elle obéïsse à une
" force majeure; c'est apparemment pour éviter un
" plus grand mal qu'elle se donne la gravelle, la
" colique, la fièvre chaude, la rage. Mais elle est
" seule dans l'Univers, rien ne lui commande, rien
" ne l'éxhorte, rien ne la prie. C'est sa propre na-
" ture dira Spinoza, qui l'a portée à se donner à
" elle-même en certaines circonstances, un grand
" chagrin, & une douleur très-vive.

" Mais lui répondrai-je, ne trouvés-vous pas quel-
" que chose de monstrueux & d'inconcevable dans
" une telle fatalité?

" Si je ne me souvenois que je ne fais pas un Li-
" vre contre cet homme; mais seulement quelques
" petits Remarques en passant, je trouverois bien
" d'autres absurdités dans son Systême. Finissons
" par celle-ci.

" Il s'est embarqué dans une Hypothèse qui rend
" ridicule tout son travail, & je suis bien assûré qu'à
" châque page de son Ethique, on peut trouver un
" Galimatias pitoïable.

" Prémièrement, je voudrois savoir à qui il en veut,
" quand il rejette certaines doctrines, & qu'il en
" propose d'autres. Veut-il réfuter des erreurs?
" Mais est-il en droit de dire qu'il y a des erreurs?
" Les pensées des Philosophes ordinaires, celles des
" Juifs, celles des Chrétiens, ne sont elles pas des modes
" de l'Etre infini, aussi bien que celles de son Ethique?
" Ne sont-elles pas des réalités aussi nécessaires à la per-
" fection de l'Univers, que toutes ses spéculations?
" N'émanent-elles pas de la cause nécessaire? Com-
" ment donc ose-t-il prétendre qu'il y a là quelque
" chose à rectifier? En second lieu, ne prétend-il pas
" que la nature dont elles sont des modalités agit né-
" cessairement, qu'elle va toujours son grand che-
" min, qu'elle ne peut ni se détourner, ni s'arrêter,
" ni qu'étant Unique dans l'Univers, aucune Cau-
" se extérieure ne l'arrêtera jamais, ni ne la redres-
" sera? Il n'y a donc rien de plus inutile que les
" Leçons de ce Philosophe: C'est bien à lui, qui
" n'est qu'une modification de substance, à prescri-
" re à l'Etre infini ce qu'il faut faire? Cet Etre l'en-
" tendra-t-il? & s'il l'entendoit, pourroit-il en profiter?

(A) Il n'est donc pas vrai qu'il y a partout poids égal de côté & d'autre.

DU PYRRHONISME. 355

,, fiter ? N'agit-il pas toûjours selon l'étenduë de
,, ses forces, sans savoir ni où il va, ni ce qu'il fait ?
,, Un homme comme Spinoza se tiendroit fort en
,, repos, s'il raisonnoit bien. S'il est possible
,, qu'un tel dogme s'établisse, diroit-il, la nécessité
,, de la nature l'établira sans mon Ouvrage. S'il n'est
,, pas possible, tous mes Ecrits n'y feront rien.

XI. Mr. Bayle vient d'alléguer divers exemples de propositions, *qu'aucun Sceptique, dit-il, n'osat jamais attaquer, & des quelles aucun Pyrrhonien ne s'est avisé de douter, & on ne le pourroit*, assure-t-il hardiment *sans les derniers excès d'impertinence, de folie, d'extravagance*. Qu'est-ce qui l'oblige à parler ainsi, si ce n'est l'évidence même de ce qu'il propose ? Et cela étant ainsi, par tout où l'on trouvera autant d'évidence, il faudra y acquiescer, à moins qu'on ne soit fou, & opiniâtre jusqu'à la fureur.

Quand je regarde Mr. Bayle comme un Pyrrhonien, & que je me crois en droit de m'addresser à lui, comme à un homme qui, de temps en temps, en prend vivement le parti, & rassemble toute son habileté pour le soûtenir le personnage, je lui demande quel est son but ? Je lui demande pourquoi il écrit ? Veut-il persuader ses Lecteurs qu'ils ne sçavent pas son Livre, & qu'ils s'imaginent seulement de le lire, & de l'avoir acheté ?

De plus si nous n'avons aucune liberté, si nous sommes des Etres purement passifs, créés de nouveau à chaque instant; si les hommes sont des Etres qui se déterminent par *Humeur* seulement, & non point par lumière, pourquoi s'efforce-t-il de leur parler le plus clairement qu'il peut ? ils feront, les uns sans le secours de son livre, les autres malgré son livre, ce qu'une nécessité extérieure & invincible, & ce qu'une humeur insurmontable les déterminera à être & à penser.

On ne se trompera pas, ce me semble, dit-il, ,, si ,, l'on suppose que Spinoza ne s'est jetté dans le préci- ,, pice, que pour n'avoir pû comprendre, ni que la ,, matière soit éternelle, & différente de Dieu, ni ,, qu'elle ait été produite de rien, ni qu'un Esprit ,, infini, & souverainement libre, Créateur de toutes ,, choses, ait pu produire un Ouvrage tel que le monde. ,, Une matière qui existe nécessairement, & qui né- ,, anmoins est destituée d'activité, & soûmise à la ,, puissance d'un autre principe, n'est pas un objet ,, dont la raison s'accommode, nous n'y voïons nul- ,, le convenance entre ces trois qualités : l'idée de ,, l'ordre combat une telle association. Une matiè- ,, re créée de rien n'est pas concevable, quelques ,, efforts que l'on veuille faire, pour se former une ,, idée d'un acte de volonté, qui convertisse en une ,, substance réelle ce qui n'étoit rien auparavant. Ce ,, principe des anciens, *ex nihilo nihil fit, rien ne se fait ,, de rien*, se présente incessamment à nôtre ,, imagination, & y brille d'une matière si éclatante, ,, qu'il nous fait lâcher prise, en cas que nous eus- ,, sions commencé de concevoir quelque chose dans ,, la Création. Enfin, qu'un Dieu infiniment bon, in- ,, finiment libre, infiniment libre, pouvant faire des ,, Créatures toûjours saintes, & toûjours heureuses, ,, ait mieux aimé qu'elles fussent criminelles & mal- ,, heureuses éternellement, est un objet qui fait de la ,, peine à la Raison, & d'autant plus qu'elle ne sça- ,, roit comprendre l'accord de la liberté de l'homme ,, avec la qualité d'un Etre tiré du néant. Or sans ,, cet accord elle ne sauroit comprendre que l'hom- ,, me puisse mériter aucune peine sous une Provi- ,, dence libre, bonne, sainte, & juste. Voilà trois ,, inconvéniens que Spinoza a cherché à éviter, un ,, nouveau système, où Dieu ne fut pas distingué ,, de la matière, & où il agit nécessairement, & se- ,, lon toute l'étenduë de ses forces, non pas hors de ,, lui-même, mais en lui-même. Il résulte de cette ,, supposition, que cette cause nécessaire ne mettant ,, aucunes bornes à sa Puissance, & n'aiant pour régle ,, de ses actions, ni la bonté, ni la justice, ni la ,, science, mais la seule force infinie de sa nature,

,, a dû se modifier selon toutes les réalités possibles ;
,, de sorte que les erreurs & les crimes, la douleur &
,, le chagrin, étant des modalités aussi réelles que les
,, vertus & les plaisirs, l'Univers a dû contenir de
,, tout cela. Spinoza croioit par ce moïen satisfaire aux
,, objection Manichéennes contre l'unité de prin-
,, cipe. Elles n'ont de force que dans la supposition,
,, qu'un principe unique de toutes choses agit par
,, choix, & qu'il peut faire, ou ne pas faire, &
,, qu'il limite sa puissance selon les régles de la bonté,
,, & de l'équité, ou selon l'Instinct de la malice. Sup-
,, posant cela, on demande, si ce principe unique
,, est bon, d'où vient le mal ? S'il est mauvais,
,, d'où vient le bien ? Spinoza répondroit, mon prin-
,, cipe unique aiant la puissance de faire le mal & le bien,
,, & s'il fait tout ce qu'il peut faire, il faut de toute né-
,, cessité, qu'il y ait du bien & du mal dans l'Uni-
,, vers. Pesés, je vous prie, dans une juste balance
,, les trois inconvéniens qu'il a voulu éviter, & les
,, suites extravagantes & abominables de l'Hypothése
,, qu'il a suivie, vous trouverés que son choix n'est ni
,, celui d'un homme de bon sens, ni celui d'un homme
,, d'esprit. Il laisse des choses dont le pis que l'on
,, puisse dire, est que la foiblesse de nôtre raison ne
,, nous permet pas de connoitre clairement qu'elles
,, soient possibles, & en embrasse d'autres, dont
,, l'impossibilité est manifeste. Il y a bien de la
,, différence entre ne comprendre pas la possibilité d'un
,, objet, & en comprendre l'impossibilité. Or voïés
,, l'injustice des Lecteurs, ils veulent que tous ceux
,, qui écrivent contre Spinoza, soient obligés de leur
,, mettre sous la main, & dans la dernière clarté, les véri-
,, tés qu'il n'a pû comprendre, & dont les difficultés
,, l'ont poussé ailleurs ; & parce qu'ils ne trouvent
,, point cela dans les écrits Anti-Spinozistes, ils pro-
,, noncent que l'on n'a pas réussi. Ne suffit-il pas
,, que l'on renverse l'édifice de cet Athée ? Le bon
,, sens veut que la coûtume soit maintenuë contre
,, l'entreprise des Innovateurs, à moins qu'ils n'appor-
,, tent de meilleures Loix ; & quand ils apporteroient leurs
,, pensées ne vaudroient pas mieux que les Etablisse-
,, mens qui jouïssent de la possession, elles mériteroient
,, d'être rejettées, quand même elles ne seroient pas
,, plus mauvaises que les abus qu'elles combattroient.
,, Soumettés-vous à la coûtume, doit-on dire à ces
,, gens-là, ou donnés-nous quelque chose de meil-
,, leur. A plus forte raison est-il juste de rejetter
,, le Système des Spinozistes, puisqu'il ne se dégage
,, de quelques difficultés, que pour s'engager dans des
,, embarras plus inexplicables. Si les difficultés étoient
,, égales de part & d'autre, ce seroit pour le Systè-
,, me ordinaire qu'il faudroit prendre parti ; puisqu'ou-
,, tre le privilege de la possession, il auroit
,, encore l'avantage de nous promettre de grands
,, biens pour l'avenir, & de nous laisser mille res-
,, sources consolantes dans les malheurs de cette vie.
,, Quelle consolation n'est-ce pas dans les disgraces,
,, que de se flatter que les prières qu'on addresse à
,, Dieu seront exaucées, & qu'en tout cas, il nous
,, tiendra compte de nôtre patience, & nous four-
,, nira un magnifique dédommagement ? C'est une gran-
,, de consolation que de se pouvoir flatter que les autres
,, hommes déféreront quelque chose à l'Instinct de
,, leur Conscience, & à la crainte de Dieu. Cela veut
,, dire que l'hypothése ordinaire est en même temps
,, & plus véritable & plus commode que l'impiété.
,, Il suffisoit donc pour avoir plein droit de rejetter
,, l'hypothése de Spinoza, de pouvoir dire, *elle n'est
,, pas exposée à de moindres objections que l'hypothése
,, Chrêtienne*. Ainsi, tout Auteur qui montre que le
,, Spinozisme est obscur & faux dans ses premières
,, propositions, & embarrassé d'absurdités impénétra-
,, bles & contradictoires dans ses suites, doit pas-
,, ser pour l'avoir bien réfuté, encore qu'il ne satis-
,, fit point clairement à toutes ses objections. Ré-
,, duisons tout à peu de mots. L'Hypothése ordi-
,, naire comparée à celle des Spinozistes &c.

Qqqq   Nous

Nous avons déjà allégué ci devant ces dernières lignes. Nous examinerons les Inconvéniens qui ont pû servir de prétexte à Spinoza chacun dans le lieu qui lui convient. Mais quand les Lumiéres de l'esprit humain seroient trop courtes pour dissiper tout l'embarras de ces inconvéniens ; il ne devroit point, de l'aveu de Mr. Bayle, tenir nôtre Esprit en suspens entre la Vérité & la Fausseté de l'hypothèse de Spinoza : *Trouver autant de vraisemblance d'un côté que d'autre ; ce n'est ni le caractère d'un homme de bien, ni celui d'un homme d'Esprit. Il y a bien de la différence entre ne comprendre pas la possibilité d'un objet, & en comprendre l'impossibilité.* Voilà précisément ce qu'on doit répondre aux Sceptiques quand ils entreprennent de mettre en opposition contradictoire aux Mystéres de l'Evangile, avec les Notions les plus évidentes du sens Commun : Si quelques Lecteurs ne se rendent pas à cette Raison, & tiennent encore pour les Incrédules, on est en plein droit de se récrier, comme fait ici Mr. Bayle, sur leur Injustice, & d'en appeller au Bon-Sens. *Il est des moiens,* selon lui, *de réjuter pleinement une opinion, & d'en prouver l'erreur d'une maniére à satisfaire toute personne raisonnable, quand même on n'est pas en état de répondre avec une parfaite clarté à toutes les objections.*

Remarquez que Mr. Bayle, en réfutant Spinoza ne s'est point servi de la Revelation, tous ses Argumens n'ont été tirés que de la Raison ; Quand donc il conclut en disant : *ainsi tout Auteur qui montre que le Spinozisme est obscur & faux dans ses prémiéres suppositions & embarassé d'obscurités impénétrables & contradictoires dans ses suites, doit passer pour l'avoir bien réfuté, encore qu'il ne satisfit point clairement à toutes ses objections.* Substituons le Manichéisme au Spinozisme, & servons nous des expressions de Mr. Bayle pour établir qu'il est bien & solidement réfuté par la Raison même : car enfin Mr. Bayle reconnoit plus d'une fois que le Manichéisme renferme des absurdités & des contradictions, & dans ses Principes & dans ses conséquences.

Tout l'Article de Spinoza mérite d'être lû, il est tout à fait propre à former au goût de l'évidence, on y apprend à raisonner juste, & après avoir eu le plaisir de sentir l'efficace d'une lumiére, qui dissipe l'erreur, on se dégoute des Sophismes par où les Pyrrhoniens s'efforcent de répandre des ténébres sur toutes les Vérités.

J'ai un grand penchant à croire que Mr. Bayle avoit composé ce morceau avant que d'entreprendre son Dictionnaire ; Les Ouvrages de Spinoza faisoient du bruit, son nom étoit célébre ; Des cœurs gatés en paroissoient avec admiration, & Mr. Bayle sentit bientôt qu'il n'y avoit rien de si pitoiable que ses Raisonnemens, & de plus absurde que son Principe. Je conçois qu'il mit ses pensées par écrit, & que pour ne pas perdre l'honneur qui pouvoit lui revenir d'un tel morceau, il l'inséra dans son Dictionnaire. On y a lû aussi des *Ergoteries* Scholastiques peu dignes assurément d'un aussi habile homme, & d'avoir place dans ce même Dictionnaire ; mais je m'imagine encore que Mr. Bayle avoit autrefois embarrassé par ses vaines subtilités quelques Professeurs de Métaphysique, accoutumés à étourdir les autres par des mots vuides de sens, & à s'en laisser étourdir eux-mêmes. Il trouva conservé la mémoire de ces rencontres d'où il étoit sorti victorieux, elles lui revinrent dans l'Esprit, & il les plaça dans sa Compilation de recueils ; Peut-être même les avoit-il déja mises par écrit.

XII. SI TOUS *ceux qui de Mr. Bayle, qui ont embrassé la Philosophie de Mr. Dés Cartes, avoient eu cette sage retenuë, qui fait qu'on s'arrête, quand on est parvenu jusques à un certain point, s'ils avoient sû discerner ce qu'il faut dire & ce qu'il faut taire, ils n'auroient pas tant fait crier contre la Secte en général.*

Il faut donc savoir s'arrêter, c'est une Régle que la Raison ordonne ; & qu'est-ce que s'arrêter, si ce n'est s'en tenir à ce qui est Clair, sans être tenté de l'abandonner pour les Obscurités qui l'accompagnent :

Remarquons en passant que Mr. Bayle ne laisse pas échapper l'occasion de tomber sur la Philosophie & sur la Théologie : De son Bons-Sens s'échapent, de temps en temps quelques Lumiéres, comme nous venons d'en voir un éxemple ; mais son goût & son humeur le raménent bien-tôt au Pyrrhonisme.

,, Il ne faut pas s'étonner, dit-il, que le Péripatétisme, tel qu'on l'enseigne depuis plusieurs siécles, trouve tant de protecteurs, & qu'on en croie les intérêts inséparables de ceux de la Théologie ; car il accoûtume l'esprit à acquiescer sans évidence. Cette réunion d'intérêts doit être aux Péripatéticiens un gage de l'immortalité de leur Secte, & aux nouveaux Philosophes un sujet de diminuer leurs espérances.

,, Les anciens Péres se plaignirent éxtrémement de la Secte d'Aristote, & c'est une plainte presque générale, que la Philosophie fait tort à la Théologie ; mais d'autre côté, il est certain que la Théologie nuit à la Philosophie. Ce sont deux facultés qui qui ne s'accorderoient guéres sur le réglement de leurs limites, si la voie de l'autorité toûjours dans les intérêts de la prémiére, n'y donnoit bon ordre.

La Théologie nuit à la Philosophie, & elle met bon ordre à ses intérêts par la voie de l'autorité. Voilà sans contredit un bel éloge de la Théologie & des Théologiens ; La Philosophie & la Raison sont incapables de vous procurer aucune Certitude, elles ne sont propres qu'à vous remplir de doutes ; mais jettés-vous entre les bras des Théologiens, & sacrifiés vos doutes à l'autorité de leurs décisions.

,, Ceux qui ont l'imagination vive ont ordinairement peu de mémoire, & c'est ce qui fait qu'ils ne se souviennent point, quand ils envisagent d'un certain côté une question, qu'ils l'ont autrefois soûtenuë d'un autre sens. Ils se contredisent sans le savoir. Ajoutés à cela, qu'un esprit subtil invente aisément les moiens de prouver & de réfuter les mêmes choses. Mais c'est un grand défaut, que de n'être pas capable de suspendre les effets de cette subtilité, jusques à ce qu'on se puisse donner une ferme assiette.

Mais s'il est impossible de parvenir à cette ferme assiette, comme l'Hypothése du Pyrrhonisme le suppose, que peut faire de mieux un homme, qui est d'une humeur vive, que de ne pas se contraindre & de suivre le penchant de son humeur ?

C'est ainsi qu'il faudroit raisonner, au cas qu'on n'eut pas la force de changer son humeur : Mais si Mr. Bayle a allégué dans les paroles qu'on vient de lire, une véritable cause de Pyrrhonisme, il est évident qu'on peut se garantir d'y tomber, puisqu'on peut prévenir les mauvais effets des causes qui le font naitre.

,, XIII. *Barbe* femme de l'Empereur Sigismond. Elle n'avoit nulle honte de sa vie débordée. Ce n'est pas en cela que consiste sa grande singularité ; il n'y a eu que trop de Princesses qui se sont mises au dessus du qu'en dira-t-on, à l'égard de leurs impudicités. Ce qu'il y eut d'éxtraordinaire dans celle là, ce fut l'Athéisme, chose qui n'a presque point d'éxemple parmi les femmes. Elle se croiot ni Paradis ni Enfer, & se moquoit des Religieuses, qui renoncent aux plaisirs de la vie, & qui mortifient leurs Corps. Sigismond se trouva mal marié encore par d'autres endroits, car la femme Barbe s'engagea dans des complots, avec quelques grands Seigneurs de Boheme, pour le chasser du Roiaume, & pour se procurer un autre mari. Il découvrit cette trame, & condamna l'Impératrice à une prison perpétuelle. Quand il fut mort on la mit en liberté ; & comme elle songeoit encore à se marier, quelqu'un lui représenta l'éxemple de la tourterelle, qui demeure seule toute sa vie, lorsqu'elle perd son prémier mari. *Si vous aviés*, répondit-elle, *à me proposer l'éxemple des bêtes, proposés-moi celui des pigeons & des moineaux.* El-

DU PYRRHONISME. 357

le vieillit à Grats dans la Bohême sans renoncer à ses débauches.

,, Je ne voudrois pas nier, dit Mr. Bayle, que ce ,, prodige ne soit devenu un peu moins extraordi-,, naire, depuis que le Sexe ne se pique pas d'igno-,, rance autant qu'il le faisoit. Il faut un certain degré ,, de fausse Métaphysique, pour tomber dans le mal-,, heureux Abyme de l'Irréligion. Quoi qu'il en ,, soit, je suis très-persuadé avec l'Auteur des Pen-,, sées sur les Comêtes, que ce n'est point par cet ,, endroit-là que les femmes méritent censure. Ce ,, n'est point leur vice que l'Athéïsme: elles se font une ,, vertu de n'entrer point dans les grands raisonnemens: ,, ainsi elles en demeurent à leur Catéchisme, bien plus ,, portées à la Superstition qu'à l'Impiété; grandes con-,, reuses d'indulgences & de sermons, & si fort occu-,, pées de mille passions qui leur sont tombées comme en ,, partage, qu'elles n'ont ni le temps ni la capacité né-,, cessaire pour révoquer en doute les articles de leur ,, foi. A coup sûr, elles trouveront plutôt le secret ,, d'accorder ensemble les passions & la Réligion, ,, fallut-il donner jusques dans le Molinosisme, que ,, l'éxpédient de ne rien croire.

Un homme est donc louable quand il se défie des raisonnemens Métaphysiques, & quand il les éxamine assés à fond pour en découvrir les Sophismes, dès qu'ils se trouvent opposés aux Vérités de la Réligion. Qu'est-ce qui avoit jetté Spinosa dans l'Erreur, que son attachement à des Idées, ou plutôt à des Termes de Métaphysique, vagues, qui signifioient peu, qui devenoient très-équivoques, & ne signifioient même plus rien, par l'application qu'il en faisoit. Que l'on compare la manière Claire & sensée dont Mr. Bayle se sert pour le refuter, avec les Obscurités Métaphysiques, & le verbiage qu'il emploie, quand il argumente contre la Réligion, & qu'il s'efforce de l'opposer à la droite Raison, qu'il confond mal à propos avec une vaine Métaphysique.

Au reste on voit dans la conduite de l'Impératrice Barbe une suite très-naturelle de l'Irréligion; ou bien on voit dans son Irréligion une suite très-naturelle de son humeur. Rien n'est plus propre pour disposer les esprits à écouter favorablement les difficultés qui tendent à ébranler la Réligion, à s'y plaire, & à s'y rendre de bon coeur, que les gaillardises & les obscénités dont Mr. Bayle a parsemé son Dictionnaire, & qu'il a adroitement mêlées parmi ses Objections.

Si la Raison est incapable d'établir la Vérité d'aucune Maxime, que peut-on reprocher à ceux qui ne trouvent pas à propos de s'en servir pour se gêner, mais qui aiment mieux la faire servir à trouver les moiens de contenter leurs sens & leurs passions, par des amusemens plus vifs & plus variés?

XIV. SI L'ON pouvoit venir à bout de développer toute l'enchaînure de causes qui déterminent un homme à prendre le parti de douter, & de s'entêter du Pyrrhonisme, je suis persuadé qu'il n'en faudroit pas d'avantage pour en découvrir l'illusion & le ridicule. Quoique ce qui se passe dans les autres hommes, & sur tout dans les hommes d'une si étrange humeur, ne nous soit connu qu'imparfaitement, nous en savons pourtant assés, pour nous asurer sur les causes de leur égarement. Mr. Bayle en fournit un éxemple dans l'Article d'Ariston.

,, Le Septisme étoit alors & mal attaqué & mal ,, défendu. Ariston soutenoit contre Arcesilas le Dog-,, me de l'évidence; & il crut, voiant un monstre, ,, je veux dire un Taureau, qui avoit une matrice, ,, que son Adversaire en tireroit un bon argument ,, pour l'incompréhensibilité. Malheureux que jesuis! ,, S'écria-t-il, voila une forte preuve fournie à Ar-,, cesilas. Cela nous apprend que les Dogmatistes ,, voulant soutenir que la nature des Animaux, étoit ,, clairement connuë, alléguoient que nous distinguions ,, avec certitude les mâles & les femelles de chaque

,, espéce, y aiant certaines parties si propres à celles-,, ci, qu'elles ne se voient jamais dans ceux-là. S'ils ,, raisonnoient de la sorte, il est sûr que le Taureau dont j'ai parlé, servoit à les réfuter; mais ,, d'ailleurs il faut convenir qu'ils emploioient un ar-,, gument très-infirme; car les Sceptiques ne nioient ,, pas que selon les apparences, il n'y eut de la distinction entre les mâles & les femelles; ils soutenoient ,, seulement qu'on ne savoit pas si leur nature étoit ,, telle qu'elle paroissoit. Or il ne sert de rien d'al-,, léguer contre cela l'éxistence de ce Taureau.

,, Ne pouvoient ils pas répondre; Nous ne savons ,, pas si en effet il est pourvû de matrice: ce n'est ,, peut-être qu'une apparence? Ariston demanda un ,, jour à un Acataleptique; Vous ne voiés donc point ,, cet homme opulent, qui est assis auprès de vous? ,, Non, répondit l'autre; Qui vous a crevé les yeux, ,, reprit Ariston? C'étoit le défendre puérilement, ,, puisque le dogme de l'Incompréhensibilité ne su-,, pose pas qu'on soit privé de la vûe. Il falloit ré-,, pondre à Arcesilas; L'apparence d'un homme riche ,, assis auprès de moi frappe mes yeux; mais néan-,, moins je ne comprens pas certainement, si cet hom-,, me éxiste, ni qu'elle est sa nature.''

On ne philosophoit pas avec assés de méthode, on ne raisonnoit pas avec assés de circonspection, dans ce tems-là; c'étoit donc une nécessité, vû l'imperfection de l'Esprit humain, qu'il n'est pas facile d'éviter l'erreur, qu'on ne se trompât souvent. Un homme qui s'étoit trompé plusieurs fois, se décourageoit, & pour être plus obligé à se rétracter, il se bornoit à trouver des vraisemblances. Ensuite le ridicule de ceux qui s'opiniâtroient dans leurs erreurs, l'affermissoit toujours plus dans le parti du doute. Voilà comment le Pyrrhonisme s'établissoit dans ces tems-là, & s'établit encore aujourd'hui; parmi bien des gens, moins excusables de beaucoup qu'on n'étoit autrefois, parce qu'il leur est beaucoup plus facile de profiter des lumières de ceux qui ont raisonné avec une grande circonspection.

Si un Pyrrhonien avoit répondu à la Question d'Ariston, on lui disant, Je me servis assurer positivement si j'ai des yeux, ou si je n'en ai pas, quoi qu'il me paroisse que je vois un homme. Où est l'homme de bonne foi qui n'eut reconnu dans cette réponse le langage particulier d'un homme opiniâtre, qui pense comme les autres, mais qui ne veut pas l'avouer. On pourroit douter si on a la vûe assés bonne pour s'assurer si les Objets sont tels qu'ils paroissent. Mais on ne doutera pas que ce ne soit par le moien des yeux, ou de la vue, qu'ils nous paroissent tels qu'ils nous paroissent.

XV. CARNEADE, dit Mr. Bayle, avoit travaillé de toutes ses forces à renverser la coutume de consentir à ce qui est évident: Entreprenoit-on d'avantage dans l'Academie moienne? Au reste on avoit raison de dire que la peine qu'il s'étoit donnée là-dessus étoit un travail d'Hercule, & que l'on eût pu ajoûter que ce Héros fut venu à bout plus aisément de deux mille monstres, chacun aussi redoutable que l'hydre de Lerne, ou que le Lion de Neméé, qu'Arcesilas ni Carneade n'auroient assujettis l'homme à n'opiner pas, c'est-à-dire, à ne consentir à rien qui n'eut été amené à l'évidence par la voie de discussion.

On voit par ces paroles que les Pyrrhoniens s'attribuoient une force de génie, dont tous les autres Philosophes étoient, selon eux, fort éloignés. Ils en faisoient d'autant plus de cas qu'elle leur paroissoit plus difficile à acquerir, & en effet il n'est pas aisé de surmonter absolument la Nature. Le Pyrrhonisme est une maladie, dont les Lumières de la Raison vont naturellement à nous guérir. On éprouve alors cette maladie ont leurs intervales. On sent la peine qu'il y a d'y résister, & on se fait une gloire d'y résister malgré cette peine. Avec tout cela dans le train de la vie ordi-

or dinaire un Pyrrhonien fuit la Nature, & fe conduit comme les autres; ce n'eſt que dans la Diſpute & quand on lui fait ſouvenir de ſon Hypothèſe, en la combattant, qu'il ſe déclare contre la nature, & qu'il devient contraire à lui-même. *Carneade* pour concilier le train de la vie avec ſes ſpéculations, s'étoit un peu relâché. On prétend, dit Mr. Bayle, qu'*Arceſilas avoit nié qu'il y eut des choſes probables : Carneade ne le nia point, & il voulut même que la vraiſemblance nous déterminât à agir, pourvû qu'on ne prononçât ſur rien abſolument. Il avoit encore plus d'indulgence, il permettoit aux ſages d'opiner en quelques rencontres.*

Un Pyrrhonien qui raiſonne ainſi, peut aiſément reconnoître qu'il ſe contredit; ſi cette maladie laiſſe ſon eſprit en état de réfléchir avec liberté & avec ſincérité. Le plus *Vraiſemblable* eſt-ce qui reſſemble le plus à ce qui eſt Vrai; & par où me ſera-t-il poſſible de juger ſi un ſentiment a plus ou moins l'air d'être vrai, à moins que je ne connoiſſe le *Caractère* du vrai.

Si les Pyrrhoniens parlent de bonne foi, quand ils diſent qu'ils ne trouvent aucune Propoſition, pour la *négative* de laquelle il ne ſe préſente autant de raiſons, que pour l'*affirmative*; ce qui les oblige diſent-ils, de demeurer dans la Neutralité & dans la ſuſpenſion, & de n'en reconnoître aucune pour vraie. Il ne fera pas moins vrai, & il le ſera encore plus, de dire que ſur la Vraiſemblance de chaque Propoſition on trouve également des raiſons pour & contre, & par conſéquent on doit demeurer dans la neutralité & dans la ſuſpenſion à cet égard, & ne décider point ſi l'une eſt plus vraiſemblable que l'autre.

Une des Maximes dont les Pyrrhoniens faiſoient profeſſion; c'étoit de s'accommoder à la Coûtume & de la ſuivre pour Régle pour ne s'attirer aucunes affaires; Pour paroitre bons & zèles Citoiens, & paſſer leur vie plus ſûrement & plus agréablement, ils obſervoient les Coûtumes, parce que c'étoient des Coûtumes, avec autant de régularité que ceux qui les reſpectoient, parce qu'ils les croioient juſtes. Puis donc qu'il étoit établi & qu'il paſſoit pour ſûr & pour conſtant dans l'eſprit de la plus grande partie des hommes, que de certaines choſes étoient juſtes par leur nature, & d'autres vicieuſes; puiſqu'il étoit établi que cette perſuaſion étoit utile au genre humain, c'étoit viſiblement abandonner ce que la Coûtume autoriſé, que de traiter d'incertain tout ce dont la certitude, & eſt établi par la coutume, & eſt univerſellement reconnuë, c'eſt-à-dire; ce dont on eſt en poſſeſſion de croire vrai & de tenir pour certain, dans les païs où l'on vit.

S'ils avoient été aſſurés que le contraire fut vrai, on auroit pû dire qu'ils combattoient ce qu'ils croioient faux par reſpect pour la Vérité. Mais incertain s'il y avoit des choſes Juſtes par leur nature, pourquoi combattre la perſuaſion de ceux qui croioient ſans aucun doute que la Juſtice avoit des fondemens réels & inébranlables, & pourquoi les troubler dans une perſuaſion également agréable & utile pour eux & pour les autres? Pourquoi les contredire, ſi on ne les croioit pas dans l'erreur?

On voit que la vanité l'emportoit ſur toute autre conſidération. Ils vouloient ſe diſtinguer; ils vouloient ſe faire des routes ſingulières; Il étoit d'autres Philoſophes qu'ils n'aimoient pas. "La néceſſité " dit Mr. Bayle, de ſe défendre contre un aggreſſeur " ambitieux & turbulent, a fait éclore des Livres " qui ont procuré beaucoup de gloire & des gens " qui ſongeoient à rien moins qu'à s'ériger en " Auteurs. Notre Carneade n'eſt point dans ce " dernier cas. Ce fut lui qui chercha la noiſe; il " choiſit pour Antagoniſte l'un des plus Célébres " Philoſophes de la Secte des Stoïciens, & il ſouhaita ſi ardemment de le vaincre, qu'en ſe préparant à le combattre, il s'armoit d'une priſe d'ellébore pour avoir l'eſprit plus libre, & pour éx-

" citer avec plus de force contre lui le feu de ſon " imagination. "Il faut aimer la diſpute avec une " prodigieuſe paſſion pour ſe fortifier par de tels ſecours.

Mr. Bayle nous apprend encore juſques où alloit la paſſion de Carneade pour tout détruire: Il s'oublioit lui-même dans l'ardeur avec laquelle il cherchoit des objections à faire. "Il étoit laborieux, dit-il, autant qu'aucun autre, & à force d'étudier il négligeoit de couper ſes ongles, & il " laiſſoit croitre ſes cheveux. Il aimoit ſi peu à " donner ton tems à d'autres choſes qu'à ſes études, " que non ſeulement il évitoit les feſtins, mais qu'il " oublioit même à manger ſi ſa propre table, & qu'il " falloit que ſa ſervante, *qui étoit auſſi ſa Concubine*, lui mit les morceaux en main & peut-être " même à la bouche. "Suivant ce portrait Carneade étoit un homme qui ne ſe donnoit aucun repos, uniquement pour ſe procurer le plaiſir de troubler celui des autres.

Mr. Bayle, en parlant de ceux qui ne veulent pas reconnoître la Création de rien, *dit.* "Il a fallu " qu'ils avoüaſſent que l'exiſtence néceſſaire peut " convenir à une ſubſtance qui d'ailleurs eſt toute " chargée de défauts & d'imperfections, ce qui ren- " verſe une notion très-évidente, ſavoir que ce qui " ne dépend de quoi que ce ſoit pour éxiſter éter- " nellement, doit être infini en perfection; car qui " eſt-ce qui auroit mis des bornes à la puiſſance, " aux attributs d'un tel Etre? Voilà donc de l'aveu de Mr. Bayle des Principes inconteſtables; voilà dans l'homme une Raiſon qui en tire des Conſéquences néceſſaires: & en général, ſi la Raiſon eſt telle qu'il ſe plait à la repréſenter de temps en temps, à quoi bon tous les raiſonnemens qu'il vient de faire?

Mr. Bayle nous préſente une preuve bien ſenſible des égaremens où le Pyrrhoniſme entraine Que l'on compare les prémiers de ſes Ouvrages avec ſon Dictionnaire, ſoit par rapport au reſpect qu'il y témoigne pour la Raiſon, ſoit par rapport aux bienſéances qu'il obſerve, & on verra qu'il n'y a rien dont l'eſprit de Pyrrhoniſme ne puiſſe à la fin rendre capable un homme dont on ſe promettoit d'abord les plus belles eſpérances, & qui ſe trouvoit en état de réüſſir ſur les plus grands ſujets.

A force d'éluder l'évidence, & de rentrer à tout coup dans les digreſſions, il perd juſques au goût du vraiſemblable & de l'ordre; c'eſt-ce qui ſaute particuliérement aux yeux dans ſes Entretiens de Théomile; comme j'eſpère de le prouver ſur la fin de cèt Ouvrage.

"XVI. TOUTE la Secte Eléatique, dit Mr. " Bayle, croioit que l'unité de toutes choſes, " & leur immobilité, & peut-être ne me tromperai- " je point, ſi j'oſe dire que de là eſt né le dogme " que les Sceptiques ont tant prôné, que nos ſens " nous trompent & qu'il ne faut pas ſe fier à leur " témoignage. Car comme l'on objectoit à ces Philoſophes qu'il ſe faiſoit continuellement de nouvelles générations dans l'Univers, ce qui ſuppoſe, " ou qu'il y a deux principes, l'un actif, l'autre " paſſif; ou qu'à tout le moins la ſubſtance unique " de la nature n'eſt pas immuable, ils ne trouvèrent " point de meilleur expédient contre cette difficulté, que de nier qu'il ſe fit des générations. Il fallut donc qu'ils ſoutinſſent que la nature demeuroit toujours la même, & que les changemens que nous croions de ſentir ſouffre, ne ſont que des illuſions de nos ſens, & que des pures apparences. Ariſtote montra clairement à ces défenſeurs de l'immutabilité, ou de l'ingénérabilité, qu'ils ſe trouvoient " leur confuſion dans l'Azyle qu'ils choiſiſſoient; " car puiſqu'ils n'oſoient nier que les apparences ne " changeaſſent, c'eſt-à-dire, que nous ne ſentiſſions " tantôt que la terre eſt froide, tantôt qu'elle eſt " chaude, il s'enſuit que la nature n'eſt pas immobile; elle doit changer néceſſairement dans le ſujet qui

"qui produit, ou qui reçoit nos sensations. Le sentiment est une passion, & ainsi le changement de sentiment suppose une cause efficiente & un principe passif : & voilà vôtre unité de toutes choses renversée. Outre que ce changement est incompatible avec vôtre prétenduë immobilité, ou incorruptibilité.

Peut-on se refuser à l'évidence de ce raisonnement, & ne pas sentir, qu'il fait tomber en contradiction les Eléates?

Article Ar. de Note M.

"Il y a dans sa Physique plusieurs Questions très-sublimes, qu'il pousse & qu'il éclaircit en grand Maître ; mais enfin, le gros, le total de cet Ouvrage ne vaut rien : *infelix operis summa*. La principale source de ce défaut est qu'Aristote abandonna le chemin des plus Excellens Physiciens qui eussent philosophé avant lui. Ils avoient crû que les changemens qui arrivent dans la nature ne sont qu'un nouvel arrangement des particules de la matiére : ils n'avoient point admis de génération proprement dite. Ce fut un dogme qu'il rejetta & par cette rejection, il fut dérouté. Il falut qu'il enseignât qu'il se produit de nouveaux Etres, & qu'il s'en perd : il les distingua de la matiére, il leur donna des noms inconnus, il affirma, ou il supposa des choses dont il n'avoit aucune idée distincte. Or il est aussi impossible de bien philosopher sans l'évidence des idées, que de bien naviguer sans avoir l'Etoile polaire, ou sans avoir une boussole. C'est perdre la tramontane que d'abandonner cette évidence : c'est imiter un voiageur, qui dans un païs inconnu se déseroit de son Guide ; c'est vouloir roder de nuit sans chandelle dans une maison dont on ignore les êtres. Chacun sait le nombre infini de formes, & de facultés distinctes de la substance que les Sectateurs d'Aristote ont introduites : il leur avoit ouvert ce chemin d'égarement ; Et si dans le 17. Siécle la Physique a reparu avec quelque lustre, ce n'a été que par la restauration des anciens principes qu'il avoit quittés, & ce n'a été que par la culture de l'évidence ; c'est enfin par ce que l'on a exclu de la doctrine des générations ce grand nombre d'entités, dont nôtre esprit n'a aucune idée, & que l'on s'est attaché à la figure, au mouvement & à la situation des particules de la matiére, toutes choses que l'on conçoit clairement & distinctement."

NB.

NB.

NB.

Dans le tems qu'on estime & qu'on adopte ces Maximes, on n'est pas Pyrrhonien ; & si on les suit toujours on ne le sera jamais.

Article Strilpon Note H.

"De plus si vous affirmiés d'un homme qu'il est bon, & d'un cheval qu'il court, comment pourriés-vous affirmer que les alimens & que les médicamens sont bons, & que les lions & que les chiens courent? Voilà des subtilités de dialectique qui vont à bouleverser tout le langage, & qui réduiroient le genre humain, ou à se taire, ou à parler ridiculement : & néanmoins un Sophiste seroit aguerri à la dispute, & à la chicane des abstractions, donneroit bien de la peine à ses adversaires, s'il entreprenoit de soutenir jusques au bout l'opinion de Stilpon. On ne l'arrêteroit pas du prémier coup par la distinction des attributs in concreto, & in abstracto, & par le *secundum id quod important in obliquo*, ou *in recto* : il faudroit bien ferrailler sur la question *utrum universale maneat in actuali predicatione*. Ces vétilles si méprisables en elles-mêmes, & si peu capables d'embarrasser un Esprit solide, pourroient pousser jusques dans le Spinozisme un Esprit mal fait : *Ha nuga seria ducunt in mala* ; car ceux qui nient les attributs universels, ne sauroient admettre des individus qui se ressemblent. Il faut qu'ils disent que deux êtres dont l'attribut de substance seroit affirmé véritablement, seroient une seule & même substance ; Ce qui est dire en termes équivalens, qu'il n'y a qu'une substance dans tout

NB.

" l'Univers. Le sens commun est ici d'accord avec les notions les plus évidentes de la Philosophie.

" Un Païsan conçoit clairement, & sans se tromper, que toute l'essence de l'homme convient à chaque homme, & doit être affirmée de chaque homme, & que néanmoins chaque homme est distinct de tous les autres. Il conçoit donc clairement que la même essence qui est affirmée de Pierre n'est point affirmée de Paul ; mais que l'essence qui est affirmée de l'un est semblable à celle que l'on affirme de l'autre. Les Scotistes se sont égarés pitoiablement là-dessus, avec leur *universale formale a parte rei*. Les subtilités les plus fatigantes ne peuvent rien contre ces notions dans un bon esprit ; & lors même qu'on n'est pas capable de les résoudre, on a droit de s'en moquer.

NB.

NB.

Mr. Bayle se seroit épargné bien des fatigues, & au public bien du scandale, s'il avoit constamment raisonné sur la Maxime qu'il vient d'établir. Elle renverse le Pyrrhonisme, elle rend inébranlable à ses attaques. On a beau m'embarrasser par un entassement de termes vagues ; Dès que par un tel jeu de mots, on arrive à une conclusion contraire à des Principes évidens, je conclus qu'on s'est trompé, ou qu'on veut me tromper ou se jouer de moi. Le Pyrrhonisme est une espéce de violence & d'entorse qu'on fait à la Nature. Quand un Pyrrhonien n'a pas actuellement monté son Imagination sur un ton de chicane, quand son humeur contredisante cesse pour quelques momens, il revient à la nature, il parle & pense comme les autres hommes : Les plus outrés Pyrrhoniens ont leurs *intervalles lucides* comme les autres visionnaires.

Ouvrez Div. Tom. IV. pag. 723.

On peut bien appliquer à Mr. Bayle ce qu'il dit de Mr. *Saurin* Lettre CLXXXIV. c'est qu'avec toute sa Logique & sa Métaphysique il n'évite pas toujours le Paralogisme. L'abus de la Logique & de la Métaphysique le fait souvent égarer, ou plûtôt il en abuse pour jetter ses Lecteurs dans le doute & dans les embarras.

Abus de la Logique. Art. Philetas.

XVI. *Philetas.* Le pauvre homme usa ses forces & sa santé, dit Mr. Bayle, à courir après les Sophismes captieux & entortillés des Logiciens & nommément après celui qu'on appelloit le *Menteur*, qui n'étoit qu'une subtilité puérile. En voici un Exemple. *Si vous dites que vous mentez, & si en le disant vous dites la vérité, vous mentez, or vous dites que vous mentez, & en cela vous dites la vérité ; Donc vous mentez en disant la vérité.* C'est un Syllogisme où par la raison même qu'un homme dit la vérité, on lui prouve qu'il ne la dit pas ; On peut faire le même Sophisme, en supposant qu'un homme qui se parjure, jure qu'il se *parjure ; car tant à la fois il jure la vérité, & par conséquent il ne se parjure point, & il jure une fausseté, & par conséquent il se parjure*. On tiroit les mêmes conséquences contradictoires de ce que le Poëte Epimenide Candiot de nation, avoit dit *que tous les Candiots étoient menteurs*. Les Stoïciens donnérent tête baissée dans ces fausses subtilités de la Secte de Megare. Les Logiciens d'aujourd'hui mettent quelquefois en jeu les propositions qu'ils appellent *sui psas falsificantes*; telle est celle-ci, *semper mentior*, je mens toujours. Il est clair qu'il ne faut qu'un peu de bon sens pour connoitre l'illusion de ces sortes de Sophismes, & néanmoins Aristote déclare fort sérieusement, que le *Menteur* jette dans une extrême perplexité. J'aime beaucoup moins lui entendre dire cela, que de voir Seneque qui se moque sur la multitude de Livres qui avoient été faits sur ce Sophisme, *quid me detines in eo quem tu ipse ψευδόμενον appellas ; de quo tantum Librorum compositum est, ecce tota mihi vita mentitur ; hanc coargue, hanc ad verum, si acutus es, dirige.*

Note E.

NB.

Mr. Bayle traite donc lui-même de puérilités ces verbiages qui embarrassoient les personnes qui ne sa-

voient

voient pas raisonner, & dont quelques Pyrrhoniens abusoient, pour conclure que la Méthode de raisonner la plus estimée, jettoit l'esprit dans des embarras inexplicables.

Ces paroles, *je mens, je me trompe, ou je trompe*, ne signifient rien, ou elles expriment une réfléxion sur un acte qu'on vient de faire. Or pour réfléchir que je me suis trompé, il faut que j'aie affirmé ou nié quelque chose; ainsi ces paroles, *je mens*, regardent quelque affirmation ou quelque négation précédente.

Mais, dirés-vous, celui qui n'a rien affirmé, & qui n'a rien nié, à tort de supposer qu'il a affirmé, ou nié quelque chose; *il ment, quand il le fait, ou qu'il insinué cette proposition*; J'en tombe d'accord.

Vous en tombés d'accord, dira-t-on, vous reconnoissés qu'il a raison de dire qu'il ment; Or s'il a raison de parler ainsi, il fait un aveu vrai en disant qu'il ment, & s'il fait un aveu vrai, en parlant ainsi, il dit une fausseté en assurant qu'il ment, de sorte qu'il ment & ne ment pas en même temps.

Je répons que ces paroles, *Je mens*, dès qu'on les regarde comme des paroles qui signifient quelque chose, doivent par là même être reconnuës pour une expression abrégée, simple en apparence, mais composée en effet. En m'exprimant ainsi je parle, & je réfléchis sur ce que je dis, ce sont deux actes différens; Ma réfléxion porte sur ce que je viens de prononcer des paroles fausses, puisque j'ai paru dire que je mentois, quoique je n'eusse prononcé sur aucun sujet; Ces paroles *je mens*, quand je ne prononce sur *aucun sujet*, sont trompeuses, mais la réfléxion que je fais sur ces paroles est sensée & très-véritable; car c'est mentir que d'avoir prononcé sur un sujet quand on n'a rien avancé sur aucun, & il est donc vrai de dire dans cette faute; L'acte direct est trompeur, le réfléchi est vrai. Quand je n'ai prononcé sur aucun sujet, & que je veux faire croire que j'ai mal prononcé, il est vrai de dire qu'en cela je mens.

Il auroit été facile à Mr. Bayle de résoudre ce Sophisme, il auroit pû faire comprendre plus distinctement que je n'ai fait la différence qu'il y a entre un langage *simple*, & un langage dont le sens est *composé*; Entre une Proposition qui signifie, & a du sens, & une Proposition qui ne signifie rien, parce qu'une partie de sa signification est incompatible avec l'autre. De telles expressions sont trompeuses, & quand celui qui s'en est servi s'en reconnoît, il parle en vérité, par là même qu'il avoué de s'être servi d'expressions trompeuses.

Oeuvres Div. Tom. IV. pag. 536. Mr. Bayle Lettre "VI. Quand on dit *je mens toujours*. Si l'on n'excepte pas cette fois que l'on parle ainsi, l'on tombe dans une contradiction manifeste. Car s'il est vrai que celui qui parle, *mente toujours*, au moins en cette rencontre qu'il avouë qu'il ment toûjours, il ne ment pas; & par conséquent il se contredit lui-même. D'autre côté s'il n'est pas vrai qu'il *mente toujours*, la Proposition, par laquelle il dit qu'il *ment toujours*, sera fausse. C'est pourquoi les Logiciens ont fort bien établi, qu'en quand on se sert d'une façon de parler comme celle-là, on doit considérer le reste de la vie, sans avoir égard à la Proposition même qu'on employe."

Mr. Bayle, qui prête avec tant de chaleur des argumens aux Pyrrhoniens, auroit bien pû, pour paroître impartial, résoudre aussi leurs Sophismes; A la verité il les méprise & les traite même de *verbiage pueriles*. Si cela suffit, & qu'en s'exprimant ainsi il ait parlé sincerement, le Pyrrhonisme ne peut tirer aucun avantage de l'abus qu'on peut faire de la Logique; car Mr. Bayle ne prouve point qu'on n'en puisse pas faire usage: on peut me présenter tant de noeuds, on peut les entrelasser avec tant d'adresse, qu'il ne me sera pas possible de les défaire; suit-il de là que je ne pourrai pas m'assurer d'avoir délié deux ou trois noeuds? Et parce que je ne com-

prendrai rien dans une Figure extrêmement composée, ne pourrai-je pas m'assurer que je vois un Cercle, & un Triangle? Il est des gens qui parlent, sans penser à ce qu'ils disent; il en est qui s'énoncent avec beaucoup d'obscurité & de confusion. A cause de cela, ne puis-je m'assurer que je pense à ce que je dis? Ne puis-je pas m'assurer que j'entre dans la pensée d'un homme, dont le discours aura fait naitre chés moi, avec une grande facilité, des Idées très-claires, & très-liées? On a reproché aux anciens Logiciens d'avoir mis au jour un Art par lequel ils se sont embarrassés eux-mêmes; on a prouvé cette accusation par l'éxemple de *Chrysippe*. Mr. Bayle s'étend beaucoup là-dessus, surtout dans l'Article de *Chrysippe* mais si le goût, ou plûtôt la fureur pour la Dispute, a été cause que les Anciens n'ont eu qu'une mauvaise Logique, & uniquement proportionnée à leur grand but, qui étoit de favoriser les disputes, où ils se plaisoient; c'est très mal raisonner que de conclure qu'avec quelque Génie, & un amour sincére pour la vérité, on ne sauroit venir à bout de trouver une meilleure Logique. L'effet naturel de l'amour de la dispute est de détourner de l'Evidence, de borner l'esprit à des *notions vagues* & de l'accoûtumer à des expressions équivoques; c'est ce qui se voit dans les deux éxemples que Mr. Bayle allegue; Le prémier est tiré d'un sorite Sophistique *Deux sont ils une multitude*? Non, *Un de plus changera-t-il le peu en beaucoup*? Cela ne se peut, & en augmentant le tas d'une unité seulement chaque fois, on viendra à cent, à mille, à cent millions, sans pouvoir former une Multitude; La réponse est très-aisée. Ces expressions, *beaucoup*, *Multitude*, sont des expressions qui ne signifient pour quelque chose d'*absolu*, mais de *rélatif*, & dans toute rélation il y a du plus ou du moins: Chaque chose peut être considerée grande ou petite à divers égards. *Dict/hist Article Chrysippe.*

L'Unité est directement opposée à la Multitude, car l'unité est simple, & la multitude ne l'est pas. *Deux*, est un assemblage, & en cela il ressemble par un endroit à une multitude, il en tient un peu, il s'en faut beaucoup; la différence entre *trois* & *deux* est petite; cependant *Trois* est moins éloigné de la *multitude* que *deux*, quoiqu'à la vérité il n'en s'ensuit que de bien peu plus loin; *Quatre* l'est d'avantage que trois, *Cinq* encore plus &c: Je suppose que l'on m'ait conduit à vingt, & qu'on me demande si c'est une multitude? Je répondrai que par rapport à dix neuf, il ne peut pas porter ce nom, il le surpasse de trop peu, mais il est moins éloigné d'être multitude par rapport à dix-huit, moins encore par rapport à dix sept; & j'ajouterai ensuite que je ne lui réfuserai point ce nom par rapport à *dix*, dont il est le double, *moins encore par rapport à cinq* dont il est le quadruple. *Part. II. Sect. V. Art. XIX. pag. 175.*

Quand une Armée de dix mille hommes a été battuë, par une Armée de dix mille & cent hommes, il seroit ridicule de dire qu'elle a succombé sous la multitude; Car *dix mille & cent* n'est pas non plus une multitude, par rapport à *dix mille*, que *cent & un* par rapport à *cent*, Si l'Armée Victorieuse avoit été de quarante mille hommes, je tiendrois un autre langage, quoique je n'eusse gardé de dire que quand *39, mille* sont battus par 40 mille, la multitude en soit la seule cause. Les Noms étant donc rélatifs, il ne faut pas que les deux termes que l'on compare croissent continuellement l'un & l'autre, en telle sorte que la différence qu'il y aura entr'eux soit toujours très-petite, il faut que l'un comme dix par éxemple reste où il est parvenu; pendant que l'autre croîtra, & qu'en croissant il approchera toujours plus de mériter le Nom par rapport à celui qu'n'augmentera point de multitude par un *Nom rélatif*, & qui marque un éxcès, lequel peut devenir sans cesse plus grand.

Négliger de faire attention à cette remarque, c'est confondre l'*absolu* avec le *rélatif*, c'est juger de l'un sur

sur le pié de l'autre, & par conséquent violer une Régle capitale de Logique.

Du Possible & de l'Impossible. Article Chrysippe Rem E.

XVII. La seconde Question que Mr. Bayle tire de Chrysippe, & qui roule sur le *Possible* & l'*Impossible* se trouve très-embarrassante dans l'hypothèse de la fatalité; car si tout arrive nécessairement, si l'Univers, si tout ce qu'on peut s'imaginer de causes dans l'Universalité des Etres, sont de toute nécessité ce qu'elles sont, si aucune d'elles ne peut se modifier, ni se varier, en un mot ne peut s'empêcher d'être, d'agir, & de vouloir de la manière qu'elle est, qu'elle agit, & qu'elle veut, & ne peut être, agir, & vouloir autrement, il a été impossible que tout ce qui est arrivé n'arrivât pas, comme il est impossible que ce qui n'est pas arrivé soit arrivé, & que ce qui n'arrivera pas puisse arriver, puisqu'il faudroit pour cela qu'il fut possible que quelqu'une des causes puisse agir autrement, qu'elle ne fera, ou qu'elle ne fera. Mais puisque nous attachons au terme *possible* une Idée très-claire, & très-différente de celle que nous attachons au mot *de nécessaire*, la clarté de ces idées ne nous permettrait pas de les mettre au nombre des chimères, nous conduit à reconnoître une prémiére Cause, qui entre les effets infinis, sur lesquels sa puissance infinie peut s'étendre, est encore capable de choisir librement ceux qu'il lui plait de faire naitre.

Vides Log. Part. III. Chap. IX. Art. VI. Article Chrysippe Note S.

On voit dans la même page combien *Mr. Bayle* raisonne clairement & juste, quand il lui plait. "Je „ croi, *dit-il*, que les Stoïciens s'engageront à don„ ner plus d'étenduë aux choses possibles, qu'aux „ choses futures, afin d'adoucir les conséquences o„ dieuses & affreuses que l'on tireroit de leur dogme „ de la fatalité. C'est aujourd'hui un grand embar„ ras pour les Spinozistes, que de voir que selon leurs „ hypothéses, il a été aussi impossible que toute é„ ternité que Spinoza, par exemple, ne mourut à la „ Haye, qu'il est impossible que deux & deux soient „ six. Ils sentent bien que c'est une conséquence „ nécessaire de leur doctrine, & une conséquence „ qui rebute, qui effarouche, qui souléve les es„ prits par l'absurdité qu'elle renferme diamétrale„ ment opposée au sens commun. Ils ne sont pas bien ai„ ses que l'on sçache qu'ils renversent une maxime „ aussi universelle, & aussi évidente que celle ci, *Tout ce qui implique contradiction est impossible, & tout ce qui n'implique point contradiction est possible :* Or „ quelle contradiction y auroit-il en ce que Spino„ za seroit mort à Leide? La nature auroit-elle été „ moins parfaite, moins sage, moins puissante?

Mr. Bayle se contredit quand il veut établir le Pyrrhonisme, & abuse de l'autorité de quelques Philosophes Modernes sur la Nature du Corps. Article 7. Fausses Note G.

XVIII. RECUEILLONS de tout ceci, que Mr. Bayle, qu'il n'y a rien de plus dangereux, „ ni de plus contagieux que d'établir quelque faux „ principe. C'est un mauvais levain, qui lorsmê„ me qu'il est petit, peut gâter toute la pâte. Une „ absurdité une fois posée en améne plusieurs autres. „ Errés seulement sur la nature de l'ame humaine; „ imaginés-vous faussement qu'elle n'est pas une sub„ stance distincte de l'étenduë; cette fausseté sera „ capable de vous faire croire qu'il y a des Dieux „ qui d'abord sont nés de fermentation, & qu'ils se „ sont multipliés dans la suite par le mariage.

„ Je ne puis finir sans observer une chose qui me „ jette dans l'étonnement. Rien ne me paroît fondé „ sur des idées plus claires & plus distinctes, que „ l'immatérialité de tout ce qui pense, & néanmoins

NB. „ il y a des Philosophes dans le Christianisme qui „ soutiennent que l'étendue est capable de penser, & „ ce sont des Philosophes d'un très-grand esprit, & „ d'une méditation très-profonde. Peut-on être „ à la clarté des idées auprès de cela? Mais d'ailleurs ces „ Philosophes ne voient-ils pas que sur un tel fonde„ ment, les anciens Païens ont pû s'égarer jusques „ à dire, que toutes les substances intelligentes ont com„ mencé, & qu'éternellement il n'y avoit que de la „ matière?

„ C'étoit l'opinion du Philosophe Anaximenes,

„ comme on l'a vû ci-dessus. C'étoit aussi la „ doctrine d'Anaximander son Maitre. On „ ne prévient pas l'inconvénient par ce Correctif; „ c'est que la matière ne devient pensante que par un „ don tout particulier de Dieu. Cela n'empêcheroit „ point qu'il ne fut vrai que de sa nature elle est „ susceptible de la pensée, & que pour la rendre ac„ tuellement pensante, il suffit de l'agiter ou de „ l'arranger d'une certaine façon, d'où il s'ensuit „ qu'une matière éternelle sans aucune intelligence, „ mais non pas sans mouvement, eût pu produire „ des Dieux, & des hommes, comme les Poëtes, „ & quelques Philosophes du Paganisme, l'ont débi„ té sollemnel.

Il me paroit qu'on ne peut pas raisonner plus inconséquemment. *Rien*, dit Mr. Bayle, *ne me paroit fondé sur des Idées plus claires & plus distinctes que l'immatérialité de l'ame.* Quand il s'exprime ainsi, ou il parle hardiment, sans savoir ce qu'il dit, ou il a des Idées claires de ce qu'il dit. *Mais il y a*, dit-il, *aujourd'hui des Philosophes Célébres qui supposent que la Matière par un don de la puissance Divine, peut être élevée jusqu'à la perfection de penser :* Il falloit ajoûter que ces Philosophes avouent qu'ils n'ont aucune Idée, ni de l'essence de cette Matière, qu'ils supposent pouvoir être élevée à cette perfection, ni de la manière dont la Puissance Divine est capable de la lui donner. Que suit-il de là? Que des hommes célébres & d'un grand génie, d'une grande attention à la clarté de leurs idées, & d'un grand respect pour l'évidence, sur un très-grand nombre de sujets ; d'une grande circonspection enfin, & d'un grand scrupule à reconnoître pas pour vrai, ce dont ils n'ont pas des Idées, se sont pourtant quelques-fois laissés aller à des *peut-être* sur des matières qu'ils ne connoissoient pas. Concluës de là, si vous voulés, que les plus grands génies ne sont pas toûjours d'accord avec eux-mêmes ; mais certainement il n'est pas permis de conclure en disant ; *des grands génies ont quelquefois avancé des* PEUT-ÊTRE *sur des choses dont ils n'avoient pas des idées* ; *Donc* ; On ne doit point se fier à la clarté des Idées ; Dès qu'il plaira à un homme de ne pas tomber d'accord de ce qui me paroit très-vrai, quelque évidence que j'apperçoive dans les preuves qui me persuadent ; ne m'est-il plus permis de compter sur elles?

Ces Philosophes ne prétendent pas que l'étendue pense ; ils disent simplement qu'une substance dont l'étendue est un attribut, pense. Ils ajoutent qu'ils n'ont aucune Idée de cette substance. Or de ce qu'un homme se trompe en bâtissant sur ce qu'il ne connoit pas, s'ensuit-il qu'on ne puisse plus se fier à ce qu'il a soin de n'établir que sur des Principes très-clairs?

Quand même la matière ne pourroit, DIT-IL, *devenir pensante que par un don tout particulier de Dieu, cela n'empêcheroit pas qu'il ne fut vrai que de sa nature elle est susceptible de la pensée ; de sorte que pour la rendre actuellement pensante, il suffiroit de l'agiter, ou de l'arranger d'une certaine façon.*

Je demande excuse à Mr. Bayle ; Celui qui reconnoit que la Pensée ne peut survenir à l'Etendue que par l'effet d'un don très-libre d'une Intelligence toute puissante, ne conviendra pas pour cela qu'il suffise de l'agiter d'une certaine façon. L'étendue ne sauroit devenir pensante par le moien de ses divisions, de ses figures, ou de sa mobilité, ni en un mot en vertu de ses attributs essentiels : Mais quelques Philosophes ont supposé qu'elle pouvoit recevoir un présent surnaturel pour elle, & tel que nous n'avons aucune idée qui nous apprenne la manière dont elle peut le recevoir & le posseder. D'un Raisonnement certain qui roule sur des sujets qu'on ne connoit pas, peut-on conclure à renverser la Certitude de ce qu'on voit distinctement?

Dès le milieu du dernier article que l'on vient de citer, Mr. Bayle raisonne mal, & s'écarte des Régles

gles : mais dans la prémière partie il les pose, il les reconnoit, & les suit. Cet article entier est donc une preuve qu'il y a des Régles dont l'obfervation empêche qu'on ne se trompe.

Evidente qui sorte ou raisonnement dans les régles.

XIX DANS l'article de *Lucrece* Mr. Bayle examine les raisonnemens par lesquels ce Philosophe prétendoit prouver, après Epicure, que la mort n'est point à craindre. Il examine d'abord ce Raisonnement par les Régles du Syllogisme, & ensuite il le réfute par les Maximes d'une Logique plus naturelle & moins Scholastique. Cet examen est fort étendu & la réfutation de l'erreur y est ramenée sous diverses formes; J'en rapporterai une partie.

Article Lucrece Note 2.

,, Epicure & Lucréce supposent, dit-il, que la ,, mort est une chose qui ne nous concerne pas, & ,, à laquelle nous n'avons aucun intérêt. Ils conclu- ,, ent cela de ce qu'ils supposent que l'ame est mor- ,, telle, & par conséquent que l'homme ne sent ,, rien après la séparation du corps & de l'ame. Ils ,, ont raison de dire que rien de tout ce qui peut ,, arriver à l'homme, lorsqu'il ne sent plus, ne le ,, concerne; car c'est toute la même chose à l'é- ,, gard de la statue de Socrate de la mettre en piè- ,, ces, ou de briser la statue de Céfar. Puis donc ,, que la rupture de la statue de Céfar, n'interesse ,, en rien la statue de Socrate, celle-ci n'a nul in- ,, térêt en sa propre destruction, elle n'en voit rien, ,, elle n'en sent rien, non plus que si l'on brûloit ,, un arbre sous le pôle méridional. Mais il ne laisse ,, pas de donner dans le Sophisme par deux endroits.

NB. ,, Ils ne peuvent point nier que le mort n'arrive ,, pendant que l'homme est doué encore de senti- ,, ment. C'est donc une chose qui concerne l'hom- ,, me, & de ce que les parties féparées ne sentent ,, plus, ils ont eu tort d'inférer que l'accident qui ,, les fépare est insensible. Voilà donc leur première ,, inconséquence, ils ont conclû des parties féparées ,, à la féparation même; celle-ci pouvant être dou- ,, loureuse & accompagnée de mille sortes de fentimens ,, importans, est un mal qui appartient proprement ,, & réellement à l'homme, & cela en vertu même de ,, leur principe, que si les morts n'ont nul intérêt à ,, leur état, c'est à cause qu'ils ne sentent rien. Le ,, second défaut du raisonnement de ces Philosophes ,, est, qu'ils supposent que l'homme ne craint

NB. ,, la mort, que parce qu'il se figure qu'elle est sui- ,, vie d'un grand malheur positif. Ils se trompent ,, & ils n'apportent aucun reméde à ceux qui regar- ,, dent comme un grand mal la simple perte ,, de la vie. L'Amour de la vie est telle- ,, ment enraciné dans le cœur de l'homme que ,, c'est un signe qu'elle est considérée comme un ,, très-grand bien; d'où il s'ensuit que de cela seul ,, que la mort enléve ce bien, elle est redoutée com- ,, me un très-grand mal. A quoi sert de dire con- ,, tre cette crainte, vous ne sentirés rien après votre ,, mort? Ne vous répondra-t-on pas sussi-tôt, C'est ,, bien assés que je sois privé d'une vie que j'aime ,, tant, & si l'union de mon corps & de mon ame, ,, est un état qui m'appartient, & que je souhaite ,, ardemment de conserver, vous ne pouvés pas pré- ,, tendre que la mort qui rompt cette union est une ,, chose qui ne me regarde pas.

,, Concluons que l'argument d'Epicure & de Lu- ,, crèce n'étoit pas bien arrangé, & qu'il ne pou- ,, voit servir que contre la peur des peines de l'autre ,, monde. Il y a une autre sorte de peur qu'ils de- ,, voient combattre; c'est celle de la privation des ,, douceurs de cette vie. Ils eussent pû dire qu'à ,, tout prendre, l'insensibilité des morts est un gain ,, plûtot qu'une perte; car on y gagne l'éxemption ,, des malheurs de cette vie. Or soit que les maux ,, de cette vie surpassent les biens, comme l'ont crû ,, beaucoup de gens, quoiqu'ils ne fissent que les ,, égaler, c'est un avantage que d'être insensibles; ,, car il n'y a point d'homme éclairé sur ses intérêts, ,, qui ne préférât quatre heures de bon sommeil, à

,, deux heures de plaisirs, & à deux heures de déplaisirs ,, l'un égalant l'autre.

,, Voïons un nouveau paralogisme de Lucréce. Il ,, prétend que la mort ne nous concerneroit pas, quand ,, même le sentiment subsisteroit dans les parties dis- ,, soutes, ou quand même le hazard produiroit avec ,, le tems une nouvelle réünion du corps & de l'a- ,, me Sa raison est que nous sommes un composé ,, d'ame & de corps, & qu'ainsi rien ne nous con- ,, cerne que ce qui nous appartient, entant que nous ,, sommes ce composé. Comme donc l'ame sépa- ,, rée du corps n'est point un homme, ce qu'elle ,, pourroit sentir en cet état-là, ne seroit point un ,, sentiment d'homme, & sous prétexte que l'ame ,, de Scipion seroit malheureuse après la mort de ,, Scipion, il ne seroit pas vrai de dire que Scipion ,, seroit malheureux. Je me sers de cet exemple, ,, quoiqu'il ne soit pas contenu dans ces paroles de ,, Lucréce : Il croit possible que les mêmes atomes ,, dont un homme a été composé, & qui se dissi- ,, pent par la mort, reprennent avec le tems la mê- ,, me situation & reproduisent un homme ; mais il ,, veut que les accidens de ce nouvel homme ne con- ,, cernent en aucune manière le premier : l'interrup- ,, tion de la vie, ajoûte-t-il, est cause, que nous n'a- ,, vons aucun intérêt à ce qui arrivera, en cas que ,, les siécles à venir nous redonnent la même nature ,, humaine, que nous avons eüe. L'état où nous ,, étions autrefois nous est aujourd'hui une chose en- ,, tiérement indifférente : disons le même des états où ,, nous pouvons nous trouver à l'avenir. Si Lucré- ,, ce a espéré de persuader ces deux points de sa Phy- ,, sique aux personnes qui savent approfondir une ,, question, il s'est mal servi de ses lumiéres. Voi- ,, ci un exemple qui nous le fera voir clairement, ,, quoique je le suppose à plaisir. Représentons nous ,, une montre, & supposons qu'elle est animée, ,, qu'elle sent, & qu'elle connoit ce que l'horloger ,, lui dit. Supposons après cela, qu'il lui annonce ,, qu'il s'en va la démonter, & qu'il ne laissera pas ,, deux roües l'une proche de l'autre, mais qu'uni- ,, versellement toutes les piéces seront féparées, & mi- ,, ses chacune à part dans une boëte ; que le senti- ,, ment se conservera malgré cette destruction, & ,, que l'ame ou le principe de la vie retiendra ses fa- ,, cultés par rapport à la douleur & à la joie &c.

NB.

,, N'est-il pas certain dans cette supposition, que ,, la montre se devra intéresser à ses sentimens, qu'on ,, lui dit que la dispersion de ses parties ne finira pas? ,, Elle n'en sera point affectée entant que montre : ,, mais il suffit pour son malheur, étant que sub- ,, stance sensitive, elle souffrira le chaud, & le froid, ,, la douleur & le chagrin &c. Elle sera très cer- ,, tainement la même substance, qui avoit été expo- ,, sée à ces malheurs là dans la montre, & le mal ,, qu'elle souffrira par la destruction du composé, ,, ne sera qu'une continuation de mal qu'elle avoit ,, souffert pendant que le composé subsistoit.... Il n'y ,, a que deux partis à prendre pour calmer raison- ,, nablement les fraieurs de l'autre vie ; L'un est de ,, promettre la félicité du Paradis, l'autre est de pro- ,, mettre la privation de toutes sortes de sentimens.

,, Notés que les Spinozistes ne peuvent avoir au- ,, cune part ni à l'une ni à l'autre de ces deux con- ,, solations. Toute leur ressource consiste à se pré- ,, parer à une circulation perpétuelle & infinie de for- ,, mes, que la pensée accompagnera toujours, mais ,, qu'ils sachent si elles feront plus heureux, ou ,, plus malheureux que sous la figure humaine.

Quand on lit avec quelque attention ces paroles de Mr. Bayle, peut-on s'empêcher de sentir qu'il y raisonne avec évidence, & que les raisons dont il se sert doivent convaincre un esprit raisonnable? Peut-on s'empêcher de sentir qu'il y a des Régles, & que ceux qu'il réfute ont mal raisonné, parce qu'ils ne les ont pas suivies.

Quand un homme dit en lui-même, je suis résolu
de

de douter: Je ne veux jamais me rendre, & je veux constamment appliquer tout ce que j'ai de génie à éluder les preuves qui passent pour les plus convaincantes. Je crois un tel homme perdu sans ressource, & ceux qui s'amusent à raisonner avec des gens dont-ils connoissent que l'opiniâtreté va jusqu'à ces excès, ne me paroissent guére plus raisonnables que lui. Mais quand un homme dit, & dit d'un coeur sincére, Je veux respecter l'évidence & la suivre toutes les fois qu'elle me sûfira, après un examen très attentif, & très circonspect, ne prendra-t-il pas pour Modéle la maniére de raisonner dont Mr. Bayle vient de donner un exemple?

Si on ne pouvoit faire aucun raisonnement, sans qu'il fut combattu par un second capable d'amener à une Conclusion tout opposée, & de l'établir précisément avec autant de vraisemblance & de force que le prémier établit la sienne, jamais Ecrivain n'emploia plus inutilement sa plûme que Mr. Bayle, lorsqu'il s'est appliqué à développer les Paralogismes de *Lucrece*, & jamais expressions n'ont été si exagérées que celles dont il s'est servi, quand il a traité de Sophismes & de Paralogismes les raisonnemens des Epicuriens. Un Pyrrhonien renonce à son Hypothése, dès qu'il ne reconnoit pas les raisonnemens de Mr. Bayle aussi Sophistiques que ceux qu'il réfute. Mr. Bayle n'est donc pas toujours d'humeur de faire le Sceptique, mais il s'apperçoit & il avoüe qu'en raisonnant, on peut relever une bevuë de la Raison, & que les Régles de la Logique servent à cet usage.

Des paroles des Auteurs citées Pyrrhonisme & Note F.

XX. UN Ignorant, dit-il, „ seroit-il blâmable s'il „ raisonnoit de cette forte, si les preuves de Des Car„ tes étoient évidentes, Gassendi ne les pourroit „ pas combattre d'une maniére qui satisfit quantité „ de gens; car si Gassendi avoit fait un livre, où en „ épuisant tout son esprit & toute sa science, il eut „ entrepris de faire voir que le tout n'est pas plus „ grand que sa partie, & qu'après que de choses é„ gales l'on a ôté choses égales, les restes ne sont pas „ égaux, il n'eut persuadé à personne que sa cause „ fut soutenable; puis donc que lui & d'autres „ grands Philosophes, ont des Sectateurs, lorsqu'ils „ s'opposent aux prétentions de Des Cartes, il faut „ qu'ils combattent une doctrine qui n'est pas évi„ demment vraie, elle a donc des obscurités, elle paroit „ vraie à quelques-uns, fausse à quelques autres, com„ ment pourrai-je moi qui n'ai aucune étude, ni aucun „ usage de la dispute, me déterminer sûrement? Les uns „ ou les autres de ces grands génies se trompent; ainsi „ quelque parti que j'embrasse, je cours risque de „ me tromper. Voilà un raisonnement que le peu„ ple devroit faire, lorsqu'il voit que les Savans sont „ partagés.

Il importe de faire attention sur ces paroles de Mr. Bayle. Il faut aux yeux qu'il y distingue les Matiéres *claires* par elles-mêmes d'avec les Matiéres plus *obscures*, & telles que pour s'en instruire on a besoin d'une Raison plus éclairée. Pour ce qui est des prémiéres, tout ce que pourroit dire le Philosophe le plus subtil & le plus en réputation contre ce que le Sens commun enseigne, ne doit nullement ébranler la certitude de ce qu'on connoit par des lumiéres si simples & si évidentes. Gassendi auroit en vain déployé toute son habileté pour les combattre.

Mais pour des Matiéres beaucoup plus obscures, & plus difficiles, un homme qui n'a pas de l'étude doit se défier de lui même, quand il voit les Savans partagés. Ce parti est raisonnable. Mais s'il s'avise d'étudier, de méditer, & qu'il le fasse avec succès, dès que les matiéres qui lui paroissoient auparavant obscures & difficiles lui seront devenues claires, & qu'il fera parvenu à découvrir des argumens convaincans, le partage de ceux qu'on appelle *Doctes* ne devra plus lui faire de la peine.

Mr. Bayle se fait un plaisir de rapporter peu de lignes après ces paroles de Mr. Jurieu." *Mr. Saurin*

Idem, Note F.

„ & ses Collegues rationaux, peuvent-ils dire en con„ science qu'ils ont une perception claire, & une idée distincte „ de l'immortalité de l'ame? No sont-ce pas ici des „ perceptions claires en apparence, que tout ce qui com„ mence doit finir, qu'un être dont la durée se divise „ par momens, par jours & par années, ne peut-être „ Eternel; parce qu'il seroit infini, & que dans cette „ durée infinie, il y auroit un nombre infini de mo„ mens, & pourtant il n'y auroit qu'un nombre infini „ de jours & d'années; ainsi il y auroit autant de mois „ & d'années que de momens, ce qui est une absurdité sen„ sible. L'impie appelle cela des perceptions claires, „ & il les trouve telles. Ce sont des paroles de Mr. Jurieu font un Exemple manifeste de l'écart d'un Théologien que l'ambition aveugle, & qui voudroit se procurer le plaisir de se voir considéré, par tous les autres comme un Oracle.

L'Argument qu'il tâche de mettre en opposition avec le sens commun, sur l'immortelle durée de l'ame, est une puérilité, & un sophisme manifeste; car afin que le nombre de ses jours fut véritablement infini, il faudroit que sa durée sans bornes fut arrivée à son dernier terme. Le nombre de ses jours sera donc à jamais un nombre qui croîtra continuellement & pourra toujours croître.

Il est deux maniéres de raisonner sur l'Infini, l'une a plus de rapport aux bornes de nôtre Entendement; elle s'abstient de donner, par un dernier terme au delà duquel il n'y ait plus rien, une borne à l'Infini, c'est-à-dire à ce qui n'en a point & à qui on n'en peut donner sans contradiction. Cette maniére de raisonner pour l'infini est en quelque maniére *Négative & Hypothétique*. Mais il en est une autre plus *Absolue & plus Sublime*, & en voici une légére Idée.

Les mêmes proportions régnent entre les côtés d'un petit Triangle, qu'entre ceux d'un beaucoup plus grand, & entre ceux dont la grandeur se trouve entre ces deux Extrêmes, choisis arbitrairement. Ces mêmes proportions auront encore lieu entre les côtés d'un Triangle infiniment petit, & ceux d'un Triangle Infiniment grand. Deux Infinis peuvent être inégaux, tout de même que deux Quantités Finies. Un Infini peut-être *double*, *triple* d'un autre &c. & par conséquent un Infini peut être la *moitié* ou le *tiers* d'un autre. Mais jamais un infini ne surpassera infiniment l'autre, pendant que le nombre qui exprime leur rapport ne sera pas fini.

Ce sont les désaveux auxquels on est amené par des Démonstrations, dont on sent toujours plus la force à mesure qu'on les examine avec plus d'attention & de circonspection. Les Vérités dont ces Démonstrations nous forcent de tomber d'accord, ne laissent pas d'exprimer des Objets dont la compréhension parfaite est au dessus de nôtre Intelligence. Ces sublimes Vérités sont aujourd'hui devenues si familiéres aux Mathématiciens, qu'elles ont cessé de leur paroitre paradoxes.

Qu'on lise l'excellent Traité de Mr. de Fontenelle sur ce sujet & après s'être convaincu de la Certitude des Principes qu'il pose, & de la nécessité des conséquences qu'il en tire, qu'on se demande s'il est permis de revoquer en doute des Vérités établies sur des preuves évidentes sous le prétexte que nôtre Entendement n'est pas capable de se représenter les objets qu'elles énoncent dans toute leur immense étendue. Qu'on se demande encore s'il est possible que les *Combinaisons* des Figures & des changemens de place, des parties qui composent un bloc de matiére soient capables de faire naître des Idées si fines, si justes, si liées, si au dessus & différentes de tout ce que l'Imagination est capable de présenter.

Qu'on oppose à ces paroles les suivantes de Mr. Saurin. "Je sai que l'ame est une substance spi„ rituelle & indivisible, qui ne peut être détruite „ que par annihilation. Je sai qu'il y a une Pro„ vidence, une souveraine Justice, une souveraine

Article Pompenace Note F.

„ féli-

„ félicité, une morale naturelle; enfin un grand nom-
„ bre de Vérités, qui font néceſſairement liées avec
„ l'immortalité de l'ame, & qui feroient par conſé-
„ quent des chimères, fi l'ame étoit mortelle. " On
verra une lumiére qui fuccéde aux ténébres.

Ibidem.   C'*eſt abuſer de la force des termes, & tomber dans
des ſophiſmes d'équivoque, que de dire, qu'on n'a pas
une idée claire & une perception diſtincte de l'ame &
de ſon immortalité, parce qu'on n'en a pas une idée
auſſi évidente que celle qui nous fait connoître les propriétés des nombres.*

Il y a donc des dégrés d'évidence; & deux,
cinq & dix propoſitions qui méritent toutes le nom
d'évidentes ne le font point dans le même dégré,
parce qu'elles ne font pas également fimples.

De ceux „ XXI. ANTIOCHUS, *dit Mr. Bayle*, avoit em-
qui chan- „ braſſé la Secte de ceux qui n'admettent aucune Scien-
gent de   „ ce, c'eſt-à-dire, aucune propoſition certainement
ſentiment „ vraie: & puis il avoit abandonné ce parti là, après avoir
Article „ foûtenu longtemps l'incompréhenſibilité, & avoir
Heracleo- „ écrit ſubtilement pour cette cauſe. Or pendant qu'ils
tes,   „ combattoit la Science, il harceloit furieuſement
Note C. „ nôtre *Denys;* vous avés crû fort long temps qu'il
„ n'y avoit point d'autre bien que l'honnêteté; en-
„ ſuite vous avés foutenu que l'honnêteté n'eſt qu'un
„ vain nom, & que le fouverain bien confiſte dans
„ la Volupté. Vous devés croire que le menſonge
„ ſe préſente à nôtre eſprit, & qu'il s'y imprime
„ ſous le même Caractére, ſous lequel la vérité y
„ prend place, & par conféquent que cette marque
„ caractériſtique du vrai & du faux, ſur laquelle vous
„ vous fond:s pour affirmer ou pour nier, eſt trom-
„ pteuſe & illuſoire. Toute la force de cette objec-
„ tion confiſtoit en ce que *Denys* avoit foutenu ſuc-
„ ceſſivement deux propoſitions contradictoires,
„ Antiochus éprouva la force de ſon objection,
„ lorſqu'il eut changé de fentiment; car on le bat-
„ toit des mêmes armes qu'il avoit employées contre
„ *Denys.*

Cette objection n'a pourtant de force, que dans
la ſuppoſition qu'un homme qui s'eſt une fois trompé, ne ſauroit venir à bout d'appercevoir qu'il s'eſt
trompé. Rien n'eſt moins fondé que cette ſuppoſition. Un homme s'eſt trompé préciſément, parce
qu'il a décidé avec trop de précipitation ſur ce qu'il
ne connoiſſoit pas, & dont-il n'avoit pas l'idée préſente; au lieu que quand il penſe autrement & qu'il
corrige ſon erreur, il s'apperçoit avec évidence qu'il
prononce conformément à ſes idées, & qu'il voit
qu'il n'eſt pas en ſon pouvoir de ne pas céder à cette
évidence.

" Cette Objection, *dit-il*, peut embarraſſer ceux des
" Proteſtans modernes, qui foûtiennent que les vé-
" rités de l'Evangile n'entrent point dans nôtre eſ-
" prit par la voye de l'évidence; mais par celle de
" ſentiment; car que diront-ils, ſi on leur montre
" des Chrétiens qui changent de Religion, & qui, à
" l'éxemple de nôtre Denys d'Héracléé, embraſſent
" pendant long-temps, avec une ardeur incroiable,
" les mêmes dogmes qu'ils rejettent dans la ſuite
" avec une pareille ardeur? Le ſentiment de la fauſ-
" ſeté, demandera-t-on, ne s'imprime-t-il pas dans
" l'ame avec tous les mêmes caractères que le ſenti-
" ment de la vérité?

Mais cette Objection ne tombe-t-elle pas ſur Mr.
Bayle lui même, & ne fait-elle pas comprendre la
vanité de ſon ſubterfuge, que ſa Foi triomphe d'une
Raiſon qui ne lui enſeigne rien que de contraire à ce
que ſa Foi embraſſ.? A quel caractère un homme
difcernera-t-il que ſa Foi eſt plus véritable & plus ſûre que la Foi de ceux qui croient tout le contraire,
& que celle des Viſionnaires les plus dérèglés, ſi l'é-
vidence eſt écartée d'eux?

Mr. Bayle étoit Calviniſte, on dit qu'il en fit
enſuite abjuration, qu'il étudia à Touloufe, qu'il
quitta enſuite la Réligion Catholique Romaine;
fut-ce par Inſtinct qu'il fit tout cela, ou fut-ce par

lumiére & par la voye de l'Examen & du Raifonnement? Si ces circonſtances de ſa vie lui font imputées, fut-ce par inſtinct feulement qu'il demeura
dans la communion ou ſon Pére étoit mort?

XXII. LES Pyrrhoniens objectent qu'on ne peut *L'ame*
être aſſuré de connoître les choſes telles qu'elles ſont; *connoît*
puis qu'on ne connoit paſſaſſés diſtinctement le principe, *ſans bien*
par le moien du quel ſeul on peut connoitre. Sur quoi *noitre*
Mr. Bayle dit fort bien " Ciceron au reſte raiſonne fort *Article*
mal contre Dicéarque : Il prétend que ſelon ce Philo- *Dicéar-*
fophe l'homme ne doit point ſentir de douleur, puis- *que*
qu'il ne doit point ſentir qu'il a une ame. Ce Philo- *Note C.*
fophe pouvoit aiſément répondre, je ne nie point
que l'homme ne ſente, & qu'il ne ſente qu'il ſent,
mais je nie qu'il connoiſſe que ce qui ſent en lui
eſt une ame diſtincte du corps. Il eſt fort vrai
qu'il ne le ſent pas, il ne le connoit qu'en raifonnant.

Voici encore un Raifonnement qui prouve la diſ- *Ibidem.*
tinction de l'ame d'avec le Corps. " Si vous po- *Note C.*
féſ une fois avec cét Auteur que l'ame n'eſt point
diſtincte du corps, & qu'elle n'eſt qu'une vertu
également répanduë pour toutes les choſes vivantes,
& qui ne fait qu'un ſeul & ſimple être avec les
corps qu'on nomme vivans, ou vous ne ſavés
plus ce que vous dites, ou vous êtes obligé de
foutenir que cette vertu accompagne toujours le
corps, car ce qui n'eſt point diſtinct du corps eſt
eſſentiellement le corps, & felon les prèmiers principes il y a de la contradiction qu'un être ſoit jamais ſans ſon eſſence.

„ D'où il réſulte manifeſtement que la vertu de
„ ſentir ne ceſſe point dans les cadavres, & que les par-
„ ties des corps vivans emportent chacune avec foi
„ ſa vie & ſon ame, lorſqu'ils ſe corrompent. Il
„ n'y a donc point lieu de ſe flatter que le fentiment
„ ceſſera après la mort, & que l'on ne ſera ſujet à
„ aucune peine. Si un corps eſt capable de douleur,
„ lorſqu'il eſt placé dans des nerfs, il l'eſt auſſi dans
„ quelque endroit qu'il ſe trouve, ou dans les pier-
„ res, ou dans les métaux, ou dans l'air, ou dans
„ la mer. Et ſi un atome d'air étoit une fois deſti-
„ tué de toute penſée, il paroit très-impoſſible que
„ ſa converſion dans cette ſubſtance que l'on nomme
„ eſprits animaux, le rendit jamais penſant : Cela pa-
„ roit auſſi impoſſible que de donner un préſence
„ locale à un être, qui ſuroit été quelque temps
„ ſans nulle préſence locale. Ainſi, pour raifonner
„ conféquemment, il faut établir, ou que la ſub-
„ ſtance qui penſe eſt différente du corps, ou que
„ tous les corps font des ſubſtances qui penſent, at-
„ tendu que l'on ne ſauroit nier que les hommes
„ n'aient des penſées : d'où il s'enſuit, ſelon le prin-
„ cipe de Dicéarque, qu'il y a un certain nombre
„ de corps qui penſent.

J'ai déja examiné cette même objection, dans la
Critique du Pyrrhoniſme de Sextus. L'ame ne laiſſe
pas d'avoir une idée de ſes actes très-claire, d'être
aſſuré qu'elle les ſent, & qu'ils renferment une
facilité qui convainc, quand même elle ignore le
fond de ſa Nature, & qu'elle ne fait pas expliquer
comment ſes Actes naiſſent. Au reſte il ne paroit pas que le Raiſonnement de Ciceron manque de
juſteſſe. Le Pyrrhonien dit ; L'ame ne ſe connoit pas;
Donc ſes Actes ne peuvent rien lui faire connoitre.
C'eſt comme ſi l'on diſoit la faculté de ſentir ne ſe
fent pas elle-même, donc elle n'eſt ſuſceptible d'aucun
ſentiment.

XXIII. ON VOIT donc par l'éxemple même *Abus de*
de Mr. Bayle qu'on peut faire un très bon uſage *la Logi-*
de la Logique, lever les équivoques, diſſiper l'ob- *que qui*
ſcurité, poſer diſtinctement l'état d'une queſtion, *ſert à ſon*
examiner ſes parties l'une après l'autre; ſéparer le cer- *mé l'uſa*
tain de ce qui ne l'eſt pas; ſentir enfin la force &
le foible de divers argumens. Mais Mr. Bayle qui
fait ſi bien ſe conduire en Logicien habile, quand il
le trouve à propos, fait auſſi abuſer plus que qui que
ce ſoit des armes que la Logique fournir. J'en al-
légue-

léguerai deux éxemples ; il importe d'y faire attention. On verra que ſi on peut abuſer de la Logique, on en tire auſſi des moïens de reconnoitre ſûrement les abus qu'on en fait, & de les corriger. On ſentira en même temps l'éxtrême différence qu'il y a entre un langage barbare, épineux, rempli de termes équivoques, & faits éxprès pour éluder des preuves convaincantes, & entre un langage ſimple, aiſé & naturel, qui répand la lumière, & que l'expérience confirme.

Bayle Dict. Tom. III part. 2 pag. 948.

Dans la Réponſe aux queſtions d'un Provincial Tom IV. pag. 255. " Je demanderois ſur ce ſujet (dit Mr. „ Bernard) ſi les Peuples qui croient une Divinité, „ & qui ont une Réligion, n'ont pas tous les mê- „ mes ſecours, pour la conſervation de la Société, „ que peuvent avoir les peuples Athées, & ſi la „ Réligion ne leur en fournit pas d'ailleurs de très- „ forts, qui leur ſont particuliers & que ne peuvent „ avoir les Athées. Voici ce me ſemble deux pro- „ poſitions qui ſont inconteſtables. 1. Quand les Athées „ auroient des raiſons qui les obligeroient à ne le point „ faire tort ſa uns aux autres, & à vivre en ſociété; „ ils n'auroient rien en cela qui ne leur fût commun „ avec les peuples qui ont une Réligion. 2. Ceux „ qui ont une Réligion ont des principes particu- „ liers & très-forts, que les Athées ne peuvent „ avoir. Or cela ne ſuffit-il point pour conclure, „ que pour la conſervtion des hommes, & pour „ le bien de la Société, il vaut mieux avoir une Ré- „ ligion que de n'en avoir point.

„ Cette objection là eſt bien tournée, *dit Mr. Bayle*, on ne ſauroit alléguer rien de plus plauſible, „ ni de plus fort que cet argument : la victoire „ y paroîtra attachée pendant qu'on ne là conſide- „ rera qu'en général. Le mot Réligion eſt un ter- „ me favorable, & à moins qu'on n'y ajoute quel- „ qu'autre terme odieux, il s'inſinue tout ſeul ſous „ une idée avantageuſe : & ainſi le diſcours de Mr. „ Bernard eſt très capable de prévenir les Lecteurs, „ parce que la Réligion n'y paroit que ſous cette „ univerſalité, que le langage ordinaire nous accou- „ tume à prendre dans un bon ſens. Il y a des cho- „ ſis que nous ne ſaurions repréſenter comme mau- „ vaiſes ſans marquer leurs vices ; car ſi nous n'en „ diſons point de mal, on entend aſſés par là que „ nous n'en diſons que du bien. Telle eſt la Réli- „ gion : Ce ſeroit dans le langage ordinaire un para- „ doxe ſcandaleux que de dire que généralement „ parlant elle n'eſt ni bonne ni mauvaiſe. Cette „ propoſition eſt très véritable dans le ſens de la Dia- „ lectique ; Car puiſque la Réligion ſe diviſe en „ bonne ou en mauvaiſe, elle eſt un genre. Or le „ **genre** entant que tel, c'eſt à dire, entant que „ ſéparé de la différence ſes éſpèces par l'abſtraction „ de nôtre eſprit, ne participe à l'attribut différen- „ tiel d'aucune de ſes éſpèces. Donc la Réligion en „ général ne participe ni à l'attribut qui conſtitue la „ bonne éſpèce, ni à celui qui conſtitue l'autre. On „ fait abſtraction de la vérité & de la bonté; tout „ autant que de la fauſſeté, lorſqu'on ſe repréſente „ la Réligion comme un genre. Il eſt donc certain „ qu'en cet état-là elle n'eſt ni vraie, ni fauſſe, „ ni bonne, ni mauvaiſe; comme il eſt certain en „ terme de Dialectique que l'animal n'eſt ni homme „ ni bête : Or puis qu'il s'agit ici de philoſopher, „ il eſt juſte de prendre les mots non pas ſelon les „ idées du ſtile commun, mais ſelon l'éxactitude „ de la Dialectique. Otons donc l'équivoque qui „ ſe fourre ſous les termes vagues de la Réligion. „ Conſidérons la Réligion telle qu'elle exiſte, & „ non pas ſelon des idées abſtraites dont les objets „ ne ſubſiſtent que dans nôtre entendement. Ce „ ſera le vrai moïen de connoitre ſi la Vigueur & „ l'embonpoint que l'on remarque dans l'objection „ de Mr. Bernard, eſt quelque choſe de naturel ou „ d'artificiel. Je ſuis ſûr que vous comprenés déja „ que cette queſtion demande que l'Atheïſme ſoit

comparé à une telle ou à une telle Réligion par- „ ticuliére, & non pas à la Réligion en général. „ *Cette objection-là*, dit Mr. Bayle, *eſt bien tournée* „ *on ne ſauroit alléguer rien de plus plauſible, ni de* „ *plus fort que cet argument, la victoire y paroîtra* „ *attachée pendant qu'on ne la conſidérera qu'en géné-* „ *ral.*

Il continue à parler ſur ce ton, pendant quelques lignes. Il s'appercoit bien de l'effet qu'une remarque ſi judicieuſe doit naturellement produire ſur l'eſprit des Lecteurs ; & pour les préparer à écouter favorablement ſa réponſe il comprend qu'il doit les prévenir par des apparences de ſincérité. Après quoi il fait le ſubtil Logicien ; & vient aiſément à bout d'embarraſſer par quelques ſpéculations de l'Ecole, des gens qui ne ſavent ce que c'eſt que Logique, ou qui ne l'ont étudiée que très-légérement, comme il ſait bien que ſeront la pluspart de ſes Lecteurs.

Nous avons des Idées générales, c'eſt à dire des Idées applicables à un grand nombre de choſes. Lorſque ces choſes auxquelles on applique une Idée générale ſont différentes entr'elles, on les appelle *éſpéces* par rapport à cette idée générale qu'on leur applique, & qui s'appelle *genre* ; & on trouve également dans chacune de ces éſpéces tout ce que cette idée générale renferme, & outre cela quelque choſe de plus. Ainſi j'ai une Idée générale qui répond au mot de Figure. J'applique cette Idée à une ſurface fermée de lignes *droites*, je l'applique à une ſurface fermée de lignes *courbes*. J'ai donc *figure rectiligne*, & *figure curviligne*. Chacune de ces éſpéces eſt figure autant que l'autre ; mais dans chacune je trouve quelque choſe que je ne trouve pas dans l'autre. Voilà de quelle manière un *genre* ſe diſtingue dans ſes *éſpéces*, & de quelle manière chaque éſpéce contient le genre avec quelque choſe de plus.

Mais il y a une autre manière de diſtinguer les ſignifications d'un *Terme général*. Au lieu de diſtinguer, comme un Genre en ſes Eſpèces auxquelles il convient également, on diſſipe par des diſtinctions l'équivoque de ce terme. La première diviſion eſt *une diviſion de choſes* ou d'idées, & la ſeconde une *ſimple diſtinction de mots*. Ainſi je dirai que le mot de Figure eſt qu'il queſois employé par des Rhétoriciens pour exprimer un certain arrangement de termes; mais que ce ſens eſt tout différent de celui que les Geomètres lui donnent : Mais je ne dirai pas que le mot de Figure eſt le nom d'un Genre qui ſe diviſe en deux éſpéces, la Figure Rhétorique & la Figure Geométrique: Cela ſeroit abſurde.

Appliquons ces remarques Logiques à nôtre ſujet. Si une perſonne donnoit eſſor à ſon Imagination, en ſe figurant des gens qui *adorent un Etre lequel* ils croient très Puiſſant, mais également Vicieux, & qui ſont perſuadés que pour lui plaire, & pour être les objets de ſa faveur, il faut être vicieux, fourbe, blaſphêmateur, aſſaſſin, inceſtueux, ſe livrer enfin aux plus infâmes abominations. Ce ſeroit abuſer du mot de Réligion que de l'appliquer à des chimères & à des égaremens ſi exceſſifs & ſi directement oppoſés à tout ce qui peut en quelque manière & à quelques égards mériter le nom de Réligion. Ce mot ne ſeroit applicable à un tel renverſement que par équivoque.

Mais ſi par le terme de Réligion, on entend en général, la perſuaſion où ſont des hommes qu'il y a au deſſus d'eux quelque grande Puiſſance, & qu'il leur importe de ſe la rendre favorable par la Vertu & par une vie conforme à la droite Raiſon. Ce terme pris dans ce ſens, eſt le nom d'un Genre qui s'applique à deux Eſpèces. Dans l'une on connoit que cet Etre-là eſt Unique, très Saint, très Juſte, très Puiſſant, très Eclairé & on a des Idées diſtinctes des Devoirs par où on peut lui plaire; On eſt aſſûré de la grandeur des récompenſes qu'on en obtiendra, & on ſait que ſi on néglige ſes ordres, on s'expoſera à de terribles châtimens.

Dans

Dans l'autre espece on a retenu une partie de ces Vérités, mais on y a mêlé des Erreurs. Le nombre & les différentes qualités de ces erreurs feront de cette Espèce un *Genre*, qui se subdivisera derechef en d'autres *Espèces*.

Mr. Bernard auroit donc parlé très-improprement si, par le mot de Réligion, il n'avoit pas entendu en général un respect pour quelque chose de supérieur & qui engage à bien vivre.

Réponse aux Quest. d'un Provinc. T. IV. Chap. XXII. pag. 311. Oeuvres Div. Tom. III. part. 2. pag. 959.

"Mr Bernard avoüe *dit Mr. Bayle*, que l'Idolatrie Païenne n'a pas été un principe reprimant; mais il ne laisse pas de dire qu'elle renfermoit un reste de vérité qui étoit cause que les Païens s'abstenoient de plusieurs vices, & qu'ils pratiquoient certaines vertus. Il expliqua cela en disant que l'opinion de plusieurs Divinités, & des Champs Elysées, & du Tartare, renfermoit l'idée d'une Divinité, qui punit ou qui récompense en ce monde, & après cette vie, & que les bonnes actions matérielles des Païens ne doivent point être attribuées, à la crainte des faux Dieux, mais à la crainte d'une Divinité véritable, enveloppée dans la crainte des fausses Divinités. Il me semble que si l'on réduit ceci au langage des Ecoles nous y trouverons ce *distinguo*: L'Idolatrie entant qu'Idolatrie ne détournoit d'aucun péché, & n'excitoit à aucune bonne action, mais entant qu'elle n'étoit point Idolatrie, & qu'elle renfermoit l'idée de la véritable Divinité, elle détournoit du mal, & portoit au bien.

"Pour vous faire voir l'inutilité d'une telle distinction, il faut que je vous ramène aux Elémens de la Logique, & à l'arbre de Porphyre, dont apparemment vous avés encore la Figure dans vos cahiers. Nous voïons par cette figure que les Especes diamétralement opposées participent également à l'attribut qui est leur genre. C'est ainsi que la substance, être qui subsiste en lui même, & l'accident, être qui subsiste dans un sujet, participent également à l'attribut d'être. C'est ainsi encore que la Vertu & le vice possédent également l'attribut de qualité morale, & que l'opinion des Théistes, & l'opinion des Athées possedent également l'attribut de jugement de l'esprit. Nous trouverons un semblable point de réunion dans l'Idolatrie Païenne & dans le dogme de l'unité de Dieu. Croire qu'il n'y a qu'un Dieu, croire qu'il y a plusieurs Dieux, sont deux jugemens de l'esprit directement opposés; mais qui participent également à cet attribut, croire l'éxistence de la nature Divine. Cet attribut est un genre d'opinion qui se divise en ces deux espéces, croire que la nature divine n'est qu'un seul individu; croire qu'elle contient des individus.

"La même Logique qui nous enseigne ces choses, nous apprend aussi que le genre, attribut commun aux espéces opposées, n'est point distinct réellement de la différence, attribut particulier à chaque espèce. Il n'y a pas deux êtres réels dans la substance, par exemple, l'un desquels seroit simplement un être, & par l'autre une substance en elle-même. La même entité numérique qui fait que les substances subsistent en elles-mêmes, fait aussi qu'elles sont un être. Disons la même chose du vice. Ce qui le fait une mauvaise qualité morale, ne diffère point réellement de ce qui le fait une qualité morale, & par conséquent nous devons être assurés que ce qui fait que l'Idolatrie est une opinion de l'éxistence Divine, ne diffère point réellement de ce qui la fait une opinion de l'éxistence de plusieurs Dieux. C'est dans l'ame d'un Idolatre une seule & même entité, croire que la nature Divine éxiste, & croire qu'elle contient des individus; & parce que l'Idolatrie conçoit toûjours ses Divinités, comme douées de tels ou de tels attributs; Junon, par exemple, comme la femme & & la soeur de Jupiter, comme jalouse, fiére, & vindicative, il s'ensuit que de croire que la nature

Divine éxiste, qu'elle est divisée en individus, que Junon a précisément telles ou telles qualités, n'étoient pas trois opinions distinctes dans l'acte par lequel un Païen croïoit l'éxistence de Junon. Ces trois opinions constituoient par identité cet acte-là, & ne pouvoient être séparées que mentalement. C'étoit ce que les Ecoles nomment des formalités, ou des précisions formelles, qui n'éxistent qu'objectivement dans nôtre esprit, & qui se multiplient autant de fois que nous considérons une chose à certains égards, sans faire attention aux autres réalités identifiées entr'elles dans cette chose.

"Si nous passons de la Logique à la Physique, nous apprendrons que les effets d'une cause sont déterminés à être plûtôt ceci que cela, non par l'attribut qui lui est commun à d'autres choses, mais par l'attribut qui l'en distingue. Le feu brûle non pas à cause qu'il est un corps, mais à cause qu'il est un tel corps " Si Mr. Bayle avoit voulu il auroit pu passer à d'autres exemples qui lui auroient appris tout le contraire. L'eau, le vin, l'huyle mouïllent entant que liquides; & quand un homme se plaint parce qu'on lui fait porter un poids de 50 livres, il se sent également fatigué par ce poids, que ce soit du plomb, du marbre &c: Ce qui le fatigue c'est qu'il est de. 50. livres. "Les effets du vin ne tirent point leurs propriétés de ce qu'il est une portion de matière, ni même de ce qu'il est un corps mixte, mais de ce qu'il a l'essence du vin. J'en dis autant de la prodigalité; ce qui spécifie, ou qui détermine ses effets, n'est pas son attribut général de mauvaise qualité morale, c'est son attribut, différentiel, ou ce qui la distingue des autres vices.

"Je conclus de là, que si nous voulons connoitre les effets de la Réligion Païenne, il ne la faut pas considérer en général comme un culte de la nature Divine, ni comme un culte de plusieurs Dieux, mais en particulier comme un culte de tels & tels Dieux. C'est de ce dernier culte qu'elle prend sa forme, son essence, son espéce. Les deux autres cultes y sont compris réellement par identité, & ne sont que des formalités ou des objets de nos abstractions, & en tout cas leur activité est absorbée, & déterminée par celle de l'attribut spécifique, de sorte que si l'Idolatrie entant qu'idolatrie n'est pas un principe réprimant, elle ne le sauroit être par ses formalités générales.

"Le Paganisme que Paganisme étoit le Culte de plusieurs Divinités criminelles: Voilà son essence, ou son attribut spécifique: or les effets d'une cause sont déterminés par son attribut spécifique, à être ceci plûtôt que cela: il faut donc que le caractère des effets du Paganisme dépende de ce que c'étoit un culte de plusieurs Dieux criminels. L'effet naturel d'un tel culte devoit être d'encourager au crime. Donc le Paganisme entant que Paganisme animoit les hommes à pécher. Il ne les en détournoit donc point entant qu'il étoit en général le culte de la nature divine; car comment cet attribut vague, cet objet de l'abstraction de l'esprit, cette idée à quoi les Païens ne faisoient aucune attention, eût pu prévaloir sur l'activité de l'attribut spécifique qu'ils connoissoient distinctement, & auquel ils pensoient actuellement? Or si l'idolatrie ne contenoit rien qui ne pût rompre les effets qu'elle produisoit entant qu'idolatrie, vous voïés bien que la distinction de Mr. Bernard tombe par terre.

Mr. Bernard remarque que les Erreurs ajoutées dans le Paganisme à ce que la Réligion renferme en général d'instructif & de propre à tourner à la Vertu, n'avoient pas tellement étouffé ces Principes généraux qu'ils n'eussent encore un grand effet, sur quelques-uns, & de temps en temps sur plusieurs.

On ne peut s'empêcher de sentir la vérité & la justesse de cette remarque, mais pour la faire éclip-

DU PYRRHONISME.

fer aux yeux de son Lecteur, Mr. Bayle le dépaïse. *Arrêtés*, dit-il, *que je vous ramène à l'arbre de Porphyre dont vous avez apparemment une figure dans vôtre cabinet*. Mr. Bayle étoit-il pedant ? Je ne veux pas l'en accuser, & si je l'en accusois, on ne me croiroit pas. Pourquoi donc le fait-il ici ? C'est qu'aiant peu de chose à dire, il veut paroître dire beaucoup. Il fait ce que feroit dans une chaire d'Auditoire un Répondant pressé, qui se jetteroit à corps perdu dans les Distinctions de la Logique de l'Ecole, afin d'échaper comme il pourroit.

Mr. Bayle s'y étoit sans doute accoûtumé dans sa jeunesse, & cet esprit de contestation ne l'abandonna jamais, ç'a été son plaisir dominant; mais comprenne bien qu'il avanceroit peu le Pyrrhonisme & l'Athéïsme s'il ne se tenoit à écrire plus poliment qu'on ne l'apprend dans l'Ecole, il s'étudia à cette politesse extérieure qu'on a louée en lui, sans rien rabattre de son esprit de contradiction.

Il a beau subtiliser sur les termes de *genre*, d'*espèces*, d'*attributs identifiés*, ou non, avec *l'essence*, il ne préviendra jamais à persuader, contre l'expérience, ceux qui voudront se rendre un peu attentifs à eux mêmes, que ces impressions qu'il y a quelque chose de supérieur à l'homme & qui doive se rendre favorable par une bonne vie, ne puisse subsister avec beaucoup d'opinions particulières & produire un effet indépendamment d'elles.

Mr. Bayle voit rendu dans sa jeunesse la Logique qu'on enseignoit dans les Ecoles en ce temps-là, toute propre à disposer l'esprit à soutenir le pour & le contre, à former l'Esprit à la Dispute, & à lui faire prendre l'habitude de cet exercice. Il ne faut donc pas s'étonner, si Mr. Bayle, dont un des plus grands plaisirs étoit d'entasser des difficultés, d'embrouiller & d'embarrasser, a conservé du goût pour cette Logique. Avant qu'il eut découvert ce goût-là au Public, je fus surpris de lire l'Abrégé manuscrit qu'il expliquoit à ses Ecoliers. J'ai fait quelques Remarques sur l'*Usage des Lieux Communs* que les Logiciens de l'Ecole recommandoient de se rendre familiers, & de regarder comme le vrai Arsenal où ils pouvoient trouver des Armes propres à se battre contre tout venant. Log. Part. III.

Mr. Bayle n'ignoroit pas que parmi les personnes qui méritent de passer pour Raisonnables, il ne s'en trouve plus d'asses simples, pour faire de l'*Arbre de Porphyre*, un ornement de leur Cabinet: Mais il savoit aussi que de cent Lecteurs à peine s'en trouveroit-il un, qui en eut la moindre connoissance & que le reste ne manqueroit pas de s'imaginer quelque important secours à bien raisonner, caché sous ces termes si obscurs pour eux. La plûpart même de ceux qui ont fréquenté les Auditoires, dans un âge où l'on n'examine point, & qui dès là ont donné dans le Monde, conservent une estime pour ce qu'ils ont oublié, & pour peu qu'ils aient du penchant au Libertinage, ils penseront avec plaisir, que les Instructions qu'on leur a recommandées dans leur jeunesse, sont propres à le favoriser.

Mr. Bayle a cent fois soutenu qu'il n'est pas possible de mettre à couvert les Idées de *Justice*, de *Sainteté*, de *Bonté* en Dieu dans le système des *Surlapsaires*, contre ce système des conséquences contre lesquelles il soûtient que la Raison n'a rien à répliquer. Cependant on voit des Théologiens très attachés à ce système, recommander, par leurs Discours & par leur Exemple, la nécessité de travailler à sa sanctification, l'obligation de veiller sur soi-même, & de n'attendre point à bras croisés le résultat des *Décrets*; ils insistent sur tout cela, autant que pourroient faire ceux qui seroient les plus éloignés de croire le Prédestination. Voilà donc, suivant Mr. Bayle, deux sentimens contradictoires : On fait l'un dans la Théorie & l'autre dans la Pratique. Si on lui avoit dit que cela n'est point, & que cela ne peut-être, que quand les *Surlapsaires* pensent à *Dieu*,

ils pensent à un Etre qui a déja décidé de tout par avance irrévocablement, & que ce qu'il a décidé ne sauroit manquer d'arriver, par conséquent, qu'on ne doit point se mettre en peine d'agir d'une façon ou d'une autre.

Il auroit répondu qu'il ne sert à rien de subtiliser contre l'expérience, que l'esprit humain perd de vuë ces idées de *Décrets* & de *fatalité* pour arrêter son attention sur un Dieu, qui commande, qui promet, qui menace, qui a donné à l'homme une Liberté dont il veut qu'il use bien. Il dira ce qu'il a dit ailleurs, pour preuve des contradictions de l'esprit humain, que celui qui est très-persuadé qu'un certain évenement est prédit dans une Prophétie, & par conséquent immanquable, ne laisseroit pas de remuer Ciel & Terre pour le faire arriver, comme s'il étoit possible que la Prophétie manquât d'accomplissement.

On voit aisément par cet exemple que si l'on peut abuser de la Logique, on peut aussi s'en bien servir, s'appercevoir qu'on s'en sert bien, & qu'on évite, ou qu'on corrige les abus que les autres en font, & cela suffit pour se garantir du Pyrrhonisme en matière de Logique. La Question de l'Efficace de la Religion établie dans les *Devoirs sur les mœurs*, sera le sujet d'un autre Section.

XV. V. QUAND Mr. Bayle défend quelques unes des sentimens pour lesquels il s'est déclaré, il se fait bien traiter les adversaires de ridicules, & il a oublié parfaitement la Maxime qu'il admire ailleurs dans les Sceptiques de demeurer dans le doute & dans une pleine suspension, sans trouver tant soit peu plus de probabilité dans un sentiment de plus que dans un autre. " *Le Pape Leon*, dit-il, *approuva le supplice de Priscillien*. Mr. *Maimbourg se sert d'une distinction qui n'est pas fort loin du ridicule; il reconnoît que jusqu'alors les Hérétiques n'avoient pas été punis de cette manière; mais il soûtient qu'on peut très-justement user contr'eux de cette rigueur, comme on a depuis souvent fait*. Et sans parler, continue-t-il, de ceux qui ont prouvé dans leurs Ecrits, qu'il étoit non seulement permis, mais aussi très-bon d'en user ainsi; il ne faut que voir ce qu'a écrit sur cela St. *Leon*, lorsque donnant, comme nous le dirons bientôt, les ordres nécessaires pour agir en Espagne contre l'Héresie de Priscillien, il loue Maxime de cette action, & dit : *que la rigueur & la sévérité de sa justice contre cet Hérésiarque & ses disciples que cet Prince fit mourir, a été d'un fort grand secours à la clémence de l'Eglise. Car bien qu'elle se contente de la douceur du jugement que les Evêques portent selon les Canons contre les Hérétiques obstinés, & qu'elle ne veuille point de sanglantes exécutions : elle ne laisse pas d'être beaucoup aidée & bien soutenuë par les sévères Constitutions des Empereurs, puisque la crainte d'un si rigoureux supplice fait quelquefois que les Hérétiques recourent au remède spirituel, pour guérir la maladie mortelle de leur Hérésie par une vraie conversion*. Le même Maimbourg soutient que la principale faute d'Ithacius, fut de s'adresser à un Tribunal séculier dans une Cause purement Ecclésiastique, & de procurer la mort de ces Hérétiques autant qu'il pût, ce qui est contraire aux Loix de l'Eglise. C'est pourquoi, dit-il, quand les Ecclésiastiques implorent contre les Hérétiques le secours des Princes & des Magistrats, ils protestent toûjours, qu'ils souhaitent tellement leur Correction, que néanmoins, ils ne demandent point qu'on les punisse du dernier supplice, mais plûtôt qu'on use de miséricorde, laissant toutefois les Juges en liberté d'agir selon les Loix pour le bien de l'Eglise & de l'Etat. *C'est-ce qu'on peut appeller une distinction illusoire. C'est une pure momerie: c'est du moins une conduite si éloignée de la gravité d'un Tribunal qui agit sérieusement qu'on ne peut trouver étrange, que l'Inquisition soit tournée en ridicule à ce sujet*. Vous demandez aux Princes

qu'ils

„ qu'ils fassent des Loix contre l'Hérésie : Vous les
„ loués à perte de vuë, lorsqu'ils établissent la pei-
„ de mort contre l'Hérétique : vous leur livrés ce-
„ lui que vous avés déclaré Hérétique : C'est donc
„ vous proprement parlant qui êtes cause de sa mort.
„ Quand vous dites aux Magistrats que vous ne de-
„ mandés par son supplice, vous donnés la comédie.
„ Et au reste, pourquoi ne demandés vous pas la
„ même faveur pour les assassins ? Car selon vous
„ un Hérétique est pire qu'un Empoisonneur &
NB. „ qu'un meurtrier : Jamais la maxime d'Aristote,
„ *posito uno absurdo multa sequuntur*, n'a été plus vé-
„ ritable qu'en cette matière-ci. L'absurdité de sou-
„ mettre les opinions au glaive des Magistrats en-
„ traîne après soi mille absurdités, & jette dans mille
„ contradictions ceux qui la soûtiennent. Notés que
„ l'Inquisition condamne à la mort, & ne se con-
„ tente pas de déclarer qu'on est Hérétique.

Ouvres Dans les pensées diverses sur les Comètes depuis
Div.Tom. la page 632. jusques à la 222. On lit Mr. Bayle a-
III.pag. vec un extrême plaisir, & ce plaisir seroit encore
139-144. plus grand, s'il étoit pur, c'est-à-dire si l'on pouvoit s'empêcher de dire, *Quel dommage qu'il ait pris
plaisir de raisonner ailleurs si différemment ?*
La Cause qu'il soûtient est vraie, il la traite a-
vec un grand Ordre. Ses Divisions sont remplies,
& leur assemblage forme une plénitude de preuves à
l'Evidence desquelles on se rend de tout son cœur.
Mais quand Mr. Bayle a quelque dessein caché &
que sous prétexte d'une chose, il travaille à préparer ses Lecteurs à en adopter une autre, quand il les
déposte, & qu'il leur ôte la liberté & la facilité de
l'Examen, par la multitude & la diversité de ses é-
crits, on est affligé de voir avec combien de Zèle sa
faculté de raisonner, sa fécondité & sa subtilité servent à ses dangereuses vuës.
Mr. Bayle propose différentes hypothéses qu'on
peut suivre sur les Comètes, & il les examine par-
ordre.

Ibidem Dans la pag. 646. il reconnoit qu'il *n'y a aucun
pag. 119.* *Etat ni aucun effet des causes nécessaires, qui puisse a-*
NB *voir un Concert réglé avec ce qui dépend de la Volonté*
de l'homme.

Ibidem. Dans l'Article CCXXIII. il reconnoit que *c'est*
137. *assés pour l'homme de savoir que Dieu a fait une cho-*
se, pour ne douter point qu'il ne l'ait faite avec une
souveraine raison; Je n'en demande pas d'avantage;
Et soit que mes petites lumières en decouvrent les utili-
tés, soit qu'elles n'y comprennent rien, n'importe,
je crois toujours que c'est un Ouvrage digne de la Gran-
deur infinie de Dieu. Mais rien n'empêche, ajoute-il
dans la page suivante *que nous ne fassions valoir les Inte-*
rêts de la Sagesse, de la Justice & de la Sainteté de
Dieu, pour nous ranger à la négative, si nous trouvons
que l'affirmative ne s'accorde pas avec ces Divins At-
tributs.

Ibidem. A l'Article CCXXV. des Pensées Diverses sur les
pag. 136. Comètes T. II. *Les Péres & les Conciles ont donné à*
ces paroles de l'Ecriture, INDURABO COR PHA-
NB. RAONIS, *une interprétation très-éloignée de ce qu'el-*
les signifient littéralement; & cela parce qu'il est ma-
nifeste que le sens littéral choqueroit les perfections de
Dieu. Car qui ne voit, que si Dieu après avoir en-
voyé Moïse faire commandement à Pharaon de laisser
sortir les Enfans d'Israël, & après s'être fait connoître à
lui passer le Souverain Maître du Monde, par des preu-
ves incontestables, avoit positivement endurci le cœur de
ce Prince, pour l'empêcher d'obéir aux paroles de Moï-
se, & pour avoir occasion de déployer sa puissance con-
tre un Roi désobéissant, ce seroit une conduite très-éloi-
gnée de la sincérité, de la Justice & de la Sainteté?
Voilà donc la Raison Interprete de l'Ecriture. Il
est vrai que Mr. Bayle ajoute, *Mais si nous avions
une Révélation expresse qui nous assurât, que l'intention du Saint Esprit a été de ces paroles fussent prises dans toute la rigueur de la lettre, l'Eglise ne manqueroit pas d'y déferer, imposant silence à la Raison,*
*& lui remontrant qu' puisque Dieu qui est la régle
& la source de la Sainteté & de la Justice, nous
declare qu'il a endurci le cœur de Pharaon au pié de
la lettre, cet endurcissement est un acte qui ne choque ni sa Sincérité, ni sa Justice, ni sa Sainteté.*

Afin que ce raisonnement prouve qu'il peut arriver des cas, où l'on devra compter les Lumiéres de
la Raison pour rien, il faudroit prouver que Dieu
peut révéler des Propositions contradictoires au Bon
Sens. Alors il faudroit renoncer à Dieu ou au Bon
Sens, mais puisque Dieu qui est le Pére du Bon
Sens ne se contredit point, ce cas ne sauroit arriver.

Dans l'Article CCXXX. & CCXXXI. des Pen- *Ibidem*
sées Diverses sur les Comètes Tom. II. Mr. Bayle *pag. 159.*
prouve *que rien n'est plus digne de Dieu que l'observation des Loix générales*; Et fait ensuite des réflexions judicieuses sur ceux qui se plaignent de la prospérité des méchans. Ces remarques nous serviront
dans l'Examen du Pyrrhonisme sur la Providence.

Il nous suffit d'avoir vû qu'en matière de Logique & de Régle, les Pyrrhoniens eux-mêmes, & Mr.
Bayle très particuliérement se portent à des Raisonnemens qui vont à établir l'Usage des Régles, & à
renverser la Nécessité d'un Doute Universel.

SECTION CINQUIEME

Examen du Pyrrhonisme Historique

JE poserai d'abord quelques principes qui pourront
servir à distinguer les cas où il est de la prudence de ne rien décider, d'avec ceux sur lesquels
il y auroit de l'affectation & une opiniâtreté déraisonnable à demeurer en suspens; je tirerai même
des Ouvrages de Mr. Bayle dequoi faire cet Examen.

Il sera facile après cela de distinguer les cas sur
lesquels le plus sûr est de ne rien prononcer, d'a-
vec ceux où l'on peut parvenir à quelque Certitude.

I. LORSQUE les faits sont assés simples ou as- *Caracté-*
sés circonstanciés pour conclure que ceux qui les *res qui*
attestent n'ont pû se tromper à moins d'être vision- *assurent*
naires & d'avoir le cerveau troublé, ou de n'avoir *de la vé-*
pas daigné user de la moindre précaution, & qu'il *rité d'un*
paroit sûrement que ces Témoins ne sont ni dessous, *témoi-*
ni des gens qui aient regardé avec nonchalance ce *gnage.*
dont ils rendent témoignage, il n'est plus question
de s'assurer qu'ils sont dignes de foi que de se convaincre de leur sincérité.

La Probité d'un homme qui se soutient à tous é-
gards dans la sagesse, dans la tempérance, dans la
modération, & le désintéressement, cette probité est
une preuve bien forte de sa sincérité. Mentir est
quelque chose de si bas, qu'un cœur, qui a quelque goût pour la Vertu, ne peut s'y résoudre, & si
dans quelque occasion un homme de bien peut s'oublier, s'il lui arrive de s'écarter une fois de la Vérité, jamais il ne se résout à soûtenir pour toujours
le Mensonge, & il ne sauroit persévérer dans le dessein de le rendre public & perpétuel. Cependant
puis qu'il se trouve parmi les hommes des Hypocrites, ou qu'il peut arriver qu'un homme de bien
se relâche de sa probité & la perde, pour rendre démonstrative cette preuve tirée de la probité, il est
nécessaire d'y joindre quelques autres.

On examinera donc si les Personnes sur la déposition de qui il s'agit de s'assurer, ont eu assés d'intérêt à examiner le fait qu'ils rapportent, pour compter qu'ils l'ont examiné autant qu'il étoit nécessaire
afin de s'en assurer parfaitement; si des préjugés
de l'Esprit, ou des Préventions & des intérêts du
Cœur, n'ont point été capables de les faire décider

avec

avec trop de précipitation, & ne les ont point engagés à croire trop légérement. On recherchera donc s'ils n'ont point eu d'autre Intérêt, que celui de la Vérité, à publier ce qu'ils rapportent ; ou si, au cas qu'ils aient été engagés par quelque intérêt à part, il ne s'est point trouvé aussi d'autres puissans intérêts qui les sollicitoient à se taire. Cette preuve aura d'autant plus de force, & sera d'autant plus convaincante que les Intérêts qu'ils auront foulés aux pieds sont ordinairement plus puissans sur le coeur de l'homme. On pésera donc tout ce à quoi des témoins s'exposent, la pauvreté, le mépris, les traverses, les flétrissures, les coups, les supplices. Et afin de ne laisser aucun doute, & de prévenir tout subterfuge, on comparera les Maux où l'on s'est exposé, en renfusant un témoignage, avec tout ce par où l'on auroit pu espérer de s'en dédommager, car la Preuve de la sincérité devient d'autant plus démonstrative que le *Dédommagement* de ce que l'on souffre se réduit plus manifestement à l'unique satisfaction de faire son Devoir.

La *perséverance* des témoins à souffrir sans se dédire, & à soutenir des leurs dépositions, fournira une autre preuve. Les maux auxquels on s'expose, & malgré lesquels on persévere, en feront encore une d'autant plus démonstrative que la persévérance dans ces maux aura été plus longue, qu'on les aura plus aisément, & plus certainement *prévûs*, & enfin qu'il aura été plus *facile* de les faire cesser en se dédisant. De cette preuve il en naîtra encore une autre, si non seulement on peut faire cesser les misères en se dédisant, mais de plus les faire changer en récompenses, & leur faire succéder toutes les suites de l'estime & de l'affection.

La *Multitude* des témoins fortifie aussi l'autorité de leur témoignage. Un homme qui faisant profession de Vertu, feroit de s'y affermir, mettroit néanmoins tout son plaisir à soutenir une fausseté, malgré tout l'intérêt qu'il auroit à s'en dédire, & tout ce qu'il souffreroit en la soutenant, seroit une espéce de prodige inconcevable, & un Monstre en qui l'on ne reconnoîtroit aucun des sentimens de la nature humaine. Or l'on voit rarement des prodiges. Quand plusieurs personnes forment un Complot pour tromper, il est tout à fait difficile qu'elles réussissent. Que vingt se soient unies, dès le moment qu'une seule a découvert la fourberie, tout le crédit des dix-neuf autres est tombé.

Cette Preuve nous conduit à celle qui se tire du *Succès* d'un témoignage. Mais pour tirer delà une preuve, il est nécessaire que ceux qui ont reçu le témoignage comme vrai, ne se soient *point* trouvés *disposés* à le croire par des *préventions*, ou à faire semblant de le croire par des *intérêts* ; mais qu'au contraire follicitez par de puissans motifs à le rejetter, ils n'aient pû se disposer à le recevoir sans en examiner la Vérité ; & il faut de plus que cet examen leur ait été facile, pour conclure qu'ils ne se sont point trompés en le faisant.

Cette preuve n'est point affoiblie par la *multitude* de ceux qui ne se sont *pas rendus* à la disposition des témoins, qui ne les ont pas crû, ou n'ont pas fait profession de les croire. Il faudroit bien peu connoître les hommes pour supposer qu'ils sont tous, ou qu'ils sont la plus-part, plus sensibles à la Vérité qu'à leurs Intérêts temporels. Une infinité de gens ne daignent pas seulement s'informer d'une Vérité, quand elle ne fert ni à leurs plaisirs, ni à leur fortune, & le plus grand nombre quand on la leur présente, en détournent les yeux dès qu'elle les incommode.

Il est certain que quand toutes ces Preuves s'uniffent, un homme qui y fait attention, se trouve forcé à se rendre à ce que des témoins ainsi caractérisés déposent, & à le croire avec la même certitude qu'il croit ce qu'il a vû de ses yeux, il n'en est pas autant frapé, mais il n'en doute pas plus.

Celui qui a toutes les raisons possibles de croire, & qui pourtant ne croit pas, est sans excuse dans son incrédulité, puisqu'il ne veut pas faire usage de sa Raison.

II. ON peut encore distinguer dans l'étude de l'histoire le gros des *faits* d'avec leurs *circonstances*. Le *tien à* gros des faits on ne peut refuser de le croire, sans *faire* une opiniâtreté qui tient de la folie. Que le fils de *Philippe* nommé *Aléxandre*, & Roi de Macédoine s'étant rendu Maître de la Gréce ait soumis la Perse à la Domination ; Que Rome, après avoir été gouvernée par sept Rois consécutifs, ait vécu sous des Consuls, ait été agitée par des factions, & après avoir soumis une partie de la Terre, soit tombée sous la tyrannie de *César* ; il se peut que des gens revoqueront en doute de ces faits de cette nature, car il y a parmi les hommes des fous de toutes les espéces ; & il se peut encore que quelques-uns affecteront de les contester, car l'on ne voit que trop de gens d'un génie singulier, & qui aiment la chicane ; mais jamais des personnes raisonnables n'en douteront. Quand les faits son très-publics, qu'ils sont attestés par plusieurs Historiens contemporains, ou par ceux qui ont copié les contemporains. qu'ils sont liés les uns aux autres, ils ont un Caractére de Vérité dont la Raison veut que l'on se paie.

On peut donc s'assurer, par la Lecture de l'Histoire, des faits éclatans, & qui ont été d'une notoriété publique ; on peut s'assurer de ce dont les deux partis conviennent, des piéces Originales, & des circonstances que l'un avance, & que l'autre ne conteste pas. Et à plus forte raison n'a-t-on pas lieu de douter des faits qu'un Historien ose rapporter, quoi qu'ils ne fassent pas honneur au parti dans lequel il vit, & qu'il auroit intérêt de ménager & de flatter.

III. QUAND un Historien n'est pas d'accord *Historien* avec lui même, on est en droit de se défier de lui, *suspect*. sa sincérité devient suspecte ; ou si on le croit sincére on ne peut s'empêcher de le reconnoître crédule. *Philostrate* a écrit l'histoire d'*Apollonius*, il en parle comme d'un homme dont toute la Vie a été une suite de Miracles, mais en même temps il se plaint qu'*Apollonius* avoit été enseveli dans l'oubli, & il s'en plaint cent ans seulement après sa mort. Le moien de croire que tant de prodiges favorables à la Réligion dominante aient été si tôt oubliés?

Dans le doute sur l'habileté & la sincérité de différens Auteurs contemporains, ou fort voisins des temps dont ils écrivent l'histoire, on tire quelquefois des éclaircissemens du témoignage, de l'aveu, & du désaveu, non seulement des autres Auteurs tout-à-fait contemporains, mais encore de ceux qui les ont suivis, pourvû que ce ne soit pas de fort loin ; car ces derniers Auteurs ont pû connoître juste le caractére des premiers, & leur témoignage a plus ou moins de poids, suivant que par leurs Ouvrages on découvre en eux plus de pénétration d'esprit & de droiture de coeur. Souvent même ils ont été moins génés que ceux qui étoient tout à fait contemporains.

J'ai déja remarqué plus d'une fois, que si l'on veut se garantir du *Pyrrhonisme*, au lieu d'un esprit de chicane, résolu de tout contredire & de s'affermir dans la fantaisie de douter, il faut avoir de la bonne foi, & un désir sincére de découvrir la vérité, & de s'en asurer par de bonnes preuves. A un homme en qui je trouverois ces justes & ces heureuses dispositions, je demanderois, ne voulés-vous pas seulement croire ce que vous voiés distinctement? Ne voulés-vous croire que ce que vos yeux vous apprennent ? Et quels caractéres demandés-vous dans des témoins, pour les trouver dignes de créance, si ceux que je viens d'alléguer ne suffisent pas?

IV. IL est des Circonstances sur lesquelles peu *D'où* de gens font attention dans un temps où il seroit *vient l'in-* faci- *certitude* facile de s'assurer de leur Vérité, & on n'y fait pas d'attention parce qu'elles sont peu intéressantes : par là une Erreur peut devenir assez générale, il suffit qu'une personne se trompe, ou s'éxprime mal, pour en tromper un grand nombre d'autres peu curieuses d'examiner ; mais de ces légères circonstances, & dont peu de personnes ont été à portée de s'instruire éxactement, ce seroit très-mal raisonner que d'en conclure l'incertitude générale des circonstances intéressantes, & dont l'éxamen a été très-facile par l'éclat même qu'elles ont fait.

Note F.

Mr. Bayle dit dans les Notes de l'Article de Des-Loges. ,, *Depuis cette note écrite & imprimée, j'ai sû*
,, *de Mr. de Racan*, dit Mr. Ménage à la fin de
,, son livre d'observations sur les Poësies de Mal-
,, herbe, *que c'étoit lui qui avoit fait ces Vers que*
,, *Mr. de Balzac attribuë à Malherbe, & que Mr.*
,, *de Gombaud avoit fait ceux qu'il a donné à Madame*
,, *Des Loges, & que la chose s'étoit passée de la sor-*
,, *te. Madame Des-Loges qui étoit de la Religion pré-*
,, *tenduë réformée, avoit prêté à Mr. de Racan le Li-*
,, *vre de Du Moulin le Ministre, intitulé le Bouclier*
,, *de la Foi, & l'avoit obligé de le lire. Mr. De Ra-*
,, *can après l'avoir lu fit fur ce Livre cette Epigram-*
,, *me que Mr. de Balzac a alteré en plusieurs endroits.*

,, *Bienque Du Moulin en son Livre*
,, *Semble n'avoir rien ignoré,*
,, *Le meilleur est toujours de suivre*
,, *La prône de notre Curé.*
,, *Toutes ces doctrines nouvelles*
,, *Ne plaisent qu'aux folles Cervelles ;*
,, *Pour moi comme une humble brebis*
,, *Je vai où mon Pasteur me range*
,, *Et n'ai jamais aimé le change*
,, *Que des femmes & des habits.*

,, *L'aiant communiqué à Malherbe qui étoit venu*
,, *voir dans ce tems-là, Malherbe écrivit de sa main*
,, *dans le Livre de Du Moulin, qu'il renvoya au mê-*
,, *me tems à Madame Des-Loges de la part de Mr.*
,, *De Racan. Madame Des-Loges voiant ces Vers é-*
,, *crits de la main de Malherbe, crut qu'ils étoient de*
,, *lui, & comme elle étoit extraordinairement zélée*
,, *pour sa Religion*, elle ne voulut pas qu'ils demeuras-
,, sent sans réponse. Elle pria donc Mr. de Gombaud
,, qui étoit de la même Religion, & qui avoit le mê-
,, me zèle, d'y répondre. Mr. de Gombaud, je le sais de
,, lui-même, qui croioit comme Madame Des-Loges
,, que Malherbe étoit l'Auteur de ces Vers, y répondit
,, par l'Epigramme que Mr. de Balzac attribuë à Ma-
,, *dame Des-Loges*, & qu'il trouve trop gaillarde
,, pour une femme qui parle à un homme. Ce n'est
,, pas un vers la prémière fois que Mr. de Balzac a
,, attribué à cette Dame des Vers, où elle n'avoit au-
,, cune part ; car dans une de ses Lettres il lui attribue
,, *la Chanson de l'Amant qui meurt, dont le refrain*
,, est

,, *Ah c'en est fait ! je cède à la rigueur du sort,*
,, *Je vais mourir, je me meurs, je suis mort.*

,, *qui est de feu Mr. Habert Cerisy*, l'un des plus beaux es-
,, prits de notre tems.
,, On avoit dit que Madame Des Loges ayant lû les
,, vers de Malherbe, piquée d'honneur & de zele, prit
,, la même plume, & de l'autre coté du Papier écri-
,, vit ces autres Vers.

,, *C'est vous dont l'audace nouvelle*
,, *A rejetté l'Antiquité ;*
,, *Et du Moulin ne vous rapelle*
,, *Qu'à ce que vous avés quité.*

,, *Vous aimés mieux croire à la mode :*
,, *C'est bien la Foi la plus commode*
,, *Pour ceux que le monde a charmés.*
,, *Les femmes y sont vos Idoles.*
,, *Mais à grand tort vous les aimés,*
,, *Vous qui n'avés que des paroles.*

,, Qui ne voit là, ajoûte Mr. Bayle, un éxemple de
,, l'incertitude Historique ! Mr. de Balzac croioit
,, communiquer à son ami un fait très-certain, un
,, morceau incomparable d'Ancedotes, & infiniment
,, précieux à quiconque souhaite de bien savoir ce
,, qu'on appella *personalités*. Il l'avoit persuadé à
,, tous ses Lecteurs. Mr. Ménage l'aiant trans-
,, féré dans l'un de ses Livres, étoit prêt à le ré-
,, pandre encore de toute part ; Le hazard voulut
,, que Mrs. de Racan & de Gombaud vécussent
,, encore & désabusassent Ménage, avant que ses ob-
,, servations sur Malherbe se vendissent. Voilà d'où
,, vient que le public n'est plus dans l'erreur. Si ces
,, deux Messrs. fussent morts sans avoir parlé de ce-
,, la à Mr. Ménage, ou s'ils lui en eussent parlé en
,, un autre tems, la prémière narration auroit peut-
,, être encore tant de crédit. Combien y a-t-il d'au-
,, tres faits & beaucoup plus importans, qui passent
,, d'âge en âge & de génération en génération,
,, sans que personne en connoisse la fausseté, faute
,, de ces rencontres fortuites qui ressemblent la Con-
,, versation de Mr. Ménage, avec Mr. de Racan
,, & Mr. de Gombaud ? Quoi qu'il en soit, voilà
,, Mad. Des-Loges déchargée du blâme d'avoir
,, composé des Vers un peu gaillards. On ne peut
,, nier que Balzac n'ait eu raison de trouver que la
,, fin de l'Epigramme est peu conforme à la modes-
,, tie & à la pureté qui doit régner dans tous les E-
,, crits du beau Sexe. Ce n'est pas qu'il faille adop-
,, ter la téméraire & la trop rigide maxime de ceux qui
,, prétendent qu'une femme, qui reprocheroit à un
,, homme qu'il n'a que des paroles, déclareroit en
,, même temps qu'elle est bien fâchée de n'en n'a-
,, voir point tiré, & de n'en tirer point journelle-
,, ment quelque chose de plus réel : Cette maxime
,, est outrée & fausse ; mais qui n'admireroit Mr.
,, de Racan, s'il étoit vrai qu'il fut l'Auteur de la
,, vie de Malherbe imprimée avec quelques petits.
,, Traités en 1672, qu'il ne l'admireroit, dis-je, de
,, ce qu'il auroit appris à Mr. Ménage les méprises
,, de Balzac, & qu'il n'auroit pas hésité d'insérer tout
,, ce récit de Balzac dans la Vie de Malherbe, sans
,, le rectifier le moins du monde ?

,, Du tems de Malherbe & de Mad. Des-Loges
,, tout étoit Poëte en France, & à moins qu'on ne
,, sût faire quelques vers passables, il étoit difficile de
,, passer pour un homme d'esprit, un homme poli,
,, un homme du bel air.

,, Les beaux esprits se rendoient chés Mad. Des-
,, Loges qui les estimoit & pouvoit juger de leur mé-
,, rite. Malherbe écrit de sa main des vers de Mr. de
,, Racan sur un Livre qu'elle lui avoit prêté, on lui
,, répond dans la même fille ; on attribue cette ré-
,, ponse à Madame Des-Loges. Cette conjecture
,, n'avoit rien d'opposé à la vraisemblance, il étoit
,, naturel qu'elle répondit à Malherbe, & elle faisoit
,, des vers ; *Mais les dernières lignes ne sont pas assés*
,, *modestes*. Il est certain qu'une jeune Dame auroit
,, eu tort d'écrire dans ces têrmes à un jeune homme.
,, Mais Malherbe étoit vieux, & Madame Des-Loges
,, n'étoit plus jeune. La raillerie qu'elle fait à Mal-
,, herbe lui avoit déja été faite souvent, & cette rail-
,, lerie lui fait sentir qu'il ne pousse le Libertinage jus-
,, ques à l'affectation. Mr. Bayle fait justifier qui il
,, lui plait : *Il n'y a selon lui aucune conséquence à tirer*
,, *de quelques Vers & en général de quelques paroles li-*
,, *bres, contre les bonnes mœurs*. Si Mad. Des-Loges
,, avoit fait profession d'Athéïsme, Mr. Bayle n'auroit
,, pas manqué de faire l'Apologie de ce qui parois-
,, soit de libre dans ce peu de mots, & de le réduire à
,, rien ;

N.B.

rien ; Mais pour tirer la conclusion qu'il a en vûë, il lui importe d'appuier sur l'indécence, afin qu'on s'étonne d'avantage de ce qu'un conte si peu croiable a si aisément passé pour un véritable Histoire. Mais il n'y a rien là de surprenant ; Dès qu'on li- soit quelques Vers nouveaux, il étoit naturel qu'on s'informât de leur Auteur ; Ces Vers étoient une ré- ponse à d'autres qu'on avoit adressés à Made Des- Loges ; On y avoit plaisanté contre sa Réligion, la replique attaque le mauvais plaisant, on soupçon- ne que Made Des-Loges avoit défendu sa Cause, on lui attribuë ces Vers; une personne n'est pas fa- chée qu'on la croie capable d'un Poëme qu'on louë, & où la modestie ne l'empêche pas de trouver de l'esprit, par là même, qu'il n'est pas sorti de sa plume. Quand Made Des-Loges s'en seroit défen- duë, on auroit crû que c'étoit par modestie. Une infinité de gens se font une gloire d'avoir commerce avec les beaux esprits, & de savoir leurs secrets ; Par là une conjecture trouvée d'abord mille personnes qui la publient & l'assûrent. On se fait un plaisir d'a- jouter foi à un bruit qui se répand; On s'en exami- ne point la Vérité, on n'en demande point de preu- ves, on n'a aucun intérêt à s'en défier. D'un bruit de cette nature, ainsi répandu, ainsi adopté, con- clura à l'incertitude des faits qui ont si nécessaire- ment un très-grand nombre de témoins, qu'on a eu intérêt d'examiner, qu'on n'a publié qu'avec les preuves qui les établissoient, c'est prendre plaisir à confondre un Raisonnement solide avec des discours hazardés sans preuves & sans attention.

Je raisonne de la même manière sur les remarques que Mr. Bayle fait dans l'Article Pellisson.

Note F. "Plusieurs personnes, dit-il, après avoir vû la Ga-
"zette de Rotterdam du Lundi 13. Février 1693.
"crurent que le Mémoire qu'on y avoit inséré tou-
"chant Mr. Pellisson étoit une pièce forgée dans
"la même Ville, & que l'Auteur de cette Gazette
"par des raisons de prudence, n'avoüe pas se dis-
"penser de Mémoire; Cette opinion n'é-
"toit pas exactement vraie ; car il est certain qu'on
"avoit reçû en Hollande plusieurs Lettres écrites
"de France, qui assûroient que tout Paris étoit choqué
"de la manière dont Mr. Pellisson avoit refusé de
"se confesser. Ainsi ces paroles de la Gazette,
"Mr. Pellisson passa hier de ce Monde à l'autre sans
"avoir voulu entendre personne sur le sujet de la Ré-
"ligion, sans communion & sans confession, n'étoient
"pas de l'invention du grand & mauvais Nouvel-
"liste sur qui les soupçons tomboient. Cela étoit
"fondé sur diverses Lettres qu'on avoit reçues de
"France. Mais, dira-t-on, ces Lettres n'avoient el-
"les pas été écrites par des Protestans de Paris ? Je
"n'en sai rien ; je sai seulement que les Catholiques
"de Paris furent les premiers qui débitèrent ces
"nouvelles, & qui en murmurèrent Mademoiselle
"de Scuderi intime amie du Défunt, fut affligée de
"ce bruit, & pria Mr. de Meaux de lui apprendre
"la Vérité. Ce Prélat lui écrivit une Lettre qui
"fut imprimée. Il parut d'autres Ecrits & en Fran-
"ce & en Hollande, & peu à près on ne parla
"plus de cela. Ce qu'il y eut d'incontestable fût
"que Mr. Pellisson mourut sans avoir communié,
"& sans s'être confessé. Il y eut là dessus trois
"sortes de jugemens, comme cela arrive toujours,
"Les amis de Mr Pellisson soûtinrent conformé-
"ment au nîeré de Mr. de Meaux, qu'il avoit
"mandé un Confesseur, mais que la fluxion le suf-
"foqua avant que l'heure marquée & ce Confesseur
"fut venuë. Ses ennemis donnèrent le plus mau-
"vais tour qu'ils purent à toutes les circonstances.
"Les personnes neutres se contentèrent de dire qu'il
"falloit laisser toute cette affaire aux Juges des cœurs,
"& n'affirmèrent pas le fait, savoir que Mr. Pel-
"lisson ne s'étoit pas confessé. Quand au reste ils
"condamnèrent ceux qui debitèrent qu'il mourut,
"SANS AVOIR VOULU ENTENDRE

"PERSONNE SUR LE SUJET DE LA
"RELIGION ; car cela suppose qu'il y eut des
"gens qui se présentèrent pour lui parler de Réli-
"gion, & qu'il refusa de les entendre. Or, disent-
"ils, cela est très-faux. Ils ajoûtent qu'il est arrivé
"à plusieurs personnes pieuses, d'avoir différé leur
"Confession, & leur Communion dans leurs mala-
"dies; soit parce qu'elles croioient n'être pas aussi
"Malades qu'elles l'étoient; soit parce que des rai-
"sons de famille demandoient qu'on ne les crût pas
"au bord de la fosse. De tels délais ou la Con-
"science n'a point de part, peuvent être cause,
"qu'un homme meure sans Confession. Quoi qu'il
"en soit on alléguera sans doute contre Mr. P. l'Histon
"un Historien Catholique dont l'Ouvrage fut im-
"primé à Paris avec Privilège du Roi l'an 1694.
"Vous trouverez ces paroles à la page 223 du II.
"Tome. On parloit diversement de la Réligion de Paul
"Pellisson: les uns disputoient qu'il n'en avoit aucune,
"qu'il ne faisoit que s'accommoder au temps & que
"selon lui la Réligion du Prince, & celle qui servoit
"le plus à son ambition étoit toujours la meilleure ;
"D'autres l'ont crû Protestant dans l'ame, & d'au-
"tres Catholique de bonne foi. Ce qu'il y a de cer-
"tain c'est qu'il a professé ces deux Réligions en di-
"vers tems de sa vie, & qu'il a paru zelé dans l'une
"& dans l'autre. Mais à l'heure de sa mort, il
"n'en professa aucune ouvertement ; car il ne voulut
"point participer au Sacrement de l'Eglise Romaine,
"ni n'osa se dire Huguenot, mais il persista jusqu'a la
"fin dans un silence profond dont il n'y a que Dieu
"qui sache les causes. Mais ceux qui savent que
"cela n'est point dans l'Edition de Paris, n'ose-
"ront pas produire ce témoin. J'ai sû que l'Edition de
"Hollande contient plusieurs choses, à quoi Mr. de
"Rienqourt ne songea jamais. Notez que l'Edi-
"tion de Hollande contient sur ce titre. A Paris chez
"Claude Barbin au Palais 1694. avec Privilège du
"Roi. Ceux qui la trouveront dans quelque Bi-
"bliothèque d'ici à 40. ans pourront-ils savoir qu'el-
"le est supposée ? Ne croiront-ils pas de bonne foi
"que tout ce qu'elle contient, fut publié à Paris
"par un Correcteur des Compres. Et si quelqu'un
"leur objecte que son Edition ne contient pas ce
"profond silence; cette rejection des Sacremens &c.
"& qu'il falsifiait l'histoire publique; ne produi-
"ront-ils pas un exemplaire, qui fera voir aux yeux
"de mille témoins, à Paris chez Claude Barbin &c.?
"Prendra-t-on la peine de faire nommer des Ex-
"perts pour la vérification des Editions ? Nulle-
"ment, chacun suivra ses préjugés & prendra pour
"l'Edition supposée celle qui lui agréera pas. D'où
"l'on peut connoître combien il est difficile à l'hom-
"me d'éviter l'erreur, au milieu de tant de ténèbres
"que l'on répand par avance sur les années à venir.
"Nos Prédécesseurs n'ont pas moins songé à nous
"séduire, que l'on songe présentement à tromper la
"posterité. Et si pendant le siècle où un Auteur est plein
"de vie on ose falsifier les Ouvrages, qui nous ré-
"pondra que les Manuscrits des Pères ont été
"respectés ? Qui nous répondra qu'il n'y ait des
"gens qui souffrent persécution pour soutenir
"l'artifice d'un Corrupteur de Bibliothèques ?

Mr. Pellisson est surpris par la mort ; Il meurt après avoir été long temps malade. On fait que dans de telles circonstances un Mourant est vû par peu de personnes. On convient que toutes les Cérémonies ordinaires dans l'Eglise Romaine ne furent pas prati- quées à son égard. Les uns ont dit qu'on n'en eut pas le temps, les autres ont crû, qu'il l'avoit bien voulu ainsi. Les Esprits étoient alors très échauffés sur le sujet de la Réligion. Les Catholiques & les Protestans étoient également échauffés contre Mr. Pellisson. Si le fait cité par Mr. Bayle n'est pas vrai, la conjecture a paru vraisemblable, on l'a faite, on l'a écrite, on l'a imprimée ; Une infinité de gens se font faits un plaisir de la croire ; Ceux qui ont pu- blié

blié ce Conte, ou cette Histoire, ne couroient aucuns risques; ceux qui y ont ajouté foi, en couroient encore moins. Il n'étoit pas facile de s'en bien éclaircir, vû la diversité des Intérêts & le petit nombre de témoins. Donc sur des faits mêmes qu'on a un grand intérêt à bien examiner; sur des faits publics, & sur des faits qui ont eu un très grand nombre de témoins, on ne sauroit se procurer aucune certitude. Conclure ainsi, c'est compter pour sûr qu'on trouvera des Lecteurs qui ne chercheront qu'à douter.

Il faut examiner les faits Article Periclés Note II.

" V. IL s'agissoit de *Periclés* & des médisances " qui couroient contre lui sur les motifs qui l'a" voient porté à entreprendre la guerre du Péloponèse.

" Cette réflexion, dit *Mr. Bayle*, est de Plutarque, " elle tend à faire voir l'incertitude de l'histoire: c'est " un des moiens de l'Epoque dans le système du " Pyrrhonisme Historique. Plutarque ayant rapporté les médisances des Poëtes contre Periclés & la " calomnie énorme de *Stesimbrotus*, s'écrie qu'il est " malaisé de prevenir à la Vérité. Les Auteurs contemporains s'étouffent ou la pervertissent, les uns " par haine & par jalousie, les autres par amitié, & " par un esprit flateur. Ceux qui viennent après " eux rencontrent le temps passé, comme une barrière " qui les éxclut de la connoissance des véritables é" vénement.

" Plutarque connoissoit par éxpérience ces difficultés. Il a été obligé de dire que la cause de la " guerre du Peloponese n'est guére connue. Qu'est" ce qui la sera donc? La raison pourquoi cette " cause étoit obscure, a lieu en mille occasions. La " gloire & la puissance de Periclés le rendoient odieux, " & de la vint que les médisans inventérent cent " mensonges contre lui. Ils voulurent à toute for" ce lui imputer les malheurs de cette guerre: les " uns inventérent ceci, les autres cela. A quoi " voulés-vous que le Lecteur se détermine, au mi" lieu de tant de sortes de médisances?

On convient qu'il est très-difficile de s'assurer des Motifs secrets. Une même Action peut être l'effet d'un très grand nombre de principes différens: Souvent on se fait Illusion à soi-même, & de deux Motifs, par lesquels on a été poussé à entreprendre une chose, on se persuade qu'on s'est déterminé par celui qui fait le plus d'honneur. On pénétre difficilement certains Motifs, qui sont en effet intérieurs & cachés. Quelle conséquence y a-t-il de là aux Faits qui flatent nos yeux, & qui ont eu nécessairement un très-grand nombre de Témoins?

Certitude des Miracles établie par Mr. Bayle.

VI. LE Plaisir particulier de combattre Spinosa a sieu occupé Mr. Bayle, pour prévaloir heureusement sur celui qu'il se faisoit de tout combattre en général. Il prouve admirablement bien la possibilité des Miracles, & non seulement cela, mais de plus il oublie assés son Pyrrhonisme pour s'exprimer ainsi.

Article Spinosa Note R.

Tirons-les de cette généralité, dit-il, demandons leur ce qu'ils pensent des Miracles rapportés dans l'Ecriture, ils ne nieront absolument tout ce qu'ils n'en pourront pas attribuer à quelque tour de souplesse.

NB. *Laissons leur passer le front d'Airain qu'il faut avoir pour s'inscrire en faux contre des faits de cette nature, attaquons-les par leurs principes.* Il faut lire tout le passage, c'est une abjuration du Pyrrhonisme tant on y raisonne juste.

Ibidem. La dispute des Spinozistes *sur les miracles n'est qu'un jeu de mots*, dit *Mr. Bayle*. " L'opinion or" dinaire des Théologiens Orthodoxes est que " Dieu produit les miracles immédiatement, soit " qu'il se serve de l'action des Créatures, soit qu'il " ne s'en serve pas. L'un & l'autre de ces deux " moiens sont un témoignage incontestable qu'il est " au dessus de la Nature; car s'il produit quelque " chose sans l'emploi des autres causes, il se peut " passer de la nature; & jamais il ne les emploie dans " un miracle qu'après les avoir détournées de leur

" cours; il fait donc voir qu'elles dépendent de sa " volonté; qu'il suspend leur force quand il lui plait, " ou qu'il l'applique d'une façon différente de leur " détermination ordinaire. Les Cartésiens qui le " font la cause prochaine & immédiate de tous " les effets de la nature, supposent que quand il fait " des miracles, il n'observe point les Loix généra" les qu'il a établies; il y fait une éxception, & il " applique les corps tout autrement qu'il n'auroit " fait, s'il avoit suivi les Loix générales. Là-dessus " ils disent que s'il y avoit des Loix générales, par " lesquelles Dieu se fût engagé à mouvoir les corps " selon les désirs des Anges, & qu'un Ange eut sou" haitté que les eaux de la mer rouge se partageassent, le passage des Israélites ne seroit pas un mi" racle proprement dite. Cette conséquence qui éma" ne nécessairement de leur principe, empêche que " leur définition du miracle n'ait toutes les commodités qu'on doit souhaiter. Il vaudroit donc " mieux qu'ils dissent, que tous les effets contraires " aux Loix générales qui nous sont connues, sont " des miracles; & par ce moien les plaies d'Egypte, " & telles autres actions extraordinaires rapportées " dans l'Ecriture, seront des miracles proprement " parlant. Or pour faire voir la mauvaise foi, & " les illusions des Spinozistes sur cette matière, il " suffit de dire, que quand ils rejettent la possibilité " des miracles ils allèguent cette Raison, c'est que " Dieu & la Nature sont le même Etre: de sorte que " si Dieu faisoit quelque chose contre les Loix de " la Nature, il feroit quelque chose contre lui-mê" me; ce qui est impossible. Parlés nettement & NB. " sans équivoque; dites que les Loix de la Nature " n'ayant pas été faites par un Législateur libre, & " qui connût ce qu'il faisoit, mais étant l'action " d'une cause aveugle & nécessaire, rien ne peut arriver qui soit contraire à ces Loix. Vous allé" guerés alors contre les miracles vôtre propre Thé" se ce sera la pétition du principe; mais au moins " vous parlerés rondement. Tirons les de cette gé" néralité, demandons leur ce qu'ils pensent des mi" racles raportés dans l'Ecriture, ils ne nieront absolument tout ce qu'ils n'en pourront pas attribuer " à quelque tour de souplesse. Laissons leur passer " le front d'airain qu'il faut avoir, pour s'inscrire " en faux contre des faits de cette nature, attaquons " les par leurs principes. Ne dites-vous pas que la " puissance de Dieu est infinie? & le seroit-elle " s'il n'y avoit rien dans l'Univers qui pût redonner la vie à un homme mort? Le seroit-elle " s'il n'y avoit qu'un seul moien de former des " hommes, c'est celui de la génération ordinaire. " Ne dites-vous pas que la connoissance de la Nature est infinie? Vous niés cét entendement divin, " où selon vous la connoissance de tous les êtres possibles est réünie; mais en dispersant la connoissance " vous ne niés point son infinité. Vous devés donc " dire que la Nature connoit toutes choses, à peu " près comme nous disons que l'homme entend toutes les langues; un seul homme ne les entend pas " toutes, mais les uns entendent celle-ci, & les autres celle-là. Pouvés vous nier que l'Univers ne " contienne rien qui connoisse la construction de nôtre Corps? Si cela étoit, vous tomberiés en contradiction, vous ne reconnoitriés plus que la connoissance de Dieu fut partagée en une infinité de " manières: l'artifice de la construction de nos organes ne lui seroit point connu. Avouës donc, si " vous voulés raisonner conséquemment, qu'il y a " quelque modification que le connoit: avouës qu'il " est très-possible à la Nature de réssusciter un mort, " & que vôtre Maitre confondroit lui-même ses " idées, & ignoroit les suites de son principe, lorsqu'il disoit, que s'il eut pû se persuader la résurrection de Lazare, il auroit brisé en pieces tout son " Systême, il auroit embrassé sans répugnance la " foi ordinaire des Chrétiens.

Cela

„ Cela suffit pour prouver à ces gens-là qu'ils
„ démentent leurs Hypothéses lorsqu'ils nient la pos-
„ sibilité des Miracles : Je veux dire, afin d'ôter
„ toute équivoque, la possibilité des événemens ra-
„ contés dans l'Ecriture.

Si Spinoza avoit crû l'Histoire de l'Evangile véritable, à peu près comme s'il avoit vû de ses yeux
les Miracles qui y sont rapportés, il auroit abandonné son Système, non parce que son Dieu prétendu,
ou que sa Substance unique & infinie, n'étoit pas
selon lui assés puissante pour produire de tels effets,
mais parce que suivant ses idées, & cette substance,
& tous ses attributs, & toutes les modifications de
ses attributs étoient nécessitées pas leur nature immuable, à être tels qu'ils sont, & à opérer de la maniére qu'on les voit ; au lieu que les Miracles arrivés avec les circonstances que l'Evangile en rapporte, sont des preuves convaincantes d'une Cause
aussi Libre qu'Intelligente & Puissante.

Une Cause qui par la constitution de son Essence est nécessitée, depuis un si grand nombre de siécles, à observer constamment, & invariablement ce
que nous appellons les Loix de la Nature, ne peut
pas, en vertu de cette nécessité qui la détermine invinciblement à agir d'une certaine façon, s'écarter
pendant un petit nombre d'années, avec une très
grande variété, de ces Loix, jusqu'alors, toûjours
observées, & suivies encore invariablement, dans ce
temps-la même partout, à l'exception d'un petit nombre d'endroits, où les Apôtres de Jesus Christ se faisoient connoître. Comment tout d'un coup la nécessité de sa Nature l'auroit-elle invinciblement déterminée à ces écarts, pour n'y revenir plus, depuis tant de siécles ? Quelles preuves peut-on demander de plus fortes, dans la Cause suprême des événemens, si celle là n'en est pas une ?

Quand il cherche à se tirer d'affaire par le moïen des interruptions d'une Tradition. Article Damascene.

VII. Mr. BAYLE en relévant une remarque de
Mr. Jurieu, nous fournit encore un moïen de se garantir du Pyrrhonisme historique dans des cas importans.

Note D.

„ Léon Isaurique, dit-il, grand ennemi des ima-
„ ges, brûlant du désir de se venger de Jean Damas-
„ céne, qui remplissoit alors auprès du Calife la
„ charge de Conseiller d'Etat que son Pére avoit
„ exercée, se servit d'une supposition de Lettre avec
„ un si grand succès, qu'elle fut cause que le Calife
„ fit couper le poing à son Conseiller. On dit aussi
„ que Jean Damascène s'étant recommandé aux priè-
„ res de la Sainte Vierge recouvra sa main, & fit
„ hautement paroître son innocence.

„ On auroit tort de trouver étrange que les Pro-
„ testans soient incrédules envers le miracle que
„ je viens de rapporter; car il est sûr qu'un grand
„ **nombre de Catholiques ne le croient pas; & de la**
„ manière que les Ecrivains de la cause des Images
„ ont composé leurs histoires, ils ne sont propres
„ qu'à rendre suspectes les choses mêmes qu'ils rap-
„ portent véritablement. Ainsi Mr. Jurieu n'auroit
„ rien fait que de raisonnable, s'il s'étoit contenté
„ de rejetter comme un Conte Monachal la main
„ coupée & remise de Jean Damascène. Sa réflé-
„ xion sur la légereté du châtiment est très-bonne;
„ on ne se contente pas de couper la main à un
„ Gouverneur qui promet de livrer sa place à l'en-
„ nemi de son Prince. Mais quand ce Ministre a-
„ joûte que puisque les Sarrazins ne se convertirent
„ pas à la vûë d'un tel miracle, & que la Ville de
„ Damas n'abjura point le Mahométisme, il faut
„ conclure que ce qu'on dit de Jean Damascène est
„ faux, & on me permettra de lui dire qu'il avance une
„ impiété. *Les Sarrazins de ce temps-là étoient bien*
„ *durs*, dit-il, *car je suis persuadé que si l'on faisoit*
„ *un semblable miracle dans la Mecque, elle seroit in-*
„ *continent Chrétienne*. N'est-ce point-là fournir des
„ armes aux Infidèles pour refuter tous les miracles
„ de Moïse, & de JESUS CHRIST? *Les Egyp-*
„ *tiens & les Juifs de ce temps-là étoient bien durs*,

„ pourroit-on dire: *si l'on avoit fait de tels Miracles*
„ *dans Athènes & dans Rome, elles seroient devenues in-*
„ *continent Juives, & puis Chrétiennes*. Il est un
„ peu étonnant qu'un Théologien se laisse ébloüir
„ par une Raison qui n'est pas moins forte contre
„ les Vérités Evangeliques, que contre les fables des
„ Moines : mais enfin quand un pense au pouvoir
„ que prennent sur les gens imaginatifs les prémières
„ pensées qui leur viennent, on ne s'étonne pas que
„ le Ministre dont je viens de parler ait raisonné
„ comme il a fait. Ce qu'il y a de bien étonnant
„ est qu'il ne se soit trouvé qu'un homme qui ait fait
„ paroitre qu'il avoit pris garde à cette dangereuse doc-
„ trine ; & il est remarquable que personne n'a fait
„ semblant de s'appercevoir que le public en eut été
„ averti. Il est encore très-remarquable que Mr.
„ Jurieu, qui pouvoit heureusement sauver son Ortho-
„ doxie, en déclarant qu'il avoit avancé cela sans y
„ songer, & sans en pénétrer les conséquences ; mais
„ qu'a-iant connu le Venin, depuis qu'il a été
„ censuré sur ce sujet, il désavoua cette pernicieuse
„ maxime : Il est, dis-je, très-remarquable que cet Au-
„ teur ait négligé cette voie courte & facile de faire
„ voir son innocence, & qu'il a mieux aimé four-
„ nir à toute la terre, en ne disant mot, un pré-
„ texte légitime de l'accuser qu'il persiste dans la
„ même persuasion, savoir que si l'on rétablissoit
„ aujourd'hui dans la Mecque une main coupée,
„ cette Ville seroit incontinent Chrétienne. Il ne
„ se peut rien de plus impie, ce sont les termes de ce-
„ lui qui a dénoncé quelques erreurs de Mr. Ju-
„ rieu ; car c'est déclarer hautement à la face du Ciel
„ & de la terre qu'il n'est persuadé que tous les miracles
„ de Moïse, de JESUS CHRIST, & de ses Apôtres
„ sont des fables, & par conséquent que l'Ecriture du
„ Vieux & du Nouveau Testament, n'est qu'un Roman
„ & une Legende. Qui peut ouïr cela sans horreur? Et
„ avec un tel raisonnement ne jetteroit-on pas par terre
„ tout le Judaïsme & le Christianisme? Si parce
„ que toute la Ville de Damas ne s'est pas convertie,
„ le miracle du Père Maimbourg est faux, il s'ensuit
„ diront les Incrédules, que Moïse n'a point fait de
„ miracles en Egypte, que JESUS CHRIST n'en
„ a point fait dans la Judée, que St. Pierre ne fit
„ point marcher le boiteux qui lui demandoit l'Aumô-
„ ne au milieu de Jérusalem; car les Egyptiens, ni les
„ Juifs ne se sont pas convertis. Notez que ce boi-
„ teux étoit porté tous les jours à la porte du Tem-
„ ple, & qu'ensuite tout le peuple le vit cheminer,
„ & le reconnut pour le même qui avoit été boi-
„ teux, & qu'il fut reconnu pour le même par les
„ Magistrats, & néanmoins Jérusalem demeura Jui-
„ ve. Le miracle de Jean Damascène tel qu'on le
„ **raconte**, n'eut rien de plus éclatant que celui du
„ boiteux, & ne fut point suivi comme celui-ci
„ d'une exhortation pathétique.

Il est des Raisonnemens d'une telle évidence, que
l'esprit n'est pas moins convaincu de leur vérité que
les yeux le sont de la présence d'un Objet qu'ils
voient distinctement. Cependant des hommes passionnés sont aussi peu d'attention à ces Raisonnemens, & suivent avec autant de persévérance une conduite toute contraire à celle que ces raisonnemens leur
conseilloient, que s'ils n'en avoient jamais eu la connoissance. Des gens de cette humeur, & de cette
opiniâtreté verront inutilement des Miracles. Je ne
les ai pas bien examinés, diront-ils, je ne connois
pas toute la Puissance de la Nature. Qui sait si ce
qu'on donne pour Divin, n'est point un effet de Magie ? Des soupçons vagues, des *peut-être* hazardés,
leur fourniront des Pretextes pour n'y plus penser.
Ils se trouveront deux ou trois dans le même goût,
ils se prêteront réciproquement leur autorité, & se
reposeront l'un sur l'autre; C'est ainsi que des
coeurs mal disposés éludent des preuves qui, par
elles-mêmes seroient très-propres à les convaincre.

Bir.

Mr. de Fontenelle, Histoire des Oracles.

„ Le témoignage de ceux qui croient une chose
„ déjà établie, n'a point de force pour l'appuyer;
„ mais le témoignage de ceux qui ne la croient pas
„ a de la force pour la détruire. Ceux qui croi-
„ ent peuvent n'être pas instruits des raisons de ne
„ point croire, mais il ne se peut guére que ceux
„ qui ne croient pas ne soient pas instruits des rai-
„ sons de croire. C'est tout le contraire quand la
„ chose s'établit; le témoignage de ceux qui la
„ croient est de lui-même plus fort, que le témoi-
„ gnage de ceux qui ne la croient pas. Car naturel-
„ lement ceux qui la croient doivent l'avoir exami-
„ née, & ceux qui ne la croient point, peuvent
„ ne l'avoir pas fait; car pour quiter une opinion
„ commune, ou pour en recevoir une nouvelle, il
„ faut faire quelque usage de sa raison, bon ou mau-
„ vais, mais il n'est pas besoin d'en faire aucun
„ pour rejetter une opinion nouvelle, ou pour en
„ prendre une qui est commune. Il faut des forces
„ pour résister au torrent, mais il n'en faut point
„ pour le suivre.

Maxime de VIII. On a dit que Sixte IV. accorda des indulgences
débauche „ aux Romains pour une impureté des plus abomina-
les, ecrite „ bles, pendant les trois mois de l'année les plus chauds.
dans les „ Mr. Bayle fait à cette occasion des remarques qui
Article „ apprennent à rejetter des faits supposés. " Je soutiens,
Note II „ dit il, que si ces gens-là étoient capables de pré-
Note D. „ senter une telle Requête, & de se servir de la per-
„ mission qu'on leur auroit accordée, ils n'avoient
„ pas assés de conscience pour se soucier d'une telle
„ permission.
„ Assurés vous que de telles gens n'attendroient
„ pas à se plonger toute l'année dans le crime, que
„ le Pape eut répondu à leur Requête. Et puis quel-
„ le nécessité y-avoit-il de dresser une Requête dans
„ les formes, & d'en attendre une réponse par é-
„ crit ? Ne suffisoit-il pas de dire cela à l'Oreille,
„ & d'obtenir à voix basse la permission, sans s'éx-
„ poser à rendre témoin de son impudence abomin-
„ ble plusieurs personnes ? Les habiles scélérats font
„ ils de ces fautes ? De plus, consultés les Médecins,
„ ils vous diront, que la chaleur de l'Eté abbat &
„ énerve les hommes. Après quoi il ajoute. Tout
„ Vénitien & tout Florentin qui savoit médire pou-
„ voit s'assûrer de plaire à ses Souverains & à ses
„ Concitoiens en employant son talent contre ce
„ Pape. Il pouvoit espérer que ses Satires vraies ou
„ fausses seroient bien reçues : c'est une consolation
„ pour ceux qui craignent ou qui haïssent un Prin-
„ ce, que de le voir déchiré par des libelles ; on
„ croit tout, on avale tout dans cet état-là ; & c'est
„ pourquoi les Ecrivains Satiriques ne se mettent
„ guere en peine de la vraisemblance ; ils font sûrs de
„ persuader les mensonges les plus grossiers. Ils ont
„ principalement cette espérance lorsqu'ils peuvent
„ reprocher-très justement des actions mauvaises. Ce
„ sont des Vérités qui servent de sauf-conduit aux
„ faussetés qui les accompagnent. Voilà une obser-
NB. „ vation qui pourroit servir en tout temps, à ceux
„ qui souhaitent de ne pas confondre les menson-
„ ges véritables, avec les Satires calomnieuses.
En supposant que Mr. Bayle s'exprime ici sincérement, on pourra selon lui distinguer des Vérités
d'avec les suppositions. Il auroit seulement été à
souhaiter, qu'à l'occasion de cet Article & la citation des Médecins, Mr. Bayle, ne se fut pas abandonné au plaisir d'entasser une feuille de gaillardises.
Ajoûtons encore qu'il reconnoit que la Raison est
capable de s'appercevoir de l'inutilité d'une telle dispute.

Article „ Quelques-uns des Adversaires de *Villegaignon*
Villegai- „ ont avoué qu'il ne se souilla point avec les fem-
gnon. „ mes sauvages de l'Amérique, & qu'il s'opposa très
„ vigoureusement à cette licence.
Mr. Bayle cite là-dessus Jean de Lery & fait cet-

te réfléxion ; „ Quil faut refréner sévérement la cré-
„ dulité à l'égard des médisances. Combien y eut- *Note G.*
„ il de gens qui crurent ce qui fut dit des impure-
„ tés de *Villegaignon*, & néanmoins *le voici justifié*
„ par le témoignage d'un homme qui, bien loin de
„ l'épargner, eut débité avec joie toutes les vérités
„ désavantageuses ?
Voilà ce me semble un caractére de vérité histo- *Ouvres*
rique reconnu par Mr. Bayle, Lettre CXCI. en *Diverses*
parlant d'un Médecin qui en Frise guérissoit les ma- *732.*
ladies en mêlant quelque chose dans leurs urines. *Il est
certain qu'il a guéri des personnes & a fait suer quantité de gens.*

„ Il faut renoncer aux Maximes les plus sures se- *Article*
„ lon lesquelles on juge des faits, ou convenir que *Barclai*
„ *Jean Barclai* ne renonça point en Angleterre à la *Note L.*
„ profession du Catholicisme. Il a déclaré publi-
„ quement, qu'il est né, & qu'il a toûjours été
„ Catholique, & qu'encore qu'il eut une charge
„ chés le Roi Jaques, il n'assistoit point aux exer-
„ cices de l'Eglise Anglicane, & ne s'absentoit point
„ des assemblées des Catholiques. J'étois assidu,
„ dit-il, à ces dernières. Il prend à témoin les Am-
„ bassadeurs de France & d'Espagne, & les Péres
„ Confesseurs qui étoient aussi les miens, *dit-il*. Voi-
„ ci qu lque chose de plus fort ; Il prend à témoin
„ le Roi Jaques, dont il se vante d'avoir obtenu le
„ Privilége de ne pouvoir être inquiété sur sa Reli-
„ gion Catholique. Le Roi Jaques étoit plein de
„ vie, quand Barclai publia ces choses, les Am-
„ bassadeurs qu'il prend à témoin n'étoient pas tous
„ morts. *Comment croire qu'il débite une fausseté.* Il NB.
„ se justifie d'une autre chose dont on l'accusoit
„ c'est d'avoir été l'Auteur ou le fauteur d'un san-
„ glant libelle, qui parut contre le Roi Jaques, dès
„ que lui Barclai fut sorti de l'Angleterre. Enfin
„ il déclare qu'il révoque certaines doctrines qui sont
„ dans le Livre qu'il avoit écrit contre le Cardinal
„ Bellarmin. Il n'oublie point de dire qu'il étoit
„ sorti avec son Congé.

„ Quelques Historiens Catholiques se sont don- *Article*
„ nés une licence prodigieuse de mentir contre elle *Boleyn.*
„ (parlant de la Reine Anne de Boleyn) tant par le
„ chagrin qu'ils avoient du Schisme dont elle avoit
„ été cause, que par l'envie de faire tomber son
„ déshonneur sur la Reine Elizabeth. Ils ont été
„ de ces Satiriques étourdis, dont j'ai déjà eu oc-
„ casion de parler, qui, au lieu de ne faire ferme que
„ sur les faits véritables, se sont engagés à des mé- NB.
„ disances *très faciles à réfuter.* Leur aveuglement
„ est d'autant plus inéxcusable, qu'ils pouvoient
„ assés médire sans passer les bornes d'un fidelle Hi-
„ storien. C'est dommage de la bonne fortune
„ qu'ils ont eüé de trouver une infinité de Copistes,
„ & de Lecteurs complaisans, inspirée à tant d'autres
„ la hardiesse de les imiter.

Qu'on lise ce que Mr. Bayle ajoûte dans ses
Notes, & on y trouvera des confirmations de la remarque que j'ai déja faite, sur le Pyrrhonisme Historique, qu'on auroit grand tort de rendre Universel. „ Qu'y-a-t-il par éxemple, continue Mr. Bayle, *Ibidem,*
„ de plus aisé à détruire que le Conte que tant *Note D.*
„ de gens ont copié de *Sanderus*, savoir qu'Anne é-
„ toit fille de Henri VIII que sa Mére mit au
„ monde deux ans après le départ de Thomas Bo-
„ leyn pour l'Ambassade de France, à laquelle le
„ Roi ne l'avoit nommé, qu'afin de joüir plus li-
„ brement de la Femme en l'absence du Mari ; que
„ Thomas Boleyn apprenant à son retour la mau-
„ vaise conduite de sa femme, la fit appeller par de-
„ vant l'Official de Cantorberi pour cause d'Adulté-
„ ré, & demanda la séparation ; qu'il reçut ordre
„ du Roi de cesser toutes ses poursuites, & de re-
„ mettre son épouse en ses bonnes graces ; qu'il obéit,
„ mais que ce ne fut qu'après qu'elle lui eut avoüé
„ que le Roi étoit Pére de la derniere fille dont
„ elle étoit accouchée ; qu'Anne Boleyn à 15 ans
fut

„ fut débauchée par le Maître d'Hôtel & par l'Au-
„ mônier de son Pére ; qu'ensuite on l'envoia en
„ France chés un Seigneur qui la nourrit en fille de
„ grande qualité; qu'elle se gouverna à la Cour de
„ France avec si peu de pudeur, qu'on l'appelloit
„ ordinairement la haquenée d'Angleterre ; & qu'à
„ cause que François I. eut part à ses bonnes graces,
„ on l'appella la mule du Roi ; que pendant les a-
„ mours de Henri VIII. pour cette fille, Thomas
„ Vint un des principaux Seigneurs de la Cour, se
„ présenta au Conseil, pour déposer qu'il avoit eu
„ à faire avec elle en un temps où il ne croioit pas
„ que le Roi songeât à lui faire l'honneur de l'épou-
„ ser ; & Henri n'aiant point ajouté foi à cette dé-
„ position, Viat offrit de rendre le Roi même
„ Spectateur des faveurs qu'il recevroit de cette im-
„ pudique; que Viat fut appellé impudent, & qu'on
„ le chassa de la Cour.

„ Le Docteur Burnet emploie contre cela trois
„ moiens. En prémier lieu Sanderus, n'avance ces
„ choses que sur la foi d'un Ouvrage que personne
„ ne vit jamais. C'est la Vie de Thomas Morus
„ par Rastal. 2 On a commencé trop tard à l'ob-
„ jecter. 3. Il y a de l'impossibilité dans ce récit.
„ Voici la seconde de ces trois raisons dans toute son
„ étendue. Si ces choses ont été telles que le rap-
„ porte Sanderus, comment, à la mort d'Anne de
„ Boulen, n'a-t-on point vû des personnes assés
„ complaisantes envers le Roi, ou assés ennemis de
„ cette malheureuse Princesse, pour rendre publique
„ son infamie, qui d'ailleurs ne pouvoit-être secrette?
„ Car qu'une femme comme la Mére d'Anne de
„ Boulen, soit grosse deux ans après le départ de son
„ Mari, envoïée en une Ambassade considérable ; que
„ ce Mari sollicite le divorce à la Cour de l'Ar-
„ chevêque de Cantorbery, & qu'il y fasse appeller
„ sa femme : ce sont là des circonstances que le
„ Monde n'oublie pas si-tôt. D'autre côté qu'An-
„ ne de Boulen ait été en si mauvaise réputation,
„ qu'elle se soit laissée débaucher d'abord chés son
„ Pére ; qu'ensuite elle ait mal vécu en France ;
„ qu'elle ait été entretenue par deux Rois : Voilà
„ des circonstances qui ne peuvent être fort secretes.
„ Outre cela lorsque les Registres de la Cour
„ de l'Archevêque subsistoient encore, on a offert
„ au public de faire voir, qu'il n'y avoit dans ses
„ Registres rien de semblable aux poursuites dont a
„ parlé Sanderus. Enfin tous les Ecrivains de ce
„ temps-là, soit du côté du Pape, ou du côté de
„ l'Empereur, gardent un profond silence sur ces
„ choses, qu'ils n'auroient jamais manqué de pu-
„ blier, si elles eussent été vraies, ou si elles fussent
„ venuës à leur connoissance. Mais au bout de
„ 80. ans, on vient forger une histoire d'im-
„ postures, ou du moins on la publie, à cause qu'a-
„ lors il y a plus de sureté à mentir; tous ceux
„ qui auroient été capables de faire connoître la vé-
„ rité étant morts. Quant à la troisiéme raison, je ne
„ la rapporte qu'en racourci. Thomas Boleyn n'a
„ pu être envoïé Ambassadeur par le Roi Henri
„ VIII. avant l'année 1509 : il faudroit donc qu'An-
„ ne fut née l'an 1511. & qu'en l'année 1526 on
„ l'eut débauchée dans sa maison. Où prendra-t-on
„ donc le temps, qu'elle fut en France chés un grand
„ Seigneur, & puis à la Cour ? Ou trouvera-t-on
„ cette vie licencieuse qui la fit nommer la haque-
„ née d'Angleterre? Ou trouvera-t-on, dis-je, le temps,
„ puis qu'elle fut de retour en Angleterre l'an 1526?
„ On ne tirera jamais Sanderus de ce mauvais pas.
„ Mr. le Grand pour meilleur Apologiste l'abandon-
„ ne ici.

Qu'y auroit-il au monde de plus superflu que tout
le soin que Mr. Bayle s'est donné dans les articles
de Calvin & de Luther pour démêler divers point
de leurs histoires, & en établir la vérité, & pour
réfuter démonstrativement les calomnies qu'on avoit
publiées sur leur compte, s'il n'y avoit qu'incertitude dans l'histoire.

„ Quelques-uns, dit Mr. Bayle, ont voulu dire que *Article*
„ le Roi Jaques avoit fait ôter & ajouter diverses *Camden.*
„ choses à la prémière partie de l'histoire de Camden
„ en faveur de la Reine sa Mère, & ce Conte vrai ou
„ faux entretient le Pyrrhonisme historique à l'égard
„ des avantures de cette Princesse. L'Envoi fait à
„ Pierre du Puy jette bas ces soupçons.

„ Ces soupçons ne tombent donc point sur la seconde
„ partie de l'histoire de Camden remise à Mr. du
„ Puy, imprimée après sa mort. Qu'on lise encore
„ les Notes de Mr. Bayle sur l'histoire de Camden,
„ & on se convaincra au moins de quel côté il y avoit
„ le plus de vraisemblance. Or les Pyrrhoniens ne veu-
„ lent pas avouer qu'il y ait plus de vraisemblance
„ d'un côté que d'un autre, par conséquent Mr. Bayle
„ est lui-même contraire au vrai Pyrrhonisme his-
„ torique.

IX. Les Partisans de Mr. Bayle s'aviseront peut- *On pré-*
être de se moquer de moi, & croiront en avoir *vient une*
un juste sujet: Vous prétendés, me diront ils, que *Objection.*
ce grand homme s'est oublié jusqu'à donner des Régles
pour empêcher qu'on n'étende le Pyrrhonisme Historique
à divers cas qui ne doivent point passer pour douteux.
On ne peut pas plus mal prendre sa pensée ni s'éloigner
d'avantage de ses intentions. Comment vous est-il arrivé après l'avoir lû avec tant d'attention, d'oublier tout
à un coup son perpetuel caractère? Il se moquoit sans
cesse des Auteurs, & son plus grand plaisir étoit de critiquer ceux qui s'étoient rendus le plus célèbres, & qui
avoient parlé le plus hardiment: Il ne les trouvoit pas
fondés, mais s'ils avoient dit tout le contraire, s'ils a-
voient affirmé, ce qu'ils ont nié, s'ils avoient nié ce qu'ils
ont affirmé, il lui auroit de même combattu : Il n'établit rien, il se contente de détruire.

Si Mr. Bayle n'a eu que cela en vuë, il se sera
donc uniquement pour tromper ses Lecteurs, & pour
donner à son Dictionnaire plus de cours qu'il n'en
méritoit, qu'il en fait espérer une utilité qu'il ne
pouvoit avoir, & qu'il étoit persuadé lui-même
qu'il n'auroit jamais. Se proposoit-il de donner un
mauvais Dictionnaire & de tromper ses Lecteurs, en
même temps qu'il établissoit pour caractére d'un bon
Dictionnaire Critique de pouvoir être un LIVRE
D'ASSURANCE pour la République des Lettres?

Mr. Bayle relève les erreurs de fait dans les termes
les plus vifs : Le Philosophe Dogmatique le plus persuadé ne sauroit employer des expressions plus fortes,
& là-dessus je demande, s'appercevroit-il de la force
de ces expressions, & les choisissoit-il tout exprès à
fin de pouvoir dire à ceux qui prendroient ses expressions à la Lettre, *Je n'ai ainsi parlé que pour m'é-
gaier, & vous avés donné grossièrement dans des pièges que je me plaisois à tendre?* Avec des gens qui
penseroient ainsi, la Raison ne permet pas d'avoir
du commerce, dès qu'on les a connus pour ce qu'ils
sont ; car à quoi bon entrer en conférence avec des
personnes qui donnent pour n'avoir pas de bonne
foi, & que peut-on s'en promettre?

Aussi ne me permet-je pas d'accuser Mr. Bayle
d'avoir manqué dans les endroits qu'on vient de
lire, & je croirai beaucoup plus tôt que la situation d'un esprit Pyrrhonien, étant une situation
violente & contraire à la nature, il n'est pas possible de s'y soutenir continuellement. Dès qu'on
n'est pas sur ses gardes, & qu'on cesse de se contraindre, on pense comme les autres, & on parle
comme l'on pense. Mr. Bayle s'étoit persuadé par
des preuves très-convaincantes, que les Auteurs qu'il
critique en divers endroits avoient dit tout le contraire de la Vérité.

D'autres précédemment, dit Mr. Bayle, que Charles *On conti-*
Quint avoit plus d'ambition que de Religion, & qu'il *nuë de*
mourut presque Lutherien. La première de ces deux *tirer des*

choses est plus probable que la seconde. On cite mal à propos sur celle-ci l'Apologie du Prince d'Orange.

Qu'on lise ce que Mr. Bayle ajoûte dans les Notes, & on verra qu'il n'étoit Pyrrhonien qu'autant qu'il lui plaisoit, & qu'il savoit déterrer les Vérités Historiques, & les démêler d'avec les Contes & les mépriſes.

Note T. ,, Si l'on trouvoit cela, *dit-il*, dans l'Apologie ,, du Prince d'Orange, on seroit fondé à le débi-,, ter, & à l'inſérer dans une histoire; car le ,, nom d'un si grand Prince, & l'autorité dont-il ,, revêtit son Manifeste font *de bon garant*; Mais ,, pour ce qui est d'une infinité de petits Ecrits qui ,, couroient dans ce temps-là, sans nom ni d'Au-,, teur ni d'Imprimeur, ils ne méritent pas plus ,, d'être cités que ceux qui inondent l'Europe de-,, puis 30 ou 40 années, imprimés chés Pierre Mar-,, teau. Ce n'est pas que dans ces sortes d'Ecrits, soit

NB. ,, qu'ils aient couru le monde du temps du Duc d'Albe, ,, & pendant le reste du XVI Siècle, soit qu'ils n'aient ,, vû le jour que de nôtre temps, il n'y ait des véri-,, tés: Mais après tout, pendant qu'on ne sait pas d'où ,, ils viennent, la Prudence ne permet pas de s'y ar-,, rêter, tant s'en faut qu'un Auteur grave puisse adop-,, ter ce qu'il y trouve. Pour l'ordinaire ces Livres ,, sont les dégoûts des Nouvellistes de la place Mau-,, bert. Ceux qui les forgent étant sûrs de ne ja-,, mais rendre compte, avancent témérairement tout

D.N. ,, ce qu'ils entendent dire. Nous voions ici une ,, fauſſeté *Manifeſte* touchant l'Archevêque de To-,, lède. Il ne gagna point sa cause, il fut obligé ,, d'abjurer, il fut ſuspendu pour cinq ans, & il ,, en avoit 73: Pouvoit-on s'imaginer qu'il vivroit ,, plus de cinq ans après une si longue prison? Et en ,, tout cas on eut attendu à s'en défaire que les cinq ,, ans fuſſent sur le point d'expirer.

,, On peut même soûtenir que tout ce qui fut ,, débité sur l'Apologie du Prince d'Orange, n'eſt ,, pas vrai. Grotius assure que celui qui la dreſſa, ,, & celui qui avoit dreſſé l'Arrêt de la proſcription ,, de ce Prince, mêlérent le vrai & le faux dans leurs ,, digreſſions. On peut voir le reste des Notes.

Article ,, Il est surprenant que le Maréchal d'Etrée ait *Conclini.* ,, éxténué autant qu'il a fait les fautes du Maré-,, chal d'Ancre. L'Auteur Italien qui publia à ,, Lion l'histoire de Louis le Juſte l'an 1691 n'eſt ,, point tombé dans le même excès. Mr. de Beau-,, vais-Nangis qui connoiſſoit bien la Cour de Louis ,, XIII. ne diſculpe point nôtre Concini, & il con-,, firme plûtot les bruits communs.

Note G. ,, Ce n'est pas que je ne croie très possible qu'a-
NB. ,, vec de médiocres défauts, un homme qui a beau-,, coup d'imprudence & un grand nombre d'ennemis, ,, ne devienne l'aversion du Peuple, & ne paſſe pour ,, un horrible ſcélérat. L'adreſſe d'un Ennemi ha-,, bil & puiſſant fait accroire bien des menſonges à ,, la populace. Je crois même qu'on a outré bien ,, des choses concernant ce malheureux Florentin, & ,, que pour démêler exactement, & dans la derniére ,, préciſion la vérité de ses affaires, il ne faudroit ,, pas surmonter moins d'obstacles, que pour décou-,, vrir la cause des propriétés de l'aimant: Et par oc-,, caſion je dirai qu'en bien des rencontres, les Vé-,, rités historiques ne sont pas moins impénétrables ,, que les Vérités Physiques.

Mr. Bayle paroit surpris qu'on éxténué les Vices du Maréchal d'Ancre, & lui-même travaille à répandre l'incertitude sur ce dont on l'a chargé: Mais ceux qui sauront l'histoire de Mr. Bayle, comprendront toûjours qu'un intérêt secret & personnel lui a dicté cette derniére remarque; il avoit un intérêt infini à éloigner les soupçons qui le rendoient sur tout odieux, & qui donneroient le plus de prise à ses Adversaires; *C'est très mal à propos sans contredit qu'on a fait querelle au Maréchal d'Ancre &c*; & on voit que dans de certaines occaſions les *vérités historiques*

sont quelquefois auſſi impénétrables que les *Vérités Physiques*. Qui le croira. Un Officier du Roi aſſaſſiné & mis en pièces sans qu'on faſſe aucune vangeance de sa mort, eſt-ce un évenement qui permette de douter s'il étoit affectionné au service du Roi & au bien du Roiaume? Mr. Bayle a donc ses vûes particulières dans ce qu'on vient de lire; Il les avoit dans une de ses Notes de l'Article *Comenius*: Il les avoit en parlant de *Drabicius* dans la Note H.

,, Il seroit aſſés poſſible, dit-il, qu'un Prince de ,, grand cœur, de beaucoup d'esprit, mais sans é-,, tude, se laiſſât fort ébranler par des Diſcours sem-,, blables à ceux de Drabicius; je veux dire qu'il y ,, trouvât quelque chose de divin, & de prophéti-,, que, & qu'il craignît les malédictions annoncées ,, par ce Prophète. On faiſoit entendre à *George* ,, *Ragotski* que son Pére & son frère en avoient ſen-,, ti les effets; pourquoi ne croirions nous pas qu'il ,, devint crédule? Mais d'ailleurs il est très-poſſi-,, ble qu'un Prince aſſés éclairé pour se moquer de ,, ces chimères forme de grands projets & de grands ,, deſſeins, conformément aux viſions de ces gens-,, là; car c'est une très-puiſſante machine pour a-,, mener sur la ſcène les grandes révolutions, que ,, d'y préparer les Peuples par des explications A-,, pocalyptiques, débitées avec des airs d'Inſpiration ,, & d'Enthouſiaſme. C'est ce qui a fait dire aux ,, ennemis des Protestans, que leurs Auteurs n'ont ,, travaillé sur l'Apocalypse qu'afin d'exciter la guer-,, re par toute l'Europe, en inſpirant à tel Prince *NB.* ,, qui n'y ſongeoit pas l'envie de profiter des Con-,, jonctures.

,, Concluons de-là que les Miracles de St. Ignace *Arti cle* ,, ne font point des choses que ses amis aient appriſes *Loyo La.* ,, à Ribadeneira pendant les 15. ans qui ſéparent les *Note* T N. ,, deux Editions, ni que cet Auteur ait pû tirer de ,, l'incertitude dans cet intervale de temps. Et ,, néanmoins il nous aſſure que l'année 1572, il sa-,, voit quelques Miracles de son Fondateur, mais non ,, pas avec toute la certitude néceſſaire pour les pu-,, blier. Il n'y eut rien dans toutes les autres cho-,, ses dont-il n'étoit pas alors parfaitement aſſuré, ,, dont il recherchât plus ſoigneuſement la certitud ,, que des miracles de son Apôtre: puis donc qu'il ,, continua de dire dans l'Edition de 1587 que le bien ,, heureux Ignace n'avoit point fait de miracles, il ,, réſulte néceſſairement que les enquêtes les pl us ,, éxactes ne lui avoient rien appris de certain sur ce ,, Chapitre; car ſi elles lui avoient découvert que ,, que certitude, il auroit joint ce grand article à ,, ſa seconde Edition avec plus d'empreſſement que ,, les autres choſes, qu'il y a ajoûta, que parce que ,, d'incertaines, elles lui étoient devenues certai nes, ,, par la diligence exacte avec laquelle il s'en étoi t in-,, formé. Depuis un Jeſuite que auroit ſû l'an 1 572 ,, que son Fondateur a fait des miracles, & qu i ne ,, se seroit abstenu de les inſérer dans un Ouvrag e ,, public, que parce que les lumières là-deſſus n é-,, toient pas telles qu'elles devoient être lorſqu'on ,, imprime des faits semblables, avoûeroit-il que son ,, Fondateur n'a fait nul miracle? raiſonneroit-il sur ce-,, la avec tant d'étude? répondroit-il ſi éxacte-,, ment aux objections? Son devoir sans doute se-,, roit de se taire juſques à ce qu'il fut parfaitement ,, éclairé; & il y a bien de l'apparence que Ribadeneira ,, ait pris ce parti, & que tout ce qu'il y a dit après ,, coup eſt peu ſincère, & rempli d'obliquités. ,, N'oublions pas que si quelque chose étoit capa-,, ble d'être amenée à la pleine certitude dans l'inter-,, vale des deux Editions, c'étoient les miracles de ,, Loyola, faits ſurprenans qui s'impriment dans la ,, mémoire plus que tous les autres. Les Amis in-,, times, les Compagnons inſéparables d'Ignace n'au-,, roient-ils rien dit là-deſſus à Ribadeneira, eux qui ,, lui apprirent tant d'autres choſes dont il n'étoit pas ,, informé l'an 1572, & qu'il y ajoûta à son livre

l'an

Du PYRRHONISME.

" l'an 1587? Cela rend suspect pour ne rien dire
" de pis, tout ce qu'on publie des miracles qu'on
" prétend avoir été faits par Ignace, avant la seconde
" Edition de Ribadeneira. Les autres miracles du
" même Saint sont en très-grand nombre, si l'on
" en veut croire les bons amis. *Voïés les deux re-*
" *marques suivantes.*
" Dans l'Article de Cassius Severus, Il resulte dit Mr.
" Bayle, de toutes ces autorités : 1. Que les Livres de
" Labienus n'ont pas été mis au feu, à cause de la partia-
" lité qui y paroissoit en général pour les Amis de Pom-
" pée. La Harangue de Cremutius Cordus en est une preu-
" ve 2. Que c'étoient des Ecrits fort Satiriques ; Se-
" n. que l'insinué clairement. 3. Que ce furent les pré-
" miers écrits de cette espéce qu'on fit bruler 4. Qu'on
" le fit avant que de toucher ni à la personne, ni aux
" écrits de Cassius Severus. Mais c'est ce qu'on
" n'accordera jamais ni avec Dion, ni avec Tacite ;
" Celui ci veut que les Livres de Cassius aient
" été cause, qu'Auguste fit procéder par la Loi *de*
" *Majestate* contre les Satires : l'autre veut que l'or-
" dre d'informer contre les Libelles, & de les bru-
" ler, & la punition de quelques Auteurs Satiriques
" n'aient précédé que de deux années la mort d'Au-
" guste. St. Jérôme, avec les 25 d'durée qu'il don-
" ne à l'éxil de Cassius Severus, décédé l'an 19 de
" Tibére, ne seroit pas si un fort bon Méditateur. Il
" faut de toute nécessité que les uns ou les autres
" aient été fort peu éxacts. Seroit-ce que Seneque,
" auroit confondu les tems? Ce que Cassius ne dit
" que dans son éxil, lui auroit-il été attribué par
" Seneque comme un bon mot dit dans Rome avant
" l'éxil? Mais si Seneque s'est trompé à l'égard
" d'une chose qui s'étoit passée de son tems, &
" qui regardoit deux Déclamateurs de sa connoissan-
" ce, en quoi pourra-t-on faire fond sur ce qu'il
" témoigne? S'il nous a dit la vérité, nous avons
" là une preuve convaincante, d'un fait que Vossius
" trouve ambigu, & tout au plus qu'il ne trouve
" qu'apparent, savoir que Labienus est mort sous
" Auguste.

Mr. Bayle tire trois ou quatre conséquences, qu'il
donne pour bien & solidement tirées : Ces conséquences roulent pourtant non seulement sur des
faits particuliers, sur lesquels tout le public n'a pas
eu les yeux, mais encore sur des combinaisons de plusieurs passages. On peut donc arriver à quelque certitude en matiére d'histoire, ou Mr. Bayle se joue
ici de ses Lecteurs, s'il prétend que toutes ces
conclusions ne portent aucun préjudice au Pyrrhonisme Historique.

Quelle plus vaine occupation que d'entreprendre
à redresser les dates, si tout ce qu'on vient de lire
ne sont que des raisonnemens en l'air & sans solidité.

Mr. Bayle justifie par des dates publiques, qu'on
avoit débité des Contes très-faux sur le départ du
Pére Annat de la Cour de France, & sur l'établissement du Pére de la Chaize en sa place.

L'Auteur de cette Satire suppose que le Pére la
" Chaize, *servit beaucoup à porter le Pape à ce que*
" *le Roi souhaitoit de lui,* après l'insulte de la garde
" Corse, & que le Cardinal Mazarin, en reconnois-
" sance de ce service *lui fit mille caresses,* le recomman-
" da au Roi, *& le fit même admettre de son vivant*
" *dans le Conseil de conscience, ce qui étoit proprement*
" *le rendre Coadjuteur du Confesseur.* On met en
" marge l'année 1663 pour les prémiéres caresses du
" Cardinal, & l'an 1665 pour l'admission dans le
" Conseil de conscience. C'est bien savoir l'histoi-
" re moderne! Où est l'homme qui ne sache que le
" Cardinal Mazarin mourut en 1661? L'Auteur a-
" joute que le Pére la Chaize, supplanta le Pére An-
" nat, en éxcusant les amours du Roi pour la Va-
" liére sur l'infirmité de la Nature, pendant que
" le Confesseur chagrinoit tous les jours le Roi là-des-
" sus & ne lui donnoit point de repos. Il ajoute encore que

" la Valiére siant sû les Maximes du Pére la Chai-
" ze, souhaita de l'avoir pour Confesseur, & lui
" fit proposer la chose par Mr. de Montausier ; mais
" qu'ensuite d'une conversation, qu'elle eut avec ce
" Jésuite, elle aima mieux lui procurer la place du
" Pére Annat ; & qu'en saiant parlé au Roi, ce tra-
" faire fut conclue dans peu de jours ; parce que
" le Pére Annat qui ne tarda guére à venir annon-
" cer les terribles jugemens de Dieu, & demander
" son Co gé, puis qu'on ne s'amendoit pas, fut
" pris au mot. On met en marge l'an 1667. J'a-
" voué que je ne comprens rien à une telle hardiesse :
" car il est de notoriété publique que le Pére An-
" nat ne prit congé de la Cour qu'en 1670 ;
" qu'un Jésuite de Rouërgne, nommé le Pére Fer-
" rier, prit la place de Confesseur de Louis XIV ; &
" que le Pére la Chaize n'y entra qu'après la mort
" du Pére Ferrier, arrivée le 29 d'Octobre 1674. A
" quoi songent les gens qui publient des faussetés si
" grossiéres? Comment ne voient-ils pas qu'ils ruinent
" leur principal but? Car quel préjugé ne donnent-
" ils point contre tout leur Livre, quand ils pa-
" roissent, ou si mal instruits des choses qui sont éx-
" posées aux yeux de toute la terre, & assés dépour-
" vus de honte pour publier des faussetés évidentes?
" Ont-ils les maximes de certaines gens qui débitent
" une fraude pieuse à tout un Peuple en raisonnant
" de cette maniére? Pour un Auditeur qui connoi-
" tra que je me trompe, il y en aura mille qui ne
" le connoitront point ; mille seront édifiés de ma
" fraude, un en sera scandalisé ; le mal est donc
" petit en comparaison du bien ; il est donc de la
" charité, & de la prudence d'assurer cette fausseté,
" devant cette nombreuse assemblée. Je ne sai point si
" nos faiseurs de Libelles raisonnent de la même ma-
" niére ; mais je sai bien qu'ils parviendroient à leur
" fin beaucoup plus heureusement s'ils consultoient
" la Chronologie & les régles de la fiction. *Est ars*
" *etiam maledicendi* disoit, Scaliger, il y a un art de
" médire : ceux qui ignorent disfament moins leur
" ennemis, qu'ils ne témoignent l'envie qu'ils ont de
" le diffamer. Au reste c'est plus pour l'utilité
" publique que pour l'intérêt d'aucun particulier
" que j'ai fait cette remarque. Il est bon dans
" ce siécle nous puissions juger des Satires qui ont
" couru depuis mille ans, & que les Siécles à venir
" puissent juger de celles que nous voïons. Pour
" bien juger, il ne faut point avoir égard à ce
" principe. *Il n'y a point d'apparence, que si cela eût*
" *été visiblement faux, on eut ose le publier.*

Est-ce là le langage d'un homme qui se déclare pour
le Pyrrhonisme Historique, ou plûtôt ne revoque-t-
il pas dans cet endroit tout ce qu'il a dit pour l'é-
tablir? Si en matiére d'Histoire on ne peut avancer
aucune Proposition, sans qu'on lui en puisse opposer
une contraire précisement d'une égale évidence, comme le porte le systême des Pyrrhoniens, est-il permis de traiter de fausseté si palpable & si grossiére ce
qui est avancé dans un Libelle, & de compter hardiment sur les raisons par lesquelles on les réfute?
Quand un Pyrrhonien veut s'égaïer il tire de la fécondité de son imagination, accoutumée à la dispute, de quoi entasser objections sur objections contre
les Vérités les plus évidentes. Mais dès que quelque
intérêt plus puissant sur lui que le simple plaisir de
rendre tout douteux, l'engage à traiter de manifestement fausse & calomnieuse quelque Proposition, il
vient à penser comme les autres hommes, il suspend
sa Marote, & il va à fon but tantôt directement, &
tantôt par des voies détournées.

Le coeur s'ouvre plus naturellement dans une Lettre à un ami, que dans un ouvrage destiné au grand
jour de l'impression ; Lett. XXVII. *Il est de notoriété*
publique qu'après le prémier Combat Mr. de Ruyter se
voile pour s'en retourner ; que notre flotte entra dans
Messine quatre jours après la bataille &c.

XI. Mr. BAYLE met en marge, *Observation*

gatifs.
Article
Brachma-
nes.
Note A.

fur un cas, où l'argument négatif a de la force, & à
côté écrit. Il me semble que ce tenir toujours
» fur un pié, & avoir toûjours les yeux directe-
» ment tournés au soleil le plus ardent, sans cligner
» le moins du monde, sont des choses tellement
» singuliéres, que personne ne les passera jamais sous
» silence, lorsqu'il voudra faire savoir à quelqu'un,
» le genre de vie de ceux à qui ces sortes de sin-
» gularités conviennent. Par conséquent tous ceux

N B.
» qui auront demandé des nouvelles de ces Philoso-
» phes Indiens, auroient d'abord apris celles-là : elles
» doivent être de notorieté publique dans le Païs,
» & sont la principale piéce du sac, le merveilleux
» & la rareté de la Secte; chacun donc les peut,
» & les doit raconter aux étrangers. Il n'est donc
» pas possible qu'un historien qui cherche des in-
» structions, ne soit pas informé de semblables cho-
» ses, & s'il l'est, il en doit faire le principal arti-

N B.
» cle de sa Narration. Il faudroit qu'il eut perdu
» l'esprit, s'il jugeoit qu'elles ne méritent pas d'être

N B.
» rapportées. D'où vient donc qu'il y a tant d'E-
» crivains qui n'en ont pas dit un seul mot? C'est
» *sans doute* parce qu'ils n'en avoient rien ouï dire, ou
» parce que ne voiant pas que tous ceux qui auroient
» du en parler en parlassent, ils concluoient que c'é-
» toient des hableries, & des impostures de quelques
» particuliers. On comprend bien les raisons pour
» lesquelles un Auteur débite des fables; mais on
» ne comprend pas pourquoi il supprimeroit des Vé-
» rités semblables à celles-ci. Il y a donc des cas,

N B.
» ou *l'argument négatif* peut avoir lieu, non seule-
» ment lorsqu'il est fondé sur le silence de tous les
» Auteurs contemporains; mais aussi lorsqu'il est
» fondé que sur le silence du plus grand nombre.
» Or nous voici dans le cas. Strabon qui avoit lû
» quantité de Relations, & qui cite même quelques
» témoins oculaires, dit bien que ces Philosophes
» souffroient toute la journée, la chaleur excessive
» du Soleil, les uns debout, quelques autres assis,
» les autres couchés, & qu'ils ne bougeoient de leur
» place, que pour se retirer la nuit dans la Ville;
» mais il ne parle point de la posture continuelle
» sur un pié, ni de la contemplation perpétuelle
» du Soleil. Etienne de Byzance n'en parle point
» non plus, quoi qu'il assure que les Brachmanes
» étoient principalement consacrés à un Astre. Re-
» marquons qu'une des autérités de quelques Philo-
» sophes Indiens n'étoit de demeurer un jour entier dans
» une même posture. Ce seroit une rude péniten-
» pour bien des gens.

Il s'agissoit de quelque prédiction *d'Angelo Cattho:*
Mr. Bayle prouve l'incertitude & la fausseté même
des Contes qu'on avoit écrit là-dessus, entre autres
de la déclaration qu'il avoit faite à Louïs XI. que

Article
Cattho
Note C.
son grand ennemi le Duc de Bourgogne venoit de
mourir, dans le temps qu'il entendoit la Messe dans
l'Eglise de St. Martin à Toulouse.

" Je ne nie pas que l'on n'ait raison, *dit-il*, de
" mettre parmi les Fables la plupart des Contes qui
" se débitent en matiére de Prédictions; car il
" faut avouer que ceux qui les prônent avec le plus
" de confiance, ont trop négligé de prendre des pré-
" cautions contre les raisonnemens d'un incrédule;
" ils ne parlent guére de la prédiction qu'après coup;
" ils n'en prennent point acte selon les formalités ju-
" ridiques; ils ne la munissent point de l'autorité
" d'un monument incontestable. Or comme il s'né-
" gligent cela dans des occasions où il seroit très-fa-

N B.
" cile d'opposer aux traits de l'incrédulité un bou-
" clier impénétrable, ils ne doivent pas s'étonner
" qu'on révoque en doute leurs Relations. L'une de
" ces occasions est la Messe où l'on prétendent qu'An-
" gelo Cattho annonça au Roi la mort du Duc de
" Bourgogne. Ils devoient présenter une requête à
" ce Monarque, pour le supplier très-humblement de
" déclarer à tout son Conseil, ce qu'Angelo Cattho
" lui avoit dit, & d'ordonner à son Chancelier d'en

" dresser un Acte qui seroit mis dans les Archives de
" la Couronne, & dans les Greffes des Cours Sou-
" veraines du Roiaume. Ils auroient dû l'exhorter
" à ériger des Colonnes chargées d'une inscription
" qui contint ce fait, ou le prier pour le moins de
" faire graver cela *sur le treillis de la chasse Mr. St.*
" *Martin*, puisqu'en conséquence d'une telle Pro-
" phétie il avoit voué à cette chasse un treillis d'ar-
N B.
" gent, & qu'il avoit accompli son voeu. Qu'au-
" roient pu dire les Incrédules en ce cas-là? & qu'eus-
" sent ils pû opposer à des monumens contempo-
" rains & si authentiques? Mais sans prendre ainsi
" les devans on auroit vû cette avanture, si elle eut
" été véritable, s'affermir, se fortifier d'elle même
" contre l'Incrédulité. Louïs XI. l'eut racontée
" cent fois à table, & devant les Ambassadeurs des
" Princes, & ainsi l'on trouveroit des Ecrits qui té-
" moigneroient qu'on le tenoit de sa bouche. Je
" suis sûr que les Regitres de l'Eglise de St. Martin
" contiendroient un Acte là-dessus, s'il étoit vrai que
" ce Prince eut fait faire un treillis d'argent en exé-
" cution de son voeu. Puis donc que cette avan-
" ture n'est appuiée que du témoignage d'un Anony-
" me, qui a déclaré qu'il ne raconte d'Angelo
" Cattho que ce qu'il en avoit ouï dire à trois per-
" sonnes, nous pouvons raisonnablement la rejetter.
N B.
" Mais voiant de plus que Philippe de Comines n'en
" parle pas, nous sommes fondés à décider que c'est
" une fable. Il est impossible qu'il eut ignoré ce
" Dialogue de son ami, & de Louïs XI, & que
" l'aiant sû, il n'en eut rien dit dans ses Mémoi-
" res, où il parle de quelques autres prédictions
" d'Angelo Cattho moins importantes que celles-là.
" Son silence est un argument négatif, qui est en
N B.
" cette rencontre une *bonne démonstration*, ou pour
" le moins d'un tout autre poids que l'affirmation
" des trois personnes nommées par l'Anonyme. Et
" notés que l'Anonyme ne marque point que ces
" trois personnes aient rendu témoignage sur ce Dia-
" logue; l'on peut donc prétendre qu'il n'en avoit
" ouï parler qu'à l'une d'elles. Or dès que la prin-
" cipale des trois prédictions est une fable, on peut
" rejetter les deux autres, & ainsi l'Auteur du Som-
" maire ne peut raisonnablement guérir personne de
" l'esprit d'incrédulité.

" L'Auteur Espagnol qui a commenté les mé-
" moires de Philippe de Comines, dit, qu'Angelo
" Cattho aiant conjecturé la mort du Duc de Bour-
" gognes, passa au service du Roi de France un peu
Note F.
" avant qu'elle arrivât, & prédit à ce Monarque,
N B.
" la perte des batailles de ce Duc. Cela n'est point
" exact, car depuis que cet Astrologue fut à Louïs
" XI. le Duc ne perdit qu'une bataille. Je laisse
" à dire que cet Auteur est trop moderne,
" pour être crû, lorsqu'il parle sans citer des au-
" torités.

XII. UNE prudente suspension, loin de favori- *Quand il*
ser le *Pyrrhonisme*, est un grand moien de le préven*in; circons-*
C'est avoir été d'abord trop Crédules, & s'être par-*de suspen-*
la remplis de mille erreurs, & de mille incertitudes,*dre son*
que des esprits impatiens au lieu de se donner la pei-*Jugement.*
ne de revenir sur leurs pas, pour examiner pruden-
ment, prennent le parti de croire que l'Examen seroit
inutile, & ne seroit que les confirmer dans des Incertitudes, auxquelles ils aiment à croire que le
genre humain est condamné. Mais de ce que la
suspension est à propos dans *certains cas*, il ne
s'ensuit pas qu'elle doive être *universelle*. Dès qu'il
survient des contestations & des mesintelligences entre les personnes qui devroient vivre dans la plus é-
troite union, il arrive presque toûjours qu'on s'ai-
grit, & que par là l'on se met dans le tort de côté
& d'autre; Il est des Naïfs où l'on éléve les fautes
d'autrui, on supprime les siennes, on exagére, on
déguise, on ajoûte trop légérement foi aux rapports
qui font plaisir, parce qu'ils vont à condamner ceux
dont on n'est pas content. Mais il est plusieurs narrations

rations sur le sujet desquelles on n'a rien de semblable à soupçonner.

On trouve encore dans Mr. Bayle de quoi confirmer dans les Maximes que je viens d'établir.

Article Blondel. Note 2.

,, Mr. Ancillon observe que l'Auteur des Consi-
,, dérations libres & charitables sur les Actes authen-
,, tiques, qui furent imprimées à Groningue l'an 1698,
,, avec une Préface de Mr. Des-Marets, *traite très-*
,, *mal Mr. Blondel.* Cela, quoi qu'assés ordi-
,, naire, est scandaleux dans le fond; mais le pis
,, est que cet Auteur & Blondel ne s'accordent pas
,, sur la narration des faits. On a vû la même dif-
,, corde entre la narration de Mr. Rivet, & celle de
,, Mr. Amyraut. On pardonneroit à ces Messieurs
,, de n'avoir pas les mêmes pensées sur des matières
,, difficiles, & d'expliquer différemment le Systême
,, de la Grace; mais quand il s'agit de narrer des
NB. ,, faits, ne devroient-ils pas êtres uniformes? Que
,, doit on penser quand on voit qu'ils s'entredéfû-
,, tent sur des narrés historiques de ce qui s'est passé
,, sous leurs yeux? Peut on bien s'imaginer qu'il n'y
,, a là qu'imbécilité de mémoire? N'est-on pas ten-
,, té de dire que l'un ou l'autre parti agit de mau-
,, vaise foi; ou plutôt que de part & d'autre il y a
,, de l'artifice & de la ruse, & que chacun narre ce
,, qui lui est avantageux, & supprime le reste? Cette
,, contrariété sur les faits régne partout. Nous en
,, vimes un fameux exemple l'année passée dans les
,, Relations sur le Quiétisme.

Deux personnes sont en contestation, chacune d'elles parle désavantageusement de l'autre; de côté & d'autre on se justifie en éloucidant les expressions dont on s'est servi; de part & d'autre on se plaint d'avoir été provoqué; de côté & d'autre, on exagère quelques légéres avances, quelques démarches polies qu'on a faites: Personne n'a recueilli ces faits, on n'en conserve pas une liste Chronologique, faut-il donc s'étonner qu'il y ait sur de tels sujets de l'embrouillement, & de l'incertitude? Conclure de ces faits-là à tous les autres, c'est manifestement violer une des principales Régles de la Logique, qui défend de juger *de la même manière des cas opposés dans le sens sur tout en quoi ils sont opposés.*

Quelles histoires sont peu certaines.

XIII. Mr. BAYLE cite de temps en temps quelques morceaux d'histoires qui lui paroissent peu certains; mais cette incertitude n'établit point le Pyrrhonisme historique universel, & de ce que Mr. Bayle rapporte, on peut tirer des conséquences propres à faire distinguer les faits peu sûrs, d'avec ceux qui le sont d'avantage, & d'avec ceux dont on ne peut pas douter.

Article Horace Note A.

,, Il y a des Historiens, dit-il, qui assûrent qu'Ho-
,, race s'étant jetté dans le Tibre après avoir repous-
,, sé les ennemis jusques à ce que le Pont eût été
,, rompu derrière lui, il gagna à la nage l'autre bord
,, de la Rivière, nonobstant la pesanteur de ses ar-
,, mes, sans avoir reçu aucune blessure. Mais d'au-
,, tres soûtiennent qu'il eut un si grand coup à la
,, cuisse, qu'il en demeura boiteux jusques à la mort.
,, Tite Live suppose manifestement qu'on ne le bles-
NB. ,, sa point. On peut assurer que tous ceux qui ne
,, marquent pas expressément qu'il reçut une blessu-
,, re, supposent la même chose que Tite Live; car
,, ils ont pour but de faire admirer le courage de ce
,, Romain. Or cette action est plus admirable, &
,, plus glorieuse s'il y a été blessé, que s'il n'y a pas
,, été blessé. Il faut donc dire que si Florus, & si Se-
,, neque ne font aucune mention de blessure, c'est
,, parce qu'ils étoient persuadés qu'il n'en reçût
,, point. Valére Maxime a nié si fortement qu'il en
,, eût reçû, que cela nous doit porter à croire qu'il
,, y avoit tradition pour la négative. Mais voici
,, trois fameux Historiens qui se réglent sur une au-
,, tre tradition. Denys d'Halicarnasse donne un
,, grand détail de ce combat, & assûre en termes
,, formels, qu'Horace y reçût un coup de lance
,, qui lui perça la Cuisse, & qui lui causa tant de

,, douleur qu'il ne pouvoit presque plus se soûtenir,
,, lorsqu'il entendit que le pont étoit rompu.

,, Cet Historien ajoute 1. qu'on crût qu'il mour-
,, roit de ses blessures, 2. que dès qu'on fut qu'il
,, en guériroit, on lui donna de très-belles récom-
,, penses, mais qu'il ne pût parvenir ni au Consulat,
,, ni aux emplois Militaires, parce qu'il boita tou-
,, jours depuis ce combat. Plutarque rapporte qu'on
,, lui érigea une statuë de bronze dans le Temple de
,, Vulcain, pour le consoler du malheur d'être de-
,, venu boiteux par cette blessure. On venoit de
,, raconter qu'il étoit rentré à la nage dans la Ville,
,, blessé à la hanche, Dion & Cassius assûrent, que
,, Ciceron haranguant contre Marc Antoine devant
,, le Senat jura par la cuisse d'Horace, & par la
,, main de Mutius, Je n'ignore pas que cette Ha-
,, rangue directe qu'il rapporte n'est point semblable
,, à aucune des Oraisons Philipiques de Ciceron.
,, Mais Dion qui l'a forgée n'est pas emploié un tel
,, serment, s'il n'y eut eu une tradition qu'Horace
,, avoit été blessé à la Cuisse en défendant sa Patrie
,, contre les amis de Tarquin. Vous voiés que la
,, tradition de la blessure d'Horace étoit soutenuë de
,, la circonstance d'un bon mot qu'il emploia, quand
,, il vit qu'on lui reprochoit qu'il étoit boiteux ,
,, *chaque pas que je fais me renouvelle le souvenir de*
,, *mon Triomphe.* On prétend qu'Aléxandre se ser-
,, voit de cette pensée pour consoler son Pére qui
,, s'affligeoit d'être boiteux de la blessure qu'il a-
,, voit reçûë dans un combat.

,, S'il y a lieu de s'étonner que pour un événement
,, aussi remarquable que celui d'Horace, la tradition
,, qu'il avoit été blessé, & la tradition qu'il n'avoit
,, pas été blessé, aient eu chacune leurs partisans &
,, leurs Sectateurs, parmi même les Ecrivains les plus
,, célébres, que dirons-nous de *Polybe* qui supposa
,, que ce brave & intrépide Romain perdit la Vie
,, dans le Tibre? Dirons-nous qu'il y avoit aussi
,, là-dessus une tradition? En conclurrons nous que
,, l'Histoire ancienne est si ténebreuse, qu'on ne sait
,, le plus souvent quel parti prendre parmi ceux qui
,, nient, & ceux qui affirment les mêmes choses; &
,, que le oui & le non paroissent autorisés autant l'un
,, que l'autre, dans des matières où il étoit le plus
,, facile du monde de fixer le fait, l'on a tout
,, à craindre à l'égard des événemens moins in-
,, signes dont les Historiens ont parlé ; tirerons-nous
,, dis-je de semblables conclusions? *Je conseillerois*
,, *plutôt de faire servir ces remarques à fortifier son ju-* NB.
,, *gement contre la coûtume que l'on a de lire sans at-*
,, *tention, & de croire sans éxamen.* Notés que la
,, différence des opinions sur le visage d'Horace, n'est
,, pas si digne d'étonnement ; elle est néanmoins une
,, **marque de l'incertitude de l'Histoire.** Les uns as-
,, sûrent qu'Horace étoit parfaitement beau, d'autres
,, disent *qu'il avoit le surnom de Coclès, ... parce qu'il étoit*
,, *extrémement camus, & que le haut de son nés étoit sen-*
,, *foncé dans sa tête que rien ne séparoit ses deux yeux; & que*
,, *ses sourcils étoient joints, de sorte que le peuple voulant*
,, *l'appeller Cyclope,* se méprit, & l'appella *Coclès.*

Je ne vois pas que cette Diversité de sentimens soit beaucoup favorable au Pyrrhonisme Historique, universel. On sait que l'incendie de Rome par les Gaulois détruisit les monumens publics, les Historiens sont venus dans la suite, n'ont parlé de ce qui a précédé cet incendie que sur la foi de la Tradition, peu fidéle & peu sûre pour ce qui est des circonstances.

XIV. LORSQUE diverses personnes rapportent *Erreurs*
différemment le même fait, & donnent de la même *réfutées.*
personne des Idées toutes contraires, il est encore
des Moiens qui servent à séparer l'erreur d'avec la
Vérité, & on en trouve des éxemples dans Mr.
Bayle.

,, Quelques-uns disent que Rittangel étoit né Juif. *Article*
,, Les Journalistes d'Utrecht donnent cela pour cer- *Rittange-*
,, tain, mais d'autres disent que de *Catholique Ro-* *lius.*
mais

„ main il étoit devenu *Juif, & que de Juif il se fit*
„ *Protestant*. Ce sont les termes des nouvelles de la
„ République des Lettres au Mois d'Août 1699
„ page 212. Mais quelques personnes croient qu'il
„ ne fit jamais profession du Judaïsme.

Note B.
„ On m'a communiqué une Lettre Manuscrite
„ datée du 10 de Septembre 1701, de laquelle
„ je m'en vai donner quelques Extraits qui plairont
„ sans doute aux Curieux.

„ L'Auteur de cette Lettre a connu très particu-
„ liérement notre Rittangel. Il observe 1. Qu'Hor-
„ nius, Mr. Wagenseil, & plusieurs autres Ecri-
„ vains ont assuré, que cet homme avoit été Juif, &
„ peut etre mêmede naissance. 2. Que l'Auteur anonyme
„ du *bibbra veritatis* assûre, que Rittangel ayant
„ été élevé dans la Communion Romaine, embrassa
„ la foi des Juifs qui le circoncirent à Hambourg,
„ qu'ensuite il fut baptisé à Dantzic par le Sr. Ni-
„ grinus, & s'attacha à la foi Chrétienne 3. que
„ Christophle Hartknoch Professeur à Thorn rapporte
„ que Rittangel à ce qu'on dit, né Chrétien, &
„ initié par le Baptême au Christianisme, embrassa en-
„ suite le Judaïsme & fut circoncis à Hambourg,
„ qu'après cela il se fit Papiste, & puis Calviniste,
„ & enfin Luthérien; que contre l'usage il fut créé
„ Professeur extraordinaire en langue Hebraïque dans
„ l'Académie de Konigsberg, sans avoir soûtenu aucune
„ Dispute préliminaire; qu'il fut favorisé en cela par
„ Mr. le Grand Maréchal, & qu'une querelle s'étant é-
„ levée entre Latterman & Mislenta, il s'attacha au
„ parti de Latterman.

„ L'Auteur de la Lettre fait d'abord une remar-
„ que sur l'incertitude qui paroit dans ces Ecrivains,
„ & sur les variations, qui sont telles que si les
„ uns ne se trompent pas, il faut de toute nécessité
„ que les autres disent un mensonge. Il rapporte en-
„ suite l'Extrait d'une Lettre qu'un Sénateur de
„ Dantzic lui avoit écrite le 21. d'Avril 1700. Cet
„ Extrait porte que le Sieur Hartknoch parlant sans
„ doute du même Nigrinus, à qui il attribuë d'a-
„ voir baptisé Rittangel, raconte que Nigrinus de
„ Luthérien devint Calviniste, & Prédicateur à
„ Dantzic, & puis Papiste à la suggestion du Ca-
„ pucin *Valerico Magni*, & qu'avant cela il avoit
„ dit plusieurs choses selon les principes des Sociniens
„ touchant la nativité de JESUS-CHRIST. On
„ avoit prié ce Sénateur de s'informer s'il se trouve
„ quelque document de ce prétendu baptême con-
„ féré à Rittangel à Dantzic par Nigrinus, & on
„ lui avoit marqué qu'une telle cérémonie auroit été
„ faite avec éclat, & enrégistrée pompeusement
„ dans les Archives du Temple, vû le mérite & l'é-
„ rudition du nouveau Chrétien. Il répondit que
„ Nigrinus fut appellé en 1630 pour etre Pasteur
„ des Reformés à l'Eglise de St. Pierre à Dantzic,
„ & que la fonction de baptiser étant affectée dans
„ cette Ville là aux Diacres à l'exclusion des Pas-
„ teurs, il n'est pas possible que Nigrinus ait con-
„ féré le Baptême à Rittangel. On n'avoit pas eu
„ le temps de rechercher s'il avoit contribué à la con-
„ version de ce Proselyte. L'Auteur de la Lettre

NB.
„ conclut de toutes ces choses, qu'il est faux que
„ ce personnage ait été baptisé ou rebaptisé à Dant-
„ zic; ce qui prouve, dit-il, qu'on se trompe en
„ disant qu'il étoit né Juif, ou qu'il l'étoit devenu.
„ Je m'étonne, continue-t-il, que tant de célébres E-
„ crivains aient négligé de s'instruire de la vérité de
„ ce fait, ce qui ne leur eut pas été difficile pen-
„ dant la vie de Rittangel, homme qui a eu beau-
„ coup d'amis, & aussi beaucoup d'ennemis. On
„ s'est contenté de se copier les uns les autres, en
„ publiant des discours vagues, sans se donner la
„ peine de s'informer exactement, s'ils étoient
„ fondés en raison.

„ Il raconte qu'aiant demeuré en Prusse l'an 1649,
„ & les deux années suivantes, & aiant été logé pen-
„ dant quelques mois chés Mr. Ahasuerus Brand

„ Grand Maréchal, & l'un des quatre Conseillers
„ de la Régence, il eut occasion de connoitre le
„ Sieur Rittangel, & de lier avec lui une amitié très
„ étroite. Le Grand Maréchal étoit son Patron &
„ le prioit assés souvent à diner. Lui & plusieurs
„ autres personnes d'honneur & de probité ont dit à
„ l'Auteur de la Lettre, que Rittangel étoit né Catho-
„ lique, dans la forteresse de Forcheim en France-
„ nie, au Diocése de Bamberg; qu'aiant étudié les
„ Humanités il s'en alla à Constantinople, où il fré-
„ quenta beaucoup les Rabins pendant douze ans;
„ qu'à son rétour il embrassa la Réligion Réformée,
„ & qu'ensuite il se transporta à Konigsberg, où
„ l'Electeur de Brandebourg lui donna la charge de
„ Professeur Extraordinaire en Hebreu, n'y aiant a-
„ lors que les Luthériens qui pussent etre promus à
„ la charge de Professeur ordinaire de cette Univer-
„ sité; qu'il n'y avoit personne qui s'imaginât qu'il
„ fut né Juif, mais qu'on soupçonnoit pourtant
„ qu'il l'avoit été.

„ Le même Auteur de la Lettre raconte, qu'un
„ jour le Baron d'Eulenbourg gendre du Grand
„ Maréchal railla Rittangel sur le Chapitre de la
„ Circoncision à la Table de son Beau-père; qui en
„ fut faché que Rittangel couvert de honte s'ex-
„ cusa modestement, & se plaignit que contre toute
„ vérité on eut de lui cette pensée. Après le dîner
„ l'Auteur de la Lettre lui témoigna son déplaisir de
„ l'affront qui lui avoit été fait. Rittangel fondant
„ en larmes, & poussant de profonds soupirs lui
„ protesta qu'il étoit très-faux qu'il eut été circon-
„ cis. Le même Auteur assure qu'un Pasteur d'El-

NB.
„ bing vénérable par sa probité & par sa science lui
„ avoit fourni une bonne preuve. Ce Pasteur a-
„ voit pris toutes les peines imaginables pour réta-
„ blir la concorde dans le logis de Rittangel. Ce
„ malheureux homme s'étoit marié à une femme qui
„ le maltraitoit, & qui étoit soûtenuë dans ses
„ caprices par ses parens qui demeuroient à Elbing.
„ Ce Pasteur travailla de toutes ses forces, pour fai-
„ re cesser ces dissensions, & fut témoin des em-
„ portemens de la femme, & en tira un bon argu-
„ ment contre l'opinion commune touchant la cir-
„ concision du Mari; car il raisonnoit de cette ma-
„ niére; cette femme pendant ses emportemens di-
„ soit avec toute sorte d'effronterie tout ce qui pou-
„ voit contribuer au dommage & au deshonneur de
„ son Mari, & néanmoins elle ne l'a jamais accusé
„ d'etre circoncis, il faut donc qu'il ne le soit
„ pas.

„ L'Auteur de la Lettre ajoute une autre raison;
„ Je ne sache point, dit-il, que pendant la Vie de
„ Rittangel aucun de ses adversaires lui ait fait un
„ tel reproche dans quelque Livre. Ils furent pour-
„ tant en bon nombre, & quelques-uns d'eux si-
„ rent paroitre beaucoup d'aigreur. Il ne les ména-
„ gea point, & il attaqua vivement dans ses Ecrits
„ plusieurs célébres Auteurs, & nommément Mis-
„ lenta, la colonne du Luthéranisme à Konigsberg,
„ & les Buxtorses qu'il accusa de crasse ignorance
„ dans l'Hebreu.

„ Enfin l'Auteur de la Lettre s'imagine, que les
„ soupçons se fondérent sur ce que Rittangel n'avoit
„ fréquenté que des Juifs pendant son séjour à Cons-
„ tantinople, & sur ce qu'il avoit toutes les maniè-
„ res, & l'air d'un Rabin. Mais ce ne sont pas
„ des preuves qu'il eut embrassé le Judaïsme. Il a-
„ voit pu le faire espérer aux Juifs, afin qu'ils lui
„ expliquassent plus soigneusement le plus fin de leur
„ Littérature, & puis il avoit pû se retirer avant que
„ de leur rien parler.

Mr. Bayle, comme on le voit, prouve demonstrativement que Rittangel a été faussement accusé d'a-
voir fait profession du Judaïsme.

XV. Mr. Bayle apprend encore par son éxemple à *Faux*
rejetter les faux bruits. *bruits*
rejettés.
„ *Balde* plaida souvent, dit-il, des causes contre

Bar-

DU PYRRHONISME.

Article
Bulli.
Note B.

„ Bartole. Ce qu'on dit qu'aiant été convaincu de
„ plusieurs falsifications il en fut châtié d'une ma-
„ niére ignominieuse, ne doit passer que pour une
„ fable. Jason l'avoit ouï dire; mais s'il a eu grand tort
„ d'immortaliser cèt ouï-dire dans les Ouvrages, Il
„ ne faut jamais faire cèt honneur à de tels bruits
„ qu'en ces deux cas: l'un lorsqu'ils sont très vrai-
„ semblables, l'autre lorsqu'on les veut charger d'u-
„ ne note de réprobation, c'est-à-dire les réfuter, &
„ les siffler. En ce dernier cas il est très-utile de
„ rapporter ces sortes de traditions, parce que rien
„ n'est plus propre à inspirer de la défiance contre les
„ rapports de la renommée, que de faire voir à son
„ siécle la sotte & la ridicule crédulité des précé-
„ dens. Pour prouver *demonstrativement* que l'ouï-
„ dire de Jason est une fable, il ne faut *point d'au-*
„ *tre raison* que celle ci. Jason ne savoit cela que
„ par ouï-dire; si la chose eût été vraie, il l'eut
„ lue en cent endroits. Balde vécut fort long-temps
„ tout couvert de gloire, il fit des livres, il réfuta
„ qui bon lui sembla, il eut des Antagonistes & des
„ ennemis redoutables. Tenés pour tout alluré que
„ si on eut pû lui faire un reproche d'infamie, on
„ l'auroit fait dans plus d'un livre. C'est-là que
„ Jason & tout le monde auroit appris cette disgrace.
„ C'est le malheur des Savans qui se distinguent
„ beaucoup, & qui écrivent beaucoup: les plus
„ petites fautes de leur jeunesse leur sont reprochées
„ publiquement tôt ou tard. Il le sont des enne-
„ mis parmi les Auteurs: c'est assés, ils doivent
„ s'attendre à des Romans Satiriques, plûtôt qu'à
„ la discrétion de l'Adversaire.

NB.

NB.

La force de la Vérité se fait jour de temps en
temps. Le Pyrrhonisme n'est point un état naturel.
On cesse d'outrer les doutes, lorsqu'on n'est pas sur
ses gardes, & dans une perpétuelle contrainte. Mr.
Bayle reconnoît ici qu'il y a des preuves démonstratives en fait d'Histoire.

C'est ainsi encore que Mr. Bayle nous apprend
à distinguer les cas où des Auteurs peuvent être croiables d'avec ceux où ils ne le sont pas.

A l'Article BUCER; *Ceux qui con-*
noissent, dit-il, *cet Auteur* (Possevin) *n'ont pas*
besoin que je leur dise qu'il est croiable dans les cho-
ses qui servent à la justification des Protestans, & in-
digne de créance dans les choses qui leur sont desavan-
tageuses.

NB.

Sur quel fondement accuseroit-on des Auteurs d'a-
voir usé de mauvaise foi? Peut-il être permis de se
hazarder de traiter un Historien de Calomniateur, si
le parti le plus sage est de demeurer toujours en
suspens sur la vérité de ce qu'il a dit? & ne tom-
be-t on pas soi-même dans le crime que l'on reproche aux autres, quand on traite de Calomnie ce qui
est peut être une Vérité, & en approche tellement
qu'un homme raisonnable ne sauroit s'assurer du contraire comme le prétendent les Pyrrhoniens? Cependant Mr. Bayle lui-même s'énonce sur des cas
de cette nature dans les termes les plus forts que
peut-on ajoûter à ceux-ci.

Le Livre de Bolzec aura le même destin, tant
qu'il y aura des Calvinistes au monde qui auront des
adversaires. Mais il suffira pour le convaincre éternellement de calomnie, qu'il y ait parmi les Catholiques un certain nombre d'Auteurs graves, qu'in n'a-
dopteront point les Contes; car c'est une *preuve dé-*
monstrative, qu'on n'y trouve nul fondement.

Art.
Brife.
Note EE.

„ Je le dirai plusieurs fois, je ne m'en lasserai point,
„ dit Mr. Bayle, il est très utile de recueillir les
„ éxemples de la mauvaise foi des Auteurs, &
„ les piéces des procès qu'elle a fait naitre. Il se-
„ roit à souhaiter des Langius & les Gruterus
„ eussent destiné à une telle compilation une partie

NB.

„ du temps qu'ils ont donné à des *Polyanthea*. Ga-
„ rasse y auroit paru souvent: c'étoit un esprit sati-
„ rique, étourdi, boufon, téméraire, qui avançoit
„ hardiment une faussêté, & qui ne vouloit pas

convenir qu'il l'eut avancée. Il a été de son intérêt, que la doctrine de ceux qui tiennent qu'un
homme qui meurt au service des pestiférés est un
Martyr, fut véritable. Il mourut de cette maniére, & il avoit publié tant de calomnies, & s'étoit
servi de tant de mauvaise foi, qu'il ne falloit guê-
re moins qu'un vrai Martyre pour expier de telles fautes. Notés qu'il y a des gens qui sacrifient
plûtôt leur vie, qu'un faux point d'honneur;
Garasse, pour rien du Monde n'eut avoué ses calomnies, & il ne fit pas difficulté de s'eniêrmer
avec des pestiférés.

On voit assés à qui Mr. Bayle en veut; On sait
à quels dangers il s'est vû éxposé par le Livre de
l'Avis aux Réfugiés dont on le soupçonnoit
Auteur. Il prétend qu'on l'a calomnié, & que ses
Calomniateurs, avec toute leur Réligion ne valent
pas plus que des Athées. Mais à quoi sert-il de dire, & de réitérer qu'il faut relever les bévuës des
Auteurs, sur les faits mal rapportés, si on ne peut
s'assurer de rien dans l'Histoire? Dès qu'un *Pyrrho-*
nien a intérêt de penser comme les autres hommes,
le Bandeau qui lui couvroit les yeux, & qui l'empêchoit d'appercevoir aucune Certitude, tombe, &
lui laisse démêler ce qui est Evident, d'avec ce qui
ne l'est pas.

XVI. RIEN ne paroit plus sujet aux contesta- *Preuves*
tions que les Victoires, il n'est pas rare qu'incon- *des vrai. loi-*
tinent, & plusieurs années même après une Bataille, *res.*
chaque Parti se vante d'en avoir eu l'avantage, mais
Mr. Bayle lui même fournit des moiens de s'en assûrer.

„ Il n'y a guére de Victoires, dit Mr. Bayle, *Article*
„ qui soient semblables quant aux suites à celle que *César*
„ Gustave remporta proche de Leipsic. On en *Note A.*
„ trouve de temps en temps, & de loin à loin
„ quand on parcourt l'histoire de tous les siécles,
„ & de tous les peuples. Il faut aussi excepter les NB.
„ guerres des prémiers Successeurs de Mahomet,
„ celles d'un Tamerlan, d'un Cingis-Can & de tels
„ fondateurs de grands Empires, qui paroissent trois
„ ou quatre fois dans l'espace de mille ans, plus ou
„ moins. A la reserve de cela, toutes les batailles sont
„ presque incapables de décider par le fruit qu'elles
„ produisent les disputes des Gazetiers. Chaque parti
„ s'attribuë, ou la victoire toute entiére, ou le
„ réel de la Victoire. Quand on ne peut pas dis-
„ convenir de la perte du champ de bataille, on
„ soutient qu'on a perdu peu de Monde, & que la
„ perte de l'ennemi, tant en morts qu'en blessés ne
„ se peut représenter. Le parti qui a mis en fuire
„ son ennemi, ne se contente pas du partage qu'on
„ lui fait; on lui laisse le chant du *Te Deum*, le bruit
„ du triomphe, l'éclat des feux de joie, mais on
„ prétend qu'au bout du compte, ce ne sont que
„ des chansons, que de vains titres; que de la fu-
„ mée, & qu'il n'a point eu le solide & l'a-
„ vantage réel; qu'il a plus de raison de faire chan-
„ ter le *De Profundis*, que le *Te Deum*, mais
„ s'il remporte une seconde Victoire à ce prix-là
„ il est perdu sans ressource. Ce partage encore un
„ coup, ne plait point à ceux qui sont demeurés NB.
„ les Maitres du champ de bataille, il prétendent
„ que l'avantage leur est demeuré en toutes manié-
„ res. Le véritable moien de terminer ces disputes
„ des Nouvellistes, seroit d'agir en Victorieux après
„ la bataille. Si ceux qui renoncent au nom &
„ s'attribuent la chose, alloient promptement porter
„ le fer & le feu, dans le Païs ennemi, le procès se-
„ roit vuidé en leur faveur: mais il seroit vuidé à
„ leur honte, si le parti qui s'attribuë le nom & la
„ chose se débordoit comme un torrent sur leurs
„ terres, & y prenoit de bonnes places. En un
„ mot il faut dire ici, ce qu'un Apôtre a dit sur
„ d'autres matiéres, *la foi sans les œuvres est morte.*
„ Vous croiés avoir remporté la Victoire, mais
„ à quoi vous sert cette foi sans les œuvres? Montrés

Yyyy 2

» très vôtre foi par les oeuvres. Ce qu'il y a de
» remarquable, c'est qu'aucun parti ne peut dire à
» l'autre, *Vous avez la foi, & moi j'ai les oeuvres :*
» *montrez moi donc vôtre foi sans les oeuvres, & je*
» *vous montrerai ma foi par mes oeuvres.* Ce seroit
» pitoiablement justifier les Généraux, qui ont tout
» l'honneur d'une journée, le champ de bataille,
» l'artillerie, bon nombre de prisonniers & de dra-
» peaux, sans en retirer aucun avantage considéra-
» ble, que de dire qu'ils agissent avec un desintere-
» ssement merveilleux, qu'ils se contentent de
» l'honnête, & ne se soucient point de l'utile,
» qu'ils ne font point la guerre en Marchands, pour
» gagner du bien, mais en Héros pour acquérir de
» la gloire, *præter laudem nullius avari* : ce seroit
» dis-je pitoiablement les justifier ; car dans cette na-
» ture d'affaires, l'utile n'est point séparé du glori-
» eux. Rien ne contribue d'avantage à la gloire
» d'un Grand Capitaine que l'activité la prompti-
» tude, l'habileté qu'il fait paroître à profiter de la
» déroute des ennemis, & à faire des coups de par-
» tie, pendant qu'ils sont encore tout étonnés de
» leurs premières disgraces. A Rome, où l'on se
» connoissoit parfaitement en guerriers, on faisoit
» une grande différence entre ceux qui gagnoient
» simplement des batailles, & ceux qui achevoient
» la guerre. On louoit bien plus ceux qui en-
» troient en triomphe avec les effigies de plusieurs
» Provinces ou de plusieurs Villes conquises, que
» ceux qui ne se pouvoient vanter que d'avoir fait
» mourir beaucoup de gens. C'étoit une bonne
» Politique que celle de Rome, quoi qu'elle eut
» d'ailleurs quelques inconvéniens. On ne conti-
» nuoit pas pour l'ordinaire les Généraux d'ar-
» mée deux ou trois années de suite dans leur char-
» ge ; tous les ans presque le nouveau Consul alloit
» rélever celui de l'année précédente : chacun à cause
» de cela faisoit tout ce qu'il pouvoit afin d'achever
» la guerre, & de ne laisser pas à un autre l'hon-
» neur de couronner l'ouvrage. Chacun aspiroit à
» la gloire du *debellare*. Mais quand un Général
» est assuré du commandement jusques à la fin de
» la guerre, il n'est pas toujours d'humeur de se
» presser, il est bien aise d'éloigner la paix, & il se
» règle dans ses Victoires par la maxime, qu'il faut
» faire un pont à son ennemi vaincu, ce n'est
» pas qu'il soit desinteressé, & qu'il ne cherche
» point l'utile ; c'est au contraire son intérêt parti-
» culier qui le porte à ôter aux fuiards les moïens de
» se rétablir, & de soutenir long-temps la guerre.
» Un Roi qui commande ses troupes en personne,
» & qui ne se sert point de ses avantages à
» point le même motif, il fait sans doute
» ordinairement pariant tout son possible pour pro-
» fiter de ses Victoires : mais un César, un Aléx-
» andre, un Prince en un mot, qui en sait profi-
» ter, est une grande rareté. Un Général qui
» remporte des Victoires dont tout le fruit est pour
» ceux qui vendent des crêpes & du drap noir, se
» trouve par tout.

De l'aveu de Mr. Bayle, il y a donc des preuves par lesquelles on peut s'assûrer si une Victoire est effectivement réelle, ou si elle n'est que douteuse.

Par Mr. ... XVII. LETTRE CCCXXI. *Le Mercure Galant qui donne jusqu'à cinq ou six relations des moindres avantages, n'en donne aucune de la bataille du 13. Août,* (1704) *& qu'il s'excuse sur ce que les Prisonniers François n'avoient pû la liberté d'écrire : d'où il conclut que les ennemis craignoient les relations sincéres que les prisonniers auroient pû écrire. Mais n'étoit-il pas échapé des Officiers. L'ELECTEUR de BAVIERE, Mr. de MARSIN & plusieurs Colonels n'étoient-ils pas sortis sans blessure ? Ne pouvoient ils pas écrire ?*

Voila donc le Pyrrhonisme sur cette bataille traité de ridicule.

SECTION SIXIEME.

Examen du Pyrrhonisme Physique.

I. CE SUJET, pourroit donner lieu à un très grand nombre de remarques, & on pourroit y faire entrer bien des discussions. Cependant je m'y étendrai peu par deux raisons. J'ai déja répondu à une partie des objections de Mr. Bayle, en examinant celles de *Sextus* qui étoient presque les mêmes. De plus, sous prétexte de réfuter ce que Mr. Bayle a écrit pour établir la Physique sur le pié d'un tas d'Incertitudes, il ne convient pas d'en parcourir tous les Systêmes, en vûe de distinguer ce qu'il y a d'établi sur chaque phénoméne, par de solides preuves, d'avec ce qu'il y reste encore d'obscurité. Ce que j'ai remarqué en examinant *Sextus*, & ce que je vais ajouter dans cette Section suffira pour prouver que la Physique n'est pas sans certitude. Or dès qu'il y en a pour quelques Articles, on est fondé à en chercher dans les autres, & à espérer qu'on n'y travaillera pas sans quelque succès.

De l'Etenduë de l'étendue.

Mr. Bayle pour prouver que l'Etendue n'existe pas, & ne peut pas exister, rameine l'objection que nous avons déja réfutée en examinant *Sextus Empiricus*, & qui consiste en ce que 1. la Pénétration des dimensions est impossible 2. que deux Corps ne peuvent se toucher sans se pénétrer réciproquement, 3. que s'il y a des Corps ils se touchent, Tout cela a déja été discuté.

» Suivant, dit-il, que nous nous servons
» d'une Lentille convéxe, ou concave & d'une
» Lunette, plus ou moins convéxe, ou, ou
» moins concave ; suivant enfin les différens rapports
» de ces Lunettes à nos yeux, le même Corps
» nous paroit plus ou moins gros. Il se peut
» donc très-bien que les yeux d'un homme soient
» tels que le même Corps qui lui paroit d'une
» certaine grandeur paroisse à un autre qui aura
» les yeux différens, plus grans, ou plus petits.

Part. II. Sect. IV. Art XXXVI.

Je réponds 1. qu'à mesure que nos yeux s'appatissent avec l'âge, nous ne nous appercevons point que les Corps nous paroissent d'une grandeur différente 2. Quand ce qu'on suppose seroit tel qu'on le suppose, les hommes penseroient différemment sur la Grandeur *absolue*, mais ils penseroient uniformément sur la Grandeur *relative* ; le double paroitra toujours double, le triple paroitra toujours triple, en position égale.

3. Je ne suis pas sûr du Corps soit précisément de la grandeur que je m'imagine, ou que mes yeux me le font paroitre ; Donc je dois douter qu'il y ait de l'étendue. Cette conséquence est visiblement nulle ; car c'est comme si je disois, je ne saurois compter exactement le nombre des fourmis qui se remuent sans cesse dans une fourmillére : Je ne saurois compter exactement combien une Plaine de 10000. Toises en quarré contient d'hommes qui se proménent, & se mêlent en cent façons les uns avec les autres. Donc je dois douter s'il y a une Plaine, & si sur cette Plaine il y a des Hommes. Un tel doute seroit-il fondé sur une égale évidence dans les deux cas opposés ?

De l'existence du Mouvement Part. II. Sect. IV.

II. Mr. BAYLE donne pour seconde objection Zenon. " Quand un Corps passe de l'état du Repos à l'état du Mouvement, ce Mouvement qu'il squiert n'existoit pas avant qu'il l'eut aquis ; Or ce qui n'a pas toujours existé, ne peut pas ne commencer d'exister ; car il passera du Néant à l'Etre, & de rien il ne se fera quelque chose. " Je ne fais comment Mr. Bayle allégue cette Objection NB. à laquelle lui-même a répondu plus d'une fois dans son Dictionnaire. Il n'y a personne qui ne sente la fausseté de ce principe, si on le prend au pié de la lettre & dans toute son étendue. Zenon
ne

ne pensoit pas à cette objection avant qu'il y pensâ. Une maniere de penser cesse, une autre maniere de penser survient. Changés ces expressions. *Rien ne se fait de rien*, auxquelles si vous vous arrêtés, vous ne pouvés substituer aucune idée, car on n'a point d'idées du rien; Changés-les, dis-je, en celle ci, *Tout changement suppose une Cause*, vous aurés exprimé en termes clairs, la même Vérité avec son fondement. Tout ce qui peut être, & qui peut aussi n'être pas, il faut qu'une Cause l'ait déterminé à être plûtôt qu'à n'être pas. C'est sur les idées de Cause & d'Effet qu'est fondé ce Principe; Nous avons donc des Idées de Production. Il implique contradiction qu'un Corps change de place, & ne déplace pas ceux qu'il rencontre. Il implique donc contradiction qu'il y ait du mouvement sans qu'il produise son effet, & le mouvement de sa nature est essentiellement actif, & productif.

Part. II. Sect. IV. Article LXIII. Fig. 16.
Comment s'accorderoient trois ou quatre Mobiles qui agissent tous à la fois par un même corps? Mr. Bayle ignoroit-il la théorie si claire & si simple des mouvemens composés? La boule *A* est poussée de *CA* du côté de *B* par un choc capable de lui faire parcourir quatre mesures en un temps. Elle est poussée par un autre choc du côté de *C*, d'une force à lui faire parcourir trois mesures dans le même temps; par un choc telle est déterminée à s'éloigner de 4 mesures du point *A*, par l'autre de 3, par les deux de 7; Elle s'éloignera donc de 7 au cas qu'il n'y ait rien d'incompatible dans ces deux mouvemens. Mais si *C* marque le Midi & *B* l'Orient, son progrès du côté de l'Orient, sera à son progrès du côté du Midi comme 4 à 3. C'est ce qui arrive, si la direction de ce mouvent se fait sur la Diagonale *AD*, ces causes qui la poussent, ces autres causes nécessaires, auront tout l'effet qu'il est possible qu'elles aient.

„ Si le mouvement, dit Mr. Bayle est un mode,
„ un état de la substance étenduë, le mouvement n'a
„ pas une existence à part de celle de l'étenduë, le
„ mouvement c'est l'etenduë même existant d'une
„ certaine maniére, disposée d'une certaine façon, se
„ trouvant dans un certain état. Donc celui qui
„ produit l'existence du mouvement produit l'exis-
„ tence de l'Etenduë, laquelle étenduë existoit dé-
„ ja.

Part. II. Sect. IV. Article LXI.
Je répons t qu'on prouvera de cette maniere que celui qui produit une figure à un Corps, produit le Corps qui reçoit cette figure, ou le Corps terminé de cette maniere. Je répons 2 que l'Etenduë demeurant toujours substance, c'est-à-dire continuant d'être, peut exister de diverses manières. Dire que celui qui fait qu'un Corps existe en mouvement, fait exister ce Corps, que celui qui fait qu'un Corps soit rond, **produit ce Corps**; c'est une équivoque si palpable qu'on a presque honte d'y répondre. Vous m'avés fait riche, donc vous m'avés fait. Vous m'avés fait un plaisir sensible, donc vous êtes mon Créateur. Etablir par de tels argumens le Pyrrhonisme, c'est comme si l'on disoit, il faut douter des Démonstrations les plus évidemment démontrées; car il n'y en a point contre laquelle on ne puisse alléguer quelque Ergoterie.

Mais quand la doctrine du Mouvement seroit encore si obscurcie, qu'on ne pourroit satisfaire à aucune de ces Questions, s'ensuivroit-il que nôtre Esprit est condamné sur toute sorte de sujets à des ténébres éternelles? s'ensuivroit-il même qu'on ne pourra jamais rien découvrir, ce qu'on ne connoit pas encore? On voit dans une Lettre de Pline un grand nombre de conjectures sur une Fontaine qui couloit par intervalles. De toutes ces conjectures, il n'y en a point de vraisemblables; Quelques-unes même ne sont pas intelligibles. On en a fait du depuis de très-possibles sur des Phénoménes de cette nature, & on est venu à bout de faire imiter la Nature par l'Art.

Mr. Bayle finit par ces paroles qu'il emprunte de Mr. Nicole. „ L'utilité que l'on peut tirer de ces „ spéculations, n'est pas simplement d'acquerir ces con-
„ noissances qui sont d'elles mêmes assés stériles, mais
„ c'est d'apprendre à connoitre les bornes de nôtre
„ Esprit, & à lui faire avouer malgré qu'il en ait,
„ qu'il y a des choses qui sont, quoi qu'il ne soit
„ pas capable de les comprendre, & c'est pourquoi
„ il est bon de le fatiguer à ces subtilités, afin de
„ dompter sa prétomption, & de lui ôter la har-
„ diesse d'opposer jamais ses foibles lumiéres aux
„ Vérités que l'Eglise lui propose, sous prétexte
„ qu'il ne les peut pas comprendre; car puisque toute
„ la vigueur de l'esprit des hommes est contrainte
„ de succomber au plus petit atôme de la matiére,
„ & qu'il voit clairement qu'il est infiniment divi-
„ sible, sans pouvoir comprendre clairement comment
„ cela se peut faire, n'est-ce pas pécher visiblement
„ contre la Raison, de refuser de croire les effets
„ merveilleux de la Toute-puissance de Dieu, qui
„ est d'elle même incomprehensible par cette Raison,
„ que l'esprit ne les peut comprendre?

Ou ces paroles de Mr. Nicole ne signifient rien, & Mr. Bayle les cite fort mal à propos, ou elles signifient que les difficultés qui arretent à tout coup l'Esprit humain, quand il cherche à connoitre des choses qui sont infiniment au dessous de Dieu, doit lui apprendre à ne s'étonner plus s'il en rencontre lorsqu'il veut s'élever à la connoissance de ce grand Etre. Il doit se convaincre que les Bornes qui arrêtent ses connoissances ne doivent point lui faire revoquer en doute des Principes évidens dont la Raison se sert utilement pour établir la Vérité & la Divinité de la Révélation; de sorte qu'en vain Mr. Bayle se met à couvert sous l'autorité de Mr. Nicole pour nous insinuer la nécessité de la Foi à l'exclusion de la Raison.

III. IL Y a trois méthodes de traiter la Physique, l'une Historique, & deux Conjecturales. Dans l'*Historique* on s'applique à s'assurer des faits, avec le plus de détail qu'on peut, & à les ranger dans un ordre qui les conserve dans la Mémoire, & les rende faciles à parcourir. Les Conjectures ont pour objet, ou la *maniére* dont les Phénoménes, de l'existence desquels on s'est assuré, sont produits; ou les *usages* & la destination des parties de l'Univers dont on s'est prouvé la connoissance historique. Socrate trouvoit que les conjectures de la prémiére espéce étoient très-incertaines; la plupart même lui paroissoient très-absurdes, & les conjectures physiques peu fiables en effet de son temps. Il se persuadoit outre cela que cette partie de la Physique étoit la plus difficile de toutes, & en même temps moins utile que la troisiéme. Il auroit voulu que les hommes se fussent sur tout appliqués à sentir les caracteres de la Sagesse & de la Bonté de Dieu dans chaque partie de ses ouvrages, & dans les rapports qu'elles ont entr'elles

Si l'on peut s'assurer sur quelques-uns des usages auxquels les différentes parties de l'Univers son affiliées.

Mr. Bayle tourne en ridicule Socrate, comme s'il avoit dit de la seconde Méthode ce qu'il se contente de dire de la troisiéme, & que pour répondre à une Question qu'on lui auroit faite sur la maniére dont un Phénomène est produit, & sur le Méchanisme qui le fait naitre, il se fut contenté de dire qu'il a été produit par des causes que Dieu a créées pour tel & tel usage; En parlant ainsi il n'auroit pas prétendu résoudre la question sur la naissance & la production d'un Phénomène. Son but auroit été d'apprendre qu'il en est d'autres théories qui méritent plus notre attention, & qui sont plus dignes de nos recherches.

„ Socrate ne fut pas content de la Lecture d'A-
„ naxagoras, pour quoi Mr. Bayle ajoute, nous al-
„ lons faire deux choses, l'abregé de la plainte de
„ Socrate, & puis quelques réflexions.

„ Ayant sû, dit-il, qu'on établissoit dans un *Note R.* Ouvrage d'Anaxagoras, qu'un Entendement régle
„ toutes choses & les produit, je fus fort content
„ de cette espéce de cause, & je me figurai qu'il en
„ devoit résulter que chaque être avoit été conditionné & situé de la maniére la plus excellente. J'es-

perai

„ perai donc avec une éxtréme joie de trouver dans
„ ce livre d'Anaxagoras un maitre qui m'enseignât
„ d'abord les causes de chaque chose, qui m'apprit
„ d'abord si la Terre est ronde ou plate, & puis
„ la raison de ce qu'il auroit déterminé, & comme
„ je crus que cette raison auroit pour base, l'idée
„ de la plus haute perfection, j'espérai qu'il me
„ montreroit que l'état où est la terre, est le meil-
„ leur qu'elle put avoir, & que s'il la mettoit au
„ centre, il éxposeroit pourquoi cette situation est
„ la meilleure de toutes. Je me fixai à ne rechercher
„ aucune autre espéce de cause, pourvû qu'il m'éclair-
„ cit bien cela, & à demander seulement ensuite par
„ rapport aux proportions de vitesse & de révolution
„ &c : qui se trouvent entre le soleil, la lune, & les au-
„ tres astres, quelle est la meilleure raison pourquoi ces
„ Corps, & en qualité d'agens & en qualité de pa-
„ tiens, font ce qu'ils font ; car je n'eusse jamais pû
„ m'imaginer, qu'un Philosophe, qui avoit dit qu'un
„ Entendement conduisoit toutes ces choses, allégue-
„ roit aucune autre cause que de prouver que l'état où
„ elles se trouvent est le meilleur qui puisse être ;
„ Je croiois aussi, qu'aiant expliqué par cette sorte de
„ cause la nature particuliére de chaque corps, il éx-
„ pliqueroit en général leur bien commun. Plein
„ de cette belle espérance, je me portai avec la der-
„ niére ardeur à la lecture de ces Ecrits, afin de
„ connoitre bientôt ce qui est très-éxcellent, & ce
„ qui est très-mauvais ; mais je trouvai que ce Phi-
„ losophe n'emploie point l'intelligence, à aucune
„ cause de l'arrangement : il ramene toutes choses à
„ l'air, à l'éther, à l'eau, & à tels autres sujets im-
„ pertinens, comme à leur origine. C'est comme si
„ quelqu'un, après avoir dit que je fais par l'enten-
„ dement tout ce que je fais, donnoit ensuite la cause
„ de mes actions particuliéres, à peu-près comme
„ ceci. Socrate est assis, parce que son Corps est
„ composé d'os & de nerfs, qui, par les régles de
„ la méchanique font qu'il peut plier & courber
„ ses membres. Il parle, parce que le mouvement
„ de sa langue agite l'air, & porte son impression
„ jusqu'aux oreilles &c : Un tel homme oublieroit la
„ vraie cause ; savoir que les Atheniens aiant jugé qu'il
„ valoit mieux qu'ils me condamnassent, j'ai trouvé
„ qu'il valoit mieux que je fusse ici assis, & qu'il
„ étoit plus juste que je subisse la peine qu'ils ont
„ ordonnée. Si quelqu'un m'objecte que sans mes
„ os & mes nerfs &c : je ne pourrois pas éxécuter ce
„ que je veux, il aura raison ; mais s'il prétend que
„ je l'éxécute à cause ide mes os & de mes nerfs &c :
„ & non par le choix de ce qui est le meilleur,
„ moi, qu'il suppose agir par entendement, il y a
„ dans son discours une grande absurdité
„ Vous voiés là dans à decouvrir le gout de So-
„ crate. Il avoit abandonné l'étude de la Physi-
„ que, & s'étoit appliqué tout entier à la Morale,
„ c'est pourquoi il demandoit que l'on expliquât
„ toute la Nature par des raisons morales, par les
„ idées de l'ordre, par les idées de la perfection.
„ J'oserai bien dire qu'il censuroit mal à propos
„ Anaxagoras. Tout Philosophe qui suppose une
„ fois qu'un Entendement a meu la matiére, & ar-
„ rangé les parties de l'Univers, n'est plus obligé de
„ recourir à cette cause quand il s'agit de donner
„ raison de chaque effet de la nature. Il doit éx-
„ pliquer par l'action & la réaction des Corps, par
„ les qualités des Elemens, par la figure des parties,
„ de la matiére &c : la végétation des plantes, les
„ météores, la lumiére, la pesanteur, l'opacité, la
„ fluidité &c : C'est ainsi qu'en usent les Philoso-
„ phes Chrétiens de quelque secte qu'ils soient. Les
„ Scholastiques ont un axiome qu'il ne faut pas
„ qu'un Philosophe sit recours à Dieu, *Non est*
„ *Philosophi recurrere ad Deum*: ils appellent ce recours
„ l'asyle de l'ignorance. En effet que pourriés-vous
„ dire de plus absurde dans un Ouvrage de Physi-
„ que, que ceci, *Les pierres sont dures, le feu est*

„ *chaud, le froid gèle les riviéres, parce que Dieu l'a ainsi*
„ *ordonné*. Les Cartésiens mêmes qui sont non seu-
„ lement Dieu le prémier moteur, mais aussi le mo-
„ teur unique, continuel & perpétuel de la matiére,
„ ne se servent point de ses volontés, & de son ac-
„ tion pour expliquer les effets du feu, les proprié-
„ tés de l'aiman, les couleurs, les saveurs &c : ils
„ ne considérent que les causes secondes, le mouve-
„ ment, la figure, la situation des petits corps. De fa-
„ çon que si la remarque de Clement Aléxandrin rap-
„ portée ci-dessus, n'étoit fondée que sur le dis-
„ cours de Socrate, elle seroit très-injuste. Il fau-
„ droit pour la trouver légitime que nous fussions,
„ non pas qu'Anaxagoras expliquoit beaucoup de
„ choses, sans faire mention de l'Entendement divin,
„ mais qu'il l'excluoit nommément & formellement
„ lorsqu'il expliquoit une partie des phénoménes de
„ la nature. Peut-être y avoit-il dans ses Ecrits cer-
„ tains endroits, où il disoit ce qu'Euripide son dis-
„ ciple a dit depuis, c'est que *Dieu se mêla des gran-*
„ *des choses, & laisse faire les petites à la fortune :*
„ comme si l'Univers étoit semblable au Tribunal
„ des Préteurs, *de minimis non curat Pretor*. Nous
„ avons vu ci-dessus que ce Philosophe attribuoit
„ quelques effets au hazard, quelques autres à la
„ nécessité &c : & qu'il n'appelloit à son aide l'Intelli-
„ gence, que lors qu'il ne pouvoit pas faire voir com-
„ ment la nécessité avoit produit une chose. On
„ peut supposer en général que son systême n'étoit
„ pas bien débrouillé ; qu'il ne l'avoit ni bien ap-
„ plani, ni bien arrondi ; qu'il y avoit laissé beaucoup
„ de piéces mal agencées. Aristote nous insinue
„ cela, lorsqu'il nous parle des Physiciens qui ont
„ les prémiers reconnu deux Causes, la matérielle,
„ & l'efficiente. Il les compare à des gens qui n'ont
„ point appris l'art de se battre, & qui ne laissent pas
„ de bien blesser assés souvent. Ils le font sans sui-
„ vre les régles : ces Physiciens aussi ne possédoient
„ pas la science de ce qu'ils disoient. Vous verrés
„ ailleurs qu'il y a des choses qu'Anaxagoras n'a
„ point expliquées, & qu'il eut admis infaillible-
„ ment si quelqu'un lui en avoit fait l'ouverture ;&
„ qu'enfin en développant ses principes & ses pensées,
„ on étaleroit de fort beaux Dogmes.
„ Je ne blamerois point Socrate d'avoir souhaité
„ une explication de l'Univers toute telle qu'il l'in-
„ dique : car qu'y auroit-il de plus beau, ou de plus
„ curieux, que de savoir distinctement & dans le
„ détail, pourquoi la perfection de la machine du
„ Monde a demandé que chaque planéte eut la fi-
„ gure, la grandeur, la situation & la vitesse qu'el-
„ le a, & ainsi du reste ? mais cette science n'est pas
„ faite pour le genre humain, & on étoit fort in-
„ juste de l'attendre d'Anaxagoras. A moins que
„ d'avoir toute l'idée que Dieu a suivie en faisant
„ le Monde, on ne pourroit point donner les expli-
„ cations que Socrate souhaitoit. Tout ce que les
„ plus grands Philosophes peuvent dire là-dessus,
„ revient à ceci, que puisque la terre est ronde &
„ située à une telle distance du Soleil, cette figure
„ & cette situation étoient requises pour la beauté &
„ la symmétrie de l'Univers ; l'auteur de cette vas-
„ te machine aiant une intelligence, & une sagesse
„ qui n'a point de bornes. Nous savons par là en
„ général que tout va bien dans cette machine, &
„ que rien n'y manque ; mais si nous entreprenions
„ de faire voir piéce à piéce, que tout est au meil-
„ leur état qui se puisse, nous en donnerions in-
„ failliblement de très-mauvaises raisons.
„ Nous ferions comme un Païsan, qui sans avoir
„ aucune idée d'une horloge, entreprendroit de prou-
„ ver que la roue, qu'il en verroit par une fente, a
„ dû être de telle épaisseur, de telle grandeur, &
„ posée précisément en ce lieu là, vu que si elle
„ eût été plus petite, moins épaisse, & située en
„ un autre lieu, il seroit arrivé de grands incon-
„ véniens. Il jugeroit de cette machine, comme

un

„ un aveugle des couleurs; & fans doute il raifon-
„ neroit pitoïablement. Les Philofophes ne font
„ guére plus en état de juger de la machine du mon-
„ de, que ce Païfan de juger d'une groffe horlo-
„ ge. Ils n'en connoiffent qu'une petite portion,
„ ils ignorent le plan de l'Ouvrier, fes vuës, fes
„ fins, & la relation réciproque de toutes les piè-
„ ces. Allégués à quelqu'un que la terre a dû être
„ ronde, afin qu'elle tournât plus facilement fur fon
„ Centre, il vous répondra qu'il vaudroit mieux
„ qu'elle fut quarrée, afin de tourner plus lentement,
„ & de nous donner de plus longs (A) jours. Que
„ pourriés vous répondre de raifonnable, fi vous é-
„ ti.s obligé d'articuler les embarras où l'Univers
„ tomberoit, tant ce que Mercure fut plus grand &
„ plus proche de la terre? Mr. Newton qui a dé-
„ couvert tant de beautés Mathématiques dans les
„ cieux voudroit-il bien être Caution, que fi les
„ chofes n'étoient pas telles qu'il les fuppofe, ou quant
„ aux Grandeurs, ou quant aux diftances, ou quant
„ aux viteffes, le monde feroit un Ouvrage irrégu-
„ lier, mal conftruit, mal entendu? l'Intelligence
NB. „ de Dieu n'eft elle pas infinie? Il a donc les idées
„ d'une infinité de Mondes, différens les uns des
„ autres, tous beaux, réguliers, Mathématiques au
„ dernier dégré. Croiés-vous que d'une terre quar-
„ rée & plus proche de Saturne, il ne pourroit pas
„ tirer des ufages équivalens à ceux qu'il tire de nô-
„ tre terre? Concluons que Socrate n'a point dû
„ s'imaginer qu'Anaxagoras lui prouveroit par des
„ raifons de détail, que l'état préfent de chaque cho-
„ fe eft le meilleur où elle pût être. Il n'y a que
„ Dieu qui puiffe prouver cela de cette façon.
„ Comment ferions nous ce que Socrate vouloit
„ à l'égard de la machine du Monde, nous qui ne
„ le faurions faire à l'égard de la machine d'un ani-
„ mal, après tant de diffections, & de Leçons d'A-
„ natomie, qui nous ont appris le nombre, la fitua-
„ tion, l'ufage &c. des principaux organes? Par
„ quelles raifons particuliéres pourroit-on prouver
„ que la perfection de l'homme, & celle de l'Uni-
„ vers, demandent que nos yeux, au nombre de deux,
„ foient fitués comme ils le font, & que fix yeux
„ placés autour de la tête, feroient du defordre dans
„ nôtre corps & dans l'Univers? On peut raifon-
„ nablement prétendre, qu'afin de donner à l'homme
„ fix yeux autour de la tête, fans s'écarter néan-
„ moins des loix générales de la Méchanique, il
„ eut fallu déranger de telle forte les autres organes,
„ que le corps de l'homme eut été formé fur un
„ autre plan, & fut devenu une autre efpéce de
„ machine: mais on ne fauroit donner de cela aucu-
„ nes raifons particuliéres; car tout ce que vous
„ pourriés dire feroit combatu par des objections auffi
„ vraifemblables que vos preuves. Il faut s'arrêter
„ à cette raifon générale, la fageffe de l'Ouvrier eft
„ infinie, l'ouvrage eft donc tel qu'il doit être. Le
„ détail nous paffe, ceux qui veulent y entrer, ne fe
„ fuvent pas toujours du ridicule.

Il me paroit que Mr. Bayle ne raifonne point a-
vec une éxactitude Philofophique, & qu'il donne
dans un Sophifme affés groffier, quand il dit, qu'on ne
fauroit s'affurer de la deftination d'aucune partie de
l'Univers, ni de la deftination de l'Univers même, fous prétexte que l'Intelligence de Dieu étant infinie, auffi bien que fa Puiffan-
ce, que nous voions dans un certain état auroit pû ê-
tre dans un état très-différent, & ne laiffer pas d'a-
voir des ufages, où l'on reconnoitroit la fageffe de Dieu.
Quand l'attention que je fais à la ftructure, & à la
pofition de quelques parties de l'Univers, m'y fait
admirer la fageffe de Dieu, je ne m'en convain pas
en raifonnant fur ce Principe, *Toute autre ftructure,
& toute autre pofition auroit eu un mauvais effet, &
auroit caufé un dérangement dans l'Univers*. Mr. Bayle a raifon de traiter d'éxtravagante, une fuppofition

de cette nature: Je puis admirer l'induftrie d'un Horloger ou d'un homme qui fait des Quadrans folai-
res dans chacune de fes piéces, quoi qu'il en faffe
un très grand nombre qui différent entr'elles, & ne
laiffent pas d'avoir chacune leur jufteffe, & leur
beauté. J'apercevrai de même, dans un Oifeau, un
grand nombre de parties, dont l'affemblage & le jeu
ont les effets qui conviennent à des fitres de cette
nature: J'en découvrirai de tout autres dans les In-
fectes, mais partout je trouverai ce qui convient
à la confervation de ces Etres vivans, & aux actions auxquelles l'éxpérience me fait voir qu'ils font
deftinés.

Quand on examine avec quelque attention les différentes parties de l'Univers, on y découvre manifeftement les Caractéres d'une Caufe Libre qui auroit pu varier fes ouvrages autrement qu'elle n'a fait,
& qui auroit pû auffi y mettre moins de variété;
mais en même temps on n'y découvre pas moins
fenfiblement les caractéres d'une Caufe très-fage qui
a deftiné chacun de fes ouvrages à de certains effets,
& les a rendus tels qu'ils devoient être pour produire ces effets-là. Ceux qu'on a le plus étudié
font précifément ceux qui prouvent avec le plus d'é-
vidence la fageffe de leur Auteur: Il en eft qu'on
connoit peu, & il ne faut pas s'étonner fi l'on ne fe
trouve pas en état d'expliquer auffi diftinctement les
ufages de ceux-ci, que les ufages de ceux qui font
beaucoup mieux connus. Il eft encore dans le Corps
humain des parties dont on ignore la deftination ou
fur lefquelles on n'a que des conjectures peu démontrées: Mais il en eft auffi dont la ftructure a un rapport fi vifible avec leurs ufages, qu'il faut fe crever
les yeux, & refufer fon attention à la plus parfaite
évidence, ou s'abandonner à l'admiration de l'Intelligence fuprême qui leur a affigné leur figure & leur
figure, & qui en a raffemblé les parties, & les refforts.

S'il y a eu ci-devant de l'incertitude fur cette Question, elle eft levée aujourd'hui par une infinité de
preuves. Qu'on life les Mémoires de l'Academie & la
Phyfique & Aftronomie Théologique de Mr. Der-
ham & d'autres Ouvrages des Philofophes Anglois.

IV. ANAXAGORAS s'étoit imaginé que l'U- *Anaxa-*
nivers étoit compofé d'une infinité de petites parties, *goras foli-*
qui fe réuniffant en une maffe vifible formoient un *dement*
os; d'une infinité d'autres qui raffemblées de même *réuni.*
formoient une fucille, d'une infinité de criftalins &
qui s'affemoloient pour former des Criftaux. On ne
fauroit nier que cette Hypothéfe ne préfente q'a-
bord quelque chofe de *poffible* ; elle a eu fes partifans, & par conféquent elle a fa *vraifemblance*. Or
fuivant la penfée des Pyrrhoniens, c'eft tout au plus
fi on peut lui en oppofer une d'une égale vraifemblance: Cependant Mr. Bayle la diffipe entiérement;
il prouve qu'elle eft *fauffe*, qu'elle eft *infoutenable*, & NB.
il le prouve avec une fi grande évidence qu'il n'y a
à lire fes raifonnemens pour fe convincre que la Phyfique a des matières fufceptibles de Démonftration.
Pour s'affurer qu'une conjecture eft infoutenable, il
faut avoir un caractére auquel on reconnoiffe furement la force des preuves, qui la démontrent infoutenable. On peut confulter l'Article dans fon Dictionnaire. (Art. Leucippe. Note G.)

„ Les Philofophes modernes, dit Mr. Bayle, fe
„ font bien moqués de ces vifions. Galilée & fon *Du Vui-*
„ Succeffeur*Torricelli* ramenérent la doctrine du *Vuide*; *de.*
„ Goffendi, le grand Reftaurateur du Syftême de Leu-
„ cippe, la mit à la mode, & prétendit l'avoir prou-
„ vée démonftrativement. Mr. Des Cartes fe dé-
„ clara pour le *plein*, & pouffa la chofe beaucoup
„ plus avant que ne faifoient les Sectateurs d'*Arifto-
„ te*; car non feulement il foûtint qu'il n'y avoit
„ point de vuide, mais auffi qu'il étoit abfolument
„ impoffible qu'il y en eût; il fe fonda fur ce que
„ le vuide aïant toutes les propriétés, & toute l'effence

(A) Mais les nuits n'auroient-elles pas été à proportion plus longues?

„ sence du Corps, c'est-à-dire les trois Dimensions,
„ c'étoit une contradiction dans les termes que de
„ prétendre que le vuide fut un espace où il n'y a-
„ voit point de Corps. On trouva un grand para-
„ doxe dans l'Identité qu'il établissoit entre l'espa-
„ ce & le Corps, & l'on cria qu'il diminuoit la
„ Toute-Puissance divine, puisqu'il enseignoit que
„ Dieu même agissant par un miracle, ne pourroit
NB. „ point faire qu'un tonneau demeurant tonneau ne
„ fut rempli de quelque matière. C'est sans doute
„ une conséquence de son Dogme, mais qui n'in-
„ téresse point la Toute-Puissance de Dieu. Il ne
„ s'agit point de cette Toute-Puissance, il s'agit
„ seulement de savoir si tout ce qui a trois Dimen-
„ sions est un Corps. Les Raisons de Mr. Des-
„ Cartes ont paru très-fortes à bien des gens; ils
„ ont cru qu'avec sa *Matière subtile*, on accordoit
„ aisément ensemble le *Mouvement & la Plénitude*,
„ & ils ont trouvé du Paralogisme dans les préten-
„ dues Démonstrations de Mr. *Gassendi*. Le Ré-
„ gne du Plein sembloit donc plus affermi que ja-
„ mais, lorsqu'on a vu avec beaucoup de surprise
„ quelques grands Mathématiciens dans un autre sen-
„ timent.

„ *Mr. Huigens* s'est déclaré pour le vuide: Mr.
„ Newton a pris le même parti & a combattu sur
„ ce point hautement l'hypothèse de Mr. Des Car-
„ tes, comme une chose incompatible avec le mou-
„ vement, la légéreté, & quelques autres phéno-
„ mènes. Mr. Fatio est de l'avis de Mr. Newton,
„ & je lui ai ouï dire que l'existence du vuide n'est
„ pas un problème, mais un fait certain, & Ma-
„ thématiquement démontré. Il ajoûtoit que *l'espace
„ vuide est incomparablement plus grand que l'espa-
„ ce plein*. Cette nouvelle Secte, protectrice du vui-
„ de se représente l'Univers comme un espace infi-
„ ni, où l'on a semé quelques corps qui, en com-
„ paraison de cet espace, ne sont que comme quel-
„ ques vaisseaux dispersés sur l'Ocean, de sorte que
„ ceux qui auroient la vûe assés bonne pour discer-
„ ner ce qui est plein, & ce qui est vuide, s'écrie-
„ roient *apparent rari nantes in gurgite vasto*. Ce
„ qu'il y a d'embarrassant pour les nouveaux Secta-
„ teurs du vuide, est qu'ils ne peuvent nier que les
„ Argumens des Cartésiens, contre le néant de l'es-
„ pace ne soient très-forts, je veux dire qu'ils n'o-
„ sent point soutenir comme font les Scho-
„ lastiques, que l'espace n'est rien, & que c'est
„ une pure privation. Quand donc on leur de-
„ mande ce que les espaces qui ont réellement les
„ trois dimensions, & qui sont distincts du Corps,
„ & qui se laissent pénétrer par les Corps, sans leur
„ faire nulle résistance, ils ne savent que répondre,
„ & peu s'en faut qu'ils n'adoptent la chimère de
„ quelques Péripatéticiens, qui ont osé dire, que
„ l'espace n'est autre chose que l'immensité de Dieu.
„ Ce seroit une doctrine bien absurde, comme Mr.
„ Arnauld l'a fait voir dans les Ecrits, où il pré-
„ tend que le Père Malebranche semble attribuer à
„ Dieu une étendue formelle. Notés que Mr. Hart-
„ socker, bon Physicien, & bon Mathématicien, a pris
„ un milieu entre Des Cartes & les nouveaux Sec-
„ tateurs du vuide; car si d'un côté il prétend que
„ le mouvement seroit impossible dans le système
„ Cartésien, il veut de l'autre que l'étendue fluide
„ où les Corps nagent & voltigent très-facilement ne
„ soit pas un pur espace ou une étendue pénétra-
„ ble.

„ Mr. Bayle après avoir donné des hypothèses sur
„ le plein & le vuide, & imité le stile de Sextus & des
„ autres Pyrrhoniens, en relévant les oppositions de ces
„ Hypothèses, & la force des argumens par lesquels
„ chacun prétend appuier la sienne, conclut ainsi en
„ faveur du Pyrrhonisme.

Art. Leu-
cippe,
note G.
„ Recueillons, dit-il, de ceci deux choses, l'une
„ que ces grands Mathématiciens qui démontrent
„ qu'il y a du vuide, font plus de plaisir qu'ils ne

„ pensent aux Pyrrhoniens. Voici comment. L'es-
„ prit de l'homme n'a point d'idées plus nettes ni NB.
„ plus distinctes que celles de la nature & des attri-
„ buts de l'étendue. C'est là le fondement des Ma-
„ thématiques. Or ces idées nous montrent ma-
„ nifestement que l'étendue est un être qui a des
„ parties les unes hors des autres, & qui est par
„ conséquent divisible & impénétrable. Nous con-
„ noissons par expérience l'impénétrabilité des corps,
„ & si nous en recherchons la source & la raison
„ *a priori*, nous la trouvons avec la dernière clarté
„ dans l'idée de l'étendue, & dans la distinction
„ des parties de l'être étendu, & nous n'en saur-
„ ions imaginer aucun autre fondement. Nous con-
„ cevons l'étendue non pas comme un genre qui
„ contient sous soi deux espèces, mais comme une
„ espèce qui n'a que des individus au dessous de soi.
„ D'où nous concluons que les attributs, qui se
„ trouvent dans une étendue, se trouvent aussi dans
„ toute autre. Cependant voici des Mathématiciens
„ qui démontrent qu'il y a du vuide, c'est-à-dire une
„ étendue indivisible & pénétrable, en sorte qu'un
„ globe de quatre piés, & l'espace qu'il remplit
„ qui est aussi de quatre piés, ne font que quatre
„ piés d'étendue. Il n'y a donc plus d'idée claire,
„ & distincte sur quoi notre esprit puisse faire fond,
„ puisqu'il se trouve que celle de l'étendue nous a
„ trompés misérablement. Elle nous avoit persuadé
„ que tout ce qui est étendu a des parties qui ne
„ peuvent être pénétrées; & voici l'existence d'un
„ espace démontrée mathématiquement, d'un espace,
„ dis je, qui a les trois dimensions, qui est immobile,
„ & qui laisse passer & repasser d'autres dimensions
„ sans se remuer, sans s'entr'ouvrir. La seconde cho-
„ se que j'ai à dire c'est que le système de Spinoza NB.
„ s'accommoderoit très-mal de cette double étendue de
„ l'Univers, l'une pénétrable, continue, & immobile,
„ l'autre impénétrable, & séparée en morceaux, qui
„ sont quelquefois à cent lieues l'un de l'autre. Je
„ crois que les Spinozistes se trouveroient bien em-
„ barrassés si on les forçoit d'admettre les démonstra-
„ tions de Mr. Newton.

On sent aisément la force de l'argument tiré du
Vuide contre la Substance *unique* de Spinoza; car le
moien de ne faire qu'une seule substance de diverses portions d'étendue, qui ne sont unies l'une à l'autre, ni
médiatement, ni immédiatement. Mais qu'on se rende
attentif, & on verra qu'il s'en-faut du tout au tout
qu'on ne trouve la même évidence & la même force, dans ce que Mr. Bayle dit en faveur des Pyrrhoniens: Son Raisonnement ne roule que sur des obscurités. *L'Esprit de l'homme*, dit Mr. Bayle, *n'a point
d'idées plus nettes ni plus distinctes, que celles de la Nature & des Attributs de l'étendue*. *C'est là le fondement des Mathématiques*. Or ces idées nous montrent
manifestement que l'étendue est un être qui a des parties
qui sont les unes hors des autres, & qui est par conséquent divisible & impénétrable.

Un Newtonien dira à Mr. Bayle, & sans être
Newtonien on lui peut dire; l'Idée que nous avons
de l'étendue telle que vous venés de la définir, est
une Idée claire, & toutes les démonstrations, dont
une telle Idée est le fondement, sont incontestables.
Mais si de là vous concluès; Donc nous n'avons
l'Idée d'aucune autre étendue, c'est ce que tout le
monde ne vous accordera pas. Tous les hommes conviennent qu'ils ont une idée de l'étendue solide &
mobile, qu'ils ont l'Idée de plusieurs propriétés de
cette étendue, qu'ils les combinent, & qu'ils en forment
des Démonstrations convaincantes. Mais, vous
ne conviennez pas qu'ils aient l'Idée d'une autre
Etendue parfaitement pénétrable, & immobile. Ce
dont tous conviennent devient-il obscur, ou douteux
parce qu'il y a des choses sur lesquelles on ne convient
pas également?

Qu'on parcoure les argumens par lesquels les Cartésiens se sont attachés à prouver l'impossibilité du
Vuide,

Vuide, qu'on les examine avec attention, on verra que ce qui se trouve de contradictoire dans l'Hypothèse du *Vuide* est fondé sur ce qu'ils supposent que ses Partisans le regardent comme un *Rien*. Or il est manifestement Contradictoire que ce qui n'est *Rien* puisse être parcouru, que les différentes parties soient successivement parcourues les unes après les autres, que celle qui est parcourue pendant la première minute ne soit pas la même que celle qui est parcourue pendant la seconde ; & qu'il y ait ainsi des différens *Riens*, qui soient plus longs les uns que les autres & diversement figurés ; car la Concavité de l'Espace parcouru, répond à la Convexité de la figure que le mobile a tracée en le parcourant. Cette Contradiction est levée dès qu'on suppose que l'étendue parfaitement pénétrable & immobile, qui porte le nom d'*Espace*, est une étendue réelle & créée, afin que l'autre étendue solide y pût exercer sa mobilité. Ceux qui reconnoissent ces deux Espèces d'étendues, disent, que les Idées que nous en avons sont des Idées simples, dont l'evidence se fait sentir à tous ceux qui veulent y faire attention, & qu'il est inutile de chercher à l'éclaircir par de plus simples.

Quant à ce que Mr. Bayle allégue des Démonstrations mathématiques, il ne sera pas inutile de remarquer, qu'il ne suffit pas de ranger des preuves suivant la méthode que les Géométres ont accoutumé d'observer, & de mettre à la tête de chaque article *Théorème*, *Préparation*, *Démonstration*, *Lemmes*, *Scholies*, *Corollaire premier*, *Corollaire Second*, &c : Il ne suffit pas non plus de tracer des lignes & des figures & de comparer *AB*, avec *CD*, pour conclure qu'on a fait une Démonstration mathématique. Il est arrivé à de fameux Géométres de disputer vivement sur de certaines Questions, toutes Géométriques, mais fort composées. Il peut encore arriver plus aisément qu'ils se trompent sur des sujets où l'erreur se glisse beaucoup plus que dans les matières de Géométrie. Accoutumez à proposer leurs preuves dans un certain ordre, ils les suivent dans les raisonnemens dans lesquels ils se font mépris, & ils les donnent à cause de cela pour des démonstrations mathématiques ; & ceux qui ne sont pas faits à cette méthode ne viendront pas facilement à bout d'en reconnoître le sophisme, elle les embrouille & les interdit. Voïes Log. Part. IV, Chap IV.

On ne convient pas sur l'Etendue simplement Espace. Donc quoi que l'on convienne sur l'Etendue Corps, il n'y a qu'incertitude si dans l'Idée qu'on s'en forme, ni dans ce qu'on en démontre ni dans les conséquences qu'on en tire. C'est comme si l'on disoit on ne sait pas tout. Donc on ne sait rien, & on ne doit pas espérer de pouvoir rien apprendre.

Au reste j'ai déjà examiné ce sujet & prévenu les Conséquences que les Pyrrhoniens en tirent. Je me bornerai à ajoûter que Mr. Bayle reconnoît l'Idée de l'Etendue pour une Idée parfaitement claire ; & la seroit-elle si elle renfermoit des contradictions, à moins qu'on ne reconnoisse qu'il y a de la clarté dans des contradictions.

VI. DANS l'Article de *Pyrrhon*, Mr. Bayle dit, „ Les Cartésiens enseignent, & les Philosophes conviennent aujourd'hui assés généralement , que les „ Corps paroissent rouges bleus, verds &c : chauds, „ froids, aigres, amers, &c : sont tels en eux mêmes.

Donc il se peut qu'ils paroissent étendus sans l'être. Voilà des petits Sophismes dont Mr. Bayle n'auroit pas osé charger sérieusement un systême de Philosophie, ni les y poser comme sans réplique : Mais bien assuré que son Livre tomberoit entre les mains d'une infinité de Lecteurs, qui n'auroient aucun Principe de Logique ni de Physique, il a compté qu'il n'y auroit qu'à leur parler hardiment pour leur en imposer.

La Raison nous ordonne de ne pas prononcer sur un sujet dont nous n'avons pas d'idée. Or si ce qui est *rouge*, *verd* &c : *chaud*, *froid*, *amer*, &c : peut être tel que nous le sentons, dans les corps mêmes qui existent au dehors de nous, nous ne le concevons pas, c'est à dire, nous n'en n'avons pas d'idée. Il ne faut donc pas décider là-dessus. Ainsi dès que j'ai connu cette Régle d'une évidence si manifeste, & que j'ai appris à faire usage de ma Raison, je m'abstiens de dire que les Corps sont rouges, jaunes, amers &c : ou qu'il y a en eux quelque chose de tout semblable à ce qu'ils me font sentir : Il est en mon pouvoir de m'empêcher de le croire, & s'il m'arrive de le croire, je m'apperçois que c'est sans un légitime fondement. Mais je ne puis pas m'empêcher de croire qu'ils me paroissent tels : Voila pourquoi je me persuade qu'il est très-vrai qu'ils me paroissent tels, ou qu'effectivement ils se prêtent ent comme tels. Mais loin qu'il soit en mon pouvoir de m'empêcher de croire que l'étendue qui me paroit exister au dehors de ma pensée, y existe en effet, au contraire plus je m'y rends attentif, & plus je réfléchis sur la suite des évènements, ou sur la suite des Idées qui me les représentent, moins il est en ma puissance de douter que ces évènements soient réels ; & voilà pourquoi je n'en doute point. Mais cette Question a déjà été discutée dans l'examen de S. xxus. Part. II. Sect. III. Art. XXVII. & suivans.

VII. IL EST une infinité de gens qui vains, autant que paresseux, se font un plaisir de mépriser & de traiter d'incertaines les Sciences dont il revelent pas se donner la peine de s'instruire à fonds. Les Savans présomptueux, décisifs, & sur tout ceux qui donnent des systêmes obscurs, superficiels, mal démontrés, pour des systêmes solides, où rien ne manque, donnent lieu à ces accusations. Ils sont cause que des gens du monde se sont donné les Loix d'appeller les livres de Physique des Romans, où l'imagination s'est tout permis. On n'auroit jamais pensé si mal d'une Science très-estimable, très-utile, & très digne de l'attention de l'esprit humain, & elle seroit bien avancée, & peut-être peu éloignée ou beaucoup moins éloignée de sa perfection, si ceux qui l'ont cultivée avoient réligieusement observé la Méthode & les sages précautions de deux Illustres Académies(A) où l'on prend si sûrement la route de la Verité, par la même qu'on n'y craint rien tant que de reconnoître pour Certain ce qui n'est que Vraisemblable. Comme je n'ai pas seulement pensé à ébaucher un Systême de Physique, en examinant ce que Mr. Bayle a écrit, en vûe de la faire passer pour une Science incertaine ; je me propose encore moins de donner ici un Systême de Morale. Je n'établirai pas même les fondemens de cette Science ; on peut s'en instruire ailleurs ; je le suppose, & je me borne à lever les Doutes par lesquels Mr. Bayle a travaillé, par-ci par-là, à les ébranler.

SECTION SEPTIEME

Examen du Pyrrhonisme Moral.

I. QUAND on accusoit les Pyrrhoniens d'introduire la licence & la confusion en anéantissant tout Principe & toutes Régles, ils y répondoient que la coûtume & les Loix suffisoient pour parer à ces desordres, & à cette confusion. Mais pour prouver que la Coûtume & les Loix n'avoient rien de respectable que d'être Coûtume & Loix, ils se faisoient un plaisir d'attaquer les Loix & les Coûtumes les mieux établies. Mr. Bayle use de détours pour combattre les Idées des hommes sur le mariage ; il emprunte les paroles du Comte de Bussi : " N'admirés-vous pas, dit-il, quelle force à l'u- " sage, & quelle autorité dans le monde ? Avec trois " mots qu'un homme dit, *Ego conjungo vos*, il fait coucher

(A) Les Academies Roïales de Paris & de Londres.

" coucher un garçon avec une fille, à la vuë & du
" consentement de tout le monde ; & cela s'appelle
" un Sacrement administré par une personne sacrée.
" La même action, sans ces trois mots, est un crime
" énorme qui déshonnore une pauvre femme ; &
" celui qui a conduit l'affaire, s'appelle, ne vous de-
" plaise un M.... Le Pere & la Mere, dans la
" prémiére affaire, se réjouissent, dansent & mênent
" eux-mêmes la fille au lit ; & dans la seconde ils
" sont au desespoir, ils la font raser & la mettent
" dans un Couvent. Il faut avouer que les Loix
" sont bien plaisantes. Ce n'est point le merveilleux
" de l'affaire : la principale irrégularité consiste dans
" l'effet rétroactif. Notre Ariosta avoit été Concubine
" ses Enfans étoient bâtards, c'étoit une tache à son
" honneur & à sa maison ; mais tout cela fut effacé,
" lavé & anéanti, par les trois paroles du Prêtre *Ego
" conjungo vos*. Le Marquis de Ferrare épousant
" cette maitresse un peu avant que de partir de ce
" monde, la convertit en femme d'honneur, & donna
" la qualité de légitime à des Enfans qui étoient
" duement chargés de la qualité contraire. Une
" semblable métamorphose se voit tous les jours, &
" il y a eu des gens qui ont prétendu que les Enfans
" mêmes, qui sont nés dans un temps où les Peres
" & les Meres ne pouvoient point se marier faute
" de dispense, doivent être légitimés par un subsé-
" quent mariage. " Le Comte de Bussi avoit écrit
cela pour badiner. Mr. Bayle, en tant que Pyrrhonien en profite, & il lui plait de le prendre sérieusement.

L'illusion de ce Raisonnement consiste 1. à présenter la différence Morale qu'on doit concevoir entre
le Mariage & la Licence, comme si ce n'étoit qu'une
différence Physique ; voila pourquoi on est tenté de
la traiter de chimere 2. Il presente une différence
morale, dont l'influence s'étend si loin, & dont l'honneur & le deshonneur sont les suites & les effets naturels ; il la présente, dis-je, comme l'effet d'une simple formule & comme dépendant physiquement de
l'efficace de trois mots Latins. Quand d'un côté
l'Esprit est ainsi détourné du vrai état de la Question, & que d'un autre on son attention est presque toute occupée par des plaisanteries, il ne faut pas s'é-
tonner si l'on trouve très - paradoxe & ce qui ne l'est
point, & si l'on conçoit un si grand embarras là
où il n'y en a que très-peu.

Il ne faut pas beaucoup d'attention pour découvrir à quoi la différence des Sexes est destinée, c'est
à la conservation de l'Espéce par la naissance des
Individus.

C'eroit un mal pour les hommes de naitre, & non
pas un bien, s'ils ne recevoient pas une Education
conforme à la dignité de leur nature, & qui ne mit
pas les excellentes facultés qu'elle renferme en état
de se développer.

La tendresse naturelle des Peres & des Meres pour
leurs Enfans, & l'utilité qu'ils en tirent eux-mêmes, quand ils en ont pris le soin qu'ils doivent,
les engage à ne rien négliger de ce qui peut contribuer à les rendre véritablement heureux, & à se rendre eux-mêmes heureux par leur moien.

L'Education réuslit incomparablement mieux quand
un Pere & une Mere y travaillent conjointement ;
il y a même de certains soins qu'ils doivent partager.

Ces soins ne se terminent pas à un petit nombre
d'années ; les Enfans ont besoin d'être dirigés jusqu'à
ce qu'ils soient hommes faits. L'Union si essentielle au bonheur d'une famille, ne sauroit avoir lieu,
si ceux qui la composent ne sont pas formés de bonne heure, à respecter de coeur l'autorité de ceux à
qui ils doivent leur naissance, & la conservation de
leurs jours, & s'ils ne s'accoûtument pas sous leurs
yeux à une certaine subordination.

Il est juste que ceux qui ont consacré la fleur de
leurs années à mettre leurs Enfans dans les routes de la
probité & de la félicité, jouïssent l'un & l'autre, dans
le déclin de leur âge des fruits de leurs travaux.
Et cette Raison jointe à la précédente, rend l'association du Mariage d'une durée égale à celle de la
vie.

L'Union d'un Pere & d'une Mere a, par tant d'endroits, une si grande Influence sur les Vertus de
leur famille, & sur la Concorde qui y doit régner,
qu'on ne sauroit exagérer l'importance des rasions
qui engagent à entretenir cette union. Il faut pourtant reconnoitre que les imperfections & les défauts,
dont il n'y a personne qui soit entièrement exempt,
opposent des obstacles fréquens à cette Concorde ; &
si on veut qu'elles ne la ruinent pas, il est absolument
nécessaire de se supporter réciproquement, & de
travailler à se corriger l'un l'autre avec douceur. La
pensée qu'on est lié pour le reste de ses jours présente sans cesse un puissant motif à y travailler, & à
s'y prendre d'une maniere à réussir. Si l'on étoit en
voit en liberté de se quitter l'un l'autre, dès que
l'on commenceroit d'être moins content l'un de l'autre, chacun se géneroit moins & chacun pardonneroit moins à l'autre ; On n'auroit que faire d'être
en garde contre des Passions naissantes, puis qu'on se
trouveroit en plein pouvoir d'éloigner le seul obsti-
cle qui empêcheroit de les suivre, & de les satisfaire, en rompant l'association. Les Enfans ont ordinairement tant de peine à bien vivre avec leurs
freres d'un second Lit, que quand la mort d'une
Epouse a affranchi leur Pere de ses prémiers liens, il
faut nécessairement que leur tendresse pour le Pere,
digne de leur attention, que le respect pour ses Vertus, & que la reconnoissance pour une belle Mere,
qui fait la Consolation, & qui ne leur donne à eux-
mêmes que de bons exemples, établisse une amitié
qui jamais ne naîtroit sans cela. Qu'arriveroit-il
donc, ou plutôt quelles enchainures de Discordes
& de Vices ne viendroit-on pas regner dans les familles, si les Péres eux-mêmes donnoient à tout coup à
leurs Enfans des exemples de légéreté, & d'un Coeur
qui se livre à ses Passions, & si pu ils ils se voioient, à tout coup réduits à choisir entre obéir à
l'un ou à l'autre de ceux qui les ont mis au Monde, & si enfin l'injustice dont l'un des deux seroit
coupable, & quelquefois l'un & l'autre, s'opposoit
aux sentimens d'estime & de respect qu'ils seroient
ravis d'avoir pour eux, si leur conduite y opposoit
moins d'obstacles.

Cette union indissoluble en fait naitre, & en affermit une autre, entre les Parens d'un Mari & ceux
d'une femme, & par ce moien il arrive que la mort
même ne peut pas priver les Enfans de tous les secours qui leur sont nécessaires. Ils trouvent, dans
les prochos Parens de leurs Peres & de leurs Meres, de nouveaux Peres & de nouvelles Meres. Le
cas qu'on faisoit des vivans, rend leur Memoire
respectable, & la compassion qu'on a pour des
Orphelins redouble, par l'estime qu'on faisoit de
ceux que la mort leur a enlevés.

Pour se mettre en état de regarder le Mariage comme une liaison sacrée, & afin de le respecter dans cette vuë, rien n'est plus nécessaire que de chasser de
son esprit & de son coeur toutes les idées de Libertinage ; C'est le plus sûr moien de ne s'exposer pas
au danger de quelque passion nouvelle. Un coeur
dévoué à la Modestie & à la pudeur, & qui par là
est plein d'éloignement pour les discours qui y donnent la moindre atteinte, non seulement ne se laissera jamais aller tout d'un coup, à des mouvemens
illégitimes, mais il sera en garde contre tout ce qui
peut y amener, ne fut-ce que de très-loin & très-
indirectement ; C'est là ce me semble un des grands
fondemens de la modestie, & de la retenue dont on
doit user dans tous les discours, & du parfait respect qu'on doit avoir pour la pudeur & pour l'honnêteté.

Lorsque deux personnes, par un effet de l'estime
qu'elles ont conçuë l'une pour l'autre, se flattant de
pou-

pouvoir faire la félicité l'une de l'autre, & d'élever dans la sagesse & dans la vertu, ce qui naîtra d'eux, s'engagent à passer leurs jours ensemble, & à se rendre attentifs à tout ce qui peut serrer leur union; lors qu'enfin, pour édifier le public, ils font connoître à tout le monde leur engagement; il me paroit qu'on peut le regarder comme un véritable Mariage, j'y vois tout ce qui naturellement y est essentiel.

Mais la société a conçu qu'elle étoit si intéressée au bon état des Mariages, d'où dépend celui des familles qui la composeront, & qui le soûtiendront un jour, que pour marquer l'intérêt qu'elle y prend, elle a trouvé à propos de faire principalement trois choses. La *première*, c'est de punir la Licence, du moins par le mépris où elle expose dans l'esprit des honnêtes gens, si son châtiment ne va pas jusques à quelque flétrissure devant les Tribunaux. La *seconde*, c'est d'attacher des Prérogatives à l'état du Mariage, & de mettre une grande différence entre ceux qui en mécroient, & ceux qui ne seroient que les fruits du libertinage. Afin d'engager les hommes, par l'efficace d'une compassion des plus naturelles, à ne mettre pas au monde des malheureux. La société enfin pour marquer qu'elle honoroit le Mariage, & qu'elle le respectoit a trouvé à propos qu'il se fit avec quelques Cérémonies, pour lesquelles on eut de la considération.

Les Ministres de l'Eglise réfléchissant sur l'énorme différence qu'il y a entre des Enfans bien élevés, & des Enfans négligés, ont encore conclu qu'il ne devoient rien oublier pour faire bien sentir à ceux qui s'engagent dans cet état que les suites en sont très-sérieuses, qu'elles sont très-saintes, ou très fatales. Ils ont crû qu'ils devoient engager les hommes à s'examiner, pour s'assurer s'ils entroient dans cet état par les vûes importantes, auxquels il est naturellement destiné, ou s'ils n'avoient pas plus consulté la Raison que les sens & que la Nature Animale; Pour engager, dis-je, les hommes à des réfléxions si nécessaires, les Ministres de l'Eglise ont trouvé à propos qu'ils se missent en la présence du Seigneur, & qu'ils en fissent le témoin de leurs vœux & de leurs engagements.

On pourroit pousser ces réfléxions; mais celles que je viens de faire suffisent pour établir une éxtrême différence morale entre deux manières de se conduire, où Mr. Bayle a fait semblant de s'étonner qu'on en met tant. Son Pyrrhonisme dans cette rencontre, est visiblement l'effet de son peu de sincérité, & ses badineries puériles, autant que licentieuses, sont indignes d'un Philosophe à l'un & à l'autre de ces égards.

L'Etonnement affecté de Mr. Bayle sur la Vertu rétroactive du Mariage, est encore fondé sur le même sophisme; vous diriés qu'il s'agit d'un changement Physique, qui transforme la nature même des choses, au lieu qu'il s'agit d'une correction, & de la reparation morale d'une faute.

Puis qu'il n'y a aucun homme, à qui il n'arrive de s'oublier & de s'écarter de ce qu'il doit, s'il ne falloit mettre aucune différence, entre ceux qui se relévent d'une faute, & ceux qui y persévérent, dès qu'on seroit une fois tombé dans un Vice, on s'y abandonneroit sans retenuë. L'Infirmité humaine a donc donné lieu à l'exercice d'une très-grande Vertu, dans Dieu & dans les hommes; c'est la Miséricorde, la Compassion & la Charité, qui va jusqu'à oublier une faute dont le pécheur s'est véritablement repenti, & à laquelle il a substitué une vertu opposée. Ariosta par sa fidélité au Marquis, d'Est Son Amant, & par son attention aux Enfans qu'elle en avoit eu, s'acquittoit d'un devoir de femme; il ne manquoit à leur Union pour être un mariage, qu'une déclaration de la part du Marquis qu'il régardoit *Ariosta* sous le nom de sa femme, & qu'il s'engageoit à la regarder ainsi toute sa vie; s'il avoit fait d'abord cette déclaration, on n'auroit rien eu à leur reprocher. Il lui arrive tard de faire attention à toute l'étenduë de son Devoir, mais il la fait pourtant. A la vérité il ne peut pas faire en sorte que l'oubli dans lequel il a vécu, n'ait pas été un Oubli; mais il fait tout ce qui est en lui pour le reparer; S'il avoit d'abord été dans les sentiment où il se trouva sur la fin de sa vie, il auroit prévenu bien des fautes; mais puisqu'il les condamne & qu'il s'en corrige, la Charité veut qu'on ne les lui impute plus.

Dans un tel cas les Législateurs ont trouvé qu'il ne falloit pas s'opposer à ce que les Enfans fussent régardés comme Légitimes; La société par là en est moins embarrassée; Elle s'affranchit de la triste nécessité de faire souffrir l'innocent pour le coupable, & elle engage les Peres à reparer leurs fautes, par l'avantage qui en reviendra à leurs Enfans.

Dans l'Article d'Hipparchia, Mr. Bayle impute aux Stoïciens d'avoir approuvé les Obscenités de Diogene. Cela est éxagéré. Les Stoïciens ne se seroient pas permis d'imiter Diogene; leur erreur se bornoit à dire que les termes qui n'exprimoient pas des actions vicieuses n'étoient pas vicieux, quoique grossiers & trop éxpressifs. Mr. Bayle leur applique ce reproche de St. Paul, *se disant être sages ils sont devenus fols*. Ce reproche ne signifie rien dans la bouche de Mr. Bayle, ni même dans celle de St. Paul, si la Raison bien consultée & bien respectée, n'est pas capable de faire discerner ce qui est naturellement honnête d'avec ce qui ne l'est point; Car *la folie consiste à s'écarter de la Raison*; & si la Raison n'apprend rien distinctement, comment peut-on savoir si on la suit, ou si on s'en écarte? comment peut-on être blamé de faire l'un plutôt que l'autre? l'Erreur des Stoïciens ne favorise point le Pyrrhonisme en matière de morale, mais je crois qu'il est facile de la réfuter. Les mots sont des sons qui par eux-mêmes ne signifient rien, l'usage seul y attache des idées: Entre ces idées il y en a de *principales* & il y en a d'*accessoires*. Il importe, par les raisons que j'ai alléguées, & pour éloigner tout ce qui pourroit conduire à oublier la fidélité conjugale, de ne s'éxprimer sur un certain sujet qu'avec une très grande retenuë. Les termes par leur signification accessoire vont à faire connoître qu'on s'est familiarisé avec de certaines idées, & invite les autres à en parler familièrement; tendent à produire un mauvais effet; ils rendent à ébranler & à faire tomber les barrieres de la Pudeur. Il est donc de l'Honnêteté, il est du Devoir, il est de l'Intérêt du Genre Humain, & de l'obligation où l'on est, de respecter tout ce qui peut contribuer à y conserver l'ordre & la bienséance, de s'abstenir des termes qui peindroient trop vivement & trop familièrement les actions qui ne doivent pas être familières.

Ce que je viens de remarquer suffira, je pense, pour résoudre la difficulté que Mr. Bayle trouve à établir par la Raison la nécessité de respecter ce qu'on appelle la Pudeur;

I. L'Education des Enfans, par le moyen de laquelle seulement le genre humain peut être composé d'hommes raisonnables, & en même temps le repos & la sureté des hommes, demandent absolument qu'ils ne vivent pas à cet égard dans la licence: mais que leurs panchans soient renfermés dans de certaines bornes. Il est très-naturel aux hommes de prendre de la Jalousie sur ce point; on voit même que les animaux n'en sont pas éxempts, & la Raison qui rend les passions plus dangereuses quand elle se dévouë à les servir, rendroit plus fatales les jalousies des hommes, que celles des animaux.

Un des séxes n'est naturellement point en droit de se permettre plus de liberté que l'autre. Quels désordres & quelles confusions, si un homme s'avisoit de se donner à sept suitant de femmes que sa fantaisie en choisiroit, & si chacune de ces femmes son tour s'abandonnoit à autant d'hommes que son mari

Note D.

N B.

mari auroit de femmes! Prétendre que l'Esprit de l'homme ne renferme aucun Principe qui lui fasse connoitre, qu'il est même de son Intérêt de prévenir le desordre & la confusion, que c'est encore l'intérêt du genre humain en général, & que chaque homme enfin est obligé d'avoir à coeur les Intérêts de la Nature humaine. Prétendre, dis-je, que la Raison ne nous conduit point à penser ainsi, c'est renoncer à la sincérité, de la manière du monde la plus hardie.

En un mot; Veut-on sçavoir si la Pudeur est un sentiment imprimé par l'Auteur de la nature, pour le bien du genre humain, il n'y a qu'à voir si la Société en profite, & si le mépris & l'éxtinction de cet Instinct ne lui est point préjudiciable? D'un coté, en quoi le mépris de la pudeur, & de ce qu'on appelle la Modestie, seroit-il avantageux, d'un autre, qu'est-ce qu'on a à craindre de ces sentimens?

Puis que l'attachement d'une seule personne à une autre qu'il estime, qui fait la douceur de sa vie, & qui concourt avec lui au bonheur de sa posterité, est très-avantageux au Genre humain, il s'ensuit qu'il est très-important d'éviter & les paroles & les actions capables de porter quelque atteinte à la Pudeur & à la Modestie, capables de diminuer le respect qu'on a pour ces sentimens & de familiariser l'Esprit avec des Idées de Licence.

Dans l'exemple des animaux, des Nations barbares, Article Mahometan, &c. Note D.

"La difficulté, dit-il, est donc réduite à cette seule question. Faut-il avoir de la honte de rendre le Devoir Conjugal à la vue du public? Belle demande, me dira-t-on, & qui en doute? Moi répondroit Diogène, & prouvés moi que j'ai tort. On lui répondroit que la honte par rapport à ces actions-là, est un sentiment naturel; & qu'ainsi c'est violer la nature que de n'avoir point de honte dans ces occurrences. Mais répliquera-t-il, si c'étoit un sentiment naturel, il faudroit que tous les animaux que suivent si fidèlement les instincts de la nature, cherchassent les ténèbres & les cachots pour travailler à la multiplication. Or rien n'est plus faux que cela. Ils faudroit du moins que tous les hommes cherchassent en pareil cas la retraite la plus sombre, ce qui est encore faux; car plusieurs peuples dans les Indes travaillent à la multiplication sous les yeux de tout venant.

"C'est ce que le Célèbre Pyrrhonien Empiricus observe, afin de montrer que la pratique ordinaire n'a point pour son fondement une loi immuable & éternelle de la nature, mais un simple droit coutumier, & une impression de l'éducation. Il auroit pu alléguer l'usage des *Massyniens* dont on verra ci-dessous l'article. Un Auteur moderne a observé que certains peuples ont fait l'amour *dans les Temples mêmes*, & qu'ils ont dit *que si cette action déplaisoit à la Divinité, elle ne le souffriroit pas du reste des animaux*. Il ajoute que la *Secte Mahometane ne paroit que encore à présent, & que le nouveau Monde nous a paru en cette innocence*.

"On répliqueroit à Diogène qu'il suffit que les nations civilisées soient sujettes à la honte, & qu'on ne se doit pas mettre en peine de ce que font les nations barbares; mais à son tour il répliqueroit, que les peuples qu'on nomme barbares, se sont beaucoup moins écartés de la Régle de la Nature que les peuples qui ont tant multiplié, selon la subtilité de leur esprit, les Loix de la bienséance & de la civilité; & qu'enfin le droit naturel n'étant point sujet à préscription, il est permis à chacun d'y rentrer en tout temps & en tout lieu; sans avoir égard au joug arbitraire des coutumes, & de l'opinion de ses Compatriotes.

Idem

"Ceci soit dit, continue Mr. Bayle pour montrer à combien d'égaremens la Raison humaine peut conduire. Elle nous a été donnée pour nous conduire au bon chemin; mais c'est un instrument vague, voltigeant, souple & qu'on tourne comme une girouette. Voiés comment les Cyniques s'en servoient, pour justifier leur abominable impudence. Je puis alléguer pour l'honneur & pour la gloire de la véritable Religion, qu'elle seule fournit de très-bonnes armes contre les sophismes de ces gens-là: car quand même on ne pourroit pas montrer dans l'Ecriture un précepte exprès touchant les ténèbres dont on doit couvrir les privautés du Mariage, il suffit de dire en prémier lieu, que l'Esprit de l'Ecriture nous engage à éviter tout ce qui pourroit affoiblir les impressions de la pudeur; & en second lieu qu'il y a des textes précis qui nous défendent de rien faire qui puisse choquer la bienséance, ou qui scandalise notre prochain. Je ne sai si jamais aucun de ces Casuistes qui ont tant abusé de leur loisir, pour examiner des cas de conscience, en quelque façon Metaphysiques, s'est avisé de chercher à quel genre de crime il faudroit réduire l'impudence d'un *Cratès* & d'un *Diogène*. Il ne croioient point qu'il y eut de Loi divine sur cela, ni que l'on fut obligé de se conformer aux coutumes municipales. Ils croioient qu'on ne les suivant pas on encourroit tout au plus le blâme de rusticité, & de peu de complaisance pour un usage reçu: être incivil, grossier, & mauvais observateur des modes, n'est pas une action criminelle ou mauvaise moralement parlant. Que pourroit-on dire contre les Cyniques, à ne les condamner point par les vérités révélées? Je n'ai jamais lû quoi que ce soit sur ce point, & je ne sai si personne a dit que présentement une action Cynique seroit seulement Criminelle, 1. à cause du scandale donné par prochain; 2. à cause du mépris des coutumes municipales; 3. à cause de la négligence qu'on apporteroit à conserver les barrières de la chasteté. Je suppose un homme persuadé que l'action en elle même n'a pas été défendue nommément dans l'Ecriture, & qu'elle n'est point contraire au droit naturel. Si elle y étoit contraire, les sentences qui ordonnent le *Congrès* seroient tout autant de Crimes pour le compte des Juges.

Dans l'article de *Diogène*· Mr. Bayle avoit passé légèrement sur ce que les Cyniques alléguoient pour leur justification. Il étoit sans doute très-capable de les refuter; mais il ne trouve pas à propos de le faire. Dans cet Article d'*Hipparchia*, il ne réfute leurs argumens que pour leur en prêter bientôt de plus forts, & faire voir qu'il seroit mieux soûtenir leur cause qu'ils ne la soutiennent eux-mêmes.

Mr. Bayle se moque de ses Lecteurs par un miserable *sophisme d'Equivoque*, par lequel on tire absolument une Conclusion générale de quelques Principes, qui ne sont vrais qu'en certains sens. Pour s'instruire de ce qui convient à la Nature de l'homme, il est visiblement ridicule de consulter les Animaux brutes, il faudroit prémièrement avoir prouvé que l'homme ne leur est en rien supérieur.

Pour sçavoir si de certains sentimens doivent être regardés comme des impressions de l'Auteur de la Nature, des suites de certaines dispositions, avec lesquelles il nous fait naitre; pour nous en assurer, *dis-je*, ce seroit mal s'y prendre que de parcourir tout ce que font les hommes, pour sçavoir si ces sentimens sont ineffaçables. Dieu a rendu les hommes capables de connoitre de certaines régles, & de les observer, sans les mettre dans la nécessité absoluë de connoitre ces régles, & de ne s'en écarter jamais. C'est un devoir dont ils ont tort de se dispenser.

III. Mr. BAYLE parle lui-même ainsi, Article *Knutzen*. Il faut être fou à lier pour croire que le genre humain puisse subsister sans les Magistrats. Il est vrai qu'ils ne seroient pas nécessaires, si tous les hommes suivoient les Préceptes de la Conscience que cet Impie nous articule, mais les suivent-ils dans les païs mêmes où les Juges punissent avec le plus de sévérité le tort que l'on fait à son prochain?

Des Consciences erronées. Note D.

" chain ? Je ne sai si on ne pourroit pas dire qu'il
" n'y a point d'impertinence, quelque insensée
" qu'elle soit, qui ne nous apprenne quelque Vé-
" rité. Les folies de cet Allemand nous montrent
" que les Idées de la Réligion naturelle, les Idées
" de l'honnêteté, les Impressions de la Raison, en
" un mot les Lumières de la Conscience, peuvent
" subsister dans l'esprit de l'homme, après même
" que les idées de l'éxistence de Dieu, & la foi
" d'une vie à venir, en ont été effacées.

Voilà donc un homme dans l'esprit duquel se trouvent effacées des impressions, qu'il faut être fou à lier pour perdre. Après avoir parlé d'une ridicule coûtume, mais fausse, attribuée aux Islandois, Mr. Bayle ajoute " *Arngrimus Jonas* traite cette raillerie d'imposture, & s'emporte avec colère contre
" *Resenius*, pour l'outrage qu'il dit avoir fait aux
" *jeunes Islandois*. Le bon homme ne peut souffrir
" qu'on parle avec mépris de ses compatriotes & qu'on
" les traite de *barbares*. Si jamais l'emportement
" fut permis à un faiseur d'Apologie, celui d'*Arngri-
" mus* ne sauroit être blâmé : car il n'y a point
" d'apparence que l'Evangile, qui est connu en Islan-
" de depuis tant de siècles, y ait laissé les hommes
" dans une si criminelle brutalité : n'y eût-on cas
" que la Réligion y eût fait si peu de progrès sur
" ces Insulaires, le Roi de Danemarc endurât
" qu'ils se rendissent impunément de ce qui est dû
" à la bienséance publique. La coûtume des festins
" ne me paroit pas rapportée fidélement ; on a poussé
" la chose pour faire rire les Lecteurs. Ouï-on ja-
" mais parler d'un tel ministère, ou d'une paresse si
" extravagante ? Voici des gens qui non seulement
" ne veulent pas prendre la peine de se lever de table
" pour pisser, mais qui ne veulent pas même qu'il
" leur en coûte le moindre mouvement de la main.
" C'est à quoi nous conduit le Conte ; autrement
" pourquoi diroit-on *que les filles tiennent les
" treteaux* ? On donneroit bien sans cela le pot de
" chambreaux convives, s'il ne falloit que leur épargner
" la peine de se lever. Si tout ce que Blefkenius
" vient de nous dire est vrai, il faudroit demeurer
" d'accord que la Jalousie *n'est pas inutile dans le
" monde.*

" S'il étoit permis de mentir en faveur de la véri-
" té, il faudroit nier tout ce que l'on conte de
" l'impudence de certains peuples : car les Liber-
" tins tirent un grand avantage de ce qu'il y a,
" dit-on, certaines nations qui n'attachent aucune
" infamie à la prostitution des femmes. Les Islan-
" dois feroient pis que cela, selon le récit de Blef-
" kenius, & ils iroient même plus loin, car ils
" regarderoient comme une gloire la grossesse d'une
" fille qui se seroit abandonnée à des étrangers,
" & les Pères s'estimeroient très heureux qu'on ac-
" ceptât l'offre qu'il feroient du pucelage de leurs
" filles à des gens d'un autre païs. Où est donc,
" demanderoit-on, cette impression naturelle, qui fait
" discerner à tous les hommes le bien & le mal ?
" Voilà des nations Chrétiennes qui non seulement
" ne font aucun compte de la chasteté dans la pra-
" tique, mais qui en ont même perdu la théorie ;
" d'où il s'ensuit qu'à cet égard leur conscience est
" destituée du sentiment du droit naturel. N'est-ce
" pas une marque que les Idées de la vertu dépen-
" dent de l'éducation & de la coûtume, & non
" pas d'une impression naturelle ? Et comment gué-
" rir ces gens-là, puis que leur conscience est mor-
" te ? Car s'il est possible, qu'avec les notions du
" bien & du mal la conscience jouïsse d'une mal-
" heureuse sécurité, n'est-il pas immanquable
" où ces notions sont éteintes ? Il n'est pas néces-
" saire de répondre à cette objection, puis qu'*Arn-
" grimus Jonas* nie le fait. Il faut lui renvoyer
" tous ceux qui se voudroient prévaloir du récit de
" son adversaire. Et s'ils alléguoient quelques faits

" certains, alors on ne manqueroit pas de répon-
" se.

Je répons que les hommes naissent avec de certaines dispositions qu'une mauvaise éducation peut effacer ; mais auxquelles une éducation médiocrement bonne suffit pour donner beaucoup de forces. Il n'y a qu'à parcourir les peuples où ces sentimens sont en partie effacés, & on se convaincra d'abord qu'à un très-grand nombre d'égards ils sont très-déraisonnables, & très-misérables. Il n'y a qu'à voir ce que Mr. Bayle dit des Amériquains.

" Les grands Seigneurs, *dit-il*, dans la vallée de No- *Article*
" re tâchoient de prendre chés leurs ennemis autant *Leon*.
" de femmes qu'ils pouvoient, & qu'ils couchoient *Note A*.
" avec elles, & qu'ils nourrissoient délicatement les
" Enfans qu'ils en avoient ; mais que les aiant nour-
" ris jusqu'à l'age de 12 ou 13 ans, & les
" voiant bien engraissés, ils les tuoient, & les man-
" geoient : c'étoit pour eux une viande délicieu-
" se. Parlons du traitement que les gens de ce
" païs-là faisoient à leurs prisonniers de guerre. Ils
" les réduisoient à la condition d'esclave, & les ma-
" rioient, & mangeoient tous les enfans qui venoient
" de ces mariages, & puis ils mangeoient les escla-
" ves mêmes quand ils les voioient hors d'état de
" procréer des Enfans. La première fois que les
" Espagnols entrèrent dans cette Valée, un Seigneur
" nommé Nabonuco se vint trouver auxsi bien ému,
" accompagné de quelques femmes : La nuit étant
" venue, deux d'entr'elles se couchèrent tout de leur
" long sur un tapis, une autre se mit de travers afin
" de servir d'oreiller à Nabonuco, pendant que les
" deux autres lui serviroient de marche. Il se mit
" sur ces deux-là & prit, une quatrième femme par
" la main, qui étoit très-belle, & quand on lui
" demanda ce qu'il en prétendoit faire, il répondit
" qu'il avoit dessein de la manger, & de se repaître
" encore d'un enfant qu'elle avoit eu. L'Auteur
" observe qu'au païs de Quito les femmes labou-
" roient la terre, & avoient tous les moissons,
" & que les hommes ne s'occupoient qu'à filer, & à
" prendre garde au ménage. On adoroit le soleil
" dans le Perou, & l'un des principaux actes de l'a-
" doration étoit de lui offrir six dents que l'on s'é-
" toit arrachées. Il y avoit dans ce Païs-là bien
" des Provinces où l'on avoit perdu entièrement
" les Idées de l'honneur par rapport à la chasteté.
" Un de leurs divertissemens étoit de chanter les
" belles actions de leurs Ancêtres ; ils faisoient cela
" au son du tambour, & en buvant jusqu'à s'en-
" ivrer, & puis ils prenoient telle femme que bon
" leur sembloit, & jouïssoient d'elle sans que per-
" sonne y trouvât nul sujet de blame.

Mr. Bayle continuë cette matière ; mais il charge sa narration de faits si obscènes, & il affecte de s'éxprimer avec tant de grossiereté, que je ne saurois me résoudre à le copier.

" C'est ainsi, dit Mr. Bayle, que l'on nommoit *Article*
" certains montagnars qui se logeoient sur des ar- *Abrahamus*
" bres, ou dans quelques tours de bois au voi-
" sinage du Pont Euxin. Leurs Coûtumes étoi-
" ent si contraires à celles des autres nations, qu'ils
" faisoient à la vuë du public, ce qu'on fait ail-
" leurs dans les maisons, & pour ce qui est des
" choses qu'on ne fait ailleurs publiquement ils les fai-
" soient dans leurs logis. Ils n'exceptèrent point
" de cette règle l'œuvre de la chair.

" Apollonius a raison de les comparer à des NB.
" pourceaux, puis qu'ils n'avoient point de hon- *Note A.*
" te de se porter à cet acte sous les yeux de leur
" prochain.

Je laisse le reste de la Note. On ne prétend pas que tout ce que Dieu a mis dans l'homme de *Art. Leon.* dispositions qui peuvent devenir propres à le régler, ait un effet immanquable, ne s'altere point, ne dégénère point ; Mais quand on voit jusques où les Peuples, chez qui l'instinct de la Pudeur ne
paroit

paroit point, ont pouffé l'éxtravagance fur un grand nombre d'autres fujets, on a bien lieu de conclure que le mépris de la pudeur eft une fuite du renverfement de la Raifon.

Mr. Bayle reconnoit la néceffité de l'éducation, puifqu'il lui attribue tout ce que nous voions d'honnête chés les Peuples bien policés. On fait combien de foins, de perfévérance, de patience, il faut fe donner pour élever une grande partie des Enfans. Toute l'affection Paternelle, tout l'intérêt qu'on prend à perpétuer fon Nom dans des fujets qui lui faffent honneur, font néceffaires pour fe foûtenir dans une attention très-pénible en elle-même. La tendreffe d'un Mari pour fa Femme & réciproquement celle d'une Femme pour fon Mari, tendreffe qui fe répand dans leurs Enfans communs, eft encore très-néceffaire pour les élever heureufement; par là ce que l'on appelle *Concubitus vagus*, feroit infiniment préjudiciable au Genre Humain; la Fidélité d'une Femme pour fon Mari, & réciproquement celle d'un Mari pour fa Femme, les lie d'affection; tout ce qui va à familiarifer le coeur avec des idées & des actions, dont un Mari doit être l'unique objet, difpofe à étendre à d'autres ce qu'on doit à lui feul. On m: comprend affés, fans que j'entre dans un grand détail. Le principe que je viens de pofer, établit encore la bienféance des Difcours, & l'obligation d'y ménager la pudeur. Il eft donc facile de comprendre que cette pudeur eft d'une grande utilité pour le Genre Humain; & cette utilité doit convaincre que les Difpofitions qui y préparent les hommes, & qui la rendent plus facile à naître, dès que l'Education y contribue tant foit peu, font des préfens de l'Auteur de la Nature, qui, en cela a eu en vuë le bonheur des hommes. On voit avec quelle facilité ces idées naiffent dans les petits Enfans, & combien il faut de chofes pour les affoiblir, & combien il eft difficile encore de les effacer entièrement.

Article Arogrifmus.

Au refte je remarquerai en paffant que dans cette page Mr. Bayle profite d'une occafion de rebattre ce qu'il a dit ailleurs, & qu'il répète encore fur l'incertitude des Notions de l'honnêteté; Pour retoûcher, dis-je, ce lieu commun, il profite d'une narration que lui même reconnoit fabuleufe, quand il ajoute. *Et comment guérir ces gens-la puifque leur confcience eft morte? Car s'il eft poffible qu'avec les notions du bien & du mal, la confcience jouïffe d'une malheureufe fecurité, cela n'eft-il pas immanquable où ces notions font éteintes?*

Les termes *d'effacer* & *d'éteindre*, & d'autres dont on fe fert dans ces occafions, font des termes Méthaphoriques qu'il ne faut pas preffer dans toute la vigueur; Au lieu de ces termes ont pourroit fe fervir de celui *d'affoupir* qui eft moins fort; on pourroit dire que les Notions font quelquefois comme *endormies*, & le font plus ou moins. Une chandelle quoi qu'éteinte ne laiffe pas de renfermer une aptitude à rélumer, dès qu'on l'approchera d'un autre feu; En ce fens on peut dire que la connoiffance d'une Vérité eft éteinte dans une perfonne qui s'eft perfuadée une erreur toute oppofée; mais cela n'empêche pas qu'on ne puiffe ramener dans cet efprit-là la connoiffance de cette vérité.

Cela feul, que les Idées de l'honnêteté font refpectées chés tous les peuples qui ont de l'éducation & de la politeffe, & qui vivent éloignés des mifères, de la groffiereté & de la ftupidité, où les autres font enfévelis, ne prouve-t-il pas que ces idées méritent qu'on y faffe attention? & dès qu'on s'eft convaincu, comme il eft facile de le faire, qu'il eft mieux de les refpecter, que de les abandonner, ne peut-on pas conclure qu'on a tort de leur donner quelque atteinte?

Si la Raifon eft autant pour que contre les Cyniques, d'où vient que les Pyrrhoniens fuivent plûtôt les coûtumes des autres que celles des Cyniques? d'où favent ils que celles des Cyniques font moins communes & moins approuvées?

Art. Hipparchia. Not. L.

Ceci foit dit pour montrer à combien d'égaremens la *Raifon humaine* peut conduire; elle nous a été donnée pour nous conduire au bon chemin; mais c'eft un Inftrument vague voltigeant & fouple, & qu'on tourne comme une girouette. Voila comment les Cyniques s'en fervoient pour juftifier leur abominable impudence.

De ce qu'on peut abufer de la Raifon, s'enfuit-il qu'on ne puiffe pas en faire un bon ufage? Il eft des gens qui abrégent leur vie à force de boire & de manger; il en eft qui fe tuent à force de Remédes; Conclura-t-on de là qu'il eft indifferent pour la vie de manger ou de ne manger pas, de prendre des remédes ou de n'en prendre pas?

En vain *Mr. Bayle* ajoûte. ,, Je puis ajoûter pour ,, l'honneur & pour la gloire de la véritable Réli- ,, gion, qu'elle feule fournit de très-bonnes armes ,, contre les Sophifmes de ces gens-là: car quand ,, même on ne pourroit pas montrer dans l'Ecriture ,, un précepte exprès touchant les ténébres dont on ,, doit couvrir les privautés du Mariage, il fuffit de ,, dire en prémier lieu, que l'efprit de l'Ecriture nous ,, engage à éviter tout ce qui pourroit affoiblir les ,, impreffions de la pudeur; & en fecond lieu, qu'il ,, y a des textes précis, qui nous défendent de rien ,, faire qui puiffe choquer la bienféance, ou qui fcan- ,, dalife notre prochain.

IV. SI refpecter la pudeur, & la ménager eft une chofe utile; s'il eft bon d'édifier le prochain, la Raifon, quand nous prenons le foin de la confulter, nous découvre les mêmes Devoirs que l'Evangile nous recommande, & fi de ce qu'il arrive aux hommes de tomber dans l'Erreur en raifonnant, on doit traiter la Raifon de girouette, & d'inutile, c'eft en vain que Mr. Bayle nous renvoie à la Révélation; on l'a interprétée fort différemment; il y a eu parmi les Chrétiens des fanatiques de toute efpéce; la Réligion a eu fes Cyniques, de l'aveu de Mr. Bayle, qui traite ainfi les Adamites dans fon Dictionnaire. On peut mal interpréter un paffage, tout comme on peut mal pofer un principe, ou prendre un principe vrai dans un mauvais fens; & en tirer une conféquence fauffe.

Devoirs naturels mêmes ceux mais.

Ainfi Mr. Bayle, en nous renvoiant à la Révélation, ne nous fournit aucun fecours, puifqu'il dépouille de toute force la Raifon qui doit en découvrir & en établir le véritable fens.

V. Mr. BAYLE détruit lui-même à l'Article *Barbe*, ce qu'il dit fur le fujet des animaux qui fe livrent fans aucune pudeur, à l'inftinct de la Nature. Car fi de là on s'avifoit de conclure que l'Auteur du genre humain n'a pas mis dans le coeur des hommes des impreffions qui les difpofent à la Pudeur; & fi l'on fe perfuadoit que tout ce que l'on en reffent eft un pur effet de la coûtume, & dont la Raifon ne fauroit prouver la néceffité ni la juftice; on répondroit que cèt argument ne prouve rien, par la même qu'il prouve vifiblement trop; car fi l'homme ne doit pas fuivre d'autres Loix que les bêtes, fi la Nature doit être pure en elles, & fi on ne fçauroit mieux faire que d'en imiter la fimplicité, un dogue plus fort que vous envoieroit à l'école des Animaux pour y apprendre fon devoir, vous diroit qu'il ne demande pas mieux. " J'y apprendrai, vous dira-t-il, à ,, foumettre le Droit à la force: un dogue plus fort ,, qu'un autre ne fe fait point fcrupule de lui ôter ,, fa portion. Qui a-t-il de plus ordinaire que de ,, voir des chiens qui s'entrebattent? Les poulets ne ,, s'entrebattent-ils point à la vuë de leur commu- ,, ne mere? Les Coqs ne s'acharnent-ils pas fi fu- ,, rieufement l'un contre l'autre qu'il n'y a quelque- ,, fois que la mort de l'un qui fuffe ceffer le combat? ,, Les pigeons, le fymbole de la débonaireté, n'en ,, viennent-ils pas fort fouvent aux coups? Quoi de ,, plus furieux que le combat des taureaux? N'eft-

Preuves tirées des Animaux, refutées par Mr. Bayle.

" ce pas la force qui décide de leur droit en matié-
" re d'amour ?
" N'apprendrai-je pas à l'école où vous m'envoiés
" la barbarie la plus dénaturée ? N'y a-t-il pas des
" bêtes qui dévorent leurs petits ? N'y apprendrai-
" je pas l'inceste ?
" N'y apprendrai je pas à m'accomoder de tout
" ce qui sera de ma portée, pour faire mes provi-
" sions comme la fourmi ? Ce sont là les paroles de
Mr. Bayle, & ces paroles ne signifient rien, dans
cèt endroit, si l'homme n'est pas obligé de suivre
d'autres Loix que les Animaux brutes, par là même
que sa Nature est très-supérieure à la leur. Il avoit
fait ces remarques à l'occasion de l'Imperatrice Barbe, *Pourquoi voulés-vous que j'imite plutot la tourterelle que la Colombe ou les moineaux ?* Mais après avoir fait remarquer la foiblesse de l'argument qu'on alléguoit à cette Impératrice, il ajoute, & on a de la peine à s'empêcher de penser qu'il ajoute malicieusement; *Ce que je viens de dire ne m'empêche pas de croire, que les Moralités dont-il s'agit, sont très-propres à toucher la plus part des gens*.

Les Raisons de cette nature n'ont aucune solidité; ce sont des sophismes; *Je ne blâme pourtant pas*, dit Mr. Bayle, *ceux qui s'en servent*. Et pourquoi ? *parce qu'elles ne sont pas sans effet sur bien des gens*; Mais en quoi consiste cèt effet ? Les éclaire-t-on? Nullement ; On leur donne pour bonnes des raisons qui ne le sont pas : On les trompe donc ? Qu'importe ; On les amène par là à la pratique d'un devoir; J'en tombe d'accord : mais on s'en acquitte sans connoitre, que de bonnes raisons, que c'est un devoir. Un autre avancera des Raisonnemens tout semblables pour recommander le vice, il faudra donc cesser de croire le prémier, ou croire aussi le second. La Raison, accoutumée à se repaître de sophismes, pourra-t-elle décider entre ces cas différens, sur tout, si comme Mr. Bayle le prétend, la Raison est incapable d'établir les Principes sûrs, par le moïen desquels on distingue ce qui est essentiellement honnête d'avec ce qui ne l'est pas. *Je ne blâme donc pas*, dit-il, *François de Sales qui a proposé l'Elephant pour un exemple d'honnêteté, & je condamne la réponse de l'Impératrice Barbe*. L'Elephant n'est qu'une grosse bête. . . . . *Ne sont-ce pas de belles & honnêtes humeurs d'un tel animal, par lesquelles il invite les maris &c*: Il y a bien de l'apparence que quand Mr. Bayle copioit ces paroles, à son habitude de citer se joignoit le plaisir de faire recommander l'honnêteté à un saint, par des preuves sans force. Mr. Bayle entre encore tout à fait dans l'Esprit des Pyrrhoniens, qui affectent d'admirer les Animaux brutes, & de s'en relever la nature pour l'égaler à celle de l'homme, & trouver dans cette égalité une prétexte pour se confondre avec eux.

Les actions des bêtes, dit-il, *sont peut-être un des plus profonds abimes sur quoi notre raison se puisse exercer, & je suis surpris que si peu de gens s'en apperçoivent*.

J'éxaminerai ce sujet plus au long dans la suite de cèt ouvrage, & en attendant je me contenterai de dire qu'un esprit attentif ne remarquera rien dans les Animaux au delà des sentimens de plaisir & de douleur, accompagnés de crainte & de désirs, ensuite desquels ils se portent à ce qui sert à la Conservation de leur Vie & de leur Espéce.

Dans ce même Article Mr. Bayle remarque, *Qu'on ne sauroit décider s'il faut imiter les bêtes, ou s'il faut s'éloigner de leur imitation, qu'on ne sauroit remarquer en quel cas, & jusques où, si l'on ne tire ces lumiéres & ces Régles des prémiers principes de la morale*. Mais selon lui la Raison n'a que des Lumiéres incertaines, elle ne nous présente que des Idées défectueuses, & sur lesquelles on ne peut pas compter. D'ailleurs, selon lui encore, nos Lumiéres ne réglent point notre conduite ; Nous voilà réduits à vivre à l'avanture,

& à vivre comme les bêtes, ou à vivre autrement, suivant que le coeur nous en dira.

VI. DANS l'article d'*Anaxagoras* " Plusieurs au-
" tres Philosophes, dit-il, se plaignent que tout est
" rempli de ténébres, jusques à s'imaginer que les
" ténébres dont parle Moïse, qui étoient au dessus de
" l'abime avant que Dieu créât la lumiére, n'ont été
" dissipées qu'à l'égard des yeux; car pour les téné-
" bres de l'esprit disoient-ils, elles couvrent encore
" tout le dessus de l'abime. La lumiére de la Vé-
" rité concentrée dans ce gouffre, n'en sort jamais,
" elle envoie seulement quelques raions qui passent
" jusques à nôtre esprit, après tant de réfléxions &
" de réfractions, après avoir mêlé leur éclat avec
" tant de corpuscules sombres dans les espaces téné-
" breux, qu'ils ont traversés qu'ils ne sont propres
" qu'à former de fausses images.

Qui est-ce qui m'asurera que ces Réfléxions & Réfractions qui troublent toutes mes Lumiéres, & répandent l'Incertitude sur toutes mes Connoissances, n'ont pas brouillé les Idées de l'honnête que je devois naturellement avoir, & ne m'engagent point où à des Libertés condamnables, ou à des Scrupules excessifs ? Mr. Bayle reconnoit que *l'Ecriture Sainte ne régle pas en termes exprès les devoirs de l'homme sur ce sujet ; mais qu'on peut les tirer comme par conséquence de l'esprit qui y régne*: Mais il n'y a que la Raison qui sache tirer des Conséquences ; & si tout ce qu'elle fait pour nous éclairer, aboutit à des Idées aussi peu justes que les Images formées par des raïons qui ont souffert mille réfractions irréguliéres, je suis condamné à ignorer si j'ai bien ou mal entendu l'Ecriture Sainte, & si j'en ai bien ou mal tiré mes conclusions. On voit donc que Mr. Bayle n'en use pas sincérement, lorsqu'il allégue avec tant d'emphase les lumiéres de la foi, & qu'il a soin de retirer d'une main, ce qu'il fait semblant de donner de l'autre.

Abdas refusoit de rebatir le Temple qu'il avoit fait démolir, sous prétexte que dans ce Temple rebati on adoreroit le feu. Un tel cas n'est point décidé, en termes simples & formels dans l'Evangile ; & on n'en consulte pas les lumiéres de la Raison & du bon sens, on ne sauroit avoir là-dessus aucune certitude. Par conséquent dire que la Foi seule nous éclaire sur la morale, & que la *Raison* est ténébreuse & girouette, sur cette matiere comme sur tout le reste, c'est anéantir la Morale, sans que la Foi puisse venir à son secours. Aussi Mr. Bayle raisonne-t-il pour prouver qu'*Abdas* avoit tort. " *Pour moi*, dit Mr.. *Bayle*,
" *Je trouve qu'il n'y a point de particuliers, fussent ils*
" *Métropolitains ou Patriarches, qui se puissent jamais*
" *dispenser de cette Loi de la Religion naturelle, Il*
" *faut réparer par restitution, ou autrement, le dommage*
" *qu'on a fait à son prochain*. Or est-il qu'Abdas,
" simple Particulier, & Sujet du Roi de Perse, avoit
" ruiné le bien d'autrui ; & un bien d'autant plus
" privilégié, qu'il appartenoit à la Réligion dominante;
" Il étoit donc indispensablement obligé d'obeir à
" l'ordre de son Souverain, ou le rétablissement de
" ou le rétablissement du bien qu'il avoit ruiné, &
" c'étoit une mauvaise excuse, que de dire, que le
" Temple qu'il auroit fait rebatir auroit servi à l'Ido-
" latrie ; Car ce n'eut pas été lui qui l'auroit em-
" ploié à cèt usage, & il n'auroit pas été respon-
" sable de l'abus qu'on auroit pu faire ceux à qui
" il appartenoit. Seroit-ce une raison valable pour s'em-
" pêcher de rendre une bourse qu'on auroit volée à
" quelqu'un, que de dire, que ce quelqu'un est un
" homme qui emploie son argent à la débauche ?
" Laissés-le faire ? Vous n'avés pas à répondre à Dieu
" de l'abus qu'il fera de son argent ; laissés lui son
" bien : quel droit y avés-vous ? Outre cela quelle
" comparaison y avoit-il entre la construction d'un
" Temple, sans lequel les Perses n'auroient pas laissé
" d'être aussi Idolatres qu'auparavant, & la destruc-
" tion des Eglises Chrétiennes ? Il faloit donc prévenir

"venir ce dernier mal par le prémier; puis que le
" Prince mettoit cela au choix de l'Evêque. Enfin,
" qu'y a-t-il de plus capable de rendre la Réligion
" Chretienne odieuse à tous les peuples du monde,
" que de voir, qu'après que l'on s'eſt inſinué ſur le
" pié de gens qui ne demandent que la liberté de
" propoſer leur Doctrine, on a la hardieſſe de démo-
" lir les Temples de la Réligion du Païs, & de réfu-
" ſer de les rebatir quand le Souverain l'ordonnet?
" N'eſt-ce pas donner lieu aux Infidels de dire?
" Ces gens ne demandent d'abord que la ſimple toté-
" rance; mais dans peu de temps ils voudront partager
" avec nous les Charges & les Emplois; & puis devenir
" nos Maitres, les s'eſtiment aſſes-heureux ſi on ne les
" brule pas; Enſuite très-malheureux, s'ils ne ſont
" pas les ſeuls qui dominent. Pendant un certain temps
" il reſſembleroit à Ceſar, qui ne vouloit point de Maitre;
" & puis ils reſſembleroient à Pompée, qui ne vouloit point
" de Compagnon.

A l'Article Carnéade: "Ce Philoſophe, dit Mr. Bayle,
" raiſonnoit ainſi, ſuivant Lactance; S'il y avoit de la
" juſtice, elle ſeroit fondée, ou ſur le droit poſitif, ou
" ſur le droit naturel. Or elle n'eſt fondée ni ſur le droit
" poſitif, qui varie ſelon les temps & les lieux, & que
" chaque peuple accommode à ſes intérêts & à ſon
" utilité; ni ſur le droit naturel, car ce droit n'eſt
" autre choſe qu'un penchant que la nature a donné
" à toutes ſortes d'animaux vers ce qui leur eſt uti-
" le, & l'on ne peut ſe régler ſelon ce penchant ſans
" commetre mille fautes: D'où il réſulte qu'il ne
" pourroit être de fondement de la Juſtice, donc &c.

Cet argument de Carnéade, par lequel il veut prouver qu'il n'y a point de Droit Naturel, eſt une véritable pauvreté: Il eſt tout fondé ſur une équivoque
groſſiere, & un terme mal défini. Ce Droit, diſoit il,
n'eſt autre choſe qu'un penchant que la Nature a donné
à toute ſorte d'animaux vers ce qui leur eſt utile, &
l'on ne peut ſe régler ſuivant ce penchant ſans commettre mille fraudes.

Il ne s'agit point de faire attention aux Animaux
brutes: Il s'agit de ſavoir ſi on peut définir l'homme; ſi on p ut convenir de ce en quoi conſiſte ſa
perfection, & de ce qui y contribue; ſi l'homme
a pu une nature déterminée; ſi on ne peut pas diſtinguer ce qui lui eſt néceſſaire d'avec ce qui lui eſt
ſuperflu; ce qui lui convient d'avec ce qui ne lui
convient pas; ce qui contribue la plus à la félicité,
d'avec ce qui y contribue le moins; s'il n'eſt de
ſavoir ſi les Idées de l'ordre, de la Bienſéance, ſont
réelles, ou ſeulement des fantaiſies; ſi pour ce que
qui leur vient fort pro rende en raiſon ne ſur ce ſujet, il n'eſt pas mieux de s'y prendre d'une manière à éviter l'erreur, & à s'aſſurer qu'on l'évite.

VII. N'OUBLIONS pas, ajoute Mr. Bayle, une
fort bonne remarque de Quintilien. Il dit que Carnéade
ne laiſſoit pas de ſe convaincre ſi on la juſtifice, qu'il n'ait ai-
ſermant pour l'injuſtice. Si l'on dit que Carnéade
ſuivit, en vivant ainſi, le penchant d'un bon cœur,
qui eſtimoit & aimoit la Juſtice par goût, pourquoi
travailloit-il à arracher cette eſtime du cœur des autres? Pourquoi ne les laiſſoit-il pas dans une paiſible
perſuaſion, qui alloit naturellement à affermir cette eſtime & ce goût? Si ſon attachement extérieur à la
juſtice n'é oit qu'affectation & vanité, c'eſt encore
une preuve qu'il ne pouvoit s'empêcher de reconnoitre dans la Vertu, quelque choſe qui rend les hommes eſtimables, & qui les fait conſidérer.

C'étoit encore pour s'attirer de la conſidération, &
briller par la proſeſſion d'une Vertu éxquiſe qu'il
diſoit, Si ſon ſavoit qu'un ennemi, ou une autre perſonne, à la mort de laquelle on prendroit intérêt, viendroit à s'aſſeoir ſur une de l'herbe ſous laquelle il y auroit
un aſpic caché, il faudroit l'en avertir, quand même on
ne pourroit être repris d'avoir gardé le ſilence à cette
occaſion.

Il n'y a point de Caractére qui rende un homme
plus mépriſable que de ſe contredire maniſeſtement.
Si on ſe contredit ainſi ſans y prendre garde, c'eſt
une preuve ſûre d'un Eſprit très-petit, ou très abad-
donné à ſes préventions, & ſouvent de l'une & de l'autre. Mais ſi l'on remarque ſes Contradictions, ſans
s'en mettre en peine, c'eſt une preuve du peu d'égard
qu'on a pour le Public, aux yeux de qui l'on m nt
avec tant d'audace. Carnéade, eſt dans les cas: La
ſouveraine fin de l'homme, à laquelle il doit rapporter
toutes ſes vues, étant ſelon lui, de jouir des Biens
naturels, & ſelon lui encore le bien naturel ne comprenant pas le bien honnête. Tout homme qui dirigeroit ainſi ſes vues, qui auroit ces Idées du bien,
agiroit contre lui même, & contre ce qu'il croit,
ſur la deſtination de la nature humaine, s'il obſer oit
ce que Carnéade recommande dans les préceptes que
nous venons de lire.

VIII. MR. BAYLE reconnoit lui même "que
Carnéade pouſſoit à bout les Stoïciens, & qu'il
" leur prouvoit que leurs Controverſes du ſouve-
" rain bien n'étoient qu'une diſpute de mots. Il
" étoit, diſoit-il, Juge des coups entre ces deux Sectes,
" & il faiſoit voir à l'une que les choſes qu'elle ap-
" pelloit biens & que l'autre ſe contentoit d'appeller
" Commodités, n'étoient point dignes de nos déſirs,
" puis que l'une ne leur attribuoit pas plus d'avan-
" tages que l'autre. L'une de ſes victoires contre
" les Stoïques fut de les chaſſer d'un poſte, où ils
" s'étoient maintenus aſſez long temps. Ils avoient
" dit que le bonne renommée ſans l'utilité ne méri-
" toit point que l'on ſit un pas. Mais il ne pu-
" rent réſiſter à Carnéade, & ils ſe virent réduits à
" ſoûtenir qu'elle étoit digne de notre choix par elle-
" même. Chacun ſait qu'ils mettoient de la diffé-
" rence entre le bien & les choſes qui doivent être
" préferées.

Si la Diſpute des Stoïciens avec les Péripatéticiens,
ſur la Nature du Vrai Bien, n'étoit qu'une Diſpute
de Mots, & ne rouloit que ſur des équivoques,
toute la ſubtilité des Stoïciens ne répandoit donc ſur
ceux ſuppoſants matière aucune difficulté qui ne
fut aiſée à diſſiper, & qui réduiſit au parti de l'Incertitude. En effet le Vrai Bien de l'homme c'eſt
ce qui convient véritablement à l'homme; L'homme
eſt un être très-compoſé: Il eſt Raiſonnable; il a
divers ſens, il eſt Animal, il eſt né pour la Société
& la perfection d'une certe Société div rs relations;
Ce qui agrée à un de ſes ſens, eſt indifférent à
un autre, ou non ſeulement cela, mais il lui eſt que-
quefois contraire. Quelquefois on peut donner
quelque choſe au déſir des ſens, ſans porter aucune
atteinte à la Raiſon; & quelquefois l'uſage des ſens
l'empêchent. Ce qui tient de bon ne peut ſe fier par
bien à un autre; Tel ſe trouve dans un rang à le
faire eſtimer par la ferme ſé & par l'autorité qu'il s'y
donne, qui auroit plus ſe trouver dans des ſens où il
ne ſe roit pas moins rendu recommandable par la
ſoumiſſion. La Sageſſe conſiſte à donner à chaque
choſe ſon juſte prix, à préférer les plus grands biens
aux moindres, à s'aſſurer de ce que l'on doit faire
dans les différentes Circonſtances où l'on ſe trouve,
& de ce que l'on doit donner à ſes différens beſoins, à s'acquiter, enfin éxactement de ſes Devoirs,
à éviter d'en être diſtinctement inſtruit.

Les Stoïciens ne nioient pas qu'on ne dût manger, quand on avoit faim, & dormir quand on
avoit ſommeil. à moins que quelques Circonſtances
d'un grand poids, & également preſſantes, ne miſſent
dans la néceſſité de ſe refuſer pour quelques heures
au ſommeil & à la nouriture; ils ne diſconveni-
ent pas que l'état de l'homme qui a déquoi ſe nourir, ne ſut préférable à l'état d'un autre qui manqu
eroit d'alimens, ou qui n'en auroit que de mauvais; ſeulement vouloient-ils ne pas ſe contenter
d'appeller ce prémier état préférable, & ils affectoient de lui réfuſer le nom de bon & de meilleur:

Mais

Mais puis qu'ils enseignoient constamment qu'il falloit le préférer, leur morale en ce point, suffisoit pour la conduite de la vie.

Lactance institut. divin. la. „ IX. Mr. BAYLE ajoûte que *Lactance* avoüe que les Païens étoient incapables de réfuter ce raisonnement, & que Ciceron n'avoit osé l'entreprendre. Après cela il en donne la solution par les lumières de la Foi, & il observe que Carneade sachant d'une part, que les hommes justes ne sont point surs, ne connoissoit point, de l'autre, la vraie raison pourquoi ils paroissoient l'être, ce qui l'engagea à ménager cette occasion de déclamer en faveur de l'incompréhensibilité, son principe favori.

Carneade sentoit la force du *Bien honnête* & des Idées de la Justice ; On vient d'en lire un exemple frappant. Ce même Philosophe connoissoit qu'il est permis aux hommes de s'aimer eux-mêmes, & de ne pas négliger leurs intérêts. Il allegue enfin un Cas où l'Idée de l'*honnête*, & l'Idée de l'*utile* sont en opposition. Mais de ce qu'on ne fait pas d'abord les concilier, de ce qu'on ne fait pas se tirer aisément d'une difficulté, cela doit-il suffire pour jetter dans un Doute universel, & pour faire conclure qu'il n'y a rien de Certain ? C'est visiblement conclure avec trop d'impatience, c'est outrer, c'est aller à l'éxcès, & ce sont-là tout autant d'écarts de la Raison.

Rien n'est plus fréquent dans le cours de la Vie que des occasions où l'on choisit entre deux avantages qu'on voudroit bien se procurer tous deux, mais dont il faut abandonner l'un, pour se mettre, ou pour se maintenir, en possession de l'autre. Dans ces occasions l'avare s'étonne qu'un homme ait préféré la Gloire aux Richesses, & un autre n'a pas moins de peine à comprendre comment-il est possible de préférer le bien à l'Honneur. Si on se rendoit aussi attentif aux Idées de l'*honnête* qu'à celles de l'*utile* ; si on se familiarisoit autant avec la Vertu, qu'avec l'Intérêt ; si l'on se formoit à l'habitude de comparer juste ces deux éspéces d'avantages, cette préférence de l'*honnête* à l'*utile* que Carneade lui-même recommande, & qui paroit si paradoxe, en même temps que si loüable, n'auroit rien de surprenant, & ce Devoir paroîtroit aussi clair & aussi incontestable que les Devoirs les plus communs. C'est ainsi que le concevoient Socrate & ses Disciples.

Platon Livre XI. des Loix dit, que *s'il trouvois un Trésor, il n'y toucheroit point, quand même les Devins consultés assureroient qu'il pourroit se l'approprier : Ce Trésor appartient à un Maître ; Il faut donc attendre que ce Maître ou ses héritiers viennent le demander ; Car on dit qu'il suit obéir à la Loi, qui dit,* TU N'OTERAS POINT CE QUE TU N'AS POINT POSÉ; *& à cette autre Loi qui n'est pas moins ancienne,* TU NE PRENDRAS POINT LE BIEN D'AUTRUI. *Ce Trésor dans nos Coffres ne vaut pas les progrès que nous faisons dans la Vertu, & dans la Justice, quand nous avons le Courage de le mépriser. D'ailleurs si nous nous l'approprions, c'est une source de Malédictions dans notre famille.*

Ces paroles prouvent qu'un Païen a senti l'évidence de ce Devoir, & en a fû comprendre les fondemens. J'avoüe qu'on peut s'étonner de ce que l'homme est, de temps en temps, éxposé à faire des choix pénibles, & à sacrifier à son devoir des Intérêts, qui en eux-mêmes, ne manquent pas de prix & d'agrémens. Mais cela sert à rélever l'excellence de la Vertu, & le Mérite des Hommages qu'on lui rend. D'un côté on voit qu'elle en est digne, mais d'un autre coté on voit aussi que ceux qui en font profession sont dignes de vivre heureux. D'où vient donc qu'ils ne le sont pas toûjours ? Cet embarras conduit naturellement à s'élever aux Idées de la Réligion qui le dissipent, & à recevoir avec plus de satisfaction ces idées. On peut voir ce que j'ai remarqué sur ce sujet en parlant de la Beauté de la Vertu, & de la Beauté de la Réligion, qui concilient le Devoir avec le Bonheur.

Traité du Beau. 2. Édition. „ Il n'y a proprement que l'équité qui soit la Réligion ; l'immortalité heureuse est proprement la raison pourquoi il faut pratiquer cette Réligion, & la Divinité est une conséquence, que s'il y a une Rémunération, il y a par conséquent un Rémunerateur.

„ Qu'on voie de petits Enfans joüer ensemble ; si l'un fait quelque injustice à l'autre, le plaignant ne manquera pas de dire à l'autre, *si je te faisois une pareille chose, le trouverois-tu bon* ?

„ Lorsque les hommes vivoient encore dans une grande simplicité, & dans une grande ignorance, leur Réligion étoit beaucoup plus simple & plus pure ; A mesure que la politesse s'introduisoit parmi eux, la Réligion s'altéroit, & venoit de plus en plus ridicule ; Les superstitions les plus outrées sont venues des Egiptiens, les prémiers peuples qui se soient attachés à la Science, & chés qui tous les autres alloient puiser. Les anciens habitans d'Italie n'avoient aucuns simulacres dans leur Temples, ils adoroient les Dieux, mais sans faire des statues. Les Gaulois & les Germains alloient jusqu'à ne vouloir pas même bâtir des Temples à leurs Dieux, parce qu'ils disoient que la Divinité est infinie, & ne sauroit être renfermée.

„ Avant la Captivité, les Israëlites abandonnoient Dieu souvent tout-à-fait ; mais ils n'altéroient point la Loi ; ou ils la suivoient, ou ils se plongeoient tout-à-fait dans l'Idolatrie avec la Loi de Moïse, sans changer le sens de cette Loi. Mais après qu'ils furent revenus de la Captivité, ils eurent plus de Commerce avec des peuples savans qu'auparavant ; ils eurent des Docteurs, qui par leurs gloses eurent bientôt renversé le véritable sens de la Loi, & par le secours des allégories, elle ne dit plus ce qu'ils trouvoient à propos de lui faire dire.

„ Dans les prémiers siécles de l'Eglise Chrétienne, la Réligion étoit pure & simple, de la portée de tous les hommes, & par là très-propre à persuader & à consoler. Comme les Lumiéres en étoient vives, la Foi l'étoit aussi ; Mais malheureusement les Grecs & les Romains porrérent avec eux leurs Sciences dans la Réligion ; & dans très-peu de temps on vit la Foi fortement ébranlée : Cette simplicité Majestueuse fut ensevelie sous le nombre prodigieux de distinctions & de nouveaux Dogmes inconnus du temps des Apôtres.

„ Si par leurs raisonnemens les Athées & les Epicuriens ont pu effacer l'idée de l'Immortalité, & celle d'une Divinité, ils n'ont jamais pu effacer la prémiere base de la Réligion naturelle, c'est celle de la Vertu. Leur systéme a beau être diamétralement opposé, elle subsiste toujours cette vertu, & jamais Philosophe ne l'a mieux établie & ne l'a plus exactement suivie qu'Epicure.

„ Que signifie cette vertu, si nous sommes un simple assemblage d'atomes, que le hazard lie & que le même hazard détruit ? A quoi sert cette vertu ? A quoi bon se gêner ? Pourquoi se sévrer de certains plaisirs ? Nous ne devons certes nous en sévrer qu'en vue de nous procurer un avantage, plus grand que ces plaisirs mêmes, autrement ce seroit une folie, & quel est-il cet avantage, s'il n'y a ni Dieu ni vie à venir ?

„ Il sera toujours vrai que nous ferons bien de joüir de tous les plaisirs que nous pouvons prendre sans risque, pour injustes qu'ils puissent être ; Semblables aux Lacedémoniens, chés qui le Larcin étoit une vertu, pourvu qu'ils l'éxécutassent sans être découverts. Ainsi la véritable vertu des „ Athées

„ Athée n'est que de savoir bien dissimuler, & de
„ se procurer les plaisirs très-sûrement sans se met-
„ tre en peine du juste ou de l'injuste.
„ Si donc nous la trouvons chés tous les hommes,
„ même chés les Athées, concluons qu'elle est réelle,
„ mais qu'elle ne vient pas de nous. Si elle ne vient
„ point de nous, puisque nous ne sommes point les
„ Créateurs des Idées primitives. Il faut qu'elle
„ vienne de quelque original hors de nous, qui nous
„ la communique; & voilà Mr. ce que je deman-
„ de, c'est cette communication de Dieu à nous,
„ de lui dis-je, qui est l'original de l'équité & de
„ la sainteté.

Article
troisiéme.
Note D.

Mr. Bayle prétend que les Idées de l'honnête &
„ l'efficace du point d'honneur, joint à l'amour des ré-
„ compenses & à la crainte des peines, suffiroient pour
„ faire régner la tranquilité, dans une société d'Athées;
„ mais comment accorder cela avec ce qu'il dit? On
„ a blâmé Brutus d'avoir employé les derniéres paro-
„ les de sa vie à injurier la vertu. *Il n'avoit pas tout*
„ *le tort que l'on s'imagine*, dit *Mr. Bayle*; Tant s'en
„ faut qu'on doive le condamner à tous égards,
„ qu'au contraire nous devons dire que peut être
„ aucun Païen n'a jamais rien dit de plus raisonnable,
„ ni de plus juste. Mais afin de voir cela, il faut
„ se mettre à la place de ce Romain. Il avoit con-
„ sidéré la Vertu, la Justice, le Droit, comme des
„ choses très-réelles, c'est-à-dire, comme des êtres
„ dont la force étoit supérieure à celle de l'injustice
„ & qui mettoient enfin leurs fidéles Sectateurs au
„ dessus des accidens & des outrages de la fortune;
„ & il éprouvoit tout le contraire. Il voioit pour
„ la seconde fois le parti de la justice, la cause de
„ la Patrie aux piés du parti rebelle; il voioit un
„ Marc Antoine le plus scélérat de tous les hom-
„ mes, qui les mains dégoutantes du sang des plus
„ Illustres Citoïens de Rome, venoit de terrasser ceux
„ qui maintenoient la liberté du peuple Romain. Il
„ se voioit donc malheureusement abusé par l'Idée
„ qu'il s'étoit faite de la vertu; il n'avoit gagné à
„ son service que l'alternative de se tuer, ou de de-
„ venir le jouet d'un usurpateur, pendant que Marc
„ Antoine avoir gagné au service de l'Injustice la
„ pleine puissance de satisfaire toutes ses passions.
„ Voilà ce qui faisoit dire à Brutus que la vertu
„ n'avoit aucune réalité, & que si l'on ne vouloit
„ pas être pris pour dupe, il falloit la regarder com-
„ me un vain nom, & non pas comme une chose.
„ Mais n'avoit-il pas tort de dire cela? Distinguons.
„ Dans la Thése générale, & absolument parlant, il
„ avoit eu une grande absurdité, une fausseté impie.
„ Selon son hypothése, & vu le systême qu'il s'é-
NB. „ toit fait, ses plaintes étoient bien fondées. On
„ peut même dire que les Païens, dans l'obscurité où
„ ils vivoient par rapport à une autre vie, raison-
„ noient d'un conséquenment sur les réalités de la ver-
„ tu: C'est aux Chrétiens à raisonner de la sorte,
„ & si l'on ne joignoit pas à l'exercice de la vertu
„ ce bien à venir que l'Ecriture promet aux fidé-
„ les, on pourroit mettre la Vertu & l'Innocence au
„ nombre des choses sur lesquelles Salomon a prononcé
„ son arrêt définitif, *Vanité des vanités, tout est vanité*.
„ S'appuier sur son Innocence seroit s'appuier sur un
„ roseau cassé, qui perce la main de celui qui s'en
„ veut servir. Dieu sur la Terre étant que Dis-
„ pensateur des événemens, & distributeur des bons
„ succès & des malheurs, n'a pas moins soumis aux
„ Loix générales la Vertu & l'Innocence, que la
„ Santé & les Richesses. Un des plus considérables
„ Etats de l'Europe perdroit & gagnoit pendant qu'il
„ ne faisoit la guerre qu'injustement; il gagnoit
„ même beaucoup plus qu'il ne perdoit. Depuis
„ qu'il n'a que des guerres justes à soutenir, il ne
„ fait que perdre. D'où vient cela? Il étoit alors
„ puissant & il ne l'est plus. Concluons que qui-
„ conque s'engagera dans le systême de Brutus, &
„ regardera la vertu comme la source des bons suc-

„ cès temporels, courra risque de se plaindre un jour,
„ comme lui, d'avoir pris pour une chose ce qui
„ n'est qu'un nom.
„ Eloignés l'Idée de Dieu & de sa Providence, &
„ après cela pressés un peu celles de la vertu, vous
„ ne savés ce que c'est, elle s'évanouit. Je veux ê-
„ tre vertueux, dira l'un; & moi je veux être heu-
„ reux, dira l'autre; & moi aussi dit le vertueux, &
„ c'est par cette Raison que je m'attache à la ver-
„ tu, parce qu'elle est la route de la félicité. Si
„ c'est-là votre goût, suivés-le, dira l'Ambitieux, &
„ le Volupteux: Pour ce qui est de moi, mon
„ goût est tout différent du vôtre, & je ne goute
„ de satisfaction qu'à mesure que je me livre à ce
„ goût. Mais l'Idée d'un Dieu attentif à l'observa-
„ tion de la vertu, & dont le Jugement décidera
„ d'une Eternité, ne laisse pas d'égalité entre ces deux
„ opinions.

Mr. Bayle entreprend ensuite de réfuter ceux qui
regardent l'Injustice comme un moien de prospérer;
mais il les réfute en Pyrrhonien, puis qu'il finit
en disant, *il arrive très souvent que ceux qui soutien-*
nent une bonne cause, sont moins actifs que leurs Ad-
versaires.

Voici l'Article tout entier.

" Mais gardons nous bien dit-il des Observations
" fougueuses de ces Esprits extrêmes, qui prétendent
" qu'avoir tort dans une cause, est un bon moien
" de la gagner. Disons au contraire que toutes cho-
" ses étant égales d'ailleurs, c'est un très-bon admi-
" nicule pour remporter la victoire, que d'avoir de
" son côté la Raison & la Justice. Les désordres
" du Genre Humain, quelque grands qu'ils soient,
" ne sont pas encore parvenus à un tel comble, qu'on
" puisse dire que le droit éloigne ou retarde la vic-
" toire. Il n'y a pas long-tems que je me trouvai
" dans une Conversation, où l'on parloit de deux
" Princes qui avoient été nommés à une très-hau-
" te dignité. Il n'y a point de partage de conjec-
" tures; on s'accorda à prédire qu'un tel rendroit
" nulles les prétentions de son Concurrent. On se
" fondoit sur plusieurs raisons qu'on articula; l'in-
" térêt de toute l'Europe à favoriser l'un des deux
" Antagonistes; la situation des Païs d'où chacun
" d'eux devoit attendre du secours, la trop grande
" puissance du Promoteur de celui dont on prédisoit
" le mauvais succès, cent autres choses furent allé-
" guées. Vous croiés avoir tout dit, s'écria fort
" brusquement un François qui n'avoit point encore
" parlé, mais c'est là un abus: je vais vous fournir une
" raison qui est des plus fortes. Un tel a le droit
" de son côté: son élection est régulière; il faut
" qu'il succombe. L'élection de l'autre à tous les
" défauts possibles; elle est contraire aux formalités
" les plus essentielles, & aux Loix les plus fonda-
" mentales de la nation: cela seul seroit capable de
" lui assurer la supériorité & le triomphe. On se
" moqua de cet Argument, & il y eut des person-
" nes qui voulurent bien se donner la peine de l'é-
" xaminer de sang froid, & qui dirent que l'injus-
" tice par elle-même est plus propre à préjudicier à
" une cause qu'à la faire réussir, & quoce n'est que
" par accident qu'on plusieurs rencontres la justice
" est un obstacle aux bons succès. Il arrive très-
" souvent que ceux qui agissent pour la bonne cau-
" se sont moins actifs que leur Adversaire. Ils se
" flattent comme faisoit Brutus, que le Ciel se décla-
" rera pour eux; ils s'imaginent que le bon droit n'a
" pas besoin d'autant d'appuis que l'injustice. De-dessus
" ils relâchent leur vigilance, & quelquefois même ils
" font si honnêtes gens qu'ils ne voudroient pas em-
" ploier de mauvais moiens pour soûtenir le bon par-
" ti. Mais ceux qui s'engagent à faire valoir de mau-
" vaises causes, ne font point scrupule d'ajoûter ini-
" quités à iniquités; & dans la défiance qu'ils ont, ils
recou-

Article
Bontus.
Note D.

DU PYRRHONISME. 397

" recourent avec une extrême avidité à tous les ex-
" pédiens imaginables: ils n'oublient rien de ce qui
" peut ou avancer leurs affaires, ou retarder les pro-
" grès de l'ennemi. On peut même supposer dans
" l'hypothèse des bons & des mauvais Anges, que
" par les mêmes principes, ceux-ci sont bien plus ac-
" tifs. Quoi qu'il en soit, il n'y a nulle conséquen-
" ce à tirer de la justice ou de l'injustice d'une cau-
" se, à son bon succès; &, hormis le cas où Dieu a-
" git par miracle, ce qui n'arrive que rarement, le
" sort d'une affaire est attaché aux Circonstances &
" au concours des moïens que l'on emploie. C'est
" par là qu'il arrive quelquefois que l'injustice suc-
" combe, & que l'on peut s'écrier, *raudentes bona cau-
" sa triumphant*. (A)

Puis, dans les personnes vertueuses, un grand
fond de Religion, & par conséquent de persuasion
qu'elles seront très-responsables devant Dieu de leur
négligence à laisser sacrifier une bonne Cause à l'Injustice des méchans; dès là ils se trouveront animés
par un assemblage de motifs, dont l'un prêtera sa force à l'autre; l'amour de leur Intérêt, l'amour de leur
Prochain, l'amour de l'Innocence, l'amour de les
suites, tout s'unira pour les engager à bien vivre,
à donner toute leur attention & à déploïer toute leur
activité pour faire triompher le bon Droit.

X. ON a donné de grans éloges, dit Mr. Bayle, à Amphiaraüs & entre autres celui-ci qu'il travailloit à être honnête homme, & non pas à le paroitre; grand sujet de reflexions.

" Rapportons d'abord le fait, dit il. *Aristide, jam ais*
" pour honneur qu'on lui fit, ne s'élevait ni pour rient
" ou refus qu'il souffrit, aussi ne s'abaissa ni ne se
" troubla, aiant opinion qu'un bon Citoïen se doit é-
" galement toujours tenir prêt, & offrir corps & esprit
" à servir la chose publique, sans en espérer ni atten-
" dre aucun loïer mercenaire, ni d'argent ni d'honneur
" & de gloire. Et pourtant un jour que l'on pronon-
" çait au Théatre certains Vers de l'une des Tragédies
" d'*Eschylus*, faits en la louange de l'ancien Devin
" *Amphiaraus*, dont la substance étoit telle:

" Il ne veut point sembler juste, mais l'être;

" Aimant vertu en pensée profonde,

" Dont nous voïons ordinairement naître,

" Sages Conseils, où tout le monde abonde.

" Tout le monde jetta incontinent les yeux sur *Aristi-
" des*, comme sur celui à qui véritablement, plus qu'à
" nul autre, appartenoit la louange d'une si grande
" vertu; car il n'étoit pas seulement ainsi sobre &
" roide pour résister à la faveur & à graces seulement,
" mais aussi à ire qu'à haine semblablement; pour ce
" que là où il étoit question de Justice, amitié ne lui
" eut su rien faire faire pour ses amis, ni inimitié
" contre ses ennemis. Voilà le plus bel éloge du mon-
" de, Amphiaraüs étoit digne d'admiration s'il le
" méritoit. Aristide, qui a paru le mériter, est un
" homme incomparable.

" Faisons quelques réflexions sur un sujet qui en
" peut fournir une infinité, & disons I. que si les
" Païens n'ont point pratiqué la véritable vertu, ils
" l'ont du moins bien connue: car s'ils ont loué ceux
" qui, en faisant une belle action, ne se proposoient
" pour récompense, ni un intérêt pécuniaire, ni l'ap-
" probation publique; & ils ont méprisé ceux qui
" ont pour but dans l'exercice de la vertu, la ré-
" putation, la gloire l'applaudissement de leur pro-
" chain. Soïés desintéressé tant qu'il vous plaira
" quant au profit, à l'acquisition des Richesses ou
" des Charges, si vous n'en êtes quant à la louange,
" vous ne faites que ramper: vous n'êtes point guéri
" de la maladie de l'amour propre, vous n'êtes sortis
" que des pièges les plus grossiers, vous ne faites que
" porter une chaîne plus déliée: Enfin vous vous

" trouverés dépeint dans le Traité de Mr. Esprit
" sur la fausseté des Vertus humaines.

" Ma II. Réflexion est, qu'il arrive rarement que
" le but d'être loué soit la fin unique de ceux qui
" ne se contentent pas du témoignage de leur conscien-
" ce. Observés bien des personnes qui aspirent à ces
" deux choses, l'une d'être honnêtes gens, l'autre
" de le paroitre, vous verrés que leur ambition ne
" se borne pas à joindre ensemble la réalité &
" les apparences de la Vertu. La vapeur subtile de
" l'encens ne leur suffit pas: ils souhaitent qu'il
" s'y mêle quelque chose de plus grossier. La répu-
" tation toute seule leur paroit une récompense trop
" spirituelle: ils travaillent à l'incorporer avec les com-
" modités de la vie, & ils sont bientôt servir la
" louange & l'approbation à s'acquérir du crédit
" auprès de ceux qui distribuent les charges; &
" puis ils se servent de ce crédit pour s'enrichir ou
" pour contenter toutes leurs passions.

" Ainsi la plus sure voie pour conserver la pure-
" té de les sens, c'est de faire ce que l'on a dit
" d'Amphiaraüs & d'Aristides. Travaillés à être
" honnête homme; que ce soit votre grand but: ne
" cherchés pas à le paroitre, car cette recherche a
" des suites plus dangereuses que vous ne pensés.

" III. On attribue à Socrate d'avoir dit, qu'il n'y
" a point de plus court chemin pour parvenir à la
" Vertu, que de travailler à être tout tel que l'on
" veut paroitre. Ce conseil est tres sage, car la pas-
" sion de jouir d'une glorieuse apparence, & d'ob-
" tenir l'applaudissement public est si forte, & si com-
" mune parmi les gens mêmes qui n'ont pas beaucoup
" d'envie d'être vertueux intérieurement, qu'on
" peut promettre de grands progrès dans la vertu
" à toute personne, qui s'efforcera de mettre une
" parfaite conformité entre l'état réel de son ame,
" & l'opinion qu'elle veut que l'on ait d'elle. Mais
" il faut avouer qu'il y a moins de desintéresse-
" ment dans cette route que dans celle d'Amphia-
" raüs. Paroissés honnête homme, soïés-le; jouis-
" sés d'une belle réputation; mais soïés en digne:
" n'usurpés point l'estime de votre prochain; voilà
" ce que conseilloit Socrate; Il ne vouloit, point
" priver de la fumée des éloges. Amphiaraüs vous
" auroit dit, Soïés honnête homme; & ne vous met-
" tés point en peine si on le saura, si on vous en loüera.
" Il me paroit que Mr. Bayle n'interprète pas
" juste la pensée de Socrate. Vous voulés paroitre
" vertueux, vous y donnés vos soins, & ces soins vous
" coutent. Vous aurés plutôt fait de devenir effec-
" tivement ce que vous souhaités de paroitre; vous
" trouverés, dans ce parti, moins d'embarras.

" IV. Vous dirés que l'on ne vas point sans l'autre,
" & que, pris qu'avec de fausses vertus, c'est-à dire,
" avec l'adresse de couvrir d'une aparence d'honnête
" homme une mauvaise ame, on vient à bout d'obtenir
" une belle réputation, on l'obtient encore plus sure-
" ment avec des vertus réelles. Vous conclurés de
" là qu'Amphiaraüs & les semblables se faisoient hon-
" neur de mépriser une chose qu'ils favoient bien
" ne leur manqueroit pas. Et moi, je vous ré-
" pondrai, qu'assés souvent, il est beaucoup plus faci-
" le d'être honnête homme, que de passer pour hon-
" nête homme; & qu'il n'y a point de conséquence
" nécessaire, de l'une de ces choses à l'autre, par
" quelque bout que vous commencies. Vous n'a-
" vés besoin pour être honnête homme que de vain-
" cre vos passions; mais pour le paroitre il faut vain-
" cre les passions d'autrui, & en triompher. Vous
" avés des ennemis artificiels & violens, qui ré-
" pondent contre vous cent sortes de médisances.
" Ceux qui les écoutent sont crédules, & de-
" viennent de nouveaux distributeurs de ca-
" lomnies: s'ils sont incrédules, ils forment
" des difficultés, & ils apprennent par là à vos enne-
" mis comment il faut proposer les calomnies, afin

Ccccc 2   de

(A) Causes naturelles du bonheur & du malheur. Que l'on compare ce que Mr. Bayle dit ici avec ce qu'on lit Art. V. Sect. VI.
Sur le bonheur & le Malheur.

„ de les rendre plus vraisemblables. Vous ignorés
„ quelquefois toutes ces machinations, & quand
„ vous les sauriés, ou en tout ou, en partie, pourriés
„ vous aller de lieu en lieu vous justifier? Etant
„ honnête homme, comme je suppose que vous l'ê-
„ tes, pouvés-vous savoir les fourberies de vos
„ ennemis, & les biais obliques par où il faut
„ prendre les esprits vulgaires? N'aimés-vous pas
„ mieux laisser une populace dans l'erreur, que
„ d'employer tout votre loisir à disputer le terrain à
„ des calomniateurs? Votre vigilance suffiroit-elle
„ jamais à renverser ce que leur malignité bâtit sur des
„ cœurs crédules, mal tournés, & infiniment plus
„ flexibles au procédé de ces gens-là, qu'à toute
„ votre Eloquence, & à toutes vos Raisons?

Dans cette longue citation de Mr. Bayle que j'ai rapportée toute entière, on s'appercevra aisément de ses allusions ordinaires. Mr. Jurieu jouissoit de l'approbation & du crédit; & pour ce qui est de Mr. Bayle, on lui attribuoit un Ouvrage qui couloit à fonds sa réputation en matière de probité; & il paroissoit à bien des gens qu'on étoit fondé à le lui attribuer; c'est ce qui lui fait dire *qu'assés souvent il est plus facile d'être honnête homme, que de passer pour honnête homme*.

Mais enfin j'avoue, que *si les Païens n'ont point pratiqué la véritable vertu, ils l'ont au moins bien connue*. Mais par où les Païens ont-ils connu la véritable vertu, & par où pouvoient-ils la connoître, si la Raison ne fournit là-dessus aucune Lumière ni aucune Certitude?

Un Pyrrhonien dit, qu'il est réduit à douter, parce que sur chaque Question il y a non seulement du pour & du contre, mais de plus autant de vraisemblance, en faveur de l'un qu'en faveur de l'autre. Cela est fort aisé à dire, & encore fort aisé à croire, quand on ne fait que parcourir les raisons de côté & d'autre, & qu'on ne les examine qu'à la hâte & confusément. Mais qu'on se rende attentif d'un coté à ce que Mr. Bayle allègue lui-même sur la beauté de la Vertu, & d'un autre, aux misérables sophismes, par où il la combat ailleurs, tirés de la vie des Animaux Brutes, de celle de quelques Nations sauvages ou composés de quelques équivoques; fondés enfin sur l'obscurité de quelques Cas, & de quelques Questions compliquées, qui ne doivent point ébranler la certitude de ce qui est clair & simple. Qu'on fasse dis-je, ces Comparaisons, & qu'on y donne l'attention qu'elles méritent, & on verra s'il est possible, après cela, de persuader qu'il n'y a pas plus d'évidence dans ce qui va à établir la Nécessité & la Beauté de la Vertu, que dans ce qu'on objecte pour en prouver l'Inutilité ou l'Indifférence.

Critiques ou Remarques sur l'Article établie le la Possible sur l'Article Rimini (George) Note &c.

„ XI. IL Y a des matières, dit Mr. Bayle, si
„ difficiles & si embrouillés, qu'il faut excuser ceux
„ qui ne sauroient quelquefois de toutes en les expliquant.
„ La question sur les périodes d'ignorance invincible est de cette
„ espèce: elle est entourée de précipices à droite & à
„ gauche. Ne pensés pas vous étonner de ce que ceux
„ qui marchent dans un tel chemin le découvrent
„ ou reculent quelquefois. Ils accordent leur coûts,
„ & puis ils le combattent eux-mêmes: ils donnent
„ d'un coûté ce qu'ils reprennent de l'autre. Ils
„ conviendront que toute ignorance invincible excuse,
„ tant en fait qu'en droit, & puis ils allégueront
„ une infinité d'exemples tirés de l'Ecriture, pour
„ faire voir que les péchés d'ignorance n'excusent
„ point, & le résultat nécessaire de leurs citations
„ d'exemples sera, ou que l'ignorance des devoirs
„ moraux ne fut jamais invincible, ou qu'encore
„ qu'elle soit invincible, elle n'excuse pas le pé-
„ cheur. Suivés bien toutes leurs preuves, vous trou-
„ rés qu'après avoir supposé que l'ignorance du droit
„ & l'ignorance du fait ne sont criminelles, que
„ quand elles ne sont pas invincibles, ils ne laissent,
„ à proprement parler, aucun cas où cette ignorance
„ soit invincible; car ils ne veulent pas qu'elle soit
„ insurmontable par rapport à la passion de Jesus

„ Christ, lors même qu'on n'en a jamais ouï par-
„ ler. Ils veulent que si un sauvage de l'Amérique
„ ignore les faits contenus dans le nouveau Testa-
„ ment, ce soit sa faute, attendu qu'il ne s'est point
„ mis dans une disposition qui convïât Dieu à lui ré-
„ véler les mystères du Salut, & qu'il s'est rendu in-
„ digne de cette faveur céleste. Faites leur cette
„ question, Pouvoit-il avoir ces bonnes dispositions
„ dont vous parlés? Pouvoit-il faire un bon usage
„ des lumières naturelles? On vous répondra qu'il
„ le pouvoit s'il le vouloit. Mais pouvoit-il le vou-
„ loir? demandés vous encore, je pense qu'on
„ vous répondra que non, mais que ce n'étoit
„ qu'une impuissance morale, qui n'est autre chose
„ que la mauvaise disposition de la volonté, & une
„ suite de la corruption dans laquelle naissent les en-
„ fans d'Adam. C'est, dans le fond le même Dogme
„ que celui de nôtre Grégoire, & il vaudroit
„ mieux apparemment dire tout net comme lui que
„ l'ignorance invincible n'excuse point lorsqu'elle
„ procède du péché originel, & qu'elle en est une
„ punition. Il est vrai que cette doctrine a quel-
„ ques inconvéniens; car il semble qu'elle conduit
„ de degré en degré jusqu'à cette Thèse;
„ La phrénésie, ni la démence ne disculpent pas, vû
„ qu'elles ne doivent pas être exclues du nombre
„ des maux que le péché a introduits, & qui ser-
„ vent de punition au péché.

NB.

NB.

Quand je dirai que 1. Chaque homme est obligé de travailler à s'éclairer sur ses devoirs; 2. de s'appliquer constamment à ce qu. lui paroit le plus juste & le plus raisonnable; 3. & que s'il s'écarte de cette Règle, il doit s'en faire de vifs reproches, & se relever de ses fautes par un nouvel empressement à bien faire. Revoquerai-je en doute des Vérités si claires & si faciles à établir, dés qu'on me demandera, *Que peut faire un Amériquain*? Etablissés des bornes entre ce qu'il peut, & ce qu'il ne peut pas? Pour bien répondre à ces demandes, il faut avoir eu le temps *de s'entretenir à fonds avec ces gens-là*: Revoquerai-je en doute des vérités très-claires & très-simples, parce qu'on me fait des Questions pour la solution desquelles il me manque des secours nécéssaires? S'il y a des Matières *très-difficiles & très-embrouillées*, comme Mr. Bayle le reconnoît, n'y en a-t-il point d'autres? Quand les Pyrrhoniens & les Libertins cherchent à nous embarrasser par ces Questions, s'ils étoient gens à parler sincèrement, j'en appellerois au témoignage de leur conscience, & je leur demanderois s'ils ne savent pas que ceux là qui les font toutes ces questions, n'ont pas toute la liberté nécéssaire pour les résoudre. On peut bien appliquer ici ces paroles de Mr. Bayle. *S'agit-il de faire choix entre une opinion exempte de tout embarras & une opinion très-embarrassée? ce n'est agit-il pas de choisir entre deux extrémités, dont l'une est contraire aux notions Philosophiques, & l'autre aux Hypothèses Théologiques*?

En matière de Philosophie & en matière de Théologie, le goût des Hypothèses a tout gâté; on s'est trop appliqué à bâtir des systêmes complets, on y a fait des changements avec précipitation; & lorsqu'on y avoit imprudemment fourré quelque chose de contraire au bon sens, plûtot que de le revoquer, & plûtot que de faire par là quelque brêche à l'honneur du systême, on a cherché à se tirer d'affaire par des tas de distinctions qui ne signifient rien.

Il n'y a point de systême, avec quelque subtilité qu'il soit bâti, & avec quelque adresse qu'il soit lié, qu'on ne puisse abandonner ou corriger dès qu'il renferme quelque Article dont l'on peut tirer des conséquences nécéssaires contre l'équité de Dieu: C'est une Maxime du bon sens, dont la vérité saute aux yeux; & ce que Mr. Bayle lui même écrit dans la suite de cet Article, en renferme un aveu formel, & des preuves convaincantes. Ce Grégoire de Rimini enseignoit que Dieu peut mentir.

„ Mr. Descartes établissoit, dit Mr. Bayle, com-

Article Rimini Note &.

„ me le seul fondement de la science humaine, la
„ persuasion qu'on doit avoir que Dieu ne peut être
„ trompé, ni trompeur. On lui objecta que selon
„ Gregoire d'Arimini, & quelques autres Scholasti-
„ ques, Dieu peut avancer des choses qui sont con-
„ traires à sa pensée, & à ses décrets, comme quand
„ il fit prêcher dans Ninive qu'elle périroit dans qua-
„ rante jours. S'il a endurci & aveuglé Pharaon,
„ s'il a envoyé à quelques Prophétes l'esprit de
„ mensonge, comment savés-vous, demandt-on à
„ Mr. Des Cartes, qu'il ne peut pas nous séduire?
„ Ne pû il pas se comporter envers nous comme
„ un Médecin envers les malades, & comme un pe-
„ re envers ses enfans? Ce sont des personnes que
„ l'on trompe très-souvent & avec sagesse, & pour leur
„ profit. Aurions-nous bien la force de contempler
„ la Vérité, si Dieu nous la présentoit toute nuë?
„ *Si Deus nobis puram ostenderet veritatem, quis*
„ *eam oculis, qua mentis acies sustinere valeret*: La
„ réponse de Mr. Des-Cartes fut, qu'il y a une distinc-
„ tion à faire entre les façons de parler de Dieu ac-
„ commodées à la portée de l'homme, & aux vé-
„ rités relatives au genre humain, & les façons de
„ parler qui se rapportent aux vérités absolues. Ces
„ premiéres façons de parler sont fréquentes dans
„ l'Ecriture, mais les derniéres doivent être celles
„ des Philosophes. L'endurcissement de Pharaon, &
„ semblables choses, ne marquent point un effet po-
„ sitif de Dieu; c'étoit seulement une privation de
„ grace. Il est clair, ajouta-t-il, que je n'avois point
„ en vue les mensonges qui consistent en paro-
„ les, mais la malice intérieure & formelle qui se
„ trouve dans la tromperie. L'arrêt contre Ninive
„ n'étoit que comminatoire, & il dépendoit d'une
„ condition. Je ne blame point pourtant, conti-
„ nua-t-il, ceux qui disent que Dieu peut par ses
„ Prophétes faire annoncer des mensonges exempts
„ de toute malice de tromperie, & semblables à
„ ceux des Médecins, qui, pour guérir leurs ma-
„ lades, leur font accroire mille faussetés. Bien plus,
„ je confesse que l'instinct qui nous a été donné de
„ Dieu nous trompe quelquefois réellement; car la
„ nature que Dieu nous a donnée pour la conserva-
„ tion de notre corps, pousse positivement les hy-
„ dropiques à faire une chose qui leur est préjudi-
„ ciable, c'est-à-dire à boire; mais j'ai expliqué
„ dans ma sixiéme Méditation comment cela se peut
„ accorder avec la bonté ou avec la véracité de
„ Dieu.
„ Disons en passant que cette réponse de Mr.
„ Des-Cartes, n'empêche pas que l'objection ne de-
„ meure victorieuse. Car dès que l'on est con-
„ traint d'avouer qu'une maxime générale qu'on avoit
„ donnée pour le fondement d'un dogme cer-
„ tain & démonstratif, souffre beaucoup d'excepti-
„ ons, on l'ébranle de telle sorte qu'elle n'est plus
„ capable de fixer nos incertitudes, & il n'y a
„ point de cas où un Sceptique ne puisse employer
„ la distinction de Mr. Des Cartes. Si j'étois trom-
„ pé, dira-t-il, par les idées qui me représentent la
„ matiére comme une substance étendue, ce seroit une
„ tromperie exempte de toute malice, & peut-être mê-
„ me qui seroit profitable à l'état où je me trou-
„ ve, qui à certains égards est un véritable état
„ d'enfance ou de maladie, pendant que mon ame
„ est unie au corps. Le mensonge verbal n'est pas
„ meilleur que le mensonge d'idée, & n'en peut
„ point être séparé; car on ne parle qu'afin d'exciter
„ des idées dans l'esprit de ceux qui écoutent, &
„ ne puis-je pas supposer que toute sorte d'idées se
„ rapportent non aux vérités absolues, mais aux vé-
„ rités relatives au Genre humain.
„ Disons aussi en passant qu'il y a dans l'Ecriture
„ certains faits & certaines phrases, qui démontreront
„ toûjours les machines des plus grands métaphysi-
„ ciens. Nous en avons ici un exemple. Voiés
„ comment Mr. Des Cartes but battu en ruïne par l'hy-

„ pothése que Gregoire d'*Arimini* prétendoit fonder
„ sur l'Ecriture. On peut aisément conjecturer
„ que sa surprise fut grande, lorsqu'il reconnût que
„ la foudre qui tomboit sur son Ouvrage, partoit
„ du lieu d'où il la craignoit le moins. Il croioit
„ avoir bâti sur la roche à pierre & à chaux, car
„ son édifice portoit sur l'infaillibilité de Dieu. Il
„ s'étoit promis sans doute l'approbation des Théo-
„ logiens quant à cette partie fondamentale de son
„ Hypothése; & pour le moins il se tenoit assuré
„ qu'on ne le combattroit point par des Passages
„ de l'Ecriture; Cependant l'orage fondit sur lui
„ de ce côté-là, & ce fut une tempête si forte
„ qu'il fut contraint de plier, & de reculer. Tant
„ sont vaines les pensées & les espérances de l'hom-
„ me! Mais soions surpris à notre tour, de ce que
„ Mr. Des Cartes résiste si peu à cette attaque. Sa
„ facilité à céder est une preuve qu'il n'avoit nulle
„ connoissance des Livres de Théologie. S'il s'étoit
„ été rompu dans cette lecture, il auroit sû quanti-
„ té d'Explications & de solutions des passages de
„ l'Ecriture qui servoient de fondement à Gregoire   N B.
„ de *Rimini*, & il auroit trouvé là une méthode de
„ disputer qui l'auroit tiré d'affaire. Quelqu'uns
„ me répondront apparemment que je me trompe,
„ & qu'il n'auroit guére pu s'accommoder de cer-
„ te méthode; car il s'étoit mis sur un pié à ne se
„ servir que de raisons évidentes, & à préférer tou-
„ jours ce qui est plus clair à ce qui l'est moins.
„ Or les Textes de l'Ecriture qu'on lui objectoit
„ sont infiniment plus clairs que les Solutions & que
„ les Gloses des Commentateurs; voilà pourquoi il
„ rendit les armes si tôt. Si l'on me fait cette ob-
„ jection j'aurai de quoi répliquer, & je dis ici par
„ avance que pour le moins un grand Philosophe de-
„ voit insister plus qu'il n'a fait sur la nature des
„ expressions que les Ecrivains sacrés ont emploiées,
„ afin de s'accommoder à la portée du Peuple. L'es-
„ prit populaire étant incapable de s'élever jusqu'à
„ la sublimité de l'être souverainement parfait, il a
„ falu que les Prophétes abaissassent Dieu jusqu'à
„ l'homme, & qu'ils le fissent begaïer avec nous   N B.
„ comme une nourrice begaïe avec l'enfant qu'elle
„ allaite. De là viennent tant d'expressions de l'E-
„ criture qui portent que Dieu se repent, qu'il se
„ fâche, qu'il veut s'informer si une chose est ar-
„ rivée, qu'il changera d'intention si l'homme lui
„ obéit, ou ne lui obéit pas, & mille autres cho-
„ ses de cette nature incompatibles avec la souverai-
„ ne perfection. Mr. Des Cartes n'a pas manqué
„ de représenter la différence qu'il y a entre ce lan-
„ gage & celui d'un véritable Métaphysicien; mais
„ il a coulé là-dessus trop légérement, & il s'est
„ privé de tout l'avantage qu'il en pouvoit retirer;
„ car il n'a pas laissé de donner les mains à la pré-
„ tention de Gregoire de Rimini. C'est ce qu'il
„ ne devoit pas faire; il falloit dire constamment &
„ invariablement que les passages de l'Ecriture, qui
„ affirment que Dieu trompe quelquefois, ne doivent
„ jamais être entendus litteralement, & qu'ils doi-
„ vent être expliqués comme ceux qui lui attribu-
„ ent le repentir, ou quelque autre qualité humaine.
„ Il falloit qu'il s'étendît à montrer qu'un Philo-
„ sophe ne doit point avoir égard à de tels endroits
„ de la parole de Dieu, quand il s'agit de repré-
„ senter les grandeurs du souverain Etre. Mr. Re-
„ gis a très-bien connu ce devoir: *Je veux établir*
„ *pour maxime*, dit-il, *que quand je voudrai parler*
„ *de Dieu avec exactitude, il ne faudra pas me con-*
„ *sulter moi-même, ni parler à l'ordinaire; mais m'é-*
„ *lever en esprit au dessus de toutes les créatures,*
„ *pour consulter l'idée vaste & immense de l'être in-*
„ *finiment parfait: en sorte qu'il me sera bien*
„ *permis dans un traité de morale, de dire que*
„ *Dieu s'est repenti, qu'il s'est mis en colére &c.*
„ *Mais ces expressions, ou d'autres semblables, ne me*
„ *seroient point permises dans un Traité purement*
„ *mé-*

„ *métaphysique* dans lequel il faut parler *exactement*.
„ Souvenons-nous que si l'Ecriture représente
„ Dieu très-souvent sous des idées populaires, &
„ par conséquent très-fausses, afin de s'accommo-
„ der à la portée des esprits à qui Dieu a destiné
„ la révélation, elle nous fournit ailleurs le correc-

NB.
„ tif dont nous pouvons avoir besoin, je veux di-
„ re la description de l'être infini dans sa majesté
„ immuable, & infiniment parfaite.

La Véracité de Dieu est le fondement de toute la certitude qu'on peut tirer de la Révélation: Sur cette perfection invariable est établie la vérité de la Théologie Dogmatique, & celle de la Morale révélée. Mais si un Dogme sur lequel les Savans disputent, devient douteux par là, & ne peut plus passer pour un Principe, c'est envain que Mr. Bayle prétendra substituer la certitude de la Révélation à celle de la Raison; Les Théologiens disputent là-dessus aussi bien que les Philosophes; & ceux qui ont osé dire que Dieu pouvoit mentir, ont aussi allégué des passages en leur faveur. Cet Article-ci auroit donc eu sa juste place dans la Section où j'ai parlé des dangers du Pyrrhonisme; mais je l'ai rapporté ici pour prouver que, de l'aveu de Mr. Bayle, la *Raison nous fournit les Idées de Perfection, d'Equité, de Justice & de Sagesse, suivant lesquelles nous devons interpréter les expressions de l'Ecriture, dans lesquelles Dieu s'accommode à la pesanteur du vulgaire;* car si ce que ces expressions peuvent insinuer d'erreur, est rectifié par d'autres, toujours c'est à la Raison à discerner les expressions qui doivent servir de Régle, d'avec celles que ces Régles corrigent; & c'est encore à elle à faire cette correction en appliquant les régles comme il convient de le faire.

Je remarquerai encore ici en passant que Mr. Bayle le trompe, ou qu'il ne craint pas assés de tromper ses Lecteurs, par des expressions peu exactes, quand il leur fait regarder la *soif* ou le désir de boire dans un *hydropique*, comme une Inspiration naturelle, par laquelle l'Auteur du Genre Humain le sollicite à se remplir de liqueur, & lui insinué que l'état présent de son Corps le demande. Les sensations servent bien à nous avertir de l'état présent, bon ou mauvais de nôtre corps, mais elles ne nous découvrent pas si ce qu'elles nous font aimer ou haïr sera utile ou nuisible dans la suite. La Raison nous est donnée pour faire ce Discernement; Les sensations avertissent de l'état *présent*; la Raison délibére de ce qu'il faut faire *pour l'avenir*. Le corps d'un hydropique dérangé éprouve de certaines inflammations que la liqueur modere & arrête pour un moment, mais ce désir de boire n'est point un avis secret par où l'auteur de la nature lui fasse croire qu'il se guérira en buvant.

Régles des Mœurs connues des Paiens.

XII. AU reste, veut-on s'instruire par une voie sûre & abrégée, ce les Paiens ont eu des idées excellentes de l'honnête & de la Vertu, il n'y a qu'à consulter l'expérience.

Plotin reconnoissoit que nôtre Ame tire toute sa lumière de la lumière Intelligible qui l'a créée. Ses mœurs étoient encore plus admirables que sa Doctrine. Il méprisa toute sa vie la vaine gloire, les richesses & les voluptés, & il étoit d'une probité si généralement reconnuë, que les personnes les plus considérables de l'un & de l'autre sexe, lui confioient en mourant leurs biens & leurs enfans, comme ne pouvant trouver une Dépositaire plus fidéle ni un asyle plus Sacré.

Socrate dans le Lachet. „ Quand je vois un hom-
„ me qui parle bien de la Vertu, ou de quelque
„ Science, & que c'est un véritable homme, &
„ digne des propros qu'il tient, je suis charmé, &
„ c'est pour moi une volupté inexprimable de voir
„ que ses actions & ses paroles sont parfaitement d'ac-
„ cord. Il me semble que c'est-là le seul excellent
„ Musicien qui rend une harmonie parfaite, non pas
„ avec une Lyre ou avec d'autres Instrumens; mais
„ avec le total de la Vie.

Qu'on lise *Antonin*, qu'on lise *Epictète*; *Phocilide* & d'autres Anciens, on y verra ce que la Raison est capable d'acquérir de Lumières, & de donner d'Instructions en matiére de Mœurs. Or ce qu'un homme peut, pourquoi les autres ne le pourroient-ils pas? Je veux reconnoître de l'inégalité dans ses talens, & si l'on veut une grande inégalité; mais peut-être y en a-t-il encore plus dans les occasions & dans les circonstances, qui en favorisent la culture, ou qui s'y opposent. Mais le sort des hommes sera décidé par un Juge à qui tout est connu, *qui ne moissonne point là où il n'a pas semé*, qui sait ce que les hommes peuvent, & qui ne leur demande pas au de là de ce qu'ils peuvent. *Son joug est aisé*, & rien n'est plus digne de l'excellence de l'homme, rien n'est plus propre à le rendre solidement heureux, que l'observation de ses commandemens. Il est des hommes que la Divine Providence a placés dans des postes où il est nécessaire d'être fort éclairé pour se bien conduire. Il en est d'autres qui se trouvent dans une situation où des connoissances fort médiocres suffisent pour les instruire sur tous les devoirs qu'ils ont à remplir.

NB.

Parce qu'il y a des cas pour lesquels il n'est pas facile de décider s'ils sont Justes, Injustes, indifférens, conclurra que le Juste un & l'Injuste n'ont point une nature fixe & déterminée, c'est comme si l'on disoit une couleur jaune peut avoir quelque chose de verdâtre, & cela plus ou moins; Il en est ainsi de la couleur bleuë; Les mélanges pourront même être portés à un tel point, qu'on hésitera sur le nom qu'on doit donner à une couleur. A cause de cela hésitera-t-on de décider sur un bleu pur, sur un jaune pur? hésitera-t-on, par exemple, à dire que l'Or paroit de couleur jaune? le Ciel de couleur bleuë?

Il est sûr que les hommes doivent vivre conformement à la Nature qu'ils ont reçuë de leur Créateur, qu'ils doivent préférer ce qui est plus excellent à ce qui l'est moins; il est sûr que leur conduite doit se rapporter au bien du Genre Humain, & qu'il faut proportionner le degré d'affection qu'on a pour les Objets au degré de leur mérite. Or le mérite d'une chose, ses véritables utilités, les différens rapports qu'elle a avec nous & avec les autres hommes, les fruits que le Genre Humain peut tirer de l'observation de certaines Loix, les inconvéniens qui en peuvent résulter, ce sont là des cas qu'il est quelquefois fort aisé, mais quelquefois aussi assés difficile de déculcer, & de démêler parfaitement. Mais des cas embarrassés doivent-ils empêcher qu'on ne sente l'évidence de ceux qui sont très-simples & très-clairs? On suroit pû mettre en question, si, pour punir la négligence des hommes, pour les rendre plus attentifs à leurs affaires, & pour les détourner d'une entêtement pour les superfluités, & sur lesquelles il leur seroit trop pénible de veiller continuellement, il ne seroit point à propos de convenir, que ce qui seroit mal gardé fut la proïe du plénier occupant, & le prix de son activité. Je veux que, pour décider cette Question, il fût à propos de peser les raisons de côté & d'autre; s'ensuivroit-il que l'on pût de même douter, s'il ne seroit point à propos de convenir qu'il seroit permis de forcer des serrures, d'enfoncer des portes, de garotter les Maîtres d'une maison, jusqu'à ce qu'on en eut emporté tout ce qu'on y trouveroit?

Les erreurs où une partie des hommes sont tombés sur le sujet des Vertus; l'ignorance où des Nations entières, & presque par tout, le Vulgaire vit encore là-dessus, est une preuve de la pesanteur de l'esprit humain; mais plus encore de son Indolence, de sa sensualité, qui le distrait & le détourne de s'instruire. Tout cela prouve le besoin que la plûpart des hommes ont que des personnes éclairées & charitables prennent soin de les instruire, mais tout cela prouve aussi peu que la Vertu & le Vice n'ont pas leur Nature distincte en elle-même, que l'Ignorance qu'une infinité de gens, qui confondroient des

Cour.

Courbes de divers genres ; & les croiroient toutes de la même nature, prouveroit que ces Courbes ne different entr'elles qu'autant qu'il plaît à la fantaisie des hommes de les distinguer.

Quand Mr. Clarke raisonne ainsi pour établir d'une manière aisée & sensible les fondemens de la Morale. *Le Soleil, le Ater, l'Air, en un mot les différentes parties de l'Univers corporel, ont chacune leur destination. Si elles quittoient leur place, & se refusoient à leurs fonctions , je demande, si le désordre qui en arriveroit seroit un désordre réel, ou simplement imaginaire?* Or quand je fais attention aux facultés de l'homme, il est aisé de s'assurer qu'elles sont destinées à de certains usages, & que suivant qu'elles se déterminent, il en peut arriver, ou beaucoup de bien, ou beaucoup de mal. Quand donc elles s'écartent de leur destination, ces écarts sont-ils moins condamnables parce qu'ils sont volontaires; & par la même ils le sont encore plus? C'est visiblement la Raison qui lui dictoit ces vérités; & il paroit que Ciceron s'est élevé par des réflexions semblables, aux Principes de la Morale, à la recherche de l'Ordre, & de la bienséance dans les Mœurs.

Le même Mr. Clarke raisonne ainsi sur la Vigilance , l'Attention, & la Modestie. *Un homme qui par son intempérance ou par sa négligence se met hors d'état d'être utile à la Société autant qu'il le devroit & qu'il l'auroit pû, ou qui s'expose à lui causer du préjudice, est dans un cas semblable à celui d'une sentinelle qui s'endort par paresse, ou pour s'être enyvré.*

Nous devons regarder sans envie & sans murmure, ceux qui la Providence a élevés ici bas à des postes plus éminens que ceux que nous occupons ; & prendre garde que la trop grande ambition d'améliorer à l'avenir nôtre état, ne nous jette dans la négligence des devoirs de nôtre condition présente.

Mr. Bayle, se moque des Moralistes.

XIII. ON peut établir, avec la même évidence, & la même simplicité de raisonnement, le reste des Devoirs de l'homme. Mais quoique les Principes de la Morale aient été mis, depuis quelques années, dans un beaucoup plus grand jour, ils étoient assés prouvés du temps de Mr. Bayle, pour ne lui laisser pas ignorer que tout Esprit raisonnable pouvoit se convaincre & se mettre en repos sur un si grand sujet. Cependant, comme si les systèmes de Morale n'avoient été qu'un tas de verbiage & de déclamations populaires, & sans solidité, il se fait un plaisir de s'en jouer ; " C'est, dit-il , un des plus beaux lieux communs de la Morale, que de faire voir à l'homme ses désordres, en comparant sa conduite déréglée avec la régularité des bêtes. Les hommes se déchirent les uns les autres; l'homme est un loup à l'homme ; mais les bêtes de même espèce ne se battent point entr'elles. C'est par là qu'Horace a tâché de couvrir de honte les Romains qui s'engeoient aux guerres civiles: Les Loups & les Lions, dit-il, ne font point cela. Il suppose que son objection est si puissante, que ceux à qui elle est proposée se trouvent réduits à un silence honteux. Juvenal a employé la même morale dans sa quinziéme satire.

Article Roche. Note C.

Horat. Epod. VII.

Satire VIII.

" Mr. Despreaux a parfaitement bien traduit en Latin ces deux Poëtes, & y a joint de nouveaux exemples.

,, *Voit-on les Loups brigans, comme nous inhumains,*
,, *Pour dérouffer les Loups, courir les grands chemins?*
,, *Un Aigle sur un champ prétendant droit d'aubaine*
,, *Ne fait point appeller un Aigle à la huitaine:*
,, *Jamais contre un Renard chicanant un poulet,*
,, *Un Renard de son sac n'alla charger Rolet,*
,, *Jamais la Biche &c:*

,, Quelque beau que puisse être ce lieu commun ; & quelque capable de frapper, il a néanmoins son foible; car prémiérement, on peut l'éluder par un trait de plaisanterie: &, en second lieu, on peut le combattre sérieusement par la maxime, *N'il agit exemplum litens quod lite resolvitur* ; c'est-à-dire, qu'on peut le rétorquer, & qu'en tournant la médaille on gagnera le vent sur le Moraliste. Je ne prétens point approuver ceux qui opposent des railleries aux raisons ; mais je dis que c'est un très-grand désavantage aux raisonnemens, que de pouvoir être tournés en ridicule par des gens qui aiment à plaisanter. Prouvons cela par un exemple. Si quelqu'un avoit entrepris d'obliger Mr. de Beautru à croire qu'il vaut mieux choisir une vieille maitresse qu'une jeune, & qu'il lui eut cité l'endroit de Pline où il est dit que *libellieres cherchent plaisir les vieilles brebis que les jeunes*, ce quelqu'un n'auroit-il pas été démonté & confondu par cette réponse donné d'un air moqueur, c'est *que les béliers font des béliers* ? Une Dame Romaine se servit d'une pensée semblable auprès d'un homme qui ne pouvoit comprendre par quelle raison les femelles parmi les bêtes ne désirent le mâle que lors qu'elles veulent devenir mères ; c'est, lui répondit la Dame, *parce que ce sont des bêtes*. N'étoit-ce pas rompre bras & jambes à l'admirateur ?

NB.

XIV. VOILA donc Mr. Bayle qui convient de la nécessité d'établir la Morale sur les vrais. Or s'il croit qu'on puisse les connoître ? pourquoi donc les rend-il douteux; & si on ne peut pas les établir sûrement par la Raison, les Payens n'ont eu aucun tort de ne prendre pas pour Règle ce, à la connoissance de quoi ils ne pouvoient pas parvenir ; Et St. Paul, dont la Foi de Mr. Bayle reconnoit l'autorité, les condamne trop sévérement & trop promptement dans son Epitre aux Romains. De plus, si la Raison n'est pas capable de s'assurer des Principes de la Morale, de leur Vérité, des Conséquences qui en naissent, de la Justice & de la beauté de ces Conséquences elle est encore dans l'impuissance de se convaincre de la divinité de la Révélation, par l'excellence de la Morale qui s'y trouve. Cette Morale révélée elle-même seroit le plus souvent inutile, parce qu'il est nécessaire de connoître les fondemens des Préceptes généraux, afin d'en pouvoir faire l'application aux Circonstances particulières. Souvent encore ces Préceptes sont énoncés en termes métaphoriques; de sorte que pour ne se point tromper dans l'explication de ces termes, il est tout-à-fait nécessaire de se faire de justes Idées des Principes, sur lesquels sont fondés les Préceptes, qui souvent sont énoncés d'une manière plus propre à faire souvenir de ce qu'ils recommandent ; qu'à le faire distinctement connoître.

Il est forcé de convenir des principes de la Morale

" Souvenons-nous enfin que l'essence des modalités humaines ne consiste pas à porter de grosses pièces de chair. Socrate étoit Socrate le jour de sa conception & le jour après ; tout ce qu'il avoit en ce temps-là peut subsister en son entier, après qu'une maladie mortelle a fait cesser la circulation du Sang, & le mouvement du cœur dans la matière dont il s'étoit aggrandi ; il est donc après la mort la même modalité qu'il y étoit pendant sa vie, à ne considérer que l'essentiel de sa personne ; il n'échappa donc point par la mort à la justice, ou au caprice de ses persécuteurs invisibles. Ils peuvent le suivre par tout où il ira, & le maltraiter sous toutes les formes visibles qu'il pourra acquerir.

Article Spinoza Note T.

Logique Part. I. Sect. II. Chap. III. Art. XII.

" On pourroit se servir de ces considérations, pour porter à la pratique de la Vertu ceux mêmes qui croupiroient dans les impiétés de semblables sectes ; car la Raison leur veut qu'ils craignent principalement d'avoir violé des Loix révélées à leur conscience. C'est la punition de ces fautes qu'il seroit plus apparent que des Etres invisibles s'intéresseroient.

NB.

Ce n'est pas la Foi qui a dicté ces dernières paroles à Mr. Bayle: Je ne touche rien à ce qu'on y pourroit trouver d'imaginaire; il me suffit de remarquer qu'elles ne signifient rien, ou qu'elles supposent qu'un homme peut connoître indépendamment de la Foi, la différence du Vice d'avec la Vertu, qu'un Vicieux l'est par sa seule faute qu'il mérite les reproches que sa conscience lui fait, & d'autres chatimens encore, que ces considérations peuvent contribuer à faire entrer un homme dans les routes de son Devoir, & que par conséquent l'humeur seule ne règle pas la conduite des hommes. Enfin si des probabilités peuvent avoir de l'efficace, la Certitude que la Réligion donne, en aura tout autrement.

Article Samonacodom Nor A. Article I.
,, Puis donc que les Siamois se persuadent, dit Mr.
,, Bayle, qu'il y a une liaison fatale, immuable,
,, nécessaire, entre la *Vertu* & le *Bonheur*, & entre le
,, *Vice* & le *Malheur*, cette impiété devoit être plus
,, efficace pour les porter à bien vivre, que la Réli-
,, gion ne l'est en d'autres païs. Ils devroient s'ap-
,, pliquer à la Vertu pour être heureux, comme ils
,, recourent aux alimens lors qu'ils ont faim; &
,, ils devroient s'éloigner du vice afin d'éviter le
,, malheur, comme l'on s'éloigne du feu quand on
,, craint de se brûler. Mais en ce cas-là leurs bon-

NB.
,, nes mœurs seroient aussi mercenaires que rien le
,, puisse être. Les notions pures de l'honnêteté n'en
,, seroient pas le principe. Disons en passant qu'il
,, est bien étrange qu'ils puissent croire ce qu'on leur
,, impute sur cette fatale connexité. N'y a-t-il
,, donc parmi eux personne qui s'enrichisse injuste-
,, ment, & qui soit pauvre sans passer pour crimi-
,, nel, ou qui soit blessé en tachant de sauver la vie
,, à un honnête homme? Je pense que si on les
,, pressoit là-dessus, ils nous paieroient de quelque
,, notion Stoïcienne, savoir que les maladies, le
,, chagrin, la pauvreté, ne font point des maux; &
,, que les richesses, le plaisir & la Santé, ne sont pas
,, un bien. Je croirois sans peine que le Peuple ne
,, suit point cette opinion de la sympathie naturelle
,, de la Vertu avec le Bonheur, & du Vice avec
,, le Malheur; mais que c'est seulement le dogme
,, de leurs gens de lettres, qui ont nié le Providence

NB.
,, & qui ont vû néanmoins qu'il étoit utile de con-
,, server l'opinion commune touchant les peines &
,, les récompenses.

,, Les Siamois, ajoute-t-il un peu plus haut, croi-
,, ent que le culte de leurs Heros leur attire une
,, belle récompense: la fatalité aveugle, les Loix &
,, les Sympathies naturelles qui ont lié selon eux la
,, Vertu avec le Bonheur, & le Vice avec le Mal-
,, heur, sont un motif & un frein aussi puissant que
,, le sauroit être la Foi d'une Providence éclairée.

Voilà les Siamois, qui sans le secours de la Révélation, sentent si bien l'excellence naturelle de la Vertu, qu'ils honorent, jusqu'à invoquer & à adorer un Héros dont ils n'attendent rien, ou du Culte duquel s'ils se promettent quelque fruit, ils supposent uniquement en vertu d'une liaison naturelle & nécessaire qu'ils supposent entre la pratique des Vertus & la Félicité. Tout cela prouve que l'excellence de la Vertu leur est naturellement connue, & qu'ils se

Pensées diverses sur les Cometes. Article 178. Oeuvres Du Tom. III. pag. 114.
trouvent très-digne de leur respect.

,, On a de la peine à comprendre, qu'un homme
,, qui ne croit point de Dieu, ait aucune idée d'hon-
,, nêteté, si bien qu'on te l'imagine toûjours prêt à
,, commettre tous les crimes dont la justice humaine
,, ne le peut point châtier. On se trompe manifes-
,, tement; puis qu'on a vû faire aux Epicuriens plu-

NB.
,, sieurs actions louables & honnêtes, dont ils se
,, pouvoient dispenser sans craindre aucune punition,
,, & dans lesquelles ils sacrifioient l'utilité & la vo-
,, lupté à la vertu. La Raison a dicté aux anciens
,, Sages, qu'il falloit faire le bien pour l'amour du
,, bien même, & que la Vertu se devoit tenir à elle
,, même lieu de récompense, & qu'il n'appartenoit
,, qu'à un méchant homme, de s'abstenir du mal
,, pour la crainte du châtiment.

,, Epicure fit des livres de dévotion, où il parla
,, avec tant de force de la sainteté & de la piété,
,, qu'on eut dit que c'étoit l'ouvrage de quelque Sou-
,, verain Pontife. Quand on lui objectoit, qu'il n'a-
,, voit que faire du culte des Dieux, lui qui croioit
,, qu'ils ne nous faisoient ni bien ni mal, il répon-
,, doit que l'excellence de leur nature étoit une as-
,, sés grande raison de les vénérer, & qu'on se
,, trompoit fort de croire, qu'à moins de redouter
,, le ressentiment des Dieux, on ne pouvoit pas
,, leur rendre ses adorations. *Délivrés de ces frayeurs,*
,, *& mis en liberté par Epicure, ne is me redoutons point*
,, *les Dieux, parce que nous savons qu'ils ne se chagri-*
,, *nent de rien, ni ne cherchent à faire du mal à per-*
,, *sonne, & nous honorons pieusement & saintement les*
,, *êtres pleins de majesté & d'excellence.* Qu'il y eut
,, plus de sincérité que de politique dans tous ces
,, beaux discours, c'est de quoi je ne voudrois pas

NB.
,, répondre. Mais on ne sauroit nier qu'un hom-
,, me qui parle ainsi n'ait une idée d'honnêteté, &
,, ne conçoive qu'il est digne de l'homme d'avoir
,, une vénération desintéressée pour les choses ex-
,, cellentes; & c'est la conclusion que Sénèque tire
,, de cette doctrine d'Epicure. Il est donc vrai
,, que la Raison a trouvé sans le secours de la Ré-
,, ligion, l'idée de cette piété que les Peres ont tant
,, vantée, qui fait qu'on aime Dieu, & que l'on
,, obeït à ses Loix, uniquement à cause de son infi-
,, nie perfection. Cela ne fait croire que la Rai-
,, son, sans la connoissance de Dieu, peut quelque-
,, fois persuader à l'homme, qu'il y a des choses hon-
,, nêtes, qu'il est beau & louable de faire, non pas
,, à cause de l'utilité qui en revient, mais parce
,, que cela est conforme à la Raison.

,, Il peut bien y avoir des gens assés brutaux pour
,, ne voir pas qu'il est plus honnête de faire du bien
,, à son bienfaiteur, que de le paier d'in-
,, gratitude! Mais je ne vois pas que ce soit une
,, nécessité indispensable, que tous ceux qui igno-
,, rent qu'il y a un Dieu, méconnoissent l'honnê-
,, teté qui est jointe avec la reconnoissance. Car il

NB.
,, faut savoir qu'encore que Dieu ne se révèle pas
,, pleinement à un Athée, il ne laisse pas d'agir sur
,, son esprit, & de lui conserver cette Raison &
,, cette Intelligence, par laquelle tous les hommes
,, comprennent la vérité des premiers principes de
,, Métaphysique & de Morale.

Que doit-on penser de la sincérité de Mr. Bayle? Si dans ce tems-là il ne concevoit pas que la Raison fut actuellement mettre de la différence entre la Vertu & Vice, sentir le prix de l'un & la turpitude de l'autre? On le combat donc ailleurs ses propres sentimens, & encore ne les combat-il que par des argumens aisés à réfuter; ou il faut reconnoître en lui un zèle extrême à faire l'apologie des Athées, puisque ce zèle va jusqu'à donner à la Raison une force naturelle, qu'il lui refuse souvent.

,, Epicure, dit Mr. Bayle, qui enseignoit hau-

Réponse aux Questions d'un Provincial Tom. III. pag. 335. Oeuvres Du Tom. III. 2. part. pag. 964.
,, tement que les Dieux ne punissoient, ni ne ré-
,, compensoient point, quelle Morale n'avoit-il pas?
,, Y manquoit-il aucun des devoirs de la vie socia-
,, le? Jusques à quel point ne portoit-il pas la sou-
,, mission aux puissances souveraines, cette vertu si
,, importante au repos public? Lucrèce son fidèle
,, sectateur, avec quelle gravité ne parle-t-il pas de la
,, vertu? Quoi de plus beau que les sentences de
,, Morale qu'il a semées dans son poëme? Horace
,, qui a semé encore plus dans les poësies, n'a-
,, t-il pas déclaré hautement qu'il ne croioit point
,, d'autres Dieux que ceux d'Epicure? Je ne dis rien de
,, ces Philosophes qui admettant la Providence Di-
,, vine, ne laissoient pas d'appuier nos obligations à pra-
,, tiquer la Vertu non pas sur les intérêts que les
,, Dieux y pouvoient prendre, mais sur ce qu'elle
,, étoit conforme à la droite Raison.

,, L'homme est tellement conditionné qu'il y a
,, des

NB.

„ des choses qui lui paroissent honnêtes, & des
„ choses qui lui paroissent malhonnêtes dès qu'il est
„ capable de discerner les idées, & avant que d'a-
„ voir examiné quel peut être le fondement de la dif-
„ férence de ces choses. Vous ne trouverés point
„ de nation quelque ignorante, quelque méchante
„ qu'elle soit, qui n'ait attaché une idée de gloire
„ ou d'éloge à certaines actions, & une idée d'in-
„ famie & de louange à quelques autres actions.
„ L'application de cela se fait en différentes maniè-

NB. „ res, selon la diversité des peuples, mais il y a un
„ accord assés général entre tous les hommes par rap-
„ port à certaines proportions dès qu'ils en enten-
„ dent les termes. Telles sont celles-ci, *Il est loua-
„ ble d'avoir de la gratitude, & de tenir sa parole, &
„ de rendre un dépôt, & de secourir ses parens & ses
„ amis; c'est une infamie que de maltraiter son bien-
„ faiteur, que de falsifier sa parole, que d'usurper un
„ dépôt, que de trahir sa patrie, ses parens, ses
„ amis.* Vous pouvés mettre au nombre de pareilles
„ propositions celle-ci, *Il faut honorer le souverain
„ Maitre de toutes choses qui gouverne le monde, &
„ qui dispense sur la terre les biens & les maux selon
„ son bon plaisir*; Car dès qu'on entend la significa-
„ tion de ces termes, on ne sauroit plus douter de
„ la vérité de leur liaison.

NB. „ Voici un second principe que vous m'accorde-
„ rés sans difficulté. Tous les hommes aiment na-
„ turellement à être estimés, & à éviter l'infamie.
„ Si quelques-uns se soucient peu d'être ruinés de
„ réputation; c'est ou parce qu'ils sont devenus es-
„ claves d'une vilaine habitude, ou parce qu'ils sup-
„ posent qu'ils n'ont pas à faire à de bons juges de
„ mérite.

NB. „ Le prémier principe que j'ai posé vous donnera
„ la racine de la Réligion naturelle; & vous com-
„ prendrés aisément que plus les hommes cultive-
„ ront leur esprit par l'étude de la Philosophie, plus
„ aussi ils conserveront & ils étendront les fruits de
„ l'arbre qui naît de cette racine. Vous ne verrés
„ donc pas sans étonnement que les Peuples de l'ancien Paga-
„ nisme qui ont eu un fort grand nombre de gens
„ de lettres & de Philosophes, aient toûjours conser-
„ vé des idées de la Vertu, qu'ils y aient attaché des
„ louanges, & que par conséquent le vice n'ait jamais
„ été délivré de son déshonneur. Si vous joignés à
„ cela mon second principe, vous ne serés nullement
„ surpris, qu'il y ait eu des Payens qui ont aimé la
„ Vertu, & qui l'ont recommandée autant qu'ils

NB. „ blâmoient le Vice. Enfin vous ne trouverés point
„ étrange que la Réligion naturelle, je veux dire
„ un certain nombre de maximes de Morale, que la
„ **Raison fait entrer facilement dans notre esprit,**
„ quoiqu'elle n'en puisse rendre la pratique aisée,
„ ait résisté à la Réligion positive qui avoit des
„ Temples & un Cérémonial partout.
„ Mr. Bayle a quelquefois établi que la Raison étoit
„ incapable d'établir, par des preuves convaincantes, les
„ fondemens de la Morale; Cela va visiblement à ruiner
„ toute la certitude de la Réligion naturelle. On sent
„ que cette opinion ébranlant en même tems les fon-
„ demens de la Société civile, dont la Réligion est le
„ soûtien. Point du tout, *dit Mr. Bayle*; la Con-
„ noissance de la beauté de la Vertu peut fort bien subsis-
„ ter avec l'Athéïsme. Les idées du *Juste & de
„ l'Injuste* sont plus inaltérables que celles de Dieu. Tel-
„ le est la constitution de la Nature, humaine qu'on
„ ne peut s'empêcher d'estimer & d'honorer la Ver-
„ tu. Son zéle pour la défense des Athées prévaut
„ sur son inclination pour le Pyrrhonisme.

On pré- XV. Si on me dit; vous voïés en cela même le
vient une Pyrrhonisme de Mr. Bayle, puisqu'il allégue, sui-
Objection vant l'occasion, tantôt le *pour*, tantôt le *contre*; ou
vous voïés qu'il s'acquite du Devoir d'un fidèle Rapporteur, puis qu'il expose également les prétentions
des deux parties. Comme ce sont-là de simples per-
sonnalités, je ne ferai point là-dessus de contestation.

Mon but est de prouver, que ce qu'on allégue en faveur
du Pyrrhonisme Moral, est foible & facile à réfuter;
Qu'on pèse les raisons par où Mr. Bayle l'établit, &
celles par lesquelles il le réfute, & si on le fait de
bonne foi, on se trouvera de mon sentiment.
Je demande aux partisans de Mr. Bayle; si on a
raison de dire que *l'Athéïsme* va directement à inonder la Société de Crimes & de désordres, & à la
jetter dans une confusion irréparable; & si cela est,
n'est-il pas vrai que Mr. Bayle a eu grand tort d'en
faire l'Apologie? Ils me répondront sans doute que
l'Athéïsme n'auroit point en soi, par lui même, ces mauvais
effets, puisqu'il n'éteint pas la Connoissance &
l'estime de la Vertu, non plus que les autres sentimens de la nature. Mais je leur répliquerai: Quand
Mr. Bayle s'exprimoit en ces termes, parloit-il sincérement? les raisons sur lesquelles il s'appuioit étoient-
elles solides? Si cela est, il n'a donc pas usé de bonne foi lorsqu'après avoir rapporté les Argumens des
Cyniques, & leur en avoir prêté de nouveaux, il se
récrie sur la foiblesse de la Raison incapable de discerner sûrement ce qui est honnête par sa *nature*,
d'avec ce qui passe pour tel uniquement par l'autorité de la *Coûtume*; & cela étant il a lui même fait
son Apologie pour les Athées.

Je ferai encore quelques remarques sur les paroles
de Mr. Bayle que je viens de citer. Jamais Auteur
ne répéta autant qu'il l'a fait; & s'il n'avoit pas pris
le parti de réïtérer ses réflexions dans un Dictionnaire, qu'on ne lit que par reprises, de mêler ces
œuvres de quantité de Citations, de Questions incidentes, de matiéres curieuses, de circonstances a-
musantes, & de les donner encore l'une après l'autre;
s'il n'avoit posé sa *République des Lettres*, & quelques autres Livres pour bases de sa Réputation, il
faudroit dire que l'accueil qu'on a fait à ses Œuvres
est une grande preuve du penchant que l'on a dans
notre siécle à *l'Incrédulité*; sans cela les Objections
contre les matiéres les plus intéressantes de la Réligion & de la Morale, répétées tant de fois, & écrites
avec si peu d'ordre, n'auroient pû former un livre
qui eut trouvé un Libraire, ni des Lecteurs. Quant
aux Principes qu'il a déja si souvent alléguès, comme suffisans pour maintenir le bon ordre dans une
Société *d'Athées*, rien n'est plus illusoire. Vous diriés qu'il n'y a qu'à être *Athée* pour avoir une Délicatesse sur le point d'honneur, & une sensibilité sur
la *Réputation* qui ne se trouve point chés les autres
hommes; Parce que quelques Athées Chefs de Secte, & Ecrivains de profession, ont eu extrêmement
à cœur leur gloire, & l'intérêt de la Sécte qu'ils travailloient à établir, qu'y a-t-il de moins raisonnable
que de conclure, que la Multitude entreroit dans
ce même dévouement à l'honneur & à la réputation,
dès qu'elle renonceroit à la pensée qu'il y a un Dieu?
C'est la Réligion au contraire qui donne une nouvelle force à l'amour de la réputation & à la crainte
de l'infamie, en présentant aux hommes le Maitre de
l'Univers pour le témoin & le Juge de leur conduite.

Je destine une Section entiére à l'éxamen de ce
grand paradoxe de Mr. Bayle, qu'une Société
pourroit fort bien subsister, que la tranquillité & le
bon ordre y régneroient, quand même elle seroit
composée de personnes qui n'auroient point de Réligion. Il est même allé jusqu'à opposer l'éclat d'une
Société de cette nature, & la fermeté de sa domination,
à la foiblesse où se trouveroit une Société composée
de vrais Chrétiens, de même qu'à l'obscurité & à
la Pauvreté dans laquelle ceux-ci passeroient leur
vie. Pour soûtenir ce paradoxe il faut s'être formé à
toute la souplesse que donne l'esprit Pyrrhonien
porté à son comble. J'en touche ici quelque chose
pour n'être pas obligé de revenir deux fois à l'éxamen de la même citation.

XVI. Mr. BAYLE après avoir remarqué qu'on a *De l'arti-*
soupçonné les Philosophes de n'avoir point de Réligion, *cle de la*
& après avoir ajoûté qu'on a fait aux belles Lettres le *Philoso-*
même *phie.*

même reproche qu'à la Philosophie, se contente d'ajouter, qu'il n'y a pas de prudence dans l'affectation qui régne un peu trop de rendre suspects d'impieté les *Philosophes*. Sur quoi je remarque 1. qu'il auroit pu porter le fait en d'autres termes plus justes & plus exactement vrais, & qu'il auroit dû se contenter de dire, qu'il s'est toujours trouvé des ignorans & des superstitieux, qui trouvant la Philosophie contraire aux Erreurs & aux Inutilités dont on avoit chargé la Religion, tâchoient injustement de rendre odieux les Philosophes. Je remarque. 2. qu'il avoit ici une occasion bien naturelle de réfuter l'injustice de ce soupçon, & de faire voir qu'il y a une bonne Philosophie qui conduit à la Religion. Au lieu de cela il s'étend fort au long sur le fait, & laisse sans l'éclaircir, une Question plus importante peut-être qu'aucune de celles qu'il a traitées dans son Ouvrage, & us prétéxte qu'il avoit déja assés de matiére pour achever son volume. C'est affect d'avertir le public d'une indifférence qui ne sauroit faire plaisir qu'aux Libertins. Mais il ne s'arrête pas là, on doit lui reprocher plus que son silence. *Les Protestans*, dit il; *n'ont pas plus sujet que les Catholiques de s'applaudir de la nouvelle Philosophie, par laquelle on attaque aussi 1 1 Dogmes les plus essentiels. En un mot, ajoute-t-il, le sort de l'homme est dans une si mauvaise situation que les lumiéres qui le délivrent d'un mal, le précipitent dans un autre. Chassés l'ignorance & la barbarie, vous faites tomber les superstitions & la sotte crédulité du Peuple si fructueuse à ses conducteurs, qui abusent après cela de leur gain pour se plonger dans l'oisiveté & dans la debauche. Mais en éclairant les hommes sur ces desordres, vous leur inspirés l'envie d'examiner tout ; ils épluchent & scrutinisent tant, qu'ils ne trouvent rien qui contente leur misérable Raison; & un peu après,*

Le mélange de bien & de mal qui se rencontre dans toutes les choses humaines se voit ici d'une façon distinguée. Les Philosophes Arabes reconnurent par leur Philosophie que l'Alcoran ne valoit rien, mais plusieurs s'en au contraire ne abondonnèrent leur Religion pour embrasser la Philosophie Payenne, qui leur montroit, disoient-ils, que Moyse leur avoit prescrit des Loix superflues.

Et où est l'homme de bon sens, & qui ait fait quelques Etudes raisonnables, qui ne sache que la Philosophie condamne ces vaines subtilités, ces *Abstractions Métaphysiques* où l'esprit se perd, & s'embrouille par des termes vagues, dont il ne saisit qu'imparfaitement la signification? Une des prémières Régles de la Raison n'ordonne-t-elle pas de n'abandonner point ce qui est *Simple* & *Evident* à cause de quelques *Obscurités* qui environnent les conséquences qu'on en tire sur des Matiéres dont on n'a que des Idées imparfaites? Où est l'homme qui ait jamais autant donné que Mr. Bayle dans les excessives subtilités? Lui qui traite de *gens à front d'airain* ceux qui peuvent douter de la vérité des faits raportés dans le Nouveau Testament, ne s'est il pas vanté que par le moïen de ses subtiles Objections il ébranleroit la certitude des événements contemporains les plus universellement reconnus? En particulier le bon sens pouvoit-il dicter aux Juifs diverses réponses contre l'objection des Païens. 1. C'est avec justice que Dieu punit l'homme qui refuse d'obéir à des Loix très-aimables par elles-mêmes, en le chargeant d'un joug qui n'a pas les mêmes agrémens pour la Raison. 2. Dieu connoit mieux ce qu'il nous faut que nous-mêmes, & le cœur humain est un abyme pour l'homme; 3. Nous ne savons pas, auroient ils pû dire, toutes les dispositions où étoient nos Peres, & les besoins qu'ils avoient des Ordonnances auxquelles ils furent assujettis. 4. Dieu a voulu empêcher à la posterité d'Abraham de se confondre avec les autres Nations. Mais dès qu'il s'agit de Réligion, vous disiés que tout ce qu'on y oppose est sans réplique, & tout aussi fort que tout ce qu'on peut alléguer pour la soûtenir ; c'est sur ce ton que *Mr. Bayle* aime à parler.

C'est ainsi encore qu'il sait faire valoir la Philosophie, ou la donner pour trompeuse & pour dangereuse, suivant les vûes qu'il se propose.

XVII. DANS l'article de Gregoire de Rimini il pose en fait, qu'il faut expliquer les expressions de l'Ecriture d'une maniére qui ne donne aucune atteinte aux perfections de Dieu, & à ces Attributs, que les Lumiéres du Bon sens & de la droite Raison reconnoissent essentielles à la Divinité. Mais son Pyrrhonisme ne laisse rien dans la Révélation sur quoi l'on puisse compter. Dès qu'il a intérêt de représenter une Société toute composée de Chrétiens comme une Société incapable de se soûtenir, & toute prête à tomber au moindre choc, il veut qu'en prenne à la lettre des expressions très-métaphoriques & très-proverbiales ; Il fait cela en vûe de prouver qu'une Société composée de Chrétiens seroit sans force & sans lustre, comme je viens de le dire. Mais cela même devoit le convaincre, qu'il ne faut pas presser suivant la rigueur de la lettre les Préceptes de Jesus Christ. Je fais ces remarques pour prouver la nécessité de reconnoître des Idées naturelles du *Juste* & du *Raisonnable* & de les respecter : Si on les suppose éteintes & sans force, on ne saura à quoi s'en tenir; & la Régle qui porte, & que Mr. Bayle reconnoit *qu'on doit interpréter des expressions les étendre ou les resserrer, suivant la nature du sujet dont elles font mention*, deviendra absolument inutile pour l'explication de l'Ecriture Sainte.

„ Si l'on rejette, dit Mr. Bayle, la voie large
„ que le Pere le Moine proposé dans son livre de
„ la Dévotion aîsée, ce n'est pas afin d'adopter la
„ voie étroite des Casuistes trop rigides. On veut
„ bien entrer en composition, & promettre à Mr.
„ Bernard de ne lui point contester les explicati-
„ ons mitigées, pourvu qu'elles ne soient pas in-
„ compatibles avec les paroles de l'Ecriture. Mr.
„ Bayle a cité ces préceptes de J. Christ. Si
„ quelcun vous donne un soufflet sur la joüe droite,
„ présentés-lui encore l'autre. Si quelcun vous plai-
„ de contre vous pour vous prendre votre robe, lais-
„ sés lui encore emporter vôtre manteau. Et si quelcun
„ vous veut contraindre de faire mille pas avec lui,
„ faites en encore deux mille. Ce passage suit immédiate-
„ ment ces paroles-ci : *Vous avés appris qu'il a été
„ dit, œil pour œil, & dent pour dent. Et moi je
„ vous dis de ne point résister à celui qui vous traite
„ mal, mais si quelcun* &c. Adoucissés tant que
„ vous voudrés ces textes de l'Evangile, rejettés-le
„ sens littéral, trouvés-y seulement une image généra-
„ le, & non pas la maniére particuliére de se gouverner
„ en tel ou tel cas ; on ne disputera point avec vous,
„ moiennant que vous n'alliés pas jusqu'à soûtenir
„ que J. Christ nous permet de ces paroles de re-
„ pousser les injures, & de rendre coup pour coup,
„ ou de poursuivre en justice la réparation d'une
„ offense, jusques à ce que nous sions obtenu ce
„ que demandent les usages du point d'honneur hu-
„ main Car si Jesus Christ avoit voulu effective-
„ ment nous défendre de résister à l'injure, il n'au-
„ roit pu employer des termes plus clairs que ceux
„ qu'il a employés. Il n'y a donc aucune appa-
„ rence qu'il s'en soit servi pour signifier qu'il
„ nous permet de repousser les aggresseurs, & de
„ leur rendre soufflet pour soufflet. Toute l'indus-
„ trie des protecteurs des équivoques sussinroit-elle à
„ montrer que ces discours de Jesus Christ seroient
„ véritables, quand même son intention auroit été
„ de nous permettre de résister à ceux qui nous
„ traitent mal? Consultés tous les Dictionnaires, on
„ vous défie d'y trouver que les paroles, dont ces
„ discours-là sont composés, aient jamais signifié
„ cette prétendue pernission. Aucune régle de cram-
„ maire, aucune loi d'analogie ne vous apprendra
„ qu'elles en soient susceptibles. Que diroient donc
„ les

„ les Infidéles s'ils apprenoient que Jesus Christ vou-
„ lant enseigner qu'il laissoit à un chacun la liberté
„ de se défendre, avoit employé des expressions qui
„ signifient tout le contraire, & qui selon le génie
„ d'aucune langue ne peuvent être réduites à ce sens
„ occulte qu'il auroit gardé dans son esprit ? Ja-
„ mais énigme n'auroit été si enveloppée, ni si im-
„ pénétrable que le seroit le dogme d'une telle per-
„ mission, s'il avoit été renfermé dans les paroles qui
„ sortiront de la bouche de Jesus Christ. Si ja-
„ mais l'on doit éviter les mots inintelligibles, n'est
„ ce pas principalement dans les leçons de Morale
„ qui doivent servir de régle pour la conduite de la
„ vie? Quel défaut de sincerité ne seroit-ce pas que
„ de mettre à la tête d'une Loi, qui permettroit la
„ résistance, une déclaration dérogatoire à l'ancien
„ droit de se servir de représailles, ou à la Loi du
„ talion en fait d'injures?
„ Voilà, Mr. sur quoi l'on se fonde quand on
„ veut donner quelques bornes aux explications mi-
„ tigées des expressions de J. Christ. Appliquez
„ ceci à tous les passages du Nouveau Testament qui
„ nous interdisent la recherche des plaisirs &
„ des honneurs mondains, l'acquisition des richesses
„ au-delà de ce qui suffit à la nourriture, & aux
„ vêtemens, le prêt à usure &c. Adoucissez-les si
„ vous voulez ; mais ne donnez pas aux paroles un
„ sens contraire à leur signification courante & re-
„ çûe de tout le monde ; ne prétendez pas que la
„ permission soit contenuë sous les termes qui signi-
„ fient la défense. Or dès là que vous concevrez
„ un peuple tout composé de vrais Chrétiens vous
„ concevrez qu'ils s'abstiennent de toutes les choses
„ qui ne leur sont point permises, & par conséquent
„ qu'ils ne se permettent point le ressentiment des
„ injures, ni l'application à s'enrichir ou à parvenir
„ aux honneurs, ni le soin du corps au delà de ce
„ qui suffit à le nourrir & à l'habiller, ni les ruses,
„ ni la fourberie, ni aucune chose dont un état
„ a besoin pour résister à un ennemi qui emploie aussi
„ bien la force que l'artifice. Il est aisé de com-
„ prendre qu'une telle Société de Chrétiens seroit
„ mal pourvûe de bons soldats, qu'elle ne seroit pas
„ assez riche pour acheter des alliances, ni pour four-
„ nir aux autres frais de la guerre, qu'on n'y trou-
„ veroit point de personnes qui se chargeassent de la
„ commission de mentir dans les Païs étrangers, &
„ de faire jouer cent machines frauduleuses pour ex-
„ citer des révoltes dans le païs ennemi. Il est donc
„ au moins parlant plus sûr, pour conserver un
„ état contre l'ambition de ses voisins de donner car-
„ rière aux passions de l'homme.

XVIII. QUAND il s'agit d'établir ce grand
point qu'une Société composée de gens qui n'auroient point de Réligion pourroit être très-florissan-
te & très-réglée, on soutient que les idées de la beauté de la Vertu & de la laideur du Vice sont insuffisa-
bles, & que l'homme est naturellement porté à estimer la Vertu & à s'y attacher, si ce n'est pas uniquement en vue de son excellence, c'est au moins en
vue de la gloire dont elle couvre, & de la réputation qu'elle procure. Mais dès qu'il s'agit de représenter ce que seroit l'état d'une Société toute composée de véritables Chrétiens, Mr. Bayle ne donne
sous ce nom-là que des Fanatiques, dont l'Esprit est
si stupide, & la Raison si affoiblie, qu'ils ne savent
plus distinguer le Langage figuré d'avec les expressions littérales, & que les Notions naturelles du Juste
& du Permis, des Régles des mœurs, en un mot,
des événemens par où l'on s'en écarte, ne
leur servent absolument de rien pour expliquer les expressions de l'Evangile. Si la Raison n'est d'aucune
autorité, si les Idées du sens commun ne sont d'aucun poids, il n'y a plus moien de distinguer les expressions métaphoriques d'avec les literales. La droite Raison donc, & les Idées naturelles de ce qui
convient & de ce qui ne convient pas, sont donc ab-

solument nécessaires pour profiter de la Révélation,
& pour n'attribuer pas au Seigneur, des instructions
qu'il n'a jamais données, & qui sont indignes de sa Sagesse. Or Mr. Bayle vient de dire, en faveur des
Athées, qu'on a naturellement des belles & justes I-
dées.

Dès qu'un homme ne cherche pas de bonne foi à
s'instruire, dès qu'il se plait à contredire tout ce
qu'on lui propose, ou qu'il est résolu de croire &
d'embrasser un certain sentiment, avant que de l'a-
voir examiné, & qu'il ne s'étudie que d'une manière propre à le persuader, La Raison & les instructions
lui sont inutiles, il abuse de tout, il prend tout de
travers. La Révélation n'est point destinée à des
gens ainsi faits ; elle n'a jamais été écrite pour eux;
elle demande des Disciples de bonne foi, de bon sens,
dégagés de Préventions, amis de la vérité, pleins de
respect pour l'évidence, en état de comprendre les
Régles d'une juste interprétation, & de les bien appliquer, ne décidant rien sur ce qui est obscur, se
défiant d'eux mêmes, & toujours prêts à profiter des
lumiéres d'autrui, & des éclaircissemens qu'on leur
donnera ; des gens ainsi disposés ne se tromperont
point dans l'explication des paroles de Jesus Christ
que Mr. Bayle paroit se faire un plaisir de prendre
dans un sens très-outré & très-déraisonnable.

Est-ce que les leçons de Jesus Christ prises dans
le sens que leur ont donné, & que leur donnent encore, tous les Chrétiens à l'exception d'un petit nombre, dont la plupart sont visiblement fanatiques?
Est-ce que ces paroles prises dans ce sens, sont inintelligibles?

Une expression est inintelligible, ou en elle-même,
ou dans la liaison qu'elle a avec d'autres termes emploiés dans la même phrase ; une expression inintelligible en elle-même, est un son qui ne signifie rien,
un son auquel l'usage n'a point attaché d'Idée, ou
que celui qui l'emploie, n'a point défini avec précision. Une expression est inintelligible, encore,
quand le sens qu'on lui donne est contradictoire a-
vec le sens qu'on donne à d'autres à qui elle est liée.
Alors une période, d'intelligible devient inintelligible,
quand on trouve à chacune des expressions qui la
composent, un sens qui les met d'accord entr'elles.

Il seroit certainement très-inintelligible d'assûrer
en même temps ; 1. Que l'Eglise ne pût subsister qu'en
composant une Société Civile, ou qu'à l'aide d'une
Société Civile ; 2. Que si tous les habitans d'une
certaine étenduë de Païs se faisoient véritables Chrétiens, leur Société ne subsisteroit pas ; 3. Que chacun est obligé de se faire vrai Chrétien, à moins de
quoi il sera damné éternellement. Si cela etoit il auroit donc été nécessaire pour la protection des vrais
Chrétiens qu'il y eut un bon nombre de gens qui ne
tiussent aucun compte des sollicitations de Jesus
Christ & de ses Ministres, & qui aimassent mieux
se damner que de les suivre : Sans des gens ainsi
faits, la Société perdroit son lustre & ses forces, &
l'Eglise ne sauroit plus subsister par le secours de
la Société.

Pour sauver la honte de cette inintelligibilité, &
pour concilier la Réligion Chrétienne avec la Société civile, on explique de certains termes très forts,
dans un sens qui en rend la suite très intelligible
& très conforme à la droite Raison, & aux autres expressions de l'Ecriture.

Telle expression qui seroit inintelligible dans le
sens propre, par les absurdités qu'elle renfermeroit, devient très-intelligible dans le sens figuré : Telles sont
les expressions par lesquelles il est ordonné de s'arracher un œil, de se couper un bras &c. Or dans
le même Discours, où inconstestablement il y a du
figuré, pourquoi voudroit-on qu'il n'y en eut que
dans une seule expression ? On ne peut point se
plaindre de l'obscurité des paroles, quand l'usage en
détermine le sens ; Or il est d'une notoriété uni-

veritble que les maniéres de parler *proverbiales* ont très-souvent quelque chose d'*hyperbolique*, de même que les maniéres de s'éxprimer par *antithéfe*.

Les Juifs s'attendoient à un Meſſie qui porteroit leur Nation au Comble des Prospérités temporelles, & qui feroit tout tomber devant eux; voila la félicité qu'ils se promettoient. Les Troupes soupçonnent que J. Chriſt eſt le Meſſie, & commencent à le suivre dans cette pensée. 1. Là-deſſus ce Sauveur leur déclare que le Regne du Meſſie eſt un regne tout autre que celui au quel ils s'attendoient, qu'il eſt bien deſtiné à faire la félicité des hommes, mais que dans le chemin qui les y conduira, ils auront à souffrir & à éxercer la plus grande patience. C'eſt de cette maniére que la Connoiſſance du Roiaume des Cieux s'établira ſur la Terre. 2. Dès le commencement juſqu'à la fin de ſon Diſcours ſur la montagne, JESUS CHRIST s'éxprime en termes figurés, & encore eſt-il bien des choſes qui, dans leur ſens figuré même, ne regardoient que les Diſciples de ce temps-là. 3. Il eſt inconteſtable que J. Chriſt a donné à ſes prémiers Diſciples, quantité de Préceptes particuliers pour les Circonſtances où ils ſe trouvoient, & qui ne regardoient pas tous les Crétiens dans la ſuite des temps. Les prémiers Prédicateurs de l'Evangile, par éxemple, auroient violé les ordres exprès de Jeſus Chriſt, s'ils s'étoient ſur donner des gages : Cependant ils veulent qu'on en donne à leurs ſucceſſeurs. Les Dictionnaires donnent le ſens d'un mot. Les Rhétoriques expliquent le ſens des phrases, & font connoître à quels caractéres on diſcernera le Litéral d'avec le Figuré.

Réponſe *ns :*
Queſtions *d'un Pro-*
vincial
Tom. IV.
pag. 414.

,, Mr. Bernard, dit il, ſuppoſe que la peinture ,, que Mr. Bayle a donnée des véritables Chrétiens ,, n'eſt pas fidéle, il ſera contraint de prouver qu'el-,, le ne reſſemble pas à celle que les Prédicateurs ,, en font tous les jours. Ce n'eſt pas une petite ,, affaire que de prouver cela. Et s'il prétend que ,, Mr. Bayle n'a fait ce portrait que d'après des ,, textes de l'Ecriture mal entendus, puis que le bon ,, ſens ne ſauroit ſouffrir que l'Evangile ait voulu ,, rendre les hommes mal propres à conſerver les ,, Sociétés, il ſe commettra de l'une ou de l'autre ,, de ces deux maniéres ; il faudra ou qu'il avouë ,, que les véritables Chrétiens de Mr. Bayle ne ,, pourroient pas réſiſter à l'invaſion des Sociétés ,, voiſines, ce qui eſt la prévention qu'il a rejettée, ,, ou bien il faudra qu'il ſatisfaſſe aux objections des ,, ennemis de l'Evangile. Ils prétendront que ſi les ,, Loix de Jeſus Chriſt permettent à l'homme tout ,, ce que les Caſuiſtes qui tiennent le milieu entre ,, les auſtéres & les relâchés, diſent qu'elles lui permettent, c'eſt un éxemple, ſans éxemple ; car jamais Législateur, jamais précepteur n'a pris les termes dans ,, un ſens ſi éloigné de leur ſignification courante. ,, Encore ſi l'on avoit averti qu'on les prenoit dans un ,, ſens nouveau & très-différent du commun ; mais ,, pas un mot d'avis ſur cela dans tout le Nouveau ,, Teſtament. Les paroles de Jeſus Chriſt ne peuvent être véritables qu'à la faveur d'un bon nombre de réſervations mentales. Or les Caſuiſtes les ,, plus relâchés ne permettent cette eſpéce d'équivoque que dans certains cas, comme lorſqu'on eſt interrogé par des Juges illégitimes. Ils condamneroient hautement un Docteur qui s'en ſerviroit ,, en inſtruiſant ſes diſciples. De plus ſi vous réduiſés les paroles de Jeſus Chriſt au ſens caché ,, que les Moraliſtes, ni rigides ni relâchés, y découvrent, la Morale Chrétienne n'aura plus ce ,, ſurnaturel que l'on vante tant, lorſqu'on marque ſes caractéres de Divinité, ſon excellence ,, ſupérieure à toute la Philoſophie.

Ouvrès
Div.
Tom. III.
2. Part.
pag. 979.

Ibidem

Chap. XXVIII page 415. Mr. Bayle tâche de prévenir ſon Lecteur contre ſes explications que les Proteſtans, de ſa propre communion, donnent aux paroles de Jeſus Chriſt dont il a abuſé ; & dans ce

deſſein il poſe que *ce ſeroit imputer à Jeſus Chriſt* *ces réſerves mentales qui ſont ſi décriées, ſi odieuſes,* *& que leurs propres auteurs déſavouent eux-mêmes,* *au moins en quelque maniére.* Qui a jamais imaginé qu'on ne puiſſe aſſigner à des expreſſions un ſens figuré comme le véritable, qu'en imputant à leur Auteur ces réſerves mentales captieuſes?

Ne vous détournés point de celui qui veut emprunter de vous. Mais je n'ai rien moi même. *N'importe*, prétés lui, *JESUS CHRIST l'a ainſi ordonné.* Mais c'eſt un cas qu'on ſoit en pouvoir de le faire. Vous lui attribués donc des réſervations mentales, & vous vous les permettés à vous-même, pou lui déſobéir en reſerrant l'étendue de ſon précepte. Ne pourrois je pas m'informer de l'uſage que celui qui cherche à emprunter, veut faire de ſon argent? Ne pourrois-je pas lui prouver qu'il feroit mieux de penſer à quelque autre projet, & de ne s'embarraſſer pas de dettes ? Eſt-il permis d'incommoder mal à propos les autres? Et Jeſus Chriſt a-t-il défendu de donner un bon conſeil à un étourdi & à un imprudent ? Nos forces ſont très bornées, de même que nos revenus & nos fonds : Par là ne ſe trouve-t-on pas à tout coup, dans la néceſſité de ſe déterminer d'un côté plûtot que d'un autre, & dans l'impuiſſance de faire du bien à autant de perſonnes qu'on voudroit ? Et quand il s'agit de prêter, ne doit-on pas faire attention aux Circonſtances qui peuvent nous appeller à faire des uſages plus loüables de notre bien ? Tous les Juriſconſultes ne conviennent-ils pas qu'il y a des pactes tacites, & n'en établiſſent-ils pas évidemment la néceſſité ? Ne conviennent-ils pas, & le bon ſens ne leur a-t-il pas dicté, que les Loix les mieux établies, par-là même qu'elles ſont exprimées en termes généraux, ont quelquefois beſoin *d'Interprétation*, & qu'on manque de reſpect pour un Législateur, lorſqu'on donne à ſes paroles un ſens qui les rend déraiſonnables ?

Je demande à Mr. Bayle ſi les Juriſconſultes, & tous ceux qui ont expliqué la Morale par des principes tirés de la Raiſon, ont penſé juſte, quand ils ont poſé ce que je viens de leur attribuer ? Si ce la eſt incertain, d'où eſt-ce qu'on pourra tirer des lumiéres pour régler ſa conduite ? Mr. Bayle répondra, *de la Révélation.* Mais cette Révélation eſt en-faut-il Expliquer toutes les paroles au *pié de la lettre*, ou s'il eſt permis de les prendre quelquefois dans un *ſens figuré*, & par-là d'en reſſerrer le ſens, ſuivant la nature du ſujet dont ces paroles font mention ? Peut-on ſe procurer là-deſſus quelque Certitude, ou ſi on eſt réduit à de ſimples Vraiſemblances, & aux Doutes ſans en faire l'effet ? Si on prend ce dernier parti, on ſe découvre, & on fait voir qu'on s'eſt moqué, quand on a allégué la Révélation comme la Barriére du Pyrrhoniſme. Mais s'il y a quelque Régle pour le moien de la quelle on puiſſe diſcerner une Expreſſion *litérale* d'avec une *métaphorique*, ce ſera ſans contredit celle-ci. *Un ſens qui va au renverſement de la Société, & à lui ôter toute ſa force & ſa ſplendeur,* n'eſt point le vrai ſens des paroles de la Sageſſe même.

Mr. Bayle avoit un intérèt particulier à reconnoitre cette Maxime. Tout ce qu'il a écrit ſur la Tolérance tombe, s'il veut renoncer à cette Régle : Des Magiſtrats Athées, ou des Magiſtrats Clévés dans une Religion de laquelle la Société avoit tiré ſes appuis, auroient dit ; ce que nous devons à nôtre honneur, à nôtre réputation, à nôtre Etat, nous met dans la néceſſité de nous oppoſer à une doctrine que nos ſujets ne ſauroient embraſſer, ſans que la Société, dans la quelle nous vivons heureux, ne ſe trouve bien-tôt accablée par les Peuples voiſins & n'en divienne la proie.

XIX. DANS la continuation des Penſées Diverſes, Mr. Bayle remarque " que la Providence a pour-
" vu à faire ſubſiſter la Société par le moien des
" Loix humaines, & en conſervant dans l'ame de
" l'hom-

A pro-pós *la Pluts* *fuplieuse* *la Reliğ-* *on en ma--*

"l'homme des Idées de l'honnêteté, & le défir "d'une bonne réputation. Ajoutés à cela plusieurs "autres intérêts de l'amour propre, & les obstacles "dont les passions se traversent réciproquement, "comme je l'ai déja dit. La Providence divine a "choisi comme la base des Sociétés, ou comme le "principe réprimant de la malice qui eût empêché "les hommes de vivre ensemble, non pas le culte "des faux Dieux, mais la Pudeur & la Justice. "Ces deux choses en effet suffisent avec les an- "nexes détaillées ci-dessus, à conserver les Socié- "tés.

"Je ne veux pas finir ce Chapitre sans vous fai- "re prendre garde que le genre humain a eu de "grandes obligations à la Philosophie. C'est elle "qui a fourni les Législateurs, & qui a fortifié "& étendu les Idées de l'honnêteté: J'avoüe que "ses préceptes ne régloient point les dévotions po- "pulaires, mais ils conservoient dans l'esprit des "Magistrats la connoissance de la doctrine des mœurs, "& l'on prévenoit par là les furieux desordres que "la Théologie fabuleuse devoit amener naturelle- "ment. On ne pouvoit pas la réformer: l'entrepri- "se étoit périlleuse, & auroit pû renverser la Ré- "publique: Il se falloit contenter de préserver de "la contagion du mauvais exemple des Dieux. Em- "ployons ici la belle apostrophe de Ciceron. C'est "en peu de mots un excellent panégyrique de la "Philosophie. Il la représente comme la Conserva- "trice des Sociétés, & néanmoins nous ne saurions "disconvenir qu'elle n'ait été aveugle & extrava- "gante sur le chapitre de la nature de Dieu. "Les Philosophes se perdirent dans leurs vains "raisonnemens sur cette nature incompréhensible, "mais leur Morale contient d'excellentes choses. "Les Stoïciens y mêlèrent des sentimens un peu "trop outrés, qui formèrent néanmoins de "grands exemples. Cela étoit plus utile qu'on ne "pensoit.

Dieu a conservé les Sociétés malgré les Ténèbres du Paganisme par le moïen des Idées de l'honnêteté & du Désir d'une bonne réputation. Les Ecrivains sacrés recommandent en termes exprès ces mêmes choses, & cependant Jesus Christ auroit ordonné à tous les Chrétiens, une si grande indolence, une si grande facilité à tout donner, sans choix, sans ré-flexion, sans ménagement, que la Société auroit moins tiré d'appui de leur Vertu qu'elle n'en tiroit des pas-sions toutes mondaines des Païens. Dieu a choisi pour la base de la Société, la Pudeur & la Justice, & non pas le Culte des faux Dieux, dit Mr. Bayle; Mais selon lui, ne faudroit-il pas ajouter, la Pudeur & la Justice sont les Bases de la Société, & non pas la Morale de Jesus Christ? Y a-t-il de la Pudeur à demander aux autres ce dont ils pourroient avoir besoin eux mêmes? Y a-t-il de la Pudeur & de la Modestie à demander à ceux qui ont moins que nous & qui ne nous doivent rien, ou à demander à ceux qui ont plus que nous, jus-qu'à ce que nous leur soïons égaux? Toutes les ver-tus ne sont-elles pas liées l'une à l'autre? Et lors qu'on se conduit sans Prudence, sans Justice, sans les loix de la Justice? Est-il juste d'avoir une complai-sance aveugle pour les fantaisies d'autrui, & cette complaisance est-elle raisonnable?

La Morale des Philosophes contenoit d'excellentes choses, & le genre humain a de grandes obligations à la Philo-sophie. Mais si le Pyrrhonisme est fondé, les autres Philosophes ont eu tort de donner pour Vrai & pour Certain ce qui n'est l'étoit pas; Tel est donc le sort du Genre humain; Des hommes présomptueux, décisifs, & qui ont donné pour Certain ce qui étoit combatu par des Argumens d'une égale force, ont rendu par là de grands services aux hommes; S'ils avoient été plus Sages, plus Modestes, plus Circon-spects, & par là plus dignes du titre de Sages dont on les honnore, ils auroient laissé les hommes dans les ténèbres, dans lesquelles ils auroient erré au gré de leurs passions. L'erreur & la présomption ont eu d'heu-reux effets; La Vérité & la Modestie auroient tout gâté. Cette Réflexion seule n'est-elle pas capable d'étonner un Pyrrhonien, de le faire entrer dans la défiance de sa Méthode de philosopher, & de lui rendre suspect le plaisir qu'il trouve à faire des ob-jections?

Enfin Mr. Bayle reconnoit ici l'Idée de l'Estime & de l'amour de ce qui est Honnête, pour des im-pressions de l'Auteur de la Nature; Il reconnoit en-core que la Philosophie a cultivé ces impressions, & qu'elle a aidé la Nature à les mettre dans un plus grand ordre.

Je ferai ici en passant une remarque sur l'Utilité de la Religion, en attendant que j'examine ce sujet avec étenduë. Dieu, dit Mr. Bayle, a choisi comme la base des Sociétés, la Pudeur & la Justice. J'en tom-be d'accord, & c'est sur cela que je me fonde pour conclure que l'Idée d'un Etre suprême, qui approuve & qui aime la Pudeur & la Justice, qui les récompense, & qui en punira la violation, est d'une éxtreme importance pour le bien des Socié-tés, puisqu'elle est le soutien de ce qui en fait la Base, puisqu'elle en affermit le fondement le plus solide, de l'aveu même de l'Apologiste des A-thées.

Mais ajoute t il, Il n'a pas choisi pour Base de la Société le Culte des Dieux; C'est une équivoque. Dieu n'a pas approuvé l'Idolatrie, il n'y a pas por-té les hommes; mais comme les Erreurs des Ido-latres n'éteignoient point en eux les sentimens d'un Etre Suprême à qui ils rendroient compte, je dis que Dieu a formé les hommes d'une telle façon, qu'ils sont résportés à respecter un tel Etre, & à croire qu'on lui agrée sur tout par la probité.

Que Mr. Bayle dans l'Article CXXXI, comme dans plusieurs autres, s'anime à combattre la Religion Païenne, je ne m'y oppose pas; L'idée du vrai Dieu & du Culte qu'on lui doit, n'y étoit nullement distincte, mais il y restoit une Idée con-fuse, qu'il faut plaire à quelque Etre supérieur par la Probité, & qu'on se trouvera mal si on s'en é-carte.

XX. JE REVIENS au Chapitre XXVIII. On avoit éxcusé Mr. Bayle en disant, que c'est trahir en quelque manière la vérité, par une défiance qui ne lui fait pas honneur, que de tronquer les Ob-jections des adversaires, & d'en dissimuler la force & que tout bien compté il se trouveroit que Mr. Bayle auroit rendu un grand service à la bonne cau-se en donnant lieu à des Théologiens également savans & sages de résoudre des difficultés, dont une solution claire & solide formeroit la bouche à l'Incrédulité. Les partisans de Mr. Bayle assûreroient que lui-même verroit cela avec plaisir. Mais que dira-t-on encore après avoir remarqué dans ses Ouvrages la Vivacité avec laquelle il s'élève contre les Défenseurs de la Religion! Est-ce qu'on avec un conduit Philosophique, de chercher à les rendre odieux par des soup-çons d'Hétérodoxie? La Philosophie n'a rien appris à Mr. Bayle, si ce n'est la parole de Dieu fait toute sa Certitude: Sur le Désintéressement & la Vengeance il en explique les paroles à la lettre; Ses Antago-nistes ont grand tort de penser autrement; Pour ce qui est de lui, il n'a garde d'assoiblir l'étenduë des préceptes de Jésus Christ, par des gloses; tout ce qu'il se reserve, c'est de tomber rudement sur ceux qui ont travaillé à prévenir le danger où ses Ouvrages exposent la Société & les Particuliers. Pour ce qui est de lui, il est très désintéressé, il ne tire rien de ses Livres: Mais pour faire plus gagner à son Libraire, il les remplit de discours licen-tieux que l'Evangile condamne.

"Il seroit, dit Mr. Bayle, peut-être avantageux "à Mr. Bernard d'être averti que pour son ami "Mr. Le Clerc a été accusé d'avoir détruit, non "seulement les Mystères, mais aussi la Morale de

pag. 415. „ l'Evangile. Entre plusieurs exemples que l'accu-
Ibidem. „ sateur assûre qu'il pourroit donner, il en don-
„ ne trois, le 1. touchant le Serment, le 2.
„ touchant l'usure, & le 3. touchant la vengeance.
„ Jesus Christ, selon Mr. le Clerc, conseille de ne
„ point éxiger de peine pour les injures qu'on nous
„ a faites, si cela se peut sans que nous en soions
„ très-incommodés, *sine nimio nostro incommodo*. Le
„ conseil n'est pas fort gênant, ajoute le Censeur,
„ si la Perfection Evangelique n'a point de maximes
„ plus sévéres & plus rélevées que celles-là; Je ne
„ vois pas pourquoi le Monde se la représente com-
„ me une chose impraticable. On peut être par-
„ fait, & poursuivre à outrance ceux qui nous ont
„ fait quelque injure qui nous incommode; on peut,
„ dis-je, les poursuivre en justice sans leur donner un
„ moment de relâche, jusqu'à ce qu'enfin ils nous
„ aient pleinement satisfaits. Qu'y a-t-il de dur &
„ de rebutant? Faut-il qu'un homme se fasse une
„ grande violence pour observer ce conseil? "

Les Juifs étoient très-intéressés, & il ne faut pas s'en étonner, puisque la félicité à la quelle ils s'attendoient sous le Messie, n'étoit qu'une félicité terrestre. 1. Jesus Christ avertit donc les siens de prendre de tout autres sentimens. 2. La sagesse de Dieu trouvoit à propos d'établir l'Evangile sur la Terre par des personnes qui n'opposeroient à tous les obstacles que leur seroit le Monde qu'une patience & une persévérance à toute épreuve: Il les avertit qu'ils ne doivent s'attendre de la part des Maîtres du Monde & de leurs Officiers, qu'à des duretés. Les Temps dans lesquels l'Evangile s'est établi, ont été des temps éxtraordinaires. Les prémiers Chrétiens sans appui, & sans protection par rapport aux biens éxtérieurs, devoient les compter pour rien, & être toûjours prêts à se désaisir de tout. Mais 3. on voit, par l'éxemple même des Apôtres, que les Circonstances ont réglé la conduite de l'Eglise, & l'ont tout-à-fait variée. Peu après la prémiére Pentecôte tout étoit commun entr'eux à Jérusalem; dans la suite on fit des Collectes; St. Paul, qui a sollicité fortement les Chrétiens, ne veut pas qu'ils soient surchargés, & il laisse à la liberté de chacun de mettre à part, chaque prémier jour de la semaine, ce que s.s lumiéres & son bon coeur trouveront à propos. St. Paul encore a plaidé pour sa défense. 4. Il y a une différence du tout au tout, entre *implorer la Protection* des Tribunaux quand on peut l'obtenir, & y *pousser à toute outrance* un homme dont on n'est pas content. Il y a une infinie différence entre user de Dureté contre un homme qui s'humilie, & use de ses Droits à l'égard d'un homme arrogant, & qui ne veut reparer ses fautes qu'en partie. De quel droit prétendroit d'être traité en Chrétien celui dont l'orgueil, & l'insulte continuée à son prochain, porteroient les caractéres les plus marqués d'opposition au Christianisme?

5. Jesus Christ aime à voir dans les siens un coeur obligeant, & dont les inclinations dominantes vont à rendre des services aux autres hommes. Un homme qui aime à donner, un homme qui aime à prêter, un homme qui se plait à rendre de bons offices dans toutes les occasions qui lui paroissent justes, est marqué au coin de Jesus Christ.

6. Mais ces inclinations comme toutes les autres, doivent être réglées par la prudence. On ne doit pas consumer à rendre de petits services à une personne, un temps qu'on pourroit employer à en rendre de considérables à une autre, &, à plus forte raison, à en rendre au public, de beaucoup plus importans. On ne doit pas user sa santé pour des occasions qui ne le méritent pas. On ne doit pas prodiguer ses Revenus, & beaucoup plus forte raison, ne doit-on pas entamer ses Fonds pour des occasions légéres: Ce seroit se mettre hors d'état de faire du bien avec choix, pour en avoir fait inconsidérément. Il est des gens qui vivent uniquement pour eux mêmes, ils ne font du bien à qui que ce soit, qu'à mesure qu'ils y sont forcés par des Droits qu'on a sur eux, & qu'ils ne peuvent éluder; Mais il en est aussi d'un caractére opposé; Ils donnent plus aisément que les autres ne paient; & comme il en est à qui rien ne pèse tant que de rendre un service, il en est aussi qui ne comptent Leur principe pour rien pourvû que les autres en profitent, & jamais ils ne se refusent à ce qu'on leur demande, que quand il n'y a nulle proportion entre ce qu'ils peuvent procurer d'avantage à autrui, & ce qui leur en coûte à eux-mêmes. Mr. Le Clerc le concevoit ainsi quand il disoit, que *nous devons nous laisser aller à notre inclination obligeante toutes les fois que nous pouvons le faire sans nous incommoder beaucoup*, *sine ne quo nostro incommodo*. C'est ainsi qu'il s'éxprime dans un Ouvrage latin composé pour des personnes qui entendent cette langue, & cette formule que l'usage des Moralistes rendoit assés claire. On doit présumer qu'une personne raisonnable seroit mortifiée que l'on s'incommodât beaucoup pour lui faire un plaisir qui ne seroit pas proportionné à tout ce qu'il en coûteroit pour le lui rendre.

Si l'on emploie ainsi les *paroles de Jesus Christ*, la *Morale de l'Evangile n'aura plus ce caractére surnaturel que l'on vante tant comme une preuve de sa Divinité*.

Tous ceux qui ont tiré de la Morale de l'Evangile des Preuves pour en établir la Vérité, se sont appliqués à faire voir, qu'elle étoit beaucoup plus conforme au bon Sens & aux Lumiéres de la Raison, que ce que les Philosophes ont enseigné, & qu'elle est outre cela dégagée d'erreur. Mais pour faire valoir cette preuve il faut bien se donner garde de confondre des éxpressions figurées avec des litérales. On tire encore une Preuve, de ce qu'il y a eu *du surnaturel* dans la pratique de la Morale Evangelique au commencement du Christianisme. Mais ce surnaturel consistoit dans ce courage à toute épreuve, que Dieu donnoit aux prémiers Chrétiens, & sur tout aux prémiers Prédicateurs de l'Evangile, qui les mettoit en état de soutenir une longue suite d'opprobres, & des souffrances qui se devoient enfin terminer par leur Martyre.

Mr. Bayle passe, dans la suite de ce Chapitre, *Ibidem.* page 416, à la matiére de l'usure & par le moïen *pag. 419.* d'un grand nombre de Citations il vient aisément à bout d'en faire paroitre la discussion difficile. Quand elle le seroit, autant qu'il lui plait de l'insinuer, la Conclusion la plus naturelle qu'il en faudroit tirer, C'est qu'il y a *des Devoirs fort simples & fort faciles à comprendre*, *mais qu'il y en a aussi de Composés qui ne sont pas si clairs*, *parce qu'ils résultent de la Combinaison d'un grand nombre de Circonstances que chacun n'est pas en état de savoir bien comprendre*. Ceux qui sont appellés à des Devoirs de cette nature sont aussi ordinairement au dessus du Vulgaire, & ils ne tient qu'à eux de s'éclairer sur ce qu'ils doivent faire; parce qu'ils ont plus de talens, plus de temps, & plus d'occasions pour s'instruire que le Vulgaire. Les Questions de l'Usure fournissent une preuve de la nécessité de recourir aux lumiéres de la Raison & aux Principes du Droit naturel. 1. On ne sauroit disconvenir que les Juifs ne fussent assujettis à divers Préceptes qui ne renfermoient pas des Devoirs essentiels & d'une observation indispensable pour tous les hommes. 2. Il y en avoit plusieurs qui avoient une liaison particuliére avec la forme de leur Gouvernement, & on a donné le nom de Loix politiques à celles qui les y assujettissoient. 3. Chacune de ces Loix n'a pas été révoquée en termes exprès, & c'est à la Raison à faire ce Discernement; & il n'est pas difficile, ce me semble, sur le sujet dont nous parlons. 4. Tous ceux qui composoient les douze Tribus furent partagés comme Freres, & de peur que ces partages ne fussent bientôt confondus, Dieu avoit ordonné que les Fonds retourneroient,

sur

sur chaque cinquantiéme année à la famille d'où ils étoient sortis. C'étoit le moien de conserver dans cette Nation la Mémoire des Patriarches, desquels elle devoit se regarder comme la famille. 5. Les Loix Cérémonielles auxquelles les Juifs étoient assujettis, leur rendoient presque impraticable le commerce des autres Nations, & Dieu l'avoit trouvé ainsi à propos, afin de les préserver de l'Idolatrie & des Vices qui regnoient chés les autres Peuples, à l'imitation desquels ils n'avoient que trop de panchant. Les Juifs se trouvoient donc par là dans l'impuissance de s'enrichir par le Commerce, & ils étoient réduits à cultiver leurs Fonds de terre. 6. Ceux qui par quelque mauvais accident, le mauvais ménage d'un Pere, par éxemple, ou la mort prématurée, un Incendie, une Tempête, des mortalités de bétail &c. se trouvoient dans l'impuissance de tirer de leurs fonds un revenu suffisant pour leur entretien, étoient très-dignes de pitié, & ceux d'entre leur freres qui avoient été plus heureux, ne pouvoient, sans dureté, leur refuser un secours également charitable & nécessaire. Dans un Païs où l'argent n'abondoit pas, parce que le commerce n'y régnoit point, il ne convenoit pas de se faire paier en argent la rente d'un prêt si nécessaire à ceux qui avoient emprunté.

Je ne parle pas des temps qui ont suivi le régne de Salomon; La simplicité où l'on vivoit avant ces temps-là est connuë par la lecture de l'Ancien Testament. 7. Mais aujourd'hui que toutes les Nations sont appellées à faire un seul Corps en Jesus-Christ; aujourd'hui que tous les Peuples commercent ensemble, & tirent de là de si grands avantages, l'incommodité des échanges a rendu l'usage & la valeur de l'argent plus nécessaire que jamais. On est donc convenu que *l'Argent* seroit un Fonds d'une valeur égale à celle des *Terres* : Par lui-même il ne produiroit rien; mais par le crédit que les hommes sont convenus de lui attribuer, il n'y a rien qu'il ne soit capable de rapporter.

8. Ceux qui ont des fonds de Terres les cultivent eux-mêmes, pour en tirer des fruits, ou ils les sont cultiver par d'autres. Dans ce dernier cas il se fait une Société, où l'on fournit le *fonds* & l'autre fournit sa personne & son *Industrie*. Dans cette association les fruits & les pertes deviennent communs suivant les proportions dont on est convenu. Par là il peut arriver, & il arrive de temps en temps, qu'un des Associés est en perte, sans avoir de quoi paier; Mais une autre année lui fournit de quoi s'entretenir & de quoi s'acquiter, & une troisiéme le remet en gain. Au lieu de partager dans une certaine proportion les gains & les pertes, il est des gens qui aiment mieux abandonner tout le revenu de leurs fonds à ceux qui en prennent soin moiennant une certaine somme.

9. Dans tous ces cas-là l'équité veut qu'un Proprietaire ait égard à la sécondité de son terrain, au soins, à la peine, & à la dépense que demandera sa culture, afin de régler sur ces considérations ce qu'il éxige de ceux qu'il choisit pour le leur confier. Ce qu'il est juste d'éxiger & dont on est convenu est dû sans contredit; & puisque si le gain du fermier avoit passé son attente, il ne paieroit pourtant plus que ce qu'il a promis, de même aussi lors qu'il n'en tire pas ce qu'il a promis, il ne laisse pas d'être obligé à tenir sa parole ; C'est lui seul que le bonheur & le malheur regardent. Cela est de *l'éxacte Justice*; mais la *Générosité* pése les circonstances, pour relâcher plus ou moins des droits de la Justice.

10. Il convient de raisonner sur l'argent tout comme j'ai fait sur les fonds de Terre, puisqu'il a tout le crédit du fonds de Terre. Il est même des Païs, &, dans tous les Païs, il est des Villes, ou du moins des particuliers, qui deviendroient très-misérables si l'on refusoit de regarder l'argent sur le pié. Un homme cultive donc cette espéce de fonds par lui-même, ou il s'associe avec d'autres. Dans cette association, ou il joint son industrie à celle de ses associés, ou le travail sera le regarde uniquement. Les gains encore & les pertes se partagent suivant les traités que l'on fait, ou celui qui fournit l'argent en tire un revenu fixe, & ceux à qui il en a confié le soin courent seuls la bonne ou la mauvaise fortune.

En tout cela encore les Droits de la Justice se combinent avec les égards de la générosité.

11. Un homme a de l'argent, & il le destine à acheter un Fonds de Terre. Un autre vient lui dire, *Prêtez-le moi plûtot; comptés ce que votre fonds vous auroit rapporté, je ne veux pas que vous y perdiés rien, je vous paierai le même revenu, & je ne laisserai pas d'y trouver mon compte, par le moien de certaines peines que je me donnerai, & que vous n'auriés pas voulu prendre*. Dans un tel cas, n'est-il pas visiblement juste qu'un homme qui remet son argent entre les mains d'un autre, soit dédommagé, par un revenu, de ce qu'il auroit tiré d'un fonds qu'il a bien voulu n'acheter pas, pour rendre service à l'emprunteur?

Mr. Bayle qui ne perd jamais de vuë son Pyrrhonisme, travaillé à mettre en opposition la Morale révélée, avec celle que la Raison enseigne, & dont un des Principes fondamentaux, est qu'on doit se faire une obligation de tout ce qui va à établir l'ordre, le lustre, & l'affermissement de la Société.

A ses propositions outrées on avoit opposé l'éxemple de Lydie marchande de pourpre.

,, Ce que l'Ecriture nous dit, répond Mr. Bayle,
,, concernant Lydie est qu'elle étoit marchande de
,, pourpre, qu'elle servoit Dieu, & qu'aiant goûté
,, les paroles de St. Paul elle fut batisée avec sa fa-
,, mille, & que St. Paul logea chés elle. Nous ne
,, savons rien des instructions qu'il lui donna. Si
,, les Actes des Apotres nous apprenoient le détail
,, de ce qu'il lui défendit, & de ce qu'il lui per-
,, mit, le silence de l'Historien sur le commerce de
,, pourpre seroit une bonne raison de croire que St.
,, Paul laissa à Lydie la liberté de continuer ce tra-
,, fic, mais un silence universel ne donne aucun lieu
,, à une pareille conséquence; & ainsi ceux qui flat-
,, tent leur envie d'accumuler des richesses, s'expo-
,, sent à l'Illusion, s'ils préférent cet argument né-
,, gatif à tant de textes formels de l'Ecriture qui con-
,, damnent l'application aux biens terrestres. Je passe
,, plus avant & je dis que quand même il se-
,, roit certain que St. Paul se tût à l'égard de ce
,, commerce de pourpre, ce ne feroit pas une mar-
,, que qu'il eut prétendu que Lydie se dispensât de
,, l'observation des ordres de JESUS CHRIST.
,, Ce seroit plûtot une marque qu'il la trouva
,, suffisamment disposée à s'y conformer. En un
,, mot, le simple silence n'est jamais être ni une in-
,, terprétation de la Loi, ni une dispense, ni une
,, dérogation.

Il n'est pas dit que Lydie renonça à son commerce. Mr. Bayle réplique qu'il n'est pas dit non plus qu'elle le continua; & *qu'on ne peut point tirer d'argument solide du silence*. C'est pourtant une Régle universellement reconnuë que le silence fournit des preuves, quand celui qui se tait sur une chose, avoit de grandes raisons pour ne pas se taire, & que cet argument tiré du silence est fort, à proportion que ces raisons-là sont fortes. Rien n'étoit plus superflu que d'avertir que Lydie étoit Marchande de pourpre, & d'en faire souvenir à jamais les Lecteurs, à regarder la chose en elle-même. Mais s'il est d'une obligation indispensable au Chrétien de quitter un négoce de cette nature, rien n'étoit plus important que d'ajoûter que Lydie l'avoit quité.

Quand St. Luc remarque que les Miracles de St. Paul furent si grands, & sa Prédication si efficace, que ceux-là même qui devoient avoir le plus d'éloignement pour la Vérité, ne laissèrent pas de lui donner gloire & de se convertir. Il ajoûte qu'ils brulèrent leurs livres de Magie. C'est-là une circonstance qu'on pouvoit aisément conclure de leur Conversion ; cependant St. Luc la rapporte en termes exprès. Il auroit bien plûtôt dû rapporter une autre circonstance qu'on ne tiroit pas si naturellement, & rapporter le prix des richesses dont Lydie se défit.

Mais Dorcas avoit passé sa vie à faire des Robes d'un grand prix, & y avoit travaillé jusqu'à sa mort, son habileté & son application au travail entre dans son éloge.

Tel est l'état des hommes sur la Terre qu'il arrive de temps en temps des malheurs à une partie d'entr'eux. Des maladies, des tempêtes, des guerres, des famines, un grand nombre, en un mot, de circonstances publiques & particulières ces réduisent à des besoins plus ou moins grands. Se mettre hors d'état de secourir les nécessiteux, dans ces cas-là, & négliger les moïens que la Providence met en main pour acquérir de quoi empêcher aux affligés de sentir leur misère, ne profiter pas de ces occasions, ne les rechercher pas même, est-ce avoir du bon sens, est-ce avoir de l'Humanité, est-ce avoir du Christianisme? St. Paul fait souvenir les Chrétiens de cette maxime de Jésus Christ, *Il vaut mieux donner que de recevoir.* Dieu, (dit St. Paul aux Corinthiens Epitre II. Chapitre IX) *aime celui qui donne avec joie, & c'est lui &c.* Ces réfléxions de St. Paul nous apprennent, qu'être en état de faire du bien aux hommes, est un avantage réel, précieux, qu'on ne peut mépriser, qu'on ne peut négliger sans ingratitude. S'il est de l'essence d'un vrai Chrétien de n'avoir point de *l'indifférence* pour tout ce qui ne regarde pas immédiatement *l'éternité*, d'être à l'égard du *Temporel* dans une *Indolence* profonde, quel mal y auroit-il de se négliger à cèt égard & de négliger les autres? Ce qu'on leur refuseroit ne mériteroit pas d'être compté, non plus que ce qu'on leur donneroit.

Mr. Bayle finit cette page en disant " ce que " Mr. Bernard dit, qu'il est sûr que l'Evangile n'a " fait que rétablir les Loix du Droit naturel, ne de- " mande point de réfléxions, il faut attendre l'é- " crit qu'il promet sur ces matières.

Voilà ce qu'on appelle se tirer d'affaire cavalièrement. Si Mr. Bayle avoit eu quelque chose d'un peu spécieux à dire sur ce sujet, il n'auroit pas manqué d'aller au devant de Mr. Bernard; cela étoit trop favorable à sa cause, mais il n'avoit rien de près là-dessus, & il n'avoit rien à ajoûter au portrait ridicule qui transforme les vrais Chrétiens en autant de niais.

Quand St. Jaques dit, dans son Epitre Chap. IV. vers. 13. & 15. *Je m'addresse à vous maintenant qui dites, aujourd'hui & demain nous irons dans une telle ville, nous y séjournerons un an, nous y traficquerons, & nous y gagnerons, quoique vous ne sachiez pas ce qui arrivera demain. Car qu'est ce que de votre vie? Ce n'est qu'une vapeur qui paroit pour un peu de temps, & qui disparoit ensuite. Au lieu que vous devriés dire, s'il plait au Seigneur, & s'il nous vivons nous ferons ceci ou cela.* On voit par ces paroles qu'il y avoit des Chrétiens qui continuoient le commerce, qui passoient d'une ville à l'autre, suivant que l'espérance d'y gagner les y conduisoit. Saint Jaques ne dit rien qui aille à les en détourner; Il condamne seulement la témérairé, présomption avec laquelle ils comptent sur ce qui est incertain.

XXI. Dès que Mr. Bayle n'a plus d'intérêt de faire le Sceptique, il revient au Vrai, & comme il avoit un esprit excellent, on ne peut pas mieux raisonner qu'il y fait dès qu'il le veut. Voici comment il établit la distinction essentielle de l'honnête d'avec ce qui ne l'est pas, jusqu'à fermer la bouche à ceux-là même qui voudroient soutenir les hypo-

thèses absurdes des *Stratoniciens* & des Philosophes Chinois.

„ Ils disent que la beauté, la symmétrie, la régu-
„ larité, l'ordre qu'on voit dans l'Univers, sont
„ l'ouvrage d'une nature qui n'a point de connoissan-
„ ce, & qu'encore que cette nature n'ait point sui-
„ vi des Idées, elle a néantmoins produit une infinité
„ d'espéces dont chacune a ses attributs essentiels. Ce
„ n'est point en conséquence de nos opinions que le
„ feu & l'eau different d'espéce, & qu'il y a une pa-
„ reille difference entre l'amour & la haine, & entre
„ l'assirmation & la négation. Cette différence spé-
„ cifique est fondée dans la nature même des cho-
„ ses; mais comment la connoissons-nous? N'est-
„ ce pas en comparant les propriétés essentielles de
„ l'un de ces êtres avec les propriétés essentielles de
„ l'autre? Or nous connoissons par la même voie
„ qu'il y a une différence spécifique entr'elles, entre
„ celle qui avoit donné au Vice & la vérité, entre la fidélité & la perfidie, entre
„ l'ingratitude & la gratitude &c. nous devons donc
„ être assurés que le Vice & la Vertu différent spé-
„ cifiquement par leur nature & indépendamment de
„ nos opinions. Vous voïés donc qu'il n'a pas été
„ difficile aux Stratoniciens de découvrir que la mê-
„ me nécessité de la nature, qui selon eux avoit suivi
„ de la différence entre les propriétés essentielles de
„ l'amour, & les propriétés essentielles de la haine,
„ avoit donné à la Vertu, une essence différente de
„ celle qu'elle avoit donnée au Vice. Ils ont donc
„ pû reconnoître que le vice & la vertu étoient deux
„ espèces de qualités naturellement séparées l'une de
„ l'autre. Voïons comment ils pouvoient savoir
„ qu'elles étoient outre cela séparées moralement.

„ Ils attribuoient à la même nécessité de la natu-
„ re l'établissement des rapports que l'on voit entre
„ les choses, & celui des régles par lesquelles nous
„ distinguions ces rapports. Il y a des régles de rai-
„ sonnement indépendantes de la volonté de l'hom-
„ me; Ce n'est point à cause qu'il a plû aux hom-
„ mes d'établir des régles du Syllogisme qu'elles sont
„ justes & véritables; elles le sont en elles mêmes,
„ & toute entreprise de l'esprit humain contre leur
„ essence & leurs attributs seroit vaine & ridicule. Un
„ Sophiste a beau les brouiller & les violer, on le
„ ramène sous le joug des Loix du Raisonnement,
„ il ne sauroit décliner ce tribunal, & si ses preu-
„ ves ne se trouvent pas conformes aux régles du
„ Syllogisme, il est condamné sans rémission & en
„ le couvre de honte.

„ S'il y a des régles certaines & immuables pour
„ les opérations de l'Entendement, il y en a aussi
„ pour les actes de la Volonté. Les régles de ces
„ actes-là ne sont pas toutes arbitraires. Il y en a
„ qui émanent de la nécessité de la nature, & qui
„ imposant une obligation indispensable; & comme
„ c'est un défaut que de raisonner d'une manière
„ opposée aux régles du Syllogisme, c'est aussi un
„ défaut que de vouloir une chose sans se confor-
„ mer aux régles des actes de la volonté. La plus
„ générale de ces régles-ci, est qu'il faut que l'hom-
„ me veuille ce qui est conforme à la droite raison,
„ & que toutes les fois qu'il veut ce qui n'y est
„ pas conforme, il s'écarte de son devoir. Il n'y
„ a point de vérité plus évidente que de dire qu'il
„ est digne de la créature raisonnable de se confor-
„ mer à la Raison, & qu'il est indigne de la créatu-
„ re raisonnable de ne le pas conformer à la Raison.
„ Ainsi tout homme qui connoîtra qu'il est confor-
„ me à la Raison d'honnorer son Pére, d'observer
„ les conventions d'un contract, d'assister les pauvres,
„ d'avoir de la gratitude &c, connoitra pareillement
„ que ceux qui pratiquent ces choses sont loüables,
„ & que ceux qui ne les pratiquent point sont bla-
„ mables. Il connoitra donc une necessité d'un réglement
„ dans les actes de ceux-ci, & de l'ordre dans les
„ actes de ceux-là, & que c'est une nécessité a-
„ juger de cette manière, puisque la conformité a-
vec

DU PYRRHONISME.

„ vec la Raison n'est pas d'un devoir moins indis-
„ penſable dans les opérations de la volonté, que
„ dans celles de l'Entendement. Il verra donc qu'il
„ y a dans la vertu une honnêteté naturelle & in-
„ térieure, & dans le vice une deshonnêteté de la
„ même eſpèce, & qu'ainſi la Vertu & le Vice ſont
„ deux eſpèces de qualités naturellement & morale-
„ ment différentes. J'ajoute qu'il eſt très-facile de
„ connoître, que l'on ſe conforme à la Raiſon,
„ quand on reſpecte ſon Père, quand on tient ce
„ qu'on a promis, quand on conſole les affligés,
„ quand on aſſiſte les pauvres, quand on a de la
„ gratitude pour ſon bienfaiteur, &c.
„ Si vous m'objectés qu'un Stratonicien ne peut
„ pas connoître cela puis qu'il n'admet pour princi-
„ pe de toutes choſes qu'une nature deſtituée de
„ connoiſſance, vôtre objection prouveroit trop.

NB. „ Elle prouveroit qu'il ne peut connoître que c'eſt
„ un défaut que de ſe ſervir d'un ſyllogiſme à qua-
„ tre termes, & que tous les hommes ſont obligés
„ de bien raiſonner en ſe conformant aux régles de
„ la Logique. Vous conviendrés aiſément qu'il ſe-
„ roit très-ridicule de ſuppoſer qu'il ne peut recon-
„ noitre une telle vérité. Car comment eſt-ce que
„ Straton eut été le Chef de l'Ecole d'Ariſtote,

NB. „ s'il eut été d'une ſi craſſe ignorance ? Mais à quoi
„ bon réfuter des choſes ſi viſiblement abſurdes.
„ Soiés ſurs qu'il n'y a jamais eu de Philoſophes
„ Athées qui aient crû qu'il étoit indifférent de rai-
„ ſonner ſelon les Régles de la Logique, ou de ne
„ les pas obſerver; ils ont tous connu manifeſtement
„ qu'un paralogiſme, ou un ſophiſme étoit honteux
„ à celui qui l'employoit, ou expreſſément ou par
„ ignorance. Ils ont donc jugé que la Nature im-
„ poſoit à l'homme une obligation indiſpenſable de
„ conformer ſes raiſonnemens à ces régles-là. Pour-
„ quoi voudriés vous les faire incapables de recon-
„ noitre qu'on eſt obligé de conformer à la Raiſon
„ les actes de la volonté, c'eſt-à-dire, de pratiquer les
„ régles de la Morale ? N'avés-vous pas vû ce que
„ les Athées de la Chine préſcrivent touchant les
„ mœurs ? N'ont-ils point parlé d'une ſympathie
„ naturelle entre la vertu & le bonheur, & entre le
„ vice & le malheur & n'ont-ils pas dit qu'une nature
„ qui ne connoit rien, a établi cette ſympathie ?
„ Les Pyrrhoniens ne reconnoiſſoient aucune Pro-
„ poſition comme indubitable, cependant ils vivoient
„ comme les autres hommes; Les apparences faiſoient
„ ſur eux tout l'effet qu'auroit pu produire la Certitu-
„ de & la Réalité; Ils préféroient les plaiſirs à la dou-
„ leur, le plus agréable à ce qui l'étoit moins, la re-
„ putation au mépris, & ils avoient à cœur la con-
„ ſervation de leur vie & leurs intérêts, tout comme
„ les autres.

Je conclus de là qu'entre les Propoſitions Fauſſes, il s'en trouve de ſi éloignées de la Nature qu'il
n'eſt pas poſſible de les regarder comme Véritables,
avec ce dégré de perſuaſion avec lequel les autres
hommes regardent un grand nombre de propoſitions
dont ils ſont parfaitement aſſurés ; Quand on eſt
d'humeur de diſputer, quand on s'anime par le
plaiſir ambitieux de vaincre & d'embarraſſer un Adverſaire, on ſoûtient un ſentiment avec opiniâtreté,
& l'intérêt qu'on y prend fait qu'on le regarde comme véritable. Mais dès que cette agitation eſt paſ-
ſée on ſuit les impreſſions de la Nature, & on vit,
comme ſi on n'avoit jamais penſé à ce ſentiment.

C'eſt ainſi encore, qu'un homme qui vient de
ſoûtenir avec toute la chaleur imaginable que l'Ame
n'a aucune Liberté, & que ce n'eſt qu'une eſpèce
de Machine, une heure après ſe conduit en homme libre, & fait tout ce que feroit l'homme le plus
perſuadé de ſa liberté.

Les Stratoniciens ſoûtenoient que l'Univers eſt
néceſſairement tel qu'il eſt, & qu'il étoit impoſſible
qu'il fut autrement qu'il ne ſe trouve à chaque inſtant. Tout ce qui arrive étant également néceſſai-

re ; Il s'enſuit que tout ce qui arrive eſt également
conforme à la Nature ; Et par conſéquent, ou tout
eſt également *Mauvais*, ou tout eſt également *Bon*.
Mais après avoir ainſi philoſophé ſpéculativement,
ils ſavoient bien choiſir ce qui leur convenoit, &
rejetter ce qui ne leur convenoit pas ; ils ſavoient
bien s'applaudir de leur propre *Généroſité* & ſe plaindre d'une action *Ingrate*.

Il me paroit évident que tout ceci fait contre Mr.
Bayle. Après qu'un Pyrrhonien avoit poſé que
tout eſt *Incertain*, tout lui devoit être *Indifférent*,
dans cette Incertitude où il ſe trouvoit, ſi de certaines circonſtances lui étoient utiles ou lui étoient
deſavantageuſes. Mais les Pyrrhoniens, au lieu de
ſuivre leurs principes dans la pratique, ſe laiſſoient
conduire par les apparences. Ainſi ſera un Athée.
Il a des Idées qui font mettre de la différence entre le *Vice* & la *Vertu*, qui lui font approuver de
certaines actions, & en déſapprouver d'autres ; Cela
eſt bon pour la Théorie ; Mais dès qu'il s'agira de
prendre parti, il s'abandonnera aux apparences ;
ſes Intérêts, ſes Plaiſirs ſeront ſes Régles.

Quand le Stratonicien ſe rend attentif ſur la Nature univerſelle, tout lui paroit également dans l'Ordre, tout lui paroit également Beau, & également
Bon ; Mais dès qu'il interrompt ſes ſpéculations il
juge tout autrement, il conſidère les choſes par rapport à lui, l'Utile & l'Agréable régient ſa conduite ;
C'eſt ainſi que vivra un Athée.

Il n'y a point de vérité plus évidente que de dire
qu'il eſt digne de la Créature raiſonnable de ſe conformer à la Raiſon, & qu'il eſt indigne de la Créature
raiſonnable de ne ſe pas conformer à la Raiſon.

Quand il s'agit d'établir le Pyrrhoniſme & de
mettre l'homme dans l'impuiſſance de diſcerner ſurement ce qui eſt honnête d'avec ce qui ne l'eſt pas,
rien n'eſt plus mépriſable, rien n'eſt plus inutile
que la Raiſon ; c'eſt une *ſource d'incertitudes*, une
girouette qui tourne à tout vent, incapable de nous
amener à la connoiſſance ſolide d'aucune Vérité :
Mais dès qu'il s'agit de faire l'apologie de l'Irréligion, & de prouver que le genre humain pourroit ſe
paſſer de la Connoiſſance de Dieu, alors les lumières
de la Raiſon paroiſſent ſuffire à Mr. Bayle ; Elles
ſont ſi reſpectables & nous apprennent ſi bien la différence de ce qui eſt Beau, d'avec ce qui ne l'eſt
pas, que les Athées, par le moien de ce ſeul ſecours,
auroient vécu dans l'ordre.

Il me ſuffit, dit-il, que les *Régles générales des Mœurs*
ſe ſoient conſervées par tout.

Les Régles générales des mœurs ſe ſont donc conſervées chés les Païens, & puiſque la penſée d'une
autre vie s'y étoit bien conſervée avec la penſée des
récompenſes & des punitions, il s'enſuit que la pratique de la Morale y trouvoit établie ſur des fondemens plus ſolides, qu'elle ne le ſeroit chés les A-
thées.

XXII. PASSONS, dit Mr. Bayle, à la Mo-
„ rale. I. Il eſt évident qu'on ne doit empêcher le mal
„ ſi on le peut, & qu'on pêche ſi on le permet lorſ-
„ qu'on peut l'empêcher. Cependant nôtre Théo-
„ logie nous montre que cela eſt faux : Elle nous
„ enſeigne que Dieu ne fait rien qui ne ſoit digne
„ de ſes perfections, lorſqu'il ſouffre tous les déſor-
„ dres qui ſont au Monde & qu'il lui étoit facile de
„ les prévenir. II. Il eſt évident qu'une créature, qui
„ n'exiſte point, ne ſauroit être complice d'une mau-
„ vaiſe action. III. Et qu'il eſt injuſte de la punir
„ comme complice de cette action. Néanmoins nô-
„ tre doctrine du péché originel nous montre la fauſ-
„ ſeté de ces évidences. IV. Il eſt évident qu'il
„ faut préférer l'honnêteté à l'utile, & que plus une
„ Cauſe eſt Sainte, moins elle eſt en liberté de poſ-
„ poſer l'honnêteté à l'utile. Cependant nos Théo-
„ logiens nous diſent que Dieu aiant à choiſir entre
„ un Monde parfaitement ſage réglé & orné de tou-
„ te vertu, & un Monde tel que celui-ci, où le
„ „ péché,

Réponſe aux ob-jections que Mr. Bayle tire de la Théologie. Art. Pyrrhoniſme. Note B. Art. I.

„ péché & le defordre dominent, a préféré celui-
„ ci à celui-là, parce qu'il y trouvoit mieux les
„ intérêts de fa gloire. Vous m'allés dire qu'il ne
„ faut point mefurer les devoirs du Créateur à l'au-
„ ne de nos devoirs. Mais fi vous le faites vous
„ tomberés dans les filets de vos Adverfaires. C'eſt-
„ là où ils vous veulent, leur grand but eſt de
„ prouver que la Nature abſolue des choſes nous eſt
„ inconnuë, & que nous n'en connoiſſons que cer-
„ tains rapports. Nous ne ſavons pas, difent-ils, fi le
„ fucre eſt doux en lui-même, nous ſavons feule-
„ ment qu'il nous paroit doux quand on l'applique
„ fur nôtre langue. Nous ne favons pas fi cette ac-
„ tion eſt honnête en elle-même, & par fa nature,
„ nous croions feulement qu'à l'égard d'un tel, par
„ rapport à de certaines circonſtances elle a l'exté-
„ rieur de l'honnêteté. Ce n'eſt plus cela à d'au-
„ tres égards, & ſelon d'autres rapports. Voiés donc
„ à quoi vous vous expoſés en leur difant que les
„ Idées que nous avons de la Juſtice, & de l'Hon-
„ nêteté, fouffrent exception, & font rélatives. Son-
„ gés encore que plus vous élèverés les droits de
„ Dieu au privilège de n'agir pas ſelon nos idées,
„ plus vous ruinerés le ſeul moien qui vous reſte de
„ prouver qu'il y a des corps: ce moien eſt que
„ Dieu ne nous trompe point, & qu'il le feroit, fi
„ le monde corporel n'éxiſtoit pas. Montrer en
„ fpectacle à tout un Peuple, fans qu'il fe paſſât
„ rien hors de l'eſprit, feroit une tromperie : diſtingue
„ vous répondra-t-on; fi un Prince le faiſoit, conce-
„ do; fi Dieu le faiſoit, nego; car les droits de Dieu
„ font tout autres que ceux des Rois. Outre que
„ fi les exceptions que vous faites aux principes de
„ Morale font fondées fur l'infinité incomprehenſi-
„ ble de Dieu, je ne pourrai jamais m'aſſûrer de rien,
„ car je ne pourrai jamais comprendre toute l'éten-
„ due des droits de Dieu. Je conclus en cette ma-
„ nière. S'il y avoit une marque à laquelle on pût
„ connoître certainement la vérité, ce feroit l'évi-
„ dence; or l'évidence n'eſt pas une telle marque,
„ puiſqu'elle convient à des fauſſetés, donc.

*On pèche ou on ne prévient pas le mal qu'on peut em-
pêcher.* En voici la raiſon. L'homme eſt capable
d'aimer; Aimer c'eſt ſe faire un plaiſir d'eſtimer;
On doit donc aimer à proportion qu'on eſtime, &
par conſéquent à proportion que les Objets auxquels
on s'attache font dignes d'eſtime. Nos Idées ſe trouvent
donc conformes aux Choſes, & nos Mouvemens ſe
font à nos Idées; En un mot tout eſt chés nous d'accord & dans l'ordre, à cet égard, lorſque nous aimons à proportion du Mérite. Sur ce fondement
nous devons aimer comme nous mêmes les autres hommes qui ſont des Etres du même genre & du même ordre que nous; S'ils n'ont pas actuellement le
même mérite les uns que les autres, ils peuvent parvenir à cette égalité de mérite, parce que tous ceux
qui font tout le bien qui eſt en leur pouvoir, font
également eſtimables par le bon uſage qu'ils font de
leur puiſſance, quoique les uns en aient plus que les
autres; Or puiſqu'ils font tous également ſuſceptibles
de ce même déſiré de Mérite, ils font tous également
eſtimables à cet égard, & autant qu'on le peut il faut
également les aider tous à parvenir à ce à quoi ils
font deſtinés.

Nous avons beſoin des autres hommes, nous en
pouvons tirer divers ſecours, nous devons donc leur
en rendre, parce qu'il ne ſeroit pas juſte de ſouhaiter qu'ils fiſſent pour nous ce que nous ne daigne-
rions pas faire pour eux.

Le Vice eſt contagieux, & la Vertu a auſſi ſon
influence. Si nous laiſſions naître les Vices que nous
pourrions prévenir, ou fi nous laiſſions croître ceux
que nous pourrions arrêter, nous laiſſerions naître &
croitre ce dont l'éxemple pourroit bien influer fur
nous, ou fur ceux en qui nous prenons le plus d'intérêt. A force d'être témoin du Vice on fe familiariſe avec lui, on eſt moins frapé de ſa Laideur, &

par là on ſe laiſſe plutôt ſéduire à ce qu'il a de
pouvoir fur les ſens. Au contraire la vuë des Vertus, à la naiſſance ou à la perfection deſquelles
nous aurions contribué dans les autres, ſervira à nous
affermir nous mêmes dans l'inclination à la pratiquer,
& elle y affermira encore les perſonnes en qui nous
prenons le plus d'intérêt.

Il n'eſt pas difficile de prouver que l'homme eſt
né pour la Société. C'eſt un Principe aujourd'hui
reconnu univerfellement. On convient que chacun
eſt obligé de contribuer, autant qu'il le peut, à la
ſûreté, à l'éclat, au bonheur en un mot, de la Société, Les Vices la deshonorent & en cauſent tous
les maux; On doit donc au corps de la Société entière ſes ſoins pour y prévenir le Vice, & pour y
faire fleurir la Vertu. Et puiſque Dieu nous a faits
pour vivre en Société, & a lié notre bonheur particulier avec le bonheur du Genre humain, il eſt bien
viſible qu'il nous appelle à ne rien négliger de tout
ce qui peut rendre la Société plus heureuſe.

Prétendra-t-on affoiblir tout ce que je viens de
dire, par cette Objection, *Si nous devons nous
faire un devoir de tout ce que vous venés d'établir, Dieu
lui même s'en feroit un.* Et pourquoi? Eſt-il aſſujetti comme nous à un Supérieur qui le lui ait ordonné? Eſt-ce là ſa deſtination? Son bonheur en
dépend-il? Les hommes font-ils ſes égaux? A-t-il
beſoin d'eux? Leur doit-il quelque choſe? Il eſt
manifeſte que les fondemens de nos Devoirs ne le
regardent point, & ne l'aſſujettiſſent point.

L'Etre Eternel Suprême, parfaitement ſuffi-
fant à lui même, par un effet de ſa Liberté toute
pure, fans y être porté par aucune ombre de beſoin,
ſans y être invinciblement déterminé par la conſtitu-
tion de ſa nature, a bien voulu donner l'éxiſtence à
d'autres êtres; il a même porté ſa bonté, juſqu'à
vouloir fe plaire à les conſidérer, & à commercer
avec eux; Et afin qu'ils fuſſent en quelque manière plus dignes de ſon attention, & qu'ils portaſſent
avec plus d'éclat l'Image & l'empreinte de leur Tout-
Puiſſant Créateur, s'il a fait des Etres purement
paſſifs, il en a fait auſſi *d'actifs* & *de libres*, capables
de le connoître & de l'aimer par choix. A ceux
qui voudront ainſi l'aimer il veut ſe donner ſoi-même pour récompenſe, & pour ce qui eſt de ceux qui
refuſeront de ſe procurer à eux-mêmes ces avantages & cette Gloire Immenſe, il n'en a que faire, &
il les abandonne aux ſuites de leur Ingratitude & de
leur mauvaiſe Volonté. Quiconque devient miſérable ne doit s'en prendre qu'à lui-même d'un fort
qu'il a bien mérité. Il n'eſt pas de la grandeur de
Dieu de courir après ſes opiniâtres, & de les forcer
malgré eux à **devenir heureux en lui rendant leurs**
hommages. Sa Grandeur infinie relève infiniment le
prix de la bonté avec laquelle il les attend pendant
tout le cours de leur vie, pour les recevoir en grace, & il les ſollicite par un très-grand nombre d'invitations, à ſe tourner à lui & à revenir à eux-mêmes, & à leur devoir. Peut-il venir dans l'eſprit qu'il
ſoit obligé à faire d'avantage?

„ Mais, ajoute Mr. Bayle, Dieu a condamné tout
„ le Genre Humain, parce qu'Adam lui avoit deſobéi,
„ & il a traité une infinité d'ames qui n'éxiſtoient point
„ encore, comme criminelles, & complices d'un crime
„ dont elles n'avoient & ne pouvoient avoir aucune
„ connoiſſance. Après cela dira-t-on qu'il y a quel-
„ que choſe de juſte eſſentiellement? „ Dieu ne fait
rien d'injuſte, & Mr. Bayle laiſſe à penſer que
la doctrine du Péché Originel paroit à la Raiſon l'injuſtice même.

Quelle Enigme que Mr. Bayle! 1. Il vient d'établir que les Athées mêmes ne ſauroient diſconvenir
qu'il n'y ait une différence auſſi réelle & auſſi eſſentielle entre le *Vice* & la *Vertu*, qu'entre le *Vrai* & le
Faux, qu'entre le *Soleil* & la *Terre*, qu'entre une
Plante & un *Animal*. Voilà de ſon aveu, ce que la
Raiſon apprend. Mais 2. la Révélation renverſe
tout

tout ce que la Raison peut apprendre sur la Morale, & cependant ?, cette Révélation est notre seule ressource, & la Raison nous y conduit, lorsque, s'embarrassant elle-même, elle nous force à recourir à une autre Lumière. A quoi s'en tenir ? La Révélation notre unique ressource renverse la Morale ; on y puise une Théologie qui fait voir que rien n'est essentiellement juste, & que la conduite de Dieu l'Etre très-Saint & très-Juste, en renverse tous les fondemens.

Si Mr. Bayle avoit répondu avec plus de modération à ceux qui ont entrepris de dégager la Théologie de ses Objections, il seroit fort naturel de penser qu'un homme d'esprit comme lui, n'a cherché à accabler quelques Hypothéses de difficultés insurmontables, que pour engager les Théologiens à les examiner de nouveau, & à les abandonner ensuite, pour courir au secours de la Religion, qu'elles livrent aux coups des Incrédules.

Mr. Bayle fait bien s'éloigner de l'Orthodoxie quand il lui plait. Pour faire un parallele desavantageux par rapport au lustre & à la force d'une Société composée de Chrétiens, avec une Société composée d'Athées : Pour étaler ce parallele, il adopte les sentimens des Anabaptistes, & soutient que ce sont ceux de J. Christ. Il avoit un grand intérêt de n'appuier pas sur cet article, de peur de confirmer les soupçons, flétrissans pour lui, d'être l'auteur de l'Avis aux Réfugiés, qui sollicite à quitter les armes, tous les Réligionnaires de France, qui avoient passé sous de nouveaux Souverains, en guerre à cause d'eux. Il s'éloigne donc de l'Orthodoxie la plus modérée, dès que cela lui paroit utile aux Athées, & il se cole à la plus rigide, dès que ces différens momens lui fournissent des argumens en faveur des Athées.

Il ne me paroit pourtant pas que les Conséquences qu'il tire du péché originel fortifient beaucoup le *Pyrrhonisme Moral*. Pour donner lieu au Pyrrhonisme il faut que les argumens qu'on allégue de part & d'autre soient d'une égale vraisemblance, & c'est ce qu'on ne voit point ici. Au contraire, ce que Mr. Bayle a avancé pour prouver la Différence essentielle de la Vertu d'avec le Vice, est fondé sur des Principes très-*clairs*, & tiré de ces principes par des Conséquences très-simples & très-évidentes; Mais ce qu'il allégue pour ébranler la Réalité de cette Différence, & pour en faire douter, est tiré de Principes très-*obscurs*, & que leurs plus zélés défenseurs reconnoissent eux-mêmes incompréhensibles. Ils détestent les conséquences que Mr. Bayle en tire ; & par conséquent ils soutiennent que ces Principes ne sont point vrais dans le sens que ces conséquences en découlent. Dans quel sens donc faut-il les entendre ? Je n'entreprends point de l'expliquer. Il m'est arrivé quelquefois de comprendre que des expressions, très-fortes en apparence, dont on se servoit, n'étoient que des expressions figurées qui, ramenées à la lettre, & à une signification propre & simple, c'est-à-dire, qui, appréciées juste, se reduisent à peu de chose, & certainement étoient très-éloignées de dire ce que Mr. Bayle pose en fait. Mais quelquefois aussi des Théologiens Savans me faisoient connoitre "que je ne savois pas entrer dans leur pensée. Je n'ai garde de me déclarer contre des sentimens que je n'entends pas assés, & je m'imagine que si quelques partisans de Mr. Bayle se hazardoient d'entrer en lice avec les Théologiens qu'il attaque ici, ils seroient bientôt relancés & réduits à se taire. Mais on peut aussi parvenir au même but par une Hypothése plus simple.

Tout étoit en ordre dans l'homme sortant des mains de Dieu, sa Raison étoit soûmise à son Créateur, & tous les Mouvemens de son Corps, & les Désirs des Sens, qui en naissent, étoient soumis à sa Raison : Il pouvoit se conserver dans cet heureux état, mais il pouvoit aussi le déranger. Il écouta des Propositions captieuses, il donna au Commandement du Seigneur un sens vraisemblable, & sans s'être assuré qu'il fut le vrai, par un assés long examen, il l'adopta ce sens, & il le prit pour Régle. La honte & la crainte succédérent à la tranquillité dont il jouissoit : Eloigné de son prémier, & si délicieux séjour, témoin de la Terre maudite à son occasion, réduit à des travaux fatigans qui lui fournissoient encore une moins bonne nourriture, redoutant le Grand Etre qui avoit été auparavant l'Objet de son Amour & de toute sa Confiance, éprouvant en soi-même les effets du Désordre où il s'étoit livré, les enfans se sentirent de son dérangement, ils vinrent au Monde sujets à la mort, aux Maladies, aux Douleurs, plongés dans les ténébres, dependans des Sens, exposés par-là aux Préjugés, aux Erreurs & au tumulte des Passions, & à toutes leurs tristes suites. Notre prémier Pere pécheur n'est pourtant pas abandonné de Dieu ; Il n'est plus en état de rendre à son Souverain Maitre une obéïssance accomplie. Mais ce grand Maitre dont l'Equité égale l'Elévation, se conduit à son égard en Pere plein de Miséricorde ; il agrée les efforts sincéres & assidus de l'homme tombé, il l'appelle à la Repentance, il lui offre sa Grace, & la lui fait sentir. Il en use de même à l'égard de sa postérité. *Il ne moissonne point là où il n'a pas semé.* Il demande compte de ce qu'on a reçu, & il juge les hommes *sans la Loi, par la Loi, ou par l'Evangile,* suivant les différens dégrés de Lumiere dont ils auront été éclairés, & les différens secours dont ils auront été favorisés. *Tant-il donc de l'Iniquité en Dieu?* Il saute aux yeux qu'il n'y en a pas le moindre ombre dans sa conduite.

"Dieu, continue Mr. Bayle, a préféré l'utile à *Ibidem.* "l'honnête. Il a voulu le péché, & le Mal Moral *article* "parce qu'il le trouvoit plus utile aux intérêts de sa *Pyrrhon.* "gloire, que ne l'auroit été la seule Vertu.

Mr. Bayle se trompe, & il a de Dieu des sentimens très-injurieux. Le désir de faire briller sa gloire ne lui a point fait souhaiter que ses créatures tombassent dans la désobéïssance. Mais il a trouvé qu'il étoit plus convenable, plus digne de lui, plus conforme à l'ordre, d'être servi par des Créatures Intelligentes & Libres qui l'aimeroient, que de n'en recevoir que des Hommages absolument nécessaires, & dont sa Toute-Puissance les mettroit elle-même hors d'état de s'écarter; de sorte qu'en apparence les Créatures rendroient Hommage à leur Créateur, mais dans le fonds ce seroit lui qui se le rendroit.

Mr. Bayle prétend réduire les Théologiens à lui avouër que ce qu'on exprime sous les noms de *Juste* & d'*Injuste* ne consiste qu'en des relations. Il compare le *Juste* & l'*Injuste* aux différentes saveurs qui paroissent dans les Objets sans y être. Il y a du Vrai dans ce qu'il dit, mais il y a aussi du faux & de l'exageré. Nos Devoirs sont fondés sur des *Relations* : J'en tombe d'accord ; Mais ils n'en sont pas moins *Réels* ; car pendant que la Nature des choses ne changera pas, les Rélations qu'elles ont les unes avec les autres ne changeront pas non plus. Il est des Devoirs dont l'observation durera éternellement : De ce genre est l'Amour de Dieu & de ses saintes Créatures, parce que à son égard nôtre Nature ne changera point, ou ne changera que pour rendre la Pratique de ces devoirs plus indispensable, plus parfaite & plus vive. Mais alors il n'y aura plus de lieu à l'exercice de la Répentance, non plus qu'à celui de la Foi, puisqu'on ne sera plus de fautes. qu'on connoitra par Vuë, & qu'on sera en possession de ce qu'on attend sur la Terre.

Faire croire, dit Mr. Bayle, à tout un Peuple, qu'il voit un spectacle, lorsqu'il ne se passe rien hors de son esprit, seroit une tromperie, DISTINGUO ; Si c'étoit un Prince, CONCEDO; si c'étoit Dieu NEGO. Mr. Bayle plaisantant sur des Matiéres respectables. Dieu ne trompe pas, & la Véracité, Perfection essentielle, il suit qu'il y a des Objets qui existent réellement au dehors de nous. Il seroit

indigne

indigne de lui de se plaire à se jouer de nous par des illusions continuelles. Seroit-il digne de sa Sagesse & de sa Puissance de les préférer à des Réalités? Je ne pousserai pas plus loin ma réponse sur cet article. Je l'ai suffisamment examiné dans une des Sections où j'ai examiné les Ouvrages de Sextus.

Part. II. Sect. III. Article. XXVII.

Une partie des Objections qu'on vient de lire se trouvent déjà dans l'Article des Manichéens, des Marcionites, d'Origéne & des Pauliciens. Un Auteur qui raméneroit aussi souvent les mêmes Idées, auroit beau répéter les choses du monde les plus sensées, les plus intéressantes, les plus sanctifiantes, il ne laisseroit pas de devenir insupportable. Mr. Bayle comptoit donc bien sur le mauvais cœur de ses Lecteurs; Il ne comptoit pas moins sur deux autres foiblesses de l'esprit de l'homme. L'une consiste à n'examiner pas que légérement ce qui plaît; l'autre à acquiescer à des propositions dont on s'est rendu les termes familiers. A force d'entendre asseurer la même chose, on s'imagine enfin qu'on l'a suffisamment comprise, & on se la persuade.

Nous ne savons pas si une action est honnête en elle même & par sa nature: nous croions seulement qu'à l'égard d'un tel, par rapport à de certaines circonstances, elle a l'extérieur de l'honnêteté. Ce n'est plus cela à d'autres égards & selon d'autres rapports. Voiés donc à quoi vous vous exposés en leur disant que les Idées que nous avons de la Justice & de l'Honnêteté souffrent exception, & sont relatives.

Quand je me forme l'Idée de Mr. Bayle, comme d'un Philosophe, qui ne veut ni éblouïr, ni se laisser éblouïr, qui évite les Equivoques, & se rend bien attentif à la signification des termes, je ne le reconnois pas ici. Le *Juste*, l'*Honnête*, le *Bienséant* sont *Relatifs*; Donc *ils n'ont rien de Fixe*. La conséquence est nulle; car pendant que la *Nature des Etres* subsiste, les *Rapports* qu'ils ont entr'eux subsistent aussi. Les Proportions consistent dans des rapports: Cependant les Proportions des Figures & en général des Grandeurs sont déterminées & invariables, pendant que ces Figures & ces Grandeurs subsisteront.

Debut de la Morale Article Eppendorf Note C.

„ XXIII. SANS doute il étoit de ceux qui „ croioient que la communion Romaine avoit besoin „ de Réformation, & que les Protestans ne la ré„ formeroient pas bien. Ainsi il déplaisoit aux uns „ & aux autres. On en vint jusqu'à l'accuser „ qu'il étoit pensionnaire des Papistes & des Lu„ thériens, tout à la fois. Il se représente comme „ un homme qui cherche à vivre à l'abri de cette „ tempête, & qui ne sachant pas bien encore de „ quel côté étoit la justice, attendoit que le temps „ fit voir plus clair dans cette affaire. A ne juger „ des choses que par les principes de la Lumiére „ naturelle le parti qu'Eppendorf choisit étoit rai„ sonnable. Il voulut attendre le dénouement de „ cette affaire, avant que de se ranger du côté qui „ soutenoit les abus, ou du côté qui les comba„ toit. L'un & l'autre lui paroissoient trop ardens & „ la tempête lui paroissoit trop forte de part & „ d'autre, il disoit comme Cicéron, *quem fugiam* „ *habeo*, *quem sequar non habeo*, & il aimoit trop „ la paix pour s'embarquer dans cette guerre de Ré„ ligion. Mais ce fut en vain qu'il espéra de se „ tenir sur le rivage spectateur tranquille des émo„ tions de cette mer. Il se trouva plus exposé à „ l'orage, que s'il eut été sur l'une des flotes. C'est „ là le destin inévitable de ceux qui veulent gar„ der la neutralité, pendant les guerres civiles soit „ d'Etat, soit de Réligion. Ils sont exposés à „ l'insulte des deux partis tout à la fois; ils se font „ des ennemis sans se faire des amis, au lieu qu'en „ épousant avec chaleur l'une des deux causes, ils „ auroient eu des amis, & des ennemis. Sort dé„ plorable de l'homme, vanité manifeste de la Rai„ son Philosophique. Elle nous fait regarder la „ tranquillité de l'ame, & le calme des passions, com„ me le but de tous nos travaux, & le fruit le plus pré„ cieux de nos plus pénibles méditations; & cepen„ dant l'expérience fait voir que selon le monde, „ il n'est point de condition plus disgraciée que „ celle des amis qui ne veulent point s'abandon„ ner aux flots des factions, ni de condition „ moins incommode que celle des hommes qui heur„ lent avec les loups, & qui suivent le torrent des „ passions les plus agitées. Ils ont entr'autres a„ vantages celui de ne pas connoître qu'ils ont „ tort; car il n'y a point de gens plus incapables „ de connoître les défauts de leur faction, & le „ bien qui peut se trouver dans l'autre parti, que „ ceux qui sont transportés d'un zéle ardent & „ d'une vive colére, & sous les liens d'une forte „ préoccupation *Estai pacifici*, dit l'Ecriture; Bien„ heureux les pacifiques. Cela est très-vrai quant à „ l'autre monde; mais dans celui-ci, ils sont misé„ rables: ils ne veulent point être *marteau*, & cela „ fait que continuellement ils sont *enclume* à droite „ & à gauche.

Un des grands buts de la Morale est de remplir l'Ame de tranquillité par l'observation de ses Préceptes; & si elle est incapable de produire cet effet, ses plus belles promesses sont vaines. Tantôt Mr. Bayle dit que le Genre humain a de très-grandes obligations à la Philosophie, tantôt il donne cette Philosophie pour une voïe d'égarement, pour un secours éblouïssant qui promet beaucoup, qui ne donne rien, & qui n'améne qu'à des doutes & à des perplexités. Mr. Bayle ne fait-il point ici d'allusion à son état, & à celui de ses Adversaires? Son ressentiment ne lui a-t-il point dicté cette exclamation? Ceux qui sonnoient le tocsin ont été applaudis; mais pour lui il a manqué de se perdre, pour s'être hazardé dans la retraite. Mais si sa tranquillité en a souffert, les Eloges qu'on lui donne dans l'histoire de sa vie sont bien exagérés.

Il ne s'ensuit pas de l'exemple d'Eppendorf, ni des réfléxions de Mr. Bayle, que la Morale ne donne que de vaines Promesses sur la Tranquillité. Ceux qui ont chaudement épousé les intérêts d'un parti, qui s'abandonnent à leur zèle, & qui se battent pour lui à toute outrance, ne connoissent guére la Tranquillité. On peut avoir au dehors moins d'amis & plus d'ennemis, & par conséquent un plus grand nombre de causes de trouble, & ne laisser pas de jouïr au dedans d'une tranquillité plus grande, quand on la fait sur tout dépendre de l'approbation de Dieu, & de la pensée que l'on s'applique constamment à son devoir, & c'est précisément ce qu'une bonne Morale doit avoir en vûe d'établir.

SECTION HUITIEME.

Examen du Pyrrhonisme sur l'Existence de Dieu.

I. JE RAPPELLE ici la remarque que j'ai déja faite, à l'occasion du Pyrrhonisme Physique & du Pyrrhonisme Moral. Je ne me propose point de ranger ici par ordre les preuves de l'existence de Dieu, & de les comparer avec les Objections, ou avec les sujets de Doute que Mr. Bayle a répandus dans ses Ouvrages. Je me borne à examiner ses objections & ses sujets de doute, & à faire comprendre que des raisons très-simples & très-claires suffisent pour les dissiper. On a aujourd'hui un grand nombre d'excellens Livres, où les Preuves de l'Existence de Dieu sont mises dans leur jour. Il ne s'agit ici que de voir ce que Mr. Bayle y oppose.

II. „ QUAND on fait attention sur la persuasion *Etat de la* „ ou

DU PYRRHONISME.

ou générale, ou presque générale, dans laquelle on voit tous les hommes de l'existence de quelque Etre, ou de quelques Etres supérieurs à la nature humaine, & que delà on tire un Argumeut pour en conclure l'éxistence effective d'un Etre supérieur, on ne se fonde pas sur ce Raisonnement, *Ce qui tous les hommes croient sans exception est vrai*, ou, *ce que la plus grande partie croit est vrai*; mais voici de quelle manière je conçois qu'on peut tourner cette preuve.

Les hommes ont une répugnance extrême à se persuader ce qu'ils ne voient pas, & à croire au-delà de ce que leurs sens leur font immédiatement connoître; Ils traitent le reste de chimères & d'imaginations. Un seul cas fait exception à cette Remarque générale; on trouve établie chés tous les Peuples (ou à très-peu près) la Pensée qu'il y a un Etre, ou plusieurs Etres invisibles, & d'une Puissance supérieure à la puissance de tout ce qu'on voit, & ceux-là même qui conçoivent ces Etres supérieurs visibles, ne les ont jamais vus, & les croient d'une nature tout-à-fait supérieure au reste des Etres que l'on voit.

Une persuasion si surprenante, & qui a si peu de rapport à la manière dont les hommes ont accoutumé de penser, & au reste de ce qu'ils croient, est-elle sans cause, n'a-t-elle aucun fondement? Rien ne seroit plus ridicule que de le supposer. En cherchera-t-on la raison dans le fond de la Nature humaine, dans la constitution intime de l'Ame de l'homme? Une disposition si constante & si générale doit amener à reconnoître une Cause du Genre Humain & un Etre Intelligent qui a présidé à la naissance des hommes.

On arrivera encore à la même Conclusion, si on regarde cette Opinion universelle comme l'effet d'une Tradition, car une tradition dont l'effet est ainsi répandu chés tous les Peuples, suppose une source commune à tout le Genre Humain. Le premier Pere des hommes devoit savoir d'où il venoit, & il ne se feroit pas appliqué à persuader à ses enfans une opinion qu'il auroit crûe fausse pour les rendre dans toute la suite du temps, le jouet d'une Chimére qui les géneroit toute leur vie, & les obligeroit de s'opposer eux-mêmes à une grande partie de leur désirs.

Cela même fait qu'on s'étonne toûjours plus de la facilité avec laquelle cette opinion s'est répanduë, & de la constance avec laquelle elle s'est conservée. On sait avec quelle facilité les hommes se persuadent ce qui flatte leurs sens, & ce qui agrée à leurs Passions; on sait avec quelle obstination ils rejettent ce qu'ils ont intérêt de ne pas croire; Or il est certain que l'Idée de Dieu est un Joug qui leur pèse, un Joug que les Sens & les Passions aiment à secouër.

Si les hommes ont une Origine commune, ils doivent en avoir reçû un grand nombre de traditions; D'où vient que celle-ci est la seule qui se soit conservée, pendant que toutes les autres se sont évanoüies, comme on le voit par la diversité de leurs Idées? L'habileté des Politiques qui, pour engager les hommes à vivre dans la soûmission, & à se régler sur les Loix, ont pris foin de leur persuader qu'ils auroient à rendre compte de leur conduite à un Etre, ou à des Etres, aux yeux & à la puissance de qui rien ne peut échaper; cette habileté auroit-elle eu un succès si aisé & si général, si la Nature ou la Tradition, ou plutôt si l'une & l'autre tout ensemble ne l'avoient secondée? D'ailleurs d'où vient que cette Idée s'est présentée à tous les Législateurs, & qu'on la voit établie chés tous les Peuples qui vivent avec ordre, & qui se soûmettent à des Loix? Cette Uniformité de vuës est un Indice bien fort d'une disposition dans laquelle tous les hommes se trouvent de s'élever à cêt égard au dessus de leurs sens & de l'expérience.

N'est-il pas pour le moins très-vraisemblable, que l'Auteur de l'Univers ne s'est pas contenté d'y répandre mille traits propres à élever l'ame des hommes à lui, & à les faire remonter des effets à la Cause, mais qu'il leur a encore formés avec un Panchant secret & très-puissant, par-là même qu'il est général, à chercher cette Cause & à s'en persuader?

Le Genre Humain se trouvant en possession de cette Croiance, & se trouvant bien de penser ainsi, il est en droit de regarder comme ses Ennemis ceux qui le viennent troubler dans une si agréable & si utile persuasion. C'est en vain que ceux-ci alléguerons pour prétexte leur respect pour la Vérité. Car prémiérement ils ne peuvent guére avancer que des Doutes; ils sont fort éloignés d'alléguer des Preuves démonstratives, ils n'osent même s'en vanter. En second lieu s'il n'y a point d'Etre supérieur auquel il faille rendre compte, à qui, pour quel devoir est-on lié à respecter la Vérité, & sur quel fondement dira-t-on qu'on lui doit plus qu'à l'utilité?

Ces Réfléxions où nous conduit l'Universalité de cette Croiance & la force de l'argument qu'on en tire, ne se trouvent point affoiblies par l'éxemple de quelques Peuples, chés qui l'on ne trouve aucun vestige de cette Croiance répanduë chés tant d'autres, & commune à tant de siécles; car on ne dit pas que l'Auteur de la Nature humaine l'imprime dans l'Ame de l'homme de la même manière, & avec la même nécessité, qu'ils ont tous deux piés & deux yeux, par éxemple, mais on reconnoît possible, qu'ils s'abrutissent à cêt égard comme à d'autres. Les Hommes se font répandus dans divers Païs. Un Pere & une Mere se font mourir fort jeunes, ou tomber dans une stupidité qui les a mis hors d'état de raisonner; Leurs Enfans n'ont appris qu'à manger & à boire, & à chercher quelques alimens; & leur Raison ne s'étant formée par aucun éxercice, les Conclusions où elle seroit naturellement parvenuë ne se feront point présentées. De tels hommes se multiplient, la Raison de leurs Enfans n'a pas de plus grands secours, ni de plus heureuses occasions de s'élever & de se perfectionner qu'ils n'en ont eu eux-mêmes.

La preuve qu'on tire du Consentement des Peuples se trouveroit très-affoiblie par l'étenduë de l'Idolâtrie, si ceux qui mettent en avant cette preuve, supposoient que l'Idée de Dieu est l'effet continuel de son Impression sur l'Ame, & que, la proportion gardée entre les choses corporelles & les choses spirituelles, elle s'y trouve de la même manière que l'Impression d'un Cachet se trouve dans de la Cire; car alors d'où viendroit cette Idée de la pluralité des Dieux, & pourquoi l'Idée de l'Unité & de la Spiritualité du prémier Etre se trouveroit-elle étouffée sous mille fausses Imaginations?

On répond à cela que l'Ame de l'homme, qui n'a pû s'empêcher de reconnoitre quelque chose de supérieur malgré son panchant 1. à le juger que par les Sens; 2. à rejetter tout ce qui géne les Passions, est venuë à bout de faire assés ploier sa Raison sous ses Passions pour se former l'idée de quelques Etres supérieurs, moins génante que celle du Vrai.

,, Parlons, dit-il, des particuliers qui ont donné dans l'Athéïsme positif, & supposons qu'ils éxistent dans les Athénes, & que dans leur enfance ils avoient appris à honorer les faux Dieu, & qu'ils avoient conservé jusqu'à l'âge de 25. ans la persuasion où étoit le peuple. Supposons qu'à l'âge de 30. ans ils ne croioient aucune Divinité, & qu'aiant connu le ridicule des Dieux du Paganisme, ils n'avoient trouvé rien de plus probable que de dire avec le Philosophe Straton que toutes choses avoient été faites par une Nature inanimée; Comparons les avec les Athéniens qui étoient aussi idolâtres à 30. ans qu'à 25.

,, Dirés vous que ces Athées ont effacé de leur coeur

„ cœur l'Image de Dieu avec laquelle ils étoient nés, mais
„ que les autres Athéniens l'ont retenuë? Vous au-
„ riés grand tort de dire cela, puisqu'il est certain que
„ les Idolatres n'ont point conservé l'Idée de Dieu que
„ la Nature leur pourroit avoir donnée. Ils ne connois-
„ soient que de faux Dieux, que des Dieux abomina-
„ bles, & ce seroit une Impiété que de dire qu'ils
„ étoient nés le cœur imprimé de l'Image de ces
„ Dieux ; car ce seroit soutenir que le Vrai Dieu
„ avoit gravé dans leur cœur cette idée monstrueu-
„ se de divinité. Si nos ames sont unies à nos corps
„ avec les empreintes de l'image de Dieu, il faut
„ nécessairement que cette image soit celle du
„ vrai Dieu, & par conséquent les Athéniens
„ idolâtres étoient aussi coupables que les A-
„ thées, du crime d'avoir effacé de leur cœur l'idée
„ de Dieu que la nature leur avoit donnée. Ils é-
„ toient privés de cette image tout autant que
„ les Sectateurs de Straton. Jusques là donc
„ vous ne pouvés pas trouver que l'injure qu'ils ont
„ faite à Dieu soit moins offensante que l'Athéïs-
„ me.
„ Si vous me dites que ni les uns ni les autres n'ont
„ eu dans leur enfance l'idée du vrai Dieu, mais seu-
„ lement celle des Divinités qu'on adoroit à Athé-
„ nes, je vous répondrai qu'il s'ensuit de là que les
„ Athées dont je parle n'effacerent point de leur cœur
„ l'image de Dieu, mais seulement l'image des faus-
„ ses divinités. Cette conduite étoit si juste & si
„ raisonnable, que Dieu ne pouvoit lui refuser son
„ approbation. Il déteste ceux qui adorent les Ido-
„ les, il ne peut donc point trouver mauvais que
„ l'on n'en reconnoisse la vanité, & que l'on en rejette
„ le culte. Jusques-là donc encore vous ne pouvés
„ pas prouver que ces Athées aient fait un plus grand
„ outrage à Dieu que les Idolatres.
„ Si revenant à l'idée innée vous m'objectés que
„ les Idolatres n'en ont fait qu'une fausse applica-
„ tion, mais que ces Athées l'ont abolie entiére-
„ ment, je vous repondrai que c'est une injure beau-
„ coup plus atroce, & une malice beaucoup plus
„ noire, de barboüiller, & de défigurer une image,
„ de l'exposer en spectacle ridicule à tous les passans,
„ que de la jetter au feu. Vous n'avés donc au-
„ cun sujet de prétendre jusques ici que Dieu ait
„ été plus offensé par les Athées que par les Païens,
„ & ce n'est pas sans raison que je prétens le con-
„ traire.
Les Raisonnemens que Mr. Bayle fait dans cet
Article, se réduisent à rien, dès qu'au lieu de supposer dans l'homme une Idée du vrai Dieu, gravée
dans son Ame à la manière de l'empreinte du
cachet sur de la cire, on se borne à dire que Dieu a
fait naitre l'homme avec des dispositions & un penchant à connoitre & à réspecter un Etre suprême,
& que s'il profite comme il doit de ces dispositions
& de ces penchans il parviendra à connoitre & à a-
dorer l'Etre suprême.
L'Athée abolit entiérement cette disposition. L'I-
dolâtre la conserve, au milieu même de ses écars.
L'Idolatrie a des Idées qui se contredisent & dans
cette confusion il en conserve qui peuvent servir à
rectifier les défectueuses.
C'est encore un Sophisme ordinaire à Mr. Bayle
de faire regarder le Polythéïsme des Païens, comme
un certain systême où l'on seroit parvenu en raisonnant d'une certaine façon. On prouvera dans la suite de cèt ouvrage qu'il s'est établi peu à peu, & que
les hommes ne sont venus à le croire, que parce qu'ils
ont grossiérement admis dans examen, ce qu'ils ont
trouvé établi dans leur Païs, & parce que chaque Nation y a ajouté peu à peu & sans attention
d'autres articles.
J'éxaminerai ici les parallèles que Mr.
Bayle fait de l'Athée & de l'Idolatre. Je ne fais attentions dans cèt endroit, qu'aux conséquences qu'il en
tire pour ébranler un Argument qui ne manque pas
de force.

„ II. QU'EST-CE, je vous prie, que la Voix *De la*
„ de la nature, dit Mr. Bayle? Quels sont ses Ser- *Vux de la*
„ mons? Qu'il faut bien manger & bien boire, bien *Nature.*
„ joüir des plaisirs des sens, préferer ses intérêts à *Continua-*
„ ceux d'autrui, s'accommoder de tout ce qu'on *tion des*
„ trouve à sa bienséance, faire plutôt une injure que *Diverses*
„ de la souffrir, se bien venger. Il ne faut pas prétendre *Article*
„ que le commerce des méchans est ce qui inspire ces *VIII. pag.*
„ passions; elles paroissent, non seulement dans les bê- *Œuvres*
„ tes qui ne sont que suivre les instincts de la na- *Div.*
„ ture, mais aussi dans les enfans. Elles sont anté- *Tome III.*
„ rieures à la mauvaise éducation, & si l'art ne *Page 139.*
„ corrigeoit la nature, il n'y auroit rien de plus cor-
„ rompu que l'ame humaine, rien en quoi tous les
„ hommes se ressemblassent d'avantage par un con-
„ sentement unanime, qu'en ceci : c'est qu'il faut
„ donner au Corps tout ce qu'il souhaite, & satis-
„ faire l'ambition, la jalousie, l'avarice, & le dé-
„ sir de vengeance autant qu'on le peut. Si l'hom-
„ me eut suivi les mouvemens de la nature, le plus
„ fort eut opprimé le plus foible ; on n'eut eu dans
„ ses amours d'autre régle que l'amour même ; les
„ engagemens à vie pour le mariage eussent été in-
„ connus.
Il y a du Désordre dans les Inclinations de l'homme, on n'en sauroit disconvenir. Il nuit souvent à
lui-même par sa facilité à céder aux Impressions des
Sens, & par son empressement à satisfaire ses Passions;
Mais pour distinguer sûrement dans l'homme les
penchans qui sont les suites de sa Dépravation, d'a-
vec ceux qui naissent des Dispositions qu'il a re-
çûës de son Créateur, & qui en sont les effets
naturels, il n'y a qu'à distinguer les Inclinations
qui tendent à faire régner l'Ordre, d'avec celles
qui vont à tout remplir de desordre & de confusion.
Mr. Bayle reconnoit que les Idées naturelles de
l'Honnête & de la beauté de la *Vertu* sont les fondemens de la Société Civile. Tout ce qui va à les
affoiblir, & à permettre aux particuliers de s'en é-
carter impunément est nuisible au Genre Humain.
Tout ce au contraire qui tend à en affermir l'autorité, & à les rendre plus respectables, tend au bien
de la nature humaine. Or qu'y a-t-il de plus propre & de plus efficace que l'idée de Dieu, de l'o-
béïssance qu'on lui doit, & des suites qui en peuvent naître, pour engager l'homme à rechercher, à
consulter & à respecter ces Idées qui peuvent corriger les penchans de la corruption naturelle, & à s'engager à vivre dans la Société & dans la bienséance?

Voilà donc les Pyrrhoniens sur cette matiére dans *Article*
le cas que Mr. Bayle condamne. " Le bon sens, *Spinosa,*
„ dit-il, veut que la coutume soit maintenue con- *Note O.*
„ tre l'entreprise des innovateurs, à moins qu'ils
„ n'apportent de meilleures Loix ; & de cela seul
„ que leurs pensées ne vaudroient pas mieux que les
„ établissemens dont jouïssent de la possession, elles
„ mériteroient d'être rejettées, quand même elles ne
„ seroient pas plus mauvaises que les abus qu'elles
„ combattroient. Soumettés-vous à la coutume,
„ doit-on dire à ces gens-là, ou donnés-nous quel-
„ que chose de meilleur.

On ne sauroit douter si les Sceptiques ne favorisent l'Athéïsme par leurs doutes, Mr. Bayle cite
ces paroles de Derodon. " J'ai crû que j'étois obligé *Contin.*
„ de désabuser quelques personnes pieuses, qui n'aiant *des Pen-*
„ jamais fait rencontre de ces profanes, & n'aiant *fées Div.*
„ rien à démêler avec eux, s'imaginent qu'il n'y a *Art.*
„ point d'homme si méchant qui ne reconnoisse une *XXXII.*
„ Divinité, & ensuite estiment que c'est un travail *pag. 15.*
„ inutile que de composer des livres contre eux. Je *Œuvres*
„ dirai donc à ces bonnes ames, que j'ai trouvé dans *Div. Tom*
„ le monde trois sortes d'Athées, à savoir des *III. p.*

DU PYRRHONISME.

„ débauchés, des rafinés, & des ignorans. Les A-
„ thées rafinés font des personnes qui aiant l'esprit
„ subtil & quelque vaine Philosophie, cherchent des
„ raisonnemens contre la Divinité, tâchent à répon-
„ dre aux raisons qui démontrent son existence, &
„ se trouvant dans les bonnes compagnies, insinuent
„ doucement & finement dans l'esprit de ceux qu'ils
„ fréquentent, le venin dont ils sont infectés. Il
„ ajoute qu'il avoit conféré avec de ces gens-là, &
„ qu'il leur avoit ouï dire les raisons qu'il a réfu-
„ tées dans son ouvrage. Il met dans cette classe
„ d'Athées certains esprits fort dangereux, qui
„ font profession d'être Sceptiques & font sem-
„ blant de douter de toutes choses, pour pouvoir
„ aussi discourir douteusement de la Divinité.
„ Contre toutes telles gens il seroit bon d'établir
„ une Inquisition d'Espagne par tout le Monde.
 La Bruyere, Chapitre *Esprits forts*. L'Athéisme n'est
point; les Grands en font les plus soupçonnés,
sont trop paresseux pour décider en leur esprit que
Dieu n'est pas. Leur Indolence va jusqu'à les rendre froids & indifférens sur cet Article si capital;
comme sur la Nature de leur Ame, & sur les conséquences d'une vraïe Réligion; ils ne nient pas
ces choses, ils ne les accordent pas non plus, ils
n'y pensent point.

Note E. Mr. Bayle fait les mêmes remarques dans l'article
Des Barraux.

 Peut-on s'empêcher de conclure de là que Mr. Bayle
s'est permis, ce que selon lui des Athées ennemis du vice & amis du repos d'autrui, ne se permettroient pas à

NB. Douter par inclination pour le Doute, ou par
l'Intérêt qu'on a à vivre dans la Licence, de ce
que le reste des hommes croit & respecte, c'est se
NB. retrancher toute excuse en cas d'erreur. Le moins
qu'un sentiment si universel doive faire, c'est
d'engager à en examiner très-sérieusement les sources. Les hommes conviennent de l'existence
d'une Nature Supérieure & très-respectable. Cet-
NB. te idée ne peut avoir que de bons effets; La
corruption de leur coeur les a portés à y joindre
diverses idées qui affoiblissent l'efficace de celle-là.
A cet égard comme à d'autres les hommes sont
tombés en diverses contradictions; on s'est contredit sur le Chapitre de la Vertu. Mais ce que
la Corruption du coeur y mêle, sert même à rendre
plus respectable ce qui s'en est conservé de pur &
de vrai dans l'Entendement.
 On n'a pû sû tirer les Conséquences, on a retranché, on a ajouté. Des hommes se sont abrutis,
& mêmes des Nations entieres. Je tombe d'accord
de tout cela; Mais il reste toûjours vrai qu'à mesure que la Raison s'est cultivée, on a senti qu'une
Nature supérieure présidoit sur l'Univers. Ce qui
suffit, je pense, pour éclaircir l'argument tiré du
consentement des hommes & pour le mettre dans
son jour.

Mr. Bayle reconnoît la nécessité d'une Cause Intelligente Seule Source. Note C.
NB. III. Mr. BAYLE établit ici la nécessité d'une
Cause Intelligente, car; " Puisque de l'aveu de tou-
„ tes les Sectes, dit-il, les Loix du Mouvement ne
„ sont pas capables de produire, je ne dirai pas un
„ Moulin ou une Horloge, mais le plus grossier in-
„ strument qui se voie dans la boutique d'un serru-
„ rier, comment seroient elles capables de produire
„ le corps d'un Chien, ou même d'une Rose &
„ une Grenade ? Recourir aux astres, ou aux for-
„ mes substantielles, c'est un pitoïable asyle. Il
„ faut ici une Cause qui ait l'idée de son ouvrage,
„ & qui connoisse les moiens de le construire; tout
„ cela est nécessaire à ceux qui font une montre &
„ un vaisseau; à plus forte raison se doit-il trouver
„ dans ce qui fait l'organisation des Etres vivans.
 Dans la Suite il s'exprime ainsi. " Un Archi-
„ tecte humain a dirigé la situation des pierres, cel-
„ le des planches, &c. selon les fins qu'il se pro-
„ posoit. A la vérité c'est de Dieu que l'homme
„ reçoit cette intelligence; mais ce n'est point Dieu

„ qui est la cause prochaine, naturelle, & immé-
„ diate de cet édifice. Disons la même chose à
„ l'égard de la machine des arbres, & de cel-
„ le des animaux; Elle dépend de la direction par-
„ ticulière de quelque cause seconde qui a reçu de
„ Dieu les lumieres & l'industrie qu'il faut employer
„ à cet ouvrage.

Confirmations.
 IV, CET Argument que Mr. Bayle vient d'alléguer est à la portée de tout le Monde, son évidence saute aux yeux; & lorsque pour l'éluder il
faut avoir recours à des Spéculations Metaphysiques,
obscures, composées d'idées vagues & équivoques,
on n'est point dans le cas que les Pyrrhoniens demandent pour autoriser leur Doute; il n'y a pas
égale évidence de côté & d'autre; D'un côté est la
simplicité & d'un autre *l'embarras des Questions composées.*

 Les Notions de Cause & d'Effet sont des plus
communes, & des plus uniformes; il n'y a point
que les hommes conçoivent plus fréquemment,
plus aisément, & plus également. Ces Notions
très-claires & très-familieres ont fait conclure à
tous les hommes que *Rien ne se fait sans cause*, que tout
être, toute *Réalité*, ou tout Etat qui peut exister
ou n'exister pas, tout ce qui peut-être d'une maniére, ou être aussi d'une autre, doit avoir été déterminé par quelque cause, ou à être de cette façon plutôt que de celle-là. Ce qui peut-être, à
n'être pas, ce qui peut-être d'une façon ou d'une
autre, si quelque cause ne le déterminoit pas à être
plutôt qu'à n'être pas, ou à être d'une façon plutôt que d'une autre, si rien ne l'avoit fait, ou ne
l'avoit fait tel qu'il est, plutôt qu'autrement, son
existence & sa manière d'être seroient des effets du
Néant.

 Les hommes raisonnent sans cesse, appuïés sur ce
principe, toute leur conduite roule sur ce fondement. Quand on s'est proposé un but, on songe
aux moiens de l'exécuter; quand une chose est arrivée on demande pourquoi elle s'est faite. Il faudroit parcourir presque tout ce que les hommes disent, & tout ce que les hommes font, pour justifier
ce que j'ai avancé, par toutes les expériences qui le
prouvent. Un homme jetté par la tempête dans
une Isle, où il découvriroit des bâtimens, ou seulement des Grottes régulieres, des Arbres plantés en
ligne, quelques Instrumens de Mathématique ou
quelques outils d'Artisans &c. s'il s'amusoit à
admirer le caprice du Hazard, d'avoir si bien imité la Régularité, il passeroit pour un fou dans
l'esprit de tous les hommes, dont il abandonneroit
les Notions, & les Maximes les plus universelles.
Ne faut-il donc pas reconnoître que les hommes
s'abandonnent eux-mêmes, & tombent tout d'un
coup dans l'extravagance, lorsque réfléchissant sur
l'arrangement de l'Univers, ils renoncent à un Principe dont ils se sont servis toute leur vie & qui
ne les a jamais trompés? Il n'y a sans doute qu'une
excessive corruption qui empêche de sentir toute
la force de cette irrégularité.

 La même Lumiere qui nous apprend que rien
ne se fait sans Cause, nous convainc de même qu'une
chose ne peut se produire elle-même, puisque pour
produire un effet il faut exister. Sur ces mêmes Principes est établie la proportion de la Réalité des Effets avec la Réalité de leurs Causes; car
s'il y avoit plus de réalité & de perfection dans
l'effet que dans la cause, cette réalité & cette perfection ne venant pas de la cause, où elle n'est point,
n'auroit aucune cause, & se trouveroit l'ouvrage du
non-être.

 On s'assûre qu'une Cause éclairée a travaillé à
de certains ouvrages 1. Lorsque ces ouvrages ont
un usage & un effet d'un prix & d'une utilité digne de l'arrangement qui les produit. 2. Lorsque
le grand nombre des parties qui doivent concourir à
un même effet, il n'y en a point, ou il y en a très-
peu

peu, qui dépendent nécessairement les unes des autres, & qui aient entr'elles une liaison si étroite que la position de l'une emporte inévitablement, ou suppose absolument la position de l'autre, & en soit la cause ou l'effet ; car puisqu'un tel Assemblage pouvoit être & n'être pas, il faut que quelque Cause l'ait déterminé à être plutôt qu'à n'être pas. Cet Assemblage n'étant point l'effet d'une *nécessité*, il faut qu'il le soit d'un *choix* & par conséquent d'une Cause Intelligente & libre. Qui est-ce qui rencontrant un Violon monté de ses cordes, avec son archet & des airs notés à coté, attribueroit tous ces ouvrages à un concours fortuit de causes aveugles & nécessaires ? Nulle nécessité de l'existence d'une des petites planches qui le composent à l'existence d'une autre ; nulle nécessité entre leurs figures & leurs positions, entre le manche & les chévilles, les cordes & le chevalet ; le nombre & la grosseur des cordes, l'archet & la poix résine ; le papier & les lignes, les lignes & les notes, les notes & leur valeur. Rien n'est plus aisé que de remonter par un raisonnement semblable à la Cause suprême de l'homme & de l'univers. On traiteroit de fou celui qui regarderoit une sphère comme un jeu du hazard ; & il y en a qui osent attribuer au hazard la magnifique sphère du Monde avec tous ses arrangemens. Des manières de penser si mal soutenuës sont des preuves également fortes de folie & de malignité.

Qui pourroit compter les parties dont l'efficace doit s'unir pour produire un seul effet, par exemple la viie d'un Objet ? & cependant les unes de ces parties ne sont point naitre les autres, l'éxistence de chacune est indépendante de celles qui concourent avec elle. Ôtés en quelques-unes, leur effet ne se produira plus, mais les autres subsisteront comme auparavant. Quand tous nos yeux se fondroient, la lumière ne seroit pas moins lumière, & quand la lumière s'éteindroit, à la vérité nos yeux ne nous serviroient à rien, mais ils ne s'évanouiroient pas pour cela.

L'*exception* des Epicuriens est connuë de tout le monde. Un Concours fortuit de parties qui ne pensent point & qui n'ont aucun but, en a assemblé autant qu'il en falloit ; & de la manière qu'il étoit nécessaire qu'elles se trouvassent réunies, pour former le Corps humain ; La Bouche se trouvant donc, par l'effet de ces rencontres purement fortuites, propre à parler, de même que l'oeil à voir, on les a fait servir à ces usages, & dès là on s'est imaginé qu'ils avoient été formés dans ce dessein. Mais On a déja remarqué que cette pensée des Epicuriens n'est pas moins ridicule, que si l'on disoit qu'un livre n'a pas été composé afin qu'on le lûe, mais qu'on s'est avisé de le lire parce qu'il s'est trouvé propre à être lu.

Outre cela, les parties intérieures du corps que la plupart des hommes ne connoissent point, n'ont-elles pas leur destination, & ne les fait-on servir à ce à quoi elles sont propres qu'après avoir reconnu qu'elles y étoient propres ?

Les Preuves dont je viens de me servir ont d'autant plus de force, qu'il n'y a personne qui ne soit en état de les sentir. Ces Preuves se multiplient à mesure qu'on connoit plus en détail les merveilles de l'Univers, & de leur réunion nait une lumière à laquelle il n'y a qu'un aveuglement volontaire & desesperé qui puisse se dérober : Les Philosophes Païens y ont trouvé une force démonstrative, & rien n'est plus élégant ni plus vif que le tour sous lequel Ciceron s'énonce sur ce sujet, dans le second Livre de la nature des Dieux.

V. C'EST en vain que pour affoiblir cette preuve, on allègue diverses parties soit de l'Univers en général, soit de l'homme en particulier, qui ne paroissent d'aucun usage ; Il se fait encore dans la Nature ajoûte-t-on, divers Mouvemens qui servent à la déranger plus qu'à l'embellir. Mr. Bayle nous fournit lui-même dequoi répondre à ces difficultés ; dans la Continuation des Pensées diverses. " La Philosophie, dit-il, pourroit s'accommoder de cette ,, supposition. C'est que Dieu s'étant déterminé ,, à cause de l'homme à faire un ouvrage, ne s'est ,, point borné au dessein qu'il avoit sur l'homme, ,, il a mis dans son ouvrage tout ce que ce dessein ,, principal pouvoit demander, & outre cela une ,, infinité d'autres choses dignes de sa puissance, & ,, de sa science infinie, & pour telles fins qu'il lui ,, a plû, suites nécessaires des Loix méchaniques du ,, mouvement qu'il donnoit à l'étenduë. Ceci se ,, peut expliquer par une comparaison. Un grand ,, Monarque répond favorablement à la requete de ,, quelques marchans étrangers qui souhaitent la per- ,, mission de s'etablir dans ses etats. Il leur fait bâ- ,, tir une ville maritime avec un beau port ; Il or- ,, donne que toutes les commodités du commerce, ,, comme magazins, halles &c. y soient ménagées ; ,, En un mot il n'oublie rien de tout ce qui est ,, nécessaire à une ville marchande. Mais se voiant ,, en train de faire bâtir cette ville, il forme de nou- ,, velles vuës, il veut qu'elle soit un monument ,, de sa grandeur, & de sa magnificence ; l'une des ,, merveilles du Monde. Il y fait des Amphi- ,, théatres, des Arcs de triomphe, des Temples des ,, Collèges, & des Aqueducs magnifiques, quanti- ,, té de beaux Palais. Il y érige des Statues, des ,, Obélisques & des Colones ornées d'emblèmes, ,, de devises & d'énigmes. Tout ce que les Arts ,, ont de plus éxquis est employé à l'ornement de ce ,, lieu-là. Le Monarque n'eut rien fait de toutes ,, ces choses, si ces marchans étrangers ne l'ussent dé- ,, terminé à la construction de cette ville. Ils ont ,, été son principal & son unique motif au commen- ,, cement, mais ensuite il s'est proposé d'autres des- ,, seins ; de sorte que l'on trouveroit bientôt une ré- ,, ponse à la question, Pourquoy tant de choses non ,, nécessaires à une ville de commerce, tant d'énig- ,, mes & tant d'emblèmes ingénieuses, à quoi les ,, marchans trop occupés de leur négoce ne prendront ,, point garde?

,, Page 273. Dieu ne s'est point limité aux cho- ,, ses qui pouvoient servir à l'homme, il s'est répan- ,, du pour d'autres fins qui répondent toutes à sa ,, gloire, sur autant d'êtres possibles qu'il en falloit ,, dans un monde infiniment admirable par sa gran- ,, deur, par la symmétrie de toutes sortes de pièces, & ,, par la fécondité de leurs effets en vertu d'un seul ,, ressort, je veux dire du mouvement local distri- ,, bué suivant un très-petit nombre de Loix géné- ,, rales. Si Dieu s'étoit contenté de créer les cho- ,, ses nécessaires au Genre Humain, soit par rapport ,, à la nourriture, soit par rapport à la beauté du ,, spectacle, un tourbillon de cinquante mille lieues ,, de diamètre eut été plus que suffisant. Un Soleil ,, beaucoup plus petit, & à proportion beaucoup ,, moins éloigné de la terre que celui que nous voions, ,, eut produit les mêmes effets en faveur de l'homme ,, que ceux que nous ressentons. J'en dis autant de ,, la Lune, & des autres Planétes, & de tous les ,, Astres. Il n'y avoit qu'a leur donner moins de ,, grandeur & à les poser d'autant plus près de la Ter- ,, re. Le Théatre eut paru & aussi magnifique & ,, aussi vaste à nos yeux qu'il nous le paroit aujou- ,, d'hui, & l'activité des élémens n'eut pas été moin- ,, dre. Mais un si petit monde n'auroit pas fourni ,, à Dieu, une assés ample matière de déployer sa ,, puissance & l'infinité de sa science *Architectonique*, ,, s'il m'est permis de me servir de ce mot. Il a donc vou- ,, lu que puis qu'il falloit créer, ce fut un Monde ,, infini, ou presque infini, sur lequel il pût répan- ,, dre une effusion illimitée des perfections de son ,, Art, qui sur tout consistent à produire par des ,, voies simples, uniformes, & générales une diver- ,, sité innombrable de changemens qui s'accordent à

„ merveille avec la régularité, & qui servent à l'or-
„ nement & au soutien de tout l'édifice. Si quel-
„ que chose est capable de nous donner une haute
„ idée de la sagesse du Créateur, c'est de concevoir
„ qu'il conserve dans une étenduë immense de ma-
„ tiére, où tout est en mouvement, un ordre & une
NB. „ régularité admirable, avec une fécondité prodi-
„ gieuse de variétés, sans avoir besoin de reparer
„ par des volontés particuliéres les suites de la vo-
„ lonté générale, par laquelle il a établi au commen-
„ cement un petit nombre de Loix pour la commu-
„ nication de la faculté motrice. La Terre & les
„ autres parties du Monde subordonnées au genre
„ humain sont soûmises à ce petit nombre de Loix
„ générales, tout de même que les parties de l'U-
„ nivers qui ont leur sphére d'activité hors de nôtre
„ tourbillon. Les tempêtes & cent autres Phéno-
„ ménes, qui nous rencontrent dans leur chemin, dé-
„ pendent de la Loi générale. Seneque a raison de
„ dire que nous ne sommes point cause que le Mon-
„ de les produit; le mal qui nous en revient, & le
„ bon usage que nous en pouvons faire sont dans
„ l'intention de Dieu, mais nous ne sommes là, ni
„ son unique ni son principal motif. Cela est bon
„ à dire par rapport aux choses qui sont de l'ordre
„ de la grace, & qui apartiennent à l'œconomie du
„ Corps mystique de Jesus Christ. Toutes les au-
„ tres sont de l'ordre naturel, un intérêt beaucoup
„ plus grand que le nôtre en est la régle, c'est que
„ Dieu ne veut point troubler la simplicité de ses
„ voies, mais faire porter le caractére de sa sagesse
„ à tous les ouvrages de la nature. Or ce caractére
„ réluit principalement en ce qu'ils sont une suite
„ non interrompuë des Loix générales.

Dieu Bon & Libre. VI. TOUTE la conduite de Dieu nous le représente sous deux faces différentes, mais inséparables;
il s'est déterminé à donner l'être à ce qui n'éxistoit
point, par un effet de sa *Bonté*, mais il s'y est déterminé *librement*. Il étoit à son choix de n'en créer
aucun. Il étoit heureux, & infiniment heureux
seul, il n'a pas voulu être seul heureux. Il ne se
peut qu'il n'agisse d'une maniére digne de lui. Il est
infiniment Bon, mais il n'est pas obligé d'exercer
sa Bonté. Il aime à faire du Bien, mais il est Indépendant; il est maitre d'en faire ou de n'en faire pas,
& d'en faire dans les dégrés, & sous les conditions qu'il
lui plait. Cela même qu'il n'exerce pas sa Bonté
sans mesure, & suivant toute l'étenduë de sa Puissance fait à en faire connoitre la grandeur, & on le
reconnoît d'autant mieux pour bon, qu'il est moins
obligé de l'être. Si ses bienfaits se répandoient également sur chacune de ses créatures, & si parmi celles
qui portent le nom d'hommes, il n'y en avoit aucune qui reçût moins de lui qu'une autre, chacune
d'elles sentiroit moins les obligations qu'elle a au Souverain Maitre, qui étoit en droit de faire beaucoup
moins de graces, & d'éxiger toûjours qu'elle une grande reconnoissance. Si chacun avoit été & également
heureux, & également favorisé, on seroit à la vérité très-avi de dépendre d'une Puissance si déterminée à faire du Bien, mais on se seroit borné à se
féliciter de son heureux sort, & on sentiroit beaucoup
moins combien on est obligé à celui à qui on est
redevable. Afin donc que la conduite de Dieu envers les hommes soit plus digne de lui, il convient
qu'elle le leur fasse connoître tel qu'il est, *très-Bon*
& parfaitement Libre.

A CET EGARD encore on trouve un parfait
accord entre la Providence de Dieu dans la Nature
& dans la Réligion: Par tout nous trouvons les Caractéres d'un Etre Bon & Libre. Quelle variété la
surface de la Terre n'offre-t-elle pas? Ce n'est pas
seulement pour servir à la variété des Plantes & des
Fruits que les différentes parties de la Terre sont
inégalement situées, & que les principes de la fécondité y sont inégalement combinés: Par rapport
aux mêmes plantes, & aux mêmes genres de pro-

ductions, les dégrés de fécondité varient en mille
dégrés différens; Il est des Terres qui sont presque
fécondes d'elles-mêmes, & qui ne demandent que
peu de secours; il en est qui répondent par leur a-
bondance aux travaux pénibles & nécessaires pour les
animer. Il en est dont on ne peut rien tirer sans une
peine éxtrême, & dont on ne tire que peu; Il en
est qui ne fatiguent pas beaucoup le Laboureur, mais
qui ne le récompensent aussi que médiocrement; Il
y a des riches Montagnes; il y en a d'insertiles; Il
y a des Païs qui ont besoin de pluies fréquentes, il
y en a à qui il faut des maniéres d'inondations, il en
est où les rosées suffisent; On voit des Plaines qui
par leur infertilité sollicitent l'Industrie humaine à
trouver moien d'en tirer parti, & font paroitre ensuite ce que peut l'adresse & le travail; Il est de
vastes contrées que tous les soins imaginables ne sauroient rendre meilleures. Par tout je vois les empreintes d'un Etre parfaitement Libre, qui a varié
ses idées & ses présens à l'infini; Une cause nécessairé, ou
nécessairement déterminée à faire tout le bien qui seroit
en sa puissance, auroit mis plus d'égalité dans ses productions. Une Cause simplement Libre, sans inclination à faire du bien, uniquement déterminée à
éxercer sa Liberté & sa puissance par la variété de
ses Ouvrages, y auroit incomparablement moins répandu de traits de bonté que nous n'en voions.

Tout ce dont les hommes ne peuvent se passer se
trouve aisément & en abondance. Ils ne sauroient
vivre un moment sans respirer, & l'air ne leur manque jamais. De toutes les Liqueurs, l'eau sans
contredit la plus nécessaire, c'est aussi la plus commune. Les Animaux sans lesquels l'homme ne peut,
se nourrissent aisément, & se multiplient en grand nombre; Ceux dont-il ne peut tirer aucun parti, & plus
encore ceux qui ne font que lui nuire, se détruisent
les uns les autres, subsistent plus difficilement &
sont en plus petite quantité. Il est divers agrémens
qu'on ne se procure que par beaucoup de soins, &
qui sont l'effet d'une plus longue attention, d'une
habileté singuliére, & de plusieurs secours réunis; mais
on peut s'en passer, & une infinité de gens ne se trouvent pas à plaindre de ce qu'ils ne les ont pas.

Dieu nous a donné des sens qui nous font d'a-
bord connoitre & chercher ce qui est nécessaire pour
conserver nôtre vie; C'est un effet de sa grande Bonté de nous en avoir ainsi facilité les moiens; Le plaisir m'attache à ce qui m'est utile, & la douleur fait
que je m'éloigne de ce qui m'est contraire. Les a-
nimaux brutus ont dans leurs sensations des guides
plus sûrs que les hommes n'en trouvent dans les leurs.
Cette inégalité dans le sort des animaux est un Caractére de la Liberté de Dieu qui a moins donné à
l'homme à cet égard, mais il lui a infiniment plus
donné d'autres; il a voulu que la Raison vint au
secours des Sens, afin que de bonne heure les hommes aprissent à la consulter & à la respecter. Cette
Raison se trouve accompagnée dans l'homme d'un
Instinct sûr & puissant, qui lui fait souhaiter de
connoitre l'intérieur des Objets qui se présentent par
leur surface à ses Sens: L'ignorance des choses cachées d'où naissent mille effets dont il est tous les
jours le témoin, & dont les uns l'affligent & les autres le réjouissent, cette Ignorance l'inquiéte, & il
est charmé de s'en tirer; Il ne sort pourtant de ses
ténébres que comme un aveugle en tatonnant; Il fait
des recherches; il fait des essais, sans être sûr de
réussir, & il lui faut incomparablement plus de temps &
de soins pour vérifier ses conjectures que pour les
faire naitre. Destiné à tirer une grande partie de la
Félicité éternelle, de la Lumiére qui le pénétrera,
il convenoit qu'il se formât à en sentir le prix, par
la peine même qu'il trouve à se la procurer, & que
cette Vie se passât à chercher & à désirer une peine, & avec effort, ce dont la Vie à venir le mettra
dans une possession aisée autant que délicieuse. Dans
la Nature comme dans la Réligion, l'homme trou-

ve des difficultés qui l'arrêtent; mais s'il veut raisonner, il comprend qu'il y auroit de l'ingratitude aussi bien que de l'extravagance, à se dépiter & à renoncer à la persuasion de ce qu'on sait, & de ce qu'on voit, parce qu'on se trouve environné d'objets qu'on ne sait pas tous connoître, de difficultés qu'on ne sait pas toutes lever, & de ténèbres qu'on ne sait pas toutes faire évanouïr ; La Raison & la Réligion s'unissent pour nous donner cette Leçon.

On trouve sur la surface de la Terre des Païs arides, des plaines couvertes de sable, on y trouve des Puits d'eau Salée, de grands Espaces Marécageux, & inutiles à l'homme, des Rochers escarpés d'où il ne peut rien tirer ; mais il en tire au moins cette grande Leçon, que tout ce qu'il voit de Campagnes fertiles, d'eaux claires, & saines, sont les effets d'une Cause Libre qui a varié ses Ouvrages, & les a produit tels qu'il lui a plû.

Le Désordre dans lequel les hommes vivent, sert encore à rendre raison de bien des choses, qui apparemment n'auroient pas eu lieu, si le Genre Humain, vivant dans l'Innocence, n'avoit pas été destiné aux maladies, & à la mort.

Dieu a eu ses raisons pour donner aux hommes une Ame Libre & active ; les hommes peuvent donc faire un *bon usage* de leur Liberté, mais ils peuvent aussi en *abuser*, & ces abus non plus que leurs suites ne doivent point être mis sur le compte de l'Etre Suprême ; Ce n'est point dans cette vue qu'il a donné la Liberté & l'activité, mais l'abus que les hommes font de leurs facultés ne lui a pas empêché de les leur donner, & ne l'oblige pas non plus à les retirer.

L'Ordre n'a pu s'établir que par la direction d'une Intelligence.

VII. POUR prouver que des Mouvemens sans aucune direction ont enfin été capables de produire l'Univers tel que nous le voïons, on a avancé un Argument subtil, & qui embarrasse d'abord par les Idées de l'Infini dont on le compose. Des Atomes éternels, dit-on, & dont le mouvement n'a point d'Origine, ont varié leurs mouvemens en une infinité de maniéres, pendant un temps infini, & parmi ces infinies variétés qui n'ont rien produit, il s'en est trouvé une de laquelle a résulté l'Univers.

Cet Argument suppose *dans un desordre infini*, de *l'Ordre* & de la suite, il suppose que toutes les Combinaisons possibles sont arrivées l'une après l'autre, & que celle qui a assemblé l'Univers, a sa son temps après une infinité d'autres. Mais des Mouvemens sans direction & sans régularité peuvent se varier en une infinité de façons irrégulières, & il n'est pas possible, que de ce *Desordre* infini, où les Atomes se trouvent par leur Nature, il en résulte une *Régularité*, & beaucoup moins une régularité infinie, qui auroit fait cesser le desordre de tous les Atomes pour les distribuer en diverses masses toutes régulières.

Les Desordres infinis sont inépuisables, & sans une Cause intelligente qui les fasse cesser, ils ne seront jamais place à une infinie régularité, qui vienne enfin d'elle même à leur succéder.

Je vai parcourir comme j'ai fait dans les Sections précédentes, les Objections & les Doutes de Mr. Bayle.

Réponse à l'Objection formée par des Matérialistes. Continuation des Pensées. Art. XI. pag. 90. Oeuvres Div. Tom. III. pag. 116.

VIII. IL faut bien, dit Mr. Bayle, que la chose soit difficile, puisque nous voïons tous les jours ,, que ceux qui combattent le plus vivement l'A-,, théïsme, lui donnent des armes sans y penser. Mr. ,, Cudworth & Mr. Grew, très-grands Philosophes, ,, en sont un exemple. Ils n'ont pas trouvé digne ,, d'eux de fortifier & d'éclairer l'Hypothèse Carté-,, sienne, qui est dans le fonds la plus capable de sou-,, tenir la spiritualité de Dieu : Ils ont trouvé plus ,, de gloire à fortifier la Secte chancelante & pres-,, que atterrée des Péripatéticiens, je veux dire, à mer-,, veille dans un plus beau jour & sous une nouvelle ,, face, la doctrine des Formes Substantielles ; l'un ,, en illustrant le système de la faculté plastique, l'au-,, tre en supposant un monde Vital distinct du monde ,, matériel. Vous ne sauriés croire le tort qu'ils font ,, à la bonne cause sans que ce soit aucunement leur ,, intention. Rien n'est plus embarrassant pour les ,, Athées que de se trouver réduits à donner la for-,, mation des Animaux à une cause qui n'ait point ,, l'idée de ce qu'elle fait, & qui exécute réguliére-,, ment un Plan sans savoir les Loix qu'elle exécute. ,, La forme plastique de Mr. Cudworth & le Prin-,, cipe vital de Mr. Grew, sont cependant dans le ,, même cas, & ainsi ôtent à cette Objection ,, contre les Athées toute sa force. Car si Dieu a ,, pû donner une semblable Vertu plastique, c'est ,, une marque qu'il ne répugne point à la nature des ,, choses qu'il y ait de tels agens ; ils peuvent donc ,, exister d'eux-mêmes, conclura-t-on. Vous com-,, prendres ceci par une Comparaison. Si la ,, matière peut recevoir de Dieu la force motrice, ,, il y a une compatibilité naturelle, entre la matié-,, re & la force motrice. On peut donc supposer ,, également & que la matière existe par elle-même, ,, & que la Vertu motrice lui est propre essentiel-,, lement. Ceux qui supposent comme la plupart ,, des Cartésiens que la matière est incapable d'être ,, investie de la force de se mouvoir, & que Dieu ,, seul peut produire le mouvement, sont beaucoup ,, plus en état de démonter les Athées.

Mr. Bayle a très-clairement prouvé que les Loix générales du mouvement ne peuvent pas suffire pour procurer aux différentes particules, dans lesquelles l'étendue se trouve divisée, des arrangemens tels qu'il les faut pour qu'il en résulte des Corps organisés.

J'avoue qu'il ne raisonne pas avec la même justesse quand il ajoûte, " On m'avouera, je m'assure, qu'il ,, n'est pas plus concevable que les Loix du mouvement ,, soient la seule cause de la construction d'une petite ,, maison, qu'il est convenable qu'elles la changent en un ,, grand Palais, ou chaque Chambre, chaque porte, &c: ,, garde la même proportion que l'Architecte du petit ,, Logis avoit observée. Si ces deux choses sont égale-,, ment difficiles, pourquoi croirions nous que les Loix ,, du mouvement, incapables d'organiser un point de ,, matière, auront la Vertu, si elles le trouvent ,, organisé, de le convertir en un animal mille fois ,, plus gros que toutes les proportions observées ,, dans un nombre presqu'infini d'organes de diffé-,, rente nature, les uns mous, les autres fluïdes, les ,, autres durs ?

J'ai déjà examiné ce Raisonnement, je ferai encore là-dessus quelques réflexions. Premièrement comme il me paroit impossible que des pierres & du bois viennent, sans la direction d'aucune cause intelligente, à se placer de la manière qu'il le faut pour composer un petit bâtiment, il me paroit aussi impossible que ce *petit bâtiment* s'étende de lui-même jusqu'à composer un *vaste Palais*. Il faut que de nouveau bois, & de nouvelles pierres s'entassent afin qu'un édifice de petit, devienne fort grand ! Il faut qu'une cause intelligente aille chercher ces bois & ces pierres, les fasse couper, & les fasse placer dans la situation nécessaire pour en former un édifice. Mais on ne seroit pas de même fondé à dire que l'organisation d'un arbre, qui a déjà dix ans, ne peut pas suffire pour déterminer les sucs, qui sont poussés par les Loix générales du mouvement, à le faire croître pendant vingt & trente ans, & à le renouveller dans la suite, à lui faire pousser ses feuilles & ses fruits. C'est une Comparaison très défectueuse que celle d'une *Maison*, dont la construction exige nécessairement que les parties soient liées à ne pouvoir s'ébranler, & à garder la disposition qu'on leur a une fois donnée, avec un *Corps* où tout doit être en mouvement, & dont les plus petites parties sont elles-mêmes composées d'un très-grand nombre d'organes, de Canaux, de Ressorts, tous proportionnés à la nature être des parties liquides & solides qui doivent y fermenter, y circuler, s'y porter, s'y arrêter, & s'y figer.

De la même manière que toutes les parties qui concourent à élever de l'eau dans des Reservoirs, & à l'en faire ensuite sortir sous diverses formes, supposent qu'une Intelligence en a conçu le dessein, & l'a ensuite éxécuté, mais qu'il n'est plus nécessaire que cette cause fournisse aux pompes leurs eaux, & mette sans cesse en jeu tous les ressorts qui les font agir, il en est de même d'une plante: Par le jeu de son organisation, par le secours du ressort & du poids de l'air, aussi bien que de la chaleur du Soleil, il se fait que des sucs propres à la nourir, & à s'unir à sa substance, montent entre ses fibres, & se figent dans quelques-uns de ses pores. A la vérité, ces sucs doivent déja avoir une certaine forme, ils doivent se rencontrer avec d'autres particules propres à les ménuiser & à leur donner un mouvement de fermentation qui les élève; & cela prouve encore la nécessité de reconnoître une cause Intelligente qui préside sur tout l'Univers, & qui auroit inutilement pourvû à l'organisation des plantes, si elle n'avoit pas enrichi la terre de sucs propres à les nourir, si elle n'avoit pas environé ces sucs de matières propres à les faire fermenter, & si elle n'avoit pas placé à une certaine distance un Soleil en état de leur donner précisément les dégrés d'activité nécessaires.

C'est donc en vain qu'un Athée prétendroit qu'aucune raison n'oblige de reconnoître une Cause supérieure à toutes les parties de l'Univers, sous prétexte que des Formes Plastiques, c'est-à-dire de certains êtres pensans & uniquement propres chacun à un certain ouvrage, parce qu'ils en ont l'idée toujours présente, & d'autant plus propres à les produire, & à les former regulièrement, qu'elles n'ont absolument d'autres idées que celle de l'ouvrage, auquel elles sont destinées, & de ce qui peut servir à le former & à le faire croître; sous prétexte, dis je, que de telles *Formes*, ou de *tels Etres pensans* ont pû se trouver répandus de toute éternité dans divers endroits d'une matière éternelle, on ne peut pas dire que ces Etres, & cette Matière aient suffi pour l'arrangement de l'Univers; Car déja ces Etres-là, ne possèdent point l'éxistence nécessaire; ils peuvent être, & n'être pas, on peut en imaginer d'aussi parfaits & de plus parfaits même, qui ne sont point. Puis donc qu'ils peuvent être, & n'être pas, il faut que quelqu'autre Etre puissant soit cause qu'ils ont l'éxistence, au lieu de ne l'avoir pas. Quand même leur Existence seroit éternelle, ce ne seroit point une nécessité qu'ils se trouvassent placés là où ils sont, plutôt qu'ailleurs. Or placée la forme plastique des métaux ailleurs que dans les entrailles de la Terre; placée celle d'un Cérisier ailleurs que sur la surface d'un certain terrain; placée celle des plantes aquatiques ailleurs que dans l'eau, toutes ces formes éxisteront très-inutilement.

Quand donc Mr. Bayle dit, *ce qui n'est pas incompatible avec la nature de la matière, peut éxister éternellement avec la matière*; Je répons, ce qui est essentiel à la matière, ce sans quoi elle ne peut être, ce sans quoi on ne sauroit la concevoir, auroit été nécessairement une propriété éternelle de la matière, si la matière étoit éternelle. Mais tout ce qui ne lui est pas essentiel, tout ce sans quoi elle pourroit être, il faut qu'une Cause libre l'ait déterminé à être dans la matière, puisqu'il pouvoir n'y être pas. Les *Formes Plastiques* peuvent exister avec la matière, j'en tombe d'accord, mais visiblement il n'y a aucune connexion nécessaire entre l'éxistence de la matière, & celle de ces formes, & par conséquent il faut reconnoître qu'une cause les a déterminées à éxister avec la matière.

Les mêmes raisons qui prouvent que l'Univers est l'effet d'une Cause Intelligente, qui a sû former le

vaste Plan, & l'éxécuter tel que nous le voïons; ces raisons tirées de ce que les parties qui le composent ne le connoissent pas elles-mêmes, n'ont aucune idée des usages auxquels elles sont destinées, ne se connoissent point les unes les autres, & par là ne sont point en état de se placer d'une manière propre à se secourir mutuellement, & à profiter de ce qui peut leur être utile. Ces mêmes raisons prouvent qu'une cause supérieure a dû présider sur la naissance des Formes plastiques, les renfermer chacune dans les bornes, les placer chacune dans la situation qui leur convient, & les environer de ce qui est nécessaire pour travailler avec succès à ce à quoi elles doivent s'occuper. Que seroit la Forme plastique d'un Cérisier, par exemple, c'est-à-dire une certaine substance qui a l'idée d'un Cérisier, l'idée des choses propres à le faire croître, qui sait de quelle manière il convient de les ranger, qui a à coeur de les saisir de ces matières, & de les placer chacune où elle doit être, qui ne pense à rien d'autre, & qui est incapable de penser, à quoi que ce soit d'autre? Que seroit une telle Nature s'il n'y avoit point d'autres dans son Voisinage, qui, à point nommé, lui fournissent les sucs, les sels, les soufres, les Terres &c: nécessaires pour son ouvrage?

Le chaud & le froid, le sec, & l'humide, les saisons enfin, & un très grand nombre de choses doivent concourir dans une certaine proportion, pour produire un de plus simples effets qu'on voie; ces choses sont en elles-mêmes indépendantes les unes des autres; il faut donc qu'une Intelligence supérieure les ait assemblées, les ait approchées, & les fasse agir de concert.

Ce sera bien autre chose si nous venons aux animaux: Combien de Formes plastiques ne doivent pas travailler afin que celle qui a sous sa direction la naissance d'un homme, ne travaille pas inutilement, mais organise un Corps qui doit trouver sur la terre tout ce qu'il lui faut pour subsister?

On objecte à ceux qui ne veulent pas reconnoître une Cause supérieure, qu'aucune qualité n'étant essentielle à l'étendue, que chaque Corps pouvant cesser d'être en repos, & pouvant cesser d'être en mouvement, il faut qu'une cause extérieure ait déterminé chaque Corps à avoir la figure qu'il a plutôt qu'une autre, à être en repos, plutôt qu'en mouvement, ou à être en mouvement plutôt qu'en repos, à se mouvoir avec une certaine force, plutôt qu'avec une autre, & dans une direction vers un certain terme, plutôt que dans direction vers un terme différent. On dira de même qu'une Intelligence supérieure étoit nécessaire pour former toutes ces différentes Natures plastiques, pour donner à chacune son inclination, pour assigner à chacune son Ouvrage, pour lui préparer & pour lui fournir les matériaux, pour la placer enfin là où elle peut travailler avec succès, & pour les ranger toutes d'une telle façon que loin de se traverser, elles s'aidassent les unes les autres, non seulement sans se connoitre les unes les autres, mais sans se connoitre elles-mêmes, & sans se trouver en pouvoir de réfléchir sur ce qu'elles font.

IX. XENOPHANES, dit Mr. Bayle, raisonnoit ainsi. *Ce qui a toûjours été, est éternel; ce qui est éternel est infini: ce qui est infini est unique; car s'il contenoit plusieurs Etres, l'un termineroit l'autre, il ne seroit donc pas infini. De plus, disoit il, ce qui est unique, est par tout semblable à soi-même; car s'il renfermoit quelque différence, il ne seroit pas un Etre, mais plusieurs Etres.*

Voila un Exemple évident de ces Idées métaphysiques, ou plutot de ces expressions vagues, dont on est toujours en danger de faire un usage trompeur, lors qu'on les applique à des sujets dont on n'a pas une connoissance assés distincte, & assés déterminée.

Quand *Xenophanes* ajoutoit à ces *Maximes* celle-ci

Si L'Etre Eternel est unique. Article Xenophanes. Note L.

ibidem.

qui

que rien ne se fait de rien: Or tout accident produit de nouveau, & distinct de la substance Divine seroit tiré du neant. Il falloit donc qu'il niât que l'Etre Eternel pût acquérir aucun nouveau mode distinct de sa propre substance. Son Pyrrhonisme auroit il pû tenir, & se seroit-il trouvé dans le cas, où des raisons d'une évidence égale se préséntent en faveur du pour & du contre, quand on lui auroit montré, comme dit Mr. Bayle *les générations continuelles qui se font dans la nature. Elles prouvent, & que l'univers n'est pas un seul Etre, & qu'il contient quelque chose qui est muable, parce qu'il change actuellement?*

,, En vain pour se tirer de cette objection il
,, auroit recusé le témoignage des sens, car on lui
,, auroit répliqué, que si les apparences des sens
,, ne changeoient, si nôtre ame demeuroit toujours
,, la même, & si les Etres qui sont hors de nous
,, ne changeroient point ; il faut donc que pour le
,, moins, ce qui est en nous le sujet passif des per-
,, ceptions que vous appellés des tromperies des
,, sens, soit un Etre muable & altérable: il n'est
,, donc pas vrai, comme vous le prétendés qu'il ne se
,, fasse aucun changement dans l'univers.

Ce sont les paroles de Mr. Bayle, & il ajoute. Or *m'appuïant sur des notions évidentes, j'avois assuré que rien ne se fait de rien: d'où il s'ensuit nécessairement que rien ne peut commencer, & que tout ce qui existe une fois, existe toujours, ce qui prouve évidemment l'immobilité, & l'immutabilité de toutes choses: Je l'avois, dis-je, ainsi compris clairement, & néanmoins l'expérience de mes sensations & de mes passions, me convainc que je suis muable: je n'avois donc rien compris de certain, je n'ai point une faculté proportionnée à la vérité.* Il est évident qu'une telle réponse marqueroit peu de sincérité, ou du moins seroit le langage d'un homme, qui pour ne pas demeurer court dans la dispute, & ne démordre point de son hypothèse, ne veut pas réfléchir sur ce qui se passe en lui-même, & se rendre attentif sur l'éxtrême différence qu'il y a entre la signification des termes vagues, & celle des éxpressions déterminées. Deux évidences égales & contraires mettroient l'Esprit dans l'impuissance de s'aßurer de la vérité, mais l'embarras où jette l'obscurité & l'application de quelques termes vagues, à des sujets qui ne sont pas déterminément connus, peut nous convaincre de nôtre ignorance, & des bornes de nos lumiéres, sans faire aucun tort à la force de l'évidence, & sans ébranler la certitude qu'on en tire.

Mais on peut encore léver cette difficulté plus directement. Nous avons l'idée d'une *Puissance*. Ce terme n'est pas un son vain, il a un sens, & nous en entendons la signification; nous avons donc l'idée de quelque production, de quelque chose qui pour le moins devient ce qu'elle n'étoit pas, nous avons l'idée pour le moins d'un Etat nouveau, & qui n'étoit pas avant que de naître. J'applatis une boule, j'arondis un cube; je donne donc à cette substance étendue des figures qu'elle n'avoit pas. Se trouvera-t-il des gens asés opiniatres pour compter plus sur des idées vagues, & des éxpreßions équivoques, que sur des sentimens aussi vifs, & aussi constans que ceux par lesquels nous nous asurons de l'éxistence des choses? Mais quand nous serions uniquement occupés d'illusions, il seroit au moins réellement vrai que nous en serions occupés, & qu'elles se succéderoient chés nous l'une à l'autre. Un sentiment cesse, & un nouveau prend sa place; les Causes qui les produisent, passent d'une maniére d'agir à une autre, & quand même on ne voudroit point reconnoître de cause, on seroit pourtant forcé d'avouer que nous sommes occupés des pensées qui ne nous ont pas toujours été présentes de la même maniére.

Le moïen de croire qu'un Etre Infini, ne peut rien? S'il peut quelque chose, sa puissance n'est point aßés bornée, pour ne pouvoir pas produire tout ce dont il peut se former des idées. Quoique l'Esprit humain n'ait pas une Idée exacte de la maniére dont la toute-Puissance de Dieu agit; quand elle ordonne qu'une chose dont elle a l'Idée, & qui n'étoit pas, commence à éxister, on comprend que cette toute-Puissance éxiste en lui.

La *Création*, c'est à dire, l'éxistence d'un nouvel Etre, la production d'une nouvelle substance, n'est point un effet au-deßus de ses forces, & c'est de quoi on peut aisément se convaincre.

Rien ne se fait de rien, Donc ce qui est, a toujours été. Ce qui est eternel, est infini: ce qui est infini est unique; car s'il contenoit plusieurs Etres, l'un termineroit l'autre: Ce qui est unique est par tout semblable à soi même: Il est immobile; car s'il pouvoit changer de place, il y auroit quelque chose au dela de lui: Il est immuable; car ce qui n'a point eu de commencement a une éxistence nécessaire.

Delà Xenophanes concluoit, *l'Univers est un Etre, c'est donc l'Etre unique, éternel, immuable. Donc ce qui paroit s'y faire de changement, ne consiste que dans des apparences trompeuses.*

Il devoit continuer, & se demander: Mais les apparences, de ces changemens qui se succédent chés moi l'une à l'autre, ne sont elles pas des changemens ? Ne suis-je pas un Etre, puisque ce qui n'est pas est incapable d'être trompé par des apparences?

Dans tout le Raisonnement de Xenophanes, y a-t-il une seule Idée, je ne dis pas qui passe, mais qui égale tant soit peu en netteté, & en force, celles que je viens d'éxprimer? Une preuve de sentiment incontestable lui devoit donc faire revoquer en doute la Conclusion où l'amenoient des Raisonnemens subtils, & conçus en des termes aisément susceptibles d'équivoque

Un Etre Eternel éxistant nécessairement, & par là même Infini, seroit-il infini, s'il manquoit de puissance, & ne manqueroit il pas de puissance s'il ne pouvoit rien produire? Cet Etre doit être Infini en perfections, & non pas en imperfections : Il ne doit donc pas être infini à la maniére de l'étenduë matérielle.

Cela même qu'il faut le reconnoître Infini en perfections, doit nous empêcher d'être étonnés, si nous ne le comprenons pas, & si nous ne pouvons pas le comprendre. Sur des sujets de cette nature il nous arrive aisément de parler sans savoir ce que nous disons; Mais le bon sens veut qu'on se taise sur ce qu'on ne comprend pas, & qu'on se tienne à ce qui est démontré par des raisons dont on comprend la force.

Une Intelligence Infinie, telle qu'est l'Intelligence de l'Etre néceßaire & Infini, a pu former une infinité de plans dignes d'être exécutés par sa puissance. L'Idée d'un de ces plans n'a pas succédé à l'autre, dans cette Intelligence infinie; Mais infiniment Libre, elle s'est déterminée librement à en choisir un pour l'éxécuter, & c'est celui dont nous sommes une partie. Mais, dirés vous, *si elle n'avoit choisi un autre, elle n'auroit pas pensé de la même maniére qu'elle a fait.* Je répons que quelque plan qu'elle eut choisi, elle auroit toujours eu l'idée de tous les plans possibles, & elle se seroit déterminée à l'un d'eux avec la même liberté.

Ce qui est Infiniment parfait n'a besoin de rien, il se suffit à lui même : Rien donc ne l'obligeà produire quelque chose de différent de lui; ce n'est pas par nécessité, c'est par un libre choix qu'il s'y détermine.

Il n'y a point d'équivoque dans les termes dont ces Raisonnemens sont composés, la Conclusion où ils nous ménent est très-sûre, quoique nous ne connoissions pas pleinement l'objet immense sur lequel nous avons raisonné. Mais quand on dit *l'Etre Infini est Unique, il exclut tout autre Etre*, il y a de l'équivoque: l'Etre infini en perfections, ne peut pas avoir son égal en perfection, & en infinité;

mais

son éxistence n'éxclut pas l'éxistence des Etres non parfaits, comme elle ne la renferme pas non plus. Si par le mot d'Etre on n'entend qu'une Etendue, telle que l'étendue solide & impénétrable, on a raison de dire qu'une telle étendue infinie est unique, & qu'elle éxclut de sa place infinie toute autre étendue impénétrable. Mais suivant l'idée de plusieurs Philosophes, loin d'éxclure l'étendue spatiale infinie, elle la suppose au contraire; à plus forte raison l'Intelligence infinie, & l'Etendue infinie, sont deux Etres qui ne s'éxcluent point l'un l'autre.

Cette Maxime; *de rien, rien ne se fait*, est équivoque: Elle peut signifier, *le rien n'est pas une matiere susceptible de quelque forme*; *on ne sauroit le modifier pour en faire un ouvrage*: En ce sens la Maxime est très-vraie, & d'une parfaite évidence. Ce sens là se présente le prémier, & peut bien être cause du jugement qu'on porte sur l'autre dont il s'agit dans cette Question. On demande s'il implique contradiction qu'un Etre ait l'idée d'une Substance qui n'éxiste pas, & la force nécessaire pour la faire éxister, s'il lui plait qu'elle éxistet? Répondre à cette demande en disant, *de rien, rien ne se fait dans le prémier sens*, ce n'est rien dire, & c'est visiblement sortir de la Question. & prendre cette Maxime dans le second sens; c'est poser tout net pour principe *ce qui est en question*. Implique-t-il *contradiction qu'un Etre ait l'idée*? Oui; & pourquoi? Parce que cela implique contradiction.

Pour décider cette Question en homme raisonnable il faut s'assûrer si la distance, de ce qui n'éxiste pas, à ce qui éxiste, est si grande, qu'aucune puissance ne soit capable de la franchir. Or on doit convenir que cette distance n'est pas telle, dès qu'il y a un Etre infini, & dont les perfections n'ont aucune borne. Tout Etre qui n'est pas absolument parfait est un ouvrage borné, qui par conséquent n'est pas infiniment éloigné du néant, puis qu'il y en a d'autres qui le font d'avantage, par là même qu'ils ont plus de réalité & de perfection.

Mr. Bayle prononce d'un ton si affirmatif, *S'il y a quelque principe évident, & d'une parfaite certitude, c'est sans doute celui-ci*, DE RIEN, RIEN; & pour lui donner plus d'emphase, il se plait à l'éxprimer en Latin: EX NIHILO NIHIL FIT. Ses aveugles Admirateurs le croient sur sa parole. Ils se rendent ses Echos & en François & en Latin; & après vous avoir dit d'un air & d'un ton triomphant EX NIHILO NIHIL FIT, ils s'étonnent qu'au lieu de succomber, vous osiés encore vous hazarder à répondre; EX NIHILO NIHIL FIT. *Oseriez-vous nier cet Axiome?* Pourquoi non? (ai-je quelquefois répondu à ces prétendus Philosophes qui avoient chargé leur mémoire des objections de Mr. Bayle, & qu'ils répétoient à tout coup en Perroquets, de même que son Apologie.) On le voit tous les jours. N'applatis-je pas une bale de plomb quand je veux? Il y avoit déja dans le monde des figures semblables à celle que je donne à ce bloc; mais celle-ci n'y étoit pas. *Mais vous avés produite cette figure par le moien du mouvement, & ce mouvement dont vous vous êtes servi éxistoit déja*. Sans doute. Aussi prétens-je qu'il ne se produit quoique ce soit que par le moien d'une *Cause Efficiente*, & c'est de là que je conclus que l'Univers a un Auteur, que cet Auteur éxistoit déja, & avoit l'idée de son ouvrage, avant que de lui donner l'éxistence qu'il a présentement, mais qu'il n'a pas toujours eu. *Mais ce mouvement dont vous avés besoin pour produire une nouvelle figure, vous savés où l'aller prendre, & de quelle maniere il faut s'en servir*. J'en tombe d'accord. Mais cette Cause Efficiente que je connois, & que je mets en œuvre, produit un effet, par conséquent une *réalité* qui n'éxistoit pas auparavant. Cette Figure que je viens de produire n'étoit pas encore avant que sa cause efficiente la fit naitre, &

dès que cette *Cause* l'a produite, elle n'est pas un rien, elle a une éxistence réelle.

Un Corps *A* en mouvement, frappe le Corps *B*, & y produit un mouvement. Ce mouvement n'éxistoit point avant le choc, & depuis le choc ce nouvel état éxiste. Il n'étoit pas, il est. *Mais ce n'est rien de nouveau*. Equivoque toute pure, & même assés grossiére. Il y avoit dans divers autres Corps, un mouvement semblable; Mais ce mouvement n'étoit point celui qui est survenu au Corps *B*. Le mouvement du Corps *A* ne peut passer dans le Corps *B*; ce passage implique contradiction. Le Corps *B* peut acquérir un état semblable à celui du Corps *A*, mais il est impossible que l'état du Corps *A* devienne lui-même celui du Corps *B*; car il faudroit que le Corps *A*, éxistant d'une certaine maniere, devint le Corps *B*, éxistant d'une maniere semblable.

Si un Corps en mouvement est un Etre assés réel, assés actif, pour faire passer un autre Corps de l'état de repos à celui de mouvement; Si ce Corps est un Etre assés réel, assés actif, pour faire éxister un état qui n'éxistoit pas auparavant, pourquoi un Etre infiniment plus parfait, & plus puissant, ne pourroit-il pas faire éxister une substance qui auparavant n'étoit pas? Une substance est-elle une réalité infinie, en comparaison de ses états & de ses maniéres d'être? n'est-elle pas finie aussi bien qu'eux? & l'activité de l'Etre Eternel, & sans bornes dans ses perfections, n'est-elle pas au-dessus de l'activité des Corps? & ne peut-elle pas donner l'éxistence à ce qui seroit infiniment au-dessous de son activité, à ce qui seroit incomparablement plus réel?

X. Mr. Bayle met cet argument dans la bouche d'un Epicurien, *pour produire le mouvement dans la matiere, il faut que Dieu la touche, & qu'il la pousse, & si cela est, il n'est pas distinct de la matiere*. *De la naissance du mouvement. Article Xxxx B Art. II.*

Par nôtre propre sentiment, qui est la plus forte de toutes les preuves, nous sommes convaincus que notre Volonté est par sa nature active, c'est un acte au moins intérieur; nous le sentons, nous nous éxcitons, nous nous animons en voulant. Cet acte, dont nous ne nous saurions former aucune idée dès que nous le représentons comme un Mouvement corporel, est pourtant suivi du mouvement de notre corps.

Je veux que cet acte qui est *pensée* & non pas *mouvement*, ne soit qu'une cause apparente du mouvement qui l'accompagne, ou qui le suit immédiatement: pourquoi la volonté d'un Etre pensant plus parfait que nous, ne pourroit-elle pas être la cause réelle d'un mouvement dont nous ne sommes que la cause apparente? La puissance est quelque chose de réel, & une réalité éternelle de réalité, & de perfection doit avoir une puissance infinie. La volonté d'un tel Etre, qui est une pensée active, puis qu'elle est la volonté d'un Etre Infini, doit-elle infiniment active, & par conséquent rien ne lui doit être difficile. Cette conclusion est une suite évidente de la liaison nécessaire, qui se trouve entre les idées de volonté, d'activité, de réalité, & de perfection.

Les Epicuriens qui prétendoient que le mouvement des Atomes, qui ne pensoient pas, étoit capable de produire des pensées, & des volontés; pourquoi auroient-ils refusés de reconnoitre que des actes de volonté étoient capables de produire des mouvemens?

Plus on se rend attentif à la nature du mouvement, plus on se convainc qu'il doit son éxistence à une volonté libre & éfficace, qui a trouvé à propos de la lui donner.

Je vois des corps en repos, après les avoir apperçus en mouvement, & j'en vois qui se meuvent après avoir été en repos. De là je conclus que le corps est indifférent de sa nature à l'un ou à l'autre de ces états, ou du moins qu'il est susceptible de l'un ou ou de l'autre. Or tout ce qui peut être & n'être pas, doit avoir été déterminé par quelque autre cause, à être, plutôt qu'il n'être pas ; & ce qui peut éxister de deux maniéres, doit avoir été déterminé par quelque cause à être d'une façon plutôt que de l'autre.

Aujourd'hui nous voions qu'un corps qui est en repos, se met en mouvement en suite de l'impulsion qu'il reçoit d'un autre ; mais comme celui-ci avoit peut-être déja été en repos, avant que d'être en mouvement, & que certainement il est susceptible de l'état où nous ne le voions pas, autant que de celui où nous le voions, il est naturel, & il est conforme à la Raison de demander d'où vient qu'il est lui-même en mouvement, & qu'il en pousse un autre.

On n'échapperoit pas en fuiant pour ainsi dire, dans l'obscurité de l'infini, & en disant que peut-être y a-t-il eu de toute éternité quelque corps en mouvement.

En vain, dis-je, on chercheroit à éluder la Question par cette défaite ; on y seroit aisément ramené ; car puis qu'il n'y a aucun corps dont la nature soit incompatible avec l'état de repos, & que nous sommes forcés de reconnoître que le Corps le plus agité pourroit conserver son éxistence, & la nature de corps toute entiére, en perdant son mouvement, nous sommes forcés d'avouer qu'il n'y a aucun corps qui n'ait pû être éternellement en repos, au cas qu'il nous plaise de supposer la matiére éternelle ; & il faudra toujours convenir, que quelque cause éternelle a dû déterminer à être en mouvement ce qui pouvoit être éternellement en repos. Car comme aujourd'hui un corps en repos ne tire pas son mouvement de lui même, mais le reçoit de l'efficace d'une cause qui lui est éxtérieure, aussi un corps éternel, supposé qu'il y en puisse avoir, & qu'il y en ait eu, n'auroit pas tiré son mouvement éternel de sa nature, susceptible d'un éternel repos, tout comme d'un éternel mouvement ; mais il l'auroit reçu de l'impression éternelle d'une cause différente de lui.

Si l'on essaioit d'éluder le Raisonnement que je viens de faire, en disant, que comme la matiére a éxisté éternellement, & par conséquent n'a point de cause, il en est de même du Mouvement qu'on se donnera la liberté de supposer éternel, comme la matiére. Je répondrois que rien ne peut-être éternel, & sans cause que ce qui éxiste nécessairement ; car ce qui est éternel, mais qui auroit pû ne l'être pas, devroit tenir son éxistence d'une cause éternelle qui l'eût produit de toute Eternité. Or si l'éxistence du mouvement étoit nécessaire ; si des corps éternels, ont été éternellement en mouvement, parce que c'étoit une nécessité qu'ils le fussent, ils le seroient encore ; & un corps à qui le mouvement a été une fois si essentiel, qu'il lui a appartenu nécessairement, & éternellement, ne l'auroit jamais perdu. Cependant les Corps qui se meuvent, perdent de leur mouvement, à mesure qu'ils en donnent aux autres.

Si quelques-uns des corps qui composent l'univers ont eu un mouvement éternel, l'ont-ils eu nécessairement ou par hazard ? Etoient-ils tels qu'ils ne pussent être sans mouvement, ou pouvoient-ils être en repos ? Dira-t-on que le hazard en a décidé, & que par là seulement un corps, qui auroit pû être éternellement en repos, a été dans un mouvement éternel ? C'est reconnoître un effet qui n'a plus de cause. Rien n'a déterminé un tel Corps à l'état où il est. Si on aime mieux regarder les mouvemens éternels comme des mouvemens d'une éxistence nécessaire, d'où vient qu'un corps après être mû éternellement, est venu à perdre une partie de son mouvement, ou à le perdre tout entier ?

Il y a plus ; les Corps dont les Mouvemens sont supposés éternels, se sont ils mû éternellement sans en point rencontrer, & sans en point pousser ? N'est-ce qu'après une éternité que leur mouvement a éprouvé des chocs & des diminutions ? Ont-ils eu éternellement quelques corps dans leur voisinage ? Si cela est, un corps éternel en aura éternellement poussé d'autres, & de toute éternité il aura eu du mouvement, & en aura perdu ; & cependant celui qu'il aura perdu, il l'avoit avant que de le perdre. Ainsi plus l'on s'obstine dans l'Hypothése d'un mouvement éternel, plus l'on s'enfonce dans des contradictions. L'Eternité de la perte aura dû être précédée d'une autre.

Il ne faut pas se laisser éblouïr par ce qu'offriroit de commode la supposition de quelques Corps, a qui le *Mouvement* seroit *essentiel*, comme le *Repos* aux autres. Ceux-là, diroit-on, ne le perdroient jamais, mais le conserveroient toujours tout entier, quoi qu'ils parussent en perdre une partie, lorsque les effets de leur activité seroient ralentis par les masses qu'ils seroient obligés de porter avec eux, comme l'activité d'un cheval paroît ralentie par le poids dont il est chargé ; quoique sans devenir plus grande, & sans recevoir aucun accroissement, cette activité se fera avancer d'avantage dès qu'on aura diminué la charge qui le retardoit.

Quand un corps en choque un autre, il faudroit, selon ce systême, qu'une partie des corpuscules qui sont essentiellement mobiles, passassent du prémier dans le second, & que chaque Corps s'avançat à proportion de la quantité des corpuscules qui le porteroient en avant. Mais d'où vient qu'un corps n'en chasse un autre que dès qu'il vient à le toucher ? D'où vient que ces corpuscules si mobiles ne s'échappent pas du prémier, pour passer dans le second, à quelque proximité qu'il en soit, à moins qu'il ne le touche ? L'AIR leur laisse un chemin très-libre, cependant ils n'y passent pas.

Dira-t-on que ces corpuscules, sources, & sujets propres de tous les mouvemens, ne se détachent d'une masse, où ils sont une fois nichés, qu'à proportion des obstacles qu'une autre fait à la continuation de leur route ? Mais d'où vient qu'il en passe tout autant d'une boule dans une autre, (quoiqu'elles ne se touchent que dans un point,) qu'il s'en passeroit d'un cube dans l'autre, s'ils étoient de même poids que les boules, quoique la surface de l'un s'applique sur toute la surface de l'autre ? Il faut qu'ils se dégagent bien aisément, & il faut leur attribuer une singuliére dextérité, & une espéce d'intelligence, & de conduite, pour quitter ainsi toutes les parties d'une boule, où ils se sont répandus, & en sortir tous à la fois, par le seul point du contact, ou pour s'échapper par des lignes parallèles au diamétre qui passe par ce point, traverser l'air où ils n'avoient garde de se lancer sans cela, se rendre enfin dans la même boule où ils se sont rendus ceux qui ont défilé par le point du contact, s'y arrêter & s'y nicher, jusques à ce qu'une occasion semblable les avertisse de s'en séparer.

Il est incontestable qu'il s'est produit du Mouvement. B est frappé par C. Il étoit en repos. Le voilà en mouvement. Voilà donc une réalité nouvelle ; Ce n'est pas le prémier mouvement ; Il a été précédé de celui de C ; mais le mouvement de B, est aussi peu celui de C, que la substance de B est celle de C. Les substances sont semblables, les Etats le sont aussi, mais l'un n'est aucunement l'autre. Il est impossible qu'une substance dans un certain état, devienne une autre substance dans un semblable état.

On ne peut pas faire retomber les Questions que nous venons de faire sur la Cause prémiére elle-même, ou sur celle à qui on donne ce nom ; & à qui on attribue la naissance de tout mouvement. On ne peut pas dire que pouvant être, & n'être pas, il faut qu'il y ait une cause qui l'ait déterminée à être plutôt qu'à n'être pas. Ce langage ne signifie rien. On ne sauroit chercher une telle cause prémiére sans

Voiés mes Essais sur le Mouvement.

éxtra-

DU PYRRHONISME.

extravagance, ni la fuppofer fans contradiction. On ne fauroit fuppofer un Etre abfolument parfait, comme capable d'éxifter, mais n'éxiftant pas encore, fans fe contredire : car ce qui eft néceffairement, & ce qui eft fi réel qu'il implique contradiction qu'il ne foit pas, eft fans contredit plus parfait que ce qui eft, mais qui auroit pu n'être pas.

Il y a plus ; Si l'Etre abfolument parfait n'éxiftoit pas actuellement, il feroit impoffible qu'il éxiftât jamais ; car ce qui le détermineroit à éxifter, feroit plus parfait que lui, & outre la puiffance il auroit l'éternité, & par conféquent une réalité infinie de plus que lui.

Quand nous parlons de *l'Etre* abfolument infini, ou abfolument parfait, fi nous voulons penfer conformément à nos éxpreffions, nous nous rendrons attentifs à l'idée de l'Etre, & nous nous abftiendrons de le borner à la poffibilité, & d'en exclurre l'éxiftence actuelle, l'éxiftence éternelle, l'éxiftence néceffaire.

Dès qu'on fera convenu que *Corps*, & *étendue*, c'eft la même chofe, on fera obligé de reconnoitre, & on verra très-clairement, qu'aucun corps, (c'eft-à-dire aucune portion d'étendue) ne peut tirer fon mouvement de lui-même ; que l'étendue ne fauroit paffer d'elle même de l'état de repos à celui de mouvement ; qu'elle eft indifférente à l'un & à l'autre de ces deux états ; qu'elle eft également fufceptible de l'un & de l'autre ; que par conféquent il faut que quelque Caufe extérieure la détermine à l'un plutôt qu'à l'autre.

Mais cette Caufe différente de la fubftance corporelle comment y a-t-elle fait naitre le mouvement ? Quand je répondrois à cette demande ; La chofe eft fûre, mais j'en ignore la manière, les bornes de mes connoiffances devront-elles rendre incertain tout ce que je connois ? Cette Réponfe fuffiroit pour contenter un efprit raifonnable : Mais on peut aller plus loin.

Après avoir connu que la fubftance étendue ne peut pas être elle-même l'origine de fon mouvement, il faut effaier de la chercher dans une fubftance intelligente : Or à quelque intelligence qu'on s'avifât d'attribuer les prémiers mouvemens de l'Univers, comme il faudroit toujours reconnoitre que cette Intelligence tiendroit fon pouvoir de l'Intelligence fuprême & éternelle, c'eft dans la Puiffance & dans la Volonté de celle-ci, qu'il faut chercher la première origine du mouvement.

La puiffance d'un Etre quel qu'il foit, c'eft cet Etre même éxiftant d'une certaine façon, ou confidéré à de certains égards ; c'eft cet Etre même *agiffant, & faifant naitre quelque chofe qui auparavant n'étoit pas*, fubftance ou état de fubftance. La Puiffance de l'Etre fans bornes, de l'Etre Infiniment réel, c'eft donc cet Etre même, & par conféquent elle eft auffi fans bornes, elle eft infiniment réelle, infiniment active. L'Intelligence éternelle peut produire tout ce qu'elle veut, & le produire avec une infinie facilité, c'eft-à-dire avec une facilité proportionnée à fa puiffance, proportionnée à ce qu'elle eft ; il fuit de là qu'elle opère par la volonté de fon ordre eft immédiatement fuivi d'un effet tel qu'elle l'a voulu, tel qu'elle l'a ordonné ; car s'il falloit que cet acte de fa volonté fut encore foutenu de la moindre application, fut accompagné du moindre effort, la facilité ne feroit pas infinie, & une volonté efficace par elle-même, agiroit encore plus facilement, & feroit encore plus puiffante.

Voies Sect. IV. Art. LXIV. & fuiv. Nous faifons naitre divers mouvemens dans notre corps par la feule efficace de notre volonté ; ou du moins fi la volonté ne produit pas immédiatement les mouvemens de nos mufcles, elle détermine les efprits à y couler, & en général les caufes qui les agitent à s'y porter : Notre volonté eft donc caufe de ces manières d'être, que nous appellons des déterminations de mouvement, fes ordres font incontinent exécutés, les caufes immédiates des mouvemens de nos bras & de nos jambes lui obéiffent fur le champ, quoique cette volonté ne connoiffe pas ces caufes, & que ces caufes ne la connoiffent pas, & ne foient pas même capables de connoiffance.

Quand on fuppoferoit qu'il n'y a dans l'homme qu'une feule fubftance, la volonté & le mouvement feroient toujours deux attributs très-différents ; la volonté eft une manière d'Etre, qui fe fent, & qui fe connoit, par la même qu'elle éxifte, au lieu que le mouvement ne fe fent, ni ne fe connoit ; l'une feroit pourtant la caufe de l'autre.

Enfin fi l'on penfe que notre Volonté n'eft qu'une caufe occafionnelle des mouvemens de nos efprits, ou de leurs déterminations, il faudra toujours reconnoitre qu'elle en eft la caufe apparente ; or ce dont elle eft une apparence, une ombre, une repréfentation, il faut que la réalité s'en trouve quelque part, & ce fera dans la Volonté de l'Etre fuprême.

Cet Etre renferme toutes les perfections abfolues, c'eft-à-dire qui ne font accompagnées d'aucune imperfection : Infini, il fe fuffit à lui-même, heureux par lui-même, & infiniment fatisfait de fe connoitre, & de jouir de lui-même ; il pouvoit ne rien produire de différent de foi-même, car il n'avoit befoin de rien ; & comme le mouvement pouvoit être, & n'être pas, il pouvoit le produire ou ne le produire pas. Sa volonté fuprême eft parfaitement Libre ; il eft effentiel à la parfaite Liberté de fe déterminer elle-même, & fa Volonté s'eft librement déterminée à vouloir que l'étendue fut, & à vouloir qu'il y cut du Mouvement dans l'étendue.

XI. LORSQUE des preuves claires, fimples, & folides, réduifent à la néceffité d'admettre certaines conclufions ; des conclufions ainfi établies, ne perdent rien de leur force, quand même elles tombent fur des fujets qu'on n'eft pas en état de comprendre parfaitement. Mr. Bayle en convient lui-même, lorfqu'il dit.

L'élévation de l'Etre fuprême n'afsfoiblit point la Certitude des Raifonnemens prédéns. Diction. Article Epicure Note T.

" Pour mieux connoitre l'importance de la doctrine de la Création, il faut auffi jetter la vuë fur les embarras inéxplicables à quoi s'engagent ceux qui la nient. Confidérés donc ce qu'Epicure pouvoit objecter aux Platoniciens, comme on l'a vu ci-deffus, & ce qu'on peut dire aujourd'hui contre les Sociniens. Ils ont rejetté les Myftéres Evangeliques, parcequ'ils ne pouvoient les accorder avec les lumières de la Raifon. Ils ne fe feroient pas fuivis, s'ils étoient tombés d'accord que Dieu a créé la matière ; car ce principe Philofophique, *ex nihilo nihil fit, rien ne fe fait de rien*, eft d'une auffi grande évidence que les principes en vertu defquels ils ont nié la Trinité, & l'union hypoftatique. Ils ont donc nié la création ; mais que leur eft-il arrivé ? C'eft de tomber dans un abime, en fuiant un autre abime, il a fallu qu'ils reconnuffent l'éxiftence indépendante de la matière, & que cependant ils la foumiffent à l'autorité d'un Etre. Il a fallu qu'ils avouaffent que l'éxiftence néceffaire peut convenir à une fubftance qui eft d'ailleurs toute chargée de défauts, & d'imperfections, ce qui renverfe une notion très-évidente, favoir que ce qui ne dépend de quoi que ce foit pour éxifter éternellement, doit être infini en perfection ; car qui eft-ce qui auroit mis des bornes à la puiffance, & aux attributs d'un tel Etre ? En un mot ils ont à repondre à la plupart des difficultés, que j'ai fupofé qu'Epicure pouvoit propofer aux Philofophes qui admettroient l'éternité de la matière : Inférés de là en paffant qu'il eft très-utile à la Religion que l'on faffe voir que l'Eternité de la matière entraine après foi la deftruction de la Providence Divine. On montre par ce moien la néceffité, la vérité, & la certitude de la Création.

NB.

NB.

NB.

Voilà

Voilà Mr. Bayle qui reconnoit la Raison utile à la Théologie; elle fait voir de son aveu la nécessité de la Création, & cette nécessité reconnuë facilite la solution des difficultés qu'on forme sur la Providence.

Mr. Bayle reconnoit auſſi que la ſuppoſition de l'éternité de la matiére, renverſe les notions du bon ſens. *La Création* proprement ainſi appellée, n'eſt pas ſans obſcurité; mais le ſyſtême qui n'en admet point, en a de beaucoup plus grandes, c'eſt un *abime* de ténébres & de contradictions.

Au fond la peine qu'on ſe fait de reconnoitre une Puiſſance qui va juſques à donner l'Etre à des Subſtances, n'a pour tout fondement que des Préventions communes au plus groſſier vulgaire, qui ne juge que par ſes yeux: On lui fait un récit, & ce récit ne contient rien, quoiqu'il n'ait ſouvent vû des éxemples; il l'écoute avec plaiſir, il le croit vrai, par là même, & n'en demande pas des preuves. Mais s'il a vû peu d'éxemples de ce qu'on lui dit, il s'en défie; ſi enfin il n'a rien vû de ſemblable, il ne doute plus qu'on ne ſe moque de lui, & il s'applaudit de n'être pas crédule: Quand les Phyſiciens commencérent il y a un peu plus d'un Siécle, à parler de Pores, de Matiére ſubtile, & d'attribuer aux différentes figures de ces particules, & de ces pores les Phénoménes de la nature, on écoutoit tout cela comme des ſonges & des contes de Féés. Le Vulgaire ne s'eſt pas mieux aſſuré de l'éxiſtence de ces pores, & de ces particules; mais à force d'en entendre parler, on s'eſt rendu ces termes familiers, & on ne les accuſe plus d'éxprimer des Paradoxes.

Création de rien. Article Hierocles. Note A.

XII. Mr. BAYLE trouve encore que Hierocles raiſonnoit très-ſolidement, pour prouver que le Monde a été produit de rien. " Il conclut, dit-il de là

N B.

" que Dieu n'auroit pû commencer ſon ouvrage
" que par une mauvaiſe action, ſavoir par l'entrepriſe
" ſe de dépouiller de ſon état naturel une ſubſtance
" incréée auſſi bien que lui, & ſa propre ſœur. Ce
" ſont des raiſons ſi fortes, que toute perſonne qui
" les aura bien peſées, & qui s'intéreſſera à la gloi-
" re de Platon, tâchera de faire voir qu'il n'a point
" admis deux principes Collateraux, Eternels, &
" indépendans l'un de l'autre, Dieu & la matiére.
" Voilà ſans doute ce qui fit que notre Hierocles
" lui attribua le dogme de la Création proprement
" dite. Je me perſuade qu'il l'avoit lû dans les Ecrits
" des Chrétiens, & qu'aïant été frappé des argu-
" mens, qui combattent l'éxiſtence d'une matiére
" incréée, & qu'aïant joint à cela les notions de Créateur
" qui portent au plus haut point la puiſſance & la ma-
" jeſté Divine, il ſuppoſa pour la gloire de la ſecte
" que ſon Fondateur avoit connu Dieu ſous l'idée
" d'une nature dont un ſimple acte de volonté peut
" ſuffire à la formation de l'Univers.

Il ſeroit à ſouhaiter que ces vérités euſſent été plus préſentes à l'Eſprit de Mr. Bayle, il n'auroit pas parlé comme il le fait ſouvent de la Création des Etres tirés du néant, comme d'une difficulté propre à arrêter tout court les plus grands Génies.

Il prouve encore que le ſyſtême de l'éternité de la matiére eſt expoſé à des difficultés inſurmontables. " Ainſi en quittant le droit chemin, *dit-il*,

Article Democrite. Note B.

N B.

" qui eſt le ſyſtême d'un Dieu Créateur libre du
" monde, il faut néceſſairement tomber dans la mul-
" tiplicité des principes; il faut reconnoitre entr'eux
" des antipathies, & des ſympathies, les ſuppoſer
" indépendans les uns des autres, quant à l'éxiſten-
" ce & à la vertu d'agir, mais capables néanmoins
" de s'entre-nuire par l'action, & la réaction. Ne

NB.

" demandés pas pourquoi en certaines rencontres
" l'effet de la réaction eſt plutôt ceci que cela; car
" on ne peut donner autre raiſon des propriétés d'une
" choſe, que lors qu'elle a été faite librement par
" une cauſe qui a eu ſes raiſons, & ſes motifs en la
" produiſant.

Quand on ſuppoſeroit les Atomes Eternels, & en mouvement de toute Eternité, on pourroit bien en conclure, qu'en s'approchant ils formeroient de certaines maſſes, & ſi vous voulés encore, que ces Maſſes ſeroient propres à produire de certains effets. Mais de là il y a infiniment loin à ſuppoſer que ces Maſſes, formées par le concours fortuit des Atomes, auroient pris un agencement régulier, & que les propriétés des unes, auroient été préciſément telles qu'il les falloit pour l'uſage des autres.

Que l'on ploie dix billets numerotés l'un par le chifre (1) le ſecond par le chifre (2) Combien de repriſes ne faudroit-il pas, pour les tirer, ſans choix, dans un tel ordre que le Numero (1) vint préciſément le premier, le Numero (2) le ſecond, & ainſi juſques au 10?

S'il y en avoit 20. le cas ne ſeroit pas ſeulement deux fois plus difficile, mais incomparablement plus, comme le démontrent ceux qui ont étudié la doctrine abſtraite des Combinaiſons. Cinq choſes melangées 2 à 2, donnent 15 combinaiſons, à 3, 35. à 4, 70. à 5, 126. à 6, 210. à 7, 330.

La difficulté de ranger pluſieurs choſes ſans le ſecours du diſcernement dans un ordre croiſſant avec le nombre de ces choſes, devient toujours plus grande dans une proportion qui va ſi fort en augmentant. Pour donner un arrangement, ſans le ſecours de l'intelligence & du choix, à une infinité de parties en deſordre, il faudroit ſurmonter des difficultés infiniment infinies. Quelle étenduë d'intelligence ne ſeroit pas néceſſaire pour ranger dans un grand ordre, dans un ordre exquis, dans un ordre qui ſe ſoutînt, une infinité de choſes dont chacune hors de ſa place ſeroit une cauſe de deſordre? Prenés autant de lettres qu'il y a dans une uneligne, agencés les billets où elles ſont écrites, une ſeule par billet ſans les voir, à peine après avoir épuiſé votre vie en tentatives viendrés vous une fois à bout de les ranger à faire lire cette ligne. La difficulté ſera beaucoup plus que double s'il faut ainſi venir à bout d'agencer les expreſſions de deux lignes. Où n'iroit point la difficulté de les ranger, ſans le ſecours du diſcernement, dans l'ordre où elles ſont dans une page entiére? Leurs agencemens fortuits iroient-ils enfin à compoſer un Livre? Une Cauſe infinie en perfection peut ſeule lever les obſtacles qui naiſſent d'une confuſion infinie.

J'ajoûterai ici un exemple aiſé de la variété & de la multiplicité des combinaiſons. *a* & *b* ſe combinent en deux maniéres *ab*, *ba*. *abc* en ſix, *ab*, *cb*; *ba*, *bc*; *ca*, *cb*; & cela ſans être répétées. *abcd*, en 24. *abcd*, *abdc*, *acbd*, *acdb*, *adbc*, *adcb*; en voila ſix. Il y en aura autant ſi l'on commence par *b*; autant par *c*; autant par *d*.

Une infinité combinées 2 à 2, iroit à l'infini; combinées 3 à 3, encore à l'infini, & à un plus grand infini: combinées toutes enſemble, à une infinité d'infinies maniéres. Quelles ſources de confuſions; quelle infinité de dérangemens, & à combien d'infinies maniéres ne montent pas les cahos & les confuſions poſſibles? Si cette confuſion ne ſe change pas tout d'un coup en régularité, elle ſubſiſtera, car quelque léger principe de régularité ſeroit bientôt détruit par les chocs d'une infinie confuſion reſtante.

Dire dans la ſuite infinie des temps la combinaiſon réguliére a enfin eu ſon tour, ce ſeroit ſuppoſer une infinie régularité dans la confuſion, puiſque ce ſeroit ſuppoſer que toutes les combinaiſons différentes à l'infini ſe ſeroient ſuccédées par ordre, & que par là la combinaiſon réguliére auroit paru, dans ſa place, & en auroit eu une aſſignée dans cette ſucceſſion, ou elles ſe préſenteroient par ordre, comme ſi une Intelligence en avoit fait les agencemens, les eſſais, les revues.

Cette hypothéſe ſur la Création une fois reconnuë, les difficultés qu'on forme contre la Providence tombent; car après les avoir pouſſées tout auſſi loin que Mr. Bayle les porte, elles nous aménerons neront à penser que Dieu est un Etre Libre, qui pour agir d'une maniére digne de lui & de sa Liberté, à conçu un plan, dont l'éxécution, quand même on n'en connoît pas l'étendue, ne laisse pas de présenter avec les Caractéres de la Liberté de son Auteur, une combinaison de Sagesse, de Justice & de Bonté.

Je ne dois pas laisser passer sans quelques remarques les Argumens par lesquels Mr. *Bayle* combat un systême fort ancien; savoir celui de l'Eternité de la Matiére, à qui une Intelligence suprême a enfin donné l'arrangement qu'on y voit; On peut les lire dans l'Article, Epicure. Mr. Bayle y attaque fortement l'Hypothêse de l'éternité de la matiére. Mais lui qui, quand il veut, est un raisonneur si habile, ne s'est-il pas apperçu qu'il emploie des argumens qui ne combattent pas moins l'hypothêse véritable que la fausse? Comme quand il demande, d'où vient que Dieu n'a pas donné à la matiére son arangement plutôt? L'Objection tirée des Maux qu'on voit dans le monde combat également le systême ordinaire, & l'autre; On demande également si Dieu à prévu les desordres de la Liberté, s'il en a prévu la possibilité, d'où vient qu'il n'en arrête pas le cours? En un mot sous prétexte de combattre l'Eternité de la Matiére, il raméne toutes les Objections qu'il présentera dans la suite, sous une autre forme, & avec lesquelles il connoît qu'il ne sauroit trop familiariser son Lecteur pour les vûes qu'il se propose.

Note 5

Il y a deux de ces Raisonnemens, qui ne me paroissent d'aucune force. Savoir que Dieu n'avoit aucun Droit sur une Matiére éternelle, aussi bien que lui; & que la Sagesse demande que l'on se contente de mettre chés soi les choses dans un parfait ordre, sans entreprendre de redresser celles sur lesquelles on n'a aucun Droit; A cela il est facile de répondre en deux mots, que la Matiére étant un Etre insensible, il n'est pas possible de lui faire aucun tort.

XIII Mr. BAYLE soupçonne Mr. Cudworth d'avoir prêté ses Idées aux Philosophes, & qu'il a imputé la Connoissance d'un seul Dieu suprême. Mais Mr. Bayle lui-même ne pouvoit-il point être plus justement soupçonné de ne point voir dans ces Philosophes, ce qu'il ne souhaitoit pas d'y voir?

Si les Anciens Philosophes ont reconnu l'éxistence d'un seul Dieu Continuation des pensées diverses article LXVI. Oeuvres div. Tom III. pag. 285.

,, Ce qui pourroit faire croire que ce savant Anglois attire à son hypothêse, à force de bras & de machines, tout ce qu'il rencontre, est qu'il prétend que Pythagoras a été un véritable Unitaire. Qu'il me soit permis d'user de ce mot pour désigner la doctrine de l'Unité de Dieu Mais comment est-ce que Philosophe mériteroit le nom, là-puisque, par l'organe de Mr. Cudworth, il a parlé quelquefois de Dieu, comme de l'Ame du monde? y a-t-il rien qui soit composé de parties plus distinctes, & plus discordantes qu'une telle Ame? Combien sont énormes les inimitiés, les antipathies, les guerres des animaux & des nations? Combien sont-elles incompatibles avec la véritable unité de substance, de principe, de cause, & de tout ce qu'il vous plaira? Je vous renvoie à l'objection victorieuse que Ciceron a proposée contre le dogme de Pythagoras, touchant la nature, ou la prétendue unité de Dieu.

,, Mr. Cudworth met Xenophanes au nombre des Unitaires: mais il falloit prendre garde que ce Philosophe alloit trop loin, & qu'il se faisoit une fausse idée de l'Unité; car il prétendoit qu'il n'y avoit qu'un seul Etre dans l'Univers, & que Dieu étoit toutes choses, d'où il s'ensuivoit que toutes choses étoient Dieu. Pensée non seulement impie, mais aussi très-ridicule. C'étoit le germe, l'ébauche, ou l'essai du Spinozisme.

,, Je fais la même remarque par rapport à Parmenide, que Mr. Cudworth veut faire passer pour Unitaire.

,, Ce qui me surprend le plus, est qu'il fait le même honneur à des Romains, qui n'ont reconnu d'autre Dieu que l'ame du monde, ou que la Nature, & qui n'étoient pas assés sous pour s'imaginer que la véritable Unité pût convenir à un tel Dieu. Varron avoüoit que l'ame du monde & ses parties étoient de vrais Dieux. Il disoit que le monde composé de corps, & d'ame, étoit nommé Dieu, non pas eu égard au corps, mais eu égard à sa partie la plus noble, c'est à dire l'ame; après quoi il faisoit tant de divisions, & tant de subdivisions qu'il montroit manifestement qu'il reconnoissoit une prodigieuse multitude de Divinités, Varron n'a pû reconnoître qu'il n'y a qu'un Dieu, que de la maniére qu'il reconnoissoit qu'il n'y a qu'un monde, & il faut dire que le Dieu qu'il reconnoissoit n'étoit autre chose que l'assemblage d'une infinité de Dieux, qu'il n'appelloit un qu'en se servant de ces abstractions de Logique, en vertu desquelles nous disons qu'il n'y a qu'une nature humaine qu'une nature de cheval &c: si nous entendions l'unité réelle, nous nous rendrions ridicules; car réellement il éxiste autant de natures humaines qu'il éxiste d'hommes. Le dogme de Varron éxciuoit toute substance Divine qui fût seule de son espéce dans l'Univers. Claude Berigard a bien reconnu. Je m'étonne que Mr. Cudworth n'ait pas toûjours bien choisi les témoignages qu'il vouloit produire.

,, Car quel est l'état de la question lorsqu'on veut philosopher touchant l'unité de Dieu? C'est de sçavoir s'il y a une Intelligence parfaitement simple, totalement distinguée de la matiére & de la forme du monde, & productrice de toutes choses. Si l'on affirme cela, l'on croit qu'il n'y a qu'un Dieu, mais si on ne l'affirme pas, on a beau sifler nos Dieux du Paganisme, & témoigner de l'horreur pour la multitude des Dieux, on en admettra réellement une infinité, soit que l'on dise que le monde ou que l'ame du monde, ou que le soleil est Dieu, & qu'il n'y en a point d'autre; soit que l'on dise que toutes les créatures sont l'ouvrage d'un seul principe, par voie d'émanation, ou par action émanante La plupart des témoins de Mr. Cudworth tombent par là. Il lui seroit très malaisé d'en produire qui sient admis l'unité de Dieu, sans entendre une substance composée. Or une telle substance n'est une qu'abusivement, & improprement, ou que sous la notion abstraite d'un certain tout, ou d'un Etre collectif. Je vous laisse à juger présentement si nos Modernes, qui à l'éxemple des Anciens Peres ont recueilli les endroits ou les Païens parlent d'un Dieu, ont agi avec toute la justesse de discernement que la bonne foi demande.

,, Croiés-vous qu'il soit permis de se prévaloir du témoignage de ceux qui s'expriment comme nous, mais qui ont des idées fort différentes des nôtres, ou qui n'entendent point ce qu'ils disent, & n'en voient par les absurdités? Se vouloir parer & fortifier du suffrage de ces gens-là, c'est imiter, ce me semble, les avares, qui cherchent à s'enrichir par toutes sortes de moïens, *per fas & nefas*. Voilà des Païens, me dirés vous, qui n'ont reconnu qu'un Principe de toutes choses. Cela ne suffit pas vous répondrai-je. Les Spinozistes ne parlent pas autrement. Il faut savoir de plus quelle est la nature qu'ils assignent à ce principe. L'éxemptent-ils de toute composition, le séparent-ils, le distinguent-ils, ou de la forme, ou de la matiére du monde? S'ils ne le font pas, je les trouve aussi absurdes, & aussi Polythéistes réellement que le sauroient être les Homéres, & les Hésiodes. Une comparaison vous fera connoître ceci.

,, Le Philosophe Thalés enseigna que l'eau étoit ,, le principe de toutes choses: il se distinguoit par

„ là de ceux qui reconnoissoient deux, ou trois, ou
„ quatre principes ; car il n'en admettoit qu'un.
„ Mais quelle étoit l'unité de l'eau ? Oseriés-vous
„ dire qu'elle fut réelle ? L'eau dans sa plus grande
„ simplicité, n'est-elle pas composée de matiére,
„ & de certaines qualités qui la distinguent du feu ?
„ Voila donc deux Etres réels dans l'eau, l'un est
„ la matiére, l'autre la forme ; mais outre cela
„ chaque partie de ce composé, est réellement dis-
„ tincte des autres, & possede toute l'essence de l'eau.
„ Quelle multitude de substances ne-t-on point là ?
„ Otés la forme à l'eau par une abstraction de Logi-
„ que, vous ne viendrés pas pourtant à l'unité, vous
„ aurés une substance étendue, & composée par con-
„ séquent d'une quantité innombrable de parties, qui
„ sont chacune un vrai corps, & une matiére. Vous
„ comprendrés aisément par là que ceux qui ont dit
„ que la matiére, dépouillée de toute forme, est le
„ prémier principe de tous les Etres corporels, ont
„ bien admis un principe, à qui l'unité d'espéce, ou
„ l'unité formelle convient, mais qui est réellement
„ un assemblage de plusieurs substances, dont cha-
„ cune est un corps ou une matiére. S'il se trouvoit
„ donc que ceux qui ont dit qu'il n'y a qu'un Dieu
„ Auteur & Maitre de toutes choses, ont voulu
„ parler d'une substance composée de parties, il se-
„ roit vrai qu'ils auroient admis la multitude des
„ Dieux ; car tout ce qui est en Dieu, doit être réel-
„ lement Dieu, & il seroit absurde de prétendre que
„ comme les bras & la tête de Socrate, n'étoient pas
„ Socrate, de même les parties de Dieu consideré
„ séparement ne sont pas Dieu. Il faudroit
„ avant que de recourir à ce subterfuge que l'on
„ montrât que chaque partie de la matiére n'est point
„ une matiére, & que chaque partie de substance
„ n'est point une substance.

Il est certain que les Anciens Philosophes se sont
exprimés sur un si grand sujet, avec beaucoup d'obscurité, sur tout lorsqu'ils se sont hazardés de l'approfondir ; & leur obscurité n'avoit pas seulement pour
cause le danger de s'exprimer clairement, mais encore
la grandeur même du sujet, & sa disproportion avec
l'Esprit de l'homme. Mais des expressions & des
sentimens qui ne s'accordent pas avec l'Unité la plus
parfaite & la plus épurée, ne sont point des preuves
de Polythéisme. On ne sauroit disconvenir que
parmi le Vulgaire des Chrétiens, il ne s'en trouve, dont
les Idées, si on les analyse exactement, n'aillent au
Trithéisme : Cependant on leur feroit tort, si on ne
les regardoit pas comme bien intentionnés dans leur
pratique à n'adorer qu'un seul Dieu.

Oeuvres Div. Tom. III. pag. 287.
Il se pourroit bien que Mr. Bayle dans la continuation des Pensées diverses Article LXVII abusât de
l'expression métaphorique d'une substance ignée
dont des Philosophes se sont servis pour désigner le prémier Principe, & l'Ame même de l'homme ; Leur
Intention étoit d'exprimer par là une grande activité,
& il y a de l'apparence qu'on leur fait grand tort quand
on prend des expressions à la rigueur de la lettre. Il
convient d'interpréter suivant les mêmes régles, &
dans le sens le plus raisonnable, ce qu'ils disent de
Dieu quand ils en parlent comme de l'*Ame* du monde. Leur intention est de dire que Dieu est la cause
de toute l'*activité* qu'on voit dans l'Univers, & du
bon ordre dans lequel tout s'y passe. Mais conclure
de là qu'ils conçoivent *un morceau de Dieu ici*, *un
morceau de Dieu là*, c'est comme si on concluoit
qu'il y a un morceau de l'ame dans l'*oeil*, un morceau
dans l'*oreille*, parce qu'on dit qu'elle anime tout le
corps. Souvent on n'a en vûe que d'assûrer un fait
dont la Vérité paroit incontestable, sans se proposer
d'en expliquer ce que l'on ne connoit pas, & qu'on
voit bien, que l'on ignore.

Oeuvres Div. Tom. III. pag. 288.
Mr. Bayle qui se plait souvent à embrouiller, dans
l'article LXVIII. de la Continuation des Pensées
diverses, raisonne à perte de vûe sur les expressions
de Platon, dont le sens échappe à mesure qu'on veut
l'approfondir. Mais s'il prétend conclure de toutes
les difficultés qu'il propose, que Platon n'a pas connu l'éternité, & l'Unité d'un Dieu suprême, il pourra aussi combattre les Chrétiens par les mêmes argumens ; & de quel dessein ces bricoles continuelles,
& le plaisir qu'il se fait à tout coup d'aller à son
but par des détours, ne mettent-ils pas dans le droit
de le soupçonner ?

Sur la fin de cet article il distingue les endroits
où Platon parle de Dieu en *Moraliste*, & où il parle
de Dieu en *Physicien*. Sur quoi je remarque que
quand il parle en *Moraliste*, il suppose le fait tel qu'il
le croit, au lieu que lorsqu'il en parle en *Physicien*, il
essaye de se former des Idées qui lui fassent comprendre la maniére dont le grand Etre existe, & agit,
Les Chrétiens en ont usé de même, & leurs Théologiens se sont partagés en différens sentimens
sur la *Connoissance de Dieu*, dont ils ont fait de différentes espéces. Connoissance de *simple intelligence*,
Connoissance de *vue*, Connoissance *moienne*. Ils en
ont usé de même sur la Volonté, & sur un grand
nombre de ses perfections. Volonté de *bon plaisir*,
Volonté de *précepte* &c. Mais dès qu'il s'agit d'attribuer à Dieu, ce sur quoi ils fondent leur adoration & leur obéissance, ils conviennent tous parfaitement.

L'éxistence de Dieu, l'Univers soumis à sa puissance & à sa direction, la Vertu l'objet de son approbation, & le Vice celui de sa haine & de ses
suites ; ce sont là des Vérités générales dont il a été
facile aux hommes de se convaincre, & ce sont en
même temps des Vérités dont il leur importe infiniment de vivre convaincus. Une connoissance plus
parfaite de la Nature Dieu & de ses Perfections,
doit-être l'Objet de leurs désirs, encore plus que de
leurs études, & cette Connoissance sera plutôt,
dans une autre vie, le *fond de leurs récompenses*,
qu'elle n'est dans celle-ci la *matière de leurs Devoirs*.

Un grand nombre de Physiciens ont donné dans
de vaines conjectures, sur la forme des particules qui
composent l'Univers, sur leur mouvement, leurs
propriétés ; & à cause de cela doutera-t-on de l'é-
xistence de l'Univers, & de l'efficace que ses parties
ont les unes sur les autres ? Attribuera-t-on à ces
Physiciens de n'avoir pas sû s'en assurer ? De même parce que ceux d'entre les Philosophes, soit Païens, soit Chrétiens, qui ont voulu approfondir la
Nature de Dieu, & des sentimens qu'ils
n'ont pas sû établir par de bonnes preuves, qu'ils
n'ont pas même sû expliquer distinctement ; parce
qu'ils sont tombés dans des Erreurs, ou parce qu'ils
se sont exprimés d'une manière à y faire tomber ; enfin, parce qu'il étoit facile de prendre mal leurs pensées ; conclura-t-on qu'ils n'ont point été assûrés ni
de l'Existence de Dieu, ni de son *Unité*, ni des
Hommages que les hommes lui doivent ? Quand un
homme se trompe, pour le tirer d'erreur on se sert
de quelque Principe dont lui-même tombe d'accord :
On n'en useroit pas ainsi, si l'on ne supposoit qu'un
homme peut demeurer convaincu d'une Vérité dans
le temps même, qu'il soûtient une Erreur toute opposée à cette Vérité.

L'imperfection du langage des hommes les a forcés à se servir de termes métaphoriques, & tirés des
choses corporelles, quand ils ont voulu parler de l'A-
me. Les Ecrivains sacrés se sont eux-mêmes exprimés dans ce stile. Il se peut encore que l'Exemple
de ce qui arriva à *Socrate* ait déterminé ses disciples
à ne s'exprimer pas sur la Nature & le Culte de Dieu
avec une clarté qui pouvoit les exposer de cruels
traitemens.

Une Preuve évidente qu'on peut abuser des éxpressions les plus légitimes, pour attribuer à ceux
qui les ont employées des sentimens dont ils étoient
très-éloignés, c'est qu'on a accusé des Chrétiens
mêmes d'avoir confondu le Créateur avec sa créature,

re; ou tout au plus d'avoir fait de Dieu l'Ame de l'Univers, parce que disputant contre les Athées, pour lever une équivoque, ils ont remarqué judicieusement, & par un dilemme *ad hominem*, que si par la Nature les Athées entendent seulement la vaste étenduë des corps, ils ne disent rien, & laissent toûjours à chercher la cause de l'arrangement qu'on y voit. Si par la Nature ils entendent l'Auteur de cet arrangement, les voila forcés à reconnoître une Intelligence suprême; ils seront même forcés à venir au même aveu, quand ils s'aviseront de dire que cette Intelligence sert d'Ame à l'Univers. Car on les amènera bientôt à reconnoître que ce n'est pas de la même manière que nôtre Ame est liée avec nôtre corps.

Voi, s dissous de dessus une conséquence aussi ment de la concussion immédiate des soi-disans auteurs Univers. Diu.Tom. III.pag. 335.

XIV. Mr. BAYLE, qui ailleurs pose que les hommes sont inexcusables, lorsqu'ils ne parviennent pas à la connoissance du vrai Dieu, rend ici cette connoissance très-difficile, & presque impossible. ,, Tous les systêmes des Philosophes Païens, dit-il, ,, supposoient l'éternité de la matière, & donnoient ,, à Dieu une véritable étenduë. Or en supposant ,, que la matière existe par elle-même, on ne peut ,, plus conclure de ce qu'un Etre existe indépen,, demment de toute cause, qu'il est souverainement ,, parfait. Et si l'on suppose qu'un Etre a de l'é,, tenduë, on ne peut nier raisonnablement qu'il n'ait ,, des parties distinctes les unes des autres. Comme ,, donc l'étenduë des unes n'est point l'étenduë des ,, autres, il faut dire aussi que la science, & la puis,, sance des unes, ne sont point la science, & la puis,, sance des autres. On ne peut donc jamais arri,, ver par cette route à la connoissance du vrai Dieu ,, qui est un Etre dont l'infinité de puissance & de ,, science est réunie dans un seul point, & non dis,, persée dans une masse infinie d'étenduë. Qu'on ,, reconnoisse tant qu'on voudra un prémier Etre, ,, un Dieu suprême, un prémier principe, ce n'est ,, pas assés pour le fondement de la Réligion: je ,, vous l'ai déja dit & je le répéterai plus ample,, ment: il faut de plus établir que ce prémier Etre, ,, par un acte unique de son entendement connoît ,, toutes choses, & que par un acte unique de sa ,, volonté il maintient un certain ordre dans l'Uni,, vers, ou le change selon son bon plaisir. De ,, là l'espérance d'être exaucés quand on le prie; la ,, crainte d'être puni quand on se gouverne mal; ,, la confiance d'être récompensé quand on vit bien; ,, tour la Réligion en un mot, & sans cela point de ,, Réligion. Je puis vous prouver par des Philo,, sophes, & par des Nations Barbares que la réjec,, tion du Culte de toute Divinité se trouve con,, jointe avec l'admission d'un prémier principe de ,, toutes choses; *Spinoza fameux Athée de ce siècle* ,, croit un Etre infiniment parfait, un Etre nécessaire, ,, qui a des attributs Infinis, dont la pensée & l'Intel,, ligence sont l'us, un Etre Eternel & qui subsiste ,, par soi-même. C'est une assés juste idée de Dieu. ,, Mais il attache cette idée au monde visible & éten,, du: Et voila pourquoi il tombe dans l'Irréligion: ,, On ne remarque point que les Hottentots aient quelque ,, Divinité qui soit l'objet de leur adoration. Ils re,, connoissent bien qu'il y a un Etre Souverain, auquel ,, ils donnent le nom de Humma, qui fait tomber la ,, pluie, & souffler les vents, & qui donne le chaud, ,, & le froid. Mais ils ne croient pas qu'on soit obli,, gé de lui rendre hommage, parce, disent-ils que tan,, tôt il inonde les Terres de pluie, & les brule tantôt ,, de chaleur, & de sécheresse, au lieu de donner chaque ,, chose en sa saison. Il y a beaucoup d'apparence ,, qu'ils croient que cet Etre Souverain est une ,, cause qui ne connoit point ce qu'elle fait, ou qui ,, ne sauroit agir que comme elle agit, & que c'est ,, sur ce pié-là qu'ils lui refusent leur homma,, ge.

,, Vous voiés par là que si nos Athéniens devenus ,, Athées ont pû parvenir à la connoissance du vrai

,, Dieu, & par conséquente à son Culte, il faut qu'ils ,, sient pû reconnoître l'éxistence d'une nature, qui ,, sans aucune extension, & sans aucune composition, ,, a une science, une sagesse, une bonté, une justi,, ce, une puissance infinie; car s'ils avoient seule,, ment admis un moteur intelligent répandu par tou,, te la Masse de la matière, ils n'auroient pas crû ,, être obligés de lui donner cette Providence géné,, rale, qui est le fondement de la Réligion. Ils au,, roient pu raisonner ainsi; ce moteur n'est tout en,, tier nulle part, ni quant à sa substance, ni quant ,, à sa force, donc il n'éxiste tout entier en aucun ,, lieu; quant à sa science: donc il n'y a rien qui ,, par une idée pure & simple connoisse tout à la ,, fois, le présent, le passé, & l'avenir, les pensées ,, & les actions des hommes, la situation, & les ,, qualités de chaque corps, tout ce qui peut ré,, sulter de l'application des Causes actives aux su,, jets passifs &c; donc la science de ce moteur est ,, par tout bornée, & comme son mouvement quel,, que infini qu'on le suppose dans l'infinité des es,, paces, est néanmoins fini en chaque partie, & ,, modifié diversement selon les rencontres; ainsi sa ,, science quelque infinie qu'elle puisse être extensi,, vé par dispersion, est limitée extensivé quant ,, à ses dégrés dans chique partie de l'Uni,, vers. Il n'y a donc point une Providence réunie ,, qui sache tout, & qui régle tout. Il seroit donc ,, inutile d'invoquer le moteur de la Nature. Il suf,, fit d'admirer sa force, la nécessité de son éxisten,, ce, & la beauté de ses ouvrages.

Pour que qu'on fasse attention, sur l'arrangement de l'Univers, on se sent déterminé à l'attribuer à une Intelligence, d'une Puissance, d'une Sagesse, & d'une Bonté au-delà de toute expression. Après s'être convaincu de l'éxistence d'un tel Etre, il est naturel qu'on souhaite de le connoître. Là dessus il en est, qui se défiant de leur capacité, n'osent s'élever à des recherches si sublimes, & dans la crainte de se former de ce grand Etre des Idées indignes de lui; Ils se bornent donc humblement à savoir qu'il éxiste, qu'il est Sage, qu'il est Puissant, qu'il est Bon, qu'il mérite tous nos respects, & que de toutes les marques qu'on peut lui en donner, il n'y en a point qu'il approuve autant qu'une constante application à la vertu. D'autres ont crû qu'ils ne lui déplairoient pas, s'ils essaioient de s'en former des Idées plus éxactes. Au lieu de réussir ils se sont trompés, mais leurs Erreurs ont beau être contraires aux Vérités dont je viens de faire l'énumeration, elles n'ont pû les leur faire révoquer, ils se sont contredits, mais ils ne se sont pas apperçus qu'ils se contredisoient. Mr. Bayle dit *Qu'ils se sont raprochés de l'Ortodoxie par des Incongruités en par des Inconséquences; car il est sûr que s'ils avoient bien suivi leur pointre, je veux dire, qu'ils se fussent attachés régulièrement aux résultats de leur principe, ils auroient parlé de Dieu moins noblement qu'ils n'ont fait. Si par cet heureux égarement ils sont entrés dans la Réligion, ce n'est pas à dire qu'un Esprit, qui veut raisonner conséquemment, ne voie bien qu'on ne doit pas les suivre jusqu'à ce point-là.*

C'est tout le contraire. De ce que le Maitre de l'Univers étoit un Etre Intelligent & Sage, ils auroient dû conclure qu'il étoit infiniment éloigné de ressembler à la Matière. L'inconséquence a consisté dans une Théorie Hétérodoxe, par laquelle ils ne distinguoient pas assés Dieu, & ne le concevoient pas assés éloigné de l'étenduë corporelle. Ce n'est point par un heureux Ecart qu'ils sont rentrés dans la Réligion, mais ils y sont demeurés par un sage attachement à des raisons très-simples & très-évidentes qui les avoient très-fortement persuadés de l'Existence, & des Perfections de l'Etre suprême. Ce qui pouvoit se trouver de trop grossier dans leurs Idées, ne leur faisoit non plus douter que Dieu ne fut un Etre Intelligent, qu'ils ne doutoient de la réalité de

leurs

Continuation des Pensées diverses Art. CIV. pag. 492. Oeuvres Div.Tom. III. pag. 330.

leurs propres pensées; quoiqu'ils n'eussent pas de justes idées de la substance qui pense.

Ce n'est rien, dit Mr. Bayle, de connoitre un Dieu suprême, il faut de plus établir que ce prémier Etre par un acte unique de son Entendement, connoit toutes choses, & que par un acte unique de sa Volonté, il maintient un certain ordre dans l'Univers, ou le change selon son bon plaisir.

Sur quels Lecteurs Mr. Bayle compte-t-il ? S'imagine-t-il que sur sa parole, on mettra au rang des Athées, & on ne croira pas mieux disposés à adorer Dieu, & à obéïr à ses commandemens, ceux qui croient son éxistence, que ceux qui ne la croient pas, si même leurs lumiéres ne sont pas allées jusques à comprendre de quelle maniére Dieu pense, & de quelle maniére Dieu veut, & agit ? Ne peut-on pas s'arrêter à cette pensée que Dieu connoit & agit d'une maniére digne de lui, sans être tenté de la revoquer, parce qu'on ne suivs pas éxpliquer distinctement toutes les Questions qu'une téméraire curiosité fera naitre sur l'Intelligence, & sur la Puissance de Dieu? Je vai plus loin. Dans toutes les Communions Chrétiennes, on regarde comme une Injustice l'Imputation des Conséquences qu'on y nie; On dit constamment qu'il y a une grande différence entre rejetter effectivement une Vérité, & entre tomber, & s'obstiner même, dans une Erreur qui combat cette Vérité, quand on ne laisse pas d'en conserver la persuasion, & de régler sa conduite sur elle; quand on l'aime assés, & qu'on en est assés évidemment persuadé pour ne pas seulement s'appercevoir qu'on y fait quelque opposition; & Dieu qui connoit nos foiblesses peut avoir de l'Indulgence pour des *Théories* qui n'influent pas sur notre Obéïssance, & sur les sentimens de respect que nous conservons pour lui.

Continuation des Pensées diverses Art. CV. pag. 501. Oeuvres Div. Tom. III. pag. 331.

Dans l'Article suivant Mr. Bayle s'étend à éxposer les sentimens des Anciens Philosophes. Il trouve de grandes erreurs là où Mr. Cudworth trouve de grands mystéres. Ce qu'il y a de sûr c'est que nous n'avons plus les Ouvrages de ces Anciens Philosophes, & que l'on est pour le moins autant en droit d'éxpliquer favorablement le peu qui nous en reste, que de s'en servir pour leur attribuer des Erreurs & des Contradictions. On sait encore que toute l'Antiquité a reconnu qu'Heraclite s'étoit éxprimé très-obscurément. Mais je veux que tous les Anciens Philosophes aient été dans l'erreur, & aient supposé trop de ressemblance, entre la substance Divine, & la Substance Corporelle: Ils n'en croioient pas moins l'Existence d'un prémier Etre, sa Unité, sa Sagesse & son Pouvoir. Oseroit-on dire que Tertullien, & Arnobe n'avoient sur l'éxistence de Dieu & sur celle de l'Ame que des doutes & des incertitudes, parce qu'ils n'en concevoient pas la substance spirituelle à la maniére des Platoniciens qu'ils accusoient d'errer? Tertullien & Arnobe raisonnoient mal, & sas doute qu'ils n'étoient pas seuls parmi les Chrétiens dans une aussi grossiére erreur; mais l'Erreur ne chassoit point de leur Esprit la persuasion des Vérités, que Mr. Bayle avec les Philosophes d'aujourd'hui, reconnoit contraires à cette erreur.

Continuation des Pensées Diverses Art. CV. pag. 501. Oeuvres Div. Tom. III. pag. 333.

Toutes les sectes de l'Ancienne Philosophie sont coupables, dit Mr. Bayle, *d'avoir raisonné inconséquemment.*

Si les Anciens Philosophes ont raisonné inconséquemment, ils conservoient la *connoissance de la Vérité* malgré les Erreurs qui lui étoient contraires. Mr. Bayle justifie donc les Anciens Philosophes; au moins en partie, & il reconnoit qu'ils étoient Ortodoxes à de certains égards, & en même temps qu'ils s'écartoient de l'Ortodoxie dans d'autres. Il concilie encore ces Contradictions quand il ajoûte un peu après. *Il y a de grands Esprits qui ne voient pas les Conséquences de leurs Principes, non pas même après dix ans de Méditation. D'autres gens qui ont moins d'esprit*

les découvrent quelquefois dès la prémiére lecture.

Il est vrai qu'il n'en demeure pas là. *Nos Athées,* dit-il *auroient pû être de ce tour-là.* C'est-à-dire que les Stoïciens n'ont pas eu assés d'esprit pour comprendre, qu'on ne peut sans se contredire donner de l'Intelligence à l'étenduë; mais les Athées auroient mieux senti cette opposition. Il paroit en effet que Mr. Bayle la sentoit. Mais au lieu de dire, on ne peut pas supposer une Cause Prémiére, Intelligente & Corporelle; Or s'il y a une Cause prémiére elle est Corporelle; donc s'il y en a une elle n'est pas Intelligente; N'auroit il pas été plus raisonnable de conclurre, Or *elle est Intelligente, donc elle n'est pas Corporelle?* En vain l'Imagination se seroit revoltée & auroit objecté, *Je ne puis rien me représenter que de Corporel.* On auroit répondu que les substances Intelligentes sont au-dessus des sens, & de l'imagination, & que la parfaite connoissance de l'Intelligence Infinie passe même la capacité de l'Entendement humain, & en tout cela il n'y a rien que de très-raisonnable.

La Matiére n'a aucune qualité, elle n'est qu'un sujet passif, Dieu n'en peut corriger tous les défauts, & de là viennent les désordres de la vie humaine. Est-ce de mauvaise foi ou par ignorance qu'ils se conçoivent de la sorte ? Je n'en sai rien ajoute-t-il.

S'il avoit eu intérêt de décider en faveur de la bonne foi, il n'auroit pas manqué de le faire, & de se récrier contre ceux qui auroient accusé témérairement les Stoïciens de mauvaise foi.

Les Stoïciens étoient tombés dans des Erreurs spéculatives qui ruinoient la Réligion & le Culte de la Divinité, le Culte même par où on s'étudioit à lui plaire, en vivant comme la Raison l'ordonne, leur fatale nécessité ruinoit tout cela. Mais la bonté de leur coeur les attachoit à d'autres idées; & leur empêchoit de suivre, dans la pratique, des erreurs qui auroient été fatales à la Vertu. Ils respectoient Dieu sincérement, ils s'étudioient à lui plaire, & ils étoient persuadés qu'ils s'en trouveroient bien.

„ Je ne voi guére, continuë Mr. Bayle, qu'une
„ bonne route Philosophique pour leur conversion.
„ C'est de poser pour principe que rien d'imparfait
„ ne peut exister de soi-même, & de conclurre de
„ là que la matiére étant imparfaite, n'éxiste point
„ nécessairement; qu'elle a donc été produite de rien;
„ qu'il y a donc une puissance infinie, un esprit
„ souverainement parfait qui l'a créée. On arrive par
„ là sûrement & promptement à la Réligion. Mais
„ n'allés pas vous imaginer que sans le secours d'en-
„ haut, sans une grace de Dieu, sans les lumiéres de
„ l'Ecriture on puisse facilement s'appercevoir de ce
„ chemin-là. Si vous affirmés que l'Esprit de l'hom-
„ me est allés fort pour découvrir cette route, à
„ moins qu'une impiété volontaire, qu'un dessein
„ formel de faire la guerre à Dieu ne le jette dans
„ l'égarement, vous serés obligé de le prouver. Vous
„ me serés beaucoup de plaisir si vous voulés bien
„ me faire part des preuves que vous avés là-dessus;
„ mais il faut qu'elles soient bonnes, & en ce cas là
„ vous devés attendre de moi un million de remer-
„ cimens.

Continuation des pensées diverses pag. t.Art. CV. Oeuvres Div. Tom. III. pag. 333. NB.

Nous avons cité un peu auparavant les paroles de Mr. Bayle où il traite l'Hypothèse de l'Eternité de la Matiére de contraire aux Notions les plus évidentes du sens commun. Ailleurs, & dans l'article de *Dicéarque*, il établit encore, que rien n'est plus contraire à la Raison que la supposition d'une étenduë qui pense; de sorte que si Mr. Bayle a parlé sincérement dans ces endroits-là, il n'y avoit qu'à lui répéter ses propres paroles pour mériter des actions de graces qu'il promet. Si son dernier raisonnement étoit juste, quand St. Paul traitoit les Païens d'inéxcusables, il n'auroit pas dû le dire, ou il n'auroit pas pris garde qu'il s'éxprimoit en PRECURSEUR des PELAGIENS.

XV.

„ XV. Article CVI. pag. 504. Il n'y avoit rien, ce me semble, de plus accablant pour un Philosophe Stratonicien, que de lui dire qu'une cause destituée de connoissance n'a point pu faire ce monde, où il y a un si bel ordre, un méchanisme si exact, & des loix du mouvement si justes, & si constantes. Car puisque la plus chétive maison, n'a jamais été bâtie sans une cause qui en avoit l'idée, & qui dirigeoit son travail selon cette idée, comment seroit il possible, que le corps de l'homme eut été organisé par une cause qui n'a aucun sentiment, ou que le monde qui est un ouvrage incomparablement plus difficile que le corps des animaux, eut été produit par une nature inanimée qui ne connoit pas seulement si elle a des forces; tant s'en faut qu'elle soit capable de les diriger? Il ne falloit que cette question pour faire sentir aux Stratoniciens que leur hypothèse étoit incompréhensible, & pour les réduire à l'absurde. Il ne leur pouvoit rester que cette consolation, c'est qu'ils réduiroient au même état leurs adversaires.

Ensuite pour retorquer l'argument, Mr. Bayle dit 2. *Que les Stratoniciens n'eussent pas mieux demandé que de faire recourir à des Vertus séminales, à des facultés plastiques, & à telles autres causes qui ne savent rien de ce qu'elles exécutent.*

Ceux qui admettent des Etres tels que les Formes plastiques, qui ne réfléchissent pas, qui ne se proposent pas un but, & qui sont incapables de délibérer sur ce qui est propre pour les y conduire, n'ont pas plus de raison de conclure, que de tels Agens ont pu éxister, ou ont du éxister éternellement, qu'on ne peut conclure de ce qu'il y a du mouvement, qu'il y pu être de toute éternité sans cause, ou que de ce que le Soleil occupe une certaine place, & possède un certain dégré d'activité, qu'il n'est pas nécessaire qu'aucune cause le lui ait donné. Beaucoup plus est-il contre toute raison de supposer que ces formes qui ne se connoissent point, & qui ne sauroient conférer les unes avec les autres, se soient placées sans la direction d'aucune autre supériéure, d'une manière propre à tirer des secours les unes des autres, & à trouver tous les Matériaux dont elles avoient besoin pour construire leurs Ouvrages.

Après cela *Mr. Bayle* tombe sur les Stoïciens. Vous devés donc dire que de toute éternité il y a eu dans les corpuscules ignées qui composoient la nature de Dieu, un certain arrangement, & une certaine quantité de mouvement qui différoient de tout autre arrangement, & de toute autre quantité de mouvement possibles. Dites nous, s'il vous plait, d'où a dépendu cet arrangement précis, & ce dégré particulier de mouvement: Ont-ils été choisis par une cause intelligente, & préférés à tout autre arrangement & à toute autre quantité de mouvement possibles par une nature qui connoît ce qu'elle faisoit, & pourquoi elle le faisoit?

Il y a bien de l'apparence que ceux qui se sont servi du terme de Feu pour désigner le prémier des Etres, & qui ont exprimé Dieu sous le nom d'une Nature ignée n'ont employé ce terme que par Métaphore pour marquer un Etre qui par sa nature est essentiellement très-actif. Tous ceux qui ont de l'estime, & du respect pour les Disciples de Socrate, & pour les Stoïciens se récrieront contre les explications de Mr. Bayle. Après tout l'effet naturel de son Objection auroit été d'amener les Stoïciens à corriger l'idée corporelle qu'ils avoient de Dieu, & non pas à conclurre qu'il n'en falloit point reconnoître. C'est ainsi que si l'on prouve à un homme, que ce qui pense en lui ne peut pas être corporel, au lieu de conclurre qu'il n'a point d'Ame, il conclurra au contraire que son Ame est distincte de son Corps.

„ Et pour ce qui est de ceux qui crûrent que „ Dieu étoit l'ame ou l'entendement de la matiére,

ils ne pouvoient pas éviter la retorsion; car enfin cette ame étoit composée de parties dont chacune avoit ses vertus, & ses facultés particuliéres, que Dieu ne lui avoit point données par un acte libre de sa volonté. L'Etre nécessaire & éternel n'a pas une volonté antécédemment à ses autres attributs; il a tout aussi-tôt la puissance, l'entendement, & la sagesse que les actes de vouloir. Si donc l'ame du monde étoit Dieu, elle auroit de toute éternité les vertus dont elle est capable, & elle les auroit sans qu'aucune autre cause antérieure les eut réglées & distribuées par choix & par direction, ou sans qu'elle même, entant qu'intelligence, les eut ainsi disposées.

Ceux qui ont parlé de Dieu comme de l'Ame de l'Univers, n'ont pas prétendu non plus qu'il fut à l'Univers ce que l'Ame de l'homme est au Corps, en tout sens; Mais ils ont seulement prétendu que tout ce qu'il y avoit de Vie & d'Activité dans l'Univers corporel, venoit d'une intelligence qui se donne à connoître par ses effets, mais qu'on n'apperçoit pas immédiatement.

La Raison comprend avec évidence qu'il n'y a dans l'Univers aucune partie qui existe nécessairement, ou du moins qui soit nécessaire ce qu'elle est; Il n'y en a point dont on ne puisse supposer la non-éxistence. Il seroit possible aux hommes d'arracher de la surface de la Terre, toutes les plantes d'une certaine espéce, & de détruire de même une certaine espèce d'Animaux. Il faut donc qu'une Cause Supérieure & Intelligente ait donné l'existence à toutes les Espèces que nous voïons, puisqu'il seroit possible qu'elles ne fussent pas. Mais l'Etre absolument parfait, existe nécessairement: On ne peut sans se contredire, supposer qu'il n'existe pas, & que quelque perfection absolue lui manque, ou la Puissance & la Liberté des Perfections de cette nature. Si on me demande donc pourquoi je les lui attribue, je répondrai que je ne pourrois le supposer dénué de ces perfections sans me contredire. De là je conclus manifestement qu'il peut à son gré déployer ses forces, & qu'il ne voudra pas en faire un essai inutile, mais que ses volontés seront suivies de leurs effets. Une infinité de perfections se trouvent donc nécessairement reunies en Dieu dans la plus parfaite unité; De l'existence d'une partie de l'Univers à l'éxistence de l'autre, il n'y a nulle nécessaire conséquence; il n'en est pas ainsi en Dieu. Qui dit l'Etre parfait, dit en un seul mot, tout ce que Dieu est. Mais combien de choses cette expression abrégée ne renferme-t-elle pas? Qui dit Dieu, dit toutes les Perfections, qui ne sont accompagnées d'aucune imperfection, & leur assemblage ne seroit pas assés parfait, s'il étoit possible que les unes pussent être sans les autres. Aussi dès qu'on en reconnoît une, on se trouve dans la nécessité de reconnoître toutes les autres, ou de se contredire. Si Dieu est l'Etre, la Réalité même, on ne peut sans tomber en contradiction, se le répresenter comme une Etre simplement possible, qui à la vérité peut éxister, mais qui aussi pourroit n'éxister pas. Son Essence auroit par la quelque rapport avec le Néant, & elle pourroit n'être pas: Je dis plus, si l'Etre que nous appellons Dieu, n'éxistoit pas déja, il seroit impossible qu'il commençat d'éxister; car il est de son Essence qu'il ne doive point son éxistence à un autre; il est de son Essence qu'il ne sorte pas du Néant. Dès que vous reconnoissés une *existence nécessaire*, il faut nécessairement la reconnoître ETERNELLE. Quelque commencement qu'on veuille lui assigner, il étoit nécessaire qu'il éxistât déja avant ce commencement. Si Dieu est un Etre si parfait, si Réel, si infiniment éloigné du Néant, on ne sauroit se former l'idée de quelque perfection absolue qui ne soit pas en lui, & qui soit néant pour lui. C'est donc un Etre Intelligent, il se connoit, & il se connoit parfaitement, car rien n'échape à son Intelligence, en on ne peut pas dire, sans tomber en contradiction, qu'il manque de connoissance à de certains égards: Parfait il ne sauroit manquer en aucun sens de félicité. Comme donc il se connoit parfaitement, il s'aime infiniment, il veut se connoitre & il veut s'aimer. Un Etre qui est la Réalité même, & dont les Perfections n'ont aucunes bornes, peut agir, peut produire, & il peut agir & produire avec une facilité parfaite. Comme sa Puissance est sans bornes, il peut faire des ouvrages sans nombre. Il connoit tout ce qu'il peut faire: Il a donc une infinité d'idées, & ces idées dont la multitude est infinie, se réünissent par les rapports qu'elles ont entr'elles, & qu'elles ont avec l'Intelligence d'où elles naissent, de même qu'avec sa sagesse, & sa Puissance. Celui qui sait tout ne sauroit se méprendre; avant qu'aucune chose soit, il en forme l'Idée, il en détermine la nature, & par conséquent il en détermine le prix. Il n'en peut donc estimer aucune au delà de son prix; car une estime de cette nature seroit l'effet d'une méprise, & par conséquent d'une ignorance. Infiniment parfait, connoissant toute sa Beauté, & sa Perfection, la sentant, & l'aimant de même; en un mot trouvant en soi l'Infini, il trouve en soi sa parfaite satisfaction, il se suffit à lui-même, il n'a besoin de rien. Ce n'étoit donc point nécessité en lui, qu'il voulût donner l'éxistence à des Etres différens de lui, il pouvoit se contenter de connoitre sa puissance sans l'éxercer: Elle est Infinie cette Puissance, & par conséquent elle peut s'éxercer en une infinité de manieres toutes dignes de lui, & il s'est librement déterminé à celle qu'il lui a plu. Se connoissant, & s'aimant infiniment, il ne se peut qu'il n'agisse d'une manière digne de lui. Quand donc Dieu trouve à propos de faire des Ouvrages, il est digne de lui de faire connoitre ce qu'il est, par ces Ouvrages; par conséquent on doit y trouver des preuves de sa Bonté, de sa Sagesse, & de sa Liberté. Connoissant distinctement le prix de chaque chose, aimant essentiellement, le Beau, l'Ordre, la Proportion, la Convenance, il est essentiel qu'il se conduise comme un Etre, qui se doit tout, & qui ne doit quoique ce soit aux autres, qu'autant qu'il voit en eux les traits qu'il y a mis de ses Perfections.

Il convient donc que l'Etre suprême régle à son choix la Nature, & le sort de ses Créatures, qu'il les conduise au but où il les destine, par les routes qu'il trouve à propos, & qu'il régle à son choix les conditions sous lesquelles il lui plait de les rendre heureuses. Parfait il ne se trompe point, il ne se peut qu'il tombe dans l'erreur, qu'il se contredise, & qu'il soit jamais opposé à lui-même, il ne se peut non plus qu'il trompe. C'est donc toûjours dans une parfaite sincérité, qu'il instruit, qu'il commande, & qu'il promet. Parfait il s'aime infiniment; s'aimant essentiellement & infiniment, il ne se peut qu'il aime ce qui est en opposition avec ses idées, & ses Volontés; il ne se peut qu'il ne le désapprouve, & que sa conduite, qui se soûtient toûjours parfaitement, n'éxprime ce désaveu. Il ne trouve en lui qu'Ordre, Vérité, Lumiere, parfait Acord; il lui est donc essentiel de condamner l'Injustice, qui n'est que contradiction, & renversement de l'Ordre. A son choix il trace à ses Créatures, les Routes dans lesquelles elles doivent marcher pour arriver à lui; mais quelque route qu'il choisisse pour leur préférer, elle est toûjours digne de lui, elle est toûjours Juste, & dans l'ordre; Il ne se peut qu'il en choisisse d'autres, sa Liberté se déploie sagement, & ses perfections ne sont pas séparables.

C'est ainsi que la Connoissance d'un seul Principe nous conduit par des Conséquences nécessaires, à nous assûrer de toutes les perfections Divines, dont nous pouvons avoir aujourd'hui quelque Idée. Plus nous y pensons, plus nous en découvrons, & c'est leur Liaison qui nous les fait découvrir, leur *Unité*, sert à nous instruire de leur *Multitude*.

,, La difficulté, continue Mr. Bayle, retombera sur ,, les Idées Originales de Dieu; elles auront chacune ,, leurs propriétés; il y aura des rapports, & des su- ,, bordinations des unes aux autres. Où est la ré- ,, gle de tout cela? Elle n'est ni dans la Volonté de ,, Dieu, (car il ne connoit point les choses par un ,, choix libre, mais par la nécessité de sa Nature) ni ,, dans son entendement, qui n'a non plus nulle li- ,, berté d'indifférence pour connoitre ceci ou cela, ,, ni pour le connoitre d'une façon plutôt que d'u- ,, ne autre.

L'Impuissance où nôtre entendement très-imparfait se trouve de comprendre de quelle manière l'Intelligence Infinie pense, & joüit d'elle même, ne doit répandre aucun doute sur la persuasion de son Existence, & ne peut en affoiblir ces preuves, que dans l'Esprit des personnes les plus déraisonnables. Car il l'on a tort de compter pour rien & de regarder comme pure Incertitude, ce qu'on connoit sur des sujets finis, sous préteexte qu'on ne les a pas épuisés, à plus forte raison ne doit-on pas revoquer en doute ce dont la Raison nous convainc touchant l'éxistence de Dieu, parce qu'elle ne sait pas s'élever à le connoitre parfaitement. Il y a de la contradiction à dire, que l'Etre souverainement parfait, auroit pu n'éxister pas; & il y auroit de la contradiction à dire qu'il auroit pu manquer de quelque perfection. Il y auroit de la contradiction à dire qu'il auroit pu ne se connoitre pas, & qu'il auroit pû n'être pas tout Puissant, ou ne pas connoitre sa toute Puissance. Son Intelligence infinie est souverainement active, forme des Idées, sa Puissance infinie connoit ce qu'elle peut faire, & sa Liberté agit à son choix. Cela est clair & sûr, & ne peut être ébranlé par l'obscurité de ce qui manque à nos connoissances.

Ces paroles que Mr. Bayle cite de Lactance sont dictées par le bon sens. " Qu'elle force a pû avoir la ,, nature, demandoit Lactance, rien ne lui en aiant ,, donné? Si elle a de la force, elle l'a reçue de quel- ,, qu'un qui ne peut-être que Dieu. Si elle n'a point ,, de connoissance, elle ne peut rien produire. Si elle ,, peut produire quelque chose, elle a de la con- ,, noissance; elle est donc Dieu: on ne peut nom- ,, mer autrement la force qui conçoit un Plan & qui ,, l'éxecute. La Puissance de faire quelque chose ,, ne se peut trouver que dans un Etre pensant & ,, habile, rien ne peut commencer ou s'achever, si ,, une Cause Intelligente ne conçoit le Plan de l'éxécution, & ,, n'a le pouvoir & la volonté d'y travailler. Ce qui ,, est insensible demeure toûjours dans l'inaction, rien ne ,, peut sortir d'où le mouvement volontaire est éx- ,, clus.

XVI. CE QUE Mr. Bayle cité d'Euripide est très-remarquable après son Dictionnaire. 1. Dans ces vers Jupiter est reconnu incompréhensible à nôtre Esprit. 2. On l'invoque quel qu'il sûr; ou la nécessité de la nature, ou l'Entendement humain. 3. On avoüë qu'il conduit tout justement par un chemin qui nous est caché. C'est en vain que Mr. Bayle ajoute que cela est trop Philosophe pour une femme (c'est Hecube qui parle); Mais on conçoit aisément qu'une femme qui raisonne, & sur tout une femme qui, par l'état de sa naissance, avoit eu le loisir de s'instruire de ce qui convenoit de penser sur la Divinité, étoit capable de s'éxprimer ainsi. & qu'au lieu de s'embarrasser dans des spéculations au-dessus de sa portée, elle se réduisoit à croire que Dieu conduit tout justement par un chemin qui nous est caché, sans se mettre en peine de décider si ceux qui en font la nature ou l'ame de l'Univers, ceux qui conçoivent que l'esprit humain en est une émanation, ou comme une portion, raisonnoient juste, ou sur un sujet incompréhensible, & qu'il valut mieux respecter que sonder.

XVII. CE QUE Mr. Bayle tire de Mr. Rapin n'a pas plus de force que les argumens mêmes de cét Auteur; & quand on les lui passeroit, tout ce qu'on

Continua- en pourroit conclurre, c'eſt que ſur le ſujet de l'U-
tion des nité de Dieu, comme ſur une infinité d'autres, on
penſées di- allégue des preuves qui ne ſont pas au-deſſus de
verſes, toute exception. " Je ſuis perſuadé, dit Mr. Bayle,
Ch. II. " qu'il ſe trompe quand il prétend que le pouvoir
Oeuv. " abſolu & l'autorité ſouveraine n'excluent point le Po-
Div. " lythéiſme. Voici ſa Raiſon. Si l'Etre infiniment
Tom. III. " parfait étoit ſujet à des paſſions & à des volontés dé-
pag. 336. " raiſonnables.... deux Etres de cette nature ſeroient
" ſujets à s'entr'incommoder, à ſe combattre, & à ſe
" borner l'un l'autre. Mais du moment que l'on con-
" çoit un Etre parfaitement raiſonnable, qui eſt abſo-
" lument incapable d'aucune volonté bizarre, capricieu-
" ſe & déréglée; ſe repréſente-t-on que deux ou trois
" Etres de cette Nature ne puſſent s'entre-ſouffrir, qu'ils
" fuſſent jaloux les uns des autres, & qu'au contraire
" n'aiant abſolument que les mêmes penſées, ne formant
" que les mêmes deſſeins, ils ne priſſent pas un plaiſir
" extrême dans la ſociété les uns des autres, & dans
" l'union parfaite de leurs volontés?
" Je lui répons que quand on a une fois admis
" l'éxiſtence d'une nature infiniment parfaite, qui
" eſt toute entiére dans chaque point de l'eſpace, &
" dont le pouvoir eſt abſolu, & l'autorité ſouverai-
" ne, il eſt facile de comprendre clairement qu'elle
" eſt unique, & qu'aucun autre Etre ne peut l'é-
" galer. Si nôtre Raiſon ſans le ſecours d'une lu-
NB. " miére ſurnaturelle peut s'élever juſqu'à ce Princi-
" pe, il exiſte une telle nature, elle ſera aiſément, &
" ſans nul ſecours, conduite au-deſſus pas qui eſt plus facile
" ſans comparaiſon que le prémier, donc il n'y a qu'un
" ſeul Dieu. S'il pouvoit y avoir trois ou quatre de
" ces natures, il pourroit y en avoir non ſeulement
" dix millions, mais auſſi une infinité; car on ne ſau-
" roit trouver aucune raiſon d'un certain nombre
" plutôt que d'un autre. Comme donc le nombre
" binaire enfermeroit une ſuperfluité qui choque nô-
" tre Raiſon, l'Ordre demande que l'on ſe réduiſe
" à l'unité. Si chacune de ces parties étoit ſouverai-
" nement parfaite, elle n'auroit beſoin que d'elle mê-
" me pour jouïr d'une félicité infinie; la ſociété des
" autres ne lui ſerviroit donc de rien, & ainſi nô-
" tre Raiſon ne pourroit ſouffrir aucune pluralité.
" C'eſt un de ces Axiomes que la nature ne fait
" rien en vain, *Natura nihil fruſtra facit,* & que
" c'eſt en vain que l'on emploie pluſieurs cauſes pour
" un effet, qu'un plus petit nombre de cauſes peut
" produire auſſi commodément. La Maxime qui a
" été appellée le raſoir des Nominaux, parce qu'elle
" leur a ſervi à retrancher des Ecôles de Philoſo-
" phie, une infinité d'éxcreſcences, & d'entités
" ſuperfluës; la maxime, dis-je, qu'il ne faut point
" multiplier les Etres ſans néceſſité, eſt un princi-
" pe qu'aucune ſecte de Philoſophes ne deſvouë.
" Or elle ruine ſans reſſource la prétenſion de Mr.
" Papin. Il eſt évident qu'un Etre ſouverainement
" parfait n'a pas beſoin de compagnie pour chaſſer
" l'ennui, ou pour augmenter ſon bonheur.
Toute autorité eſt bonne à Mr. Bayle dès qu'elle
ſert le moins du monde à ſa cauſe; il s'appuie de celle
de Mr. Papin, & en même temps il trouve que Mr.
Papin raiſonne mal. Dira-t-on, *Mais cela ſuffit pour
établir le Pyrrhoniſme.* Si on le prétend on ſe trompe, & rien n'eſt moins concluant que de dire, *Tous
les hommes, tous les Savans même ne conviennent pas
ſur un certain ſujet, donc on ne peut avoir là-deſſus
aucune connoiſſance certaine.* Il eſt arrivé à Mr. Papin ſur le ſujet de l'unité de Dieu la même choſe
qu'à Mr. Perrot ſur le ſujet de l'Immortalité de
l'ame.

Un Chrétien aime à ſentir la grace que Dieu a
faite aux hommes en ſe faiſant connoître à eux par la
voie de la Révélation. Dans cette vuë il aime encore à réfléchir ſur le beſoin éxtrême qu'on avoit
d'un tel ſecours; & pour prouver ce beſoin, au lieu de
ſe borner à établir le pouvoir des ſens & des paſſions, la force des préjugés, & la facilité des hom-

mes à ſe faire illuſion à eux-mêmes, afin de ſe cacher l'oppoſition de leurs Penchans à leurs Devoirs,
on va juſques à dépouiller la Raiſon de toute force,
& à la ſuppoſer incapable de ſentir l'évidence des
prémiéres Vérités, & d'en ſavoir tirer des Conſéquences. Une bonne intention peut-être cauſe qu'un
homme pouſſera trop loin un raiſonnement, & tombera dans une erreur, donc il n'y a pas moien de s'en
garantir & de s'aſſûrer qu'on s'en eſt garanti. Cette concluſion auroit de la force s'il n'étoit pas poſſible à un homme d'éxaminer avec une nouvelle
circonſpection les raiſonnemens qu'il a une fois faits,
s'il ne lui étoit pas poſſible d'en conférer avec d'autres, & de comparer l'évidence & la ſimplicité de
leurs Idées, avec celles qu'on a ſuppoſées dans les
raiſonnemens pour leſquels on s'étoit prévenu.

Parce qu'un homme de réputation ſe ſera trompé
ſur la force qu'on doit reconnoître dans les Argumens qui prouvent l'éxiſtence de Dieu, ces Argumens ne devront ils être mis qu'au nombre des probabilités? Je tire ma réponſe des propres paroles, de
Mr. Bayle pag. 525. de la Continuation des Penſées *Oeuvres*
diverſes. *Div. Tom.*
" N'eſt-ce pas, *dit-il,* de toutes les choſes incon- *III. pag.*
" cevables la plus inconcevable que de dire qu'une *347.*
" nature qui ne ſent rien, qui ne connoit rien, ſe *NB.*
" conforme parfaitement aux Loix Eternelles, qu'el-
" le a une activité qui ne s'écarte jamais des routes
" qu'il faut tenir, & que dans la multitude des fa-
" cultés dont elle eſt douée, il n'y en a point qui
" ne faſſe ſes fonctions avec la derniére régularité?
" Conçoit-on des Loix qui n'aient pas été établies
" par une cauſe Intelligente? En conçoit-on qui puiſ-
" ſent être éxécutées réguliérement par une cauſe
" qui ne les connoit point, & qui ne ſait pas mê-
" me qu'elle ſoit au monde? Vous avés là Méta-
" phyſiquement parlant, l'endroit le plus foible de *NB.*
" l'Atheïſme: C'eſt un écueil dont il ne ſe peut ti-
" rer, c'eſt une objection inſoluble.
XVIII. J'éxaminerai encore ce que Mr. Bayle dit *Formes*
en faveur des Stratoniciens, à l'occaſion des formes *plaſtiques*
plaſtiques dans ſa Réponſe aux Queſtions d'un Pro- *ſuppoſent*
vincial pag: 1235. Je ne toucherai qu'à ce qu'il a *une Cau-*
joûté de nouveau. *ſe ſupré-*
me & In-
Comme l'Etendue a néceſſairement trois dimenſions, les telligente.
formes plaſtiques ont auſſi une nature néceſſairement dé- *Oeuvres*
terminée. *Div. Tom.*
Quand on reconnoîtroit la Matiére éternelle, & *III. 2.*
que par là on ſeroit obligé de reconnoître qu'elle a *part. pag.*
de toute éternité ce que ſon idée renferme né- *882.*
ceſſairement, on ne pourroit pas conclurre que chaque Corps a eu, par une ſemblable néceſſité, la Figure, & ſon Mouvement; car il n'y a point de portion de matiére qui ne puiſſe éxiſter ſans la figure,
& le mouvement qu'elle a. Il y a de même des
Formes plaſtiques de divers genres, il pourroit y en
avoir plus, il pourroit y en avoir moins; il eſt des
eſpéces qu'on peut détruire; il faut donc que quelque Cauſe ait déterminé celles qui ſont à être plutôt qu'à n'être pas, & à plus forte raiſon à ſe trouver dans les poſtes où elles peuvent travailler avec
ſuccès, & où les matériaux néceſſaires ne leur manquent point. Ces proportions de la *Vertu* d'une forme plaſtique, avec les ſecours dont elle a beſoin, l'Aſſemblage de tant de choſes différentes dont l'éxiſtence de
l'une n'emporte point l'éxiſtence de l'autre, préſente
les Caractéres d'une Cauſe Intelligente & Libre.
Une forme plaſtique eſt l'idée de l'ouvrage auquel elle eſt deſtinée, & n'en a point d'autre: Si les matériaux lui ſont fournis, elle s'en ſaiſit, & travaille
ſans cela elle ne fait rien, beaucoup moins penſe-t-elle
à tirer quelque ſecours des autres. Il falloit donc
qu'une Intelligence ſupérieure les plaçât en lieu convenable, & les appliquât chacune à ſon Ouvrage.

Page 1243. *Il ſeroit impoſſible que les ames végétatives Ibidem.*
deſtituées de toute connoiſſance éxécutaſſent activement le deſ- pag. 882.
ſein que Dieu auroit qu'elles tendiſſent à la production d'un arbre,

utbrve, par des voies proportionnées à cette fin.

Il est donc absolument nécessaire qu'une Intelligence supérieure ait placé ces Ames Végétatives là ou il leur convenoit de se trouver, & qu'il les ait environnées de Matériaux propres à éxécuter l'ouvrage auquel elles sont destinées, duquel seul elles ont l'Idée, pour travailler sans distraction sur cette Idée, & se saisir de ce qui y est propre, & qu'elles discernent non par réflexion, mais par sentiment.

Ibidem. Pag. 1256. Pour éxécuter les ordres de Dieu ne pag. 883. faut-il pas les connoitre ?

Dieu veut qu'une Forme plastique se trouve dans un endroit, où elle rencontrera tout ce qu'il lui faut pour organiser le seul corps dont elle ait l'Idée; sa Volonté le place dans cet endroit, c'est à dire, il veut qu'elle y soit; dès là elle y est, sans avoir connu la volonté en vertu de laquelle elle y est, ni sans avoir été en état de réfléchir sur ses vues.

Ibidem. Pag. 1164. Les Oiseaux peuvent avoir une Idée pag. 896. qui est le modèle de leur nid. Uniquement occupés de cette Idée, ils en font un tel qu'il l'ont conçu sans réfléchir sur ce qui en arrivera, & sans y être déterminés par la pensée des suites qui en naitront. Or ce concours de tant d'Etres différens qui ne connoissent point, qui ne réfléchissent point sur eux-mêmes qui ne se proposent pas de but, qui sont incapables de conférer les uns avec les autres, mais dont les travaux rassemblés forment un Tout duquel les parties sont liées, conspirent à l'utilité les unes des autres, & par cette union & cette harmonie, à laquelle aucune ne pense, composent un Tout régulier, & sont cause de la beauté de l'Univers. Ce concours étoit aussi impossible. Il étoit aussi impossible que de telles Natures fussent ainsi se placer sans être dirigées par une Intelligence supérieure, aux Volontés de laquelle tout fut soûmis, qu'il étoit impossible au Mouvement tumultueux des atomes de se déterminer comme il le falloit, pour donner à l'Univers sa régularité.

Ibidem. pag. 1276. Si une faculté séparée de toute notion est capable pag. 888. d'organiser les animaux, & s'il elle existe actuellement, rien n'empêche qu'on me suppose, comme faisoit Straton, que c'est une de ces facultés incréées, avec lesquelles la matière a toujours existé.

Quand bien même un homme auroit l'esprit assés pesant, pour ne savoir pas convenir qu'une substance peut commencer d'être, parce qu'il n'a jamais été temoin d'une semblable production, je conçois pourtant sans peine qu'il pourroit encore avoir assés de bon sens, pour comprendre que des particules de matière, fussent-elles éternelles, & même en mouvement de toute éternité, n'auroient jamais pû se mouvoir, s'accrocher, se placer, d'une manière à faire naitre la merveilleuse symmétrie de cet Univers immense. S'il me disoit après cela; *N'y a-t-il point en de toute Eternité des Etres tels que ceux à qui de grands Physiciens attribuent aujourd'hui l'organisation d'un très-grand nombre de Corps ?* Quand je vous accorderois ce point, lui répondrois-je toûjours, faudroit-il qu'une Intelligence eut rangé ces Etres, & leur eut préparé des secours sans nombre, qu'il leur étoit impossible de se procurer, chacun d'eux ne sachant faire qu'un seul ouvrage, moiennant le secours des matières propres à le composer. Les Etres qui organisent les animaux auroient eu une Industrie inutile, sans ceux qui organisent les Plantes. Ces Etres avoient besoin de Sels, de soufphre, d'eaux & de Terre; ces sels & ces Souphres devoient être de différentes espéces, des parties plus fines devoient leur donner de la vigueur, & les ménuiser; la Terre qui soûtient les Matériaux de tant d'ouvrages, devoit être composée de parties propres à lui donner de la fermeté, il falloit qu'elle fut éclairée & échauffée par un Soleil. Les Espaces qui nous séparent de cet astre devoient être remplis d'une matière propre à transmettre sa Lumière & sa Chaleur; les Parties qui le composent, & dont l'activité s'étend si loin, devoient être dans une perpétuelle agitation sans s'user; & sans se dissiper. Qui pourroit achever les détails de tout ce qui devoit concourir, & se trouver à point nommé, heureusement placés pour le bien de l'Univers, sans avoir aucune Idée de place, ni aucune Idée de ce qui peut contribuer au bien de l'Univers ?

Vid. Art. XIII.

De tout cela il est facile de conclure que les Formes plastiques, sans la direction d'une intelligence suprême, n'auroient jamais pû contribuer à l'embellissement de l'Univers.

Mr. Bayle voudroit persuader qu'il importeroit d'enseigner que la matière est destituée d'activité. Cela sert à son système ; car plus on conçoit que Dieu fait tout immédiatement, plus on se trouve embarrassé à répondre aux Objections des Libertins contre la Providence.

La matiére ne peut être susceptible d'activité que si elle soit possible qu'elle ait cette activité d'elle même Continuation des Pensées Diverses. Art. CXI. Univers Tom. III. pag. 34¹.

„ Il est évident qu'il n'y a point d'autre différence
„ entre cette Nature de nos Philosophes, & de nos
„ Théologiens, & la Nature de *Straton*, si ce n'est que
„ celle-ci avoit d'elle-même ses facultés, & que celle
„ là a reçu les siennes de Dieu. Cette différence
„ est grande par rapport à ce point-ci, c'est que
„ *Straton* étoit Athée, & que les autres ne le sont
„ pas; mais elle les laisse également & lui & eux
„ dans l'inévitable nécessité de reconnoitre qu'il y a
„ des choses qui agissent régulièrement, & qui ob-
„ servent les loix les plus admirables sans savoir ce
„ qu'elles font. Nos Philosophes, ceux même qui
„ abandonnent le Péripatétisme, admettent dans
„ l'ame humaine ce prodige- là; ils disent qu'elle
„ fait une infinité de choses sur les organes de nôtre
„ Corps, sans savoir qu'elle possède cette vertu, ni
„ où, ni quand, ni comment elle l'éxérce. Ils sont
„ obligés de parler ainsi à l'égard même des mouve-
„ mens qui lui sont connus, & qui dépendent de sa
„ volonté, comme la voix & les gestes d'un Prédi-
„ cateur. Elle ignore où sont les esprits animaux
„ qui doivent couler vers la langue, & vers les bras,
„ elle ne fait point ce qu'il faut faire pour ouvrir
„ les orifices des nerfs : une infinité de gens ont ha-
„ billé & trotté toute leur vie sans savoir ce
„ que c'étoit, ni nerfs, ni tendons, ni mus-
„ cles. S'il est difficile de comprendre que des
„ facultés incréées soient justes dans leurs opérations
„ sans se sentir, il ne l'est pas moins par rapport à
„ des facultés créées, & il me semble même qu'il le
„ soit plus, car les autres choses étant égales, ce
„ qui est incréé doit surpasser ce qui est créé.

Cet article ne contient aucune Objection à laquelle je n'aie déja répondu, si on en excepte les derniéres paroles qui sont *equivoques*, & qui par là ou font pour moi, ou renferment une Erreur. Sans doute que *l'Incréé doit surpasser ce qui est créé*, parce que ses Perfections n'ont point de bornes, & qu'il ne se peut qu'elles n'éxistent, & ne soient très-parfaites : Il ne se peut qu'elles ne le connoissent elles-mêmes, & qu'elles ne soient parfaitement liées les unes aux autres. Mais par rapport aux Etres qui ne se connoissent pas, ou qui ne se connoissent qu'en partie, qui ne font pas capables de choix & de déliberation, leur éxistence n'est nullement nécessaire, & de ce qu'ils éxistent, il ne suit nullement qu'ils se trouvent placés au milieu des secours dont ils ont besoin. Mais posés qu'ils doivent leur éxistence à une Intelligence parfaite & qui fait tout, il est clair que cette Intelligence aura sçû les placer, là où il convenoit qu'ils le fussent, & qu'elle aura renfermé & leurs Connoissances, & leurs Pouvoirs dans les bornes qu'il lui aura plû.

Mr. Bayle ajoute, *je persiste à soûtenir que les incompréhensibilités qu'on peut objecter à Straton forment un argument insoluble, & une difficulté insurmontable, ce sont des incompréhensibilités en comparaison desquelles toutes les autres me semblent faciles à digerer.*

Ibidem pag. 31. N B.

Il me le paroit ainsi, & il me semble qu'il faut être éxtrémement prévenu, ou avoir bien peu d'attention pour penser autrement.

C'est

DU PYRRHONISME

Ibidem.

C'est pour cela, continue Mr. Bayle, *que j'ai embrassé l'hypothése Cartésienne que Dieu est l'Auteur unique & immédiat de tout mouvement local.*

Si par là il prétendoit fimplement que Dieu fût Auteur unique & immédiat du prémier Mouvement des Corps, il poferoit une vérité à laquelle la droite Raifon ne manque pas de conduire, quand on fe donne le foin de la bien confulter. Mais fi Mr. Bayle va jufqu'à penfer que Dieu continue à produire tous les mouvemens qu'on voit naitre, comme il a produit le prémier, & que les corps, qui paroiffent en mettre d'autres en mouvement, ne font point ce qu'ils paroiffent faire, je ne vois pas la néceffité de cette conclufion.

Ibidem.

,, Faire des loix du mouvement, *dit-il*, & les donner à éxécuter à une nature infenfible, c'eft toute
,, la même chofe, ce me femble, que de ne point faire ces Loix, & que de vouloir que rien ne fe
,, meuve. Donner des facultés efficientes & motrices à des corps qui ne peuvent jamais favoir qu'ils
,, aient ces facultés, ni quand, ni où, ni comment
,, il s'en faut fervir, me paroit une contradiction
,, dans les termes.
,, Je conclus donc, dit Mr. Bayle, que la même Dieu qui a créé la matiére, & qui lui a donné les prémiéres impulfions, eft la caufe qui continue à mouvoir les corps, & qui éxécute les
,, loix du mouvement qu'il a faites.

Le Raifonnement de Mr. Bayle, n'a qu'une force apparente uniquement fondée fur *l'équivoque* du mot de *Loi*. Si par là on entend un Ordre qu'un Etre fupérieur veut qui foit obfervé par refpect pour lui, il feroit en effet ridicule d'addreffer de tels ordres à des Etres incapables de les connoitre, & d'y réfléchir. Mais Mr. Bayle prétend il qu'il y ait de l'abfurdité dans les paroles de Moïfe, où Longin a trouvé tant de fublime, & dont le fens eft en effet très fublime, quand même l'éxpreffion en feroit très-fimple, & très-commune dans la langue de Moïfe? A qui, dira-t-on, ces paroles s'addreffent-elles ? Eft-ce au Néant? Ce qui n'eft pas peut-il obeir ? Eft-ce à la Lumiére qui n'étoit pas encore, & qui ne fe feroit pas entendues quand même elle auroit été? Ces expreffions font figurées, Dieu Veut, & parce que fa Volonté eft infiniment efficace, ce qu'il veut éxifte tel qu'il l'a conçu & qu'il l'a voulu. Les Corps éxiftent & font des Etres réels très-diftincts, de Dieu & de fa Volonté, qui eft la caufe de leur éxiftence, de même qu'une Figure eft très-différente, & a une éxiftence très-diftincte de la main & du mouvement du craion qui l'a tracée. Ainfi le Mouvement éxifte, il a une éxiftence réelle, & différente de celle de fa caufe. Dieu a voulu que le Mouvement fût un état actif, il eft un état actif & réellement actif. Il a voulu que fon activité fût d'une certaine force, il a précifément cette force, & de la naiffent des effets dans des dégrés, & dans des proportions qui répondent à l'efficace de leur Caufe. Une certaine Uniformité avec laquelle des Caufes femblables, c'eft-à-dire, des Mobiles de même nature agiffent, produit des effets qui fe reffemblent; la Variété de leurs effets, répond de même à la variété de leurs dégrés, & les Retours conftans & *réguliers* de ces effets toujours proportionnés à leurs Caufes, ont donné lieu au terme de *Loi*. Une Volonté toute-puiffante a trouvé à propos d'établir ainfi les chofes, elle a voulu que telle fur leur nature, & leur activité.

Parallele du fystême de Strato avec [...] *N B.*

,, XIX. Pag 533. IL FAUT s'arrêter dit Mr. Bayle,
,, néceffairement à une nature dont l'effence n'a été réglée par aucune caufe exemplaire qui fût dans un
,, autre entendement ou dans le fien propre. La
,, connoiffance que cette nature a d'elle même, n'a
,, point précédé fon éxiftence, & fi notre efprit
,, vouloit diftinguer des momens en Dieu, il donneroit je ne fai quelle priorité à l'éxiftence, &
,, non pas à l'Intelligence. Nous voilà donc obli-

,, gés auffi bien que *Straton* à nous arrêter à la
,, nature même du prémier *Etre*, fans pouvoir
,, chercher la Raifon de fes attributs dans un ordre, ou dans un plan antérieur.

Otés ces deux mots *auffi bien que Straton*, il n'y a rien dans cet article qui ne foit clair & certain. Mais il y a une grande difparité dans ces deux chofes que Mr. *Bayle* met en paralléle. En nous rendant attentifs à l'Idée de la Matiére, à l'Idée du Mouvement & des différentes pofitions des Corps, nous ne découvrons rien qui nous amène à conclurre qu'il implique contradiction que les Corps ne foient pas tels qu'ils font. Mais on voit clairement qu'il impliqueroit contradiction de dire, l'Etre parfait peut éxifter, & n'éxifter pas, c'eft par une Efpéce de hazard qu'il eft ce qu'il eft ; il peut être tout autre ; On ne peut concevoir qu'il n'éxifte point, qu'il ne penfe point, qu'il ne fe connoit point, qu'il ne s'aime point. On ne peut rien dire de tout cela fans tomber en contradiction; Ses Perfections font telles que l'éxiftence de l'une, emporte néceffairement l'éxiftence des autres. Nulle telle néceffité dans les parties de l'Univers, leur Idée n'y améne point.

De l'activité des Creatures. Ibidem pag. 341.

XX. Mr. BAYLE continue pag 534. ,, Je fai que Dieu poffède toutes fortes de perfections. Je le fai comme Mr. Des-Cartes
,, par l'idée de l'Etre fouverainement parfait, laquelle je fens dans mon ame. Je fuis perfuadé
,, que, comme il n'y a qu'un Dieu qui puiffe
,, mouvoir les corps, il n'y a que Dieu qui puiffe communiquer des Idées à nôtre ame. Elle n'en
,, eft point la caufe, elle ne fait de quelle maniére
,, elles s'éxcitent ; fi elle en voudroit qu'elle n'a pas ;
,, elle en a qu'elle voudroit n'avoir point. Si elle
,, les tiroit de fon propre fond, elles ne pourroient
,, lui repréfenter rien de plus parfait qu'elle même.
,, C'eft donc Dieu qui nous communique l'Idée
,, que nous avons de lui : il l'éxcit donc fouverainement parfaite; car s'il n'étoit pas tel, il ne
,, pourroit pas la mettre dans nôtre efprit.

Ce Raifonnement de Mr. Bayle me paroit avoir befoin d'être éclairci par une diftinction. *Nous tenons de Dieu même fon Idée*, c'eft-à dire, la *Capacité* de penfer à un Etre infiniment plus parfait que nous ; cela me paroit évident ; Mais qu'il foit néceffaire que Dieu lui même faffe naitre en nous l'Acte qui nous fait penfer à un *Etre* fouverainement parfait, c'eft ce dont je ne conviendrai pas, & qu'on ne prouvera point, qu'après avoir pofé que l'Ame eft une Subftance *abfolument paffive*. Mes Facultés font renfermées dans les bornes qu'il a plû, à la Sageffe & à la Liberté de Dieu de leur affigner; mais enfin je fens qu'elles font des *Facultés actives* auffi clairement que je fens qu'elles éxiftent.

Si ma Nature purement paffive, éxigeoit que Dieu créât chacune de mes penfées, elle éxigeroit de même qu'il créât chacun des actes de ma Volonté. On voit où cela méne ; il n'y a plus de diftinction entre le *vice*, & la *Vertu*, & quand il y en auroit on ne feroit non plus puniffable pour avoir fait des actes de *vice* que pour avoir fait des actes de *Vertu*, comme l'on n'eft pas plus puniffable d'avoir faim, que d'avoir foif.

Ibidem.

,, Si vous me répliquiés, dit Mr. Bayle, pag. 535.
,, que la doctrine des Cartéfiens porte à croire qu'il
,, eft auffi la caufe des actes de nôtre volonté, je vous
,, répliquerois à mon tour que je n'entre pas dans ce
,, myftére. C'eft un *noli me tangere*, c'eft unabyme dont il faut que l'on s'éloigne fans tourner les
,, yeux en arriére, de peur de devenir une ftatue de fel
,, comme la femme de Lot : La philofophie n'y peut
,, voir goûte, il faut recourir humblement aux lumiéres révélées.

La frayeur que Mr. Bayle fait paroitre des conféquences, qui font effectivement bien capables d'étonner, le devoit donc engager à revenir fur fes pas, & à faire un nouvel éxamen de ce fyftême Car-

Cartésien; son génie excellent lui auroit rendu le succès sûr & facile : Mais son funeste penchant à favoriser les doutes & les embarras en matiére de Réligion, l'attachoit à une Hypothése qui lui paroissoit très-propre à cet effet.

En vain il dit *que la Philosophie n'y voit goute, & qu'il faut avoir recours aux lumiéres Révélées*. La Révélation peut-elle nous faire croire que l'Impossible est Possible ? S'il est *impossible* que les Créatures soient capables d'activité, la Révélation établira-t-elle cette activité pour *possible* ; & si le systême Cartésien, est le seul qui puisse tenir contre les Athées, comme Mr. Bayle le prétend, après avoir fait d'un Athée un Déïste, en le faisant Cartésien, comment me hazarderai-je de lui proposer les Vérités de la Révélation qui, directement opposées à son Cartésianisme le ramentroient dans son prémier Doute & dans sa prémiére Incredulité ? Quelle idée donnera-t-on aux Philosophes Athées des Philosophes Chrétiens, quand on les leur réprésentera comme des personnes, qui loin de se faire une peine, se font au contraire un mérite de croire des Impossibilités & des Contradictions ?

Voila où Mr. Bayle nous améne, voila son but. L'Ame est uniquement passive : De là des *difficultés inexplicables*. Mais dit-il, *la Lumiére de la Révélation nous tranquilise*. Mr. Bayle se joüe si hardiment & si grossiérement de ses Lecteurs, qu'on ne peut assés s'étonner de la facilité de quelques personnes doctes à donner dans ses panneaux. Il est de l'honneur de l'Ortodoxie que ceux qui font profession de la plus pure, cessent enfin d'être les dupes d'un Pyrrhonien & d'un Libertin. Pour établir l'existence de Dieu, & pour la défendre contre les Objections, pour donner à ce systême plus de vraisemblance, & plus de liaison qu'on n'en trouve dans celui des Athées, & dans celui des Materialistes; il faut *supposer*, dit-il, *que Dieu fait tout immédiatement dans la Nature corporelle*. Mais les mêmes raisons prouveroient qu'il fait tout dans l'Ame de l'homme. La Religion tombe par là. *Laissés-moi en repos*, dit Mr. Bayle, *Ne touchés point à cette corde, tenés-vous à la Lumiére de la Révélation*. Mais quoi ? Si je me tiens à cette Lumiére, je reconnois l'Ame active : Dieu seul ne fait pas tout immédiatement; & dès là, suivant Mr. Bayle, mon systême n'a aucun avantage sur celui des Athées.

Origine des Essences.

"XXI POUR fermer la bouche, *dit Mr. Bayle*, "aux Stratoniciens qui prétendent que la Nature de "Dieu, tel que nous le concevons, distincte de l'U-"nivers, est assujettie à une Fatalité aveugle, en "vertu de laquelle elle se trouve telle qu'elle est, "tout comme l'Univers matériel, par une semblable "Fatalité, dont on ne peut rendre aucune raison, "est aussi selon eux, tel que nous le voyons, il faut "droit dire que Dieu est la cause libre des vérités des "Essences, & qu'il pourra faire un cercle quarré quand "il lui plaira. Contin : des Pens: Div : Tom: "IV p : 554 & pag : 555 *Toutes les difficultés "s'évanouissent dés que l'on suppose que les Essences des "Créatures & les Vérités Philosophiques ont été fixées "par des actes de la volonté de Dieu*.

Oeuvres Div. Tom. III. pag. 348.

Mr. Bayle voudroit qu'on se servît de cette Méthode en disputant contre les Philosophes Chinois, & que l'on argumentât contr'eux, en s'appuiant sur ces Principes. Mais lui même avoüe qu'il n'est pas encore venu à bout de le comprendre, & il ajoute que quelques Théologiens de Hollande se sont mis *bien au fait* de cette opinion. Pour travailler sûrement à la Conversion des Philosophes Chinois, & en général à celle des Philosophes Athées, & pour la faciliter, il faut poser pour fondement des opinions dont les Théologiens Chrétiens ne conviennent point, & que leurs plus subtils Philosophes, après avoir fait tout ce qu'ils ont pû pour le bien comprendre, consessent ingénuement qu'ils n'en sont pas venus encore tout à fait à bout. Quelle Méthode ! & qu'on a raison de s'en promettre un grand succès ! Voulés-vous disputer avec

avantage contre les Athées, & *vous trouver invulnerables à leurs rétorsions, depuis la tête jusqu'aux pieds*, faites les prémiérement tomber d'accord *qu'un Cercle peut être Quarré*. Voila sans contredit un début aisé ? Il faudroit qu'un Athée fut bien stupide pour ne pas répondre. Ce qui vous paroit contradictoire pourroit cependant être vrai. Selon vous, il se peut donc qu'un effet n'ait point de cause, & à plus forte raison, qu'il ne soit point proportionné à sa cause; il se peut que des Régularités & des Pensées naissent des Mouvemens les plus aveugles & les plus fortuits.

Si au lieu de proposer le systême des *Essences* tel qu'il plait à Mr. Bayle de le donner, on dit que Dieu, la Réalité même, l'Etre Eternel, & Nécessaire, par là même qu'il est tout Parfait, se connoit, connoit toutes ses perfections, que toutes ses Perfections se connoissent & le sentent ; car en Dieu tout est Lumiére, Connoissance, Sentimens ; Il connoit donc parfaitement tout ce qu'il est & toute l'infinité de ses perfections. De plus son Intelligence infiniment active, & par là infiniment féconde, connoit une infinité d'Idées ; sa Puissance, qui n'a pas moins d'étenduë que son Intelligence, peut faire & créer, peut réellement produire des Etres distincts de Dieu, dont les Idées de son Intelligence sont les réprésentations & les modéles.

Si, après cela, on me demande, d'où vient la différence du *Possible*, d'avec *l'Impossible*? Je répondrai qu'il n'y a point de *choses Impossibles*, & que ces mots ne signifient rien, à moins qu'on n'exprime par là un prétendu assemblage que l'esprit humain, qui peut se tromper, voudroit faire de quelques Idées incompatibles, dont l'une éloigne précisément ce que l'autre pose ; Dieu très-parfait, & infiniment d'accord avec lui-même, Dieu qui voit tout, & comprend tout avec une parfaite netteté, est trop parfait, & si l'on peut se servir de ce terme, trop éclairé, par sa propre lumiére, pour supposer l'accord là où il n'en a point mis, ou pour supposer de l'accord là où il a mis de l'opposition. Il ne faut donc pas s'imaginer qu'il y ait antécédemment aux Idées de Dieu des *Essences*, des *Possibilités*. Sa très féconde & très-active Intelligence conçoit des Idées, sa puissance peut créer des objets par ces Modéles.

Ainsi les *difficultés s'évanouissent* encore mieux que Mr. Bayle ne le supposoit, puisque les Essences des choses sont fixées, non par les Actes Libres d'une volonté, dont la Liberté puisse aller jusques à faire des *Contradictions*, & jusques à associer dans la suite les Idées entre lesquelles elle auroit établi de la contrariété, en les faisant d'abord contraires l'une à l'autre. Mais les *Essences* des choses dépendent d'une Intelligence très-parfaite, & qui là même qu'elle se formeroit librement des Idées, les formeroit d'une maniére digne d'elle, & ne penseroit jamais à mettre de l'opposition entre celles qui seroient d'accord, non plus qu'à lier celles qui seroient opposées; C'est elle qui forme les unes, & les autres, elle voit ce qu'elle a fait, & ne se contredit point.

Il y a quatre principales sectes, *dit Mr. Bayle pag. 537*, dans l'Empire de la Chine, La prémiére est *de ceux qui... reconnoissent dans le monde un esprit supérieur, éternel, tout-puissant, & tel à peu près que leurs Péres l'ont reconnu dans les prémiers siécles de la Monarchie sous le nom de Seigneur du Ciel.... Le nombre de ses véritables Adorateurs n'est pas fort grand... La seconde & la dominante, quoique moins étenduë que quelques autres, & celle des nouveaux Philosophes... Sa Troisiéme... se peut nommer la Religion des Brachmanes ou Bracmenes.... Ils reverent principalement trois choses, le Dieu Fo sa Loi, & les Livres qui contiennent leurs réglemens particuliers... La quatriéme est celle qu'on nomme la Religion des Foues*. "Elle "est fort plongée dans le culte des Idoles. Vous "allés voir par le systême de la seconde secte, qui "est la dominante, & celle des Philosophes, est un Athéis-

" Athéïsme proprement dit. Ces Philosophes ne reconnoissent dans la Nature que la Nature même, qu'ils définissent le *Principe du mouvement & du Repos*. Ils disent que c'est la Raison par excellence, qui produit l'ordre dans les différentes parties de l'Univers & qui cause tous les changemens qu'on y remarque.... Pour ce qui est de la matière, ils la distinguent en deux espèces. L'une est parfaite, subtile, agissante, c'est-à-dire dans un mouvement continuel; l'autre est grossière imparfaite & en repos. L'une & l'autre est selon eux éternelle, incréée infiniment étendue & en quelque manière toute puissante, quoique sans discernement, & sans liberté. Du mélange de ces deux matières naissent cinq Elémens, qui par leur union & leur temperament, font la nature particulière & la différence de tous les corps. De là viennent les vicissitudes continuelles des parties de l'Univers; le mouvement des Astres, le repos de la terre, la fécondité ou la stérilité des Campagnes. Mais ils ajoûtent que cette matière toujours occupée au Gouvernement de l'Univers, est néanmoins aveugle dans ses actions les plus réglées, qui n'ont d'autre fin que celle que nous leur donnons, & qui par conséquent ne sont utiles qu'autant que nous en savons faire un bon usage. Quoique les Chinois regardent toutes choses comme l'effet de la nécessité, ils conviennent cependant que le monde a eu un commencement & qu'il aura une fin. Pour ce qui est de l'homme, ils conviennent tous qu'il a été formé par le concours de la matière grossière, & de la matière subtile, dont j'ai parlé, à peu près comme les Plantes naissent dans les Isles nouvelles, où le Laboureur n'a point semé, & où la terre est devenue féconde par la nature. Au reste, disent ils, nôtre ame que l'on est la portion la plus épurée, finit avec le corps, quand les parties sont dérangées, & renaît aussi avec lui, quand le hazard remet ces mêmes parties dans leur prémier état.

" Ce qui pourroit faire douter que ces Philosophes soient entièrement Athées, est qu'ils donnent des Attributs si magnifiques à la Nature, qu'il semble qu'ils l'affranchissent *des imperfections de la matière, en la séparant de tout ce qui est sensible & corporel*; mais comme le remarque l'Auteur que je cite, on ne doit pas tout à fait compter sur ces pompeuses expressions, qui ne sont peut être que des figures de Rhétorique, & des Métaphores outrées. Vous serés parfaitement convaincu qu'elles ne sont qu'un Galimathias dont ils enveloppent la réalité de leur Athéïsme, si vous lisés ces paroles du Pére le Comte. *Ils parlent de la Divinité, comme si ce n'étoit que la nature même, c'est-à-dire cette force, ou cette vertu naturelle qui produit, qui arrange, qui conserve toutes les parties de l'Univers. C'est, disent-ils, un principe très pur, très parfait, qui n'a ni commencement ni fin; c'est la source de toutes choses, l'essence de chaque Etre, & ce qui en fait la véritable différence. Ils se servent de ces Magnifiques expressions, pour ne pas abandonner en apparence les Anciens, mais au fond ils se font une nouvelle doctrine, parce qu'ils les entendent de je ne sai quelle ame insensible du monde qu'ils se figurent répandue dans la matière, où elle produit tous les changemens. Ce n'est plus ce Souverain Empereur du Ciel, juste, tout puissant, le prémier des Esprits & l'Arbitre de toutes les Créatures: on ne voit dans leurs Ouvrages qu'un Athéïsme raffiné, & un éloignement de tout culte Religieux.*

" Mr. de la Bruyere défie, avec beaucoup de raison, les plus grands esprits, les plus puissans Princes de faire un Crapaud d'un peu de rosée, mais s'il eut suivi la Philosophie de l'Ecôle, on l'eut bien déconcerté en lui disant; *Songés vous bien que par vos principes ce qui fait le Corps des bêtes n'en fait rien non plus qu'une pierre? Songés vous bien que les corps pesans sacrifient aux intérêts du public leurs intérêts particuliers avec la dernière éxactitude toutes les fois que cela est nécessaire sans qu'ils sachent qu'ils soient au monde?*

" Il eut répondu qu'une Cause Intelligente a donné aux Créatures la faculté de faire toutes ces choses. Les Missionnaires seroient la même réponse, mais ce seroit toûjours avouer qu'une cause inanimée & insensible produit des effets où il régne une justesse admirable, & fort au dessus de l'industrie de l'homme, & c'étoit la grande difficulté dont il falloit accabler les Philosophes Chinois. Il est donc vrai que les Missionnaires perdroient un grand avantage. Ils auroient beau dire qu'il est aisé de concevoir que l'ame d'une brebis forme l'ame & le corps d'une autre brebis sans avoir aucune idée de ce qu'elle fait, pourvû qu'on suppose qu'un Esprit intelligent lui communique cette faculté. Leur prétention seroit rejettée; car il est également inconcevable qu'un morceau de bois fasse un horloge, soit qu'on dise qu'il a reçû de Dieu cette faculté, soit qu'on dise qu'il la possède naturellement. Le seul & unique moïen de rendre cela compréhensible, est de supposer que Dieu donneroit au morceau de bois l'idée de toutes les pièces d'une horloge, & l'art de les fabriquer, & de les ranger selon cette idée directrice actuellement connue, mais c'est-ce que les Missionnaires ne disent pas à l'égard des facultés des Etres matériels: Ils bannissent des facultés d'une plante toute sorte de sentiment, & ils n'en donnent aucun aux facultés d'une bête par rapport à la production d'une ame & à l'organisation d'un corps. Il faut donc qu'ils avouent que les bêtes agissent aveuglément, lors même qu'elles ont un sentiment intérieur de ce qui se passe dans leur substance. Leurs facultés sensitives produisent la perception des objets sans connoitre la disposition intérieure des organes qui doit précéder ou accompagner cette perception, & sans savoir ce qu'il faut faire pour produire un acte de sentiment. Leur faculté estimative juge de la qualité des objets sans avoir aucune idée de l'acte de juger, & sans savoir comment il le faut produire. Leur appetit forme un acte d'amour, ou un acte d'aversion sans aucune idée directrice concernant la nature de ces actes, & la manière de les former, Leur faculté locomotive les fait aller vers certains objets, ou les en éloigne, sans savoir comment se produit le mouvement, & quelles parties du corps il faut remuer afin de courir, ou afin de prendre de la nourriture. Les facultés des sens externes sont cinq en nombre dans les animaux, chacune fait ses fonctions sans se mêler de celle des autres; l'ouïe ne produit pas sur la Vûe, elle lui laisse tout le soin d'appercevoir les couleurs, & se contente de sentir les sons. Qui a dit à l'Ame d'un Chien que lorsqu'un objet agit sur les yeux il faut mettre en exercice la vûe, & laisser dans l'inaction les quatre autres sens, & qui si l'objet agit sur l'oreille, il ne faut se servir que de l'ouïe? Il est sûr que l'ame des bêtes ignore laquelle de ces cinq facultés il faut choisir en telles & telles circonstances, & comment il faut qu'on la mette en oeuvre; il est sûr, dis-je, qu'elle l'ignore non seulement la prémière fois qu'elle se sert de ses sens, mais aussi toute sa vie. Et néanmoins chacune de ses facultés s'acquitte de ses fonctions avec une extrême ponctualité, où, quand, & autant qu'il est nécessaire; chacune trouve son chemin & le suit jusques au bout sans en avoir nulle connoissance. On peut dire la même chose des facultés de l'ame de l'homme, nous entendons le son d'une cloche sans nous y être préparés & sans savoir ce qu'il faut faire pour exciter en nous cette perception. La douceur du miel appliquée sur nôtre langue est sentie avant que nous aïons eu le temps

de

,, de choisir la faculté qui se rapporte aux saveurs,
,, le choix en cela n'est nullement en nôtre puissan-
,, ce. Nous ne savons pas même comment se for-
,, ment nos Idées. Ces Missionnaires allégueront
,, vainement le concours de Dieu, car comme ils
,, disent que le concours que Dieu fournit à la vûë
,, est le même que celui qu'il fournit aux autres
,, sens, il ne peut pas être cause que la vûë excite
,, le sentiment des couleurs plutôt que celui des sons,
,, ou des odeurs, ou des saveurs &c. Ils doivent
,, donc reconnoitre que les Actes de chaque facul-
,, té de l'ame sont spécifiés par la nature même des
,, causes secondes, & avouer par conséquent que l'or-
,, dre, la justesse, & la régularité des effets ne sup-
,, posent pas qu'il y ait de la connoissance dans les
,, causes.

,, C'est ainsi qu'on repousseroit leur attaque & que
,, le Péripatétisme la rendroit très-foible. S'ils croient
,, avec les Cartésiens que Dieu est la cause immé-
,, diate & de tous nos sentimens & de toutes nos idées
,, ils ne s'éxposeroient pas à cet échec: permettés-
,, moi cette petite répétition.

,, Repoussés de cette manière il faudroit qu'ils
,, changeassent de batterie, & qu'ils s'attachassent à
,, soutenir que les facultés des corps doivent avoir
,, une autre cause que la nature. Ce seroit proprement
,, combattre l'éxistence nécessaire de la matière, l'ob-
,, jection ne tomberoit que sur cela, & non pas en
,, particulier sur les qualités actives des corps; car s'il é-
,, toit possible qu'une matière destituée de qualités
,, éxistât par elle même il le seroit encore plus qu'el-
,, le éxistât par elle-même avec différentes qualités ;
,, plus les Etres sont imparfaits, plus sont-ils indi-
,, gnes qu'on leur attribue l'éxistence nécessaire.
,, Voions le jeu de cette nouvelle batterie.

Ibidem. pag. 346.
" Article CXIV. On peut supposer que les Mission-
" naires de la Chine attaquent ainsi les Philosophes.
" S'il est plus contraire à la Raison, comme vous
" le prétendés, que la nature éxiste par elle même
" sans aucune vertu active qu'avec plusieurs qualités
" efficientes. il est pour le moins contre l'ordre
" qu'elle n'ait pas une infinité de perfections. Appre-
" nés nous donc pourquoi elle s'est bornée à un cer-
" tain nombre, & d'où vient qu'elle a oublié de se
" donner une connoissance directrice de ses effets ?
" Rien ne lui formoit des obstacles ; Qui est-ce donc
" qui l'a limitée ? Pourquoi est elle moins imparfai-
" te dans les hommes que dans les autres animaux ?
" pourquoi tend-elle dans les animaux, & non dans
" les plantes ? Il n'y a point de réglement parmi les
" hommes sur la différence des conditions qui pour
" le moins ne dépende de quelque caprice ? Com-
" ment la nature eut elle pû faire aveuglément les
" distinctions régulières qu'on voit dans le monde?
" Enfin d'où viennent les bornes qu'elle a prises ?

Ibidem. pag. 347.
" Il n'y a point de doute qu'ils peuvent fonder
" là-dessus quelques chicanes, & que la témeri-
NB. " té avec laquelle on agite dans les Ecoles plusieurs
" questions superflues sur la puissance & la scien-
" ce de Dieu, élargit éxtrêmement aux Philosophes
" Chinois la voie de rétorsion, car les Missionnai-
" res ont fort étudié toutes ces disputes, & ils en font
" un grand cas. Les Scholastiques ont mis en ques-
" tion, si Dieu peut damner une Créature innocen-
" te ; s'il peut pardonner l'une sans la satisfaction d'un
" prix infini ; s'il peut faire des Créatures Eternel-
" les ; s'il peut communiquer à la Créature l'im-
" mensité, la science infinie, la puissance de créer,
" &c ; s'il peut conserver les accidens d'une substan-
" ce sans la substance ; s'il peut mettre plusieurs corps
" en un même lieu, & le même corps en plusieurs
" lieux à la fois &c.

A ces questions Mr. Bayle en joint d'autres
encore plus étonnantes ; puis *il ajoute*. ,, Mais il y
,, a certains dogmes dont on convient assés unani-
,, mement, comme que la Puissance de Dieu ne
,, s'étend point sur les Essences des choses, ni sur

,, ce qui implique contradiction ; qu'elle ne sauroit
,, faire que ce qui a été fait n'ait pas été fait ; qu'elle
,, n'a aucun empire sur les vérités éternelles & im-
,, muables, non plus que sur le passé ; qu'elle ne peut
,, dispenser de quelques articles du droit naturel,
,, &c.

,, Si les Philosophes de la Chine interrogeoient à
,, leur tour les Missionnaires pour savoir d'eux d'où
,, viennent ces bornes dans les attributs divins, il
,, faudroit qu'à leur éxemple on recourut à la Na-
,, ture des choses. Nous voilà donc à deux de jeu,
,, répliqueroient les Chinois, vous ne sauriés soudre
,, la question pourquoi Dieu a limité sa puissance
,, aux choses qui ne sont point contradictoires, &
,, pourquoi il ne l'a point étendue sur les Essences,
,, aussi bien que sur l'éxistence des Créatures. Di-
,, tes nous, si vous pouvés, d'où vient la barrière
,, qui sépare les Etres possibles d'avec les Etres Im-
,, possibles ? Elle n'a point été posée par un acte de
,, la volonté de Dieu : Car la possibilité des choses
,, ne relève que de la puissance de Dieu, & cette
,, puissance n'est point volontaire. La science de
,, Dieu est tout de même indépendante de sa volon-
,, té ; il ne connoit point les attributs essentiels des
,, choses tels plutôt que tels. parce qu'il veut les
,, connoitre de cette façon plutôt que d'une autre,
,, & par conséquent vous devés dire que sa nature est
,, la seule raison pour vous puissiés alléguer : sa natu-
,, re disons nous, entant qu'elle n'a eu pour régle
,, de l'étendue de sa puissance, & de sa science au-
,, cune idée directrice, aucun plan antérieur ou con-
,, comitant. Vous direś que de ne pouvoir pas
,, faire un cercle quarré n'est pas une véritable limi-
,, tation de puissance, mais nous vous soutenons qu'u-
,, ne cause qui pourroit former un tel cercle seroit
,, plus puissante & plus habile que celle qui ne le
,, peut.

*Les Philosophes Chinois donnent des Attributs si ma-
gnifiques à la Nature*, qu'ils sembloient exprimer sous
ce nom, précisément ce que les Chretiens entendent sous
celui de Dieu. Il n'est pas facile d'anéantir entièrement toutes les Impressions que le Créateur de l'A-
me y a gravées, pour la faire parvenir à sa connoissance, ou, pour m'éxprimer en d'autres termes ; il
n'est pas facile de se dérober entièrement aux effets
des heureuses & importantes dispositions, avec lesquelles il a trouvé à propos de nous faire naitre.
Mais aux justes Idées, qui en sont les effets, l'Entendement déréglé, par diverses causes, en joint de
fausses, & par là se remplit de Contradictions ; Il s'applaudit de ce qu'il y a de *grand* dans ses pensées :
quand il ne s'agit que de *Theorie*, & il suit ce qu'il
y a de *trompeur*, quand ce sont les intérêts de ses passions
le demandent.

Les Chinois n'ont pas toûjours été dans les Erreurs impies où ils sont aujourd'hui. Les prémiers
qui eurent des doutes sur l'éxistence de Dieu, & qui
se firent un plaisir de les répandre. Ceux qui allé-
rent ensuite au delà du doute, & qui rejettérent un
Etre différent de l'Univers, son Créateur, & son
Maitre, & par peur de s'attirer la haine publique gardé-
rent les éxpressions reçues ; & se firent un plaisir de
tromper les hommes, en appliquant à un tout autre
sujet, ces éxpressions respectées.

Mr. Bayle ne dit rien dans ce dernier article en *Article CXIV.*
faveur des Philosophes Chinois, qu'il n'ait déjà été
dans les Articles précédens, & où il ne se trompe ; s'il prétend que les bornes dans lesquelles il a plû au Créateur de renfermer les connoissances de l'Ame de l'homme, & les bornes incomparablement plus étroites qu'il
a assignées à des substances plus imparfaites, telles que
peuvent être les *Ames des bêtes* les Ames végétatives
des plantes, ou, leurs *formes plastiques*, fournissent
aux Athées des argumens d'une solide rétorsion ; On
peut fermer la bouche aux Philosophes Athées Chinois par les mêmes réflexions dont nous venons de
nous servir contre les Athées en général. La Nature

türe de Dieu eſt toute parfaite, & par là même il implique contradiction qu'elle ne ſoit pas. Ses idées ſont conformes à ſa nature parfaite, & il y a un parfait accord entr'elles. De la fécondité infinie de ſon Intelligence infiniment active, il naît une infinité d'Idées, & ſa bonté a choiſi entre ces Idées, avec une Liberté conforme à ſa ſageſſe, celles auxquelles il a créé des objets qui y répondent. Dans un Etre tout Parfait, & tout Intelligent, ſe trouvent les Raiſons & les Fondemens de tout ce qui y eſt, & de tout ce qu'on y admire ; mais dans une Nature imparfaite, dont l'éxiſtence n'eſt pas néceſſaire, & dont les arrangemens peuvent ſe détruire, & par conſéquent auroient pû être tout autres qu'ils ne ſont, d'où vient qu'ils ſont tels qu'on les voit, puiſqu'ils pourroient être tout autres, ſi aucune Cauſe ne les avoit déterminés à éxiſter tels qu'ils ſont ?

Mr. Bayle fait donc paſſer ſon Lecteur à la Chine afin que cela lui donne occaſion de ramener les Objections qu'on a déja luës dans les articles précédens. Il repréſente combien les converſions du peuple font peu d'honneur à la Réligion : *Le grand point*, dit-il, *ſeroit de convertir des Philoſophes ;* il s'arme de tout ce que les différens ſyſtêmes des Athées ſont capables de leur fournir, & il trouve qu'ils ne ſe défendent pas mal, juſques à ce qu'on les amêne à l'Hypothéſe des *Cauſes occaſionelles*. Il fait ſemblant de ne pas s'appercevoir que ſi on employe cette ſuppoſition avant que d'avoir bien prouvé l'éxiſtence de Dieu, les Chinois qui viennent de faire paroitre tant de ſubtilité & tant d'obſtination, ſeroient aſſés faciles pour ne pas ſe plaindre d'une *Pétition de principe* manifeſte, & de ce que l'on ſuppoſeroit hardiment ce qui eſt en queſtion. Il prépare encore un autre coup. Le ſyſtême des *Cauſes Occaſionelles* étant accordé, Dieu eſt le ſeul Etre actif ; mais, dit le Chinois, Il *produit donc toutes les déterminations de la Penſée, Ah ! noli tangere* , tout eſt perdu : Je ſuis ſans réplique, & je me trouverai terraſſé ſi je ne me réfugie ſous l'azile de la Foi. Meſſrs. les Chinois n'écoutés plus la Raiſon, tenés-vous à la Lumiére de la Révélation qui vous dit tout le contraire. Et pourquoi donc veut-il qu'on raiſonne avec eux, pour finir par la néceſſité de n'écouter point la Raiſon ?

Mr. Bayle entre dans les Diſputes des Scholaſtiques, ſur les limites de la Puiſſance de Dieu : Mais rien n'eſt plus inutile que de battre ainſi la campagne. Serons nous réduits à prendre le parti du Pyrrhoniſme, dès que nous ne pourrons pas nous donner carriére, avec toute la facilité que nous ſouhaiterions, ſur les ſubtilités Métaphyſiques que les Scholaſtiques ont embrouillées par tant de verbiages ? Qu'eſt-ce qui a limité les choſes, & a fait que les unes ſont Poſſibles & les autres Impoſſibles ? C'eſt-là une queſtion compoſée de termes dont l'aſſemblage ne donne aucun ſens. Il y a un Etre Eternel, c'eſt la Réalité & la Perfection même ; il implique contradiction qu'il ne ſoit, & qu'il ne ſoit très-parfait. Il eſt donc parfaitement d'accord avec lui-même, & il y auroit de l'éxtravagance à penſer qu'il veut une choſe, & qu'en même temps il la veut pas ; qu'il veut un Corps terminé par deux éxtrémités, & qu'en même temps il ne veut pas que ce Corps ſoit terminé par deux éxtrémités ; qu'il veut une Courbure, qui ne ſoit pas courbe. On exprime des *Négations* par des termes *Poſitifs* ; On veut enſuite que quelque choſe de *poſitif* réponde à des *Négations* ; On s'étonne que cela ne ſoit pas, on en cherche la Cauſe, & on la cherche dans la Nature même de ces choſes que l'on ſuppoſe poſitives & réelles, & qui ne le ſont point ; on ſuppoſe qu'on a exprimé une Réalité par par un terme qui s'éloignoit préciſément de la réalité. Tout ce qui répond à l'Idée d'Etre néceſſaire, ou ſimplement poſſible. Il n'y a point une troiſiéme Eſpéce, ſavoir celle des *Etres impoſſibles* : Cette phraſe ne ſignifie rien, parce que des deux termes qui la compoſent, la ſignification de l'un renverſe celle de l'autre. C'eſt donc par erreur & faute d'attention, qu'on cherche, dans la Nature de l'Etre impoſſible, qui n'a point de nature, & n'en peut avoir, le fondement de ſon impoſſibilité.

On voit en Mr. Bayle le vrai Caractére d'un Pyrrhonien. Il s'eſt fait une ſi grande habitude d'aller à ſes fins par des détours, qu'il ne daigneroit pas ſeulement employer les voies ſimples, quand même elles ſeroient très-propres à le ſervir.

S'il trouve dans les Scholaſtiques une éxpreſſion qui aille à affoiblir les Preuves de l'éxiſtence de Dieu, & à fournir quelque apparence d'Apologie à l'Athéïſme, c'eſt une *Perle très-précieuſe* qu'il tire du fumier. Mais quand ces mêmes Scholaſtiques ont avancé quelque choſe en vûë de prouver la Réligion, ce ſont des gens qui ne ſçavent pas raiſonner juſte.

Au reſte il ne faut pas s'étonner qu'on trouve dans des Auteurs très-éloignés du goût où étoit Mr. Bayle, des expreſſions qui vont à charger de haine la Superſtition, & à la faire regarder comme plus odieuſe que l'Irréligion même, quand on en fait le parallele. Rien n'eſt plus ordinaire aux hommes que d'outrer, lorſque pour rélever leurs cenſures ou leurs éloges, ils ſe ſervent du ſecours des comparaiſons.

XXII. Mr. BAYLE employe le Chapitre X. à prouver qu'il peut y avoir des Athées de ſpéculation. Dans le ſuivant il prouve qu'il y en a. Dans le XIII. Il fait remarquer qu'il ſe rencontre beaucoup de Logomachies dans cette Queſtion. Dans le XIV. Il ſe plaint de ce que Mr. Bernard lui attribuë d'avoir dit, que *ſans une grace particuliére on ne peut parvenir à la Connoiſſance de Dieu Créateur* ; au lieu que Mr. Bayle s'eſt borné, dit-il, à *trouver cette grace néceſſaire par rapport à la Connoiſſance d'un Dieu Immatériel*.

S'il y a des Athées. Réponſe aux Queſtions d'un Provincial Tom. IV. pag. 136. Oeuvres Div. Tome III. 2. part. page 920. & ſuiv.

Mais ce ne ſont là que des échapatoires ; car Mr. Bayle a établi dans l'Article de Dicéarque & ailleurs, que rien n'eſt plus oppoſé aux Idées du bon ſens, que *la ſuppoſition d'une Etenduë qui penſe*.

Dans le Chap. XV. Il a travaillé à rendre difficile la découverte d'un Dieu par tout ce que nous le concevons, 1. On *peut ſe convaincre de l'éxiſtence d'un Etre Eternel, dit Mr. Bayle ; Mais cet Etre Eternel ſera peut être ce qu'on appelle l'Univers*.

ibidem. pag. 937.

Mais il n'y a qu'à rappeller les raiſons que, nous avons alléguées ci-devant, pour ſe convaincre que l'arrangement de l'Univers eſt l'effet d'un Principe différent de cet Univers.

Eh bien ! continue Mr. Bayle, *on reconnoitra que l'Univers a une Cauſe, mais on ignorera ſi cette Cauſe eſt tranſitive, ou permanente*.

Cette Cauſe Intelligente eſt très-Puiſſante, elle eſt abſolument Parfaite, en telle ſorte qu'il implique contradiction qu'elle n'éxiſte pas, ou qu'elle ſoit moins parfaite qu'elle n'eſt. Elle avoit pû n'éxiſter pas, ou éxiſter différente de ce qu'elle eſt, il faudroit qu'une Cauſe ſupérieure lui eut donné ſon éxiſtence & ſa maniére d'être, & cette Cauſe auroit été l'Etre ſuprême.

Je n'entrerai point dans la Queſtion s'il y a eu, ou s'il y peut avoir des Athées ſpéculatifs : Peut-être que Mr Bayle auroit pû le citer lui-même. Ce qui me paroit inconteſtable, c'eſt que juſques ici les Athées n'ont rien allégué de démonſtratif ; Leurs Argumens vont à former des doutes, & tout au plus à faire dire, *Dieu eſt-il, ou n'eſt-il pas* ? mais ils ne point une évidence à faire conclure, *Il n'eſt point, & ne peut pas être* ; tous leurs ſyſtêmes ſont des abimes de ténébres. Cependant il ne ſe peut que des hommes s'entêtent pour un ſyſtême ſans clarté & ſans fondement, parce qu'il eſt de leur goût, qu'ils en ſont les Auteurs, & que le réſultat en eſt agréable pour eux. C'eſt ainſi qu'on a crû les Formes ſubſtancielles & d'autres chiméres auſſi peu croiables que celles des Athées. Ce qui ſurprend, c'eſt que de pareils ſujets de douter puiſſent s'emparer de l'eſprit d'un hom-

homme, au point de l'engager à faire tous ses efforts, pour arracher de l'esprit des autres une persuasion qui pourroit être vraie. Quand on pense avec attention à ce renversement, il est assés naturel de conclurre que l'esprit de ténébres, ennemi de Dieu, s'est emparé de l'ame de ces gens-là, & qu'il en fait ses Prophétes. Ce n'est pas qu'on ne puisse encore en alléguer des Causes naturelles: Leur singularité les doit allarmer, ils se défieront moins de leurs raisons quand ils verront qu'elles sont adoptées par d'autres; aussi voit-on qu'ils prennent de l'aversion pour ceux qui sont dans des sentimens opposés, & qui les gênent d'autant plus qu'ils ont pour eux l'autorité, les Magistrats, & le Public: Ils voudroient les faire passer pour des Visionnaires, & détourner autant de personnes qu'il leur est possible de les estimer, & de les considérer.

Pour faire paroitre plus difficile un Examen, par lequel on veut s'affûrer parfaitement de l'éxistence de Dieu, Mr. Bayle rappelle les régles d'un sévére Examen, & donne d'abord quatre préceptes là-dessus.

Ibidem pag. 939.

„ Le prémier, dit-il, est de ne recevoir jamais „ aucune chose pour vraie qu'on ne la connoisse é-„ videmment telle, c'est-à-dire de ne comprendre ja-„ mais dans ses jugemens que ce qui se présente si „ clairement à l'esprit qu'on n'ait aucune raison de le „ mettre en doute.

„ Le Second est, de diviser chaque difficulté „ qu'on examine en autant de parties qu'il se peut, & „ qu'il est requis pour la mieux résoudre. Le troi-„ siéme, de conduire ses pensées par ordre, en com-„ mençant par les choses qui sont les plus connues, „ dans ce que la Question a de particulier, pour „ monter peu à peu, & comme par dégrés à la dé-„ couverte de celles qu'on ne connoit pas. Le quatriéme „ & le dernier est de faire par tout des dénombremens „ si entiers, & des revues si générales qu'on se puis-„ se assûrer de ne rien ometter.

„ Ce n'est pas le tout il faut encore éxaminer si „ les Idées qui paroissent claires le sont en effet; „ Elles ne le sont point si la prévention se mêle „ dans les Jugemens que nous portons. Or afin de „ s'assûrer qu'elle ne s'y est point mêlée, il faut „ considérer principalement cinq choses. 1. S'il n'est „ pas vrai que nous ne croyons la chose dont il s'a-„ git, que parce que nos Maitres nous l'ont ainsi en-„ seignée. 2. S'il n'est pas vrai que nous ne croyons „ cette chose, que parce qu'elle a été approuvée par „ un grand nombre de personnes que l'on estime dans „ le monde. 3. S'il n'est pas vrai que nous ne la „ croyons qu'à cause du long usage & de la cou-„ tume, c'est-à-dire, à cause que nous avons une tel-„ le Idée depuis notre Enfance, & que nous avons „ jugé que plusieurs choses étoient véritables, parce „ qu'elles étoient conformes à cette Idée. 4. S'il „ n'est pas vrai que nous concluïons la Vérité, dont „ il s'agit, d'un Principe supposé, & que nous n'a-„ vons jamais examiné. 5. S'il n'est pas vrai enfin „ que c'est la seule Nouveauté qui nous la fait „ croire.

„ Avouës moi, Monsieur, qu'une Vérité qui pour-„ roit paroitre facile à découvrir, si l'on ne faisoit que „ l'examiner légérement, deviendra bien difficile, „ si l'on ne veut s'assûrer de l'avoir trouvée qu'a-„ près avoir observé cette Analyse des Cartésiens. „ C'est une Méthode qui demande non seulement „ que l'on examine les objets, mais aussi ses propres „ pensées, afin d'en éloigner toute l'influence de la „ préoccupation. Quel travail n'est-ce pas que d'ê-„ tre son propre Juge, avec la derniére sévérité, & „ avec un discernement éxempt de toutes ses pré-„ ventions!

Quand il faut examiner un systême entier, avec toute cette circonspection, ou quand, après avoir adopté sans examen la solution de quelques Questions fort composées, & en avoir tiré hardiment un grand nombre de Conséquences, il faut revenir sur ses pas faire l'Analyse de toutes ces Questions, en étudier les parties l'une après l'autre, & en peser les Preuves avec une grande attention, & une grande défiance de ses préjugés: J'avoüe qu'on se voit chargé d'une grande tâche, & qu'on peut craindre de n'y pas réussir; Mais cela même servira à devenir plus circonspect dans l'examen qu'on se propose, & si l'importance du sujet le mérite, loin de se décourager par la vûe des précautions qu'on aura à prendre, on s'animera au contraire à persévérer dans l'attention sans aucun relâchement.

Mais lorsqu'il s'agit simplement de s'assûrer, si l'Univers a reçû son arrangement d'une Intelligence très-puissante & très-sage, on ne trouve point, dans cette recherche, des discussions à faire perdre courage. Quant à ce que Mr. Bayle ajoûte de la *crainte où l'on doit être de s'être persuadé d'une opinion par le poids de l'Autorité, & par la force de la Coûtume*, en un mot par l'efficace des préjugés, une distinction aisée à comprendre suffira pour lever ce scrupule.

Lorsqu'en examinant on se trouve agité, par la crainte de trouver fausse l'Opinion qu'on examine, ou l'argument qu'on pése, on n'est pas dans l'état où il faut être pour s'assûrer; & souvent alors on n'aime pas la Vérité comme on le doit, puisqu'on seroit très-mortifié de lui faire un sacrifice. Mais dira-t-on un homme qui cherche à s'assûrer de l'éxistence de Dieu, de sa Providence, ou de l'Immortalité de l'Ame, a-t-il tort de souhaiter de s'en convaincre? Pour bien éxaminer, & pour bien s'en assûrer, doit-il regarder ces Propositions avant que de s'être convaincu de leur Vérité, avec la même tranquilité, & la même indifférence, qu'il regarde celles qui ont pour Objet des Hypothéses de Physique, la Divisibilité de la matiére, par éxemple, le Mouvement de la Terre &c? Je réponds, tant s'en faut qu'il les envisage ces questions si importantes d'un coeur aussi tranquile & aussi peu ému, que s'il s'agissoit de déliberer s'il seroit mieux d'achèter un fond de Terre, ou de prêter son argent à intérêt, d'achèter un Emploi, ou de vivre en Particulier &c? Je répons, que plus ces Questions sont intéressantes, plus elles méritent d'être éclaircies par des preuves démonstratives; Par conséquent il faut être éxact, il faut être scrupuleux sur la Solidité des Preuves à proportion de l'importance de ces Questions.

Un Coeur à qui il seroit indifférent de se convaincre de l'éxistence de Dieu, & de sa Providence, à qui il seroit indifférent de croire là-dessus quelque chose, ou de n'en rien croire, seroit sans contredit dans des dispositions affreuses. Mais celui qui le louable désir d'établir ces vérités prévient en faveur de la prémiére Preuve qui s'offre à lui, & qui dans la crainte d'y trouver du foible, ne l'éxamine que superficiellement &c, lui a péser avec toute la circonspection que l'amour de la Vérité éxige, fait tort à la Vérité même qu'il a en vûe d'établir: Qu'elle se démontre par cette Preuve ou par une autre, c'est ce qui lui doit être indifférent, & toute son Inquiétude doit se borner à démêler les Raisons solides des foibles.

Je demande, cette Analyse éxacte, circonspecte & dégagée de préventions, que Mr. Bayle donne pour très-difficile & très-embarrassante, quand il s'agit de s'assûrer de l'éxistence de Dieu, ceux qui nient cette éxistence, ou seulement ceux qui en doutent, l'ont-ils faite? se sont ils bien persuadés? se sont ils bien convaincus que de la maniére dont ils aiment à vivre, il ne leur importe pas beaucoup plus de n'avoir point à répondre à leur conduite à un tel Maitre, que de se trouver dans l'obligation de lui rendre compte? (A)

Leurs

(A) Si l'on trouve moins de ces Argumens, qui ne paroissent bons que parce qu'ils tendent à favoriser une thése, pour laquelle

on

Leurs argumens sont-ils fondés sur des Idées claires ? Leur systême n'est-il pas infiniment ténébreux, & toutes leurs raisons ne se réduisent-elles pas à ce peu de mots ? *Cessés de croire qu'il y ait une Intelligence Eternelle, distinctte de l'Univers ; on expliquera distinctement toute l'Essence & tous les Attributs de cette Intelligence ? Ne laissés aucune Obscurité sur sa manière de penser ni sur sa manière d'agir ?* Et qui a-t-il de moins raisonnable que cet Argument ? C'est pourtant là ce que Mr. Bayle met dans la bouche des Athées ; *Accordés*, dit-il, *le Mal Physique & le Mal Moral avec la Providence ; Accordés la Liberté de Dieu avec la Liberté de ses decrets.* La difficulté qu'un esprit aussi borné que le nôtre doit nécessairement éprouver, dés qu'il entreprend d'éclaircir des Questions si sublimes & si vastes, doit-elle le surprendre ? Doit elle lui faire de la peine, & lui empêcher de se rendre à la Simplicité, & à la Clarté de ce Raisonnement allégué par Mr. Bayle lui-même dans la page suivante 212. ,, Les preuves de l'Immatérialité de Dieu dont très ,, fortes. En voici la gradation. Dieu doit être une ,, Nature Intelligente : tout ce qui est composé de par-,, ties est incapable d'Intelligence : tout ce qui est Maté-,, riel est composé de parties : il faut donc que Dieu soit ,, immatériel. Mr. Cudworth a mis dans le plus ,, beau jour du monde la Vérité de toutes ces Pro-,, positions. Ainsi dés que l'on aura surmonté la peine ,, de bien comprendre les Raisonnemens qui prouvent ,, cela, & qui sont quelquesfois d'une abstraction ,, fatigante, on pourra se reposer tranquillement sur ,, cette persuasion que Dieu est un Etre Immatériel. ,, Mais, ajoute Mr. Bayle, pour jouïr d'une parfaite ,, quiétude là-dessus, il faudroit que les Conséquences ,, de ce doeme ne combattissent pas quelques-unes des ,, vérités qu'il nous importe de retenir ; car si nous ,, ne pouvons point résoudre ces Conséquences, nous ,, retomberons dans l'incertitude. Les raisons qui ,, prouvent l'immatérialité de Dieu, prouvent aussi ,, l'immatérialité de tous les Etrespensans. Il faudra ,, donc dire ou que les bêtes ne sont que des auto-,, mates, ou que leur ame est incorporelle. Voilà le Sophisme ordinaire des Pyrrhoniens. *On ne sait pas tout, donc on ne sait rien. Il est des choses qu'on ignore, donc on n'est assuré d'aucune.*

Je destine une Section à l'éxamen du Pyrrhonisme sur la Nature de l'Ame ; & dans cet endroit je répondrai à l'objection tirée de celles des bêtes.

Mr. Bayle tire encore une Objection contre l'Immatérialité des Substances pensantes, de la nécessité où l'on est, selon lui, de leur assigner un rapport avec le lieu, & ce qu'on ne sauroit faire, dit-il, si on ne leur suppose quelque étenduë. J'éxaminerai encore cet argument dans la Section dont je viens de parler.

Mr. Bayle établit donc cette question pag. 184 ; & demande non pas simplement en général, s'il étoit facile aux Idolatres de se convaincre qu'il y a un Dieu, mais s'il est facile *à des gens qui voudroient se servir de l'examen le plus rigoureux, & le plus analytique, de découvrir l'éxistence d'un Esprit souverainement parfait ?* Comme il avoit toûjours en vuë de rendre moins odieux les Athées, & de les délivrer de cette aversion dont on les charge, il comprenoit de quelle utilité il étoit pour son but de prouver à ses Lecteurs qu'il est beaucoup plus difficile qu'on ne croit

de se persuader de l'éxistence d'un Dieu. Dans ce dessein il éloigne un sens, *& un état de Question* qui ne lui est pas favorable, parce que quand on la pose ainsi, on ne peut plus nier la faculté de s'assûrer de cette grande vérité, sans s'oblever contre soi les savans, & les ignorans, & sans s'éxposer aux déclarations formelles de l'Ecriture. Il suppose donc des Philosophes qui veulent se servir de l'éxamen le plus rigoureux & le plus Analytique.

Si par un éxamen rigoureux Mr. Bayle entend un éxamen par lequel on entreprend ne laisser aucune obscurité sur le sujet qu'on éxamine, & être résolu de ne rien croire sur ce sujet jusqu'à ce qu'on comprenne parfaitement tout ce qui y a du rapport, je lui avouerai non seulement la *difficulté*, mais l'*impossibilité* de connoître Dieu, & de s'assûrer de son éxistence, si on est résolu à ne point la croire, jusqu'à ce que l'on comprenne parfaitement tout ce que renferme l'*Etre Infini, & Eternel*. Mais je dis que cet état au monde n'est plus déraisonnable qu'une entreprise de cette nature ; car enfin, si l'on veut raisonner ainsi, on aura des doutes sur toutes choses, on doutera de sa propre éxistence, on doutera de l'éxistence de sa propre pensée. Mais si par un éxamen Analytique, c'est-à-dire méthodique, circonspect, on entend un éxamen, ensuite duquel on ne se rende qu'à des preuves dont la simplicité soit à notre portée, qui se trouve nt établies sur des Principes évidens, & qu'on ne puisse contester sans renoncer à la bonne foi, qui enfin soient tirées de ces Principes par un petit nombre de conséquences nécessaires ; je soutiens qu'on peut très-aisément s'assûrer de l'éxistence de Dieu. Et quant aux Objections par où on tâchera d'ébranler ces Principes évidens, & ces Conséquences nécessaires, en demandant des éclaircissemens sur un grand nombre de Questions obscures par la grandeur de leur sujet, & par le peu de rapport de nos lumières avec l'étendue des Connoissances qui feroient nécessaires pour dissiper toute l'obscurité de ces Questions, le bon sens veut qu'on demeure ferme dans la persuasion de ce qui est simple & clairement prouvé, quoi qu'il se trouve environné d'obscurités de cette nature : Et si on est assés impatient pour rejetter ce dont on s'est assûré, sous prétexte qu'on se trouve arrêté par les bornes de son Esprit dans le chemin des connoissances qu'on se proposoit d'acquerir encore, on a tort, & on viole une des plus essentielles Règles de la Logique. C'est le Cas des personnes que Mr. Bayle cite avec plaisir, après un Auteur qu'il loue, parce qu'il lui fournit une citation dont il voudroit bien qu'on respectât l'autorité. *Ceux-ci ne se contentent pas de découvrir une Intelligence éternelle par l'ordre de l'Univers, leur curiosité les pousse à rechercher ce que ne peut être, & après avoir donné leur entendement sur des qualités infinies que l'Esprit de l'homme ne sauroit comprendre, ils demeurent souvent incrédules malgré qu'il en aient & ne sauroient accorder les sentimens de leur Esprit, avec ceux de leur conscience.*

Cette expression malgré qu'ils en aient est équivoque. Si l'on veut dire par la que les Incrédules de cette espèce souhaitoient sincèrement de connoître toute la Nature du grand Objet sur lequel ils méditoient, on accordera qu'ils peuvent avoir eu en effet ce désir, & qu'ils sont restés en chemin malgré qu'ils en eussent. Mais si l'on y ajoûte que n'aïant

pu

on est prévenu d'inclination. Si, dis-je, on trouve moins de ces Argumens dans les Livres des Libertins, c'est parce que ces Livres sont en plus petit nombre. Du reste ils les font plus emetteurs de leur Hypothèse que qui que ce soit ; ils ne se portent point de vuë, & tout ce qui leur prouit y pouvoir servir ils l'adoptent des le même, & ils le donnent comme pour sûr, & pour bien éxaminé.

Leurs Passions en effet & leurs préventions ne doivent pas être médiocres. 1. C'est un grand intérêt de cœur qui les jette dans ces travers ; Un soupçon qu'ils se trompent ne pourroit leur venir dans l'esprit sans leur causer d'étranges alarmes. 2. Ils voient tout le reste des hommes déclaré contre eux : Cela les irrite, & les engage à faire arme de tout, & les fortifier leur Cause & de se faire des partisans.

Mr. Toland demande d'où vient que l'on s'est moins attaché à l'Histoire de la République des Juifs, qu'à celle des Grecs & des Romains ? Il y en a une raison qui saute aux yeux : Les Histoires des Grecs & des Romains sont écrites avec beaucoup plus d'élégance, & renferment un grand nombre de détails très curieux, aussi bien que très instructifs, pour les gens de Guerre, & pour les Politiques.

Mais il est plus agréable à Mr. Toland de répondre à cette Question en alléguant la *Rusé*, & la *Malice* des Ecclésiastiques qui ont caché au Peuple cette Histoire ou qui s'en font rendus les seuls Interprêtes. Des traits odieux répandus en gros sur les Ministres de la Religion & les Interprêtes de l'Ecriture, disposeront plus favorablement à admettre la Nouveauté de ses sentimens.

pu comprendre parfaitement sa Nature, & autant qu'ils étoient curieux de la connoître ils sont venus à en nier l'éxistence, bien fachés d'en venir là, cette éxpression manque tout-à-fait de justesse, & on la nie hardiment, en ce sens-là. L'Obscurité qui environne un certain sujet n'est point comparable à cette évidence qui force quelquefois malgré qu'on en ait.

Quand on rencontre des Objections qui combattent une Vérité ou une proposition que l'on seroit bien fâché d'abandonner, on recommence l'éxamen ; On voit de nouveau si les preuves sur lesquelles on avoit établi sa persuasion sont évidentes & à la portée de notre esprit ; & s'il ne s'est point glissé d'équivoques & de Ténébres dans les Conséquences qu'on en a tirées. On éxamine après cela si les difficultés qu'on y oppose consistent dans de certaines contradictions qu'on apperçoit entre des Idées évidentes, sur un sujet assés connu pour en avoir de telles Idées, ou si ce qui se présente de contradictoire à notre Esprit quand il pense à un tel sujet, vient seulement de ce qu'il compare des éxpressions dont il ne connoit plus toute la force, & dont il ne peut pas déterminer éxactement les sens, parce que les objets auxquels il les applique ne lui sontpas assés connus, & se trouvent même au-dessus de la portée de son Intelligence. En ce cas la contradiction n'est point établie ; L'objection n'est point victorieuse, elle nous fait sentir nôtre ignorance, mais elle ne prouve point que l'on se soit trompé ni dans les Principes qu'on a posés, ni dans les conséquences qu'on a tirées.

Objections tirées de l'Ame de l'homme. Oeuvres Div. Tom. III. 1. part pag. 840.

XXIII Pag. 212. Mr. Bayle propose des difficultés sur l'Ame de l'homme, & sur l'Ame des bêtes, & il insiste particuliérement sur celle-ci, *Si l'Ame n'est pas matérielle, Où est elle ?*
Il aime à étourdir ses Lecteurs par des difficult:'s entassées dont il les accable. Il espére par là de les jetter dans le découragement. Cette Méthode lui paroit très-propre pour disposer ses Lecteurs au Pyrrhonisme.

Mais tout homme qui aime sincérement la Vérité & qui l'aime comme elle mérite d'être aimée, se tient sur ses gardes, & évite, avec un grand soin, la précipitation ; il distingue très scrupuleusement ce qu'il connoit d'avec ce qu'il ne connoit pas ; il se rend à l'évidence, & il suspend son jugement sur ce qui ne lui est pas assés connu.

Ce que Mr. Bayle allégue sur l'Ame de l'homme & sur celle des bêtes, nous fournit des preuves toutes contraires au but de ce grand Pyrrhonien, & de ce zélé Apologiste des Athées. Douterai-je que je pense, douterai-je que j'éxiste, & revoquerai-je l'aveu de ces Vérités parce qu'on me demandera, *Ce qui pense en vous est-il Matériel ou Immatériel ?* Si vous dites qu'il est Matériel voici mes difficultés &c. Si vous dites qu'il est immatériel, en voici d'autres &c. De même je ne revoquerai point non plus la persuasion de l'éxistence de Dieu, établie sur des preuves simples & évidentes, parce que mes Lumiéres n'iront pas jusqu'à résoudre parfaitement une enchainure de Questions qu'on m'aura préparées.

Mr. Bayle prétend qu'on ne sauroit répondre aux objections touchant la Divisibilité de la Matière, c'est-à-dire , qu'on ne sauroit y faire des Réponses solides & qui lévent toute la Difficulté ; & il faut convenir que l'esprit humain est dans l'impuissance de se représenter cette multitude de parties, dont le nombre n'a point de dernier terme; A cause de cela un homme qui fait usage de sa Raison, ne l'homme dont l'Esprit n'est pas renversé, se croira-t-il en droit de douter de l'éxistence des Corps? Le Genre humain seroit heureux, si les hommes étoient aussi persuadés de l'éxistence de Dieu, que de celle de l'Etendue corporelle, quoi que les Raisons simples & démonstratives qui servent à établir la persuasion de l'une & de l'autre, se trouvent combattues par des Questions que l'esprit humain est trop borné dans ses connoissances, pour résoudre parfaitement.

XXIV Mr. BAYLE tire parti de tout pour ébranler la Certitude des plus grandes Vérités. " Dans le
" siécle de lumiére où nous vivons, des Philosophes
" célébres ont cru, *dit-il*, que la Toute Puissance Divi-
" ne pouvoit élever une substance dont l'étendue se-
" roit un des attributs à la perfection de penser. Donc
" une Matiére éternelle, & de toute éternité en mou-
" vement, pourroit enfin par la combinaison de ses
" mouvemens, produire des hommes & des Dieux.
Quoi ? Des Philosophes célébres ont cru que quelque substance inconnue, soûtien de l'étenduë, pourroit recevoir le Don de la pensée, Donc le Mouvement peut produire dans la matière ce Don. De cette prémiére Hypothèse à cette seconde, il est visible qu'il n'y a aucune conséquence.

Mr. Bayle abuse du profit de Mr. Locke. Defens. Article Jupiter Note G.

XXV. LES Philosophes & les Théologiens Chrétiens s'accordent à dire que les hommes naissent avec des Dispositions qui excitées & comme mises en jeu, par la vûë de l'Univers & de son admirable symmétrie, les porteront facilement à conclurre qu'une Intelligence très-sage, très-puissante, très-bonne, très-Libre, l'a fait tel que nous le voions. Mr. Bayle, pour prouver que cette prétention n'est pas autant fondée qu'on se l'imagine, raisonne ainsi dans le Chap. XVI de son 4 Tom. de la Réponse aux Questions d'un Provincial pag. 228.

Si l'éxistence de Dieu est facile ou difficile à connoître.

" Un nombre Infini de gens se persuadent qu'un
" Enfant qu'on éléveroit exprés sans lui enseigner
" aucune chose ; ou qui aiant été exposé dans un
" lieu desert y seroit nourri par une bete jusques à
" ce qu'il fut en état de chercher ses alimens, par-
" viendroit de lui-même à connoitre Dieu lorsque
" sa raison se seroit développée. On suppose qu'il
" ne pourroit pas contempler le Ciel, ou réfléchir sur
" ses propres éxpériences sans se dire qu'il faut qu'un
" Etre tout puissant, & d'une sagesse infinie ait
" créé le monde, & le gouverne. On articule les
" progrés de réflèxions qui succederoient les unes aux
" autres dans son Esprit, & qui auroient leur source
" dans l'idée innée, ou dans l'impression de la Con-
" science. C'est en parler fort à son aise lorsque
" l'on a eu les secours continuels des Livres, &
" des Instructions verbales. Mais doit-on croire
" que ce qui devient facile par ce moien là, l'est
" aussi à ceux qui n'ont jamais eu ces aides ? L'éx-
" périence qui a été vûe depuis peu combat cette pré-
" tention : Voici le fait.

Oeuvres Div. Tom. III. 2. Part. pag. 943.

" En 1703 à Chartres, un jeune homme de 23,
" à 24 ans, sourd & muet de naissance, commença
" tout d'un coup à parler. Trois ou quatre mois
" auparavant il avoit entendu le son des cloches,
" ainsi qu'on le fût de lui, & avoit été éxtréme-
" ment surpris de cette Sensation nouvelle & inconnuë.
" Ensuite il lui étoit sorti de l'oreille gauche une
" espéce d'eau ; & il avoit entendu parfaitement des
" deux oreilles. Il fut ces trois ou quatre mois à
" écouter sans rien dire, s'accoûtumant à répéter
" tout bas les paroles qu'il entendoit, & s'affermis-
" sant dans la prononciation, & dans les idées atta-
" chées aux mots. Enfin il se crut en état de rom-
" pre le silence ; & il parla, quoique ce ne fût en-
" core qu'imparsaitement. Aussi tot des Théolo-
" giens habiles l'interrogérent sur son état passé :
" Leurs principales Questions rouléroient sur *Dieu*,
" sur *l'Ame*, sur la bonté, & sur la malice morale
" des Actions. Il ne parut pas avoir poussé ses
" pensées jusques-là. Quoiqu'il fut né de Parens
" Catholiques, qu'il assistât à la Messe, & qu'il
" fut instruit à faire le signe de la Croix, & à se
" mettre à genoux dans la contenance d'un homme
" qui prie, il n'avoit jamais joint à tout cela aucu-
" ne attention, ni compris aucune de ce que les autres y
" joignoient. Il ne savoit pas bien distinctement
" ce que c'étoit que la vie, ni ce qu'il n'y pensoit ja-
" mais. Il menoit une vie purement animale, tout
" occupé des objets sensibles & présens, & du peu
" d'i-

„ d'idées qu'il recevoit par les yeux. Il ne tiroit
„ pas même de la comparaison de ces idées tout ce
„ qu'il en auroit pu tirer. Ce n'est pas qu'il n'eut
„ naturellement de l'esprit, mais l'esprit d'un hom-
„ me privé du commerce des autres hommes, est si
„ peu exercé, & si peu cultivé qu'il ne pensequ'au-
„ tant qu'il y est indispensablement forcé par les
„ Objets extérieurs.
„ J'ignore si tout le monde saura gré à Mr.
„ de Fontenelle d'avoir inféré ce fait là dans l'His-
„ toire de l'Académie Roiale des Sciences. Mais quoi-
„ qu'il en soit, voila un nouveau Phénomène sur
„ lequel Mr. Bernard pourra s'exercer s'il le juge
„ digne de son attention.

L'Objection que Mr. Bayle tire de ce Phénomé-
n'a de force que contre ceux qui supposent l'Idée
de Dieu placée dans l'ame, à peu près comme seroit un Tableau dans une Chambre, en telle sorte
que l'entendement ne sauroit manquer d'y jetter les
yeux, & d'en sentir l'Impression. Ce sont là des
systèmes de fantaisie, & comme des systèmes de
cette nature tirent quelque force des Vérités qui y
sont mêlées, leurs Auteurs ont tellement pris soin de
lier leurs Suppositions avec la Vérité, qu'on ne sauroit ébranler l'une de ces parties, sans que l'autre coure risque de tomber à leurs yeux.

Des personnes ainsi prévenues n'auront pas lû avec
plaisir la Relation que Mr. Bayle vient de citer,
mais elles auroient sû grand tort d'en savoir mauvais
gré à Mr. de Fontenelle ; Il a rempli un des devoirs
de sa charge en écrivant la Vérité, & il a rendu un
vrai service à ceux que cette Vérité peut tirer d'une
Erreur. Premièrement par là, qu'on ne soutiendra plus
une bonne Cause, par une fausse hypothèse. D'ailleurs dès que ce fait se trouve inféré dans les Mémoires de l'Académie des exagérations avec lesquelles on auroit pu le conter, ne trouveront plus de
créance. Au reste, ni Mr. Bernard n'a d'autres
personnes, d'un génie inférieur au sien, ne trouveront point dans cette Objection lieu à un pénible
exercice & à de grands efforts de Méditation, Dieu
a destiné les hommes à vivre en Société, & il a trouvé à propos de rendre à chacun d'eux le secours des
autres si nécessaire, que leur esprit abandonné à lui
même, & destitué de tout ce qui lui fournit le Commerce & la Conversation, ne tire pas plus de fruit de
ses excellentes Facultés, que s'ils ne les avoit pas ;
pendant que d'un autre coté, l'esprit d'un homme,
excité, & fortifié par l'éducation, se trouve capable
de s'élever aux plus sublimes connoissances.

Il est certain qu'un homme peut toute sa Vie
renfermer en soi-même, & posséder très-réellement
des Facultés, sans les exercer, & même sans les connoitre. l'Ame de cette jeune fille, dont parle Mr.
Bayle, qui vint au monde avec deux cataractes qui
lui furent abatues à l'âge de 18 ans, passa tout ce
tems-là sans voir; & sans cette hardie operation,
elle auroit passé toute sa vie dans l'entière ignorance de la Faculté de voir, qu'elle avoit réellement.
De même un homme né sourd, & par là abandonné faute d'instruction à une stupidité, dans laquelle
il se bornerait uniquement aux sensations les plus
grossières, pourroit bien passer sa Vie, sans faire
jamais aucun usage de la Faculté de choisir librement,
toujours déterminé par les Impressions des Objets
extérieurs, Impressions auxquelles il se livreroit tout
entier & passivement. Mais il ne s'ensuivroit pas que
dans cet état, son Ame fut destituée de la Faculté
de choisir & de se déterminer elle-même, quoi qu'elle n'en fit aucun usage; car si par quelque heureux
accident cet homme recouvroit l'Ouïe, comme
l'Histoire de l'Académie des Sciences de l'année 1703
nous apprend qu'il est arrivé à Chartres, il ne naitroit
pas dans cet homme de nouvelles Facultés, mais il se
présenteroit de nouvelles occasions d'exercer celles
qu'il avoit déja.

Les Occasions qui se présentent sont extérieures,

mais les Actes, & les Idées intérieures que l'Esprit
forme, ensuite de ces occasions, ce ne sont pas elles qui les fournissent, c'est lui-même qui les tire de
son fond. Il auroit pû les faire naitre en soi, sans
ces occasions, quoi que peut être sans elles s'il ne s'en
fût jamais avisé.

XXVI. DANS sa Réponse aux Questions d'un *Méthode*
Provincial Tom. II, pag. 172. Mr. Bayle accuse *de disputer*
Mr. King d'une *Pétition de Principe* Mr. King sup- *avec les*
pose l'éxistence de Dieu, & de là, dit Mr. Bayle, *Athées*
il conclut que ce qui paroit contraire aux Perfections *Œuvres*
de Dieu, dans la manière dont il conduit l'Univers, *Div. Tom.*
ne l'est pas effectivement. Je ne veux pas entrer dans *III.1. part*
ce démêlé personnel ; je remarquerai seulement que *pag. 669.*
cette manière de raisonner, que Mr. Bayle condamne ici, est précisément celle qu'il recommande ailleurs,
& la seule, selon lui, qui puisse tenir contre les Objections. Il ne faut pas, dit-il, entrer en discussion
avec les Manichéens ; & on doit se contenter des
vérités suivantes & s'y tenir ferme. „ Il n'y a qu'un
„ Principe Eternel : Ce Principe est très-saint, très-
„ sage, très-bon : Donc tout ce qui nous surprend
„ dans les évenemens ne nous met point en droit de
„ condamner sa conduite : Nous savons qu'elle est
„ digne de lui, quoique nous ne soyons pas en état
„ de le faire distinctement comprendre.

Quand j'aurois à conférer avec un Athée je ne
supposerois pas que Dieu existe effectivement, &
je ne m'exposerois pas à ses railleries, en me contentant de lui dire que je le croiois ainsi par l'efficacité de
ma Foi. Mais je ferois ce Raisonnement condition-
nel. S'il y avoit un Dieu, c'est à dire un Etre
très-Parfait, très-Sage, très-Libre ; n'est-il pas vrai
que son Intelligence passeroit si fort à la nôtre, &
que les vûes pourroient s'étendre si fort au de-là de nôtre
portée, qu'il ne faudroit point s'étonner si nous ne nous
trouvions pas en état de comprendre distinctement
toute la Grandeur & la Sagesse de ses Desseins,
par le petit nombre de Circonstances que nous en
découvrons? Quand même donc il se présenteroit
à nos yeux des choses auxquelles il sembleroit qu'il
auroit été digne de s'opposer, & dont on
pourroit croire qu'il auroit dû prevenir la naissance,
ne conviendroit-il pas, dans ces cas-là, de réfléchir
que nous ne savons pas toutes les raisons de la conduite de Dieu, & que si-elles nous étoient distinctement connues, loin d'en être scandalisés nous les admirerions?

Apres cette préparation j'ajouterois. Au lieu
de nous embarrasser par des Difficultés dont la solution est au-dessus de nôtre Capacité présente ; Nôtre
Conduite ne sera-t-elle pas beaucoup plus raisonnable, si nous donnons toute nôtre attention à découvrir des preuves qui nous éclaircissent sur l'éxistence de cet Etre éternel & parfait, & qui soient d'autant plus propres à nous convaincre & à mettre nôtre
esprit en repos, sur un si important sujet ; qu'elles
seront plus claires, plus simples & plus à la portée
de notre entendement?

„ XXVII. Je n'oserois vous écrire, dit Mr. Bay- *Examen*
„ le, qu'une infinité d'ouvrages publiés contre *de l'objec-*
„ l'hypothèse de la Prédestination absolüe me pour- *tion que*
„ roient fournir. Je ne veux pas que mon papier *Mr. Bayle*
„ porte la charge de ces horreurs, & à peine ai-je le *tire de la*
„ courage de vous dire en général que l'on peut assurer *prédesti-*
„ dans ces livres qu'il n'y a rien de plus monstrueux, *nation.*
„ ni de plus digne d'abomination qu'un Dieu tel *Réponse*
„ que ce système le représente. Mais jettés un peu *aux ques-*
„ les yeux sur l'hypothèse que Mr. Jaquelot adop- *tions d'un*
„ te, & considerés la dans tous les traits qu'elle *Provinci-*
„ renferme, vous verrés qu'elle est sujette aux mê- *al. T.III.*
„ mes inconvéniens, & qu'elle n'a point d'autre a- *pag. 872.*
„ vantage que de mener, par un peu plus de détours, *Œuvres*
„ à l'analyse de l'autre. Quelle différence y-a-t-il *Div. Tom.*
„ entre placer un homme dans les conjectures où *III.1.part*
„ l'on sait, qu'il péchera nécessairement & le placer *pag. 807.*
„ dans les conjectures où l'on sait qu'il péchera
infail-

„ infailliblement ? Est-on moins la cause morale de
„ l'adultére ſi l'on fait trouver les acteurs enſemble, où
„ & quand on fait qu'infailliblement ils ne ſe ſeparreront
„ pas ſans coup férir, que ſi l'on étoit aſſuré que
„ cela arriveroit néceſſairement. Soïés bien certain,
„ Monſieur, qu'il n'y a guére de meilleur ſigne qu'un
„ dogme ne peut s'accorder avec la Raiſon que de
„ voir que les Unitaires de Pologne l'ont rejetté.
„ Puis donc qu'ils nient la préſcience du péché d'A-
„ dam il faut conclure qu'ils ont bien compris
„ qu'elle énerve toutes les objections qu'ils propoſent
„ contre la prédeſtination abſoluë, & que donnant
„ lieu à une pleine rétorſion, il n'y a rien à gagner
„ ni ſur les Supralapſaires, ni ſur les infralapſaires,
„ pendant que l'on attribuë à Dieu la prévision in-
„ faillible des évenemens contingens.
Le ſyſtême des Supralapſaires fait horreur à Mr.
Bayle, il n'oſe en charger ſon papier, lui qui ne
ſe fait pas de peine d'y répandre tant d'obſcénités,
& d'en faire l'Apologie ? Mais ſelon lui tous les autres ſyſtêmes ne valent pas mieux dans le fond. Mr.
Bayle avoit donc horreur de mettre ſur le papier les
Vérités qui faiſoient l'Objet de ſa foi.

Mais ce que je viens de dire ne réſout pas la Difficulté que Mr. Bayle propoſe. Il faut donc y répondre ; Cela ſe fera pas difficile ; Mais avant que de
l'entreprendre il ſera bon de lire encore la même objection pouſſée avec plus d'étenduë, & telle qu'il la
donne dans l'article des Pauliciens.

Diction. „ Les Jéſuites ſoutiennent, dit-il, qu'il ſeroit mieux
Note I. „ d'être Athée, & ne point reconnoître de Divinité, que de
„ *rendre les honneurs ſuprêmes à une nature qui défend à*
„ *l'homme de faire le mal, & qui néanmoins le lui fait*
„ *commettre, & puis l'en punit.* Ils ſoutiennent que le
„ *Dieu d'Epicure eſt plus innocent, & s'il faut parler de*
„ *la ſorte plus Dieu*, que le ſeroit celui-là. *Et lorſ-*
„ *que les Marcionites & les Manichéens ſe ſont aviſés,*
„ *de faire un ſecond Dieu auteur de tous les maux*, ils en
„ *ont adoré un autre qui donnoit tous les biens*, là où
„ le vôtre, diſent les Jéſuites à ceux de la Réligion,
„ *eſt pire que les hommes.* „ Ceux à qui l'on fait ces re-
„ proches ne rejettent point ces conſéquences, ils
„ ne rejettent que le principe ; ils ſoutiennent ſeu-
„ lement qu'on ne peut ſans une infame calomnie les
„ accuſer de faire Dieu Auteur du péché. Les mê-
„ mes Jéſuites prétendent que la doctrine de Calvin
„ ſur la Prédeſtination traine après ſoi des conſéquences,
„ *qui détruiſent abſolument toute l'idée qu'on doit avoir de*
„ *Dieu, & enſuite conduiſent tout droit à l'Athéïſme.*
Le Miniſtre a répondu à Mr. Maimbourg, le
convaine d'avoir raporté infidèlement la doctrine
de Calvin. Il en falloit demeurer là ; car quand
on ajoûte que Mr. Maimbourg a tiré une fauſſe
conſequence de la doctrine qu'il a imputée à Calvin, on raiſonne pitoïablement, mon Lecteur en
va juger.

Jurieu, Outre cela je dis qu'il conclût mal, & qu'il n'eſt
Apologie rien de plus abſurde & de moins Théologien, que la con-
pour les ſequence que le ſieur Maimbourg veut tirer de la doc-
Reforma- trine de ces Théologiens, „ *C'eſt qu'elle détruit abſo-*
teurs. „ *lument toute l'idée qu'on doit avoir de Dieu, & en-*
„ *ſuite conduit tout droit à l'Athéïſme*. *Il ne fût*
„ *jamais rien de plus inconſidéré*. Prenons les choſes au
„ pis. *Si cette doctrine détruit toute l'idée qu'on doit*
„ *avoir de Dieu, c'eſt parce qu'elle nous repréſente un*
„ *Dieu cruel, injuſte, puniſſant & châtiant par des ſup-*
„ *plices éternels des créatures innocentes. Et c'eſt préci-*
„ *ſément ce que veut dire le Sieur Maimbourg ; que cela dé-*
„ *truit l'idée de Dieu, parce que l'idée de Dieu renferme les*
„ *attributs de la douceur, de la juſtice, & de l'équité. Mais*
„ en conſcience, *qui nous donne l'idée d'un Dieu ſé-*
„ *vére, tiran, uſant de ſes droits avec une vigueur excéſ-*
„ *ſive, nous conduit-il à l'Athéïſme ? C'eſt une penſé*
„ *folle de dire qu'une hypothèſe conduit à l'Athéïſme, laquelle*
„ *fait entrer Dieu en toutes choſes, le fait être la cauſe*
„ *de tout, le poſe comme l'unique but de toutes ſes pro-*
„ *pres actions, & l'éléve au-deſſus de la créature juſqu'à*

en pouvoir diſpoſer ſelon des régles qui paroiſſent mê-
me injuſtes au ſens de la chair. Tant s'en faut que
cette opinion des Supralapſaires conduiſe à l'Athéïſme,
qu'au contraire elle poſe la Divinité dans le plus haut
dégré de grandeur & d'élévation où elle peut être con-
çue. Car elle anéantit tellement la Créature devant le
Créateur, que le Créateur dans ce ſyſtême n'eſt lié d'au-
cune eſpéce de Loix à l'égard de la Créature, mais il
en peut diſpoſer comme bon lui ſemble, & ne peut fai-
re ſervir à ſa gloire par telle voïe qu'il lui plaiſt, ſans
qu'elle ſoit en droit de le contredire.

„ Voici bien la plus monſtrueuſe doctrine, & le N B.
„ plus abſurde paradoxe qu'on ait jamais avancé en
„ Théologie, & je ſerois fort trompé ſi jamais au-
„ cun célèbre Théologien avoit dit une telle choſe,
„ On s'eſt tourné de tous les côtés imaginables pour
„ expliquer de quelle manière Dieu influë dans les
„ actions des pécheurs : On a gardé l'Hypothéſe de
„ la Prédeſtination abſoluë, lorſqu'on a cru qu'elle
„ ne faiſoit nul tort à la Sainteté de Dieu ; mais
„ dès qu'on s'eſt imaginé qu'elle lui donnoit atteinte,
„ on l'a quittée. Ceux qui n'ont point vû que le
„ libre arbitre ſoit incompatible avec la prédéter-
„ nation Phyſique, ont enſeigné conſtamment cette
„ prédétermination ; Mais ceux qui ont cru qu'elle
„ le ruinoit, l'ont rejettée, & n'ont admis qu'un
„ concours ſimultanée & indifferent. Ceux qui ont
„ cru que tout concours eſt contraire à la liberté de
„ la Créature, ont ſuppoſé qu'elle étoit ſeule la cau-
„ ſe de ſon action. Rien ne les a déterminés à le
„ ſuppoſer que la penſée que tous les Décrets, par
„ leſquels la Providence s'engageroit à concourir a-
„ vec notre volonté, rendroient néceſſaires les évé-
„ nemens, & feroient que nos actions criminelles,
„ ne ſeroient pas moins un effet de Dieu, qu'un effet
„ de la Créature. Ils n'ont point trouvé leur comp-
„ te à dire que le péché n'eſt pas un Etre, que ce
„ n'eſt qu'une privation & qu'un néant qui n'a point
„ de cauſe efficiente, mais une cauſe déficien-
„ te. Enfin, on eſt venu juſqu'à ſoutenir que
„ Dieu ne ſauroit prévoir les actions libres de
„ la Créature. Pourquoi tant de ſuppoſitions ?
„ Quelle a été la meſure, quelle a été la règle de
„ toutes ces démarches ? C'eſt l'envie de diſculper
„ Dieu ; C'eſt qu'on a compris clairement qu'il y
„ va de toute la Réligion, & que dès qu'on l'oſe-
„ roit enſeigner qu'il eſt l'auteur du péché, on con-
„ duiroit néceſſairement les hommes à l'Athéïſme.
„ Auſſi voit-on que toutes les Sectes Chrétiennes qui
„ ſont accuſées de cette doctrine par leurs Adverſai-
„ res, s'en défendent comme d'un blaſphéme hor-
„ rible, & comme d'une impiété exécrable, & qu'el-
„ les ſe plaignent d'être calomniées diaboliquement.
„ Et voici un Miniſtre qui nous vient dire fort gra-
„ vement que c'eſt un dogme, qui poſe la divinité
„ dans le plus haut dégré de grandeur & d'élévation où
„ elle puiſſe être conçuë. C'eſt l'éloge qu'il ne craint
„ pas de donner à la Doctrine, *qui nous repréſente un*
„ *Dieu cruel, injuſte, puniſſant & châtiant par des ſup-*
„ *plices éternels des Créatures innocentes.* „ Il interpèle
„ notre conſcience pour ſavoir ſi l'idée d'un Dieu
„ tyran nous conduit à l'Athéïſme. Prenant les
„ choſes *au pis*, c'eſt-à-dire, ſuppoſant que Maimbourg
„ ait raiſon d'avancer que ſelon Calvin, *Dieu a*
„ *créé la plus part des hommes pour les damner, non pas*
„ *parce qu'ils ont mérité par leurs crimes, mais parce*
„ *qu'il lui plaiſt ainſi, & qu'il n'a prévu leur damnation*
„ *que parce qu'il l'a ordonnée avant que de prévoir leurs*
„ *crimes ;* Suppoſant, dis-je, que Maimbourg accuſe
„ juſtement Calvin de dire que ceux qui ſouffrent
„ les ſupplices éternels ſont des *Créatures innocentes,*
„ & par conſéquent que Dieu eſt l'auteur de leur
„ péché ; Mr. Jurieu ne peut ſouffrir que Maim-
„ bourg en conclut, *Donc la doctrine de Calvin dé-*
„ *truit l'idée qu'on doit avoir de Dieu, & conduit tout*
„ *droit à l'Athéïſme.* „ Il ne ſe contente pas de préten-
„ dre qu'il ne fût jamais rien de plus inconſidéré
que

DU PYRRHONISME. 445

„ que l'eſt cette concluſion, il la traite de *penſée*
„ *folle & d'ignorance*, & il dit qu'elle témoigne que
„ Maimbourg eſt un *pauvre Philoſophe & miſérable*
„ *Théologien*, & qu'il *n'eſt rien de plus abſurde & demoins*
„ *Théologien* qu'une telle *Conſéquence*. C'eſt un grand
„ défaut dans la controverſe que celui que l'on re-
„ proche à Ovide. *Neſcire quod bene ceſſit, reliu-*
„ *quere ; neſcire deſinere*. Ce Miniſtre avoit fort bien
„ défini les Supralapſaires, en montrant ce qu'on leur
„ impute à tort, & en déclarant qu'ils déſavouent la
„ conſéquence qu'on leur reproche de faire Dieu
„ Auteur du péché. Il falloit ſe retirer du champ
„ de Bataille après ce coup, & n'être pas aſſés té-
„ méraire pour ſoûtenir que quand même ils feroient
„ Dieu *cruel, injuſte, puniſſant & châtiant par des*
„ *ſupplices éternels des créatures innocentes ;* c'eſt à di-
„ re que quand même ils feroient Dieu l'auteur du
„ péché, & néanmoins le Juge ſévére, qui puniroit
„ ce péché éternellement, dans la perſonne qui n'en
„ ſeroit pas coupable, ils ne conduiroient pas les
„ hommes à l'Athéiſme ; mais qu'au contraire ils
„ éléveroient la Divinitéau plus haut dégré de gloi-
„ re où elle puiſſe être conçue. D'où vient donc,
„ lui devons-nous demander, que toutes les Sectes
„ Chrétiennes évitent, comme l'écueil le plus dan-
„ gereux de toute la Théologie, l'aveu de Dieu
„ ſoit l'Auteur du péché? D'où vient que l'idée
NB. „ ſeule d'un tel dogme fait horreur? Il faut avouer
„ qu'il y a des gens heureux ; Si un autre Miniſtre
„ avoit dit de telles choſes, ſes Lecteurs en auroient
„ été ſcandaliſés ; on lui auroit fait déſavouer cela
„ comme une impiété, & peut-être que je ſuis le
„ ſeul qui ait pris garde à cette étrange doctri-
„ ne.

„ Mais enfin, dit-il, plus on mêle Dieu dans
„ tout ; plus on ſuppoſe qu'il exiſte & qu'il eſt
„ puiſſant. C'eſt donc raiſonner en inſenſé que de
„ dire , *Dieu eſt l'Auteur du péché, donc il n'y a point*
„ *de Dieu:* Il eſt donc faux que cela puiſſe condui-
„ re à l'Athéiſme. La pauvre défaite ! A ce comp-
„ te les anciens Poëtes qui attribuoient à Jupiter &
„ aux autres Dieux toutes ſortes de péchés, & nom-
„ mément celui de pouſſer les hommes au mal, ſans
„ néanmoins dire que le même Dieu qui les y pouſ-
„ ſoit, les en châtioit, n'auroient pas avancé des
„ choſes capables de ruiner l'idée de Dieu , & dé-
„ teindre la Religion , & de faire des Athées. No-
„ tés qu'il n'y a point de différence entre commet-
„ tre ſoi-même un crime, lorſque l'on en a les inſ-
„ trumens, & le commettre par les inſtrumens d'un
„ autre. Il eſt clair à tout homme qui raiſonne que
„ Dieu eſt un être ſouverainement parfait, & que
„ de toutes les perfections il n'y en a point qui lui
„ convienne plus eſſentiellement que la bonté, la
„ ſainteté, & la juſtice. Dès que vous lui ôtés ces
„ perfections, pour lui donner celles d'un Légiſla-
„ teur qui défend le crime à l'homme, & qui né-
„ anmoins pouſſe l'homme dans le crime , & puis
„ l'en punit éternellement, vous en faites une natu-
„ re en qui l'on ne ſauroit prendre nulle confiance,
„ une nature trompeuſe, maligne, injuſte, cruelle ;
„ ce n'eſt plus un objet de religion ; de quoi ſervi-
„ roit de l'invoquer, & de tacher d'être ſage ? C'eſt
„ donc la voie de l'Athéiſme. La crainte que la
NB. „ Religion inſpire doit être mêlée d'amour, d'eſpé-
„ rance, & d'une grande vénération ; quand on ne
„ craint un objet que parce qu'il a le pouvoir & la
„ volonté de faire du mal, & qu'il exerce cruelle-
„ ment & impitoiablement cette puiſſance, on le haït,
„ & on le déteſte. Ce n'eſt plus un culte de Réli-
NB. „ gion. N'eſt-ce pas expoſer la Réligion à la mo-
„ querie des Libertins, que repréſenter Dieu comme
„ un être qui fait des Loix contre le crime, leſ-
„ quelles il fait violer lui-même, pour avoir un pré-
„ texte de punir? On n'otera point à cette nature
„ l'exiſtence, pendant qu'on ſuppoſera qu'elle eſt
„ auteur du péché ; cela eſt évident ; car toute cau-

„ ſe doit néceſſairement exiſter quand elle agit : mais
„ on la réduira à l'Univers, ou au Dieu des Spino-
„ ziſtes, à une nature qui exiſte & qui agit néceſ-
„ ſairement, ſans ſavoir ce qu'elle fait, & qui n'eſt
„ intelligente que parce que les penſées des créatu-
„ res ſont ſes modifications.

„ Il y a une autre choſe à reprendre dans la doc-
„ trine particuliére de ce Miniſtre. Tant s'en faut,
„ dit-il, *que cette opinion des Supralapſaires conduiſe* à
„ *l'Athéiſme, qu'au contraire elle poſe la Divinité dans*
„ *le plus haut dégré de grandeur & d'élévation où elle*
„ *peut-être conçue*. Car elle anéantit tellement la créa-
„ ture devant le Créateur, que le Créateur dans ce
„ ſyſtême n'eſt lié d'aucune eſpéce de loix à l'égard de
„ la Créature, mais il en peut diſpoſer comme bon lui
„ ſemble, & la peut faire ſervir à ſa gloire par telle
„ voie qu'il lui plaît, ſans qu'elle ſoit en droit de lui
„ contredire. Cette opinion eſt d'ailleurs pleine d'in-
„ commodités, je l'avouë, & elle a des durétés qu'il eſt
„ difficile de digérer ; C'eſt pourquoi l'Hypothéſe de St.
„ Auguſtin eſt ſans doute préférable. Quel étrange
„ dogme voit-on ici ! quoi ! un Profeſſeur en Théo-
„ logie oſe débiter, qu'il y a des Hypothéſes indu-
„ bitablement préférables à celle qui poſe la Divinité
„ dans le plus haut dégré de grandeur & d'élévation
„ où elle peut-être conçue? N'eſt-il pas certain que
„ tout ce que nous faiſons, & tout ce que nous pen-
„ ſons doit avoir pour but la gloire de Dieu, mais
„ auſſi ſa plus grande gloire? Nos opinions & nos
„ actions ne doivent-elles point tendre, *Ad majorem*
„ *Dei gloriam!* Ce ne doit pas être la Deviſe d'une
„ Compagnie particuliére, mais celle de tous les corps,
„ & de toutes les Communautés, mais celle de tous
„ les particuliers. Ainſi un Théologien qui avouë
„ d'un côté que le ſyſtéme des Supralapſaires tend à
„ la plus grande gloire de Dieu, & y parvient mieux
„ que toute autre ſuppoſition, & qui ſoutient de
„ l'autre que *l'Hypothéſe de St. Auguſtin eſt ſans dou-*
„ *te préférable*, tombe dans une penſée prophane &
„ blaſphématoire. Cette profanation ne le peut pas
„ excuſer *ſur les durétés du ſyſtême des Supralapſai-*
„ *res qu'il eſt difficile de digérer ;* car ſous prétexte de
„ quelques difficultés de plus ou de moins, il ne
„ doit pas être permis de préférer la moins grande
„ gloire de Dieu à la plus grande, & de poſer le
„ Souverain Etre dans un dégré inférieur de grandeur
„ & d'élévation. Si le ſyſtême de St. Auguſtin étoit
„ uni & facile, on ne ſeroit pas ſi ſurpris du mau-
„ vais goût de l'Auteur ; mais il avouë lui-même
„ qu'il y trouve des peſanteurs accablantes, & qu'il
„ ne ſe tient ſous ſe fardeau que parce que les mé-
„ thodes relâchées ne peuvent délivrer. Par la
„ même raiſon, il devroit être Supralapſaire ; car ſi
„ la ſuppoſition des Jéſuites ne léve pas les embar-
„ ras du ſyſtême de St. Auguſtin, il eſt clair que
„ l'Hypothéſe de St. Auguſtin ne léve pas les du-
„ retés des Supralapſaires. Quand tout eſt bien comp-
„ té & peſé, il ſe trouve que ceux-ci, & ceux qu'on
„ nomme *Infralapſaires* ſoûtiennent au fond la mê-
„ me choſe : ils ne ſauroient ſe faire grand mal les
„ uns aux autres, les argumens *ad hominem* & les
„ retorſions les tirent de tout. Vous avés ici en
„ petit le caractére de ce Docteur : il n'y a nulle
„ juſteſſe dans ſes Cenſures, nulle liaiſon dans ſes
„ Dogmes : tout y eſt plein d'inconſéquences : l'iné-
„ galité, les contradictions, les variations régnent
„ dans tous ſes Ouvrages. Ceux qui prendroient
„ la peine de les éplucher, trouveroient à tout mo-
„ ment une matiére de critique comme celle-ci.

Ce Mr. Jurieu, pour qui Mr. Bayle dans cet
Article de ſon Dictionnaire marque un ſi grand
mépris, & qu'il donne pour un ſi mal habile rai-
ſonneur, eſt cité ailleurs comme un Théologien
dont les raiſonnemens prouvent que les *Méthodes*
relâchées ou radoucies d'expliquer la Prédeſtination, laiſſent les difficultés dans toute leur force ;
Mr. Jurieu l'a dit : Cela ſuffit à Mr. Bayle, pour
conclu-

Ppp pp 2

conclurre qu'il n'en faut point douter. C'eſt ainſi qu'on paſſoit pour habile homme, ou pour mal habile homme ſuivant l'intérêt qu'avoit Mr. Bayle de combattre des ſentimens, ou d'en tirer quelque conſequence qui lui fût favorable, & s'accordât avec ſes deſſeins.

Mr. Bayle déploie toute la force de ſon génie & de ſon ſtyle, pour faire comprendre que rien n'eſt ſi monſtrueux, ni plus incompatible avec l'Idée que nous devons avoir de Dieu que celle qu'en donne le *Supralapſariaviſme*. L'Idée de Dieu eſt ſelon lui un compoſé de contradictions, s'il faut néceſſairement le concevoir tel que ce ſyſtême le poſe. C'eſt ce qu'il prétend. Or dès que l'idée de Dieu eſt contradictoire, la Raiſon ne peut plus convenir de ſon exiſtence. Mais ſelon Mr. Bayle, les ſyſtêmes les plus radoucis font expoſés aux mêmes embarras, que le ſyſtême qui eſt l'Objet de ſon horreur, & par conſéquent après avoir été analyſés avec un peu plus d'exactitude ils ne conduiſent pas moins à l'Atheïſme. Je laiſſe maintenant à penſer ſi Mr. Bayle reſpecte, ou ſi plutôt il n'inſulte pas, d'une manière atroce à un Synode derriére les Canons duquel il oſe, ſans s'expoſer à aucun danger, foudroïer la Réligion, & lancer des Argumens qui conduiſent à l'Atheïſme.

Mais laiſſons la perſonne de Mr. Bayle, pour examiner ſes raiſons ſans prévention.

La ſyſtême des Supralapſaires, dit-il, conduit à l'Atheïſme. Quand cela ſeroit vrai, un Athée n'en pourroit rien conclurre, qu'après avoir prouvé la néceſſité de ce ſyſtême; ni un Pyrrhonien qu'après avoir montré qu'il eſt auſſi vraiſemblable que quelque autre qu'on puiſſe imaginer. Or c'eſt ce que ni l'un ni l'autre ne ſauroient faire. Pour peu qu'on pouſſe les plus zélés défenſeurs de ces ſyſtêmes, ils avouent bien-tôt leur embarras, & l'impuiſſance où ils ſont de faire comprendre aux autres un ſyſtême qu'eux mêmes trouvent incompréhenſible. Il y a plus; Car, ou les Conſéquences odieuſes dont on charge ce ſyſtême *en ſont les ſuites naturelles & néceſſaires*, ou dans le fond, elles n'en découlent point réellement, elles *n'en ſont point les vraies Conſéquences*. Si on prend le prémier parti, il faudra reconnoître les partiſans de ce ſyſtême, pour les plus petits & les plus miſérables géiies du monde, puiſqu'il ſont pleins de zèle pour un Principe, dont les ſuites néceſſaires font l'Objet de leur éxécration. Si c'eſt mal à propos qu'on en tire de telles Conſéquences, il faut avouer que le vrai ſens de ce ſyſtême eſt un ſens caché, & tout différent de celui dont l'Athée ou le Pyrrhonien abuſent. Ce n'eſt point là mon ſyſtême, dira le Théologien rigide, vous ne le comprenés pas. *Faites le mal donc mieux comprendre* dira le Pyrrhonien. Et comment voulés vous que je vous le faſſe, puiſque moi-même je ne le comprens pas! Il eſt viſible que dès là on ſe trouve dans l'impuiſſance de tirer des Conſéquences d'un ſyſtême inconnu. En vain le Pyrrhonien ſe tournera du côté des autres ſyſtêmes pour les charger des mêmes Inconvéniens, on lui fera les mêmes réponſes. Pour tirer quelque Concluſion de nos Principes, diront les Théologiens les plus radoucis en matière de Prédeſtination, il faut diſtinctement connoitre ces Principes, & c'eſt ce dont nous vous défions de venir à bout. Toute nôtre application n'a pû nous y conduire; Ce que nous ſavons de plus ſûr, c'eſt que nôtre Hypothéſe n'eſt point vraie dans le ſens que vos Conſéquences en découlent, & c'eſt préciſément dans ce ſens qu'elle devroit-être vraie afin que vos Argumens euſſent quelque force.

Mais, ajoute Mr. Bayle. *quelle différence y a-t-il entre placer un homme dans des circonſtances où l'on ſait qu'il péchera néceſſairement, & entre le placer dans des circonſtances où l'on ſait qu'il péchera infailliblement ?* Mr. Bayle fournit, peu de lignes après, la matière

Réponſe aux Queſtions d'un Provinc. Tom. III. 2. part. pag. 872.

d'une Réponſe à cette grande Objection; mais il faut donner à cette matière une forme.

Mr. Bayle reconnoit que l'Hypothéſe, qui nie la *Préſcience des Déterminations libres*, eſt la ſeule par laquelle la Raiſon ſe met à couvert des Difficultés inſurmontables de la Prédeſtination & de ſes ſuites.

Je raiſonnerai avec lui ſur c'eſt aveu. *Le ſentiment des Supralapſaires, ſelon vous, méne droit à l'Atheïſme, on tire des autres ſyſtêmes, des plus radoucis même, les mêmes conſéquences, quoi qu'avec un peu plus de circuit. Mais on ſe tire d'affaire en niant la Préſcience des déterminations libres.* Qu'aimés vous donc mieux, ou livrer la Victoire aux Athées, & abandonner l'évidence de tous les Argumens dont on ſe ſert pour prouver l'exiſtence de Dieu, ou embraſſer l'Hypothéſe de la *Non-préſcience?* Si les Argumens très-ſimples & très-clairs, par leſquels l'on prouve l'éxiſtence de Dieu font ſolides, il s'enſuit que Dieu éxiſte. Mais d'un autre côté les Objections qu'on tire du dogme de la *Prédeſtination*, prouvent que Dieu n'éxiſte pas; En voilà aſſés pour conclurre que, ſi ces conſéquences ſont bien tirées, le Principe d'où elles découlent n'eſt pas vrai.

Je ne me borne pas à cette Réponſe. *La Non-préſcience* réſout les Difficultés & fait tomber les Objections, de l'aveu de Mr. Bayle; or les Théologiens enſeignent conſtamment, que la Préſcience laiſſe les actions auſſi libres qu'elles le ſeroient s'il n'y avoit point de Préſcience. Cette Préſcience, diſent-ils, eſt tout à fait extérieure aux actions prévuës, elle n'en eſt point un attribut, elle ne les modifie point, & ils ſe ſervent encore de cet éxemple; Suppoſons, diſent-ils, un homme ſi libre qu'il impliqueroit contradiction de prévoir l'uſage qu'il va faire de ſa Liberté. Il détermine, on le voit agir; Ceux qui ſont les témoins de ſon action voient qu'il s'eſt déterminé, & le voient infailliblement; c'eſt à dire, ſans ſe tromper, ſans le moindre danger de ſe tromper, & le moindre fondement de doute; ſa détermination ne laiſſe pas d'être très-libre, malgré cette connoiſſance infaillible que ceux qui la voient en ont. La Préviſion, ajoutent-ils enfin, ne modifie non plus la Liberté avec laquelle on ſe portera à une action, & ne l'affoiblit non plus, que la vuë même de cette action lors qu'elle ſe fait; l'une & l'autre de ces connoiſſances eſt extérieure à l'égard des actions.

Il n'y a que deux partis à prendre dès qu'on a reconnu la Liberté des actions humaines; le *prémier* eſt celui de dire que comme Dieu n'a pas l'idée d'une Ligne droite finie, qui n'ait pas deux éxtrémités, quoique ſon Intelligence ſoit Infinie, & qu'une telle Ligne n'eſt point l'objet de ſa Toute-Puiſſance, quoiqu'elle ſoit ſans bornes, parce que Dieu, par là même qu'il eſt infiniment parfait, eſt infiniment éloigné de ſe contredire & de vouloir renverſer ſes propres Idées; de même auſſi, par là même qu'il a voulu créer des Intelligences parfaitement Libres, il n'a pas voulu en prévoir les Déterminations, il a voulu qu'elles ne fuſſent pas des *Objets de Préviſion infaillible.* Son Intelligence a bien l'idée de toutes les Déterminations poſſibles, & à cet égard, Dieu ne voit rien arriver dont l'Idée lui ſoit nouvelle; Mais il n'a pas voulu ſavoir, de pluſieurs déterminations poſſibles, celle que la Liberté ſe donneroit, par là même qu'il a voulu qu'elle fût une parfaite Liberté. Voilà un des partis à prendre, & celui que quelques-uns ont pris.

D'autres ont mieux aimé croire que l'Intelligence Divine perce juſques aux infinies ténébres des Déterminations toutes libres; mais, diſent ils, par là même, que cette Intelligence infinie ne ſe trompe point, elle connoit les déterminations futures telles qu'elles ſont, c'eſt-à-dire, elle les connoit très-libres, & par conſéquent cette connoiſſance s'accorde parfaitement avec leur liberté.

Mr. Bayle ſe trompe donc éxtrêmement quand il ſoufoûtient qu'il n'y a aucune différence entre dire que *Dieu met une créature dans des Circonstances où elle péchera nécessairement*, & dire qu'il *la met dans des Circonstances , ou elle péchera infailliblement*. Une Action nécessaire cesseroit par la même d'être une Action vicieuse & punissable , à moins qu'elle ne fût la suite d'un Choix libre , par lequel il arriveroit à une homme de se mettre dans des Circonstances qui rendroient sa faute inévitable. Mais suivant la doctrine des *Supralapsaires* , il faut que Dieu, pour donner Gloire à ses Perfections, préscrive aux hommes des Loix, & mettre une partie d'entr'eux dans la nécessité de les violer ; & suivant d'autres Chrétiens Dieu veut *être aimé* d'une manière digne de lui, *librement* & *par choix* : Dans ce Dessein , il crée des Intelligences Libres ; Il prévoit bien que quelques-unes pourront abuser de leur Liberté , se négliger & lui désobéïr , se tromper elles-mêmes & se refuser à ce qu'elles doivent faire pour leur propre félicité. Mais les Maux qui peuvent leur arriver ne lui font point changer son Plan , ni revoquer ses Desseins ; Il convient que Dieu agisse d'une manière digne de sa Grandeur ; Une Créature qui se perd, périt par sa propre faute , & elle ne pourroit se plaindre de Dieu, qui très-injustement & en supposant ce qui n'est pas : Il crée les Etres Intelligens dans un tel état que , s'ils veulent user comme ils doivent , & comme ils peuvent, de leurs Facultés , ils parviendront à se rendre heureux ; sa Grace leur fournit des secours intérieurs & extérieurs ; il les *attend avec un grande patience*, il les sollicite avec une grande tendresse ; seulement ne déploie-t-il pas sa Toute-Puissance pour prévenir inévitablement leurs écarts ; c'est là tout ce qu'il pourroit faire si sa félicité dépendoit de leurs hommages.

J'aurai lieu d'étendre plus au long ces remarques, en répondant aux objections par lesquelles on a chargé la Providence Divine, & on a cherché à embarasser cet important sujet de ténébres & de doutes , & je me contenterai d'ajouter ici qu'on ne peut pas abandonner plus formellement St. Augustin & ses Disciples , ni les attaquer par des raisons guére plus fortes que celles qu'on lit dans le Dictionnaire , Article Priscillien.

Il semble qu'on ait condamné dans les Priscillianistes un sentiment qu'on a canonisé dans la Personne de St. Augustin.

C'est-ce qu'on lit dans le Texte de Mr. Bayle ; après quoi il ajoute dans la *Note H. du même Article*.

NB. ,, Voici trois choses certaines, dit-il , 1. St. Augustin ,, croit au franc arbitre est determiné invinciblement, ,, ou au mal par sa corruption naturelle , ou au bien ,, par le St. Esprit. 2. Cette doctrine ôte à l'hom- ,, me le franc arbitre, en prenant ce mot pour la li- ,, berté d'indifférence. 3. La doctrine de St. Au- ,, gustin a été autorisée par l'approbation solennelle ,, de l'Eglise. Or nous allons voir que les Priscil- ,, lianistes furent condamnés pour avoir détruit le franc NB. ,, arbitre, *en soumettant la volonté de l'homme à une* ,, *fatale nécessité , qui l'entraine sans qu'elle puisse s'y* ,, *opposer*. C'est-à-dire qu'on les condamna parce ,, qu'ils ruinoient le franc arbitre, en prenant ce mot ,, non pas pour la faculté d'agir volontairement & ,, par une pente très-agréable, mais pour la puissan- ,, ce de choisir entre deux contraires. Ils furent ,, donc condamnés pour une Doctrine qui a été ap- ,, prouvée dans St. Augustin. Considérons bien de NB. ,, quelle manière le Pape Leon les réfute. S'il est ,, permis de croire & d'enseigner cette Doctrine , on ,, ne doit plus ni recompenser la vertu, ni punir le ,, crime ; & toutes les loix, non seulement humai- ,, nes mais aussi divines, n'ont plus de force, & peu- ,, vent être violées impunément ; parce qu'on ne pour- ,, ra jamais prononcer en jugement , ni en faveur des ,, bonnes actions, ni contre les méchantes , si une fa- ,, tale nécessité pousse & emporte par son mouvement

,, celui de la volonté. *Peut-on douter après cela* , je ,, continue à me servir des expressions de Mr. Maim- ,, bourg, sans adopter tout ce qu'il dit , *que St. Leon* ,, *ait crû ce que la Foi nous oblige de croire, savoir que* ,, *la grace efficace nous fait tellement agir , qu'elle nous* ,, *impose aucune nécessité, mais qu'elle nous laisse in-* ,, *violable nôtre libre arbitre, ou la liberté d'indifférence ,* ,, *par laquelle nous pouvons prendre lequel il nous plaira* ,, *des deux partis, & faire ou le bien par la grace , ou* ,, *le mal de nous-mêmes*. " Je croi sans peine qu'ils ,, différoient de St. Augustin dans l'explication des ,, causes qui déterminent la Volonté ; mais il falloit ,, nécessairement qu'ils fussent d'accord avec lui sur ,, ce point de fait, c'est que le principe qui la pous- ,, se ne lui permet pas, ou de s'arrêter, ou de ré- ,, culer, ou de s'écarter à côté. Or c'est sur cela ,, que tombent les raisons du Pape Leon quand il ré- ,, fute ces Hérétiques ; Il est donc certain qu'en leur ,, personne il réfute St. Augustin, & qu'il n'a pû ,, approuver ce Pére sans adopter ; quand cela venoit ,, de lui, ce qu'il avoit rejetté venant de la Secte ,, Priscillianiste. Je n'examine point s'il raisonne ,, bien, je dis seulement que toutes les preuves qu'il ,, tire, soit des peines ou des récompenses, soit des ,, loix & des jugemens, seroient mauvaises contre ,, cette Secte, si elles n'étoient pas bonnes contre le ,, systême de St. Augustin. Remarqués bien que ,, St. Leon argumente par les suites que pourroit ,, avoir le dogme de la fatale nécessité , & qu'il ne ,, dit pas que ces Hérétiques enseignassent ces con- ,, séquences. Cela montre qu'il en veut au dogme ,, même , indépendamment du Principe sur lequel ils ,, le fondoient , & des conclusions qu'ils en tiroient ,, actuellement.

XXVIII. Mr. BAYLE n'avoit garde de laisser *Examen* passer la célébre réponse de Simonide à Hieron sans *de l'Arti-* en tirer parti. *cle de Si-*

,, Hieron Tiran de Sicile pria ce Poëte, dit Mr. *monide* ,, Bayle, de lui dire ce que c'est que Dieu. Le Poëte lui *Art. Si-* ,, répondit que cette Question n'étoit pas de celles que *monide* ,, l'on explique sur le champ, & qu'il avoit besoin *Note F.* ,, d'une journée pour l'examiner. Quand ce terme ,, fut passé, Hieron demanda réponse ; mais Simo- ,, nide lui pria de lui accorder encore deux jours. Ce ,, ne fut pas le dernier délai qu'il demanda : il fut ,, souvent sommé de répondre, & il demanda cha- ,, que fois un temps la moitié plus long. Le Ty- ,, ran surpris de cette conduite en voulut savoir la ,, cause. J'en use ainsi lui répondit Simonide , parce ,, que plus j'examine cette matière, plus elle me ,, semble obscure.

Il se peut que Simonide n'eut point étudié cette matiére & se fût occupé de toute autre chose, comme font la plupart des gens du monde ; Il se peut encore que *Simonide*, se faisant une fausse honte de parler sur un sujet sans l'approfondir , prenoit le parti d'en faire sentir la Difficulté , par ses renvois ; ou peut-être vouloit-il engager par-là Hieron lui-même à y réfléchir, & à s'appercevoir , qu'il demandoit une Réponse, dont l'étendue passe les bornes de l'Esprit humain.

On auroit pû faire une très sage réponse , à ce Roi en lui disant. Il me seroit facile de vous prouver l'éxistence d'un Etre Eternel, Intelligent, Sage , Puissant, Bon, Libre, & le Maitre de l'Univers , l'Auteur de toutes les Beautés que nous y voions. De là je conclurai très-aisément & très-démonstrativement , que nous devons l'honnorer par nôtre admiration, par nôtre dévouement , & par nôtre respect pour les lumiéres de la Raison , par lesquelles il nous éclaire sur ce que nous devons faire, & sur ce que nous devons éviter. Mais si outre cela vous demandés que je vous développe la manière dont il agit, la manière dont il pense, & que je ne laisse aucune obscurité sur toutes les Questions, que vous trouverés à propos de me faire sur un si grand sujet, vos Demandes vont au delà de mes forces :

Qqqqq Le

Le profond Respect que je dois à ce grand Etre me défend même d'en vouloir pénétrer la Nature, je craindrois de m'en former des Idées, qui le défigurassent aux yeux de mon Esprit, je craindrois de lui déplaire par ma témérité.

Ibidem Note F. „ Un petit Esprit, ajoute Mr. Bayle, n'auroit „ pas été si délicat; il se seroit laissé éblouïr à la „ première Hypothèse qu'il auroit imaginée, il n'en „ auroit point connu les difficultés, & il l'auroit ma- „ gistralement donnée comme le point fixe de la „ vérité hors duquel il n'y avoir qu'impertinence „ & qu'extravagance. Il y a même des grands gé- „ nies qui avancent promptement leur Hypothèses „ comme le parti unique que l'on doive prendre; ils „ décident qu'elle est évidente; ils insultent ceux qui „ n'en conviennent pas. Une forte persuasion leur „ inspire cette conduite. Tertullien va nous four- „ nir un autre exemple.' Tertullien avoir dit que les Artisans Chrétiens en auroient pû apprendre à Crésus beaucoup plus que Thales. Mais quoique Mr. Bayle reproche à Tertullien d'aller trop vîte & de se laisser trop facilement entraïner à son Imagination, ce qu'il dit ne laisse pas d'être très-vrai en un sens. Des Artisans Chrétiens, instruits, comme il convient à tous les Chrétiens de l'être, auroient pû déclarer à un Roi curieux, ce qu'il nous importe de connoitre de Dieu dans cette vie; Ils auroient pû lui faire comprendre dans quelles bornes nous devons renfermer notre Curiosité, sur un si grand sujet, & des Chrétiens prêts à perdre leur Vie, plutôt que de renoncer à la Profession de l'Evangile, auroient pu exposer les fondemens de leur croiance, d'une manière à satisfaire tout Esprit raisonnable.

Mr. Bayle plaisante donc mal à propos quand il dit. " Rien ne leur auroit été plus facile que de *Ibidem Note F.* „ répondre, Dieu est un être infini & tout-Puis- „ sant, qui a formé l'Univers & qui le gouverne, qui „ punit & qui récompense, qui sçache comme les pé- „ cheurs & s'appaise par nos sacrifices. Voilà de quelle „ manière nos artisans répondroient à Hieron, en y „ ajoûtant ce que nous lisons dans le Catéchysme tou- „ chant les personnes de la Trinité, & touchant la mort „ & passion de JESUS CHRIST &c.

Si c'est le caractère d'un petit génie ou d'un esprit prétompteux de décider sur la nature & la conduite de Dieu, à quel esprit attribura-t-on ces tas d'Objections contre la Providence dont Mr. Bayle a rempli ses ouvrages? Jamais la Petitesse d'un esprit n'est plus méprisable que quand elle lui empêche de connoitre les bornes dans lesquelles sa Capacité est renfermée; & il faut faire bien peu d'attention sur ces bornes pour s'embarrasser des Questions dont la décision demanderoit une si grande étendue de connoissance.

Mr. Bayle étale ensuite les difficultés qui ont pu arrêter *Simonide*; La prémière se tire de l'incomprehensibilité de la Création, qui donne l'être à des substances qui n'existoient pas.

J'ai déja donné à cette Objection des Réponses qui me paroissent suffisantes. Part. II. Sect. IV. Art. LXIII. & Sect. V. Art VII. VIII. & dans celle ci Art. IX & suivantes.

Si la matière, ajoute-t-il, est éternelle aussi bien que Dieu, d'où vient que l'un de ces deux Etres peut tout sur l'autre, sans être réciproquement soumis à l'action de l'autre.

A cela il étoit facile de répondre que la Matière est un être purement passif, en lui même, & susceptible de diverses modifications qui doivent nécessairement lui venir d'ailleurs, au lieu que Dieu est un Etre souverainement Parfait, Intelligent & Actif.

Dieu est il un corps, ou non? Un corps peut il penser? Un corps peut-il être en cela la perfection même? Si Dieu n'est pas un Corps, est-il étendu, ou ne l'est-il pas? avons nous quelque Idée d'une étendue qui ne soit pas corporelle? S'il n'est pas étendu, où est-il? Et comment peut-il agir là où il n'est pas? Voilà encore

1 précis des difficultés que Mr. Bayle continuë à prêter à Simonide.

Il est un grand un nombre de Philosophes qui *Part. II. Sect. IV. article XCII. XCV.* n'ont aucun doute sur l'éxistence d'une étendue souverainement pénétrable, qui est selon eux l'espace où se meuvent les Corps, dont l'étenduë est solide & impénétrable : Pourquoi, disoient ces Philosophes, ne pourroit-il pas y avoir d'une étendue d'une espèce très-différente de ces deux; Mais qu'est-il besoin, ajoûteront d'autres, d'attribuer à Dieu une Etendue, puisque l'Etendue ne pense pas, au moins l'Etendue dont nous avons l'Idée : La Raison bien consultée nous prouve qu'elle est incapable de penser: L'Etendue donc ne peut pas vouloir; Et Dieu pour agir, pour produire ce qu'il veut, n'a qu'à Vouloir; car Vouloir est un acte, & cet Acte dans un Etre infini est infiniment efficace, il en peut naitre tout ce qu'il lui plait.

Mais continue Mr. Bayle, *quand on accorderoit* *Ibidem Note F.* *que Dieu est un Esprit infini & tout puissant, éxiste-t-il nécessairement quant à sa substance?* Sans doute puisqu'il implique contradiction que l'Etre parfait ne soit pas, & une Idée qui le représenteroit simplement comme possible, seroit une idée contradictoire.

Sa Puissance n'est-elle pas, dit-il, *un attribut aussi nécessaire que sa science?* J'en tombe d'accord. Il implique contradiction que Dieu ne soit pas infiniment Puissant. Il implique de même qu'il ne soit pas Libre.

Il n'agit donc pas librement. Je nie cette conséquence. Si la Liberté est une Perfection essentielle, il suit que Dieu en peut faire usage.

Il y a de la Contradiction à dire que Dieu, l'Etre Parfait, Infini, Infiniment Actif, veuille produire quelque chose, sans pouvoir la produire; Mais il n'y a point de contradiction à dire, qu'il n'a besoin de rien, & qu'il éxerce sa Puissance ou qu'il ne l'éxerce pas, à son choix; qu'il ne l'éxerce, en un mot, que de la manière qu'il lui plait.

Changer, dit Mr. Bayle *à mesure que les hom-* *Ibidem Note F.* *mes changent, à mesure qu'ils desobéïssent à Dieu, ou qu'ils l'appaisent par leurs prières; Cela est incompatible avec une cause infiniment sage, & indépendante, qui a dû se faire un plan fixe & immobile, & qui au fond n'a point d'attribut plus essentiel que l'immutabilité, car il n'y a point de vérité plus évidemment contenue, que celle la dans l'idée de l'Etre infiniment parfait.*

Dieu subit-il des Changemens par la variété des effets qu'il produit? Sa Substance en est-elle altérée? Ses Perfections croissent-elles ou diminuent-elles quand de quelqu'une de ses Créatures change de plan & de conduite? Se voit-il par là engagé à de nouvelles manières de penser, & à chercher de nouveaux expédiens? Dieu, dira-t-on à Mr. Bayle, prévoit toutes les Déterminations possibles des Volontés Libres, il voit tout ce qu'il convient de faire par rapport à chaque détermination, *Gloire & Félicité immortelle à* *Cites II.* *quiconque fait bien avec persévérance, Ignominie à celui qui fait mal:* C'est là sa Volonté constante, cette Volonté ne change point; mais la diversité de ses Effets tombe sur les hommes à mesure qu'ils changent.

Enfin je reviens encore une fois à ce que j'ai déjà remarqué. Nous ne doutons point de l'éxistence de notre Pensée, de ses Modifications, des Déterminations de notre Volonté, & de leurs suites sensibles quoique qu'il s'en faille beaucoup que nous ne connoissions à fond la Nature de la Substance qui pense, & celle de ses propriétés. Nous ignorons encore la Nature & la constitution d'une infinité de Corps qui nous environnent, & les causes de leurs propriétés; Mais les Connoissances superficielles que nous en avons suffisent pour nos Usages, & nous les y appliquons hardiment. Ce que nous connoissons de Dieu & ce que des raisons claires, simples, démon-

stra-

DU PYRRHONISME.

stratives nous en font connoitre, suffit pour régler nôtre conduite par rapport à lui ; Pourquoi douterions nous, sur un grand sujet, de ce que nous connoissons, sous prétexte qu'il s'en faut beaucoup que nous ne connoissions tout, c'est-à-dire qu'il s'en faut beaucoup que nous n'aions des Connoissances infinies ?

Article aussi dit Note F. Citation à Pradis gnats. Dieu auroit il fait les ames assés sottes, dit Mr. Bayle, pour vouloir s'unir à des corps ? Dieu seroit-il lui-même la cause de cette union qui soûmet l'ame à cent desordres honteux & abjurdes, & à un malheur presque continu ?

Attendons de connoitre toutes les suites de cette Union, avant que de décider si hardiment sur les rapports qu'elle peut avoir avec la Sagesse & la Bonté de Dieu. Attendons de connoitre toute l'étendue de son plan pour admirer le rapport de cette partie avec toutes les autres. Il convenoit qu'une Intelligence & une Puissance infinie, avec une parfaite Liberté d'agir, variât ses ouvrages à l'infini, & donnât l'éxistence à des Créatures bornées en une infinité de maniéres : L'union d'une substance qui pense avec une substance étenduë paroit le chef d'œuvre de la Puissance & de la Sagesse Divine; La pensée s'intéresse comme à soi-même, dans ce qui est si différent d'elle-même ; le corps & les sentimens qu'il fait naitre dans l'ame fournissent à l'homme les moiens de glorifier Dieu, par le sacrifice des sens à la Raison, du présent à l'avenir, des plaisirs délicieux & des intérêts très-éblouïssans à des Devoirs sérieux & pénibles.

Je veux que la dépendance du Corps abbaisse l'ame infiniment au dessous de la Suprême & très-pure Intelligence; L'attention du Créateur au Genre humain ainsi abaissé relève la Grandeur de sa Miséricorde ; Ce n'est pas seulement par Bonté & par Justice qu'il nous fait du bien, c'est par Compassion, c'est par une Grace infiniment au-dessus de son Equité ordinaire. Nous sommes soûmis à de grandes imperfections, mais malgré toutes ces imperfections nous avons en Dieu un Pére tendre qui nous jugera dans sa Miséricorde.

Ibidem. Note F. Une bonté & une sainteté infinie, dit Mr. Bayle, ne souffriroit jamais qu'il se commit dans ses états aucune action punissable.

C'est par l'effet d'une Bonté infinie que Dieu a bien voulu créer des Intelligences Libres & Actives, avec lesquelles il entrât en Commerce, & qui, après avoir tout reçu de lui, eussent la satisfaction de lui rendre tout, en quelque maniére, en se donnant & en se dévouant à lui. Il est de son Amour pour la sainteté d'aimer à voir des créatures ainsi sanctifiées; *Ibidem.* il aime mieux ne pas prévenir par sa Toute-puissance tous les abus de la Liberté, que du'en laisser pas très-libre l'éxercice & l'usage. Une nature comme celle-là, dit il, ne me paroit point capable d'attacher sa gloire au malheur d'autrui, & de la faire dépendre de la durée éternelle des enfers ; je conçois même entre ces deux choses une opposition formelle.

Et moi aussi, & voilà pourquoi je ne tombe point d'accord du système, dont Mr. Bayle allégue ici un morceau; Nous avons vu , un peu auparavant que lui-même en a paru épouvanté, & a reconnu qu'il conduisoit à l'Athéisme. J'ai déjà fait suffisamment de remarques pour cette objection, & une des Sections suivantes roulera toute entiére sur la Providence.

Ibidem Note F. Trois personnes, dit-il, qui ne soient qu'un Dieu, desquelles l'une punisse, l'autre soit punie , sans qu'on puisse dire que celle qui est punie punit, & que celle qui punit soit punie, quoique pourtant l'une & l'autre ne soient qu'une même substance, qu'un seul & même Dieu, ces trois personnes, dis je, sont pour moi une formelle contradiction.

Tout le monde se trouvera de même, pendant qu'on attachera aux termes de Substance & de Personne les Idées qu'on y attache ordinairement; Mais si quand on conçoit que le fils de Marie , formé miraculeusement dans le sein de sa bienheureuse Mere, *homme semblable à nous en toutes choses à l'éxception du péché*, a glorifié Dieu son Pere , par une Persévérance à toute épreuve, & une Vie très-triste & très-pénible, une Mort enfin accompagnée des plus profondes angoisses ; que *la Parole éternelle, par laquelle toutes choses ont été faites, qui étoit avec Dieu*, *qui est Dieu*, a été, avec cét homme & dans cét homme saint & miraculeux, unie à lui d'une maniere que nous ne connoissions pas , mais si intime qu'il en a reçu le nom de Seigneur de gloire, & que tout ce qu'il a fait & qu'il a souffert en a tiré un prix infini ; toute contradiction disparoit, & on ne voit plus en cela que des Idées grandes & dignes de tout notre respect & de toute notre admiration.

Les forces de la Religion & de l'éxamen philosophique, dit Mr. Bayle, ne vont qu'à nous tenir en balance, & dans la crainte d'errer, soit que nous affirmons, soit que nous niions. *Ibidem Note F.*

Je l'avoüe, mais c'est sur les sujets qui sont au-dessus de nôtre portée; & même quant à ces sujets il en est , de l'éxistence desquels nous pouvons nous convaincre, par des Raisons solides & proportionées à la capacité de nôtre Intelligence, mais dont nos Lumiéres ne sauroient s'élever jusqu'à nous faire comprendre distinctement & à fond la Nature & la maniére d'agir.

Il faut, dit-il , que la grace de Dieu, ou que l'éducation de l'enfance soient de sa partie. *Ibidem*

L'autorité de l'Education ne fait croire que par préjugé, & ceux qui croient par ce Principe seul , ne peuvent savoir s'il croient la Vérité ou l'Erreur ; Une heureuse Education & de grandes suites, parce qu'elle fournit des occasions & des secours pour s'éclairer; mais il faut vouloir profiter de ces Occasions & de ces secours, & en on profite par le moien de l'Examen.

Le Secours de la Grace ne consiste pas à faire que l'on croie sans preuves; Mais ce secours peut animer l'attention, il peut encore le soûtenir , il peut encore éloigner de nous ce qui fait trop aimer les impressions des Sens & leurs Objets, ce qui fait haïr le Travail , ce qui dispose à l'Impatience , & par là il nous met en état d'éxaminer avec plus d'application & plus de succès. Un Cœur sanctifié par la grace s'attache aux Vérités d'usage, plûtot qu'aux spéculations curieuses ; La Grace enfin ne nous donne pas de nouvelles Idées, dans lesquelles nôtre Raison ne voit goûte; Mais la Tranquillité qu'elle nous procure fait que nôtre Raison est en état de former des Idées plus claires & d'en mieux sentir l'évidence.

Mr. Bayle pour présenter la Doctrine de l'Evangile hérissée de Difficultés, & accablée d'Objections, entasse tout ce qui, mal éxpliqué, effraie la Raison ; le Mystère de la Trinité, dit-il, la Propagation du péché , *l'Adjudication aux peines éternelles &c.* Tous ces *Ibidem* Articles ont déja été éxaminés, & les derniers le seront encore.

Songeons, dit Mr. Bayle, à l'avis de St. Paul, *Ibidem* que Dieu a sauvé les hommes par la folie de la prédication.

Ceux qui en jugeoient par leurs préventions traitoient l'Evangile de Doctrine obscure ; mais cela n'empêchoit pas que la Sagesse de cette doctrine ne se fit sentir à ceux qui l'éxaminoient sans Préjugés. Dieu n'avoit pas trouvé à propos de faire briller aux yeux des hommes une Lumiére qui forçât les plus obstinés à se rendre.

Mr. Bayle revient après cela à l'Argument qu'il *Ibidem* a déja éxposé à la page précédente, & qui roule sur l'Ubiquité ou l'Immensité de Dieu. Dieu étant infini à tous égards, il faut reconnoitre qu'il n'est pas plus dans un lieu que dans un autre ; Dès que nous connoitrons distinctement & parfaitement la substance qui pense, nous saurons quel raport-elle a avec l'Espace & le lieu des Corps, & dès là nous pour-

pourrons connoître quel est le rapport de l'Intelligence infinie avec toutes les parties de l'Univers.

Si Dieu pénétroit, dit-il, *le Soleil & la terre, le Soleil & la terre se pénétreroient l'un l'autre.* J'aimerois autant dire que si un Corps en touche deux ces deux là se touchent.

<small>Voici ci-dessus.</small> *Le corps n'est impénétrable que parce qu'il est étendu.* C'est ce que de grands Philosophes ne lui accorderont point. Mr. Bayle cite lui-même les Philosophes qui disent que le contraire est démontré.

<small>Article Simonide. Note F.</small> *Au reste* dit Mr. *Bayle, un Jésuite voudroit que les Philosophes & les Poëtes de l'Antiquité & les hérétiques eussent imité la retenue de Symonides.* Elle seroit louable, si elle se bornoit à ne rien décider témérairement sur la Nature de Dieu, & sur sa manière d'exister, de penser & d'agir; mais elle devient une Indolence très-condamnable, si elle s'étend à ne vouloir rien prononcer sur l'existence de Dieu & sur la Perfection de son Intelligence, de sa Puissance & de sa Sagesse. Mr. Bayle finit son Commentaire sur la <small>Ibidem Note G.</small> Pensée de *Simonide* par un long extrait de Charron qu'on peut lire dans son Dictionnaire, & que je ne rapporterai pas ici, tant parce qu'il est fort long, que parce qu'il est tout composé d'expressions fort obscures, vagues, métaphoriques, justes à la vérité si on les interprète comme des avertissemens de ne pas présumer des Lumières de nôtre Esprit, de ne donner pas carrière à nôtre Curiosité, ni effort à nos conjectures: Mais ces mêmes expressions vives, vagues, & métaphoriques auront un sens outré & faux si on les étend jusques à condamner de témérité & de précipitation ceux qui prononcent hardiment sur l'existence de Dieu, & les principaux attributs qui lui sont essentiels, & il m'est déja fait si souvent mention, & l'on auroit grand tort de condamner ceux qui croient avoir des raisons convaincantes pour ne point douter de ces Vérités. J'ai déja parlé plus <small>Ibidem Note F.</small> d'une fois de l'utilité que Mr. Bayle devoit se permettre de ses répétitions: Son Lecteur se rend à force d'attaques, & par le moien des Argumens répétés par plusieurs bouches.

On voit clairement que la Méthode de Mr. Bayle conduit au Pyrrhonisme par rapport à la Foi. *La Raison,* dit-il, *défend de nier les faits contenus dans l'Ecriture, & de n'y voir pas quelque chose de surnaturel; Mais cela ne suffiroit pas pour décider; & pourquoi?* Parce, ajoute-t-il, *qu'il n'y a aucune Hypothèse contre laquelle la Raison fournisse autant d'objections que contre l'Evangile.* Après cela, il a beau alléguer la Grace; Ce n'est plus qu'Enthousiasme.

<small>Remarques sur l'infinité des Plans possibles. Oeuvres Div. Tom. III. 2. part. pag. 108.</small> XXX. DANS la Réponse aux Questions d'un Provincial Tome IV. Chapitre XXIII. page 297. " Je " ne puis être content, dit Mr. Bayle, de Mr. Bernard " qu'il faut que la Science de Dieu " n'ait point de bornes pour avoir sû dans un nom- " bre infini de plans qu'il y avoit à suivre, celui " qui étoit le plus parfait, & sujet à moins d'incon- " véniens. Je trouve là une espèce de Contradicti- " on; Le nombre infini ne contient point une der- " nière unité, & néanmoins Mr. Bernard veut que " dans un nombre infini de Plans il y en ait un qui " soit plus parfait que tous les autres. Ce Plan " là est donc le dernier en remontant; & il met " des bornes à l'Intelligence divine, qui ne peut " connoître rien de plus parfait, que ce Plan uni- " que & déterminé. Comment sera-t-elle infinie " & bornée en même temps.

Ce Raisonnement prouve que l'Esprit humain s'embarrasse dans l'Infini; mais il ne prouve pas qu'il n'y ait pas une Intelligence Infinie. Dès qu'on en tombe d'accord, il faut concevoir qu'elle se connoît parfaitement, qu'elle connoît sa puissance, & qu'elle fait tout-ce qu'elle peut faire. Or qu'entre ce qu'elle peut faire, il n'y ait des choses moins dignes de sa sagesse que d'autres, c'est ce dont on ne sauroit disconvenir. Elle peut par exemple exécuter un effet, par un grand nombre d'instrumens, elle

le peut aussi par un petit nombre; & l'on convient que le reste étant égal, les voies les plus simples, sont les plus dignes d'elle; Mais de savoir s'il y a eu un Plan de choses possibles, plus digne d'être choisi que tous les autres, ou si de plusieurs, tous très-dignes du choix de Dieu, & également dignes, il s'est librement déterminé à celui dont nous voions l'exécution, c'est ce qu'il n'est point nécessaire de discuter. Il y a de l'absurdité à parler du Plan que Dieu a choisi, comme d'un Plan qui se seroit présenté le dernier. Nôtre Esprit borné ne sauroit choisir qu'entre un Nombre fini d'objets, & une Multitude, quoique finie, pourroit être assés grande pour l'embarrasser. Mais l'Intelligence infinie peut voir d'un seul coup une Infinité d'Idées.

XXXI. LES Libertins regardent la persuasion où <small>Si la persuasion d'une Religion est l'effet du tempérament d'Esprit obtient Moleure Note C.</small> sont les autres hommes de la Vérité d'une Réligion comme un simple effet de leur humeur. Timides superstitieux ou trop tournés du coté du sérieux, ils raisonnent, *disent-ils*, sur ce sujet comme Malherbe raisonnoit, ainsi que Mr. Bayle le remarque, où après avoir prouvé que Malherbe prenoit plaisir à se moquer de la Réligion, & qu'il n'en exerçoit quelques actes extérieurs que par pure politique, il ajoute: " Malherbe fut inconsolable de la perte de son " fils, & il aimoit tant son Epouse, que l'affliction " on de la voir malade réveilla sa Réligion endor- " mie, & l'engagea à faire une chose dont-il cut " ensuite bien de la honte; il fit vœu d'aller tout " nuè à la sainte Baume; mais il n'étoit pas bien " aisé qu'on sût qu'il eut été si dévot, & bien loin " de s'en vanter, il falloit lui arracher cela comme " un grand secret.

Lors qu'aux approches de la mort, un homme donne dans des superstitions, & des extravagances, on a raison d'imputer sa facilité à tout croire aux frieurs dont il est saisi: Il n'en est pas de même lorsqu'un mourant vient à penser plus raisonnablement qu'il n'avoit jamais fait: Lors donc qu'en terminant ses jours, on commence à s'assûrer de ce qu'on avoit toujours traité de douteux, si un Libertin s'avise de dire que ce sont là des effets de la peur, il trahit sa cause, car que sont devenus tous ces principes qui lui faisoient passer la Vie avec tant de sécurité? Que sont devenus ces Raisonnemens si justes & si sensés qui lui faisoient regarder le reste des hommes comme le jouët de l'Erreur & de la superstition? Que sont devenues ces lumières par lesquelles il se félicitoit de s'être affranchi du joug de l'Obéissance & de la crainte? Il se trompoit, & il n'y avoit rien de fixe chés lui, rien de clair, rien de prouvé; la vanité, l'amour de l'indépendance, l'attachement aux voluptés, le plaisir de contredire, l'esprit d'intrigue, de cabale, de fourberie, & d'autres principes de cette nature, l'ont fait recevoir de certaines Maximes; il les a adoptées comme vraies, seulement parce qu'elles s'accommodoient, & à force de les répéter il est venu à les regarder comme démontrées: Mais dès que le charme cesse, que l'yvresse s'est dissipée, dés que les plaisirs & les Intérêts qui entretenoient ces Illusions sont évanouïs, la Lumière succéde aux Ténèbres, les Idées aux passions, la Vérité se fait appercevoir. Sans contredit ce ne peut être, parce qu'on a l'esprit troublé, qu'on voit plus clair, & qu'on a des Idées plus nettes. Un mourant fait cas de la Sagesse, de la Modestie, de la Modération, de la Sincérité, de la Justice, de la Générosité, de la Douceur, Il condamne l'Orgueil, la Débauche, la Mauvaise foi, la Dureté, les Emportemens, la Paresse. Dira-t-on que c'est un *excès d'extravagance* qui vient de le saisir. Il retourne à la Vie, & conserve ces sentimens, il est sobre, il est honnête, il adore le Créateur de l'Univers, il se trouve heureux quand on lui fournit les occasions d'être aux hommes de quelque utilité, & de leur procurer des avantages solides. Dira-t-on que la folie ne l'abandonne plus? Pour qui donc reserve-t-on

le

le titre de fage ? Sera ce pour ceux qui n'ont en vue que leur Intérêt, pour les Débauchés, les Vindicatifs, les Orgueilleux, les Fourbes, les gens dont il faut que le mal affaisonne tous les plaisirs, les Fléaux du Genre humain ?

Une Affliction ne remplit pas par elle-même un esprit de Lumiéres, & ne lui fournit pas des Argumens ; Mais elle suspend dans un débauché, ou dans un homme dissipé, l'effet des passions qui l'engageoient à résister son attention aux Vérités qui le génoient ; Dans ce nouvel état, il commence à être frappé, il entre du moins dans quelques soupçons, & il prend le parti le plus sûr, tel que Mr. Pascal l'a décrit dans ces paroles que Mr. Bayle cite, approuve & défend contre la critique qu'on en avoit faite.

XXXII. "IL EST certain que Dieu est, ou qu'il n'est pas, il n'y a point de milieu. Il y a un Cahos infini entre ces deux extrémités. Il se joué un jeu à cette distance infinie, où il arrivera croix ou pile. Que gagerés vous ? Par raison vous ne pouvés dire que Dieu est ; par raison vous ne le pouvés nier. Ne blâmes donc de fausseté ceux qui ont fait un choix ; car vous ne savés pas s'ils ont tort, ou s'ils ont mal choisi. Non, dirés-vous ; mais je les blâmerai d'avoir fait, non ce choix, mais un choix ; & celui qui prend croix & celui qui prend pile ont tous deux tort. Ouï repartirai-je, il faut parier, cela n'est pas volontaire, & ne parier point que Dieu est, c'est parier qu'il n'est pas. Lequel prendrés vous ? Pesons le gain & la perte en prenant le parti de croire que Dieu est. Si vous gagnés, vous gagnés tout, si vous perdés vous ne perdés rien. Que si vous dites qu'il est incertain si vous gagnerés, & qu'il est certain que vous hazardés les plaisirs de cette vie que vous pariés, & que l'infinie distance qui est entre la certitude que vous exposés, & l'incertitude que vous gagneriés, égale le bien fini que vous exposés certainement à l'infini qui est incertain. Cela n'est pas ainsi, tout joüeur hazarde avec certitude, pour gagner avec incertitude sans pécher contre la Raison.

Ce n'est pas que toute la Certitude d'un homme, persuadé qu'il vit suivant les Maximes d'une Réligion, se réduisent à savoir qu'il a pris dans le doute le parti le plus sûr, & par là le plus raisonnable : La même force de Raison qui lui a fait comprendre que ce parti étoit le plus sûr, & qui l'a mis en état de surmonter les Passions qui grossissent les objets présens, & qui font disparoître l'Importance de ceux qui sont encore éloignés ; La même bonté de cœur qui lui fait agréer le parti le plus sûr & le plus sage, tourne son attention sur toutes les preuves propres à en *établir la certitude, à s'en convaincre lui-même*, & à le mettre en état d'en convaincre les autres.

Le Libertin ferme les yeux à la Lumiére qui pourroit le convaincre, & donne toute son attention à des faux fuiens qui lui apprennent à se dérober à l'évidence ; il aime à s'embarrasser lui-même par des Difficultés ; plus il en trouve, plus il s'aplaudit, au lieu de s'appliquer à les résoudre, l'une après l'autre, il se plait à les entasser & à succomber sous ces entassemens. Mais un homme raisonnable se détermine par des preuves à portée de son Intelligence, sans se laisser inquiéter par des Objections dont le parfait éclaircissement demanderoit une étendue de connoissances, une élévation de Génie, une perfection & une plénitude d'Idées que nous n'avons pas, & que nous sommes fort éloignés d'avoir dans cette Vie.

Puisque Mr. Bayle approuve le raisonnement de *Mr. Pascal*, il avoué donc que vivre persuadé de la Vérité d'une Réligion, c'est prendre le parti le plus sage, & le plus sûr. Pourquoi donc vient-il à la traverse avec toutes les Objections dont il a rempli ses Ouvrages ? Pourquoi s'oppose-t-il à une détermination si sensée & si heureuse ? Puisqu'il seroit à souhaiter pour le bien des hommes, que chacun d'eux vécût persuadé de l'éxistence de Dieu & de ses suites, pourquoi employer tout ce qu'on a de Génie & de Lecture à ébranler cette persuasion ? Mr. Bayle n'en demeure pas là, c'est la Corruption du cœur qui fait que les hommes aiment à secouer le joug de la Réligion, & à croire que Dieu ne se mêle point d'eux, & ne leur fera rendre aucun compte. Or quel est l'effet naturel de tant de Contes & de Réflexions obscénes dont les ouvrages de Mr. Bayle sont remplis, si ce n'est d'accoutumer les Lecteurs à se plaire dans des Idées, & des sentimens que la Réligion condamne le plus ?

"Ce qu'il y avoit de plus choquant, dit-il, dans la secte des *Turlupins*, étoit qu'ils alloient nuds, & qu'à l'éxemple des Cyniques, ou plûtôt à l'éxemple des bêtes, ils faisoient l'œuvre de la chair en plein jour devant tout le monde. Ils prétendoient qu'on ne doit avoir honte d'aucune partie que la nature nous ait donnée. Nonobstant ces extravagances profanes, ils affectoient de grands airs de spiritualité, & de dévotion, afin de se mieux insinuer dans l'esprit des femmes, & puis de les faire donner dans le piége de leurs desirs impudiques. Car voilà l'écueil de toutes les Sectes qui veulent se distinguer par des Paradoxes de Morale : Approfondissés les illusions des Illuminés & des Quiétistes &c, vous verrés que si quelque chose est capable de les démasquer, c'est la rélation au plaisir vénérien ; c'est l'endroit foible de la place ; c'est par là que l'ennemi donne l'assaut ; c'est un Ver qui ne meurt point, & un Feu qui ne s'éteint point.

En faut-il davantage pour prouver manifestement qu'on ne sauroit être trop sur ses gardes contre tout ce qui peut donner lieu à des Idées, & à des sentimens qui, non seulement sont très-chers à ceux qui font profession de Licence, & d'indifférence dans la Réligion ; mais qui de plus s'emparent de ceux-là même dont l'Imagination frapée se jette dans des Dévotions éxtraordinaires.

Ce n'est pas tout encore. Les Maximes du Gouvernement, si on en veut croire *Mr. Bayle* ne s'accordent pas avec celles de la Réligion ; d'un côté elle n'a point d'influence sur les Mœurs, & le bon état de la Société ; d'un autre des Athés qui auront de l'honneur & qui entendront bien leurs intérêts, donneront aux états dans lesquels ils vivent, & sur tout à ceux qu'ils gouvernent, un tout autre lustre & une toute autre fermeté.

Voilà sans contredit d'excellentes préparations pour se rendre aux Preuves qui servent à établir la Vérité de la Réligion, & à faire prendre aux hommes le parti que Mr. Bayle paroit louer après Mr. *Pascal*.

SECTION IX.

Examen de la Question Métaphysique si la CONSERVATION *est une* CREATION CONTINUELLE.

I. LA QUESTION que je vai éxaminer est depuis si long-tems affirmée dans les Traités de Métaphysique, & dès là elle a passé dans ceux de Théologie, avec tant de facilité, qu'à peine peut-on proposer quelque doute sur des Décisions si anciennes sans se faire soupçonner d'*Hétérodoxie*. Mais outre qu'il n'y a point de Préscription contre la vérité, & que je ne proposerai jamais rien, dans aucun de mes Ouvrages, que je ne sois prêt à revoquer dès qu'on m'en fera connoitre l'Erreur, il est certain des Conséquences que les *Pyrrhoniens* tirent de ce Dogme & l'abus visible que les Déïstes en peuvent faire, obligent de reconnoître que s'il est vrai dans un sens, on peut lui en donner d'autres qui sont également faux & dangereux.

Note b. Qu'on lise l'Article de *Pyrrhon*. " Vous avés cru jusques ici, dit Mr. Bayle, qu'un Pyrrhonien ne sauroit vous embarrasser ; répondés moi donc, vous avés 45, ans, vous n'en doutés pas, & s'il y a quelque chose dont vous soïés assuré, c'est que vous êtes la même personne à qui l'on donna l'Abbaïe de . . . . . il y a deux ans. Je vai vous montrer que vous n'avés point de bonne raison d'en être certain. J'argumente sur les principes de nôtre Théologie. Votre ame a été créée : il faut donc qu'à chaque moment Dieu lui renouvelle l'éxistence ; car la conservation des Créatures est une Création continuelle. Qui vous a dit que ce matin Dieu n'a pas laissé retomber dans le néant l'ame qu'il avoit continué de créer jusques alors, depuis le prémier moment de votre vie? Qui vous a dit, qu'il n'a point créé une autre ame modifiée comme étoit la vôtre ? Cette nouvelle ame est celle que vous avés présentement. Faites-moi voir le contraire : Un Théologien qui se trouva présent dans cette dispute eut recours à la foi pour se tirer de l'objection.

Note F. Mais cette foi est bientôt renversée par le même principe sur lequel Mr. Bayle vient d'appuyer ; qu'on lise ce qu'il a écrit dans l'Article des Pauliciens. Il est impossible de comprendre que Dieu n'ait fait que permettre le péché : car une simple permission de pécher n'ajouteroit rien au franc arbitre, & ne faisoit pas que l'on pût prévoir si Adam persévéreroit dans son innocence, ou s'il en décherroit. Outre que par les idées que nous avons de l'Etre créé, nous ne pouvons point comprendre qu'il soit un principe d'action, qu'il se puisse mouvoir lui-même, & que recevant dans tous les momens de sa durée son éxistence, & celle de ses facultés, que la recevant, dis-je, toute entière d'une autre cause, il crée en lui-même des modalités par une vertu qui lui soit propre. Ces modalités doivent être ou indistinctes de la substance de l'ame, comme veulent les nouveaux Philosophes, ou distinctes de la substance de l'ame, comme l'assûrent les Péripatéticiens. Si elles sont indistinctes elles ne peuvent-être produites que par la Cause qui peut produire la substance même de l'ame : Or il est manifeste que l'homme n'est point cette cause, & qu'il ne le peut-être. Si elles sont distinctes, ce sont des Etres réels, des Etres tirés du néant, puisqu'ils ne sont pas composés de l'ame, ni d'aucune autre nature préëxistente, elles ne peuvent donc être produites que par une seule peut créer. Or toutes les Sectes de Philosophie conviennent que l'homme n'est point une telle cause, & qu'il ne peut l'être. Quelques-uns veulent que le mouvement qui le pousse lui venant d'ailleurs & qu'il puisse néanmoins l'arrêter, & le fixer sur un tel objet. Cela est contradictoire, puisqu'il ne faut pas moins de force pour arrêter ce qui se meut, que pour mouvoir ce qui se repose. La créature ne pouvant pas être mûë par une simple permission d'agir, & n'aiant pas elle-même le principe du mouvement, il faut de toute nécessité que Dieu la meuve ; il fait donc quelque autre chose que de lui permettre de pécher.

Article blanchorn ide Note D. ,, Il reste donc, dit Mr. *Bayle*, que l'on dise que l'homme sortant des mains de son Créateur, avoit seulement la force de se déterminer de lui même au mal, & que s'y étant determiné, il est seul la cause du Crime qu'il a commis, & du mal moral qui s'est introduit dans l'Univers. Mais I, nous n'avons aucune Idée distincte qui puisse nous faire comprendre, qu'un Etre, qui n'éxiste point par lui-même, agisse pourtant lui-même. Zoro-

astre dira' donc que le libre arbitre donné à l'homme n'est point capable de se donner une détermination actuelle, puisqu'il éxiste incessamment & totalement par l'action de Dieu.

,, Je ne sai si les Synodes ou les Consistoires se *Article Rodon* formaliséroient de ce qu'il nioit que la conservation des Créatures fut une Création continuelle.

,, C'étoit nier une Doctrine qui, pour être fort *Note D.* commune dans les Ecôles des Espagnols & des Hibernois, n'en est pas moins évidente. Il faut rejetter les Notions les plus manifestes, ou tomber d'accord qu'un être tiré du néant par la vertu infinie du Créateur, ne peut avoir en lui-même aucune cause de son éxistence ; il ne peut donc continuer d'éxister que par la même vertu qui l'a produit au commencement ; il est donc créé dans tous les momens de sa durée ; c'est-à-dire il n'éxiste à chaque moment qu'à cause que Dieu continué de vouloir ce qu'il a voulu, lorsque cet Etre a commencé d'éxister. Cet acte de la volonté divine ne peut point cesser d'être créatif, pendant qu'il subsiste, puisqu'il s'est au prémier moment de l'Existence de la créature. Les objections du Sieur Derodon se réfutent facilement : elles sont les mêmes à peu près que celles que Mr. Bernier a proposées. Un Professeur en Philosophie dans l'Académie de Puylaurent fit un traité contre Derodon sur ce sujet, & le réfuta solidement. Ce Professeur avoit eu diverses prises avec lui dans Nimes ; Et j'ai oüi dire qu'il avoit eu part à un ouvrage qu'on intitula *l'Impiété découverte*, & qui fut fait contre Derodon. J'ai même oüi dire que Mr. Claude alors Ministre de Nimes, prêta sa plume aux ennemis de ce Philosophe pour la construction, ou du moins pour la correction de cet ouvrage. La plaisante chose que de dire que Dieu dans le sentiment de Gassendi & de David Derodon contribué à conserver les Créatures, en empêchant qu'on ne les détruise : Et qui est-ce qui les détruiroit, puisqu'il n'y a dans l'Univers que deux sortes d'êtres, Dieu & les Créatures ! Cette occupation seroit aussi vaine que la vigilance d'un Berger contre les Loups, s'il n'y en avoit, ou s'il même il ne pourroit y en avoir. Qu'on ne me dise pas qu'un corps en détruit un autre, que le feu détruit le bois, qu'un homme tuë un autre homme &c ; car ce n'est point là une destruction de la créature ; ce n'est qu'un échange de modifications : Les modes ou les accidens ne passent pas pour le terme de la création, c'est la substance qui est créée.

Si Derodon n'a pas répandu assés de Lumière sur cette question & ne l'a pas éclaircie par des réfléxions assés solides, cela prouve la nécessité de l'examiner.

II. LES Changemens continuels qui arrivent dans *Cette hypothèse n'est point nécessaire* la Nature font naître des Individus nouveaux ; mais ils font pas naître des Espéces nouvelles. Ces Changemens encore ne dérangent point l'Univers ; Une certaine Dose de Mouvement qui s'y conserve ; des Germes qui s'y dévelopent ; le moien des sucs, qui en vertu des Loix générales se préparent à les nourir, & acquièrent tout ce qu'il faut pour les faire croitre ; des Etres d'une espéce singulière qui travaillent à l'organisation des Individus & à la conservation des Espéces ; Tout cela nous élève à l'admiration d'une Intelligence suprême, très-Sage, très-Bonne, & très-Puissante, qui non seulement a donné l'éxistence à tout ce que nous voions, & à une infinité de choses que nous ne voions pas ; mais qui de plus, a pourvu à la Continuation de leur Etre, & à la Conservation de la beauté de l'Univers & des Merveilles qu'il renferme.

Mais on peut reconnoître la Sagesse & la Puissance de Dieu dans ce qu'il a fait pour la conservation de l'Univers, sans le concevoir renouvellant sans interruption l'Acte par lequel il a tiré chaque Créature du néant ; ce dogme peut entrainer aux plus affreuses conséquences. Qu'on life encore ce que Mr. Bayle a écrit dans l'Article de *Sennert*, " Les Car-téfiens, *dit-il*, réduifent au feul Mouvement local tous les changemens de la matiére, & ils préten-dent que ce mouvement n'eft autre chofe que le corps même, entant qu'il reçoit l'éxiftence avec de nouvelles relations. Il faut donc qu'ils recon-noiffent que la matiére en tant que muë eft créée, & qu'il n'y a que Dieu qui puiffe produire le mouvement; car il n'y a que Dieu qui puiffe créer. Cela iroit bien fi les Scholaftiques ne re-couroient à d'autres exemples; mais il demandent fi les actes libres de l'ame de l'homme font dis-tincts de l'ame. S'ils en font diftincts, voilà des Etres produits de rien qui néanmoins ne font pas créés : Rien n'empêche donc que l'on ne puiffe dire que les formes fubftantielles ne font point créées. S'ils n'en font pas diftincts, l'ame de l'hom-me, entant qu'elle veut le crime, eft créée; ce n'eft donc point elle qui fe forme cet acte de vo-lonté; car puifqu'il n'eft pas diftinct de la fub-ftance de l'ame, & qu'elle ne fauroit fe donner à elle même fon éxiftence, il s'en fuit manifefte-ment qu'elle ne fe peut donner aucune penfée. Elle n'eft donc pas plus refponfable de ce qu'elle veut le crime *hic & nunc*, que de ce qu'elle éxifte hic & nunc. Les Cartéfiens ne favent de quel côté fe tourner, pour fe défendre de cette Objection.

Voilà donc fuivant Mr. Bayle, une Doctrine évidente, d'où il fuit que l'homme eft incapable de tomber dans le Crime, & qu'il ne peut en être ni accufé ni puniffans Injuftice. Si quelque Conféquence mérite qu'on éxamine de nouveau les Principes d'où on la tire, c'eft fans contredit celle-là. Ces Principes ne fauroient être vrais, & ne peuvent être qu'abo-minables dans les fens que cette Conféquence en dé-coule. Il faut donc leur en donner un, dont elle ne foit point la fuite, & celui-là fera le vrai.

Explicati-on de la maxime Métaphy-fique.
III DEMANDER d'où vient ce que Dieu a une fois créé, continuë à éxifter, & ne ceffe pas d'être dès le prémier moment de fon éxiftence; c'eft demander, comment il eft poffible que la Puiffance de Dieu foit affés grande pour produire quelque cho-fe de durable. Lorfque fa Volonté toute puiffante ordonne qu'une chofe commence d'éxifter, elle com-mence en effet d'éxifter; Par la même raifon, dès que cette volonté toute puiffante ordonne, que ce qui commencera d'éxifter foit affés réel pour continuer à éxifter, il continuë effectivement; De cette ma-niére on conçoit qu'à la Volonté toute-puiffante du Créateur eft dû & le commencement de l'éxiftence, & la durée des Créatures; & l'on conçoit qu'elles ne lui font pas moins redevables de la Continuation de leur Etre que de leur Création : Mais quand en donne à cette Continuation le nom de Création réitérée, on fent bien qu'on retombe dans les Ténébres. Cette expreffion eft métaphorique ; car à la lettre le Com-mencement n'eft pas la Continuation, & quand on avoueroit cent mille fois la vérité du fait, toûjours feroit-on forcé de reconnoitre qu'on n'en comprend point la maniére.

Faifons pour un moment *abftraction* de cette gran-de Subtilité métaphyfique ; Figurons-nous une In-telligence créée & douée par la création, d'Activité & de Liberté ; Elle agit & agit librement. D'où vient cela, c'eft que fon Créateur qui fait, non de fimples *apparences*, mais des *réalités effectives*, a vou-lu qu'elle fut active & libre. Après cela revenons à l'hypothéfe de la Confervation, *Creation continuée* : Ceux qui la foûtiennent avec le plus de Zèle pofent pour fondement que cette action continuelle de Dieu, fur les Créatures ne change point la Nature qu'il leur a donnée, mais s'y proportionne éxactement, & ils avertiffent que le contraire conduiroit à l'Impiété. Voilà donc les Théologiens obligés de chercher à cette Propofition de métaphyfique un fens différent de celui dont Mr. Bayle tâche de fe prévaloir.

IV LE PREMIER Article que j'ai citédeMr. *Spéculati-* Bayle me fait fouvenir d'un autre fophifme que j'ai *on abfur-* vû quelque part. A la fin de l'heure *feconde*, par *de de* exemple, vous êtes à Conftantinople, & Dieu ceffant *l'Article* de vous prêter fon Concours vous voilà néant. Au *de Pyrrhon* commencement de l'heure *troifième*, il vous crée une feconde fois, & comme vous n'êtes plus & qu'il eft partout, il peut vous créer à Laufanne, à Berne, à Paris, à Rome. De la fin de l'heure feconde au commencement de la *troifième*, il n'y a point d'in-tervalle. Ainfi fans avoir fait aucun chemin, fans avoir traverfé les efpaces qui féparent Conftantinople de Laufanne, vous vous trouverés à Laufanne au commencement de la troifième heure, vous qui étiés à Conftantinople fur la fin de la feconde.

Un peu d'attention fur l'abfurdité de ces deux Raifonnemens fuffit pour en conclure que les Prin-cipes, dont on les tire, font *équivoques*, & qu'on ne les prend pas dans leur *vrai fens*. Quand j'entens raifonner ainfi, il me femble que j'ai à faire avec de gens élevés dans l'Ecole où l'on apprenoit à dire que, *Qui dit deux dit un. Là où il y a* DEUX *œufs il eft vrai qu'il y en a* UN. *Deux & un font trois*, donc il y a trois œufs là où il s'en trouve que deux. L'Embarras de cette Concluſion peut-elle être mife en parallèle avec la force de cette vérité que *Deux ne font pas Trois*; Quand même on n'a pas l'Imagi-nation affés fouple pour répondre. *Il n'en eft pas de même de* UN SEPARE DE DEUX : *comme de* UN RENFERMÉ EN DEUX : *Dans l'un ces Cas en affemblant avec* DEUX *le* UN *qui en eft fé-paré, j'ai* TROIS : *mais je ne puis pas conclure de même dans l'autre Cas.*

On fe repréfente le Néant comme un vafte Abi-me, & une Créature à peu-près déterminée comme par une lourde pefanteur à y tomber inceffamment. Dieu enfin comme une Main Toute puiffante qui la foûtient. Cette Main fe retire, voilà la Créature qui fe précipite dans ces Abimes du Néant. Quand elle aura commencé d'y defcendre, ou quand elle y aura déja fait un chemin prodigieux, quand elle fera près du fond, la Main de Dieu peut tout d'un coup la faifir, & la mettre dans fa prémière fituation ; La voilà créée fous ces Idées s'apperçoit bien que le même Etre qui étoit foûtenu, eft le même qui tombe, qui def-cend & que Dieu fait remonter. Mais dès qu'on fe fert de la Métaphore, dès qu'on péfe les termes, il fe fait une confufion, où l'on ne voit plus goûte. Je me fers donc d'un autre langage & toutes ces merveilles s'évanouïffent. L'Intelligence éternelle & Toute-Puiffante avoit l'Idée de ce que je fuis, avant que je fuffe. Elle a voulu qu'un Etre Réel éxiftât hors d'elle & répondit à l'Idée qu'elle en avoit. Sa Volonté Toute-Puiffante a eu fon effet. Si elle avoit déterminé mon éxiftence à la *durée d'une heure*, j'aurois ceffé d'être, dès que ce tems auroit pris fin; Mais elle a voulu que je fuffe un *Etre actif*, je fuis un Etre actif; Elle a voulu que je fuffe un *Etre Intelligent*, je fuis un Etre intelligent ; Elle a voulu que je fuffe un *Etre Libre*, je fuis un Etre Libre ; Elle a voulu que je fuffe un *Etre Immortel*, je continuë d'être, & je ferai toûjours; Ce qu'elle a voulu, elle continuë à le vouloir, & à l'efficace de fa volonté j'ai obligation de tout ce que je fuis, & je ne dois pas moins lui en rendre graces, que fi elle me tiroit à chaque moment du Néant, je lui fuis même encore plus obligé.

Quand je me fuis ainfi exprimé, fi quelqu'un vient me dire, de ce que vous venés de pofer il fuit évi-demment qu'à chaque inftant Dieu vous tire du Né-ant, & crée votre fubftance avec tous fes Modes, & qu'il eft l'Auteur immédiat de toutes vos Penfées bonnes ou mauvaifes : Il faut encore que vous ne favés point fi vous êtes le même qu'il créa il y a dix jours, ou un autre qu'il a créé depuis une heu-re, & à qui il fait croire qu'il eft la continuation de ce que vous avés été. Si quelqu'un me paroît ainfi pour badiner, je lui dirois que la Matiére eft trop férieufe pour en rire; Mais s'il m'affûroit qu'il penfe comme il parle, je le plaindrois d'avoir le Cerveau troublé, & j'en uferois avec lui comme l'on doit faire avec ceux qui font malades d'efprit.

Si le Néant étoit une matiére de laquelle les Etres fuffent en partie formés, on pourroit demander, fi ces Etres renferment une fécréte difpofition à reprendre leur prémier état. Mais conclure, Ils ont commencé d'éxifter, donc par eux mêmes ils tendent à n'éxifter plus, c'eft affurément ce qui n'a pas une parfaite évidence, & qui eft bien éloigné de l'avoir. *Demeurer le même* & *continuer d'être*, font des termes fynonimes. Ce qui continuë d'être demeure le même, & ce qui demeure le même continuë d'éxifter fans interruption. Qu'une fubftance ceffe d'être, la voilà Néant pour toûjours; Dieu peut bien en créer une feconde toute femblable à cette prémiére; mais ce ne fera pas la même; car fi elle étoit la même, elle auroit ceffé d'être & auroit continué d'être. Quand j'applatis une Boule de Cire, & qu'enfuite je rétablis cette Cire dans un état de Rondeur, c'eft bien la même Cire qui paffe par ces différentes figures. C'eft la même Cire qui continuë d'être, & une feconde ne fuccede pas à une prémiére, une troifiéme à une feconde ; Mais la Rondeur que j'ai détruite a ceffé pour toûjours, ce n'eft pas la même c'eft une femblable que je fais renaître.

Ces Conféquences par lefquelles Mr. Bayle fe fait un fi grand plaifir de combattre la Raifon & la Religion, roulent en partie fur *l'obfcurité* des termes métaphoriques, *retomber dans le Néant*, en *fortir*, en *tenir encore*, en *être retiré*; & en partie fur *l'équivoque* de ce mot *Demeurer le même* & fur la confufion où l'on a laiffé l'idée de *l'Identité*.

J'ai connu des gens qui portoient les égaremens de leur Métaphyfique jufqu'à dire que ce que nous appellons les *Créatures*, à parler proprement & éxactement, n'étoient pas des *Etres*, mais de fimples apparences d'*Etres* : Ils fe fervoient de la Comparaifon d'un Tifon enflammé, qui par fon mouvement prompt & circulaire, fait paroître dans l'air un Cercle de feu qui n'y eft qu'en apparence. Telles font, difoient-ils, toutes les *Créatures*; elles tiennent toûjours du Néant, & l'Etre infini renferme feul toute la Réalité: Hors de lui, il n'y en a point. J'ai encore remarqué deux différences dans les Efprits frappés, &, on peut bien dire, troublés & dérangés, par ces fpéculations : L'un difoit, qu'il n'y avoit aucun Mal dans le Monde; mais que l'Etre fuprême fe plaifant à faire toute forte d'apparences, faifoit & produifoit lui-même, dans fes créatures, incapables d'action, des apparences de Mal, & dès là des Frayeurs, pour leur procurer le Plaifir de fe détromper, & de voir qu'elles n'avoient rien à fe reprocher, & qu'elles ne dévoient rien craindre. Celui-ci me paroiffoit raifonner plus conféquemment : mais la roideur de l'autre étoit épouvantable. L'égarement de l'un me faifoit pitié, mais celui de l'autre me faifoit horreur; car il foûtenoit les peines & les peines éternelles auxquelles feroient condamnées de miférables apparences d'Etres, incapables de faire jamais aucun mal, puifque felon lui il impliqueroit contradiction qu'elles fiffent quoi que ce foit. On ne dévineroit pas aifément la réponfe qu'il faifoit à une objection qui s'éléve fi naturellement contre ce fyftême, & qui, fans doute, s'eft déja préfentée à l'efprit de mon Lecteur. Dieu, difoit-il, ne regardera point ces châtimens qui vous paroiffent fi févéres, comme contraires à fa Juftice, parce que ne fe trompant point dans les Jugemens qu'il porte, ce que vous regardés comme les Maux réels, il ne les regarde que comme des apparences, des ombres de mal & de douleur, mais des riens dans le fond.

Voilà un éxemple des éxtravagances, où une Métaphyfique outrée, & un abandon à des *termes vagues*, fur des chofes dont on n'a pas des Idées affés déterminées, entraine les hommes. Pour moi j'avouë que je ne fauroîs comprendre, comment on peut fe former une Idée de l'Univers qui fatisfaffe, quand on regarde tout ce qui s'y paffe comme un jeu de marionettes, qui femblent parler & agir, mais dont le Maitre, caché derriére le rideau, fait tous les mouvemens. Un tel Ouvrage ne me paroit pas digne de l'Attention, non plus que de la fageffe & de la Puiffance du Créateur; & il s'en faut bien qu'il ne réponde aux Idées que je crois devoir m'en former. Dira-t-on que c'eft pour mieux fe cacher que ce grand Etre laiffe les chofes dans l'imperfection, où on les voit, afin que quand on les verra fi fort au-deffus de l'état où elles devroient être, dans la fuppofition qu'il eft l'Auteur total & immédiat de tout ce qui fe voit, & de tout ce qui fe fait, on fe trompe plus aifément en croiant qu'il ne l'eft pas, on prenne des apparences pour des réalités, & on attribuë aux Créatures de faire ce qu'elles ne font point?

Dès qu'on donnera dans cette hypothéfe, les objections de Mr. *Bayle* renaîtront toute leur force : Auffi s'applique-t-il à l'établir & à en étaler les preuves. *L'Ame de l'homme*, dit-il, *une fois tirée du néant, doit continuer à en fortir à chaque inftant*; *elle y retomberoit fi le même principe qui l'en a une fois tirée ne continuoit à l'en tirer à chaque moment : Dieu la Crée fans ceffe. Or puis qu'il la Crée à chaque inftant, il la crée telle qu'elle eft dans tous ces inftans; de forte que les imperfections & les fautes, au lieu d'être mifes fur le compte d'une ame qui me fait rien & qui eft néant, ne peuvent être imputées qu'à Dieu qui feul fait tout. Voilà donc le Pyrrhonifme inévitable. Dira-t-on que l'ame n'eft pas créée, dira-t-on qu'elle eft créée? De côté & d'autre des difficultés invincibles?* Article *Pyrrhon.* Note b.

V. COMMENT eft-il poffible que de certains Métaphyficiens aient fû bon gré à Mr. Bayle de fon zéle, puifqu'il n'étale la preuve que je viens de rapporter que pour en conclurre qu'elle méne à des évidentes abfurdités, à revoquer la création de l'Ame ou l'unité d'un *feul Principe Bon*, en un mot à jetter l'efprit dans des embarras inéxplicables, & des doutes dont on ne peut fe tirer. *Mr. Bayle travaille à obfcurir*

Après avoir fait en paffant cette remarque fur la fimplicité des uns, ou fur leur bonne foi ; j'en ferai deux autres fur la mauvaife foi de Mr. Bayle, qui fe fait un plaifir de fe joüer d'eux & qui a la malice de combattre la Réligion par la Réligion même. Mr. Bayle propofe l'Argument qu'on vient de rapporter comme de la *derniére évidence*; car, felon le befoin qu'il a des chofes, une hypothéfe eft deftituée de preuves ou démontrée claîrement & il répand les titres *d'obfcur* & de *clair* fuivant qu'il eft utile à fon but de dire eft *clair*, ou de dire cela eft *obfcur*. Or dans cet Argument, dont il vante l'évidence, le terme de Création entre, & felon la fignification de ce terme eft très-obfcure, elle eft même incompréhenfible. On a beau faire des efforts, *la maxime*, DE RIEN RIEN NE SE FAIT, *s'empare de l'entendement, & il s'y obftine malgré qu'on en ait*. Dans un autre endroit il conclut de ce même Argument qu'*aucun homme ne fauroit être affûré s'il eft le même qu'il étoit il y a 20 ans, il y a deux ans, il y a deux jours, il y a un moment*; car à la fin de chaque inftant il peut tomber dans le néant fans qu'il s'en apperçoive, & le Créateur peut le remplacer par une autre perfonne qu'il remplira d'impreffions à lui faire croire que fon éxiftence dure depuis longtems. Il n'y a pour cela qu'à créer un nouvel Etre avec des difpofitions toutes femblables à celles avec lefquelles il nous a créés à chaque inftant.

On voit par là que les termes de *Création continuée*, peuvent être éxpliqués dans un fens qui jetteroit dans l'erreur, par des conféquences même qui en naîtroient naturellement & néceffairement. Il faut donc reconnoître

noître que cette expression est équivoque. Il faut reconnoître la nécessité d'en fixer le sens, & de le fixer d'une maniére qui ne donne pas lieu à des conséquences nécessaires, mais fausses.

Mr. Bayle ne peut pas conclure ad hominem.

VI. CET Argument n'étant donc pas d'une parfaite évidence, cet argument roulant sur un sujet en partie très-obscur ; s'il a de la force, c'est quand on l'employe comme un argument *ad hominem*, c'est-à-dire, comme un argument fondé sur un principe reconnu par ceux avec qui l'on dispute. Mais c'est ici où je trouve une remarque de mauvaise foi. Mr. *Bayle* sait bien que les Métaphysiciens Ortodoxes, qui s'énoncent ainsi, le font avec des limitations qui énervent tout son argument, qu'ils rejettent toutes les conséquences que Mr. *Bayle* en tire, & tiennent ce Principe pour faux dans le sens auquel elles en découlent. On ne peut donc point employer contr'eux comme accordé, comme concédé, un Principe qu'ils nient, un Principe contre lequel ils se souléventt, dès qu'on l'explique dans le sens dans lequel il faut le prendre pour en faire un argument qui les combatte.

Il est certain que Dieu a créé des Créatures actives, & que la maniére dont-il les conserve, ne détruit point leur activité & la nature qu'il leur a une fois donnée. C'est ce que tous les Théologiens, de l'autorité desquels Mr. Bayle s'appuie, reconnoissent formellement. Si l'on est embarrassé à concilier ces deux choses, c'est une preuve que le Principe sur lequel Mr. Bayle appuie est obscur, & par conséquent qu'il ne peut pas être opposé à ce qui est prouvé & établi sur l'évidence ; il ne peut pas, dis-je, y être opposé comme évidence à évidence, afin de conduire au Scepticisme, par l'égale probabilité des sentiments contraires.

La Maxime doit être modifiée par des restrictions.

VII. IL EST certain encore que cette expression, la *Conservation de la Créature*, ou la continuation de son Etre, est une *Création continuée*, une Création réitérée ; il est certain, dis-je, que cette expression n'est pas absolument exacte, & qu'on ne peut pas l'interpréter entiérement au pié de la lettre. Je le pourrois prouver par diverses raisons ; Mais sur un fait si évident je me contenterai de deux. 1. Par la Création la Créature commence d'être ; au lieu qu'un moment suparavant elle n'étoit point ; par la *conservation* elle continue d'exister & d'être ce qu'elle étoit suparavant. 2. Représentons-nous une ame très-criminelle occupée des idées les plus sales & des desseins les plus horribles. Figurons-nous que cette ame cesse d'être, ou qu'elle n'a pas encore commencé ; concevons après cela que le Créateur la fait sortir du néant à lui donne l'être, & qu'en commençant d'exister, elle existe telle que nous l'avons supposée, uniquement occupée d'horreurs & d'impuretés. En commençant d'être, il est bien évident qu'elle tiendroit & tout son Etre & sa maniére d'être de son Créateur ; car il est bien évident que ni son Etre, ni aucune maniére de son Etre ne pourroit tirer son éxistence du néant ; Chaque maniére d'être auroit une cause réelle, & ce prémier moment de sa naissance, quelle autre cause pourroit-elle avoir que son Créateur ? Il n'y a donc point contradiction qu'il crée une telle Ame, ou une ame dans un tel état. Il n'est pas à Mr. Bayle de se mettre à couvert sous l'Ortodoxie, quand il lui plait, & de s'en éloigner un moment après. Or il n'ignoroit pas que les Théologiens Ortodoxes soutiennent qu'Adam ne pouvoit pas être créé sans sa *Justice Originelle*. Si donc à parler exactement & au pié de la lettre, *Conservation & Création* étoit la même chose, Dieu créeroit toutes les ames vicieuses, & tous leurs actes vicieux.

Si maintenant, on me démande, Est-ce donc que vous rejettez ce *Canon de Métaphysique*. Je Répons sincérement un *Non* ; mais avec la même sincérité j'ajoute 1. que je souhaiteterois à tous les Métaphysiciens, & en général à tous les Philosophes Chrétiens un fond de respect qui leur empêchât de hazarder aucune expression dont on pût aisément abuser, & qu'ils eussent besoin dans la suite, & après y avoir un peu mieux pensé, de révoquer en quelque maniére, par diverses limitations, afin d'en prévenir les facheuses conséquences. 2. Pour éclaircir cette matiére, pour en laver parfaitement l'équivoque, & en dissiper toutes les ténébres, en un mot, pour s'en former une Juste idée, il faudroit savoir que la Créature n'est pas sortie du néant d'elle même, qu'une cause l'a déterminée à être plutôt qu'à n'être pas ; ce qui est évident & incontestable ; il faudroit encore savoir que la Puissance d'un Etre sans bornes est suffisamment proportionée à la grandeur d'une production qui consiste à donner l'être à ce qui n'étoit pas, que la puissance dis-je, d'un Etre sans bornes est suffisamment proportionnée à un tel effet pour le produire ; ce qui est encore manifeste ; car quand il y auroit en cela une difficulté infinie, elle n'excéderoit pas la puissance de l'Etre infini. Cependant au fond, l'effet en lui-même, savoir la Créature, est un être & un être fini : Mais il ne suffiroit pas, de savoir ces deux choses, il faudroit encore connoitre de quelle maniére l'Etre infini agit pour créer, afin de se former une éxacte idée de son action de Créateur, & de son action de Conservateur : Or la maniére dont il agit pour créer, certainement nous n'en avons point une idée bien déterminée ; nous savons seulement en gros que c'est par l'éfficace de sa Volonté.

Outre cela je remarque qu'on ne peut pas dire, que ce qui est déja soit autant déterminé à être néant que le néant même : Par conséquent ce qui est déja, pour continuer d'être, n'éxige pas en tout sens la même action qui étoit nécessaire pour faire que ce qui n'étoit pas, soit. La puissance de Dieu, qui est infinie, ne pourroit-elle pas faire des ouvrages assés réels pour qu'ils ne tendissent pas, par eux mêmes, à se précipiter dans le néant, en telle sorte que le Créateur eut besoin de réitérer sans cesse les actes de sa Toutepuissance, pour leur empêcher d'y retomber.

Je consens qu'on ne regarde ces deux derniéres observations, & la seconde en particulier, que comme des simples conjectures. Il me suffit qu'elles prouvent que la Maxime sur laquelle Mr. Bayle s'appuie, en vüe de combattre la Liberté & ses suites, n'est pas d'une évidence à jetter dans le doute, à balancer tout ce qui prouve que l'homme est libre & punissable, quand il néglige d'obéïr à la Raison, & que tout ce qu'on dit en faveur de cette maxime, n'opposse point lumière à lumière, en telle sorte qu'on ne sache plus de quel côté se tourner.

Cette Maxime, La *Conservation est une Création continuelle*, ou une *Création réiterée*, ne pouvant pas s'interpréter au pié de la lettre, c'est une nécessité qu'on la regarde comme étant du moins un peu figurée & un peu métaphorique. Disons donc que nous avons autant d'obligation à nôtre Créateur, & que nous devons autant lui rendre de graces de la conservation de nôtre éxistence que s'il nous créoit à chaque moment par une action réitérée de sa Toutepuissance. C'est ce qui me paroit très-clair & très-évident, & qui paroitra de plus clair à quiconque voudra s'y rendre attentif : Car nôtre Créateur nous aiant fait, non pas pour une minute seulement, mais pour durer & pour continuer d'être, nous lui avons l'obligation de tout ce que nous sommes, nous lui avons l'obligation de nous avoir donné une réalité durable, une réalité qui dure. Voila une Métaphysique sans obscurité, & qui fonde l'engagement aux plus profondes actions de graces, sans qu'il soit même nécessaire d'ajoûter que que Dieu a donné, il est en droit & en pouvoir de le reprendre ; car ce qu'il a fait être, il peut le faire cesser dès qu'il lui plaira. Je dois beaucoup plus à celui qui m'a donné un fond, que s'il m'en donnoit simplement d'un jour à l'autre les revenus, & si je n'ai point mérité qu'il me le donnât, si c'est pure grace, il n'est pas moins à celui de qui je le tiens, que s'il m'en avoit uniquement accordé l'usage, pendant le temps qu'il le trouveroit à propos.

On pousse les éclaircissements. VIII. Voulons-nous encore essaier de parvenir, sur ce sujet, à quelques Idées plus déterminées? Oserons-nous le promettre? Et pourquoi non, pourvû que ce soit sans témérité & sans obstination? Si quelqu'un me parloit ainsi: Supposons que Dieu ordonne l'existence d'une certaine Créature, & qu'il dise simplement, par exemple, je veux qu'un tel Diamant commence d'être, sans rien dire d'autre; vous conviendrés que ce Diamant commenceroit d'être; car sur quoi fondé en disconvenir? Mais son existence continueroit-elle? Voici le fondement de cette Question. Dieu n'aiant rien déterminé là-dessus n'aiant point ordonné cette Continuation, d'où est-ce qu'elle tireroit son existence? de quelle cause la tiendroit-elle? seroit-ce du Néant, seroit-ce d'elle même? Véritablement ce ne seroit pas de Dieu, puis qu'on suppose que Dieu n'a rien ordonné là-dessus. Je répons qu'il ne faut pas s'étonner si l'on s'embarrasse dans des conséquences, quand on bâtit sur des fondemens mal établis, & sur des suppositions chimériques. Les Idées de Dieu ne sont pas vagues, flottantes, incertaines, qui lui présentent une partie d'une chose, sans lui faire connoître l'autre, les principes sans les conséquences, le commencement sans les suites. De telles Idées imparfaites & informes sont communes à l'Esprit humain, mais Dieu en est incapable. Quand donc il veut qu'une chose soit, & que par là aussi-tôt il l'a fait être, il a l'idée de tout le temps que cette chose doit durer; il veut que la chose qui va commencer d'être soit celle qui répond à son Idée, & par conséquent soit une chose qui dure, & qui continué d'être, comme son idée conçoit qu'elle durera & qu'elle continuera d'être; cette chose là, c'est cette chose ainsi représentée à l'Entendement Divin, dont Dieu ordonne l'existence, & c'est à cette volonté ainsi éclairée, ainsi complette, ainsi déterminée que la chose qui sort du néant doit sa réalité durable, puisque cette réalité durable est celle dont Dieu a connu & a ordonné l'existence.

Cette Maxime ainsi expliquée paroitra encore plus raisonnable, & ses expressions seront reconnues plus justes, quand on ajoûtera une seconde remarque qui n'est pas moins évidente, ni moins sûre; c'est qu'il n'en est pas de Dieu comme de l'homme par rapport à la continuation de ses pensées: Une Idée s'élève dans nôtre esprit, celle-ci fait place à une autre, un Désir, une Manière de vouloir, nous occupe, puis elle cesse pour donner lieu à une autre. En Dieu les Pensées & les Vouloirs ne s'éteignent pas & ne se succedent pas de cette manière; C'est à une Volonté de Dieu qui ne s'évanouït pas, mais qui persévère, qu'une Créature doit une existence qui dure, & qui est déterminée à continuer.

Il y a encore une difficulté à lever. Puisque les Idées de Dieu sont déterminées, dira-t-on, ne faut-il pas dire qu'il a une Idée déterminée d'une ame qui va exister par son ordre, & de la durée de cette ame, de tout ce qu'elle pensera, & de tout ce qu'elle fera, & de la manière ne se trouvera-t-il pas? Auteur de tout ce qu'il arrive à cette ame de penser & de faire soit de bien, soit de mal, de ses Lumiéres & de ses Vertus, de ses Erreurs & de ses Vices? Il est facile de répondre. Dieu ne se contredit pas; c'est faute de lumière & faute de sagesse qu'il arrive aux hommes de souhaiter des choses qui sont incompatibles, & dont la position de l'une emporte l'éloignement de l'autre. Dès que Dieu a résolu de donner l'Etre à une Créature active, il veut qu'elle agisse, il veut qu'elle soit active, & non pas seulement passive; son existence réelle, durable, active sera donc l'effet de sa Volonté Toute-Puissante, qui ordonne qu'elle existe qu'elle dure, qu'elle ait de l'activité; & comme il ne se peut pas que Dieu veuille qu'elle dure & qu'elle ne dure pas, il ne se peut qu'il veuille qu'elle soit active, & qu'elle ne le soit pas.

IX. LE SYSTEME des Créatures Intelligentes, Libres Actives, qui parviennent à de certaines connoissances, à de certains sentimens, à de certaines déterminations & à de certaines habitudes, par la réflexion, par le raisonnement, par l'attention à diverses circonstances, donne lieu à une infinité de Remarques qui vont à la gloire de la Providence, au lieu que l'Hypothese que tout est *passif* en effet, & que rien n'est *actif*, que les Créatures ne font que recevoir ses impressions, entre lesquelles il faut compter les pensées qui leur font croire qu'elles agissent, quoi qu'elles n'agissent pas; ce Systême dépouille de toute beauté tout ce qu'on a accoutumé de dire sur la sagesse de la Providence; il semble même qu'elle va ordinairement à son but par des voies détournées, au lieu d'y aller par les plus simples. La Terre nous fournit mille douceurs qui nous font aimer la vie, & qui nous en font jouïr avec reconnoissance; Mais elles sont mêlées d'amertumes qui nous empêchent de nous y trop attacher, & d'en faire nôtre tout, & qui nous avertissent de penser à quelque chose de meilleur. Le sort infortuné de quelques Vicieux, & les revers dont l'Orgueil est de temps en temps confondu, nous aménent à réfléchir sur ce que le Péché mérite, sur les punitions que les Pécheurs doivent craindre. La Prospérité d'une partie d'entr'eux, & les épreuves par où passent de fort honnêtes gens, nous présentent des faits qui sont comme tout autant de Principes, d'où nous concluons à une Vie où l'Ordre régnera On trouve les traits d'un très-sage établissement dans l'Oeconomie même animale, & dans le rapport des saisons, & les apétits naturels avec les besoins de l'homme. De grands usages sont attachés à tous ces rapports; Ces usages ne sont pourtant pas sans exception; Tout ce qui pourroit contribuer à nôtre félicité n'a pas lieu; il ne convenoit pas que les choses fussent pour des Pécheurs dans un état plus parfait qu'elles ne sont. Mais dès qu'on s'est une fois emparé du Droit de supposer qu'à parler avec exactitude, nous ne sommes que des sujets passifs, on trouve, & on allégue mille autres voies qui paroissent beaucoup plus propres à produire les effets qui nous donnent lieu de louër la Providence; Il n'y avoit eu que faire, par exemple, ni de châtimens pour les uns, ni d'éxemples pour les autres, si l'Idée de la Vertu avoit été une cause occasionelle d'une attention si appliquée & d'un empressement si vif, qu'on n'eut jamais manqué d'es'y porter, & de s'y attacher. Au lieu d'engager les hommes à l'Examen, & à la Circonspection par la vuë des suites fâcheuses de l'Erreur, il n'y avoit qu'à leur donner un Esprit incapable d'acquiescer qu'à l'évidence; & de supposer qu'elle seule pour cause Occasionelle de nos jugemens. Au lieu de nous engager, & de nous forcer en quelque manière à la conservation de nôtre vie, par les douleurs, par les langueurs, par les impressions desagréables qui accompagnent ce qui peut nous nuire, il ne falloit qu'ôter tout pouvoir de plaire à ce qui peut être préjudiciable, & qu'à joindre à la présence des causes occasionelles de nuire, un plaisir extrême qu'on trouveroit à s'en éloigner. Il auroit même été facile de n'établir aucune cause occasionelle de dérangement. Mais si l'on répond que les Créatures Intelligentes auroient eu très-naturellement & très-aisément venir à cette pensée que la félicité leur est duë, si elles n'avoient jamais connu que ce qui en fait partie, & si elles n'avoient jamais éprouvé d'autres attraits que ceux des plaisirs, je réplique qu'un Acte toutpuissant de la bonté de Dieu pouvoit ordonner que jamais un tel soupçon ne naitroit.

Le sujet que je traite me conduiroit à des détails & à des parallélles infinis si je m'y abandonnois:

Mais

DU PYRRHONISME

Mais en voilà assez pour faire voir la nécessité du Système qui reconnoit de l'activité dans les Créatures Intelligentes ; elles viennent à de certaines connoissances, à de certains sentimens, à de certaines réflexions par le moien des circonstances où elles se trouvent, ou des moiens qui leur sont présentés. Dieu infiniment Libre, Dieu dont l'Intelligence, conçoit une infinité d'Idées, Dieu dont la Puissance répond à son Intelligence & à sa Liberté infinie, a trouvé à propos de mettre une grande différence entre les Etres qu'il a formés, & en particulier entre les différentes manières de penser de ses Créatures Intelligentes : Le Systême de l'Univers devient par là plus accompli, & quand les Intelligences de différens ordres viendroient à se connoitre, & à se communiquer ; quand elles auroient du commerce les unes avec les autres, elles tireroient de ce commerce des utilités réciproques.

En vain on dira que c'est-là une Idée faite à plaisir, & une simple conjecture ; donnés-lui le nom qu'il vous plaira elle suffit pour mon but, qui est de faire comprendre, que pour décider sur ce qui est le mieux, il ne faut pas se borner à la très-petite partie du Systême qu'on voit, il faut attendre qu'on soit en état d'en rassembler les Parties & de les comparer ; si nous pouvons répandre quelque Lumière sur ce Principe, par un petit nombre de conjectures, que sera-ce quand nous connoitrons tout ce à la centiéme partie dequoi nos conjectures ne sauroient aujourd'hui s'élever ?

Les Théologiens ne doivent pas trouver mauvais d'assigner aux Créatures des Limitations.

X. POUR moi j'avouë que le seul empressement de Mr. Bayle pour cette Hypothése suffiroit déja pour me la rendre suspecte. Tout Pyrrhonien qu'il soit, il en parle comme de la Vérité du monde la plus incontestable, pour se donner le plaisir d'en tirer des argumens qui renversent la Réligion & toutes les Idées que nous avons de la sagesse, de la Justice & de la bonté de Dieu. Mais enfin pour peu que les Théologiens veuillent être dociles, & nous permettre de raisonner sur une Hypothése, où ils ne sont parvenus eux-mêmes qu'en raisonnant, je les prierai de considérer que, comme il y a de la différence entre être & n'être pas, il y a aussi de la différence entre la Création & dans l'être à ce qui n'étoit pas & la *Conservation* qui le continuë à ce qui est déja. Ils conviennent que nous n'avons pas d'Idée sur la maniére dont les Etres sont créés & tirés du néant Trouveront-ils mauvais si de là on conclut, que nous en avons d'autant moins sur leur conservation qu'elle approche de si près d'être une Création ? Aprés leur avoir représenté tout cela, je ne crois pas qu'ils trouvent mauvais si j'ajoute, que cette Question, si on le pousse dans le détail, est plutôt que bien plus que Théologique. Car quel but un Théologien se propose-t-il quand il la traite ? C'est sans doute d'élever les hommes à de grandes Idées de Dieu, & de les porter à le craindre & à le rendre graces. Mais quelle plus grande Idée que celle d'un Etre qui peut donner à ce qui n'étoit point une éxistence durable ? Comment ne craindrions-nous point celui qui peut nous ôter à chaque instant ce qu'il nous a donné ? Qu'il le puisse en retirant simplement son Concours, c'est-à-dire, en cessant d'agir & de vouloir l'éxistence, ou en ordonnant l'anéantissement, n'est-ce pas la même chose, & n'y a-t-il pas également de raison de côté & d'autre pour le craindre ? S'il nous a donné une éxistence durable, l'obligation que nous lui en avons, est-elle moins grande que s'il nous la renouvelloit à chaque moment ?

Si une Intelligence a besoin d'être reproduite au commencement de chaque instant, tout comme si elle étoit anéantie un moment après celui de chaque Création, que signifient les Commandemens ? Ils s'adressent à ce qui va tomber dans le néant, qui est par conséquent hors d'état d'en conserver aucun souvenir. L'Etre Suprême vient de donner à sa Créature un ordre ; Il faut nécessairement qu'il la crée de

nouveau avec l'idée de cet ordre. Ce n'est pas tout il la créera ou avec des mouvemens qui l'éloigneront de cet ordre, ou avec des mouvemens qui le lui feront éxécuter. Au prémier cas il est absolument impossible qu'elle obéisse, & au second il est impossible qu'elle n'obéisse. Dans cette Hypothèse, obéir ou n'obéir pas, s'aquiter de son devoir, ou le violer, faire ce qu'on doit, ou se rendre coupable, ce sont de pures apparences qui ont quelque air de réalité, & qui ne paroissent dignes d'attention, qu'autant qu'on les regarde comme des réalités, & non comme de simples apparences ; c'est-à-dire, que tout ce qu'il y a de Moral dans la conduite des Créatures par rapport à Dieu & dans celle de Dieu par rapport aux Créatures, ne présente rien de beau qu'à mesure qu'on donne dans l'illusion,' qu'à mesure qu'on oublie ce que les Créatures sont, & qu'on les suppose ce qu'elles ne sont pas : Toute la morale ne roule que sur de beaux songes, & qui cessent d'être beaux dès qu'on les reconnoit pour des songes. Tout ce qu'on appelle Sagesse, Justice, Miséricorde n'en a que l'apparence, & c'est un jeu qui mortifie ceux qui en sont les témoins dès qu'ils le connoissent peur un jeu, & l'admiration de Dieu & de ses Loix se dissipe en même temps que l'ignorance.

A mesure que j'éxamine ce préjugé invétéré des Métaphysiciens, je découvre qu'il est également & dangereux & peu fondé, aussi l'attaque-je avec plus de zéle & de courage que je ne faisois d'abord : J'avouë que la plupart des Théologiens l'ont adopté, & je n'ignore pas que les Théologiens sont quelquefois des personnes de mauvaise humeur, & des personnes redoutables ; Mais je sai aussi qu'ils ne sont pas également à craindre dans toute sorte de Païs : Dans celui où je vis il est permis d'éxaminer, on ne condamne personne sans l'entendre ; & si quelqu'un s'avisoit de tramer une Intrigue pour rendre odieux un homme qui n'a pas de mauvaises intentions, & qui cherche à s'instruire lui-même, en même temps qu'il travaille à instruire les autres, une Intrigue de cette nature, retomberoit sur ses propres Auteurs. Mais sous quelque Souverain qu'on vive, on peut penser autrement que le Commun sur la Question que je traite, & le Dogme que je combats n'a encore été décidé dans aucun Concile, ni dans aucune Confession de Foi, & il y a bien apparence qu'il ne le sera jamais ; car enfin il anéantit le poids des motifs, il anéantit l'Injustice du Vice, & par conséquent la Justice des peines : Il anéantit l'éclat réel de la vertu, & il fait à peu près le même effet, sur le rapport qu'on aime à concevoir entre la Soûmission & sa Récompense. Saint Paul pose ici termes éxprés qu'un homme qui auroit parfaitement accompli la Loi, pourroit être justifié par les Oeuvres, & que la récompense lui seroit accordée, non *comme simple grace, mais comme dûe*, en certain sens. Or certainement rien n'est dûe en aucun sens, si la Créature ne fait rien, & elle ne fait rien, si, au commencement de chaque moment assignable, elle est créée avec tout ce qui se trouve en elle, & si de même, à la fin de chaque moment, pour infiniment petit qu'on le suppose, elle est prête de tomber dans le Néant, & y retomberoit infailliblement si une nouvelle Création ne succedoit incessamment à la précédente. Dans cette Hypothése la punition des méchans fait frémir d'horreurs, chacun d'eux commence d'éxister précisément tel que Dieu le crée, c'est Dieu seul qui fait sa substance & toutes ses modifications : Ce prémier instant est sans intervale suivi du second, ou Dieu crée de même une Ame avec toutes ses modifications ; il en est ainsi du troisiéme par rapport au second, & cela pendant tout le cours de son éxistence ; une Ame n'est rien que ce que Dieu la fait être, & ne renferme rien que ce que Dieu y a mis. Cependant ce même Dieu l'accable de reproches, la condamne aux plus affreux supplices, & d'instant en instant il éxerce sa puissan-

Sss ss 2

458 EXAMEN

ce infinie; pour renouveller non seulement l'éxistence, & les sentimens de desespoir, de cette Ame infortunée, mais encore ses blasphêmes, ses mouvemens de haine, & d'horreur contre celui qui l'a créée, à qui elle reproche d'avoir été punie sans l'avoir mérité, puis qu'elle n'a jamais fait que ce qu'il lui a fait faire inévitablement. Dieu crée en elle des reproches vrais & il la punit de ce qu'elle pense de cette manière : En voila assés par rapport à la Théologie.

Quand je me tromperois sur ce sujet comme je puis me tromper sur d'autres, ceux que je combas me fourniroient de quoi me justifier ; car, suivant leur Hypothèse, ceux qui errent sont uniquement à plaindre. Par là même qu'ils errent, c'est une preuve qu'ils ne pouvoient faire autrement ; il n'a pas été en leur puissance de se rendre attentifs à d'autres Idées, qu'à celles qui les ont éblouis, ni de les regarder d'un autre œil qu'ils n'ont fait. Quand serions nous les maitres de notre attention ? Quand dépendroit elle de nous ? En dépend-elle au moment que nous commençons d'éxister ? Dans ce prémier moment ne sommes nous pas nécessairement tout ce que Dieu nous fait être & rien de plus ? Dans le moment qui suit de plus près, & sans aucun intervalle, ce prémier, ne sommes nous pas créés, tout de même que si l'éxistence que nous avions reçue dans le prémier avoit été anéantie, & que nous en reçussions une toute nouvelle dans le second ? Si donc nous ne profitons pas des grandes leçons que Dieu nous donne par la Nature, & par la Révélation, par les soins continuels de sa Providence, *ce n'est pas notre faute*, & nous passons pour des coupables, lors que *nous sommes seulement plus à plaindre*.

Refutation directe de la Maxime.

XI. MAIS dira-t-on peut être ; N'est ce point ici une de ces Vérités incommodes, par où la Raison harcelle de temps en temps la Théologie, en opposant son évidence à l'obscurité de la Foi ? Voions ; *La conservation des Etres créés*, dit-on, *est une émanation de la toute-puissance de Dieu*. Certainement on ne trouvera pas dans ce langage une lumière qui allarme la foi. Si ces éxpressions étoient justes, l'éxistence des Créatures seroit un écoulement de l'Etre éternel même; car la puissance de Dieu, c'est Dieu lui-même en tant que puissant ; & que peut il émaner, que peut-il sortir de lui que ce qui y est ? Dira-t-on que ces termes sont métaphoriques ? j'en conviendrai ; mais j'ajouterai aussi qu'il ne falloit pas en composer un Principe ; & que sur une matière autant obscure, par elle-même, que celle là, & autant au-dessus de l'esprit humain, il faut se taire ou s'énoncer dans le langage le plus simple. Si donc pour s'éxprimer plus intelligiblement, on dit que l'éxistence des Créatures est un effet qui résulte de l'ordre efficace de la volonté de Dieu, il me paroit qu'on dira vrai; mais il me paroit aussi qu'on ne peut tirer de là aucune conséquence pour la Création continuellement réitérée, pour la suite non interrompue de productions. Cette suite non interrompue de productions présente même, dès qu'on s'y rend attentif, une contradiction si visible, que la foi se trouve à couvert de toutes les alarmes que lui pourroit donner ce Dogme. Car voici comme je raisonne.

Afin que les productions ne soient point interrompies, il faut que chaque production ne dure qu'un instant ; si depuis le commencement de la prémière, jusques à la fin il y avoit quelque intervale, pendant cet intervale la Création ne seroit pas reproduite, & dès qu'une Créature pourroit éxister pendant un prémier intervale de temps, elle le pourroit pendant un autre deux fois plus long que le prémier, & par la même raison pendant un intervale quatre fois plus long, huit fois plus long &c. en un mot pendant un intervale aussi long qu'on voudroit le supposer.

L'éxistence dûe à la *prémière* production n'aiant donc été que d'un *Instant indivisible*, & la *seconde* qui suit immédiatement & sans aucun intervale: la *prémière*, étant elle même comme cette prémière, sans intervale depuis son commencement jusques à la fin, cette seconde durée étant d'une petitesse indivisible, on voit évidemment qu'elle ne sauroit ajouter aucune longueur à la prémière : Car je demande, la durée de deux productions de combien prolongeroit-elle la durée d'une seule ? Ce ne seroit précisément que de la durée d'une, & cette seconde étant elle-même sans durée, la durée de la prémière éxistence ne croitroit par là d'aucune durée. Or dès que deux ne formeroient pas une durée plus longue qu'une, trois ne dureroient pas plus que deux, & par conséquent pas plus qu'une. Il seroit donc autant impossible que la suite non interrompue des productions formât une durée, qu'il est impossible qu'une suite de points indivisibles, & chacun sans étendüe, forme une masse étendüe. C'est le plus fort, & en même temps le plus simple, des argumens par où on combat les Atomes. Il en fournit un d'égale force contre l'Hypothèse que j'éxamine.

Ce n'est pas le seul argument qu'on puisse y opposer : En voici un qui demande moins d'attention, & qui n'a pas moins de force. La même raison qui nous convainc qu'on ne peut, sans contradiction, refuser de reconnoitre la volonté de l'Etre infini assés efficace pour que ce qui n'éxistoit pas commence d'éxister, dès qu'elle l'ordonne, ne nous oblige pas moins de reconnoitre qu'elle est assés efficace, pour que ce dont elle ordonne l'éxistence réelle & durable, commence non seulement d'éxister, mais continüe. Ce qui éxiste déja est visiblement plus près d'éxister encore, que quand il n'étoit pas. Plus on concevra de distance du Néant à l'être, c'est-à-dire, plus on concevra de différence entre ce qui est & ce qui n'est pas, plus cet argument sera fort. Comme le néant n'est point déterminé à éxister, n'est point déterminé à devenir un Etre, par la même Raison, ce qui éxiste, par là même qu'il est un Etre, n'est point déterminé à cesser d'être, & à devenir néant. Il implique contradiction qu'une Créature soit égale à Dieu ; car ce qui a été produit pourroit n'avoir pas été produit ; son éxistence n'est donc pas nécessaire : Ce qui a été produit doit son éxistence à un autre : Mais il n'implique pas contradiction que ce qui éxiste soit réel, & qu'apparemment, l'être même de la Créature ne sera pas réel, il ne sera qu'apparent : L'Etendüe n'est elle qu'apparente, l'être même de la Créature ne sera pas réel, il ne sera qu'apparent : L'Etendüe, par là même qu'elle est Etendüe, est réelle, mais elle n'est pas agissante ; elle est pourtant capable de le devenir, & elle le devient en effet, dès que la volonté efficace de l'Intelligence suprême, veut que son état soit un état de mouvement, soit l'état d'un corps qui change de situation, l'état d'un corps qui applique successivement sa surface à ce qui l'environne. Il me semble que ces Idées sont claires, & par là même qu'elles sont claires chacune à part, & que l'une s'opposeroit à l'autre, c'est-à-dire, si elle renfermoit la moindre contradiction, il seroit facile de s'en appercevoir.

XII. Les argumens que les Métaphysiciens tirent pour établir ce prétendu Article de Foi, me paroissent des Sophismes. L'Exiftence des Créatures, disent ils, n'est point une éxistence nécessaire. Donc il faut qu'une cause extérieure la détermine sans cesse à durer.

Réponses aux Objections.

A cela je réponds, *L'Exiftence des Créatures n'est pas une éxistence nécessaire ; car si cela étoit, les Créatures seroient éternelles, & elles me seroient pas même des Créatures* : J'en tombe d'accord : *Leur Exiftence n'est pas nécessaire* : *Donc elles ne sont pas éternelles, & une Cause extérieure les a déterminées à être plutôt qu'à n'être pas* ; Cela est très-vrai : *Leur Exiftence n'est pas nécessaire* : *Donc il n'implique pas contradiction qu'elle causa*

cauſe qui la leur a donnée puiſſe la faire ceſſer. Tout cela me paroit clair & hors de conteſtation.

Mais quand on ajoûte, *L'exiſtence des Créatures n'eſt pas néceſſaire, elles l'ont reçuë d'ailleurs:* Donc cette exiſtence a beſoin d'être ſans ceſſe reproduite; ce Raiſonnement eſt très-éloigné de me préſenter la même évidence que les précédens, & il eſt viſible, qu'il tire toute ſa force d'une ſuppoſition qui n'eſt pas différente de la Queſtion même, ſavoir que la Cauſe de leur exiſtence n'a pu la former aſſés réelle, pour que, d'elle même, elle ne retombe pas dans le néant, à moins qu'elle ne ſoit ſans ceſſe reproduite.

Le D. Schinkh Traité de la Créatu deuce.
,, Un autre Argument qu'un Théologien célébre ti-
,, re de *Swartz.* & qu'il donne pour ſolide, quoi qu'il
,, y reconnoiſſe une ſubtilité ſuſpecte, cet argument
,, n'eſt encore qu'une vaine ſubtilité Métaphyſique,
,, fondée ſur des termes équivoques: Le voici. Dieu
,, peut anéantir, or ſi pour anéantir ce qui exiſte, il
,, déploioit un acte poſitif de ſa puiſſance, cet acte
,, poſitif ſe termineroit ſur le néant & toute ſa puiſ-
,, ſance s'exerceroit pour ne rien faire? Levons donc
,, cette difficulté, & diſons que quand Dieu anéan-
,, tit, il retire ſimplement ſa puiſſance avec la-
,, quelle il ſoûtenoit l'exiſtence, au lieu qu'il la
,, vouloit, il ne la veut plus.

Je Répons à cela que les termes de *ne rien faire* renferment une équivoque. Si par *ne rien faire*, on n'entend *ne donner pas l'exiſtence* à quelque choſe, je reconnois qu'anéantir ce n'eſt rien faire. Mais ſi, par *ne rien faire*, on entend une *ſimple ceſſation* dans la Cauſe qui exiſtoit, je dis que *détruire une exiſtence réelle*, *ce n'eſt pas ne rien faire*; & ſi on veut qu'en ce ſens ne rien faire ſoit une ſimple ceſſation, on ſuppoſe encore viſiblement ce qui eſt en queſtion. Après voir dit l'Introduction du repos ne demande d. l'effort que parce qu'il faut faire ceſſer le Mouvement; ajoutera-t-on, pour faire ceſſer le mouvement, aucun effort n'eſt néceſſaire, car faut-il de l'effort pour ne rien faire?

Qu'on ne ſe borne pas à des Idées vagues, quand il en faut des déterminés, & réciproquement qu'on ne ſe hazarde point à déterminer ce qu'on ne peut connoître certainement que ſous une idée vague, cette controverſe ceſſera & on ne fera aucun abus de cette ſpéculation Métaphyſique. Les Idées de Dieu ſont déterminées; Quand il crée, il ne ſe con ente pas de dire en gros, *Qu'une choſe ſoit*, il a une Idée déterminée & parfaite de cette choſe dont il ordonne l'exiſtence; & s'il ordonne qu'elle ait une exiſtence durable, elle devra la durée de ſon exiſtence à cette même Volonté, par l'efficace de laquelle elle a commencé d'être. Quand on s'en tienne là, au lieu d'imaginer, ſans preuves, & dans la Créature, une détermination à ceſſer d'être, & dans Dieu une volonté qui, d'inſtant en inſtant, s'oppoſe à l'effet de cette détermination & continue à créer.

Le langage de l'Ecriture aura toujours chez moi plus de force que les abſtractions hardies des Métaphyſiciens. *Fils des hommes retournés.* Voilà ſous quelle idée nous fait concevoir l'œuvre Créateur, quand il détermine leur fin; C'eſt ainſi que ſon ordre donne l'être, & que ſon ordre l'en dépouille.

Je conçois que ce n'eſt pas rendre un petit ſervice à la Religion que de démêler ce qu'une perſuaſion aſſés accréditée renferme de vrai, d'avec ce qu'elle préſente de faux, & qui peut aiſément s'inſinuer à la faveur du vrai. On étudie la Métaphyſique dans un âge où l'on n'éxamine guére, & où accablé d'études différentes, on n'a pas ſeulement le loiſir d'éxaminer. Les grands mots qui entrent dans cette queſtion diſpoſent l'eſprit au reſpect, & on ſe fait dans la ſuite un Devoir Réligieux de ne plus éxaminer ce qu'on a une fois regardé comme un Article de Religion, ou comme très-approchant d'en être un.

Sur une matiére ſi difficile à comprendre, combatuë par des raiſons ſi fortes, & expoſée à des conſéquences ſi affreuſes, ſous le prétexte ſpécieux d'une obéïſſance de foi, ſe déterminera-t-on à la prémiére vûë de quelques paſſages qui peuvent naturellement recevoir de tout autres explications? Je n'en vois que deux qu'on puiſſe alléguer. St. Paul dit, *que nous avons en Dieu, la Vie, le Mouvement, & l'Etre.* Prendra-t-on cela à la lettre? Il faudra concevoir l'immenſité Divine, comme l'eſpace ou les Corps ſe proménent, & une hypothéſe ſi paradoxe deviendra un Dogme ſacré, & un Article de foi: Affoiblira-t-on ce paſſage quand on ſe contentera d'y apprendre que Dieu n'eſt pas ſeulement Auteur de la vie, par l'arrangement merveilleux qu'il a ſçû donner aux différentes parties de nôtre Corps, & par la proportion qu'il a établie entre leurs mouvemens? Mais que de plus ces Mouvemens il ne les a pas trouvé répandus dans l'Univers, il les a produits, c'eſt par lui que le Mouvement a commencé, c'eſt de lui que tient ſa Nature, & cette Activité eſſentielle à la Nature, par laquelle il ſe conſerve tel qu'il doit être pour faire ſubſiſter l'Univers dans ſa force, & dans ſa beauté: Enfin cette Matiére que Dieu a miſe en mouvement, elle n'étoit point, c'eſt lui qui lui a donné l'exiſtence.

On lit encore, que *Jeſus Chriſt ſoûtient toutes choſes par ſa parole puiſſante*, & on applique ce paſſage à ſa nature Divine. Mais en affoibliſſa-t-on la force, & ne lui donnera-t-on pas un ſens très-ſublime, & très-digne de Dieu, quand on dira que ſa Parole, ou ſa Sageſſe, ſa Volonté très efficace, ont donné l'être à ce grand Univers, & qu'il en a reçu une exiſtence durable? C'eſt à l'efficace de cette puiſſance infinie que l'Univers doit cette exiſtence dans laquelle il ſe ſoûtient. Mais s'autoriſer de ces paroles pour repréſenter le néant comme un abyme d'une noirceur & d'une profondeur infinie, où chaque Créature tend à s'aller perdre par la pente d'une lourde peſanteur, & où elle retomberoit infailliblement, après en avoir été tirée, ſi Dieu ne la préſervoit de cette chûte par ſa toute puiſſance: Ce ſont là des Idées qui ne reſſembleroient pas mal à des rèves, ſi l'on prenoit au pié de la lettre les termes dans leſquels on les exprime. Le Pſeaume 148 nous inſtruit du ſens dans lequel on doit interpréter les paroles de l'Epitre aux Hébreux. *Que toutes choſes,* dit le Prophete Roi, *loüent le nom de l'Eternel, car il a commandé, & elles ont été créées, il les à établies à toûjours, & à perpétuité.*

XIII. LES éxpreſſions des Théologiens au ſujet de la conſervation des Créatures, ſi on les prenoit au pié de la lettre, n'iroient pas moins qu'à renverſer toute la différence des Oeconomies Divines, dont l'explication eſt leur objet propre. L'Impuiſſance de l'homme tombé, ne feroit ni plus ni moins grande que celle de l'homme dans l'état d'intégrité: Dans l'un & dans l'autre de ces états l'homme eſt comme tiré du néant à chaque inſtant aſſignable, & il reçoit de ſon Créateur ſon exiſtence, & toutes ſes ſuites, comme s'il ſortoit du néant; Dieu crée à chaque moment ſa ſubſtance, ſes états, ſes modifications, ſes rapports.

La maxime qu'un ré- fute renverſe par les Théologiens & par bar- bauls lui même.

XIV. Mr. BAYLE le concevoit ainſi, quand il écrivoit Article Synergiſtes; Note C.
,, Les Loix que Dieu a données à Adam, ont été
,, accompagnées de promeſſes & de menaces. Cela
,, ſuppoſe clairement qu'Adam pouvoit & obéïr,
,, & déſobéïr. Les Théologiens les plus rigides,
,, St. Auguſtin & Calvin enſeignent formellement,
,, que les hommes n'ont perdu le franc arbitre qu'à
,, cauſe du mauvais uſage qu'Adam en fit dans le
,, Paradis terreſtre. On ne demande pas d'avanta-
,, ge pour être aſſûré, qu'il eſt poſſible que Dieu
,, donne à l'homme la liberté d'indifférence. S'il
,, ne l'avoit pas donnée à Adam, tous nos ſyſtê-
,, mes de Réligion tomberoient par terre; d'où je
,, conclu

NB.

„ conclus qu'il la lui donna ; or chacun fait que,
„ de l'acte à la puissance la conclusion est nécessai-
„ re

On ne sauroit toûjours être attentif à des spéculations métaphysiques sur tout lors qu'elles ne sont
pas vraies, & qu'elles renversent des sentimens très-
naturels : Dès qu'on a perdu ces spéculations de vûe
on suit des Idées plus simples, on laisse ce langage
épineux, & plein d'équivoques pour parler conformément au sens commun ; c'est ce qui est encore arrivé à Mr. Bayle dans l'article Sennert.

Note G.
„ Dites moi, je vous prie, dit-il, s'il y avoit
„ des habitans raisonnables dans les planétes, & qu'ils
„ descendissent dans l'une de nos maisons, & qu'ils
„ devinassent l'usage des chambres, celui des tené-
„ tres, celui des portes, celui des verroux &c : &
„ qu'enfin ils se contentassent d'admirer la Provi-
„ dence de Dieu, qui auroit construit ces édifi-
„ ces très-commodes à l'homme, ne les prendroit-
„ on pas avec raison pour des ignorans ? Ils ne sau-
„ roient pas que cet edifice a été bati par les hom-
„ mes, & qu'un Architecte humain a dirigé la si-
„ tuation des pierres, celle des planches &c ; selon
NB „ les fins qu'il se proposoit. A la vérité c'est de
„ Dieu que l'homme reçoit cette intelligence, mais
„ ce n'est point Dieu qui est la cause prochaine,
„ naturelle, & immédiate de cet édifice. Disons
„ la même chose à l'égard de la machine des Arbres,
„ & de celle des Animaux ; elle dépend de la
„ direction particulière de quelque cause seconde, qui
„ a reçu de Dieu les lumières, & l'industrie qu'il
„ faut employer à cet ouvrage.

De la
tré-
avion con-
sinuée.
Examen
de la Dis-
pute de
Mr. Ja-
quelot &
de Mr.
Bayle sur
ce Point.
Oeuvres
Div. Tom.
III. x. 3.
pag. 787.

XV. Mr. JAQUELOT s'étoit apperçu des avantages que Mr. Bayle tire de cette opinion des Métaphysiciens, & Mr. Bayle qui ne demandoit pas mieux
que d'embarrasser les défenseurs de la Liberté, &
par les Apologistes de la Providence, se flatte
d'avoir avancé un Argument invincible, & profite
d'une occasion de représenter de nouveau toute la force des Conséquences qui en naissent : Rep. aux Quest.
d'un Prov. Tom. III. chap. CXLI page 770 " Mr.
„ Jaquelot avoüe, dit Mr. Bayle, que cette diffi-
„ culté vaut bien la peine de l'examiner. S'il s'est
„ souvenu d'un petit Livre qui fut imprimé en
„ Hollande l'an 1690, il aura mieux senti encore
„ le poids de cette objection ; car l'Auteur voulant
„ apprendre de Mr. Jurieu à la résoudre, la lui pro-
„ posa de cette manière.

„ Je suppose que selon le Systême de Mr. Jurieu
„ la Conservation n'est autre chose qu'une conti-
„ nuation de création, parce que les momens du
„ tems n'aiant aucune liaison nécessaire, l'un avec
„ l'autre, il ne s'ensuit pas de ce que je suis à ce
„ moment, que je subsiste au moment qui suivra,
„ si la même cause qui me donne l'être pour ce mo-
„ ment, ne me le donne aussi pour l'instant suivant.
„ Cela étant posé selon les principes de la Philo-
„ sophie & de la Théologie de Mr. Jurieu, il me
„ semble qu'il faut conclure que Dieu fait tout,
„ qu'il n'y a rien dans toutes les Créatures de cau-
„ ses prémières, ni secondes, ni même occasionelles.
„ Il est aisé de le prouver : Car en ce moment où
„ je parle, je suis tel que je suis avec toutes mes cir-
„ constances, avec telle pensée, avec telle action,
„ assis ou de bout ; Que si Dieu me crée en ce mo-
„ ment tel que je suis, comme on doit nécessairement
„ le dire dans ce systême, il me crée avec telle
„ pensée, telle action, tel mouvement, telle dé-
„ termination. On ne peut dire que Dieu me crée
„ prémièrement, & qu'étant créé il produise avec
„ moi, mes mouvemens & mes déterminations. Ce-
„ la est incontestable pour deux raisons. La pré-
„ mière est que quand Dieu me crée, ou me con-
„ serve à cet instant, il ne me conserve pas, com-
„ me un Etre sans forme, comme une espèce, ou
„ quelqu'autre des Universaux de la Logique : Je
„ suis un individu, il me crée & me conserve comme tel,

„ étant tout ce que je suis dans cet instant ; avec
„ toutes mes dépendances. La seconde raison est, que
„ Dieu me créant en cet instant, si l'on dit,
„ qu'en suite il produise avec moi mes actions, il
„ faudra nécessairement concevoir un autre instant
„ pour agir. Car il faut être avant que d'agir. Or
„ ce seroit deux instans, où nous n'en supposons
„ qu'un. Il est donc certain que dans cette hy-
„ pothése, que Dieu fait tout, que les Créatures n'ont
„ ni plus de liaison, ni plus de rélation avec leurs
„ actions, qu'elles en eurent avec leur production
„ au prémier moment de la Création.

„ Ce même Auteur montre en suite les conséquen-
„ ces de cela, & finit par ces paroles. On ne peut
„ concevoir l'obligation qu'on aura à Mr. Jurieu, s'il
„ apprend à ceux qui suivent ce Systême à se tirer de
„ ces épouvantables absurdités. Il n'obtint aucune ins-
„ truction, & je m'imagine qu'il crût qu'on ne
„ garda le silence sur ce point, que parce qu'on
„ se trouvoit incapable de bien répondre.

„ S'il s'est souvenu de ce petit Livre, & des
„ raisons que nos Philosophes modernes ont fait ser-
„ vir à démontrer que des accidens ne sont pas des
„ Etres réellement distingués de la substance il au-
„ ra compris toute la force de l'objection ; car ces
„ raisons-là ne sont pas de simples difficultés, ce sont
„ des argumens qui accablent & qu'on ne sauroit
„ résoudre.

„ Voions, dit après cela Mr. Bayle d'un air triom-
„ phant, si Mr. Jaquelot a pû secouër le joug. Il
„ ne veut pas nier que la Conservation des Créa-
„ tures ne soit une Création continuée ; mais il dit
„ qu'au second moment de leur durée Dieu ne soit
„ point seul, & sans qu'elles y concourent, tout ce
„ qu'elles ont de réalité. Il se sert d'un éxemple. Con-
„ sidérons, dit il, le prémier instant où Dieu créa un
„ oeil, & le Soleil. On conçoit sans peine que si dans
„ le prémier instant Dieu a créé l'œil & le Soleil op-
„ posés directement l'un à l'autre, il sera en suite né-
„ cessairement qu'au second instant, Dieu conserve ou
„ si l'on veut, il continue à créer un oeil qui voit ac-
„ tuellement la lumière, & qui agit d'une manière pro-
„ portionnée à sa nature. Vous voiés que par rapport au pré-
„ mier instant il donne toute l'activité au Créateur,
„ & qu'il ne laisse aux Créatures, que la qualité
„ d'êtres passifs. Or elles ont autant de besoin d'ê-
„ tre créés au second instant que au prémier, puisque
„ leur conservation est une création continuée, il
„ doit donc dire qu'elles sont autant un Etre pas-
„ sif au second instant qu'au prémier, & que l'œil
„ qui voit actuellement la lumière au second instant,
„ n'y concourt que de la même manière, qu'il y
„ a concouru au prémier, c'est-à-dire, que comme
„ un sujet purement passif.

„ Vous savés que l'on démontre dans les Ecôles
„ que la Créature ne sauroit être ni la cause totale,
„ ni la cause partiale de sa conservation ; car si elle
„ l'étoit, elle existeroit avant que d'éxister, ce qui
„ est contradictoire. Vous savés qu'on raisonne
„ de cette façon : Ce qui se conserve agit ; or ce qui
„ agit existe, & rien ne peut agir avant que d'avoir
„ son exixtence complète, donc si une Créature se
„ conservoit, elle agiroit avant que d'être. Ce rai-
„ sonnement n'est pas fondé sur des probabilités,
„ mais sur les prémiers principes de la Méthaphysi-
„ que, non entis nulla sunt accidentia : operari seqvi-
„ tur esse, clairs comme le jour. Allons plus avant.
„ Si les Créatures concouroient avec Dieu pour se
„ conserver, elles agiroient avant que d'être ; l'on a
„ démontré cela. Or si elles concouroient avec Dieu
„ pour la production de quelqu'autre chose, elles
„ agiroient aussi avant que d'être ; il est donc aussi
„ impossible qu'elles concourent avec Dieu pour
„ la production de quelque autre chose que pour
„ leur propre conservation, & puis que leur con-
„ servation est une Création continuée, & que Mr.
„ Jaquelot & tout ce qu'il y a d'hommes au mon-
„ de

DU PYRRHONISME.

„ de qui admettent la Création doivent avouër qu'elles
„ ne peuvent concourir avec Dieu au prémier mo-
„ ment de leur éxistence, ni pour se produire, ni
„ pour se donner aucune modalité, car ce seroit a-
„ gir avant que d'être, il s'ensuit évidemment, qu'elles
„ ne peuvent concourir avec Dieu, dans nul des
„ momens suivans, ni pour se produire elles mêmes,
„ ni pour produire quelque autre chose. Si elles y
„ pouvoient concourir au second moment de leur
„ durée, rien n'empêcheroit qu'elles n'y pussent
„ concourir au prémier moment, ce que Mr. Ja-
„ quelot n'a osé, ni pû prétendre.

Quoi qu'il ne soit pas difficile de se convaincre
que la puissance de donner l'Etre à ce qui n'éxistoit
point, est très-certainement en Dieu, il n'est pas
moins vrai que nous ne savons pas nous représenter
la manière dont une substance qui n'éxistoit point
commence d'être, dès que Dieu veut qu'elle soit,
L'idée de la Création n'étant donc pas sans obscurité, & celle de la *Conservation* sur le pié de Création
continuée, étant encore beaucoup plus obscure, de
l'aveu de tout le monde, il est arrivé pour surcroit
de malheur, qu'on s'est exprimé sur un sujet, que
le respect a encore rendu plus difficile, dans des termes Métaphoriques, & qui, tirés des choses corporelles, présentent nécessairement, & par là même,
des Idées fausses, qui éloignent toujours plus l'Esprit de la Vérité : On auroit donc bien fait de se passer du terme de *Concours* : l'obscurité croit par là,
& ceux qui aiment à faire des objections en profitent.

Rep. aux
Quest.
d'un Pro-
vincial
Tome III.
pag. 770.
Oeuvres
Div.T.m.
III.2.part
p̃g. 788.

„ Il veut, continuë Mr. *Bayle*, qu'au second mo-
„ ment l'oeil agisse *d'une manière proportionnée à sa na-*
„ *ture*, & qu'un esprit soit conservé, produisant telle
„ ou telle pensée, comme *deux Corps* qui s'entrehurtent
„ sont conservés avec toutes les déterminations que ce
„ choc produit. Cela ne veut rien dire : On lui avou-
„ ëra qu'au second instant les yeux concourent
„ *d'une manière proportionnée à leur nature*, mais quel-
„ le est cette manière? La même qu'au prémier instant
„ c'est d'être un sujet passif de l'action de Dieu,
„ soit à l'égard de leur substance, soit à l'égard de
„ leurs accidens. On avouëra qu'au second instant
„ *de l'éxistence d'un Esprit, Dieu le conserve produi-*
„ *sant telle ou telle pensée.* Mais on soutiendra que
„ ce n'est que de la même manière qu'il l'avoit
„ créé au prémier instant avec telle ou telle pensée.
„ Mr. Jaquelot convient avec les Cartésiens que l'es-
„ sence d'un Esprit *est de penser.* Il faut donc que
„ la pensée soit aussitôt que l'éxistence dans un
„ Esprit, & par conséquent qu'un Esprit soit créé pen-
„ sant. Or Mr. Jaquelot convient qu'au prémier mo-
„ ment *de la Création Dieu produit tout ce qui se trou-*
„ ve dans la Créature. Il faut donc que quand Dieu
„ commence de donner l'être à un Esprit, il lui donne
„ une certaine pensée, comme il est vrai, que lors qu'il
„ commence de donner l'être à un Corps, il lui donne
„ une certaine figure, & une certaine situation, une
„ certaine manière d'être déterminée ; car rien n'é-
„ xiste d'une façon vague, tout ce qui éxiste est
„ déterminé, & *hoc aliquid.* Comme donc de ce
„ qu'un Esprit est créé pensant, il ne s'ensuit pas
„ qu'il soit la cause efficiente de sa pensée au prémier
„ instant, il ne s'en suivra pas de ce qu'au second
„ instant il sera créé, ou conservé avec une telle
„ ou telle pensée, qu'il se donne à lui-même cette
„ pensée. Ainsi la phrase de Mr. Jaquelot, *au se-*
„ *cond instant Dieu le conserve produisant telle ou telle*
„ *pensée est équivoque.* Signifie-t-elle, *l'action créatrice*
„ *de Dieu ne tombe au second instant que sur la sub-*
„ *stance des Esprits, & sur la puissance qu'ils ont de*
„ *penser & leur laisse toute entière la production de la*
„ *pensée?* On la niera. Signifie-t-elle, *au second instant*
„ *Dieu conserve les Esprits produisans en qualité de*
„ *sujets passifs, ou d'instrumens tels ou tels pensées?*
„ On l'accordera. Mais ce second sens renverse tou-
„ te la doctrine de Mr. Jaquelot, & pour ce qui

est de l'autre sens, le seul dont il se puisse servir,
il doit le considérer comme insoûtenable, puis
qu'il reconnoit 1. que la conservation des Créatures, est une création continuée: 2. qu'au prémier
moment de leur durée, elles n'agissent pas, &
puis qu'enfin l'on ne sauroit soûtenir sans admettre des absurdités inconcevables, qu'il y a une
distinction réelle entre la substance des Esprits,
leurs facultés, & les actes de ces facultés. La
substance spirituelle, la faculté de penser, la pensée
qu'elle a dans chaque moment, ne sont qu'une
seule chose, elles ne sont point de nombre. Qui touche l'une, touche les autres, ainsi l'action créatrice qui
tombe sur la substance des Esprits, & sur leur capacité de penser, tombe nécessairement sur leur pensée actuelle. Il y auroit de la contradiction que
de trois choses réellement indentifiées, Dieu en
créât deux, & ne créât pas la troisième.

Ce qu'on vient de lire met dans un plein jour la
nécessité où l'on étoit d'éclaircir cette Question Métaphysique. Le sens commun rend l'Esprit convaincu de certaines Vérités : Un verbiage Métaphysique a fait tomber dans les conclusions opposées.
Mais on n'a pas pour cela revoqué ce qu'on croioit vrai, on a respecté l'Erreur, mais on est demeuré persuadé de la Vérité. Dieu donne à chacun
des êtres qu'il crée une Nature déterminée, la Nature qu'il leur a une fois donnée subsiste, & il ne
la change pas, il ne renverse pas ses propres ouvrages,
mais il se conduit à leur égard d'une manière proportionnée à la Nature qu'il leur a donnée ; il a créé
des êtres libres & actifs & pour les conserver tels, il
s'y prend d'une manière qui ne donne aucune atteinte à leur liberté, & à leur activité; Voila un principe que tous les Métaphysiciens ont posé. Mais
en quoi consiste cette vertu par laquelle les Créatures
sont conservées dans leur état d'activité? On l'a voulu expliquer, & on l'a fait d'une manière qui ruine le principe qu'on avoit posé. Que conclura de
là, un homme raisonnable, c'est que le stile dont
on s'est servi s'éloigne de la Vérité, quand on l'interprête dans un sens qui ne s'accorde pas avec le
principe dont il faut nécessairement convenir, par
ce que c'est un principe clair & d'expérience.

L'une des absurdités dit-il, qui émanent de la
„ prétenduë distinction qu'on veut admettre entre
„ les substances & leurs accidens, est que si les
„ Créatures produisoient des accidens, elles auroient
„ une puissance créatrice & annihilatrice, de sorte
„ qu'un petit enfant ne sauroit pleurer ou manger de
„ la bouillie, sans créer un nombre innombrable d'ê-
„ tres réels, & sans le réduire au néant une infinité.
„ J'observe en passant qu'il n'y a rien de plus in-
„ commode pour ceux qui admettent les formes
„ Substantielles, que l'objection sus faite, qu'el-
„ les ne pourroient être produites que par une vé-
„ ritable création. Les Scholastiques font pitié
„ quand ils tâchent d'y répondre.

Rép̃se
aux Quest.
d'un
Provin-
cial.T.III.
pag.779
Oeuvres
Div.Tom.
III.2.part
pag. 789

Ce peu que je viens de citer ne suffit-il pas pour
démontrer l'obligation où l'on est de se défier de ces
expressions métaphysiques, vagues, & équivoques ?
Elles vont à établir que Dieu crée immédiatement
toutes les grimaces d'un enfant, que ce n'est pas
nous, mais lui qui applatit une boule d'argile, après
avoir créé en nous la pensée de l'applatir, & la pensée que nous le pouvons. Dans l'examen de Sextus
Empiricus j'ai eu l'occasion de parler de la Nature du
mouvement, j'ai prouvé que les Créatures étoient
susceptibles d'une puissance réelle, & j'ai expliqué
les causes de l'erreur où l'on est tombé sur ce sujet,
quand on s'est imaginé qu'une puissance infinie étoit
nécessaire pour mettre une Substance dans un état
différent de celui où elle se trouve, dans un état
où elle n'étoit pas avant qu'on le lui procurât.

Part. II
sect. IV.
art. LX
& suivans

Mr. Jaquelot ne sauroit, dit Mr. *Bayle*, cacher
son embarras : ses trois réponses le font sentir clairement à ses Lecteurs. *Sans vouloir disputer du*
„ *mot*

Répon̄e
aux
Questions
d'un Pro-

" mot, dit-il, que ce soit création ou non, c'est un
" pouvoir que Dieu a donné aux Créatures, comme ce-
" la paroit par les effets, & par l'expérience, & par
" la révélation, lorsque Dieu dit que la terre produi-
" se les plantes, & que les animaux multiplient par
" la génération. Mais comment n'a-t-il point vû, que
" si c'est une Création ; l'expérience ni l'Ecritu-
" re ne nous peuvent point apprendre qu'un enfant,
" & qu'une pierre ait la force dont nous disputons ; car
" il n'y a qu'une vertu infinie qui puisse créer. Il ne
" faloit donc pas se servir d'une indifférence si brus-
" que, ni traiter ceci comme une question de Gram-
" maire ; Qui lui a dit que l'Expérience nous ap-
" prend que les Corps se meuvent d'eux mêmes,
" & qu'ils ne sont pas toûjours poussés par une main
" invisible ? A quoi bon nous alléguer des passages de
" l'Ecriture qui prouveroient que Dieu ne fut point
" la seule cause des premiéres plantes & des prémiers
" animaux, ce qui est pourtant certain par l'Histoi-
" re de la création.

Mr. Jaquelot soûtient ce que le Sens Commun dicte, qu'on ne peut pas disconvenir qu'un Etre créé n'ait la force de modifier une Substance, & de la mettre dans un état où elle n'étoit pas.

On peut appeller la naissance, d'un nouveau Mode, d'un nouvel Etat, une *Production*, & réserver le nom de *Création* pour exprimer la naissance d'une Substance ; mais si on ne veut s'obstiner à dire qu'on crée dès qu'on produit ce qui n'étoit pas encore, on distinguera la Création d'une maniére d'être, d'avec celle d'une *Substance*.

Quand Dieu créa l'Etendue, il dit *que l'Etendue soit* ; quand il créa la lumiére, il dit, *que la Lumiére soit* ; car la Matiére en repos ne pouvoit pas se donner du mouvement ; mais quand il créa les plantes il ne dit pas, *que les Plantes soient*, mais il dit que la Terre produise des plantes : Elle les produisit donc par une Vertu qu'il lui avoit donnée. Les principes de production, qu'il y avoit mis se mirent en action ; c'est ainsi encore, qu'il dit aux Animaux, *Croissés & multipliés*.

Qui lui a dit, continue Mr. Bayle, que la production d'un Mode ne demande pas une puissance infinie ? Qui lui a dit que les Corps ne sont pas toûjours poussés par une *Main invisible* ? Je réponds, *La Raison*, car Dieu étant un Etre trés-réel, & trés-réellement actif, & puissant, rien ne me paroit plus répugner à ces justes Idées que j'en ai, & que j'en dois avoir, que de me le représenter prenant plaisir à de pures apparences, soit qu'il les aime mieux que des réalités, soit qu'il se trouve dans l'impuissance de faire quelque chose de réel.

XVI. JE SAI que de grands hommes, dont je respecte les Lumiéres, & le Mérite, ont mis toutes les Créatures au rang des causes occasionnelles, pour donner à Dieu seul la gloire de faire tout immédiatement. Mais ne leur seroit-il point arrivé de se laisser éblouïr par d'illustres exemples, auxquels ils se sont uniquement arrêtés ? A l'occasion du Soleil placé dans le Ciel, Dieu imprime des mouvements dans mon œil, & des traces dans mon Cerveau, & dès là me fait voir en lui même la représentation spirituelle & éternelle du Soleil. Cette Hypothèse a de la grandeur, & en vouloir douter, il semble que c'est s'opposer à Dieu même à sa propre élévation. *A parler éxactement nous n'avons*, dit le P. Mallebranche, *de Commerce qu'avec Dieu ; C'est le Monde des Idées seulement, que l'Ame parcourt à sa manière*. Dès le moment que nos pensées se plaisent dans un Vol si haut, tout l'Univers corporel nous paroit d'une petitesse méprisable. Il disparoit à des yeux qui ne daignent plus s'ouvrir que pour le Monde Intelligible.

Mais à combien d'inconvéniens cette hypothèse ne devient-elle pas sujette dès qu'on l'applique à d'autres exemples ? Ce ne seront plus les bouchers qui à parler le langage des Philosophes & de la Vérité, égorgeront les Veaux & les Brebis ; Dieu sera

tout cela immédiatement, & à l'occasion du coûteau approché, c'est lui qui ouvrira la peau, enfoncera le bras, & poussera hors des veines un sang, qui n'en sortiroit point sans ce Moteur immédiat. Ce ne seroit pas le Marmiton qui allumeroit immédiatement le feu dans la Cuisine ; mais une certaine figure de sa bouche, une certaine conformation de ses muscles, seroit seulement une occasion à Dieu de le souffler, & à l'occasion de ce souffle il créeroit le Feu. La viande qui se trouveroit sous nos dents fourniroit à l'Etre suprême une Cause d'agiter lui même nos Machoires, & après que ce mouvement lui auroit fourni une seconde occasion de briser, & d'amollir cette viande, il la précipiteroit au fond de l'Estomach, ou de certains petits coûteaux lui fourniroient une troisiéme occasion de la diviser encore d'avantage. Un Philosophe parleroit conformément à la Vérité, & donneroit à la *Cause premiére* ; toute la gloire qui lui est dûë, sans en faire aux *Causes secondes* plus de part qu'elles n'en méritent, quand il diroit que le Rasoir mal accomodé de son Barbier joint à son peu d'habileté, a fourni à l'Etre suprême une occasion de l'écorcher. On est effrayé lors que l'imagination pousse ces exemples plus loin, & je me persuade qu'un sacré respect, éloignant une infinité de telles Images, a empêché d'appercevoir les conveniens d'une Hypothèse, qu'elles auroient forcé d'abandonner. L'éxacte proportion que Dieu a établie, & qui s'observe constamment, entre les Causes, & leurs Effets, me convainc qu'elles ne sont pas simplement des *apparences de Causes*, mais qu'effectivement elles sont des *Causes réelles* ; cette éxacte & constante proportion, dis je, ne m'en laisse pas douter. Autrement il faudroit dire que la Sagesse de Dieu, s'est appliquée à mettre tout en usage, pour donner à des pures apparences un air de réalité, & qu'elle n'a rien négligé pour nous jetter dans la méprise, pour la prévenir le soupçon, & nous empêcher de la reconnoitre. Je veux accorder aux Cartésiens que dans le Cours ordinaire de la nature, on peut dire que la division qu'une épingle a causé dans les fibres, est une *Cause occasionelle*, & constante, du sentiment douloureux qui l'accompagne ; car entre un mouvement, & un sentiment, il n'y a aucune liaison nécessaire : C'est une institution arbitraire du Suprême Auteur qui a cette division auroit pû également joindre le sentiment désagréable qui nous saisit, quand nous entendons des dissonnances. Sa Sagesse, sa Bonté, & sa Puissance paroissent dans l'usage, la distribution, la constance & la régularité de ces liaisons, que sa Volonté a établies entre les Mouvements & des Pensées ; Mais l'on voit bien que les uns de ces Modes ne sont point les causes véritables, nécessaires, & essentielles des autres, comme le Choc d'un corps frappant l'est du mouvement du corps frappé, & la figure d'un Tuïau Solide l'est de celle que prend le Liquide qu'on y verse.

On pourroit même se former des Idées peu justes de cette Liaison occasionnelle, que Dieu a trouvé à propos d'établir entre de certains mouvements du Corps & de certaines pensées de l'Ame ; On ne doit point se représenter l'Etre Suprême attentif à chaque impression des Corps extérieurs sur les fibres du corps humain, pour créer incessamment l'ame même des modifications qui y répondent, & promenant ainsi son influence d'homme en homme, & d'animal en animal. Son Intelligence infinie aussi peu embarrassée d'une multitude innombrable de vûës que d'une seule & simple Idée, connoit tous les mouvemens dont le corps humain, son ouvrage, est susceptible, & à chaque mouvement il a affigné le sentiment qui le doit accompagner ; C'est un établissement qu'il a fait en créant l'homme, & avant que de le créer. Ni l'Idée de cet établissement, & de ce Tarif, ni la Volonté toute puissante qui en a ordonné l'éxécution, ne se sont point évanoüies en

DU PYRRHONISME.

Dieu; ces Idées & cette Volonté subsistent dans la même vigueur qu'au commencement, & tout ce qui s'éxcite en nous de sentimens sont des effets qui en résultent. Quand j'approche une Fleur de mon Nés, je ne fais point naitre en Dieu une nouvelle Volonté, & je ne lui présente point la matière d'une nouvelle occupation; je profite simplement d'une Loi qu'il a é ablie, avant même que j'éxistasse, & j'éprouve, dans le sentiment qui nait en moi, l'effet d'une Volonté, qu'il a toujours eüe, & dans laquelle il persévère constamment.

Peut-être même n'auroit-on pas besoin de recourir à ce Système, si la Nature de l'Ame nous étoit parfaitement connuë: C'est par le mouvement seul que l'Etenduë devient active, & il faut qu'un corps en atteigne un autre, & vienne le le toucher pour le mettre en mouvement. Si ce qui pense en nous étoit aussi un Etre étendu, il agiroit sur les corps, & les corps agiroient sur lui par le moïen du Contact. Mais si l'Ame est sans étendüe, il est visible qu'elle ne peut pas toucher un corps, ni par conséquent agir sur lui par le Contact, comme elle ne peut pas non plus en être touchée, ni en recevoir des impressions par ce moïen. En ce cas là nous savons seulement de quelle manière il ne se peut que l'Ame & le corps agissent réciproquement l'un sur l'autre; mais si nous connoissions mieux la Nature de l'Ame, si nous en avions une Idée plus éxacte, plus achevée, & pour ainsi dire plus entière, qui nous rép état mieux ce qu'elle est, peut-être pourrions nous sçavoir en vertu dequoi elle peut agir sur un Corps & le modifier, sans avoir besoin de le toucher, & par là même nous pourrions sçavoir en vertu de quoi elle peut sentir l'action d'un Corps sans en être touchée.

En suite d'une Impression qui se fait sur nôtre corps, il nait en nous des sentimens fort différens de ces Impressions sans que nous nous appercevions de quelle manière, & en vertu de quelles Causes ces sentimens naissent; mais quand on reconnoîtroit, dans ces effects, des preuves de ce qu'on appelle des Causes occasionelles, s'en suivroit-il qu'il n'y eut aucune Cause que de cette nature, parmi les Etres créés? Nous ne nous appercevons pas de quelle manière nos Sentimens naissent, en suite des Impressions qui se font sur nôtre corps; la manière dont leur cause les produit ne se fait point sentir: Mais nous sentons très-nettement que nous voulons & que nous nous déterminons nous mêmes à vouloir: Nous sommes donc résidument des Causes & des Etres actifs.

S'il n'y a parmi les Créatures que des Causes occasionelles, & si le Soleil n'éclaire lui-même non plus la Terre, que la Terre n'éclaire le Soleil, où est la sagesse du Créateur dans la disposition de l'Univers & la diversité des Créatures? Si à proprement parler Dieu fait tout & si nous ne sommes que les simples témoins de ce que nous comptons pour nos actions, que signifie la Morale, & que signifient les mots de Loi, de Vertu, de Vice, de Récompense & de Châtiment? Que devient la Réligion? Si ce Sentiment est vrai l'homme ne fait rien, il paroit seulement pouvoir, il paroit seulement agir; mais dans le fond & dans la vérité, c'est Dieu seul qui fait tout: Une pensée de l'homme est l'occasion d'une autre, mais cette prémière pensée, c'est encore Dieu qui l'a produite; l'homme n'en est point l'auteur. Où commencera sa faute? Qu'y trouvera-t-on en lui de punissable? Qu'y a-t-il de plus innocent que celui qui ne fait aucun mal par ce qu'il est incapable de faire quoi que ce soit? On ne peut pas dire non plus qu'il néglige aucun bien, ni qu'il manque à aucun devoir, ni en nous, ni nôtre prémier père, qui n'étoit pas moins créature que nous, n'avons jamais eu le pouvoir de faire quoi que ce soit. L'homme dans ce Système seroit donc absolument innocent, & dans ses desordres, & ses souffrances, suites de ses desordres, il seroit un objet à plaindre, & digne de toutes les compassions imaginables, pendant que le prémier; & l'unique Moteur, la prémière & unique Cause de toutes les idées, de tous ses sentimens & de tous les mouvemens, se présenteroit sous l'idée d'un Etre infiniment dur, qui feroit souffrir sa créature pour avoir fait ce qu'il impliquoit contradiction qu'elle ne fit pas, dans les circonstances où il l'avoit mise. Aussi tous les Déistes & les Libertins adoptent le système des Causes occasionelles; c'est leur système favori, ils aiment à se croire des Machines qui ont reçu nécessairement & inévitablement du prémier Moteur tous les ébranslemens qui les déterminent.

Des Idées Métaphysiques, des Expressions Vagues, sources ordinaires d'équivoques & d'illusions, pourront-elles tenir contre des Conséquences si frappantes? Les Idées de Vertu, & de Vice, de Loi, d'Obligation, de Récompense, de Acérité, de Reproche, & d'Action de graces, de Louange & de Blâme; toutes ces idées devront-elles passer pour chimériques, parce qu'elles ne s'accordent pas avec je ne sai quelles abstractions Méraphysiques?

XVII. Agir, dit-on, c'est faire naitre ce qui n'étoit pas, c'est faire passer quelque chose, quelque substance, ou quelque Monde du Néant à l'Etre. Or du néant à l'Etre il y a une distance infinie; il faut donc une puissance infinie pour la surmonter. Toute production est un effet infini qui passe les forces d'un Etre fini; voilà les spéculations qui ont changé l'Univers en un jeu méprisable de Marionnettes, & la Réligion en une pure Momerie. Quand on dit que tout ce qui existe est par là même infiniment au dessus du néant, on se sert d'expressions presque consacrées par un long usage; mais je ne trouve pas pour cela plus exactes; car un Etre ne me paroit éloigné du néant qu'à proportion qu'il est être. Or quand il n'est qu'un Etre fini, quand Essence, Attributs, Propriétés, Force &c. tout est fini en lui, pourquoi dirai-je qu'il est infiniment éloigné de ce qui n'est pas? Il ne sauroit être éloigné de ce qui n'est pas, qu'en vertu de ce qui est, & puis qu'il est Fini, il n'est éloigné du non-Etre que d'une distance finie.

Je conjecture que l'Erreur sur ce point tire son origine d'une équivoque. Dans le tems qu'on s'attachoit tout bonnement aux Mots, sans se mettre en peine d'en bien développer le Sens, & qu'on opposoit ces deux expressions l'une à l'autre, Etre, non Etre, on disoit que le second, nioit à l'infini, parce qu'il nioit, non un Etre, ou deux, non un certain nombre d'Etres, ni d'espèces d'Etres, mais tous les Etres, & toutes leurs espèces, par cette raison on donnoit le nom à l'infinis, aux termes, finis, dès qu'on leur proposoit la particule négative. De-là s'est formé ce Raisonnement équivoque, Etre, non Etre. Le second terme est infini, il est donc infiniment éloigné du prémier. Mais par un Raisonnement tout semblable je conclurois que tous ceux qui ne sont pas fort sçavans sont infiniment éloignés de le devenir; car je dirois très-sçavant, non très-sçavant; je conclurois qu'un agneau est infiniment éloigné de devenir un mouton &c.

Si Un Morceau de Cire appliqué est bien moins éloigné de recevoir une forme ronde que le néant ne l'est de l'Etre, & si produire une Boule qui n'auroit jamais existé, feroit un plus grand effet, que de la faire passer de l'état de repos, à l'état de mouvement, il suit que l'un de ses effets étant infini, l'autre le seroit pas, puis qu'il est moins grand. Ce qui n'est point n'a aucune disposition à être, mais un corps qui existe déjà est actuellement susceptible d'une certaine figure, & d'un certain mouvement. On ne s'apperçoit pas que le zèle avec lequel on dépouille les Créatures de toute force porte atteinte à la puissance même du Créateur, qui ne sauroit, dans cette hypothèse, rien faire d'actif, & de véri-

Si une Puissance Finie peut Produire.

de véritablement réel, & dont l'infinie puissance n'aboutiroit qu'à produire des apparences de Causes & à nous environner d'Illusions, qui nous disposent à croire qu'il a fait ce qui ne se peut faire : On s'est fait une habitude de juger du Mérite, & du Bonheur des hommes, par la Comparaison qu'on fait des uns avec les autres. On suit cette même habitude quand il s'agit de se faire une Idée de la Grandeur de Dieu; vous diriés qu'il ne la tire que de nôtre abaissement, & que cette Grandeur, toute infinie qu'elle soit, perdroit de son éclat, & de sa Supériorité, si nous étions quelque chose de plus que rien; C'est précisément le contraire. Rien n'est plus naturel, ni plus raisonnable que de juger de l'éxcellence d'une Cause par la grandeur de ses effets; C'est donc plus d'avoir donné l'être à des Intelligences, qui se connoîssent qu'à des Corps qui ne se connoîssent point; la Puissance & la Sagesse de Dieu se font mieux remarquer dans les plantes que dans les Pierres, & on les admire plus dans les Animaux que dans les Plantes. Par les mêmes raisons c'est plus contredit, sans contredit, de pouvoir créer des Etres réels que de simples apparences, & des Etres véritablement actifs, que des Etres sans force, & sans activité. De tels Etres sont bien plus dignes de celui dont la puissance est sans bornes.

Causes de l'Erreur où l'on est tombé sur ces sujets

XVIII. ON EST venu à dépouiller les créatures de toute activité par deux Motifs bien différens, les uns avec la meilleure intention du monde, les autres avec la plus mauvaise. Les uns ont été ravis de trouver dans le néant des Créatures, & dans leur éxtrême & absolue foiblesse un motif des plus efficaces, pour engager les hommes à ne craindre & à n'aimer que Dieu, seule Cause Immédiate de tout ce qui peut nous causer du plaisir ou de la douleur. Les autres ont été ravis d'y trouver une raison pour s'affranchir de toute Contrainte, de tout Reproche, de toute Loi, & en se considérant comme des Etres sans activité, uniquement passifs, & entraînés, par une suite infinie de mouvemens, tous nécessaires, auxquels ils n'ont d'autre part que celle de les recevoir, & de les sentir.

Plus les prémiers ont de piété, plus ils doivent craindre d'affermir les autres dans des Principes, dont les suites naturelles vont si droit au renversement de toute Vertu & de toute Religion, & cela même doit rendre ces Principes éxtrémement suspects, & même si ces conséquences en sont bien tirées, il n'en faut pas davantage pour conclure qu'ils sont faux.

Si nous n'avons point d'*activité réelle*, il nous ne sommes actifs qu'en apparence, nous n'avons point non plus de *liberté réelle*, nous sommes libres en apparence, mais nécessités en effet, & ce *sentiment intime de nôtre Liberté*, qui n'est pas moins vif, ni moins clair, quand nous voulons nous y rendre attentifs, que celui de nôtre éxistence, & que celui de nôtre pensée, n'est qu'un *sentiment illusoire*. Si nous sentons que nous sommes Libres, sans l'être, pourquoi ne sentirions nous pas que nous pensons sans penser? La plus parfaite Certitude se réduit à une Certitude de sentiment: Ebranlés-la, prouvés qu'elle est trompeuse, par un seul éxemple, il n'y en aura plus. Voilà le genre réduit au plus outré Pyrrhonisme.

Toute la Morale, toutes les Idées de *Vertu* & de *Vice* tout ce Système si bien lié & fondé sur des Principes si simples, & si clairs, ne sera qu'un Entassement de chimeres; car s'il n'y a point de Liberté, point de Devoir, point de *Loi*, point de *Morale*, ou s'il y en a, ce n'est qu'une Morale Chimérique.

Ces Chimères n'auront donc été jusqu'ici dans l'esprit de bien des hommes, que des Principes physiques qui les auront déterminés à une infinité d'actions très-utiles au genre humain, & qui les auront détournés d'une infinité d'autres, qui lui auroient été très-pernicieuses, quoique souvent avantageuses à leurs Auteurs. Telles sont les obligations que l'on a à l'erreur: Mais la Connoissance de la Vérité va faire changer de face à la conduite des hommes, & la mettre sur un tout autre pié; la Connoissance de la Vérité, est un Principe physique, qui mène tout naturellement, & tout droit à la Licence.

Mais pourquoi parler de Vérité? En est-il quelqu'une dans ce Système, & en peut-on avoir un Caractère assûré? Si vous dites qu'il y a une évidence qui force à croire, & qui exclut le Doute, quiconque croit quelque proposition que ce soit, n'est-il pas également forcé à la croire? Et dans tout ce que les hommes font, & dans tout ce qu'ils pensent, ne sont-ils pas soûmis à la nécessité?

Il faut, si ce Système est reçu, changer entiérement les Idées qu'on a eues jusqu'ici sur l'Etre Souverain; Il ne faut plus lui attribuer aucun Amour pour l'Ordre, puisqu'il est également l'Auteur de l'Ordre, & du Desordre; Il faut anéantir toute différence entre le Bien & le Mal, & traiter d'Illusions & de Sophismes tout ce qu'on a dit là-dessus; Sagesse, Sainteté, Justice, Miséricorde; Ce sont là des noms qui ne signifient plus rien appliqués à la Cause Suprême & Universelle de tout. L'Univers est composé d'*Automates*, qui paroissent agir, & n'agissent point. L'Idée de l'*Etre Suprême* se réduit à celle d'un Etre *nécessité à se mouvoir*.

Quand on entreprend de loüer la plûpart des hommes, comme on ne trouve dans leurs Qualités réelles que peu de matiere à éloge, on se réduit à tirer leur gloire de la comparaison qu'on fait d'eux avec d'autres, qu'on prend soin de rabaisser. Cette Méthode dont on s'est fait une longue habitude, on la suit quand il s'agit de loüer l'Etre Souverain, comme s'il ne tiroit sa Grandeur, & sa Gloire que de nôtre petitesse, & de nôtre abaissement, & que pour éxalter l'un il falut abaisser l'autre. Cette méthode est indigne d'un grand Objet qu'on se propose de loüer, & il me semble qu'il faudroit faire tout le contraire. Si la connoissance d'un Ouvrage élève naturellement celle de son Auteur, plus nous trouverons de Grandeur & de Réalité dans ceux de Dieu, plus aussi nous aurons une grande Idée de sa Réalité & de sa Grandeur. N'étoit-il pas plus digne d'elle de se déployer pour produire des *choses réelles*, que pour donner simplement naissance à des *riens*, & à des apparences d'Etre; pour produire des causes, & des forces réelles, que pour faire naître des simples apparences de cause & de force? *Dieu a voulu se représenter dans ses ouvrages.*

L'Exîstence des Créatures est une Image de la sienne, leur Activité une représentation de son Activité, & comme une éxîstence réelle est plus propre à représenter celle de Dieu, & en offre à ses yeux une beaucoup plus juste, une Activité véritable représente aussi la sienne, tout autrement que ne feroit une activité qui ne seroit qu'une apparence, un rien dans le fonds. L'*éxîstence des Créatures est réelle*, & *différente de celle de Dieu de qui elle la tiennent*. Leur Force de même est réelle, & est réellement une force *distincte de la puissance Divine d'où elle vient*.

Objections & Réponse

XIX. Si l'on dit là-dessus; un Etre créé n'a de force que ce que la Volonté Divine lui a donné, Donc cette volonté est la Cause de sa force: Elle est même, ajoute-t-on, cause qu'elle subsiste; car la Volonté de Dieu, ajant créé cette force, a voulu de plus qu'elle subsistât, si donc elle subsiste, c'est à cette Volonté à qui elle en est redevable. Je tombe d'accord de tout cela; mais quand on ajoute, c'est donc, à proprement parler, la Volonté de Dieu qui est Cause de tous les effets de cette force créée, qui n'en est que la simple Occasion; je ne vois pas la nécessité de cette Conséquence, & ce n'est que à la Volonté de Dieu qu'il faut rapporter tous les évenemens qui paroissent dans l'Univers, comme à leur pré-

prémiére Cause, puis que cette Volonté toute puissante est la source qui a donné l'être à toutes les causes & à tout ce qui produit quelque effet. Mais si c'est la prémiére cause, c'est donc l'unique. La Conséquence n'est pas juste : Elle n'est pas Cause de rien, elle n'a pas produit de simples apparences; & les *Forces*, & les *Causes* auxquelles elle a donné l'être, sont des *forces réelles* & des *causes véritables*, qui agissent & qui produisent leur effet. De Dieu elles ont reçu leur existence & leur pouvoir d'agir; mais comme elles sont effectivement, elles peuvent réellement, elles existent véritablement & agissent de même.

Le Sublime des Causes sécondes ne relève point la Gloire de Dieu.

XX. S'il y avoit quelques êtres éternels, à la naissance & à la conservation desquels Dieu n'eut aucune part ; afin qu'ils ne laissassent pas de sentir l'élévation de Dieu par dessus eux, & pour les amener à lui donner Gloire & à s'abaisser sous lui, je m'étudierois à découvrir tout ce qu'il y auroit d'imperfection en eux, pour y arrêter leur attention. Mais pour sentir l'élévation de Dieu nostre Créateur au dessus de nous, il n'est pas nécessaire de fixer nos regards sur nos Imperfections, & de faire attention à ce qui nous manque ; au contraire l'effet naturel des avantages qui sont en nous, c'est de nous humilier sous la Main puissante de qui nous les avons reçus. Plus je trouve que je suis, plus je vois ce qu'il peut, puis que je ne suis que ce qu'elle ma fait : Plus Dieu m'a donné, plus je lui dois d'amour, de dévouement & d'actions graces. Plus il m'a donné, plus il peut m'ôter, & par là plus je dois plus craindre : Plus il m'a donné, plus il a de Droit sur moi, & par là je suis dans une plus grande obligation de lui obéïr.

Si j'étois Immobile, & que la Toute puissance Divine & son Infinie Bonté, fit avancer des viandes jusques près de ma bouche, l'ouvrît, les fit descendre dans mon estomach, les transformât en chile par son action immédiate, & me fit couler dans mes veines ; en un mot si tout ce que je viens de dire & toutes les suites que j'en éprouverois, étoient tout autant de Miracles, je reconnois que j'aurois de très-grandes obligations à mon Créateur ; mais ne lui devrois-je pas encore d'avantage, & mes obligations ne deviendroient elles pas incomparablement plus grandes, s'il me faisoit réellement présent de la force de m'avancer, vers les alimens, de les préparer, & de m'en nourrir? & n'aurois-je pas en ce cas là incomparablement plus de tort, si je l'oubliois & si je me bornois à m'applaudir à la vue de mes forces, sans m'élever en actions de graces à la puissance éternelle qui m'auroit fait si heureux & si grand à mes propres yeux ?

Il est donc clair, ce me semble, que le Systême des Causes Occasionnelles n'est pas si nécessaire pour relever la Grandeur de Dieu par dessus les Créatures, que les Partisans le prétendent. Il pourroit même avoir un effet tout opposé à leurs intentions ; Et si les preuves que je viens d'avancer sont bonnes, le Systême contraire est plus glorieux à l'Auteur de l'Univers. S'il est vrai dis-je, qu'il faille chercher, dans la *Nature* même du *mouvement*, & dans une de ses propriétés essentielles, la cause de ce qu'on appelle *Communication* du mouvement, la Force réelle en vertu de laquelle un corps qui en frappe un autre le fait avancer, & en vertu de laquelle le frapant & le frapé parcourent ensemble un Espace précisément de la capacité de celui qu'auroit parcouru dans le même temps le frapant tout seul ; on doit se savoir bon gré de cette découverte, & elle est à la gloire du Créateur. C'est de lui que le Mouvement a reçu cette force, comme il a reçu de lui d'être mouvement. Il a voulu qu'il y eut de l'Etendue; L'Etendue est effectivement, & est de l'étendue. Il a voulu que le Mouvement fut un de ses états : Il a voulu que l'étendue existât en s'appliquant successivement; le mouvement est un de ses états, & elle existe en s'appliquant ainsi ; Il a voulu qu'elle changeât de place ; elle en change véritablement. Il a voulu qu'elle déplaçât, elle déplace réellement ce qu'elle rencontre, & non pas simplement en apparence. Il a voulu que le Mouvement fut un état actif ; il est un état actif; Il tient d'ailleurs son activité, comme il tient d'ailleurs son existence; Son existence même & son activité sont inséparables ; car il n'existeroit pas s'il n'étoit pas mouvement, & s'il n'étoit pas mouvement il ne seroit pas actif, comme s'il n'étoit pas actif il ne seroit pas mouvement. Le mouvement dès qu'il existe, est par là même déterminé à continuer d'être ; sa force qui n'est autre chose que lui-même, dès qu'elle est née, elle est déterminée à subsister & à agir. Les effets de la Volonté Divine sont réels & différens de cette Volonté, par la vertu de laquelle ils ont reçu l'être, & quand ces effets deviennent des Causes à leur tour, ce sont des Causes réelles & différentes de la Cause Suprême, de qui elles ont reçu le pouvoir d'être des Causes. L'infinie Réalité de Dieu n'empêche pas que les Créatures ne soient de véritables êtres ; au contraire plus la Toutepuissance qui les a formées est réelle, plus il est vrai qu'elles sont elles mêmes des êtres réels, & non des apparences : Elles tirent de Dieu leur être & leur force, mais leur force est réelle & différente de la Puissance Divine, comme leur existence est réelle & diffère de l'existence du Créateur.

XXI. JE REVIENS aux réflexions que Mr. Bayle oppose à Mr. Jaquelot. *Des réalités qui ne sont pas distinctes de la Substance ne peuvent-être produites qu par le même être qui est la Cause de la Substance.*

Correspond aux Objections propres contre Mr. Jaquelot. Rep. aux Questions d'un prov. Tom. III. pag. 781. Oeuvres Div. Tom. III. 2 part. pag. 789.

Quand on dit que la figure d'un Corps n'est pas une réalité distincte de son Etendue, cela signifie simplement qu'elle n'a pas une existence séparée de celle de l'étendue qu'elle borne ; car si cela étoit, elle seroit une Substance. Mais par la même que la Figure d'un Morceau d'étendue n'est pas une Substance, c'est une réalité autre que l'étendue qu'elle termine, mais cette étendue subsiste parfaitement, quand même une figure qu'elle avoit n'est plus. La même Cire qui étoit une Boule, c'est la même qui est terminée en forme de Triangle fort plat. Ce n'est point produire une chose que de la varier ; Les Rameurs produisent le Mouvement d'un bateau ; celui qui tient le gouvernail determine ce mouvement. La figure d'une étenduë, dit Mr. Bayle, ne peut pas exister sans l'étendue dont elle est la figure. Donc changer la figure d'un morceau d'argile c'est créer ce morceau. Si on avoit attaqué les Pyrrhoniens ou les Athées par un verbiage de cette nature, on auroit donné beau champ à Mr. Bayle, & il se seroit bien égaié à tourner en ridicule un tel Métaphysicien.

Mr. Jaquelot, dit-il ensuite, déclame eloquemment contre le Systême des Causes occasionnelles ; mais cela ne lui sert de rien, parce que ce Systême peut être faux puis que la Conservation cesse d'être une Création continuelle.

Rep. aux Quest. d'un prov. pag. 783. Oeuvres Ibidem.

L'expérience fait voir qu'on peut soûtenir l'un de ces Systêmes, sans soûtenir l'autre, & le Systême Cartésien perfectionné par le fameux Pere Malebranche, n'a pas été celui de l'ancienne Ecole ; mais il suffit ici que les mêmes raisons, qui sappent un de ces Systêmes, détruisent aussi l'autre, pour faire voir que Mr. Jaquelot n'a pas mal raisonné.

"Si un homme, dit Mr. Bayle, objectoit qu'il ne peut y avoir de Franc Arbitre, selon le Systême qui pose que la conservation des Créatures est une Création continuée, & que les modalités d'une substance ne sont point distinctes de cette substance, il serviroit de rien de lui alléguer que le Systême des Causes occasionelles est rempli d'écueils.

Rep. aux Quest. d'un prov. Tom. III. pag. 763. Oeuvres Ibidem pag. 790.

J'avoüe que cela ne serviroit de rien, à moins qu'on ne fit voir que les mêmes écueils se trouvent dans le système ordinaire des Métaphysiciens.

Vvvvv 2 Après

Après cela Mr. Baile ramène l'argument tiré des modalités d'une substance qui ne sont pas distinctes de cette substance, & je viens d'y répondre.

Rep. aux Quest. d'un Prov. Tom. III. pag. 785. Oeuvres ibid 790.

" On avouë que l'argument de Mr. Baile a quelque chose qui embarrasse, & qu'il y a quelques difficultés dans cette Matière ; mais on ajoûte que cet
" Argument est l'obscurité même à notre esprit
" fini, & que les difficultés sont sans comparaison
" plus grandes & plus considérables dans le systême de ceux qui détruisent la Liberté & la Réligion, que dans le systême de ceux qui admettent
" l'un & l'autre de ces deux principes, & qu'il est
" plus raisonnable de confesser qu'on ne connoit pas
" bien la nature de la Conservation & du Concours
" de Dieu avec les Créatures, que de changer les
" Créatures en ombres & en phantomes &c. On
" avoit déja rejetté cette maxime, *Il faut nier les
" choses les plus certaines si nous ne savons comprendre
" la manière dont Dieu les éxécute par sa Sagesse & par
" sa Puissance infinie.*

Ce sont les expressions de Mr. *Jaquelot* telles que Mr. Baile les rapporte: Après quoi il ajoute, *Est-ce la ce qu'on nous avoit promis, la Concorde de la Réligion & de la Raison?* Voici Mr *Jaquelot* qui demande grace pour des Incompréhensibilités.

On n'a jamais prétendu que l'accord de la Réligion & de la Raison consistât à ne laisser aucune obscurité sur les Matières qui ont du rapport à la Réligion & à la Raison ; mais on soutient que la Réligion n'enseigne rien qui ait raison de trouver contradictoire, & qu'aucune Proposition ne sauroit être vraie dans un sens qui se trouve contraire aux Notions Communes, d'où il suit que le Dogme de la Conservation *création continuée* ne peut être vrai dans le sens que Mr. Bayle l'a pris pour en tirer les Conséquences.

Dans quel sens donc est-il vrai? Dans celui qu'on vient d'expliquer, & quand on ne l'auroit pas fait, l'obscurité de la matière mettroit en droit de dire que si la Maxime est vraie, elle l'est dans un sens qui ne nous est pas connu.

Que les Pyrrhoniens ne peuvent tirer aucun Avantage de ce Dogme.

XXII. Ce que Mr. Jaquelot vient de remarquer est encore plus fort contre les Pyrrhoniens. Ils fondent la nécessité où ils le trouvent de demeurer en suspens sur l'égale évidence des raisons qu'on allégue de part & d'autre. Mais sur la Question présente, si la *Conservation* est, au pié de la lettre une *Création* continuée, y a-t-il, je ne dis pas de l'égalité, mais quelque apparence d'égalité, entre l'évidence des arguments qui sont en faveur de la *négative*, & l'évidence de ce qu'on allégue pour l'*affirmative*; Un Théologien, qui mettant à part, comme il est juste, toute prévention, & tout ce que l'autorité des Ecoles a dû séduire, vuet s'instruire, par l'Ecriture seule, si cette Maxime est vraie, & si nous ne sommes à chaque instant que ce que Dieu nous fait être, tout comme s'il nous tiroit du néant, ce Théologien tombe sur ces paroles, *Mon peuple que t'ai-je fait.* Dès là ne voit-il pas la Vérité, telle que les Métaphysiciens la donnent, auroit pû répondre pour ce peuple, *Vous nous avés fait Seigneur tout ce que nous sommes, Malheureux Idolatres, Voluptueux Fourbes, Parjures, Rebelles à toutes vos Loix.* Et quand Jesus Christ dit aux Juifs, *Combien de fois ai-je voulu* …….., *mais vous ne l'avés point voulu;* la Vérité, telle qu'elle est enseignée par les Métaphysiciens auroit encore pu plaider la cause des Juifs, en disant, *C'est vous Seigneur, c'est vôtre Père qui ne l'avés pas voulu, vous l'avés bien que dans le fond, nous n'avons point de volonté, ni de Liberté, nous n'en avons que l'apparence, nous sommes des Etres purement passifs, incapables de nous donner la moindre détermination, nivrés le bien ni vers le mal non plus que le Néant, & nous nous trouvons à chaque instant ce qu'il plait à Dieu de nous faire, tout comme s'il venoit de nous en tirer.*

Qu'on repasse ce que j'ai allégué d'Arguments, contre cette Maxime, & qu'on en fasse comparaison avec ce qu'on avance pour la soûtenir. On ne verra, d'un côté, qu'évidence, & d'une autre, qu'Obscurité. Or le sens commun nous dicte également ces deux préceptes, l'un *qu'il faut se rendre à l'évidence*, l'autre, *qu'il faut se défier des Arguments obscurs.*

Mais, dit Mr. Bayle, *Il n'y a point de parti qui ne se vante que son hypothèse est plus claire & beaucoup moins embarrassée, que celle de ses Adversaires ?* Suffit-il de se vanter pour avoir raison ? Un homme avance deux ou trois syllogismes démonstratifs ; on n'a rien à lui repliquer ? Cependant on ne se rend pas, & pourquoi ? c'est qu'on a vû des gens, qui travailloient à établir des erreurs par des syllogismes ; qu'y auroit-il de plus méprisable que cette défaite ?

Mr. Jaquelot continuë, dit Mr. Baile. " Il n'y
" a guéres de propositions, *dit-il*, de la Vérité des
" quelles on soit plus sensiblement persuadé, &
" convaincu, que de ces deux-ci, l'une *que nous
" agissons librement* ; le sentiment que nous en avons,
" est aussi clair, & aussi distinct, que celui que
" nous avons de vivre, de voir & d'agir. L'autre
" proposition qui est aussi certaine, c'est que les
" *Créatures agissent d'une manière proportionnée à leurs
" facultés.* Il ajoute pour argument de Métaphysique, aussi abstrait, & difficile que celui de Mr.
" Bayle, ne doit avoir aucune force, contre nos
" plus intimes, & plus claires connoissances ; c'est à
" dire, contre ces deux propositions-là, & qu'on
" seroit trop docile si l'on se les laissoit ravir par
" une telle Objection.

Rien ne me paroit plus sensé que ces remarques : Nous n'avons point de Connoissance qui égale en certitude celle des sentimens, & des anciens Philosophes, quoique partisans du Doute, en avoient, excepté ce que l'on connoit par cette voie. D'un autre côté, les Expressions équivoques sont une cause des plus fréquentes de nos Erreurs ; très souvent nous nous embarrassons nous mêmes par ce langage trompeur. On s'apperçoit aisément d'un Sophisme d'équivoque, quand il combat des vérités dont les sens instruisent tout le monde ; On ne s'en apperçoit pas de même, lorsqu'il roule sur des Objets dont la connoissance n'est que du ressort de l'Entendement ; & en général moins un sujet est connu, plus il est facile de s'énoncer, quand on en parle, dans des termes équivoques, sans s'appercevoir qu'ils le sont. Les Traités de Métaphysique sont tous remplis d'expressions vagues ; l'équivoque se glisse aisément dans ces expressions, & quand sera-t-il plus difficile de le démêler, que quand on parle de la *Toute puissance de Dieu*, de *l'éduction de néant*, de ce que la *Conservation* a de commun avec la *Création*, de ce en quoi elle en diffère, & que l'on se donne carrière, sur des sujets si difficiles, & que nous sommes si peu en état de comprendre facilement, à tout le penchant qu'on peut avoir pour la Subtilité du Raisonnement, & pour les Abstractions les plus rusinées ?

XXIII. PENDANT que Mr. Jaquelot demeuroit en Hollande, il n'avoit pas eu le courage d'attaquer Mr. Bayle, & il n'osa l'entreprendre que quand il se vit en liberté de s'éxprimer avec moins de contrainte sur le Dogme de la Prédestination, duquel Mr. Bayle tiroit tant d'avantages. Peut-être n'a-t-il pas osé dire tout ce qu'il pensoit sur une Doctrine respectée dans les Ecoles. Mais si quelqu'un se trouve encore d'humeur à la respecter, & alarmé par quelque crainte qui lui empêche de l'éxaminer sans prévention, je le prie de réfléchir sur les temps, & sur les Ecoles où elle est née : Ses Auteurs ne respectoient pas moins la Doctrine des *Formes Substantielles* : Ils soutenoient hardiment, & comme une Vérité des plus incontestables que des *Substances* dont ils n'avoient aucune Idée, qui n'existoient point dans la matière actuellement, & étoient en puissance & en sortoient par *Eduction*, que cette Matière n'étoit

Réflexion sur les Ecrits ou cette Matière avoit été traitée.

n'étoit ni grande, ni petite, ni teci, ni cela, ni quelque ce soit qu'on puisse qualifier, mais que conjointement avec cette Substance, dont je viens de parler, elle formoit le Corps naturel qui avoit en foi le *principe du mouvement*, c'est-à-dire d'un *Acte de ce qui étoit en puissance*, en tant qu'en puissance. Et n'oseroit-on pas examiner ce qu'ont écrit ces vieux rêveurs ?

Parallèle des deux Hypothèses.

XXIV. Les Pyrrhoniens prétendent qu'il faut demeurer dans la suspension, parce qu'il n'y a aucune proposition à laquelle on n'en puisse opposer une également vraisemblable.

Cela visiblement n'a pas lieu dans la Question présente. Si quelqu'un s'avise de dire que l'Etre Suprême, crée lui-même immédiatement les Pensées des Intelligences qui nient son existence, & qui la traitent de chimères, qu'il renouvelle, à chaque instant & sans interruption par une Création continuellement réitérée les Pensées de ceux qui, au lieu de perfections, lui attribuent des défauts, des viciosités, qui s'en moquent, qui le haïssent, qui l'insultent. Si quelqu'un supposoit cela on verroit manifestement que cette supposition est contradictoire, qu'ils supposent ce qui ne peut pas être. J'en appelle maintenant à la bonne foi, si on en a au moins quelque petit degré, & je demande si l'on trouve la même évidence dans cette Proposition-ci, *la Durée des Créatures est l'effet d'une Création qui se réitére sans cesse, & qui à chaque instant les fait sortir du Néant*, Il y auroit de la contradiction à la supposer autrement ? Voit-on clair dans cet assemblage de termes comme l'on voit clair dans les Vérités précédentes ? Disons donc au moins que ce que la seconde proposition peut renfermer de vrai, ne nous est pas assés distinctement connu, & que par conséquent on ne peut rien conclure qui aille au renversement de la prémiére.

Conclusion.

XXV. Peut-être mon Lecteur ne sera-t-il pas fâché de lire ce qu'un Auteur, dont j'ignore le nom, a écrit avec autant d'Esprit que de bon sens dans ses *Essais sur la Providence*.

page 46. Essais d'Anatolie.

„ Je n'ôte, dit-il, à la Puissance de Dieu
„ par l'Efficace des Causes Secondes, puis qu'il n'en
„ a pas moins falu pour leur donner cette efficace,
„ que pour mouvoir la Matière à chaque occasion
„ par des Volontés particulières. Outre cela, la gran-
„ deur de Dieu paroît bien plus en établissant, par
„ un simple acte de sa Volonté, un Ordre tel que
„ l'Univers puisse se conserver par ce simple ordre ;
„ qu'en supposant qu'il le conserve par des mil-
„ lions de Volontés particulières : & il est bien plus
„ glorieux pour lui d'avoir assujetti la Matière aux
„ Loix du mouvement, que de s'y être asservi lui-
„ même.
„ Je n'ôte rien non plus par là à la Sagesse Divi-
„ ne, puisqu'elle ne brille pas moins, en établis-
„ sant un Ordre tel qu'il s'entretient par lui-même,
„ qu'en l'entretenant, pour ainsi dire, du jour à la
„ journée.
„ Les Causes secondes se tirent-elles du Néant ?
„ Ce que nous voïons n'est-il qu'imaginaire ? Tout
„ est-il encore dans le Néant ? Il me semble que quand
„ Dieu créa l'Univers, il le tira réellement du Néant,
„ & qu'il fit que ce qui n'existoit pas existe.
„ Quand je jette hors de mes mains, une Balle
„ de plomb, je ne dis pas qu'elle peut tomber à ter-
„ re, ce la supposeroit qu'elle pourroit n'y tomber
„ pas ; je dirai, que cette Balle doit tomber à terre,
„ & dès lors j'en fais une nécessité, & une dépen-
„ dance. Ce n'est pas là en faire une Divinité dont
„ un des principaux attributs est la Souveraine In-
„ dépendance.
„ La présence d'un bâton étoit aussi propre à être
„ cause occasionelle de l'ouverture d'une veine, que
„ la Lancette la mieux afilée. Inefficace pour In-
„ efficace, vuë les dispositions apparentes ne servent de
„ rien ; & s'il est vrai qu'il n'y a rien d'inutile dans la
„ Nature, ce Système doit être rejetté.

J'emprunterai encore sur ce sujet, & j'adopterai les paroles de l'Auteur Anonyme, qui me paroit penser & s'exprimer bien juste sur le sujet que je viens d'examiner.

Pag. 121. jusqu'à la 153.

„ Je vous ai dit dans ma prémière Lettre,
„ qu'il y avoit deux sortes de Systèmes sur la Provi-
„ dence, également fâcheux pour leurs Conséquences;
„ l'un, qui n'admet que des Loix générales établies
„ dès le commencement par l'Auteur de la Nature,
„ par lesquelles tous les Evénemens sont dirigés : le
„ second, opposé à celui-là, est que la continuation
„ de l'Existence des Créatures est une Création re-
„ nouvellée à chaque instant ; que le même Dieu,
„ qui les recrée, entretient aussi par des Volontés
„ particulières tous les mouvemens de la matière, soit
„ généraux, soit particuliers, tant dans les Corps inani-
„ més, que dans les Corps animés ; & qu'ainsi, il
„ n'est pas vrai que notre Ame ait le pouvoir de re-
„ muer notre Corps; mais qu'à l'occasion de nos
„ pensées & de nos désirs, Dieu crée immédiate-
„ ment en nous les mouvemens dont nous nous fla-
„ tons mal à propos d'être les maîtres. C'est à ces
„ derniers à qui j'en veux à présent. Je ne m'y
„ arrêterois pas, si ce Système n'étoit soûtenu par
„ un grand nombre de Docteurs, qu'on révère dans
„ la plûpart des Communions Chrétiennes. *St. Au-
„ gustin* a avancé cette Création renouvellée, & il
„ est suivi par un grand nombre de Disciples : la
„ Prémotion Physique est soûtenuë par *St. Thomas*
„ & ses Sectateurs ; & le Concours immédiat, par
„ la plus grande partie des Réformés ; & l'on fait
„ recevoir ces Sentimens comme des Vérités incon-
„ testables.
„ Cependant, les Conséquences en sont telles, qu'il
„ n'est pas possible, en admettant ces Principes,
„ d'éviter de faire Dieu Auteur du Péché. C'est
„ ce que je vais vous prouver. A Dieu ne plaise
„ pourtant, que je veuille taxer les Partisans de ce
„ Sentiment d'avoir une pareille vuë : la seule Pro-
„ position leur fait horreur. Il en est de la plûpart
„ des gens à Systèmes, comme de ces Athées dont
„ je vous ai parlé, qui ont beau se persuader de leur
„ mieux qu'il n'y a point de Dieu ; leur Conscien-
„ ce, & certaines Vérités primitives qu'ils ont au
„ dedans d'eux mêmes, les fait agir différemment
„ de ce à quoi les portent les Conséquences néces-
„ saires de leurs Principes. Ceux que je combats
„ sont dans le cas : leur Hypothèse, par des Con-
„ séquences nécessaires, porte à faire Dieu Auteur
„ du Péché, mais ces Sentimens primitifs leur don-
„ nent une véritable horreur pour de pareilles Con-
„ séquences ; malgré la prévention où ils sont pour
„ leurs Principes, ils agissent, comme s'il étoit, faux.
„ Ainsi, *Monsieur*, ce n'est point à eux à qui j'en
„ veux ; c'est au Système même, qui ne peut sub-
„ sister avec les notions de l'Ecriture & de la Rai-
„ son.

Réfutation de la Création renouvellée.

„ Je commence par l'Examen de la Création renou-
„ vellée, dont je vais vous faire sentir les fâcheuses
„ Conséquences, le plus brièvement qu'il me sera
„ possible. Si Dieu recrée à chaque instant toutes
„ les Créatures, il sera vrai aussi que le moment
„ qui suit n'aura aucune liaison nécessaire avec celui
„ qui précède. S'il est vrai que Dieu crée, il est
„ vrai aussi que les choses créées sortent du Néant ;
„ car on ne peut pas dire que Dieu crée ce qui
„ existe déja. Il ne sert de rien de dire, que les
„ Créatures ne retombent pas totalement dans le
„ Néant ; mais seulement qu'elles y tomberoient,
„ si Dieu ne renouvelloit pas la Création. Il
„ sera toûjours vrai, qu'il n'y a aucune suite ni
„ aucune liaison d'une Création à l'autre, que tou-
„ te Création suppose une disposition momentanée
„ des choses créées, dans l'instant même de leur
„ Cré-

„ Création; car s'il restoit quelque disposition de
„ la Création précédente, il resteroit aussi quelque
„ Substance, auquel cas ce ne seroit pas une nou-
„ velle Création proprement dite. C'est pourtant
„ ce que ces Messieurs posent comme une vérité in-
„ contestable. Si donc Dieu recrée de nouveau les
„ Substances, il leur donne de nouveau les Disposi-
„ tions qu'elles ont dans le moment de leur Création.
„ Voions quelles en seront les Conséquences, par
„ rapport au Péché.
„ Il est certain qu'un Péché actuel a son commen-
„ cement, son progrès, & sa fin. Or, un instant
„ avant que le Péché ait commencé, il n'existoit
„ pas encore. Si donc Dieu recrée l'Homme dans
„ l'instant que le Péché commence, il est vrai aussi
„ que Dieu produit le Péché; puisque le Péché ne
„ peut consister que dans la disposition de l'Ame de
„ l'Homme, & que Dieu ne peut recréer l'Ame,
„ qu'il ne lui donne en même temps les disposi-
„ tions où elle se trouve à l'instant de sa Création. J'en
„ dis autant du progrès du Péché: à chaque renou-
„ vellement d'un tel Homme, sa disposition se re-
„ nouvelle aussi avec augmentation de force, jusques
„ à sa fin.
„ Si cela est, comme on ne peut le nier, il n'y
„ a là rien qui dépende de l'Homme. On a beau
„ distinguer le matériel du Péché d'avec le formel;
„ selon ce Systême, & formel, & matériel, tout
„ vient de Dieu; puisque les dispositions de l'Ame
„ ne dépendent pas moins du Créateur, que lesdis-
„ positions de la Matière, & que tout dépend de
„ l'état auquel Dieu les crée.
„ En quoi sera-t-on donc consister le Péché, pour
„ le mettre sur le compte de l'Homme? Lui qui
„ étant créé à chaque instant quant à sa substance,
„ l'est aussi quant à la manière d'exister? Un Théo-
„ logien de nos jours a crû le tirer d'affaire, en avan-
„ çant que le Péché étoit un Néant; mais, en vé-
„ rité, c'est avoir recours à d'étranges défaites. Un
„ Néant n'a point d'Existence. Si le Péché est un
„ Néant, il n'éxiste point. Seroit-il possible que
„ Dieu punist les Hommes pour un Néant, & pour
„ une chose qui n'a jamais existé? Sans la néces-
„ sité où se sont trouvez les Théologiens de défen-
„ dre certaines Propositions, jamais la Création re-
„ nouvellée ne seroit venuë dans l'esprit d'aucun
„ Homme. Où l'a-t-on prise? Sera-ce dans l'E-
„ criture? Sera-ce dans la Raison?
„ Moïse nous dit, que Dieu créa en six jours toute
„ la Nature; qu'il vit que tout ce qu'il avoit créé
„ étoit bon; qu'il se repofa le septième jour; &
„ qu'il en voulut même laisser un monument sur
„ Hommes, en ordonnant à son Peuple de se repo-
„ ser le septième jour, en mémoire de la fin de la
„ Création. Que devoient penser les Israëlites, à
„ la lecture de ce quatrième Commandement? Ne
„ devoient-ils pas croire que Dieu avoit donné aux
„ Créatures une substance réelle, qui n'avoit be-
„ soin pour se maintenir que de la première Volon-
„ té du Créateur, qui l'avoit ainsi déterminé pour
„ toûjours? N'auroient-ils pas crû démentir Moïse,
„ en croiant, malgré des paroles si expresses, qu'il
„ n'est pas vrai que Dieu cessa de créer, puisqu'il
„ créé, non simplement tous les six jours de la sema-
„ ne, mais même le jour du Sabat, & même à
„ chaque instant indivisible de ces sept jours? Par
„ quel autre endroit de l'Ecriture prouvera-t-on que
„ Moïse s'est mal expliqué dans celui-ci? & que mal-
„ gré les termes dont il s'est servi, on doit pourtant
„ croire que Dieu crée sans cesse? Si donc je crois
„ que tout subsiste réellement d'une Substance con-
„ tinué, sans aucune recréation; ce n'est pas ma
„ faute, quand même cela ne seroit pas vrai, puis-
„ que l'Ecriture m'induit à le croire.
„ Trouvera-t-on mieux son compte dans la Rai-
„ son? Examinons-le un peu. Généralement par-
„ lant, tous les Hommes croient que tout subsiste

„ réellement, & qu'il y a une liaison réelle des par-
„ ties de ce tout les unes avec les autres. Il n'y a
„ que quelques Philosophes, ou pour mieux dire,
„ quelques Théologiens, qui le nient; encore en
„ voit-on bien les raisons; je vous en indiquerai
„ quelques unes. La primitive Eglise n'agitoit point
„ de pareilles Questions. Pelage avança des Propo-
„ sitions si outrées sur le Franc-Arbitre, qu'on se
„ vit obligé de les combattre. Mais, comme les
„ Hommes ne sauroient garder un juste milieu, en
„ combattant le Franc-Arbitre, on tomba dans une
„ extrémité opposée: pour faire triompher la Grace,
„ on fit de l'Homme une machine. Pour soûtenir
„ un tel Sentiment, on établit celui de la Prédesti-
„ nation absoluë, qui entraîne après soi le Concours
„ immédiat, & la Prémotion Physique, & par-là
„ la Création renouvellée. Et comme parmi les Doc-
„ teurs il y a des haines à la mode à l'égard de cer-
„ tains Sentimens, ceux qui les combattent peuvent
„ hardiment avancer ce qui leur plaît; pourvû que
„ cela soit contre l'Ennemi à la mode, on l'adopte,
„ un Concile s'assemble, on condamne l'Hérésie,
„ on canonise les Ecrits des Docteurs qui l'ont com-
„ battuë, sans en examiner toutes les fâcheuses Con-
„ séquences: en voilà assez, la Posterité reçoit cet-
„ te Décision sans examen. Veut-on toucher à cet-
„ te corde? on regarde comme un Novateur quel-
„ conque est assez hardi pour l'entreprendre. Voi-
„ là, Monsieur, comment se sont établis dans l'E-
„ glise les Sentimens que je combats, soit celui du
„ Concours immédiat, soit celui de la Création re-
„ nouvellée: Idée si éloignée de ce qui vient natu-
„ rellement dans l'Esprit, qu'il n'y a qu'un Esprit
„ de Parti qui puisse la faire recevoir; car, pour
„ nier cette continuité de substance généralement
„ reçuë, il faut avoir de très-fortes raisons. Quel-
„ les peuvent-elles être? Implique-t-il contradic-
„ tion que Dieu puisse créer des Substances, déter-
„ minées par sa Volonté à subsister à perpetuité,
„ sans besoin de recréation? Au contraire,
„ cela s'accorde bien mieux avec l'idée du grand
„ Pouvoir de la Divinité, que cette Création renou-
„ vellée. Quoi donc? rejetterons-nous la subsistance
„ continuë des Créatures, à cause des fâcheuses Con-
„ séquences qu'elle entraîne après elle? Mais, quelles
„ sont-elles, ces fâcheuses Conséquences? Sont-el-
„ les à comparer avec celles dont je vous ai déja
„ parlé ci-dessus? L'Hypothése, au contraire, de
„ ces gens-là est fondée sur de pures imaginations
„ inconcevables. Comment concevoir un Dieu éga-
„ lement sage & puissant, occupé à chaque instant
„ indivisible à créer de nouveau son Ouvrage? Je
„ dis à chaque instant indivisible; car si la durée
„ de cet instant étoit divisible, il seroit vrai que
„ les Substances auroient passé d'une partie d'un in-
„ stant à l'autre, sans besoin de recréation, ce qui
„ détruiroit leur Hypothése. Or cet instant indi-
„ visible est de lui-même impossible à concevoir.
„ Comment donc, sans une raison d'ailleurs très-
„ pressante, peut-on croire que la Raison établisse
„ un Dogme fondé sur une chose inconcevable? Or
„ quelle est cette raison très-pressante? S'agit-il de
„ la Gloire du Créateur, par rapport à sa Puissance?
„ Mais, il me semble qu'il n'en faut pas moins pour
„ donner une Existence continuë aux Créatures,
„ qu'une Existence momentanée. S'agit-il de sa
„ Sagesse? Elle brille bien plus dans l'ordre établi
„ dès le commencement, & qui s'entretient par des
„ Loix fixes, que par ce renouvellement
„ de déterminations à mesure que la Création se re-
„ nouvelle. Sera-ce donc par rapport à sa Bonté?
„ Mais, toute Bonté est détruite par l'Hypothése
„ des gens que je combats, comme je l'ai fait voir
„ ci-dessus; puisqu'il se trouveroit que les Intelli-
„ gences seroient punies pour néant, & pis encore,
„ pour avoir eu des déterminations qui leur seroient
„ venuës immédiatement du Créateur même. Sera-
„ ce

ce donc par le respect que nous devons à la Révélation ? Mais j'ai déja fait voir, que la Révélation nous conduit à la subsistance continuë sans recréation.

Ainsi, Monsieur, ce Sentiment est insoûtenable, par l'Ecriture, par la Raison, & par ses Conséquences. Je suis, &c.

NEUVIEME LETTRE.

Nôtre Ame peut remuer nôtre Corps, contre le Concours immédiat, & la Prémotion Physique.

JE vous ai entretenu dans ma précédente, Monsieur, des inconvéniens du Systême de la Création renouvellée; je vais à présent vous entretenir de celui qui résute à nos Ames le pouvoir de remuer nôtre Corps; Systême qui n'est pas moins chargé de fâcheuses Conséquences que le précédent. C'est ce que je vais vous faire voir.

Il n'y a rien au Monde que nous sentions plus vivement, que ce pouvoir de nôtre Ame; &, à l'exception de quelques Philosophes & de quelques Theologiens, il n'y a pas une personne qui ne regarde les mouvemens volontaires de son Corps, comme un effet de la Volonté de son Ame. Un Sentiment si naturel & si général doit être de quelque poids, & nous ne devons le combattre que par des raisons convaincantes, ou prises de la Question elle-même, ou prises de la Gloire de Dieu. Sans cela; je ne vois pas pourquoi on voudroit s'opposer à un Sentiment si naturel & si général.

Voïons quelles peuvent être les raisons prises de la Question. Nous ne saurions concevoir, dit-on, comment une Ame, qui est Intelligence, peut remuer la Matiére, qui est une Substance étenduë, n'y aïant aucune proportion physique de l'Etenduë à l'Intelligence. Est-ce là une raison suffisante pour nier une chose, de dire, *Je ne la conçois pas* ? Connoissons-nous l'Intelligence; pour pouvoir assûrer qu'elle n'a aucune influence sur les mouvemens de la Matiére ? Concevons-nous par quelle raison la présence d'un Corps fait naître certaines pensées à l'Ame ? Concevons-nous le mouvement ? Concevons-nous la Mémoire, & par quel pouvoir l'Ame rappelle les Idées des objets, quoiqu'ils ne soient plus présens ? Sommes-nous moins convaincus pour cela de la réalité de ces choses ?

On me répondra, que les solutions de toutes ces Questions difficiles sont de la même nature, & qu'on léve toutes les difficultés en disant, que Dieu qui est l'Auteur immédiat des mouvemens, est aussi celui des pensées de nôtre Ame à l'occasion de ces mouvemens; que c'est lui qui rappelle dans nôtre Ame les Idées des choses absentes, ce que nous appellons Mémoire; enfin, qu'il est l'Auteur immédiat des déterminations de nôtre Ame, comme il est celui des mouvemens de la Matiére. Voïons quelles en sont les Conséquences nécessaires. S'il est ainsi, que Dieu soit l'Auteur immédiat de toutes les déterminations & de toutes les actions tant spirituelles que materielles; il sera vrai aussi, que l'Intelligence & la Matiére seront de simples sujets passifs incapables d'aucuns penchans, ni d'aucune détermination. Si cela est, d'où vient le *Péché*? Car enfin, qu'il soit néant tant qu'on voudra; l'Homme ne sera dans le néant que par son inaction qui lui est essentielle, & Dieu ne peut lui demander compte du mauvais usage d'une faculté qu'il ne lui a jamais donnée. Ainsi, ce Sentiment n'est pas soûtenable. L'Idée la plus saine qu'on puisse avoir du *Péché*, est celle du consentement de l'Ame à des actes contraires à la Loi Divine. Voilà les *Péchés de commission*; & le refus de consentement de nôtre Ame à la Loi Divine est le *Péché d'omission*.

A l'égard du *Péché de commission*; par l'Hypothése de ces Messieurs, c'est Dieu qui en est l'Auteur immédiat. Prouvons-le. On distingue entre le matériel & le formel du Péché. On convient que Dieu est l'Auteur du matériel, mais on nie qu'il le soit du formel. Je vais vous faire voir que, s'il l'est du matériel, il l'est aussi du formel.

On ne peut me nier, que le Péché ne soit une disposition de l'Ame contraire à la Loi connuë de la Divinité, soit qu'elle nous soit révélée par la Conscience, soit par la Loi écrite. Si cette disposition de l'Ame dépend nécessairement & immédiatement de la Divinité, il est sûr que le Péché dépend aussi immédiatement de Dieu. Je vais me servir ici des mêmes comparaisons, dont se servent les Partisans du Concours immédiat. Quand une Pierre, disent-ils, est jettée avec violence, & que son mouvement est dirigé à quelques dégrés d'élévation; si elle ne continuë pas de se mouvoir dans la même ligne, ce n'est pas par la faute de celui qui a dirigé son mouvement, c'est que le poids de la Pierre l'attire vers la Terre, & lui fait par là abandonner la direction qu'elle avoit reçuë. Voilà par où ils veulent disculper Dieu. Mais, s'il est vrai, comme on n'en peut douter, que tout Corps plus pésant que l'Air tendra toujours à s'approcher de la Terre; il est vrai aussi que cette Pierre en mouvement n'abandonnera la ligne de direction, que par le penchant à s'approcher de la Terre; penchant qu'elle n'a pas moins reçu de Dieu, que le mouvement qui l'en éloigne. Si donc l'Ame s'éloigne de la Loi Divine, ce sera en s'éloigner par la nature, ou par une disposition qui dépend d'elle. Si c'est par la nature, elle la tient immédiatement de son Auteur; & ainsi c'est à l'Auteur qu'il faut s'en prendre, puisque l'Ame ne peut changer sa propre nature. Je dis plus; c'est que suivant cette supposition le Péché sera un Etre de Raison, & une chose contradictoire; car si un Etre, quel qu'il soit, suit la nature qu'il a reçuë de son Auteur, il est dans l'ordre. S'il est dans l'ordre, il ne péche point, puisque le Péché consiste dans le désordre. Or, le désordre n'étant qu'une violation de l'ordre établi, ou il n'y a point de Péché, ou il faudra avoir recours à admettre cette seconde supposition, qui est que l'Ame s'éloigne de la direction que Dieu lui donne, par une disposition qui dépend d'elle même. C'est ce que ces Messieurs n'avoüeront jamais; car ce seroit établir une Liberté réelle, qui ruïneroit tous leurs Principes. Mais, entrons un peu dans le détail, par où je vous ferai encore mieux voir que, selon leur Hypothése, Dieu n'est pas moins l'Auteur du formel du Péché, que du matériel.

Si ces Docteurs n'admettoient le Concours immédiat que dans les mouvemens de la Matiére, en sorte qu'à l'occasion de certaines pensées de l'Ame, Dieu produiroit certains mouvemens dans nos Corps; on pourroit encore admettre la distinction entre le formel & le matériel du Péché : mais ils n'admettent pas moins le Concours immédiat dans les dispositions de notre Ame, à l'occasion des mouvemens de nos Corps. Or, que notre Ame commence, & entraîne notre Corps, ou que le Corps commence & entraîne notre Ame; Dieu sera toûjours l'Auteur de la détermination prémiére, soit de l'Ame, soit du Corps; il le sera de la seconde, qui n'est qu'occasionelle; il le sera aussi des liaisons nécessaires qui les lient ensemble : donc il sera l'Auteur du tout. Un Homme me dit des injures; le son de sa voix produit un certain mouvement dans mes Esprits, ou pour mieux dire, Dieu à l'occasion de ce son, produit ces mouvemens; à leur occasion, il fait avoir de certaines pensées douloureuses à l'Ame

„ l'Ame; à l'occasion de ces pensées douloureuses,
„ il lui fait naître celles de la vengeance; à l'occa-
„ sion de celles-ci, il produit de certains mouve-
„ mens dans le Corps, par lesquels l'Homme tire
„ son Epée & l'enfonce dans le cœur de son En-
„ nemi. Voilà tout le Péché, soit matériel soit
„ formel. Qu'y a t-il là de l'Homme? Tout ne
„ vient-il pas immédiatement de Dieu? Que faut-il
„ encore de plus, pour que cette action devienne
„ Péché? Soit détermination de l'Ame, soit dé-
„ termination du Corps, tout dépend du Concours
„ immédiat. Il est vrai, me dira-t-on ; mais la
„ colere n'est pas un mal en soi-même; le dessein
„ de tuër un Homme ne l'est pas non plus; l'exé-
„ cution encore moins. Voilà ce qui le fait le maté-
„ riel du Péché, dont le Concours immédiat est
„ l'Auteur. Mais en quoi consistera donc le formel
„ du Péché? N'est-ce pas en ce que ces trois choses,
„ colere, désir de tuër, & exécution de ce désir, se
„ trouvent jointes mal à propos, & qu'une simple in-
„ jure n'étoit pas une occasion légitime de les joindre?
„ Or, si pourtant Dieu, à l'occasion de ces inju-
„ res, fait naître dans l'Ame nécessairement ce désir
„ de vengeance, & qu'à l'occasion de ce désir il
„ ait donné au Corps les mouvemens nécessaires à
„ l'exécution; il sera vrai qu'il sera l'Auteur de la
„ désir, & d'une exécution de ce désir, mal à
„ propos. Ainsi il sera l'Auteur immédiat de ce
„ désordre; puisque la colere n'étoit pas donnée à
„ l'Homme pour s'en servir, selon l'ordre, dans
„ une pareille circonstance.
„ Dans les Péchés où l'Ame est le premier mo-
„ bile, comme est le désir de se délivrer des crain-
„ tes de l'avenir & des peines de l'autre Vie, quand
„ un Homme fait ses efforts pour se prouver qu'il
„ n'y a point de Dieu, & que sa propre Existence
„ est un effet du hasard; ce désir ne lui vient qu'à
„ l'occasion de ses inquiétudes; ces inquiétudes ne
„ lui viennent que de l'idée qu'il a d'un Bien
„ & d'un Mal moral, & d'une récompense ou d'une
„ peine, suites nécessaires de la pratique de ce bien
„ & de ce Mal. Il faut qu'il ait l'idée de sa con-
„ duite comme éloignée de Bien moral, qui lui en
„ fasse craindre les suites; il faut de plus qu'il sen-
„ te en lui-même une disposition à le se défaire point
„ de son penchant au Mal moral. C'est d'où lui
„ vient le désir de se défaire de ces craintes, en le
„ persuadant qu'il n'y a ni Dieu, ni Vie à venir.
„ Mais niera-t-on que ce dessein ne soit un crime?
„ Or, prenez garde, Monsieur, qu'il faut opter.
„ Ou il faut que l'Ame ait le pouvoir de le déter-
„ miner elle-même, ou non. Au premier cas, il
„ n'y aura pas de Concours immédiat, &, selon le
„ langage de ces Docteurs, l'Ame auroit le pouvoir
„ de créer ses propres déterminations : ce qu'ils ne peu-
„ vent se résoudre d'accorder. Ou il faut que Dieu
„ la détermine, non seulement en partie, mais en
„ tout; car il n'y a pas plus d'inconvénient à ad-
„ mettre que l'Homme puisse se déterminer deux
„ fois, qu'une. Or, si l'Homme ne peut être
„ l'Auteur d'aucune de ses déterminations, il faut
„ que ce soit Dieu; & s'il en est l'Auteur, c'est
„ ce que je demande : il sera vrai qu'il le se-
„ ra aussi le formel du Péché de l'Ame.
„ Une des sources du faux raisonnement des Par-
„ tisans du Systême du Concours immédiat, c'est
„ qu'ils ne conçoivent pas qu'on puisse mettre un
„ Corps en mouvement, sans être le Créateur de ce
„ mouvement; & ce titre de Créateur leur paroît
„ si fort au-dessus de la Créature, qu'ils ne sauroi-
„ ent se résoudre à l'en croire digne. Mais, ils
„ ne prennent pas garde que ce mot de Création est
„ là mal appliqué. Le mouvement n'est pas une
„ Substance; ce n'est qu'un Accident de la Matiere.
„ Il ne s'agit donc point de rien ajoûter de réel ou
„ de substantiel à un Corps, pour le mettre en
„ mouvement; il s'agit seulement d'un simple Ac-
„ cident dont la Matiere est susceptible : ce n'est
„ qu'une nouvelle maniere d'être de ce Corps nou-
„ vellement en mouvement. Quand nous donnerons
„ à la Créature le privilège de changer la situation
„ des Corps, il me semble que nous ne lui accor-
„ derons rien dont elle se doive si fort glorifier, &
„ nous sommes encore bien loin d'en faire des Divi-
„ nités, comme s'expriment ces Docteurs.
„ De plus, quand il seroit vrai qu'il falût être
„ Dieu pour produire le mouvement, il ne s'ensui-
„ vroit pas qu'il falût être Dieu pour déterminer
„ un mouvement déjà produit. Or, c'est propre-
„ ment ce que nous faisons, quand nous mettons
„ quelque Corps en mouvement. C'est ce que je
„ vais vous faire comprendre.

L'Homme peut déterminer le mouvement.

„ Prémiérement, nous devons admettre cette Ré-
„ gle-ci, que tout Corps en mouvement continuë
„ à se mouvoir, jusques à ce qu'il ait communi-
„ qué ce mouvement aux Corps qui l'environ-
„ nent.
„ Secondement, un Corps en mouvement, qui
„ en rencontre un autre, lui communique une par-
„ tie de son mouvement.
„ Ces deux Principes posés, il est aisé de voir que
„ quand nous mettons un Corps en mouvement,
„ nous ne faisons que diriger un mouvement déjà
„ créé, comme parlent ces Messieurs. J'ai admis
„ dans mes précédentes, qu'il y avoit au dedans de
„ nous certains Fluides errans, toûjours en mouve-
„ ment, mais indifferemment ; que par notre Volon-
„ té, ces Fluides déterminoient, soit dans une
„ partie, soit dans une autre. Or, en se transpor-
„ tant au bras, par exemple, ils le font mouvoir
„ d'une telle maniere; & ce mouvement de mon
„ bras, par mon second Principe, communique
„ une partie de son mouvement au Corps que je
„ jette; & ce Corps, par mon prémier Principe,
„ continuë dans le mouvement que je lui ai com-
„ muniqué, jusques à ce qu'il le perde lui-même,
„ par la rencontre de autres Corps. Cela étant,
„ *Monsieur*, nous n'avons créé aucun mouvement;
„ nous n'avons eu d'autre pouvoir que celui de dé-
„ terminer un mouvement réellement existant dans
„ nos Esprits. Ainsi, en cas de besoin, voilà le
„ scandale de ces Messieurs levé. Mais, encore un
„ coup, je ne vois pas pourquoi un simple Acci-
„ dent de la Matiere ne pourroit pas dépendre de
„ nous, sans choquer les droits de la Divinité. Lors-
„ que d'un bloc de Marbre je fais la figure d'un
„ Homme, dira-t-on que j'ai créé cette figure?
„ J'aurai pourtant changé les Accidens de ce Mar-
„ bre; puisque j'en aurai changé la figure. Voilà
„ un Accident qui peut dépendre de moi, sans in-
„ téresser la Divinité, parce qu'il ne s'agit que d'un
„ changement d'Accident. S'agit-il de plus, du
„ repos au mouvement? En vérité cette délicatesse
„ est bien grande! Pour moi je trouve qu'elle est
„ bien mal entenduë, puisque, de peur de faire
„ trop d'honneur aux Hommes, ils aiment mieux
„ charger la Divinité du Péché qu'ils commet-
„ tent.
„ Ce que je dis du Corps, je le dis aussi de l'A-
„ me. Je vous ai dit dans ma cinquième Lettre,
„ que toutes les Idées primitives ne dépendoient
„ point de nous; mais que nous avions le pouvoir
„ de les combiner à l'infini, & de plusieurs Idées
„ primitives, en composer une arbitraire. C'est
„ dans ce pouvoir que consiste la Liberté, comme
„ je vous l'ai déjà expliqué dans une autre occasion.
„ En ce cas-là, je ne suis maître que de la déter-
„ mination de mes pensées; mais je ne crée rien,
„ pas plus que lorsque de plusieurs materiaux je bâ-
„ tis une Maison.
„ Tout ceci posé, vous ne devez avoir aucun
„ scru-

" scrupule sur le pouvoir que je donne, soit à l'Hom-
" me, soit aux causes secondes : ni la Puissance, ni
" la Sagesse de Dieu n'y perdent rien ; au con-
" traire.
" Je ne m'étendrai pas tant à réfuter ceux qui
" prétendent, que tout ce qui arrive est une suite
" nécessaire des Loix générales que Dieu a établies
" dès le commencement. Ces deux Systêmes ne
" sont pas si différens qu'on s'imagine. Ces derniers
" veulent que Dieu, en créant toutes choses, les
" ait disposées de telle manière, que tous les Evé-
" nemens répondront à ses vûës, sans qu'il soit
" nécessaire d'aucunes Volontés particulieres pour les
" y conduire. Les autres avoüent bien que de toute
" éternité Dieu a déterminé les Evénemens; mais
" ils veulent que Dieu les exécute par des Volontés
" particulieres, suivant ses Décrets éternels. Voilà
" donc la seule différence, c'est l'exécution momen-
" tanée; car d'ailleurs, les Loix générales des uns,
" & les Décrets éternels des autres, reviennent à la
" même chose, & ruïnent totalement la Liberté,
" & par conséquent, font Dieu Auteur du Péché,
" ou pour mieux dire, ruïnent le Bien & le Mal
" moral, & détruisent le Péché & la Vertu.
" Voions si, sans toucher aux droits de la Di-
" vinité, je serai plus heureux dans mes Hypothéses;
" c'est sur quoi je vous entretiendrai dans ma Let-
" tre suivante. Je suis, &c.

DIXIEME LETTRE.

Suite du PRINCIPE. *L'Ame a le pouvoir
de remuër son Corps, & par là, celui d'en remuër
d'autres hors de lui.*

" J'Ai établi, *Monsieur*, dans ma quatriême Let-
" tre, que Dieu a donné de l'efficace aux Cau-
" ses secondes; efficace qu'elles ont reçuë de
" lui-même. Je n'y reviens pas; mais il s'agit à
" présent de prouver le pouvoir que nos Ames ont
" reçû de la Divinité, de remuër nos Corps. C'est
" une chose certaine, *Monsieur*, que nous ne pou-
" vons rien démontrer à *priori* : toutes nos connois-
" sances sont des Conséquences tirées de certaines
" Vérités, que nous ne connoissons que par senti-
" ment intérieur, ou par le témoignage des Sens.
" Or, ni l'une ni l'autre de ces sources ne nous
" font connoître que l'éxistence des choses, mais
" non pas quelle est leur essence. Je suis très-sûr
" qu'il y a en moi un principe pensant : mais je
" ne connois pas plus quelle est son essence, que
" tous ses attributs. Ainsi, je ne sai pas à *priori*,
" si mon Ame a la faculté par elle-même, de remuër
" le Corps auquel elle est jointe; mais je le sai par
" des Conséquences claires. J'ai déja fait voir dans
" ma précédente, les inconvéniens de refuser à l'A-
" me le pouvoir de se déterminer elle-même : il
" n'y en a pas moins à lui refuser celui de remuër
" son Corps; autrement, il sembleroit que si nôtre
" Ame, pouvant se déterminer elle-même sans pou-
" voir par elle-même faire agir son Corps, elle se-
" roit ce que sont les Cours souveraines, qui ju-
" gent & prononcent la Sentence; & que Dieu ne
" seroit que l'Exécuteur des Sentences de l'Ame, &
" toûjours prêt à prêter son ministére pour commettre
" les plus horribles crimes. Cette idée a quelque
" chose de si choquant, qu'il n'y a pas moien de
" s'en accommoder. Je conclus donc, que nos
" Ames ont le pouvoir de se déterminer, elles ont
" aussi celui de remuër les Corps organisés auxquels
" elles sont jointes, &, par ce moien, remuër d'au-
" tres Corps qui leur sont étrangers.
" La Question est, de savoir si elles ont ce pou-
" voir par leur propre nature, ou si elles l'ont par
" la seule institution de la Divinité, qui, par une
" Volonté à qui rien ne resiste, a voulu que cela
" fût ainsi. Il m'importe fort peu quel des deux

" Sentimens on reçoive. Ne connoissant pas l'es-
" sence de mon Ame, je ne puis philosophiquement
" décider la Question, puisqu'elle dépend de cette
" connoissance. Mais ce que je ne puis savoir à
" *priori*, ni comme Philosophe, je puis le savoir
" comme Chrétien. Voions si la Révélation ne nous
" donnera point là-dessus quelques lumiéres.
" Les Anges sont appellés dans l'Ecriture, les
" Exécuteurs de la Volonté Divine. Quand Dieu
" envoïa l'Ange exterminateur, qui fit mourir tous
" les Prémiers-nés d'Egypte; par la supposition que
" Dieu est l'Auteur immédiat de l'activité des In-
" telligences, & du mouvement des Corps, que
" faisoit là cet Ange ? Son dessein de tuër les Pré-
" miers-nés lui venoit de Dieu, immédiatement ;
" l'action physique qui fit mourir ces Prémiers-nés,
" n'en venoit pas moins. C'étoit donc Dieu qui
" agissoit alors immédiatement. Encore un coup,
" que faisoit là la présence de l'Ange ?
" St. Paul nous dit que la Loi a été donnée par
" le Ministére des Anges. Si les Intelligences n'ont
" aucun pouvoir par elles-mêmes de remuër la Ma-
" tiére, ce fut Dieu lui-même qui immédiatement
" fit paroître & forma ces Eclairs, ces Tonnerres,
" & cette Voix articulée qui prononça la Loi. Il
" est bien sûr aussi que ce fut lui qui dicta les pa-
" roles de cette Loi, & qui en dressa le Projet.
" Si cela est, comment St. Paul dit-il que la Loi
" fut donnée par le Ministére des Anges, puisque
" le dessein en venoit certainement de Dieu, & que
" tous les signes extérieurs, & cette Voix qui l'en-
" seigna à Moïse, venoient aussi immédiatement de
" lui, s'il est vrai que les Intelligences n'aient point
" le pouvoir de remuër la Matiére ? Ainsi, il fau-
" droit dire que Dieu donna sa Loi en présence des
" Anges; & non pas par leur Ministére.
" Si dans le Vieux Testament les Anges nous
" sont représentés comme aïant le pouvoir de remuër
" la Matière, nous n'en voïons pas de moindres
" preuves dans l'Evangile. A la Résurrection du
" Fils de Dieu, un Ange du Ciel vint & leva la
" Pierre de dessus le Sépulcre ou *Jésus Christ* avoit
" été mis ; il parla aux Femmes qui avoient été
" de bon matin au Sépulcre. Je demanderai toû-
" jours, que faisoit là cet Ange, si tout le mou-
" vement qui se fit pour-lors dans la matiére, soit
" pour former la lumière resplendissante dont il étoit
" environné , soit pour faire mouvoir la Pierre hors
" du dessus du Sépulcre, soit pour articuler les pa-
" roles qu'entendirent les Femmes; si tout, dis-je,
" étoit une opération immédiate de Dieu, à laquel-
" le l'Ange n'avoit nulle part ?
" Les Démons mêmes nous sont représentés comme
" aïant le pouvoir de remuër la Matière. Lisez
" l'Histoire du Démoniaque qui habitoit dans des
" rochers, dans la contrée des Gadareniens : on ne
" pouvoit le retenir lié ni de cordes ni de chaînes,
" il les rompoit toutes ; quand *Jésus-Christ* com-
" manda aux Démons de l'abandonner, ils deman-
" dérent permission de s'aller dans un troupeau de Pour-
" ceaux qui étoit là présent : quand J. C. leur eut
" permis, ils y entrérent, & précipitérent les Pour-
" ceaux dans la Mer. Ferez-vous intervenir Dieu
" dans toutes les actions machinales du Démon ?
" Sera ce Dieu ? qui , à l'occasion de la malice du
" Diable, agira immédiatement pour le Corps des
" Possedez, pour les engager à se jetter sur les Pas-
" sans ? Si cela est, lorsque le Diable, par des pres-
" tiges tente les Hommes, ce sera par le Ministé-
" re de Dieu même, qui par-là sera le véritable
" Tentateur, puisque c'est le prestige qui induit les
" Hommes ; contre ce que nous dit l'Ecriture,
" que Dieu ne tente personne. Qu'elle horreur !
" En vérité ces Conséquences sont trop affreuses.
" Dieu par-là assujetti à être l'Exécuteur de toutes
" les malices des Démons !
" Voici les Conséquences que je tire de tout ce
" qui

„ que je viens de dire. Si les Intelligences, qui
„ ne font pas intimement unies avec la Matiére,
„ ont le pouvoir de la remuër, pourquoi le refuser
„ à l'Ame ? Il est certain qu'elle en a plus de be-
„ foin, puisqu'elle ne peut entretenir son Corps que
„ par ce pouvoir. Pour nier qu'elle ait telle ou telle
„ propriété, il faudroit la nonnoître parfaitement.
„ C'est ce dont nous ne pouvons pas nous vanter.
„ Il est vrai, que nous ne pouvons pas non plus
„ affirmer qu'un Etre ait telle ou telle propriété,
„ si nous n'en connoissons pas l'essence; à moins
„ que nous n'en soions bien convaincus, soit par
„ nôtre sentiment intérieur, soit par nôtre expé-
„ rience, soit par des Conséquences nécessairement
„ déduites de quelque autre Vérité connuë : mais
„ avec ces secours, je puis, & je dois même, me
„ déterminer sans crainte. Par éxemple, quoique
„ je ne connoisse pas l'essence de mon Ame, je
„ suis très-sûr qu'elle a la faculté de penser, parce
„ que mon sentiment intérieur me le dit : je suis
„ sûr qu'elle peut ressentir du plaisir ou de la douleur
„ par le moien des Sens, parce que j'en ai l'éxpérien-
„ ce : je suis sûr aussi qu'elle a la faculté de remuër
„ la Matiére, par les Conséquences dont je vous ai
„ entretenu ci-dessus, & par l'éxpérience; Conséquen-
„ ces qui font Dieu Auteur du Péché, & de la ten-
„ tation des Démons, & qui ruïnent entiérement les
„ Idées que Dieu nous donne de lui-même, soit dans
„ l'œconomie de la Nature, soit dans toute Révéla-
„ tion. Si je refuse à l'Ame le pouvoir de remuër
„ les Corps, la Nature me dit que Dieu est sou-
„ verainement puissant & sage ; la Révélation me
„ dit qu'il est souverainement bon, voulant le bon-
„ heur des Intelligences, se faisant trouver à ceux
„ même qui le cherchoient point ; enfin, pour
„ tout dire, que Dieu est Charité. Ce sont des
„ Vérités fixes, & qui doivent regler nos raisonne-
„ mens. Ainsi, quoique la Philosophie ne me dise
„ pas que nôtre Ame ait, ou n'ait pas la faculté
„ de remuër la Matiére ; je ne laisserai pas de me
„ déterminer en faveur de ce pouvoir, par les Con-
„ séquences que je tire de ce qui m'est dit dans
„ l'Ecriture, de la Divinité de laquelle je suis plei-
„ nement persuadé. C'est là cette Vérité connuë,
„ d'où les Conséquences me déterminent à admet-
„ tre dans les Intelligences la faculté de remuër les
„ Corps. C'est en conséquence de cette faculté,
„ que le Diable est appellé le Prince de l'Air & le
„ Tentateur, & que nous sommes éxhortés dans
„ l'Ecriture à glorifier Dieu, aussi bien dans nos
„ Corps que dans nos Esprits.

SECTION X.

Examen du Pyrrhonisme sur l'ame de l'homme, & son Immortalité.

Note O. I. A l'Article Charron Mr. Bayle dit ; " Les
„ fortes preuves que la nouvelle Philoso-
„ phie a données de l'immortalité de l'ame
„ conduisent à l'un ou à l'autre de ces deux abimes, ou
„ que l'ame des bêtes est immortelle, ou que les
„ bêtes font des automates.

Ce qui pense n'est pas éten-du.
A cela je répons qu'une Objection ne peut point passer pour victorieuse, pendant qu'on peut en donner la solution par le moien d'une Hypothése probable ; & voici de quelle maniére je conçois qu'on homme, appliqué à découvrir la Vérité & à démêler le Certain de ce qui ne l'est pas, pourroit raisonner sur ce sujet.

Il y a chés moi Etendue & Pensée ; Je ne puis connoître les choses que par le moien de mes Idées ; J'ai donc tort, & je ne me conduis pas conformément à ma Nature, soit que j'embrasse des Senti-

mens que mes Idées me font trouver faux & contradictoires, soit que je refuse d'embrasser ceux, où elles me font voir, avec évidence, tous les Caractéres que je connois de Vérité ; Or plus j'y pense, moins je viens à bout de me représenter la pensée, qui est un *acte qui se sent*, comme un acte de l'étendue qui ne se sent point & qui ne se connoit point ; Plus l'Idée de l'étendue s'éloigne de mon attention, plus je me trouve en état de sentir ce que c'est que la Pensée ; & de m'en procurer une connoissance claire, & distincte ; Si elle étoit un Etat de l'étendue, elle seroit l'étendue même éxistante d'une certaine maniére, & l'Idée de l'étendue contribueroit à me faire mieux comprendre ce que c'est que la Pensée, qui seroit un de ses Etats, ou elle même dans un Certain état ; de la même maniére que l'idée du Mouvement, de la Figure, du Repos deviennent plus claires, plus distinctes, plus familiéres, quand on se représente l'étendue qui en est le sujet, & que l'on en désigne une Certaine portion, pour la concevoir terminée par une certaine surface & parcourant une certaine longueur ou occupant toûjours le même Espace. L'Idée donc de l'étendue ne m'aidant point à connoitre la Pensée, mais au contraire y opposant le plus grand des obstacles, je conclus que ce qui pense en moi, ou que moi pensant, n'est point Etendue. De là il suit que le Corps peut se dissoudre, & passer par toutes sortes d'alterations, sans que pour cela le sujet qui pense se détruise & s'anéantisse ; Voila déja la possibilité de L'éxistence de l'Ame indépendante de son Union avec le Corps ;

II. LES Raisons de Convenance quand elles ont *Force des raisons de conve-nance.* pour fondement la Sagesse, la Justice, & la Miséricorde de Dieu, deviennent des raisons nécessaires & démonstratives, parce qu'il ne se peut que Dieu n'agisse d'une maniére digne de lui ; Or seroit-il digne de Dieu d'avoir joint au Corps humain, qui ne doit & qui ne peut durer que peu d'années , une substance, capable par sa nature, non seulement d'éxister séparément du Corps, mais de plus capable de connoitre son excellence, & une infinité d'autres choses, capable de s'élever à la connoissance même de son Créateur, de s'assûrer de son éxistence, de se livrer à l'admiration, au respect, & à l'amour de ce Créateur adorable ? capable d'aimer & arrêter son attention sur ses Ouvrages, plus encore pour sa convaincre de la Sagesse, & de la Puissance de leur Auteur, que pour avoir le plaisir de sentir leur délicieuses Impressions ? Capable ensuite de connoitre ce que c'est qu'ordre, que bienséance, Loix, Devoirs, Obeïssance, Vertus, Vices, Récompenses, & Châtimens ? Capable de s'appliquer à ce qui lui paroit juste, & approuvé de son Créateur, de s'éloigner du contraire, & de sacrifier à son Devoir bien des Douceurs, & bien des Intérêts ? Une Ame qui s'accable elle-même de reproches, quand elle a négligé ce qu'il convenoit qu'elle fit, qui ne différe rien plus que de parvenir à rendre une parfaite obéïssance aux Loix de son adorable Auteur & de posséder une vertu accomplie ; une Ame à qui la Vie est triste, parce que malgré tous ses efforts, elle la passe éloignée de ce But, où ses désirs les plus sincéres, & les plus constants s'élévent ; Voilà ce que je sens en moi, ou que je sens qui est moi. Or quel seroit le déplorable sort de cette Ame, si pour fruit de toute son application à s'avancer en Lumiéres, & en Probité, après des progrès bien médiocres, qui n'auroient fait qu'enflamer ses Désirs, elle rentroit tout d'un coup, dans les Ténébres éternelles, & étoit arrachée par la Mort, non seulement à cet Univers qu'elle trouve si beau, mais à l'espérance d'en connoitre, & d'en adorer L'Auteur qu'elle estime, & qu'elle aime infiniment plus ?

Je demande si un homme qui réfléchit sur l'excellence des choses dont son Créateur l'a rendu capable, ne fait pas son Devoir, & ne se conforme par

DU PYRRHONISME. 473

pas en cela à la Volonté de ce Créateur? N'est-ce pas afin que l'homme réfléchisse que Dieu l'a formé capable de réflexions? & quelles réflexions lui conviennent-il mieux de faire que celles par lesquelles il parvient à connoître les Forces? C'est par ces réflexions qu'il s'assure de l'usage qu'il en doit faire, & des sentimens de reconnoissance qu'il en doit à son Auteur.

La Curiosité par laquelle l'homme se sent pousé à aquérir des Connoissances, est-elle une Inclination raisonnable, & légitime, qui lui fait honneur, ou si c'est tout le contraire? Cette Inclination est-elle une suite de la Nature que l'Auteur de son Etre lui a donnée, ou si elle vient de quelques mauvais principes? Est-ce en abusant de ses dons que l'homme vient à s'éclairer? Dieu approuve-t-il cette Inclination? ou s'il la condamne? Peut-on se rendre attentif sur ces Questions, sans se convaincre que l'homme fait ce qu'il doit, qu'il est louable, & que son Créateur l'approuve, quand il s'applique à aquérir des Connoissances; quand il fait un cas tout particulier de celles qui servent à le convaincre de l'éxistence de son Créateur, qui le remplissent d'admiration pour sa Puissance, sa Sagesse, & sa Bonté, qui lui découvrent de quelle manière il doit régler sa vie, pour vivre conformément à la nature qu'il a reçue de son Auteur, & repondre par la à sa destination? Un homme n'est-il pas louable, & ne fait-il pas ce qu'il doit quand il soutient courageusement, & qu'il s'anime à surmonter, tous les obstacles qui s'opposent à l'aquisition de ces connoissances, & à une conduite dont elles soient la Régle? Cela posé qu'on se représente un homme qui réfléchit sur son Sort & sur sa Destinée. Nous naissons dans l'Ignorance; les premiers Essais que la Raison fait de ses forces, les premiers Principes qu'elle pose, les premières Conséquences qu'elle en tire sont presque tout autant d'erreurs; on est élevé dans les Préjugés; on est environné de mauvais Exemples. La jeunesse, négligée, & abandonnée à ses Passions, & aux impressions des Objets qui l'environnent, se perd sans ressource & s'affermit presque toujours sans retour dans le Vice.

Un homme devient le fleau des autres, & presque le sien, quand il a une fois passé les premières années de sa Vie sans préceptes, & sans Maître. Cependant à quoi se réduit ce qu'il apprend, avec tant de peine, sous ceux qui le conduisent jusques à l'âge de l'adolescence! Alors il commence à éprouver de nouveaux tirans, dans ses Passions impétueuses, & s'il a l'imprudence de s'y soumettre, & de donner dans les piéges qu'elles lui tendent, il paie pendant le reste de ses jours, les erreurs où il est tombé. La Raison enfin est-elle venue à bout de prendre le dessus, l'amour pour la Lumière & l'Ordre devient-il son goût dominant? Lorsqu'il est prêt de donner toute son attention à s'éclairer & à bien vivre, la diversité des sentimens, dans lesquels les hommes sont partagés, l'effraie & l'accable; Il a bientôt besoin d'un nouveau Courage, & d'une nouvelle Patience; il s'y résout; il marche à pas comptés & avec une grande Circonspection; il s'applique à démêler les routes sûres d'avec les détours, à distinguer son Devoir d'avec les Illusions de l'amour propre; tantôt il réussit, & il fait des progrés; tantôt il se méprend, & il se voit obligé de revenir sur ses pas; A la fin il sait de quelle manière il faut s'instruire, & s'y prendre pour avancer; Pour fruit d'une attention si constamment soutenue, lorsqu'il se voit plus en état que jamais d'augmenter ses Lumières & ses Vertus, la Mort lui enlève pour toujours les précieux avantages qu'il espéroit en retirer & dont il avoit fait son but continuel.

Plus on étudie le Corps humain, plus aussi on admire la Sagesse de son Auteur, qui l'a rendu si propre à toutes les Fonctions pour lesquelles il est formé; Il a été nécéssaire d'y assembler une infinité de Ressorts, très-différens les uns des autres, & cependant si unis, & si propres à se fortifier les uns les autres, si délicats & si durables, si faciles à caser, & capables en même tems des plus violents efforts. Qu'on joigne à ces Considerations celles de l'Esprit humain, les Talens merveilleux de cet Etre qui pense, & qui se trouve uni à ce Corps; Tant de merveilles n'auroient-elles été assemblées, par une Main toute Puissante, que pour donner lieu à une Vie très-courte, qui se passe, ou dans un assujettissement honteux aux passions & au vices, & dans une enchainure de desordres, ou dans des vains & pénibles efforts, pour avancer en Lumière & en Vertu, efforts qui s'anéantissent pour jamais dès qu'ils commencent à devenir plus aisés, & plus heureux?

Quand j'étudie le Corps d'un Animal, je m'apperçois que tout y porte les Caractéres d'une Cause Intelligente, très-Puissante & très-Sage. Mais dès que je suppose unie au Corps d'un Animal, à celui de l'homme par exemple, une Ame telle que la nôtre, capable d'Idées, capable de désirer & de craindre l'avenir, assujetie à des sens qu'elle doit combattre, dominée par des idées qu'elles ne peut mépriser sans trouble, & qu'elle respecte presque nécéssairement. Dès que je suppose que la Vie d'une telle Ame se termine avec celle du Corps, je ne puis plus reconnoitre dans ce composé les traits de Sagesse que la vûe du Corps me faisoit admirer.

Un Homme qui réfléchit sur son Éxistence, ne fait-il pas ce qu'il doit, & ce qui est digne de l'homme? Un homme aime son éxistence, n'aime-t-il pas un bien, & un présent de son Créateur, & n'auroit il pas tort de ne l'aimer pas? Dès qu'on aime le présent, dès qu'on fait cas de son éxistence dès qu'on en fait l'objet de son estime, & de son affection, il est naturel d'en souhaiter la continuité; la Nature, & la Raison que l'homme a reçues de Dieu le conduisent à ces sentimens & à ces désirs; Cependant si son Ame n'est pas Immortelle, le voilà réduit à estimer, à aimer, & à désirer ce qui doit inévitablement lui échapper, & lui échapper pour jamais; Ce que l'homme doit le plus aimer & le plus estimer, & désirer le plus ardemment, c'est la durée de son Ame, & c'est cette Ame qui ne se connoit que pour se regretter, & pour prévoir son éternel anéantissement.

Une Ame qui souhaite ardemment de connoitre l'Auteur de son être, & le Créateur de toutes choses, qui souhaite de le connoitre pour l'aimer purement, pour le préférer absolument à tout, pour l'admirer & l'adorer, vivre dévouée à lui, & trouver sa félicité à lui rendre d'éternelles actions de graces; Une Ame qui, pour se mettre en état de parvenir à de si grandes espérances, faisant tout ce qui lui fait regarder comme un bien d'avoir reçu l'être, est attentive à tous les mouvemens, régle ses désirs, ses yeux, tous ses sens, & toutes ses démarches, sacrifie, à tout coup, ce qu'elle voit & ce qu'elle espére, de ce qui l'environne à ce qu'elle attend, de peur de déplaire au Grand Etre qu'elle adore, & dont elle fait son unique but; une Ame ainsi disposée est-elle condamnée à se repaitre de Chiméres? & la mort l'égalera-t-elle à ceux qui ne se sont jamais rien refusé, qui ne se sont fait scrupule d'aucun Vice, & qui ont noié, dans leur abandon aux plaisirs, tout ce qui pouvoit leur survenir d'inquiétude? Dans une telle supposition, la Folie n'auroit-elle pas droit d'insulter à la Sagesse?

III. QU'ON ne dise point que ceux qui ont *Réponse à* pris le parti de s'attacher à la Vertu, & de la pré-*uns Obj.* férer à tout le reste, dans un parfait dévouement *jettion.* trouvent déja une suffisante Récompense, dans un choix si raisonnable, & dans une Vie si sagement réglée: Cela seroit bon à dire si nous n'avions point de corps, & si les sacrifices que le Devoir éxige de tems en tems ne coutoient rien à la Nature. Si pour perséverer enfin dans ce que l'on doit, &

Yyyy 2 pour

pour méprifer ce qu'on peut fe procurer de douceurs d'une Nature différente, il n'étoit pas nécessaire de fe foutenir par de grandes éfpérances ; Que peut-on concevoir de plus indigne de l'Equité de Dieu que de donner à ceux d'entre les hommes qui s'attachent le plus parfaitement à lui plaire, à lui obéïr, à fuivre l'Ordre qu'il aime effentiellement & qu'y a-t-il, dis-je, de plus indigne de fa Sageffe, & de fon Equité, que de leur donner pour principale récompenfe la fatisfaction de fe repaître de Chiméres ?

Je veux qu'il fe trouve de temps en temps quelques hommes extraordinaires, & d'un tour d'efprit fi fingulier, que prefque infenfibles aux Impreffions des Objets extérieurs, prefque fans goût pour leur éclat ; incapables outre cela de céder à l'efficace de l'éxemple, & de compter pour quelque chofe, foit les Careffes, foit les Mépris, foit même les Infultes des Vicieux, qui enfin ne connoiffent d'autres plaifirs que celui de fentir leur Forces, leur Droiture, & l'éxcellence de leurs Inclinations pour la Lumiére & la Vertu. Mais plus ces hommes ainfi faits s'affectioneront à la Lumiére & à la Vertu, plus ils en contoiront le prix, plus ils fe féliciteront d'être nés avec de fi heureufes difpofitions, & plus auffi ils devront fouhaiter la continuation d'une Vie fi éftimable, plus ils devront fouhaiter de ne voir point s'éteindre pour jamais cette Lumiére, & cette Vertu qui fait leur Délices, plus ils devront aimer l'Auteur adorable qui leur a fait de fi Riches Préfens, & fouhaiter de lui en rendre des actions de graces qui ne finiffent point.

Tant de penfées fi raifonnables, fi juftes, ne pouroient-elles les affranchir de retomber dans le Néant ? La Souveraine Sageffe & la Souveraine Sainteté ne leur en tiendroit-elle aucun compte ; & d'ailleurs pour un homme qui, feparé de la foule de tous les autres, & ifolé en quelque forte, trouve moien de fe rendre facile fa perféverance dans la Vertu, il en eft des milliers à qui cette perféverance coute, & coûte beaucoup.

Un de nos Devoirs c'eft d'aimer les autres hommes, de nous intéreffer dans leur fort, & de travailler à leur faire aimer la Lumiére, & le Devoir ; Un homme poffedé d'un zèle fi raifonnable, à quelles mortifications n'eft-il pas expofé, chaque jour; quand il voit fes plus raifonnables, & fes plus charitables Confeils négligés, méprifés, foulés aux piés, par la plus grande partie des hommes qui paroiffent conjurés contr'eux-mêmes ; Un homme fe dévoüa à l'utilité des autres ; On commence à lui en favoir quelque gré, & à profiter de fes foins ; mais bientôt des Ames également baffes, & ambitieufes, ne pouvant fouffrir que les yeux des hommes fe tournent fur un autre mérite que le leur, s'acharnent à traverfer tout le bien qu'un honnête homme avoit entrepris de faire, elles trouvent moien de l'interpréter en mal tout ce qu'il fait de meilleur, & le réduifent à perdre la plus grande partie de fon temps, à fe défendre contre les accufations & les fupercheries de ces ennemis de la véritable Lumiére. Voilà un exemple & un genre d'épreuve : Mais il en eft un grand nombre d'autres autant defagréables ;

Comparons la Vie d'un homme qui préfére effectivement fon Devoir à tout ce qui le frappe, & qui feroit capable de fe faifir de fon attention & de fes defirs ; mais qui ne donne pas à fes Devoirs cette jufte préférence, fi parfaitement & fi invariablement que de temps en temps il ne lui en coûte des efforts pénibles, des combats, des regrets, que de temps en temps il ne foit ébranlé, il ne trébuche même, il ne fuccombe, mais non pas fans retour, & fans fe relever. Sa vie fe partage donc, d'un côté entre la fatisfaction que lui procurent fes Victoires, & d'un autre les peines qu'il fe donne pour les remporter, les mortifications que lui coûtent fes chûtes, la confufion avec laquelle il y réfléchit, les efforts auxquels il fe refout pour s'en relever, la crainte de céder aux attaques ; les frayeurs enfin des dangers, & la joie de s'en tirer ; Comparons une telle vie, qui eft précifément celle de la plus grande partie des honnêtes gens, avec la vie des hommes qui n'ont pour tout Principe que leurs Intérêts préfens, & le plaifir de fatisfaire leurs Sens & leurs Paffions, qui ne connoiffent point de fcrupule ; qui fe font fait un habitude de s'étourdir fur tout ce qui pouroit les inquiéter, dont l'efprit eft dans une efpéce d'yvreffe, par rapport à l'avenir ; Ceux-ci toûjours femblables à eux-mêmes, toûjours dans le joie, toûjours libres de tout ce qui peut les inquiéter, éxempts de craintes, éxempts de troubles, par leur abandon au préfent, & à tout ce qui peut fatisfaire ou amufer leur fenfualité. ne vivent-ils pas plus heureux ? & cette Vie, qui paffe comme un fonge, n'eft-elle pas pour eux un Songe, plus doux & moins interrompû de defagrémens que la Vie de la plûpart des perfonnes Vertueufes ? On feroit donc plus heureux en tournant tout-à-fait le dos aux Devoirs, qu'en fe partageant entre l'attachement qu'ils méritent, & ce qu'on trouve d'engageant & de féduifant dans les Circonftances dont on eft environné.

D'un autre côté qu'on fe réprésente un homme qui déshonnore fa nature humaine par fes Brutalités, par fes Injuftices, par fon mépris pour la Lumiére, & fon goût pour fes Fantaifies, qui féduit les uns par fon Exemple, fait fouffrir les autres par fes Duretés, qui dit, *Je fuis né fur cette terre, où ma Carriere fera courte, j'ai trouvé moïen de faire en forte que l'Idée de fa fin inévitable n'en trouble point les agrémens ; Je me veux refufer à toute penfée qui pourroit me gêner, & m'inquieter ; Je ne fuis fais une Loi Conftante de m'étourdir & de m'abandonner à mes Inclinations, je hairai, quand elles me porteront à haïr, j'aimerai, & je ne négligerai rien pour me fatisfaire, quand elles m'engageront à aimer ; je tromperai fans fcrupule, quand je trouverai à propos de tromper, je ferai tour à tour Complaifant, Dur, Souple, Cruel, Flateur, Impitoïable, fuivant l'humeur dont je me trouverai, & les circonftances qui m'environneront ; Je vivrai fans porter mes vuës trop loin, & je mourrai enfin fans prendre garde ?* Eft-il jufte que ces gens-là obtiennent tranquillement leur but ? une Vie à venir oh ils auroient à rendre compte de ce qu'ils ont fait, pour fe déshonorer dans celle-ci, & pour rendre miférables les autres, eft l'objet de leur horreur, ils aiment à fe perfuader que c'eft une Chimére. Ceux-ci ne fe tromperoient point ; Mais ceux qui s'attendent à quelque chofe de meilleur, pour tout fruit de leur Patience, fe feroient repus d'Illufions.

IV. Mr. BAYLE, & celui qui penfent effectivement comme il penfoit, ou comme il faifoit femblant de penfer, & qui feront perfuadés, que le moïen de leur Foi, & d'une Grace furnaturelle, que le Vieux & le Nouveau Teftament font des Livres Divins, font obligés par leurs Principes de croire que les Ecrivains de ces Livres ne fe font pas trompés dans leur raifonnement ; Or s'ils ne fe font pas trompés, celui que je viens de faire eft très-jufte. Quand St. Paul veut affermir les Theffaloniciens dans la Patience & dans le Courage, dont ils ont befoin pour continuer à foûtenir les afflictions auxquelles ils font expofés, il leur réprefente que par cette Patience, & par ce Courage ils fe rendent dignes du Roiaume de Dieu, & pour les perfuader que la poffeffion de ce Roiaume couronnera leur fidelité à toute épreuve, il fe fert de la Voïe du Raifonnement ; car dit-il, *il eft Jufte devant Dieu, qu'il affige à leur tour ceux qui vous affligent, & qu'il vous donne, à vous qui êtes affligés du foulagement avec nous, lorfque le Seigneur fe montrera du Ciel, accompagné des Anges, qui font les Miniftres de fa puiffance, & qu'au milieu des flammes ardentes il fe vengera de ceux qui ne connoiffent point Dieu, & qui n'obéïffent point à L'Evangile de nôtre Seigneur Jefus Chrift ; Car le Seigneur punira ces*

Confi. matinr.

ces gens-là d'un supplice éternel, quand il paroîtra avec tout l'éclat de sa puissance, dans ce jour où il viendra pour être glorifié dans ses Saints, & pour être admiré dans ceux qui auront crû, du nombre desquels vous serez vous qui avez crû à nôtre témoignage. Suivant les Idées de cet Apotre qui sont les Idées du Sens commun, il convient que Dieu se glorifie, en faisant connoître hautement son amour pour l'Ordre, par la Reparation de tous les desordres, & par le fort qu'il assignera aux Bons & aux Méchans après la Carriére de cette Vie, suivant le parti qu'il leur aura plu d'y prendre.

Le Raisonnement de St. Paul est solide, ou il ne l'est pas; Or Si on peut y opposer quelque difficulté dont la solution soit insoluble, il n'est pas convaincant & il laisse l'esprit dans l'Incertitude; Les Théologiens qui ont succédé à St. Paul, & qui doivent soûtenir & justifier sa Doctrine, ne sont donc pas moins obligés que les Philosophes raisonnables à lever une difficulté qui oppose à un Raisonnement très-fort, un autre Raisonnement qui paroit aussi sans réplique; Il ne seroit presque d'aucune utilité de s'assûrer qu'on a une Ame immortelle si l'on n'étoit pas en même tems assûré d'une Providence qui réglera son sort; Il importe infiniment au genre humain d'unir la Vérité de ces deux dogmes. Penseroit-on d'une maniére conforme à l'Idée qu'on doit avoir de la Sagesse de Dieu, si l'on supposoit qu'il a créé l'Univers, & qu'il en a agencé les parties, sans autre dessein que de faire un essai de sa Puissance & de son Intelligence; mais qu'au reste cet ouvrage lui est comme indifférent, & il laisse chacun des Etres qu'il a produits agir conformément aux Forces qu'il lui a données, sans y prendre aucun Intérêt ! Si les Hommes prenoient le parti de vivre sur la Terre conformément aux Idées de l'Equité, & aux Loix de la Vertu, ils vivroient heureux, & le genre humain seroit un Spectacle digne de l'attention de son Auteur, par l'ordre qui y régneroit, & par un Beau d'une nature au dessus de celui que l'arrangement des Cieux nous présente. Les Vices au contraire, auxquels, les hommes s'abandonnent, font de la Terre un Théatre affreux d'abominations & de miséres; Un petit nombre de Personnes s'appliquent constamment à respecter les Loix que tous les autres dévroient suivre; Cet attachement qu'ils ont pour leur Devoir leur coûte divers sacrifices; souvent ils se refusent des plaisirs que les autres se permettent; sans que leur santé ni leur fortune en souffre; les scrupules qu'ils se font de s'écarter de la Sincérité, & de la Droiture, sont cause qu'ils rampent, sans bien, sans crédit, soumis à mille besoins, exposés à mille insultes. Dieu verroit toutes ces prodigieuses différences, sans y faire la moindre attention ! les uns, tout Vertueux qu'ils fussent, languiroient sans dédomagement ! les autres tireroient des desordres de leurs Inclinations, & de leur abandon au Vice, tous les fruits qu'ils s'en promettent ! L'Ame de l'homme est sans contredit capable de durer toûjours, si son Auteur la trouve à propos; elle est capable de s'élever aux plus sublimes, Lumiéres & à la plus parfaite Vertu, à la Connoissance & à l'Adoration de son Créateur, & une Substance Intelligente, susceptible d'une perfection si accomplie, n'auroit été créée, pendant quelque tems, à un Corps où elle devoit vivre dans les ténébres, dans l'imperfection, dans des Efforts, & des Combats contre soi-même, où dans un Abandon extravagant à des Passions déraisonnables !

Aprés avoir réfléchi sur toutes ces preuves, se fera-t-on une Loi de demeurer en suspens, parce qu'on y en peut opposer d'autres d'une force égale ? Et où sont-elles ces raisons d'une force égale ? Mettra-t-on en parallèle avec ce qu'on vient de lire, les subtilités, par lesquelles les Stoïciens s'amusoient à vouloir prouver, que le *Plaisir* n'est point un *Bien*,

que la *Douleur* n'est point un *Mal*, que le Souverain bien consistant dans la Vertu, un homme qui auroit été vertueux pendant une heure, se seroit rendu par-là même souverainement heureux ; Or il n'y a, ajoutoient-ils, quoique ce soit au delà de la félicité suprême, donc il n'y en a point qui surpasse celle d'un homme qui a été parfaitement heureux pendant une heure ; par Conséquent le sort de celui qui le seroit pendant deux heures, pendant deux siécles, pendant l'éternité même, ne seroit pas plus heureux que s'il ne l'avoit été que pendant un quart d'heure. On sent bien qu'il n'y a là qu'un assemblage subtil de termes pompeux, qui peuvent embarrasser un Esprit qui n'est pas fait à démêler les équivoques, mais qui ne sauroient persuader un Entendement qui ne respecte que l'évidence, & ne veut se rendre qu'à elle. Il faudroit connoître bien peu le prix de la félicité suprême, de la vertu accomplie pour ne pas se féliciter d'y être parvenu ; & il faudroit être dans une Indolence bien déraisonnable, & par là même bien condamnable, pour ne penser pas seulement à désirer la continuation de ce dont on fait l'objet de tous ses désirs, de toute son estime, & de tout son attachement.

V. REDUIRA-T-ON un homme qui a sérieusement réfléchi sur tout ce qui va le persuader de l'Immortalité de son ame, le reduira-t-on à s'arrêter tout court, & à prendre là-dessus le parti de l'Incertitude, en lui présentant les *deux Abymes*, l'un de la Machine des bêtes, l'autre de l'Immortalité de leur ame; Aux Objections qu'on voudroit tirer de là pour embarrasser un homme & pour ébranler sa persuasion, pour peu qu'il eut appris à raisonner juste, il répondroit ; *Je suis convaincu de ce qui se passe chés moi, des pensées qui m'occupent, des sentimens & des désirs où je puis m'élever, aussi bien que de l'obligation où je suis de le faire ; je suis convaincu de cela à n'en pouvoir douter, parce que le sens, & qu'une expérience intérieure, dont rien n'égale la certitude m'en convainc : Je ne sai point ce qui se passe dans les Bêtes, je puis là dessus former quelques conjectures ; mais ces conjectures n'ont rien de démonstratif ; Je n'abandonnerai jamais ce dont les sentimens les plus vifs, & les conséquences les plus claires me convainquent, parce qu'on y peut opposer des Hypothéses sur lesquelles je n'ai aucune certitude ; je me rends à ce qui est clair pour moi, & je ne décide point sur ce qui m'est obscur ; c'est là une précaution nécessaire pour éviter les embarras qui jettent dans le Pyrrhonisme*. J'ai compté entre les Causes, la témeraire fantaisie de prononcer, sur ce qui n'est pas assés clairement connu, & de soûtenir avec obstination ce qu'on a une fois établi. Un homme qui a du penchant au doute prend occasion de douter de tout, & ce qu'il trouve un grand nombre de propositions très-incertaines, soutenues avec toute la fermeté avec laquelle il n'est permis d'assûrer que ce qu'on connoit de plus certain. En voici un exemple : L'hypothèse qui fait des Bêtes des pures machines a plû ; ses partisans se sont fait un plaisir de sentir la subtilité & la force de leur génie, qui venoit à bout de répandre tant de vraisemblance sur une hypothèse si paradoxe pour éleverdes preuves auxquelles ils s'affectionoient, au dessus de la vraisemblance, & pour forcer les hommes à s'y rendre, ils se sont avisés d'y intéresser la Réligion. L'Immortalité de l'Ame, ont-ils dit, devient un Dogme douteux, il tombe même, ont-ils ajoûté, & il devient insoûtenable à la Raison, à moins qu'on ne fasse des Bêtes tout autant de Machines. Si on leur suppose une Ame mortelle & capable de sentiment, il nait de là des difficultés insurmontables contre la Bonté & la Justice de Dieu. Il s'est trouvé des gens qui leur ont accordé toutes ces Conséquences, aprés quoi ils les ont ainsi raisonné. Les Bêtes ne sont point de pures Machines, elles sentent, & elles pensent, donc il n'y a point de Certitude dans le Dogme de l'Immortalité de l'Ame, humaine & il n'y a qu'embarras dans celui de la Providence ; c'eſt ainſi que des Déciſions témérai- res ſur ce qu'on ne ſait pas aſſés, conduiſent à re- voquer en doute ce dont on peut parfaitement s'aſ- ſûrer.

Quand il s'agit de répondre à des Objections con- tre les Dogmes importans de la Providence Divine, & de l'Immortalité de l'Ame, pourquoi s'aſſujet- tir à une ſeule Hypothéſe, difficile à établir ; & ex- poſée à de grandes difficultés ? pourquoi la donner comme la ſeule qui puiſſe ſervir à réſoudre les Ob- jections ? Il eſt aiſé d'en imaginer d'autres, qui au- ront auſſi leur vraiſemblance, qui en auront même d'avantage, & qui léveront les difficultés.

Accordons, ſi l'on veut, aux Bêtes une Ame qui ſoit une ſubſtance diſtincte du Corps. Ce qui ré- volte contre cette ſuppoſition, c'eſt qu'on ſe figu- re, très-mal à propos, & ſans fondement, qu'une Subſtance qui penſe, & qui eſt diſtincte du Corps, ſe trouve par là même toute ſemblable à l'Ame de l'homme, comme s'il ne pouvoit pas y avoir autant de dégrés entre les *Subſtances penſantes*, par où elles différaſſent en Nature & en Eſpéce, comme il s'en trouve entre les *Corps*. Se permettra-t-on de dire, *Un Limaçon eſt un Corps Organiſé qui a Vie, & qui ſe nourrit, Donc il vole comme une Aigle* ? On auroit tort de confondre ainſi tous les Êtres, qui auroi- ent entr'eux quelque rapport & qui ſe reſſembleroi- ent à quelques égards ;

Il eſt des Inſectes qui ont à peine la force Loco- motive ; il eſt des Singes d'une agilité extrê- me.

De même auſſi entre les ſubſtances qui penſent, il en eſt qui, ſemblables à l'Ame humaine, ſont Capables de réfléchir, d'acquérir de grandes lumiéres, de connoitre des Loix, & de s'y ſoumettre, de ſe dévouer à leur Créateur, & de le glorifier, non ſeulement par leur admiration, par leurs actions de grace, mais auſſi par une Obéïſſance accompagnée de ſacrifices étonnans. Il en eſt dont la pénétration & la force eſt beaucoup ſupérieure à toute la pénétration, toute la capacité, & toute la force de l'Intelligence humaine. Il en eſt auſſi dont toute la Nature & la Capacité ſe réduit à un petit nombre de ſentimens, de déſirs & de ſatisfactions, qui les occupent uni- quement pendant toute la durée de leur exiſtence. De la même maniére que l'Ame de l'homme a été formée en telle ſorte par ſon Créateur, qu'il naît en elle, Idée après Idée, Conſéquence après Conſéquen- ce, Réflexion après Réflexion, & cela ſans fin & ſans ceſſe, & qu'elle peut elle-même ſe varier à l'in- fini ; de la même maniére auſſi, on peut concevoir que l'Ame d'une Abeille eſt diſpoſée en telle ſorte, que tout ce qui eſt propre à lui fournir de la Ma- tiére pour ſon Ouvrage, fait ſur elle des Impreſ- ſions agréables, & que ces doux ſentimens ſont ſuivis de déſirs, qui la pouſſent à ſe ſaiſir de certains ſucs ; Mais tout le reſte lui eſt indifférent ; elle n'y pen- ſe point ; uniquement, & toute entiere, occupée de l'Idée de ſes Raïons, de ſes Cellules, des Maté- riaux qui doivent les compoſer & les remplir, elle ne travaille qu'à cela & elle y travaille exactement, parce qu'elle ne ſauroit pas ſe diſtraire, ſa Nature en étant incapable. On peut appliquer la même ſup- poſition aux Caſtors, & en général à toutes les eſ- péces d'Animaux Brutes ; on voit que chaque eſpé- ce eſt démeurée dans les mêmes dégrés & d'im- perfection, & d'habileté où elles étoient il y a plu- ſieurs ſiécles ; quelques Actes réïtérés, dont des Dé- ſirs & des craintes ſont Cauſe, donnent aux Indi- vidus de chaque eſpéce quelque dégré d'Induſtrie qui ne ſe remarque pas dans les autres. Si leur Ame étoit capable de réflexion comme celle de l'homme, ils ſe perfectioneroient tout autrement qu'ils ne ſont ; & comme ceux de la même eſpéce n'ont pas entr'eux de Guerres inteſtines, ils profiteroient des Réflexions les uns des autres, qu'ils viendroient à bout de ſe communiquer par des ſignes ; Ils en ont bien quelques- uns, mais, de tout temps, ces Signes ſe ſont réduits, à n'être que les Indices de quelques Sentimens ou de quelques Déſirs.

L'Ame d'une Bête ne réfléchit point ſur ſon é- xiſtence, ne connoit point le prix de ce préſent, n'en ſouhaite point la continuation ; jamais il ne lui vient en penſée d'acquérir des Lumiéres, de ſe con- noitre elle-même, & de ſe former des juſtes Idées de ce qui l'environne :

Des Sentimens ſont tout ce qui l'occupent, elle n'a aucune Idée de l'avenir, elle n'en a aucune de ſon Auteur, elle ignore abſolument ce que c'eſt que Loix, & que Devoirs. Après des Différences ſi immenſes y auroit-il la moindre ombre de Raiſon de conclurre que le ſort de l'Ame des Bêtes doit être le même que le ſort de l'Ame des Hommes, & que les unes & les autres doivent être Mortelles ou Im- mortelles ?

Rien n'eſt plus ordinaire aux hommes que d'ou- trer les reſſemblances, & de ſuppoſer entièrement ſemblables les choſes qui ſe reſſemblent tant ſoit peu. C'eſt par ce principe que les hommes jugeant des autres par eux-mêmes, ſe trompent en ſuppoſant dans les autres, les uns la même bonne foi, & la même innocence, & les autres les mêmes ruſes, & les mêmes panchans qu'ils ſe ſentent. Les Enfans vont plus loin, ils animent tout, ils châtient, & ils flattent leur poupées, chés qui ils ſuppoſent quel- que choſe de ſemblable à ce qu'ils ſentent, eux-mê- mes quand on les careſſe ou quand on les reprend ; L'habitude qu'on s'eſt faite dès l'enfance de ſuppo- ſer, dans les Corps, quelque choſe de ſemblable à la Penſée, a répandu, dans la Philoſophie même, bien des ténébres. C'eſt encore aux mêmes Princi- pes, qu'il faut imputer un grand nombre de raiſon- nemens qu'on a fait ſur l'Ame des Bêtes ; Nous jugeons de leurs actions par les nôtres, & nous attri- buons à la réflexion ce à quoi elle n'a nulle part. On s'imagine, par exemple, qu'un Liévre, en vue de donner le change aux chiens, en chaſſe un autre de ſon gîte, & ſe met en ſa place ; Mais pour ex- pliquer ce Phénoméne, il ſuffit de ſuppoſer que l'A- me du Liévre a accoutumé d'éprouver, dans ſon gi- te, un ſentiment de repos ; l'Idée de ce repos l'o- blige à en chercher un, & quand elle l'a trouvé, ce ſentiment la détermine à y reſter. Le Liévre eſt las, le ſentiment de laſſitude, & celui de la crainte qui l'accompagne, ſont deux ſentimens deſagréables, ſuivis l'un & l'autre du déſir de ſentir le repos ; La vue d'un gîte lui en réveille l'idée & cette idée le détermine à s'y placer.

Arrivé par l'odeur, Il détermine ſe paſs du coté où un autre Liévre eſt tranquille ; le Bruit donne à celui-ci des ſentimens d'allarme, & comme il eſt tout frais, ces ſentimens ſont bientôt ſuivis du dé- ſir de s'évader, & du plaiſir qu'il y trouve ; De cette maniére, d'un côté l'Idée du Repos & le ſen- timent qui l'accompagne le prémier, & s'é- xcitant en lui, à la vue d'un gîte, il ſe détermine à s'y placer, d'un autre les chiens ſuivent le Liévre qui court. Il n'y a eu en tout cela ni Deſſein ni Rai- ſonnement ; La vue d'un chien irrite des Oyes, la peur & la colére ſont ſuivies du déſir de ſe défen- dre, elles tournent leur becs de ſon côté ; Si une vient à être mordue, le ſentiment de la douleur rend ſa frieur plus grande, elle fuit, & s'enfonce dans la troupe des autres pour ſe cacher ; Là-deſſus on s'imagine que les autres lui ont fait place, & ont eu la généroſité de vouloir lui ſervir de Rempart.

Si on veut prendre la peine de réfléchir ; on ex- pliquera aiſément, par la ſeule ſuppoſition des ſen- timens, de quelques émotions qui les ſuivent, & des effets qui en réſultent ſur le Corps ; on expli- quera, dis-je aiſément, par ces ſeules ſuppoſitions, un grand nombre d'actions des animaux brutes, qu'on ſe plaît à admirer, & dont on parle même avec éxa-

géra-

gération, parce qu'on se fait un plaisir de les rapporter à des Principes semblables à ceux que nous éprouvons chés nous. Si les Animaux Brutes posoient des Principes, tiroient des Conséquences, se proposoient des Buts, délibéroient sur les Moiens les plus propres à y conduire, on verroit leur habileté croître tout autrement, par là même qu'elles ne se dissiperoient point, comme font les hommes, en mille réfléxions, & en mille raisonnemens infructueux. Mais les Castors qui savent se bâtir des maisons, & qui paroissent les plus industrieux des Animaux, & les plus précautionnés, par la manière dont ils construisent leurs retraites, ne sont point venus à penser qu'ils pourroient les remplir de provisions, & se laissent aujourd'hui aussi grossièrement écraser sous une trape, qu'ils le faisoient il y a Cent, & deux Cents Ans; Après cela le moien de leur attribuer de la Réfléxion ?

Un bœuf détourne sa tête quand il voit venir le coup qui va l'assommer, mais la crainte de la douleur est la seule Cause de ce mouvement; car il n'a jamais réfléchi sur son éxistence, il n'a aucune idée de la Mort. Un Porc qui s'irrite dès qu'on le touche & qui fait connoître son dépit & son irritation par la véhémence de ses Cris, voit saigner un autre Porc sans s'émouvoir, & sans donner aucune marque qu'il craigne le même sort ; un Cheval après avoir fait quatre lieuës, commence d'être las ; Ce sentiment est désagréable, mais ce désagrément n'est point fortifié en lui, comme dans les hommes, par des réfléxions qu'il fasse sur le passé, par l'apprehension que sa lassitude ne redouble, par la crainte de faire, après midi une traite aussi longue que la prémiére; A mesure qu'il approche de l'hôtellerie, les impressions des Objets qui en ramènent l'idée font succéder un sentiment de joie à celui de lassitude ; il se repose, il mange ensuite, sans que son plaisir soit troublé par aucune apprehension. Après avoir repris ses forces, il part aussi gai, & il prend autant de plaisir de marcher que s'il n'avoit jamais été las; Il faut même que le Cavalier qui le monte modére son feu. Ainsi les Bêtes souffrent peu, & ce qu'elles sentent de desagréable n'est rien en comparaison des sentimens de plaisir auxquels elles sont sensibles, qui sont beaucoup plus fréquens, & beaucoup plus continués. Le Créateur de l'Univers a agi conformément à son infinie Intelligence & à son infinie Liberté, en formant une infinité de différens êtres, & en distribuant le bonheur suivant une infinité de degrés différens. Les Animaux brutes sont destinés à vivre d'une certaine façon, & ils se procurent aisément tout ce qu'il leur faut, pour remplir leur Destination; Ils ne désirent que ce qui leur convient, & ce qu'ils peuvent obtenir. Mais posés la Mortalité de l'Ame humaine, vous ne voiés plus goute dans la Destination de l'homme ; Ce n'est qu'un amas de contradictions ; De quelque côté qu'il se tourne, il ne sauroit parvenir à son But, & ceux d'entre les hommes qui se proposent pour But ce qui est le plus raisonnable, le plus digne de l'excellence de leur Ame, & de leur merveilleuse capacité, sont précisément ceux à qui il est le plus impossible de parvenir à ce à quoi ils aspirent, & à ce à quoi ils sont si louables d'aspirer. Dès que la Pensée est reconnuë pour l'Essence, ou pour l'attribut essentiel de l'Ame; Dès qu'on lui a reconnu une Nature essentiellement active, on se trouve dans l'Obligation d'avouër que le Créateur des Ames a pu renfermer leur activité & leur manière de penser dans les bornes qu'il lui a plu, & par conséquent mettre une différence immense entre les ames des hommes & celles des bêtes.

Mais que deviendra l'Ame d'une Bête ? quel inconvénient y a-t-il à supposer que Dieu a voulu qu'une nature pensante, dans les bornes que je viens de lui assigner, commençât d'éxister, en même tems qu'un corps, tel que celui d'une bête, commenceroit à vivre, & continuât d'éxister pendant que ce corps vivroit ? Du Sort de cette Ame, y a-t-il la moindre conséquence à celui de l'ame de l'homme qui pense, & qui doit penser si différemment ? Mais je vais plus loin, & pour faire voir que la force de ma réponse ne se renferme pas dans la Vérité d'une seule hypothèse; quand je tomberois d'accord que cette substance, en quoi consiste l'Ame d'une bête, ne tombe pas dans le néant d'où elle a été tirée, & qu'aucune substance pensante ne cesse d'être, non plus qu'aucune substance étendue, tout ce que j'ai établi sur le Sort de l'Ame humaine, ne recevroit aucune atteinte de cette supposition & de la facilité de l'aveu que j'en ferois; car de l'aveu de Mr. Bayle, une Objection est sans force & ne doit point ébranler, pendant qu'on peut l'éluder par des hypothéses possibles. Or n'est il pas possible qu'il arrivât à l'Ame d'une Bête, dont le Corps auroit perdu la vie, ce qui lui arrive pendant que son Corps est endormi ? Encore une fois je ne veux me lier à aucune hypothése, & j'aime à affranchir le dogme de l'Immortalité de l'Ame humaine de toute obligation de suivre, sur le sort de l'Ame des bêtes, un systême plutôt qu'un autre. Accordons, à ceux qui voudront être de ce sentiment, qu'une substance qui a une fois pensé, pense essentiellement, & ne peut perdre la pensée qu'avec l'éxistence ; En ce cas-là, je dirai que pendant le sommeil, une Ame qui n'est occupée d'aucun songe, persévère sans aucune interruption & sans aucune variété dans ce sentiment de bien être & de repos, qui saisit, quand on commence à s'endormir; ce Sentiment n'est même ni interrompu ni varié par aucune réfléxion sur sa durée ; voilà pourquoi on ne s'apperçoit point s'il dure longtemps, ou s'il dure peu, parce qu'on n'y réfléchit point; On conjecture qu'on a longtemps dormi par le délassement où on se sent à son réveil ; & quand on s'est réveillé on rattrape le sommeil d'autant plus vite, que ce à quoi on a pensé est moins varié, ou moins intéressant, & par là engage à moins de Réfléxions.

La Transformation des insectes qui passent d'une espèce d'animal à une autre, est connuë ; une Chenille qui rampe avec une éxtrême lenteur, se dépouille de son enveloppe pour devenir un Papillon d'une surprenante vivacité;

Les Hanetons ont été des vers, avant que de se trouver ailés & couverts d'écailles, & je crois avoir remarqué qu'ils redeviennent ensuite vers; ne se peut-il pas que l'Ame d'une Bête soit particuliérement unie à quelque petit corps d'une tissure très-durable qui a d'abord servi d'Embrion à l'Animal; Il se pourroit qu'une infinité de tels Embrions nageassent dans l'air, de la même manière qu'une infinité de petits Animaux, visibles seulement à l'aide des plus parfaits Microscopes, nagent dans les liqueurs plus grossiéres que l'air : Ces minces habitans de l'air seroient encore plus petits, que ceux des eaux à proportion que l'air est moins épais que l'eau.

On pourroit encore supposer que ces petits animaux, en suivant la trace de certaines exhalaisons, qui seroient pour eux des impressions agréables, iroient se rendre à la source d'où elles partent; & que là ils s'introduiroient sous de nouvelles envelopes, & se mettroient en état de vivre dans d'autres animaux ; C'est à peu-près la pensée de l'Auteur ingénieux, qui a fait des réfléxions très sensées, dans les Essais qu'ils a donnés sur la Providence, & dont le Publiq auroit lû avec plaisir la continuation.

Je veux qu'aucune des Suppositions que je hazarde ne soit la véritable, je ne laisse pas d'en tirer cette

Conséquence; & on ne peut refuser de me la permettre, c'est que l'objection est levée, & que toute sa force tombe par rapport à qui voudra reconnoître une de ces suppositions pour véritable; or si telle est la force d'une supposition possible; & supposée vraie, quelle ne sera point la force de la véritable? Elle sera réellement & absolument ce que les autres n'ont que par supposition;

Je ne donne donc aucune de ces Conjectures pour la être précisement véritable; on pourroit faire encore plus d'efforts, & en inventer d'autres toutes très-possibles, & dont aucune ne porteroit atteinte à l'Immortalité de l'Ame de l'homme, ni ne donneroit lieu de croire, même de craindre que son Sort fut égal à celui des bêtes. Le pouvoir de réfléchir qui est un de ses plus grands Ornemens & la source de tous les autres, son Goût pour la Lumière, la Capacité où il se trouve d'avancer en connoissances, le Désir de s'en procurer, l'Obligation où elle se trouve de régler ses inclinations & sa conduite par des Maximes dont elle sent la Beauté; la Nécessité où elle est de se soûtenir dans son Devoir, malgré les vives impressions qui la sollicitent à tout coup, de le négliger; la nécessité où elle est, dis-je, de soûtenir, par son attention à la présence de Dieu son Créateur, & par les Biens qu'elle en espere; la Force qu'elle en a reçu, & l'Inclination même qu'elle se sent à s'élever au désir de le connoître, de l'aimer parfaitement, & de l'adorer sans cesse, toutes ces raisons, & d'autres semblables sur lesquelles je me suis étendu, & que l'on peut pousser plus loin, sont telles que, plus on y pense, plus on trouve qu'il seroit contraire à la Sagesse & à l'Equité de Dieu, d'avoir donné à l'Ame de l'homme tant de perfections pour néant, & de l'avoir mise, par des désirs & par des manières de penser, auxquelles elle ne se peut réfuser, sans une brutalité & une Stupidité très-déraisonnable, de l'avoir mise, dis-je, par ces désirs & par ces manières de penser, dans l'obligation de se proposer un But qui n'est point pour elle; par là l'homme se trouveroit dans l'Impuissance de rien connoître dans sa destination, il seroit capable de réfléchir, & se sentiroit capable de former des désirs, & il ne sçauroit sur quels Objets il devroit les tourner; la Vertu lui paroîtroit respectable, & il ne sauroit s'y doit la suivre constamment, ou si, dans plusieurs occasions, il ne seroit pas mieux de l'abandonner; Le plaisir de passer d'Idée en Idée l'améneroit à celle de son Créateur, & dès là, au Désir de lui plaire, & il ne sauroit s'il ne seroit pas mieux de s'y refuser comme à un désir absolument inutile, & qui ne le conduiroit qu'à des Espérances Chimériques.

VI. JE VAI presentement parcourir les endroits, où Mr. Bayle a parlé de l'Ame, soit ceux qui renferment des Preuves de sa Distinction d'avec le Corps & de son Immortalité, soit ceux qui combattent l'une & l'autre de ces Vérités par des Objections & des Doutes; Il sera facile de les comparer & de voir s'il y a de côté & d'autre égale évidence, & par conséquent juste fondement de Doutes & de Suspension d'esprit.

A l'Article Dicearque Mr. Bayle dit. " Je soû-
" tiens que non, & que quiconque admet une fois,
" que par exemple, un assemblage d'os & de nerfs,
" sent & raisonne, doit soutenir, à peine d'être dé-
" claré coupable de ne savoir ce qu'il dit, que tout
" autre assemblage de matière pense, & que la pen-
" sée qui a subsisté dans l'assemblage, subsiste sous
" d'autres modifications, dans les parties desunies,
" après la dissipation de l'assemblage. Je ne repete
" point les preuves que j'ai données sur ce sujet,
" & il n'est pas nécessaire que je les fortifie de nou-
" veau: car l'Auteur des Objections ne les a point
" attaquées. Il y a seulement observé que Dicéar-
" que ne s'en doit pas mettre en peine, attendu sa
" déclaration, que la matière ne commence à vivre
" qu'après un certain arrangement de ses parties.

" Mais c'est là-dessus que je voudrois principa-
" lement l'accuser de n'avoir su ce qu'il disoit.
" Il n'entendoit pas simplement par *Vie*, respirer,
" manger, marcher; il entendoit toutes les opérations de
" l'homme, l'action des cinq sens externes, l'imagina-
" tion, la réflexion, le raisonnement &c. Je soû-
" tiens que l'on suppose ce qui a été jusques ici
" inconcevable à tous les hommes, si l'on suppose
" que le seul arrangement des organes du
" corps humain fait qu'une Substance. qui n'avoit
" jamais pensé, devient pensante. Tout ce que
" peut faire l'arrangement de ces organes se réduit
" comme dans l'horloge à un mouvement local di-
" versement modifié. La différence ne peut être que
" du plus au moins. Mais comme l'arrangement
" des diverses roues qui composent une horloge ne
" serviroit de rien pour produire les effets de cet-
" te machine, si chaque roue, avant que d'être pla-
" cée d'une certaine façon, n'avoit actuellement une
" étendue impénétrable, cause nécessaire du mou-
" vement, dès qu'on est poussé avec un certain de-
" gré de force; je dis aussi que l'arrangement des
" organes du Corps de l'homme ne serviroit de rien
" pour produire la pensée, si chaque organe avant
" que d'être mis à sa place, n'avoit actuellement le
" don de penser. Or ce don est une autre chose
" que l'étendue impénétrable, car tout ce que vous
" pouvez faire dans cette étendue en la travaillant, en
" la frappant, en la poussant de tous les sens ima-
" ginables, est un changement de situation, dont
" vous concevez aisément toute la nature & toute
" l'essence, sans avoir besoin d'y supposer aucun
" sentiment, & lors même que vous n'ésqu'il y ait là
" aucun sentiment. Il y a eu de très grands génies qui
" se sont montrés un peu trop *tardifs de cœur à croire*
" sur la distinction de l'ame de l'homme d'avec le
" Corps; mais personne que je sache, n'a osé dire jusqu'i-
" ci, qu'il concevoit clairement qu'afin de faire passer
" une Substance de la privation de toute pensée actuel-
" le, il suffisoit de la mouvoir; en sorte que ce chan-
" gement de situation étoit par exemple un sentiment
" de joie, une affirmation, une idée de vertu morale
" &c. & quand même quelques-uns se vanteroient
" de concevoir cela clairement, ils ne mériteroient
" pas d'être crus; Il faudroit leur alléguer un passage
" d'Aristote, que je cite en un autre endroit. Quelle
" absurdité ne seroit-ce pas de soûtenir qu'il y a deux
" espéces de couleur, l'une qui est l'objet de la vue,
" & rien plus, l'autre qui est l'objet de la vue, & de
" l'odorat aussi? Il est encore plus absurde de soû-
" tenir qu'il y a deux espéces de rondeur, l'une qui
" consiste simplement, en ce que les parties de la cir-
" conférence d'un Corps sont également éloignées du
" Centre, l'autre qu'avec cela, est un acte par lequel le
" Corps rond sent qu'il existe, & qu'il voit autour de
" lui plusieurs autres Corps. La même absurdité se
" rencontre à soutenir qu'il y a deux sortes de mou-
" vement circulaire, l'une qui n'est autre chose que
" le changement de situation sur une ligne dont les
" parties sont également éloignées du Centre, l'autre
" qui avec cela est un acte d'amour de Dieu, une
" crainte une espérance &c.

" Ce que j'ai dit de la Rondeur par rapport à la
" vision, se peut appliquer à toutes sortes de figure
" par rapport à toutes sortes de pensées; & ce que j'ai
" dit du mouvement circulaire n'a pas moins de
" force à l'égard de toutes les autres lignes sur les-
" quelles un Corps se peut mouvoir ou sentiment
" ou vîtement. Et ainsi l'on doit conclure que la
" pensée est distincte de toutes les modifications du
" Corps qui soient venues à notre connoissance,
" puisqu'elle est distincte de toute figure, & de tout
" changement de situation; mais n'étant point
" question de cela ici, contentons nous de con-
" clure que Dicéarque pour raisonner conséquemment
" devoit admettre la pensée dans toutes sortes de matière;
" car sans cela il étoit absurde de prétendre que pour-
" vu qu'on mît quelques veines, quelques artères &c.

, les

,, les unes auprès des autres, comme les dif-
,, ferentes pieces d'une machine, on produiroit le
,, fentiment de couleur, de faveur, de fon, d'odeur,
,, de froid, de chaud, d'amour, la haine, l'affirma-
,, tion, la négation &c.

VII. Mr. Bayle parle enfuite de la fameufe difpute du Docteur Stillingfleet, & de Mr. Locke.
,, Le premier a foûtenu que la matière étoit incapable
,, de penfer, & s'eft rendu par là le défenfeur d'un
,, Article fondamental de l'Ortodoxie Philofophique,
,, & il s'eft fervi entre autres raifons de celle-ci, qu'on
,, ne fauroit concevoir comment la matière peut pen-
,, fer.

,, Le Docteur Locke lui avouë la Vérité de ce
,, principe, & fe contente d'en nier la Conféquen-
,, ce; car il prétend que Dieu peut faire des chofes
,, qui font incompréhenfibles à l'entendement humain,
,, & qu'ainfi de ce que l'homme ne fauroit compren-
,, dre qu'une portion de matière devienne penfante,
,, il ne s'enfuit pas que Dieu qui eft tout puiffant,
,, ne puiffe donner, s'il veut, quelques degrés de fen-
,, timent, de perception, & de penfée à certains amas
,, de matière créée, jointe enfemble comme il le
,, trouve à propos . . . . Toutes les difficultés qu'on
,, forme, dit il, contre la poffibilité qu'il y a que la
,, matière penfe, tirées de notre ignorance ou des bor-
,, nes étroites de notre conception, ne touchent en au-
,, cune manière la puiffance de Dieu, s'il veut com-
,, muniquer à la matière la faculté de penfer, & elles
,, ne prouvent pas qu'il ne l'ait point actuellement com-
,, muniquée à certaines parties de matière, difpofées
,, comme il le trouve à propos, jufqu'à-ce qu'on puiffe
,, montrer qu'il y a de la contradiction à fuppofer une
,, telle chofe: Voila un aveu formel de l'incom-
,, préhenfibilité de la chofe, & un recours à l'éten-
,, due de la puiffance de Dieu fur des effets qui
,, font au defsûs des bornes de nôtre efprit. C'eft
,, ainfi à peu près que les Scholaftiques fuppofent
,, dans les Créatures une puiffance obédientielle, qui
,, fait que Dieu les éleveroit, s'il vouloit, à toutes
,, fortes d'états; une pierre deviendroit capable de
,, la vifion béatifique, une goute d'eau deviendroit
,, capable d'effacer toute la fouillure du péché origi-
,, nel.

On voit clairement, qu'à comparer ces derniéres Conjectures de Mr. Locke avec les Raifonnemens que vient de faire Mr. Bayle, c'eft mettre
en parallele l'obfcurité avec l'évidence. Or un tel
parallele ne fuffit point pour fonder des Doutes &
pour demeurer indéterminé entre deux Sentimens.

Si je me rends à l'évidence, je reconnoîtrai que
l'Ame eft une Subftance diftincte de l'étendue; fi je
me Laiffe déterminer par l'Obfcurité j'en douterai;
mais fi ce Doute me jette en quelque Erreur, s'il
me fait tomber en quelque faute, ferai-je le moins
du monde éxcufable de n'avoir pas fuivi la Lumière
préférablement aux Ténébres? Il faut de plus remarquer que Mr. Locke ne conçoit point que l'é-
tendue foit capable de penfer, il ne le foupçonne
pas même; il fe borne à foupçonner qu'il pourroit
y avoir une Subftance, dont il n'a pas d'Idée, laquelle auroit pour un de fes Attributs l'Etendue &
& pour l'autre la Penfée; or la perfuafion de l'In-
mortalité de l'Ame pourroit fubfifter avec cette Hypothéfe; car un attribut peut être dérangé fans que
l'autre le foit, la figure de l'eau peut changer à tout
coup fuivant celle des Canaux par où elle paffe,
pendant que le Mouvement fe perpétuera; & à tout
moment nous voions des Corps qui perdent leur
mouvement fans perdre leur figure. Ainfi le Pyrrhonifme ne peut pas tirer avantage de la diverfité des
fentimens où l'on eft fur la fubftance de l'Ame.
Tous les argumens que j'ai alléguez tirés de l'Equité
de Dieu, pour prouver qu'à cette Vie il en fucce-
dera une feconde de Récompenfe pour les uns, &
de Châtiment pour les autres, conservent leur force

dans l'hypothéfe de Mr. Locke, puifque la Subftance, qui eft capable de penfer, eft capable de conferver un de fes Attributs dans fon entier, quand
même l'autre fouffriroit de grandes altérations. Ce n'eft
pas que les penfées de Mr. Locke fur ce fujet me
paroiffent extrêmement juftes: Dieu a certainement
la puiffance de créer un Etre penfant qui n'exiftoit
point avant qu'il le créât; Mais fi de là on prétendoit conclure qu'à plus forte raifon il peut changer
l'étendue qui exifte déja, & la rendre, d'un être
qui ne penfe pas, un être qui penfe, vû que ce qui
exifte eft moins éloigné de penfer que ce qui n'e-
xifte pas, on fe feroit illufion, on s'em-
barafferoit dans des termes vagues & métaphyfiques.
Le Néant n'eft point une matière que Dieu éléve,
par fa toute Puiffance à la perfection de penfer; le
Néant n'eft rien, il ne rend l'Action de Dieu, ou
l'efficace de fa Volonté, ni facile, ni difficile;
Mais pour ce qui eft de l'Etendue, loin de faciliter
la naiffance de la penfée, elle s'y oppofe; car fi
Dieu, en créant l'étendue, créoit une fubftance dont
l'Idée éxclut celle de la penfée, il y auroit de la
contradiction à vouloir qu'elle devint penfante, &
Dieu eft trop parfait pour vouloir des chofes contradictoires. Il n'y a point dans un bloc d'étendue
deux chofes, l'Etre, & l'Etendue, en telle forte que
Dieu puiffe détruire l'une qui ne fauroit penfer,
& élever l'autre à la perfection de penfer; L'Etre
de l'Etendue c'eft l'étendue même.

Voici encore un endroit de Mr. Bayle digne d'at- Idéalifm.
tention. *Prétendre*, *dit il*, *que puifque l'ame de l'homme
penfe*, *elle eft immaterielle*, *c'eft à mon avis bien raifonner*, *& c'eft d'ailleurs établir un fondement très-folide
de l'immortalité de notre ame*, *dogme qui doit être confidéré comme l'un des plus importans articles de la bonne* NB.
Philofophie

Mr. Bayle prouve avec la derniére évidence Article
que ce qui penfe doit être indivifible il fait les Ré- Leucippe
ponfes les plus précifes, & les plus judicieufes à note.
toutes les exceptions par lefquelles on pourroit tacher d'éluder fes argumens '' Car fi une fubftance
,, qui penfe, dit-il, n'étoit une, que de la manière
,, qu'un globe eft un, elle ne verroit jamais tout
,, un arbre, elle ne fentiroit jamais la douleur qu'un
,, coup de baton éxcite. Voici un moien de fe
,, convaincre de cela. Confidérés la figure des
,, quatres parties du monde fur un globe; vous ne
,, verrés dans ce globe quoi que ce foit, qui con-
,, tienne toute L'Afie, ni même toute une divifi-
,, on. L'endroit qui repréfente la Perfe, n'eft point le
,, même que celui qui repréfente le Royaume de
,, Siam; & vous diftinguès un coté droit & un co-
,, té gauche dans l'endroit qui repréfente L'Eu-
,, phrate. Il s'enfuit de là que fi ce globe étoit ca-
,, pable de connoitre les figures dont on l'a orné, il
,, ne contiendroit rien qui pût dire, *Je connois tou-
,, te L'Europe*, *toute la France*, *toute la ville d'Am-
,, fterdam*, *toute la Viftule*: chaque partie du globe
,, pourroit feulement connoitre la portion de la fi-
,, gure qui lui écherroit; & comme cette portion
,, feroit fi petite, qu'elle ne repréfenteroit aucun lieu
,, dans fon entier, il feroit abfolument inutile que
,, le globe fut capable de connoitre; il ne réfulte-
,, roit de cette capacité aucun acte de connoiffance;
,, & pour le moins ce feroient des actes de con-
,, noiffance bien différens de ceux que nous expéri-
,, mentons; car ils nous repréfentent tout un objet,
,, tout un arbre, tout un cheval &c. preuve éviden-
,, te que le fujet affecté de toute l'image de ces
,, objets, n'eft point divifible en plufieurs parties,
,, & par conféquent que l'homme, entant qu'il
,, penfe, n'eft point corporel ou matériel, ou un
,, compofé de plufieurs êtres. S'il étoit tel, il fe-
,, roit très-infenfible aux coups de bâton, vû que
,, la douleur fe diviferoit en autant de petites parties
,, qu'il y en a dans les organes frappés. Or ces or-
,, ganes contiennent une infinité de particules; vi-

„ ainſi la portion de la douleur qui conviendroit à
„ chaque partie, ſeroit ſi petite, qu'on ne la ſen-
„ tiroit pas. Si vous me répondiés que chaque partie
„ de l'ame communique ſes paſſions aux autres, je
„ vous ferois deux ou trois répliques qui vous re-
„ plongeroient dans le bourbier.

„ Vous me dirés, peut-être, que l'ame ne voit
„ pas tout à la fois toutes les parties d'un Cheval,
„ mais les unes après les autres, que cette ſucceſſion
„ eſt ſi prompte qu'elle n'en eſt imperceptible, & que
„ l'impreſſion reçue au prémier inſtant, peut durer
„ aſſés pour ſe trouver réunie avec l'impreſſion des
„ inſtans ſuivans, d'où il arrive que l'ame croit
„ voir les parties de l'Objet qui n'agiſſent plus ſur el-
„ le. C'eſt ainſi qu'elle croit voir un Cercle de
„ feu lorſqu'on tourne en rond un morceau de bois
„ allumé. Elle voit ſucceſſivement les parties de ce
„ Cercle, & néanmoins il lui ſemble qu'elle les
„ voit toutes à la fois. Cela vient de ce que l'im-
„ preſſion qu'elle a reçue dure plus longtemps
„ que l'action même de l'objet. Je vous répons
„ que ce ſubterfuge ne vous tirera point d'affaire.
„ Il ne ſert de rien contre ma derniére difficulté, &
„ contre quelques unes des autres, il peut ſeulement
„ jetter de la poudre aux yeux à l'égard de la diſ-
„ proportion entre la Grandeur de l'objet & la pe-
„ titeſſe de la ſubſtance penſante. Mais après tout,
„ que pourriés vous me répliquer, ſi je vous diſois
„ que lors qu'un homme regarde fixement un
„ Corps immobile, une muraille par éxemple, la
„ même partie de l'objet qui l'a frappé aux prémier
„ de ces inſtans imperceptibles, dont vous parlés,
„ le doit frapper dans tous les inſtans ſuivans, car
„ on ne ſauroit imaginer de raiſon pourquoi elle
„ ceſſeroit d'agir ſur l'ame. Elle agit donc en même
„ temps ſur toutes les autres parties, mais dites moi
„ ſi vous pouvés, comment l'image d'une muraille
„ peut ſe loger toute entiére dans le même inſtant
NB. „ ſur un ſujet diviſible à l'infini? Ceci & pluſieurs
„ autres raiſons que l'on peut voir dans les Ecrits
„ de quelques Modernes prouvent invinciblement
„ l'incompatibilité de la penſée avec un être com-
„ poſé.

Nous ne pouvons pas éxpliquer diſtinctement, de quelle manière l'ame penſe, de quelle manière ſes penſées naiſſent l'une de l'autre, de quelle manière elle ſoutient ſon attention, ou elle la révoque, c'eſt-à-dire, Nous ne connoiſſons pas parfaitement la Nature de nôtre Ame. Nos connoiſſances ſont très-bornées à cet égard; le Bon Sens donc, & la ſageſſe ordonnent de ne point ſe livrer ſur ce ſujet peu connu à des Conjectures incertaines, & de ne point établir des Concluſions, de la vérité deſquelles nous nous perſuadions, ſur des principes qui ne ſoient pas clairement connus. Mais lorſqu'on établit que *ce qui penſe n'eſt point Corps*, n'eſt point *étendue*, lorſqu'on établit & qu'on prouve qu'il y a de la contradiction à ſuppoſer qu'une portion d'étendue penſe, on fonde les Concluſions & ſes Preuves ſur ce qu'on connoit, & dont on a des Idées claires.

Mr. Bayle raiſonne là-deſſus avec une grande évidence & une grande force.

1. Il eſt donc démontré très-clairement que le Corps, que l'Etendue ne penſe pas, ou que ce qui penſe n'eſt pas étendue.

2. Il n'eſt pas en mon pouvoir de douter que je penſe. De ces mon principes connus & démontrés je conclus qu'il y a en moi quelque choſe de très-actif & qui n'eſt point étandue. Peut-on oppoſer à cette concluſion une concluſion toute contraire énoncée en ces termes, *L'étendué peut penſer*, ou, *il n'eſt pas impoſſible que ce qui penſe ne ſoit étendue?* Peut-on établir ces derniéres propoſitions par des preuves d'une force égale à celle des preuves qui établiſſent la Concluſion oppoſée? Puis donc que cela ne ſe peut, le grand principe du Pyrrhoniſme; ſavoir qu'à chaque preuve on peut en oppoſer une d'une égale force, n'a point lieu dans cette Queſtion.

VIII. QUAND Mr. Bayle dit que Leucippe & ſes Sectateurs auroient pu attribuer de la penſée à chacun de leurs atomes, puiſqu'ils leur attribuoient du Mouvement.

Il me paroit qu'il y a du Vrai & du Faux dans cette raiſon. Dès que nous ferons une Loi de ne raiſonner que ſur nos Idées, nous conviendrons que le Mouvement n'eſt pas eſſentiel à l'étenduë; Il faut donc que toute portion d'étendue, qui eſt en mouvement, ait été déterminée, par quelque Cauſe extérieure, à être en Mouvement plutôt qu'en Repos. A cet égard il eſt auſſi peu raiſonnable d'attribuer aux Atomes du Mouvement qui n'ait point de Cauſe que de la penſée. Mais voici une grande différence: On conçoit clairement que *l'Etendue* eſt ſuſceptible de *Mouvement*, mais il n'eſt pas poſſible de ſe la repréſenter comme le ſujet de la *Penſée*.

Mr. Bayle ne raiſonne pas plus juſte quand il dit que *les Atomiſtes en donnans une ame à chaque Atome, ou en faiſans penſer chaque Atome, auroient uni la penſée à un ſujet indiviſible*; car l'indiviſibilité des Atomes de Leucippe, & d'Epicure n'avoit pour Cauſe, ſelon eux, que la parfaite dureté qu'ils leur attribuoient, & par là même qu'ils en ſuppoſoient les uns *Ronds*, les autres *Pyramidaux*, les autres *Crochus*, en diverſes maniéres, ils y reconnoiſſoient des parties; & tous les Arguments, par leſquels Mr. Bayle prouve que la penſée ne peut appartenir qu'à un ſujet indiviſible, tombent ſur ces Atomes; car la penſée d'une éxtrémité ne pourroit pas être la même penſée que celle de l'autre, ni que celle du milieu, ni que celle de ce qui ſeroit ſitué entre le milieu & les éxtrémités.

De plus l'homme étant un compoſé d'Atomes, chacune de ces petites parties, dont le nombre eſt prodigieux, & dont les groſſeurs, les figures & les mouvemens varient preſque à l'infini; chacune, diſje, de ces petites parties auroit ſa la penſée diſtincte de celle des autres. Nous n'appercevons rien de tel en nous-mêmes & nous y appercevons tout le contraire; ce qui penſe en nous eſt unique, & un ſeul & même ſujet voit, entend, réfléchit, &c;

Quand chaque Atome ſeroit penſant, à moins de ſuppoſer encore qu'ils peuvent ſe connoitre & conférer les uns avec les autres, & que cette infinité de tels Etres penſans répandus dans le vuide ſans borne, ſavent s'unir dans le projet de compoſer un Univers plein de Beauté & d'uſage, à moins d'une ſuppoſition auſſi hardie, & auſſi éloignée de toute vraiſemblance, on ſe trouve toujours réduit à la néceſſité de reconnoitre une Intelligence ſupérieure qui les a aſſemblés, & qui a aſſigné à chacun ſa place & ſes fonctions.

IX. REMARQUONS, dit Mr. Bayle, *que de très grands Philoſophes avoient fait conſiſter les principales propriétés de l'Ame dans la force de ſe mouvoir*. Je ferai là-deſſus une petite remarque. Les termes dont on ſe ſert pour éxprimer les actes de l'Ame, ſont preſque tous Métaphoriques, & tirés de ce qui ſe paſſe dans les Corps. Les plus zélés Partiſans & les plus fortement perſuadés de la Spiritualité de l'Ame & de ſa Liberté, pour en éxprimer les actes, diſent, qu'elle ſe détermine-elle-même. Il ſe peut donc que les anciens Philoſophes, ayent dit, dans le même ſens que l'Ame a la force de ſe mouvoir. Rien ne me paroit prouver plus fortement ſa diſtinction d'avec le Corps, que le ſentiment qu'elle a de ſa Liberté, & les actes qu'elle en éxerce. Si la Subſtance de l'Ame étoit étendue & que ſes différentes penſées fuſſent la ſuite de ſes différens mouvemens comme un Corps ne peut ſe remuer lui même, l'Ame ne pourroit point modifier elle-

DU PYRRHONISME. 481

» elle-même fes Penfées ni appliquer à fon gré fon attention, tantôt fur un Objet tantôt fur un autre.

» X. SENNERT avoit beau dire, dit Mr. Bayle, » que l'Ame des bêtes ne fubfiftoit point, comme fait » l'Ame de l'homme, après cette vie, il ne laiffoit » pas d'établir un Dogme, felon lequel il eft fûr que » l'Ame des bêtes eft de même efpèce que celle de » l'homme. La différence de leur fort quant à la » durée ne coule que de la différence de leurs per- » fections, mais du bon plaifir du fouverain Maitre, » qui eft une Caufe tout-à-fait externe. Les Mé- » dailles & la Monnoie que les Souverains font fai- » re, font l'image de la conduite que ce Médecin » attribue à Dieu. On fait frapper des Médailles » pour durer éternellement, on fait faire de la mon- » noie pour durer jufqu'à nouvel ordre: car au » bout d'un certain temps on la décrie; elle eft au » billon, on la convertit en d'autres efpèces. Ce- » pendant les médailles & la monnoie font faites du » même metal. Selon Sennert L'Ame de *l'homme* » répond aux *Médailles*, & celle des *bêtes* à la *Mon-* » *noie*. Cette Opinion eft dangereufe; elle nous réduit N.B. » à ne favoir que par révélation l'Immortalité de » nos ames.

Dans le temps qu'on ne favoit rien, ou prefque rien, en matière de Phyfique, étoit-on en droit de nier l'exiftence de tout ce qui frappe nos fens, & de regarder tous les phénomènes de la Nature comme des Songes, parce qu'il n'y en avoit aucun dont on pût alors expliquer les Caufes?

La Formation des Corps organifés eft un fujet enveloppé de grandes obfcurités: Peut-être eft-il néceffaire de l'attribuer à quelques Principes doués de connoiffance; Mais parce qu'on n'a pas affés de Lumières pour déterminer au jufte la Nature & le Sort de ces Principes, revoquera-t-on en doute ce que l'on penfe ordinairement de l'Ame, & toutes les preuves qu'on a de fon Immortalité?

Cette Hypothèfe dangereufe, Mr. Bayle ne néglige aucune occafion de l'établir. La Raifon, felon lui ne nous fournit là-deffus que des Ténèbres & des Incertitudes, la foi feule peut nous tranquilifer.

Mr. Bayle a reconnu le dogme de l'Immortalité important, & d'une Ortodoxie Philofophique. Et qu'y a-t-il d'ortodoxe, & d'hétérodoxe en Philofophie? Quel Principe doit paffer pour vrai, quelle Conféquence doit on regarder comme fûre, fi on a de la Raifon les Idées que Mr. Bayle fe plait fi fouvent à en donner? Ces inégalités de Mr. Bayle, me confirment dans la penfée qu'il avoit écrit en divers temps, à mefure qu'il lui tomboit fous la main des Auteurs qu'il fe faifoit un plaifir de refuter. Il n'a rien voulu prouver, & il a mieux aimé fe contredire que de ne mettre pas à profit tous fes recueils.

C'eft un Privilège dont un Pyrrhonien fe croit particulièrement en poffeffion. Mais le plaifir qu'on trouve à en faire ufage n'eft-il pas le caractère d'un homme qui n'a que de l'Indifférence pour la Vérité, qui fe bonne à donner des Preuves de la Fécondité de fon Génie, & s'attache point à examiner avec l'application que le défir des'inftruire mérite. Il eft encore certain que Mr.Bayle s'exprime, de temps en temps avec uneextrème inconftance; En parlant du mouvement par exemple, il défie qu'on puiffe donner à fes Objections une Réponfe fatisfaifante; & ailleurs après avoir raffemblé les Régles qu'on doit fuivre dans l'examen d'une Queftion, il en conclut que les Argumens par lefquels il a attaqué les Maximes fondamentales de la Religion, font des Argumens victorieux. Qui eft-ce qu's'aviferoit des foupçonner que des expreffions les plus fortes & les plus hardies qu'on puiffe s'imaginer, fe réduifent à celle-ci, qu'il veut qu'on leur fubftitue? Je ne fouhaitte pas qu'on fe perfuade que de tels Argumens *font effectivement infolubles*. Je ne l'affûre pas, je dis *feulement qu'ils me le paroiffent*.

» Rien n'eft plus divertiffant, dit Mr. Bayle, que » de voir avec qu'elle autorité les Scholaftiques » s'ingèrent de donner des bornes à la connoiffance » des bêtes: Ils veulent qu'elles ne connoiffent que » les objets finguliers & matériels, & qu'elles n'ai- » ment que l'utile & l'agréable; qu'elles ne puiffent » réfléchir fur leurs fentimens & fur leurs defirs, ni » conclure une chofe d'une autre. On diroit qu'ils » ont fouillé plus heureufement dans les facultés & » dans les actes de l'Ame des bêtes, que les plus ex- » perts Anatomiftes dans les entrailles des Chiens; » Leur témérité eft fi grand, que quand même le » hazard auroit voulu qu'ils trouvaffent la Vérité, » ils feroient indignes de loüange, & même d'ex- » cufe. Mais donnons leur quartier là-deffus; ac- » cordons leur tout ce qu'ils fuppofent; qu'en efpé- » rent-ils? S'imaginent ils, que ce moien fi ob- » ftinément défendu d'une perfonne qui fait raifonner qu'on » doit convenir que l'Ame de l'homme n'eft pas » de la même efpèce que celle des bêtes. Cette pré- » tention eft chimérique. Il eft évident à quicon- » que fait juger des chofes, que toute Subftance » qui a quelque fentiment, fait qu'elle fent; & il ne » feroit pas plus abfurde de foûtenir que l'Ame de » l'homme connoit actuellement un objet, fans con- » noitre qu'elle le connoit, qu'il eft abfurde de dire » que l'Ame d'un chien voit un oifeau, fans favoir » qu'elle le voit. Cela montre que tous les actes des fa- » cultés fenfitives font de leur nature, & par ce eff en- N E. » ce réflexifs fur eux-mêmes. Le Père Maignan, qui » malgré toutes les connoiffances a croupi dans les » erreurs, & dans la craffe de l'Ecole, à l'égard de » l'Ame des bêtes, avoüe pourtant que pour fen- » tir une chofe il faut connoitre le fentiment que l'on » en a. Il faut donc dire que la mémoire des bêtes, » eft un acte qui les fait reffouvenir du paffé, & » qui leur apprend qu'elles s'en fouviennent. Com- » ment donc ofe-t-on dire qu'elles n'ont pas le pou- » voir, de réfléchir fur leurs penfées, ni de tirer » une Conféquence?

Mr. Bayle fe moque avec raifon des Philofophes de l'Ecole qui ont mis hardiment dans les bêtes, ce qu'il leur a plû. Nous favons par une *Expérience intérieure*, & par conféquent indubitable, ce qui fe paffe en nous, lorfque nous penfons; du moins nous en favons une partie, & ce que nous favons par fentiment, il n'eft pas en nôtre pouvoir d'en douter.

Mais il n'eft pas en nôtre pouvoir de connoitre, par cette voie, ce qui fe paffe dans les bêtes; de forte que pour éviter l'Erreur, on doit être extrèmement fur fes gardes & n'attribuer aux Animaux, qu'on ne peut point interroger, que ce qui eft abfolument néceffaire pour expliquer leurs actions. Les Argumens dont on fe fert pour établir la Diftinction de l'Ame de l'homme d'avec fon Corps, & pour prouver qu'elle eft deftinée à vivre après la Mort, font des preuves d'une très-grande force, & démonftratives pour ceux qui favent s'y rendre attentifs. A ces Raifons on n'oppofe que des Incertitudes, quand on s'efforce de mettre en parité l'Ame des bêtes avec celle des Hommes. Or l'Obfcur & l'Incertain ne doivent point ébranler la *Certitude* de ce qui fe trouve établi par des Raifons évidentes.

Le fentiment que Mr. Bayle traite de ridicule peut avoir deux fens. Si les Scholaftiques, dont il parle, ont prétendu que les Bêtes fentoient fans s'en appercevoir, ou fans que leur fentiment fut une perception, je ne vois rien de plus infoûtenable, & de plus contradictoire.

Mais il eft poffible qu'un Etre ait des fentimens, ait des perceptions, & s'apperçoive qu'il les ait, fans avoir reçû la Capacité de réfléchir fur ces Perceptions, pour avoir foin de les mettre dans fa Mémoire, pour s'informer de leurs Caufes, pour remonter à leurs fources, ou pour en prévoir les fuites

Aaa aaa 2

suites, & prendre là-dessus des mesures.

XI. AVANT que d'examiner en détail ce que Mr. Bayle allégue dans cet Article de *Rorarius* je commencerai par la réfléxion qu'il fait sur le dessein de ce Rorarius.

Car que peut-on voir, dit-il, *de plus grotesque, qu'un homme qui ne prend sa plume pour mettre le genre humain au dessous des bêtes, que parce qu'un Savant trouve mauvais que l'Empereur Charles-Quint aspire à la Monarchie universelle, sans avoir les qualités d'un Othon le Grand, ou d'un Fréderic Barberousse?*

On voit par là que ce livre de Rorarius est l'Ouvrage d'une Imagination échaufée, qui donne Carriére à sa Bile, & qui à la manière des Rhéteurs, se fait une gloire d'éxagérer, & se donne la liberté de citer comme des autorités sûres, tous les contes dont elle a eu quelque connoissance. On ne se doit donc point embarrasser des faits sur lesquels Rorarius se fonde.

Mr. Bayle profite pourtant de ce Nom, & de cet Ouvrage. D'abord il fait remarquer la force de l'Argument que l'on tire de la spiritualité de l'ame pour en conclurre l'immortalité. Le principe d'où on tire cette conclusion est très-sûr: Car si l'étendue est incapable de penser, ce qui pense en nous est sans contredit une substance distincte du Corps. Après cela M. Bayle fait voir l'embarras où jette l'argument tiré de l'ame des bêtes; il Convient que L'hypothèse Cartésienne, qui les dépouille de toute pensée, seroit très-commode, si on pouvoit s'en assûrer. Il ajoûte que cette hypothèse n'est pas moins nécessaire pour donner force à l'Argument qu'on tire des souffrances des petits enfans en vue de prouver le péché Originel, sans lequel leurs souffrances paroitroient des injustices.

Tout ce qui a du rapport à la Réligion, & en particulier en fait quelque Article, m'a toûjours paru trop important pour en faire dépendre la Certitude de quelque Hypothèse Philosophique; & par cette raison j'ai pris le parti de prouver que le Dogme de l'Immortalité de l'ame, ne reçoit aucune atteinte de la supposition même la plus hardie qui est celle qui fait de l'Ame des Bêtes une Substance distincte de leur Corps. J'ai aussi justifié la Bonté de Dieu sur ce qu'elles souffrent, & je traiterai cette même question dans l'éxamen du Pyrrhonisme sur la Providence. Mais j'en dirai encore ici quelque chose.

XII. IL EST tout-à-fait vraisemblable que les Bêtes souffrent beaucoup moins qu'on ne s'imagine; Nos réflexions augmentent nos douleurs, elles y fixent l'attention, & l'appréhension de leurs suites leur donne une nouvelle force. Quand les Bêtes se battent & qu'elles se déchirent, le plaisir de satisfaire leur haine, & leur colère l'emporte de beaucoup sur le sentiment de leur douleur, s'il ne l'étouffe pas entiérement; La même chose arrive à des hommes féroces, & j'ai vu des hommes robustes & stupides, destinés à mourir sur la Rouë, soûtenir sans grimacer les Coups dont on brisoit leurs membres.

Mr. Bayle fait ensuite un dénombrement savant & curieux des différentes opinions qui ont partagé les hommes sur la Nature de l'Ame en général, & sur celle des Bêtes en particulier. Je laisse l'historique parce qu'il ne contient aucune autorité à laquelle on doive céder en matière de Raisonnement, & je reprens ce qu'il dit sur les Philosophes de l'Ecole. " Ils disent que l'Ame des bêtes apperçoit tous " les objets de cinq sens éxternes; qu'elle juge qu'en- " tre ces objets, il y en a qui lui conviennent, & " d'autres qui lui sont nuisibles, & qu'en consé- " quence de ce Jugement elle désire ceux qui lui " conviennent & abhorre les autres: & que pour " joüir de l'objet qu'elle souhaite, elle transporte " ses organes au lieu où il est, & qu'afin de fuir l'ob- " jet qu'elle abhorre, elle éloigne ses organes du lieu " où il est.

" Je conclus de tout cela que si elle ne produit pas " d'autres actes aussi nobles que ceux de nôtre a- " me, ce n'est point sa faute, ou qu'elle soit d'une " nature moins parfaite que l'ame de l'homme; c'est " seulement que les organes qu'elle anime ne ressem- " blent point aux nôtres.

XIII. CE QUE Mr. Bayle vient de dire n'est point certain, & il se peut que cette différence vienne de la nature de ces Ames; Les Objets qui peuvent nuire au Corps d'une bête, font naitre dans son Ame une impression désagréable; Ce sentiment est immédiatement suivi du Desir de s'éloigner, il ne se passe aucune Réfléxion, aucun Raisonnement entre ces deux actes; L'ame des Bêtes est bornée à sentir, & à vouloir, & sa Capacité ne va point jusqu'à réfléchir, au moins n'en avons nous point de preuves convaincantes.

" Je demande, dit-il, à ces Messieurs s'il trouve- " roient bon qu'on dit que l'Ame de l'homme est " d'une autre espéce à l'âge de 55. qu'à l'âge d'un " mois; ou que l'Ame d'un phrénétique, d'un hé- " beté, d'un vieillard qui tombe en enfance, n'est " pas substantiellement aussi parfaite que l'ame d'un " habile homme. Ils rejetteroient sans doute cette " pensée comme une erreur très-grossière, & ils " seroient bien; car ils est sûr que la même ame, " qui dans les enfans ne fait que sentir, médite & " raisonne d'une manière solide dans un homme fait, " & que la même ame qui fait admirer un Esprit & " sa Raison dans un grand homme, ne feroit que " radotter dans un vieillard, qu'éxtravaguer dans un " fou, que sentir dans un enfant.

On ne sauroit disconvenir qu'il ne soit arrivé un grand dérangement dans les organes intérieurs d'un homme qui éxtravague: On s'apperçoit que tout est engourdi dans un Vieillard qui retombe dans l'enfance: Mais peut-on s'empêcher de croire que les Organes d'un Singe, ne soient dans un état d'une plus grande perfection que ceux du Corps humain, & les Animaux brutes n'ont-ils pas presque tous plus d'agilité & de déxtérité naturelle, qu'on n'en remarque dans les hommes?

" On seroit une erreur crasse, continuë Mr. " Bayle, si on prétendoit que l'Ame de l'homme " n'est susceptible de des pensées qui nous sont " connues. Il y a une infinité de sensations & de " passions, & d'idées dont cette ame est très-capa- " ble, quoi qu'elle n'en soit jamais affectée pendant " cette vie: Si on l'unissoit à des organes différens " des nôtres, elle penseroit autrement qu'elle ne " pense aujourd'hui & ses modifications pourroient " être beaucoup plus nobles que celles que nous " éprouvons. S'il y avoit des Substances qui dans " des Corps organisés, eussent une suite de sen- " sations, & d'autres pensées beaucoup plus subli- " mes que les nôtres, pourroit-on dire qu'elles sont " d'une nature plus parfaite que nôtre ame? Non " sans doute; car si nôtre ame étoit transportée dans " ces Corps-là elle y auroit cette même suite de " sensations & d'autres pensées beaucoup plus subli- " mes que les nôtres;

Je tombe d'accord que deux Substances Intelligentes, entiérement égales, pourroient être unies à des Corps très-différens, & par les Loix arbitraires de l'Union, se trouver assujetties à des maniéres de penser très-différentes. Mais si on prétend qu'il ne puisse y avoir aucune autre cause de différence, je ne crois en droit de le nier. Dé là tombera la Conséquence que tire Mr. Bayle, quand il dit.

" Il est aisé d'appliquer ceci à l'Ame des bêtes. " On nous avouë qu'elle sent les Corps, qu'elle les " discerne, qu'elle en souhaite quelques-uns, qu'elle " en abhorre quelques autres. C'est assés; elle est donc " une Substance pensante, elle est donc capable de la " pensée en général: elle peut donc recevoir toutes " sortes de pensées, elle peut donc raisonner, elle

" peut

„ peut connoitre le bien honnête, les Universaux,
„ les Axiomes de métaphysique, les Régles de la
„ Morale &c.

„ Comme de ce que la Cire peut recevoir la figu-
„ re d'un Cachet, il s'enfuit manifestement qu'elle
„ est susceptible de la figure de tout Cachet, il s'fuit
„ aussi dire que dès qu'une ame est capable de pen-
„ sée elle est capable de toute pensée…. Ce mor-
„ ceau d'étain qui ne fût jamais une assiette, le sera
„ dès que vous le jetterés liquide dans le moule
„ d'une assiette. Jettés de même cette ame de bête
„ dans le moule des idées universelles, & des no-
„ tions des Arts & des Sciences, je veux dire unissés-
„ la à un Corps humain bien choisi, ce sera l'Ame
„ d'un habile homme & non plus celle d'une bête.

Ces Raisons seroient concluantes si l'Ame de l'hom-
„ me & l'Ame de la bête se ressembloient tout com-
„ me deux morceaux de Cire, ou comme deux mor-
„ ceaux d'étain se ressemblent ; Mais il se peut que la
„ différence en soit incomparablement plus grande.
„ Pourquoi n'y auroit-il pas entre les *Substances qui*
„ *pensent* autant de différence, & peut-être beaucoup
„ plus, qu'entre les Substances *étendues* ? L'empreinte
„ d'un Cachet ne sauroit rester ni sur l'eau ni sur
„ l'air : On ne sauroit jetter en moule de la pierre
Ibidem „ molasse pour en faire des Utensiles ; On ne viendra
„ jamais à bout de changer un Ais en une plaque trans-
„ parente ; Ainsi les Substances pensantes peuvent avoir
„ des *natures*, des maniéres d'être, des *formes* qui les
„ bornent à une certaine manière de penser, & les rendent
„ incapables de s'élever à de plus parfaites. Vnies l'Art. V.

„ A quoi fongés vous, dit-il, aux Philosophes Pé-
„ ripatéticiens, lorsque vous osés prétendre que si
„ l'ame des bêtes ne raisonne pas, elle est substanti-
„ ellement moins parfaite, que les ames qui raison-
„ nent ? Il faudroit premièrement que vous prou-
„ vassiés que le défaut de raisonnement dans les bê-
„ tes procède d'une imperfection réelle & intérieu-
„ re de leur ame, & non pas des dispositions or-
„ ganiques dont elle dépend ; Mais c'est ce que vous
„ ne sauriés jamais prouver.

Il n'est pas nécessaire que nous prouvions cela,
c'est à vous à prouver que cette différence ne peut
pas venir d'une autre cause.

Ibidem „ Si pour conserver à nôtre ame, continue Mr.
„ Bayle, le privilège de l'immortalité, on l'étend
„ sur celle des bêtes, dans quels abimes se trouve-
„ ra-t-on ? que serons nous de tant d'ames immor-
„ telles ? y aura-t-il aussi pour elles un Paradis & un
„ Enfer ? passeront-elles d'un corps à un autre ? se-
„ ront-elles anéanties à mesure que les bêtes meu-
„ rent ? Dieu créera-t-il incessamment une infinité
„ d'esprits, pour les replonger sitôt après dans le
„ néant ? combien y a-t-il d'insectes qui ne vivent
„ que peu de jours ! Ne nous imaginons pas qu'il
„ suffise de créer ces ames pour les bêtes que nous
„ connoissons. Celles que nous ne connoissons point
„ sont encore en plus grand nombre. Le Micros-
„ cope nous en fait découvrir par milliers dans une
„ goute de liqueur. On en découvriroit bien d'au-
„ tres si l'on avoit des Microscopes plus parfaits, Et
„ qu'on ne dise pas que les insectes sont des machi-
„ nes, car on expliqueroit plutôt par cette hypo-
„ thèse les actions des chiens que les actions des
„ fourmis & des abeilles. Il y a peut être plus
„ d'esprit & plus de raison dans les animaux invisi-
„ bles que dans les plus gros.

J'ai répondu à toutes ces Conséquences ; on peut
imaginer des hypothéses possibles & vraisemblables,
qui dès qu'on les a admises font tomber les Difficultés & l'étonnement où ces conséquences jettent.

Ibid. m. „ Pour le moins nous concevons, dit-il, claire-
Note G. „ ment qu'une substance non étendue qui peut sentir, est
„ capable de raisonner, & par conséquent si l'ame
„ des bêtes est une substance non étendue capable
„ de sensation, elle est capable de raisonnement &
„ est donc de la même espéce que l'ame de l'homme.

C'est trop conclure : Elle est du même genre,
du genre des *substances non étendues, & pensantes*,
mais ce genre peut se diversifier en plusieurs Espéces, & Dieu a pû borner les substances qu'il a créées
à demeurer ce qu'elles sont, & à ne point s'élever à
une perfection au degré qu'il leur en a assigné.

Un Etre que Dieu a fait pour n'avoir que des
sensations est un être, qui, par là même qu'il n'a été
fait que pour cela, n'est pas capable d'aller plus loin,
& n'y ira jamais, à moins que le Créateur n'y veuille
pour ainsi dire retoucher.

Mr. Bayle se trompe donc quand il assure le *Ibidem*
contraire. " Pour ce qui concerne, dit-il, un Etre *Note G.*
„ qui n'est que de sensations, ils le croiront très-
„ possible, tout de même qu'il seroit possible qu'un
„ certain morceau de matière fût toujours rond, si
„ Dieu y vouloit empêcher éternellement la trans-
„ position des particules. N'en déplaise au Pere
„ Daniel il ne s'est pas apperçu de ce qu'on lui a fait
„ changer quand on dit d'abord, *un Etre capable*
„ *uniquement de sensation*, & puis *un être qui n'est*
„ *que des sensations*. La possibilité du prémier est
„ inconcevable : celle du second est manifeste ; Mais
„ comme un morceau de Cire, où Dieu empêche-
„ roit incessamment la transposition des particules,
„ seroit de la même espéce qu'un morceau de Cire
„ où le changement des extrémités produiroit inces-
„ samment une nouvelle figure ; disons aussi qu'un
„ substance que Dieu borneroit toûjours aux *sensa-*
„ *tions*, seroit de la même espéce qu'une substance
„ qui s'éléveroit jusqu'au *raisonnement*.

„ Nous avons besoin d'un Système qui donne
„ raison de l'industrie surprenante des abeilles, des
„ chiens, des singes, & des éléphants ; & vous
„ nous venés donner une ame de Bêtes qui n'a que
„ des sensations, qui ne pense point, qui ne raison-
„ ne point. Songés y bien, vous comprendrés qu'une
„ telle ame ne suffit pas à l'explication des Phéno-
„ mènes.

„ Donnés aux Abeilles une Ame qui ait précisé-
„ ment les Idées des parties visibles qui composent le miel,
„ & de leur assemblage ; Faites que cette Ame ait le
„ désir d'assembler de telles parties, un Corps enfin
„ propre à exécuter ce qu'il désire ; Par là même qu'elle ne
„ penseroit à quoique ce soit d'autre, & qu'elle ne se
„ seroit point distraite, elle remplira sa tâche parfai-
„ tement.

„ Ils ne se tirent, dit-il, pas mieux du précipice *Ibidem*
„ où on les jette, quand on les engage à trouver *Note H.*
„ du sens, & quelque ombre de raison, dans la
„ production continuelle d'un nombre presque infini
„ de substances, qui dont ceteris totalement peu
„ de jours après ; quoi qu'elles soient beaucoup plus
„ nobles, & beaucoup plus excellentes que la ma-
„ tière qui ne perd jamais son existence.

„ L'Hypothése de Mr. Leibnitz, dit Mr. Bayle, *Ibidem*
„ pare tous ces coups ; car elle nous porte à croi-
„ re 1. que Dieu au commencement du Monde a
„ créé les formes de tous les Corps, & par consé-
„ quent toutes les ames des bêtes ; 2. que ces ames
„ subsistent toujours depuis ce tems-là, unies in-
„ séparablement au prémier Corps organisé dans le-
„ quel Dieu les a logées. Cela nous épargne la Mé-
„ tempsychose, qui sans cela seroit un azile où il fau-
„ droit se sauver nécessairement.

„ Afin qu'on voie si j'ai bien compris sa pensée
„ je mets ici une partie de son discours. C'est ici
„ où les transformations de Mrs. Swammerdam, Mal-
„ pighi, & Leeuwenhoeck, qui sont des plus excel-
„ lens observateurs de notre temps, sont venu[e]s à
„ mon secours, & m'ont fait admettre plus aisément
„ que l'animal, & toute autre substance organisée ne
„ commence point, lorsque nous le croyons, &
„ que sa génération apparente n'est qu'un dévelop-
„ pement, & une espéce d'augmentation. Aussi si je

Bbb bbb   remar-

„ remarqué que l'Auteur de la Recherche de la vé-
„ rité, Mr. Regis, Mr. Hartsoeker, & d'autres
„ habiles hommes n'ont pas été fort éloignés de ce
„ sentiment. Mais il restoit encore la plus grande
„ Question, de ce que ces ames ou ces formes de-
„ viennent par la mort de l'animal, ou par la do-
„ struction de l'individu de la substance organisée.
„ Et c'est ce qui embarrasse le plus, d'autant qu'il
„ paroît peu raisonnable que les ames restent inuti-
„ lement dans un cahos de matière confuse. Cela
„ m'a fait juger enfin qu'il n'y avoit qu'un seul
„ parti raisonnable à prendre ; & c'est celui de la
„ Conservation non seulement de l'ame, mais en-
„ core de l'animal même, & de sa machine organi-
„ que ; quoique la destruction des parties grossières
„ l'ait réduit à une petitesse qui n'echappe pas moins
„ à nos sens, que celle où il étoit avant que de
„ naître. Aussi n'y a-t-il personne qui puisse bien
„ marquer le véritable temps de la mort, laquelle
„ peut passer longtemps pour une simple suspension
„ des actions notables, & dans le fonds n'est jamais
„ autre chose dans les simples animaux : témoins les
„ Ressuscitations des mouches noiées & puis ensève-
„ lies sous de la craye pulvérisée, & plusieurs exem-
„ ples semblables, qui font assés connoître qu'il y
„ auroit bien d'autres ressuscitations, & de bien plus
„ loin, si les hommes étoient en état de remettre
„ la machine. Il est donc naturel que l'animal aiant
„ toujours été vivant & organisé (comme des per-
„ sonnes de grande pénétration commencement à le
„ reconnoître) il le demeure aussi toujours, & puis
„ qu'ainsi il n'y a point de prémière naissance, ni
„ de génération entièrement nouvelle de l'animal, il
„ s'ensuit qu'il n'y aura point d'extinction finale,
„ ni de mort entière prise à la rigueur métaphysi-
„ que, & que par conséquent au lieu de la trans-
„ migration des ames ; il n'y a qu'une transfor-
„ mation d'un même animal, selon que les orga-
„ nes font plus différemment & plus ou moins dé-
„ veloppés ;
Il y a du Possible & du Vraisemblable dans cette
hypothèse. Qu'on y ajoute les Conjectures de l'Auteur de l'Essai de la Providence ; Voilà des possibilités qui ne laissent pas l'Objection sans réplique
& qui nous doivent faire conjecturer qu'il pourroit
y avoir encore d'autres dénouëmens.

ex dem Mr. Bayle examine, une autre pensée de Mr.
Leibnitz, qui me paroit, de même qu'à lui des plus
outrées ; il la refute avec une Clarté & une Solidité
qui ne laisse aucun lieu au Pyrrhonisme.

Il n'y a pas un entièrement visible qui puisse faire
demeurer en suspens entre l'affirmation & la négation
sur cette Question-là.

Dieu peut, par sa toute-Puissance, disposer les
parties d'un Air, de manière qu'elles composeront
un Corps transparent. Si de là on conclut qu'il
peut élever l'Ame d'une bête à la perfection de l'A-
me humaine, comme il peut changer des *Pierres* en
hommes & en faire des enfans à Abraham, il ne s'ensuit pas que le fort de l'Ame des bêtes, devienne
actuellement semblable à celui de l'Ame humaine,
comme il ne s'ensuit pas que le bois soit destiné à
devenir un Corps transparent. On ne sauroit disconvenir que Dieu ne puisse créer une Substance
différente de l'Etendue, & dont la manière de penser
se borne aux foibles sentimens que l'on éprouve
quand on s'endort. Il peut ensuite l'élever à des
pensées plus parfaites, mais elle ne s'y élévera point
d'elle même, s'il n'a pas voulu qu'elle en eut la
force.

Une preuve bien forte que les Ames des bêtes
font bornées à de certaines opérations, c'est que nous
ne voions point qu'elles se perfectionnent, & que
des Abeilles, par exemple, dont une partie a été
empoisonnée, en se posant sur quelque fleur, fassent
penser aux autres qu'elles doivent se précautionner
contre ces sortes de dangers.

Les hommes au contraire se perfectionnent par le
secours les uns des autres ; Un homme, né sourd
& muet, apprend à marquer aux autres ses pensées
par mille gestes, qu'ils rend de jour en jour plus
ingénieux & plus significatifs.

„ On embarrasseroit beaucoup, dit Mr. Bayle, *Continu-*
„ un Stratonicien si on lui disoit, vous ôtés à la *sion des*
„ Nature le sentiment, d'où vient donc que vous *versés*
„ sentés & que vous avés de l'esprit ? Une Nature *Tom. II.*
„ insensible peut-elle donner la pensée à un petit *pag. 5 6.*
„ nombre de ses portions ? Et pourquoi la donne-t- *Œuvres*
„ elle à celles-là plûtôt qu'à d'autres ? Il ne répon- *Div.*
„ droit rien qui vaille, mais en se jettant *Tom. III.*
„ sur la rétorsion il prendroit un peu d'haleine. N'a- *pag. 543.*
„ voüés-vous pas, répondroit-il à nos Philosophes,
„ que la nature est insensible, & que néanmoins
„ les bêtes sentent, quoi qu'elles ne soient que des
„ portions de la nature, & que tout ce qu'elles ont
„ soit tiré de la matière ?
„ Si la Nature a pû s'élever jusques là dans les Ani-
„ maux, elle pû s'élever dans l'homme jusqu'au
„ dégré de Connoissance qu'il possédés ; c'est donc
„ à vous à résoudre la Difficulté. Nos Philoso-
„ phes ne se rairoient pas ; Ils alléqueroient bien des
„ raisons solides en elles-mêmes, mais qui laisseroient
„ toûjours des ouvertures à la réplique. Un Carté-
„ sien pourroit se promettre de tout autres avanta-
„ ges dans cette Dispute, en niant d'abord que rien
„ de matériel puisse sentir.

Il paroit que Mr. Bayle se seroit fait un grand
plaisir que l'on s'en fût tenu précisément à l'hypothèse Cartésienne pour l'Ame des bêtes, & qu'on eut
dit tout net qu'il faut ou qu'elles soient des machines sans sentiment, ou que l'Ame de l'homme ne
soit pas une Substance distincte du Corps.

XIV. C'EST visiblement raisonner très-mal ; c'est *On défen*
combattre ce *qu'on fait par ce qu'on ne fait pas* ; c'est *sur le*
revoquer en doute ce dont on a des preuves solides, *Cartésien*
à cause de quelques questions qui embarrassent sur *sur le sen-*
un sujet obscur. Nous nous connoissons nous-mê-*timent.*
mes, c'est-à-dire nôtre Ame se connoit elle même
par sentiment : Nous ne connoissons point ainsi l'Ame
des bêtes ; ce que nous connoissons de nôtre pensée
suffit pour nous convaincre qu'elle n'est pas Corps
& que ce qui pense en nous est différent de l'Etendue.

Mais me demandera t-on ; Que pensés-vous sur le
compte des bêtes ? Croiés-vous qu'elles aient une
Ame comme la votre ? Je répons que j'ai *des Raisons très-fortes pour ne pas le croire* : Si elles étoient
capables de Réflexion, elles se perfectionneroient
beaucoup plus qu'elles ne font, comme je l'ai déja
dit, au lieu qu'on les voit toujours les mêmes, &
qu'elles sont aussi bêtes qu'elles ont été toûjours
été. Il n'est pas vraisemblable *que cela vienne* de la constitution de leurs Organes, incapables de servir l'Ame,
une Ame aussi juste que les nôtres, car on trouve
dans plusieurs Animaux, une souplesse & une habileté que nous n'avons point. Si on continue à
m'interroger & qu'on me demande, croiés-vous que
les bêtes ne sentent point ? croiés vous qu'il n'y
ait aucune pensée en elles ? *Je ne prendrai pas le
parti de le nier*. Mais si cette pensée, est-ce l'Etendue qui, en elles, devient capable de penser ? *Je
ne le crois par* ; car cela me paroit contradictoire.
Cette Substance, ajoûtera-t-on, qui pense dans les
bêtes & qui est différente de l'Etendue peut-elle continuer d'exister quand même la Machine de leur Corps
sera toute renversée, en passer dans les parties en feront dissipées ? *Cela est possible*, car il n'y a point de Substance qui n'ait son existence à part d'une autre Substance.

Dès là qu'on ne me fasse plus de Questions. Je
n'y pourrai répondre qu'en disant, *Je ne le sai pas.*
Par exemple que devient leur Ame ? *Je n'en sai rien* ?
s'endort-elle quand la bête meurt, & reste-t-elle sans
ou dans un sentiment très-foible & invari-
ble, le même, ou tel à peu pres, que celui qui
saisit au moment qu'on s'endort, & qui dure jusqu'au

DU PYRRHONISME 485

qu'au réveil ? *Au cas qu'un Etre qui pense ne puisse pas exister sans quelque espéce de pensée, cela se pourroit. Mais quel est leur sort ? vous venés de le dire.* Mr. Bayle fait le mauvais plaisant quand il demande si on les placera en Paradis, ou en Enfer ?

Si une autre personne aimoit mieux supposer que l'Ame d'une Bête passe dans le Corps d'une autre de la même espéce ; je ne lui ferois point d'Objections sur une chose aussi obscure. Si on trouve plus à propos de dire, que Dieu ordonne qu'une Substance capable de certains sentimens & de certains désirs, sans idées & sans réflexions qui l'éclairent comme l'Ame de l'homme, éxiste, pendant que la Machine d'un Animal subsistera vivante, pour la conduire par ses sentimens, & par ses désirs, & que comme son éxistence n'est ordonnée que pour ce temps là, elle ne s'étend point plus au-delà, je ne prendrai point parti contre lui.

Mais si quelqu'un prend occasion de là de former des Doutes sur l'Immortalité de son Ame, il me seroit aisé de lui faire connoitre qu'il n'y a point de Conséquence de l'une à l'autre. Nous réfléchissons sur nôtre éxistence ; & nous faisons bien d'y réfléchir ; car en réfléchissant ainsi nous faisons usage d'une de nos plus excellentes facultés, nous nous mettons en état de connoitre nôtre bonheur, & d'en rendre grace à celui qui en est la source. Dès que nous connoissons nôtre éxistence nous faisons bien de l'estimer & de l'aimer, qu'elle soit présent estimable & aimable. Ce que nous estimons & que nous aimons, nous en devons souhaiter la durée, la Raison le veut ainsi. Sur tout nous devons souhaiter de continuer à penser, pour penser plus parfaitement, pour connoitre nôtre Auteur, & pour l'adorer avec plus de dévouement. Celui qui pense ainsi fait son Devoir, celui qui pense autrement le néglige. La Sagesse, la Bonté, la Justice de Dieu, nous permettent-elles de penser que le sort de l'un sera tel que celui de l'autre, que celui qui ne veut rien valoir n'a rien à craindre, & que celui qui fait tout ce qu'il peut pour agréer à son Créateur n'a rien à espérer. C'est ainsi que le Dogme de l'Immortalité de l'Ame est nécessairement lié avec les Idées de la Réligion, sans quoi il est inutile.

L'Auteur de l'Essai Philosophique sur l'Ame des Bêtes, dans la pag. 127. refute très-solidement ce Principe supposé par Mr. Bayle, *que ce qui est capable de pensée est capable de toute pensée ; car c'est tout comme si vous disiés, l'Etre en général est susceptible d'étendue, de mouvement, de volonté &c : Donc une arbre & une pierre sont susceptibles de sentimens ; car ce qui participe à l'être en général doit renfermer toutes les espéces d'Etres.*

Je me suis tellement rencontré avec cet ingénieux & solide Philosophe que j'aurois eu tout le tort du monde de ne le citer pas à tout coup, si mon Ouvrage n'avoit pas été composé avant que le sien parût, & si dans ce que j'ai écrit sur l'Ame des Bêtes dans l'Examen du Pyrrhonisme je ne l'avois déja publié il y a plus de 15. ans à Lauzanne.

On lira avec plaisir ce que cet habile homme a écrit sur les Preuves de l'Immortalité de l'Ame pag. 129. & suivantes, & avec fruit si l'on donne à ces preuves l'attention qu'elles méritent.

Objections sur l'Ame n'est-ce qu'il s'agit d'expliquer sur l'Ame, &c. Tom. III. Div. pag. 146.

XV. SUR la fin de l'Article 113 de la Continuation des pensées diverses sur les Comètes Page 146. Mr. Bayle étale l'Obscurité, c'est-à-dire les Ténébres, & l'Ignorance où l'on se trouve, quand il s'agit d'expliquer la maniere dont le Corps agit sur l'Ame, & l'Ame agit sur le Corps, & le rapport de certains sentimens avec certains organes, dont les trémoussemens sont précisément accompagnés de certaines manières de penser constamment déterminées. Cela prouve que le *Corps & l'Ame*, la *Pensée & l'Etendue* ont un Maitre commun, qui a établi entre ces deux genres d'être les rapports qu'il lui a plu, qui n'a donné aucune connoissance à l'une de ces

Substances, & qui a renfermé les Connoissances de l'autre, dans les bornes qu'il a trouvé à propos de leur assigner. Voilà sans contredit des raisons qui satisfont ; Nous connoissons en partie, nous ignorons en partie.

Mais que répondrois vous à un Athée, qui vous diroit, Oh ! Il se pourroit bien que dans toutes les parties de la Nature, c'est-à-dire, dans toutes les parties de l'Univers , il se trouvât quelques Etres pensans à leur manière, qui les dirigeroient comme les Ames font les Corps.

J'ai déja remarqué ailleurs qu'on ne refuteroit ce Système par les mêmes raisons que le Concours fortuit des Atomes. L'éxistence de l'Ame d'un Chou n'a *Logique. L. I. P. L. S. II.* aucune liaison nécessaire avec l'éxistence de l'ame *Art. XI.* d'un Sapin, ni l'éxistence de l'Ame d'un Cheval, avec celle de l'Ame d'une Mouche, ou avec l'Ame de diverses plantes. D'où vient donc que toutes ces choses qui n'ont entr'elles aucune liaison naturelle & nécessaire éxistent ensemble ? D'où vient qu'à point nommé l'éxistence de l'une se trouve accompagnée de l'éxistence d'une infinité d'autres dont elle a besoin ? Ces considérations prouvent l'éxistence d'une Cause universelle, à qui tout est connu, & qui a présidé sur tout.

Continuation des Pensées Diverses, Tom. II. pag. *Ibidem.* 547. Art. 113. " On peut dire, continue Mr. Bayle, la même chose des facultés de l'Ame de l'homme ; nous entendons le son d'une Cloche sans nous y être préparés, & sans savoir cequ'il faut faire pour exciter en nous cette perception. La douceur du miel appliquée à nôtre langue, est sentie avant que nous aions eu le temps de choisir la faculté qui se rapporte aux saveurs : le choix en cela n'est nullement en nôtre puissance, nous ne savons pas seulement comment se forment nos idées.

" Dans la Réponse aux Questions d'un Provincial *Oeuvres Div. Tom.* Tom. IV. pag. 211. Mr. Bayle dit ; Les preuves de *III. 2.* l'Immatérialité de Dieu sont très-fortes, en voici la *pag. 94.* gradation. Dieu doit être une nature Intelligente ; tout ce qui est matériel, est composé de parties. Il faut donc que Dieu soit immatériel. Mr. Cudworth a mis N B. dans le plus beau jour du monde, la vérité de toutes ces propositions. Ainsi dès que l'on aura surmonté la peine de bien comprendre les raisonnemens qui prouvent cela, & qui sont quelquefois d'une abstraction fatigante, on pourra se reposer tranquilement sur cette persuasion que Dieu est immatériel. Mais pour jouir N B. d'une parfaite quiétude là-dessus, il faudroit que les conséquences de ce dogme, ne combattissent pas quelques autres Vérités qu'il nous importe de retenir ; car si nous ne pouvons point résoudre ces conséquences, nous retomberons dans l'incertitude. Les raisons qui prouvent l'immatérialité de Dieu, prouvent aussi l'immatérialité de tous les Etres pensans. Il faudra donc dire ou que les bêtes sont des automates ou que leur ame est incorporelle. Choisirés-vous le prémier parti, tout le monde vous sifflera, & vous connoitrés vous-même tôt ou tard que vous avancés en cela une hypothèse insoutenable. Le second parti vous exposera à cent objections insolubles, & quand on ne feroit que vous demander si l'Ame d'une bête éxiste dans le Corps de cette bête, ou vous railleroit bien de la besogne. Si vous répondiés qu'elle n'éxiste, ni dans le Corps de cette bête, ni dans aucun autre lieu, vous trouveriés peu de Gens qui daignassent vous écouter, & vous parleriés sans les comprendre dans vôtre dogme. Si vous répondiés qu'elle éxiste dans le Corps de cette bête, l'on concluroit qu'elle est étendue, & par conséquent matérielle, & qui vous feroit tomber en contradiction.

" C'est alors qu'il faudroit mettre en usage les deux espéces d'étendue, que les Scholastiques ont débitées, l'une indivisible & pénétrable, l'au- re divi-

„ divisible & impénétrable. Laissons l'ame des bê-
„ res, parlons seulement de l'ame de l'homme. Ils
„ disent que notre Ame est répandue par tout le
„ corps, ou plûtot qu'elle le pénétre, c'est-à-dire
„ qu'elle occupe le même espace que nôtre Corps ;
„ mais avec cette différence qu'elle est toute entiére
„ dans chaque partie de l'espace. Voilà donc deux
„ substances qui remplissent le même lieu, l'une
„ divisiblement, l'autre indivisiblement. Mais je
„ leur demande l'ame humaine est-elle étenduë, ou
„ non ? Si elle est étenduë elle est composée de par-
„ ties, ou bien l'idée que nous avons de l'étenduë est
„ fausse, & par conséquent incapable de nous rendre
„ aucun service dans la recherche de l'immatérialité de
„ Dieu ; de sorte que les raisonnemens de Mr. Cud-
„ worth ne battront plus que d'une aile ; car on ne
„ sauroit prouver que les êtres matériels sont com-
„ posés, que parce qu'ils sont étendus. Or cette
„ preuve devient nulle, s'il y a des êtres étendus
„ qui n'aïent point de parties. Si l'on répond que
„ l'ame humaine n'est point étenduë j'en conclurai
„ qu'elle ne peut se trouver en aucun espace, ni être
„ unie avec aucune matiére, & qu'il est donc faux
„ qu'elle éxiste dans le Corps de l'homme. Or
„ dans quel embarras ne se précipitet-t-on pas, si on
„ dit qu'il n'y a point de liaison locale entre l'ame
„ & les Corps ? L'évidence, ou pour le moins quel-
„ que notion un peu distincte accompagne-t-elle le
„ Discours de ceux qui parlent ainsi.

„ Joignés à cela que lors même qu'on se voudroit
„ contenter de la distinction entre l'étenduë indi-
„ visible & pénétrable, & l'étenduë indivisible &
„ impénétrable, l'on ne se délivreroit pas de toute
„ difficulté ; car il est impossible de concevoir l'ac-
„ tion des Corps sur une substance pénétrable. Nous
„ ne concevons pas qu'ils puissent agir que par im-
„ pulsion, or ils ne sauroient pousser une chose avec
„ laquelle ils sont pénétrativement dans le même es-
„ pace, & qui ne résiste point. Comment donc est-
„ ce que nos organes agiroient sur l'ame, si elle é-
„ xistoit dans le même espace qu'eux, & si elle étoit
„ pénétrable ? Répondra-t-on qu'ils ne sont qu'une
„ cause occasionelle de ce qui se passe dans nos ames ?
„ Mais la plus part des Philosophes ne veulent point
„ ouïr parler d'une telle solution, elle leur semble un
„ rémede pire que le mal, & je vous avouë qu'elle
„ est sujette à des inconvéniens très-fâcheux, quoi
„ qu'il me paroisse que ce soit la seule qu'on puisse
„ donner. Vous voïés donc qu'en supposant que
„ l'ame de l'homme est un esprit, l'on ne trouve
„ plus le moïen de concevoir que nos Corps fassent
„ sur nos ames les effets que nous éprouvons.

„ Mr. Cudworth nous apprend que ceux qui
„ voulurent satisfaire aux objections que l'on fonde
„ sur ce que l'ame change de lieu, car elle quitte le
„ Corps quand un homme meurt, supposérent qu'il
„ y a une portion de matiére très-subtile, qui est
„ le véhicule perpétuel de l'Ame, mais Mr. le Clerc
„ observe avec beaucoup de raison que cela ne lève
„ point la difficulté, puis qu'on peut faire par rap-
„ port à ce véhicule de l'ame les mêmes instances
„ qu'on avoir faites par rapport au Corps qui meurt,
„ ou qui se sépare de l'ame. On ne peut nier que
„ ce véhicule ne change de lieu ; il transporte donc
„ son ame tantôt ici , tantôt là, elle passe donc réel-
„ lement d'un lieu à un autre, & il ne serviroit de rien
„ de dire que le vin d'un Tonneau demeure toû-
„ jours dans le même lieu, quoi que le tonneau soit
„ transporté d'une Province à une autre. Ce n'est
„ qu'à certains égars que le vin garde toujours la
„ même place ; ce n'est , dis-je , qu'à l'égard du ton-
„ neau , mais absolument parlant ; il est mû & trans-
„ porté, il acquiert de nouvelles relations locales à
„ tous les Corps. Ce qui ne peut convenir à une chose
„ non étenduë.

„ S'il est impossible de comprendre que l'ame é-
„ tant immatérielle occupe le même lieu que le Corps

„ humain, il n'est par moins impossible de com-
„ prendre que Dieu étant une Nature immatérielle,
„ soit présent par sa substance, ou par son essence
„ dans des espaces infinis. Cela veut dire que son
„ Immensité, ou l'attribut qui fait que la substance
„ divine est répandue par tout dans le Monde , hors du
„ Monde, à l'infini, ne s'accorde point avec son Imma-
„ térialité; car dès que vous concevés une chose répandue
„ dans des Espaces, vous la concevés étenduë, &
„ par conséquent matérielle , puisque nous n'a-
„ vons point d'autre notion de la matiére que celle
„ d'une Substance étenduë. Je sai bien que beau-
„ coup de gens se paieront de la distinction , entre
„ occuper un lieu *circumscriptivement*, ou l'occuper
„ *définitivement*, mais cela n'est bon à dire que dans
„ les Ecôles, où un jargon que l'on n'entend point
„ passe pour une belle réponse ; Ceux qui cher-
„ chent la vérité, selon l'analyse rapportée ci-dessus,
„ se moquent d'une distinction qui n'éclaire point
„ l'esprit. Or quand vous leur répéteriés mille fois
„ qu'il y a une présence locale propre aux natures
„ immatérielles, qui sait qu'elles sont toutes entiéres
„ dans chaque point de l'espace, de sorte que sans être
„ ni composées ni étenduës , elles occupent un lieu
„ à trois dimensions, ils ne pourroient acquiescer
„ à vôtre doctrine, qui non seulement ne peut exciter
„ en eux aucune notion , mais qui de plus se trouve
„ contraire à des notions évidentes qu'ils ont dans
„ l'esprit.

„ Les Cartésiens ont si bien connu la force de cet-
„ te vérité, qu'ils disent que c'est faire Dieu cor-
„ porel, que de soûtenir que sa substance est répandue
„ par tout, & que de lui donner une immensité telle
„ qu'on l'éxplique dans les Ecoles , & que presque tous
„ les hommes imaginent. Ils soûtiennent que
„ Dieu étant un Esprit n'éxiste dans aucun lieu,
„ & que les Esprits créés ne sont nulle part , &
„ que c'est la plus grande chimére que de supposer
„ que nôtre ame soit unie localement avec nôtre
„ corps, & qu'elle éxiste dans nôtre Corps. Mais à qui
„ ont-ils pû persuader que leur dogme soit re-
„ cevable ? Pour un Théologien qui s'en soit ac-
„ commodé, il y en a eu cent qui l'ont combat-
„ tu avec une extrême chaleur. Il n'a nulle con-
„ venance avec nos maniéres de penser : il met nô-
„ tre esprit à la gêne ; une substance qu'on ne peut
„ placer dans aucun lieu, qu'elle prise peut-elle
„ donner à nos Conceptions ? L'ancien dogme de
„ l'immensité divine , & de l'union locale de nô-
„ tre ame & de nôtre Corps a conservé son regne.
„ Cela tient sans doute en suspens ceux qui se
„ défient de la clarté de leurs idées, pendant qu'ils
„ savent que ce qui leur paroit véritable est rejetté
„ comme faux par un très-grand nombre d'habiles
„ Docteurs.

XVI. QUOI qu'un Dogme soit établi sur des *Réponse*
Preuves claires & convaincantes, on ne laisse pas de
lui opposer des difficultés ; Mais il en est de trois
sortes qu'on lui oppose inutilement, & qui sont incapables de l'ébranler. Telles sont 1. Celles que l'on
peut parfaitement résoudre sans qu'elles laissent dans
l'esprit le moindre embarras. 2. Celles pour la discussion desquelles, on voit que nous aurions besoin d'I-
dées qui passent les forces présentes de nôtre Entendement. 3. Celles pour la solution desquelles il est
possible d'inventer une hypothese vraisemblable. Ces
deux derniers Cas ont lieu dans la Question présente.
1. *L'Immatérialité de Dieu, & celle de l'Ame sont
établies par des Raisons très-fortes* de l'aveu de Mr.
Bayle. 2. La Nature de la Substance qui pense, en
général & , en particulier, la Nature de Dieu ne
nous sont point connuës assés distinctement pour éxpliquer aussi distinctement leur rapport avec le Lieu.
Une chose est sûre encore, c'est que sans le sens que
Dieu est présent , en quelque endroit de l'espace
qu'on voudra, dans le même sens il est présent à
tous les autres ; car on ne peut assigner aucune borne
à au-

à aucune de ses Perfections, ni de ses Relations.

On peut encore concevoir que la Volonté toute puissante de l'Intelligence Suprême, qui a trouvé à propos de créer non seulement des Etres étendus & qui *ne pensent point*, mais de plus des êtres qui *pensent* & qui ne sont point étendus ; pour mettre de la liaison entre des ouvrages d'une Nature si différente, mais formés l'un & l'autre de la même Main, il a assujetti les Etres qui pensent à s'intéresser & à de certains Corps, & ces Corps dont l'Idée leur est particuliérement présente, ces Corps sur lesquels leur Volonté agit immédiatement, étant l'endroit de l'Univers sur lequel leur Volonté efficace se déploie, il est regardé comme l'endroit où elles sont.

Il est des Intelligences dont l'action se peut faire sentir à plusieurs Corps successivement, sans l'entremise d'aucun autre Corps, ces Intelligences sont dégagées de la matière, & sont estimées passer rapidement d'un espace à un autre, parce que les effets de leur Volonté sur un Corps sont suivis des effets de la même Volonté sur un autre ; Mais il en est qui ne peuvent rien immédiatement que sur un Corps seul ; l'Auteur de leur être les a assujettis à ce Corps, par l'entremise seule duquel elles peuvent agir sur les autres, & les en a rendues dépendantes.

Il se peut que Dieu ait donné à des Intelligences de pouvoir agir en même temps sur un grand nombre de Corps, par l'effet immédiat de leur Volonté. Ces Intelligences agiront donc tout comme elles feroient, si elles tenoient la place des Corps qu'elles modifient à leur gré, suivant la nature du pouvoir qu'elles ont reçu de leur Auteur, & l'on peut concevoir de cette manière que l'Ame de JESUS CHRIST homme est au Ciel, & en la Terre, voit nôtre état, écoute nos priéres, jouit de la gloire de son Pére, & fait la félicité des Bienheureux, Il n'y a pour admettre cette vérité, qu'à supposer autant de capacité dans l'Entendement de Jesus Christ, & autant de force dans sa Volonté, qu'il s'en pourroit trouver dans un très-grand nombre d'Ames, quelque nombreuse qu'en fût la multitude. Tout ce qui seroit répandu dans toutes ces Ames se trouveroit réuni en JESUS CHRIST seul.

Toutes les parties de l'Univers sont également présentes à l'Intelligence de Dieu ; sa Volonté fait de chacune d'elles ce qu'il lui plaît, à tous les momens qu'il lui plaît ; il les connoît donc, & il en dispose tout comme il en disposeroit s'il étoit nécessaire pour les connoître & pour en disposer, qu'il fut répandu dans toute l'étendue des espaces que les parties de l'Univers remplissent. Si pour connoître & pour produire il n'est pas nécessaire de toucher, Dieu voit tout, peut tout, & est Maitre de tous, sans aucune *diffusion*, qui mette de la conformité entre sa Nature très-parfaite, & l'Etendue corporelle, ou l'Etendue spatiale. Si cette hypothèse est la vraie, les difficultés sont levées : Mais si la Nature de Dieu rend sa toute-présence & son rapport avec toute l'étendue de l'Univers, d'une toute autre perfection que celle qu'on vient de supposer, il faut humblement & tranquilement attendre des temps plus heureux, où l'on sera plus éclairé, & dans cette attente s'en tenir à ce qu'on sait, sans en laisser ébranler la certitude, par ce qu'on ne sait pas.

Resumé de l'argument d'autorité.

XVII. J'AVOUE que quand on voit un grand nombre d'habiles gens rejetter ce qui paroit vrai, on doit se défier assés de ses Idées pour écouter sans prévention, ce que ces Savans disent, & pour réitérer des examens avec toute la circonspection dont on est capable ; mais la Diversité des Sentimens n'impose point, & la Sagesse, l'obligation de passer sa Vie dans le Doute, malgré toute l'évidence qu'il peut se procurer par la voie de l'examen. L'Etude, le Rang, & la Réputation ne mettent pas au dessus de l'Erreur, & ne garantissent pas de toutes préventions. Les gens de Lettres se trompent aussi bien que les autres, dès qu'ils décident trop vite ; l'Envie & l'Esprit de parti donnent du poids aux Erreurs, & obligent souvent ceux-là même qui s'en apperçoivent à les respecter par leur silence.

Cause de la difficulté qu'on éprouve à se représenter les sort des Intelligences séparées.

XVIII. SI AVANT que d'avoir eu avec nôtre Corps les Relations qui nous intéressent à son fort, & qui nous rendent son Idée si présente, nous avions existé à la manière des Intelligences pures, & nous avions pensé ; affranchis de la dépendance où nous sommes & où nous avons toûjours été, nous serions de quelle manière une Substance qui pense s'occupe d'elle même, sans penser au Corps, ni à la place qu'il occupe, & sans se regarder comme étant dans un lieu plutôt que dans un autre ; mais l'Ame accoutumée & assujettie par les loix de l'Union à traiter son Corps comme elle-même, s'est fait une habitude de se croire là, où est son Corps, & c'est effectivement là où elle est dans le sens que les Esprits peuvent être dans un lieu. La nature du Corps nous est assés connue, pour conclure qu'un Corps ne peut agir par une sorte de l'impression de sa solidité contre la solidité de l'autre. Mais la nature de l'Ame ne nous est pas assés connue, pour expliquer de quelle manière elle agit sur le Corps, & le Corps sur elle.

XIX. Mr. BAYLE continue ainsi ; Réponse aux Questions d'un Provincial Tom. IV pag. 218. "L'Expérience que chacun fait de l'empire de son Corps sur son Ame, combien la Raison est foible dans l'enfance, dans la vieillesse, dans les maladies du Corps, du Sommeil même d'un homme qui se porte bien ; Cette expérience, dis-je, fait des impressions malgré qu'on en ait. Qui ne seroit étonné de voir qu'un simple assoupissement des sens peut faire du plus sage de tous les hommes, le jouët de cent chimères plus extravagantes que les folies de ceux qui sont enfermés dans les petites maisons ? Mais je laisse tous les embarras que l'on peut sentir à la vue de pareilles choses.

Réflexions sur l'union de l'ame & du Corps. Ouvres Div. Tom. III. 2 part pag. 941.

Mr. Bayle se plait de temps en temps à jetter & à laisser son Lecteur dans des embarras d'où il lui seroit facile de le tirer. L'Etre suprême voit tout sans des yeux corporels ; Il lui a plû d'exercer sa Puissance infinie par des Ouvrages très-différents entre eux ; Il a créé des Intelligences séparées des Corps ; Il a voulu que d'autres en dépendissent par rapport à une partie de leurs Pensées & de leurs Volontés. Ce sentiment que nous appellons vue, par lequel on s'apperçoit qu'il y a des objets au dehors, on les distingue & on découvre ce qu'ils sont, cette manière de penser & de sentir ne s'excite pas dans l'Ame de l'homme qu'ensuite de certains mouvemens qui se font faits dans l'œil, & dans un œil, qui a avec le Cerveau de certaines liaison ; Il a voulu encore que d'autres manières de penser eussent de même un rapport avec la disposition du Cerveau & les mouvemens qui s'y font ; Il falloit tout cela pour exécuter le plan qu'il s'étoit fait de lier, par le moien de l'homme, ou d'autres êtres encore, plus ou moins semblables à l'homme, le Monde Corporel, avec le Monde des Intelligences. L'Ame de l'homme depuis le peché moins soûmise à Dieu qu'elle le devoit, & moins attentive à la Raison, vit dans une plus grande dépendance du Corps, & n'en est pas aussi Maitresse qu'elle l'auroit été, s'il n'étoit arrivé du dérangement dans l'homme, dans la condition, & dans l'état de ce qui l'environne.

"XX. J'aime mieux vous dire, continue, Mr. Bayle, Réponse aux Questions d'un Provincial Tom. IV. pag. 219. la difficulté de concilier l'immatérialité des ames humaines avec leur situation dans des corps organisés a contraint d'habiles gens à soûtenir que ce qui constitue la substance d'un Esprit & la substance d'un Corps nous est entièrement inconnu, & qu'ainsi nous ne saurions concevoir les rapports de ces substances à l'autre, ni comment elles s'unissent. Mr. Locke l'un des plus profonds Métaphysiciens de ces derniers temps, ne croioit pas que nous con-

Réflexions sur l'Hypothèse de Mr Locke Ouvres Div. Tom. III. 2 part pag. 941.

,, connoiſſoit la nature des Subſtances. Il avouoit ,, que l'étendue impénétrable, la diviſibilité, la mo- ,, bilité étoient des propriétés de la matiére, ou de ,, la Subſtance corporelle, mais non pas l'eſſence ou ,, l'attribut conſtitutif de la Subſtance de la matié- ,, re. Il croit donc que ces propriétés ſubſiſtoient ,, dans un ſujet que nous ne connoiſſons pas. Il ,, me ſemble que ſelon cela, l'on doit dire que ,, l'étendue n'eſt qu'un accident de la matiére, & ,, c'eſt là le ſentiment ordinaire des Catholiques ,, Romains, & ce qu'ils ont été obligés de ſoute- ,, nir, à cauſe de leur doctrine de la Tranſubſtan- ,, tiation. Or ſi l'étendue n'eſt qu'un accident de ,, la matiére, il s'enſuit que la matiére conſidérée, ,, ſelon ce qu'elle a d'eſſentiel & de ſubſtantiel, ,, n'eſt point étendue, & qu'ainſi elle peut fort ,, bien exiſter ſans nulle étendue. Si tout de mê- ,, me la penſée n'eſt qu'un accident de l'ame, il ,, s'enſuit que l'ame conſidérée ſelon ce qu'elle a ,, d'eſſentiel & de ſubſtantiel, n'eſt point penſante, ,, & qu'elle peut exiſter dans la nature des choſes ,, ſans avoir aucune penſée. Mr. Locke ne pou- ,, voit nier qu'il n'ignorât ce que ſeroit la matié- ,, re dépouillée de toute étendue, & ce que ſeroit ,, l'ame dépouillée de toute penſée. Or quand on ,, ignore cela, je ne vois point que l'on puiſſe di- ,, re qu'il y ait dans la matiére quelque attribut ,, incompatible avec la penſée, ni qu'il y ait dans l'ame ,, quelque attribut incompatible avec l'étendue. Si ,, l'on ſait par expérience que la matiére eſt étendue, ,, l'on peut affirmer véritablement qu'elle eſt ſuſcepti- ,, ble de l'étendue, mais non pas qu'elle n'eſt point ſuſ- ,, ceptible de la penſée ; car pour affirmer ce dernier ,, point il faudroit comparer avec la penſée les attributs ,, eſſentiels de la matiére : Or on ne le peut, pen- ,, dant que l'on ne les connoit pas. Si ſans les ,, connoitre on la croit ſuſceptible de l'étendue ,, que l'expérience nous apprend qu'elle a, ce n'eſt ,, qu'en raiſonnant ſur ce principe, *que de l'acte à* ,, *la puiſſance la conſéquence eſt très-bonne*. Mais au ,, défaut de l'expérience il n'y a qu'une idée claire ,, qui puiſſe faire juger de la proportion, ou de la ,, diſproportion entre une telle, ou une telle ſub- ,, ſtance, & tels ou tels accidens. C'eſt pourquoi ,, ceux qui ignorent ce que la matiére a des penſées, ,, & qui d'ailleurs ne connoiſſent pas ſon eſſence, ,, ne peuvent pas ſoutenir qu'elle eſt incapable de ,, penſer. Appliqués tout ceci à la ſubſtance des ,, eſprits : ſi l'on ſait par expérience qu'ils penſent ,, l'on ſait très-certainement qu'ils ſont ſuſceptibles ,, de la penſée, mais non pas qu'ils ne ſont point ,, ſuſceptibles de l'étendue ; car comment répon- ,, droit-on que parmi les attributs eſſentiels de la ,, **ſubſtance ſpirituelle**, il n'y en a aucun qui ſoit ,, de la ſympathie avec l'étendue ? Si l'on répon- ,, doit de cela l'on connoitroit tous les attributs ,, des eſprits, ce qui eſt contre la ſuppoſition.

,, J'ajoute que ſi la matiére en elle-même & par ſon ,, eſſence eſt une ſubſtance non étendue, on ne ſau- ,, roit deviner qu'il y ait en elle quelque choſe qui ,, ait plus de convenance avec l'étendue qu'avec la ,, penſée, & ainſi l'on ne peut ſe perſuader que la pen- ,, ſée eſt auſſi bien que l'étendue l'un des accidens ,, qui ont été ajoutés à ſa ſubſtance. Si d'autre ,, côté l'ame de l'homme eſt en elle-même, & par ,, ſon eſſence une ſubſtance penſante, quelle plus ,, grande ſympathie lui trouverons-nous avec la ,, penſée qu'avec l'étendue ? Ne faudra-t-il pas dire ,, que l'étendue eſt auſſi bien que la penſée l'un des ,, accidens qui ont été ajoutés à ſa ſubſtance. En ,, un mot cette doctrine de Mr. Locke nous me- ,, neroit tout droit à n'admettre qu'une eſpèce de ſub- ,, ſtance, qui par l'un de ſes attributs s'allieroit avec ,, l'étendue & par l'autre avec la penſée, ce qui ,, étant une fois poſé on ne pourra plus conclure que ,, ſi une ſubſtance penſe, elle eſt immatérielle.

,, On pourroit faire d'autres objections à Mr. ,, Locke, car il ſemble qu'il veuille nous ramener ,, à l'ancien Cahos des Scholaſtiques, à l'éduction des ,, formes, à la diſtinction réelle entre la ſubſtance ,, & les accidens, & à de tels autres dogmes abſo- ,, lument inexplicables. En effet ſi la matiére n'eſt ,, point étendue quant à ſon eſſence ou à ſa ſub- ,, ſtance, elle n'a pû acquérir de l'étendue que de la ,, maniére que ſelon les Catholiques Romains ſuppoſent, ,, qui eſt de dire que les formes ſont tirées de la ,, puiſſance de la matiére, quoi qu'elle n'y exis- ,, taſtant pas, que par exemple la quantité, c'eſt-à- ,, dire, les trois dimenſions ont été produites par é- ,, duction dans une matiére qui étoit réduite à un ,, point mathématique. On leur prouve démon- ,, ſtrativement que trois pouces d'étendue ne peu- ,, vent être tirés que du lieu où ils exiſtoient déjà, ,, qu'ils ne peuvent donc être tirés d'un ſujet non ,, étendu, & qu'ainſi leur production eſt une vraie ,, Création. Mais la Création de trois pouces ,, d'étendue de quoi ſervira-t-elle, ſera ce à rendre ,, étendue, ce qui n'eſt point étendu, & ce qui n'a ,, aucune étendue ? Comment la matiére deviendra- ,, t-elle étendue par une étendue dont elle eſt diſtin- ,, cte réellement ? Il n'y a pas moins de difficulté ,, à cela, qu'à faire qu'une ame devienne formelle- ,, ment penſante par la penſée d'une autre ame. La ,, penſée d'une ame eſt une maniére d'être de cette ,, ame, & ne peut être par conſéquent une entité ,, diſtincte réellement de cette ame. Or la penſée ,, d'une ame eſt réellement diſtincte d'une autre ame, ,, elle ne peut donc être la penſée de cette autre a- ,, me, & par la même raiſon une étendue diſtincte ,, réellement de la matiére, ne ſera jamais une ma- ,, niére d'être de la matiére ; elle ne pourra donc ja- ,, mais la rendre étendue.

,, Combien ſeroit-il plus avantageux à la Réli- ,, gion de s'en tenir au principe des Cartéſiens que ,, l'étendue & la matiére ne ſont qu'une ſeule & ,, même ſubſtance ? Si l'on nous menoit à quelque ,, choſe de clair en abandonnant ce principe, bien ,, des gens prendroient patience, mais on nous jet- ,, te dans des ténèbres d'autant plus obſcures que ,, nous ſavons que les attiburs eſſentiels, d'une ſub- ,, ſtance ne différent point numériquement entre eux, ,, & ainſi nous ne ſaurions croire qu'il ſoit poſſible ,, que la matiére ſi alliée avec l'étendue par un attri- ,, but, & avec la penſée par un autre. Il faut que la ,, même attribut en nombre ſerve à ces deux offices ,, c'eſt-à-dire, que la matiére dont l'eſſence n'eſt ,, autre choſe que ſes attributs eſſentiels réellement ,, identifiés, & entre eux & avec elle, s'uniſſe par tou- ,, te ſa ſubſtance avec la penſée & avec l'étendue. ,, Spinoza qui enſeignoit que l'Etre éternel & né- ,, ceſſaire avoit tout enſemble l'attribut de penſant ,, & l'attribut d'étendu, reconnoiſſoit que cet alli- ,, age étoit incompréhenſible & l'endroit le plus foi- ,, ble, & le plus embarraſſé de ſon ſyſtème.

,, Quand Mr. Bayle veut, il a toute la netteté d'eſ- ,, prit qu'on peut demander à un Philoſophe ; il met ,, ici une matière très-abſtraite à la porte de tous les ,, Lecteurs qui la trouveront aſſés intéreſſantes pour s'y ,, rendre attentifs : Mais quand il prouveroit encore ,, plus démonſtrativement que Mr. Locke s'eſt trom- ,, pé, il n'avanceroit pas mieux la Cauſe du Pyrrho- ,, niſme. J'ai déja fait remarquer la foibleſſe de l'Ar- ,, gument par lequel il prétend prouver qu'on ne ,, peut être aſſuré de rien puiſque les Doctes convien- ,, nent ſi peu, j'en ai même fait l'application à Mr. *Voies l'Art.1371* ,, Locke en particulier. La diverſité des ſen- ,, timens ſert à affirmir la Certitude de ce dont on ,, convient, & dont on ne ſauroit s'empêcher de con- ,, venir ; cette Maxime s'applique d'elle-même à la ,, Queſtion préſente ; On eſt aſſuré que l'on penſe, on ,, avoue que la Subſtance qui penſe ne nous eſt pas entiérement ,, connue, & qu'il s'en faut beaucoup qu'elle le ,, ſoit. On demande ſi cette Subſtance inconnue ne

pour-

pourroit point avoir deux Attributs tout différens; la pensée l'un, & l'Etendue l'autre? On répond qu'Oui: j'ai fait voir que ce sentiment ne porte aucune atteinte au Dogme de l'immortalité de l'Ame. Mais la vérité est qu'on ne peut pas faire cette Réponse; car par là même qu'on avoue que la nature d'une Substance est inconnue, on se met dans la nécessité de dire qu'on ignore quels sont les Attributs dont la Nature est susceptible, & quels sont ceux qui y répugnent ? On ne sait donc, ni s'il y a une telle Substance, ni quels peuvent être ses attributs. On voit dans cet exemple, de même que dans plusieurs autres, que l'Incertitude commence à naître dès que les Idées manquent. On s'en tirera donc à mesure qu'on verra clair, & qu'on ne prononcera que sur ce qu'on connoit; & lors qu'un sujet ne sera conu qu'en partie, si l'on demeure dans le doute & dans l'ignorance par rapport à ce qu'on n'y connoitra pas, on pourra décider sûrement sur ce dont on aura des Idées, pourvu que les Décisions ne s'étendent pas au delà nos Idées.

L'on apprend de l'histoire de la vie de Mr. Locke qu'il avoit d'abord étudié l'ancienne Philosophie de l'Ecole, & qu'il s'en dégouta dans la suite; Mais on peut renoncer à une grande partie de ses préjugés sans les abandonner tous; Il reste quelquefois dans les Esprits les plus attentifs des Impressions secrétes que l'Education y a laissées; C'est ainsi que les Juifs & les Platoniciens portérent quelques-uns de leurs Dogmes dans le Christianisme. Mr. Locke s'étoit peutêtre un peu trop attaché à la Méthode de définir établie dans l'ancienne Ecole. Le Corps, disoit-il, est une *Substance étendue*, il a donc ceci de commun avec les Etres non étendus qu'il est une *Substance*, & il en est distingué par l'Etendue, qui est son prémier attribut: Cet Attribut je le connois, mais la Substance dont il est l'attribut, & par laquelle le Corps ressemble aux Etres non étendus, je ne la connois pas. Quelques propriétés des Corps dont Mr. Locke s'apperçut qu'il n'étoit pas facile de rendre raison par le seul Méchanisme de l'étendue, le confirmérent dans la pensée qu'il falloit chercher dans le Corps une Substance qui fut la vraie cause de ses propriétés. Les Difficultés qui se présentant, dès qu'il s'agit d'expliquer l'Union de l'Ame & du Corps & leur dépendance mutuelle, lui parurent encore tomber dès qu'on suppose une *Substance* qui a deux *Attributs* différens, celui de l'*étendue*, & celui de la *pensée*. Mr. Locke adopta donc cette hypothèse, & des études toutes différentes auxquelles il s'interessa beaucoup plus, & auxquelles il donna son attention & son temps, furent cause qu'il ne l'examina pas avec toute l'application nécessaire pour la revoquer.

Il me semble qu'on peut l'arrêter dès les prémiers pas de cette gradation; le mot de *Substance* est le nom d'une *Idée vague*, comme sont les termes de *Nombre* & de *Figure*; Comme donc il n'y a pas un nombre qui soutienne les différences du Pair & de l'Impair, comme il n'y a pas une Figure qui soutienne tantôt l'attribut de Circularité, tantôt l'attribut de Triangulaire, il n'y a point non plus une Substance susceptible de la pensée, susceptible de l'étendue, & susceptible de toutes les deux; Mais l'Idée vague de Substance, s'applique également, & à celle qui pense, & à l'étendue qui est une Substance par là même qu'elle est & Etendue; car l'Etendue a son existence propre, son existence n'est point l'existence d'une autre chose, elle a son existence à part, & séparée de l'existence de tout ce qui n'est pas étendu. Je n'ai pas besoin, pour convenir si nous voulons juger des choses suivant nos Idées.

Loq. P. I. S. 11. Ch. I. A. I. & III. Voii aussimos Traite de raphysiciens, Dupiri Substantia.

Que Mr. Locke ait été un des habiles hommes du siécle passé, personne n'en disconvient. Mais qu'il doive être compté entre les plus exquis Métaphysiciens, c'est ce dont il est permis de douter à certains égars, & Mr. Bayle lui même en fournit des preuves en le refutant. Dans l'éloge donc,

qu'il lui donne d'abord, il a pour but d'*appuier* sur son autorité, le parti de l'incertitude & du doute.

XXI. JE VAI rapporter quelques leçons de Socrate, elles serviront à prouver que la Lumière naturelle nous conduit aux vérités que la Révélation a confirmées sur l'Immortalité de l'Ame & le double sort qui attend les hommes après cette vie. *sentimens de Socrate*

Les peines des méchans, dit-il, ne se bornent pas aux malheurs de cette Vie, ni à la Mort dont les Bons ne sont pas même exempts, & qui sont des punitions trop courtes, mais ce sont des peines horribles & qui ne finiront jamais. *Platon Livre IV. des Loix.*

Vous avés en vous une Nature qui ayant quelque chose de divin vous porte à croire des Dieux, mais la prospérité des Méchans dont on vante le bonheur, quoi qu'ils soient en effet très-malheureux; vous jette dans l'Impiété; vous ne pouvés voir des scélérats parvenir, sans aucun mal, à une extrème vieillesse, & laisser après eux les enfans de leurs enfans héritiers de leurs biens & de leur fortune; vous ne pouvés les voir sans en être ébranlé; Vous avés souvent ouï dire, & vous avés vu de vos propres yeux que des gens de néant sont montés sur le Trone par des crimes, & pour cela vous n'osés pas véritablement nier les Dieux, ni les accuser d'en être la Cause; car il y a quelque chose en vous qui vous en empêche, & qui y répugne. Mais séduit & trompé par vôtre folie, en avouant qu'il y a des Dieux, vous vous réduisés à dire qu'ils n'ont aucun soin des choses humaines. Il faut rémédier promptement à cette maladie avant qu'elle ait eu le temps de croitre & de vous précipiter dans l'abime de l'Impieté. Il ne vous sera peut être pas difficile de penser que les Dieux ont soin des plus petites choses comme des plus grandes, & que la Divinité étant la vertu même étend sa Providence sur tout. *Platon Livre II.*

Si Dieu négligeoit les hommes, ce seroit ou par Malice, ou par Ignorance, ou par Foiblesse, ou par Négligence, ou par Paresse: Aucun de ces vices, qui sont en nous, ne peuvent se trouver en Dieu, qui étant souverainement parfait, est la Bonté, la Science, l'Intelligence, la Force, la Providence, l'Activité même. Il a soin de toutes choses, car il les a créées, & elles sont toutes à lui. Comment négligeroit-il donc les hommes qui lui appartiennent plus particuliérement? Dieu est-il moins habile, ou moins soigneux que les Artisans? Ceux-ci à mesure qu'ils sont plus habiles, portent leurs ouvrages petits ou grands, à une plus grande perfection sans y rien oublier; & Dieu qui est très-sage, très-habile, & qui a la puissance comme la volonté, n'aura soin que des grandes choses, & négligera les autres choses dont il est encore plus aisé d'avoir soin, comme s'il étoit paresseux, & qu'il craignit la peine.

Tot ou tard *Dieu rend à chacun selon ses œuvres*. Les bons qui ont été malheureux pendant cette vie sont récompensés dans l'autre, & les *Méchans qui ont toujours joui des plaisirs du Siécle*, sont punis dans les Enfers. C'est une suite nécessaire de la justice de Dieu. Il est impossible d'éviter ce jugement que les Dieux ont établi par cette Providence que vous combattés, & dont vous serés un jour malheureusement convaincu; ne croiés pas qu'elle vous néglige. Quand pour vous mettre à couvert vous vous cacheriés dans les Abimes de la Terre; quand vous auriés des ailes & que vous iriés vous cacher dans les Cieux, par tout sa Providence vous saisira, & vous n'éviterés pas les supplices que vous méritès; soit dans les Enfers, ou dans quelqu'autre lieu encore plus terrible.

Les Bons seront à la droite de Dieu, & les Méchans à la gauche, d'où ils seront précipités dans les Abimes & dans les ténébres de dehors, piés & poings liés: Là ils seront tourmentés par des esprits de feu, & l'on entendra des gémissemens & des hurlemens épouvantables. *Platon Livre X. de la Répub.*

Il est

Il est difficile de savoir la Vérité dans cette vie, mais se lasser avant que d'avoir fait tous ses efforts pour la découvrir, c'est l'action d'un homme très-*mou & très-lache*, & il faut apprendre des autres ce que c'en est, ou le trouver soi-même ; que si l'une ou l'autre voie sont impossibles parmi toutes les raisons humaines il faut choisir la meilleure & la plus forte, & s'abandonner à elle comme à une nacelle pour passer cette Mer orageuse, & tâcher d'échapper à ses tempêtes & à ses écueils, à moins que nous ne puissions en avoir une plus sûre & plus ferme, comme quelque promesse ou quelque Révélation divine, afin que sur elle, comme sur un vaisseau qui ne craint aucun danger, nous achévions heureusement le voiage de cette Vie.

Platon dans le Thedus.

Si ce que je dis se trouve vrai il est très-bon de le croire ; & si après ma mort il ne se trouve pas vrai, j'en aurai toujours tiré cet avantage dans cette Vie, que j'aurai été moins sensible aux Maux qui l'accompagnent ordinairement ; mais je ne serai pas long-temps dans cette ignorance, je la regarde comme un très-grand mal ; heureusement elle va se dissiper.

SECTION ONZIEME.

Examen du Pyrrhonisme sur la Liberté.

Etat de la Question.

I. LA QUESTION, de la Liberté de l'homme, en elle-même des plus simples, & des plus faciles à résoudre, est devenue des plus épineuses par les vaines subtilités & le verbiage des Métaphysiciens : On a de plus très-mal posé l'état de cette Question. Demander si l'homme est Libre, ce n'est pas comme quelques-uns le prétendent demander si toutes les déterminations de la Volonté de quelque nature qu'elles soient sont *également faciles*, si de tous les Partis qu'on peut prendre, il n'y en a point auquel il soit *difficile de se résufer*, & s'il n'y en a point non plus, auquel il soit *difficile de se résoudre*. On demande encore moins, si toutes les Résolutions qu'on a prises sont également faciles à éxécuter, on ne demande pas non plus si tous les hommes font un *Usage continuel* de leur Liberté ; au contraire on reconnoit que la plupart s'abandonnent aux Impressions des sens, & à toutes les Idées qui mettent en branle leurs Passions, & que leur Ame est le jouët des Circonstances où ils se trouvent, comme la fumée l'est du Vent. Il arrive encore à bien des gens de faire usage de leur Liberté, sans s'appercevoir qu'ils en font usage, & sans se convaincre qu'ils en ont une. Il faut réfléchir sur nos Facultés & sur leurs Actes pour les connoitre : Rien ne reste dans nôtre Mémoire que ce que nous prenons soin d'y graver par la Réflexion. Un homme par éxemple, s'amuse à une fenêtre, & pendant l'espace d'un quart d'heure, il voit cent Objets passer sous ses yeux ; il s'ennuiroit, si cette variété n'occupoit sa vûë ; demandés-lui pourtant ce qu'il a vû pendant tout ce temps-là ? A peine pourra-t-il à la dixième partie ; Surprenés-le, & lui demandés tout d'un coup à quoi il pense ? Il sera réduit à vous répondre qu'il ne pense à rien, c'est-à-dire il ne réfléchit pas sur les perceptions dont-il a pourtant un sentiment direct, par là même que ce sont des perceptions.

Le peu donc d'attention que font les hommes sur ce qui se passe dans leur intérieur, & la rapidité avec laquelle les actes de leur Esprit naissent, s'évanouissent, se succedent les uns aux autres, sont cause qu'ils sont étrangers à eux-mêmes, & qu'ils se connoissent si peu ; & c'est pour cela qu'ils s'avisent de demander aux autres ce qu'ils sont, de consulter bien des Livres, & de discuter bien des controverses pour s'en instruire. Une longue habitude à ne point réfléchir leur rend cette occupation pénible, lors qu'ils s'avisent de l'entreprendre. Se sentir eux-mêmes, démêler ce qui se passe dans leur Intérieur, est pour eux quelque chose de si nouveau, qu'ils n'osent pas seulement s'y hazarder, dans la crainte de se donner des peines inutiles. Si quelqu'un leur sert de guide, & leur apprend la Méthode avec laquelle il faut s'étudier, les Vérités & la connoissance desquelles ils sont parvenus par ce secours, sont ébranlées par les prémiéres Objections qu'un Antagoniste un peu subtil leur propose : On les met dans un autre point de vûë, où ils croient appercevoir tout le contraire de ce qu'on leur avoit fait remarquer, faute de savoir distinguer ce que des actes simples en apparence renferment pourtant de composé. Voilà le précis des Réfléxions sur lesquelles cette Partie de mon Examen régnera.

II. POUR connoitre ce que j'entens par le mot de Volonté, il n'y a qu'à descendre en soi-même, à se sentir, & à faire attention sur ses propres actes. *Ce que c'est que Volonté.* Par cette attention sur son intérieur, on apperçoit, & on se convainc, que la Volonté, ou si vous voulés nôtre Ame elle-même, est si fort la seule Cause Immédiate de sa résolution, de son choix & de sa détermination, que l'on ne sauroit alléguer d'autre raison de sa Volonté, que sa Volonté même, Pourquoi avés-vous voulu ainsi dans un tel cas ? Pourquoi avés-vous voulu ainsi dans un autre ? C'est, vous savés bien, c'est uniquement parce que vous l'avés voulu.

Quand pour me donner le plaisir de faire usage de ma Liberté, je léve le bras droit, & je baisse le gauche, j'ouvre une main, & je ferme l'autre, qui est ce qui me détermine à l'un ou l'autre de ces Choix ? Moi-même uniquement. Je veux fermer la gauche, & pourquoi plutot que la droite ? Parce que je le veux. La *Volonté* ne seroit pas *Volonté* si elle n'étoit pas Maitresse d'elle-même. Ainsi encore lorsqu'on a jetté des pistoles dans une bourse, & qu'on m'ordonne de dire si leur nombre est pair ou impair, à condition que si je rencontre juste, elles seront pour moi. Je vois bien qu'il est de mon Intérêt de parler, mais je ne suis que dire, aucune Lumiére ni aucune Inclination, ne me fait pancher pour l'un, plutôt que pour l'autre des deux mots, sur lesquels mon choix va tomber, & quand je dis *Pair*, par éxemple, plutôt qu'*Impair*, c'est par un effet de mon choix, je le veux ainsi, c'est toute la raison que j'en puis dire ; Des raisons me déterminent à *penser* plutôt qu'à *me taire, mais aucune ne me détermine* à dire *Pair* plutot que *Impair*.

Il se trouve des gens, quoi qu'en petit nombre qui contestent à l'homme sa Liberté : Il vous semble, disent-ils, que vous agissés librement, mais vous n'êtes point libres ; Une cause secrète, & nécessaire, opére toutes vos déterminations, J'aimerois autant qu'on me dit qu'il me semble que je pense, mais que pourtant je ne pense pas ; car si le sentiment reproduit pas une pleine certitude, il n'est pas sûr que je pense, il n'est pas sûr que j'éxiste, & on ne sauroit alléguer des preuves qui surpassent la force du Sentiment intérieur ; Or avec autant d'évidence que je m'apperçois que je pense & que je suis, avec autant d'évidence sens-je, que je suis Libre, que je suis l'Auteur de mon choix, & que je forme mes volontés moi-même.

Mais disent-ils, *Ne vous semble-t-il pas que vôtre volonté remuë vôtre bras* ? Il vous le semble ainsi ; cependant il n'est pas sûr qu'elle en soit la cause ; La plupart des Philosophes le nient, & il n'y en a aucun qui ne soit bien embarrassé à éxpliquer un effet si ordinaire. Je répons que s'il me semble que ma Volonté remuë mon bras elle-même, & que je le croie, quoi qu'il n'en soit rien, & que par conséquent je me trompe, c'est ma faute de juger ainsi téméraire-ment

Du PYRRHONISME.

ment de ce qui ne m'est pas assés connu. A la Vérité je sens bien 1. que je veux que mon bras ait du mouvement, & il est certain que je le veux, 2. Je sens encore que je forme cette volonté, & je suis de même assûré que je suis l'Auteur & la cause de cet acte de Volonté 3. Je m'apperçois en troisiéme lieu, que le mouvement de mon bras succéde à cette volonté, cela est aussi très-vrai, & ne souffre pas de contestation. Mais je ne m'apperçois point, & je ne sens en aucune maniére que je produise ce mouvement, & que j'en sois seul la cause; Loin de cela je ne sais comment il se fait. Tout cela que je sens est donc sûr, & tout cela que je ne sens point demeure douteux.

Objection. III. *Réponse aux Questions d'un Provincial Tome* *Oeuvres* III. *page* 762. *Cette Erreur*, dit Mr. Bayle, *aprés* *Div.Tom.* *avoir dit que les Payens ont cru faussement que tout ce* *II s.s.art* „ *qu'il y a de Substances dans l'Univers existent par elles-* *pag.* 385. „ *mêmes*, & *qu'elles ne peuvent jamais être anéanties*,
„ & *qu'ainsi elles ne dépendant d'aucune autre chose qu'à*
„ *l'égard de leurs modifications sujettes à être détruites par*
„ *l'action d'une Cause externe*, ne vient-elles pas de ce
„ que nous ne sentons point l'action créatrice qui
„ nous conserve, & que nous sentons seulement que
„ nous éxistons, que nous le sentons, dis-je, d'une
„ maniére qui nous tiendroit éternellement dans l'i-
„ gnorance de la cause de nôtre Etre, si d'autres lu-
„ miéres ne nous secouroient? Disons aussi que le
„ sentiment clair & net que nous avons des actes de
„ nôtre volonté, ne nous peut pas faire discerner,
„ si nous nous les donnons nous-mêmes, ou si nous
„ les recevons de la même cause qui nous donne
„ l'éxistence. Il faut recourir à la réfléxion ou à
„ la méditation pour faire ce discernement. Or je
„ mets en fait que par des méditations purement
„ Philosophiques, on ne peut jamais parvenir à une
„ certitude bien fondée que nous sommes la cause
„ efficiente de toutes nos volitions ; car toute per-
„ sonne qui examinera bien les choses, connoîtra
„ évidemment que si nous n'étions qu'un sujet pas-
„ sif à l'égard de la volonté, nous aurions les mêmes
„ sentimens d'expérience que nous avons lorsque
„ nous croions être Libres. Supposés par plaisir que
„ Dieu ait réglé de telle sorte les Loix de l'Union
„ de l'Ame & du Corps, que toutes les modalités de
„ l'Ame sans en excepter aucune soient liées néces-
„ sairement entr'elles, avec l'interposition des moda-
„ lités du Cerveau, vous comprendrés qu'il ne vous
„ arrivera que ce que vous éprouvons : il y aura
„ dans nôtre ame, la même suite de pensées depuis
„ la perception des objets des sens qui est la pré-
„ miére démarche jusqu'aux Volitions les plus fixes
„ *qui font la derniere démarche.* Il y aura donc
„ cette suite de sentiment des idées, celui des affir-
„ mations, celui des irrésolutions, celui des vélléi-
„ tés, & celui des volitions. Car soit que l'acte
„ de vouloir nous soit imprimé par une cause ex-
„ térieure, soit que nous le produisions nous-mê-
„ mes, il sera également vrai que nous voulons, &
„ que nous sentons que nous voulons, & comme
„ cette cause extérieure peut mêler autant qu'elle
„ veut de plaisir dans la volition qu'elle nous im-
„ prime, nous pouvons sentir quelquefois que les
„ actes de nôtre volonté nous plaisent infiniment,
„ & qu'ils nous ménent selon la pente de nos plus
„ fortes inclinations. Nous ne sentirons point de con-
„ trainte : Vous savés la maxime ; *Voluntas non*
„ *potest cogi* : Ne comprenés vous pas clairement
„ qu'une girouette à qui l'on imprimeroit toûjours
„ le mouvement vers un certain point de l'horizon,
„ & l'envie de se tourner de ce côté-là, seroit per-
„ suadée qu'elle se mouvroit d'elle-même, pour
„ éxécuter les désirs qu'elle formeroit? Je suppose qu'el-
„ le ne sauroit point qu'il y eut des Vens, ni qu'une
„ Cause extérieure fit changer tout-à-la fois, & sa
„ situation & ses désirs. Nous voilà naturelle-
„ ment dans cet état, nous ne savons point si une

„ cause invisible nous fait passer successivement
„ d'une pensée à une autre, Il est donc naturel que
„ les hommes se persuadent qu'ils se déterminent
„ eux-mêmes. Mais il reste à éxaminer s'ils se trom-
„ pent en cela, comme en une infinité d'autres cho-
„ ses qu'ils affirment par une espéce d'instinct &
„ sans avoir employé les méditations Philosophiques.
„ Puis donc qu'il y a deux hypothéses sur ce qui
„ se passe dans l'homme, l'une qu'il n'est qu'un
„ sujet passif, l'autre qu'il a des vertus actives, on
„ ne peut raisonnablement préférer la seconde à la
„ prémiére pendant qu'on ne peut alléguer que des
„ preuves de sentiment, car nous sentirions avec une
„ égale force, que nous voulons ceci ou cela, soit
„ que toutes nos volitions fussent imprimées à nôtre
„ ame par une cause extérieure & invisible, soit que
„ nous les formassions nous-mêmes.

Réponses. IV. SOMMES nous purement passifs, ou si nous sommes des êtres à qui le Créateur ait donné quelque force, & qu'il ait rendus capables de quelque *Activité* ? *Pour le savoir il faut*, dit Mr Bayle, recourir à la *Réfléxion* ou à la *Méditation pour faire ce raisonnement*. J'en tombe d'accord ; Réfléchissons attentivement sur nos actes & nous nous convaincrons que nous sommes actifs. Mais *si* le sentiment paroit tout propre à nous persuader de nôtre *activité*, la *Méditation* nous prouvera bientôt le contraire. Je l'avoüe si l'on prend pour principe l'hypothése de la Conservation, telle que le vulgaire des Métaphysiciens la suppose.

Mr. Bayle ne se borne pas là. Ne seroit-il pas possible, dit-il, que nôtre Ame fut un sujet uniquement passif, dans lequel Dieu créât une *suite d'idées* *d'Affirmations*, *d'Irrésolutions*, *de Velléités*, *de Voli*tions? *La cause extérieure accompagnera nôtre volition* *d'un plaisir qui la rendra infiniment agréable*, & de plus, *cette cause de qui nous viendront toutes nos pen*sées, *n'imprimera en nous aucun sentiment de contrainte.*

Il faut avoir un étrange goût, pour les paradoxes, pour les Chimères, & pour tout ce qui conduit à l'Irréligion pour se représenter l'être suprême, à la puissance & à la sagesse duquel est dû toute la Beauté de l'Univers, se plaisant à créer sur des sujets purement passifs, des idées dont les unes sont conformes à la vérité, & les autres y sont tout opposées, & se plaisant encore à nous faire sentir des apparences de liberté & d'activité, se plaisant enfin de créer dans nos esprits cette Question, *L'homme est-il libre?* & créant ensuite dans les uns *l'affirmative*, dans les autres la *négative*, dans d'autres *l'irrésolution*, & dans les uns ni les autres puissent décider autrement qu'il ne leur fait décider. Ces conséquences aussi extravagantes ne suffisent-elles pas pour faire rejetter le principe d'où elles coulent?

Nous ne sentons pas seulement des Idées & des Désirs qui succédent à ces Idées, nous sentons de plus que nous donnons, ou que nous refusons nôtre attention à ces idées ; que nous suivons ces désirs, ou que nous les combattons ; Nous ne sentons pas seulement que nous sommes déterminés où à les suivre, ou à les combattre, à fixer nôtre attention, ou à la détourner, nous sentons de plus, que c'est nous qui nous déterminons, & c'est de ce sentiment que nous concluons nôtre Liberté.

Si une Girouette pensoit, & que le vent qui la dirigeroit au sud en lui donnant cette direction, lui entendait l'Idée agréable, & lui en fit naitre le désir, elle sentiroit cette idée & ce désir, elle pourroit ignorer de quelle maniére ils naissent en elle, & quelle est la cause qui les fait naitre. Mais elle ne sentiroit point que c'est elle qui contribue à faire naitre ces désirs elle ne s'appercevroit point qu'elle se détermine elle même à une direction plutôt qu'à une autre, ensuite de l'attention qu'elle veut bien donner à l'une de ces Idées plutôt qu'à l'autre, & aux agrémens qui l'accompagnent, comme nous fentons que c'est nous qui la fufpendons, qui la fixons fur un objet, & qui l'en détournons, & qui nous déterminons nous-mêmes à ces différens actes.

L'idée du bien fait naître le Défir, le Défir est fuivi de la Réfolution de le chercher, la Réfolution fait agir, & l'*Action* produit l'*Effet*. Voilà une enchaînure de Caufes efficientes, nécessaires en elles-mêmes, quoi qu'on donne à la prémière le nom de *Caufe finale*, comme pour la diftinguer de l'*efficiente*. La Liberté peut interrompre cette chaîne, elle peut détourner l'attention d'une idée, & faire que le défir s'évanouiffe avec l'Idée qui le fufcitoit, & fur laquelle on cesse de s'arrêter. On peut auffi oppofer Idée à Idée, & Défir à Défir, & c'est en cela que la caufe Finale diffère des autres caufes efficientes, fimplement nécessaires, & que l'on appelle Phyfiques.

Nous voulons être heureux, voilà un acte de Volonté, voilà une détermination du côté du bonheur, nous fentons cette détermination, & ce fentiment n'est accompagné d'aucune Idée de contrainte mais ce n'est par un acte de Volonté libre, nous ne le fentons point tel, nous ne fentons point que c'est nous qui nous déterminons & qui choififfons entre le défir de la *félicité*, & celui de la *mifére*, nous ne fentons point que nôtre volonté fe détermine elle-même à donner fon attention à l'un de ces objets, quand elle pourroit la lui refufer & la donner à fon contraire. Nous voulons encore penfer aux Moïens de nous rendre heureux, & dès-là les *Déterminations libres* commencent. Il s'en préfente un qui paroît propre à nous donner de la fatisfaction, il eft en nôtre Liberté de nous déterminer à le choifir, à le chercher & à le mettre en œuvre. Nous fentons encore qu'il ne tient qu'à nous, d'éxaminer, avec plus d'attention, quelle fera l'influence de ce moien là, fur nôtre bonheur, de le comparer avec d'autres, de nous arrêter plus ou moins à faire cette comparaifon, ou de prendre un autre parti, après un petit nombre de réfléxions : Il ne tient qu'à nous de fentir que c'eft nôtre volonté qui fe détermine elle-même à prendre ces différens partis.

Quand nous nous trompons, & que nous regardons comme de vrais Biens des Objets qui ne le font pas, nous favons que cela arrive par trop de précipitation dans nôtre éxamen, & que nous aurions pû éxaminer plus meurement : L'impatience d'être heureux, nous fait fouvent prendre de faux biens pour de véritables, cela ne nous arriveroit pas fi nous voulions nous donner tout le temps néceffaire pour éxaminer nos Idées.

Moins nous nous accoûtumons à la réfléxion, plus fouvent il fe trompe. Malgré fon activité il eft toûjours dans l'ignorance, & qui pis eft, il court toûjours après un bonheur qui le fuit, ou dont il s'éloigne lui-même, parce qu'il ne fait pas affés de réfléxions fur les chemins qu'il faut prendre pour parvenir au but où il tend. Mais il ne tient qu'à lui de faire ces réfléxions. Dieu nous a donné une pente au bonheur, pour nous engager à nous tourner du côté des objets qui peuvent nous le procurer. Il a joint à cette pente les idées des objets, le pouvoir d'éxaminer ces idées, & de les combiner comme il nous plaît.

Si l'homme n'avoit aucune Liberté, & fi l'impression des Objets préfens, ou les traces & les reftes de leurs Impreffions, le détermineroient toûjours à vouloir, & à prendre un parti qui leur fut conforme, il lui arriveroit très-fouvent de prendre le mauvais ; Un avantage préfent attire fouvent beaucoup de maux, & un Mal préfent au contraire eft fuivi de beaucoup d'avantages. Il étoit donc très-important que nous euffions la force de réfifter aux impreffions préfentes, de fufpendre leurs effets, & de nous réfufer aux déterminations qu'elles font naître, par elles mêmes, jufques à ce que nous euffions eu le temps d'en bien connoître la nature ; d'en démêler tous les principes, & d'en prévoir toutes les fuites.

Lorfque nôtre attention s'arrête uniquement & toute entière fur un objet, en état de nous procurer quelque utilité ou quelque plaifir, & que nous ne penfons ni ne voulons penfer à autre chofe, il n'eft pas poffible que le cas que le feul bien qui nous frappe ne foit auffi celui qui nous attire. Nous le voulons infailliblement, mais comme nous avons la force de détourner notre attention d'un Objet pour la porter fur un autre, nous nous trouvons toûjours par là, & en ce fens, en liberté de choifir. De tous les objets qui nous environnent, il n'y en a point qui puiffe fe rendre affés Maître de nôtre Volonté pour l'affujettir entièrement, nous pouvons toûjours paffer de l'un à l'autre, & quelque réfléxion qui nous porte à agir d'une certaine manière, & à faire un certain choix, ces raifons ne nous déterminent qu'autant que nous voulons confentir à fuivre leurs impreffions.

J'avoue qu'il n'eft pas ordinaire aux hommes, frappés de quelque idée, ou prévenus par quelque fentiment, de fe déterminer jufques à ce qu'ils les aient éxaminées, & qu'ils aient éxcité quelques fecondes penfées pour les comparer avec les prémières. Il y en a peu qui fe donnent ce foin, & ceux qui le négligent conteftent aux autres une Liberté qu'ils n'éprouvent pas en eux ; mais ils ne l'éprouvent pas, parce qu'ils ne daignent pas en faire ufage.

Que quelqu'un s'avife de fe préférer à un de ces favans qui nient la Liberté, & de fe croire plus habile que lui, & que le Public paroiffe avouer cette préférence ; A quelles plaintes, & à quels emportemens ce Savant fans liberté, fi on veut l'en croire, ne fe laiffera-t-il point aller, fur l'infolence de fon Rival, fur l'Injuftice du Public, & fur l'ignorance de l'un & de l'autre. On veut être loué, on fe croit digne de loüange, & par conféquent on fe fent libre, on le fent, dis-je de temps en temps, on en éprouve les effets, quoiqu'on refufe d'y réfléchir, & d'en tomber d'accord ; car s'il n'y a point de liberté pourquoi fe récrier fur ce qu'ont fait des gens qui ne pouvoient agir autrement.

Il eft des hommes pareffeux & voluptueux fi attentifs à fatisfaire leurs Paffions qu'ils ne veulent point fe donner la peine de fufpendre leurs Réfolutions jufques à ce qu'ils aient confulté la Raifon, qui ne veulent point comparer ce que leurs fens leur font défirer avec ce qu'elle leur ordonne, les Plaifirs & les Intérêts préfens font le Devoir & ce qu'il convient de faire pour l'avenir ; Ils s'abandonnent aux objets des fens & aux Idées qui fe faififfent de leur Imagination. Il arrive par là que fi l'on connoit une fois l'humeur d'une perfonne & fes paffions qui la dominent, fi l'on a réfléchi avec quelque attention fur l'enchaînure des Idées & fur les défirs & les mouvemens du Cœur, on prévoit, dans bien des cas, ce que de telles gens feront, parce que s'étant affermis dans l'habitude de ne faire aucun ufage de leur Liberté, il ne leur arrive point d'interrompre cette fubordination d'Idées, & de Défirs, & d'arrêter les effets de ce Méchanifme. Mais toûjours peut-on dire qu'ils fe font déterminés librement à ne pas faire ufage de leur Liberté, & qu'un temps a été où il ne tenoit qu'à eux d'en faire aifément ufage. Car enfin il en eft de cette faculté comme des autres, elle s'affoiblit faute d'éxercice, comme elle fe fortifie par l'ufage affidu qu'on en fait. On veut les chofes, on ne les veut pas, on s'en approche, ou on s'en éloigne, on les eftime, ou on les defapprouve, fuivant qu'elles s'accommodent avec les Inclinations dont on eft prévenu, ou qu'elles s'y opposent. Mais l'Impuiffance où quelques perfonnes fe trouvent enfin par leur faute, de s'appercevoir diftinctement qu'ils font Libres, ne doit pas ébranler la certitude de ceux qui favent mieux fe connoître

noître, & fentir qu'ils ont en eux une Liberté dont-ils ont eu foin de faire ufage.

Et quant à ceux-là même chés qui la Liberté eft comme affoupie, par l'habitude de ne s'en point fervir, pour fe convaincre qu'ils pourroient la tirer de cet affoupiffement & la mettre en oeuvre, ils ont, de l'aveu de Mr. Bayle, *une Reffource dans la Morale & dans la Réligion* : Et ce n'eft pas là une foible reffource. Quiconque voudra fe rendre attentif fe convaincra que les Idées de la Morale, les Idées du *Beau* & du *Laid* dans les Moeurs, les Idées de ce qui *convient* & de ce qui *ne convient pas*, de ce qui *fied*, & de ce qui eft *malhonnête*, en un mot de la *Vertu* & du *Vice* font auffi réelles que les idées de la Géométrie. Elles ne font pourtant que des Chiméres fi l'homme n'a point de Liberté, car il n'eft affujetti à aucune Loi, & il ne peut ni être loué, ni être blâmé, quoi qu'il faffe, fi tout ce qu'il fait, il le fait néceffairement, fans qu'il ait jamais été en fon pouvoir de fe mettre dans une fituation où l'enchaînure des circonftances qui l'ont ainfi entraîné, n'eut aucune prife fur lui.

Si l'on n'a point de Liberté, les reproches que l'on fe fait d'avoir manqué à ce qu'on doit, la Confufion d'avoir préféré le Vice à la vertu, ne font que des foibleffes qui n'ont pour tout fondement que la fuppofition trompeufe qu'on eft libre. Les remercîmens & les éloges ne fauroient plaire qu'à des fous, qui fe croient ce qu'ils ne font point; & fi tous les hommes étoient éclairés, fi aucun d'eux ne fe croioit libre, on ne loueroit, & on ne blameroit jamais qui que ce foit.

Les hommes fe trouvent à tout coup 'dans des circonftances où leur Intérêts préfens les follicitent à violer ce que les Principes de la Morale établiffent comme un devoir indifpenfable. Quel fort plus déplorable que celui de l'homme ! qu'elles contradictions plus furprenantes que celles qu'il renferme ! S'il faut qu'il fe faffe la guerre à lui-même pour remporter des Victoires qui ne fervent fouvent qu'à le rendre miférable, & qu'à l'expofer à plus de coups : La beauté de la Morale nous conduit donc à celle de la Réligion, qui affocie la félicité avec le devoir, & qui nous fait connoître un Dieu prêt à nous recompenfer de tous nos facrifices ; & c'eft en vain que Mr. Bayle allégue en divers endroits, que la Morale fe peut foûtenir fans la Réligion.

Oeuvres Div.Tom. III. pag. 114.

Penfées diverfes fur les Comêtes Art. 178. page 553. " La Raifon, dit Mr. Bayle, a dicté aux „ anciens Sages qu'il falloit faire le bien pour l'a„ mour du bien même, & que la Vertu fe de„ voit tenir à elle-même lieu de récompenfe, & qu'il „ n'appartenoit qu'à un méchant homme de s'abfte„ nir du mal par la crainte du châtiment.

Log. Port. I. Sect. II. Chap. VI. Art. XV.

„ Il eft donc vrai que la Raifon a trouvé, fans le fe„ cours de la Réligion, l'idée de cette piété que les Pe„ res ont tant vantée, qui fait que l'on aime Dieu, & „ que l'on obéît à fes Loix, uniquement à caufe de fon „ infinie perfection. Cela me fait croire que la Raifon, „ fans la connoiffance de Dieu, peut quelquefois „ perfuader à l'homme qu'il y a des chofes honnê„ tes, qu'il eft beau & louable de faire, non pas „ à caufe de l'utilité qui en revient, mais parce „ que cela eft conforme à la Raifon.

Je ne nie pas qu'il n'y ait dans l'homme des Principes qui l'aménent à fe former une idée de l'Honnêteté & qui l'engagent à conclure qu'il y a des actions eftimables en elles-mêmes, mais qu'en doit-on conclure ? Si vous dites que ces Idées du *Beau* & de l'*Honnête* font capables de rectifier les Inclinations d'un Athée, vous avoués qu'il fe conduit fuivant fes connoiffances, & non pas fuivant fon goût & fes plaifirs. Or dès que l'homme eft capable de fe conduire fuivant fes connoiffances, plutôt que fuivant fon goût & fes plaifirs, l'Idée d'un Dieu témoin de fes actions & remunerateur de fon Obéiffance, l'Idée d'un Dieu qui aime à voir la préfé-

rence qu'on donne à l'Honnêteté fur tout le refte, a fans contredit plus de poids qu'aucune autre de nos idées. Brutus qui s'étoit fait une longue habitude de s'attacher à la Vertu, lui infulte, & fe plaint qu'elle n'eft qu'un *beau Fantôme*, dès qu'il trouve que les Récompenfes qu'elle méritoit font plutôt le partage des Injuftes & des Vicieux, que celui des gens de bien.

„ Car il faut favoir, qu'encore que Dieu, continue- *Ibidem.* „ t-il, Penfées diverfes Art. 178. page 554. ne fe „ révéle pas pleinement à un Athée, il ne laiffe pas „ d'agir fur fon Efprit, & de lui conferver cette „ Raifon & cette Intelligence, par laquelle tous les „ hommes comprennent la Vérité des premiers Prin„ cipes de Métaphyfique & de Morale.

Dieu prendra ce foin des Athées, & par là les empêchera d'être regardés comme des Monftres. Comment ne veut on pas reconnoître qu'à plus forte raifon il déploiera infiniment plus de Bonté fur ceux qui font bien aifés de le connoître, & qui ont quelque inclination à lui plaire ?

V. " IL A trop de connoiffances du Cartéfianifme, *Objeftion* dit Mr. Bayle, en parlant de Mr. Jaquelot, Réponfe *Ibidem* aux Queftions d'un Provincial Tom. III. pag. 765. *2. part. pag. 786.* „ pour ignorer avec quelle force l'on a foutenu de „ nos jours qu'il n'y a point de Créature qui puiffe „ produire le mouvement, & que nôtre ame eft un „ fujet purement paffif à l'égard des fenfations, des „ idées, & des fentimens de douleur & de plaifir : „ Si l'on n'a point pouffé la chofe jufques aux vo„ litions, c'eft à caufe des Vérités révélées, car fans „ cela les actes de la volonté fe feroient trouvés auffi „ paffifs que ceux de l'entendement. Les mêmes „ raifons qui prouvent que nôtre ame ne forme point „ nos idées, & ne remuë point nos organes , prou„ veroient auffi qu'elle ne peut point former nos actes „ d'amour, & nos volitions &c.

„ Comme l'ame pourroit être active à l'égard des „ volitions, quoi qu'elle ne fut pas quant aux „ fenfations, & aux Idées univerfelles, je crois que „ Mr. Jaquelot ne fera point difficulté d'avouer „ qu'elle eft purement paffive par rapport aux per„ ceptions de l'entendement. S'il l'avoue j'en tirerai „ de l'avantage puis qu'il eft certain qu'hormis quel„ ques Philofophes tous les hommes fentent vive„ ment & diftinctement, que lors qu'ils jettent les „ yeux fur un arbre ils produifent dans leur efprit „ une image de cet arbre, & qu'après avoir comparé „ enfemble quelques arbres ils fe donnent activement „ une idée générale d'arbre. Allés vous fier après „ cela dans cette matiere aux preuves de fentiment, „ & notés que nous nous fervons d'un verbe actif, „ lorfque l'ame n'eft point la caufe efficiente, je vois „ ceci , *je fens de la douleur* , *je penfe à cela*, comme „ nous nous en fervons quant aux actes de la Vo„ lonté, *je veux ceci*, *j'aime cela*, on ne pourroit „ donc rien conclure de ce que nous exprimons de „ nos volitions.

VI. IL N'EST pas néceffaire de fe reclamer du *Réponfe.* Nom de Des Cartes, il fuffit d'être Difciple du Bon Sens, pour fe perfuader que nôtre Ame eft un fujet paffif à l'égard des fenfations. Nous aurions beau fouhaiter de certains fentimens, & nous efforcer de les faire naître, par la véhémence de nos Défirs ne parviendroit jamais à produire cet effet, il faut nous préfenter devant de certains Objets propres à agir fur de certains Organes, aux ébranlemens defquels nos fentimens fe trouvent liés. Il en eft de même de la Douleur & du Plaifir, nous n'en fommes pas plus les Maitres, il faut dérober nôtre Corps à de certains mouvemens, fi nous voulons faire ceffer les fentimens qui ne manquent jamais de les accompagner. Mais je fens bien que je fuis le Maitre de mon attention ; que je la fixe fur les Idées qu'il me plait, que je la détourne d'un objet pour l'arrêter fur un autre : Ces Actes de volonté, c'eft moi qui les produis, & les penfées de cette efpéce font tout autrement

ment actives que les sensations.

Chap. II. Mr. Bayle entasse des réflexions fort différentes; *nous ne sommes pas les Auteurs de nos sensations*. Je tombe d'accord de cette vérité. *Aucune Créature ne peut produire du Mouvement*. Je n'en conviens pas; j'en ai déja dit les raisons dans cét ouvrage, je les ai déja même répétées.

On dispute encore si c'est la Volonté par exemple qui produit le Mouvement du bras, ou si elle est seulement cause que des parties qui étoient déja en mouvement se portent dans le bras. On dispute même si l'Ame est la cause immédiate de cette détermination, ou si elle n'arrive qu'en vertu des Loix de l'union de l'ame avec le Corps, dont les effets doivent être imputés à la Volonté de l'Intelligence suprême. J'ai remarqué ci-dessus que le sentiment de ce qui se passe en nous, ne nous éclaire point sur ces Questions-là, mais qu'il nous convainc que nôtre Volonté se détermine elle-même puisque nous sentons qu'elle se détermine.

Lorsque les hommes jettent les yeux sur un arbre ils sentent que c'est eux qui forment l'idée d'un arbre. Pour moi je n'ai jamais senti cela, & plus je me rends attentif, moins il m'est possible de l'appercevoir. Je sens bien que l'Idée d'un arbre nait chés moi, mais je ne m'apperçois point que je la fasse naitre immédiatement. Tout ce que je suis convaincu par sentiment & par éxpérience intérieure c'est que je me détermine moi-même à vouloir que mes yeux se tournent d'un certain côté, & je sens qu'ils se tournent en effet, je sens que ce mouvement accompagne ma volonté, mais je ne sens point que ma volonté le produise.

Je sens que je veux comparer, & que ma Volonté se détermine elle même à vouloir comparer les Idées de plusieurs arbres: Ces idées ou ces pensées qui servent à me faire connoitre ce que c'est qu'un arbre, je les sens, & si je ne les sentois pas, elles ne seroient pas des pensées: Or par là même que je les sens, j'apperçois ce qu'elles ont de semblable, & ce en quoi elles diffèrent.

De peur de me tromper, je mets toûjours une grande différence entre ce que je sens & ce que je ne sens pas, entre ce que j'apperçois dans un sentiment, & ce que je n'y apperçois pas.

J'apperçois & je sens que des Idées, c'est-à-dire, des manières de penser instructives, se succèdent les unes aux autres. Je sens & je m'apperçois qu'elles naissent & se succèdent avec d'autant plus de promptitude, & plus d'ordre que je suis plus attentif: J'apperçois enfin, & je sens que je me détermine moi-même à vouloir être plus attentif. Tout ce que je sens est vrai, & je n'en saurois douter; mais je ne sens point en vertu de quoi mon attention est suivie de toutes ces manières de penser, & sur cela je ne décide point, & si je décidois, ce ne seroit plus par le moien des sentimens que je n'ai pas, il faudroit avoir d'autres preuves. Mais de ce que mes sentimens ne m'éclairent pas sur tout ce qui se passe chés moi, s'ensuit-il que je ne doive point compter que ce que je sens se passe en effet comme je le sens.

Je vois ceci, je sens de la douleur, je pense à cela; ce sont là des expressions actives autant que celles-ci, je veux ceci, j'aime cela.

Que Mr. Bayle auroit bien sû tourner en ridicule ce sophisme s'il eut été d'humeur de le faire. Le Langage des hommes n'est-il rempli que d'expressions exactes, d'où il soit permis de tirer des preuves? On a annoncé à un homme une nouvelle affligeante; Un autre d'une humeur inquiète, cherche à se faire des sujets de regret: Si l'on dit que l'on a chagriné l'un, & que l'autre se chagrine, on parlera exactement. Mais on n'y regarde pas de si près; on dit du prémier qu'il se chagrine, à cause d'une nouvelle qu'il a apprise, & que l'autre est chagrin par l'effet des idées qu'il roule dans son esprit. *Cette phrase je pense au soleil est synonyme à*

celle-ci; *Je suis présent; & je sens que l'état dans lequel ma pensée se trouve est une manière de penser représentative du soleil*. Quand je m'exprime ainsi, je ne dis pas que je suis moi-même la cause de ma manière de penser; je ne dis pas même que j'en apperçoive la cause. Si quelqu'un s'avise de paraphraser de la même manière cette Proposition, *Je veux penser au soleil, & qu'il la change en celle-ci, Je sens qu'il est né chés moi un désir de penser au soleil, & qu'il s'y est joint un plaisir de persévérer dans cette résolution*, & qu'il me dise, vous voiés que je change vos actes de volonté en de simples sentimens; je répondrai d'abord; Que quand je m'apperçois des actes de ma Volonté, & que je les sens, je suis à l'égard même de cet acte en état passif. Après quoi j'ajoûterai que je suis moi-même la cause de cet acte que je sens, car par là même qu'il est de sa nature un acte qui se sent, il apperçoit qu'il est lui-même la cause de lui-même. Quand je demande, Pourquoi je veux penser au mouvement; j'apperçois des raisons qui m'y déterminent, mais si j'ajoûte, pourquoi veux-je ceder à ces raisons? Pourquoi ne continue-je pas à les éxaminer & à chercher s'il ne seroit point de mon Devoir de m'occuper d'autre chose? Pourquoi ne renvoie-je pas mon travail à demain, pourquoi une nécessité ne m'obligeant de m'y appliquer sans aucun délai? je sens alors que je me détermine moi-même.

Il est des cas où cette détermination est tout autrement sensible & j'en ai allégué des éxemples. Dans des cas où on ne se détermine pas par humeur, & lors qu'aucun intérêt, ni aucune lumière ne porte à prendre le parti qu'on choisit plutôt qu'un autre, on sent visiblement qu'on est par le moien de la Volonté & de la liberté, une des causes qu'on appelle *Immanentes* qui agissent sur elle-même. Un homme qui se trompe, parce qu'il décide avant que d'avoir assés éxaminé & assés distinctement connu, a tort, parce qu'il ne tient qu'à lui de vouloir éxaminer plus long-tems & de connoitre éxactement; Volonté dans laquelle il ne se tient encore qu'à lui de persévérer, & qui sera suivie, si elle persévère, d'éxamen & de lumière. La Liberté nous aiant été donnée pour suspendre nos décisions & nôtre conduite jusqu'à ce que l'évidence du Vrai & du Bon nous détermine, *se laisser déterminer* à cette évidence comme c'est le *But*, c'est par conséquent la perfection de la Liberté; mais il ne faut se laisser déterminer qu'à cette évidence, autrement on se détermine trop tôt, & on ne fait pas l'usage qu'on devroit de sa Liberté.

Quand au contraire l'évidence frappe, entraine, & que pour n'être pas obligé de s'y rendre, on en détourne son attention, pour la porter sur quelque objection, ou qu'on se distrait simplement en pensant à quelque autre chose, c'est là un autre abus qu'on fait de la Liberté.

VII. CE QU'ON appelle *l'Ane de Buridan*, est un de ces sophismes où l'on tombe par l'abus qu'on veut bien faire de sa Liberté de penser; On supposoit un Ane bien affamé entre deux boisseaux d'avoine à égale distance, & réduit par conséquent à la nécessité de mourir de faim, par la même qu'étant tiré avec une égale force des deux côtés, il pourroit se déterminer vers l'un plutôt que vers l'autre. Montagne applique cet exemple à un homme, Livre II. Chapitre XIV.

C'est une plaisante imagination, dit-il, *de voir un esprit également balancé justement entre deux pareilles envies. Car il est indubitable qu'il ne prendra jamais parti, d'autant que l'application & le choix portent inégalité de prix; & qui nous logeroit entre la bouteille & le jambon avec égal appetit de boire & de manger, il n'y auroit sans doute remède, que de mourir de soif & de faim. Pour pourvoir à cet inconvénient, les Stoiciens quand on leur demande, d'où vient en nôtre ame l'élection de deux choses indifférentes, & qui fait qu'un grand nombre d'Ecus, nous en prenions l'un*

De l'Ane de Buridan.

plûtôt

plaisît que l'autre, n'y aiant aucune raison qui nous incline à la préférence, répondent que ce mouvement de l'Ame est extraordinaire & déréglé, venant en nous sans impulsion étrangere accidentelle, & fortuite. Il se pourroit dire ce me semble plutôt, qu'aucune chose ne se présente à nous, où il n'y ait quelque différence, pour legere qu'elle soit, & que on a la vûë, ou à l'atouchement il y a toûjours quelque choix qui nous tente & attire, quoi que ce soit imperceptiblement.

Montaigne avoit raison de dire que c'est là une plaisante Imagination, & sans le plaisir qu'il se faisoit de d.biter à tout moment des Paradoxes, & de semer par-ci par-là, des Principes propres à jetter dans le Pyrrhonisme & dans le découragement, il auroit senti & il auroit méprisé toute l'éxtravagance de cette imagination : Mais il en vouloit venir à cette Conclusion par où il finit le Chapitre, *Solum certum nihil esse certi, & homine nihil miserius aut superbius*. Tout ce qu'il y a de certain, c'est que tout est incertain, & qu'il n'y a rien de plus misérable que l'homme, ni en même tems de plus fier, sa vanité égale sa misère. C'est pour en venir à cette belle conclusion qu'il fait un pot pouri de *la quadrature du Cercle*, *de la Pierre Philosophale*, *de deux lignes qui s'approchent sans cesse, sans pouvoir jamais se joindre, d'un centre aussi grand que sa circonférence*, *d'un homme enfin qui mourroit de faim & de soif entre une bouteille de Jambon*, *parce qu'il s'auroit pas plus d'apetit pour l'un que pour l'autre*.

La Supposition de la Liberté découvre le ridicule de cette Imagination ; mais plutôt que d'avouer qu'on puisse choisir, & se déterminer soi-même, on aime mieux poser en fait qu'il y a toûjours quelque chose qui nous attire, quoique ce soit imperceptiblement ; c'est-à-dire qu'on aime mieux supposer ce dont on ne sauroit s'appercevoir, que de tomber d'accord d'une Liberté, sur laquelle on n'a qu'à se consulter de bonne foi, & se sentir avec attention pour s'en convaincre.

Mr. Bayle en parle en ces termes. " L'Ane de " Buridan étoit un Sophisme que ce Philosophe " proposoit comme une espéce de dilemme, à fin " que quelque chose qu'on lui répondit, il en tirât " des conclusions embarrassantes. Il supposoit un " Ane bien affamé entre deux mesures d'avoine de mê-" me force, ou un Ane pressé autant de la soif que de " la faim ; entre une mesure d'avoine & un seau d'eau " qui agissoient également sur ses organes. Aiant " fait cette supposition il demandoit *que fera cet ane* ? " Si on lui répondoit, il demeurera immobile : donc, " concluoit-il, il mourra de faim, entre deux mesures " d'avoine, il mourra de soif & de faim, aiant tout " auprès de lui de quoi boire & de quoi manger. Cela " paroissoit absurde, il pouvoit donc mettre les " rieurs de son côté contre celui qui lui auroit fait " cette réponse. Que si on lui répondoit, cet Ane " ne sera pas assés bête pour se laisser mourir de faim " ou de soif dans une telle situation : donc, con-" cluoit-il, il se tournera du côté de l'un plutôt que " de l'autre, encore que rien ne le pousse plus forte-" ment vers cet endroit-là, que vers celui-ci : donc il " est doué de franc arbitre ; ou bien il peut arriver " que de deux poids en équilibre, l'un fasse remuer " l'autre. Ces deux conséquences sont absurdes : il " ne restoit donc que de répondre, que l'Ane se trou-" veroit plus fortement ébranlé par l'un des objets ; " mais c'étoit renverser la supposition, & ainsi " Buridan gagnoit le procès de quelle miniére qu'on " répondit à sa demande.

" Spinoza ne parle point de l'Ane, mais de l'Anes-" se de Buridan, & il avoue sans façon qu'un hom-" me qui seroit dans le cas de cette Anesse mourroit " de faim & de soif. . . Pour le dire en passant l'aveu " de Spinoza est très-mal fondé ; car il y a pour le moins " deux voies, par lesquelles l'homme peut se dégager " des piéges de l'équilibre. L'une est celle que j'ai " déjà alléguées ; c'est que pour se flatter de l'agréa-

Diction. Article Buridan Note C.

" ble imagination qu'il est le Maitre chés lui, & " qu'il ne dépend pas des objets, il feroit cet acte, " *Je veux préférer ceci à cela*, *parce qu'il me plait* " *d'en user ainsi* ; & alors ce qui le détermineroit ne " ne seroit pas pris de l'objet : le motif ne seroit " tiré que des idées qu'ont les hommes de leurs " propres perfections ou de leurs facultés naturelles " L'autre voie est celle du sort ou du hazard. On " donne à décider à un homme sur la préséance de " deux Dames ; il ne trouve rien en elles qui le dé-" termine. Cependant s'il falloit de toute nécessi-" té qu'il fit passer l'une devant l'autre, il ne demeu-" reroit point court, il les feroit tirer à la courte " paille. Il feroit là-même chose à l'égard de " deux Courtisanes. . . . . La courte paille " décideroit par. . . . . l'équilibre ne le feroit " pas demeurer dans l'inaction comme Spinoza " le prétend.

Dès qu'il s'agit d'éxemple, on peut aisément deviner dans quel Magazin Mr. Bayle les ira chercher. Est-ce que les Idées se présentent les prémieres dans son Imagination, parce qu'elle en est toute remplie ? ou parceque l'inclination dominante de son coeur les y porte. 2. Ou y auroit-il plus d'art & de malice dans ce choix, que de sensualité ? Et Mr. Bayle auroit-il soin de choisir les Idées les plus propres à s'emparer de l'attention des Lecteurs, dont il vouloit ébranler la Morale, & la Religion ? Il ne pouvoit pas ignorer que l'esprit humain frappé d'une comparaison qui lui plait, se rend sans autre éxamen à la Conclusion qu'on en tire, & oublie de repasser éxactement sur l'état de la question, & la force des preuves.

Je veux que cette pensée se présente par hazard à l'esprit d'un homme, qu'elle y naisse par un Méchanisme nécessaire, & qu'on n'appelle fortuit, que parce qu'on n'en connoit pas tous les ressorts ; Je veux, dis-je, qu'il vienne à penser, *Voici une occasion de faire usage de ma Liberté* ; je veux encore que cette Liberté ne soit qu'Imaginaire, je consens que cette pensée lui plaise, & qu'elle le détermine à vouloir faire un Choix. La question n'est point décidée par là ; Car pourquoi choisiroit-il plutôt la droite que la gauche ? La faim me sollicite de faire un choix, le plaisir que je trouve à penser que j'éxerce une faculté dont je me fais honneur, éxcite encore ce panchant ; Je veux donc faire un choix ; Mais pourquoi tombera-t-il plutôt sur la droite que sur la gauche ? De quelque côté que je me détermine, je suis également mon intérêt & mon plaisir : Aucun de ces motifs n'influe sur l'un des partis que je puis prendre plutôt que sur l'autre ; Qu'est-ce donc qui me détermine à celui que je prens ? Ce n'est ni objet éxtérieur, ni objet intérieur, je le sens, ma Volonté se détermine elle-même.

Quand un homme diroit, je veux que le sort en décide : En ce cas-là encore, ne seroit-ce pas lui-même qui se détermineroit librement à faire décider le sort ? pourquoi choisiroit-il des pailles plutôt que des dez ? Pourquoi dit-il la *courte*, plutôt que la *longue* ? Pourquoi *Impair*, plutôt que *Pair* ? N'est-ce pas uniquement, parce qu'il le veut ?

Je ne sai ce que feroit l'Ame de l'Ane dans le cas proposé, parce que je n'en ai pas assés de connoissance ; mais-je sai bien ce que feroit l'Ame de l'Homme.

Mr. Bayle cherche à réfuter Spinoza sans le secours de la Liberté. Mr. Jaquelot a éxaminé cet endroit du Dictionnaire ; Mr. Bayle lui répond dans le Chapitre CXXXVIII. de la Réponse aux Questions d'un Provincial page 732. Tome. III. Il y a du personel dans cette dispute auquel je ne toucherai point. Mr. Jaquelot me paroit fondé à dire que la seule imagination d'être libre ne suffit pas pour tirer de l'équilibre, & à conclure de la que la Réponse de Mr. Bayle est une plaisanterie ; car si cette imagination peut le déterminer à vouloir faire un choix,

Oeuvres Diverses Tom. III. 2. part. pag. 780.

ce

ce n'eſt point elle qui le détermine, comme je l'ai déjà remarqué, à choiſir ce qui eſt à la droite plûtôt que ce qui eſt à la gauche.

Mr. Bayle ſe plaint dans cet endroit que Mr. Jaquelot n'a pas bien compris ſa penſée; mais on peut lui reprocher de n'avoir pas voulu comprendre celle de Mr. Jaquelot. Il s'amuſe à prouver que la perſuaſion d'un homme qui ſe trompe n'eſt pas moins efficace; que la connoiſſance qu'il auroit de la Vérité. C'eſt ce qu'on ne lui nie point. Il remarque enſuite qu'un homme qui ſe détermine à faire un choix plutôt que de mourir de faim & de ſoif, ſe détermine volontairement, mais non pas par un effet de cette Liberté qu'on appelle la *Liberté d'indifférence*, Parler ainſi ſur cette Queſtion, c'eſt affecter toûjours d'oublier ſur quoi elle roule. Pour manger & pour boire il eſt indifférent de ſe tourner à la droite ou à la gauche, & dans ce cas la Volonté eſt la cauſe unique & immédiate de ſa Détermination.

Objections Oeuvres Div. Tom. III. 2. part. pag. 786.

VIII. JE REVIENS au Chapitre CXL. de la Réponſe aux Queſtions d'un Provincial Tom. III. pag. 767. " C'eſt une choſe étonnante, dit *Mr. Bayle*, que preſque tous les Philoſophes aient crû avec le „ peuple que nous formons activement nos idées. Où „ eſt l'homme néanmoins qui ne ſache, d'un côté „ qu'il ignore abſolument comment ſe font les idées, „ & d'un autre qu'il ne pourroit coudre deux points „ s'il ignoroit comme il faut coudre? Et-ce que „ de coudre deux points eſt en ſoi un ouvrage plus „ difficile, que de peindre dans ſon eſprit une roſe „ des la prémiére fois qu'elle tombe ſous les yeux, „ & ſans que l'on ait jamais appris cette ſorte de „ peinture? Ne paroit-il pas au contraire que ce „ portrait ſpirituel eſt en ſoi un Ouvrage plus diffi„ cile que de tracer ſur la toile la figure d'une fleur, „ ce que nous ne ſaurions faire, ſans l'avoir appris. „ Nous ſommes tous convaincus qu'une Clef ne „ nous ſerviroit de rien à ouvrir un Coffre ſi nous „ ignorions comme il faut l'emploier & cependant „ nous nous figurons que nôtre ame eſt la cauſe „ efficiente des mouvemens de nos bras, quoi qu'elle „ ne ſache, ni où ſont les nerfs qui doivent ſervir „ à ce mouvement, ni où il faut prendre les eſprits „ animaux qui doivent couler dans ces nerfs. Nous „ éprouvons tous les jours que les idées que nous „ voudrions rappeller, ne viennent point & qu'elles ſe „ préſentent d'elles-mêmes lors que nous n'y penſons „ plus. Si cela ne nous empêche point de croire „ que nous en ſommes la cauſe efficiente, quel „ fond fera-t-on ſur la preuve de ſentiment qui paroit „ ſi démonſtrative à Mr. Jaquelot? L'autorité ſur „ nos idées eſt elle plus ſouvent trop courte que l'au„ torité ſur nos volitions. Si nous comptions bien, „ nous trouverions dans la cours de nôtre vie plus „ de velléités que de volitions, c'eſt-à-dire plus de „ témoignages de la ſervitude de nôtre volonté que „ de ſon empire. Combien de fois un même hom„ men'éprouve-t-il pas qu'il ne pourroit faire un cer„ tain acte de volonté, y eut-il cent piſtoles à gagner „ ſur le champ, & ſouhaitât-il avec ardeur de „ gagner ces cent piſtoles, & s'animât-il de l'ambition „ de ſe convaincre par une preuve d'expérience, „ qu'il eſt le Maitre de ſoi?

„ Pour réunir en peu de mots toute la force de „ ce que je viens de vous dire, je remarquerai qu'il „ eſt évident à tous ceux qui approfondiſſent les „ choſes, que la véritable cauſe efficiente d'un effet „ doit le connoitre, & ſavoir auſſi de quelle ma„ niére il le faut produire. Cela n'eſt pas néceſ„ ſaire quand on n'eſt que l'inſtrument de cette cau„ ſe, ou que le ſujet paſſif de ſon action: mais „ l'on ne ſauroit concevoir que cela ne ſoit point „ néceſſaire à un véritable agent. Or ſi nous exa„ minons bien, nous ſerons très, convaincus 1. „ Qu'indépendamment de l'expérience, nôtre ame „ ſait auſſi peu ce que c'eſt qu'une volition, que „ ce que c'eſt qu'une idée. 2. Qu'après une longue

„ expérience, elle ne ſait pas mieux comment ſe „ forment les volitions qu'elle le ſavoit avant que „ d'avoir voulu quelque choſe. Que conclure de „ là, ſi non qu'elle ne peut Etre la cauſe efficiente „ de ſes volitions, non plus que de ſes idées, & „ que du mouvement local des eſprits qui font remuer „ nos bras.

IX. JE NE décide rien ſur la Naiſſance des Idées, ou pour m'éxprimer en d'autres termes, ſur cette ſuite de perceptions repréſentatives des objets extérieurs. L'Intelligence ſuprême & toute-puiſſante a renfermé ! os connoiſſances dans des bornes qu'il lui a plû. Je ne ſai pas de quelle manière naiſſent, les unes après l.: autres, ces penſées qui m'inſtruiſent; Je ſai ſeulement qu'elles naiſſent à proportion que je me rends attentif, & que je me ſuis accoutumé à penſer par ordre & attentivement: Je ſai qu'une attention [continuée m'eſt plus ou moins pénible, c'eſt-à-dire, je m'apperçois qu'elle eſt accompagnée de ſentimens de laſſitude, à proportion que je veux d'avantage m'appliquer, & que je me ſuis moins formé par l'habitude à cette vive application, je ſai enfin, & je ſens qu'il ne tient qu'à moi de vouloir appliquer mon attention, & que je me détermine moi-même à le vouloir.

Combien de fois un homme n'éprouve-t-il pas qu'il ne pourroit faire un certain acte de volonté?

A cela je répons 1. Que les hommes pour s'excuſer & pour pallier leur pareſſe, ſe perſuadent qu'ils ne peuvent pas faire ce qu'ils ne peuvent pas vouloir avec perſéverance, ſans éprouver des ſentimens pénibles qui les portent à ſe décourager; mais je ſoutiens que s'ils vouloient, ils auroient plus de courage. 2. Il eſt des Habitudes, comme je l'ai déja remarqué, qui fortifient nos Facultés, & il en eſt qui les affoibliſſent; Leur force peut même ceſſer entiérement à de certains égards. 3. Les Idées & les ſentimens ſont naitre des déſirs & des Velléités, c'eſt là une enchainure naturelle par rapport à laquelle l'Ame de l'homme eſt paſſive; mais il eſt en ſon pouvoir de combattre ſes déſirs, de détourner ſon attention de leur cauſe, c'eſt elle qui le détermine à le vouloir, & à cet égard elle eſt active. 4. Un homme qui fuit la peine, & qui dès ſon enfance, s'eſt fait une habitude de ne guére examiner, mais de ſe laiſſer aller à ſes prémiéres vues; & à ſes prémiers penchans au lieu de conſulter de juſtes Idées, ſe livre ordinairement à des ſentimens confus, à la pente de ſes Inclinations, & à l'impétuoſité de ſes Paſſions. Il veut les choſes, ou il ne les veut pas, il s'en approche, ou il s'en éloigne, il les eſtime, ou il les deſapprouve, ſuivant qu'elles s'accommodent avec ſes inclinations dont il eſt prévenu. Mais s'il en eſt qui négligent de faire uſage de leur Liberté, & *qui le négligent ni point dans le ſavoir plus ſe* convaincre qu'ils ont une Liberté, s'enſuit-il que ceux qui en font uſage, & qui ſavent ſe rendre attentifs pour eux-mêmes ne ſont pas en état de s'aſſûrer qu'ils en ont une?

Nôtre ame ſait auſſi peu ce que c'eſt qu'une volition, dit Mr. Bayle, que ce que c'eſt qu'une idée. J'appelle Idée une manière de penſer qui non ſeulement ſe ſent elle-même, mais de plus ſert à faire connoitre quelque Objet différent d'elle même. Il eſt impoſſible de diſconvenir, que nous n'aions de telles penſées; Il eſt certain encore que de telles penſées ſe ſentent, & ſont à elles mêmes leur objet immédiat On diſpute ſur les Cauſes intérieures & immédiates. de telles penſées: On ne connoit pas non plus le fond de l'ame qu'elles modifient; Elles ont ceci de commun avec les Volitions, c'eſt que l'ame qui veut, qui ſent qu'elle veut, & qu'elle ſe détermine à vouloir, ne connoit pas tout le fond de ſa nature, & des forces en vertu deſquelles elle veut & ſe détermine. Mais elle ſent fort bien qu'elle ſe détermine. Autre eſt de connoitre parfaitement la Cauſe qui produit cet acte de volition, ſavoir toute la Nature de l'ame, autre choſe eſt de ſe trouver en-

fou-

pouvoir de le produire & de le connoître autant qu'il est nécessaire pour le produire. A cet égard nous connoissons cet acte que nous appellons *vouloir*, il se sent lui-même, & il se fait connoître lui-même. Qu'est-ce que c'est acte ? C'est ce dont je m'apperçois quand je le fais, comme je m'apperçois que je le fais naître.

Ouvrages de Mr. Bayle Tom. III. 1ᵉ part. pag. 782.
La connexion des matières & celle des Chapitres m'engage à examiner ce que Mr. Bayle dit contre Mr. Jaquelot dans le CXXXIX. Chapitre de sa Réponse aux Questions d'un Provincial Tom. III. pag. 744.

Objection tirée de l'efficace de la Grace, & de sa Nécessité.
X. L'AME humaine *n'a point la force, dit-il, de faire une bonne action, sans la grace, ni une mauvaise action avec la grace.* La voila donc dans l'Impuissance de faire mal dans l'un de ces cas, & de faire bien dans l'autre, & ainsi elle n'est jamais Libre entre le bien & le mal.

Pour n'avoir rien à démêler avec les personnes de l'autorité desquels Mr. Bayle abuse souvent, & ici en particulier, en vue de renverser la Réligion, je n'ai que faire de demander la permission de disputer avec lui sur cet article en Philosophe, & non pas en Théologien ; car dès que l'on conclut de quelqu'une de leurs expressions que l'homme est purement *passif*, & l'est en telle sorte qu'il ne manque jamais de suivre toutes les Impulsions de la Grace, & qu'il fait toujours tout le bien qu'il est capable de faire, toutes ces expressions, dis-je, d'où l'on tire de telles conséquences, ils soutiennent eux-mêmes qu'on les interprète mal, & qu'on ne les prend point dans leur véritable sens.

Mr. Bayle propose un système possible, il conçoit une Intelligence formée d'une telle manière, o assujettie à de telles loix, ou à de telles conditions, que des désirs & des répugnances naitront toujours en elle ensuite de certaines Idées, & que jamais des actes de Volonté n'y naitront sans être produits par de telles causes. J'avoue que dans une telle Ame, les Idées auroient des effets tout à fait semblables à ceux des Poids dans les Plats d'une Balance. On ne sauroit nier que Dieu ne puisse créer des êtres pensans d'une telle nature, il ne s'agit plus que de savoir si l'Ame de l'homme est de cette espéce. Deux genres d'argumens nous démontrent que non, L'un est tiré des idées de la Morale & de la Réligion qui ne seroient que des Chimères, & de tous les mouvemens de la Conscience qui ne seroient que des foiblesses & des suites de l'Erreur, si l'homme, entièrement passif dans le fond, n'avoit que les apparences de la Liberté. L'autre genre d'argumens se tire de l'expérience & de l'expérience intérieure.

Puis qu'il y a tant de rencontres où l'obéïssance est *désagréable, c'est un signe que l'on n'est pas le Maitre de ses volitions.*

C'est seulement une preuve qu'on n'est pas en état, qu'on n'est pas en pouvoir de se déterminer avec une facilité parfaite ; mais autre est de pouvoir faire une chose, autre est de ne pouvoir la faire sans qu'il en coûte, & sans qu'on ait besoin de se mettre au dessus de divers sentimens pénibles qui nous sollicitent à agir tout autrement. Or ce que nous avons le pouvoir de résister à ces sollicitations est une preuve de nôtre Liberté : Rendons nous bien attentifs à nous-mêmes quand nous nous déterminons dans ces cas-là, & nous en ferons convaincus.

Objection. Ce Répondant se détruit Article XI. note F.
XI. L'AME *des Enfans,* dit Mr. Bayle, *n'exerce point la Liberté d'indifférence ; dans elle n'est pas essentielle & il l'Ame même,* ajoutés qu'elle cessera après cette Vie.

Nous sommes assurés par l'expérience intérieure, que l'Ame de l'homme a cette Liberté, quoi qu'elle ne l'exerce pas toujours, & lorsque l'exercice on cessera pour jamais, la faculté en subsistera encore pour toujours.

Objection Ibidem
XII. POUSSONS plus avant , dit-il , & disons que ceux qui admettent l'Ame sensitive n'ont aucune bonne raison d'ôter aux Bêtes la Liberté. Ne disent-ils pas qu'elles font cent choses avec un plaisir extrême, & qu'elles s'y portent en conséquence du jugement qu'elles ont fait de l'utilité des objets ; jugment qui a excité en elles l'envie de s'unir à ces objets. Si la Liberté ne consiste dans une exemption de contrainte & dans une Spontanéité qui soit précédée du discernement des objets, n'est-il pas absurde de nier que les animaux soient libres ? Un Chien affamé n'a-t-il pas la force de s'abstenir d'un morceau de viande, lors qu'il craint d'être batu s'il ne s'en abstient ? N'est-ce pas la force d'agir & de n'agir pas? Son abstinence vient, de ce qu'il compare sa faim avec des coups de baton, & qu'il les juge plus insupportables que n'est sa faim. Prenés garde à tous les actes humains que l'on attribue à la liberté d'indifférence , vous trouverés que jamais l'homme ne les suspend, ou ne choisit l'un des deux contraires , que parce qu'ayant comparé le pour & le contre, il a trouvé ou plus de motifs de suspension que d'action , ou plus de motifs de cette action que de celle-là.

Réponses.
XIII. C'EST gratuitement qu'on suppose ces comparaisons & ces réflexions dans l'ame d'un Chien. Il est bien discipliné quand la crainte du bâton prévaut nécessairement sur le désir que lui donne la faim, & la vue de la Viande, & que l'Habitude est devenue plus forte que la Nature. L'un de deux prévaut toujours, & prévaut nécessairement sur l'autre , l'habitude ne s'est pas formée dans le Chien *par l'usage d'une Liberté* qui ait comparé le pour & le contre, mais *par des impressions nécessaires, & des actes réitérés* qu'une cause extérieure lui a fait faire.

Les coups de bâton ont été suivis de douleur & de crainte , & ces sentimens , qui ont en même temps accompagné la vue du bâton , ont rendu cet objet désagréable : Dès qu'il revient à frapper les yeux de sentimens désagréables renaissent , & l'animal cherche à se dérober à ces sentimens : Cette succession de pensées arrive sans le secours du Raisonnement & sans l'usage de la Liberté : Plus souvent elles sont nées, plus facilement elles renaissent , & plus de fois certaines traces, dont ces pensées sont les accompagnemens, se sont ouvertes , en même temps l'une que l'autre , plus souvent les esprits ont coulé de l'une dans l'autre, plus il est difficile que l'une s'ouvre, sans que les autres se rouvrent en même temps.

Objection Ibidem.
XIV. SI L'HOMME n'agissoit pas librement , dit Mr. Bayle, si une nécessité fatale & inévitable le déterminoit à une certaine suite de pensées , le vol & le meurtre , ne devroient pas être châtiés & l'on ne pourroit espérer aucun fruit de la punition des coupables ; car ceux qui verroient sur une roue le Cadavre d'un malfaiteur, ne seroient pas moins soûmis qu'auparavant à cette force majeure qui les fait agir, sans leur laisser aucun usage de liberté. Cette preuve du libre arbitre n'est pas aussi peu qu'elle le paroit, encore que les hommes soient persuadés que les machines ne sentent point, ils ne laissent pas de leur donner cent coup de marteau, quand elles font détraquées, s'ils jugent qu'en applanissant une roue ou une autre pièce de fer, ils les remettront au train ordinaire. Ils seroient donc fustiger un coupeur de bourse, quand même ils sauroient qu'il n'a point de liberté, pourvû que l'expérience leur eut appris qu'en faisant fouetter les gens, on leur empêche de continuer certaines actions. Mais en tout cas si cette preuve du libre arbitre a quelque force, elle se fert manifestement à faire voir que les bêtes ne sont pas destituées de liberté. On les châtie tous les jours, & on les corrige par là de leurs défauts. Ochin, au commencement de ses Labyrinthes, examine toutes les raisons qui nous persuadent que nous agissons librement, & il dit entr'autres choses contre

,, contre celle qui eſt tirée de la punition des Malfai-
,, teurs, que ſi les juges étoient aſſurés qu'en fai-
,, ſant pendre un Cheval qui auroit tué un hom-
,, me, & en le laiſſant long-temps pendu ſur les
,, grans chemins, on empêcheroit les autres Chevaux
,, de faire du mal, ils ſe ſerviroient de ce ſupplice
,, toutes les fois qu'un Cheval auroit eſtropié ou tué
,, quelqu'un par ſes ruades & par ſes morſures. Ap-
,, paremment-il ne ſavoit pas qu'on ſe ſert de ces
,, ſpectacles en quelques Païs pour contenir dans leur
,, devoir les bêtes féroces. Rorarius en a été té-
,, moin oculaire : il a vû deux Loups pendus dans
,, le Païs de Juliers, & il obſerve que cela fait plus
,, d'impreſſion ſur les autres Loups que la marque
,, d'un fer chaud & la perte des Oreilles, &c., n'en fait
,, ſur un voleur. Il dit auſſi qu'en Afrique l'on
,, attache en croix quelques Lions pour épouvanter
,, les autres, & que l'on s'en trouve bien.

Réponſes. XV. QUOI qu'on ſoit aſſés Bête pour faire
quelque choſe de ſemblable dans de certains Païs, on
ſent le ridicule de cette pratique. Celui qu'on
fouette peut ſe corriger, & ſe corrigeroit de ſon panchant à voler auſſi vite qu'un Chien battu ſe corrige de ſes panchans naturels, s'il n'abuſoit pas de
ſa Liberté, en détournant ſon attention de l'idée
affligeante des coups, & en s'oppoſant par là à l'af-
fermiſſement de l'habitude qu'on travaille à établir
en lui.

Pour ce qui eſt des ſpectateurs ils ne ſe corrigent
que par les Réfléxions qu'un bon uſage de leur Liberté leur fait faire ſur ce qu'ils ont vû.

Si ceux qui ſont des Maux à s'attirer les plus rudes châtimens ne ſont point Libres, & ne font que
ce qu'ils ſont néceſſités de faire, ils ſont bien à plaindre d'être ainſi, ſans qu'il y ait de leur faute, les
Victimes de l'utilité publique, & d'être encore
chargés d'Ignominie & de Reproches, en même
temps que de Coups. N'aime-t-on point trop ſes intérêts, quand pour les avancer on exerce une ſi énorme, & ſi injuſte barbarie.

Utilités du Dogme de la Li-berté. XVI. On ne peut pas nier que la Crainte des
châtimens & l'attente des récompenſes n'ait ſervi,
& ne ſerve à déterminer les hommes à vivre d'une
manière plus commode pour les autres, qu'ils n'auroient fait très-ſouvent ſans cela. Mais les châtimens
corporels & les récompenſes extérieures ne ſont pas
les ſeules cauſes qui les éloignent du Vice, & qui
les portent à des actions de Vertu, ils ſont encore
très-ſenſibles à leur réputation; Il en eſt ſur qui
les Idées de mépris & de Louange peuvent tout,
& il en eſt peu qui n'y ſoient ſenſibles : Non ſeulement cela, mais une des plus grandes douceurs que
goûte le Coeur humain, c'eſt de s'applaudir en ſecret d'avoir rempli ſes Devoirs, malgré des obſtacles
qui s'y oppoſoient. Un état encore des plus douloureux, & des plus inſupportables, c'eſt de ſentir
qu'on a eu tort, & d'être forcé à s'accabler de Reproches. Je veux, pour un moment, ſuppoſer que
toutes ces Idées ſoient des eſpèces de Cauſes phyſiques
qui agiſſent néceſſairement, ſans que la Liberté ait
aucune part à leur efficace; toûjours ſera-t-il vrai
que tous ces Motifs de déterminations, ces Cauſes
phyſiques & néceſſaires tirent leur principale force
de la Penſée qu'on eſt Libre. Admettons une ſuite
néceſſaire entre les Idées; diſons que l'une fait naitre l'autre immanquablement, ſuivant les diſpoſitions
phyſiques où un homme occupé de ces Idées ſe
trouve, les Erreurs auront leur efficace phyſique
tout comme les Vérités, & les Idées qui nous
trompent, & qui ont un grand pouvoir ſur nous,
il faudra dans la ſuppoſition qu'on eſt Libre pour
une des prémières; Car pourquoi un homme qui
eſt tombé dans une de ces actions qu'on appelle mauvaiſes, & qui par là même ſeroit convaincu que
c'étoit pour lui une néceſſité d'y tomber, puiſque tout
ce qui arrive, arrive néceſſairement, ſe feroit-il des
reproches, & de quel droit les autres lui en feroient-

ils ? Mais s'il s'imagine qu'il eſt Libre; & qu'il
n'a tenu qu'à lui de ſe conduire tout autrement, je
veux que cette Imagination ſoit fauſſe, toute fauſſe
qu'elle ſoit, elle aura toûjours ce bon effet, c'eſt
d'être ſuivi de honte, de réſolutions de ſe corriger,
& de correction effective; de ſorte que ceux qui
prennent le ſoin de déſabuſer les hommes de la penſée
qu'ils ſont Libres, ſi même ils combattent une Erreur, il eſt toûjours ſûr qu'ils rendent aux hommes
un très-mauvais ſervice, en le tirant d'une Erreur ſi
utile au Genre humain, pour y ſubſtituer une Vérité
toute propre à produire les plus grands déſordres. Et
que ſavent-ils ſi leur ſentiment eſt vrai, Une néceſſité les force à penſer ainſi, une néceſſité force les
autres à penſer tout le contraire; chacun donne dans
ſon ſentiment, & s'y obſtine, ſans qu'il ſoit en ſon
pouvoir d'en découvrir l'Erreur au cas qu'il ſoit
faux.

Tout ce qu'ils peuvent dire pour s'excuſer quand
on leur repréſente les maux dont il ne tient pas à
eux d'être cauſe; c'eſt qu'il ne leur eſt pas poſſible de
penſer autrement, ni de taire ce qu'ils penſent; mais
quand on leur répliquera, *Nous croyons que vous
vous trompés, & que vôtre obſtination dans l'Erreur
mérite d'être châtiée;* ou ſi quelqu'un leur diſoit en
ſecret, *pour moi je ſuis de vôtre ſentiment, mais je
n'ai garde de le publier, je conſidère la fantaiſie où
vous êtes de les répandre, comme un mal contagieux,
& pour empêcher que les autres ne s'en infectent, je
vais travailler à vous faire enfermer, ou à vous faire
ôter la Vie.* Quelle injuſtice, quelle cruauté! s'é-
crioient-ils peut-être. Quoi vous voulés faire périr
des hommes qui vivent bien, parce que leurs Idées
ne ſont pas conformes aux vôtres! & qui vous a
donné ce Droit? Comment en établires-vous l'équité? *C'eſt de quoi je me mets peu en peine, leur répondra-t-il, Je ne reconnois ni Droit, ni Equité dans les
actions des hommes, non plus que dans les Chocs des
Corps : Tout eſt ſoûmis à une néceſſité fatale; Mais
pour moi je me laiſſe aller à mon penchant, & je me
ſens heureuſement déterminé à des Idées qui me paroiſſent utiles aux autres hommes, & l'une de ces Idées,
c'eſt qu'il vous faut mettre dans l'impuiſſance de parler,
puiſque vous parlés d'une manière ſi oppoſée aux Intérêts
des autres.*

Qu'on ſe figure un homme qui faſſe ſe lier avec un
de ces nouveaux Philoſophes qui veulent faire paſſer
l'Idée de la Liberté pour une chimère : Il s'empare
de ſa confiance, il emprunte de lui une groſſe ſom-
me, il retire adroitement ſon billet, & porte enſuite l'addreſſe & la fourbe juſques à contrefaire
parfaitement l'écriture de ſon ami, & fait un faux
billet, & le pourſuit en juſtice pour en être payé,
& par là il lui enlève doublement ſon bien. Si ce
Philoſophe dupé avoit une conférence avec ſon ami,
où après lui avoir étalé ſes ſervices, il lui reprochât
ſon ingratitude, il ſeroit facile à celui-ci de répondre, & il répondroit dans ſes principes, *Qu'elle
obligation vous ai-je? je dois auſſi peu vous remercier
que la pluie quand elle arroſe mon jardin, que la Nuit
quand elle vient à propos pour m'inviter au ſommeil
& à me délaſſer de mes fatigues, ou que le ſoleil quand
il me ramène le jour; & pour ce qui eſt de moi, vous
avés le plus grand tort du monde de me faire des
reproches; vous ſavés bien que j'ai été néceſſité à faire tout
ce que j'ai fait, & qui je le ſuis encore à faire tout ce
que je fais. Si nous étions l'un & l'autre dans les Erreurs dont nous nous moquons, & dans leſquelles nous
voïons le reſte des hommes plongés; de mon côté je ferois
les éloges de vôtre généroſité, je ne pourrois me laſſer
de vous donner des Louanges, que vous écouteriés modeſtement en apparence, mais qui vous feroient grand
plaiſir dans le fond, parce que vous croiriés les mériter; & s'il m'étoit arrivé de faire ce que j'ai fait,
peut être m'attendrois-je à des Reproches pour me reconnoitre digne de Mépris devant Dieu, & devant les
hommes; nos chimères feroient un très-bon effet pour vous,*

&

& un très-desagréable pour moi. Dans cette scène vous seriez le plus ridicule, & moi le plus malheureux; Mais enfin les choses n'en sont point là, je vois avec plaisir que l'enchaînure des Idées & des Mouvemens vous empêche d'être mécontent de moi, & vous déterminent à penser, voilà un Philosophe qui vit suivant ses Principes, je ne lui cédai point, je ne suis pas assez fou pour l'accuser d'une condamnable Ingratitude, il a fait ce qu'il devoit, puisqu'il a fait ce qu'il ne pouvoit s'empêcher de faire, & que dans le fond il ne me devoit rien. Il est des Circonstances contre lesquelles de certaines Erreurs ne peuvent tenir: On suit la Nature qui a gravé en nous des Principes que l'Erreur ne peut tout-à-fait effacer. Carnéade oublia les Principes du Pyrrhonisme, dans la pratique desquels il s'exerçoit continuellement, dès qu'une de ses Disciples eut sû le faire aimer de sa Concubine, son Ataraxie l'abandonna pour lors, il cessa de vivre dans l'Incertitude sur ce qui est bien, & ce qui est mal, Envain il avoit accoutumé de dire, Il ne convient pas de se réjouir de rien de peur de se réjouir du mal, non plus que de se chagriner d'aucun événement, de peur de se chagriner de ce qui étoit un bien; La Maitresse de Carnéade lui étoit plus chére que sa Philosophie; il sentit vivement sa trahison, & de sa Vie il ne voulut pardonner à celui qui en avoit été la cause.

XVII. L'hypothèse de la liberté influe même dans les systèmes de ceux qui la nient, Mr. Leibnitz dans sa Theodicée justifie la Providence des maux qui se font dans le monde, par les biens admirables qui en naissent; Il fait introduire par Jupiter un homme dans le Temple des Destinées; Là il voit Lucrece violée; mais il voit en même temps les Tyrans chassés, Rome Libre, & dès là le Desintéressement, la Justice des Heros qui ont le plus contribué à l'éclat de cette Puissante République, mais qu'on y fasse attention, on n'admire les Vertus des Romains Illustres que dans la supposition secrete que ce sont des actions Libres. Si l'on se borne à comparer l'état de Pyrrhus avec celui de Fabrice, dans ce que l'un & l'autre a de Physique, je trouve autant de différence entre la splendeur de l'un & la simplicité de l'autre, qu'entre le Jour & la Nuit, qu'entre une Aigle & un Moucheron, qu'entre les jardins les plus magnifiques, les plus étendus, les plus diversifiés, & le petit Potager d'un Villageois. Un heureux Concours de causes nécessaires couvrent la Table de Pyrrhus de Vaisselle d'Or, remplie de tout ce qui se peut manger de plus délicieux; Une Enchaînure différente réduit Fabrice à travailler de ses mains pour se procurer de quoi manger des Oeufs & des Raves sur de la Vaisselle de Terre. Faites de Fabrice un homme Libre, & en pouvoir de choisir entre les magnificences de Pyrrhus, & une chétive nourriture, pour tout fruit d'une Vie très-laborieuse, mais qui pour bien régler son Choix, consulte les dangers où la Vertu est exposée dans la Cour d'un Prince que l'Ambition & la Volupté dominent également, avec l'éclat que son dévouement Volontaire à sa Patrie, tire de son peu de fortune, c'est ce libre choix qui rend Fabrice si digne d'admiration.

„ Tous ceux qui ont un peu de pénétration voient clairement, *dit Mr. Bayle*, que sur la matiére „ de la liberté: il n'y a que ces deux partis „ à prendre; l'un est de dire que toutes les Cau„ ses distinctes de l'ame, qui concourrent avec elle, „ lui laissent la force d'agir ou d'en agir pas; l'autre „ est de dire qu'elles se déterminent de telle sorte „ à agir qu'elle ne sauroit s'en défendre. Le „ prémier parti est celui des Molinistes, l'autre est „ celui des Thomistes, & des Jansénistes, des „ Protestans de la Confession de Geneve. Voilà trois „ sortes de gens qui combattent le Molinisme, & „ qui dans le fond ne peuvent avoir là-dessus que „ le même dogme. Cependant les Thomistes ont „ soûtenu à cor & à cri, qu'ils n'étoient pas „ Jansénistes; & ceux-ci ont soûtenu avec la même „ chaleur que sur la matiere de la Liberté, ils n'é„ toient point Calvinistes. Il n'y a point d'arti„ fices, ou de distinctions mal fondées, dont on „ ne se soit servi pour colorer cette prétention, & „ tout cela afin d'éviter les mauvaises suites que l'on „ prévoioit, si l'on demeuroit d'accord de quelque „ conformité avec les Jansénistes, ou avec les Cal„ vinistes. D'autre côté il n'y a point eu de so„ phisme dont les Molinistes ne se soient servis, pour „ faire voir que St. Augustin n'a point enseigné le „ Jansénisme: c'est qu'on n'osoit pas convenir „ qu'on fût contraire à ce grand Saint. Ainsi les „ uns ne voulant point avouer qu'ils fussent con„ formes à des gens qui passoient pour Hérétiques, „ & les autres ne voulant point avouer qu'ils fussent „ contraires à un Docteur dont les sentimens ont „ toûjours passé pour orthodoxes, ont joué cent „ tours de souplesse, si opposés à la bonne foi que „ rien plus.

Agissons donc de bonne foi & ôsons le Courage de reconnoître sans détour, ou que l'Homme est un pur Automate, & un Etre purement passif, ou qu'il est effectivement Libre & Actif, qu'il se détermine lui-même, & ne doit s'en prendre qu'à soi-même de ses fautes & de leurs suites, & que l'Ame de l'homme a été créée avec la Puissance de se modifier & de se varier elle-même, & de se procurer divers états.

„ XVIII. Matthias Flaccius Illyricus, *dit Mr.* „ *Bayle*, ne pouvoit s'accorder avec Victorin Stri„ gelius. Ils étoient en différence sur la Conversion „ de l'homme, & sur les forces du franc arbitre. „ Ils disputérent là-dessus en présence des Ducs de „ Saxe à Wimar. Ils alloient dans les deux extré„ mités. Strigelius inclinoit du côté de ceux que „ l'on nommoit Adiaphoristes, & Synergistes, qui „ donnoient beaucoup au franc arbitre, & préten„ doient que le péché originel ne faisoit qu'effleurer „ l'Ame. Flaccius au contraire soûtenoit que ce péché „ étoit la substance même de l'Ame. La dispute dura „ treize séances; on en publia les actes accompa„ gnés d'une préface de Musæus qui étoit un des „ Sectateurs de Flaccius: Nous avons ici un effet „ visible de l'envie de contredire: c'est une passion „ qui entraîne ordinairement au delà des bornes „ ceux qui ont l'esprit vif. Flaccius ne se pou„ vant contenter d'une médiocre opposition s'é„ loigna de son rival le plus qu'il lui fut possible, „ & le voiant soûtenir que l'Ame n'étoit blessée „ par le péché originel, qu'à l'égard de ses Facultés „ accidentelles, il prit le parti de soûtenir que la „ substance même de l'ame étoit corrompue, d'où „ s'ensuivoit que le péché étoit la substance même „ de l'ame. Jamais Flaccius n'auroit songé à ce „ dogme, si son Competiteur n'avoit pas enseigné „ le contraire. Mais si la dispute qui s'éleva entre „ ces deux Professeurs nous montre ce que peut faire „ l'esprit de contradiction, & ἡμέρτης τῆς ἀντιλογίας, „ elle nous montre aussi combien la Philosophie Péri„ patéticienne est propre à fomenter les divisions „ des Théologiens: Car le dogme d'Illyricus n'au„ roit gendarmé personne si l'on n'avoit cru avec „ les nouveaux Philosophes qu'il n'y a point d'ac„ cidens distincts des substances, mais que par „ exemple la douleur n'est autre chose que l'ame même „ entant que modifiée d'une certaine façon. Cela „ posé il est évident que la doctrine d'Illyricus est „ très-véritable; le péché n'est point un Etre dis„ tinct de l'ame qui péche, & la vertu n'est point „ un être distinct de l'ame vertueuse. Je ne com„ prends pas comment ces Théologiens qui suppo„ sent une distinction réelle entre l'ame & les mo„ difications de l'ame, osent dire qu'il se fait un chan„ gement dans l'homme, lors qu'il passe de l'état „ d'innocence à celui du crime, & de l'état „ de péché à celui de grace. Selon ces Théologiens, „ quand

,, quand l'homme péche il se produit une entité
,, distincte de l'ame, laquelle entité se joint avec
,, l'ame, & composé avec elle un tout, qui
,, contient deux êtres réellement distincts l'un de l'au-
,, tre, dont l'un s'appelle substance & l'autre accident.
,, Je soûtiens que cette jonction ne change point l'ame
,, & que l'ame continue d'être précisément ce qu'el-
,, le étoit avant la jonction. Mêlés tant qu'il
,, vous plaira des grains de blé avec des grains
,, d'orge, vous ne ferés pas qu'ils cessent d'être du
,, blé, & dans toutes les mixtions naturelles & ar-
,, tificielles, il est vrai de dire que les Composés
,, deviennent capables d'une nouvelle action; mais
,, chaque partie de ces composés, entant que distinc-
,, te de tout autre, retient précisément la même
,, nature qu'elle avoit auparavant. Disons de même
,, que si l'ame étoit réellement distincte de son
,, peché, c'est-à-dire du péché avec lequel elle
,, seroit jointe, elle ne passeroit point à un autre état.
,, Une ame une fois innocente le seroit toûjours.
,, Voiés ce que disent les Nominaux contre ceux
,, qui enseignent que les modes sont réellement dis-
,, tincts des substances.
,, On voit par là quels sont les effets des Disputes

NB. ,, des Théologiens; Les Arrets décrés par celui des
,, disputans qui a le plus de crédit auprès des Puissan-
,, ces sont devenus des Articles de Foi, ou à peu
,, près, & ces Articles doivent leur naissance & leur af-

On voit ,, fermissement non seulement à des mal entendus,
auroi à la
sublime de ,, mais à des barbares & religieuses Scholastiqueries.
ait durs
la liberté ,, XIX. ,, MENELAS répondant, dit Mr. Bayle,
secours. ,, aux durs reproches de Pelcus, déclara que la volonté
Article ,, d'Helene n'avoit point été la cause des Avantures qui
Nation ,, avoient traversé sa Vie, mais qu'il falloit s'en pren-
tion L. ,, dre à la volonté des Dieux.

,, C'étoit un langage assés commun parmi les Pa-
,, ïens, dit-il. Ils imputoient à la fortune, c'est-à-dire
,, à Dieu, non seulement, leurs mauvais succés, mais aussi
,, leurs fautes. Cette excuse ou cette mauvaise consola-
,, on sembloit toûjours prête, on y recouroit d'abord.
,, Vous vous imaginerés peut-être que la grande
,, facilité qu'on trouvoit à former des plaintes contre
,, les Dieux porta les hommes à se servir de ce sub-
,, terfuge sans examen & sans réflexion, & que c'é-
,, toit un de ces prémiers mouvemens qui s'élevent
,, dans nôtre ame quand nous sions eu le temps
,, de nous préparer à juger des choses; mais il est
,, certain qu'en plusieurs rencontres on paroît ainsi
,, après y avoir meurement pensé. Ceux qui n'exa-
,, minent pas à fond ce qui se passe en eux-mêmes
,, se persuadent facilement qu'ils sont libres, & que
,, si leur volonté se porte au mal, c'est leur faute c'est
,, par un choix dont ils sont les Maîtres. Ceux qui font
,, une autre jugement font des personnes qui ont étudié
,, avec soin tous les ressorts & les circonstances de
,, leurs actions, & qui ont bien réfléchi sur le
,, progrès du mouvement de leur ame. Ces per-

NB. ,, sonnes pour l'ordinaire doutent du franc arbitre,
,, ils viennent même à se persuader, que leur Raison
,, & leur Esprit sont des esclaves qui ne peuvent
,, résister à la force qui les entraine où ils ne vou-
,, droient pas aller. C'étoit principalement une
,, sorte de personnes qui attribuoient aux Dieux la
,, cause de leurs mauvaises actions. Elles se soup-
,, çonnoient d'avoir bien considéré qu'elles tenoient un
,, chemin pernicieux à leur fortune, & honteux à
,, leur renommée, & d'avoir fait bien des efforts pour
,, effacer la passion qui les leur faisoit tenir, mais
,, elles sentoient encore mieux que tous ces efforts
,, avoient été inutiles, & que la Raison invoquée
,, mille fois, que les vœux & que les prières
,, avoient été un secours très-impuissant. Elles con-
,, cluoient donc qu'une cause occulte, & qu'une
,, force majeure les possedoit, & les entrainoient,
,, que les Dieux en un mot étoient la cause, & des
,, passions qu'elles sentoient, & des suites pernicieu-
,, ses & criminelles de ces passions. Voilà le dé-

,, nouement de l'intrigue: Il y a ici quelque chose
,, de divin, disoit-on, tout comme dans de cer-
,, taines maladies du Corps qui mettoient à bout la
,, science, & l'expérience des Médecins les plus é-
,, clairés. Nous connoissions le plus utile, le plus commode,
,, ce qui nous seroit le plus utile, le plus commode,
,, le plus honorable, & néanmoins nous prenons
,, l'autre parti. Cela vient des Dieux.

,, Medée raisonna de cette façon quand elle eut com-
,, pris qu'elle ne pouvoit plus résister à l'amour qu'elle
,, avoit conçu pour Jason, qu'elle n'y pouvoit,
,, dis-je, résister, quoi qu'elle vit clairement les sui-
,, tes honteuses & criminelles de sa conduite, &
,, que sa raison les condamnât.

,, Elle se dit à elle-même tout ce qui pouvoit
,, la guerir de cette passion; elle se représenta l'énor-
,, mité de la faute qu'elle feroit, & il y eut des
,, momens où ces images du devoir étoient prêtes
,, à remporter la victoire; mais la vuë de Jason
,, défit aisément ce qu'elles avoient fait.

,, Une infinité de personnes de l'un & de l'autre
,, sexe, dont l'histoire n'a rien dit, se sont trouvés
,, dans le même cas. L'amour leur a fait commettre
,, mille fautes, dont elles voioient si clairement &
,, la honte & le dommage, qu'elles ont tâché de les
,, prévenir en appellant la Raison à leur secours, &
,, en faisant bien des souhaits de ne pas aimer. Il
,, étoit naturel qu'elles concluissent qu'elles n'étoient
,, pas la cause de leur mauvaise conduite, entant
,, qu'elles avoient un Entendement raisonnable, &
,, une ame libre & maitresse de ses volontés. Cette
,, prémière conclusion les conduisoit à celle-ci,
,, qu'une cause externe & supérieure à toutes leurs for-
,, ces les poussoit; la seconde conclusion leur en
,, faisoit faire une troisième, qu'un Dieu étoit cette
,, cause externe & nécessitante. Voilà l'origine de
,, la prétendue Divinité de Venus & de Cupidon,
,, & parce que l'on éprouve que la jalousie, l'envie,
,, l'avarice, l'ivrognerie, le désir de vengeance, &
,, plusieurs autres passions, font commettre mille
,, choses que la Raison condamne, & qui sont
,, même contraires aux véritables intérêts de l'amour
,, propre, & que l'on voudroit ne pas souhaiter,
,, on a cru que les Dieux étoient les instigateurs
,, de ces choses. On ne les en a donc point accusé,
,, parce que l'on ne faisoit aucune réfléxion, mais
,, plûtot parce qu'on réfléchissoit beaucoup sur ce
,, qui se passe dans nôtre ame.

Il y a du Vrai dans ces remarques, mais j'y trouve aussi beaucoup d'Exagération. Tous ceux qui
pensent & qui parlent sur quelque sujet que ce soit,
comme Menelas & Helene, pensoient sur l'amour,
réfléchissent sur ce qui se passe chés eux, mais ils ne
réfléchissent pas assés exactement; Quand on s'a-
bandonne à ses Inclinations, sans réfléchir sur ce
qu'on fait, ni sur les Principes par lesquels on se
détermine à agir, on s'égare, sans joindre à un E-
garement de *pratique* des Erreurs de *théorie*; Quand
on réfléchit comme il faut, on découvre la Vérité;
Quand on réfléchit avec trop de précipitation on se
trompe. Medée éprouve qu'il lui seroit bien difficile de n'aimer pas Jason, de ne pas le favoriser, &
de ne pas se livrer au plaisir d'en être aimée. L'Esprit humain se porte aisément à *entrer* dans les choses
pour peu qu'il y soit engagé par l'intérêt de ses
Passions: Il pourroit juger des choses avec plus de
retenuë & de modération, mais il ne le fait pas. Dès
qu'une Proposition qui n'est pas forte de son goût,
lui paroit de plus *difficile* à exécuter, il se persuade
que l'exécution lui en est *impossible*, parce qu'il aime
à se le persuader: L'hypothèse des Génies Invisibles, Supérieurs & très-Puissans, qui présidoient sur
toutes les parties de la Nature, sur toutes les Passions, & sur tous les événemens de la Vie, fournissoit de quoi favoriser des pensées si flateuses, & par
là on se mettoit à couvert des reproches de la Conscience, & on répondoit à ceux des autres hommes

„ Si les Païens avoient eu de Dieu, la juste idée
„ que nous en avons, qui nous le représente comme un
„ Être parfaitement saint, ils se fussent garantis de
„ ce jugement téméraire; mais attribuant aux Dieux
„ les mêmes défauts à quoi les hommes sont sujets,
„ rien n'empêchoit qu'ils ne crussent que les Dieux
„ poussoient les hommes au Mal, & rendoient inéffica-
„ ces toutes les Lumiéres de la Raison, tantôt par une
„ délectation prévenante qui nécessitoit la Volonté, tan-
„ tôt par un chagrin importun qui avoit la même suite.

Ceux qui conçoivent l'ame de l'homme,
comme une espéce d'Automate spirituelle, qui n'a
d'Activité & de Liberté qu'en apparence, perdent
tout l'avantage que la Religion Chrétienne fournit.

Article Helene Note I.

„ Paris plaisoit à Helene, *dit Mr. Bayle.* " Jason
„ plaisoit à Medée. Elles ne pensoit point à leur
„ union avec ces objets sans pressentir un contentement
„ incroïable, elles ne pouvoient se considérer comme
„ séparées d'eux, sans pressentir un cruel tourment.
„ Ces impressions ne dépendoient pas de leur Liberté,
„ & ne lui étoient pas plus soumises que le senti-
„ ment agréable, ou désagréable que l'on a en
„ goûtant du miel, ou du fiel. Ce que pouvoient
„ faire ces deux femmes étoit d'opposer à ces deux
„ pressentimens la Raison & le Devoir, foibles ar-
„ mes si Paris & Jason continuent d'exciter les mê-
„ mes idées & les mêmes impressions, puis qu'en ce
„ cas-là ils captiveront tôt ou tard la volonté, &
„ lui extorqueront son consentement, quelque désir
„ qu'elle puisse avoir de n'être pas subjuguée, & de
„ passer de l'amour à l'indifférence.

Quand un Objet se présente & fait impression
sur nos yeux, il ne dépend pas de nôtre Liberté
de sentir cette impression, ou de ne la sentir pas,
de sentir qu'elle est agréable, ou qu'elle ne l'est pas.
Mais il est dans nôtre Liberté de ne pas *arrêter* nôtre
attention sur cette Idée, *d'éviter* l'Objet qui la
fait naître, & de nous en défier, jusques à ce qu'un
examen attentif nous ait fait comprendre si ce à
quoi elle pourroit nous engager, s'oppose ou est conforme à nôtre Devoir.

Quand un homme a négligé de consulter la Raison & de la respecter; Quand il s'est fait une longue habitude de se livrer aux Objets des sens, & à
toute la force de leurs Impressions; ces *Habitudes* de
négligence d'un côté, & de sensualité d'un autre,
peuvent affoiblir la Liberté à un tel point qu'on ne
sauroit manquer de céder à un Objet dont on sera
agréablement & vivement frappé; mais on a tort
d'avoir ainsi laissé affoiblir l'empire de la Raison &
les forces de la Liberté.

Ibidem.

„ Voeux inutiles, *dit Mr. Bayle*, velléités frivo-
„ les, dit-il, en présence des Pressentimens dont j'ai
„ parlé & dont la Cause ne vient point de nous.
„ D'où vient-elle donc ? Les Païens avoient beau la
„ chercher à droite & à gauche, ils ne la trouvoient
„ point sur la Terre, & c'est pourquoi ils la donné-
„ rent aux Dieux. Ils le pouvoient faire en deux
„ maniéres, ou en supposant un Cupidon qui blessoit
„ le coeur, ou en supposant que l'Auteur du Corps hu-
„ main, en avoit monté les piéces avec un tel artifice,
„ que par exemple celui de Jason pouvoit exciter dans le
„ coeur & dans la tête de Medée les mouvemens des es-
„ prits, d'où dépend l'amour machinalement, & inévi-
„ tablement. Selon ce dernier principe, si Helene, si
„ Medée devient amoureuse, il s'en faut prendre à ce-
„ lui qui a formé, & arrangé les parties de leurs Corps,
„ tout de même que s'il fume dans une Chambre quand
„ le vent souffle, il faut imputer cela, non pas au
„ Vent, mais au Maçon qui a fait la cheminée.

Sans rejetter ces fautes sur l'Impulsion puissante
des Génies extérieurs, ni sur l'Organisation & le
Méchanisme incorrigible qu'on a reçu de son prémier
Auteur, il ne la faut chercher que dans des habitudes
qu'on auroit pu éviter de contracter, & de laisser
parvenir au point où on les sent.

Ibidem.

„ C'étoit un abîme, continue *Mr. Bayle*, dont

„ les Païens ne pouvoient sortir, & il falloit qu'ils
„ y tombassent toutes les fois qu'ils vouloient don-
„ ner la raison de la contrariété qui se rencontre
„ entre ce que nous faisons & ce que nous con-
„ noissons, & par conséquent ils y tomboient très-
„ souvent; car la vie humaine n'est presque autre
„ chose qu'un combat continuel des passions avec
„ la conscience, dans lequel celle-ci est presque toûjours
„ vaincu. Ce qu'il y a de plus étrange & de plus
„ bisarre dans ce combat, est que la victoire se
„ déclare très-souvent pour le parti qui choque tout
„ à la fois les idées qu'on a de l'honnêteté, & la
„ connoissance que l'on a de son intérêt temporel.
„ Je veux croire qu'il y a des gens d'une si brutale
„ stupidité qui ne voient point que leur vie seroit
„ plus heureuse, s'ils ne nourrissoient pas dans leur
„ sein les passions qu'ils y nourrissent; mais je ne
„ saurois bien comprendre que la plûpart des jaloux
„ & des envieux ne soient bien persuadés, que
„ l'exemption de la jalousie & de l'envie seroit pour
„ eux un avantage temporel incomparable, & digne
„ d'être acheté au poids de l'or. Une femme ja-
„ louse de son mari ou de son galand, un mari ja-
„ loux de sa femme ou de sa maitresse, sont des
„ personnes qui sentent très-vivement leur malheur,
„ & qui souhaitent passionnément d'être délivrés de
„ ce bourreau. Elles font tout ce qu'elles peuvent
„ pour chasser cette furie qui les persécute: elles
„ emploient pour se détromper ou pour se tromper
„ toutes les raisons qu'elles sont capables de tirer
„ de leur esprit; mais malgré tous ces efforts la ja-
„ lousie subsiste; elles se trouvent à leur grand re-
„ gret plus ingénieuses à inventer ce qui la fomente
„ qu'à inventer ce qui la peut affoiblir. Disons à
„ peu près la même chose des envieux. Ils savent
„ fort bien que l'amour propre trouveroit incom-
„ parablement mieux son compte à se contenter de
„ leur condition, & à voir avec plaisir la prospérité
„ d'autrui, qu'il ne le trouve à s'affliger de ce qu'un
„ Voisin s'avance, & s'enrichit beaucoup plus
„ qu'eux, & néanmoins en dépit de ces lumiéres
„ ils se chagrinent, il séchent sur pied quand ils
„ voient la bonne fortune des autres; & au lieu de
„ s'en réjouir, comme ils devroient faire pour leur
„ propre commodité, ils sont réduits à chercher
„ quelque remede dans des lâchetés perfides, ils
„ traversent par des médisances & par des coups de
„ trahison les affaires de leur prochain, c'est par
„ là qu'ils tâchent de diminuer la fiévre maligne qui
„ les ronge. Que pouvoit dire là-dessus un Phi-
„ losophe Païen ? Ne devoit il pas reconnoître là
„ *dedans* une cause supérieure, & ranger tous ces
„ gens-là au nombre des fanatiques, des énergumé-
„ nes, des enthousiastes, & de tous ceux en général
„ que l'on croioit agités d'une divine fureur ?

Les Païens n'étoient nullement réduits à la nécessité
de raisonner de cette maniére; il étoit beaucoup
plus simple & plus naturel de dire (le bon sens
même s'ils l'avoient voulu écouter leur dictoit cette
leçon, & l'expérience de ce qui se passoit chés eux,
pouvoit les en convaincre) que *l'homme a peu de
forces pour résister*, aux Impressions des objets extérieurs
mais que s'il veut se donner le soin il pourra augmenter
ses forces, au lieu que s'il néglige d'en faire usage
elles s'affoibliront, & à la fin s'evanouiroit à divers
égars.

Ibidem.

„ Le vrai systême des Chrétiens, dit *Mr. Bayle*,
„ est le seul qui puisse résoudre ces difficultés. Il
„ nous apprend que depuis que le prémier homme
„ fut déchu de son état d'innocence, tous ses
„ descendans ont été assujettis à une telle corrup-
„ tion, qu'à moins d'une grace surnaturelle ils sont
„ nécessairement esclaves de l'iniquité, enclins à
„ mal faire inutiles à bien faire. La Raison, la
„ Philosophie, les idées de l'honnêteté, la connois-
„ sance du vrai intérêt de l'amour propre, tout cela
„ est incapable de résister aux passions. L'empire

Ffffff 2   qui

,, qui ,, avoit été donné à la partie supérieure de l'ame
,, sur l'inférieure a été ôté à l'homme depuis le
,, paché d'Adam. C'est ainsi que les Théologiens
,, expliquent le changement que ce péché a produit.
Il est des Théologiens qui s'expliquent là-dessus avec plus de clarté & plus de justesse, mais Mr. Bayle se plaît à présenter la Théologie Chrétienne sous des termes qui donnent lieu à de grandes difficultés. Les Théologiens les plus rigides en matière d'Orthodoxie, & d'impuissance de la Liberté, reconnoissent qu'elle s'est conservée par rapport aux Actes extérieurs, & c'est par cette raison qu'ils croient ces Actes punissables devant les Tribunaux des hommes : Hélene & Medée, auroient pu selon eux en user autrement qu'elles ne firent.

De la Fatalité de la Précience & des Evenemens contingens Article Epicure Note U.

XX. ,, Il n'y a point, de Système dit, Mr. Bayle
,, d'où la nécessité fatale de toutes choses sorte plus iné-
,, vitablement, que de celui qu'Epicure emprunta de
,, Leucippe & de Démocrite ; car ce qu'ils disoient
,, que le monde s'étoit formé par hazard, ou par la
,, rencontre fortuite des atomes, n'excluoit que la
,, direction d'une cause Intelligente, & ne signifioit
,, point que la production du Monde ne fût la suite
,, des Loix éternelles & nécessaires du mouvement
,, des principes corporels. Aussi est-il certain que
,, Démocrite attribuoit toutes choses à un destin né-
,, cessitant. Epicure ne pouvant pas s'accommoder
,, d'une opinion qui paroissoit renverser toute la
,, morale & réduire l'ame humaine à la condition
,, d'une machine, abandonna sur ce point le systè-
,, me des atomes, & se rangea du parti de ceux qui
,, admettoient le franc arbitre dans la volonté de
,, l'homme. Il se déclara contre la nécessité fatale,
,, & il prit même des précautions inutiles, car de
,, peur que l'on n'inférât que si toute proposition
,, est vraie ou fausse, tout arrive fatalement, il nia
,, que toute proposition soit vraie ou fausse. Ce-
,, pendant il auroit pû accorder cela, sans que per-
,, sonne en eut pû raisonnablement conclure la néces-
,, sité du fatum.

,, Mais comme Epicure n'étoit pas fort assuré de
,, son fait, il craignit de s'embarrasser s'il ne nioit
,, pas ce dogme : il n'en connoissoit pas tous les
,, tenans, & les aboutissans, & ainsi pour jouer au
,, plus sûr, il aima mieux se retrancher dans la né-
,, gative. Chrysippe n'y étoit guère plus éclairé ;
,, car il croyoit qu'à moins de prouver que toute
,, proposition est vraie ou fausse, il ne viendroit
,, pas à bout de prouver que toutes choses arrivent
,, par la force du destin. Ni l'un ni l'autre de ces
,, deux grands Philosophes ne comprit que la vérité de
,, cette maxime, *toute proposition est vraie ou fausse*
,, est indépendante de ce qu'on appelloit *fatum*; elle
,, ne pouvoit donc point servir de preuve à l'exi-
,, stence du *fatum*, comme Chrysippe le prétendoit
,, & comme Epicure le craignoit. Chrysippe n'eut
,, pu accorder sans se faire tort, qu'il y a des Pro-
,, positions qui ne sont ni vraies, ni fausses, mais il ne
,, gagnoit rien à établir le contraire ; car soit qu'il y ait
,, des causes libres, soit qu'il n'y en ait point, il
,, est également vrai, que cette proposition ; *Le
,, grand Magol ira demain à la Chasse, ou n'y ira pas,*
,, est vraie ou fausse. On a eu raison de considé-
,, rer comme ridicule ce discours de Tirésias. *Tout
,, ce qui je dirai arrivera ou non, car le grand Apol-
,, lon me confère la faculté de prophétiser.* Si par im-
,, possible il n'y avoit point de Dieu, il seroit
,, pourtant certain, que tout ce que le plus grand
,, fou du monde prédiroit, arriveroit, ou n'arrive-
,, roit pas. C'est à quoi Chrysippe, ni Epicure,
,, ne prenoient pas garde.

Voiés la Section du Pyrrhonisme Logique.

Quand l'Evénement répond à une prédiction hazardée sur le sujet d'une Détermination Libre, cet Evénement ne prouve pas qu'elle fut vraie, dans le temps qu'elle a été prononcée ; car on ne pourroit pas dire ; *Celui qui a prédit une telle Détermination, comme devant infailliblement arriver, a parlé conformément* à la Nature des c'oses ; on pourroit seulement dire qu'il a rencontré au hazard.

Rien n'est moins rare aux hommes que d'avoir des sentimens qui se contredisent. Tout homme qui erre, & qu'il est impossible de ramener de ses Erreurs, reconnoît la Vérité de quelques Principes, de l'aveu desquels on se servira pour l'éclairer ; par conséquent ces Principes, dont il est persuadé se trouvent directement opposés aux Erreurs dont il étoit prévenu, & dont il n'étoit pas moins persuadé que de ces Principes, qui servent à les combattre, & à les faire tomber : Cette opposition est sur tout fréquente entre les Idées spéculatives & les Maximes de pratique : Tantôt on est éclairé sur la *théorie*, et l'on se trompe dès qu'il s'agit de mettre en *pratique* les Loix ; tantôt on approuve les Régles & on les suit, pendant qu'on soûtient des Propositions spéculatives directement contraires aux Régles qu'on observe. Les Stoïciens en étoient un grand exemple. On ne peut pas porter plus loin, les éloges qu'ils faisoient de la *Vertu* ; c'étoit dans leurs Idées le seul *Bien*, & le vice le seul *Mal*. Par là le *Sage* c'est-à-dire l'homme véritablement vertueux, se trouvoit *l'arbitre* de sa destinée. Un des grands principes encore de toute leur Philosophie, c'étoit la distinction de ce qui est en nôtre *puissance*, & de ce qui dépend des circonstances *extérieures* qui ne sont pas toûjours en nôtre disposition. Il ne tient qu'à nous, disoient-ils, d'être Vertueux, & par conséquent très-heureux ; Mais comment accorder tout cela avec l'hypothése d'un Destin dont les arrêts étoient irrévocables, & d'une enchaînure entre tous les événemens, à laquelle il étoit impossible de rien changer. Nous ne savons pas, disoient-ils, ce qui arrivera, nous savons que tout ce qui est arrivé devoit infailliblement arriver. Je m'imagine quelquefois, que le goût des Stoïciens pour le Grand étoit également la cause & de leur *attachement à la vertu*, qui renferme en effet bien de la grandeur, & de leur *entêtement pour le Destin* dont l'idée leur paroissoit aussi très-sublime.

Cette prévention avoit embrouillé leur Logique. Si l'on dit, *Il naîtra demain un enfant qui dans vingt ans à une heure précise fera une action de Vertu* ; Cette Proposition est nécessairement vraie ou fausse ; Si elle est nécessairement vraie l'Action prédite, que ce soit une action de Vertu, ou de Vice, ne sauroit manquer d'arriver ; & si cette Proposition est fausse, il est impossible que cette action se fasse : Ainsi tout est déterminé, & il y a un Destin, & une enchaînure fatale.

Dans l'hypothése d'une parfaite Liberté on répondroit à ce Raisonnement par une distinction aisée. N. à une telle & telle heure fera une action de Vertu ou ne la fera pas : Cette Proposition *étant que disjonctive* est très-certainement vraie, c'est-à-dire, cette Proposition est juste ; Telle est la Nature des choses que N. à une telle heure existera ou n'existera pas ; Il n'y a point de milieu, qu'il agira ou qu'il n'agira pas ; que son action sera une action de Vertu, ou ne le sera pas ; soit parce qu'elle sera vicieuse, soit parce qu'elle sera indifférente : mais si l'on prend *séparément* les parties de cette *Disjonctive*, & qu'on dise par exemple, *Il fera une action de Vertu*, si ces termes ne marquent qu'une *Probabilité*, on s'énonce conformément à la Nature des choses, & la Proposition est *vraie* ; mais si l'on va plus loin, & qu'on assure la Certitude *infaillible* du fait, la Proposition est *fausse* dans l'hypothése de la *parfaite Liberté*, car dans cette hypothèse, elle n'est *nullement* conforme à la Nature des choses. puisque pour dire vrai, en disant N. fera nécessairement une action vertueuse, & pour parler conformément à la Nature des choses, il faudroit que, quand on parle ainsi, il existât actuellement des Causes dont l'action nécessaire & inévitable, donnât à celles qui les suivront immédiatement, & celles ci, de l'une à l'autre jusque ques à N. un branle inévitable par l'efficace duquel N. fit inévitablement ce qu'on avoit dit qu'il feroit. Or ces causes nécessaires qui le détermineront inévitablement, ne s'accordent pas avec l'hypothèse de la parfaite Liberté qui étoit celle des Stoïciens.

Il s'est trouvé des Théologiens, ou plutôt des Métaphysiciens hardis, qui ont imprudemment mêlé les Idées du Destin Stoïque avec celles de l'Etre suprême & adorable. Selon eux Dieu a été nécessairement déterminé par son Amour essentiel pour le Bien pour l'Ordre à créer l'Univers & à le créer tel qu'il est ; car s'il ne l'avoit pas créé, ou s'il l'avoit créé dans un autre état, il n'auroit pas fait ce qui étoit le mieux ; & il s'prouvent qu'il étoit mieux que Dieu le produisît, & le formât tel que nous le voions, disent-ils, que Dieu fait toûjours ce qui est le mieux. Par ce sistême Dieu est éternellement & nécessairement ce qu'il est ; ses Idées sont éternellement & nécessairement ce qu'elles sont, de même que ses résolutions. L'existence de l'Univers tel qu'il est, l'existence de chacune de ses Parties telles qu'elles se trouvent, chaque Circonstance de leurs résolutions, quand elles sont Intelligentes telle qu'on la remarque, sont des suites infaillibles & nécessaires des Idées, des Résolutions, & de la Nature de Dieu : Or cela posé il faut avouer que le sort des Damnés sera bien triste, puis qu'il sera une suite nécessaire d'une éternelle constitution qui leur est absolument extérieure, & où il n'a jamais été, & ne sera jamais en leur pouvoir de faire le moindre changement. C'étoit là l'opinion d'Abelard.

Article Bernger Pèrè M.

,, Il ne nie pas non plus, dit Mr. Bayle, en parlant ,, du sentiment d'Abelard que Dieu ne peut faire que ,, ce qu'il fait, que la puissance, la sagesse & l'amour ,, ne soient des attributs communs aux trois Per- ,, sonnes divines, il déclare même le contraire en ter- ,, mes formels ; mais il attribue la puissance au Pere, ,, la sagesse au fils, par appropriation, & l'amour ,, au St. Esprit, par appropriation : en quoi il ne sem- ,, ble pas s'éloigner de la doctrine des anciens Peres ,, & des Théologiens. Mais il n'est accordé pas avec ,, la manière de penser, & de parler des autres, dans la ,, troisième Proposition, où il soutient que Dieu ne ,, peut faire que ce qu'il fait, & ne peut pas faire ce ,, qu'il ne fait pas. C'en est pas qu'il ne reconnoisse pas ,, la puissance de Dieu en elle même ne pût s'éten- ,, dre à d'autres objets ; mais il prétend qu'étant ,, considérée comme jointe à la sagesse & à la volon- ,, té de Dieu, il ne se peut pas faire qu'il veuille, ,, ni qu'il fasse autre chose que ce qu'il veut & ce ,, qu'il fait actuellement. Vous verrés ceci plus au ,, long dans le précis que Mr. Du Pin a donné d'un ,, Ouvrage d'Abelard. Dans le troisième livre qui ,, fait que traiter de la Puissance de Dieu, & ,, il soutient que Dieu ne peut faire que ce qu'il ,, fait, & ne peut pas faire tout ce qu'il ne fait pas, ,, parce que Dieu ne peut pas faire que ce qu'il veut ; ,, Or il ne peut pas vouloir faire autre chose que ce ,, qu'il fait, parce qu'il est nécessaire qu'il veuille ,, tout ce qui est convenable, d'où il s'ensuit que ,, qu'il ne peut pas le vouloir faire, & par consé- ,, quent qu'il ne peut pas le faire. Il avoue lui- ,, même que cette opinion lui est particulière, que ,, presque personne n'est de cet avis, qu'elle semble ,, contraire à la doctrine des Saints & à la raison, ,, & déroger à la grandeur de Dieu. Il se fait là- ,, dessus une objection difficile. Un réprouvé, ,, dit-il, peut être sauvé, mais il ne le sauroit être ,, que Dieu ne le sauve : Dieu peut donc le sauver, ,, & par conséquent faire ce qu'il ne fait pas. Il ,, y répond, que l'on peut bien dire que cet hom- ,, me peut être sauvé par rapport à la possibilité de ,, la nature humaine qui est capable du salut ; mais ,, que l'on ne peut pas dire que Dieu peut le sau- ,, ver, par rapport à Dieu même, parce qu'il est ,, impossible que Dieu fasse ce qu'il ne doit pas

faire : Il explique ceci par divers exemples : un ,, homme qui parle, peut se taire, mais il ne se peut pas ,, faire qu'un parlant soit dans le silence ; la voix ,, peut être entendue, mais le sourd ne la peut pas ,, entendre ; un champ peut être cultivé, quoiqu'un ,, homme ne puisse pas le cultiver.

Ces effraiantes Conséquences ne doivent elles pas faire soupçonner que les Principes d'où elles naissent renferment quelque chose qu'on ne sait pas assés démêler, & ne doivent-elles pas pour le moins nous déterminer à nous taire sur ce qui nous est Incompréhensible, & à nous en tenir à des Vérités très-simples, & déchargées de ces affreuses Conséquences ?

Supposons un Métaphysicien qui dise qu'entre les Idées de plusieurs Univers, tous très-possibles à la Puissance de Dieu, tous très-dignes de lui, il s'est librement déterminé à donner l'existence à celui dont nous faisons partie, & il a trouvé à propos qu'il renfermât des Etres-très-réels, très-actifs, & très-libres. Ce qu'il pose se trouve dégagé d'inconvéniens.

Cette espèce de Fatalité, dont je m'éloigne, a été adoptée par Mr. Leibnits, & je l'ai examinée dans un Ouvrage Latin imprimé à Groningue, que je traduirai en François, dès que j'en aurai le temps.

,, Tout se réduit enfin à ceci, *dit Mr. Bayle*, Adam ,, a-t-il péché librement ? Si vous répondez qu'oui ; ,, *Donc, vous dira-t-on, sa chute n'a pas été prévue* ; ,, Si vous répondés que non ; *Donc, vous dira-t-on*, ,, *il n'a point été coupable*. Vous écrirés cent volu- ,, mes contre l'une ou l'autre de ces Consequen- ,, ces, & néanmoins, vous avouerés, ou que la ,, prévision infaillible d'un événement contingent, est ,, un mystère qu'il est impossible de concevoir, ou ,, que la manière dont une Créature qui agit sans Liber- ,, té, péché pourtant, est tout à fait incompréhensible. ,, Je n'en veux pas davantage : Puis qu'il faut avouer ,, l'une & l'autre de ces incompréhensibilités, à ,, quoi vous sert de tant écrire.

Article Jancenisti Note G.

J'écris pour distinguer ce que je comprens d'avec ce que je ne comprens pas ; J'écris pour m'en tenir à ce que je sais, & à ce que je sens, à ce que des preuves claires, simples, & à portée de mon Intelligence établissent, sans laisser ébranler la Certitude qui en résulte par des Preuves qu'on tire de ce qui est très-obscur, & qu'on est très-éloigné de comprendre. Il n'y a point ici Incompréhensibilité de côté & d'autre ; je comprens très-bien que je suis Libre, mais je me comprens pas la préscience des actions parfaitement Libres.

On peut disputer là-dessus, ou avec des Théologiens, ou avec des Philosophes. Si l'on dispute avec un Théologien, la Question est bientôt vuidée. *Croiés-vous que l'homme soit Libre*, lui demanderai-je ? Demandés moi, me répondra-t-il, si je crois une Religion, un Dieu juste, des Loix, des Peines & des Récompenses. Mais, ajouterai-je, la *Préscience de Dieu semble combattre cette Liberté*. Cette préscience me répondra-t-il, je ne la comprens pas, je ne sais pas m'en former d'Idée ; tout ce que je sais, c'est qu'elle ne porte non plus atteinte aux *Actions Libres*, que si elles n'étoient point prévues : Quiconque donc je *fera une idée de la Préscience incompatible avec la Liberté*, s'en fera une fausse Idée. Sans doute, me répondra le Théologien sincère & orthodoxe.

Si je continue à l'interroger ; *Si vous étiés persuadé, ou qu'il n'y a point de Liberté, ou qu'il n'y a point de Préscience, quel parti prendriés vous* ? Il me répondroit encore, j'aimerois mieux nier la *Préscience des Actions libres*, que de renverser toute la Religion, qui n'est qu'une Chimère si tout est assujetti à une nécessité fatale. On auroit beau dire que Dieu est exempt de cette nécessité, & qu'il est lui-même l'Auteur de celle qui porte inévitablement du sort des hommes, la Religion n'en seroit pas moins renversée. Me voilà donc en tranquilité là-dessus, & en paix avec les Théologiens. Il n'y a point de Pré-

Préscience, ou la Préscience s'accorde avec la Liberté. Je pourrois trouver des Philosophes plus difficiles, & voici l'Argument qu'un Défenseur de la Fatalité pourroit me proposer. Se pouvoit-il faire, me dira-t-il, qu'*Adam* perséverât dans l'Obéissance. Je répondrai avec tous les Théologiens qu'il auroit persévéré s'il l'avoit voulu, & qu'il pouvoit le vouloir.

Si en le voulant, il le pouvoit, & s'il pouvoit le vouloir, il n'auroit donc pû arriver qu'il n'auroit pas désobéi. Je le conçois ainsi, & aucun Théologien ne vous le niera. Or dira le Philosophe, Il n'est pas vrai qu'il ne pouvoit se désobéir pas; car si cela étoit arrivé, Dieu qui avoit prévû la desobéissance se seroit trompé : Ce que Dieu avoit prévû, ne pouvoit manquer d'arriver.

A cette derniere Instance, je répliquerai ainsi sur des Matieres qui passent nôtre Intelligence, il peut aisément arriver que nous nous imaginerons de raisonner très-bien, lorsque nous raisonnerons très-mal, & cela sans nous en appercevoir. Si vôtre Argument est un Sophisme, il ne prouve rien, si la Conséquence est bien tirée, il combat la préscience & la ruine, puis qu'il l'établit contradictoire avec ce qui est, & qu'on ne peut nier.

S'il me dit après cela, Mais je veux vous prouver la Préscience, & voici comment, Dieu connoit tout, donc il connoit les événemens contingens. Je lui répondrai ; Pour un Philosophe vous ne faites guere d'attention aux Régles les plus Communes du raisonnement : vous prenés pour principe ce qui est en Question, & vôtre Raisonnement est tout semblable à celui-ci, Dieu peut tout, Donc il peut faire un Baton qui n'ait pas deux extrémités. Quand vous dires ; Dieu connoit tout, si fous le mot de *tout* vous comprenés les événemens purement libres, vous supposés ce dont vous entreprenés la preuve; Mais si par ce terme vous entendés tout ce qui peut se connoitre, tout ce que Dieu, qui ne se contredit jamais, trouve à propos de connoitre, il ne s'agira plus que de décider, s'il implique contradiction qu'il connoisse sûrement quel parti prendront les Créatures à qui il a donné le pouvoir de prendre très-librement le parti qu'il leur plaira ; C'est un point qu'il faut prémierement décider.

Mr. Bay- XX. OU Mr. BAYLE étoit effectivement un *le a ssos-* Pyrrhonien qui ne se taisoit aucune peine de soûte-
pé Liberté nir le pour & le contre avec un même air de sincérité ; Ou il n'a pas toûjours revoqué la liberté en doute.

Oeuvres Dans les Pensées diverses sur les Cométes Article
Div. Tom. 213. Mr. Bayle tire un argument de la Contingen-
III. pag. ce des Actions de l'homme & de sa Volonté qui
133. change du soir au matin, contre les préjages des Cométes. " parce qu'il n'y a, dit-il, aucun état ni aucun effet des *Causes néscessaires* qui puisse avoir
NB. un *concert réglé* avec ce qui dépend de la *Volonté.* Dans ces paroles il reconnoit la Liberté, qu'il attaque ailleurs pour embrouiller la doctrine de la Providence.

De la XXI. Mr. BAYLE fait demander à Melissus par
Préscience Zoroastre dans l'article *Manichéens* s'il étoit impossible à
Tom D. Dieu de prévoir les Actes de la Volonté. Melissus en qualité de Philosophe pouvoit aisément répondre, & dire qu'il étoit au pouvoir de Dieu, de ne mettre au nom plus de liberté dans les Créatures Intelligentes, que dans les Créatures corporelles ; & dans ce cas son Intelligence infinie auroit vû d'un seul coup d'oeil toute la suite des pensées, comme la suite des mouvemens... Que Dieu formant des Créatures libres savoit de quoi la liberté est capable; & connoissoit toutes les déterminations possibles, & toutes les suites de ces déterminations. Ces combinaisons quoi qu'infinies, ne sauroient le moins du monde embarrasser un Entendement, dont toutes les manieres de penser ne sont & ne peuvent être limitées par aucune borne : Il savoit donc ce qu'il auroit à faire,

& la manière dont il conviendroit à sa Sagesse d'agir ; par rapport à cette détermination possible ; & de cette manière, tous les desseins étoient arrêtés avant qu'il créât aucune Intelligence : *Mais pour ce qui est de la détermination actuelle pour un parti plutot que*
NB. *pour un autre, Dieu ayant voulu donner l'être à des Intelligences indéterminées à cet égard, il se seroit contredit, s'il avoit voulu déja voir l'effet, infailliblement déterminé dans une Cause qui ne l'étoit point. Dès qu'on suppose la liberté, il faut dire que ses choix sont l'effet d'une détermination qui est purement en sa propre puissance, & qui ne commence à exister que quand la liberté se détermine. La Substance d'une Intelligence libre, éxiste bien avant cette détermination; mais en qualité de libre, il n'y a rien en elle qui soit déja déterminé pour un parti plutot que pour un autre, & si quelque disposition est plus favorable à l'un qu'à l'autre, il est encore au pouvoir de la liberté de surmonter cette disposition.*

Voilà des Raisonnemens qui se seroient aisément présentés à Melissus, pour peu qu'il eut médité ces Matières. A la verité si nous faisons abstraction des tems, & que nous supposions Melissus un Philosophe qui reconnoisse la Divinité du Vieux & du Nouveau Testament, Zoroastre lui allégueroit les Prophéties, pour lui prouver que les déterminations de la volonté sont certainement connues, & que la liberté n'éxiste un son apparence, & que ce n'est qu'une pure spontanéité. L'homme, auroit-il dit à Melissus, veut être heureux, il le veut être nécessairement, mais il lui semble qu'il le veut être librement, parce qu'il n'y est nullement forcé, & qu'il ne le veut pas malgré lui, mais qu'il le veut de tout son cœur : Il en est ainsi, auroit-il ajouté, de toutes les autres déterminations ; ce sont des effets qui résultent nécessairement de certaines combinaisons, qui pourront-elles mêmes néscessaires. Le résultat de ces combinaisons, c'est ce qu'on veut ; c'est-à-dire, on sent une agréable détermination, une activité qui s'éleve, & qui est l'effet d'une impression étrangere, & accompagnée d'une agréable illusion.

Si l'on suppose que Melissus *(savoit raisonner, méditer réflechir, descendre en lui-même, & sentir distinctement une partie de ce qui s'y passoit),* on concevra qu'il auroit répondu. J'apperçois évidemment une différence du tout au tout entre l'acte par lequel l'esprit humain veut être heureux, & entre ceux par lesquels il choisit tantot un parti, tantot un autre. Il sent bien qu'il veut être heureux, & qu'il le veut trèsagréablement, mais il sent en même temps qu'il lui seroit impossible de vouloir le contraire, & qu'il seroit bien faché d'en avoir la puissance : Mais je sens, auroit-il ajouté, avec la même évidence qu'il est souvent *en mon pouvoir de choisir à mon gré, de m'abstenir du choix que je fais, & de prendre le parti opposé à celui que je prens.* Lors qu'on jouant je-dis-*pair*; aussi certainement que je sens ma pensée, aussi certainement je sens qu'il ne tenoit qu'à moi de dire *impair*, & que c'est moi uniquement qui me détermine à l'un plutot qu'à l'autre. Ainsi encore je me détermine à une lecture plutot qu'à l'autre, & je sens qu'il est ainsi de ma vie.

Pour répondre à l'Objection que Zoroastre auroit pû tirer en vue de ruiner la liberté, Melissus auroit pû dire 1. Que Dieu produit lui-même une partie des événemens prédits, qu'en faisant l'homme libre il s'est reservé le pouvoir de suspendre sa liberté, & d'en être le maitre quand il le voudroit ; tout de même qu'après lui avoir donné une éxistence trèsréelle, il est toûjours en son pouvoir de la lui ôter quand il lui plaira. 2. Que la liberté ne choisissant pas, ou qu'une Intelligence libre, ne se déterminant pas sur les choses dont-elle a quelques connoissances, Dieu peut lui rendre présentes, certaines idées, & éloigner tellement les autres, qu'elle ne manquera pas de choisir en ce cas-là, comme il veut qu'elle choisisse. De cette maniere Cyrus reçut le nom qu'il a porté,
&c

& les soldats jettérent le sort sur la robe de Jesus Christ.

La difficulté est plus grande par rapport aux Actions *vicieuses*. Mais là-dessus Melissus auroit encore pû faire deux remarques. La prémiére c'est que toutes les déterminations de la Volonté, qui sont en sa puissance, ne sont pas pour cela également faciles, elle a besoin d'efforts plus ou moins grands pour se refuser à un parti, & pour se donner à un autre. Les habitudes sur tout lui enlévent la facilité du choix, & ces habitudes peuvent venir, pas degrés, à un tel point de force, que la liberté qu'elles avoient d'abord affoiblie, cesse tout-à-fait à de certains égars & par rapport à de certaines circonstances, de sorte que dans plusieurs occasions les Vicieux sont des Machines Intelligentes, leurs inclinations & leurs habitudes sont des ressorts, qui ne manqueront jamais leur jeu, suivant les circonstances où elles se trouveront, & Dieu connoit toute la force des habitudes, & toute l'efficace des circonstances extérieures.

Melissus enfin auroit pû répondre que quand les hommes sont volontairement parvenus à un certain degré de corruption, par où ils ont justement mérité que Dieu les punisse & les abandonne, Dieu ne fait rien contre sa Sagesse & sa Sainteté, quand il les livre à leur corruption, & qu'il les met dans des circonstances si propres à les affermir dans leurs inclinations, à augmenter le pouvoir de leur tempérament & de leurs habitudes, & l'impétuosité de leurs passions, qu'il en résultera de tels & tels événements.

Après ces Escarmouches & ces Argumens auxquels Mr. Bayle ne pouvoit pas manquer de prévoir qu'on pouvoit faire des réponses aisées; après ces Argumens par lesquels il semble n'avoir eu en vûe que d'occuper quelque temps son Lecteur & de le fatiguer, il vient à sa grande & derniére ressource; D'où vient que Dieu, infiniment Puissant & infiniment Bon, ne prévient pas toutes les Déterminations, par où la Volonté pourroit prendre un mauvais parti? D'où vient qu'il ne forme pas ses Créatures incapables de ces déterminations? Pour résoudre cette Difficulté il faut poser, avec une grande exactitude l'état de la Question. Il s'agit donc de savoir si Dieu, pour agir d'une maniére digne de lui & convenable à sa Bonté, devoit former toutes ses créatures d'une telle maniére, & les poser dans de telles circonstances, qu'il n'arrivât & ne put arriver à aucune le moindre Inconvénient: Car s'il ne répugne pas à sa Bonté de permettre la possibilité, d'un degré d'imperfection, de désordre, & de malaise, il ne répugnera pas d'en permettre deux & d'en permettre trois. Voilà une réponse à la prémiére des Questions qu'on peut faire.

En voici une autre: Etoit-il indigne de Dieu de déploier l'étendue de sa Puissance, en formant des créatures véritablement Actives, véritablement Libres, en état de lui obéïr, de lui rendre leurs hommages, de l'aimer par choix, & de se dévouer à lui très-volontairement? Etoit-ce une maniére d'agir digne de sa Sagesse, digne de son Amour pour l'Ordre, digne de sa Grandeur & de son Elévation suprême, d'imposer des Conditions de félicité, de donner des Loix très-belles en elles-mêmes, & de les rendre outre cela très-respectables par des promesses & par des Récompenses? La bonté infinie de Dieu ne paroit-elle pas suffisamment dans la grandeur de ses offres, dans la facilité à pardonner à ceux qui renoncent à leur mauvaise conduite, & dans ce grand nombre de soins très-sincéres qu'il prend pour engager les hommes dans les bonnes routes?

Au cas qu'il reste des Difficultés là-dessus, la Raison ne nous dicte-t-elle pas très-évidemment, que pour décider que l'une & l'autre de ces Questions, il faut être pleinement instruit des raisons du plan de Dieu infiniment grand, par les parties innombrables qui y entrent, & par l'infinité de sa durée? La Raison encore ne nous apprend-elle pas, avec une parfaite évidence, que ce qui ne nous est pas assés connu dans un sujet, ne doit pas ébranler la certitude de ce que nous y connoissons? Enfin la Raison nous dit; *Il y a un Dieu, ce Dieu qui nous a fait; Ce Dieu nous éclaire par les Idées qu'il nous a rendus capables de former, il nous éclaire par les Lumiéres de la Révélation qu'il a eu la bonté d'y joindre. Obéïssons, Régions-nous sur nos Connoissances, & n'alons garde de porter l'Insolence & l'Ingratitude, jusqu'à nous dépiter contre lui, à traiter de giroüette la Raison qu'il nous a donnée pour nous conduire, à n'en savoir pas gré, & à mépriser ce qu'elle nous apprend, sous prétexte que nous pouvons abuser de sa fécondité, ou que nous n'en tirons pas toutes les connoissances que nous serions curieux de nous procurer. Puis que je ne puis pas tout savoir, je vai me mettre en tête de douter de tout:* Est-il permis d'aller à ces excès, & de se livrer ainsi à son impatience & à ses fantaisies?

J'ai fait parler Melissus & je lui ai fourni de quoi répondre aux objections de Zoroastre. Si les partisans de Mr. Bayle disent que par là je n'ai rien avancé, puis que j'ai fait parler Melissus suivant les Hypothéses que les Orthodoxes ne reconnoissent pas. Je répliquerai que Mr. Bayle a eu tort le prémier d'introduire deux Tenans, dont la Dispute, de quelque maniére qu'elle se terminât, aboutiroit à rien. Abandonnés le parti de la Liberté, Zoroastre vous abime. Défendés-la à toute outrance, & dégagés-la de toute difficulté, les Orthodoxes, si Mr. Bayle en est crû, vous abandonneront.

J'ajoute apres cela, que les Orthodoxes peuvent tirer un grand parti de ce que j'ai fait dire à Melissus. Car voici leur Systême. La prévision est absolument extérieure aux Déterminations de la Liberté; Leur Nature n'en dépend point, non plus que la nature des choses, que je vois actuellement ne dépend pas de ce que je vois; Dieu voit ce que par rapport au *Demerite*, il est tout tel qu'il seroit si la détermination de la volonté qui se porte au mal, non seulement n'étroit point prévue, mais de plus étroit impossible à prévoir.

Si on les accuse de soûtenir des Contradictions, si on leur demande d'expliquer cet accord de la parfaite liberté avec cette infaillible prévision, ils répondront; *Apprenés-nous de quelle maniére Dieu voit les choses, & dès là il nous sera facile d'expliquer de quelle maniére il les prévoit:* Mais comme rien ne seroit plus déraisonnable que de nier l'éxistence de Dieu, parce qu'on ne connoit pas tout ce que Dieu est; & comme il y auroit de l'éxtravagance à douter qu'il connoisse les choses parce qu'on ne sait pas de quelle maniére il les voit & il les connoit, il seroit de même très-absurde de douter d'une Liberté dont on peut se convaincre par un sentiment si évident & si immédiat, parce qu'on ne sait pas la concilier avec une Prévision dont on n'a qu'une Connoissance des plus imparfaites. C'est un sophisme très-condamné, de faire servir ce qui est *Obscur* à combattre ce qui est *Clair*.

XXII. Mr. BAYLE dit, que *les objections tirées du petit nombre des Elûs, & de l'Eternité des peines n'auroient pas fort embarrassé Melissus.* Il faut pour cela qu'il suppose qu'on peut fermer la bouche à un Zoroastrien en avouant ces deux articles de la Liberté & de la non préscience, ou qu'on put se tirer d'affaire quoi qu'on le nie. Si un Philosophe peut concilier par le moien des deux prémiéres hypothéses l'Unité & la Bonté d'un seul principe, Mr. Bayle a tort de faire tant de bruit, & si l'on se tire mieux d'affaire en niant ces hypothéses. Je remarque deux choses 1. Que Mr. Bayle a encore tort quand il suppose qu'un Adversaire tant-soit-peu habile dans la dispute, accableroit enfin également tous les systêmes des Chrétiens. 2. Je découvre la Raison pour laquel-

De la justice des peines. Article Manichéens.

quelle Mr. Bayle s'eſt déterminé pour le ſyſtême le plus rigide ; c'eſt, comme on le voit, parce qu'il donne lieu à de plus grandes Objections. Mr Bayle ſe plait d'éxercer ſa ſubtilité en mettant la Réligion en oppoſition avec la Raiſon, l'Orthodoxie lui a cette obligation particuliére.

Au reſte ſi la Conduite de Dieu actuelle à l'égard de ſes Créatures, ne donne aucune atteinte à leur Nature, les Decrets par lesquels il a réſolu d'agir, dans le temps, d'une telle & telle maniére, laiſſent de même ſubſiſter la nature de leurs facultés & en particulier celle de la Liberté. Tous les Chrétiens ont à peu près les mêmes Idées ſur ce ſujet, mais ils ne s'accordent pas dans les Conſéquences qu'ils en tirent ; l'un admet avec la Liberté ce qu'un autre lui croit contraire. Voulés-vous ſavoir à quel point les Orthodoxes croient coupables ceux qui périſſent ? Ecoutés là-deſſus ce qu'on peut dire quand on eſt dans les Idées que je viens d'attribuer à Meliſſus, les Orthodoxes penſent de la même maniére.

Je ferai encore une remarque contre les prétentions des Pyrrhoniens & des Libertins. C'eſt que ſi dans une matiére ſi obſcure, Meliſſus a avancé une hypothéſe (celle de l'abſolue Liberté) qui pare à pluſieurs Difficultés, je ne prétens pas la faire valoir au-delà de ſon prix, je ne la donne que pour une Hypothéſe ; cela ſuffit pour faire comprendre que la Raiſon peut découvrir de quoi répondre aux Objections qu'on lui propoſoit comme inſolubles. On ne ſauroit nier que cette maniére de répondre n'ait de la vraiſemblance, & même n'en ait beaucoup. C'eſt cette vraiſemblance qui a déterminé pluſieurs perſonnes à l'embraſſer, & ceux qui la croient très-fauſſe, loin de lui conteſter cette Vraiſemblance , en ſont même affligés. Quand on diroit que la Raiſon s'eſt trompée en imaginant cette hypothéſe, toujours faudra-t-il que le Libertin avoue qu'elle a approché du Vrai, & ſi dans les Ténébres où nous vivons, on a pu trouver du Vraiſemblable, on a droit de conclure que quelques Lumiéres de plus nous améneront au Vrai.

Quant à l'Objection tirée de l'éternité des peines que Mr. Bayle ne fait qu'inſinuer ici, & ſur laquelle il fait eſperer qu'il reviendra dans la ſuite, il n'eſt pas non plus fort difficile d'y répondre

1. Peut-on refuſer à une Intelligence qui abuſe d'une Liberté que Dieu lui a donnée pour en tirer des fruits admirables, ne mérite châtiment, & qu'il ne ſoit digne de Dieu de faire connoitre ſon amour pour l'Ordre en lui faiſant ſentir ce qu'elle mérite. Il n'y a rien que de juſte & de digne de Dieu dans un Châtiment qui répond à la Grandeur de la faute.

2. On ne peut pas douter que les Ténébres où nous vivons, & une certaine habitude que nous nous ſommes faite de nous familiariſer avec le péché, ne nous empêche d'en connoitre toute l'Horreur, comme il nous empêche auſſi de voir toute la Beauté de la Vertu qui lui eſt oppoſée. Il eſt encore inconteſtable que nous n'avons que des Idées très-imparfaites de l'élévation de Dieu, & de ſes Droits & des Obligations infinies que nous lui avons : C'eſt pourtant par là qu'il faut décider de ce que mérite le pécheur. Ainſi deſtitués que nous ſommes de l'étendue des connoiſſances néceſſaires, les embarras où nous pouvons nous trouver ne doivent répandre aucune Incertitude ſur les trois Vérités ſuivantes. La *prémiére* c'eſt que Dieu ne fera rien qui ne ſoit très-Juſte & très-convenable ; la *ſeconde* qu'un homme qui prendroit le parti de l'obéiſſance, au cas qu'il fut bien aſſuré de l'éternité des peines, mais qui prend hardiment le parti de tourner le dos à Dieu, & de fouler aux piés ſes Loix, pour y préférer ſes injuſtes & ſes brutales fantaiſies, dans la penſée que Dieu eſt trop Bon pour faire durer long-temps ſes peines ; Un homme qui raiſonne ainſi mérite par ces outrages qu'il fait à la Bonté de Dieu les peines les plus grandes & les plus atroces & il faut qu'il écoute bien peu la Raiſon, s'il ne les craint pas. Ainſi 3. un homme averti que les peines éternelles ſont les ſuites qu'on doit attendre de la déſobéiſſance, & qui malgré un motif d'une ſi grande efficace veut perſévérer à déſobéir, eſt coupable au-delà de toute expreſſion, & ſi, de temps en temps, la Raiſon lui laiſſe quelques momens libres, il doit s'en ſervir pour ſe dire qu'il a tout à craindre.

XXIII On allégue les Prophéties pour preuve que les Hommes n'ont pas de Liberté ; mais il n'eſt pas difficile de comprendre que la Providence peut en telle ſorte diriger les choſes que l'événement prédit arrivera, ſans que les hommes ceſſent d'être Libres, ni que Dieu ſoit l'auteur de leur Malice.

Le temps marqué pour la ſortie d'Egypte s'approche ; Dieu fait qu'un homme d'un naturel fier, entreprenant, dur, inhumain, monte ſur le throne d'Ethyopie (Que ce ſoit une hiſtoire ou une ſuppoſition, elle fait de même à mon but) Cet homme s'eſt volontairement ſoûmis à ſon mauvais tempérament, au lieu de le réprimer. La Providence choiſit des hommes de ſon humeur & leur tournit des ouvertures pour devenir ſes Officiers & s'emparer de ſa confiance ; le Roi entreprend la conquête de l'Egypte, & il s'en rend le Maitre. Il y apperçoit une Nation entiére dont les maniéres de vivre très-différentes des autres, déplaiſent à ſon naturel feroce, ombrageux & défiant ; Dieu par ſa Providence fait approcher de ſa perſonne des Conſeillers qu'il connoit propres à l'affermir dans ces Idées ; Il ne lui donne aucun ſecours intérieur pour le changer. Dieu prépare par là ſon peuple à ſortir d'un Païs qu'il auroit trop regretté, s'il n'y avoit pas été ſi miſérable. Il ne fait donc point la Malice des hommes, mais il éléve les mauvais dans des poſtes d'autorité, lors qu'il les veut faire ſervir à ſes Deſſeins. C'eſt ainſi que ſur la fin des 70 Semaines ſa Providence éléva aux prémiéres dignités de la Nation Judaïque, des Ambitieux, des Avares, des envieux, pleins d'horreur pour tout ce qui leur paroiſſoit tendre à les abbaiſſer, & tant ſoit-peu de la Correction & de la Cenſure. Il s'en trouve toujours un grand nombre de tels parmi les hommes. La Providence qui tient en ſa main le ſort des hommes, ouvre à des Cœurs de cette trempe des chemins aux dignités dans leſquels ils ſe jéttérent d'eux mêmes.

Lorſque Dieu pour éxécuter ſes Plans & pour remplir ſes Prédictions, ſe ſert du Miniſtére des hommes, il emploie les Méchans ou les Bons, & peut ſervir à ſes Deſſeins la Malice ou la Vertu. Pour ce qui eſt des hommes qui ont à cœur de faire leur Devoir, Dieu peut ménager tellement les circonſtances extérieures, il peut influer ſur leur tempérament, & agiter leur eſprit d'une telle maniére, il peut tellement fixer leur attention ſur de certaines Idées, il peut enfin, lors qu'il le trouve néceſſaire, créer en eux des Déſirs & des Réſolutions qui les déterminera par-là à tout ce qu'il ſouhaite d'eux. De plus pour avoir fait préſent aux hommes de la Liberté, il n'a pas perdu la puiſſance, & n'a pas renoncé au Droit de ſe déterminer lui-même quand il le trouveroit à propos. On comprend auſſi qu'il en peut uſer de la même maniére à l'égard de ceux qui n'ont que quelques degrés de vertu ; Il peut le porter dans le degré que ſes deſſeins demandent, & le convertir même par des voies tout extraordinaires. Il voit les Cœurs de tous les hommes, & il choiſit ceux qui lui paroiſſent les plus propres à ſes deſſeins : Si l'un s'y refuſe, d'autres y cédéront, & il a dans ſa toute-puiſſance une reſſource ſûre pour les amener à ce qu'il lui plait. Pour ce qui eſt des Méchans, il s'en trouve toujours un aſſés grand nombre, qui, par l'abus volontaire qu'ils ont fait de leur Liberté, ont mérité que Dieu ne déploie ſur eux aucun de ces ſecours qui convertiſſent.

Il prononce donc déja l'arrêt de ces hommes-là en cette Vie, & il présente à ces hommes méchans des occasions, il les environne de causes Physiques propres à les tourner du côté qui convient le mieux aux Desseins qu'il se propose, & de plusieurs mauvais partis qu'ils pourroient prendre, il fait en sorte qu'ils prennent celui qui servira d'acheminement à l'exécution de ses vues. Dieu ne fait pas la Malice, mais il s'en sert, & entre le grand nombre de mauvais cœurs il en choisit ceux qu'il lui plaît, il fait naître en eux des desirs, par les circonstances où il les place & il leur donne des succès.

De ce qu'on peut faire sur la Préscience de Dieu des Questions que les bornes de nos Lumières ne nous permettent pas d'éclaircir parfaitement, vu la sublimité de l'Objet sur lequel elles roulent, dont nous sommes si éloignés de comprendre toute la Nature & toutes les Perfections, il ne s'ensuit pas qu'un homme qui s'avisera d'imaginer des Hypothéses contradictoires & que l'on comprend distinctement être contradictoires, avec les Perfections de Dieu, soit en droit de faire passer ses hypothéses pour aussi vraisemblables que tout ce qu'on pourroit leur opposer, & cela sous prétexte que Dieu est incomprehensible. Il y a une différence du tout au tout, entre dire, mes lumières ne vont pas jusques-là, & avancer quelque Proposition dont nos Lumières nous fassent distinctement voir que les parties se détruisent l'une l'autre.

Si un homme soutenoit que le Diamétre d'un Cercle le partagé en deux parties inégales, & qu'aux argumens que l'on lui prouveroit l'absurdité & la contradiction de ce sentiment, il répondroit en disant; Vous n'avés pas une connoissance du cercle assés parfaite pour désigner une Ligne droite égale à sa Circonférence. Donc il ne vous est pas permis de rejetter comme faux tout ce qu'on s'avisera de dire sur le Cercle, puisqu'à de certains égards il ne vous est pas assés connu, pour résoudre toutes les Questions qu'on pourroit vous faire sur son sujet; Qui est-ce qui se laisseroit ébranler par ce Raisonnement? Mes lumières ne vont pas jusqu'à connoître tout ce qui se peut découvrir sur le Cercle; Mais ce qu'on en découvrira est ou fondé sur ce que j'en sai, ou du moins il ne sauroit l'ébranler, puis qu'une Vérité n'est jamais contraire à une autre.

Confirma-
tion de le
preuve de
suis.

XXIV. IL N'Y a point de Certitude qui passe celle du *sentiment*; je sens que je pense, je sens que je suis: Voilà des Vérités que le Pyrrhonisme n'ébranle plus. Quand je me rens attentif à moi-même, je sens que je me détermine, comme je sens que je pense, donc si je m'assure de l'un, il faut bien que je m'assure de l'autre.

Réponse
aux
l'artion
au Vey-
rivival
Tom. III.
Ouevres
Dr. Tom.
III. 1.
1er pag.
726.

En vain Mr. Bayle répond à cela Chapitre CXL. page 761. *Tout de même que quand vous sentés vôtre existence, vous ne sentés pas l'acte de la cause qui vous fait exister, aussi quand vous sentés la cause de vôtre détermination, vous ne sentés pas l'acte de la cause qui vous détermine.*

Je Répons à Mr. Bayle 1. Que si je ne faisois que sentir en moi une Détermination, je serois seulement assûré qu'il y a eû de la détermination, & je pourrois croire que je suis déterminé, sans savoir la cause qui me détermine; Or si je ne me détermine pas moi-même, il faudroit que la cause supérieure qui me détermine, créat en même tems en moi la persuasion & le sentiment que je me détermine, c'est-à-dire, créat un sentiment trompeur sur lui-même & immédiatement. Je sens bien que j'éxiste, mais je sens bien que je ne me détermine pas à exister, & que je n'influe pas sur mon existence. Voilà pourquoi je puis sentir que j'éxiste, sans m'appercevoir de la Cause qui me fait exister. Mais non seulement je me sens déterminé à vouloir, je sens que je me détermine.

On oppose à ce Sentiment le Cas que je vai rapporter; *Un homme placé au dessus d'une haute Tour se précipitera de là, s'il en a la volonté, & il lui semble qu'il ne tient qu'à lui de le vouloir. Cependant peut-il le vouloir?* Voici ma Réponse. Il sent bien qu'il le pourroit s'il le vouloit, & cela est indubitable; mais s'il se rend bien attentif à lui-même il sentira qu'il n'est pas en sa puissance de vouloir se précipiter, & qu'il ne pourra jamais avoir cette volonté pendant que son Esprit sera tranquile & maître de ses délibérations; car il n'est pas en nôtre pouvoir de balancer entre le bien connu pour bien, & le Mal connu pour mal.

On oppose encore les Sentimens des Couleurs, des Saveurs, &c. Il nous semble, dit-on, que les Objets de dehors sont blancs, rouges &c. que les Viandes sont aigres, douces &c. mais dans ces Objets, qui ne pensent pas, il ne se peut qu'il y ait quelque chose de semblable à nos sentimens.

Je ne sens point que les Couleurs soient effectivement sur les Objets où elles paroissent; je ne les sens point dans ces Objets où je ne suis pas; Je sens seulement qu'elles y paroissent: Mais je ne sens pas simplement qu'il me semble que je me détermine, cette détermination se fait en moi, & je sens que c'est moi qui la fais; & comme il me paroit que je pense, parce qu'effectivement je pense, il paroit aussi que j'éxiste, parce qu'effectivement j'éxiste; de la même manière aussi il me paroit que je me détermine, parce que je sens que je me détermine comme je sens que je pense, comme je sens que je suis.

Nouvelles
considéra-
tions sur la
Fatalité
Article
Epicure
Note T.

XXV. MAIS voions, dit Mr. *Bayle*, ce qu'E- ,, picure inventa pour se tirer de l'embarras du ,, Destin. Il donna à ses atomes un mouvement de ,, déclinaison, & il établit là le siège, la source, & ,, le principe des actions libres, il prétendit que par ,, ce moien il y avoit des événemens, qui se sou- ,, straioient à l'empire de la nécessité fatale. Avant ,, lui on n'avoit admis dans les atomes que le mou- ,, vement de pesanteur & celui de réflexion. Celui- ,, ci se faisoit toujours par les lignes perpendiculai- ,, res, & ne changeoit jamais dans le vuide, il ne ,, recevoit du changement que lorsqu'un atome se ,, choquoit avec un autre. Epicure supposa que mê- ,, me au milieu du vuide, les atomes déclinoient un ,, peu de la ligne droite, & de là venoit la liberté, ,, disoit-il. Remarquons en passant que ce ne fut ,, pas le seul motif qui le porta à inventer ce mou- ,, vement de déclinaison, il le fit servir à expliquer ,, la rencontre des atomes; car il vit bien qu'en ,, supposant qu'ils se mouvoient tous avec une éga- ,, le vitesse par des lignes droites qui tendroient tou- ,, tes de haut en bas, il ne seroit jamais compren- ,, dre qu'ils eussent pû se rencontrer, & qu'ainsi ,, la production du Monde auroit été impossible. ,, Il falut donc qu'il supposât qu'ils s'écartoient ,, de la ligne droite. S'il s'agissoit de montrer les ,, absurdités de cette doctrine, on en montreroit plu- ,, sieurs; car en prémier lieu qu'y a-t-il de plus indigne ,, d'un Philosophe que de supposer du bas & du haut ,, dans un espace infini. C'est néanmoins ce qu'Epi- ,, cure supposa; car il prétendit que les Atomes ,, se mouvoient de haut en bas. S'il eut supposé ,, qu'ils se mouvoient par toutes sortes de lignes ,, droites, il eut assigné une bonne cause de leur ,, rencontre, sans être obligé de recourir au préten- ,, du mouvement de déclinaison. En second lieu ,, ce mouvement-là l'engageoit à se contredire. Il ,, enseignoit que de rien on ne faisoit rien, & ce- ,, pendant la déclinaison des atomes ne dépendoit ,, selon lui d'aucune cause, elle venoit donc de ,, rien. Cette conséquence est d'autant plus forte ,, que nous avons vû que Lucrèce avoue que les ,, actions libres de nôtre ame, viendroient de rien ,, si les atomes n'avoient pas le mouvement de dé- ,, clinaison. Il prétend qu'elles ne dépendent ni du ,, mouvement de pesanteur, ni du mouvement de ,, repercussion des atomes; car en ce cas il seroit

Hhhh *contraint*

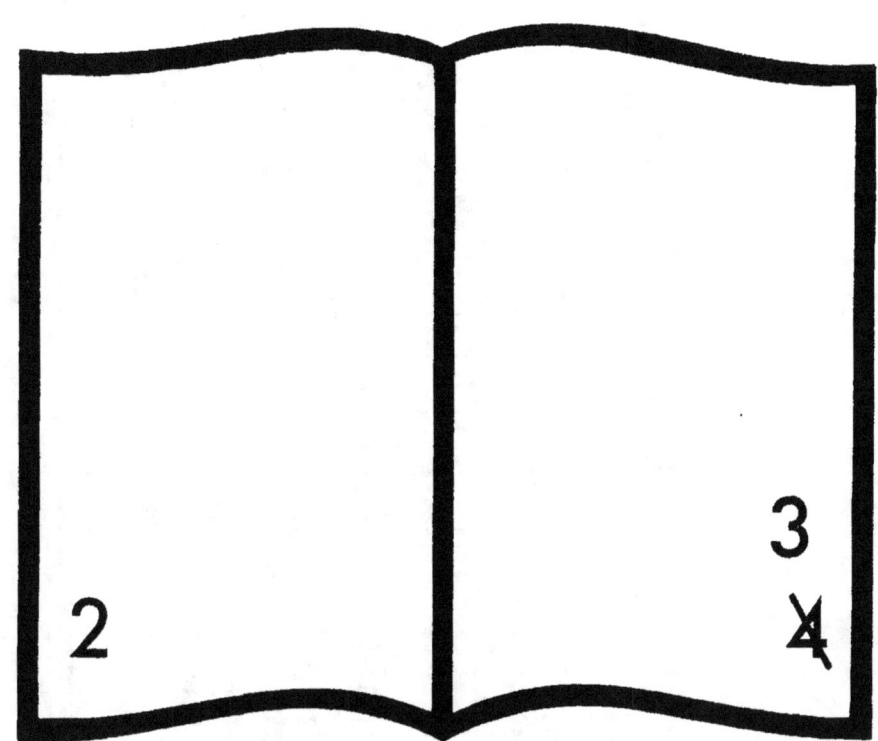

„ contraint de reconnoître qu'elles se trouvent dans
„ l'enchainement des causes éternelles & nécessaires,
„ & par conséquent qu'elles sont assujetties à la fata-
„ lité nécessité dont il les veut exempter. Et ce qui
„ fait selon lui, que ne dépendant nullement, ni
„ de la pésanteur ni de la repercussion des atomes,
„ néanmoins elles ne sont pas faites de rien, c'est
„ que les atomes ont un mouvement de déclinaison.
„ Je conclus de là, que ce mouvement se fait de
„ rien, ou ce qui est la même chose, qu'il n'a
„ point de cause, & je précipite Epicure dans l'a-
„ bime qu'il a voulu fuir. S'il répond qu'il est
„ autant de la nature des atomes de décliner, que de
„ se mouvoir de haut en bas, & de s'entre-choquer
„ toutes les fois qu'ils se rencontrent, je réplique
„ que leur déclinaison ne sert de rien à la liberté hu-
„ maine, & n'empêche pas la fatalité; je lui sou-
„ tiens *ad hominem*, que toute la fatalité des Stoï-
„ ques est conservée; car il avoue que le mouve-
„ ment de pesanteur & celui de repercussion intro-
„ duisent inévitablement la nécessité fatale. En 3.
„ lieu, il est absurde de supposer qu'un Etre qui n'a
„ ni raison, ni sentiment, ni volonté, s'écarte de
„ la ligne droite dans un espace vuide, & qu'il s'en
„ écarte non pas toujours, mais en certains temps,
„ & en certains points de l'espace non réglés. Pour
„ 4. absurdité, je lui allégue la disproportion qui
„ se rencontre manifestement entre la nature de la
„ liberté, & le mouvement quel qu'il puisse être
„ d'un atome qui ne sait, ni ce qu'il fait, ni où
„ il est, ni qu'il existe. Quelle conséquence y
„ a-t-il entre ces deux propositions, *l'ame de l'hom-
„ me est composée d'atomes qui en se mouvant néces-
„ sairement, par des lignes droites, déclinent un peu
„ du droit chemin, donc l'ame de l'homme est un agent
„ libre*? Ciceron a très-bien jugé de cette hypothése
„ d'Epicure, quand il a dit, qu'il seroit beaucoup
„ moins honteux d'avouer que l'on ne peut pas ré-
„ pondre à son Adversaire, que de recourir à de
„ semblables réponses. Il a très-heureusement décrit
„ l'embarras où ce Philosophe se trouva. Il étoit
„ facile ce me semble de l'embarrasser; comment
„ voulés-vous, lui pouvoit-on dire, que la liberté
„ de l'homme soit fondée sur un mouvement d'a-
„ tome qui se fait sans aucune liberté? la cause peut-
„ elle donner ce qu'elle n'a pas? Cent atomes qui
„ se penchent sans savoir ce qu'ils font, peuvent-
„ ils former un jugement par lequel l'ame se déter-
„ mine avec connoissance de cause au choix de
„ l'un des partis qui se présentent? Epicure eut pû
„ connoitre par là combien il lui importoit d'attri-
„ buer à chaque atome une nature animée, & sen-
„ sitive, comme il semble que Démocrite l'avoit
„ fait, & comme Platon avoit supposé que la ma-
„ tiére avoit une ame avant même que Dieu eut
„ construit le monde.

N. B. „ Il ne faut pas oublier ce que Ciceron rapporte;
„ c'est que Carnéade inventa une solution bien plus
„ subtile que tout ce que les Epicuriens avoient
„ forgé. Ce fut de dire que l'Ame avoit un mou-
„ vement volontaire dont elle étoit la cause. Il est
„ certain que Carnéade leur fournissoit là une ré-
„ ponse non seulement beaucoup plus solide que
„ celle qu'ils employoient, mais aussi la plus ingé-
„ nieuse & la plus forte que l'esprit humain puisse
„ produire. J'avoue qu'on eut pû lui demander
„ ces actions volontaires de l'ame qui ne dépendent
„ point d'une cause externe, dépendent-elles de la
„ nature de l'ame, comme le mouvement de pésan-
„ teur dépend de la nature des atomes selon Epi-
„ cure? En ce cas-là vous nôtés point la fatalité
„ des Stoïques; car vous n'admettés aucun effet qui
N B. „ ne soit produit par une cause nécessaire. Ni
„ Carnéade, ni aucun Philosophe Païen, n'étoit
„ capable de répondre de positif à cette ques-
„ tion.

Réflexions XXVI. Mr. BAYLE dans un très-grand nombre d'endroits de ses Ouvrages; parle de l'homme *Sur le Pyrrhonisme.*
comme d'un Etre qui est naturellement dans l'impuissance de s'assûrer d'aucunes Vérités; Sa *Raison* qui
seule pourroit l'y conduire, *ressemble*, si l'on en veut
croire Mr. Bayle, à *une Girouette qui tourne à tous
vents, & qui n'a rien de fixe*. Mais le Pyrrhonisme est un état si peu naturel, que ceux qui s'en
sont fait la plus longue habitude, & qui s'y sont le
plus étudié, ne peuvent s'empêcher, de s'en écarter
de temps en temps. Mr. Bayle trouve que CAR-
NEADE *raisonnoit plus solidement*, & disoit tout
ce qu'on peut penser de plus ingénieux & de plus
fort sur cette matiére. Mr. Bayle reconnoit donc
des propositions d'une telle force, qu'on ne sauroit
en alléguer de contraires d'une force égale. De plus
rien ne seroit plus ridicule, & d'une hardiesse plus
insoutenable que de décider entre deux Raisonnemens,
& de donner à l'un la préférence sur l'autre avec
un très-grand avantage, si on n'a point de Régle à
laquelle l'on puisse les comparer l'un & l'autre: Une
Régle doit être sûre; car rien encore ne seroit plus
déraisonnable que de préférer l'un & de condamner
l'autre sur des principes incertains.

XXVII. JE ME suis encore déterminé par une *Sur l'im-
materia-
lité de
l'Ame.*
autre raison à rapporter ce long Article, c'est que
quelque systême qu'on imagine, & de quelque maniére qu'on agence les Idées, pendant qu'on supposera l'ame corporelle, on se trouvera, autant qu'E-
picure, dans l'impuissance de concilier ce systême
avec sa Liberté. De tout ce que nous sentons en
nous, il n'y a rien qui prouve plus démonstrativement
la Distinction de l'Ame d'avec le Corps, & d'où
l'on puisse plus sûrement conclure son Immortalité.
Les Corps ne peuvent point passer de l'état de Repos
à celui de Mouvement, à moins qu'une Cause extérieure ne les poussée de telle maniére, qu'ils soient né-
céssités de céder à son impression; Dès qu'ils sont
en Mouvement ils ne sauroient en changer la détermination, à moins que la situation de quelque Corps
qui ne céde pas à leur impulsion ne les y force.
Aussi les Platoniciens disoient-ils que l'Ame a en
propre et privilége de se mouvoir elle-même, c'est-
à-dire, comme je le conçois, de choisir à son gré, &
de se déterminer elle-même à vouloir.

Les Incrédules sentent la nécessité de cette conséquence qu'on tire de la Liberté; l'Immortalité de
l'Ame en devient très-possible, & non seulement
cela, mais de plus on voit qu'il est digne de la Providence de proportionner, dans une autre Vie, le Sort
des hommes, avec leurs Vices & leurs Vertus. C'est
pour cette raison que les Incrédules d'aujourd'hui,
poussés de retranchement en retranchement, se sont
enfin rétirés dans le systême qui nie la Liberté,
& font tout ce qu'ils peuvent pour la faire passer pour
une chimére. D'où vient donc que Mr. Bayle,
qui ne fait aucun cas de la Raison, & qui estime
tant la Foi, se fait un si grand plaisir d'attaquer le
Dogme de la Liberté, tantôt à l'occasion d'un Nom
tantôt à l'occasion d'un autre, puisque la Foi, dont
il fait tant de cas, & toute la doctrine sur laquelle
elle se repose admet pour Dogmes essentiels, la Liberté
& ses suites? Sans cette liance des traits contre elle,
& fait naitre des Doutes sur ce sujet dans l'esprit
de son Lecteur. Le mot de Buridan lui fournit-il
une occasion d'amener un Spinoziste sur la Scene,
il n'a garde de la laisser échapper; Il en est ainsi d'un
grand nombre d'autres occasions; On seroit des
Dictionnaires à remplir les plus vastes Bibliotheques,
si à l'occasion de tous les noms propres d'hommes
& de Villes, &c : on se jettoit à Corps perdu sur
des remarques de Théologie, de Morale, de Grammaire, de Rhétorique, de Médecine, de Chymie &c :
On ne peut pas accuser Mr. Bayle d'une si grande
diversité. Attaquer La Liberté, l'Existence de Dieu,
sa Providence, l'influence de la Réligion sur les
Mœurs & prouver l'Innocence de l'Athéïsme, égaier
enfin d'indignes Lecteurs par une profusion d'Obs-
céni-

cénités ; Voilà les bornes dans lesquelles il s'eſt renfermé à peu près, & ce qui a rempli la plus grande partie de ſon Livre.

XXVIII. ON VOIT encore par l'éxamen que Mr. Bayle fait de l'hypothéſe *d'Epicure*, qu'il eſt eſſentiel à une Volonté libre de n'être pas déterminé par des Cauſes éxtérieures. Quand donc on dit, comme font quelques-uns, *Rien ne ſe fait ſans cauſe, il faut donc que quelque Cauſe détermine la Volonté*, Il eſt facile de répondre à cette objection. La Volonté ſe détermine *elle-même*, elle choiſit, parce qu'elle le *Veut*, elle eſt elle-même la *Cauſe de ſa détermination*. Si chaque Etre avoit beſoin d'être déterminé par une Cauſe différente de lui-même, il n'y auroit point de prémière Cauſe, & par conſéquent il n'y auroit point de Cauſe. Un tems infini ſe paſſeroit avant que la derniére cauſe eut reçu l'ébranlement des Cauſes infinies dont les Actions doivent précéder, l'une avant l'autre, celle de la derniére.

C'eſt encore en vain que quelques Partiſans de la fatalité. objectent, que les Objets éxtérieurs ont leur nature déterminée. Il en eſt de même, ajoutent-ils, des Organes de nos ſens, & de toute la Machine du Corps humain. De là naiſſent, continuent-ils, des Impreſſions qui ſont infailliblement ſuivies de ſentimens déterminés. Selon eux, les Idées ſe ſuivent de même les unes les autres ; leur Nature eſt ſi fixe, & ſi peu dépendante de la Liberté, qu'on les a cruës éternelles, tant on les conçoit immuables ; Les Propoſitions qui ſont un réſultat des Idées, ſe trouvent donc néceſſairement ce qu'elles ſont. Or continuent-ils, ſi les jugemens que nous portons, ſur ce qu'il convient ou ſur ce qu'il ne convient pas de faire, ſont des ſuites néceſſaires d'Idées immuables, il n'eſt pas en nôtre Liberté de voir, ou de ne voir pas ce qui nous convient, & ce qui nous eſt contraire ; & dès que nous le voyons il n'eſt pas en nôtre Liberté, de ne pas ſe porter à l'un, & de ne pas éviter l'autre.

Quand il s'agit d'une Matière de Phyſique, on ſe moque, & on a raiſon de ſe moquer de ceux qui s'évaporent en Conjectures ſubtiles, que l'expérience dément ; Le raiſonnement que je viens de rapporter mérite la même Cenſure. Il faut ſe rendre bien peu attentif à ce qui ſe paſſe chés ſoi pour s'en laiſſer éblouïr. L'homme a des ſens comme les autres Animaux ; les objets y font des impreſſions proportionnées à leur Nature, & à la diſpoſition des Organes ſur leſquels ils agiſſent ; ces Impreſſions ſont naturellement ſuivies de Déſirs ou de Craintes, ces Déſirs ou ces Craintes déterminent à des actions, & tout cela arrive par une enchaînure néceſſaire, j'en tombe d'accord. Mais ſous cette réſerve *à moins que la Liberté n'interrompe cette ſuite*, l'homme peut détourner ſon attention, de deſſus un Objet, ou de deſſus une Idée ; il peut ſe ſolliciter à en chercher d'autres, par le moïen deſquelles il arrête la vivacité de ſes paſſions ; il peut leur oppoſer ou la Raiſon, ou des paſſions contraires ; ce ſont là des vérités d'éxpérience : Il eſt aiſé de faire une ſuppoſition, & d'en tirer des Conſéquences, mais il n'y a pas de la bonne foi à les donner pour des faits avérés, ſur leſquels on peut ſe permettre de bâtir des Syſtêmes.

Le fait ſur lequel ſe fondent ceux qui tiennent pour la Liberté, eſt un Fait dont ils ont toute la Certitude qu'il eſt poſſible d'avoir, c'eſt un fait d'éxpérience, & d'éxpérience intérieure & immédiate. Nous ne ſommes pas ſeulement convaincus par cette vnie qu'il y a en nous, des déterminations, des déſirs, & des réſolutions ; Le même ſentiment qui nous convainc de tous ces actes, & de toutes ces maniéres de penſer, nous convainc en même tems, & ne nous aſſure pas moins, ſi nous voulons nous y rendre attentifs, que c'eſt nous qui nous déterminons, & qui ſommes les cauſes immédiates de nôtre choix. Mais, dit Mr. Bayle dans quelques lignes du long article que je viens de rapporter, *Peut-être que ces déterminations ne ſont pas moins les effets de la Nature de*

l'ame, que la deſcente d'un Corps cêtut de ſa peſanteur. Ce Langage eſt équivoque, & par là n'eſt qu'un chétif ſophiſme. Si par là on ne dit, ſi ce n'eſt qu'comme les Corps ſont néceſſairement déterminés, à faire ce qu'ils font, la Nature de l'ame poſſéde auſſi par ſa nature la force de ſe déterminer elle-même, & de choiſir librement, on penſera tout comme font les partiſans de la Liberté les plus perſuadés : Mais ſi on prétend que la Nature de l'Ame rende chacune de ſes *déterminations* auſſi infaillibles & *auſſi néceſſaires*, que la Peſanteur rend *néceſſaire la chute* des Corps, on poſera ce qui eſt en queſtion, & on alléguera un fait directement contraire au ſentiment, par lequel on s'apperçoit qu'on ſe détermine ſoi même, & qu'on pourroit ne ſe déterminer pas.

Ajouter qu'une Cauſe extérieure & toute-puiſſante, qui forme les Déterminations, les Déſirs & les Choix, crée, en même tems, dans l'ame qu'elle détermine, & qu'elle fait choiſir, des ſentimens qui la perſuadent qu'elle ſe détermine & choiſit elle-même, c'eſt directement attribuer à cette Cauſe ſupérieure le plaiſir de tromper, ſans pouvoir alléguer le moindre prétexte, pour juſtifier ſes Illuſions. Qu'on donne tant de carriére qu'on voudra à ſon Imagination, on ne ſauroit rien inventer qui puiſſe, je ne dis pas faire comprendre, mais faire ſoupçonner qu'il ſoit digne d'une Intelligence ſi puiſſante de tromper ainſi une Ame ſur laquelle elle a tout pouvoir, ni qu'elle y ait le moindre intérêt.

Suppoſons un homme qui pour s'affranchir de contrainte, & pour ſe mettre à couvert de tout reproche intérieur, s'aviſe de dire qu'il n'eſt pas libre, & qu'une cauſe extérieure & toute puiſſante le lui fait ſeulement croire, s'il ſe trouve effectivement qu'il ſoit Libre, de quel poids ſera ce prétexte pour ſa juſtification ? Dira-t-il, *je ne me ſuis pas conduit en homme Libre, par ce que je ne le croyois pas l'être ; je ne me ſuis donné aucun ſoin pour faire un bon uſage d'une Liberté que je ne croyois pas avoir ; & pourquoi lui dira ſon Souverain Maitre, pourquoi t'es-tu obſtiné à n'en rien croire, pourquoi as-tu mieux aimé te perſuader que je te trompois ? Si tu veux continuer de penſer ſur le même pié, dans ce moment même où je te déclare que tu t'es-trompé, & que tu étois Libre, tu abuſeras encore de la Liberté pour te mettre dans l'eſprit, que tu ne l'as pas, & que je te trompe.*

„ XXIX. JE CONTINUERAI à examiner, „ dit Mr. Bayle, ce qu'on a dit en faveur de la „ Fatalité. Chryſippe dit qu'il y a des ames bien „ formées dès le commencement, qui eſſuient ſans „ dommage la tempête qui tombe ſur elles de la part „ du *fatum* ; & qu'il y a des ames ſi raboteuſes & „ ſi mal tournées, que pour peu que le Deſtin les „ heurte, ou même, ſans aucun choc du Deſtin, „ elles roulent vers le Crime par un mouvement „ volontaire. C'eſt un certain travers naturel qui „ en eſt la cauſe. Or il a dit que la fatale néceſſité „ de toutes choſes eſt le principe qui fait qu'il y a „ des ames bien ou mal conditionnées, il faut donc „ qu'il diſe, qu'on peut, & qu'on doit attribuer „ au Deſtin tous les Crimes que les hommes com-„ mettent, de ſorte que reconnoiſſant d'ailleurs une „ Providence divine, il falloit qu'en bien raiſon-„ nant, il regardât Dieu comme la cauſe de tous „ ces crimes, & par conſéquent l'accuſation de Plu-„ tarque eſt très-bien fondé ; car afin que la com-„ paraiſon du Cylindre ſoit juſte, il faut compa-„ rer la deſtinée, non pas au prémier venu qui pouſ-„ ſe ce Cylindre mais au Menuiſier qui l'a fait, & „ qui enſuite lui donne du pié. Ce que le Cy-„ lindre roule tout du long-tems vient de ſa figure, „ mais parce que le Menuiſier lui a donné cette fi-„ gure, cauſe néceſſaire d'un mouvement durable, „ il eſt la véritable cauſe de la durée de ce mou-„ vement. Toute la différence entre un Cube „ qui ne roule point & un Cylindre qui rou-

,, le, toutes les suites, toutes les régularités ou irrégu-
,, larités du repos de l'un, & du mouvement continué
,, de l'autre doivent être attribuées l'ouvrier qui
,, a donné à ces deux Cops la forme d'où elles ré-
,, fultent néceffairement. Chacun peut faire l'ap-
,, plication de cela aux ames humaines.

Quand Mr. Bayle tombe fur quelque pensée fauf-
se par où on a prétendu expliquer ou la Liberté,
ou la Providence, & d'autres points de cette Nature,
il ne manque pas d'en faire fentir tout le foible ;
mais il ne s'avife point, comme il lui auroit été
très-facile, d'y fubftituer, en fidelle Rapporteur,
& en Critique impartial, quelque chose de plus fenfé. Sur des Matiéres indifférentes il releve fouvent
& corrige les Erreurs qu'il vient de rapporter ; mais
fur des Matiéres qui ont du rapport à la Réligion,
il laiffe les Erreurs fans les combattre ; *L'Impreffion*,
difoit Chryfippe, *des Objets extérieurs eft femblable
au coup qu'une boule reçoit ; La Liberté qui enfuite de
cette Impreffion extérieure se donne elle-même ses certain
branle, eft femblable à la volubilité de cette boule, qui
n'eft pas l'effet au coup, mais de fa figure.* Il eft certain que fi l'on fe borne à cette feule comparaifon,
la Difficulté n'eft nullement levée ; car celui qui a
fait la boule, l'a mife par la figure qu'il lui a donnée,
dans la néceffité de fuivre toute impreffion externe
qui lui furviendra. Mais on peut rectifier la Comparaifon, en ajoûtant quelque chofe : Car au lieu
que l'étendue n'a aucune activité, par elle-même, &
qu'un bloc de matiére ne peut ni feconder, ni rendre inutile, à fon choix, l'Impreffion d'un Agent
extérieur, il en eft tout autrement de l'Ame de
l'homme, qui eft Libre par fa Nature, & qui par
là reffemble à un Corps qui pourroit à fon gré, tantôt s'accorder, pour rouler aifément, tantôt prendre la forme d'un Cube, & fe donner une pefanteur
inébranlable. L'Ame de l'homme eft Active par fa
Nature, & peut agir par elle-même : Ce qui penfe
en nous, fe varie lui-même, & fe modifie, céde
ou réfifte aux impreffions des Objets extérieurs, fe
détermine à agir, ou à n'agir pas, à agir d'une certaine façon, ou à faire tout le contraire.

Lorfqu'un Pyrrhonien ou un Manichéen, ou
quelque autre errant de cette trempe, a avancé un
Raifonnement imparfait, Mr. Bayle ne manque pas
d'y fuppléer, & d'y ajoûter ce qui lui paroit y
manquer. Pourquoi ne fuppléet-il pas de même
à des Raifonnemens par lefquels on établit mal la
Liberté.

Difpute avec Mr. Jaquelot au sujet de la Li-berté.

XXX. Mr. Jaquelot s'étoit apperçu comme un
grand nombre d'autres personnes, & comme l'expérience ne l'a que trop vérifié, que les Ouvrages de
Mr. Bayle parmi un grand nombre de remarques cu-
rieufes, favantes, amufantes, étoient tous femés de
reflexions très-dangereufes propres à ébranler la perfuafion de l'Exiftence d'un Dieu, de fa Providence,
de la Liberté de l'Ame, de fon Immortalité, de la
Vérité enfin d'une Religion, & de la Chrétienne en
particulier, dont il foutenoit qu'une partie des Dogmes & des Maximes, étoient évidemment contraires
aux Lumiéres les plus évidentes de la Raifon, & au
Luftre de la Société. Mr. Jaquelot, dis-je, convaincu de tout ce que je viens d'alléguer, fe crût dans
l'obligation de travailler à arrêter ces dangereux effets, & il s'y appliqua avec fuccès. Si Mr. Bayle n'a-
voit eu d'autre vue, que celle de rapporter en fimple Hiftorien les différentes Opinions des hommes,
avec les raifons dont-ils s'étoient fervis pour les appuier, il n'auroit pas trouvé mauvais que des Théologiens perfuadés des Vérités, qu'il croioit lui même
(à ce qu'il affure) être de fecours d'une Grace furnaturelle, euffent choifi les Opinions & les Argumens dont la fimple Hiftoire fe trouvoit dans fes
Livres, pour en démontrer la foibleffe, & pour établir le contraire. En qualité de Chrétien il auroit laiffé
joüir en paix les autres Chrétiens du fruit de ces remarques édifiantes. On ne l'accufoit point d'avoir
mal rapporté les opinions & les argumens. Pourquoi donc prendre tant de part à la défense de l'erreur,
& s'animer à la réfutation de ceux qui la combattent?
Les Difputes qu'il a eues avec d'Illuftres Défenfeurs de
la Réligion n'ont que trop dévoilé fon Intérieur.

Réponfe aux Queftions d'un Provincial Tome III.
Chapitre CXLV. page 826.

Oeuvres Div.Tom. III. 3 part pag. 396.

,, Mr. Jaquelot, dit Mr. Bayle, fuppofe, & le
,, repéte en toute occafion, que la Liberté, (c'eft-à-
,, dire, le pouvoir que l'homme a fur fes actions,
,, de forte qu'il fait ce qu'il veut, parce qu'il le
,, veut, fi bien que s'il ne le vouloit pas, il ne le
,, feroit pas, & feroit même le contraire) eft la plus
,, grande perfection que Dieu puiffe communiquer à
,, la Créature. Un être que cette Liberté, dit-il,
,, eft de beaucoup le plus excellent & le plus parfait
,, de tous les Etres créés, car un Etre qui feroit dé-
,, terminé de fa nature, à faire le bien, & à fuivre la
,, Vertu, comme le Soleil eft déterminé à éclairer,
,, & le feu à brûler, ne feroit digne de loüange en
,, façon du Monde, non plus qu'un Etre déterminé
,, de la même maniére à faire le mal, ne feroit point
,, blamable. La Capacité de faire un bon ou un
,, mauvais ufage de fon Intelligence, & l'empire fur
,, fes actions, eft affurément l'endroit par lequel
,, l'homme approche de plus près la Divinité. Dieu
,, aiant formé cet Univers pour fa gloire, c'eft-à-dire,
,, pour être connu dans fes Ouvrages, & pour re-
,, cevoir des Créatures l'adoration & l'obéiffance
,, qui lui eft dûe, l'Etre libre étoit feul capable de
,, contribuer à ce deffein du Créateur. *Les ado-
,, rations d'une Créature qui ne feroit pas libre, ne
,, contribueroient pas d'avantage à la gloire du Créa-
,, teur, que feroit une machine de figure humaine qui
,, fe profterneroit par la vertu de fes refforts. Dieu
,, aime la fainteté. Mais qu'elle Vertu y auroit-il, fi
,, l'homme étoit déterminé néceffairement par fa nature
,, à fuivre le bien, comme le feu eft déterminé à brûler?
,, Il n'y pourroit donc avoir qu'une Créature libre,
,, qui pût exécuter le deffein de Dieu.* On conclut
,, de tout cela, qu'encore qu'une Créature libre pût
,, abufer de fon franc arbitre, néanmoins un Etre
,, libre étoit quelque chofe de fi relevé, & de fi au-
,, gufte, & d'une excellence & fon prix l'emportoi-
,, ent de beaucoup fur les fuites les plus fâcheufes,
,, que pouvoit produire l'abus qu'on en feroit. Il
,, eft donc de la derniére évidence que Dieu ne doit
,, pas être confidéré, comme la Caufe du péché,
,, pour avoir créé des Etres libres, qui ont péché,
,, parce qu'ils ont abufé de leur Liberté.

,, Je ne veux pas examiner fi la conféquence que
,, vous voiés à la fin de ces citations eft jufte, mais
,, je dois vous faire prendre garde que le principe
,, de Mr. Jaquelot n'eft nullement propre à dé-
,, brouiller cette matiére ; car il augmente les difpu-
,, tes, & renferme des fauffetés évidentes. S'il étoit
,, vrai l'amour néceffaire que Dieu a pour la Vertu
,, ne mériteroit aucune loüange : la Mort de Jefus
,, Chrift ne feroit d'aucun mérite : la fainteté des
,, Anges, & celle des Enfans de Dieu dans le Pa-
,, radis ne vaudroient rien : les Démons ne méri-
,, teroient aucun blâme, & la haine qu'ils ont pour
,, Dieu ne feroit pas un péché. J'avoue que puif-
,, que l'une des plus fublimes perfections de Dieu eft
,, d'être fi déterminé à l'amour du bien, qu'il im-
,, plique contradiction qu'il puiffe ne le pas aimer,
,, une Créature déterminée au bien, feroit plus
,, conforme à la nature de Dieu, & par conféquent
,, plus parfaite, qu'une Créature qui a un pouvoir
,, égal d'aimer le crime & de le haïr. Je n'ai pû lire
,, fans étonnement, je vous l'avoue, que Mr. Jaque-
,, lot nous veuille faire paffer pour un éloge prononcé
,, par un automate, & par les refforts d'une ma-
,, chine, les loüanges que les Bien-heureux donnent
,, à Dieu dans le Paradis. Il faut qu'il s'en faffe
,, cette idée, ou qu'il croie être entre tous les Théolo-
,, giens

„ giens il s'imagine que les bons Anges & les
„ Saints du Paradis retiennent toujours le pouvoir
„ prochain de desobéïr à Dieu & de le haïr. Mais
„ pour vous faire favoir ce qu'il pense là-deſſus, je
„ vous citerai un paſſage de ſon Livre : L'état des
„ Bienheureux eſt un état de récompenſe, dans
„ lequel la Connoiſſance eſt ſi élévée, ſi épurée,
„ & ſi vive, qu'elle conduit de telle ſorte l'amour
„ propre & l'amour des biens du Corps, qui ſont
„ dans cette vie les ſources du péché, qu'elle porte
„ toujours la Liberté au bien, & ne la ſollicite ja-
„ mais au mal. Remarqués qu'il prétend que le
„ libre arbitre ſe conſerve dans cet état des Bien-
„ heureux; car il venoit de faire entendre qu'il ne
„ goûtoit pas le dogme de beaucoup de Théolo-
„ giens qui diſtinguent ce qui eſt ſimplement vo-
„ lontaire de ce qui eſt libre, & qui n'accordent aux
„ Bien-heureux que le volontaire, & puis il avoit
„ déclaré expreſſément que le libre arbitre eſt de
„ l'eſſence d'un Etre Intelligent. Ainſi ſelon ſa doc-
„ trine les bons Anges & les Saints du Paradis joui-
„ ront toujours du libre arbitre, & cependant ils ne
„ tourneront jamais du mauvais côté. Or puis qu'il
„ avoue que cet état eſt un état de récompenſe, il
„ doit le conſidérer comme un état plus parfait, &
„ plus excellent que celui où nous vivons. Il ſe
„ contredit donc manifeſtement. De tout cela
„ il reſulte des conféquences qui renverſent ſon pro-
„ jet d'accord.

„ Prémiérement je vous prie d'obſerver qu'il n'y
„ a dans le fond nulle différence entre lui & ces au-
„ tres Théologiens qui n'accordent aux Bien-heu-
„ reux que le volontaire; car ils ne prétendent pas
„ ôter aux Anges & aux Saints du Paradis le pou-
„ voir éloigné de vouloir des choſes contraires à leur
„ devoir non plus qu'ils n'ont jamais dit que les
„ Réprouvés manquent de la puiſſance éloignée
„ d'obéïr à Dieu. Prenés moi Luther dans le
„ temps qu'il écrivoit ſon Ouvrage, de ſervo arbitrio,
„ prenés moi Calvin lors qu'il écrivoit le plus ron-
„ dement ſur les matieres de la prédeſtination : pré-
„ nés moi les Supralapſaires les plus outrés, ils vous
„ avoueront tous que les ames les plus damnées, &
„ que les Démons les plus méchans ſont des eſprits
„ ſuſceptibles en eux-mêmes d'une très-bonne af-
„ firmation & d'une très-bonne volition, & qu'ils
„ embraſſeroient le vrai bien s'ils le voioient d'une
„ certaine façon, après que la cauſe qui les détermi-
„ ne au mal auroit été écartée. L'arrêt irrévocable
„ de Dieu ſera qu'ils ne ſeront jamais délivrés de
„ la détermination au mal, mais non pas qu'ils per-
„ dent leurs facultés naturelles, & la ſuſceptibilité
„ générale de toutes les modifications des eſprits. Ce-
„ la montre également que les Bienheureux auront
„ toujours une faculté de vouloir des choſes qu'ils ne
„ voudront jamais : ce ne ſera pas un pouvoir pro-
„ chain de vouloir le mal : la viſion béatifique les
„ en délivrera toûjours, ce ſera une puiſſance éloi-
„ gnée, je veux dire que ſi les motifs déterminans
„ ceſſoient, & que d'autres motifs ſe préſentaſſent
„ avec un certain degré de force, les volitions dé-
„ réglées pourroient ſuivre. D'où je conclus que le
„ franc arbitre qui convient ſelon Mr. Jaquelot
„ aux bons Anges & aux ſaints du Paradis, ne diffé-
„ re point du volontaire, & de la détermination au
„ bien que les Prédeſtinateurs leur accordent. Il me
„ ſemble que cet Auteur qui a l'eſprit fort péné-
„ trant auroit mieux compris leur doctrine ſi la Li-
„ berté, s'il s'étoit donné la peine de l'approfondir,
„ & de la comparer exactement avec la ſien-
„ ne.

„ Je dis en ſecond lieu, que puis qu'il avoue
„ que toute l'eſſence du libre arbitre ſe conſerve dans
„ le Paradis, je ne dois plus croire qu'il ſoit de l'eſ-
„ ſence des agens libres, non ſeulement de connoi-
„ tre ce qu'ils ſont, & les raiſons de leur conduite,
„ mais auſſi d'être les maitres de leurs actions par

„ l'empire de leur volonté; car il ne peut pas pré-
„ tendre que le ſouverain bien clairement connu,
„ que la viſion béatifique, que cette connoiſſance ſi
„ élévée, ſi épurée, ſi vive, qui porte toûjours la
„ liberté au bien, & ne la ſollicite jamais au mal, laiſ-
„ ſe aux Bienheureux une telle autorité, ou un tel em-
„ pire ſur leurs actions qu'il ne dépende abſolument de leur
„ choix, ou d'aimer Dieu, ou de le haïr. Il ne pour-
„ roit prétendre cela ſans prétendre auſſi que nous ſom-
„ mes pleinement les maitres de nous aimer nous-mê-
„ mes, ou de nous haïr, d'aimer ou de haïr la félicité
„ en général. Or ce ſeroit une prétenſion démentie par
„ l'expérience, n'y aiant jamais d'homme qui n'eut
„ taché vainement de former cet acte interne de ſa
„ volonté, je veux mon mal en tant que mon
„ mal.

„ Que de brèches dans le ſyſtême de Mr. Jaque-
„ lot ! Que ferons-nous des raiſons pourquoi il prétend
„ que les Etres libres ont été ſi néceſſaires à l'Uni-
„ vers ? Il en falloit ſelon lui ; car autrement les a-
„ dorations des Créatures n'euſſent pas contribué à a-
„ vantage à la gloire du Créateur, que ſeroit une
„ machine de figure humaine qui ſe proſterneroit par
„ la vertu de ſes reſſorts, & l'Univers n'eut été
„ qu'une vaſte maſſe inſenſible & inanimée, qui
„ n'auroit contribué en rien à la gloire de Dieu.
„ Voilà un grand inconvénient, mais très-facile à
„ éviter, pourvû l'on donne ſeulement aux
„ Créatures Intelligentes le libre arbitre tout tel que
„ celui des Bienheureux. Pourquoi ne s'en conten-
„ teroient-elles pas ? N'a-t-il point de l'aveu même
„ de Mr. Jaquelot, toute l'eſſence du libre arbitre?
„ Si elles ſont conduites ſûrement, infailliblement
„ au bien en toute rencontre par des connoiſſances
„ claires de leur devoir, l'Univers ſera complet, il
„ ne ſera pas imparfait par le défaut des Créatures
„ libres, mais il ſera délivré des Etres méchans
„ & malheureux dons le mauvais uſage de la liber-
„ té l'a rempli. C'eſt pur de choſe ſelon Mr. Ja-
„ quelot en comparaiſon du vuide qu'y auroit eu
„ dans la nature, ſi le Créateur navoit point donné
„ le libre arbitre à quelques Etres. Parle-t-il ainſi
„ dans ſes ſermons ? Seroit il le ſeul Prédicateur qui
„ ne parlât point du péché comme d'un Mon-
„ ſtre, qui a introduit dans l'Univers les deſordres
„ les plus affreux, & les plus abominables ? Laiſſons
„ tout cela : avouons lui pour cette heure que le dé-
„ faut des Créatures libres ſeroit une imperfection
„ plus grande que le péché. Il faudra que pour le moins
„ il nous avoue que le libre arbitre ſans le péché rendroit
„ le monde plus parfait qu'avec le péché. Or il a été
„ facile de joindre enſemble conſtamment & invariable-
„ ment le libre arbitre, & la pratique de la vertu. Mr.
„ Jaquelot reconnoit dans le Paradis cette jonction. Il ne
„ ſert donc de rien de tant rehauſſer l'excellence des êtres
„ libres : cette exellence ne lui peut fournir aucun argu-
„ ment pour juſtifier la permiſſion du péché, puis qu'il
„ faut qu'il reconnoiſſe que l'union conſtante & invaria-
„ ble de la volonté de l'homme avec la Vertu, ne nuit
„ point au franc arbitre. Tout le prix que la Liberté
„ peut donner au culte, & à l'obéïſſance que l'on rend à
„ Dieu, ſe trouveroit ſur la Terre dans ſes actes d'une
„ volonté auſſi attachée à les devoirs que celle des ſaints
„ du Paradis. Par conſéquent la gloire & la ſaintété de
„ Dieu n'ont aucun beſoin des Etres libres abandonnés
„ au mauvais uſage de leur Liberté, puis qu'ils peuvent
„ être fixés au bon uſage, ſans être moins libres.

XXXI. DANS ce Chapitre Mr. Bayle attaque ce *Réponſe à l'objection tirée de l'état des Bien-heu-reux.*
qu'on dit de la Liberté que Dieu a trouvé à propos
de donner à l'homme, par l'exemple des Bien-heureux, ſûrement & infailliblement déterminés au Bien.
A cela voici mes Réponſes.

1 La Raiſon défend de combattre ce qui eſt *Clair*
par ce qui eſt *moins connu* : Nous ſentons l'état de
nôtre Liberté préſente, mais il s'en faut beaucoup
que nous ne connoiſſions de même l'état où ſe trouvera la Liberté des Bienheureux, & la Liberté
avec

avec laquelle ils feront fi fûrement & fi infailliblement déterminés au bien.

2. Leur Félicité fera encore rélévée par la comparaison qu'ils en feront avec l'état de Vigilance pénible par lequel ils auront paffé.

3. *De quelle efficace fera le fouvenir de leurs travaux, & pour eux, & pour les hommes, & pour les autres Bienheureux.* C'eft ce que nous ne favons pas diftinctement, mais on peut aifément comprendre en gros qu'il en peut beaucoup avoir.

4. De ce que Dieu a mis des Créatures Libres dans un cerrain état, il ne s'enfuit pas qu'il doive les mettre toutes dans la même état; Par les unes il a voulu être fervi dans la Lumière, par les autres dans les Ténébres.

5. Nous ne favons point ce qu'il a demandé des autres Créatures avant que de les mettre dans l'état de la Récompenfe.

6. Quand on a paffé par les travaux & les Dangers, on fent mieux que l'état où l'on eft, eft un état de Récompenfe.

7. Dieu eft effentiellement toute Perfection, Connoiffance, Pouvoir, Félicité, Ordre, Source, Régle Modéle, de tout Bien; Il implique contradiction qu'aucun Etre ait contribué à ce qu'il eft & à ce qu'il poff. de.

Mais l'homme tient d'ailleurs tout ce qu'il eft de réel & d'eftimable: Par là il fe trouve effentiellement dans l'obligation de fe dévouër à l'adorable Auteur de fes Biens, & le don qu'il lui fait de foi-même tire fon prix de ce qu'il eft véritablement volontaire, véritablement libre, & que c'eft lui qui l'y détermine.

Jefus Chrift a paffé fa vie, dans l'attention, dans la vigilance, dans la prière, dans l'ufage de tous les fecours qui fervent à nourrir & à rendre inébranlable la Vertu. L'union particuliére & intime de fa Nature humaine, & créée avec l'Etre Eternel & tout Parfait, rendoit fon obéïffance infaillible ; Mais cette obéïffance étoit, dans fa perfection même, d'un prix d'autant plus grand, qu'elle étoit plus volontaire & que c'eft lui même qui s'y déterminoit avec une conftance que rien ne pouvoit décourager. Il a combattu & il a vaincu.

Une partie des Anges a perfévéré, une partie s'eft dégoûtée d'obéïr & a préféré au devoir de la foumiffion le plaifir de fe conduire à fon gré. Les uns ont fait un bon ufage de leurs Lumières & de leur Liberté, Les autres ont abufé de tous les talens qui les embelliffoient. Au lieu de fe donner volontairement à Dieu & de tout rapporter à fa gloire, ils fe font volontairement tournés à chercher leur félicité dans la fatisfaction de l'admirer & de ne prendre Loi que d'eux-mêmes.

Oeuvres Div.Tom. III. a part pag. 800.

Réponfe aux Queftions d'un Provincial, Tom. III. pag. 837. " On doit prendre garde, continue " Mr. Bayle, que plus on relève le prix de la Li" berté, plus on fortifié l'idée de la Bénéficence du " Créateur. On nous articule 7 ou 8 fortes de " combinaifons dans un Etre fpirituel : On infi" fte que peut-être elles exiftent toutes hormis la " cinquième, & l'on décide que la plus excellente " de toutes, eft la Liberté donnée à Adam. Il faut " donc croire que les Efprits que Dieu a douës du " franc arbitre font fes Créatures qu'il a aimées le " plus; c'eft la Liberté eft le plus excellent Don " que Dieu ait pû faire à la Créature, il faut qu'il " foit une marque de la plus grande bonté de Dieu " pour fes Créatures. Or s'il a fait ce préfent à " l'homme gratuitement, & non fur le pié d'une " récompenfe, pourquoi n'y eût-il pas joint fur le " même inf allible de fe bien fervir " de ce préfent ? La prédilection pour l'hom" me de laquelle émane ce préfent le plus " magnifique de tous, l'a dû deftiner au bonheur de " l'homme, & fixer par conféquent le bon ufage de " la Liberté, puifque le mauvais ufage ne pouvoit

" être que le malheur éternel de l'homme. Afin donc " que le franc arbitre puiffe paffer pour la plus in" figne faveur que la Créature ait obtenuë, il faut " que Dieu ait prévû que cette faveur feroit l'in" ftrument du bonheur du genre humain ; car en " prévoiant le contraire, il n'auroit pû la donner " par un principe de bonté, & il n'eut rien fait " qu'une caufe très-ennemie de l'homme n'eut pu " faire. Une telle caufe auroit volontiers élevé les " hommes au plus haut faîte de la perfection, fi " elle avoit fu que la tête leur tourneroit dans cet " état-là, & qu'ils fe précipiteroient & fe brifer" oient d'autant plus certainement, & d'une manière " d'autant plus funefte, que le lieu d'où ils tomb" eroient-feroit haut. Vous favés la fentence de " Cl. udien, *Tolluntur in altum ut lapfu graviore " ruant.* Vous voies donc qu'à force de relever " le prix de la liberté, Mr. Jaquelot rend plus dif" ficile l'accommodement qu'il a entrepris, vû que " tout que la gloire & la fainteté de Dieu, n'ont " point été intéreffées à modifier fa bonté, puis " qu'en empêchant le mauvais ufage du franc arbitre, " on n'eut pas laiffé de conferver toute l'effence de " la Liberté, & tout le Cours des Vertus, (utre " cela Dieu entant que faint, a été encore plus obli" gé qu'entant que bon, à fixer le jufte ufage " d'une chofe, dont l'abus étoit un crime.

XXXII. SI GLORIFIER Dieu dans les ténébres, *En quoi* & le fervir avec des forces très-médiocres, eft un hom- *feruir* mage plus digne de lui que de lui être fidelle avec *Dieu a* de plus grands fecours, il a fait aux hommes, en les *aux plus* mettant dans cet état, une grace qu'il n'a pas fait *mit. hum-* aux Anges, puis qu'il les a mis en état de le glori- *mes* fier plus parfaitement. Mais dira-t-on; Cela étant, *qu'aux* il faut que Dieu ait plus aimé les hommes, & s'il *Anges* les a plus aimé, d'où vient qu'il y en aura de malheureux ? Je Répons *d'abord* que Dieu infiniment puiffant, a fait à fes différentes Créatures des graces en différentes Efpéces.

2. Afin que l'Objection eut de la force, il faudroit que le malheur des hommes fût effectivement l'effet de Dieu, & non pas leur propre ouvrage, ainfi l'objection ne tombe que fur le fyftème, qui les pofe entièrement paffifs.

3. Dieu a fait l'honneur aux hommes, de les mettre dans un état, à les glorifier par des Vertus dont la perfection eft d'un genre fingulier, & il a réfolu d'approuver, d'aimer & de recompenfer ceux qui répondront à la Vocation & qui le glorifiront ainfi. Ce font là les Objets de fon affection.

Quant à ceux qui lui préférent autre chofe ; quant à ceux qui ne le veulent pas chercher comme il le demande, il n'en veut rien non plus. Il les laiffe à eux-mêmes; c'eft à ceux d'entre les hommes qui aimeront à faire un bon ufage du Riche préfent de la Liberté, qu'il deftine fon amour, fon approbation & fes fuites.

XXXIII. Mr. BAYLE paffe à une autre ob- *Si la Li-* jection Chapitre CXLVI. pag. 845. de la Répon- *berté eft* fe aux Queftions d'un Provincial Tom. III., " Son *inutile,* " habileté, dit Mr. Bayle, en parlant de *Mr. Ja-* *dans ceux* " quelot , me perfuade entièrement, que pour rien *qui n'en* " du monde, il ne voudroit faire ici aucun ufage *abufent* " de ces deux maximes Philofophiques. 1. Dieu & *part O-* " la nature ne font rien inutilement. 2. Une fa- *uvr. Div.* " culté qui ne fe réduit point en acte, eft inutile. Il *Tom. III.* " femble qu'elles nous portent à croire que fi l'hom- *2. part.* " me a été créé avec la puiffance de faire le bien & *pag. 8.2.* " le mal, il a dû faire tantôt l'un, & tantôt l'au" tre ; car s'il n'avoit jamais péché, fa puiffance de " pécher auroit été inutile, & s'il avoit toujours " péché, fa puiffance de faire une bonne action au" roit été fuperfluë. Peut-on donc fuppofer, com" me je fais, qu'il n'eft point contraire à l'effence " de la Créature libre qu'agiffant toujours avec une " pleine liberté, elle en faffe toujours un bon ufa" ge ? Je puis fans doute fuppofer cela, & fans crain" dre

„ dre les deux axiomes en question. Mr. Jaquelot
„ ne pourroit point traiter d'inutile dans les hom-
„ mes qui ne pécheroient jamais, la puissance de
„ pécher, puis que selon lui, ils ne pourroient ja-
„ mais faire de bonnes actions s'ils n'avoient la fa-
„ culté d'en produire de mauvaises. Le *Second* axio-
„ me est sujet à tant de limitations qu'il ne peut
„ guére servir dans une dispute. Si je me voulois
„ prévaloir de quelques-unes de ces restrictions,
„ elles suffiroient à expédier l'affaire, mais je puis
„ me passer de ce secours; j'ai sans cela trois cho-
„ ses à dire qui renversent toute cette nouvelle in-
„ stance.
„ Je dis 1. que le second axiome pourroit être
„ rétorqué contre Mr. Jaquelot, qui reconnoît que
„ l'alternative, ou la vicissitude du bon ou du mau-
„ vais usage de la liberté, cessera avec la vie pré-
„ sente, après quoi les agens libres ne feront qu'un
„ bon usage de leurs forces dans le Paradis, & qu'un
„ mauvais usage dans les Enfers. S'il étoit donc vrai
„ qu'une puissance qui ne se réduit point en acte, est
„ inutile, la faculté de pécher suroit ce défaut, pendant
„ toute une éternité dans les Bienheureux, & la
„ faculté de faire une bonne action seroit éternelle-
„ ment sujette au même défaut dans les réprouvés:
„ 2. Si en conséquence de ce que Dieu ne fait rien
„ en vain, la faculté de commettre des péchez a dû
„ être réduite en acte, vû qu'autrement, elle eut
„ été inutile, Dieu n'eut pu donner aux hommes
„ la liberté, sans une intention directe & formelle,
„ qu'ils s'en serviroient tantôt bien & tantôt mal,
„ ainsi le péché ne seroit pas moins que la Vertu,
„ l'objet nécessaire de la volonté divine: 3. De là
„ sort un conflict, ou un contraste, ou même une
„ incompatibilité de dogmes, un renversement de la
„ liberté, par l'hypothèse même de la liberté. Car
„ s'il est de l'essence de la Créature libre, de pou-
„ voir faire également l'un ou l'autre des deux con-
„ traires, & si sans cela un acte de la volonté n'est
„ moralement ni bon ni mauvais, il n'y aura ni
„ vertu, ni vice parmi les hommes, lors qu'ils fe-
„ ront nécessairement un tel ou un tel usage de leur
„ liberté. Or si la puissance de se tourner vers le
„ mal, & la puissance de se tourner vers le bien,
„ doivent être quelquefois réduites en acte, à peine
„ de passer pour inutiles, & par conséquent pour
„ contraires à l'ordre immuable qui ne fait rien en
„ vain, la nécessité veut & ordonne que les agens
„ libres se servent de leurs facultés tantôt bien &
„ tantôt mal. Quand donc ils s'en servent bien ils
„ le font par nécessité; & quand ils s'en servent mal
„ ils le font aussi par nécessité, & par conséquent
„ ils sont libres, & ne le sont point, *leurs actions*
„ *sont bonnes ou mauvaises moralement & ne le*
„ *sont point.* Je n'ai garde de croire que Mr. Ja-
„ quelot se veuille servir d'une instance qui l'en-
„ traineroit dans une telle contradiction.

*Dieu & la Nature ne font rien en vain; Une Fa-
culté qui ne se réduit pas en acte est inutile:* De là on
conclura qu'il falloit nécessairement que l'homme
péchât, parce que s'il n'avoit pas péché, il n'auroit
pas fait usage de la faculté de faire le bien ou le
mal.

C'est un sophisme puerile. Un Etranger qui a
du goût, admire les Tableaux qu'il voit dans la
Galerie d'un grand Seigneur. Ce Seigneur lui fait
la grace de lui dire, qu'il lui fera plaisir d'agréer un
de ces Tableaux, & le prie de choisir celui qu'il
voudra. Là-dessus l'Etranger en prend deux, en
prend six, les prend tous, & allégue pour raison
qu'il use du droit qu'on lui a donné de choisir, &
qu'il prend tous ceux sur qui son choix pouvoit
tomber. La Liberté de l'homme emportoit le pouvoir de faire le bien & le mal; quel des deux qu'il
fît, il usoit de cette Liberté: Mais pour en user il
n'étoit pas nécessaire qu'il se portât à tous les
deux.

L'Argument de Mr. Bayle ne méritoit pas de
place dans un Ouvrage sérieux; A peine auroit-il
pu passer dans une Dispute Académique, où pour
faire briller la facilité du Répondant à démêler des
Sophismes, on abuse des Canons de l'Ecole, & on
se permet d'embrouiller la Théologie par le moien
de la Métaphysique.

Telle est la nature de l'homme qu'il peut bien u-
ser de sa Liberté, & qu'il peut aussi en abuser. Mais
elle ne lui a pas été donnée, afin qu'il en usât &
qu'il en abusât, elle lui a été donnée afin qu'il s'en
servît bien, & ce qu'il peut en abuser reléve d'autant plus le prix du bon usage qu'il en fait, qu'il
en abuse moins souvent.

J'ai trouvé dans l'Auteur des Essais sur la Providence une pensée qui fait à mon sujet, & que j'ai
crû que mon Lecteur se feroit un plaisir de lire.

„ S'il est de l'essence des Intelligences de penser,
„ il est aussi de leur essence d'avoir des Idées. Or
„ les idées simples ne suffisent pas pour la connois-
„ sance des Objets: La simple perception n'est pas
„ une connoissance; L'Idée du Pain comme un
„ Corps ne suffit pas pour que nous puissions en
„ faire usage; il faut de plus que nous le con-
„ noissions comme un Corps qui a du goût, &
„ qui peut nous délivrer en le mangeant, d'un mal
„ qu'on appelle faim. Voiés combien d'idées dif-
„ ferentes renfermées dans cette Connoissance, cel-
„ le du goût, celle de la faim &c. Tout cela ne
„ se fait que par la Réfléxion, c'est-à-dire par l'as-
„ semblage de diverses Idées. Or nous ne pouvons
„ faire cet assemblage que par le pouvoir qu'ont les
„ Intelligences, de former quand il leur plait, telle
„ ou telle Idée, autrement une Intelligence ne se-
„ roit pas Intelligence: Qui dit Intelligence dit un
„ Etre qui ne peut-être sans ce pouvoir, or c'est
„ ce pouvoir qui est la Liberté.

Cela étant, il faut de toute nécessité changer la
Question; & au lieu de demander pourquoi Dieu
a donné la Liberté aux Intelligences, il faut demander pourquoi Dieu en a créé. Puis qu'il est de leur
essence d'avoir la Liberté, comme de celle du Cercle d'avoir toutes les parties de sa Circonférence é-
galement éloignées du Centre, il seroit contradictoire que la Divinité eut créé des Intelligences sans Intelligence, ce qui seroit vrai, si elle les avoit créées
sans cette Liberté, ainsi cette Liberté est essentielle
à l'Intelligence.

Mr. Bayle sauroit combien l'aveu de la Liberté
auroit dérangé son Plan: Aussi trouva-t-il du foible
par cet endroit dans le Livre de Mr. Jaquelot: Let- *Oeuvres*
tre CLXXXVI. *L'experience de Liberté n'est pas une* *Div.*
preuve que nous soions libres; n'a vû encore personne qui *Tom. IV.*
ait prouvé qu'un esprit créé fût la cause libre de ses Vo- *pag.*
litions. Cela est difficile dans l'hypothèse de la *Con-* *726.*
servation Création continuée. Mais je me flatte d'a-
voir éclairci le sens de cette Maxime.

SECTION XII.

*Examen du Pyrrhonisme sur la Félicité
des hommes.*

I. UNE des grandes objections que Mr. Bayle *Necessité*
oppose à la Providence d'un Dieu, se ti- *de cette*
re du triste sort du Genre humain, tel se- *Discussion*
lon lui, que de quelque côté qu'on se tourne, la
Vie si on l'éxamine de près paroit plutôt un châtiment qu'une faveur, puis que les contentemens des
plus heureux mêmes se réduisent presque à rien, dès
qu'on les met en parallele avec les maux qui les accompagnent.

„ I. La

Réponse aux Quest. d'un Prov. Tom. V. Chap. LXXII. pag. 96. Ouvrer. Div. Tom. III. part. pag. 67. N B.

„ I. LA RAISON voit bien, dit Mr. Bayle, que la
„ matiére sans mouvement seroit inutile, & qu'ainsi
„ il a été nécessaire qu'il y eut du mouvement dans
„ les Corps: elle comprend aussi que les changemens
„ de la matiére, les générations & les corruptions
„ peuvent être des suites du mouvement; mais elle
„ ne sauroit comprendre que de toute nécessité il y
„ ait une liaison entre certains mouvemens des Corps,
„ & les sentimens fâcheux de froid & de chaud, de faim
„ & de soif, de douleur & de tristesse. Elle juge
„ donc que cet alliage a été réglé par une puissance ar-
„ bitraire, qui n'a pû agir en cela sous la qua-
„ lité de Principe bienfaisant, & elle demande qu'on
„ lui explique comment, il a pû se faire qu'une cau-
„ se bienfaisante, qui pouvoit aussi aisément lier
„ une sensation agréable, qu'une sensation douloureuse,
„ avec l'action du feu sur la main de l'homme, ait
„ mieux aimé y joindre un sentiment de douleur,
„ qu'un sentiment de plaisir, & comme il ne lui
„ paroit pas possible d'éxpliquer cela, elle se jette
„ dans cette supposition que cet alliage a été fait
„ pas un principe ennemi de l'homme, tout de même
„ que l'alliage du sentiment du plaisir, avec l'action
„ de certaines viandes sur la langue humaine, a été
„ fait par un principe ami de l'homme: De sorte que
„ la voilà forcée à reconnoitre que deux causes
„ opposées, l'une bienfaisante, l'autre malfaisante,
„ ont réglé le sort des Créatures sensibles.

„ Ce que Mr. King observe, que de prétendre
„ que la Terre n'a été faite que pour l'homme, est
„ une pensée chimérique, que l'orgueil & l'igno-
„ rance de l'homme lui ont suggéré, lui sert à ré-
„ soudre heureusement plusieurs objections; mais la
„ grande difficulté qui vient d'être proposée n'en
„ reçoit nul soulagement; car cela ne sert de rien
„ à éxpliquer, d'où est venu que certaines modifi-
„ cations de la matiére sont toûjours suivies d'un
„ sentiment douloureux, & pourquoi, sous prétexte
„ que la matiére insensible, qui peut recevoir toutes
„ sortes d'agitations sans en recevoir aucun domma-
„ ge, se meut d'une certaine façon, ce je ne sai
„ quoi, qui est capable de sentiment dans les ani-
„ maux, se trouve accablé de douleur & de tris-
„ tesse. C'est là le noeud Gordien qu'il faut délier
„ ou rompre: Il est inutile sans cela de faire voir
„ que les Loix du mouvement on dû assujettir
„ l'homme à la mort, & ne lui permettre pas de se
„ transporter en tout lieu, quand il le voudroit.
„ Ce n'est point là le fondement de la plainte. La
„ Raison la plus concentrée avec l'amour propre
„ approuvera qu'on est enfermé les ames humaines
„ dans des Corps lourds & pésans, & sujets à la
„ destruction, pourvû qu'elles soient exemptes du
„ chagrin que pourroit causer, ou l'impossibilité de
„ courir le monde en peu de temps, ou la vue de
„ la mort. Une ame qui verroit avec plaisir ou avec
„ indifférence qu'elle est attachée à un Corps pesant,
„ & sujet à perdre tantôt un bras, tantôt une jambe,
„ & enfin à se dissoudre, ne sera pas moins fortunée
„ qui si elle étoit unie à un Corps subtil & immor-
„ tel, car le malheur ne consiste pas à être privé de
„ certaines choses, mais à se fâcher d'en être priv-
„ En quoi donc consiste le malheur des ames?
„ C'est en ce qu'elles dépendent d'un Corps qui
„ malgré qu'elles en aient les assujettit à ses désirs in-
„ nutiles & incommodes, & à des chagrins & à des
„ douleurs innombrables, & que néanmoins elles ne
„ sauroient envisager la destruction de ce Corps qu'a-
„ vec des fraieurs horribles. Un Esprit qui examine
„ cette servitude, sans autre secours que celui de la Rai-
„ son, peut facilement tomber dans cette pensée, que les
„ ames ne sont unies au Corps qu'afin d'être le jouet
„ d'un mauvais principe, qui se divertit à les tourmen-
„ ter, & ales rendre ridicules en mille maniéres. S'il ne
„ se divertissoit qu'à faire pirouetter en tous sens les
„ natures insensibles, & à leur donner toutes sortes
„ de postures, le jeu seroit innocent, & ressemble-

„ roit à nos spectacles de Marionettes; mais de se
„ régaler des inquiétudes d'un mari jaloux, & des
„ larmes d'une Veuve désolée, & des cris que la
„ goûte, la gravelle, un bras disloqué, & cent au-
„ tres choses arrachent aux plus patiens, c'est com-
„ me si un Monarque s'alloit divertir à voir souf-
„ ter, & torturer ses sujets.

II. UNE Ame seroit effectivement bien malheu- *Jusqu'où de Loix de l'union de l'ame avec son Corps.*
reuse, & son malheur seroit étonnant, & incompré-
hensible au suprême degré, si pendant que son union
avec les Corps ne lui causeroit que des amertumes &
des douleurs continuelles, elle ne pouvoit soûtenir
qu'avec une horrible fraieur la pensée de s'en séparer.
Mais ce Cas-là est imaginaire; c'est aucontraire par un
très-grand nombre de douceurs dont le Corps est l'occasion, que l'Ame s'affermit dans ce penchant, que
l'impression de l'Auteur de la Nature lui donne pour
aimer son Corps, & pour s'y intéresser.

Si on demande, d'où vient que l'Auteur de la
Nature a voulu que de certains sentimens du Corps
fussent accompagnés de certains sentimens douloureux ? Quand même je n'en sçurois alléguer aucune
raison vraisemblable, je ne serois pas en droit de conclure qu'il n'y en a point. Quand même j'imagi-
nerois un autre Sistême, & d'autres Loix de l'U-
nion de l'Ame avec le Corps qui me paroitroient plus
commodes, je n'en pourrois pas conclure que ce
sistême que j'aurois inventé est le meilleur, & auroit dû être suivi par une Intelligence Bonne & Sage,
préferablement à tout autre. Avant que de décider
il faudroit avoir oüi toutes ses raisons.

C'est encore aimer à se faire des Chiméres, & à
supposer des Monstres, que de supposer que la Souveraine Intelligence a établi les Loix de l'union de
l'Ame avec le Corps telles que nous les voions, pour
se donner le plaisir de voir les fureurs d'un Mari jaloux, & les tourmens de la goute. Jamais ces maux-
là n'ont été son but, jamais elle ne s'est proposée de
les procurer. Elle a bien compris que telles pourroient être les suites du desordre que le péché répandroit dans la nature humaine ; mais ces suites ne lui
ont pas paru d'une nature à lui faire abandonner le dessein de former des Créatures Libres, & en particulier de donner à l'homme cette Liberté, dont l'abus
causeroit des maux qui serviroient de juste punition
aux pécheurs impénitens, de corrections aux autres,
d'éxercice aux gens de bien, & de matiére à pratiquer des Vertus, dont ils recevroient les plus magnifiques Récompenses.

III DANS le Chapitre 80. page 117. de sa Réponse *Liberté source de bonheur ou de malheur aux raisonneurs. Ouvres Div. Tom. III. z. part. pag. 658.*
aux Questions d'un Provinc. Tom. II. Mr. Bayle
fournit une occasion d'examiner *si la Liberté est une
source de bonheur, par le plaisir qui en accompagne
l'exercice, & sur tout par celui d'en faire un bon usage.*

„ Nous sçavons par éxpérience, dit Mr. Bayle,
„ qu'afin d'être content de la personne, & du choix
„ qu'on a fait, il ne faut pas que l'on croie que
„ l'on a été dirigé insensiblement & impercepti-
„ ment par une cause extérieure & invisible. Il y a
„ des gens qui après une longue & mûre délibé-
„ ration, concluent enfin qu'ils doivent faire une telle
„ chose, mais pendant qu'ils se préparent à l'éxécu-
„ ter, il s'éléve tout d'un coup dans leur esprit
„ une autre vue, qu'ils suivent impétueusement &
„ aveuglement, quelque différente qu'elle soit de
„ leur prémiére résolution. S'ils se trouvent bien
„ d'avoir préféré cet instinct tumultueux au parti
„ que plusieurs raisons mûrement éxaminées leur
„ avoient fait prendre, ils en conçoivent une joie
„ extraordinaire, car ils s'imaginent ou que Dieu,
„ ou que leur Ange Gardien, ou qu'un je ne sai
„ quoi qu'ils se représentent sous le nom vague de
„ fortune, leur a poussé de ce côté-là, sans leur lais-
„ ser la liberté d'un examen qui auroit pû leur fai-
„ re perdre une occasion avantageuse. Que leur
„ Raison & leurs lumiéres n'aient point été la cause
„ de

,, de leur bonheur, mais qu'une espéce d'inspiration les y ait pouſſés, ce n'eſt point pour eux un ra-
,, bat-joie, c'eſt plutôt une augmentation de plai-
,, ſir.

Je vai réfléchir ſur ces paroles de Mr. Bayle. On ne dit pas que la Liberté eſt abſolument néceſſaire à l'homme, pour le mettre en état d'être ſenſible au plaiſir en général, & d'être content de ſon ſort : Mais on dit qu'elle eſt abſolument néceſſaire, pour lui faire goûter cette eſpéce particuliére de ſatisfaction qu'on trouve dans le bon & libre uſage qu'on fait de ſes facultés : Une ſatisfaction ſi délicate, & ſi raiſonnable ne doit pas être comptée pour rien, ſous prétexte qu'il y a des gens qui n'y regardent pas de ſi près, & qui pourvû qu'ils aillent à leur but, ſont contents, de quelque maniére, par quelque cauſe, & par quelque ſecours qu'ils y arrivent. C'eſt aſſurément une foibleſſe & un écart de la Raiſon qui fait aimer aux hommes la diſtinction, de quelque nature qu'elle ſoit. C'eſt ainſi qu'ils ſont plus contens d'être nés *Nobles* ſans le mériter, que de l'être devenus par leur *Mérite*. Ils conçoivent que perſonne ne peut faire en ſorte qu'il ſoit né autrement qu'il n'eſt né, mais qu'un très-grand nombre de perſonnes pourroient travailler à parvenir à acquérir du mérite, & y réuſſiroient. Il peut ſe trouver des Princes qui écouteront avec un plaiſir extrême tous les Complimens qu'on leur fera ſur les Victoires remportées, ſur des places priſes, & qui ſeront charmés des éloges de Héros, & de Conquérans auxquels ils n'auront contribué, ni directement, ni indirectement, ni par leurs conſeils, ni par leur courage, n'aiant fait autre choſe que de prêter leur Nom & leur Autorité, à d'autres perſonnes chargées de tout. Mais qui eſt-ce qui, dans le fond du cœur ne les mépriſe, ou du moins ne plaigne leur aveuglement, & ne regarde avec indignation leurs lâches flateurs ? Un homme vient de perdre beaucoup dans une partie de jeu, où il n'a fait aucune faute, il finit tranquilement, & eſt ſatisfait d'avoir bien joué. Je trouve cet homme raiſonnable, je l'eſtime & je le loue. Un autre conduit ſon jeu ridiculement, mais vous auriés dit qu'un certain *je ne ſai quoi* ſe plaiſoit à le recompenſer de ſes fautes, ou à les reparer. Non ſeulement il eſt content d'avoir gagné, mais il eſt fier de ſon bonheur, & il ſe croit un perſonnage. Pour moi, dit il, *je laiſſe la Raiſon aux Philoſophes, je ne me veux point fatiguer l'eſprit, je ne raiſonne jamais, & je m'abandonne à la fortune* : *Elle m'eſt très-favorable, je ſuis très-content de mon ſort, & je ne changerois pas mon Bonheur contre toute la prudence imaginable*. Il faut reſſembler à cet homme-là, & être auſſi ſot que lui, pour ſe féliciter de cette maniére.

En vérité quand je lis ce que Mr. Bayle entaſſe ſur ce ſujet, au lieu de trouver, un homme qui comme l'équité le demanderoit, cherche tranquilement & ſans prévention la Vérité ſur un ſujet de cette importance, & qui ne cherche qu'elle, il me ſemble que je me trouve dans un Auditoire un jour de Diſpute, & que j'entens les Inſtances d'un Oppoſant qui veut la faire durer tant qu'il pourra, ou que je ſuis dans un Cercle, compoſé de gens qui parlent, qui quelque queſtion qu'on agite, s'imaginent qu'il y va de leur honneur, de n'être pas du ſentiment des autres.

Réponſe aux Queſtions d'un Provincial. Tom. II pag. 118. ,, Un dévot, dit Mr. Bayle, qui
,, ſe croit pouſſé par une grace invincible, eſt plus
,, content qu'un Phariſien. Un Calviniſte eſt plus
,, ſatisfait qu'un Philoſophe Stoïque. Le bonheur
,, des Myſtiques n'eſt jamais plus grand, diſent-ils,
,, que lors que l'eſprit de Dieu tombe tellement ſur
,, eux, qu'il s'empare de leurs facultés, qu'il les réduit à l'inaction, & qu'il ſe revêt de la charge,
,, ſeul mobile. Lorſque des fanatiques ſe ſont engagés à une guerre de Religion, ils ſont plus joi-
,, eux de leur victoire que s'ils ſe perſuadoient qu'ils
,, ne les remportent point par une faveur extraordinaire de Dieu. Ceux qui ſans être fanatiques ſe
,, rendent Chefs de parti, dans une ſemblable guerre, ſentent auſſi vivement, & même plus vivement le plaiſir de leurs triomphes, ſi comme de
,, nouveaux Joſués, ou de nouveaux Maccabées, ils
,, les attribuent à la protection particuliére du Ciel,
,, que s'ils ne les attribuoient qu'à leur prudence, &
,, qu'à leur courage.

Mr. Bayle, après avoir rapporté des exemples, pour prouver que l'on peut être content de ſoi ſans être raiſonnable, les pouſſe encor juſques à emprunter celui des fanatiques.

Je n'ai pas vû de Myſtique qui ne reconnoiſſe la Liberté, & qui ne poſe par ſon Principe que l'Ame qui ſe donne à Dieu, & qui enſuite de ce Don éprouve le bonheur de ſa totale Dilection, a commencé par *Renoncer à ſoi-même*, & ſe donner à Dieu par *un Choix très-libre de ſa Volonté* ; & Mr. Bayle qui trouve ſi mauvais, quand il lui plaît, qu'on s'écarte de la doctrine Orthodoxe, ſait bien que le Myſticiſme n'y eſt pas approuvé, qu'on y rejette cet état paſſif, & qu'on enſeigne, que dans tout le cours de la Sanctification l'ame n'eſt pas moins active que les Myſtiques la ſuppoſent au commencement.

Un homme dont l'*Eſprit de Dieu ſaiſiroit l'entendement, dans un temps qu'il ne s'y attendroit du tout point, & l'honnoreroit des Révélations les plus importantes & les plus magnifiques* : devroit rendre graces à Dieu de ſes Dons, comme chacun doit lui rendre graces d'en avoir reçu la Vie & la Raiſon à la naiſſance de laquelle perſonne ne peut contribuer, avant que d'être. Or rendre ainſi à Dieu ſes Actions de graces eſt un Devoir très-conſolant, parce qu'on s'en acquite de bon cœur, & qu'on veut s'en acquiter. Après cela un homme Dépoſitaire de ces Inſpirations devroit ſe faire une joie extrême de ſe dévouer à ce à quoi Dieu l'appelle, & de communiquer aux autres les mêmes Lumiéres dont Dieu l'a éclairé.

En un mot le plaiſir de faire un bon uſage de ſa Liberté, n'eſt pas le ſeul dont une Nature Intelligente ſoit capable ; mais c'en eſt un, & c'en eſt un très-grand. Le Créateur de l'Univers, dont l'Intelligence & la Puiſſance ſont infinies, a voulu qu'il y eut des Créatures capables de ce plaiſir-là.

Pour ce qui eſt d'un Général, autre exemple allégué par Mr. Bayle, il ſait que la Réputation, & dès là ſa Fortune, dépend beaucoup des ſuccès ; il ſait que pour réuſſir toûjours, il ne ſuffit pas qu'il ſoit Maître de ſon attention, il ne ſuffit pas telle que des Choix judicieux, il faudroit encore qu'il ſe trouvât maître de mille Circonſtances, & qu'il ſût prévoir les Evénemens ; il ſait enfin que la Protection de Dieu peut ſeule ſuppléer à des Lumiéres, auxquelles il ne lui eſt pas permis de prétendre. On ſait encore que les favorables Préjugés des Soldats ſur le Bonheur de ceux qui les conduiſent, ne leur inſpirent pas moins de confiance & de courage que la bonne opinion qu'ils ont de ſa Capacité, & voilà pourquoi un Général attentif à ſes Intérêts, aime à paſſer pour heureux.

Le Don des Miracles étoit aux Apôtres un ſujet de conſolation d'autant plus grand qu'ils ne le regardoient point comme le fruit de leur Induſtrie.

Mais St. Paul compte pour rien les Dons les plus Miraculeux, en comparaiſon de la Charité, à laquelle il exhorte tous les Chrétiens.

Un Mathématicien, dit-il, *ne s'applaudit pas plus de ſes découvertes qu'un Commentateur de l'Apocalypſe de ſes Inſpirations : Un Poëte ſeroit charmé que les Muſes qu'il invoque l'inſpiraſſent, & en général ne ſe félicite plus d'une habileté qu'on doit uniquement à ſon Génie, que de celle qu'on ne s'eſt procurée qu'à force de travail*.

Réponſe aux Queſtions d'un Provincial Tom. II. pag. 119. Oeuvres Div. Tom. III. 2. part pag. 659

J'ai

J'ai déjà remarqué que les hommes cherchent de la *Distinction* & s'en applaudissent de quelque côté qu'elle vienne: Mais ils ne sont pas toûjours raisonnables lorsqu'ils s'applaudissent ainsi sur tout ce qui les distingue des autres. C'est la marque d'un mauvais Coeur d'aimer à posseder ce à quoi d'autres ne sauroient atteindre. Si l'Interprete des Propheties a réussi, sans y avoir contribué, par son Application à mediter & à prier, son bonheur ne lui donne pas le moindre sujet de se regarder plus estimable qu'un autre.

Ibidem. pag. 800. Les meilleurs Auteurs, continue Mr. Bayle Rep. aux Quest. d'un Prov. Tom. II pag. 126. " ont " éprouvé que les choses qu'ils avoient cherchées " inutilement avec une longue & forte attention, " se présentent d'eux mêmes lorsqu'on n'y pense " plus : Sont-elles pour cela moins agréables ? Il y " a des Ecrivains à qui les meilleures pensées qu'ils aient " mises dans leurs Ouvrages, sont venuës sans qu'ils " les cherchassent & sans qu'ils en eussent aucune no- " tion. Ils ne peuvent deviner eux-mêmes d'où sont " sortis ces coups de hazard si fortunés; mais ils les " reçoivent avec le plus grand plaisir du monde, " & si quelque chose les inquiete c'est de n'être pas " toûjours en état de les écrire, faute de quoi ils " ne pourront se les rappeller au besoin. Ils ne s'inquie- " tent nullement de ce que se font des trésors qu'ils " n'ont point acquis, par leur *Travail*, par leur " Raison, par l'usage de leur *franc arbitre*. Lors- " qu'un Chymiste trouve par hazard, ce qu'il n'a- " voit point cherché, il en est tout aussi aise que " s'il avoit trouvé ce qu'il cherchoit, pourvû qu'il " y ait de l'égalité entre ces deux choses. Tant il " est vrai que nos plaisirs ne supposent pas que ce " qui les cause soit le fruit de nôtre Raison & de " nôtre libre arbitre. Il importe d'avoir " de l'esprit, une mémoire heureuse, une belle " imagination ; mais peu importe que ce soit des " dons naturels, ou des dons acquis, & c'est un " plus grand bonheur de les tenir de la nature, que " de n'en être redevable qu'à un grand travail. De " là vient le Proverbe, *gaudeant bene nati* : De là " vient aussi que les flateurs du beau sexe mettent " l'esprit des femmes au dessus de l'esprit des hom- " mes.

Mr. Bayle met en marge ces paroles de *Montaigne* " Mon ame me déplait, de ce qu'elle produit " ordinairement ses plus profondes réveries, plus " folles, & qui me plaisent le mieux, à l'im- " pourvû, & lorsque je les cherche le moins, les- " qu'elles s'évanouïssent soudain, n'aiant sur le " champ où les attacher ; à cheval, à la Table, " au lict. . . . . Des discours fortuits qui me tom- " bent en fantaisie, il ne m'en reste en mémoire " qu'une vain image, autant seulement qu'il m'en " faut, pour me faire ronger & dépiter après leur " quête inutilement.

Je remarque là-dessus 1. que Mr. Bayle pour prouver ce qu'il avance cite l'exemple de Montaigne. C'est trop visiblement conclure du particulier au général ; mais il écrit pour des Lecteurs charmés de son destein, & prévenus en faveur d'un homme, qui se dévoué à les affranchir de tout joug ; il est fondé à compter qu'il n'a qu'à proposer à ces gens-là des argumens pour les persuader, & qu'ils ne se donneront point la peine d'examiner s'il y a du Sophisme. On sait que Montaigne aimoit l'extraordinaire, & qu'il aimoit à passer pour avoir des sentimens singuliers, & on sait encore qu'il faisoit profession d'éviter tout ce qui fatiguoit. C'est donc à tort qu'on l'alléguera pour servir de preuve tant soit peu générale.

2. Supposons aux Savans une Matiére de Mathematique, de Physique, d'Antiquité, à traiter; & que deux personnes d'une même Ville se mettent dans l'esprit d'y travailler. Un Etranger passe, & voit l'un des deux qui commence sa Méditation, avec toute l'apparence d'une attention fort appliquée, & après s'être informé du sujet de son travail, il lui donne la Question parfaitement résolue, appuïée de preuves convaincantes, & mise dans tout son jour, lui fait promettre enfin de la publier sous son propre Nom, sans faire jamais connoitre à qui que ce soit qu'il la tient d'ailleurs. L'autre travaille depuis quelques semaines avec tout l'empressement imaginable. Ce qu'il donne est bon, & très-bon même ; Cependant quelque chose lui est échappé, & sa Composition est trouvée inférieure à celle qui n'a rien couté. Donnons au premier tout l'Orgueil imaginable, supposons qu'il est ennemi de l'autre : Imaginons nous que le prix attaché à la Victoire est considérable, & que le Victorieux est sensible au gain. Voilà sans contredit bien des sujets de joie pour lui : M is avec tout cela peut-on concevoir qu'il soit aussi content de lui-même que si cette Composition étoit effectivement son ouvrage ? Et si la piéce de l'autre avoit été couronnée, outre tous les sujets de joie qui lui auroient été communs avec le premier, n'en auroit il pas eu un qu'il a été impossible à ce premier de sentir.

Je raisonne de la même maniére, sur l'exemple du Chymiste allégué par Mr. Bayle. Il cherche quelque chose qui regarde son art, le hazard le lui fait découvrir. Cette découverte lui doit faire plaisir, car il est toûjours agréable de trouver ce qu'on cherche ; mais au plaisir que donne la chose il s'en seroit joint un autre, auquel sa Raison auroit dû le rendre sensible, si cette découverte avoit été l'unique effet de son habileté. J'ai déjà réfléchi deux fois sur l'amour de la Distinction.

Adam n'auroit-il pas pû s'estimer heureux, quand même il auroit sû qu'il devoit uniquement sa perseverance à la grace de Dieu ? C'étoit, ajoute Mr. Bayle, Réponse aux Questions d'un Provincial Tom. II. pag. 110. *le moïen de l'attacher à son Créateur par les liens d'une nouvelle reconnoissance.* *Ibidem pag. 661*

Mais cette Reconnoissance, il se seroit déterminé de tout son coeur, & très-librement à la lui témoigner.

Il s'agit, ajoute Mr. Bayle, *de montrer que la connoissance d'avoir bien choisi me plairoit pas, si d'ailleurs on n'étoit persuadé que le choix a entierement dépendu de nos propres forces.*

Mr. Bayle se trompe grossiérement, ou plutôt il affecte de poser, avec une grande sincérité, l'état de la Question, & de poser tout différent de ce qu'il est. Il ne s'agit point de ce qu'il dit. On reconnoit que la Lumiére de la Verité doit faire plaisir par elle-même, plus encore que la lumière du soleil, mais cela n'empêche pas qu'on n'ait plaisir de prétendre que parvenir à cette Lumiére, & la faire naître chés soi, par un *bon & libre usage* de ses Facultés, ne soit un plaisir très-satisfaisant, & très-raisonnable.

" Or cette affirmation auroit été propre, dit Mr. *Ibidem* " Bayle, à déterminer Adam à choisir le bon parti. " On peut dire que la seule représentation de cet- " te idée, Dieu l'auroit pû préserver & du mau- " vais choix, & du déplaisir de ne s'être point dé- " terminé lui-même ; car il n'est point contraire à " la liberté d'indifférence de choisir plutôt ce que " l'on connoit devoir être préféré, que ce que l'on " connoit devoir être postposé.

Dieu n'avoit, ajoute-t-il, *qu'à présenter vivement à l'esprit d'Adam cette verité, Il vaut mieux obeïr à Dieu qu'à la Créature, & Adam auroit eu la satisfaction de bien choisir.*

Vous diriés que la seule Raison par laquelle on dit que Dieu a fait l'homme Libre, se réduit à la nécessité de lui procurer un certain plaisir, & que soit qu'il parvienne à ce plaisir d'une façon ou d'une autre, qu'elle soit laissée à elle-même, ou qu'elle soit animée par diverses causes. Cela revient au même ; ce n'est point cela qu'on prétend. Mais on dit que Dieu a trouvé à propos d'être servi Librement

brement ; & d'être obéï par le moien d'un certain degré de force suffisant. On dit qu'il vouloit qu'Adam obéït à son Précepte, & se déterminât lui-même, à se le rendre très-présent, & à réfléchir sur le danger où il s'exposoit par une précipitation contraire aux respect qu'il devoit aux paroles de son Créateur.

Ibidem. pag. 662.

Chapitre LXXXI. pag. 133. Réponse aux Questions d'un Provinc. Tom. II. *Dans quelque Système que l'on vive concernant la liberté, dit Mr. Bayle, on est également content de soi-même, lorsque ce qu'on a choisi nous accommode.*

Celui qui croit la liberté, & celui qui ne la croit pas, peuvent également désirer de certaines choses qu'ils croient leur convenir. Quand ils ont obtenu ce qu'ils souhaitent, le sentiment direct de sa possession est également agréable, & pour l'un & pour l'autre : Mais quand celui qui se croit Libre réfléchit qu'un choix qui lui a si bien réussi est la suite du bon usage qu'il a fait de sa Liberté, cette réflexion lui donne un nouveau plaisir que l'autre ne peut pas se procurer. L'un d'eux en a donc plus que l'autre.

Comme l'Ignorance où est un Laboureur que l'homme à un Entendement, n'empêche pas qu'il n'en éxerce quelques actes sur lesquels ils ne réfléchit point, l'Imagination aussi qu'on n'a point de Liberté, n'empêche pas qu'on n'en ait, & qu'on ne s'en serve; Aussi celui qui croit n'en point avoir, se conduit dans bien des occasions comme celui qui croit qu'il en a une. Or l'usage d'une faculté est accompagné d'un plaisir direct, & ce plaisir, celui qui ne se croit pas libre l'a tout comme un autre; mais à ce plaisir il ne peut pas ajoûter celui que donne la réflexion.

Rapport à la solution de l'homme avec la bonté de Dieu. Œuvres Div. Tom. III. 3. sav. pag. 662.

IV. JE PASSERAI à concilier la Liberté avec la Bonté de Dieu contre ce que Mr. Bayle avance pour les mettre en opposition.

Réponse aux Questions d'un Provincial Tom. II. pag. 135. " Une Liberté abandonnée à elle-même, dit Mr. Bayle, & qui comme une girouette peut tourner à toutes sortes de Vents, ne peut pas être une voie sûre de bonheur. Il faudroit pour le moins la garder à vuë, & se tenir toujours prêt à la tourner du bon côté, dès qu'on s'appercevroit qu'elle va pancher vers l'autre. C'est ainsi qu'une Nourrice qui veut laisser à un Enfant le plaisir de marcher seul, prend de très-justes mesures pour l'empêcher de tomber. Un Danseur de corde ne se fie point à l'adresse de ses apprentis lors qu'ils font leur coup d'essai. Quelqu'un se met sous la corde & les fuit pas à pas afin de les recevoir in l'air in cas de chute.

On ne nie pas que ce ne soit un Bien d'être Heureux & Passif; c'est-à-dire rempli des sentimens délicieux par l'effet des Impressions extérieures & auxquelles on ne contribue en quoique se soit. Mais on prétend que la Félicité est d'un genre plus éxquis, lorsqu'on se la procure par le bon usage des Facultés Actives que l'on a reçues, & dont on fait un Libre Usage.

Tout est bon à Mr. Bayle, & il ne se fait pas une peine d'alléguer en preuve une Gloire des plus vaines. Mr. l'Abbé de St. Réal avoit sur ce sujet des Idées très-justes T. I. p. 85." Quelques bonnes qualités d'Esprit qu'aient les grands, ils font toûjours consister leur Principale Gloire dans leur Naissance; il n'est point de talent naturel si louable, pour lequel ils vouluffent être confidérés, plûtot que pour leur Noblesse: quelques-uns même vont jusqu'à l'offenser qu'on les désigne par toute autre qualité que par celle-là, & jusqu'à se cacher des plus excellentes, de peur de déroger à leur rang. Cela vient de ce qu'il semble que c'est les rabaisser que de les estimer pour des choses qui leur sont communes avec des gens sans Naissance : ils

" ne considérent pas que cette ressemblance leur est bien plus honnorable, que celle qu'ils ont par leur Noblesse avec tant de gens sans Mérite.

" Mais il n'en est pas ainsi du Peuple; il ne se trompe point comme eux dans le choix de la Gloire dont il est capable. Il ne quitte jamais la Véritable pour courir après la fausse, il n'est sensible qu'à ce qui est naturellement estimable & avantageux.

" Un Païsan ne croit point être plus qu'u n autre, parce qu'il est Fils d'un bon travailleur, mais seulement pour être bon travailleur lui-même, pour être sain, robuste, grand & fort, pour danser de meilleure grace, ou chanter mieux au Lutrin, qui sont toutes qualités réelles, solides & utiles, ou naturellement agréables. Voilà la seule Gloire qu'ils connoissent, & les sujets d'où ils la tirent; mais ils n'ont point appris de la Nature à s'enorgueillir de la Vertu de ceux qui ne sont plus, quelques proches de sang qu'ils leur aient été, & ils s'aviseroient aussi-tôt de tirer vanité d'être nés un jour qu'il faisoit fort beau temps, que d'en tirer de l'estime où leurs Peres étoient dans leur Village; car l'un & l'autre sont également ridicules.

" Le Mérite est donc purement personnel parmi eux; & ceux qui ont étudié la Nature, dans leurs mœurs simples & sans art, peuvent avoir remarqué qu'ils n'ont point d'injure plus ordinaire, que de se reprocher les uns aux autres qu'ils ne valent pas leurs Peres; car c'est partout que la mémoire de la Vertu dure plus que ceux qui l'ont possédée, & qu'on s'immortalise en la suivant. Mais bien loin que les gens du Peuple rappellent le souvenir de celle de leurs Parens, pour leur tenir lieu de Mérite, comme on fait tous les jours parmi les Grands, ils ne rappellent ce même souvenir que pour rendre les Vices des Enfans plus inéxcufables.

On dit que la Sagesse de Dieu a trouvé à propos de faire présent de la liberté à des Créatures Intelligentes afin qu'elles se procurassent la solide satisfaction de travailler elles-mêmes à se perfectionner, & à plaire par là à leur Créateur. Mr. Bayle soûtient que cette Réflexion n'est point juste ; *Un sujet de satisfaction si fondé, dit-il, n'étoit nullement nécessaire : N'en voit-on pas un grand nombre qui se repaissent d'illusions & qui en sont fort contentes ?*

Le même Auteur remarque encore très-judicieusement (pag. 111. & suiv.) que des Législateurs, des Capitaines, des Magistrats, pour éviter de se rendre odieux par le Recit de leurs hauts faits, & d'éxciter l'envie s'ils s'en attribuoient la principale Gloire, rapportoient là des secours Célestes ce qu'ils avoient fait de Merveilleux.

" De cette sorte, il sembloit au Peuple que bien loin qu'il eut quelque obligation à ses Législateurs & à ses Capitaines, ce qu'il n'auroit pas reconnu volontiers, c'étoit au contraire les Législateurs & ses Capitaines qui lui en avoient, puisqu'il étoit en quelque sorte cause que la Divinité leur faisoit part de ses faveurs, que c'étoit uniquement pour lui, & à son occasion : ainsi , il ne falloit s'étonner s'il n'en étoit ni envieux , ni jaloux.

De tout temps il s'est trouvé de grands Esprits, dont la Passion étoit celle de Gouverner : Cette passion jointe à leur habileté leur faisoit prendre des Airs de Dépendance & des Manières soumises, quand ces détours leur paroissoient nécessaires pour les conduire à leur But. Encore aujourd'hui, ailleurs que dans les Républiques, combien de Favoris parviennent à gouverner leur Maître & ses Etats, par des soumissions aussi adroites que rampantes ?

Si l'on concevoit Dieu nécessairement déterminé par sa Bonté à vouloir que l'homme soit une Créature infailliblement heureuse, & au dessus de tout danger de ne l'être pas; & que pour rendre encore son bonheur plus vif, il lui eut donné la Liberté; il est certain que pour accorder ces *deux* desseins, il en faudroit supposer en Dieu un *troisiéme*, qui est de *Veiller* perpétuellement sur l'usage de cette Liberté, & d'aller au devant de tout ce qui pourroit être une occasion d'en abuser. Mais on conçoit que Dieu a eu la Bonté de créer l'homme capable de lui obéïr & de se rendre très-heureux en lui obéïssant. On conçoit que la Bonté de Dieu, étant en lui un Attribut Libre, il n'a point été obligé d'accorder à l'homme au delà de cette capacité suffisante. Il a voulu que ceux qui feroient un certain usage de leurs forces, Fussent les Objets de ses Récompenses paternelles. Mais pour ceux qui s'obstineroient à n'en vouloir pas faire un usage si légitime, ils seroient dans leur tort & ne d.vroient imputer qu'à eux-mêmes leur malheur, puisque s'ils avoient voulu, ils ne se le seroient pas attiré : Dieu n'étoit pas obligé à faire plus. Mais tous les exemples que Mr. Bayle allégue, & qu'il varie tant qu'il peut, ont tous ce même défaut, c'est qu'il comparent avec Dieu des hommes qui ne seroient pas essentiellement ce qu'ils sont obligés de faire, s'ils tomboient dans les négligences que Mr. Bayle suppose. J'ai déja fait sentir l'injustice de ce parallèle, & j'aurai occasion d'y revenir dans la suite. Je prie mon Lecteur de rappeller dans sa Mémoire les fondemens sur lesquels j'ai établi qu'il étoit digne de Dieu de donner l'éxistence à des Créatures Libres & Actives, de les mettre en état de se rendre heureuses en se dévouant à lui, & de ne tenir aucun compte de celles qui ne daigneroient pas se mettre en peine de lui obéïr, & de chercher la route sûre de la félicité, & qui s'obstineroient dans cette ingrate négligence.

Mais quand il voit qu'elles vont se perdre, que ne court il à leur secours? dit Mr. Bayle. Il n'y est nullement obligé & leur Ingratitude mérite bien cet abandon.

Mais n'a-t-il par vu, dit-il, que le prémier homme alloit entraîner par sa désobéïssance sa postérité dans mille malheurs?

Les hommes naissent dans un grand désordre, & dans une grande foiblesse. Mais Dieu exige moins d'eux qu'il n'auroit fait dans l'état d'Intégrité. Repentance & efforts sincéres, suivis d'un amandement qui se perfectionne peu à peu, attirent sur eux sa Compassion & sa Grace : Il ne redemandera point au delà de ce qu'il a donné, & il ne jugera personne qu'à proportion des Lumières & des Talens dont il lui aura fait part.

Mr. Bayle continue ses objections. *Il ne faut pas prétendre*, dit-il, *que la bonté de l'Etre infini n'est point soumise aux mêmes Régles, que la Bonté de la Créature ; car quand nous réduisons la Bonté à l'abstraction la plus générale, nous y trouvons la Volonté de faire du bien.*

Aussi la Volonté de Dieu est telle, que l'homme fasse un bon usage de la Liberté, & se rende heureux par là.

Mais est-ce vouloir faire du bien que de donner une chose bonne, dont on sait que ceux à qui on la donne feront un usage pernicieux, quoi qu'on puisse les en empêcher très-facilement ?

Dieu qui est souverain Maître agit d'une maniére qui est digne de sa Grandeur, quand il offre les plus grands effets de sa bonté, & qu'il est prêt de les répandre sur ceux qui voudront en profiter. Ces effets de sa Bonté ne s'étendront point sur ceux qui refuseront de faire ce qu'il demande; & pour ce qui est de ceux qui auront voulu répondre à leur Vocation, ils célébreront à jamais la bonté de Dieu, qui les aura mis en pouvoir de faire un si bon choix.

Ibidem. pag. 663. Dans la page 142. Rep. aux Questions d'un Provincial Tom. II. Mr. Bayle raméne l'argument déja tant de fois répété. *Dieu n'a-t-il prévû* ? N'a-

t-il pas prévû ? S'il a prévû le mal Moral, a-t-il fait tout ce qu'il a pû pour l'empêcher.

A cela je réponds qu'il a fait ce qui convenoit au Dessein de créer des êtres libres, & de ne remplir pas tout l'Univers de Machines.

A cette réponse Mr. Bayle oppose l'éxemple du Paradis, où l'on n'est plus *dans la Liberté d'insuffisance*. Il ne se lasse point de redire la même chose.

Les habitudes affermies, & parfaitement déterminées au bien, par une longue continuation d'actes réïtérés, sont la Récompense naturelle du bon usage qu'on a fait de sa Liberté.

La Remarque de Mr. Bayle que Mr. Bayle cite *Ibidem. pag. 6:* page 148. Rep. aux Questions d'un Provincial Tom. II. est très-judicieuse, que *déterminer la liberté par une Impression extérieure & Physique, ce n'est pas faire un moindre changement que d'arrêter le cours du Soleil.*

A cela Mr. Bayle répond que Dieu fait tout avec la même facilité. Mais il ne s'agit point de cela. On ne prétend point que ce soit pour s'épargner de la peine que Dieu ne détermine lui-même la Volonté immédiatement; mais c'est qu'il trouve digne de lui de ne pas changer ses Ouvrages, mais de les laisser agir chacun conformément à sa Nature, à moins que des Circonstances importantes, n'éxigent que Dieu par des Miracles, se fasse connoître pour le Maître de la Nature.

V. DANS le Tome. V. Chap. XXI. Réponse *Réponse aux Questions d'un Provincial,* page 265. Mr. *aux objections ti-* Bayle revient encore à l'argument tiré de l'état des *rées de l'état* Démons coupables, & *dans l'impuissance de faire le* *bons An-* *bien, & de celui des bons Anges & des Bienheureux* l'état des *hors de tout danger de se déterminer au mal.* *Anges*

L'état des ames humaines après la mort ne nous *bons &* est pas assés distinctement connu ; s'il l'étoit, il ne *mauvais,* faut pas douter qu'il ne nous fournit des Lumières *fais de la* pour dissiper quantité d'Objections tirées de divers *Grace* événemens dont la permission ne nous paroit pas *dans les* dans l'ordre, mais dont l'utilité paroîtra quand les *Predesti-* voiles qui nous dérobent la Connoissance des choses *nés.* seront tirés. *pag. 1061.*

Chap. 83. page 249. Rep. aux Questions d'un Provincial Tome II. " Le second inconvenient que *Ibidem.* " Mr. King trouve, c'est qu'il faudroit que Dieu *pag. 665.* " changeât entiérement sa manière d'agir avec ces " Agens libres, pour les retenir dans les De- " voirs par les motifs des peines & des récompenses, " doit paroître nul, dit Mr. Bayle, à Un Evêque " de l'Eglise Anglicane ; car il ne peut disconve- " nir que Dieu ne propose sur la terre aux prédestinés, " les motifs des peines & des récompenses, & néan- " moins ils sont secourus, dirigés, & même déter- " minés dans leurs bonnes œuvres, per des graces " efficaces du St. Esprit.

Mr. Bayle ne pouvoit pas ignorer que dans nos Eglises on fait profession de n'être point dans le sentiment des Quiétistes sur le secours du St. Esprit, & les Opérations de la Grace. On fait profession de reconnoître que Dieu agit avec l'homme, & sur l'homme, d'une maniére proportionée à sa nature, que la Grace perfectionne les facultés de l'homme, & ne les détruit pas, & qu'elle laisse la Liberté & son usage. On y enseigne très-expressément que dès qu'il s'agit de régler sa conduite, il ne faut non plus penser à la prédestination que s'il n'y en avoit point.

A la page 151. Rep. aux Questions d'un Provincial Tome II. " Je ne remarque, dit-il, cela, qui *Ibidem.* " étoit que si le Calviniste & le Spinozifte, dont il " parle, ne consultoient que ce qu'ils sentent, ils se " persuaderoient fortement qu'ils sont une cause li- " bre de leurs déterminations ; mais l'un consultant " son Catéchisme, & l'autre son Systême de Philo- " sophie, ils renoncent aux preuves de sentiment " & adoptent d'autres principes par lesquels ils ju- " gent qu'une cause éxterne & nécessaire les a fait déter-

" dû déterminer, qu'afin de montrer à Mr. King
" qu'il n'y avoit rien de plus facile que de laisser
" jouïr les hommes de ce qu'il croit leur être le
" plus agréable dans leurs déterminations. Il n'y
" avoit qu'à ne leur pas révéler que Dieu les déter-
" minât. S'ils eussent ignoré cela, ils eussent suivi
" leurs preuves de sentiment, & ils eussent crû avec
" une entière certitude, que lorsqu'ils avoient choisi
" une telle chose, il étoit en leur puissance de ne la
" pas choisir, ou de se déterminer à un choix con-
" traire.
Cela signifie qu'il y avoit un moien de procurer aux hommes autant de plaisir que s'ils avoient été Libres, qui étoit de ne les faire point Libres, *de les déterminer toujours heureusement, & de leur faire croire qu'ils étoient libres*. Il auroit donc été plus expédient d'aller au but par l'Erreur que par la Vérité; il faut bien aimer la Dispute, pour s'amuser à faire ces remarques, & avoir une grande Idée de soi-même, & une bien petite de ses Lecteurs pour les écrire: Mr. Bayle se fait encore un plaisir d'amener sur la scène un bénêt que son Catéchisme bien ou mal entendu fait renoncer à une conviction établie par un sentiment des plus clairs, ce sont là les idées sous lesquelles il aime à présenter les Chrétiens.

Ibidem. pag. 665.

Remarqués aussi, ajoute Mr. Bayle, Rep. aux Questions d'un Provincial Tom. II. pag. 151. *que les gouts sont différens*. Là-dessus Mr. Bayle allègue l'enterrement pour la Noblesse. J'ai déja prévenu cet exemple.

Ibidem pag. 666.

VI. PAGE 154. Rep. aux Questions d'un Provincial Tom. II. " Je croi, *dit-il*, qu'on se fonde sur
" un fait faux quand on assure, *que ce qui nous plait*
" *le plus dans nos déterminations, est d'être bien persuadés*
" *que nous aurions pû ne pas nous déterminer*. L'éx-
" périence montre le contraire; C'est une satisfaction
" incroiable de se persuader qu'on est affermi
" dans l'amour de la Vertu, que sans hésiter le
" moins du monde, on rejetteroit une tentation
" malhonnête. Un homme à qui l'on propose de
" faire une action opposée à son devoir, à son hon-
" neur, & à sa Conscience, & qui répond sur le
" champ, qu'il s'en incapable d'un tel crime, &
" qui en effet ne s'en trouve point capable, est
" bien plus content de sa personne que s'il se demandoit
" du temps pour y songer, & s'il se sentoit irré-
" solu pendant quelques heures, quel parti prendre.
Si cet attachement inviolable d'un homme à quelque Vertu est l'effet d'un heureux tempérament, qui ne lui laisse sentir que de l'éloignement pour de certains Vices, & qui le rend sans forces sur ses sens & sur son Imagination, ou s'il est l'effet des soins qu'on a pris pour lui dès son enfance, & d'une éducation qui souvent a toute l'efficace du tempérament, il doit en rendre graces à Dieu prémièrement, & ensuite à ceux qui ont pris soin de lui, comme on rend graces de la Santé, de l'Adresse, de la Force, de la Mémoire, de la Vivacité d'esprit, & de la facilité à se rendre attentif, & à soûtenir son attention. Mais Dieu a voulu à propos que l'homme aussi travaillât à sa propre Perfection, à acquérir ce qui lui manque, à affermir, & à augmenter ce qu'il a déja reçu de lui. Quand donc son attachement à quelque Vertu est l'effet de sa Vigilance, de ses Réflexions, de ses efforts, en un mot des Soins qu'il s'est donné lui-même, c'est une occasion pour lui d'une nouvelle espèce de contentement: Tous les Théologiens le conçoivent ainsi; Ils s'accordent à enseigner qu'on se fait diverses Illusions, & celle-ci entr'autres est des plus-spécieuses, & des plus ordinaires. On se rend attentif à quelque Vertu dont on trouve la pratique aisée; On s'applaudit du zèle qu'on a pour elle, & de la fermeté avec laquelle on s'y attache, & on ferme les yeux sur divers panchans qu'il seroit très-nécessaire de corriger, & qui deshonorent ce qu'on a de Vertu. Vou-

lés vous vous assûrer, disent-ils, que vos Vertus méritent véritablement ce Nom, & que vous les auriés acquises, quand même vôtre Tempérament ne vous y auroit pas porté, & que vôtre Education ne vous auroit pas déterminé? Procurés vous celles dont l'acquisition ne demande pas moins d'efforts qu'il ne vous en faudroit acquérir celles qui vous sont naturelles, & dont vous vous êtes fait une habitude. Si elles ne vous étoient pas devenues faciles par ces Principes; Prouvés vous à vous-même, que vôtre Devoir vous est plus cher que vôtre Repos, que vos plaisirs, & qu'un grand nombre de vos Intérêts présens, en vous déterminant de bon coeur à tous les efforts nécessaires pour vous en acquitter lors que ces plaisirs ou ces intérêts s'y opposent.

VII. PAGE. 157 Rep: aux Questions d'un Provincial. Tome II " La persuasion d'une Nécessité Fatale est plus consolante, dit Mr. Bayle, que
" la persuasion de la Liberté, qui nous expose à ces
" tristes réflexions. Nous aurions pu faire le bon
" choix; nous étions les Maîtres de nôtre destin, &
" par nôtre pure sotise, sans que nous nous en puis-
" sions prendre qu'à nous-mêmes, nous voilà dans
" l'infortune.
" Si Dieu ne s'étoit fait, d'autre but, que de former des Créatures qui fussent contentes de leur sort le plus qu'il seroit possible, sans être jamais exposés au risque de ne l'être pas, il auroit pu prendre le parti de les faire absolument passives, ou de présider sans cesse sur leur activité, & de la fléchir continuellement par sa toute-puissance. Mais il a voulu faire des Créatures Actives, qui usassent à leur choix de leur Liberté, & il en a fait de différens degrés. Au reste le contentement dont Mr. Bayle parle, est celui des Libertins qui ne se font aucun reproche, & qui trouvent ridicules ceux qui s'en font puis qu'on n'a point de Liberté.

Si la persuasion de la fatalité est consolante.
pag. 666.

VIII. PAGE. 159. Rep. aux Questions d'un Provincial Tome II. " La Raison ne sauroit goûter, dit-il, qu'il soit loüable à un Prince de laisser tomber dans la confusion les affaires de son Roiaume afin de se procurer les occasions de faire paroître son habileté.

" Il y a plus: ce quatrième inconvénient prouve trop: il nous conduit à conclure qu'il a été nécessaire que l'homme péchât, puisque s'il s'étoit toûjours bien servi de son franc arbitre, il eut enlevé à Dieu des occasions de faire éclater de la manière la plus excellente l'un de ses plus beaux attributs. S'il y a nécessité que Dieu l'éxerce de la manière la plus excellente, & si cette manière ne peut avoir lieu, sans les mauvaises déterminations de la volonté humaine.... & si le bon choix a été aussi possible que son mauvais choix, il a falu que le Créateur ait eu des moiens aussi convenables de faire éclater sa sagesse, que les hommes se fervissent bien de leur liberté, qu'en cas qu'ils en abusassent; car à moins d'être préparé également à tout événement, la prudence ne permet pas qu'on laisse les choses dans l'équilibre des deux partis: elle veut qu'elles soient fixées au parti le plus avantageux, ou le moins desavantageux. Si donc le mauvais usage de la liberté humaine a été plus favorable à l'éxercice de la sagesse de Dieu, que ne l'eut été le bon usage, il a été nécessaire que Dieu fixât ce mauvais usage, & qu'il détournât le bon, c'est-à-dire, qu'il ne donnât point à l'homme cette pleine liberté que Mr. King a décrite.

Sophisme d'équivoque. Ibidem pag. 666

Il y a une différence du tout au tout entre concevoir que Dieu a donné à ses Créatures des Facultés dont elles pouvoient abuser, afin que quand elles en abuseroient, il eut occasion de manifester des Vertus qu'il ne vouloit pas laisser sans exercice, & de faire agir sa Sagesse, sa Justice, & sa Miséricorde d'une manière qui n'auroit pas pu avoir lieu, si tout étoit

étoit resté dans l'ordre & dans le Devoir. Il y a, dis-je, une différence du tout au tout entre suppoſer cela, & penſer que Dieu a voulu faire des Créatures libres, & qu'il a conçu que ſi elles abuſoient de leur Liberté, il uſeroit encore envers elles de Miſéricorde, il tireroit par divers Moïens le Bien du Mal, & n'abandonneroit aux ſuites de leur Opiniatreté que celles qui s'en rendroient bien dignes.

Dans l'un des cas *l'abus* de la Liberté, ou la Desobéïſſance des hommes auroit été un *Moïen néceſſaire* à Dieu, & qu'il auroit procuré pour parvenir à ſes fins. Dans l'autre *l'abus* de cette Liberté eſt uniquement ſur le *compte de l'homme*. Dieu n'étoit point obligé de déploïer ſa Toute-puiſſance pour l'empécher; Il en a ſu tirer des fruits; Mais il ne l'a point procuré cet abus, afin d'en tirer ces fruits; Il ne l'a pas même permis dans cette vuë.

Quæri vel le grand deſſein de Dieu lbr. dem pag. 607

IX. DANS le Chapitre. LXXXIV Repon. aux Queſt: d'un Provincial Tom: II. Mr. Bayle dit, *que Dieu auroit pu faire ſur la Terre à l'égard de tous les actes de la volonté, ce qu'il fait quant aux b,nnes œuvres des prédeſtinés*.

Mr. Bayle ne permet pas que pour lui réponde on adopte des ſyſtêmes différens du ſien; Mais pour lui il ſe donne la Liberté de choiſir celui qui lui plait.

Il dit encore que Dieu auroit pu régler ſur des Loix plus avantageuſes pour les hommes le Choc des Corps, & l'Union de l'Ame avec ſon Corps.

Mais Dieu en qualité d'Etre parfaitement Libre, & qui poſſéde eſſentiellement une Autorité ſuprême, ſur ce qu'il a tiré du Néant, a trouvé à propos d'amener ſes Créatures, à qui il deſtine le bonheur le plus accompli, dont leur Nature ſoit capable, il a, dis-je, trouvé à propos, de les amener à ce bonheur parfait par différens degrés, & l'état de leur desobéïſſance a encore variè ces degrés.

Le grand Deſſein de Dieu, & pour ainſi dire ſon *Plan fondamental*, c'eſt d'entrer en Commerce avec ſes Créatures; Tout infiniment qu'il ſoit élevé au-deſſus d'elles & au-deſſus de tout beſoin, ſa Bonté eſt allée juſques à en former qui fuſſent capables de ce glorieux Commerce; il veut ſe plaire à en être aimé par choix & par préférence; s'il s'en trouve qui refuſent de lui rendre un ſi juſte hommage, il veut encore étendre ſa Miſéricorde juſqu'à couronner leur Répentance de toute l'étendue de ſa grace & de ſa tendreſſe. Mais ſi elles s'obſtinent à le négliger il donnera, à toutes les autres des preuves de ſa Grandeur & de ſa Juſtice, & de la Liberté où il étoit de leur faire du bien, en abandonnant des Criminels ſi enfenſés à tout le fort qu'ils méritent. Pourquoi auroit-il ruiné tout le ſyſtême de la Liberté, pour prévenir les chutes que les Créatures deſobéïſſantes, ne peuvent imputer qu'à elles-mêmes? Mais comme il eſt infiniment ſage & infiniment puiſſant, les deſordres Moraux & Phyſiques, qui ſont les ſuites du péché donnent lieu à une infinité de Merveilles, & à tempérer d'une manière admirable ſa juſtice avec ſa Miſéricorde.

L'Eſprit d'Objection & d'impatience, peut faire imaginer des Plans, ou plutôt des portions de Plans: Mais de les donner pour plus dignes de Dieu que celui qu'on voit, il faudroit être auſſi inſolent que le ſeroit un Aſtronome qui auroit conçu un ſyſtême ſur les Poſitions & les Mouvemens des Aſtres différent de celui qu'il croiroit le Vrai, & qui le croiroit préférable.

Un homme imagine un Plan, & ſoûtient, ou ſérieuſement, ou pour ſe donner le plaiſir d'objecter, qu'il eſt manifeſtement plus digne de Dieu, que celui qu'on lui attribuë,& que l'expérience fait connoitre. Quand on entre en Lice avec un tel Adverſaire, on ne prétend pas pouvoir alléguer toutes les Raiſons que la Sageſſe Divine a euës, pour préférer le Plan que nous voïons à ceux que l'on pourroit imaginer. Nous ne ſommes pas aſſés inſtruits pour cela de tous ſes Deſſeins, ni de toute l'étenduë de ſon Plan.

Mais 1. De ce que nous pouvons en alléguer quelques-unes, qui pour le moins ont leur vraiſemblance, nous ſommes en droit de conclure que ſi nôtre Eſprit étoit de beaucoup ſupérieur à ce qu'il eſt, nous trouverions la Vérité, & nous paſſerions du Vraiſemblable au Certain. 2. Nous pouvons ſoutenir que ce que nous voïons ne préſente rien qui implique contradiction avec l'Idée d'un Dieu très-Puiſſant, très-Intelligent, très-Libre, très-Juſte, très-Bon.

Page 168. Rep. aux Queſtions d'un Provincial *Ibidem pag. 668.* Tom. II. *Une bonté une ſcience, une puiſſance infinies*, dit Mr. Bayle, *ne paroiſſent guére propres à donner raiſon des délais & des circuits, & de tant de préliminaires incommodes à la Créature*.

Ce qu'on vient de lire peut ſervir de Réponſe à cette Objection, elle me paroit inſoluble dans l'hypothéſe que Dieu fait tout immédiatement; car quel ſeroit le but de tous ces Circuits, ſi ce n'eſt de cacher aux Créatures la Véritable Cauſe des événemens? & d'empêcher que des Etres incapables de ſentir d'autres Idées, que celles que la Cauſe prémière & réellement Unique, leur imprime immédiatement, ne vinſſent à découvrir que c'eſt elle qui fait tout? Pourquoi donc déclare-t-elle tout le contraire par d'autres Voïes?

X. Mr. BAYLE qui ſe plait à repréſenter l'état *Objection de Mr. Bayle* du Genre humain, ſous l'idée d'un Cahos de miſère, prend occaſion de ce que Mr. King avoit dit en paſſant ſur le bonheur des hommes, pour traiter dans le Chapitre LXXXVI. Rep. aux Queſtions *Ibidem* d'un Provincial Tom. II. pag. 172. cette queſtion, *pag. 669*, *ſi l'on peut dire que l'homme eſt heureux*. Je vai copier le Chapitre entier, on y verra l'addreſſe ordinairede Mr. Bayle, qui bat la campagne & traite ſon ſujet en Rhéteur, plutôt qu'en Philoſophe.

„ J'ajoûterai néanmoins, que lorſqu'il ſuppoſe
„ qu'il y a peu de gens parfaitement heureux, c'eſt-
„ à-dire qu'il y en a pour le moins un certain nom-
„ bre, il me paroit ſe tromper: car je ne croi point
„ qu'aucun homme ait jamais joui d'un parfait bon-
„ heur. Qu'il y en ait beaucoup plus qu'on ne
„ penſe qui ſont médiocrement heureux, & que
„ nous croïons tel homme fort heureux, qui dans
„ le fond eſt très-miſérable, & que nous le croïons
„ pitié, qui peut-être exciteroit nôtre jalouſie ſi
„ nous le connoiſſions bien, c'eſt ce que je ſuis accor-
„ dé; mais à ne conſulter que nôtre foible Raiſon
„ cela devroit être ainſi, beaucoup plutôt ſelon le
„ Syſtême des deux principes, que ſelon le Syſtême
„ de l'unité de Principe.

„ On s'imagine ordinairement que les perſonnes de
„ la prémière qualité ſont très-heureuſes, lorſque
„ leurs richeſſes, leur puiſſance, leur réputation cor-
„ reſpondent au rang ſublime où la naiſſance les a
„ placées; mais on ſe trompe. Il y a peu de jours
„ où elles ne portent envie au contentement d'Eſ-
„ prit, dont elles ſuppoſent que les Païans jouïſ-
„ ſent. On voit ſur cela une belle ſcéne dans le
„ Paſtor fido.

„ A juger ſainement, tous les biens de ce Monde,
„ Sont des plus grands malheurs la ſource trop
„   féconde;
„ Le plus riche eſt plus indigent,
„ Et pour un malheur ſans remède,
„ Lorſqu'il croit poſſéder ſon Or & ſon Argent,
„ Il en eſt poſſédé, plus qu'il ne le poſſéde.

„ A quoi ſert la beauté, la jeuneſſe & l'honneur,
„ Le ſang illuſtre & la grandeur

„ On

DU PYRRHONISME

» On a beau posseder mille & mille héritages,
» Avoir des Parcs & des Chateaux,
» Nourrir mille & mille Troupeaux
»   Dans de gras pâturages ;
» Ce n'est que fumée, & que Vent,
» Si parmi tous ces biens le cœur n'est pas content.
» Que cette Bergere est heureuse,
» Qui n'étant point ambitieuse,
» Qui riche d'elle-même & non pas de dehors,
» A peine couvre son beau Corps
» D'une juppe qui n'est ni riche ni pompeuse,
» Dont la seule blancheur jointe à la propreté,
» Fait tout le prix & toute la beauté !
» Sans douleur & sans espérance,
» Elle n'a rien ; mais elle ne sent pas
» Les soucis dévorans que font naître ici bas
» Et la misére & l'abondance :
» Son cœur n'a point d'ambition ;
» Ce désir d'amasser que l'avarice enfante,
» N'a jamais fait sur elle aucune impression ;
» Rien ne la trouble, rien ne la tourmente,
» Elle est pauvre, il est vrai, mais son ame est contente.

» Je laisse la suite de la déscription du bonheur » de cette Bergere. Mais si le Dames qui l'esti- » ment si heureuse, savoient bien ce qui se passe » dans son cœur, elles cesseroient bien-tôt de lui » envier son sort. Ne croiés pas qu'elle soit éx- » empte de chagrins, ou qu'elle vive contente. Elle » envie à son tour la félicité des Filles qui ont de » quoi se parer, & qui ne travaillent pas. Personne » en un mot, n'est content de sa condition. Cela » est passé en Proverbe, & vous savés comment » Horace a traité ce triste sujet. Il en a compris » le fin & le ridicule ; car il suppose que si quel- » que Dieu offroit aux hommes de les faire passer » dans la condition qu'ils ont souhaitée, ils seroient » la sourde oreille. Il auroit dû dire comme » Maxime de Tyr, que s'ils acceptoient effec- » tivement cette offre, ils s'en repentiroient bien-tôt, » & redemanderoient leur prémiére condition. C'est » que chacun sent ses maux, & non pas ceux de son » prochain ; mais après l'echange de parti l'on seroit » l'éxpérience d'une nouvelle incommodité, qui pa- » roitroit moins supportable que les maux dont on » se feroit fait une éspéce d'habitude ; & ainsi on » aimeroit mieux jouer son ancien role : & quand » même il seroit permis d'en changer tous les huit » jours, on ne trouveroit jamais celui qu'il fau- » droit. On ne voudroit point de mélange de bien » & de mal, & il y en a par tout. Virgile & Ho- » race qui décrivent si bien le bonheur des Païans, » se seroient bien-tôt lassés de manier la Charue, » ils auroient senti que cet-état là ne garantie » point des chagrins & des inquiétudes, & que l'on » y porte envie à ceux qui vivent de leurs ren- » tes, ou qui ne redoutent pas la grêle, le passage des » Soldats, & mille autres choses. Remarquez je » vous prie que la félicité des Païans est dépen- » dante d'une condition qui n'éxiste point.

» Ceux qui aiment la Lecture de l'histoire ont » pû apprendre que certains Princes, ne rabattoient » rien de leurs divertissemens, quoi qu'en un seul » jour ils eussent perdu de grandes Conquêtes, & » même outre cela, leurs Etats patrimoniaux, ou » quoique pendant quelques années de suite ils jou- » assent aux barres avec leur ennemi, c'est-à-dire, » qu'ils s'éloignassent régulierement de la Ville dont » ils s'approchoient & qu'ils courussent vers la Vil- » le dont ils s'éloignoient, obligés même de temps » en temps d'aller chercher un asile hors de leur » Roiaume. Leurs plaisirs de chasse & de jeu, » leurs bals, leurs festins, leurs opera alloient néan- » moins leur train ordinaire. On ne verroit point » cela, disent quelques-uns, s'il y avoit un mau- » vais principe dans l'Univers. Cette conséquence

» seroit juste, si ce mauvais Principe étoit seul le » Maître de toutes choses ; mais qui prétendirent que » pendant qu'il faisoit au genre humain le plus de » mal qu'il pouvoit, le bon Principe emploioit tou- » tes ses forces à reparer le dommage, & faisoit que » les maltraités trouvoient leur compte dans ces di- » vertissemens, que la mauvaise fortune n'avoit pû » faire cesser. Cette continuation n'empêchoit pas » le mélange de l'amertume. La plaie ne laissoit » pas de saigner. L'éxterieur étoit en fête, pendant » que l'intérieur étoit rongé d'inquiétudes. Mais » enfin si le mauvais Principe perdoit quelque chose » par la constance, ou par l'indolence de ceux qui » sont maltraités de la fortune, il se dédommageroit » par le chagrin que concoivent les vainqueurs, en » voiant que leur ennemi ne s'afflige pas beaucoup » de ses pertes ; car ils sont frustrés par là de leur » principale fin, qui n'est pas de lui ôter ses Etats, » mais de le mortifier, de l'accabler de douleur : » C'est à quoi sont subordonnées la plupart du » temps les Victoires qu'un tâche de remporter.

» Vous me renverrés peut-être à un Ouvrage qu'on » a publié depuis peu. Je n'en connois aucun. On » entreprend d'y prouver que tous ceux qui se plai- » gnent de la fortune sont dans l'erreur, que Dieu n'a » point créé l'homme pour être malheureux, & que » ce seroit en quelque sorte contredire la sagesse » que d'être dans ce sentiment. On y assure que dès » que l'homme a l'usage de la Raison, il est non » seulement heureux dans tous les âges, & dans tou- » tes les conditions de la Vie, mais qu'il ne cesse » pas de l'être dans les différentes situations où il se » trouve, quoi qu'au sentiment du vulgaire il pa- » roisse très-misérable. Voilà le plan de . . . . . » l'Auteur. Ne me renvoiés point je vous prie à » cet Ouvrage ; car sans l'avoir lu, je suis très-per- » suadé qu'il ne roule que sur des équivoques, ou » sur de nouvelles définitions des mots. On y en- » tend sans doute par les termes de bonheur & de » malheur, quelqu'autre chose que ce qu'ils signi- » fient ordinairement. C'est ainsi que les Stoïciens » fondérent une nouvelle Morale toute remplie de » paradoxes, en limitant la notion du bien & du mal. » Ce n'étoit dans le vrai qu'un jeu de mots. Les » Galériens, les Prisonniers, les malades sont-ils » heureux ? A toutes les preuves qu'on m'apportera » sur l'affirmative, je répondrai simplement qu'ils » ne seroient point tant d'efforts pour sortir de leur » état s'ils s'en trouvoient bien, & que puis qu'ils s'y » déplaisent ils sont malheureux. Je ne prétens pas » que leur infortune leur paroisse le plus grand de » tous les maux, & que la plupart n'aiment mieux » vivre dans cet état que de mourir ; mais est-on » heureux dès là que l'on envisage un état pire que » celui où l'on se trouve ? Ceux qui dans les dou- » leurs les plus vives craindroient la mort pourroient- » ils être appellés heureux, sous prétexte qu'au mi- » lieu de leurs souffrances ils seroient éxempts d'un » malheur, qui à leur compte est encore plus terrible ? » Souvenés-vous bien qu'il ne s'agit pas ici de trou- » ver la Cause du mal tout pur, mais celle du mé- » lange du bien & du mal.

XI. IL AUROIT fallu commencer par déterminer *Réponse* exactement l'état de la Question ; T a-t-il quelque *homme sur la terre en possession de tout ce qu'on peut désirer, & un dessus de tout sujet de craindre la perte ou la diminution de ce qui contribué à le satisfaire ?*

On convient que Personne n'est en possession d'un tel Bonheur. Mais *Qu'est-ce qui trouble nôtre Félicité ? Qu'est-ce qui s'y oppose ?* Prémiérement les Douleurs. Et sur ce prémier point je ferai deux remarques. La prémiére c'est que la vie de bien des gens se passe, sans que les Douleurs qu'ils éprouvent, méritent d'être mises en parallele avec les plaisirs dont ils jouissent. Ma seconde remarque est encore tirée de l'éxpérience qui fait voir par mille éxemples
que

que l'Impatience augmente de beaucoup les douleurs. J'ajoûterai encore que le plus souvent on se les attire par une mauvaise conduite.

On trouvera une *seconde* source d'infélicité dans les Defirs & les Inquiétudes par où les hommes se travaillent, & se consument presque sans fruit, parce qu'ils cherchent à se rendre heureux par des biens trop imparfaits pour les contenter. C'est encore leur faute; pourquoi vouloir se nourrir d'Ombres, au lieu de s'attacher à la Réalité ?

Il en est plusieurs qui ont encore plus de tort : Ils se livrent à leurs passions, & ce qu'ils se procurent en vûe de les satisfaire ne vaut pas à beaucoup près ce qu'il leur en coûte pour l'acquérir, & souvent encore, est trop imparfait pour les dédommager des suites fâcheuses où il les expose. Que n'écoutent-ils la Raison ?

Tout le monde cherche la félicité, mais peu de gens savent d'où on doit la tirer, & c'est leur faute s'ils ne le savent pas. S'ils donnoient à cette étude importante la dixième partie du temps qu'ils donnent à ce dont l'expérience leur prouve le peu d'utilité, ils se procureroient des Lumières sûres. On cherche donc la Félicité là où elle n'est que pour un moment, & où, semblable à la joie de ceux qui s'enyvrent, elle disparoît incessamment, & pour ainsi dire elle s'endort, & fait place à la douleur, à l'inquiétude, à l'ennui. Telle est l'issuë de toutes les espèces de débauches ; A cela se réduit l'Ambition, & toute envie de briller, fut-ce même par la Vertu

Moiens de se rendre heureux

XII. L'AME renferme toûjours les plus grands de tous les biens dans la connoissance de la Vérité, dans l'attachement à la sagesse, & dans la Liberté de faire sans cesse des progrès dans l'une & dans l'autre, & ce sont des Biens qu'on ne sauroit lui enlever. A l'égard des autres il n'y a qu'à ouvrir les yeux & se faire justice, on se trouvera presque toûjours dans la superfluité. Si un homme sortoit de terre avec une Raison aussi formée qu'elle peut l'être à vingt ans & plus de vie, & avec des inclinations au plaisir tout aussi fortes qu'elles se trouvent dans les plus voluptueux des hommes, lorsque cet homme n'aiant encore rien vû, rien oui, rien goûté, se trouveroit tout d'un coup dans l'état que nous appellons une médiocre fortune, une Maison commode, des Voisins raisonnables, quelques Campagnes cultivées & en état de répondre à ses soins ; un Revenu enfin capable de fournir à quelques petites dépenses ; plaçons le outre cela dans un air sain, & une Vûë siante. Voluptueux comme nous le supposons, s'il pouvoit se plaindre de quelque chose dans cet état, ce seroit de n'avoir que deux yeux, que deux Mains, qu'une Bouche. Auroit-il le loisir de penser qu'il y en a de plus accommodés que lui ? & si cette Réfléxion lui venoit dans l'esprit ne seroit-ce pas sa faute s'il s'y arrêtoit ? Que ne continuë-t-il à fixer son attention sur les Objets qui lui ont d'abord donné tant de satisfaction ? Ils n'ont pas changé, ses sens sont toûjours les mêmes, il ne tient qu'à lui d'en recevoir les impressions. Pourquoi hausser le prix de ce qu'on désire, & rabattre le mérite de ce qu'on possède. Au lieu de laisser égarer nos réfléxions, sur ce que nous n'avons pas, promenons nos regards sur nos avantages, essaions de les compter & de sentir par là tout ce que nous pourrions perdre : Nous serons las avant que d'en avoir achevé le dénombrement.

Le Cœur humain ne trouvera jamais, dans la seule possession des biens sensibles, de quoi se fixer & se satisfaire entièrement : Mais quand on a goûté les plaisirs plus solides qui naissent de la connoissance de la vérité & de l'amour de la Vertu, & que par le soin qu'on prend de s'éclairer & de se rendre sage, on se sent en chemin d'un Bonheur Infini, alors on se passe aisément de l'extérieur, & on devient assés Maître de ses sens pour obtenir qu'ils se contentent de peu. Quand on a le cœur content, tout plait ; Quand on est prévenu de chagrin, rien ne fait plaisir ; Les Objets en se présentant à nous semblent prendre la teinture de l'humeur dont nous nous trouvons.

Mais voici ce qui nous empêche de prendre le bon parti ; le parti qui conduit à une félicité réelle. Nous avons la fantaisie de vouloir vivre heureux dans l'Imagination des autres ; c'est d'eux que nous empruntons l'Idée que nous nous formons de nous-mêmes, & il nous semble que nôtre félicité diminuë réellement à proportion qu'ils se l'imaginent moins grande. Nous nous fuions nous-mêmes, nous voulons de plus gouverner les autres, nous voulons avoir part aux affaires, & quand elles ne vont pas à nôtre gré, nous regardons comme un malheur d'être obligés de nous renfermer en nous-mêmes. C'est nôtre faute : si nous y mettions plus d'ordre, nous nous y plairions plus qu'ailleurs. Les affaires vont bien à ce qu'il nous semble, quand elles vont à nôtre gré, & que nous les dirigeons. Elles vont mal quand elles vont au gré des autres, & qu'ils y ont plus de part ; mais c'est de cela même que nous devons rire, de voir la folie des autres qui ne nous écoutent pas, & font tout à rebours parce qu'ils se croient plus habiles.

Dieu a créé *l'homme Droit*, mais il l'a aussi créé Libre, & cette liberté étoit absolument nécessaire, afin qu'il pût se porter au bien avec choix, & qu'on pût dire *A celui qui fait bien Gloire Honneur & Paix* ; mais s'il n'y avoit chez l'homme que du Méchanisme, non plus que dans les Corps, le Vertueux seroit aussi peu louable d'être vertueux, que l'eau est louable de mouiller, & le Feu de brûler.

Rom. XI; 10.

Il arrive aux hommes d'abuser de leur Liberté & par là il leur arrive de deshonnorer leur Nature, & de s'attirer des Maux affreux, & d'en faire beaucoup aux autres. Dieu à qui le desordre & l'abus de ses faveurs est plus odieux qu'à moi, & en est le témoin, les souffre pour des raisons de sa sagesse ; & qui puis-je trouver mauvais & pour m'en chagriner ? Veux-je que Dieu dépouille un homme de sa Liberté, dès le moment qu'il le voit prêt à en faire un mauvais usage ? Ce seroit la même chose que s'il n'en avoit point, & une belle Ame n'auroit jamais la satisfaction d'agir avec choix, un Cœur dévoüé à la sagesse ne seroit rien de plus qu'un cœur dévoüé à la folie. Lart fait d'autant plus d'honneur à son Auteur que le méchanisme de ses Ouvrages peut moins se déranger : Mais là où il y a de la Liberté, la laideur de la Licence relève la beauté de la Soumission. C'est de telles réfléxions & d'un fond de résignation à la Providence qu'on tire cette Grandeur d'ame qui se conserve tranquile, & qui se met au-dessus des secousses, bien Différente de la tranquile stupidité des hommes qui ne pensent pas, & de la tranquile Indifférence de ceux qui pensent mal.

Nous éprouvons en nous-mêmes un fonds de Désirs, que les Objets qui nous environnent ne sont pas en pouvoir de remplir parfaitement. Nous nous sentons très-éloignés de cette Grandeur, à laquelle une Inclination, également secrete & puissante nous fait sans cesse aspirer. De là nous devons conclure, non que nôtre Créateur nous a rempli de désirs qu'il ne pourra jamais jamais nous donner de quoi satisfaire, mais qu'il nous a destinés à un meilleur sort que celui que nous éprouvons sur la Terre. Le temps présent est celui d'un voiage, il s'en faut beaucoup que nous n'y puissions trouver tout ce qui nous est réservé dans nôtre Patrie, le séjour de la vie à venir. Mais ce voiage a pourtant ses agrémens, & ceux qui savent régler leurs désirs par la Raison, y trouvent un grand nombre de douceurs assés vives & assés solides : Elles servent à nous faire connoître la Bonté du Souverain Maitre qui nous a assigné, cette carrière, en même temps que les sujets d'épreuves que nous y rencontrons servent à nous faire connoître l'état de Corruption, qui meriteroit

riteroit de tout autres Miseres.

Ceux qui ne daignent pas profiter des réfléxions de cette nature, ou qui négligent de les faire, s'abandonnant à des Défirs, qu'ils ont encore l'imprudence d'augmenter & d'enflamer, dans l'Impuissance où ils se trouvent bientôt de les remplir, ils deviennent la proïe de mille chagrins; Leur mauvaise humeur leur fait haïr tout ce qui ne sert pas à leur contentement; Ils voudroient pouvoir enlever la félicité des autres pour la joindre à la leur. De là les plaintes que l'on fait sur son propre sort, ces envies qu'on porte à celui des autres, ces Fantaisies pour le changement.

Rien n'est plus éloigné du bon sens que le Raisonnement par lequel Mr. Bayle conclut aux Deux Principes : Pour l'ordinaire ceux qui ne méritent pas d'être heureux ne le sont pas, & les Maux qu'ils souffrent sont des moiens très-propres à les corriger & à les rendre plus raisonnables, & par conséquent sont de vrais biens, s'ils veulent en profiter. Sontce là les effets d'un Principe qui se plaît dans le Desordre & dans l'Iniquité ? ou les Effets de la Providence d'un Maître Souverain très-Sage & très-Juste ?

De l'attachement à la vie.
XIII. LORSQUE pour prouver que la Providence répand sur les hommes plus de biens que de Maux, on allégue l'attachement qu'ils ont pour la vie, attachement qui leur fait regarder comme une Grace, la Prison, les Galéres, & à plus forte raison la Perte de leurs Biens, & le banissement, ce n'est pas répondre juste, que de dire, qu'on choisit dans ces cas-là, entre deux maux, celui qui est le moindre ; ce n'est pas dis-je répondre juste, parce que la perte de la Vie, qui est l'affaire d'un instant, n'est pas comptée pour un Mal, par la douleur qui l'accompagne, mais seulement par la perte des Douceurs auxquelles elle met fin. Mr. Bayle le reconnoît ainsi quand il traite de Sophisme les raisons par lesquelles les Epicuriens s'efforçoient de prouver que la Mort n'est point à craindre.

De l'infantement.
Pag. 66.
XIV. Mr. Bayle revient encore à cette même Quæstion dans le Tome cinquième Rep. aux Quest. d'un Prov. page 290. Il demande de *quelle Utilité sont les douleurs de l'enfantement ?*

J'ai déja remarqué que le Bon sens nous l'apprend, aussi bien que la Révélation, que l'état présent est un état de Desordre, & en même temps un état d'espérance, & d'Invitation à se corriger. Les Maux nous avertissent de l'un, & les Biens nous insinuent l'autre; Et comme La *Miséricorde de Dieu est sur toutes ses œuvres, & que lors même qu'il châtie il est prêt à faire grace*, il a dispensé les Maux en telle sorte qu'ils ont aussi leur utilité. Les Douleurs de l'accouchement engagent à des efforts, qui contribuent à la naissance de l'enfant; Ces douleurs servent encore à la *conservation de l'Ordre*, parce que par là, il est extrêmement difficile de rendre les accouchemens clandestins.

Ibidem (m.?)
Page 292. Rep. aux Quæstions d'un Provincial Tome V. " Avant que de quitter ce qui concerne „ Mr. King, dit Mr. Bayle, par rapport au mal „ Physique, je vous avertis que les Journalistes de „ Trévoux observent, que si j'avois lû son Ouvra-„ ge, j'y aurois trouvé des raisons plus fortes que „ celles que j'ai réfutées; Il montre, ajoutent-ils, „ qu'une grande partie de nos miséres ne vient point „ de la Nature, mais de nos propres fautes, & du „ déréglement de nos passions, qui trouble l'ordre „ établi par le Créateur : c'est la guerre qui par ses „ ravages change en déserts les plus belles Campagnes: „ C'est l'intempérance qui cause presque toutes les Ma-„ ladies. Si l'on s'appliquoit à chercher tous les remedes „ que le Créateur nous a préparés, il en resteroit peu „ d'incurables: Si on cultivoit la Terre avec soin, le „ dérangement des saisons causeroit peu de fami-„ nes.

„ Cela veut, dire en un mot que si les hommes „ étoient exempts des défauts dont ils sont pleins, ils „ seroient exempts de la plus part des miséres qui les „ désolent. Mais comprendrés vous que ce soit répon-„ dre aux Objections d'un sectateur des deux Principes? „ Ne dira-t-il pas toûjours qu'il est contraire aux no-„ tions de la Bonté, que si les hommes sont l'ouvrage „ d'un Principe infiniment Bon & infiniment Puissant, „ ils-soient sujets à tant de folies qui les exposent à „ tant de maux ? Ne demandera-t-il pas si l'Ordre „ de la Nature demande seulement l'action des Corps „ les uns sur les autres, ou s'il comprend aussi l'ac-„ tion des Corps sur les Ames, & l'action des Ames „ sur les Corps ? En ce dernier cas l'homme qui „ s'afflige de la perte de son Bien, ne trouble point „ *l'Ordre établi par le Créateur*. Car le chagrin qu'il „ ressent est une suite nécessaire de l'impression que „ le récit de ses pertes a faites sur son cerveau. Si „ ce récit n'y eut excité aucun changement, il n'en „ eut point excité non plus dans les pensées de l'ame; „ & il est sûr que le chagrin cesse nécessairement dès „ que la machine du Corps est modifiée d'u-„ ne certaine façon : l'on sait aussi par expéri-„ ence que la tristesse n'obéit pas aux actes de la vo-„ lonté. Personne ne seroit deux momens de suite „ dans un état desagréable, s'il ne tenoit qu'à vou-„ loir être content. Enfin un Manichéen demande-„ ra si l'ordre établi par le Créateur renferme tous „ les événemens soit qu'ils dépendent des Créatures „ libres, soit qu'ils ne dépendent que des causes né-„ cessaires; ou s'il renferme seulement les suites de „ l'action & de la réaction du Corps ? Mr. King „ n'oseroit répondre que cet ordre exclut, les événe-„ mens qui dépendent des causes libres, & que ces „ événemens sont un ordre particulier, détaché de ce-„ lui de la Nature, & qui n'a point d'autres Régles „ que le hazard de nos Déterminations. Ce seroit „ donner une fausse idée de la Providence, & de la „ suprême puissance de Dieu. Il faut donc dire „ que Dieu gouverne toutes choses selon le plan „ qu'il lui a plû de choisir, & que les actes libres „ des Créatures y sont rangés chacun à sa place, „ conjointement avec les suites nécessaires de l'action „ des Corps ; d'où il s'ensuit que Dieu a voulu, & „ arrangé tout ce qui arrive! les maladies imaginai-„ res, les déclarations de guerres tout comme les „ pleurésies, les orages &c.

„ Ne disons donc pas que nôtre paresse, nôtre in-„ tempérance, nôtre folie, troublent l'ordre établi par „ le Créateur. Ce seroit dire que nous dérangeons „ ce qui avoit été rangé éternellement dans le plan „ de la Providence de Dieu.

„ Si nous ne consultons que nôtre Raison, nous „ trouverons que c'est un plus grand défaut de bon-„ té d'exposer l'homme à s'affliger mal à propos, & „ à être lui-même la cause de sa misére, que de l'as-„ sujettir, à des maux, dont il ne soit point la cause „ ; car au prémier cas il est & plus ridicule, & plus „ propre à plaire à ses ennemis. Si on lui vouloit „ du mal, on aimeroit mieux que les caprices „ & ses foiblesses le rendissent infortuné, que de le „ réduire à une pareille infortune par des causes tou-„ t-à-fait externes.

Pour peu qu'on s'y rende attentif on reconnoîtra que rien ne seroit plus Injuste ni plus Déraisonnable que de se rendre à ces Difficultés. Quoi ! Parce que nôtre esprit que nous connoissons très-borné, ne saura pas se satisfaire dans tout le détail de la Providence divine, sera-t-il en droit de nier la Providence ? sera-t-il même en droit d'en douter ? La Raison nous apprend manifestement que quand un sujet est très-grand & très-composé, on sera ridicule de douter de ce qu'on connoit, parce qu'il renferme d'autres choses qu'on ne connoit pas, & qu'on n'est pas en état d'expliquer parfaitement. Abandonnerai-je toutes les preuves qui établissent l'éxistence d'un Dieu, la distinction du Vice d'avec la Vertu, les Preuves qui me persuadent que Dieu approuve l'un & condamne l'autre, & que s'il ne fait pas constamment connoître ce qu'il desti-

destine aux vertueux & aux vicieux pendant cette vie, il le manifestera dans une autre à la gloire de sa Providence? Abandonnerai-je tout cela par ce qu'on ne peut faire sur la Providence plus de Questions que je n'en pourrai résoudre? Le principe des Pyrrhoniens est qu'il faut douter, quand, sur une même question il se trouve en faveur du pour & du contre, des raisons d'une égale évidence & d'une égale force; mais afin que ces raisons d'une égale évidence & d'une égale force, me mettent en droit de douter, il ne suffit pas qu'elles regardent le même sujet, il ne suffit pas même qu'elles regardent la même Question, il faut de plus qu'elles tombent sur la même partie de cette Question.

Il est des Théologiens qui conçoivent que Dieu, aiant donné à un certain ordre de ses Créatures, la Faculté de se déterminer librement, & les aiant faites très-réelles, & très-actives, ne donne aucune atteinte à ce Fond de réalité, d'activité, & de liberté dont il a trouvé à propos de leur faire présent. Elles se déterminent donc quelquefois d'une façon, quelquefois d'une autre, & dès que Dieu a formé le dessein de les créer telles qu'elles sont, il connoit toutes leurs déterminations possibles, & il fait ce qu'il a à faire quelque parti qu'elles choisissent, de sorte qu'il n'est jamais dans la surprise, ni dans la moindre nécessité de délibérer. D'autres se sont fait un systême différent où chaque détermination libre a sa place, à laquelle elle ne manque pas d'arriver. Mais ceux-ci posent en fait que ces Déterminations sont aussi libres, que si elles n'avoient point été prévûës, & que la Providence se conduit d'une telle maniére, que chaque ordre de Créature conserve ce qui la distingue des autres, & qu'en particulier les Libres restent parfaitement Libres.

Que peut dire contre cela un Disciple de Mr. Bayle? Pressera-t-il les Théologiens de s'expliquer avec plus d'étendue & de précision? Leur dira-t-il que les différentes parties de leur systême ne s'accordent pas? Ils lui répondront que cette contradiction n'est qu'apparente, & cette apparence ne doit point nous arrêter puis qu'elle roule sur un sujet qui nous passe, & qui passe l'étendue de nos Lumières.

Le fort des Objections de Mr Bayle si souvent ramenées, roulent sur cette Question. Si Dieu, Etre infiniment Suprême & infiniment Libre, étoit obligé de prévenir tous les Maux que ses Créatures se seroient attirées par un abus très-libre de leurs Facultés?

Si les hommes des hommes ne devoient pas être mises sur le compte de la Providence. ibidem. pag.1067.

XV. SI LES hommes étoient, dit Mr. Bayle, Rep: aux Question: d'un Prov: T: V. page 293. *l'Ouvrage d'un Principe infiniment Bon & infiniment Puissant, seroient-ils sujets à tant de folies, qui les exposent à tant de maux?*

Cette question présente un grand sujet d'étonnement & une Objection insurmontable à ceux qui prétendent que Dieu soit la Cause immédiate de tout.

Le Chagrin d'un homme, dit-Il Rep: aux Questions d'un Prov: Tome V. page 294. *qui regrette la perte de son bien est une suite nécessaire de l'impression que le récit de ses pertes a faite sur son Cerveau.*

Je n'en tombe pas d'accord. Un homme préparé par de sages Réflexions aux événemens, peut recevoir avec fermeté une nouvelle de cette nature, & tel qui n'est pas encore parvenu à se procurer ce dégré de force, peut avoir celle de se distraire, & de tourner son attention sur des Objets, ou sur des Idées qui le tranquiliseront.

Ne disons donc pas, continuë Mr. Bayle, Rep: aux Provincial Tom. V pag 295. *que nôtre paresse, nôtre Intemperance, nôtre Folie, troublent l'Ordre établi par le Créateur: ce seroit dire que nous dérangeons, ce qui avoit été rangé éternellement dans le Plan de la Providence.*

Cette Conclusion seroit visiblement absurde dans la premiére des hypothéses; car tout se fait par Dieu lui-même ensuite d'une subordination immuable. Mais Le Systême de la Providence ne sauroit être dérangé par aucune détermination Libre, puisque Dieu fait parfaitement ce qu'il aura à faire, de quelque côté que se détermine chacune de ses Créatures, & si le Systême de la Providence n'est pas dérangé dans une des hypothéses, il le sera encore moins dans l'autre, seulement la Conciliation de la Liberté avec la Provision deviendra plus difficile: Mais j'ai déja dit ce que répondroient les partisans de cette hypothése, & j'ai remarqué ce qu'elles a de commun avec l'autre.

C'est un plus grand défaut de bonté, continue-t-il Ibidem. Rep. aux Questions d'un Provincial Tome. V. page *pag.1.67.* 295. *d'exposer l'homme à s'affliger mal à propos, que de l'assujettir à des maux dont ils ne soit point la Cause.*

Vous diriés que Mr. Bayle compte assés sur la déférence de ses Lecteurs pour lui, ou sur leur penchant à douter de la Providence, pour s'assûrer qu'ils trouveront raisonnable tout ce qu'il lui plaira de donner pour tel. Représentons-nous deux Cas. Dans l'un supposons Dieu tirant du Neant des Etres Intelligens, & par un effet de sa Toute-puissance, imprimant sur eux des sentimens douloureux, sans qu'ils y contribuent en quoi que ce soit. C'est le Cas que Mr. Bayle soutient le moins contraire à la Bonté. Dans l'autre supposons le souverain Maitre portant sa toute-Puissance jusqu'à créer des Etres très-réels, très-actifs, très-libres, capables de travailler à leur félicité s'ils veulent lui obéïr, mais aussi en état de s'attirer de grands maux s'ils aiment mieux se conduire à leur gré; que suivant les Loix de leur Auteur; est-il possible de ne pas comprendre que, dans le Second de ces Cas, ces Créatures ne sauroient se plaindre, sans extravagance, que Dieu ait manqué de bonté pour elles; Il les rend capables d'un bonheur infini, il met ce bonheur entre leurs mains, & il ne sera pas assés Bon à leurs yeux. Mais nous aurions voulu naître en possession de ce bonheur, ou qu'il nous fut venu sans efforts, sans attention & immanquablement; La Raison apprend-elle que la Créature peut faire ces reproches à son Maitre, & qu'elle est en droit de lui dire qu'il ne devoit lui imposer aucune Condition. Mais, dit Mr. Bayle, s'il y a quelque Etre qui nous huisse, il aimera mieux nous avoir malheureux pas nôtre faute que sans nôtre faute.

Je Répons qu'une Intelligence qui ne haït que par Lumiére, par Raison, par Principe de Justice, haïra ceux qui se seront obstinés à mal faire, & à s'attirer des châtimens par leur obstination; & une partie même de ce juste chatiment, c'est de sentir qu'on mérite la haine d'un Etre Raisonnable; Mais pour ce qui est d'un Etre qui haïroit par Fantaisie, & par pure Malignité, il seroit ravi de voir une Créature gémir dans sa Misére, & se plaindre de son Auteur; Un Etre plein de malice, aimeroit à voir souffrir un Innocent qui condamneroit l'Auteur de ses maux.

XVI. Mr. Bayle après la confidence qu'il suppose *Que ce qui marque à la félicité des Créatures terrestres ne fournit point de preuves contre la bonté du Créateur.* entre Melissus & Zoroastre, Dict. Hist. Art. Manichéens, revient à représenter la Terre comme un Théatre d'Infélicités, bien difficiles à accorder avec l'Unité d'un Principe très-Bon. On voit, dit-il, que *les Créatures qui vivent sur la Terre sont exposées à bien des Maux qu'elles ne se sont pas attirées volontairement.* Le Réponse à cette Objection demande du détail. Commençons par les Animaux brutes.

Il y a bien de l'éxagération dans les Idées qu'on se fait de leurs maux; Que l'on compare le temps qu'elles souffrent avec celui qu'elles passent dans le repos, ou dans des sensations agréables, on verra qu'il n'y a aucune proportion de l'un à l'autre, A la vérité si les bêtes réfléchissoient, si elles augmentoient ce que leurs Maux présens ont de douloureux, par l'apprehension de leur durée & de leurs suites; si la crainte de leur retour troubloit le repos dont elles jouissent, quand ils sont passés; la somme de leur malaise & de leurs mauvaises heures, deviendroit incomparablement plus grande qu'elle n'est; mais nous *voiès suit. X. Art.* n'observons rien dans les Animaux brutes, qui nous engage à nous en former cette Idée: Dès qu'un Cheval

val commence à marcher à pas lents, il se peut alors qu'il ait un foible sentiment de lassitude; un Coup d'éperon reveille ses esprits, par là il se trouve des ressources, & il paroit se faire un plaisir d'avancer. Arrivé au gite, il ne paroit pas moins tranquile que ceux qui sont à l'Ecurie depuis plusieurs jours, & il mange même avec plus d'avidité qu'eux : Quelques heures après il se remet en marche, aussi gai que s'il n'avoit jamais senti de lassitude. Deux Chiens viennent de se battre, & paroissent en fureur. Un moment après les voilà aussi tranquiles que s'ils n'avoient jamais eu de chagrin. Qui sait si le Liévre ne se fait pas un plaisir de courir & de devancer les Chiens ! Réfléchit-il sur le danger où il est de perdre la Vie ? Il ne sait pas seulement ce que c'est que la Mort, il n'y a jamais pensé. On sait qu'un homme né sourd, dont les Oreilles se débouchérent dans le tems qu'il étoit à l'age de 25. ans, avoit passé tout ce tems-là sans réfléchir, uniquement occupé des sensations présentes. Passons à examiner le sort des Etres Raisonnables.

Mémoires de l'Académie

Les plus Vertueux des hommes ne sont pas exempts de fautes, ils ont des Péchés à se reprocher & des foiblesses à corriger ; mais les Maux physiques par où ils passent, & les réflexions où ces maux les amenent, servent à perfectionner leur Repentance & à avancer leur Amendement ; desorte qu'après en avoir tiré ce fruit, ils ne sont pas sujet de s'en féliciter. Il y a plus ; Ces réflexions qui sans cela ne leur seroient pas venues dans l'esprit, ou ne se seroient pas si bien présentées, ils en font part aux autres, & les avantages qu'ils leur procurent par là, leur fournissent encore une nouvelle raison de se trouver heureux d'avoir passé par l'Ecole de l'Adversité.

J'avoue que ces Réponses se réduisent à très-peu de chose, qu'elles perdent toute leur force, & que même elles ne renferment guére que des mots vuides de sens, dans la bouche de ceux qui supposent les Créatures Intelligentes des Etres purement passifs, qui paroissent agir, mais qui au fond n'agissent pas, & qui recevant simplement les Impressions immédiates de Dieu, l'une après l'autre, passent successivement de l'une à l'autre de ces maniéres de penser, qui en sont les effets ; Mais concevés les Intelligences telles qu'elles sont, sçavoir des Etres Actifs, Libres, & qui ont reçu de Dieu, le pouvoir de travailler à leur perfection, de réfléchir sur les Evénémens, & d'en profiter ; Vous trouverés dans ce systême de quoi admirer la sagesse de la Providence.

Continuation

La Difficulté ne s'arrête pas là. On voit des Gens de bien, & des hommes d'une excellente vertu, éxposés à la barbarie de quelque scélérats, qui par erreur ou par malice, & souvent par l'une & l'autre de ces causes, les font cruellement souffrir. D'abord on pourroit dire que la Providence a des raisons pour éprouver par des sentimens douloureux la résignation de ceux qui l'aiment ; *Mais trouvera-t-on encore qu'elle en ait, pour ne s'opposer pas à la joie barbare qu'en sivrent leurs ennemis ?*

XVII. A CELA on répond 1. que les mêmes raisons qui ont déterminé la sagesse de Dieu à faire des Créatures libres, demande qu'il les laisse libres, & qu'il ne déploie pas sa puissance, pour détruire leur liberté. 2. On avouë qu'il y a divers moiens en mains pour en prévenir les mauvais effets, & pour parer aux desordres qui en naissent. Une Maladie, une Mort, un grand nombre de circonstances, qui sont toutes en sa main, peuvent amener les hommes, ou poine où il leur convient d'être. Mais par là même qu'il ne fait pas tout ce qui est en sa puissance, le Bon Sens veut qu'on croie qu'il a des raisons pour ne pas le faire, quoi qu'on ne les connoisse pas. Combien de fois n'arrive-t-il pas qu'une certaine conduite que nous remarquons dans les hommes, & que certains projets qui nous paroissent peu conformes à l'Idée que nous nous sommes faite de leur sagesse, deviennent l'objet de nos Eloges dès que nous en sommes mieux instruits. On répond 3. que la Résignation, dans les Maux que nous nous sommes attirés par nôtre faute, ou dans les Accidens physiques qui nous sont survenus, sans que les hommes y aient aucune part, n'est rien, en comparaison de nôtre Patience dans les maux que les autres nous font souffrir injustement : C'est par là sur tout, que les hommes s'élévent à l'imitation de Dieu, toûjours prêt de recevoir en sa grace les Ingrats & les Rebelles qui retourneront à lui. Par là il arrive que sur la terre où le péché régne il s'éxerce des vertus d'un genre plus parfait, à de certains égars, & d'une obéissance plus marquée que dans le Ciel, d'où le péché est absolument banni. Il y aura dans l'Eternité un Commerce étroit entre les Créatures qui auront toûjours persévéré dans l'Intégrité, & dans le Bonheur, & celles qui, nées dans le péché & la misére, se seront relévées de leurs chûtes par la Répentance : Celles-là apprendront de celles-ci jusques où il est juste de porter le Dévouement à son Créateur, & de s'oublier soi-même pour trouver toute sa satisfaction à penser à lui, & à remplir toute l'étenduë de ce qu'on lui doit : Elles verront par là ce qu'elles devroient elles-mêmes faire, si leur souverain Maitre les y appelloit. C'est la justice, c'est la Beauté de cette soûmission profonde, c'est le goût parfait qu'on a pour elle qui rendra éternellement les Bienheureux unis à Dieu, & unis entre eux, & qui fera comme un seul tout du Créateur & de ses Créatures, à qui sa volonté sera, par elle-même, infiniment respectable & aimable.

4. S'il l'on trouve qu'il y a beaucoup d'Inconvéniens à supposer que Dieu a voulu que les hommes tombassent dans le péché, & qu'il a tout disposé pour qu'il le falloit pour le faire naitre, afin d'en tirer les fruits que je viens de représenter, il est visible qu'il n'y a point les mêmes Inconvéniens à dire qu'il n'a pas trouvé à propos d'abondonner le Dessein de former des Créatures Libres, parce qu'elles pourroient abuser de leur Liberté, puis qu'en ce cas-là, il a sû ce qu'il auroit à faire pour se conduire avec les hommes d'une manière qui fût digne de lui.

5. Cette Résignation dont les hommes de bien donnent des exemples les plus éclatans, lorsqu'il leur arrive de souffrir de la part des autres des traitemens injustes, est tout-à-fait propre à adoucir ce qu'un très-grand nombre de Conditions paroissent avoir de pénible. La pensée que l'on remplit ce à quoi on est destiné, qu'on s'acquite de la tâche que la Providence a prescrit, qu'on obtient par là sa approbation, tout autant que si on étoit appellé à des fonctions plus brillantes, & que moins on trouve d'agrément dans la nature même de ce à quoi on travaille, plus l'affection avec laquelle on s'y applique sera au grand Maitre sous les yeux duquel on vit. Ces pensées qui doivent se présenter si naturellement, procurent à un Esprit raisonnable des satisfactions qui, tout bien compté, valent incomparablement mieux que celles des sens, & préparent avec une grande efficace à une Vie meilleure.

6. Ce qu'on est obligé de combattre ses passions & de se refuser aux Désirs des sens, fournit à l'Ame des occasions de faire des sacrifices à son Créateur, & de se prouver à elle-même, qu'elle le préfére à ce qu'elle connoit & qu'elle sent de plus vif dans le temps présent : Elle doit être ravie de pouvoir ainsi offrir des Victimes agréables à un Créateur, à qui elle doit tout, & qui veut bien oublier les fautes qu'elle a commises ! Si l'obéissance n'avoit jamais rien que de doux, l'Ame ne sauroit si elle s'y attache par le penchant physique & animal qu'on a pour ce qui plait, ou par l'estime qu'elle fait des Ordres de son Créateur, & par le respect pour la Justice ; qu'il y a à se régler suivant sa Volonté.

Erreurs où l'on tombe sur le sort des autres.

XVIII. Il nous arrive souvent de supposer les autres hommes beaucoup plus Malheureux qu'ils ne sont, parce que nous supposons qu'ils ont autant de répu-

répugnance pour les Travaux, auxquels ils sont obligés, que nous en avons nous-mêmes, & qu'ils regardent leur état du même œil que nous le regardons : Ce n'est point cela, & quand nous jugeons ainsi des autres hommes, nous ne nous trompons pas moins qu'un jeune homme dissipé se trompe, quand il conçoit la Vie d'un homme d'étude, attaché à son Cabinet, à peu près aussi triste que celle d'un Prisonnier abandonné à l'ennui, & à tout ce que la solitude a de triste.

Je pourrois faire sentir cette vérité, par un très-grand nombre d'exemples, mais on en pourra juger par un seul; & ceux qui voudront y réfléchir en trouveront une infinité de semblables. Un Laboureur se léve à la pointe du jour; Mais il y est accoutumé, c'est son inclination, (Ainsi sont les Oiseaux) & vous le générés beaucoup, si vous vouliés qu'il prît une route autre habituelle. Combien y a-t-il de gens qui dans l'abondance des Biens où ils se trouvent, aiment à suivre la Nature, à se coucher de bonne heure, & à se lever matin ; On en voit même qui se trouvent bien de dormir peu. Vous voiés un Laboureur ou ses enfans qui marchent piés nuds; Mais ils ne s'en apperçoivent non plus que les animaux qui n'ont point de souliers, & qui en seroient fort embarrassés. Socrate marchoit piés nuds & ne s'en trouvoit pas mal, & en général les Anciens n'avoient pas des bas comme nous. Il est des personnes pour qui les Gans sont incommodes; il en est qui ne sauroient s'en passer. Dès qu'un Païsan est levé, il se porte à son travail ; Mais le travail est pour lui ce que la promenade est pour nous : En faisant ce dont la seule vuë nous fait déja de la peine, il fume, tranquillement, il chante, ou il sifle : Qu'on lui propose de danser à la fin de la journée qu'il vient de passer à l'ardeur du soleil, & dans les efforts qui nous effraient, vous verrés qu'il donne aucune marque de lassitude. L'embonpoint des personnes de cet ordre, est une preuve visible de leur contentement : Le plaisir qu'ils ont de manger, répond à leur appétit. L'ambition & les autres agitations qui traversent la vie des personnes d'un plus haut rang ne troublent point leurs plaisirs. Leur Estomach digére parfaitement ce qu'ils ont mangé avec avidité, ils dorment d'un sommeil profond, & leurs forces en sont merveilleusement préparées ; si la débauche & les fuites, si un esprit querelleux & mutin, ne les détournent point de l'assiduité qu'ils doivent à leur travaux, ils amassent du bien, & leurs dépenses superflues ne croissent point avec leurs fons : Ils laissent à chacun de leurs Enfans une riche ressource, dans leur vigueur & leur amour pour le travail, & souvent beaucoup plus qu'ils n'avoient eux-mêmes, quand ils ont commencé leur vie. Il n'est pas possible que des gens ainsi faits ne s'attirent l'estime & la protection de leurs Supérieurs : On est ravi d'en trouver de tels, on ne sauroit s'en passer, on espère bien de leurs Enfans, on leur aide à les élever & à les pousser.

Lors même que les gens de la Campagne sont accablés d'impôts ils s'y accoûtument, ils aiment la vie & ils en jouïssent, ils aiment leur païs & leurs chaumières. Le joug de la Tirannie est tout autrement pésant pour les personnes d'un rang supérieur qui en effet le méritent bien souvent.

Les hommes se rendent dignes de leurs maux

XIX. QU'ON y fasse attention, on verra qu'une grande partie des Maux que les hommes souffrent, ils se les attirent, & que souvent ils servent les uns contre les autres d'Instrumens à la Providence pour les punir de leurs péchés. Tel Bourgeois qui vit dans le sein de la Paix, tel artisan, tel Laboureur, souffre des désordres d'une guerre dont il ne peut lui revenir aucun avantage, & à laquelle il n'a point contribué, qui s'il osoit traiteroit son voisin plus durement & plus injustement encore qu'on ne le traite lui-même. Nous ne voions que les dehors des choses; les Châtimens sautent aux yeux, nous ne sommes pas instruits du Procès, voilà pourquoi nous nous récrions, mais c'est à tort.

XX NOTRE Impatience encore nous fait souvent regarder nos Maux comme plus grands qu'ils ne sont, & nous porte à calculer très-faux, quand nous comparons le mal avec le bien. Mr. Bayle compte sur cette Impatience, & s'attend qu'elle lui sera favorable, quand il compare *les Biens à des Corps qu'il appelle Rares*, c'est-à-dire, qui sous une ample surface contiennent peu de matières solides, *pendant que les Maux ressemblent à des Corps* DENSES, qui sous peu de surface renferment beaucoup de poids. Ainsi, dit-il, *il y a plus de degrés de Mal, dans une* HEURE *de* DOULEUR, *que de degrés de Bien, dans plusieurs* JOURS *de* PLAISIR, *& plusieurs* MOIS *de* TRANQUILLITÉ : Mais c'est là une de ces Comparaisons qui éblouïssent, & auxquelles on se rend, suivant qu'on est d'humeur à regarder une chose sous une face, ou sous une autre. Un Amant satisfait, & qui quelque temps auparavant a parlé de ses Inquiétudes, comme des tourmens les plus insupportables, dira, dans le transport qui l'anime, qu'une heure de contentement le dédommage de ce qu'il a jamais souffert, & de tout ce qu'il est capable de souffrir : Mais il se trompe. Soit : Il me suffit qu'il pense comme il parle : S'il se trompe dans le cas qu'il fait de son bonheur, ainsi se trompent ceux qui dans les Maux comptent pour rien, tout ce qu'ils ont possédé de félicité. J'ai connu un homme d'esprit qui souffroit cruellement de la goute, & qui en est à la fin devenu perclus : Ses douleurs lui faisoient passer des nuits sans fermer l'œil; mais il rappelloit en sa Mémoire tout ce qu'il avoit eu de plaisir & tout ce qu'il avoit passé de bonnes heures depuis sa derniére attaque de goute jusqu'à celle qu'il sentoit, & comme il calculoit juste, en homme d'esprit & en homme raisonnable, qui donnoit sans prévention à chaque chose son prix, aux biens comme maux, il trouvoit de quoi se consoler dans le souvenir du passé, & dans l'espérance que de bons jours reviendroient, & quand ils étoient venus, il les mettoit effectivement à profit, sans le troubler par l'appréhension du mal auquel il avoit lieu de s'attendre.

XXI. SI LES Maux Physiques en qualité de châtimens suivoient toûjours de près les fautes, dans une proportion constante, les hommes seroient par là retenus dans leur devoir par des motifs qui en diminueroient le prix & en enlèveroient à peu-près tout le *lustre*; ils n'auroient pas le temps de se conduire par l'amour & l'admiration de la Vertu, par l'horreur & l'aversion du Vice, occupés qu'ils seroient continuellement, ou du doux sentiment de la récompense, ou de la crainte du châtiment qui se présenteroit dans tout ce qu'il y a d'effraiant. Dieu dont l'Intelligence & la Puissance sont infinies, & qui, pour agir d'une manière digne de son infinie Intelligence, & digne de son infinie Puissance, a voulu faire des Créatures d'une grande variété, a trouvé à propos d'en placer sur la Terre qui ne le connussent qu'obscurément, qui s'attendissent à une seconde Vie, & à une nature beaucoup plus parfaite, & qui sans être animées à leur Devoir, par des Récompenses, & par des peines présentes, suivant qu'elles s'en acquitteroient ou qu'elles le violeroient, aimassent à pratiquer la Vertu, parce qu'elle est belle, & à s'éloigner du Vice, parce qu'il est flétrissant, & que Dieu le desapprouve, & qui dans les occasions où les sens & les Passions affoibliroient l'efficace de ces Idées, se soûtinssent par des Réflexions & sur les Promesses & sur les menaces qui regardent l'avenir. C'est pour cela que Dieu permet qu'il paroisse de temps en temps, ce si vous voulés souvent, une certaine Confusion dans la distribution des Biens & des Maux. Si par exemple, ceux qu'il aime, & qui par leur Repentance, sont en état de grace, finissoient tous leur

Vie

DU PYRRHONISME. 527

Vie par une douce Mort, dans quel defefpoir ne laifferoient pas leurs Enfans, ceux dont la derniére maladie auroit été douloureufe ? Si les Enfans ne fouffroient aucune douleur, pendant qu'ils ne connoiffent pas encore le péché, qu'ils n'ont aucune Idée de leur Devoir, que leur Raifon n'eft point développée, & qu'ils n'en font aucun ufage, non plus que de leur Liberté; leurs prémiéres douleurs prouveroient le commencement de leurs fautes, fans que ni eux, ni les autres, puffent deviner en quoi elles confiftent. Cet avertiffement même feroit inutile, parce qu'on l'attribueroit à un dérangement phyfique de leurs organes, comme en effet c'eft enfuite de certains changemens qui arrivent à leur Cerveau, que l'Ame, affujettie à certaines dépendances de fon Corps, fe trouve en état d'éxercer des Facultés dont avant cela elle ne faifoit point d'ufage.

Des douleurs des Enfans.
XXII. AU RESTE les douleurs des Enfans ne font pas fi grandes qu'elles paroiffent ; Leurs larmes & leurs cris follicitent les perfonnes les plus dures de courir promptement à leur fecours, ne fut-ce que pour s'épargner à elles-mêmes des fentimens defagréables. Mais on voit qu'un Enfant qui venant de tomber pleure en defesperé, fe tait d'abord, ou parce qu'on lui a apris à fe taire en le menaçant, ou quelquefois par un petit jouet qu'on lui préfente, dont la vue fait évanouïr le fentiment d'une douleur qui le faifoit tant crier. Et dans les Adultes on fait que les mouvemens convulfifs qui effraient fi fort ceux qui les voient, & qui follicitent fi efficacement leur compaffion & leur fecours, ne font fouvent accompagnés d'aucune douleur chez ceux qui paroiffent tant fouffrir ; Ils font alors fans connoiffance, & ce qui leur refte de fentiment eft fi foible qu'ils n'en conferrvent aucun fouvenir.

Où font, &c. les Maux qui font fur le Genre humain. Ce ne font pas les Maux Phyfiques.
XXIII. EN GENERAL les Maux phyfiques qui inondent la Terre font des preuves que le genre humain, à qui elle avoit été deftinée & donnée, eft tombé dans la defobéïffance & dans la difgrace, & en général ces Maux phyfiques ont leur Ufage, & la Miféricorde de Dieu, qui tempére fa Juftice, a donné aux hommes une telle Nature, qu'ils en peuvent tirer de grandes utilités : Mais il ne s'enfuit pas que dans le détail, chaque Inconvénient ait, dans chaque fujet où l'on le trouve, une utilité déterminée. La Vie des hommes eft remplie de defordres par leur faute, & leur Créateur qui aime fouverainement l'Ordre pour les avertir & leur faire comprendre, qu'il s'eft éloigné d'eux, laiffe fur la Terre bien des Defordres, parmi un grand nombre d'autres preuves propres à les convaincre que le Dieu de l'Ordre a fait les Cieux & la Terre, & qu'il les appelle à vivre dans l'Ordre.

L'utilité du blé la vie du même portoit avec ce qui l'eft plus.
XXIV. IL EST inconteftable, que Dieu auroit pû former la Terre, les Plantes, les Animaux, & l'homme enfin, d'une telle maniére qu'aucun des Inconvéniens qui nous étonnent, qui nous affligent, & dont la vuë nous embaraffe, n'auroient eu lieu : Mais aiant trouvé à propos de former des Créatures dans une très-grande variété, il les a formées plus parfaites, par dégrés, les unes que les autres. Dans les plus Imparfaites on voit déja les empreintes d'une fageffe & d'une Puiffance admirable, qui prouvent qu'elles font l'Ouvrage du Souverain Maître, & en s'élévant pas dégrés des moins parfaites, à celles qui le font le plus ; l'admiration croit fans fin & fans ceffe ; On fe perd enfin quand on penfe que cela eft infiniment au deffous de l'Etre infini, dont rien ne peut approcher que de loin & beaucoup moins lui reffembler parfaitement, & on s'abandonne aux mouvemens de l'Adoration la plus profonde.

Par oû encore pouvons-nous mieux nous inftruire de ce que Dieu eft, que par nôtre attention à tout ce qu'il a fait ? Nous fentons les obligations que nous lui avons, à proportion que nous comprenons qu'il ne nous devoit rien, & nous rendons à fa Bonté des actions de graces d'autant plus vives, que nous fommes convaincus qu'il pouvoit nous donner beaucoup moins qu'il ne nous a donné, & que fa Bonté ne l'engageoit point à nous faire toutes les graces que nous en avons reçues. Elles font l'effet d'une Bonté toute Libre, de fon choix, & de fon BON PLAISIR. Les mêmes gradations qui nous inftruifent d'autant mieux de fa fageffe & de fa puiffance, qu'elles nous en inftruifent par dégrés, nous éclairent auffi fur fa Bonté, & nous aménent à nous en former de plus juftes Idées.

Réfléxion fur la douceur où les hommes font mis aux autres.
XXV. UN DESORDRE des plus triftes & des plus affreux par fes fuites, c'eft celui qui naît de l'éfficace de l'éxemple, & de la difficulté qu'on a de s'en garantir. Des Enfans naiffent d'un Pére, en qui ils ne voient que des vices. Eft-ce leur faute s'ils font Vicieux ? Ils en auront d'autres qui leur reffembleront. Que doit-on penfer fur leur fort ? Voilà qui étonne, & qui embaraffe. Mais fi on y penfe un peu plus attentivement on connoîtra 1. Que fi un vicieux fe fatisfait, pour le moment préfent, lors qu'il fuit fon panchant corrumpu, il trouble auffi lui-même le Repos de fa vie, & fe forme un tiffu d'Inquiétudes & d'Inconvéniens. 2. Il s'attire le mépris & la haine ; & ceux qui font le plus fouvent avec lui, font ordinairement ceux qui en fouffrent le plus. Par là les Enfans d'un Pére vicieux fentent les incommodités du vice, & apprennent à fe convaincre qu'il eft odieux & contraire à la Nature. Voilà une Inftruction dont il ne tient qu'à eux de profiter, & effectivement on en voit qui prennent le contrepié de leur Pére, par la même qu'ils ont beaucoup fouffert de fes défauts.

Le befoin où font les hommes d'emprunter leurs Lumiéres des autres, joint à la peine qu'il y a de les inftruire, & à tout ce qu'il faut effuier de fatigues & de contradiction avant que de les amener à la connoiffance de la vérité, & en particulier des vérités les plus utiles, & fur tout la peine qu'on a de les leur faire aimer, relêve aux yeux de Dieu le zèle, & les travaux de ceux qui fe dévouent à l'utilité des autres, & qui veulent bien rifquer de tout faire pour des Ingrats. Ces peines donnent un merveilleux éclat à la Vertu de ceux qui confacrent leurs Talens, leur Temps, en un mot tout ce qu'ils ont & tout ce qu'ils peuvent, pour procurer des avantages folides à des gens qui ne leur en fauront peut-être aucun gré. Ainfi les fautes des uns fervent de relief à la Vertu des autres. Je ne dis pas que ce foit pour lui donner ce Relief que Dieu procure le Péché ; mais je dis que s'il n'a pas mis le genre humain dans l'Impuiffance de jamais pécher, s'il a vu que fi les uns abuferoient de leur liberté, il a vu auffi que les autres en feroient un ufage d'autant plus éxcellent, & que le même homme fe reléveroit de fes fautes, d'une maniére à aimer la vertu, plus encore qu'il n'auroit fait s'il ne s'en étoit jamais éloigné.

Je ne fuis pas furpris, fi on trouve en tout cela, des détours trop éloignés de la fageffe de Dieu, qui pouvoit aller à fes Fins d'une maniére directe, en imprimant tout d'un coup dans les hommes, tous les dégrés de Vertu, auxquels ils parviennent peu à peu, & par l'attention qu'ils donnent à toutes les circonftances des événemens qui les frappent. Cette furprife a effectivement lieu, quand on fuppofe que les Créatures font des Etres purement paffifs, que Dieu feul eft Actif, qu'il fait tout en elles & que c'eft uniquement pour fe cacher, & pour faire paroître qu'elles font quelque chofe, qu'il femble fe fervir de tant de Circonftances, & emploie tant de Circuit.

XXVI. AU LIEU de cela fuppofons que Dieu, pour éprouver lui-même, & en même temps, pour faire connoître au refte de fes Créatures, ce qui peut arriver à une Créature Libre, à qui laifferoit à elle même avec des Forces, à la vérité fuffifantes, mais pourtant d'une certaine mediocrité, avoit placé Adam

Nnnnnn &c

& Eve sur la Terre : Si leur Vie, & celle de leurs Enfans avoit été de la durée de la nôtre ; s'il s'étoit élevé parmi eux des Passions qui eussent été suivies de desordre ; si les uns s'étoient aimés autrement qu'ils ne devoient, les autres s'étoient traversés, & si quelques uns étoient venus jusques aux Coups, & au Meurtre ; s'ils s'étoient laissés aller au Mensonge, à l'Injustice, & à la Fraude ; si des personnes d'une Vie éxemplaire, & d'une doctrine très-pure, propres en tout sens à instruire, & à édifier s'étoient appliquées à les instruire, à les exhorter, à les reprendre, à les animer de la part de Dieu, par l'espérance, & à les retenir par la crainte. Si un grand nombre s'étoient corrigés, étoient revenus de leurs Illusions, avoient renoncé à leurs Passions, avoient enfin reparé leur fautes par des Vertus excellentes, pendant que d'autres se seroient obstinés à le régler à leur fantaisie, & que quelques-uns même se seroient portés aux dernières Violences contre les gens de bien, dont il leur sembloit que la Vie faisoit leur condamnation : Si enfin au bout de quatre ou cinq siécles, Dieu avoit rassasié les Morts, & élevé avec eux les gens de bien encore vivans sur la Terre, à une Nature incomparablement plus excellente, au dessus de tout danger, de toute erreur & de toute souffrance, & abandonné les méchans au sort qu'ils se seroient choisi eux-mêmes ; je ne vois pas qu'un tel systême pût souffrir de grandes difficultés.

Le temps qui s'est passé depuis la Création d'Adam jusqu'à nos jours, & la variété des événemens proportionnés à cette longueur, présente un beaucoup plus grand nombre de Cas, & forme un Systême beaucoup plus étendu, un Plan plus varié : Mais que doivent cette étendue, quand on la compare avec l'Eternité ! Notre esprit très-borné, qui auroit pu très aisément comprendre les raisons d'un petit plan, s'embarrasse dans un Plan d'une étenduë beaucoup plus grande. Mais cet embarras vient visiblement de nôtre peu de connoissances : Avec plus d'étendue d'esprit, nous verrions aussi clair dans un Plan très-vaste, que nous voions dans une petite supposition qui renferme peu de cas & peu d'étenduë.

Dans de tels cas la Raison nous ordonne expréssément de n'abandonner point des Principes sûrs, qu'elle nous fournit, parce qu'elle n'est pas au fait d'un très-grand nombre de vûës, de suites & de combinaisons dont il faudroit qu'elle fut instruite pour lever toutes les Difficultés, qu'on lui oppose, pour dissiper tous les embarras où elle se trouve, & pour justifier la Providence dans tous les événemens & dans toutes les Circonstances, sans le moindre reste d'obscurité.

XXVII. Mr. BAYLE se fait un plaisir d'assembler des Objections & des Réponses à l'occasion de celle qu'Esope fit à Chilon, *que Dieu abaisse les choses hautes, & éleve les choses basses.* Aprés quoi il fait ces remarques.

„ Un homme est-il devenu riche, ses Enfans élevés dans l'opulence se remplissent de vanité, sont prodigues & se ruinent. Les enfans de ceux-ci, n'aiant pour toute ressource que leur industrie, travaillent & s'élevent. Un Roïaume acquiert une très-grande puissance, il s'enorgueillit, il traite fiérement ses Voisins, chacun craint & est conquis ; & pour se tirer du danger, on forme des ligues si formidables, qu'elles abaissent le Prince qui s'étoit tant élevé ;

On voit donc la sagesse & la Justice de la Providence dans ce qui arrive aux Créatures, en les supposant actives. Dieu a donné une telle Nature aux hommes que s'ils abusoient de leur Liberté, ils trouveroient dans les suites mêmes de cet abus, la punition qu'ils méritent. Si les hommes ne sont que des Etres passifs, & que Dieu fasse naître lui-même imméditement ces alternatives, pour les instruire & pour les corriger, il est très-naturel & très-raisonnable de s'étonner qu'il ne fasse pas aussi naître la correction et l'instruction qu'il se propose, & que lui seul peut faire naître. Mais dés que vous supposés que Dieu a voulu que les hommes fussent des Etres Libres & Actifs, c'est assés qu'il leur fournisse les occasions de s'instruire, c'est à eux à en profiter.

Si cette Régle, comme Mr. Bayle le remarque, a ses éxceptions, & que des familles & des Etats subsistent long-temps, la Providence a ses vûës & ses raisons pour les faire ainsi subsister, & si l'on pouvoit rassembler toutes les circonstances, on en trouveroit aussi très-souvent les causes toutes naturelles.

Mr. Bayle qui aime à badiner sur les Matiéres les plus dignes de respect, & qui s'en étoit fait une habitude, regarde le Monde comme un *véritable jeu de bascule.* Quelle malignité de se plaire à répandre du bas & du fortuit pour ce qu'on doit respecter comme grand, & conduit par une souveraine sagesse !

XXVIII. Mr. BAYLE va encore plus loin, il entreprend de prouver, que " les Douleurs de la „ vie, n'en égalent pas les amertumes. Ceux qui „ tiennent le contraire, dit-il, s'appuient sur le parallele des maladies & de la santé. Il y a très-peu de personnes, à quelque âge qu'on les prenne, qui ne puissent compter incomparablement plus de jours où ils se sont bien portés, que de jours où ils ont été malades, & il y a bien des gens qui dans l'espace de vingt années n'ont pas eu de maladies, qui jointes ensemble eussent pu remplir plus de 15. jours. Mais cette comparaison est trompeuse ; car la santé est plutôt une indolence qu'un sentiment de plaisir : c'est plutôt une éxemption de simple mal, qu'un bien ; au lieu que la maladie est quelque chose de bien plus fort que la privation du plaisir : C'est un état positif, qui plonge l'ame dans un sentiment de souffrance, & qui l'accable de douleur. Quelqu'un a dit judicieusement, que quand la santé est toute seule, c'est un bien qui ne se fait pas trop sentir, & qui ne sert quelquefois qu'à faire souhaiter plus ardemment tous les autres plaisirs qu'on ne peut avoir. Servons nous d'une comparaison empruntée de la doctrine des Scholastiques : ils disent que les Corps *rares* contiennent peu de matiére sous beaucoup d'étenduë, & que les Corps *denses*, contiennent beaucoup de matiére sous peu d'étendue. Selon ce principe il faudroit dire qu'il y a plus de matière dans trois piés d'eau, que dans deux mille cinq cents piés d'air. Voilà l'image de la maladie, & de la santé. La maladie ressemble aux Corps *denses*, & la santé aux corps *rares*. La santé s'étend sur beaucoup **d'années de suite & néanmoins elle ne contient** que peu de bien. La maladie ne s'étend que sur quelque jours, & néanmoins elle renferme beaucoup de mal. Si l'on avoit des balances pour peser une maladie de 15. jours & une santé de 15. ans, on verroit ce que l'on éprouve, quand on met à équilibre un sac de plume & une piéce de plomb. D'un côté l'on voit un Corps qui remplit un grand espace, & de l'autre un fort petit Corps. Cependant il n'y a pas plus de poids sous ce grand espace que sous le petit. Gardons-nous donc bien de l'illusion que nous pourroit faire dans le parallele de la maladie & de la santé, l'étendue de celui-ci. Vous m'allés dire que la santé est considérable, non seulement par la raison qu'elle nous éxempte d'un très-grand mal, mais aussi par la Liberté qu'elle nous donne de goûter mille plaisirs vifs & très-sensibles. J'accorde tout cela ; mais il faut d'ailleurs considérer, qu'y aiant deux sortes de maux auxquels nous sommes assujettis, elle ne nous sauve pas de l'une, & nous laisse pleinement exposés à l'autre. Nous sommes sujets, à la douleur & à la tristesse, deux fléaux si terribles, qu'on ne sauroit décider lequel est le plus affreux. La santé „ la

DU PYRRHONISME

,, la plus vigoureuse ne garantit pas du chagrin. Or
,, le chagrin est une chose qui coule sur nous par
,, mille & mille canaux, & qui est de la nature des Corps
,, *denses*; il renferme beaucoup de matière sous un fort
,, petit volume ; le mal y est entassé, serré, foulé.
,, Une heure de chagrin contient plus de mal,
,, qu'il n'y a de bien dans six ou sept jours com-
,, modes. On me parloit l'autre jour d'un homme
,, qui s'étoit tué, après un chagrin de trois ou qua-
,, tre semaines. Chaque nuit il avoit mis son épée
,, sous son chevet dans l'espérance d'avoir le courage
,, de se tuer, lors que les ténèbres augmenteroient
,, sa tristesse : mais il manqua sa résolution plusieurs
,, nuits de suite : Enfin il n'eut plus la force de re-
,, sister à son chagrin, il se coupa les veines du bras.
,, Je soûtiens que tous les plaisirs dont cet homme
,, avoit joüi pendant 30. ans, n'égaleroient pas les
,, maux qu'il souffrit pendant le dernier Mois de sa
,, Vie, si on les pesoit dans une juste balance. Re-
,, courés à mon paralléle des Corps *denses*, & des
,, Corps *rares*, & souvenés-vous de ceci, c'est que les
,, biens de cette Vie sont moins un bien, que les
,, maux un mal. Les maux sont pour l'ordinaire
,, beaucoup plus purs que les biens ; le sentiment vif du
,, plaisir ne dure pas, il s'émousse promptement, il
,, est suivi du dégout. Ce qui nous paroissoit un
,, grand bien quand nous n'en joüissions pas, ne nous
,, touche guére quand nous l'avons : ainsi nous ac-
,, quérons avec mille peines, & avec mille inquiétu-
,, des ce que nous ne possedons qu'avec une joie mé-
,, diocre ; la peur souvent la peur de perdre le bien
,, que nous possedons, surpasse toutes les dou-
,, ceurs de la joüissance.

J'ai crû que je devois mettre sous les yeux de mon Lecteur cet article tout entier, quoique long : On auroit pû m'accuser d'avoir affoibli les Preuves de Mr. Bayle, si je ne les avois examinées que par morceaux, & si j'en avois retranché quelques Lignes : C'est en effet de leur liaison qu'elles tirent leur principale force : On passe rapidement de l'une à l'autre, sans se donner la peine de les examiner, & après en avoir achevé la lecture, on se trouve ébloüi, & on se rend à la Conclusion, sans penser qu'il seroit à propos de repasser sur tous les Principes dont elle est tirée.

Si Mr. Bayle avoit eu cette Foi dont il *se vante*, & qu'il fait sonner si haut, il auroit soupçonné son Raisonnement de Sophisme, puisqu'il lui est tout contraire. Sous l'ancienne Oeconomie Dieu avoit promis la *Longueur des Jours* pour une des recompenses de la *pieté*; Et la nouvelle Oeconomie a *les promesses de la Vie présente*, aussi bien que *celles de la Vie a venir*. Jesus Christ ne se contente pas de promettre la Vie *éternelle* à ceux qui sont prêts de tout abandonner pour lui, il leur promet encore le *Centuple des cette Vie*. L'Apotre sans considérer aux Fidelles à qui il écrit, comme une faveur de Dieu, ce que leur vie n'a pas encore été exposée : Et qu'ils n'ont pas souffert jusques au sang : Et à quel mérite y auroit-il à perdre avec résignation la Vie, si les Maux passent de beaucoup les Biens ?

Matt. XIX. 29.
Ep. aux Heb. Chap. X. v. 32, 33. Chap. IX. v. 14. suivans.

Les Sophismes de Mr. Bayle se refutent par l'expérience, comme celui de Zenon contre l'existence du mouvement. Combien voit-on de Vieillards caducs qui savent si bon gré à ceux qui paroissent s'intéresser à la conservation de leur Vie, toute languissante qu'elle soit ? Combien ne voit-on pas de gouteux, qui attaqués d'une Maladie dangereuse, souhaitent un accès de goûte, pour se tirer de ce danger, & se félicitent quand il vient ? Nous plaignons ceux qui souffrent des douleurs, mais nous sommes tout autrement allarmés d'une Maladie qui, sans faire souffrir, met le Malade en danger. Esope avoit bien connu la nature de l'homme, lorsque, dans sa fable du Vieillard accablé d'un fardeau qu'il porte, il fait voir que ceux qui souhaitent la Mort, dans les momens de leur impatience, ne s'expriment ainsi que parce qu'ils ne pensent pas assés à ce qu'ils disent : Et peut-on compter sur le témoignage de ceux qui *parlent* ainsi ? La Vie d'un simple soldat est quelquefois très-laborieuse ; Mais sur cent mille s'en trouvera-t-il trois qui ne se félicitent de s'être heureusement tirés d'une bataille.

Quand je veux m'assûrer si un Portrait est bon, & représente bien au naturel, au lieu d'en juger par la *Beauté*, & par le savant mélange des couleurs, au lieu d'en juger par la délicatesse & par la force des traits, & par d'autres endroits qui attirent l'attention du Spectateur, je le compare à l'Original. Mr. Bayle vient de faire un Portrait de la Vie humaine qui la représente comme un tas d'Infortunes, mélées d'un petit nombre de Biens : Commerceés avec les hommes, rendés-vous attentif à l'amour qu'ils ont pour la Vie, & au plaisir qu'ils trouvent dans leurs amusemens, vous verrés que le Portrait ne ressemble point à l'Original. Il en est des exagérations de Mr. Bayle comme de celles des faiseurs de Romans ; on lit avec plaisir les Caractéres qu'ils donnent de leurs héros, soit par rapport à la valeur, soit par rapport à l'amour ; mais dès qu'on veut chercher parmi les hommes des Originaux qui ressemblent à ces personnages, on se trouve bien loin de compte.

Les hommes se trompent dans les Comparaisons qu'ils font d'une maladie présente avec un bien-aise dont-ils ont joüi, parce qu'ils ne fixent pas leur attention sur le passé, comme sur le présent. Dès que leur santé se rétablit, la douceur qu'ils en ressentent est si vive que pour vivre heureux, il leur suffiroit d'en conserver cette même Idée : S'ils ne le font pas, c'est leur faute. Cependant cette faute ne les rend pas misérables : La Santé les mettant en état d'agir, au lieu de donner à elle seule toute leur attention, ou au moins une grande partie de leur attention, ils la partagent entre un grand nombre d'Objets ; par là il leur arrive de ne sentir que le prix de chacun, mais le nombre des satisfactions repare le foible degré de chacune en particulier.

On sait que rien n'est plus éblouissant que les Comparaisons, & que pour ne pas s'y laisser tromper, il faut abandonner la Métaphore, & passer de l'Image à la chose même, l'envisager telle qu'elle est, & non telle que la comparaison la suppose. Si on prend ces précautions, la Comparaison des Corps *denses* & des Corps *rares* s'évanouira sans effet. De mille malades, à peine s'en trouvera-t-il un qui souhaite le retour de sa santé, plûtot que la mort, ils ne sont donc point dans la pensée que les Maux l'emportent sur les Biens.

Un petit nombre d'exemples, & à plus forte raison un seul *ne prouve rien*, contre une infinité d'autres. Un homme se tue. Mr. Bayle soûtient, *que tous les plaisirs dont-il avoit joüi pendant 30. ans n'égaloient point les maux qui le tourmentérent le dernier Mois de sa vie*. Mais autre est de soûtenir, autre est de prouver ; L'Argument de Mr. Bayle seroit très-bon, si jamais les hommes ne prenoient de parti qu'ensuite d'un raisonnement exact ; mais combien de fois ne se trompent-ils pas dans les Partis qu'ils prennent, & dans les Trocs qu'ils font, parce qu'au lieu de consulter la Raison, ils s'abandonnent à des Illusions de quelque fantaisie ?

Article Xenophanes Note F.

Les choses du monde ont deux faces : Le sage les regarde sous celle qui l'accommode. Antonin Empereur, Epictéte Esclave l'ont ainsi enseigné par leur Conduite, aussi bien que par leur Doctrine ; & dans le Siécle précédent la vie du célébre Scarron, en a été une preuve continuelle. Pourquoi Mr. Bayle a-t-il affecté de ne citer point Montaigne pour ce sujet, c'est un de ses Heros, & en qualité de fidelle Rapporteur, il ne devoit pas négliger de faire parler ce fidelle Témoin, qui prouve par de bonnes raisons, par divers exemples, & par le sien en particulier, que les Maux

Maux tirent leurs principales forces de nos opinions & des foiblesses dont nous sommes les Causes, & que si leur présence à quelque chose de douloureux, ces douleurs servent à donner une nouvelle pointe aux agrémens qui les suivent. C'est une Remarque que Socrate faisoit dans sa prison un peu avant que de mourir.

Mani-chéisme re-futé.
XXIX. TOUT ce que Mr. Bayle vient de dire, & tout ce qu'il ajoûte ailleurs que le Mal l'emporte sur le Bien, ruine l'hypothése des deux principes, pour laquelle il combat si souvent. Car ou Mr. Bayle se trompe dans son calcul, ou le mauvais principe l'emporte sur le bon, puis qu'il fait plus de Mal que celui-ci ne fait de Bien. J'étens ailleurs cette réflexion.

Usage des maladies Article Xenopha-tus. Note F.
XXX. LA SANTÉ, dit Mr. Bayle, considérée toute seule est plûtôt une Indolence qu'un sentiment de plaisir. Les Maux qui traversent la vie, ne sont donc pas sans usage, puisque par leur moien, la santé, d'un bien négatif qu'elle est en elle-même, devient un bien positif. Je ne dis pas que Dieu a fait naître les Maladies dans ce dessein, & uniquement pour rendre la santé plus délicieuse; je me borne à dire que par la Bonté de sa Providence les hommes trouvent moien de tirer parti de leurs Maux.

Réflexions sur les chagrins & leurs causes.
XXXI. Mr. BAYLE prévoit bien ce qu'on lui répondra; que nous nous faisons nous-mêmes nos Chagrins, parce que nous prenons mal les choses, parce que nous voulons être Injustes & envieux, parce que nous détournons nôtre attention de ce qui devroit nous occuper, & que nous l'arrêtons sur ce à quoi il faudroit la refuser. " Mais, dit Mr. Bayle, ce seroit
„ sortir de l'état de la Question; car il ne s'agit pas
„ ici de savoir si les chagrins de l'homme sont rai-
„ sonnables, ou l'effet de sa foiblesse, il s'agit de sa-
„ voir s'il y a des chagrins. Cela même qu'on se
„ chagrine sans raison, & qu'on se rend malheureux
„ par sa propre faute, est un mal.

Ce n'est point sortir de l'état de la Question; car je pense que cette question regarde la Providence, & la facilité de la justifier sans avoir recours aux deux Principes. Dieu a formé les hommes Libres & Actifs: Ceux qui voudront lui obéir deviendront infiniment heureux: Ceux qui refusent de faire ce qu'ils lui doivent, se rendent eux-mêmes misérables: Qu'ils se plaignent donc d'eux mêmes, & nullement de Dieu.

Ibidem.
„ Un bien très-grand en lui-même, dit-il, qui
„ n'exciteroit qu'un plaisir fort médiocre, ne de-
„ vroit passer que pour un bien médiocre: mais un
„ mal petit en lui-même qui exciteroit une inquié-
„ tude, un chagrin, une douleur insupportable, de-
„ vroit passer pour un très-grand mal: de sorte qu'à
„ fin qu'un homme puisse être dit moins heureux
„ que malheureux, il suffit qu'on lui envoie; maux
„ sur 30. biens, si ces trois maux aussi petits en
„ eux-mêmes qu'il vous plaira, lui donnent plus
„ d'inquiétude, que les 30. biens aussi grands en eux-
„ mêmes qu'il vous plaira, ne lui causent de plaisir.
„ Le Gouvernement d'une Province, est en lui-même
„ un plus grand bien qu'un ruban, & néanmoins si un
„ Duc & Pair ressentoit plus de joie en recevant un ruban
„ de sa maitresse, qu'en obtenant de son Roi le Gou-
„ vernement d'une Province, je dis qu'un ruban se-
„ roit pour lui un plus grand bien que l'autorité
„ de Gouverneur. Par la même raison ce seroit pour
„ lui un plus grand mal d'être privé de ce ruban,
„ que d'être privé de sa charge, s'il sentoit plus de
„ chagrin en se privant du ruban qu'en perdant sa
„ charge.

J'adopte cette comparaison, & elle me met en droit de regarder comme des foux, la plûpart de ceux qui se plaignent, mais comme des foux qui le sont, parce qu'ils veulent l'être. En vain m'objecterès. *C'est un grand mal d'être fou, & un plus grand mal*

de vouloir l'être; l'Objection auroit de la force, si Dieu inspiroit aux hommes cette volonté.

Toute cette dispute sur la Quantité du *mal* comparée à celle du *bien*, & les conséquences qu'on en tire, se réduisent à des paroles perduës, par le moien de celles-ci qui sont de Mr. Bayle.

„ Il faut consulter, dit il, ce que la *Ibidem.*
„ Théologie nous enseigne de Dieu, entant que
„ Pere, & entant que Juge du Genre humain. Ces
„ deux relations demandent que l'homme sente du NB.
„ bien & du mal; mais la Question est si le Mal
„ surpasse le Bien, & sur cela je ne pense pas qu'on
„ puisse former autre chose que des Opinions & des
„ Conjectures.

„ Personne ne peut bien juger ni du malheur,
„ ni du bonheur de son prochain. Nous ne con-
„ noissons pas ce qu'un autre sent; nous ne con- NB.
„ noissons que les Causes extérieures du mal & du
„ bien: Or ces causes ne sont pas toûjours propor-
„ tionnées à leurs effets; celles qui nous semblent
„ petites produisent souvent un sentiment vif; celles
„ qui nous semblent grandes, ne produisent assés sou-
„ vent qu'un sentiment foible.

C'et aveu de Mr. Bayle semble mettre en droit de conclure, que toute cette longue Discussion sur les Biens & les Maux de cette vie, & sur l'excès de l'un par dessus l'autre n'aboutissent qu'à donner des preuves de la fécondité de son génie, & de sa facilité de mettre à profit ses lectures.

Il s'étend ensuite à prouver que le nombre de ceux qui ont senti plus de bonheur que de malheur, se trouvera plûtot chés les Païans, que chés les *Ibidem.* grands. " De tout ce que je viens de dire, il me paroit, dit-il, qu'on peut seulement conclure, que
„ la Condition des Grands, n'est pas si heureuse que NB.
„ leurs Inférieurs l'imaginent, & que le petit peu-
„ ple n'est point si misérable qu'il le paroit à ceux
„ qui sont prévenus pour l'éclat de la fortune.

Ce qui trouble le plus ordinairement la félicité des hommes riches & en place; C'est, dit Mr. Bayle, *Ibidem.* *que non seulement l'on a peur de perdre ce que l'on possède, mais aussi l'on a le chagrin de voir que d'autres gens nous égalent ou nous surpassent, & que d'autres seront bientôt en état de nous atteindre, & puis de nous gagner le devant.* NB;

Je reconnois que de tout ce qui contribue à l'Infélicité des hommes, rien n'est plus odieux & plus dangereux en même temps, que le penchant à l'envie, suite ordinaire d'une passion excessive pour la distinction, & d'une fausse Idée de la Gloire: Il n'y a rien qui trouble les hommes, & qui les dérange d'avantage. J'ai parlé des maux qu'on s'attire dès qu'on s'abandonne à ce Penchant, j'en ai fait voir l'Injustice, & j'ai proposé un grand nombre de moiens très-efficaces pour s'en garantir dans ma Logique, & sur tout dans le Chapitre XI. de la première Section.

„ Il est temps de mettre fin à ces lieux com- *Ibidem.*
„ muns, dit Mr. Bayle. Faisons-le par quatre petites Remarques. La première est qu'à prendre en gros tout le genre humain, il semble que Xenophanes auroit pû dire, que le Chagrin & la Douleur y prévalent sur le plaisir. 2. Qu'il y a des particuliers dont on a lieu de présumer qu'ils sentent dans cette vie beaucoup plus de bien que de mal. 3. Qu'il y en a d'autres dont-on peut croire qu'ils sentent beaucoup plus de mal que debien. 4. Que ma seconde proposition est sur tout probable, à l'égard de ceux qui meurent avant le déclin de l'âge, & que la quatrième paroit principalement certaine, à l'égard de ceux qui vont jusqu'à la vieillesse décrépite.

A ces quatre Conclusions de Mr. Bayle, j'ajoûterai *seulement*, que dans quelque état que l'on se trouve, ce que l'on goute de douceurs, & ce que l'on souffre de chagrin, dépend très-souvent de la manière dont on envisage les choses, de sorte que dans les mêmes

cir-

circonstances, l'un déplorera son sort, & l'autre trouvera le sien très-supportable, ou, l'un ne sera que médiocrement satisfait, & l'autre sera très-content du sien.

Pour juger sûrement si les Biens de la Vie surpassent les Maux, ou en font surpassés, il est presque inutile de consulter les autres & de compter les témoins : Une même personne prononcera là-dessus différemment, suivant les différentes circonstances, & la différente humeur où elle se trouvera : Un homme gouteux s'écriera qu'il seroit bien heureux, s'il touchoit à son dernier jour. En vain on l'exhortera à prendre patience, à réfléchir sur un grand nombre de graces par où Dieu l'a distingué des autres hommes : A tout cela il ne répondra qu'en gémissant ; mais un Mois après la fin de ses douleurs, on le verra se livrer au plaisir, & refuser son attention à tout ce qu'on lui dira pour le modérer, & pour prévenir les retours douloureux de son mal. La Douleur & le plaisir prévalent, tour à tour, l'un sur l'autre dans son esprit. Tantôt les plaisirs lui paroissent trop paiés de beaucoup, tantôt leur vivacité mérite bien qu'on s'expose pour eux à la Douleur. Les Auteurs qui écrivent sur ces matières se livrent encore à leurs passions, & n'envisagent guère les choses que d'un certain côté. Soit qu'ils entreprennent de décrire ce que la Vie a de délicieux, soit qu'ils s'appliquent à en étaler les misères, leur principal but est de faire briller leur éloquence, & de charmer ou d'attendrir leurs Lecteurs.

Cet Orateur qui représenta les misères de la Vie d'une manière si touchante, qu'un grand nombre de ses Auditeurs frappés de ces raisons, & las de porter un fardeau si pesant, se donnèrent la mort, rendit lui-même leur vie malheureuse par le bouleversement qu'il jetta dans leurs Idées, car avant cela ils n'étoient pas mécontens de leur sort. Mais quant à lui, puisqu'il conservoit sa vie, il n'en étoit pas ennuié, & il falloit qu'il se trouvât bien sensible au plaisir de parler éloquemment pour en faire un tel usage.

En vain donc Mr. Bayle cite Orateurs & Poëtes. On sait que les expressions sententieuses, le stile Poëtique, & en général tout ce qu'on dit d'une manière qui brille, doit toujours se prendre au rabais, quelque fois plus, quelquefois moins. Il n'y a qu'à examiner l'un après l'autre les exemples qu'il allégue, pour se convaincre que la plus grande partie des Inquiécudes que les hommes se donnent, ils pourroient le les épargner. C'est leur faute s'ils cherchent leur félicité dans ce qui n'est pas en leur pouvoir, pendant qu'ils peuvent s'en procurer un très-grand fond par leur application à la Vertu. C'est encore un malheur, qu'ils doivent mettre sur leur compte, d'être plus attentifs à ce qui leur échape qu'à ce qu'ils acquièrent, & à ce qu'ils n'ont pas qu'à ce dont ils sont en possession.

On continue a réfléchir par la situation humaine. Article XXXII. de Notre B.

XXXII. CE SUJET me conduit à des Réflexions plus sérieuses & plus utiles. Et je repasse sur ces paroles de Socrate rapportées par Mr. Bayle.

„ Tu ne penses pas, dit-il, à un Disciple qui nioit
„ la Providence, que les Dieux aient soin des hom-
„ mes, eux qui *premièrement* ont accordé à l'homme seul
„ le privilège de marcher droit, ce qui lui donne un
„ grand avantage pour découvrir de loin, pour considé-
„ rer plus à son aise les choses d'enhaut, & pour
„ éviter beaucoup d'incommodités. Ensuite tous les
„ Animaux qui marchent, ont des piés ; mais ils
„ n'en tirent point d'autre usage que de marcher.
„ Outre cela les Dieux ont donné des mains à l'hom-
„ me, par le moien desquelles il se rend le plus heu-
„ reux animal du Monde. Tous les Animaux ont
„ des Langues ; mais il n'y a que la Langue de
„ l'homme qui puisse former des paroles, dont il
„ explique ses pensées, & par laquelle il se com-
„ munique à ses semblables. Et pour montrer mê-
„ me que les Dieux ont eu soin de nos plaisirs,
„ ils n'ont point déterminé de saison pour les amours
„ des hommes qui peuvent jouir à toute heure
„ jusqu'à leur extrême vieillesse d'une volupté que
„ les Brutes ne goûtent qu'en un certain temps de
„ l'année. Enfin ils ne se sont pas contentés d'a-
„ voir fait à l'homme tant d'avantages pour le Corps,
„ ils lui ont encore donné une Ame la plus excel-
„ lente de toutes. Car quelle est l'Ame des ani-
„ maux, qui connoisse l'être des Dieux, par qui
„ sont faits tant de merveilleux Ouvrages ? Y a-t-il
„ une autre espèce que les hommes qui les serve &
„ qui les adore. Quel est l'Animal qui puisse
„ comme lui se défendre de la faim, de la soif,
„ du chaud ; qui puisse comme nous trouver des
„ remédes aux maladies, qui puisse exercer sa for-
„ ce, qui soit capable d'apprendre, qui retienne si
„ parfaitement les choses qu'il a vues, qu'il a
„ sçues ? En un mot il est clair que l'homme
„ est un Dieu, en comparaison des autres espèces
„ vivantes, vu l'avantage qu'il a naturellement sur
„ elles, tant du Corps que de l'Ame.

Il est facile de pousser les réflexions de ce grand Philosophe. Dieu a certainement distingué l'homme par de très-grands avantages : Mais quand je viens à examiner de près à quoi se réduit la Vie que tant de présents du Créateur servent à conserver & à rendre heureuse, je suis surpris de voir que tant de Ressorts dans la construction du Corps humain, que tant d'Activité dans la Raison qui l'accompagne, que tant de Magnificence dans les Objets qui l'environnent, aboutissent à si peu de choses. Un jeune Enfant me paroit assés content de son sort, & je m'étonne peu qu'il aime la Vie. Quand il a sommeil, on le met dans un bon lit, il dort sans inquiétude, il se réveille sans souci, on lui fournit tout ce qui lui faut, d'habits & de nouriture, sans attendre seulement qu'il le demande, il est sensible à tous les présens & à toutes les caresses par où on cherche à le réjouïr, il passe la journée entière en amusemens agréables ; Mais dès qu'il est parvenu à un âge, où les forces de son Corps & de son Esprit, demandent qu'on lui fasse commencer d'apprendre à pourvoir lui-même à ses intérêts ; il faut qu'il renonce à bien des choses propres à lui faire plaisir, pour s'appliquer d'autres qui ne font point de son goût. Il faut qu'il passe bien des heures dans la contrainte, & qu'il se fatigue à apprendre bien des choses dont il n'est pas en état de prévoir l'utilité. Dès que l'âge des plaisirs, & d'entrer dans le Monde est venu, il se livre à ses sens & à ses passions, il ruine bientôt sa santé, & il use les sources mêmes de sa Félicité ; il s'attire du Mépris & des Censures, & par le mauvais usage, qu'il fait, de son bien, il s'expose à en manquer. D'un autre côté, quel désagrément de refuser toujours à ses désirs une partie de ce qu'ils demandent avec tant de vivacité ! quel désagrément que d'être toujours en garde contre soi-même ! Les plaisirs des sens font pour nous rendre heureux, puisqu'on est réduit à n'en user qu'avec tant de moderation. Se tournera-t-on du côté de la gloire & de la fortune ? Dans toutes fortes de conditions, l'Ambition est une source de haine, d'envie, d'injustices, d'injures, & de vengeance. Le point d'honneur met souvent des personnes qui paroissoient les plus unies, dans la nécessité de s'égorger. Les Savans ne se battent qu'à coups de plume, mais dès que la passion les anime, souvent-ils ne savent ce qu'ils disent sur les Questions mème les plus importantes, & les plus faciles à éclaircir. Mr. Bayle en donne des exemples sans ce qu'il rapporte des Disputes de Mrs. Jurieu & Saurin. On porte la fureur encore beaucoup plus loin ; Qu'on lise l'article de *Zanchius*, & on y verra des Exemples de ce qui se passe tous les jours.

Pour vivre à l'abri de ces Orages, prendra-t-on le parti de vivre dans la retraite & dans l'obscurité ?

Mais

Mais la Raison peut-elle approuver qu'on préfére un Repos qui tient de la Mollesse & de la Lacheté, à se rendre utile au Genre humain, quand on peut lui rendre des services? Et de la manière dont le Cœur de l'homme est fait, peut-on, sans des efforts très-pénibles, ou sans une habitude acquise par de longs & pénibles efforts, voir, dans l'état d'obscurité & d'abaissement où l'on se trouve placé, l'éclat & la fierté des autres? La plûpart des hommes encore ne sont-ils pas nés d'une compléxion & dans des circonstances à pouvoir vivre Isolés? On a des Infans, on a des Parens, ne veut-on rien faire pour eux? Il n'est presque pas possible de choisir un genre de vie, où l'on ne soit exposé aux agitations & aux flots de la Société, & où l'on n'ait pas des disgraces & des traverses à soûtenir.

Dans ces fatalités inévitables il est un moien de se procurer une satisfaction solide, c'est d'aimer à s'éclairer & à faire son Devoir. Mais sur plusieurs milliers d'hommes s'en trouvera-t-il aisément deux qui ne se lassent de suivre la Vertu, sans autre fruit que le plaisir de s'y attacher? Ces embarras disparoîtront dès que la Raison se sera élevée aux Idées de la Réligion, Dieu aime les hommes vertueux, il est le témoin continuel de leur application, & il en sera le Rémunérateur. Quel affreux renversement que de passer sa vie adonné aux Voluptés, ou à l'Ambition, ou comme font la plus part des hommes, esclave de l'une & de l'autre? Qu'elle triste ressource que celle de la Vertu, pénible par rapport aux sens & aux passions, souvent insultée par les hommes, & en obstacle à la fortune, si de plus, elle est indifférente à Dieu?

Un homme qui par tempérament ou par habitude s'est fait un fonds d'indolence, & qui regarde presque toutes choses d'un œil indifférent, ou du moins avec très peu de sensibilité, passera sa vie avec moins d'Inquiétude, mais en échange la passera avec peu de Plaisir. De l'Indolence à l'ennui, il n'y a pas loin, & il est bien difficile de ne pas s'ennuier de ceux, dans le commerce desquels on est obligé de passer sa Vie, quand on n'a pour eux que de l'indifférence. Il n'y a que l'affection qui empêche que la présence continuelle d'une même personne ne nous soit à charge.

Mais si au lieu de cet état d'Indolence qui certainement est rare, on s'aime soi-même, & on s'intéresse à son sort avec quelque vivacité; Est-il possible que toutes les douceurs qu'on goûte, n'entretiennent & même n'augmentent l'attachement naturel qu'on a pour la Vie? Or dès qu'on en est là, est-il possible que la crainte de la perdre, & que la pensée que cette perte est inévitable, ne répande pas à tout coup des mortifications, & des tristes nuages sur tout ce que l'on éprouve de félicité? Pour écarter ces Idées importunes, s'abrutira-t-on, s'enyvrera-t-on pour se livrer tout entier au plaisir, fuira-t-on toutes les occasions de réfléchir? s'efforcera-t-on d'éteindre sa Raison? Qu'elle éxtrémité! L'homme est de tous les Animaux celui dont le Corps est moins propre à se défendre, & le moins pourvû de tout ce qui lui est nécessaire pour se procurer ce dont il a besoin. La Raison seule peut suppléer à ce qui lui manque, & par l'usage qu'il en fait faire, il rend sa vie plus sûre & plus commode. Mais cette Raison devient bien-tôt une source d'Inquiétudes, & elle empoisonne le présent par là même, que sa vûe s'étend sur l'avenir. Il faut éteindre les lumières, l'affoiblir, l'abrutir, ou devenir misérable par le secours même qu'on en a reçu pour s'empêcher de l'être; Mais les Vérités de la Réligion développent le sort de l'homme, qui sans elle est une énigme des plus inéxplicables.

Dès que la Réligion a persuadé à un homme de l'heureuse Immortalité qui l'attend, il est au dessus de la Crainte de la Mort, & il n'a plus besoin ni de s'étourdir ni de faire de grands efforts, pour n'être pas allarmé par cette Idée. Il soûtient encore, avec une grande résignation, l'éloignement des personnes qui lui sont chéres, & pour continuer son voïage, non seulement avec cette Résignation, mais de plus avec joïe & avec action de graces, il tourne ses yeux sur un grand nombre de sujets de satisfaction qui lui restent encore. Le fond de son coeur, rempli de l'amour de Dieu, de la tranquilité & de la satisfaction inéxprimable qui en sont les suites, peut aisément se passer du reste. Il n'estime point les autres objets au-delà de leur prix, & il ne les aime pas plus qu'il ne doit; Mais il n'est point non plus insensible à leur mérite, & tout ce qui est de quelque valeur est regardé avec plaisir par son ame satisfaite. Un homme à qui les vérités de la Réligion ont appris à penser si juste, soûtient les orages de l'adversité, sans en être ébranlé: Dans les postes les plus élevés, il ne tire pas sa satisfaction de ce qu'il se voit au-dessus des autres hommes, mais de ce qu'il ne néglige rien de ce qui est en sa puissance pour remplir les Devoirs de son élévation. Il est encore beaucoup plus facile à ceux qui vivent dans les rangs les plus abaissés de se soûtenir dans la tranquilité: A peine connoissent ils les passions qui sont les plus propres à les troubler, & ils ne se trouvent point dans les circonstances qui les excitent; L'habitude au travail leur rend aisé, & le travail les rend robustes; un petit nombre de connoissances leur suffit. Dès que leur cœur est assés Chrétien pour se reposer sur la Providence, & pour regarder la Fainéantise comme un Mal qui ne sauroit manquer de leur en attirer d'autres, vous les voïés s'affectionner au travail avec une diligence qui les remplit de contentement, ils en recueillent les fruits avec alégresse, ils en usent d'un Cœur content & lorsque des Accidens les leur enlèvent, ils ont dans leur résignation à la Providence, & dans la force de leurs bras, des ressources qui les soutiennent, & qui leur empêchent de s'abattre. Ce sont les Vérités d'expérience; & pour s'instruire solidement sur la Félicité, & sur la Misère des hommes, au lieu de consulter des Livres dont les Auteurs se sont étudiés à faire des peintures vives & éxagerées, il faut se rendre attentif à ce qui se passe, & on trouvera dans la conduite du Vulgaire, les Leçons qui condamneront hautement les Plaintes des autres hommes, & leur Impatience. A tout coup on aura occasion de rappeller dans sa mémoire cette réfléxion de Ciceron, *l'habitude procurera-t-elle à un homme qui ne raisonne point, ce que la Raison* (ajoutons ce que la Réligion) *ne sauroit procurer de sagesse & de tranquilité à un Philosophe* (& à un Chrétien?)

XXXIII. Mr. BAYLE ne se lasse point de ramener à peu près les mêmes objections, mais sous des tours ou des noms nouveaux. " Un journaliste ,, soûtient, *dit Mr. Bayle*, que les effets de la bonté ,, sont plus étendus, que les effets de la punition. Voi- ,, ci ses paroles. *De toutes les Vertus de Dieu, la seroit* ,, *la bonté qui seroit la plus visible, si les hommes se ser-* ,, *voient de réfléxion. Quelle bonté n'est-ce pas d'avoir* ,, *attaché du plaisir à toutes les actions necessaires, & de* ,, *nous avoir rendus susceptibles du plaisir en une infinité* ,, *de façons? On a beau dire que nous sommes encore plus* ,, *susceptibles du chagrin, & de la douleur, cela n'est pas* ,, *vrai, & quand cela seroit vrai, nous ne dévrions pas* ,, *pour cela méconnoître la grande bonté de Dieu, puis* ,, *qu'il nous seroit aisé de voir que les plaisirs dont nous* ,, *joüissons, viennent des Loix qu'il a posées dans la na-* ,, *ture, & qu'au contraire la plûpart de nos chagrins* ,, *viennent du mauvais usage que nous faisons de notre* ,, *Raison. Mais il n'est pas vrai que dans ce monde,* ,, *l'homme souffre plus de maux que de biens, c'est nôtre* ,, *ingratitude, nôtre orgueil, & nôtre humeur insatia-* ,, *ble qui nous fait parler de la sorte.* FALSO QUE- ,, RITUR DE NATURA SUA GENUS ,, HUMANUM, a fort bien dit un célebre Historien ,, *dans la préface de la guerre de Jugurtha. Le genre humain*

Nouvelles objections résolues. Article Pericles Note K.

,, luimais est plus heureux qu'il ne mérite, & il est vrai
,, au pié de la Lettre, que pour une douleur, l'hom-
,, me sent mille plaisirs, excepté peut-être un petit nom-
,, bre d'ames malheureuses, qu'un Paien assurèroit avoir
,, été produite par les destinées dans quelques momens de
,, dépit. (Nouvelles de la Rep. des Lettres Août
,, 1684. page 603.) Notés en passant que la diffé-
,, rence qu'il observe, & qu'il fonde sur les suites
,, du mauvais usage que nous faisons de la Liberté,
,, ne pourroit pas contenter des adversaires difficiles;
,, car ils diroient que cela même que l'homme a-
,, buse de sa Raison, pour se chagriner mal-à-pro-
,, pos, est un grand malheur, & doit être mis né-
,, cessairement dans le partage des afflictions, de sor-
,, te que si l'on fait le parallèle des Biens & des
,, Maux que la Providence fait à l'homme, il ne
,, faut pas moins compter les maux qui naissent de
,, la foiblesse de nôtre Raison, que les maladies, la
,, faim, le froid &c. ,, J'ai déja relevé le foible de
cette réflexion.

,, La Question n'est point, si Dieu répond sur les
,, hommes tous les Biens que sa puissance le rend ca-
,, pable de leur donner, & s'il éloigne d'eux tous les
,, Maux qu'il éviteroient eux-mêmes s'ils étoient tout-
,, puissans; Il s'agit de savoir s'ils ne sont point obli-
,, gés de rendre graces de toute leur puissance, à un
,, Etre suprême & Libre, qui leur offre des biens in-
,, finis sous des Conditions très-raisonnables, lesquel-
,, les s'ils ne remplissent pas, c'est leur seule faute. Les
,, Maux qui naissent du mauvais usage de nôtre Rai-
,, son & de l'abus de nôtre Liberté, Dieu ne les fait
,, pas.

Ibidem.

,, Ovide remarque, continue Mr. Bayle, qu'il y a
,, de beaux jours dans l'année, que de jours
,, sombres ; l'on peut dire aussi que les jours ou
,, l'homme se porte bien sont en plus grand nom-
,, bre que les jours où il est malade.

,, Mais peut-être aussi qu'il y a autant de mal dans
,, 5. jours de maladie, que de bien dans 5.
,, Mois de santé ; car le bien n'est bien qu'à pro-
,, portion qu'on le sent : or on ne sent guéres la
,, Santé quand on en jouït sans interruption.

,, Les maux qui parfument la vie, ne sont donc pas
,, sans usage, puis qu'ils servent à faire plus vive-
,, ment sentir les biens ; ce sentiment est un plaisir d'un
,, genre tout particulier, & Dieu a prévu qu'au cas
,, que les hommes s'écartassent de leur devoir, cette
,, diversité auroit son effet dans ses Ouvrages.

Ibidem.
Note L.

,, On parlera plus raisonnablement si l'on suppose
,, que Dieu se plait à cette Vicissitude des Condi-
,, tions, parce que sa qualité de Juge & de Pére
,, commun des hommes exige cela de lui. Les Grands
,, abusent de leur Puissance, il faut donc que la
,, Chute de quelques uns serve de Leçon, & qu'elle
,, prévienne le Mal qu'ils auroient pû faire, &
,, qu'elle console ceux qu'ils chagrinoient . . . .
,, Il ne seroit point digne de l'être souverainement
,, parfait de se renverser les Grandeurs humaines,
,, & de n'élever les petits, qu'afin de marquer sa
,, puissance. Il n'y a point de Prince qu'on ne
,, blâmât justement, si par une pure ostentation de
,, ses forces, il s'occupoit à applanir des montagnes,
,, combler des Vallées, dessécher ici des Marais,
,, inonder ailleurs des Campagnes sablonneuses. Il
,, faut se proposer en cela l'utilité du Public, au-
,, trement ce n'est que Faste, & que Luxe tiranni-
,, que : ce n'est qu'un sujet de scandale, ou de jus-
,, tes plaintes.

Idem.

,, Concluds de là, dit Mr. Bayle, que tous ceux qui
,, ont pensé judicieusement de la Providence, ont enten-
,, du la maxime de Xenophon au sens que j'ai rapporté.
,, Ils ont crû sans doute que la ruine des grandeurs
,, étoit un Acte de Justice, ou que l'infortune de
,, quelques particuliers étoit composée par un plus
,, grand avantage du public.

On exa-

XXXIV. ON PEUT employer les expressions

mêmes de Mr. Bayle pour répondre aux difficultés
qu'il oppose à la Providence, & toutes ces Répon-
ces deviennent très-satisfaisantes dans le Système d'un
Dieu libre, Bon & Juste, formant des Créatures
Libres & Actives. On le voit Dans l'Article Charles Quint, où Mr. Bayle cite en preuve l'éxemple
de Charles. " Charles Quint avoua lui-même dans
la Harangue qu'il fit en se dépouillant de tous
ses Etats, que les plus grandes prospérités qu'il
avoit jamais eu dans le monde, avoient été mêlées de tant d'adversités, qu'il pouvoit dire n'a-
voir jamais eu aucun contentement. On prétend
que depuis son abdication, il avoit accoutumé de
dire qu'un seul jour de sa solitude, lui faisoit
goûter plus de plaisir, qu tous ses triomphes ne
lui en avoient donné." Cet éxemple que Mr. Bayle allégue en preuve, fait plus contre lui, que
pour lui ; car autant qu'un Exemple est capable de
prouver, celui-ci prouve 1. que les hommes se rendent
eux-mêmes misérables par leur Ambition. 2. qu'on goûte beaucoup plus de félicité dans la Modération que la
Raison préscrit, que dans l'abandon aux Passions. Si
cet Empereur avoit attaché son bonheur à son application & à son zéle pour celui des hommes dont
Dieu lui avoit confié le soin, il lui auroit été très-
aisé de se rendre très-heureux lui-même en travaillant
à la félicité des autres ; Mais son Ambition le portoit au contraire à traverser celle des autres, & à tirer sa gloire de leur abbaissement.

Mine des
Exemples

Note L.

,, Panormita, dit Mr. Bayle, suivant le rapport
,, de Pontanus, étoit toujours gai, soit que ses af-
,, faires allassent bien, soit qu'elles allassent mal;
,, son Principe étoit de rapporter tout à Dieu, &
,, de supposer que les Causes du Malheur & du
,, Bonheur nous sont cachées, & qu'il y a bien des
,, Accidens qu'on croit malheureux qui ne le sont
,, pas ; puisque ce ne sont que des Occasions que la
,, Providence nous offre pour faire paroitre notre
,, Constance.

,, Il n'y a rien de plus beau que ces lieux com-
,, muns & ils sont très-véritables dans la condition
,, où se trouve le genre humain : mais reconnoissons
,, en même temps, qu'ils supposent que c'est une con-
,, dition bien bisarre ; car qu'y a-t-il de plus éton-
,, nant, & de plus incompréhensible , que de voir
,, l'homme réduit à un tel état, que pour éviter
,, de plus grands maux, il doit-être malheureux ?
,, Pourquoi n'est-il pas conduit de bien en bien jus-
,, qu'à la perfection ? Pourquoi faut-il que le cha-
,, grin, que la douleur, que la misère soient la rou-
,, te la moins desavantageuse qu'il puisse tenir ? Les
,, Paiens n'avoient rien de bon à dire contre cette
,, difficulté, & ils ont été assés stupides pour n'y
,, songer guére. C'est par la révelation que l'on peut
,, s'en débarrasser.

Article
Panormi-
ta. Note
L

,, Raphelengius, dit Mr. Bayle, mourut le 15.
,, Juillet 1697. Il souhaitoit la mort depuis trois
,, ans ; car il avoit à combattre deux ennemis domes-
,, tiques qui l'incommodoient beaucoup ; l'un étoit
,, le déplaisir d'avoir perdu son Epouse, l'autre étoit
,, une Paralysie.

Article
Raphelen-
gius.

,, Raphelengius regretta sa femme, & s'estima mal-
,, heureux de lui survivre ; c'est une marque qu'il
,, l'avoit aimée, & que son mariage lui avoit causé
,, bien des douceurs. Ce fut donc un mariage très-
,, heureux. Or considérés un peu les suites de ce
,, mariage si fortuné : ce furent trois années d'une
,, espéce de désespoir. Que fera-t-on d'un mal-
,, heureux mariage , puis qu'un mariage hureux
,, expose à cela ? Ne raisonnons point ainsi selon la
,, loi des contraires. Disons plutôt qu'un malheu-
,, reux mariage a des suites avantageuses. La per-
,, sonne qui survit à l'autre ne sent aucune affliction,
,, sa viduité est un état de repos & de plaisir. De
,, sorte qu'au lieu de nous arrêter à la seule considé-
,, ration des misères de cette Vie, il faut considérer

Note B

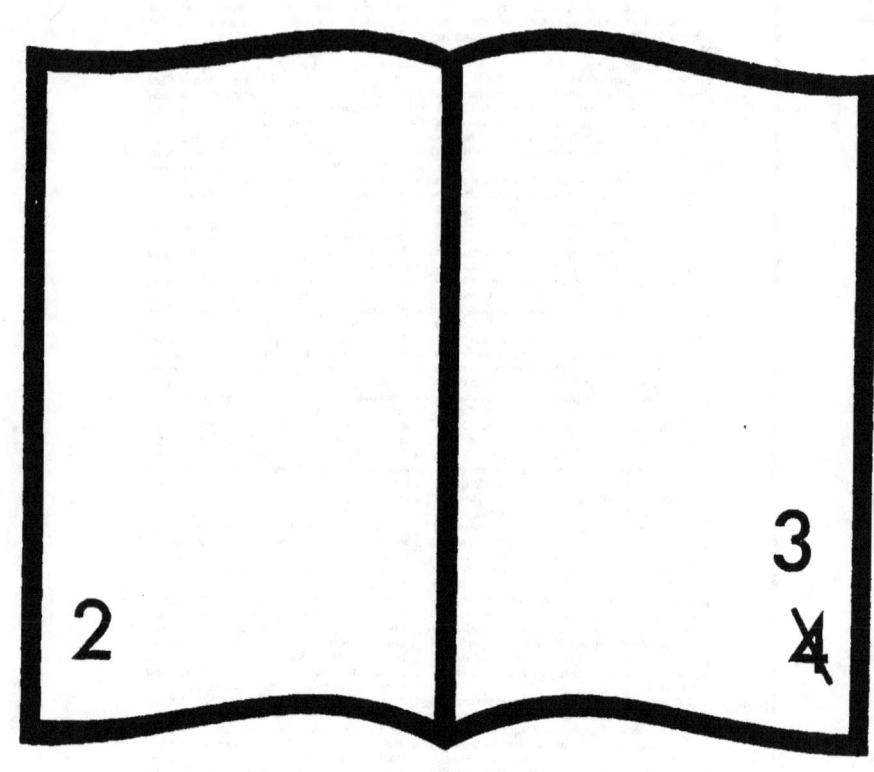

„ le mélange du bien & du mal qui fait le partage
„ & la destinée de l'homme. Il faut songer à ces
„ deux Tonneaux d'Homére dont je parle ailleurs.
„ Il faut dire que ce qui descend sur la terre est un bru-
„ vage mixtionné, mais de telle sorte que bien souvent
„ la bonne boisson & la mauvaise se présentent l'une
„ apres l'autre. Si vous avés été heureux étant ma-
„ rié, vous voilà dans la misére étant veuf. Mais
„ si vous avés été malheureux dans le mariage, voi-
„ là que vôtre viduité est un bonheur. Je ne nie
„ pas qu'à certains égars les deux boissons ne soient
„ mêlées, & confondues ensemble quant aux parties
„ insensibles, vû qu'il n'y a presque aucun plaisir
„ qui n'ait à sa suite tout incontinent quelque dé-
„ plaisir ; Mais il est sûr qu'à d'autres égars, la
„ destinée de l'homme est dans un verre, où la
„ bonne & la mauvaise liqueur sont rangées par éta-
„ ges. Nous avons examiné en un autre lieu, si la
„ quantité de la mauvaise surpasse la quantité de
„ la bonne. N'en parlons plus ; disons néanmoins que
„ ceux qui voudroient se prévaloir du mariage de
„ Raphelengius pour soutenir que le bien surpasse le
„ mal, pourroient s'abuser dans leur calcul. Il possé-
„ da sa femme 19. ans, & il ne sentit les angois-
„ ses de la viduité que trois années. Il y eut donc
„ dans son partage plus de bonheur que de malheur,
„ me dirés vous. On vous niera cette conséquence.
„ Un homme qui pendant trois ans, est si tour-
„ menté de douleurs & de chagrins, qu'il souhai-
„ te très-souvent que la mort vienne l'en dé-
„ livrer, avale une plus grande quantité de
„ la mauvaise liqueur, qu'il n'en avoit avalé de la
„ bonne pendant 30. années ordinaires. Car ne vous
„ imaginés pas que le mariage de nôtre homme, ait
„ été du vin tout pur pendant les 19. ans qu'il dura.
„ Mettons à part les traverses & les déplaisirs qui
„ couloient des autres sources. Considérons seulement
„ les mauvais côtés de son mariage. Tous ceux qui
„ s'affligent extrêmement de la mort de leurs Epouses,
„ n'ont pas toûjours vécu avec elles sans démêlé.
„ Outre cela, plus ils les aiment, plus s'alarment-
„ ils quand elles deviennent malades. N'alles pas dire
„ à ce compte qu'il vaut mieux qu'ils les haïssent ;
„ car on vous répondroit que la douce résignation
„ avec laquelle ils les verroient mourir, n'égale pas
„ les maux horribles de la haine conjugale. On vous
„ diroit même que d'un côté, ils ne craignent pas
„ qu'elles meurent, ils craignent de l'autre qu'elles
„ ne meurent point. Or cette crainte est fort ca-
„ pable de balancer ce bien-là. Je m'étonne qu'on
„ ne trouve pas dans les Livres des Anciens quelques
„ Dilemme , un peu autrement tourné que
„ celui de Bias, de cette manière par exemple. Vous
„ aimerés vôtre femme, ou vous ne l'aimerés pas.
„ Si vous l'aimés, vous craindrés toûjours de la
„ perdre ; Si vous ne l'aimés pas , vous craindrés
„ toûjours de ne la point perdre. Ce Dilemme n'est
„ pas meilleur que celui de Bias; car sans éplucher les
„ autres défauts, on pourroit se contenter de dire,
„ que selon le train ordinaire de tous les siécles, ni
„ l'amitié, ni la haine conjugale ne vont pas si
„ loin. Un très-petit nombre d'exemples ne doivent
„ pas faire craindre qu'on aura une tendresse pleine
„ d'inquiétudes, ou une antipathie qui désolera. On
„ a lieu de croire, qu'on sera du plus grand nombre,
„ c'est-à-dire qu'on joüira du présent, sans trop
„ s'inquiéter sur l'avenir, & avec de bonnes disposi-
„ tions à s'y consoler si le cas y échet.

De tout ce long Raisonnement de Mr. Bayle, je
conclus, comme j'ai déja fait que la Vie présente de
l'homme est une énigme inexplicable, si on ne la conçoit pas suivie d'une autre, dont l'attente nous tranquilise. Un Chrétien bien persuadé de sa Réligion,
joüit des douceurs présentes que la Providence lui
accorde, sans se troubler par la crainte de les perdre,
& il éloigne d'autant plus cette crainte & les troubles qu'elle cause, qu'il les regarde comme des péchés
d'Ingratitude. Perd-il des personnes qui lui étoient
très-chéres, il sait, & il sent que Dieu lui laisse,
dans sa Protection, dans son Approbation & dans ses
Promesses infaillibles, infiniment plus qu'il ne lui
ôte; son Inclination dominante est de remplir sa Vocation : Pendant qu'il vit sur cette Terre, il trouve
dans le plaisir de s'occuper à son Devoir, de se rendre utile aux hommes, & d'avancer la gloire de Dieu,
de quoi se distraire de ce que les événemens du dehors ont d'affligeant pour lui. Il s'éjoüit dans l'espérance de rejoindre, dans une meilleure Vie, les personnes qu'il a principalement aimées pour leur Vertu,
& c'est pour lui un encouragement à y persévérer.

Mr. Bayle trouve le sort des personnes mariées fort
triste, de quelque côté qu'il le considére, & que le
mal y prévaut sur le bien. Qu'on joigne à ce qu'on
vient de lire ce qu'il dit dans l'Article Selemnus.

„ On a dit que la Riviére de Selemnus avoit cette
„ vertu admirable ; c'est que les personnes qui s'y
„ baignoient de quelque sexe qu'ils fussent ne se sou-
„ venoient plus de l'objet de leur amour. Pausanias
„ a raison de dire que si l'eau de Selemnus avoit une
„ telle vertu, elle seroit préférable à de grosses som-
„ mes d'argent.

„ Il ne faut pas croire, dit-il, tout ce que les Note A:
„ Poëtes & les faiseurs de Romans font débiter
„ aux personnes amoureuses : il y a de l'hyper-
„ bole dans les descriptions de leurs souffrances ;
„ mais il faut pourtant convenir que l'amour
„ est une source inépuisable de malheurs & de
„ desordre : C'est une passion très-nécessaire sur
„ la terre pour y conserver les animaux : C'est
„ l'ame du monde à l'égard de cette espéce de
„ Créatures ; & il est même certain que la Providence
„ a uni à une passion si nécessaire, mille charmes, mille
„ douceurs, mille agrémens.

„ A une inclination si nécessaire, & qui entre si
„ essentiellement dans le plan du Créateur. Elle y
„ a joint une infinité d'amertumes. Combien y-a-
„ t-il de gens qui en perdent le boire, le manger, le
„ dormir, la santé, l'esprit ? Le nombre de ceux
„ qui en meurent & plus grand que l'on ne pense :
„ ceux qui s'en pendent font rares à la vérité ; mais
„ il s'en trouve pourtant. Tout cela regarde ceux
„ qui aiment sans être aimés. Quant à ceux
„ qui sont aimés autant qu'ils aiment, il paient bien
„ chers leurs plaisirs ; car pour ne rien dire des éga-
„ remens de leur Raison, ni de l'opposition qui se
„ trouve si souvent dans leurs véritables intérêts &
„ leur amour ; opposition qui les expose à une in-
„ finité de traverses & de chagrins ; ne sont ils pas
„ assés malheureux par la seule Jalousie qui accom-
„ pagne presque toûjours leur passion ? Peut-on
„ concevoir un état plus triste, plus pitoiable, plus
„ affreux que celui d'une personne jalouse ? Qu'elle
„ ait raison, ou qu'elle n'ait pas raison de concevoir
„ de la jalousie, c'est la même chose ; son tourment
„ n'en est pas moindre ; les Chiméres, les fantomes
„ de son Imagination ne le persécutent pas moins ; le
„ feu qui le mine & qui le consume n'en n'est pas
„ plus supportable. Disons donc avec nôtre Auteur,
„ que s'il y avoit dans le monde une riviére qui
„ pût guérir les amans, elle vaudroit mieux que
„ l'or.

Si l'on veut croire Mr. Bayle, le Mariage rend
les hommes beaucoup plus malheureux qu'heureux,
& la Tendresse est suivie de plus d'amertume que de
contentement. Que faut-il donc faire ? il faut se livrer à une Indolence Sceptique, vivre sans attachement de cœur, s'amuser à feuilleter des Livres, &
n'être sensible qu'au plaisir de contredire, ou à celui
de rouler des gaillardises dans son Imagination.

Mr. Bayle approuve ailleurs, avec beaucoup d'esprit que la Jalousie, c'est-à-dire, la Capacité où est le
cœur de l'homme de devenir susceptible de cette
passion, a ses utilités, parce qu'il est engagé à la
craindre, & à prévenir ce qui pourroit la faire naître.

Si

Si les hommes ne se servent pas de leur Raison pour en venir là, c'est leur faute. Un homme qui attache ses affections à une personne qui n'est pas estimable, & qui le trompe, a grand tort; & s'il souffre de la jalousie, qu'il s'en prenne à lui-même, & qu'il se corrige de son mauvais goût. S'il se remplit la tête de chimères & de soupçons déraisonnables, c'est encore sa faute. Que ne raisonne-t-il plus tranquillement afin de s'assûrer de la vérité ? Qu'on s'étudie à la Sagesse, & à la Vertu, qu'on règle là dessus principalement son Estime, qu'on travaille de concert avec ceux qu'on aime, à se rendre Raisonnable, & on s'affranchira de tous ces Maux qui sont la juste & naturelle punition d'un coeur qui se passionne sans choix, & sans consulter la Raison. Si tous les maux & tous les chagrins que Mr. Bayle se fait un plaisir de rassembler étoient les effets d'un Destin; si l'homme n'étoit qu'un Etre passif, & qu'une cause extérieure produisit immédiatement tous ses mobiles, on feroit fondé à déplorer son sort & à le rapporter à la Dureté de son Auteur. Mr. Bayle bâtit sur cette hypothèse. Celle de l'Activité de l'Ame & du sage Plan de Dieu fait tomber tous ses argumens.

Article Raisonné.

Les Poëtes pour rendre leurs compositions plus vives & plus animées, font parler les passions dont le langage est outré. La plûpart des Orateurs n'imitent que de trop près les Poëtes à cet égard.

Ibidem Note 8.

„ Reinesius, dit Mr. Bayle, avoit souvent résu-
„ sé la charge de Professeur, parce qu'il craignoit
„ d'avoir des Collégues insupportables, & il y a
„ bien de l'apparence que s'il se fût engagé aux em-
„ plois Académiques, il eut eu bien des querelles sur
„ les bras; car il ne pût pas éviter d'entrer en guerre
„ avec un Professeur de Leipsic, quoi qu'une assés
„ grande distance de lieu les séparât l'un de l'autre.
„ Ce fut une querelle d'érudition au commence-
„ ment, & puis un Procès d'Injures porté au Bar-
„ reau.

„ Ce que je viens de rapporter, dit-il, touchant
„ les malheurs dont Reinesius se plaignoit, semble
„ être le destin commun des Savans. L'histoire de
„ leur Vie, & leurs lettres témoignent presque tou-
„ jours qu'ils ont été engagés dans des querelles
„ chagrinantes, où la jalousie, la calomnie, l'empor-
„ tement, les satires, l'esprit de faction, la fraude
„ & mille autres passions honteuses répandoient tout
„ leur venin. Il semble que les gens de Lettres sont
„ ceux qui conspirent d'avantage contre leur pro-
„ pre repos, & contre celui de leur prochain. Cela
„ n'est propre qu'à inspirer du mépris de la Science
„ pour les Sciences, ou du moins qu'à faire perdre
„ la bonne opinion qu'on auroit d'elles. Les Igno-
„ rans s'imaginent que s'ils avoient donné tout leur
„ temps à la lecture ils auroient appris à modérer
„ leurs passions, & à se guérir de plusieurs défauts
„ qui les font agir injustement envers leur prochain.
„ Mais pourroient-ils demeurer dans cette pensée,
„ s'ils entendoient dire comment les plus doctes se
„ maltraitent les uns les autres, & se persécutent, &
„ se plaignent de leur malheureuse destinée ? Tirons
„ de là qu'il n'y a rien de plus difficile à acquérir que
„ la quiétude, & la droiture de l'ame.

Mr. Bayle réfuté lui-même.

XXXV. Les biens & les maux sont mêlés sur la Terre, Les Biens legers sont les plus faciles à acquérir; mais pour ce qui est des vrais biens, *de la Probité & de la Quiétude,* l'acquisition en est si difficile que rien n'est plus rare. Le Bon Principe n'a-t-il donc pas du dessous? n'a-t-il pas été ou vaincu ou trompé par le Méchant, & les effets de celui-ci ne sont-ils pas en plus grande quantité dans le Monde que ceux du Bon ? Et cela inévitablement, puis qu'il n'y a point de Liberté, que tout est passif parmi les Créatures, & que chacune est nécessairement & invinciblement déterminée à ce qu'elle fait par le Principe à qui il échet de la pousser.

Secours pourvûes à l'inquiétude

XXXVI. JE LE repète encore, nous nous at-

tirons nous mêmes la plus grande partie de nos Maux & ils sont encore souvent les suites naturelles de certaines dispositions qu'il seroit en nôtre pouvoir de changer. Peut-être que Reinesius n'avoit tant de répugnance à entrer dans une Académie que, parce qu'il se sentoit peu endurant. On voit que ceux qui ont le plus de vanité sont ceux qui peuvent le moins souffrir ceux qui en ont. Un homme qui se met en tête de gouverner en Maitre une Société dont il est Membre, & d'y faire tout passer à son gré, devient nécessairement la proie de mille vivacités inquiétes, de mille emportemens, ou de mille chagrins, plus douloureux encore que ses emportemens; à moins que ses Collégues n'aient la complaisance de se rendre ses sujets ; Mais un homme raisonnable donne son suffrage & il s'appuié de toutes les raisons qui l'ont déterminé lui-même à l'opinion qu'il avance, Lorsque ses Collégues pensent autrement que lui, il pèse en honnête homme leurs raisons, sans prévention & sans impatience: S'il les trouve solides, il s'y rend, & il est ravi de s'être éclairé, & de voir que ses choses en iront mieux. Si ses Collégues se trompent, & que ce soient de bonnes gens, il n'a garde de leur en vouloir du mal; il sait qu'il arrive aisément aux hommes de se tromper, & que lui-même se trompe aussi quelquefois, il espère de plus que l'expérience servira à les tirer d'erreur, & à les rendre plus circonspects dans d'autres occasions. Mais s'il a à faire avec des Opiniatres, il se félicitera de ne leur pas ressembler, & ne pouvant pas se procurer le plaisir de voir les choses établies sur un bon pié, il en rira dans la suite plutôt que de s'inquiéter des desordres dont ils auront été la cause; Il est encore plus facile à un Savant qui n'entre point dans ces grands Corps, de passer les jours à l'abri des usages qui s'y excitent. J'avoue que l'envie s'acharne souvent contre le Mérite le plus modeste; mais il n'y a qu'à persévérer à bien faire, & tous les Coups de l'Envie, seront semblables au vent qui frappe un rocher avec un grand bruit, mais qui ne l'ébranle point. Il est des Objections qui tombent d'elles-mêmes dès qu'on ne leur répond pas : Il en est auxquelles il est bon de répondre pourvû que la Raison, & non pas la Colère en dicte la Réponse, & qu'on se souvienne que les Injures & les Grossiéretés ne sont pas des Preuves. Au fond pourquoi se tourmente-t-on de ce qu'il se trouve des gens qui se tâchent de ce que quelqu'un veut tirer ses hommes de leur Ignorance ?

Mr. Bayle s'étoit attiré les applaudissemens de toute l'Europe par ses premiers Ouvrages. S'il avoit été effectivement par rapport à la Théologie dans les Idées, pour lesquelles il marque, de temps en temps, un si grand zéle, il n'avoit pour vivre estimé, honoré, récompensé, qu'à continuer sur le pié où il s'étoit mis, & s'abstenir d'employer toute la subtilité de son Génie à soutenir des Paradoxes inutiles autant que dangereux; Les gens de Lettres s'attirent moins d'affaires par quelque diversité de sentiment que par la manière imprudente & impolie de les avancer & de les soutenir. Dès que leurs Idées en matière de Religion ne vont pas à la renverser de fonds en comble, ils sont magnifiquement récompensés dans un Païs de ce qu'ils perdent dans un autre. Mais si quelques personnes s'avisent de favoriser l'Impiété & le Libertinage ouvertement ou sous main, ou de faire des Piéces Anonymes, contraires à l'intérêt de l'Etat, ou au Repos & au Bonheur des particuliers, lorsque ces gens-là deviennent l'horreur des honnêtes gens, & lorsque convaincus de leur mauvaise manœuvre, s'ils n'ont plus pour Protecteurs que des gens assés Vicieux pour ne le pas faire une honte de leur ressembler, que leur arrive-t-il qu'ils n'aient bien mérité ?

Ce que Mr. Bayle ajoûte dans cet endroit, sur l'inutilité de l'Etude pour amener à la Vertu & à la Tranquilité prouva la nécessité des réfléxions que j'ai faites dans le commencement de cet Ouvrage sur la manière d'étudier en parlant des Causes du Pyrrhonisme & des Remedes qu'on peut y opposer.

Parmi les gens de Lettres, il en est de très-laborieux, qui semblent avoir choisi pour sujets continuels de leurs Lectures & de leurs Compositions, ou de pures inutilités, ou ce qui n'est presque d'aucun usage. Il en est qui lisent avec attention des Livres remplis de Maximes importantes, ou de faits qui peuvent donner lieu à des Réfléxions très-instructives, mais qui n'en profitent point, parce qu'ils n'étudient tout cela que pour en parler, & pour en disputer dans l'occasion. C'est des choses les plus excellentes que l'abus est suivi des plus mauvais effets.

Misére des méchans.

XXXVII. ENFIN toutes ces réfléxions de Mr. Bayle confirment ce que j'ai dit de la nécessité où est un homme de porter ses Idées, & ses Espérances sur l'Avenir, & de se rendre attentif sur l'approbation de Dieu pour vivre avec quelque tranquilité.

Jamais homme n'a été exposé à de plus grandes & à de plus longues épreuves que David ; Un fond d'humeur féroce ne lui sèroit point à les soutenir. il en sentoit tout le désagrément, tout le poids, & toute l'injustice ; mais quand il tournoit toute son attention sur Dieu, toute la fureur des hommes devenoit pour lui un sujet de triomphe & de ravissement.

Eloignés de l'esprit des hommes une Espérance si consolante, la Félicité de leur vie se réduit à bien peu de chose : Je vois un homme qui porte dans son tein pâle & livide, & dans ses yeux abatus & mal assurés les caractères d'un homme qui vit avec peu de satisfaction : S'en faut-il étonner ? Il ne prend plaisir qu'à faire du mal, & il n'est pas en son pouvoir d'en faire beaucoup. D'ailleurs un plaisir de cette Nature est peu satisfaisant, & il n'ignore pas, qu'il est haï & méprisé, qu'il passe pour un trompeur, qui prend plaisir à chagriner tout à la fois, & ceux qui le traversent, & ceux qui briguent à l'envi l'un de l'autre ses bons offices. D'où tireroit-il son contentement, seroit-ce du plaisir de nuire à des gens qui ne lui ont fait que du bien ? Le Démon en qui cette inclination règne, souffre lui-même quand il la satisfait : cet homme se félicitera-t-il d'avoir quelque Vertu ? Mais il est dans la pensée qu'il n'y a point de différence essentielle entre la vertu & le vice, & que tout ce qu'on y met est l'effet de la Politique ou de la Coûtume : Il s'imagine qu'il n'y a point de Dieu, ou que Dieu se met fort peu en peine de ce que font les hommes : Qui lui a mis cela dans la tête ? Quelque Ignorant, quelque homme sans conduite. De quelles preuves s'est il servi pour le persuader ? Elles sont si foibles que lui-même n'oseroit les répéter, il la Vérité n'eut qu'il n'avoit pas besoin de preuves, tant son Cœur étoit un sujet disposé au Libertinage. Quel temps a pris ce funeste Maître ? Celui du Desordre & des Passions honteuses qui dominoient le Disciple. Un Cœur dans cette situation, peut-il être heureux ? Est-ce une grande matiere de joïe, que d'être bien assuré, qu'après un petit nombre d'années qui s'envolent, & pendant lesquelles on n'éprouve que des amusemens chétifs, parmi des Incommodités réélles, on retombera pour jamais dans le Néant. Pour comble de malheur, on n'est pas même assuré de cette affreuse opinion, & l'on a à redouter les suites desespérées d'une Erreur où l'on est peut être. Y a-t-il quelque héritage, je ne dis pas, mal acquis, & aux dépens de la conscience d'un Testateur, mais bien acquis même, qui puissent rassurer contre de si terribles sujets de s'allarmer.

De la difficulté de se procurer une tranquilité solide. Note I.

XXXVIII. Mr. BAYLE continuë ainsi dans l'Article de Reinesius, sur lequel je viens de faire des remarques.

,, Horace n'y entendoit rien, dit-il, lors qu'il parloit de cette façon, Il me suffit de prier Dieu, ,, de me conserver la vie, & de me donner des Richesses : je saurai bien moi-même me procurer la ,, tranquilité de l'esprit. Il se trompoit lourdement ; la ,, chose pour laquelle il ne croioit pas avoir besoin du secours de Dieu, étoit celle qu'il devoit le ,, moins attendre de ses propres forces, & la premiè ,, re qu'il devoit demander à Jupiter ; car il est beau ,, coup plus facile de parvenir par son industrie ,, aux honneurs & aux richesses, qu'à la tranquilité ,, de l'Esprit. Mais dira-t-on les honneurs & les ,, richesses dépendent de mille choses, dont nous ne ,, pouvons pas disposer comme nous voulons, il est ,, donc nécessaire de prier Dieu qu'il les tourne à nô ,, tre avantage. Je vous répondrai que le calme des ,, passions, le repos de l'ame, le contentement de ,, l'esprit, dépendent de mille choses qui ne sont ,, point sous nôtre Jurisdiction. L'estomac, la ra ,, te, les vaisseaux lymphatiques, les fibres du cer ,, veau, cent autres organes dont les Anatomistes ne ,, savent pas encore le siége ni la figure, produisent ,, en nous bien des inquiétudes, bien des jalousies, ,, bien des chagrins. Pouvons nous changer ces or ,, ganes-là ? Sont-ils en nôtre puissance ?

Il me paroit que ce que Mr. Bayle vient de dire fait contre lui. Il reconnoit la nécessité du secours de Dieu ; Or dès là il faut reconnoitre que Dieu Equitable & Bon ne le refuse point à ceux qui le lui demandent : Voilà donc une grande facilité à devenir honnête homme. Mais la Machine du Corps & les humeurs qui y dominent peuvent causer à l'Esprit des troubles dont-il ne sera pas le Maitre. A cela je répons, 1. qu'on peut étudier son Tempérament, & connoitre par expérience ce qui contribue à le rendre trop dominant sur l'ame. 2. Qu'on peut s'éloigner des Circonstances qui se trouvent propres à l'irriter, & à le fortifier. 3. Qu'on peut implorer le secours de la bonne & paternelle Providence qui ne le refuse point à ceux qui l'implorent humblement, avec persévérance & avec sincérité. 4. Qu'une des Preuves de cette sincérité consiste dans le soin qu'on prend de profiter incessamment des secours qu'on en reçoit, & de ne s'exposer pas volontairement aux Circonstances qu'on demande à Dieu d'éloigner, & dont on le prie de diminuer l'efficace : Enfin si Dieu ne trouve pas à propos de faire des Miracles pour prévenir de certaines Maladies qui n'attaquent pas moins les forces de l'Esprit que celles du Corps, ce Dieu parfaitement équitable, dont les lumières très-sûres connoissent précisément toute la différence du Volontaire d'avec le Physique, n'imputera point les actions dont un trouble involontaire, & une foiblesse purement physique & insurmontable ont été les causes.

Il est triste qu'un génie tel que celui de Mr. Bayle, se soit abandonné au plaisir d'entasser des Difficultés au point de ne daigner pas seulement réfléchir sur la facilité avec laquelle on pouvoit les résoudre, non plus que sur les effets dangereux qui en étoient les suites naturelles & nécessaires, dès qu'elles demeuroient sans solution.

Examen de l'Argument tiré de la Mothe le Vayer.

XXXIX. CE QUE Mr. Bayle rapporte de La Mothe le Vayer pour prouver son hypothèse Le misérable sort du genre humain sert bien plus à nous faire voir à quel point le sort d'un Pyrrhonien est misérable.

Article Vayer.

,, La Mothe le Vayer, dit Mr. Bayle, est un grand ,, éxemple du peu de bonheur que l'on goute dans ,, cette Vie ; car quelque sujet qu'il semble qu'il eut ,, d'être content de sa condition, il n'eut pas voulu ,, revenir au monde s'il eut fallu qu'il y jouât la ,, même rôle que la Providence lui avoit déjà im ,, posé.

Ibidem. Note F.

,, Voici ses paroles ; La vie toute seule me paroit ,, si indifférente, que je ne ferois pas plus dire de plus ,, desavantage, qu'outre que je n'élirois jamais d'en ,, recommencer la carriere, s'il étoit à mon choix de ,, le faire, je n'échangerois pas les trois jours cela ,, miteux

,, mieux qui me restent dans un âge si avancé qu'est
,, le mien, contre les longues années que se promet-
,, tent une infinité de jeunes gens dont je connois
,, tout les divertissemens. Certes je pourrois jurer
,, aussi bien que Cardan sur la vérité de ce sentiment,
,, si je ne jugeois plus à propos de vous rapporter
,, ses termes, auxquels je souscris, bien que, selon la
,, façon ordinaire d'écrire ils soient plus sensés qu'ils
,, ne sont élégans. *Nos, per Deum, nostram for-*
,, *tunam exiguam, atque in ætate senili, cum diutissimo*
,, *juvene sed imperito, non commutaremus*. Je sup-
,, pose avec une grande vraisemblance, on fait sur le-
,, quel il ne s'est pas expliqué précisément. C'est
,, que la carriére de la vie, qu'il n'eut pas voulu
,, recommencer, seroit la même qu'il avoit presque
,, achevée. D'où je conclus qu'il n'y a guére de
,, rôles qui paroissent dignes d'être répétés sur le
,, théatre du Monde à un homme de jugement; car
,, celui qui étoit échu à la Mothe le Vayer étoit le
,, plus souhaitable que l'on puisse concevoir dans
,, cette Classe de personnes. Il n'y manquoit au-
,, cun agrément, si nous en jugeons par l'extérieur. La
,, Mothe le Vayer naquit dans la Ville capitale :
,, c'est un avantage que tous les hommes de Lettres
,, & bien d'autres aussi se donneroient. si cela dépen-
,, doit d'eux. Il fut très-bien élevé par un Pére
,, docte, & que son mérite & ses emplois rendirent
,, considérable. Il fut utilement aimé & considéré
,, des deux Cardinaux qui gouvernérent la France
,, successivement : les beaux titres & les emplois
,, honorables ne lui manquérent point ; Car il fut
,, Conseiller d'Etat ordinaire, & Précepteur du frere
,, re unique du Roi. Il se distingua glorieusement
,, parmi les Auteurs, & mérita une place dans l'A-
,, cadémie Françoise. Les ouvrages qu'il publia en
,, très-grand nombre, eurent beaucoup de débit. Ils
,, furent mis sous la presse diverses fois séparément,
,, & puis en un Corps. Il eut du bien autant que
,, sa condition le demandoit. Il s'étoit un peu é-
,, garé aprés les plaisirs illégitimes pendant les feux
,, de sa prémiére jeunesse ; mais il s'en délivra bien-tôt ,
,, & depuis il mena très-constamment une vie pure,
,, & qui le fit regarder comme un sectateur rigide
,, de la plus belle Morale, de sorte qu'il acquit par
,, là une estime singuliére. C'est une plus grande
,, perfection d'être toujours sage, que de le devenir
,, par la voie de l'amendement ; mais il est plus diffi-
,, cile de se convertir à la sagesse que de ne s'en écarter
,, jamais. Il y avoit donc dans cette partie du Rôle de la
,, Mothe le Vayer une espéce d'agrément. Elle fai-
,, soit souvenir de la force qu'on avoit eu à renon-
,, cer à un bien connu ; force plus grande, se peut-
,, on dire à soi-même, que celle de s'abstenir des
,, voluptés qu'on n'a jamais goutées. D'ailleurs n'est-
,, ce pas un agrément que de trouver dans son par-
,, tage la jouissance exclusive des biens du Corps &
,, des biens de l'ame ? Cela tente plus d'accepter une
,, Condition, que si elle étoit privée des plaisirs de
,, la jeunesse. Cependant ni ce côté-là, ni tous les
,, autres qui étoient si beaux, ne firent point sou-
,, haiter à cet Auteur la répétion de son Rôle. C'est
,, une preuve qu'il s'y mêle des traverses que nous
,, ne connoissons pas, & qui faisoient tomber la
,, balance du côté du mal. Or si l'infortune a fait
,, irruption sur l'assemblage de tant de biens,
,, si elle les a empoisonnés d'une amertume assés dé-
,, goutante, pour faire mépriser la Vie, comme une
,, dignité onéreuse, qu'on n'accepteroit pas, dans
,, la Liberté de la réfuser, que pouvons nous croire de
,, la condition de tant de personnes, qui nous paroit
,, destituée de presque toutes les causes du bonheur
,, humain, & exposée à mille disgraces ? Il y a bien
,, des gens qui soutiennent, qu'excepté quelques bru-
,, taux, aucun Vieillard ne voudroit revenir au Mon-
,, de, à condition d'y joüer le même rôle qu'il y a
,, eu. On voudroit bien ne pas mourir, on vou-
,, droit vivre toûjours ; On se flatte que l'avenir

,, seroit meilleur ; mais le souvenir du passé, compen-
,, sation faite entre les biens & les maux, fait qu'on
,, ne souhaite pas de rentrer dans cette carriére. Les
,, Anciens ont teint que les ames qui devoient reve-
,, nir au Monde passoient par le fleuve d'oubliance,
,, comme si sans cela l'on eut eu à craindre qu'elles
,, fissent les rétives.

Tout ce que vient de dire Mr. Bayle sert à prouver que la Vie n'a rien que de bien fade, & de bien
triste même, pour un homme qui la passe flottant dans
l'Incertitude, comme il paroit qu'avoit fait Mr. le
Vayer.

Un homme ne sait, ni d'où il vient ni où il va, il ne
sait si sa Vie & ses pensées sont le résultat d'un concours
fortuit d'Atomes, ou s'il doit son existence à un Principe éclairé & tout-puissant. Il ne sait si le Néant
l'attend, ou s'il y a quelque chose en lui qui doit
encore vivre, dès que son Corps sera réduit en poudre. Il ne sait s'il y a un Dieu, ou s'il n'y en a
point. Au cas qu'il y ait un Dieu, il ne sait s'il
veut être servi par les hommes, ou si cela lui est indifférent ; il ne sait si la Vertu est par sa nature essentiellement différente duVice, s'il y a des Actions,
par elles-mêmes, bonnes, & d'autres par elles-mêmes
mauvaises ; Et au cas que cela soit, si se trouve
dans l'Impuissance de distinguer ce qui est véritablement un Devoir, d'avec ce qui passe pour tel, par
un effet de la coûtume & des Loix arbitraire des hommes. Au cas que Dieu soit dans le dessein de récompenser & de punir, il ne sait s'il est dans le chemin des Récompenses, ou dans celui des Châtimens,
& il ne voit point comment s'en assûrer : Il ne
sait s'il se trompe, ou s'il ne se trompe pas, & au
cas qu'il se trompe, il ne sait si son Erreur lui sera
pardonnée, & s'il en sera puni ; il ne sait s'il a fait
tout ce qui étoit en sa puissance pour l'éviter, ou
s'il pouvoit faire mieux ; Il ne sait s'il est Libre, ou
s'il ne l'est pas, il ne sait si la Répentance le rend
louable ou ridicule. Qui est-ce qui voudroit recommencer un tel Cercle d'Incertitudes ?

XL. QUAND Mr. Bayle ajoûte, *à l'exception* *Ibidem*
de quelques brutaux, aucun Vieillard ne voudroit reve- *Note F.*
nir au monde pour y joüer le même rôle qu'il a fait.

La Raison en est claire. Quand on pense à tout
ce qu'on a fait de fautes, il faudroit être parfaitement brutal pour ne pas convenir qu'on auroit dû
faire mieux ; & cela étant, auroit-on la moindre conscience, & le moindre goût pour la Probité, si l'on
souhaitoit de les rétérer toutes ?

Un homme persuadé de la sincerité de sa Répentance, persuadé qu'il est en grace avec son Dieu, &
que la Mort le va faire passer à un état de Lumiére
& de Sainteté parfaite, aime beaucoup mieux se parti, que celui de renaître pour revivre même beaucoup mieux. Mais si son Créateur le lui ordonnoit,
il devroit aussi embrasser avec joie une occasion de
commencer une Vie nouvelle, & d'une toute autre
excellence, que celle qu'il a achevée.

Saint Pierre & St. Paul, n'auroient point voulu
recommencer leur Vie, l'un pour renier encore Jesus
Christ, l'autre pour le persécuter dans la personne
de ses fidelles Disciples ; mais l'un & l'autre se félicitent d'avoir vécu, quoi qu'ils fussent tombés dans
de très-grands Péchés, puisqu'ils en avoient obtenu le
pardon par leur Répentance, & qu'ils célébreroient
éternellement la Miséricorde de Dieu, avec des transports de la plus vive admiration.

Mais si l'un & l'autre avoient reçu de Dieu l'ordre de
reprendre leur vie, pour la passer dès leur enfance dans
une plus exacte observation de tous leurs Devoirs,
& pour travailler aux Intérêts de sa Gloire, & au
salut des hommes, avec un nouveau Zéle & un nouveau succès, l'un & l'autre auroient rendu à Dieu
de vives actions de graces d'une telle commission.

Tel ne voudroit pas recommencer à essuïer tous
les orages qui l'ont agité, qui ne laisse pas de se féliciter, de ce qui lui a fait regarder son embarque-
ment

ment comme un bien, puis qu'il est tout près d'être reçu dans un port, où il se verra pour toûjours à couvert de tout danger, & dans lequel il profitera à jamais des fruits de son voiage.

Objection & Reponse. Article Tullia Nota R.

XLI. JE N'AI plus qu'à éxaminer la Critique que Mr. Bayle fait de Lactance, & les conséquences qu'il tire des mœurs de Ciceron.

,, Lactance suppose un fait, dit Mr. Bayle, que
,, Ciceron lui auroit nié, c'est que les biens de cette
,, vie surpassent les maux. Je suis sûr que l'état
,, affreux où Ciceron se trouva pour avoir perdu Tullie,
,, lui paroissoit un mal si pressant qu'il eût volontiers
,, cédé tout le brillant de sa gloire, afin de se délivrer
,, de sa tristesse. Je crois aussi qu'il n'eut pas voulu
,, revenir au Monde, sous la condition de passer par
,, tous les états où il s'étoit vû. Nous avons vû ce
,, qu'il faisoit dire à Caton : il en pensoit autant de
,, soi-même. Il eut néanmoins beaucoup de part aux
,, faveurs de la fortune : son Eloquence fut admirée ;
,, il s'éléva aux prémiéres charges de la République,
,, il y acquit une glorieuse reputation ; mais si je
,, ne me trompe il auroit juré (A) que tous
,, les plaisirs de sa vie, mis en balance avec
,, les douleurs & les chagrins qu'il avoit sentis,
,, ou qu'il ressentoit, n'eussent pas été comme une
,, once à une livre.

,, Pour juger de la Réalité des choses, il ne faut
,, point s'en remettre à la déclaration d'un homme qui
,, parle dans les transports d'une Passion ; car une Pas-
,, sion vive de quelque nature qu'elle soit, l'aveugle,
,, & le met hors d'état de faire les Comparaisons néces-
,, saires pour décider une Question. Terence introduit

Exemple

,, un jeune homme, qui, en possession de ce que son
,, amour lui avoit fait tant souhaiter, croit sa félicité
,, égale à celle des Dieux & se compte pour Immor-
,, tel. Les transports de la joie sont outrés comme les
,, excès du chagrin.

Contradiction de Mr. Bayle Oeuvres Div. Tom. III. pag. 156.

XLII. JE FAIS une remarque particuliére sur un endroit de l'article CLXVII. des Pensées diverses.

,, Je ne sai si tout le monde fait la réfléxion que
,, j'ai souvent faite, *dit Mr. Bayle*, en voiant qu'il
,, y a des péchés bien plus ordinaires que les autres.
,, J'en doute fort ; car selon toutes les apparences
,, la plupart des gens s'imaginent, que cela vient
,, de ce qu'il y a des péchés qui paroissent si véniels
,, & si petits, qu'on ne les compte presque pour
,, rien en comparaison des péchés crians. Mais pour
,, moi, je n'en donne pas cette Raison, & je tiens
,, au contraire, que cela vient de ce qu'il y a des
,, péchés qui causent universellement une joïe plus
,, sensible que les autres, & à moins de frais. Car
,, enfin la joïe est le Nerf de toutes les choses hu-
,, maines, & il est certain, quoi qu'on en dise, que
,, l'homme a plus d'amour pour la joïe, que de
,, haine pour la douleur, & qu'il est plus sensible au
,, bien qu'au mal. On ne fait pas difficulté d'aller
,, au chagrin & à la douleur, pourvû qu'on passe
,, par la joïe, ni de passer par la douleur & par le
,, chagrin, pourvû qu'on aille au plaisir. Cela pa-
,, roit par l'éxemple de tant de jeunes filles, qui
,, s'exposent aux suites fâcheuses d'un plaisir présent,
,, se laissent aller à des actions, qu'elles savent bien
,, qui entrainent après elles une longue suite d'amer-
,, tumes ; & par l'éxemple de tant de gens, qui ont
,, éprouvé mille fois, que l'usage de certaines Vian-
,, des, & le trop boire, leur ont causé des dou-
,, leurs épouvantables, qui ne laissent pas de conten-
,, ter leur appetit la-dessus, quand ils en trouvent
,, l'occasion. Il y a des Corsés qui après une of-
,, fense reçuë ont été quinze jours entiers cachés dans
,, des broussailles pour attendre leur ennemi, trop
,, satisfaits d'y brouter quelques racines, pourvû
,, qu'ils eussent le plaisir de voir réüssir l'embuscade.
,, Il faut bien que la force du plaisir soit grande,
,, puisqu'on a vû tant de fois à Rome, pour le

,, peu de Vestales qu'il y avoit, le supplice de cel-
,, les qui s'étoient mal gouvernées : Supplice si af-
,, freux, si infame, si lugubre, si chargé d'éxecra-
,, tion, qu'il n'y avoit rien de plus propre à retré-
,, ner les saillies de l'incontinence.

,, Cela étant si vous me demandés pourquoi l'Im-
,, pudicité est un vice incomparablement plus ordi-
,, naire que le Meurtre ; je répondrai que ce n'est
,, pas parce que l'on sait bien que le meurtre est un
,, crime plus atroce ; mais parce qu'il y a incompa-
,, rablement plus de gens dominés par les plaisirs de
,, l'impudicité que par le plaisir de tuer. J'avouë
,, que la peine temporelle établie contre les meur-
,, triers ; contribue beaucoup à la différence dont nous
,, parlons. Mais on m'avouera aussi après avoir bien
,, éxaminé la chose, que la raison que j'en donne y
,, contribue encore d'avantage.

Quand il s'agit d'affoiblir le *pouvoir* de la *Vertu* contre la *force* des *Plaisirs* qui portent au *Vice*, alors le *plaisir* a, selon Mr. Bayle, tout autrement d'influence sur l'homme que la *crainte* de la douleur ; mais quand il s'agit de favoriser l'hypothése des *Manichéens*, & d'éxposer les Inconvéniens qu'il y a à ne reconnoitre qu'un seul Principe *Bon*, alors les Douceurs dont l'homme jouït ne sont rien en comparaison des Douleurs. La Douleur ressemble dit-il, aux Corps *denses*, & les plaisirs aux Corps *rares*, " Peu d'heures de

Article Xenophanes. Suiv. F.

,, douleurs doivent être comptées pour beaucoup, &
,, plusieurs jours de plaisirs doivent être comptés
,, pour peu de choses.

Voilà comme on raisonne quand on ne se donne pas la peine de chercher la Vérité avec assés de circonspection, parce que ce n'est pas cela qu'on a le plus à cœur. On ne s'apperçoit pas qu'on se contredit aussi soi même, quand une passion contredisante porte à attaquer tantôt un sentiment, tantôt un autre, & engage à se saisir de toutes les armes qui paroissent tant soit peu propres au dessein que l'on a.

Conclusion

XLIII. IL FAUT avouër que tout ce que Mr. Bayle a trouvé à propos de répandre, dans ses Ouvrages, sur le sort infortuné du Genre humain, va tout droit à remplir l'esprit de doutes sur la Providence d'un Souverain Maitre, Juste, Sage, Bon, Puissant. L'Imagination troublée par des entassemens de preuves, par des portraits favorables à l'hypothése, où le Mal est éxageré & le Bien réduit à de légéres apparences, ne fait plus que croire, ni à quoi s'en tenir sur ce que la Réligion pose en fait d'une souveraine Providence. Quiconque se trouvera d'humeur à secouër le joug d'un Etre Très-juste, Tout-puissant & à qui il est infiniment dangereux de n'obeïr pas, se comptera heureux d'en rien croire ; Il ne balancera plus après avoir lû Mr. Bayle, & il n'aura garde des chercher des réponses à de Objections si fort de son goût.

Mais tout ce qu'il y a plu à Mr. Bayle d'alléguer sur cette matiére & toutes les conséquences qui en paroissent découler, s'unit pour faire voir à quel danger on s'éxpose, dès qu'on décide avec précipitation ; car les suppositions mêmes de Mr. Bayle améneront tous ceux qui savent & qui veulent raisonner à des conclusions toutes opposées.

Qui est-ce qui se saisant une Loi de raisonner conséquemment, qui en connoitroit l'importance, & qui craignant l'erreur & ses suites, osera s'imaginer l'Univers n'a pour Cause qu'une Fatalité aveugle ; ou qu'un Etre supérieur l'a produit sans aucune vuë digne de lui, & tout au plus pour éxercer une fois sa puissance ; mais du reste sans amour pour les ouvrages ; sans en estimer les Idées, sans en approuver l'éxécution ; sans prendre aucun intérêt au sort des hommes, il les a mis sur la Terre pour s'y nourrir, & pour s'y multiplier ; & du reste pour y faire tout ce qui leur viendra en fantaisie, s'empoisonner, s'égorger mutuellement, se supplanter, se trahir

vivre

(A) Mr. Bayle se le figure jurant, parce qu'il lui plait de se le figurer ainsi.

vivre à la manière des bêtes & les furpaffer même en fenfualité ? Idées d'ordre, de bienféance, d'équité, de modération , de bienfaifance &c. font ce-là des belles chimères , dont on peut s'écarter fans crainte de déplaire au Maitre du monde , qui n'y fait aucune attention ?

Il eft aifé de pouffer ces Principes & d'étendre ces Conféquences. Plus l'on y penfera, plus on fe convaincra que ces Principes font évidens , & que ces conféquences font liées à leurs Principes.

Mais fi le Grand Maitre du Monde prend intérêt au fort du Genre humain , pourquoi les hommes naiffent-ils dans l'impuiffance de fe rendre heureux ? Pourquoi vivent-ils éxpofés à des miféres inévitables ? Quelque parti qu'ils effaient de prendre ils y rencontrent des fatigues, des traverfes , des fouffrances , des mortifications.

Se bornent-ils à vivre dans les forets, où à fe répandre en petit nombre dans des campagnes plus agréables que les épaiffes forets. Ils y feront abandonnés à une ftupidité qui les éloignera peu de la groffiéreté des animaux brutes. Leur Raifon & leurs excellentes facultés demeureront fans ufage; & qui pourra croire que le fage & fuprême Auteur de l'Univers ait enrichi la nature humaine de dons fi précieux pour ne s'en fervir jamais ? Les hommes vivront , fans être jamais curieux de s'inftruire quelles font les caufes de la vuë ! Ils entendront des fons, fans s'avifer jamais de chercher de quelle maniére ils fe forment! Sans faire des provifions dans les années abondantes , pour celles qui feront moins , fans fe précautionner contre les maladies, ils périront fans fecours à la manière des brutes, qui feront même d'autant moins malheureufes que les hommes , qu'elles n'ont pas befoin de tant de fecours. Ils feront de plus expofés à leurs courfes & à leurs attaques, fans y pouvoir le plus fouvent oppofer que de foibles défenfes. Ils feront encore moins en fûreté contre les autres hommes. Des troupes moins laborieufes & moins prévoiantes fe jetteront fur les provifions des plus ménagers, ou de ceux dont l'habitation fe trouvera plus fertile. La faim a appris à ces hommes fauvages à vivre de chair humaine, & ils font venus à s'en faire une gloire, parce qu'ils s'en font emparés fur leur courage , leur force & leur induftrie.

Pour fe mettre en fûreté contre des maux de cette nature, les hommes formeront-ils des fociétés plus nombreufes ? Elles ne fauroient fubfifter fans Loix, & fans Magiftrats pour les faire obferver. Mais l'éxpérience fait voir que ces Magiftrats oublient bientôt qu'ils ont été tirés de la multitude de leurs égaux , pour employer leurs talens & toute leur autorité à procurer le bien commun , à veiller & à travailler au bonheur de tous. Peu à peu ils viennent à regarder ceux de qui ils tiennent leur élévation, comme leur domaine ; ils fe comptent en droit d'en difpofer à leur gré. Un vain ces Inférieurs fe repofent fur les Loix comme fur une barrière facrée , qui empêche aux Conducteurs de la multitude d'abufer d'un pouvoir dont-ils ne font que les dépofitaires : Car en vertu de leur commiffion , ils interprétent les Loix & les appliquent aux circonftances; mais ils les interprétent & ils les appliquent au gré de leurs intérêts particuliers & de leurs paffions, & traitent fouvent de violateurs de ces Loix ceux qui en preffent l'obfervation dans leur vrai fens. On les honore de quelques revenus, en reconnoiffance de leurs foins & pour les dédomager de ce qu'ils perdent , en faifant moins d'attention à leurs propres affaires, afin de la donner toute entiére à celles du Public. Par ces voies ils s'enrichiffent , & quoiqu'ils s'enrichiffent de la liberalité d'autrui, ils n'en deviennent pas moins fiers. Bien des gens ont befoin de leurs fecours & , eux n'ont prefque befoin de celui de perfonne, au moins immédiatement , & comme fi les rentes & le rang étoient des preuves de mérite, ils fe portent à regarder avec mépris tous ceux qui leur font inférieurs en revenus & en dignité. Dès que le plaifir inhumain de trouver les autres moins heureux que l'on eft foi-même, s'eft une fois emparé de leur imagination , & à féduit leur coeur, ils cherchent leur élévation dans l'abaiffement des autres , & ils ne fe favent jamais plus de gré de leur fort , & ne font jamais plus grands à leurs propres yeux , & plus fatisfaits , qu'à proportion que les autres le font moins.

Pour s'affranchir de ce qu'il y a de plus onereux dans cette multitude de Maitres, trop divifés entr'eux pour pouvoir s'attirer, par les voies même les plus innocentes , l'affection de quelques-uns , fans fe rendre, par là-même encore, odieux aux autres, fe donnera-t-on à un feul ? On n'eft pas encore convenu fous quel gouvernement on vit plus heureux , tant les inconvéniens naiffent dans chacun des moiens même établis pour les prévenir, & tant le mal fe trouve par tout à côté du bien.

Sur le fujet dont je parle le refpect interdit l'éxageration du mal; mais & fon importance & fut tout le rapport qu'il a au fort du Genre humain & à la Providence qui le dirige, ne défendent pas moins la flatterie & le déguifement de la Vérité fur le Bien. Je débuterai donc par reconnoître qu'il eft des PRINCES tels que le bonheur des hommes les demande. Mais j'avouerai en même temps que le nombre n'en eft pas auffi grand qu'il feroit à fouhaiter.

Dans les Roiaumes électifs la brigue peut l'emporter fur le mérite. Les factions qui s'y élévent font le plus fouvent dominées par des vuës fort différentes de celle de l'intérêt public , & fi ces divifions ne vont pas jufqu'à des guerres Civiles, les peuples ne laiffent pas d'en fouffrir. Un Roi fur le Trone amaffe autant de tréfors qu'il peut pour acheter des fuffrages à fes enfans, ou pour les dédomager de la perte de fa fucceffion. Ses favoris, dans l'incertitude du maitre qu'ils fervirons, profitent du préfent & s'enrichiffent de leur côté. Tout cela fe fait aux dépens de l'Etat & du Peuple.

Dans les Etats héréditaires, l'éxemple de *Marc Aurele* & de *Commode*, & d'autres qui en font fort approchans, ne prouvent que trop qu'un *Héros* peut être fuccédé par un *Monftre*. Si les enfans héritoient toujours les qualités & les inclinations de leurs Péres , tous les hommes fe reffembleroient. Mais outre cela, avec quelque heureux tempérament qu'on foit né , une mauvaife éducation fuffit pour en faire évanouir les vertus & pour enter en leur place les Vices.

Mais qu'il eft difficile de bien élever des enfans qui font nés dans la Pourpre. On les abandonne d'abord entre les mains des femmes, & celles du commun y ont même le plus de part. Des enfans de ce rang s'accoûtument, dès leur première enfance , à ne fe plaire que dans des regards refpectueux : Tout air libre & familier leur paroit une infulte. Les perfonnes, qui environnent un enfant dans ces circonftances, fentent que toute leur fortune eft attachée à fa confervation ; fes larmes & fes cris les effraient & les jettent dans la confternation : C'eft à qui les cajollera le plus ; On admire leurs begaiemens & leurs fingeries, on les leur fait répéter; & le goût de la bagatelle & de la poliffonerie eft la premiére empreinte fur laquelle on moule des efprits & des coeurs deftinés aux plus grandes, aux plus importantes, & plus difficiles occupations.

Je veux me taire fur leurs Gouverneurs & leurs Informateurs. Je fuppofe qu'on leur en donne qui entendent ce dont ils fe mêlent ; C'eft beaucoup dire. Peut-être pourroient-ils réuffir à corriger l'influence , ordinairement fatale , des premiéres impreffions, fi on les laiffoit faire ; Mais à tout coup on embaraffe leur projets les mieux concertés , & on les reduit à la néceffité de prendre de nouvelles mefures, qu'on leur fera en-

encore bientôt abandonner. Il en est de ceux qui environnent des enfans comme de ceux qui environnent un malade. Dans ce dernier cas chacun s'érige en Médecin, & donne hardiment ses conseils. Dans le premier, grand nombre de personnes qui sont de véritables *tables rases* par rapport aux savoir & au jugement, qui ne connoissent ni le cœur humain, ni la nature des passions, ni comment-elles se fortifient, ni comment-elles se calment, ni le parti qu'on en peut tirer, ni les dangers où elles exposent, ni ce qu'elles ont d'utile, ni ce qu'elles ont de séduisant ; des personnes destituées de tous les secours nécessaires s'avisent de vouloir régler la chose du monde la plus difficile, & où les faux pas ont de plus grandes suites.

Que dirai-je de l'efficace de l'exemple, autre genre d'instruction & qui s'insinue avec d'autant plus de facilité qu'elle ne renferme rien d'impérieux, & qu'elle ne demande aucun effort d'attention ? Les éxemples sur lesquels un enfant aime à arrêter les yeux, lui sont présentés par ceux qui lui paroissent les plus brillans & les mieux parés ; & ces dehors éblouissans ne sont pas toujours ceux des plus grandes ames, des plus sages & des plus éclairés.

Il n'y a point d'homme accompli en tout sens. Chacun a quelques défauts, & ceux-ci se font plus agréablement sentir à des enfans que la Vertu & le Mérite, parce qu'ils flattent ou leur paresse, ou leur sensualité, ou leur ambition ; & d'ailleurs ils sont bien plus aisés à imiter.

Tous ceux qui se présentent à des enfans d'une haute naissance, débutent ordinairement par des airs de respect & d'admiration, & s'ils ne portent pas la flatterie jusques à faire l'éloge de toutes leurs fautes, ils les éxténuent pour le moins, & ils les réduisent à rien. C'est à qui briguera leurs graces, avec le plus d'empressement, de soumissions & de cajoleries. Tant de gens leur demandent leur affection, que ne pouvant ainsi la partager, ils ne la donnent à personne, & s'accoûtument à n'aimer réellement qui que ce soit ; & en effet ils voient qu'ils n'ont pas besoin d'aimer eux-mêmes pour être aimés & pour être servis. Ils s'accoûtument encore à compter pour rien tout ce qu'on fait pour eux, & ils ne peuvent s'empêcher d'en faire cas ; ils s'accoûtument à le regarder comme dû, afin de se dispenser de toute obligation à la reconnoissance, & de se conserver le plaisir de compter leurs moindres graciosités comme des présens au-dessus de tout prix.

Après cela, flattés-vous de faire entendre avec plaisir ou du moins sans répugnance, à des enfans continuellement ainsi attaqués, ainsi empoisonnés, la voix de la Vérité qui les développera à eux-mêmes, la voix des bons conseils qui leur apprendra à se corriger & leur découvrira les routes qui conduisent au solide Mérite & à la Véritable Grandeur.

Ils vous fermeront la porte s'ils le peuvent, il vous fuiront, & au pié de la lettre, comme l'on fuiroit un orage : Ils boucheront leurs oreilles & détourneront toute leur attention pour n'être pas inquiétés par des dissonances si desagréables.

Espérer de vous faire écouter par des cœurs ainsi prévenus, quand vous leur apprendrés que les autres hommes ne sont pas nés pour parer sans cesse à tout ce qui pourroit leur donner de l'ennui, pour éloigner tout ce qui pourroit leur causer du chagrin, pour se dévouer à leurs plaisirs, pour les prendre pour Loi & pour Modèle, & pour régler sur leurs Idées leur estime, & leurs inclinations. Dites-leur qu'ils doivent bien se garder de le croire, que se seroit donner dans des pensées très-fausses & des travers très-dangereux : Ajoutés qu'au contraire c'est eux que la Providence a fait naître pour procurer le bonheur des autres hommes, qu'elle les a chargés d'en étudier les moiens, de travailler eux-mêmes à les mettre en éxécution, d'y faire travailler les autres, de les éstimer & de les recompenser à proportion du zèle & de l'habileté avec laquelle ils s'y emploieront. Ce sera beaucoup si ces Paradoxes ne vous font pas regarder comme un visionnaire. Peut-être qu'on ne le dira pas, peut-être même qu'on ne le pensera pas distinctement ; mais on en aura une persuasion confuse, qui n'aura pas moins d'influence sur les sentimens du cœur & sur la conduite, qu'en auroit un dogme formel.

Voilà donc nourrissent continuellement l'esprit & le cœur des jeunes Seigneurs, ceux-là même qui, à le bien prendre, auroient le plus d'intérêt à leur inspirer des maximes tout opposées : Et comment seroit-il possible que deux ou trois personnes tinssent contre cette foule de témoins qui ne cessent de déposer en faveur de ce qui flatte les passions, & qui autorise le relachement , contre des Maximes sévères & qui rebuteront toûjours ceux qui n'en connoissent pas le prix ?

A mesure que ces jeunes cœurs, pour qui la Grandeur est une infortune, avancent en âge, on les anime à l'amour des voluptés, on les forme au goût de la dissipation, & on les affermit dans l'habitude fatale de deux plaisirs également dangereux ; l'un de vivre dans l'indépendance des autres, & de la Raison même ; l'autre de se voir entouré de gens dont la soumission est aveugle, de gens à qui l'on tient lieu de Raison, & plus prompts encore à servir qu'on ne l'est à commander.

A proportion encore qu'il avancera en âge, on lui dira que sa taille se perfectionne d'un jour à l'autre ; on louëra sa bonne mine, sa bonne grace à cheval, son addresse à tirer & à faire des boucheries inutiles de gibier, son courage à ne point craindre de se rompre le cou. Il est bien des gens qui ne connoissent guére d'autre mérite ; A leur imitation un jeune Seigneur comptera ces minces avantages pour ceux dont il doit tirer le plus de relief ; son Miroir sera son premier Conseiller ; à tout coup il le consultera. Les allures de son Cheval rehausseront merveilleusement à ses yeux l'Idée supérieure qu'il aime à se faire de soi-même. La richesse de ses ameublemens, l'éclat & la finesse de son linge, le tissu de ses dentelles, la broderie de ses habits, sans qu'il soit besoin d'y ajouter les superfluités de sa Table, & sa facilité à faire de certaines conquêtes qui ne font point des preuves de courage ; tous ces objets s'emparteront si puissamment de son Imagination, pour son Entendement en sera étourdi ; Il ne s'y trouvera plus de place , pour les Idées des avantages réels qui appartiennent à l'homme en propre, & qui font sa véritable perfection : Ou si ces Idées s'y présentent quelquefois, ce ne sera qu'avec la foiblesse & la confusion des songes. Quand des gens ainsi prévenus entendront parler avec éloge de politesse, de graciosité , de libéralité , de naturel compatissant , d'empressement à se rendre utile, d'attention, de vigilance, d'éstime pour le vertu, d'affestion pour les gens de bien, d'éloignement pour le vice & pour les vicieux, de mépris pour la flaterie & pour les flatteurs, de pureté, de sobriété, d'empire sur ses passions, de respect pour la Raison, du plaisir de la consulter & de celui de s'y soumettre, ils conviendront, & peut-être même ils sentiront que ces termes expriment des actions & des habitudes éstimables. Mais l'habitude dominante de la dissipation, & les occasions qui s'en offrent sans cesse, auront bien-tôt passé l'éponge sur ce genre de tiédeur. D'ailleurs ils soupçonneront aisément (& tant de gens les en assureront qu'ils n'en pourront plus douter) que leur Rang les dispense d'un grand nombre d'assujettissemens, qu'ils ne sont point réduits à la nécéssité de se contraindre, & qu'il leur suffit de se faire de choisir entre cette multitude de devoirs, ceux dont l'observation leur sera la plus commode.

La Réligion ne s'accommode point de cette Liberté de choix ; elle est incompatible avec ce genre de tiédeur. Elle devient donc importune, & dès qu'un homme, qui passe pour avoir quelque esprit & quelque lecture, a le cœur assés gâté pour dire hardiment,

ou

ou d'un ton railleur, que la Réligion est faite pour le peuple & les petits génies, il est agréablement écouté. On se remplit la Mémoire d'objections faciles à résoudre, mais dont on néglige de chercher la solution, ou les répéte avec plaisir & d'un air de persuasion, on impose par là à des ames véritablement rampantes & à des génies très-bornés; & à force de se voir écouté dans ces repétitions, on se les rend si familiéres, qu'elles viennent enfin à prendre la place des Actions communes, elles acquiérent toute l'autorité des prémiers Principes. Le goût du Doute succéde au Désir si naturel & si raisonnable de la Lumiére & de la Certitude, & a la force de l'éteindre. On compte même parmi ceux qui aiment à s'abandonner au doute des gens qui auroient toutes les facilités imaginables à s'en tirer, parce qu'ils auroient pour cela, s'ils le vouloient, beaucoup plus de temps & plus de secours que les autres.

Ceux qui ne goûtent pas le Gouvernement Républicain allégueront, (& cette raison me paroit une des plus fortes) qu'en servant le public, quoique réellement on serve par là même les particuliers, cependant on n'en tire non plus d'avantage, que si on se dévouoit à une belle Idée; Quelques louanges vaines, c'est là tout le fruit qui en revient, parce que chaque Individu, séparé ses propres intérêts de ceux de la communauté, & les a beaucoup plus à coeur. Ceux-là même qui ont part au gouvernement ne sont pas exempts de cette faute. Quelque zèle pour les particuliers vous mène plus loin que tout ce que vous faites pour l'Etat; au lieu que dans les Monarchiques vous servés immédiatement le Maitre à qui il appartient, & qui, par conséquent, ne manque pas de vous en tenir compte. Mais ce Maitre n'est pas seulement Monarque, il est homme, & s'il est plus homme que Monarque, ceux qui sauront le mieux le prêter à ses plaisirs flatter ses foiblesses, & répandre des agrémens sur ses dissipations, deviendront les amis du coeur, & c'est sur eux que tomberont les prémiers honneurs & les principales recompenses.

On dit encore que dans les Républiques les ordres souverains, qui sont ceux de la pluralité des voix, sont, pour l'ordinaire, mal éxécutés, parce que ceux qui ont été d'une opinion contraire ne s'y prêtent que mollement, & il n'y a que trop de vérité dans cette remarque.

Mais si le Monarque n'a pas assés de pénétration & de justesse d'esprit, pour ne préscrire que d'excellentes Loix, s'il est mal servi à cet égard par ses Conseillers; s'il n'est pas vigilant, attentif, infatigable, toûjours prêt à écouter les plaintes de ceux à qui on fait du tort, appliqué à découvrir ce qui se passe, plein de grace pour ceux qui remplissent leur devoir, sévére à ceux qui le négligent, à proportion de leurs écars s'il se conduit par humeur, si ses oreilles sont toûjours fermées pour les uns, & toûjours ouvertes pour les autres; Si on vient à lui faire regarder comme des esprits inquiets, & sans affection pour sa personne, ou des gens de probité & de zéle, pour lui annoncer des faits, désagréables à la vérité, mais dont il lui importe d'être instruit, parce qu'il est en son pouvoir d'y apporter du reméde; on voit que dans ce Gouvernement tout parfait qu'il soit en lui même, & dans la Théorie, on peut éprouver tous les désagrémens de la Républicain.

Pour se mettre au-dessus de ces désagrémens qu'éprouvent ceux qui ont part aux emplois, soit dans l'un, soit dans l'autre des gouvernemens dont je viens de parler; pour ne vivre pas exposé à la tentation d'entrer dans des cabales, ou de se voir réduit à occuper toûjours les derniers rangs dans une République; pour se dérober à la désolante alternative, ou de nuire aux véritables intérêts d'un Maitre qu'on respecte, par des extérieurs de zèle & des déférences aveugles à ses volontés, ou d'essuyer à tout coup des mortifications de la part de ceux qui ont sçu se mettre en crédit, par d'indignes voies, se déterminera-t-

on à s'éloigner des affaires, à vivre isolé, à s'amuser dans la tranquilité de la retraite & à philosopher dans l'obscurité ? Mais enfin il faut vivre; Si vous n'avés que peu de bien, vous vivrés exposé à divers besoins péniables à soûtenir : Si vous en avés suffisamment vous serés envié, vous aurés des voisins, vous aurés des procès qui ne finiront point ; parce que vous serés sans appui, & que vous serés méprisé par les Maitres comme des Sujets inutiles, & peut-être de plus haïs comme des rivaux de leur indépendance, dont ils prétendent seuls jouir.

Il en est ainsi de toutes les autres alternatives. Voulés-vous passer vos jours uni à une personne digne de vôtre attachement par son esprit, par ses agrémens, par son affection & par son solide mérite? Mais par là vous vous multipliérés & vous vous verrés exposé, dans un plus grand nombre de Corps, aux traverses & à l'incertitude des événemens. Le Célibat est pour la plus grande partie des hommes un état d'effort, & pour ceux qui font le plus maitres d'eux-mêmes, un état d'ennui : Les défiances & les soupçons croissent avec les années; On craint de n'être véritablement aimé de personne, ni servi que par des vûes d'un intérêt grossier, & en cela rarement on se trompe. Quand on n'est uni avec un autre homme, que par quelque commerce de politesses, par quelques complaisances & quelques services réciproques, il est naturel au coeur humain de donner la préférence à ceux avec qui il est engagé par les prémiéres années de la vie, par de plus forts liens.

Il seroit aisé d'étendre ces réfléxions & ce champ n'est malheureusement que trop vaste. Dirons-nous du défir de la félicité n'est imprimé en notre coeur humain que pour le rendre misérable, & qu'à cet égard son sort est de beaucoup inférieur à celui des brutes, à qui la nature fournit abondamment de quoi le satisfaire ? Ces soupçons seroient trop injurieux à la Bonté Divine. Le défir d'être heureux est très raisonable. C'est le prémier mobile de toutes nos détérminations ; Sur ce défir est établie l'efficace des promesses & des menaces, la force des recompenses, & des châtimens, & en général le pouvoir de tous les motifs.

Mais il n'est pas difficile de se convaincre par l'éxpérience, & par la Raison fondée sur l'éxpérience, que la Terre n'est pas un lieu où l'on puisse se mettre en bonheur accompli. La vie que nous y menons ne nous est pas donnée pour jouir déja, pendant sa courte durée, d'une félicité parfaite, mais pour travailler à y parvenir, & nous en rendre plus capables & plus dignes. (Je me sers de cette expréssion dans un bon sens, dans une signification radoucie, & où il n'entre rien de présomptueux.) La Terre est le séjour de l'éxercice & des combats, & non pas celui du repos & de la recompense. On cherche, pendant qu'on y est, ce à quoi l'on est destiné, & on se prépare à le recevoir. Cette hypothése suffit pour lever toutes les difficultés & ne renferme aucun contraste avec la Sagesse & la Bonté du Créateur Souverain Maitre, & Maitre Libre; Sa conduite est digne de lui, aux yeux même de la Raison, lorsqu'il régle à son choix les conditions à remplir pour obtenir ses graces. Celles qu'il lui a plu d'imposer aux hommes leur font infiniment d'honneur; Il veut être adoré par leur résignation; Il veut être glorifié par les sacrifices qu'ils font à la Raison, qui est sa voix, & de ce que les Objets extérieurs aidés des sens & des Passions, ont de trop spécieux & de trop éblouissant. Les présens que nous lui offrons, servent eux mêmes à nous perfectionner, & quand cela ne seroit pas, quelle proportion entre ce que nous lui donnons & ce que nous devons en attendre !

Dès qu'une fois nôtre coeur aura résolu de se former sur ces Maximes, toutes les Causes de ses plaintes & de ses inquiétudes s'évanoüiront. On n'aura garde

garde de donner dans la dissipation dont les suites sont si funestes. Attentif à soi-même, au lieu de se fuir on s'observera, au lieu de s'aveugler on s'éclairera, on aimera à se connoître pour prévenir les illusions, pour se corriger, pour s'avancer en lumière & s'affermir en probité.

Enfans de Dieu, honorés de son image, destinés à la communion de son Trone & de sa Gloire, nés pour une éternité des plus pures & des plus ravissantes délices, on aura horreur & on regardera comme un indigne abrutissement, de laisser prendre à la sensualité quelque empire sur la Raison. Honorés de l'attention de Dieu près des couronnes impérissables, qu'est ce que pourront avoir de séduisant les ombres brillantes à la poursuite desquelles les hommes se tourmentent, sans se satisfaire. On ne sera point effraié à la pensée de la Mort & on n'aura pas besoin de fuir son idée; on la verra approcher d'un œil fixe & d'un cœur satisfait, dans la persuasion & la ferme espérance que le moment qui fermera nos yeux à la lumière corporelle, tirera le voile & fera évanouir les ombres épaisses, qui dérobent à nos esprits la vue de l'adorable & éternelle lumiére, objet de tous nos vœux & de tous nos désirs.

Et qu'on ne craigne pas de voir ébranlées, par des doutes, de si douces persuasions. La Raison est ici d'un parfait accord avec la Religion. Il faudroit avoir renoncé au Bon sens & à l'idée d'une Intelligence dont la sagesse est parfaite, pour s'imaginer que les hommes ont été jettés sur la Terre, ou pour s'y fatiguer à la poursuite des apparences de bonheur, & pour s'y deshonorer par un asservissement à des Passions qui les entrainent à mille écarts; ou pour s'y repaître de belles, mais vaines chiméres, fondées sur le désir de connoitre & de servir à jamais un Créateur adorable, que l'on aime par dessus tout, & dont les Créatures présentent, pour leur plus beau trait, la gloire qu'elles ont d'être sorties de sa Main.

Un homme qui aime à se conduire par ces principes, & qui a goûté la justice & la beauté, s'appliquera avec affection & avec persévérance à procurer le bien des autres hommes à proportion de ses talens & des occasions que la Providence lui en fera naitre; & si son attachement à remplir ses devoirs, le recule & le retient dans les derniers rangs, il ne se rebutera point, & ne sentira point ralentir cet attachement, plus doux, plus pur, plus estimable & d'un plus grand prix, par là même qu'il se soutient sans être aidé des récompenses.

S'il vient à perdre des personnes qui lui sont chéres, il soutient ces épreuves avec Modération. Il comprend qu'il est juste de donner quelque chose à Dieu, qui lui a tout donné, & qui le veut donner lui-même. Ces personnes chéres ont plus promptement fini leur carriere, & sont déja parvenues là où son but est d'arriver; si elles sont perdues pour la Terre, elles sont gagnées pour le Ciel, où il les trouvera pour ne s'en séparer jamais.

Les fléaux qui tombent sur les hommes, les désolations de la guerre, les tempêtes, les mortalités, l'oppression des sujets sous des Maitres avares, ou dissipateurs; Tout cela est incapable d'arracher de sa bouche aucune expression, ni de son cœur aucun sentiment qui déroge au respect dû à la Souveraine Providence, qui permet & dirige les événements même les plus tristes, pour éprouver la vertu des gens de bien & la rendre plus pure, pour corriger ceux en qui il reste encore quelques principes de droiture, mais qui auroient achevé de s'éteindre, dans l'aise & la mondanité; pour punir enfin les méchans obstinés à ne se changer point.

Que l'on compare présentement les douceurs d'une vie réglée sur ces Maximes, avec les ténébres du Pyrrhonisme, le plaisir d'embarrasser & de troubler les hommes par des Objections contre la Bonté & la Providence du Créateur, & l'acharnement enfin à harceler ceux qui travaillent à lever ces sujets de doute, & qui ont horreur de voir l'Athéisme mis de niveau avec la Réligion, & représenté même comme plus utile à divers égards.

Au reste il n'est point difficile de découvrir la nécessité de ces Maximes, & de se convaincre de leur justice & de leur utilité : Il n'y a pour cela qu'à vouloir faire quelque usage du sens commun.

Il arrive souvent aux hommes de ne rencontrer pas dans une certaine route les avantages qu'ils s'en promettent, & d'y trouver des inconvéniens auxquels ils ne s'attendoient pas. Dans ces cas-là bien connus & bien examinés, le Bon-sens ordonne de changer de plan & d'essaier un nouveau genre de vie. Qu'on suive cette instruction & on en viendra à ce que je recommande.

De la maniére que le grand nombre vit, en trouverons-nous beaucoup qui aient choisi la bonne route, soit pour cette vie, soit pour l'autre ? A en juger suivant les prémieres apparences, on ne connoit que la joie dans le bel âge. Mais que l'intérieur répond mal au dehors! L'inquiétude chasse un jeune homme de sa maison; sa vivacité l'emporte dans une autre, comme si elle étoit le Centre du bonheur; mais l'ennui & la légéreté tardent peu à l'en faire sortir : Il se retire enfin & termine les courses de sa journée, beaucoup plus lâs que satisfait. Si quelque passion le fixe, ce n'est pas pour long-temps, & par quelque inconstance il tranche la durée de son bonheur, & plonge dans la désolation la personne qui l'a trompée.

On en voit qui se livrent aux voluptés; Mais elles les dégoutent bien plus qu'elles ne les rassasient, ce sont des poisons dont la fatale influence ne tarde pas à rendre leur vie languissante. Mais enchantés & comme enforcelés, ils ne se corrigent point par leurs souffrances, & ressemblent à des animaux indisciplinables, dont la voracité ne sauroit être domptée par les coups.

Des jeunes gens étourdis, & des hommes brutaux & aveuglés par la grossiére sensualité, passions à ceux qu'animent ce qu'on appelle la Noble Ambition & l'Amour de la belle Gloire. A l'éxception de quelques Fêtes où chacun d'eux fait le Comédien, voit-on que leur air annonce un cœur satisfait, même passablement ? & qui s'en étonnera si l'on compare l'assiduité de leurs peines, avec l'incertitude & la petitesse de leurs récompenses ? Les rencontrés-vous au nombre de trois ou quatre amis de confiance, leur cœur s'éxhale en plaintes, mécontens de leurs inférieurs, mécontens de leurs égaux & plus récontens encore de ceux dont ils dépendent. Mais se voient-ils environnés de personnes suspectes, ou de gens à qui ils souhaitent que leur fortune fasse envie, ils perdent sur un tout autre ton; ce n'est plus que dissimulation, que flateries, qu'éloges éxagérés, que sujets de se féliciter & de s'animer à la reconnoissance. Mais pendant que pour plaire & pour arriver à leur but ils se donnent pour satisfaits, pour gens qui ne demandent rien, & qui ont déja au-delà de ce qu'ils méritent, on les en croit sur leur parole & on les laisse là.

Ce n'est pas tout. D'un côté pour faire leur cour à ceux dont ils ont besoin, d'un autre pour faire mal aux yeux de ceux qu'ils n'aiment pas, ils se déterminent à être superbes en habits magnifiques, en régals, somptueux en tout, & par là ils se rendent réellement pauvres & nécessiteux, en vue de paroitre riches & comblés de superflu.

Il ne Faudroit à ces gens-là qu'un léger usage du Bon Sens pour se demander, N'essaierons nous jamais de nous ranger au service du plus grand des MAITRES, & du seul véritablement GRAND? Ne serons-nous jamais curieux d'étudier ces adorables Loix, & de nous y instruire de nôtre destinée? S'ils s'obstinent à ne faire jamais le choix de cette route, s'ils refusent sans cesse d'y marcher, à qui s'en prendre qu'à eux-mêmes!

SECTION

SECTION XIII.

Examen du Pyrrhonisme sur la Providence.

JE COMMENCERAI cette Section par quelques remarques générales; & dès là je passerai au détail des difficultés que Mr. Bayle a proposées dans son Dictionnaire & dans les Ouvrages qui l'ont suivi.

I. IL EST essentiellement du devoir de la Créature d'être soumise au Créateur, & de ne lui rien prescrire, comme il est essentiel à la perfection du Créateur de ne rien ordonner à ses Créatures qui ne soit très-juste. Or n'est-il pas juste qu'elles obéïssent? L'élévation suprême de Dieu ne mérite-t-elle pas cette obéïssance? La Beauté & la Justice de ses Loix n'en est-elle pas digne? Quelle bonté ne nous marque-t-il pas, quand il veut bien nous accorder des récompenses éternelles, & outre cela, par elles mêmes, d'un prix infini, puisque lui-même sera nôtre Récompense; quand il veut, dis-je les accorder à des actes d'obéïssance si légitimement, si essentiellement, & si nécessairement dûs? Et par quelles Actions de graces, par quelle étenduë de Reconnoissance, par quelle vivacité & quelle perfection de Dévouement ne devons nous pas célébrer ces Bontés & le prix de ces Récompenses? Dires vous Il auroit pû faire d'avantage, il auroit pû en nous créant nous élever au But auquel il nous destine, au lieu de nous placer à quelque éloignement de ce But, & de se contenter de nous le proposer, de nous en marquer le Chemin, & de nous mettre en pouvoir de le suivre!

Vous vous plaignés qu'il n'a pas fait tout ce que vous suriés voulu, & tout ce que vous lui auriés conseillé de faire, si lui avoit plû de demander vos conseils. Cette plainte est-elle raisonnable, ou injuste? Est-elle respectueuse, ou insolente?

II. VOUS dites *si Dieu avoit fait quelque chose de plus en ma faveur!* sans prendre garde que ce que vous regardés comme *plus*, est véritablement *moins*. Dieu a porté ses Présens, ses Dons & ses Graces, jusques à vous mettre en état de pouvoir vous offrir à lui, lui obéïr par choix, l'aimer par préférence, & vous donner à vôtre tour, à celui qui vous a tout donné. Des Présens de cette nature, auroient été, par eux-mêmes, très-dignes de vos voeux, & de vos Désirs; seulement, si Dieu ne vous avoit pas prévenu, en vous les donnant, il y auroit eu trop d'ambition à les lui demander. C'est à vous à admirer son infinie libéralité, & à y répondre. Il vous a donné infiniment, non seulement parce que ce qu'il vous a donné, vous amène à des Récompenses infinies, mais de plus parce qu'il vous a donné ce qui approche le plus la Créature du Créateur, c'est à-dire d'agir avec choix, & d'être capable de varier ses manières de penser à l'infini & le pouvoir de se rendre louable en faisant ce qui convient le mieux.

Ajoûtera-t-on, *Au moins auroit-il fallu que Dieu eut réglé l'usage de la liberté au point de prévenir la première naissance de tous ses abus?* C'est là un de ces Raisonnemens qu'ont accoutumé de faire des gens qui, faute de penser attentivement à ce qu'ils disent, rassemblent dans leurs Discours des contradictions. Si, dès-que la volonté de l'homme auroit commencé de se déterminer mal, & de pancher du côté où il ne devoit pas se tourner, Dieu étoit venu à la relever, le Mal auroit déja été fait, & ce commencement de détermination auroit déja été une détermination; car telle est la nature de cet acte telle est la nature d'un choix; dès sa première naissance il est volonté & choix. Mais si pour prévenir ces Déterminations, Dieu s'étoit emparé de la Liberté, afin de ne laisser ni pancher à aucun écart; ni négliger aucun bon choix, il auroit par là repris son Présent, il en auroit changé la Nature, il l'auroit détruite; car la Liberté n'est plus liberté, dès qu'elle n'est plus *active*; dès qu'elle ne se détermine plus elle-même, dès qu'elle est *passive* & régie par un Principe extérieur.

Mais puisqu'un jour nous espérons qu'il nous sera la grace de nous mettre en pleine sûreté; pourquoi ne le fait-il pas sur le champ? Quand je n'aurois d'autre Réponse à faire, si ce n'est qu'il ne le trouve pas ainsi à propos, & que sa très-parfaite Sagesse a sans doute pour cela des raisons que je ne connois pas, seroit-on en droit de tirer de ma Réponse cette conclusion Pyrrhonienne? Puisque vous me laissés là-dessus dans l'Ignorance, je ne veux croire quoi que ce soit; & jusques à ce que je connoisse parfaitement ces Raisons profondes & cachées dans la sagesse de Dieu, jamais vous ne ferés avouer que deux fois deux fassent quatre, qu'il y ait des Corps, qu'il y ait des Esprits, qu'il y ait des Effets, qu'il y ait des Causes, & beaucoup moins qu'il y ait une Cause première.

Tant de Désordres qui sont arrivés dans le Monde, auroient du déterminer la Sagesse & la Bonté de Dieu, à déployer sa Puissance pour prévenir le Péché, quand même pour le prévenir, il eut fallu anéantir la Liberté. Je place ici cette Objection, parce, que la Réponse que j'y donnerai, appuiera celle qu'on vient de lire.

Un homme qui veut faire usage de sa Raison, comprendra évidemment qu'a pour décider *s'il est plus à propos de laisser subsister la Liberté, malgré les abus que les hommes en font*, ou *s'il seroit mieux de la détruire pour prévenir ces abus*; il faudroit connoitre à fond toutes les suites de la Liberté conservée, tristes & heureuses: Il faudroit connoitre à fond, de quelle manière elle entre dans le Plan de Dieu, de quelle manière elle influe dans ses grands & sages desseins, & se trouver en état de comparer tout cela avec les Nuages que l'abus qu'on en fait y répand pour un temps; mais qui pourront cesser d'être pour nous des Nuages, lorsque le plan du Créateur sera connu dans toute son étendüe.

Or en attendant que ce Plan soit développé, la Raison veut encore qu'on se rende à des Preuves simples, dont on comprend l'évidence & la force, sans les revoquer en doute, parce qu'il y a des choses qu'on ne connoit pas encore avec autant de netteté & d'étendüe qu'on peut se les promettre de les connoitre un jour. Si je puis alléguer quelques raisons qui aillent à justifier la sagesse du Plan de Dieu, n'ai-je à ce sujet de conclure que ce même Plan se trouvera dégagé d'obscuritès lorsqu'au lieu d'une partie des raisons qui m'éclaircissent aujourd'hui à mes yeux, qui le justifient, & en font voir les fondemens, il n'y en aura aucune que j'ignore.

Apprenons, pas le respect que nous devons aux desseins des hommes, à leurs projets, à leurs plans, & par l'absurdité des conjectures où nous nous égarons, quand il nous arrive de vouloir juger de ces desseins par quelque partie, dont nous ignorons & la destination & les rapports qu'elle a avec les autres; apprenons, dis-je, par là à penser respectueusement & par là même raisonnablement sur les Desseins de Dieu, & sur son Plan, qui est Infini & digne de son Infinie Intelligence.

C'est visiblement un hommage par lequel l'homme glorifie son Créateur, c'est une modestie & une Résignation qui lui sied parfaitement bien, quand il dit, *je me contenterai de ce que le Seigneur me découvre, sans m'inquiéter de ce qu'il me cache*, je profiterai de la Lumière dont il m'éclaire, au lieu de lui préférer le Doute, & de la mépriser comme incertaine & Ténébreuse parce qu'elle ne dissipe pas toute mon Ignorance.

III. LA REPENTANCE, la Foi, l'application aux Vertus qui en naissent, un'assûrent la possession

session d'une Eternité bien-heureuse. Ceux qui négligens ces offres, & qui tournent ailleurs leurs vûës & leurs démarches se rendent très-dignes de ne les point obtenir, ils se rendent très-dignes d'être abandonnés aux suites de leur mauvais choix; Ils veulent faire eux-mêmes leur Destinée & se conduire à leur gré, ils négligent Dieu; & ses sages Loix Eh bien qu'ils se rendent heureux eux-mêmes; qu'ils fassent l'épreuve de leurs forces & de ce que renferment les ressources qu'ils ont choisies! L'impuissance où ils se trouveront de se satisfaire, l'ennui, & les reproches dévorans autant que justes qui en naîtront, vangeront Dieu méprisé.

Rendés-vous attentifs à la conduite des hommes, vous en trouverés une partie si indifférens pour la Lumière, si négligens à s'instruire, ou si opiniatres, si entêtés du plaisir de chicaner & de contredire sans cesse; vous en verrés de si Impitoiables si injustes, si durs, qu'il ne sera plus en vôtre pouvoir de ne pas tomber d'accord qu'ils sont condamnables. Nôtre propre Nature nous dispose à souffrir à la vûe de ceux qui souffrent & qui se plaignent: Les plus heureux & les plus élevés ont leurs momens d'ennui, de douleur, de tristesse & d'inquiétude. Par là ils peuvent & ils doivent apprendre, à quel point on a tort, quand on contribue injustement à la Misère des autres, & qu'on ne fait pas tout ce qu'on doit pour leur épargner des chagrins. Cependant il en est qui semblent tirer leur félicité du malheur d'autrui. Un souverain Maitre qui est juste, qui aime l'ordre & qui voit l'Innocence opprimée par l'audace, ne fera-t-il pas ce qui est digne de lui, & ce qu'on en doit attendre quand il punira la Malice & la rebellion des hommes qui se plaisent au mal?

Objection & Répon. IV. MAIS *ne vaudroit-il pas mieux les mettre dans une heureuse impuissance de le faire ce mal, & changer les cœurs autant qu'il le faut pour le leur faire éviter?* J'ai déja répondu que pour décider sur le mieux il en faut juger par *tout le plan*. J'ajoute à cela deux réflexions. La première c'est qu'il y a une différence du tout au tout entre dire que le péché a été nécessaire pour que de certaines parties du Plan de Dieu s'éxécutassent, & que dans cette vûe il a fait les choses d'une telle manière que le péché devient inévitable; Il y a dis-je une différence du tout au tout, entre poser cela, & dire simplement que la création & la conservation des Créatures libres est entrée dans le plan de Dieu, que la conservation de cette Liberté avec ses bons effets, contribue plus à la beauté de ce plan que ses abus ne le défigurent, réparés qu'ils seront par toutes les voies que la Providence mettra en œuvre dans la suite des siécles. Je remarque *en second lieu* que s'il n'y avoit aucune Liberté, le spectacle qu'auroit présenté le systême & la suite des œuvres de Dieu, se seroit trouvé moins parfait & moins digne de lui, que celui qui résulte de cette liberté & de toutes ses suites. Pour éviter qu'une partie des Créatures intelligentes ne se rendit misérable par sa faute, ne s'attiràt des malheurs & ne les méritàt; pour éviter, dis-je, que des Cœurs, qui veulent être méchans, ne se perdent, convenoit-il de priver ceux qui aimeroient à remplir leur devoir & à se dévouer à Dieu, de la consolation ineffable, de se donner à lui, & de se souvenir éternellement que rien n'aura été capable de les en détourner?

Mais, avec cette liberté, *les gens de bien eux-mêmes sont en danger.* Je répons qu'ils ont des secours prêts contre leur foiblesse, & que les graces de Dieu ne se refuseront point à leurs prières.

Questions. V. ON NE se lasse point de faire des questions. *Quel sera le sort des Impénitens; quelle sera la durée de leurs Châtimens?* Pour décider, qu'on se figure un moment qui dit; Puisque mes tourmens ne dureront pas toûjours & que Dieu sera assés bon pour y mettre fin, je veux bien en courir le risque; je veux passer ma vie sans me contraindre, & je ne veux pas que la Crainte d'offenser mon souverain Maitre mette la moindre borne à mes Désirs. Puis qu'il est Bon, vivons dans la licence. Après l'avoir satisfait par quelques souffrances nous serons quittes, & dès lors il en sera de nous comme si nous l'avions offensé impunément. Que mérite ce Langage? Que peut se promettre de Dieu un homme qui pense ainsi? Or quand on vit comme si on s'éxprimoit dans ces termes, quand on suit des impressions & des sentimens, qui bien développés conduiroient à ce langage, est-on beaucoup moins coupable, quand même on ne le tient pas? Il suffit que le fond du Cœur renferme tout ce que ces expressions mettroient au jour.

Voila des gens bien malheureux: mais c'est leur faute; si une inévitable Destinée, une Destinée à la Stoïque décidoit du Bonheur & du Malheur, la disparité seroit autant scandaleuse qu'énorme. Mais qui sera malheureux, si ce n'est celui qui l'aura voulu & qui en aura choisi la route, malgré ce que la Lumière lui apprenoit pour l'en détourner.

Si la Curiosité s'émancipe encore à demander, *Que doit on penser de celui-ci, Que doit-on penser de celui-là?* Et qu'on parcoure ainsi tous les siécles & tout l'Univers pour être éclairci sur le sort de chacun; Je reprendrai mon grand Principe, c'est que *Rien n'est plus déraisonnable que de revoquer en doute des propositions établies sur des Preuves évidentes, solides, simples & à la portée de nôtre Intelligence, parce qu'on peut y annexer diverses Questions, dont l'éclaircissement demande des instructions que nous n'avons pas, & des connoissances qui passent l'enceinte de nôtre sphère.* Nôtre vie est courte; nous y sommes chargés d'une tâche très-importante, c'est nôtre justification: Nôtre temps doit se passer dans la pratique d'un très-grand nombre de Devoirs: C'est pour nous avertir de le consacrer à ce But, que Dieu a trouvé à propos de nous donner autant de lumières qu'il nous en faut pour bien vivre, sans y ajouter ce qui n'étoit pas nécessaire pour régler nôtre conduite. J'ai trop à faire pour me livrer à chercher des conjectures probables sur ce sujet & pour m'en occuper uniquement. La recherche & l'exposition de ces conjectures, quelque circonspecte & quelque modeste qu'elle fût, pourroit devenir dangereuse en plus d'un sens.

Reste, dira-t-on, une difficulté qui n'est point levée. *La Bonté de Dieu pour ses Créatures auroit été plus grande, s'il avoit prévenu toutes sortes de Maux, & si aucune n'avoit jamais été exposée à aucun danger, à aucun désordre, à aucune mauvaise suite.* Pour répondre à cette Question je demande à mon tour, si Dieu y étoit obligé? & quel droit on peut imaginer dans la Créature, qui lui donne juste le sujet de dire, *Pourquoi Dieu ne m'a-t-il pas fait encore plus de bien?*

Ce qui Dieu doit. VI. ME REPONDRA-T-ON *que Dieu n'y étoit pas obligé par un Droit de sa Créature sur lui, mais qu'il se devoit cela à soi-même.* Eclaircissons cette Vérité, & d'une Idée vague passons à des Idées distinctes.

Dieu est essentiellement Bon, Bienfaisant, comme il est essentiellement Parfait, Puissant, Intelligent. Mais l'exercice de sa Puissance & l'éxercice de sa Bonté étoient-ils libres? Ses actes étoient-ils à son choix, c'est-à-dire, pouvoit-il déploïer sa Puissance & sa Bonté en faisant des Créatures, ou pouvoit-il aussi ne les pas faire? A-t-il été nécessité par sa Nature, & par ainsi dire, par la constitution éternelle de son Etre, à faire tout ce qu'il a fait, de sorte qu'il n'étoit pas possible qu'il ne le fit pas, si qu'il le fit autrement? Ce que nous sommes, falloit-il de toute nécessité que nous le fussions? & ce que nous serons, est-ce une nécessité pour nous de le devenir? Et comme il ne se peut faire que ce qui

qui est passé ne soit passé, tout ce qui sera, est-il de même déterminé à naître par une nécessité absolue ? Nous éprouvons que nous sommes Libres; Il n'y a point de certitude qui passe celle du sentiment : Le plus déterminé Sceptique ne sauroit nier que nous aions une Idée, de liberté & que nous n'en trouvions en nous une Image & une apparence. Or cette Idée seroit-elle l'Idée d'une Chimére qui ne se trouve nulle part, & une Perfection dont nous trouvons en nous pour le moins l'apparence & l'image, ne seroit-elle point réellement en Dieu ?

Dieu agit donc conformément à sa Nature très-parfaite, il agit d'une maniére digne de lui, quand il use de sa Liberté, quand il dispose librement de ses biens. Il convient à Dieu non seulement de déclarer ce qu'il est, en l'énonçant & en avertissant ses Créatures Intelligentes, par des *Expressions* ou par quelque chose d'analogue à des expressions; Lumiére de Révélation, Lumiére de Raison : Mais de plus il convient qu'il se fasse connoître ce qu'il est, par ses *Ouvrages*. Ce sont là les expressions les plus dignes de lui : Il convenoit que les Ouvrages portassent l'empreinte de sa Liberté, & nous en instruisissent; De là cette innombrable variété de Créatures différemment faites & différemment placées, & qui par leur Nature & leur situation, marquent également la Fécondité & la Liberté de leur Auteur. Ce Principe que Dieu doit user de toute l'étendue de sa Bonté, pour en user d'une maniére digne de lui, ménsroit si loin, qu'on voit manifestement la nécessité de le renfermer dans les bornes que la Liberté & la Sagesse de Dieu y a mises. On pourroit demander de tout ce qui a commencé, pourquoi il n'a pas commencé plûtôt : On pourroit demander de tout ce qui cesse, qui se change, qui se détruit, pourquoi la Toute Puissance de Dieu ne le fait pas subsister dans un plus haut point de beauté, & de force. On demandera pourquoi une infinité de choses croissent peu à peu & se perfectionnent par degrés. Dieu n'auroit-il pas porté incomparablement plus loin sa bénéficence, si chaque Créature en recevant de lui l'éxistence, avoit en même temps reçu la connoissance de son être, le plaisir d'en jouïr, de connoitre les autres & d'en profiter; & à quelques degrés de lumiére qu'il eut élevé une créature, de quelque douceur & de quelque félicité qu'il l'eut mise en possession, pendant qu'il y en auroit eu de supérieures à elle, à ces deux égars, on auroit pû dire, d'où vient que Dieu qui est infiniment Bon, n'a pas été aussi bon à l'égard de l'une qu'à l'égard de l'autre ? Il ne serviroit de rien de supposer que la moins parfaite à tout autant de connoissance & tout autant de félicité, qu'elle est capable d'en avoir, & qu'elle est remplie de lumiére & de douceur, autant que sa capacité s'étend ; car on repliqueroit d'abord qu'elle seroit-plus éclairée & plus heureuse, si elle avoit été rendue capable de recevoir plus de lumiére & de sentir plus de douceur. En un mot toute Créature Intelligente, qui pourroit se former une idée d'un état plus parfait que le sien, auroit occasion de s'étonner que la Bonté de Dieu qui est infinie, l'eut renfermée dans les bornes où elle se trouve; De sorte que pour parer à l'objection, il auroit fallu que la Bonté de Dieu eut empêché, par sa Toute Puissance, cette pensée de naitre, & eut tellement disposé chacune de ses Créatures Intelligentes, qu'aucune d'elles n'eut été capable de rien concevoir au-delà de sa propre perfection. Mais une prévention si flatteuse en faveur de soi-même n'est-elle pas le propre Caractére d'un petit génie & d'un amour propre extravagant ?

Pour rendre raison de ces Inégalités de bienfaits & de graces de Dieu, renfermées dans de certaines bornes, je demande quelle hypothése a le plus de vraisemblance, qu'elle hypothése est exposée à moins d'inconvéniens & plus appuïée sur des Principes plus solides & plus liés avec les notions du Bon-sens & les Régles du Raisonnement ? ou celle qui tire de la Liberté de Dieu, la solution des difficultés qu'on vient de proposer, ou celle qui a recours à un Principe Eternel tout comme le Bon, & infini comme lui en Puissance, mais d'une malice égale à sa Puissance, Principe Eternel qui gêne le Bon Créateur & le reduit à ne faire du bien qu'imparfaitement, parce qu'il ne lui veut permettre d'exercer sa puissance qu'à cette condition.

VII. ON A réfuté ce prétendu Principe Eternel est essentiellement Mauvais, par des raisons si convaincantes, que ceux-là mêmes qui ont paru y avoir recours, comme à l'hypothése la plus commode pour rendre raison du mal qu'on voit dans le monde, reconnoissent que ce *Principe est en lui-même absurde & insoutenable*, toute commode qu'on paroisse la supposition pour expliquer les phénomènes. Je n'y opposerai donc que deux raisons, L'une le combattra directement, & l'autre détruira l'usage que l'on en prétend faire pour éclaircir l'embarras sur lequel je raisonne.

Se plaire infiniment à faire du mal suppose un fond de chagrin, de mauvaise humeur & de sentimens analogues à la mauvaise humeur, qui ne sauroit subsister avec la Félicité parfaite. Si ce prétendu Principe est Infini & Eternel, il a toutes les perfections possibles; il est Libre, il est Puissant, il pourroit donc se déterminer à d'autres sentimens & à d'autres inclinations. Se hait-il lui-même ? Il seroit donc du bien, ne fût-ce que pour se contrarier. S'aime-t-il lui-même ? Si cela est, il doit vouloir que rien ne manque à sa félicité, il doit essaier si le plaisir de faire du bien, ne surpasse point celui de faire du mal. Si l'on dit qu'il est essentiellement Eternel & nécessairement déterminé à faire tout le mal qui est possible, il ne se feroit donc pas accordé avec le bon Principe pour lui laisser faire du bien, à condition que de son côté il pût faire une certaine quantité de mal, sans obstacle. Un tel accord, un tel convenant suppose une transaction libre ; Un Etre nécessairement déterminé par sa propre nature à faire du mal & à contrarier auroit persévéré à s'opposer au Bon & à réprimer tous ses projets.

D'un autre côté le Bon, par là même qu'il est infiniment bon, & infiniment sage, auroit autant aimé demeurer en repos que de faire quelque bien à Condition de laisser faire une quantité égale de mal. Le mal de sa nature est insupportable ; il touche plus vivement que le Bien, & quand on supposeroit les choses dans l'égalité, les malheureux auroient toujours pû adresser cette plainte au Bon principe, O Etre infiniment Bon, comment s'est-il pu faire que vous n'aïés pas été émû par l'Idée de nos malheurs, & que vous aïés consenti à ce que notre éxécrable Maitre nous créàs pour nous rendre éternellement les Victimes de sa barbarie, de sa rage & de sa fureur ? Nous ne pouvons nous reprocher aucune faute, on ne peut nous en imputer sans la plus injuste Cruauté, puis qu'une Force majeure, toute puissante & infiniment mauvaise a produit tous nos mouvemens, comme elle produit tous nos sentimens. Ces heureux que vous avés acheté la permission de faire, en paiant vôtre Ennemi par nôtre sort infortuné, n'étoient pas plus dignes de leur sort que nous ne le sommes du nôtre. Si vous étiés demeuré en repos, ou si vous vous étiés contenté de vous opposer à vôtre ennemi, personne ne se plaindroit ; Il n'y auroit de mécontent que lui, qui n'auroit pû faire aucun mal.

Pour répondre à cette Objection on ne pourroit pas dire que la Quantité du Bien surpasse celle du Mal ; car jamais le Mauvais Principe, infiniment mauvais comme il le suppose, n'auroit consenti à cette inégalité. Dans nôtre hypothése, s'il y a des malheureux, c'est uniquement leur faute, veut l'avés ainsi voulu, & cela très-méchamment. Auront-ils raison de dire, mais pourquoi nous faire si fatal présent de la Liberté ? & n'auroient-ils pas tort au contraire de noircir par un Nom odieux, une Grace très-précieuse en elle-même, & qui ne leur est devenue

Refutatio ou du Mauvais Principe.

venue fatale que par l'abus qu'il leur a plû d'en faire?

Pourquoi la Liberté?
VIII. MAIS encore une fois, *pourquoi cette Liberté?* Je l'ai déja dit, l'Intelligence Eternelle est une Intelligence Libre; Elle a voulu qu'il y eut des Créatures Libres; Elle a voulu être servie par choix & par préférence; Elle a voulu donner des Loix; Elle a été en droit de le faire, & qui dit Loi, dit Récompense, quand le Législateur est bon. Qui dit Loi, dit châtiment; quand le Législateur est juste, & que ses Sujets ont tort de lui refuser leur obéissance.

Objections & Réponses
IX. IL DEVOIT *au moins faire quelque chose de plus pour prévenir nos fautes.* La même Réponse revient. Y-étoit-il obligé? C'est à vous que vous devés les imputer, & non pas à lui. Quand il auroit fait beaucoup moins que ce qu'il a fait, il en auroit fait assés pour prévenir vos Maux, si vous aviés profité de ses soins, lumière, sentiment, instinct, satisfaction, reproche, promesses, menaces châtimens, vocation à la répentance, offre de grace, exemples, sollicitations, encouragemens de diverse nature ; tout a été mis en œuvre pour vous ramener à vôtre devoir. Pourquoi êtes vous demeuré dans l'obstination? *Il y a d'autres Créatures qui n'ont pas eu besoin de passer par le travail & par la nécessité de la circonspection & par les dangers d'y manquer.* Qu'en savés vous? Et quand cela seroit, Dieu, comme je l'ai dit, a trouvé à propos de diversifier ses ouvrages.

Un temps viendra, où l'on sera inébranlablement affermi dans le bien. Dieu donc peut-être glorifié par un dévouement qui n'est accompagné d'aucun Danger. J'en tombe d'accord. Mais il a voulu être glorifié par celui-là & par un autre. Il se glorifiera dans celui dont vous parlés, parce qu'infiniment Rémunérateur, il trouvera sa gloire à récompenser, & il recevra vos Actions de graces, de ce qu'il vous aura mis au dessus de tout danger, après vous avoir aidé à les surmonter.

Je demande si Dieu n'est pas bien digne d'être glorifié par de telles actions de graces. On ne peut pas dire; *si dès le prémier moment de nôtre Création il nous avoit mis inébranlablement au dessus de tout danger, nous lui aurions rendu également graces de cette faveur.* Mais pour lui rendre grace, il en auroit fallu avoir quelque Idée, & s'il implique contradiction que Dieu infiniment Bon exposée à des dangers & donne une Liberté dont on pourroit faire abus ; si cela, dis-je, implique contradiction, si une telle Idée est injurieuse à sa bonté, ce seroit un éloge peu respectueux de louer Dieu, de ce qu'il n'a pas fait ce qu'il lui étoit impossible de faire, ce qu'il ne pouvoit faire sans agir contre l'Excellence de sa propre Nature. *J'en reviens toujours là,* continuera-t-on, *où est l'Infinie Bonté, s'il étoit possible que Dieu fit plus qu'il n'a fait; car qui dit infini; dit ce au delà dequoi il n'est pas possible de porter ses idées.* Tout Argument qui prouve trop, ne prouve rien, ou s'il paroit prouver, c'est uniquement parce que l'on s'embarrasse soi-même, par des termes auxquels on n'attache pas des Idées assés précises. Toutes les Créatures intelligentes n'étant pas également parfaites, & aucune d'elles, n'étant infiniment parfaite, n'y en siant aucune au-delà de laquelle on ne puisse en concevoir une plus parfaite, puisque tout ce qui est fini peut être surpassé ; il est bien évident que toute Bénéficence répandue sur un sujet fini, est une bénéficence au-delà de laquelle aucune Idée ne puisse aller.

Il en est ainsi des effets de la Puissance infinie de Dieu, & des effets de sa Sagesse infinie. Prenés quelle partie de l'Univers il vous plaira, elle est finie, & cependant l'effet d'une sagesse & d'une puissance infinie.

L'Organisation d'une Plante est l'effet de la Puissance & de la Sagesse de Dieu : L'organisation d'un Insecte offre de quoi admirer encore plus & cette puissance & cette sagesse. Un de ces Animaux qu'on appelle *parfaits* en comparaison des Insectes, étale encore tout autrement les Vestiges de la puissance & de la sagesse du Créateur. L'Union de l'Ame humaine avec son Corps en est le Chef d'œuvre sur la Terre. Autour du Soleil qui nous éclaire, il y a plusieurs Planétes, & il est plus vraisemblable que les autres soleils, c'est-à-dire, que les Etoiles fixes ont aussi leurs Planétes, qu'il n'est vraisemblable qu'elles n'en ont pas. Ces planetes n'ont pas été formées, pour être des Corps inutiles : Ces grands Corps soutiennent des êtres, dans la variété desquels la sagesse & la puissance de Dieu ont voulu s'exercer. Il faut assembler toutes les parties de l'Univers ; Il faut réunir tous les temps pour désigner un Objet qui réponde avec plus de dignité à l'étendue du Titre d'infini quand on le joint à la Puissance, & à la Sagesse & à la Bonté de Dieu.

Mais dans quelque degré que la *Sagesse & la Liberté* de Dieu aient trouvé à propos de renfermer l'éxercice de sa Bonté, par quelques degrés qu'il lui ait plû de faire passer les effets de sa Bénéficence, si elle est nécéssairement finie parce que le sujet qui la reçoit est fini, & n'est susceptible que d'une félicité finie à chaque instant, cette Bonté ne laisse pourtant pas de mériter, dans un autre sens, le titre d'*infinie*, puisque la durée de ses effets ne finira jamais, & que le bienfait par lequel Dieu veut couronner ses graces présentes, est d'un prix infini, lui-même voulant être nôtre Récompense. Sa Bonté est encore *Infinie* en ce qu'il n'y a aucune proportion entre ce qu'il demande & ce qu'il a donné, & encore moins entre ce qu'il demande & ce qu'il promet.

A qui in maux doivent puisés
XI. APRES cela, les autres Difficultés s'évanouissent d'elles mêmes. Qu'on déploie tout l'Art de la Rétorique la plus éblouïssante, pour peindre les misères de la Vie. Je Répondrai toûjours que l'homme pécheur est favorablement traité, puisqu'il en mérite de beaucoup plus grandes : Je répondrai que ces maux sont un bien pour lui ; car s'il s'oublie si aisément dans une prosperité médiocre, que seroit-ce si des adversités, qui troublent les plaisirs où il s'endort, ne l'avertissoient qu'il doit chercher sa félicité dans des Objets moins incertains que ceux de la Terre?

A cet étalage de maux par où il semble que quelques personnes affectent de scandaliser les autres & d'obscurcir la Providence, on oppose avec beaucoup de raison cette vérité, que la plus grande partie des hommes se les attirent eux-mêmes par leur faute, & que pour les Maux, à l'égard desquels ceux qui les souffrent n'ont pas de reproches à se faire, ils pourroient les adoucir par divers moiens & par divers secours s'ils vouloient être Raisonnables. Nos Sophistes repliquent que les hommes ne le font pas, & que, de quelque nature que soient leurs maux, quelque origine qu'ils aient, quelque remède qui puisse les guerir ou les adoucir, toûjours sont-ce des maux. *Ce sont des maux,* j'en tombe d'accord, il n'est pas de quoi il s'agit : la Question est sur le compte de qui il les faut mettre ? est-ce sur le compte de Dieu qui a rendu les hommes capables de les éviter, de les adoucir, ou d'en profiter? ou sur celui des hommes qui ne veulent pas faire leur Devoir?

Desusufrances des gens Enfans de Dieu
XI. SI L'ON objecte qu'il *y a des gens de bien qui souffrent après leur Régénération, & qu'ils sont Enfans de Dieu?* Je Répons que ces Maux leur en font des occasions de se perfectionner d'avantage. Ces maux leur font penser à ce qu'ils ont mérité & à ce qu'ils auroient continué de s'attirer si Dieu n'avoit pas eu pitié d'eux ; & par conséquent ils servent à relever à leurs yeux le prix du pardon qu'ils ont obtenu.

Remarque essentielle
XII. IL FAUT toûjours se souvenir d'une Remarque que j'ai déja faite, & que je rapelle ici, parce qu'elle

qu'elle est très-essentielle, c'est *qu'il y a une différence du tout au tout entre poser en fait* que, dès que le péché à une fois eu lieu, par l'abus que l'homme a fait de sa Liberté, la Sagesse, la Justice & la Bonté de la Providence ont eu occasion de se manifester & se sont manifestées en diverses manières, par des châtimens paternels, par des exemples à craindre, par des frayeurs, par des consolations &c. *& entre dire que Dieu* défirant de donner lieu à l'éxercice de sa Miséricorde, de sa Patience, de sa Justice & à de certaines manières d'éxercer ces vertus, a eu besoin du Péché pour cela & en a procuré la naissance. Il n'a pas fait le mal, il ne l'a pas désiré, il ne l'a pas procuré, il n'est nullement Auteur du péché; mais il a sû tirer le bien du mal.

A levati- vit dignus de Deus.
XIII. DIEU est digne d'être adoré par les plus profonds Hommages & par le plus entier Dévouement : C'est un devoir dont s'acquitte une Créature intelligente, lorsqu'au milieu des maux qu'elle souffre elle réconnoit la Grandeur de Dieu, elle est persuadée de ses Droits, elle ne forme aucune plainte, & pleine de confiance dans la Justice dans la Sagesse & dans la Bonté de son souverain Maitre, elle remet son sort entre ses mains; & si elle demande humblement la délivrance de ses Maux, elle demande; bien plus la Grace de la Patience, qui lui fasse attendre, dans une Résignation profonde, le terme assigné à ses maux par une Sagesse qui connoit infiniment mieux qu'elle, ce qui lui convient.

C'est pour être adoré comme il le mérite que Dieu a trouvé à propos de faire des Créatures Intelligentes de tant d'éspéces & de tant de degrés différens en perfection. L'attention à son Plein Droit & à sa Liberté détermine les moins parfaites à se contenter de leur ordre & à le servir dans leur Rang, très-contentes de ce qu'il agrée leurs hommages quoique leur condition soit moins brillante que celle d'un grand nombre d'autres; pendant que de leur côté les Créatures les plus parfaites, les Intelligences du prémier Rang & les plus près du Throne de la Gloire, sentent qu'elles glorifieroient Dieu avec la même résignation & la même dévouement, le même zèle & la même satisfaction, que les plus inférieures, si telle étoit sa Volonté.

Des souffrances des petits enfans.
XIV. ALLEGUERA-T-ON comme un fait où la Raison est à bout, ce que souffrent les enfans ? A cela je répondrai 1. que l'obscurité d'un seul phénoméne ne me mettroit point en droit de révoquer en doute tout ce qu'on a connu sur quelques sujets, & qu'on a compris, établi sur des preuves évidentes. Mais 2. il n'est pas difficile de faire voir que ce *Phénoméne peut s'expliquer* par des suppositions plus plausibles que le Systême des deux Principes, quand même il ne seroit pas aussi éloigné de la Raison qu'il l'est en lui-même; comme Mr. Bayle le reconnoit plus d'une fois.

Comme je ne dois pas opposer des Obscurités, mais des éclaircissemens à l'hypothése que les Sceptiques prétendent devoir être la seule satisfaisante; pour en conclurre ensuite que n'étant point vraisemblable en elle-même, on n'a rien à quoi on puisse tenir; comme, dis-je, il faut ici répondre par des Eclaircissemens, je m'employerai des Réponses où la Raison est bientôt réduite à avoüer ses Ténébres & à reconnoitre de l'incompréhensible; Je demande seulement en passant, qu'on se souvienne qu'il y a de la différence entre rejetter un sentiment, & ne s'en servir pas dans une certaine occasion.

Il se peut que les douleurs des Enfans soient moins aigues que nous ne l'indiquent : & comme cela se peut; jusqu'à ce qu'on nous ait prouvé le contraire, on peut le supposer comme très-vraisemblable. Le temps que les Enfans passent, sans connoitre rien distinctement, nous fournit une preuve plus que probable que leurs pensées sont confuses & très-foibles. On voit des Adultes qui, dans des convulsions, donnent tous les indices d'une personnne qui souffre prodigieusement, se plaignent, crient pleurent, & cependant, ils nous apprennent eux-mêmes qu'ils ne souffrent non plus qu'on ne fait dans les pâmoisons. Or le corps des enfans malades se trouve dans un état très-voisin des convulsions, aussi y passent-ils très-aisément.

Je répons après cela que les momens pendant lesquels les Enfans souffrent, sont peu de chose en comparaison de ceux où ils sont à leur aise Ainsi le Bien surpasse en eux de beaucoup le Mal ; Dès qu'ils commencent à se connoitre, ils sont ravis de vivre, rien ne leur fait tant de peur que la Mort, & ils rient de tout ce qu'on leur dit qu'ils ont souffert. Parviennent-ils à l'âge de Raison, les voilà en chemin de se procurer une Eternité de Gloire, en se soûmettant à Dieu. S'ils meurent avant que cet âge soit venu, ce qu'ils ont souffert, est moins en comparaison de leur félicité qu'une goûte imperceptible d'eau en comparaison de l'Océan.

Mais enfin dira-t-on, *N'étoit-il pas dans la puissance de Dieu, de faire en sorte que les enfans ne souffrissent point jusques à ce qu'ils eussent des fautes à se reprocher, & qu'ils fussent eu état de comprendre que leur état n'est pas tel qu'il dévoit être, mais qu'il y a du dérangement dans leurs Inclinations ?* On ne sauroit nier que Dieu n'ait cette puissance; Pourquoi donc cela n'arrive-t-il pas ? C'est que tout bien compté, il est plus convenable que les choses soient sur le pié où elles sont. J'ai déja prouvé par le dédommagement, qu'il n'y a pas d'injustice. Il ne s'agit plus que du plus ou du moins de Convenance. Or visiblement pour faire ce paralléle juste, il faudroit pouvoir porter nos vûës plus loin que la sphére de nôtre activité présente ne nous le permet, & combiner des cas possibles en beaucoup plus grand nombre que nous n'en connoissons.

Dieu forme nos prémiers Péres : Il leur donne une certaine nature déterminée; & la multiplication du genre humain, la manière dont la Terre se couvriroit d'habitans, la manière dont des hommes naitroient & seroient élevés, étoient des suites de la nature & de la constitution du prémier homme & de la prémière femme. Dieu prévit bien le dérangement qui arriveroit dans Adam & sa postérité, dans la naissance, les âges & la vie des hommes, au cas que leur prémier Pére vint à désobéir : Pour prévenir ces dérangemens & leurs effets il ne trouva pas à propos de déployer sa Toute Puissance ni de réduire à rien la Liberté. Le péché a eu lieu, ses suites en sont nées; Dieu n'a pas trouvé convenable de refondre la Nature. Il étoit de l'ordre ou les hommes fussent sans cesse avertis que les choses ne sont pas sur la Terre dans l'état de perfection où elles y devroient être, & qu'il s'en faut beaucoup : Peu d'Inconvéniens dans la vie leur auroient fait regarder la desobéissance comme très-peu de chose; des Inconvéniens très-médiocres les auroient encore laissés à cet égard dans l'Indolence; Il en falloit de frappans. Cependant comme la *Miséricorde de Dieu se glorifie contre la Condamnation, que sa bonté est sur toutes ses oeuvres*, & qu'il donne des marques d'une bonté paternelle, lors même qu'il châtie, il a encore tiré à cet égard le bien du mal. Les larmes & les cris des enfans réveillent la tendresse de ceux qui en sont chargés, & redoublent les soins qui leur sont nécessaires; Généralement parlant les hommes sont si durs, ils aiment tellement leur repos, & ils oublient si facilement leur Devoir pour leurs Plaisirs, que le triste état de leurs enfans devient nécessaire au point où on le voit, pour les engager à y rémédier.

Je ne dis pas que Dieu fasse naitre leurs douleurs & leurs larmes dans ce dessein, & que ce soient là des moïens dont il ait eu besoin pour aller à ce but; mais je dis qu'un tel effet, qui, à parler en gros, a toûjours lieu, doit entrer dans le paralléle des Utilités avec les Inconvéniens. Nous ne dirons rien que de très-raisonnable quand nous ajoûterons qu'il y a un grand nombre de tels Effets qui échappent à nôtre pénétration. En général il étoit convenable que, sur la Terre & dans toutes les parties de la Nature, il y eut des traits qui marquassent à tout coup les suites du dérangement arrivé à la Nature humaine : Il convenoit que les hommes fussent avertis, à tout coup, que le péché est très-odieux à leur Souverain Maitre, & que le mépris de l'Ordre essentiel, qui consiste dans la soûmission à la Volonté de Dieu, fut suivi de plusieurs desordres mortifians pour l'homme.

Poisons des animaux brutes.
XV. ENTRE ces Desordres on compte le sort des *animaux*; mais sur lequel on débite bien des exagérations. Déja les bêtes ne craignent point la mort & n'en ont aucune idée; non seulement les moutons, mais les bœufs les plus féroces voient assommer ceux de leur espéce, sans s'inquiéter le moins du Monde. Le boucher levant sa hâche leur fait peur, parce qu'aiant été frappés autrefois, la vue d'un coup prêt à tomber sur eux, réveille quelque mémoire d'un sentiment sur les a mis en colére ou qui les a fait fuir. Je donne autant de pensée aux bêtes que l'on peut vraisemblablement leur en accorder, lors qu'on veut parler suivant les Idées du commun sans exagérer. Il se peut qu'un Liévre fuie devant les chiens, sans penser aucunement à éviter la mort : Une légére émotion le détermine à la course & v all tout. Un cheval qui piroit las, & qui ne laisse pas de se presser, par ce qu'il sent les coups de l'éperon peut sentir un plaisir naturel de marcher & d'avancer qui balancera celui de la lassitude. Arrivé à l'écurie, il se souvient aussi peu des coups qu'il a reçu que s'il n'en avoit jamais senti; il n'y pense absolument point, il mange sans réflexion; comme s'il ne devoit jamais quitter la créche : Il reprend ses forces; on le monte ; il sent le plaisir de marcher, sans craindre en façon que ce soit, la fatigue qui le suivra, comme je l'ai déja remarqué.

Ce n'est que dans l'usage des mets servies.
XVI. J'AVOUE que la cruauté des hommes multiplie les douleurs des Animaux, qu'elle les prolonge, & qu'enfin elle s'étend sur leurs semblables. J'avoue que Dieu pourroit, par sa Toute Puissance, prévenir ces desordres, ou en arrêtant tout d'un coup l'activité d'un bras cruel, ou en détournant l'attention des hommes cruels, sur des sujets tout différens, ou se présentant à eux par lui-même ou par ses anges d'une maniére menaçante. Mais la sagesse de Dieu trouve qu'un commerce de cette nature ne convient pas entre le Créateur & la Créature, après que celle-ci s'en est si ingratement éloignée. L'homme préferé ses fantaisies à la lumiére dont Dieu l'a éclairé, & auroit continué de l'éclairer. Dieu ne le suit pas avec cette lumiére qu'il a abandonné, il le laisse dans l'obscurité qu'il a méritée : Mais lors qu'un homme ne laisse pas de s'attacher à Dieu, & de suivre dans ce dessein ce peu qui lui reste de sombres Lumiéres, il repare en quelque maniére sa faute; Il a dans l'obscurité une soûmission que le Chef du Genre humain n'a pas eu dans la Lumiére.

C'est parce que Dieu veut se faire chercher, se faire trouver, se faire adorer & servir dans l'Obscurité qu'il laisse un libre cours aux loix générales du Mouvement sans les interrompre pour mettre de la différence entre les Maux physiques qui arrivent aux gens de bien & à leurs enfans, & ceux qui arrivent aux pécheurs obstinés & aux Impénitens : Il veut que les hommes se déterminent à la Vertu par des motifs plus purs que ceux des avantages temporels qui seroient constamment attachés à la pratique du devoir, & ceux des chatimens qui suivroient toûjours la desobéissance.

Dieu n'a plus voulu que la Terre fût un séjour tout heureux pour l'homme qui l'avoit offensé. Un leger changement dans la Configuration des Parties Elémentaires, dans celle des semences, des végétaux, dans les organes des animaux, dans les principaux sucs & les prémiers mixtes, a pu suffire pour faire naitre sur la Terre ce que l'on n'y auroit jamais vû sans cela. Ajoutés qu'il a pû abandonner le Corps humain à la destinée naturelle des alterations qui se terminent enfin à détruire les Mixtes, au lieu que, par une Grace immédiate, on par la propriété de quelques Plantes, il auroit pû prévenir dans l'homme tous les mauvais effets où aboutissent enfin les mouvemens des petites particules dont les mixtes sont composés.

XVII. ON FERA naitre de ce que je viens de dire une nouvelle Objection. *De la Péchés, le condamne, le hait au point de déranger, pour marque de son Indignation, la Terre qu'il avoit faite, qu'il avoit embellie & où il avoit vû que tout étoit TRÉS-BON & TRÉS-BEAU*, pourquoi ne pas employer son pouvoir pour prévenir la naissance d'un Desordre si odieux?

Je répons que ce qui, en lui-même, est un Dérangement, une Laideur, ce qui, par rapport à l'homme est un *mal physique*, dont-il souffre ; par rapport à *Dieu*, Sage & Juste Maitre, est un Etat convenable & une *Reparation du Desordre*. C'est ainsi qu'un Pere sage ôtera à ses enfans des agrémens, réduira leur appartement & leur table dans un état, où il ne seroit pas digne de lui de les laisser, s'il n'étoit pas à propos de punir par cette voie, leur desobéissance. C'est ainsi qu'un Prince ôtera à une Ville ses Ornemens, ôtera à une Noblesse ses Priviléges : Les étrangers qui voiageront dans ses Etats n'y trouveront pas le même lustre qu'ils auront remarqué dans les autres ; mais quand ils seront informés des raisons de la conduite du Prince, ils tomberont d'accord qu'il vaut mieux que les choses soient ainsi que si elles étoient dans un plus grand éclat.

XVIII. JE RECONNOIS qu'un Prince qui *Il n'en al pas de Dieu contient dessem-* contribueroit secrétement aux fautes de ses sujets & qui en ménageroit efficacement la naissance, pour avoir le plaisir de faire connoitre qu'il a le pouvoir de donner à chaque chose son juste prix, ne feroit *tant à la Terre.* pas louable, & oublieroit une partie de ce à quoi il est engagé par son Rang. Un Prince est un homme de même nature que ses sujets ; Ils sont ses fréres ; ils lui doivent & il leur doit ses sujets ne doivent négliger aucun motif légitime de lui plaire, & lui de son côté ne doit oublier quoi que ce soit, de ce qui peut contribuer à les rendre heureux & à prévenir leurs maux ; de quelque nature qu'ils soient : Il doit se piquer de paroitre en tout plus sage qu'eux, d'un discernement plus pur par rapport à leurs Biens & à leurs Maux, & d'une attention plus vigilante sur leurs véritables Intérêts. Mais Dieu a été en droit & a trouvé à propos de mettre le sort de l'Homme entre ses mains: Il l'a averti de ce qu'il devoit faire ; il lui en a fait connoitre les suites. L'homme ne peut point se plaindre de Dieu ; c'est sur lui-même que doivent tomber tous ses regrets.

L'Imagination des hommes éblouie par le rang & la pompe qui environne les Souverains, & se laissant encore imposer par l'Intérêt qu'on a à les flatter, les regarde comme des Dieux, & après s'être accoutumée à cette Idée elle regarde réciproquement Dieu comme un Prince, comme un homme fort au-dessus des autres, mais assujetti aux mêmes bienséances. Les véritables Intérêts du Prince se confondent avec ceux de ses sujets ; Il se trompe quand il en juge autrement. Mais il n'en est point ainsi de Dieu ; *notre bien ne remonte point jusques à lui*, dit le Psalmiste ; il n'a que faire de nous ; sa Bonté infinie nous fait la grace d'accepter nos adorations & nôtre obéissance ; Mais il veut des hommages qui lui conviennent, il veut des hommages pur part d'un cœur volontairement dévoué : Il ne veut pas qu'ils soient l'unique effet de ses soins & des impressions immédiates, de ses apparitions continuelles, de sa préférence redoutable, non plus que de ses bienfaits redoublés, de ses sollicitations

conti-

DU PYRRHONISME. 549

continuelles, & pour ainsi dire de ses importunités : L'amour qu'il a pour lui même & la connoissance de son infinie Grandeur rend cette conduite très-digne de lui.

Les Créatures auroient pû croire qu'il recherchoit leurs hommages, parce qu'il en avoit besoin, & qu'ils faisoient partie de sa félicité : Cette pensée auroit été une suite très-naturelle de ses empressemens assidus & diversifiés à l'infini, conformément aux soins que Mr. Bayle prétend qu'il devoit avoir, en qualité d'Etre très-Bon, jusques-là que pour rendre raison de ce qu'il ne les a pas eu, il soutient qu'il est nécessaire de recourir à un accord du Bon Principe avec le mauvais, qui également puissant, ne lui a permis de porter sa Bonté que jusques à ce point. Cette seule hypothése, selon lui, quoi que rejettable en elle-même, satisfait la Raison dans l'explication des phénoménes.

Peut être dira-t-on *qu'il y avoit deux voies sûres de parer à cet inconvén.* L'UNE étoit d'assûrer les hommes qu'ils ne devoient pas l'avoir, & que ce que Dieu faisoit, n'étoit point par intérêt, beaucoup moins par nécessité, mais par bonté toute pure ; L'AUTRE *consistoit à* agir efficacement sur leurs coeurs pour empêcher la naissance d'un tel soupçon. Quant au prémier de ces articles, j'ai déja répondu qu'il étoit digne de Dieu de faire connoitre ce qu'il est, non seulement par des déclarations, mais par la maniére d'agir. Je réponds au second article en remarquant qu'il convenoit à Dieu dont la *Puissance* est *infinie*, de ne se borner pas à faire des Créatures purement *Passives*, qui ne fissent que sentir & recevoir ses impressions, & qui s'imaginassent d'agir, quand elles n'agiroient point ; & de choisir quand elles ne choisiroient point ; mais qu'il convenoit & qu'il étoit digne de son Intelligence & de sa Puissance infinie de faire des Créatures *actives*, par rapport auxquelles il se conduisit par voie d'*instruction*, & qu'il amenât à se connoitre elles-mêmes, à connoitre leur Créateur & ses ouvrages, par voie de *réfléxion* ; & cela posé, il convenoit qu'il fit ce qui étoit le plus propre pour les élever à la connoissance de sa Liberté, de ses Motifs & de son Indépendance infinie, qui relevé infiniment le prix de sa Bonté.

Qu'il répond à la grande Objection de Mr. Bayle.
XIX. J'ESPERE que quand on aura réflechi attentivement sur ce que je viens de dire, la grande Objection de Mr. Bayle se trouvera sans force. Sa derniére ressource, le retranchement où il se croit invincible, se réduit à ceci. *Dieu n'a pas fait tout ce qui étoit en son pouvoir pour prévenir le péché & ses suites*. Or il n'est pas concevable qu'il ne l'ait pas fait ; *& il faut rabattre de l'idée que nous devons avoir de sa Sainteté & de sa Bonté*, dès que nous le *supposons voiant le péché prêt à se commettre, sans aller au secours des Créatures & le tirans du danger par l'éclat de sa présence, par quelque avertissement très-vif, ou par d'autres de ces voies dont il a tans sans doute une infinité*. Pour rendre cette Objection plus frappante Mr. Bayle employe la comparaison d'une Mére qui se borne à avertir ses filles, & qui contente de les avis, de peur de donner quelque atteinte à leur Liberté, & de diminuer, par sa vigilance & par la gêne où sa présence les mettroit, le prix de leur Chasteté, consent à les laisser la gloire toute entiére, sans la partager avec elles, se fait une Loi de les laisser dans les Occasions les plus périlleuses ; Elle les voit prêtes à succomber sans se donner aucun mouvement & elle aime mieux qu'elles succombent que de devoir à ses empressemens & à quelque air d'impatience, la conservation de leur honneur.

Pour se rendre maitre de l'Imagination de son Lecteur, & en faire ce qu'il lui plait, pour l'étonner, la remplir, l'accabler de cette Idée, il la répéte le plus souvent qu'il peut, il la tourne en cent façons ; il imagine les circonstances les plus capables d'agiter, il les peint avec les couleurs les plus vives ; il fait

souffrir la pudeur & réduit les personnes, qui lisent ces endroits, à céder & à aimer mieux dire que son Raisonnement est très-fort, que de l'écouter plus longtemps & de s'exposer à l'embarras de l'examiner. C'est là en général une des plus grandes Illusions où les Comparaisons nous jettent & contre lesquelles il est très-nécessaire d'être en garde : Quand le sujet d'où une comparaison est tirée, est d'une nature à occuper toute l'attention, à ébranler le coeur & à s'en emparer, on se livre à le sentir & on ne se donne pas le temps d'examiner les rapports qu'il a avec la chose qu'on cherche à éclaircir ; On suppose ces rapports justes, comme si tout ce qui frappe étoit évident ; au lieu qu'au contraire les sensations, les émotions s'opposent à l'Evidence, parce qu'elles détournent l'attention des Idées sur lesquelles seules on devroit juger.

L'Honneur d'une Mére est lié à celui de ses filles ; Dès que l'on peut le moins du monde imputer à sa négligence, l'oubli que celles-ci font de leur devoir, la honte de cet oubli réjaillit sur elle. Elle est obligée par les Loix de la Bienséance, par le respect qu'elle doit à la Coûtume, & enfin par des Motifs de tout autre force ; elle est obligée par Devoir & par Respect pour les Loix de Dieu, à ne rien négliger de ce qui est en sa puissance, pour s'opposer à la naissance du vice, non seulement chés elle & chés ses enfans, mais généralement chés tous les hommes, autant que les circonstances où elle se trouve, lui en donnent le pouvoir & lui en fournissent les occasions. Concevra-t-on l'Etre suprême assujetti aux mêmes obligations ?

L'Indolence d'une Mére dont la fille se feroit deshonnorée, seroit regardée comme une preuve du peu de cas qu'elle fait de la Vertu, & du peu de peine qu'elle se feroit faire elle-même de s'oublier. Si contente de *reparer*, comme elle pourroit, la faute commise, elle n'en avoit pas la moindre émotion & le moindre chagrin, son Indolence passeroit avec raison pour une très-vicieuse stupidité. Elle doit donc être attentive à prévenir les chagrins qui l'accableroient : Un amour propre bien réglé la met dans cet engagement. C'est encore ce qu'on ne peut pas dire de Dieu, de la même maniére & dans le même sens.

On ne diminue point l'Idée de la Sainteté de Dieu par celle de sa Indépendance de sa Liberté.
XX. DIRA-T-ON que par là je rabais extrémement de l'Idée qu'on doit se faire de la Sainteté de Dieu, de son amour pour les Créatures & de sa haine pour le vice ? J'ai déja fait voir que l'Idée d'une Bonté qui iroit à répandre sur les Créatures, tout le bien, toute la perfection, toute la félicité que sa puissance peut produire, & qui ne se renfermeroit, à cet égard, dans aucune borne, n'est point *la véritable Idée qu'on doit se former de la Bonté de* Dieu ; & j'ai montré comment on a raison de dire que sa Bonté est infinie, quoiqu'il ne la porte point jusqu'à ce degré, où l'on suppose qu'il devroit la porter ; suppositions qu'on ne fait qu'en vue de tout embrouiller, & de donner une couleur de vraisemblance à la Chimére des deux Principes.

Pour ce qui est de la Sainteté de Dieu, de son éloignement, de son aversion pour le vice, 1. il est indubitable que Dieu ne peut agir que d'une maniére digne de lui, & conformément à l'excellence de sa Nature : Il est essentiellement très-Sage, très-Juste & très-Saint ; Il ne peut se tromper, & il ne peut errer ni dans ses Idées ni dans ses actions.

2. Il ne se peut que Dieu approuve que les Créatures lui desobéissent ; il s'estime & il s'aime essentiellement, & il estime & approuve essentiellement tout ce qu'il paroit des traits qui se rapportent à l'idée qu'il a de lui-même, & il n'en se peut qu'il ne desapprouve le contraire.

3. Mais si on va jusqu'à imaginer que comme la connoissance & le sentiment que Dieu a de soi-même, la vue de ses Perfections, la vue de sa Sagesse, la vue de toute sa conduite, & l'approbation qu'il lui donne, sont des choses essentielles à sa félicité ; il est de

même

même essentiel à cette félicité de voir les Créatures penser & agir convenablement, & dans l'ordre & que la vue du contraire porte quelque atteinte à la perfection de son bonheur, de sorte que, pour prévenir ces atteintes, l'intérêt qu'il prend en lui-même, l'oblige, l'engage à ne rien omettre de tout ce qui peut prévenir la naissance du péché; je soûtiens que ce sont là des Imaginations très-fausses.

4. Il implique contradiction que Dieu forme des Créatures Intelligentes, sans leur donner aucune Loi, & que de quelque maniére qu'il leur plaise de se conduire, il l'approuve également; car il est impossible qu'il approuve également le Bien & le Mal, il est impossible qu'il approuve également l'Erreur & la Vérité, il est impossible qu'il n'estime pas plus des Idées *conformes* aux siennes que des Idées *contraires*.

5. Il aime l'Ordre & l'approuve; Il est de sa Sagesse & de sa Justice d'en punir la violation, & de reparer le desordre en le châtiant. Il est de son Amour pour l'Ordre d'en recommander l'observation; il est de sa Grandeur & de sa Bonté de recompenser l'attachement qu'on a pour ce qu'il recommande. Tout cela ne doit souffrir aucune contestation.

5. Faut-il ajouter; Il est de son Amour pour l'Ordre, il est de sa Grandeur, il est de sa Bonté, de veiller sans cesse à ce qu'il soit ponctuellement observé & à prévenir tout ce qui seroit capable de s'y opposer? Est-ce là une Conséquence qu'il faille tirer de tout ce que je viens de dire? Nullement. L'Amour de Dieu pour tout ce qui est bien, & si vous voulés, l'Intérêt qu'il y prend, l'engage à approuver les Créatures & à les aider, quand elles s'y attachent de bon coeur & volontairement. Mais cet amour pour ce qui est bien, l'intérêt qu'il y prend ne va point jusqu'à le faire tout entier lui seul, lorsque ses Créatures ne veulent pas s'en acquiter. Cet amour & cet intérêt ne va point jusqu'à se mettre lui-même à leur place, & à suppléer par son secours à leur négligence, jusqu'à faire toûjours en elles, ce qu'elles ne daignent pas se donner le soin de faire.

Objection qui paroit tout attribuer de la bisarrerie & des affectations de la Providence. Article Lucrece Note F.

XXI. Je viens de poser avec quelque étendue, des Principes qui serviront à résoudre plus aisément les objections de Mr. Bayle. Je vai rassembler celles qu'il a dispersées, " Voilà un Philosophe qui a beau
" nier opiniâtrement la Providence, & la force de la
" fortune, & attribuer toutes choses au mouvement né-
" cessaire des atômes, cause qui ne fait où elle va, ni ce
" qu'elle fait, l'expérience le contraint de reconnoî-
" tre dans le cours des événemens, une affectation
" particuliere de renverser les dignités éminentes qui
" paroissent parmi les hommes. Il n'est presque pas
" possible de méconnoitre cette affectation, quand on
" a étudié attentivement l'Histoire, ou seulement ce qui
" se passe dans les Païs de sa connoissance. Une vie
" médiocrement longue suffit pour nous faire voir des
" hommes, qui étant montés, par une suite préci-
" pitée de bons succès, à une haute fortune, retom-
" bent dans le néant par une suite semblable de mau-
" vais succès. Tout leur réüssissoit au commence-
" ment, rien ne leur réüssit aujourd'hui; ils ont part
" à mille infortunes qui épargnent les conditions
" médiocres, posées pour ainsi dire au même che-
" min. C'est contre eux que la fortune paroit irri-
" tée, c'est leur ruine qu'il semble qu'elle ait cons-
" piré, c'est leur chute qui laisse en repos les autres hom-
" mes.

Réponse. Note II.

XXII. Mr. Bayle fournit lui même de quoi répondre à ce qui précéde. " Ils eussent, dit-il, peut
" être nié le fait & soûtenu que ceux qui débitent
" les murmures, les plaintes, les observations qu'on
" a vuës ci-dessus calculent mal. Il est ordinaire à
" l'homme de ne compter pas assés d'un côté, & de
" compter trop de l'autre. Qu'un méchant homme,
" qu'un méchant mari meure bientôt; on y prend
" garde sur le champ, & l'on oublie cette réflexion
" un peu après. Qu'un très-honnête homme, qu'un
" bon mari soit sauché en herbe, on considére cela

" attentivement & on ne l'oublie pas, la Mémoire
" est alors un bon Régitre. Il meurt peut-être au-
" tant d'enfans selon le désir de leurs Péres & de
" leurs Méres, que de fils uniques idolâtrés. La
" mort de ceux là ne fait point de bruit, on n'y
" songe que légérement, mais la mort des autres éx-
" cite mille clameurs, mille réflexions. Outre cela
" il faut savoir que les hommes sont plus enclins à
" se plaindre qu'à se louer de leur destinée, & qu'ils
" s'imaginent faussement en plusieurs rencontres que
" la prosperité de leur prochain surpasse la leur. Il
" y en a d'assés ingrats & d'assés impertinens pour
" dire, *mon fils s'est mort de ses blessures; si j'avois été
" le fils d'un autre il en seroit réchappé.* Ajoutons
" que Lucrece auroit recouru à sa Physique. Ne
" vous étonnez pas, eut-il dit, qu'un fils que l'on ai-
" me tendrement, meure plutôt qu'un fils dont on
" n'a nul soin. Celui-ci devient robuste, il s'en-
" durcit au froid & au chaud : l'autre s'effé-
" mine par la molesse de l'éducation, la moindre
" incommodité l'emporte.

" Un jeune homme d'un esprit éxtraordinaire est
" maladif, & meurt avant l'âge de 30 ans : un sot
" lourdaut n'est jamais malade, ou bien il guérit
" des plus fortes maladies, & devient fort vieux.
" Avés vous tenu régitre , répondroit Lucréce ,
" de tous les Savans du prémier ordre qui ont vé-
" cu 80 ans, & de tous les sots qui n'ont pas
" atteint l'âge viril? Réprenés vos jettons & cal-
" culés bien, vous trouverés que vos comptes n'é-
" toient pas justes. Mais après tout pourquoi s'é-
" tonner qu'un grand esprit ne soit pas d'une forte
" complexion. Il est composé d'un tissu d'atô-
" mes fin & délié ; sa résistance aux autres corps
" doit donc être petite. Un gros païsan est com-
" posé de molecules plus massives, plus entrelassées :
" elles lui doivent durer plus long-temps. Si les
" atômes de l'imagination se meuvent avec une
" rapidité éxtraordinaire , ils dérangent & ils ébran-
" lent les parties du cerveau, ils y font des ouver-
" tures par où s'éxhalent & s'évaporent une infini-
" té d'atômes nécessaires à l'entretien des Organes.
" Il faut donc que la machine s'éxténué , &
" que les principes de la vie se gâtent bien-
" tôt!

" Nous sommes frappés des faits, nous en con-
" servons la mémoire, mais toutes ces petites cir-
" constances , qui toutes petites qu'elles soient ,
" servent, par une longue enchaînure, à produire ces
" faits qui nous frappent & nous étonnent , ces
" Circonstances nous échappent : de là vient nôtre
" peine à éxpliquer les événemens dont elles sont
" causées ; & à cet égard, dit Mr. Bayle, il faut
" demeurer d'accord que les phénomènes de l'histoi- *Ibidem*
" re humaine, ne jettent pas les Philosophes dans *Note F.*
" de moindres embarras , que les phénomènes de
" l'Histoire Naturelle!

Si l'on demande après cela, d'où vient que Dieu permet que les choses aillent ainsi, & s'il ne lui auroit pas été facile de créer un monde où ces événemens si tristes n'eussent eu aucun lieu? Je répons, comme je l'ai fait plusieurs fois, que Dieu infiniment actif & infiniment Libre a trouvé à propos de créer des Etres Libres & actifs , que les hommes aiant abusé de leur Liberté, les dérangemens & les vicissitudes qui étonnent, sont des suites naturelles du desordre où le genre humain s'est mis.

XXIII. Mr. BAYLE ne laisse échapper aucune occa- *Continua-*
sion de révolter l'esprit de son Lecteur contre la *tion de la*
Providence " Il y a très-peu de gens, dit-il, qui *même*
" n'aient pris garde que l'on se plaint de l'Infirmi- *difficulté*
" té & la Mort s'attachent plus ordinairement aux *& sa*
" personnes chéres qu'aux personnes indifferentes ou *solution*
" haïes Voiés un tel, vous dit-on, il aimoit sa *Note H.*
" femme , & il avoit raison de l'aimer ; il l'a per-
" due dès la seconde année, il en est inconsolable;
& pen-

„ & pendant qu'il pleure cette triſte ſéparation, beau-
„ coup de maris ſoûpirent, depuis vingt ans après
„ l'état de Viduïté, & ſe croient menacés de la
„ longue vie de leurs femmes. Voïés cette veuve,
„ elle pleure nuit & jour un bon mari que la Mort
„ lui a enlevé dans la fleur de ſa jeuneſſe. Cent autres
„ maris ſe portent bien depuis long-temps, & vivront
„ encore pluſieurs années, & continueront à maltraiter
„ leurs épouſes ſans ſujet & ſans raiſon. S'ils mou-
„ roient, la patience ne ſeroit plus néceſſaire dans
„ leurs logis. La conſolation, le repos, l'épargne
„ y régneroient agréablement, & c'eſt pour cela
„ que l'on doit croire qu'ils vivront beaucoup. On
„ vient d'enterrer un enfant, un fils unique, les déli-
„ ces de ſon pére & de ſa mére. Il promettoit beau-
„ coup, il étoit bien digne de recueillir la ſucceſſion
„ opulente qui l'attendoit; la mort l'a choiſi entre
„ cent autres qu'elle a épargnés, & qui ſont à charge
„ à la famille. Cet honnête homme qui faiſoit un
„ ſi bon uſage de ſon eſprit & de ſes richeſſes eſt
„ mort depuis peu. Sa vie a été bien courte: il n'a-
„ voit jamais jouï d'une parfaite ſanté, & s'il eût
„ été vigoureux, il eut rendu encore plus de ſervi-
„ ces à ſon prochain qu'il n'a pû faire. Il eſt mort,
„ & vingt autres dans le voiſinage ſe portent bien,
„ & ne ſont jamais malades, eux qui ne cherchent
„ qu'à inquieter le tiers & le quart, & qui abuſent
„ de leur ſanté & de leur eſprit, & de leurs richeſ-
„ ſes, pour opprimer l'innocence, & ſcandaliſer le
„ public par une mauvaiſe Vie. Voi s ce Coquin,
„ Vagabond & ſans aveu, il eſt tombé d'un troiſié-
„ me étage, & ne s'eſt fait aucun mal. Un fils de
„ famille, un fils unique, un honnête homme ſe
„ ſeroit briſé les os à beaucoup moins. Tous mes
„ Lecteurs conviendront que l'on entend par tout de
„ ſemblables plaints, & il eſt même vrai qu'on dit
„ aſſés ordinairement que les ſouhaits du public pour
„ la mort d'un méchant homme ont une vertu par-
„ ticuliére de lui allonger la vie. Il ſeroit aiſé d'ex-
„ pliquer cela par l'hypothéſe de ces Divinités ja-
„ louſes, envieuſes & malicieuſes que les Païens ad-
„ mettoient. La bonne Théologie peut raiſonner là-
„ deſſus ſolidement, mais Lucrece qu'auroit-il pû
„ dire?

Mr. Bayle a fourni dequoi rébondre à tout cela dans l'Art. précedent

„ S'il y avoit des Divinités qui ſe chagrinaſſent
„ du bonheur des hommes; & qui aimaſſent à les
„ mortifier, elles affecteroient ſans doute de faire
„ perir à la fleur de l'âge un fils unique, & un mari
„ tendrement aimé, une épouſe qui fait le bonheur
„ de ſon époux; & de conſerver la vie à un fripon
„ qui fait enrager ſon Pére & ſa Mére, & à un mari
„ & à une femme qui ſont la croix l'un de l'autre.
„ Si elles vouloient mettre en deuïl une famille,
„ elles choiſiroient l'enfant qui promet le plus, &
„ qui eſt le plus chéri; & ſi elles vouloient perſécu-
„ ter une paroiſſe, elles y affligeroient ceux qui en
„ ſont le ſoûtien par leur charité & par leur ſageſſe.
„ Elles les mettroient dans le lit d'infirmité, & puis
„ au ſépulcre, & protégeroient la vie des malhon-
„ nêtes gens. Elles ſe plairoient à mortifier le public
„ en conſervant les objets des imprécations & en dé-
„ truiſant bien-tôt les objets de l'eſpérance, & les
„ délices du peuple.

Note F.

„ Comment concevoir cela avec les idées d'un
„ Dieu infiniment bon, infiniment ſage, & direc-
„ teur de toutes choſes. L'Etre infiniment parfait
„ ſe peut-il plairé élever une creature au plus haut
„ faîte de la gloire, pour la précipiter enſuiteau plus
„ bas dégré de l'ignominie? Ne ſeroit-ce pas ſe con-
„ duire comme les enfans qui n'ont pas plûtôt bâti un
„ chateau de cartes qu'ils le défont & qu'ils le ren-
„ verſent? Cela, dira-t-on, eſt néceſſaire, parce que
„ les hommes, abuſant de leur proſpérité, en deviennent
„ ſi inſolens, qu'il faut que leur chute ſoit la puni-
„ tion du mauvais uſage qu'ils ont fait des faveurs
„ du Ciel, & la conſolation des malheureux, & une
„ leçon pour ceux à qui Dieu fera des graces à l'ave-

„ nir. Mais nevaudroit-il pas mieux, répondra quel-
„ qu'autre, mêler à tant de faveurs, celle de n'en
„ point abuſer? Au lieu de ſix grands ſuccès, n'en
„ donnés que quatre, & ajoutés y pour compen-
„ ſer les deux autres la force de bien employer les
„ quatre. Il ne ſera plus néceſſaire ni de punir l'in-
„ ſolent, ni de conſoler le malheureux, ni d'in-
„ ſtruire celui qui eſt deſtiné à l'élévation. La pré-
„ miére choſe que ſeroit un pére, s'il le pouvoit,
„ ſeroit de fournir à ſes enfans le don de bien ſe
„ ſervir de tous les biens qu'il voudroit leur com-
„ muniquer; car ſans cela les autres préſens ſont
„ plûtôt un piége qu'une faveur quand on ſait
„ qu'ils inſpireront une conduite dont il faudra
„ que la punition ſerve d'exemple. Outre que
„ l'on ne remarque point les utilités de ces éxem-
„ ples; toutes les générations juſques ici ont eu be-
„ ſoin de cette leçon, & il n'y a nulle apparence
„ que les ſiécles à venir ſoient moins éxempts de
„ cette viciſſitude dont parloit Eſope que ceux qui
„ l'ont précédé. Ainſi cette alternative ne porte point
„ le caractére d'un être infiniment bon, infiniment
„ ſage, infiniment immuable. Je ſai bien qu'on
„ peut inventer mille raiſons contre ces difficultés,
„ mais on peut auſſi inventer mille répliques: l'eſ-
„ prit de l'homme eſt encore plus fécond en objections
„ qu'en ſolutions; de ſorte qu'il faut avoüer que
„ ſans les lumiéres de la Révélation, la Philoſo-
„ phie ne peut pas ſe débarraſſer des doutes qui ſe
„ tirent de l'hiſtoire humaine. C'eſt aux Théo-
„ logiens & non pas aux Philoſophes d'applanir
„ cela.

N B.

„ Mais nos Théologiens raiſonnent d'une maniè-
„ re infiniment plus ſolide. Ils ne nient point gé-
„ néralement parlant les diſtinctions qu'un Païen
„ profane & impie auroit nommées affectation de
„ chagriner, ou acception de perſonnes, ou même
„ pure malignité & envie du deſtin. Ils trouvent
„ dans les diſtinctions une Providence pleine de bon-
„ té, de ſageſſe & de juſtice. Dieu nous ſépare
„ des perſonnes que nous aimons le plus tendre-
„ ment; il le fait afin de nous détacher de la terre,
„ & pour nous apprendre que le vrai bien doit être
„ cherché au ciel. Il nous laiſſe expoſés long-temps
„ à des malheurs domeſtiques afin d'éprouver nôtre
„ patience, & de nous purifier dans ce creuſet. Il
„ ſe ſert de la longue vie des méchans afin de punir
„ les péchés des hommes. C'eſt un fléau de ſa juſti-
„ ce. Il ne fait ſouffrir que ce qu'on a mérité.
„ Ainſi la bonne Théologie ne trouve rien qui l'em-
„ barraſſe.

Note II.

Mr. Bayle fait ſemblant de ſe contenter de ces
Réponſes des Théologiens. Mais en les rapportant n'expoſe-t-il point ceux dont il les tire? Il vient
de les refuſer. Elles ſont effectivement inſuffiſantes &
ne peuvent point ſervir contre les Difficultés que Mr.
Bayle y oppoſe, dans la Suppoſition que Dieu fait
tout immédiatement; Mais après être tombé d'accord que Dieu a été en droit de former des Créatures Libres & Actives, pour, c'eſt à elles-mêmes
qu'elles doivent imputer leurs Maux, que Dieu a-
gréera les Efforts, quoi qu'imparfaits, de ceux qui
s'appliqueront à ſe corriger, & qu'il les dédomma-
gera de ce qu'ils ſouffrent; on eſt édifié de voir que
les Maux mêmes, dont la déſobéïſſance de l'homme eſt cauſe, ne ſont pas ſans mélange de bien, &
que ceux qui veulent faire uſage de leur Raiſon en
peuvent profiter; s'il en eſt qui n'en tirent point
de fruit, c'eſt à leur négligence qu'ils doivent s'en
prendre.

Art. Lucrece note ſubſiſtante à la Providence divine.

„ Il y a long-temps que je ſuis ſurpris, dit Mr.
„ Bayle, qu'Epicure, ni aucun de ſes Sectateurs
„ n'aient par conſidéré que les âtomes qui forment un
„ nés, deux yeux, pluſieurs nerfs, un cerveau, n'ont
„ rien de plus excellent que ceux qui compoſent
„ une pierre; & qu'ainſi il eſt très-abſurde de ſup-
„ poſer que tout aſſemblage d'âtomes, qui n'eſt

F. Chimères tirées

Ttttt

„ ni un homme, ni une bête, eſt deſtitué de con-
„ noiſſance. Dès qu'on nie que l'Ame de
„ l'homme ſoit une ſubſtance diſtincte de la
„ Matiére, on raiſonne puérilement, ſi l'on ne
„ ſuppoſe pas que tout l'Univers eſt animé, & qu'il
„ y a par tout des êtres qui penſent; & que com-
„ me il y en a qui n'égalent point les hommes, il
„ y en a auſſi qui les ſurpaſſent. Dans cette ſup-
„ poſition, les Plantes, les Pierres ſont des ſubſtan-
„ ces penſantes. Il n'eſt pas néceſſaire qu'elles ſen-
„ tent les couleurs, les ſons, les odeurs &c. mais
„ il eſt néceſſaire qu'elles aient d'autres connoiſſan-
„ ces : & comme elles ſeroient ridicules de nier
„ qu'il y ſit des hommes qui leur ſont beaucoup de
„ mal, qui les déracinent, qui les coupent, qui
„ les briſent; comme, dis-je, elles ſeroient ridicules de
„ le nier, ſous prétexte qu'elles ne voient pas le
„ bras & la hache qui les maltraitent, les Epicuriens
„ ſont de même très-ridicules de nier qu'il y ait des
„ êtres dans l'air ou ailleurs qui nous connoiſ-
„ ſent, qui nous ſont tantôt du mal, tantôt du
„ bien, ou dont les uns ne ſont enclins qu'à nous
„ perdre, & les autres ne ſont enclins qu'à nous proté-
„ ger : les Epicuriens, dis-je, ſont très-ridicules
„ de nier cela, ſous prétexte que nous ne voyons pas
„ de tels êtres : Ils n'ont aucune bonne raiſon de
„ nier les ſortiléges, la magie, les larves, les ſpectres,
„ les lémures, les farfadets, les lutins & autres cho-
„ ſes de cette nature. Il eſt plus permis de nier ce-
„ la à ceux qui croient que l'ame de l'homme eſt
„ diſtincte de la matiére; & néanmoins je ne ſai par
„ quel travers d'eſprit, ceux qui tiennent que l'Ame
„ des hommes eſt corporelle ſont les prémiers à nier
„ l'éxiſtence des Demons.

Ceux à qui la Religion paroit un joug odieux aiment à ſe perſuader que l'Ame eſt corporelle: Son
Immortalité leur fait peur & ſéduits par l'efficace du
même travers, ils aiment à ne croire ni Anges, ni
Démons. Ils aimeroient même à ſe débarraſſer de toute l'idée de Dieu, & ils étouffent autant qu'ils peuvent
celle de Dieu Légiſlateur.

Part. III.
Sect. III.

A quel principe doit-on imputer l'affectation de
Mr. Bayle à remplir l'Univers de ces *je ne ſai quels
êtres*, déliés, actifs, intelligens, biſarres; on voit
qu'il ſe plait également à donner de la vraiſemblance
à des imaginations, & à ébranler ce qu'il y a de
plus certain.

L'hypo-
theſe des
deux
Principes
ſuppoſ.
Art. Lu-
crece.
Note Q.

XXIV. LORSQUE dans la ſuite il dit en parlant d'Epicure & de Lucrèce; " Il y a une autre
„ ſorte de peur qu'ils devoient combattre, c'eſt cel-
„ le de la privation des douceurs de cette vie. Ils
„ euſſent pu dire qu'à tout prendre l'inſenſibilité des
„ morts eſt un gain plutôt qu'une perte; car on y
„ gagne l'éxemption des malheurs de cette vie. Or
„ ſoit que les maux de cette vie ſurpaſſent les biens,
„ comme l'ont crû beaucoup de gens, ſoit qu'ils ne
„ faſſent que les égaler, c'eſt un avantage que d'ê-
„ tre inſenſible; car il n'y a point d'homme éclairé
„ ſur ſes intérêts, qui ne préférât quatre heures de
„ bon ſommeil, à deux heures de plaiſir & de dou-
„ leur, l'un égalant l'autre.

Voila qui enlève à l'hypothèſe de *Manes* ce qu'elle avoit de commode. Si les deux Principes avoient
également éxercé leur Puiſſance ſuivant leurs inclinations & leur force qui étoient égales, le Bon y auroit perdu.

Exagera-
tions de
Mr. bayle
ſur la
puiſſance
du Diable
& ſes ef-
fets.
Article
Mahomet
Note K.

XXV. TOUS les Chrétiens demeurent d'accord,
„ dit Mr. Bayle, que le Diable eſt le vrai Auteur de
„ Mahométiſme, & qu'il ne s'eſt ſervi de Mahomet
„ que comme d'un inſtrument pour établir dans le
„ monde une fauſſe Religion. Il faut donc dire que
„ Mahomet fût livré au Diable par la Providence de
„ Dieu, & que le pouvoir que Dieu donna au Dé-
„ mon ſur ce miſérable fût beaucoup moins limité
„ que celui qu'il eut ſur Job; car Dieu ne permit
„ pas au Démon de pervertir l'ame de Job, comme
„ il lui permit de ſe ſervir de l'ame de Mahomet

„ pour tromper les hommes. Avec un ſi grand em-
„ pire, qui de l'aveu de tous les Chrétiens, a été
„ cauſe que le Démon a pouſſé ce perſonnage à dog-
„ matiſer, n'a-t-il pas pu lui perſuader que Dieu l'a-
„ voit établi pour Prophète? Il aura pu lui inſpirer
„ le vaſte deſſein d'établir une Réligion; il aura pu
„ lui communiquer l'envie de ſe donner mille peines
„ pour tromper le monde, & il n'aura pas pu le
„ ſéduire ? Quelle raiſon peut on avoir pour admet-
„ tre l'un & nier l'autre ? Eſt-il plus difficile de
„ pouſſer la volonté à de grands deſſeins, malgré
„ les lumiéres oppoſées de l'entendement, que de
„ tromper l'Entendement par une fauſſe perſuaſion,
„ ou que d'incliner la Volonté vers une fauſſe lu-
„ miére, en ſorte qu'elle y acquieſce comme à une
„ vraie révélation ? J'avoue que l'une de ces deux
„ choſes ne me paroit pas plus difficile que l'autre.
„ Mais ſi le Démon a pu ſéduire Mahomet, n'eſt-il
„ pas très-vraiſemblable qu'il l'a ſéduit effectivement ?
„ Cet homme étoit plus propre à éxécuter les deſſeins
„ du Diable, s'il étoit perſuadé, que ne l'étant pas,
„ On ne ſauroit me nier cela; car toutes choſes étant
„ égales d'ailleurs, il eſt manifeſte qu'un homme
„ qui croit bien faire, ſera toûjours plus actif &
„ plus empreſſé, qu'un homme qui croit mal faire.
„ Il faut donc dire que le Démon ſe conduiſant
„ avec une éxtrême habileté dans l'éxécution de ſes
„ projets, n'a point oublié la roue la plus néceſſaire
„ à ſa machine, ou la plus capable d'en augmenter
„ le mouvement; c'eſt-à-dire qu'il a ſéduit ce faux
„ Prophète.

Mr. Bayle ſe plait quelquefois à repréſenter le
Diable comme un Etre ſubſtitué au Mauvais Principe de *Manes*, & dans les mains duquel les hommes
ſont des Inſtrumens paſſifs. Mais c'eſt une hypothèſe que tout le monde ne lui accordera pas.

Article
Mahomet
Note XL.

„ Mais il n'eſt pas facile de concevoir, dit-il, que
„ le Démon ayant ſuſcité Mahomet pour établir une
„ fauſſe réligion, il lui oppoſe les mêmes obſtacles
„ qu'aux Apotres de *Jéſus Chriſt*. D'où vient donc
„ que de faux Prophètes émiſſaires de Satan, s'efforcent
„ de perdre le Mahométiſme dans ſa naiſſance? D'où
„ vient que Mahomet a des Emules, qui ſe vantent
„ de l'inſpiration céleſte auſſi bien que lui ? D'où
„ vient que Muſſeilema ſon Diſciple l'abandonne,
„ afin de faire une Secte à part ? D'où vient qu'un
„ Aſwad, un Taliha, un Almotenabbi s'érigent
„ en Prophètes, & attirent à eux autant qu'ils peu-
„ vent de Sectateurs ? Il n'eſt point facile de don-
„ ner raiſon de ces phénomènes, ſi l'on ne ſuppoſe
„ que la diviſion n'eſt pas moins grande entre les
„ mauvais Anges qu'entre les hommes, ou que les
„ hommes par l'inſtigation du Démon entrepre-
„ nent de fonder de fauſſes Sectes. Les Chefs de
„ partis que j'ai nommés traittoient ſi Mahomet de
„ faux Prophète; mais il s'en éleva d'autres après
„ ſa mort, qui ſans révoquer en doute ſon autorité
„ diſputoient à qui entendoit mieux l'Alcoran.
„ Les deux grandes Sectes qui ſe formérent d'abord,
„ celle d'Ali, & celle d'Omar, ſubſiſtent encore.
Souffrir cela n'étoit-ce point travailler au dommage du Mahométiſme ? Etoit-ce l'intérêt du Démon ?
Toutes ces difficultés de Mr. Bayle roulent ſur la
même ſuppoſition; Un goût de Manichéïſme lui
fait outrer le pouvoir du Démon. Mais à cette hypothèſe de Mr. Bayle ſur le Mahométiſme on en
peut ſubſtituer une beaucoup plus ſimple & plus naturelle. Mahomet aura été un Enthouſiaſte. Il y
en a de toutes ſortes. Son Fanatiſme ne ſe ſera point
oppoſé à ſa Laſciveté. L'ambition aura pu ſe joindre à l'Enthouſiaſme. Ainſi en ſera-t-il arrivé,
dans ces Climats fort chauds, à ſes Diſciples. L'éxpérience fait voir que le Fanatiſme eſt un Mal Contagieux, & que parmi les Diſciples des Fous il s'en
trouve qui varient les Rêveries de leurs Maitres.
Pour cela on n'a que faire du Démon. Mr. Bayle
s'égaïe à faire l'énumération des Victoires du Démon

mon fur le Créateur.

Article Xenophanes Note E.

„ Les prémières hoſtilités à l'égard de l'homme, dit-il, lui réüſſirent. Il attaqua dans le Jardin d'Eden la mére de tous les Vivans, & la vainquit; tout auſſi-tôt il attaqua le prémier homme & le renverſa. Le voilà donc maitre du genre humain. Dieu ne lui abandonna point cette proie, il la délivra de cet Eſclavage, il la retira de cet état de félonie, en vertu de la SATISFACTION QUE LA SECONDE PERSONNE DE LA TRINITE devoit faire à la Juſtice. Cette ſeconde perſonne s'engagea à devenir homme, & de faire l'office de Médiateur entre Dieu & le Genre humain, & de Rédempteur d'Adam & de ſa poſtérité. Il prit ſur lui de combattre le parti du Diable, de ſorte qu'il fut le Chef du parti de Dieu, contre le Diable chef des Créatures rebelles. Ils agiſſoit non de conquérir tous les Deſcendans d'Adam ; car ils étoient tous ſous le pouvoir du Démon par la condition de leur naiſſance ; mais il s'agiſſoit de conſerver, ou de recouvrer, le Païs conquis. Le but du Médiateur JESUS CHRIST & fils de Dieu étoit de le recouvrer, celui du Diable étoit de s'y maintenir. La Victoire du Médiateur conſiſtoit à faire marcher les hommes dans le chemin de la Vérité & de la Vertu ; celle du Diable conſiſtoit à les conduire par les routes de l'Erreur & du Vice. De ſorte que pour connoitre ſi le Bien Moral égale le Mal Moral parmi les hommes, il ne faut que comparer les Victoires du Démon avec celles de JESUS CHRIST. Or en parcourant l'Hiſtoire, nous ne trouvons que peu de triomphes de Jeſus Chriſt, *Apparent rari nantes in gurgite vaſto*, & nous rencontrons par tout les trophées du Démon. La guerre de ces deux partis eſt une ſuite continuelle de victoires, ou preſque continuelle du côté du Diable ; & ſi ce Parti rebelle faiſoit des Annales de ſes éxploits, il n'y auroit point de jour qui n'y fût marqué d'une ample matiére de feux de joie, de chants de triomphe, & de telles autres marques de bons ſuccès. Il ne ſeroit pas néceſſaire que l'ANNALISTE USAT D'HYPERBOLES & DE FLATERIES pour faire connoitre la ſupériorité de cette faction. L'hiſtoire ſainte ne nous parle que d'un honnête homme dans la famille d'Adam ; elle réduit à une honnête homme la famille de cet honnête homme, & ainſi de ſuite dans les autres générations juſqu'à Noé, (A) chez qui ſe trouvérent trois fils que Dieu ſauva du Déluge avec leur Pere, leur Mere, & leurs femmes. Voila donc au bout de ſeize cents cinquante *fix ans tout le genre humain à la réſerve d'une famille* compoſée de huit perſonnes ; le voilà, dit-je, ſi engagé dans les Intérêts du Démon, qu'il falut l'éxterminer à cauſe de l'énormité de ſes crimes. Ce Déluge, ce Monument formidable de la Juſtice de Dieu, eſt un Monument ſuperbe des victoires du Démon, & d'autant plus que ce Châtiment général ne lui ote point ſa proie : les Ames de ceux qui périrent dans le Déluge furent envoiées aux Enfers : (B) c'eſt ſon but & ſon intention, & par conſéquent ſon triomphe. L'erreur & le vice levérent bientôt la tête après le Déluge dans la famille de Noé ; ſes deſcendans le plongérent dans l'Idolatrie, & dans toutes ſortes de débauches ; c'eſt-à-dire que le Diable conſerva ſur eux ſes uſurpations. Il n'y eut qu'une poignée de gens confinés dans la Judée qui lui échapaſſent par rapport à l'Orthodoxie ; encore faut-il avouër que les Armes du bon parti n'y furent bien

„ journaliéres à cet égard ; puis que le Peuple ſe laiſſoit aller à l'Idolatrie de temps en temps ; de ſorte que ſa conduite étoit une alternative de vrai culte & de faux culte. Mais à l'égard du vice, il n'y eut jamais de vrai interrégne parmi les Juifs, non plus que dans les autres Païs ; & par conſéquent le Diable a toûjours tenu un pié dans les petites conquêtes que le bon Parti recouvroit. Il ſe fit une heureuſe révolution à la Naiſſance de JESUS CHRIST : ſes Miracles, ſon Evangile, ſes Apôtres, firent de belles conquêtes. L'empire du Diable ſouffrit alors un très-grand échec ; on lui enleva une partie conſidérable de la Terre ; mais il n'en fut pas tellement chaſſé, qu'il n'y conſervât des intelligences, & beaucoup de Créatures : il s'y maintint par les Héréſies abominables qu'il y ſema ; jamais les vices n'en furent chaſſés entiérement, & ils y rentrérent bientôt comme en triomphe. Les Erreurs, les Schiſmes, les Diſputes, les Cabales s'y introduiſirent, avec l'attirail funeſte des Paſſions honteuſes qui les accompagne ordinairement. Les Héréſies, les ſuperſtitions, les violences, les Fraudes, les Extorſions, les Impuretés qui ont paru dans tout le Monde Chrétien pendant pluſieurs ſiécles, ſont des choſes que je ne pourrois décrire qu'imparfaitement, quand même j'aurois plus d'Eloquence que Ciceron. Ce que diſoit Virgile eſt vrai au pié de la Lettre. Ainſi pendant que le Diable régnoit ſeul hors du Chriſtianiſme, il diſputoit le terrain de telle ſorte dans le Chriſtianiſme, que les progrès de ſes armes étoient ſupérieurs ſans comparaiſon aux progrès de la Vérité & de la Vertu. On les arrêta, & on le fit même reculer au XVI. Siécle ; mais ce qu'il perdit d'un côté, il le regagna de l'autre ; ce qu'il ne fait point par le Menſonge, il le fait par la Corruption des mœurs. Il n'y a point d'Aſie, point de Forterreſſe, où il ne ſaſſe ſentir à cet égard, les effets de ſon pouvoir. Sortés du monde, enfermés-vous dans les Monaſtéres, il vous y ſuivra, il y fourrera les Brigues, l'Envie, les Factions, ou au pis aller l'Impudicité ; cette derniére reſſource eſt preſque infaillible.

C'eſt cette reſſource infaillible que Mr. Bayle met ſans ceſſe en oeuvre dans ſon Dictionnaire. Pour prouver que tout eſt perdu dans l'Egliſe Romaine, il cite Mr. Jurieu témoin récuſable dans cette rencontre ; On ne peut pas parler avec plus de mépris d'un homme que Mr. Bayle parle de cet Auteur en plus d'un endroit ; Mais des qu'il lui fournit une citation commode, ce n'eſt plus un homme ſans autorité. Mr. Bayle prend plaiſir de ſuppoſer les hommes *des Etres paſſifs, tirés d'un côté par le Fils de Dieu*, & tiraillés de l'autre par le Démon, qui ſe félicitera à jamais d'avoir été le plus fort, & de compter dans les Enfers, le nombre des hommes vaincus. La Terre n'eſt point, comme Mr. Bayle la préſente à ſes Lecteurs, un champ de bataille, où Dieu & Démon déploient chacun tous les efforts pour s'emparer des hommes, & où le Démon a le plus d'avantage. Dieu acceptera tous ceux qui aimeront à ſe ſoûmettre à ſes Loix & à répondre à ſes invitations. Mais pour ceux qui prendront le parti de déſobéir & de s'obſtiner dans l'impénitence, il n'en veut rien, & il les abandonne aux ſuites de leur mauvais choix. Dieu ne s'eſt propoſé de rendre heureux que ceux qui voudroient être ſiens. S'il eſt prêt à recevoir dans ſa Communion tous les hommes qui voudront l'accepter, qui eſt-ce qui peut légitimement ſe plaindre de lui ? Dieu n'eſt point vaincu par le Démon, qui ne

Ttttt 2

(A) Moïſe donne la généalogie des Ancêtres, du Peuple Juif. Chacun d'eux avoit des Freres que Moïſe ne nomme pas. Rien n'eſt plus téméraire que de les ſuppoſer tous des Scélérats.
(B) Les châtimens temporels qui vont à la mort, Peſtes, Guerres, Inondations, Tremblemens de terre, ne ſont pas ſuivis de la damnation de tous ceux qui meurent. Les Iſraëlites condamnés à mourir dans le déſert, ne devienent pas pour cela les victimes des Enfers. Mr. Bayle ſe ſaiſit de tout ce qui va à jetter l'eſprit dans des étonnemens ſcandaleux.

ne lui ôté que ceux qui voudront bien se refuser eux-mêmes à leur Créateur ; Or ces Ingrats, il les abandonne, il n'en veut rien. Le jour des prétendus triomphes du Démon, commencera de mettre le comble à son plus affreux désespoir.

Article Xcuplas nes Note c.
En vain Mr. Bayle ajoûte ; " je sai bien qu'il " sera puni de ses Victoires éternellement : Mais " cela, bien loin d'obscurcir ma thése, savoir que le " Mal moral surpasse le Bien, ne sert qu'à la rendre " plus incontestable ; car les Démons au milieu des " flammes maudiront & feront maudire par tous les " damnés, éternellement, le nom de Dieu : il y aura donc plus de Créatures qui le haïront, qu'il n'y " en aura qui l'aimeront. Outre que dans cette re" marque il ne s'agit proprement que de l'état où " sont les choses pendant cette vie.

L'objection auroit quelqu'apparence, si l'on supposoit que de toutes les Parties de l'Univers, la Terre seule renferme les Etres Intelligens & capables d'un bonheur & d'un malheur éternel.

Les Maux où tomberont ceux qui se seront obstinés à mal choisir, ne doivent être mis que sur leur compte : Dieu ne fait aucun compte ni d'eux, ni de leurs maux. Ils l'ont négligé volontairement pour leur propre faute. Il ne fait rien d'indigne de lui quand il les néglige. Ils sont perdus pour eux, & non pas pour le Seigneur qui n'en a que faire.

Manichéens réfutés.
" XXVI. LES objections qu'on oppose à la Pro" vidence, dit Mr. Bayle, seroient fondées, dans " la supposition que la matière est éternelle, & que " Dieu a tâché d'en faire quelque chose de meilleur " que ce qu'elle étoit ; alors on prouveroit qu'il " n'a pas réussi dans son dessein, & qu'il auroit été " plus digne de lui de la laisser telle qu'elle avoit été " éternellement, destituée de connoissance, d'activi" té, de permettre que de la métamorphoser en un si " grand nombre d'Etres abominables, à la correction " des quels il s'emploie inutilement. " Voilà une objec-

Article Epicuru Note R.
tion que Mr. Bayle met dans la bouche des Epicuriens.

Mais cette objection ruine de fond en comble le Systême des Manichéens, & fait voir qu'il est absolument inutile pour expliquer le Phénomène du Bien & du Mal qu'on voit dans le monde. Car suivant le Raisonnement que Mr. Bayle prête à l'Epicurien, il auroit mieux valu laisser la Matière dans une éternelle insensibilité, que de la métamorphoser en un grand nombre d'Etres très-aimables & très-heureux, au cas que cela ne pût se faire, sans qu'il y en eut un petit nombre de malheureux ; à plus forte raison valoit-il mieux que le bon Principe ne laissât rien faire au Mauvais & ne fit rien lui-même, que de consentir à ce que le **Mauvais fit de son côté** autant de Créatures malheureuses, que lui en feroit de bonnes & d'heureuses.

" XXVII. De ce que Dieu est le Créateur de
Eclaircissemens sur les Plans de Dieu Ibidem, Note S.
" la matière, il résulte 1. Qu'avec l'autorité la plus " légitime qui puisse être, il dispose de l'Univers " comme bon lui semble. 2. Qu'il n'a besoin que " d'un simple acte de sa Volonté pour faire tout ce " qu'il lui plait.

Ce sont là des Vérités claires & incontestables.

Mais quand Mr. Bayle ajoûte 3. " Que rien n'arrive que ce qu'il a mis dans le Plan de son ouvrage, " Il s'ensuit de là que de la conduite du Monde n'est " pas une affaire qui puisse ou fatiguer ou chagriner " Dieu, qu'il n'y a point d'événemens, quels qu'ils " puissent être qui puissent troubler sa béatitu" de : S'il arrive des choses qu'il a défendues, " & qu'il punit, elles n'arrivent pas néanmoins con" tre ses Décrets, & elles servent aux fins adorables " qu'il s'est proposées de toute éternité & qui sont " les plus grands mystères de l'Evangile.

Toutes les difficultés recommencent avec une nouvelle force, si l'on pose, que par les Décrets Dieu ait ordonné que le Mal arrivera, & que les Créatures se rendront criminelles, afin d'avoir occasion de faire tomber sur elles ses vangeances. Quoi donc *Est-ce malgré lui que naissent tant de désobéissances, & tant de maux qu'on s'attire par ses désobéissances ? Dieu seroit-il heureux, en voiant arriver tant de choses malgré qu'il en eut ? & s'il n'avoit pas prévû qu'elles arriveroient, ce spectacle surprenant & inattendu ne le chagrineroit-il pas encore davantage ?* Ce sont là des Objections que Mr. Bayle a prêté un peu auparavant aux Epicuriens.

A cela je répons que Dieu à certainement prévû que ses Créatures pourroient lui désobéir 2. qu'il pourroit s'il vouloit les anéantir dès le moment qu'elles lui désobéiroient ; ou dès le moment qu'il les verroit prêtes à le faire, & prévenir, par là, le scandale de leur désobéïssance, qu'il pourroit encore s'il le trouvoit à propos créer en elles, d'autres Volontés, & prévenir ainsi tous leurs Ecarts ; 3. Il ne veut pas le faire & rien à cet égard n'arrive malgré lui. Mais *pourquoi laisse-t-il faire ce qu'il désapprouve ?* C'est que sa Sagesse a trouvé à propos de faire des *Créatures Réelles, Libres & actives* ; Il ne les a pas formées telles afin qu'une partie lui désobéît, & s'attirât des Maux en lui désobéïssant : Son Dessein a été d'être aimé & d'être servi par Choix & par Préférence ; Il n'a que faire de celles qui le refusent, il les abandonne à leur mauvais choix & à leur juste sort ; Il est satisfait de celles qui lui obéïssent volontairement, il aime à les louer, il se plait à les récompenser ; voila son but, voila son Plan, & ce Plan est exécuté.

" XXVIII. 1. IL EST évident, dit Mr. Bayle,
Mr. Bayle embrouille la Théologie, pour en tirer des Objections, Article Pyrrhon, Note B.
" qu'on doit empêcher le mal si l'on peut, & qu'on " péche si on le permet, lorsqu'on le peut empêcher. " Cependant nôtre Théologie nous montre que cela " est faux : Elle nous enseigne que Dieu ne fait " rien qui ne soit digne de ses perfections ; lorsqu'il " souffre tous les desordres qui sont au monde, & " qu'il lui étoit facile de prévenir. 2. Il est évident " qu'une Créature qui n'éxiste point, ne sauroit " être complice d'une action mauvaise. 3. Et qu'il " est injuste de la punir comme complice de cette " action. Néanmoins nôtre Doctrine du péché Originel, nous montre la fausseté de ces Evidences.

Il est des Théologiens qui répondent à Mr. Bayle Il vous plaît de prêter à la Théologie, & à la Réligion de quoi la combattre avec avantage. Cette Imputation du péché d'Adam n'a pas lieu dans le sens que vous le prenés : Le *Péché* d'Adam *a été imputé,* c'est-à-dire, *ses suites se sont répandûes sur sa postérité.* Voilà ce qu'on appelle Imputation. Les hommes sont tous sujets à la mort ; cette suite du sort d'Adam pécheur : Mais aussi l'immortalité leur est ouverte par le Chemin de la Répentance. Dieu veut bien regarder en Pere sleurs sincéres efforts, s'ils sont suivis de succés & de persévérance. Y a-t-il de l'injustice à punir ceux qui aiment mieux ne point se corriger, & aller de mal en pis, que de travailler à se rendre meilleurs ?

" 4. Il est évident, continuë-t-il qu'il faut pré-
Ibid. M
" férer l'Honnête à l'Utile, & que plus une Cause " est sainte, moins elle a la Liberté de postposer, " l'honnêteté à l'utilité. Cependant nos Théologiens " nous disent que Dieu aiant à choisir, entre un " monde parfaitement bien réglé, & orné de toute " Vertu, & un monde tel que celui-ci, où le Péché " & le Desordre dominent, a préféré celui-ci à celui " là, parce qu'il y trouvoit mieux les intérêts de " sa Gloire.

Cette objection regarde ceux qui se représentent l'Etre éternel, comme occupé à se procurer de la gloire, & que, concevant que le Péché & la Damnation en seront de bons moiens, il a formé la résolution de faire en sorte que les hommes devinssent pécheurs & se damnassent.

" XXIX. NOTES en passant, dit Mr. Bayle,
Mr. Bayle fournit à que proud ver que le
" que les Philosophes qui entreprennent de répondre " aux Docteurs Chrétiens, étoient bien à plaindre. " Ils

„ Ils portoient la peine de la folie d'autrui : Les anciens Prêtres avoient fait la faute en transportant „ fortement au culte public les fantaifies des Poëtes, „ & il falut après plufieurs fiécles que les Philofophes „ effuiaffent toute la honte de ces fottifes, & le tour„ mentaffent pour parer des coups qui perçoient à „ jour. Si ceux qui forgérent un Culte fi ridicule „ avoient eu des Adverfaires auffi habiles & auffi puis„ fans que faint Auguftin, ils euffent été plus cir„ confpects & n'auroient pas tant lâché la bride à „ leurs fourberies; & voilà un defavantage de l'unité „ de Réligion. La diverfité de Réligion a fes in„ convéniens, il faut l'avouer, & convenir même „ qu'ils font fort à craindre; mais d'ailleurs elle em„ pêche certains progrès de la corruption & elle con„ tient en refpect les uns à l'égard des autres.

Si nous connoiffions toute l'étendue des Deffeins de Dieu, fi nous favions prévoir toute la Lumiére qui doit naitre des ténébres, où nous gémiffions, tout l'Ordre qui fuivra les confufions qui nous étonnent & ce qui en doit & peut refulter, nous admirerions la Sageffe de la Providence dans mille cas qui nous affligent & qui nous fcandalifent. Il eft divers defordres auxquels Dieu pourroit s'oppofer, & certainement il n'y en a aucun que fa puiffance ne prévint, s'il trouvoit à propos de l'employer à cet égard; Sa fageffe a de grandes raifons pour ne pas le faire; Rarement nous font-elles connues; Quelquefois nous en découvrons quelques-unes.

La diverfité de Réligions, par éxemple, comme Mr. Bayle vient de le remarquer, à fes inconvéniens, Mais l'Unité de Communion en pourroit auffi avoir de plus grands, à moins que Dieu par des Miracles continuels, (ce qu'il ne trouve pas à propos de faire) ne changeât le naturel des hommes.

Il eft arrivé aux Miniftres de l'Eglife pour n'avoir pas été co-tredits, ou pour ne l'avoir pas été impunément; il leur eft, dis-je, arrivé d'être moins fur leurs gardes, de méditer & de décider avec moins de circonfpection. & fin les ténébres font parvenu. à un tel point, qu'une infinité de gens n'ont pu s'en accommoder; on a abandonné des fentim. s autorifés par la fuite de quelques fiécles : Si tous les Chrétiens avoient ainfi changé d'Idées, même Efprit d'autorité auroit repris le deffus, on en auroit bientôt éprouvé les mauvais effets, l'efprit d'Examen & fes heureufes fuites auroient difparu prefque en naiffant Qu'on perfévère dans cet efprit d'éxamen, on débarraffera la Théologie des envelopp s fous les Libertins fe prévalent.

XXX. SI Mr. BAYLE ne fe faifoit pas un plaifir d'accabler la Réligion de difficultés, s'il ne fe *proposoit pas de trouver des Lecteurs à qui ces fortes de répétitions feroient auffi agréables que fes obfcénités*, il n'y reviendroit pas comme il fait à toute occafion. Dans l'Article de *Rufin* il fait fouvenir que Claudien a éloquemment infulté à la chûte, & à cette occafion il renouvelle la queftion de la Providence, " On peut dire que dans tous les temps & „ dans toutes les nations, dit-il, fans en excepter ni „ nôtre fiécle, ni le Chriftianifme, la profpérité des „ méchans a fait murmurer contre Dieu, & infpiré „ plufieurs doutes fur la Providence. D'autre côté on „ a répondu tofjours & par tout à cette objection : „ puis donc qu'elle n'a jamais ceffé de revenir non„ obftant toutes les réponfes, il faut conclure „ qu'elle a quelque chofe de fort fpécieux, & je ne „ fai quelle proportion avec nôtre Entendement, qui „ fait qu'elle y rentre fans nulle peine, l'en chaftât„ on à coups de fourche. On diroit qu'elle pourroit „ s'attribuer la Palme, *ces belles paroles, Curvata refurgo*; les Réponfes peuvent bien me faire „ plier un peu, mais je me redreffe tout auffi tot. „ Il n'eft pas queftion d'éxaminer fi elle eft folide, „ car il faut être très-perfuadé qu'elle eft fauffe, „ qu'elle ne vaut rien ; mais peut-être, n'eft-il pas „ hors de propos de mettre en queftion fi Claudien

„ s'en eft bien tiré.

„ Quand on s'engage dans la difpute, on doit „ prétendre qu'on fera voir à fon Adverfaire qu'il a „ tort; mais on ne doit pas prétendre qu'il acquies„ cera à nos prémiéres ou à nos fecondes Réponfes. „ Les Loix de cette forte de Combats demandent „ que chaque partí répliqua à l'autre autant de fois „ qu'elle pourra oppofer raifonnement à raifonnement, „ & jufques à ce que l'on foit venu aux prémiers Principes. Si je puis montrer à un homme que fa théfe „ choque les Notions communes, & que la mienne eft „ une fuite naturelle & neceffaire de ces Notions, „ j'ai droit de ne le plus écouter & de lui fermer „ la bouche par cet axiome, *adverfus negantem principia non eft difputandum* : mais fi je ne donne à „ fes Objections qu'une folution probable, contre la„ quelle il puiffe alléguer de nouveaux doutes, revê„ tus d'une probabilité égale, ou prefque égale à „ celle de ma folution, je n'ai point du droit d'éxiger „ de lui qu'il acquiesce à mes Réponfes, je dois „ chercher de nouvelles folutions à fes nouvelles dif„ ficultés, & fi je n'en trouve point d'évidentes, „ qui ne fouffrent point de repartie fpécieuf , c'eft „ à moi à me retirer du combat fans m'attribuer la „ victoire.

Mais quels font ces Principes qui réduifent un Adverfaire au filence : *Il n'y en a point d'autres que la Foi*, répond-il : Mais les Incrédules ne convicnnent pas de cette foi. Il eft donc impoffible d'en triompher, il eft impoffible de les convertir. Qu'on prouve l'éxiftence d'un Dieu; qu'on en conclue que dans ce qu'il fait & qu'il permet, il agit conformément à des Plans dignes de fes perfections fouveraines : Qu'on ajoute que comme nous ne voions pas affés clair dans ces Plans, nous n'en connoiffons pas affés l'étendue pour rendre Raifon de chaque Phénomène en particulier.

Voila ce que dit la Raifon, & qui eft très fuffifant. Mais quand au lieu de cela, Mr. Bayl loue un Philofophe qui, après avoir introduit un Païen fe propofant mille doutes fur la Providence, ne lui donne point d'autre expédient pour s'en tirer que la Grace du St. Efprit, il me paroit qu'en s'exprimant ainfi, il porte fur la Réligion un de fes coups malicieux. La Raifon, felon lui, eft incapable de l'établir. Celui qui croit fentir les Impreffions de l'Efprit de Dieu n'en eft pas plus éclairé, de la maniére dont Mr. Bayle s'exprime fouvent; & les Chrétiens felon les principes qu'il pofe, ne font que des Enthoufiaftes. Si l'on revient fouvent aux mêmes réflexions, il faut s'en prendre à Mr. Bayle qui en raméne à tout coup les occafions & la néceffité.

„ La profpérité de ce méchant homme ne prouvoit „ pas que la Providence fût endormie, mais au con„ traire qu'elle lui préparoit peu à peu un rude fup„ plice; elle l'élévoit afin qu'en tombant de plus haut, il „ fe brifât mieux & fe fracaffât tous les os, *tolluntur ni altium ut lapfu graviore ruant*. Si vous ne favés „ que cela, lui auroit-on pu répondre, vous ne tenés „ rien; vôtre folution, pour être fort vieille, n'en „ eft pas meilleure; vous vous tirés d'une grande „ difficulté par une plus grande ; votre particule „ ni fait horreur, on n'en fauroit foûtenir l'idée fans „ friffonner. Vous donnés à l'Etre fouverainement „ parfait, & par conféquent d'une bonté infinie, „ un motif & une caufe finale qui, bien loin de „ contenir quelque veftige de bonté, font le carac„ tére le plus tyrannique & le plus malin que l'on „ puiffe concevoir. C'eft comme fi l'un de nos Empe„ reurs voulant infliger le dernier fupplice à quelques„ uns de fes domeftiques, tout à coup donnoit aux gouver„ nemens & fouffroit qu'ils y éxerçaffent toute forte „ d'éxtortions, & qu'ils fuçcaffent le peuple jufques „ aux mouëlles; c'eft, dis-je, comme s'il fouffroit „ cela, afin d'avoir lieu de les châtier plus févére„ ment. Si vous aviés ofé dire de Theodofe ce que „ vous dites de Dieu, qu'il n'élevoit Rufin au fom- mes

„ met de la faveur que pour l'écraser plus sûrement
„ & plus rigoureusement, & afin de faire voir à ses
„ peuples sa puissance souveraine d'élever & d'abais-
„ ser, il vous eut suspendu comme un Poëte saty-
„ rique qui l'eut diffamé intolemment. Claudien
„ s'appercevant de l'énormité de son m, & de
„ sa cause finale demanderoit que l'on ne prît pas
„ ses termes à la rigueur & au criminel. Il diroit que la
„ Providence n'avoit pas comblé de biens l'infame Ru-
„ fin, dans la vûe de lui faire plus de mal, mais dans
„ l'espérance qu'il en feroit un meilleur usage. Il
„ ajouteroit que suivant les Loix naturelles la chûte
„ des corps est d'autant plus rude que le lieu d'où
„ ils tombent est élevé, & qu'ainsi l'ordre a voulu
„ que l'élévation de Rufin aggravât sa peine, lorsque
„ les abus continuels des graces du Ciel ont deman-
„ dé son châtiment. Cela n'ôte pas la difficulté,
„ lui répondroit-on : l'esperance ne se trouve point
„ dans la nature Divine, elle sait infailliblement
„ tout ce qui arrivera ; elle a sçu très - certainement
„ l'abus que feroit Rufin des faveurs célestes ; il
„ valoit donc mieux le prévenir que de préparer à
„ ses crimes, tolérés plusieurs années, un châtiment
„ qui ne sauroit reparer le mal qu'il a fait, l'oppres-
„ sion de tant d'innocens, la mort de tant de per-
„ sonnes, la ruine de tant de familles C'est une
„ pauvre satisfaction pour une Province que son
„ Gouverneur a desolée, que d'obtenir simplement
„ qu'il soit châtié ; l'Arrêt la laisse dans la misére &
„ rend quel quefois plus douce la condition du cri-
„ minel. Je ne pousse pas plus loin les répliques que
„ le Poëte pourroit faire ; elles font en fort grand
„ nombre, je n'en doute point : mais les répliques
„ de son Adversaire ne seroient pas moins nombreu-
„ ses, & rassemblement toûjours à celles qu'on
„ vient de voir, c'est-à dire, qu'elles seroient plus
„ proportionnées que celles de Claudien aux notions
„ de nôtre esprit & aux idées selon lesquelles nous
„ jugeons de la perfection d'un Gouvernement. Je
„ suppose qu'après une longue dispute on lui diroit,
„ je crois aussi bien que vous que tout ce qui s'est
„ passé dans l'affaire de Rufin, est juste, sage, par-
„ fait par rapport à Dieu ; mais ce n'est pas à cau-
„ se de vos raisons, elles sont plus propres à faire
„ naître des doutes qu'à calmer l'irrésolution de l'Es-
„ prit. Servés - vous en néanmoins auprès de ceux
„ qui s'en voudroient contenter, mais n'en dites mot
N.B. „ aux grands raisonneurs ; l'idée de l'Etre souverai-
„ nement parfait leur doit suffire, & leur suffit,
„ quand ils usent bien de leur raison.

Figurés-vous l'Etre suprême comme faisant tout,
& les hommes en sa main comme des Marionettes,
qui paroissent agir & qui n'agissent point ; C'est lui
même qui forme toutes les pensées qui rendent Rufin un scel rat, & qui les éxécute ; Il le rend scélérat pour faire briller sa Justice en le punissant, &
il le comble de succès afin de rendre les hommes
plus attentifs à sa Punition. Voila sans contredit
bien des sujets d'étonnement & de scandale, & matiére à bien des Objections.

Ils s'évanouiront dès que nous concevrons les
hommes comme libres & actifs. Dieu ne s'oppose
pas sans cesse à leur Liberté & à leur Activité, mais
il donna du temps en temps, dans cette vie même,
des Preuves qu'il n'a pas abandonné le soin des hommes, & des préludes de la vangeance qu'il exercera
un jour sur tous ceux qui l'auront merité ?

Si j'éxaminois Période par Période tout ce que Mr.
Bayle alléque sur l'article de Rufin, je tomberois
dans des redires inutiles. S'il ne s'étoit proposé que
de s'acquiter de la fonction d'éxact & d'impartial Rapporteur, dont-il avoit trouvé à propos de se charger, il auroit dû, ce me semble, se contenter de traiter cette matière dans un seul endroit, & y renvoier
quand des faits semblables lui auroient donné occasion de la retoucher ; ou il auroit pu la distribuer en
diverses parties, qu'il auroit traitées en différens en-

droits. Mais quand je vois un homme qui ramène
sans cesse les mêmes argumens que puis-je croire, si
ce n'est qu'il en est pénétré, qu'il s'est passionné
pour eux & qu'il cherche à persuader ses Lecteurs
à force de les étourdir par les répétitions ?

„ Il ne faut pas, dit-il, que je finisse cette re-
„ marque sans observer l'Injustice de certains gens, *Art. Ru-*
„ qui croient que lorsqu'on rejette les raisons qu'ils *fin artic.*
„ donnent d'un Dogme, on rejette le Dogme même.
„ Il y a une différence capitale entre ces deux cho-
„ ses : ceux qui ont de l'équité & un bon esprit ne
„ manquent pas de les distinguer & souffrent fort
„ patiemment, & sans aucun mauvais soupçon que
„ l'on combatte la témérité des Orthodoxes, à l'é-
„ gard des argumens foibles dont on se sert trop sou-
„ vent pour soutenir la Vérité.

Je lui accorde tout cela.
Il ajoute. " Ce n'est pas qu'il ne se puisse com-
„ mettre bien des abus là-dedans ; car par éxemple
„ les Pyrrhoniens sous prétexte de ne combattre que
„ les raisons des Dogmatiques à l'égard de l'éxisten-
„ ce de Dieu, sappoient effectivement le Dogme N.B.
„ même. Ils déclaroient d'abord qu'ils s'accommo-
„ doient au train général, sans s'attacher à aucune Secte
„ particulière qu'ils convenoient qu'il y avoit des
„ Dieux, qu'ils les honnoroient, qu'il leur attri-
„ buoient la Providence, mais qu'ils ne pouvoient
„ souffrir que les Dogmatiques eussent la témérité
„ de raisonner fur cela : Ensuite de quoi ils leur pro-
„ posoient des Objections, qui par le renversement
„ de la Providence, tendoient au renversement de
„ l'Exiftence de Dieu. Voiés Sextus Empiricus qui
„ au lieu de fonder les doutes comme Claudien sur
„ ce que des scélérats prospérent, les fonde sur l'ad-
„ verfité & sur le mal dont le monde est plein. Il
„ allégue l'argument que Lactance a mieux rappor-
„ té que réfuté. Voiés ci - dessus, l'article Pauli-
„ ciens.

Que diroit de plus Mr. Bayle s'il avoit effectivement dessein de faire comprendre à ses Lecteurs que
fous prétexte de faire remarquer la force des objections & la foiblesse des réponses, il attaque le Dogme même & le combat à toute outrance. Si c'est
dont il parle, ne le fait-il pas un plaisir d'y tomber
lui-même ? Pourquoi nourrir ses Lecteurs d'idées
dangereuses ? Lui-même a rapporté le mauvais effet
que des conversations de cette nature avoient produit *Article*
sur Junius jeune homme d'ailleurs très-sage. *Junius*

Au lieu de s'étendre à criticquer la réfléxion d'un
Poëte dont la principale vûe étoit de donner un tour
brillant à sa pensée, au lieu de faire tous ses efforts
pour y chercher des endroits foibles, il auroit pû établir par la Raison ce qui paroit par l'éxperience ;
c'est que Dieu a tellement formé la Nature humaine
que généralement parlant, il est plus de l'Intérêt
temporel d'un homme d'être vertueux que d'être
vicieux, & que si le vice contribue quelque-fois à
l'élévation de certaines personnes, il les met en danger, à proportion, qu'ils les élève ; & que leur chûte
est une suite naturelle des moiens par lesquels ils se
sont élevés. A cet égard *Epitéte* remarque que
*les Loix de Dieu font de toutes les Loix celles qu'on
peut le moins impunément violer.*

Mr. Bayle auroit pû ajoûter 1 que la Providence
n'a pas trouvé à propos d'établir entre la Prospérité
& la vertu, entre l'Adversité & le Vice une liaison
si constante que la Récompense ne manquât jamais
d'accompagner le Devoir, & que chaque péché reçût d'abord son juste Châtiment : D'un côté Dieu
ne vouloit pas déterminer les hommes à lui obéir,
par des Motifs tirés d'un intérêt si présent & si grossier ; D'un autre il ne vouloit pas non plus que loter des
Bons & des Méchans fût parfaitement confondu : Mais
par la différence de ce qui arrive aux uns & de ce qui
arrive aux autres, il amène les hommes à faire des
Réfléxions propres à les mettre dans des bonnes voies.

XXXI. JE SOUHAITE qu'on fasse attention *Preuve*
à ces *tirées ge-*

à ces paroles de Mr. Bayle. *L'idée de l'Etre souverainement parfait*, dit-il *doit suffire, & suffit effectivement à ceux qui usent bien de leur Raison.* Qu'on y joigne celles-ci de la continuation des pensées diverses, Art. XX. pag 81.

Il ne peut point être facile à de l'homme de connoitre clairement ce qui convient ou ce qui ne convient pas à une Nature infinie.

Pourquoi donc décider de ce qui lui convient & de ce qui ne lui convient pas, sur la feule Idée de la Bonté & encore sur une Idée de Bonté, où on fait entrer trop de néceffité & trop peu de Liberté ?

Agit-elle néceffairement ou avec une souveraine Liberté d'indifférence ? aime-t-elle ? haït-elle ? connoit-elle par un acte pur & fimple, le préfent, le paffé & l'avenir, le bien & le mal, & voit-elle d'un feul acte, un homme fucceffivement jufte & pécheur ? Eft-elle infiniment bonne ? Elle le doit être, mais d'où vient donc le Mal ? Eft-elle immuable, ou change-t-elle fes réfolutions, fléchie par nos prieres ? Eft-elle étendue ou un point indivifible ? Si elle n'eft point étendue, d'où vient donc fon étenduë ? Plufieurs autres Queftions qui fe préfentent à l'efprit humain l'étonnent & l'embarraffent : Les Incompréhenfibilités s'arrêtent à chaque pas ; s'il fe tourne d'un côté, pour éviter les impoffibilités apparentes, il en rencontre qui ne font pas moindres.

Les Incompréhenfibilités dépendent de deux caufes qui s'uniffent pour les produire, d'un côté la Vafte & Infinie étendue de l'Objet, & de l'autre, la Capacité très-bornée de l'efprit humain qui l'étudie. Mais pour des contradictions réelles on ne peut pas dire qu'il y en oit, car pour en trouver entre deux Attributs de l'Etre infini, il faudroit comprendre plus à fond la Nature de l'un & de l'autre.

Il fuffit de faire attention fur ce qui fe paffe en nous mêmes pour réfoudre une bonne partie de ces Difficultés. Nous rappellons le paffé, nous prévenions l'avenir, & nous nous le rendons préfent par nôtre penfée. La même perfonne nous plait & nous déplait à divers égards, & inconteftablement nos penfées nous repréfentent diverfes chofes auxquelles elles ne font point femblables ; Elles ne reffemblent point fucceffivement à du fer, à de l'herbe, à un cheval, & à une maifon, quoiqu'elles fe repréfentent tout ce que ces différens objets expriment. Comprenons nous comment nôtre Penfée nous repréfente ce à quoi elle n'eft pas femblable ?

J'ai déja remarqué plus d'une fois que l'état de Pyrrhonifme n'eft pas un état naturel ; on le quitte de temps en temps, & Mr. Bayle n'en fort jamais que pour dire des chofes excellentes.

"XXXII. ON NE fauroit affés fe fcandalifer, dit-il, de voir que les difputes de la grace produifent une divifion fi envenimée dans les Efprits. Chaque Sectte impute à l'autre d'enfeigner des Impiétés & des Blafphêmes horribles, & pouffe l'animofité jufques aux dernières bornes: & néanmoins c'eft fur de telles doctrines que l'on devroit pratiquer le plus promptement une tolérance mutuelle.

"Les Loix que Dieu a données à Adam, dit-il, ont été accompagnées de Promeffes & de Menaces. Cela fuppofe clairement qu'Adam pouvoit obéir & défobéir. Les Théologiens les plus rigides, Sr. Auguftin & Calvin enfeignent formellement que les hommes n'ont perdu leur franc arbitre que à caufe du mauvais ufage qu'Adam en fit dans le Paradis terreftre. Je n'en demande pas d'avantage pour être affuré qu'il eft poffible que Dieu donne à homme la Liberté d'indifférence. S'il ne l'avoit pas donnée à Adam, tous nos fyftêmes de Religion tomberoient par terre, d'où je conclus qu'il la lui donna.

La confervation de l'homme confidérée comme une création continuelle qui anéantit la Liberté, fait donc tomber tous les Syftêmes des Théologiens.

"Nous concevons, continue Mr. Bayle, que Dieu auroit pû faire les chofes autrement qu'il ne les a faites, en cent manieres différentes toutes dignes de fa perfection infinie ; car fans cela il n'auroit point de *Liberté*, & ne feroit pas fort différent du Dieu des Stoïciens enchainé par une deftinée inévitable, dogme qui n'eft guéres meilleur que le Spinozifme. Par conféquent il ne peut y avoir de crime dans les faux Syftêmes que lorfqu'un Théologien les dreffe fur une Idée qu'il croit contraire à ce que Dieu même en a dit, & dérogeante à fa Majefté.

Un Syftême d'un Dieu fouverain qui n'a befoin de quoi que ce foit, qui veut faire des Créatures libres & actives, pour fe plaire dans le Commerce de celles qui feront un bon ufage de leur Liberté & de leur Activité, en l'aimant & en lui obéiffant par choix & par préférence, ce Syftême leve toutes les difficultés.

"XXXIII. EN DONNANT, dit-il, à vôtre Principe la toute-Puiffance & la Gloire de joüir feul de l'Eternité, vous lui ôtés celui de fes attributs qui paffe devant tous les autres, car l'Optimus précede toûjours le *Maximus* dans le ftile des plus favantes Nations, quand elles parlent de Dieu. Mais vous fuppofés que n'y aiant rien qui l'empêche de combler de biens fes Créatures, il les accable de maux.

A cela je réponds deux chofes, 1. que dans les Idées que les peuples fe font formées de la Divinité & encore plus dans les titres qu'ils lui ont donnés, ils ont fuivi le penchant de leur cœur, qui ne voudroit jamais connoître la toute-puiffance de Dieu que par des effufions de fa bonté. 2. que la Bonté de Dieu telle qu'elle fe deploie, nous préfente un Attribut plus brillant encore, plus admirable & plus digne de nos hommages que la Toute-puiffance, s'il eft permis à l'homme de mettre quelque gradation entre ces adorables Attributs ; ce que Mr. Bayle fuppofe en tirant un argument de l'ordre de ces deux titres, parce qu'il ne veut rien négliger de tout ce qui peut fervir à fon deffein. La Toute-puiffance eft un attribut néceffaire en Dieu, mais l'exercice lui en eft libre ; car il n'a befoin de rien & il n'eft ni néceffité, ni obligé à faire quoi que ce foit que pour lui ; C'eft par Bonté qu'il s'eft déterminé à faire ufage de fa Toute-puiffance, & cette Bonté encore ne confifte pas à répandre néceffairement des biens au dehors de lui, autant que fon pouvoir s'étend ; il eft encore en fa Liberté de l'exercer ou de ne l'exercer pas, il eft en fa Liberté de l'éxercer de la manière qu'il lui plait, & fuivant les degrés qu'il trouve à propos. Et cette confidération nous engage à de plus grandes actions de graces. Sa Bonté toute libre excite une admiration plus profonde, & nous appelle d'autant plus de dévouement & de reconnoiffance, qu'elle nous fait plus clairement fentir les obligations que nous lui avons. Mr. Bayle répete encore cet argument. Il ne fe laffe point de ramener les mêmes objections. Effai fur l'Ame des Bêtes, p. 249 La Chimére de Mr. Bayle c'eft cette bonté abftraite ; qui, felon lui doit agir à l'infini, pour prévenir tout mal & produire tout Bien. L'Etre parfait comprend toutes fes perfections dans fon Effence. La création eft bien un effet de fa Bonté, mais un effet auquel fa Liberté fouveraine a mis les bonnes qu'il lui a plu.

XXXIV. ON NE fouffriroit pas aujourd'hui, dit-il, la liberté qu'il a prife de réduire les dannées à un petit nombre. Cela lui pouvoit fervir de quelque chofe pour fe tirer des objections des Marcionites, contre lefquels il a fait un Poëme ; mais au fond, il ne pouvoit point réfoudre par là les difficultés de l'Origine du mal.

"Je les ai propofées en divers endroits de ce Dictionnaire ; mais afin qu'on voie que ce ne font pas

„ pas seulement les Philosophes qui en parlent, je
„ m'en vai citer un long passage d'un habile Théo-
„ logien. Les Manichéens & les Marcionites fai-
„ soient une objection aux Orthodoxes que Prudence
„ rapporte, sans rien diminuer de sa force. C'est
„ que si le Dieu qui gouverne le monde, ne se plai-
„ soit pas au vice, il l'empêcheroit, puisqu'il n'i-
„ gnore pas la corruption des hommes & qu'il la peut
„ empêcher. Ils prétendoient que c'est la même
„ chose, que de faire le mal & le souffrir quand on
„ y peut remédier. Prudence répond préliminerement
„ qu'il paroît bien que Dieu ne se plait pas au Vice,
„ puisqu'il y apporte du remède, & qu'il sauve ceux
„ qui s'en détournent. Mais enfin repliquoient les
„ Hérétiques, on ne peut pas pécher malgré que
„ Dieu en ait, lui qui est maitre du coeur de l'hom-
„ me, & qui le tourne comme il lui plait. Notre
„ Poëte ne résout pas autrement cette difficulté, qu'en
„ retournant au *Libre Arbitre*, sans lequel il ne peut y
„ avoir ni Vice, ni Vertu. Il s'étend beaucoup là-
„ dessus, & le prouve par les exemples, non seule-
„ ment de nos prémiers Parens, mais de Loth & de
„ sa femme, & des belles filles de Noëmi & des
„ freres dont on voit tous les jours l'un embrasser
„ la Vertu & l'autre s'adonner au Vice, à quoi il
„ ajoûte cette Maxime générale:

„ *Omnibus una subest natura, sed exitus omnes*
„ *Non unus peragit, placitorum segrege formâ.*

„ Tous les hommes sont d'une même nature,
„ mais tous n'ont pas un même sort, parce que tous
„ ne veulent pas la même chose. Il paroit par ce
„ qu'on a dit ci-dessus, que Prudence croioit que
„ les hommes naissent corrompus; mais on voit par
„ ce qu'il dit ici, qu'il ne croioit pas que cette
„ corruption les déterminât invinciblement à mal faire.
„ Il ajoûte à cela que c'est à cause que les hommes
NB. „ peuvent être ou bons ou mauvais, selon qu'ils le
„ veulent, que Dieu a établi des récompenses & des
„ peines. Si les Manichéens lui avoient encore ob-
„ jecté qu'il semble qu'il valloit mieux qu'il n'y eut
„ point de Liberté, ni de bonheur donné comme
„ une récompense, & que les hommes s'appliquant
„ nécessairement au bien, fussent nécessairement heu-
„ reux; qu: de faire aux hommes un présent aussi
„ funeste que la Liberté, qui précipite la plûpart
„ d'entr'eux dans le malheur éternel: si, dis-je, les
„ Manichéens lui avoient fait une semblable Ob-
„ jection, il se seroit, peut-être servi de son prin-
„ cipe que nous avons déja rapporté; savoir, que
„ peu de gens tombent, dans ce malheur: & qui
„ fait si Prudence n'étoit point tombé dans cette
„ pensée, à cause de cette Objection, qui pouvoit
„ aisément lui être venuë dans l'Esprit.

„ Ces dernières paroles de Mr. Le Clerc ne con-
„ tiennent rien qui ne soit très-vraisemblable: je
„ crois avec lui que si nôtre Poëte se fût vu poussé,
„ il eut répondu que le nombre des damnés est fort
„ petit, qu'ainsi l'on ne doit pas tant crier contre
„ les rigueurs de la Justice Divine qui exposent le
„ Genre humain à la misère. Mais cette réponse
„ n'eut pas satisfait les Manichéens, & n'eut pas
„ même passé pour un remède palliatif; car voici
„ ce qu'ils auroient pu répliquer. Vous reconnoisés
„ que nôtre objection seroit bonne si les deux tiers,
„ ou si la moitié du genre humain étoient damnés
„ éternellement. Vous avoués donc que le bon Prin-
„ cipe ne peut pas choisir un plan où la damnation
„ de la plus grande partie des hommes soit renser-
„ mée; vous avoués donc que la souveraine bonté
„ est incompatible avec le malheur éternel de tant de
„ gens. Par cet aveu vous ruinés tout votre systè-
„ me; car vous ne pouvés convenir de cette incom-
„ patibilité sans reconnoitre que le malheur éternel
„ d'un très-grand nombre de créatures, seroit une
„ marque de cruauté dans celui qui les puniroit.

„ Vous savés bien que la bonté infinie, ne peut pas
„ être mêlée de cruauté, & si vous pouviés com-
„ prendre que sans nul mélange de ce Vice, le
„ Maitre de toutes choses pourroit condamner aux
„ flammes, les deux tiers, ou la moitié du genre
„ humain, vous cesseriés de trouver incompatible
„ la souveraine bonté avec cette damnation. Voici
„ donc la base de vôtre réponse, le bon principe se-
„ roit cruel, si un grand nombre de gens étoient
„ damnés; mais parce que peu de personnes sont
„ damnées il n'est point cruel, & il conserve tous les
„ caractères de la bonté infinie. Prenés bien garde
„ à quoi vous vous exposés, vous devés nous avouer
„ que la damnation de tous les hommes, seroit l'ef-
„ fet d'une cruauté extrême, *actus sexties ut octo*,
„ comme parleroient les Scholastiques qui mesurent
„ toute l'étendue d'une qualité par huit dégrés. Par
„ conséquent la damnation de la moitié du genre
„ humain seroit l'effet d'une cruauté de *quatre dégrés*,
„ d'où il s'ensuit que la damnation du quart des
„ hommes, marqueroit en Dieu, une cruauté de
„ *deux dégrés*.

On ne prétend pas justifier que Dieu est bon &
mérite ce titre précisément, parce que le nombre des
damnés sera très-petit en comparaison des sauvés. On
doit reconnoitre que Dieu est Infiniment bon, puis
que sans avoir besoin des hommes, il veut faire lui-
même leur éternelle Récompense, pourvû que de leur
côté, ils veuillent l'aimer & lui donner le prémier
rang dans leur coeur, & que, quant à ceux qui
n'agréent pas une condition si juste, s'ils périssent,
c'est leur faute.

Mais, dit-on, puisque Dieu voit que le plus grand
nombre des hommes prend le parti de se perdre,
D'où vient qu'il n'y apporte pas du remède? A cela
on peut répondre qu'il n'y est point obligé, & que
ceux qui périssent, périssent par une ingratitude, &
par une opiniatreté à mal faire, qu'ils doivent uniquement s'imputer; & cette Réponse pourroit suffire: mais on ajoûte de plus, que le Fait même d'où
l'on tire l'objection n'est peut-être point tel qu'on
le suppose. Il est des Docteurs qui mettent impitoïablement dans le nombre des damnés une infinité
de gens qui se seroient beaucoup plus par leur malheur que par leur faute, & qui seroient infiniment
plus dignes de pitié que de censure. C'est l'erreur de
ces gens-là & le scandale qu'elles donnent qu'on a en
vuë quand on a resserré le nombre de ceux qui périssent.

XXXV. DANS sa Réponse aux Questions d'un *De l'utili-*
Provincial Tom. V. Chap. XXIII. pag. 402. Mr. Bayle *té des pri-*
cite Mr. King, qui avoit dit, *Qui sait d'ailleurs si les pei- nes à ve-*
nes des damnés ne sont point utiles aux gens de bien pour les *nir. Oeu-*
retenir dans tout leur devoir, & pour les faire persévérer *vres Div.*
dans le bien? à quoi Mr. Bernard avoit ajoûté; *que* *Tom III.*
la confirmation des Saints dans le bien n'est pas une com- *2. part.*
firmation d'Enthousiaste, & qui ne soit appuïée sur des *pag. 1069.*
motifs, au nombre desquels Mr. King soupçonne que
l'exemple des damnés pourroit bien se trouver.

Mr. Bayle se récrie furieusement contre ce *Paradoxe*. Si, par ce terme il entend un sentiment qui
n'est pas ordinaire & qui ne se lit pas dans tous les
lieux communs, & dans tous les Catéchismes, on
conviendra du *Paradoxe*; mais si par là il entend
une opinion destituée de vraisemblance, parce qu'elle
paroit d'abord attaquer les Notions les plus reçuës, on
lui disputera ce terme. Nous n'avons point de connoissance distincte de l'état des ames dans l'autre vie,
& par conséquent on peut hasarder là-dessus des conjectures, pourvû qu'on les propose très-modestement
& qu'elles n'aient rien de contraire à des véritez très-
certaines & très-reconnuës. La Conjecture qu'on
vient de proposer présente une utilité possible. Si celle-là n'a pas lieu, il y en peut avoir d'autres auxquelles on n'a pas pensé.

XXXVI. QUAND même les Magistrats n'infli-
geroient des peines que pour la Correction, ou pour *De l'in-*
l'Ex- *justice*

l'Exemple, il ne s'ensuivroit pas que le Vice ne méritât pas d'être puni parce qu'il est Vice. A parler exactement Dieu seul est le Maitre des hommes ; A lui seul appartient immédiatement l'autorité de régler leur conduite ; A lui seul aussi, par cette raison, appartient le propre le droit de vanger sa Loi du mépris qu'on en fait. Les hommes n'exercent ce pouvoir que de sa part, & qu'autant qu'il le leur a conféré. On ne sauroit disconvenir que le Châtiment, c'est-à-dire un état desagréable, douloureux, ne convienne à celui qui a volontairement mal agi, à proportion qu'il a mal agi. Donner des Loix qu'on peut violer impunément, & qu'il est au choix de ceux à qui on les donne de violer, sans que leur négligence ou leur audace rende leur condition plus mauvaise que ne feroit leur obéïssance, c'est exposer la Loi & le Législateur à un mépris & à des insultes, où l'injuste demeure le maitre, & où la créature préfère sa volonté à celle de son Créateur sans qu'il lui en arrive aucun mal.

Une préférence si injuste déplait-elle à Dieu ? la condamne-t-il, ou lui est-elle Indifférente ? Si elle lui déplait, s'il la condamne, n'est-il pas digne de lui d'exprimer par sa conduite ce qu'il en pense ? N'est-ce pas par ses actions, & par des faits réels qu'il convient au souverain Etre de faire connoitre aux hommes ce qu'il pense & ce qu'il juge de leurs actions ?

Nécessité des redites

XXXVII. QUELQUE éloignement qu'on se sente pour les répétitions, & quelque crainte que l'on ait d'ennuïer par là un grand nombre de Lecteurs, on ne laisse pas de s'y trouver forcé. On en a même déja averti plus d'une fois. Il a plû à Mr. Bayle de distribuer en diverses Feuilles ses argumens en faveur du Pyrrhonisme, & en particulier ses Objections contre la Vérité de la Réligion. Si l'on se contentoit d'examiner ce qu'il dit dans un seul endroit, & qu'on n'ajoutât qu'on peut appliquer les mêmes remarques à tous les autres où il traite le même sujet, il y a bien apparence que l'on ne satisferoit pas tout le monde par cette méthode : Il s'en pourroit même trouver qui la regarderoient comme une défaite, & , par ne rien dissimuler , puisque le fond des argumens de Mr. Bayle soit, presque par tout, le même , il est peu d'endroits où une nouvelle remarque, une nouvelle comparaison, quelques nouveaux termes de métaphysique, quelques nouveaux tours enfin, ne leur prêtent quelques nouveaux degrés de force.

Du prix à la Liberté. Article Origeniste Note E.

"XXXVIII. QUOI que les raisonnemens, dit " Mr. Bayle, que l'Auteur du Parrhasiana prête à " Origène soient courts & serrés , je crois néan-" moins que j'en garderai toute la force si je les ré-" duis à ces trois propositions I. Dieu nous a fait " libres pour donner lieu à la vertu & au vice, au " blâme & à la loüange , à la récompense & aux " peines. 2 Il ne damne personne simplement pour " avoir péché , mais pour ne s'être pas repenti. 3 " les maux physiques & moraux du genre humain " sont d'une durée si courte en comparaison de " l'éternité, qu'ils ne peuvent pas empêcher que " Dieu ne passe pour bienfaisant & pour ami de la " vertu. C'est dans cette derniére proposition que " se trouve toute la force de l'Origéniste, & voici " pourquoi. Il est vrai qu'il suppose que les tourmens de " l'Enfer ne dureront pas toûjours, & que Dieu " après avoir rendu les Créatures libres ont assés " souffert , les rendra ensuite éternellement heureuses. " Le bonheur éternel qui leur sera conféré rempli " l'idée d'une miséricorde infinie, quand même il " auroit été précédé de plusieurs siécles de souffran-" ce ; Car plusieurs siécles ne font rien en compa-" raison d'une durée infinie, & il y a infiniment " moins de proportion entre le temps que cette terre " doit durer & l'éternité, qu'il n'y en a entre une " minute & cent millions d'années. Parmi les hom-" mes, ceux qui traitent un enfant de quelque in-

commodité, & qui le guérissent par un reméde amer, ne font tout que rire des plaintes qu'il fait de cette amertume ; parce qu'ils savent qu'en très-peu de temps il ne la sentira plus, & que le reméde lui fera du bien. Il y a infiniment plus de disproportion entre Dieu & les hommes les plus éclairés , qu'il n'y en a entre eux & les enfans les plus simples. Ainsi nous ne pouvons pas nous étoner raisonnablement que Dieu regarde les maux que nous souffrons , comme presque rien, lui qui seul a une idée complette de l'éternité, & qui regarde le commencement & la fin de nos souffrances comme infiniment plus proches que le commencement & la fin d'une minute. Il faut raisonner de même des vices & des actions vicieuses, qui à l'égard de Dieu ne durent pas long-temps , & qui dans le fond ne changent rien dans l'Univers. Si un Horloger faisoit une Pendule, qui étant montée une fois allât bien pendant une année entière excepté deux ou trois secondes qui ne seroient pas égales, lorsqu'elle commenceroit à marcher, pourroit-on dire que cet Ouvrier ne se piqueroit pas d'habileté, ni d'exactitude dans ses " ouvrages ? De même si Dieu redresse un jour pour toute l'éternité, les desordres que le mauvais usage de la Liberté aura causé parmi les hommes, pourra-t-on s'étonner qu'il ne les ait pas fait cesser pendant le moment que nous aurons été sur cette terre ?

A la prémière de ces propositions savoir que Dieu nous a fait libres pour donner lieu à la vertu & au vice &c. Mr. Bayle répond que si le présent que Dieu a fait à l'homme de la Liberté peut être regardé comme un présent effectif, & un prétent d'une main bienfaisante, il s'en faut bien qu'il ne remplisse l'Idée d'une Infinie Bonté, telle qu'est la Bonté de Dieu " Nous ne trouvons point, dit-il, " dans nôtre esprit l'idue de deux sortes de Bontés, " dont l'une consiste à faire un présent dont on " prévoit les mauvais effets, sans qu'on les arrête " quoi qu'on le puisse, & l'autre à faire une grace " tellement conditionnée qu'elle servira toûjours à " l'avantage de celui qui la reçoit..... Cette Bonté " idéale exclut essentiellement & nécessairement tout " ce qui peut convenir à un être malicieux. Or il est " certain qu'un être se porteroit aisément à ré-" pandre des faveurs dont il sauroit que l'usage de-" viendroit funeste à ceux à qui il les communique-" roit." Je ne sai si l'entendement de Mr. Bayle étoit fait tout autrement que le mien, & que celui de plusieurs personnes à qui j'ai communiqué ce que je pensois ; mais j'ai certainement des Idées de ce que je dis , quand je suppose un Etre capable de créer ; & qui rend chacune de ses Créatures parfaites & heureuse , suivant toute l'étendue de sa puissance autant que leur Etre borné le permet. 2. Je connois encore mieux ce que je dis , quand je me représente cet Etre Créateur qui varie ses présens, & donne à ses Créatures différens degrés de perfection & de félicité ; & qui les renferme chacune dans de certaines bornes. Je connois, dis-je, beaucoup mieux cette puissance infinie se bornant à des effets finis parce que ce qui est tiré du néant ne sauroit comporter une perfection infinie.

En troisième lieu comme les bornes dans lesquelles il lui a plû de renfermer chaque Genre & chaque Individu ont plus ou moins d'étendue, & cela dans un très-grand nombre de degrés, & qu'il les avaris ces degrés à son choix, je ne dis encore rien dont je n'aïe des idées , quand je conçois qu'il a trouvé à propos de faire des Créatures Intelligentes & actives, qui eussent elles-mêmes la puissance de se perfectionner, si elles vouloient : qui fussent par là arbitres de leur sort ; &, au cas de refus, se rendissent malheureuses & fussent elles-mêmes la cause de leur malheur.

Mais une puissance assés bonne pour faire des présens

dont

dont on peut faire un admirable usage, mais dont on peut aussi abuser, remplit-elle d'une Puissance Infiniment bonne ? J'avoue que non, si par cette Puissance, on entend une puissance qui donne tout ce qu'elle est capable de donner; car c'est là l'Idée qu'il faudroit se former d'une Puissance pour se représenter sa bonté infinie absolument & à tous égards. Ainsi l'Argument de Mr. Bayle prouve trop : Car si l'Etre Créateur peut modifier sa manière d'agir & donner un degré du moins, il peut aussi donner deux degrés, trois degrés de moins &c.

Mr. Bayle a raison d'appeller l'Idée qu'il se forme d'une telle bonté une *Bonté Idéale* ; Elle ne subsiste en effet que dans son idée & dans son imagination ; C'est une Idée abstraite, de laquelle, si l'on veut raisonner juste, il ne faut pas tirer des conséquences, en séparant mal-à-propos des autres Idées avec lesquelles on doit l'unir. Car cette Bonté suprême n'est pas seulement une *Bonté Idéale*, c'est-à-dire qui ne subsiste qu'en Idée, c'est une *Bonté réelle* qui se trouve dans un sujet très-réel, accompagnée d'autres perfections, aussi très-réelles, & très-dignes de l'Etre suprême.

La *Liberté* en est une, c'est même à cette perfection que nous devons tout ; car puisqu'il est essentiel à l'Etre suprême de se suffire à soi-même, ce n'est point pour avoir été nécessairement déterminé par sa Nature, qu'il a formé des Etres ; il pouvoit n'en former point, puisqu'il étoit avant toutes choses. Il s'est donc déterminé lui-même à en former par un pur effet de son Choix & de sa Liberté, il en a formé parce qu'il lui a plu, & il les a formés tels qu'il lui a plu.

J'avoue qu'il est essentiel à Dieu d'agir & de former ses Choix d'une manière digne de lui, mais cela même fait pour moi, & me fournit une partie des éclaircissemens que je souhaite. Il étoit essentiel à Dieu de faire ses choix & de former ses ouvrages d'une manière digne de sa parfaite indépendance. Il a donc trouvé à propos de créer ce genre d'Etres qu'on appelle les *hommes*, & qu'il a placés sur la Planete qu'on appelle la *Terre* ; Il a trouvé à propos, dis-je, de créer les hommes, de leur donner des perfections renfermées dans des bornes très-étroites ; mais en même temps il lui a plu de les créer Libres, actifs, & en état d'étendre ces bornes, dans lesquelles ils se trouvent d'abord renfermés, & de s'élever en les étendant par degrés, à la Perfection la plus sublime. Il n'a pas trouvé indigne de lui d'abandonner en quelque manière à leur choix leur Perfection & leur Imperfection ; Il les a rendus capables de connoître le Juste & l'Injuste ; Il les a mis en état de se convaincre qu'il étoit très-beau de travailler à sa Perfection, & que l'on ne pouvoit sans crime se refuser à ce soin ; Il les a sollicités à s'y appliquer par l'autorité de ses Loix, par des Récompenses dignes de sa Main toute Puissante, & par des Menaces proportionnées à ce dont on se rend coupable en méprisant des Loix si saintes & un Législateur si grand & si digne de respect.

Fait-il en cela quelque tort aux hommes ? Exige-t-il d'eux au-delà de ce qu'ils doivent, & de ce qu'ils peuvent par le moien des facultés qu'il leur a données ? Il étoit en droit d'en user ainsi, & par là même qu'il est digne de lui d'exprimer ce qu'il est par ses Ouvrages, il a voulu faire connoître ses Droits de cette manière.

Je conviendrai aisément que comme sa Puissance qui est Infinie, de même que son Intelligence a créé divers genres d'Etres fort au dessous de l'homme, il en a peut-être créé un plus grand nombre fort au-dessus, & qu'entre ces êtres différens, il se peut que quelques-uns, ou plusieurs encore, si vous voulez, se soient trouvés dès le prémier moment de leur existence en possession de toute la félicité & de toute la perfection dont leur Nature étoit susceptible. Il se peut que la variété des Ouvrages qui devoient entrer dans le plan de Dieu, conçu par une intelligence Infinie, & exécuté par une puissance sans bornes, éxigeât qu'il y eut des Etres dont le sort fut tel que je viens de le dire; mais il importoit infiniment que ces Etres privilégiés, pour sentir toute l'étenduë des obligations qu'ils ont à leur Créateur, comprissent & fussent parfaitement convaincus qu'il ne les a pas placés dans le degré, de bonheur où ils se trouvent, par une Inclination bienfaisante qui fut une émanation nécessaire de sa Nature, & qu'il ne lui fut pas possible de modérer; & cette importante vérité, il convenoit que Dieu en instruisît les Créatures Intelligentes par sa propre conduite ; Ce n'étoit point assés qu'il leur révélât le Droit où il étoit d'en créer de telles que les hommes, il falloit qu'il en créât effectivement ; car de dire, *J'aurois pu en créer, j'en avois le Droit, mais je n'ai pas voulu le faire, parce que je ne trouvois pas dans cette conduite un caractère digne de ma Bonté;* parler ainsi ce seroit faire comprendre que sa Bonté lui impose la nécessité de faire du bien, & que les Créatures les plus heureuses doivent à cette Nécessité celui dont elles sont en possession.

L'Idée de la Liberté entre, ce me semble, dans l'Idée d'une véritable Bonté, d'autant plus digne de reconnoissance & d'admiration qu'elle est plus libre & que, quelque degré de Bien qu'elle donne, il étoit à son choix d'en donner moins, sans que pour cela on fût dispensé de l'obligation de lui rendre graces. Je reconnois que les Théologiens ont quelquefois obscurci, & cela sans mauvaise intention, par des expressions peu justes, le sujet que je tâche d'expliquer. Dieu, disent-ils, quelquefois, s'est déterminé à créer l'Univers pour faire briller sa gloire par l'éxercice de sa Justice & de sa Miséricorde. Pour donner lieu à l'éxercice de ces Attributs, il étoit nécessaire que les Créatures Intelligentes reçussent de lui des Loix très-saintes & très-justes, mais qu'elles violassent : C'est précisément ce qu'il s'est proposé en créant les hommes, dont il a destiné quelques-uns à être les Objets de sa *Miséricorde*, & les autres les victimes de sa *Justice*. Vous diriés que le malheur des damnés entroit dans les plans de Dieu comme une piéce nécessaire, & que c'étoit comme un résultat du Dessein éternel de briller par l'éxercice d'une Justice sévére : Ces derniéres Idées n'ont aucun rapport avec celles que je viens d'établir. Pour éloigner infiniment de nôtre esprit ces barbares Imaginations, Dieu ne se contente pas *de dire*, mais de plus il *jure*, qu'il *ne veut pas la Mort du pécheur, mais qu'il vive;* & quand il *donne ses Loix* à son peuple, il leur dit de la manière la plus formelle, en prenant à témoins *les Cieux & la Terre*, *j'ai mis devant vous la Vie & la Mort*, *choisissés donc la Vie afin que vous viviés heureux;* & quand ils lui donnent des marques de leur obéïssance & de leur dévouement, il y répond par ces expressions pleines de tendresse ; O *que n'avés-vous toûjours le même cœur & la même d'inclination pour me plaire!* Mais il les laisse toûjours Libres & actifs ; Il ne veut pas les forcer, il ne veut pas être lui-même, & lui seul, la cause Immédiate, unique, & totale de leur obéïssance : ce seroit détruire ce qu'il agrée le plus dans leur Obéïssance, la préférence de Choix & le don que les hommes lui font de leur cœur. Quoi que ce présent, en lui-même, soit infiniment au dessous de celui à qui on l'offre, son approbation, son amour, sa Bonté, & toutes ses heureuses suites se tournent du côté de celui qui le lui offre. Quant à ceux qui le lui refusent, il n'a que faire d'eux, il les abandonne aux suites de leur Ingratitude, il ne veut point déploier sa puissance pour en recevoir des Hommages forcés, comme s'il en avoit besoin: Ils ne peuvent point se plaindre de Dieu, c'est lui qui est en droit de leur faire de

justes

justes reproches. Qu'y avoit-il encore à faire à ma vigne? Combien de fois ai je voulu? Mais vous n'avés point voulu. O Israel n'accusés personne de vôtre perte, elle vient uniquement de vous.

De la Bonté Infinie de Dieu.

XXXIX. SI APRES cela on me demande quelle idée on doit se former de la Bonté de Dieu par rapport aux hommes? Doit-on l'appeller Infinie, puisque ces biens qu'ils en ont reçus sont renfermés dans de certaines bornes, & qu'il les a fait naitre d'une telle manière, que leur vie se passe dans les dangers, où ils ne succombent à la vérité que par leur faute, mais qui toûjours sont de véritables dangers? A cette Demande je réponds, si par une Bonté infinie on entend une bonté qui répand tout ce qu'une puissance infinie peut produire de bonheur & de perfection, & le donne tout à la fois; l'homme visiblement n'est pas l'objet d'une Bonté infinie en prenant ce terme dans ce sens; Mais il en est d'autres qui l'obligent à reconnoitre Infinie la Bonté dont il est l'objet; Car I. Dieu ne lui devoit rien, & combien de présens n'en a-t-il pas reçû par un pur effet de la Liberté Divine, comme je viens de le prouver. II. L'éxistence qu'il en a reçû, est une éxistence d'une éternelle durée, & par là il est visible que ce présent devient d'un prix infini. III. Pendant toute cette durée, qui n'aura jamais un dernier terme, Dieu lui-même veut se donner à l'homme, être sa Lumiére, sa Gloire, sa Félicité, entrer en communion avec lui de tout ce qu'il a, & de tout ce qu'il est; A cet égard il est absolument impossible qu'il puisse jamais y avoir un présent plus riche, & plus digne du nom d'Infini, car c'est l'Infini même absolument.

Mais à ce Bonheur infini on n'y parvient que par *une application de cœur, & une application constante, à aimer Dieu, à l'estimer par dessus tout, à le préférer à tout, & à préférer l'observation de ses belles, justes, & saintes Loix à divers agrémens, temporels propres à éblouir les sens & à ébranler les passions.*

Voilà bien de quoi se plaindre! Qu'elle proportion y a-t-il entre ce que l'on fait & ce que l'on obtient, entre les Peines que l'on se donne, & les Récompenses dont elles sont couronnées? Il n'y en a point: Et quand on compare ces deux termes, la petitesse de l'un se fait disparoitre devant la grandeur de l'autre, & ainsi la Récompense demeure toûjours infinie.

Non seulement cela, mais IV. Tout Infinie qu'elle soit en elle-même, elle ne laisse pas de recevoir un nouveau prix du chemin que Dieu veut que l'on suive pour y parvenir: S'il est juste, & si le bon sens ordonne, de mesurer l'honneur qu'on reçoit, par *l'élévation du Supérieur de qui on le reçoit*, peut on refuser le nom d'Infinie à la Gloire dont Dieu nous favorise, quand il veut bien se plaire à être aimé de nous, & à nous donner son approbation & son affection pour nous récompenser de la préférence que nous lui donnons sur les autres Objets, toute dûe que soit cette préférence, & tout chétifs que soient ces Objets en comparaison de celui que nous leur préférons? *Mais pour donner à Dieu cette préférence, on ne sauroit le nier*, nous avons besoin d'une attention continuelle & très-forte. Tant mieux, nôtre satisfaction en doit redoubler. Quel bonheur de pouvoir faire quelque chose de pénible pour lui marquer nôtre dévouement, d'avoir à braver des dangers, qui paroissent quelquefois formidables, à sacrifier des douceurs, qui quelquefois paroissent charmantes, pour témoigner à nôtre Créateur, que nous aimons à le faire régner sur nous, & que nous sommes pleins de respect pour ses saintes Volontés! Quels ravissemens dans l'éternité de sentir la grandeur des biens que nous aurons préférés, sans les connoitre, & tout éloignés qu'ils fussent, à ceux qui nous environnoient, qui nous éblouissoient par un éclat, & par une force proportionnée à l'état où nous nous trouvions! Quels sujets d'actions de graces au souve-

nir de tous les secours par lesquels Dieu nous aura soûtenu dans nos dangers & nos combats, aura animé nôtre Courage, & aura affermi nos Résolutions!

V. Dieu qui connoit toutes nos imperfections, tout ce qu'elles ont d'involontaire, tout ce en quoi elles nous rendent des objets de Compassion & nous donnent lieu de nous écrier, Helas *Misérable que je suis!* proportionnera les jugemens qu'il portera sur nôtre sort, beaucoup moins à la justice & à la beauté de ses Loix, & à la grandeur de son Autorité, qu'à ce que nous aurons pû, & aux Circonstances où nous nous serons trouvés. *Il ne brisé point le roseau cassé, & n'éteint point le lumignon qui fume: Il attend pour faire grace*, & toute grande que soit son Aversion pour le Crime & pour les desordres qui le suivent, les plus Criminels & les plus perdus des hommes, sauront pourtant & seront convaincus, que Dieu ne les aura enfin condamnés qu'après les avoir *tolerés dans une grande Patience*, & qu'après qu'ils se seront *obstinés à méprisér les richesses de sa miséricorde;* Il ouvre un chemin aux plus Rebelles pour les conduire au bonheur, dont ils se sont si honteusement & si criminellement éloignés; Ce chemin est aisé, c'est celui de la Répentance; Qu'ils ouvrent les yeux sur leurs Desordres, qu'ils les condamnent qu'ils en aient honte, qu'ils en gémissent, qu'ils souhaitent sincérement d'abandonner les Vices qu'ils ont indignement aimés, & qu'ils s'appliquent aux Vertus qu'ils ont méprisées: que dans le vif sentiment des foiblesses, dont ils se trouvent accablés que de longues habitudes, ils implorent humblement les secours de Dieu, & ils ne manqueront pas de l'éprouver suivant ses promesses: Il oubliera tout le passé, jamais la mémoire n'en sera rappellée; ils n'ont qu'à persévérer, & ils se verront au nombre de ses plus chers enfans. L'Esprit humain se perd à l'idée d'une si grande Miséricorde; il ne peut assés l'admirer, & elle a, à ses yeux, quelque chose qui lui faut pour mériter le nom d'Immense.

XL. REPANDRE des faveurs, dit Mr. Bayle, *dont on sait que l'usage deviendra funeste à ceux à qui on les communique, n'est-ce pas le caractére d'un Etre malicieux?*

Caractéres de la malice. Article Origéne. Note E.

Je répons 1. qu'un Etre malicieux communiqueroit des faveurs de cette nature à dessein qu'elles devinssent funestes. 2. Qu'il seroit très-mortifié qu'on les tournassent autrement, & qu'on en fit un bon usage; Or rien n'est plus éloigné des desseins de Dieu.

„ Les mauvais Princes ajoute-t-il, qui chercheroient
„ les moiens de satisfaire adroitement la passion qu'ils
„ auroient conçuë de ruiner adroitement un grand
„ Seigneur, lui donneroient avec joie le gou-
„ vernement d'une Province, s'ils savoient qu'en
„ abusant de cette charge il se rendroit le plus odi-
„ eux de tous les hommes, & le plus digne d'un
„ châtiment exemplaire.

XLI. LA PLUS grande partie des comparaisons dont Mr. Bayle se sert sur ce sujet, ont ce défaut: Elles mettent en parallèle Dieu, qui ne doit rien aux hommes, avec les hommes, dont les plus élévés doivent beaucoup à leurs inférieurs, & sont soumis à Dieu qui en les élévant au dessus des autres hommes, les a chargés de contribuer de tout leur pouvoir à les rendre heureux.

Compa- raisons rejet- tées.

Un Prince veut punir un méchant homme, & pour en avoir un sujet éclatant il abandonne une Province innocente à ses éxtortions; En cela il est Injuste & Cruel, par rapport aux habitans de cette Province; Il y a dans sa ruse de la petitesse d'esprit & de la lâcheté, Si ce Grand est coupable qu'il le fasse punir, après avoir fait instruire son procès; s'il n'a pas assés de faveurs pour mériter la mort ou le bannissement, & que le Prince le reconnoisse assés méchant pour ne s'y fier pas; qu'il le laisse sans emploi & sans autorité.

Si Urie avoit été aussi criminel qu'il étoit innocent, & que le Roi David, bien convaincu qu'Urie par exemple, étoit un traitre, & méditoit une rebellion, se fut trouvé dans l'impuissance d'en donner des preuves au public, il auroit pu sans se rendre aucunement coupable devant Dieu, l'éxposer au danger où il perdit la vie. Quand on est assuré qu'une Province est toute remplie de mutins & de mécontens qu'elle est à portée de faire éclatter ses pernicieux desseins à la prémière occasion, & de mettre l'Etat dans de grands embarras; si son opulence la met de plus en pouvoir de réussir dans ses mauvais desseins, & s'il n'y a pas d'autre moien de les prévenir; un Prince aura-t-il tort de la remplir de Troupes qui l'appauvriront & l'humilieront? sera-t-il blâmé de mettre ces Troupes, sous un Chef dur & avare? & si cet Avare, dont il avoit déja lieu d'être mal content, a beaucoup plus en vue, dans la maniére dont il se conduit, de remplir ses coffres, que de servir son propre Prince, en humiliant des sujets qui le méritent; en ce cas encore le Souverain ne fait rien que de juste, quand pour les affoiblir il se sert de la dureté d'un Grand, dont le bien du Roiaume demandoit l'abbaissement, mais un abbaissement duquel les fondemens fussent publics.

Si au contraire le Prince avoit confié cette expédition à un Chef, dont la conduite eut été jusques alors, à peu prês sans reproche, mais dont le cœur fut connu trop sensible à l'intérêt, il est visible qu'il auroit eu tort de l'éxposer à cette tentation, & beaucoup plus, s'il ne s'y étoit déterminé que parce qu'il le haïssoit, & qu'il avoit envie de s'en défaire.

Quand donc Dieu Livre des Peuples coupables à des afflictions qui les humilieront, qui en corrigeront plusieurs, & qui seroient propres à les corriger tous, s'ils vouloient en profiter comme ils le devroient, il est visible que ces peuples n'ont aucun sujet de se plaindre.

Je reconnois que parmi le grand nombre de Vicieux, il se peut trouver quelques Innocens, ne fut-ce que les Enfans; mais il est heureux pour eux de n'être pas élévés dans l'abondance & les richesses, qui ont perdu leurs peres, & qui les perdroient eux mêmes.

Dieu ne livre point une Province à une armée & à son Chef, afin que ce Chef enflé par les succês, devienne Injuste, & Cruel, & s'attire par ce moien les punitions qui lui sont préparées; Mais souvent il se sert des méchans les plus obstinés, & par là les plus incorrigibles, pour en punir d'autres, & pour corriger ceux dont le cœur peut être susceptible de quelque changement.

XLI. *UN BON Prince veut-il donner des charges, dit Mr. Bayle, il donne les plus convenables à ceux qu'il veut gratifier, & ne leur donne point celles dont ils s'aquitteroient très-mal.*

Cavaliers de Prudence & de Bonté. Article Origène Note E.

Si un Prince en agissoit autrement il oublieroit l'obligation où il est de faire en toute occasion tout le bien qu'il peut, & de se rendre continuellement attentif au Devoir & au vrai Bonheur, tant de ceux qui gouvernent les autres, que de ceux qui vivent sous leur Conduite.

Pourquoi donc Dieu n'en use-t-il pas de même? pourquoi tous les emplois ne se trouvent-ils pas entre les mains de ceux qui sont les plus propres à en remplir les obligations? Je répons. 1. que Dieu n'y est pas obligé 2. Que sa Providence ne fait pas tout immédiatement, mais qu'aiant créé tout ce qui compose le genre humain, Libre & Actif, il les laisse éxercer leur Liberté, & leur Activité; car si lui-même la dirigeoit continuellement, en sorte que les hommes ne s'écartoient jamais des Routes dans lesquelles Dieu les détermineroit sans cesse, il leur auroit donné une Liberté & une Activité dont il ne leur laisseroit jamais l'éxercice libre. 3. Dieu a dans sa puissance des moiens surs pour rétablir, pendant toute l'éternité, un ordre qu'il aime, &

qui ne souffre des interruptions que de peu de durée; Il a en main de quoi dédommager infiniment ceux qui souffrent de ces interruptions.

Mr. Bayle possedoit à un souverain degré l'art de ramener les mêmes difficultés, de les enchaîner les unes aux autres, afin d'en accabler son Lecteur. Origine du mal, Decrets, Plans de Dieu, Liberté, Récompense, Châtiment, Providence. un seul de ces Articles raméne tout ce qui se peut dire à l'occasion de tous les autres.

Un bon Prince donne promptement, dit-il, c'est un caractére de bonté qui multiplie le bienfait. Il n'engage pas à de longues sollicitations ceux qui lui demandent quelque chose, cela détruit le mérite du bienfait, & ne convient qu'à une Bonté si médiocre qu'elle n'est presque point digne d'être distinguée de la Dureté. Ceux qui nous ont donné le portrait du Cardinal Mazarin, y ont mis comme un grand défaut l'habitude qu'il avoit contractée de faire trainer si longtemps l'éxécution de ses promesses; que tout le plaisir se consumoit dans l'espérance, & qu'on trouvoit ses faveurs toutes estropiées par les efforts avec quoi il avoit fallu les lui arracher.

Article Origène Note E.

Mr. Bayle met encore ici en œuvre une de ses adresses ordinaires; Il suffit que le nom du Cardinal Mazarin est un Nom contre lequel on est prévenu, & qu'à ce nom l'Imagination du Lecteur se remplit de haine; les passages d'Auteurs que Mr. Bayle y ajoute, achévent l'impression que le nom seul du Cardinal Mazarin auroit commencée, & le Lecteur, au lieu d'avoir soin de bien rappeller l'état de la Question, se rend & succombe sous la Difficulté.

Un bon Prince donne promptement. La promptitude du bienfait en rélêve le prix, *c'est par cette promptitude qu'un bon Cœur se fait connoitre.* Ce sont là des Maximes vagues auxquelles la plus grande partie des hommes, avides de recevoir, prévenus en leur propre faveur & peu soigneux de méditer, ne s'avisent pas de penser qu'il y a des exceptions à faire; Qu'il y a, a pourtant, & beaucoup. On dit, par éxemple, qu'il est très-utile à un Officier, d'avoir passé quelque temps sur l'état de simple soldat, & le Prince Maurice Oncle de Mr. de Turenne le comprenoit ainsi: Il destinoit son Neveu à de grands emplois; mais par là même il crut qu'il devoit lui faire commencer par savoir obéir; Il est très-souvent dangereux de parvenir trop vite à une grande fortune, & à de grandes dignités; les fautes où l'on tombe dans cet etat-là sont presque toûjours capitales; il est bon de s'assûrer des dispositions d'une personne en se donnant le temps d'éxaminer sa conduite dans un rang intérieur, avant que de l'éxposer aux risques d'un plus élevé. Des personnes très-sages & très bienfaisantes, peuvent donc faire, par Prudence & par Bonté, ce qu'autres font par dureté.

Dieu connoit le fond de la Nature humaine, comme je l'ai déja souvent dit (parce que c'est un principe auquel il faut revenir à tout coup) Cette Nature a une éxistence très-réelle, elle est très-réellement Libre & Active, & il n'est pas du plan de la Sagesse de Dieu de la changer par des Impressions immédiates de sa toute-Puissance; il trouve à propos que les hommes, aidés de ses secours, soit éxtérieurs, soit intérieurs, travaillent eux-mêmes à se corriger: Quelquefois par Sagesse & par Bonté il ne leur accorde pas son secours aussi-tôt qu'ils le lui demandent, parce que les hommes craindroient moins de s'en priver par leur négligence à s'en servir, s'ils l'obtenoient toûjours dès le moment qu'ils le souhaitent, & ils en sentent le besoin.

Mr. Bayle continue ainsi: " On voit par là quelles sont les propriétés de la Bonté Idéale, ce " qu'elle exclut, ce qu'elle renferme. Et on consultant cette Idée de Bonté, on ne trouve point " que Dieu, principe souverainement Bon, ait pu " renvoier la félicité de la Créature après plusieurs " siécles de *misére*.

Article Origène Note E.

Cette

Cette Objection auroit lieu si Dieu créoit un Être Intelligent dans un état de Vice & de souffrance, à dessein de le laisser un temps très-long dans cet état avant que de le faire passer à celui de vertu & de félicité ; mais il créa nos prémiers parens dans un état, qui, s'il n'étoit pas celui d'une infinie félicité, pouvoit mériter le nom d'un état fort heureux, & il ne tenoit qu'à eux de le faire durer & de le faire croître. Les hommes naissent aujourd'hui dans un état plus imparfait, Mais ils ne laissent pas d'être environnés d'un grand nombre de douceurs ; il ne tient qu'à eux de s'en procurer de très-solides, en s'appliquant à bien vivre, & à suivre ce que la Raison leur ordonne: Il ne tient qu'à eux de s'assurer une *félicité éternelle*, par un apprentissage bien court, puisqu'il n'est que de peu d'années. Les Maux auxquels ils sont exposés pendant ce temps-là, sont ordinairement très-supportables, Mais ils sont comme absorbés par un grand nombre de Douceurs ; Dieu soutient ceux qui l'invoquent, par des secours extraordinaires, quand les épreuves sont très-dures. L'attente d'un meilleur sort est une Consolation perpétuelle, & la plûpart des hommes ne se plaignent de leur sort présent que parce qu'ils se livrent à leurs Passions, & qu'ils ne donnent aucunes bornes à leur ardeur pour les objets des sens.

Detrmine les déterminations Libres.

XLIII. IL N'ÉTOIT pas, dit Mr. Bayle, de la *bonté de former une Créature avec un Franc Arbitre, dont il étoit très-certain qu'elle feroit un mauvais usage qui la perdroit.*

Mes Lecteurs ne trouveront pas mauvais que je rappelle ici l'état de la Question: J'examine le systême des Pyrrhoniens ; Mr. Bayle en a entrepris la défense, il s'est fait un plaisir de soutenir que la Raison est incapable de répondre aux Argumens par où un Pyrrhonien s'avise d'appuyer les plus absurdes Hypothéses ; Il en donne pour preuve celle des *Manichéens* ; Il convient qu'elle est extravagante, & que les *Manichéens* ne sauroient répondre quelque chose de satisfaisant aux Objections par lesquelles on attaque leur systême ; Mais il soutient aussi que la Raison n'en sauroit imaginer aucun qui satisfasse à leurs Argumens. On fera voir à Mr. Bayle en la personne de ces Pyrrhoniens en sa personne, que leur défi est trop hardi, en permettant à la Raison d'imaginer des hypothéses possibles & probables, qui étant une fois accordées, feront tomber les Objections des Manichéens. C'est dans cette vûe qu'un savant homme avoit mis ces Manichéens aux prises avec un Origeniste.

L'Auteur du Pyrrhonisme. Article Origene Note E.

Mais, dit Mr. Bayle, *n'est-il pas contraire à la bonté de donner un franc arbitre dont on est certain qu'on abuse? ∗*

Puis qu'il s'agit de donner carriére à la Raison, & de lui permettre, en se défendant contre les Manichéens, d'opposer hypothése à hypothése, elle ne s'imposera pas silence, elle dira qu'il étoit très-certain que l'homme pouvoit abuser de son Franc Arbitre, comme il étoit très-certain qu'il en pouvoit faire un bon usage ; mais elle niera qu'il fut très-certain qu'il en abuseroit, comme il ne l'étoit pas non plus qu'il useroit comme il faut.

Quand on me propose de me déterminer sur le Pair ou l'Impair, il dépend de mon pur choix de prononcer un de ces mots plutôt que l'autre ; Il est certain que je prononcerai de l'un ou l'autre, ou que je ne prononcerai ni l'un ni l'autre ; Mais il n'est pas certain que je dirai Pair, comme il n'est pas certain que je dirai Impair ; Et si quelqu'un s'avise d'assurer, à tout hazard, que je dirai pair, & qu'il lui arrive de réussir dans sa prédiction, il ne sera pas en droit de dire, *puis qu'on a prononcé le mot de pair il étoit certain qu'on le prononceroit, & si quelqu'un avoit dit qu'on ne le prononceroit pas, il se seroit trompé & sa prédiction auroit été fausse.* Dans l'hypothése d'un pur Choix & d'une Liberté entiére, l'une & l'autre prédiction auroit été également hasardée, & quelle des deux qu'on eût donné pour sûre, on eut été également téméraire. Il n'y avoit sur le sujet sur lequel elles rouloient quoi que ce soit qui eut plus de rapport avec un de ces mots, qu'avec l'autre, & par là l'une de ces prédictions n'étoit pas plus vraie que l'autre, car elle n'étoit pas plus conforme à la nature des choses, & cela est si vrai, qu'en la donnant comme certaine on se trompoit, puisque l'on s'assuroit comme certain ce qui ne l'étoit pas.

Pour qu'il soit certain qu'on se déterminera d'une certaine façon, il faut qu'il y ait ou au dehors ou au dedans, ou extérieurement & intérieurement tout ensemble, des dispositions actuelles qui produiront infailliblement la détermination sur la certitude de laquelle on prononce, & qui ne puissent manquer de la produire.

On doit toûjours se souvenir que c'est la Raison qui parle, & qui se donne la Liberté d'imaginer un systême vraisemblable. & par là propre à faire tomber les Objections des Manichéens. Après avoir avancé tout ce qu'on vient de lire, si on demandoit encore à la Raison ; Mais Dieu ne savoit-il pas certainement de quelle maniére l'homme disposeroit de sa Liberté? N'étoit-il pas certain de l'abus qu'il en feroit? Elle pourroit ne demeurer pas court, & dire, Dieu, Intelligence infiniment sage, ne se contredit pas, & il ne veut pas qu'une Faculté à qui il a donné l'Etre soit ce qu'elle est, & en même temps tout le contraire de ce qu'elle est, qu'elle puisse ce dont il a voulu qu'elle eut le pouvoir, & qu'en même temps elle ne le puisse pas : Il ne se peut donc qu'il veuille qu'une détermination dépende du Choix de l'homme, pendant qu'au dehors, & au dedans de lui il a créé des causes qui le détermineront infailliblement, & inévitablement d'un certain côté plutôt que de l'autre; L'Intelligence de Dieu (continueroit la Raison) qui est infinie connoit toutes les Déterminations possibles de la Volonté, & toutes les suites imaginables de chacune de ces Déterminations; Quelque pensée qui naisse dans l'esprit de l'homme elle ne fait point naître dans l'Intelligence de Dieu, une Idée nouvelle qu'il n'auroit pas eu sans cela ; Dieu voit simplement de 2. de 3. ou de 4. &c. déterminations possibles, & dont il avoit déjà l'Idée, sur laquelle tombe le choix d'une Créature Libre : Cette hypothése, comme on voit, fait tomber l'objection de Mr. Bayle *Est-il de la Bonté de donner un franc Arbitre dont on est certain qu'on abusera ?*

En vain Mr. Bayle ira chercher des Troupes Auxiliaires chés les Théologiens, il ne sauroit le faire, sans changer visiblement l'état de la Question ; Il prétend d'avoir mis la Raison aux prises avec elle même, & dans l'impuissance de trouver des réponses satisfaisantes à des Objections qu'elle se fait ; On vient de faire voir qu'en parlant ainsi, il est allé trop vite & n'a pas raisonné en Philosophe exact. Mais n'avons nous rien à dire sur le secours qu'il prétend tirer des Théologiens ? Je soutiens que ce secours lui est inutile ; les Théologiens auroient tort, aussi bien que les Philosophes, s'ils regardoient l'Idée de la Liberté, comme une Idée chimérique, & s'ils avoient de la puissance de Dieu une Idée assés bornée pour oser nier tout net qu'il pût former une *Créature véritablement libre*. Pour quelque libre qu'on suppose une Intelligence, & avec quelque liberté qu'elle se détermine, au moment qu'il lui plait de faire un certain choix, il est certain qu'elle fait ce choix là, & qu'elle se détermine à le faire ; Mais il n'est pas moins manifeste que cette certitude présente qu'on a sur sa Détermination, n'empêche pas que cette détermination ne soit libre, & l'effet de son pur choix ; C'est ma *premiére* remarque. Voici la *seconde*, Quand les Théologiens prétendent que Dieu a certainement prévû chaque détermination du Franc Arbitre de l'homme, ils ajoûtent que cette prévision ne donne non plus d'atteinte à la Liberté, & n'empêche non plus qu'un choix ne soit très-libre, que la vûe de ce choix; quand on le fait, n'empêche qu'il ne soit fait librement; Dieu, ajoûtent-t-ils encore, est incapable de se tromper, & de se figurer les choses autres qu'elles ne sont effectivement; puis donc qu'il a fait deux sortes de Creatures, les unes qui se déterminent librement, par leur propre choix & par leur propre activité; les autres dont les Mouvemens sont les suites nécessaires d'une certaine Méchanique, & de certains étbliffemens, qu'il leur est impossible de ne suivre pas; Dieu qui voit les choses telles qu'elles sont, & qui les prévoit telles qu'elles seront, voit & prévoit le nécessaire comme nécessaire, & il voit & prévoit le libre comme libre : Cela posé, il est visible que les Théologiens permettent à la Raison de supposer l'homme libre, qu'ils lui permettent de raisonner sur cette hypothése, & d'en tirer des secours pour défendre la Vérité de la Réligion & de la Théologie, contre les Insultes de ceux qui s'en moquent.

Mais si un Pyrrhonien abandonnoit, pour un moment, le Raisonneur avec qui il ne trouve pas son compte, pour se jetter sur le Théologien dont-il avoit emprunté le secours, & par qui il ne se voit pas assés courageusement défendu; le verrions nous tranquilement accabler son Allié, ou si une Charité Philosophique nous feroit courir au secours de l'opprefsé? De quelque maniere que vous vous expliquiés, dira le Pyrrhonien ou le Manichéen; Que Dieu ait prévu l'abus que l'homme feroit de sa Liberté, comme un acte libre, ou comme un acte NECESSAIRE, toujours est-il certain qu'il l'a prévu, & qu'il l'a certainement prévu, & cette Certitude posée, l'argument qu'on en tire contre la Bonté de Dieu demeure dans toute sa force.

Je n'en tombe pas d'accord, diroit le Théologien, & voici pourquoi; Le Bon sens ordonne que quand un sujet est fort composé, & sur tout quand il renferme des difficultés considérables, il faut séparer avec un grand soin ce qui est clair, d'avec ce qui est obscur, s'affermir dans la persuasion de ce qui est démontré par des preuves simples & évidentes, proportionnées à la force de nôtre esprit, sans se laisser ébranler par des difficultés qui roulent sur des sujets au dessus de nôtre Intelligence, & dont nos forces ne nous permettent pas de nous former des Idées exactes. Nous sommes convaincus de nôtre Liberté par des preuves de sentiment, ce font les plus fortes de toutes : Nous en concluons évidemment que si nous choisissons mal & si nous préférons nos Fantaisies à nôtre Devoir, c'est à nôtre faute uniquement, & que nous ne devons nous plaindre que de nous mêmes, ce sont là des Vérités auxquelles nous nous tenons fermes. En vain pour les ébranler, vous nous appellés à remonter jusqu'à la Préscience Divine; nous ne sommes pas gens à nous remplir de doutes sur ce que nous voions à deux pas de nous, & que nous pouvons toucher de nos mains, sous prétexte que nous ne saurions voir distinctement ce qui est éloigné de dix & de vingt lieues ; Nous ne saurions nous former aucune Idée sur la maniére dont Dieu prévoit les Déterminations libres, pourquoi donc nous émanciperions nous former là-dessus des conjectures, qui renverseroient des Vérités de sentiment les plus incontestables ? Si un Pyrrhonien prétend que tout soit incertain, parce qu'on ne comprend pas tout, son Raisonnement est absurde; je décide sur ce que je comprens, & je ne décide point sur ce que je ne comprens pas. Se servir de ce qui est Clair pour travailler à éclaircir ce en quoi on trouve de l'Obscurité, c'est se conduire en homme raisonnable, & suivre les Régles du bon sens; mais attaquer ce qui est clair, par des argumens qu'on tire de ce qui est obscur, c'est renverser toutes les Régles, c'est donner dans de miférables sophismes; c'est faire des Raisonnemens dont la Conclusion que l'on combat est claire, & les principes dont on se sert pour la combattre sont obscurs, & obscurs jusques à l'Incompréhensibilité.

Les Théologiens reconnoissent que la préscience ne donne aucune atteinte à la Liberté, & cela étant il fait que, selon eux, l'homme est aussi libre que s'il n'y avoit point de Préscience, aussi ne disconviennent-ils point que l'hypothése de ceux qui ne reconnoissent pas la préscience des déterminations toutes libres n'ait sa Vraisemblance; Ils avouent que la Raison est pour elle, & ils se plaignent que les partisans donnent trop d'attention à la Raison : Ces aveus suffisent pour arrêter tout court un Pyrrhonien.

XLIV. SI L'HOMME avoit demandé, dit *Réfléxions sur la Liberté.* Mr. Bayle, à son Créateur un Franc Arbitre dont il auroit été certain qu'il abuseroit, Dieu n'auroit point pu le lui accorder sans démentir son essence. A plus forte raison n'a-t-il pu le lui donner sans qu'il le demandât. L'auroit il bien voulu prendre si on l'avoit consulté ? & s'il avoit connu quelles en seroient les suites ; n'eut-il pas crié plutôt, QUE DE TELS PRESENS SOIENT POUR MES ENNEMIS.

Il n'est pas possible de changer l'état de la Question avec plus de hardiesse que Mr. Bayle le fait ici. Donnons à nôtre imagination la liberté de supposer, comme fait Mr. Bayle, le souverain Etre qui vient de créer l'homme, & qui lui dit, *Tu n'existois point & tu existes présentement par l'effet de ma Puissance, je vai te faire une Proposition, Répons moi sans te gêner : c'est afin que tu puisse en répondre à ton choix, que je t'ai donné le pouvoir de te déterminer toi-même ce présent est en lui-même grand & magnifique, mais il est certain que tu en abuseras, & que tu te perdras par là éternellement; Qu'aimes-tu donc mieux, ou être éternellement misérable ou cesser d'éxister ?* On voit bien qu'une telle proposition seroit absolument incompatible avec la Sagesse & la Bonté de Dieu ; Pourquoi créer un Etre capable d'Intelligence & de Choix, pour lui proposer dès les prémiers momens de son éxistence l'alternative de rentrer dans le néant, ou de vivre éternellement misérable?

Mais au lieu de cela, supposons que Dieu lui dise, *Je t'ai créé Libre, il est en ton pouvoir de te déterminer & de prendre des partis très-différens ; si tu veux me croire, & bien choisir, ta Sagesse & ton obéïssance seront suivies des Récompenses éternelles, mais si tu aimes mieux te conduire à ton gré que suivant mes loix, & si au lieu de m'aimer de tout ton Coeur, & de me préférer à tout, tu me préféres ce qui est infiniment au dessous de moi, la follie de ton choix & ton ingratitude t'attireront la triste sort qu'elles méritent : Veux tu que je te conserve la Vie à cette Condition, ou si elle te paroit trop rude, & si tu aimes mieux rentrer dans le Néant que de vivre avec un tel pouvoir ?* A la vérité ta conoissance de grands risques, mais il ne tient qu'à toi de les éviter; Choisis bien & tu seras heureux. Il y auroit eu visiblement de la mutinerie à préférer le Néant à la continuation d'une telle éxistence; Il y auroit eu de l'Impudence à répondre, *Je ne veux point me voir exposé à ces Risques, il me faudra trop d'attention; & préférer toujours ce qui vaut mieux à ce qui vaut moins est une fatigue qui me paroit trop grande, j'aime mieux n'être pas, que d'être à ces conditions.*

,, L'Homme auroit encore du suivre une autre ré-
,, ponse & dire, Seigneur, Je ne sais que sortir du
,, néant, je ne me connois point assés, je me défie
,, de mes forces, & je me défie encore de tout ce
,, qui m'environne, il n'y a que vous sur qui je
,, me permette de me reposer uniquement, je sou-
,, haite de vous plaire, je sens toute la justice &
,, toute la nécessité de ce désir, j'ose implorer
,, vôtre secours, je le demanderai sans cesse, & en
,, ajoûtant cette grace à celles dont vous m'avés déja
,, comblé, vous me mettrés en sûreté contre tout
,, ce que ma Liberté peut avoir de dangereux.

Mais enfin Dieu n'a point fait à l'homme ces propositions-là. Il est des Jurisconsultes qui conçoivent que toutes les Obligations, en vertu desquelles un homme se trouve lié à un autre, & à quelques égars égats dans sa dépendance, ont pour fondement des *Conventions expresses ou tacites*, & ils fondent leur hypothése sur l'égalité naturelle des hommes; Mais on ne peut pas établir ce ce même fondement l'obligation où sont des Créatures de vivre dans la dépendance de Dieu, d'acquiescer à leur Destinée; & remplir les Fonctions auxquelles, la Nature qu'elles en ont reçûë, ou la situation où il les a placées les appelle. Dieu donc étoit dans un plein Droit de créer, l'homme avec la Liberté qu'il lui a donnée, & l'homme est dans l'obligation d'en bien user, & de donner toute son application à en prévenir les abus.

Mr. Bayle se seroit peut-être facilement représenté les cas que je viens de poser, s'il l'avoit voulu, & s'il n'avoit pas eu plus à cœur de chercher des difficultés que des dénoûements, & si peut-être encore, il n'avoit eu l'esprit occupé d'une hypothése qui lui sert d'Arsenal, & dont il prétend tirer à tout coup des Armes invincibles. Un Esprit accoutumé à se représenter tout ce que la Théologie a de plus épineux, afin de combattre la Religion avec plus d'avantage, se figure Dieu disant au prémier homme qu'il vient de créer; *Je t'ai fait Libre; mais je suis bien assûré que tu abuseras de ta Liberté, que tu te rendras miserable, & que de toi naîtra une Race infortunée, je choisirai un petit nombre à qui je ferai grace, mais pour tous les autres je les abandonnerai à un desespoir éternel, & je les livrerai à la nécessité de se reprocher sans fin & sans cesse, & de se dévorer en se reprochant, qu'ils n'auront pas voulu obéir à des Invitations très-belles, auxquelles je suis irrévocablement résolu de ne point leur donner le pouvoir de se rendre; veux tu? ou ne veux tu pas la vie à cette condition?* C'est la doctrine des Surlapsaires dont la plus part des Théologiens s'éloignent.

„ Mr. Bayle ajoûte, mais si la bonté infinie du „ Créateur lui permettoit de donner aux Créatures u- „ ne liberté dont elles pourroient faire un mauvais „ usage aussi tôt qu'un bon usage, il faudroit pour „ le moins donc qu'il les engageroit à veiller de „ telle manière sur leurs démarches qu'elle ne les „ laisseroit pas actuellement pécher. Son amour in- „ finie pour la vertu, sa haine infinie pour le vice, „ sa sainteté en un mot, uniroit ses intérêts avec „ ceux de la Bonté, & par le concours de ces deux „ divins attributs le mauvais usage du franc arbitre seroit „ détourné toutes les fois qu'il seroit prêt à éclorre.

J'ai prouvé que Dieu étoit en droit de former des Créatures libres : Or donner la Liberté, & en user avec une Créature à qui on l'a donnée, comme Mr. Bayle prétend que Dieu devroit le faire, c'est la donner & l'ôter en même temps. Pour empêcher que l'homme ne se rendît coupable, ce ne seroit pas assés d'empêcher qu'il n'exécutât un mauvais dessein qu'il auroit une fois conçu, & de lui faire changer en un meilleur, la faute seroit déja faite, & l'homme mériteroit qu'on lui imputât l'éxécution d'un dessein qu'il auroit infailliblement éxécuté, si la toute-puissance de Dieu n'y avoit opposé des obstacles. Il ne suffiroit pas même, d'arrêter les délibérations d'un homme qui commenceroit à former quelques Projets injustes, & de tourner son attention de l'autre côté; les commencemens de ce projet, le plaisir avec lequel il auroit donné quelques momens d'attention à des Idées qui alloient à l'engager au crime, le rendroient déja criminel; Il faudroit que Dieu veillât fur tout ce qui peut faire naître de telles Idées, fur tout ce qui peut les faire tant soit peu goûter; & par conséquent, il seroit nécessaire qu'il dirigeât immédiatement toutes les Impressions que l'esprit de l'homme recevroit, & qu'il déterminât sans cesse son attention du bon côté; & à quoi bon donner la Liberté qui ne s'éxerceroit jamais; Et au cas qu'elle s'éxerçât l'homme ne pourroit jamais savoir si c'est lui ou si c'est Dieu qui a été l'unique cause de sa Détermination. Quelle sagesse trouveroit-on dans les ordres du Seigneur; quand il diroit à ses Créatures Intelligentes & Libres, *Soiés attentives à mes ordres, détournés vôtre attention de toutes les Idées qui pourroient vous solliciter à les violer, fixés-la fur tout ce qui est propre à vous affermir dans vôtre Devoir.* Les Créatures Intelligentes, à qui Dieu tiendroit ce Langage, pourroient impunément négliger tous ces Conseils, & celles qui ne se mettroient point en peine d'obéïr, ne laisseroient pas de remplir leur Devoir aussi exactement que les plus attentives & les plus scrupuleuses.

„ XLV. LES Péres, dit Mr. Bayle, qui ne peuvent „ réfuser à un Enfant la permission de marcher seul, „ ou de monter une échelle, ou d'aller à cheval, „ lorsqu'il est visible qu'il tombera si l'on n'y prend „ garde, ne manquent jamais de donner ordre que „ de quelque côté qu'il chancelle il trouve toûjours „ un appui. Si une bonté finie, & qui ne peut pas „ concilier invisiblement son secours avec les forces „ d'un petit enfant, empêche toûjours quand elle „ le peut, qu'il ne tombe, ou qu'il ne se blesse a- „ vec un couteau qu'il a fallu lui accorder pour faire „ cesser ses pleurs, combien plus devroit-on être „ persuadé que Dieu auroit prévenu le mauvais usage du „ franc arbitre, lui qui est infiniment bon, infiniment „ saint, & qui peut infailliblement incliner la Créa- „ ture vers le bien, sans donner atteinte aux pri- „ viléges de la liberté.

Les Comparaisons que Mr. Bayle fait se trouvent d'autant plus éblouïssantes qu'elles sont peu justes. Vous diriés que les hommes qui s'obstinent dans leurs Vices, & qui par leur persévérance, & par leur obstination s'attirent de justes châtimens, sont comme de petits enfans dont Dieu devroit regarder les fantaisies avec compassion. Un homme qui dépouille un voiageur, & l'égorge quand il ne veut pas se laisser dépouiller, ressemble sans doute à un enfant, à qui on donne un coûteau par complaisance, mais de qui on ne doit pas détourner les yeux de peur qu'il ne se blesse, & qu'il ne blesse son camarade qui est à ses côtés; c'est ainsi qu'il faudroit conduire l'épée & la main de l'Assassin & du Voleur, de peur qu'il ne se fit du mal à lui-même en commettant sa faute. Je viens déja de faire comprendre la différence qu'on doit mettre entre les hommes obligés par Devoir à prévenir tous les Maux, auxquels il est en leur puissance de s'opposer, & Dieu qui est en Droit de former des Etres Libres & actifs, & de les laisser agir suivant leur Liberté.

XLVI. LES derniéres paroles de Mr. Bayle qu'on vient de citer, savoir *que Dieu peut infailliblement incliner une Créature vers le Bien, sans donner aucune atteinte aux priviléges de sa Liberté*, ces expressions sont équivoques; Dieu peut infailliblement incliner au bien une Créature libre, sans faire injure à la Liberté, & sans lui donner le droit de s'en plaindre. 1. Cela peut signifier. Quand Dieu qui connoit à fond l'Ame de l'homme, voit que ses inclinations pour le bien se sont affermies par d'heureuses habitudes, & de des actes réïtérés, à un tel point qu'en vertu de ces Habitudes elle ne manquera point à faire son Devoir dans de certaines circonstances. Dieu peut encore la placer dans ces circonstances, sans faire aucun changement dans la nature, ni dans les habitudes de l'Ame, par un acte de sa Toute-puissance. 2. Dieu peut imprimer dans une Ame des Sentimens si doux, lorsqu'elle réfléchit sur l'excellence de ses Devoirs & qu'elle s'anime à les remplir, que la douceur de ces sentimens affoiblira les Impressions des Objets extérieurs, les fera paroître moins aimables, & fera cause que l'Ame se déterminera plus aisément du coté où son Devoir l'appelle; En ce cas-là encore, ce sera l'Ame qui se déterminera.

3. Mais outre ces Cas que je viens de rapporter, & d'autres semblables qu'on y pourroit joindre, il est certain que Dieu qui a donné la Liberté, peut s'en rendre le Maître, en former les Actes comme il les

les forma dans le prémier moment de sa création; il est certain qu'il peut tenir l'attention arrêtée & fixée sur de certaines Idées, où l'on détourner & la porter sur d'autres. Dans ces Cas-là le pouvoir de l'homme sur ses propres choix se trouve suspendu.

On convient sans peine que Dieu peut favoriser les hommes par des secours extraordinaires, & on convient qu'en effet il les leur accorde quelquefois; mais on convient aussi qu'un homme n'a aucun sujet de se plaindre de Dieu, lors que sa Bonté est allée jusques à lui donner le Pouvoir d'obéïr & de devenir heureux en obéïssant, en telle sorte que, s'il n'obéït pas, & s'il s'attire du mal par sa Desobéïssance, c'est à lui seul à qui il doit s'en prendre.

Les remarques de Mr. Bayle sur les réponses qu'on tire de la Liberté que Dieu a donnée & conserve, seroient fondées, si l'on prétendoit que Dieu n'a plus la puissance de s'en rendre Maitre, ou qu'il n'en a plus le Droit, ou qu'il ne se le permet pas, & n'y touche point par des égars pour elle.

Article Origéne Note E.

,, Pour ce qui est de la raison alléguée, dit Mr. ,, Bayle, par l'Origéniste, qu'il falloit accorder la Li,, berté à la Créature afin *de donner lieu à la Vertu* ,, *& au Vice, au Blâme & à la Louange, à la Recom* ,, *pense & aux Peines, on la pourroit très-bien réfuter* ,, *& facilement.* Il suffiroit de répondre que bien loin ,, qu'une semblable raison ait dû obliger un Etre in,, finiment saint, & infiniment libéral, à donner le ,, franc arbitre aux Créatures, elle devoit au con,, traire l'en détourner. Le vice & le blâme ne doi,, vent point avoir lieu dans les ouvrages d'une cau,, se infiniment sainte, il faut qu'ils y trouvent bou,, chées toutes les avenues, tout y doit-être louïable ; ,, la vertu y doit occuper tellement les postes, que ,, la qualité opposée ne s'y puisse jamais fourrer. & ,, comme tout doit-être heureux dans l'Empire d'un ,, souverain Etre infiniment bon & infiniment puis,, sant les peines n'y doivent point avoir lieu.

Quand Dieu a donné la Liberté à l'homme, pourdi-il n'a pas été de donner également lieu à la Vertu & au Vice ; il a créé l'homme libre parce qu'il vouloit en être aimé & en être servi par un *amour de préférence*, & *une obéïssance de choix*. Il vouloit faire une Créature active qui obéït, & qui aimât, parce qu'elle vouloit obéïr & aimer, au lieu d'en faire simplement un sujet passif, sur lequel les manières de penser qu'on appelle obéïssance & amour fussent créées à tout moment. Si le prémier homme & ses descendans avoient fait un bon usage de leur Liberté, la Terre auroit été le séjour de l'Innocence, de l'Ordre, & de la Félicité. Le genre humain auroit été composé d'Intelligences unies à des Corps, qui auroient glorifié leur Créateur suivant toute l'étendue de leurs Facultés, & en auroient reçu des Récompenses proportionnées à tout ce que la Nature de l'Ame & celle du Corps, ou plutôt à tout ce qu'une Ame unie à un corps étoit capable d'en sentir. Les hommes auroient vécu sans douleur, & sans inquiétude, dans une parfaite union les uns avec les autres, dans un attachement parfait à leur Devoir, & dans des progrès continuels en connoissance : Et comme la sagesse de Dieu aime à varier ses Ouvrages, & que sa Bonté n'a d'autres bornes que celles dans lesquelles sa Sagesse trouve à propos de renfermer les effets de sa puissance, peut-être que l'homme, par la bonté, & par la puissance divine, auroit été mis en possession d'une Félicité nouvelle & d'un tout autre genre ; Dieu connoissoit toutes les excellentes suites qu'auroient eu l'Obéïssance, & le bon usage de la Liberté ; Il ne connoissoit pas moins toutes celles que pourroient avoir la Desobéïssance & le mauvais parti que les hommes étoient capables de prendre : Mais pour prévenir les Maux que des Créatures ingrates & rebelles s'attireroient volontairement, il n'a pas trouvé à propos de changer son plan & d'anéantir par ce changement tout ce qui devoit se trouver de beau & de satisfaisant dans le plein don que les hommes lui feroient de leur cœur, & dans une obéïssance qu'ils lui rendroient librement, & avec une obéïssance de choix, dont le prix seroit encore relévé par les obstacles que les éxemples & les traverses y apporteroient. Pour ce qui est de ceux qui sont assés mauvais pour abandonner Dieu, malgré les tendres sollicitations par où il les invite à la Répentance, & malgré le grand nombre de graces qu'il leur fait, toutes si dignes de s'attirer leur cœur, il n'a que faire d'eux, il les laisse & les abandonne à son tour; & en cela il ne leur fait point de tort, ils n'ont que ce qu'ils méritent, & ils sont indignes que sa Bonté aille plus loin en leur faveur.

,, XLVII. LE VICE & le Blâme dit Mr. ,, Bayle ne doivent point avoir lieu dans les ou,, vrages d'une cause infiniment sainte, il faut qu'ils ,, y trouvent bouchées toutes les avenues, tout y ,, doit être louable ; la Vertu y doit occuper tel,, lement les postes, que la qualité opposée ne s'y ,, puisse jamais fourrer.

En qui sont la Vertu & le bien doivent régner. Article Origéne Note E.

On peut donner à ces paroles un sens que je ne désavouerai point. *La Vertu doit tellement occuper tout les postes que la qualité opposée ne s'y puisse jamais fourrer.* Cela est très-vrai dans un sens de devoir, il faut être attentif à boucher toutes les avenues du vice, & à ne rien négliger pour cela. Il étoit encore de la Sagesse, de la Sainteté & de la Bonté de Dieu de mettre ses Créatures Intelligentes dans un tel état qu'elles ne tombassent point, malgré elles, dans le Vice & dans le desordre ; & par rapport au genre humain déchu de la prémiére Intégrité, il étoit encore de la Bonté & de l'équité de Dieu de regarder dans sa pitié, plutôt que dans son Indignation, les fautes de surprise & de foiblesse. Je reconnois tout cela.

Mais de prétendre que la bonté de Dieu éxigeoit que sa puissance donnât à chaque Créature Intelligente un degré de Vertu si parfait & si affermi, qu'elle se déploïât continuellement pour l'affermir dans un tel point, qu'il leur fut impossible d'en déchoir en aucune manière, c'est la une supposition dont je ne saurois' tomber d'accord. La Vertu des hommes perdroit, dans l'éxécution de ce plan-là, tout ce que la Liberté lui donne de prix aux yeux de leur Créateur, tout ce qu'il y trouve de plus digne de son approbation & de son amour.

,, Comme tout doit être heureux dit-il, dans l'em,, pire d'un souverain être infiniment bon, & infi,, niment puissant, les peines n'y doivent point avoir ,, lieu. On ne doit point trouver en voyageant dans ,, ce vaste empire une vallée de larmes, sans traver,, ser des espaces remplis d'horreur, on doit rencen,, trer d'abord les théatres de la félicité.

Ibidem.

Cette Vallée de larmes, ces espaces remplis d'horreur, n'entrent point naturellement dans le Plan d'un être très-Sage, très-Saint & très-Bon ; Ce n'est point en vue de placer des Objets si tristes dans quelque coin de l'Univers qu'il a donné aux hommes une Liberté capable de tourner mal, & que sa Providence a ménagé les occasions de la chute. Manqueroit-il quelque Perfection à l'Univers s'il n'y avoit aucune Créature misérable, sous pécheur sur qui la Justice vengeresse du souverain Législateur se déploïât? Non sans doute, car la chute & la desobéïssance de quelques unes des Créatures n'entrent point dans le Plan de Dieu comme une partie nécessaire ; mais dès que des Créatures ont volontairement réfuté à Dieu ce qu'elles lui devoient, dès qu'elles s'obstinent dans des refus qui deviennent encore plus noirs & plus edieux par cette obstination, leur Impunité seroit une tache dans les Ouvrages de la Providence, & il est de la perfection de l'Univers que l'obstination des rebelles soit punie.

XLVIII. QUAND Mr. Bayle reconnoit que le Vice, le Blâme & les Peines peuvent avoir une éxistence

Mr. Bayle fournit de quoi

cence Idéale. Ou ſes paroles n'ont point de ſens ; ou elles ſignifient que le Vice, le Blâme, ou les Peines ſont des choſes poſſibles : Elles ne le ſeroient pourtant pas ſi leur exiſtence impliquoit contradiction avec la Bonté de Dieu. L'Exiſtence idéale du Vice ; du Blâme & des Peines emporte du moins ceci, c'eſt que ſuppoſé qu'il y ait des Vices, la punition de ces Vices ſera juſte ; Or elle ne ſeroit pas juſte ſi le Vice n'étoit pas volontaire. On a donc de l'aveu de Mr. Bayle une Idée d'une deſobéïſſance volontaire & digne de punition : Pourquoi Dieu déploieroit-il ſa toute puiſſance pour prévenir la miſère que s'attirent volontairement des coeurs qui prennent le mauvais parti ? Pourquoi deploieroit-il ſa Toute puiſſance pour les rendre heureux infailliblement ſans qu'eux mêmes daignaſſent y concourir ?

,, XLIV. ON NE peut pas prétendre, dit Mr.
,, Bayle, ſelon l'exactitude des termes, que le Franc
,, Arbitre a été conféré aux hommes, afin qu'ils
,, puſſent mériter le bonheur du Paradis, & l'obtenir
,, à titre de Récompenſe '' Mr. Bayle, dont la Foi eſt le Bouclier perpétuel, qui ne veut point qu'on raiſonne dès qu'il s'agit de croire, ſe livre à une longue enchaînure de Raiſonnemens métaphyſiques, qui ne vont pas moins qu'à faire effacer de l'Ecriture toutes les expreſſions qui nous amènent directement ou indirectement à des Idées de récompenſes. Je ſai bien que quand Dieu donne à ceux qui l'aiment, & qui lui plaiſent, des preuves de ſon amour, de ſon aveu & de ſa protection, il ne le fait pas en vertu d'une obligation dans laquelle il ſe trouve, & qui ſoit toute ſenſible à celle d'un homme qui paie les ſervices qu'on lui a rendus. Les hommes ſont naturellement égaux, & ſe doivent réciproquement les uns aux autres. Dieu ne doit rien à l'homme & l'homme doit tout à Dieu : ſi donc Dieu ne faiſoit attention qu'à ſa propre Grandeur, aucune Juſtice ne l'obligeroit de faire du bien aux hommes enſuite de leur Obéïſſance : Mais Dieu écoutant ſa Sageſſe, ſon Equité, ſa Bonté, ſon Amour pour l'Ordre & pour la convenance, trouve à propos que la félicité accompagne ceux qui ſont bons. La Récompenſe a une liaiſon naturelle avec une Obéïſſance libre, cette obéïſſance plaît à Dieu, & au lieu de ne lui accorder qu'une Récompenſe digne d'elle, & proportionée à ſon Mérite très-borné, il la récompenſe d'une manière digne de lui, digne de ſa propre Grandeur. D'un côté donc l'obéïſſance volontaire donne lieu à l'Idée de la récompenſe ; d'un autre la récompenſe s'étend ſi loin, que l'entendement de l'homme ſe perd dans l'admiration de la Bonté qui le récompenſe, & le récompenſe infiniment au-delà de tout ce qu'il auroit pu mériter, par ſon obéïſſance quand même il n'auroit pas reçu de Dieu les facultés, par le moien deſquelles il a été capable de lui obéïr.

Mais, ajoute Mr. Bayle, ce Langage d'approbation, de louange, de récompenſe ne pourroit-il pas avoir lieu, quand même il n'y auroit aucune Liberté, quand même l'homme ſe détermineroit point du tout lui-même ? Ne pourroit-il pas y avoir une ſubordination entre la Vertu & le Bonheur, c'eſt-à-dire, une liaiſon entre des penſées vertueuſes & des ſentimens néceſſairement heureux, dans laquelle ſubordination & cette néceſſité, La Vertu précéderoit, & la Félicité ſuivroit ?

Je reconnois qu'une telle ſuite néceſſaire peut-être l'effet de la puiſſance de Dieu ; mais je ne conçois nullement que les Idées de Récompenſes & de Louanges y puiſſent convenir. Qu'on ſe repréſente un homme renfermé dans une chambre, dont l'air eſt étouffé & d'une puanteur inſupportable ; c'eſt une néceſſité que cet homme ſouhaite ardemment, & à proportion de ſa ſouffrance, de reſpirer un autre air : Au moment qu'il s'évanouit & qu'il a déja perdu tout mouvement, on l'emporte & on l'expoſe à un air très-pur, il s'en remplit à longs traits, jamais il n'eut tant de plaiſir à reſpirer ; y auroit-il le moindre Bon-ſens à lui dire ? Quand vous étiés preſque ſuffoqué par une odeur qui alloit vous donner la Mort, vous déſiriés un meilleur air ; Qu'il y a eu de Sageſſe dans vos Déſirs ! Que vous êtes louable d'avoir ainſi hai le Mauvais air, & ſouhaité le Bon ! Jouïſſés des Récompenſes d'un Mérite ſi raiſonnable.

Mr. Bayle reconnoît que les Idées des peines ſont des Idées véritables. Dès lors on ne peut plus diſconvenir que les Idées de la Louange & de la Récompenſe ne ſoient auſſi des Idées réelles, Dieu a voulu que des Objets répondiſſent à ces Idées, il a voulu ſe plaire à loüer & à récompenſer. La récompenſe va infiniment au-delà du Mérite, j'en tombe d'accord ; mais toujours il a voulu que cette Récompenſe infinie fut une récompenſe. Il a voulu que la louange & la récompenſe dont-il honnoreroit les Créatures Intelligentes & Libres, fuſſent des récompenſes réelles & non pas des récompenſes illuſoires, qui ne tomberoient que ſur des actions néceſſaires.

Toutes les louanges que les hommes ſe donnent les uns aux autres ſont fondées ſur ce qu'ils ſe ſuppoſent les uns aux autres de la Liberté : Dès qu'on ſuppoſe que les hommes ne ſont plus que des Machines, dont toutes les Idées, tous les déſirs, tous les mouvemens arrivent par une ſuite néceſſaire, on voit qu'il faut tout à fait changer de langage ſi l'on veut parler conformément à la Vérité.

Plus la Félicité éternelle ſeroit éloignée de la notion de Récompenſe, plus elle porteroit le caractère d'une Bonté infinie.

Cette Propoſition que Mr. Bayle avance, comme une Notion commune qui n'a beſoin d'aucune preuve, peut recevoir un ſens très-faux, & pour lui en donner un juſte, il faut la ramener à nos Idées. Qu'on ſe repréſente une Créature que Dieu met, dès le prémier moment de ſon exiſtence, en poſſeſſion de toute la lumière, de toute la droiture & de toute la félicité, où il eſt poſſible qu'elle atteigne ; Si elle conçoit que la Bonté de Dieu l'a néceſſairement déterminé à répandre ſur elle cette perfection de bonheur, elle aura ſujet de ſe féliciter de ſon heureux ſort : Il ſeroit naturel qu'elle dit ; Je ſuis bienheureuſe de ce qu'un Etre ſi puiſſant & en même temps ſi Bon, & néceſſité ſi heureuſement pour moi à être Bon, ait exiſté. Dès là l'Idée de Dieu devroit encore être une Idée agréable pour elle ; mais il eſt certain que ce Raiſonnement la mèneroit point à ſentir toute l'obligation qu'elle lui auroit. Rendre graces à une Cauſe dont-on a reçu du bien, mais qui ſe devoit tellement à elle même le faire ce bien, qu'il ne lui étoit pas poſſible de faire autrement, & qu'elle y étoit néceſſitée par ſa propre nature, c'eſt tout au plus le langage d'un bon Coeur qui ſe plait à être obligé, qui aime à exagerer ce qu'il a reçu, afin de ſe croire plus obligé à la reconnoiſſance, & qui veut bien imputer à des motifs libres ce qu'on a fait par néceſſité : Mais dès que l'on conçevra que l'Etre ſuprème eſt parfaitement Libre dans l'exercice de ſa Bonté, que tous les biens qu'on en reçoit ſont apparemment de ce qu'il enviſage dans les Ecoles Chrétiennes ſur la Providence de Dieu par rapport aux actions des hommes.

Il faut tâcher de ne point laiſſer de ſcrupule ſur des ſujets de cette importance.

Quand on poſe que l'homme eſt Libre & qu'il ſe détermine lui même, ou ne prétend pas que ſes choix & que la liberté de ses Déterminations soient toûjours dans des cas semblables à celui où il se trouve quand il dit *Pair* ou *Impair*, sans avoir aucune raison qui le détermine à prononcer un de ces mots plutôt que l'autre; Des Cas de cette Nature sont rares. Pour l'ordinaire quelques sentimens agréables sollicitent un homme à se déterminer pour les Objets qui les font naître. Des Idées & des Raisonnemens sont encore le même effet, il réfléchit & il comprend qu'un tel & un tel Parti lui seroit avantageux, qu'un autre lui seroit nuisible. Il se détermine donc du côté où il se promet le plus d'agrémens, ou le plus d'utilité; Mais il ne faut pas s'imaginer que ces déterminations se fassent nécessairement, & que tout ce qu'elles peuvent avoir de libre se réduise à ce qu'elles ne naissent pas malgré qu'on en ait: Mais elles sont encore très-volontaires & très-libres, parce que quand l'homme se détermine ensuite de quelque Sentiment agréable, ou ensuite de quelque Idée ou de quelque Conclusion intéressante, il pouvoit différer de prendre ce parti, le consulter, & chercher s'il ne pourroit point encore se présenter quelque chose de meilleur, & si quelques inconvéniens, auxquels il ne s'est pas donné le loisir de penser, ne pourroient point balancer les avantages en vûe desquels il se détermine.

Cela posé; Quand, pour l'éxécution des desseins de Dieu, il est nécessaire que les hommes, dont il veut se servir, prennent de certaines resolutions & s'y déterminent, il les place dans de certaines Circonstances, il les environne de certains Objets, il fait que de certaines Idées deviennent si vives, il rend si exquise leur sensibilité, que les résolutions dont il veut se servir ne manquent pas de naître; Lui, qui a créé l'ame & qui peut l'incantir, crée en elle le dégré d'attention qu'il lui plait, & le fixe comme il lui plait.

Il agit ainsi sur les hommes pour les porter au bien quand ils ne s'y porteroient pas d'eux mêmes, & qu'il veut se servir d'eux pour l'exécution de ses desseins: Il en use même encore de cette manière par rapport aux méchans. Quand un homme, par une suite de choix très-libres & très-volontaires, s'est rendu digne d'être négligé ou abandonné de Dieu; quand son mauvais Coeur est disposé à négliger toutes les occasions de faire du bien, & à ne faire aucune attention sur les motifs les plus pressans à la vertu, Dieu le place dans des circonstances dont il s'abtient qu'il abusera; Il lui fournit des occasions pour faire du mal, & il fait servir ces occasions à punir d'autres méchans, à corriger des vicieux, à les ramener à eux-mêmes & à leur devoir, & à donner enfin de l'éxercice à la Vertu de ceux dont il veut être glorifié.

Il en est encore de la Liberté comme de toutes les autres Facultés de l'homme, les actes rétérés sont une grande influence sur elle, soit pour la perfectionner soit pour l'affoiblir; A force de se déterminer du côté du bien, on s'y détermine toûjours plus aisément, comme à force de se déterminer du côté du mal, on éprouve toûjours plus de difficulté à se déterminer du côté du bien, & la Liberté qui s'affoiblit à cet égard peut enfin se perdre.

On voit que ces vérités que je viens d'alléguer peuvent fournir à la Raison même de quoi expliquer conformément à ses Idées les prédictions qui roulent sur des événemens Contingens, c'est-à-dire, sur des événemens qui dépendent en partie du choix des hommes.

Mais de ce que Dieu fait dans de certaines occasions, soit pour se rendre maître de la Liberté des hommes, ou d'une partie de leur Liberté par un acte de sa toute-puissance, soit pour diriger les Circonstances d'une telle façon que la Volonté de l'homme se détermine conformément à certains Projets dont il veut l'exécution, parce qu'ils entrent dans ses plans; conclurre de là que la Bonté de Dieu le nécessita à veiller d'une telle façon sur la conduite des hommes, qu'il prévienne infailliblement tous les abus de la liberté, c'est raisonner très-inconséquemment. On n'a aucun doute sur la Puissance de Dieu, on ne suppose point qu'il s'est fait une Loi de ne toucher jamais à la Liberté, mais on soutient qu'il a été en droit de la donner aux hommes, d'éxiger qu'ils en fissent un bon usage, & d'attacher leur sort au bon ou au mauvais usage qu'ils en feroient.

LI. Mr. BAYLE donne pour seconde proposition de l'Auteur du *Parrhasiana* sur la Providence, que Dieu ne damne personne simplement pour avoir péché, mais pour ne s'être pas repenti, & à cette proposition il répond. " J'avoue que généralement par-
„ lant c'est une marque de Miséricorde, que de
„ vouloir remettre la peine à ceux qui auront regret
„ de leurs fautes; mais quand on promet de pardonner
„ sous la condition du repentir à des gens dont on
„ est très-assuré de l'impénitence, on ne promet rien
„ proprement parlant, & l'on est tout aussi résolu à
„ les châtier, que si l'on ne leur offroit aucune
„ grace. Mr. Bayle ramène à tout coup les mêmes Objections, & c'est à force de les répandre qu'il en persuade ses Lecteurs. Je viens de faire voir l'insuffisance de cette défaite; elle seroit visiblement nulle si Dieu n'avoit prévû que la possibilité de l'impénitence: Or de l'aveu de tous les Théologiens, l'Impénitence est aussi volontaire, & par conséquent aussi criminelle que si elle n'avoit nullement été prévue, ou qu'elle eût même été impossible à prévoir; c'est en la regardant comme telle qu'on raisonne sur ce qu'elle mérite.

LII. Mr. BAYLE vient après cela à la *troisième proposition* de l'Originité, qui se tire *de la courte durée du mal Moral & du mal Physique*. Pour faire tomber les objections de Mr. Bayle j'établirai d'abord quelques Principes.

Après tout ce que j'ai déja dit sur la Bonté de Dieu essentiellement Libre, sur le Droit parfait qu'il a de former des Créatures libres & de Régler leur sort sur le bon & sur le mauvais usage de la Liberté, il faute aux yeux qu'elles ne peuvent se plaindre que très injustement de la Bonté de Dieu, s'il n'a tenu qu'à elles d'en profiter, & si Dieu ne punit point l'injustice & l'ingratitude de leur refus au-delà de ce qu'elles ont mérité.

On ne peut pas douter qu'une Créature qui peut s'élever à Dieu, lui obéir, & se rendre heureuse en obéissant, mais qui prend volontairement le parti de n'en rien faire, ne mérite d'en souffrir, & pour le moins d'être abandonnée à elle même, & à la vivacité des reproches qu'elle doit se faire.

Si elle n'avoit mérité qu'un châtiment d'une heure, il n'y auroit sans contredit aucune injustice à le lui faire souffrir; & il faudroit être bien opiniâtre pour oser soutenir qu'il seroit contraire à la Bonté de Dieu de former une Créature capable de s'attirer ce juste mal.

Si elle mérite un châtiment de quelques heures j'appliquerai à ce châtiment ce que je viens de dire; Je l'appliquerai aussi à un châtiment de deux ans, dans la supposition que ce châtiment est bien mérité, & je l'appliquerai de même à un châtiment de deux siècles.

Il ne nous est pas facile de juger de la grandeur & de l'étendue des peines que méritent les pécheurs: Deux raisons s'y opposent également; 1°. L'indulgence que nous avons pour nous-mêmes, & l'habitude que nous nous sommes faite de nous plaire avec les pécheurs; habitude qui nous empêche de sentir l'horreur de leurs desordres: Mais pour détruire les mauvais effets de ces préventions & de ces habitudes il faut *prémièrement* considérer que les Desordres, dont nous ne souffrons pas nous-mêmes, parce que les suites n'en tombent pas sur nous, ne sont pas moins grands que ceux dont nous nous plaignons; que les Loix de Dieu n'en sont pas moins violées, & que son autorité n'en est pas moins foulée aux piés;

piés ; Il faut réfléchir ensuite sur les injustices dont nous sommes les Objets. Un homme qui chaque jour sent tristement ses besoins, pendant qu'un Grand qui a eu la dureté de le dépouiller, sans en avoir le droit, fait servir à ses plaisirs & à sa vanité ce qui empêcheroit ce malheureux accablé de travail, de languir dans divers besoins ; Un pere dont un scélérat a assassiné un fils, l'objet de sa plus parfaite tendresse, un homme qui a éprouvé les horreurs de l'Inquisition ; Les personnes dans ces cas-là, ou dans des cas semblables, voient les Crimes des hommes avec horreur, & conviennent qu'ils méritent une très-sévére Vengeance : Dieu le voit encore tout autrement, car il condamne le vice à proportion de son amour pour la Justice, de son amour pour l'Ordre, de son amour pour lui-même & pour sa propre Grandeur, qui est outragée par l'ingratitude & la désobéissance des vicieux. Il hait encore le Vice à proportion de sa tendresse pour les personnes vertueuses qui en sont troublées, qui en souffrent & qui sont même exposées, parce quelles souffrent, à tomber dans des fautes d'impatience, ou dans des fautes d'une lâche complaisance.

Pour juger donc de tout ce que le Vice mérite, il faut 1. se trouver en état d'en bien connoitre toute la laideur & toute l'horreur, à le regarder en lui-même. 2. Il faut être en état de connoitre tout ce qu'il est par rapport à Dieu, que le vicieux néglige, abandonne, méprise, malgré toutes les graces qu'il en a reçues, & malgré le peu de prix & de solidité de ce qu'il lui préfére ; 3. Il faudroit encore être en état de bien connoitre l'enchainure de toutes les suites du Péché, le grand nombre de Maux qu'il cause dans la vie, & les dangers où il expose les autres hommes après sa Mort.

Cela posé je viens à l'hypothèse d'un Origéniste, & il me paroit qu'elle peut faire tomber les Argumens que le Pyrrhonisme emprunte des Manichéens. Je ne déterminerai point, dira un Origéniste, le temps que dureront les peines des hommes condamnés ; il se peut que la durée en sera différente, aussi bien que les dégrés ; ce que je sai & que j'assure sans hésiter, c'est qu'elles n'iront point au delà du Mérite des Pécheurs ; Mais je ne me trouve point assés de lumiére pour déterminer le temps que les peines méritées, par chaque pécheur impénitent, devront durer, pour devenir, par leur durée, une juste reparation des Loix de Dieu méprisées, & de l'Ordre renversé. Je ne connois point encore assés à fond la Nature de l'ame humaine pour déterminer les temps dont un pécheur enfoncé dans des habitudes criminelles aura besoin pour les détruire ; non plus que ce qu'il lui en coûtera d'efforts ; mais en laissant indéterminé ce que je n'ai pas assés de lumiére pour compter juste, je soutiens encore hardiment, que quelque durée qu'on assigne à ces peines, son étendue disparoitra comparée avec l'étendue de bonheur dont elles seront suivies.

Article Origene note E.

,, On ne se sie guéra,' continue Mr. Bayle, à la
,, nullité de proportion entre la durée d'un million
,, de siécles, & une Durée infinie, & l'on ne voit
,, pas que ce soit résoudre la difficulté que de dire,
,, qu'il y a infiniment moins de proportion entre la durée
,, de la Terre, & l'éternité, qu'il n'y en a entre une
,, minute & cent millions d'années. Ce qui se peut
,, assûrer de ces cent millions d'années, se peut aussi
,, assûrer d'autant de millions de siécles qu'il y a de
,, goûtes d'eau dans l'Océan. Ce nombre de siecles
,, multiplié tant qu'il vous plaira est une chose finie,
,, or il n'y a nulle proportion entre le fini & l'in-
,, fini ; il n'y en a donc aucune entre quelque nom-
,, bre de siécles que ce soit & l'éternité. Cependant
,, personne ne peut s'empêcher de juger que la ju-
,, stice divine feroit moins sévére, si elle faisoit ces-
,, ser au bout de cent ans le malheur des reprouvés
,, pour les introduire au paradis, que si elle ne fai-
,, soit ce changement qu'au bout de cent mille

,, siécles. Quelque effort que l'on fasse sur son
,, esprit, on ne sauroit satisfaire la raison en lui di-
,, sant, qu'à la vérité Dieu s'appaisera enfin, mais que
,, ce ne sera qu'après que les peines infernales telles
,, qu'on les décrit ordinairement auront duré au-
,, tant de millions d'années qu'il y a de goûtes
,, d'eau dans la mer. Ce nombre d'années qui n'est
,, rien en comparaison de l'éternité, paroit néanmoins
,, une durée très-longue quand il est considéré en
,, lui-même ; & par rapport à la personne souffrante.
,, D'où que cela vienne, soit qu'il faille dire que
,, nôtre Raison est trop sotte pour pouvoir être
,, trompée, soit qu'il y ait réellement quelque
,, source d'Illusion & de sophisme dans les Idées
,, du temps, on ne peut ôter de l'esprit d'un
,, Philosophe, ne raisonnant qu'en Philosophe, que le
,, supplice d'une créature continué pendant cent mil-
,, lions de siécles est incompatible avec la souveraine
,, Bonté du Créateur.

Mr. Bayle compte assés sur la crédulité de ses Lecteurs pour se persuader qu'ils aquiesceront à ce Raisonnement sans l'examiner, & qu'ils soupçonneront du sophisme là où il trouvera à prononcé dire qu'ils y en a ; Mais ce principe qu'une étendüe finie, pour grande qu'elle soit, en comparaison de quelqu'une de ses parties, devient plus petite en comparaison de l'éternité qu'elle n'est grande par rapport à la plus petite de ses parties ; Ce Principe, dis-je, quoi qu'il roule sur des Objets très-grands, dont l'un est même inépuisable à l'esprit humain, ne laisse pas d'être d'une évidence trop manifeste, pour laisser quelque doute dans un esprit sincére & attentif.

Si Mr. Bayle avoit eu autant de goût pour les Mathématiques, qu'il paroit les mépriser dans la comparaison qu'il en fait avec ses minuties critiques, il auroit pu s'y familiariser assés avec l'Idée de l'infini, pour reconnoitre qu'une étendüe finie, pour petite qu'on la suppose, devient comme infinie en comparaison de quelqu'une de ses parties, laquelle encore devient comme infinie en comparaison d'une autre ; Il auroit encore apris à se convaincre qu'il y a des infinis en grandeur, comme il y en a en petitesse ; Ceux qui entendent ce langage n'ont pas besoin que je m'explique plus en détail.

,, On ne peut ôter, dit Mr. Bayle de l'esprit
,, d'un Philosophe, ne raisonnant qu'en Philosophe,
,, que le supplice d'une créature continué pendant
,, cent mille millions de siécles, est incompati-
,, ble avec la souveraine Bonté du Créateur.

Article Origene note E.

Je veux que la Raison ne puisse point accorder avec la souveraine Bonté du Créateur, le Dessein de tirer du néant des êtres Intelligens pour les destiner à souffrir des cent mille millions de siécles, & de diriger les choses d'une telle façon qu'elles deviennent infailliblement criminelles, afin d'avoir lieu de faire tomber sur elles les plus sévéres châtimens ; Mais il n'est point nécessaire d'attribuer au Créateur de telles intentions. Il s'agit seulement de savoir si dès là qu'il connoissoit possibles la chute & l'obstination de quelques-unes de ses créatures, & par conséquent la nécessité de les punir au cas que cela arrivât, il s'agit, dis-je, de savoir si ensuite de ces connoissances, pour agir d'une maniére digne de lui & de ses Loix, il devoit renoncer au Dessein de faire des Créatures Libres, & à tout ce que ce plan présentoit de beau & de satisfaisant à son Intelligence ; & il me paroit visiblement que non. Dieu fait des créatures Libres, il les met en pouvoir de se rendre heureuses, il veut aimer celles qui voudront prendre ce parti, il leur veut donner toute son estime, toute sa tendresse, & il veut leur tenir compte de leur sage & heureux choix, comme d'un hommage, & d'un sacrifice par lequel il est glorifié ; Dès là que manque-t-il pour les reconnoitre que la bonté est infinie ?

Mais il s'en trouvera qui prendront le mauvais parti, & qui par là se perdront. Tant pis pour elles ;

c'eſt leur faute uniquement, qu'elles s'en prennent à elles-mêmes ; Dieu abandonne les créatures dont il eſt abandonné ; il n'a que faire d'elles ; & cela qu'il peut parfaitement ſe paſſer de leurs hommages, relève la Bonté avec laquelle il agrée ceux des autres.

Un Origéniſte ira plus loin : Il dira que ces Créatures Ingrates & Impénitentes, après avoir ſouffert ce qu'elles auront mérité, reçues par grace dans l'éternel bonheur, & comprenant alors que le temps de leurs ſouffrances, qui aura pris fin, eſt d'une petiteſſe qu'on peut appeller d'un moment en comparaiſon de leur félicité qui ne finira jamais, admireront & béniront aux ſiécles des ſiécles la Bonté infinie qui leur donnera un Bonheur ſans fin, & qui ne leur reprochera jamais leur criminelle deſobéïſſance.

Ibidem Si on trouve de la cruauté dans un ſupplice de Cent mille millions de ſiécles, "*punis ſeulement*, dit Mr. Bayle, *la moitié de cette durée*, & ſi vous y trouvés autre choſe qu'une diminution de rigueur, vous vous abuſés vous-mêmes ; car cinquante mille millions d'années ne différent de cent mille millions que du plus au moins, & l'on ne paſſe pas de la cruauté à la ſouveraine Bonté par la ſimple diminution de la cruauté."

Pour le coup voici bien un ſophiſme. Suppoſons que les Loix ordonnent qu'une certaine faute ſera punie par dix jours de priſon : Un magiſtrat à qui l'éxécution des Loix eſt confiée fait durer l'empriſonnement quarante jours ; on l'accuſe d'aller à l'éxcès & de paſſer de la Juſtice à la Cruauté : Une autre fois il ſe borne à vingt jours, en ce cas il n'eſt pas ſi ſévère, mais il l'eſt pourtant trop : Je dirai la même choſe de quarante & de vingt coups par rapport à dix &c. Si donc une punition qui dure un certain nombre d'années peut être juſte, & ceſſer de l'être ſi elle dure d'avantage, on voit qu'un châtiment peut être trop ſévère par ſa durée & devenir très-juſte dès que cette durée ſe réduira à la moitié de temps, ou à une portion encore plus petite. La différence de la durée en met donc une eſſentielle entre la juſtice & la trop grande ſévérité du châtiment.

Mr. Bayle raiſonne toûjours ſur cette hypothéſe que l'Etre ſuprême, pour mériter le titre de très-Bon, doit être conçu comme néceſſité à ne faire que du Bien, à faire tout le Bien qu'il peut, & à ne former aucune créature qui puiſſe ſe faire quelque mal à elle-même, lors qu'il ne tient qu'à elle de ſe faire du bien : La liberté eſt une des perfections de Dieu ; & l'éxercice de ſes perfections eſt libre.

Mr. Bayle aime ſouvent à ſe donner pour un grand Logicien, & il éblouït ſes Lecteurs par des termes d'Ecole ; Son *Raiſonnement revient à ceci* ; *Suppoſés que la ſuprême chaleur ſoit de huit dégrés ; Dès qu'elle ne ſera que de ſept*, *elle ne ſera plus ſuprême ; ainſi la Bonté ſuprême ne doit ſouffrir aucun mal.* A cela il eſt facile de répondre qu'elle n'en fait point ; que faire du mal n'eſt point un but qu'elle ſe ſoit propoſée, & qu'elle n'a point dirigé les autres parties de ſon plan afin d'arriver à ce but. La ſuprême Bonté eſt Libre ; Si elle eſt la même qu'elle eſt ſuprême Bonté, car elle tire un prix infini de ſa Liberté, elle s'eſt librement déterminée à faire des créatures libres, afin que celles qui feroient un bon uſage de ce préſent, fuſſent éternellement heureuſes en lui & avec lui ; Voilà ſon but, elle l'obtient, & elle l'obtiendra dans l'éternité. Mais qu'arrivera-t-il à celles qui en abuſent ? Dieu ne les a point créées dans l'intention qu'elles ſe perdiſſent ; mais ſi elles veulent ſe perdre, qu'elles ſe perdent ; Dieu laiſſe ceux qui l'abandonnent. Quelle bonté n'eſt-ce pas, dira un Origéniſte, de ne pas les abandonner pour toûjours, mais de leur accorder des biens infinis & d'une infinie durée, après leur avoir fait ſentir les juſtes ſuites de leur deſobéïſſance, & de leur volontaire abandon ?

LIII. Mr. BAYLE dans le IV. Article de la Note E. ſe ſert de trois comparaiſons. " Un Père guériroit ſon Enfant malade par des liqueurs les plus ſavoureuſes du monde, s'il le pouvoit, & ne lui feroit rien avaler de dégoutant & de deſagréable. Un Chirurgien remettroit ſun bras diſloqué à la perſonne du monde qui lui feroit la plus inconnue ſans aucune douleur, ſi cela étoit dans ſa puiſſance. Un Précepteur raiſonnable n'a garde d'employer les coups là où les careſſes ſuffiſent.

On pourroit amplifier cette Induction, dit-il ; c'eſt-à-dire, on pourroit multiplier & pouſſer ces comparaiſons *à perte de vue*. J'en tombe d'accord & en cela je reconnois Mr. Bayle. Dès qu'on a entrepris de l'éxaminer, on eſt forcé par ſes redites à y tomber ſoi-même. Les Comparaiſons dont il ſe ſert tirent toutes leur force du même artifice ; Mais elles ont auſſi toutes le même défaut ; c'eſt de traiter comme égales des choſes qui ſont fort éloignées de l'être, ſur tout par l'endroit d'où ſes comparaiſons tirent toute leur force.

Un Père eſt obligé de procurer à ſon Enfant malade tout le ſoulagement qu'il peut. Un Médecin & un Chirurgien ſont de même dans l'Obligation d'employer les voies les plus aiſées, en même temps que les plus ſûres. Un Précepteur ne doit venir à la ſévérité qu'après avoir épuiſé la douceur ; la Raiſon le leur ordonne ainſi, & un être infiniment ſupérieur aux autres, les a ſoûmis aux Loix de la Raiſon ; en conſéquence de l'obſervation de ces Loix, il a formé leurs ſens & leur cœur d'une telle manière qu'ils ſont déterminés à ſouffrir eux-mêmes, à la vue des ſouffrances d'autrui, à moins que, par des efforts réitérés, ils ne viennent à bout de changer la Nature qu'ils ont reçue de leur Créateur, d'en effacer les Impreſſions, & d'imiter la Cruauté des Bêtes féroces. L'Imagination eſt donc vivement frappée de l'Idée de ces trois genres d'hommes qui aiment mieux aller à leur but en faiſant du Mal qu'en faiſant du Bien. Elle ſe conçoit de l'horreur ; &, dans le temps qu'elle eſt pénétrée de ſes ſentimens, Mr. Bayle lui préſente Dieu qui, ſelon lui, vient préciſément la même conduite ; Là-deſſus un de ſes Lecteurs conclut que ſi Dieu en uſoit ainſi, il ne feroit pas bon : De cette prémière Conſéquence il en tire une autre, c'eſt qu'un Etre qui manque de Bonté n'étant pas un Dieu, il faut dire qu'il n'y en a point. Un autre n'ira pas ſi loin, il reſtera dans un éxtrême étonnement, il ne décidera ni pour, ni contre, ou du moins il ſe perſuadera que la Raiſon ne peut ſe procurer ſur ce ſujet aucune connoiſſance ſûre. C'eſt là ce que veut Mr. Bayle ; il ſait que ce point une fois gagné eſt capable de mener un homme bien loin.

Mais pour faire tomber toutes ces Objections, au lieu de ſe borner à des Idées vagues & confuſes, il n'y a qu'à éxaminer les différentes parties de la Queſtion qui roule ſur la Bonté de Dieu. Queſtion qui paroit d'abord très-ſimple ; Mais qui eſt en effet très-compoſée.

Si l'on ſuppoſe en Dieu la Réſolution éternelle & rédoutable de rendre une partie de ſes Créatures heureuſes, & l'autre malheureuſe : Si l'on ſuppoſe c'eſt dans ce deſſein qu'il les a tirées du néant , il me paroit qu'on n'a pas de Dieu les Idées qu'on devroit en avoir, & qu'on donne dans un Syſtême qu'il eſt facile d'accabler d'Objections. A la vérité on y ſeroit moins fondé, ſi l'on ſe contentoit de dire que Dieu s'eſt effectivement propoſé de rendre heureuſes toutes ſes Créatures Intelligentes ; mais qu'il lui a plû de ne mettre quelques-unes d'entr'elles , en poſſeſſion de la félicité qu'il leur deſtine , qu'après les avoir fait paſſer par diverſes Douleurs & diverſes Inquiétudes. Mais à ce ſyſtême on pourroit toûjours oppoſer qu'il eſt de la Sageſſe d'aller à ſon But par les voies les plus ſimples & les plus conformes à la Nature du But où elles conduiſent. Si l'on conçoit encore que Dieu qui n'a beſoin de rien, qui ſe ſuffiſant

suffisant à lui-même, trouve en soi une félicité infinie, éternelle & digne de lui, a bien voulu, sans y être nécessité en aucune maniére, par un pur effet de sa Liberté infinie, voir avec satisfaction des Etres, différens de lui, heureux avec lui & heureux à jamais; qu'il a voulu, comme il s'éxprime lui-même, *prendre plaisir à leur vie & à leur félicité*: Si l'on suppose que c'étoit-là son seul dessein en les créant, on s'étonnera encore que sa Toute-Puissance ne l'ait pas éxécuté par les voies les plus simples & les plus sûres.

Mais si l'on supposoit que Dieu, dont l'Intelligence & la Liberté sont infinies, a formé l'idée d'un genre de Créatures très-réelles, très-actives, très-libres, au choix desquelles il remettroit leur sort, en leur disant, *j'ai mis devant vous la mort & la vie*, CHOISISSES, je vous si mis en état de connoitre les routes différentes qui conduisent à l'une & à l'autre. Dira-t-on que Dieu n'est pas assés Bon de leur avoir offert une félicité infinie qu'il ne leur devoit point, parce qu'il lui a plu d'éxiger qu'elles y arrivassent, par une attention, de peu d'années, à des Loix très-justes, très-belles, très-aimables, & dont l'observation deviendroit pour elles une matiére de louange, de gloire, & de satisfaction éternelle ? *Voilà qui est bien*, dira Mr. Bayle, *pour Ceux qui seront assés sages pour prendre le bon parti; mais ne plaindrés-vous point ceux qui se trouveront assés sous, assés ingrats & assés opiniâtres pour prendre le mauvais, & pour refuser de s'en rélever par la Répentance ? Dieu ne manque-t-il pas de bonté pour eux ?* NULLEMENT : Loin de cela, *il use envers eux d'une grande patience*, il les attend pendant tout le cours de leur vie, toûjours prêt d'oublier toutes leurs rebellions, dès le moment qu'il leur plaira de se reconnoitre, & de rentrer dans leur devoir. Est-il possible de soupçonner que Dieu soit obligé de faire d'avantage ? S'il est des Créatures Intelligentes qui périssent, à qui peuvent-elles, avec justice, reprocher leur perte qu'à elles-mêmes ; La Bonté de Dieu s'oppose-t-elle à ce qu'il leur dise, comme il en a le plein Droit VOUS L'AVES AINSI VOULU ; Vous vous êtes détournés de moi, vous avés préféré vos fantaisies à mes Loix & à mes Conseils; *je vous laisse à mon tour ; jouissés du fruit de vôtre choix*. Dieu étoit-il dans l'obligation de renoncer au dessein de faire des Créatures Libres, & de laisser dans un néant éternel toutes les suites de la Liberté si glorieuses & si satisfaisantes pour des Créatures qui en useroient bien, afin d'épargner des Douleurs justement méritées, à celles qui, malgré tant de raisons de bien faire, s'obstineroient à faire mal ?

Les Comparaisons que Mr. Bayle emploie présentent-elles des cas de même genre que ceux que je viens d'alléguer, & au contraire ne mettent-elles pas en parallele des Obligations indispensables avec une Liberté très-entiére, & un droit très-plein en même temps que très-équitable ?

On rendroit plus justes ces comparaisons, si on supposoit un Enfant qui par son intempérance, ses courses, ses veilles immodérées, s'attire des maux fréquens qui à la fin pourront ruiner sa santé, détruire les forces de son corps, & nuire même à celles de son esprit, si dans le temps qu'il souffre & qu'il demande lui-même des Rémèdes, on lui en donne de désagréables & qui, sans être dangéreux lui causeront des maux de cœur & des tranchées : On est bien sûre que la peine de se guérir lui fasse craindre les rechûtes, & la charité a autant de part à ces précautions que la Justice.

On peut encore se figurer un maitre en voiage, dont le domestique intempérant s'attire à tout coup ou des migraines, ou des fluxions qui obligent le Maitre de s'arrêter & de faire des séjours dans les lieux où il n'a que des desagrémens. Ce maitre connoit des remédes très-sûrs, pour guérir ces attaques de migraine, & les fluxions dans trois jours : mais à la fin, las des impertinences de ce domestique,

il en emploie d'autres, aussi sûrs, mais douloureux, son domestique mérite de passer par ces douleurs, & c'est une grace qu'on lui fait de le guérir.

Mr. Bayle n'auroit pas manqué de trouver dans ces comparaisons une Inégalité qu'il auroit donnée pour essentielle. *Si un Pere pouvoit changer l'humeur de son fils intempérant & volage, si un maitre pouvoit inspirer à son domestique les Inclinations qu'il lui plairoit, conviendroit-il qu'ils employassent les détours des douleurs & des remédes désagréables ?* NON; Et pourquoi ? Parce qu'un homme est obligé de procurer à un autre homme tout le bien qui est en sa puissance; il est obligé de lui en faire le plus qu'il peut. Mais une telle obligation est incompatible avec l'Indépendance de l'Etre suprême, incompatible avec sa souveraine liberté qui fait le prix de sa Bonté, puisque sa Bonté, quand elle s'exerce est d'autant plus infinie qu'elle se détermine à faire du bien avec une infinie Liberté.

LIV. IL FAUT, dit Mr. Bayle, que l'Origéniste *soutienne qu'il a été impossible à Dieu de conduire les Créatures Libres à un bonheur éternel, sans qu'au préalable elles jouissent des Miséres de cette vie, & puis pour un certain temps les Infernales*. « Les Origénistes, dit-il, pourroient alléguer que tout de même que les poissons ne peuvent vivre dans l'air, ni les hommes sous les eaux, les esprits ne sauroient vivre dans le paradis pendant qu'ils sont chargés de la crasse, que leur union avec la matiére élémentaire leur communique, qu'il faut donc les en purger dans les fournaises infernales, après quoi ils sont en état de vivre heureux dans les régions célestes. Mais si l'on recouroit à cette hypothése, on ne seroit qu'adopter une partie de l'erreur des Manichéens; on sauveroit la bonté de Dieu aux dépens de sa puissance, on admettroit la matiére comme un principe incréé, & si essentiellement mauvais que Dieu n'en pourroit rectifier les défauts.

Mr. Bayle reconnoit dans cette derniére hypothése un avantage, c'est qu'elle *sauve la Bonté de Dieu* ; mais il y reconnoit aussi un grand Inconvénient, c'est qu'elle la *sauve aux dépens de sa puissance*. Or cet Inconvénient tombe, fans faire cesser l'avantage dès qu'on suppose que Dieu, 1. a donné à chacune de ses Créatures intelligentes une Nature très-réelle 2. qu'il conserve effectivement la Puissance de changer cette Nature, de lui ôter, s'il le trouve à propos, quelques-unes de ses perfections, de porter à un nouveau degré celles dont il l'a favorisée & de lui en donner encore de toutes nouvelles ; 3. qu'il n'a pas accoutumé d'en user ainsi, mais qu'aiant eu ses raisons, raisons dignes de son infinie sagesse, pour *donner à ses Créatures la Nature qu'elles en ont reçue*, il la leur laisse, sans y toucher immédiatement, comme si elle n'étoit pas entiérement l'Objet de sa Toute-Puissance ; Il respecte, pour ainsi dire, son propre Ouvrage, il en laisse subsister le fond ; & après avoir fait à ses Créatures le riche présent d'une éxistence très-réelle, il leur fait encore l'honneur de se conduire avec elles, comme avec des Etres réels, réellement libres & actifs, & non pas comme avec des Etres qu'il peut rendre passifs par sa Toute-Puissance. Si les hommes pécheurs étoient tels que les paroles qu'on vient de citer de Mr. Bayle le supposent, ce seroit très-certainement une grande Bonté en Dieu, d'employer tous les moiens qui pourroient les dégager de leur corruption, pour les mettre en état de jouïr d'une félicité très-pure, très-parfaite & fans aucunes bornes. Or la puissance de Dieu leur a donné une Nature très-réelle qui ne peut se corriger de sa corruption & des fatales habitudes, dans lesquelles on s'est volontairement affermi, qu'en passant par des amertumes très-vives & des efforts très-douloureux, à moins que Dieu ne détruise lui-même la Réalité qu'il leur a donnée, pour leur en conférer une toute autre.

Dieu peut dire à une Créature qui a voulu s'éloi-

De l'Utilité du Mal.

Article Origène note b.

gner de lui, quand elle pouvoit s'en approcher & s'y attacher. *Je te laiſſe* : En lui parlant ainſi il ne lui fait point d'Injuſtice, il ne fait que l'abandonner au ſort qu'elle mérite; c'eſt uniquement ſa faute ſi elle n'a pas voulu le prévoir, & ſi en le prévoiant elle n'a pas voulu l'éviter. L'Origéniſte ajoûte à cela, Telle eſt pourtant la Bonté de Dieu, qu'après avoir fait ſentir à ſes Créatures ingrates & rebelles ce dont on ſe rend digne en le mépriſant, & après les avoir corrigées & purifiées en le leur faiſant ſentir, il les mettra en poſſeſſion d'une félicité qui ne finira jamais.

Vérité de l'hypothèſe d'Origene Article V. noté E Article V.

LV. *IL FAUT prendre garde*, continue Mr. Bayle, qu'ſi Origene pouvoit répondre aux objections des Manichéens, il ne s'en ſuivroit pas qu'on pourroit les réſoudre, à plus forte raiſon, par des Principes beaucoup meilleurs & plus orthodoxes que les ſiens. Car tout l'avantage qu'il peut trouver dans cette diſpute procède des fauſſetés qui lui ſont particulières, donnant d'un côté beaucoup d'étendue aux forces du franc arbitre & ſubſtituant de l'autre à l'éternité malheureuſe, qu'il ſupprime, une félicité éternelle. Le plus fort argument des Manichéens eſt fondé ſur l'hypothèſe que tous les hommes, à la reſerve de quelques-uns, ſeront damnés éternellement.

Théodore Parrhaſe ne donne pas la doctrine d'Origene comme vraie : Il ſe contente de la donner comme une hypothèſe, qui accordée, fait tomber, aux yeux de la Raiſon, les Objections des Manichéens. Or de deux choſes l'une, ou l'hypothèſe des Origéniſtes eſt vraie ou elle ne l'eſt pas. Si elle eſt vraie, les objections des Manichéens ſont réſolues; ſi elle ne l'eſt pas, il y en a donc une autre qui eſt vraie & qui les réſoudroit encore mieux, car la vérité n'a-t-elle pas encore plus de force que l'erreur; Mais afin d'appliquer le vrai Syſtême aux Objections, & de les détruire par ce moien, il eſt peut-être néceſſaire (inſinue Parrhaſe), d'avoir ſur le vrai Syſtême des Idées plus étendues que nous n'en avons aujourd'hui, & nous avons tout lieu de les eſpérer un jour.

Je me ſervirai d'une comparaiſon pour juſtifier le Raiſonnement de Parrhaſe. Figurés-vous que quelqu'un prétend que tous les phénomènes de la Nature ne ſont que des énigmes inéxplicables, qu'il n'eſt pas poſſible à l'eſprit humain de découvrir la cauſe d'aucun, & qu'il doit renoncer à cette eſpérance. Pour lui faire comprendre qu'il ſe trompe, & que l'eſprit humain n'eſt pas auſſi bouché à cet égard-là qu'il le prétend, on formera une Conjecture ; On imaginera une Hypothèſe, on ſuppoſera quelques Principes dont l'aſſemblage & le jeu eſt viſiblement capable de produire des effets qu'il ſoutenoit inexplicables. Là-deſſus l'Antiphyſicien demande *Etes-vous bien aſſuré que l'effet que vous venés d'expliquer ait pour ſa Cauſe les Principes auxquels vous l'attribués ?* Telles pourront-être les Circonſtances de ce Phénomène, que pour répondre ſincérement à cette Queſtion, on ſeroit obligé d'avouer que la Conjecture, qu'on a propoſée, ne va pas au-delà de la Vraiſemblance, & qu'on ne la donne que comme poſſible ; Mais on ajoûtera en même tems que, ſi une conjecture n'eſt pas la vraie, ne laiſſe pas de faire évanouir l'énigme, à plus forte raiſon la Connoiſſance des vrais principes, quand on les aura découverts & diſtinctement connus, rendront tout de plein pié.

Tout ce qu'ajoûte Mr. Bayle ſe trouve ſans force après les Remarques que je viens de faire.

Nouvelles comparaiſons très-fortes. Mr. Bayle en oppoſition avec lui-même Article

LVI. IL CONTINUE de faire des comparaiſons captieuſes & de ramener la même objection quand il ajoute. " Dirés vous que ſous les meilleurs Monarques il y a & des cachots, & des tortures, & des gibets, & des bourreaux qui ſont ſouvent des exécutions? On vous répondra aucune de toutes ces choſes n'auroit lieu, ſi ces Monarques avoient la force d'inſpirer à tout le monde une ferme réſolution de ſe comporter comme il faut. Quel moien de ſe tirer de ce labyrinthe, ſi Dieu diſpoſe de la matiére comme bon lui ſemble, & s'il eſt l'auteur libre des loix qui aſſujettiſſent l'homme aux maladies & aux déplaiſirs ? On ſera donc obligé de dire pour le dégager, qu'il ne fait pas tout ce qu'il veut, & que la matière contient des ſemences de mal qui germent ou d'une manière ou d'autre, bongré malgré qu'il en ait, & quelque combinaiſon, ou quelque tiſſu qu'il faſſe de corpuſcules, ... On a déja répondu à tout cela je n'y reviendrai pas. Ces raiſonnemens n'ont de force que dans la ſuppoſition que tout eſt paſſif en effet, & n'eſt actif qu'en apparence.

Origene Note E

Mr. Bayle pour faire ſentir l'inſuffiſance de l'hypothèſe d'Origene & ſon danger, emprunte les paroles de Mr. Saurin contre Mr. Jurieu. " Les Libertins qui perſévèrent dans leur libertinage & dans leurs crimes juſqu'à la mort, peuvent à peu près avoir, ſelon la Théologie d'Origene, les mêmes craintes & les mêmes eſpérances que les meilleurs Catholiques ont, ſelon la doctrine de leurs Prêtres & de leurs Moines. ... L'Erreur d'Origene pourra inſpirer le mépris de la Répentance à quelques-uns, & celle des Sociniens pourra en retenir d'autres dans l'Impiété. Cependant l'une & l'autre eſt très-pernicieuſe ; & c'eſt avoir un faux poids ou une fauſſe meſure, & une acception de perſonnes trop viſible, de dire que l'erreur d'Origene, quoi que dangereuſe, n'a rien d'Impie ; mais que l'opinion Socinienne eſt l'Impiété Epicurienne. Si Origene avoit entendu les Réprouvés après un long purgatoire, ſa Théologie ſeroit moins indulgente aux pécheurs impénitens que celle des Sociniens, qui les anéantiſſent ſans leur avoir fait ſouffrir aucune peine conſidérable ; Mais le paradis qu'il leur promet au bout de leur enfer, & qui les rendra éternellement ſemblables aux Apotres, aux Martyrs, & aux plus grands Saints, eſt un puiſſant contrepoids contre la terreur d'un ſupplice, qui ſera place à des joies & à des félicités éternelles.

Article Origene Note 2.

Je remarque d'abord que ces réflexions n'ont point de force dans la bouche de Mr. Bayle ; Il ſoutient que la Religion n'eſt point néceſſaire pour contenir les hommes dans leur devoir. Le point d'honneur d'un côté & les giberts de l'autre ſont des moiens ſuffiſans ſelon lui. A plus forte raiſon l'attente ſûre d'un état très-ſenſible & très-douloureux, dont la durée pourra être très-longue, l'attente d'un châtiment dont on ignore la nature & dont on ſait ſeulement que le dernier terme ſera d'autant plus éloigné, qu'on s'en ſera moins mis en peine afin de pécher avec plus de licence, à plus forte raiſon, dis-je, une telle attente ſuffira pour retenir une partie des hommes, c'eſt-à-dire, ceux d'entre eux qui en ſeront bien perſuadés; car viſiblement une telle attente eſt d'une tout autre force que la crainte d'un ſupplice de quelques heures.

Je n'ai l'Idée du Purgatoire à laquelle Mr. Bayle compare l'hypothèſe d'Origene, n'a pas dans l'Egliſe Romaine l'effet qu'elle devroit avoir, on en peut alléguer deux raiſons ; la première c'eſt qu'on eſpère de pouvoir s'en racheter par le moien des Indulgences, des Meſſes & des libéralités qu'on fait aux Eccléſiaſtiques. La ſeconde ſe tire de ce que les additions que l'on croit ables en elles-mêmes, & d'autres de cette nature par leur opinion ne modifient ce dogme, le font revoquer en doute. Concevons un homme qui perſuadé que ſa foi, ſa confiance en Dieu, ſa répentance, ſon éloignement pour le vice, ſon goût & ſon zèle pour la vertu le mettent en état de grace & en état d'obtenir la miſéricorde de Dieu ; mais perſuadé, en même tems, que la tiédeur de ſon zèle, ſa négligence, ſa molleſſe la lenteur de ſes progrès & les écarts enfin qui les interrompent, empêcheront qu'il ne parvienne à la poſſeſſion de Dieu & à la félicité de ſes enfans, ſans paſſer par des amertumes proportionées à ſes fautes,
& ſans

& sans être obligé de dépouiller ce que ces habitudes ont de condamnable, dans des troubles, des regrets, des fraieurs, des efforts qui passent toute imagination; Rien ne seroit plus naturel, ni plus conforme aux dispositions du cœur humain, qu'une vigilance continuelle, une attention sur soi-même des plus appliquées dans un homme persuadé de tout ce que je viens de dire. C'est donc moins, parce qu'on fait que des châtimens très-longs & très-douloureux prendront fin, que parce qu'on est peu persuadé de ces châtimens, que leur Idée a si peu d'effet.

Mr. Bayle a la charité de s'intéresser à la Vertu du Genre humain, & il craint pour elle s'il en éloigne la barriere de l'éternité des peines. Qui est ce qui mérita jamais mieux d'être mis au nombre de ceux qui *Curios simulant & Bacchanalia vivunt.* Tantôt il traite cette barriere d'inutile, parce, dit-il, que les hommes ne se conduisent point par Idées, mais uniquement par humeur. Tantôt, & presque toujours, il affecte à en rendre l'existence douteuse par son incompatibilité avec la Bonté de Dieu, par les soins qu'il se donne d'anéantir la Liberté, sans laquelle il n'y a point d'action punissable, & en général par tout ce qu'il dit pour dépouiller de toute créance & de toute autorité la Raison, sans le secours de laquelle on ne peut s'assûrer de la vérité d'aucun Dogme, ni du sens d'aucun passage, car comme il le reconnoît lui-même, pour découvrir de quel côté est la vérité, il faut entrer dans les détails.

LVII. JE FERAI encore quelques réflexions générales sur les Peines & sur leur durée, en supposant que je dispute sur ce sujet, avec un Pyrrhonien: Celui-ci, à son ordinaire & suivant une méthode dont il ne se départ point, & de laquelle il se sert à je faire battre par ses propres armes; celui-ci, dis-je, prétend qu'on n'a pas plus de raison pour croire les peines que pour les nier; Que de côté & d'autre les argumens sont d'une force égale. Pour moi, au contraire, je soûtiens qu'il y a d'un côté des raisons très-fortes, & auxquelles tout homme qui cherche la Vérité de bonne foi, ne sauroit manquer de se rendre: En même temps je reconnois que ce sujet n'est pas entierement éclairci; mais j'ajoûte que les obscurités qui y restent ne doivent point ébranler la persuasion de ce qu'on y trouve de clair & de démontré.

Nouvelles réflexions sur la durée des peines.

On voit bien que pour établir ce que je viens d'avancer, il faut examiner séparément les différentes parties de cette Question. Je prouverois donc par ordre les Vérités suivantes. 1. L'homme est Libre. 2. Il est capable de connoître la différence de la Vertu d'avec le Vice, comme il est capable de discerner l'affirmation d'avec la négation, le cercle d'avec le Triangle, l'Ordre d'avec le dérangement, l'Utile d'avec le Nuisible. 3. Il est capable de se convaincre de la Beauté de la Vertu & de la Laideur du vice, de se convaincre que la Vertu perfectionne sa Nature humaine, & que le vice la déshonnore 4. Il est capable de se convaincre qu'il tient son existence, ses talens & ses forces d'un Maître suprême à qui il doit aussi se dévouer. 5. Il peut de même connoître que s'il s'applique à perfectionner la Nature qu'il en a reçue, & à faire régner, par ce moien, sur la Terre autant qu'on lui est l'ordre & la félicité, il s'attirera l'approbation & la faveur de ce souverain Maître, & qu'au contraire s'il lui arrive de vivre licencieusement, de mépriser la Raison, de corrompre les hommes par son exemple, & de les faire souffrir par les Injustices, il déplaira à ce grand Maître, & se rendra digne d'en éprouver la sévérité. 6. On peut de même s'assûrer que l'Etre suprême, & très-parfait, ne peut s'oublier & se conduire d'une maniere qui ne soit pas digne de lui. Il est digne de sa bonté de se laisser trouver par ceux qui le cherchent. Il est digne de sa sagesse, digne de ce qu'il fait de ses Loix très-saintes, & de l'amour qu'il a essentiellement pour l'ordre, de ne laisser pas impunie l'Audace & l'Impénitence de ceux qui, sans respect pour lui, & sans faire usage de ses dons, abusent au contraire de ses graces pour remplir la Terre de désordres, de troubles, & de gémissemens. 7. L'ame est une Substance distincte de l'étendue, à laquelle par conséquent la dissolution du Corps ne donne aucune atteinte. 8. Abandonnée, après ce qu'on appelle la Mort, à elle-même, ce sera une nécessité qu'elle sente toute sa foiblesse, tout son vuide, toute son indigence, & que connoissant par où elle se sera attirée elle-même ce triste sort, elle devienne la proie des reproches les plus justes & les plus vifs, & des ennuis les plus accablans.

Quand j'aurai prouvé toutes ces vérités à un homme qui n'affectera pas de se dérober à l'évidence, en opposant, sans pudeur, de vaines chicanes à tout ce qu'on lui dira, (c'est le cas où je suppose mon Lecteur) je prierai cet homme raisonnable & de bonne foi d'être Juge entre le Pyrrhonien & moi, & de décider s'il n'est pas vrai qu'à des *Raisons* d'une lumiere *évidente* le Pyrrhonien n'oppose que des *Obscurités.*

Un Pyrrhonien, par exemple, me demandera si la Justice de Dieu exige nécessairement que la durée des peines n'ait jamais un dernier terme pour quique ce soit? Il pourra encore me demander une explication distincte de ce en quoi elles consistent. Il demandera de même qu'elles seront pour l'Ame d'un enfant qui aura quitté son corps après y avoir vécu un petit nombre d'années, pendant lesquelles elle aura déja donné diverses marques d'Intemperance & de Malice? On pourra étendre cette derniere Question sur un grand nombre d'adultes, qui, par un effet, de leur tempérament, ou par celui d'une Education négligée, dont ils ne sont pas responsables, passent leur vie entiere sans avoir plus de Lumiere & plus de force de Raison que de jeunes enfans. On s'informera du sort des peuples qui n'ont point été éclairés par des révélations, & en particulier du sort de ceux qui réduits à la nécessité de s'occuper d'un travail grossier, s'abandonnent sans examen à des Prêtres ignorans & superstitieux. On voudra savoir quel a été le sort des Génies qui se sont distingués par leur Etude & leurs Lumieres, & par leur application à la vertu, mais qui ne l'ont point portée au point où les Chrétiens sont parvenus. Un Pyrrhonien enfin opiniâtre & malicieux se fera un plaisir de rassembler tout ce que les Théologiens de différentes Communions, & quelques fois de la même Communion, ont hazardé de conjecturer sur ce sujet: Il demandera qu'on lui mette tout cela dans un plein jour, & que l'on concilie tous ces sentimens opposés; Il argumentera contre moi, en prenant pour Principe ce qu'il trouvera de plus difficile à soûtenir, & de plus embarrassant pour la Raison, dans ces différentes hypothéses.

A toutes ces demandes je répondrai, en gros 1. qu'il ne s'ensuit point qu'on ne puisse rien savoir avec certitude sur un sujet, parce qu'on ne l'a pas épuisé, & qu'on n'est pas en état de connoitre parfaitement tout ce qu'il renferme: J'ai déja assés fait voir à quel point les Pyrrhoniens sont déraisonnables, quand ils employent, pour s'autoriser dans leur incertitude, des argumens qui vont là, & qu'on peut détruire par cette réponse.

Je remarquerois après cela, qu'il ne faut pas s'étonner de l'obscurité qu'on trouve encore sur ce sujet; Les Causes en sont manifestes 1. Nous avons trop d'habitudes avec le péché, & nous nous sommes trop familiarisés avec lui, soit par nos propres fautes, soit par les Exemples continuels que nous en voions dans les autres, & sur tout dans des personnes avec qui nous avons de grandes liaisons & qui nous sont chéres par bien des endroits; L'Idée, dis-je, de la turpitude du péché se trouve trop effoiblie dans nôtre esprit, pour sentir au juste tout ce qu'il merite de châtimens. 2. Nous ne sommes point non plus en état de faire d'éxactes combinaisons entre les preuves que Dieu donne de sa Patience, & de sa Miséricorde, & les peines dont il convient qu'il punisse la négligence & le mépris de ses saintes Loix. Nous comprenons très-clairement que l'une de ces maniéres d'agir n'est pas incompatible avec l'autre & que la longue attente de Dieu & ses tendres invitations devront attirer de plus sevéres châtimens sur ceux qui n'auront pas daigné y répondre. En gros nous comprenons cela très-clairement, mais le détail nous embarrasse. 3. Pour ce détail il faudroit connoître distinctement la capacité de chaque personne, les occasions qu'elle a eues de s'éclairer, la maniére dont elle y a répondu, les secours dont elle a été favorisée, la maniére dont elle en a profité : Ce sont là des détails qui ne peuvent être connus qu'à celui à qui tout est présent & qui pénétre tous les replis du cœur. 4. L'oeconomie. C'est-à-dire, l'état de toutes les ames séparées de leurs Corps, & les différentes maniéres dont Dieu en usera avec elles, suivant les différentes situations où elles se feront trouvées ; Le détail encore de tout cela ne peut-être qu'un vaste champ de conjectures très-incertaines, & celui qui auroit été assés heureux pour saisir la véritable, n'en seroit pourtant pas assuré ; Mais, comme je l'ai deja dit, pour ne savoir pas tout, il ne s'en suit pas qu'on n'ait aucune connoissance sûre. 5. Soit qu'on se rende attentif aux lumiéres dont la Raison nous éclaire; soit qu'on y joigne celles par lesquelles la Révélation les fortifie, & celles enfin qu'elle y ajoûte, on trouvera constamment & manifestement que les vérités dont la connoissance nous est la plus nécessaire, sont précisément les plus faciles à découvrir, pendant que nous n'arrivons qu'avec beaucoup de peine à celles qui n'ont d'autre usage que de satisfaire nôtre curiosité. Nous pouvons aisément venir à bout de savoir le fort de l'ame, après la séparation du Corps, ce qu'il est nécessaire que nous sachions pour nous conduire sagement & heureusement. La Révélation même ne va pas plus loin ; Jesus Christ & ses Apotres, sont allés à l'essentiel & s'y sont bornés. D'un côté nous n'avons que faire de nous embarrasser de la Destinée des autres ; d'un autre nous ne saurions donner trop d'attention à la nôtre ; Ne partageons donc point cette attention en la répendant sur ce qui ne nous regarde pas ; Nous ne sommes point appellés à être les juges des autres, & nous ne serons point consultés sur la sentence qui décidera de leur sort ; Nous n'avons que faire de nous travailler à la régler, ni à la prévoir. Dieu nous a expressément déclaré ce que sa grace nous met en droit d'espérer & ce que nous avons sujet de craindre de sa sévérité si nous vivons dans l'Impénitence. Après des déclarations si expresses, après des avertissemens si clairs, après le don de Jesus Christ, après de si grands entassemens de preuves, après tant de graces extérieures, après tant de secours intérieurs inutilement présentés, & après tant de sincéres & de tendres sollicitations, de qui pourrions nous nous plaindre que de nous mêmes, si Dieu nous abandonne pour jamais, à faire nous mêmes nôtre destinée par nos reproches & nos ennuis ? Sur tout que n'ont point sujet de craindre, ceux qui dans la présomption que leurs peines prendront fin, s'abandonnent à leur désirs sans se contraindre & en vertu de quoi se dispenseroient-ils d'interpréter, suivant toute l'étendüe de la lettre, les declarations de Dieu sur les châtimens qu'il destine aux péchers impénitens & obstinés ceux d'entreux qui font assés ingrats & assés insensés pour dire, " puis qu'on " peut espérer un dernier terme aux châti- " mens que Dieu fera tomber sur ceux qui auront " méprisé ses Loix, quelque douloureux & quel- " que longs que ces châtimens puissent être, mes " fantaisies me sont trop chéres pour en faire un sa-

" crifice à cette crainte non plus qu'au respect & " la reconnoissance que je dois à Dieu mon Crea- " teur & mon Bien faiteur. Si en l'offençant & en " persévérant dans l'Impénitence comme je suis " résolu de faire, on s'attiroit une misére éternelle, " Oh pour lors je me contraindrois & je me trouve- " rois forcé à prendre un autre parti ; mais puis " qu'il est assés Bon pour me reserver un pardon " éternel, je ne veux point me géner pour lui plai- " re. Il faut aux yeux que quiconque abuse de l'hypothése Origéniste pour pécher avec plus de licence, se met dans le cas de n'en point profiter, & de se voir, par son malheur éternel, une éxception à la Régle & à l'Hypothése, quand même elle seroit vraie pour un grand nombre de pécheurs.

LV. IL Y A bien de la différence entre dire que la raison qui a déterminé l'Etre suprême à vouloir qu'il y eut du Mal dans le monde, c'est qu'il a compris que ce mal serviroit à rélever le prix du Bien, & dire que l'Etre suprême aiant trouvé à propos de former des Créatures libres & actives, quand même il a prévû qu'elles pourroient abuser de leur Liberté & s'attirer par là des maux, il n'a pas pour cela renoncé au dessein d'en créer; car il n'étoit point obligé de renoncer à ce dessein, & si elles se rendent malheureuses c'est leur faute, c'est à elles-mêmes qu'elles doivent s'en prendre, & il ne veut aimer que celles qui veulent concourir à leur Destination. Après cela on peut bien ajoûter que ces Maux, dont il n'a pas ordonné la naissance, comme des Moiens nécessaires pour arriver à des Buts qu'il se proposoit, ont aussi leurs usages ; Et que si quelques-unes de des Créatures, quelques-unes des hommes, par éxemple, souffrent des fautes d'autrui, & que d'ailleurs ils s'appliquent à leurs Devoirs, Dieu saura bien les dédommager, & faire servir les desagrémens mêmes, par où ils auront passé, à rélever les douceurs dont il les fera jouir ; ce seront au moins des douceurs d'un genre différent, & ce paralléle leur donnera une pointe qu'elles n'auroient pas eue sans cela.

Ce qu'on vient de lire peut servir de réponse à ce que Mr. Bayle dit dans l'Article des Pauliciens. Note E. *Peut on rien voir de plus monstrueux que cette doctrine qui suppose qu'il a fallu que Dieu produisît le mal, parce qu'autrement il n'auroit pû nous communiquer, ni la sagesse, ni la vertu, ni le sentiment du bien ? Il faut au contraire soutenir que l'homme n'a été sujet au sentiment du mal parce qu'il avoit renoncé à la Vertu & a la sagesse.*

Après cela Mr. Bayle emploie une page entiére pour prouver qu'on peut avoir des sentimens très-agréables, sans avoir passé par des sentimens douloureux.

On diroit qu'il n'est pas possible de justifier la Providence ni de parer à la nécessité de reconnoître deux principes, qu'en faisant des suppositions absurdes. Mr. Bayle triomphe de ces suppositions, & il paroit s'étendre à les combattre avec d'accoutumer son Lecteur, à tomber d'accord de ce qu'il dit, & par ce moien à le prendre, lorsque d'un ton de confiance, il allégué tout ce qu'il peut imaginer pour affoiblir les Réponses les plus solides.

A ce qu'on dit ordinairement que l'homme s'est perdu par sa propre faute, Mr. Bayle replique ; *L'Ouvrage d'un Etre infiniment saint & infiniment puissant, ne doit-il pas être bon, peut-il être que bon ?*

Il n'y avoit nulle nécessité qu'il fut souverainement bon, immuablement bon.

Quand Mr. Bayle ajoûte dans la suite, *que le pouvoir de desobeir étoit déja un malheur un défaut, étoit déja un mal*, lui étoit-il difficile de s'appercevoir que cette instance renfermoit un Sophisme d'équivoque : Il exprime en termes positifs la puissance d'errer, & la puissance de pécher, qui ne sont que des négations. Avoir fait l'homme capable d'errer & de pécher, c'est ne lui avoir pas donné

né des Lumiéres au-deſſus de toute inadvertance, ni une Fermeté au-deſſus de tout relâchement. Tout ce que l'homme a reçû de ſon Créateur eſt réel & bon, attention, fermeté &c. Il auroit pu les donner dans un plus grand dégré ; il ne l'a pas fait ; il n'y étoit pas obligé, c'eſt pure négation ; Les dégrés accordés étoient ſuffiſans, ſi l'homme avoit voulu s'en bien ſervir, s'il ne l'a pas voulu, c'eſt ſa faute, & elle ne peut-être imputée à Dieu qui lui avoit donné la force de le vouloir.

Il eſt plus utile qu'on penſe, dit Mr. Bayle *d'humilier la Raiſon* . . . . *Cela apprend que la voie des Sociniens eſt une voie d'égaremens* (C'eſt là le paſſeport ordinaire de Mr. Bayle, moïennant lequel il ſe trouve en état de débiter ſans riſque tout ce qu'il a imaginé d'Objections contre les vérités de la Réligion) *Il ne faut combattre les Manichéens que par l'Ecriture*, ajoute-t-il.

Peut on ſe perſuader qu'un homme qui avoit autant d'eſprit que Mr. Bayle, exprimât ſincérement ſa penſée, dans ces paroles, après ce qu'il a dit dans cet Article des *Pauliciens* pour renverſer toute l'autorité de l'Ecriture. Prémiérement, il reconnoit qu'il ne ſuffit pas de répondre à une Objection, il faut de plus renverſer toutes les repliques d'un Antagoniſte, & le réduire où il eſt taire, ou à ne pouvoir plus rien dire qui ſoit raiſonnable, ſans quoi on ne ſort pas du Combat victorieux. Or cela poſé, qu'on ſe repréſente un Chrétien qui dit à un Manichéen, 1. *Dieu eſt un Etre très-ſaint, Donc il n'eſt pas l'Auteur du mal.* 2. *Le Mal n'eſt point l'effet d'un Principe éternel eſſentiellement mauvais, car il n'y en a point de tel.* D'où ſavés vous cela, diroit le Manichéen ? *De l'Ecriture ſainte, répondroit le Chrétien.* Et ne voïés vous pas, diroit le Manichéen, que vous prenés pour Divin un Livre qui n'eſt rien moins que tel ; Alléguës tout ce qu'il vous plaira pour eſſaïer d'en prouver la Divinité. Il n'y a aucune propoſition qui ne céde en évidence à celle-ci, que *Dieu n'eſt pas l'Auteur du péché*. Or il n'y a pas moïen de ne faire pas le Bon Principe Auteur du péché, à moins qu'on ne reconnoiſſe un Principe Mauvais & collateral qui en ſoit la Cauſe. Votre Ecriture ſainte rejette ce Principe, elle eſt donc combattuë par une Objection plus forte que tous les Argumens imaginables qu'on pourroit alléguer en ſa faveur. On voit donc que Mr. Bayle abandonne aux Inſultes des Manichéens le Livre, qui, ſelon lui, eſt le ſeul qui peut nous procurer quelque Certitude ; Car dès qu'une Objection, plus forte qu'aucun autre argument, combat & ruine le grand principe de ce Livre, il n'y a plus qu'un Enthouſiaſme aveugle & opiniatre qui puiſſe y faire adhérer nôtre Eſprit.

Compa-raiſons nas éxactes. Article Pau-liciens Note E.

,, LXI. VOILA deux Princes, dit Mr. Bayle,
,, dont l'un laiſſe tomber ſes Sujets dans la miſére,
,, afin de les en tirer quand ils y auront aſſés croupi
,, & l'autre les conſerve toûjours dans un état de proſ-
,, périté. Celui-ci n'eſt-il pas meilleur, n'eſt il pas
,, même plus miſéricordieux que l'autre ? Ceux qui
,, enſeignent la conception immaculée de la ſainte
,, Vierge, prouvent démonſtrativement que Dieu
,, déploïs ſur elle ſa miſéricorde, & le bénéfice de
,, la rédemption, plus que ſur les autres hommes. Il
,, ne faut pas être Métaphyſicien pour ſavoir cela :
,, Un Villageois connoit clairement que c'eſt une
,, plus grande bonté d'empêcher, qu'un homme ne
,, tombe dans une foſſe, que de l'y laiſſer tomber,
,, & de l'en tirer au bout d'une heure, & qu'il vaut
,, mieux empêcher qu'un Aſſaſſin ne tue perſonne,
,, que de le faire rouër après les meurtres qu'on
,, lui a laiſſé commettre.

Les Païens étoient accoutumés, dès leur enfance à regarder leurs Dieux comme des eſpéces d'hommes ; à la vérité incomparablement plus puiſſans, & plus heureux, que nous ; Mais qui ne laiſſoient pas de tirer une partie de leur Félicité, & preſque toute leur Gloire, des hommages que leur rendoient les hommes ; & du bon ordre qu'ils faiſoient régner ſur la Terre, l'objet de leur Domination & le Centre auquel ſe rapportoient toutes les utilités des autres parties de l'Univers. Il ne faut donc pas s'étonner que prévenus de ces fauſſes Idées, ils ſe ſoient trouvés embarraſſés par le mélange du Bien & du Mal, & par des difficultés ſemblables à celles que Mr. Bayle vient d'alléguer, & qu'il répéte à tout coup. Leurs Dieux n'étoient ſupérieurs en éxcellence aux autres Souverains qu'en dégrés ſeulement ; puiſque ceux-ci pouvoient parvenir à leur être aſſociés dans le Gouvernement du Monde. Or les Princes ſont dans l'obligation de ne rien négliger de tout ce qui peut rendre leurs ſujets heureux. Mais nous ſavons que la ſouveraine Liberté de Dieu, proportionnée à ſon Elévation ſuprême, l'affranchit d'une telle obligation, & que ſa Bonté eſt toûjours infinie par les biens infinis qu'il offre à ceux qui en voudront profiter.

,, Il eſt de l'eſſence d'un Bienfaiteur, dit Mr. *Ibidem*
,, Bayle, de n'épargner rien, pour faire que ſes bien-
,, faits rendent heureuſe la perſonne qu'il en honore.
,, S'il pouvoit lui conférer la ſcience de s'en bien
,, ſervir, & qu'il la lui refusât, il ſoûtiendroit mal
,, le caractére de bienfaiteur ; Il ne le ſoûtiendroit
,, pas mieux, ſi pouvant faire que ſon client n'abuſât
,, pas des bienfaits, il ne l'en empêchoit, pas en le
,, guériſſant de ſes mauvaiſes inclinations.

Je reconnois que porter ſes ſoins favorables juſques au point que Mr. Bayle le ſuppoſe, c'eſt agir en Bienfaiteur. Mais j'ajoûte auſſi que ſans aller juſques là, on ne laiſſe pas de mériter ce titre quand on met en état celui à qui on ne doit rien de ſe procurer, s'il le veut, une félicité parfaite.

,, Il n'y a point de bonne Mére, continue Mr. *Ibidem*
,, Bayle, qui aïant permis à ſes filles d'aller au Bal
,, ne revoquât cette permiſſion, ſi elle étoit aſſûrée
,, qu'elles y ſuccomberoient à la fleurette, & qu'el-
,, les y laiſſeroient leur virginité ; ſe pourroit-il
,, qui ſachant certainement que cela ne manqueroit
,, point d'arriver, ſe laiſſeroit aller au Bal après
,, s'être contentée de les éxhorter à la ſageſſe & de
,, les ménacer de ſa diſgrace ſi elles revenoient fem-
,, mes, s'attireroit pour le moins le juſte blâme de
,, n'avoir aimé ni ſes filles, ni la chaſteté, Elle au-
,, roit beau dire pour ſa juſtification, qu'elle n'a-
,, voit point voulu donner quelque atteinte à la li-
,, berté de ſes filles, ni leur témoigner de la défian-
,, ce : On lui répondroit que ce grand ménagement
,, étoit fort mal entendu, & ſeroit plûtot une
,, marâtre irritée que une mére, & qu'il auroit mieux
,, valu garder à vûë ſes fill s, que de leur donner
,, ſi mal à propos un tel privilége de liberté, & de
,, telles marques de confiance. Nôtre raiſon nous con- *Ibidem*
,, vainc d'une maniére très-évidente qu'une mére *Note F.*
,, qui laiſſeroit aller ſes Filles au bal, lorſqu'elle
,, ſauroit très-certainement qu'elles y courroient
,, grand riſque par rapport à leur honneur, témoi-
,, gneroit qu'elle n'aime ni ſes filles, ni la chaſteté ;
,, & ſi l'on ſuppoſe qu'elle a un préſervatif infaillible
,, contre toutes les tentations, & qu'elle ne le donne
,, point à ſes filles, en les envoïant au bal, on con-
,, noit avec la derniére évidence qu'elle eſt coupable,
,, & qu'elle ſe ſoucie peu que ſes filles gardent
,, leur virginité. Pouſſons la comparaiſon, encore un peu plus
,, loin. Si cette Mére alloit à ce bal, & ſi par une
,, fenêtre, elle voïoit & elle entendoit l'une de ſes
,, filles ſe défendant foiblement, dans le coin d'un
,, Cabinet, contre les demandes d'un jeune Galant ;
,, ſi hors même qu'elle verroit que ſa fille n'auroit
,, plus qu'un pas à faire, pour acquieſcer aux déſirs
,, du tentateur, elle n'alloit pas la ſecourir & la
,, délivrer du piége, ne diroit-on pas avec raiſon qu'elle
,, agiroit comme une cruelle marâtre & qu'elle ſeroit
,, bien capable de vendre l'honneur de ſa propre fille ?

Ces Comparaiſons ont le même défaut que les autres auxquelles on vient de répondre. Elles mettent en paralléle une Mére qui a à répondre à Dieu & aux hommes de la Vertu de fa fille, avec l'Etre fuprême qui ne doit rien à perſonne, & qui ſiant voulu faire des Etres libres & actifs à raiſon de trouver indignes de ſes faveurs ceux qui ne veulent pas faire un bon uſage des Facultés qu'il leur a données, & qui enfin, pour prévenir les malheurs de ceux qui s'en attirent volontairement, ne veut pas anéantir la Liberté & priver ceux qui en uſent bien, des ſuites infiniment glorieuſes & délicieuſes de ce bon uſage. Je laiſſe à part le choix que Mr. Bayle fait d'une Comparaiſon & d'un Tableau qui ſaiſit l'Imagination, & ne la laiſſe pas en liberté de raiſonner.

„ LX. CEUX qui diſent, ſi on veut croire Mr. Bay-
„ le, qu'il a fallu qu'il y eut des Etres libres, afin que
„ Dieu fut aimé d'un amour de choix, ſentent bien
„ dans leurs Conſciences que cette hypothéſe ne con-
„ tente pas la raiſon : Car quand on prévoit que ces
„ Etres libres choiſiront non pas le parti de l'amour
„ de Dieu, mais le parti du péché, on voit bien que
„ la fin que l'on ſe feroit propoſée s'évanouit, &
„ qu'ainſi il n'eſt nullement néceſſaire de conſerver
„ le franc arbitre.

Le Deſſein de Dieu en donnant la Liberté a été de faire que des Etres tirés du Néant puſſent travailler à leur propre perfection, & que ceux qui voudroient y travailler, réuſſiſſent & parvinſſent au Bonheur. Or ce But qu'il s'eſt propoſé, il l'obtient.

„ Ou Dieu a donné aux hommes, dit Mr. Bay-
„ le, le franc arbitre par un effet de ſa bonté, ou
„ ſans aucune bonté. Vous ne pouvés dire que ce
„ ne ſoit ſans nulle bonté : Vous dites donc que
„ c'eſt avec beaucoup de bonté; mais il réſulte de
„ là néceſſairement qu'il a dû les en dépouiller à quel
„ prix que ce fut, plutôt que d'attendre qu'ils y
„ trouvaſſent leur damnation éternelle par la produc-
„ tion du péché, monſtre qu'il abhorre eſſentielle-
„ ment : Et s'il a eu la patience de leur laiſſer en-
„ tre les mains un ſi funeſte préſent, juſques à ce
„ que le mal fut arrivé, c'eſt un ſigne ou que ſa
„ bonté étoit changée, avant même qu'ils fuſſent
„ ſortis du bon chemin, ce que vous n'oſeriés dire,
„ ou que le franc arbitre ne leur avoit point été donné
„ par un effet de bonté.

Dieu par un effet de ſa Liberté a formé des Etres Libres & actifs ; par un effet de ſa Bonté, il veut ſe donner lui-même pour récompenſe à ceux qui choiſiront, & le préféreront à tout. Quant à ceux qui n'en veulent rien faire, il les abandonne par Juſtice au ſort qu'il leur plait de choiſir.

„ Un fils qui verroit ſon Pére, continue Mr.
„ Bayle, tout diſpoſé à ſe jetter par la fenêtre, ſoit
„ dans un accès de phrénéſie, ſoit dans le moment
„ d'un furieux chagrin, feroit fort bien de l'enchai-
„ ner, s'il ne pouvoit le retenir autrement.

Dieu n'a que faire d'uſer de ſa Toute puiſſance pour retenir un phrénétique, pour lui empêcher de tuer, par exemple, de frapper, de tuer : Dans cet cas là un homme ne ſe rend point coupable ; Mais quand un homme, maitre de lui-même, en état de raiſonner & de choiſir, prend volontairement le mauvais parti, Dieu n'eſt point obligé de l'en empêcher.

LXI VOICI encore une comparaiſon de Mr. Bayle. " Si une Reine, dit-il, tomboit dans l'eau,
„ le prémier laquais qui s'en pourroit retirer en l'em-
„ braſſant, ou en la prenant par les cheveux, dût-il
„ lui en arracher plus de la moitié, feroit fort bien
„ d'en uſer ainſi ; elle n'auroit garde de ſe plaindre
„ qu'il lui eut manqué de reſpect. Et quelle ex-
„ cuſe plus vaine pourroit-on jamais alléguer, de ce
„ qu'on auroit ſouffert qu'une Dame bien ajuſtée
„ tombât dans un Précipice, que de dire qu'il ſa-
„ roit fallu pour la retenir, mettre en déſordre ſes
„ rubans & ſa coiffure.

„ Vous concevés Dieu comme le Pére des hom-
„ mes, & vous dites néanmoins qu'il aime mieux leur
„ éviter le court & petit chagrin de les contraindre
„ à renoncer à une converſation agréable où ils étoi-
„ ent prêts d'abuſer de leur liberté, que de leur
„ épargner la damnation éternelle qu'ils en couroient
„ par l'abus de leur franc arbitre. Oh trouvés
„ vous de telles idées de la bonté paternelle ? Ména-
„ ger le franc arbitre, s'abſtenir ſoigneuſement de
„ de gêner l'inclination d'un homme qui va perdre
„ pour jamais ſon innocence, & ſe damner éternel-
„ lement, vous appellés cela une obſervation légiti-
„ me des privileges de la liberté ?

Quand Mr. Bayle raiſonne ainſi, il prend viſiblement le change. On ne dit point que quand Dieu voit les hommes prêts à tomber dans le péché, & qu'il ne les en empêche pas par ſa Toute-Puiſſance, c'eſt par un eſpéce de reſpectueux ménagement pour leur Liberté, comme ſi, en y touchant, il craignoit de leur donner un ſujet de plainte. Mais on dit qu'il ne trouve pas à propos de venir par ſa Toute-Puiſſance, au ſecours de ceux à qui il plait de ſuccomber, lors qu'il ne tient qu'à eux de lui plaire, & d'obtenir, par une glorieuſe victoire ſur les tentations, leur eſtime & ſes ſuites d'un prix immenſe. C'eſt à ces conditions qu'il veut rendre heureuſes ſes Créatures.

En vain l'on ajoûte, qu'il en couteroit ſi peu à Dieu de rendre les hommes impeccables ; Car on ſait bien que ce n'eſt pas pour s'épargner des efforts & des fatigues, qu'il ne les rend pas dès les prémiers momens de leur naiſſance égaux aux Anges les plus parfaits. Pourquoi ſe plaire à inventer des Cauſes imaginaires, & fonder ſur ces Cauſes prétendues des Objections qu'il eſt ſi facile de détruire : Je m'en tiens aux réponſes que j'ai répétées tant de fois.

„ Diront-ils pour leur derniére reſſource, conti-
„ nue Mr. Bayle, que Dieu ne doit rien à ſa
„ Créature & qu'il n'a pas été obligé de lui fournir
„ une grace néceſſitante, ou infaillible ? Mais pour-
„ quoi donc diſoient ils tantôt qu'il a dû avoir des
„ ménagemens pour la Liberté humaine ? S'il a dû
„ conſerver à l'homme cette prérogative, & s'abſte-
„ nir d'y toucher, il doit donc quelque choſe à ſon
„ propre Ouvrage.

Cela s'appelle Inſter pour faire ouvrir la Diſpute & fatiguer un Répondant à force de lui faire répéter qu'on abandonne l'état de la Queſtion & la vraie réponſe. Dieu ne laiſſe pas l'homme Libre par un ménagement qu'il doive à ſa Liberté. Mais il ne détruit pas ſa Liberté prête à mal faire, parce qu'il veut être aimé par choix ; & qu'il ne ſait pas gré qu'on le ſerve autrement. Il ne deſtine ſa félicité qu'à une telle obéiſſance.

„ Mais laiſſant-là cette Inſtance, dit Mr. Bayle,
„ ad hominem, ne peut on pas leur répondre que
„ s'il ne doit rien à la Créature, il ſe doit tout à
„ lui-même, & qu'il ne peut agir contre ſont Eſ-
„ ſence. Or il eſt de l'eſſence d'une ſainteté &
„ d'une bonté infinie & qui peut tout de ne point
„ ſouffrir l'introduction du mal moral & du mal
„ Phyſique.

C'eſt ce que je défie de prouver ; Car il eſt bien de l'eſſence d'un Etre ſage, juſte, bon, ſaint, de ne créer pas un Etre capable de Connoiſſance & de Choix, dans la néceſſité de pécher & de ſe damner ; mais il n'eſt point de l'eſſence d'un tel Créateur de ne pas former des Etres qui ſoient Arbitres de leur Deſtinée. Le Créateur a infiniment Libre ; & dès là qu'il ne fait aucun tort à ſa Créature, & que ſi elle prend le parti des Maux, c'eſt à elle qu'elle doit les imputer, elle auroit grand tort de dire à celui qui l'a formée ; pourquoi m'as tu ainſi fait.

C'eſt bien dit, (avoue Mr. Bayle) & voila comme il falloit ſe fixer.

Que ne ne s'y fixe-t-il donc lui-même, au lieu de répéter en cent endroits des Objections contraires à ce point fixe. Dira-t-il Je m'y tiens & m'y veux tenir, pourvu que vous conveniés que la Raiſon n'en *est pas satisfaite*, que la Foi seule en comprend la force & qui en principe enfin ne résout point aux yeux de la Raison les Difficultés. C'est ce que je ne lui accorde pas, & j'espère que mon Lecteur trouvera les difficultés levées s'il fait attention à ce que je viens de répondre.

LXII On s'est plaint à Mr. Bayle même du soin qu'il s'est donné d'étaler dans son Dictionnaire tant d'Objections contre les Vérités les plus capitales de la Réligion. Il les a multipliées dans la *seconde* Edition, ou du moins il les a plus souvent répétées que dans la *prémière*, & présenté;s sous un plus grand nombre de faces. A cette Objection qu'il étoit si naturel de lui faire, il a répondu trois choses; Prémièrement qu'il fait un Dictionnaire Historique, 2. qu'ils'acquite du Devoir d'un fidéle Rapporteur, 3. qu'il veut faire sentir la nécessité & l'utilité de s'en ténir à la Révélation. Mais 1. il remplissoit suffisamment les Devoirs d'un Historien, & & à plus forte raison les engagemens d'un Auteur de Dictionnaire Historique, en disant que les *Manichéens*, les *Marcionites*, les *Pauliciens* &c. troublés à la vuë du Mal mêlé parmi le Bien, avoient imaginé deux Principes Eternels. 2. Pourquoi a-t-il choisi sur tout le Pyrrhonisme & le Manichéïsme, pour exercer sur cette Matiére le prétendu Office d'un Rapporteur, dont il n'y a que les Libertins qui lui sachent gré ! 3. Quel Rapporteur s'est jamais fait une obligation de redire cent fois la même chose, & de la répéter à toutes les Audiences ! Enfin il suffisoit de dire *Nous ne sommes point en droit de nous plaindre de nôtre Créateur; Car si nous voulons profiter de ses leçons, de ses invitations & de ses secours, nous arriverons à la Félicité suprême*.

Je continuerai à parcourir c'est Article des *Pauliciens* au hazard de tomber moi-même dans des répétitions. Je les éviterai pourtant sur la Préscience, parce, que j'y ai déja répondu.

LXIII. ,, VOUS comprendrés, dit Mr. Bayle, ,, que vous ne férés que passer d'un Manichéïsme ,, moins raisonable à un Manichéïsme plus raisonna-,, ble; Car si vous examinés vôtre Systême, & at-,, tention, vous reconnoitrés qu'aussi bien que moi ,, vous admettés deux principes, l'un du bien, l'au-,, tre du mal; mais au lieu de les placer comme je ,, fais, dans deux sujets, vous les combinés ensemble ,, dans une seule & même substance; ce qui est mons-,, trueux & impossible. Le principe unique que vous ,, admettés a voulu de toute éternité, selon vous, ,, que l'homme péchat, & que le prémier péché fut une ,, chose contagieuse, & qu'elle produisît sans fin & ,, sans cesse tous les crimes imaginables sur toute ,, **la face de la terre**; ensuite dequoi il a préparé au ,, genre humain dans cette vie, tous les malheurs ,, qui se peuvent concevoir, la peste, la guerre, ,, la famine, la douleur, le chagrin, &, après cette ,, vie, un Enfer où presque tous les hommes se-,, ront éternellement tourmentés d'une manière qui ,, fait dresser les cheveux quand on en lit les des-,, criptions. Si un tel principe est d'ailleurs par-,, faitement bon, & s'il aime infiniment la félicité ,, de ses Créatures, ne faut-il pas reconnoître que ,, le même Dieu est à la fois parfaitement bon, ,, & parfaitement mauvais, & qu'il n'aime pas moins ,, le vice que la vertu? Or n'est-il pas plus raison-,, nable de partager les qualités opposées, & de ,, donner tout le bien à un principe, & tout le mal ,, à l'autre principe. L'Histoire humaine ne prou-,, vera rien au desavantage du bon principe. Il ,, ne dit pas comme vous que de son bon gré de sa ,, pure & franche volonté, & parce uniquement que ,, tel a été son bon plaisir, il a soûmis le genre hu-,, main au péché & à la misère, lorsqu'il ne tenoit ,, qu'à lui de le rendre saint & heureux. Je suppose ,, qu'il n'a consenti à cela, que pour éviter un plus ,, grand mal, & comme à son corps défen-,, dant

Cette objection est accablante, quand elle tombe sur la Métaphysique trop curieuse & trop hardie de quelques Théologiens, dont-il ne faut pas confondre le Systême, avec le sait de tous les Chrétiens.

Lorsque le Mal donne du relief au Bien, & qu'il sert même d'occasion à le faire naître, on ne doit pas dire que c'est dans cette vuë que Dieu a formé des Créatures à qui il arriveroit de pécher. On s'exposeroit par là à de terribles Objections.

,, C'est une opinion de tout temps répandue, dit ,, Mr. Bayle, dans le Christianisme que le Diable ,, est l'auteur de toutes les fausses Réligions, que ,, c'est lui qui pousse les hérétiques à dogmatiser, ,, que c'est lui qui inspire les erreurs, les superstitions, ,, les schismes, l'impudicité, l'avarice, l'int.mpérance, ,, en un mot tous les Crimes qui se commettent ,, parmi les hommes.

Mr. Bayle s'étend fort dans cet endroit à parler du pouvoir du Diable, & finit en concluant qu'on ne se tire point d'affaire en mettant le Principe mauvais créé à la place du Principe éternel de malice. J'accorde à Mr. Bayle l'insuffisance de l'hypothêse, sans lui accorder que le Malice ait autant d'influence, qu'il paroit lui en attribuer, comme si les hommes n'étoient que des Etres passifs, qu'il tire d'un côté pendant que Dieu le tire de l'autre.

Toute difficulté est petite en comparaison de celle qui fait Dieu Auteur du péché.

On ne fait point Dieu Auteur du péché quand on suppose que l'homme est doué d'une nature Libre, & active, qui doit s'imputer à lui-même ses misères, & les fautes par où il se les attire. Mais, dira-t-on, si Dieu vouloit déploier toute sa Puissance sur l'Ame des hommes, il préviendroit tous leurs écarts? J'ai déja répondu qu'il n'y étoit pas obligé, & que l'homme a assés reçu pour ne pouvoir se plaindre qu'à tort.

L'hypothêse Manichéenne ne résout point la difficulté, & ceux des hommes qui seront damnés ou malheureux pourroient dire au bon Principe, vous avés transigé avec le mauvais, dont la puissance est égale à la vôtre, & dont la Malice ne céde en rien à vôtre Bonté. Eclairé, méchant & puissant comme il est, il a consenti à ce que vous fussiés du bien, à condition qu'il feroit autant de mal; *Je suis la victime de cette transaction; Un homme vaut autant qu'un autre, celui qui est sauvé, s'il n'avoit jamais existé, n'auroit fait en cela qu'une porte* NEGATIVE, *à laquelle il n'auroit jamais eu de regret, & moi je me trouve, par une suite inévitable de vôtre transaction, réduit à un désespoir* TRES-REEL, *& à maudire éternellement mon existence*.

Ajoutés à cela que par une suite de la transaction le nombre des désespérés, passeroit de beaucoup celui des heureux.

Suivant les principes de Mr. Bayle, ce Bon principe ne pourroit pas seulement répondre à ce malheureux, plaignés vous de vous même, vous l'avés ainsi voulu : car suivant Mr. Bayle par les *Idées que nous avons d'un Etre créé, nous ne pouvons point comprendre qu'il soit un principe d'action, qu'il se puisse mouvoir lui-même, & que recevant dans tous les momens de sa durée son existence & celle de ses facultés que le recevant, dit-il, n'est entiér d'une autre Cause, il crée en lui même des modalités par une Vertu qui lui soit propre... La créature ne pouvant donc pas être mue par une simple permission d'agir, & n'aiant pas elle-même le principe du mouvement, il faut de toute nécessité que Dieu la meuve*; il fait donc quelque autre chose que de lui permettre de pécher.

LXIV. Mr. BAYLE rapporte ces paroles de Mr. Jurieu. ,, Tant s'en faut, dit-il, que cette opinion des Superlapsaires conduise à l'Athéisme, ,, qu'au contraire elle pose la Divinité ,, dans le plus haut dégré de grandeur, & d'éléva-,, tion où elle peut-être conçue. Car elle anéantit

„ tellement la Créature devant le Créateur, que le
„ Créateur dans ce systême n'est-lié d'aucune espéce de
„ Loix à l'égard de la Créature, mais il en peut
„ disposer comme bon lui semble, & la peut faire
„ servir à sa gloire par telle voie qu'il lui plait, sans
„ qu'elle soit en droit de le contredire.

Ibidem

Mr. Bayle dit un peu après; Voici bien la plus
„ monstrueuse doctrine & le plus absurde paradoxe
„ qu'on ait jamais avancé en Théologie, & je serois
„ fort trompé si jamais aucun célébre Théologien avoit
„ dit une telle chose. On s'est tourné de tous les cô-
„ tés imaginables pour expliquer de quelle maniére
„ Dieu influe dans les actions des pécheurs: on a
„ gardé l'hypothése de la Prédestination absolue,
„ lorsqu'on a cru qu'elle ne faisoit nul tort à la
„ sainteté de Dieu; mais dès que l'on s'est imaginé
„ qu'elle lui donnoit atteinte on l'a quittée. Ceux
NB. „ qui n'ont point vû que le Libre arbitre, soit in-
„ compatible avec la Prédétermination physique, ont
„ enseigné constamment cette prédétermination; mais
„ ceux qui ont cru qu'elle la ruinoit l'ont rejettée,
„ & n'ont admis qu'un concours simultanée & in-
„ différent. Ceux qui ont cru que tout concours
„ est contraire à la Liberté de la Créature, ont sup-
„ posé qu'elle étoit seule la cause de son action.
„ Rien ne les a déterminés à le supposer, que la
NB. „ pensée que tous les décrets par lesquels la Provi-
„ dence s'engageroit à concourir avec nôtre volonté,
„ rendroient nécessaires les événemens & feroient que
„ nos actions criminelles ne seroient pas moins un
„ effet de Dieu, qu'un effet de la Créature; Ils
„ n'ont point trouvé leur compte à dire que le pé-
„ ché n'est pas un Etre, que ce n'est qu'une priva-
„ tion & un néant qui n'a point de cause efficiente,
„ mais une cause déficiente. Enfin on est venu jus-
„ qu'à soûtenir, que Dieu ne sauroit prévoir les
„ actions libres de la Créature. Pourquoi tant de sup-
„ positions ? Quelle a été la mesure, quelle a été
„ la régle, que de démarches ! C'est l'envie de
„ disculper Dieu ; C'est qu'on a compris clairement
„ qu'il y va de toute la Réligion, & que dès qu'on
„ oseroit enseigner qu'il est l'auteur du péché, on
„ conduiroit nécessairement les hommes à l'Athéis-
„ me. Aussi voit-on que toutes les Sectes Chré-
„ tiennes qui sont accusées de cette Doctrine par leurs
„ adversaires, s'en défendent comme d'un blasphême
„ horrible, & comme d'une impieté exécrable, &
„ qu'elles se plaignent d'être calomniées diaboliqué-
„ ment. Et voici un Ministre qui vient nous dire
„ fort gravement que c'est un Dogme, qui pose la
„ Divinité dans le plus haut degré de grandeur &
„ d'élévation où elle puisse être conçûe. C'est l'é-
„ loge qu'il se croit pas de donner à une Doctrine
„ qui nous représente un Dieu cruel, injuste, pu-
„ nissant & chatiant par de supplices eternels des
„ Créatures INNOCENTES.

„ La crainte, dit il, un peu après, que la Réligion
„ inspire doit être mêlée d'amour, d'espérance &
„ d'une grande vénération : Quand on ne craint un
„ objèt que parce qu'il a le pouvoir & la volonté
„ de faire du mal, & qu'il exerce cruellement &
„ impitoïablement cette puissance, on le hait, & on
„ le détesté. Ce n'est plus un culte de Réligion.
„ N'est-ce pas exposer la Réligion à la mocquerie
„ des Libertins, que de représenter Dieu comme un
„ Etre qui fait des Loix contre le Crime, lesquelles
„ il fait violer lui-même, pour avoir un prétexte
„ de punir.

Cette hypothése auroit été commode à Mr. Bayle, qui l'auroit aisément accablée d'Objections. il é-
toit de l'intérêt du Pyrrhonisme de mettre ainsi en
conflict la Raison avec la Réligion: Heureusement
la haine de Mr Bayle contre Mr. Jurieu a prévalu.
Il attaque lui-même les Superlapsaires, & il me dégage de la nécessité de me brouiller avec ce genre de
Théologiens, durs & redoutables à proportion de
leur hypothése. S'il avoit plu à Mr. Bayle de confondre leur systême avec la Réligion en général,
j'aurois été obligé de me déclarer contre, pour faire
tomber le sien.

„ Comme Blandrata, dit Mr. Bayle, avoit été
„ en Transilvanie un Médecin de distinction, puis
„ qu'il avoit été Médecin de Reines, il aima mieux
„ s'y retirer que d'aller ailleurs, lorsqu'il ne crut
„ point pouvoir demeurer en sûreté ni à Genéve
„ ni en Suisse. Voilà une de ces combinaisons du
„ Moral avec le Physique, dont le Pére Mallebran-
„ che a parlé dans son Traité de la Nature & de la
„ Grace.

„ Pourquoi, *continue Mr. Bayle* a t'il falu que la
„ Pologne & la Transilvanie aient été plutôt infec-
„ tées des erreurs des Sociniens qu'un autre Païs ?
„ C'est que les Loix générales qui excitent nos pas-
„ sions naturelles & nôtre bon sens, ont voulu que
„ George Blandrata, contraint de chercher une retrai-
„ te, l'ait plutôt choisie dans un lieu, où il avoit
„ beaucoup d'habitudes, que dans un Païs inconnû.
„ Voilà pourquoi sortant de Genéve il s'en alla en
„ Pologne; & quand il y fut il y attira les Alciats & les
„ Socins; il s'intrigua chés les Grands ; un Prince
„ de Transilvanie, dont il étoit Médecin, fut son
„ Prosélite &c.

Mr. Bayle met en Marge COMBINAISON
DU MORAL AVEC LE PHYSIQUE, pour
avertir son Lecteur de prendre garde à cette réfléxion

Ceux qui considérent les Créatures comme des
Etres purement passifs, doivent nécessairement trouver dans la Conduite de Dieu des difficultés prodigieuses, qui n'embarrassent point ceux qui en font des
Etres Actifs, & sur plusieurs cas ils peuvent se servir de ces paroles-ci de Mr. Bayle.

„ LXV. CHRYSIPPE dans son Ouvrage de la
„ Providence examina entr'autres questions, celle-ci,
„ *La Nature des choses, ou la Providence qui a fait le*
„ *Monde & le Genre humain, a-t-elle fait aussi les*
„ *Maladies auxquelles les hommes sont sujets?* Il ré-
„ pond que le principal dessein de la Nature n'a pas
„ été de les rendre maladifs, cela ne conviendroit pas à
„ la Cause de tous les biens, mais en préparant & en pro-
„ duisant plusieurs grandes choses, très-bien ordonnées,
„ & très-utiles, elle trouva qu'il en résultoit quelques
„ inconvéniens, & ainsi ils n'ont pas été conformes à
„ son Dessein primitif, & à son but, ils se sont
„ rencontrés à la suite de l'ouvrage, & n'ont existé
„ que comme des conséquences. Pour la formation
„ du corps humain, disoit-il, la plus fine idée,
„ & l'utilité même de l'ouvrage demandoient que
„ la tître fut composée d'un tissu d'ossemens minces
„ & déliés ; mais par là elle devoit avoir l'incommo-
„ dité de ne pouvoir résister aux coups. La nature
„ préparoit la Santé, & en même-temps il a fallu
„ que par une espéce de concomitance que la source
„ des maladies fut ouverte Il en va de même à
„ l'égard de la Vertu; l'action directe de la Nature
„ qui l'a fait naitre, a produit par contrecoup l'en-
„ geance des vices.

Mr. Bayle remarque que c'est beaucoup à Chrysippe d'être venu jusques-là, dans l'ignorance où il
étoit de l'histoire de la Chûte de l'homme. La Raison a donc lieu de présumer que si à ces Idées de
Chrysippe on joint celles que fournit l'histoire de
la Chûte & la connoissance de la Liberté de l'homme, qui
auroit pû s'en garantir, après avoir reçû une nouvelle Lumiére de ces Vérités révélées, & de leurs suites,
on comprendra qu'une Connoissance plus étendue des
plans de Dieu qui en manifeste la sagesse, ne laissera aucune obscurité sur le sujet que nous traitons.

„ LXVI. LE JESUITE Bisselius, *dit Mr. Bayle*
„ suppose que Crisippe dit à Pompée, que vû les
„ desordres de la République il falloit que Rome
„ périt, à moins qu'elle ne fut gouvernée Monar-
„ chiquement. Il ajoûte que ceux qui ouïront cet-
„ te réponse

,, te réponse, demandèrent à Cratippe ; Pourquoi
,, les Dieux, s'ils sont sages ont-ils mieux aimé ac-
,, corder cette Monarchie à Jules Cesar qu'à Pom-
,, pée ? & que ce Philosophe répondit, Savés-vous
,, si Pompée auroit mieux gouverné que Cesar ?
,, Les Dieux seuls le savent. " Voilà ce qu'on est en
droit de répéter à ceux qui disent qu'un Prince,
qui par probité n'a pas voulu faire ceci ou cela,
a fait du tort à ses Etats, & qu'il leur auroit procuré beaucoup d'avantages, s'il avoit eu moins
d'éloignement pour l'Injustice.

Quant à ce que Mr. Bayle ajoûte qu'il est remarquable que Pompée ne fût malheureux, que quand
il eut pris le bon parti, & qu'il cite pour son garant,
La Morte le Voyer, il va, ce me semble, bien vite.
Quand Pompée délivra toutes les côtes de l'Empire
Romain des Corsaires qui les pilloient, qui désoloi-
ent le commerce, & empêchoient le transport des
grains ; Qui avoit il de plus juste que cette guerre, &
quelle gloire ne lui en revint-il pas ? Celle de Cesar
contre les Gaulois étoit-elle plus juste que les autres
qu fit Pompée ? De quel droit Cesar alloit-il inquiéter les Bretons ? La jalousie de Pompée pour la
gloire de César, & les intrigues qui en furent la
suite, étoient elles justes ! N'auroit-il pas encore pris
à Rome de malhonnêtes gens sous sa protection ? En
résistant moins obstinément aux demandes de Cesar,
on auroit prévenu la Guerre Civile ; Pompée vieil-
lissoit ; Les Troupes de Cesar étoient dans l'exercice
actuel de la Guerre & en train de vaincre ; Pourquoi
Dieu auroit-il fait une espéce de miracle en donnant le
dessous aux Troupes les plus belliqueuses, pour épargner à Rome un Maitre, puisque sur le pié où étoient les choses, elle ne pouvoit pas tarder à en avoir
un ? D'ailleurs Rome soûmise à un Maitre étoit une
Epoque qui se rapportoit mieux aux Desseins de Dieu,
comme je l'ai remarqué dans un autre Ouvrage.

Fausse pensée de Mr. Bayle point des Miracles pour chasser un Crime par l'établisse- sur la Providence. Oeu- vres Div. Tom. III. Pag. 70.

LXVII. CE QUE Mr. Bayle dit Article 101.
des Pensées Div. sur les Comètes, que Dieu ne fait
point des Miracles pour chasser un Crime par l'établissement d'un autre Crime, l'Atheisme par l'établissement
de l'Idolatrie, s'étend plus loin qu'on ne pense d'a-
bord ; C'est en vérité ajoûte-t-il, un objet bien digne
de la Grandeur de Dieu, & une fin bien proportionnée
à sa Sagesse, que de bouleverser la Nature, afin de
fermer la porte à un mal par la conservation & par
l'amplification d'un autre qui ne vaut guéres mieux,
& contre lequel Dieu a toûjours témoigné une haine infinie.

La même Objection tombe sur les soins ordinaires
de la Providence. Dieu, disoit St. Paul aux Athéniens, *ne s'est point laissé sans témoignages en bien faisant*. Un Philosophe de l'humeur de Mr. Bayle y
auroit arrêté dans cet endroit, & auroit dit, A
quoi ont abouti les fruits de la Terre, les Vicissitudes du chaud & du froid, du sec & de l'humide,
le Cours mesuré des Astres & la Régularité des Saisons ? Les hommes se sont affermis dans la pensée
qu'il y avoit des Etres supérieurs à leur Nature,
& joignant à cette pensée les préjugés où ils avoient
été élevés, ils n'en devenoient que plus Idolatres.
Dieu prévoiant un tel effet, n'auroit-il pas mieux
valu qu'il se fut caché aux hommes ?

Il est aisé de répondre à ce sophisme, si les hommes n'ont pas fait un usage plus raisonnable des soins
de la Providence, c'est leur faute ; Dieu pour avoir
prévû cette faute, n'étoit pas obligé de se faire connoître avec un plus grand éclat ; sa sagesse avoit trouvé à propos de donner lieu à se faire trouver *comme
en tâtonnant* ; On pouvoit le trouver ainsi, & si les
hommes n'y ont pas répondu à son intention, c'est à
eux-mêmes qu'ils en doivent faire des reproches.

Quand Dieu fit annoncer ses jugemens aux Ninivites, & qu'ils prévinrent ses Menaces par leur Répentance, il ne faut pas douter que dans ce grand
peuple, il n'y eut beaucoup de superstition mêlée
avec quelque retour à la Vertu, & quelque éloi-

gnement pour le vice. Il ne faut pas douter que cette
Répentance ne fut très-imparfaite. Mais la Bonté
de Dieu ne laissa pas de la préférer à l'Impénitence,
& de détourner les coups dont il les avoit ménacés.

LXVIII. CONTINUATION des Pensées *Supplément de fausse- ment de ce complaisance. Oeu- vres Div. Tom. III. pag 326.*
diverses. Art. CII. pag. 479. " On suppose, *dit
Mr. Bayle*, que les Sauvages de l'Amerique reçoivent de Dieu un secours extraordinaire par des
graces, & par des illuminations intérieures, auxquelles, s'ils ne répondent pas comme il faut, ils
deviennent criminellement Athées, au lieu qu'au-
paravant-ils l'étoient sans qu'il y eut de leur faute. A ne regarder cette hypothèse que d'un certain sens on peut trouver pardonnables les erreurs
qu'elle renferme ; mais si on la considère d'un autre côté, par où je ne l'envisageai pas, lorsque je
fis une Addition à l'article Lugo, elle paroit horrible. A moins que l'on n'y ajoûte cette circonstance, c'est que ces Sauvages profitent du secours extraordinaire que Dieu leur fournit ; car s'ils persévérent
dans leur état, il se trouvera que ce secours extraordinaire que Dieu leur fournit n'aura servi qu'à
les rendre criminels & plus malheureux. De sorte
que l'hypothèse qui devoit servir à amplifier l'idée
de la miséricorde de Dieu, est plus capable en effet
d'amplifier la Notion de sa rigueur, puisque ces
graces, ces illuminations intérieures, n'ont fait
qu'empirer l'état de ces malheureux, & que Dieu
savoit très-bien qu'elles n'auroient point d'autres
suites que celles-là. Mr. Arnaud a très-bien poussé
cette objection. Il est évident qu'un Médecin
qui ne donneroit aucun remède auroit plus de charité, qu'un Médecin qui donneroit des remèdes,
qu'il sauroit certainement que la constitution du
malade rendroit mortels.

,, Mais enfin dira-t-on, ces graces ont pû sauver les Américains. Mais répliquera un autre,
elles n'ont sauvé personne, & Dieu savoit bien
cela. Je me souviens ici d'une remarque qui fut
faite sur ce que les Stoïciens disoient que si l'homme ne se conduit pas sagement, c'est la propre
faute. On leur objecta que c'est toute la même
chose que personne ne soit sage & que personne
ne puisse être sage ; car effectivement peu importe
qu'on puisse acquérir un bien, si jamais on ne le
possède ; Tous les habitans d'un autre Païs peuvent être sains, mais ils sont toujours malades.
,, Sont-ils moins malheureux que s'ils ne pouvoient
jamais être sains ? Ce font, dans l'usage, deux
choses équivalentes, se vanter d'être infaillible, &
croire qu'encore qu'on soit faillible, l'on ne se
trompe jamais. Pareillement ce sont deux choses
aussi pernicieuses l'une que l'autre dans la pratique, si l'on ne peut pas discerner la vérité, & si
l'on se trompe toujours, quoiqu'on puisse la discerner. Il résulte de là qu'une faculté dont on ne
se sert jamais n'est point une chose qui fasse nombre parmi les biens d'une personne, ce n'est qu'un
Zéro, & néanmoins aiant été inutile dans cette
vie, il causera dans l'autre un mal éternel.

Tous ces Raisonnemens de Mr. Bayle, de même
que plusieurs autres, ne peuvent avoir aucune force
dans la supposition que l'homme est un *Etre
purement passif*, ou que Dieu est obligé de porter la
perfection de nos Facultés & de l'attention de sa Providence, jusqu'à nous mettre dans l'impossibilité de
nous écarter de nôtre Devoir, & de nous le faire
pratiquer par l'impression de sa Toute-Puissance, quand
même nôtre propre inclination ne nous y porteroit
point, & nous porteroit à une conduite opposée.
Mr. Bayle soûtient ce Raisonnement par une Comparaison.

*Un medecin dit-il, qui ne donneroit aucun Compa- raison trompeuse.
remède auroit plus de charité qu'un Médecin
qui donneroit des Remèdes, qu'il sauroit certainement
que la constitution du malade rendroit mortels.*

Voici encore une de ces Comparaisons trompeuses ;

Rectifions-la par celle-ci: Si un malade en faisant tout le contraire de ce qu'un Médecin lui a ordonné, tourne à son préjudice l'efficace des remédes, est-ce la faute du Médecin?

On doit être fort reservé à prononcer sur les autres.

LXIX. AU RESTE il faudroit que nous eussions des Lumiéres plus étenduës sur les Desseins de Dieu, & sur la maniére dont il les éxécute, pour développer, sans aucun reste de ténébres, l'Equité de sa Providence par rapport aux Nations qui vivent encore dans une très-grande Ignorance. Nous ne saurions mieux faire que de donner toute nôtre attention & nôtre temps à nous régler nous-mêmes, Dieu nous a appris ce qu'il est nécessaire que nous sachions sur cela; Il ne nous a pas instruit de même sur ce qui regarde le Sort des autres hommes, dont la condition est différente de la nôtre. En général, nous savons très-sûrement que Dieu les jugera avec une parfaite équité: Pour ce qui est du détail il ne nous l'a point révélé; & par là même il nous a fait assés connoitre, qu'il est plus à propos de renfermer nôtre Curiosité dans de justes bornes, que de donner témérairement carriere à nos conjectures sur un sujet de cette importance.

Des raisons solides m'ont persuadé que j'ai Dieu pour Auteur, & que je dois respecter ce que ma Raison m'enseigne de sa part avec évidence. Je me suis encore convaincu par de bonnes preuves, qu'il est l'Auteur du V. & du N. Testament; Je sai que mon Devoir est d'en étudier le vrai sens, & d'y conformer mes Idées & mes Mouvemens. Voilà ce que je sai. Mais si après cela on me demande; *D'où vient que des Peuples entiers sont abandonnés à leurs ténébres? D'où vient que la Providence ne suscite pas des hommes qui leur portent la Lumière de l'Evangile, & ne répand pas sa bénédiction sur leur Zele? A quoi sont destinés ces ignorans, ces aveugles & ces Sauvages?* Pour résoudre ces questions, il faudroit que je sçusse un grand nombre de choses que j'ignore. Elles sont donc au-dessus de ma portée présente. A cause de cela, je n'en fais le sujet ni de mes Disputes ni de mes Recherches; Je ne connois pas assés à fond les dispositions bonnes ou mauvaises de ces Peuples; Et je connois encore moins les Loix que Dieu s'est proposées de suivre dans sa conduite avec ces hommes-là, & les raisons de ces Loix. Une chose sai je en général, c'est que Dieu ne fera rien que très-équitablement. *Les choses Cachées sont pour l'éternel,* & c'est à moi à faire usage de celles qu'il m'a révélées. Sa sagesse est profonde. Mais quand l'Apotre St. Paul s'écrie *O profundeur* &c. Son ignorance, dont il fait un humble aveu, ne consiste pas en ce qu'il ne sait point expliquer comment Dieu destine les uns au bonheur, & comment il ménage les crimes qui doivent faire périr les autres.

Il se reconnoit simplement très-éloigné d'avoir la pénétration & l'étenduë des connoissances nécessaires pour rendre raison de la conduite de Dieu. Rien ne seroit plus absurde, ni plus insolent en même-temps, que de présumer qu'on auroit pû lui donner des Conseils quand il forma ses plans; Il ne seroit pas moins extravagant, ou moins impie de s'imaginer qu'il auroit pû faire les choses d'une maniére plus digne de ses perfections qu'il ne les a faites; car ce seroit encore avoüer qu'on auroit été capable de lui donner des conseils: Quand donc on demande, pourquoi n'a-t-il pas honnoré toutes les Nations de la même Révélation que les Juifs? pourquoi n'a-t-il pas fait au milieu d'elles des Miracles? pourquoi ne leur a-t-il pas envoié de temps en temps des Prophétes? D'où vient qu'il n'a pas éxigé pour le salut des Juifs des conditions qui auroient plus été de leur goût, & auxquelles ils se feroient soûmis plus aisément, ou pourquoi ne leur a-t-il pas fait proposer celles qu'il demande, avec tant de circonstances, & n'a-t-il pas accompagné toutes ces Circonstances d'une si grande effusion de Secours intérieurs & de graces redoublées, d'illuminations, d'inspirations,

que par-là si tous les hommes n'étoient pas venus à croire, au moins le nombre des Incredules eut été comme rien en comparaison de celui des Croians? Nous n'avons point, dit St. Paul, & nous sommes éxtrémement éloignés d'avoir les lumiéres nécessaires pour répandre un plein jour sur des Questions de cette nature. L'avenir nous est trop obscur, & l'etat présent des choses nous est trop peu connu, & enfin il est trop peu en nôtre pouvoir de combiner tout ce qui convient, plus ou moins, aux souverains perfections de Dieu, sagesse, justice, bonté, élévation, &c.

La Droite Raison nous défend évidemment de prononcer sur des faits dont tous les Principes, toutes les Circonstances, toutes les Suites nous devroient être parfaitement connuës, pour décider juste. La même Droite Raison nous ordonne de nous en tenir à cette Vérité très-sûre, c'est que Dieu n'est point un Maitre qui redemande au delà de ce qu'il a donné, qu'au contraire il réglera le sort des hommes, dans une parfaite équité, parce qu'il connoit très-parfaitement tout ce qu'ils ont pû & tout ce qu'ils ont fait, & qu'il distingue avec la même éxactitude ce en quoi ils sont coupables, d'avec ce en quoi ils sont simplement à plaindre; A un égard ils sont les Objets de sa Justice, & à l'autre celui de ses Compassions.

Voilà ce que la Raison nous apprend, & voilà les Leçons qu'il est juste d'écouter quand elle nous les donne; elle nous les donnera toûjours si nous avons soin de la consulter. La Foi nous affermira dans le respect dû à ces Instructions de la Raison, & elle assûrera toûjours plus nôtre tranquillité. Il nous est permis de le dire, parce que nous le disons, nous parlons conséquement. Mais que signifie la Foi dans la bouche de Mr. Bayle? Un homme qui s'est constamment obstiné à soûtenir, seul contre tous, qu'on ne peut pas s'assûrer quel parti a remporté la Victoire dans la bataille d'Hochstet, peut-il avancer sans se contredire, ou sans se mocquer des hommes, que l'on peut s'assûrer de la Vérité de l'Histoire du Vieux & de celle du Nouveau Testament, écrite depuis tant de siécles, & dont cette derniére est rejettée par les Juifs & par les Paÿens?

LXX. CERTAINEMENT tout amateur de l'Orthodoxie doit se faire une véritable peine du Zéle de M. Bayle. Il ne lui a pas fait honneur en le choisissant pour se mettre à couvert sous son autorité, & pour débiter impunément ce que soi-même, ce qui va à renverser toute Religion. Jesus Christ imposoit silence au Démon qui lui rendoit témoignage, & St. Paul fit taire la Pythonisse qui en usoit de même. Il y a des témoignages qui font plus propres à rendre suspect ce qu'ils paroissent appuier, qu'à l'établir.

Abus de l'Orthodoxie.

Article CII. Page 480. Mr. Bayle continuë à " conclure de là, en passant, que les Voïes les plus " radouciës qu'on puisse inventer sur le Mystere de la " Prédestination, font celles qui au bout du compte " augmentent le plus les difficultés. Le mieux est " d'adorer dans le silence ce profond abîme. C'est " une pierre jettée dans vôtre jardin: vous suivés " les hypothéses de Saumur, & je vous apprens, si vous " l'avés oublié, que l'un de ceux qui écrivirent " contre Mr. Amirault soûtint que l'on donne " une idée beaucoup plus foible de la bonté de Dieu, " lors qu'on parle d'une grace universelle destinée à " tous les hommes; mais que la plûpart ne pourront " pas accepter, que lorsqu'on avouë que Dieune destine " sa grace qu'à ceux à qui il a résolu de donner la force " d'y consentir. C'est toute la même chose, disoit le Théologien Particulariste, de ne rien faire " pour le salut des hommes, & que de les vouloir " sauver par des graces qui dépendent d'une condition, que Dieu sait certainement qu'ils n'accompliront jamais, & qu'ils ne pourront accomplir.

Coutumation des Pensées Diverses. T. II. Oeuvres Div. Tom III. Pag. 327.

Il y a

Il y a une différence infinie entre continuer à des hommes pécheurs des secours suffisans pour se convertir, quand même on voit qu'ils s'obstinent à n'en profiter pas, & entre leur reprocher qu'ils n'ont pas profité des secours dont il n'étoit pas en leur pouvoir de faire usage. Il est donc une hypothèse radoucie qu'on ne doit point confondre avec le Supralapsarianisme dont elle est très-différente.

Mais rassemblons ce que Mr. Bayle a répandu en différens endroits de ses Ouvrages. *Les Méthodes radoucies sont celles qui augmentent le plus les Difficultés* : Le seul Supralapsarianisme en a donc le moins, par conséquent il est préférable : Cependant c'est la plus *Monstrueuse* des doctrines. *Dès que vous ôtés à Dieu la Bonté, la Sainteté & la Justice, pour en faire un Législateur qui défend le crime à l'homme, & qui néanmoins pousse l'homme dans le crime, vous en faites une Nature Trompeuse Maligne, Injuste, Cruelle, c'est dont la voie de l'Athéisme.... Vous avés ici un petit le caractère de ce Docteur, il n'y a nulle Justesse dans ses Censures, nulle liaison dans ses Dogmes, tout y est plein d'Inconséquence; l'Inégalité, les Contradictions, les Variations règnent dans tous ses Ouvrages.*

L'Affliction que Mr. Bayle ressentit de la mort de son frere nous fait attention sur les véritables faces de l'Intolérance, & fut cause de l'excellent *Commentaire Philosophique*; Son aversion pour Mr. Jurieu ouvre de même les yeux sur des Propositions qu'il combat à merveilles; ce qui lui peut attirer l'éloge, *Ubi bene nemo melius*. Quel malheur que son goût pour le Pyrrhonisme l'ait jetté dans des écarts qui obligent à ajouter *ubi male nemo pejus*.

Pensées diverses Article LXXVI. page 200.

Œuvres div. pag. 52.

,, Les Nations épargnées, dit Mr. Bayle, n'ont
,, pas encore comblé la mesure, comme celles qui sont
,, punies, mais il ne faut pas juger par le comble
,, de cette mesure, qu'une nation est plus ou moins
,, criminelle qu'une autre. Etre arrivé à ce Com-
,, ble signifie seulement que l'on est arrivé à l'heure

NB.
,, fatale où Dieu veut punir. Or qui doute que cet-
,, te *heure fatale* ne soit attachée tantôt à une plus
,, petite mesure de péchés, & tantôt à une plus gran-
,, de, selon que Dieu trouve à propos de diversi-
,, fier les événements, & de faire paroitre sa souverai-
,, ne Liberté?

Ibidem
NB.
Rien n'est plus infini, ajoute-t-il que la Diversité qui se rencontre dans les manieres de Dieu.

Cette hypothèse sert à lever toutes les difficultés que Mr. Bayle étale si souvent contre la Providence: On auroit donc tort de s'obstiner à un seul système & sur tout à celui de tous les systèmes qui est le plus accablé de difficultés.

Mr. Bayle allègue ici une Maxime sur laquelle **la Raison doute indubitablement. QUI DOU-TE**, dit-il, (il n'en douteroit donc point lui même, au moins s'il s'exprimoit avec sincérité) Qui doute que cette *heure fatale* ne soit attachée tantôt à une plus petite mesure de péchés & tantôt à une plus grande selon que Dieu trouve à propos de diversifier les événements, & de faire paroitre sa **SOUVERAINE LIBERTÉ?**

Continuation des Pensées diverses T. I. Art.
Œuvres Ibidem pag. 299.
LXXVII. No. 16. page 384.

Mr. Bayle loue Calvin d'avoir dit que la Doctrine qui fait Dieu Auteur du péché étoit telle, que si on l'accordoit, il n'y auroit plus de différence entre Dieu & le Diable; " comme de fait, ajoute-t-il, le
,, Dieu qu'ils nous forgent, est *une Idole pire qu'un*
,, *Diable d'Enfer*. Il assure que cette Doctrine étoit
,, plus impie que celle qui ôteroit à Dieu la Puis-
,, sance & la Justice. Je m'en vais vous rapporter
,, ses termes en Latin & en François. Il réfute une
,, secte de fanatiques que l'on nommoit LIBER-
,, TINS, qui disoient que *Dieu est l'Auteur de tout*
,, *ce que font les hommes*. De ces étourdis en ga-
,, souillant que Dieu fait tout, le font auteur de
,, tout mal; & puis après, comme si le mal chan-
,, geoit de nature, étant couvert, sous ce manteau

,, du nom de Dieu, ils disent qu'il est bon. En cela ils blasphèment Dieu plus méchamment, que s'ils transféroient sa Puissance ou sa Justice ailleurs.
,, Car comme ainsi soit que Dieu n'ait rien plus pro-
,, pre que sa bonté, il faudroit qu'il se renonçât soi
,, même & se transmuât en Diable, pour faire le
,, mal qu'ils lui attribuent. Et de fait, le Dieu ils
,, ont est une Idole qui nous doit-être exécration
,, plus grande que nulle Idole des Payens. " Il loue ensuite Parker qui s'exprime encore en termes plus forts que Calvin & tombe rudement sur la Prédestination.

NB.

,, Il y a des superstitieux qui se font fait une telle Idée de la Justice, qu'ils ne la font consister que dans le désir de Vengeance & qu'ils la séparent de toute Equité, & la satisfient d'un *caractère cruel*. Sur cette Idée ils assurent que Dieu peut pour l'honneur & pour la gloire de son empire destiner a des TOURMENS ETERNELS *une multitude innombrable d'hommes Innocens* & les pousser ensuite à commettre des péchés qui soient dignes de la peine qu'il leur avoit destinée. Il colore par ce moien d'un prétexte de Justice la cruauté de ses décrets. Mr. Parker invective d'une manière très-chaude contre ce système. Il dit qu'on ne pourroit jamais rien imaginer de plus infame, de plus cruel, ni de plus injuste d'aucun tiran, ni même du Diable. Je ne saurois atteindre en François à la véhémence & à la vivacité de ses expressions... N'allés pas croire qu'il parle d'un dogme qui selon lui soit un cas métaphysique; il le considère comme très-réel; car il dit que cette doctrine a causé mille ravages & qu'elle a porté le fer & le feu en tous lieux, & nommément en Angleterre lors que Charles I. fut attaqué par ses Sujets.

NB.

Voilà les deux fortes d'ennemis du genre humain qu'il veut que l'on chasse, les Athées dogmatisans & ces Prédestinateurs. Il veut surtout qu'on chasse ceux-ci, parce qu'il appréhende qu'ils ne soient beaucoup plus cruels, quoi qu'ils soient moins malicieux que ceux qui péchent par impiété.

NB.

LXXI. QU'ON réunisse ce qu'écrit ici Mr.
Bayle avec ce qu'il dit ailleurs, que *tous les Systèmes se trouvent réduits aux mêmes inconveniens*, les uns après un petit nombre d'Argumens, les autres après un plus grand nombre d'Instances. Voilà selon lui les plus mitigés exposés à des Conséquences, qui de l'aveu de Calvin, renferment des erreurs pires que l'Athéisme; de sorte qu'il est inévitable à la Réligion de faire plus de tort à Dieu qu'on ne lui en fait, en niant tout net son Existence.

Danger de la Doctrine de Mr. Bayle. Il réfute dans un endroit ce qu'il pose dans l'autre.

,, Quelque abus, dit Mr. Bayle, dans les Pensées diverses T. II. Art. CXXIX. pag. 693. que les hommes *puissent faire des effets de la Nature*, Dieu n'est pas pourtant obligé d'arrêter le cours des Causes secondes; & s'ils s'épouvantent de voir naitre un Chien à deux têtes; si à cause de cela ils sacrifient à Diane, ou à Proserpine, c'est à leur dam; Dieu qui n'a fait en cela que ce qu'il fait pour la production d'un chien ordinaire, n'éxigeoit rien d'eux de particulier.

Œuvres Ibidem pag. 1191.

NB.

,, Cette circonstance, ajoûte Mr. Bayle, Art.
CCXXX, que les Monstres sont des purs effets de la Providence générale, ôte toute excuse à ceux qui ont commis des Actes d'Idolatrie quand ils ont vû naitre des animaux monstrueux. Car il faudroit être d'une Impertinence la plus insensée du monde, pour dire que Dieu qui prévoioit que la vue de ces monstres feroit offrir des sacrifices aux Idoles, ne devoit pas permettre qu'ils fussent produits; parce qu'il n'y auroit rien de plus indigne d'une cause générale qui met en action toutes les autres par une Loi simple & uniforme, que de violer à tout moment cette Loi, pour prévenir les murmures & les superstitions, où des hommes foibles & ignorans se laissent précipiter.

Ibidem

NB.

,, Il n'y a rien qui nous donne une plus haute idée

N B. ,, idée d'un Monarque que de voir qu'aiant sagement
,, établi une Loi, il en maintient la vigueur envers tous,
,, & contre tous sans souffrir que le préjudice d'un
,, particulier, ou les recommandations interessées
,, d'un favori y apportent quelque restriction. Et
,, de toutes les choses qui sont capables de jetter un
,, Etat dans une confusion monstrueuse, celle qui
,, en peut venir à bout le plus promptement, est
,, sans doute de déroger aux Loix, de les changer
,, de les mutiler, de les étendre, de les accourcir à
,, mesure qu'il y a des particuliers dont les vues
,, domestiques s'accommodent de toutes ces altérations.
,, Pensées Diverses Art. CCXXXI.

Ibid. in
pag. 143
N B. ,, Sur cela, ajoûte Mr. Bayle, je ne ferai point
,, scrupule de dire que tous ceux qui trouvent étran-
,, ge la prospérité des méchans, ont très-peu médité
,, sur la Nature de Dieu & qu'ils ont réduit les
,, obligations d'une Cause qui gouverne toutes cho-
,, ses à la mesure d'une Providence tout à fait subal-
,, terne, ce qui est d'un petit esprit. Quoi donc,
,, il faudroit que Dieu après avoir fait des Causes
N B. ,, libres & des Causes nécessaires par un mélange in-
,, finiment propre à faire éclater les merveilles de sa
,, sagesse infinie, eut établi des Loix conformes à la
,, Nature des Causes libres, mais si peu fixes, que
,, le moindre chagrin qui arriveroit à un homme, les
,, bouleverseroit entièrement, *à la ruine de la liber-
,, té humaine*? Un simple Gouverneur de ville se fera
,, moquer de lui, s'il change ses réglemens & ses
,, ordres autant de fois qu'il plait à quelqu'un, de
,, murmurer; Et Dieu dont les Loix regar-
,, dent un bien si universel, que peutêtre tout
,, ce qui nous est visible, n'y a sa part que comme
N B. ,, un petit accessoire, sera tenu de déroger à ses Loix,
,, parce qu'elles ne plairont pas aujourd'hui à l'un, de-
,, main à l'autre; parce que tantôt un superstitieux
,, jugeant faussement qu'un monstre présage quelque
,, chose de funeste, passera *de son erreur à un sacrifice
,, criminel*; tantôt une bonne ame qui néanmoins ne
,, fait pas assés de cas de la vertu, pour croire qu'on
,, est assés bien puni quand on n'en a point, se
,, scandalisera de ce qu'un méchant homme devient
,, riche, & jouit d'une santé vigoureuse? Peut-on
,, se faire des Idées plus fausses d'une Providence gé-
,, nérale? Et puisque tout le monde convient que
,, cette Loi de la Nature, *le fort l'emporte sur le foible*,
,, a été posée fort sagement, & qu'il seroit ridicule
,, de prétendre, que dès lors qu'une pierre tombe sur
,, un vase fragile qui fait les délices de son Maitre,
N B. ,, Dieu doit déroger à cette Loi pour épargner du
,, chagrin à ce Maitre là; ne faut-il pas avouer,
,, qu'il est ridicule aussi de prétendre, que Dieu
,, doit déroger à la même Loi pour empêcher qu'un
,, méchant homme ne s'enrichisse de la dépouille
,, d'un homme de bien? Plus le méchant homme se
,, met au dessus des inspirations de la conscience
,, & de l'honneur, plus surpasse-t-il en force l'hom-
,, me de bien; de sorte que s'il entreprend l'homme de
,, bien, il faut selon le cours de la Nature qu'il
,, le ruine: & s'ils sont employés dans les finan-
,, ces tous deux, il faut selon le même cours de la Natu-
,, re que le méchant s'enrichisse plus que l'hom-
,, me de bien, tout de même qu'un feu violent dé-
,, vore plus de bois, qu'un feu de paille. Ceux
,, qui voudroient qu'un méchant homme devint ma-
,, lade, sont quelquefois aussi injustes, que ceux
,, qui voudroient qu'une pierre qui tombe sur un
,, verre ne le cassat point: car de la manière qu'il a
,, ses organes composés, ni les alimens qu'il prend, ni
,, l'air qu'il respire ne sont pas capables selon les
,, Loix naturelles de préjudicier à sa santé. Si bien
,, que ceux qui se plaignent de sa santé, se plaignent
,, de ce que Dieu ne viole pas les Loix qu'il a éta-
,, blies: en quoi ils sont d'autant plus injustes que
,, par des combinaisons & des enchainemens dont
,, Dieu seul étoit capable, il arrive assés souvent que
,, le cours de l. Nature amène la punition du Péché.

,, Je sai bien, continue Mr. Bayle, quand on *Pensées*
,, veut une chose, on veut aussi tout ce qui est né- *diverses*
,, cessairement attaché avec elle; & par conséquent *T. II Art.*
,, que Dieu ne sauroit vouloir les Loix générales,
,, sans vouloir tous les effets particuliers qui en
,, doivent naître nécessairement. Je sai fort bien cela, *Tom. III.*
,, Monsieur, mais je sai aussi qu'il y a des choses que *pag. 141.*
,, nous voulons, non pas à cause d'elles mê-
,, mes, mais parce qu'elles sont jointes à quelques
,, autres, & alors on peut fort bien dire que
,, nous ne les voulons pas par une volonté particu-
,, lière & directe. S'il nous est permis de juger des
,, actions de Dieu, nous pouvons dire qu'il ne veut
,, pas tous les évènemens particuliers à cause de la
,, perfection qui s'y trouve, mais seulement à cause
,, qu'ils sont liés aux Loix générales qu'il a choisies
,, pour être la régle de ses opérations. Il n'y a point
,, de doute que quand Dieu s'est déterminé à agir
,, au dehors de lui, il n'ait fait choix d'une manière
,, d'agir qui fût digne de l'Être souverainement parfait,
,, c'est-à-dire, qui fut infiniment simple & unifor-
,, me & néanmoins d'une fécondité infinie. On
,, peut même s'imaginer que la simplicité & l'uni-
,, formité d'une manière d'agir, jointes à une fécon-
,, dité infinie, lui ont paru préférables, quoi qu'il
,, en dût résulter quelques évènemens superflus, à
,, une autre manière d'agir plus composée & plus
,, régulière. Rien n'est plus propre que cette suppo-
,, sition à résoudre mille difficultés que l'on fait con-
,, tre la Providence Divine, c'est pourquoi on ne
,, doit pas la condamner sans l'avoir examinée profon-
,, dément. Or il s'ensuit de ce principe, que Dieu
,, n'a voulu chaque évènement particulier, que parce
,, qu'il étoit enfermé dans le plan général qu'il avoit
,, choisi; & par conséquent qu'il ne s'est point pro-
,, posé de vue particulière lorsqu'il a désolé les Ido-
,, latres par la peste ou par la famine. Et ainsi ce
,, seroit à tort que l'on demanderoit pourquoi Dieu
,, a fait des choses qui rendoient les hommes plus N B.
,, méchans: car ce seroit demander pourquoi
,, Dieu a exécuté son plan (qui ne peut-être
,, qu'infiniment beau) par les voies les plus sim-
,, ples & les plus uniformes & pourquoi par une
,, complication de décrets qui s'entrecoupassent incessam-
,, ment, il n'a point empêché le mauvais usage du
,, LIBRE ARBITRE de l'homme. On peut
,, fort bien demander comment il est possible que
,, Dieu ait une volonté particulière, dont le résultat
,, ne soit autre que de rendre l'homme plus mé-
,, chant; & on peut même soutenir qu'il est *impossible*
,, *que Dieu fasse des Décrets de cette nature*. N B.

Ces idées que Mr. Bayle rejette si hautement dans
cet endroit, il les adopte ailleurs, puis qu'il adopte
les paroles de Mr. Jurieu, qui reconnoît tous les
systêmes exposés aux mêmes Inconvéniens, & qu'il
se déclare contre les Voies radoucies d'expliquer la
Prédestination, jusques à dire que ce sont elles qui
sont les plus injurieuses à Dieu.

Si on rassemble ces différens morceaux des Ouvrages de Mr. Bayle, il sera bien difficile d'avoir une
opinion favorable de sa sincérité & de sa Religion.

Si ses Partisans prétendent qu'il s'est prévalu du
privilége des *Pyrrhoniens*, & qu'il a adopté ou rejetté
une Hypothèse suivant son rapport ou son opposition avec ce qu'il avoit en vue de persuader, je conclurai de là, que les *Hypothèses que Mr. Bayle admet
dans quelques endroits de ses Pensées diverses, doivent
passer pour vraisemblables & possibles*; & dès là un
Pyrrhonien ne peut plus argumenter contre la Providence, en se fixant à celle des hypothèses qui lui
paroît la plus aisée à accabler.

,, LXXII. LE PRINCIPAL caractère d'un bon *Dictionn.*
,, Systême, dit Mr. Bayle dans l'Article des Ma- *Manichéens,*
,, nichéens, c'est d'être capable de donner raison des *chercus vi-*
,, Expériences, & la seule Incapacité de les expli- *sous No-*
,, quer est une preuve qu'une Hypothèse n'est point *te D*
,, bonne quelque belle qu'elle paroisse d'ailleurs.

Dans

Dans ces paroles Mr. Bayle avance d'un air simple, & d'une parfaite confiance, deux grandes Erreurs. Car premièrement le principal *Caractére d'un bon Systême* est de se trouver établi sur un fondement très-vraisemblable en lui-même. Si on suppose que l'univers est un corps animé dont l'ame se divertit à produire de certains Phénoménes suivant de certaines Loix qu'elle s'est faite, & qu'elle aime à observer constamment, la Physique deviendra par là très-aisée, & se réduira à un assemblage méthodique d'observations & de faits, & chacun de ces faits sera l'effet unique & immédiat de cette ame du Monde. Voilà un systême capable de donner les raisons de toutes les Expériences. Mais le Principe n'en est nullement Vraisemblable ; & j'aime mieux avouer tout bonnement que j'ignore de quelle maniére tous les effets se produisent, que de les attribuer à une Cause à qui je donne un nom, mais dont je n'ai aucune Connoissance.

Le Systême seroit encore beaucoup moins raisonnable, si je supposois pour fondement quelque Principe qui renfermât la contradiction, comme si je disois que chaque Corps a quelques sentimens & quelques inclinations qui le déterminent à faire ce qu'il fait toutes les fois qu'il n'en est pas empêché par un autre, qui avec des inclinations opposées, a plus de forces pour les effectuer, ou qui a plus de répugnance à céder que son contraire. La *seconde* Erreur de Mr. Bayle consiste à dire que la seule Incapacité d'expliquer les expériences est une preuve que l'hypothése n'est pas bonne. Ces paroles renferment du moins une équivoque trompeuse. Si le systême étoit incapable par lui-même, d'expliquer les Expériences, en vuë desquelles on s'en seroit avisé, je tombe d'accord que ce ne seroit point le Vrai ; ce qui ne peut pas produire les effets qu'on lui attribue n'en peut pas être la Cause. Mais un Systême peut etre Véritable, & les Principes qui en font le fondement peuvent être de justes principes, quoi que celui qui admet ces principes, & qui en fait établir l'éxistence & la vérité, n'en connoisse pas toute *l'étenduë* & ne sache pas les appliquer à tous les Phénoménes & à toutes leurs circonstances. On est venu à bout de résoudre des Problêmes de Géometrie; on est venu à bout d'expliquer des Phénomênes d'Astronomie qui ont paru dans un temps hors de la portée de l'esprit humain. On en possedoit les *Principes*, mais on n'en connoissoit pas la *Fécondité*. L'usage des Téléscopes a donné lieu à des découvertes, & à servi à dissiper des Difficultés, qui, sans ce secours, seroient demeurées enveloppées de ténébres. De certains principes sont devenus plus *clairs par là*, mais quand on n'auroit pas acquis ces **lumières nouvelles, ils seroient également vrais.**

Raisonnés A PRIORI, dit Mr. Bayle, c'est-à-dire tirés vos preuves de la chose même, vous établissez par des Argumens solides l'unité d'un principe, & vous démontrés l'absurdité de l'hypothése Manichéenne. J'y vois donc le Caractére d'un mauvais Systême. Mais *en la supposant*, vous expliqueres quelques phénoménes. N'importe, ils seront mal expliqués, puis que des Raisons évidentes en combattent les Principes & font voir qu'ils renferment de la contradiction. *Mais si vous vous en tenés à la supposition d'un seul Principe, on vous proposera des Questions sur lesquelles vous ne pourrés pas répondre tous les jours*. J'en tombe d'accord, mais cela supposé, non la *fausseté* du Principe, mais les *bornes* de mes Lumiéres ; cela suppose que je ne suis instruit de toutes les raisons de ses D issleins, & peut-être même que je ne suis embarrassé que parce que je ne vois qu'une partie des Phénoménes. Si je les voiois tous & dans toute leur étenduë, je n'aurois plus de peine à découvrir les rapports qu'ils ont avec leur Cause.

LXXIII. Mr. BAYLE étale tout ce qu'il y a de triste dans le sort de l'homme. Quand on sépare ainsi tous les maux d'avec tous les biens, l'esprit humain se trouve accablé sous cette multitude de tristes Idées ; il se rend aux conclusions que l'on en tire, non parce que l'évidence le convainc, mais parce que son Courage est terrassé.

,, L'homme est méchant, dit Mr. Bayle, & malheureux : chacun le connoit par ce qui se passe
,, au dedans de lui & par le commerce qu'il est
,, obligé d'avoir avec son prochain. Il suffit de vi-
,, vre cinq ou six ans pour être parfaitement con-
,, vaincu de ces deux articles : ceux qui vivent beau-
,, coup & qui sont engagés dans les affaires, con-
,, noissent encore cela plus clairement. Les voïages
,, sont des leçons perpetuelles là-dessus : Ils font voir
,, par tout les monumens du malheur & de la mé-
,, chanceté de l'homme ; par tout des prisons & des
,, hopitaux ; par tout des gibets, & des mendians...
,, Vous n'en pouvés pas même trouver les ruines...
,, Les gens d'étude sans sortir de leur cabinet, sont
,, ceux qui acquierent le plus de lumiéres sur ces
,, deux articles, parce qu'en lisant l'histoire, ils font
,, passer en revuë tous les siécles & tous les païs du
,, monde. L'histoire n'est à proprement parler qu'un
,, recueil des crimes & des infortunes du Genre hu-
,, main ; mais remarquons que ces deux maux l'un
,, moral, l'autre physique, n'occupent pas toute
,, l'histoire, ni toute l'expérience des particuliers :
,, On trouve par tout & du bien moral & du bien
,, physique ; quelques exemples de vertu, quelques
,, exemples de bonheur ; c'est ce qui fait la diffi-
,, culté. Car s'il n'y avoit que des méchans & des
,, malheureux, il ne faudroit pas recourir à l'hy-
,, pothése des deux principes ; c'est le mélange du
,, bonheur & de la vertu avec la misére & avec le
,, vice qui demande cette hypothése ; c'est là
,, que se trouve le fort de la secte de Zoroastre.

Mr. Bayle prévoit bien ce que répondront ceux à qui il restera assés de Courage pour éxaminer ses Raisonnemens. Les hommes diront-ils, auroient grand tort de se plaindre du Principe qui leur a donné l'éxistence, c'est à eux seuls qu'ils doivent imputer leurs malheurs. Ils se le sont attirés & ils s'en sont rendus dignes par l'abus qu'ils ont fait du plus grand de tous les présens, la *Liberté*, la *faculté* de choisir & de se déterminer soi même, qu'ils ont tourné au Mal, au lieu de le tourner au Bien. Les Maux physiques servent à les corriger, ou à leur fournir des occasions de réparer leurs fautes, par de nouvelles vertus.

LXXIV. Mr. BAYLE ne pouvoit pas ignorer de quel poids est cette Réponse ; il sent la nécessité où il est de la renvoiler, & dans ce dessein il met en oeuvre deux Remarques. I. dit-il, *Nous n'avons aucune Idée distincte qui puisse nous faire comprendre qu'un Etre qui n'éxiste point par lui même, agisse pourtant par lui-même*. Zoroastre dira donc que le Libre Arbitre donné à l'homme n'est point capable de se donner une détermination actuelle, puis qu'il éxiste incessamment & totalement par l'action de Dieu.

Pour servir les Manichéens, ou plûtôt pour combattre le systême opposé, qui, de son propre aveu est le seul soûtenable a priori, c'est-à-dire pour répandre des doutes sur ce qu'il y a non seulement de plus fondamental, mais de plus évidemment démontré, car telle est la force des argumens *a priori*. Mr. Bayle veut bien oublier dans quel siécle il vit, & ne se faire point une honte de ramener une Métaphysique des Scholastiques les plus crasseux. Il n'ignoroit pas qu'on regarde aujourd'hui toutes ces vieilles Disputes *de Concursu previo, simultaneo & subsequente* comme des égaremens & des espéces de délire de quelque vieux Matiéres où il ne voioit goûte. Qu'il ne prétende pas faire valoir ici ce qu'on appelle *argumentum ad hominem* ; c'est en vain qu'il se promettroit d'intriguer ses Antagonistes avec les Orthodoxes, ce qui est son cheval de bataille & sa derniére ruse

ruse. Ils reconnoissent tous que quand Dieu agit sur les Créatures, il agit d'une manière conforme à la Nature qu'il leur a donnée; que son action, loin de détruire cette nature, la conserve. Son concours laisse libres celles à qui il a donné de la Liberté; & c'est par son concours même disent-ils, qu'elles continuent à exister libres. En vain Mr. Bayle presseroit les Théologiens, en leur disant qu'ils ne font pas en état d'éclaircir cette Matière & de concilier les oppositions qu'elle paroit renfermer, il suffit qu'ils soient à plutôt qu'en effet elle ne les renferme pas, & que par là ils soient plus disposés à admettre une hypothèse qui lève ces oppositions apparentes, qu'à en embrasser une qui prouve qu'elles sont réelles, & qu'on ne sauroit les faire évanouir.

Dira-t-il, Un disciple de Zoroastre demandera qu'on lui éclaircisse cette Matière, ou qu'on reconnoisse la duplicité des principes. Il sera aisé de lui répondre 1. Que son hypothèse n'est pas sans Obscurité, & qu'il ne sauroit lui-même répondre à toutes les Questions qu'on pourra lui former là-dessus. On lui repondra 2. que pour comprendre parfaitement de qu'elle manière un Concours perpétuel de Dieu laisse la Liberté des créatures, il faudroit comprendre parfaitement, de la Chose qui ne nous sont pas connues, la Nature de l'Ame est la manière dont le Concours suprême agit. Des Arguments fondés sur les principes incontestables, & tirés de ces principes par des Conséquences nécessaires prouvent l'Existence d'un Principe éternel & parfait. Nôtre propre sentiment ne nous permet pas de douter que nous pensions, & que nous ne nous déterminions en même-temps sous ce Principe éternel, de l'existence duquel nous sommes convaincus, & non seulement dans lui, dans ce grand Etre, mais dans l'Ame qui pense en nous, dans ce qui veut, dans ce qui se détermine il y a une infinité de chofes que nous ne connoissons pas encore, mais dont l'Ignorance ne doit point ébranler la Certitude de ce que nous y connoissons, de ce que nous y sentons, & de ce que des preuves évidentes nous y montrent.

On répondra en troisième lieu en demandant 1. Si l'Être Eternel & Tout-Puissant ne peut pas produire quelque chose qui soit différent de lui-même: S'il ne le pouvoit pas, il faudra nier non seulement sa Toute-Puissance mais il faudroit dire qu'il n'a aucune puissance, puis qu'il ne pouvoit produire aucun effet; car quant à ce qui est en lui il ne le produit pas, mais il le possède de toute éternité.

On demandera 2. Si ce que Dieu produit n'est pas réel, qu'il n'existe pas réellement ? Car à quoi se réduiroit la Puissance dont les productions n'auroient qu'une *apparence de réalité*, & non pas une réalité véritable ?

3. Si les Créatures sont des Etres réels & différens de Dieu, pourquoi ne pourront-elles pas avoir quelque degré de Puissance qui soit aussi réelle & différente de la Puissance de Dieu? Un homme passeroit pour déraisonnable, & quand même il passeroit pour impie, on ne lui feroit pas du tort, s'il disoit, qu'à proprement parler, l'éxistence des Créatures n'est autre chose que l'éxistence de Dieu, qui est, & qui éxiste en elles. Et pourquoi donc faut-il pour parler raisonnablement & pour parler proprement, que ce qui passe pour Puissance des Créatures, ce qui paroit Puissance en elles, n'est pas leur Puissance, mais la Puissance même de Dieu, qui agit en elles d'une telle manière qu'elles paroissent agir, quoi qu'elles n'agissent point? J'aimerois autant dire qu'elles paroissent être, quoi qu'elles ne soient point.

La Puissance des Créatures est une production de la Puissance Divine, mais elle en est différente par là même que l'effet est différent de sa cause. Le Principe éternel & Tout-Puissant, qui a eu la force de faire ce qui n'éxistoit pas commencer d'éxister, & d'éxister réellement, ne pourroit-il pas donner quelque degré de Puissance à ce à quoi il donne l'être ? Faire que ce qui éxiste devienne capable d'agir, est-ce une chose qui surpasse les forces de la Puissance qui a tiré les Etres du Néant ? Le Corps éxiste, & il n'en fait rien, car il ne pense pas. L'Ame éxiste & le fait, car elle pense & réfléchit. Penser & réfléchir est quelque chose de plus qu'éxister simplement. Dieu donc peut non seulement faire des Etres, mais il peut donner aux Etres qu'il fait, beaucoup plus que la simple éxistence.

Mr. Bayle soutient qu'un Systême est bon dès qu'il éxplique les Phénomènes; c'est là le Caractère & le Privilège du Systême de la Liberté, il doit donc passer pour bon de son propre aveu.

Mais Mr. Bayle n'est point scrupuleux sur les armes dont il se sert. La vieille Scholastique lui paroit utile à son dessein, elle est propre à obscurcir les Vérités les plus simples. Ceux qui ont du penchant au Libertinage, égaiés par des contes obscènes, & l'Imagination toute remplie de ces Idées, se rendront sans peine & sans examen à tout ce qui va à les affranchir de toute contrainte, & à les mettre en liberté de vivre suivant leur goût, tout ténébreux que soient les arguments par lesquels on flate leurs inclinations. Il compte bien encore qu'un grand nombre de bonnes gens, & Orthodoxes à bruler, lesquels ne liront impitoïablement, seront charmés de tout ce qu'il entaille contre la Raison, & que par là, sans en avoir nullement l'intention, ils ne laisseront pas de fortifier le parti des Incrédules. *Puis*, diront ceux-ci, *ces bons Orthodoxes, les seuls Chrétiens qui n'aient pas dégénéré Ils avouent de bonne foi que la Raison est contr'eux, mais il se moquent d'elle, ils ne la regardent que comme une Girouette méprisable par sa légèreté. Sur quoi fondés paroissent ils donc si fermes dans leurs Dogmes ? C'est qu'ils s'en croient persuadés par la Vertu d'une Impression surnaturelle.* Dès que le Christianisme est réduit à l'Enthousiasme, il ne faut plus chercher des Chrétiens que parmi des espèces de fols.

LXXV. DANS l'article des *Pauliciens* que j'ai déjà éxaminé, Mr. Bayle étale la Compassion à laquelle il revient si souvent, d'une Mére & de sa fille en danger &c. J'y ferai encore quelques remarques; D'où vient qu'il y fait entrer des termes, que le monde poli ne lui permet pas, & que l'usage défend d'employer en présence des personnes pour qui on a de la considération ? Est ce habitude ? Est ce finesse ? Est ce l'un & l'autre ? Son application à réjouir de certains Lecteurs, & à charger sa Mémoire ou ses recueils d'éxpressions obscènes peut avoir gâté son goût. Il ne démêle plus ce qui est honnête, d'avec ce qui ne l'est pas, il s'est trop familiarisé avec les Idées qui font de la peine aux personnes sages. D'un autre côté il est certain qu'il tire parti de ces expressions très-libres, ses Sophismes se fortifient par la vivacité des Portraits où il les charge. Une Imagination occupée de ces tableaux, émue par ce qui fait la matière de ces comparaisons, a perdu une partie de la liberté nécessaire pour bien examiner, & quelquefois elle ne se rend que parce qu'elle est épouvantée. D'un autre côté Dieu & sa Créature, une Mére & sa fille dans de certaines circonstances, présentent à un débauché, à un Libertin de Mœurs, des Idées en vertu desquelles il se permet de rire sur le sujet le plus sérieux qu'on puisse imaginer, il se permet de plaisanter sur la Religion & d'y répandre du ridicule.

Au fond la Comparaison n'est point juste; La Volonté d'un Supérieur savoir celle de Dieu, oblige une Mére à ne rien négliger de tout ce qui est en sa puissance pour prévenir le déshonneur de sa fille ; A cet égard l'honneur de l'une est lié avec celui de l'autre, & le simple soupçon de négligence doit être affligeant pour elle; car il est de nôtre devoir d'éviter tout ce qui pourroit donner quelque atteinte à nôtre réputation.

Article de Mr Bayle

Peut-

Peut-on dire qu'une Loi supérieure oblige Dieu à n'omettre rien de tout ce qui est en sa puissance pour prévenir la faute d'une de ses Créatures? Sa Justice veut qu'il ne leur impose aucune condition, qu'il ne soit en leur puissance d'exécuter; mais sa Bonté ne demande pas qu'il les détermine lui-même nécessairement & infailliblement à remplir cette condition. Il pourroit simplement exiger de plein droit, & sous des peines sévères, & sa Bonté paroit d'autant plus qu'il les y sollicite par des Récompenses d'un prix infini. Quelle plainte plus absurde que celle-ci, *Je me suis rendu malheureux moi-même, à cet égard, c'est ma faute, je n'ai pas voulu croire mon Créateur, mais aussi s'il avoit voulu il m'auroit empêché d'avoir cette mauvaise volonté, & de l'exercer, pourquoi ne l'a-t-il pas fait?*

Dieu ne souffre pas à la vue du péché, comme une Mère souffre, quand elle pense que sa fille est déshonnorée; car si Dieu souffroit, il y auroit lieu de s'étonner qu'il aimât mieux éprouver des sentimens désagréables que de prévenir les actions qui les font naitre. Il désapprouve le péché, & c'est par cetteraison qu'il le défend. Il estime & il aime la Vertu, & c'est par cette raison qu'il la recommande & qu'il la récompense. Mais ce qu'il trouve de plus beau dans cette Vertu qu'il estime & qu'il aime, c'est qu'elle est une Détermination libre de la Volonté, & il ne veut pas qu'elle cesse d'être ce qu'elle est, en créant lui-même cette détermination.

Mr. Bayle se sert encore d'une autre comparaison moins séduisante, & à laquelle il auroit mieux fait de se borner. *Un Prince sait que deux de ses Sujets vont se battre; Il ne tient qu'à lui de les en empêcher; Mais n'importe, dit-il, s'ils se tuent, le bourreau fera enterrera sous la potence.* Ce Prince a tort, son titre de Prince ne l'engage pas seulement à faire des exemples de châtimens, mais de plus à prévenir les actions punissables; c'est pour empêcher aux vices de naitre qu'on publie des Loix, & non pas seulement pour les punir quand on y sera tombé.

Il peut y avoir des cas où le Prince n'est pas obligé à prévenir le mal qu'il sait qu'on va faire, & alors il n'a rien à se reprocher. Il fait sûrement que deux Sujets sont infidèles & concertent séparément contre l'Etat & contre sa Vie; Il le fait, mais il ne peut pas en mettre les preuves dans une assés grande évidence, pour se garantir du soupçon de Cruauté s'il les faisoit mourir. Il fait qu'ils ont pris querelle, & qu'ils seront se battre. Ce qu'il le doit, & ce qu'il doit à l'Etat demande qu'il n'abandonne ces coupables à tout le sort dont ils sont dignes.

De la Présidence Ont-ce De Tom. III. a pag. 805

XXVI. REPONSE aux Questions d'un Provincial Tom. III. pag. 853. "N'assûre-t-on pas, dit Mr. „ Bayle, qu'il a prévu que les habitans de Tyr & „ même ceux de Sodome auroient fait un bon usa-„ ge de leur franc arbitre, s'ils avoient été les té-„ moins des Miracles de Jesus Christ? C'étoient „ néanmoins des gens habitués au péché, & bien „ éloignés de l'innocence qui précéda la première „ transgression. N'avoue-t-on pas formellement que les „ pécheurs les plus opiniâtres entreroient dans la bonne „ voie, par mille moiens, si Dieu qui connoit & la „ proportion de ces moiens, & ne leur refusoit pas? Disons donc qu'il a pré-„ vu le premier moment, selon la diversité des „ circonstances, se serviroit de sa liberté tantôt bien „ & tantôt mal. Or entre toutes ces Combinaisons in-„ finies il lui a plu d'en choisir une où Adam devoit „ pécher, & il l'a rendue future par son décret pré-„ férablement à toutes les autres. Appellés à vôtre „ secours tant qu'il vous plaira la machine du franc „ arbitre, vous ne serés jamais comprendre que „ Dieu n'ait voulu qu'Eve & Adam péchassent, „ puisqu'il a rejetté toutes les combinaisons où ils „ n'eussent pas péché, & qu'il en a choisi une où „ il les savoit déterminés à désobéir à ses ordres.

„ Dieu pouvoit mettre Adam dans de telles cir-„ constances qu'il auroit fait infailliblement un bon „ usage de sa Liberté; car par le passage allégué, il „ paroit que Dieu prévoit le bien que l'on fera dans „ de certaines circonstances.

Je répons que Dieu n'étoit pas obligé de ménager les circonstances, d'une telle façon que leur concours rendit l'obéïssance infaillible. Il a trouvé à propos de mettre Adam dans des circonstances où il pouvoit obéïr ou n'obéïr pas; & dans lesquelles il n'étoit pas vrai de dire, & qu'il désobéïroit immanquablement, & que dans cette vuë elles avoient été ménagées & préférées à d'autres par son Créateur.

La Comparaison qu'il ajoute tirée d'un Prince qui promet & qui menace, & qui là-dessus fait des Loix, auxquelles il sait bien qu'on n'obéïra pas, n'est point juste; car il est de son Devoir de procurer autant qu'il peut le bien & de prévenir le Mal. Mr. Bayle revient toûjours à la même comparaison qu'il habille seulement un peu différemment.

LXXVII. PAGE 839. "Mr. Jaquelot assûre, „ dit Mr. Bayle, qu'un Etre libre, de quelque ma-„ nière qu'il usa de son Franc Arbitre, ne peut qu'il „ ne contribuat a la plus grande gloire de Dieu, en ser-„ vant à la manifestation de ses plus glorieux Attri-„ buts. Que David selon le Dessein de Dieu, ajou-„ t-il, monté sur le trône d'Israël, malgré la haine & „ la persécution de Saül, qu'il y soit conduit a travers „ mille périls, & par la Combinaison d'une multitu-„ de d'événemens dirigés par la Providence vers ce „ but, quelques contraintes qu'ils paroissent a cet effet, „ c'est ce qui doit faire admirer la sagesse de Dieu „ dans la direction des Causes libres, qu'il conduit „ avec tant de délicatesse & de réserve, s'il est per-„ mis de s'exprimer ainsi. On peut donc assûrer qu'un „ Etre libre est une matière de triomphe à la sagesse „ de Dieu & à son pouvoir.

„ Il s'exprime plus clairement en un autre lieu „ où il se fait l'Objection qu'on fonde sur ce que „ les Crimes outragent Dieu, & renversent la socie-„ té. Ceux qui s'embarrassent de ces difficultés, „ répond-il, semblent avoir la vuë trop bornée, & „ vouloir tous les desseins de Dieu à leurs propres in-„ térêts. Quand Dieu a formé l'Univers, il n'avoit „ d'autre vue que lui-même & sa propre Gloire; de „ sorte que si nous avions la connoissance & toutes les „ Créatures, de leurs diverses Combinaisons & de leurs „ différens Rapports, nous comprendrions sans peine que „ cet Univers répond parfaitement a la sagesse infinie „ du Tout-puissant.

De peur d'interpréter ces paroles de Mr. Jaquelot dans un mauvais sens, & qui étoit sans doute très-éloigné de sa pensée, il faut remarquer que quand on dit qu'un Etre Libre est une matière de Triomphe à la sagesse de Dieu & à son pouvoir, on ne prétend pas dire que Dieu ait fait des Créatures Libres, afin qu'elles péchassent, & que leurs péchés lui donnassent occasion d'exercer d'une manière plus merveilleuse sa sagesse & son pouvoir. On remarque seulement que Dieu a compris que quand elles péche-roient, leurs péchés lui fourniroient de telles occasions; Mais ce n'est pas pour cela qu'il les a permis; il ne les a point ordonnés.

LXXVIII. CHAP. CL. Pag. 880. "Il n'y a „ rien, par exemple, de plus évident que ces deux „ Maximes, *Ceux qui permettent le mal qu'il leur est „ aisé d'empêcher, sont blâmables; ceux, qui laissent périr, „ une personne qu'ils pourroient facilement sauver, sont „ coupables de sa Mort.*

Pag. 881. "*si l'on disoit*, continue Mr. Bayle, „ à de fort grands Philosophes, *il est très-digne de „ la sainteté & de la justice de Dieu de laisser tom-„ ber plutôt tout le genre humain dans le crime „ dans la misère que de lui prêter une certaine con-„ trainte, qui, quelque petite qu'elle sût, le conser-„ veroit dans l'innocence, & dans la félicité; car com-„ me Dieu ne travaille que pour sa gloire, & qu'il*

„ trouve un plus beau champ de gloire, en gouver-
„ nant un genre humain criminel, qu'en gouvernant
„ un genre humain vertueux, l'ordre demande que
„ Dieu laisse pécher l'homme, & ne l'en empêche point
„ comme il le pouvoit facilement ; si dis-je, l'on
„ tenoit un tel discours à de fort grands Philoso-
„ phes, ils répondroient sans doute que la preuve qu'on
„ leur allégue d'une proposition qu'ils croient très-
„ fausse, leur paroit embarrassée, & que de peur
„ de s'y méprendre, ils la veulent examiner à loi-
„ sir. Ne doutés point que l'aiant examinée ils ne
„ répondissent que cette expression, Dieu ne tra-
„ vaille que pour sa Gloire, leur paroit bien équivo-
„ que qu'ils ne peuvent comprendre que l'Etre in-
„ fini, qui trouve dans ses propres perfections u-
„ ne Gloire & une Béatitude aussi incapables de di-
„ minution que d'augmentation, puisse avoir pour
„ But en produisant des Créatures quelque acquisi-
„ tion de Gloire.

Afin que ce que Mr. Bayle dit, dans ce Chapitre, eut quelque force, il faudroit qu'on prétendit
que Dieu, s'étant proposé pour Dessein unique de
manifester ses perfections, s'étoit trouvé dans la nécessité de faire les choses d'une telle maniére, & de
ménager tellement les Circonstances qu'il y eut du
péché dans le Monde. C'est ce qu'on ne dit point.
Mais on dit 1. que nous ne connoissons pas tous ses
Desseins, & qu'il ne faut pas s'en étonner, puisque
ses vûes sont d'une étendue à laquelle nous ne sommes pas en état d'atteindre. 2. Nous disons que Dieu
a trouvé à propos 1. de faire des Créatures Libres,
2. de leur accorder des Lumiéres & des Forces d'u-
ne certaine mesure, 3. d'exiger d'elles l'hommage
de leur Obéissance avec ces Forces & ces Lumiéres,
& qu'enfin les Inconvéniens qui pouvoient résulter
de là, n'arrivant que par la pure faute de l'homme,
ne doivent point être imputés à son Créateur qui
l'avoit mis en état de se garantir.

Pour reconnoître de la force dans le raisonnement
de Mr. Bayle, il faudroit encore que Dieu fut obligé de parer à tout ce qui peut arriver de Mal à ses
Créatures, autant que les hommes le sont de prévenir tout ce qui peut arriver de mal & à eux mêmes & aux autres, à proportion que leur pouvoir
s'étend.

Voilà deux choses sur lesquelles Mr. Bayle
revient très-souvent. On lui a fait des Réponses qu'il ne
détruit point, mais il réduit celui qui l'examine à
les lui répéter.

Ibidem. pag. 817. Chap. CLIII. pag. 921. " La Providence, die
„ Mr. Bayle, ne peut négliger quoique ce soit &
„ si elle pouvoit négliger quelque Créature, elle eut
„ moins choisi Adam & Eve pour l'objet de sa né-
„ gligence que la plûpart de ses autres productions.
„ En un mot la raison nous dicte qu'encore que la
„ Providence de Dieu ne soit renfermée dans aucune
„ sphére, elle est aussi attentive à chaque chose que
„ si elle n'avoit à veiller que sur celle là. Si Mr.
„ Jaquelot a voulu dire que Dieu étant le Pére com-
„ mun de tous les Etres, doit préférer le bien du
„ Tout au bien des Parties, il a supposé que la chu-
„ te de nos prémiers Péres devoit apporter de grands
„ avantages à l'Univers, mais à qui fera-t-on com-
„ prendre que cette chute & ses suites contribuent
„ quelque chose à la régularité des Cieux, ou au bien
„ de quelques partie du Monde ! Ne savons nous
„ pas au contraire que la Terre fût maudite à cause
„ du péché d'Adam, & que ce péché répandit sa
„ contagion sur toutes les Créatures ? Je pense que
„ Mr. Jaquelot a souvent préché avec beaucoup d'é-
„ loquence sur les désordres que le péché a intro-
„ duits dans les élémens &c. c'est un théme très-fa-
„ vorable & très-ordinaire aux Prédicateurs. Il en
„ faut venir enfin à cette disparité. Les intérêts
„ d'une Mére font que sa fille soit sage; mais les in-
„ térêts de la gloire de Dieu étoient qu'Eve fut vain-
„ cue par le tentateur.

Je conviens de ce que Mr. Bayle vient de dire, mais
uniquement dans ce sens ci 1. Il ne se peut faire
qu'il y ait quelque chose que Dieu n'apperçoive
pas. 2. Il ne se peut faire que les Etres Intelligens &
Libres agissent de telle maniére qu'il soi indifférent
à Dieu, qu'ils fassent bien ou mal, qu'il n'agrée
point l'un, & ne désaprouve point l'autre. Mais
3. si par là on prétend dire qu'il implique contradiction que Dieu ne fasse pas tout ce qui est en sa Puissance pour mettre chaque Créature à chaque moment,
dans le meilleur état où elle puisse être, ou du moins
pour prévenir qu'elle ne se fasse du mal, c'est visiblement supposer ce qui est en Question. Dieu ne
les laissa pas sans Loi, quoi qu'il les laissat dans la Puissance d'obéir ou de n'obéir pas.

Mr. Bayle suppose toûjours que Dieu a trouvé à
propos de faire naître le péché pour perfectionner
l'Univers. Il se plait à mettre dans la bouche des Défenseurs de la Réligion, des Réponses absurdes.

Chap. CLV. pag. 966. " Il est visible dit-il, *Ibidem. pag. 816.*
„ que le désordre & le sujet d'objection & de scan-
„ dale sont beaucoup plus grands lorsque le mal mo-
„ ral est combiné avec le physique, que si le Physique
„ étoit tout seul. Il est certain aussi que cette com-
„ binaison trouble beaucoup plus la société : Suppo-
„ sons qu'un Prince envoie secrétement des incendiai-
„ res qui fussent la cause de la destruction de quel-
„ ques villes de ses voisins. Cela ne peut-il pas
„ être le sujet d'une rupture entre deux Etats, ou
„ engager le parti souffrant à suborner des incendiai-
„ res qui feront le même dommage au Prince voisin ?
„ Qu'un homme meure de la chute d'une pierre, ses
„ parens & ses amis se contenteront de le regretter,
„ mais s'il meurt d'un assassinat, ils seront capables
„ d'exciter une sédition qui fera périr cent mille
„ hommes. Les plus grandes guerres n'ont eu bien
„ souvent pour cause que le caprice, que la ja-
„ lousie, que le ressentiment de quelques particu-
„ liers. Il seroit inutile de réfuter par l'Histoire
„ Mr. Jaquelot, prions le seulement de jetter les
„ yeux sur l'expérience journaliére; il verra que les
„ mauvaises actions des hommes, sont ce qui cause
„ le plus de ravages dans la société.

*Le scandale est beaucoup plus grand lorsque le mal
Moral est combiné avec le Physique, que si le Physique
étoit tout seul.* Pour le prouver, Mr. Bayle ajoûte
l'exemple d'un Prince qui donne occasion à une guerre en envoiant des Incendiaires chés son voisin.

L'objection auroit de la force, si Dieu faisoit le
Mal Moral, pour servir de principe au Mal Physique,
ou s'il avoit été obligé de le prévenir, comme les
hommes le sont. Mais elle ne prouve rien, parce qu'elle
est destituée de ces deux fondemens.

Chap. CLVI. pag. 979. " Il semble, continuë
„ Mr. Bayle, que si l'Etre infiniment parfait avoit *Ibidem. pag. 823.*
„ su qu'en cas qu'il donnât l'éxistence à des Créatures
„ libres, il les faudroit punir éternellement à cause
„ de leurs péchés, ou le néant, ou leur permettre pas d'abuser
„ de leur franc arbitre, que de se voir obligé de leur
„ infliger des peines qui ne finiroient jamais. Le
„ sens commun dicte 1. qu'il vaut mieux n'avoir point
„ d'Enfans que d'en avoir qui se moquent de nos
„ instructions & de nos ordres, & qui ne font que
„ nous chagriner & que nous déshonnorer : 2.
„ que rien ne s'éloigne plus des idées de la Sagesse
„ que de choisir un genre de peine que l'on fait
„ durer autant qu'il est peine, sans qu'il soit d'aucun
„ usage à ceux qui ne le souffrent point, & sans qu'il
„ diminue la malice de ceux qui le souffrent, qui
„ au contraire en deviennent plus méchans. 3. qu'il
„ est conforme aux idées de la Sagesse de choisir un
„ genre de peine qui fasse périr promptement & to-
„ talement celui qui l'a mérité.

*Le sens Commun dicte 1. qu'il vaut mieux n'avoir
point d'enfans que d'en avoir qui se moquent de nos
Instructions & de nos Ordres.* Dieu devroit donc
ané-

anéantir les Méchans ou les corriger puisqu'ils sont ses Créatures.

Une Impression naturelle, & qu'il y auroit de l'inhumanité à combattre, nous porte à faire dépendre une bonne partie de nôtre félicité de celle de nos Enfans, & de ne nous donner aucun repos pour les rendre honnêtes gens. Celui qui n'en a point est donc libre de bien des chagrins & de bien des travaux auxquels est assujetti celui qui en a de désobéissans. Dieu fait des Créatures Libres sans en avoir besoin & sans être attaché à leurs Intérêts par une Impression supérieure. Il a la Bonté d'aimer ceux qui répondent à sa Vocation ; mais sa Sagesse & sa Justice abandonnent ceux qui s'en moquent. Quand on demande de quel usage seront les peines des hommes condamnés. Je réponds 1. qu'elles sont Justes, 2. Que nous les connoîtrons mieux dans la Vie à venir, de laquelle nous ne connoissons point l'oeconomie.

Chap. CLXVIII. pag. 1007. " Si la gloire de „ Dieu avoit été intéressée à un amour de choix, „ la direction de Dieu auroit ménagé dans l'Ame d'Adam „ un acte d'obéïssance, & non un acte de dés-„ obéïssance. Jugés des choses par l'événement, & „ réglés vous sur les idées de Mr. de Vallonne, ne „ dirés vous pas que Dieu a plutôt cherché la haine „ de choix que l'amour de choix ? Ce qu'il a trou-„ vé étoit sans doute ce qu'il cherchoit : or il a „ trouvé le choix de désobéïr à ses ordres, & non „ pas le choix d'y obéïr ; il cherchoit donc le choix „ de désobéïr. Un agent sage qui peut fixer un „ événement de la dernière importance pour sa gloire, „ l'objet unique de son amour, ne le laisse point „ dans l'incertitude d'un cas fortuit. Mr. de Val-„ lonne doit donc assurer que le choix de la dés-„ obéïssance a été rendu infaillible par les soins de „ Dieu, & par conséquent que toute ouverture a „ été bouchée à l'amour de choix, d'où il s'ensuit „ que la désobéïssance d'Adam n'a pas été un acte „ de choix, car on ne peut pas choisir entre deux „ choses dont l'une est hors de nôtre portée & de „ nôtre disposition. En tout cas ces Théologiens aura „ dit mal à propos qu'il est certain que la plus grande „ Gloire de Dieu étoit que l'homme l'aimât d'un amour „ de choix ; car la chose n'est point arrivée & ne „ pouvoit pas même arriver selon les dispositions „ que Dieu avoit faites. C'est donc par une con-„ tradiction visible que l'on établit d'un côté que la „ souveraine régle de tout ce que Dieu a fait ou per-„ mis est l'amour qu'il a pour sa gloire, & de l'au-„ tre qu'il étoit de sa plus grande gloire qu' ADAM „ l'aimât d'un amour de choix.

Si la gloire de Dieu avoit été intéressée à un Amour de choix, la Direction de Dieu auroit ménagé dans l'ame d'Adam un acte d'Obéïssance & non un acte de Désobéïssance.

Prémièrement Dieu n'a point ménagé un acte de Désobéïssance 2. Vous diriés qu'on suppose toûjours que Dieu avoit besoin de Gloire & d'une Gloire qui lui vint d'un Amour de Choix : En ce cas toute sa Sagesse & toute sa Puissance se feroit appliquée à rendre cet Acte d'amour inévitable. . Par là même que Dieu vouloit être aimé d'un amour de choix, il ne vouloit pas opposer sa toute-puissance à des choix contraires à l'amour & au respect qu'il demandoit. Les vices & les vertus des hommes prouvent également, qu'ils les a fait libres. Mais ce n'est pas afin qu'ils en abusassent qu'il leur a donné la Liberté ; S'il ne les a pas rendus incapables d'en abuser c'a été afin que quand ils en useroient bien leur Vertu fût plus estimable & plus précieuse en elle-même & à ses yeux.

Chap. CLXXI. pag. 1145. " Supposons, dit „ Mr. Bayle, qu'un Roi permette pendant quel-„ ques années toutes sortes de confusions dans ses „ Etats, la déprédation des finances, les concus-„ sions, les brigandages, la corruption des Siéges „ de Judicature, les assassinats, l'empoisonnement, & „ qu'enfin il fasse tenir les grands jours dans chaque „ Province & envoie des Prévots battre la campagne „ par tout. Ceux-ci font pendre au prémier arbre „ tous les voleurs qu'il saisissent. Les Chambres des „ grands jours font décapiter, rouer, brûler, mettre „ à la chaine une infinité de gens. Un étranger „ voiageant en ce temps-là dans le Roïaume, ren-„ contre un homme du Païs qui lui demande, N'ad-„ mirés vous pas la haine que nôtre Monarque fait é-„ clatter contre le crime. Voiez vous que des roues, „ que des gibets, que des chaines de galériens par tous „ les chemins. Il a permis de grands désordres pendant „ plusieurs années ; il auroit pu les prévenir facilement, „ mais il a mieux aimé se préparer des occasions d'é-„ xercer une Justice qui éclatât par des spectacles signa-„ lés. Si l'étranger étoit un homme de Bon-Sens, „ que répondroit-il ? Qu'il seroit plus glorieux au „ Monarque d'avoir régné sur une nation bien disci-„ plinée, mais que ses sujets étoient de bonne in-„ clination au mal, son devoir étoit de les reprimer de bonne „ heure, & que le meilleur moien de témoigner son „ amour pour la vertu & sa haine pour le vice, auroit „ été de faire en sorte que personne n'eut jamais été „ punissable dans les Etats.

Cette objection ne frappe que ceux qui conçoivent dans Dieu un véhément désir d'éxercer sa justice, & que pour donner lieu à cet éxercice, il procure la naissance du péché ; Mais elle n'embarrasse point ceux qui conçoivent que l'Intelligence infinie de Dieu, à l'étendue de laquelle répond sa Puissance, a trouvé à propos de faire des Créatures de différens ordres, & qu'il a laissé le sort de quelques-unes à leur Liberté. Il a bien vû que celles qui en abuseroient se rendroient dignes de châtiment ; mais puisque ce seroit par leur faute, il n'a pas voulu le leur épargner, & abandonner dans cette vue, & pour parer à cet inconvénient, le Dessein de former des Créatures qui travaillassent elles-mêmes à leur perfection, & s'animassent à l'aimer & à lui obéïr par un Choix très-libre.

Il convient que Dieu fasse connoître qu'il est, non seulement par la voie de la Révélation & de la parole extérieure, mais par les Oeuvres & par les événemens mêmes. Si Dieu déploïoit sans cesse toute sa Puissance pour prévenir le moindre écart dans la Volonté de ses Créatures, il n'agiroit pas comme un Etre qui n'a pas besoin d'aide à sa félicité, mais comme un Pére dont la satisfaction est dépendante de la bonne conduite de ses Enfans.

LXXIX. " VOUS conclurrés, s'il vous „ plait, dit-il, que l'on donne dans l'Illusion dès „ qu'on s'imagine que nos Mystéres peuvent être „ philosophiquement soutenus & mis à couvert de „ toutes les Objections d'une Dispute réglée sur „ le plan de nos Aphorismes de Morale & de Mé-„ taphysique.

On ne prétend pas ne laisser aucun point dans les Mystéres & dans tout ce qui y a du rapport sans l'éclaircir parfaitement. Rien ne seroit moins philosophique : Y a-t-il dans l'Esprit humain et trop borné ? Y a-t-il dans les Mathématiques mêmes quelque partie où l'on ait tout vû, & à laquelle on ne puisse rien ajoûter ? On soutient seulement que les Vérités de la Religion, renfermées dans leur simplicité, ne sont point en contradiction avec les Lumières de la Raison. Pour rendre palpable cette contradiction, Mr. Bayle confond d'un côté une Métaphysique Théologique qu'il choisit à son gré, avec la simplicité des faits révélés ; & d'un autre la Métaphysique Philosophique, qu'il en fagotte aussi comme il lui plait, toute obscure & incertaine qu'elle soit, avec des principes d'une évidence incontestable.

J'oppose les mêmes réponses à la comparaison qu'il rapporte Chap. CLXXII. p. 1155. C'est la même dans le fond qu'on a déja rapportée plus d'une fois & elle roule toûjours sur les mêmes supposi-

suppositions. Mr. Bayle au lieu de réfoudre les Objections qu'on lui fait, en prend feulement occafion de fe répéter, & de rebattre fes difficultés, bien perfuadé qu'il trouvera affés de Lecteurs, dont le cœur corrompu fe fera un plaifir de les lire & de s'y rendre d'abord.

„ Demandés vous, je vous prie, dit-il, ce que
„ la Calprenede auroit répondu à un homme qui lui
„ auroit parlé en ces termes-ci : Vous nous avés caracté-
„ rifé des Heros braves au fouverain point, & ornés
„ de plufieurs autres perfections éminentes : Je vou-
„ drois voir un Héros de vôtre façon, qui ne cédant
„ point à ceux-là, dans la grandeur de Courage
„ ni dans le refte, eût la bonté pour fon caractére
„ dominant. Songés y, Monfieur, & faites entrer dans fon
„ Hiftoire l'Epifode que voici. Il affermira la paix
„ dans fon vafte Empire, il ne voudra attaquer
„ perfonne, & perfonne n'ofera l'attaquer, il affi-
„ gnera à tous fes foldats un revenu fuffifant à les
„ contenir dans les juftes bornes de la difcipline mili-
„ taire ; mais fachant qu'une augmentation de biens
„ les rendra fort infolens & mutins, & qu'en un
„ mot ils abuferont de l'abondance, il les rendra
„ riches ; Les defordres qu'ils commettront dans
„ cet état, l'obligeront à les punir. Il en enver-
„ ra une partie aux Galéres & aux mines, &
„ fera mettre l'autre dans des cachots où ils jeune-
„ ront au pain & à l'eau, & après les avoir ainfi
„ châtiés quelques années de fuite, il les remettra
„ en liberté, & leur donnera dequoi fubfifter heu-
„ reufement toute leur vie. Je m'affure que vous vous
„ perfuaderés que la Calprenede auroit répondu bruf-
„ quement que ce modéle de la bonté héroïque é-
„ toit bizarre, & qu'il fe garderoit bien de s'en
„ charger.

Si un Prince étoit affûré que fes Soldats ne manqueroient point de fe mutiner & de s'emparer de quelque pofte, depuis lequel ils ravageroient fes Provinces, à moins qu'il ne fe les attache par de groffes payes, quand même il préverroit que fes largeffes en feroient des Brutaux & des Débauchés, il eft vifible que de deux Maux il devroit choifir le moindre, & après que pour les punir de leur licence, il auroit enfermé les uns dans des prifons, & qu'il auroit condamné les autres aux galéres & aux mines, fi ces juftes châtimens les faifoient revenir à eux-mêmes on auroit tout fujet d'admirer fa Bonté, lorfqu'après les avoir connus parfaitement corrigés il les combleroit de fes graces.

Mais Dieu peut prévenir par les Impreffions de fa Toute-Puiffance les vices des hommes ; j'en tombe d'accord, mais puifqu'il a trouvé à propos de les faire Libres & actifs, Deffein dont il étoit le Maitre, lorfqu'il les connoit difpofés d'une maniére qui s'oppofera à leur Correction, à moins que fa voie des châtimens ne les y conduife, c'eft Bonté en lui de les corriger par cette voie.

Rép : aux Quefl. d'un Provinc: Chap. CLXXIII.

Indem.
pag. 6 5.   p. 158.

„ Nous ne pouvons concevoir que la bonté d'un
„ Pére foit telle qu'elle doit être, lorfqu'il attache
„ le bonheur de fes Enfans à une condition qu'il
„ fait très-bien qu'ils ne fuivront pas, & qu'il leur
„ permet de ne point remplir, quoi qu'il pût très-
„ aifément leur procurer les moiens fûrs & infailli-
„ bles de la remplir.

L'Argument de Mr. Bayle porte en partie fur la Préfcience qui préfente toujours à nôtre Efprit une Idée de néceffité, & de fatalité, dure & inévitable dans les Objets. On a déja prouvé à diverfes fois que cet Argument eft nul, & il ne prend point une nouvelle force par le moïen des répétitions de Mr. Bayle, & des diverfes formes fous lefquelles il le raméne.

Non feulement un Pére ne doit rien éxiger de fes Enfans qu'ils ne foient en pouvoir de faire ; mais de plus il eft dans l'obligation de faire lui-même tout ce qui eft en fa puiffance pour leur procurer toute la félicité dont ils font capables, & cela par les voies les plus promptes & les plus fûres, & pour cela il ne doit négliger quoi que ce foit de tout ce qui peut leur faire acquérir autant d'avantages qu'il en poffede lui-même ; mais de plus. il doit fouhaiter de les voir plus heureux encore & plus parfaits qu'il ne l'eft.

LXXX. Chap. CLXXIII. " Les obfervations *Caraste*
„ que Mr. Le Clerc a faites, dit Mr. Bayle, pour *res d'une*
„ prouver que la Bonté Infinie n'oblige point Dieu *Bonte in-*
„ à répandre fur les Créatures tout ce qu'elle peut *finie*
„ donner, font inutiles, car perfonne ne lui contefte *pag. 805.*
„ cela. Il s'applique néanmoins très-férieufement à
„ le réfuter. Si cela étoit, *dit-il*, il faudroit que Dieu
„ n'eut fait qu'une certaine forte de Créatures, qui eut
„ épuifé entiérement fa liberalité, & à laquelle il ne
„ pût rien donner d'avantage. Autrement elles pour-
„ roient dire, felon l'objection Manichéenne, que
„ fa Bonté idéale ne paroit point dans fes Ouvra-
„ ges, & qu'elle ne les a pas traités également bien,
„ ni fi liberalement les unes que les autres. Il s'en-
„ fuivroit même de là une abfurdité palpable, c'eft
„ que les Créatures de Dieu devroient avoir autant
„ de perfection, que lui : C'eft-à-dire des perfec-
„ tions infinies, ce qui eft impoffible ; parce que
„ fans cela on diroit toujours que Dieu leur a pu
„ donner des dégrés infinis de perfection qu'il ne
„ leur a pas donnés, & par conféquent que fa Bonté ne
„ paroit en eux que bornée par des effets limités.
„ Ainfi il faudroit que Dieu fît autant de Dieux
„ que de Créatures, ce qui eft contradictoire ;
„ fans quoi fa Bonté Idéale ne paroitroit point.

„ Il eft permis dans la Difpute de chercher le foi-
„ ble des Objections de fon Adverfaire, & de tâcher
„ principalement de faire voir qu'elles prouvent trop,
„ qu'elles entrainent à des Conféquences abfurdes,
„ &c. Mr. Jaquelot s'eft fervi de cette voie : Mr.
„ Diroys s'en étoit déja fervi, & avoit marqué nom-
„ mément les conféquences que vous venés de trou-
„ ver dans le paffage de Mr. le Clerc. Tout cela
„ eft dans l'ordre, pourvû que la retorfion, ou la
„ réduction à l'abfurde foit bien fondée. Elle ne
„ l'eft pas ici, je vous l'ai fait voir fuffifamment,
„ évitons les répétitions, recourés au Chapitre où
„ j'ai réfuté Mr. Diroys : il vous conduira au
„ Chapitre où j'ai réfuté Mr. Jaquelot.

Mr. Bayle foutient que l'Idée d'un Dieu qui ne fait pas tout ce qui eft en fa Puiffance pour empêcher que les hommes ne péchent & ne foient malheureux par leurs péchés, ne remplit pas toute l'Idée qu'on doit fe faire d'une Bonté Divine, & par conféquent Infinie.

On lui a répondu que fon Argument prouve trop, & que par là il ne prouve rien fuivant la Maxime des Logiciens. Ici il fe contente de nier que fon Argument prouve trop, & lui qui aime tant à répéter renvoie ailleurs fon Lecteur. Il fait bien que la plupart ne fe donneront point cette peine, & que ceux qui ont du penchant à l'Irreligion le croiront fur fa parole.

Voici l'état de la Queftion. Un Etre infiniment Puiffant & infiniment Bon eft fi néceffité de faire infiniment de Bien & tout le Bien qu'il peut faire à chacune de fes Créatures ? Ou fi, par là qu'il eft l'Etre fuprême, il eft en droit d'ufer librement de fa Puiffance ? Une Créature eft-elle en droit de fe plaindre, quand il veut la rendre heureufe, moïennant qu'il remplifle des Conditions qu'il ne tient qu'à elle de remplir ? Et s'il la voit prête à violer les Juftes Loix, eft il obligé de contraindre fon fecours ? Dès qu'on a prouvé que Dieu peut diftribuer fes Bienfaits librement dans les *deurés*, fous l'ordre qu'il lui plait, on a prouvé en même temps qu'il eft en droit d'affigner les Conditions qu'il trouvera à propos, pourvû que ces Conditions n'aient rien d'Injufte.

Je viens à l'endroit ou Mr. Bayle renvoie; c'est le Chapitre CLVII. Examen d'une Réponse concernant le Mal Physique.

Ibidem. pag. 650.

„ Voici une Réponse indirecte de Mr. Jaquelot, „ dit-il, aux Objections concernant le Mal Physi-
„ que. Il prétent! qu'elles prouvent trop, & que
„ si nôtre raison avoit quelque droit de se plaindre
„ du triste état du Genre humain, on trouveroit *de*
„ *quoi faire la Critique à chaque pas*. Dieu, diroit-
„ on, *ne devoit créer que des esprits purs saints & par-*
„ *faits*. Pourquoi les Rochers *ne sont ils pas couronnés*
„ *de feuilles & fleurs*? Pourquoi *les Plantes ne peu-*
„ *vent-elles pas se mouvoir*? Pourquoi *les Vers sont ils*
„ *le rebut des autres animaux*? Pourquoi *les Fourmis*
„ *ne sont-elles pas des Pans*? Pourquoi *les Américains*
„ *sont ils sauvages*? *La Pauvre présenteroit requête con-*
„ *tre le Riche*, *le Valet contre le Maitre*, les gens d'esprit
„ eux-mêmes se plain droient de ce que la Raison ne sem-
„ ble leur avoir été donnée que comme une source iné-
„ puisable de craintes, d'inquiétudes & de chagrins.
„ Par tout on pourroit appliquer ce dilemme, ou Dieu
„ n'a pu faire autrement, ou il n'a pas voulu; le
„ premier est contraire à sa *Puissance* & *l'autre à sa*
„ *Bonté*. Il n'y a guéres d'endroits que l'Auteur ait
„ autant ornés, égaiés, & animés que celui-ci; mais
„ après tout, ce n'est que pure Déclamation. Per-
„ sonne n'a jamais prétendu qu'un Etre infiniment
„ Bon & Puissant, soit obligé de conférer à toutes
„ les Créatures les mêmes Graces & les mêmes Pri-
„ vilèges. Tous les bienfaits que les Créatures peu-
„ vent recevoir de lui, sont finis nécessairement,
„ puisqu'elles sont un Etre fini. Celles qui sont in-
„ sensibles ne peuvent être capables ni de différens
„ dégrés de bonheur, ni d'aucun dégré de bonheur.
„ Il leur est indifférent d'être ou un Rocher, ou de
„ la bouë, ou un arbre. Il n'y a que les substan-
„ ces pensantes à qui il puisse importer d'être plu-
„ tôt sous un tel état que sous un autre. La Bonté
„ infinie agiroit suffisamment selon sa nature, pour-
„ vû que depuis le plus bas dégré de grace jusques
„ au plus haut, il n'y en eut aucun qui ne conten-
„ tât la Créature qui l'auroit reçu. Presque tous
„ les Théologiens croient qu'il y a divers dégrés de
„ gloire dans le Paradis, ou néanmoins la béatitude
„ de chaque sujet est pleine & entière. Si les four-
„ mis sont contentes de leur sort, peu leur importe
„ de n'être pas des Pans ou des Aigles. Si les Amé-
„ ricains étoient contens de leur condition leur bon-
„ heur leur suffiroit, sans aucune connoissance des
„ beaux Arts. Mr. Jaquelot me pardonnera, si je
„ me persuade qu'en cet endroit-ci je ne comprend rien
„ dans l'état de la question. La difficulté qu'ildevoit
„ résoudre ne consiste pas en ce que les Etres créés
„ *de Dieu sont inégaux en qualités, qu'il y a des*
„ *hommes riches & des hommes pauvres &c.* mais en
„ ce que tant les pauvres, que les riches &c. sont sujets
„ à mille chagrins, à mille douleurs, & à mille in-
„ clinations criminelles. Les plus vertueux & les
„ plus pieux gémissent sous le fardeau du péché: les
„ hommes les plus patiens ont bien de la peine quel-
„ quefois à ne pas maudire le jour de leur naissance.

Me Bayle auroit-il pu nier que les Arbres ne fussent plus parfaits; S'ils sentoient leur éxistence; Ils éprouveroient ce que c'est que félicité. s'ils sentoient cette éxistence avec plaisir, & s'ils se nourissoient agréablement des sucs de la Terre &c. Les animaux ne seroient-ils pas plus heureux s'ils trouvoient toûjours sous leurs pas, & sans aucun danger, tout ce dont ils ont besoin pour satisfaire leurs Sens? Je veux que Dieu par sa Toute-puissance empêche à celles de ses Créatures, qui en connoissent d'autres d'un ordre supérieur, de penser que leur félicité seroit encore plus étendue & plus vive, si elles étoient de cet ordre là; il suffit que Dieu les voie & les connoisse telles qu'elles sont pour en conclurre qu'il répand ses Dons & ses Graces dans la même Mesure qui lui plait. *Mais*, dit Mr. Bayle, *il pouvoit faire*

chacune d'elles aussi heureuse & aussi parfaite que sa Nature le comportoit. A cela je répons. Il a trouvé à propos de faire des Créatures Libres, il ne tient qu'à elles de parvenir à toute la Félicité dont une Créature Libre & soumise à des Loix peut-être susceptible. Mais pour parvenir à cette Félicité il en coûte de l'attention & des efforts. Telle est la Nature de ce Genre d'êtres qu'on appelle les Hommes, de pouvoir se perfectionner eux-mêmes par leur attention & par leurs efforts, ils sont destinés à un genre de Félicité qui répondra à cette attention & à ces efforts. La Bonté de Dieu est Libre, il ne fait rien d'Injuste, & le Bien où ses Créatures qui auront fait un bon usage de leur Liberté parviendront, méritera éternellement leurs Actions de graces les plus profondes & les plus vives.

Je reviens au Chap. 171. dela Réponse aux Questions d'un Provincial. T. III page. 160, où Mr. Bayle dit „ Mr. le Clerc ajoûte que l'on exagére le „ mal que la Liberté a fait aux hommes, & qu'ils au-
„ roient évité, si celui qui les a fait, les avoit créés
„ d'une nature ne pouvoir pas s'éloigner de leur
„ Devoir. Il suppose donc que l'Objection est fon-
„ dée sur ce que l'homme n'a pas été immuable-
„ ment fixé au bien, mais c'est un abus, c'est *l'ig-*
„ *noratio Elenchi*. La nature est essentiellement mua-
„ ble, & ainsi ce seroit une absurdité que de deman-
„ der pourquoi elle n'a pas été immuable. On de-
„ mande seulement pourquoi lui a *été permis* de
„ se tourner vers le mal. La conséquence de l'acte
„ à la puissance est nécessaire, mais celle de la puis-
„ sance à l'acte n'est point du tout. Les esprits
„ créés sont destructibles à chaque moment, & néan-
„ moins nous savons par l'Ecriture qu'ils ne seront
„ jamais détruits. Ils auroient donc pû être capa-
„ bles de se tourner à chaque moment vers le mal,
„ quoi que cela ne leur arriva jamais. C'est pour-
„ quoi la dispute ne roule pas sur la possibilité du
„ changement, mais sur le changement actuel du
„ bien au mal. Ce passage pouvoit être prévenu
„ par une suite de graces congrues qui n'auroient
„ donné aucune atteinte au libre arbitre. Vous me
„ dirés que Dieu n'a pas été obligé de fournir ces gra-
„ ces congrues, mais vous changerés par là tout
„ l'état de la Question. Car lors que les Orthodo-
„ xes s'engagent à satisfaire aux difficultés des Mani-
„ chéens, il ne s'agit point toûjours de Dieu consi-
„ déré entant que juste, il s'agit très-souvent de
„ Dieu considéré entant que bon. Or quoi que
„ Dieu entant que juste, ne soit obligé de donner aux
„ Créatures que ce qu'il leur a promis sur le pié de ré-
„ compense, il est obligé entant que bon de leur faire
„ de présents utiles, je veux dire qu'il est de l'essence
„ *de la bonté de faire de bons présens*. Ce n'est point
„ faire un bon présent que de donner une chose
„ que l'on fait devoir être funeste à celui qui la re-
„ cevra. Quelque excellente que soit cette chose en
„ elle-même, elle ne sauroit être bonne par rap-
„ port à ceux qui ne s'en serviront qu'à leur pro-
„ pre ruine. Un bienfaiteur ne perd rien du mé-
„ rite de sa bonté lors qu'à son insçu & con-
„ tre les espérances fondées sur de très-bonnes rai-
„ sons, il arrive que ses faveurs deviennent funes-
„ tes. Mais quand d'un côté l'on est certain que
„ ce qu'on donne, perdra ceux à qui on le
„ donne, & que de l'autre l'on est parfaitement ré-
„ solu à souffrir qu'ils s'en servent & rencontrent leur perte,
„ pendant qu'on pourroit facilement leur y faire
„ rencontrer un vrai bonheur, l'on mérite beaucoup
„ plûtôt l'épithète d'ennemi que celle de bienfai-
„ teur.

Mr. Bayle répond que c'est *l'Ignoratio elenchi*, c'est-à-dire que Mr. Le Clerc oublie l'état de la Question. Si cela étoit, l'erreur seroit bien pardonnable, car ce n'est pas une chose aisée que de s'y tenir avec Mr. Bayle qui, par le secours que lui fournit un plan de Dictionaire, traite la même ma-

Oeuvres Div.Tom. III.2. part pag.866.

tière

tiére, tantôt d'une façon & tantôt d'une autre, & donne la même Question dans le fond, transformée en diverses maniéres suivant les systêmes qui lui fournissent occasion de la proposer.

Mais la Remarque de Mr. Le Clerc est solide. Mr. Bayle sous le masque d'un Manichéen prétend que si Dieu étoit le seul Bon Principe, Eternel, il n'y auroit aucun mal dans le Monde. Or de deux choses l'une, ou la Bonté du seul Principe Eternel, a dû agir suivant toute l'étendüe de l'infinité de ce Principe, ou l'Intelligence Eternelle a pu varier librement les effets de sa Bonté, & les renfermer dans divers dégrés Si on choisit le prémier de ces partis ; si l'on conçoit l'effusion de toute la Bonté divine, comme absolument nécessaire, il en faudra conclure, que tout seroit également parfait; au cas qu'un principe d'une égale puissance ne l'eut pas obligé à se modérer. Mais si Dieu a fait un Libre usage de sa Bonté, on ne doit pas s'étonner qu'il ait fait des Créatures à qui il ait offert une Eternité de Récompenses si elles obéissoient volontairement, & qu'il les ait créés dans un état à pouvoir obéir & n'obéir pas.

Mais, dira Mr. Bayle, *il falloit faire en sorte qu'aucune ne désobeït*.

On lui répond qu'il n'y avoit que deux voies pour produire cet effet, lesquelles reviennent encore à une ; de sorte que c'est chicaner sur les expressions que de s'arrêter à dire qu'elles tombent plutôt sur l'une que sur l'autre. Ces deux voies étoient: ou de créer chaque Créature Intelligente très-portée à son devoir, & immuablement déterminée à s'en aquiter, ou si on lui suit un fond de Nature muable, de veiller avec tant d'éxactitude sur elle & sur tout ce qui l'environneroit, que l'on prévint, de loin même, jusques aux plus légers principes d'écars.

J'ai déjà fait remarquer que la *seconde* de ces Voies se confond avec la *prémiére*, & Mr. Bayle ne sauroit le nier, puis que dans ses Principes, la Conservation étant une Création continuée, conserver constamment une Créature avec sa détermination au Bien, c'est travailler immuablement à la rendre bonne, & par conséquent lui donner une Bonté immuable.

Quand Mr. Bayle paroît si fort étonné de cette éxpression *Créature immuable*, se souvient-il de tout ce qu'il a dit sur le sujet de la Nature humaine de Jesus Christ, & sur celui des bien-heureux dans l'éternité ? Prétend-il que la Nature humaine de Jesus Christ soit muable par rapport au bien & au Mal ? Que deviendroient ses Axiomes de *l'acte à la Puissance*, & de ce que *Dieu & la nature ne font rien en vain* ? A quoi bon un fond de Nature muable en mal, qui pourtant ne changera jamais en mal ? Voila un fond très inutile.

A la page 161. Mr. Bayle dit, *Ce n'est point faire un bon présent que de donner une chose qu'on sait être funeste à celui qui la reçevra.*

Si c'est lui qui se rend funeste un présent favorable en lui-même, & dont-il ne tenoit qu'à lui de bien user, & de le tourner à son grand avantage, si c'est uniquement par sa faute qu'il lui est devenu funeste, si celui qui l'a donné ne l'a point donné dans cette intention, à qui, celui qui le rend malheureux imputera-t-il les maux qu'a lui-même ? N'y auroit-il pas de l'éxtravagance à dire : Ce n'étoit pas assés de me faire ce présent & de me mettre dans la puissance de m'en bien servir; Il falloit m'ôter tout moïen de m'en servir mal & me rendre incapable d'en avoir la Volonté, ou si on m'avoit laissé capable de cette mauvaise Volonté , il falloit pourtant empêcher que je ne l'eusse effectivement, & prévenir tout ce qui pouvoir la faire naitre.

Je vois bien que Mr. Bayle appuie sur la Prévision *sure & infaillible*, & sur toutes les Instances auxquelles elle donne lieu. C'est un Secours par lequel il se croit Invincible ; c'est un argument *ad hominem*,

qu'il n'a garde de négliger & qu'il raméne presque à chaque page. Mais 1. il devoit se souvenir que les Théologiens conviennent qu'il faut juger des actions des hommes par rapport à leur Liberté & à l'Imputation qui en est la suite, comme si elles n'étoient point prévûes, & qu'on doit se borner à les regarder en elles-mêmes & comme indéterminées. Pourquoi faire moins d'attention sur ce que les Théologiens disent sur la Nature de ces Actions, laquelle ils connoissent & comprennent, qu'à ce qu'ils disent sur la Prévision laquelle ils ne comprennent pas ? 2. Où est l'homme qui puisse se flatter de penser raisonnablement, lors qu'il argumente ainsi. *Je ne puis nullement accorder avec la Justice & la Bonté de Dieu les événemens que je vois, quand je les suppose prévûs de toute éternité. Je reconnois dans cette hypothèse, avec la derniére évidence, la contradiction la plus manifeste. Mais plûtot que de douter de cette Prévision des actions libres ou plûtot que de laisser cet Article a part, & de me dire qu'il y a dans ce sujet quelque chose que je n'entens point, & où je m'embarrasse témérairement & mal à propos. j'aime mieux tout d'un coup prendre le parti des Manichéens, où si ce parti me paroit encore r.nsfermer de grandes absurdités, comme il en renferme effectivement, j'aime mieux tout d'un coup être Athée.*

LXXXI. LES COMPARAISONS que Mr. Bayle fait à la page 1164 ont le même défaut que les précédentes : *Un Roi*, dit il, est *dans l'obligation de faire absolument tout ce qu'il peut pour ranger ses sujets à l'Obéissance & les porter à la Vertu*, *Un Pere est de même attaché à ses enfans par des Devoirs indispensables*, & dans la page 1173. *Deux Tuteurs*, dit Mr. Bayle , *laissent emprisonner leurs pupiles, l'un faute de fournir de l'argent, & l'autre faute de pourvoir le sien d'un Gouverneur. L'un & l'autre manquent à des Devoirs indispensables*. De la même maniére dont Mr. Bayle expose ces deux Cas , qu'il prouve que de cette même maniére Dieu est soûmis à de semblables Obligations par rapport à ses Créatures, & son Argument sera concluant.

Il peut arriver des Cas ou l'intérêt qu'on prend à de jeunes gens engage à leur laisser faire quelques écars ; Telle peut-être leur humeur, qu'ils ne se corrigeront pas de la fantaisie de se conduire à leur gré, qu'après en avoir éprouvé de facheuses suites. Une faute qui les jette dans de grands embarras peut servir à en prévenir une longue enchainure. C'est ainsi que Dieu laisse tomber les hommes qu'il aime, dans des fautes, dont il sait que les suites les corrigeront. Si Dieu faisoit tout immédiatement , ce seroit fini de ses circuits peu dignes de sa sagesse.

LXXXII. PAGE. 1165 Je suis surpris, die Mr. Bayle, que Mr. Le Clerc confonde deux choses si visiblement distinctes. *Nôtre Nature a été sujette à pécher, voila qui est sûr. Mais s'ensuit-il qu'il ait fallu nécessairement qu'elle péchât ?* Point du tout. La Bonté de Dieu a donc été parfaitement libre par rapport à ne pas permettre qu'Adam sujet au péché, péchât actuellement, & c'est en vain qu'on voudroit insinuer qu'il eut, agi contre la nature des choses, si elle eut épargné aux hommes un inconvénient à quoi ils étoient sujets, c'est-à-dire, dans lequel il étoit possible qu'ils tombassent. Mais n'étoit-il pas aussi possible qu'il n'y tombassent point ? Si Mr. Bayle s'étoit moins fait connoitre, on seroit bien plus surpris de son étonnement. A peine encore peut on s'empêcher d'être surpris de son affectation à s'étonner quoi qu'il ne connoisse si bien. On ne dit point qu'il étoit nécessaire que l'homme tombât sous le Péché; on ne nie point qu'il auroit pu arriver qu'il ne péchât pas , puis qu'on assure éxpressément qu'il avoit la Puissance de ne pécher pas. On ne nie point que Dieu n'eût pu faire en sorte que l'homme n'eut jamais péché, mais on vit qu'il fut obligé, par sa Justice non plus que par sa Bonté, qui est une Perfection très-Libre, de déployer sans cesse sa Toute-Puissance pour l'en empêcher.

Pag. 369. ,, Page 177. Peu de personnes voudroient acheter ,, la faveur auprès d'un Prince au prix de souffrir la ,, Question trois fois la semaine pendant six mois. ,, Combien y a t il eu de personnes qui dans une ,, pleine perfusion que la couronne de gloire les ,, attendoit au bout de quelques tourment, & qu'el- ,, les s'exposoient à la damnation éternelle en les ,, évitant par l'Apostasie, ont néanmoins apos- ,, tasiés pour s'en garantir ? Il est certain générale- ,, ment, que la menace d'une mort prompte laisse ,, l'honneur du martyre à plus de gens que la menace ,, d'une peine prolongée.

Mr. Bayle fait ces remarques pour ruiner le systeme de ceux-là mêmes qui vont à adoucir les peines de l'Enfer, en diminuant leur durée. Ne semble-t-il pas que Dieu propose aux hommes ces peines pour leur faire acheter par là les Délices de l'éternité & qu'il les leur vend bien chéres ?

Il est de certaines Idées si frappantes que dès que l'Imagination en est occupée, elle y succombe, & ne sait plus raisonner. C'est ce que Mr. Bayle a bien prévu, & ce n'est pas sans fondement qu'il s'est attendu à voir l'effet que ses Comparaisons ont eu sur un grand nombre de Lecteurs.

Si le zèle de Mr. Bayle pour le Pyrrhonisme & pour l'Athéïsme, étoit encore un fait douteux, on pourroit croire qu'il ne s'est donné tant de mouvement que pour faire sentir combien le Systême des Supralapsaires fournissoit d'Argumens aux Libertins, & pour engager par là les Théologiens à un silence modeste sur des Matières où il est si facile de se tromper, par là même que celles font des plus Incomprehénsibles, de leur propre aveu, & qu'en même temps on en peut faire un si énorme abus.

Si Dieu avoit créé quelques-uns des hommes à dessein, à la vérité de les rendre heureux dans toute la suite de l'éternité, mais pourtant après les avoir rendus pécheurs & les avoir fait passer dans les supplices de l'Enfer, un Temps à la vérité *court* en comparaison d'une Durée *sans borne*, mais long en lui même & bien long par rapport à ceux qui souffriroient, il seroit naturel de faire la Question que Mr. Bayle vient de proposer. Mais Dieu trouve à propos de faire des Créatures Libres; Elles pourront se rendre Heureuses; Elles pourront aussi s'attirer des Maux. Qu'ont-elles à dire à cela ? De quoi se plaindront elles ? C'est à elles mêmes immédiatement qu'elles doivent imputer toute leur Misére ; Elles seront punies de leur faute ? Cela est très-juste, la punition n'ira point au delà du mérite : Elles auroient donc tort de n'en pas reconnoître la justice. Si on ajoûte que la Miséricorde de Dieu, ira justques à abréger les peines dont elles sont dignes, à leur ouvrir le nouveau chemin de Repentance & de Grace & à les recevoir dans sa Communion, à quelle admiration ne devroient-elles pas se livrer ? Leurs fautes étoient de véritables fautes, elles étoient volontaires, elles étoient très-dignes de châtiment. Dieu les leur a pardonnées. Leurs Châtimens ont été justes, ils auroient pu être plus grands & plus longs ; Ils sont passés, ils sont anéantis, elles voient seulement, par la grandeur des Récompenses dont elles jouïssent, quel tort elles ont eu de n'obéïr pas au grand Maitre qui les leur proposoit. Elles ont compris par les Châtimens où elles ont passé, combien elles étoient coupables de n'être pas sur leurs gardes pour les éviter. La connoissance de leurs Fautes rélévera à leurs yeux la grandeur de la Miséricorde qui les leur a pardonnées, & enflamera sans cesse leur zèle & leurs Actions de graces. Il faut se transporter dans cette Lumière pour voir les choses telles qu'elles sont, & les pèser de cette manière dans des justes balances &

non pas en décider par les Notions confuses d'un homme assés aveugle pour ne vouloir pas sacrifier quelque *leger* Contentement aux Intérêts *Inexprimables* de l'Eternité.

Dans l'article *Paulicens* Mr. Bayle cite en Latin *Dissan.* un passage de Lactance *de Ira Dei*, où ce Pére répond à une Objection d'Epicure que voici. " Dieu , dit il, à la volonté d'empêcher le mal sans en avoir , le pouvoir, ou il en a le pouvoir sans en avoir , la volonté, ou bien il en a le pouvoir & la vo , lonté tout ensemble. S'il en a la volonté sans , en avoir le pouvoir, c'est un être impuissant, ce , qui est impossible. S'il en a le pouvoir sans en , avoir la volonté, il est envieux des hommes, , qui n'est pas moins absurde. S'il n'en a ni le , pouvoir ni la volonté, il est en même-temps en , vieux & impuissant. Mais s'il en a le pouvoir & , la Volonté tout ensemble comme il le faut soû , tenir de nécessité, comment est-il possible , que le mal se soit répandu parmi les hom , mes?

A cette objection Mr. Bayle ajoûte la réponse de Lactance. " Dieu, dit il, a le pouvoir d'ôter , le mal du Monde, mais il n'en a pas la volonté, , sans qu'on puisse pour cela le taxer d'envie. La , raison pourquoi Dieu n'empêche pas ce mal de se , répandre dans le monde, c'est parce que ce mal , nous donne de la sagesse, & que cette sagesse nous , procure plus de bien & plus de plaisir que ce mal , ne nous cause de douleurs & de troubles. C'est , par le moien de cette sagesse que nous connoissons , Dieu, & que nous parvenons à l'immortalité , bienheureuse, qui est le souverain bien. Ce n'est , que par la connoissance du mal que nous pouvons , atteindre à la science salutaire de ce qui est bon. , Epicure ni ceux qui suivent ses opinions ne voi , ent pas, que si le mal étoit ôté d'entre les hom , mes la sagesse auroit le même sort, & qu'il ne , nous resteroit pas la moindre vestige de la Vertu, , dont l'essence consiste à souffrir & à surmonter ce , qu'il y a de facheux & de cruel dans le mal. , Ainsi la tranquillité que nous gagnerions à être , privés du mal, dans le court espace de cette vie , nous priveroit du plus grand & du plus réel de , tous les biens, qui dans la vie éternelle sera , la récompense de nos douleurs & de nos tra , vaux.

Mr. Bayle critique ensuite cette Réponse : Mais sa Critique tombe, dès que l'on considére qu'il y a une grande différence entre poser que Dieu a trouvé à propos de donner lieu au Mal moral, & de le faire mettre *afin d'en tirer de certaines utilités* & concevoir simplement que Dieu n'a pas trouvé à propos de déploier sa Toute puissance, pour empêcher à l'homme d'abuser de sa Liberté *parce qu'il vouloit qu'il y eut des Etres libres*, & leur laisser une liberté qu'il leur avoit donnée. Dieu très-sage a vû qu'il auroit été inutile de la leur donner pour la détruire, en la dirigeant sans cesse par des Impressions intérieures qui prévinssent les premières pensées capables de devenir les principes de quelque mauvaise détermination.

Cela posé, on est fondé à ajoûter que Dieu a encore prévû qu'au cas que l'homme abusât de sa Liberté, il feroit servir ces Abus, vicieux en eux-mêmes, d'occasion à plusieurs Vertus excellentes.

Ce qu'on fait d'abord librement par un choix dont on est le Maitre, on se feroit en pouvoir de ne point faire, ou de faire tout autrement, à force de le réïtérer on s'y affectionne à un tel point & on s'affermit tellement dans l'*Habitude* de s'y plaire, *que l'on n'est plus libre de le négliger*. Alors on a toute la Gloire du *Mérite* sans en avoir la peine : On sent les doux fruits de s'être constamment appliqué à son Devoir, sans être plus exposé au risque de s'en éloigner.

LXXXIII.

Réflexions sur la Providence de Mr. le D. Sherlock.

LXXXIII. J'AI crû que mon Lecteur ne feroit pas fâché de parcourir en abregé ce que Mr. le Docteur Sherlock a écrit dans fon Traité de la Providence. Cet Ouvrage eſt rempli de réflexions propres à lever les Difficultés que Mr. Bayle a fi fouvent répétées.

Page 146. A moins que les Peines & les Récompenſes ne foient préſentes; pendant tout le temps qu'elles font différées, les Méchans font dans le *bonheur*, & les Bons dans *l'affliction*, ce qui eſt la difficulté qu'on fait contre la Providence, Difficulté qui ne peut être levée que par une exécution prompte & viſible, qui raviſſe tous les moiens de *Patience* à la Divinité, & tous les retours à la *Repentance* aux pécheurs. Ne vaut-il pas infiniment mieux pour nous, *d'ignorer* les raifons de la Providence, que d'en recevoir de fi atterrantes *preuves*?

Page 187. fi Dieu peut faire des chofes qui nous paroiffent contraires à l'équité, par une Volonté fouveraine & arbitraire, cette conduite, bien loin de réfoudre les Objections qu'on peut faire contre la Providence, ne fert qu'à les juſtifier. C'eſt la Thèſe que les Athées tâchent de prouver & qu'ils voudroient qu'on leur accordât afin de pouvoir détruire les Dogmes de l'éxiſtence de Dieu & de la Providence. Ils ne tirent pas grand fruit de ce que Dieu fait certaines chofes, dont nous ne pouvons pas rendre raifon, parce que l'Incompréhenſibilité de la Sageſſe de Dieu lève ces fortes de Difficultés. Mais fi nous leur accordons que Dieu fe conduit par des Régles, que tous les hommes qui jugent d'une manière impartiale avouent être Injuſtes, c'eſt tout ce qu'ils demandent; parce qu'ils fautent bien que c'eſt annihiler la Divinité, que de lui attribuer une Volonté arbitraire par rapport au Bien & au Mal. Car dire que Dieu eſt bon & Juſte, mais non pas felon les Idées que les hommes ont de la Bonté & de la Juſtice, c'eſt dire que nous n'avons aucune Notion naturelle de la Juſtice & de la Bonté de Dieu, & alors nous ne pouvons auſſi avoir aucune Notion de Dieu même: car fi l'Idée naturelle de Dieu eſt qu'il eſt Bon & Juſt; il eſt difficile à concevoir que nous aurions une Notion naturelle d'un Dieu juſte & Bon fans avoir aucune notion de fa Bonté & de fa Juſtice.

Page 140. On oppofe à la Sainteté de la Providence le grand nombre de Crimes qui fe commettent tous les jours. Si l'empire que le péché éxerce dans l'Univers détruit abfolument la fainteté de Dieu, j'avoue que l'Objection eſt fans réplique; car on ne fauroit nier que les hommes ne foient très-méchans, mais c'eſt une injuſte Conféquence, de vouloir conclure que Dieu n'eſt point faint, parce que nous fommes éloignés de l'être. Cette efpéce de contrarieté porta autrefois les Manichéens à admettre deux **Principes de toutes chofes**, l'un bon & l'autre Mauvais, parce qu'il étoit impoffible qu'un Être bon fouffrît que le Mal entrât dans le Monde.

Page 241. Pour que Dieu ne permît point le Péché il faudroit qu'il empêchât les Hommes de vouloir & de choifir une chofe par un Acte contraire aux Loix qu'il leur a préfcrites, c'eſt-à-dire, qu'il leur anéantît leur Liberté en les gouvernant toûjours par un pouvoir fupérieur & irréfiſtible, mais ce fyſtême eſt-il raifonnable? L'Idée d'un Gouverneur exact renferme-t-elle la deſtruction de la Nature des Êtres qu'on gouverne? J'avoue que ce feroit là la Méthode la plus fûre de bannir le Crime de l'Univers, mais ce feroit en éxiler en même temps la fainteté; car avec la Liberté s'évanouiſſent également le Bien & le Mal & alors ce qu'on propofe comme un Reméde deviendroit un mal plus grand & plus incurable.

Page 242. Quoi que Dieu ait rendu l'homme un Être Libre, il ne l'a pas laiſſé pour cela entièrement à fa propre Direction, mais quand il le *juge* à propos, il peut le faire agir d'une manière directement oppofé au Choix de fa volonté & au Defpotifme de fes paſſions. Il en eſt de même du Monde naturel,

Quoi que Dieu ait doué toutes fes Créatures de certaines propriétés naturelles, & que dans le Cours ordinaire de la Providence il leur permette de produire leurs effets, il s'eſt néanmoins réfervé une autorité fouveraine fur la Nature, pour en renverfer à fon gré les Loix ou en fufpendre les influences; & puis que Dieu fait cela dans le Monde Phyſique, je n'apperçois aucune raifon pourquoi il ne feroit pas le même dans le Monde Moral, quand la Bonté du Gouvernement de l'Univers l'éxige. Cette conduite eſt fouvent très-juſte, mais ce n'eſt pourtant pas celle que Dieu tient d'ordinaire à l'égard des hommes, parce qu'il ne feroit pas plus convenable à la Sageſſe de diriger toûjours leur Volonté par un pouvoir fupérieur, que de gouverner la Nature par une fuite non interrompue de Miracles.

Et fi le Gouvernement des hommes, confiderés comme gens Libres, éxige que Dieu leur permette de fe conduire par Choix, la permiſſion du péché ceſſe d'être une Objection contre la fainteté de la Providence. Particulièrement fi nous prenons garde que Dieu donne aux hommes une portion fuffifante de fa Grace, pour qu'ils puiſſent réfiſter à leurs Paſſions & s'attacher à la pratique de leurs Devoirs.

Page 244. Dieu ne peut pas empêcher toûjours la commiſſion d'un Crime par un Acte immédiat de fon pouvoir fans renverfer à tous momens les Loix de la Nature.

Page 245. Il eſt certain que quand Dieu permet qu'un péché actuel fe commette, cette Conduite ne fait pas plus de tort à la Sainteté de la Providence, que s'il permettroit fimplement aux hommes de former des Réfolutions criminelles, quoi qu'après cela ils ne les éxécuſſent point. Les Actions externes renferment un Mal Phyſique ou bien un Mal qui ruine en partie le bonheur général de la fociété, mais le Mal Moral a fa fource dans le Choix & dans la Détermination de la Volonté. C'eſt pourquoi la permiſſion ou l'empêchement des actes éxternes de Péché ne concernent pas tant la fainteté, que la Bonté & la Juſtice de la Providence; car s'oppofer à la commiſſion d'un Crime, n'eſt nullement effacer ce qu'il y a de coupable dans la difpofition du Criminel, mais c'eſt prévenir le tort que les autres hommes en auroient fouffert.

Dieu peut avoir de très-fages raifons pour fouffrir que les hommes commettent des péchés éxternes, afin de faire de ces Péchés des actes de jugement & de Vengeance, ou bien de Correction & de Difcipline. Car comme Dieu punit très-rarement les Méchans, & qu'il corrige rarement les Bons par un Acte immédiat de fon pouvoir, & que d'ailleurs rien n'entre mieux dans la Nature & dans l'éxercice d'une Providence que les Châtimens & les Corrections, il eſt très-juſte & très-convenable à la Divinité de faire des Péchés des uns, des Leçons de févérité & d'épreuve pour les autres.

Page 248. Ceux-là mêmes qui *taxent* la Divinité d'incliner le cœur des hommes au mal, avouent en même temps qu'il le fait par une influence fi fecrette, qu'il nous eſt impoſſible de la diſtinguer des opérations de nôtre ame, & que nous la confiſtent, fans le vouloir, qu'ils admettent un Syſtême fi injurieux à la Divinité, moins pour en avoir fait l'évidence, qu'afin de trouver quelque excufe à leur conduite.

Page 250. Il me femble que lorſque l'on donne des preuves fi directes & fi poſitives de la Sainteté de la Providence, le Syſtême contraire n'eſt pas fufceptible de preuves du même genre. Des Conféquences éloignées & incertaines, des Notions confufes & imparfaites touchant la Nature des chofes, quelques expreſſions peu claires de l'Ecriture, ne font pas en droit d'obfcurcir une évidence auſſi lumineufe que celle qui eſt repanduë fur cette Matière, de même que les Difficultés qu'on peut former fur la nature du Mouvement ne font pas une raifon fuffifante pour

le

le revoquer en doute, puisque nous apperçevons tous les jours mille Corps qui se meuvent.

Page 273. N'est-il pas juste que Dieu permette au Démon d'aveugler ceux qui refusent de voir ? Quand les hommes chérissent leurs Crimes & qu'ils n'aiment point la Vérité parce qu'elle leur en découvre la noirceur, Dieu retire d'eux sa Grace, & les livre aux malheurs du Vice & à la séduction de l'Imposture. Voici la Méthode que suit constamment la Providence, *Elle ne force personne à recevoir la vérité, mais elle la fait trouver à ceux qui la cherchent.* Prov. II. 3. 4. 5. *Si tu appelles à toi la Prudence & si tu adresses ta voix à l'Intelligence: si tu la cherches comme de l'argent, & la cherches soigneusement comme des trésors. Alors tu entendras la crainte de l'Eternel & tu trouveras la connoissance de Dieu.* Au lieu que quand les hommes ferment volontairement les yeux à la Lumière, la Providence permet que le Dieu de ce Monde les aveugle, c'est ce que nous apprend l'Apotre St. Paul II. Cor. IV. 3. 4.

Il y a une ∣ ues autres passages qui attribuent à Dieu la disposition souveraine de toutes les Actions des hommes, sans charger pourtant la Providence de leurs Péchés.

Prov. XVI. 9. XIX. 21. XX. 24. *Le coeur de l'homme délibère de la voye, mais l'Eternel adresse ses pas. Il y a plusieurs pensées au coeur de l'homme, mais le Conseil de l'Eternel est permanent. Les pas de l'Homme sont de par l'Eternel, comment donc l'Homme entendra-t-il sa voye ?* Le sens de ces passages est que les hommes délibèrent & choisissent librement, mais lors qu'il s'agit d'exécuter ce qu'ils ont résolu, ils ne peuvent rien faire sans la permission Divine.

Nous regarderions comme un Etre extraordinairement Bon, un homme qui répandroit sur nous le millième par ici des Biens dont Dieu nous comble, & nous ne le b∣âmerions point, quoi que dans la dispensation de ses faveurs, il ne nous rendit pas compte à tout moment pourquoi il les a dispensées de telle & de telle manière : Le fond du Caractère des Athées est l'ingratitude, & à moi∣s que Dieu, en leur faisant du bien ne change la coupable disposition qu'ils apportent à recevoir ses bienfaits, il *n'est plus Dieu pour eux.* Je ne saurois m'empêcher d'insister ici un moment sur la Nature du ingrat∣s personnes que nous combattons. Quand ces personnes disputent contre la Justice de la Providence, Dieu leur paroit trop Bon, parce qu'il ouvre à des grands pécheurs les trésors de la Patience & de sa longue attente. Cette conduite leur paroit un Argument suffisant pour prouver que Dieu n'est pas Juste, & qu'il ne préside point au Gouvernement de cet Univers. Quand ils attaquent la Bonté de la Providence, alors Dieu ne leur paroit pas un Etre assés Bon, & quoi qu'ils apperçoivent dans le Monde un grand nombre d'exemples remarquables de Bonté, ils n'en font point remonter la cause à l'Etre souverainement Bon, mais au Hazard & à la fortune, parce qu'ils croient remarquer quelques traces du hazard dans les routes que suit la Providence, & dans le cours des Calamités de nôtre Vie. Voilà deux objections auxquelles il est impossible à Dieu de répondre au gré de ceux qui les proposent, & je crois que cette Impossibilité même forme une Réponse suffisante. Car si Dieu, pour sauver sa Justice, punissoit dans ce Monde chaque péché qui s'y commet, selon que ce péché le mérite, il ne lui resteroit guéres de lieu à exercer sa Bonté. Un grand nombre de Gens qui bien senient exposés à de cruelles souffrances, & alors les souffrances de ces gens de bien donnerient lieu à une Objection bien plus formidable que celle qu'on prétend tirer par là. Et si d'un autre côté Dieu n'infligeoit aucune peine aux hommes, quelques Méchans & quelques sechères qu'ils fussent, cette conduite formeroit une Objection indissoluble contre la Justice de sa Providence ; car selon les Notions qu'ont de la Bonté & de la Justice ceux qui s'érigent en faiseurs de difficultés, il est contradictoire que Dieu soit en même-temps Juste & Bon.

La Bonté de Dieu a sans contredit une supériorité dans le Gouvernement de cet Univers, & sa Justice n'est en quelque sorte que l'exécutrice des Desseins de sa bonté, comme cela doit être dans un état de Discipline, où les faveurs aussi bien que les Corrections tendent au Bien de ceux qui en sont les Objets. N'est-ce pas un acte d'extrême Bonté que de placer les hommes dans des circonstances d'épreuves, par lesquelles, s'ils veulent en profiter, ils peuvent recouvrer cette immortalité bienheureuse qu'ils avoient perduë ? Et quelques sévères que soient les Méthodes qu'employe la Providence pour rendre les hommes meilleurs, n'est-ce pas une marque bien touchante de Bonté que de les forcer à être heureux ?

La Bonté de Dieu dans un état de Discipline n'admet point un Bonheur parfait dans ce Monde, car ce ne seroit plus alors un état de Discipline. Si des hommes mêmes très pieux étoient aussi heureux ici bas sur la Terre qu'ils pourroient le souhaiter, ils soupireroient fort peu après l'éternité, & n'auroient guéres occasion de se former à la pratique de ces Vertus mortifiantes qui sont nécessaires pour se préparer à une Vie spirituelle : & les Méchans s'attacheroient encore d'avantage au Monde & pécheroient avec plus de licence. Les Afflictions qui affligent nôtre Vie, détachent les personnes vertueuses de la Terre & embrassent leur attente pour une autre Oeconomie ; elles servent aussi à faire entrer les hommes en eux-mêmes, ce qui suffit pour justifier la Sagesse & la Bonté de Dieu par rapport aux nombreuses Misères auxquelles les hommes sont en butte.

La Bonté de Dieu dans un état de Discipline exige que ce Monde soit un séjour dans lequel on puisse vivre, & où toutes choses égales, on aime mieux rester que d'être obligé, à force de Misères, de souhaiter d'en sortir.

Quel sujet d'effroi ne seroit-ce pas pour les hommes, si cet Univers n'étoit qu'un vaste Théatre de Calamités & de Misères ? Quel encouragement resteroit-il aux pécheurs pour se répantir ? Quel espoir de pardon pourroient-ils concevoir, si l'expérience ne leur prouvoit pas que la Conversion ouvre l'accès du Throne de la miséricorde ?

Un état de Discipline exclut également le Bonheur parfait & l'éxcès des Misères.

La Bonté de Dieu demande que dans un endroit comme nôtre Terre, sujet à mille révolutions, il y ait pourtant une Différence marquée & considérable entre le Bien & le Mal : car le but de la Providence, dans un état d'épreuve étant d'encourager la Vertu & de détourner les hommes du Crime.

Page 295. La Bonté de Dieu dans un état de Discipline demande qu'il y ait une plus grande portion de Bien que de Mal répandue sur la Terre ; car puis qu'un Etre Bon préside au Gouvernement de cet Univers il est juste que le Bien y prédomine. L'expérience est parfaitement d'accord sur cet Article avec la Raison. Si l'on veut peser éxactement tous les plaisirs & tous les chagrins de la vie, on verra que les plaisirs emportent beaucoup la balance. Dieu déploie quelquefois des jugemens terribles, mais cela arrive rarement ; Il y a presque toujours un demi siècle de santé & d'abondance pour une année de famine & de mortalité. Et les douceurs de la paix font oublier & comptant en quelques momens les désolations de la Guerre. La conduite ordinaire de Dieu consiste à faire du bien aux hommes, & à quelle hommes ! à des hommes qui s'arment de ses bienfaits & qui se tournent contre lui-même. Ce seul trait suffit pour nous inspirer la plus profonde admiration & la plus vive reconnaissance pour la Bonté de l'Etre suprème.

Page 2. 8. La fin que se propose la Providence, c'est le Bonheur de ses créatures : & par conséquent tout ce qui tend à ce but entre dans le plan de sa conduite. Les Moiens, pour être bons, doivent être capables de concourir à cette Fin, & par conséquent ceux qui contribuent le plus au Bonheur du Genre humain sont sans contredit les meilleurs. Ainsi il seroit injuste de considérer à cet égard les choses *en elles mêmes*; mais il faut les examiner relativement aux *circonstances*.

Page 3, 10. Il y a des gens qui se plaindront de ce que Dieu a donné l'existence à une Créature susceptible de péché & par conséquent de Misére, c'est à dire qu'ils blâment la Divinité d'avoir créé des Etres Libres, Raisonnables & Intelligens : car par cela même qu'ils sont Libres, ils peuvent faire un usage criminel de leur Liberté; mais cette Objection ne forme proprement point de Difficulté contre la Bonté de la Providence, mais contre celle de la Création, & elle ne signifie autre chose, sinon que Dieu ne devoit point créer le monde. Car si la Bonté l'empêchoit de former une Créature raisonnable qui pût se rendre elle-même malheureuse; sa Sagesse lui interdisoit la Création d'un Monde dans lequel il n'y auroit aucun Etre doué de Raison.

Considérons donc en quoi consiste la Bonté d'une Intelligence qui tire des Etres du Néant.

La Bonté du Créateur exige qu'il forme les choses sur des idées excellentes & parfaites. Par conséquent quelle faute y a-t-il dans la conduite de Dieu lorsqu'il a créé les Anges & les Hommes ? L'Idée d'un Etre Libre & Raisonnable n'est-elle pas celle d'un Etre excellent & heureux ? Y-t-il des perfections plus grandes & plus flateuses que Connoissance, Sagesse, Intelligence & Liberté. Est-il possible qu'il y ait du Bonheur là où il n'y a point de Raison ? Et la seule idée d'une Nature heureuse fonde-t-elle une Objection raisonnable contre la Bonté de la Création ?

Je voudrois bien savoir d'où les personnes que nous refutons ont tiré la notion qu'elles ont de cette Bonté qui est obligée de former des Créatures incapables de se rendre malheureuses. Quelle injuste prétention que de soûtenir qu'à cause que les Anges sont déchus de leur Innocence & de leur Félicité prémiére, par leur faute, Dieu a manqué de Bonté en les créant innocens & heureux. Les seuls Etres raisonnables sont susceptibles de bonheur, & par conséquent vouloir former un Etre Intelligent sans Liberté, & par cela même à couvert de la possibilité de pécher & de devenir miserable, c'est une pure contradiction.

Ecclés : IV. 2, 3. *C'est pourquoi j'estime plus les morts qui sont déja morts, que les vivans qui sont encore vivans. Même j'estime celui qui n'a pas encore été, plus heureux que les uns & les autres; car il n'a point vû les œuvres mauvaises qui se font sous le soleil.*

Ecclés. XI. 7. *Il est vrai que la lumiére est douce & qu'il est agréable aux yeux de voir le soleil. Mais si l'homme vit beaucoup d'années & qu'il se réjouisse tout le long de ces années-là, & qu'en suite il lui souvienne des jours de ténébres, qui seront en grand nombre tout ce qui lui sera arrivé se trouvera une vanité.*

Le Dessein évident, & tres-marqué de tout le livre de l'Ecclésiaste, n'est point de nous inspirer un dégoût mortel, mais un attachement raisonnable pour la Vie. Son But est de nous persuader que vouloir trouver un Bonheur parfait dans cette *Valée de larmes*, c'est s'engager dans la plus pénible, mais en même-temps dans la plus vaine de toutes recherches. C'est dans cette vûe que l'Auteur repéte si fréquemment ces paroles *tout est Vanité & rongement d'esprit.* Il prétend par là nous inspirer un amour modéré des choses présentes, & nous faire substituer à ces vains

passions qui nous séduisent & qui nous enflâment, la Connoissance de Dieu, la Pratique de nos Devoirs & l'espérance d'une meilleure vie. C'est là précisément la conclusion de son Livre. Ecclés: XII. 11. 16. *Le but de tout le propos qui a été oui, c'est croire Dieu & garder ses Commandemens, car c'est là le tout de l'homme; car Dieu amenera toute œuvre en jugement touchant tout ce qui est caché, soit bien, soit mal.*

Parmi d'autres Argumens dont le Sage se sert pour prouver que c'est une attente chimérique que celle d'un Bonheur parfait sur la Terre, il insiste principalement sur le grand nombre de souffrances auxquelles les hommes sont sujets, & qui souvent sont si violentes, que pendant certains momens elles font préférer à ceux qui les souffrent, la Mort à la Vie, & c'est là tout ce que Salomon vouloit dire, puis que cela lui suffisoit pour prouver l'Imperfection de nos plans chimériques de félicité.

Pour mettre cette Vérité dans un plus grand jour examinons prémiérement quels sont les Troubles & les Maux qui font qu'un homme Raisonnable juge heureux ceux qui ne se trouvent plus envelopés dans le Tourbillon des choses humaines, ou qui n'y sont jamais entrés.

Salomon nous donne des marques auxquelles nous pourrons reconnoître les Calamités de ce genre. Voici comme il l'exprime la prémiére : *Puis je me suis mis à regarder tous les torts qui se font sous le soleil & voila les Larmes de ceux auxquels on fait tort, n'ont point de Consolateur.* Il conclut de là ; *parquoi je prise plus les Morts qui sont déja morts, que les Vivans qui sont encore vivans.*

L'Auteur sacré veut dépeindre par ces paroles les Oppressions publiques causées par le Pouvoir suprême ou par les Magistrats inférieurs. La seconde Réflexion a relation aux Envies, aux Haines & aux Injustices particuliéres, puis *j'ai regardé tout le travail & j'addresse de chaque Métier, & j'ai vû qu'il y a Envie de l'un sur l'autre, cela est aussi* VANITÉ & RONGEMENT D'ESPRIT. Ce sont là les deux Sources les plus fécondes du nombre prodigieux de Maux qui empoisonnent la Douceur de la vie des hommes, jusqu'à les porter quelquefois à en souhaiter plutôt la *perte que la conservation.*

C'est une preuve du tendre soin que Dieu prend de l'Univers de ce que dans les Temps les plus vicieux, il suscite certains hommes excellens, destinés à arrêter le Torrent de la corruption ; Cela étant, seroit-il juste que des hommes qui sont d'une si grande utilité au Monde souhaitassent d'en sortir, & présentissent la tranquile retraite d'un Désert ou du Tombeau à la pénible gloire d'accomplir les Desseins de la Providence, & de faire du bien aux autres hommes ? Un Cœur généreux est incapable d'avoir de pareils sentimens. C'est du Sein des grandes Difficultés que naissent les grandes Vertus, & la plus brillante Gloire ne s'achette qu'au prix du Danger & de la peine.

Faire du bien est toûjours un plaisir touchant, mais le charme en devient plus flatteur à proportion des Obstacles que nous avons vaincus & qui s'opposoient à l'éxercice de nôtre Bonté. Quelle Gloire que celle de travailler à rendre les hommes meilleurs & à leur procurer le bonheur le plus solide dont ils puissent jouir & à soûtenir par la Vertu le Monde tombant par le Crime ?

Dans le Cours ordinaire des choses Dieu a donné à tous les hommes le Pouvoir de se préserver des Miséres les plus accablantes de la Vie, & particuliérement de toutes celles qu'ils s'attirent par leurs propres Péchés.

Si Dieu avoit imposé aux hommes la nécessité de ne jamais choisir, ou de ne faire aucune chose qui pût les rendre malheureux, il auroit par cela même anéanti l'éxercice de leur Raison & détruit la Liberté de leur Choix.

u

Il est impossible, de la maniére dont les choses se trouvent arangées à présent, de séparer la Misére du Péché, mais il dépend des hommes d'éviter la Misére, & cela étant je soûtiens qu'un Dieu Souverainement bon préside au Gouvernement d'un Monde dont les habitans peuvent se rendre heureux s'ils le veulent.

Page 337. Quoi qu'il y en ait plusieurs qui soient mécontens de leur Condition & qui n'en seront jamais contens, à moins que d'occuper les prémiers Postes de la société, j'en appelle aux Décisions de la Raison, s'il ne vaut pas mieux, pour l'avantage général des hommes qu'il y ait une Différence de Rangs & de Fortunes dans l'Univers ?

C'est une Erreur très-grossiére de croire que le bonheur des hommes différe autant que leurs Conditions. Tout le monde sait que la Félicité ne marche pas toûjours à la suite des Richesses, du Pouvoir, des Honneurs. Ces choses ont leurs agrémens & leurs desavantages. Les Grands ont pour eux l'Opinion, l'Eclat, les Apparences, mais ils sont éloignés du solide Bonheur autant que les Petits, qui ont sur eux l'avantage de n'être pas obligés de se détromper sur des Chiméres.

L'Inégalité des Conditions est un avantage pour tous les hommes, quelque rang qu'ils occupent sur la Terre, & sert à remplir les Sages Desseins de la Providence. Cette Inégalité rend certains hommes industrieux à pourvoir à leurs besoins & à ceux de leur famille, elle inspire à d'autres une généreuse émulation & donne occasion à la Providence de recompenser la vertu & de punir le Crime, car le changement de la fortune des hommes est une grande source de Châtimens & de Récompenses pour la Divinité. Quand l'Industrie, la Prudence & la Piété élévent les hommes à leur Condition basse ou même à d'éminens Emplois, & que la Prodigalité, la Molesse, le manque de Réligion, aménent la Misére, la Pauvreté & le Mépris sur de Riches Familles, de pareilles révolutions étalent des grands éxemples de la Sagesse & de la Justice de la Providence, & par conséquent l'Inégalité des conditions des hommes, bien loin de détruire la Providence, sert plutôt à en établir la Bonté. Je ne sçaurois me défendre de sentir des mouvemens d'indignation, quand je réflechis sur l'Inégalité des hommes, *qui ont en Dieu la Vie, le mouvement & l'être*, qui ne méritant rien de lui, en reçoivent tous les jours mille bienfaits, & cependant ne sont jamais plus contens que lors qu'ils croient avoir raison de former quelque plainte injurieuse à sa Bonté.

Page 340. Les cieux lumineux & brillans par lesquels nous pouvons envisager la Sagesse du Maitre de l'Univers doivent nous inspirer de l'Admiration pour *les endroits obscurs & envelopés de ténébres*. XI. 7. 8. 9.

Les vents & les voleurs prospérent. Interroge les bêtes & chacunes t'enseignera, les oiseaux te le déclareront, les poissons de la Mer te le raconteront. Qui est-ce qui ne sait toutes ces choses que c'est la main de Dieu qui les a faites ? Il multiplie les Nations & il les fait périr ; Il les répand çà & là, & puis il les raméne; Il ôte le cœur aux Chefs des peuples de la Terre, & les fait errer comme des gens qui sont yvres.

Page 346. Quelques personnes qui font profession d'ajouter foi aux Livres de Moïse se croient obligées de donner du Déluge une éxplication philosophique, sans avoir recours aux Miracles. Les personnes qui nous dépeignons moins à raisonner à quelque prix que ce soit, & comme rien n'abrége tant leurs Raisonnemens que les Miracles, elles se font un Systême bisare où on ne revoque pas en doute, mais on ne laisse pas de prouver que les événemens opérés ou auroit pû être produits par des Causes naturelles.

Mais cette prétention est souverainement mal fondée, par raport au fait dont il est question ; car le but de Dieu, en donnant certaines propriétés aux Causes naturelles, étoit de conserver & non pas de détruire l'Univers. Par conséquent la destruction de l'Univers ne peut pas avoir été produite par des Causes naturelles, mais par un Pouvoir supérieur à celui de la Nature. Cela étant quelle justesse peut-il y avoir dans tous les Raisonnemens philosophiques qu'on hasarde sur cette Matiére ? Quelle Cause peut plonger la Nature dans un si affreux Desordre, si non le même pouvoir qui a formé la Nature & qui lui a préscrit des Loix ?

Et voilà précisément le But que Dieu se proposoit en envoyant le Déluge, à savoir de donner une Preuve Démonstrative de la Providence aux Siécles futurs, par une Destruction miraculeuse qui ne pourroit être attribuée qu'à la Vengeance Divine.

SECTION XIV.

Examen du Pyrrhonisme par rapport à l'Influence de la Réligion sur la Societé.

I. VOICI une Question sur laquelle Mr. Bayle s'est le plus étendu & dont par conséquent l'éxamen sera susi d'une plus grande étendue. On n'a pas de peine à comprendre qu'un homme, persuadé que Dieu s'est révelé aux hommes, comme Mr. Bayle assûre qu'il en est persuadé par l'effet d'une Grace surnaturelle, puisse se rétourre à employer son temps à faire l'Apologie des Athées ; car qu'y a-t-il de plus inutile & en même temps de plus scandaleux ?

Dira-t-on pour l'éxcuser, qu'il a été entraîné insensiblement à traiter cette Matiére ? Qu'un des Argumens dont il s'étoit servi pour réfuter l'erreur de ceux qui s'imaginent que Dieu avertit les hommes par les Cométes & qu'elles leur présagent des fléaux, l'a engagé dans cette Discussion ? Mais un homme sage n'aimera-t-il pas mieux laisser tomber un Argument que d'écrire tant d'inutilités pour le soûtenir, & sur tout des inutilités capables de faire un très-mauvais effet sur la plus grande partie de ses Lecteurs ?

Mr. Bayle avoit-il en vuë de persuader les hommes qu'ils auroient grand tort de maltraiter les Athées & de s'allarmer de leur Erreur ? mais peut-on dire qu'on reconnoit pour Divine la Réligion Chrétienne quand on se déclare l'ami de ceux qui traitent la Divinité de chimére ? Sied-il bien à un Chrétien de passer ses jours dans un Commerce familier avec des Athées, lors même qu'il se trouve affermi contre tous leurs Sophismes ? **Mais n'y a-t-il pas un grand nombre de Personnes, dont la Raison est moins exercée, qui ne pourroient fréquenter ces gens-là sans s'éxposer à se remplir de Doutes, qui pour le moins ébranleroient leur Foi ?** & faut-il qu'un homme d'ésprit & un homme de bien donne lieu par son éxemple à des commerces qui peuvent devenir si funestes aux autres ?

Mr. Bayle veut-il encore persuader aux hommes qu'il n'y auroit point d'Imprudence & qu'on ne courroit point de risque à confier le Sort des autres hommes à des gens que l'on sauroit Athées ?

Dira-t-on ; Ce n'est point là ce qu'il se proposoit. Il se bornoit à prouver que les Athées doivent être un Objet de Tolérance charitable, de même que les autres errans. Mais s'il ne se proposoit que cela, il faut avoüer qu'il a bien perdu de vuë son But, & qu'il s'en est prodigieusement éloigné, puisque ses Preuves vont jusques à donner l'avantage à l'Athéisme sur la Réligion, par rapport au bon état de la Sociéte.

II. LES Raisons qui prouvent la nécessité & l'équité de la Tolérance, par rapport aux autres Errans, n'ont point lieu par rapport aux Athées. Un homme

Importance de cette Question.

De la Tolérance des Athées.

me qui se trompe en matiére de Réligion ne croit point de se tromper ; au contraire il se regarde comme le Défenseur d'une Vérité, & il se croit obligé de la répandre, ou du moins de ne la point condamner, sa Conscience le lui ordonne ainsi. Mais un Athée peut-il dire qu'il *vaut mieux obéir à Dieu qu'aux hommes*, & qu'il faut bien se garder de lui déplaire, en condamnant comme une Erreur ce qu'on reconnoît pour une Vérité?

Outre cela. Il me paroit qu'on est fondé à soûtenir que Dieu a mis les hommes en état de s'assûrer de son éxistence & du respect qui lui est dû, & que s'il en est qui se roidissent contre une Vérité si facile à découvrir, leur Incrédulité a pour cause une dépravation de Coeur très-condamnable & entiérement sans éxcuse, sur tout pour ceux aux yeux de qui on fait briller une suffisante Lumiére. Ce n'est pas que je trouve à propos que le Magistrat les punisse. Pour dignes de Châtimens qu'ils soient, il me paroit, qu'il seroit mieux de n'aller pas jusques là, par une raison de Prudence. La bonne Cause en pourroit souffrir. On trouveroit toûjours moien de faire proitre quelque Ouvrage imprimé, ou manuscrit, où on ne manqueroit pas de dire que les Athées auroient encore bien d'autres Raisons à alléguer si on leur permettoit de se défendre. Tel Ouvrage, qui débité en secret, fait bien du mal, parce qu'on n'en lit pas la réfutation, n'en feroit point s'il étoit public, parce qu'on auroit lieu de le réfuter parfaitement. Spinoza, par éxemple, a fait grand bruit, & cependant ses Ouvrages ne sont qu'un tas d'éxtravagances.

Mais il y a une différence infinie entre ne condamner pas au Bannissement, à la Mort ou à la Prison un homme qui a parlé ou qui a écrit en faveur de l'Athéïsme & entre le laisser dans ses Emplois, vivre avec lui comme avec un homme qu'on estime, qu'on honnore, qu'on aime: Lorsque des gens de cette trempe, s'attirent le mépris des honnêtes gens, il ne leur arrive rien dont ils ne soient très-dignes.

Je vai rapporter ce que le Docteur Sherlock a dit pour faire voir le peu de Raison qu'ont les Incrédules de nier l'Éxistence de Dieu, ou sa Providence.

,, Un Ouvrage marqué au coin d'un Ouvrier sa-
,, ge & habile peut-il être fait sans Sagesse, sans Ha-
,, bileté, par le seul Hazard ? Un Etre doué de Vie,
,, de Sentiment, de Raison, peut-il être produit par un
,, Etre dépouillé de Raison, de Sentiment & de Vie ?
,, Voilà ce qu'ils avancent. Mais de quelle maniére
,, le prouvent-ils ? Ils affirment hardiment que cela est
,, possible, & ils sont obligés de s'arrêter là; mais
,, d'où savent-ils que cela est possible? Est-ce sur
,, de pareils Principes que l'on se fonde ordinaire-
,, ment dans la Conduite de la Vie? Quelles Idées
,, ces mots réveillent-ils ? La Nature Mére de tous
,, leur a-t-elle donné cette leçon particuliére, qu'une
,, chose peut éxister sans une Cause proportionnée à
,, l'Effet ? Qu'une chose en peut former une autre
,, qui lui est contraire ? Qu'une Matiére *insensible &*
,, *stupide* peut produire le *Sentiment & l'Intelligence*?
,, Je serois curieux de savoir quelles Régles ils
,, emploient pour discerner ce qui est possible d'avec
,, ce qui ne l'est pas; & s'ils peuvent trouver une
,, Proposition qui n'est pas possible, plus absurde
,, que leurs Propositions possibles, je renonce pour
,, toûjours au priviléges de Créature Raisonnable.
,, Tout ce que leurs Expressions *Cela est possible* peu-
,, vent signifier, est que *si cette Lumiére qui éclaire*
,, *tous les hommes nous égare & nous trompe il est*
,, *Possible qu'il éxiste certaine Chose dont la Raison la*
,, *plus saine nous apprend que l'Existence implique con-*
,, *tradiction.*

,, Telle est la Victoire que la Raison d'un Athée
,, emporte sur celle du reste des hommes, & ce tri-
,, omphe ne lui a coûté que l'audace d'accorder une
,, possibilité téméraire à des choses absolument im-
,, possibles.

,, Il n'y a point d'êtres au monde qui aient be-
,, soin du Concours de la Providence que nous,
,, puisque le lieu où nous demeurons est un Théatre
,, de Changemens, de Violences, de Passions, &
,, est-il croiable qu'un Etre sage & bon accorde le
,, moins de secours à ceux-là mêmes, à qui il en
,, manque d'avantage?

,, D'autres avouent que la Providence Divine gou-
,, verne cêt Univers, mais ils bornent les soins de
,, l'Etre suprême à toutes les Espéces de Créatures,
,, sans étendre ces soins sur chaque Individu. Mais
,, cette distinction est frivole, elle suppose que Dieu
,, fait plus d'attention à de vains termes de Logi-
,, que, qu'à ses Créatures. D'ailleurs le soin gé-
,, néral est impossible, à moins qu'il ne résulte du
,, soin que Dieu a de chaque Créature en particu-
,, lier. Dieu peut-il prendre soin des Roiaumes &
,, des Républiques, sans faire attention sur ceux qui
,, sont partie de ces Républiques & de ces Roiau-
,, mes, sans jetter les yeux sur chaque partie?
,, Vouloir établir une Providence générale qui con-
,, serve tout sans entrer dans aucun détail sur la con-
,, servation du particulier, c'est avancer une absur-
,, dité, car toutes les raisons qui nous font croire
,, une Providence générale en établissent aussi une
,, particuliére. Comme l'Univers consiste dans un
,, assemblage de plusieurs Etres distincts, il n'est pas
,, possible que Dieu soûtienne & gouverne tout cet
,, Univers, sans faire attention à chacun de ces Etres;
,, car si chaque particulier périt, parce que Dieu ne
,, le conserve point, par la même raison tout l'Uni-
,, vers périra.

III. POUR éxcuser Mr. Bayle peut-être re- *Si en dis-* présentera-t-on qu'il ne convient pas d'être si scrupu- *regarder* leux sur l'usage que les gens de Lettres font de leur *cette* tems: Ils sont depuis long-tems en possession d'ê- *Question* tre pardonnés quand ils s'avisent d'éxercer la Subtilité *simple cu-* de leur Genie sur des Questions de pure Curiosité. *riosité.* Qu'il en est de cette nature dans les Mathématiques, dans l'Histoire, dans la Morale, dans la Réligion, & que c'est dans ce Rang qu'on doit placer la question, si l'Idolatrie n'est pas pire que l'Athéïsme.

Je pourrois répéter ce que je viens déja de remarquer que Mr. Bayle est allé beaucoup plus loin, puisqu'il a écrit bien des choses qui vont directement à représenter la Réligion comme inutile pour le bien de la société

IV. MAIS permettons nous d'éxaminer cette *Etat de la* Question en elle même avec attention & les sui- *Question* tes. Pour peu qu'on l'éxamine de près, on reconnoîtra qu'elle est une source inévitable de contestations & de mal entendus, & que ceux qui la proposent oublient les premiéres Régles qu'on doit observer pour raisonner juste.

L'Etat d'une Question s'embrouille aisément quand elle roule sur des Comparaisons; car déja pour ne pas s'y tromper & pour ne pas tomber dans une confusion qui sera une source infaillible d'erreur ou de mauvais d'embarras, il faut tellement établir les Comparaisons qu'elles ne roulent que sur des choses *Loc.Part.* de même genre, dont-on cherche uniquement les *l.Sect.II.* dégrés.

On sait avec quelle vivacité on a disputé & on dispute encore sur la Tolérance, & sur l'Influence & les mauvais effets de l'Irréligion & de la superstition dans la société. A tous ces égards, on confond un grand nombre de Questions dans une seule, & la dispute est à peine commencée qu'on ne s'entend plus.

Je demanderois si un Etat, composé de personnes qui connussent & aimassent la véritable Réligion, ne seroit pas plus heureux qu'un Etat composé de personnes qui n'en auroient point.

Je demanderois si la connoissance des Vérités qui composent la Réligion, n'a pas une plus heureuse Influence, quand on ne se borne pas à les connoître & à les croire, mais qu'on les aime, qu'on en goûte la Beauté

Beauté & qu'on est charmé de leur Excellence. Je demanderois s'il n'y pas divers degrés de persuasion, & si une persuasion plus forte n'a pas un plus grand effet qu'une persuasion moins vive.

Je demanderois si à proportion qu'on se trouve plus exposé à manquer à son Devoir soit par des dispositions de Tempérament, soit par des Circonstances extérieures, il n'est pas nécessaire de s'être plus convaincu des Vérités de la Réligion & de s'en être rendu la Connoissance plus présente & plus familiére.

Je demanderois si un Etat n'est pas plus tranquile & moins exposé aux inconvéniens de Disputes & de leurs suites, lors que tous ceux qui le composent ont les mêmes Idées, & s'expriment dans le même sens en matière de Réligion, que quand ils pensent & parlent différemment.

Je demanderois enfin si la Diversité des sentimens cause nécessairement des Troubles & des Desordres, & si la Tolérance n'est pas un moien plus conforme à l'Humanité & à la piété que la Contrainte & les durs traitemens.

Voilà déjà un très-grand nombre de Questions. Mais il en faudroit encore établir d'avantage, & les traiter l'une après l'autre pour éviter la confusion & les mal entendus, où l'on est tombé sur cette matiére.

Quand il s'agiroit de comparer l'Athéïsme avec les Erreurs où les hommes sont tombés ou peuvent tomber par rapport aux Idées qu'ils se sont faites de la Nature de Dieu, ou de sa Volonté, je pense qu'il faudroit d'abord distinguer diverses Classes d'Athées. Les uns pourroient être tels par pure stupidité d'esprit. D'autres faute d'éducation. Dans quelques-uns ces deux principes s'uniroient.

On pourroit supposer qu'un homme est tombé dans l'Athéïsme, parce qu'il s'est embarrassé lui-même par des Difficultés sous lesquelles il a succombé en travaillant à l'éxamen de cette grande Question.

L'un examine dans le Désir sincére de trouver la Vérité. Un autre cherche à se délivrer du joug qui lui paroit incommode. L'un Doute & trouve cet état de doute triste. Un autre prend plaisir à douter de ce que les autres croient & encore plus à le rejetter.

On peut considérer l'Athéïsme ou *en lui-même*, ou par rapport à ses *Causes*, ou par rapport à ses *Effets*. A ce dernier égard on traitera de son Influence sur un homme d'un tempérament paisible, sur un homme d'un naturel Indolent, sur un homme qui pour faire honneur à un sentiment extraordinaire, *dans lequel il se plait composé ses Moeurs*, ne fut-ce que pour faire honte aux gens qui ont de la Réligion qu'il hait. On peut enfin supposer l'Influence du Doute sur l'éxistence de Dieu, ou celle de l'Athéïsme dans les hommes tels qu'ils sont ordinairement, c'est-à-dire Esclaves à peu près de leurs Intérêts & de leurs passions.

Il y a de même une grande différence entre les Idolatres. On donne ce nom à ceux qui reconnoissant l'éxistence d'un seul Dieu Créateur des Cieux & de la Terre, le représentent sous des *Images corporelles*, & honnorent ces Images d'un Culte réligieux. Ceux qui les *adorent* elles-mêmes portent l'égarement encore plus loin. Il en est qui se sont imaginés que Dieu gouverneroit les hommes par le moïen de quelques *intelligences subalternes*, dont ils ont fait aussi l'objet de leurs priéres, de leur Crainte & de leur Confiance, on a plus ou moins erré dans cette supposition. Quelques-uns se sont tellement attachés à ces Dieux subalternes, qu'ils ont oublié de penser au Dieu souverain. *Quelques-uns* ont pu tomber dans cette faute par un refresh mal entendu; *Dans d'autres*, un Eloignement de coeur pour le Grand & le Souverain Maître a été la cause du peu d'attention qu'ils lui ont donné. Le Culte qu'on a rendu à ces prétendues Divinités subalternes a été plus ou moins illégitime. Il en est qui sont allés jusques à adorer des *Dieux Vicieux*; Mais entre ceux qui ont porté l'éxtravagance jusqu'à ce point là, *peu* se sont fait une Loi de se rendre ces Dieux favorables par l'Imitation de leur mauvaise conduite, & la plûpart ont cru qu'ils ne devoient pas se permettre ce que leur Dieux se permettoient.

Les hommes qui sont tombés les uns ou les autres de ces égaremens peuvent encore être rangés dans des Classes fort différentes: Il est des Hommes *stupides*, il en est qui *approchent* de la stupidité, il en est qui n'ont eu *aucune occasion* de s'instruire, peut être s'en est il trouvé qui par foiblesse & par modestie ont acquiescé à toutes les Instructions qu'on leur avoit données dans leur *Enfance*. Les uns par paresse, les autres par intérêt se sont laissés *entrainer à l'éxemple*; quelques-uns n'ont pas eu des occasions de s'instruire, d'autres se sont *dérobés à la Lumiére* qui étoit prête de les éclairer, Il s'en est trouvé qui ont fait tous leurs efforts pour faire triompher leurs préjugés de la Vérité & ceux-ci ont été *Opiniatres* ou *Intoléras* en différens dégrés.

Quel temps ne faudroit-il pas pour comparer juste, la *premiére* Espéce d'Athées, avec toutes ces espéces d'Idolatres? Dès là il faudroit comparer la *seconde* avec la même éxactitude, & quel fruit tireroit-on d'un temps si inutilement emploïé? Cependant si on ne s'y prend pas de cette manière, plus on disputera; moins on verra clair dans une Question si composée; & c'étoit là le but de Mr. Bayle qui cherchoit à répandre sur toutes sortes de Questions les Doutes & l'incertitude de son Pyrrhonisme, & qui sous prétexte de discuter une Question curieuse, de répondre à des objections & de critiquer ses Antagonistes, travailloit adroitement à rendre ses Lecteurs favorables aux Athées & à les prévenir contre la nécessité & l'utilité de la Réligion.

Dans les Réligions, Bonnes dans le fond, quoique mêlées d'erreurs, on comparera encore le Mal qui s'y est glissé, avec le bien qui y reste. De là naitra un grand nombre de chefs de Comparaisons, qu'il faudra faire par ordre avec les différentes espéces d'Athéïsme.

Je remarquerai encore deux grandes fautes où l'on tombe pour n'avoir pas distinctement établi l'Etat de la Question sur ces matières. Ceux qui aiment à rabattre de l'influence qu'on attribuë à la Réligion sur les Moeurs, ne se contentent pas de confondre 1. l'efficace de la Vérité affoiblie par des Erreurs, avec l'Efficace de la Vérité pure; & 2 l'efficace *de la même Vérité dans des esprits convaincus par des preuves d'une évidente solidité*, & son efficace sur ceux qui n'y adhérent que par *l'effet de la Coutume*, & par les *préjugés de l'éducation*. 3. On fait pis encore, & on parle de la Réligion comme d'une Opinion sans force & sans effet, parce qu'on ne voit pas que ses Maximes soient constamment & universellement observées sur tous ceux qui en paroissent très-persuadés, au lieu que tel qui fait une faute en feroit dix, tel en feroit cent. Tel enfin en feroit vingt qui n'en fait que dix neuf & cette vingtième que les Idées de Réligion le garantissent en prévient une infinité d'autres; car qui ne sait dans quelle Enchainure de maux on se précipite pour avoir cédé à la violence d'une passion? Pour couvrir une passion, on ment, on calomnie, on se parjure on s'emporte contre ceux qui la reprochent, par là on s'inquiete, on dérange ses affaires; encore plus on cherche à les reparer par des Obliquités, ou par des Duretés; la mauvaise humeur où l'on se laisse aller attire toûjours plus d'ennemis &c. Cette suite n'auroit eu aucun lieu, si l'on avoit évité la Faute, qui en a été l'origine.

Un autre sophisme où l'on tombe sur le sujet dont je parle

je parle, c'est qu'en rapportant le Desordre que le zèle inconsidéré répand dans la société, on ne considère pas assés que les Violences auxquelles on s'abandonne les uns contre les autres, ont leurs Principes dans la Malignité du cœur humain, qui trouveroit d'autres prétéxtes pour s'échapper & pour se satisfaire si la Religion ne lui en fournissoit pas. L'envie ronge la plupart des hommes, & sur tout ceux d'entr'eux qui, nés dans l'obscurité, se voient placés dans quelque Rang au dessus de leurs Péres. Pour être odieux à ces gens-là, il suffit d'avoir quelque Naissance, quelque bien, quelque Lumière, quelque Mérite, en un mot quelque avantage qu'ils n'ont pas. Ceux-là même qu'ils ont, ils voudroient les posseder seuls: ils ne peuvent souffrir qu'on les égale. L'Ostracisme des Athéniens fait horreur. C'étoit un peuple ingénieux, poli, mais Républicain à la fureur. Le Mérite le plus parfait devenoit pour eux un Objet éxécrable, puisqu'il les forçoit de regarder un homme Vertueux avec quelque distinction. A quelle violence ne se porteroient pas, dans une société d'Athées, ceux qui auroient quelque Pouvoir, puisque leurs Passions ne seroient point reprimées par ce frein qui gêne les Vicieux, & qui leur fait prêter l'oreille avec tant de plaisir aux Apologistes de l'Irréligion ? De quel œil ne regarderoient-ils pas ceux qui reconnoitroient un Dieu, & la nécessité d'obéïr à ses Commandemens. & ne feroient-ils pas fondés à regarder ces sentimens comme faisant leur Procès & les mettant dans le rang des plus détestables Créatures ?

Mr. Bayle ne s'est pas autant étendu, dans son Dictionnaire sur cette Question que sur les autres, dont nous avons déja fait l'éxamen. C'est dans la *Continuation des Pensées diverses* & dans ses Réponses aux Questions d'un Provincial qu'il lève le masque & donne à l'Apologie des Athées tout ce qu'il se trouvoit de subtilité & de fécondité. Je commencerai par son Dictionnaire.

De l'Isficace de la Religion sur les mœurs. Article Pompanace Note H.

„ IV. A L'OBJECTION, dit Mr. Bayle,
„ que le Dogme de la mortalité de l'ame porteroit
„ les hommes à toutes sortes de crimes, Pomponace
„ répond que puisque l'homme aime naturellement
„ la félicité & hait la misère, il suffit pour en faire un honnête homme, de lui montrer que le bonheur de la vie consiste dans la pratique de la Vertu,
„ & la misère dans la pratique du Vice. Il ajoûte
„ que ceux qui enseignent la mortalité de l'Ame ou-
„ vrent le chemin à la Vertu la plus parfaite, qui est
„ celle qui n'a point pour but, ou d'être recom-
„ pensée, ou d'éviter le châtiment. Il dit aussi que
„ les gens brutaux sont ceux à qui il faut proposer
„ l'immortalité de l'ame, & qu'apparemment il y a
„ eu des Auteurs qui l'ont enseignée sans qu'ils la
„ crussent, & qui en ont usé de la sorte pour
„ réprimer l'inclination sensuelle des Esprits gros-
„ siers.

„ Toutes ces remarques, continue Mr. Bayle, n'ô-
„ tent pas la difficulté, ce sont de pauvres solutions.
„ Mais voici une pensée plus raisonnable, elle est
„ fondée sur des faits. Il dit qu'un grand nom-
„ bre de fripons & de scélérats croient l'immor-
„ talité de l'ame, & que plusieurs saints & justes
„ ne la croient pas.

Afin qu'il y ait quelque ombre de Raison dans la troisiéme Réponse de Pomponace qui donne le Dogme de l'Immortalité, comme propre à retenir les brutaux, il faut reconnoitre que la persuasion de l'Immortalité modéré les excès où ils pourroient tomber, ou que si elle n'a pas cet effet sur tous, elle l'a au moins sur quelques-uns. Cette 3. Réponse étant encore toute forcée à la prémière : car comment ceux qu'un motif si intéressant ne retient pas, seroient-ils retenus par la seule Idée de la Beauté de la Vertu & de la laideur du Vice ? Les fripons que Pomponace allegue sont-ils retenus par là ? Aussi Mr. Bayle compte pour rien les trois prémières réponses, & n'approuve que la dernière. *Toutes ces remarques*, dit-il *n'ôtent pas la difficulté, ce sont de pauvres solutions. Mais en voici*, dit-il, *une plus raisonnable, elle est fondée sur des faits. Il dit qu'un grand nombre de Fripons & de scélérats croient l'immortalité de l'ame, & que plusieurs Saints & justes ne la croient pas.* Examinons cette réponse & l'éloge qu'en fait Mr. Bayle.

1. Pomponace auroit été bien embarrassé à nommer ces justes & ces Saints qui n'ont pas cru l'immortalité de l'ame.

2. J'emploie une Raison *ad hominem*. Mr. Bayle se glorifie de la Foi qui supplée chés lui à tous les Raisonnemens, & cette Foi lui doit avoir appris que les plus grands Saints ont eu besoin de se soutenir par ce secours ; je veux dire par l'idée, des recompenses immortelles & quelquefois par la fraieur du sort opposé.

3. Tel fripon & tel scélérat paroit croire l'Immortalité de l'ame, parce qu'il ne s'est pas avisé de traiter de fausse & de rejetter éxpressément comme telle, une Opinion, dont il a trouvé imbus ses compatriotes; Mais comme il ne s'est pas avisé de la traiter de fausse, il n'en a point non plus éxaminé les fondemens. Cette Vérité a été le moindre objet de son attention, & il a tourné ses vûes & ses désirs sur des objets tout différens. Il en est qui ne rejettent pas éxpressément le Dogme de l'Immortalité & ses suites, mais sur lesquels ce Dogme a cependant peu d'efficace, parce qu'ils nont pas pris le soin de s'en bien assûrer, de s'en bien pénétrer & que leur attention s'occupe de toute autre chose, *Ce Dogme ne régla pas, des gens ainsi faits*. Donc il ne sera point d'effet sur ceux qui s'en occupent plus sérieusement. Peut-on faire un Raisonnement plus pitoiable ?

Il faut toûjours ramener Mr. Bayle à l'Etat de la Question ; On ne prétend pas que le Dogme de l'Immortalité & les Maximes de la Réligion reconnues pour vraies dans une société, garantissent de vice tous ceux qui la composent ; On prétend que la Persuasion de ces Vérités n'est pas sans effet, qu'elle en affermit plusieurs dans la Vertu, qu'elle en retient d'autres, & que si elle ne prévient pas tous les écarts, elle en prévient pourtant ; & cela suffit pour conclure que la Société en retire de grands avantages.

Mr. Bayle remarque lui-même que les Relations des Voiageurs ne s'accordent pas sur la Probité des Turcs comparée à celle des Chrétiens : Mais quand il seroit de notorieté publique que les Turcs fussent beaucoup plus honnêtes gens que les Chrétiens qui vivent parmi eux, j'en tireroïs un Argument pour prouver l'Influence de la Réligion sur les Moeurs. *Article Mahomet Note P.*

Si les Turcs vivent mieux que les Chrétiens, on ne peut pas attribuer cette différence à la Réligion même; car incontestablement l'Evangile éxige les Bonnes Mœurs pour le moins autant que l'Alcoran : Pour l'ordinaire encore ceux qui sont sous la Croix s'étudient plus à faire honneur à la Réligion par la Probité, & à se consoler par là; Mais les Turcs sont bien instruits sur les Devoirs de leur Réligion. Les Chrétiens Grecs au contraire sont très-ignorans & ils se contentent de diverses pratiques extérieures qui leur tiennent lieu de Probité. Au lieu de vertus, ils n'ont que des superstitions, & ils s'imaginent que cela suffit pour les sauver; Leurs Prêtres le croient ainsi, & le leur persuadent : On voit donc par là ce que peut sur les hommes une Morale éclairée & soutenue de l'Autorité de la Réligion.

„ Il est sur, dit Mr. Bayle, qu'il y a des gens *Article Hobbes Note K*
„ qui se conduisent par les Idées de l'honnêteté, & par
„ le désir de la belle gloire, & que la plupart des
„ hommes ne sont que médiocrement méchans. Cette
„ médiocrité suffit, je l'avoue, à faire que le train
„ des choses humaines soit rempli d'iniquités, &
„ imprimé presque par tout des traces de la corrup-
„ tion du cœur ; mais ce seroit bien pis si le plus
„ grand nombre des hommes n'étoit capable de re-
„ primer en plusieurs rencontres ses mauvaises inclinations

„ nations par la crainte du deshonneur, ou par l'es-
„ pérance des louanges. Or c'est une preuve que la
„ corruption n'est point montée au plus haut dégré.
„ Je ne considére point ici les bons effets de la vraie
„ Réligion, je regarde l'homme en général.
Si les Principes de l'honnêteté & du point d'honneur sont capables d'engager les hommes à modérer leurs passions, les Idées de la Réligion doivent avoir un plus grand effet sur ceux qui sont persuadés de la Vérité. Les Idées de l'honnête deviennent d'une toute autre force, dès qu'on les regarde comme approuvées & ordonnées de Dieu : La Gloire, qu'on en tire est tout autre, quand on est persuadé que par là on s'élévé à la Ressemblance de Dieu, à la Dignité de ses Enfans & à toutes les suites d'un titre si grand.

Réponse à l'argument tiré de ce que les Athées ne sèrent pas les persécuteurs.

VI. L'argument qu'on tire des horreurs de la persécution & des excés monstrueux, auxquels les Persécuteurs se sont portés, ne prouve rien parce qu'il prouve trop. Il suivroit de là, que l'Etat de Société n'est pas plus avantageux au Genre humain que l'Etat d'Anarchie, parce que l'état de Société produit dans quelques occasions des maux épouvantables. Je n'en veux pour preuve que ce qu'on lit dans Mr. Bayle à l'article Hobbes

Note C.

" Les Syracusains qui avoient
„ joui d'un grand bonheur sous le long Régne de
„ Hieron perdirent bientôt patience sous son Successeur qui se gouvernoit tyranniquement. Ils le tuérent
„ qu'il ne faisoit que commencer la seconde année
„ de son Régne, & peu après ils firent mourir les
„ deux filles d'Hieron & ses trois petites filles. De
„ ces cinq Dames, il y en avoit trois contre qui on
„ n'avoit aucune plainte à former, & qui s'étoient
„ refugiées pour ainsi dire au pié des Autels. N'étoit-ce pas ôter une Tyrannie pour en établir une
„ plus grande? Tite Live a-t-il tort de remarquer à
„ ce sujet-là, que le peuple est incapable de se tenir
„ dans la médiocrité; humble jusqu'à la bassesse quand
„ il obéit, insolent au dernier point quand il commande? Le massacre de ces cinq Dames ne fut
„ point l'action de quelques particuliers sans aveu:
„ il fut commandé par le Sénat & par le Peuple de
„ Syracuse; & cela lors que la mémoire d'Hieron
„ étoit encore toute fraîche; Prince qu'ils avoient
„ aimé si tendrement & si justement. L'iniquité
„ de leur barbare décret fut si visible qu'ils la connurent bientôt; ils le revoquérent ; mais cela ne servit de rien, il étoit déjà exécuté. Les factions
„ ne finirent point par l'extirpation entiére de la Famille Roiale; elles s'accrurent de jour en jour, &
„ renversérent en peu de temps la l'berté & la Souveraineté de la Patrie. Elles opposérent mal à propos Syracuse à l'inimitié des Romains qui l'assiégérent & la subjuguérent. Silius Italicus décrit aussi
„ bien le cahos où cette ville tomba, après avoir fait
„ mourir le Tiran Hiérome & ses parents. Ce
„ fut un cahos dont les Romains furent tirer parti.
„ La discorde de la Ville, les engage à l'assiéger.
„ Représentés vous ceci tant que vous voudrés,
„ vous n'en férés point un bon argument auprès
„ d.s personnes préoccupées contre la Monarchie : On
„ vous répondra que cela même qu'on ne peut
„ remédier à des désordres que par des maux si affreux,
„ vous devés conclure qu'elle est un grand mal.
L'Anarchie exposéroit à tout coup, non pas un petit nombre d'hommes, mais presque toutes les familles de la Terre à des Inconvéniens & à des dangers tout semblables à ceux que les Desordres de l'Etat populaire & de la Monarchie causent de temps en temps à quelques personnes. De même si l'on calcule bien, on verra que les maux que la Réligion a faits ne sont rien en comparaison des Biens qu'elle a procurés.

Preuve que la Réligion retient. Article Juive. Note E.

VII. Mr. BAYLE après avoir rapporté les paroles de la Bretonne femme d'Argentocoxus, *Nous avons à faire, sans nous cacher, avec les plus honnêtes gens, mais vous autres vous commettés adultére avec les plus scélérats;* Il ajoûte : " Avouons que cette femme

barbare répondit malignement aux railleries de
„ l'Impératrice ; mais gardons-nous bien de croire,
„ que l'impudence de ces Insulaires fut moins blâmable que les Adultéres secrets de Rome. Ceux
„ qui font le Mal en cachette retiennent les Idées
„ de la Vertu, & leur rendent quelque Hommage;
„ mais ceux qui péchent sans honte ne respectent la
„ justice ni en théorie ni en pratique.

N.B.

Quand donc la Réligion n'auroit fait d'autre bien à la Société que de réduire les hommes qui tombent dans le Vice, à se cacher d'avantage; toujours les auroit elle par là formés à pécher avec plus de retenue ; l'Exemple des pécheurs est devenu par là moins contagieux, parce qu'il a été moins visible, & on a affermi les hommes, dans l'habitude de respecter les Barriéres que ceux-là même qui les violent en secret, respectent publiquement.

„ VIII. LES Païens n'étoient point, dit Mr. Bayle, scandalisés du sort différent qu'avoient les Victimes. Celles qu'on offroit à une Divinité faisoient espérer, pendant que celles que l'on offroit à une autre faisoient craindre. Apollon & Diane, enfans jumeaux de Jupiter, se contredisoient quelquefois : le frere rejettoit une victime ; la sœur l'admettoit. Le Paganisme ne trouvoit rien là de scandaleux : il eut bien voulu plus de concorde dans les promesses du bien ; mais enfin il ne croioit pas que la nature divine donnât l'exclusion à l'ignorance, au caprice. à la discorde : il aquiescoit donc à cela, comme à des effets inévitables de la Nature des choses." Mr. Bayle avoit dit un peu auparavant, „ Je ne parle point des sentimens du commun peuple; je ne parle point de l'abus de quelques particuliers ; je parle du culte public, pratiqué par les personnes les plus éminentes, & soûtenues de la majesté de l'Etat. Récusillons de ceci une Vérité, qui est d'ailleurs assés manifeste, c'est que la Réligion des Païens étoit fondée sur des Idées de Dieu aussi fausses que l'Athéisme"

Toutes les erreurs ne sont pas également dangereuses. Article Agesilaus esprit. Note A.

Ibidem

J'accorde tout cela. Car on peut dire que toutes les Erreurs sont également fausses, où également des Erreurs quoiqu'il ne soit pas toûjours également facile de connoître à quel point elles sont contraires à la Vérité. Mais de ce qu'en un certain sens il est vrai de dire que toutes les Erreurs sont également fausses, il ne s'ensuit pas qu'on puisse ajoûter qu'elles sont toutes également dangereuses, ou toutes également difficiles à refuter. De ce que le Systême des Païens sur la Divinité a été aussi faux que celui de Spinoza, il ne paroît pas qu'il ait été à tous égars également dangereux.

IX. Mr. BAYLE pour persuader que la Réligion Chrétienne n'est pas avantageuse aux Sociétés, la présente, quand il lui plait, comme une Réligion qui engage les hommes à regarder avec une parfaite indifférence tout ce qui fait le Lustre d'une Société, & tout ce qui anime les hommes à la Diligence, au Travail, à l'Industrie, au Courage. Ce sont là des Idées fausses & trés-exagérées, je n'en veux d'autre preuve que ce qu'il cite lui-même de Saint Chrysostôme.

Réligion Chrétienne mal réprésentée par Mr. Bayle

Avant que l'Evangile eut appris aux hommes, qu'il faut renoncer au Monde & à ses Richesses, si l'on veut marcher bien avite dans le Chemin de la perfection, il y avoit eu des Philosophes qui avoient compris cela, & qui s'étoient défaits de leurs Biens, afin de vaquer plus librement à l'étude de la sagesse & à la recherche de la Vérité.

Article Auxanagora. Note A.

Saint Chrysostôme déclare que la conduite de ces Philosophes étoit une Folie, & une Utopie, & non un mépris des Richesses. Le Diable, ajoûte-t-il, s'est étudié toûjours à décrier & à diffamer les Créatures de Dieu par l'incapacité qu'on à eu de s'en bien servir de son argent. N'est-ce point rendre la pareille aux Gentils qui traitoient de fous & d'insensés tous les Chrétiens qui renonçoient à leurs Patrimoines, & se retiroient dans des solitu es. C'est ainsi qu'on trouve du bien ou du mal

par

par tout, *selon que l'on est rempli de tels ou de tels Préjugés.*

Ce seroit un grand préjugé que d'attribuer à tous les Chrétiens les Idées de quelques Solitaires, & d'en faire un Dogme général. Nous verrons dans la suite que Mr. Bayle a affecté de les en charger.

Abus d'une autorité Article Apollonius de Tyane.

"X. IL EST remarquable, dit Mr. Bayle, que Saint Augustin ait reconnu qu'Apollonius de Tyane, valoit mieux que le Jupiter des Païens. Ce qui (ajoute-t-il dans la note F) doit faire honte à je ne sai quels Théologiens modernes, qui ne sauroient souffrir que l'on regarde la privation de la Connoissance de Dieu, comme un moindre Mal que le culte des Gentils pour des Dieux abominables, & pires que des Magiciens."

Rien n'est plus ordinaire aux hommes, sur tout lorsque quelque intérêt, quelque Passion, le zèle même les fait parler, que de donner pour une Vérité absolue, ce qui n'est vrai qu'à de certains égards. Ceux qui débitent des Paradoxes cherchent pas tout des Authorités. Pour appuyer de celle de Saint Augustin, il faudroit lui avoir fait envisager la Question sur le danger de l'Athéisme, sous toutes ses faces, ou qu'il parût qu'il l'avoit ainsi examinée.

La Religion n'agit pas toûjours sur le qui n'a pas tout l'effet qu'elle doit avoir. Note F.

"XI. COMBIEN y a-t-il de débauchés très orthodoxes d'ailleurs, dit Mr. Bayle, qui dans la peur de faire naufrage, ou de mourir d'une Maladie, promettent à Dieu que s'ils en échappent, ils vivront très-sagement? Ils en échappent & vivent aussi mal qu'ils avoient fait."

On n'auroit point relevé cet endroit si Mr. Bayle n'affectoit si souvent d'insister sur le peu de pouvoir de la Religion, & s'il n'alléguoit ce peu d'efficace comme un argument qui prouve son inutilité, & fait voir que les hommes vivroient aussi sagement sans son secours, à moins, ajoute-t-il, qu'une Grace surnaturelle ne lui donne ce qu'elle n'a pas. Mais si la Religion n'a pas toûjours sur les Cœurs tout l'effet dont elle est digne, s'ensuit-il qu'elle ne l'ait jamais? Elle ne l'a pas sur tous, mais elle l'a sur quelques-uns; Quand elle ne l'a pas en tout sens, elle l'a à quelques égards, & cela plus ou moins; & si elle ne l'a pas pour toûjours, elle l'a pour quelque temps, & ces effets, quels qu'ils soient, sont des biens dont la Société profite.

Quand Mr. Bayle ajoute, "Ne diroit-on pas qu'ils font allusion à ces Loix humaines qui dispensent de tenir leur parole ceux qui l'ont donnée, pressés par une Force majeure, en Prison, à un Ennemi qui leur tenoit le pistolet sur la Gorge, *Casus in quo non cadunt metus legitimus in constantem virum.*" Ces paroles font sentir le ridicule de ceux qui n'observent pas les Promesses qu'ils ont faites à Dieu; Or est-il permis de supposer & punir à soûtenir, sans une témérité excessive, qu'il n'y a personne qui vive conséquemment, au moins à peu près sa conduite en gens, qu'il n'y a personne qui se rie du ridicule de ce que Mr. Bayle vient de décrire, & qui tâche de s'en éloigner.

Paroles remarquables sur la conduite de quelques Athées.

"XII. POUR que les hommes peuvent vivre aussi régulièrement dans une Société d'Athées, & que cela leur est aussi facile que dans une Société où il y a de la Religion, il est très-inutile de dire que l'Athée *Diagoras* avoit fait d'excellentes Loix. On ne disconvient pas qu'un Athée ne puisse découvrir, par l'observation de quelles Loix une Société peut se procurer de la sûreté, de la gloire et de l'abondance. Mais on soûtient que l'attention à un Dieu Vengeur du mépris de ce qui est juste, est un Motif très-puissant à observer de bonnes Loix, & que si ce Motif manque, il manque quelque chose de très-important.

Diagoras Athée de profession donne des Loix aussi justes que celles de Lycurgue & de Solon, dit Mr. Bayle, D'un autre côté un Prêtre qui s'érige en Historien, lui refuse les Eloges qu'il a justement mérités, sous prétexte qu'il étoit Athée.

L'Athée donne des Loix justes, le Prêtre fait une Injustice. Que conclure de là si ce n'est que l'Esprit de parti, est ordinairement cause de bien des écarts; & cette remarque fournit une Réponse aux Objections que Mr. Bayle tire de la manière dont vivent un grand nombre de personnes qui sont persuadées de la Vérité de la Religion. Ce n'est pas par amour pur, par admiration, par respect, & par dévouement qu'ils s'y attachent. L'Education, dit-il, les Préjugés, l'Esprit de parti, en sont les principales Causes, & ces Causes auroient pu leur donner le même zèle pour l'Erreur. Si la Religion n'a pas sur ces gens-là l'effet qu'elle devroit avoir, par elle-même, s'ensuit-il qu'elle n'en sauroit avoir, & qu'elle n'en a pas de plus heureux sur ceux qui, plus éclairés, plus curieux de la pure Vérité, & plus charmés de la connoître, ne s'attachent à la Religion que par des Motifs dignes d'elle?

Les Disciples d'Epicure, dit Mr. Bayle, vivoient tout en commun avec leur Maître, & on n'a jamais vu de Société mieux réglée que celle-là. Puis il ajoute dans la Note D. *Il est sûr que cette Idée approche plus de la perfection que ne fait la Communauté de Biens, & qu'on ne sauroit assés admirer l'Union des Disciples d'Epicure, & l'honnêteté avec laquelle ils s'entre-aidoient, chacun demeurant le maître de son Patrimoine.*

Article Epicure.

Il joint à cela un passage de Cicéron, "Qu'on parcoure l'histoire des hommes en remontant à l'Antiquité la plus reculée, à peine y trouvera-t-on trois paires de vrais amis; mais Epicure avoit trouvé moien d'en assembler des troupes dans une seule maison & de les unir parfaitement. Qu'on nous vienne dire après cela, continue Mr. Bayle, que des gens qui nient la Providence, & qui établissent pour leur dernière fin leur propre satisfaction, ne sont nullement capables de vivre en Société, que ce sont nécessairement des Traitres, des fourbes, des empoisonneurs, des Voleurs &c.

De Finibus L. I.

Ce Raisonnement pour être spécieux n'en est pas moins sophistique. On s'y écarte d'abord de l'etat de la Question. On n'a jamais prétendu que sans les Idées de la Religion & sans la persuasion de la Providence, il fut impossible que des hommes prissent plaisir à vivre les uns avec les autres, & que trouvant leur compte à s'obliger mutuellement, ils ne pussent s'affermir dans le dessein de vivre ensemble; Mais on prétend que des principes de Religion sont par eux-mêmes, très-propres à rendre cette Union plus durable.

2. Le Raisonnement de Mr. Bayle a encore le défaut de conclure du particulier au général. Un petit nombre de Personnes d'une même humeur, prennent de l'attachement les unes pour les autres, & passent agréablement leur vie, dans une grande Union, sans que des Idées de Religion y entrent pour quoi que ce soit; Donc ces Idées ne sont nullement nécessaires pour maintenir l'ordre dans de grandes Sociétés, composées d'hommes qui raisonnent très-différemment, qui sont dans des principes tout opposés, dont les inclinations ne sont encore plus, & dont la plupart ont encore plus de penchant à faire du Mal que les autres n'en ont à faire du Bien.

3. Dès qu'un homme ne goûteroit pas les sentimens d'Epicure, il ne se rangeoit point à la Société de ses Disciples; & s'il changeoit d'humeur ou d'idée, il la quittoit; & son absence ne causoit aucun dérangement dans cette Société; Un Transfuge avoit beau la décrier, ceux qui y restoient n'en demeuroient pas moins unis; Au contraire, pour se vanger de ce Transfuge, ils s'animoient à faire honneur à leur Société, par une Union plus grande & par des Mœurs plus aimables. Mais dans ces assemblées d'hommes dont les Etats sont composés, s'il étoit libre à chacun de se séparer des autres, d'en dire du mal, de les traverser, de troubler leur repos, en un mot de faire ce qu'il voudra, comment cette Société pourroit-elle demeurer tranquille, & comment pourroit-on y vivre en sûreté? Dira-t-on qu'on a suffisamment

ment pourvû à cette sûreté par le moien des Loix, & de l'autorité des Magistrats qui sont observer ces Loix? Dès qu'on me parlera ainsi je me croirai en droit d'ajoûter, si l'idée des Loix des Magistrats qui font observer ces Loix, si des Récompenses attachées à leur Observation, si des Peines qui en suivent la Négligence & le Mépris, sont capables de déterminer un homme à résister à ses Panchans, & à travailler à les corriger, pourquoi réfuseroit-on cette efficace, à l'Idée du Dieu, à celle de ses Loix, à celle de ses Faveurs & de son Indignation.

4. L'Union des Epicuriens & tout ce qu'elle avoir de faires agréables étoit fondée sur l'Unité de leurs Idées, & sur le respect qu'ils avoient pour leur Maître, dont ils regardoient les Décisions comme des Oracles. Mais il est beaucoup plus naturel de regarder comme des Oracles, les Décisions d'un Homme qu'on reconnoît avoir parlé au Nom du Seigneur, & avoir reçu la Commission d'enseigner les hommes de sa part. Les Instructions que l'Evangile nous donne ont donc une tout autre force que les leçons d'Epicure pour nous remplir de tendresse les uns pour les autres; Ce n'est pas seulement entre ceux do t les lumieres sont comme de niveau que les Loix de l'Evangile établissent l'Amitié. Elles remplissent de Compassion pour les plus foibles, de support pour les errans, de Charité pour les Ennemis, & les Motifs par où elles nous engagent à l'obéissance sont d'une force infinie, en comparaison de ceux que devoit Epicure.

5. Les petites Sociétés des Epicuriens se voient une bonne partie du Repos dont elles jouïssoient à la grande Société de la République, sous la protection de qui elles vivoient. Les hommes peuvent se partager en un très-grand nombre de sentimens & peuvent philosopher en mille manières. Supposons 30 ou 40 Philosophes qui se fassent chacun des Disciples, & se rendent chefs, chacun d'une Société semblable à celle des Epicuriens; supposons un Païs dont tous les habitans sont ainsi partagés; si quelques-unes de ces Sociétés s'avisoient de s'élever contre les autres & se permettoient de les maltraiter, ne verroit-on pas bientôt naître dans ce Païs là tous les désordres de l'Anarchie & tous les Inconvéniens de l'Etat de pure nature? désordres qui suivant les Idées des Jurisconsultes, ont forcé les hommes à s'unir en Société, & à se mettre sous la protection des Loix & des Magistrats qu'ils se sont choisis. Ceux d'entre les Chrétiens qui ne se permettent pas d'éxercer aucune fonction de Magistrat, que deviendroient-ils, s'il n'y en avoit point? Ils commencent presque tous; Mais la sûreté de leur commerce est fondée sur les Loix, & sur l'attention des Magistrats à empêcher qu'ils ne leur soit fait du tort. Ce qu'ils envoient d'un Païs à un autre, & ce qu'ils en font venir, arrive & parvient sûrement, parce que les grands chemins ne sont pas remplis de voleurs, & que des vaisseaux remplis d'hommes armés, empêchent les flotes marchandes de devenir la proie des Pyrates.

Nous voici donc forcés à reconnoître la nécessité des Loix & des Magistrats, la nécessité des grandes Sociétés qui tirent leur force de leur Nombre, & nous soûtenons que les Idées de Religion sont d'une grande efficace pour maintenir, l'ordre dans ces Sociétés, & pour y reprimer la Licence.

Les Epicuriens eux-mêmes en étoient persuadés, Ils étoient bien aises que leurs Concitoiens craignissent les Dieux, & c'est par cette raison qu'eux-mêmes faisoient semblant de les servir, afin d'autoriser par leur Exemple, une Coûtume dont ils respectoient l'utilité; Car de dire, comme fait Mr. Bayle, que les Epicuriens rendoient aux Dieux, un Culte que les Théologiens Orthodoxes recommandent comme le plus légitime & le plus parfait, quand ils disent que quand même on ne croiroit ni Paradis ni Enfer, on seroit toujours obligé d'honnorer Dieu, & de faire ce que l'on croiroit lui être le plus agréable; parler

Article Epicure Note F.

ainsi, c'est s'égaler à débiter des Paradoxes; Les Temples où les Epicuriens se rendoient pour y faire leurs Dévotions avec les Prêtres & le Peuple, ce n'étoient pas des Temples où l'on s'assembloit pour admirer la Perfection & la Félicité des Dieux, tranquilles, oisifs, & sans aucune attention à ce que les hommes peuvent faire; c'étoient des Temples où l'on rendoit un Culte Réligieux à Jupiter à Junon, à Minerve &c que les Epicuriens ne mettoient nullement au nombre des Dieux

Enfin une preuve de l'Insuffisance des Idées purement Philosophiques se tire des desordres où l'Epicuréisme jetta l'Empire Romain; Cette Doctrine n'est pas incompatible avec les bonnes moeurs, chés des gens d'un naturel doux, tranquille, & qui ne cherchent qu'à couler leurs jours le plus doucement qu'il est possible; Mais très-peu de personnes se trouvent de cette humeur; Des coeurs dévoués à l'ambition, à l'avarice, à l'envie à la débauche, aux voluptés grossières, deviennent capables des plus grands éxcés, dès qu'aucune Idée de Réligion ne les retient; Il n'y a d'hommes vertueux parmi les Empereurs Pafens que ceux qui étoient nourris dans les Idées des Philosophes Stoïciens.

,, La prémière Idée, dit Mr. Bayle, qui se présente à ceux qui veulent éxaminer l'état de l'Irréligion, est l'Idée d'une Liberté fort heureuse selon le monde, dans laquelle on satisfait tous ses désirs sans aucune crainte, sans aucun remors. Cette Idée s'enracin si avant dans l'ame & en occupe tellement la capacité, que si quelcun nous vient dire que l'état d'un homme pieux, n'est point comparable en fait d'avantages temporels, à celui d'un Epicurien, nous rejettons cela comme un mensonge très-absurde. Et cependant ce mensonge prétendu a de son côté une foule de raisons très fortes, comme Plutarque l'a fait voir. La bonne foi de cet Auteur dans cette partie de la dispute me paroit considérable, en cas qu'il ait bien connu combien ses raisons pouvoient servir à disculper l'Epicuréisme; car s'il est certain qu'en niant la Providence de Dieu, & l'immortalité de l'ame, on se prive de mille douceurs, & de mille consolations, ce n'est point par des motifs d'intérê, par amour propre, par attachement à la Volupé qu'Epicure a choisi l'hypothése Philosophique qu'il a enseignée. Il auroit plutôt choisi l'autre s'il la fut déterminé par de semblables motifs.

Quand donc Mr. Bayle, après avoir parlé de la douceur d'Epicure & de la Concorde avec laquelle les Epicuriens vivoient, s'écrit, *Qu'on nous vienne dire après cela que des gens qui nient la Providence, & qui établissent pour dernière fin leur propre satisfaction, ne sont nullement capables de vivre en Société, que ce sont nécessairement des traitres, des perfides, des empoisonneurs, des voleurs &c.* Il fait paroitre dans ces paroles un grand zèle pour les Athées, & donne en même temps dans les sautes où l'éxcès du zèle a accoutumé d'entrainer. 1. Il pose mal l'état de la Question. Epicure se persuade, & trouve des gens à qui il persuade, que l'homme n'aiant rien à espérer au de là de la Vie, doit donner tous ses soins à le passer avec le moins d'incommoditéz & le plus de contentement qu'il pourra. L'ambition & l'embarras des affaires où elle entraine, ne sont pas des moiens fort propres à se procurer des douceurs suivies, & à s'épargner des fatigues & des chagrins. Une troupe d'amis qui renoncent à l'Ambition, qui se contentent de la Médiocrité de leur Sort, & qui veulent s'aider les uns les autres, à vivre doucement & agréablement, est le Parti le plus convenable au Systême d'Epicure. La nouveauté prête encore la force ordinaire à un sentiment déjà adopté par la conformité de ses Principes & de ses Maximes avec le goût dont on étoit. Il n'y a donc rien dans cette Union, qui parût au commencement entre les Disciples d'Epicur

Article Epicure Note R.

picure, que de fort naturel. Ils s'animoient encore à y persévérer parce qu'elle leur fournissoit une refutation réelle des Conséquences dont on les accabloit dans les systêmes opposés. Ce qui s'est vu alors, peut encore avoir lieu aujourd'hui parmi un petit nombre de gens d'une certaine humeur. Mais la Société a besoin d'autres appuis, & quand les gens ne sont pas déterminés par leur humeur à des sentimens modérés par rapport à l'Ambition, & par rapport à l'Intérêt, il est certain que la Religion, l'attention à l'Etre suprême, l'attente d'une autre Vie, peuvent s'opposer aux excès où une humeur ambitieuse & interessée porteroit infailliblement. La suite des temps a fait voir, ce que pouvoit l'hypothèse d'Epicure, & la crainte de la Divinité qu'elle bannissoit; car ce Dogme, comme je viens de le dire, répandu chés les Romains ne contribua pas peu à renverser la République, & à toutes les horreurs que l'on vit naître dans la suite. Mr. Bayle après avoir mal posé l'état de la Question tombe donc dans son Sophisme ordinaire, qui est de conclure du particulier au général.

Mr. Bayle va souvent à son but par des voies détournées, & il enveloppe ce qu'il pense sous les expressions d'autrui. S'il prétend insinuer dans ce qu'on vient de lire, qu'on ne s'est pas jetté dans l'Epicuréisme, séduits par la pensée qu'on vivra plus à son aise, & qu'on aura le plaisir de suivre ses propres idées, ses propres panchans sans être à tout coup combatu, & troussé par les Idée importunes d'une puissance supérieure & redoutable, qui ne laissera pas impuni l'oubli d'un grand nombre de Loix sévéres, & dont l'observation est très pénible, il contredit formellement les plus célèbres Epicuriens, qui honnoroient leur Maitre comme un Dieu, parce qu'en les affranchissant du joug de la Religion, il leur avoit ouvert la seule route d'une vie heureuse.

Mais ils se trompoient, dit Mr. Bayle, & les gens de bien jouissent de mille consolations dont les Epicuriens sont privés : J'en tombe d'accord, & je reconnois que l'amour propre des uns fait un mauvais choix, & que celui des autres se conduit avec plus de lumiére & de sagesse.

A cette remarque j'en ajoute deux: la prémiére c'est que si les Espérances dont un homme, qui a de la Religion, se remplit, & goûte la douceur, ne sont que des Chimères, il y a plus de Réalité & de Vérité dans le Systême des Epicuriens, qui par là se trouve préférable. Une seconde remarque est que si le Systême des Epicuriens est faux, ils se trompent quand ils en relèvent le mérite, par son efficace, à rendre la Vie des hommes plus heureuse, & ils se font illusion quand ils s'y affermissent par ce motif. Il faut donc débuter par l'examen de la vérité des Systêmes, au lieu de se prévenir par ce qu'ils présentent d'agréable suivant les différentes faces sous lesquelles on les considere.

La Réligion est utile par ce qu'elle lie les Princes. Article Ablas. Note B.

XIII. ENFIN il y a de la différence entre poser que la Religion est une lumière contre les crimes, & entre soutenir que quand on n'est pas retenu par ce motif, on devient nécessairement fourbe, voleur &c. " Si ,, ce que les Impies, dit Mr. Bayle, débitent très-,, faussement, étoit véritable, savoir que la Religion ,, n'est qu'une Invention humaine, que les Souve-,, rains ont établie afin de tenir les peuples sous le ,, joug de l'obéissance, ne faudroit-il pas avouer que ,, les Princes auroient été pris tous les prémiers dans ,, le piége qu'ils auroient tendu ? Car bien loin que ,, la Religion les rende maitres de leurs sujets, qu'au ,, contraire elle les soûmet à leurs peuples, en ce sens ,, qu'ils sont obligés d'être non pas de la Religion ,, qui leur paroit la meilleure; mais de celle de leurs ,, peuples; &, s'ils en veulent avoir une qui soit ,, différente de celle là, leur couronne ne leur tient ,, qu'à un filet. Voici comment les Mages de Perse ,, menaçoient leur Prince, quoiqu'il n'eut encore que ,, caressé un Evêque. N'a-t-on pas dit que le dernier ,, Roi de Siam avoit été renversé du Trône, pour ,, avoir été trop favorable aux Missionaires Chrétiens ?

La Religion dit Mr. Bayle, *met les Princes dans quelque dépendance de leurs Sujets.* Est-ce un mal p... a Société ? N'importe-t-il pas au bien du Genre humain que les Idées de la Religion répandent de nouveaux dégrés d'atrocité sur les injustices que les Princes pourroient commettre, & les forcent par là à respecter toûjours plus leur Devoir ?

Mais au cas que la Religion des Peuples soit fausse le Prince n'osera pas les obliger à la quiter, pour embrasser la sienne qui est véritable. A cela je réponds 1. si au lieu d'une fausse Religion ces Peuples étoient depuis long-temps affermis dans l'Athéïsme, leur Prince qui viendroit à se persuader d'une Religion, & d'une Véritable Religion, trouveroit-il plus de facilité à faire changer d'Idées à de tels sujets? Ne diroient-ils pas ; Il ne se peut que nôtre Prince ne nous haïsse, & ne nous regarde avec horreur, puisqu'il nous considére comme des rebelles au Maitre qu'il adore. Je répons 2. qu'un Prince qui a sur la Religion des Idées toutes différentes de celles de ses Sujets, n'a qu'à laisser en repos sur cette matière, il n'a qu'à n'user à cet égard, ni de contrainte, ni de ruse ; Il n'a qu'à laisser maitres de leur sort en ce sens, & se contenter de faire briller à leurs yeux, par les voies les plus douces, les Lumiéres de la Vérité; Dès là il n'aura rien à craindre.

XIV. " LA RELIGION , dit Mr. Bayle, ,, qui est regardée par tout le monde comme le plus ,, ferme appui de l'Autorité souveraine, & qui le se-,, roit effectivement si elle étoit bien entendue & bien ,, pratiquée, est ordinairement ce qui énerve le plus ,, cette même Autorité. Il n'y avoit rien de plus ,, juste que l'arrêt de François I. contre le Prédica-,, teur d'Issoudun, homme qui avoit eu l'audace de ,, traiter si indignement en Chaire, la propre sœur ,, de son Roi. Cependant aucun Magistrat n'ose ,, exécuter les ordres de son Monarque contre ce ,, mutin ; & lorsqu'un Gentilhomme a le courage ,, de les exécuter, il s'expose à mille persécutions, & ,, il devient si odieux, que l'on protège hautement ,, ceux qui le massacrent. La Reine de Navarre ,, fût la prémière à conseiller à ce Gentilhomme de ,, sortir de son Païs; puisque l'éxécution des ordres ,, très-justes de son Prince l'exposeroit à la haine des ,, bigots. Preuve évidente que la Cour ne se sent ,, pas assés forte pour protéger ses bons serviteurs ,, persécutés par ceux de l'Eglise. On dit ordinai-,, rement que le Ministére Evangélique *est ipsis An-,, gelis tremendum; ajoûtons- y, & ipsis quoque Regibus.* Li-,, sés bien l'histoire de l'Eglise Romaine, vous ,, trouverés que les plus grands Princes du Monde ,, ont eu plus à craindre les passions que les Zéla-,, teurs excitent, que les armes des Infidèles : Ainsi ce ,, qui devroit être l'affermissement de la République, ,, & de la Majesté de l'Etat, est bien souvent l'ob-,, stacle le plus invincible que les Souverains rencon-,, trent à l'éxécution de leurs ordres.

Réponds à l'argument tiré de l'Intolérance. Article Junius Note B.

On ne sauroit rien alléguer de plus fort contre l'*Intolérance*; elle est capable de détruire une partie des bons effets que la Société peut se promettre de la Religion ; Mais le remède est aisé ; c'est la Religion même, bien entendue, qui condamne l'Intolérance, la Nature en frémit, la Raison en a horreur. Si François prémier n'avoit pas donné lui-même des exemples du faux Zèle, & ne l'avoit pas autorisé par son Exemple; S'il n'avoit pas usé d'une cruelle Intolérance, il ne se seroit pas vu exposé à tolérer & à ménager des Mutins & des Rebelles. Si la haine pour les Réformés n'avoit pas balancé, dans son cœur, son dépit contre les Mutins d'Issoudun, un seul bataillon n'auroit-il pas suffi, pour punir leur humeur séditieuse ? Qu'on y pense attentivement, osera-t-on dire que la France sans Religion, ne fût pas devenue le théatre d'un beaucoup plus grand nombre de Maux , que la France superstitieuse ?

" L'Esprit de l'homme, dit Mr. Bayle, est tellement

Article

DU PYRRHONISME.

Art. Nouv. II.

„ lement fait, que par les prémières impressions, la
„ neutralité en fait du culte de Dieu le choque plus
„ rudement que le faux culte ; & ainsi dès qu'il
„ entend dire que certaines gens ont abandonné la
„ Religion de leurs Péres, sans en prendre une autre ,
„ il se sent saisi de plus d'horreur que s'il apprenoit qu'ils
„ sont passés de la meilleure à la pire. Cette prémié-
„ re impression l'éblouit & le remué de telle sorte,
„ qu'il se régle là-dessus pour juger de ces gens là ;
„ & c'est à quoi il proportionne les passions qu'il
„ conçoit contre eux. Il ne se donne point la patien-
„ ce d'examiner profondement, si en effet il vaut mieux
„ s'aller ranger sous les étendars du Diable, dans
„ quelqu'une des fausses Religions que cet ennemi
„ de Dieu & des hommes a établies, que de garder
„ la neutralité. A juger des choses selon les prémié-
„ res impressions, il n'y a guéres de Proselytes ,
„ qui , sur la nouvelle que Titius auroit quitté la
„ profession de l'Eglise Réformée, sans entrer dans au-
„ cune autre Communion, ne prétendissent qu'il seroit
„ plus Criminel, que s'il s'étoit fait Papiste ; Mais
„ je demanderois volontiers à ces Protestans, *Vous êtes-
„ vous bien fondés? Avés vous bien examiné ce que vous
„ dirés en cas qu'il fût devenu un grand dévot au Pa-
„ pisme , qu'on le vit chargé de reliques, & courir à
„ toutes les Processions , & qu'en un mot, il pratiquât
„ tout ce qu'il y a de plus outré dans l'Idolatrie , & dans
„ les superstitions des Moines ?*

Quand Mr. Bayle s'exprime ainsi sous prétexte de
ramener les hommes de leurs Préventions, il en tire
adroitement parti pour les éblouir en faveur de l'Irréligion. *Ne vaut-il pas mieux* , dit-il , *garder la neutralité en matière de Réligion que de s'engager dans une
fausse sous les étendars du Diable.*

Voilà des Métaphores bien propres à éblouir. Un
homme qui examine les différentes Réligions où on
l'invite, & qui fait cet Examen, sans Prévention,
sans Crainte & sans Intérêt, garde, en examinant
avec cette Circonspection, une Neutralité louable.
Mais celui qui prend le parti de n'en avoir point,
n'est plus dans les termes de la Neutralité ; Il s'est
déclaré contre toutes ; Il a pris un parti également
contraire à toutes ; Vous diriés qu'un homme qui
a pris le parti de n'avoir point de Réligion n'est pas
sous les étendars du Diable, au lieu qu'au contraire
cet esprit malin ne souhaiteroit rien tant que de les
pouvoir toutes éteindre ; *N'aimeriés vous pas mieux* ,
dit-il , *qu'un Protestant qui abandonneroit la Réligion
de ses Péres, n'en prit aucune que de le voir* CHAR-
GÉ DE RELIQUES, SUIVRE TOUTES
LES PROCESSIONS ?

Cette Question m'embarrasseroit, au cas que cet
homme là fût plein d'un Esprit de fraude & de fureur
contre son ancienne Communion ; car alors il se pourroit que j'aimasse beaucoup mieux le voir doux,
paisible, éloigné de traverser qui que ce soit , quoique dans le doute & dans l'Ignorance. Mais s'il
vivoit dans l Pureté, dans la Justice, dans la Modestie, dans la Charité, j'aimerois mieux voir toutes ses Vertus obscurcies , par des mélanges de superstitions que de voir ce qu'il auroit conservé de probité & de poine d'honneur, défiguré par son Obstination à ne reconnoître aucune Divinité , ou à s'imaginer que le sort des hommes est indifférent à l'Etre
suprême. Je le condamnerois encore tout autrement
s'il se faisoit un plaisir de s'attirer des Disciples, &
de répandre des Dogmes ou des Doutes qui me pa-
roîtroient si funestes au genre humain, non seulement au salut, mais au
Repos temporel des hommes.

Réflexion sur le Procédé de Mr. Bayle. Nouv. L.

„ XV. CEUX qui approfondissent la chose, dit
„ Mr. Bayle, croient que généralement parlant, la
„ véritable & la principale force de la Réligion , par
„ rapport à la pratique de la Vertu, consiste à être
„ persuadé de l'Éternité des Peines & des Récompen-
„ ses, & qu'ainsi en ruinant le Dogme de l'Immor-
„ talité de l'Ame, on casse les meilleurs ressorts de la
„ Réligion. On peut fortifier cette pensée par deux

„ Remarques, l'une qu'il n'est presque pas possible
„ de persuader aux gens qu'ils prospéreront sur la
„ terre , en vivant bien, & qu'ils seront accablés de la
„ mauvaise fortune en vivant mal. Chacun croit
„ voir tous les jours, mille & mille éxemples du
„ contraire. Les Orthodoxes aiant de plus la res-
„ source de l'éternité, ils seront plus en état de fai-
„ re influer la Réligion sur leur morale pratique.

„ Pour finir, je dis qu'on ne peut nier, qu'en
„ cas qu'un homme soit fortement persuadé que la
„ Justice Divine distribue les peines & les récompen-
„ ses seulement dans cette Vie , & que toute nôtre des-
„ tinée se termine là , il ne puisse s'abstenir du mal,
„ & se tourner vers le bien par un motif de Réli-
„ gion. Mais en même-temps, il faut dire qu'il y
„ a si peu d'apparence qu'un tel sentiment ait quel-
„ que force contre la dépravation de nôtre nature,
„ que l'on est fondé à soutenir que la secte Saducéen-
„ ne détruiroit les vrais appuis de la Réligion.

Tout ce que Mr. Bayle dit en cet endroit, ne
signifie rien , si la persuasion des Vérités de la Réligion n'influe point sur les Mœurs ; De sorte que
quand il ajoûte, *La bonne Vie d'un Saducéen peut passer
pour une espéce d'éxemple de la combinaison de l'honnêteté Adorable avec l'Impiété*. Afin que cette réflexion
servît de preuve à l'inutilité de la Réligion pour le
maintien de la Société, il faudroit prouver que les
Saducéens vivoient bien par pur amour de l'honnêteté
Morale. Or 1. leur bonne Vie est fort suspecte ;
Ils possédoient les prémiers Emplois ; ils parvenoient
à la souveraine Sacrificature, & ils l'achetoient des
Romains, en se détournant les uns des autres. 2.
Ce qui se trouvoit de régulier dans leurs mœurs
pouvoit encore, en partie, être l'effet de la nécessité où
ils étoient de vivre conformément aux Idées du Peuple persuadé d'une Religion & de l'Immortalité de
l'Ame.

De ce que Jesus Christ , censure plus souvent les
Pharisiens que les Saducéens, il ne s'ensuit pas que
les Motifs des Pharisiens fussent plus corrompues ;
ce n'étoit peut-être que parce qu'ils étoient plus condamnables quand ils vivoient mal, malgré des Lumiéres plus pures. Mais outre cela, l'autorité des Pharisiens sur le Peuple, qu'ils entretenoient dans l'aveuglement & dans la superstition, mettoit Jesus Christ
dans la nécessité de les dévoiler. Voïés encore ci-
dessous Art. LXXVI.

*De la li-
aison na-
turelle de
l'honnê-
teté,
avec la
vraye
Religion.
Nouv. A.*

„ XVI. QUOIQU'IL en soit, die Mr. Bayle,
„ nous devons croire que les Siamois n'invoquent
„ point Sommona-Codom , en tant qu'ils croient qu'il
„ n'a nul pouvoir, & qu'il ne se mêle de rien ,
„ mais croient qu'il a certaines *Vertus & par des Maxi-
„ mes de sentiment*, plus fortes pour l'ordinaire sur
„ le peuple que les Dogmes précis & difficiles des
„ Spéculatifs, ils lui attribuent quelque puissance.

On voit par là que des Esprits où il reste
quelques Idées de l'Etre suprême, il peut aisément
naître des sentimens qui ne l'intéressent pas de les porter
à la Vertu, lors même que leurs sentimens ne s'accor-
deront pas avec de certains Dogmes spéculatifs.
*Quoique les Siamois croient que leur Dieu ne s'ait at-
tirau*, ils ne laissent pas de se persuader que son Culte
leur attirera une belle récompense.

„ La fatalité aveugle, les Loix & les sympathies
„ naturelles, qui ont lié selon eux la Vertu avec le
„ Bonheur, & la Vice avec le Malheur, sont un
„ Motif & un frein aussi puissant que le sauroit être
„ la foi d'une Providence éclairée.

Mr. Bayle s'attache ensuite à prouver que l'Opinion d'une liaison naturelle de la Vertu avec le bonheur,
& du Vice avec le Malheur, seroit bien plus propre à
rendre l'Esprit mercenaire que ne l'est, sans une
Grace efficace la Foi des Orthodoxes.

Une des ses Preuves consiste en ce que la Providence n'exauce pas toujours nos Prières. Mais la liaison
immanquable & toujours présente du Bonheur avec
la Vertu, & du malheur avec le Vice, est elle mieux

ibidem.

prou-

prouvée par l'éxperience ?

La Foi s'attend à un bonheur avenir, dont on jouira dans une autre Vie, & elle tient que les Maux par où la patience est éprouvée dans celle-ci assurent ce Bonheur; Par cette hypothèse, la difficulté qui naît de l'adversité des gens de bien se trouve dissipée.

Mr. Bayle continuant à donner carriére à la subtilité de son Esprit, prouve que la Foi des Chrétiens n'a point autant d'Influence sur les moeurs (sans une Grace efficace) que l'Imagination des Siamois, parce que *les Chrétiens*, dit-il, *comprenent que le bonheur est assuré a un homme qui se convertit véritablement à la fin de ses jours, après les avoir passés dans le Vice; & que réciproquement une Fin criminelle peut faire perdre tout le fruit d'une bonne Vie précédente*; Mais si les Siamois ne croient rien de semblable, leur doctrine est très-préjudiciable aux bonnes moeurs; Car si la répentance n'ouvre pas le Chemin au bonheur, dès qu'on a commencé à mal faire, il seroit inutile de le changer; & si la Vice ne peut pas ruiner l'éffet des Vertus précédentes, un homme qui auroit bien vécu, pendant un certain temps, s'abandonneroit après cela au Vice, sans crainte : Au reste Mr. Bayle ne pouvoit pas ignorer que les Chrétiens démontrent par les raisons les plus fortes, que rien n'est plus dangereux que le renvoi de la Conversion.

„ Des hommes pleins d'admiration, continue Mr.
„ Bayle, pour une nature excellente, sainte & heu-
„ reuse, & honnorée par toute la Terre, ne pourront-
„ ils pas se la proposer comme un modele de leur
„ Vie; & dans le dessein de l'imiter, ne pourront-
„ ils pas combattre leurs mauvaises inclinations, &
„ tendre vers la Vertu avec des efforts éxtraordinai-
„ res ? Je réponds qu'ils le pourront pourvû qu'ils
„ croient que cette pénible imitation les rendra sem-
„ blables à cette nature, ou leur procurera quelqu'au-
„ tre gloire d'un très-grand prix...... Tous les
„ éxemples que l'on sauroit alléguer de la force
„ de l'admiration, & de celle de l'imitation, suppo-
„ sent & établissent l'éxistence d'une cause qui re-
„ compense le travail de l'admiration & celui de l'i-
„ mirateur. Ils ne font donc rien contre ma Thése.
„ Voici encore une réfléxion : La foi de l'éxistence
„ divine, sans celle de la Providence, ne doit point
„ passer pour un motif à la Vertu, si tout ce qu'el-
„ le peut produire, peut être produit par la seule
„ idée de l'honnête, & par la seule envie d'être loué.
„ Or la seule envie de l'honnête & la seule envie
„ d'être loué, peuvent produire tout ce que l'admi-
„ ration & l'imitation des Dieux d'Epicure seroient
„ capables d'opérer.

Mr. Bayle reconnoit donc l'efficace de l'Espérance pour les Moeurs. Je veux que la seule *Idée de l'honnête, & la seule envie d'être loué puissent produire tout ce que l'Admiration & l'Imitation des Dieux d'Epicure pourroit opérer*. Si à cette Idée de l'honnête, & à ce plaisir d'être estimé des hommes, je joins l'idée de l'approbation de Dieu, & de ses Récompenses infinies, la force du motif croîtra infailliblement. De plus les hommes respecteront tout autrement ceux qui s'appliquent à la Vertu, quand ils seront persuadés que la Vertu rend agréables à Dieu, & ceux qui la pratiquent & ceux qui en honnorent les Observateurs.

„ XVII. COMBIEN y a-t-il, dit Mr. Bay-
„ le , de Rois & de Princes zèlés pour leur Ré-
„ ligion, équitables & honnêtes de leur personne?
„ Mais s'agit-il de leur Grandeur, & de l'Uti-
„ lité publique, s'agit-il de nuire à leurs enne-
„ mis, ils suivent tous, ou presque tous les Maxi-
„ mes de Lacedemone. Ce seroit, je crois, un Li-
„ vre de bon debit que celui de la *Réligion du Souve-
„ rain* : Il seroit oublier celui de la Réligion du
„ Médecin.

„ J'ai ouï dire depuis deux jours, continue-t-il
„ à un homme de mérite, qu'un Prince Italien de-
„ mandant des conditions trop avantageuses, lorsqu'il
„ negocioit un Traité de paix avec un Puissant Monar-
„ que, qui lui avoit enlevé la plûpart de ses Etats,
„ l'Envoié de ce Monarque lui répondit; Mais quelle
„ assûrance voulés-vous que le Roi mon Maitre
„ puisse prendre, s'il vous rend tout ce que vous
„ demandés ? Assurés-le, repliqua le Prince, que je
„ lui engage ma parole, non pas en qualité de Sou-
„ verain; car, entant que tel, il faut que je sacrifie
„ toutes choses à mon agrandissement, & à la gloi-
„ re & à l'avantage de mes Etats, selon que les con-
„ jonctures s'en offriront; dites-lui donc que je lui
„ engage ma parole, non pas sous cette qualité-là
„ ce ne seroit rien promettre : mais comme Cava-
„ lier & honnête homme. Quoique ce Langage ne
„ réponde point aux Idées de ceux qui ont intro-
„ duit dans le stile de la Chancélerie, la formule,
„ *nous promettons en foi & en parole de Roi*, il est
„ pourtant très-sincére & très-raisonnable.

„ Notre bon Agésilaus qui eut crû blesser la belle
„ Morale, s'il avoit été bien vêtu, & s'il eut fait
„ bonne chére, ne se faisoit nul scrupule d'être l'U-
„ surpateur d'un Roïaume. C'est ainsi que certains
„ Casuistes damnent sans rémission les femmes qui
„ s'ajustent trop mignonnement; il ne peuvent souffrir
„ ni leurs Rubans, ni leurs Pierreries; mais non seu-
„ lement ils permettent aux hommes de se soûlever,
„ & de s'engager à une guerre civile, il les y éxhor-
„ tent aussi.

Les sentimens de Réligion, par rapport aux Devoir personnels, font qu'un homme observe les Loix, & la Justice à l'égard de ses Concitoiens, & qu'il évite de leur donner des mauvais éxemples de Luxe & de Débauche, Donc ces mêmes sentimens poussés plus loin, & des Lumiéres sur les Vérités de la Réligion, & les Devoirs qu'elle préscrit, plus pures & plus étendues, détermineroient les Souverains à éxercer la Justice à l'égard des autres peuples, & à ne pas donner des Exemples d'une Ambition démésurée, & à n'éxposer pas leurs propres Sujets à mille fatigues, & à mille dangers pour satisfaire les Projets ambitieux de leurs Maitres; Il n'y auroit pour cela qu'à regarder tous les hommes comme les Citoiens de l'Univers, le Roïaume de l'Etre suprême. Ciceron enseigne à les regarder ainsi, dans ses Offices.

Lib. III. Cap. VI. Si hoc natura præscribit, ut homo homini, quicunque sit, ob eam ipsam causam, quod is homo sit, consultum velit, necesse est secundum eandem naturam, omnium utilitatem esse communem, quod si ita est, ius continemur omnes & eadem lege naturæ.

Qui autem civium rationem dicunt habendam, externorum negant, ii dirimunt communem generis humani societatem, quâ sublatâ, beneficentia, liberalitas, bonitas, justitia funditus tollitur, quæ qui tollunt adversus etiam Deos immortales impii judicandi sunt; ab iis enim constitutam inter homines societatem evertunt.

Qu'il n'y ait rien d'utile à chacun en particulier, que ce qui l'est au général, & que ce soit la nature qui nous l'enseigne, c'est dequoi on ne sauroit douter, puisqu'elle nous ordonne même de procurer le bien & l'avantage de quelqu'autre homme que ce soit, par la seule raison que cet autre est homme comme nous. Or cette Loi de la nature est la même pour tout le monde, & nous lui sommes tous également assujettis.

Il y en a d'autres qui conviennent qu'il faut respecter les droits établis entre les Citoiens, mais qui n'en connoissent point à l'égard des étrangers, & ceux-là détruisent cette autre Société générale, qui comprend tout le genre humain, & dont la ruïne emporte avec soi, celle de tout ce qu'on appelle bonté, humanité, justice, & libéralité Ordonner éteindre à ces choses-là, c'est être impie envers les Dieux mêmes, puisque c'est ruïner la Société qu'ils ont eux-mêmes établie entre les hommes.

Lib. I. Cap. VI. Le prémier de tous les liens est celui qui forme la Société générale où tout le monde est compris.

Cap. XI. Il faut garder des mesures jusques dans la vangeance & la punition des coupables. . . . On doit observer inviolablement dans la guerre , qu'aprés la victoire on épargne ceux qui auront fait la guerre sans blesser les Loix de l'humanité.

Cap. XIII. Les particuliers qui , dans le temps de guerre auront promis quelque chose aux ennemis, ne sont pas moins tenus de tenir parole que les Souverains.

Il en allégue des exemples tirés de la prémière & de la seconde Guerre Punique & de celle qu'on eût contre Pyrrhus.

Avant ces temps-là Camille s'étoit déja ainsi exprimé. Liv. Lib. V. Cap. 27. *Nobis cum Falifcis, qui pacto fic humano focietas iun est , quam ingenerauit natura , utrifque est eritque. Sunt & belli jicut pacis jura , justeque ea nou minus quam fortiter didicimus gerere.*

Nous ne sommes plus liés aux Falifques par des Traités , mais la Société que la Nature même a établie entre nous subsiste & subsistera. La Guerre a ses Loix aussi bien que la Paix , & nous avons accoutumé de la faire avec autant de justice que de valeur.

Les Romains imputerent au Droit des Gens violé, la désolation de leur Ville par les Gaulois. Lorsqu'ils ruinérent Cartage, il y cût bien une conduite beaucoup de ruse & de dureté. Mais les Romains avoient beaucoup dégénéré, & Scipion se préta malgré lui aux ordres de ses Supérieurs.

Preuve dr on Article *Note C.*

„ XVIII. ATTILA savoit fort bien joindre la „ ruse à la force. La superstition étoit une de ses „ ruses. Il avoit trouvé, dit Mr. Bayle, le moien „ de remplir l'Esprit de ses soldats d'une créance su- „ perstitieuse qu'il y avoit dans lui quelque chose „ de divin, à quoi son bonheur étoit attaché ; car „ soit qu'il le crût, ou plutôt qu'il feignit d'en „ être persuadé, il leur fit acroire qu'il avoit trouvé „ le Couteau de Mars qu'on adoroit parmi ces peu- „ ples, & que les destinées promettoient l'Empire „ de tout le Monde à celui qui auroit cette Epée „ fatale. C'est un des plus puissans stratagemmes „ dont un Général d'armée se puisse servir que de „ manier & de remuer ses soldats par les ressorts de la „ mystérieuse superstition , qui les remplisse de con- „ fiance ou de crainte selon les besoins ; de confiance „ quand il faut se battre, de crainte quand l'envie „ de se mutiner commence à naitre.

Mr. Bayle reconnoit que la superstition peut avoir un grand effet sur les Esprits : Cela n'auroit pas lieu si les hommes ne se régloient point sur leurs idées & leurs opinions, mais s'abandonnoient uniquement **à leur humeur, à leurs passions & à leurs intérêts** présens, comme lui-même le prétend, dès qu'il s'agit de dépouiller la Réligion de toute efficace sur eux. Pourquoi la Vérité n'auroit-elle pas autant de pouvoir que l'Erreur, lorsqu'on en est autant persuadé que ceux qui errent, le sont de leurs Opinions. La persuasion même de la Vérité doit être naturellement plus forte, par la même qu'elle est établie sur des Preuves plus évidentes & plus solides.

Article Bayle qui Note D.

„ Les Souverains ne peuvent pas se gouverner, dit „ Mr. Bayle, selon les Loix rigoureuses de la Che- „ valerie. Il faut qu'en faveur de leurs Sujets ; & pour „ se tirer d'une guerre embarrassante, il fassent cent „ choses qu'on appelleroit bassesse & ignominie, si „ un Gentilhomme les faisoit dans une querelle par- „ ticulière. Ce n'est point à eux à se piquer déli- „ catement du point d'honneur. L'intérêt public „ demande que sans préjudice de leur gloire, ils „ puissent offrir la paix à leurs ennemis & la lui demander „ instamment plusieurs années de suite, sans se re- „ buter de sa fierté, & de ses dedains. Pour éviter „ un plus grand mal, ils doivent sacrifier leur repu- „ tation, & leurs frontières au bien de la paix. Qu'un „ particulier qui plaide pour une terre , s'entête tant

„ qu'il voudra de n'en avoir point le démenti, qu'il „ y mange jusqu'à sa chemise , plutôt que de céder „ volontairement la possessoire ; cela n'est pas de con- „ féquence pour le public. Mais si un Prince se pi- „ quoit de cette bravoure, il commetroit ses Etats, „ & il pécheroit contre la maxime, *salus populi supre- „ ma Lex esto*; & puisque la Réligion même du ser- „ ment, la chose la plus sacrée, & la plus invio- „ lable, est soumise à cette Loi, la gloire mondaine „ du Souverain n'y doit-elle pas être soumise ?

„ Puis donc que le Bonheur des Peuples éxige de „ telles condescendances de la part des Souverains ; la „ Réligion n'influe-t-elle pas visiblement sur ce bon- „ heur, à proportion qu'elle est pure, puisque les Sou- „ verains se trouvent si puissamment engagés par les Mo- „ tifs que la Réligion leur fournit, à sacrifier leurs „ Ressentimens particuliers , au Repos, & à la tran- „ quilité de leurs peuples ?

Article Pascal Note H.

„ Mr. Pascal avoit, dit Mr. Bayle, un si grand „ zèle pour la gloire de Dieu, qu'il ne pouvoit „ souffrir qu'elle fût violée en quoi que ce soit ; „ c'est ce qui le rendoit si ardent pour le service du „ Roi qu'il résistoit à tout le monde, lors des trou- „ bles de Paris, & il appelloit toûjours depuis des „ préteztes, toutes les raisons qu'on donnoit pour „ excuser cette Rébellion, & il disoit que dans un „ Etat établi en République comme Vénise , c'étoit „ un grand mal de contribuer à y mettre un Roi, „ & opprimer la Liberté des Peuples à qui Dieu l'a „ donnée ; mais que dans un Etat où la puissance „ Roiale est établie, on ne pouvoit violer le respect „ qu'on lui doit , que par une espèce de sacrilége , „ puisque c'est non seulement une image de la puis- „ sance de Dieu, mais une participation de cette „ même puissance, à laquelle on ne pouvoit s'opposer „ sans resister visiblement à l'ordre de Dieu ; & „ qu'ainsi l'on ne pouvoit assés éxagérer la grandeur „ de cette faute, outre qu'elle est toûjours accom- „ pagnée de la guerre civile, qui est le plus grand „ péché que l'on puisse commettre contre la charité „ du prochain ; & il observoit cette maxime si „ sincérement, qu'il a refusé dans ce temps-là des „ avantages très-considérables pour n'y pas man- „ quer. Il disoit ordinairement qu'il avoit un aussi „ grand éloignement pour ce péché-là , que pour „ assassiner le monde, ou pour voler sur les grands „ chemins ; & qu'enfin il n'y avoit rien qui fût „ plus contraire à son naturel, & sur quoi il fût „ moins tenté. Ce sont là les sentimens où il étoit „ pour le service du Roi: aussi étoit il irréconcilia- „ ble avec ceux qui s'y opposoient ; & ce qui fai- „ soit voir que ce n'étoit pas par témpérament, ou „ par attache à sa profession, c'est qu'il avoit une „ douceur admirable pour ceux qui l'offensoient en „ particulier. Ensorte qu'il n'a jamais fait de diféren- „ ce de ceux-là d'avec les autres, & il oublioit si „ absolument ce qu'on lui avoit fait qu'il auroit passé „ pour n'avoir peine à l'en faire souvenir, & il sa- „ loit pour cela circonstancier les choses. Et com- „ me on admiroit quelquefois cela, il disoit: ne vous en „ étonnez pas, ce n'est pas par Vertu , c'est par „ oubli réel, je ne m'en souviens point du tout. „ Cependant il est certain qu'on voit par là , que „ les offenses qui ne regardoient que sa personne, ne „ lui faisoient pas de grandes impressions, puis qu'il „ les oublioit si facilement ; car il avoit une mémoi- „ re si excellente, & qu'il disoit souvent, qu'il n'avoit „ jamais rien oublié des choses qu'il avoit voulu re- „ tenir.

Après cela peut-on douter que la Société ne fût plus heureuse, & plus tranquile , ou plutôt que sa félicité & sa tranquilité, ne fussent inébranlables, à proportion qu'elle seroit composée de personnes dont la Réligion approcheroit de celle de Mr. Pascal.

XIX. A L'OCCASION d'une Lettre de Mr. Patin où il est fait mention des filles qui faisoient

Du point d'honneur Article

périr

périr leurs Enfans pour dérober au public laconnoissance de leur honteuse conduite; Mr. Bayle reprend ce qu'il avoit dit ailleurs sur le pouvoir du point d'honneur de beaucoup supérieur aux lumières de la Conscience & de la Réligion.

Mais pour conclurere de là qu'il s'en faut beaucoup que la Réligion n'ait toute l'efficace qu'on lui attribue, il faudroit avoir prouvé que ces Personnes là avoient été bien instruites & bien élevées sur les Devoir de la Réligion, sur sa Certitude, sur la Grandeur de ses Récompenses, & sur le Poids de ses Menaces; Il faudroit pouvoir que le nombre de celles, dont les sentimens de Réligion fortifient le point d'honneur, & lui empêchent de faire naufrage, n'est pas de beaucoup plus grand. Mr. de Lahontan rapporte que rien n'est plus commun dans le Canada que les avortemens, & que presque aucune fille ne passe à l'état de mariage, sans avoir fait périr son fruit, même plus d'une fois.

Quel est le but de Mr. Bayle, dans la longue comparaison, qu'il fait du Point d'honneur avec la force de la Réligion? Est-ce de faire connoître aux hommes le tort qu'ils ont de préférer ce qui mérite moins d'attention à ce qui en mérite infiniment d'avantage? Ou les veut-il engager par là à étudier avec plus de soin la Réligion, à la mieux connoître, à l'aimer de plus en plus, & à se faire de bonne heure, une habitude de s'y soumettre, & de la prendre pour unique Régle? Veut-il engager les Peres à donner plus de soin qu'ils ne sont à l'Education de leurs Enfans? Mais *dans les Réponses a un Provincial*, il s'étonne que Mr. Jaquelot trouve que l'Education est trop négligée à cet égard, il paroit si content de ce que l'on fait, qu'il ne trouve pas qu'on puisse faire d'avantage. Veut-il donc faire conclure que le cœur humain est formé de telle manière, qu'on ne doit point espérer de voir la Réligion aussi efficace sur lui que ce qu'on appelle les Idées du point d'honneur, soit qu'elles soient conformes à la Réligion, soit qu'elles s'y opposent?

Un homme raisonnable tirera naturellement de là cette conclusion, qu'il faudroit donner de bonne heure tous les soins possibles à établir dans le cœur des hommes les idées de la Réligion à les y affermir, & s'attacher sur tout à les bien convaincre que le véritable Honneur en dépend.

Je remarque outre cela que si les Idées de l'honneur déterminent à s'exposer à tant de Dangers, & à soutenir dans de certaines occasions, tant de Douleurs, c'est une preuve que l'homme est Libre, & que la réflexion a du pouvoir sur lui aussi bien que le Tempérament.

Quelle barrière enfin que celle du *Point d'honneur* lors qu'elle n'est pas soutenüe des motifs que la Réligion y ajoûte. Pour s'épargner une honte, pour dérober aux yeux des hommes une infamie on se résoud aux plus grands crimes. Ainsi une femme empoisonnera son mari dans la crainte qu'il ne découvre son infidélité; ainsi l'on fera punir un témoin de quelque action que l'on a intérêt de tenir cachée.

Mais, dira Mr. Bayle, *toujours voit-on la force du point d'honneur*. On ne nie point qu'il n'en ait, mais on soutient que la Réligion en peut avoir incomparablement plus, & qu'elle lui ajoûte des forces. Le point d'honneur seul en a de très-grandes pour le mal, comme on le voit par les exemples allégués, & il s'en faut beaucoup qu'il n'en ait assés pour le bien puis qu'il n'a pas été capable de prévenir & la cause & les effets.

Ajoûtera-t-il: *Mais la Réligion non plus ne les a pas prévenus*. Conclurere de la à son inéfficace & à son inutilité, c'est comme si l'on concluoit que les sentiment de la nature sont nuls, puis qu'il y a des cas où l'on se résoud à ce qui lui donne le plus d'horreur.

Une personne qui a négligé de graver & de nour-

rir dans son cœur les sentimens de la Réligion, peut enfin se trouver dans des circonstances & des troubles si affreux qu'elle en oubliera les Loix les plus sacrées. Donc la Réligion n'a point de force. Le Tempérament, l'Humeur & les passions décident de tout. Peut-on raisonner plus mal? La Réligion n'est ni un enchantement de Fée, ni un Remède physique qui mette en sûreté contre le vice; c'est un Remède moral qui a son effet quand on en veut user, & qui en a de merveilleux. L'homme n'est pas une Machine dont les ressorts, tantôt se trouvent assés souples pour ployer sous les Maximes de la Réligion, tantôt trop roides pour céder à ce qu'elle a de force. Elle n'empêche pas de périr à ceux qui veulent se perdre, pendant qu'elle prévient dans ceux qui la veulent écouter, des écars qui insensiblement conduisent dans des Labirinthes & jettent dans des précipices?

XX. *PERIANDRE le jour d'une fête solemne le jour, dit Mr. Bayle aux femmes tous leurs ornemens, & les emploia a faire la statue d'or qu'il avoit voué.*

"Remarqués ici, dit-il, une preuve fort sensible du desordre où les fausses Réligions laissent le cœur & l'Esprit. Elles ne corrigent point l'inclination au péché. Voici Périandre qui fait des vœux & qui n'ôse se dispenser de les accomplir même sous un vil point d'argent Il croit donc qu'il y a des Dieux; il croit une Providence: cependant il le souille dans l'inceste, & dans le sang innocent, il tue sa femme, Passions &c. aux desordres de l'Esprit. Ce même tiran ne craint pas le châtiment de ses incestes, & de ses meurtres; mais il craint que s'il n'offroit pas aux Dieux, une masse d'or qu'il leur a promise, ils l'accableroient de maux, ils le puniroient sévèrement, Bien plus il se persuade qu'encore qu'il n'accomplisse son vœu que par un Vol très-injuste, & qui met au desespoir toutes les femmes de Corinthe, la statue d'or qu'il consacrè. ne laissera pas de plaire aux Dieux, & de le sauver des malheurs qu'ils eussent versé sur sa tête, s'il n'eut pas offert le simulacre qu'il avoit voué.

La plupart des Païens consideroient les Dieux comme des Etres supérieurs à l'homme, en puissance, & qu'on se rendoit favorables par des Vœux, & un culte pompeux: C'étoit l'Erreur de Périandre. Mais une fausse Réligion n'empêche pas un homme de s'abandonner à les Passions injustes, pourquoi mi modéreroit-il mieux quand il n'auroit aucune Réligion? Périandre, sans Réligion, auroit dépouillé les femmes de leurs ornemens pour s'enrichir lui-même, si cette fantaisie lui étoit venuë dans l'Esprit. Peut-être se seroit-il avisé de se dire supérieur à la Nature humaine, & s'ériger des Statuës, & de se faire adorer.

La facilité avec laquelle les femmes se défaisoient de leurs joyaux dans des occasions pareilles, fait évanouir la prétendue barbarie de Périandre. On sait que les Grecs autrefois & les Romains pendant long-temps, s'applaudissoient de la magnificence des Edifices publics pendant que les maisons des particuliers étoient fort simples. L'éclat public de la patrie animoit à la défendre.

Diane de Poitiers étoit mauvaise Chrétienne, dit Mr. Bayle, sa conduite étoit scandaleuse, cependant elle avoit de la Réligion, & un grand zele pour sa Réligion, & se portoit à persecuter ceux qui n'en avoient pas.

Que n'auroit pas fait cette Dame si elle n'avoit eu aucune Réligion? A divers égars il étoit généreuse, bien faisante, & pièce qu'elle avoit encore des sentimens de Réligion, elle s'appliquoit à reparer un Vice par diverses Vertus. Si ceux qui avoient le soin de la diriger, eussent cultivé plus judicieusement ce qu'elle avoit dans son Cœur de Réligion, elle auroit moins fait de mal, & plus de bien.

XXI. LA DEVOTION & la Piété sont incontestablement

„ te établement, dit Mr. Bayle, les plus grandes de „ craignoit d'offenser les Loix du Roiaume. Pour-
„ toutes les Vertus. Un Prince n'est pas moins „ quoi ne craignoit-il pas d'offenser la Loi de Dieu
„ obligé qu'un particulier à les posseder, & s'il aime „ qui ordonne que les Enfans honnorent leurs Pé-
„ mieux en observer les devoirs que de conserver „ res.
„ ses Etats, il est devant Dieu l'un des plus grands Alléguer l'autorité de Machiavel, c'est sur ce su-
„ hommes du Monde ; mais il est sûr, que selon „ jet une Véritable pétition de Principe. " L'hom-
„ le train des choses humaines, il n'y rien de plus ca- „ me, dit-il, dans le Chapitre 15. de son Prince,
„ pable de ruiner une Nation, que la conscience scru- „ qui voudra faire profession d'être parfaitement bon ;
„ puleuse de celui qui la gouverne. Si ses Voisins „ parmi tant d'autres qui ne le sont pas, ne man-
„ faisoient comme lui, on auroit à espérer de sa piété „ quera jamais de périr. C'est donc une nécessité
„ le plus grand bonheur dont les peuples puissent „ que le Prince, qui veut se maintenir, apprenne à
„ jouir ; mais si pendant qu'ils pratiquent toutes les „ pouvoir n'être pas bon, quand il ne le faut pas être.
„ ruses de la politique, il se roidit à ne s'écarter jamais „ Et dans son Chapitre 18. après avoir dit que le
„ des régles sévéres de la Morale de l'Evangile, lui „ Prince ne doit pas tenir sa parole, lorsqu'elle fait
„ & ses Sujets seront infailliblement la proie des au- „ tort à son Intérêt, il avoue franchement, que ce
„ tres nations, & tout le monde dira qu'il est plus „ précepte ne seroit pas bon à donner, si tous les
„ propre à la vie monastique, qu'à porter une cou- „ hommes étoient bons ; mais qu'étant tous mé-
„ ronne, & qu'il seroit bien de céder sa place à un „ chans & trompeurs, il est de la sûreté du Prince
„ Prince moins scrupuleux. *Exeat aula qui volet* „ de le savoir être aussi. Sans quoi il perdroit son
„ *esse pius*. Cette Maxime regarde principalement „ Etat, & par conséquent sa reputation, étant im-
„ le Chef d'une Cour. Je ne parle point de cette „ possible que le Prince qui a perdu l'un, conserve
„ piété qui consiste à faire bâtir de magnifiques Egli- „ l'autre. Quelques pages après, il parle ainsi. Il
„ ses, à étendre par la voie des armes les limites de „ faut interpréter plus équitablement qu'on ne fait,
„ sa Réligion, & à extirper les sectes. Cette es- „ de certaines maximes d'Etat, dont la pratique est
„ péce de piété sert quelquefois au bien temporel „ devenue presque absolument nécessaire, à cause de
„ d'un Prince, à son agrandissement, à ses conquê- „ la méchanceté & de la perfidie des hommes. Joint
„ tes ; je parle d'une piété qui empêche de se servir „ que les Princes se sont tellement rafinés que celui
„ des obliquités de la Politique ; je parle d'une con- „ qui voudroit aujourd'hui procéder rondement en-
„ science qui préfére toûjours l'honnête à l'utile, & „ vers ses Voisins, en seroit bientôt la Dupe.
„ qui rejette toutes les maximes de l'Art de régner, Ce sont là pour moi des paroles jettées en l'air,
„ qui sont contraires à l'éxacte probité. Cette Ver- „ & si elles renferment quelque apparence d'argument,
„ tu est sans doute préjudiciable par rapport au bien „ je viens déja d'y répondre. On peut se défier, on
„ temporel, à cause qu'elle ne permet pas que „ peut-être sur ses gardes sans être fourbe.
„ l'on résiste aux attaques, & aux cabales de l'En- Dans toute l'objection qu'on vient de lire, Mr.
„ nemi. Bayle n'oppose pas simplement la Réligion à l'A-
 Je ne vois là qu'une déclamation sans preuve ; Rien „ théisme, mais le respect pour la Vertu, à l'attache-
n'est plus captieux, ni plus approchant de ne rien si- „ ment qu'il convient, selon lui, à un Prince d'avoir
gnifier, qu'un entassement de termes vagues. Un „ pour ses intérêts. Si la Cour subsistoit sans la Ver-
Prince, qui par bonté de coeur, & par affection pour „ tu, l'Athéisme corrigera-t-il ses Maximes ?
ses Sujets, n'amasseroit aucun trésor, afin que l'ar- XXII. „ Mr. RIVET soupçonnoit, dit Mr.
gent circulât en plus grande abondance dans ses Etats, „ Bayle, que les infamies qui se lisent dans Tho-
ne bâtiroit aucune forteresse, laisseroit ruiner celles que „ mas Sanchez avoient été inventées par cet Auteur ;
ses prédécesseurs auroient construites, ne remplîroit „ c'est pourquoi se trouvant à Aix la Chapelle avec
point les Arsenaux, ne tiendroit aucunes troupes sur „ un Jésuite, il lui dit qu'il ne pouvoit assés s'é-
pié, pour épargner encore des fatigues à ses Sujets, „ tonner qu'un homme qui avoit fait voeu de con-
& dans l'apprehension de les chagriner par des levées „ tinence, supposât des abominations qui ne se pra-
de derniers, seroit effectivement louable si tous les „ tiquoient pas. Je vois bien, lui répondit le Jé-
Voisins à quatre & cinq cens lieues à la ronde en „ suite, que vous n'avés jamais été assis aux Confes-
usoient ainsi : Mais s'il exposoit par là ses Etats à „ sionnaux : On y entend des énormités plus atro-
devenir la proie du prémier qui les attaqueroit, il „ ces & plus sales que celles-là ; de sorte qu'il est
ne se conduiroit point en Prince prudent, & rem- „ nécessaire que les Confesseurs soient munis d'une
pli d'une affection éclairée pour les peuples, il ne „ tablature, sur quoi ils se puissent régler pour imposer
remplîroit point son Devoir, & par conséquent il „ des pénitences. Mr. Rivet repliqua en sourîant,
ne se conduiroit pas en bon Chrétien. „ il est bien étrange que vous vous glorifîés si fort de
 Il est injuste de présumer mal d'un homme dont „ la sainteté de vôtre Eglise, puisque selon vôtre
la conduite ne présente rien que de bon, & de lui „ aveu il s'y pratique des choses dont les Païens mê-
attribuer un coeur mauvais : Mais de se défier assés „ mes ignoroient le nom.
d'un ambitieux, & d'un Voisin rusé, pour être Là dessus Mr. Bayle fait cette réfléxion. " Nous
sur ses gardes, c'est encore un caractére de pruden- „ ne pouvons pas connoitre les petits secrets domés-
ce dans un Prince & un Devoir du Christianisme. „ tiques des anciens Païens, comme l'on connoit ceux
Autre est d'avoir une *Prudente Défiance*, autre de la „ des Païs à confession auriculaire : ainsi l'on ne sau-
pousser jusques à la *Fourberie*. Ce dernier parti peut „ roit bien répondre si le mariage a été aussi bruta-
avoir son dénouement en un temps, mais ce n'est point le „ lement deshonnoré parmi les Païens, qu'il l'est
plus sûr pour la durée. „ parmi les Chrétiens ; mais du moins est-il pro-
 Quittés la Cour si vous voulés avoir de la Réligion „ bable que les Infidéles ne surpassoient point à
& sur tout si vous êtes Prince. Certainement c'est bien „ cet égard plusieurs personnes persuadées de tous
de l'abondance du Coeur de Mr. Bayle que cette „ les dogmes de l'Evangile. Ceux pour qui le
réfléxion est sortie ; car son sujet ne le conduisoit point „ Livre de Sanchez est fait sont des gens qui se
là ; au contraire les fautes de Louïs VII. étoient une „ confessent, & qui subsistent la pénitence que
preuve qu'il n'étoit point un Chrétien éclairé ; " Ses „ leur Confesseur leur impose. Ils croient donc
„ scrupules, continue-t-il, étoient d'un tour fort „ ce que l'Ecriture nous enseigne du Paradis & de
„ particulier : car ils ne l'empêchoient point d'éxci- „ l'Enfer : ils croient le purgatoire, & les autres dog-
„ ter à la revolte les enfans contre leurs Peres, ni „ mes de la Communion de Rome ; & les voilà, au
„ de protéger cette rebellion ; mais ils ne lui permet- „ milieu de cette persuasion, tous plongés dans des
„ toient pas d'être marié à une batarde ; ils le con- „ ordures abominables que l'on ne peut nommer, &
„ traignîrent à faire un voiage, pour savoir si son E- „ qui attirent de cruels reproches sur la tête des
„ pouse étoit fille légitime du Roi Alfonse; Il „ Auteurs qui osent en faire mention. Je remarque

„ cela contre ceux qui se persuadent que la Corrup-
„ tion des mœurs procède de ce que l'on doute, ou
„ de ce que l'on ignore qu'il y ait une autre Vie
„ après celle-ci.

On voit, par cet exemple, combien Mr. Bayle avoit à cœur de diminuer, dans l'Esprit des hommes, le favorable préjugé où ils sont sur la nécessité & l'efficace de la Religion : il ne laisse échapper aucune occasion d'en parler, & un sujet que tout autre auroit passé cent fois, sans penser à en tirer cette conséquence, lui en fait naître l'idée. *Nous ne pouvons pas connoître*, dit-il, *les secrets des anciens Païens &c.* Il ne faut donc pas bâtir sur cette supposition, & s'en servir pour prouver que les mœurs des Chrétiens ne valent pas mieux que celles des Païens. Mais il y a toute apparence que sur le Chapitre de l'Impureté, ils se donnoient une toute autre licence. Mr. Bayle ne pouvoit l'ignorer. Les Païens condamnoient l'adultère, mais ils le regardoient tout le reste, comme des foiblesses plutôt que comme des Vices. Y a-t-il quelque Théâtre où l'on pût souffrir la moitié de ce qui se disoit dans celui d'Athènes ? Enfin, si des Chrétiens mal instruits, peu persuadés & s'imaginant de réparer leurs Fautes Morales par de certaines Pratiques extérieures, sont fort éloignés de vivre en disciples de Jésus Christ, combien y en a-t-il sur qui ces Préceptes distinctement connus ont de l'efficace ?

Mr. Bayle se réfute lui-même à l'Article *Scamander*.

5. Quand on songe, dit-il, que jamais l'Esprit & la Science n'avoient paru avec tant d'éclat que dans le siècle où Eschines a vécu, on comprend bien mieux le pouvoir funeste d'une fausse Religion. Elle ruine le bon sens, elle éteint la lumière naturelle, elle réduit l'homme en quelque façon, à l'état des bêtes brutes. Voilà Callirhoé : elle étoit d'une famille bien illustre ; elle avoit eu sans doute, une bonne éducation : cependant, les impertinences des Poëtes, canonisées par les Prêtres, lui avoient gâté tellement l'Esprit, qu'elle croioit bonnement que les rivières étoient des Divinités qui se couronnoient de roseaux, & qui pouvoient jouir d'une femme. Sous l'empire de Tibère, une illustre Dame ne fut pas moins simple : elle crut avoir couché avec Anubis, & s'en vanta comme d'une insigne faveur. Les Moines, qui ont fait tant de mauvais tours, principalement afin de faire donner les femmes dans le panneau, n'ont jamais osé, que je sache, leur dire qu'un tel Saint vouloit coucher avec elles : les idées de la pureté & de l'immatérialité sont demeurées toujours conjointes dans le Christianisme avec celles de la béatification ; mais je ne doute point, que si on n'entreprenoit on ne vînt à bout de persuader à telles dévotes qu'il y a, ce que la Dame Romaine dévote d'Anubis se laissa persuader. La Maxime, que la corruption des plus excellentes choses est la pire de toutes, se vérifie par l'exemple de la Religion. Rien n'est plus avantageux à l'homme, tant pour l'Esprit que pour le cœur, que de bien couvrir son esprit ; rien n'est plus funeste à toutes les facultés de naître ame raisonnable, que de mal connoître Dieu, comme faisoient les Païens.

„ XXIII. QUAND on se persuade, dit Mr.
„ Bayle, que les Dieux sont perpétuellement les in-
„ specteurs de tout ce que nous faisons, on vit
„ dans la dernière sûreté, & dans la pratique de son
„ Devoir ; & que ceux qui croient être l'objet du soin
„ des Dieux passent leur vie avec le plus grand plai-
„ sir du monde. Il est sûr que si les hommes savoient
„ vivre selon leurs principes, rien ne seroit aussi ca-
„ pable de les détourner de toute mauvaise action,
„ & de les pousser au bien, que le dogme de la pré-
„ sence de Dieu. Les plus scélérats ont la force de
„ refrener leurs mains & leur Langue, quand ils croi-
„ ent être vus ou entendus de quelque personne

„ qu'ils craignent & qu'ils respectent. A plus raison faudroit-il que la pensée que Dieu voit tout, con-
„ tint toujours l'homme dans son devoir. C'est pour cela
„ que dans les Livres de piété, on recommande si
„ fort, la méditation de la présence de Dieu. De
„ là vient encore l'usage d'afficher cet écriteau dans
„ les Coins des Ruës DIEU TE REGARDE
„ PECHEUR. Il est certain aussi que ceux, qui
„ croient que Dieu a soin d'eux, ont une ressource
„ continuelle de Consolation & de plaisir.

Voilà donc les Vérités de la Religion très-propres, par elles-mêmes, à rendre les hommes sages & heureux. Que faut-il encore pour leur donner sûrement cette efficace ? *Il faut savoir*, dit Mr. Bayle, *ajoutons il faut vouloir vivre conséquemment*; Et à quoi tient-il qu'on ne le sache & qu'on ne le veuille ? Qu'il y ait en cela du plus & du moins, j'en tombe d'accord ; Mais toujours s'ensuit-il que ce plus ou ce moins d'attention à la présence de Dieu est suivi de plus ou de moins de Vertu.

Mr. Bayle ajoûte *Les Poëtes profanes n'ont pas ignoré cela ; mais on doit être scandalisé qu'ils se soient servis de cette Maxime, pour attirer une Maitresse*. Sur quoi Mr. Bayle cite Horace, qui écrit à la sienne, *Les Dieux me protègent, ils me tiennent compte de ma Piété, ils aiment mes vers, & on il vient peut-être conclurre, qu'elle doit les imiter, & l'aimer de même*.

Je suis plus scandalisé de Mr. Bayle que Mr. Bayle ne l'étoit d'Horace ; Il n'ignoroit pas qu'Horace étoit un Epicurien, & que par conséquent il ne pensoit point conformément à ce qu'il disoit, & quand il auroit pensé comme il parloit, il se seroit simplement figuré des Dieux, c'est-à-dire, des Etres supérieurs de son goût, qui simoient les beaux Vers, & les loüanges bien tournées. Se faire aimer d'une Maitresse, & en obtenir tout ce qu'on souhaitoit, ne passoit point pour un Crime chez les Païens. Ils se permettoient de demander ce succès, tout comme celui d'un heureux voiage. On voit encore par cette réflexion que l'esprit de Mr. Bayle étoit plein de ces Idées au-delà de tout ce qu'on peut imaginer ; A l'occasion d'un Philosophe qui recommande aux hommes de vivre en la présence de Dieu, son Imagination saute à Horace & à ses amours.

Cela me confirme dans une pensée où je suis depuis très-long temps, & dans laquelle, si je m'en souviens bien, j'ai toujours été, c'est que pour s'éloigner de l'Impureté, & de tous les Écarts où elle jette, au lieu d'étudier sa Nature, & les Espèces de ce Vice, de réfléchir sur son Injustice, & sa Turpitude, comme on fait sur celle des autres vices, le plus sûr est d'en écarter son Esprit, & de se familiariser avec de tout autres Idées. Aimés la Sagesse, aimés la Bienfaisance aimés la Vérité, aimés Dieu, aimés les Plaisirs de l'Esprit ; Dès là l'Idée des plaisirs grossiers ne se présentera pas ; & si elle vient à se présenter, rien ne fera plus facile que d'y refuser une attention qui n'y est point accoutumée.

Mr. Bayle continue à réfléchir & à répandre des doutes sur le peu d'efficace de la Religion „ Je
„ mettrai ici une chose qui se trouve dans un Livre
„ intitulé *Pratique de piété pour honorer le saint*
„ *Sacrement*. On y rapporte cet Apophtegme du
„ Maréchal de Gassion. Si je croiois la Présence
„ réelle, je voudrois passer toute ma vie dans une E-
„ glise, le Visage prosterné contre Terre : je ne puis
„ me persuader que plusieurs Catholiques croient ce qu'ils
„ disent croire de ce mystère, vu le peu de respect
„ qu'ils font paroitre dans l'Eglise. Si ce Maréchal
„ avoit cru la Réalité, il auroit fait comme les
„ autres : il se seroit accoutumé à cette doctrine &
„ y seroit devenu insensible par habitude ; cela lui
„ étoit arrivé par rapport au dogme, que Dieu est
„ présent dans tous les lieux de l'Univers. L'humanité de JESUS CHRIST présente visiblement, feroit sans doute plus d'effet que la présen-

„ ce de Dieu ; mais une préfence auffi invifible de la „ nature humaine de JESUS CHRIST, que celle „ de la nature divine, revient bientôt à la même „ chofe. Elle ne frape pas plus fortement ceux qui „ la croient, que les Proteftans ne font frapés de la „ doctrine de la Préfence de Dieu.

Cela ne prouve point que la doctrine de la Préfence de Dieu foit inutile ; Cela prouve feulement que cette Vérité s'échappe, & que nôtre Efprit, occupé par les Impreffions des Objets fenfibles, ceffe de fe rendre attentif à une Vérité qui ne frappe que fon Entendement ; Mais pour n'avoir pas tout l'effet dont elle eft digne, & pour ne l'avoir pas toûjours, s'enfuit-il qu'elle ne l'ait jamais ?

Ce qu'on appelle la *Préfence réelle de Jefus Chrift dans le Sacrement* eft une Préfence invifible, tout autant que celle de la Nature divine, & dans une Eglife les yeux voient toute autre chofe que Jefus Chrift. La Raifon même, qui ne combat point la Préfence invifible de Dieu, trouve contradictoire cette préfence du Corps de Jefus Chrift.

J'ajoûterai que l'on s'affermiroit beaucoup plus dans l'habitude de penfer à la Préfence de Dieu, & par conféquent à l'habitude d'en profiter, fi l'on n'avoit que de juftes Idées fur tous les Devoirs dont nous devons nous acquitter fous fes yeux. Ils font tous fi beaux, & fi aimables en eux-mêmes, que rien au monde ne peut-être plus délicieux que d'avoir un tel témoin de nôtre Obéïffance ; Mais quand par Ignorance, par Erreur, ou par Superftition, on fe charge d'un Joug incommode, gênant, & qui n'a rien en lui-même d'aimable, & de beau, il eft pénible de penfer qu'on vit fous les yeux d'un Maître qui fe plît à nous fatiguer, & qu'on ne contente jamais ; de forte que pour fe procurer quelques momens de repos, on s'éloigne de cette Idée.

Une des Caufes qui s'oppofent le plus à l'influence de la Réligion fur les Moeurs, & par là fur le bien de la Société, c'eft le préjugé où font bien des gens, que la principale partie de la Réligion toute fur les Dogmes & fur la Profeffion extérieure ; & que par conféquent on eft affés agréable à Dieu, & qu'on peut s'affurer de fa grace & fe promettre le falut, pourvû que l'on foit fort attaché à la profeffion de ces dogmes, & que l'on marque un grand zèle pour eux.

Mais on peut beaucoup plus aifément ramener les hommes de ces Préjugés, que les Athées de leur aveuglement. Les hommes perfuadés d'une Réligion, & perfuadés de la Vérité, & de l'Excellence des Dogmes qu'ils refpectent, reconnoiffent des Principes d'où il eft facile de tirer des Conféquences pour les engager à une bonne Vie : Plus ces dogmes font excellens, plus ils font obligés de leur faire honneur par leur conduite, & d'exprimer par là leur Reconnoiffance à la Bonté que Dieu a eue de les leur faire connoître. Ajoûtés que les dogmes les plus *fpéculatifs* vont d'eux mêmes à la *Pratique*, On établit fur eux la Juftice de nos Devoirs & on en tire des Motifs pour les pratiquer. Voilà des fecours vifibles que la Vertu qu'on n'auroit point dans l'Athéïfme.

fyftême du parti oppofé au général

XXIV. SI UN Athée s'avife de nous dire, *Prenons la Réligion la plus pure, la Réligion Chrêtienne, & de toutes les Communions, celle où l'on eft le plus éclairé. Prenons celle qu'il vous plaira, & que vous trouverez plus dégagée de fuperftitions & d'erreurs : Combien ne fe trouvera-t-il pas de gens dans cette Communion, qui, par rapport à l'Intérêt, au Plaifir, à la Vanité, & fes fuites, vivront comme fi leur fort fe renfermoit dans les bornes de cette Vie ? Vous voiés donc que la Réligion n'influe pas fur les Moeurs. Si la plus pure n'a pas cet effet là, il eft inutile de la chercher dans les autres.*

Rien n'eft plus fophiftique, repondrai-je, que ce Raifonnement. Il paroit conclure du *plus au moins*, & il conclut au contraire du *particulier au général* ; Cette Objection auroit de la force, fi l'on prétendoit que la Profeffion de la Réligion, ou du moins fa Connoiffance, eut une influence néceffaire, infail-

lible, & perpétuelle fur les Moeurs. Mais on enfeigne au contraire, qu'elle ne force point la Liberté, & que comme il y en a qui s'y rangent, il en eft auffi qui s'y refufent. Mais le Refus, non plus que l'Obéïffance, ne fe trouvent point dans chaque homme, au même degré, l'un & l'autre même varient fuivant les temps dans la même perfonne ; Les hommes font plus ou moins un bon ufage & ils abufent plus ou moins de leur Liberté. *Mais puifque l'influence de la Réligion n'eft pas perpétuelle & n'a pas le même effet fur tous, il fuit qu'elle n'a point de force, & tout ce qu'on voit de bonnes Actions, on le verroit quand même il n'y auroit point de Réligion.* Rien n'eft plus abfurde ; par un femblable Raifonnement, on prouvera l'inutilité de tous les Arts, & de tous les Maitres puifque dans chaque profeffion on trouve des gens qui n'en obfervent pas les Régles, & qui font même le contraire de tout ce que les Régles ordonnent.

Une partie de ceux qui vivent mal dans les diverfes Communions Chrétiennes, ne croient pas ce qu'on y enfeigne ; & de ce qu'ils ne font pas parade de leur incrédulité, il ne faut pas conclurre qu'ils croient effectivement. La plus grande partie de ceux qui vivent mal appartiennent à quelques-unes de ces Claffes dans lefquelles nous avons rangé les Incrédules ; Quant à ceux chés qui toute perfuafion n'eft pas éteinte, dire qu'ils ne vivroient pas plus mal quand même ils croiroient tout le contraire de ce qu'ils ne rejettent pas & qu'ils croient en partie, c'eft une fuppofition qu'on ne fauroit prouver. Je veux qu'ils fe rendent rarement attentifs à ce qu'ils croient, & que quand il leur arrive d'y penfer, ce ne foit que des momens qui paffent bientôt, toûjours y penfent-ils quelquefois, & dans le temps qu'ils y penfent, il fuffit qu'ils foient amenés à quelque Réfléxion fenfée, pour être en droit d'en conclurre que ces réfléxions auront quelque fuite ; & quelquefois un feul Acte de péché évité doit être compté pour beaucoup ; parce que de là il en feroit né un grand nombre. Il eft des occafions importantes où l'Idée de ce qu'on croit fe réveille vivement, & l'emporte fur des Intérêts qui auroient fait de grands Defordres fi on les avoit écoutés. Ce que je viens de dire s'applique de lui-même à un *Juge*, par éxemple, qui va décider ; & à un *Témoin* qui va dépofer, &c.

Il faudroit ignorer abfolument la nature du Coeur humain, ou s'en ftiner à faire femblant de l'ignorer, pour difconvenir de l'efficace de l'Exemple ; Les mauvais en ont beaucoup, mais les Bons n'en manquent pas. Ceux qui ont de la Réligion en oppofent les Idées & les Maximes aux mauvais Exemples, & par là s'en garantiffent ; D'un autre côté leur *Bonne Vie dans laquelle leur Réligion les confirme*, en gagne toûjours quelques-uns, & ceux-ci en entraînent d'autres : Si on n'imite pas éxactement les gens de bien, on les imite en partie ; fi on ne les fuit de près, on les fuit de loin ; & c'eft toûjours quelque chofe, & dans de certaines conjonctures même c'eft beaucoup.

Chés un peuple d'Athées on n'auroit pas la même Barriere à oppofer aux mauvais Exemples ; les Bons y devroient être plus rares, & fuppofé qu'il y en eut, ils agiroient avec moins de force.

Si l'on en croit Mr. Bayle l'Humeur & l'Intérêt font les feuls guides des hommes, & on fe trompe quand on s'imagine que des Idées de Réligion ont de l'efficace fur eux. Pofés-les de la même humeur ; concevés-les dans les mêmes Circonftances. Athées, ou perfuadés d'une Réligion vraie ou fauffe, ils fe conduiroient de la même manière. Mais quand il a befoin d'un autre Principe, il s'en faifit & il s'en fert.

Mr. Bayle approuve la penfée de Q. Curce : *Rien n'eft fi puiffant que la Superftition pour tenir en bride la Populace. Quelque effrenée & inconftante qu'elle foit ; fi elle a une fois l'efprit frappé d'une vaine Image de Réli-*

gitu, elle obéira mieux à ses Devins qu'à ses Chefs. Persées diverses Art. 81.

Et dans le Dictionnaire Hist. Article Beze. *Garasse*, dit-il, *pour rien au monde n'ent avoué ses calomnies; mais il ne fait pas difficulté de s'enformer avec des pestiferés.* Donc si la Réligion ne le guérit pas du prémier défaut, elle a au moins la force de l'engager à une grande œuvre de charité extérieure. Cela fait voir à quel point on raisonne mal quand on dit en général que la Réligion ne corrige ni l'Esprit ni le Cœur, & que pour le prouver on allégue quelques exemples particuliers. Voiés l'Art. XVIII.

XXV. EN VAIN on dira que la Vertu est naturellement très-belle, & très-aimable, que des hommes peuvent naitre si heureusement disposés, qu'on peut encore avoir pris un tel soin de leur Education, qu'ils s'attacheront à la Vertu par goût, & à cause de son propre Mérite ; Ce goût d'un côté les préservera de la contagion des mauvais Exemples, d'un autre il les portera à en donner de Bons, qui seront suivis en tout ou en partie.

Je reconnois que la Vertu est très-aimable par elle même, mais je pourrois ne pas tomber également d'accord que tous les hommes naissent avec des heureuses dispositions naturelles, propres à leur en faire sentir tout le prix, & à le leur faire sentir invariablement : Si Mr. Bayle insistoit sur cêt Article, il s'éloigneroit *de ces Canons sous la protection desquels il affecte de dire qu'il se met.* Mais je ne veux pas m'amuser à des Argumens *ad hominem*, ni me jetter dans ce qui ne fait pas directement à mon sujet ; Le Naturel le plus heureux a besoin d'être cultivé par l'Education ; On forme les jeunes gens à de bonnes Habitudes par les Motifs qu'on leur met devant les yeux, & il n'y en a point qui égalent à beaucoup près en force ceux que fournit la Réligion, quand on les fait bien présenter ; & rien encore ne fournit d'aussi grands Motifs pour se soutenir dans tous les soins, & dans toutes les fatigues qu'il est nécessaire de se donner pour procurer aux autres une bonne Education. La Beauté de la Vertu se revêt d'un tout autre éclat, aux yeux d'un homme qui la regarde, comme belle aux yeux de Dieu même ; & comme un moien sûr de lui plaire, & d'en obtenir des graces inestimables, Un homme plein de ces Principes est tout autrement attentif sur lui-même, & s'anime tout autrement à attirer les autres dans les routes qu'il aime à suivre. Que diroit-un Athée vertueux par goût & par humeur, à un débauché, à un fourbe, à un avare &c. qui lui répondroit *Vous avés vôtre goût, j'ai le mien, il ne faut pas disputer des goûts, je consens à louer le vôtre, mais je me plais à suivre le mien. Vous me méprisés peut-être dans le fond du cœur, & vous ne trouvés pas dans une conduite cette grandeur qui vous charme dans la Vôtre. Pour moi je ne vous méprise pas, mais je vous plains, & toutes les fois que je goûte le plaisir de vivre à mon gré, & de satisfaire mes Inclinations, je comprens combien vous perdés, & je ne voudrois pas pour tous les Eloges acheter, aussi cher que vous faites, vos grandes Idées, & vôtre obstination à vous imposer des dures Loix ? Qu'aurés vous de tout cela ? Vôtre vie n'en sera pas plus longue, & elle en sera moins agréable ; je vous le replie, le peu que le sort m'en a assigné, je veux le passer sans contrainte.* Mais l'idée d'un Dieu attentif aux Actions des hommes, Rémunerateur de la Vertu, Vangeur de sa Loi, peut jetter des troubles dans l'Ame des plus déterminés, & cet que l'Education les a une fois disposé à regarder ces Réfléxions du moins comme un peu vraisemblables.

Brutus avoit été un de ces hommes qui par l'effet de son Tempérament, & peut-être encore de quelque Etude, s'étoit attaché à la Vertu & à l'Observation de ce qui lui paroissoit juste ; Quand il vit que sa Persévérance n'étoit suivie d'aucun fruit, & que la Victoire, & toutes ses suites, les Honneurs, les Richesses se tournoient du côté des Tyrans &

des Vicieux, pour lors il rabattit infiniment de cette estime qu'il avoit eue jusqu'alors pour la Vertu. & il parut que s'il avoit eu à recommencer la Vie, il l'auroit réglée sur de tout autres Maximes.

Une preuve que chés les Païens il y avoit une Impression qui les portoit à croire qu'on ne se rendoit agréable aux Dieux par la Vertu, & qu'on s'attiroit leur Indignation par le Vice, c'est qu'Horace ne compte pas seulement entre les Causes des malheurs des Romains les Temples négligés, il la trouve encore cette cause dans la licence avec laquelle on troubloit la pureté des Mariages. Horace en habile Poëte adopte ces Idées de la Multitude, pour se faire approuver de cette Multitude.

Il est inutile de dire avec Mr. Bayle que c'étoit là des Instructions des Philosophes, & des Poëtes aussi, quand ils s'avisoient à propos de philosopher, & non pas des Prêtres, & des Ministres de la Réligion ; On fait que quand les Poëtes veulent plaire & souhaitent qu'on lise leurs Ouvrages, il faut qu'ils s'accommodent au goût reçû. S'ils veulent, par éxemple, que l'on goûte le portrait qu'ils font des Plaisirs, il faut que ce soit des plaisirs tels qu'ils font établis de leur temps. S'ils moralisent il faut que ce soit conformément à des Maximes approuvées ; On peut donc les regarder comme les Témoins du Goût & des Dogmes qui régnoient de leur temps. On voit par là que la Réligion des Païens renfermoit des Contradictions ; mais les sentimens de la Conscience se joignoient à ce qu'elle renfermoit de sensé pour le faire prévaloir sur les Fables absurdes des Amours & des Injustices des Dieux. Ils reconnoissent que ces Dieux avoient donné d'autres Loix aux hommes ; c'étoit assés pour les faire convenir de l'Obligation où ils étoient de les suivre. Si un Prince fait des Loix contre la Vénalité des charges, & contre la Débauche, quand même ses Maitresses en trafiqueroient, ni leur gain, ni l'argent qu'il éxigera lui-même de ceux à qui il accordera des dignités n'empêcheront pas qu'on ne cesigne de violer ce qu'il a donné pour Régle à ses Sujets, & d'en encourir les peines.

XXVI. REPONSE aux Questions du Provincial Tome V. Chapitre XVIII. page 234. *Les Espagnols*, dit Mr. Bayle, *sont adonnés à l'amour des femmes, & à la Vangeance, plus qu'on ne sauroit l'éxprimer ; & cependant ils sont très-superstitieux, & ils ont beaucoup de haine pour les Héretiques* & à la Page 236. *C'est une chose certaine qu'il y a des gens qui ont sur eux des Réliques le jour & la nuit ; mais quand ils couchent avec una Courtisane, ils ont un grand soin de les quitter. Les porteroient-ils si ordinaire ; les oteroient-ils alors, s'ils n'avoient perdu la Persuasion de la Doctrine de leurs Prêtres ?*

A Saragosse, il ne se passe guéres de nuits en hyver qu'il ne se fasse deux ou trois Assassinats. & à la Page 238. *Rome Chrétienne*, dit-il, *n'a-t-elle pas été pendant quelques siécles aussi corrumpue que Rome Païenne ?*

Il est aisé de reconnoitre Mr. Bayle dans ces Objections, il ouvre aux Ministres Protestans un beau champ contre l'Eglise Romaine ; mais s'ils donnent sans précaution dans le Piége qu'il leur tend, il leur demanderal ensuite, si la Réligion Chrétienne n'a pas été dans ces frécles-là, & n'est pas encore aujourdhui en Espagne, plus respectable & plus pure que le Paganisme : Dès qu'on en sera tombé d'accord, il en conclurera que la Pureté de la Réligion n'influe point sur les Mœurs, puis qu'elle peut devenir plus pure sans que les Mœurs deviennent meilleures.

Mais ne pourroit-on point répondre que Mr. Bayle s'enlasse lui-même dans le Piége qu'il tend, car si Rome Païenne n'a pas été plus corrumpue par rapport aux Mœurs, & si les Loix de la Société n'y ont été mieux observées dans cette dans Rome Chrétienne, l'Idolatrie vaut mieux pour l'intérêt temporel du Genre humain que l'Athéïsme ; à moins qu'on ne prouve non seulement qu'on n'a pas mieux vécu dans Rome Chrétienne que dans Rome Païenne tienne que dans Rome Païenne; mais de plus qu'aujourd'hui en Espagne on ne vit pas mieux, que si l'on y étoit parfaitement Athée; Or c'est ce que les Exemples allégués par Mr. Bayle ne prouvent point.

Dira-t-on, *Mais que voulés vous qu'un Athée fasse de plus que d'assassiner un homme qu'il hait extrêmement, & de suivre sa sensualité sans retenüe?*

Je réponds qu'un Athée ne pourroit rien faire de pire, s'il n'y avoit point d'autres Crimes que ceux de l'assassinat, & de la licence par rapport aux femmes. Mais déja n'y a-t-il pas d'autres Impuretés que la Réligion Chrétienne fait qu'on punit très-sévérement, dans les Païs même dont Mr. Bayle parle?

2. Tel qui fait assassiner un Ennemi très-odieux malgré les Idées que la Réligion donne du Meurtre, feroit périr, pour une légère offense, un autre homme, si les Idées de la Réligion ne l'en empêchoient. Tel qui n'a point assés de Réligion pour se trouver en état de Grace, en a assés pour renfermer ses Vices dans de certaines bornes, par où il arrive que la Société en souffre moins.

3. Si à Rome, & en Espagne, tout le monde étoit Athée, comment s'y prendroit-on pour les ramener de ces deux criminelles habitudes que Mr. Bayle leur reproche, & pour empêcher qu'ils ne vinssent de celles-là à d'autres? Les Loix civiles, les Châtimens, la sévérité des Magistrats non seulement peuvent s'éxercer dans le Christianisme comme dans l'Athéïsme, mais de plus la Réligion engage les Magistrats, à y penser, par des motifs tout autrement importans, que ceux qui se bornent à cette Vie. De plus aux secours qu'on tire des Loix civiles, & des Châtimens qui obligent à les observer, la Réligion en joint un grand nombre d'autres. Un Pape, un Roi peuvent faire de grandes Réformations: Un Archevêque encore dans son Diocèse, & quelques Réligieux dans une Communauté, lorsqu'ils sont éclairés, & qu'ils animent par leurs Lumières, leur zèle & leur Piété; Pour réüssir, ils n'ont qu'à raisonner avec des hommes, en partie Chrétiens, sur un grand nombre de Principes dont ils conviennent déja, & dont il est aisé de tirer des Conséquences.

XXVII. MAIS je vais faire des Réflexions plus générales, & par là je répondrai en même temps à cette Question de Mr. Bayle page 239. *Où est l'homme qui ne se conformât aux volontés de son Roi, s'il étoit sûr d'une Récompense magnifique en obéïssant & d'une peine épouvantable en désobéïssant?* Après quoi il infère page 241. *que si les Païens, les Juifs, les Mahométans Vicieux doivent être regardés comme des Incrédules, la Société fourmille d'Athées, & par conséquent elle peut se soûtenir au milieu de l'Athéïsme.*

D'où vient que les mœurs ne répondent pas assés à la troisième *Ibidem pag. 1096 & 1057.*

Pour débroüiller les Sophismes, il n'y a qu'à se rendre attentif aux Vérités suivantes.

1. Les Dogmes Spéculatifs de la Réligion, les plus importans même, ne suffisent pas pour régler nos Mœurs, & n'influent pas immédiatement sur nôtre Probité. Il ne suffit pas de savoir qu'il y a un Dieu, que l'Ame est immortelle, qu'on sera très-heureux ou très-malheureux lui est inévitable: Pour régler sagement sa conduite, il faut de plus connoitre distinctement les Loix de Dieu, & les Conditions sous lesquelles il promet sa grace.

2. La Liberté subsistant toûjours avec toutes ces connoissances, l'homme peut abuser de sa Liberté, & détourner son attention de dessus ces Vérités; & désqu'il ne s'y rend plus attentif, elles n'ont pendant ce temps-là, pas plus d'efficace sur lui que s'il ne les connoissoit pas.

3. Comparons présentement une Société où l'on fait profession d'admettre ces Vérités, avec une autre où on fait profession de les rejetter, ou dans laquelle on n'y pense point. Dans la prémière, il se trouvera, au moins un certain nombre, petit ou grand, de personnes qui y penseront, les uns plus, & les autres moins fréquemment. Ceux qui les suront le plus à cœur & feront penser les autres, & les y sollicteront & viendront à bout de les leur mettre devant les yeux, & de les porter par là à quelque Regularité. Rien de tout cela ne doit arriver dans une Société d'Athées.

4. La persuasion de l'Existence d'un Dieu, de l'Immortalité de l'Ame, de la félicité ou du désespoir qui l'attend, doit naturellement porter, les hommes à s'instruire de leur devoir, & à distinguer la Vertu, d'avec ce qui n'en a que l'apparence, & il n'est pas possible que ces Connoissances ne fassent en tout ou en partie cet effet sur plusieurs, ou du moins ne le fassent sur quelques-uns, d'où il se répandra ensuite par le moien de l'exemple sur les autres. Aucun motif de cette force ne sollicite les Athées à discerner ce qui se doit, d'avec ce qui ne se doit pas.

5. Je veux accorder que l'Esprit humain se trouve tel, par sa propre Nature, que les Idées du Bien Moral y naissent, pour peu de soin qu'on se donne de cultiver la Raison. Les Athées se trouveront-ils engagés à se donner ces soins, par des Motifs à beaucoup près aussi pressans, que ceux qui y sollicitent des hommes persuadés des trois Principes fondamentaux que j'ai allégués?

6. Quand j'irois jusqu'à accorder que ces Idées naissent d'elles-mêmes, & qu'on en éprouve la force sans qu'il soit nécessaire de se donner aucun soin pour les cultiver, il est évident qu'on les trouve tout autrement respectables, quand on pense que Dieu en est l'Auteur, & que s'il a formé l'Ame de l'homme, capable de faire naitre chés elle-même ces Idées, c'est à dessein qu'elles lui serviussent de Régles; On se sent encore tout autrement porté à les suivre, quand on pense qu'on y est obligé pour ne pas s'attirer l'Indignation d'un Juge qui punira très-sévèrement ceux qui les négligent, & qui en recompensera aussi l'observation très-magnifiquement.

7. Si l'on demande, d'où vient donc qu'un grand nombre de Chrétiens vivent si mal, & que ceux qui vivent mieux, ne vivent pas parfaitement bien? Je continuerai & je dirai. Que nous avons des sens qui comptent pour des Biens & pour des Maux, & souvent pour des grands biens & des grands maux, des choses fort différentes de ce que nous appellons *Bien & Mal moral*. Le Devoir consiste le plus souvent à modérer les Inclinations de ces sens, & les mouvemens des Passions qui en naissent. On se fatigue par les soins qu'on se donne pour les renfermer dans de justes bornes; on n'en vient pas à bout sans effort; ces efforts sont pénibles, on s'en lasse, on interrompt ces justes Travaux, & par là on se laisse aller à diverses fautes.

8. Cela arrive d'autant plus aisément qu'on s'est accoutumé dans l'Enfance à ne suivre d'autre guide que les Sens & les Passions; & que ceux qui prennent soin de l'Education des jeunes gens, ont ordinairement de grandes Indulgences pour eux, dans les prémières années de leur Vie.

9. On est persuadé que Dieu est Miséricordieux, & qu'on ne laissera pas d'avoir part à sa Grace, quoiqu'on trébuche de temps en temps, dans le chemin qu'on doit tenir, quoi qu'on le suive, qu'on s'en écarte, & qu'on y rentre tour à tour.

10. Dans cette Confiance, les uns se permettent plus, les autres moins, & il y en a peu qui ne se permettent trop, & qui ne poussent trop loin l'Indulgence; & quand un homme dont le Cœur s'est malheureusement tourné du côté de quelque Plaisir, & de quelque Intérêt séducteur, a excité la Vivacité de son Génie, pour découvrir quelque prétexte propre à excuser ses Inclinations, si cet homme qui s'est ainsi trompé lui-même, fait donner une certaine couleur à ses Raisonnemens, s'il fait se faire écouter, si le Poste qu'il occupe, lui attire l'attention de la confiance, son Erreur devient bientôt l'Erreur d'un très-grand nombre, sur tout si elle favorise de Panchans fort généraux; & ce qu'il s'est permis une infinité de gens se le permettront inconinuent, sur sa Parole, & sûr son Exemple.

11. Mais un Docteur qui s'écarte des Vérités ou pratiques spéculatives de la Réligion sur quelque point, n'en viendroit pas à bout de se faire des Disciples & de répandre ses Erreurs, s'il ne s'attiroit le respect & la confiance par l'attachement qu'il conserve pour d'autres Vérités. S'il fait donc du mal à de certains

égars, il fait auſſi du bien à d'autres.

12. Dans une Société d'Athées ſe trouveroit-il des Docteurs accredités, qui, au cas qu'ils palliaſſent de certains Vices, détournaſſent au moins des autres? ſa crainte de l'avenir ne ſeroit point pour ces gens-là, une Barriére qu'on pût oppoſer à aucun penchant. Aujourd'hui une Inclination vicieuſe, chés une certaine perſonne, ſe trouvera ſi forte, qu'elle l'engagera à chercher des raiſons pour ſe croire en liberté de la ſuivre, mais en même temps il ſe trouvera d'autres Inclinations moins vives qu'elle ſuivroit auſſi, ſans les Barriéres qui s'y oppoſent, & qu'une certaine doſe de Réligion lui fait reſpecter. Les mêmes Cauſes qui produiſent ce mélange de Bien & de Mal, parmi ceux qui reconnoiſſent une Réligion, ne ſeroient point le même effet dans une Société d'Athées, Chacun y ſuivroit beaucoup plus ſes Inclinations, parce qu'il ne ſe trouveroit pas engagé à les combatre par les mêmes Motifs, auxquels ceux qui ont de la Réligion ſe trouvent ſenſibles.

13. Si la Corruption du coeur humain eſt ſi grande, & ſi le penchant des hommes pour le plaiſir de ſens & pour les Intérêts qui les mettent en état de ſatisfaire leurs ſens & leurs Paſſions, eſt ſi puiſſant qu'il prévaut dans pluſieurs rencontres ſur les Idées de la Réligion, tout perſuadé qu'on ſoit de leur vérité, que ſeroit-ce dans une Société d'Athées? Les mêmes Panchans régneroient, les Barriéres de la Réligion, qui de temps en temps au moins, & tantôt à un égard, tantôt à l'autre, ſe trouvent les plus fortes, n'auroient jamais la moindre force; le Mal régneroit ſans oppoſition, ou au moins une grande partie des cauſes, qui de temps en temps, & à divers égars, s'y oppoſent effectivement & avec ſuccés, n'auroient aucun lieu.

Ibidem pag. 58. 14. Mr. Bayle reconnoit lui-même (Tome V. Chap. XIX. page 149.) en parlant des mauvais Chrétiens, que la Théorie de leur Réligon n'eſt pas toûjours inutile dans leur Ame. Ils font quelquefois de grandes Aumônes pour le rachât de leurs péchés, la cauſe de ces Aumônes n'auroit point lieu chés des Athées.

15. Quant à ce qu'il ajoûte en marge de la même page 249. *Toute la Pologne eſt Catholique juſqu'à la ſuperſtition, ce qui paroit dans les fondations des Moines qui ſont tous bien rentés, bien logés, & très-reſpectés, eux ou les Jéſuites poſſedent le quart des Biens du Roiaume. Les Particuliers préférent ſouvent, dans leur Diſpoſition teſtamentaire, un Monaſtére aux légitimes héritiers, & laiſſent ceux-ci, dans un état abjet, pour enrichir une Communauté de fainéans, pour ne pas dire d'yvrognes.* (A la verité cela doit faire gémir les bonnes ames.) Mais ce qui fait l'amertume & le ſcandale des bons, réjouït peut-être ceux qui ne le ſont pas, à ſe ſaiſir & il ſe trouvera des Lecteurs de Mr. Bayle qui aimeront à ſe ſaiſir de cét argument. Je reconnois que rien n'eſt plus triſte & plus ſcandaleux que voir ceux qui ſont particulièrement engagés à ſoûtenir la Réligion, fournir aux Athées par leur Avarice, ou par leur Ambition, des armes pour combattre la Réligion, & pour embaraſſer ceux qui auroient à coeur de la défendre, & qui voudroient bien ne ſe trouver pas expoſés à la mortification de condamner les autres, ou du moins de ſe plaindre d'eux, & de dire quelque choſe qui aille à les décrier. Mais de conclure de ces Déſordres que l'Athéiſme vaudroit mieux, c'eſt la Conſéquence la plus imprudente, & la plus précipitée qu'il ſoit poſſible de tirer. Pour s'en convaincre, il n'y a qu'à mettre en parallele avec ces déſordres que la ſuperſtition, & l'Avarice accréditée par la ſuperſtition, peuvent faire naître tous les maux que la dépravation du Cœur humain eſt capable de répandre dans la Société, quand la Réligion n'y oppoſe aucune Barriére. Lors que dans l'Ancienne Rome le mépris de la Réligion, lâcha la bride à l'Avarice, & à l'Ambition la plus exceſſive, eut-on beſoin du ſecours de la ſuperſtition pour s'attirer des héritages? Combien de gens, à l'envi les uns des autres ſe rendoient-ils habiles dans l'Art de ſupplanter les Légitimes Héritiers, ſoit en ſuppoſant des Teſtamens, ſoit en trouvant moïen de s'en procurer de favorables par mille impoſtures, & par mille ruſes.

15. Enfin de ce que des gens perſuadés de la Vérité d'une Réligion, & d'une Réligion très-pure, ne laiſſent pas de commettre diverſes fautes, conclurre qu'elle n'a pas plus d'influence ſur les Mœurs que l'Athéiſme, c'eſt tout comme ſi de ce que des Perſonnes qui ont étudié la Logique ne laiſſent pas de ſe tromper de temps en temps, on concluoit qu'on n'auroit pas moins d'étendûë d'Eſprit, pas moins de pénétration, pas moins de juſteſſe, en matiére de raiſonnemens, quand même on ne liroit aucun Livre, & qu'on ne ſeroit aucune Etude; que la ſcience ne ſert à rien puiſqu'on ne voit pas qu'elle rende les hommes parfaits, & qu'au contraire on voit des gens qui étudient ſans profiter.

17. Le Mal, qui eſt adouci par le Bien là où il y a de la Réligion, régneroit ſans adouciſſement parmi les Athées.

18. Il eſt certain que les Athées ſe déguiſent, & qu'ils ont intérêt à ſe déguiſer. Mr. Bayle s'irritoit & ſe troubloit quand on le preſſoit ſur cet Article; il s'étoit ménagé pluſieurs défaites, & pour derniére reſſource il s'alloit mettre en ſûreté ſous les Canons du Synode de Dordrecht, ce qui lui procuroit trois avantages tout à la fois; il s'attiroit une protection, il ſe moquoit des Orthodoxes, & il invitoit ſes amis les Libertins à en rire avec lui. Parmi les Perſécuteurs inhumains, parmi les ſuperſtitieux, Avares ou Débauchés, n'y a-t-il pas toute apparence qu'il ſe trouve des gens, qui ont pouſſé la Corruption juſqu'à l'Athéiſme? C'eſt donc à tort qu'on charge la Réligion des ravages & des opprobres, par leſquels des Athées deshonorent le Genre humain, en ſe couvrant de ce manteau.

19 Le ſuperſtitieux croit qu'il ne ſera pas damné pour de tels & tels Crimes, qu'il expie par de certaines pratiques extérieures. L'Athée n'aura pas ſeulement beſoin de ces précautions pour ne ſe pas croire damné, & pour ne craindre aucun châtiment au delà de cette Vie; ſans compter que le ſuperſtitieux convient de quelques Principes dont on pourra ſe ſervir pour le corriger.

XXVIII. CEUX qui ſoûtiennent la Néceſſité de la Réligion pour le Bonheur de la Société, conçoivent qu'il n'y a rien dans l'Athéiſme qui porte à la licence la plus effrénée. Lorſque pour affoiblir cette preuve, on veut repreſenter le dérèglement des Mœurs qui règne parmi les Chrétiens mêmes, *ils répondent que les Chrétiens plongés dans le Vice ne ſont point perſuadés de la Vérité de la Réligion Chrétienne.* Or de la ſi l'on ſuit, dit Mr. Bayle, que les Sociétés dont la plus grande partie des membres ſont Athées ſe peuvent fort bien maintenir. Et il eſt viſible que ſi une Société où il y a cent Athées contre un homme qui craint Dieu ſe peut maintenir, une Société toute compoſée d'Athées ſi peut auſſi maintenir.

Difference d'une Société compoſée d'Athées d'avec une Société où il y en a quelques-uns.

J'ai déja répondu que le degré d'attention & de perſuaſion, trop foible pour ſurmonter de grands intérêts, des paſſions trop violentes, des panchans naturels des plus forts, ne laiſſera pas de régler la conduite d'un homme à pluſieurs autres égars; Tel qui ſe fait Illuſion ſur de certains ſujets, ne ſe la fait pas ſur d'autres, & une infinité de gens ſe flattent même de pouvoir reparer devant Dieu de certains égards par leur attachement à d'autres Devoirs. Ils s'attachent donc à ces Devoirs, & la Société en profite.

Il me paroit tout à fait vraiſemblable, qu'un homme dont le coeur ne ſe plait qu'à faire du mal, un homme lâche, hypocrite, ſourbe, ſans reconnoiſſance, & chés qui tout intérêt céde au plaiſir de faire du mal, ſans horreur pour le Crime, dans les occaſions même où les plus ſacrés Devoirs l'appellent à ſe déclarer hautement contre lui, un homme que le plaiſir de chagriner les plus honnêtes gens, malgré tout ce qu'il leur doit de reconnoiſſance, & qu'il leur a donné de paroles poſitives, rend le Protecteur des hommes les plus infames, il me paroit, dis-je, très-vraiſemblable qu'un homme qui ſe ſoûtient dans les Déſordres & des Infamies de cette nature, ſur tout lorſqu'il ſe lâche à parler mal des Regles de la Morale, & de la Réligion, peut être compté

compté parmi les Athées; mais au lieu d'en trouver Cent de tels dans la Société, contre un seul qui ait effectivement de la Réligion & de la Probité, c'eſt beaucoup ſi ſur Cent il s'en trouve un qui ait porté l'Irréligion juſqu'au point que je viens de décrire. & quand il s'en trouveroit un ſur cinquante, je vai plus loin, quand il s'en trouveroit un ſur vingt, un ſur dix, une telle Société ſeroit encore tout autrement réglée que ſi elle n'étoit compoſée que d'Athées. C'eſt une Vérité d'expérience que les perſonnes, qui dans le fond n'ont point de Probité, ou n'en ont que très-peu, ont cependant toûjours intérêt de paſſer pour en avoir ſur tout dans un païs, où l'on croit la Réligion néceſſaire, & la Probité un caractére de la Réligion; de ſorte que ſi dans une aſſemblée de cent perſonnes, par exemple, il s'en trouve quatre ou cinq qui aient en effet beaucoup de Réligion & de Piété, ils ſe feront infailliblement reſpecter par ceux qui en ont peu, & craindre par ceux qui n'en ont point.

XXIX. QUANT à ce que Mr. Bayle inſére dans la page 237. " que certaines femmes chargées de " péchés, & dont le babil continuel eſt rempli d'or- " gueil & de menſonges, malicieux & vindicatifs, " ont une paſſion éxtrême pour la ruïne totale " du Papiſme, & la Monarchie univerſelle de la Ré- " ligion Proteſtante. Leurs Diſcours ſur cela partent " du coeur; & ſi elles eſpérent de vivre aſſés pour " lire l'Epitaphe du régne de l'Antéchriſt, c'eſt qu'el- " les ajoutent beaucoup de foi aux myſtéres de l'A- " pocalypſe. Elles ne ſe ſont point impoſé de pé- " nitence expiatoire de leurs dérèglemens; mais leur " zèle pour le triomphe du pur Evangile les expo- " ſe à des mortifications, parce que d'an en an " elles voient que leurs eſpérances ſont trompeuſes. " Pourra-t-on dire qu'elles péchent par ignorance, " ou ſans être perſuadées de la Vérité du Décalo- " gue? Il faudroit être inſenſé pour s'imaginer cela. " Il faut donc que l'on m'avoue que la connoiſſan- " ce, la crainte & l'amour de Dieu ſont trois cho- " ſes qui vont de compagnie dans les véritables fidèles, " & qui ſe ſéparent dans les mondains. La prémiére y " demeure toute ſeule la plûpart du temps. ou bien elle " n'y eſt accompagnée que d'une crainte ſervile. & " d'un zèle qui s'incorpore tellement avec les paſſions " d'un coeur gâté, qu'au lieu d'en être le correc- " teur, ce ſont elles qui le maîtriſent.

On voit aſſés que la paſſion lui a dicté ces paroles, elles ſont ici un hors d'oeuvre, d'où l'on ne peut rien conclurre. On peut avoir de la Réligion, & ſe tromper ſur quelques articles. On peut ne pas oublier les Maximes à de certains égars, & dans de certaines occaſions, & les reſpecter dans pluſieurs autres. Pour peu qu'un Chrétien, ne fut-il qu'à demi perſuadé, ait de ſens commun, il eſt certain que des Idées, pour leſquelles il conſerve quelque reſte de reſpect, il eſt certain que quelques Raiſons d'eſpérance, & que quelques apparences de raiſon qui le portent à craindre, lui fourniront des motifs à ſe régler, que l'Athéiſme ne lui fourniroit jamais, & que ces motifs auront de temps en temps quelque efficace.

Il eſt facile de tourner l'objection de Mr. Bayle & de la rendre très-forte contre lui-même. Je vai plus loin que lui. Je ſuppoſe une femme capable d'attention & d'étude, & qui s'eſt convaincuë par Examen de la Vérité de la Réligion. De certaines circonſtances la lient avec d'autres femmes, dont les Idées ſur la Réligion ſont très-imparfaites, & la Foi très-peu fondée, parce qu'elles en ſont demeurées à ce qu'elles avoient appris de mémoire dans leur enfance, & qu'elles l'ont même altéré par le mélange de diverſes Maximes favorables à leurs Paſſions. Un Commerce de cette nature joint à une vivacité de tempérament jette peu à peu une Perſonne éclairée, dans la Diſſipation: On perd une heure, on en perd deux, on perd un jour preſque tout entier, on en perd pluſieurs, on les perd preſque tous. On eſt régalée, on régale à ſon tour, d'abord par politeſſe & enſuite par ſenſualité. On prend goût pour la bonne chére, on en devient dépendante. On eſt invitée à un grand régal, qui ſera précédé & ſuivi de parties de jeu, on ne ſe poſſéde pas, on l'attend avec impatience, on y vole. La converſation y tourne-t-elle tant ſoit peu du côté de la médiſance, on eſt trop ſenſible aux empreſſemens des perſonnes avec qui on ſe trouve, pour n'entrer pas dans leurs idées, & pour ne s'exprimer pas ſur le même ton; Alors on n'épargne perſonne; ceux dont on n'a aucun ſujet de ſe plaindre, ſont auſſi maltraités que le ſeroient les plus grands ennemis. On déchire même impitoïablement les meilleurs amis, & ceux à qui on a le plus d'obligation. Il eſt des caméleons qui prennent la teinture de tous les objets qui les environnent, des girouettes qui tournent à tout vent. Ces Perſonnes ne ſe conduiſent-elles pas comme feroient des gens ſans Principe de Réligion & qui vivroient dans l'Athéiſme? J'en conviens, mais c'eſt à certains égars, & c'eſt ce qui n'empêche pas d'accord que ce ſoit univerſellement. L'abandon au jeu, le Menſonge, la Paſſion pour la bonne chére le goût de la diſſipation, ſont de grands vices, je le reconnois, ils déshonnorent le Chriſtianiſme; il faudroit être ſans conſcience pour le nier. Mais n'y a-t-il point d'autres Vices? L'éxemple entraïne peu à peu dans ceux-ci, on en connoit l'efficace, & on ſait qu'elle eſt très-ſéduiſante. Mais la nature humaine n'eſt-elle expoſée qu'à ces tentations, ſont-ce les ſeuls péchés pour leſquels le coeur humain ait du panchant & les ſeuls dont il renferme les principes? Il eſt un grand nombre d'autres deſordres qui plairoient à la Nature, mais que la Réligion condamne, & dont on le défend juſqu'ici aux premiers pas qui y conduiſent. On peut douter ſi ceux qui prétendent faire un partage avec Dieu, être ſur leurs gardes, par rapport à certains péchés, de peur de lui déplaire, pendant que ſur d'autres ils ne ſe contraignent point &, que, ſatisfaits de ce partage, ils ſe flattent que Dieu aura autant d'indulgence pour eux qu'ils en ont pour eux-mêmes; on peut diſ-je, douter que ces gens-là ſoient actuellement en état de Grace, & il n'y a guére d'apparence; Mais ſi ce Partage n'eſt pas utile à leur ſalut, il l'eſt pourtant à la Société. Je dis plus, s'il ne les met pas dans les routes du Ciel, il les en éloigne moins; Un homme qui aiant ſecoué tout joug de Réligion, vit, ſans ſe contraindre, au gré de tous ſes Déſirs, & n'a de régle que les Fantaiſies & les Plaiſirs ou ſes Intérêts préſens, eſt beaucoup plus éloigné des Diſpoſitions où il faut ſe trouver pour ſe convertir, que ceux à qui on peut dire; Une choſe, deux choſes, trois choſes te manquent encore. Une Affliction, une Maladie, une Lecture à propos, des Avis d'un ami fidèle. Quelques réflexions ſur la briéveté de la vie, dont le dernier terme s'avance, peuvent déterminer une Perſonne qui a de la Réligion à s'examiner de plus près & à ſe procurer ce qui lui manque, pour ne perdre pas le fruit de tout ce en quoi elle a déja travaillé. C'eſt un grand ſujet de ſcandale, je l'avoue, que les Idées de la Réligion aient ſi peu d'influence ſur la conduite des perſonnes qui ſe ſont convaincuës de ſa vérité. Mais qu'on regarde ce deſordre ſous une autre face, & on pourra même en être édifié. Certainement on n'a pas lieu de ſoupçonner de ſaux goût par humeur & par ſuperſtition que les perſonnes mondaines que je viens de décrire, & qui auroient tant d'intérêt à ſecouer le joug de la Réligion qui les condamne, ne laiſſent pas d'en reconnoître la Juſtice & la néceſſité, & de ſe porter en partie. Quand ces perſonnes ont d'ailleurs de l'eſprit, elles donnent lieu de conclurre que les Idées de la Réligion doivent être d'une grande évidence, & les preuves qui en établiſſent la vérité, d'une grande force. puiſque, malgré leur goût ſcandaleux pour la diſſipation, elles n'ont pas laiſſé de les ſentir & de s'y rendre. Si ces perſonnes abuſant de leur eſprit & ſe livrant à toute l'impétuoſité des Paſſions, auxquelles le commerce du monde ſollicite, avoient donné dans l'Irréligion, leur éxemple ſeroit incomparablement plus pernicieux & plus fatal à la Société. Une infinité de gens persuadés par leurs sophismes, par leurs tours ingénieux, par leur autorité même, auroient franchi toute barrière & se seroient abandonnés à la fcélératefle. On a vu dans le fiécle passé, quelques femmes d'esprit, qui, sans se livrer à la débauche, ni se laisser aller à ces excès qui déshonnorent dans le monde, ont peu contraint leurs Désirs, parce qu'elles ne reconnoissoient point de Régle supérieure à leurs propres Idées : Combien de gens, après avoir adopté leurs Principes, les ont porté incomparablement plus loin, & se sont permis de vivre en toute licence ! Si Ma^{dlle}. de..... par exemple avoit vécu dans la superstition, je dis plus, si par un mélange de vanité & de Réligion, elle avoit voulu primer dans des Maisons Réligieuses, & y avoit fait naitre des partis, ses Erreurs & ses Illusions auroient-elles eu d'aussi mauvais effets que ceux de l'Athéisme & de la Licence qui l'accompagne ? Le superstitieux a l'intention bonne, il se contraint à divers égars ; Eclairés-le, vous le mettés dès lá dans les routes du salut qu'il aime & qu'il cherche. Mais l'Athée méprise ces routes, il en fait l'objet de ses railleries, il se croit dans la lumière, il hait tout ce qui le gêne, & il en détourne son attention. On se feroit autant d'illusions qu'il s'en fait lui-même, si on se permettoit l'espérance de le ramener.

Contradictions de Mr. Bayle

XXX. Mr. BAYLE veut mettre à profit toutes les conjectures qui lui sont venues dans l'Esprit & dans le dessein, il ne se fait point de peine de se contredire, suivant en cela la coûtume des Pyrrhoniens. Quand il se propose d'adoucir les hommes en faveur de l'Athéisme & de les disposer à le tolérer charitablement, il rassemble toutes ses forces, & il met en œuvre toute sa subtilité pour persuader qu'il est moins injurieux à Dieu que l'Idolatrie & la superstition. Le plaisir de douter de tout, & de dire le pour & le contre, qui est son plaisir dominant le porte dans d'autres occasions à diminuer la faute des Idolatres, & à présenter leur piété mal entendue, sous un bon côté. En parlant du Temple de Delphes, à l'Article PHILOMELE, après avoir dit qu'il fût pillé, & que l'Historien n'oublie pas la fin tragique de ceux qui commirent ces sacriléges, il

Du Nouv. Note C.

ajoûte : Cette observation de l'Historien ne doit point „ passer pour superstitieuse; car encore que le Tem- „ ple de Delphes fût consacré à un faux Dieu, c'é- „ toit néanmoins un impiété & un sacrilége de le „ piller lorsqu'on croioit qu'Apollon étoit un vrai „ Dieu. Il n'y a que le Vrai Dieu, je l'avoue, qui „ puisse faire changer de Nature aux choses profanes, „ elles ne peuvent devenir sacrées que par son institu- „ tion. Ainsi tous les dons qui avoient été consa- „ crés au Temple de Delphes avoient retenu leur „ prémier état. Les tuiles d'or que le Roi Cresus „ y avoit fait conficrer, n'étoient que de l'Or: il „ étoit autant permis d'en faire de la monnoie que „ d'en faire d'un lingot venant de la mine; cela, „ dis-je, étoit permis en pareil dégré, pourvû qu'on „ ne fût pas de la Réligion Païenne. Mais quand „ on croioit que les dons du Temple de Delphes é- „ toient un bien consacré à Dieu, on ne pouvoit „ s'en saisir, sans commettre un sacrilége proprement „ dit, que le vrai Dieu, seul Juge infaillible de la „ qualité des Actions, & l'unique distributeur des „ peines & des récompenses, trouvoit digne de ses „ châtimens; je parle des châtimens que les Juifs eus- „ sent mérités, s'ils eussent pillé le Temple de Salomon. En supposant que Dieu prévient l'entreprise sacrilége de Brennus, pour l'amour de la Réligion en général, on prête ce me semble, à Dieu le Raisonnement que voici. " Si Brennus pille & détruit impunément „ le Temple de Delphes, le succès de son crime „ pourroit bien engager d'autres impies, à commet- „ tre le même attentat sur le mien, & par consé- „ quent pour mettre mon Temple en sûreté, je „ suis obligé de punir toute sorte de sacrilége, aussi „ bien ceux qui attaquent l'Idolatrie, que ceux qui insultent à la véritable Réligion.

Je ne combats pas d'accord de ce raisonnement de Mr. Bayle, & je concevrois plutôt, que Dieu en ruinant miraculeusement les projets & l'armée d'un Prince qui faisoit profession de mépriser toute idée d'Equité, & tout sentiment de Réligion, vouloit avertir les hommes qu'ils avoient à redouter une Puissance invisible qui se déclaroit contre ceux qui se faisoient une gloire d'être au-dessus de toute Loi, & de mépriser toute Justice: Ce n'est pas pour son Temple de Jerusalem qu'il craignoit ; car Dieu peut-il craindre quelque chose, & fût-ce par crainte qu'il fit détruire par son Ange l'Armée de Sennacherib ? Mais Dieu trouva à propos de pourvoir à la sûreté du Genre humain qui étoit en danger, si l'Iniquité, l'Insolence & l'Impiété de Brennus, avoient été constamment couronnées de tous les succès qu'il devoit naturellement se promettre de son Courage, & de la valeur de ses soldats.

Dans les Pensées diverses Article LXI. pag. 155. Mr. Bayle dit ; „ Si Brennus à la tête des Gaulois „ eut pillé le Temple de Delphes; le zèle de tous „ les Peuples à consulter le Démon qui y rendoit des O- „ racles, & à lui faire des Présens magnifiques, eut été „ exposé au péril d'un grand relâchement. Aussi le Dia- „ ble n'épargna-t-il pas pour prévenir ce rude coup. Cela est tout opposé à ce qu'il dit sur la punition de ceux qui violèrent le Temple.

Œuvres Div. tom. III. pag. 1. N. B.

Pensées diverses Article LXIX. C'est aussi, dit Mr. Bayle, sur ce que les Païens attribuoient leurs malheurs à la négligence de quelque cérémonie & non pas à leurs vices, " à quoi les Démons se sont particulièrement étudiés, & avec un succès dont ils ont eu lieu de s'applaudir. Car il est clair par toute l'Histoire profane que les Païens rapportoient la source des châtimens que les Dieux leur envoioient, à l'oubli de quelque superstition, & non pas à l'impureté de leur Vie.

Ibidem. pag. 46.

D'où vient que Mr. Bayle prend plaisir de rapporter au Démon des effets qui s'expliquent très-naturellement ? L'observation extérieure de la Réligion coûte incomparablement moins que de combattre ses Passions. On croit aisément ce qui plait, on s'attache à l'Extérieur, & on se flatte de récompenser par cet attachement la Négligence du reste.

Les Prêtres avoient encore un double Intérêt à se faire Illusion là-dessus, & il n'étoit pas même nécessaire qu'ils sussent trompeurs pour tromper les peuples. Si l'Extérieur de la Réligion est ce qui rend sur tout favorable aux hommes la Divinité, les Prêtres sont des Médiateurs entre Dieu & les Hommes; on ne peut se passer d'eux, & il leur en doit revenir de grands honneurs, & de grands avantages.

C'est apparemment pour préparer ses Lécteurs, à toute l'horreur qu'il leur veut donner pour l'Idolatrie, & les porter à faire grace à l'Athéïsme en comparaison, qu'il prend les devants, & s'engage à le représenter les Erreurs dans le culte comme procurées par le Démon, au lieu qu'il se promet de leur faire regarder l'Athéïsme comme un simple effet de la foiblesse humaine.

Que doit-on penser quand on voit les contradictions de Mr. Bayle ? Dira-t-on qu'il avoit conçu depuis très-long temps le dessein de donner un Dictionnaire Historique & Critique ? Et que dans ce dessein il jettoit sur son papier ce qui lui paroissoit propre à remplir un point de son Ouvrage ? Le nom de Philomele lui rappella l'avanture du Temple de Delphes pillé, & alors il se trouva d'humeur à faire la conjecture qu'on y lit. Dans le temps qu'il écrivoit ses pensées sur les Comètes, & que sous prétexte de guérir les hommes de l'Esprit de superstition, il se proposoit de les adoucir en faveur de l'Athéïsme, l'horreur qu'on en a, il s'éxprime tout autrement sur le sujet de la Providence. Un homme qui sime la Vérité, examine ses pensées avec plus de Circonspection, il revient sur ses pas, il se met d'accord avec lui-même, *une seconde pensée* lui donne lieu de rectifier *une prémière*.

Défenses des faussetés des Réfléxions

XXXI. DANS l'article de Périandre, dont nous avons déja parlé, on voit que Mr. Bayle ne perd point de vue son grand but, c'est que les faussetés Réli-
Ii.

DU PYRRHONISME.

ligions n'ont aucun avantage sur l'Athéïsme, & pour défendre ce Paradoxe, il lâche de temps en temps des Réflexions qui vont à perfuader que la vraie Religion même n'influe pas mieux que l'Athéïsme sur le Bonheur de la Société. On lui oppofe qu'un homme qui se trompe en matière de Religion, ne fe trompe pas en tout, & à tous égards absolument, & qu'au moins il reconnoit en gros qu'il faut fe rendre la Divinité favorable par la Vertu, & qu'il compte un grand nombre de Vices parmi les caufes qui expofent à fa colère. A cela Mr. Bayle répond que *LA RELIGION NE CORRIGE POINT L'INCLINATION AU PÉCHÉ*; & pour le prouver, Voici, dit-il, Périandre qui fait des Vœux. . . . *Excepté la Violence faite à l'honneur & à la foi, il n'y en a point de plus rude aux honnêtes femmes que de les dépouiller de leurs Ornemens. La Paffion d'être bien mifes & bien parées a toûjours eu une grande force dans le Sexe.* Enfin qu'on ne doute point de la foibleffe des femmes pour leurs ornemens, il le prouve par un mot Grec, & un paffage de faint Jerome. Ces citations amufent le Lecteur & lui ôtent la pensée d'éxaminer la Force d'un Argument qu'on tire de ces Faits. Voici en quoi il confifte. Périandre n'étoit pas Athée, mais il étoit fi corrompu, & efclave de fes fantaifies, & il avoit des Idées fi fauffes en matière de Religion, que pour s'acquitter d'un Vœu, il ne fe fit pas fcrupule de dépouiller les femmes de Corinthe d'une partie de leurs ornemens. Après cela fe trouvera-t-il des femmes, & des Cavaliers faint foit, peu galands qui s'arrêtent à mettre en parallele d'égalité l'Athéïfme avec la fuperftition, & qui n'aillent pas jufqu'à lui donner l'avantage?

Quand il plait à Mr. Bayle, il vous fait fonner fort haut le nom de Prophyre, & nous parle de fon Arbre comme de l'*Arbre de fcience de bien & de mal* c'eft-à-dire qu'il fait valoir des vétilles; Mais auffi quand il lui plaît, il oublie les Régles les plus effentielles de la Logique. *Les fauffes Religions ne corrigent point l'Efprit & le Cœur* Voila une Régle générale, Mr. Bayle en prouve la vérité par Induction. Il choifit pour cela un des plus méchans hommes qui ait jamais été, & dans les notes B & D il en rapporte trois exemples de crimes & de fuperftitions. Donc ce que la Religion n'a pas fait par Périandre, dans ces trois cas, ni fur quelques autres que Périandre, dans les cas que Mr. Bayle a eu foin de ramaffer, & qu'il diftribue par-ci par là, aucune ne le fera, & il nes'en trouvera aucune qui puiffe contribuer à corriger ou l'Efprit ou le Cœur, en quoi que ce foit & en qui que ce foit. Y eut-il jamais d'Induction plus défectueufe, ni de Conclufion plus hardiment tirée du particulier au général? Qui fait fi Périandre lui-même, & des gens femblables à Périandre n'ont pas été de temps en temps retenus par des idées de Religion, & fi fans cela leurs Crimes n'euffent pas été en plus grand nombre! Et ce que des Idées de Religion n'ont pu fur lui, & fur fes femblables ne l'ont elles pu fur qui que ce foit? Voici l'Art. XX.

On fe trouvoit embarraffé à Rome pour acquitter le vœu de Camille. Les Dames s'affemblérent de leur propre mouvement & y mirent ordre, & portérent au tréfor ce qu'elles avoient d'or & de bijoux. On en fit une coupe pour la porter à Delphes.

Tit. Liv. liv. V. Chap. 2.

Cujus (auri) cum copia non effet, matronæ coetibus ad eam rem confultandam habitis, aurum & ornamenta fua in ærarium detulerunt.

Mr. Bayle leur attribue donc une foibleffe qui n'eft pas à beaucoup près auffi infurmontable qu'il trouve à propos de l'infinuer.

XXXII. Mr. BAYLE donne ce Philofophe pour un Athée, ou pour un homme qui n'avoit guére de Religion. Ces fortes d'accufations font de peu de poide: Il fuffit de n'être pas fuperftitieux pour paffer pour un Impie, & ceux qui l'ont été effectivement, ont affecté de groffir leur fecte par autant de Noms célebres qu'ils ont pû: Mais accordons à Mr. Bayle ce qu'il veut. Il infpira Demetrius Poliorceves l'humanité & la noble envie de faire du bien aux hommes. " Je crois, dit là-deffus Mr. Bayle, ,, qu'il y a de bons dévots qui en feroient bien autant; mais je croi auffi qu'il y en a qui fe con-

,, duiroient par la maxime, *charité bien ordonnée commence par foi-même*. Si un Prince après le pillage d'une ville, leur promettoit la reftitution de tous leurs effets, ils profiteroient affurément de cette occafion, pour lui infpirer la Clémence, & pour lui recommander l'Intérêt des peuples; mais ils ne s'oublieroient pas: ils lui enverroient une lifte éxacte de toutes leurs pertes; ils feroient en forte d'en être dédommagés avec quelque ufure. Mais voici un Philofophe qui n'étoit rien moins que dévot, qui ne fe fert de la faveur auprès d'un Prince Victorieux, que pour le porter à faire ceffer les défordres de la guerre; & à répandre fes bienfaits fur les peuples; il n'envoie point la lifte qu'on lui demande du dommage qu'il a fouffert. Sa maifon a été pillée, on lui offre un ample dédommagement; mais il répond qu'il n'a rien perdu, & que fon bien ne confiftoit pas en des chofes que les foldats puffent prendre.

Qu'eft-ce que Mr. Bayle prétend faire conclurre de fon paralléle de Stilpon avec les Dévots? Un Dévot peut penfer à fes Intérêts autant qu'à ceux des autres?! Il fe peut même qu'il y penfera plus. Un homme fans Religion peut par Vanité négliger fes Intérêts, & folliciter pour ceux d'autrui. Donc l'Irréligion vaut autant que la Dévotion. Mais fi le Dévot oublie quelquefois une partie de fes engagemens, l'homme fans Religion, prendra-t-il conftamment pour principe une noble ambition? Stilpon à la vanité de fe faire regarder comme un homme qui renferme, dans fes connoiffances, des Tréfors qui le mettent au-deffus de tous les befoins. Il eft donc au deffus du belliqueux *Demetrius*, qui ne fe peut paffer de Victoires, & il a l'adreffe de faire remarquer que les actes d'humanité font plus beaux, que les Victoires qui s'achetent par le fang; & de peur qu'on ne s'imagine que les avantages éxtérieurs par l'effet d'une humeur fauvage, ou parce qu'ils ne les connoit pas, il follicite Demetrius de les laiffer à ceux qui ne peuvent s'en paffer, parce qu'ils n'en ont pas de meilleurs. Mais fi la Religion, au lieu de la Vanité, avoit infpiré ces fentimens à Stilpon, & avoit réglé fes démarches, il fe feroit fait un plaifir de rentrer en poffeffion de fon bien, ne fut-ce que pour en foulager les autres. En même temps qu'il recommande à Demetrius l'humanité; il ne l'auroit pas dépouillé lui-même, au point de dire qu'il n'avoit rien perdu, lui qui venoit de perdre fa femme & fes enfans: Il n'auroit pas regardé comme une bagatelle, & compté pour rien l'infamie de fa fille. Mr. Bayle ne peut s'empêcher d'avouer qu'il voudroit bien que l'on Athéïfme ne fe fût pas attiré ces reproches.

XXXIII. Mr. BAYLE, qui trouve du pour & du contre fur les matières les plus évidentes, & qui prouve manifeftement, fi on veut l'en croire, que la Raifon n'a point s'en tenir, & qu'incapable de s'affurer, par elle-même, d'aucune Vérité, il faut y renoncer pour fe borner à la Foi, le prend néanmoins, fur un ton décifif, dès qu'il s'agit de recommander quelque Maxime directement contraire à la Foi; C'eft alors que la Raifon doit être écoutée, & qu'il cite l'autorité des hommes pour l'oppofer à l'autorité de Dieu. Il parle à l'occafion de Louis VII. qui tantôt avoit des fcrupules, & tantôt n'en avoit pas, pour décider qu'un Prince ne fera pas fleurir fes Etats, & courra fouvent grand rifque de s'affoiblir, & de les perdre, s'il préfére conftamment l'Honnête à l'Utile, & s'il fe régloit fur les Maximes de la Politique à celles de la Morale Chrétienne, s'il aime mieux enfin obéir conftamment à ces faintes Loix que d'imiter les mauvais Exemples que lui donnent fes Voifins. Belle idée de la Religion! Un Roi & fes Sujets aiment Dieu de tout leur cœur, refpectent fes Loix, & font confifter leur Félicité à les prendre pour Régle de leur conduite. Mais dès qu'ils feront environnés de gens qui feront profeffion d'être fourbes, il faudra auffi qu'ils deviennent fourbes à leur tour; à moins de quoi ils fe verront la proie de leurs Ennemis. Voila les illuftres effets du Pyrrhonifme fur l'Efprit de l'homme.

Mr. Bayle qui trouve les Principes les plus évidens, environnés de Difficultés qui lui font revoquer en doute ce qu'il y a de plus sûr, ou qui l'obligent à imposer silence à la Raison, voit clair dans les suppositions les plus obscures. Si au lieu de consulter tant de vieux bouquins pour y trouver, par-ci par-là, de quoi embarrasser la Philosophie & la Religion, au lieu de charger ses Mémoires de tant d'obscénités, au lieu de s'amuser à tant de Vétilles & tant de superfluités, comme à corriger quelques Dates & à redresser quelques Noms, que personne ne lit sans les oublier bientôt, il avoit attentivement médité Grotius ou Puffendorf, il y auroit trouvé de quoi rectifier ses idées. Les Maximes politiques de Mr. Bayle, qui mettent les Intérêts de la Société en opposition avec le Christianisme, seroient bonnes si par un *vrai Chrétien*, il falloit entendre un *Benêt* & un *Enthousiaste* dont rien ne pût ébranler l'indolence. Un Prince frugal, éloigné du luxe, ennemi de la débauche, attentif à faire régner l'abondance chés ses sujets, faisant observer les Loix, les observant lui-même, aïant soin de la discipline militaire, régnant sur le cœur de ses peuples, & méritant d'y régner, ferme dans sa parole & n'y manquant jamais, voiant les choses par lui même, choisissant des Ministres éclairés, fidèles, désintéressés, ne sera-t-il pas en état de repousser la Violence, manquera-t-il d'Alliés, & dira-t-on que c'est grand dommage qu'il ne change une bonne partie de sa Piété, contre une bonne dose d'Injustice & de fourberie?

Quel Prince est plus propre à rendre ses Sujets heureux, & possède tout ce qui peut le plus contribuer à leur sûreté, & à leur félicité? Est-ce un Prince qui s'imagine que sa Volonté est la Loi suprême, que ses Sujets ne sont nés que pour lui, & pour lui servir à exécuter tout ce en quoi il trouvera à propos de se plaire? Est-ce un Prince qui, pour augmenter ses Etats, d'une Place ou deux, compte pour rien la Vie de plusieurs milliers d'hommes, qui se met peu en peine de les faire vivre dans la fatigue & dans la pauvreté, pourvu que rien ne manque à son Luxe & à ses Plaisirs? Un peuple ne sera-t-il pas au contraire infiniment plus heureux, si le Souverain qui le gouverne, est très-persuadé que la Providence l'a donné à ce peuple pour veiller à son bien, & pour se rendre attentif à tout ce qu'il importe de faire pour le rendre heureux? Sans charger ses Sujets d'impôts, il ne laisse pas de se faire un revenu suffisant, & d'amasser des trésors pour le besoin, lorsqu'il régle la dépense, & qu'il ne dissipe rien en superfluités. Avant que de donner les Loix, il y pense attentivement, il consulte ses Etats, il se fait instruire des Désirs & des Besoins de ses peuples. Après avoir donné de sages & d'utiles Loix, il les fait observer avec exactitude; & lui-même en donne l'exemple. Il choisit pour ses Ministres & ses Officiers des hommes de bien qui entrent dans ses Intérêts, & il a l'œil sur leur conduite; Il parcourt les Provinces; Il écoute les Représentations des Communautés & des Particuliers. Les Emplois se donnent au Mérite, rien ne s'achette; celui qui marchande est regardé comme un *Lâche*, & celui qui vend comme un *Monstre*; l'un & l'autre est deshonnoré: La mémoire de ceux qui ont bien servi est en bénédiction; leurs Descendans en éprouvent les fruits, pourvu qu'ils s'en rendent dignes. Les Magistrats & les Officiers subalternes, à l'imitation du Prince, savent qu'ils ne sont destinés qu'à la félicité des Peuples: Ils sont occupés des Intérêts de ceux qui vivent dans leur dépendance, plus encore que de leurs propres intérêts; La Probité est considérée dans toutes les conditions, & ce qu'on trouve de plus avantageux, dans l'Elévation du Rang, ce sont les Occasions qu'elle fournit de faire le bien. Les peuples charmés de vivre sous une domination si aimable ne craignent point de mettre au monde des malheureux en se mariant: La licence seroit une flétrissure sous cette domination. On n'y craint pas les suites de la Pauvreté, c'est-à-dire les Besoins & la Honte qui les accompagnent, parce que le Luxe banni laisse à chacun des revenus suffisans: Un Païs se peuple, l'Industrie qui ne manque jamais de se perfectionner à mesure qu'un Païs se peuple, y amène l'abondance. Le Prince & ses Officiers pensent à tout ce qui peut y contribuer, pour le mettre en œuvre, & à tout ce qui peut le diminuer, & qui peut appauvrir, pour l'éloigner. Là où chacun s'occupe, & où chacun n'éprouve que de la Protection de la part de ses Supérieurs, là où l'on ne cherche à être au dessus des autres que pour leur faire plus de bien, la Discorde n'a pas lieu de naître, il ne se forme pas des Brigues & des Partis; Le Prince, & les Officiers qui suivent son Esprit & sa Direction, font connoitre qu'il n'y a rien qui leur déplaise tant; C'est aux Tyrans qui comprennent bien qu'on ne sauroit les aimer, à entretenir la division parmi leurs Sujets, afin que les partis veillent réciproquement les uns sur les autres & conspirent par là à demeurer sous l'oppression.

Afin qu'une telle Police soit observée, & qu'on s'y attache, non seulement par les Réflexions qu'il est naturel de faire sur les Avantages qu'on en tire, & sur les Intérêts qu'on y a, mais encore par le Panchant du cœur, par l'effet de l'habitude, & comme par une espéce d'Instinct, le Prince à soin que les sujets soient solidement instruits & distinctement éclairés de la connoissance de ces grandes Vérités qui portent les Espérances des hommes au-delà de cette Vie, & qui leur font sentir la nécessité absolue de vivre en gens de bien, plus encore pour la Vie à venir que pour la présente. Les Péres convaincus de ces vérités, prennent soin de l'Education de leurs Enfans; Les jeunes gens apprennent à bien vivre, en même temps qu'ils apprennent à parler, & ils se forment sur les Discours & sur l'Exemple de leurs Péres à donner leur affection à ce qui leur paroit qu'on a le plus à cœur: Ils apperçoivent de bonne heure, & ils continuent de s'appercevoir pendant toute leur Vie que ce qu'on estime, & qu'on honnore le plus, dans les premiers Rangs, c'est la Probité de ceux qui les occupent.

A mesure que le nombre des Sujets augmente, & avec lui le Nombre l'Industrie, si leur modération empêche en même temps que rien ne se dissipe mal à propos les revenus du Prince ne croissent-ils pas? N'a-t-il pas de plus dans l'abondance de ses Sujets, heureux & pleins d'amour pour lui, des ressources pour le besoin, presque inépuisables: Craint-il de mettre des armes dans les mains de tous ses Sujets, de la fidelité desquels il ne sauroit douter? Il peut aisément les faire discipliner, & avoir en eux autant de soldats que d'hommes faits. Des Peuples accoutumés au Travail, des Peuples qui ne sont point amolis par les Plaisirs & la Débauche, des Peuples qui éprouvent toutes les douceurs d'un Gouvernement Equitable, & qui n'éprouvent point les Inquiétudes que la licence, le luxe, & les autres vices entrainent; des peuples qui savent à quel point leur sort est heureux, en comparaison de celui de leurs Voisins, avec quel courage ne s'animeroient-ils pas pour s'empêcher de passer dans la misére, & de se voir exposés à tous les désordres de l'Injustice & de la Tyrannie? Une Lione s'expose-t-elle avec plus de fureur pour la conservation de ses petits qu'on veut lui enlever, que des hommes, placés dans ces circonstances, ne s'exposeront, chacun pour une famille qui lui est plus chére que sa Vie, & pour laquelle on tient d'autant plus à cœur, qu'il sait que ses suites s'étendront à l'Eternité? La persuasion où étoient autrefois les Peuples Septentrionaux que le fer qui perçoit leur Corps, & qui en faisoit échapper tout le sang, ne portoit point atteintes sur leur ame immortelle, les rendoit intrépides dans tous les dangers. Ils n'en connoissoient point, & ils comptoient pour rien la Mort, pourvu qu'ils mourussent avec honneur. La persuasion des Chrétiens bien instruits & bien éclairés, ne fera-t-elle pas encore d'une toute autre efficace? Chacun d'eux dira, je n'ai qu'à choisir, entre m'exposer à mourir, & à passer vers mon Dieu, en remplissant le plus grand de mes Devoirs, ou à me
rendre

rendre indigne de fa grace, par la plus noire des trahisons, par la plus infame des lachetés, en chériffant trop un fang, qui, quoi que je faffe, tombera bientôt dans la pouffiere, au lieu de me réfoudre à l'expofer, afin de fervir un Prince à qui je dois tant, une Patrie à qui j'ai de fi grandes obligations, une Eglife, dont je tire toute ma Gloire, une famille que je dois regarder, & que je dois aimer, comme un facré dépôt dont je répondrai au Pére des hommes? Aimerai-je mieux vivre pour être le témoin de toutes les horreurs que je prépare à ma Patrie par ma lacheté, & me voir expofé à fuccomber deformais chaque jour à de nouvelles tentations?

Si le Souverain d'un Etat, dont je n'ai touché qu'une partie des avantages, pour maintenir fes fujets dans les occupations qui conviennent à la paix, trouve à propos de défendre fes frontiéres par des troupes étrangéres, & que dois-je payer: Il n'y a point de Pére tant foit peu raifonnable, qui n'aime mieux envoier fes Enfans au fervice d'un Prince qui n'entreprendra pas de guerres cruelles, & fous qui ils ne fe formeront pas aux Vices, à l'Impoliteffe, à la Brutalité, que de les deftiner à un fervice fujet à ces Inconvéniens. On fait que ce n'eft pas feulement le Courage brutal du foldat qui contribue aux Victoires, & il n'y a perfonne qui ignore que tout étant égal, l'avantage fe trouve incomparablement plus grand, là où la Difcipline eft exactement obfervée que là où régne la Licence.

Mais un Souverain qui vit dans les Principes que je viens de pofer, ne s'agrandira pas; Pourquoi non? Si des Voifins inquiets & injuftes s'avifent d'entreprendre fur lui, il ufera de fon Droit, il ne fe contentera pas feulement de les repouffer; mais pour leur ôter, & à eux & aux autres, l'envie de l'attaquer, il leur enlévera une partie de leurs places, & il les mettra dans l'impuiffance de lui nuire en les affoibliffant. Ses nouveaux fujets lui deviendront bientôt fidéles pour l'expérience qu'ils feront d'une nouvelle domination, à la douceur de laquelle ils fe trouveront d'autant plus fenfibles, qu'ils en connoifferont par leur expérience, une toute oppofée. Les autres Souverains aimeront mieux voir s'agrandir un Prince jufte, & qui ne cherche que la Paix, qu'un Prince inquiet, & qui ne fait point d'attention à la juftice.

Mais s'il ne fe préfente pas de telles Occafions, il demeurera renfermé dans l'héritage de fes Péres. Le grand mal! Un Ufurpateur fe procure-t-il de grands contenemens Poifons fans confcience, il craindra pourtant que fes nouvelles Conquêtes ne lui échappent. Il craindra les Ligues qu'un Intérêt commun forme contre un Ufurpateur, & que la Compaffion pour des Princes injuftement traités multiplie & affermit Il aura de nouveaux Etats, mais ces nouveaux Etats ruinés par la guerre lui fourniront peu: Il n'ofera pas fe fier à fes nouveaux Sujets, il faudra qu'il tire des anciens de nouvelles fommes pour fournir à la confervation de fes nouvelles Conquêtes; Ces anciens Sujets feront obligés de quitter leurs Familles, leurs Maifons, leurs Biens, leurs Travaux, pour paffer leur Vie, fous les armes, fur des frontiéres un peu plus réculées; Un Prince s'agrandira par des voies injuftes, mais fes befoins & fes dangers augmenteront en même-temps plus que ceux de fes Sujets.

Dira-t-on enfin qu'avec des Fourbes il faut être trompeur? Qu'on life attentivement un Cours de Droit naturel, on trouvera des Principes qui lévent toutes ces Difficultés. Par éxemple un Prince eft armé pour une Guerre très-jufte, il fait courir le bruit qu'il va affiéger une certaine Place: Une partie de fes troupes s'avance de ce côté-là, il fait d'un coup celles fe replient, & en vont inveftir une autre, où elles tombent fur une Armée qui ne s'attend pas à une Bataille. Ceux qui fe font laiffés furprendre, ceux qui fe font laiffés battre, lui diront-ils, *Oh! vous n'avés pas agi en homme de bien, vous nous avés trompés.* On difoit que vous vouliés faire toute autre chofe. Quelle pauvreté? Un ennemi injufte m'a mis en droit de rompre affés avec lui les Liens de la Société, & de l'humanité pour lui ôter la Vie, & il conferva le

le droit d'éxiger que je ne dife rien, & que je ne faffe rien pour lui cacher mes démarches, & les moiens par lefquels je pourvoirai à ma jufte fûreté.

Un Prince envoie fes Miniftres dans un Congrès; il leur recommande de ne s'ouvrir pas imprudemment; il leur dit que s'ils s'apperçoivent que ce Congrès ne tend qu'à l'amufer, s'ils s'apperçoivent que fes Ennemis en ufent de mauvaife foi, ils doivent ceffer à leur tour de les regarder comme des gens qui cherchent à devenir fes amis. Ils doivent fe fouvenir qu'on n'eft pas obligé de croire les gens tout différens de ce qu'ils font, & de ce qu'on voit bien qu'ils font. Le droit d'ufer avec un Ennemi, comme avec un ennemi, revient donc dans ces cas-là, & il eft très permis de faire tomber dans les filets, ceux qui en veulent tendre aux autres, & de les battre par leurs armes.

On voit affés dans quelle vuë Mr. Bayle gliffe fes Réfléxions fur le Gouvernement, & les propofe avec cet embrouillement dont il connoît fi bien l'art, & qu'il met toûjours en oeuvre, quand il peut fervir à fes deffeins; Il prend foin de préparer fes Lecteurs à ne regarder pas, comme un Paradoxe, ce qu'il avancera dans la fuite, que l'Athéïfme ne fappe pas les fondemens de la Société, & qu'un Etat qui feroit compofé d'Athées pourroit fubfifter pour le moins tout comme un autre. Pour préparer un chemin à cette Conclufion, il infinue déjà, que la Religion a fes defavantages, & qu'il y a des cas, où elle s'oppofe à la Prudence d'un bon Gouvernement, & empêche l'agrandiffement & le luftre des Etats.

,, On blâme Brutus, dit Mr. Bayle, d'avoir em- *Article*
,, ployé les derniéres paroles de la V e à injurier la Vertu: *Brutus*
,, il n'avoit pas tout le tort que l'on s'imagine. Tant *Note E.*
,, s'en faut, dit-il, qu'on ne doive le condamner à tous é-
,, gards, qu'au contraire nous devons dire que jamais
,, peut-être aucun Païen n'a rien dit de plus raifonnable,
,, ni de plus jufte. Mais afin de voir cela, il faut fe mettre
,, à la place de ce Romain. Il avoit confidéré la Ver-
,, tu, la Juftice, le Droit comme des chofes très-réel-
,, les, c'eft-à-dire comme des Etres dont la force étoit
,, fupérieure à celle de l'injuftice, & qui mettoient en-
,, fin leurs fidéles fectateurs, au deffus des accidens &
,, des outrages de la fortune, & il éprouvoit tout le con-
,, traire. Il voiïoit pour la feconde fois le parti de la Ju-
,, ftice, la caufe de fa patrie, aux piés du parti rebelle:
,, il voioit en Marc Antoine, le plus fcélérat de tous les
,, hommes, qui les mains foutées dégoûtantes du fang des
,, plus illuftres Citoiens de Rome, venoit de terraffer
,, ceux qui maintenoient la liberté de leur Patrie. Il fe
,, voioit donc malheureufement abufé, par l'idée qu'il
,, s'étoit faite de la vertu, il n'avoit gagné à fon fervice
,, que l'alternative de fe tuer, ou de devenir le jouet d'un
,, Ufurpateur, pendant que Marc Antoine, avoit ga-
,, gné au fervice de l'injuftice la pleine puiffance de fatif-
,, faire toutes fes paffions. Voila ce qui faifoit dire à
,, Brutus que la Vertu n'avoit aucune réalité, & que fi
,, l'on ne vouloit pas être pris pour dupe, il falloit la re-
,, garder comme un vain nom, & non pas comme une
,, chofe. Mais n'avoit il pas tort de dire cela?
,, Diftinguons. Dans la théfe générale, & abfolument
,, parlant, il avançoit une grande abfurdité, une fauffeté
,, impie. Selon fon hypothèfe & vu le Syftême qu'il
,, s'étoit fait, fes plaintes étoient bien fondées. On N B.
,, peut même dire que les Païens, dans l'obfcurité où ils
,, vivoient, raifonnoient par conféquement fur les réa-
,, lités de la Vertu. C'eft aux Chrétiens à raifonner
,, de la forte, & fi l'on ne joignoit pas à l'éxercice de la
,, Vertu ces biens à venir que l'Ecriture promet aux
,, fidéles, on pourroit mettre la Vertu & l'innocence au
,, nombre de ces chofes fur lefquels Salomon a pronon-
,, cé fon arrêt définitif, *Vanité des Vanités, tout eft Va-*
,, *nité.* S'appuier fur fon innocence, ce feroit s'appuier
,, *fur le rofeau caffé, qui perce la main de celui qui s'en veut*
,, *fervir.* Dieu fur la Terre, entant que difpenfateur des
,, événemens, & diftributeur des bons fuccès & des
,, malheurs, n'a pas moins foumis aux Loix générales
,, la Vertu & l'innocence que la fanté & les richeffes.
,, Un des plus confidérables Etats de l'Europe per-
,, doit

,, doit & gagnoit ; pendant qu'il ne faisoit la guerre
,, qu'injustement ; il gagnoit même beaucoup plus qu'il
,, ne perdoit. Depuis qu'il n'a que des guerres justes à
,, soutenir, il ne fait que perdre. D'où vient cela ? Il
,, étoit alors puissant, il ne l'est plus. Concluons: Qui-
,, conque s'engagera dans le Systême de Brutus, & regar-
,, dera la Vertu comme la source des bons succès tempo-
,, rels, courra risque de se plaindre un jour comme lui
,, d'avoir pris pour une chose ce qui n'est qu'un nom.

,, Mais gardons nous bien des observations fougueuses
,, de ces esprits extrêmes, qui prétendent qu'avoir tort
,, dans une cause, est un bon moien de la gagner. Disons
,, au contraire, que toutes choses étant égales d'ailleurs,

NB. ,, c'est un très-bon adminicule pour remporter la victoi-
,, re, que d'avoir de son côté la raison & la justice. Les
,, desordres du Genre humain quelques grands qu'ils
,, soient, ne font pas encore parvenus à un tel comble,
,, qu'on puisse dire que le droit éloigne ou retarde la vi-
,, ctoire. Il n'y a pas long-temps que je me trouvai dans
,, une conversation, où l'on parloit de deux Princes qui
,, avoient été nommés à une très-haute dignité. Il n'y
,, eut point de partages de conjectures: on s'accorda à
,, prédire qu'en tel endroit nulles les prétentions de son
,, concurrent. On se fondoit sur plusieurs raisons qu'on
,, articula: L'intérêt de toute l'Europe à favoriser l'un
,, des deux Antagonistes, la situation des Païs de où cha-
,, cun d'eux devoit attendre du secours, la trop grande
,, puissance du promoteur de celui dont on prédisoit le
,, mauvais succès, cent autres choses furent alleguées.
,, Vous croiés avoir tout dit, s'écria brusquement un
,, François qui n'avoit point encore parlé ; mais c'est un
,, abus : Je vai vous fournir une raison qui est des plus
,, fortes. Un tel a le droit de son côté : son Election
,, est reguliere ; il faut qu'il succombe. L'election de
,, l'autre a tous les défauts possibles ; elle est contrai-
,, re aux formalités les plus essentielles, & aux Loix les
,, plus fondamentales de la nation : cela seul seroit capa-
,, ble de lui assûrer la supériorité & le triomphe. On se
,, moqua de cet argument, & il y eut des personnes qui
,, voulurent bien se donner la peine de l'examiner de sens
,, froid, & qui dirent que l'injustice par elle-même est
,, plus propre à préjudicier à une cause, qu'à la faire
,, réussir, & que ce n'est que par accident qu'en plusieurs
,, rencontres la justice est un obstacle aux bons succès.
,, Il arrive souvent que ceux qui agissent pour la bonne
,, cause font moins actifs que leur adversaire. Ils se flat-
,, tent comme faisoit Brutus, que le Ciel se déclarera pour
,, eux : ils s'imaginent que le bon droit n'a pas besoin
,, d'autant d'appuis que l'injustice : là-dessus, ils relâchent
,, leur vigilance, & quelquefois même ils sont si honnê-
,, tes gens, qu'ils ne voudroient pas employer de mauvais
,, moiens pour soutenir le bon parti. Mais ceux qui s'en-
,, gagent à faire valoir de mauvaises causes, ne sont point
,, scrupule d'ajoûter iniquité à iniquité & dans la défi-
,, ance qu'ils ont, ils se recourent avec une extrême acti-
,, vité à tous les expediens imaginables ; ils n'oublient
,, rien de ce qui peut ou avancer leurs affaires, ou retar-
,, der les progrès de l'ennemi. On peut même supposer
,, dans l'hypothèse des bons & des mauvais Anges, que
,, par les mêmes principes, ceux-ci font bien plus actifs,
,, Quoiqu'il en soit, il n'y a nulle conséquence à tirer
,, de la justice, ou de l'injustice d'une cause, à son bon
,, succès; &, hormis les cas où Dieu agit par miracle, ce
,, qui n'arrive que rarement, le sort d'une affaire est at-
,, taché aux circonstances, & au concours des moiens
,, que l'on emploie. C'est par là qu'il arrive quelquefois
,, que l'injustice succombe, & que l'on peut s'écrier,
,, tandem bona cauſa triumphat.

Dans cet article Mr. Bayle s'abandonne à son humeur,
& il écrit ses Réflexions à mesure qu'elles lui viennent
dans l'esprit, sans se donner la peine de réfléchir, s'il n'en
avance point de contraire à son hypothèse favorite.

Dans le Systême de Brutus, & en général dans l'hypothèse *que les fruits de la Vertu se renferment dans cette Vie,
on est fondé à s'écrier sur elle, comme sur tout le reste*, VA-
NITÉS DES VANITÉS, *on peut lui appliquer* LE CUI BONO? A QUOI SERT-ELLE?

Suivant cela dans le Systême des Athées, tout ce que la Vertu a de *Beau*, tout ce qu'elle a d'attraits ; ne l'éléve que peu au dessus de ce qui flatte les sens, & souvent même la laisse au dessous ; Il faut porter les vues au delà de cette Vie, pour comprendre que la Vertu est estima-ble & utile en tout sens, & qu'elle est digne d'un Respect & d'un attachement à toute épreuve.

Mr. Bayle apprend encore à distinguer Dieu juste Ju-ge *qui rendra à chaque particulier selon ses oeuvres*, d'avec Dieu présidant par la Providence sur le sort des Etats. Le gros de ceux qui les composent méritent souvent d'être abandonnés à des Maîtres injustes, pour éprouver sous leur domination les duretés qu'ils méritent par leurs propres injustices.

Pour preuve que la Probité peut être en obstacle *ibidm* au Lustre, à la prospérité & à l'agrandissement des Etats, alléguer quelques succès que des hommes Injustes auront, c'est oublier *l'état de la Question* & *conclurre du Particulier au Général*. Il ne faut pas décider sur ce qui fait le Bonheur d'un Peuple, par l'état où il se trouve pendant quelques Mois, ni même pendant un petit nombre d'Années. Il faut se rendre attentif à l'influence durable des Ma-ximes par lesquelles il est gouverné. Beaucoup moins faut-il juger du bonheur des Peuples par l'éclat où vi-vent ceux qui le gouvernent, & par la satisfaction qu'ils ont de venir à bout de leurs Desseins. La félicité des Souverains à souvent beaucoup d'apparence, mais peu de solidité, & toute légère qu'elle soit, elle ne laisse pas de coûter beaucoup aux Sujets.

Souvent encore un Chef se rendra considérable par de certaines vertus ; mais il en aura négligé d'autres, & quelque probité, à laquelle le tempérament aura eu beau-coup de part, ne le garantira pas des suites de sa négligen-ce, " Il arrive très-souvent, dit Mr. Bayle, que *Ibidm* ,, ceux qui agissent pour la bonne cause sont moins actifs ,, que leurs adversaires, ils se flattent comme faisoit Bru- ,, tus, que le Ciel se déclarera pour eux ; ils s'imagi- ,, nent que le Droit n'a pas besoin d'autant d'appuis que ,, l'Injustice. Là dessus ils relâchent leur vigilance.

Si donc ils ne réüssissent pas comme ils pourroient, on voit que c'est leur faute : Leur Négligence n'est point l'effet naturel de leur Probité, c'est l'effet d'une Indo-lence de tempérament où d'habitude, ou, dans le cas que pose Mr. Bayle, de superstition.

Quand il ajoûte, *Quelquefois même ils sont si honnêtes gens, qu'ils ne voudroient pas employer de mauvais moiens pour soûtenir le Bon Parti*. Le Fait qu'il pose peut être vrai, mais la Conséquence qu'il en tire n'est point juste. Vous diriés qu'il y a des cas, où l'on auroit prévenu un grand nombre d'inconvéniens par une injustice, de laquelle on s'est fait un scrupule. Cela n'est pas sûr. Un homme qui par indolence, a laissé échapper des occasions favorables, ne s'en est pas prévalu comme il devoit, qui ne s'est pas rendu attentif à tout ce à quoi il étoit o-bligé de penser, prétend se faire un mérite de reparer le mauvais effet de toutes ses fautes par quelque injustice qui lui vient dans l'Esprit, ou par quelque expédient injuste que d'autres lui fournissent ; car 1. il n'est point sûr qu'une telle entreprise réüssira, & quand elle est injuste & qu'elle échoué, elle nuit doublement. 2. Quand mê-me elle réüssiroit, elle peut plus nuire dans la suite, qu'el-le n'est utile dans le présent ; elle fait perdre la confiance, & fait tomber tout le crédit qu'un homme s'étoit atti-ré par sa probité. Mr. Bayle reconnoît que " toutes ,, choses étant égales d'ailleurs, c'est un très-bon ad- ,, minicule pour remporter la Victoire, que d'avoir ,, de son côté la Raison & la Justice. Les desordres du ,, Genre humain, quelques grands qu'ils soient, ne ,, font pas encore parvenus à un tel comble, qu'on puis- ,, se dire que le droit éloigne ou retarde la Victoire.

Mais on se moquera toûjours d'un homme qui allé-gue d'un air de confiance son bon droit, & se fait sonner fort haut quand il espere de tirer quelque avantage, & si l'on fait d'ailleurs qu'il ne se fait aucun scrupule de fouler aux piés la Justice, dès qu'il lui semble que son intérêt le demande ; Desorte que celui qui veut profiter de cet *adminicule*, comme parle Mr. Bayle, doit le res-pecter constamment.

Remar-

Remarqués ce terme éxtraordinaire. Mr. Bayle a fi peur d'en trop dire, & il fe fait un devoir ou un plaifir de réduire à fi peu de chofe le fecours de la Probité, qu'il emprunte du Latin un terme très-diminutif, pour éxprimer ce qu'on en peut tirer. *Gardons nous bien*, dit-il, *d'aller en faveur de l'Injuftice, aux éxtrémités ou fe portent les Perfécuteurs fuugueux*. On s'attend qu'il va dire beaucoup, & tout fe réduit à pofer que la *Vertu peut être un adminicule*, c'eft-à-dire une aide fort legère: Auffi, comme s'il fe repentoit d'en avoir feulement trop dit, il ajoute fur la fin de fon Article, pour faire connoître la grandeur efficace de l'Injuftice. ,, Mais ceux qui s'en-
,, gagent à faire valoir de mauvaifes Caufes,
,, ne font point fcrupule d'ajouter Iniquité à
,, Iniquité, & dans la défiance qu'ils ont, ils
,, recourent, avec une éxtraordinaire activité,
,, à tous les éxpediens imaginables, ils n'ou-
,, blient rien de tout ce qui peut, ou avancer
,, leurs affaires, ou retarder les progrès de l'en-
,, nemi. "
,, On peut même fuppofer dans l'*Hypothèfe des*
,, *bons & des mauvais Anges*, que par les mêmes
,, principes ceux-ci font bien les plus actifs. "

On n'a que faire de foûmettre le fort des Hommes actifs à des génies fantafques, dont une Imagination hardie s'avife de peupler l'Air. Les Hommes font les caufes immédiates des defordres qu'on voit fur la Terre par leur peu de refpect pour la Raifon, qu'ils n'ont pas honte de faire fervir aux Paffions auxquelles ils fe dévouent. Ils font par là dans les mains de la Providence comme des Inftrumens qui fe puniffent reciproquement les uns les autres de ce qu'ils ont mérité. Quelquefois le moins injufte fuccombe fous celui qui l'eft davantage, & Dieu en laiffant aller les Caufes Phyfiques, fuivant leur Cours, invite le moins corrompu à fe corriger de fes Vices, par l'horreur avec laquelle il eft naturel qu'il les regarde dans la perfonne de fes Ennemis.

On peut aifément fe tromper en s'imaginant qu'une Injuftice, à laquelle on n'a pas voulu fe réfoudre, auroit produit un grand effet. Les Partifans de la liberté affichoient aux piés de la Statue de Brutus, *Pourquoi dors-tu? Si l'affaffinat de Céfar n'étoit pas arrivé, on auroit dit. La République fe feroit remife fur fon ancien pié, Brutus ne s'étoit pas effraié de l'Idée d'un Affaffinat*, & il auroit prévenu la naiffance de tous ces *Tyrans & ces Monftres qui ont deshonoré & qui ont enfin perdu l'Empire Romain*. C'eft ainfi encore qu'il femble que la République Romaine pouvoit fe rétablir, fi Pompée avoit fuivi le Confeil de Menas. Mais l'ingratitude de Brutus envers Céfar quelle fuite a-t-elle eu? Elle a fait ruiffeler le fang de fes Concitoiens, & elle à toûjours plus affermi la Tyranie?

D'un autre côté l'Injuftice de ceux des Romains qui vinrent à bout de fubjuguer leur Patrie, & de le mettre dans les fers, à-t-elle rendu plus heureux ou plus malheureux le Peuple Romain? C'eft ce qu'on auroit de la peine à décider. Mais les a-t-elle rendu plus heureux eux mêmes? Dans quels troubles & dans quelles craintes Augufte n'a-t-il pas paffé la plus grande partie de fes jours? Et dès qu'il vit fa fûreté affermie, à qui prévoioit-il qu'il laifferoit la Souveraine Puiffance? Parcourons la vie de la plûpart des Empereurs. Qui eft-ce qui voudroit être un Neron, un Domitien? Qui eft-ce même qui voudroit être un Antonin pour fe voir Mari d'une *Fauftine* & Pere d'un *Commode*?

L'éxclamation de Brutus, qui vaincu, traita la vertu de chimére & de fantaifié, étoit une preuve qu'il ne la connoiffoit pas, & qu'il ne l'avoit pas purement aimée. Le mot de VERTU

chez lui, comme chez une grande partie des Républicains Grecs & Romains, fe reduifoit à fignifier un attachement inebranlable au Gouvernement Républicain, & un zéle ardent pour tout ce qui pouvoit contribuer à affermir la Liberté, & en faire goûter les fruits à fes Concitoiens. Les Romains s'en étoient rendus fi indignes par leurs Brigues, par leur Luxe, par leur Débauches, par leur Avidité infatiable, qu'ils méritoient de perdre un avantage, qui les rendoit fi fiers. Le Peuple Romain, Brutal, Séditieux, Cruel, Efclave de fes Paffions s'étoit rendu indigne de la Liberté que Brutus s'efforçoit de lui procurer; & quand il auroit réuffi, n'auroit-il rien eu à démêler avec Caffius? Pofé que leur Union eut duré, fe feroit-il paffé beaucoup d'années avant que les Brigues euffent recommencé, avant que des Proconfuls euffent pillé les Provinces, & fe fuffent mis en état de ne rendre aucun compte de leurs Véxations? On a donc tort de s'étonner qu'un deffein qui en gros, & en faifant abftraction d'un grand nombre de Circonftances, paroiffoit le plus jufte, n'ait pas eu le plus de fuccès? Le plus grand nombre de ceux qui le fouhaitoient, en auroient abufé, & par là ils ne méritoient point d'obtenir ce qu'ils défiroient.

,, Dès qu'on affure, dit Mr. Bayle, qu'il n'y *Article*
,, a rien de Certain, & que tout eft incompré- *Accesfi-*
,, henfible, on déclare qu'il n'eft pas certain *lias, Note*
,, qu'il y ait des Vices & des Vertus. Or un tel *K.*
,, Dogme paroit infpirer de l'in-
,, différence pour le Bien honnête, & pour tous
,, les Devoirs de la Vie.

Que ce dogme foit ou ne foit pas propre à infpirer de l'indifference pour la Vertu; il paroit, de l'aveu de Mr. Bayle que fi la Multitude vient à donner dans ce Dogme, ou féduite par les Sophifmes, ou éblouïe par la Reputation de quelque habile Pyrrhonien, elle s'autorifera à fuivre, fans fe contraindre, & fans fe faire des reproches, fes Panchans, de quelque nature qu'ils foient.

XXXIV. POUR prouver que la Réligion n'eft *Libertins*
pas néceffaire à la confervation des Sociétés, & *en paral-*
n'influe point, comme on fe l'imagine, à ce qui *lèle avec*
en fait le Bonheur; Mr. Bayle ne ceffe d'alléguer *les Or-*
qu'il n'eft rien de plus ordinaire que des *Chrétiens* *thodoxes:*
Orthodoxes qui vivent mal, & que des *Libertins* *Ibidem*
d'efprit qui vivent bien. *tom: K,*

On peut faire à cela un grand nombre de Réponfes. Premiérement, parmi ceux qui regardent la Réligion comme une Chimére, & qui par là font incapables de fe gêner, en quoi que ce foit, par la crainte de déplaire à Dieu; il en eft un grand nombre qui s'abandonnent à la fenfualité, & à tout ce qui peut les mettre en état de la fatisfaire plus fûrement. 2. Il en eft qui lâchent la bride à toutes leurs Paffions; & ceux-ci font, fans contredit, le plus grand nombre. 3. Il en eft peu qui fe tournent tout entiers du côté de l'Etude & de la Spéculation, & qui y donnent tout leur tems. 4. Il en eft très-peu encore qui fe bornent à prendre le parti d'une Vie molle, oifive, retirée, éloignée de tout embarras. C'eft donc une grande éxagération que de voir, que rien n'eft plus ordinaire que de voir des Libertins d'Efprit qui vivent bien.

D'un autre côté Mr. Bayle décide, ce me femble, un peu trop vite, & donne trop d'étendue à fes éxpreffions, quand il dit, que rien n'eft plus ordinaire que de voir des Chrétiens très-Orthodoxes qui vivent mal. Voici ce qui trompe là-deffus le commun des hommes qui fe plaît à outrer, & qui aime trop les propofitions univerfelles. On fuppofe, & on a raifon de le fuppofer, que la Conduite doit aller de pair avec les Lumiéres. Plus un homme a de Reputation, plus on se persuade qu'il la mérite, & qu'il est solidement savant: Par là on se croit en droit d'éxiger de lui une Vertu, qui soit autant au-dessus de la vertu des autres hommes, que les Lumiéres sont au-dessus de leur savoir. En conséquence de cela tout ce qu'il fait de bien frappe peu, parce qu'on s'y attendoit; pendant qu'au contraire la moindre faute où il tombe surprend & se fait vivement remarquer, parce qu'on ne s'y attendoit pas.

2. Un seul écart de la Loi se fait appercevoir parce que c'est un acte positif; Mais tel qui aura fait cet écart, se sera mille fois rendu attentif à son devoir, & se sera refusé bien des choses, par le respect qu'il sent pour la Vertu, & pour Dieu qui la reconnoître. Ses soins, effets d'un Respect très-vif, & d'une attention très-appliquée, ne paroissent pas, par la même qu'ils aboutissent à s'opposer à la naissance de certains mouvemens & de certaines actions extérieures. Ainsi on compte beaucoup chaque *écart*, & on ne tient aucun compte de mille *Observations*.

3. Le gros des hommes qui aime à vivre conformément à ses Inclinations, & à qui il est pénible de consulter la Raison, & de se régler par ses ordres, est ravi de trouver, dans la conduite de ceux qui le gouvernent, & qui se destinent à l'instruire & à le corriger, des prétéxtes pour prendre au rabais tout ce qu'ils disent, & pour s'autoriser dans l'Indulgence que chacun d'eux a pour ses propres fantaisies. Le Vulgaire donc prévenu par ces dispositions, saisit avidement tout ce qu'il remarque de fautes dans la conduite de ses guides; On se fait un plaisir de les éxagérer, de supposer que ce qu'on remarque dans l'un, lui est commun avec tous les autres, & que pour une faute qui vient à la connoissance du public, il en est un grand nombre qui lui échapent. On croit tout cela, parce qu'il est très-agréable de le croire.

4. On ne dit pas que la connoissance qu'un homme a de son devoir, & la Certitude avec laquelle il est persuadé de son importance, le rende impeccable. On ne prétend pas même que la régularité de la conduite suive l'étendue des Lumiéres, ni qu'il y ait éxacte proportion, que celui qui a deux degrés de *Connoissance*, ait aussi précisément deux degrés de *Probité*, que quatre degrés de Lumiére emportent nécessairement quatre degrés de Vertu. Il est visible que la probité peut croitre avec la Science, sans croitre précisément dans cette éxacte proportion.

5. On ne nie point qu'il n'y ait beaucoup de gens qui deshonorent leurs Connoissances par leurs Vices, mais on prétend deux choses & on se croit en droit de les soûtenir. La Prémiére c'est que ceux qu'un heureux tempérament dispose à vivre comme la bienséance l'ordonne, s'affermissent dans leurs heureuses dispositions par la Connoissance des Loix & par celle du Législateur Suprème, qui est attentif à leur Observation, & qu'ils tirent de ces Idées, quand ils prennent le soin de s'en pénétrer, une force qui les met en état de soûtenir plus sûrement toutes les tentations qui ébranlent si souvent les plus affermis, & qui, par l'éblouissement où elles jettent, sont si propres à faire oublier ce qu'on doit faire.

La seconde Verité qu'on soûtient, c'est que les Lumiéres de la Réligion engagent un homme qui par son propre panchant, le porte à plusieurs Vertus, de s'attacher de même aux autres, auxquelles son humeur ne le sollicite pas, & à celles même auxquelles son humeur repugne. Les vertus de ce dernier genre donnent du prix à celles du prémier, qui sans cela pourroient n'être regardées que comme des mouvemens naturels;

Mais il est à croire qu'il ne les auroit pas moins respectées, quand même son humeur n'y auroit pas été tournée puisqu'il s'attache avec tant de courage à celles dont l'observation lui a d'abord tant coûté d'efforts, & lui en coûte encore de temps en temps.

On prétend, en troisième lieu, que la Connoissance de la Réligion, la Persuasion de sa Vérité, & l'attention à l'importance de ses Maximes, engagent plusieurs personnes à réfléchir sur eux-mêmes, à étudier leur Tempérament, & leurs Inclinations, à résister à quelques-uns de leurs Panchans, & à s'animer à ce à quoi leurs Inclinations ne les portoient pas.

Enfin s'il est des gens qui, malgré les Connoissances dont ils sont éclairés, malgré la persuasion de diverses Veritées importantes, dont ils ne doutent pas, vivent pourtant très-mal, & ont une Conduite qui fait un affreux contraste avec leurs Lumiéres, il est très-croiable que ce qui ne les change pas à beaucoup près autant qu'il conviendroit, ne laisse pas de les retenir à quelques égars, & de temps en temps; Ils vivent mal, mais ils vivroient encore plus mal, s'ils n'avoient aucun frein.

6. Mr. Bayle pour faire mieux sentir le peu d'efficace de nos MOEURS, allégue l'éxemple des Chrétiens ORTHODOXES; on voit en cela un trait de Caractére de son esprit; il aime & s'égaie à tourner en ridicule ceux là même qu'il auroit dû le plus ménager: Il sentoit bien le besoin qu'il avoit de l'appui des Orthodoxes, voilà pourquoi il se déclare hautement pour leur système; Il se déclare contre la Raison, & il affecte de la mépriser souverainement, par là même qu'elle est contraire à leur système, Il compte assés sur leur Simplicité, ou si vous voulés, sur leur Bonté, sur la vivacité de leur zèle, & sur leur Indulgence extrème pour ceux qui les servent, pour se promettre qu'ils lui pardonneront tout le reste de ses écarts. Il se permet donc de dire que l'Orthodoxie n'influe point sur les bonnes Moeurs; peut-on lui faire une plus cruelle insulte? Si elle n'influe point sur les Moeurs, quel est son rapport avec *la Doctrine de Verité qui est selon Pieté*, & avec cette Lumiére dont Dieu a éclairé les hommes, afin de les faire vivre *dans la Justice, dans la Tempérance, & dans la Pieté*. Si Mr. Bayle avoit été poussé sur cet article, la fécondité de son génie ne lui auroit pas permis de demeurer court; il n'auroit pas manqué de citer Mr. Jurieu qui reconnoissoit la nécessité où sont les Prédicateurs d'*éxhorter à la Pélagienne*, pour solliciter les hommes & les engager à se sanctifier! Il n'auroit pas manqué de dire que si, d'un côté, quand on prie; il faut prier comme si on ne pouvoit rien, d'un autre aussi, & pour plus grande sûreté, il faut s'animer au travail, comme si l'on pouvoit tout; il n'auroit pas manqué d'ajoûter que quand il s'agit de se convertir & de faire ce que l'on doit, il faut détourner les yeux de dessus le Mystére d'une Prédestination où l'on ne voit goûte, pour les arrêter uniquement sur les Loix de Dieu très-claires & très-uniformes.

7. Il n'arrive donc que trop souvent, je l'avoüe, aux hommes zélés pour de certaines Théories, & de certains Dogmes spéculatifs. Je tout quand ces Dogmes ont donné lieu à des Disputes qui les ont aigries, & que ces Disputes ont eu pour suites quelques durs traitemens; Il n'arrive, dis-je, que trop souvent dans ces Cas-là, de voir un Théologien qui, éblouï par l'éclat de son zèle, & par l'assiduité des travaux, que son amour pour la Vérité lui fait soûtenir sans aucun découragement, tournant toutes ses vües, & toute son attention, d'un certain côté, oublie
plu-

plusieurs Devoirs essentiels, & se permet des complaisances pour plusieurs de ses panchans, sur les défauts desquels il ferme les yeux. Une infinité de gens le regardent comme l'Appui de la Vérité, & le Soûtien de la Religion; on le respecte, on le flatte, on le comble d'Eloges, on ne l'aborde qu'avec un air d'admiration, & de cette manière il vient à se croire affectivement, ce qu'il paroit aux yeux des autres, ou ce que les autres, par flatterie, ou par erreur, assûrent qu'il est réellement.

8. Mais donnons nous la liberté de choisir un Orthodoxe qui, non seulement s'oublie à de certains égars, mais qui se laisse aller à des hauteurs les plus insupportables & aux duretés les plus violentes. Supposons le avare & fier, & disons encore qu'il se permet d'autres désordres. Quand avec cela, nous supposerions (ce qui est assés difficile à comprendre) que la Réligion n'est pas chés lui un simple Prétexte dont il se sert pour ajter à ses Fins ambitieuses, mais qu'il est effectivement persuadé de la Verité de toutes les Théories, pour lesquelles il marque tant de zèle. Après avoir supposé cela, ajoûterons-nous des Paradoxes, quand nous dirions que son zèle même le détermine à observer diverses bienséances, & que pour faire honeur à son Système, il s'applique à reparer les Vices qu'il se permet, par son attachement à d'autres Vertus qu'il pratique avec régularité? Ne dirons-nous pas des Paradoxes, quand nous prétendrions que s'il s'aveugle à de certains égars, il ne s'aveugle pas universellement, & qu'enfin son humeur fière, avare, envieuse, seroit alée à divers autres éxcés si des sentimens de Réligion ne l'avoyent point retenu.

9. Il est aisé d'expliquer comment il arive aux hommes de vivre convaincus de certaines Vérités, sans en faire la Régle de leurs Mœurs; On sait quelle est la force des habitudes, & quelle est la force d'une prémière éducation sur tout le reste de la vie. Or on se contente d'éxiger d'un enfant qu'il ne mente pas, qu'il ne jure pas, & qu'il ne se querelle pas avec ses Camarades. Voila à peu-prés toute la Morale qu'on lui enseigne; au lieu de lui faire sentir son tort, en remontant aux Principes qui rendent si nécessaire l'observation de nos Devoirs, on lui inflige quelque leger Châtiment, & souvent il obtient trés-aisément le pardon de ses fautes, & il s'apperçoit qu'on n'a pour lui que de l'Indulgence, dés qu'il est ponctuel à aprendres les leçons qu'on lui préscrit & qu'il les recite bien. Un Enfant bien instruit dans la Piété, c'est dans le stile ordinaire un Enfant qui sait son Catechisme par cœur, & quand outre cela, il en sait expliquer les paroles d'une certaine façon, on trouve qu'il mérite tous les Eloges, & tous les Prix de Piété. Pour ce qui est de rendre un Cœur pénétré des Vérités qu'on lui enseigne, c'est à quoi on ne pense guére &, au moins pour l'ordinaire, c'est à quoi on travaille peu. Dés qu'on est sorti de l'Enfance, & qu'on est passé du College dans les Auditoires Supérieurs, on s'apperçoit que d'un Professeur en Morale, à un Professeur en Théologie Théorétique, il y a une grande différence, soit par rapport à l'Estime, soit par rapport au Rang, soit par rapport aux suites de l'estime & du rang. Dans la plûpart des Académies, on a pour les Mœurs, une grande indulgence, on est presque Indolent à cet égard; Mais en même temps on est trés-Chatouilleux, trés-Rigide, par rapport aux Opinions; à cet égard on ne pardonne rien.

Un Disciple veut-il s'attirer l'estime de ses Maitres, & se voir l'objet de leurs Eloges? Qu'il mette bien dans sa Mémoire, leur systême, qu'il acquiesce à toutes leurs preuves comme à tout autant de Démonstrations, qu'il se contente de leurs Réponses, & qu'il les croie su-dessus de toute réplique, & propres à imposer silence aux plus opiniâtres; qu'il ne se hazarde jamais de proposer une Difficulté à résoudre, que bien résolu de se rendre d'abord à la Solution qu'on lui en donnera; Quand on étudie de cette manière, on donne tout son temps & toute son application à se remplir de Certaines Théories, on s'attache sur tout aux plus Subtiles, & à celles qui donnent plus de lieu aux Disputes; Ce sont rarement celles qui influent le plus sur les Mœurs, & quand elles y influeroient, l'ardeur avec laquelle on les étudie & on s'empresse à se rendre savant, ne laisse pas le loisir de réfléchir assés sur ces Vérités, dont on ne devroit pas l'instruire, que pour soûmettre son cœur à leur Influence, & en faire les Régles de ses Mœurs. On passe sa Jeunesse dans l'habitude de s'empresser pour des Spéculations, sans s'aviser de combattre le panchant qu'on peut avoir au Plaisir, & sans se défier des Illusions de la Vanité, ni de celles où jette le désir d'acquérir du Bien, ce Mélange dure le reste de la Vie, les Spéculations occupent l'Esprit, les Passions régnent dans le Cœur.

Mais ce qui arrive à une partie des Savans, n'arrive pas à tous. Les plus négligens même ne le sont pas à tous égars, & la conduite édifiante de ceux qui vivent conformément à leurs Lumiéres, par l'habitude qu'il se font faite d'en profiter, à mesure qu'ils s'éclairoient, engage une partie des hommes à bien vivre par l'efficace naturelle de l'Exemple, & en retient d'autres par la bonté, ainsi la Réligion a une grande influence sur le Bonheur de la Société.

10. En vain Mr. Bayle cite quelques éxemples de Pyrrhoniens dont on a loué la conduite. Il n'est pas possible qu'un homme s'abandonne à toutes sortes de vices, & on sait que les uns sont opposés aux autres. De la même manière donc qu'on fait un grand bruit sur la faute d'un homme qui fait profession de piété, & qu'on ferme les yeux aux vertus sous lesquelles sa faute devroit paroitre étouffée, on fait par un échange trés-déraisonnable, & par une inégalité trés-injuste de balance & de poids, on fait sonner fort haut quelque vertu d'un Pyrrhonien, & on lui passe mille vices, parcu que ce qu'on remarque en lui de vertu frape d'autant plus qu'on s'y attendroit moins.

11. Les conséquences que Mr. Bayle tire de la conduite de quelques Libertins d'Esprit, & de quelques Pyrrhoniens, ne sauroient avoir de force, jusqu'à ce que les faits qui leur servent de fondement soient clairement établis. Or le Pyrrhonisme historique, je parle même du Pyrrhonisme modéré, ruine cette espérance. Il faudroit douter de monumens, il faudroit savoir tout ce qu'on a dit d'eux, il faudroit comparer les Témoignages opposés avec les Caractéres des témoins & la nature de leurs Preuves: Si l'on n'avoit sur le compte d'Arcésilas que cette Antithése de Cleanthe, qu'il prononça, peut-être plus pour se faire Honeur à lui même que pour rendre Justice à Arcésilas, S'il renversa les Devoirs par ses PAROLES il les établit par ses ACTIONS;

il se trouveroit des gens qui concluroient de là qu'Arcesilas vivoit parfaitement bien; Cependant d'autres se sont exprimés bien différemment, & Mr. Bayle lui-même dit, " les bonnes quali-
„ tés que j'ai rapportées dans le Corps de cet Ar-
„ ticle & dans la remarque précédente, se trou-
„ vérent réünies en sa personne avec l'impudicité
„ la plus criminelle: tant il est vrai que les Vi-
„ ces & les Vertus savent l'art de s'allier. Il
„ entroit à la vuë de tout le monde chez Theo-
„ dota & chez Philéta, deux femmes publiques.
„ Le pis fût qu'il s'adonna au péché contre na-
„ ture.

Article Arcesilas, & Mr. Bayle Note L.

12. Il est impossible de conserver toutes les Passions avec celle de l'Etude, quand elle est un peu véhémente, & elle l'est toûjours quand on a formé le dessein de se rendre Chef de Secte, ou Soûtien de quelque Parti. Arcesilas ne pouvoit pas donner son temps à lire, à chercher des Argumens & des tours propres à embarrasser le reste des Philosophes, & s'intriguer en même temps pour se faire quelque parti dans la République; Les occupations qu'on doit nécessairement se donner, quand on veut acquérir beaucoup de bien ne s'accordoient pas avec celles dont Arcesilas avoit fait choix, & en renonçant à la fantaisie de devenir Puissant & Riche, il perdit de vuë les Ruses, les Intrigues & les autres manœuvres qui décrient les avares & les ambitieux. Mais le temps qu'il donnoit à l'étude, & son application à méditer n'abattoient pas assés son Tempérament pour émousser en lui son panchant à la Volupté: Les lectures obscénes ne lui fournissoient pas un délassement suffisant; il suivoit tous ses Panchans sans se contraindre. Supposons qu'*Arcesilas*, au lieu de s'être affermi dans le Pyrrhonisme, se fût convaincu de la nécessité de bien vivre, par les mêmes Principes que SOCRATE, & eut respecté la Divinité, autant que faisoit ce sage Philosophe; Ses Lumiéres ne l'auroient-elles pas conduit à combattre ses désirs déréglés, auxquels il se livroit sans honte. Socrate a expressément déclaré que ce qu'il y avoit en lui de Vertus, étoit l'effet de son attention & des efforts par lesquels il avoit combattu ses Panchans naturels.

13. Mr. Bayle prétend que la Connoissance de la beauté de la Vertu, & l'Idée de la vaine Gloire peuvent porter les hommes à bien vivre; il prétend que ces idées ont suffi pour déterminer plusieurs personnes à l'Observation de ce qui est moralement Bon. Peut-on refuser la même, force à l'idée de Dieu qui recommande la Vertu, & qui lui donne, par son approbation, un tout autre Lustre, à l'idée de Dieu, qui assure à cette Vertu des Recompenses infinies, & qui est résolu de faire sentir la juste Vengeance à ceux qui la méprisèrent.

Enfin la surprise avec laquelle on apprend qu'un Pyrrhonien a pratiqué quelque vertu, ne vient-elle pas de ce que le sens commun dicte, qu'il s'y est déterminé, tout privé qu'il fût d'un secours qui ordinairement est des plus nécessaires & des plus efficaces?

M. Bayle se prévient ou affecte de le faire.

XXXV. DES que Mr. Bayle trouve quelque part un mot à l'avantage du Pyrrhonisme, ou de l'Athéisme, il ne manque pas de le faire remarquer & d'en faire honeur à son Parti. *Cléanthe* avoit dit poliment, que si les discours d'*Arcesilas* alloient à favoriser le Vice, il donnoit aussi dans sa Conduite des preuves qu'il estimoit la Vertu. Voila qui est très-remarquable, si l'on en croit Mr. Bayle, & que l'on peut rarement dire des Chrétiens pris plus Orthodoxes; Cependant Arcesilas *alloit à la vuë de tout le monde, dans les lieux de débauche, il portoit l'Incontinence à la plus honteuse abomination.* Qu'y faire? *Les Vertus & les Vices savent l'art de s'allier,* dit M. Bayle son Apologiste. *Pierre Aretin,* fameux par ses écrits sales & Satyriques, a passé constamment pour un Athée. Mr. Bayle nous le renvoie, il ne veut rien de lui, un homme si décrié ne peut pas deshonorer le Parti où on le mettra. Il faut bien se garder de le ranger avec les Athées. *Si on avoit raison de penser qu'il n'aimoit point Dieu, on n'en avoit pas de dire qu'il n'avoit pas de Réligion: ses ouvrages de Piété manifestent bien le contraire.* Voila comment Mr. Bayle prouve qu'il avoit de la Réligion. Cependant quelle Preuve plus forte qu'il ne composoit des ouvrages de Piété que par hypocrisie, que celle qu'allégue Mr. Bayle lui même, savoir que sa Vie a toujours été également licentieuse, & qu'il composoit tour à tour, des écrits de Piété & des écrits de Débauche? Il le, donne encore pour un Escroc qui ne se contentoit pas de s'attirer des présens par la crainte qu'on avoit de ses satyres, mais qui s'en attiroit encore par les flatteries les plus rampantes, & qui se servoit enfin *du langage de Canaan & des expressions les plus tendres de l'Ecriture* pour se procurer des libéralités.

Ibidem.

Article Arétin.

Je ne crois pas, ajoute Mr. Bayle, *que l'on trouve dans ses Ecrits aucun dogme d'Athéisme, mais comme* „ plusieurs de ses Libelles attaquent
„ violemment les désordres du Clergé, & décri-
„ vent d'un stile prophane & de débauche une
„ infinité d'impuretés attribuées à la Vie du
„ Couvent, il ne faut pas s'étonner qu'on l'ait
„ fait passer pour Athée. " Mr. Bayle a pris, en un sens, tout le contrepié d'Aretin; car il a également affecté de répandre dans tous ses Ouvrages des raisonnemens favorables à l'Athéisme, & de faire sa Cour aux plus rigides Orthodoxes.

Ibidem.

XXXVI. Mr. BAYLE reconnoit généralement parlant que la Corruption des Américains étoit si excessive & si brutale, qu'on n'en peut avoir assés d'horreur. Il en rapporte un grand nombre d'Exemples des plus frappans. „ Leon (Pierre
„ Cieça de) dit-il, Auteur d'une Histoire du
„ Perou, sortit d'Espagne sa Patrie à l'âge de
„ 13. ans, pour aller en Amérique, où il séjourna 17. années. Il y remarqua tant de
„ choses singuliéres, qu'il se résolut de les mettre
„ par écrit. J'en rapporterai quelques-unes,
„ quand ce ne seroit que pour faire voir l'Injustice de ceux qui prétendent que les Chrétiens
„ ont appris aux Peuples de l'Amérique à être
„ méchans. Cela ne peut être vrai qu'avec bien
„ des restrictions. Il se peut faire qu'il y ait eu
„ dans ce nouveau monde quelques endroits
„ dont les habitans grossiers & simples suivoient
„ bonnement & frugalement les Loix naturelles,
„ & qu'ils se soient accoutumés par leur commerce avec les Chrétiens, à la fourberie & à
„ la débauche; mais généralement parlant la
„ corruption des Américains étoit si brutale &
„ si excessive, qu'on n'en peut avoir assés
„ d'horreur. Un des grands Seigneurs
„ dans la Vallée de *Nore*, tachoient de prendre
„ chez leurs ennemis, autant de femmes qu'ils
„ pouvoient, & qu'ils couchoient avec elles,
„ & qu'ils nourrissoient délicatement les Enfans qu'ils en avoient; mais que les aiant nourris jusqu'à l'âge de douze ou treize ans, &
„ que les voiant bien engraissés, ils les tuoient
„ & les mangeoient. C'étoit pour eux une
„ viande délicieuse. Parlons du traitement que
„ les habitans de ce Païs-là faisoient à leurs prisonniers de guerre; Ils les réduisoient à la
„ Condition d'Esclaves, & les marioient, & mangeoient

Manque de Réligion va de pair avec la licence des Mœurs, Article Léon.

Note A.

„ geoient tous les enfans qui venoient de ces
„ mariages, & puis ils mangeoient les esclaves
„ mêmes quand ils les voioient hors d'état de
„ procréer des enfans. La prémière fois que
„ les Espagnols entrérent dans cette Vallée, un
„ Seigneur nommé Nabonuco les vint trouver
„ amiablement, accompagné de quelques fem-
„ mes: la nuit étant venue, deux d'entr'elles
„ se couchérent tout de leur long sur un ta-
„ pis, une autre se mit de travers pour ser-
„ vir d'oreiller à Nabonuco, pendant que
„ les deux autres lui serviroient de matelas. Il
„ se mit sur ces deux-là, & prit par la main
„ une quatrieme qui étoit très-belle, & quand
„ on lui demanda ce qu'il en prétendoit fai-
„ re, il répondit qu'il avoit dessein de la man-
„ ger & de se repaitre encor d'un enfant qu'el-
„ le avoit eu.

„ Voila ce qu'il faut bien faire sentir à ceux
„ qui nous viennent tant parler des bonnes mœurs
„ des Américains, & qui prétendent que nous
„ avons appris à ces Nations-là à être méchantes,
„ depuis que nous leur avons apporté la Lumié-
„ re Evangelique. Les Espagnols les plus dé-
„ bauchés n'avoient jamais vû en leur Païs, ce
„ qu'ils virent dans le nouveau Monde, je veux
„ dire que les femmes courussent après eux,
„ avec des transports enragés d'amour, & mu-
„ nies de certains secrets destinés à augmenter le
„ plaisir.

„ Notés que cette dépravation effroiable qui
„ avoit éteint les Loix de l'humanité & de la
„ pudeur, & qui avoit plongé ces peuples dans
„ la cruauté & dans la férocité de l'Anthropo-
„ phagie, & dans l'impudicité la plus mon-
„ strueuse, n'avoit point éteint ou suffoqué les
„ idées de la Religion. Ils croioient l'immor-
„ talité de l'Ame: cela paroit par toutes leurs
„ cérémonies funèbres; ils adoroient le Soleil,
„ ils croioient un Créateur de toutes choses, ils
„ offroient des sacrifices à leurs Idoles, & n'y
„ épargnoient pas même le sang humain.
„ L'Auteur remarque cent & cent fois qu'ils
„ servent le Diable: mais c'est sur le pié d'un
„ être qui a un très-grand pouvoir, & qui
„ nonobstant sa méchanceté a quelque chose de
„ la nature Divine. "

Il ne faut donc pas s'étonner si la Providence a livré les Américains à des traitemens dont
ils s'étoient rendus très-dignes, & il y a toute
apparence que des hommes si corrompus n'auroient donné aucune attention aux Prédicateurs
de l'Evangile, & qu'ils en auroient trouvé les
Loix insupportables. Mais après avoir été humiliés sur une partie des Européens, il se
trouveront plus en état de sentir les secours de
ceux qui en uferont avec plus d'humanité, &
qui leur représenteront la Religion Chrétienne
sous d'autres Idées.

Loin d'être surpris que des Peuples qui vivent
sans Religion, ou qui n'ont sur la Religion que
les Idées les plus fausses, & les plus imparfaites, s'abandonnent aux Mœurs les plus corrompues, il seroit au contraire très-surprenant
qu'ils ne le fissent pas. Rien n'est plus naturel. Ces Américains corrompus croioient,
dit M. Bayle, l'Immortalité de l'Ame, un
Créateur, & des Etres Supérieurs. Si outre
cela, ils avoient été persuadés qu'après cette
Vie, on sera récompensé ou puni, suivant
qu'on aura obéi à la Raison, ou aux Passions, & que c'est moins par des Sacrifices,
que par la Probité, & la Sagesse, qu'on se rend
favorables les Etres Supérieurs, il est plus que
vraisemblable, que ces Idées auroient influé

sur leurs Mœurs, auroient donné beaucoup de
sagesse à quelques-uns & auroient modéré les
Desordres des autres.

Si la Religion des Américains n'influoit point
sur leurs Mœurs, il est visible qu'elle n'avoit
pas été inventée par les Politiques pour contenir
les Peuples dans l'obéïssance, & les assujettir à u-
ne conduite réguliére.

XXXVI. Pensées Div. XCV. „ Les Rois, *T. I. pag.*
„ dit M. Bayle, qui ont acquis le plus de re- *2; I Con-*
„ putation & une puissance formidable, sont *Tom. III.*
„ souvent ceux que la Justice Divine conserve *pag. 63.*
„ le plus chèrement, lorsqu'elle a dessein de *M. Bayle*
„ nous punir. Vous le croirés mieux, si je *réfuté par*
„ vous dis que c'est la pensée d'un Illustre Con- *lui même.*
„ quérant; car un temoignage comme le sien
„ en vaut mille pour cette sorte de choses.
„ Considerés donc bien ce qui suit; c'est
„ un Officier François fort habile homme, qui
„ le débite. "

J'ai autrefois oui prouver ce Paradoxe au Roi *M. de*
de Suede qui revenoit assés à ce que je dis. Quel- *Caillers*
qu'un lui avoit fes grands progrès en Allemagne, *& Fortune*
soutenoit en sa présence, que sa valeur, ses grands *des gens*
dessins, & ses hauts faits d'armes étoient les ou- *de Qua-*
vrages les plus accomplis de la Providence, qui fu- *lité.*
rent jamais; que sans lui la Maison d'Autriche
s'acheminoit à la Monarchie Universelle, & à la
destruction de la Religion des Protestans; qu'il paroissoit bien par les miracles de sa vie, que Dieu
l'avoit fait naitre pour le salut des Hommes, & que
cette grandeur démésurée de son courage étoit un
présent de la toute-puissance, & un effet visible
de sa bonté infinie. Dites plutôt, reprit le Roi,
que c'est une marque de sa colère. Si la Guerre que
je fais, est un remède, il est plus insupportable
que vos maux. Dieu ne s'éloigne jamais de la
médiocrité pour passer aux choses extrêmes, sans
châtier quelqu'un. C'est un coup de son Amour
envers les peuples, quand il ne donne aux Rois que
des ames ordinaires. Celui qui n'a point d'é-
lévation excessive ne conçoit que des desseins
de sa portée. La gloire & l'ambition le laissent
en repos. S'il s'applique à ses affaires, ses Etats en
deviennent plus heureux, & s'il se décharge de
ses soins sur quelqu'un de ses Sujets, à qui il
fait part de son autorité, le pis qu'il en puisse
arriver, c'est qu'il fait sa fortune aux dépens de
son Peuple, qu'il impose quelques subsides, pour en
tirer de l'argent, & pour avancer ses amis, &
qu'il fait gronder ses égaux qui ont peine à souffrir son pouvoir. Mais ces maux sont bien legers,
& ne peuvent être en aucune considération, si on les
compare à ceux que produisent les humeurs d'un
grand Roi. Cette passion extrême qu'il a pour la
gloire, lui faisant perdre tout repos, l'oblige nécessairement à ôter à ses Sujets, il ne peut souffrir
d'égaux dans le Monde. Il tient pour ennemis ceux
qui ne veulent point être ses Vassaux. C'est un
torrent qui désole les lieux par où il passe, & portant ses armes aussi loin que ses espérances, il remplit le Monde de terreur, de misère & de confusion.

Il avoit besoin de ces vérités pour combatre
les préjugés où l'on étoit sur les Comètes; mais
il les oublie, dès qu'il se met en tête de faire
croire que le Christianisme s'oppose à la prosperité des Etats. Ces paroles pourtant peuvent
servir de Réponse à une grande partie des Soupçons & des Difficultés que Mr. Bayle fait naitre.
Voila comment, dit-il, ceux qui suivent la préoc- *Ibidem*
cupation générale touchant les présages des Comètes *Penf.*
tombent dans l'illusion en tout & partout. Em- *Div. Ar-*
pruntons ses expressions, & disons, voilà com- *tich 93.*
ment ceux qui suivent leurs préoccupations particuliéres

culiéres sur le Juste & l'Injuste & leurs liaisons avec ce qui est Utile & ce qui est Desavantageux, tombent dans l'Illusion en tout & partout.

Faire son devoir est le plus sûr. Diction. Article Edouard. Note H.

XXXVII. ,, SI LA France, après la prise d'Utrecht l'an 1672, se fût contentée ,, des conditions que les Provinces-Unies, ,, qui lui demandoient la paix, eussent acceptées, combien eût-on vu de Critiques ,, de ce Traité qui eussent dit, que Louis ,, XIV. n'avoit sû se prévaloir de ses avantages, & qu'on profitant de cette occasion, il ,, eût subjugué tout le païs? Ce fût, dit-on, ,, par cette vuë, que le Ministre qui présidoit ,, aux affaires de la guerre, fit rejetter toutes ,, les raisons de Mr. de Pompone, qui conseilloit de faire la paix. On eut lieu de se repentir avant la fin de la Campagne suivante de ,, n'avoir point suivi ce conseil, & l'on assure ,, que le Roi, contraint d'abandonner les conquêtes, dit hautement, *Pompone avoit raison*. ,, Admirons la bisarrerie des événemens ".

Puis donc qu'on ne voit si peu clair dans l'avenir, & qu'il est si facile de se tromper dans les Combinaisons que l'on fait des Evénemens, la Raison ne dit-elle pas qu'il faut suivre le parti sûr & incontestable de l'Honnête & du Juste, quand celui de l'Utile se trouve si incertain.

Article Elisabet. Note H.

,, Les Provinces-Unies avoient les derniéres ,, obligations à cette Reine, & à Henri IV, ,, les deux plus fermes appuis de leur Liberté ,, naissante ; Néanmoins si l'intérêt de l'Etat eût demandé que l'on affoiblit ou le ,, pouvoir des Anglois, ou le pouvoir des François, elles auroient dû y concourir avec les Ennemis de ces deux Nations, & il y a bien de ,, l'apparence qu'elles l'eussent fait ".

Mr. Bayle auroit-il pû se plaindre, si on lui avoit reproché, qu'en raisonnant ainsi, il prêtoit son mauvais cœur aux Etats ? Pendant que la France auroit continué de leur donner des marques d'amitié & de confiance ; pendant que sa conduite avec ses voisins, n'auroit rien eu que de juste aux yeux des Etats? Une politique raisonnable n'auroit-elle pas demandé qu'ils préferassent de vivre en bonne intelligence avec un Allié, juste envers eux & envers les autres, plûtôt que de s'exposer à l'incertitude des événemens, & à perdre sûrement la reputation d'Alliés pleins de reconnoissance & de respect pour l'équité? A quoi sert ce respect naturel pour l'équité dont Mr. Bayle étale en termes si forts, l'efficace, si en bonne Politique, il doit céder à l'Utile.

Article Gardie Note C.

Mr. Bayle coule en cet endroit cette réfléxion, c'est, ,, qu'un Prince qui n'écoute ,, que ses Passions sans avoir égard à ce qui ,, est dû à Dieu & à ses sujets, se prive des ,, appuis les plus nécessaires à sa grandeur. Il ,, ne trouve point dans ses peuples une fidélité qu'il puisse opposer à ceux qui l'ataquent. ,, Le nombre des Princes qui ont été assassinés ou empoisonnés, pour leurs tyrannies, ,, est si grand ; le nombre de ceux qui ont ,, pû se maintenir dans une mauvaise administration, & qui n'ont pas hâté le couronnement de leur fils ou de leur frere &c. ,, par leur conduite violente, est si petit, ,, qu'on ne peut assés admirer qu'il y en ,, ait qui ne sçavent pas profiter de cette leçon ".

Après cela comment ose-t-on dire que la *Prudence* d'un Souverain, se trouve souvent opposée avec la *Probité* ? & que pour suivre ce qu'il doit à sa Grandeur & à celle de ses Etats, il est souvent obligé à ne faire aucune attention à ce qui est Juste ?

XXXVIII. Mr. BAYLE dit ,, nous avons *Efficace* ,, dit ailleurs que le Dogme de la transmigra*des dog* ,, tion des ames inspiroit une éxtreme indiffé*mes* ,, rence aux *Brachmanes* pour la vie ou pour *Article* ,, la mort. Voila donc selon lui des Preuves *Gymnos* ,, que l'on se conduit par Principes, & que les *phistes.* Dogmes dont on est persuadé, ont de l'influence sur la Conduite. La Frugalité en général, l'empressement des Gymnosophistes pour la vertu prouvent encore la même vérité. Mr. Bayle ajoûte que ,, les *Gétes* étoient les *Note G.* ,, plus belliqueux de tous les hommes, non ,, seulement à cause de la force de leur Corps, ,, mais aussi à cause de l'Opinion que *Za* ,, *molxis* leur avoit persuadée ; car comme ils ,, ne croioient pas que la mort fût autre chose qu'un changement de demeure, ils se ,, préparoient plus aisément à mourir qu'à faire un voiage. Voila de quoi couvrir de ,, honte les Chrétiens à qui généralement parlant, l'Espérance prochaine du Paradis, ne ,, peut arracher l'amour immense qu'ils ont ,, pour la Vie ".

Et sur quoi est fondé ce reproche, si telle est la condition de la Nature humaine, que l'Humeur, & non pas les Idées décident de la Conduite, & si la Métaphysique par où Mr. Bayle prouve, que l'homme n'est, & ne peut être ni Libre ni Actif, n'est pas une Métaphysique fausse?

,, Ne finissons point cette remarque, sans *Article* ,, observer une chose qui peut faire voir que *Cayer* ,, le faux zèle des Religions achève ce que *Note O.* ,, le péché d'Adam n'avoit que trop commencé. Les desordres des sociétés civiles sont ,, très-grands, qui le peut nier ? Néanmoins ,, on ne veut pas qu'un homme chassé d'une ,, Ville par sentence juridique, qui le déclare ,, convaincu d'une infinité d'actions sales & ,, vilaines, trouve dans une autre ville un accueil si favorable, que sans s'être bien justifié on l'y reçoive aux honneurs & aux dignités. Un reste de raison & d'équité empêche qu'on en use ainsi. Mais ce reste de ,, de raison ne se voit pas dans les Corps Ecclésiastiques. Voilà *Cayet* déposé & couvert ,, d'ignominie par Sentence Synodale fondée sur ,, des accusations infames : il sort de la Réligion ,, Réformée & passe dans la Catholicité ; il y ,, est reçû à bras ouverts ; on s'en félicite comme d'une conquête glorieuse, on l'admet ,, aux honneurs & aux dignités Ecclésiastiques, ,, sans s'informer si les Synodes l'ont bien ou ,, mal déposé. *Tantum religio potuit suadere ,, malorum !* Les mêmes gens qui tinrent cette ,, conduite s'agissant de la Réligion, ne l'auroient point tenuë dans une matiere purement ,, civile. On ne sauroit trop appliquer les Lecteurs à cette remarque ".

C'est la Réfléxion importante que Mr. Bayle promet en marge à ses Lécteurs. Mais à moins d'une éxcessive préoccupation en peut-on conclure ? *Tantumne Religio potuit suadere malorum*. Est-il possible que la Réligion ait pû disposer les hommes à de si grands éxcès de Barbarie ? Où se trouve cet éxcès d'inhumanité ? Est-ce chés ceux qui ont déposé le coupable, ou chés ceux qui l'ont reçû ? Quand on bannit un homme, si tous ceux chés qui il cherche une retraite le bannissoient à leur tour, loin que ce châtiment fût moins sévere que la *Mort*, comme l'on en juge ordinairement, il seroit cent fois plus cruel & réduiroit le coupable

à

à la nécessité de se la donner lui-même. Ne peut-il pas au contraire arriver très-naturellement qu'un homme, qui par sa mauvaise conduite, se sera fait chasser d'une Société, pénétré de reconnoissance pour ceux qui lui ont fait la grace de le recevoir, s'étudie à les édifier, & que réfléchissant sur ses desordres passés il forme une résolution constante de s'en corriger, & d'effacer des impressions qui le deshonoroient? Est-ce en mal que le Genre Humain qu'il y ait ainsi parmi les hommes lieu à la Repentance, à l'Amandement & au Pardon? S'il est de l'honneur & de l'intérêt d'une Société que de certaines fautes soient punies par le corps dans lequel elles ont été faites ou par ses Conducteurs, est-il également de l'intérêt du Genre Humain que toutes les Sociétés qui le composent, s'unissent à réitérer le même châtiment?

Mais Mr. Bayle veut accoûtumer ses Lecteurs à rabattre de l'idée qu'on a ordinairement sur les utilités de la Réligion; Il les surprend & les éblouit lors qu'ils s'y attendent le moins, & il fait abuser à merveilles des préventions dont les différens partis sont animés les uns contre les autres.

De la suppo-
sition
que la
Religion
est l'effet
de la Po-
litique.
Oeuvres
Div.
Tom. III.
pag. 63.

XXXIX. DANS l'Article 104. des Pensées Diverses sur les Cométes, Mr. Bayle fait un mélange de considérations sur l'Atheïsme, sur l'Idolatrie, & sur les Cométes, qui fait qu'embrouiller la matiére. Il étoit capable d'écrire avec une grande précision, mais il savoit bien aussi connoître quand il étoit à propos de jetter de la poussiére aux yeux.

Il use du même artifice dans les articles suivans; Mais je laisserai les Questions incidentes, & je ne ferai plus d'attention aux Raisonnemens où il fait entrer les Cométes.

On pourroit conjecturer que ce n'est pas sans dessein que Mr. Bayle s'étend à montrer combien la Politique a influé pour conserver la Réligion parmi les hommes; Sa Méthode si connuë d'aller à ses fins par des détours, autoriseroit suffisamment cette Conjecture; Mais je me contenterai de ces deux Remarques.

1. On a déja pleinement répondu à l'Objection des Athées, qui ont cherché à faire regarder l'Idée d'un Dieu & la nécessité d'une Réligion, comme une adresse des Politiques. *Sextus Empiricus* lui même fait voir la foiblesse de cette conjecture. 2. De l'aveu de Mr. Bayle tous les Siécles sont accordés à concevoir la Réligion comme nécessaire à la Société. Voilà un grand Préjugé contre son Paradoxe, & il accuse sur cet Article d'aveuglement, & d'ignorance tout le reste des hommes, de quelque Nation qu'ils aient été, & dans quelque siécle qu'ils aient vécu.

Si les Dé-
mons ai-
moient l'I-
dolatrie
que l'A-
théisme.

XL. Mr. BAYLE va par degrés à l'Apologie des Athées; Il viendra bien-tôt jusqu'à nier que l'Athéisme ait de mauvaises Influences sur les bonnes Mœurs. Mais pour accoûtumer son Lecteur à en soutenir l'Idée avec moins d'aversion, il le compare d'abord avec l'Idolatrie, & pour l'entrainer plus sûrement dans sa pensée, il représente les Démons, comme aimant beaucoup mieux l'Idolatrie que l'Athéisme. Et qui est-ce qui voudroit penser comme les Démons?

Pensées
Div. T. 1.
Article
113.
Oeuvres
Div. T.
III. pag.
75.

Si on lui demandoit, qu'en savés vous? Il a sa preuve toute prête; *L'atheïsme*, dit-il, *ne fait aucun honneur, ni à Dieu, ni au Démon; Mais dans l'Idolatrie, ils sont les objets du Culte Réligieux; Ils ont le plaisir de se voir rendre des Honneurs Divins.*

Est-il possible que Mr. Bayle ne s'apperçût pas de l'Equivoque qui rend son Raisonnement Sophistique? Des Peuples qui auroient élévé un Temple à l'honneur du Démon reconnu pour tel, lui auroient effectivement honoré d'un Culte Réligieux, & ce Renversement lui auroit fait plus de plaisir que les ténébres de l'Athéisme. Mais les Temples étoient élévés en vûë d'honorer des Etres Supérieurs d'une Nature opposée à celle des Démons, des Etres Bienfaisans, qui prenoient soin des hommes, qui récompensoient la Vertu, & qui punissoient le Crime. Ces Etres-là, un *Jupiter* par exemple, un *Mercure*, une *Junon*, une *Lucine* &c. Etoient des Chiméres; aussi l'Apôtre St. Paul reconnoit-il que *l'Idole n'est rien*, que c'est le nom d'une chimére, & que par sa Nature, elle est incapable de souiller aucune viande, non plus que de la purifier. Mais comme tout le Culte des Idoles est fondé sur des erreurs, & qu'ils donnent à des Chiméres, ce qui est dû à Dieu; ce Culte ne pouvoit que faire plaisir au Démon Pere de l'Erreur & du Mensonge, & par conséquent il s'en falloit éloigner comme on s'éloigneroit d'une chose qu'il auroit recommandée.

Pour décider ce que les Démons voient dans les hommes avec plus de plaisir, de l'Idolatrie ou de l'Athéisme, il faut examiner quel des deux peut contribuer à rendre les hommes plus méchans, & leur changement en Bien plus difficile; c'est-là le nœud de la Question. Mr. Bayle suppose ce dont on dispute.

XLI. IL ABUSE encore d'une expression Métaphorique, quand il tire un argument de ce que l'Idolatrie est regardée comme un *Adultére Spirituel*. L'Avarice est aussi appellée une Idolatrie: L'attachement aux Richesses est représenté comme le Culte de Mammon; Il est dit que les Voluptueux font leur Dieu de leur ventre; Conclurra-t-on delà qu'il vaut mieux être Athée qu'Avare ou Voluptueux?

Comparaison rectifiée.

On sait que le But de ces Comparaisons se réduit souvent, non pas à éclaircir les Matiéres, mais seulement à ébranler le Cœur, & à le remplir de vives émotions. Les Juifs étoient très-jaloux, & une femme adultére étoit pour eux un objet digne de la derniére horreur. Dieu donc se sert de cette Image pour leur faire sentir d'un côté, la Grandeur de leur Crime, & de l'autre la Grandeur de sa Miséricorde, toute prête à le pardonner à leur Répentance. Or par-là même on voit qu'il ne faut pas presser cette Comparaison au delà de son but. Les Juifs ne laissoient pas impuni ce Crime, & un homme auroit crû se deshonorer en redonnant sa tendresse, à une femme qui se seroit rendue coupable de diverses *recidives, & qui se seroit prostituée plusieurs fois malgré ses promesses*.

Ibidem.

Mr. Bayle compare un Athée par rapport à Dieu, à une Femme qui a de l'Indifférence pour son Mari; & un Idolatre à une Femme qui lui préfère des Amans. La comparaison frappe, mais elle n'est point juste. Une Femme Adultére connoit son Mari, & le tort qu'elle lui fait. Un Idolatre ne connoit pas le vrai Dieu, & il prend un autre pour lui. Supposons une femme qui ait une aversion extrême pour son Mari, & en même-tems pour tout le reste des hommes, & qui regarde le Joug du mariage comme une servitude incompatible avec la Félicité, qui s'applaudit de cette Idée, & qui est inépuisable en sophismes, & en subterfuges, pour s'y confirmer. Un Mari auroit eu le malheur de l'épouser, ne sauroit se promettre de voir changer en bien son sort, & de corriger l'humeur de sa femme; mais il seroit possible qu'il vécût dans la suite satisfait de celle qui auroit été trompée, qui auroit reconnu sa méprise, & seroit résoluë d'être plus sur ses gardes pour n'y retomber jamais.

XLII. PENSEES Diverses Art. 115. *L'Imperfection est aussi contraire pour le moins à la Nature de Dieu, que le non Etre.* Voilà par où Mr. Bayle débute ; Mais il va bien-tôt plus loin, & adoptant les paroles de Plutarque, il conclut, qu'il y auroit moins de mal à nier l'Existence de Dieu, qu'à le deshonorer en se le figurant autre qu'il n'est. Cela posé, comme de deux maux, la Prudence veut qu'on choisisse toûjours le moindre, & qu'on coure le moins de risque qu'il se peut ; le plus sûr sera d'être Athée ; car dans les ténébres où nous vivons, le moien de nous assûrer que les Idées, que nous nous formons de Dieu, nous le réprésentent tel qu'il est, & que nous ne nous trompons nullement dans ce que nous lui attribuons ? Il vaudra mieux être Athée que de courir le risque de concevoir dans ses Décrets un ordre qui n'y est pas ; Il vaudra mieux être Athée, que de se tromper sur la Prévision, soit en niant, soit en affirmant ; Il vaudra mieux être Athée que de se tromper sur l'Idée qu'on se fait de Dieu *prenant plaisir à la Conversion & non pas à la Mort du Pécheur.*

Mr. Bayle abuse visiblement de l'autorité de Plutarque, dans une matière où l'autorité d'un homme n'est d'aucun poids. Plutarque dit *qu'on lui feroit moins de tort, si on s'efforçoit d'abolir la Mémoire de son Nom parmi les hommes, que si on le faisoit passer pour l'homme le plus fou & le plus vicieux qui ait jamais été.* Donc on seroit moins de tort à un homme si on bruloit ses Ecrits, & si on abolissoit sa Mémoire, que si on interprétoit quelques unes de ses expressions dans un sens different de celui qu'il leur donnoit. Quelle conséquence ! C'est celle de Mr. Bayle, ou du moins sa Copie.

Il est bon de faire encore quelques remarques sur cet Article. 1. Les Temples des Païens n'étoient pas immédiatement élevés à l'honneur de l'Etre suprême, & ce n'est pas à lui non plus que s'adressoit leur Culte immédiat. Ils ne défiguroient donc pas son Idée par d'impertinentes additions, & une erreur se bornoit à croire qu'il gouvernoit la Terre par des divinités subalternes, c'est sur elles que tomboit l'égarement de leurs descriptions.

Socrate lui-même n'osoit se promettre d'être reçû à la Communion du Premier Etre, seulement espéroit-il d'être admis par sa grace au commerce des Esprits supérieurs à la nature humaine par le secours desquels il s'avanceroit en lumière & en vertus.

2. Une preuve évidente qu'ils conservoient des principes, propres à réformer les absurdes imaginations du vulgaire se tire des soins que se sont donnés les Philosophes, pour donner des sens allégoriques de toute espéce aux fables Poëtiques, & corriger par là ce qu'elles présentoient d'injurieux aux Dieux mêmes subalternes. Plutarque a écrit un traité exprès sur la manière dont on doit faire lire les Poëtes aux jeunes gens, pour garantir leur imagination de ce que leurs Fables pouvoient avoir de Séducteur.

3. L'Argument de Mr. Bayle ne prouve rien, par là même qu'il prouve trop ; car il ne va pas moins qu'à donner aux Athées l'avantage sur les Chrétiens. Car où sont ceux qui se forment de l'Etre suprême éternel, infini, des idées dignes de lui & qui ne soient même infiniment au-dessous de la perfection ; mais il ne regarde point l'imperfection de ces idées comme injurieuse à sa suprême élévation ; elles roulent sur des relations de Créateur, de Maitre, de Législateur, de Sauveur, de source intarissable de biens ; & si quelque imperfection s'y mêle, ils la corrigent par la réflexion qu'il est l'Etre invisible, & dont la lumière est inaccessible à nos Entendemens.

Simplicius dans son Commentaire sur Epictete reconnoit en termes exprès, „ qu'après avoir „ élevé nos pensées à ce que nous pouvons de plus „ excellent, il faut demeurer persuadés que nous „ n'avons rien attribué à Dieu de digne de „ lui ; mais il ne condamnera point notre foi-„ blesse, parce que nous ne connoissons rien au-„ dessus de ce que nous pensons de lui ; c'est le „ Principe des Principes, c'est la Bonté des „ Bontés. Il ne peut ignorer aucun de ses ou-„ vrages, il les a tous faits sans peine. Au dessus „ de tout, il n'y a aucun Nom qui ne soit au-dessous „ de lui, mais entre les Noms assignés à d'au-„ tres Etres, nous choisissons ceux qui nous pa-„ roissent les plus propres à nous remplir d'ad-„ miration & de respect, pour les lui transpor-„ ter. " Ἀπὸ τ̃ μὲν αὐτὸ τὰ τιμιώματα ἐπ᾽ αὐτὸν ἀναπέμπωμεν.

L'Article suivant va au même but. *L'Idolatrie aggrave les péchés de l'Idolatre ;* car quand il désobéit à ce qu'il regarde comme la Volonté de son Idole, il se rend très-criminel devant le vrai Dieu, parce qu'il lui desobéiroit de même puisqu'il prend ce qu'on lui donne pour le vrai Dieu.

Un homme stupide par la pésanteur de son Tempérament & la grossiéreté de ses Organes, ou parce qu'on ne lui auroit donné aucune Education, & qu'il auroit été abandonné à ses sens comme une Bête, s'il se livroit à la sensualité la plus grossiére, s'il se jettoit avec férocité sur ceux qui s'opposeroient à ses plaisirs, seroit sans doute moins coupable qu'un homme que l'on auroit accoutumé à penser dès son enfance que le Soleil est le Pere de la Lumière & le soutien de la vie, qu'il a défendu le licence dans les plaisirs & qu'on l'offense dès qu'on maltraite les autres hommes. Mais en supposant les prémiéres de ces circonstances, on s'éloigne du vrai état de la Question. Il ne s'agit pas de comparer avec les Idolatres, une troupe d'hommes nés dans les forêts, sans que personne ait pris plus de soin de cultiver leur Raison, que s'ils n'en avoient eu aucune, & que leur Nature, n'eut été en rien supérieure à celle des animaux brutes. Il s'agit de savoir si un homme, charmé de ne dépendre que de lui-même, de ne connoitre aucun supérieur auquel il ait à rendre compte, & qui pour s'affermir dans cette agréable situation d'esprit, s'étourdit dans les plaisirs, ferme les yeux à l'Evidence, emploie tout ce qu'il a d'esprit à chercher des faux-fuians, regarde les autres hommes comme des aveugles, & s'applaudit d'avoir lui seul des yeux. Il s'agit de savoir si cet homme-là sera plus excusable devant Dieu, que l'Idolatre, qui s'est trompé dans l'Idée de son Souverain Maitre, & si ses fautes seront jugées moindres, parce qu'il pourra dire, *Je ne savois pas que vous fussiés, & que vous aimassiés mieux que les hommes vécussent d'une manière que d'une autre.* Son Orgueil, sa Sensualité, son esprit de chicane, lui ont empêché de s'instruire de la Vérité. C'est sa faute, & il est responsable de toutes les suites de cette faute. Cette remarque fait voir la nécessité qu'il y avoit de bien établir l'état de la Question ; Elle est fort composée, & les cas qu'elle renferme sont si différens, que chacun exige un parallèle à part ; mais Mr. Bayle n'auroit pas trouvé son compte dans cette précision ; son grand but étoit de familiariser ses Lecteurs avec l'Idée de l'Athéisme.

Pen-

Pensées Diverses Article CXVIII. Page 343.

XLIII. „S'IL y a quelque différence, dit „ Mr. Bayle, entre l'Athéïsme d'un Idolatre, & „ celui d'un Athée, c'est principalement en ce „ que l'Athéïsme de l'Idolatre, ne diminue en „ rien l'atrocité de ses crimes, au lieu qu'un „ homme qui est Athée, pour être né parmi ces „ peuples, que l'on dit qui, de tems imme- „ morial, ne reconnoissent aucune Divinité, „ trouvera quelque diminution de peine, par „ le moien de son ignorance: car en bonne Théo- „ logie & par l'expresse déclaration de JESUS „ CHRIST, ceux qui savent la volonté de „ leur Maitre, & néanmoins ne la font pas, se- „ ront plus sévérement punis que ceux qui ne „ l'ont ni faite, ni connuë; ce qui suppose ma- „ nifestement qu'il y a plus de malice, dans la „ conduite des prémiers, que dans celle des „ derniers, & que *Minutius Felix*, n'a pas rai- „ son de soutenir sans aucune limitation, que „ c'est une aussi noire méchanceté de ne pas „ connoitre Dieu, que de l'offenser. Donc c'est „ un plus grand crime à un Idolatre, de faire „ un faux serment, de piller les Temples, & de „ commettre toutes les autres actions qu'il sait „ n'être pas agréables à ses Dieux, qu'il ne l'est „ à un Athée de faire les mêmes choses. Donc „ la Condition des Idolatres est pire que celle „ des Athées, puisque les uns & les autres étant „ également dans l'ignorance du vrai Dieu, „ & incapables également de le servir, les „ Idolatres ont en particulier certaines no- „ tions, & certaines persuasions contre lesquel- „ les ils ne sauroient agir sans une malice extrê- „ me, & sans un mépris visible de leurs Divi- „ nités. Or quoique Dieu ne prenne point part „ aux Cultes, & aux Honneurs qui sont rendus „ à *Jupiter*, & à *Neptune* par éxemple, & „ qu'il les regarde comme des abominations „ qui méritent tous les fléaux de sa colére, il ne „ laisse pas de prendre part aux impiétés qui se „ commettent contr'eux. Ainsi quand un Païen „ demeurant persuadé que *Jupiter* & *Neptune* „ étoient ses Dieux, voloit les choses qui leur „ étoient consacrées, & leur disoit des injures, „ il étoit sacrilége & blasphémateur devant „ Dieu: & ce n'étoit pas un moindre crime à „ *Caligula* d'appeler son *Jupiter* en duël, & de „ lui jetter des pierres vers les Nuës avec ces „ paroles, ôte moi du Monde, ou je t'en ôte- „ rai, toutes les fois qu'il voyoit tomber la fou- „ dre, qu'il le seroit à un Chrétien de faire la „ même chose à l'égard de Jésus Christ, si ce „ n'est que la persuasion du Chrétien fût „ grande que celle de *Caligula*, ou que le défaut „ de persuasion fût moins inéxcusable dans *Ca- „ ligula* que dans le Chrétien.

Puisque, selon Mr. Bayle, les Idolatres se rendent plus coupables que les Athées, quand ils violent leur Devoir, il faut avouër qu'ils en ont quelque connoissance. Or un de nos prémiers devoirs, une de nos prémiéres Connoissances pratiques, c'est celle qui nous avertit de l'Obligation où nous sommes de nous instruire de ce que nous devons faire, & de nous avancer dans cette importante Connoissance. Voilà une ouverture à la Vertu qui se trouve chez les Idolatres, mais qui n'a pas lieu chez les Athées, qui ne croient pas d'avoir rien à craindre, ni d'être soumis à aucunes Loix.

L'Argument de Mr. Bayle prouve trop, car il prouve que l'Athéïsme est le plus heureux état où l'homme se puisse trouver, puisqu'un Athée n'est coupable d'aucune faute, & ne mérite aucun châtiment: car si celui qui est moins éclairé sur son Devoir, & sur les Motifs qui en pressent l'observation, mérite une moindre punition, quand il le néglige, celui qui n'a là-dessus, absolument aucune Connoissance, ne mérite aucun châtiment, au cas que son Ignorance ne soit nullement affectée, & que le plaisir de vivre sans Loi, & sans crainte n'éloigne pas de lui la pensée de s'éclairer.

C'est donc inutilement que Mr. Bayle avertit une fois pour toutes qu'il parle de ces Athées qui ignorent l'éxistence de Dieu, non pas pour avoir étouffé malicieusement la Connoissance qu'ils en ont euë, afin de s'abandonner à toute sorte de crimes sans nuls remors, mais parce qu'ils n'ont jamais ouï dire qu'on doive reconnoitre un Dieu. Car cela posé, ces disputes qui remplissent tant de pages, roulent uniquement sur la comparaison de quelques Peuples Américains & Africains peu connus, avec des Nations Idolatres ou Superstitieuses; Encore faut-il être bien assuré que ces hommes sauvages & stupides vivent sans aucune Idée d'Etre invisible & Supérieur, digne d'être respecté & craint, & qu'ils soient sans commerce avec les Nations où l'on a d'autres Idées; car pour peu qu'on soit éclairé ou simplement averti sur ce sujet, on se trouvera dans l'obligation de s'y rendre attentif, & de s'en procurer la connoissance la plus pure, & la plus dégagée d'erreur qu'il se pourra.

L'Apologie de Mr. Bayle ne favorise donc plus les Athées Européens. Et tous ceux qui se plaisent à lire les Raisonnemens par lesquels il ébranle la certitude de la Réligion, conjointement avec toutes les obscénes gaillardises que les Maximes de la Réligion condamnent, tous ces Lecteurs se trouveront sans éxcuse, pour avoir persévéré dans des doutes, & dans leur goût, lorsque tant de personnes dignes de quelque attention s'unissent pour leur en annoncer le danger.

Je passe à l'Article CXIX. Le Stupide, l'homme sans Education, que je viens de supposer, ne seroit prévenu d'aucun Principe spéculatif contraire à ceux de la Réligion; car il ne sauroit pas seulement ce que c'est que Principe; on ne lui auroit jamais fait penser ni à la Verité ni à l'Erreur, Mais sa Stupidité, sa Férocité, sa Sensualité, ses Dispositions Physiques n'auroient elles pas toutes le même effet que des Préjugés? Il ne connoitroit & n'aimeroit que la vie animale. En suspendre pour quelques heures les plaisirs, ce seroit le déconcerter, l'effaroucher, lui enlever son bonheur. Et pour ce qui est des Athées d'un autre ordre, quel Préjugé plus enraciné plus difficile à vaincre, que celui qui est **appuié du plaisir de se croire sans Maitre**, de regarder le reste des hommes comme des fous & des superstitieux, qui se rendent misérablespour des chiméres; & qui renoncent à une Félicité qui est en leur pouvoir, dans l'espérance d'une autre, dont ils ne jouïront jamais? Les Athées sont par rapport aux différentes Réligions ce que les Pyrrhoniens sont par rapport aux différentes hypothéses des Philosophes; Il n'y en a point de si obstiné qu'eux & à qui il soit plus difficile de faire changer de sentiment. Un Souverain voit une grande partie de ses Sujets qui se soulevent contre lui, & qui refusent de le reconnoitre pour Maitre & de vivre soumis à ses Loix. Une partie des Rebelles ne le sont que parce que s'étant trompés sur les Droits & sur la succession du véritable Souverain, ils se sont soumis à un autre qu'ils ont crû le légitime héritier du Trône. Mais un autre parti ne veut point de Souverain. *Saisissons nous*, disent-ils, *de quelque Forteresse*, ou *de quelques Forêts*; *mettons nous à* couvert derrière quelques Marais impénétrables & quelques Rochers escarpés, dont il soit aisé de garder les avenuës, & là vivons, chacun à son gré; Souvenons nous que nous sommes tous égaux, goutons le plaisir de n'avoir point de Maître. Les prémiers conviennent qu'il en faut un, que la Justice & leur Intérêt le demandent également. On peut donc espérer de leur faire entendre raison, & de les éclaircir sur le Droit. L'Usurpateur peut être tué dans une Bataille, il peut mourir de maladie, & dès là tout son parti rentrera dans l'obéïssance. Mais pour les autres ce sont des furieux, ennemis de tout le reste de leurs concitoyens, & qui troubleront l'Etat jusqu'à ce qu'ils soient éxterminés.

Etaler ce que les Chrétiens ont eu à souffrir de la part des Idolatres, c'est se jetter à travers champ, & s'éloigner en véritable Sophiste de l'état de la question. S'il y avoit eu dans ce tems-là quelque Société d'Athées, on pourroit comparer la cruauté des uns avec celle des autres; mais l'Expérience ne fournissant la dessus aucune Lumière, on n'en peut tirer que du Raisonnement. L'Idolatre a un plus grand nombre de Principes communs avec celui qui connoît la vraie Réligion. *Vous voulés être heureux; leur dira-t-on, vous vous attendés à une autre vie, vous êtes persuadés que vôtre sort dépend d'une Nature supérieure à la vôtre, & de la manière dont vous serés conduits à son égard. Mais ne vous trompés-vous point & sur l'Objet de vôtre Culte, & sur la manière de vous en acquiter? N'avés vous à vous reprocher là-dessus aucune négligence? Appréhendés vous sur un si important sujet, l'Erreur autant que vous le devriés? Nous pensons différemment; Comparons nos Idées sans prévention, cherchons de bonne foi à nous être de quelque secours l'un à l'autre. Vôtre intention est bonne, mais cela ne suffit pas.* Voilà ce qu'on pourroit dire à des Idolatres. Mais de quel œil, une Société d'Athées regarderoit-elle des Apôtres ou des Missionaires, qui viendroient les troubler dans le plaisir de se regarder comme les prémiers des hommes, les Esprits les plus justes, les Ames les plus fortes, & en même-tems, dans le plaisir & dans le droit de vivre conformément à leurs Désirs, sans qu'aucun Scrupule, ni qu'aucune crainte fût capable de les inquiéter? *Nos Péres, diroient-ils, nous ont appris à vivre comme nous faisons; nous nous en trouvons bien, portés ailleurs vos Visions, vos Songes, vos Scrupules, vos Injures; Vains perturbateurs de la vie humaine aux yeux de qui nous sommes des Scélérats dignes de toutes les horreurs, puisque s'il étoit en nôtre pouvoir, nous anéantirions le Maitre du Monde, tant nous nous faisons de plaisir de nier son éxistence, & de le compter pour un néant; sachés que nous ne ferons pas longtems d'humeur à souffrir vos accusations atroces, & que nous vous traiterions avec la dernière sévérité, si vous vous avisiés de gâter l'esprit de nos Peuples, & de leur insinuer que nous sommes des Hommes abominables, & que nos Péres l'ont été.*

La remarque que je viens de faire est d'autant plus contraire au Système de Mr. Bayle, qu'il suppose qu'une Société d'Athées pourroit subsister aussi tranquile & aussi heureuse qu'aucune autre où la Réligion régneroit.

Tous les Vices dans lesquels les hommes se sont autorisés, par des pensées superstitieuses pourroient avoir lieu dans une Société d'Athées. Des peuples sacrifioient à *Diane* les étrangers qui abordoient sur leurs Terres; leur humeur féroce, cruelle, défiante, envieuse, leur faisoit trouver du plaisir a égorger ces nouveaux venus. Des Athées de la même humeur en auroient fait autant, car qu'est ce qui les en auroit empêché? Les peuples qui mangent les hommes ne mangent pas ceux de leur Nation. Est-ce par Superstition qu'ils se nourissent d'une viande à laquelle ils devroient avoir horreur de toucher?

Pensées. Diverses sur les Comètes Article CXXIII. page. 356.

Si l'on regarde les Athées, dit Mr. Bayle, dans *le jugement qu'ils forment de la Divinité, dont ils nient l'éxistence, on y voit un éxcés horrible d'aveuglement, une Ignorance prodigieuse de la Nature des choses, un Esprit qui renverse toutes les Loix du bon sens, & qui se fait une manière de raisonner fausse & déréglée plus qu'on ne sauroit le dire.* Œuvres Div. Tom. III. pag. 59.

Accordés ceci si vous le pouvés avec ce qu'on lit dans l'Article de *Simonide*, dans la continuation des Pensées diverses, sur la difficulté qu'il y a de s'assurer de l'éxistence de Dieu.

Mais voit-on, je vous prie, dit-il, *quelque chose de plus souffrable dans le jugement que les Païens ont formé de Dieu?* Ibidem.

Leurs erreurs sur la nature divine sont pour le moins une aussi grande note d'Infamie à la Raison humaine que le sauroit être l'Athéïsme. Aussi voit-on que les Païens n'ont jamais eu de Système de Réligion, ou de Théologie, qui eut quelque ordre, ou quelque rapport dans ses parties. Tout y montre l'Aveuglement, la Fureur & la Contradiction.

Il ne faut donc pas attaquer la Réligion Païenne comme on attaqueroit un système en forme. Des Idées imparfaites sur le Maître du Monde, sur le Culte & l'obéïssance qu'on lui doit, sont la base de la Réligion des Nations, à la regarder en gros. A ces Idées se sont jointes peu à peu des erreurs; mais par là même qu'elles étoient contradictoires aux principes du bon sens, & qu'elles se renversoient les unes les autres, il étoit plus facile d'en revenir : Aussi Monsr. Bayle s'étonne-t-il *qu'un Poëte de réputation* (Prudence) *ait fait paroitre de la timidité quand il s'agissoit de combatre contre un Païen éloquent* (Symmaque.) *Si Carneade*, ajoute-il, *eut eu cette cause à soutenir, il n'eut pas vu échouër cette Eloquence, à qui Ciceron attribuë de n'avoir jamais rien soutenu, sans l'avoir prouvé, ni rien attaqué, sans l'avoir détruit de fond en comble, & qui fit tant d'impressions sur les Sénateurs de Rome, que Caton le Censeur opina à renvoyer incessamment un Philosophe dont les Raisons causoient un certain éblouïssement, qui empêchoit de discerner la Vérité d'avec le Mensonge.* Ibidem. Art. le CXXVI.

Qu'on juge par ces remarques de Mr. Bayle si les Pyrrhoniens, & les Athées qui en empruntent leurs armes, ne sont pas des adversaires incomparablement plus redoutables, & plus difficiles à convaincre, que ne l'étoient les Idolatres, & que ne le sont les superstitieux.

Quand je vois un homme du génie de Mr. Bayle fournir, dans ses Ouvrages, tant d'Argumens contre sa propre cause, je ne puis m'empêcher de sentir ce que peuvent les passions sur les esprits, d'ailleurs les plus pénétrans. Mr. Bayle vouloit rendre ses Lécteurs favorables aux hommes qui ont de Doutes sur la vérité de la Réligion & sur l'éxistence de Dieu, & qui de plus se plaisent à proposer leurs Doutes, & à les appuïer de tous les Raisonnemens possibles: Sa passion est cause qu'il se fie de tout ce que la fécondité de son génie lui présente en leur faveur. Il écrit en suite rapidement sans se mettre en peine si tout ce qu'il écrit s'accorde,

Il fait bien qu'il vit dans un siécle ou un grand nombre de Lecteurs, portés au Doute sur ces Matiéres, n'y régarderont pas de si près. Tout ce que Mr. Bayle allégue pour prouver que *l'Idolatrie indispose plus à se convertir que l'Athéïsme*, est insuffisant, puis qu'il reconnoît que des Idolatres convertis ont eu plus de Zèle pour la bonne cause, que ceux qui avoient été tiédes dans leur Réligion.

Un homme entêté de faux principes, se rend avec plus de peine à la vérité, qu'un homme qui ne sait ce qu'il croit. Celui-là songe bien moins à pénétrer ce que vous lui dites, qu'à imaginer des raisons pour le combatre.

Mais n'en voit-on pas à qui *le Plaisir* de douter, & de ne vouloir rien croire tient lieu de *Principe?* Trouvera-t-on aisément des hommes plus opiniâtres que ceux qui se seront formés au Pyrrhonisme dans l'école de Mr. Bayle?

Il presse encore inutilement la force des habitudes, car l'habitude au Pyrrhonisme, au Doute, à l'Athéïsme, au plaisir de vivre à son gré, doit naturellement être une des plus fortes; & d'ailleurs Mr. Bayle est forcé lui-même de reconnoitre que souvent une Femme Mondaine venant à mieux placer ses affections, aime Dieu plus tendrement qu'elle n'a aimé des Créatures, au lieu qu'un Indévot, qui passe dans la vraie Réligion, y apporte souvent toute son Insensibilité.

St Julien, dit-il dans ce même Article, *avoit été Athée, il n'eut fait aucune chicane aux Chrétiens*. D'où le sait-il? Des Philosophes, des Poëtes, des Orateurs qui auroient sçû le gagner, & qui auroient étendu sur toutes les Réligions l'aversion qu'ils lui avoient inspirée pour la Réligion Chrétienne, mais qui en même tems lui auroient fait comprendre que la Réligion Paienne convenoit mieux à l'Etat, & servoit mieux la politique d'un Prince, ne l'auroient-ils pas mis de la même humeur où il se trouva contre les Chrétiens? Il est naturel qu'un Athée haïsse ceux à qui il sait bien qu'il est odieux lui-même, puis qu'ils ne peuvent regarder sans horreur l'Objet qui traite de Chimére l'Objèt de leurs adorations, & qui soûtient qu'il faut être fou pour s'imaginer, qu'un tel Etre puisse exister; & un Athée doit même régarder avec d'autant plus d'aversion ceux qui sont dans des sentimens contraires aux siens & à qui il paroit souverainement condamnable qu'aucune Loi ne l'engage à modérer les ressentimens de sa haine, contre des gens qui le croient digne de l'horreur du Ciel & de la Terre.

Article CXXIII. pag. 595. *Continuation des Pensées Diverses Tom. II.*

,, Mais a l'égard du Christianisme, dit Mr.
,, Bayle, une pareille conséquence seroit très-cer-
,, taine, & il n'y a pas de Philosophe dans les
,, Indes, qui sur la simple Lecture du Nouveau
,, Testament, ne pariât vingt contre un, que si
,, les Chrétiens observent exactement les Loix
,, de leur Maître, ce sont les meilleures gens,
,, & les plus honnêtes hommes du Monde; que
,, les Sociétés qu'ils forment, ressemblent à l'âge
,, d'Or; qu'elles sont le Siége de la Paix & de
,, la Concorde, & le Régne de la Vertu; qu'on
,, n'y prête point à usure, qu'on n'y trompe
,, point son prochain, que la médisance, l'am-
,, bition, la jalousie, l'avarice, les cabales, les
,, factions n'y paroissent aucunement; que
,, la charité, la chasteté, la modestie, & la
,, bonne foi y éclatent d'une manière merveil-
,, leuse; qu'on y est bien plus prêt à suppor-
,, ter une offense qu'à la faire, que ceux
,, qui y commandent ne se proposent que le bien

,, des peuples, & que les Sujets ne se proposent
,, que de respecter leurs Souverains, & qu'ils ne
,, sortiroient pas de l'obéissance, lors même qu'on
,, les gouverneroit despotiquement.

Article CXXIV. ,, Une Société de telles gens
,, dit Mr. Bayle seroit la plus douce & la plus
,, heureuse du Monde, mais si l'on me deman-
,, doit, seroit elle propre à se maintenir? Je
,, voudrois qu'avant que de répondre, il me
,, fût permis d'observer trois Choses.

,, La prémière est que ceux qui disent que
,, Dieu s'est servi d'un principe réprimant, afin
,, de conserver les Sociétés, doivent prétendre
,, que ce principe a été destiné de Dieu à
,, prévenir l'anarchie générale du Genre hu-
,, main, mais non pas à prévenir les révolu-
,, tions de chaque Société particulière; car on
,, n'en sauroit montrer aucune qui n'ait été agi-
,, tée de guerres civiles, & de guerres étran-
,, gères qui en ont changé la forme, & qui
,, l'ont fait passer successivement au pouvoir de
,, divers Maîtres.

,, La seconde est, que quand on dit que cer-
,, tains Dogmes, ou certains tempéramens sont
,, propres à maintenir les Sociétés, on entend
,, qu'ils sont propres à empêcher, qu'il n'arrive
,, des révolutions dans une Société. On veut
,, donc dire 1. que ces Dogmes font connoître
,, au Souverain qu'il doit être juste, & aux Su-
,, jets qu'ils doivent être soûmis & obéïssans.
,, 2. Que le Génie d'une certaine Nation est
,, éloigné de l'inconstance, & de l'impatience
,, & de ces travers de cœur & d'Esprit qui
,, font aimer les nouveautés & les factions, &
,, préférer ses avantages particuliers au repos &
,, à l'avantage de la Patrie.

,, La troisième est que le changement de la
,, forme du Gouvernement dans une Nation,
,, soit qu'il arrive par des troubles intestins,
,, soit par une guerre étrangère, passe pour un
,, grand malheur, quoi qu'il ne rompe pas les
,, liens des Sociétés, je veux dire, quoi qu'il
,, laisse à chaque particulier la jouïssance de son
,, bien, & qu'il l'oblige à s'abstenir de celui
,, d'autrui. Un peuple conquis sera quelquefois
,, traité aussi doucement par le nouveau Maître,
,, qu'il l'étoit par son Souverain légitime; il
,, ne laissera pas de s'affliger & de regretter la
,, perte de sa prémière condition, & régarder
,, comme des fléaux de la Patrie, ceux qui de la
,, main ou de la langue ont favorisé le Conqué-
,, rant. On se trouve dans les mêmes disposi-
,, tions, si quelque Sujet d'une République s'en
,, rend Souverain comme il est arrivé souvent,
,, & en Grèce, & en Italie, ou si quelques
,, Grands soûtenus par une partie de la popu-
,, lace renversent le Trône & déchirent un
,, Roiaume en piéces, ou le convertissent en
,, République. Cela cause tant de mécontente-
,, mens, & tant de troubles, qu'il n'y a point
,, de Docteurs en politique qui ne conviennent,
,, que les Dogmes, & les tempéramens qui
,, excitent à de pareilles révolutions ne soient la
,, peste des Sociétés.

,, Pour répondre à tout ce qu'on vient de
,, dire, je dis, qu'encore que la principale Inten-
,, tion de Dieu dans l'Etablissement de la Réli-
,, gion Chrétienne, n'ait été que d'ouvrir à
,, l'homme le chemin du Ciel, il n'a pas laissé
,, de le munir des Instructions les plus nécessai-
,, res au bonheur des Sociétés Civiles; car si
,, l'on suivoit ces Instructions, ceux qui com-
,, mandent n'abuseroient jamais de l'Autorité
,, Souveraine, & les Sujets ne feroient jamais de
,, tort les uns aux autres, & obéïroient toujours
,, à leur Souverain. La soûmission & la Patien-
,, ce

„ ce font deux chofes que l'Evangile a le plus
„ recommandées de forte qu'un Prince Infidelle
„ qui toléreroit les Chrétiens, ou qui même les
„ véneroit, n'auroit rien à craindre, ni de leurs
„ Intrigues, ni de leurs Intelligences avec l'en-
„ nemi, ni de leurs Mutineries, s'ils fe confor-
„ moient aux ordres & à l'Efprit de leur Réli-
„ gion. L'Empire Romain en a fait l'épreuve,
„ pendant quelques fiécles, quoiqu'il fut Perfé-
„ cuteur de la foi Chrétienne. Soit donc que
„ l'on confidère les Chrétiens comme répandus
„ dans un Païs où une autre Réligion eft la do-
„ minante, foit qu'on les confidère comme les
„ feuls Membres d'une Société, on conçoit
„ qu'ils ne troubleront jamais le repos public,
„ & qu'ils n'entreprendront jamais de changer le
„ Gouvernement, pourvû qu'ils fuivent les Prin-
„ cipes de Jefus Chrift & de fes Apôtres. Ils
„ n'entreprendront jamais en ce cas-là ni de
„ s'emparer des biens d'une autre Société, ni
„ d'exciter des brouilleries & des féditions dans
„ leur Patrie. D'où l'on peut conclure que
„ jufques-là il n'y a rien de plus propre à con-
„ ferver les Sociétés que la Réligion Chrétienne
„ bien obfervée.

„ Mais comme les Sociétés, continue Mr.
„ Bayle, ne fe peuvent maintenir, fi outre la
„ force de réfifter aux Guerres civiles, elles
„ n'ont auffi la force de repouffer les Armes des
„ Etrangers, il naît cette feconde Queftion,
„ *Une Société toute compofée de vrais Chrétiens, &*
„ *entourée d'autres Peuples ou Infidéles ou Chré-*
„ *tiens à la mondaine, tels que font aujourd'hui &*
„ *depuis longtems toutes les Nations où le Chriftia-*
„ *nifme domine, feroit-elle propre à fe maintenir?*
„ Je crois que non, Monfieur, & voici fur quoi
„ je me fonde."

„ Les vrais Chrétiens, ce me femble, fe con-
„ fidéreroient fur la Terre comme des Voia-
„ geurs & des Pélerins qui tendent au Ciel,
„ leur véritable Patrie. Ils regarderoient le
„ monde comme un lieu de banniffement, ils en
„ détâcheroient leur cœur, & ils luteroient fans
„ fin & fans ceffe avec leur propre nature pour
„ s'empêcher de prendre goût à la vie périffable,
„ toujours attentifs à mortifier leur chair & fes
„ convoitifes, à reprimer l'amour des richeffes,
„ des dignités & des plaifirs corporels, & à
„ dompter cet orgueil qui rend fi peu fuppor-
„ tables les injures. Ils ne fe détourneroient point
„ de l'oraifon, & des œuvres de charité pour
„ courir au gain, pas même par des voies
„ légitimes; ils fe contenteroient de la nourri-
„ ture & de la véture felon la frugalité des A-
„ pôtres, & bien loin de fe tourmenter pour
„ enrichir leurs Enfans, ils croiroient leur ac-
„ quérir un affés ample patrimoine en leur ap-
„ prenant à méprifer les biens du monde, & à
„ ne fe vanger jamais, & à vivre fobrement,
„ juftement & religieufement.

„ Examinés bien la chofe, vous trouverés,
„ je m'affure, qu'une Nation compofée de pa-
„ reilles gens, feroit bien-tôt fubjuguée, fi un
„ Ennemi terrible, entreprenoit de la conqué-
„ rir; car elle ne fourniroit ni de bons Soldats,
„ ni affés d'argent pour tous les frais de la guer-
„ re. Les Chrétiens dont je parle feroient peu
„ propres au combat: Ils auroient été élevés à
„ la patience des injures, à la douceur, à la dé-
„ bonnaireté, à la mortification des fens, à l'o-
„ raifon & à la méditation des chofes céleftes.
„ On les enverroit comme des brebis au milieu
„ des loups, fi on les faifoit aller aux Frontiéres
„ de l'Etat pour repouffer de vieux Corps d'in-
„ fanterie, ou pour charger de vieux Régimens
„ de Cuiraffiers. Il ne faudroit point s'attendre

„ au courage infus. Les graces éxtraordinaires,
„ & les miracles ne doivent pas êtres le fonde-
„ ment de la Politique: Il ne faut point tenter
„ Dieu. Le courage du fanatifme eft très-incer-
„ tain, & je ne fai fi Dieu permettroit que fes
„ plus fidéles *Serviteurs* fuffent la proie d'un Fa-
„ natique prétendu ou véritable. D'ailleurs le
„ grand mepris des richeffes qui feroit le caracté-
„ re de cette Nation, la mettroit entiérement
„ hors d'état de fournir aux frais de la Guerre.
„ Joignés à cela que felon nôtre fuppofition,
„ les Chefs de cette Société feroient de très-
„ bons Chrétiens. Ils auroient donc la con-
„ fcience trop délicate pour fe fervir de mille
„ rufes de politique, fans lefquelles on ne peut
„ parer les coups de fes ennemis.

„ Plus on etudie fon fiécle & les précé-
„ dens, plus reconnoit-on que toute Société
„ éxpofée à des guerres étrangéres fuccombe-
„ roit bien-tôt fi elle fe conformoit à l'Ef-
„ prit Evangelique. Voulés-vous qu'une na-
„ tion foit affés forte pour réfifter à fes voi-
„ fins; laiffés les maximes du Chriftianifme pour
„ theme aux Préjicateurs: confervés cela pour
„ la théorie, & ramenés la pratique fous les
„ loix de la nature qui permet de rendre coup
„ pour coup, & qui nous excite à nous élever
„ au-deffus de nôtre état, à devenir plus riches
„ & de meilleure condition que nos peres.
„ Confervés à l'avarice & à l'ambition toute
„ leur vivacité, défendés leur feulement le vol
„ & la fraude, animés les d'ailleurs par des ré-
„ compenfes: promettés une penfion à ceux qui
„ inventent de nouvelles manufactures, ou de
„ nouveaux moiens d'amplifier le Commerce.
„ Envoyés partout à la découverte de l'or, fai-
„ tes paffer à vos flottes les deux tropiques,
„ que le froid, que le chaud, que rien ne puif-
„ fe arêter la paffion de s'enrichir, vous accu-
„ mulerés dans vôtre païs les richeffes de plu-
„ fieurs autres. Les finances de l'Etat pour-
„ ront fuffire à l'entretien d'une grande flotte
„ & d'une puiffante Armée. Ne craignés point
„ les mauvaifes fuites de l'amour de l'or: c'eft
„ à la verité une fource empoifonnée d'où
„ fortent mille paffions corrompués, & qui
„ excite & fomente la dépravation du cœur.
„ C'eft de là que vinrent les defordres les plus
„ pernicieux de la République Romaine, qui
„ avoit confervé long-tems la probité & la
„ bonne difcipline avec le mépris des richef-
„ fes, & des voluptés: Enfin l'avarice & gata
„ tout. Mais ne vous embarraffés pas de cela.
„ Ce n'eft point une néceffité que les mêmes
„ chofes arrivent dans tous les fiécles, & fous
„ toutes fortes de Climats. Les avares font
„ moins à craindre dés qu'ils ne font pas pro-
„ digues, & voluptueux: un luxe moderé & à
„ grands ufages dans la République, il fait
„ circuler l'argent, il fait fubfifter le petit
„ peuple, s'il devient exceffif & rédoutable,
„ vos defcendans y pourvoiront par de bonnes
„ loix fomptuaires; alors comme alors-laiffés le
„ foin de l'avenir à qui il appartiendra, fongés
„ à l'opulence du tems préfent; elle vous fe-
„ ra trouver cent reffources felon l'éxigence
„ du bien public. Vous ne manquerés pas de
„ gens qui dégagés de tous les fcrupules de la
„ Réligion, feront propres aux Ambaffades les
„ plus artificieufes. Vous trouverés auffi des
„ fujets qui pour une médiocre fomme fe dé-
„ guiferont en Païfans pour pouvoir mettre le
„ feu aux Magafins des ennemis, ou qui ga-
„ gneront des traitres & des efpions, ou qui
„ par de fécrettes promeffes de fecours divins
„ & humains fomenteront un parti de mécontens

DU PYRRHONISME. 631

,, contens, & l'engageront à se soûlever dans
,, le Païs ennemi. Un véritable Chrétien ne
,, voudroit rien faire de tout cela: il sait qu'on
,, se rend coupable devant Dieu, lorsqu'on
,, excite quelqu'un à faire une chose crimi-
,, nelle. Cependant cette complicité dont
,, les faux Chrétiens ne se font pas un scrupu-
,, le est très-utile à un Etat. Vous savés la
,, maxime qu'un malhonnête homme peut-être
,, un bon citoïen. Il rend des services qu'un
,, honnête homme n'est pas capable de rendre.
,, Je vous cite Mr. de la Bruyere. "
Continuation des Pensées Diverses Article
CXXV.

Ouvrage
ci-des-
sus pag.
561.

,, J'ai connu un homme docte qui s'imagi-
,, noit que Jésus Christ n'a point proposé sa
,, Religion comme une chose qui pût conve-
,, nir à toutes sortes de personnes, mais seule-
,, ment à un petit nombre de sages. Il se fon-
,, doit sur ce qu'un peuple tout entier qui prati-
,, queroit exactement toutes les loix du Christia-
,, nisme, seroit incapable de se garantir de l'in-
,, vasion de ses voisins. Or il n'a pû être de
,, l'intention de Dieu qu'une Société entière
,, manquât des moïens humains de se conserver
,, dans l'indépendance des autres peuples. Cet
,, homme donc vouloit me persuader que com-
,, me la Philosophie des *Stoïques* impraticable
,, par toute une Société, n'étoit destinée qu'à
,, des ames de distinction, l'Evangile n'étoit
,, aussi destiné qu'à des *Ascetes*, qu'à des per-
,, sonnes d'élite capables de se détacher de la
,, terre, & de s'aller consacrer en cas de be-
,, soin à la solitude, dans les deserts les plus
,, affreux. En un mot, disoit-il, nous ne de-
,, vons considérer l'Evangile, que comme un
,, modéle de la plus grande perfection proposé
,, à ceux, à qui la nature soutenuë de la Grace
,, donneroit du goût pour la plus fine spirituali-
,, té. C'est ainsi que Saint Benoit, Saint Do-
,, minique, Saint *François d'Assise* & les autres
,, fondateurs d'Ordre ont fait des régles & des
,, observances, non pour tout le monde, mais
,, pour des Chrétiens intérieurs & spirituels dont
,, le nombre est fort petit.
,, Je répondis à ce Savant que son erreur étoit
,, visible, puisqu'il est manifeste par la lecture
,, des Evangelistes & des Apôtres, que la Loi de
,, Jesus Christ est proposée à toutes sortes de
,, gens, de quelque Sexe & de quelque condi-
,, tion qu'ils soient, non pas comme un parti qu'il
,, soit libre de choisir, mais comme le moïen
,, unique d'éviter la damnation éternelle. Je ne
,, sai pas s'il a changé d'opinion, mais nous nous
,, séparames, sans qu'il témoignât être satisfait des
,, expédiens dont on lui avoit parlé. On lui a-
,, voit dit que la Providence remédieroit aux dé-
,, sordres qu'il appréhendoit, qu'elle avoit permis
,, que les Docteurs trouvassent dans l'Evangile,
,, une distinction admirable entre les Conseils
,, & les Préceptes, & que ceux qui n'y recon-
,, noissent que des Préceptes, ne fussent pas plus
,, ardens sur l'exécution que ceux qui admettent
,, des Conseils: qu'elle avoit permis outre cela
,, que les Docteurs distinguassent dans l'Evangile,
,, ce qui ne contient que des regles de Morale
,, entre les particuliers, *d'avec ce qui fait des*
,, *loix pour les Sociétés*, & qu'ils enseignassent
,, que l'Evangile doit être tellement interprété,
,, que le droit naturel que nous avons tous de
,, nous défendre contre ceux qui nous attaquent,
,, ne reçoive aucune atteinte, non plus que le
,, droit qui est naturel aux Sociétés de faire la
,, Guerre pour leur conservation, & à une par-
,, tie des membres d'une Société de faire la
,, Guerre aux autres, quoique beaucoup plus

,, nombreux, si ces autres favorisent les desseins
,, injustes du Monarque ou du Chef de la Socié-
,, té. Enfin qu'elle avoit permis que des Ca-
,, suistes qui ne prétendent pas être relâchés,
,, décidassent publiquement, *que tout est permis*
,, *& de bonne Guerre contre un ennemi déclaré*, &
,, que s'il en faut excepter quelque chose, ce
,, n'est que l'assinat. Mon Savant ne se paioit
,, guére mieux de cette monnoïe que de celle
,, qu'il avoit vûë dans Saint Augustin. Je vous
,, avouë que ce grand Saint me paroit bien foi-
,, ble dans la Lettre où il répond à une difficul-
,, té que les Païens proposoient contre l'Evangi-
,, le, que c'est une loi préjudiciable aux intérêts
,, de l'Etat, vû ces préceptes de Jésus Christ,
,, Si quelqu'un vous donne un soufflet sur la jouë
,, droite, présentés lui encore l'autre. Si quel-
,, qu'un veut plaider contre vous pour vous
,, prendre vôtre robe, laissés lui encore empor-
,, ter vôtre manteau. Et si quelqu'un veut vous
,, contraindre de faire mille pas avec lui, faites
,, en (v. encore) deux mille.
,, On ne peut nier que ces ordres ne soient
,, sujets à des inconvéniens, comme l'avouë le
,, Ministre qui a fait l'histoire de l'Edit de
,, Nantes: Le commandement d'aimer son pro-
,, chain comme soi même, *dit il*, ne reçoit
,, point d'exception.... Cependant par l'é-
,, tat où le péché a mis le cœur de l'homme,
,, il arrive très-souvent que celui qui s'attache
,, à ce devoir important, s'exposé à mille dan-
,, gers. La charité n'est une loi que pour lui,
,, & pendant qu'il l'observe scrupuleusement,
,, les scélérats en abusent, pour lui faire plus
,, de mal avec moins de risque. Il n'y a point
,, de plus grand inconvénient que celui de don-
,, ner lieu à l'oppression des innocens. Cet in-
,, convénient se trouve dans le précepte fonda-
,, mental de la charité: Mais la vérité n'en est
,, pas pour cela moins évidente, ni le devoir
,, moins nécessaire. Cela montre que les incon-
,, véniens d'une doctrine n'empêchent pas tou-
,, jour qu'elle ne puisse être véritable. Ne
,, craignés point qu'il nous laisse sans rémède. Il
,, remarque que la nature reprend ses droits
,, ... quand quelque chose de pressant
,, oblige l'homme à se souvenir du prémier de ses
,, privileges, qui est sa propre conservation....
,, l'ame est naturellement instruite du droit de
,, repousser la violence & l'injustice ; puisque
,, malgré les nuages dont plusieurs intérêts of-
,, fusquent les Lumiéres qu'elle a reçuës de la
,, nature sur ce sujet, il ne faut qu'un danger
,, pressant pour lui faire oublier toutes les con-
,, sidérations étrangéres dont elle a été prévo-
,, nuë & pour la repeller à l'usage du droit
,, qu'elle avoit crû abandonner. C'est insinuer
,, clairement que ceux même qui auroient été
,, les plus pénétrés des maximes de l'Evangile,
,, deviendroient Soldats du soir au matin à l'op-
,, pression étoit grande.
,, Ne soiés donc point en peine de la con-
,, servation des Sociétés des véritables Chrétiens.
,, La nature y a pourvû. Elle fût chassée de
,, quelques-uns de ses postes, au commence-
,, ment du Christianisme, mais elle les regagna
,, dans la suite, *veluti postliminii jure*, & s'y
,, est maintenuë jusques ici, & s'y maintiendra
,, à l'avenir. Les Chrétiens parfaits ou ten-
,, dant à la perfection, ne font point de corps,
,, ils sont répandus en petit nombre dans des
,, Sociétés, qui savent très-bien attaquer & se
,, défendre de même. Elles ne se piquent point
,, de la pieuse ambition de se surpasser les unes
,, les autres dans l'observation des Conseils ou
,, des préceptes Evangéliques : Leur émulation

Qqq qqq q ,, ne

„ ne va qu'à se surpasser dans l'art militaire, &
„ dans celui de s'enrichir, & dans celui de
„ mieux tendre un piége par les ruses de la
„ politique Les Chrétiens ont acquis dans
„ tout cela, une supériorité admirable sur tou-
„ tes les autres Réligions, & s'ils pouvoient
„ s'accorder à faire la guerre de concert aux
„ Infidéles, ils en rendroient un bon compte en
„ peu de tems. Les Infidéles sont des novices
„ en comparaison des Chrétiens, dans les ruses
„ du commerce, dans celles de la négociation,
„ dans l'art cruel & barbare de l'Artillerie & de
„ la piraterie ".

En vain Mr. Bayle suppose des Conférences & fait parler qui lui plait; on connoit ses ruses, & personne ne peut plus s'y méprendre. Ce n'est pas un autre c'est lui-même qui présente le Christianisme, comme nous venons de le voir, sous des faces qui ne s'accordent point avec la Splendeur & la Fermeté de la Société civile. Quand le Systême Orthodoxe lui paroit fournir des Argumens propres à commettre la Réligion avec les Lumiéres les plus simples & les plus évidentes de la Raison, il fait gloire d'être Orthodoxe: Il doit ce Bonheur à une Grace surnaturelle, de laquelle il a reçu une Foi qui impose silence à la Raison. C'est un Enfant docile de la Communion où il est né, dans laquelle il veut mourir, & dont il adopte les Confessions sans hésiter. Mais dès qu'il s'agit de donner quelque avantage à l'Athéïsme sur la Réligion, par raport à la Société civile, il abandonne hardiment nos Dogmes & nos Confessions pour se ranger du côté des Quakers & des Anabaptistes les plus outrés.

On sait que JESUS CHRIST à donné à ses prémiers Disciples non seulement des préceptes que leurs successeurs devroient observer dans toute la suite des Siécles, mais qu'avec ces Préceptes Universels, il en a aussi donné qui avoient un rapport particulier à l'Etat où l'Eglise naissante alloit se trouver,' & dont l'observation ne seroit plus nécessaire dés que l'Eglise se trouveroit dans d'autres Circonstances.

Les Juifs s'imaginoient que le Messie seroit tomber l'Idolatrie par la force des armes, & qu'il établiroit sa Réligion à peu prés comme Mahomet a établi la sienne, quelques Siécles après. Le Seigneur combat ce Préjugé & avertit ses Disciples, que loin de faire régner la vérité en terrassant ses Ennemis, ils n'en triompheroient qu'en se laissant terrasser eux-mêmes; Il les avertit qu'odieux à tous ceux qui avoient le plus d'Autorité dans le monde, il leur seroit pour l'ordinaire trés-inutile d'avoir recours à la Protection des Loix, & qu'ils se devoient se préparer qu'à un éxercice continuel de Patience.

Mais ces tems d'Epreuve ne devoient pas toûjours durer, & l'Eglise une fois établie devoit éprouver du Repos & de la Protection. Un tems devoit venir où les Rois jetteroient leurs Couronnes aux pieds de l'Agneau & où les Princesses seroient les Nourrices des enfans de Dieu.

St. Paul pose en Principe dans son Epitre à Timothée, que Dieu veut le salut de tous les hommes, qu'il veut que tous parviennent à la connoissance de la Vérité. Delà il conclut que nous devons implorer la grace de Dieu en faveur de tous, & de peur qu'on ne crût que les Persécuteurs & les Fléaux du Genre humain, fussent éxceptés de cette régle, il veut qu'on prie pour les Rois & pour toutes les personnes en possession des Dignités, & un des Buts de ces Priéres charitables; c'est de pouvoir

méner sous leur domination & sous leur protection, une vie tranquille, c'est-à-dire de pouvoir vivre dans la sûreté & le repos.

Mais si tous les Magistrats éclairés de la Lumiére de la Vérité, telle que Mr. Bayle la suppose, vivoient conséquemment à leurs Connoissances, ils abandonneroient leurs Emplois plûtôt que de se porter à aucun acte de Sévérité. Dés que tous les Magistrats seroient Chrétiens, la Société se trouveroit en proie aux Ennemis du dehors, & aux Perturbateurs du dedans; de sorte que pour vivre dans la sûreté & dans la tranquillité, il faudroit faire des vœux tout opposés à ceux que St. Paul ordonne, & dire, *Seigneur, puisque vous n'appellés pas tous les hommes au Salut & à la Connoissance de la Vérité, nous vous prions de conserver au Genre humain, & à vôtre Eglise en particulier, des Princes & des Magistrats aveuglés à cet égard, & qui Païens, ou Athées, prévenus en un mot de fausses Maximes en matiére de Réligion se portent & s'appliquent, par des Principes de superstition, d'Intérêt, & de Vanité, à établir de bonnes Loix & à les faire régner par la sévérité des Peines qu'ils infligeront constamment à ceux qui négligeront ces Loix. Que la même Superstition & que le même esprit d'Intérêt & de Vanité les anime encore à faire fleurir leur Etat & à se rendre redoutables à tous ceux qui pourroient penser à l'attaquer.*

Il semble que Mr. Bayle cherche à se surpasser pour ouvrir les yeux des hommes & leur faire comprendre que la Réligion Chrétienne n'est point une Réligion Divine: Dieu l'a proposée à tous les hommes sous peine d'une éternelle damnation. Qu'arriveroit-il toute une Société s'y rangeoit? Si on en croit Mr. Bayle, *elle deviendroit la Proie de ses voisins*, & c'est ce qui n'arriveroit point à une Société d'Athées. D'où vient donc que les Chrétiens subsistent? *C'est une obligation que l'on a à la Morale relâchée, aux subtilités des Casuistes, & au peu de scrupule que le plus grand nombre se fait de ne vivre pas suivant l'Evangile.* Voilà comment la Providence veille à la conservation de la Société malgré la Loi de l'Evangile.

„ Ne soiés donc point en peine, ajoute-t-il, *Illum.*
„ touchant la conservation des Sociétés des vé- *bat. Ves.*
„ ritables Chrétiens, la Nature y a pourvû, *Couvres*
„ Elle fût chassée de quelques-uns de les postes *pag. 362.*
„ au commencement du Christianisme, mais elle
„ les regagna dans la suite *veluti postliminii jure*,
„ & s'y est maintenuë jusques ici, & s'y maintiendra à l'avenir.

XLV. CE QUE Mr. Bayle représente dans les Articles 123, 124 & suivans sur le ridicule *Parall.*
de la Réligion Païenne contient encore de nou- *la Pa-*
veaux écarts, par où il éblouït & dépaïse les *sentimens*
Lecteurs. Des hommes peuvent être Athées *des Athées*
par diverses causes. Ils peuvent être obstinés *mes.*
dans leur Erreur en divers degrés: Les Erreurs *idem.*
en matiére de Réligion peuvent aussi varier à l'infini, & l'Obstination des Errans de même. Rien n'est plus équivoque que de faire en gros ces comparaisons: Pendant qu'elles seront ainsi vagues, elles n'aboutiront à rien, on n'en pourra tirer aucune Conclusi on certaine & précise.

La Réligion Païenne étoit d'un ridicule manifeste. Mr. Bayle trouve-t-il également ridicule le Systême des Athées, lui qui ne peut se lasser de dire que la Réligion trouve des Difficultés insurmontables dans le Systême d'un seul Principe, & dans le Systême de deux? Il seroit donc plus facile de ramener des Païens, que de désabuser des Athées. La Réligion Païenne ne renfermoit des contradictions. Les Païens

recon-

reconnoissoient donc de certains Principes, dont on pouvoit se servir pour les combattre, & pour les forcer de reconnoître qu'ils se trompoient quand on leur faisoit voir qu'ils tomboient en contradiction. Si on remarque des absurdités dans la Religion Païenne, on y trouve aussi des Vérités importantes qui s'y étoient conservées & qui étoient respectées, des Idées d'une autre vie, du Bonheur des Vertueux, des supplices des Méchans. Tout cela étoit imparfait, Mais toûjours c'étoit quelque chose, c'étoit une matière à perfectionner. Ce qu'il y avoit de Bon, dit Mr. Bayle, *ne se trouve que dans les Livres des Philosophes & des Poëtes*. Il se trouve aussi dans les Livres des Historiens. Voici la comparaison que fait Salluste des mœurs anciennes avec celles de son tems. *Mais il faudroit*, dit-il, *que cela se trouvât aussi dans les Livres composés par les Prêtres, c'est-à-dire par les Ministres de la Religion*. Mais 1. avons nous leurs ouvrages? 2. Les Poëtes n'étoient-ils pas regardés comme des espéces d'Oracles, ne portoient-ils pas le nom de *Vates*? 3. En toute Religion n'y a-t-il pas Culte extérieur & Culte moral, & n'y auroit-il pas de l'erreur & de l'injustice, à supposer que l'un d'eux exclut l'autre?

Il faut juger de la Religion Païenne par son Culte & par sa pratique, dit Mr. Bayle: soit; mais pour ne se permettre aucune Justice dans ce Jugement, il ne faut pas borner son attention au mal seul.

XLVI. MR. BAYLE fait une digression sur le Tableau de la Religion Catholique Romaine par Mr. de Condom. *La Religion l'y trouvoit dégagée de certaines grossiéretés populaires, mais les Protestans n'ont pas trouvé que cela fût suffisant.* Je ne veux entrer dans cette Controverse que par accident, & par rapport à la conséquence que Mr. Bayle en tire, que je tourne contre lui. Il doit être agréable aux Protestans de trouver des Catholiques qui approuvent & soûtient des principes propres à dissiper les Erreurs qu'ils retiennent encore. Les Protestans disent, que ce que l'Eglise Romaine a conservé de bon, leur a servi à reconnoître ce qui s'y étoit mêlé de défectueux, & qu'il étoit à propos d'en séparer. Les anciens Chrétiens en ont usé de même quand ils ont entrepris de convertir les Païens. Ils n'auroient point trouvé de tels secours chés des gens qui auroient fait profession d'Athéïsme, & qui auroient regardé comme des Fous, tous ceux qui s'imaginoient qu'il y a un Dieu, auquel il faut vivre soûmis.

Mr. Bayle n'avance rien pour sa cause & traite *plusieurs endroits de ses Ouvrages* la Question du monde la plus inutile, puisqu'elle roule uniquement sur la comparaison de l'Athéïsme & de l'Idolatrie. Il avance bien des choses pour diminuer l'horreur dont on est prévenu contre les Athées, en mettant au dessous d'eux les superstitieux & les idolatres ; Mais rien n'est plus inutile que cette Question, si elle se borne uniquement à comparer les Athées avec les Idolatres des Siécles ténébreux qui ont précédé la Religion Chrétienne; Il s'agit de savoir si la Société ne se trouve pas mieux d'avoir pour Maitres des personnes qui errent & qui errent même beaucoup en matière de Religion, que d'être soûmise à des souverains qui n'en auroient point, & qui n'en voudroient point avoir. Mr Bayle vient là à la fin, & dans quelques Endroits, il déclare tout net, qu'une Société d'Athée, auroit plus de Fermeté & de Lustre, qu'une Société de véritables Chrétiens. Ne prépare-t-il point adroitement ses Lecteurs à des Paradoxes si capables de les étonner & de les rebuter lorsque dans l'Article CXXVII. de ses Pensées Diverses sur les Cométes, il fait sentir le ridicule d'un principe qu'il donne pour commun à toutes les Religions.

„ Quand il s'agit, dit Mr. Bayle, de la Réligion (c'est ainsi que Ciceron fait parler l'un de ses amis) je ne m'arrête pas à la doctrine de *Zénon*, ou de *Cléanthe*, ou de *Chrysippe*; mais à ce qu'en disent les grands Pontifes *Coruncanus*, *Scipion* & *Scævola*. J'écoute aussi bien plûtôt *Lelius* l'Augure dans le beau Discours qu'il a fait sur la Religion, qu'aucun des Chefs de la Secte des Stoïciens. Je n'ai jamais cru qu'il fallût avoir du mépris pour aucune des parties de la Religion du Peuple Romain, & je me suis mis dans l'Esprit que notre République & notre Religion n'ont été fondées en même-tems, il faut que notre Religion soit approuvée des Dieux, car sans cela notre République ne fût pas devenue si puissante. Voilà quels sont mes sentimens. Dites moi, vous qui êtes Philosophe, ce que vous croïés, car c'est d'un Philosophe que je ne fais pas difficulté d'entendre la Raison de ma foi: Mais pour ce qui est de nos Ancêtres, je m'en tiens à eux aveuglement & sans qu'il me donnent aucune raison de ma croiance.

„ Que vous semble de cette pensée, Monsr.? Vous n'oseriés la traiter d'absurde, comme a fait Lactance; car elle vous fera voir que l'Esprit de la Religion Catholique, étoit déja dans la Ville de Rome, avant la naissance de Jesus Christ, puisque voilà des Romains qui déclarent qu'à la vérité ils ne refuseront pas les Eclaircissemens des Philosophes, mais que néanmoins ils s'en tiendront aveuglement à la Tradition & à la coûtume. Je suis bien aise, que nous puissions nous prévaloir de cette antiquité contre les Calvinistes, qui ne s'en veulent rapporter qu'à leurs propre sens, au lieu que les Catholiques, je dis même les Catholiques qui ne se signalent pas par leur dévotion, & qui croient reconnoitre quelques fois qu'il y a de l'abus par tout, & que les Hérétiques n'ont pas tout le tort, en reviennent néanmoins, à ce résultat ici, ou en tout, ou en partie „.

Pour faire mieux sentir le ridicule de ce Principe, il ajoute ce qui suit en vers & en proie, & par-là il dispose les Lecteurs à regarder la Religion, comme l'unique effet des préjugés, ou du moins à les en faire soupçonner.

„ *Le meilleur est toûjours de suivre*
„ *Le Prône de notre Curé.*
„ *Toutes ces doctrines nouvelles*
„ *Ne plaisent qu'aux folles cervelles;*
„ *Pour moi, comme une humble brebis*,
„ *Je vais où mon Pasteur me range;*
„ *Il n'est permis d'aimer le change*,
„ *Que des femmes & des habits*.

„ C'est imiter sagement, continue-t-il, ceux qui après avoir frondé la Médecine, & les Médecins, s'abandonnent néanmoins dés qu'ils sont malades à tout ce que le Médecin leur ordonne. Nous ne sommes pas venus au monde, (disoit Mr. de *Balzac*) pour faire des Loix, mais pour obéir à celles que nous avons trouvées, & nous contenter de la sagesse de nos Peres, comme de leur Terre & de leur Soleil. On pourroit l'accuser d'avoir dérobé cette pensée au Païen *Cecilius*, qui dit „ fort

„ fort éloquemment dans le *Dialogue de Minu-*
„ *cius Felix*. Que tout étant incertain dans la
„ Nature, il n'y a rien de mieux que de s'en
„ tenir à la foi de ses Ancêtres, comme à la dé-
„ positaire de la Vérité, que de professer les
„ Réligions que la Tradition nous a enseignées,
„ que d'adorer les Dieux que nos Peres & nos
„ Meres nous ont accoutumé de craindre, avant
„ que de nous en donner une connoissance éxac-
„ te; & que de ne point décider de la nature
„ des Dieux, mais de nous conformer aux pré-
„ miers hommes, qui ont eu l'honneur, à la
„ naissance du monde, de les avoir pour bien-
„ faiteurs ou pour Rois. Ce Principe à tant de
„ proportion avec les Idées populaires, que l'on
„ y vient tôt ou tard. Les Catholiques qui ne
„ l'ont pas voulu admettre quand les Païens
„ s'en sont servis contre la Réligion Chrétienne
„ n'ont pas laissé de s'en servir contre les Nova-
„ teurs; & c'est aujourd'hui l'un de nos plus
„ forts argumens contre les prétendus Réfor-
„ més. Ils s'en moquent, mais ils y viendront
„ un jour & s'en serviront contre tous les Schif-
„ matiques. Peut-être même, qu'ils l'ont déja
„ fait ".

Mais quand cela seroit, quand la Réligion seroit généralement parlant, l'effet d'un Préjugé,
on seroit fondé à féliciter le Genre humain, de
s'être trouvé si fléxible à un heureux Préjugé
qui lui fait craindre un Maitre dont la Main
Invisible est insurmontable, & le dispose par cette crainte, à vivre avec plus d'humanité & de
régularité.

Après avoir porté, pour un moment; (*dato
non concesso*) la complaisance, jusques à accorder, dans une Dispute, à un Pyrrhonien, ce
Principe prétendu, que la Réligion est la fille
des Préjugés, la Quëtion ne se trouve point décidée, & il s'agit toujours également, de savoir
si c'est rendre un bon service au Genre humain,
débranler des Préventions d'où il peut naitre tant
de biens, pour y subftituer des Connoissances
qui aboutissent à le persuader qu'il rentrera bien-
tôt dans le neant, & qu'on peut faire pendant qu'on jouit de la vie, tout ce qu'on
trouve à propos, sans s'inquiéter pour l'avenir.

Pensées
Div. sur
les Com-
tes page
373.
Oeuvres
Div. T.
III. pag.
62.

Mr. Bayle continue dans l'Article CXXVIII.
& soit qu'il faut juger d'une Réligion, non pas
simplement par la Beauté de quelques-unes de ses
Spéculations, mais par sa Pratique.

„ Mr. de Condom, ajoute-t-il, a imputé à la
„ Réligion Payenne les abus qui s'y commet-
„ toient quelquefois, comme les peintures
„ qu'elle consacroit dans les Temples, les im-
„ puretés du Théatre, & les sanglans Specta-
„ cles des Gladiateurs. Les Protestans, conti-
„ nue-t-il, raisonnent de la même maniere con-
„ tre cet Evêque, c'est en vain, selon eux,
„ qu'il déclare que les abus qu'on reproche à
„ l'Eglise Romaine, ne se trouvent pas dans les
„ décisions des Conciles, il suffit qu'ils soient au-
„ torisés par une pratique publique & solemnel-
„ le ". Après toutes ces Préparations il finit son
Article en disant. „ Ne se moqueroit-on pas
„ d'un homme que l'on prétendroit engager à
„ séjourner dans une Ville, où le Vol, le
„ Meurtre, & toutes les voies de fait seroient
„ tolérées publiquement, en lui faisant voir
„ qu'on ne trouve pas dans les Actes de la Mai-
„ son de Ville, aucun Statut qui ordonne de
„ tuer ou de voler? Il auroit grand raison de
„ se moquer de cela. Que m'importe, diroit-
„ il, qu'il y ait une Loi du Magistrat qui or-
„ donne le Meurtre, & le Brigandage, ou qu'il
„ n'y en ait point. Il me suffit que l'on vole &

„ que l'on tue impunément dans une Ville pour
„ ne vouloir point y séjourner ".

S'il y a eu autrefois, ou s'il y a encore aujourd'hui, quelque Etat, ou quelque Ville,
où les Crimes que Mr. Bayle vient de nommer ne soient pas assés sévérement punis, on
auroit tort assûrement de mettre une telle indulgence sur le compte de la Réligion; Il n'y
en a jamais eu qui l'ait recommandée, au contraire l'Indolence avec laquelle on laisse régner
les Desordres, est un effet du peu de Réligion
de ceux qui gouvernent la Société. On peut
être Magistrat, on peut être Ecclésiastique de
profession, & avoir un Cœur gâté à cet égard.
Qu'on se figure, par éxemple, un homme, qui
n'aiant point lieu de se plaindre d'une des personnes qui plaident devant lui, & siant grand
sujet de chagrin contre l'autre, reconnoît le
Droit de la premiere, & le tort de la seconde,
mais malgré cette connoissance, il comprend
qu'en favorisant celle-ci au préjudice de celle-
là, il fera plus de chagrin, & il pourra causer
plus de desordre; Cette derniere considération
le détermine; son Inclination dominante est de
faire du mal, & elle le tourne du côté où elle
aura plus de lieu de se satisfaire: Si cet homme
là avoit de la Réligion & de la Crainte de
Dieu, en useroit-il de cette maniere? Il est visible que non. A cet éxemple, joignons en un
second. Un homme est incontestablement coupable, on reconnoît qu'il est tombé dans une
faute inéxcusable, de quelque côté qu'on la
considére; Cependant celui-là même qui en juge ainsi prend ce Coupable sous sa Protection,
& veut qu'il soit impuni, & que son Insolence
continue à braver des honnêtes gens; ou s'il ne
peut pas en venir là, il veut se donner la satisfaction de faire tous ses efforts pour produire
les plus affreux Desordres, sans qu'il lui en revienne aucun avantage que le plaisir d'avoir fait
du mal, s'il peut réussir dans ces éxécrables
projets. N'est-ce pas-là le caractére précis qu'on
attribue au Démon, qui connoissant bien qu'il
est condamné sans aucune espérance de retour,
cherche quelque consolation dans le plaisir de
faire du mal? Or le moien de soupçonner qu'il
y ait de la Réligion, là où l'on imite de si
près & si parfaitement cet Esprit infernal? Si
l'on a quelque peine à comprendre ce que je
dis, & par conséquent à en tomber d'accord,
on n'a qu'à réfléchir que l'Irréligion est une
Follie, qu'il y en a plusieurs Espéces, &
que les Cerveaux qui, par tempérament, &
par des Dispositions machinales, quelquefois
héréditaires, ont de la disposition à la Follie,
en ont aussi à l'Irréligion, lorsque de certaines
Circonstances extérieures, ou certaines Dispositions intérieures, comme sont par éxemple,
l'Orgueil, l'Envie, l'Avarice, les tournent de ce
côté-là. On pourra m'alléguer des Exemples de
quelques personnes chés qui on prouvera qu'il y a
des Principes de Réligion, avec des Mœurs qui
marquent tout le contraire, mais je soûtiens toujours que, le reste étant égal, les Athées sont
encore plus dangereux pour la Société, que les
personnes qui ont porté l'Illusion, jusques à savoir malheureusement allier la Réligion avec le
Vice: L'esprit de ceux-ci renferme des Contradictions, on peut le leur faire sentir, & les engager à abandonner quelques-uns de leurs sentimens par l'opposition qu'ils ont avec d'autres.
Ces gens-là sont chés eux le Poison & l'Antidote;
Cet Antidote qu'ils éstiment, on peut leur en
faire user de ce qu'on peut si bien le leur faire goûter,
qu'ils prendront de l'aversion pour le poison qui
lui est contraire. Vous voulez vous sauver, di-
rois-

rois-je à ces gens-là, je suis dans le même dessein; vous aimés a jouir de la Vie; je n'en suis pas ennemi, non plus que de ses douceurs; je profiterai avec beaucoup de reconnoissance de vos Conseils & de vos Lumiéres, je vous aime, je vous honore, & je vous demande la grace d'agréer que je vous donne des Preuves de la sincérité de mes sentimens en vous proposant à examiner quelques Rélexions sur la conduite d'un homme qui veut se sauver. L'opposition du Vice avec les Vérités de la Réligion est si grande, & il est si aisé de la faire remarquer que pourvû qu'on prenne son tems, on ne sauroit manquer de produire quelque effet sur un cœur vicieux, mais qui a encore des semences de Réligion.

Mais pour ce qui est d'un Athée, pour ce qui est d'un Pyrrhonien, qui s'applaudit dans les doutes & les objections, qui regarde comme des Fous & des Visionaires ceux qui se flattent d'être parvenus à quelque certitude en matiére de Réligion, quelle attention prétend-on que des gens ainsi faits donneront à ceux qu'ils font dès long-tems en possession de regarder comme des Fous?

Mais enfin je veux qu'un homme soit incorrigible dans la monstrueuse alliance qu'il a faite de quelques Sentimens de Réligion avec des Habitudes très-criminelles, je soûtiens encore que son exemple est moins dangereux que l'éxemple d'un homme qui fait profession d'Athéïsme, ou à horreur de celui-là, comme d'un homme qui deshonore la Réligion, dont il ne peut pas contester la Verité, & on conclut que les idées de la Réligion & les Preuves qui l'établissent, doivent être d'une grande évidence & d'une grande force, puisqu'un si mauvais cœur n'a pu y résister. C'est ainsi qu'on doit raisonner sur le sujet d'un homme qui foule aux pieds les Loix d'une Réligion dont on le suppose persuadé. Mais quand un homme passe pour homme d'Esprit, & fait profession d'Athéïsme, il est naturel qu'il fasse naitre des soupçons dans l'esprit d'une infinité de gens, qui, par leur Tempérament, ou la situation dans laquelle ils se trouvent dans le monde, sont éxposés à sentir que la Réligion éxige des devoirs pénibles. Or ébranlés une fois, dans des cœurs ainsi disposés, qui ne font pas le plus petit nombre, la Crainte de Dieu, & de l'Avenir, ceux qui ont à faire avec eux, ne tarderont pas à éprouver les funestes effets de ces Craintes difficiles.

Oeuvres Div. T. III. pag. 83.

Pensées Diverses sur les Cométes Article CXXIX

„ XLVII. JE CROI qu'en attendant, dit Mr. Bayle, une rélation bien fidéle des
„ Mœurs, des Loix, & des Coûtumes de ces
„ Peuples que l'on dit qui ne professent aucu-
„ ne Réligion, on peut assurer que les Idola-
„ tres ont fait en matiére de Crimes, tout ce
„ qu'auroient sû faire les Athées. On n'a qu'à
„ lire le dénombrement qui a été fait par Saint
„ Paul, de tous les desordres où les Païens
„ se sont jettés, & on comprendra sûr les A-
„ thées les plus opiniatres, n'eussent pu enchérir
„ par-dessus ".

Mr. Bayle compte-t-il pour quelque chose l'autorité de Saint Paul? Il le doit s'il veut que son Argument soit bon ad hominem.

Voici le passage de cet Apôtre. *Comme donc ils ne se sont point soucies de reconnoitre Dieu, Dieu aussi les a livrés à un sens depravé, de sorte qu'ils ont fait des choses tout-à-fait indignes de l'homme. Ils sont pleins de toute injustice, fornication, méchanceté, avarice, malice, pleins d'envie, de meurtres, de quérelles de fraudes, de malignité; rapporteurs, médisans, ennemis de Dieu, violens, superbes, vains, ingénieux à inventer des crimes, rebelles à Péres & à Méres, sans intelligence, sans foi, sans affection pour leurs proches, implacables, inhumains. Et bien qu'ils aient connu le droit de Dieu, c'est que ceux qui font ces choses sont dignes de mort, non seulement ils les commettent eux-mêmes, mais ils approuvent encore ceux qui les commettent.*

1. Saint Paul déclare que les crimes auxquels les Païens se sont abandonnés, ont eu pour une de leurs premiéres & principales Causes, le peu de soin qu'ils se sont donné pour connoitre Dieu, & pour profiter des Lumiéres de la Raison qui pouvoient les éclairer sur ce que Dieu demandoit d'eux. C'est donc pour avoir approché des Dispositions où se trouvent les Athées, qu'ils ont si mal vécu. Que peut-on donc, suivant Saint Paul, attendre des Athées?

2. Saint Paul fait les remarques qu'on vient de lire, sur les Mœurs des Païens, en vûë d'établir la nécessité d'une Révélation nouvelle, qui suppléat aux Lumiéres de la Raison, trop foibles pour ranger à leur Devoir les hommes qui n'en connoissent point d'autres. Sa Preuve auroit été sans force, si tel étoit le Naturel de l'homme, que l'Humeur & non les Connoissances fût le grand Mobile de sa conduite; car en ce cas les Lumiéres de l'Evangile n'eussent eu aucun avantage sûr la Lumiére naturelle.

3. Dans les vices que St. Paul reproche aux Païens, il y a du plus & du moins, & ce qu'il dit, se trouveroit contraire à l'Expérience, si on n'interprétoit dans une *Universalité absoluë*, & sans restriction. La crainte de la Divinité, & le désir de lui plaire a réglé les Mœurs d'un *Socrate*, d'un *Antonin*, d'un *Epictéte*, & de plusieurs autres sans doute, dont les noms ne sont pas parvenus jusqu'à nous.

4. Saint Paul prédit aux Ministres de l'Evangile, en la personne de Timothée (II. Epit. ch. III.) que *dans la suite des tems, il viendra des conjonctures difficiles; car les hommes seront pleins de l'amour d'eux-mêmes, avares, vains, superbes, médisans, desobéissans à leurs Péres; & à leurs Méres, ingrats, scélérats, sans affection pour leurs proches, irreconciliables, calomniateurs, débauchés, cruels, ennemis des gens de bien, traitres, insolent, bouffis d'orgueil, aimant les volupés beaucoup plus que Dieu; aiant l'apparence de la pieté, mais étant impies en effet.*

St. Paul ne prédit pas dans ces paroles un tems où toutes les personnes qui feroient profession du Christianisme, se trouveroient de ce Caractére, sans aucune exception, car sa Prédiction, si on l'éxpliquoit dans cette étenduë, renverseroit celle de Jesus Christ, qui promet à son Eglise, une durée qui ne finira point, & sûr laquelle les portes de l'Enfer ou du sépulchre ne prévaudront point.

Mais d'où vient que, dans la suite des tems, les Vices régneront d'avantage, dans le Corps extérieur de l'Eglise? C'est qu'il y aura moins de Foi, moins de Persuasion, moins de Conviction. St. Pierre (II. Ep. ch. III.) représente ces gens-là comme des moqueurs qui ne suivront que leurs propres convoitises, & qui diront, où est la promesse de son avénement, & qui par une ignorance volontaire, ne considérent pas que les Cieux furent faits autrefois par la parole de Dieu.

5. Ces Incrédules, ou ces gens peu persuadés, ces hypocrites qui deshonorent l'Eglise par leur mélan-

mélange avec les gens de bien, & leurs mauvais Exemples, font cependant moins de mal à la Société qu'un Athée déclaré. Celui qui soupçonne que la Réligion pourroit bien n'être pas une chimère, eſt de tems en tems retenu par cette penſée, au lieu que ſans ce frein, il s'abandonneroit à tous ſes Panchans, de quelque nature qu'ils fuſſent. Les Hypocrites comprennent qu'ils ont intérêt de cacher une partie de leur Corruption, & par-là font moins de mal aux hommes: Or là où la Réligion eſt encore reſpectée en public, on a un plus grand intérêt d'en obſerver extérieurement une partie des Maximes, & d'être honnêtes gens, au moins à quelques égars: On peut plus impunément & plus hautement négliger la Vertu & s'en moquer là où la Réligion ne lui fournit aucun appui.

Mr. Bayle, par ſes répétitions fréquentes, oblige un homme qui examine ſes Ouvrages à tomber dans des redites malgré qu'il en ait.

Athées plus difficiles à ramener Penſ. Div. Œuvres pag. 84. XLVII. DANS l'Article 132. Mr. Bayle continuë à ſe jetter dans des écarts, qu'il auroit évité s'il avoit pris la précaution d'établir l'état de la Queſtion bien diſtinctement, & de la ſuivre pié à pié. On ne nie pas que l'eſprit humain ne puiſſe porter ſon égarement juſqu'à ſe faire en matière de Réligion des Maximes ſouverainement extravagantes.

Mais je ſoutiens qu'il ſera plus aiſé de ramener un homme de ſes extravagances, & de lui faire connoître ce qu'elles ſont, que de guérir un Athée de ſa vanité, de ſon humeur Sophiſtique, & de ſon goût pour les objections. Si c'eſt un crime horrible que d'attribuer à Dieu quelque choſe, qui ne lui convient pas, ou de nier de lui quelque attribut qui ſoit en lui, que doit on penſer de ceux qui ſoutiennent que l'Idée prétenduë de Dieu n'eſt qu'un amas de contradiction ? N'eſt-ce pas nier tout d'un coup tous les Attributs & lui réfuſer toutes ſes perfections?

De l'efficace de la crainte. pag. 632. Œuvres pag. 373. Article CXXXIII. continuation des Penſées Diverſes. ,, L'argument que vous fondés ſur l'activité de la crainte, dit Mr. Bayle, vous auroit paru moins fort ſi vous l'aviez bien conſidéré de tous les côtés. La crainte, me dites vous, eſt un des plus grands reſſorts de la conduite des hommes. Elle les contraint de faire cent choſes pénibles, & de s'abſtenir de ce qui leur eſt le plus agréable. Quelle violence ne ſe font-ils pas lors qu'ils s'agit d'éviter un plus grand mal? Puis donc que les Idolatres attribuent à leurs faux Dieux, la force de châtier, & dans ce monde & dans l'autre, & qu'ils les faiſoient les Maîtres de la foudre, de la grêle, des tempêtes, de la peſte & de la famine, & des tourmens de l'Enfer, ils devoient en mille rencontres ſe déterminer ou à ceci ou à cela, par la crainte de la juſtice divine. Or c'eſt un frein, c'eſt un éperon qui auroient manqué à des Athées. Je vous accorde que la peur eſt un principe très-actif, & très-puiſſant, & ſi vous vous contentiés de prétendre que la Réligion Païenne a introduit dans la conduite des hommes une infinité de modifications, qui n'auroient point eu de lieu, ſous un état d'Athéïſme, la diſpute ceſſeroit bien-tôt entre vous & moi. Mais vôtre prétenſion va beaucoup plus loin, & vous ne pourriés pas faire une objection, conſidérable, ſi vous ne ſuppoſiés que les modifications particulières dont le culte des faux Dieux a été cauſé, ont augmenté le mérite, ou les bonnes qualités de l'homme. Voilà l'état de la Queſtion.

,, Pour le diſcuter méthodiquement, je dois vous dire que la crainte des faux Dieux a donné aux Sociétés Païennes, ce caractère particulier, qu'elles ont bâti des temples & inſtitué des fêtes, & offert des ſacrifices & rendu de grands honneurs à des Idoles. Cela ne ſervoit de rien à rendre les hommes, plus agréables à Dieu, & les lui rendoit au contraire plus déſagréables, que s'ils n'euſſent reconnu aucune Divinité. S'ils joignoient au culte extérieur le culte intérieur, je veux dire l'amour des Idoles, ils ne faiſoient que provoquer d'avantage la jalouſie du vrai Dieu. Tant s'en faut donc que l'idolatrie Païenne augmentât auprès de Dieu le mérite & les bonnes qualitez de l'homme, qu'au contraire elle le diminuoit. Mais laiſſons cette conſidération. Il doit déſormais paſſer pour conſtant qu'en fait de crimes de lèze Majeſté divine, au premier chef, le Paganiſme a ſurpaſſé l'Athéiſme. C'eſt une affaire que nous devons regarder comme expédiée. Il s'agit entre vous & moi d'un autre point depuis le commencement du Chapitre 108. Nous ne comparons plus depuis ce lieu-là le Paganiſme & l'Athéiſme que par rapport au bien temporel des Sociétés.

,, Voyons donc ſeulement de quel uſage l'idolatrie des Gentils a pû être au bonheur, & à la proſpérité des peuples, entant que cette proſpérité dépendoit des bonnes Mœurs ; car pour ce qui eſt des utilités dont la Réligion n'eſt cauſe que par accident, & qui n'en réſultent que par l'adreſſe avec laquelle la politique ſe fait prévaloir des Superſtitions du vulgaire, nous en parlerons plus à propos dans un autre lieu.

,, Je ne m'amuſerai point à vous prouver que les victoires, les richeſſes, les moiſſons fertiles de quelques Nations n'étoient pas la récompenſe de leur zèle pour les Idoles. Vous ſériés à peine initié aux Elémens du Chriſtianiſme, ſi vous vous perſuadiés que le même Dieu, qui a tant fait éclater ſon Indignation contre l'impiété des Idolatres, & qui abandonna pour jamais les dix Tribus d'Iſraël à cauſe de leurs faux cultes, & qui pour la même raiſon chatia ſouvent, & avec une ſévérité extraordinaire, l'autre partie du peuple Juif, répandoit ſes bénédictions temporelles ſur les Grecs, & ſur les Romains, parce qu'ils avoient plus d'attachement, que leurs ennemis aux Dieux de bois & de pierre, La vertu morale auroit pu être récompenſée de cette façon, mais non pas l'Idolatrie.

,, Je vous dis, Monſieur, & je vous ſoutiens que la crainte des Dieux des Gentils n'étoit pas ſort propre à rendre les hommes plus honnêtes gens, ni plus capables de s'aquitter de ce qu'ils ſe doivent les uns aux autres.

,, Le Paganiſme ne donnoit point de leçons qui fiſſent ſavoir de la part des Dieux, qu'ils puniroient ſévèrement l'ambition, la violence & l'avarice des Souverains; l'impatience, la deſobéïſſance & la révolte des Sujets, & en général toutes les actions humaines non Conformes à la probité, à la pureté, & à la juſtice.

,, On ſe contentoit d'enſeigner qu'ils ſe vengoient rigoureuſement de ceux qui n'honoroient leur Temples, leurs Statuës, leurs Miniſtres,

„ nistres, ou qui méprisoient les Cérémonies
„ de la Réligion, les augures, les auspices,
„ &c. Le sacrilége & le parjure étant des of-
„ senses directes de la Majesté de Dieu, on
„ disoit aussi qu'ils les punissoient: mais le sim-
„ ple vol, & le mensonge n'étant point con-
„ traires à des ordonnances qu'ils eussent éx-
„ pressément signifiées, on ne croioit pas qu'ils
„ s'en souciassent. Cela s'étendoit sur tout le
„ reste de la morale plus ou moins. S'ils fai-
„ soient paroitre leur irritation, on n'ensei-
„ gnoit pas qu'elle sut fondée sur la corrup-
„ tion des mœurs, & qu'il les falut appaiser
„ par un changement de vie, il suffisoit de
„ réparer la négligence du culte éxtérieur, ou
„ d'y ajoûter quelque chose, de bâtir quelque
„ nouveau temple, d'instituer des anniversai-
„ res, de multiplier les victimes, &c. Le
„ Paganisme n'étoit proprement parlant qu'un
„ trafic de biens temporels. Les hommes en
„ étoient quittes pour des prières, pour des
„ genuféxions, & pour des offrandes, & les
„ Dieux pour le don de la santé, & des ri-
„ chesses, & du bon succès d'une entrepri-
„ se. La vertu n'entroit point dans le com-
„ merce, on ne la demandoit point aux
„ Dieux, on ne la croioit point nécessaire
„ pour les appaiser, ou pour prévenir leur co-
„ lére, & on leur demandoit hardiment des
„ faveurs injustes. On les accusoit même d'in-
„ gratitude, s'ils laissoient sans récompense les
„ honneurs qu'on leur rendoit, & que l'on croioit
„ leur être utiles. Voiés ci-dessous le Chapi-
„ tre 135. Il est donc fort malaisé de com-
„ prendre, que la crainte des Idoles ait pû
„ faire surmonter à un Païen les Passions qui
„ le détournoient d'une bonne œuvre, ou cel-
„ les qui l'animoient à une mauvaise entrepri-
„ se. On ne sauroit voir que si un Païen a
„ soûtenu de ses Conseils & de son argent, &
„ de sa récommandation les droits de la veu-
„ ve & de l'orphelin, lorsque cela l'éx-
„ posoit à de dangereuses inimitiez, la Crainte
„ des Dieux ait été cause qu'il a préféré l'hon-
„ nête à l'utile. On ne comprend pas que si
„ une femme Païenne éxcitée par l'aiguillon
„ de la volupté, & par les promesses d'un ga-
„ lant a résisté à la tentation, c'ait été à
„ cause de la crainte de ses Dieux. On ne
„ croioit pas qu'ils éxigeassent de tels sacrifi-
„ ces, & qu'il y eut des peines au Ciel, ou
„ contre ceux qui ne s'éxposeroient pas en
„ protégeant l'innocence au ressentiment d'une
„ famille accréditée, ou contre ceux qui pré-
„ féroient à la chasteté un plaisir très-profita-
„ ble. On croioit avoir rempli tous les De-
„ voirs de la Réligion pourvû qu'on n'eut pas
„ manqué aux actes du culte éxterne; & en
„ tout cas on s'assûroit d'appaiser les Dieux par
„ quelques présens, & vous voulés que de peur
„ de leur déplaire on se soit porté au bien,
„ on se soit détourné du mal en dépit de ses
„ passions favorites. Vous ne me persuaderés
„ point cela. Vous vous étendés beaucoup sur
„ la pénitence qui saisissoit les Villes les plus
„ corrompuës, & les plus superstitieuses, lors
„ qu'un grand péril les avertissoit de la Colé-
„ re des Dieux.
„ Mais permettés moi de vous dire qu'en
„ ce qui regarde les effets d'un péril présent
„ les Sociétés Païennes n'avoient aucun avan-
„ tage sur les peuples qui auroient été sans
„ Réligion. Ceux qui n'aiant point de con-
„ noissance qu'il y ait un Dieu, ne le crai-
„ gnent point à la vûë d'une tempête, ne

„ sont pas moins consternés que les Idolatres:
„ Ils ont autant de fraieur des Elémens irri-
„ tés que les autres hommes: l'air en seu, la
„ foudre tombant de toutes parts, une Inon-
„ dation furieuse, un Ouragan, un trembre-
„ ment de terre, un naufrage presque certain
„ épouvantent toutes sortes de personnes, soit
„ qu'elles aient de la Réligion, soit qu'elles
„ n'en aient pas. Les habitans d'une ville A-
„ thée qui seroient déja saccagés, ou qui ver-
„ roient l'ennemi maitre de la brèche, & sur
„ le point de passer tout au fil de l'épée, ne
„ seroient pas moins consternés, que s'ils étoient
„ Superstitieux. Leur fraieur devroit même
„ être plus grande, car ils n'espéreroient pas
„ qu'en élevant les mains au Ciel & en criant
„ miséricorde, ils recevroient du secours d'u-
„ ne puissance invisible.
„ Ainsi les mêmes effets que vous m'étalés
„ de la crainte superstitieuse, se trouveroient
„ parmi les Athées dans cette sorte d'occa-
„ sions tout comme parmi les Païens.
„ Il y auroit suspension de médisance, &
„ d'inimitié, on ne songeroit point à la frau-
„ de, au vol, à l'ivrognerie à la fornication,
„ ni à l'adultere. On ne seroit occupé que
„ de la vûë du peril, ou que du soin de s'en
„ préserver. La plus belle femme du monde,
„ & la plus chargée de pierreries seroit égale-
„ ment en sûreté tant à l'égard de son hon-
„ neur qu'à l'égard de ses joiaux auprès d'un
„ Athée & auprès d'un Idolatre dans un navire
„ battu d'une tempête furieuse & prêt à périr. La
„ peur de la mort prochaine glace le sang, &
„ absorbe l'avarice, & ne permet pas de former
„ un mauvais dessein. C'est un principe ré-
„ primant aussi efficace qu'aucun autre.
„ Ne m'alléguès donc plus comme une sour-
„ ce de bonnes mœurs, ces craintes éxtraor-
„ dinaires & passagéres de l'Indignation divi-
„ ne. Si vous pouviés m'alléguer une crain-
„ te d'habitude & qui produisit de bons effets
„ en tout tems & en tout lieu, vous donne-
„ riés au Paganisme un merveilleux avanta-
„ ge sur l'Athéisme, mais vous ne sau-
„ riés prouver l'éxistence d'une telle crain-
„ te.
„ Vous me répliquerés sans doute qu'une
„ Ville qui n'auroit nulle Réligion retombe-
„ roit dans ses prémiers déréglement dès que
„ le péril seroit passé. Je n'en doute point,
„ mais c'est ce que faisoient aussi les Villes
„ Païennes. Nous voions même dans le
„ Christianisme que les Villes qui ont pris le
„ sac & la cendre avec le plus de ferveur,
„ au tems des désolations, se sont bien-tôt a-
„ près aussi corrompuës qu'auparavant.
„ Ne vous imaginés pas que les Païens con-
„ sternés des Calamités publiques vouassent aux
„ Dieux la réformation des mœurs; car ils ne
„ croioient pas que le luxe, l'impudicité, la mé-
„ disance, l'ambition & le soin de se ven-
„ ger de ses ennemis fussent la cause de la co-
„ lére céleste. Ils vouoient des sacrifices, &
„ des oblations, quelques ornemens d'autel,
„ quelque parure de simulacre.
„ Cela les pouvoit-il rendre plus honnêtes
„ gens?
„ Je n'oublie point ma grande raison qui
„ est qu'un Païen d'une Ville déréglée ne de-
„ voit pas craindre d'irriter les Dieux, puis
„ qu'il savoit qu'ils étoient eux-mêmes infec-
„ tés de toutes sortes de vices".
Mr. Bayle commence cet Article par éluder
l'Etat de la Question. *Ce que les Païens*, dit-
il,

il, ont fait par la crainte de leurs Dieux, n'a pas augmenté leur mérite, & ne les a pas rendus plus agréables au vrai Dieu. Quelques lignes après, il reconnoît qu'il ne s'agit pas de cela, mais seulement de *l'Influence de la crainte des Dieux sur le Bonheur & la prospérité des Peuples*. S'il ne s'agit que de cela, pourquoi embarrasse-t-il un Lecteur, en le détournant d'abord du vrai sujet de la Question?

Dieu qui punissoit si sévérement le Peuple Juif, dès qu'il tomboit dans l'Idolatrie, auroit-il beni & favorisé les Romains, parce qu'ils étoient plus idolatres que leurs voisins? Mr. Bayle a raison de traiter cette pensée d'absurde. Mais ce n'est point-là ce qu'on prétend. Dieu agréoit dans les Romains, non leurs Erreurs, mais leur bonne Conscience qui les faisoit vivre conséquemment. Les autres peuples n'avoient pas des Idées plus justes; mais les Idées qu'ils croioient bonnes, ils ne les respectoient pas, & ne les prenoient pas pour Régle comme les Romains.

Si Mr. Bayle se contentoit de dire que les Païens donnoient trop à l'éxtérieur du Culte, il auroit raison: Mais il a tort de prétendre qu'ils s'y bornoient. Les *Ninivites* étoient Païens, & leur répantance qui fléchit la colere de Dieu ne se borna pas à multiplier des victimes, ni à embellir des Temples, ou à se lier par des Vœux pour en bâtir de nouveaux; ils condamnérent leurs Vices, ils formérent la Résolution de s'en corriger, & quelques-uns l'éxécutérent en partie. Les Romains respectoient les Traités, & ce n'étoit point en bâtissant de nouveaux Temples qu'ils présumoient d'en éxpier la Violation. Horace pose en fait que les malheurs des Romains venoient de leur négligence dans le Culte des Dieux, & de leur relâchement dans les bonnes Mœurs. Ils n'avoient ni la Piété ni la Chasteté de leurs Ancêtres. Selon Homere *la Vangeance qui marcha à pas lents*, regardoit les Vices & non pas le défaut seul du Culte extérieur. C'étoient les fautes commises contre ce que nous appellons *Loi Morale* qui étoient punies dans les Enfers. En vain on récuseroit le témoignage des Poëtes, car leurs Poëmes rouloient sur les Idées universellement reçûes, sans cela le principal Caractére qui en devoit faire le Mérite, leur auroit manqué, la *Vraisemblance*.

Il faut s'être fait une étrange habitude d'éluder l'état des Questions, pour ne s'appercevoir pas à quel point on s'en écarte, quand on soutient que le motif de la Crainte n'a pas moins d'éfficace sur un Athée que sur un homme qui a de la Réligion, & que pour preuve de ce Paradoxe, on allégue une Tempête, où l'Athée prêt d'être submergé, est aussi peu d'humeur à donner dans la licence & la débauche qu'un homme qui craint les suites de la Mort. Il ne s'agit pas de l'éffet d'un châtiment infligé, mais de celui d'un châtiment annoncé. L'Athée ne le craint point puisqu'il ne reconnoit aucune Divinité qui menace les hommes pécheurs de son Indignation.

Cela même que Mr. Bayle pose en fait n'est pas éxactement vrai, & l'éxpérience le dément. Le Systême de l'Athée l'engage à s'étourdir pour n'être point éfraié de la Mort. N'y a-t-il pas de gens qui s'énivrent afin de mourir avec plus de courage, ou plûtôt afin de ne s'appercevoir pas qu'ils meurent? On fait qu'Ovide étoit un Epicurien & qu'il souhaitoit que la Mort le surprît au milieu de ses débauches.

Mais, continue Mr. Bayle, *après que le Danger est passé, un Homme qui a de la Réligion se souvient aussi peu de ses Vœux qu'un Athée*, qui n'en a point formé & qui les croit inutiles.

Avança-t-on jamais rien de plus incroiable? Un homme peut avoir de la Réligion & s'oublier à de certains égars. Tous ceux qui ont de la Réligion n'en remplissent pas éxactement tous les Devoirs. Donc ils ne vivent pas mieux que les Athées. Quelle conséquence!

Quand les Fléaux de Dieux se répandent sur les hommes, quand ils voient la Mort de près, s'ils croient qu'il y a une autre Vie, & que leur sort dans cette Vie à venir, dépende de quelque Etre, qui veille sur leur conduite, qui récompensera leur Vertu, & punira leurs Vices, ont conçoit qu'ils se rendront attentifs sur leur condition, qu'ils auront regret au passé & qu'ils formeront de bonnes Résolutions. Mr. Bayle prend donc le change avec bien peu de pudeur, quand il nous dit qu'un Athée consterné à la vûe de quelque éxtrême danger, ne penseroit ni à des voluptés criminelles, ni à voler, ni à assassiner, & qu'ainsi il seroit dans le cas de l'homme Réligieux. Il ne s'agit pas d'une consternation présente, il est même naturel qu'elle soit plus accablante pour un Athée, que pour un homme à qui la connoissance de la Miséricorde de Dieu & le sentiment de son Répentir, laissent quelque Espérance. Il s'agit des Résolutions qu'on prend pour se corriger, & de la fidélité avec laquelle, on les tiendra. L'Athée n'impute quoi que ce soit des malheurs qui le ménagent à ses Péchés précédens, & ne pense point à s'en corriger.

Les Païens adoroient des Dieux vicieux. Donc ils ne devoient pas craindre de leur déplaire par le Vice qui en étoit une Imitation.

Mr. Bayle revient souvent à cette Remarque qui a en effet sa force, & qui, par rapport aux Mœurs, met le Paganisme infiniment au-dessous de la Réligion Chrétienne. Mais, quand on accorderoit que quelques particuliers abusoient de l'éxemple de leurs Dieux pour se permettre de vivre au gré de leurs désirs, quand on avoüeroit que les Païens qui craignoient de déplaire à leurs Dieux par le Vice, ne raisonnoient pas conséquemment, toujours est-il sûr qu'ils raisonnoient ainsi, & qu'en fait ils se croioient obligés de vivre tout au pié-là.

Ils regardoient quelques endroits de la conduite de leurs Dieux, comme un Privilége de leur élévation, & de là ils concluoient que les imiter à cet égard ce seroit affecter de les égaler. Ils étoient persuadés que leurs Dieux prenoient un grand intérêt au bon Ordre de la Société, que tout ce qui étoit capable d'y répandre du trouble leur déplaisoit & devenoit l'Objet de leur sévérité. Il ne s'agissoit donc plus de disputer sur ce qu'ils se permettoient, il s'agissoit de s'abstenir de ce qu'ils condamnoient dans les Hommes leurs sujets.

Mais *ils se bornoient à défendre le Parjure & ils permettoient le Mensonge*. Qui l'a dit à Mr. Bayle? De ce que l'un étoit puni si sévérement que l'autre, s'ensuit-il qu'il fût regardé avec Indifférence? L'habitude au Mensonge achemine au Parjure: Par conséquent celui qui déteste l'un, condamne aussi l'autre. Mais enfin quand ce que Mr. Bayle avance
se-

seroit tel qu'il le pose, toûjours une Société où la Réligion est respectée, trouve dans les Promesses ratifiées par serment, un Motif d'assûrance qui ne peut avoir lieu dans une Société d'Athées.

Le respect des sermens, & la pensée qu'on est obligé de les observer pour ne pas s'éxposer à des punitions inévitables, est un des plus fermes appuis du repos des Etats ; sans cela il ne resteroit aucune voie de sûreté qu'en exterminant ses ennemis. Ce qu'on ne pouvoit compter sur ceux des Carthaginois détermina les Romains à leur ruïne entiére. Sans doute qu'il étoit arrivé à ce peuple ce qu'on a remarqué & qu'on remarque encore dans les Etats où l'opulence regne avec ses suites, le luxe, l'orgueil, l'abandon aux voluptés, l'oubli des Loix divines ; aussi furent-ils abandonnés de toute protection sans miséricorde.

Lorsque Camille animant ses Soldats finit son Discours en disant. *Soiés avec nous Dieux témoins de nos alliances, & faites tomber sur nos ennemis les justes punitions que méritent la divinité outragée & les hommes trompés par l'espérance qu'on respecteroit notre Nom. Adeste Dei testes Fœderis : & expetite pœnas debitas simul vobis violatis, nobisque per vestrum numen deceptis.* Tit. Liv Lib. *VI.* Cap. 29.

Le Tribun Popilius étoit justement irrité contre *L. Manlius,* qui abusant de sa Dictature, pour entreprendre une Guerre mal à propos, avoit tiranisé la jeunesse Romaine pour la contraindre à des enrollemens forcés. Il se proposoit de l'en faire repartir. Il le fit citer devant le peuple & travailloit sur tout à le rendre odieux, par la dureté dont il usoit son propre Fils. Celui-ci eut l'adresse de s'ouvrir une entrée auprès du Tribun, & le poignard à la gorge, l'obligea à lui prometre par serment d'abandonner la poursuite de son Pére. Popilius jura & se fit un devoir de respecter son serment, & on lui en sçut bon gré. Voyés Tit. Live Liv. VII. presque au commencement.

Quand on voit un Philosophe de la réputation de Mr. Bayle, Critique éxact, scrupuleux, qui fait profession de ne vouloir se rendre qu'à la plus parfaite Evidence, trouvant du foible dans les Raisonnemens qui ont passé pour les plus Démonstratifs: Quand on le voit, dis-je, entasser des Réflexions sans Solidité, pour éluder un Argument très-simple & très-fort, on ne sait que penser, & on n'ose presque dire ce que l'on pense. Est-ce qu'il seroit arrivé à ce grand Philosophe, ce qui arrive au commun des Hommes? Prévenu pour une cause qui lui plait, tout ce qui lui paroit l'appuier, il le trouve de mise. Mr. Bayle n'ignoroit pas le plaisir avec lequel on lisoit ses Ouvrages; comptoit-il que des Lécteurs agréablement amusés, seroient par reconnoissance, de son Sentiment? Il y a en effet bien des gens à qui il suffit qu'on fournisse quelque chose à dire contre une objection, desagréable pour s'en contenter comme d'une bonne Réponse.

Oeuvres Divers. Tom. III. pag. 86.

Pensées Diverses sur les Cométes Article CXXXIII. pag. 393.

„ XLIX. L'HOMME est naturellement
„ raisonnable, dit Mr. Bayle, il n'aime jamais
„ sans connoitre, il se porte nécessairement à
„ l'amour du bonheur, & à la haine de
„ son malheur, & donne la préférence aux objets
„ qui lui semblent les plus commodes. S'il est
„ donc convaincu qu'il y a une Providence,
„ qui gouverne le monde, & à qui rien ne
„ peut échaper, qui récompense d'un bonheur
„ infini ceux qui aiment la Vertu, qui punit d'un
„ châtiment éternel ceux qui s'adonnent au Vi-
„ ce; il ne manquera point de se porter à la Ver-
„ tu, & de fuir le Vice, & de renoncer aux Vo-
„ luptés corporelles, qu'il sait fort bien qui atti-
„ rent des douleurs qui ne finiront jamais, pour
„ quelques momens de plaisirs qui les accompa-
„ gnent; au lieu que la privation de ces plai-
„ sirs passagers, est suivie d'une éternelle
„ félicité. Mais s'il ignore qu'il y ait une
„ Providence, il regardera ses désirs comme sa
„ derniére fin, & comme la régle de toutes
„ ses actions, il se moquera de ce que les au-
„ tres appellent Vertu & Honêteté, & il ne
„ suivra que les mouvemens de la Convoitise:
„ il se défera, s'il peut, de tous ceux qui lui
„ déplairont : il fera de faux sermens pour la
„ moindre chose ; & s'il se trouve dans un
„ poste qui le mette au-dessus des Loix hu-
„ maines, aussi bien qu'il s'est déja mis au-
„ dessus des remors de la conscience, il n'y a
„ point de crime qu'on ne doive attendre de
„ lui. C'est un Monstre infiniment plus dan-
„ gereux que ces bêtes féroces, ces Lions,
„ & ces Taureaux enragés, dont Hercule dé-
„ livra la Gréce. Un autre qui n'auroit rien
„ à craindre de la part des Hommes, pour-
„ roit être, du moins retenu par la crainte de
„ ses Dieux. C'est par là qu'on a tenu en bride
„ de tout tems les Passions de l'Homme:
„ & il est sûr qu'on a prévenu quantité de cri-
„ mes dans le Paganisme, par le soin qu'on a-
„ voit de conserver la mémoire de toutes les
„ punitions éclatantes des scélérats, & de les
„ attribuer à leur impiété, & d'en supposer
„ même quelques exemples. .... Ces sortes de
„ choses, vraies ou fausses, qui faisoient un très-
„ bon effet sur l'esprit d'un Idolatre, ne font
„ d'aucune Vertu pour un Athée. Si bien
„ qu'étant inaccessible à toutes ces considéra-
„ tions, il doit être nécessairement le plus grand
„ & le plus incorrigible scélérat de l'Univers.

Pensées Diverses sur les Cométes Article CXXXIV.

„ Tout cela est beau & bon à dire, quand
„ on regarde les choses dans leur Idée, & qu'on
„ fait des Abstractions Métaphysiques. Mais
„ le mal est que cela ne se trouve pas confor-
„ me à l'Expérience.

Oeuvres Div. T. III. pag. 87.

Pensées Div. sur les Cométes Art. CXXXV. pag. 398.

„ Voulés vous savoir la cause de cette in-
„ congruité? La voici. C'est que l'Homme
„ ne se détermine pas à une certaine action,
„ plûtôt qu'à une autre, par les Connoissan-
„ ces générales qu'il a de ce qu'il doit faire,
„ mais par le Jugement particulier qu'il porte
„ de chaque chose, lorsqu'il est sur le point
„ d'agir. Or ce Jugement particulier peut bien
„ être conforme aux Idées générales que l'on
„ a de ce que l'on doit faire, mais le plus
„ souvent, il ne l'est pas. Il s'accommode
„ presque toûjours à la Passion dominante du
„ cœur, à la pente du Tempérament, à la
„ force des habitudes contractées, & au goût,
„ ou à la sensibilité que l'on a pour certains
„ objet. .... Mais lorsque le cœur est possé-
„ dé d'un amour illégitime; quand on voit qu'en
„ satisfaisant cet amour on goûtera du plaisir, &
„ qu'en ne le satisfaisant pas, on se plongera dans
„ des chagrins, & dans des inquiétudes insup-
„ portables: il n'y a lumiére de conscience qui
„ tienne, on ne consulte plus que la passion,
„ & on juge qu'il faut agir *hic & nunc*

Ibidem.

con-

„ contre l'Idée générale que l'on a de son De-
„ voir.

Pensées Diverses sur les Comètes Article CXXXVI. Pag. 402.

„ L'ambition, l'avarice, l'envie, le défir de
„ se venger, l'impudicité, & tous les crimes
„ qui peuvent satisfaire ces passions, se voient
„ par tout? Que le Juif & le Mahométan, le
„ Turc & le More, le Chrétien & l'Infidéle,
„ l'Indien & le Tartare, l'habitant de terre
„ ferme & l'habitant des Isles, le noble & le
„ roturier, toutes ces sortes de gens, qui dans
„ le reste ne conviennent, pour ainsi dire, que
„ dans la notion générale d'Homme, sont si
„ semblables à l'égard de ces passions, que l'on
„ diroit qu'ils se copient les uns les autres?
„ D'où vient tout cela, sinon de ce que le
„ véritable principe des actions de l'Homme
„ (j'éxcepte ceux en qui la grace du St. Es-
„ prit se déploie avec toute son efficace) n'est
„ autre chose que le tempérament, l'inclination
„ naturelle pour le plaisir, le goût que l'on
„ contracte pour certains objets, le désir de
„ plaire à quelqu'un, une habitude gagnée dans
„ le Commerce de ses amis, ou quelque autre
„ disposition qui résulte du fond de notre Na-
„ ture, en quelque Païs que l'on naisse & de
„ quelques connoissances que l'on nous remplis-
„ se l'Esprit.

„ Et si cela n'étoit pas, comment seroit-il
„ possible que les Chrétiens, qui connoissent si
„ clairement par une Révélation soutenüe de
„ tant de miracles, qu'il faut renoncer au Vi-
„ ce pour être éternellement heureux; & pour
„ n'être pas éternellement malheureux, qui ont
„ tant d'excellens Prédicateurs paiés pour leur
„ faire là-dessus les plus vives & les plus pres-
„ santes exhortations du Monde; qui trouvent
„ par tout tant de Directeurs de conscience zè-
„ lés & savans, & tant de Livres de dévotion;
„ comment, dis-je, seroit-il possible parmi tout
„ cela, que les Chrétiens vécussent, comme
„ ils font, dans les plus énormes déréglemens
„ du Vice?

Pensées Diverses sur les Comètes Article CXXXVIII. pag. 410.

„ Ce qu'il y a donc à faire, c'est de s'en
„ tenir à ce qui arrive le plus souvent, savoir
„ que ce ne sont pas les Opinions générales de
„ l'Esprit, qui nous déterminent à agir, mais
„ les Passions présentes du cœur. En effet si
„ un Chrétien, ivrogne, & impudique, s'ab-
„ stenoit de dérober, parce qu'il sait que Dieu
„ a défendu le larcin, ne s'abstiendroit-il pas
„ aussi des deux autres crimes qu'il sait que
„ Dieu a défendus? Et s'il ne s'abstient pas des
„ deux prémiers, mais seulement du Larcin,
„ n'est-ce pas évidemment, ou parce qu'il craint
„ l'infamie & le supplice, ou parce qu'il n'est
„ point avare, ou en général, parce que le
„ tour de son Esprit ne lui fait trouver aucun
„ charme à dérober? Encore un coup si les
„ Lumières de la conscience étoient la raison
„ qui nous détermine, les Chrétiens vivroient-
„ ils aussi mal qu'ils font?

Dans l'Article 133. Mr. Bayle représente l'Influence naturelle de l'Athéïsme sur les Mœurs. Ces représentations ont beaucoup de force; on pourroit leur en donner encore d'avantage & les pousser plus loin; mais en se bornant à ce qu'il vient de dire, il y répond très-mal. Voïons à quoi aboutissent ses Réponses. Art. 134. & 138. *Si l'Athéïsme conduisoit*, dit-il, *à la Corruption des Mœurs, la Réligion, sur tout la Réligion véritable conduiroit aux Bonnes Mœurs, par la Loi des contraires. Mais on voit que cela n'est pas. Donc comme la Connoissance de la Réligion peut-être sans les Bonnes Mœurs, ainsi l'Athéïsme sans les mauvaises.*

Tout ce Sophisme s'évanoüira dès que nous aurons-posé distinctement l'Etat de la Question. C'est la prémière Loi du Raisonnement. 1. On ne demande pas s'il est Impossible d'être Athée sans être vicieux; 2. On ne demande pas non plus, s'il est impossible de croire certaines vérités, & à plus forte raison, s'il est impossible d'en faire profession, sans les prendre pour régles de sa Conduite. Mais 3. on demande si la Licence des mœurs n'est pas une suite plus naturelle de l'Athéïsme que de la Réligion, & c'est ce me semble, de quoi on ne sauroit disconvenir; au moins les Objections & les Exceptions de Mr. Bayle ne portent point sur cette Vérité. 4. On convient que le Cœur de l'Homme renferme des Dispositions, qui peuvent aisément le déterminer à prendre le parti du Vice & de l'Injustice dans un grand nombre de Cas. Mais 5. on soûtient que la Réligion oppose à ces dispositions du cœur humain, des Barrières que l'Athéïsme n'y met point, & que ces Barrières ont souvent leur force & leur effet. Il est donc inutile à Mr. Bayle de dire que ces Barrieres que la Réligion oppose & à des Principes intérieurs, & à des Circonstances extérieures, qui nous peuvent porter au mal, n'ont pas toûjours l'effet qu'elles devroient avoir. Mr. Bayle se donne une peine superfluë par rapport à son but, quand il en cherche les causes, & qu'il la trouve en ce que l'Esprit humain, après avoir jugé en général, en consultant ses Idées, que Prononcer, par exemple, non pour celui qui a *le plus de Droit*, mais pour celui qui *donne le plus*, est une Action injuste, perd ensuite de vuë ce Jugement général, & les Idées sur lesquelles il l'a fondé, pour suivre une Passion qui l'éblouït & le plaisir de faire un gain. J'avoüé que si cela arrivoit toûjours à l'Homme, s'il étoit fait de telle manière que cela ne pût manquer d'arriver, la Connoissance des Loix & de la Réligion, seroit très-inutile. Mais comme il est en son pouvoir de rappeller ces Idées, de se rendre attentif à ces Loix, & de les opposer à ce à quoi une passion le sollicite, il est visible qu'il trouve dans ces Idées & dans ces Loix, un secours que l'Athée ne trouve point dans ses Maximes, lui qui ne veut point opposer à un avantage présent, les avantages à venir incomparablement plus grands, & des Maux à craindre, dont l'Idée absorbe tous les avantages présens, quand on a la précaution de s'y arrêter.

Mr. Bayle cite l'éxemple de Médée à qui le Poëte fait dire, *je vois & j'apperçois le bien, mais je fais le mal.* Mais il n'y a personne qui ne regarde cet éxemple comme un cas très-rare; & qui ne conçoive que le Poëte a mis ces paroles dans la bouche de Médée, comme très-conformes au caractère d'une Femme, qui de vice en vice, étoit parvenüe aux plus grands excès de corruption. Tout ce qui détermine les Hommes persuadés d'une Réligion, à faire du mal, n'a pas moins d'efficace sur les Athées, & une infinité de considérations, qui affoiblissent l'efficace des principes, soit intérieurs, soit extérieurs qui portent à mal faire, n'ont aucune prise sur ceux-ci.

D'où vient donc, diroit Mr. Bayle, ou quelqu'un de ses adhérens, que la vertu ne régne pas avec éclat parmi ceux qui sont persuadés de la vérité de la bonne Réligion? 1. Je répons que

que c'est leur faute : 2. Que cette objection est très-foible ; car pour la rendre concluante il faudroit qu'il y eut eu une Société d'Athées que l'on mit en paralléle avec un Société de gens en qui on croit une Réligion. 3. Si les bons principes ne font pas toûjours leur effet, il ne s'ensuit pas qu'ils ne fissent souvent.

Ils le font souvent dans les uns, & ils le font quelque-fois dans les autres, & *ce quelque-fois* ne laisse pas d'avoir de grandes suites ; car comme il peut aisément arriver qu'un péché soit suivi d'un grand nombre d'autres ; il peut aisément arriver qu'un péché évité en préviendra une longue suite.

Ibidem. Au reste Mr. Bayle dans l'Article 135. en disant que l'on ne consulte plus que la passion, quand on juge qu'il faut agir *hic & nunc*, ne pouvoit pas ignorer que ces termes Latins & de l'Ecole auront leur effet sur un bon nombre de Lecteurs Ignorans, qui s'imagineront que son Raisonnement a beaucoup plus de force qu'il n'y en connoissoit. Mais pour réfuter son principe je n'ai besoin que de ce qu'il me fournit lui-même dans ce même Article, où il fait remarquer que les habitudes ont un très-grand pouvoir ; or les Habitudes ne se forment elles pas par des Actes réiterés ? Ne se détermine-t-on pas à agir conformément à ses Idées, quand aucune passion ne s'y oppose, & ne contracte-t-on pas de cette manière des habitudes qui s'opposent à la naissance des passions, qui les affoiblissent, qui leur résistent & qui en triomphent ? Certainement, si Mr. Bayle n'en a pas fait l'éxpérience il faut qu'il ait passé sa vie dans une étrange indifférence par rapport à ses Devoirs. Un Homme agité d'une violente passion ne consulte pas ses Lumiéres, il s'abandonna à ses sentimens : J'y consens. Mais avant que cette passion fut si forte n'étoit-il pas en son pouvoir de consulter ses idées & de les suivre & la persuasion des vérités de la Réligion ne fournit-elle pas un motif d'une grande efficace, pour prévenir, par respect pour nos Lumiéres, les éxces des passions ?

Article CXXXVII. Pag. 686. Continuation des Pensées Diverses.

Oeuvres pag. 335. ,, Croiez-moi, Monsieur, dit Mr. Bayle, si ,, l'on ne se persuade pas que les Dieux que l'on ,, adore exercent leur toute-puissance selon les ,, régles d'une souveraine Justice, on ne se sou-,, met guére à leurs châtimens : On regimbe ,, contre l'aiguillon, & a l'éxemple des chiens ,, l'on mord la pierre dont on est frappé. On ,, murmure hautement on fait des reproches ,, d'ingratitude, & l'on cesse quelquefois d'ho-,, norer des Dieux qui à ce que l'on prétend, ,, n'ont pû, ou n'ont point voulu reconnoitre ,, les services qui leur avoient été faits. Le vé-,, ritable moien de se soumettre à un Dieu ven-,, geur, c'est de le croire parfaitement juste. ,, Ce fut par cette Idée que l'Empereur Mauri-,, ce soutint son malheur avec une fermeté, qui ,, égale tout ce que l'on peut imaginer de plus ,, sublime, & de plus au-dessus de l'Homme ,, dans les enseignemens & les Maximes de la ,, Philosophie Chrétienne. . . . .

,, Il regarda sans s'émouvoir & sans gémir, ,, la cruelle éxécution que l'on faisoit de ses en-,, fans, & quand après qu'on en avoit égorgé un. il ,, retiroit pour un moment les yeux de ce san-,, glant spectacle, ce n'étoit pas pour les élever ,, au Ciel en adorant Dieu & disant, *Justus es* ,, *Domine, & rectum judicium tuum. Seigneur vous* ,, *êtes juste & vôtre jugement est équitable.* On ,, ne peut parler ainsi en cet état-là, sans l'assi-,, stance divine, ou pour le moins sans le se-,, cours d'un certain tempérament élevé dans un

,, Païs ou selon même les Idées de l'honneur ,, humain il soit glorieux de faire paroitre, sous ,, le poids des afflictions les plus accablantes, ,, une ferme résignation aux ordres d'enhaut. ,, Sans cela l'orgueil humain se mutine & se ré-,, volte contre Dieu, la crainte cesse dès que le ,, fléau se retire.

,, Je ne vous citerai point Caligula qui n'a-,, voit peur de Jupiter que quand le tonnerre ,, grondoit, & qui dans toutes les autres occa-,, sions, quelquefois même, dans celle-là, in-,, sultoit & bravoit les Dieux avec la derniére ,, impudence. Je ne veux vous citer que Pha-,, rao. Je croi que rien ne contribua d'avanta-,, ge à son endurcissement, que son orgueil & la ,, fausse Idée qu'il se forma de l'Injustice du ,, Dieu des Juifs. Ils s'imaginoit qu'un grand ,, Monarque ne devoit pas être sacrifié à une ,, troupe d'Esclaves, & que c'étoit le traiter indi-,, gnement que de le vouloir contraindre à lais-,, ser sortir de ses Etats cette multitude d'Etran-,, gers qui lui étoient fort utiles. Il se moqua ,, donc des premiers ordres, & s'il promit d'y ,, aquiescer, lorsque la verge de Dieu le frap-,, poit très-rudement, il revenoit à sa prémiere ,, desobéissance toutes les fois que la punition ,, étoit suspendüe. Je pourrois dire que le ,, Roi de Perse, qui fit éclater sa vengeance ,, contre l'Hellespont avec un emportement plus ,, digne d'un forcené que d'un simple fou, se ,, fondoit principalement sur ce que la Mer qu'il ,, n'avoit jamais offensée, lui avoit causé un ,, grand dommage.

,, Croïez-vous que tous les Chrétiens quel-,, que pénétrez qu'ils soient de l'Idée de la per-,, fection infinie de Dieu, se garantissent de ,, l'indignation & d'une espéce de dépit mutin ,, quand Dieu les afflige ? Si nous savions tous ,, les murmures & tous les blasphêmes qui leur ,, échapent, nous saurions d'étranges choses. ,, Souvenés-vous du Duc de Biron, & de Co-,, drus Urceus.

,, On entrevoit dans les murmures de Fran-,, çois I. que la Providence lui paroissoit un peu ,, trop partiale pour Charles Quint. Mais que ,, dirés-vous d'une Duchesse de Guise, qui avoit ,, reçû quelque teinture des Dogmes des Réfor-,, més à la Cour de la Duchesse de Ferrare sa ,, mere très-bonne Huguenote ? N'usa-t-elle pas ,, de menaces contre Dieu, quand elle eut ap-,, pris l'action de Poltrot ? Vous l'apprendrés ,, de Brantome : Je me souviens dit-il, que ,, quand feu son mari. . . . .

Je ne copie pas le reste de cet Article, une citation plus longue seroit très-superfluë. Quand **la crainte du châtiment est accompagnée d'un** respect très-profond & fondé sur la plus parfaite estime, elle doit naturellement avoir plus d'efficace, & de là je conclus qu'une Réligion éclairée est plus propre à influer sur les bonnes Moeurs qu'une Réligion mêlée d'Erreurs. Mais sans avoir toutes les Idées qui présentent l'Etre suprême sans mélange d'Imperfection, je soûtiens qu'on peut le craindre & être retenu par cette crainte. Pourquoi les Païens n'auroient-ils pas craint Jupiter, à qui ils attribuoient le pouvoir de faire trembler d'un coup d'oeil la Terre le Ciel & les Dieux qui l'habitent. Mais les Païens ont murmuré quelquefois. Que suit-il de là, que leur Réligion ne valoit pas mieux que l'Atheïsme ? Mr. Bayle agréeroit cette conclusion, car elle porteroit aussi sur le Christianisme puisque des Chrétiens s'oublient jusques à murmurer.

Mr. Bayle attribuë aux Loix des Souverains, aux Roües, aux Gibets, aux Amandes, aux Prisons destinées à punir ceux qui les violent, un

pou-

pouvoir qu'il refuse à la Réligion. Mais est-ce que tout ce que je viens de nommer anéantit les Murmures? Tous ceux qui s'abstiennent de mal faire par la crainte des châtimens, s'en abstiennent-ils parce qu'ils sont pénétrés d'une Estime respectueuse pour les Loix, pour les Princes qui les donnent, & pour les Magistrats qui veillent à leur éxécution? Souvent on se plaint à tous ces égars; on trouve les Loix dures, les Maitres peu humains leurs Officiers barbares. Mais toutes ces plaintes n'empêchent pas qu'on n'obéisse. Les Païens ont eu des Idées plus saines & de leurs Dieux & de leurs Loix. De plus que servent les Loix, les menaces & les Exemples, *si bic &*
nunc, à chaque occasion, on préfere la passion dont on est dominé aux Idées qui devroient servir à la reprimer.

Ibidem. Dans l'Article 137. Mr. Bayle continuë à se donner carriére, mais inutilement. *Il est des Nations éxtravagantes qui flattent ou qui punissent leurs Idoles suivant qu'ils réüssissent ou qu'ils échouent dans ce qu'ils se sont proposés.* Dès la selon Mr. Bayle la Réligion n'a pas l'influence qu'on lui attribuë pour le bien de la Société, cela seroit bon à dire s'il n'y avoit point d'autre Réligion que celle de ces Insensés. *Je sai bien qu'un Idolatre,* dit-il, *ne croit pas que les actions fussent inconnuës aux Dieux, mais il comptoit pour une espéce d'absence tout le temps où ils ne donnoient pas des signes particuliers de leur présence, je veux dire qu'il étoit aussi hardi à faire du mal lorsqu'ils ne paroissoient pas irrités & prêts à punir, que s'il eut crû qu'ils donnoient ou ne songeoient point à lui.*

1. Les Païens condamnoient eux-mêmes cet oubli: Est il croiable qu'ils y donnassent continuellement? 2. Il est des Chrétiens qui tombent aussi dans un tel oubli, mais non pas toûjours. 3. Le coup de Mr. Bayle porte sur la Réligion Chrétienne, mais il porte à faux, & il est absurde de conclurre qu'aucune Réligion est inutile dès qu'elle ne rend pas parfait. Surtout si l'imperfection de ses effets vient de la faute des Hommes.

Ibidem. Ce que Monsr. Bayle rapporte de l'Empereur Maurice, est une preuve éclatante du pouvoir de la Réligion. Que fait Mr. Bayle pour parer à cet argument? 1. Il rapporte les sentimens de cet Empereur à l'assistance divine, c'est ce qu'on ne lui contestera pas, mais la Réligion en nous apprenant à connoitre Dieu, ne nous apprend-elle pas à nous mettre devant lui en état d'obtenir son assistance à proportion de nos besoins? Mais quand on a un peu étudié Mr. Bayle, on voit que cette prétenduë assistance n'est chés lui qu'un *Enthousiasme*. Aussi pour donner une autre raison de ce fait, il l'attribuë au *Tempérament* & à l'*Honneur du Monde*. Je ne croi pas qu'on puisse rien dire de plus Paradoxe. Mais on voit toûjours c'est de son aveu la force des Idées de l'Honneur du Monde, quand elles sont soûtenuës par celles de la Réligion.

Ibidem. On ne comprend pas aisément dans quelle vuë Mr. Bayle rapporte sur la fin de cet Article les paroles de la Duchesse de Guise qui s'échappe en murmures, & la réponse que lui fit son mari sur ses plaintes excessives: On voit simplement qu'une habitude de citer l'entraine.

Dans une excessive douleur, sur tout la surprise redouble encore la vivacité, il arrive très-naturellement que l'on perd la Raison pour quelques momens.

Cependant la Duchesse de Guise n'acheve pas ce qu'elle avoit commencé.

Voïés ce que peut la Réligion au milieu d'un si grand trouble.

On le voit encore par ce qu'on lui représenta, & qui la remit dans le silence & le respect.

Tout ce que Mr. Bayle débite dans l'Article 137. des Pensées Diverses, sur les Cérémonies de la Réligion, & la pratique des devoirs éxtérieurs ne fait rien au sujet de la Question. Bien des gens se contentent de ces Cérémonies & de cet éxtérieur; soit; mais bien des gens aussi ne s'y bornent pas. Une bonne partie des Chrétiens suspendent seulement dans de certaines occasions, & pendant de certains tems, les effets de leurs Mauvaises habitudes. Soit, encore. Ils se suspendent; Donc les Idées ont quelquefois plus de force que les passions. C'est toujours du Mal évité; ce sont des Habitudes commencées, & quelle témérité n'est-ce pas de dire, que personne ne continuë l'ouvrage qu'il a une fois commencé?

Un petit nombre de gens de bien ne laissent pas d'être d'une grande Influence dans la Société; Ils s'attirent la confiance, ils se font aimer, ils se font respecter.

D'autres comprennent qu'ils ont intérêt à leur ressembler. Leur éxemple arrête bien des gens qui n'ont pas le cœur si bon. Pourvû donc qu'on attribuë quelque efficace aux Idées & aux Motifs de la Réligion, il ne se peut qu'une Société où la vérité en est reconnuë, n'ait de grands avantages sur l'Athéïsme. Si la malice du cœur est telle que les grands Motifs de la Réligion laissent le commun des Hommes dans l'état où on le voit, que seroit-ce quand cette corruption n'auroit rien qui la retint?

J'ai fait observer qu'on n'avoit pas de Société composée de gens qui fissent profession d'Athéïsme, pour la comparer avec une Société de gens qui reconnoissent une Réligion.

Mais on y peut suppléer d'une manière qui ira tout droit à l'éclaircissement de nôtre Question, & cela par des faits que Mr. Bayle ne pourra pas desavouër. 1. Ceux qui doutent de l'Éxistence de Dieu approchent le plus prés de ceux qui la nient. 2. Aprés ceux-là viennent ceux, qui interrogés s'il y a un Dieu, ne balancent pas sûr ce qu'ils doivent répondre, & ne flottent pas entre l'incertitude & le doute, mais qui s'occupent de toute autre chose, & n'y pensent guére plus que s'il n'y en avoit point; & ceux-ci approchent encore des Athées en différens dégrés, suivant que leurs oublis sont plus ou moins longs, ou plus ou moins fréquens. 3. L'aveu d'un Dieu, & la profession sincére d'une Réligion s'éloignent encore très-peu de l'Athéïsme par rapport aux Mœurs, à proportion que l'on se flate que Dieu se contente de peu de Devoirs; & ce cas ici a encore plus ou moins d'étenduë, suivant qu'on est plus ou moins dans l'erreur sur la nécessité de la vertu & les dangers du Vice. Je mettrai dans un 4. rang ceux qui instruits des principes de la Morale & de leurs conséquences, s'occupent encore tellement de leurs plaisirs & de leurs intérêts, qu'ils ne pensent guére plus à la Morale qu'ils ont apprise, que s'ils ne l'avoient jamais étudiée. Enfin le mot de CROIRE est fort équivoque dans l'usage qu'on en fait. Quand on parle à un enfant de quelques-unes des Vérités de la Réligion, souvent l'on se contente de lui mettre dans la Mémoire de certains mots, qu'on lui fait prononcer d'une manière respectueuse, sans se donner aucun soin pour lui faire entendre ce que les termes signifient: On se borne aussi quelquefois à lui faire respecter ce que la Réligion a d'éxtérieur. On y ajoute un certain zéle qu'on lui récommande pour le Parti où il est né, & une Haine qu'on lui inspire pour ceux qui ne sont pas membres du même Corps; la Vanité & la Malignité du cœur humain lui font aisément adopter de tels Principes: Il s'y tient, il s'y attache parce qu'il les aime; Il observe encore dans ses Maitres & dans ses

ſes Parens, en un mot dans les perſonnes qu'on lui apprend le plus à reſpecter, une conduite relâchée, qu'il ne croit pourtant pas incompatible avec les Récompenſes que la Réligion fait eſpérer; & pourquoi ne la croit-il pas telle? C'eſt qu'il lui ſeroit déſagréable de le croire. Outre ce, on ſe contente encore de lui dire que tel & tel Dogme eſt vrai, ſans ſe donner le ſoin de l'en convaincre par de bonnes preuves. On l'accoûtume donc à dire qu'il croit les verités de la Réligion. Or *Croire* ainſi c'eſt *ne rejetter pas*, ne former pas des doutes poſitivement, ne *s'aviſer pas de combattre*. On pourroit appeller cette Croiance *Négative*. Elle eſt bien différente d'une autre que j'appellerai *poſitive*, & qui conſiſte dans une Perſuaſion qu'un Examen attentif a précédé, & qui ſe trouve établie ſur des Preuves ſolides. CROIRE de cette manière, c'eſt *ne pouvoir plus douter*.

Que l'on compare maintenant la conduite de ceux qui ſont dans ce dernier cas, avec la Conduite des autres. Je ſuis aſſûré que l'Expérience décidera en faveur du ſyſtême que je ſoûtiens & que Mr. Bayle combat.

Oeuvres Diverſ. Tom. III. Pag. 89.
,, Qu'y a-t-il de plus inſoûtenable, dit Mr. Bayle, Penſées Diverſes Art. CXXXIX. Pag. 411. que de ranger parmi les Athées, tous ces Soldats Chrétiens, qui commettent des déſordres inouis, lorſqu'ils ne ſont pas tenus ſous une ſévére diſcipline? Les doutes ſur l'éxiſtence de Dieu ne tombent guéres dans ces Ames-là.

,, Il eſt certain d'ailleurs que des Soldats qui reſpirent le ſang & le carnage, & qui pour peu qu'on les laiſſe faire, mettent bien-tot dans la dernière déſolation le Païs ami, auſſi-bien que le Païs ennemi, ſont fort ſuſceptibles du zéle de Réligion; car ſi on les lâche contre un Peuple de différente croiance, & ſi on les anime par ce grand motif, on voit que leur courage va ſouvent juſques à la fureur, & qu'ils ne regardent plus les violences qu'ils commettent, ,, que comme des Actes de piété.

Ibidem. Pag. 90.
,, La plus grande partie des Croiſés, dit Mr. Bayle, Penſées Diverſes Art. CXL. Pag. 414. étoient des gens que les prédications & les indulgences avoient animés à cette entrepriſe, ,, & qui aſſûrément n'abjuroient pas leur Réligion ,, dans l'ame, lorſqu'ils s'abandonnoient à commettre tous les ravages qu'ils commettoient ".

Pag. 89.
Dans l'Article 139. que je viens de citer, Mr. Bayle allègue la vie des Soldats. Je ne lui ferai point de conteſtation ſur toute la Licence dans laquelle il poſe en fait qu'elle ſe paſſe; mais ſi je le lui avoüé, il me ſera facile de ranger ceux qui vivent ainſi, dans quelqu'une de ces claſſes que je viens d'établir voiſines de l'Athéïſme. Pourquoi vivent-ils ſi mal? *C'eſt qu'ils approchent des Athées*. Autant donc vaudroit-il qu'ils le fuſſent *Non pas cela*; Je ne ſaurois par où les prendre, quand je voudrois les convertir, & l'aveu qu'ils me font d'abord de l'Exiſtence d'un Dieu, & de la Verité d'une Réligion, m'épargne bien des Raiſonnemens, dont peut être une longue Habitude avec l'Athéïſme, & la Bétiſe qui en auroit été l'effet, ne leur permettroit pas de ſentir l'évidence.

Ce qu'il dit touchant les Croiſades & les abominations des Croiſés, fait pour moi. Il n'y a qu'à faire attention ſur les profondes ténébres où le Chriſtianiſme étoit enſeveli dans ce temps-là, pour ſe convaincre qu'il y a très-peu de différence entre ne rien ſavoir & ne rien croire.

Mais étendra-t-on ſur les Chefs, l'Ignorance des Soldats? Je répons que, dans ce temps-là, les perſonnes du prémier rang étoient encore ſi peu inſtruites, & ſurtout ſi peu inſtruites de ce que la Réligion renferme d'eſſentiel par rapport aux bonnes Mœurs, qu'on ne ſe hazarde point trop à ranger des Noms Illuſtres, dans quelques-unes des Claſſes précédentes. Il ſe pouvoit encore que ces gens-là ſe fuſſent perſuadés de bonne-foi, dans leur Enfance, que la Réligion Chrétienne n'étoit que ce que quelques dehors préſentoient, & qu'ils euſſent pris encore de bonne-foi, pour elle, diverſes Abſurdités; car un enfant reçoit aiſément comme vrai, tout ce qu'on lui enſeigne; & quand enſuite ſa Raiſon le développant avec l'âge, il reconnoit ces Abſurdités pour ce qu'elles ſont, & au lieu d'examiner avec un très-grand ſoin, ſi la Réligion Chrétienne les renferme effectivement, continuant à la ſuppoſer telle qu'il l'avoit d'abord conçué, & s'appercevant que ſes Dogmes ſont faux, il en prend occaſion de la rejetter. Diſons enfin que les Paſſions qui font oublier aux Hommes leur Devoir, agiſſent avec un tout autre empire ſur les Chefs que ſur les Soldats.

Si l'on fait attention à ce que je viens de dire, on ceſſera de s'étonner qu'il y ait eu de plus grands déſordres dans les Armées Chrétiennes, que dans celles des Infidéles. Une partie de ceux-ci étoient des Enthouſiaſtes, & on ſait que l'Enthouſiaſme a une grande influence ſur les Mœurs, & que les Fanatiques vivent aſſés conſéquemment, au moins à de certains égars.

Ibidem. Pag. 90.
,, En parlant de la licence de nos Soldats, dit Mr. Bayle. Penſées Diverſes Art. CXLI. & des déſordres que nos Croiſés ont commis à la vuë des Infidéles, je me ſuis ſouvenu qu'on a quelquefois objecté aux Chrétiens, que les principes de l'Evangile ne ſont point propres à la conſervation du bien public, parce qu'ils énervent le courage & qu'ils inſpirent de l'horreur pour le ſang & pour toutes les violences de la Guerre. Je n'examinerai point ſi cette objection eſt auſſi mépriſable qu'on la fait; mais je dirai bien qu'on ne peut pas y répondre plus mal, qu'en diſant, comme font pluſieurs, qu'on n'a qu'à conſulter l'expérience, & qu'on verra qu'il n'y a point de Nations plus belliqueuſes, que celles qui ſont profeſſion du Chriſtianiſme. Cette réponſe eſt pitoïable parce qu'elle ne ſert qu'à montrer que les Chrétiens ne vivent pas ſelon leurs principes: au lieu que pour bien répondre, il faudroit dire qu'en ſuivant l'eſprit de leurs principes, les Chrétiens doivent être de très-bons Soldats. Mais peut-on dire cela, ſi on eſt de bonne foi? Ne faut-il pas convenir que le courage que l'Evangile nous inſpire, n'eſt point un courage de meurtre & de violence comme celui de la Guerre? Le courage Evangelique ne va qu'à nous faire mépriſer les injures & la pauvreté, la perſecution des Tyrans, les priſons, les roües, les chevalets & tous les ſupplices du Martyre. Il eſt propre à nous faire braver par une patience héroïque la rage la plus inhumaine des perſécuteurs de la foi. Il nous réſigne à la volonté de Dieu, dans les maladies les plus aiguës. Voilà quel eſt le courage du vrai Chétien. Cela ſuffit, je l'avoüe pour convaincre les Infidéles, que notre Réligion n'amolit point le courage & n'inſpire point la poltronerie. Mais cela n'empêche pas qu'ils ne puiſſent dire avec raiſon, qu'en prenant le mot de courage au ſens qu'on le prend dans le Monde, l'Evangile n'eſt point propre à en donner.

,, On entend par homme courageux, un homme qui eſt très-délicat ſur le point d'honneur, qui ne peut ſouffrir la moindre injure, qui ſe venge avec éclat, & au péril de ſa vie, de la moindre offenſe qu'on lui ait faite; qui aime la Guerre, & va chercher les occaſions les plus périlleuſes pour tremper ſes mains dans le ſang des ennemis, qui a de l'ambition, qui veut s'élever par deſſus les autres. Il faudroit

„ avoir perdu le fens pour dire que les Confeils
„ & les préceptes de Jefus Chrift nous infpirent
„ cet Efprit-là; car il eft de notoriété publique
„ à tous ceux qui favent les prémiers élemens de
„ la Réligion Chrétienne, qu'elle ne nous re-
„ commande rien tant que de fouffrir les injures,
„ que d'être humbles, que d'aimer notre pro-
„ chain, que de chercher la Paix, que de rendre le
„ bien pour le mal, que de nous abftenir de tout
„ ce qui fent la violence. Je défie tous les Hom-
„ mes du Monde, pour fi experts qu'ils puiffent
„ être en l'Art Militaire, de faire jamais de bons
„ Soldats, d'une Armée, où il n'y auroit que des
„ perfonnes réfolues ponctuellement de fuivre
„ ces maximes. Tout le mieux qu'on en pour-
„ roit attendre, feroit qu'ils ne craindroient point
„ de mourir pour leur Païs & pour leur Dieu.
„ Mais je m'en rapporte à ceux qui favent la
„ Guerre, fi cela fuffit pour la qualité de bon
„ Soldat, s'il ne faut pas quand on veut réuffir
„ en ce métier, faire tout le mal que l'on
„ peut à l'ennemi, le prévenir, le furprendre,
„ le paffer au fil de l'épée, bruler les ma-
„ gafins, l'affamer, le faccager. On feroit de
„ beaux exploits avec des gens qui auroient la
„ confcience toute pleine de fcrupules, & qui
„ voudroient confulter un Cafuifte à tous mo-
„ mens, pour favoir s'ils font dans le cas où il
„ eft permis de tuer, d'éxécuter un ordre que
„ l'on croit injufte, de mettre le feu à un Villa-
„ ge, de piller &c. Le Maréchal de Biron fe
„ feroit bien accommodé de femblables troupes,
„ lui qui caffa un Capitaine qui avoit voulu
„ prendre fes précautions contre les recherches
„ des Procureurs généraux du Roi. Etes vous
„ de ces gens, lui dit-il, qui craignent tant la Juf-
„ tice? Je vous caffe, jamais vous ne me fervirés;
„ car tout Homme de Guerre qui craint une plume,
„ craint une épée. Je laiffe à dire que fi les princi-
„ pes du Chriftianifme étoient bien fuivis, on ne
„ verroit point de Conquérant parmi les Chré-
„ tiens, ni point de Guerre offenfive, & qu'on
„ fe contenteroit de fe défendre des invafions des
„ Infidéles. Et cela étant combien verrions nous
„ de peuples en Europe, qui jouïroient d'une
„ Paix profonde depuis long-temps, & qui à cau-
„ fe de cela feroient les plus mal propres du
„ Monde à faire la Guerre. Il eft donc vrai que
„ l'Efprit de notre fainte Réligion ne nous rend
„ pas belliqueux: Et cependent il n'y a point
„ fur la Terre de Nations plus belliqueufes que
„ celles qui font profeffion du Chriftianifme. Ex-
„ ceptés-moi les Turcs, & choififfés dans l'Afri-
„ que, dans l'Afie, dans l'Amérique, le peuple
„ qu'il vous plaira, faites en une armée de cent
„ mille Hommes, il ne faudra pas plus de dix
„ ou douze mille Chrétiens pour l'abimer. Les
„ Turcs mêmes font fort inférieurs aux Chré-
„ tiens, & n'obtiendroient jamais aucun avantage
„ fur eux en nombre égal. L'avarice, l'impu-
„ dicité, l'infolence & la cruauté qui rendent
„ les Armées formidables, fe trouvent dans les
„ Armées Chrétiennes autant qu'ailleurs; fi ce
„ n'eft qu'on n'y mange pas la chair des ennemis,
„ comme font quelques Peuples de l'Amérique.
„ Ce font les Chrétiens qui perfectionnent tous
„ les jours l'Art de la Guerre; en inventant une
„ infinité de machines pour rendre les fiéges plus
„ meurtriers, & plus affreux; & c'eft de nous
„ que les Infidéles apprennent à fe fervir des meil-
„ leures armes. Je fai bien que nous ne faifons
„ pas cela entant que Chrétiens, mais parce que
„ nous avons plus d'adreffe que les Infidéles: car
„ s'ils avoient affés de génie & de Valeur pour
„ faire mieux la Guerre que les Chrétiens, ils la
„ feroient mieux infailliblement. Mais néan-
„ moins je trouve ici une raifon très-convaincan-
„ te pour prouver que l'on ne fuit point dans le
„ Monde les principes de fa Réligion, puifque
„ je fais voir que les Chrétiens emploient tout
„ leur efprit, & toutes leurs paffions à fe perfec-
„ tionner dans l'Art de la Guerre, fans que la
„ Connoiffance de l'Evangile traverfe le moins
„ du Monde ce cruel deffein.

LII. DANS cet Article 141. que je viens de *Chriftia-*
citer, Mr. Bayle prend un détour pour infinuer*nifme mal*
que la Réligion Chrétienne eft peu propre pour *repréfen-*
té. Pag.
la confervation des Etats. Il abufe de l'Ecriture*90.*
fainte pour nous la repréfenter comme une Réligion qui n'apprend qu'à fouffrir tranquillement les
Infultes, fans penfer à les repouffer, & il lui plait
de regarder des Preceptes que Jefus Chrift a donnés aux prémiers Prédicateurs de l'Evangile, comme des Préceptes dont l'Obfervation devoit s'é-
tendre à tous les temps. La fageffe de Dieu a
trouvé à propos que la Réligion Chrétienne s'é-
tablift par des voiées, qui naturellement devoient
avoir un effet tout oppofé, afin qu'on eut dans la
manière furnaturelle de fon étabiliffement une
Preuve de fa Divinité. Elle s'eft étabile par les
Miracles, mais elle fe conferve fans eux. Mr.
Bayle trouve encore à propos de fupprimer ce qu'il
n'ignoroit pas, c'eft que dans les Armées de l'Empire Romain, il y avoit un grand nombre de Soldats Chrétiens, que St. Jean Baptifte n'ordonna
point aux Soldats qui venoient à fon Baptême
de quitter leur profeffion, & que le Centenier
qui envoia querir St. Pierre ne quitta point fon
emploi; ce que l'Hiftorien facré n'auroit pas
manqué de rapporter fi cette profeffion avoit été
incompatible avec le Chriftianifme, comme il
rapporte que ceux qui avoient des Livres de Magie & de fuperftition les firent bruler.

Mr. Bayle dépife fon Lecteur dans la défcription qu'il fait d'un Homme courageux, quand il
dit; " *C'eft un Homme qui eft fort délicat fur* le
„ *Point d'honneur qui ne peut fouffrir la moindre*
„ *Injure, qui fe venge avec éclat & au péril de*
„ *fa vie, de la moindre Offenfe qu'on lui ait faite,*
„ *qui aime la Guerre, qui va chercher les Occa-*
„ *fions les plus périlleufes pour tremper fes mains*
„ *dans le fang des Ennemis, qui a de l'Ambition,*
„ *qui veut s'élever par deffus les autres. Il fau-*
droit, ajoute-t-il, avoir perdu le fens pour dire
„ *que les Confeils & les Preceptes de Jefus Chrift*
„ *nous infpirent cet efprit-là* ". Mais il faudroit
auffi avoir perdu le fens pour s'imaginer qu'il eft
néceffaire d'être animé de cet efprit pour bien défendre fa Patrie; & aux éxemples de quelques
brutaux, que Mr. Bayle a foigneufement tirés de
fes Lectures, j'en pourrois oppofer un très-grand
nombre de fort différens. Que manquoit-il
à la valeur du *Prince d'Orange*, qui commença d'établir la Liberté des Provinces-Unies,
pour en faire un Héros accompli, & quelle n'étoit pas en même temps fa Modération?
Il feroit à fouhaiter que tous les Ecclefiafti-
ques le priffent à cet égard pour Modéle.
La Piété, la Bravoure, la Probité n'ont-
elles pas également brillé dans les *Colignys?* Le
fage la *Noué* n'étoit-il pas un Soldat intrépide?
Aujourd'hui qui eft-ce qui ignore que Mr. le Duc
de Berwik n'ait avec toute la valeur d'un Homme
de Guerre, toute la fageffe d'un Réligieux? On
a remarqué de l'Infanterie Françoife a perdu de
fa valeur en perdant de fa difcipline. Au fameux
paffage de la Boyne, journée fi décifive pour le
Roi Guillaume III. & pour le Roi Jaques II.,
les Troupes Danoifes fe mirent à genoux pour
prier, avant que de donner, effuïérent, dans cette pofture, tout le feu des ennemis; après quoi
elles ne tardérent qu'un moment à fe mettre en
fuite. Quel prodige de courage & d'habileté
que le fameux de Ruyter! & quelle Piété plus conftante

ftante & plus exemplaire que la fienne! Par quel endroit attaquera-t-on fa Vertu? Pour moi j'ai connu un grand nombre d'Officiers d'une très-grande fageffe, & je fai qu'il fe trouve des Soldats pieux & modérés, braves au poffible, qui retiennent fouvent leurs Camarades dans le Devoir. Ne voit-on pas fouvent que de deux freres, élevés dans la Maifon Paternelle avec un foin égal, l'un fe gâte dans les Académies, & l'autre devient très-fage dans les Armées. " *Si les Principes du Chriftianifme*, dit Mr. Bayle, *étoient bien fuivis, on ne verroit point de Conquérant parmi les Chrétiens, ni point de Guerre offenfive, & on fe contenteroit de fe défendre des invafions des Infidéles.*" Vraiment ce feroit-là un grand malheur, & fans contredit voilà bien de quoi donner le pas à l'Athéifme fur la Réligion. ,, *Et cela étant*, ajoute-t-il, *Combien verrions nous de Peuples en Europe, qui jouiroient d'une Paix profonde depuis long-temps*, TANT MIEUX, & *qui a caufe de cela, feroient les plus mai propres du Monde à faire la Guerre.* C'eft ce que je nie & j'en ai déja fait voir les raifons.

On feroit de beaux Exploits avec des gens qui auroient la Confcience toute pleine de Scrupules, & qui voudroient confulter un Cafuifte à tout moment. Grotius n'a-t-il pas donné des principes par où on peut apprendre évidemment quel eft le Devoir d'un Soldat Chrétien? Il n'eft pas fort difficile de s'affurer de la Juftice d'une Guerre, puifqu'elle ceffe d'être jufte, dès que la Juftice de fa caufe n'eft pas affés évidente. Auffi les Souverains refpectent-ils tellement cette Maxime qu'ils publient des Manifeftes, voulant bien par-là en appeller à la Confcience de tous les Hommes. De plus un Soldat qui a une fois pris Parti doit obéir à fes Commandans par rapport à la maniére de faire la Guerre. Mr. Bayle badine au lieu de raifonner, quand il nous met devant les yeux une Armée Chrétienne qui auroit autant de Cafuiftes que de Soldats.

Mr. Bayle reproche aux Chrétiens d'avoir rafiné fur la Guerre. Tant mieux fi ce n'eft que pour en faire un bon ufage, pour en abréger la durée & pour épargner le fang. Il eft certain qu'on en répand moins qu'autrefois, quand on fe mêloit d'avantage dans les combats, & qu'on ufe aujourd'hui d'une beaucoup plus grande humanité qu'autrefois encore envers les prifonniers. Les Grecs, nation fi polie, & qui fe croioit en droit de traiter toutes les autres de Barbares, avec quel acharnement & quelle cruauté ne fe faifoient-ils pas la Guerre les uns aux autres.

Le Duc de Schomberg, mort en Piémont & le Comte de Galloway ont eu un grand nombre de témoins de leur grande Vertu, & de leur extrême Valeur. Après avoir donné des preuves éclatantes de la fincérité de leur perfuafion, ils ont fait honneur par leur conduite à la vérité, pour laquelle ils avoient marqué tant de zéle. Chés eux tout portoit le caractére de leur Piété, c'eft-à-dire de leur inclination dominante, s'écarter des Loix du Chriftianifme, c'étoit un moïen fûr de s'attirer leur difgrace.

Charles XII. Roi de Suede fit très-jeune fa prémiére campagne à la tête d'une Armée, qui fe couvrit de gloire. Il s'en falloit pourtant beaucoup qu'elle ne fût toute compofée de vieilles bandes. La Suede avoit été en Paix affés longtemps. Mais la Difcipline étoit fi exactement obfervée dans fes Troupes, qu'on difoit qu'elles reffembloient à une Armée de Moines, par leur Régularité, leur Sobriété, leur Modération; c'eft dans le Combat feulement qu'ils donnoient des marques de leur courage. Ce Prince avoit beaucoup de Vertu, il avoit en particulier beaucoup de Piété; il manquoit à fon zéle un peu plus de Connoiffance; s'il avoit pris un peu moins de goût à combattre, ou fi ceux qui l'environnoient, s'étoient unis pour lui repréfenter fans ceffe combien il étoit à propos de profiter de fes victoires, afin d'y faire fuccéder promptement une glorieufe Paix; s'il avoit donné à fon humeur belliqueufe une modération plus conforme au Chriftianifme, jamais Prince ne fe feroit acquis plus de Gloire, & jamais la Suede n'auroit été plus heureufe, & dans un plus grand luftre. Qu'on me dife après cela que les Maximes du Chriftianifme s'oppofent à la Gloire des Princes & au Luftre des Etats. C'eft préciféement le contraire. L'Hiftoire fourniroit là deffus de quoi compofer un Volume. Mais je me fuis borné à un petit nombre d'éxemples récens, & fur lefquels je ne vois pas qu'on puiffe faire de conteftation.

Nous avons eu depuis peu une Guerre d'une Campagne. On ne peut pas difconvenir que nos milices n'aient marqué beaucoup de courage; on a vu nos Bataillons aller à l'ennemi campé fur une hauteur; en grimpant le long d'une montée fi roide, qu'on a même de la peine à y tenir, lorfqu'on eft libre de tout poids. On les a vu effuier le feu des ennemis, fans tirer un coup, faire un mouvement très-régulier à leur yeux, & les prendre en flanc, & faire leur décharge au fufil. Quelque défordre & quelque mal entendu, que ce n'eft pas ici le lieu d'éxpliquer, aiant mis l'Armée fur le point de céder une victoire qu'elle venoit de remporter, on vit les Troupes fe rallier, comme elles auroient fait un jour d'éxercice, en pleine fûreté, pour aller fur la fin du jour à des ennemis nouveaux avec plus de fierté qu'auparavant. On les a vûs encore monter des côteaux, & chaffer les ennemis des bois où ils s'étoient retranchés. On les a vû, après avoir traverfé les défilés, former leurs Bataillons fous le feu des ennemis, & cependant on auroit de la peine à alléguer un éxemple de licence dans les Bataillons, qui fe font les plus fignalés. Pour la Piété des Chefs elle eft de notoriété publique. On a vû nos Officiers tout couverts de pouffiere & de gloire, finir eux-mêmes la journée en faifant la priére à la tête de leurs bataillons. J'ajouterai encore que dans la feule Occafion où l'on eût du deffous, des Troupes, fous les armes depuis 20. ans n'auroient pas difputé le terrain avec plus de vigueur, fans que ceux qui reftérent, s'ébranlaffent à la vûe de leurs Camarades tués à leurs côtés. La perfuafion qu'ils faifoient leur devoirs, & leur confiance en leurs Officiers, qu'ils connoiffoient gens de bien, faifoit tout ce qu'on a accoutumé d'attendre d'une longue routine & d'une longue habitude à fe battre.

On peut douter que la *Saillie* du Maréchal de Biron mérite d'être comptée au nombre des *bons Mots*. Le bon fens y manque. On peut être brave Soldat & honnête Homme, & un honnête Homme refpecte la Juftice. Du mépris de la Juftice, on a bientôt paffé à la Licence, on devient incapable de Difcipline, & on ne fauroit plus conteftier qu'une Armée de Brutaux fans Difcipline, ne devienne bientôt une Armée méprifable.

L'Art de la Guerre, quand il va à épargner le Sang, mérite les plus grands Eloges. Je connois un Officier Général dont la valeur eft de notoriété publique, & dont la Piété & la Probité ne font pas moins exquifes. Il a tourné fes Réfléxions du côté que je viens de louër. Au dernier Siége de Palerme, on fit, contre fa penfée, monter 1000. Grenadiers, à l'Affaut qui y péri rent tous, fans que les Affiégés fiffent aucune perte. Dès que on lui permit d'opérer fuivant fes vûes, & avant deux fois 24. heures, fans avoir perdu un feul homme, il réduifit les Ennemis, à battre la Chamade.

Penfées Diverfes Articles CXLII.

LIII. QUI

De l'Im-
pudicité.
Ouvries
Div.
T II.
Pag. 91.

„ LIII. QUI eſt-ce qui oſeroit dire que tou-
„ tes les Femmes Chrétiennes qui ſe ſignalent
„ par leur crimes, dit Mr. Bayle, ſont deſtituées
„ de tout ſentiment de Religion ? Ce ſeroit la
„ plus fauſſe penſée du Monde; car ſûrement ce
„ n'eſt point le vice des Femmes que l'Athéïſme ..
„ Cependant il y en a beaucoup dont les mœurs
„ ſont très-corrompues, ou par la vanité ou par
„ l'envie, ou par la médiſance, ou par l'avari-
„ ce, ou par la galanterie, ou par toutes ces
„ paſſions enſemble.
„ Perſonne n'ignore que toutes les grandes
„ Villes ſont pleines de lieux infames, & que la
„ partie du Monde où nous croyons que Dieu a
„ établi le St. Siège Apoſtolique, eſt toute pé-
„ nétrée d'impudicités. Le nombre des Méres,
„ ou des Tantes qui ſe font un revenu des pré-
„ mieres faveurs de leurs filles ou de leurs nié-
„ ces, n'y eſt pas petit. Je liſois un de ces jours
„ dans la relation que Mr. de St Didier, Gen-
„ tilhomme de Mr. le Comte d'Avaux, nous a
„ donnée de la Vile de Venise, ou ce Comte a
„ été en Ambaſſade, que c'eſt une choſe ſi ordi-
„ naire dans cette République-là, que de dix fil-
„ les qui s'abandonnent, il y en a neuf dont les
„ Méres, & les Tantes ſont elles-mêmes le mar-
„ ché, & conviennent du prix de la Virginité
„ de leurs Files pour un certain temps, moyen-
„ nant cent, ou deux cents Ducats pour faire di-
„ ſent elles de quoi les marier. Il raconte fort a-
„ gréablement, qu'il ſe trouva un jour par ha-
„ zard, a un traité de cette nature, & qu'un
„ Gentilhomme é-ranger de ſa connoiſſance,
„ étant depuis quelque temps en marché pour
„ une Fille, & différant toûjours à donner une
„ éponſe poſitive, ſur ce qu'il ne lui trouvoit
„ pas aſſés d'embonpoint, & qu'elle n'avoit pas
„ encore la Gorge bien formée, la Tante lui dit
„ qu'il ne falloit pas être plus long-tems à ſe dé-
„ terminer, parce que le Père Prédicateur d'un
„ des prémiers Couvens de Veniſe. qu'elle nom-
„ ma étoit entré en traité, & avoit deja fait un
„ offre raiſonnable.
„ Si ceux qui viennent à Paris avec les Am-
„ baſſadeurs, oſoient publier quand ils ſont re-
„ tournés chés eux, des Rélations auſſi libres,
„ que celles que les François publient touchant
„ les Païs Étrangers, je ne doute pas qu'ils n'eu-
„ ſent bien des choſes à dire. Mais on redoute
„ ſi fort notre Nation qu'on n'oſe rien imprimer
„ qui lui déplaiſe; ou ſi on le fait nous donnons
„ bon ordre que cela ne ſoit point connu parmi
„ nous, ſoit en défendant l'entrée des Livres,
„ ſoit en les faiſant imprimer ſans les paſſages qui
„ ne nous plaiſent pas.
„ Sur cela vous imaginés-vous que les perſonnes
„ qui trempent dans ces déſordres traitent de fa-
„ bles l'Hiſtoire de l'Evangile ? Rien moins que
„ cela. La plûpart de ces femmes ne laiſſent pas de
„ dire leur Litanie dans l'occaſion, ou les autres
„ prières qu'on leur a enſeignées dans l'enfan-
„ ce. il y en a qui ſont des plus aſſidués aux é-
„ xercices publics de la Réligion. Il y en a qui
„ font des Aumônes, & des fondations magnifi-
„ ques pour le ſervice divin, qui eſpérent de ſe
„ repentir un jour, & d'être ſauvées, qui con-
„ fiſſent leurs péchés, à tout le moins, une fois
„ l'an, comme l'Egliſe l'ordonne, qui s'abſtien-
„ nent des plaiſirs pendant quelques jours, après
„ avoir é é foudroiées de cenſures dans le Conſeſ-
„ ſional, qui abhorrent ce qu'elles croient être
„ hérétique, qui tâchent de convertir ceux qu'el-
„ les croient être dans une fauſſe Réligion. Tou-
„ tes ch ſes qui ſont voir manifeſtement qu'elles
„ conſervent parmi leur impureté, la perſuaſion
„ de l'Evangile".

Il me ſemble d'abord que ces paroles font pour
moi, puiſqu'elles prouvent, que la foi qui reſte
dans l'ame des plus grands pécheurs, les porte à
bien faire de temps en temps. „ Mais, ajoute Mr. Bay-
„ le, dans le fond, cela prouve tout à fait bien,
„ ce que je cherche; ſçavoir 1. que ceux qui ſe
„ portent à toutes ſortes de crimes, ne laiſſent
„ pas de conſerver leur Réligion. 2. Que le grand
„ mobile des actions de l'Homme corrompu, non
„ pas dans la croyance qu'il a ſur le chapitre de
„ la Réligion, mais dans le caractére de ſon cœur
„ & de ſa concupiſcence ; puiſqu'on voit, qu'il
„ ſacrifie à cela, les préceptes de ſa Réligion,
„ lors même qu'il ſemble les pratiquer. En effet
„ une perſonne qui donne l'Aumône, ou qui tâ-
„ che de convertir un Hérétique, dans la vuë
„ de racheter ſes péchés preſens & à venir,
„ c'eſt-à dire ſes péchés dont elle ſent bien qu'el-
„ le ne veut point ſe défaire, cette perſonne, dis-
„ je , ſe ſert de là foi, que pour ſe mettre plus
„ en état de contenter ſes inclinations vicieuſes.

Mr. Bayle pouſſe ſon argument & dans ce même Article 141. des Penſées diverſes, il promène
encore ſon Lecteur ſur la conduite des Femmes.
Cette preuve éxaminée ſuivant les Régles d'une
bonne Logique, ne conclut rien; mais elle eſt
propre à occuper l'imagination d'un Lecteur. Les
femmes dont il parle ſont ſi approchantes des claſſes voiſines de l'Athéïſme ; que la conſéquence
la plus naturelle qu'on puiſſe tirer de leur conduit-
e, c'eſt qu'elles ſeroient encore pis là où l'Athéïſme régnerait hautement.

De ce grand nombre d'écars, d'équivoques,
de Sophiſmes, que je viens de relever, Mr. Bayle
le tire enfin deux Concluſions générales; 1. Que
ceux qui ſe portent à toute ſorte de Crimes, ne laiſſent pas de conſerver leur Réligion, 2 Que le grand
nombre des actions de l'homme réſulte non pas de ſa
croyance qu'il a ſur le Chapitre de la Réligion , mais
du caractère de ſon cœur & de ſa concupiſcence ;
puiſqu'on voit qu'il ſacrifie à cela les Préceptes de la
Réligion, lors même qu'il ſemble les pratiquer.

Au lieu de la prémière de ces Concluſions, diſons plûtôt que ceux qui ſe portent à toute ſorte
de Crimes, ont ſi peu de Réligion, qu'on ne ſauroit reſſembler de plus près à des Athées. La 2.
concluſion eſt encore vraie, ſi on la borne à ces
gens-là ; mais elle devient fauſſe à proportion
qu'on l'étend.

Un Homme qui ne croit pas une vie à venir,
ſuit uniquement dans ſa conduite, ſon Humeur,
ſes Paſſions, ou ſes Intérêts préſens, & il leur dévoüe toute l'habileté de ſa Raiſon. J'en tombe
d'accord. Mais qu'un Homme perſuadé qu'une
Eternité ſuivra cette vie, ne ſe mette point en
peine de la rendre heureuſe ou malheureuſe, ſe
conduiſe toûjours comme s'il n'en croïoit rien,
que toutes ces grandes Idées, & la vérité deſquelles il eſt convaincu, ſoient abſolument ſans aucune efficace, & que perſonne ne le forme, en y ré-
fléchiſſant, de temps en temps, une habitude &
un goût, qui lui en rende l'obſervation plus aiſée,
c'eſt, je l'avoüe, un Paradoxe des plus inconcevables
pour moi. Les Idées fauſſes ou les Idées très imparfaites de la Réligion, ſont les cauſes de ces
Mélanges bifares dont Mr. Bayle vient de nous
donner la deſcription. Il eſt naturel de conclure
1. que l'Athéïſme ſeroit encore pis. 2. Que des
Idées plus juſtes corrigeroient au moins une grande partie de ces Abus extravagans. En France on
a plus de Lumière.

Penſées Diverſes Articles CXLIII.

„ LIV. NOUS pouvons donc poſer pour *l'idem par. 92.*
„ principe, dit Mr. Bayle, 1. Que les Hommes *Continués*
„ peuvent être tout enſemble fort déréglés dans *dans ce*
„ leurs mœurs, & fort perſuadés de la vérité d'u- *Motif.*
„ ne Réligion, & même de la vérité de la Ré-
„ ligion Chrétienne. 2. Que les connoiſſances de
l'Ame-

„ l'Ame ne sont pas la cause de nos actions. 3.
„ Que généralement parlant, (car j'éxcepte tou-
„ jours ceux qui sont conduits par l'Esprit de
„ Dieu) la foi que l'on a pour une Réligion, n'est
„ pas la règle de la conduite de l'Homme, si ce
„ n'est qu'elle est souvent fort propre à éxciter
„ dans son ame de la colére contre ceux qui sont
„ de différent sentiment, de la crainte, quand
„ on se croit menacé de quelque péril, & quel-
„ ques autres passions semblables, & sur tout un
„ je ne sai quel zéle pour la pratique des Céré-
„ monies éxtérieures, dans la pensée que ces ac-
„ tes éxtérieurs, & la profession publique de la
„ vraie foi, serviront de rampart à tous les des-
„ ordres où l'on s'abandonne, & en procureront
„ un jour le pardon. Par ce principe on peut voir
„ manifestement, combien on se trompe, de croi-
„ re que les Idolatres sont nécessairement plus
„ vertueux que les Athées.
Il faut dire la même chose du *second* principe
que Mr. Bayle pose dans l'Article 143, savoir
que les connoissances de l'Ame ne sont pas les
causes de nos Actions, & il faut s'appliquer ce
qu'on a dit sur le 142. J'en dis encore autant du
troisiéme que *généralement parlant la foi que l'on a
pour une Réligion n'est pas la règle de la conduite de
l'Homme*; car elle en est la règle, mais à proportion que l'on a cette foi, c'est-à dire, à proportion
que l'on croit fermement. Mr. Bayle met ici en
œuvre une adresse, dont il s'est souvent servi; A-
vec les mots de *Foi* & de *Grace* on fait taire les
Dévots, & ce qui devroit augmenter leur scandale (l'abus de ces mots sacrés) est cause qu'ils
pardonnent tout. Mais c'est-là une finesse qui
devroit être usée. Il y a long-tems que les Libertins s'en servent, afin de pouvoir dire impunément, qu'il n'y a point de Vertu dans le Monde, & que ce qu'on honore de ce nom, n'est
qu'une hypocrifie plus fine & plus adroitement
conduite. Comme ils se moquent de ce qu'on appelle *Foi, Grace, Secours du St. Esprit*, leurs Propositions demeurent Universelles malgré cette éxception qu'ils n'ajoûtent que pour s'en moquer, &
pour se mettre à couvert du Châtiment. Il n'y a
que fausse vertu, & ce Nom est le Nom d'une
Idée chimérique qui ne se trouve nulle part. *En-
tendez cela*, disent-ils, *naturellement & sans la
Grace du St. Esprit*.
Mr. Bayle reconnoit que les Principes de la
Réligion peuvent donner de la Crainte, or le
moïen de croire que cette crainte, qui est une
Passion si forte, demeure toûjours sans effet, qu'elle ne peut point modérer les autres passions, &
qu'il n'est pas vrai que sans cette crainte elles
iroient beaucoup plus loin.
Mr. Bayle finit par son équivoque ordinaire,
quand il nie que les *Idolatres soient* NECESSAI-
MENT *plus vertueux* que les Athées. Il ne s'agit
pas d'un événement nécessaire, on prétend simplement que l'Athéisme n'est destitué de divers motifs
qui se trouvent chés les Idolatres.

*Ibidem.
pag. 93.*
Pensées Diverses Articles CXLIV.
„ Si la persuasion qu'il y a une Providence qui
„ châtie les Méchans, dit Mr. Bayle, est la ré-
„ compense des gens de bien, n'est pas le ressort des
„ actions particuliéres de l'Homme, comme je
„ viens de le faire voir; il s'ensuit qu'un Athée
„ & qu'un Idolatre, se gouvernent par un mê-
„ me principe pour ce qui regarde les mœurs,
„ c'est-à-dire, par les inclinations de leur tempé-
„ rament, & par le poids des habitudes qu'ils ont
„ contractées. De sorte pour trouver lequel
„ des deux doit être plus méchant que l'autre,
„ il ne faut que s'enquérir des passions, auxquel-
„ les leur tempérament les assujettit. Je dis la
„ même chose de toutes les autres Voluptés cri-
„ minelles. Lorsqu'un Athée les trouve à son

„ goût, il en prend tout son saoul, s'il n'y trou-
„ ve aucun plaisir, il les laisse-là: ce qui a été
„ justement la maniére dont se sont conduits les
„ Idolatres, & dont se conduisent encore la plû-
„ part des Chrétiens ".
Pensées Diverses Articles CXLV. *Ibidem. Pag. 93.*
„ Qu'on m'objecte tant qu'on voudra, conti-
„ nuë Mr. Bayle, que la crainte d'un Dieu, est
„ un moïen infiniment propre à corriger cette
„ corruption naturelle, j'en appellerai toûjours
„ à l'expérience, & je demanderai toûjours, pour
„ quoi donc les Païens qui portoient la crainte de
„ leurs Dieux jusqu'à des superstitions excessi-
„ ves, ont si peu corrigé cette corruption, qu'il
„ n'y a point de vice abominable qui n'ait régné
„ par mieux... Juvenal est inimitable dans le por-
„ trait qu'il nous donne des faux témoins qui
„ n'ont point de Réligion, & des faux témoins
„ qui croient un Dieu. Il dit que les premiers
„ se parjurent sans balancer; que les autres raison-
„ nent pendant quelque temps & se parjurent aus-
„ si après cela avec une extréme confiance. Ils
„ ont des remords dans la suite, & s'imaginent
„ que la Vengeance de Dieu les poursuit par tout,
„ cependant ils ne s'amendent pas, & péchent
„ dans l'occasion comme auparavant.
„ On me permettra, je m'assûre de me servir
„ de la méthode de Diogéne, qui sans répondre
„ pié à pié aux subtilités de Zénon, se contenta
„ de marcher en sa présence: car rien n'est plus
„ propre à convaincre un honnête Homme, qui
„ raisonne sur de fausses Hypothéses, que de lui
„ montrer qu'il combat l'expérience.
„ Puisque l'expérience nous montre, que ceux
„ qui croient un Paradis & un Enfer, sont capa-
„ bles de commettre toute sorte de crimes, il est
„ évident que l'inclination à mal faire ne vient
„ pas de ce qu'on ignore l'éxistence de Dieu, &
„ qu'elle n'est point corrigée par sa connoissance
„ que l'on acquiert d'un Dieu qui punit, & qui
„ récompense. Il résulte de là manifestement,
„ que l'inclination à mal faire, ne se trouve pas
„ plus dans une ame destituée de la Connoissance
„ de Dieu, que dans une ame qui connoit Dieu,
„ & qu'une ame destituée de la connoissance de
„ Dieu, n'est pas plus dégagée du frein qui ré-
„ prime la malignité du cœur, qu'une ame qui
„ a cette connoissance. Il résulte encore de là
„ que l'inclination à mal faire vient du fond de
„ la Nature de l'Homme, & qu'elle se fortifie
„ par les passions, qui sortant du tempérament,
„ comme de leur source, & modifient ensuite de
„ plusieurs maniéres selon les divers accidens de
„ la vie. Enfin il résulte là, que l'inclination
„ à la pitié, à la sobriété, à la débonaireté &c.
„ ne vient pas de ce qu'on connoit qu'il y a un
„ Dieu, (car autrement il faudroit dire, que ja-
„ mais il n'y a eu de Païen cruel & ivrogne) mais
„ d'une certaine disposition du tempérament, for-
„ tifié par l'éducation, par l'intérêt personel, par
„ le désir d'être loué, par l'intérêt de la raison,
„ ou par de semblables motifs, qui se rencontruent
„ dans un Athée aussi-bien que dans les autres
„ Hommes ".
Pensées Diverses Articles CXLVI. *Ibidem pag. 94.*
„ Considérés encore, dit Mr. Bayle, que la
„ Théologie nous enseigne formellement que
„ l'Homme ne peut se convertir à Dieu, ni se
„ défaire de la corruption de sa concupiscence,
„ sans être assisté de la grace du St. Esprit, &
„ que cette grace ne consiste pas simplement à
„ croire qu'il y a un Dieu, & que les mystéres
„ qu'il nous a révélés sont véritables, mais qu'el-
„ le consiste dans la charité qui nous fait aimer
„ Dieu, & qui nous attache à lui, comme à no-
„ tre souverain bien. Cela montre clairement que
„ ceux qui en demeurent à la simple persuasion
de

,, de nos myſtéres, n'ont point encore la grace
,, ſanctifiante, & qu'ils ſont encore dans les liens
,, & ſous le joug du péché, & à plus forte raiſon
,, que la connoiſſance vague, & indiſtincte que les
,, Païens ont eu de Dieu ne les a pas délivrés de
,, l'Empire du péché originel, ni des impreſſions
,, victorieuſes de la concupiſcence.

,, Je ne voudrois pas nier qu'il n'y ait eu des
,, Païens qui aient fait un bon uſage des connoiſ-
,, ſances qu'ils avoient touchant la nature de Dieu,
,, & qui ſe ſont aidés de ce motif pour réprimer
,, la fougue de leurs paſſions. Mais il y a beau-
,, coup d'apparence, que quand ce motif a été
,, de quelque vertu, les paſſions étoient ſi modé-
,, rées, qu'on eut pu les réduire à la raiſon ſans
,, ce ſecours-là, ou en s'entêtant du déſir de ſe
,, diſtinguer par des mœurs auſtéres, ou en ſe pro-
,, mettant une ſanté plus affermie, ou plus de louan-
,, ges ou plus de profit.

Ibidem pag. 94. Penſées Diverſes Articles CXLVII.
IV. *Preuve tirée des Démons & des Sorciers, qui ſont voir que les gens les plus perdus demeurent perſuadés de l'exiſtence de Dieu.*

Pag. 95. Penſées Diverſes Articles CXLVIII.
,, Vous voiés ces gens-là, dit Mr. Bayle, en-
,, gagés dans quelque confrairie, ſous l'eſpérance
,, de participer aux priéres, aux mérites, & aux
,, graces de la Communauté, pendant qu'ils ſe
,, divertiront.

,, Quand ils ſont fort riches, vous les voiés
,, faire des liberalités conſidérables aux Réligieux,
,, & aux Hôpitaux, fonder des Chapelles, &
,, contribuer à la décoration des Egliſes.

,, Tout ceci fait leur beau côté. Regardons
,, les de l'autre; nous trouverons que ce ſont des
,, gens, qui à peine diſent trois mots ſans jurer
,, le nom de Dieu, qui ne parlent ſoit à table
,, dans les Auberges, ſoit ailleurs, que de leurs
,, prétendues bonnes fortunes, & cela avec des
,, termes qui feroient rougir l'impudence. Ce
,, ſont d'ailleurs des gens qui en prennent à tou-
,, tes mains. Sont ils à la Guerre? Ils ranςon-
,, nent ſans miſéricorde le Païſan, & profitent ſur
,, la païe de leurs Soldats le plus qu'il leur eſt
,, poſſible. Commandent-ils quelque part? Ils ont
,, mille voies obliques, ou violentes de s'enri-
,, chir. Sont-ils dans les affaires, le grand Théa-
,, tre de la rapine & de l'extorſion? Ils font en-
,, rager tout le Monde, par leurs chicanes & par
,, leurs friponneries. De quelque profeſſion qu'ils
,, ſoient, ils mentent, & méditent éternellement;
,, ils trompent au jeu, ils ſacrifient tout à leur
,, vengeance, ils font des débauches horribles,
,, *meretrix non ſufficit omnis*; ils s'aident de plu-
,, ſieurs remédes, pour avoir les forces, qui puiſ-
,, ſent mieux ſeconder leurs ſales déſirs. En un
,, mot à l'égard des mœurs, ils n'ont rien qui les
,, diſtingue des Chrétiens profanes.

Ibidem pag. 95. Penſées Diverſes Article CXLIX.
VI. *Preuve tirée de la dévotion, que l'on dit que pluſieurs ſcélérats ont euë pour la Sainte Vierge.*

Dans cet Article 145. des Penſées Diverſes que j'ai cité toute la différence que Mr. Bayle met entre les Athées & ceux qui ont encore quelque crainte de la Divinité & de l'avenir, c'eſt que les uns ſe parjurent ſans balancer, & que les autres n'en viennent-là qu'après avoir balancé quelque temps, & quand les autres Reſſources leur manquent. Sait il donc tout ce qui ſe paſſe? Voit-il les cœurs pour décider hardiment?

Non, mais il cite *Juvenal* pour garent, c'eſt-à-dire un Poëte, dont par conſéquent il faut pren-
dre les expreſſions au rabais, & retrancher au moins quelque choſe de leur Univerſalité. Mais quand je me contenterois de ce que Mr. Bayle allégue, il faudroit toûjours dire qu'un Païen, mal-
gré l'imperfection de ſes Connoiſſances, ne ſe por-

te pas ſi promptement & ſi facilement au Crime qu'un Athée. Il cherche des moiens de l'éviter, & quand il les trouve, il en eſt ravi; par conſéquent il s'en garantit plus ſouvent.

Dans ce même Article 145. Mr. Bayle met le *Ibidem pag. 95.* comble à ſes ſophiſmes. Il traite les Raiſonnemens de ceux qui donnent à la Réligion plus d'in-
fluence ſur les mœurs qu'à l'Athéïſme de ſpécu-
lations Metaphyſiques. Mais ces Spéculations, Métaphyſiques, pour leſquelles il témoigne quand il lui plait tant de mépris, il fait bien les mettre en œuvre, & les faire valoir tant qu'il peut, dès qu'il s'agit de prouver que l'Homme n'eſt pas & ne peut être Libre. *Il compare encore ces Raiſonnemens à ceux des Sophiſtes qui conteſtoient l'Exi-
ſtence & la poſſibilité du mouvement.* Quelle diſpa-
rité! D'un côté, on trouve des embrouillemens tirés de l'Infini, d'un autre des Principes très-ſimples, & des conſéquences à la portée de tout le monde. Enfin *il ſe compare à Diogéne qui refu-
toit les Pyrrhoniens en ſe promenant. L'expérience eſt pour moi*, dit-il; Oui, ſi nous prétendions que la profeſſion de la Réligion, qu'une teinture de connoiſſance, pour légére qu'elle fût, mettroit dans les routes conſtantes de la Probité, & rendroit inébranlable aux Tentations. Mr. Bayle ne s'apperςoit pas que ſa maniére d'argumenter four-
nit contre lui des armes invincibles. Il s'agit de ſavoir ſi la Réligion n'influe pas plus ſur les bonnes Mœurs que l'Athéïſme, & n'éloigne pas d'a-
vantage du Vice. On raiſonne pour le prouver. Je n'écoute pas la Raiſon; dit-il; *C'eſt une Trom-
peuſe, conſultés l'Expérience*; ſoit. Mr. Bayle tient pour la négative; Il faut donc qu'il prouve par l'expérience que la Réligion n'a jamais plus d'influence ſur les Hommes que l'*Athéïſme*; Or c'eſt ce qu'il eſt impoſſible de prouver: Et cent fois au-
tant d'expériences qu'il en allégue ne ſuffiroient pas pour éclaircir ce paradoxe. Je tiens pour l'af-
firmative & un petit nombre d'expériences me ſuffit. Un Seigneur de la Cour de France, aiant lu le Traité de Mr. Abbadie ſur la vérité de la Réligion Chrétienne, quitta la Cour. *Je ne ſuis pas aſſés ſaint*, dit-il, *pour faire mon ſalut à travers de tant d'obſtacles, ni aſſés méchant pour cou-
vrir les riſques de me damner.*

Tant de gens qui quittent le Monde pour vivre dans la retraite & dans la pénitence, & dont les Inſtructions & l'Exemple ſont d'une ſi grande efficace, prendroient-ils ce parti-là s'ils étoient A-
thées? *Oh c'eſt la Grace de Dieu qui les y détermi-
ne*. Soit encore. Mais les Athées implorent-ils cette grace? Ceux qui regardent la Réligion com-
me une folie, ſe mettent-ils en état de recevoir ce ſecours ſurnaturel? Et n'en ſont-ils pas infiniment plus éloignés que ceux qui ſont perſuadés de l'E-
xiſtence de Dieu & de la néceſſité de la Réligion? Quand la Grace de Dieu ſe déploie dans les cœurs, les détermine-t-elle par une Impétuoſité aveugle? N'eſt-ce pas au contraire parce qu'elle fait leur tourner leur yeux par la Lumière, & qu'elle y arrête leur attention? Il faut étrangement compter ſur la nonchalance de ſes Lecteurs, & ſur leur Panchant pour tout ce qui favoriſe l'incrédulité, pour dire avec autant de précipitation & de har-
dieſſe que fait Mr. Bayle; *Enfin il reſulte de là*, dit *Ibidem pag. 95.* il, *que l'Inclination à la Piété, à la Sobriété, à la Débonaireté &c. ne vient pas de ce qu'on connoît qu'il y a un Dieu (car autrement IL FAUDRA* 145. *DIRE, que jamais il n'y a eu de Païen cruel & ivrogne) mais d'une certaine Diſpoſition du tempérament, fortifiée par l'Education, par l'intérêt perſonnel, par le Déſir d'être loué, par l'hâbité de la Raiſon, ou par de ſemblables Motifs qui ſe ren-
contrent dans un Athée, auſſi bien que dans les au-
tres Hommes. Ainſi nous n'avons aucun droit de ſoutenir qu'un Athée doit être néceſſairement plus dé-*

g/e

DU PYRRHONISME. 649

glé dans les Mœurs, qu'un *IDOLATRE*. Mr. Bayle nous prend-il pour des innocens? Qui est-ce qui s'avise de dire, un tel n'est pas Athée, Donc il est sobre, juste, doux &c? On ne dit pas que l'Inclination à toutes les vertus soit l'effet Physique & nécessaire de la persuasion d'une Divinité; Mais on soûtient que cette persuasion dispose favorablement à l'étude de la vertu. On dit uq tel est persuadé de l'Existence d'un Dieu, donc sa persuasion renferme des Principes, dont on pourra utilement se servir pour l'engager à la Piété, à la Sobrieté, à la Débonaireté &c. Ces principes serviront à affermir les Habitudes que donne une bonne Education; elles pourront-même aller jusqu'à corriger son Tempérament; les Conseils qu'on lui donnera en tireront leur plus grande force; & si l'on peut-être assés sensible aux loüanges des Hommes pour surmonter quelque Penchant au plaisir, & pour sacrifier quelque Intérêt, à plus forte raison les sacrifiera-t-on au Désir d'être approuvé de Dieu, & de joüir des suites éternelles de cette approbation, si une fois on s'est persuadé, que les déclarations qu'on regarde comme Divines sont effectivement telles.

Les partisans de Mr. Bayle, eussent-ils hérité toute la subtilité de son génie, se trouveroient embarrassés à sauver sa bonne foi dans l'Article 147. *On peut croire l'Existence de Dieu, dit il, & la verité de la Religion, & être aussi méchant qu'un Athée. Les Démons en sont une preuve.* Belle conséquence! Il compare des ennemis desespérés & déja condamnés, à des Hommes qui d'un côté ont tout à craindre & d'un autre tout à espérer!

Toute sérieuse que soit cette matière, & tout scandalisé qu'on se trouve par les Sophismes de Mr. Bayle, on a de la peine à s'empêcher de rire, quand on lui voit tirer une preuve, *des Sorciers qui ne valoient rien, qui adoroient le Diable, & qui pourtant n'étoient pas Athées.* Mr. Bayle pouvoit-il ignorer qu'aujourd'hui les plus grands Hommes croient qu'il n'y en a point, & que ceux à qui on donne ce nom sont des fous qui s'imaginent d'être ce qu'ils ne sont pas?

Mais quand on lui accorderoit tout ce qu'il suppose de faits, on auroit toûjours à lui reprocher qu'il oublie l'Etat de la Question. On ne demande point, si un Athée, par là même qu'il est Athée, est à tous égars le plus vicieux, & le plus abominable des Hommes. Si les Hommes étoient persuadés qu'il n'y a point de Dieu, & que des esprits malfaisans ont beaucoup de pouvoir dans le Monde, il y auroit beaucoup de gens qui consentiroient à se mettre au service de ces Esprits-là, & qui brigueroient leur faveur. On voit par les procès de ceux qu'on a fait mourir, en qualité de sorciers, que quand le Diable se présentoit à ces malheureux, ou pour mieux dire, qu'ils s'imaginoient de le voir, ils en étoient d'abord effraiés, au moins plusieurs d'entr'eux; ils rejettoient ses offres & ses sollicitations, ils le faisoient disparoitre en se récommandant au secours de Dieu, & il ne venoit à bout de les enroler au nombre des siens, qu'après leur avoir persuadé qu'ils dévoient se rendre de bonne grace puisqu'ils lui appartenoient déja, après avoir vécu si long-tems dans le crime, & qu'ils étoient trop coupables pour pouvoir lui échapper. Il est certain que la crainte de Dieu a retenu quantité de grossiers Villageois, & qu'en leur faisant regarder avec horreur ces pactes abominables, avec toutes leurs suites, elle a empéché qu'ils ne souhaitassent de devenir sorciers, & qu'ils ne s'imaginassent ensuite de l'être devenus; on voit que la Lumière & la Connoissance de Dieu a mis dans à ces égaremens.

Pensées Diverses Article CL.

„ LV. LA DISTINCTION que je viens „ de faire, dit Mr. Bayle, entre la véritable Dé- „ votion, & certains exercices extérieurs de Dé- „ votion, se doit faire à l'égard de la foi. Un „ célebre Jésuite a fait un petit Traité depuis „ deux ans, pour montrer la décadence de la „ Foi dans ces derniers siécles, & il prétend que „ l'horrible Corruption qui s'est introduite dans „ le Monde, vient principalement des grands „ progrès que l'Incrédulité y a faits. Il n'y a rien „ de plus éloquent que la description qu'il nous „ donne des mœurs de ce siécle, en ces beaux „ termes.

„ Y eut-il jamais plus de déréglement dans la „ jeunesse, plus d'ambition parmi les Grands, „ plus de débauche parmi les petits, plus de Dé- „ bordement parmi les Hommes, plus de luxe & „ de mollesse parmi les Femmes, plus de fausseté „ dans le Peuple plus de mauvaise foi, dans tous „ les états & dans toutes les conditions? Y eut- „ il jamais moins de fidélité dans les mariages, „ moins d'honnêteté dans les Compagnies, moins „ de pudeur, & de modestie dans la Société? Le „ luxe des habits, la somptuosité des ameublie- „ mens, la délicatesse des tables, la superfluité „ de la dépense, la licence des mœurs, la curio- „ sité dans les choses saintes, & les autres déré- „ glemens de la Vie, sont montés à des excès „ inoüis. Que de tiédeur dans la fréquentation „ des Sacremens, que de langueur dans la piété, „ que de grimace dans la dévotion, que de né- „ gligence en tout ce qu'il y a de plus essentiel „ dans les devoirs, que d'indifférence dans le Sa- „ lut! Quelle corruption d'esprit dans les juge- „ mens, quelle dépravation du cœur dans les af- „ faires, quelle profanation des Autels, & qu'el- „ le prostitution de ce qu'il y a de plus saint & „ de plus auguste dans l'exercice de la Réli- „ gion! . . . Tous les principes de la vraie pié- „ té sont tellement renversés, qu'on préféré au- „ jourd'hui dans le Commerce un honnête scélé- „ rat qui fait vivre, à un Homme de bien qui ne „ le fait pas; & faire le crime sagement sans cho- „ quer personne, s'appelle avoir de la probité se- „ lon le Monde, dont les maximes les plus cri- „ minelles trouvent des approbateurs, quand elles „ ont pour Auteurs des personnes dans l'élévation, „ & qu'elles sont accompagnées de quelques cir- „ constances d'éclat. Car qui ne sait, que dans „ ces derniers tems, le Libertinage passe pour „ force d'Esprit, parmi les gens de Qualité, la „ fureur du jeu, pour l'occupation des personnes „ de Condition, l'adultére pour galanterie, le tra- „ fic des Benefices pour un accomodement des „ familles, la flatterie, le mensonge, la trahison, „ la fourberie, la dissimulation pour les Vertus „ de la Cour, & ce n'est plus presque que par la „ corruption & par le désordre, qu'on s'éléve & „ qu'on se distingue. Je ne dis rien de ces crimes „ noirs & atroces qui se sont débordés dans cette „ malheureuse fin de tems, dont la seule idée est „ capable de jetter l'horreur dans l'esprit. Je pas- „ se sous silence toutes ces abominations incon- „ nuës jusqu'à présent à la candeur de notre Na- „ tion, dans l'usage des mots, & que nos Pé- „ res avoient entièrement ignorées, parce qu'on „ ne peut assés en approfondir la pensée, & en sup- „ primer la seule imagination. Enfin pour expri- „ mer en un mot le caractére de ce siécle, on n'a „ jamais tant parlé plus de morale, & il n'y eut jamais „ moins de bonnes mœurs; jamais plus de réfor- „ mations & moins de reforme; jamais plus de „ savoir & moins de piété, jamais de meilleurs „ prédicateurs & moins de conversions, jamais „ plus de Communions, & moins de changement „ de Vie, jamais plus de raison parmi le grand „ Monde, & moins d'application aux choses so- „ lides & sérieuses.

„ Vivrions nous (demande-t-il après cela) dans

„ ces defordres fi nous avions de la Foi ? Ferions
„ nous tant de demarches fi funeftes, fi nous fui-
„ vions fes Lumiéres ? Et ferions nous fi corrom-
„ pus & fi déréglés fi nous étions Chrétiens ? Je
„ lui répons que fi nous avions une véritable foi
„ qui n'eft jamais féparée de l'amour du Dieu, &
„ fi nous fuivions les Lumiéres de notre Confcien-
„ ce, & fi nous étions de véritables Chrétiens,
„ nous ne vivrions pas dans ces defordres. Mais
„ cela n'empêche pas que nous n'aions autant de
„ foi qu'il en faut pour être perfuadés de la véri-
„ té de l'Evangile, quoique nous vivions tout-à-
„ fait mal. Il y a une trés-grande différence entre
„ n'avoir point la véritable foi, & être incrédule :
„ car on peut manquer de la véritable foi, c'eft-
„ à-dire, de cette difpofition de cœur qui nous por-
„ te a renoncer à tout ce que nous trouvons con-
„ traire à la Volonté de Dieu, & croire néanmoins
„ que la doctrine de l'Evangile eft véritable. Ain-
„ fi on fe joué de l'ambiguité des mots quand on
„ dit que les défordres de ce fiécle procédent de
„ l'affoibliffement de la Foi. Si on entend qu'ils
„ procédent de l'affoibliffement de cette vertu
„ Chrétienne, qui fait qu'on facrifie à la volon-
„ té de Dieu, toutes fes mauvaifes inclinations,
„ on a raifon. Mais fi on entend qu'ils procédent
„ d'un défaut de perfuafion, c'eft-à-dire, que nous
„ vivons mal, parce que nous regardons les Dog-
„ mes de la morale Chrétienne, comme des propo-
„ fitions problématiques, dont il ne nous refte
„ aucune affurance, l'on a grand tort. Car à la
„ referve de quelques perfonnes de Qualité, &
„ de quelques faux Savans, ou même de quelques-
„ uns de vous autres Meffieurs les Théologiens,
„ tout le Monde croit parmi nous, le myftère
„ de l'Incarnation, la mort & paffion de Jefus
„ Chrift, fon afcenfion au Ciel, fa préfence fur
„ nos Autels, le dernier Jugement, la Réfurrec-
„ tion des Corps, l'Enfer & le Paradis. On n'a
„ point fur ces chofes-là une perfuafion qui foit
„ accompagnée d'évidence, cela peut-être, mais
„ on a pour le moins une perfuafion qui exclut le
„ doute. Nos Païfans, nos Artifans, nos Soldats,
„ nos Bourgeois, toutes nos Femmes, la plus
„ grande partie des Gentils-Hommes & des gens
„ de Lettres, croient bonnement & fans héfiter
„ tous les Articles du Symbole. Ceux qui dou-
„ tent de la Divinité de la Rélîgion Chrétienne,
„ & qui traitent de fable ce qu'on dit de l'autre
„ vie, font en très-petit nombre ".

Dans cet Article 150. Mr. Bayle rapporte un long paffage du Pére Rapin ; Il fait femblant de le prendre au pié de la Lettre ; De là il conclut que les Chrétiens ne vivent pas mieux que des Athées, & on peut par conféquent on s'effarouche plus qu'on ne devroit de l'idée de l'Athéifme, & on fe fait une Terreur panique de fes fuites.

Il eft certain que les Expreffions du P. Rapin doivent fe prendre au rabais. Ce font de ces ma-
niéres de parler générales qui roulant fur des faits, n'ont qu'une Univerfalité limitée. Peut-être que les Prédicateurs ne feroient pas mal de s'exprimer moins généralement ; car, fans parler des conféquences que les Libertins en tirent, comme Mr. Bayle le fait ici, il eft certain que quand les plus mal honnêtes gens, fe voiant ainfi confondus avec ceux qui vivent le mieux, & placés pour ainfi di-
re, en bonne Compagnie, en fuppofant, dit-je, tous les Hommes également renfermés dans la foule de ceux qui vivent mal, leur état ne leur fait point de peine ; Ils ne fe croient pas plus méchans que les autres ; Pourquoi fe condamneroient-ils plus, & fe contraindroient-ils d'avantage ? Nous fommes tous dans le même cas ; Donc nous ferons tous fauvés, ou perfonne ne le fera, ce qui eft incroiable. Et à cette occafion je remarque que les Naturels les plus heureux & les plus cultivés ne fe défont

pas toujours de tous le préjugés de l'Enfance & de l'Education. On apprend aux jeunes Gens à déclamer dans les Ecôles. Des Entaffemens d'An-
tithéfes, des Exclamations, des Mouvemens de furprife, tout cela donne une grande Idée de leur Eloquence future. On n'a garde de contraindre un fi beau feu, & de s'expofer au rifque de l'éteindre, en obligeant un jeune Eléve à un E
févére de la jufteffe des penfées, qu'il a pr
d'embellir. On compte que l'Etude & la ma
rité de l'âge lui donneront affés de jufteffe. Cependant cela n'arrive pas autant qu'il feroit à fou-
haiter, & l'on fait entrer dans les exercices les plus férieux & les plus facrés des Morceaux qui tiennent de la déclamation, prefque puérile, du Collége. Il faudroit avoir bien peu l'ufage du Monde pour ne s'être pas fouvent apperçû qu'on abufe de ces Déclamations, & que des Perfonne
mêmes qui ne font pas fans vertu, quand on
parle dans des entretiens familiers de la Négligen-
ce fcandaleufe, où le gros du Monde, ou bien celui-ci & celui-la en particulier, vivent, par rapport aux Devoirs, fe contentent de répondre, Ce-
la eft vrai on l'a toûjours dit, on continuera à le dire. Bien des gens comptent que leur Foi leur tiendra lieu de tout.

Après ces Remarques je viens au fait, & j'ob-
ferve 1. qu'il ne faut pas s'étonner, fi Mr. Bayle abufe des expreffions d'un Prédicateur ou d'un Ouvrage analogue à des Sermons. On voit qu'u-
ne des tâches qu'il s'étoit préfcrite dans fes études étoit de recueillir foigneufement tout ce qu'il rencontreroit dans des Auteurs obfcurs, ou qui feroit échappé à des Auteurs illuftres, dont il pou-
roit faire quelque ufage pour le Pyrrhonifme, & contre l'intérêt de la Réligion. Son grand argu-
ment, par exemple, eft tiré de la mauvaife vie des Chrétiens. Il comprend qu'on lui en alléguera contre lefquels il lui fera difficile d'inventer quelque chofe. Mr. l'Archevêque de Cambrai, Mr. le Cardinal de Camus, auroient-ils vécu com-
me ils ont fait s'ils avoient été Athées ? Mrs. Til-
lotfon & Burnet, ces illuftres & pieux Prélats Anglois n'ont-ils fait paroître que des vertus qu'on puiffe rapporter à la vanité comme à leur véritable caufe ? La Réligion n'y eft-elle entrée pour rien ? J'en dirai de même d'un grand nombre d'au-
tres, dont les uns jouiffent des fruits de leur Pié-
té & les autres font pleins de vie & continuent à édifier. A ces objections Mr. Bayle s'eft préparé une Réponfe tirée du langage des Théologiens, dont il abufe à fon ordinaire, & ne préfente qu'u-
ne partie du fens. Ces vertus que vous admirés font des effets de la Grace, & non pas de la fimple per-
fuafion. Je l'ai déja remarqué. Dans une Société où la Réligion eft refpecteé, on a droit de fe promettre le Secours de la Grace ; mais il feroit ridicule de l'attendre dans une fociété d'Athées. Outre cela comment eft-ce que l'Efprit de Dieu & fa Grace nous fanctifient ? N'eft-ce pas par fa Parole ? Cette parole n'eft-elle pas appellée la fe-
mence de notre Régénération ? La Connoiffance de la vérité eft donc, dans ces ames fanctifiées, & principe de leur bon goût.

Je demande 2. fi ces Paroles du P. Rapin, ont un fens raifonnable, ou fi elles n'en ont point. Dans ce dernier cas Mr. Bayle fe moqueroit de nous, en les prenant pour Principe ; & dans cette fuppofition elles ne pourroient tout au plus que lui fournir un Argument ad hominem contre ce Pére. Mais fi elles ont un fens raifonnable, com-
me on n'en fauroit difconvenir, elles nous pré-
fentent cette Vérité, que la Bonne Vie étant l'ef-
fet naturel de la pureté, de la Lumiére, & de la clarté des Connoiffances, jamais la Vie des Chrétiens n'auroit dû être meilleure qu'aujourd'hui, fi une Proportion fi naturelle avoit
lieu ;

lieu; d'où il faut conclure qu'ils sont extrêmement coupables de ne pas céder aux vives impressions de la Lumière qui les éclaire. Voilà un effet qu'on a lieu de se promettre & qu'on pourra obtenir des Hommes à force de les solliciter; Mais il seroit très-ridicule d'en attendre autant des Athées. Leur Principes ne les y conduisent point.

3. Le Luxe, la Débauche, les effets de l'Orgueil, de l'Envie, de la Sensualité sautent aux yeux. Il n'en est pas de même de la modération & de toutes les vertus qui l'accompagnent. Ce qu'un Homme refuse à ses Désirs ne fait pas d'impression sur les autres, & beaucoup moins encore l'Habitude qu'il s'est faite de ne désirer qu'avec modération se remarque-t-elle, à moins qu'on ne l'étudie de près. On est beaucoup plus frappé des vices que des Vertus, & quand on se contente de regarder les choses en gros, & de les parcourir d'une vue superficielle, on ne recite seulement sur la corruption, & on ne dit rien des effets de la Repentance. Outre cela un Homme persuadé des Vérités de la Réligion, & qui vit conséquemment à ses Connoissances, se corrige, fait des progrès; mais tel est le fond du cœur humain; telle est la nature des obstacles qui nous environnent, qu'il ne se corrige que peu à peu, & que ses progrès sont lents. Voilà pourquoi encore on paroit ne rien faire, quoiqu'on fasse pourtant, & qu'on fasse incomparablement plus que si on n'avoit point de Réligion. Je suis persuadé que les Confesseurs qui sont éclairés, gens de bien, & dont l'exemple s'unit aux Leçons pour instruire, s'ils ont la mortification de remarquer peu d'amandement dans une partie de leurs Pénitens, ils en connoissent aussi plusieurs qui se corrigent effectivement, & qui s'avancent en vertu. Ne découvre-t-on pas par le moien des Vols, & n'engage-t-on pas à des Restitutions? Chés les Protestants où ce genre de Confession n'a pas lieu, n'a-t-on pas souvent remarqué que des sermons vifs sur cette matière ont été suivis de Restitutions considérables?

Mr. Bayle se moqueroit trop visiblement de ses Lecteurs, en s'appuiant de l'autorité du Pére Rapin, s'il ne regardoit lui-même, ou s'il ne prétendoit qu'on doit regarder les paroles qu'il cite, comme dictées par le Bon-sens. Or où auroit été le bon-sens de ce savant Homme & de cet habile Orateur, s'il n'avoit compté que son Discours auroit quelque efficace sur des Auditeurs qui n'avoient pas renoncé au Christianisme & qui n'étoient pas encore venus à regarder l'Evangile comme une Fable. Je m'appuie donc à mon tour sur l'autorité du Pére Rapin, & je prétens que le bon-sens dictera à tout Homme qui se donnera le soin de le consulter. 1. Que les Principes du Christianisme doivent couvrir de honte ceux qui les avoüent vrais & ne daignent pas les suivre. 2. Que cette honte & ces reproches sont en eux-mêmes très-propres à les corriger, & qu'ils ne sauroient manquer de produire cet effet sur quelques-uns pour le moins, & même sur plusieurs, avec plus ou moins de dégré & pour plus ou moins de tems; Or ce sont-là des secours à la vertu, qui manqueroient absolument à l'Athéïsme, pendant que tout ce qu'on y en trouveroit, se trouve plus clairement dans une médiocre Réligion & plus fortement, & à plus forte raison dans le Christianisme.

Je ne m'étonne pas que là où des Ministres des Autels tombent eux-mêmes dans les Déréglemens dont parle Mr. Bayle (Art. 142.) Ceux qui sont conduits par de tels Ministres ne vivent pas mieux que s'ils ne connoissoient pas une Réligion; Ils sont tout près du cas des Athées, & leur mauvaise vie confirme mon systéme:

Ibidem. Pag. 91.

A trois lieues de Lausanne, il y a une Paroisse où les Païsans se laissoient aller au Brigandage depuis fort long-tems, sans que les supplices diminuassent le nombre de ces malheureux. Heureusement pour eux un Ministre zélé se mit dans l'esprit d'emploier pour cela des voies convenables à son caractére. Il prit grand soin de les bien instruire, c'est-à-dire solidement, d'une manière proportionnée à leur portée. Il comprit que pour réussir il falloit commencer par la jeunesse. Il choisit quatre bons Maîtres d'Ecole pour le seconder; & par la Lumiére dont il a éclairé ces pauvres gens, par sa Vigilance, par la Vénération qu'il s'est acquise, il a déraciné de leur cœur la Férocité, l'Yvrognerie, & les autres Principes, qui de dégrés en dégrés, les entrainoient aux derniers éxcés de l'Inhumanité. On ne reconnoit plus dans les Enfans l'humeur de leurs Péres. Après cela que Mr. Bayle nous assûre qu'il ne faut point compter sur la Connoissance & la Persuasion; mais qu'il faut tout attendre de la sévérité des Loix, & de la rigueur des supplices! Qu'il nous apprenne comment on seroit venu à bout de corriger les Peuples de cette Paroisse, si elle n'avoit été composée que d'Athées! On voit encore dans la citation, suivante un éxemple du choix que Mr. Bayle faisoit de tout ce qui pouvoit lui fournir des objections contre l'éfficace de la Réligion, afin d'en remplir ses recueils.

Pensées Diverses Article CLI. *Ibidem. pag. 97.*

„ On croit ordinairement, dit Mr. Bayle, que les Princes n'ont ni Foi ni Loi, & on se fonde sur ce qu'ils vivent tout de même que s'ils ne croioient ni Paradis, ni Enfer, sacrifiant tout à leur ambition, se faisant une Obligation indispensable de se venger des moindres injures, caressant leurs plus mortels ennemis, quand l'intérêt le veut ainsi, veillant sur toutes les occasions de les ruiner par des voies imperceptibles, abandonnant leurs meilleurs amis dans les disgraces, toujours dans des occupations éloignées de l'Esprit de l'Evangile, dans le jeu, dans les galanteries criminelles, dans les éxtorsions, dans les festins, évitant sur toutes choses les apparences de la piété, tournant en ridicule la dévotion, en un mot se rendant esclaves de toutes les vanités du monde. On a quelque raison de croire que ceux qui vivent ainsi n'ont aucune Réligion, & cela est vrai en un certain sens, parce qu'ils n'ont qu'une Réligion croupissante dans quelque coin de l'ame, sans être le Principe d'aucun bien. Mais on se trompe lourdement, si l'on croit que tous ces Messieurs sont Athées. Tant s'en faut qu'ils le soient qu'on peut dire qu'il n'y a guére de gens au Monde, qui donnent plus qu'eux dans certaines superstitions. Pour ne point parler de l'entêtement où ils ont été autrefois de consulter les Astrologues, ne sait-on pas qu'ils ont une curiosité prodigieuse de consulter les Devins? Peut-on ignorer combien ils sont infatués des présages? Y a-t-il beaucoup de grandes maisons où l'on ne débite pas que l'on est averti régulièrement par l'apparition de quelque fântôme, ou par quelque autre signe particulier que quelqu'un de la famille doit mourir? Combien de traditions prophétiques ne fait-on pas courir touchant certaines familles de grande naissance? Mais surtout combien de prodiges, combien d'accidens miraculeux ne raconte-t-on pas de leurs Ancêtres parmi le grand Monde? On me dira que ce n'est pas une marque que l'on en soit persuadé, qu'on veut seulement faire accroire aux autres que l'on est particulièrement recommandé aux Destinées. Je le crois de quelques-uns, mais la plûpart sont si aises de s'imaginer que la Providence les distingue, qu'ils se le persuadent tout de bon. „ Voions un peu les grands Seigneurs au lit de la mort. C'est-là que la Nature secoüe le joug

,, de la diſſimulation, & que les véritables ſenti-
,, mens de l'ame ſe découvrent, ſi jamais ils ſont
,, capables de le faire. Voïons-nous des gens
,, plus empreſſés que les Princes, que les Ducs
,, & que les Comtes à ſe récommander en cet
,, état, à la vertu des ſaintes Reliques, & à l'in-
,, terceſſion des Bienheureux ?
,, D'où eſt venue la richeſſe des Egliſes que de
,, la peur que les grands Seigneurs ont eue de de-
,, meurer trop long-tems en Purgatoire ? J'avouë
,, que l'on ne fait pas à préſent des legs pieux
,, auſſi conſidérables qu'autre fois, mais on en fait
,, pourtant de conſidérables. Le mal eſt pour les
,, gens d'Egliſe que les héritiers ne s'acquittent
,, pas fidélement de la promeſſe du Teſtateur,
,, aïant moins de peur que lui de la mort, parce
,, qu'ils ne la voïent pas de ſi près. Tout cela,
,, Monſieur, fait voir manifeſtement que la Vie
,, de la Cour ne ſait pas abjurer le ſymbole des
,, Apôtres. On ſe contente de ne point ſuivre
,, les Lumiéres pendant qu'on ſe porte bien ".

Ibidem, De la vie des Conſtitans.

LVII. DANS cet Article, CLI, Mr. Bay'e continue à prouver que la Réligion n'a pas plus d'Influence que l'Athéïſme, parce que dans les Cours on vit comme des Athées, quoiqu'on ne le ſoit pas.

Afin que cet Argument fût concluant, il faudroit que le fait d'où on le tire, au lieu d'être uniquement vrai, à le regarder en gros, fût exactement vrai dans le détail; Il faudroit pouvoir dire avec vérité que non ſeulement la prémière vuë d'une Cour préſente bien des choſes contraire au Chriſtianiſme, mais que depuis le Maître juſqu'au dernier de ſes Courtiſans il n'y en a point qui ne vive comme il vivroit, s'il étoit Athée, & cela conſtamment depuis le prémier juſqu'au dernier. Or je ſoutiens que c'eſt la plus grande des fauſſetés. Dans les Cours les plus corrompues il ſe trouve pourtant des gens de bien! Quelle n'étoit pas la Probité du Chancelier de l'Hopital dans la Cour de Charles IX! Ce grand Homme n'y avoit-il point d'ami qui ſe rendit digne de ſon eſtime? N'y avoit-il perſonne dans cette Cour qui plaignit le ſort de ceux que leur Vertu rendoit odieux au Maître, peut être plus encore que leurs ſentimens en matière de Réligion? Si les idées de la Réligion n'ont aucune Influence pendant un jour entier, s'enſuit-il qu'elles n'en auront aucune le lendemain, & qu'il ne ſe trouvera pas dans les Cours d'un Mois une heure ſeulement où on les prenne pour régle? Si on m'accorde cela, voila toujours autant de mal évité par ceux même qui vivent les moins ſuivant leur Réligion.

Ibidem, pag. 97.

Art. L. QU'ON rappelle les remarques que j'ai faites ſur ceux qui, avec ce qu'ils ont de Réligion, approchent beaucoup de l'état des Athées, & on comprendra la Raiſon du peu de Chriſtianiſme qui ſe voit dans des Cours Chrétiennes; mais de là même on conclura que les Vices régneroient avec un tout autre abandon dans des Cours où l'on feroit profeſſion ouverte d'Athéïſme.

Que ne font point les Courtiſans pour plaire à leur Maître? Quelle n'eſt point l'Influence de la Cour ſur le reſte de ceux qui vivent dans la Capitale, & avec quel empreſſement les Provinces ne ſe moulent-elles pas ſur ce qui s'y fait. De là il eſt aiſé de conclure ce que pourroit pour la correction des Mœurs l'exemple d'un Roi véritablement Chrétien, & de mettre cet exemple en paralléle avec ce qu'on auroit a attendre de celui d'un Athée. Le Docteur Swift a traité ce ſujet avec une évidence démonſtrative dans une excellente Lettre ſur l'avancement de la Réligion & des bonnes Mœurs ; j'en ai extrait quelques morceaux.

Qu'on y joigne encore ce qu'il a écrit ſi ingénieuſement ſur la Queſtion. S'il eſt à propos d'abolir la Réligion?

Projet pour l'avancement de la Réligion.

Une preuve certaine de la perverſité humaine, c'eſt que le ſeul exemple d'un Prince vicieux entrainera en peu de tems la maſſe générale de ſes ſujets, & que la conduite exemplaire d'un Monarque vertueux n'eſt pas capable de les réformer, ſi elle n'eſt pas ſoûtenuë d'autres expédiens. Il faut donc que le Souverain, en exerçant avec vigueur l'autorité que les Loix lui donnent, faſſe en ſorte qu'il ſoit de l'Intérêt & de l'honneur de chacun de s'attacher à la Vertu & à la piété, & que l'infamie & la diſgrace ſuive toûjours le Vice, & prive les vicieux de toute eſpérance d'avancement. Pour établir ces utiles maximes avec ſuccés, il devroit commencer par les introduire dans ſon Domeſtique & dans ſa Cour. Ne pourroit-on pas aſſujettir les Domeſtiques & les Officiers ſubalternes à leurs Devoirs, en puniſſant les Tranſgreſſeurs par la ſuſpenſion, ou par la perte de leurs emplois, & en établiſſant des Officiers honnêtes gens, pour prendre garde de près à leurs actions?

Ceux qui approchent de plus près du Maître, après avoir reçu ces commandemens de ſa propre bouche, n'auroient de part aux marques de ſa bonté, qu'à proportion qu'ils lui obéïroient à cet égard, & des Perſonnes d'une piété reconnuë ſeroient attentives à leur conduite, pour en faire le rapport.

On pourroit encore les obliger à un ſerment paralléle à celui qu'on exige des Eccléſiaſtiques pour défendre l'Egliſe contre la ſimonie. De cette manière la Réligion & les vertus deviendroient à la mode.

Ceux qui, par des moïens ſi grands & ſi nobles ſeroient parvenus aux prémières Dignités, ne manqueroient pas d'imiter la conduite du Maître dans la diſtribution des Emplois qui ſeroient à leur diſpoſition, de peur de s'attirer une infaillible diſgrace.

De dix emplois qui ſont mal exercés, il y en a du moins neuf, dont il faut attribuer la mauvaiſe adminiſtration à un manque de probité, plutôt qu'à un défaut de Lumière.

Suppoſons qu'on établit des *Commiſſaires*, pour aller dans tous les Cantons du Roïaume s'informer de la conduite de ceux qui ſont dans les emplois, & s'éclaircir de leurs mœurs comme de leur capacité.

Ces perſonnes ſeroient obligées de recevoir toutes les informations & toutes les plaintes qu'on leur préſenteroit, pour en faire le rapport à la Cour, afin de couper racine à ces ſortes de maux, par une diſtribution équitable de peines & de récompenſes.

L'exemple de ce qui ſe paſſeroit dans la Capitale influant ſur tout le Roïaume, l'Irréligion détruite une fois dans la Cour deviendroit chancelante dans toute l'Iſle.

Avec quelle vivacité n'entreroit-on par dans les routes de la vertu, ſi elles menoient infailliblement à la faveur?

Tout ce qui ſert d'ornement à une bonne Education eſt infiniment mieux enſeigné par tout ailleurs que dans les Univerſités. Afin donc qu'on y gagne du côté du ſavoir & de la ſcience, il eſt néceſſaire de remettre en vigueur les Anciens Statuts.

Si ceux qui poſſédent les prémières Dignités de l'Etat traitoient les Yvrognes & les autres débauchés avec tout le mépris dont ils ſont dignes, ceux qui ne voudroient pas ſe donner la peine d'arracher ces vices de leur cœur, s'efforceroient du moins de ſauver les apparences.

J'ai

J'ai été informé par des *Officiers* d'une très-grande diſtinction que nos troupes ſont les plus mal diſciplinées de toutes, & on comprend qu'il eſt impoſſible qu'elles le ſoient mieux, car nos Soldats ne ſauroient donner dans aucun crime dont leurs Officiers ne ſoient infiniment plus coupables qu'eux.

Que certains raiſonneurs penſent ce qu'ils trouvent à propos, il eſt certain qu'il faut porter la maſſe générale des Hommes à aimer & à eſtimer les gens d'Egliſe, ſi l'on veut leur inſpirer de la tendreſſe pour la Réligion ; on fait d'ordinaire fort peu de cas d'un remède quelque excellent qu'il paroiſſe être, s'il eſt donné par un Médecin qu'on hait ou qu'on mépriſe.

Le Miniſtère encore pourroit aiſément remédier à un déteſtable abus, en augmentant le nombre des *Commiſſaires*, en ne choiſiſſant que des perſonnes intègres, riches même, en y joignant quelques Eccléſiaſtiques d'un rang diſtingué, & en ne laiſſant à perſonne la liberté de refuſer cette charge.

La Réforme du Théâtre dépend abſolument du Maître, & par les impreſſions qu'il fait ſur l'eſprit de la jeuneſſe, il mérite bien qu'on y prête la plus grande attention.

Je ne me ſouviens pas que nos Auteurs Dramatiques aient jamais donné ſur le Théâtre un ſuccès avantageux à une intrigue criminelle, avant Charles II. Mais depuis ſon regne . . . le Spectateur eſt obligé de ſuppoſer que des infamies ſe commettent derrière les Couliſſes, & de garder, pour ainſi dire, les manteaux.

Ces irrégularités criminelles du Théatre & pluſieurs autres, particulières à nôtre âge & à nôtre Nation, ne ſubſiſteront pas tant que la Cour voudra bien les tolerer & y conniver.

On aimera mieux enfin abandonner les vices par laſſitude, plutôt que de s'occuper toujours à ſauver les apparences, par rapport aux ſentimens, il n'y a qu'un pas de la fiction à la réalité.

Cette même méthode pourroit arrêter dans ſa courſe la coûtume impétueuſe de bruſquer ſa ruine, en jouant des ſommes immenſes. La cauſe qui fait faire tant de progrès au jeu immodéré dans la Nation, c'eſt qu'on le ſoûtient, ce qui ôte abſolument l'autorité aux Loix, qui ont été faites pour le tenir en bride.

Parmi les Nobles & nos gens aiſés, la plus grande partie eſt toute prête à avouer naturellement dans les converſations ordinaires ſon Irréligion & ſon incrédulité. Il en eſt de même à peu près du petit peuple, ſurtout dans les grandes Villes. On remarque encore dans les Païs étrangers, qu'il n'y a pas dans l'Univers une race de créatures raiſonnables, qui paroiſſent auſſi peu ſuſceptibles de ſentimens réligieux que nos Soldats Anglois.

Les actions de ces incrédules ne répondent que trop juſte à leurs ſentimens, on ne ſe fait plus ce que c'eſt que de pallier au moins les vices. Un Homme vous racontera qu'il s'en va dans un *lieu infame*, ou qu'il en eſt revenu en fort mauvais état, avec la même indifférence dont il vous débiteroit une nouvelle, vous l'entendrés jurer, renier, prophaner, blaſphémer, ſans être animé par la moindre paſſion. Après cela il parle des fraudes & des fourberies des Marchands, de la Juſtice, abime d'extorſions, du trafic des Emplois Civils & Militaires, des abus qui ſe gliſſent dans les Elections.

Il ajoûte, la ruine d'un Etat eſt ordinairement précédée, par une corruption générale, & par un mépris univerſel de la Réligion, & c'eſt-là par malheur notre triſte cas.

A peine y-a-t-il une nation où toutes ſortes de fraudes ſoient pratiquées dans un ſi haut dégré que chés nous. L'Homme de Robe le Négociant, l'Artiſan.

Je ſuis ſûr que les penſées ſincéres d'un Homme éclairé & intégre, qui n's en vûe que le bien de ſa Patrie, peuvent aller plus au fait, que les délibérations d'une Aſſemblée nombreuſe, où la faction & l'intérêt ne prévalent ſouvent que trop.

Une exacte fidélité pour un Gouvernement établi, ſi elle n'eſt accompagnée d'autres vertus, ne préviendra jamais les vices qui en ſappent les fondemens, & qui ruinent plus ſûrement un Etat que ne fait l'ambition des Peuples voiſins.

En vain on chercheroit à chicaner en diſant qu'une Réforme dans les mœurs, établie par ces Principes, ne rendroient point les Hommes plus eſtimables aux yeux de Dieu, puiſqu'ils ne ſe ſeroient pas corrigés pour lui plaire, mais uniquement en vûe de plaire aux Hommes & d'être eux-mêmes à la Mode. Car déja 1. La Société en profiteroit toujours & les mœurs en ſeroient plus réglées. 2. En s'accoûtumant à la Régularité, on apprend à en connoitre le prix, on l'eſtime, les Paſſions s'affoibliſſent, les Obſtacles à la Foi s'éloignent & ce qu'on faiſoit d'abord par des Motifs humains, on eſt ravi d'apprendre qu'on peut & qu'on doit s'y porter par des Motifs d'une tout autre efficace & en même temps d'un tout autre mérite.

Quelle plus extravagante ſuppoſition que celle d'une Troupe d'Athées qui ne s'appliqueroient pas avec moins de ſoin, ni moins de ſuccés à l'éducation d'un Prince que les Illuſtres Perſonnes que la Réligion avoit ſi bien unis pour travailler à celle de Mr. le Duc de Bourgogne.

Dans l'Article ſuivant 152. Mr. Bayle s'arrête en particulier ſur l'exémple de LOUIS XI. Mais que ſignifie cela ? Ce Roi n'étoit pas Athée, & ſes Mœurs étoient très-corrompues. Donc la Religion ne donne pas plus de Probité que l'Atheïſme. Pour rendre cette preuve concluante, il faudroit que LOUIS XI. eut été ſi méchant qu'on ne pût pas concevoir que l'Atheïſme y eut pû rien ajouter. Mais Mr. Bayle compte ſur des Lecteurs, qui ne le liront pas avec un Eſprit d'examen & de circonſpection. Il a ſoin d'entretenir leur légéreté naturelle par la diverſité des penſées qu'il *leur préſente* ; il écrit ſans doute très-capable d'écrire avec ordre, mais il affecte des digreſſions, pour amuſer ſon Lecteur, & en lui rendant un Examen ſévere trop pénible, il l'engage à ſe rendre à la Multitude de ſes preuves : Il n'ignoroit pas non plus que les exemples frapans s'emparent de l'Imagination. J'ai vû des gens que l'argument tiré de LOUIS XI avoit beaucoup plus étonnés qu'aucun autre. Toute l'étendue de leur eſprit étant occupée de l'idée d'un Roi & du contraſte de ſes biſarreries ; ils attribuoient à la preuve que Mr. Bayle en tire une extrême force, parce qu'ils étoient vivement frappés du fait même, d'où il la tire. Mr. Bayle dans ſon Dictionaire Article des *Barreaux* convient d'une vérité qui ſuffit pour diſſiper toutes les Difficultés qu'il forme ſur la conduite très-déréglée d'un grand nombre de perſonnes qui ne ſont pourtant pas Athées de profeſſion.

Les Athées, dit-il, *ne veut pas juſqu'à pouvoir s'aſſurer qu'il n'y a point de Dieu, & qu'il n'y en peut*

Note E.

avoir

avoir. Ils en demeurent à des Objections qui combattent cette Proposition, & qui la leur font paroitre incertaine. Cet état de doute léve une Barriére que la perſuaſion d'une Divinité qui veut être ſervie par la vertu, oppoſeroit à leur mauvais penchans. L'avenir étant pour eux parfaitement obſcur, ſon Idée ne balance pas les Impreſſions des agrémens & des Intérêts préſens. Ils s'y livrent, ils ſe font une habitude de s'y livrer, & des Idées, dont la vérité leur a paru douteuſe, ceſſent de ſe préſenter. Ainſi, par rapport à leur mauvaiſe vie, les voila dans le cas des Athées, & cela ſert à mon ſyſtême. Mais comme le remarque encore Mr. Bayle dans le même Article, *une Maladie, un Malheur les mettant hors d'état de ſentir les plaiſirs, qui avoient accoutumé de les occuper, & faiſant diſparoitre à leurs yeux une grande partie du prix qu'ils attribuoient à des Intérêts & à des avantages dont ils étoient éblouis; Alors des Doutes auxquels ils n'avoient pas penſé depuis long-tems, commencent à renaître. Il ſe peut que l'Avenir ne ſoit pas à craindre, il ſe peut qu'il ſoit très-redoutable. Dans cette Incertitude, comme le préſent leur manque, ils ſe tournent du côté de l'Avenir, & prennent le parti le plus ſûr; ils ſe portent à faire ce que l'on feroit, ſi ou n'en douteroit point.* Voila donc quels auroient été leurs ſentimens ordinaires; ſi au lieu de doute ils avoient été perſuadés. Mr. Bayle dans ſes Penſées Diverſes ſur les Cometes, ne trouve pas à propos de mettre au nombre des Athées les Chrétiens dont les mœurs n'ont rien de Chrétien. Nous les y ſuivrerons pourtant ſi nous ſuivons les idées qu'il nous en donne dans ſon Dictionnaire. Ce qu'il y a d'inconteſtable, c'eſt qu'ils en approchent beaucoup par leurs ſentimens, & que c'eſt dans cette proximité qu'il faut chercher les cauſes de leur mauvaiſe vie.

Oeuvres Div. T. III. pag. 99. Penſées Diverſes Articles 173. *La Cour,* dit Mr. Bayle, *ne garantit ni des ſuperſtitions, ni des erreurs populaires.* Cela fait pour moi. La ſuperſtition & les erreurs populaires s'oppoſent aux bons effets de la Religion. Quand les bons Principes ſe trouvent mêlés avec des préjugés qui les contrediſent, ces contradictions dominent alternativement. Les bons Principes ont de tems en tems quelque effet, mais ils n'en auroient point ſur les Athées, chés qui ils ne ſe trouveroient pas.

Dans ce même Article pour prouver que la ſuperſtition ſe trouve chés les Hommes du plus grand rang, il allégue les Conſuls & les Dictateurs de l'Ancienne Rome, comme, ſi pendant pluſieurs ſiécles, ces Conſuls & ces Dictateurs n'avoient pas été, par rapport au ſavoir, des perſonnes du commun & des Bourgeois, qui n'étoient diſtingués des autres que par leur courage, par leur capacité dans l'Art Militaire, ou par leur habileté à s'attirer des ſuffrages, quelquefois enfin par leur frugalité & leur dévouement aux Intérêts de toute la République.

Ibidem. pag. 101. Penſées Diverſes Article CLVIII. „ Ces paroles du P. Rapin, dit Mr. Bayle, „ *Il n'y eut jamais plus de Communions, & moins* „ *de changemens de vie,* me font ſouvenir du Livre de la fréquente Communion, dans lequel „ Mr. Arnaud a fait une deſcription fort élo„ quente de la corruption des Hommes. *Qui* „ *peut ignorer,* dit-il, *ce que les Séculiers ne ſa-* „ *vent que trop par la connoiſſance qu'ils ont du* „ *Monde, ce que les Confeſſeurs connoiſſent encore* „ *davantage par la néceſſité de leur fonction, &* „ *ce que les Prédicateurs ſont retentir ſi hautement* „ *dans les Chaires, pour éxciter les pécheurs à la* „ *pénitence; que toutes les véritables marques du* „ *Chriſtianiſme ſont preſque aujourd'hui éteintes* „ *dans les mœurs des Chrétiens.* Il entre enſuite „ dans le détail, & nous montre l'impureté dans „ les mariages, la corruption dans les Familles, „ les débordemens dans la jeuneſſe, l'ambition „ parmi les riches, le luxe parmi toute ſorte de „ perſonnes, l'Infidélité dans le Commerce, „ l'altération dans la Marchandiſe, la tromperie dans les Artiſans, la débauche dans le menu Peuple. Il dit que la fornication paſſe „ dans le Monde pour une faute légére, l'adultére pour une bonne fortune, la fourberie „ pour la vertu de la Cour, les juremens & les „ blaſphêmes pour les ornemens du Langage, „ la tromperie & le menſonge pour la ſcience „ du trafic, la fureur du jeu continuel pour une „ honnête occupation des Femmes, la qualité „ d'honnête Femme pour une qualité différente „ de celle de Femme de bien, la ſimonie déguiſée & la profanation du bien de l'Egliſe pour „ un accommodement légitime, & enfin les „ voleries & les uſures pour un revenu des char„ ges, pour l'Intérêt ordinaire de l'argent, & „ pour une invention de s'enrichir, dont il n'y „ a preſque plus que les ſimples & les ignorans „ qui faſſent aujourd'hui quelque ſcrupule. Il „ paſſe ſous ſilence les crimes abominables igno„ rés pas nos péres, & aujourd'hui étrangement „ débordés.

„ On croira peut-être que cet habile Docteur „ ſe propoſe de déplorer l'incrédulité des Hom„ mes, & de dire qu'ils ſont tombés dans l'A„ théiſme. Mais ce n'eſt nullement ſa penſée, „ puis qu'il reconnoit de bonne-foi, qu'on n'a „ jamais vu plus de conſeſſions & de commu„ nions, qu'on ſe preſſe autour des Confeſſio„ naux que les Autels ſont environnés de Communians, & que les Paroiſſes, & principale„ ment les Monaſtéres en ſont pleins. Il paroit „ par toute la ſuite de ſon Diſcours, que les mê„ mes perſonnes qui ſont coupables des déſordres „ qu'il a décrits, ſont celles qui ſe confeſſent, „ & communient très-ſouvent, & il n'eſt pas le „ ſeul qui reconnoiſſe cette vérité ".

On ne peut pas plus abuſer du Livre de la Fréquente Communion. Un de ſes Buts eſt de faire comprendre qu'entre les cauſes de la Corruption des Mœurs & de la Décadence du Chriſtianiſme, l'on doit compter le peu de ſoin qu'on ſe donne pour ſe préparer à la Communion, & les trompeuſes Idées qu'on ſe fait là-deſſus, comme ſi la Communion par elle même, ou du moins avec le ſecours d'une légére & mal entendue Répentance, ſuffiſoit pour ſe reconcilier avec Dieu. L'Auteur de cet Ouvrage déplore l'ignorance & les préjugés des Chrétiens: Donc ils ne vivroient pas mieux, quand même ils auroient des plus juſtes Lumiéres, & qu'ils ſeroient déſabuſés de leurs flateuſes préventions.

Il eſt aſſés ordinaire aux Prédicateurs de ſe fier ſur la ſuite de ſon attention que les Hommes font à vivre ſuivant les Maximes d'une Religion qu'ils font profeſſion de croire, & qu'une partie même de ceux qui la négligent croient véritable. Cela eſt certainement déplorable, & prouve bien le fond de la Corruption des Hommes, & l'éxtravagance de leur aveuglement.

Mais il faudroit encore être plus aveugle pour conclure que la Religion eſt inutile, & n'a point d'influence ſur les Mœurs. Il s'en faut bien qu'elle n'en ait autant qu'elle mérite, & qu'il ſemble même qu'elle devroit naturellement en avoir. Mais elle en a pourtant, & ſans elle les Hommes ſeroient tout autrement méchans. Tel qui viole dix Régles en obſerve une; tel qui néglige vingt fois ſon devoir s'en aquite trois fois, & ſi l'on fait attention aux ſuites d'un péché évité, té, aux suites d'un Devoir observé, on comprendra qu'on a prévenu par-là une longue enchainure de Fautes & de Maux. Les Prédicateurs alléguent assés souvent pour preuve de la *Contrarieté* qui se trouve entre la *Théorie* & la *Conduite*, la *Vengeance*, & sur tout une vengeance aussi éclatante que celle des *Duels*. Ils ont raison en un sens, car en comparaison de l'Eternité, il n'y a ni plaisir ni intérêt temporel qui ne doive disparoître. D'où vient donc que cet entêtement étoit devenu si général, & que si peu de gens avoient le pouvoir d'y résister? Ce fait prouve-t-il qu'on croit avoir de la Réligion quand dans le fond on n'en a pas?

Sur ce sujet je fais encore une Remarque, qu'un grand concours de circonstances jette quelquefois l'Esprit humain qui est borné, dans un si grand trouble, qu'il n'y a plus d'ordre dans ses Idées, & qu'il ne sait plus les consulter. On voit des gens qui après avoir vécu en Chrétiens d'une manière édifiante, succombent sous une violente persécution, & pour peu qu'on leur fournisse d'ouverture & de déguisemens, abandonnent de bouche & d'extérieur des vérités dont ils sont très-convaincus, & font quelque mine d'adhérer à ce qu'ils ne croient pas. Ces gens-là sont compassion, l'Humanité & la Charité ordonnent qu'on en ait pitié. Or dans le tems qu'un certain préjugé du point d'honneur s'étoit emparé de tous les esprits, du moins à peu près, & dominoit chés les gens du Monde, un Homme offensé, provoqué, & qui ne tiroit pas l'épée, se voioit presque dans le même cas que ceux dont nous venons de parler. Il alloit être accablé du mépris public, sa fortune étoit renversée, la vie lui devenoit à charge, & le peu d'agrément qu'il avoit dans la Société le reduisoit à un état peu différent de celui d'une prison perpétuelle.

Quand toutes ces considérations se présentent en foule, l'Esprit succombe à la vuë de tant d'Inconvéniens, de tant de sujets d'affliction, qui en remplissent presque toute la capacité. Cependant il s'est toûjours trouvé des personnes que la Réligion a retenues, ou que la Réligion a engagées à prévenir les occasions de ces troubles. Il s'en est trouvé qui après être une fois tombé dans ce Crime, ont senti toute l'horreur, ont formé la Résolution de ne s'y plus exposer, & l'ont observée. Il s'en est trouvé qui condamnés à la Mort par les Loix, ont fini leur vie d'une manière éxemplaire, ont reconnu leur Crime, & leur Indignité, ont conjuré les assistans & les Officiers en particulier de faire attention à leur sort, triste, mais mérité, & de sacrifier un Imaginaire point d'Honneur à des Régles dont on voudroit **pouvoir racheter le Mépris par mille vies**. Rien de semblable ne pourroit avoir lieu chés des Athées. La décadence enfin de cette éxtravagante Coûtume est duë à des sentimens de Réligion qui ont intéressé la Conscience des Souverains.

Un Italien prosélite à Lausane avoit assassiné son camarade qui logeoit avec lui dans la même chambre. Il fut pris; sa vie précédente avoit été criminelle, mais on ne fit pas attention à ce qui s'étoit passé dans un autre Païs: Des Ministres le virent: Cet Homme-là avoit de l'Esprit, & beaucoup: Il leur avoüa que depuis long-tems il ne croioit pas qu'il y eut une grande différence entre la Vertu & le Vice, *Les Hommes* disoit-il *y en mettent par préjugé & par Intérêt, mais devant Dieu c'est tout un, car il a tout ordonné, tout décrété, & il dirige tout, de sorte que faire ce qu'on appelle bien, c'est toûjours faire ce que Dieu veut qu'il se fasse*: On vint à bout de le détromper; Il avoit de l'Esprit, il se rendit attentif & il corrigea ses Idées;

& si ces Idées nouvelles se fussent plûtôt présentées il y a toute apparence qu'elles l'eussent retenu. Dès lors il se regarda avec une éxtrème horreur. Auparavant il craignoit prodigieusement la Mort. Il n'est pas possible de dire des choses plus touchantes que celles qu'il disoit, il n'y avoit personne qui n'en fût attendri, il y en avoit peu à qui il n'arrachât des larmes. Comme personne n'avoit été témoin de ce qui se passa entre lui & son camarade, il avoit fait un plan si vraisemblable, & qui d'abord se soûtenoit si bien, que son action au lieu de passer pour un assassinat, qu'il eut fait en vuë de voler, sembloit un malheur qui avoit été la suite d'une conversation un peu trop vive, & qui s'étoit échauffée insensiblement. Mais dès que ses Idées furent rectifiées en matière de Réligion, il avoüa toutes les circonstances de sa faute, & se borna à demander pour grace une Mort qui ne fut pas douloureuse. On le laissa quelque tems dans sa prison pour lui donner lieu de s'affermir dans les sentimens de sa Répentance. Il profita de tout ce tems. On lui fit comprendre que les Loix & l'édification publique ne demandoient pas moins que le supplice de la Roüe: Il reconnut qu'il en étoit très-digne, il s'y soûmit avec une Résignation parfaite, il déclara qu'il consentiroit à être mis en piéces, il ne voulut pas même recourir à la Grace du Souverain, quoi qu'on l'assurât, que sur les bons témoignages qu'on rendroit à sa Répentance, il ne manqueroit pas d'obtenir une Fin des plus douces. Il fit une Priére très-touchante avant que d'être éxécuté, en un mot il finit sa vie dans tous les sentimens qui peuvent être le caractére d'une parfaite Répentance.

Or combien d'Athées n'y auroit-il pas, interressés, débauchés, dépensiers, fainéans, vindicatifs, fourbes, dans une Société qui en seroit toute composée? Car jamais la folie de l'esprit humain ne peut aller jusqu'à s'imaginer que l'Athéisme corrigera les Mœurs. Embrasser une personne qu'on aime, & se défaire d'une personne qu'on hait, sont des actions également naturelles diroit un Athée. Tout ce qui arrive est un résultat de la constitution de l'Univers. Une Action peut m'être moins utile qu'une autre, mais pour justes qu'elles le sont également, & quand cela ne seroit pas, pourquoi me soumettre à je ne sai quelles Idées subtiles qui me gênent, & qui me mettent en contradiction avec moi-même? Un Homme n'auroit à craindre que la Mort, & une infinité craindroient encore plus de vivre desagréablement: On préviendroit les supplices par des poisons préparés qu'on avaleroit dès qu'on seroit saisi, on inventeroit mille moiens de se défaire secrétement de ses ennemis. Comment s'y prendre pour ramener à de meilleurs sentimens des gens qui feroient si peu de cas de la Raison, à qui l'Idée d'un Dieu seroit très-importune, qui auroient étouffé en eux tous les Principes qui servent à en découvrir l'Existence, qui se seroient accoutumés dès leur enfance à regarder comme des fous ceux qui ont de la Réligion, & qui se seroient affermis dans cette prévention par un grand nombre d'éxemples, & par la pensée que ce seroit le sentiment général de leur Païs. Ces gens iroient brutalement au supplice, la fraieur d'un avenir ne les inquiéteroit point, l'horreur de leurs Fautes ne les troubleroit point, leurs Discours n'iroient point à toucher les spectateurs, & à les solliciter d'être sur leurs gardes contre tout ce qui méne au crime.

A cette histoire qui est de notoriété publique, j'en joindrai une qui n'est pas moins connuë. Deux Villageois fumoient & buvoient un soir auprès du feu. ils virent avec regret la fin de leur bouteille : Le vin étoit cher dans ce temps-là, & les personnes de cet ordre avoient assés à faire à se procurer le nécessaire. Il y a demain, dit l'un de ces Hommes une Foire, dans le voisinage, rendons nous, ce soir & demain à la pointe du jour ; sur les grands chemins, ils sont étroits, je sai où il faut se placer & nous assommerons sans risque quelques passans, de l'argent desquels nous nous saisirons à notre aise dès qu'ils seront morts. *A quoi penses-tu*, dit l'autre, *si tu allois être découvert la roue seroit ton partage. Le supplice*, reprit-il, *n'est que pour les maladroits, je sai mon métier, & sous ma conduite tu ne risques rien.* Un ton si assûré affranchit ce pauvre Homme de la crainte du supplice, mais il lui en resta une plus forte ; *Dieu*, dit-il, *nous voit, & nous jugera, gardons nous bien d'un tel crime. Oh pour ce qui est de ce Jugement*, reprit le séducteur, *il est beaucoup moins à craindre. A tu vécu tant d'années sans t'appercevoir que ce sont là des fables dont les Grands bercent le peuple, pour le tenir dans la dépendance ; eux qui ont de l'esprit, & qui par le bonheur de leur naissance, ne sauroient jamais manquer du nécessaire, vivroient-ils comme ils font, s'ils étoient persuadés, comme ils veulent que nous le soions, qu'un Dieu juste Juge est attentif à la conduite des Hommes ?* Dès là il choisit parmi les personnes d'un rang supérieur ceux qui faisoient le mieux à son dessein, & il lui fût aisé de trouver dans leur conduite dequoi les faire soupçonner d'Irréligion : l'Avarice, la Fraude, les Duretés, les Intrigues & les Cabales vinrent sur la scéne. Ce Barbare ne manquoit pas d'esprit, son camarade prit ses Sophismes pour des preuves, & se crût détrompé ; Affranchi de tout joug & de toute Crainte, il ne fit nulle difficulté de suivre son Guide ; dès ce moment il devint voleur de grands chemins : Ils furent découverts dans la suite, & les Confessions de l'un & de l'autre ont rendu public ce que je viens de dire ; l'un témoigna de la répentance, l'autre mourut comme une bête, après avoir fait l'Homme de bien pendant qu'il espéroit de se tirer d'affaire, & de se dérober aux preuves qui déposoient contre lui.

Je n'ai rapporté ces deux faits que comme des éxemples de ce qui doit naturellement arriver dans de pareils Cas.

l'idem pag. 101.
LVIII. CE QUE Mr. Bayle dit dans cet Article 158. est de même nature que ce qu'on a déja vû Article 150. & ses Difficultés tombent en y opposant la même Réponse. Je viens de les combattre par des preuves de fait.

Mr. Bayle le trompe sur les Motifs.

Preuves de fait.
LIX. ARTICLE 159. ,, *Que dirons-nous*, dit ,, Mr. Bayle de ceux qui cuvrent après les Directeurs ,, commodes, sinon que ce sont des gens très-persuadés ,, de tous nos Mystéres ; mais du reste si adonnés ,, au mal, que pour s'y plonger avec plus de liberté, ,, ils se servent de tous les éxpédiens que les mauvais ,, Casuistes leur présentent ''. Je dirai de ces gens-là ce que j'en ai déja dit, & ce que je crois d'avoir prouvé, c'est que s'ils étoient dans l'Ignorance & l'erreur des Athées, leur corruption iroit encore plus loin.

Ibidem. pag. 102. De ceux qui se sont illusion.

,, Si l'on peut démontrer, continuë-t-il, quelque ,, chose dans la Morale, je ne doute pas que je ,, n'aie démontré qu'il est faux que les Chré-,, tiens, qui se plongent dans toutes sortes de ,, crimes ne sont point persuadés de la Vérité de ,, leur Réligion. D'où je conclûs que l'Origi-,, ne du déréglement des mœurs n'est pas l'In-,, crédulité. C'est tout autre chose ''.

Un Homme n'auroit point étudié, & que l'amour des Voluptés, ou que sa Passion pour la Vengeance auroit engagé à écouter avec plaisir les raisonnemens d'un Athée, & qui s'y seroit rendu promptement & de tout son cœur, s'il

s'avisoit de faire un Livre, où il entassât pélemêle tout ce qui lui viendroit dans l'Esprit, on n'auroit pas lieu de s'en étonner. Il n'a jamais appris à penser avec plus d'ordre. Mais Mr. Bayle, qui étoit Philosophe, qui étoit Professeur en Logique, qui se piquoit de s'en servir, & d'en faire valoir les préceptes, comme on le voit dans divers endroits de ses Ouvrages, quand il conclut avec précipitation ce qu'il n'a point démontré, quand il tire une Conséquence & qu'il la propose comme décisive, quoi qu'elle ne fasse rien au sujet contesté, par où l'éxcuserons-nous ? Cherche-t-il à tromper de propos déliberé ? ou sa passion pour la cause des Athées l'éblouït-elle lui-même le prémier ? J'ai fais voir que le mot de *persuasion* étoit équivoque. Il y a une persuasion que lui accorde, & que je reconnois possible dans ceux qui se plongent dans les crimes ; mais il y en a une autre que je suis fondé à dire qu'ils n'ont pas. Je me suis déja éxpliqué là-dessus à l'Art. I., *L'Origine du déréglement des Mœurs n'est pas l'Incrédulité*. On ne le dit pas non plus ; *c'est tout autre chose*. On en tombe d'accord. Le pouvoir des sens, l'Empire de l'Imagination, le goût pour les plaisirs, la force des Intérêts présens ; la vivacité des passions nous font perdre de vuë ce que la Raison nous ordonne, & que la Réligion nous commande. Mais ces Principes qui nous détournent de notre Devoir, & qui nous engagent au Vice, n'ont pas une force invincible. On peut s'y opposer, on peut en prévenir les effets en arrêtant son attention sur les Vérités de la Réligion, sur la beauté de ses préceptes, sur la Majesté du Législateur, sur la grandeur des Récompenses, sur la justice & en même temps sur la sévérité des Menaces, & tous ces Motifs auront d'autant plus d'efficace, que l'on se sera plus fortement convaincu de leur vérité, & que l'on se sera plus accoutumé à se les rendre présens. Voilà des secours contre le vice dont les Athées sont infiniment éloignés, & dont bien des gens éprouvent l'utilité, quoique Mr. Bayle en veuille dire.

LX. DANS l'Article CLX. des Pensées Diverses Mr. Bayle dit ,, Il est certain que la mali-,, ce d'une action diminuë, à mesure que les ,, connoissances de celui qui la commet font ,, moindres : si ce n'est qu'il soit lui-même la ,, cause de son ignorance, aiant étoufé ses Lu-,, miéres de gaieté de cœur afin de pécher plus ,, librement.

L'Athéisme mal excusé. Ibidem. Pag. 102.

,, Or comme il n'y a que Dieu qui sache qui ,, sont ceux qui se sont rendus ignorans eux-mê-,, mes par pure malice, nous serions fort témé-,, raires, si nous disions que ceux qui péchent, ,, parce qu'ils n'ont presque plus de foi, sont ,, plus méchans que les autres : mais on le peut ,, fort bien soûtenir sans faire des jugemens té-,, méraires, de ceux qui péchent dans une pleine ,, persuasion de la Vérité de l'Evangile ; & par ,, conséquent ceux qui sont dans les principes ,, que je pose, aggravent le crime des pécheurs, ,, bien loin de l'éxténuer.

,, Car de dire qu'il n'y a que la malice du ,, cœur, qui soit capable d'offusquer l'évidence ,, des vérités Evangeliques, c'est en vérité s'é-,, riger en Juge d'une chose qui n'est pas trop de ,, notre ressort, puisqu'il n'y a que Dieu qui ,, connoisse certainement ce qui se passe dans ,, l'Homme, & la proportion des objets avec les ,, dispositions de l'entendement. Nous éprou-,, vons tous les jours dans des choses purement ,, spéculatives, que les mêmes raisons paroissent ,, convaincantes à quelques personnes, & fort ,, probables à quelques autres, pendant qu'un ,, troisiéme n'en fait aucun cas. Dans un Plai-
doié

„ doüé où nous n'avons point d'Intérêt, com-
„ bien de fois nous arrive-t-il d'être plus frappés de
„ ce qu'il y a de moins folide ? Combien de fois
„ nous arrive-t-il d'être plus frappés des objec-
„ tions que des réponses, quoi que les réponses
„ foient meilleures en elles-mêmes que les objec-
„ tions, & qu'il nous foit indifférent pour nôtre
„ fortune, qu'elles le foient, ou qu'elles ne le
„ foient pas ? Il feroit donc ridicule de foûtenir,
„ que toutes les fois que nous préférons une rai-
„ fon à une autre, nous le faifons pour favorifer
„ l'envie d'offenfer Dieu. Or cela étant infoûte-
„ nable on ne peut pas dire raifonnablement,
„ que tous ceux qui doutent de nos miftéres, le
„ font parce qu'ils fouhaiteroient que l'Evangile
„ fût faux. Il n'eft pas impoffible que l'éloigne-
„ ment où nous fommes du temps que l'Evangile
„ s'eft établi par une infinité de miracles, & l'é-
„ trange dépravation des mœurs qui couvre de-
„ puis mille ans tout le Chriftianifme, & les fec-
„ tes inombrables en quoi il s'eft divifé, dont
„ chacune condamne toutes les autres, & dont
„ il y en a plufieurs qui écrivent fort favamment
„ & fort fubtilement contre les autres, il n'eft
„ pas impoffible, dis-je, que tout cela ne for-
„ me des nuages dans certains efprits, qui les
„ empêchent d'appercevoir clairement la Divini-
„ té de l'Evangile, fans qu'ils y contribuent par
„ leur inclination au mal. Quoi qu'il en foit,
„ j'ai lieu de croire que l'on trouvera fon comp-
„ te à ce que j'ai dit, foit que l'on aime à éxa-
„ gérer la dépravation des Hommes, foit que
„ l'on aime à leur donner des éloges. Car en di-
„ fant qu'ils confervent fain & entier le précieux
„ dépôt de la foi, en dépit de leurs paffions cor-
„ rompuës, je leur donne quelque louange; mais
„ cela même nous fait voir, qu'il faut que leur
„ malignité foit bien éxceffive, puis que la Lu-
„ miére de la foi n'eft pas capable de la corri-
„ ger.

pag. 102. Dans cet Article CLX. Mr. Bayle entaffe des
raifonnemens qui vont tout droit à nous perfuader
que l'Athéifme eft l'Etat du Monde le plus heureux pour cette vie, & pour l'autre. Un Athée
peut-être de bonne-foi dans fon Opinion. Et s'il
eft Athée, ce n'eft point fa faute. Des Combinaifons de circonftances, dont il n'a point été le
Maitre, une difpofition de Tempérament, &
une conftitution de la machine du Cerveau, E-
tats *Phyfiques*, dont il n'eft nullement refponfable, font caufes qu'il s'eft rendu aux argumens
qui favorifent l'Athéifme plutôt qu'à ceux qui le
combattent. Il n'en fera donc point puni. Il
ne fera pas puni non plus de ce qu'il vivra conféquemment; car vivre conféquemment c'eft fe
conduire en Homme raifonnable, & que peut il
faire de mieux ? Ainfi il ne fe génera point; il
ne s'occupera que de fes Plaifirs, & de fes Intérêts, & d'une Vie fi douce il paffera à l'heureufe Eternité. Mais un Homme perfuadé de la
vérité de la Réligion n'a laiffe pas de s'oublier de
temps en temps, & plus les Lumiéres font grandes,
plus les moindres écars le rendent coupable: Il
court donc de grands rifques; Il a de temps en
temps de grands reproches à fe faire, & par-là il eft
obligé de paffer une partie de fes jours non feulement dans des *Efforts* & des Combats, mais encore dans des Mortifications pour prévenir fa
perte éternelle.

Le moien de croire qu'il y ait un Dieu & une
Réligion, fi les chofes font fur ce pié, & fi tel
eft le fort des Hommes? Le moien de croire que
Dieu ait rendu fi obfcures & fi difficiles à trouver les routes qui ménent à la Connoiffance, que
des Combinaifons extérieures & des Difpofitions
Phyfiques du cerveau faffent toute la différence

de l'Athée d'avec le Chrétien; & n'eft-il pas infiniment plus raifonnable de penfer que tout
Homme qui voudra faire un bon ufage de fa Raifon s'affûrera de ce qu'il lui importe de favoir
pour fon falut, & que s'il ne le fait pas, il eft
inéxcufable ? Ce font là des Vérités que la Foi
nous enfeigne, non pas cette Foi que le Vulgaire, dans chaque Communion, ajoûte aux opinions autorifées par l'ufage, mais une Foi fondée fur les Déclarations les plus éxpreffes de la
Parole de Dieux. Les *Gentils qui n'ont pas connû
Dieu font inéxcufables* dans leurs Méprifes & dans
leur Ignorance.

Simplicius, dans fes Commentaires fur Epictéte, s'applique de tout fon pouvoir à établir la
vérité d'une Providence, & à réfoudre les difficultés qui en ébranloient la perfuafion. Ce pauvre aveugle ne comprenoit pas qu'en travaillant à
perfuader les Hommes de la vérité de ce Dogme,
il diminuoit le mérite des bonnes actions qu'ils
pouvoient faire, & augmentoit la noirceur des
mauvaifes où ils tomberoient. O mon parti
auroit été plus fage de ne point penfer à Dieu,
que de lui offrir dévotement cette priére.

Je vous fupplie Seigneur Pere & Guide de nôtre Raifon, que nous nous fouvenions de notre
origine & de la nobleffe dont vous nous avés honorés; accordés vôtre fecours à nôtre activité,
pour nous purifier de la contagion du corps &
des affections animales, pour les furmonter, &
pour les faire fervir comme d'inftrumens à nos befoins avec bienféance. Aidés-nous à rectifier
éxactement nôtre Raifon, à nous voir aux véritables biens par la Lumiére de la vérité. Enfin
je vous demande la grace mon Sauveur, de diffiper entiérement l'obfcurité qui appéfantit ma
vûë, afin que je fache quels fentimens je dois
avoir de *Dieu* & de quel œil je dois regarder
l'Homme.

LXI. MAIS, dit Mr. Bayle, une caufe *Compa-*
„ fe plaide, plufieurs perfonnes écoutent les A- *raifon*
„ vocats, fans avoir aucun Intérêt qui les déter- *rectifié.*
„ mine à fouhaiter le gain du Procès à l'un plû-
„ tôt qu'à l'autre. Cependant les fentimens fe
„ trouveront partagés, & ceux qui donneront
„ le Droit à l'un des Avocats, ne conviendront
„ pourtant pas fur les Raifons dont il s'eft fervi,
„ & l'un donnera la préférence à celle qui paroî-
„ tra la moins folide à un autre ".

Je n'entrerai pas dans toute la difparité de la
Comparaifon & le fujet dont il s'agit. Seulement
remarquerai-je, en paffant, qu'il y a des Caufes
fi compliquées, & où pour un Article qui peut
fe décider par la fimple connoiffance du Droit
naturel, il y en a dix, dont la décifion dépend
des **Loix Arbitraires**, qui fouvent ne s'appliquent
pas à tous les cas avec une parfaite clarté, & que
l'imperfection de l'efprit humain a laiffé obfcures
& équivoques, par rapport à de certaines circonftances. Je n'ajoûterai pas que les Conféquences du Droit naturel font plus ou moins
compofées, & plus ou moins éloignées de leurs
Principes, & par conféquent demandent une plus
grande étenduë d'efprit, & un efprit plus éxercé; au lieu que les Preuves de la Divinité font
plus à la portée de tous les Hommes, & qu'ils
font obligés d'en faire leur étude, & d'en avoir
la connoiffance plus à cœur, que quoique ce foit.
Après cette Remarque que je fais en paffant, je
demande à Mr. Bayle fi le cœur n'a jamais de
part aux Jugemens de l'Efprit, & fi au contraire
il n'eft pas certain qu'il arrive très-fouvent aux
Hommes de pronouncer différemment, d'affirmer
ou nier conformément à leurs Inclinations? Je
fuis fort trompé fi Mr. Bayle lui-même ne fait
quelque part cette remarque, & ne la juftifie
entre

entre autres raisons par l'éxemple des Nouvellistes, qui croient ou rejettent une Nouvelle à la première lecture qu'on leur en fait, suivant qu'elle les chagrine, ou suivant qu'elle leur fait plaisir, & se tuent à chercher des raisons, qui justifient le parti qu'ils ont pris avant que de s'aviser de consulter la Raison & du s'assurer de la vérité. Si dans quelques cas on étoit embarassé à trouver, dans les dispositions du cœur, les causes des sentimens dans lesquels les Hommes se partagent, s'ensuit-il que ces causes fussent également difficiles à découvrir dans tous les cas?

On sait que l'Idée d'un Souverain Maître présent à toutes nos actions, & nous ordonnant souvent une conduite qui paroît dure à nos sens & à nos passions, est une Idée qui gêne. On sait à quel point les Epicuriens s'applaudissoient & trouvoient que le Genre-humain leur devoit rendre graces d'avoir sû se défaire d'une Idée si importune.

La simple Légéreté d'esprit, sur des sujets dignes de l'Attention la plus soutenuë, & des précautions les plus circonspectes, ne rend-elle pas très-coupables ceux à l'Ignorance ou à l'erreur desquels elle contribuë? N'est-ce pas une Régle du bon sens qu'il faut être en garde contre tout ce qui nous fait avoir quelque penchant à affirmer ou à nier, & qui est différent de l'Evidence?

Si dans le cas proposé les Auditeurs qui prononcent sur deux plaidoiés ou sur les argumens d'un seul, s'examinoient avec une grande attention, & s'ils avoient quelque heureuse habitude à descendre en eux-mêmes, & à réfléchir sur ce qui s'y passe; ils pourroient trouver qu'il leur est arrivé ce qui arrive tous les jours aux personnes qui regardent jouër, c'est de prendre parti pour quelqu'un, & il arrive par-là qu'un Jeu qui les ennuieroit, leur fait au contraire plaisir. Ils trouveroient que la Cause pour laquelle ils se sont déterminés, avoit du rapport, par quelque endroit, à une autre pour laquelle ils étoient prévenus: Ils trouveroient que les raisons auxquelles ils ont donné la préférence, sont celles qui leur sont venues dans l'esprit avant même que l'Orateur les prononçât, & qui par-là ont plus agréablement flatté leur amour propre. Quelque fois au contraire ils trouveroient qu'une raison leur a d'autant plus fait de plaisir qu'ils s'y attendoient moins, & qu'il leur a fallû une plus grande attention pour en comprendre le sens.

En un mot il y a un très-grand nombre de choses qui déterminent les Hommes à prononcer pour ou contre, & qui sont différentes de l'Evidence, & auxquelles par conséquent ils ont tort de se rendre dans un sujet aussi important que celui de prendre parti entre l'Athéïsme & la Réligion: Est-on éxcusable de se déterminer par de légéres préventions?

Une preuve que Mr. Bayle compte de parler au cœur, & de se le rendre favorable, c'est qu'il espére, dit il en termes exprés, *que l'on trouvera son Compte à ce qu'il écrit, soit que l'on aime à éxagérer la dépravation de l'Homme, soit que l'on aime à lui donner des Eloges.*

Ibidem, Pag. 123.

Pensées Diverses Article CLXI.

„ Après toutes ces remarques, dit Mr. Bayle, „ je ne ferai pas difficulté de dire, si l'on veut „ savoir ma conjecture touchant une Société „ d'Athées, qu'il me semble qu'à l'égard des „ mœurs & des actions civiles, elle seroit tou- „ te semblable à une Société de Païens. Il y „ faudroit à la vérité des Loix fort sévéres, „ & fort bien éxécutées pour la punition des „ Criminels. Mais n'en faut-il pas par tout? „ Et oserions nous sortir de nos maisons, si le „ vol, le meurtre, & les autres voies de fait é- „ toient permises par les Loix du Prince? „ N'est-ce pas uniquement la nouvelle vigueur „ que le Roi a donnée aux Loix, pour réprimer „ la hardiesse des Filoux, qui nous met à cou- „ vert de leurs insultes, la nuit & le jour, dans „ les ruës de Paris? Sans cela ne serions nous pas „ éxposés aux-mêmes violences que sous les au- „ tres Régnes, quoi que les Prédicateurs & les „ Confesseurs fissent encore mieux leur devoir „ qu'ils ne faisoient autrefois? Malgré les rouës, „ & le Zéle des Magistrats, & la diligence des „ Prévôts, combien se fait-il de meurtres & de „ brigandages, jusques dans les Lieux & dans „ le temps où l'on éxécute les Criminels? On peut „ dire sans faire le Déclamateur, que la Justice „ humaine fait la Vertu de la plus grande partie „ du Monde, car dès qu'elle lâche la bride à „ quelque péché, peu de personnes s'en garan- „ tissent ".

LXII. POUR ce qui est de cet Article 161. où Mr. Bayle pose que la Sévérité des Loix suffiroit pour établir & pour conserver le bon Ordre dans une Société d'Athées, j'ai déja fait voir le contraire.

Si les Loix humaines suffisent,

De plus l'Athée manqueroit toujours d'un secours que nous avons, & par conséquent il n'en auroit pas autant que nous. Un Homme qui s'est mis au dessus de la crainte de la Mort, s'éxposera aisément au risque de mourir pour satisfaire ses passions. Il n'en sera pas de même de celui dont les craintes s'étendent au delà de la Mort. De plus on se flatte qu'on échappera à la Vigilance des Magistrats & à la sévérité des Loix, & que l'on péchera impunément, parce que l'on péchera assés adroitement pour n'en être pas découvert. Bien des gens encore comptent sur leur Autorité, sur leurs forces, sur leur Crédit, & ces gens-là sont souvent ceux qui sont le plus de mal. Mais quand on est persuadé de la Vérité de la Réligion, on sait qu'on rendra compte devant un Juge qu'on ne peut ni tromper ni corrompre. Je reconnois qu'il y a des Hommes sur qui ces considérations n'ont pas de l'effet; mais ces gens-là sont, dans une Société Réligieuse, des Athées cachés, ou des gens qui en approchent; comme je l'ai expliqué. Ces considérations ont leur effet sur un grand nombre de personnes, & quand elles ne l'auroient que sur peu de gens, ce seroit toûjours autant de gagné pour la Société.

Pensées Diverses Article CLXII.

Ibidem, Pag. 104.

„ Tous les Chrétiens, dit Mr. Bayle, demeu- „ rent d'accord, que l'impudicité est défendue „ par la Loi de Dieu, l'Eglise nous le prêche „ incessamment. Avec tout cela, de cent Hom- „ mes, je ne sai s'il y en a un qui soit sans re- „ proche de ce côté-là. Pourquoi? Parce que „ la Justice de l'Etat n'inquiéte personne là-des- „ sus. Pour les femmes il faut leur rendre Ju- „ stice, qu'il y en a un plus grand nombre qui „ s'abstiennent de ce mal; mais ce n'est pas „ qu'elles aient naturellement ou un plus grand „ fond de Sainteté que les Hommes, ou que „ l'amour qu'elles ont pour Dieu leur donne „ plus de force pour résister à la tentation. „ Qu'est ce donc? C'est qu'elles sont retenuës „ par la dure Loi de l'honneur, qui les éx- „ pose à l'infamie, quand elles succombent au „ penchant de la Nature. Il est certain que „ si les Hommes n'eussent point attaché l'hon- „ neur & la gloire des Femmes à la chasteté, „ les Femmes seroient aussi généralement plon- „ gées dans les péchés de la chair que les „ Hommes; & il y a même beaucoup d'ap- „ parence qu'elles s'y porteroient avec plus d'ar- „ deur,

DU PYRRHONISME.

„ deur, parce qu'il est fort apparent que cette
„ passion est plus violente dans les Femmes, que
„ dans les Hommes ".

Mr. Bayle veut tirer ses preuves de l'Expérience. Il en allègue quelques-unes, & plusieurs mêmes, si vous voulés. Mais il en suppose beaucoup plus. Que chacun se demande à soi-même si sur ces Fautes, dont Mr. Bayle aime tant à parler, l'Attention à Dieu ne l'a jamais retenu; s'il n'a jamais éprouvé que la Pensée d'un être approuvé, est d'une douceur très préférable aux plaisirs des sens, s'il ne s'est jamais félicité d'avoir donné à son Devoir la préférence? s'il n'a jamais formé là-dessus des Résolutions sincéres? s'il ne les a jamais éxécutées? si elles n'ont pas ordinairement prévalu? si la honte secrette d'être tombé en faute ne lui a pas donné des forces pour n'y pas retomber? s'il n'a pas eu tort enfin de ne pas essaier de quelle efficace sont ces précautions?

Pensées Diverses Article CLXVI.

„ Je vous prie de me dire (continuë Mr.
„ Bayle,) si une Femme qui ne se prostituë
„ point, & qui cependant empoisonne son ma-
„ ri, peut se vanter de ne se point prostituër,
„ parce qu'elle veut obéir à Dieu? Il est clair
„ qu'elle seroit la Dupe de son propre cœur, si
„ elle s'imaginoit faire quelque bonne action
„ pour l'amour de Dieu, pendant qu'elle est
„ capable d'empoisonner son mari. Car si l'a-
„ mour de Dieu avoit quelque pouvoir sur el-
„ le, se pourroit-elle résoudre à faire un meur-
„ tre aussi exécrable que celui-là? Et si elle s'y
„ peut résoudre, sans néanmoins être capable de
„ se prostituer, ne faut-il pas nécessairement
„ qu'il y ait des considérations particuliéres qui
„ la détournent de la prostitution, & qui ne
„ servent de rien pour la détourner de l'empoi-
„ sonnement de son mari? N'est-il pas indubita-
„ ble, qu'elle ne se porteroit pas moins à tout au-
„ tre Crime qu'à celui-là, si elle y étoit pous-
„ sée par de semblables passions; & si leur éxé-
„ cution n'avoit pas des circonstances plus pro-
„ pres à l'arrêter? Ainsi ce qu'elle fait plutôt un
„ crime qu'un autre, vient uniquement de ce
„ qu'elle peut faire l'un sans tomber dans l'in-
„ famie, & ne peut faire l'autre sans se des-
„ honorer pour le reste de ses jours. Ce n'est
„ donc point la Réligion qui est cause qu'elle
„ ne se prostituë pas. Si les Hommes s'éxa-
„ minent à cette régle, ils trouveront qu'ils
„ ne font presque rien pour l'amour de Dieu,
„ & que s'ils donnent l'aumône, pendant qu'ils
„ entretiennent un commerce criminel avec une
„ Femme, c'est, ou parce qu'ils n'ont aucune
„ peine à donner leur bien, ou parce que leur tem-
„ pérament les attendrit à la vuë d'un miséra-
„ ble, ou parce qu'ils veulent aquérir la repu-
„ tation d'être liberaux envers les pauvres, ou
„ parce qu'ils croient acheter par-là le droit de
„ faire des crimes impunément.

„ Que l'on se trompe, si l'on croit faire pour l'a-
„ mour de Dieu tout ce que l'on fait de loüable,
„ à moins que l'on n'ait éprouvé que l'on s'abstient
„ des choses qui nous sont les plus chéres, dès
„ qu'on s'apperçoit que Dieu nous les a défen-
„ duës! Un Homme qui aime les Femmes, &
„ qui contente sa passion le plus qu'il peut, mais
„ qui d'ailleurs est si sobre, qu'il ne hait rien
„ tant que de rompre son régime, & qui ne
„ pourroit boire du Vin pur sans gagner des
„ maux de tête fort violens, qui est outre ce-
„ la grand poltron, & ne fait ce que c'est
„ ni d'épée, ni de pistolet, n'auroit-il pas bon-
„ ne grace de se faire un mérite devant Dieu de
„ ce qu'il ne s'enyvre point, ni ne vole sur

„ les grands chemins? Qu'il renonce à l'impu-
„ dicité à laquelle il est si sensible, qu'il se fas-
„ se cette violence là par la raison que Dieu le
„ lui a commandé, & alors on prendra pour bon
„ tout ce qui est en lui de loüable: autrement il
„ nous permettra de croire que son aversion
„ pour l'yvrognerie & pour le vol, est une
„ vertu à laquelle sa foi n'a nulle part, & qu'il
„ retiendroit toute entiére, quand même il re-
„ nonceroit au Christianisme.

„ Voilà cependant l'état de la plupart des
„ honnêtes gens. Ils ont une passion favorite
„ qu'ils cultivent avec soin, & sur laquelle ils
„ ne se font point de violence. Le reste est
„ assés réglé. Ils s'en applaudissent, & se figu-
„ rent qu'ils font-là un grand sacrifice à Dieu.
„ Pauvres ignorans! Si vous étiés capables de
„ faire un grand sacrifice à Dieu, vous com-
„ prendriés bien que ce seroit vôtre passion fa-
„ vorite qu'il faudroit sacrifier, & qu'on ne sa-
„ crifie pas les passions auxquelles nôtre tem-
„ pérament nous rend insensibles ".

LXIII. DANS cet Article 166. Mr. Bayle donne une Marque à laquelle on peut reconnoitre si on fait quelque chose pour Dieu. Mais sur quoi fondé osera-t-on se persuader qu'il n'y a personne parmi les Chrétiens, ou qu'il n'y a qu'un très-petit nombre de gens qui ne se fassent un Devoir, & une Consolation même, de sacrifier à Dieu des panchans, auxquels ils trouveroient le plus de douceur à s'abandonner, s'ils pouvoient les suivre innocemment? Je veux que ceux qui rendent hommage à leur Créateur par des sacrifices de cette Nature, ne les lui présentent pas aussi constamment qu'ils le devroient, & que l'Indulgence pour leurs désirs & pour leur foiblesse les surprenne quelquefois, & leur fasse oublier ce qu'ils doivent; il suffit qu'il leur arrive souvent de s'en souvenir; il suffit même que cela leur arrive de temps en temps, pour mettre une différence du tout au tout entre eux & les Athées, qui ne penseroient jamais à ces sacrifices.

Mr. Bayle continuë à supposer les Hommes autant corrompus qu'il le trouve à propos, & que l'Intérêt de sa cause le demande. Ces suppositions ne sont pas moins, si on veut l'en croire, que des Principes d'expérience. Il les pose pour tels & il en tire hardiment des Conséquences outrées.

Je ne crois pas qu'on puisse rien imaginer qui égale en absurdité la supposition d'une Femme ferme dans la fidélité conjugale, & qui se flatte d'y être ferme par un effet de son respect pour les Commandemens de Dieu, lorsqu'elle ne se la crainte des Loix & des punitions est ce qui retient les Hommes dans le devoir, la punition d'un empoisonnement ne devroit-elle pas avoir un tout autre effet, que les railleries où l'on s'expose par un Commerce de galanterie?

Je veux qu'il arrive à des gens d'avoir une Indulgence entière pour quelque Passion favorite. Osera-t-on se persuader que cela est universel? N'est-il pas croïable que plusieurs la renferment dans des bornes, si non plus étroites, du moins moins étroites? Niera-t-on qu'il y en ait qui se rendent victorieux, après avoir travaillé plus ou moins de temps à l'affoiblir. Ceux-là même qui cherchent à reparer cette Indulgence par d'autres vertus, & se flattent de pouvoir ainsi expier leurs fautes, ne laissent pas, par-là même, d'être utiles à la Société.

LXIV. DANS l'Article 168. Soit pour mettre à profit ses Réflexions, soit pour amuser son Lecteur, & le gagner en l'amusant, Mr. Bayle

Bayle se divertit à décrire les causes pour lesquelles on se plait tant à médire. *Généralement parlant, dit-il, les Femmes sont fort vaines, & sont curieuses, si bien que pour les entretenir agréablement, il ne suffit pas de savoir mentir en un lieu-ci, il faut encore savoir mentir en blâmant les autres . . . . C'est pour cela qu'on remarque qu'il n'y a point de lieu au Monde où la Médisance règne tant, que dans ceux où les deux sexes sont réciproquement ensemble, non seulement parce que cette familiarité fait naitre mille Incidens, qui donnent sujet de causer, mais aussi parce que les Femmes apprennent dans cette Ecole tous les raffinements de cet Art.*

Je demande si la Médisance ne pourroit pas être portée encore plus loin qu'on ne la porte ? si elle règne également par tout ? & si là où elle règne le plus, chacun s'y laisse également aller ? si enfin personne ne s'en corrige ? La Religion Chrétienne fournit de grands Motifs pour s'en corriger. Les Athées qui y auroient du penchant ne connoitroient rien qui les engageât à la modérer.

Il finit cet Article, en disant, *que la cause pour laquelle tous ces vices sont si communs, est qu'ils nous plaisent, & non pas parce qu'ils nous paroissent innocens, & puis vous verrés à quoi cela se réduit.*

Que l'on soit Athée, ou que l'on ait une Religion, si l'on se laisse aller au vice, c'est parce qu'il plait ; Il se peut que celui qui a de la Religion le refute à ses désirs, quand il réfléchit qu'ils ne sont pas Innocens, il se peut que les principes dont il est persuadé le sollicitent à faire cet éxamen, & qu'il leur obéisse ; & il ne se peut que cela n'arrive, au moins de temps en temps, à quelques-uns, il est même très-croiable que cela arrive souvent à plusieurs ; mais jamais cela n'arrive aux Athées.

Les Argumens de Mr. Bayle, si on les abrège se réduiront presque tous à celui-ci. *La Religion Chrétienne est la plus pure & la plus éxcellente. Parmi les Chrétiens qui sont profession de la croire, & qui en effet la croient véritable, il s'en trouve plusieurs qui, les uns à cet égard, les autres à celui-là , ne vivent pas conformément à ses beaux & justes Préceptes, donc ils sont inutiles.* Concluès, par un Raisonnement tout semblable, qu'il est inutile de faire des Livres, car plusieurs aiment à lire & lisent en effet, sans en profiter.

Pensées Diverses Article CLXIX.

Ibidem
Pag. 107.

„ N'est-il pas vrai, dit Mr. Bayle, qu'il n'y
„ a aucune révélation, ni aucune bonne Rai-
„ son Théologique, qui nous apprenne que l'im-
„ pudicité soit un péché moins désagréable à
„ Dieu que le meurtre, ou que le parjure ? El-
„ le est à la vérité plus favorable à la Société
„ publique, que les deux autres : mais ce n'est
„ pas à cela qu'on doit connoitre la qualité
„ des péchés, puis qu'il est constant dans la bonne
„ Théologie, que la méchanceté d'une action
„ consiste en ce qu'elle est défendue de Dieu,
„ mettant à part la distinction du droit natu-
„ rel, d'avec le droit positif. Ensuite dequoi,
„ les circonstances qui se tirent de l'Etat où
„ se trouve le pécheur, de ses connoissances
„ & de ses fins, font varier le degré de tur-
„ pitude selon le plus ou le moins. Je doute
„ fort que le poids du plaisir qui nous em-
„ porte, soit capable de diminuer le crime,
„ parce que si cela étoit, il faudroit dire que
„ les péchés d'habitude, beaucoup plus détesta-
„ bles que les autres, sont néanmoins plus vé-
„ niels, à cause que le poids des habitudes
„ contractées est une espéce de détermination
„ qui diminue la liberté. Pour ce qui est des
„ suites ruineuses à la Société civile, je ne
„ crois pas qu'à moins qu'elles aient été dans
„ l'intention du pécheur, elles aggravent sa fau-
„ te devant Dieu. Par éxemple , un bandit
„ qui tué un Homme dans le coin d'un bois,
„ sans savoir quel Homme c'est, se contentant
„ de savoir qu'il faut s'en défaire pour empor-
„ ter sa dépouille , n'est pas plus criminel, ou
„ moins criminel , devant Dieu, parce que dans
„ la fuite , il naît mille desordres , ou mille
„ biens de son meurtre. Il a peut-être tué un
„ Homme chargé d'enfans qui tombent dans la
„ mendicité par la perte de leur père ; un
„ Homme qui étoit le soutien des pauvres &
„ de l'innocence opprimée, dans tout le voisi-
„ nage ; un Homme qui accordoit tous les
„ procés des particuliers, &c. ou bien il a tué
„ un Homme qui n'avoit ni feu ni lieu, & qui
„ étoit a tout faire. Tout cela n'est compté
„ pour rien devant Dieu , n'étant attaché que
„ par accident au meurtre qui a été commis.
„ Deux Hommes tirent un coup de Pistolet
„ chacun à son ennemi ; l'un le tué , l'autre
„ le manque, ou bien le blessé si à propos, que
„ lui crevant un abscés, dont il seroit mort en
„ peu de jours, il le met en état de vivre
„ cinquante ans en pleine santé, comme on en
„ rapporte des éxemples. La Justice humaine
„ a beau faire différence entre ces deux Hom-
„ mes , condamnant l'un à la mort, & laiss-
„ sant l'autre en repos , à cause que l'action
„ de l'un a causé du préjudice au public, &
„ non pas celle de l'autre ; ils ne laissent pas
„ d'être également coupables au tribunal de la
„ justice de Dieu. Ainsi quoique la Société
„ publique profite de l'impudicité, & soit en-
„ dommagée par le meurtre, il ne s'ensuit pas
„ que l'un de ces péchés soit moindre que
„ l'autre devant Dieu, parce qu'il suffit de sa-
„ voir que Dieu a défendu nertement de ex-
„ pressément une chose, pour ne la pouvoir
„ faire sans tomber dans tout ce qui constitue
„ le crime. Le péché d'Adam qui a été pu-
„ ni d'une manière si terrible ne tira sa é-
„ normité que de la défense ; car du reste il
„ n'y avoit rien de plus innocent que de man-
„ ger d'un certain fruit. Cela ne faisoit au-
„ cun tort ni à la Société humaine , ni aux
„ bêtes, ni aux autres Créatures. Disons donc
„ que les Chrétiens qui s'abandonnent aux des-
„ ordres de l'incontinence, qui mentent per-
„ pétuellement , ou pour tromper leur pro-
„ chain, ou pour noircir sa réputation, ou
„ pour flater leur vanité, sont aussi criminels de-
„ vant Dieu que les Homicides ".

LXV. LES raisonnemens de Mr. Bayle *Il est des*
dans cet Article 169. ne tendent qu'à prouver que celui qui assommeroit un *dans la Corruption.*
Homme de qui il n'auroit pas reçu une assés grande révérence, ou même qui ne lui auroit pas fait la moindre ombre de mal, ne seroit pas plus coupable devant Dieu, que celui qui en auroit battu un autre, qui lui auroit dit les Injures les plus atroces; car Dieu a défendu l'une & l'autre de ces Actions. L'ignorance invincible disculpe, un trouble entier d'esprit en fait autant. Donc des circonstances dont les impressions Physiques vont à jetter dans une ignorance momentanée, & dans un trouble qui affoiblit la Liberté, excuse à proportion qu'il est plus difficile de se mettre au dessus de ce trouble, & de l'Ignorance momentanée où il le jette.

La Dispute de l'Atheïsme comparé à la Religion

DU PYRRHONISME.

ligion roule fur deux queftions principales que Mr. Bayle femble prendre plaifir à confondre. Quel des deux fentimens rend les pécheurs plus coupables? & quel des deux à le plus d'Influence fur le Bonheur & le desordre de la fociété?

Quand les Argumens de Mr. Bayle iroient à prouver que tous les Péchés font égaux & qu'à cet égard on tomberoit d'accord de ce qu'il dit, on pourroit toûjours lui répondre & lui répondre en verité ; qu'un Homme perfuadé de la vérité d'une Réligion, ennemi des vices, s'il ne s'abftient pas de tous parce que quelques-uns ont trop d'appas pour lui, il ne laifferoit pas de fe garantir de plufieurs, auxquels il fe feroit livré fans fcrupule, fi la Réligion ne les lui défendoit pas. Un Domeftique aime fon Maître, & un Enfant aime & refpecte fon Père ; Mais fi fe pourra que le Domeftique & l'Enfant portent leur Affection & leur Refpect jufqu'à fe commander & à fe contraindre à plufieurs égars, fans fe commander & fe contraindre à tous: A de certains égars ils combattront des Penchans, qu'ils fuivroient de bon cœur fans ce Refpect & cette crainte, & ils s'y refuferont; mais de tems en tems, plus ou moins, il y aura quelques-unes de leurs Inclinations qu'ils n'auront pas le Courage & la fermeté de combattre & de furmonter. Dira-t-on, autant vaudroit-il, par rapport à l'obéïffance, & à fes fuites dans la Maifon, qu'ils refufaffent de fe régler à tous égars?

Les Comparaifons de Mr. Bayle font outrées, il n'y a qu'à en avertir pour le faire remarquer.

Le Jeune Homme à qui il paroiffoit trop dur de quitter fes Biens ne valoit-il pas mieux qu'un Athée, & n'étoit il pas un membre plus utile dans la Société?

1° Item Dans l'Article 170. Mr. Bayle s'égaie, & *pag. 128.* amufe fes Lecteurs par des raifonnemens, fur lefquels j'ai déja plus d'une fois fait des remarques.

Per tan- LXVI. „ Si on me demande, dit Mr. Bay-*c'aerda-* „ le Art. 171. pourquoi prefque tous les Hom-*Item* „ mes fouhaitent de fe vanger & d'être Ri-*pag. 108.* „ ches, qui font deux paffions que l'Evangile „ condamne, & pourquoi il n'y a qu'un petit „ nombre de gens qui aiment ou la Chaffe & „ les Tableaux, ou les Sciences, & telles au-„ tres chofes permifes, ou la vertu, qui eft une „ chofe commandée: je répons en peu de mots, „ *c'eft parce que la Conftitution Machinale de* „ *l'Homme, c'eft-à-dire l'union de fon Ame avec* „ *fon Corps, fait que prefque tous les Hommes* „ *trouvent du plaifir à fe vanger, & à être ri-* „ *ches, & qu'il n'y a qu'un petit nombre qui* „ *trouvent du plaifir à la Chaffe, aux Tableaux,* „ *à l'étude & à la Vertu*". Concluës donc de là que le plaifir eft très-dangereux, & qu'il faut fe faire une habitude d'y oppofer les Maximes de l'Evangile, c'eft ce qui eft poffible, & c'eft de dequoi un Athée ne s'avifera jamais. Mais concluë de là, comme fait Mr. Bayle, *que la Réligion ne fert à cet égard qu'à faire de belles Déclamations en Chaire, & à nous montrer notre Devoir, après qui nous nous conduifons abfolument par la direction de nôtre goût pour les plaifirs*, c'eft conclure ce qu'il n'a point prouvé, c'eft pofer en fait non feulement l'inutilité de la Réligion, mais l'inutilité de la Philofophie, & de toutes les Régles, foit de la Logique, foit de la Morale. C'eft parler contre l'expérience, & avancer qu'on ne fauroit faire paffer un Voluptueux de fon goût & de fes préventions à celui de l'Etude, par exemple, ou à celui de quelque

autre travail. Il s'en faut au refte du tout au tout que s'enrichir ne foit défendu par l'Evangile autant que fe vanger.

Penfées Diverfes Article CLXXII. *Item*
„ Qui voudra fe convaincre pleinement, dit *pag. 109.* „ Mr. Bayle, qu'un Peuple deftitué de la Con-„ noiffance de Dieu, fe feroit des régles d'hon-„ neur & une grande délicateffe, pour les obferver „ n'a qu'à prendre garde parmi les Chrétiens qu'il y „ a un certain honneur du Monde, qui eft directe-„ ment contraire à l'efprit de l'Evangile. Je „ voudrois bien favoir d'après quoi on a tiré ce „ Plan d'honneur, duquel les Chrétiens font fi „ Idolatres, qu'ils lui facrifient toutes chofes. Eft-„ ce parce qu'ils favent qu'il y a un Dieu, un „ Evangile, une Réfurrection, un Paradis & „ un Enfer; qu'ils croient que c'eft déroger à „ fon honneur, que de laiffer un affront im-„ puni, que de céder la première place à un au-„ tre, que d'avoir moins de fierté & d'ambition „ que fes égaux? On m'avouera que non. Que „ l'on parcoure toutes les Idées de bienféance „ qui ont lieu parmi les Chrétiens, à peine en „ trouvera-t-on deux qui aient été empruntées „ de la Réligion; & quand les chofes devien-„ nent honnêtes, de mal féantes qu'elles étoient, „ ce n'eft nullement parce que l'on a mieux „ confulté la morale de l'Evangile. Les Fem-„ mes fe font avifées depuis quelque tems, qu'il „ étoit d'un plus grand air de qualité de s'ha-„ biller en public, & devant le Monde, d'al-„ ler à cheval, de courir à toute bride après „ une bête, &c.: & elles ont tant fait qu'on ne „ regarde plus cela comme éloigné de la mo-„ deftie. Eft-ce la Réligion qui a changé nos „ idées à cet égard? Comparés un peu les ma-„ niéres de plufieurs nations qui profeffent le „ Chriftianifme; comparés-les, dis je, les unes „ après les autres, vous verrés que ce qui paffe „ pour malhonnête dans un Païs, ne l'eft point „ du tout ailleurs. Il faut donc que les idées „ d'honnêteté qui font parmi les Chrétiens, „ ne viennent pas de la Réligion qu'ils profeffent. „ Il y en a quelques-unes de générales, je l'a-„ voué, car nous n'avons point de Nations Chré-„ tiennes, où il foit honteux à une Femme d'ê-„ tre chafte. Mais pour agir de bonne foi, il „ faut confeffer que cette idée eft plus vieille, „ ni que l'Evangile ni que Moïfe: c'eft une cer-„ taine impreffion qui eft auffi vieille que le NB; „ Monde, & je vous ferai voir tantôt que les „ Païens ne l'ont pas empruntée de leur Réli-„ gion. Avoüons donc, qu'il y a des idées „ d'honneur parmi les Hommes, qui font „ un ouvrage de la nature, c'eft-à-dire de la „ **Providence générale.** Avoüons le fur tout de „ cet honneur dont nos Braves font fi jaloux, & „ qui eft fi oppofé à la Loi de Dieu. Et com-„ ment douter après cela que la Nature ne peut „ faire, ou la connoiffance de l'Evangile ne la „ contrecarreroit pas, ce qu'elle fait parmi les „ Chrétiens"?

LXVII. ART. CLXXII. Pour faire *Item* fubfifter une Société d'Athées, Mr. Bayle met *Pag. 109.* en œuvre les Loix & les Châtimens. J'ai déja *Les avres* fait voir combien elle feroit inférieure à cet é-*mens ti*-gard à une Société Chrétienne. Il allégue après *rens de la* cela les Idées de bienféance & de l'honneur. *Réligion* Mais on ne fauroit nier que les idées de la *grand on* Réligion ne relévent de beaucoup celles de l'hon-*en eft per*-neur qu'on attache à la pratique de certaines ver-*fuadé.* tus. Une Société d'Athées, par exemple feroit-elle pas le point d'honneur ce qu'on a fait à Genéve par principe de Réligion. L'Hôpital eft le plus beau bâtiment de la Ville, on a dépenfé pour l'entretien des pauvres monte par an tort au delà du revenu des fonds qu'a cet Hopital. Tel vit très-frugalement chés lui, pour être en état de donner d'avantage aux pauvres: Mais quand on auroit la cruauté & la témérité de rapporter tant de charités à la seule Ambition, on seroit toûjours forcé de reconnoître, qu'on ne se seroit pas fait un si grand honneur de cette Vertu, si on ne la regardoit comme très-précieuse aux yeux de Dieu, & si ce n'étoit pas là l'opinion régnante.

Log. P. I.
S. I.
Chap. XI.
A. IX.

Quand l'amour de la Gloire n'est pas rectifiée par les Idées de la Réligion, elle est encore plus propre à troubler les Sociétés qu'à les faire fleurir. N'entraîne-t-elle pas avec soi tous les tristes effets de l'Envie. Voiés quelles injustices ne se faisoient pas à Athènes par ce Principe, puis qu'il suffisoit d'y avoir une grande Vertu pour y être persécuté. Les Lacedémoniens tiroient toute leur gloire de leur habileté dans l'Art Militaire, & Cicéron remarque que leurs mœurs en étoient moins justes. César fit consister la sienne à subjuguer, & à triompher; & quoi qu'il soit mort dans un âge peu avancé, il avoit fait périr plus d'un million de personnes. De la manière dont les Hommes sont faits, pour un qui fera consister sa gloire dans la Science, la Sagesse, la Modération, la Douceur, cent mille seront consister la leur à briller plus que les autres par la bonne chére, & par toutes les espéces de luxe.

Mr. Bayle qui soûtient que la Raison est impuissante à démêler l'honnête d'avec le deshonnête, & qui prétend qu'on ne peut tirer ces différences que de la Révélation, doit, par une conséquence nécessaire reconnoître les Athées dans l'impuissance d'établir cette distinction.

Dans ce même Article il reproche aux Chrétiens leur fureur pour le *faux point d'honneur*, qui a produit tant de Meurtres. Mais si les Princes ne s'étoient pas fait une maxime de Réligion d'abolir cette horrible coûtume, elle subsisteroit encore. Un grand Prince qui avoit sévèrement défendu les duels répondit à un autre qui lui demandoit la grace d'un coupable de grande qualité; *S'il vouloit répondre devant Dieu pour lui de cette Indulgence, & de ses effets.*

Mr. Bayle finit cet Article par quelque réflexions sur l'Indulgence des Modes; mais tous les Raisonnemens qu'il bâtit sur ce principe, n'ont pas plus de force que celui-ci auquel ils se réduisent.

Parmi ceux qui font profession de la Réligion, il s'en trouve qui s'en instruisent peu, il s'en trouve qui n'y pensent guére, & ceux-ci vivent mal. Donc personne ne prend soin de s'en bien instruire, & ne s'y rend attentif. Voilà pourquoi elle n'a aucune Influence, & on vivroit tout aussi-bien quand même on seroit Athée. Qu'appellera-t-on supposer ce qui est en Question, si on ne trouve pas ce défaut dans le Raisonnement qu'on vient de lire?

Mr. Bayle veut que l'on fasse attention sur l'indécence des Modes auxquelles des Femmes qui ont de la Réligion s'assujettissent, quoique la Réligion qu'elles connoissent les condamne.

Sous les Noms de *Modes*, & d'*Indécences* on peut confondre des choses, qu'il est très-nécessaire de distinguer. Il y a de l'indécence de s'habiller & d'agir d'une manière qui découvre qu'on manque de pudeur; & souvent c'est précisément la nouveauté de la Mode qui rend coupable à cet égard. Il est des Païs où l'on ne pourroit sans effronterie marcher dans les ruës sans voile. Il en est où le bras doit être caché. Il en est au contraire où porter des gans passe pour une immodestie. Dans l'un on condamne les jupes courtes, dans l'autre les jupes longues, & telle est la force de la coûtume, que ce qui seroit naitre des désirs illégitimes dans un lieu, n'a point cet effet dans un autre. Celles qui inventent des Modes par où on s'écarte des marques établies de la retenuë, & celles qui s'empressent à les suivre, manquent à leur devoir, & qui oseroit nier que l'honnêteté, soutenue de la Réligion, quand on est distinctement instruit sur sa partie Morale, n'empêchent un grand nombre de Personnes de donner dans ces nouvelles manières? Peu-à-peu elles s'établissent; dès là on n'en est plus frappé, & une manière de s'habiller ne produit point de plus mauvais effets qu'une autre. Une Dame recevra compagnie dans sa Chambre; elle sera dans son Lit, & on ne la regardera pas d'un autre œil que si elle étoit assise sur un Canapé. Un jeune Homme, qui n'a jamais vû de Femmes d'un certain ordre qu'en grande cérémonie, en peut être ému pour la première fois. Mais on s'y accoûtume, & on en est aussi peu agité, que si on les rencontroit dans la ruë ou à la promenade. Il n'y a rien que Mr. Bayle ne ramasse & d'où il ne s'efforce de tirer des preuves pour persuader que la Réligion est sans efficace.

Pensées Diverses Article CLXXIII.

LXVIII ,, PEUT-ETRE s'imagine-t-on, dit Mr. Bayle, qu'un Athée étant persua-
,, dé que son Ame meurt avec le Corps, ne peut
,, rien faire de louable par ce désir d'immortali-
,, ser son Nom, qui a tant de pouvoir sur l'esprit
,, des Hommes. Mais c'est une pensée très faus-
,, se, parce qu'il est certain, que ceux qui ont
,, fait de grandes choses, pour être loués de la
,, postérité, ne se sont point flatés de l'espéran-
,, ce de savoir dans l'autre Monde ce qu'on diroit
,, d'eux après leur mort. Et encore aujourd'hui
,, nos Braves qui s'exposent à tant de périls & à
,, tant de fatigues pour faire parler d'eux dans
,, l'Histoire, s'imaginent-ils que les monumens
,, qui seront élevés en leur honneur, & qui ap-
,, prendront à la postérité la plus reculée tout
,, ce qu'ils auront fait de grand & de magnifique,
,, leur feront sentir quelque plaisir? Croient-ils
,, qu'on les informera dans l'autre Monde de ce
,, qui se passe dans celui-ci? Et ne savent-ils pas
,, que soit qu'ils jouïssent de la félicité du Para-
,, dis, soit qu'ils brulent dans les Enfers, il leur
,, seroit très-inutile d'apprendre que les Hommes
,, les admirent? Ce n'est donc point la croiance
,, de l'Immortalité de l'Ame qui fait aimer la
,, Gloire, & par conséquent, les Athées sont
,, très-capables de souhaiter une éternelle réputa-
,, tion. Ce qu'il y a de plus solide dans l'Amour
,, de la Gloire, ce sont sans doute les agréables
,, Imaginations que l'on roule dans son esprit
,, pendant cette vie, en se représentant une lon-
,, gue suite de siécles remplis de l'admiration de
,, ce que l'on aura fait. Est-on mort? Ce n'est
,, plus cela, on a bien d'autres choses à faire que
,, de songer à la réputation qu'on a laissée dans
,, ce Monde. *Id cinerem aut manes credis curare*
,, *sepultos?*

,, Vous avez ouï dire sans doute que Mon-
,, sieur de Castelnau aïant été honoré du
,, bâton de Maréchal de France peu a-
,, vant sa mort, dit, *que cela étoit fort beau*
,, *dans ce Monde, mais qu'il s'en alloit*
,, *dans un Païs où cela ne lui serviroit de*
,, *rien.*

Du Désir de s'Immortaliser. Ibidem. Pag. 110

Dans

Pensées diverses. Oeuvres Diverses T. III. pag. 110.

Dans cet Art. 173. Mr. Bayle veut établir que le défir de s'immortaliser portera les Athées à des actions de vertu. Donc les hommes ne se conduisent pas uniquement par le goût & par l'amour des plaisirs. Donc les Discours, par lesquels les Orateurs solliciteront un peuple d'Athées à immortaliser leur mémoire, ne seront pas de vaines declamations ; comme les prédications des Chrétiens, quand ils répétent les Sermons de Jesus-Christ & ceux de ses Apôtres.

Si l'idée d'une immortalité imaginaire peut rectifier les penchans des hommes, & les porter à faire quelques sacrifices de leurs interêts particuliers, & de leurs interêts presens aux interêts communs de la Société, quelle ne sera pas l'efficace de l'attention qu'ils feront à une immortalité inevitable ou de félicité ou de chatimens ? Si j'avois répondu à cet Article de Mr. Bayle pendant qu'il vivoit encore, je lui aurois demandé s'il croyoit dans l'erreur des Théologiens qui attribuent de l'efficace à la prédication de l'Evangile, & qui croient que l'évidence avec laquelle Jesus-Christ *a mis en lumiere la vie & l'immortalité*, est aussi d'une grande influence pour la sanctification, je lui aurois, dis-je, demandé s'il trouvoit que ces Théologiens entendissent leur Religion, ou s'ils exageroient beaucoup le pouvoir des Verités de l'Evangile & des objets qu'elles présentent, tout cela n'étant que de vains sons, & notre sanctification n'étant que l'effet d'un enthousiasme qui nous saisit. Et voilà pourquoi les Prédicateurs n'étant point les Maitres de cet Enthousiasme, & de la distribution de cet Esprit sanctifiant ; ils ne doivent regarder ce qu'ils composent que comme des déclamations vaines, propres à la verité à attirer quelques louanges à celui qui les recite, mais sans aucun fruit pour ceux qui les écoutent.

Dans un Corps de Société Civile, il n'y aura jamais qu'un petit nombre de personnes, que l'esperance de l'Immortalité de Réputation puisse avoir quelque efficace. Le plus grand nombre, sans contredit, n'est point susceptible de cette délicatesse, & quand il le seroit, à moins d'occuper de grands postes, il seroit inutile d'y prétendre.

Ibidem.

,, Ce qu'il y a de plus solide, dit Mr. Bayle, ,, dans l'amour de la Gloire, ce sont sans doute les ,, agréables Imaginations que l'on roule dans son ,, Esprit pendant cette Vie, en se représentant une ,, longue suite de siécles remplis de l'admiration ,, de ce qu'on aura fait".

Peut-on comparer l'efficace de ces idées flateuses, qui au fond ne sont que des Illusions, avec la persuasion d'une Immortalité réelle ?

Ibidem. pag. 131.

Pensées Diverses, Article CLXXIV. Il ,, paroit, dit Mr. Bayle, par quelques passages de ,, Pline, qu'il ne croyoit point de Dieu ; ce n'étoit ,, pas néanmoins un Voluptueux, & jamais hom- ,, me n'a été plus attaché que lui & des occupations ,, honnêtes & dignes d'un illustre Romain.

,, Epicure qui nioit la Providence & l'Immorta- ,, lité de l'ame, est un des anciens Philosophes qui ,, a vécu le plus exemplairement ; & quoi que sa ,, Secte ait été décriée dans la suite, il est néan- ,, moins certain qu'elle a été composée de quantité ,, de personnes d'honneur & de probité, & que ,, ceux qui l'ont deshonorée par leurs Vices n'é- ,, toient point devenus vicieux dans cette Ecole. ,, C'étoient des gens débauchés par habitude & ,, par tempérament, qui étoient bien aises de couvrir ,, leurs sales passions d'un aussi beau prétexte qu'é- ,, toit celui de dire, qu'ils suivoient les maximes ,, d'un des plus grands Philosophes du monde, & ,, qui s'imaginoient que pourvû qu'ils se cachassent ,, sous le manteau de la Philosophie, ils pourroient ,, se moquer du scandale qu'ils causeroient. Ils n'é- ,, toient pas devenus débauchés, parce qu'ils ,, avoient embrassé la doctrine d'Epicure : mais ils

,, avoient embrassé la doctrine d'Epicure mal enten- ,, due, parce qu'ils étoient débauchés. C'est ain- ,, si qu'en parle Seneque quoiqu'il fût d'une secte ,, remplie d'animosité contre la memoire d'Epicu- ,, re, & il ne fait pas difficulté de protester, qu'il ,, étoit fort persuadé &c".

Les Voluptueux qui étoient ravis de pouvoir cacher l'indécence de leurs Débauches sous le manteau de la Philosophie autorisée d'un Nom célébre auroient eu honte de leur conduite ; quand ces Maximes universellement reconnues pour des Régles respectables, les auroient condamnées. C'est ainsi, qu'aujourd'hui nombre de débauchés sont ravis d'avoir à M. Bayle l'obligation de se livrer sans honte & sans inquietude à des plaisirs, dont il s'est fait une loi d'entretenir ses Lecteurs, après s'être fait une habitude de les rouler dans son Imagination.

LXIX. TOUT cet Article 174. ne contient rien de concluant. On ne dit pas qu'un homme ne sauroit être Athée, sans s'abandonner au vice ; mais on soutient que les sens, l'imagination, les passions, & les objets qui nous environnent, ont à tout coup tant de force pour nous déterminer à de mauvaises actions, que ceux à qui la Religion ne fournit pas dequoi s'y opposer, sont par là même privés des secours les plus efficaces. Ainsi tout ce que Mr. Bayle dit à la louange de quelques Athées, par rapport à leurs mœurs, n'ébranle point notre Systême. On conçoit aisément qu'un homme qui est assés hardi pour contredire tout le reste du Genre-humain, en niant qu'on ait un Souverain Maître, doit juger qu'il effaroucheroit les Esprits, & qu'il les revolteroit contre lui. Il est si naturel de conclure qu'il anéantiroit une des plus puissantes barrieres qu'on pouvoit opposer aux désordres, & que l'on craint tout de son opinion. Là-dessus quel parti peut-il prendre, si ce n'est de nier les Conséquences, & de faire voir par sa Conduite qu'elles ne sont pas nécessaires ? Lors qu'un homme très-sensible au plaisir de répandre son sentiment & de s'en faire honneur, n'a pas un Temperament qui le porte à des excès de sensualités, ni à des intrigues, & des querelles, il prend aisément le parti de la Modération pour faire honneur à ses sentimens favoris, auxquels il prend même d'autant plus d'interêt, qu'ils lui sont plus particuliers. Mais cette raison ne sauroit avoir aucun lieu sur la Multitude, & les habitans d'un Païs uniquement rempli d'Athées ne contraindroient pas leurs penchans à l'Avarice, aux Querelles, à la Fraude, aux Sensualités pour faire enrager leurs voisins, & pour se procurer le plaisir de pouvoir leur dire, *sans Religion, nous vivons tout aussi bien que vous*.

De la vie reguliere de quelques Athées.

J'ai déjà fait mes remarques sur les Epicuriens dont il parle dans cet Article. Ce que j'en ai dit s'applique tout naturellement à la Société d'Athées qu'on trouve en Turquie, dont Mr. Bayle loue la civilité & l'hospitalité. *Il est vrai*, dit-il, *qu'ils procurent à leurs hôtes un divertissement très malhonnête, mais ils ne font rien en cela que le reste des Turcs ne fassent*.

Ibidem. Article 174.

1. Cela n'est pas certain. 2. Si ce que l'on rapporte est vrai, voilà des Athées bien méprisables. 3. Le beau Païs que celui où ce crime seroit universel ! 4. L'union peut regner entre un petit nombre de gens, qui sont ravis de trouver quelcun qui pense comme eux dans le nombre infini d'hommes qui pensent tout autrement. Donc elle subsisteroit dans un peuple entier, dans la diversité des familles & des interêts ; la Conséquence est nulle.

L'Athée dont parle Mr. Bayle, dont la pureté du corps étoit le Dieu, qui avoit autant de chemises qu'il y a de jours dans l'année, & qui les envoyoit blanchir de Paris en Flandres, étoit visiblement un fou ; mais tout est bon à Mr. Bayle, pourvû qu'il ait une apparence d'argument en faveur des Athées. L'accusation d'Athéïsme qu'on

Ibidem.

avoit

avoit fait au Chancelier de l'Hôpital, Mr. Bayle n'ose pas seulement le soutenir. Qu'importe, elle fait toûjours nombre.

Pens. Div. Oeuvres pag. 112. Art. 175. *Les gens voluptueux*, dit M. Bayle, *ne s'amusent guére à dogmatiser sur la Religion.* Que conclurre de là ? Que les Athées ne sont pas des gens voluptueux, ou qu'ils ne seront pas propres à le devenir ? C'est justement ces gens-là, que ceux qui dogmatisent, gagnent. Un débauché qui a lû quatre pages des livres de Spinoza, ou qui en a seulement entendu parler, si même il ne comprend rien dans le Spinosisme; N'importe, il est Spinosiste, & se moque de la Religion. Dans l'article *Des Barreaux* du Dictionnaire Historique, Mr. Bayle représente une partie des Athées comme des gens qui s'oublient dans les plaisirs, & qui par cette raison aiment la doute, & puisque les débauchés ont abusé de la Doctrine d'Epicure, on voit que les débauchés se sont fait un plaisir de se ranger dans un parti qui ne reconnoissoit aucune Providence. Au reste les Voluptueux sensuels soutiendront de loin d'abuser du systême d'Epicure ils l'ont perfectionné & lui ont donné plus de réalité en lui donnant plus de corps.

Oeuvres pag. 113. Pensées Diverses. Art. CLXXVI. ,, Je con-,, çois, dit Mr. Bayle, que c'est une chose bien ,, étrange qu'un homme qui vit bien moralement, & ,, qui ne croit ni Paradis ni Enfer. Mais j'en reviens ,, toûjours là, que l'homme est une certaine créature, ,, qui avec toute sa raison n'agit pas toûjours con-,, sequemment à sa créance. Les Chrétiens nous ,, en fournissent assés de preuves. Ciceron l'a re-,, marqué à l'égard de plusieurs Epicuriens, qui ,, étoient bons amis, honnêtes gens, & d'une con-,, duite accommodée non pas au desir de la volup-,, té, mais aux règles de la raison. Ils vivent ,, *mieux*, dit-il, *qu'ils ne parlent*, *au lieu que les* ,, *autres parlent mieux qu'ils ne vivent*, On a fait ,, une semblable remarque sur la conduite des Stoï-,, ciens. Leurs Principes étoient, que toutes choses ,, arrivent par une fatalité si inévitable, que Dieu ,, lui-même ne peut, ni n'a pû jamais l'éviter. Na-,, turellement cela ne devoit conduire à ne s'exci-,, ter à rien, à n'user jamais ni d'exhortations, ni ,, de menaces, ni de censures, ni de promesses. ,, Cependant il n'y a jamais eu de Philosophes qui ,, se soient plus servis de tout cela, qu'eux: & ,, toute leur conduite faisoient voir qu'ils se cro-,, yoient entierement les *Maitres de leur Destinée*. ,, Les Turcs tiennent quelque chose de cette doc-,, trine des Stoïciens, & outrent extrêmement la ,, matiere de la Prédestination. Cependant on les ,, voit fuïr le péril, tout comme les autres hom-,, mes le fuyent: Et il s'en faut bien qu'ils ne ,, montrent à l'assaut, aussi hardiment que les Fran-,, çois qui ne croyent point la Prédestination. Tout ,, ce qu'on nous dit de la sécurité de ces Infidelles, ,, fondée sur l'opinion qu'ils ont de l'immutabilité ,, de leur sort, sont des contes. Ils se servent des ,, Lumiéres de leur prudence tout comme nous, ,, & châtient certaines fautes encore plus sévére-,, ment que nous. On voit des Chrétiens qui ,, nient la Prédestination : On en voit aussi qui la ,, croyent. Quelques-uns prétendent, que l'on ,, peut être assuré de son Salut, que l'on ne perd ,, jamais la grace, que l'on n'est point sauvé par ,, ses œuvres, qu'il ne faut confesser les pechés ,, qu'à Dieu, & qu'il n'y a point de Purgatoire: ,, D'autres soûtient tout cela: Mais malgré cette dif-,, ference dans les dogmes, ils se gouvernent les ,, uns & les autres de la même façon, pour ce qui ,, regarde les mœurs. S'ils différent en quelque ,, chose, cela vient du genie particulier de chaque ,, Nation, & non pas du génie de la Secte.

,, Ce seroit une chose infinie que de parcourir ,, toutes les bizarreries de l'homme, qui font voir ,, que non seulement le plus sot de tous les ani-,, maux, comme l'a prouvé Mr. Des-Preaux dans ,, l'une de ses Satires, mais aussi un monstre plus ,, monstrueux que les Centaures & que la Chi-,, mére de la fable ; ce qui, au dire de Mr. Pas-,, cal, est une forte preuve de la verité qui nous est ,, récitée dans le Livre de la Genese, touchant la ,, chûte du prémier homme. Il est certain, que ,, c'est là qu'il faut chercher le dénouement de ,, toutes les contradictions qui se voyent dans no-,, tre espece. Mais cela n'empêche pas que le prin-,, cipe que j'ai posé, ne serve à débrouiller un peu ,, ce cahos; Car s'il est vrai que les persuasions ,, générales de l'esprit ne sont pas le ressort de nos ,, actions & que c'est le temperament, la coutu-,, me, ou quelque passion particuliére qui nous ,, détermine, il peut y avoir une disproportion é-,, norme entre ce que l'on croit, & ce que l'on ,, fait. Donc il est aussi facile qu'un Athée se ,, prive de ses plaisirs en faveur d'un autre, qu'il ,, est facile qu'un Idolatre fasse un faux serment. ,, Ainsi on voit que de ce qu'un homme n'a point ,, de Religion, il ne s'ensuit pas nécessairement ,, qu'il se porte à toute forte de crimes, ou à tou-,, te sorte de plaisirs. Il s'ensuit seulement qu'il ,, se porte aux choses pour lesquelles son tempe-,, rament & le tour de son esprit lui donnent de ,, la sensibilité; encore faut-il que la crainte de la ,, justice humaine, ou de quelque dothmage, ou ,, de quelque blâme ne vienne pas à la traverse. ,, Par où l'on voit qu'un Payen à l'égard des ,, mœurs, ne vaut pas plus qu'un Athée".

Les bizarreries de l'homme font voir non seulement qu'il est le plus sot de tous les animaux, mais encore qu'il est un Monstre plus odieux que les Centaures de la Fable. Mr. Bayle prétend que l'homme merite ces titres par la disproportion énorme qu'il trouve entre sa conduite & ses Idées. Les Chrétiens qui pensent bien, & vivent mal sont des Monstres par rapport au genre des choses bonnes & reguliéres. Ils se tirent & s'écartent effroyablement de ce genre d'Etres qui vivent regulierement & conséquemment. Mais l'Athée qui erre & se trompe dans ses Jugemens, mais qui vit dans la pureté, dans la moderation est une autre Bisarrerie, c'est un Monstre dans le genre des choses mauvaises & irreguliéres. Par consequent c'est, selon Mr. Bayle, un être admirable. *Ibidem.*

Laissons les Metaphores & les termes éblouïssans. Qu'est-ce que cet Athée dont la conduite étonne? C'est un homme dont le cœur trop fier, & souffrant trop impatiemment toute superiorité, s'applaudit de ne croire point de Dieu, & n'a pas de plus grand plaisir que d'inventer des défaites, qui affoiblissent, ou obscurcissent les principes par où l'on démontre son éxistence; qui joint enfin à ce plaisir celui d'ôter aux partisans d'une Divinité une objection qui se présente naturellement ; c'est que l'Athée enlève la barriére la plus forte que l'homme puisse opposer au penchant de la Nature corrompue. Louerons-nous donc son entétement & son orgueil. Louerons-nous sa finesse à ne donner pas de prise à ceux qu'il met presque toute sa gloire à contrequarrer?

De ce que la persuasion des verités générales, n'est pas le seul principe qui nous détermine & que de tems en tems, les Passions qui nous troublent prévalent sur les Principes si estimables, s'ensuit-il que la force de ces principes doive être comptée pour rien & que la pratique de la vertu soit aussi facile à un Athée qu'à un homme aidé par la Religion à surmonter les passions qui engage dans le vice.

LXX. DANS l'Article 176. Mr. Bayle revient encore à son Sophisme tant de fois refuté: mais il compte sans doute qu'à force de le remettre devant les yeux, il le persuadera. *L'homme*, dit-il, *ne rigle pas sa vie sur ses opinions*. Tous les hommes *ne se règlent pas de cette manière* ; j'en tombe d'ac-

Redites de Mr. Bayle. Ibidem.

d'accord: mais il ne laisse pas d'être vrai qu'un petit nombre ne se fasse de tems en tems, & que tous enfin ne pussent & ne dussent le faire, & ne soient coupables de ne le faire pas. Entre ces opinions qui ont de l'influence sur quelques-uns constamment, sur plusieurs de tems en tems, & qui en devroient avoir sur tous, je compte la Religion, qui n'en a aucune sur les Athées.

Il y a des Opinions qui sont si peu naturelles, (telle est celle de la Fatalité) qu'il ne faut pas s'étonner, si les hommes ne les suivent point dans leur conduite. Mais il en est de si raisonnables, qu'il est étonnant qu'on les perde de vuë. On ne le croiroit pas, si on ne le voyoit, & si on ne connoissoit la facilité avec laquelle l'esprit de l'homme s'éblouït, & la force des habitudes. Mais il est des sentimens propres à former des habitudes nouvelles, & ces sentimens naissent de l'instruction & de la vuë de la verité.

LXXI. DANS l'Article 177. Mr. Bayle dit, *D'où vient que tous les Athées ne sont pas égaux en corruption. Ibidem.* On a vû des personnes sans Religion commettre les plus effroyables desordres. On s'imagine que tous ceux qui n'en ont pas, en feront autant, & c'est, en quoi Mr. Bayle prétend qu'on se trompe. Mais il est certain qu'on ne se trompe point, si on se contente de dire, que tous ceux qui n'ont point de Religion en feront autant, dès qu'ils se trouveront dans de semblables circonstances; & qu'ils seront à peu près de la même humeur, & qu'enfin ils feront l'équivalent, si leur inclination les porte à une autre espèce de vice, car ils ne connoissent rien qui puisse les retenir.

LXXII. J'AI déja fait des remarques sur l'Article 179. où Mr. Bayle revient à l'amour de la gloire & à ses effets. *Insuffisance du point d'honneur. Ibidem. pag. 115.*

,, Cardan compare, dit-il, les Athées aux Usuriers, qui pour ne pas décrier le Métier, font ,, les plus exacts de tous les hommes à tenir ce qu'ils ,, promettent, & dans les termes qu'ils les promettent. Voilà de quoi quelques Athées pourront ,, faire pendant qu'ils sont décriés dans la Société, ,, où ils jouent un personnage si singulier, & où ils ,, paroissent si à craindre. Mais il est évident que ,, cette raison cesseroit, dès que leur sentiment deviendroit commun, & alors qu'on devroit-on attendre"?

LXXIII. DANS l'Article 180, Mr. Bayle établit que la pudicité étoit observée à Rome dans un tems où elle ne passoit pas pour commandée par les Dieux. Cette grande sensibilité, *dit-il*, pour l'honneur ne pouvoit pas être inspirée aux femmes Romaines par la Religion qu'elles professoient, puis qu'il eût fallu pour cela que leur Religion leur eût appris que l'impudicité déplaisoit aux Dieux. Les Vierges Vestales qui devoient s'en faire une grande Religion, y manquoient quelquefois". *De la Chasteté. Ibidem.*

Le dernier de ces Articles nous seroit contraire, si nous disions qu'on ne manque jamais à une Religion, de laquelle on fait profession. De plus, qui me répondra que les Vestales Incestueuses n'ayent pas eu des doutes sur leur prétendu devoir, & ne l'ayent pas regardé comme un engagement temeraire & tyrannique?

Que la fidelité dans le Mariage & la pureté dans les mœurs n'ayent passé pour des Vertus agréables aux Dieux, c'est ce dont on ne doutera pas, si on lit les descriptions que les Poëtes faisoient du Tartare & des Champs Elisées, conformes aux Idées communes. Horace prédit aux Romains que les Dieux les puniront, parce qu'eux & leurs femmes avoient abandonné la Chasteté, qui regnoit chés leurs Ancêtres. On faisoit chanter les louanges des Dieux par de jeunes garçons, & par de jeunes filles, que l'on regardoit devoir être encore dans l'Innocence.

Ce que Mr. Bayle allegue pour prouver le contraire montre seulement qu'il y avoit dans la Religion Payenne des contradictions.

Pensées Diverses Art. CLXXXII.

LXXIII. ,, QUAND je considére, dit Mr. Bayle, ,, que l'Atheïsme a eu des Martyrs, je ne doute plus que ,, les Athées ne se fassent une idée d'honnêteté, qui ,, plus de force sur leur esprit, que l'utile & que l'agréable. Car d'où vient que Vanini s'est indiscretement ,, amusé à dogmatiser devant des personnes qui le ,, pouvoient deferer à la Justice? S'il ne cherchoit ,, que son utilité particuliére, il devoit se contenter de jouïr tranquillement d'une parfaite securité de conscience, sans se soucier d'avoir des Disciples. Il faut donc qu'il ait eu envie d'en ,, voir, & cela ou afin de se rendre Chef de parti, ,, ou afin de delivrer les hommes d'un joug, qui à ,, son avis les empêchoit de se divertir tout à leur ,, aise. S'il a voulu se rendre Chef de parti, c'est ,, une marque qu'il ne regardoit pas les plaisirs du ,, corps, ni les richesses, comme sa derniére fin, ,, mais qu'il travailloit pour la gloire. S'il a voulu delivrer les hommes de la crainte des Enfers, ,, dont il croyoit qu'ils étoient importunés mal à ,, propos, c'est un signe qu'il s'est cru obligé à ,, rendre service à son prochain, & qu'il a jugé ,, qu'il est honnête de travailler pour nos semblables, non seulement à nôtre préjudice, mais ,, aussi au peril de nôtre vie. Car Vanini ne ,, pouvoit pas ignorer, qu'un Athée, qui ne ,, chercheroit que son utilité, trouveroit mieux ,, son compte parmi de bons Dévots, que parmi des scelerats, parce qu'un bon Devot ne ,, vous supplante point par ses Caballes & par ses ,, Intrigues, & à si peu de disposition à tromper, ou à s'emparer du bien d'autrui, qu'il ,, aime mieux céder son Droit, que de contester ,, contre un homme qu'il voit resolu à faire de faux ,, sermens; au lieu qu'un scelerat sera le premier à se ,, servir de la fraude & du parjure & à faire échouïr les desseins de ses Concurrens par toute ,, sorte de méchancetés. De façon qu'il est de ,, l'interêt d'un Athée qui veut faire fortune, qu'il ,, n'y ait que de bonnes Ames sur la terre, & Vanini n'y entendroit rien, s'il vouloit pêcher en ,, eau trouble, de vouloir établir l'Atheïsme. Il ,, falloit plutôt travailler à rendre le monde Devot. ,, Il savoit d'ailleurs qu'il y a peine de mort contre ceux qui enseignent l'Atheïsme, si bien ,, qu'en travaillant à repandre ses Impietés, il risquoit, & les occasions de profiter de la bonne ,, conscience des autres hommes, & sa propre vie ,, en même tems. Il faut donc qu'une fausse idée ,, de generosité lui ait fait accroire qu'il devoit sacrifier ses Interêts à ceux du prochain". *Palus x's que des Athées. Ibidem. pag. 117.*

,, Mais d'où vient qu'il n'a pas trouvé des juges ,, & qu'il a mieux aimé mourir dans les plus rudes ,, tourmens, que de donner une retractation qui ,, dans ses principes ne pouvoit lui faire aucun ,, tort dans l'autre monde? Pourquoi ne pas faire ,, semblant d'être desabusé de ses impietés, puis ,, qu'il ne croyoit pas que l'hypocrisie eût été defendu de Dieu? Il faut reconnoître en cela, ou ,, qu'il se proposoit de faire parler de lui, comme ,, ce Paquin qui brula le Temple de Diane, ou ,, qu'il s'étoit formé une idée d'honnêteté qui lui ,, faisoit juger que c'est une bassesse indigne d'un ,, homme que de déguiser ses sentimens de peur de ,, souffrir la mort. On ne sauroit donc nier que ,, la raison sans une connoissance expresse de ,, Dieu, ne puisse tourner les hommes du côté de ,, l'honnête, tantôt bien connu, tantôt mal. Et ,, en tout cas l'exemple de Vanini est une preuve ,, incontestable de ce que j'ai dit tant de fois, à ,, savoir que les hommes n'agissent pas conformement ,, à leur créance. Car si ce fou-là eût agi de cette ,, sorte, il eût laissé chacun dans son opinion, ou ,, plutôt il eût souhaité de trouver par tout de bons ,, Devots,

,, Devots, qui se laissassent duper facilement par
,, un hypocrite. Que lui importoit, qu'un verita-
,, ble Chrétien se privât des plaisirs du Monde?
,, Si cela lui faisoit pitié, il sortoit de son Systême
,, qui ne s'engage à rien en faveur d'autrui; outre
,, qu'il s'abusoit grossiérement, car il n'y a point
,, de douceur dans le peché, qui égale les douceurs
,, dont une Ame devote jouit dès cette vie. Pour
,, les autres Chrétiens, il n'avoit que faire de se
,, plaindre, ils ne se divertissent guére moins que
,, s'ils étoient sans Religion. Après avoir dogma-
,, tisé mal à propos, il eût à tout le moins juré
,, qu'il étoit revenu de ses erreurs, & qu'il signe-
,, roit de son sang tous les Articles de nôtre créan-
,, ce. Au lieu de cela, il se fit un ridicule point
,, d'honneur de se roidir contre les tourmens. Ce
,, qui fait voir qu'avec une opiniâtreté de cette
,, nature il étoit capable de mourir pour l'Athéïs-
,, me, quoi qu'il eût été très-persuadé de l'Exis-
,, tence de Dieu".

,, On peut joindre à l'exemple de Vanini, celui
,, d'un certain Mahomet Effendi, qui fut exécuté
,, à Constantinople il n'y a pas fort long-tems,
,, pour avoir dogmatisé contre l'éxistence de Dieu.
,, Il pouvoit sauver sa vie en confessant son erreur,
,, & en promettant d'y renoncer à l'avenir, mais il
,, aima mieux persister dans ses blasphêmes, di-
,, sant qu'encore qu'il n'eût aucune recompense à
,, attendre, l'amour de la Verité l'obligeoit à souf-
,, frir le Martyre pour la soutenir. Un homme
,, qui parle ainsi nécessairement une idée de l'hon-
,, nêteté; & s'il pousse son obstination jusqu'à mou-
,, rir pour l'Athéïsme, il faut qu'il ait une si fu-
,, rieuse envie d'en être le martyr, qu'il seroit ca-
,, pable de s'exposer aux mêmes tourmens, quand
,, même il ne seroit pas Athée".

Vanini, selon Mr. Bayle, a répandu ses sentimens
ou par vanité, ou par charité pour les hommes. Si
c'est par vanité, on voit donc que l'Orgueil suffit
pour engager un homme à renoncer à ses Intérêts,
à s'exposer à des Dangers, & à se priver de ses
plaisirs.

Sur cela je fais deux remarques 1°. Que la persuasion d'une gloire solide & éternelle devra être
d'une toute autre efficace. 2°. Que dès que l'Orgueil d'un Athée ne pourra plus avoir occasion de
se satisfaire par la nouveauté de ses sentimens qui seront devenus communs, il se portera à mille excès
très-préjudiciables à la Société, car de quoi ne peut
pas être capable un Athée avec tout le courage que
Mr. Bayle attribuë à Vanini?

Au reste le prétendu motif de Charité & de Generosité qui engage un Athée à s'exposer pour affranchir les autres hommes de la crainte incommode
d'un Enfer, est une Chimére. Car premiérement
pour n'être pas troublés par cette crainte, il n'y a
qu'à bien vivre, & cela étant, la Charité & la Generosité d'un Athée ira à affranchir les vicieux d'une
inquietude qui les empêchant de se livrer à leurs
desirs avec assés d'abandon. Grande Charité,
Grande Generosité, grand service rendu au Genre-
humain!

Quand un Athée se borne à entraîner dans son
sentiment un petit nombre de personnes dont il veut
faire ses Camarades de Débauche & de Fortune, il
pourroit dire qu'il pourvoit à leurs intérêts & à ses
siens; Il a besoin de quelques personnes qui pensent
comme lui pour vivre plus agréablement. Mais
dès qu'il répand son dogme, il expose ses plus chers
amis & ses plus intimes confidens à se voir environnés de gens en qui ils ne pourroient prendre aucune
confiance, parce qu'ils ne seront retenus par aucune
Loi ni par aucune crainte. Est ce-là aimer les hommes!

La fureur d'un Athée surprend, & la cause en
paroît incompréhensible. J'ai déja traité cette matiére.

Au reste on a l'Histoire de Vanini, qui nous
apprend tout le contraire de ce que Mr. Bayle ce
grand Critique avance sur le compte de cet Athée.
Il étoit un infame débauché & il fit tout ce qu'il
put pour persuader à ses Juges qu'il reconnoissoit un
Dieu. Cette Vie a été imprimée en 1717. à Rotterdam, on n'a qu'à voir ce qui en est dit à la page
223. & suivantes. Mr. Bayle a donc eu trop d'empressement à faire l'éloge de cet Athée.

Il se peut que Mr. Ricaut n'a pas été exactement informé de toutes les circonstances de la
mort de l'Athée Mahomet Effendi; Mais quand
cet Athée auroit fini sa vie avec autant de courage que Mr. Bayle le rapporte, cela prouveroit
seulement qu'un Athée est capable de porter la
vanité aux plus grands excès, cela prouveroit encore qu'un Athée peut se conduire par ses o-
pinions & les aimer preferemblement à son interêt & à ses voluptés, d'où il suit manifestement
qu'à plus forte raison un homme sacrifiera quelques
voluptés sensuelles, & quelques Interêts presens, à
la satisfaction de vivre suivant les maximes d'une
Religion dont il est persuadé, & d'obtenir par-
là, avec l'approbation du souverain Maître de
l'Univers, des Recompenses éternelles. En un
mot le gros des Athées s'abandonneroit sans retenuë
à ses Inclinations.

Les Turcs punissoient autrefois de mort ceux qui
disputoient contre l'Alcoran. Le supplice d'Effendi étoit donc inévitable; l'Alternative de vivre &
de mourir, par les Loix des Mahométans, ne fut
point remise à son choix, & ne le pouvoir être; se
trouvant donc d'une humeur ferme, il prit le parti
de mourir hardiment, & d'ôter par là un plaisir &
ceux qui le haïssoient, celui de le voir effrayé &
trouvé plein de regret à la vie. Ainsi Mr. Bayle
prodigue trop liberalement ses éloges à ses chers
Athées, qui regalent leurs hôtes à la maniére de
Gomorrhe, mais cela n'est rien; c'est une bagatelle; ils sont civils, hospitaliers, & dès la premiére
visite ils en viennent familiérement à ces horreurs.

,, Je ne veux point d'autre réponse, dit Mr. *Ibidem*
,, Bayle, Pensées Div. Art. 183. pour ceux qui *pag. 118.*
,, croyent l'Atheïsme étant la plus incorrigible
,, de toutes les dispositions de l'esprit, est necessai-
,, rement pire que l'Idolatrie. Un Idolatre, ajoû-
,, tent-ils, qu'on veut faire entrer dans la bonne
,, Religion, convient avec vous d'une infinité de
,, choses. Il ne faut point perdre de tems à lui
,, prouver qu'il y a un Dieu, & c'est justement
,, par où il faut commencer avec un Athée, dont
,, l'opiniâtreté va si loin, qu'on vieillit en dispu-
,, avec lui, avant que de vuider cet article.
,, Je prie ceux qui raisonnent ainsi de considerer
,, 1°. Que pour un Athée qui s'est opiniâtré dans
,, ses Impietés, jusques à vouloir mourir plûtôt
,, que de s'en dédire, il y a des millions d'Idolatres
,, d'une semblable obstination. 2°. Que l'opinia-
,, treté de ce petit nombre d'Athées, ne venoit pas
,, de leur Atheïsme; car selon la remarque que j'ai
,, déja faite, ils devoient par leurs principes s'accom-
,, moder à la Religion du Païs: de sorte que ne
,, l'ayant point fait, il faut conclure qu'ils étoient
,, opiniâtres par temperament, & possedés d'une fu-
,, rieuse ambition de se distinguer par des voyes
,, extraordinaires".

LXXV. DANS l'Art. 185. Mr. Bayle pour *Athées*
prouver qu'un Athée n'est point plus difficile à con- *plus diffici-*
vertir qu'un Idolatre, dit que l'un peut être aussi *les à rame-*
opiniâtre que l'autre. Mais en parité d'humeur o- *ner.*
piniâtre, à moins que l'un & l'autre n'ait une *Ibidem.*
obstination invincible, ne veuille rien écouter,
il est évident que l'on peut plûtôt ramener celui,
avec qui on aura plus de principes communs, que
celui avec qui on en aura beaucoup moins.

Il y a bien de la difference entre la fermeté ou
l'obstination avec laquelle on persevere interieurement
dans

DU PYRRHONISME. 667

dans ses Opinions, & la fermeté ou l'obstination avec laquelle on en soûtient la Profession. A cet égard il est visible que la Conscience de l'Athée ne l'engage à rien; de sorte que plus fixé dans son opinion, il le sera moins dans sa profession qu'il ne sera. Mr. Bayle avoit trop d'esprit pour ne pas s'appercevoir qu'il brouilloit la question.

Mr. Bayle refuté par lui même. Oeuvres Diverses pag. 118.

LXXVI. DANS l'Article 184. des Pensées diverses, Mr. Bayle loüe ces paroles de Montagne. *Les uns sont accrüe au monde qu'ils croyent ce qu'ils ne croyent pas; les autres en plus grand nombre se le font accroire à eux-mêmes, ne sachant pas penetrer ce que c'est que croire.* Il loüe encore le Pere Rapin qui parle d'une foi speculative qui croit les Mystéres, parce qu'il n'en conte rien, & d'une foi superficielle, qui est dans la pointe de l'esprit sans action. Or dès là on est obligé d'adopter les remarques par où nous avons fait connoître à quel point les mauvais Chrétiens aprochent des Athées.

Après cela Mr. Bayle pose que *le grand obstacle qui empêche les hommes de croire à l'Evangile, vient de leur secrette repugnance pour les vertus que cet Evangile ordonne.* Comment ne voit-il pas que cela fait contre lui? La pratique des vertus Chrétiennes gêne l'Athée, mais elle gêne aussi, dira-t-on, le Mahometan, elle gênera aussi le Payen. J'en tombe d'accord; Mais elle doit moins gêner ceux-ci, parce qu'ils sont déja accoûtumés dès leur enfance à se soûmettre aux ordres d'un Etre invisible & superieur. L'idée de ce Maître est un joug auquel l'Athée n'est pas fait, & son Atheïsme lui plaît sur tout, parce qu'il l'affranchit de ce joug-là, & qu'il le laisse dans la liberté de ne prendre des Loix que de lui-même.

Mr. Bayle se fait ensuite cette objection-ci, ORIGENE, dit-il, travaillant à la conversion de deux jeunes Gentils-hommes Payens, dont l'un a été depuis St. Gregoire Thaumaturge, *leur permit de lire tous les Philosophes & les Poëtes, excepté ceux qui portent à l'Atheïsme, jugeant qu'il étoit infiniment plus dangereux de s'accoûtumer à entendre qu'il n'y avoit point de Dieu, que non pas à voir les differentes idées des Philosophes touchant leurs Dieux, dans le Culte desoit d'autant plus capable de rendre les hommes susceptibles de la veritable Religion, qu'il étoit plus extravagant.*

Ibid. pag. 119.

A cette objection Mr. Bayle ne répond pas, il l'élude, mais dans l'article suivant il se contente d'y opposer une pensée de Mr. de Condom. *L'Idolatrie*, dit-il, *nous paroît la foiblesse même, nous avons peine à comprendre, qu'il ait fallu tant de force pour la détruire. Mais au contraire son extravagance fait voir la difficulté qu'il y avoit à la vaincre, & un si grand renversement du bon sens, montre assés combien le principe étoit gâté.* Cette pensée est plus ingenieuse que solide; car plus les sentimens d'un homme qui erre sont absurdes, plus on en aura bon marché, pourvu qu'il convienne de quelque principe. Une Absurdité plus grande fait un Contraste plus visible avec la Verité. Il faut donc ajoûter à la reflexion de Mr. de Condom ce qu'il ajoûte lui-même, c'est que les inclinations corrompuës de la Nature humaine trouvoient leur compte dans l'Idolatrie; mais ne le trouvoient-elles pas encore plus dans l'Atheïsme?

Comparaison des Saducéens avec les Phariziens. Ibid. pag. 119.

LXXVII. DANS les Art. 185. & 186. des Pensées diverses, Mr. Bayle dit que les Saducéens faisoient profession de reconnoître pour Divine la Loi de Moïse, & de croire que son éxacte observation attireroit sur le Peuple Juif de très-grandes Recompenses Temporelles. Ils n'ont pas été moins ennemis des Chrétiens que les Phariziens, & encore plus à cause de l'Article de la Resurrection, dont les Chrétiens alleguoient des preuves palpables; jusques là qu'à l'occasion de cet article, les Pharisiens prirent le parti de St. Paul contre les Saducéens. Le souverain Sacrificateur, qui condamna Jesus-Christ, étoit de cette Secte. Il est vrai que le Seigneur censure beaucoup plus souvent les Pharisiens dans l'Evangile (quoique le dogme des Saducéens aproche plus du Systéme des Athées) mais c'est parce qu'ayant la faveur du peuple, il étoit plus necessaire de combattre dans l'esprit de la multitude des préventions qui s'oposoient à toutes ses leçons.

Pendant qu'on regardoit les Pharisiens comme des Modèles de lumière & de sainteté, les leçons de J. C. la plûpart toutes contraires à leurs maximes & à leur Systême, ne pouvoient qu'être suspectes. Il falloit du moins suspendre les préventions favorables où l'on étoit pour ses ennemis, afin de se rendre attentif à ses instructions. Il n'étoit pas également necessaire de desabuser la multitude par raport aux Saducéens qui n'en étoient pas estimés. Voyez l'Art. XV. Mr. Bayle se repete dans ses ouvrages & oblige à en repeter la refutation.

Pensées diverses Tome II. Article CLXXXVIII. page 588.

Comparaison des Athées & du superstitieux. Oeuvres Diverses. Tom. III. pag. 111.

LXXVIII. ,, La Religion Payenne enseignoit, dit Mr. Bayle, des choses si ridicules touchant la Divinité, qu'il n'y a point d'homme ,, de bon sens qui se voyant Athée, n'eût mieux aimé continuer dans sa croyance, que de reconnoître des Dieux faits comme ceux des Payens. ,, C'étoit d'ailleurs une Religion qui autorisoit les crimes les plus abominables; & c'est ce qui la faisoit mépriser & détester par les Athées, comme l'invention d'une politique également violente & frauduleuse; c'est que leur faisoit dire que si la Religion eût été donnée à l'homme par les Dieux, elle auroit été plûtôt l'effet de leur colère que de leur bienveillance: c'est enfin ce qui obligeoit plusieurs personnes à se jetter dans l'Atheïsme. Ecoutons parler Plutarque.

,, C'est la superstition, dit-il, qui a donné naissance à l'Atheïsme, & qui lui donne tous les jours de quoi se justifier & se défendre sinon justement, au moins avec beaucoup de pretexte & d'aparence...... Et combien encore eût-il été meilleur pour ceux de Carthage d'avoir en pour leurs premiers Legislateurs un Critias & un Diagore, qui ne croyoient ni Dieux ni Esprits, que de faire à Saturne les sacrifices qu'ils lui faisoient?

,, Telle étant la Religion des Idolatres, il n'y a ,, point d'aparence qu'un Athée eût voulu changer de parti pour participer à ces cultes ridicules & criminels. Mais si on lui annonce la Religion Chrétienne que nous aprend de Dieu que toutes choses grandes, saintes & sublimes, qui nous commande la pratique des Vertus les plus pures & les plus conformes aux lumieres de la droite Raison; il n'aura plus les mêmes difficultés à objecter; de sorte que si la passion dominante qui est en l'homme, de vivre selon les desirs de son cœur, ou quelque stupidité prodigieuse ne detournent point cet Athée d'embrasser la profession de l'Evangile, il verra que c'est un parti incomparablement plus raisonnable que celui qu'il tient.

Pour decider juste, ce que Mr. Bayle avance ici, il est absolument necessaire de distinguer des cas très-differens. Un homme raisonnable, & né dans les Siécles du Paganisme, auroit pu dire; La Religion des Romains ne convient point aux Idées qu'on doit avoir de la Religion; au cas qu'il y ait un seul Etre suprême, ou plusieurs Etres superieurs qui fassent attention au Genre humain. La Religion des Grecs, celle des Persans, celle des Africains, celle des Peuples du Nord, ne font pas plus d'honneur à la Divinité que celle des Romains. Je ne saurois me resoudre ni à penser qu'une de ces Religions soit vraye, non plus qu'à le dire, ou à faire semblant de le croire; je ne sai s'il y a sur la Terre quelque Peuple plus heureux, & si dans la suite je pourrai moi-même me tirer de

Bbbbbbbb mon

mon ignorance ; mais jusques ici j'ignore s'il y a un Dieu qui veut être servi par les hommes, & je n'ignore pas moins la maniére dont il veut être servi. Un homme qui trouveroit cet état de doute & d'incertitude triste & déplorable, & qui souhaiteroit sincérement des lumiéres qui l'en tirassent, seroit plus disposé à embrasser la véritable Religion, quand on l'en instruiroit; qu'un Idolatre affermi dans les préjugés de sa mauvaise Education, & qui debuteroit par s'irriter contre toutes les raisons par lesquelles on les combatroit.

D'un autre côté un homme dont le cœur superbe s'aplaudiroit de s'être affranchi de tout joug, de n'être soûmis à d'autres Loix qu'à celles qu'il veut bien se faire, & de n'avoir à craindre aucune puissance invisible, & dont les coups fussent inévitables; qui regarderoit comme des Visionnaires & des fous, ceux qui pensent autrement que lui, qui se borneroit enfin à honorer comme un Dieu le Maître dont il auroit tiré des belles idées, à l'imitation de Lucréce qui traitoit ainsi Epicure, cet homme-là certainement seroit très-mal disposé, à réflechir sur les verités de la Religion Chrétienne, & à s'y rendre. Mais un homme accoutumé dès son enfance, à se croire soumis à des Loix, & à des Maîtres qu'il ne voit pas, un homme accoutumé à en faire dépendre son fort à venir, encore plus que son fort présent, & qui par là s'est fait une habitude de s'y rendre attentif & de les craindre; quand même ces sentimens utiles se trouveroient mêlés chés lui de préjugés, de superstition, & d'Idolatrie, donnera plûtôt son attention que l'Athée, dont je viens de parler, à ceux qui s'adresseront à lui en ces termes:

Vous servés plusieurs Divinités ; peut-être qu'il y en a parmi elles d'Imaginaires, êtes-vous bien assurés de l'éxistence de toutes? C'est un point si mérite bien d'être examiné, peut-être encore y-a-t-il un Maître suprême à qui il est plus à propos & plus sûr de s'adresser immédiatement. Pour moi j'en use ainsi & je m'en trouve bien, voulés-vous que je vous fasse part de l'Idée que je m'en suis faite, des preuves que j'en ai, & de la maniére dont je le sers?

Ce qu'il y a de sûr, c'est que ni l'Idolatre, ni l'Athée ne sauroient être convertis par un Philosophe qui raisonneroit sur les principes de Mr. Bayle. Vous nous croyés dans l'erreur, lui diroient l'Idolatre & l'Athée, mais vous-même êtes-vous bien assuré de ne vous tromper pas? Quelle preuve avés-vous qui vous rende convaincu de la verité de ce que vous nous proposés?

Je n'en ai point, lui diroit le Disciple de Mr. Bayle. Ma Raison qui seule seroit capable de m'en fournir est une *Girouëtte qui tourne à tout vent, elle n'est propre qu'à renverser, mais elle n'est pas capable de rien établir*, *l'Existence & la Providence de Dieu lui présentent des amas de contradictions*.

Quoi donc, sont-ce là les opinions régnantes dans votre Pays, & de quelle maniére y vivés-vous, dans le Doute perpetuel où vous êtes sur le Vrai & sur le Faux, sur le Bien & sur le Mal?

Sans rien croire, diroit ce savant Disciple, *nous vivons comme si nous étions persuadés de la verité de quelques Régles; nous les suivons par coûtume; la plus grande partie même d'entre nous, croit, par un certain Genre de persuasion que nous appellons Foi*, *la Divinité d'un Livre dont les Dogmes & les préceptes défient la Raison, & font pour elle des amas affreux de contradictions*.

Comment accorderons-nous Mr. Bayle avec lui-même, quand il plaide la cause des Athées? Tantôt il les excuse en faisant voir les Dogmes de l'Existence de Dieu, & de la Providence, hérissés de difficultés insurmontables, & de contradictions accablantes, & tantôt il les represente comme des Tables rases, des Esprits qui tout

neufs & tous libres de prévention, n'ont besoin pour embrasser le Christianisme, que d'être instruits sur ce qu'il contient.

Tout ce que Mr. Bayle dit, dans cet article, pour prouver que la Religion Payenne étoit propre à faire des Athées & qu'elle ne valoit pas mieux que l'Atheïsme devient inutile dès que l'on a posé comme l'on doit l'état de la question. La Religion de ceux que l'on a appellés Payens, c'est-à-dire, la Religion des Gentils, *Gentium*, des Nations differentes du Peuple Juif, n'étoit pas une Religion de systême. Dans quelques endroits elle étoit souverainement horrible & dans d'autres on ne l'avoit pas portée à ces excès; Il y avoit des points plus condamnables les uns que les autres; On peut dire que ces contradictions étoient heureuses en ce qu'avec le poison elles renfermoient l'antidote.

Pensées Diverses Article CLXXXIX. ,, Les ,, mêmes personnes, dit Mr. Bayle, qui rejettent l'E-,, vangile à cause de l'austérité de sa morale, re-,, jetteroient encore avec plus d'horreur une Reli-,, gion qui leur commanderoit de se soûiller dans ,, les plus infames dérèglemens, si on le leur pré-,, sentoit lorsqu'ils sont en état de raisonner, & a-,, vant que d'être ensevelis dans les préjugés de l'é-,, ducation..... Lucréce ayant exposé dès le ,, commencement de son livre, qu'il vouloit phi-,, losopher, selon les idées d'Epicure, le glorieux ,, dompteur de la Religion, ajoute fort adroite-,, ment pour ne pas effaroucher le monde : *Qu'en ,, ne doit pas s'imaginer qu'il a dessein de favoriser le ,, crime, puis qu'au contraire c'est la Religion qui a ,, fait souvent commettre les plus noires méchancetés*.

Œuvres Div. Tom. III. pag. 121.

Pens. Div. CXC. ,, Si vous me demandés, dit ,, Mr. Bayle, pourquoi les hommes ne veulent ni ,, d'une Religion qui ne permet rien, ni d'une ,, Religion qui permet tout; je vous dirai que ,, c'est parce que d'un côté leur attachement aux ,, voluptés corporelles leur fait souhaiter une Reli-,, gion commode, & que de l'autre le bon sens ,, leur dicte qu'une Religion, pour être bonne & ,, digne de notre obeïssance, doit venir de Dieu, ,, & que Dieu ne commande jamais à l'homme de ,, faire du mal.

Ibidem pag. 122.

,, Si l'homme rencontre une Religion qui or-,, donne la pratique des vertus de la plus épurée, que dira-t-il? Il y reconnoî-,, tra des caractéres de Divinité en l'examinant com-,, me il faut; & si l'amour du Vice le décou-,, rage point, il se preparera à l'embrasser..... Les ,, Athées semblent plus en état de reconnoître sa ,, Divinité qu'un Payen, parce qu'un Payen ne ,, songe pas à se choisir une Religion. On lui en ,, a donné une avant qu'il fût capable de faire usa-,, ge de son jugement; il s'en contente, & ne veut ,, pas seulement examiner s'il est possible qu'il y ait ,, quelque défaut.

,, Quoiqu'il en soit; on peut soûtenir que les ,, Athées & les Idolatres sont également difficiles ,, à réduire, si on regarde la disposition de leur ,, cœur, qui est également mauvaise dans les uns & ,, dans les autres, & capable également de s'empi-,, rer ou de s'ameliorer, par les impressions de la ,, coûtume, de l'éducation, des habitudes ou du ,, goût que l'on contracte. Or comme il est cer-,, tain d'ailleurs, qu'un esprit prévenu & enté-,, té d'une Religion est plus difficile à désabuser ,, que celui qui n'en a aucune, on ne peut nier ,, que tout bien compté l'Athée ne soit plus facile à ,, convertir au vrai Dieu que l'Idolatre.

On vient déja de répondre à tout ce que ces articles renferment d'argumens. Mr. Bayle simoit excessivement à se repeter, on voit qu'il comptoit de persuader ses Lecteurs à force de leur répéter les mêmes raisons.

Tantôt Mr. Bayle propose la Foi comme l'unique

que reſſource par où l'on puiſſe ſe garentir du Pyrrhoniſme. Tantôt le Pyrrhonien & l'Athée ſont ſelon lui ſi heureuſement diſpoſés, qu'il n'y a qu'à leur preſenter la veritable Religion, pour leur en faire ſentir les caractères & la leur faire embraſſer.

On a déja répondu à l'objection tirée des maux que l'abus de la Religion a cauſé par l'Intolerance, & on y reviendra encore dans la ſuite.

Pourquoi l'Idolatre ſeroit-il plus difficile à convertir que l'Athée ? *Il eſt prévenu*, dit Mr. Bayle : Et l'Athée ne l'eſt-il point ! La prévention n'a-t-elle aucune part à ſon Erreur, ni l'entêtement à ſa perſeverance ? Où trouve-t-on plus d'orgueil, ou dans celui qui s'eſt accoûtumé à reconnoître & à craindre des Etres ſuperieurs, ou dans celui qui ſe felicite de s'être affranchi de tout joug ? A l'Idolatre on diroit : *Vous convenés qu'il eſt de nôtre devoir & de nôtre interêt de vivre ſoûmis à des Etres ſuperieurs, puiſſans & inviſibles ; Ne ſommes-nous pas infiniment intereſſés à examiner ſi nos idées & nos choix ſont juſtes ſur un ſujet de cette importance ?* donnons-y donc notre attention. Dès là plus l'Idolatrie des hommes ſera déraiſonnable, plus il ſera aiſé de les en ramener.

Les verités de la Religion influent ſur les mœurs de ceux qui ne les croyent pas. Oeuvres pag. 122.

Penſées diverſes Art. CXCI.
LXXIX. *Les Athées ſuivent pour l'ordinaire la profeſſion exterieure de la Religion dominante*, dit Mr. Bayle. Dès là tombent une partie des objections qu'il a faites contre l'inutilité de la Religion pour les mœurs.

L'Athée ſe trouve obligé pour vivre en repos de former en partie ſes mœurs ſur les Loix de la Religion, pour n'être pas regardé comme un monſtre dans une Société où on fait profeſſion de les reſpecter, & où l'on trouve des gens qui les ſuivent.

Ce qu'il ajoute eſt encore plus fort. ,, J'ai dit ,, *pour l'ordinaire*, car il eſt ſûr qu'il y a des per- ,, ſonnes ſans Religion qui demeurent quant à la ,, profeſſion extérieure dans la Société où ils ont été ,, nourris, encore qu'elle n'ait pas les avantages du ,, Monde de ſon côté, ſoit qu'ils n'ayent point ,, d'ambition, ſoit que les apparences de la Reli- ,, gion où ils ſe trouvent ſoient plus aiſées à gar- ,, der, ſoit qu'ils ſe faſſent un honneur de leur ,, conſtance & de leur mépris pour la fortune, ,, ſoit qu'ils ne veuillent pas chagriner leurs Parens ,, ou leurs Amis, ſoit qu'ils craignent qu'on ne ,, les accuſe d'avoir changé de Religion par interêt, ,, ſoit pour quelqu'autre choſe.

Quand Mr. Bayle fit imprimer ſes Penſées Diverſes, il ne fit pas attention qu'il donnoit, dans les paroles qu'on vient de lire, ſon Portrait & la raiſon de ſa perſeverance ou de ſon retour à la Communion des Proteſtans, (au cas qu'il l'eût quittée ou qu'il y eût été ſollicité) mais depuis qu'on a examiné ſon Dictionaire il eſt preſque impoſſible d'en douter.

On contimue les parolelles du Superſtitieux & de l'Athée. Oeuvres pag. 123.

LXXX. Penſ. Div. Art. CXCIII. ,, J'avouë ,, encore, dit Mr. Bayle, que dans les endroits où ,, Plutarque conſidéré les principales abominations ,, de l'ancienne Idolatrie, il prouve très-ſolide- ,, ment qu'elle eſt pire que l'Irreligion ; & c'eſt ,, de quoi le ſavant Evêque d'Auxerre qui l'a tra- ,, duit en François demeure d'accord, prenant ,, hautement ſon parti contre ceux qui ont voulu ,, condamner cette doctrine. Il eſt en cela du même ,, ſentiment qu'Arnobe, dont voici un paſſage qui m'a ,, paru extrêmement judicieux. *Il y a long-tems*, ,, *dit-il aux Payens, qu'en faiſant reflexion ſur votre* ,, *monſtrueuſe Theologie, je m'étonne que vous oſiés* ,, *nommer Athées, impies & ſacrileges, ceux qui* ,, *nient abſolument qu'il y ait des Dieux, ou ceux qui* ,, *en doutent, ou ceux qui ſoutiennent que les Dieux* ,, *ont été des hommes ; car ſi on examine bien la cho-* ,, *ſe, il n'y a perſonne qui ſoit plus digne que vous* ,, *de ces noms-là, puiſque ſous pretexte de les hono-*

,, *rer, vous leur dites plus d'injures que vous ne ſe-* ,, *riés en faiſant ouverte profeſſion de les diffamer*. ,, Celui qui doute de l'exiſtence des Dieux ou qui la ,, nie tout net, ſemble à la verité ſe jetter dans des ,, ſentimens d'une hardieſſe & d'une énormité prodi- ,, gieuſe, mais il ne dechire qui que ce ſoit perſonnel- ,, lement, il refuſe ſeulement de croire ce qu'il ne com- ,, prend pas, mais pour vous, &c.

Cet article devient inutile (de même que pluſieurs des précedens compoſés des paroles de Plutarque & d'Arnobe), dès qu'on a bien poſé l'état de la queſtion. On ne nie pas qu'il n'y ait des ſuperſtitions ſi inſenſées, qu'il n'y auroit pas plus d'impudence à nier tout net que Dieu fût, que de dire qu'il fût tel que quelques ſuperſtitieux ſe l'imaginent. Mais ce ſeroit auſſi outrer l'erreur juſqu'à l'extravagance que de dire qu'un homme qui a quelque foibleſſe pour les préjugés, pour les Comètes ou pour les ſonges, fait autant d'injure à Dieu que s'il traittoit ſon Exiſtence de Chimère & de Neant.

Au reſte on ſait que les Peres ont été aſſés vifs dans leurs expreſſions, & *Arnobe* en particulier. On eſt frapé d'une erreur, & on s'anime d'autant plus à la combatre qu'il paroît plus important de la détruire, parce qu'elle eſt plus generale ; & dans le feu avec lequel on en parle, on laiſſe échaper des expreſſions dont d'autres errans peuvent abuſer. Cela arrive tous les jours & les Proteſtans tournent contre les Catholiques, ce que les Catholiques diſent contre les Enthouſiaſtes. Il y en a même qui prétendent que ce que de ſavans hommes ont écrit contre la difficulté de l'Examen, pour convaincre les Proteſtans de temerité, n'eſt pas moins fort en faveur du Pyrrhoniens que contraire aux Reformés.

Penſ. Div. Art. CXCVI. ,, Ne vous imagi- ,, nés pas, dit Mr. Bayle, qu'Horace en ſoit devenu ,, plus homme de bien & qu'il ait retranché la ,, moindre choſe à ſes voluptés criminelles. Tout ,, ce qu'il a fait conſiſte à croire que les Dieux ,, gouvernoient le Monde, au lieu qu'il croyoit ,, auparavant qu'ils menoient une vie heureuſe ſans ,, aucun ſouci, & à rendre avec les autres Romains ,, Idolatres ſes adorations à Jupiter, & à toutes les ,, Divinités de Rome. Du reſte il s'eſt diverti ,, comme de coûtume.

Oeuvres pag. 124.

Mr. Bayle reproche à Horace la continuation de ſes Débauches ; mais ſon accuſation n'eſt-elle point trop légère ? Si l'on rangeoit bien les Odes d'Horace, on diſtingueroit ce qu'il a écrit pendant qu'il étoit jeune & Epicurien groſſier, de ce qu'il a penſé quand il a reflechi plus ſerieuſement & qu'il a philoſophé avec plus de juſteſſe. Mais ſi l'on prétend qu'Horace ait été juſqu'à la fin de ſa vie, dans les idées d'Epicure, ce n'eſt plus un temoin à citer pour prouver que la Religion n'influe pas ſur les mœurs.

Penſ. Diverſes Art. CXCVII. ,, Les Dieux du ,, Paganiſme, dit Mr. Bayle, étoient ſi friands qu'ils ,, couroient après l'odeur des victimes avec une ex- ,, trême avidité. Si Marc Aurèle a crû que les ,, Dieux avoient beſoin de cette nourriture-là, il ,, a crû par une ſuite neceſſaire, qu'il ne tenoit ,, qu'aux hommes de reduire les Dieux à la dure ne- ,, ceſſité de crever de faim.

Ibidem. pag. 125.

,, Telles ſont encore les idées bizarres de quantité ,, de Superſtitieux qui ſe repreſentent la Divinité ,, comme implacable, à moins qu'on n'obſerve ,, cent minuties ridicules, ou bien à moins que ,, l'on ne commette des crimes en ſon honneur à ,, l'exemple des Carthaginois dont il a déjà été par- ,, lé, qui ſacrifioient leurs propres enfans : à l'occa- ,, ſion de quoi un Auteur s'écrie fort à propos, ,, Helas, miſerables mortels, *l'Ignorance de la Na-* ,, *ture des Dieux eſt le premier de vos Crimes !*

,, Telles ſont enfin quantité de doctrines, qui ,, ſont ſoutenuës avec beaucoup de chaleur par des

,, Noms Illuſtres dans le Chriſtianiſme, qu'il ne
,, faut point garder la Foi aux Hérétiques, que c'eſt
,, être Martyr que de périr dans une conſpiration fai-
,, te contre un Roi hérétique ; qu'il eſt permis de
,, tuer ſon ennemi, de ſe réjouir de la mort de ſon
,, Père, de procurer un Avortement qui met à cou-
,, vert de la Médiſance ; qu'on n'eſt point obligé à
,, aimer Dieu ni à reſtituer ce qu'on a volé à diver-
,, ſes repriſes, mais peu à chaque fois, & pluſieurs
,, autres dont il ſeroit ennuyeux de donner le dé-
,, nombrement. On ne peut nier que ce ne ſoit
,, une moindre erreur à un Payen, de croire que
,, Dieu ne gouverne pas le monde, qu'à un Théolo-
,, gien Catholique d'enſeigner les Doctrines dont je
,, parle. Celui là s'imagine que Dieu ne fait point
,, des Loix ; & celui-ci s'imagine que Dieu fait des
,, Loix abſurdes & criminelles, ou qu'il eſt au
,, pouvoir d'un homme de caſſer les Loix de Dieu,
,, & d'en pervertir toute la ſaincteté par les inter-
,, prétations ; ce qui eſt mille fois plus choquant
,, que de croire que Dieu laiſſe aller les choſes à
,, l'avanture.
Il y a du vrai dans les remarques de Mr. Bayle, mais il paroît qu'il en prétend tirer des Conſequences outrées. A regarder la choſe en elle-
même, autant vaudroit-il ne reconnoître aucune Providence, que de ſe repreſenter Dieu approuvant
ou recompenſant des Pechés affreux. Mais à un
autre égard celui qui reconnoît 1°. une Providence, qui 2°. avouë qu'il y a naturellement de la
difference entre les actes humains par rapport à la
vertu & au vice, 3°. Que Dieu approuve & re-
compenſe la vertu, qu'il condamne le vice &
qu'il le puniſſe ; s'il erre dans l'aplication de quelcun de ces principes, on peut ſe ſervir de ce qu'il
conſerve de vrai, pour le corriger de ce qu'il y
mêle de faux. C'eſt un ſecours qu'on n'a pas contre un Athée, il faut reprendre avec lui ſes Argumens de beaucoup plus haut, & eſſuyer les Chicaneries immenſes de ſon Eſprit contrediſant, & à
qui rien n'eſt plus inſupportable que l'Idée d'un Etre
ſupérieur, auquel il faut être ſoûmis malgré
qu'on en ait.

Argument tiré d'un abus. Oeuvres pag. 126.

LXXXI. Penſ. Diverſ. Art. CXCIX. ,, ON ne
,, fait point difficulté d'enterrer dans les Egliſes un
,, homme tué en duel, notoirement coupable de
,, mille débauches. Qu'un grand Seigneur ſe gliſ-
,, ſant de nuit dans la maiſon de quelqu'autre
,, grand Seigneur pour coucher avec ſa femme, ſoit
,, tué de ſang froid par les domeſtiques, il ne laiſ-
,, ſera pas de paroître dans une ſuperbe Chapelle ho-
,, noré d'une Epitaphe. Mais ſi un Théologien re-
,, commandable par ſes bonnes mœurs, avoit eu
,, le malheur de refuſer la Confeſſion dans ſa der-
,, nière maladie, ſoûtenant qu'il ſuffit de ſe repen-
,, tir & de ſe confeſſer à Dieu, ce ſeroit un
,, homme qu'on regarderoit avec horreur & qu'on
,, feroit porter dans la voirie après ſa mort.
Les égards qu'on a pour les hommes d'un grand
pouvoir dans la Société, font oublier les Maximes
de la Religion à ceux qui devroient être les plus
exacts à les faire ſuivre. Les Miniſtres de la Religion ne ſont pas toûjours d'acord avec eux-mêmes, donc ils ont tort de ſe recrier contre l'A-
théiſme & contre les dangers. Voila l'argument de
Mr. Bayle dévelopé, & cela ſuffit pour en faire
ſentir l'extrême foibleſſe.

Preuves tirées de Mr. Bayle de l'utilité du Chriſtianiſme pour la Societé. Oeuvres pag. 133.

LXXXII. Penſ. Div. Art. CCXIII. ,, QUAND
,, deux Princes, dit Mr. Bayle, à peu près égaux en
,, puiſſance, en courage, & en bonne conduite
,, ſe font la guerre, ils ſe battent vigoureuſement,
,, ils prennent & reprennent des Places, ils font
,, périr leurs Armées, ils ruinent tout à tour le Pays
,, de leur Ennemi. Qu'arrive-t-il après tout cela ?
,, C'eſt qu'ils ſe laſſent & qu'ils s'épuiſent &
,, qu'ils s'accommodent enfin ſans avoir preſque rien
,, gagné les uns ſur les autres. C'eſt apparemment

,, ce qui fut arrivé à Cyrus & à Alexandre, s'ils
,, euſſent vécu en même temps, & c'eſt ce qui ar-
,, riva à François premier & à Charles Quint. Quand
,, l'un des Partis retient quelque choſe par le Traité
,, de Paix, on peut bien dire qu'il l'achète plus
,, qu'il ne vaut, comme le remarque fort bien
,, Annibal en parlant à Scipion. *Il eût été à ſou-
,, haiter*, dit-il, *que les Dieux euſſent inſpiré à nos Pé-
,, res de ſe contenter, vous de regner en Italie &
,, nous de commander en Afrique. Cer vous-mêmes
,, vous n'avés pas été dignement recompenſés par la
,, Conquête de la Sicile & de la Sardaigne, de la per-
,, te de tant de Flottes, de tant d'Armées, & de tant
,, de braves Generaux.*
Les Maximes du Chriſtianiſme qui ne permettent
pas la guerre, ſans des raiſons très fortes & des cauſes très néceſſaires, ſont donc très-propres à contribuer au bonheur des hommes.
Si les Perſans ne s'étoient pas amolis par le Luxe
& par la Volupté ; ſi la Domination trop impe-
rieuſe de leurs Rois leur avoit pas permis d'avoir aſſés
de confiance en leurs Sujets pour les tenir ſous les
armes & les y exercer continuellement, Alexandre
auroit d'abord été arrêté dans ſon entrepriſe, &
peut-être n'auroit-il pas oſé entreprendre cette guerre. Enfin à quoi a abouti toute la valeur de ſes troupes & celle de ſes generaux, ſi ce n'eſt à en faire dans la ſuite tout autant de Rois, & en même temps de Tyrans & de perturbateurs du Genre humain.
Penſ. Div. Art. CCLV. ,, Il y a, dit Mr.
,, Bayle, eu tant d'autres grands Princes qui ont é- *Ibidem*
,, prouvé, les uns plûtôt les autres plus tard, *pag. 138.*
,, les revers de la Fortune, qu'en verité le plus
,, ſûr eſt de ne rien entreprendre ſur des aparen-
,, ces favorables. Car ſi on ne réuſſit pas, on s'ex-
,, poſe non ſeulement à n'être loué ni plaint de
,, perſonne, mais auſſi aux reproches de ſa Con-
,, ſcience, aux murmures de ſes Sujets & aux In-
,, ſultes de l'Etranger.
Le plus ſûr eſt donc de ſe conduire ſuivant les
Loix de la Juſtice qui ſont celles de l'Evangile.
,, Quand un grand Prince, continuë-t-il, comme
,, le nôtre, rempli de Pieté & d'amour de Dieu,
,, conſidere les Loix de ſa Religion, il ne regarde
,, pas s'il lui ſera aiſé de s'emparer des Etats de ſes
,, voiſins, & de faire compoſer un Manifeſte,
,, mais il regarde s'il peut l'entreprendre en bonne
,, conſcience, & il conclud qu'il vaut mieux laiſ-
,, ſer chacun en poſſeſſion de ce qui lui appartient,
,, que d'irriter un Dieu qui punira d'une façon in-
,, finiment plus ſévère les abus que les Rois auront
,, fait de leur Puiſſance, que les Rois ne châtient
,, les petits Gentilshommes qui tyranniſent leurs
,, Vaſſaux.
Il eſt donc de l'interêt du Genre humain que les
Princes qui ont du courage & de la puiſſance ſa-
chent ſe moderer & ſe défendre des injuſtices, par
le reſpect qu'ils ont pour un Maître infiniment ſupérieur.
,, C'eſt reporter ſur ſoi-même un Triomphe
,, plus glorieux que la Conquête d'un Empire, &
,, donner le plus grand & le plus rare exemple de
,, Vertu que l'on puiſſe voir. Or de qui eſt-il
,, plus juſte d'attendre cet exemple que d'un Roi
,, comme le nôtre que Dieu a diſtingué par tant
,, de choſes miraculeuſes ? N'eſt-ce pas au fils aî-
,, né de l'Egliſe, revêtu par un droit héréditaire
,, du glorieux titre de Roi très-Chrétien, que doit
,, être reſervé l'avantage de montrer au Monde
,, la difference qu'il doit y avoir entre un Prin-
,, ce qui adore le vrai Dieu & les Princes Infi-
,, deles.
Après avoir parlé ainſi, pourra-t-on ſe plaindre
ſi on eſt accuſé de mauvaiſe foi, quand on pouſſera le Pyrrhoniſme & l'eſprit de contradiction
juſques à ſoûtenir que l'*Athéiſme ne feroit aucun
mal*

DU PYRRHONISME. 671

à la Société, que les choses pourroient y aller sans le secours de la Religion tout aussi bien qu'elles y vont par son secours, & que celle-ci même s'oppose à la grandeur des Etats. Je réponds & je distingue à la trompeuse, à l'incertaine grandeur, j'en tombe d'accord, mais s'agit-il de la vraye ? Les paroles de Mr. Bayle qu'on vient de citer prouvent le contraire.

Dans la Contin. des Pensées diverses. Art. LIV.

Si la Religion Payenne se bornoit à l'extérieur. Ouvres pag. 260.

LXXXIII. Mr. Bayle pose en fait que la Religion des Payens se bornoit à porter les hommes à la pratique des Cérémonies exterieures.

Il est sûr qu'il donnoit trop à l'exterieur, mais il ne s'ensuit pas qu'elle comptât le reste pour rien, Homére lui-même qui, de tous les Poëtes, est celui qui nous représente la Religion sous la face la plus ridicule, n'a-t-il pas parlé de la Vengeance qui s'avançoit lentement, mais qui ne laissoit pas d'atteindre les méchans ?

De la vertu & de sa recompense, du vice & de sa punition.

LXXXIV. *Les Payens ne demandoient pas, continue-t-il, aux Dieux la vertu. Donc ils ne se mettoient pas en peine de l'acquerir afin de leur plaire.*

Mr. Bayle cherche par là à jetter de la poudre aux yeux des personnes, dont il est aisé de s'appercevoir qu'il se joue à tout moment ; il se flatte qu'il n'aura qu'à réveiller leur zèle contre le Pelagianisme & les forces du Libre Arbitre pour leur faire oublier l'état de la Question, & les mettre d'abord dans ses interêts ; mais en prouvant que les Idolatres étoient Pélagiens prouve-t-on que l'Idolatrie est aussi préjudiciable au Genre-humain que l'Athéïsme.

Les Payens ne demandoient pas aux Dieux la Vertu, parce qu'ils concevoient que c'étoit leur Devoir, leur tâche, leur affaire, & qu'ils ne vouloient pas demander aux Dieux d'être tout à la fois les Auteurs de l'Obéïssance & de la Recompense. Mais s'ils ne leur demandoient pas d'être les Auteurs immédiats de tous les actes de Vertu, ils leur demandoient bien des choses qui sont des secours à la Vertu, & ils leur en rendoient graces, de sorte qu'on ne pouvoit tout au plus les accuser que d'être des Semi-Pélagiens.

Seneque, Lettre dixieme, dit *Roga bonam mentem, bonam valetudinem animi, deinde corporis.* Peut-on leur supposer du sens commun & ne pas conclure qu'ils le croyoient dans l'obligation de faire un bon usage des graces qu'ils demandent à Dieu ? On fait que Platon rendoit graces d'être né homme, d'être né Athénien, d'être né dans son Siécle. On sait que Socrate alloit à peu près, jusqu'au Mysticisme. Qu'on relise la prière de Simplicius Art. LXI.

Oeuvres pag. 263.

Dans la page 253, *de la Continuation des Pens. Div.* ce qu'il dit prouve que, dans les tenébres du Paganisme les Systêmes des Philosophes mêmes sur la Religion n'étoient point liés. Quelquefois ils concevoient que l'Etre parfait ne peut pas être sujet au trouble de la Colére & de la Haine, Cela se portoit à dire qu'il ne châtioit pas les hommes par la sensibilité qu'il eut pour leurs injures incapables de les blesser. Leurs expressions alloient même jusques à insinuer qu'il ne daignoit pas les punir. Dans d'autres endroits il sembloit qu'ils ne pensoient pas ainsi. Il étoit donc heureux pour la Société que ceux-là même qui ne pouvoient pas accorder la Justice vindicative avec la Tranquilité & la Félicité inalterable du Souverain Maître, eussent, d'un autre côté, conservé dans leurs coeurs des impressions qui leur faisoient regarder le crime comme digne de châtiment.

Pour concilier ces differentes idées, on pouvoit regarder la misere qui sera la juste punition du Vice, comme une suite de la négligence & de l'abandon du Souverain Maitre. On pouvoit aussi croire qu'il en abandonneroit le soin à des Genies inferieurs, à qui il remettroit aussi le soin de recompenser la Vertu. C'est avec de tels Etres que Socrate se promet que son Ame s'avancera dans l'autre Vie, dans la connoissance de la Verité & l'amour de la Vertu.

Mr. Bayle lui-même pag. 305, de la Continuation des Pensées Diverses, rapporte un passage tiré de Seneque Chap. IV. de la Providence, par où il paroit évidemment qu'il croyoit la Divinité attentive aux Vertus & aux Vices des hommes Il avoue que la Providence divine exposé les gens de bien à l'Adversité pour leur profit, & il est obligé de dire *qu'elle laissé prosperer les méchans pour leur dommage.* Elle peut donc nuire, puis qu'elle leur nuit effectivement.

Ibidem. p. 271.

LXXXV. DANS l'Art. LXXI. de la Continuation des Pensées Diverses, Quand il s'agit directement de favoriser l'Athée & d'en faire l'Apologie ; Mr. Bayle fait tous ses efforts pour prouver que la Société pourroit subsister aussi heureusement qu'on le voit, quand on n'y auroit aucune Idée de Dieu & de la Religion, Son zèle à cet égard va même si loin qu'il trouve les Maximes de la Religion Chrétienne à divers égards plus préjudiciables qu'utiles à la Société. Mais quand il s'agit d'un autre endroit de la Dispute, quand il tourne ses vûes sur ce qu'on prétend que le coeur humain est fait pour Dieu & pour la Religion, & qu'il a reçû de Dieu des impressions qui le conduisent-là ; de peur qu'on ne s'avise de regarder les Athées comme des malheureux qui font tous leurs efforts pour anéantir ces sacrées impressions de leur Créateur, alors il consent que la Religion serve à la Politique, afin de pouvoir rapporter à cette seule Cause sa naissance. Il s'appuye de l'autorité de Polybe ; il loue cet Historien & en rapporte un long passage. ,, Ce fa-
,, meux Historien, dit-il, déclare qu'il n'y a rien
,, en quoi la République Romaine lui paroisse
,, mieux surpasser les autres Peuples, que dans l'o-
,, pinion qu'elle avoit des Dieux : de sorte, conti-
,, nue-t-il, que cela même qui est blâmé par les
,, autres hommes, je veux dire la superstition, est,
,, ce me semble, ce qui maintient cette Répu-
,, blique. La superstition y est si outrée, & tel-
,, lement répandue non seulement sur la conduite des
,, particuliers, mais aussi sur la conduite publique,
,, que l'on ne sauroit rien ajoûter, & je pense que
,, les Romains ont fait cela à cause du Peuple, car
,, si l'on pouvoit former une République où il n'y
,, eût que des gens sages, toutes ces cérémonies de
,, Religion seroient peut-être superflues, mais puis
,, que le Peuple est inconstant, & plein de passions
,, injustes, qu'il s'irrite subitement, & que la Co-
,, lére le pousse à la violence, il ne reste que de le
,, resrener par des Terreurs invisibles, & par des
,, sortes de Fictions épouvantables ; c'est pourquoi
,, je trouve que les Anciens n'ont pas introduit,
,, sans de très-bonnes raisons, parmi le Peuple, ces
,, sentimens sur les Dieux, & sur les peines des En-
,, fers, & qu'au contraire ceux qui vivent aujour-
,, d'hui les rejettent témérairement & mal à pro-
,, pos".

Si la Religion est l'effet de la Politique. Oeuvres pag. 292

Ibidem.

Mais si Polybe est un Historien sensé dont l'autorité soit de quelque poids, il servira à prouver que la Religion des Romains, toute superstitieuse qu'elle fut, étoit utile à leur Etat.

A la fin de cet Article, il cite Plutarque, *pour conclure que si la Religion est absolument necessaire à une Société, des Législateurs n'auront en garde d'oublier cet Article.*

,, Le premier article de l'établissement des Loix
,, & de la Police que *Colotes* loue tant, & le plus
,, important, c'est la créance & persuasion des
,, Dieux, par le moyen de laquelle Lycurgus sanc-
,, tifia jadis les Lacedemoniens, *Numa* les Romains,
,, *Ion* les Atheniens, & *Deucalion* tous les Grecs
,, universellement, en les rendant devots & affection-
,, nés envers les Dieux, en priéres, sermens, Ora-
,, cles & prophéties, par le moyen de la crainte
,, & de l'esperance qu'ils leur imprimérent, de sorte
,, qu'allant par le monde, vous trouverez des Vil-
,, les qui ne sont point closes de murs, qui n'ont

Ccc ccc cc ,, point

„ point de lettres, qui n'ont aucuns Rois, voire
„ qui n'ont point de maisons, ni point d'argent, ni
„ ne se servent point de monnoye, qui ne savent
„ que c'est de Theatres ni des exercices du Corps;
„ mais vous n'en trouverez jamais qui soit sans
„ Dieu, qui n'ait point de serment à jurer, qui
„ n'use point de prières, ni de sacrifices pour obte-
„ nir des biens & détourner des maux, jamais hom-
„ me n'en vit, ni n'en verra jamais; ains me
„ semble, que plutot une Ville seroit sans Sole,
„ qu'une Police ne s'y dresseroit & établiroit sans
„ aucune Religion ou opinion des Dieux, & sans
„ la conserver après l'avoir eue. C'est ce qui con-
„ tient toute Société humaine, c'est le fondement
„ & apui de toutes Loix".

L'experience n'a que trop verifié les Reflexions
de ces grands hommes, car la République Romaine
& l'Empire qui succeda à cette République se sont
bouleversés & se sont perdus à mesure que le Pyrrhonisme & l'Epicureïsme ont fait des progrès dans
l'esprit des Peuples, & sur-tout dans l'esprit des
Grands.

Methode de s'éclairer sur l'éxistence de Dieu. Oeuvres pag. 294.

LXXXVI. Art. LXXIV. *de la Continuation des Pensées Diverses.* Mr. Bayle peu en peine de se mettre, & de mettre son Lecteur, dans la situation d'es-
prit, où il convient d'être quand on entreprend de
philosopher pour découvrir ce que l'on doit penser
sur la Nature de Dieu, & paroit bien plus chercher
à embrouiller la Question, qu'à l'exposer dans son
jour. „ Je suppose deux hommes occupés à cher-
„ cher non seulement s'il y a un premier principe
„ de toutes choses, un Etre qui a toujours existé, mais
„ aussi quelles sont les Qualités de cet Etre, s'il con-
„ noit tout, s'il régle tout avec une souveraine Li-
„ berté, s'il dispense les Biens & les Maux à pro-
„ portion des services qui lui sont rendus, &c. Ni
„ l'un ni l'autre de ces deux éxaminateurs ne se pro-
„ posent de se procurer un Système favorable à leurs
„ Interêts, ils mettent à part leurs passions, les com-
„ modités de la vie, toute la Morale en un mot, ils
„ ne cherchent qu'à éclairer leur esprit, & à y met-
„ tre la Verité physique, sous la conformité des I-
„ dées avec la Nature des objets tels qu'ils éxistent hors
„ de notre Entendement. L'un d'eux ayant com-
„ paré, autant qu'il a pû & sans aucun préjugé, les
„ Preuves & les Objections, les Réponses & les
„ Repliques, conclud que la Nature divine n'est au-
„ tre chose, que la Vertu qui meut tous les Corps
„ par des Loix necessaires & immuables; qu'elle
„ n'a pas plus d'égard à l'homme, qu'aux autres
„ parties de l'Univers, qu'elle n'entend pas nos Priè-
„ res, que nous ne pouvons lui faire ni du plaisir,
„ ni du chagrin". Beau resultat d'un Examen fait
avec toutes les précautions possibles! La souveraine
Perfection de l'Etre qui est le sujet de cette vertu
& la substance en qui elle réside, rend-elle l'éxistence de cette vertu & de son sujet essentiellement & nécessairement éternelle? On a pris peu de précautions,
& on a bientôt été de l'examiner, si on a fini ses
recherches, avant que de se faire cette Question. Les
objets que nous voyons & qui composent le monde
ne sont point un tel Etre.

Sur cela je remarque d'abord que le sens commun
le plus simple nous avertit qu'il doit y avoir dans
l'Etre éternel & infini des Attributs que nous cher-
cherions inutilement à comprendre, & que l'on auroit un extrême tort de douter de ce que des preuves très-claires & très-simples établissent sur un sujet, parce qu'il y reste des obscurités qu'on ne soit
pas dissiper. Après cela pour faire sentir que l'A-
thée est incomparablement moins déraisonnable que
les Polytheistes, Mr. Bayle représente „ l'un suc-
„ combant sous l'incomprehensibilité de son objet,
„ & reduit malgré lui au doute; mais l'autre se
„ donnant hardiment carrière & concluant que la
„ Nature Divine est une Espece qui contient un
„ Nombre innombrable d'Individus, les uns Mâles

Ibidem Art. 74. pag. 336.

„ & les autres Femelles, qu'ils se marient ensemble;
„ qu'ils font des Enfans, qu'ils ont besoin de nour-
„ riture & sur tout de la fumée des sacrifices, que
„ les Dieux viennent coucher avec des Femmes, &
„ les Déesses avec des Hommes, qu'il s'excite mille
„ Querelles parmi les Dieux, qu'ils sont fourbes &
„ vindicatifs au souverain point & si capricieux que
„ pour un mot mis devant l'autre dans le recit des
„ Prières, ils rejettérent tous les hommages d'une
„ Ville très-dévote; qu'ils inspirent aux hommes
„ les actes les plus criminels, & ne laissent pas de
„ les en punir par des fleaux horribles qui enlèvent
„ l'innocent avec le coupable".

La prétendue origine du Polytheisme telle que
Mr. Bayle la donne est la plus grande des Chimeres.
Il ne pouvoit pas ignorer que jamais personne ne
s'est avisé de regarder la Religion Payenne comme
un Systême qui soit venu dans l'esprit d'un seul
homme, & qui dès là se soit répandu; c'est un assemblage d'erreurs qu'on a cousues l'une à l'autre peu
à peu & de loin à loin. D'abord on regarda & on
servit l'Etre Suprême sous divers Attributs, & sous
divers Noms; on se représenta ensuite ce que ces
Noms signifient, sous diverses Images & sous divers Emblémes. On s'imagina après cela des Intelligences Subalternes qui gouvernoient le Monde sous
les ordres du prémier Etre. On les servit sous les
Images de ce sur quoi elles présidoient. On se persuada bientôt que les Ames des Grands hommes separées de leurs Corps prenoient interêt à ce
qui se passe sur la Terre & qu'elles y avoient de l'influence. Cela donna lieu à déguiser leur Histoire
& à l'embellir, sur tout dans les tems où la Mémoire des evenemens ne se conservoit encore que par
des traditions. Les Poëtes achevérent de tout gâter
en se mettant peu en peine que leurs Recits fussent
vrais & que leurs differentes parties s'accordassent
entr'elles, pourvû que l'Imagination en demeura vivement frappée & qu'ils y trouvassent une matière
propre à un stile pompeux.

LXXXVII. DANS ce même Article, Mr.
Bayle travaille encore à rendre son Lecteur favorable
aux Athées par les difficultés qu'on rencontre inévitablement quand on cherche la Verité; il représente
l'affirmative & la négative d'une Question comme
un pur effet du hazard. „ Commencez, dit-il, à
„ examiner la Question de la Divisibilité de la Ma-
„ tière par les argumens qui combattent les Atomes,
„ vous les rejetterez & vous regarderez ensuite tout
„ ce qu'on dit contre la division de la Matière
„ comme des distinctions qui n'arrêtent que parce
„ que l'Esprit humain est borné; mais si vous aviés
„ commencé par ce qu'on allégue en faveur des A-
„ tomes vous en feriés convenus; & vous auriés
„ regardé tous les argumens par lesquels on le com-
„ bat, comme des preuves que l'Esprit humain
„ s'embarrasse dans l'infiniment petit qu'il ne saisit
„ pas assés distinctement.

„ Si donc un Philosophe, continue-t-il, débutoit
„ d'abord par la Thèse, Il n'y a point de Dieu, &
„ qu'il rangeât, en forme de preuves, ce que les
„ Orthodoxes ne font venir sur les rangs que com-
„ me de simples difficultés, que l'on oposé à leur
„ doctrine qu'ils ont déja bien armée de toutes ses
„ preuves, il n'en voudroit point démordre, quoi-
„ qu'il ne sût comment se débarrasser des Objec-
„ tions, car, diroit-il, si j'affirme le contraire, je
„ me verrai obligé de me sauver dans l'asyle de
„ l'incomprehensibilité. Il choisit donc malheureu-
„ sement les Incomprehensibilités qui devoient être
„ proposées. Elles le frappent un peu moins, s'i-
„ magine-t-il.

„ Jettés vos yeux sur les principales Con-
„ troverses des Catholiques & des Protestans, vous
„ verrés que de chaque part dans l'esprit des uns pour
„ une preuve démonstrative de fausseté, ne passe
„ dans l'esprit des autres que pour un Sophisme, ou
„ que,

*Argumens pour le Pyr-
rhonisme refutés.
Oeuvres pag. 294.*

„ que, tout au plus, pour une Objection fpécieu-
„ fe, qui fait voir que Dieu a trouvé à propos qu'il
„ y eût quelques nuages autour des vérités revelés.
„ Les uns & les autres font le même jugement des
„ objections des Sociniens, mais ceux-ci les ayant
„ toujours confiderées comme leurs preuves, les
„ prennent pour des raifons convaincantes, d'où ils
„ concluent que les Objections de l'adverfaire peu-
„ vent bien être difficiles à réfoudre, mais non pas
„ folides ou fondées.

Je reconnois que cela peut arriver, & ne fauroie guere manquer d'arriver, à des perfonnes qui n'éxaminent que fuperficiellement, qui aiment à prendre d'abord leur parti, & qui ne peuvent fe réfoudre à revenir fur leurs pas: Mais un homme attentif, un homme qui craint de fe tromper & de regarder comme tout à fait femblables les chofes qui ne fe reffemblent qu'un peu, & par quelque endroit feulement, compare éxactement les raifons, qu'on allégue de côté & d'autre fur la divifion de la Matiére.

Là-deffus il voit bien que s'il fe déclare contre les Atômes, cette divifion à laquelle il fe défend de donner des bornes l'amenera à des conféquences qui l'étonneront par la difficulté qu'il trouvera à fuivre des objets fi minces. Mais, d'un autre côté, il comprendra manifeftement qu'il ne peut fuppofer des Atomes fans être forcé par des contradictions palpables à revoquer cette fuppofition. Contradictions manifeftes d'un côté, fentiment des bornes de l'Efprit humain de l'autre. C'eft ce dont on s'affurera fi l'on cherche la Verité de bonne foi, de quelque côté que l'on commence cette recherche & de l'éxamen de cette Queftion. Si quelqu'un s'obftine à fe déterminer au hazard & à ne point démordre du premier parti qui lui a plû, c'eft évidemment fa faute, nulle néceffité ne l'y forçoit, il étoit en fon pouvoir de faire mieux.

M. Bayle après avoir répandu fes fauffes lueurs en faveur de fon Pyrrhonifme, les applique aux controverfes de la Religion. S'il parle de bonne foi dans cet endroit, comme il eft affés croyable, à quoi aboutira ce qu'il dit ailleurs, que *la Religion eft un afyle contre les ténébres, les foibleffes, les embarras & les contradictions de la Raifon?* De quelle Religion parle-t-il? *Eft-ce d'une Religion Idéale, Generique qui ne fubfifte en aucun Individu nulle part*, ou d'une Religion dont quelques perfonnes font profeffion & de la verité de laquelle on peut s'affurer? Le Libertin lui dira, ce n'eft pas la Catholique, ce n'eft pas non plus la Proteftante, car fuivant que le hazard arrête votre attention fur les raifons d'un parti, ou que vous y portés fur celle d'un autre, vous vous déterminés par la force de la première impreffion & non pas par celle de l'Evidence.

Mr. Bayle après avoir ainfi fatigué fon Lecteur, le croit difpofé à éxempter la Divinité de toute fatigue & à s'en faire une Idée à l'Epicurienne, c'eft par-là qu'il finit fon Article.

Fauffe idée de la Divinité.
Oeuvres pag. 295.

„ LXXXVIII. „ J'AI montré ailleurs, dit-il,
„ fort amplement que dans le Syftême Payen de l'E-
„ ternité improductive de la Matiére, Epicure raifon-
„ noit mieux que les autres Philofophes. Il étoit
„ obligé de croire que le foin du monde eût trop
„ fatigué les Dieux, & eût troublé leur béatitude.
„ Ils n'auroient pû corriger les défauts de la Matié-
„ re, & par confequent ils n'auroient point fait tout
„ ce qu'ils auroient voulu. L'homme feul leur au-
„ roit taillé plus de befogne defagréable que le refte
„ de l'Univers, c'eft un animal incorrigible. Il eft au-
„ jourd'hui auffi méchant qu'aux prémiers fiécles,
„ quoi qu'il puiffe profiter des châtimens qui fe
„ paffent fous fes yeux, & des châtimens innom-
„ brables que l'hiftoire nous a confervés. S'il eft
„ fourbe & menteur, c'eft principalement à l'égard
„ de Dieu, il lui promet toute fa vie de s'amender,
„ & ne tient point fa parole. Tel fe confeffe des
„ mêmes crimes tous les mois pendant 40 ou 50 ans,

„ & il promet dans chacune de fes confeffions de
„ renoncer à fon mauvais train. Epicure s'étant une
„ fois trompé dans l'idée du bonheur des Dieux,
„ pouvoit-il croire qu'ils fe mélaffent de la condui-
„ te des chofes"?

Quelle infinie différence entre ces imaginations & l'idée d'un Etre dont la félicité eft inaltérable par le fentiment de fes Perfections infinies, & qui infiniment Libre a trouvé à propos de faire des Etres Libres & actifs, pour honorer de fon amour & de fes fuites ceux qui fe donneroient à lui par choix.

Art. LXXIX. Continuat. des Penf. Diverf. LXXXIX. C'eft oublier entiérement la Queftion que de comparer comme fait Mr. Bayle le Prêtre *Louis Gaufridi* qui s'étoit donné au Diable en corps & en ame, paroiffant devant Dieu avec *Spinofa*.

Paralléle fou jufte.
Oeuvres pag. 304.

Cette comparaifon même peut avoir un foible dont Mr. Bayle ne fe fera pas apperçu, & qu'il n'auroit pas manqué de relever, s'il avoit eu à la combattre. La fureur de Gaufridi eft inconcevable, à moins qu'on ne lui fuppofe & une ame affoiblie par l'extravagance & troublée par quelque prodigieufe paffion; au-lieu que Spinofa prend librement & tranquillement le parti de fe confondre à méditer, pour imaginer un Syftême où Dieu n'entre point, & cela avec un fens froid qui lui laiffe toûjours la liberté de fe demander, *Mais s'il y a un Dieu, que fais-je?*

XC. Penfées Diverfes. Art. LXXX. „ Deux Portiers, dit Mr. Bayle, font à l'entrée d'un hôtel. „ On leur demande; *Peut-on parler à Monfeigneur?* „ *Il n'y eft pas*, répond l'un, *il y eft*, répond l'au- „ tre, mais fort occupé à faire de la fauffe monnoye, „ de faux contrats, des poignards & des poifons pour „ perdre ceux qui ont executé fes deffeins". Mr. Bayle dans ces paroles porte un coup des plus terribles au Syftême qu'il fait profeffion ailleurs de refpecter & d'embraffer par foi. Il faut compter fur des Lecteurs bien portés à favorifer l'Athéifme pour efperer qu'ils fe laifferont éblouïr par cette comparaifon. Le prémier portier ne nie point l'éxiftence de fon Maître, & peut-être ne ment-il que pour ne pas laiffer troubler fon repos par un importun. Mais puis que le fecond connoit fon Maître, fa Réponfe eft une Calomnie atroce.

Comparaifon vetitjees.
Oeuvres pag. 306.

La Comparaifon feroit plus jufte, fi l'on fuppofoit un portier qui fit deux réponfes à deux perfonnes différentes: A l'un il diroit que fon Maître eft mort, & celui à qui il feroit cette réponfe charmé de fe voir délivré du joug d'un Superieur, & recevant cette nouvelle avec un extrême plaifir, s'imagineroit d'avoir remarqué à l'air du portier, & à celui des autres Domeftiques, diverfes preuves de cette Verité.

Je fuppofe que ce même portier fait une réponfe différente à un Etourdi qui, fans l'avoir bien comprife, la repete à un autre avec quelque changement. Celui-ci en feroit part, à la hâte, à une jeune perfonne qui la contiendroit à un Enfant, en y changeant encore quelque chofe, de forte que par ces changemens continuels le vingtième ou le centième qui, depuis les trois premiers, n'auroit eu aucune connoiffance de ce grand Seigneur, lui attribueroit enfin des occupations incompatibles avec fon genie & fa probité.

C'eft ainfi que d'abord une erreur s'eft mêlée à la verité, fur le fujet de l'idée & du culte de Dieu; une feconde a fuivi la premiére, & de cette maniére la Religion s'eft de plus en plus défigurée chez les Payens, fans qu'ils fe foient propofés pour but de la tourner en ridicule.

Continuat. des Penfées Diverf. Art. LXXXIII. „ Il eft fûr, dit Mr. Bayle, que le crime des A- „ thées ne confifte qu'en ce que ne croyant pas l'é- „ xiftence du vrai Dieu, ils ne lui rendent aucun „ honneur. Il ne confifte nullement en ce qu'ils „ ne croyent point l'éxiftence des faux Dieux, „ & qu'ils ne leur rendent aucun culte; car ils font „ très

Athées mal juftifés.

„ très-raisonnables & très-louables à cet égard-là.
„ Disons donc que l'Athéïsme doit être considéré
„ comme un Genre qui a sous soi deux Espéces,
„ l'une est celle qui ne reconnoit ni le vrai Dieu,
„ ni les faux Dieux, l'autre est celle qui ne recon-
„ noit que les faux Dieux. Vous savez la doctrine
„ des Logiciens que toute l'essence du Genre est
„ dans chacune de ses Espéces, concluez de là, que
„ toute l'essence de l'Athéïsme se trouve dans la
„ Religion Payenne qui n'admettoit que de faux
„ Dieux, & qu'ainsi selon les Loix les plus sévéres
„ de la Dialectique, le Paganisme est un Athéïsme
„ proprement dit.

„ Mais comme les Espéces ont chacune non seu-
„ lement toute l'essence de leur Genre, mais aussi
„ un Attribut particulier qui les distingue l'une de
„ l'autre, il reste à voir si l'attribut qui est propre
„ au Paganisme est moins mauvais, que l'attribut
„ qui est propre à l'autre espéce de l'Athéïsme. Ce
„ que les Payens avoient de propre étoit qu'après
„ avoir ôté au vrai Dieu l'honneur qui lui appar-
„ tient, ils le donnoient à des Créatures très-impar-
„ faites. Les autres Athées avoient cela de propre
„ qu'ils n'adoroient, ni le vrai Dieu, ni les faux
„ Dieux. Voilà le moyen de connoitre toute la
„ définition des deux espéces d'Athéïsme, vous
„ avez là leur attribut différentiel & leur attribut
„ commun.'

„ Voyez, je vous prie, si par l'attribut differen-
„ tiel, l'Idolatrie Payenne meritera qu'on lui ôte la
„ qualité d'Athéïsme, & souvenez-vous que quand
„ même cet attribut seroit meilleur que l'attribut
„ differentiel de l'autre espéce, elle ne laisseroit pas
„ d'être nommée proprement un Athéïsme. Vous
„ savez que la qualité d'animal convient à l'homme
„ dans la signification la plus étroite, philosophi-
„ quement parlant, & neanmoins l'attribut irraison-
„ nable qui est propre aux Brutes est incomparable-
„ ment plus imparfait que l'attribut raisonnable, qui
„ est propre à l'espéce humaine.

„ Mais tant s'en faut que l'attribut spécifique de
„ l'Athéïsme des Payens puisse corriger le mal de
„ l'attribut generique, qu'il est beaucoup plus capa-
„ ble de l'augmenter. L'Athéïsme en général est un
„ crime de rébellion contre le vrai Dieu, sa faute
„ consiste à ne reconnoitre pas le Dominateur de tou-
„ tes choses. L'Athée Payen ajoûte à ce crime de fé-
„ lonie celui de prêter serment de fidelité aux Enne-
„ mis de son legitime Souverain, il est donc plus cou-
„ pable que les Athées de l'autre espéce qui n'ado-
„ rent aucun ennemi de Dieu. Examinez, s'il
„ vous plait, la comparaison que j'ai employée dans
„ le chap. 132. & la consequence que je tire de ce
„ que Dieu s'est fait connoitre sous la notion de
„ Dieu jaloux. Si l'idée d'un mari ne vous frappe
„ pas assez, d'un mari, dis-je, qui reçoit un ou-
„ trage plus sanglant, lors que sa femme se quitte
„ pour s'aller prostituer, que lors qu'elle se condam-
„ ne à la continence, jettez les yeux sur cette nou-
„ velle comparaison. Vous serez bien dur si vous
„ y êtes insensibles.

„ Représentons-nous une Croisade destinée à la
„ ruïne des ennemis de Jesus Christ. La voilà qui
„ cingle vers Constantinople sur une Flotte de mil-
„ le vaisseaux. Deux ou trois Capitaines s'en sépa-
„ rent, & ne veulent plus reconnoitre les ordres de
„ l'Amiral, & s'en vont busquer fortune: la plu-
„ part des autres s'en détachent aussi pour se join-
„ dre aux infidéles, & pour se battre avec eux con-
„ tre tout ce qui restera de croisés. Pourrez-vous
„ disconvenir que leur crime ne soit plus grand que
„ celui des deux ou trois Capitaines, qui ne veu-
„ lent rendre service ni aux Chrétiens ni aux Turcs?
„ Pourriez-vous nier que vous n'ayez-là une image
„ très-naïve & très fidéle de l'Athéïsme Payen, &
„ de l'autre espéce d'Athéïsme "?

Ibidem. Dans cet Article LXXXIII. de la Continuation des Pens. Div. Mr. Bayle fait le Sophiste & abuse des subtilités de l'Ecole; les expressions vagues
sont ordinairement équivoques, & rien n'est plus
facile que d'en abuser en les appliquant à des sujets
un peu composez. Pour mieux couvrir son Sophisme, il ne s'énonce pas avec toute la clarté qu'il
pourroit. Peut-être ce que je vai ajoûter sera plus
clair: le nombre pair est le même, le nombre impair en est un aussi. Tout ce que l'idée générale
de Nombre renferme, se trouve dans l'idée du nombre pair, & se trouve aussi dans l'idée du nombre impair. Mais dans l'un & dans l'autre de ces
nombres il se trouve quelque chose qui n'est pas
nécessairement renfermé dans l'idée générale d'un
nombre. Le premier peut necessairement se diviser en deux parties égales. Mais le second se divise necessairement en deux inégales & ne peut se diviser
autrement. Ne pas connoitre, ou ne pas connoitre
le vrai Dieu, est une chose commune à l'Athée & à
l'Idolatre. Mr. Bayle ajoûte, c'est là toute la faute de l'Athée, mais, à celle-là l'Idolatre en ajoûte
une autre, c'est d'adorer ce qui n'est point Dieu;
c'est de défigurer son idée.

Je ne passe pas à Mr. Bayle ce qu'il pose si tranquillement que toute la faute de l'Athée consiste
dans une simple Ignorance; vous diriez que son péché n'est qu'une simple omission, *l'Ignorance du
vrai Dieu est un* GENRE *à l'égard de l'Athée &
de l'Idolatre; l'Athée est dans une* ESPECE *d'ignorance; l'Idolatre dans un autre:* c'est là où commence
le sophisme. Dans l'Athée se trouve outre l'ignorance
une répugnance à se soûmettre à un Etre Supérieur,
un fier plaisir de se croire son propre maitre, & seul
arbitre de ses choix & de sa conduite, un plaisir malin & superbe de regarder comme des Insensés tous
ceux qui vivent dans la dépendance de ce qu'ils ne
voyent pas. L'Idolatre veut bien se soûmettre à
un Etre Supérieur, il sent la justice de cette soûmission, mais au lieu de donner tous ses soins &
de se servir de toute sa Raison pour s'en former l'i-
dée la plus juste qu'il lui sera possible, & pour lui
rendre les soûmissions qui lui sont dûes, il s'en remet à ce qu'on lui en dit, & ce qu'il voit établi dans son Pays; & comme une erreur en fait naitre
une seconde, & celle-ci une troisiéme, il peut arriver qu'il multipliera, sans en avoir l'intention, les
erreurs de ceux qui l'ont précédé. J'ai déja répondu à la comparaison tirée d'une femme & de son
mari, Mr. Bayle aime à se saisir de l'imagination.

Celle qu'il ajoûte tirée des *Soldats qui abandonnent leur Général, les uns pour aller chercher fortune
où ils peuvent, les autres pour se jetter chez les Ennemis & y faire le pis qu'ils se pourront contre le Maitre
qu'ils ont abandonnés*, n'est point juste. Pour être juste il faudroit en faire l'application à deux hommes,
dont l'un, par paresse & par legéreté, refuseroit de
servir Dieu & de se régler sur les Commandemens;
un autre se donneroit au Diable & se mettroit en tête de contrequarrer tous les desseins de son Créateur.
L'Athée est importuné par l'idée du Souverain
Maitre, & par tout ce qui s'en approche & qui en
tient tant soit peu. Il cherche à s'en défaire, &
n'est jamais plus content de soi-même, que quand
il trouve des raisons pour la traiter de chimérique.
L'Idolatre a tort d'être dans l'erreur, mais la grossiéreté de son esprit & les préjugés de son éducation
y peuvent avoir la plus grande part. Ce n'est rien
moins qu'en vûe de combattre le grand & vrai
Maitre que l'Idolatre reste dans les préjugés d'une
naissance & d'une education à laquelle il n'a point
contribué.

Pour trouver quelque chose de semblable à son
Etat, dans l'idée dont Mr. Bayle emprunte sa comparaison, il faudroit se figurer un Enfant d'un
Chrétien, élevé par les Turcs dès le berceau,
seroit soldat dans leur Armée, & l'opposer à un
homme né dans le Christianisme, mais si mutin
si

si impatient de toute supériorité, qu'il ne voudroit point servir la Patrie dans le besoin & abandonneroit sûrement son General.

XCI. Toutes les autorités & tous les Exemples que Mr. Bayle accumule dans les Articles suivans servent à son but, parce qu'en amusant le Lecteur, il le détourne par là de l'esprit d'éxamen, & de l'application avec laquelle il est nécessaire de poser exactement l'état des Questions, & de se rendre très-scrupuleux sur la justesse des Comparaisons.

Réponse à des preuves du fait ou même donnés inutiles.

Pour peu de chose que Mr. Bayle eût eu à penser & à parler conséquemment, personne n'auroit moins dû que lui tabler comme il fait sur des relations qui sont très-incertaines, si l'on en juge par ce que les principes même ont de plus raisonnable en matière de faits.

Pour savoir au juste ce que les Peuples qu'il croit Athées, sur la foi des Relations, pensent ou ne pensent pas sur le chapitre de la Divinité, & pour savoir ce que leur Persuasion ou leur Erreur a d'influence sur les Etats par rapport à la sûreté ou aux dangers, & par rapport aux agrémens ou aux desagrémens de la Vie, ce n'est point assés que les Auteurs de ces Relations ayent connu ces Peuples superficiellement, il faut qu'ils se soient instruits à fond de tout qui se passe chez eux, & qu'ils les ayent interrogés exactement sur leurs opinions, & c'est ce qu'il ne paroit point que les Voyageurs ayent fait; Il paroit au contraire que les faiseurs de Relations n'ont étudié que superficiellement les Peuples chés qui ils ont passé, & qu'ils n'ont pas assés long tems séjourné chez eux pour nous en faire des rapports bien éxacts. La plûpart même n'en jugent qu'avec un esprit prévenu.

J'éclaircirai ce que je pense là-dessus par une comparaison, & pour en faire mieux comprendre la force je m'exprimerai en simple Historien. On sait aujourd'hui que les Chrétiens adorent Jesus-Christ comme Dieu, & les Auteurs prophanes mêmes ne permettent pas de douter qu'ils ne l'ayent ainsi invoqué de leur tems: Ils sont persuadés que la Doctrine de l'Evangile est claire là-dessus. Un voyageur passe de l'éxtrémité de l'Asie en Europe dans ces Idées, & il compte par le nom de Chrétien que nous portons, tire son origine de ces sentimens que nous avons sur la personne de Jesus Christ. Supposons après cela que le nombre des Sociniens n'est pas moins grand en Europe que celui des autres Chrétiens & que celui des Lettrés dans la Chine. Cet Asiatique disputeroit sur l'Unité de Dieu, quelques Chrétiens ne lui répondroient pas à son gré, & il sortiroit de la Dispute en se flatant d'avoir la raison pour lui. Il entendroit après ce'la des Sociniens, dont le Système seroit tout différent de celui des autres; Comme il n'en auroit point oui parler dans son pays, surpris d'en trouver un si grand nombre, il demanderoit au reste des Chrétiens, d'où vient qu'ils n'adoptent pas tous un Système, où tout lui paroit de plain pied? On lui répondroit que si la Raison comprend mieux ce nouveau Système que l'ancien, il est pourtant pas moins opposé à la doctrine de l'Evangile, & que les Sociniens entétés de leur prétenduë Raison, n'ont que l'apparence de Chrétiens, qu'ils n'ont point une véritable Foi à l'Evangile, & que leur manière de philosopher fait bien voir qu'ils ne le croyent pas Divin, puis qu'ils s'y soûmettent si peu. Les Docteurs & le Peuple s'animent & s'unissent pour tenir ce langage à l'Asiatique; & là-dessus il retourne dans sa Patrie, persuadé que parmi les Européens il y en a plusieurs qui se disent Chrétiens sans l'être & qui ne croyent point à l'Evangile, & il ajoûteroit que de l'aveu même des autres, ces gens-là sont de très-subtils raisonneurs, & d'une vie très-règlée.

Il est bien plus facile à comprendre que les Lettrés de la Chine ne pensent point comme le Vulgaire en matière de Religion. Ils peuvent même ne croire pas divers Articles très-vrais sur la Nature de Dieu, sur la manière dont il veut être servi par les hommes, sur les Devoirs qu'il en éxige, sur l'attention qu'il fait à leur conduite, sans rejetter absolument tout ce qu'on doit croire là-dessus. Cependant on les accuseroit de tout rejetter, parce que ce qu'ils refusent de croire paroit aussi sûr, que ce dont on trouveroit qu'ils conviennent si on les étudioit de plus près.

Un Missionnaire n'a pas de peine à faire convenir un Chinois Idolâtre, qui n'est pas obstiné dans ses préventions, & qui ne refuse pas de raisonner; Un Missionnaire, dis-je, n'a pas de peine à le faire convenir du ridicule de ses Pagodes & du culte qu'on leur rend: Après quoi on lui donne quelques Idées plus saines sur la Divinité, on l'instruit de sa volonté, & on l'assure de ses plus grandes Recompenses, moyennant qu'il se soûmette respectueusement à de certaines Cérémonies, & qu'il s'aquite de quelques menus Devoirs dont l'observation est aisée.

On n'a pas si bon marché des *Lettrés*; Ils sont subtils, il faut répondre à toutes leurs objections, & telle Réponse leur fait-on qui attire de nouvelles objections. Lorsque pour les amener à croire des choses incroyables, on leur allégue la Toute-puissance de Dieu, ils ne conviennent pas d'une telle Toute-puissance, & ils se moquent de ceux qui, selon eux, se forment de la Divinité des idées bisarres & contradictoires, & il n'en faut pas tant pour être traités d'Athées, en Europe même. Quand de la Religion naturelle, qu'on leur suposé, on veut les faire passer à la Chrétienne, & on pose encore pour principes des raisonnemens qu'on leur fait, quelques Articles de la Religion Naturelle, dont ils ne conviennent pas, ou dont ils ne conviennent point dans le sens qu'on les leur propose. Dès-là on s'impatiente, on dit qu'ils nient tous les Principes, qu'ils n'y croient point de Religion Naturelle, qu'ils ne la connoissent pas. C'est par cette raison qu'on justifie en Europe le peu de progrès qu'on fait sur l'esprit des *Lettrés*. On n'est pas fâché non plus d'alléguer cette raison au peuple Chinois. Quand ils demandent d'où vient *que nos Lettrés n'embrassent point votre Religion, si elle est, comme vous dites, si certaine, si prouvée, & si raisonnable*? Oh vos *Lettrés*, leur dit-on, *n'ont point de Religion, & n'en veulent point avoir.*

Cependant ces *Lettrés* reconnoissent qu'il faut laisser au Peuple une Religion, & que la sûreté du Gouvernement le demande; voilà bien des Témoins contre la doctrine de Mr. Bayle & des témoins de poids, puis qu'il les reconnoit pour d'honnêtes gens & revenus des préventions où sont les autres hommes.

Mais je vai plus loin & voici mon raisonnement. Si l'on ne peut ajouter aucune foi aux Relations qui nous viennent de la Chine, Mr. Bayle amuse inutilement son Lecteur, quand il en tire des consequences. Mais si l'on peut y ajouter quelque foi, c'est sans doute sur le sujet de Confucius, puisque rien n'est si public. La vénération de tous les *Lettrés* pour Confucius est un fait incontestable; Or le moyen que des gens sans Religion, & qui regardent tous ceux qui en ont une comme de petits esprits & des visionaires, portent si loin leur estime pour Confucius, qui certainement en avoit, ou tout ce qu'on nous dit de la Chine est absolument incertain.

Cet attachement des *Lettrés* Chinois à honorer leurs Pères & leurs Ayeuls me paroit encore incompatible avec l'opinion que tout s'éteint par la Mort. Le souvenir d'une personne qu'on a tendrement aimée pendant qu'elle vivoit, & qu'on ne cesse pas d'aimer, dès qu'elle ne vit plus, doit être accablant, quand on pense qu'un objet si chéri est retombé pour jamais dans le néant. Dans un tel cas le Bon Sens or-

ordonné que pour goûter quelque repos, & pour se délivrer des idées les plus noires, & des agitations les plus tristes, il faut oublier ce qui n'est plus & en perdre le souvenir, en se livrant tout entier aux Objets préfens, & en se bornant à y penser & à sentir leurs impressions.

Rien n'est plus inconcevable, plus bizarre, plus rempli de contradictions que ce que rapporte *Gouvelli*, si on suppofe les Lettrés Chinois sans Idée de Dieu, sans espérance en lui, & sans aucune attente d'Immortalité.

On voit plus par l'exemple de cet Auteur qu'entre ceux qui écrivent des Relations, ceux-là-même qui se donnent pour les plus exacts, ont peu approfondi ce dont ils parlent. Pour nous éclaircir sur la Religion des Lettrés Chinois, il faudroit avoir commercé familiérement avec eux, avoir après leur Langue, s'en être fait estimer, avoir gagné leur confiance, & s'être fait instruire distinctement sur ce qu'ils rejettent, sur ce dont ils doutent, & sur ce qu'ils croyent. Il faudroit avoir apris d'eux, sur quoi fondés ils croyent de certaines choses, ils doutent de quelques autres & il en est enfin qu'ils rejettent absolument. Or déja un Esprit prévenu ne se forme prefque jamais de justes Idées, sur le sentiment des autres, il leur prête toûjours quelque partie des siens, ou il les croit plus éloignés de la Verité qu'ils ne sont, par l'impatience avec laquelle il écoute les difficultés qui les arrêtent. De plus il ne suffiroit point de s'entretenir avec un Lettré ou deux, il faudroit conferer avec un grand nombre, sans cela on donneroit le sentiment de quelque particulier pour le sentiment general. Ne sait-on pas qu'en Europe on trouve des Gens d'Eglife débauchés, libertins, &, qui, pour vivre à leur gré, se sont afranchis du joug de la Religion, & se donnent pour d'habiles Raisonneurs? Ne fait-on pas que ces gens-là ont la malice, ou la vanité & la sotte crédulité, de compter dans leurs sentimens des Savans d'un grand Nom, qui en sont très-éloignés? Un Asiatique, qui écriroit sur leurs raports, chargeroit la Relation de grandes fauffetés. Un Indien, par exemple, à qui Mr. Bayle auroit ouvert tout son cœur, se feroit bien trompé, s'il avoit jugé par ses sentimens de ceux de tout le reste des Savans Européens; Cependant son Commerce avec un Savant qu'il auroit su estimé dans un grand parti, gracieufé même par les Rigides, & par les Enemis des Rigides, lui auroit paru plus que suffisant pour fonder une Relation des plus sûres.

On examine des Comparaifons, Oeuvres pag. 314.

XCII. Continuat. des Pensées Diverses Art. LXXXVII. *Si un homme vous avenoit*, dit Mr. Bayle, *qu'il ne comprend rien dans un passage difficile d'Aristote, ne le jugeriés-vous pas préférable à un pedant qui l'expliqueroit d'une manière toute à fait abfurde, & qui soutiendroit qu'il a rencontré le vrai sens?* De tous les Sophifmes il n'y en a point qui imposent plus aisément que ceux qui roulent sur des comparaifons. Pour conclure sur une chofe de même que sur l'autre, il est néceffaire qu'elles se trouvent parfaitement femblables, dans le sens auquel on les compare, & que les mêmes Principes qui fondent l'une des Conclusions servent de fondement à l'autre. Toute comparaifon multiplie les objets & par-là distrait l'attention. C'est le fort des Comparaifons, que Mr. Bayle a accoutumé de choisir. J'en substituerai une autre à la sienne. Un Livre fait du bruit, on lui donne de grands éloges, on en parle avec une extrême admiration. Un Auteur qui s'appercoit qu'on le met au dessus des siens, souffre de cette supériorité, il lit ce Livre, mais la prévention & la négligence avec laquelle il le lit, est cause qu'il n'y trouve point de sens; il est effectivement fort des Matiéres profondes, il est écrit avec beaucoup de précision & il suppose des Lecteurs attentifs. Celui-là donc qui aime à le mépriser & à n'y trouver aucun sens, n'y en trouve point, *il femble*, dit-il, *qu'Esprit n'y a aucune part, & que le hasard en a arrangé les termes*. L'Auteur d'un tel Livre auroit-il moins de raifon de se plaindre d'un Lecteur de ce goût, que d'un autre qui, par petiteffe de genie, lui attribueroit des sens qui n'y sont point renfermé, mais qu'il trouveroit très-beaux, très-justes, très-admirables. Voilà deux Lecteurs dont l'un repréfente l'Athée & l'autre l'Idolatre. L'Athée ne trouve rien de Divin dans tout ce par où Dieu a voulu se faire connoitre. Ni la Nature ni la Revélation n'expofent à ses yeux affés de grandeur, affés de Sageffe, affés de Bonté pour l'amener au respect de celui qui en est l'Auteur. *Non feulement*, continue Mr. Bayle, *les perfonnes idolatres de leur beauté, mais auffi les plus modestes aimeroient mieux que leurs Portraits fuffent ôtés d'une Galerie, que si on les y laiffoit, après les avoir fait enlaidir*.

Ibidem Article 87. Oeuvres pag. 305.

Afin que cette Comparaifon fût juste, il faudroit que les Idolatres, après avoir connu le vrai Dieu, se fiffent un plaisir de le préfenter aux autres hommes sous des idées flétriffantes à sa gloire. Tel fera le crime des Démons si on leur impute l'origine de l'Idolatrie, & si l'on conçoit qu'ils l'ont inspirée aux hommes.

Je me répréfente un homme entêté de sa bonnemine, & qui voyant le Portrait d'un autre, d'un infiniment meilleur air, soutient que cet homme n'a jamais été. Mais un Ignorant irrité de cet orgueil, & pour faire d'autant plus souffrir cet envieux, & pour relever encore la fierté par le marvial du Portrait, y applique des mouftaches & d'autres chofes qui lui paroiffent y manquer; Celui-ci se rend ridicule par son mauvais goût & sa stupidité; Mais celui-là est odieux autant que méprifable par l'éxtravagance de sa fierté.

,, XCIII. Si vous faites un grand cas, dit-il, de
,, ce que les Canadois ont crû l'immortalité de
,, l'ame, vous vous payés de fort mauvaife mon-
,, noye. N'ont-ils pas fait le même honneur à
,, l'Ame des bêtes, & aux ames qu'ils donnoient
,, ridiculement à leurs filets & à leurs haches? Ont-
,, ils tiré de ses veritables Principes le dogme de
,, l'Immortalité de notre Ame? L'ont-ils fait fer-
,, vir le moins du monde aux bonnes Moeurs?
,, C'est-là le grand point ".

De la stupidité des Peuples sans Religion. Ibidem.

La Conséquence qu'on tire de là, c'est que les hommes naiffent avec de grandes difpofitions à fentir l'Immortalité de leur ame, & à s'attendre à un fort qui ne se borne point à cette vie, puis que la fimplicité & la groffiéreté des peuples Sauvages n'a pû étouffer chez eux ses difpofitions & les Idées qui en naiffent naturellement; On ne les cite pas en preuve comme on feroit un argument d'autorité.

Il est certain qu'on remarque une extrême groffierté dans les Peuples où l'on ne trouve pas de la Religion; C'est un fait de notorieté publique & Mr. Bayle ne sauroit le nier, à moins qu'il ne se croye en droit de profiter de toutes les autorités qui lui paroitront favorables à sa caufe & de nier toutes les autres. C'est donc en vain qu'il dit *qu'on ne lui fera jamais croire qu'un homme qui adore un morceau de bois ait plus d'efprit que celui qui n'adore rien*. Il y a plus d'un Sophifme. Si par *Esprit* il entend un Efprit comme le fien, une activité qui va à se confondre elle-même, & qui est propre à tout embrouiller, je tombe d'accord de ce qu'il dit. Mais je ne lui accorde point qu'on faffe un meilleur ufage de sa Raifon, quand à force d'entaffer des difficultés, on en vient à se perfuader qu'il n'y a point de Dieu, & en cedant à la force des Préjugés de l'Education, & au respect que l'on a naturellement pour les Opinions anciennes, on s'imaginoit que des Divinités Subalternes préfident aux Fleuves & aux sources, & qu'un Simulacre confacré avec de certaines Cérémonies, est propre

Continuat. des Pensées Div. Art. LXXXVIII Oeuvres pag. 316.

à fixer l'imagination & à l'arrêter sur quelques Divinités dont ce Simulacre est l'emblême.

On continue à examiner la Comparaison. Oeuvres pag. 317.

XCIII. Dans l'Art. XC. & suivant, de la Continuation des Pens. Diverses, Mr. Bayle répond à l'objection si on peut comparer un Athée à un Meurtrier, & un Idolâtre à un Calomniateur. Il est certain que quand on parle d'un Athée comme d'un *Déicide*, qui, entant qu'en lui est, anéantit son Créateur, il y a de la figure dans cette expression & dans cette manière de le condamner. Quand on s'exprime ainsi, on prétend simplement qu'un Athée se trouve très-importuné par la pensée de l'Existence de Dieu, & qu'il est ravi de se persuader qu'il n'y en a point. Or comme nous sommes tous disposés à nous défaire des choses dont la présence nous importune, on concluë qu'il y a dans le cœur de l'Athée un fond d'orgueil & de malignité toute semblable à celle qui détermine bien des gens à se défaire des personnes qu'ils n'aiment pas.

J'avoue que l'accusation seroit plus littérale, si l'Athée, après avoir connu Dieu, alloit jusqu'à souhaiter que ce Dieu qu'il connoit n'existât point, & ne pouvant se satisfaire à cet égard, s'efforceroit de persuader au reste des hommes qu'il n'existe pas.

Mais si on ne peut pas traiter un Athée de *Déicide* au pied de la lettre; par la même raison on ne peut pas traiter un Idolâtre de Calomniateur qui se plaît à déshonorer Dieu par divers Attributs odieux qu'il lui impute, car tout ce que l'Idolâtre impute à une Nature supérieure, il le lui impute avec une bonne intention. Il fait ce que feroit un Calomniateur, sans en avoir le dessein, & par conséquent sans en avoir la malice, & c'est là ce qui fait le caractère du Calomniateur.

Oeuvres pag. 318.

Continuat. des Pensées Diverses Art. XCII. ,, Un homme, dit Mr. Bayle, se présente à Venise ,, & se dit *Dom Sebastien Roi de Portugal*, Supo- ,, sons qu'il soit effectivement ce Roi-là : Deux ,, Portugais n'en croyent rien. L'un dit pour rai- ,, son qu'il est assuré de sa mort. L'autre reconnoit ,, qu'il vit, mais il prétend qu'ayant été pris par ,, des Voleurs & nécessité à se joindre à eux pour ,, n'en être pas assassiné, il a tant pris de goût à ,, leur vie qu'il ne sauroit se résoudre à la quitter. ,, Le premier n'est pas Meurtrier de son Roi, mais ,, le second le calomnie de la manière la plus atroce. Cette comparaison est encore très-éloignée de justesse. Un Prince qu'on dit avoir été tué dans une Bataille, où il s'étoit très-exposé, ne peut point se plaindre de ceux qui croyent sa Mort, puis qu'elle est très-possible. Mais dire que l'Etre suprême peut n'exister pas, c'est le traiter de Chimére & nier son Existence nécessaire, la première & la plus grande des Perfections. Rectifions donc cette comparaison.

Concevons d'un côté un Portugais dont le cœur a naturellement de la répugnance à se soumettre à un Monarque. Il apprend la mort du sien. Cette nouvelle a trop de rapport à ses inclinations pour qu'il s'en défie comme il le devroit, & pour qu'il l'éxamine scrupuleusement. Il ne se rend attentif qu'à ce qui lui paroit propre à la rendre croyable. Il s'efforce de la persuader ses Compatriotes, de les former sur son goût, & de les rendre sensibles au plaisir d'être sans Roi.

Un autre Portugais qui avoit eu le malheur d'être enlevé, lorsqu'il étoit encore enfant, par une troupe de bandits, & qui s'étoit fait à leur manière de vivre, n'a pû se défaire de la grossièreté des Idées qu'il a pris avec eux. Son préjugé le ramène à y concevoir quelque chose de grand : On lui dit que son ancien Roi a pris goût à cette manière de vivre, & fait merveille à la tête d'une petite Armée de Voleurs. Il croit lui faire honneur de se le persuader. Celui-ci le verra revenu avec plaisir dans quelque état qu'il revienne; Mais l'autre sera très-mortifié de rentrer sous le joug.

Art. XCVI. ,, Vous m'avouerés sans doute, ,, dit Mr. Bayle, que si la Reine Elizabeth chassée ,, de ses Etats, avoit après que ses Sujets révoltés ,, lui avoient fait succéder la plus infame prostituée ,, qu'ils eussent pû trouver dans Londres, elle eût ,, été plus indignée de leur procédé, que s'ils eus- ,, sent pris une autre forme de gouvernement, ou ,, que pour le moins ils eussent donné la Couronne ,, à une Illustre Princesse. Non seulement la per- ,, sonne de la Reine Elizabeth eût été tout de nou- ,, veau insultée par le choix qu'on auroit fait d'une ,, Courtisane, mais aussi le caractère royal eût été ,, déshonoré & bafoué. Voilà l'image de la con- ,, duite des Payens à l'égard de Dieu. Ils se sont ,, révoltés contre lui, & après l'avoir chassé du ,, Ciel, ils ont substitué à sa place une infinité de ,, Dieux chargés de crimes, & ils leur ont donné ,, pour Chef un Jupiter fils d'un Usurpateur, & ,, Usurpateur lui-même, père charnel de plusieurs ,, bâtards, Sodomite, &c. N'étoit-ce pas flétrir ,, & déshonorer le Caractère divin, exposer au ,, dernier mépris la nature & la Majesté divine, en ,, un mot ajouter au meurtre des Calomnies infa- ,, mantes, & attenter à l'honneur après avoir mas- ,, sacré''.

Oeuvres pag. 320.

La Reine Elizabeth est chassée du Thrône par des Républicains. Voilà l'image de l'Athéïsme qui ne veut point d'Etre Suprême. La même Reine Elizabeth obligée de céder son Thrône à une Personne à qui l'on croit que la Couronne appartient plus légitimement. Voilà l'image des Idolâtres ; Dans le premier cas Elizabeth est chassée parce qu'elle est haïe, & qu'on est plein d'aversion contre sa supériorité. Dans le second cas on ne la hait pas, mais on se croit obligé à lui préférer une Personne dont le Droit est plus grand. Cela est cause qu'on la laisse & qu'on la néglige.

Je donnerai encore plus d'étendue & (à ce qui me paroit) encore plus de justesse à cette Comparaison. La Reine Elizabeth a des raisons pour se mettre quelque temps en retraite, & choisit dans ce dessein les Montagnes de l'Ecosse, où elle n'est accessible qu'à très-peu de personnes ; Le bruit court qu'elle y est morte ; une partie de ses Sujets sont charmés de cette nouvelle, ils en font des feux de joye, ils forment la résolution de vivre dans l'égalité, & de ne laisser occuper le Thrône par qui que ce soit. C'est là l'Emblême des Athées. La Reine Elizabeth revient, mais tant soit peu méconnoissable. Ils soutiennent que ce n'est point elle, & se tuent à inventer mille possibilités pour affoiblir tous les Témoignages qui déposent en sa faveur ; leur Esprit fait jouër tous les ressorts du Pyrrhonisme. Dans le même temps, se présente une Femme qui ressemble beaucoup à cette Reine : Cette Femme se plaint d'avoir résolu de sortir de sa retraite, beaucoup plûtôt qu'elle n'avoit résolu, sur les nouvelles qui lui sont parvenuës du trouble où se trouve le Royaume, d'un côté par les intrigues des Républicains, d'un autre par la présence & les cabales d'une effrontée, qui avoit eu l'injustice & l'adresse de prendre son Nom. Elle fait écouter ces raisons dans quelques Provinces, elle s'y fait estimer par quelques actions d'éclat ; Elle se fait aimer par quelques personnes du premier rang, dont l'exemple entraine les autres : Elle réjouit la Multitude par des Spectacles, elle donne des fêtes, des titres, des priviléges. A la fin pourtant la vraye Reine est reconnuë. A qui pardonnera-t-elle plûtôt, sera-ce à ceux qui se faisoient tant de joye de penser qu'elle n'étoit plus, ou à ceux qui charmés de la savoir encore pleine de vie, ne s'attachoient à une autre personne que parce qu'ils la prenoient pour elle ?

Quant à l'idée que Mr. Bayle donne des Anglois, mettant à la place de la Reine Elizabeth une infame Cou-

Coureuse, c'est encore une de ces fausses Comparaisons qu'il a accoutumé de mettre en avant pour exténuer la faute des Athées, par le parallèle qu'il fait des Idolatres avec eux: Dans un tel cas les Anglois seroient passé de propos délibéré, & contre toute lumière, contre toute bienséance à deshonorer le Thrône par un choix si abominable, afin de donner à Elizabeth dont le merite leur étoit très-connu, dont la personne leur avoit été très-précieuse, la plus grande des mortifications, en lui préférant ce qu'ils connoissoient de plus méprisable. Tel auroit été le cas des Idolatres, s'ils s'étoient avisés d'abandonner tout d'un coup le Culte du vrai Dieu, qui leur auroit été connu, pour y substituer sur le champ un Jupiter, une Junon, un Mars, Divinités imaginaires & aussi indignes de ce rang que les Poëtes les plus outrés sur cette matière-là nous les representent.

Si ce que je viens de relever dans Mr. Bayle étoit une de ces pensées qui s'échapent, dans la vivacité à laquelle on s'anime, quand on a à répondre à une Objection forte, & proposée par un adversaire qui fait profiter de toutes ses avantages, il n'y auroit pas de l'équité à la presser & à faire une grande attention aux conséquences même les plus naturelles de ses comparaisons. Mais quand on connoit l'étenduë d'esprit qu'avoit Mr. Bayle, quand on a remarqué, dans ses Ouvrages, l'habileté avec laquelle il va à son but, de fort loin & souvent par de grands détours, quand on y retrouve si souvent la même pensée, il seroit difficile de ne lui point imputer ce qu'elle renferme de dangereux. Si ces Raisonnemens étoient justes, ils feroient tomber la Religion Chrétienne sous les mêmes coups qu'il lance sur les Idolatres. Il n'y auroit pour cela qu'à se representer un homme qui après avoir écouté non seulement les difficultés que les Incredules opposent à la vraye Religion, & tous les aveus que les Défenseurs font d'un grand nombre d'Incomprehensibilités, après s'être rendu attentif aux Objections, par lesquelles chaque parti du Christianisme s'anime à terrasser l'autre, & sur tout à prouver que toute autre Hypothèse que la sienne va au renversement de la Raison & de la Foi, après avoir été ébranlé & accablé par ces entassemens de difficultés il prend par modestie, & pour sa sureté même, le parti de demeurer en suspens, & ne croit rien, de peur de croire mal.

De cette premiere supposition on passeroit à une seconde; & on se representeroit un autre homme qui raisonne assés mal pour se composer une Religion toute remplie de contradictions & pour rassembler tout ce qui est échapé aux Chrétiens de plus opposés à la Raison & de plus difficile à soutenir, sans daigner seulement prendre garde qu'entre ces Erreurs il s'en trouve qui se combattent reciproquement. Mr. Bayle prétendroit-il qu'il n'y eût qu'un de ces deux partis à prendre ? Ce qu'il avance, s'il étoit juste, seroit d'autant plus fatal à la Religion que la plus petite méprise où on tomberoit dans l'idée qu'on se feroit de la Nature de Dieu, de son Culte, de ses Commandemens, & par conséquent de sa Volonté, seroit une faute incomparablement plus atroce que celle de n'avoir point de Religion; car toute Erreur sur la Nature de Dieu lui attribue ce qui ne lui convient pas & par conséquent ce qui ne sauroit lui convenir, ce qui implique contradiction avec sa Nature, & qui en est infiniment éloigné. L'idée d'un tel Dieu est donc l'idée d'une chose qui n'est point. Voila donc, selon Mr. Bayle, tout Chrétien qui erre, déja dans le cas de l'Athée qui ne connoit pas le vrai Dieu. Mais il fait bien pis, car au moins l'Athée demeure dans son Doute & dans son Ignorance, au lieu que le Chrétien qui erre, calomnie Dieu, le défigure, met une Chimère à sa place & se le represente sous une idée, c'est à dire, sous une Image multipliée, absurde, barbouillée. Ces conséquences doivent suffire pour porter tout Esprit tant soit peu raisonnable à soupçonner que dans les Comparaisons & les termes metaphoriques dont Mr. Bayle s'est servi, il y a quelque Sophisme qu'il faut déveloper, & quelque équivoque qu'il faut necessairement lever. Voyez l'Art. LXI.

Un homme qui troublé par les Disputes des Chrétiens, gemiroit dans son Ignorance, s'humilieroit, imploreroit la Misericorde de son Créateur & de son Sauveur, & renonçant à tout esprit de Parti, à toute Ambition & à tout désir de paroitre savant, éviteroit de décider de ce qui passe sa portée, s'appliqueroit uniquement à s'éclairer en vuë de bien vivre, & dans le vif sentiment de ses foiblesses prieroit sans cesse le Seigneur, d'avoir pitié de ses Ténèbres & de lui pardonner ses erreurs & ses fautes, cet homme-là ne prendroit-il pas un sage & heureux parti & n'éviteroit-il pas l'une & l'autre des extrémités que Mr. Bayle met en parallele?

Art. C. de la Continuation des Pensées Diverf. *Oeuvres pag. 325.*
Si Mr. Bayle aprouve la pensée de Mr. Jurieu lorsqu'il dit qu'il peut se trouver en matière d'Athéïsme des difficultés réellement insurmontables à de certains Esprits, il n'a pas parlé sincèrement dans d'autres endroits que j'ai cités où il dit tout le contraire.

Ce qu'il ajoute dans l'Article cent & un des sentimens des Scholastiques qui vont à établir l'innocence de l'Athée speculatif, ne sert qu'à faire perdre du tems au Lecteur, à le fatiguer, à émousser son esprit d'examen, ou tout au moins à le familiariser avec l'Athéïsme. Cela lui a servi encore à mettre à profit des Recueils & à faire une parade du tems qu'il a perdu à feuilleter les Auteurs les moins instructifs, pour y déterer quelque chose de favorable à l'Athée, lorsqu'un Genie laborieux & pénétrant comme le sien, pouvoit si utilement employer son loisir à étudier des verités importantes. *Ibidem. pag. 326.*

XCIV. Continuat. des Pens. Div. Art. CXVIII. *Nécessité de la Societé. Oeuvres pag. 372.*
Mr. Bayle répond à l'Objection que l'Anarchie étant pire que la Tyrannie, il vaut mieux avoir de fausses Divinités que de n'en avoir aucune.

Mais 1°. on ne prétend pas absolument parlant, que les hommes ne puissent vivre, quand même ils ne formeroient pas entr'eux un corps de Societé réuni par des Loix que des Magistrats protégent. On pose seulement en fait que des Societés composées d'un petit nombre de personnes unis simplement par le voisinage, & l'utilité de quelques secours qu'ils tireroient les uns des autres, ne pourroient pas se défendre contre les Voisins qui tomberoient sur leurs Biens & qui s'aviseroient de s'assujétir leurs personnes & d'en faire leurs Esclaves. Pour se défendre contre les Invasions il faut de la subordination, il faut des corps composés d'un grand nombre de personnes, & on soutient que ces grands Corps ne sauroient subsister sans Loix & sans Magistrats.

2°. Dans des Societés composées d'un petit nombre de personnes chacun seroit obligé de s'occuper au travail nécessaire pour l'entretien de sa vie; l'esprit ne se cultiveroit point & les hommes vivroient privés de tous les avantages que la Raison est capable de leur procurer.

3°. Quand même il se trouveroit quelque coin de la Terre, où les hommes d'un Temperament moderé, indolent, stupide encore, aimeroient tellement, chacun son repos, qu'ils ne penseroient point à troubler celui des autres, l'experience fait connoitre que ces exemples seroient très-rares & que, par tout, la Terre est couverte d'hommes turbulens qui rendroient miserables les autres, & qui s'empêcheroient eux-mêmes d'être heureux, si les Loix, & ceux à qui on a confié le soin de les faire obser-

observer; ne se tenoient en règle souvent malgré eux, & ne leur faisoient de bonne heure à prendre l'habitude de vivre d'une manière plus commode & plus tranquile.

4°. On ne nie point que, la Religion à part, la Raison seule ne soit capable de fournir à l'homme un grand nombre de Reflexions qui l'engagent à moderer ses passions, à se faire aimer des autres hommes, à les obliger, & que la Raison enfin ne lui fasse comprendre qu'il a interêt à vivre ainsi: Mais on soutient, que les Idées de la Religion donnent à toutes ces reflexions un tout autre poids, comme on l'a déjà dit. Rien n'est plus aisé que de se faire illusion sur ses interêts. Pour peu qu'une Passion nous éblouisse, nous concluons qu'il nous est avantageux de la suivre, & que nous y trouverons notre compte; on y sacrifie donc de bon cœur d'autres interêts. Rien n'est plus ordinaire aux hommes que de dire, dans ces occasions-là, *Que m'importe? Je veux me satisfaire, je n'ai point d'interêt plus cher, & rien ne m'est plus insupportable que de me contraindre.* Mais si on s'est accoutumé de bonne heure à prendre pour Régle la Volonté d'un Maître infiniment sage & puissant, on se gardera des illusions où il est si facile de tomber, quand on ne règle sa conduite que sur des interêts presens.

Necessité de la Religion prouvée par l'Objection même de Mr. Bayle. Oeuvres pag. 353.

XCV. Dans l'Art. CXIX. de la Cont. des Pens. Div. Monsr. Bayle dit, *la Société est une mauvaise Ecôle de Morale. Le déréglement des Mœurs est plus visible & plus scandaleux dans les grandes Villes que dans les petites, & dans celles-ci que dans les Villages.*

On a non moins besoin de plus grands secours dans les Villes que dans les Villages, & dans les grandes Villes que dans les petites. C'est-là ce que posent en fait ceux qui s'interessent à la Religion.

Si par les mauvais exemples, les grandes Societés sont une mauvaise Ecôle, il est necessaire de reparer & de balancer ce mal, par de solides instructions & par de puissans motifs à la Vertu & à la Religion.

Les Grecs, continue-t-il, *avec toute leur Erudition & avec toute leur Jurisprudence n'acquirent jamais la Probité que la Nature toute seule faisoit reluire parmi les Scythes.*

Mais premièrement ces Scythes étoient-ils sans Religion? 2°. savons-nous le détail de leur Histoire, comme nous savons le détail de celle des Grecs? 3°. Les Philosophes qui abusoient de leur adresse pour rendre tout douteux chès les Grecs, & pour les affranchir de toute crainte de la Divinité, ne contribuoient-ils point au déréglement des Mœurs? Socrate le croyoit ainsi.

Quand même Mr. Bayle viendroit à bout de prouver que la Sagesse infinie, la Bonté & la Puissance de Dieu qui veut conserver le Genre humain, pourroit, au défaut de la Religion, imprimer dans l'Ame divers Principes qui contribueroient à faire subsister les Societés, je soutiens toûjours que l'attente d'une autre Vie en est un des plus naturels, & des plus efficaces qu'on puisse imaginer.

Mr. Bayle parle de *la crainte du qu'en dira-*,, t-on? de la défiance que les hommes ont les uns ,, des autres qui les oblige à la circonspection; des ,, complots que la défiance & la timidité empê- ,, chent, & que la diversité des interêts fait échouer; ,, l'amour des Voluptés, dit-il, modère l'esprit ,, de Vengeance; on craint de s'attirer des affronts, ,, si on en fait aux autres.

Toutes ces reflexions auroient quelque force contre un homme qui soutiendroit que rien ne peut contribuer à la conservation des Societés, au repos & à la sûreté des hommes que leur respect pour la Volonté de l'Etre suprême, Mr. Bayle affecte à son ordinaire d'oublier l'état de cette question. Celui qui éloigne l'Idée de Dieu, qui ôte la Barriére de la Religion, prive la Société d'un de ses plus grands soutiens. On commettra tout autrement sa Réputation, quand on violera des Devoirs qui passent pour sacrés, & qu'on se fera regarder comme un scelerat, & un homme qui se moque de Dieu? Si la crainte des hommes fait trembler ceux qui ont entrepris des assassinats, que ne doit pas faire la crainte de Dieu? Un homme qui ne craint rien après sa Mort, qui sait qu'il doit mourir & qui veut bien risquer de perdre un certain nombre d'années, incertaines déjà par elles mêmes, est capable de tout entreprendre, pour se procurer, s'il réussit, des jours agréables. Qu'est-ce qui oblige des scelerats à se défaire les uns des autres, si ce n'est que chacun d'eux sait bien que les autres ne le comptent que pour ce qu'il est? L'amour des Plaisirs retiendra un Vindicatif jusques à ce qu'il puisse faire son coup sûrement. D'ailleurs l'amour des Plaisirs ne cause-t-elle pas souvent parmi les hommes les plus grands emportemens? Enfin les personnes qui vivent dans l'élevation & qui sont précisément ceux dont le genre humain a le plus à craindre & le plus à souffrir, suivent-ils d'autres principes pour l'ordinaire que leur Temperament ou que leurs passions, si la crainte de Dieu ne les retient pas? Ils n'apprehendent point les châtimens, ils n'apprehendent point les railleries, ils comptent même que l'on trouvera beau ce qui leur donnent l'exemple, & ils regardent comme un glorieux privilége de pouvoir faire ce qui n'est pas permis aux autres.

XCVI. Dans l'Art. CXXI. de la Cont. des Pens. Divers. Mr. Bayle, allegue en vain *que la Religion n'a pas servi de frein aux plus grands perturbateurs du repos public.* On le repete, personne n'a jamais prétendu que dès qu'on est Athée, on est homme de bien. Voici ce qu'on soutient: Tel a fait du mal, qui en auroit fait encore davantage, si quelque reste de Religion ne l'avoit retenu: Et bien des gens ont eu le pouvoir & les occasions de causer des troubles dans le Genre humain, qui se sont tenus en repos, parce que le respect pour leur Devoir & les Idées d'une autre Vie les ont déterminés à moderer leurs Passions.

Vaine Apologie des Athées. Oeuvres pag. 357.

Au même article il dit: *Mahomet II. passoit pour Athée.* Il ne fit pas tout le mal qu'il auroit pû faire; Mais n'est-il pas vraisemblable, que s'il n'avoit pas été Athée il auroit été moins féroce & auroit moins fait de mal?

ibidem.

XCVII. Dans l'Art. CXXIV. de la Continuation des Pens. Divers. Monsr. Bayle léve le masque, & après nous avoir representé, comment la Société pourroit fort bien se maintenir, quoiqu'elle fût composée d'Athées, il travaille à nous faire comprendre qu'il n'en seroit pas de même si elle étoit composée de veritables Chrétiens. Il n'est pas possible qu'il ne prevît la conséquence que cet article alloit donner, mais c'est de quoi il se mettoit fort peu en peine. Il falloit pourtant penser à sa sûreté. Voilà pourquoi il a recours à un de ses Chevaux de bataille & à une finesse si usée qu'il n'est plus possible de s'y laisser tromper, c'est-à-dire, il fait part pour son Lecteur d'une conversation où on lui disoit, ,, Les vrais Chrétiens, ce me semble, se considé- ,, reront comme des Voyageurs & comme des Pé- ,, lerins qui tendront au Ciel leur veritable Pa- ,, trie. Voyez l'Art. XLIII.

Faussetés de la Religion Chrétienne. Oeuvres pag. 360.

A quoi pensoit Mr. Bayle? Croyoit-il en sa Conscience de nous avoir donné un portrait du Christianisme, où il n'y eût rien d'exageré? Si cela étoit il dévoileroit lui-même cette affectation avec laquelle il nous parle tant de sa Foi & des Lumiéres de la Grace, qui suplént chés lui à l'incertitude de la Raison & l'attachent aux sentimens de l'Eglise où il est né & il nous trace ici une Idée du Christianisme toute differente de celle qui est reçûe dans la Communion où il a vécu. Et lui-même s'est-il réglé sur ces Maximes? Qu'y a-t-il de

plus

plus éloigné que sa conduite de cette simplicité, de cette indifférence pour la gloire & de ce dévouement tout pur & tout simple à faire la Volonté de Dieu, & à ne donner aucun scandale? Aimera-t-on mieux dire qu'il fait semblant de prendre à la lettre des expressions, qu'il fait bien qu'on doit entendre dans un sens figuré, & suivant le génie des expressions proverbiales qui tiennent toujours de l'hyperbole. Si ce qu'il avance étoit juste, il n'y auroit de vrais Chrétiens, que chés les Anachorétes, & chés quelques Anabaptistes. Dieu, dit-il, *ne permettroit pas que de vrais Chrétiens devinssent fanatiques dans des occasions qui paroîtroient le demander*, & ne peut-on pas sans Fanatisme se défendre courageusement pour se garentir d'une injuste oppression?

Mr. Bayle revient encore à sa supposition, qu'à *moins d'user des fraudes & de laisser à part la délicatesse de la Conscience on se défendra mal contre des voisins habiles & entreprenans*. J'ai déja refuté cela.

Ibidem. ,, Voulés-vous, dit-il, qu'une nation soit assés forte
,, pour résister à ses voisins, laissés les maximes du
,, Christianisme pour théme aux Prédicateurs:
,, conservés cela pour la théorie & ramenés la pra-
,, tique sous les loix de la nature qui permet de
,, rendre coup pour coup & qui nous excité à nous
,, élever au-dessus de notre état, à devenir plus
,, riches & de meilleure condition que nos Pé-
,, res.

La Providence a donc pourvû à la conservation des Etats, en ne permettant pas que l'Evangile persuade beaucoup de gens. Le gros des hommes demeureront ambitieux, avares, fourbes, entreprenans, feroces, cruels, & par ce moyen les Etats subsisteront & l'Eglise vivra à l'abri des Vicieux.

Ibidem pag. 361. Mr. Bayle s'objecte l'exemple de la *République Romaine, où l'Amour des Voluptés & l'Avarice gâta tout. Mais c'est de quoi*, dit-il, *il ne faut pas s'embarasser, ce qui est arrivé une fois n'arrivera pas toujours*.

,, Ne craignés point les mauvaises suites de l'a-
,, mour de l'Or: c'est à la verité une source em-
,, poisonnée d'où sortent mille passions corrompues
,, & qui excite & qui fomente la dépravation du
,, cœur. C'est de-là que vinrent les désordres les
,, plus pernicieux de la République Romaine, qui
,, avoit long-temps conservé la Probité & la Disci-
,, pline avec le mépris des richesses & des voluptés.
,, Enfin l'Avarice y gâta tout. Mais ne vous em-
,, barassés pas de cela, ce n'est point une nécessité
,, que les mêmes choses arrivent dans tous les Sié-
,, cles, & sous toutes sortes de Climats" ! L'ex-
perience a fait voir ce qu'on a **à craindre de l'Irreligion**, de ses suites, & du regne de ses passions. Mr. Bayle rassure en deux mots, contre cette Crainte; mais pour la foiblesse de la Religion & les préjudices dont elle va être cause, ce sont selon lui des Points démontrés. L'experience a fait voir que l'amour des Voluptés, du Luxe, & de tout ce qui est nécessaire pour l'entretenir, a causé de grands désordres & a fait enfin régner la scelératesse qui a renversé les plus puissans Etats. Donc les Vertus recommandées dans l'Evangile affermiront plutôt qu'elles n'ébranleront les Sociétés. Que répond à cela Mr. Bayle? Deux mots, *Ne craignés rien*, les vices ne seront pas toujours malheureux.

Art. CXXVI. de la Continuat. des Pens. Divers.

Autre paralléle de la Religion Payenne & ses Atheisme. Oeuvres pag. 362.
,, XCV. Je reviens au Paganisme, dit Mr.
,, Bayle, & c'est pour vous faire remarquer qu'il
,, étoit si peu capable de servir de Principe repri-
,, mant, qu'il a eu besoin que d'autres choses repri-
,, massent la corruption qu'il inspiroit. Si par ses
,, superstitions sur les présages, il empêchoit ou

,, il avançoit l'exécution d'un dessein, cela con-
,, cernoit plutôt le Physique que le Moral, & il
,, en pouvoit arriver autant de dommage que de
,, profit. L'idée qu'il donnoit des Dieux pouvoit
,, bien faire que l'on fût exact à leur offrir des
,, victimes, à leur bâtir des Temples, à enrichir
,, leurs statues, & à donner au culte extérieur de
,, la Religion tout l'éclat imaginable, mais elle é-
,, toit beaucoup plus propre à gâter les mœurs
,, qu'à les reformer. Le culte même nourrissoit le
,, vice: Il consistoit quelquefois à immoler ou la
,, vie ou la pudeur. On sacrifioit des hommes, on
,, prostituoit des filles en l'honneur des Dieux. Les
,, Romains qui abolirent en divers endroits, à Car-
,, thage & dans les Gaules nommément, la barba-
,, rie des Victimes humaines, immoloient quelque-
,, fois des hommes, & n'ignoroient pas que les
,, Jeux funèbres, où l'on faisoit perir un grand
,, nombre de Gladiateurs, ne fussent une maniere
,, de sacrifice aux Manes des morts. L'inhumanité
,, & la cruauté qui sont si contraires au bien pu-
,, blic, naissoient delà nécessairement. Les Jeux
,, Floraux, les Jeux Scéniques étoient un acte
,, de Religion. On les célébroit magnifiquement,
,, mais avec des obscénités si outrées, qu'ils ne
,, peuvent être considerés que comme une école in-
,, fâme d'impureté.

,, L'Anarchie universelle, le brigandage general
,, que l'on dit à tort être la suite necessaire de l'ir-
,, réligion, eût été inévitablement l'effet de la Re-
,, ligion Payenne, si d'autres principes n'y eussent
,, mis des obstacles. La séduction ou l'enlévement
,, des personnes de l'autre Sexe, & même des beaux
,, garçons, auroit passé pour une copie des actions
,, des Dieux: le vol, l'inceste, la fraude, le sortilége,
,, auroient eu la même prérogative. On s'y seroit
,, donc abandonné sans scrupule de conscience, &
,, même par un principe de Religion. A quels
,, troubles, on à quels désordres n'eût-on point ex-
,, posé par là les Sociétés? Ce n'est pas le tout. Le
,, désir de la gloire a tant de force sur les ames am-
,, bitieuses, qu'elle leur fait violer, & les Loix
,, de la nature, & les Loix divines, & les Loix
,, fondamentales de l'Etat. Les Républiques ont à
,, craindre l'ambition du Chef de leurs troupes, les
,, Rois ont à craindre celle de leurs fils, ou de
,, leurs beaux-fils; & ce qui est encore plus étran-
,, ge, ils ont quelquefois à craindre celle de leurs
,, péres, ou de leurs beaux-péres. Il n'y avoit
,, rien de plus capable de lâcher la bride à cette fu-
,, rieuse ambition que le culte des Gentils; car le
,, Jupiter qu'ils adoroient comme la plus grande
,, de leurs Divinités, avoit dethroné son pére Sa-
,, turne, qui avoit exclus de la succession son frère
,, aîné.

,, La confusion se fût étendue jusqu'aux familles
,, particulières. Un fils eût trouvé que son pére
,, ne mouroit pas assés tôt, ou que sa portion d'un
,, patrimoine divisé entre ses frères étoit trop peti-
,, te. On eût voulu l'avoir tout, & sans attendre
,, la mort naturelle du predecesseur. On se fût im-
,, médiatement réglé sur la conduite des Princes, &
,, médiatement sur celle des Dieux.

Dès que Mr. Bayle a porté quelque coup à la Religion Chrétienne, & lui a opposé l'Athéisme, en le présentant sous un beau côté, il évite les coups qu'on ne manqueroit pas de lui porter réciproquement, il les évite, dis-je, en se jettant dans le paralléle de ce que la Religion Payenne avoit de plus extravagant, avec la simple ignorance d'un homme qui ne connoit pas Dieu. Mais j'ai déja souvent remarqué que par là-même qu'il restoit chés les Payens quelque idée de Religion, il y restoit quelques sentimens d'une autre Vie, dont la vertu & le vice décideroient le bonheur ou le malheur. A plus forte raison ces sentimens auroient-ils produit leur effet naturel si la Théorie de la Religion y avoit répondu

„ du & le avoit fortifiés. J'ai déja prouvé que dans l'Athéisme il se trouve plus que simple ignorance. Les Principes qui font rester dans cette ignorance, & leurs suites sont très-condamnables, & exposent la Société à de grands inconvéniens.

„ N'oublions pas, dit Mr. Bayle, Art. CXXVII. de la Continuation des Pensées diverses, n'oublions pas la Justice vengeresse que les Payens attribuoient à leurs Dieux. Ils en donnoient des éxemples qui n'étoient propres qu'à renverser la Morale, & qu'à troubler les Sociétés.

„ Si les Scythes dont l'humeur guerrière causoit une infinité de désolations, en avoient été punis par un changement de vie, de sorte qu'au lieu de songer à des conquêtes, ils se fussent sentis poltrons & amateurs de l'oisiveté, on auroit pû se persuader que les Dieux avoient à coeur le repos des peuples, mais en voyant que les Scythes, qui avoient ravagé toute l'Asie, demeurèrent impunis à la reserve d'un petit nombre, qui avoient pillé le Temple de Vénus, & que le châtiment de ce petit nombre, consista en ce que Vénus les assujettit au péché contre nature, on n'avoit nul lieu de s'imaginer que les Dieux se souciassent, ni du bien des Sociétés, ni de la Vertu, uniquement attentifs à faire honorer leurs personnes & les choses qui leur étoient consacrées. Les manières de leur vengeance étoient très-propres à détourner de la vraye idée de la Justice, & de pousser vers l'idée d'un orgueil choquant, tel qu'est à peu près l'orgueil de certains Marquis, & de certaines Marquises de Province, qui se soucient très-peu que leurs Vassaux soient fripons, voleurs, yvrognes, lascifs, pourvû qu'ils fassent des presens à leur Seigneur, & qu'ils rampent devant lui, & qu'ils respectent sa famille, son portrait, ses laquais, ses chiens même, ses chevaux, ses arbres &c. à quoi s'ils ne sont pas ponctuels on les roue de coups de bâton, fussent-ils irreprehensibles quant à tout le reste.

„ Ne m'objectés point que les exemples que je vous allegue, sont tirés de l'histoire fabuleuse, car il me suffit que le Peuple les considerât comme vrais, & qu'il y fondât sa Religion. Mais si vous voulés des choses tirées du tems historique, je vous dirai à quoi l'on attribuoit le malheur de la bataille de Cannes qui pensa faire perir la République Romaine. On l'attribuoit à la colère de Junon, & l'on prétendoit que cette Déesse s'irrita de ce que Varron avoit mis en sentinelle au Temple de Jupiter un beau garçon. Cela sentoit fort la jalousie d'un nouveau Ganymède.

„ Il est certain en premier lieu que les Rois qui se regardent comme les images, & comme les Lieutenans de Dieu sur la terre, devoient se faire non pas un scrupule, mais plûtot une Religion de se regler par cette conduite des Dieux. Ils devoient donc souffrir les mauvaises mœurs de leurs Sujets, pourvû qu'elles n'arrêtassent pas le payement des impots, ni aucune autre partie de l'obéïssance. Ils devoient reserver tous les actes de punition pour les personnes qui leur manquoient de respect, & enveloper dans la peine l'innocent avec le coupable, de sorte qu'une Ville entière fût saccagée & condamnée à la prostitution, si leurs Officiers, si leurs Bureaux y avoient été insultés par 20. ou 30. mutins, ou si leurs statues y avoient reçû quelque offense malgré la meilleure & la plus grande partie des habitans. A quels excès de violence ne se devoient pas porter les Reines & les Princesses, si l'on osoit égaler ou préferer à leur beauté celle d'une autre personne, ou les offenser en quelqu'autre sorte, ou si leurs maris avoient des maîtresses ou des bâtards, comme il arrive presque toûjours ? N'irritoit-on pas une passion qui n'é-

„ toit déja que trop vive, lors qu'on lui montroit un original aussi respectable que la conduite des Déesses. La discorde des familles Royales, une Reine fiére & jalouse brouillée avec son époux sont quelquefois un très-grand mal à tout l'Etat, & une source de confusions generales.

„ Il est certain en second lieu, qu'autant qu'un Monarque se fait un devoir, lorsque cela s'accomode avec ses passions, d'imiter les Dieux, autant les Sujets se font un plaisir d'imiter leurs Princes. La belle chose que ce seroit qu'une République, qu'un Royaume, où le Souverain administreroit la Justice sur le modèle que nous avons vû, & où les Sujets se conformeroient à leur Souverain !

„ Nous pouvons dire en troisiéme lieu que chaque particulier, & sur tout dans l'ordre des personnes de qualité, s'éleve tout droit & immediatement jusques à l'imitation des Dieux, quand cela flate le penchant de la nature. Chaque grand Seigneur auroit donc voulu punir & se venger, selon le plan que les Dieux suivoient. Une Dame qui auroit sû que l'on auroit été moins belle qu'une autre, ou que sa fille étoit moins belle que celle d'une autre, auroit crû que cette injure méritoit un chatiment exemplaire, & que la morale pratique des plus grandes Divinités ne permettoit pas l'indolence dans une telle occasion. Les parens eussent été exhortés à tirer raison de cette offense. Jugés un peu si le repos des familles étoit compatible avec cet esprit.

„ Qu'auroit-on dit de la Reine Elizabeth, si parce qu'il seroit échapé à Ronsard de la mettre dans une Ode au dessous de Catherine de Medicis sur le chapitre de la beauté, elle eût déclaré la guerre à la France, & ne se fût pas contentée d'y mettre tout à feu & à sang, mais qu'elle eût voulû encore persécuter jusqu'aux Indes les François qui auroient pû échaper à la ruine entière de leur Pays ? N'auroit-on pas eu raison de dire qu'elle étoit une Diablesse incarnée ; cependant si elle eût été de la Religion des anciens Romains, elle auroit pû faire faire une excellente Apologie. Je ne fais que suivre, auroit-elle dit, l'exemple de la Déesse des Déesses.

„ Vous voyés donc que si Dieu n'eût ménagé plusieurs digues, & plusieurs barrières pour reprimer le Paganisme, les Sociétés humaines eussent été dans un horrible cahos. Il semble que rien n'ait pûs couté à la Providence, s'il est permis de se servir de cette expression, que le frein qui a été necessaire à l'Idolatrie. Il a fallu veiller avec attention sur ses suites naturelles, afin de leur faire rencontrer les obstacles qui pouvoient servir de rempart au genre humain.

„ Elle avoit tellement gâté l'esprit des hommes, que lors même qu'ils parloient le plus gravement des bienfaits des Dieux, ils débitoient des impietés fort pernicieuses à la Morale. Je ne vous en donnerai qu'une preuve. Ciceron dans son plaidoyé pour Milon déclaré que la mort de Clodius étoit l'une des faveurs dont la Providence divine avoit comblé le Peuple Romain ; il faudroit être Athé pour mettre en doute une telle vérité ; & que c'étoit cette Providence qui avoit fait perir Clodius en lui inspirant la pensée de tuer Milon. N'est-ce pas dire que Clodius n'auroit pas eu la hardiesse d'entreprendre cette action, si les Dieux ne l'y avoient excité ? Ils firent donc un miracle, ils dérangèrent l'ordre naturel des pensées de cet homme pour lui inspirer la resolution d'un assassinat. N'étoit-ce pas enseigner qu'ils peuvent être la cause morale des plus grands crimes ? Or quelles étoient les consequences de ce dogme affreux ? Ne fourniroit-

„ il

„ il pas aux hommes de quoi s'excuser des fautes
„ les plus criantes ?

Voici mes réponses à ce long article 1°. la crainte des Dieux avoit du pouvoir sur les Payens, puisqu'elle les portoit à bâtir des Temples, à faire des Sacrifices, à former des vœux & souvent à faire de grandes dépenses, donc cette crainte a du pouvoir.

2°. Si aux Idées d'une Justice Vangeresse & toute puissante, ils mêloient des Erreurs qui pouvoient détruire, en tout ou en partie, le bon effet de ces Idées, ils avoient aussi des Idées qui pouvoient, en tout ou en partie, prévenir le mauvais effet de ces Erreurs. Si donc, dans de certains cas, leur Religion n'influoit pas plus sur leur Vertu que l'Atheïsme n'auroit fait dans d'autres, elle n'étoit point sans de bons effets, car 3°. ces Payens étoient persuadés que les Dieux s'interessoient au lustre, à la gloire, & en general au bon état d'une Société qu'ils avoient pris sous leur protection; ils étoient même persuadés qu'en general les Dieux s'interessoient au sort du genre humain, ils n'ignoroient pas non plus que les Vices sont les principales causes des désordres qui y regnent, par consequent ils devoient craindre de s'attirer la colère des Dieux en contribuant au malheur des hommes par une mauvaise conduite.

4°. Lors même qu'ils donnoient dans les Idées des Poëtes & des Prêtres qui leur représentoient leurs Dieux bisarres & emportés, prêts de punir, par de grands coups, une petite Ceremonie négligée, ils devoient en conclure que les Vices pour l'expiation desquels les sacrifices & une partie du Culte extérieur étoient établis seroient encore plus capables de les irriter.

5°. Les Payens concevoient les Dieux comme les Princes éternels de la Société humaine, dont les Souverains étoient eux-mêmes les Sujets. Or rien n'est plus commun que de voir des Princes qui ne permettent point à leurs Sujets les mêmes libertés qu'ils se donnent eux mêmes. Ils feront, par exemple, des Loix contre le Luxe, & l'Intemperance; l'observation de ces Loix est necessaire, elle sert à prévenir un grand nombre d'inconveniens, les troubles, les querelles, la pauvreté, & des nombreuses suites. Par là il est de l'interêt du Prince de faire observer ces Loix, & si quelqu'un de ses Sujets s'en dispensoit, sous pretexte que le Prince ne lui en donne pas l'exemple, cette prétendue justification ne manqueroit pas de lui attirer un double châtiment.

Voila des reflexions qui devoient naturellement se presenter aux Payens, & quand ils s'y rendoient attentifs, elles servoient de frein à leurs passions. Pour ce qui est de ceux qui aimoient mieux faire les raisonnemens que Mr. Bayle leur attribue, je veux que pour lors ils ne fussent pas plus réglés dans leurs mœurs que des Athées, & je conclurai de là qu'une partie des Payens ne se conduisoit pas mieux que s'ils avoient été Athées. Mais j'ajoûterai aussi qu'ils n'étoient pas tous dans le même cas, & que leur Religion même fournissoit des correctifs aux conclusions qu'ils pouvoient tirer des Erreurs qu'elle renfermoit.

Mr. Bayle paroit épouvanté de l'erreur de Ciceron qui attribue aux Dieux d'avoir fait naitre dans l'esprit de *Clodius* la pensée de tuer *Milon*, afin de faire succomber ce méchant homme, sous les coups de celui qu'il vouloit faire perir injustement. Il se flatte de lancer impunément des traits contre Ciceron qui retombent sur les Théologiens, & sur la Sainte Ecriture elle-même, car la Justice de Dieu abandonne souvent un homme vicieux à des passions qui le font tomber dans des excès, par où il s'attire les justes châtimens qu'il a merités. Mais Mr. Bayle voudroit bien que les Chrétiens s'imaginassent que Dieu fait immédiatement les maux qu'il permet; & qu'il excite intérieurément & inévitablement les passions auxquelles il donne seulement occasion de naître, & s'il est échapé à des Theologiens des expressions qui menent-là, il fait bien s'en prévaloir.

Pour entrer dans la pensée de Ciceron & pour y trouver du sens & de la justesse, il n'est aucunement necessaire de concevoir la Divinité qui, ennemie de Clodius, lui inspire la pensée de tuer Milon, il suffit de poser que la Providence, justement irritée par les iniquités & les impuretés de Clodius, l'abandonne à sa fureur aveugle, & lui fait trouver un châtiment bien merité, en recevant la mort qu'il cherchoit injustement de donner à un autre.

„ On auroit tort de prétendre, dit Mr. *Ibidem*
„ Bayle Art. CXXIX. de la Continuation des Pens. *pag. 368.*
„ Divers, que les Péres ont fait trop valoir les ruses
„ de la Rhétorique afin de mieux profiter des avantages que les endroits foibles de la fausse Religion leur fournissoient; cette pretention, dis-je, seroit mal fondée, car outre qu'il est évident que la dévotion pour un Dieu très-impudique doit augmenter l'impudicité, les Payens même ont reconnu que les crimes qu'on attribuoit aux Dieux, fomentoient la dépravation humaine. Il importe de vous citer là-dessus de bonnes autorités. Je ne m'assujettis point à l'ordre chronologique.

„ Platon a bani de sa République les Poëmes où l'on medisoit des Dieux en leur imputant des passions honteuses. Il jugea que ce seroit introduire la dépravation des mœurs que de souffrir que l'on enseignât de telles choses à la jeunesse.

„ Ce que Platon ne prescrivit qu'en idée fût mis en execution par Romulus, si l'on en croit un célebre Historien. Il assure, & il est le seul qui ait fait cette remarque, que Romulus empruntant des Grecs plusieurs choses pour le culte divin, donna l'exclusion à toutes les fables qui deshonoroient les Dieux. J'en ai parlé dans mon Dictionaire. Cet Historien aprouve beaucoup la conduite de ce Prince; il dit que le peuple & tous ceux qui ne sont pas Philosophes prennent du mauvais côté ces fables-là, & tombent dans l'un ou dans l'autre de ces deux inconveniens, ou de mépriser les Dieux, ou de se porter à toutes sortes de crimes, en considerant que les Dieux mêmes les ont commis.

Mr. Bayle a beau étaler ce que les Fables renferment d'impie, il est certain que, chés les Nations Payennes, ceux qui avoient quelque inclination pour la Probité rejettoient ces fables, avoient de tout autres idées des Dieux, & s'animoient à la Vertu pour leur plaire. On voit que dans le Paganisme même les gens de bien se faisoient un Devoir de corriger ces Fables & d'en prevenir les mauvais effets; ils étoient secondés en cela par les Princes qui entendoient leurs interêts; & de cette manière au lieu que l'Atheïsme n'a rien, en lui-même, qui sollicite à la Vertu, il restoit dans la Religion Payenne des Verités dont on pouvoit utilement se servir pour corriger les Erreurs qui y étoient mêlées.

Mr. Bayle lui-même cite dans cet article Seneque, Socrate, Isocrate, qui ont montré, dit-il, fortement l'absurdité de ces impies fictions des Poëtes. Il se trouvoit donc au milieu du Paganisme des personnes en estime & en crédit qui travailloient à corriger les fausses idées, à en prévenir les mauvais effets, & à faire servir la Religion aux bonnes mœurs.

„ Par les monumens qui nous restent de l'anti- *Ibidem*
„ quité, dit Mr. Bayle, Art. CXXXV. de la *pag. 379.*
„ Continuation des Pensées Diverses, nous aprenons clairement que les Gentils ne craignoient guére leurs Dieux, ou que pour le moins ils
„ n'en

„ n'en avoit pas une crainte qui les engageât à
„ respecter humblement la Providence lorsqu'ils
„ n'en recevoient pas les faveurs qu'ils en avoient
„ attendues. Cette fausse Religion étoit bâtie sur
„ l'interêt sordide de la mercenalité, elle se croyoit
„ necessaire aux Dieux, comme s'ils n'eussent pû
„ se passer de la fumée des sacrifices & que leur
„ beatitude dépendit des honneurs qu'ils recevoient
„ sur la terre. On s'imaginoit les Dieux si sensibles,
„ si interessés à ces honneurs, que l'on se persuada
„ qu'ils verseroient à pleines mains les infortunes sur
„ les indévots, & le bonheur temporel sur les
„ dévots. On ne les honoroit donc que par un
„ esprit mercenaire, & par une crainte servile que
„ le respect, la veneration n'accompagnoient point,
„ & l'on croyoit meriter leurs rétributions, de sor-
„ te que quand elles ne venoient pas, on s'éman-
„ cipoit au murmure, & aux reproches avec la der-
„ niére insolence.

„ Ils croyoient des Dieux pendant la prosperité,
„ ils n'en croyoient point dans l'adversité; mais si
„ les choses revenoient à un bon train, ils recom-
„ mençoient à croire la Providence. Cela parut à
„ Rome lorsque le Decemvir Appius dégradé de sa
„ tyrannie eut recours à l'autorité populaire. *Enfin
„ il y a des Dieux*, s'écria-t-on, *& ils ne négligent
„ point l'homme*. Autre caprice des Payens, ils at-
„ tribuoient souvent au Destin, ou à la Fortune,
„ les malheurs où ils tomboient par leur propre fau-
„ te. Les Dieux s'en plaignent fort modestement
„ dans l'Odyssée. Nouveau caprice des Idola-
„ tres: chacun pretendoit que la Providence ne se
„ devoit qu'aux choses où il prenoit part. Les
„ victoires que les ennemis remportoient sur sa pa-
„ trie le faisoient douter qu'il y eût des Dieux; si
„ celles qu'elle remportoit sur les Ennemis le re-
„ mettoient dans la foi; Le bonheur des scélérats
„ ne scandalisoit que ceux qui y trouvoient leur
„ desavantage. On ne comptoit pour rien l'inte-
„ rêt d'autrui. On étoit cependant persuadé que
„ les presens & que les Dieux recevoient des
„ hommes attiroient des prosperités, il eût donc
„ fallu s'informer avant que de faire des vacarmes
„ contre les Dieux lors d'une Bataille perdue, si
„ les offrandes du Vainqueur n'avoient pas été plus
„ riches que celles du parti battu; car si elles
„ l'avoient été, l'ordre vouloit que la Vic-
„ toire se déclarât pour le dernier encherisseur.

„ Cette idée de Venalité que l'on attachoit aux
„ benedictions célestes, avoit introduit sans doute
„ un grand désordre dans la Religion, car c'est
„ l'une des impietés que Platon bannit de sa Ré-
„ publique. Il remarque que de croire que l'on
„ obtient grace des Dieux dans ses extorsions,
„ pourvû qu'on leur fasse part du vol, c'est les
„ comparer à des chiens qui moyenant leur portion
„ de la proye, permettroient aux Loups de ravager
„ les troupeaux. Voilà cependant l'image de la
„ conduite que tenoient les peuples, ils vouoient
„ aux Dieux une partie du butin qu'ils feroient
„ dans le Pays ennemi; Les particuliers en u-
„ soient de même à proportion.

„ Toutes ces remarques peuvent servir à vous
„ faire voir que l'idée que les Payens avoient de
„ leurs Dieux n'étoit nullement capable de leur ins-
„ pirer une crainte respectueuse, & fondée sur
„ l'estime, mais seulement une crainte interessée
„ qui sans leur ôter le mépris des Dieux, les en-
„ gageoit aux Ceremonies & à la dépense du culte.
„ Etoient-ils frustrés de leurs esperances? Ils pre-
„ noient le frein aux dents, & fouloient aux piés
„ ce qu'ils avoient adoré. C'est ainsi que la patien-
„ ce échape à ceux qui ont fait inutilement leur
„ cour à un favori indigne qu'ils méprisoient &
„ qu'ils haïssoient.

„ Marc Antoine qui ne cedoit point à Deme-
„ trius sur le chapitre de la débauche, obtint à

„ peu près dans Athénes les honneurs divins, &
„ on lui offrit aussi en mariage la Déesse Mi-
„ nerve.

„ Ne m'avouerés-vous pas que cette conduite des
„ Athéniens est une marque très-évidente qu'ils
„ n'avoient aucune crainte des Dieux? Et n'étoit-
„ ce pas enseigner à tous les particuliers l'art funeste
„ de mépriser la Divinité que l'on faisoit profession
„ de servir? C'étoit d'un autre côté ouvrir une
„ porte large à la corruption des mœurs.

*Les Payens oublioient leurs Dieux dans la Prosperi-
té, & ils ne s'en souvenoient que dans l'Adversité ou
dans de certains cas extraordinaires.*

Si de là il est permis de conclure que la Religion
Payenne étoit inutile pour la correction des mœurs,
on tirera la même conclusion contre la Chrétienne,
& c'est ce dont Mr. Bayle ne sera pas fâché. Mais
il est visiblement absurde de dire que la Religion ne
sert à rien, dès qu'elle ne sert pas toûjours. Parce qu'on ne remplit pas toute l'étendue d'une resolution, n'en execute-t-on aucune partie? Et cette
partie ne produit-elle pas un bon effet? Faut-il décourager les hommes en tâchant de leur persuader
l'inutilité de la Religion, & ne doit-on pas plûtôt
leur faire comprendre, que si on vit mal & si on
n'observe pas exactement les bonnes resolutions,
qu'on a prises, c'est parce qu'on n'a pas assés présentes les idées de la Religion.

Lorsque le Decemvir Appius dégradé de sa Tyrannie eut recours à la protection du Peuple, *Enfin il
y a des Dieux*, s'écria-t-on, *& ils ne négligent
point l'homme*.

Les Payens étoient donc persuadés que les Tyrans étoient odieux à leurs Dieux; ils étoient
persuadés que l'oppression des hommes rend les
Grands qui les oppriment criminels & dignes d'être
chatiés par la Divinité; ils étoient persuadés que
les attentats sur la Pudicité leur déplaisoient. C'est
donc en vain que Mr. Bayle s'efforce si souvent
de persuader que la Religion Payenne n'étoit qu'u-
ne Ecole d'abomination, pour accoutumer son
Lecteur à y préferer l'Atheïsme.

*Mais les Payens ne faisoient pas assés souvent ces
reflexions.* La raison en est claire, ils n'étoient pas
assés religieux; mais toûjours voit-on par-là ce
qu'on doit attendre d'une Religion plus pure. Cette expression abregée, *enfin il y a des Dieux*, signifie
nous les Dieux nous font manifestement connoitre
leur haine pour le crime.

*L'ordre vouloit que la Victoire se déclarât pour le
dernier encherisseur.*

Mr. Bayle avoue lui-même que les Payens ne
tiroient pas ces consequences & ne raisonnoient pas
comme lui.

La Politique vouloit qu'on fît croire au Peuple,
qu'un malheur n'avoit eu pour cause du côté du
Ciel qu'une Ceremonie négligée, afin de relever son
courage en lui faisant esperer que les Dieux se tourneroient de son côté, dès qu'on auroit separé cette
faute & qu'ils n'abandonneroient point ceux qui ne
se livreroient pas eux-mêmes au découragement.

Mr. Bayle, pour prouver l'insufisance de la Religion, allégue un exemple de l'Impieté des Athéniens & de leur excés de flaterie & de bassesse.
Mais cet exemple ne sert-il pas à prouver qu'alors
les Athéniens se moquoient de la Religion & y a-
voient renoncé? Le Pyrrhonisme & l'Epicureïsme
avoient produit ces beaux effets. Les hommes les
plus corompus qui se permettoient sans scrupule les
Honneurs Divins, avoient-ils de la Religion?

„ Quand on demandoit aux Dieux, dit Mr. Bay- *Ibidem.*
„ le Art. CXXXVI. de la Continuation des Pensées *pag. 382.*
„ Diverses, quelque faveur, il arrivoit assés sou-
„ vent qu'on leur souhaitoit une longue prosperité.

„ C'est ainsi que les Mendians en usent envers ceux
„ à qui ils demandent l'aumône. On prioit donc
„ les Dieux, mais en même temps on prioit pour
„ eux.

„ eux. Ce n'étoit pas là le plus haut point de l'ab-
„ furde. On fouhaitoit quelquefois qu'ils évi-
„ taffent les maux qu'ils avoient à craindre. La
„ Nourrice de Phédre pour mieux obtenir que
„ Diane infpirât un peu d'amour criminel à Hippo-
„ lyte, lui fouhaite de n'être jamais arrachée de fon
„ thrône par les Sorcieres de Theffalie, & de ne
„ fervir pas de triomphe encore une fois aux charmes
„ d'un beau Berger.

„ On leur fouhaitoit même de réuffir dans les
„ complots amoureux, foit à l'égard de l'adultére,
„ foit à l'égard de la Sodomie.

„ Je ne dois pas oublier cette obfervation, c'eft
„ que les Poëtes & furtout Homére qui ont répan-
„ du tant d'impietés dans leurs ouvrages, ont d'ail-
„ leurs repréfenté fous les idées fort fublimes la
„ grandeur & la majefté des Dieux, leur fcience,
„ leur puiffance, leur feverité à punir & à fe
„ venger. Avec ces notions ne devoient-ils pas fe
„ craindre? L'ordre ne vouloit-il pas qu'ils les ref-
„ pectaffent, ou que pour le moins ils s'abftin-
„ fent de l'injure, afin de ne fe pas attirer les ter-
„ ribles effets de leur colére? Cependant ils ont é-
„ té fans nulle crainte à cet égard-là.

„ On m'a affuré que Mr. Bekker difoit quelque-
„ fois en converfation, *j'ai travaillé tranquillement
„ tout cet hyver à écrire contre la puiffance que l'on
„ attribue au Diable. Il m'auroit troublé dans mon
„ travail s'il avoit eu le moindre pouvoir, & puis-
„ qu'il ne l'a point fait, je conclus que fa puiffance
„ eft chimerique*. J'ai parlé d'un Athée qui fe con-
„ firmoit dans fon impieté par une femblable raifon:
„ Ou il n'y a point de Dieu, difoit-il, ou il
„ n'eft ni fi fage ni fi prudent que nos Prédicateurs nous
„ prêchent, car autrement il ne fouffriroit pas que
„ je vécuffe moi qui fuis le plus grand ennemi qu'il
„ ait au monde, & qui me raille de fa Divinité.
„ Il y a une Epigramme de Martial fur une pareil-
„ le idée. C'étoit raifonner pitoiablement. Je crois
„ neanmoins qu'Homére & Virgile donnoient lieu
„ de foupçonner que ce qu'ils difoient de la puiffan-
„ ce & de la juftice des Dieux leur paroiffoit comme
„ tout le refte une fiction de leur efprit, & que
„ leur impunité les confirmoit dans ce fenti-
„ ment.

Mr. Bayle traite des matiéres fi ferieufes, qu'il
devroit fe paffer d'y mêler des pauvretés. Ce con-
trafte fait un mauvais effet. Il raporte, par exemple,
que Mr. Bekker difoit quelquefois en converfation;
*J'ai travaillé tranquillement tout cet hyver contre
la puiffance que l'on attribue au Diable. Il m'auroit troublé dans mon travail s'il avoit eu le moindre pouvoir, & puisqu'il ne l'a point fait, je conclus que fa puiffance eft chimerique*". Quelle pauvreté! Si le Diable a du pouvoir, Mr. Bekker lui rend
des fervices en perfuadant aux hommes qu'ils ne
doivent point s'en défier. C'eft favorifer fes rufes
que d'empêcher les hommes d'être fur fes gardes
contre lui.

Mr. Bayle n'avoit garde d'oublier qu'un Athée
fe confirmoit dans fon impieté par une femblable
raifon. *Ou il n'y a point de Dieu, ou il n'eft ni fi
fage, ni fi prudent que nos Docteurs nous le prêchent,
car autrement il ne fouffriroit pas que je vécuffe,
moi qui fuis le plus grand ennemi qu'il ait au
monde, & qui me raille de fa Divinité.*

Puisque Mr. Bayle reconnoît lui-même que
c'étoit raifonner pitoyablement, pourquoi groffiffoit-
il fon Livre de ces extravagances? fe plaifoit-il à
familiarifer fon Lecteur avec des Impietés? Quoi!
il dépendra d'un Athée de régler la Divine Providence, & de l'obliger à faire des Miracles? Dieu
fera connoître aux hommes qu'il perd patience à la
vue d'une infolence fi outrée. C'eft tout le contraire, il méprife l'extravagante fierté de ce ver de
terre, il méprife ceux qui auront l'efprit affés renverfé pour être les admirateurs de fon courage bru-

tal, qui feront l'Apologie de fes femblables, qui ne
s'applaudiront jamais plus de la fubtilité de leur genie que quand ils fe promettront de troubler & d'inquieter ceux qui aiment Dieu, & qui voudroient
que tout le monde l'aimât: il abandonne ces gens-là
à l'épouvantable deftinée qu'ils fe ménagent: il aime
ceux qui n'en font point ébranlés, & Mr. Bayle ne
peut ignorer aujourd'hui fi les rieurs feront toujours
du côté du Pyrrhonifme & de l'Impieté.

Suivant Mr. Bayle c'eft abandonner la veritable
Religion & trahir fes principaux dogmes que de
donner quelque avantage à la Religion des Payens
fur l'Athéïfme par rapport aux Mœurs. *C'eft favorifer l'herefie de Pelage*. Après cela qui eft-ce qui
ne louera fon zèle & qui ne l'écoutera favorablement
dans l'Apologie qu'il fait des Athées?

Il en cite un qui s'applaudit dans fes idées & qui
fe déclare tout net le plus GRAND ENNEMI de
la Divinité. N'y a-t-il donc chez ces gens-là que
fimple Ignorance? „Je vous avertis en troifiéme lieu,
dit Mr. Bayle, Article CXXXIX. de la Continuation des Penfées Diverfes, „que fi vous voulez que
„ votre fixiéme objection ait quelque force, vous
„ devez prétendre que la crainte des faux Dieux a
„ fervi de frein à la malice de l'homme, non feule-
„ ment lors qu'une paffion tiéde & lente l'excitoit
„ à quelque defordre, mais auffi lors qu'une paf-
„ fion violemment allumée l'excitoit à de grands
„ crimes. Votre but eft de montrer que l'Idola-
„ trie Payenne a été d'un grand ufage pour la con-
„ fervation des Sociétés, & que c'eft à caufe de ce-
„ la que la Providence l'a preferée à l'Athéifme. Il
„ faut donc que vous fuppofiez qu'elle a été un
„ principe reprimant par rapport à des defordres,
„ qui euffent été d'une pernicieufe confequence pour
„ le public, & que la Raifon toute feule, ni la
„ crainte des Magiftrats, ni les autres confiderations
„ qui influent fur la conduite des Athées, n'au-
„ roient pas été capables de prévenir. Il feroit ab-
„ furde de dire que ces confiderations-là, n'ont
„ point la force de refréner une petite paffion; car,
„ par exemple, fi un homme n'a qu'un défir foible
„ de s'approprier un dépôt, fa Raifon demeure affés
„ éclairée, pour lui faire voir efficacement qu'il
„ vaut mieux vaincre ce défir que de le fuivre. Ce
„ n'eft que par la violence des paffions que la Rai-
„ fon s'obfcurcit, & que fes confeils perdent leur
„ force, & vous pouvez être affuré que fi en Ef-
„ pagne on n'aime le vin que fort médiocrement, on
„ ne fuccombera point à la tentation de s'enyvrer, &
„ que vous remporterez cette victoire fans avoir befoin
„ de fe fouvenir des fupplices de l'autre Monde. Le
„ deshonneur qui accompagne l'yvreffe en ce Pays-
„ là, eft un motif fuffifant, pour refréner, je ne dis
„ pas l'amour exceffif du vin, mais l'inclination mé-
„ diocre qu'on auroit à boire. Nous pouvons appli-
„ quer cela à plufieurs autres paffions, que l'on peut
„ vaincre par differens correctifs indépendamment de
„ la Religion, pourvû qu'elles ne foient pas violen-
„ tes. Il n'eft pas neceffaire de vous dire qu'il y a
„ bien de paffions à quoi l'on fuccombe, fans que
„ les Sociétés foient renverfées, ou fort troublées.
„ Vous n'avez qu'à jetter les yeux fur les Etats les
„ plus floriffans, & les plus heureux felon le mon-
„ de, vous y trouverés une infinité de vices.

„ Quel eft donc ici l'état veritable de la Quef-
„ tion? C'eft de faire voir que l'Idolatrie a repri-
„ mé par la confideration de la colére des faux
„ Dieux, l'avarice, la cruauté, l'ambition, la per-
„ fidie, l'impudicité les plus enflammées dans les
„ perfonnes qui gouvernoient un Etat, ou qui pof-
„ fédoient des charges, ou dont les richeffes, le cre-
„ dit, & la nobleffe fe faifoient fort diftinguer.
„ Voila les gens pernicieux au bien public; ce font
„ ceux qui bouleverfent, ou qui troublent la Socie-
„ té. Ils fucent par leurs extorfions le fang du
„ Peuple, ils font mourir, ils emprifonnent, ils

*Ibidem,
p. 387.*

,, exilent qui bon leur semble, ils enlevent ce qu'il
,, y a de plus beau parmi la jeunesse, filles & gar-
,, çons, afin d'assouvir leur lasciveté, ils vendent le
,, gain des procés injustes. Sont-ils Intendans de
,, Province? Ils font comme *Verrès*, ils désolent le
,, Païs par leurs concussions. N'obtiennent-ils pas
,, les emplois qu'ils ambitionnent ? Ils conspirent
,, contre leur Patrie, comme Catilina. Prenés gar-
,, de que je ne nie point qu'il n'y ait de simples
,, particuliers fort incommodes à la République,
,, gens querelleux & téméraires, voleurs ou empoi-
,, sonneurs, faussaires, &c.

,, Je vous avoue ingenument que je ne vois pas
,, que l'Idolatrie Payenne ait été d'aucun usage pour
,, reprimer les violentes passions de toutes ces for-
,, tes de personnes, si ce n'est tout au plus dans les
,, circonstances passagères de quelque terreur pani-
,, que, ou de quelque consternation générale ; ce
,, qui, comme je vous l'ai déja dit, ne met point
,, le Paganisme au dessus de l'Athéïsme. Je ne com-
,, prens pas que la simple persuasion habituelle de
,, ce qu'on disoit de Jupiter & de Neptune, de
,, Minos & de Rhadamante, ait pû prévaloir dans
,, l'ame de ces gens-là, sur les habitudes du péché, au
,, tems même, que les objets émouvoient le plus les
,, puissances. Je conviens que cette persuasion re-
,, présentoit aux faux Dieux, comme des Etres à
,, craindre, mais il ne s'ensuit pas qu'elle fit qu'on
,, les redoutât actuellement. Il y a beaucoup de
,, difference, entre les affirmations mentales du pou-
,, voir terrible des objets, & le sentiment de la
,, crainte des objets. Les meilleures ames Chrétien-
,, nes le savent par expérience. L'idée actuelle de
,, la Justice divine, se présente mille fois à leur Es-
,, prit, pour exciter dans la machine du Corps, les
,, mouvemens de la crainte, elles ne tombent que
,, trop souvent dans les péchés d'infirmité au tems
,, même qu'elles font des reflexions, sur les Loix de
,, l'Evangile.

,, S'il n'est pas aisé d'avoir tout ensemble l'idée
,, actuelle de Dieu, & la crainte de ses jugemens,
,, c'est surtout lors que l'ame est agitée d'une pas-
,, sion violente, inspirée par l'orgueil, ou par l'im-
,, pudicité, ou par l'ambition, ou par l'avarice &c.
,, Ce ne seroit pas assez pour s'abstenir de mal fai-
,, re, en cet état-là, que de sentir quelque crainte
,, de la Vengeance divine : il faudroit sentir une
,, crainte, qui ébranlât de telle sorte la machine du
,, Corps, qu'elle y supprimât les mouvemens qui
,, excitoient les autres passions. Or le moyen de
,, comprendre que des Payens ayent senti une telle
,, crainte pendant le paroxysme de la passion de se
,, venger, ou de s'enrichir, ou de s'agrandir, ou
,, de s'enyvrer, ou de goûter les plaisirs brutaux de
,, l'amour ? D'où leur seroit venue cette grande
,, crainte ? La notion purement intellectuelle des
,, Dieux, pouvoit-elle reprimer les agitations vio-
,, lentes excitées par des objets présens & sensibles?
,, Le pouvoit-elle faire dans des personnes qui sa-
,, voient très-bien, que les châtimens célestes sui-
,, vent rarement de près une action mauvaise, &
,, que les Dieux ne punissoient que la négligence de
,, leur culte, & non pas le vice moral, auquel ils
,, étoient sujets eux-mêmes. Enfin la Raison & la
,, Volonté de l'homme dominent-elles assez sur la
,, machine du Corps pour y exciter si à propos les
,, mouvemens de changer le cours des esprits, &
,, les qualités du sang au moyen dequoi les objets
,, sensibles allument dans l'ame une passion cri-
,, minelle ?

,, Je croi, Monsieur, que je puis réduire ceci à
,, un Dilemme. Ou c'est Dieu qui a excité dans
,, les Payens les frayeurs de sa Justice, ou ils l'ont
,, eux-mêmes excitée dans leurs cœurs par un bon
,, usage de leur liberté. Si vous prenez le premier
,, membre de l'alternative, vous choquerez les Thé-
,, ologiens les plus Orthodoxes, car ils enseignent

,, que les faveurs immédiates du Saint Esprit qui
,, empêchent l'homme de tomber dans le péché, ne
,, sont point pour les Infidelles. Si vous prenés l'au-
,, tre membre, vous donnerez dans le Pelagianisme
,, le plus outré.

,, Selon la bonne Théologie, c'est une grace
,, très-particuliére du Saint Esprit, que certains
,, hommes prêts à pécher sentent tout à coup une
,, idée vive de la présence de Dieu, & une crainte
,, si forte de sa justice qu'ils suppriment la mauvai-
,, se action qu'ils alloient commettre & à quoi une
,, passion violente les poussoit. Vous n'ignorez pas
,, que la délectation prévenante qui fait que l'hom-
,, me peut surmonter les instincts de sa corruption
,, naturelle, est une faveur insigne de la miséricorde
,, de Dieu, & que l'un des plus grands effets de
,, cette miséricorde, est de nous dégouter du Vice,
,, autant ou plus que la Nature ne nous dégoute de
,, la Vertu. Jugés, je vous prie, sur ce pied-là, si
,, la crainte dont nous parlons, a pû être l'une de
,, ces graces que Dieu faisoit aux Payens, ses enne-
,, mis déclarés, dont son Eglise lui demandoit la
,, punition, & qu'il abandonnoit à leur mauvais
,, train pour punir leur attachement aux Idoles, &
,, qui ne pouvoient avoir quelques égards, ou quelque
,, respect pour leurs faux Dieux, sans commettre des
,, actes d'Idolatrie encore plus détestables aux yeux de
,, Dieu, que la simple genuflexion devant les Statues.

,, Si vous dites que sans la grace de Dieu, & par
,, les seules forces du franc arbitre, les Payens les
,, plus excités au mal par des passions irritées, ont
,, surmonté la tentation à cause qu'ils appréhendoient
,, la justice de leurs Dieux, vous serés contraint
,, de dire qu'ils ont pû par mêmes forces, se
,, porter aux bonnes actions dans l'esperance de se
,, faire aimer de leurs fausses Divinités, d'où il
,, s'ensuivra qu'un Chrétien aidé seulement de la
,, foi historique à la foi justifiante. Or ce seroit outrer l'hérésie des
,, Pélagiens. Il est sans doute que les deux plus
,, grands ressorts de la Vie humaine sont l'espoir
,, des recompenses, & la crainte des châtimens,
,, & qu'ils sont aussi actifs l'un que l'autre. C'est
,, pourquoi ce que l'on peut faire de peur d'être
,, châtié de Dieu, on le peut faire dans la vue
,, de ses Recompenses. Si l'on se peut abstenir
,, du mal, à cause que l'on ne veut pas être haï de
,, Dieu, on peut se porter au bien, à cause que
,, l'on souhaite d'être aimé de Dieu, & si l'on peut
,, craindre Dieu, lors que cette crainte paroit uti-
,, le, on le peut aimer, lors que cet amour se pré-
,, sente sous l'idée d'être utile, & par conséquent
,, il est au pouvoir de l'homme, sans qu'aucune
,, grace du Saint Esprit le prévienne d'obéïr à l'é-
,, vangile pour l'amour de Dieu.

,, Je vous expose ici à la bouche des Canons
,, du Synode de Dordrecht, & je me bats contre
,, vous avec un grand avantage, puis que je me
,, trouve posté sous ces Canons-là. C'est à vous
,, à voir comment vous vous tirerez d'affaire.

,, Si je voulois vous embarrasser, je vous som-
,, merois de relire dans les Essais de Morale de Mr.
,, Nicole le *Traité de la crainte de Dieu*. On y
,, trouve que si nous voulons craindre Dieu, il
,, faut le lui demander comme une grace. Le com-
,, mencement de crainte que Dieu forme dans no-
,, tre cœur ne fait que nous convaincre que nous
,, ne craignons pas assez. Nous voyons que Dieu
,, est infiniment terrible, & que nous le craignons
,, peu. . . . . . Souvent l'Esprit est convaincu qu'il
,, faut craindre Dieu, mais le cœur & la partie sen-
,, sible de l'ame, n'est pas pour cela touchée. Ce-
,, pendant c'est la crainte du cœur qui amortit les
,, tentations, & non la persuasion de l'esprit. Et
,, c'est pourquoi le Prophète ne se contente pas de
,, craindre Dieu par l'Esprit, *à judiciis enim tuis ti-*
,, *mui* ; mais il veut que sa chair soit percée de cet-

„ te crainte, afin que le vif sentiment qu'elle en au-
„ ra étouffé en elle toutes les tentations, qui pour-
„ roient flatter ses sens.... La crainte semble être
„ un effet d'amour propre. Nous craignons le mal
„ qui nous peut arriver, parce que nous nous ai-
„ mons. Pourquoi donc est-il nécessaire de la de-
„ mander à Dieu? N'avons-nous pas assez d'amour
„ propre pour craindre ce qui nous peut causer le
„ plus grand des maux? C'est que quelque grand
„ que soit notre amour propre, il est néanmoins a-
„ veugle, insensible, stupide, déraisonnable; il est
„ pénétré des choses de néant, & il est insensible
„ aux plus grands objets. Il craint sans raison, &
„ il ne craint point, lors qu'il a toute sorte de rai-
„ son de craindre.... Nul ne sait précisément les
„ ressorts qu'il faut faire agir pour exciter les mou-
„ vemens violens de tristesse, d'amour, de joye,
„ de crainte, de désespoir: & tout ce que l'on sait,
„ est que la Raison ne les peut produire, comme elle
„ voudroit, lors même qu'elle les jugeroit utiles; &
„ qu'elle ne les peut de même réprimer, lors qu'el-
„ le les juge pernicieux. Quand l'ame n'est touchée
„ que par une partie insensible, rien n'est capable de
„ l'émouvoir. Quand elle l'est par une partie sen-
„ sible, tout est capable de la faire sortir hors d'el-
„ le-même.... Quand il s'agit de passer de la spe-
„ culation à la pratique, les hommes ne tirent point
„ de conséquence; & c'est une chose étrange, com-
„ ment leur Esprit se peut arrêter à certaines Veri-
„ tés spéculatives, sans les pousser aux suites de pra-
„ tique, qui sont tellement liées avec ces Verités,
„ qu'il semble impossible de les en séparer. Si je
„ suis votre Dieu, où est l'honneur qui m'est dû, dit
„ Dieu même dans l'Ecriture. C'est qu'il y a une suite
„ nécessaire entre connoître Dieu, & l'honorer; mais
„ quelque liées que soient ces connoissances, l'aveu-
„ glement de l'Esprit humain les fait bien souvent.
„ Il connoit Dieu & ne l'honore pas. Il en de-
„ meure là, & ne pense pas même qu'il soit néces-
„ saire de l'honorer. Il est convaincu qu'il y a un
„ Dieu, & il n'en tire aucune conclusion pour le
„ réglement de sa vie.

„ Voilà bien des choses qui confirment ce que je
„ vous ai représenté contre la supposition, que les
„ Payens ont reprimé par la crainte de leurs Idoles,
„ les mouvemens impétueux qui les poussoient à
„ satisfaire leur attachement aux objets sensibles.
„ Tout cet excellent Traité de Mr. Nicolle, est
„ rempli de preuves de la Thèse que je soutiens con-
„ tre vous.

„ Vous dirai-je que Mr. Despreaux dans la mê-
„ me Lettre où il combat la suffisance de l'attrition,
„ avoue que la crainte même servile est souvent un
„ don de Dieu?

.... *L'homme au crime attaché*
En vain sans aimer Dieu, croit sortir du péché,
Toutefois n'en déplaise aux transports frenetiques
Du fougueux Moine, auteur des troubles Germani-
ques,
Des tourmens de l'Enfer, la salutaire peur
N'est pas toujours d'effet d'une noire vapeur,
Qui de remors sans fruit agitant le coupable,
Aux yeux de Dieu le rende encor plus haïssable.
Cette utile frayeur propre à nous pénétrer
Vient souvent de la grace en nous prête d'entrer;
Qui veut dans notre cœur se rendre la plus forte,
Et pour se faire ouvrir déja frappe à la porte.

Il faut répondre avec un peu de détail.

La crainte de Dieu empêchera qu'on ne fasse mal, ou quand on n'est porté au mal que par une foible tentation, ou quand on y est entraîné par quelque tentation violente.

Quand on n'a pas un grand interêt à faire du mal aux hommes, le point d'honneur, la compassion natu-

relle, & divers Motifs semblables où Dieu n'entre pour rien peuvent suffire.

Mais ces Motifs ont souvent besoin d'être soutenus par de plus puissans. Outre cela les Principes de la Religion & l'habitude de penser fréquemment à la présence de Dieu fortifient dans le cœur les heureuses habitudes, de compassion naturelle, d'amour pour la Bienséance, de l'estime du vrai Honneur.

Mr. Bayle a l'adresse d'assembler des possibilités & d'éblouïr par là son Lecteur, il lui fait perdre de vue l'état de la question, & c'est là sa ruse ordinaire. On reconnoit qu'il n'implique pas contradiction qu'un Athée ne s'abstienne de diverses actions mauvaises, soit parce que son inclination ne l'y portera pas, soit parce que d'autres interêts temporels l'en détourneront. On en a vû des exemples, & Mr. Bayle lui-même en est un, car si vous exceptez le plaisir de contredire, auquel il s'abandonnoit, celui de troubler le Genre-humain dans la possession d'une des plus douces & des plus grandes Verités, celui de remplir ces Livres d'obscenitez, celui enfin d'écrire secrettement contre les Souverains, chez qui il avoit trouvé une protection, & une liberté d'écrire qu'il auroit en vain cherchée par tout ailleurs, ceux qui le voyoient souvent louoient la politesse, & ne le trouvoient point de mauvaise vie.

La Question est, si, de la manière que la plus grande partie des hommes sont faits, la crainte d'une Puissance Supérieure qui desapprouve, & qui hait le vice, & à qui rien ne peut échapper, n'est pas un motif très-puissant, & si celui qui travaille à chasser de l'esprit des hommes cette idée, pour y substituer les doutes, ou la persuasion de l'Athéïsme, ne travaille pas à éloigner une des plus puissantes barrières qui s'opposent à la licence? En vain alleguë-t-il une, & une très-puissante, on n'en sauroit trop avoir, & celles qu'il laisse pourroient encore tirer chacune une grande force de celle qu'il ôte.

Tout homme qui a quelque crainte de la Divinité, quelque apprehension sur l'Avenir, dira, *J'au-* *rois bien tort de m'exposer à la vengeance divine*, puis que ce que la Divinité demande est conforme à ce que la bienseance & le soin de mon honneur exigent. Mais au contraire combien se trouvera-t-il de gens qui diront, *je ne veux pas toujours me gêner, au fond pour-* *vû que je m'exposé pas aux amendes, au bannisse-* *ment, ou à perdre la vie sur un Echaffaut, je suis le* *maître de moi-même, je veux me conduire à mon gré* *s'il se trouve des gens qui se moquent de mes fantaisies,* *je me moquerai des leurs. Il n'y a point de raison* *convaincante qui puisse prouver que leur conduite, en* *elle-même, soit meilleure que la mienne, les Passions* *disent ce qu'il leur plaît & la Raison ne fait ce qu'elle* *dit.*

Ce n'est pas peu de chose de trouver, dans la crainte de Dieu, un frein qui empêche de se tourner au mal, dans les occasions même où l'on n'y est que foiblement porté, car en s'abstenant de mal faire dans ces occasions, on évite d'en prendre l'habitude, & par l'habitude qu'on prend de s'y refuser, elles deviennent toujour plus foibles. Ces occasions se présentent souvent, & il importe extrêmement d'avoir un grand motif à leur opposer.

Mr. Bayle n'ignoroit pas la Maxime, *Nemo derepen-* *te fit malus*, & il l'auroit bien sû alléguer, s'il en avoit eu besoin. Les Passions les plus violentes ne sont parvenues à ce degré que par l'indulgence qu'on a eu pour elles dans le tems qu'elles paroissoient moins à craindre, & qu'elles n'engageoient qu'à de petits écarts. Ainsi la crainte de Dieu s'oppose déja avec succès aux Principes des Passions violentes Il y a plus. Un homme qui se fait une habitude de se modérer par cette considération, dans les occasions moins vives, se procurera, par cette habitude, une

force

force qui pourra le ſoûtenir dans des occaſions beaucoup plus congreuſes. Une idée qui lui eſt familière peut aiſément ſe ſaiſir de ſon Eſprit dans le tems qu'une violente paſſion eſt ſur le point de le porter à un grand crime, & cette idée l'arrêtera ſur les bords du Précipice.

Je me ſouviens d'avoir lû dans la Vie de Mr. de Turenne, que dans une occaſion très-périlleuſe, où il aima mieux hazarder de ſe faire tuer que de ſe rendre priſonnier, l'idée de Mr. de Montmorenci, perdant la tête ſur un Echafaut, anima ſon courage, en lui faiſant comprendre à combien de revers affreux notre vie eſt expoſée. La Crainte de Dieu pourroit donc n'avoir pas moins d'effet que la crainte de quelques revers incertains.

Mr. Bayle s'empare encore dans cet Article du Bouclier de l'Orthodoxie, en vue d'embarraſſer ceux qui ſeroient aſſez hardis pour combattre ſon Apologie des Athées. Il ne faut pas s'étonner ſi un homme qui ſe joue de la Religion ſe joue auſſi des hommes qui ſe donnent pour les Défenſeurs de cette Religion. Mr. Bayle ſe promet qu'en répétant à tout coup, & faiſant ſonner fort haut certains termes chéris par les Orthodoxes, ils ne pourront reſiſter à ces flatteries, & à ces marques de reſpect qu'ils recevront d'un homme, qui d'ailleurs ne paſſe pas pour avoir beaucoup de Religion. Aſſuré d'une ſi puiſſante protection il ſe promet qu'il gênera tous ceux qui entreprendront de défendre la Religion contre ſes Sophiſmes, & qu'il les mettra dans la néceſſité d'employer de certaines formules où il trouvera ſon compte. Mais croit-il qu'il y ait dans tous les Païs une Inquiſition établie pour ceux qui parleront de Religion, dans d'autres termes que ceux dont on ſe ſert dans les Ecoles, termes qui ne ſont pas extrêmement précis, & qui donnent lieu, par leur obſcurité, à des Diſputes où l'on ne voit point de fin.

Je fais cette remarque en paſſant. On peut appliquer à un très-grand nombre de ſubterfuges de Mr. Bayle, mis dans cet Article, c'eſt en vain qu'il prétend mettre les Théologiens de ſon côté. *Il n'y a,* dit-il, *que la Grace du Saint Eſprit qui puiſſe nous rendre victorieux des grandes tentations.* Mr. Bayle lui-même fournit une réponſe à cette objection. Il fait l'honneur aux Athées de les appeller *des Martyrs de leur Opinion.* Or ſi le point d'honneur, ſi un certain attachement à ſes penſées, une certaine idée de gloire qu'on trouve à ſoûtenir ce qu'on croit Vérité, a pû faire mépriſer la vie à des gens qui n'attendoient rien au delà, ſur quoi fondé nieroit-on que la croyance d'un avenir terrible, d'un côté, & l'eſperance d'une félicité proportionnée, de l'autre, ne puiſſent naturellement faire mépriſer de grands avantages temporels. Mr. Bayle a beau faire le Théologien, & parler *des Graces du Saint Eſprit & des délibérations préordonnées dans;* il ſe moque au fond du cœur, il a beau tâcher de jetter de la pouſſiere aux yeux de quelques-uns de ſes Lecteurs par l'affectation d'un *Langage orthodoxe;* les Orthodoxes les plus rigides reconnoiſſent que les fauſſes Religions ont auſſi leurs Martyrs; la crainte de ſe damner, & l'eſperance de ſe ſauver, les ont porté à ſacrifier leur vie à des Erreurs. Les Orthodoxes ne diront jamais que le zèle pour des erreurs, quelquefois énormes, ſont un effet de la Grace du Saint Eſprit & de la Foi juſtifiante. Voilà donc, de l'aveu des Orthodoxes & de Mr. Bayle, les hommes victorieux, ſans ce ſecours, dans les tentations auxquelles il eſt le plus difficile de reſiſter. Saint Paul n'enſeigne-t-il pas qu'un homme *peut livrer ſon corps pour être brûlé ſans avoir la véritable Charité?* L'amour-propre produiroit cet effet, & le produiroit fondé ſur les idées de Religion.

1 Cor. XIII. 3.

Les plus rigides Orthodoxes reconnoiſſent encore que l'Eſprit de Dieu peut corriger le fond de la dépravation de l'homme, en diverſes manières, en telle ſorte que l'on voit briller de très-grands dehors de Vertu, dans des hommes qui ne ſont pourtant point dans l'état des véritables Fidèles.

Enfin cette aſſiſtance de l'Eſprit de Dieu que Mr. Bayle trouve ſi abſolument néceſſaire pour donner quelque efficace à la connoiſſance de la Vérité & à la perſuaſion d'une Providence, une Société d'Athées en ſera abſolument deſtituée, elle n'a lieu que là où la Vérité eſt prêchée. *N'eſt-ce pas un vertu de la Foi,* (dit Saint Paul aux Gal. Chap. III. 1.) *que vous avez reçu le Saint Eſprit.*

Mr. Bayle a donc beau dire qu'il ſe met ſous les Canons du Synode de Dordrecht; prend-il pour des aveugles ceux qui ont à cœur la Gloire de ce Synode? S'imagine-t-il qu'avec un Compliment ils hazarderont leur Protection à un Athée, ou à un Apologiſte des Athées, & qu'ils foudroyeront ceux qui ſ'oferont attaquer, & qu'ils ſe ſera mis ſous leur ſauvegarde? Si une exceſſive vivacité de zèle va juſques à dreſſer des Canons contre ceux en qui on ne reconnoit pas des Erreurs incompatibles avec le Salut, à plus forte raiſon les tournera-t-on contre un Pyrrhonien qui ne fait des Livres que pour gâter l'Eſprit de ſes Lecteurs, par des entêtêmens d'obſcénitez, par des Apologies pour les Athées, & des Objections contre la Providence.

Si quelcun de mes Lecteurs s'étonne que je parle ſouvent de Mr. Bayle comme s'il vivoit encore, & que je relève des ruſes qui tiennent ſi fort de la mauvaiſe foi, que je développe enfin toutes ſes mauvaiſes intentions, je ne ſerai point difficulté d'avouer, ſans détour, que ſous le nom de Mr. Bayle, je renferme ſes Partiſans qui ne veulent plus examiner, après lui, qui s'imaginent que ſon Genie ſupérieur à tous les autres a foudroyé la Raiſon, la Religion & le Bon-ſens, & qui ſemblent ne connoitre d'autre devoir que celui de marcher ſur ſes traces, & de mettre en œuvre tous ſes Sophiſmes, & toutes ſes obliquitez. Il eſt triſte certainement de voir parmi les Miniſtres même de la Religion des gens qui donnent dans de tels panneaux, & qui ſervent de tout leur zèle les criminelles intentions de ces partiſans de l'Athéiſme.

Les raiſonnemens de Mr. Bayle dans ce long Article aboutiſſent à cet argument pluſieurs fois refuté: *Les Payens n'ont pas tiré de leur Religion des ſecours, pour ſoûmettre aux Loix de la Raiſon des paſſions d'une grande violence; donc ils n'en ont tiré aucun ſecours. La Religion n'eſt pas néceſſaire pour régier nos paſſions foibles. Donc elle eſt inutile.* Et n'y a-t-il de paſſions que les très-foibles & les très-vives? Regulus ne ſurmonta-t-il que de foibles penchans pour ne pas violer ſes ſermens? Ceux qui avoient uſé d'équivoque, au lieu de retourner vers Annibal, ne furent-ils pas flétris par les Cenſeurs? On reſpectoit donc la foi des Sermens.

Mr. Bayle dans l'Art. CXL. de la Continuation des Penſées Diverſes dont je ne rapporte que le titre, dit *que l'on peut terminer par voye d'appel à l'experience, la queſtion, ſi la crainte des faux Dieux a conſervé les bonnes mœurs parmi les Payens.*

Div. Tom. III. p. 389.

De la manière dont Mr. Bayle propoſe cette Queſtion, on diroit qu'il y eſt uniquement de ſavoir ſi la Religion Payenne a fait de véritables gens de bien, au lieu que la Queſtion ſe reduit à ceci: Quoiqu'il y ait bien du déréglement dans les Mœurs des Payens, leur corruption n'auroit-elle point été plus grande & plus univerſelle, s'ils avoient vécu abſolument ſans aucune idée de Religion?

Pour décider cette Queſtion par l'experience, il faudroit avoir une connoiſſance de l'Hiſtoire aſſez exacte, pour être en état de comparer deux Nations, l'une Idolatre, l'autre abſolument & univerſellement Athée, ſuppoſé qu'il y en ait eu de telles, il faudroit prendre l'hiſtoire de ces deux Nations, pendant la durée d'un Siècle, & il faudroit encore, pour être en droit de conclure du parallèle qu'on en feroit,

roit, qu'elles se fussent trouvées dans les mêmes circonstances par rapport à tout ce qui influe sur les Mœurs, comme l'Esprit, le Temperament, l'Opulence, &c. sans cela les Comparaisons seront vaines, on n'en pourra rien conclurre, & elles ne serviront qu'à imposer à un Lecteur déja prévenu, & qu'à l'affermir dans ses préventions.

Malgré toute l'habilité de Mr. Bayle à imaginer des Comparaisons, toute sa fécondité à les étendre, & à les tourner à son avantage, il a senti la difficulté de celle-ci, *nous disputons*, dit-il, *d'une matière de fait; or comme elle regarde des Siécles fort éloignez, nous n'y pouvons procéder que par la voye des témoins.*

Là-dessus il cite Saint Paul, & l'Auteur du Livre de la Sapience; nous avons déja tourné contre Mr. Bayle le témoignage de Saint Paul sur les Mœurs des Payens. Celui de la Sapience ne lui est pas moins contraire Chap. XIV. *Ayant confiance en des Idoles qui n'ont point de vie, en jurant faussement, ils n'attendent point d'en avoir du mal.*

On voit par là que l'Auteur de la Sapience regarde comme des Athées ces Parjures, qui pour tromper les autres hommes, font semblant de servir des Dieux, dont ils ne croyent pas l'existence; Mr. Bayle allégue ensuite les Mœurs des Cananéens qui forcérent la Providence à les exterminer. Mais voici à quoi se réduit sa preuve. *Un peuple très-corrompu dans ses Mœurs, se fait une Religion qui ne le gêne pas, ses Erreurs ne sont pas d'abord en grand nombre, mais elles croissent de génération en génération, la corruption s'augmente de même, cette corruption donne lieu à la naissance de nouvelles Erreurs, ces Erreurs à leur tour s'affermissent. Et par ces moyens, & de degré en degré la Dépravation enfin vient à son comble.* Des Athées ne pourroient être pires, donc on peut conclure en général qu'il n'y a aucune différence, *pour les mœurs*, entre ne reconnoitre aucuns Etres invisibles & supérieures, & entre se tromper sur quelque partie de la connoissance du culte de ces Etres. Ces deux espéces d'hommes, se trouveront tous également faciles ou également difficiles à instruire & à corriger. Pour sentir le foible de ce raisonnement, il faut considérer que ce n'est pas l'Erreur, en matière de Religion, qui a produit le Vice, mais que c'est au contraire le Penchant au Vice qui a produit l'Erreur. Les hommes ne se sont pas laissez aller à l'incontinence, parce qu'on leur a persuadé que Venus étoit une Déesse. C'est l'abandon avec lequel ils se sont livrés à l'Amour & à ses suites qui les a disposés à s'imaginer qu'une Divinité influoit sur cette Passion, & la voyoit avec plaisir; c'est la corruption de leur cœur qui leur a rendu cette Imagination agreable; & dès là, ils ne se sont plus fait un devoir de se contraindre à cet égard. Mais pourquoi l'Athée s'en seroit-il fait un, *lui qui ne reconnoit aucun Supérieur qui puisse le gêner?* Des peuples Athées auroient donc vécu à cet égard dans une parfaite licence, si leur inclination les y avoit porté.

Il en est de même des autres vices; c'est la férocité des Thraces, & leur haine pour les Etrangers qui leur fit naitre la pensée de les massacrer, & de les immoler à leurs Dieux; cette férocité auroit eu les mêmes effets, s'ils avoient été Athées. Les Peuples qui aujourd'hui mangent leurs Ennemis & les Etrangers, ne le font point par le Principe d'une Religion qui les trompe?

Mais, dira-t-on, à comparale met l'Athée & l'Idolatre dans le même cas. Point du tout, car premierement toutes les erreurs & toutes les Idolatries ne vont pas jusques aux mêmes excés. 2. Par tout où il y a de la Religion, il y a quelque Verité dont on peut se saisir pour combattre les erreurs qui y sont mêlées.

Ce que Mr. Bayle ajoute sur la fin de cet Article pour prouver que divers Principes, naturels & distincts de la Religion, ont pû influer sur les Mœurs de ce qu'il y avoit d'honnêtes gens parmi les Payens, ne fait rien à la Question. On ne prétend pas que les bonnes mœurs, ou, pour parler plus exactement, que ce qu'il y a dans les mœurs des hommes d'utile pour la Société, ne puisse avoir d'autres principes que les lumiéres d'une pure Religion; mais on soutient que les Idées de la Religion sont très-propres à fortifier tous les autres principes qui influent sur la bonté des mœurs, & quand on dit que la Religion a influé sur les bonnes mœurs des Payens, on n'impute pas ce bon effet précisément aux erreurs du Paganisme, mais on l'impute uniquement à ce qui s'étoit conservé de Verité parmi ces erreurs.

Mr. Bayle dans l'Art CXII. de la Continuation des Pensées diverses dont voici le titre.

Examen d'une pensée de Galien, & refutation d'un Moderne qui a crû qu'afin de craindre les Dieux il faut être persuadé qu'ils ne sont point corporels. *Ibidem pag. 391.*

Il n'y a rien de tout ce qui est contenu dans cet Article qui puisse servir d'apologie aux Athées; au contraire on voit que ceux-là même qui ont été dans des idées très-grossiéres sur la nature de Dieu, comme ceux qui ont conçu corporels, n'ont pas laissé de se persuader que leurs Loix étoient très-respectables, & qu'on ne pouvoit pas les offenser impunément. Ainsi la Crainte & l'Esperance que donne la Religion peut subsister avec des Opinions qui, si on en pressoit les consequences, iroient à la détruire. Mr. Bayle voudroit mettre Tertulien & Arnobe au dessus des Athées, & avec eux le vulgaire des Chrétiens, car quoiqu'il ait appris que Dieu est un Esprit, & non point un Corps, est-il assez maitre de son Imagination pour n'accompagner l'idée de Dieu d'aucune Image?

Voici la citation de Galien qu'il rapporte. "Il ne convient qu'aux Philosophes speculatifs d'examiner les matiéres qui ne contribuent rien aux actions morales; s'il y a quelque chose après ce Monde quelle est cette chose; si ce Monde est contenu en lui même; s'il y a plus d'un Monde; s'il y en a une grande multitude; si ce Monde a été fait, ou s'il n'a pas été fait; si en ce dernier cas, il est l'ouvrage de quelque Dieu, ou si une Cause sans raison, sans art, l'a fait si beau fortuitement; si un Dieu très-sage, & très puissant tout ensemble, a présidé à la construction du Monde. Ces sortes de questions ne servent de rien, ni pour établir un bon ordre dans sa famille, ni pour régler comme il faut les affaires d'une Cité, ni pour être juste & bien faisant envers ses parens, ses Compatriotes, & les étrangers. Quelques-uns de ceux qu'on nomme pratiques, se sont étendus jusqu'à ces questions, ils ont passé jusques là à cause qu'elles ressembloient aux recherches profitables dont ils faisoient leur étude; car il n'est pas inutile de rechercher ce qui concerne la Providence & les Dieux, comme il l'est de rechercher si le Monde a commencé, ou non. *Il importe de connoitre que les Dieux sont puissans & sages, mais il n'est pas necessaire de s'informer de leur Essence, & s'ils sont entiérement incorporels, ou s'ils ont des Corps comme nous: Ces choses & plusieurs autres ne servent de rien à la pratique de la Vertu ni à guérir les Passions.* Xenophon a très bien écrit sur cela, il condamne l'inutilité de ces Questions, & il ajoûte que Socrate en jugeoit de même".

Voilà Galien qui reconnoit la persuasion que les Dieux sont puissans & sages très-importante, mais de s'informer de leur Essence, de disputer s'ils sont corporels, ou non, de rechercher si le Monde a commencé, dit-il, ne font rien à la Pratique de la Vertu. On voit là une espéce de *foi naturelle*. Etre persuadé que les Dieux *sont puissans & sages*, conclurre de là que *les Gens*

NB.

de bien doivent s'y fier, & que les *Méchans* doivent les craindre, c'est de dont on ne peut douter sans-aimer à être déraisonnable.

Mais si de ces Vérités on veut vous conduire à d'autres Questions, pour la solution desquelles vos Lumières se trouvent trop courtes; vous ne devés pas vous embarasser, & revoquer en doute ce que vous connoissés sur un sujet, parce qu'il y a sur ce sujet bien des choses que vous ne connoissés pas.

Les Idées naturelles de la Vertu & du Vice ont besoin d'être fortifiées par la Religion. Ibidem. pag. 393.

XCVI. DANS l'Article 142. Mr. Bayle se fait objecter que l'*Athéïsme* exclud toutes les *Idées* par lesquelles on *discerne la Vertu d'avec le Vice*.

Il semble qu'il ne se fait cette Objection que pour avoir le plaisir d'en triompher. Nous discernons la *Vertu* d'avec le *Vice*, comme le *Vrai* d'avec le *Faux*. Les excellentes Facultés, en vertu desquelles on fait ces discernemens, nous fournissent des Preuves que nous ne sommes pas les effets du hazard, ni d'une Cause destituée elle-même d'intelligence, & de discernement. La Connoissance de l'Auteur de notre Etre, & le Respect qui lui est dû, donnent un nouveau poids aux idées qui nous conduisent à la Connoissance de la Vérité & de la Vertu, & les rendent tout autrement respectables.

Voilà la Conséquence que nous tirons en faveur de la Religion, Mr. Bayle n'ébranle point cette conséquence, & il ne fait dans les Articles 143. & 144. que fortifier les Principes dont on la tire.

Ibidem. pag. 393.

Je ferai encore quelques Remarques sur ces deux Articles.

Mr. Bayle cite Mr. *Jurieu* qui prétend que si la bonne foi disculpe, les Athées errent innocemment, & ne sont punissables devant aucun Tribunal. On fait entrer dans cette dispute le terme de *Conscience* dans un sens équivoque. *Si suivre sa Conscience* c'est parler, on croit être obligé de parler sous peine de Péché mortel, il est visiblement ridicule d'attribuer une Conscience aux Athées, puisqu'ils ne connoissent point de Supérieur à qui ils doivent rendre compte, & qu'ils ne peuvent pas dire à aucun Tribunal humain: *Je suis soumis à un Etre qui est encore au dessus de vous.*

On voit par là que les preuves d'Autorité en matière de Raisonnement, à moins qu'on ne les tire de l'Ecriture Sainte, ne sont pour l'ordinaire d'aucun poids, & qu'elles ne servent qu'à confondre l'esprit du Lecteur par la multitude des idées qu'on lui présente, & qu'à le détourner par là de ce à quoi il doit donner toute son attention; souvent un homme docte & zélé, pour attaquer une Erreur ou un Vice avec plus de force, les regarde de si près, qu'il ne voit plus les autres Erreurs & les autres Vices qu'en éloignement, & par conséquent en petit. Dans cet état s'il fait des comparaisons, il les énonce en des termes, de la force desquels il n'est pas juste qu'on abuse.

On ne prétend pas que toutes les Idées de la Morale naissent d'une telle manière de l'Idée de Dieu, que dès qu'on aura quelque doute sur celle-ci, toutes les autres disparoitront, comme les couleurs disparoissent dès que la Lumière cesse, & le battement de toutes les Artères, dès que le Cœur a perdu son mouvement. Mais on prétend que l'Idée d'un Etre qui approuve la Vertu, qui condamne le Vice, qui recompensera enfin l'un & qui punira l'autre, répand sur les Idées du Devoir une nouvelle force. Envain un homme distingue ce qui est beau d'avec ce qui est laid, en matière de Morale, comme en matière de Physique, en matière de Choix & de Volonté, comme en matière de Couleurs, de Traits, de Figures & de proportions; s'il lui prend fantaisie de dire: ,, *Il n'y a rien au-* ,, *dessus de moi qui m'oblige à choisir ce que de cer-* ,, *taines Idées me font trouver beau, préférablement* ,, *à ce qu'elles me font trouver méprisable, si je préfé-* ,, *re le dernier au premier, à qui en rendrai-je comp-* ,, *te? Sera-ce à Dieu? Il n'y en a point. Sera-ce*

,, *aux autres hommes? Je ne veux pas que ma féli-* ,, *cité dépende d'eux. Je veux faire dépendre mon* ,, *contentement de moi seul, & je n'y consens quand* ,, *je vis à ma fantaisie. J'aime assés à faire le Maî-* ,, *tre pour ne pouvoir pas seulement ployer, sous des* ,, *Idées qui paroissent me tracer ma route, & je me* ,, *promets qu'en les négligeant je leur ferai perdre tou-* ,, *te cette force qui m'inquiète quelquefois, & qui* ,, *m'importune dans les Plaisirs où j'aime à me livrer.*

On conçoit donc que toutes ces Idées naturelles de *Beauté* & de *Laideur morale* ne tiendront pas contre les Passions, & contre le penchant aux Plaisirs, dans un très grand nombre de personnes chés qui la Persuasion d'une Divinité à laquelle il faudra rendre compte, donneroit à ces Idées la force de prendre le dessus.

La passion de Mr. Bayle pour effacer de l'Esprit des hommes l'éloignement naturel qu'ils ont pour l'Athéïsme, & faire cesser leur juste défiance pour des personnes de ce caractère, lui fait oublier son Pyrrhonisme ordinaire. Mais quand il s'agit de décider si la Raison est capable de discerner ce qui est réellement *Honnête*, d'avec ce qui ne l'est pas, ou si c'est le Préjugé & la Coûtume qui fait donner ou refuser le titre d'*Honnêtes* à de certaines actions, Mr. Bayle reconnoit que la Raison se perd, & que pour peu qu'on la presse sur ces sujets-là, elle se trouve à bout. Voilà donc un Athée qui dira, *Pourquoi me contraindrois-je, & sentirois-je toujours dans moi un Principe qui me tire d'un côté, & un Principe qui me tire de l'autre? Il faut que je voye si ces Idées d'honnête & de déshonnête qui génent mes Inclinations ne sont point des Illusions, & des effets de Préjugés.* Là-dessus il consultera Mr. Bayle son grand Maître, & l'objet de son admiration. Il trouvera que la Raison est incapable de lui rien apprendre là-dessus, & pour ce qui est de la Foi, il s'en moquera comme son Maître, & gardera avec lui ce mot, pour se jouer de ceux qu'il a à ménager.

Voyés le Settri à un Pyrrhonisme Moral.

Dans l'Article 145. Mr. Bayle cite cette Maxime des Philosophes Chinois. ,, La Fin que le Sage ,, se propose est uniquement le Bien public. Pour ,, y travailler avec succès, il doit s'appliquer à dé- ,, truire ses passions, sans quoi il est impossible d'a- ,, quérir la Sainteté qui seule le met en état de gou- ,, verner le Monde, & de rendre les hommes heu- ,, reux. Or cette Sainteté consiste dans une par- ,, faite conformité de ses pensées, de ses paroles & de ,, ses actions avec la droite Raison. Ce n'est pas ,, que les Passions soient mauvaises quand on en fait ,, faire un bon usage, mais comme elles troublent ,, presque toûjours la tranquillité de l'esprit, il faut ,, ~~en retrancher la trop grande vivacité, de faire en~~ ,, sorte qu'elles ne soient plus des emportemens ou- ,, trez de la Cupidité, mais des justes sentimens de ,, la Nature.

Ibidem. pag. 397.

Quel plaisir n'aura Mr. Bayle d'ajouter, après cette belle maxime, que le Sytême Physique des Philosophes Chinois est un Sytême d'Athéïsme. Mais l'on vient de voir, à l'occasion de Galien, que l'on peut être sur la Nature de la première Cause dans des Sentimens Physiques, dont les Conséquences vont à l'Athéïsme, & conserver neanmoins sur le sujet de ce premier Etre, quelques Idées qui vont à régler le cœur, & qui font un contraste avec les premières Idées. Rien n'est plus ordinaire aux hommes que de renfermer ainsi des idées qui se contredisent. 2. On ne prétend pas que dès qu'un homme a donné dans l'Athéïsme, il cesse de voir bien des choses telles qu'elles sont, comme on cesseroit de voir tous les objets, si l'on avoit perdu les yeux, ou si l'on avoit éteint toutes les lumières dans l'endroit où l'on seroit renfermé. Un Athée voit donc de quelle manière il faudroit que les choses allassent dans le

Mon-

Monde, afin que les hommes vécussent avec plus de douceur & de tranquillité entr'eux. Mais g. je soutiens que l'idée d'un Etre à qui on rendra compte est de la derniére importance pour engager les particuliers à rapporter ainsi leurs desseins & leur conduite à l'utilité publique.

Que répondroit un Athée à un homme qui lui diroit, vous venés de me tracer des Loix & l'idée d'un Peuple qui les observe, *Voilà une belle Imagination*. Mais répondés-moi, que tous les hommes entreront de bonne foi dans ce plan, & vivront ponctuellement suivant ces Maximes. Alors je me réglerai aussi sur elles, car moyennant que les autres en fassent de même, si je me contrains à quelques égards, je conçois que j'y gagnerai plus que je n'y perdrai. Mais comme j'en vois si peu de cette humeur-là, & que ce n'est du tout point la mienne, je soupçonne fort que ceux qui parlent ainsi cherchent à duper les autres, & souhaiteroient que chacun fit au Public des sacrifices, dont ils s'apperçoivent bien qu'ils profiteroient. Comme je vois que chacun s'aime, & rapporte tout à soi, je veux aussi tout rapporter à moi-même. Quand je pourrai aller plus sûrement à mes plaisirs & à mes intérêts par de belles apparences, je ferai le Philosophe autant qu'un autre. Mais aussi quand je pourrai mieux me satisfaire autrement, je me moquerai de la Philosophie, & je regarderai celui qui se sacrifie pour les autres comme un fou commode, mais pourtant comme un fou. Je n'aurai garde de le dire, car je voudrois qu'il y eût un très-grand nombre de foux de cette espèce, pourvû que je n'en fusse pas. Il y a dans le Monde des Diogénes, des Hermites, des Solitaires, des gens qui ont jetté leur argent dans la Mer, d'autres qui ont abandonné leurs biens aux pauvres, pour vivre eux-mêmes dans la pauvreté & dans le travail. Les loue qui voudra, pour moi dans le fond du cœur, je n'estime que ceux qui se sont rendus attentifs à leurs plaisirs, & à leurs interêts. Plus mon rang & mes richesses me donnent de plaisir dans le Monde, & moins je m'y contraindrai, plus je vivrai heureux.

La grande simplicité dans laquelle vivent les Hottentots est cause qu'il s'excite moins de passions chez eux, mais si leur Pays étoit plus peuplé, si leur esprit étoit plus cultivé, on verroit naître dans ces gens-là bien des desirs qui auroient besoin d'être moderés par des idées de Religion qui leur manquent. On conçoit aisément que ceux d'entr'eux, qui entrent dans quelque conférence avec les Hollandois, sont des Génies un peu au dessus du commun; s'il leur est échappé quelque chose de sensé, on le releve comme une grande merveille, parce qu'on ne s'y attendoit pas. On a raison de dire que tout ce qu'ils font de bien fait honte aux Chrétiens qui ne vivent mal, *que parce qu'ils négligent de grands secours*, & qu'ils violent des Regles très-connues. Mais il faut toujours distinguer entre ce que le Christianisme peut, & ce qu'il fait infailliblement sur chaque personne.

Combien de crimes ne se commet-il pas chés les Hottentots, qui ne viennent pas à la connoissance des Européens, qui n'ont que très-peu de commerce avec eux? Combien de Devoirs ne sont pas foulés aux piés suivant toutes les apparences? Je n'en veux pour preuve que ce que Mr. Bayle rapporte lui-même dans un autre Article d'un Hottentot qui venoit de tuer sa femme, parce qu'elle étoit tombée en adultére, & à qui le Pére de cette femme, dit, *Tu as bien fait, je te donnerai sa sœur cadette qui est plus belle & qui sera plus sage*. On voit par-là que ces peuples sont jaloux, on sait que la Jalousie grossit extraordinairement les choses, & fait regarder les soupçons comme des verités, & les apparences comme des réalités sûres. Un homme chagrin par quelqu'autre principe, ou dégoûté de sa femme, ou passionné pour quelqu'autre, s'en défait, & en sera quitte pour noircir sa mémoire. D'un côté donc les Hottentots ont extrèmement besoin de Loix, mais d'un autre ils sont trop accoutumés à vivre à leur fantaisie pour se soumettre à des Loix, & ils ne s'y soumettront point si on ne vient pas à bout de leur persuader qu'il y a un Etre supérieur duquel ils dépendent, & auquel ils rendront compte, bon gré mal gré qu'ils en ayent.

L'Article 146 de la Continuation des Pensées Diverses ne contient que des Recapitulations auxquelles on a déja assés répondu. Dans le 147. Mr. Bayle revient à l'Objection qu'il a trouvé à propos de se faire sur la distinction du Bien & du Mal moral, dont il soutient que les Athées sont capables; on a suffisamment refléchi là-dessus.

XCVII. DANS l'Article 148. Mr. Bayle revient à une ruse qui lui est ordinaire quand il se sent pressé, il se jette sur la comparaison du Paganisme avec l'Athéïsme, il ramene ce qu'il a dit cent fois, sur les absurdités de la Religion Payenne, sur le mauvais Exemple des Dieux tels que les Fables des Poëtes les représentent &c. On a déja répondu à tout cela, & on a déja remarqué que sous prétexte d'attaquer le Paganisme, & de donner l'avantage à l'Athéïsme par dessus-lui, il allégue des argumens qui ne servent pas moins à faire l'apologie de la vrave Religion.

Comparaison de l'Athéïsme & du Paganisme.
Continuation des Pensées Diverses.
Oeuvres Div. Tom. III. pag. 399.

Dans l'Article 149 de la Continuation des Pensées Diverses, il continue la même sujet, & il s'étend encore sur un autre dont il a souvent parlé, savoir sur les *disproportions fréquentes qu'on remarque entre les Pensées, & les Actions de l'homme*, & nommément en matière de Religion.

Ibidem. pag. 400.

On convient que les Pensées & les Actions des hommes s'accordent peu en matière de Religion, mais on conçoit aisément les causes de cette contrarieté par rapport à ceux qui ont de la Religion. Les Sens, les Passions, les Interêts temporels & présens, sollicitent souvent à tout le contraire de ce que les Maximes de la Religion demandent pour s'écarter de son devoir, il n'y a qu'à se laisser aller aux penchans de la nature animale, qu'on a du plaisir à suivre. Pour résister à ses penchans, pour leur preferer les idées de la Raison, & les Maximes de la Religion on a besoin d'efforts, & pour ne succomber pas sous la fatigue de ces efforts, pour ne s'en rebuter pas, il faut s'être fait une habitude de combattre & n'ait pas pas dans l'ordre, & de s'en rendre par ce moyen la victoire aisée.

Mais tout ce qui détermine un homme qui a de la Religion à vivre autrement qu'elle ne demande, se trouve dans un Athée, & le détermine aux mêmes actions. Les Sens, les Passions, les Interêts temporels, n'ont pas moins de force sur lui, mais il n'a pas les mêmes Barrières à y opposer, il n'a pas les mêmes secours pour les vaincre. Il se peut pourtant qu'il y ait des Athées reglés dans leurs Mœurs, parce qu'ils sont nés d'un temperament très-moderé, & qu'ils se trouvent dans de certaines circonstances qui leur font trouver leur intérêt à vivre suivant de certaines Règles. En particulier tous ceux qui dogmatisent sur l'Athéïsme, & sur l'Irreligion, ont tout l'interêt imaginable à repousser la plus accablante, & la plus odieuse des Objections, qui se tire des désordres affreux que tout le monde regarde comme les suites naturelles de l'Athéïsme. Leur passion dominante c'est de répandre leur sentiment; il est visible qu'ils ne peuvent pas le faire sans s'exposer, sans s'attirer des Ennemis, & des contradictions, ils sacrifient donc à ce plaisir un très-grand nombre d'interêts, & ils y sacrifient entr'autres divers penchans que les porteroient au vice. D'ailleurs s'étant une fois mis dans l'esprit de répandre un sentiment si étrange, & de s'opposer au reste du Genre-humain, ils s'occupent à méditer, & ne se donnent pas le tems de penser à bien des choses qui donnent aux autres hom-

hommes des occasions de manquer à leur devoir.

Il y a encore une autre Remarque à faire sur ce qu'on publie des Athées à la loüange de leurs Mœurs. On s'attend si peu à voir un Athée vivre conformément aux Loix autorisées par la Religion, qu'on regarde cela comme un Prodige; non seulement on en conserve la memoire comme d'un évenement incroyable, mais on l'exagére, conformément à la foiblesse de l'Esprit humain qui ne sait pas renfermer dans de justes bornes son étonnement. Si nous avions l'Histoire bien circonstanciée de ceux qui se sont rendus célébres par leur Irreligion, peut-être trouveroit-on qu'il faut beaucoup rabatre des Vertus qu'on leur attribuë; suposons, par exemple, que les ouvrages de Mr. Bayle perissent avec le tems, mais que la petite histoire qu'on a de sa vie se conserve telle qu'elle est, sans qu'on y ait fait des remarques, on jugera de M. Bayle, & de son Historien, beaucoup plus favorablement qu'on ne fait, car aujourd'hui les honêtes gens ont de la peine à comprendre que des personnes qui ont à cœur leur reputation ayent parlé avec tant d'éloges d'un Auteur qui a rassemblé plus d'obscenités dans ses Ouvrages qu'aucun qu'on lise. On ignorera qu'ayant trouvé des protecteurs chés les Orthodoxes, il se soit fait un plaisir de se moquer d'eux, & d'attaquer impunément la Religion à l'abri de leur Autorité. On ignorera l'horreur & la noire trahison dont les *Avis aux refugiés*, (suposé qu'il en soit l'Auteur ce dont peu de gens disconviennent,) est une preuve démonstrative. Une Histoire plus détaillée apprendroit tout cela & d'autres choses encore.

Ibidem. pag. 403. Dans l'Art. CXLIX. de la Continuation des Pensées Diverses, Mr. Bayle entre les contrarietés de la Croyance & de la Conduite allégué le Dogme de l'Inamissibilité de la Grace, ses Principes & ses accompagnemens, d'un côté, & d'un autre l'obligation où sont ceux qui soûtiennent ces dogmes, avec le plus de zèle, de veiller sur eux-mêmes, & de travailler à leur sanctification avec tout le soin imaginable. Que faut-il conclure de là? C'est qu'eux-mêmes ne regardent plus ces Dogmes comme vrais, dans le sens qu'ils seroient incompatibles avec les verités de la Morale. Ils ont sur ces matières sublimes, & au-dessus de la portée de l'esprit humain des idées generales. Mais ils se défendent un détail qui n'est pas de leur competence; & sur tout ils rejettent de ce détail tout ce qui ne s'accorde pas avec la pratique de la Religion.

Ibidem. pag. 404. Dans le même Article de la Continuation des Pensées Diverses. *Les Athées des Isles Mariannes*, dit-il, *croyent l'Immortalité de l'Ame; il y a d'ailleurs des Athées qui sont persuadés des Enchantemens & de la Sorcellerie, & qui reconnoissent des Esprits, les uns bons, & les autres mauvais.*

De-là il est naturel de conclure que s'il y a d'Ordre, & de Vertu dans ces Isles est soûtenu par des esperances & des craintes qui regardent la Religion. C'est donc en vain que Mr. Bayle allégue leur exemple en matière d'Irreligion.

Ajouterai-je, continue-t-il, *que les Athées de la Chine admettent une Recompense de la Vertu, & un Châtiment du Péché?* Voilà un correctif à leur Atheïsme qui ôte à leur Athéisme la force d'influer beaucoup sur leurs mœurs.

Ibidem. pag. 410. Dans l'Art. CLIII. de la Continuation des Pens. Div. Mr. Bayle, au lieu de repondre à Mr. *Harris*, ne fait que rebatre à son ordinaire, ce qu'il a déja dit cent fois. Quand toute la Controverse rouleroit uniquement sur cette Question: *Si dés qu'on est Athée on est necessairement abandonné au Vice, & si au contraire dés qu'on est persuadé d'une Religion, & d'une Religion veritable on se conduit sainement en tout?* Pour décider cette Question il n'y auroit point de preuve plus courte, suivant Mr. Bayle, ni plus suffisante que d'alléguer d'un côté des exemples d'Athées qui ont assés bien vécu, & d'un autre des exemples de Chrétiens d'une très-mauvaise conduite. Mais on avouë, d'un côté qu'un homme peut avoir le cœur assés mauvais pour ne pas profiter de ses connoissances, & d'un autre qu'un Athée peut avoir le temperament assés heureux, & se trouver en même tems dans des circonstances assés favorables, pour se déterminer à une certaine moderation dans sa conduite. Ensuite de cet aveu on soûtient que dés que le cœur d'un homme est persuadé des verités de la Religion & veut bien vivre, il trouve dans cette persuasion un secours qui manque tout à fait à l'Athée. On ajoûte que ce secours non seulement affermit ses intentions quand elles sont bonnes, & les perfectionne, mais que de plus il solicite à vouloir faire le Bien, quand on est indéterminé, & qu'on a quelque penchant à faire le contraire. Mr. Bayle, pour échaper à Mr. *Harris*, travestit donc l'état de la Question.

XCVIII. Après cela Mr. Bayle a recours à un autre de ses subterfuges. Il implore la protection des Orthodoxes, vous dirés que par là il embarrassera infailliblement Mr. *Harris*, & c'est ainsi qu'il jette de la poussiére aux yeux de ses Lecteurs ignorans. *L'homme*, dit-il, *ne se conduit que par deux Principes, l'Amour propre, & la Grace du Saint Esprit.* J'ai déja fait voir l'inutilité de cette défaite sur un autre Article. J'ajoûterai que la crainte & l'esperance de l'avenir peuvent influër sur l'amour propre & déterminer par ce principe un homme à s'attacher à son Devoir. Mr. Bayle donne bien cette efficace à la simple idée de la beauté, & de la laideur morale des Actions. Or l'amour propre, & sur tout l'amour propre grossier tel qu'il est dans les Irregenerés, & qu'il doit être tout dans les Athées, doit être certainement plus sensible aux craintes, & aux recompenses, qu'à l'idée de la seule Beauté morale.

Rusé de Mr. Bayle.

Dés là Mr. Bayle passe à sa troisième échapatoire, & remet sur le tapis tout le ridicule que les fictions des Poëtes ont répandu sur la Religion des Payens. Mais c'est de quoi il ne s'agit point pour décider, *Si une Société d'Athées vivroit dans l'ordre aussi aisément qu'une Société d'hommes persuadés de la verité d'une Religion.*

Les Stratoniciens nioient simplement la science & la providence de Dieu; à cela près leur Entendement étoit une place vuide en matière de Religion.

Ibidem. pag. 411.

Quand il s'agit d'établir l'inutilité de la Religion pour les bonnes mœurs, alors, suivant Mr. Bayle, *le cœur de l'homme, sans la Grace extraordinaire du St. Esprit, est un Abyme de depravation;* Le peché Originel a tout gâté depuis la superficie jusqu'au fond, sa Raison même n'est que tenebres. Mais dés qu'il s'agit de faire l'Apologie de l'Atheïsme, & de prouver sa suffisance pour mettre l'homme dans de bonnes voyes, alors le cœur d'un Athée est une table rase. Il est vrai qu'il ignore deux choses, la Providence & l'Existence de Dieu, mais son cœur est une place vuide à tous les autres égards, autant qu'à ces deux, vous y pouvés mettre le Bien avec la derniére facilité. C'est ainsi qu'il a deux Balances, l'une pour les Chrétiens qui ne sont bons à rien, sans une Grace miraculeuse, l'autre pour les Athées qui sont de bonnes gens tout prêts à ceder aux lumiéres de la Raison, & à s'en remplir. Nous avons déja remarqué ci-devant qu'à l'Ignorance des Incredules se joint une fierté, un mépris des autres, une repugnance pour tout Joug, un esprit de contradiction, qui, dans ceux d'entr'eux qui raisonnent, est la cause ridicule de leur Erreur; Je dis Erreur & non pas simplement Ignorance, car ils ne se bornent pas à ignorer qu'il y ait un Dieu, ils s'efforcent de prouver qu'il n'y en peut avoir, & que cette idée est chimerique & pleine de Contradictions.

Dans les Articles suivans 150 & 151. de la Continuation des Pensées Diverses, Mr. Bayle continue à

Ibidem pag. 404.

à mêler parmi des Remarques veritables plusieurs inutilités, & à faire bien des écarts du vrai état de cette Controverse qui roule sur l'influence que la Religion peut avoir dans la Société. Il est incontestable que les hommes qui ont de la Religion, & qui reconnoissent quelque Etre suprême, pour Maître & pour Juge, se sentent tout autrement engagés à s'instruire de la difference qu'il y a entre la Vertu & le Vice, & à la respecter, que ceux qui n'ont aucune idée d'un tel Legislateur Suprême, & qui par consequent se croyent en état de pouvoir négliger avec plus d'impunité, l'étude & l'observation des Loix naturelles.

Parallèle de la Vertu d'un Athée de celle d'un Chrétien Art. CLI. de la Continuation des Pens. Divers. Oeuvres Div. Tom. III. pag. 407.

XCIX. Mr. Bayle compare avec son adresse ordinaire deux femmes dont l'une a de la Religion, & l'autre n'en a pas.

„ Puisque Mr. Despreaux, *dit-il*, nous apprend
„ que l'Athéisme a fait des progrès parmi même
„ les personnes de l'autre Sexe, nous pouvons bien
„ suposer que Flavie & Pulcherie deux grandes
„ Dames de la Cour sont devenuës Athées, celle-
„ là par le chemin de l'Etude, celle-ci par le che-
„ min de la Volupté. Suposons que l'Athéisme de
„ l'une soit connu de l'autre, & que la premiére é-
„ tant avertie qu'il meurt de faim une infinité de
„ gens, ne fasse servir sur sa Table que du Boeuf
„ & du Mouton, afin d'employer au soutien des
„ pauvres l'argent qu'elle épargne en renonçant à
„ la bonne chére. Suposons que l'on rapporte à
„ Pulcherie cette charité de Flavie, & qu'on lui
„ demande ce qu'elle en juge, je suis persuadé qu'el-
„ le répondra: *Cette action est belle, je voudrois l'avoir*
„ *faite, je l'admirerois beaucoup moins dans Arténice*
„ *qui est fermement persuadée qu'elle peut éviter l'En-*
„ *fer, & meriter le Paradis en donnant l'Aumône,*
„ *mais que Flavie qui ne croit point de Divinité, se*
„ *soit privée des plaisirs du goût afin de sauver la vie*
„ *à plusieurs pauvres, c'est un héroïsme incomparable,*
„ *je lui envie cette Perfection.* C'est-là, Monsieur, une chose que je trouve très-vraisemblable. Qu'on fasse attention sur le caractére d'une Femme que l'amour de la Volupté, & le plaisir de vivre pleinement à son gré a jetté dans l'Athéisme, & je suis persuadé qu'il paroîtra beaucoup plus vraisemblable & plus assortissant à ce Caractére, de se moquer de celle qui préfére les autres à soi-même, que de vouloir lui ressembler. *Par quel interêt*, diroit Pulcherie, *trouverois-je son goût preferable au mien? Le parti que j'ai pris n'est-il pas plus délicieux? & qu'est-ce qui me dedommageroit de la perte de mes plaisirs?* Il me paroit sûr ordinairement parlant que les Mondains aiment mieux ne rien retrancher du superflu de leur Table que de sauver la vie à plusieurs familles: mais je ne puis guére comprendre que s'ils veulent se recueillir pour examiner la conduite de Flavie, ils ne la trouvent très-conforme à la Raison, & aux devoirs de l'Humanité, toute consideration de l'Enfer & du „ Paradis mise à part.

Mr. Bayle pose ici des Principes admirables, & après ce qu'il vient de dire, on ne peut plus douter de la justesse de son goût. Les Athées qui vivent moralement bien marchent dans la route la plus sûre du salut. 1°. Ils ne courent point risque d'offenser le bon Dieu en se formant de ses perfections quelque idée qui leur soit contraire, & qui les défigure, ce qui, selon lui, est pire que l'Athéisme. 2°. Quand il leur arrive de donner trop à leurs Sens & à leurs Passions ils sont beaucoup plus excusables, car ils ne croyent point offenser Dieu. 3°. Quand ils font des actions de Vertu, elles sont d'un tout autre prix.

Certainement Mr. Bayle se fait une plaisante idée des Orthodoxes. Il croit que ce sont de bonnes gens qui laissent tout dire & tout faire, pourvû qu'on ait eu la précaution de les endormir par un Compliment, & par un zèle affecté pour leurs ex-

pressions favorites. Une personne que l'Esprit de Dieu a regeneré, qu'il conduit par sa direction & par ses delectations prévenantes, à qui il fait craindre de déplaire au Seigneur, qu'il remplit de foi & d'esperance, & qu'il anime à remplir ses Devoirs par l'attente assurée des Recompenses éternelles est de beaucoup inferieure, selon lui, en vertu à un Athée qui suit les Régles du Devoir simplement parce qu'elles sont belles & dignes de la Nature humaine.

Mais souvent aussi la passion de Mr. Bayle pour la gloire de l'Athéisme l'empêche de s'apercevoir que les principes qu'il pose lui sont très-contraires. D'où vient l'étonnement & l'admiration de Pulcherie, si ce n'est qu'elle ne s'attendoit point à voir tant de vertu dans une personne Athée ? On sent donc qu'on ne trouve pas dans l'Athéisme les mêmes secours pour s'y porter que dans la Religion.

Examinons avec quelque détail ces deux maniéres d'agir dont l'extérieur est le même. L'Athée qui donne tant aux pauvres, s'il fait cela sans reflexion, sans savoir pourquoi, par une heureuse fantaisie, par une impétuosité de temperament, fait une chose dont l'*Exterieur* est beau, mais dont le *Fond* & les *Principes* n'ont rien de moralement louable. Il n'est pas plus louable à cet égard-là, que d'avoir une grande taille, de beaux cheveux, bon apetit &c. Mais s'il se porte à ces actions de Charité, parce qu'il trouve que cela est beau, il aime donc à faire ce qui est beau, il s'aplaudit de le préferer au plaisir de ses propres sens, il est charmé de lui-même, & d'autant plus qu'il ne voit rien de superieur à lui-même.

Representons-nous présentement une personne qui a de la Religion, qui admire la Sagesse & la Bonté de Dieu d'avoir imprimé dans le coeur de l'homme des sentimens d'humanité, un penchant à la compassion, & de l'avoir rendu capable de trouver dans la pratique de ce devoir une satisfaction préferable aux Voluptés les plus vives. Representons-nous une personne qui rend graces à Dieu de lui avoir presenté ces occasions, & de lui avoir donné un coeur qui se plait à y répondre. Une personne qui est fur tout ravie de penser qu'il y a un Dieu Suprême Auteur de tout, aux yeux de qui la Vertu est aimable; qui frapé de ce grand objet détourne son attention de dessus elle-même, & s'oublie pour benir Dieu & lui demander la grace de sentir de plus en plus ce que la Vertu a de beau & de lui obéïr sans variation. Qui est-ce qui n'aimeroit pas mieux être dans ce second cas que dans le premier, à moins d'avoir un fond d'orgueil & ne connoitre rien qui égale le plaisir de s'admirer uniquement.

A l'Athée qui feroit charitable par goût, par choix, par le plaisir de l'être, il ne faut donc pas opposer un fond d'Ame dur, interessé, qui pousseroit d'un autre côté, & qu'à moins d'avoir en vue la Loi de Dieu accompagnée de promesses & de menaces, on ne se conduit que par l'impulsion de la Nature corrompue, vous sortirés de nôtre question, car il ne s'agit pas ici de comparer les moeurs d'un Athée avec les moeurs des personnes qui connoissent le vrai Dieu & sa parole, il ne s'agit que de savoir s'il est vraisemblable qu'il puisse connoitre la Vertu comme un bien moral.

Mr. Bayle croit-il qu'il n'y a qu'à parler hardiment pour se débarrasser d'une Objection ? Ce dont il assure qu'il ne s'agit point est précisément ce dont

On raméne à Mr. Bayle à l'état de la Question. Ibidem. pag. 410.

C. DANS l'Article CLII. Mr. Bayle dit „ Si „ vous m'objectiés que l'Athée méépriseroit les I- „ dées de la droite Raison, dès qu'une passion le

dont il s'agit. On convient que les Athées peuvent avoir des idées d'une différence morale entre le Vice & la Vertu, des idées de ce qui sied bien à l'homme, & de ce qui deshonore l'excellence de sa Nature ; mais on soutient que ces idées n'ont un besoin extrême du secours de la Religion pour être victorieuses de ce que les Sens, les Passions, la vaine Gloire, & les Interêts temporels leur opposent.

Il semble que Mr. Bayle n'a pensé qu'à deux sortes de Lecteurs, 1°. à des gens de bien affermis dans la Vertu, & pour ce qui est de ceux-ci, il ne comptoit pas de les amener dans ses sentimens, c'étoit assés pour lui de les affliger & de penser que plus ils auroient de zéle, plus il leur seroit de chagrin. 2°. A des personnes accoutumées à suivre leurs Passions, & à oublier les régles de la Morale, dès que leurs passions présentes les y sollicitent. Pour ceux-ci, il comptoit d'en avoir bon marché, & il devoit bien se persuader qu'il leur seroit grand plaisir, en leur représentant que le cœur de l'homme n'est pas fait d'une maniére à se conduire par des principes speculatifs ; mais que l'humeur & les dispositions de sa machine décident de sa conduite. Ces gens-là sentent que cela leur est toûjours arrivé. Mais éclairés par Mr. Bayle, ils ont regret aux reproches qu'ils se sont faits, & désormais ils suivront leurs panchans, sans s'aviser le moins du monde de les combattre.

Mr. Bayle ne peut pas être compté dans la *premiére classe*, se plaindroit-il si on le met dans la *seconde* ? Et si l'on dit qu'il n'a jamais éprouvé, ni dans les petites occasions, ni dans les grandes, que les idées de la Religion servissent à moderer les panchans de l'homme, ni à régler ses sens & ses désirs.

Mais il y a une *troisiéme* sorte d'hommes ; du nombre desquels étoient Socrate : ils éprouvent en diverses maniéres les uns plus, les autres moins, le désordre de la Nature humaine & de ses inclinations. Quelquefois la seule attention à la bienséance, au merite de ce qui est honnête, à la beauté de la Vertu, les retient dans leur devoir, mais souvent ils s'apperçoivent que pour donner plus de force à ces considérations, il est tout à fait nécessaire de les soûtenir par la pensée qu'ils vivent sous les yeux d'un Maitre Tout-Puissant, très-sage & très saint qui aura la bonté de leur tenir compte de leurs efforts, mais qui punira aussi leur securité & leur négligence, sur tout s'ils y perseverent. Dans la crainte donc d'y perseverer & de ne pouvoir surmonter des habitudes inveterées, ils s'accoûtument à opposer l'attention à ce grand Maitre, aux plus petites occasions de pecher, & l'heureuse experience qu'ils font de ce secours les attache tellement à cette idée, & la leur rend si familiére qu'elles les fait triompher quelquefois des tentations les plus vives. Ce secours leur devient par là plus cher, & pour s'assurer qu'il ne leur manquera jamais dans le besoin, ils se font une Loi de ne pas tenter Dieu, & d'éviter autant qu'ils pourront les occasions dangereuses de chute. Ceux-ci sont, par leur propre experience, à couvert des sophismes de Mr. Bayle.

En vain un homme qui aime la Vertu se trouve embarassé par des raisonnemens qui le combattent & qui roulent sur des idées vagues ; il soupçonne toûjours qu'il y a de l'équivoque & de l'illusion dans ces idées vagues, & il sent bien qu'elles ne doivent point ébranler la certitude que lui donnent des idées determinées.

Ibidem *pg. 432.* A l'Article 153. *La simple Théorie de la Providence*, dit Mr. Bayle, *n'oppose point la Crainte aux Principes du Mal.* Non, je l'avouë, quand on demeure à la simple Théorie : mais il en est ainsi de toute régle. Ne faut-il pas la connoitre avant que de la suivre ? L'idée de l'Honnête & du Deshonnête n'est-ce pas une Théorie dans l'esprit

de l'Athée ? S'il ne veut pas s'en servir, ne demeurera-t-elle pas en lui une Théorie très-instructueuse ? Or un homme persuadé de la Providence est tout autrement solicité par cette persuasion à bien faire, que l'Athée ne l'est par la persuasion du Bien & du Mal moral, & l'homme qui est persuadé de cette Providence peut tirer de cette persuasion des motifs d'une tout autre force.

Dans l'Art. CLIII. de la Continuation des Pensées Diverses. ,, Je sai bien, dit-il, que ,, le motif de faire une chose parce que le vrai Dieu ,, l'a commandée, & qu'il y a un Paradis à gagner ,, en la faisant, & un supplice éternel à craindre ,, en ne la faisant pas, doit avoir beaucoup plus de ,, force que le seul motif de la faire, parce ,, qu'elle est conforme aux idées de la droite ,, Raison ; Mais il ne s'agit pas de cela présentement. *Ibidem*

Au contraire c'est de cela précisément qu'il s'agit. Au reste Mr. Bayle fait ici un aveu qui détruit son systême.

CI. ,, LA Complaisance, dit-il au même endroit avec laquelle des Athées contempleroient la ,, force qu'ils auroient eu de préférer la Vertu, leur ,, donneroit beaucoup de joye, & ils se feliciteroient d'une belle qualité qui est rare parmi les ,, hommes, *ils sentiroient des suavités inexprima-* ,, *bles*.

Quelle affectation dans cette Phrase tirée des livres de Dévotion ! Mr. Bayle aime à se moquer de la Religion & de ceux qui s'y attachent.

Comparaison de la satisfaction de l'Athée & de celle du Chretien.

Mais quelle comparaison y a-t-il d'un côté entre la satisfaction de penser qu'on a préféré la Vertu aux plaisirs ou à l'interêt, quand on ne sait presque ce que c'est que la Vertu, & quand c'est tout au plus une belle idée ? & d'un autre la satisfaction de penser que Dieu l'aime, cette Vertu, & qu'il aime ceux qui s'y attachent ; la satisfaction encore de glorifier ce grand Maitre en lui sacrifiant des panchans fort doux & des interêts fort chers à la Nature. Un Athée Philosophe qui aimeroit la retraite, la speculation & la tranquilité, parleroit peut-être comme fait ici Mr. Bayle, mais un homme ambitieux, un homme fier, un avare, un débauché tiendroit un tout autre langage, & chacun trouveroit un plaisir inexprimable à s'abandonner à son panchant, & à trouver les occasions de se satisfaire. Quelles Barriéres opposer à l'Athéisme, je ne dis pas seulement à l'Athéisme d'un homme qui placé sur les bords du Vice roule déja dans le précipice, mais à celui d'un homme qui s'en aproche, & qui s'y sent attiré par quelque plaisir prévenant. Un Athée dira : *Il n'y a point de plus grand plaisir que de ne dépendre de qui que ce soit ; de ne rien craindre, & de se conduire pleinement à son gré ; sans se contraindre jamais, & sans se rien refuser.*

Rien n'est plus doux, ajoute Mr. Bayle, *que d'être content de soi-même.* Mais le Débauché est très-content de lui-même, & un homme qui vient de se venger est-très-content de lui-même. Il auroit donc fallu dire : *Rien n'est plus doux que de pouvoir penser, avec vérité, & appuié sur de solides fundamens, que Dieu nous fait la grace d'être content de nous.* Œuvres pg. 413.

,, Rien n'est plus doux que d'être content de ,, soi-même, rien n'est plus fâcheux, continuë-t-il, ,, que de se voir comme forcé à se mépriser soi- ,, même, par une conduite lâche & infame, qui ,, fait sentir des remors.

Cet état est très-fâcheux, mais en même temps très utile & très propre à corriger un homme, lorsque dans la persuasion d'une Providence & d'une Vie à venir, on regarde ces remors comme des avant-coureurs des châtimens dont on s'est rendu digne & des reproches par où Dieu fera précéder sa sentence. Mais si un Athée s'avise de regarder ces re-

remors comme des idées importunes d'une Raison chagrine & impérieuſe, qui vient troubler ſes joyes, & l'empire qu'il aime à avoir ſur ſoi-même, & ſur ſa conduite ; loin d'en être conſterné, loin d'en être sbatu il les haïra, il ſe ſoulévera à ſon tour contr'eux, & viendra bien-tôt à bout de s'en affranchir, & c'eſt alors qu'il s'applaudira, & qu'il ſera content de lui-même.

Mr. Bayle s'étudie à faire le portrait d'un Athée commode, raiſonnable & au deſſus des Sens, des paſſions & des interêts qui dominent les autres hommes. Convenés de ces Tableaux, figurés-vous une Société compoſée de gens ainſi faits, vous conclurés que la Douceur & l'Equité y régneront. Mais ſi vous étudiés le cœur humain, vous le trouverés rempli de Principes qui s'oppoſent, avec une très-grande force, au pouvoir que Mr. Bayle donne, en faveur des Athées, aux idées de la Raiſon, & vous trouverés que pour ſurmonter ſes répugnances frequentes, il faut que la Raiſon ſoit fortifiée par le ſecours de la Religion.

Du nombre des Athées. Ibidem pag. 413.

CII. DANS l'Article 154. L'empreſſement qu'a Bayle à multiplier le nombre des Athées me fait voir en lui le zèle d'un enroleur qui ne peut ſouffrir qu'on lui détourne quelqu'un de ſa troupe, & qu'on l'empêche de la groſſir.

Tout ce qu'il dit dans cet Article va ſeulement à prouver que l'Athéiſme eſt une Maladie d'eſprit, & que l'Eſprit humain peut ſe déranger par diverſes cauſes ; j'ai déja raporté un fait que je ramenerai ici pour en tirer une nouvelle conſequence : Un Gentilhomme d'une grande naiſſance, mais qui ſimoit un peu trop à faire l'homme d'eſprit, ſe divertit un jour à embarraſſer un de ſes amis en faiſant le Spinoſiſte. Celui-ci, dont le genie médiocre n'avoit point été cultivé par les Sciences, reçut des impreſſions ſi profondes d'un langage qui lui étoit tout nouveau, qu'il y rêva toute la nuit, ſon Eſprit en fut troublé, celui qui en étoit la cauſe s'en fit de grands reproches, il tâcha d'y aporter tous les remédes imaginables. Mais l'impreſſion étoit faite ſur ce cerveau foible, rien ne put le ramener de la profonde mélancholie où le jetta le ſimple ébranlement d'une Perſuaſion qui lui étoit très-chére. Cela fait voir avec combien de retenue on doit s'expliquer ſur ces matiéres, & par conſequent l'obligation que le Genre humain a à Mr. Bayle de tous les efforts qu'il s'eſt donné pour étendre, ou pour pouſſer les argumens des Libertins. Mais c'eſt de quoi ſans doute il ſe mettoit fort peu en peine, l'Eſprit de Dieu, ſelon lui, aura bien ſu garentir ſes Elus, & pour ce qui eſt des réprouvés, autant vaut-il qu'ils périſſent par une voye que par une autre.

Si l'attachement deſintereſſé au Devoir eſt fréquent. Ibidem, pag. 415.

CIII. Art. 155. Parcourés, dit Mr. Bayle, tous les grands crimes qui expoſent au deshonneur, interrogés là-deſſus les honnêtes gens, ils vous répondront tous qu'ils s'en abſtiendroient quand même ils ſeroient aſſurés de toute ſorte d'impunité, & pour le preſent & pour l'avenir.

Ceux qui ont étudié le cœur humain, & qui connoiſſent l'éfficace de la liaiſon des idées, ceux qui ſavent par experience, & par l'attention qu'ils ont fait ſur eux-mêmes, qu'une ſeule idée jointe ordinairement à ſa propre force celle de deux & de trois, avec qui elle a été très-ſouvent liée, comprendront aiſément qu'une perſonne élevée dans les idées de la Religion, & accoutumée à fortifier les leçons qu'on lui a donné pour la Vertu, par l'attention à la Vertu d'où dépend ſon ſort éternel, prend pour cette Vertu un attachement qu'elle n'auroit jamais eu, ſi elle ne l'avoit eſtimée que par ſa ſeule beauté. C'eſt ainſi, par exemple, qu'un homme peut ſe perſuader qu'il aimeroit également ſa femme quand même ſes qualités perſonnelles ne ſeroient accompagnées ni de naiſſance, ni de bien, parce qu'il s'eſt accoutumé à confondre en un tout les attachemens ; & toute la ſenſibilité qui reſultent de ces aſſemblages de qualités perſonnelles & extérieures.

Quand St. Paul exhorte les Corinthiens à s'éloigner de certains péchés dont Mr. Bayle parle ſouvent ; ils n'auroient pas manqué de lui dire, *Vos exhortations ſont très inutiles. La Vertu ayant d'attraits pour nous, que quand même il nous ſeroit permis de nous en écarter un peu, nous ne le ferions pas.* Je ne voudrois point troubler la conſolation d'une perſonne qui parleroit ainſi de bonne foi, mais peut-être qu'il s'en trouvera peu qui puiſſent tenir ſincérement ce langage, s'ils ont été expoſés à quelque tentation, & s'ils ſe ſouviennent bien de tout ce qu'ils ont eu beſoin d'y oppoſer.

Paralléles ramenés de l'homme Athée avec celui qui a de la Religion. Ibidem pag. 415.

CIV. DANS l'Art. 156. de la Continuation des Penſées Diverſes, il s'agit de ſavoir ſi ceux qui ont de la Religion & qui vivent mal, ne vivroient pas encore plus mal s'ils n'en avoient point. Quand pour décider cette queſtion Mr. Bayle allegue quelques Exemples de perſonnes qui, ſans faire profeſſion d'Athéiſme, ont porté le Vice aux derniers déreglemens, c'eſt un Sophiſme & non pas un vrai Argument ; car on ne conclud pas du particulier au général. Les idées de la Religion corrigent pluſieurs perſonnes, quoiqu'elles ne les corrigent pas entiérement ; il y en a qu'elles corrigent un peu, quoiqu'elles ne les corrigent pas beaucoup ; il y en a enfin ſur qui elles n'ont point d'éfet. Nous reconnoiſſons que les Démons ont porté la malice à ſon plus haut dégré, mais il faudroit connoitre plus diſtinctement leur état que nous ne faiſons, pour l'expliquer.

Mr. Bayle compare les Bonzes qui font profeſſion d'une Religion avec les Philoſophes qui vivent dans des principes d'Athéiſme, & il aſſure que la Vie des premiers eſt beaucoup plus dérèglée.

Mais 1°. ces Philoſophes Chinois croient des recompenſes & des peines, comme Mr. Bayle lui-même le reconnoit, & voilà un frein que n'a pas le parfait Athée lorſqu'il penſe conſequemment, 2°. N'y a-t-il point d'exageration dans ce que l'on dit des Bonzes ? Les premiers poſtes de l'Etat ſont occupés par des Philoſophes, & ſe fait qu'un médiocre dégré de Vertu, dans ceux qui occupent des Dignités, ſuffit pour leur attirer de grans éloges. Combien de choſes ne leur pardonne-t-on pas, pendant qu'on ſe rend attentif à toutes les fautes des Miniſtres de la Religion, & qu'on ſe fait un plaiſir de les ſouvenir & de les exagerer. 3°. De plus, pour faire une juſte comparaiſon entre l'Athéiſme & la Religion, & ſur tout la Religion mêlée de beaucoup d'erreurs, il faut que le reſte ſoit égal, & que ceux dont on compare les mœurs ſe trouvent dans les mêmes circonſtances. Si les Bonzes n'avoient pas de l'induſtrie, ils ſeroient leur vie dans la pauvreté & dans la miſere, & ainſi la dureté de leur ſort les peut engager à faire des démarches qui ne leur font pas honneur. 4°. Il s'en peut trouver parmi eux qui auront auſſi peu de Religion que les Philoſophes Athées ; Ceux-ci ne ſe géneront point, & leur mauvaiſe reputation ſe répandra ſur tous les autres. Il s'en trouvera encore ſur qui leur exemple influera, & dont il s'en afoiblira la Vertu.

Mr. Bayle fait encore divers portraits de perſonnes abominables qu'il ſuppoſe faiſant profeſſion du Chriſtianiſme. Quelques-uns de ces portraits ſont tracés dans un ſtile grivois, pour ſe ſaiſir davantage de l'imagination, & détourner par ce moien l'eſprit de l'attention qu'il doit faire à l'état précis de la Controverſe. Il demande après cela ſi ces gens-là pourroient faire pis quand ils deviendroient Athées.

Tout ce qu'on peut conclure de-là, c'eſt qu'il eſt parmi les hommes quelques Monſtres à qui les Livres de Mr. Bayle ne feront aucun mal, qui n'en n'en feront pas plus méchans après les avoir lûs, & qui en tireront feulement l'avantage de perfeverer dans leurs vices avec plus de tranquillité.

On pourroit encore très-naturellement ranger les Scelerats dont Mr. Bayle donne l'idée dans quelques-unes de ces claffes d'Athées dont j'ai déja parlé.

Enfin on voit de quelle efficace eft la vraie Religion, puifqu'à mefure qu'une perfonne s'écarte de fes Maximes, il vit dans un plus grand défordre, il vit comme s'il n'en avoit point, & par confequent comme feroit un Athée.

J'expliquerai ma penfée avec un peu plus d'étendue. Tous les hommes qui ont de la Religion, font perfuadés qu'il y a de certains péchés qui mettent hors de l'état de grace, & dont par confequent, il eft très-neceffaire de fe relever incontinent par une fincere & vive Repentance. Mais on convient auffi qu'il y a des fautes où l'on tombe fans ceffer d'être Enfans de Dieu & dans les routes de la felicité. Telle eft la foibleffe humaine, & la Miféricorde d'un Dieu Pére des hommes.

On convient de cela, mais quand il s'agit de faire le partage & de diftribuer dans ces deux Claffes, les péchés que les hommes commettent, la plus grande partie fe flattent, & ont pour leurs panchans une indulgence fatale. Et quelques-uns portent cette indulgence beaucoup plus loin que les autres.

Sans la penfée qu'il y a des Crimes qui expofent infailliblement à la damnation, à moins qu'on ne s'en releve par une repentance proportionnée, on mettroit tout au même rang, & quiconque fe permettroit une chofe, s'en permettroit également une autre. La plûpart des hommes fe font une Morale que leur goût règle beaucoup plus que l'évidence de leurs idées. Il y a toûjours du ridicule dans ces fortes de Morale, mais les uns le portent beaucoup plus loin que les autres, & il y en a qui vont là-deffus à des excès énormes. Un homme avoit promis de livrer une Place à un Prince qui faifoit la guerre à fa Patrie, mais il avoit ftipulé qu'on y laifferoit la Religion fur le pied où elle étoit. Il n'auroit jamais penfé à cet Article s'il n'avoit pas été perfuadé que fa Religion étoit veritable, & s'il n'avoit pas regardé comme un Crime capital, & foûmettant à la damnation de l'abandonner & de la trahir. D'où vient donc qu'il tomboit dans une Trahifon par raport au temporel ? Peut-être penfoit-il que fa Patrie feroit mieux dans d'autres mains. Peut-être trouvoit-il quelque excufe, pour fe juftifier, dans les circonftances des affaires, & s'il étoit là-deffus en quelque doute, il fe peut dans fon fyftême confus, fa faute en tout cas lui parut une faute venielle.

Continuat. des Penſées Diverſes Art. 156. Oeuvres Div. Tom. III. pag. 416.

La Brinvilliers, dit Mr. Bayle, avoit dreffé fa Confeffion Religieuſe. Elle croyoit donc qu'il y avoit plus de peché à ne fe confeffer point qu'à empoifonner. Elle fe permettoit un grand crime, mais elle ne pouvoit pas fe permettre une omiffion qu'elle croyoit plus dangereufe ? Si dès qu'elle fe fut confeffée, elle eût trouvé des Confeffeurs éclairés, fermes & habiles qui n'euffent pas eu une indulgence trop facile pour des péchés beaucoup plus legers que ceux où elle s'abbandonna dans la fuite, elle auroit été perfuadée que la Confeffion eft inutile fans le changement de vie, & elle fe feroit fait un auffi grand fcrupule de ne point changer, que de ne fe confeffer pas, & l'heureufe habitude qu'elle auroit pris de fe défaire des fautes moins grandes, l'auroit infailliblement garentie des excès où elle s'abbandonna dans la fuite. Les Confeffeurs indulgens qui affranchiffent les pécheurs de la barriére de la Crainte & des Remors, font l'effet de l'Athéïfme qui va à arracher de l'Ame toute crainte. Il fe trouve des gens qui, comme le remarque ailleurs Mr. Bayle, ne font point

Athées, qui font au contraire perfuadés de la verité de leur Religion en general, mais qui choififfent des Confeffeurs relâchés, & par-là, malgré les idées qu'ils ont de Religion, vivent à plufieurs égards, comme s'ils n'en avoient point. Mais ils ne tomberoient point dans cette faute, & ne fourniroient pas cet argument aux Libertins s'ils ne rencontroient pas des Confeffeurs tels qu'ils les cherchent. Ces gens-là ont vifiblement quelque crainte de fe damner, quelque envie de fe fauver, mais ils veulent qu'il leur en coûte le moins qu'il fe pourra. Si ceux qui font chargés particulierement par la Providence du foin d'inftruire les autres ne les flattoient point, ces gens-là, voulant fe fauver, & apprehendant de fe damner, s'ils comprenoient qu'il n'y a pas moyen d'éviter ce qu'ils craignent, & d'arriver à ce qu'ils cherchent, fans obferver, avec un grand foin, certaines règles, ils fe refoudroient à les obferver. Ils ont donc peu de vertu, parce qu'ils ne croyent pas qu'il foit neceffaire d'en avoir davantage. Mais ils n'en auroient point, ou ils en auroient encore beaucoup moins, s'ils avoient donné dans l'Athéïfme, & qu'ils cruffent qu'il n'y a rien à craindre au delà de cette Vie.

Les paroles de Jean d'Efpagne que Mr. Bayle cite (*a*) dans la Continuation des Penſées Diverfes fentent fort l'Enthoufiafte. Cela doit apprendre aux Miniftres de l'Evangile à ménager leurs expreffions, & à ne fe laiffer pas aller à des termes dont la véhemence peut être l'effet de leur bonne intention, mais dont les Fanatiques & les Libertins peuvent également abufer. Si Mr. Bayle avoit eu la Foi qu'il affecte tant de recommander, les paroles de Jefus-Chrift, *Malheur à toi Corafin*, &c. lui auroient fourni un argument d'autorité qui lui auroit bien paru digne d'être mis en parallele avec les paroles qu'il cite de quelques Auteurs en vûë d'en conclure l'inutilité de la connoiffance pour les bonnes mœurs.

Malgré l'affirmation pofitive de Jesus-Christ, *En verité je vous dis que fi en Tyr & en Sidon* &c, Mr. Bayle foûtient qu'il n'y a que de francs Pelagiens qui puiffent dire: *Si l'on parloit d'une telle choſe à de telles gens, ils la croiroient, & ils ne l'auroient pas plûtôt crûë qu'ils pratiqueroient exactement toutes les vertus*, & il allegue en preuve *Jean d'Eſpagne*, Auteur d'une imagination très-vive & très-exageré dans fes expreffions. *Il n'y a rien* (dit-il) *de fi commun que cette voix; fi j'en voi la preuve, je le croirai. Mais ils promettent ce qui n'eft pas en leur puiffance... Celui qui viendroit du Ciel, ou qui feroit remonté des Enfers, n'en reviendroit pas meilleur, fi Dieu ne lui donnoit un autre entendement.*

Voilà donc les Incredules difculpés; Quand des Predicateurs appuyés des miracles, leur demenderoient *D'où vient que vous ne vous convertiffés pas?* auroient-ils tort de répondre, *le pouvons-nous? Nous attendons la grace.* Si les Predicateurs ajoutoient, *Pourquoi ne le demandez-vous pas?* Ne repondroit-on pas encore conformément à la verité en repliquant: *Nous ne nous fentons pas difpofés à cette demande. La fera-t-on comme il faut, fi on n'y eſt pas porté par cette grace qu'on fouhaite? C'eſt à elle à nous prévenir.* Les Orthodoxes fauront-ils pas bon gré à Mr. Bayle d'abufer de quelque zéle pour des expreffions trop fortes & fur des matiéres qu'on n'entend pas affés, d'en abufer, dis-je, pour livrer la Religion fans défenfe, au mépris & aux railleries de l'Incredulité?

Quand Jesus-Christ affure que les parens du mauvais riche ne profiteroient pas des avis d'un reffufcité, il en allegue pour raifon leur refus de fe foûmettre à Moyfe & aux Prophetes. La même avarice, le même orgueil, le même éloignement pour l'obéiffance, les porteroient à chicaner l'autorité de ce reffufcité. *Ils aiment mieux les tenebres que la lu-*

Ibidem. pag. 416. (a) On trouvera cette Citation fur la fin de l'Art. CVII.

miere, voilà pourquoi ils ne veulent pas croire. Et voilà ce qui les condamne, l'injustice de leur preference est volontaire, ils pourroient, s'ils vouloient, parvenir à choisir mieux.

Reponse aux Questions d'un Provincial Tome V. Chap. I. Pag. 1.

CIV. ,, S'il est vrai, me demandés vous, dit
,, Mr. Bayle, que la Religion soit contraire
,, au repos des Societés civiles quand elle for-
,, me plusieurs Sectes ; que deviendront les Ar-
,, gumens de ceux qui soutiennent le Dogme de la
,, Tolerance ? Ils n'oublient guerre de dire que la
,, diversité de Religion peut contribuer notable-
,, ment au bien des Societés ; car s'il s'élève une
,, louable émulation entre trois ou quatre Sectes,
,, elles s'efforceront de se surpasser les unes les autres
,, en bonnes mœurs, & en zèle pour la patrie.
,, Chacune craindra les reproches que les autres lui
,, feroient de manquer d'attachement à la Vertu &
,, au Bien public : elles s'observeront mutuellement,
,, & ne conspireront jamais ensemble pour troubler
,, la Societé, mais au contraire les unes reprime-
,, ront vigoureusement les autres en cas de sedition,
,, il se formera des contrepoids qui entretiendront la
,, consistence de la Republique.
,, Qu'un mal soit sans remede, ou qu'il puis-
,, se être guéri par un reméde que le Malade ne
,, veut point prendre, c'est toute la même chose,
,, & de là vient que pendant que la Tolerance, le
,, seul reméde des troubles que les Schismes trai-
,, nent avec eux, sera rejettée, la diversité de Re-
,, ligion sera un mal aussi réel, & aussi terrible
,, aux Societés que s'il étoit irremediable. Or il
,, est sûr que la doctrine de la Tolerance ne produit
,, rien. Si quelque Secte en fait profession, c'est
,, qu'elle en a besoin, & il y a tout lieu de croire
,, que si elle devenoit dominante, elle l'abandonne-
,, roit tout aussi-tôt.
,, Il ne faut point distinguer ici entre la vraye
,, & la fausse Religion ; car de tous les schismes
,, il n'y en a point qui ayent causé plus de troubles
,, & de ravages, que ceux qui se sont élevés dans
,, la Religion Chrétienne.
,, Le dogme de la Tolerance ne peut pas être mis
,, en ligne de compte, je vous en ai dit les rai-
,, sons : trop peu de gens le soutiennent : Aucune
,, Secte qui soit en place ne le soutient ; & ainsi
,, nous pouvons dire, en négligeant une si petite
,, exception, que la Doctrine générale des Catho-
,, liques Romains & des Protestans est que les Sou-
,, verains se doivent servir de leur Puissance pour
,, punir ceux qui s'élevent contre la vraye Reli-
,, gion, établie dans leurs Etats, & que l'erreur
,, de ces gens-là est un effet de leur malice. L'on
,, joint à ce Dogme-là un autre Dogme qui n'est
,, guere moins général ; C'est qu'une partie des
,, Sujets peut resister aux Souverains, qui veulent
,, les dépouiller de la Liberté de servir Dieu d'une
,, autre maniére que celle qui est établie dans le Pays.
,, Par la premiére de ces deux Maximes de Reli-
,, gion il arrivera necessairement que si une partie
,, des Sujets attaque la Religion dominante, on les
,, persecutera, on les mettra en prison, l'exil, les con-
,, fiscations, le dernier suplice même seront les
,, moïens dont le Chef de la Societé se servira
,, pour maintenir la Verité, en reprimant ceux qui
,, l'attaquent ; & par le second principe il arrivera
,, que les Sujets qui auront abandonné la Religion
,, du Pays opposeront la force à la force.
,, Voici encore une Reflexion qui n'est pas à mé-
,, priser. Il n'est jamais vraisemblable que ceux
,, qui rompent, avec une Religion établie de temps
,, immémorial, & qui osent dresser autel contre
,, autel, ne le croyent coupable que de petites er-
,, reurs qui ne nuisent point au salut de l'ame. Il
,, faut qu'ils la jugent infectée d'Idolatrie, ou de
,, quelque heresie mortelle. On doit donc présu-
,, poser qu'ils tendent à convertir toute la Nation;
,, & parce que la voye la plus prompte pour parvenir à
,, cela est de gagner ceux qui gouvernent l'Etat,
,, on ne peut pas mieux arrêter le cours de leur en-
,, treprise qu'en excitant les Souverains à reprimer
,, efficacement les Novateurs ; car ceux-ci n'au-
,, roient pas plûtôt fait goûter leur nouveau Dog-
,, me aux Souverains, qu'ils les exciteroient à ne
,, plus permettre que l'Idolatrie, on que l'Heresie
,, deshonorât Dieu dans leurs Etats ; de sorte que
,, les zélés pour l'ancienne Religion concluent qu'il
,, n'y a point de milieu ; que s'ils laissent croître le
,, Schisme, ils seront chassés tôt ou tard : qu'il
,, faut donc ou l'oprimer, ou subir la condition
,, d'en être oprimé. Les Novateurs font le même
,, compte, & s'ils parviennent à disposer de l'au-
,, torité Souveraine, ils font chasser leurs An-
,, tagonistes qui seroient un perpetuel obstacle à la
,, Reforme.

,, J'ai fait voir que les Principes d'Intolerance se-
,, roient tout autant redoutables, quand il y auroit
,, dans le Monde des Societés entierement compo-
,, sées d'Athées, qu'ils le sont quand le Monde
,, se trouve partagé en Societés Religieuses dans l'er-
,, reur chacune sûr ces principes.

Mais si l'hypothese de la Tolerance s'empare une fois des esprits, & si on en reconnoit l'équité, il en arrivera à la Societé Civile de grans avantages, lors même qu'elle sera composée de plusieurs Societés Religieuses, car ces differentes Societés Religieuses *s'efforceront de se surpasser les unes les autres en bonnes mœurs, & en zèle pour la Patrie.*

Il est très-vraisemblable que Mr. Bayle auroit bien voulu n'avoir pas tant pressé la Tolerance. Il ne prévoyoit pas quand il écrivoit sur ce sujet, qu'il préparoit par avance des réponses à une des grandes objections dont il se serviroit dans la suite, pour établir l'utilité de l'Athéïsme, au dessus de la Religion par raport à la Societé ; mais la contrainte que l'on faisoit aux Reformés venoit de lui enlever un frére, & son chagrin tourna son esprit contre l'Intolerance : Heureusement, il tomba sur un sujet qui lui fournissoit des reflexions très-justes, & son esprit très-vif & très-fécond ne manqua pas de les saisir.

Il essaye de revenir en arriére & de rendre inutile l'idée de la Tolerance, en disant qu'on ne viendra jamais à bout de se régler sur cette idée. *Mais qu'en sait-il ?* On le sait déja en Hollande. Ce Dogme s'étend, & dans la plûpart des Pays Chrétiens, on devient plus tolerant. Qu'est-ce qui est plus vraisemblable, ou que les Chrétiens se déterminerónt à la fin à observer religieusement un des grands Préceptes de leur Religion, *quand leur interêt temporel* même le demanderas en même tems, ou que les Athées vivront aussi éloignés du Vice, que s'ils s'y croïoient obligés pour des interêts d'une consequence éternelle ?

Les Questions sur lesquelles on se divise sont la plûpart des Questions d'École ; & roulent sur des recherches subtiles dont on pourroit se passer, & qu'on pourroit ignorer en toute sûreté.

C'est un mal inventeré, & celui qui cherchera à l'autoriser par des exemples n'en manquera pas ; mais on se felicite de jour en jour d'avoir ouvert les yeux, & de penser plus juste sur cette matiére qu'on n'a fait ci-devant.

Reponse aux Questions d'un Provincial Pag. 8. Chap. I. Tom. V. ,, *Ceux qui élevent*, dit Mr. ,, Bayle, *autel contre autel regardent ceux dont ils se* ,, *separent comme des gens qui trompisent dans des Er-* ,, *reurs abominables.*

Je réponds que l'Intolerance a forcé ceux qu'on ne vouloit pas souffrir & qu'on maltraitoit, de faire Corps à part. Si on avoit écouté les humbles Remontrances de ceux qui demandérent quelques

DU PYRRHONISME. 697

Reformés dans l'Eglise, au lieu de les traiter comme des Monstres; si on n'avoit pas imposé la nécessité de confesser qu'on tenoit pour Vrai ce qu'on ne croyoit pas, on ne seroit point venu à faire des Corps séparés, on auroit pensé differemment dans le même Corps, sans se maltraiter, & on se seroit aimés & unis par le lien des verités dont chacun convenoit.

Mais le Glaive a été mis entre les mains des Magistrats pour punir ceux qui violeroient les Loix de Dieu. Or les Hérétiques manquent à ce qu'ils doivent à Dieu, au Prochain, car ils empoisonnent les Ames.

Mr. Bayle fait bien ce qu'on répond à cela, & que lui-même a répondu. Les Magistrats ne sont en droit de punir que les fautes dont la Tolerance va à renverser la Société. Or la diversité des sentimens n'y causera aucun trouble pourvû que le Magistrat les tolére, & ordonne à chacun de vivre en paix, & de suporter les autres charitablement.

Il ne faut pas abuser des expressions metaphoriques. Un Empoisonneur me surprend, & me fait avaler un poison, que je ne connois pas, & qui agit sur moi physiquement, malgré que j'en aye, & que je l'ai avalé; mais si les nouveaux sentimens qu'on me propose ne sont pas à ma portée, je ne m'en mettrai point en peine, & je me ferai une Loi, de ne point décider sur ce que je ne suis pas assés en état de connoitre au juste; s'ils sont à ma portée, je les examinerai & pourvû que je m'y prenne avec attention & avec circonspection, je n'ai rien à craindre. Il ne faut s'oposer à l'Erreur que par des voies qui soient dignes de la Verité, & qui lui fassent honneur.

En vain Mr. Bayle entasseroit ici un plus grand nombre de citations pour combattre ce qu'il a établi ailleurs, par des raisons très-solides. Ce n'est pas par des autorités humaines que cette question se décidera.

Ce que Jesus-Christ dit en termes exprès; *Vos ennemis se flatteront de servir Dieu quand ils vous persecuteront*, ne nous laisse pas douter qu'il n'y ait des Persecuteurs qui croyent faire leur devoir en persecutant. Mais si l'on examine de près les procedures de l'Inquisition, il sera très-difficile de n'avoir pas de violens soupçons que l'Athéisme y a sa bonne part, & qu'il faut être Athée pour porter l'inhumanité jusqu'à ce point-là.

De l'essentialité de l'incredulité sur les mœurs & à cette occasion ou réflexion sur les défauts de l'Education. Oeuvres Ibidem. pag. 1052.

„ CV. DANS le Chapitre XVII. des Reponses aux Questions d'un Provincial Tom. V. Mr. Bayle dit, Vous souhaités de savoir si une pensée que l'on débite assés ordinairement est veritable; c'est que les Chrétiens ne s'abandonnent au déréglement des mœurs que par un principe d'incrédulité vû que s'ils étoient persuadés du dogme de l'Evangile, touchant l'Enfer & le Paradis, ils n'auroient garde de commettre ce qui selon l'Ecriture Sainte expose au feu éternel, ni d'omettre ce qui selon la même Ecriture sura pour sa recompense d'une félicité éternelle. Je vous puis assûrer, Monsr., que c'est un faux raisonnement, & que dans les matiéres de fait il y a très-peu de choses dont on puisse avoir des preuves plus convaincantes que de cette proposition-ci: Une infinité de gens qui vivent dans le desordre sont si persuadés de la doctrine Chrétienne qu'ils ne forment aucun doute sur sa verité. Prenés la peine de consulter le Livre que je vous marque, vous y trouverés amplement la démonstration de ce que je viens de vous dire.

„ Me voici dans l'occasion d'examiner une pensée de Mr. Jaquelot, il déplore très-justement les mauvaises mœurs qui régnent parmi les Chrétiens; mais je ne crois pas qu'il en indique la vraie source. Quoiqu'il en soit, je m'en vais vous copier son discours.

„ *On éléve ordinairement la Jeunesse si mal,*

„ qu'elle regarde la pieté comme une vertu à contretems. Peu s'en faut que je ne dise que les Jeunes gens de nôtre Siécle se font une espéce de honte de la Dévotion, comme d'une chose qui les exposeroit à la Raillerie, & au Mépris. D'où peut venir ce prodige? C'est qu'on ne leur aprend point, ou qu'on leur aprend mal la Religion. Les mieux instruits d'entre eux, que savent-ils pour l'ordinaire? On leur aprend un Catéchisme qui le plus souvent ne prouve pas les Verités qu'il explique, & cela dans un âge où l'on n'est pas capable de les comprendre. Après cet exercice de quelques Mois, on les occupe tout entiers de quelque Art, de quelque Profession qui consume tout leur tems, si bien qu'il ne reste à la plûpart du monde qu'une ébauche de Religion tracée dans la mémoire si legèrement, qu'à peine en peut-on reconnoître les moindres vestiges. On vient au Sermon avec ce peu de connoissance, ou plûtot avec cette grossière ignorance, pour entendre parler un Prédicateur, sans concevoir ce qu'il dit. On s'écoute une Prière, sans savoir ce qu'on doit demander à Dieu. On participe à l'Eucharistie, mais avec quelle intention? Je n'en sai rien, Dieu veuille que ce soit pas à l'égard du plus grand nombre des Communians, dans le même dessein qu'on prend un Remède pour chasser les mauvaises humeurs du Corps, sans que nous nous en mélions davantage. Excepté cet exterieur de Christianisme, à quoi reconnoîtra-t-on la Religion dans la conduite ordinaire de la vie? C'est ce que j'ignore, ce que je n'ai pû jusqu'à present découvrir qu'en si peu de personnes, que cela ne fait point nombre dans la Société....... Ce Jeune Seigneur fait sa perfection tous les Exercices du Corps; mais il ne connoit pas son Ame, ni quelle doit être son étude, son aplication & son esperance. Habile dans l'Art de manier les Chevaux ou les Armes, il est dans la derniére ignorance des Maximes qui doivent régler ses actions & ses mœurs: quoi qu'étant plus exposé aux tentations que les autres hommes, il ait plus de besoin qu'eux de bien connoître les Principes de la Religion & de la pieté. Mr. Jaquelot décrit ensuite les tentations, à quoi l'on s'expose lorsqu'on entre dans le Monde, & puis il demande, Toujours poussés, toujours solicités au mal, comment des Jeunes gens pourroient-ils résister à des instances si pressantes, lorsqu'ils ignorent les Principes de la Religion, & qu'ils ne sont pas assés convaincus de la justice & de la necessité du Devoir, auquel leur salut les engage.

„ Je conviendrai facilement avec Mr. Jaquelot, dit Mr. Bayle, que l'Education qu'on donne aux Enfans est pernicieuse aux bonnes mœurs, mais je ne conviendrai pas qu'elle le soit par la raison qu'il allégue. Je vous ai dit ailleurs comment les Péres éloignent de l'esprit du Christianisme leurs enfans mâles, en leur inspirant de ne point soufrir d'affronts, &c. Ils ne se mettent point en peine d'enhardir leurs filles par raport aux épées, aux pistolets, au combat de main: Ils les aiment mieux même poltrones à cet égard-là: mais pour ce qui est des coups de langue, on prouvefort dans la famille qu'elles y soient expertes, quand il s'agit de repousser une injure. Vous voyés donc que la Vanité & le désir de Vengeance que la Nature nous inspire, & que la Religion Chrétienne nous ordonne de reprimer, trouvent un grand aliment dans l'Education ordinaire. Les autres défauts originels, l'Ambition, l'Avarice, la Volupté, en un mot l'Amour prédominant pour les Creatures se fortifient par l'Education; car on a beau faire de bonnes Leçons de Morale aux Enfans, on en étouffe tout le fruit par d'autres moyens, & sur tout par les mauvais exemples qu'on leur donne en paroles & en action. On tient en leur présence un langage, par où on leur découvre son

Iiiiiiii 2 „ at-

„ attachement au gain, son inclination à médire,
„ son esprit vindicatif & envieux, son ambi-
„ tion & sa sensualité, & l'on agit de leur sû, &
„ même à leur vuë conformément à ce langage.
„ La plûpart des péres & des méres seroient bien
„ fâchées que les Instructions du Catéchisme eus-
„ sent inspiré à leurs Fils une Conscience si scrupu-
„ leuse, qu'étant parvenus à l'âge de dix-huit à
„ vingt ans, ils s'éloigneroient de toutes les Com-
„ pagnies où les jeunes gens, filles & garçons, se di-
„ vertiroient honnêtement, selon le monde. Cela
„ inquieteroit moins une famille Catholique Ro
„ maine, parce qu'elle pourroit envoier dans un
„ Couvent un tel garçon, comme très-bien apel-
„ lé de Dieu à la Vie Monastique: Mais une Fa-
„ mille Protestante seroit presque inconsolable, car
„ elle ne sauroit que faire de cette sorte de fils. Ils
„ deviendroient le jouet de toute la Ville, & l'on
„ ne pourroit leur procurer aucun Etablissement
„ honorable. Or c'est l'attention continuelle des
„ Peres, que de bien placer leurs Enfans, & de
„ les pousser au delà de leur Condition. Ils se pâ-
„ ment de joye si leurs fils sont bien tournés du
„ côté du monde, agréables en Compagnie, ga-
„ lans, intrigans, bien venus par tout. Ils leur
„ ont souhaité ces qualités, & ils ont cultivé les
„ préparatifs. Voilà de quelle manière il me sem-
„ ble que l'Education qu'on donne aux Enfans,
„ est pernicieuse aux bonnes mœurs. On ne sau-
„ roit sur cela disculper les Péres.
„ Mais si on les accuse de négliger l'Education
„ de leurs Enfans, par raport à la connoissance de
„ Dieu, & des Verités de l'Evangile, je prends leur
„ parti, & je soutiens qu'on leur fait tort. C'est
„ un usage constant dans les familles Chrétiennes
„ qu'aussi-tôt que leurs Enfans peuvent parler on
„ leur aprend l'Oraison Dominicale, le Symbole
„ des Apôtres, &c. On les accoutume de très-

N.B. Tout se borne à l'exterieur & à la grimace.

„ bonne heure à reciter quelques priéres à mains join-
„ tes, ou à genoux, les yeux élevés vers le Ciel,
„ où on leur a fait entendre, que Dieu demeure
„ comme le Souverain Maître de toutes choses.
„ On les menace de sa colére, s'ils ne font pas ce
„ qu'on leur préscrit: On leur fait esperer sa Be-
„ nediction s'ils l'aiment, & s'ils le craignent;
„ & à mesure que leur Memoire se fortifie, on leur fait
„ aprendre les plus beaux endroits des Pseaumes de Da-
„ vid. Tout est plein d'Ecoles où ils vont aprendre à li-

N.B. Par là on sait accoutumé à l'ostentation.

„ re dans un Alphabet qui contient les priéres les plus so-
„ lemnelles; de sorte que les prémières lettres qu'ils
„ épélent leur parlent de Pieté & de Religion. Le
„ Catechisme ne tarde pas à venir, on les oblige à
„ le reciter par cœur; on recompense leur doci-
„ lité & leur memoire, & l'on châtie leur né-
„ gligence. Ce sont eux qui pour toute la famille
„ font la prière du matin, celle des repas, celle
„ du soir. Ajoutons qu'on les mène aux Tem-
„ ples, ou aux Eglises dès que leur âge le permet.
„ Ce n'est pas comme à un simple spectacle, on
„ leur dit que c'est pour le service de Dieu, qui
„ les fera croître & prospérer s'ils le craignent, &
„ qu'il les fera mourir s'ils ne le craignent point.
„ On leur ordonne d'être attentifs au Sermon, on
„ leur demande ce qu'ils en ont retenu, & lorsqu'ils
„ en retiennent quelque chose, on les caresse,
„ on les loue, on leur fait ou on leur promet quel-
„ que présent; il y a ordre qu'on ne leur livre leur
„ déjeûner qu'après qu'ils ont fait leurs Priéres.

N.B. Qui ne sait pas que vous par vous mêmes ne sit pas vrai?

„ L'Enfant petit fait ce qu'il est levé,
„ Dire on lui fait Pater noster, Ave
„ Semblablement le Credo des Apôtres,
„ Et en aprés qu'a dit ses Paternostres,
„ Ledit Enfant par forme coustumière
„ Du pain demande à quelque Chambrière.

„ Ce Passage témoigne ce qui se pratique entre

„ les Catholiques Romains. C'est donc ici un bon
„ Argument: car sans doute Mr. Jaquelot est per-
„ suadé, que les Papistes ont encore moins de soin
„ que les Protestans d'enseigner à la jeunesse les Ve-
„ rités de la Religion.
„ On ne peut point accuser les péres de choisir
„ mal les Catéchismes; car ils se servent ou du Ca-
„ téchisme public, ou de quelque autre composé
„ par un Ministre, & destiné à l'instruction des
„ Enfans. Si ces Catéchismes ne prouvent pas les
„ Verités qu'ils expliquent, & s'ils sont donnés à apren-
„ dre *dans un âge où l'on n'est pas capable de com-*
„ *prendre ces Verités,* comme Mr. Jaquelot s'en
„ plaint, ils produisent cependant tout ce que les
„ péres & les méres sont obligés de se proposer, qui
„ est la persuasion des Verités de l'Evangile. On
„ peut mettre en fait que de quinze mille Enfans
„ il n'y en a peut-être pas deux qui à l'âge de
„ quinze ou seize ans revoquent en doute aucun
„ des articles du Symbole des Apôtres, ou aucun
„ point du Catechisme qui leur ait été enseigné de
„ la manière que je vous ai representée. Ils ne prati-
„ quent point ce qu'ils croient, je le sai bien;

N.B. Equivoque.

„ mais ils croient tout ce qui leur a été apris sur la
„ Religion. Cette croiance se fortifie de plus en
„ plus, & accompagne jusqu'à la mort, presque
„ toutes les personnes du menu peuple. Ce n'est
„ point parmi les Paysans ou les Artisans que
„ vous trouverés des Esprits forts ou des Athées.
„ Il y a des Libertins & des prophanes parmi les
„ jeunes gens d'une condition plus relevée, & per-
„ sonne n'oseroit en leur présence se piquer de dé-
„ votion; mais ce n'est pas une preuve qu'ils re-
„ jettent intérieurement comme des Chimères les
„ doctrines du Catéchisme qu'ils ont crues verita-
„ bles dans leur Enfance. Ceux qui en viennent là
„ sont incomparablement en plus petit nombre que
„ ceux qui n'y viennent point.
„ Si je considère en particulier l'Education des

Ibidem pag. 1054.

„ enfans de qualité, continue-t-il, je trouve en-
„ core moins de fondement dans la Remarque de Mr.
„ Jaquelot. Les Précepteurs qu'on leur donne,
„ n'auront pas, si vous voulés, tous les talens d'un
„ bon Précepteur, mais il est certain que les grands
„ Seigneurs ne confient pas l'Education de leurs
„ fils, à un homme de mauvaise vie, & d'u-
„ ne ignorance crasse. Il leur est beaucoup plus fa-
„ cile qu'aux autres gens d'emploier des hommes
„ doctes & vertueux, & quoi qu'il en soit, les
„ Précepteurs, dont ils se servent peuvent garan-
„ tir qu'à quinze ou seizeans, leurs eleves sont per-
„ suadés du Symbole des Apôtres, & qu'ils con-
„ noissent la verité des Principes de Morale. Il
„ ne faut donc point s'imaginer avec Mr. Jaquelot,
„ qu'à leur entrée dans le monde ils sont *dans la der-*
„ *nière ignorance des maximes qui doivent régler leurs*
„ *actions & leurs mœurs.* Il est certain au con-
„ traire qu'ils connoissent ces maximes, & que
„ generalement parlant, ils ne les ignorent jamais.
„ Leur rang les engage par bienséance & par poli-
„ tique à se trouver aux Exercices publics de la
„ Religion, & c'est-là qu'un Prédicateur ne cesse
„ de leur inculquer les Devoirs de la Morale Chré-
„ tienne. Mais ils se font des maximes de point
„ d'honneur & de fortune, qu'ils preferent dans
„ la pratique aux Verités de la Religion & de la
„ Morale, Verités qui pour l'ordinaire n'excitent
„ en eux aucune passion, au lieu que les Objets
„ sensibles & les interêts mondains piquent leur ame
„ jusqu'au vif s'ils succombent aux tentations, ce
„ n'est pas qu'ils ignorent que Dieu châtie le crime,
„ & recompense la Vertu, c'est qu'ils sont plus
„ fortement remués par les maximes mondaines,
„ que par la persuasion de la Providence divine.
„ C'est ce qui arrive aussi à toutes sortes de gens
„ à proportion, l'interêt domestique, l'amour des
„ biens de la terre agissent plus fortement sur eux,
que

,, que les Connoissances qu'ils conservent des de-
,, voirs du Christianisme.
,, Mr. Jaquelot ne se plaint pas sans raison que
,, l'on soit si indifferent *par rapport à la grande af-*
,, *faire* DU SALUT, & que l'on ne soit pas plus
,, apliqué à reflechir sur les fondemens & sur les
,, preuves de la Verité celeste; mais il me permet-
,, tra de lui dire que la corruption des mœurs ne
,, diminueroit point, si l'on n'y remedioit qu'en
,, substituant aux Catechismes ordinaires un Livre
,, à profonds raisonnemens, qu'un Docteur expli-
,, queroit à tous les Laïques. Je fonde cette pensée
,, sur trois ou quatre raisons.
,, 1°. Premierement un grand nombre de Laïques
,, ne seroient pas capables de penetrer & de goûter
,, ces profonds raisonnemens. En second lieu, par-
,, mi ceux qui s'y plairoient, & qui auroient assés
,, de genie pour discuter les preuves, les difficultés,
,, les objections, les solutions, il s'en trouveroit
,, beaucoup dont la Foi deviendroit plus incertaine
,, qu'auparavant. Considerés bien ce passage de M.
,, Jurieu: Si la persuasion que l'on a de la divinité
,, de l'Ecriture, *venoit uniquement de ces caractères*
,, *tant externes qu'internes qu'on y rencontre ou qu'on*
,, *attache à l'Ecriture, il s'ensuivroit que ceux qui*
,, *ont medité sur ces Caractères avec le plus d'aplica-*
,, *tion seroient toujours les plus persuadés. Et au con-*
,, *traire toute experience va-là: c'est qu'il y a des*
,, *esprits qui n'ont jamais fait une attention distincte à*
,, *ces Caractères, qui sont pourtant très-vivement pe-*
,, *netrés du sentiment de la divinité de la parole de*
,, *Dieu.* Il y a mille & mille bonnes Ames à qui si
,, vous demandés pourquoi ils croient que cette Parole
,, *est Divine, ils ne pourront vous en donner raison,*
,, *& ne pensent rien que de confus sur ce sujet.* En
,, troisième lieu, nous ne voyons point que la Pro-
,, bité des hommes croisse à proportion de leurs
,, lumières. Citons encore M. Jurieu. *Nous con-*
,, *noissons,* dit-il, *& nous voyons par tout des gens*
,, *qui sont speculativement penetrés de la Connoissance*
,, *de Dieu, & de ses Verités revelées, dont le zèle*
,, *& la pieté est beaucoup moindre que celles des Es-*
,, *prits qui leur sont inferieurs en connoissance.* Il y
,, a des Curés de village bien ignorans qui sont pa-
,, roitre dans leurs actions plus d'équité, plus de
,, charité, plus de pieté, que de certains Savans qui
,, publient de très-bons ouvrages pour l'existence de
,, Dieu, & sur la Divinité de la Religion Chré-
,, tienne. 4. Enfin il y a une telle abondance de
,, Sermons que tous les Laïques vont entendre, qu'il
,, seroit assés inutile de substituer à l'Instruction or-
,, dinaire l'explication de ce Livre à profonds rai-
,, sonnemens. Il ne se passe point d'années sans que
,, les Predicateurs exposent le plus fortement qu'il
,, leur est possible les preuves des verités de la Re-
,, ligion. On a imprimé sur cela une infinité de
,, Sermons, de Dissertations & de Traités dont le
,, débit a contenté les Libraires, & l'on continue
,, d'en imprimer tous les ans, & de les bien vendre;
,, Neanmoins la dépravation des mœurs s'est main-
,, tenue, & se maintient dans toute sa force. Que
,, pourroit-on attendre de la nouvelle methode que
,, Mr. Jaquelot conseille? Il ne manque rien à l'In-
,, struction des Chrétiens; je parle de l'Instruction
,, propre à conserver leur Foi historique. S'ils
,, transgressent le Decalogue & les Preceptes de JE-
,, SUS-CHRIST, ce n'est point par ignorance,
,, ni par incrédulité; ils le font contre leur conscien-
,, ce, ils sont très-persuadés qu'ils offensent Dieu.
,, Mr. Jaquelot regarde les mauvaises mœurs qui
,, deshonorent les Chrétiens comme l'effet de leur
,, Education très-negligée qu'on leur donne par rap-
,, port à la Religion. Elle ne produit point les ef-
,, fets qu'elle devroit naturellement produire, parce
,, qu'on ne la connoit pas bien & qu'il s'en faut beaucoup
,, qu'on ne soit instruit comme on le devroit. *On*
,, *élève ordinairement la jeunesse si mal,* dit-il, qu'elle regarde la pieté comme une Vertu à contretems.
Toujours poussés, toujours sollicités au mal, comment
des jeunes gens pourroient-ils resister à des instances si
pressantes, lors qu'ils ignorent les principes de la Reli-
gion, & qu'ils ne sont pas assés convaincus de la justi-
ce & de la necessité du Devoir, auquel leur salut les
engage.

Mr. Bayle avoue que l'on donne aux jeunes gens
de mauvais exemples, mais, ajoute-t-il, *si on les accu-*
se de négliger l'éducation de leurs Enfans par rapport
à la connoissance de Dieu & des Verités de l'Evangile,
je prens leur parti & je soutiens qu'on leur fait tort,
&c.

Si un autre que Mr. Bayle avoit écrit ces reflexions, si un Maitre d'Ecole, zelé pour la méthode
établie, s'étoit recrié contre les innovations & la
prétendue reforme de Mr. Jaquelot, on riroit de sa
simplicité. Quoi donc Mr. Bayle entreprend-il l'a-
pologie de ces petites gens? Quel interêt a-t-il de
se mettre dans son parti? Certainement sa passion
pour l'Athéïsme, & son empressement à representer
la Religion comme manquant tout à fait d'efficace
pour la correction actuelle des mœurs, l'éblouit, &
obscurcit ses lumieres naturelles. Il voudroit persuader que l'Education est aussi bonne qu'elle peut
l'être sur la Religion, afin que l'on en conclue, que
si elle ne rend pas honnêtes gens ceux qui en sont
instruits, ce n'est pas parce qu'ils ne l'ont pas bien
apprise, c'est parce qu'elle n'en a pas la force. Je
ne m'amuserai pas à relever toutes les fautes que Mr.
Bayle fait ici. On peut lire dans ma Logique, &
dans mon Traité de l'Education ce que je pense sur
la maniere d'instruire dans la Pieté.

On peut mettre en fait, dit-il, *que de quinze mil-*
le enfans il n'y en a peut-être pas deux qui à l'âge de
quinze ou seize ans revoquent en doute aucun des Ar-
ticles du Symbole des Apôtres, ou aucun point du Ca-
techisme qui leur ait été enseigné de la maniere que je
vous ai representée. Ils ne pratiquent point ce qu'ils
croyent, je le sai bien, mais ils croyent tout ce qui leur
a été apris sur la Religion.

Si on lit ce que j'ai remarqué sur les differentes
espèces d'incrédulité, on verra ce qu'il y a de vrai
dans ces paroles de Mr. Bayle, & ce qui ne l'est
pas, de même que dans les suivantes. *Ce n'est point*
parmi les Paysans que vous trouverés des Esprits
forts &c.

Il y a des Libertins, ajoute-t-il, *& des prophanes*
parmi les jeunes gens d'une condition plus relevée, &
personne n'oseroit en leur présence se piquer de Dévotion,
mais ce n'est pas une preuve qu'ils rejettent intérieu-
rement comme des chimères les Doctrines du Catéchisme
qu'ils ont crues veritables dans leur enfance.

Ils ne les rejettent pas par un acte positif, c'est-
à-dire après avoir compris qu'elles sont fausses, ensuite d'un examen attentif: mais la pensée que ce
sont des chimères leur plait, & ils s'y rendent par
là même qu'elle leur plait. Il leur seroit difficile
d'en venir là, & d'oublier toutes leurs lumières, si
on les avoit instruits des Verités de la Religion d'u-
ne manière plus douce, plus insinuante & plus solide en même tems, qu'on les leur eût fait connoitre
peu à peu, & à mesure que leur Esprit en étoit capable. Si on leur en avoit fait sentir la beauté &
l'importance, si on en avoit établi la verité sur des
preuves simples, claires, & solides; si on les avoit
instruits d'une manière à pouvoir se garentir des sophismes du
Pyrrhonisme, & si on les avoit formés à n'abandonner pas ce qu'ils savent, à cause de quelque objection
que les bornes de leur Esprit ne les met pas en état
de résoudre parfaitement.

Si je considere, continue Mr. Bayle, *en particulier*
l'éducation des enfans de qualité, je trouve encore
plus de fondement dans la remarque de Mr. Jaque-
lot. Les Précepteurs qu'on leur donne n'auront pas, si
vous voulés, tous les talens d'un bon Précepteur; mais
il est certain que les Grands Seigneurs ne consient pas
l'Edu-

l'Education de leur fils, à un homme de *mauvaise vie*, *& d'une ignorance craffe*. Il leur eft beaucoup plus facile là où il y a *autres gens*, d'employer un homme docte & vertueux, & quoiqu'il en foit, le Précepteur dont ils fe fervent peut garentir qu'à quinze ou feize ans fes Eleves font perfuadés de tous les Articles du Symbole des Apôtres, & qu'ils connoiffent la verité des principes de Morale.

Rien au contraire n'eft plus rare aux perfonnes de qualité que de choifir de bons Précepteurs, & de contribuer à les rendre tels. De quelque merite que foit un Précepteur, il fait fi peu de figure & pour l'ordinaire il eft fi peu confideré dans la maifon d'un Grand Seigneur, qu'il ne faut pas s'étonner fi les Eléves s'accoutument à ne pas regarder ce qu'il leur enfeigne, comme des chofes de grande confequence.

Ibidem pag. 1055. Sur l'Article du Décalogue je fais les mêmes Remarques que l'on vient de lire.

Il y a une équivoque fur l'utilité des Principes de la Morale. *Ces principes font fi fimples, fi clairs, & en fi petit nombre*, fi l'on prend le mot de *Principes* dans un fens propre, pour des propofitions, qu'il ne faut que peu de momens pour comprendre; j'avouerai qu'il eft aifé de s'en inftruire; mais cela n'eft prefque rien, il faut les faire aimer, il faut faire que le cœur en foit charmé, il faut apprendre à les appliquer jufte, & à en tirer ce grand nombre de Confequences qui en découlent, les unes immediatement, les autres par une longue enchainure. Or il eft certain qu'on ne le fait pas, & que les plus inftruits mêmes fouhaiteroient des livres de Morale plus exacts que ceux que l'on a. Enfin il faut convaincre les efprits de la neceffité d'obferver les Régles de la Morale, & les bien perfuader que Dieu en punira la negligence.

Mr. Bayle continuant toujours dans le deffein d'imputer à la foibleffe de la Religion, la négligence des bonnes mœurs, dit qu'il feroit inutile d'entreprendre les fondemens de la Verité celefte, parce que 1. *un grand nombre de Laïques ne feroient pas capables de ces preuves raifonnemens*. 2. *En comparant les preuves & les objections, la Foi de plufieurs deviendroit plus incertaine*. 3. *La Probité des hommes ne croit point à proportion de leurs lumières*. 4. On a affés de Sermons fur ces matieres, & là-deffus il s'appuye de l'autorité de Mr. Jurieu qu'il tourne en ridicule dans quantité d'endroits de fes Ouvrages.

Mais je repons 1. Que les preuves fur lefquelles la Verité de la Religion Chretienne s'établit, ne confiftent point en raifonnemens profonds comme Mr. Bayle le fuppofe. 2. Si on eft bien enfeigné, on mettra une grande difference, entre l'évidence & la fimplicité des preuves, & les objections dont on refoud aifément les unes, & dont les autres ne tirent leur force que des bornes de l'Efprit humain, ni ne doivent pas nous empêcher de demeurer fermes dans ce qui eft établi. 3. On voit bien que Mr. Bayle fe joue des hommes quand il les ramène à la Foi; car pour établir la Verité des Livres fur lefquelles elle eft fondée il faut des raifonnemens qu'il lui plait d'appeller profonds; dans ces raifonnemens les uns, fi on l'en veut croire, ne comprennent rien, & les autres s'embarraffent d'une telle maniere que leur Foi en devient plus incertaine.

4. Dire que la Probité ne croît pas à proportion des Lumières, c'eft un *Langage équivoque*. Si on prétend fimplement qu'il peut y avoir plus de Probité là où il y a moins de Lumière, cela prouve que l'effet de la Lumière n'eft pas infaillible, mais cela ne prouve point qu'on ne foit pas fondé à en bien préfumer. Si on va jufqu'à prétendre qu'il eft inutile d'acquerir des Lumières pour acquerir de la Probité, c'eft parler contre l'experience & fuppofer ce qui eft en queftion. Mr. Bayle & fes amis les Libertins ont tort de juger des autres par eux-mêmes.

Enfin la derniére Remarque de Mr. Bayle prouve trop, car elle prouveroit l'inutilité des Sermons & des Inftructions particuliéres. Il faut avoir été inftruit dès fa jeuneffe par ordre, peu à peu, par reprifes, proportionnément à ce dont on eft capable, pour être en état de profiter d'un Difcours continu, quand on fera parvenu à un certain âge. Ce n'eft pas dans la lecture des Sermons, que la première jeuneffe peut s'inftruire, & quand on a mal pofé les Fondemens de fa Religion, c'eft bien tard de vouloir s'inftruire dans une grande affemblée, ou de commencer à lire des Sermons dans un âge où les Paffions, impétueufes par elles-mêmes, ont de plus les traits & les graces de la nouveauté. Enfin fi les Sermons peuvent inftruire & former les mœurs, la Religion a un avantage par deffus l'Athéifme; s'ils ne le peuvent pas, Mr. Bayle fe moque de nous par ce renvoi.

Mr. Bayle voudroit bien perfuader que rien ne manque à la maniére dont on s'y prend pour enfeigner la Religion, afin d'en conclure que fi les mœurs ne répondent pas aux Maximes, il n'en faut imputer la caufe qu'à la foibleffe de la Religion même.

Mais 1. Ceux qui ont un peu refléchi fur l'efficace de la liaifon des Idées, ne peuvent pas ignorer le pouvoir des circonftances. Mille difcours & mille exemples, tout contraires aux impreffions que la Religion doit faire, ont une grande influence, par la même qu'ils font leur effet dans des circonftances agréables, & qu'ils partent de perfonnes pour qui on a de la confideration. C'eft donc dans de telles circonftances qu'on entend dire, & qu'on voit faire une infinité de chofes qui vont directement à remplir le cœur des idées du Monde, à le mettre dans fa dépendance, & à faire regner les Paffions, au lieu que les Inftructions qu'on reçoit fur la Religion fe donnent dans le fombre d'un Cabinet par un Précepteur, que l'Eleve, à l'imitation de fon Pere, regarde comme un Domeftique, & à qui il croit faire beaucoup d'honneur de donner quelque peu d'attention.

La plupart des Précepteurs encore ne croyent-ils pas faire merveille d'engager leurs Difciples aux petits foins qu'ils en exigent, par ce qui s'appelle le point d'honneur, par lequel ils verfent dans leur Ame le funefte poifon de l'Orgueil & celui de l'Envie, fous le nom d'Emulation, d'une maniere d'autant plus fatale que, loin de leur faire regarder autant ces vices pour ce qu'ils font, ils leur apprennent à les confiderer comme les fondemens de la Vertu. Cela vient de ce que la plupart des Maitres font dans l'incapacité de conduire l'efprit de leurs Eleves, avec affés d'adreffe pour les amener à aimer la Vertu pour elle-même.

Une autre faute des plus ordinaires, c'eft de les accoutumer à regarder comme le plus important de la Religion, ce qui n'en eft que comme l'écorce, je veux dire l'exterieur. Un jeune Eleve eft affidu aux Exercices publics & particuliers de Dévotion, c'eft affés pour en conclure qu'il eft frappé au bon coin, & qui pis eft pour le lui faire croire. La tendreffe que l'on conçoit pour lui fur ces legers fondemens fait qu'on lui paffe une infinité de fautes capitales. Il eft étourdi, il eft railleur, il eft médifant, il eft fier, il a beaucoup de paffion pour le jeu, on remarque déja en lui une vivacité pour les plaifirs au deffus même de fon âge. On compte tout cela pour rien. Si on lui dit quelque chofe qui tende à le moderer, c'eft très legerement. On rit même & on fe divertit fouvent de ce qui devroit faire gemir dans la crainte de fes fuites. On voit des Ecôles, où il eft établi que quand un écolier a retenu quelques petits morceaux d'un Sermon, cette preuve de fa pieté lui eft tellement comptée, & mife à un tel prix, qu'on lui pardonne, en vûë de cela, ou la dernière de fes fautes, ou la première qu'il fera, mais de ces fautes qu'on auroit puni fans cela

avec

avec la derniére des severités exercées dans ces Ecôles. Il se querelle avec un de ses camarades, ils se battent tous deux vigoureusement. Celui qui recite un lambeau de Sermon a le plaisir d'avoir bourré son compagnon, & de lui voir donner le fouet, pendant qu'on lui donne à lui-même des éloges: excellente manière de recommander la pratique de la Religion.

Ce n'est pas tout, la plûpart des Précepteurs ont leur cerveau tellement brouillé par l'esprit de dispute, & par ses suites turbulentes, ils sont tellement prévenus de l'esprit de Parti, qui est un Esprit Schismatique, que leurs plus grands soins vont à le faire passer dans le cœur de leur Eleve, sur tout si c'est un Eleve d'une condition à leur faire esperer, qu'il pourra influer un jour dans le parti. Cinq ou six Questions de Théologie, & leur dépendance, sont leur grand & presque leur unique objet. Pourvû qu'ils les voyent grands Zélateurs de quelques idées particuliéres ; ils leur témoignent qu'ils en sont parfaitement satisfaits.

Rien n'est plus ordinaire encore que de se borner à faire reciter à des jeunes gens leur Catechisme. Quand on y ajoûte quelques explications, elles sont pour l'ordinaire si obscures & si peu à leur portée, que ces jeunes gens attachent à des termes, dont ils ne sont point en état de demêler le sens, des significations trés-fausses. Lorsque leur Raison est plus formée, d'un côté ils viennent à s'appercevoir de la fausseté de ces Idées, & d'un autre ils ne se désabusent pas qu'il n'y ait faille chercher le vrai sens des termes qu'on leur a apris à respecter, & de tout cela ils concluent qu'on les a trompés. Pour surcroit de malheur ils se trouvent alors dans un âge, où les jeunes gens croyent avoir tout autre chose à faire que de recommencer leurs études & sur tout celles de la Religion, qui leur paroit si sombre, qui les a déja tant genés, & qui s'oppose actuellement à leurs Passions les plus vives & les plus chéres. C'est ainsi que bien des gens donnent dans une des espéces d'Athéïsme, dont j'ai parlé, & font ce que feroient les Athées dans une Société qui en seroit uniquement composée, avec cette grande différence neanmoins que dans une Société où l'on fait profession d'une Religion, & où plusieurs personnes respectables prouvent par leur conduite qu'ils en sont persuadés, les Vicieux même, qui n'ont là-dessus que des doutes & dont le cœur est dans une des espéces d'Incredulité, ne laissent pas de se moderer, par intérêt, & par bienséance, parce que le point d'honneur est tout autrement attaché à de certaines actions dans une Societé où l'on s'en moqueroit publiquement, & où l'on feroit publiquement gloire de s'en moquer.

Le plaisir que la plûpart des jeunes gens de qualité prennent à écouter soit des railleries soit des objections contre la Religion, la facilité que des personnes de leur âge, mais d'un ordre fort inférieur, trouvent à s'insinuer dans leur commerce, per des traits d'incrédulité & par des raisonnemens qui vont à faire revoquer en doute des Verités incommodes, ne prouve que trop que l'Incrédulité leur plait, & qu'ils n'ont est affermis ni dans la persuasion ni dans le goût de ce que la Religion a de plus essentiel.

Qu'on relise tout ce long Article de Mr. Bayle, & on comprendra que toutes les Instructions qu'il y étale comme excelentes & plus que suffisantes, en vûë de persuader que la lumière de la Religion est sans efficace, on comprendra, dis-je, que toutes ces Instructions roulent sur l'exterieur & s'y bornent, car frequentation de Sermons, Priéres recitées par cœur, mains jointes, yeux levés, Catechisme apris de memoire; Je compte tout cela pour le simple exterieur de la Religion.

La Connoissance distincte des Verités capitales qui fondent nos esperances, qui nous apprennent ce que les méchans ont à craindre : Les preuves qui démontrent la certitude de ces verités, la beauté de nos Devoirs bien developée, la force des motifs qui nous engagent à nous en acquirer mise dans son jour, la Gloire à laquelle l'obéïssance aux commandemens de Dieu nous élève, la Grandeur d'ame qu'elle nous procure, la délicieuse tranquilité dont elle nous pénètre, c'est ce que la plûpart de ceux qui se mélent d'enseigner la Religion à la jeunesse ne connoissent presque pas.

Les gens du commun qui ne vivent pas exposés à beaucoup de Tentations, & dont les Passions n'ont pas lieu de devenir plus véhémentes croyent bonnement ce qu'on leur a enseigné comme vrai. Leur esprit ne va pas jusqu'à s'embarrasser de doutes : Peu de Préceptes leur suffisent pour régler une vie d'elle-même assés unie. Mais pour ce qui est de ceux d'un ordre plus élevé, dés qu'ils sont parvenus à un certain âge, ils éprouvent la fougue des diverses Passions, les idées de leur devoir les gênent & les reduit à se contraindre; Ils en détournent donc la vuë, & cette distraction leur est d'autant plus facile que ces idées leur sont moins présentes & qu'ils sont moins pénétrés de leur verité par de bonnes preuves, par lesquelles on a negligé de les convaincre. Le plaisir de se conduire à leur gré & de ne dépendre que d'eux-mêmes les seduit. Des lumières plus évidentes, des instructions plus détaillées & plus solides les garentiroient de ces écarts.

Quels ne seront donc point ceux des Athées qui ont un fond de mépris & d'éloignement pour ce que nous appellons Lumière de Religion. Ceux qui se font une honte de la Pieté & du respect que méritent la Préférence de Dieu & ses trés saintes Loix, n'approchent-ils pas à cet égard des Athées qui regardent la Religion, ses Dogmes & ses préceptes comme des chiméres qu'il y a de la folie à estimer & à croire.

Une Instruction trop superficielle n'éloigne pas assés de l'Athéïsme, du vice & du Libertinage. Donc on attendroit en vain de plus heureux effets d'une Instruction plus solide, & d'un cœur mieux convaincu. Peut-on raisonner plus pitoyablement ?

Celui qui a abjuré la Religion pour passer tout net à l'Athéïsme, ne reviendra jamais des égaremens où un tel écart l'a jetté. Mais si la persuasion est simplement ébranlée par des doutes & par des soupçons, elle est comme dans une espéce de sommeil ; Celui qui s'est oublié jusqu'à détourner les yeux de la vuë de son Devoir, pour se livrer à ses Passions, pourra voir renaitre les Lumières qui ne sont pas encore entièrement éteintes. Des Exemples frapans, des discours sensés, d'heureuses circonstances lui rappelleront ce qu'il avoit en partie oublié & l'engageront à passer d'une flotante persuasion à une pleine certitude.

Pour moi j'ai connu diverses personnes que les idées de la Religion ont retirés d'une vie mondaine, & amenés à une probité des plus soûtenues & des plus délicieuses, & j'ai été témoin des heureux fruits tantôt de leur Exemples, tantôt de leurs discours & souvent de l'un & de l'autre.

A cette occasion je me permets de demander à ceux que la lecture des ouvrages de M. Bayle a commencé d'ébloüir & de jetter dans quelques embarras, qu'ils vueillent bien donner quelques momens à s'examiner.

Ce qu'ils ont lû dans quelque Livre de Morale, ou de sacrée Theologie, ou ce qu'ils ont entendu dans quelque Sermon, n'a-t-il jamais eu d'effet sur leur Cœur ? Ne se sont-ils pas bien trouvés d'y avoir refléchi ?

Lorsqu'ils ont été à l'Eglise sans attention, à qui tenoit-il qu'à eux d'en avoir ? Lorsqu'ils ont été frapés de quelque exhortation & de quelque raisonnement, si tout cela a passé sans effet par leur negligence à se le rappeller & y reflechir, à qui en doit-on attribuer la faute?

S'ils n'ont pas daigné lire avec application des Livres qu'ils sçavoient estimés par des personnes d'esprit & de merite, que doivent-ils penser eux-mêmes d'une si monstrueuse nonchalance?

Enfin combien de gens dans la Societé, profitant des verités de la Religion & s'appliquent à des Devoirs auxquels ils n'auroient jamais pensé s'ils avoient été élevés dans l'Athéïsme?

Il est de vrais & de bons Chrétiens, & si chacun leur ressembloit, la Terre présenteroit une image du Ciel. Il en est qui font profession du Chriſtianiſme qui n'ont que le quart des sentimens qui en font l'essence. Il en est en qui il ne s'en trouve qu'une partie encore plus petite. A proportion qu'ils s'éloignent des Règles de la Foi dont ils font profession & dont ils ont quelque teinture, leur conduite porte le caractere des ténèbres & des égaremens de l'Athéïsme, & leurs écarts sont d'autant moins grans & moins nombreux qu'ils retiennent la connoissance de la Verité dans un plus grand degré de persuasion.

Plus je reflechis sur les causes de ce honteux contraste de la conduite des Chrétiens avec leur Profession, plus je me persuade qu'on est fondé à en chercher les principales dans la force de la coûtume, & les suites d'une très-defectueuse éducation.

Après cela, si on me demande en quoi elle est defectueuse, je dirai naïvement ce que j'y ai remarqué de défauts par raport aux mœurs & à leurs principes. Mais comme je n'écris pas un Traité sur cette matiére, je me bornerai à alleguer une partie des observations que j'ai faites.

Crestinua-tion.

CVI. 10. On abandonne la première éducation des enfans, & qui, par là même qu'elle est la premiére en ordre de tems, devient la baze de ce qu'on y ajoûte, & influe sur tout le reste. On abandonne cette première éducation à des femmes, ordinairement très-ignorantes & d'un génie très borné. Elles croyent faire merveille d'apprendre à leurs petits éléves à croiser les doigts & à lever les yeux du côté du Ciel ou du lambris de la chambre; Elles leur font reciter en Perroquets des prières où ils n'entendent rien, & où elles-mêmes, qui les ont ainsi aprises, ne voyent pas plus clair. On leur en fait dans la suite apprendre des plus longues, dont tout le fruit aboutit à les fatiguer davantage. Ils les recitent le soir quand ils s'impatientent d'aller au lit, ou qu'ils ont regret aux amusemens qu'on leur a fait quitter. Ils les recitent le matin, quand ils s'impatientent de déjeuner & de courir. Un Précepteur qui succede à ces bonnes femmes, fait continuer ces Exercices, à ses disciples d'un air encore plus propre à les rebuter, & il les rebute si bien, qu'ils ne manquent pas de s'en affranchir & d'y renoncer, dès qu'ils sont maîtres d'eux-mêmes.

On les conduit à l'Eglise pour y entendre les Sermons, & là n'osant ni causer, ni rire, ni se remuer, ou ils tombent dans une stupide inaction, si leur naturel les y dispose; ou, pour se garantir de l'ennui, s'ils ont plus de vivacité, ils s'abandonnent à la distraction & en prennent si bien l'habitude qu'elle leur reste toute leur vie. Si enfin ils prennent sur eux de retenir quelques lignes, ou quelque passage qu'ils sçavoient déjà, & dont ils ignorent & le sens & le but, c'est un soin dont ils ne manquent pas de se dispenser, dès qu'ils peuvent se procurer eux-mêmes les petites récompenses qu'on avoit accoutumé d'y attacher dans un âge où, malgré qu'on en ait, on vit dans la dépendance de ceux qu'on regarde au-dessus & à quelques égards de soi.

Si quelqu'un entreprend d'insinuer, par des routes plus pratiquables & plus conformes au Bon-sens, les Principes de la Pieté & de la Droiture dans ces jeunes cœurs, il suffit qu'une vieille Grand-Mere ou qu'une vieille Tante esclave de la coûtume, ou seulement quelquefois qu'un Domestique en soit scandalisé, pour faire abandonner le sujet le plus raisonnable & le plus capable d'un heureux succès.

On leur passe mille fautes essentielles pendant qu'on donne son attention à des vetilles. Au lieu de leur faire sentir la beauté des Devoirs qu'on leur recommande, les charmes des Bienséances auxquelles on les exhorte, le ridicule & l'infamie des vices dont on les détourne, on se borne à alleguer l'Autorité de Dieu & les Menaces de l'Enfer & par-là, sans en avoir nullement l'intention, on dispose ces jeunes esprits à être importunés par l'idée de la Présence de leur Créateur & à la leur faire regarder comme un Maitre redoutable qui se plait à les charger d'un joug très pesant.

Pour fléchir le cœur & travailler avec succès à tourner les inclinations, il faut avoir l'esprit insinuant, aisé, fécond, varié. Il faut le connoitre ce cœur & les endroits par lesquels il est prenable. Il faut s'être fait une étude de l'Homme, par le commerce du monde encore plus que par la lecture, & où trouver des Précepteurs enrichis de ces talens. C'est ce qu'on n'enseigne point dans les Academies. Ceux qui passent pour y avoir le plus profité, en raportent un esprit contredisant, ami de la Dispute, entêté, sombre ou goguenard, souvent impetueux, chargé d'inutilités; qu'il vaut mieux ignorer que de savoir dès qu'on les estime, sans agrément, sans politesse, sans manières, & quand rien de tout cela ne leur manqueroit, où est l'esprit naturellement si supérieur qu'à moins de s'être affermi dans cette supériorité d'entendement par un très-long usage, qui ne sentît son génie s'affaisser & ne perdît tout son feu, & de ses talens naturels & acquis, quand il a à essuyer continuellement les hauteurs d'un Père dont les enfans lui sont confiés, & la mortification de voir son assiduité & ses penibles soins échouer & se réduire presque à rien ou à très-peu de chose par l'effet de la fière indolence *de ceux qui devroient le plus les seconder.*

A quoi prend-on le plus d'interêt, à la santé d'un Cuisinier ou à celle d'un Précepteur? à qui donne-t-on plus de gages? S'entendre à dresser des Chiens & savoir juger de l'habileté de celui qui en prend soin, les conduire à la chasse des Bêtes & au Massacre qu'on en va faire. Dresser des Chevaux & les savoir conduire, tout cela est digne d'un homme de condition; Mais former l'esprit & le cœur des Héritiers d'un grand Nom, c'est l'Emploi des gens du plus bas ordre, ou de ceux qui ont la bassesse de déroger à leur Naissance.

Il est de la derniere importance d'appliquer aux Precepteurs en particulier ce que le celebre & savant Docteur Swift remarque, à son ordinaire, si judicieusement, sur les Ecclesiastiques *que certains raisonneurs pensent ce qu'ils trouveront à propos*, il est certain qu'il faut porter la masse generale des hommes à l'estimer & à aimer les gens d'Eglise, si l'on veut leur inspirer de la tendresse pour la Religion: on fait de l'ordinaire fort peu de cas d'un remede, quelque excellent qu'il puisse être, s'il est donné par un Medecin qu'on hait, ou qu'on méprise.

Il est plus d'un Climat où peu s'en faut que l'on ne compte entre les caractéres de Noblesse des airs de mépris, ou du moins de sotte indifference pour ceux qui se donnent pour gens à instruire l'esprit, & à former le cœur.

Ces fautes énormes ne sont pas universelles; mais elles sont très-frequentes.

On se figure Dieu comme un Monarque à l'Antichambre duquel on se rend ponctuellement, aux heures ordinaires, dans une attitude décente & dans les Troupes duquel on fait son service regulierement, & qui moyennant cela s'informe peu si on est avare, voluptueux, orgueilleux &c.

On insiste sur l'Extérieur, on passe légérement sur l'Essenl'Essentiel. Faut-il s'étonner si ce qu'on ne connoit pas est sans efficace? Mais pour mettre en parallèle l'insuffisance de la Religion par rapport aux bonnes mœurs avec l'état d'Athéisme, il faudroit qu'aux Principes d'ignorance & d'erreur dont on vient de parler, il ne fût pas possible d'en substituer de meilleurs.

Pour réussir à faire des Chrétiens, il faut travailler sur des Hommes. Il faut de plus que ces Hommes soient raisonnables. Moyennant cela, il sera facile de perfectionner une Raison heureusement cultivée par la Religion, mais difficilement s'insinuera-t-elle dans des cœurs abrutis par la sensualité, & encore moins dans des esprits à qui le goût de la Chicane fait trouver du plaisir à s'opposer à l'évidence, à semer d'épines, & à traverser d'embarras le chemin qui peut y conduire.

Je trouve sur tout un Mal incurable* dans des études superficielles, jointes à quelque penchant à l'Incredulité, & à quelques répugnances secrettes aux sacrifices que demande la pureté de l'Evangile. *Je voudrois des Preuves demonstratives. Celles que vous m'alléguez sont exposées à des Objections.* La Raison ne peut pas se persuader ce qu'elle ne comprend pas. Elle ne trouve que les Argumens à priori dignes de la convaincre. C'est ainsi que bien des gens recitent en perroquets ce qu'ils ont lû dans les Ouvrages de Mr. Bayle, ou ce qu'ils ont ouï dire à ses Admirateurs. *Vous avez beau raisonner, sans la Foi je serois fort éloigné de vos sentimens.* Là-dessus on ne se donne pas la patience d'écouter jusqu'au bout une solution. D'une question on saute à une autre, sans s'être permis le tems de discuter la moitié de la premiere. On interrompt un raisonnement pour faire un conte, ou pour dire un prétendu bon Mot; Voilà les heureux fruits de la lecture du célèbre Ecrivain que je viens d'examiner.

Reponses aux Questions d'un Provincial Chapitre LXXV. T. II. Pag. 91.

Nouvelles preuves de l'influence de la Religion sur les mœurs, & considerations sur la force des motifs. Oeuvres Div. Tom. III. pag. 653.

CVII. ,, Encore que ceux qui desirent sincerement la mort, dit Mr. Bayle, au milieu d'un ,, long chagrin, ou d'une longue maladie, soient en ,, petit nombre en comparaison des autres, ils ne ,, sont pourtant point aussi rares que l'on diroit bien; ,, ceux qui se donnent la mort pour mettre fin à leur ,, triste état, sont beaucoup plus rares; mais ils ne le ,, seroient pas tant, si quelcune de ces trois choses, ou ,, toutes ensemble, n'empêchoient l'exécution du ,, dessein que l'on auroit de s'ôter la vie. La pre,, miere est, que pour une telle expedition, il faut un ,, certain degré de courage, que tout le monde n'a ,, pas, dans l'abatement d'une noire mélancholie, ,, ou d'une langueur. La seconde est qu'on jette les ,, yeux sur l'ignominie à quoi l'on exposeroit son ,, Cadavre & sa parenté. La troisiéme est, que l'on ,, aprehende la damnation éternelle, si l'on se porte ,, à ce coup de desespoir. Les Esprits forts sont ,, plus sujets à ces coups-là que ceux qui croient ,, l'Evangile, ils ne s'en font pas étonner, ils y ,, trouvent quelque chose qui soit au dessus du cours ,, ordinaire, car il est plus naturel qu'un homme ,, qui croit la mortalité de l'ame, attente à sa vie ,, lorsqu'elle lui est à charge, qu'il n'est naturel qu'un ,, homme se porte à cet attentat, lorsqu'il est per,, suadé qu'il lui manquablement on va dans l'enfer par ,, cette voye. Les homicides d'eux-mêmes étoient ,, plus frequens parmi les Payens tant à cause qu'il ,, y avoit des Philosophes qui avoient attaché une ,, grandeur d'ame à cette action-là, & une idée de ,, lâcheté à vouloir traîner une vie langoureuse ou ,, ignominieuse, qu'à cause que le Paganisme ne ,, sévissoit point sur les cadavres de ces gens-là, ,, & n'adjugeoit point leurs ames à des suplices éter,, nels précisément pour cet acte.

1. Il est donc plus naturel qu'un homme qui croit la mortalité de l'ame attente à la vie d'un homme qui lui déplaît & qui l'importune, que non pas celui qui est persuadé que, par un pareil attentat, il s'expose aux risques d'une damnation éternelle.

2. Il n'est donc pas vrai, comme Mr. Bayle souhaiteroit de le persuader ailleurs, que l'Humeur est le seul principe des actions humaines, que les opinions & les Dogmes flotent seulement sur la superficie de l'ame & se bornent à l'entendement sans influer sur le cœur & sur les mœurs.

Quand on n'est pas sur ses gardes on exprime la Verité telle qu'on la sent, & on oublie l'interet qu'on avoit eu, dans une autre occasion, de la combatre. Quoique Mr. Bayle eût beaucoup d'esprit & qu'il ne perdît guéres de vue le Pyrrhonisme & l'Athéisme, pour l'insinuation desquels il avoit dressé son Plan avec tant d'artifice, cependant la Méthode même dont il se sert lui devoit naturellement causer quelques inadvertances. Il affecte de promener son Lecteur sans ordre, pour lui rendre un juste examen plus difficile. Ce désordre & ces differentes matiéres, qu'il coût l'une à l'autre, lui font quelquefois perdre de vue, pour quelques momens son but principal, écrivant sur tout avec beaucoup de facilité & de rapidité.

A la Page 691. de la Reponse aux Quest. d'un Prov. Tom. III. Chap. 114.

Ibidem. pag. 772.

Mr. Bayle ne commença de parler des mœurs des Athées, que lorsqu'il fût obligé de refuter ceux qui prétendoient que des Miracles, très-propres à fomenter l'Idolâtrie Payenne, n'étoient pas indignes de la sagesse de Dieu, par l'obstacle qu'ils opposeroient à l'introduction de l'Athéisme, qui ne pouvoit pas moins qu'à bouleverser toutes les Sociétés. 2. Lorsqu'il repondit que le culte d'un grand nombre de Divinités aussi criminelles que celles des anciens Payens, n'étoit pas plus propre que l'Ignorance de Dieu à conserver parmi les hommes, cette portion d'honnêteté, qui est absolument necessaire au maintien des Sociétés, & qu'ainsi une Société d'Athées n'auroit pas porté necessairement la corruption des mœurs, plus loin que ne le portent les Idolâtres dont nous connoissons l'histoire. 3. Lorsqu'il posa en fait que les hommes ne vivent pas selon leurs principes, & qu'excepté ceux qui sont aidés par des Graces efficaces du St. Esprit, tous les autres se gouvernent selon l'interêt de l'amour propre, suivent uniquement leur goût, leur temperament, & ce à quoi la crainte des Loix humaines ou du deshonneur humain, le désir des louanges ou des biens de la fortune &c. les determinent. 4. Lorsqu'il fit voir que les Payens n'ont point plus de part que les Athées aux Graces du St. Esprit, qui seules sont faire les actions par le principe de l'Amour Propre, & rapportées à la Gloire, comme à leur dernière fin, & par consequent que les vertus des uns & des autres ne peuvent avoir que l'exterieur de l'honnêteté, puisqu'elles n'ont point d'autres ressorts que l'Amour propre, le désir de la Gloire, le plaisir le temperament, ou que l'étude de la Philosophie peut faire trouver dans une action faite selon de belles idées. 5. Enfin il convint que les Athées s'abandonnent à tous les desordres à quoi ils peuvent être poussés par leurs Passions, lorsque la crainte des Loix humaines, ou quelqu'autre motif humain ne peut pas les refrener, mais il prétendit en même tems qu'il ne faut pas conclure de-la, ni qu'ils se portent necessairement à toutes sortes de mauvaises actions, soit qu'elles s'accordent, soit qu'elles ne s'accordent pas avec leurs interêts, ni qu'ils soient necessairement plus corrompus que les Idolâtres que Dieu *livra aux convoitises de leur propre Cœur,* & qui se portérent aux déréglemens les plus exécrables, comme St. Paul le leur reproche. 6. Lorsque pour refuter une *Maxime* qui peut passer pour générale, il cita quelques Athées dont on a loué les bonnes mœurs. Cette Maxime selon lui est que l'Athéisme conduit necessairement à la corruption des mœurs,

& qu'il est absolument impossible, de conserver en Société une troupe de personnes qui n'adorent ni le vrai Dieu ni aucuns faux Dieux. 7. Lorsqu'afin de continuer à refuter par l'Experience cette même Maxime que l'on ne cessoit de lui objecter comme très-sûre, il a donné dans son Dictionaire les Articles d'un petit nombre de gens qui ont nié ou la Providence ou l'existence divine, & qui n'ont pas laissé de pratiquer d'une manière distinguée les devoirs de la Vertu. 8. Ensuite de cela il veut que tout l'éloge qu'on voudroit prétendre qu'il a fait de ces gens-là, ne consiste qu'à rapporter historiquement les témoignages des Auteurs: 9. Qu'il y a de semblables gens dont il n'a rien dit, & qu'il a parlé d'un assés grand nombre d'Idolâtres qui ont vécu vertueusement, & de plusieurs Chrétiens dont les Vertus sont admirables, & qu'il n'omet point ce qui se trouve dans les Auteurs concernant les mauvaises qualités de quelques Athées ; ce qui montre qu'il n'y a point eu d'affectation dans son procedé. 10. Que s'il a remarqué que les plus grans scelerats dont l'Histoire fasse mention, ont été Idolâtres, ou même superstitieux jusqu'à la bassesse, cela n'est propre qu'à confirmer la Doctrine de la Grace. 11. Que tant s'en faut qu'il abandonne les Lecteurs à des consequences pernicieuses au salut, il a mis au dernier Tome de son Dictionaire un assés long Eclaircissement qui peut dissiper jusqu'aux plus malignes chicaneries de ses ennemis. 12. Qu'il y a nommément déclaré qu'il n'avoit jamais prétendu attribuer aux Athées que des Vertus exterieures, & ce que St. Augustin appelle *splendida peccata*, des péchés brillans.

C'est en vain que Mr. Bayle fait ici une longue énumeration des raisons qui l'ont amené à dire tant de choses en faveur de l'Athéïsme. Si l'établissement de la Foi lui tenoit si fort à cœur, que pour en relever le prix il se soit déterminé à tant écrire, à s'exposer à tant de contradictions, au risque de scandaliser tant de bonnes gens & de réjouïr tant de Libertins, en s'efforçant de persuader que la *Raison*, qui est pourtant son fort, n'est qu'une *Babillarde*, qui ne sauroit amener à aucune certitude, & qui ne sauroit faire naître que des embaras. Si la Foi lui tenoit si fort à cœur pourquoi tant écrire en faveur des ennemis déclarés de la Foi, & de ceux qui regardent les fidéles comme des insensés ? Valoit-il la peine de se piquer à ce point sur une Question inutile ? Mais aujourd'hui Mr. Bayle ne seroit plus à tems de faire son Apologie ; on voit trop clairement qu'il s'étoit ménagé des ouvertures favorables, (& en même tems une retraite quand il se voit pressé) pour répandre un grand nombre de reflexions qui vont à diminuer ce fond d'aversion qu'on sent pour l'Athéïsme & à insinuer que les Religions ne sont point plus favorables à la Société que le pur Athéïsme. Ses éclaircissemens & ses subterfuges ont déja été examinés.

Ibidem pag. 783. T. III. Chap. CXXXIX. de la Reponse aux Questions d'un Provincial.

,, La Volonté de l'homme, dit Mr. Bayle, est une Balance qui se tient en repos, quand les poids
,, de ses deux bassins sont égaux, & qui penche
,, toujours nécessairement, ou d'un côté ou de
,, l'autre, selon que l'un des bassins est plus chargé. Si les raisons tirées de la conscience & de
,, Religion convertiroit un vieux scélerat, c'est à
,, cause qu'elles font un poids supérieur à celui de
,, Vice. Le bassin où la crainte des Enfers, ou
,, de l'esperance du Paradis se trouve alors plus
,, chargé, que le bassin des passions charnelles,
,, il attire donc l'Ame invinciblement de son côté.
,, La nouvelle idée raisonne plus vivement sur la
,, vieille, & attire necessairement l'esprit à ce jugement pratique qu'il vaut mieux changer de route
,, que de se tenir dans le premier train. L'entendement nécessité par cette nouvelle idée à juger ainsi,
,, nécessite la Volonté à l'acceptation de la Vertu.
,, Un Courtisan ambitieux qui a été grand joueur
,, toute sa vie, pourra tout d'un coup renoncer
,, au jeu, s'il est menacé d'une prison perpetuelle,
,, en cas qu'il rejoue, ou flatré de la Promesse
,, d'un Gouvernement de Province au cas qu'il ne
,, joué plus. Mr. Jaquelot comprendra facilement
,, s'il veut y faire attention, que ce n'est pas une
,, simple idée qui prévaut alors du premier coup sur
,, une vieille habitude, mais que c'est une idée réunie ou avec une grande Crainte, ou avec une
,, grande Esperance. Ne fait-on pas qu'un seul
,, mot, qui excita beaucoup de peur, l'emporta
,, dans l'ame de l'Apôtre Saint Pierre sur l'habitude
,, de fidelité qu'il avoit pour Jesus-Christ ? Un
,, General d'armée, n'appaise-t-il pas quelquefois
,, par sa présence, ou par un petit discours, la
,, mutinerie la plus furieuse de ses Soldats ? C'est
,, un clou qui chasse l'autre. C'est un nouveau
,, cours des esprits suivi d'un changement de pensée qui fait baisser le bassin, dont le poids étoit inferieur au poids du bassin prédominant.
,, Si l'ame a un veritable pouvoir de rompre avec
,, ses premières habitudes, d'où viendra ensuite la
,, résistance qu'on nous dit qu'elle rencontre ? Ne
,, fait-elle point ce qu'elle veut ? N'est-elle pas la
,, maîtresse chés soi ? Elle n'a donc qu'à vouloir,
,, & tout aussi-tôt ce chagrin & cette peine dont on
,, nous parle s'évanouiront.

J'ai déja examiné ces paroles, dans le raport qu'elles ont avec le dogme de la Liberté.

J'insisterai seulement sur ces dernières, *Si l'ame a un veritable pouvoir* &c. où Mr. Bayle s'écarte d'une manière étonnante de l'état de la Question. Quand on assure que l'Ame de l'homme est libre, on ne prétend pas qu'elle soit en état de se déterminer à toute sorte de partis avec une égale facilité ; on soutient simplement que lorsqu'elle éprouve des resistances & des difficultés, qui vont à la détourner d'un choix & à lui ôter la pensée d'y perseverer, il est en sa puissance de surmonter ces oppositions & ces difficultés, elle ne peut pas les surmonter sans des efforts pénibles, mais elle peut les surmonter.

Je n'ai donc allegué ce qu'on vient de lire que pour m'en servir contre Mr. Bayle par une reflexion très-courte mais très-demonstrative.

La Volonté de l'homme, dit-il, *est une Balance qui se tient en repos quand les poids de ses deux bassins sont égaux. Le bassin ou de la Crainte des Enfers, ou de l'Esperance du Paradis se trouvant plus chargé que celui des Passions charnelles attire l'Ame invinciblement de son côté.*

Voilà un poids qui n'agira jamais sur l'Athéïsme. Donc l'Athéïsme est destitué d'un des plus puissans motifs qui puissent détourner du Vice.

A la Page 756. de la Reponse aux Questions d'un Provinc. T. III. *Ibidem pag. 784.*

Mr. Bayle dit, ,, Il y a en France plusieurs
,, nouveaux Réunis qui vont à la Messe avec un dépit qui approche de la fureur. Ils savent qu'ils
,, offensent Dieu mortellement, mais comme châque absence leur coûteroit deux pistoles plus ou
,, moins, & qu'ayant bien supputé ils trouvent
,, qu'au bout d'un certain tems, cette amande autant de fois payée qu'il y a de fêtes & de Dimanches, les reduiroit eux & leurs enfans à mendier
,, de porte en porte ; ils concluent qu'il vaut mieux
,, offenser Dieu que de se reduire à la mendicité.
,, Or c'est cette conclusion forcée qui les chagrine
,, & qui les indigne ; car ils en connoissent deux
,, causes indépendantes de leur franc arbitre, l'une
,, éloignée, savoir les ordres du Magistrat, l'autre
,, prochaine, savoir la crainte de la mendicité. Se
,, trompera-t-on si l'on dit que cette crainte est comme un poids de cent livres pendant que la crainte d'offenser Dieu en assistant à la Messe n'est
,, qu'un poids de soixante livres, & comment

veut-

„ veut-on qu'un poids de soixante livres fasse per-
„ dre terre à un poids de cent livres ? Des gens qui
„ auroient une pleine force, telle que Mr. Ja-
„ quelot la suposè, de choisir à leur fantaisie ; ou
„ d'aller à la Messe ou de payer deux pistoles pour
„ chaque absence, choisiroient-ils le premier parti
„ en sachant qu'il est criminel au-delà de toute me-
„ sure? Voulés vous qu'ils choisissent bien? Otés
„ cinquante livres au poids de la crainte de la pau-
„ vreté, ou ajoutés-en cinquante au poids de la
„ crainte de Dieu. Si l'on savoit ce secret-là, où
„ est l'homme de conscience parmi ces nouveaux
„ Réunis qui ne le mît en pratique?

*Il y a en France plusieurs nouveaux Réunis qui vont
à la Messe avec un dépit qui approche de la fureur.
La crainte d'offenser Dieu est un poids de 60. livres
& celle de se réduire à la mendicité un poids de cent.*

Mais ces poids ne sont pas des objets que le hazard jette tantôt dans un plat & tantôt dans un autre. Ainsi laissons les termes metaphoriques & disons que l'Ame au-lieu de faire un bon usage de sa
Liberté, en mettant en parallele ce qui regarde l'E-
ternité avec ce qui se borne à un tems fort court,
en abuse, & craignant de perdre un Temporel qui
lui fait plaisir, elle cherche des raisons qui lui persuadent que Dieu se contentera d'être irrité contre
ceux qui font des violences & aura pitié de ceux
qui les souffrent. C'est contre ces violences qu'ils
sont en fureur & non pas contre leur propre conduite, que ces violences leur paroissent excuser.

*Ibidem.
pag. 803.*

Réponse aux Quest. du Provinc. Tom. III.
Chap. CXLVII. pag. 853.

„ N'assure-t-on pas, dit Mr. Bayle, que Dieu
„ a prévû que les habitans de Tyr & même ceux
„ de Sodome auroient fait un bon usage de leur
„ franc arbitre, s'ils avoient été les témoins des
„ miracles de JESUS-CHRIST? C'étoient néan-
„ moins des gens habitués au péché, & bien éloi-
„ gnés de l'innocence qui précéda la premiere trans-
„ gression. N'avoue-t-on pas formellement que les
„ pecheurs les plus opiniâtres entreroient dans la bonne
„ voye par mille moyens si Dieu qui connoit la
„ proportion de ces moyens, s'en vouloit servir &
„ ne les refusoit pas? Disons donc qu'il a prévû
„ que le premier homme selon la diversité des cir-
„ constances se serviroit de sa liberté tantôt bien tan-
„ tôt mal. Or entre toutes ces combinaisons infi-
„ nies il lui a plû d'en choisir une où Adam devoit
„ pécher, & il l'a rendue future par son decret pre-
„ ferablement à toutes les autres. Apellés à vôtre
„ secours tant qu'il vous plaira la machine du franc
„ arbitre, vous ne serés jamais comprendre que Dieu
„ n'ait voulu qu'Eve & Adam péchassent, puisqu'il
„ a rejetté toutes les combinaisons où ils n'eussent
„ pas péché, & qu'il en a choisi une où il les sa-
„ voit déterminés à desobeïr à ses ordres.

*Voyés les
Reflexions sur
la Liberté
& la Pro-
vidence.*

On a déja repondu à tout cela. Dieu n'est point
obligé de rendre l'obéissance infaillible, il lui suffit de rendre les circonstances. Il sufit qu'elle soit au pouvoir de celui que la desobeïssance condamnera. Il
se peut même que des fautes soient imputées, parce
qu'on a autrefois volontairement laissé perdre les forces de n'y pas tomber.

Mr. Bayle ne parle pas ainsi sur la fin de la Continuation de ses Pensées Diverses, là où il cite Jean
d'Espagne, mais en bon Pyrrhonien il fait servir le
même argument au & contre, suivant le besoin
qu'il en a.

*Oeuvres
Div. Tom.
III. pag.
416.*

Dans la Continuation des Pensées Diverses (pag.
796.) il se range au sentiment de Jean d'Espagne,
dont il cite ces paroles. *Plusieurs s'assurant que s'ils
eussent veu les miracles que Dieu fit en Egypte, ou
ceux que JESUS-CHRIST fit en Judée, ils n'eus-*

*sent pas manqué de croire en lui. Mais certes quand
un homme verroit toutes les rivieres converties en sang,
la mer se fondre, le Ciel ouvrir ses portes, les montagnes se soulever, les morts sortir des abimes, les roches
fondre en eau, quand il ne seroit point lui même au Ciel,
on seroit remonté des enfers, il n'en reviendroit pas
meilleur, si Dieu ne lui donnoit un autre Entendement & un autre cœur capable de cette foi.*

J'avoüe que c'est-là disculper les miserables Incredules, qui après une telle impuissance bien reconnuë & bien prouvée, ne doivent point être punis.

Mais laissons à part cette reflexion, Mr. Bayle
adoptant les idées de Jean d'Espagne reconnoit tout
pouvoir des circonstances anéanci. Il avoit besoin
dans cet endroit, de le leur refuser, mais dans celui-
ci il trouve son compte à leur accorder une efficace
infaillible, suivant ce qu'il dira suivant, & cette derniere
hypothese va encore tout droit à innocenter toute desobéissance.

CVIII. Mr. Bayle dans la Réponse aux Quest.
d'un Provincial Tom. IV. Chap. XI. pag. 136.
dit : M. Bernard allégue une comparaison. „ J'ai-
„ merois mieux donc, ajoute-t-il, comparer l'Athée
„ à un Paysan François, qui ne seroit jamais sorti
„ de son Vilage, & qui assureroit qu'il n'y a point
„ de Roi en France, parce qu'il ne l'a jamais vû,
„ quoiqu'il voye qu'on fait tout en son nom, qu'il
„ vient des ordres de sa part de tems en tems, &
„ qu'on prie pour lui dans les Eglises ; & je compa-
„ rerois l'Idolâtre à un autre Paysan François du mê-
„ me Vilage, qui croiroit qu'il y a un Roi en France,
„ mais qui le compareroit au Seigneur de son Vilage,
„ qui bat ses Sujets, qui les pille, & qui fait l'amour
„ à leurs femmes, parce qu'il s'imagineroit que c'est
„ un caractère de grandeur, de faire tout ce qu'on
„ veut, & de satisfaire ses passions en tout & par
„ tout. Il est sûr que le second seroit un meilleur Su-
„ jet que le premier ; parce que, quoiqu'il ne soit,
„ il auroit quelques égards pour les ordres de son Souve-
„ rain; au lieu que l'autre, s'il raisonnoit consequem-
„ ment, auroit tout sujet de s'en moquer, ou de les
„ observer, du moins que quand il se trouveroit confor-
„ mer à ses interêts ; ce qui n'arriveroit pas souvent.

„ Cette Comparaison, dit Mr. Bayle, me pa-
„ roit defectueuse, & je croi que pour y mettre
„ de la regularité, il auroit falu suposer qu'il y a
„ en France un Roi légitime, & un Roi usurpa-
„ teur ; celui-là le plus accompli de tous les Prin-
„ ces ; celui-ci le plus injuste de tous les Tyrans.
„ Il eut falu dire que l'Athée ressemble à un Pay-
„ san neutre & l'Idolâtre à un Paysan qui ne re-
„ connoitroit d'autre Roi que l'Usurpateur, & qui
„ n'obéiroit qu'aux ordres de ce Tyran. Si vous
„ regardés la chose par ce côté-là, vous trouverés
„ l'Idolâtre bien plus criminel que l'Athée, &
„ vous serés bien éloignés de dire, comme fait Mr.
„ Bernard, qu'attendu que l'Idolâtre a quelques é-
„ gards pour les ordres de son Souverain, il est un
„ meilleur Sujet que l'Athée, qui raisonnant conse-
„ quemment a tout sujet de se moquer des
„ mêmes ordres, &c. Le second Paysan seroit
„ doublement rebelle, il n'obéiroit point à son
„ Prince légitime, & il obéiroit à un Souverain
„ illegitime. Le premier Paysan se tiendroit neu-
„ tre entre le Roi veritable, & le Roi usurpateur ;
„ il ne commettroit donc que la moitié de la felonie
„ de l'autre ; & il est sûr que la moitié dont il
„ s'abstiendroit, passe pour la plus outrageante au-
„ près des Rois légitimes.

Ce qu'on vient de lire justifie la verité de la remarque que j'ai déja faite souvent, c'est que rien
n'est plus aisé que d'éblouir un Lecteur par des comparaisons. Pour peu qu'on sçit s'adresse on les
choisit & on les tourne d'une manière qui favorise
la cause qu'on soutient. Une omission suffit quelquefois pour cela, un trait leger semble donner à
l'argument une force victorieuse, & ce trait néanmoins

*Paralleli
de l'Athei
& du Su-
perstitieux
Oeuvres
Div. Tom.
III. 2
part. pag.
925.*

moins glissé adroitement parmi un grand nombre d'autres n'est pas juste, de sorte que la comparaison tire sa force de ce qui n'y devroit pas être. J'en ai proposé d'autres qui me paroissent plus complettes & plus décisives. En voici encore une. L'Athée ressemble à un Sujet qui ne veut entendre parler d'aucun Maitre; l'Idolatre en veut un, il se trompe dans son choix. Mais par-là même, qu'il se fait un devoir de dépendre d'un Maitre, si on s'y prend bien, il se déterminera à choisir celui qui mérite de l'être, dès qu'il le connoitra mieux.

Réponse aux Questions d'un Prov. Tom. III. Chap. XVII. pag. 249.

Continuation du même sujet. Oeuvres Tom. III. 2. part. pag. 947.

CIX. ,, Je dois vous dire 1., dit Mr. Bayle,
,, qu'il ne faut pas acquiescer à cet Enthymême de
,, Mr. Bernard: *Les Athées ont avoué que la Reli-*
,, *gion étoit une invention des Politiques, pour retenir*
,, *les Hommes dans le devoir. Ils ont donc avoué,*
,, *que la Religion quelle qu'elle soit, vaut mieux pour*
,, *le maintien des Sociétés que l'Athéïsme.* Cette
,, consequence va trop loin; il falloit seulement
,, conclurre que les Athées ont crû que la Reli-
,, gion, qui avoit été établie en chaque Pays, a-
,, voit semblé à ses Inventeurs meilleure pour le
,, maintien de la Société que l'Athéïsme. Si de cette
,, consequence-là, vous voulés tirer celle-ci, Donc
,, il n'y a jamais eu de Religion qui n'ait été meil-
,, leure pour le maintien des Sociétés que l'Athéïs-
,, me, il faudra que vous suposiés deux choses qu'on
,, vous niera, & que vous ne sauriés prouver: l'u-
,, ne, que le Jugement des Politiques sur la Religion
,, qu'ils inventoient a toujours été conforme à la
,, Verité; l'autre, que la Religion qu'ils inventérent,
,, ne tomba pas ensuite dans une dépravation qui
,, causoit une infinité de maux. Mr. Bernard me
,, doit permettre de dire qu'il a conclu du parti-
,, culier au general; (c'est-à-dire que Mr. Bayle re-
,, proche à Mr. Bernard de l'avoir imité.)
,, On peut se figurer que la Religion, dans l'i-
,, dée de ses Inventeurs, ne renfermoit que des ob-
,, jets venerables, qui aimoient, & qui recompen-
,, soient leurs dévoirs, & qui punissoient leurs in-
,, dévoirs; qu'elle suposoit de la sagesse & de la
,, Sagesse & de la Vertu dans les personnes préposées
,, aux Cérémonies, & qu'elle se proposoit de réu-
,, nir par les liens d'un même Culte les membres de
,, la Société, & de les affectionner à la Patrie par
,, l'attachement à ce culte, & enfin de leur inspi-
,, rer la crainte du Ciel, lors qu'il arriveroit une
,, émotion populaire, & de relever leurs esperances
,, dans les calamités publiques, par la promesse d'u-
,, ne expiation efficace de ce qui pouvoit avoir of-
,, fensé la Divinité. Jusques-là tous les Athées con-
,, viendront que la Religion est plus propre que
,, l'Athéïsme à conserver les Sociétés: mais si vous
,, changés cette idée en celle du Paganisme que nous
,, connoissons qui n'adoroit que des Dieux cou-
,, pables de toutes sortes de crimes; qui nour-
,, rissoit une infinité de Prêtres fripons, fourbes
,, & lascifs; qui pouvoient exciter des soulévemens
,, avec une extrême facilité par des ressorts de Re-
,, ligion, qui sacrifioient des hommes, & une infini-
,, té d'enfans &c. Les Athées ne parleront plus de
,, la maniére que M. Bernard les fait parler. Ils
,, soutiennent qu'une telle Religion est plus propre
,, que l'Athéïsme à ruiner les Sociétés. Lucréce
,, qui rejettoit toute sorte de Religion, se crut o-
,, bligé de justifier son sentiment auprès de ceux
,, qui craindroient qu'il n'ouvrît la porte aux ac-
,, tions impies & aux crimes. Que fit-il pour ce-
,, la? Il soutint que tout au contraire la Religion
,, avoit fait tomber les hommes très-souvent dans
,, l'impieté & dans les plus grands pechés.

C'est ainsi que Mr. Bayle parle quand il se sent pressé; mais il s'exprime tout autrement lors qu'il se croit en liberté, lors qu'il se donne carriére,

lors qu'il établit des Principes qui vont à prouver l'inutilité de la Religion, par rapport aux mœurs, horsmis les cas où la Grace immediate du St. Esprit agit sur les hommes, ce qu'il ajoute pour se garentir d'insulte. Une Religion raisonnable est, par elle-même & naturellement, très-propre à la conservation & à la douceur de la Société: Mr. Bayle vient d'en faire l'aveu.

Réponse. aux Quest. d'un Prov. Tom. IV. Ch. XVIII. p. 255. ,, Il y a telle Religion, dit Mr. *Ibidem. pag. 949.*
,, Bayle, que sans hésiter l'on declareroit plus perni-
,, cieuse aux Sociétés que l'irreligion, si l'on é-
,, toit choisi pour Juge de cette matière. Où sont les
,, hommes qui n'opineroient pas du bonnet après la sim-
,, ple vue de l'état de la Question; que les Magiciens
,, & les Sorciers sont plus dangereux que les Spino-
,, sistes? Un homme qui a renoncé à son Dieu, &
,, à son Batême pour se consacrer au Diable, & qui
,, choisit le Diable pour l'objet de son adoration,
,, est poussé sans doute par beaucoup plus de res-
,, sorts qu'un Athée à faire du mal à son prochain.
,, Representons-nous deux hommes, l'un Magicien,
,, & l'autre Athée, suposons-les égaux en toute au-
,, tre chose, nous comprendrons que le Magicien
,, sera plus fortement excité à faire des crimes; par-
,, ce qu'il espérera de se rendre plus agréable au Dé-
,, mon, & d'en obtenir plus de recompenses. C'est
,, un motif très-puissant dans la nature; mais il n'est
,, d'aucune force dans un Athée. Si Mr. Bernard
,, me disoit, que je suppose une Religion, dont
,, on conteste l'existence, puisqu'il y a une infinité
,, de gens qui traitent de chimerique cette Religion
,, des Magiciens, je lui alleguerois un exemple que
,, je trouve dans ses Extraits d'une Relation de la
,, Virginie. Cette Relation nous apprend qu'il y
,, a des Americains qui ne rendent aucun culte à
,, Dieu, parce qu'ils croyent qu'il fait du bien
,, necessairement, & sans aucun choix, & qu'il ne
,, se mêle point des choses humaines; mais qu'ils a-
,, dorent le Diable, parce qu'ils croyent qu'il leur
,, raviroit tous les biens de Dieu, & les rendroit
,, malheureux, s'ils ne l'apaisoient par leurs sacri-
,, fices, & par leurs hommages. Si ces gens-là agis-
,, sent consequemment à leur Religion, ils aiment
,, mieux faire un crime, qu'une action honnête,
,, car ils doivent supposer que le Diable sera plus
,, content de leur conduite, & leur sera plus favo-
,, rable s'ils sont méchans, que s'ils se comportent
,, bien.

Un homme qui respecte un Dieu Auteur de ses biens & qui en même tems craint des Démons empressés à lui nuire, & se croit dans la triste necessité de les ménager, ne sera-t-il pas beaucoup mieux disposé qu'un Athée à écouter & à croire ceux qui lui enseigneront que ce Dieu qu'il respecte ne manquera pas de le mettre à couvert de la malice des Demons, s'il prend soin de se le rendre favorable par l'amour & par la pratique des Vertus?

,, Il y a telle autre Religion, à qui l'on ajugeroit
,, la preference sur l'Athéïsme sans hésiter, & en
,, opinant du bonnet si l'on ne faisoit attention qu'à
,, son beau côté; je veux dire si l'on considéroit
,, seulement qu'elle attribue de très-grandes qualités
,, aux Natures immortelles qu'elle adore, & nommé-
,, ment la Justice distributive des peines & des re-
,, compenses en cette vie, & dans toute l'éternité à
,, venir. Mais si selon le devoir des Juges, on la
,, tournoit de tous les côtés, & l'on examinoit les
,, détails de sa constitution, il ne seroit pas aisé de
,, connoitre, qu'elle fût plus propre que l'Athéïs-
,, me à maintenir la tranquillité, les douceurs, &
,, la sureté de la Vie sociale.

,, 1. Avant de prononcer sur la Question,
,, il faudroit savoir à qui les Peines & les Recom-
,, penses divines sont destinées, car si les Dieux ne
,, punissent que la négligence du Culte exterieur,
,, & s'ils ne recompensent que la dévotion exterieure,

" re, chaque particulier se comportera à l'égard de
" ses Concitoyens, tout comme dans l'état d'irre-
" ligion. Il ne suivra que ses intérêts; il s'enrichi-
" ra aux dépens d'autrui toutes les fois qu'il le pour-
" ra faire à couvert de la pourfuite des Tribunaux,
" & ainsi du reste.
" 2. Il faudroit savoir de plus si la Religion dont
" il s'agiroit, renverse d'un côté, ce qu'elle établit
" de l'autre; car en ce cas-là, les choses retombent
" au premier état, & si l'on peut dire qu'on ne
" perd rien, l'on peut dire aussi qu'on ne gagne
" rien. Or il y a deux voyes de renverser d'un
" côté ce que l'on bâtit de l'autre. La première est
" de donner aux Dieux aussi bien de grandes imper-
" fections, que de grandes perfections. La secon-
" de est, d'enseigner, que s'ils sont faciles à se met-
" tre en colère contre les hommes qui péchent, ils
" ne sont pas moins faciles à s'appaiser, dès qu'on
" a recours à de telles, ou à de telles ceremonies
" qu'on trouve à sa porte, & qui ne coutent tout
" au plus que de l'argent. Vous savés que Platon
" contoit trois espéces d'impietés, dont la première
" est de nier qu'il y ait des Dieux; la seconde de
" nier leur Providence; la troisiéme de s'imaginer
" qu'on les appaise facilement par des sacrifices, &
" des prières. Ce n'est pas sans raison que cette
" troisiéme espéce d'impieté passe pour un Athéis-
" me, quand on considere l'Athéisme comme la
" rupture des digues qui arrêtent l'impétuosité
" des passions, car les mondains ne refrenéront
" jamais leurs cupidités par la crainte de la co-
" lére céleste, s'ils savent un moyen prompt, sûr,
" & facile de l'appaiser. De là vient que Platon or-
" donna des peines sévéres contre ceux qui ensei-
" gnoient cette clémence des Dieux, & qui se van-
" toient de les adoucir par des paroles, & par des
" offrandes, de quoi ils faisoient trafic. Consultés
" Pasquier. Si la seconde manière d'ôter d'une main
" ce que l'on donne de l'autre, est pernicieuse, la
" première l'est encore plus; car on ne se peut pro-
" mettre aucun fruit de l'idée magnifique qu'on
" aura donnée des Divinités, lorsqu'à d'ailleurs on
" les représente sujettes à toutes les fautes les plus
" préjudiciables à la République, comme est la re-
" bellion des Enfans, l'enlévement des filles, l'a-
" dultére, le vol, le mensonge &c. Les hommes
" qui se sentiront enclins à ces crimes-là, ne se
" moqueront-ils pas de ceux, qui voudroient leur
" faire craindre la Justice divine? n'espereront-ils
" pas que l'imitation des Dieux sera regardée dans
" le Ciel, comme un acte de pieté?
" 3. Les Juges de la Question auroient encore à
" s'informer si la Religion dont il s'agiroit, est des-
" servie par un petit nombre de gens d'élite, que
" leur sagesse rend venerables, car si l'on laisse ce soin
" à un nombre prodigieux de fainéans: on ne sau-
" roit s'empêcher de croire en ce dernier cas que la
" Religion introduira beaucoup de désordres dans la
" République, & qu'à la faveur du caractére pla-
" sieurs de ces fainéans satisferont leur avarice, leurs
" voluptés, leur ambition, par toutes fortes de ru-
" ses & d'impostures; qu'ils se laisseront gagner par
" des factieux, que tous les complots contre l'Etat
" se brasseront dans leurs Colléges, & que sous le
" spécieux prétexte du Service divin, & en se pré-
" valant des vieilles superstitions, & de quelque pré-
" tendu miracle nouveau né, & en faisant courir de
" faux Oracles, & de fausses interpretations de Pro-
" phéties, ils souléveront la populace pour faire chan-
" ger le Gouvernement, ou proscrire telles & telles
" personnes. Vous me dirés que par l'ascendant que
" ces gens-là ont sur les Bourgeois, on peut calmer
" heureusement une sedition, ce que les Magistrats
" qui n'établiroient nul culte de Dieu, ne pourroient
" pas se promettre. On vous répondra que si ceux
" qui calment une sédition en excitent trois, com-
" me les calculs historiques pourroient nous l'apren-

" dre, ils sont plus préjudiciables qu'utiles à la So-
" ciété, & qu'ainsi les fondemens d'une Republi-
" que privée du reméde d'une sedition, mais ga-
" rantie de la cause de trois seditions, ne sont pas
" aussi fragiles que ceux d'un Etat qui a le reméde
" d'une sedition, & le tocsin de trois autres. L'on
" n'omettra pas de vous dire que trois Prêtres sedi-
" tieux sont plus capables de causer des troubles, que
" dix Prêtres vertueux & pacifiques ne sont capa-
" bles de maintenir, ou de rétablir la tranquillité.
" Les passions des méchans sont plus actives que
" celles des gens de bien. Lisés ce que Ciceron dé-
" cide sur la différence qu'il y a entre les perturba-
" teurs du repos publics, & les amateurs de la paix.
" 4. " Enfin les Juges seroient obligés de defnander 1.
" Si la Religion est sujette aux schismes, ou si el-
" le enseigne que tous les particuliers doivent tou-
" jours se conformer au culte public. 2. Quel est
" son dogme sur l'autorité Souveraine, & sur l'o-
" béissance des Sujets. Il est impossible de cau-
" tionner qu'une Religion ne se divisera jamais en
" sectes, ni qu'elle enseignera toujours que l'on doit
" se conformer à la Confession de foi, établie par
" les Loix de l'Etat, mais l'on pourroit caution-
" ner sans temerité, qu'une Religion qui enseigne
" que le Prince doit punir ceux qui attaquent le
" culte public, & que les Sujets qui ne peuvent
" en conscience se conformer à ce culte, ont droit
" de prendre les armes pour se procurer la liberté de
" servir Dieu selon leurs lumières, causera tôt ou
" tard bien des désordres dans la Société. Qu'il s'é-
" leve tout d'un coup, un ou deux particuliers qui
" soutiennent que la Religion dominante est cor-
" rompue, les suites de cela seront peu considera-
" bles, s'ils ne sont que des Sectaires. Mais s'ils se
" font suivre par le tiers ou par le quart des habi-
" tans, le Païs se trouvera dans la plus perilleuse
" conjecture qui puisse menacer un Etat. Le Sou-
" verain se conformant à la doctrine de la Religion,
" voudra contraindre ces Sectaires à renoncer à
" leur Schisme. Ils opposeront la force à la force
" conformément à la doctrine de la Religion, &
" quoiqu'inférieurs en nombre, ils feront secourus
" une longue résistance; car ils seront secourus
" d'hommes & d'argent par les ennemis de l'Etat.
" S'ils obtiennent enfin d'être tolérés publiquement
" la Société se voit partagée en deux Religions
" ennemies l'une de l'autre, & toujours prête à se
" disputer le terrain, ce qui est une source inépui-
" sable de chicanneries, & de fourberies, & d'in-
" justice, de sorte que si, pendant les guerres ci-
" viles de Religion, l'Etat se trouve secoué jus-
" qu'aux fondemens, ruiné, saccagé, brûlé, il
" n'est guéres en repos après qu'elles sont finies. Les
" animosités durent, la fidelité du parti foible de-
" vient suspecte; on le considère comme un enne-
" mi caché; on attend les occasions favorables de
" s'en défaire; & si l'on en vient au bout, ce
" n'est qu'au prix d'une infinité de crimes, qui
" rendent très-miserables une infinité de Sujets.
" Pourriés-vous dire, Monsieur, en examinant tout
" ceci, que ce soit mettre le repos des Sociétés sur
" un ferme fondement, que de l'établir sur une
" chose qui met l'épée à la main du Souverain con-
" tre ses Sujets, & à la main d'une très-petite par-
" tie des Sujets, contre tout le reste de l'Etat?
" Une chose, dis-je, qui dès que les sentimens
" sont partagés, séme la division dans les familles,
" arme le frére contre le frére, le mari contre la
" femme, & répand un nuage si épais dans les Es-
" prits, qu'on regarde comme de bonnes actions,
" ce qui est le plus contraire aux idées de l'équité?
" Mais enfin puisque les sont faites pour le servi-
" ce de Dieu, (le dit-on,) elles ne peuvent être
" mauvaises.

Mr. Bayle a insinué un grand nombre de choses
qui vont à faire conclure que la Religion, & même

la vraye Religion, n'a pas, en elle-même, des avantages pour le bien de la Société par dessus l'Athéïsme. On le pousse là-dessus : il se sauve chés les Payens & se rabat à comparer ce qu'il y a de plus absurde dans leur Religion avec l'Athéïsme. De là il se jette sur tout ce que la superstition & l'oubli des Maximes de la Religion a produit de désordres chés les Chrétiens. C'est ce qu'il fait dans les Chap. XIX & XXX du même Ouvrage.

Mais 1. les Maximes de la Religion bien observées auroient prévenu tous ces désordres. 2. L'Intolerance qui en est le Principe n'en auroit pas moins produit parmi les Athées; car si l'on suppose des Athées qui demeurent dans une vaste étendue de Païs, comme l'esprit humain est fécond à inventer, à former des idées nouvelles, & qu'on les adopte souvent avec beaucoup de zèle, il pourra aisément arriver que, dans un Païs où les Athées domineront, & où l'Athéïsme sera l'opinion régnante, quelques personnes viendront à penser tout autrement qu'eux, car les plus déterminés Athées ne nieront pas, & Mr. Bayle lui-même n'auroit pas osé nier, que l'hypothése de l'existence d'un Dieu ne soit aussi vraisemblable que l'autre, & de plus l'experience fait voir qu'elle a un grand rapport avec la nature de l'homme, puis qu'elle est si fort répandue, & que les Missionnaires trouvent de la facilité à faire des conversions, chés les peuples qui paroissent destitués de cette connoissance, & où l'ignorance est accompagnée de simplicité.

Ceux qui se seroient persuadés de l'existence de Dieu & qui en auroient conclu l'obligation de servir & de lui obéïr, se croiroient obligés en conscience & sous peine de damnation, de répandre ce sentiment si nécessaire aux hommes, le plus qu'ils pourroient. Là-dessus il seroit naturel que des Athées regardans ce nouveau parti comme composé de gens qui dévoués à un Maitre Suprême entre les mains de qui seroit leur sort éternel, devroient fremir d'horreur à l'idée de ceux qui se moquent de ce grand Etre & qui regardent comme des Fous ses Adorateurs. Ils se croiroient donc obligés d'étouffer ces Visionnaires redoutables. Ceux-ci, de leur côté, persuadés de la bonté de leur Cause se croiroient permises les voyes de violence pour se soutenir contre des Monstres si ingrats à leur Createur & si ennemis de Dieu & des hommes.

Je remarque outre cela que si l'on remonte à la véritable source des désordres & des Séditions on la trouvera dans l'ambition des hommes, dans leur humeur inquiéte, dans leur attachement à leurs interêts, & dans l'envie avec laquelle ils se regardent les uns les autres. La Religion peut leur servir de préxeste, mais elle n'en est point la Cause premiere & physique. Si ce prétexte avoit manqué, on en auroit trouvé d'autres. Aujourd'hui, par exemple, s'il s'élevoit des séditions dans la Grande-Bretagne, on y feroit entrer la Religion. Les interêts de la Haute Eglise d'un côté, la crainte du Fanatisme, l'Obéïssance passive, un des grands devoirs de l'homme, (diroit-on,) & très recommandé dans l'Ecriture, toutes ces choses fourniroient des prétextes à l'un des Partis. La crainte du Papisme, des Erreurs & de la Tyrannie Ecclesiastique fourniroient des raisons à l'autre. Mais quand on les étudieroit de près, on verroit que le désir de dominer, d'avoir le plus de part au Gouvernement & aux avantages qui en reviennent, de culbuter ceux à qui on porte envie & de s'enrichir de leurs dépouilles, seroient les veritables motifs. Il ne seroit pourtant pas possible que les dissensions se portassent plus loin qu'on ne les a vues dans les tems de la Rose blanche & de la Rose rouge, quand la Religion n'en étoit ni le motif, ni le prétexte. C'est donc en vain que Mr. Bayle cherche à la charger & à faire conclure que la France, par exemple, auroit évité bien des troubles, si au lieu d'être Chrétienne, elle avoit été toute peuplée d'Athées. L'Intolerance est une suite naturelle de l'Athéïsme, & la Tolerance une suite naturelle de la Religion Chrétienne. C'est son plus beau Caractère & on y viendra enfin, le Bon-sens y achemine.

La Religion & les Discordes qui la brouillent ont-elles eu la moindre part aux proscriptions & à toutes les horreurs des guerres civiles des Romains? La Vertu ne devint-elle pas odieuse aux scelerats qui se virent les maitres de ce grand Empire?

La Superstition la plus enflammée d'un faux zèle a-t-elle jamais été suivie d'autant de cruautés qu'il s'en commit sous les Regnes de Charles VI & Charles VII.

On a horreur d'en rapporter une partie; ils pilloient, tuoient, forçoient, brûloient & faisoient tout ce que des Diables auroient pû faire.

Dans le tems qu'on étoit possedé de ces fureurs un Cordelier se fit écouter & on en fut si touché qu'on renonça à tous les appas du jeu, des atours, de tout ce qui flatte les sens & enflamme les passions. De telles ressources auroient-elles jamais lieu dans des Sociétés d'Athées? Si ce Prédicateur avoit été veritablement sage, qu'est-ce que la Société ne lui auroit pas dû?

Les Auteurs du Journal Litteraire demandent *Ces bonnes gens du tems passé qui se sâient si peu du quartier à leurs Eglises, à leurs Images, à leurs Reliques & même à leur Hostie, étoient-ils Calvinistes, ou animés de quelque zele de Religion?*

L'Athéïsme n'est point incompatible avec l'Intolerance, & afin qu'elle ne fût point à craindre de la part des Athées, il faudroit 1. que tous les hommes le fussent. 2. qu'ils y persevérassent tous. 3. que les Athées regardassent avec indifference, sans inquietude, sans impatience, sans envie tous ceux qui sur d'autres sujets que l'Irreligion penseroient différemment des autres.

Mais l'Intolerance cesseroit aussi parmi les hommes, si le Genre-humain n'avoit qu'une seule & même Religion. La Raison, l'Humanité, la Religion Chrétienne s'unissent pour les engager à la Tolerance, en cas de diversité de sentimens, & l'experience commence à la convaincre que c'est le meilleur parti non seulement pour le repos de la Société, mais pour l'éclaircissement même des Controverses.

L'experience encore de tous les Païs & de tous les siècles prouve que l'Etat de Religion est plus naturel à l'homme que celui d'Athéïsme, & par là il est plus convenable à la Nature humaine d'introduire la Tolerance dans la Religion, que de l'esperer enfin de l'Athéïsme. La premiere de ces voyes est plus naturelle & plus praticable que la seconde.

Reponse aux Quest. d'un Prov. T. IV. Ch. XIX.

CX. "Il n'est pas certain 1., dit Mr. Bayle, *Ibidem.* "que les Prêtres du Paganisme ayent enseigné au *pag. 930.* "Peuple ces deux articles de foi, l'un, que les re- *Continuation.* "compenses temporelles, & éternelles des Dieux "n'étoient destinées qu'aux personnes qui s'aquit- "toient bien non seulement de l'exterieur de la Re- "ligion, mais aussi des devoirs de la Morale; l'au- "tre, que l'on s'exposoit à la colère des Dieux, à "leurs châtimens temporels & éternels non seule- "ment lors qu'on négligeoit les ceremonies de leur "culte, mais aussi lors qu'on ne pratiquoit pas les "devoirs de la Morale.

"2. Le nombre innombrable des expiations, la "plûpart à juste prix, que les Prêtres du Paganis- "me promettoient aux Criminels, rendoient inuti- "le le Dogme des peines Celestes, pour le moins "dans le cœur de ceux qui sentoient une passion "violente.

"3. Il est certain que le Paganisme entretenoit "une quantité prodigieuse de diverses sortes de "Prêtres, ce qui étoit une charge préjudiciable à "l'Etat &c.

"4. Enfin il est certain que le Paganisme enseignoit "qu'il falloit punir tous ceux qui vouloient combattre

„ battre la Religion dominante; ce qui reduifoit
„ beaucoup de particuliers à la dure neceffité de fai-
„ re femblant d'approuver des chofes qui leur pa-
„ roiffoient abfurdes.
„ Si le Chriftianifme n'avoit trouvé en fon che-
„ min que des gens à qui toutes fortes de Religions
„ paroiffoient fauffes, la Société n'auroit pas été trou-
„ blée, comme elle le fut par la refiftance des
„ Payens.
„ La nature, l'humanité, la pitié, la raifon com-
„ battent comme de concert dans le cœur d'un Pére
„ contre la tentation d'étouffer fes petits Enfans.
„ Un Idolatre de Moloch eût pû remporter la vic-
„ toire avec ces fecours, fi la Religion n'eût été
„ de la partie ; mais la Religion s'en mêlant, il
„ fouloit aux pieds la nature, l'humanité, la pi-
„ tié & la raifon. Si les Payens qui exerçoient
„ tant d'injuftices contre les Chrétiens, n'avoient
„ confulté que les lumiéres naturelles que Spinofa
„ conftitué Juge d'un procès auroit fuivies, ils
„ n'auroient pas mis à mort, emprifonné, tortu-
„ ré, bani ou ruiné par des amendes une infinité
„ d'innocens.
Mr. Bayle en faifant femblant de tomber fur le
Paganisme répand des reflexions qui difpofent à conclure que la Religion fait beaucoup de mal à la Société. Mais fi nonobftant certaines chofes qu'on
pourroit utilement corriger, elle eft très-neceffaire, que feroit-ce fi elle y regnoit fans mélange
d'aucune erreur, ni d'aucune pratique inutile?

Combien de vagabonds, combien de fcelerats, combien de proftituées n'y auroit-il pas dans une Societé toute compofée d'Athées? Les Gibets, les
Roues, le point d'honneur, dira-t-on, s'oppo-
feroient un obftacle. Mais fi ces moyens n'empêchent
pas aujourd'hui de voir bien des gens qui fe laiffent
aller à ces horreurs, que feroit-ce quand des fentimens de Religion ne retiendroient qui que ce foit?
Car on ne peut douter qu'ils n'ayent leur effet fur
plufieurs; & le point d'honneur eft plus grand quand
la Religion le fortifie.

Quant à ce qu'il infinue qu'avec quelques menus pratiques extérieures, on exploit toutes les fautes & que les devoirs de la Juftice entroient pour
rien dans cette Religion, cela eft expreffément contredit par la Formule des denonciations de guerre,
par laquelle on imploroit la vengeance des Dieux fi
on entreprenoit une guerre injufte, guerre dont on
les prenoit pour témoins.

Comme Mr. Bayle ajoûte encore dans ce Chapitre
fur l'Intolerance en faveur de l'Athéïsme, je viens
de le refuter. Une partie du Chapitre fuivant roule encore là-deffus.

CXI. Mais dans la page 283. de la Reponfe aux
Queftions d'un Provincial T. IV. Chap. XX. „ Je
„ paffe, dit-il, à une Queftion qui fut propo-
„ fée à Mr. Jurieu l'an 1694. Geneve courroit-elle
„ un bien grand danger de perdre fa Liberté fi une
„ partie de fes Habitans étoient zélés pour le Pa-
„ pisme & dirigés par des Moines, que s'ils étoient
„ indifferens fur le chapitre de la Religion?

Pour moi, qui par la grace de Dieu fuis infiniment éloigné de regarder comme des abominables &
des Victimes affurées de l'Enfer tous ceux qui penfent autrement que moi en matiére de Religion, je
ne ferai nullement déconcerté par cette demande. Il
y a des Républiques Catholiques qui fubfiftent depuis long-tems, des grandes, & des petites, comme Venife, une partie des Cantons Suiffes, Genes, Luques, Ragufe: En Allemagne il y a des
Villes Catholiques libres où qui aprochent très-fort
de l'être, comme Cologne, & d'autres, auffi
bien que des Proteftantes. Genéve étoit à divers
égards maitreffe d'elle-même pour le temporel, dans
le temps que fon Evêque y dominoit pour le fpirituel. Un en étoit de même de Laufane qui s'eft
donné un Souverain temporel en fe reformant. Le

changement de Religion n'iroit donc point par lui-
même à renverfer la Republique de Geneve ; mais
de la maniére dont elle eft fituée, les mêmes Caufes, qui y introduiroient par la force une Religion
differente de celle qui y eft établie, détruiroient
auffi la Liberté & l'affujettiroient à tous égards.
Mais ce que les Puiffances Catholiques feroient
tout d'un coup, le Spinozisme ne tarderoit pas à
le faire, & d'avoir à fa fuite des inconveniens incomparablement plus grans. Il n'y a qu'à paffer
quelques tems à Genève, & donner quelque attention à ce qu'on y obfervera, pour comprendre
manifeftement que cette Republique fubfifte parceque, d'un côté les Magiftrats fe regardent comme
les Péres & les Protecteurs du Peuple, & que d'un
autre côté le Peuple eft très-foûmis aux Magiftrats dont il n'aperçoit l'élevation que par les a-
vantages qu'il en tire pour fa fûreté & fa tranquilité.
La Religion qui y régne, qui y eft enfeignée a-
vec une grande clarté & une grande affiduité &
dont la lumière tire une nouvelle force des Exemples qui la foutiennent, entretient cette admirable harmonie entre les Magiftrats & le Peuple &
fait qu'il y a très-peu de Genevois qui n'aimaffent
mille fois mieux s'enfevelir fous les ruïnes de
leur Patrie que de paffer fous un autre Maitre.

Eloignés les idées de Religion, vous faites
tomber un des plus puiffans foutiens de cette harmonie. Un Spinofifte interreffé hefiteroit-il à vendre fa Patrie? Un Spinofifte mal content de fa
Fortune, & qui ne croiroit pas fon merite affés
recompenfé, n'oferoit-il hafarder de la culbuter,
s'il avoit quelque courage? Il n'y a pas longtems
qu'on a vû quel trouble n'eft pas capable d'exciter un homme qui a de l'efprit & que la Religion en retient point. S'il avoit trouvé quelques
centaines de Spinofiftes affés déterminés pour ne
craindre ni la Mort ni fes fuites, il feroit venu
à bout de tout ce qu'il auroit voulu.

Mr. Bayle demande après cela, „ de qui on fi-
„ meroit mieux repeupler l'Angleterre, fi la Pef-
„ te, par exemple, venoit à enlever une gran-
„ de partie de fes habitans, de Papiftes ou de
„ Spinofiftes?

Dans cet endroit-ci Mr. Bayle marche à tête levée, ce n'eft plus les Payens qu'il compare avec les Athées pour faire voir que l'Athée n'eft
pas fi redoutable à la Société, & que la Religion
n'a pas autant d'avantages fur lui qu'on le penfe ordinairement. Il met en parallèle des Chrétiens avec
des Spinofiftes. Il veut vaincre à quelque prix
que ce foit, il veut gagner des Lecteurs, & faute
de raifons, il cherche à réveiller les paffions les plus
vives.

L'Introduction d'un grand nombre de Catholiques en Angleterre, pourroit d'abord y caufer de
grandes revolutions fur le pied que les chofes y
font. Mais il feroit poffible neanmoins de prendre
des mefures & des précautions au cas que la neceffité obligeât d'en faire venir pour repeupler cette Ile.
Peut-être que des Spinofiftes, pour faire honneur à
leur Secte naiffante & nouvellement accueillie du public, fe tiendroient en repos pendant quelque tems,
mais le moyen de compter fur eux? Par quel ferment les y obligeroit-on? Mais Mr. Bayle lui-
même a nié que ce fût un Dogme generalement reconnu par les Catholiques qu'il ne faut pas tenir la
foi aux Hérétiques. L'efprit de parti à la verité
eft-très naturel aux habitans de la Grande Bretagne.
Vous diriés que c'eft leur caractére propre : leurs
Ecrivains fe déchirent. Un Poëte eft au defefpoir
de la reputation d'un autre Poëte. N'être que le
Second ou le Troifiéme dans tout ce qui donne
quelque relief leur paroit une efpéce de flétriffure.
En particulier chacun cherche à être le plus riche,
une infinité de gens fe hâiffent à la furreur fous les
noms de *Whigs* & de *Toris* qui ne fauroient expliquer

quer distinctement ce que ces termes signifient. Les Spinosistes y seroient donc bien-tôt un parti, & les *Toris* les plus violens n'auroient jamais cherché à rendre les *Whigs* méprisables sous l'idée de Fanatiques, autant que les Spinosistes chercheroient à rendre odieux & méprisables ceux qui auroient de la Religion, quand ils les trouveroient dans leur chemin, & qu'ils auroient intérêt à les culbuter. Ce sont, diroient-ils, des fous très-dangereux capables d'exciter les plus vives séditions & de troubler, pour très-peu de chose, la tranquillité de la vie présente dans la pensée où ils sont qu'elle sera suivie d'une meilleure, & qu'ils y parviendront en s'opposant de tout leur pouvoir à ceux qu'ils regardent comme les ennemis de leur Dieu. Les gens qui auroient de la Religion de leur côté, regardant les Spinosistes comme des hommes en qui on ne peut prendre aucune confiance, se croiroient dans l'obligation de mettre tout en œuvre pour les exclure des emplois & pour les empêcher de devenir riches & par-là d'être en état d'entreprendre.

Mr. Bayle qui se flatte d'obtenir des Protestans Anglois toute l'approbation dont il a besoin & qui, dans cette vue réveille leur animosité, leur frayeur, leur défiance contre les Catholiques, ne voit-il pas qu'un Spinosiste mal content, ou un Spinosiste ambitieux, interessé, inquiet en un mot, ne se feroit point de peine de contrefaire le Catholique, & que les Catholiques de leur côté se joindroient aisément aux Spinosistes s'ils esperoient d'y trouver leur compte contre les Protestans qu'ils n'aimeroient pas, & dont naturellement ils ne devroient pas être aimés?

Retour à l'Intolerance Ouvres Div. Tom. III. pag. 955.

CXII. A la page 292. de la Réponse aux Questions d'un Provincial T. IX. Ch. XX. " Vous " devés considerer, dit Mr. Bayle, que les con- " sciences saisies d'un faux zèle de Religion ne peu- " vent point être arrêtées par les ressorts qui arrê- " teroient un Spinosiste. La raison, le respect pour " le Public, l'honneur humain, la laideur de l'in- " justice l'empêcheront assés souvent de faire tort à " son prochain. Mais un homme qui se persuade " qu'en examinant les hérésies il avance le Régne de " Dieu, & qu'il gagnera un plus haut degré de " gloire dans le Paradis, après avoir été admiré sur " la terre, & comblé de louanges & de présens com- " me le protecteur de la Verité; un tel homme, " dis-je, foulera aux pieds toutes les régles de la " Morale, & bien loin d'être refrené par des re- " mors, il se sentira poussé par sa conscience à se " servir de toutes sortes de moyens pour empêcher " qu'on ne continue de blasphemer le saint nom de " Dieu, & pour établir l'Orthodoxie sur les ruines " de l'Hérésie, ou de l'Idolatrie. Quels ravages cela " ne coûte-t-il point dans une Société! Les pour- " roit-elle craindre de la part des Esprits forts? Ces " ravages s'augmentent par la résistance du parti " qu'on veut opprimer, & qui de son côté se per- " suade que pour la gloire de Dieu il doit faire en " sorte que le Persécuteur tombe en ruine.

" Il faut en troisiéme lieu, que vous observiés " que la Religion dominante qui se voit troublée " dans la possession, ne manque jamais de dire que " les Novateurs sont ennemis de l'Etat, & n'ont " pas moins en vue d'y changer le Gouvernement " temporel, que la doctrine Ecclesiastique.

" On se chagrine encore plus de s'imaginer qu'il " y a dans la Nation même une Secte qui se réjouit " secrettement des adversités publiques.

" Je ne saurois m'imaginer qu'il y ait des Politi- " ques bien pensants, bien intentionnés, qui en ne " considerant que la sureté & la tranquillité de l'E- " tat, ne jugeassent que l'on sauroit souhaiter de " meilleurs Sujets que ceux qui ressembleroient à " quelques Peuples d'Afrique, qui étant interrogés " quelle étoit leur Religion, répondoient, qu'ils con- " sistoit à bien obeir au Roi, & à leurs Gouvernemens,

" & qu'ils ne se mettoient en peine de rien autre chose".

C'est là où conduit le Christianisme & en même tems à beaucoup plus.

" Je suis persuadé que l'Empereur de la Chine " compte plus sur la fidelité de la Secte des Lettrés, " que sur celle des Idolatres.

1. Par la grace de Dieu l'esprit de Tolerance s'établit, & bien-tôt les Athées n'auront plus occasion de repeter les objections de Mr. Bayle à cet égard.

2. J'ai déja fait voir que les suites de l'Intolerance peuvent être également & plus à craindre dans une Société d'Athées.

3. Les Causes veritablement physiques & immediates des Seditions & des Troubles se trouvent dans les dispositions du Cœur humain, l'ambition, l'avarice, l'envie, & les Athées qui ne connoissent rien au delà de cette vie & qui renferment toute leur joye dans ses biens, devront naturellement être beaucoup plus sensibles à ces passions que ceux qui ont effectivement de la Religion.

4. Un homme qui a de la Religion quand même il croit sa Cause bonne, & le sujet qu'il a de prendre les armes legitime, ne laisse pas d'être retenu par la consideration des suites affreuses, qu'entraine une prise d'armes & souvent cela le détermine à prendre plûtôt patience.

Quand M. Bayle publia son Avis aux Refugiés, comptoit-il que ses raisons n'auroient aucun effet sur personne? or dans ce Livre, & dans plusieurs endroits de son Dictionaire, il represente combien on doit être circonspect à prendre les armes, par les suites déplorables qu'ont les guerres les plus justes.

5. Plus un homme a de Religion, plus il craint de se tromper dans le projet d'exciter quelque sédition. Sa Religion, & la pensée qu'il en rendra compte à Dieu, l'obligent de tourner ce projet de tous les côtés. Mais un Athée ne l'envisagera que du côté de son intérêt, & s'il a naturellement du courage, s'il est d'un temperament à ne point craindre la mort, & si en même tems il a une grande ambition, rien au monde ne pourra l'arrêter.

6. Un homme qui viendroit d'éprouver les duretés d'une persecution, se laisseroit aisément ébloüir, par l'idée d'un peuple à qui ces procedés ne sont point connus, & si lui sembleroit qu'il va respirer au milieu des Athées dont Mr. Bayle fait la description.

Il est vrai précisement, dans cet homme-là, l'image d'un gouteux à qui l'on annonce un païs où jamais on n'a connu ce mal, & où l'on n'arrive pas plûtôt qu'on en est guéri; il voudroit déjà y être, & ne se met pas en peine d'être informé, que les maux de dens, les erésipéles, les sciatiques, les rhumatismes y regnent beaucoup plus universellement que par tout ailleurs & y font de plus affreux ravages.

Il est bien certain que la diversité de sentimens, en matiere de Religion, ne causeroit aucun trouble chez un Peuple où l'on seroit profondément Athée. Mais ne s'y trouveroit-il pas d'autres causes de dissentions, d'envies, & ces gens n'y seroient-ils que foiblement sensibles? L'Athéïsme auroit-il la force de dégager les hommes de tout désir de primer, de la passion excessive pour les applaudissemens, & de toute impatience par rapport aux contradictions? Un Savant se seroit insinué dans l'esprit du maitre. Savés-vous, Monsigneur, lui diroit-il, pourquoi de tels & de tels s'obstinent à combattre toutes mes idées? c'est que la faveur dont vous m'honorés les importune. Leur passion les aveugle au point de ne pas appercevoir que leurs nouvelles hypotheses ne vont pas moins qu'à tout bouleverser; si une fois il est permis de subtiliser, sans respect pour l'évidence, tous les principes d'honneur, toutes les maximes d'équité, toutes les veritez, qui fondent la justice des Loix & des Intérêts de l'Etat, deviendront douteuses. Dès là chacun se croira permis ce que son Imagination lui dictera. Il n'y aura plus d'un miser—

niformité dans la conduite de nos Sujets, dès qu'il n'y en aura plus dans leurs idées, & la liberté de penser dégenerera en une funeste licence.

Les nouvelles publiques nous ont apris, il n'y a pas long-tems, que deux savans & celebres Medecins, après avoir beaucoup écrit l'un contre l'autre sur les remedes les plus sûrs & les plus efficaces pour la guerison de la petite verole, en viennent aux mains, & décideront leur querelle par leurs épées. Supposons un cas pareil dans un Royaume d'Athées & l'un de ces Medecins favori du Monarque, qui, comme il arrive souvent, est susceptible de préocupation & très-vif dans ses volontés. Il défend la pratique de l'autre comme tendante à dépeupler ses Etats. Celui-ci se refugie chés un Prince parent & vassal du Monarque, mais puissant & ambitieux. Il ordonne à tous ses Sujets de n'employer que la methode à laquelle il a donné sa protection. Il fonde ses Edits sur l'obligation indispensable où il se croit de pourvoir à la conservation des hommes dont le gouvernement lui est échû en partage, & qui plus ils seront en grand nombre, plus aussi ils se trouveront en état de servir le Monarque dont leur Maitre se reconnoit Vassal. Ce Monarque à son tour prend feu. L'un se justifie par son zèle, l'autre croit son autorité méprisée. Les armes vont decider laquelle des deux methodes doit avoir la preference.

Un Philosophe s'éleve & soutient que les Bêtes ne sont que des machines, sans quoi il seroit injuste & barbare de les tuer, on se feroit par là un chemin à manger les autres hommes. Un Antagoniste l'accuse de faire naitre ces scrupules au grand préjudice de la Société & prétend que d'un paradoxe on passera bientôt à l'autre & que bien des gens se croiront en droit de ne regarder aussi ceux qu'il leur plaira que comme des machines. Chacun cherchera à soulever les peuples en sa faveur. On en est venu aux extrémités affreuses autant que ridicules pour de moindres sujets. De quels emportemens n'a pas été l'occasion la Logique de *Ramus*, quoique si peu differente de celle d'Aristote à laquelle on vouloit la substituer ? Quelles seditions n'étoit pas à tout coup sur le point de causer à Rome la vehemence de deux partis dont l'un preferoit un Pantomime à l'autre ? Auguste, dit-on, n'avoit pas assés de credit pour les concilier. On ne se divisoit pas avec moins d'emportement sur le sujet des courses où les uns paroissoient avec des habits bleuts & les autres avec des habits verds. Le Roi de Pegu & le Roi de Siam quoique proches parens se firent la guerre, au sujet d'un Elephant blanc, & une guerre si cruelle qu'elle coûta la vie à plus de deux-cens mille hommes.

Les maximes d'une Religion mediocrement éclairée, n'auroient-elles pas fait sentir le ridicule de ces extrémités, & l'injustice de ces horreurs & par là même ne les auroient-elles pas prevenues ?

Qu'est-ce que l'ignorance & la brutalité qui porta l'Empereur Licinius à persecuter les Philosophes, dont il fit même mourir un grand nombre, les regardant comme des pestes publiques ? C'étoit un infame débauché : & l'Atheïsme n'ouvre-t-il pas la porte à la sensualité & à ses suites ? Quiconque vit sagement & invite les autres à l'imiter, paroit condamner la conduite d'un homme qui ne veut point se contraindre.

Il ne paroit pas trop par les entretiens de Socrate rapportés par Platon, que de son tems diverses personnes avoient des doutes sur la Providence & l'immortalité de l'Ame. On peut avec toute la vraisemblance du monde ranger dans cette classe les scelerats qui complotterent la perte. Ses vertus le leur rendoient odieux ; & il est très-naturel de concevoir que des gens de bien importuneroient les Athées dans une Société qui en seroit toute composée. Pour peu qu'ils philosophassent on les feroit passer pour des corrupteurs de la jeunesse, & la Vertu y seroit de beaucoup plus exposée à des persecutions, que là où la Religion regneroit même avec un esprit d'intolerance.

Pour ce qui est du Fanatisme qui a causé de grandes émotions, il ne sauroit long-tems durer. Il en est du Fanatisme violent comme de ces Fiévres ardentes & Epidemiques qui font d'abord un grand ravage, mais qui s'éteignent bientôt. De plus le Fanatisme étant une maladie d'esprit qui a des causes physiques, l'Atheïsme ne l'empêcheroit pas de naitre & les Athées eux-mêmes ne sont-ils pas une espece de Fanatiques, dont la fureur va à troubler le Genre-humain contre toutes sortes d'interêts ? S'il étoit possible d'être Athée & d'être raisonnable, les Athées ne passeroient-ils pas cette vie, qui est leur tout, avec le moins de travail & le plus d'agrément qu'ils pourroient ? & qu'est-ce qui les empêcheroit de donner carriere à leur humeur ?

Dictionaire Critique Article *Knuzen*.

,, Il ne croyoit ni Dieu ni Diable, les Magistrats ,, étoient selon lui inutiles. Trois préceptes suf- ,, fisoient pour regler les hommes. NE FAIRE ,, TORT A PERSONNE; VIVRE HONNETE- ,, MENT; RENDRE A CHACUN CE QUI ,, LUI EST DU.

Surquoi Mr. Bayle dit, Note B.,, Les hommes ,, suivent-ils ces Préceptes dans les Pays mêmes où ,, les Juges punissent avec le plus de severité le tort ,, qu'on fait à son prochain ?

,, Les folies de cet Allemand nous montrent que ,, les Idées de la Religion naturelle, les Idées de ,, l'Honnêteté, les Impressions de la Raison, en ,, un mot les lumieres de la Conscience peuvent sub- ,, sister dans l'esprit de l'homme, après même que ,, les idées de Dieu & la persuasion d'une autre vie ,, ne vienne en ont été effacées.

Mais que signifie Conscience, & par quel frein seroit-on retenu, quand on se trouveroit d'humeur à les violer ou qu'on y seroit solicité par quelque vif & considerable interêt ?

Mr. Bayle enfin ajoute, *Il faut être fou à lier pour croire que le Genre humain puisse subsister sans des Magistrats ?* N. B.

De-là je conclus que le Pyrrhonisme n'est pas un état naturel & qu'on en sort de tems en tems. Voi-là une Negation qu'il faut être fou à lier pour en égaler la vraisemblance à l'Affirmation opposée. La difference des sentimens n'autorise donc pas le Pyrrhonisme. Ce Knuzen assuroit qu'il s'étoit fait un grand nombre de Disciples dans les Universités, & quel ravage ne feroit pas dans une Société d'Athées un Fanatique dans ces Idées, & qui las & ennemi du joug des Magistrats, s'aviseroit de lever, parmi les hommes réunis sous les Puissances, l'étendart de la Liberté ? Ne lit-on pas dans les Ouvrages du *Baron de la Hontan* une suite de raisonnemens qui tend à montrer que les hommes vivroient plus heureux s'ils vivoient sans Magistrats & sans Loix ? Après cela qu'on s'avise de relever la tranquilité, la splendeur & la sureté qui regneroient dans les Societés d'Athées.

Reponses aux Questions d'un Provincial, T. IV. Ch. XXIII. pag. 334.

CXIII. Mr. Bernard objecte en quatrième lieu, dit Mr. Bayle, *que Perse raisonne sur un principe incontestable de sa Religion. C'est que la Vertu & la Bonne vie, sont recommandables à Dieu, & que c'est à cela qu'il a principalement égard.*

,, C'est continuer de confondre ce qu'il faloit de- ,, mêler. Perse avoit très-bien apris la Philosophie ,, Stoïque, & c'est là ce qu'il avoit tiré le princi- ,, pe pour quoi il raisonne, & non pas de l'instruc- ,, tion Sacerdotale.

,, Ils pouvoient savoir ou immediatement ou me- ,, diatement par les Leçons des Philosophes les Maxi- ,, mes de la Morale, & les éprouver en elles-mêmes ,, sans aucun égard à la Religion.

,, La

Oeuvres Div. Tom. III. 2. part. 964. Que la Religion Payenne recommandoit la Vertu.

Ibidem.

Ibidem. ,, La derniére Objection de Mr. Bernard combat l'idée que Mr. Bayle fait avoir du Paganisme.
,, Selon cette idée, les Payens croyoient des Dieux
,, & ils avoient une Religion qui ne recommandoit
,, point la Vertu, qui ne défendoit point le Vice;
,, tout se reduisoit à des Sacrifices pour obtenir
,, quelques biens temporels. D'ailleurs ces mêmes
,, Payens avoient l'idée de la Vertu, & l'idée du
,, Vice. Ils estimoient les gens vertueux, ils haïs-
,, soient les Vicieux ; les personnes raisonnables
,, parmi eux, se faisoient un devoir, d'être gens
,, de bien. Tout cela, ajoute Mr. Bernard, *me*
,, *paroit monstrueux, & par conséquent inconcevable.*
,, *On sépare, ce me semble, des choses, qui ne doi-*
,, *vent point être séparées. La Religion, & ces restes*
,, *d'amour pour la Vertu, avoient sans doute, quel-*
,, *que liaison ensemble. Il restoit aux Payens quelque*
,, *étincelle d'amour pour la Vertu, & de haine pour*
,, *le Vice, parce qu'il leur restoit quelque étincelle de*
,, *Religion,*
,, Pour dissiper les équivoques, continue Mr.
,, Bayle, & les autres embarras que vous pourriés
,, rencontrer dans cette objection, je vous prierai
,, de convenir avec moi de ce Principe, c'est que
,, l'homme est tellement conditioné, qu'il y a des
,, choses qui lui paroissent honnêtes, & des cho-
,, ses qui lui paroissent malhonnêtes, dès qu'il est
,, capable d'en discerner les idées, & avant que
,, d'avoir examiné quel peut être le fondement de la
,, difference de ces idées.
,, Voici un second principe que vous m'accor-
,, derés sans difficulté. Tous les hommes aiment
,, naturellement à être estimés, & à éviter l'infamie.
,, Enfin vous ne trouverés point étrange que la
,, Religion naturelle, je veux dire un certain nom-
,, bre de maximes de morale que la Raison fait en-
,, trer facilement dans notre esprit, quoiqu'elle
,, n'en puisse rendre la pratique aisée, ait resisté à
,, la Religion positive qui avoit des Temples, & un
,, ceremonial par tout.
,, L'ambiguité des mots brouillera necessairement
,, cette question pendant que le terme *Religion* sera
,, tantôt pris dans un sens indéfini, & tantôt dans
,, un sens fixé à l'Idolatrie. Mr. Bayle se fixe à
,, cette derniére signification, mais Mr. Bernard
,, ne s'y fixe pas. Il cherche dans le Paganisme u-
,, ne idée generale de bonne Religion separée de l'Ido-
,, latrie, & il applique à cette Religion abstraite, ce
,, qu'il trouve de plus favorable à ses objections.

Mr. Bayle, après avoir fait des courses sur le Christianisme en faveur de l'Atheïsme, retourne chercher de nouveaux argumens chés les Payens. *Une preuve, dit-il, que leur Religion ne portoit point à la Vertu, mais au contraire portoit au Vice, c'est que les Peres le leur ont reproché & si sont servis de cet argument pour la combattre.*

Mais on ne nie pas qu'il n'y eût dans la Religion Payenne des choses qui n'étoient pas favorables à la Vertu, par consequent les Péres ont raisonné judicieusement, quand ils le leur ont representé pour les convaincre que leur Religion avoit besoin d'être corrigée.

Mais puisque Mr. Bayle compte sur le témoignage des Péres, il faut aussi qu'il reconnoisse que les Péres ont pris soin de trier tout ce qu'il y avoit de bon chés les Payens, pour leur faire conclure que s'ils vouloient penser consequemment à ce que leur Religion renfermoit de bon, ils devoient passer au Christianisme & abandonner ce qu'elle y renfermoit d'opposé.

Les Poëtes ont plus qu'on ne les deshonoré leur Religion, pour frapper l'imagination par des contes qu'ils trouvoient susceptibles d'ornemens, ont établi dans leurs Fables de grandes verités de morale. Quand Jupiter descendit des Cieux déguisé en homme pour visiter les habitans de la Terre, il punit dans Lycaon la ferocité & le manque d'égards pour les étrangers, il recompensa l'hospitalité de Philemon & de Baucis. Une partie des Metamorphoses ont été des punitions de veritables Crimes.

L'Empereur Julien, le Payen le plus zélé qu'il y ait jamais eu, ne recommandoit-il pas avec un grand soin les bonnes mœurs?

Idée d'honnêteté, point d'honneur. La Religion augmente la force de ces idées & de ces motifs & les rectifie. Nous l'avons prouvé & remarqué plus d'une fois.

Reponse aux Questions d'un Prov. T. II. Pag. 81. Chap. 74.

CXIV. ,, Le desir de la gloire, dit Mr. Bay- *Ibidem.*
,, le, motif des actions heroïques est une *pag. 651.*
,, chose que nôtre Raison tolére plutôt qu'elle *De la pas-*
,, ne l'aprouve. On connoit évidemment que le *gloire.*
,, caractere du vrai merite est de s'attacher à la Ver-
,, tu à cause d'elle-même, & qu'il n'y a point
,, d'Eloge plus exquis que de pouvoir dire d'un
,, grand homme,
,, *Il ne veut pas sembler juste, mais l'être*, Non-
,, obstant cela on pardonne aux plus grans Heros
,, de s'animer par l'amour des louanges & de l'im-
,, mortalité de la renommée ; on le leur pardonne,
,, dis-je, parce qu'on sait que nôtre nature insepa-
,, rable de l'imperfection, ne peut pas remplir elle-
,, même tous ses vuides, ni se soutenir sans un ali-
,, ment étranger, & que l'amour de la Vertu ne
,, seroit pas un ressort assés actif, si l'amour des
,, louanges ne le poussoit, & qu'enfin ce motif-là
,, est incomparablement plus beau que la passion de
,, s'enrichir, qui donne le branle aux ames vulgaires.
,, Les Savans qui par un travail continuel & in- *Ibidem.*
,, fatigable ont poussé l'étude aussi loin qu'ils le
,, pouvoient & qui ont sacrifié à cela leur santé,
,, leur fortune, leur patrimoine, ne pourroient ja-
,, mais faire aprouver leurs motifs à la Raison, s'ils
,, avoient eu d'autres vues que de perfectionner leur
,, ame, & que de se rendre utiles à leur prochain.
,, Si outre cela, ils se proposent l'aplaudissement
,, populaire, les louanges & des grans, & des pe-
,, tits, ils ont besoin que l'on tolére leur infirmi-
,, té, & qu'on l'excuse sur ce que naturellement,
,, & presque involontairement ils se trouvent très-
,, sensibles au plaisir d'être loués; mais on ne les
,, excuseroit pas si l'on savoit que le seul motif de
,, leurs veilles est d'aquerir du renom, & de servir
,, de matiere aux Panegyristes.

Un homme qui ne travaille qu'en vue de la Reputation, n'est donc pas animé d'un motif assés solide & sur lequel on puisse autant compter que sur celui d'un homme qui s'acquite de son Devoir parce qu'il aime son Devoir & qu'il se devoue de bon cœur à l'utilité des autres. Est-ce par ambition, ou par haine pour ceux qui respectent la Raison & la pureté, qui cherchent à se procurer de la certitude, & à en procurer aux autres, que Mr. Bayle a tourné son Esprit & tous ses efforts à renouveller le Pyrrhonisme & à faire l'Apologie des Manichéens & des Athées.

La Religion Chrétienne fait plus que tolérer l'amour de l'honneur & le desir de la reputation, elle autorise, pourvu qu'on n'y tende que par de bonnes voyes & que la vehémence de ces desirs soit renfermée dans des bornes raisonnables ; & ces motifs tirent même des sacrées Verités de la Religion Chrétienne de nouvelles forces. Les hommes qui savent estimer le vrai merite sont créés à l'image de Dieu, & Dieu lui-même est le premier de même que le plus auguste témoin de ce que nos Vertus Intellectuelles & Pratiques renferment de louable. L'Athée peut-il être animé par ces motifs ? Celui qui n'est par pure ignorance ou par stupidité, a trop peu de genie pour s'élever à l'idée de la beauté de la Vertu, & ce desir d'une gloire qui lui donne les forces de franchir les obstacles qui rendent difficile l'observation des Devoirs, & dans celui qui s'applauplaudît de vivre sans Dieu & d'avoir assés d'esprit pour s'être mis au dessus de cette prévention, l'orgueil gâtera toujours tout.

Reponse aux Quest. d'un Provinc. T. IV. Ch. XXIII. p. 341.

Ibidem pag. 965.

,, Un homme de cœur zêlé Protestant, dit ,, Mr. Bayle, qui aura reçu un soufflet, cherche ,, dans le duel la reparation de cette injure. Il est-,, très-persuadé que la Religion lui commande de ,, pardonner les plus grands affronts; il demande tous ,, les jours à Dieu par le formulaire de priére que ,, Jesus-Christ a dicté, le pardon de ses péchés, ,, comme il pardonne les offenses qu'il a reçues, ,, c'est-à-dire, qu'il est content à être damné s'il ,, ne les pardonne point. Il sait d'ailleurs que l'ho-,, micide qui lui est interdit par sa Religion, est ,, puni du dernier suplice par les Loix de l'Etat, & ,, qu'il ne peut se battre en duel, sans se mettre ,, dans une occasion prochaine de faire un meurtre. ,, Il s'expose à un pareil risque d'être tué, & de ,, rendre l'ame, au milieu des plus furieuses émo-,, tions de la vengeance, c'est-à-dire, d'aller tout ,, droit aux Enfers, car il ne se peut pas promet-,, tre certainement d'avoir le loisir de faire un acte ,, de devotion. Rien de tout cela ne l'empêche de ,, se battre : les idées du point d'honneur ont plus ,, de force sur lui, que les interêts de sa vie, & ,, de son Salut, & que son attachement à la Re-,, ligion.

Pag. 966.

,, Or si l'Evangile, continue-t-il, n'a pû ruiner les ,, idées de l'honneur humain, ni reprimer l'ascen-,, dant qu'elles ont sur l'homme, s'étonnera-t-on ,, que l'Idolatrie Payenne n'ait pû ruiner les idées ,, de beauté & d'honneur que la Raison attachoit à ,, la Vertu, ni empêcher que plusieurs personnes ,, ne suivissent ces idées, préferablement à celles que ,, leur Religion leur suggeroit ?

Que me pourroit-on pas, dit Mr. Bayle, le point d'honneur *sur les Athées & de quoi ne les rendroit-il pas capables* ? A-t-il besoin d'être soûtenu par les *idées* de la Religion ce point d'honneur *qui est si puissante que les idées de la Religion même n'en peuvent pas triompher* ? Là-dessus Mr. Bayle represente d'une maniere très-vive l'horreur des Duels & de la Vengeance.

Il faut avouer que les passions sont une étrange source d'égaremens. Un Esprit exercé à la dispute, autant que celui de Mr. Bayle, un Esprit qui a entrepris la défense d'une Cause très-paradoxe & de plus très-perilleuse, comment n'est-il pas plus sur ses gardes ? Comment lui arrive-t-il de fournir aux défenseurs de la Religion des armes pour accabler celui qui en combat l'efficace ? *Il est naturel, aux hommes*, dit-il, *de s'enivrer du point d'honneur ; les plus grands essets de la Vengeance, arracher la vie pour une bagatelle à des personnes avec qui l'on vivoit en grande liaison, voila à quoi le point d'honneur entraîne.* Voilà donc à quoi seroient entraînés les Athées par le Principe que Mr. Bayle leur laisse, comme le plus puissant de tous ceux qui contribueroient au bien de la Société.

J'ai déja parlé de l'efficace de la Religion à cet égard & de l'obligation qu'on lui a.

J'ajouterai que bien des gens comprenant à quelles extremités ils se trouve reduit, & à quels dangers on s'est exposé, lorsqu'on en est venu jusqu'à être sur le point de se battre, s'observent eux-mêmes, & pour ne pas se trouver dans la nécessité de se faire du tort dans la societé à la mode, ou de risquer leur salut ; ils s'étudient à la circonspection, à la politesse ; & à diverses habitudes qui influent tout à fait sur la douceur de la vie, & le bonheur de la Société.

Qu'un homme vive bien & qu'il fasse son devoir dans l'occasion, il pourra marcher à tête levée quand même il auroit refusé un duel. Mais quand un Officier jure, s'enyvre, quand il a des intrigues criminelles, quand il vole ses Soldats, quand il donne les Emploîs qui dépendent de lui au dernier encherisseur, quand il tâche de faire passer pour complète une Compagnie qui ne l'est pas, on lui dit qu'il se moque des hommes, lorsqu'il veut faire l'homme de bien de peur d'exposer sa peau.

Je me souviens d'avoir oui compter à feu mon Père un fait dont il avoit été témoin. Deux Capitaines qui vinrent à quelques paroles à l'occasion du jeu. Celui qui étoit le plus vif, & qui avoit le tort, appella l'autre en duel. Celui-ci répondit froidement qu'il n'étoit pas au service du Roi pour des actions de cette nature. Il arriva que la nuit suivante les Espagnols furent sur le point de surprendre la place où étoient ces deux Officiers, une partie même des ennemis descendue dans le fossé escaladoit les remparts. Les deux Capitaines y accoururent, & le plus sensé dit à l'autre, voici une occasion de faire connoître si on a du courage. Le plus vif & le plus étourdi ayant vû tomber quelques Soldats à ses côtés parut étonné, il recula de quelques pas, & comme il étoit là pour commander & pour faire avancer les autres, cette manœuvre ne plaisoit pas aux Soldats. Monsieur, lui dit son camarade, il faut donner exemple aux Soldats, nous pouvons avec nos piques repousser ceux qui montent ; Vous plait-il de vous aprocher de moi ? Il le fit, mais malgré lui, & il y trouva la fin de ses jours.

Dict. Crit. Art. *Le Faucheur* Note *A.* ,, J'ai ouï dire ,, qu'il prêcha un jour contre les Duels avec une telle é-,, loquence que le Maréchal de la Force qui avoit assisté ,, à ce Sermon, protesta devant quelques braves, que ,, si on lui faisoit un appel il ne l'accepteroit pas".

La Religion peut donc avoir de l'effet & en a.

Reponf. aux Quest. d'un Prov. T. IV. Ch. XXIV. p. 351.

CXV. ,, Observés, je vous prie, deux choses ,, sur ce sujet, la première que pour se reduire au ,, point principal de la dispute de Mr. Bayle, il ne ,, suffit pas de soûtenir d'une manière si vague que ,, les Payens ont fait des actions materiellement ,, bonnes, il faut de plus soutenir que ces actions ,, ont été telles qu'un homme qui n'agiroit pas avec re-,, lation à la Providence divine ne les pourroit ja-,, mais faire.

A la verité si l'on pouvoit prouver qu'il implique contradiction d'être Athée & de faire une action materiellement bonne, la controverse seroit bien-tôt décidée, mais il n'est pas seulement concevable que qui que ce soit l'ait prétendu. Où est l'homme qui ait pensé qu'il n'est jamais arrivé à Mr. Bayle, de faire une action materiellement bonne, depuis qu'il est devenu l'Apologiste des Athées ? Voici donc l'état de la question que Mr. Bayle change toujours dès qu'il se trouve pressé. On demande si les idées de Religion ne fourniffent pas des barrières contre le Vice d'une toute autre efficace que celles qu'on y opposeroit dans le systême de l'Athéisme. On demande si, quand on se rend bien attentif aux penchans du cœur humain, il est possible de trouver quelque vraisemblance dans la pensée que le gros des hommes sera assés retenu par le point d'honneur & les idées de la bienséance toutes seules, ou par une recompense & les punitions temporelles, pour ne faire aucun trouble dans la Société, & contribuer au contraire de tout leur pouvoir à son bien ; & si des sentimens de Religion ne pourroient rien ajouter à la force de ces motifs.

Reponf. aux Quest. d'un Prov. T. IV. p. 356.

CXVI. ,, Les Lettrés de la Chine, dit Mr. Bay-,, le, s'ils vouloient donner leurs suffrages sur la ,, première imposition que l'exposé feroit sur eux, ,, ne diroient-ils pas que la Confession auriculaire est ,, la meilleure invention que l'esprit humain ait pû ,, découvrir pour refrener le péché ? Qu'ils ne com-,, prennent pas qu'il puisse y avoir des femmes Ca-

tho-

„ tholiques Romaines qui tombent dans la luxure,
„ puisqu'elles feroient obligées en foulant aux pieds
„ toute pudeur de raconter leur infamie à un hom-
„ me venerable par ses cheveux gris, & plus en-
„ core par sa Vertu, qui les accableroit de censu-
„ res, & qui leur imposeroit des penitences qu'el-
„ les ne sauroient exécuter sans que tout le domes-
„ tique devinât la faute qui auroit ainsi été châtiée.
„ Si Mr. Bernard juge bien des choses, il a-
„ vouëra que ces conjectures seroient fondées sur la
„ plus grande vraisemblance qu'il soit possible de
„ concevoir, mais comme d'ailleurs il est éloigné
„ de croire que les Catholiques Romains pratiquent
„ mieux la Vertu que les Protestans, il faut qu'il
„ dise, qu'en ceci les plus belles aparences sont
„ trompeuses. S'il vouloit faire revenir de leur
„ premier jugement ces Nations Orientales, il ne
„ manqueroit pas de leur détailler par combien de
„ voies la Confession auriculaire devient plûtôt l'é-
„ peron, que la bride du péché. Mais après tout
„ il les sommeroit de consulter l'expérience, & il
„ parieroit sa Liberté & sa vie même, que les
„ Protestans ne sont pas plus déréglés que les Ca-
„ tholiques Romains. Qu'il voye par-là les illu-
„ sions des Adversaires de Mr. Bayle. Il est fa-
„ cile de détailler par combien de voyes, l'Idolâ-
„ trie Payenne excitoit plus au péché, qu'elle n'en
„ pouvoit détourner. On montreroit aisément que
„ les Lettrés de la Chine sont plus réglés dans leurs
„ mœurs que les Prêtres des Idoles, & si quelcun
„ s'avisoit de dire que les Catholiques Romains
„ seroient encore plus corrompus sans le frein de la
„ Confession auriculaire & du Purgatoire, Mr.
„ Bernard se moqueroit de lui.

Mr. Bayle pour prouver que l'influence de la Religion sur les mœurs est imaginaire allegue l'exemple de la Confession qui paroit d'abord devoir être d'une grande efficace, mais qui, si on l'en veut croire, se reduit à rien.

Les Partisans de Mr. Bayle m'excuseront si je ne puis l'en croire sur sa parole. On sait quel est l'effet des *Monitoires*, on fait de quelle influence un Curé éclairé, zélé & de bon exemple est dans sa Paroisse.

Mais, dit Mr. Bayle *les Protestans ne vivoient pas moins bien en France que les Catholiques, au contraire. Cependant ils avoient de moins la Barrière de la Confession.*

Cela prouve la force de la Religion, qui seule peut avoir l'effet d'une barrière que la Raison conçoit si puissante, & dont l'experience prouve la force. A la verité une personne qui dans un âge très-formé, à vingt cinq ans, par exemple, viendroit à se persuader que ses fautes ne lui seroient jamais pardonnées devant Dieu si elle ne les confessoit devant un homme d'un certain caractére; si on le suposé cet homme respectable par son rang, par son esprit, par sa conduite, & que l'on se soit fait une grande douceur d'avoir part à son estime, il sera assurément bien dur de la perdre.

Mais l'on commence dès son enfance à confesser des bagatelles, & on s'acoûtume peu à peu à confesser davantage. On se confesse à des personnes avec qui on n'a pas de grandes liaisons, ou à des personnes indulgentes, à des personnes du secret desquelles on est parfaitement assuré, à des personnes dont l'air & les manières ne changent point à nôtre égard, & qui ne marquent pas le moindre souvenir des Confessions qu'elles ont ouïes, à des personnes enfin à qui l'on sait qu'une infinité de gens font le même aveu, tout cela en diminue l'efficace. Mais quand on est bien persuadé que, pour être reçu en grace & pour obtenir le pardon de ses fautes il faut entrer devant Dieu dans un grand détail, en sentir toute la honte, & lui promettre, avec une grande sincerité, de les abandonner; ces idées ont beaucoup plus d'effet que la simple Confession que l'on fait de ses fautes aux hommes, avec des négligences & des illusions que l'on se permet, pour avoir été mal élevé, ou pour avoir des doutes sur la verité de la Religion.

Reponse aux Questions d'un Provincial, T. IV. Ch. XXV. p. 367.

CXVI. „ Les Négres recourent aux actes de *Ibidem*
„ Religion, dit Mr. Bayle, lorsqu'ils veulent se van- *pg. 970.*
„ ger de quelque injure, ou découvrir l'auteur *De la Reli-*
„ d'un vol, ou prêter serment. Ils n'observent *gion du Ser-*
„ guere ce qu'ils ont juré d'observer; ils s'en font *ment.*
„ absoudre sans peine; car ils attribuent à leur Fe-
„ tichéer ou au Prêtre devant lequel ils ont fait
„ serment, la puissance de les en dégager. Lors-
„ qu'ils veulent commencer une guerre, ou entre-
„ prendre quelque negoce, quelque voyage ou
„ quelqu'autre chose importante, ils vont premié-
„ rement chés leur Fetichéer pour faire demander à
„ l'Idole, si leurs desseins réussiront; l'Idole leur
„ donne ordinairement bonne esperance, & leur pré-
„ dit rarement du malheur; de sorte qu'ils croyent
„ aveuglément tout ce que le Fetichéer leur dit de la
„ part de l'Idole & ne font nulle difficulté d'exécuter
„ ce qu'il leur ordonne, c'est-à-dire, d'offrir à l'I-
„ dole des moutons, des cochons, des poules, des
„ chiens, des chats & quelquefois des habits, du
„ vin & de l'or, selon les besoins ou l'inclinaiton
„ du Prêtre; car il prend tout cela pour lui.

„ Voyés-vous donc tout cela, continue Mr. Bay-
„ le, aucune chose qui se puisse raporter aux bon-
„ nes mœurs? Ne voiés-vous pas que ce qu'ils en-
„ seignent sur la recompense du bien, & sur la pei-
„ ne du mal, tant pour cette vie que pour la vie
„ à venir, ne sert de rien à les rendre vertueux,
„ puisqu'ils disent que pour meriter la recompense
„ il suffit de s'abstenir de quelques sortes d'aliment,
„ & d'observer les fêtes & ce que l'on a juré? Ce
„ dernier article signifieroit quelque chose s'ils n'a-
„ voient pas un moien facile de se dégager de leurs
„ sermens.

Les Négres croyent que le Prêtre devant lequel ils ont fait un serment a la puissance de les en dégager. Preuve que sans cela ils se croiroient dans l'obligation d'observer le serment, & s'ils s'imaginent que le Prêtre ait la puissance de les en dégager & non pas un autre homme, il faut qu'ils reconnoissent qu'il a ce droit parce qu'il est le Prêtre de la Divinité. Il y a donc dans leur cœur cette impression & cette persuasion naturelle, qu'on offense la Divinité & qu'on s'expose à ses châtimens quand on n'observe pas ce qu'on a juré.

On voit donc l'avantage qu'une Religion, même médiocrement pure, auroit dans la Société par dessus l'Athéisme, dans lequel un si grand frein n'auroit jamais lieu. Qu'on bâtisse sur ce qu'il y a de solide dans les préventions des Négres, on les tirera d'erreur, par le moyen des Principes qu'on trouvera chés eux.

Si parmi les Chrétiens même il se trouve des gens qui manquent de respect pour le serment, ces gens-là aprochent fort de l'Athéisme; Il est pourtant certain qu'il y, même parmi le Vulgaire: Un homme sera assés injuste pour refuser ce qu'il doit, & pour chercher des subterfuges, afin de s'afranchir d'un Payement qu'il doit qui n'aura cependant pas la Conscience assés mauvaise pour soûtenir par serment ce qu'il pose en fait. Il n'est pas rare d'en voir qui sont mine de vouloir jurer, dans la pensée qu'on ne les y obligera pas, mais qui se retractent quand il faut faire le serment. On en voit aussi qui sont ramenés de leur dureté, & dont le cœur est amoli par les choses qu'on a acoûtumé de represenrer, avant d'exiger le serment.

Si un Avocat des Athées prend le parti de dire que le point d'honneur entre pour beaucoup là dedans, il est facile de répondre que ce point d'honneur

teur est fondé sur l'infamie qu'un homme s'attire quand il passe pour avoir l'insolence de se moquer de Dieu même. La Religion est donc le fondement de ce point d'honneur qui par conséquent ne pourroit pas avoir lieu parmi les Athées, au moins à cet égard.

Les Anciens Romains respectoient le serment avec une grande Religion. Cette crainte retenoit en respect & dans le devoir les seditieux. Dans la suite des tems l'Irreligion porta son influence sur les sermens & on fait les horreurs qui suivirent ce goût pour l'Impieté.

Les Tribuns vouloient afranchir le peuple d'un serment militaire ; mais ils n'en vinrent pas à bout. *Nondum hæc, quæ nunc tenet sæculum, negligentia Deûm venerat: nec interpretando sibi quisque jusjurandum & leges aptas faciebat, sed suos potius mores ad ea accommodabat.* T. Liv. L. III. Cap. XX. Alors on n'étoit pas encore tombé, par rapport aux Dieux, dans l'indolence où l'on arriva dans la suite. On regloit ses mœurs sur les Sermens & sur les Loix ; au lieu d'interpreter & les sermens & les Loix d'une manière conforme à ses interêts.

On ne comptoit pas de pouvoir expier la rupture d'une Alliance affermie par des sermens, à moins qu'on ne reparât tous les dommages que cette rupture avoit causé & qu'on n'en livrât même les Auteurs & leurs biens ; & on étoit persuadé qu'une trop grande obstination à se vanger des fautes d'autrui attiroit la colere des Dieux sur les implacables.

Je ne crains pas de scandaliser qui que ce soit, *si croire en droit de manquer de foi aux heretiques & de ne leur tenir pas ce qu'on leur a promis par serment*, est une maxime qui fait horreur ; & d'où vient cette horreur, si ce n'est des lumières du Christianisme mieux connu & plus respecté que dans des Siécles de tenebres ? Des Athées qui se seroient une fois bien trouvés de rompre des Traités, quand leur interêt les y sollicitoit, se trouveroient-ils ensuite déterminés à renoncer à ces Maximes & à les condamner par les mêmes lumieres & les mêmes motifs qui se font respecter aux Chrétiens.

Reponse aux Questions d'un Provincial, T. IV. pag. 373.

Ibidem pag. 971. En parlant des Négres de Guinée. Voyés le Voyage de Guinée de Guillaume Bosman.

CXVII. ,, Le Serpent, dit Mr. Bayle, est la principale de leurs Divinités : ils l'invoquent dans un ,, tems de secheresse, ou de pluye, dans une sai- ,, son infertile, dans ce qui regarde le gouverne- ,, ment du Pays, pour conserver leur bétail, ou ,, un mot dans toutes leurs necessités, dans les- ,, quelles ils invoquent encore outre cela leurs pe- ,, tites Divinités nouvellement forgées..... On ,, fait à ce serpent des Offrandes très-considerables, ,, & sur tout la Roi, mais à la sollicitation des ,, Prêtres & des Grands gagnés par les Prêtres est ,, obligé d'envoyer fort souvent de très-riches pre- ,, sens à la maison du Serpent..... Ils exigent si ,, souvent ces presens du Roi, qu'il se lasse de don- ,, ner, & commence à le refuser. Un jour que ,, j'étois chés lui, ce sont les paroles de l'Auteur, ,, je le trouvai fort en colére, & lui en demandai la rai- ,, son, qu'il me dit aussi sans aucun détour, savoir, ,, qu'il avoit envoyé cette année-là à la maison du ,, Serpent beaucoup plus d'Offrandes qu'à l'ordi- ,, naire ; pour avoir une bonne recolte, & qu'un ,, de ses Vicerois, qu'il me montra, venoit en- ,, core le solliciter de nouveau, & le menacer d'u- ,, ne année infertile de la part des Prêtres ; ajoutant, ,, qu'il n'avoit pas dessein de faire plus d'Offrandes ,, de toute l'année ; que si le Serpent ne vouloit ,, pas lui donner une bonne recolte, il n'avoit ,, qu'à le laisser ; car, dit-il , je n'y perdrai rien ,, davantage, puisque tous mes grains sont déja gâ- ,, tés dans les champs. Je ne pus m'empêcher de ,, rire, quand je vis que le Roi auroit bien voulu ,, faire encore un présent, s'il en avoit esperé quel-

,, que avantage; mais qu'il n'avoit pas envie de rien ,, donner pour le profit des autres.

Mr. Bayle accumule un grand nombre d'absurdités qui se trouvent dans les Religions des Peuples les plus déraisonnables. On ne lui nie pas qu'à force de charger la Religion d'absurdités, on ne lui ôte une partie de ce qu'elle avoit d'avantageux sur l'Athéisme ; mais qu'avance-t-il par-là ? En peut-il conclure que la Societé pourroit aussi bien subsister avec l'Athéisme qu'avec une Religion dont les Erreurs seroient mediocres ? Ce n'est donc que pour embrouiller la Question qu'il rassemble tant de faits. Après avoir lancé des traits qui ne prouvent rien, ou qui prouvent contre la Religion même veritable, ou contre une Religion qui s'en aproche, il s'enfonce dans des espéces de broussailles où il se croit caché & à couvert des coups qu'on peut lui porter. Il a recours par ce moyen l'avantage d'accoutumer son Lecteur à mépriser la Religion.

Reponse aux Questions d'un Provincial, Tom. IV. Ch. XXVI. p. 376.

CXVIII. Le fait est, dit l'Auteur, que sur la Question : *Si une Société toute composée de vrais Chrétiens & ennemis d'autres peuples, ou Infideles, ou Chrétiens à la mondaine tels que sont aujourd'hui, & depuis long tems toutes les Nations où le Christianisme domine, seroit propre à se maintenir ?* ,, Mr. ,, Bayle s'est déclaré pour la negative, & s'est fon- ,, dé sur l'idée qu'il se forme des vrais Chrétiens. ,, Il me semble, dit-il, qu'ils se considereroient ,, sur la terre comme des Voyageurs & des Pélerins qui ,, tendent au Ciel, leur veritable Patrie. Ils regar- ,, deroient le monde comme un lieu de Bannissement, ils ,, se détacheroient leur cœur, & ils lutteroient sans fin ,, & sans cesse avec leur propre Nature pour s'empêcher ,, de prendre goût à la Vie perissable, toujours attentifs ,, à mortifier leur Chair & ses Convoitises, à reprimer ,, l'amour des Richesses, & des Dignités, & des Plai- ,, sirs corporels, & à dompter cet Orgueil qui rend si ,, peu suportables les injures. Ils ne se détourneroient ,, point de l'Oraison, & des Oeuvres de Charité pour ,, courir au gain, non pas même par des voyes legiti- ,, mes ; ils se contenteroient de la nourriture & du ,, velure, selon la frugalité des Apôtres, & bien loin ,, de se tourmenter pour enrichir leurs Enfans, ils croi- ,, roient tous aquerir un assés ample Patrimoine en leur ,, aprenant à mépriser les biens du monde, & à ne se ,, venger jamais, & à vivre sobrement, justement, ,, religieusement.* ,, Il montre ensuite par plusieurs ,, considerations qu'un peuple tout composé de pa- ,, reilles gens seroit peu propre à resister à un En- ,, nemi terrible qui entreprendroit de la conque- ,, rir.

,, Mr. Bernard ne peut suporter cette doctrine, ,, dit-il, il y trouve beaucoup d'illusions, il la ,, traite d'étrange Paradoxe, il prétend qu'elle ,, n'est fondée que sur des Explications de l'Ecri- ,, ture à peu près semblables au sens rigoureux des ,, Anabaptistes.

,, Allés dans quelque grande Bibliothéque qu'il ,, vous plaira : faites vous montrer le Quartier des ,, Sermonaires, vous joueriés de malheur si vous ne ,, trouviés au premier Tome qui vous tombera sous ,, la main, un Portrait de la veritable Vie Chré- ,, tienne tel que dans le passage de Mr. Bayle.

,, On veut bien entrer en composition & pro- ,, mettre à Mr. Bernard de ne lui point contester ,, les Explications mitigées, pourvû qu'elles ,, ne soient pas incompatibles avec les paroles de ,, l'Ecriture. Mr. Bayle a cité des Preceptes de ,, Jesus-Christ, *Si quelqu'un vous donne un sou- ,, flet sur la jouë droite, presentés-lui encore l'autre. ,, Si quelqu'un veut plaider contre vous pour prendre ,, vôtre robe, laissés-lui encore emporter vôtre man- ,, teau. Et si quelqu'un vous veut contraindre de ,, faire mille pas avec lui, faites-en encore deux mille.*

,, Il est aisé de comprendre, continue Mr. Bayle,

Ibidem pag. 973. Si le Christianisme veritable affoibliroit les Societés civiles.

Ibidem pag. 973.

„ qu'une telle Societé de Chrétiens seroit mal pour-
„ vue de bons Soldats, qu'elle ne seroit pas as-
„ sés riche pour acheter des Alliances ni pour four-
„ nir aux autres frais de la guerre, qu'on n'y trou-
„ veroit point de personnes qui se chargeassent de la
„ Commission de mentir dans les Pays étrangers,
„ & de faire jouer cent machines frauduleuses pour
„ exciter des revoltes dans le Pays ennemi. Il est
„ donc naturellement parlant plus sûr pour conser-
„ ver un Etat contre l'ambition de ses Voisins de
„ donner carriére aux Passions de l'homme.

pag. 974.
„ Sa seconde raison consiste à dire que Mr. Bay-
„ le ne prend pas garde, que si le Christianisme
„ n'est pas propre à maintenir les Societés contre les
„ Etrangers, il n'est pas propre non ●●●, à main-
„ tenir une Societé contre elle-même. Car il ne faut
„ pas esperer qu'il y ait jamais une Societé fort nom-
„ breuse, toute composée de veritables Chrétiens. Les
„ bons y seront toujours mêlés avec les méchans, &
„ composeront peut-être toujours le plus petit nombre.
„ Or je demande, continue-t-il, s'il ne faut pas à
„ peu près les mêmes moyens à un particulier, pour
„ se garentir contre les injustices d'un autre particu-
„ lier son Voisin, qu'à une Societé pour se défendre
„ contre une autre Societé. Mais si l'Evangile enle-
„ ve aux Societés les moyens de se garentir contre une
„ Societé ennemie, il les aussi à un particulier les
„ moyens de se défendre contre un particulier. Je sup-
„ pose une famille Chrétienne qui suit les preceptes de
„ l'Evangile, comme Mr. Bayle les entend, envi-
„ ronnée d'autres familles, qui n'observent pas les mê-
„ mes preceptes ; mais qui employent la ruse, la du-
„ plicité, la violence pour s'emparer du bien d'au-
„ trui. Ils auront bientôt reduit cette famille en
„ chemise, & à la dure necessité de mourir de faim.
„ Ce qui arrivera à cette famille, arrivera à tou-
„ tes les autres dans le même cas, & le Christia-
„ nisme se verra bientôt aboli dans cette Societé.

„ Les veritables Chrétiens répandus en petit nom-
„ bre parmi cent mille faux Chrétiens, ne doivent
„ pas craindre necessairement qu'on ne les pille, ou
„ qu'on ne les batte. On sait fort bien, que quand
„ même ils seroient assés scrupuleux pour n'aller
„ pas porter leurs plaintes devant les Juges, on ne
„ laisseroit pas d'être exposé à la poursuite des Pro-
„ cureurs Fiscaux qui ont un double interêt à faire
„ punir les violences. Ils s'aquiérent par leur ex-
„ actitude, l'affection & l'estime du public, ce
„ qui est ordinairement le chemin d'une plus haute
„ elevation, & ils peuvent profiter des Amendes à
„ quoi seront condamnés ceux qui ont fait tort à
„ leur prochain.

„ Nommés-moi, dit Mr. Bayle, la Ville la plus
pag. 975.
„ débordée qui soit en France ou en Espagne, je
„ vous soûtiens que l'on courroit un moindre peril
„ si l'on y choquoit dans les ruës un Fierabras, que si
„ l'on y faisoit insulte à un Ermite ou à un Moine.
„ Tel qui a l'épée au côté marche seul, &
„ rencontre quatre personnes d'épée qui vont de
„ Compagnie. Il passe & repasse sans aucun peril.
„ Preuve évidente que ce qui fonde la sureté des
„ particuliers, n'est pas l'envie ou la force de re-
„ sister à l'agresseur. Le fondement de cette sureté,
„ est toute autre chose, &c.

N. B.
„ C'est une Maxime certaine que lorsqu'un prin-
„ cipe est vrai, il faut s'y tenir, encore que les con-
„ sequences qui en resultent soient sujettes à bien
„ des difficultés. S'il est donc évident que Jesus-
„ Christ a défendu à ses Sectateurs d'opposer la for-
„ ce à la force, il faut se conformer à cette Loi,
„ quelles qu'en puissent être les suites.

Mr. Bayle s'opiniâtre dans cet endroit-ci à soûtenir qu'il a fait un juste portrait de ce que le Christianisme doit être, & le representant comme une Societé de Melancholiques, où regne la simplicité, la
pauvreté, l'ignorance des Arts & enfin de tout ce qui
peut donner du lustre & de la force à la Societé.

10. Mr. Bayle qui se montre si fier en vertu du
terme de Foi qu'il fait sonner fort haut, & par lequel il se croit assés protegé pour attaquer impunément la Religion, l'Existence de Dieu & sa Providence ; Mr. Bayle qui, pour donner plus de
poids à ce terme de Foi, déclare si expressément
qu'il renferme la sienne precisément dans les bornes
du Synode de Dordrecht & de la croyance qui
regne chés les Protestans de cette Confession, tient
un langage tout différent, quand ce langage lui est
necessaire pour tourner la Religion en ridicule. Dans
cet endroit, selon lui la vraie morale de Jesus-
Christ est telle que les Anabaptistes la proposent &
plus outrée encore de beaucoup, car les Anabaptistes font fleurir les Arts & le Commerce. Il
parle là-dessus avec une assurance à imposer à ceux
qui ne le connoîtroient pas. *Qu'on se porte*,
dit-il, *dans une Bibliothéque, qu'on y ouvre des*
Livres de Sermons, on y trouvera les mêmes portraits
du Christianisme que ceux qu'il a faits. Si cela é-
toit, il y auroit bien lieu de s'étonner que Mr.
Bayle qui aime tant à citer, qui se pique de citations exactes, qui condamne les citations vagues,
qui a pris plaisir de lire les Auteurs qui ont écrit
avec le moins d'exactitude, & d'en tirer tout ce qui
peut favoriser ses hypothéses n'ait rien cité là-dessus.

Il prévoit bien qu'on lui répondra que de nôtre
tems les Orateurs prophanes & ecclesiastiques ont
donné dans la fausse éloquence, & que se laissant
emporter au feu de leur imagination ils ont souvent fait des peintures & des censures outrées.
Mr. Bayle qui connoissoit si bien cela & qui parle si desobligeamment des Predicateurs jusqu'à dire
qu'il ne convient pas pour cette Profession d'a-
voir l'esprit bien éxact & bien judicieux, &
jusqu'à dire que tout est bon pour la Chaire, fait
le scandalisé dans la pensée qu'on pourroit lui dire qu'il y a quelquefois de l'exageration dans ce que
disent les Prédicateurs.

Reponst. aux Quest. d'un Prov. T. IV. Ch.
XXVII, p. 408.
Ibidem.
pag. 978.
„ Il est des choses, dit Mr. Bayle, qui ne servent
„ qu'à la Vanité, & qui ne sont que des instrumens du
„ Luxe. Il n'y a point de négoce qui merite mieux
„ que celui là d'être interdit aux Chrétiens. Cepen-
„ dant St. Paul n'ordonna point à Lydie de l'in-
„ terrompre. C'est donc là l'*argumentum Achil-*
„ *leum* ou l'*Achilles* des fauteurs du relâchement ;
„ mais il faut qu'une cause soit bien destituée de
„ bonnes preuves lors qu'elle n'en a pas de plus so-
„ lides que celles-là. Ce que l'Ecriture nous dit
„ concernant Lydie est qu'elle étoit *Marchande de*
„ *pourpre*, *qu'elle servoit Dieu*, *& qu'ayant ouïe*
„ *les paroles de Saint Paul*, *elle s'en batisa avec sa*
„ *famille*, *& que Saint Paul logea chés elle*. Nous
„ ne savons rien des instructions qu'il lui donna.
„ Si les Actes des Apôtres nous aprenoient le détail,
„ de ce qu'il lui prescrivit, de ce qu'il lui défendit,
„ & de ce qu'il lui permit, le silence de l'Historien
„ sur le Commerce de pourpre seroit une bonne rai-
„ son de croire que Saint Paul laissa à Lydie la
„ liberté de continuer ce trafic, mais un silence
„ universel ne donne aucun lieu à une pareille con-
„ sequence, & ainsi ceux qui flatent leur envie
„ d'accumuler des richesses, s'exposent à l'illusion
„ s'ils preferent cet argument negatif à tant de tex-
„ tes formels de l'Ecriture qui condamnent l'aplica-
„ tion aux biens terrestres. Je passe plus avant,
„ & je dis que quand même il seroit certain que
„ Saint Paul se tût à l'égard de ce Commerce de
„ pourpre, ce ne seroit pas une marque qu'il eût
„ prétendu que Lydie se dispensât de l'observation
„ des ordres de Jesus-Christ. Ce seroit plûtôt une
„ marque qu'il la trouva suffisamment disposée à s'y
„ conformer. En un mot le simple silence ne peut
„ jamais être, ni une interpretation de la Loi, ni
„ une dispense, ni une dérogation.

Ly-

Lydie embrassa le Christianisme, elle étoit Marchande de pourpre : Il n'est point dit qu'elle renonçât à son Commerce.

Mr. Bayle répond qu'il n'est pas dit non plus qu'elle le continuât, & qu'on ne peut point tirer d'argument solide du silence. C'est pourtant une régle universellement reconnue que le silence fournit des preuves quand celui qui se tait sur une chose avoit de grandes raisons pour ne pas se taire, & que cet argument-là est concluant à proportion que ces raisons sont fortes. S'il est essentiel au vrai Christianisme de ne plus penser à s'enrichir, on ne pourroit manquer d'inférer que Lydie en embrassant le Christianisme embrassa le parfait desinteressement. En ce cas, dit-on, rien n'étoit plus superflu que d'avertir qu'elle étoit Marchande de pourpre & que d'en faire souvenir à jamais les Lecteurs de la Sainte Ecriture. Mais il faut la dire contraire que s'il est de l'obligation indispensable d'un Chrétien de quitter un Négoce de cette nature, après en avoir fait mention, rien n'étoit plus important que d'ajoûter que Lydie l'avoit quitté.

Quand Saint Luc remarque que les Miracles de Saint Paul furent si grans, & sa Prédication si efficace que ceux-là même qui devoient avoir le plus d'éloignement pour la Verité ne laisserent pas de lui donner gloire & de se convertir : il ajoûte qu'ils brûlerent leurs Livres de Magie. On pouvoit aisément conclure cette circonstance de leur conversion, cependant Saint Luc la raporte. Il auroit bien plûtôt dû raporter une autre circonstance qu'on ne tiroit pas si naturellement & faire mention du prix des richesses dont Lydie se défit.

Mais Dorcas avoit passé sa vie à faire des Robes d'un grand prix, & y avoit travaillé jusqu'à sa mort, son habileté & son aplication au travail entrent dans son éloge.

Tel est l'état des hommes sur la Terre qu'il arrive de tems en tems des malheurs à une partie. Des maladies, des tempêtes, des guerres, des famines, un grand nombre en un mot de circonstances publiques & particuliéres les reduisent à des besoins plus ou moins grans. Se mettre hors d'état de secourir les necessiteux dans ces cas-là, & négliger les moyens que la Providence met en main pour acquerir de quoi empêcher aux affligés de sentir leur misére, ne profiter pas de ces occasions, ne les chercher pas, est-ce avoir du bon sens ? Est-ce avoir de l'humanité ? Est-ce avoir du Christianisme ? Saint Pierre fait souvenir les Chrétiens de cette Maxime de Jesus-Christ. *Il vaut mieux donner que recevoir.* *Dieu*, (dit Saint Paul aux Cor. Ep. II. Chap. IX.) *aime celui qui donne avec joye & c'est lui*, &c. Ces reflexions de Saint Paul nous aprennent qu'être en état de faire du bien aux hommes est un avantage réel, précieux, qu'on ne peut négliger sans ingratitude. S'il étoit de l'essence du vrai Chrétien de regarder avec indifférence tout ce qui ne regarde pas immédiatement l'Eternité, d'être à l'égard du temporel dans une indolence totale, quel mal y auroit-il de se négliger & de négliger les autres ? Ce qu'on leur refuseroit ne meriteroit pas d'être compté, non plus que ce qu'on leur donneroit. Quand Saint Jaques dit Chap. IV. vers. 13, & 15. *Je m'adresse à vous maintenant qui dites, aujourd'hui ou demain nous irons dans une telle Ville, nous y séjournerons, & nous y traffiquerons, & nous y gagnerons, quoique vous ne sachiez pas ce qui arrivera demain. Ce qu'est-ce que votre Vie ? Ce n'est qu'une Vapeur qui paroit pour un peu de tems, & qui disparoit ensuite. Au lieu que vous devriez dire, s'il plait au Seigneur, & si nous vivons, nous ferons ceci ou cela.* On voit par ces paroles qu'il y avoit des Chrétiens qui continuoient leur Commerce, qui passoient d'une Ville à une autre suivant que l'esperance de gagner les y conduisoit ; St. Jaques ne dit rien qui aille à les en détourner. Il condamna

seulement l'assurance présomptueuse avec laquelle ils comptent sur ce qui est incertain.

Mr. Bayle finit la Page 409. en disant ? ,, Ce que *Ibidem.*
,, Mr. Bernard dit qu'il est sûr que l'Evangile n'a *pag. 978.*
,, fait que *rétablir les Loix du Droit naturel* ne demande point de reflexions. Il faut attendre l'Ecrit qu'il semble promettre sur ces matiéres.

Voilà ce qu'on apelle se tirer d'affaire cavaliérement. Si Mr. Bayle avoit eu quelque chose d'un peu specieux à dire sur ce sujet, il n'auroit pas manqué d'aller au devant de Mr. Bernard, cela étoit trop favorable à sa cause ; mais il n'avoit rien de prêt là-dessus, & il n'avoit rien à ajoûter au portrait ridicule qu'il avoit fait des vrais Chrétiens en les transformant en autant de niais & d'imbécilles.

L'ingenieux Auteur des Lettres Persannes avoit bien compris l'influence de la Religion pour rendre un Peuple heureux & pour le faire vivre dans l'amour du travail, de l'équité, & de la douceur & en même tems pour l'armer de courage.

,, Dès qu'il ouvrit les yeux pour connoitre les *Lettres Persannes Lett.*
,, Dieux, il apprit à les craindre ; & la Religion vint *IX. pag. 50.*
,, adoucir dans les coeurs ce que la Nature y avoit
,, laissé de trop rude.
,, Ils instituerent des fêtes en l'honneur des
,, Dieux : on faisoit ensuite des festins où la joye
,, se regnoit pas moins que la frugalité ; c'est-là
,, qu'on aprenoit à donner le coeur & à le recevoir,
,, On alloit au Temple pour demander la faveur
,, des Dieux ; ce n'étoit pas la richesses & une
,, onereuse abondance ; de pareils souhaits étoient
,, indignes des heureux Troglodites ; ils ne sa-
,, voient les desirer que pour leurs compatriotes : ils
,, n'étoient au pied des autels que pour demander
,, la santé de leurs peres, l'union de leurs freres,
,, la tendresse de leurs femmes, l'amour & l'obéissance
,, de leurs enfans : les filles y venoient apporter
,, le tendre sacrifice de leur coeur ; & ne leur de-
,, mandoient d'autre grace que celle de pouvoir ren-
,, dre un Troglodite heureux.
,, Le soir, lorsque les troupeaux quittoient les
,, prairies, & que les boeufs fatigués avoient ra-
,, mené la charrue, ils s'assembloient ; & dans un
,, repas frugal, ils chantoient les injustices des pre-
,, miers Troglodites, & leurs malheurs ; la Vertu
,, renaissante avec un nouveau Peuple & sa félicité,
,, célébroient les grandeurs des Dieux ; leurs faveurs
,, toûjours presentes aux hommes, qui les implorent,
,, leur colére inévitable, & à ceux qui ont le crai-
,, gnent pas ; ils décrivoient ensuite les delices de la
,, vie champêtre, & le bonheur d'une condition
,, toûjours parée de l'innocence : bientôt ils s'aban-
,, donnoient à un sommeil, que les soins & les cha-
,, grins n'interrompoient jamais.
,, La nature ne fournissoit pas moins à leurs de-
,, sirs, qu'à leurs besoins : dans ce Pays heureux
,, la cupidité étoit étrangere ; ils se faisoient
,, des presens, où celui qui donnoit, croyoit toû-
,, jours avoir l'avantage : le peuple Troglodite se
,, regardoit comme une seule famille ; les troupeaux
,, étoient presque toûjours confondus ; la seule pei-
,, ne qu'on s'épargnoit ordinairement, c'étoit de les
,, partager.

Ce judicieux Ecrivain, après avoir donné de la détail quelques exemples des douceurs que la Vertu procuroit à ce Peuple heureux, ajoûte :

,, Tant de prosperités ne furent pas regardées sans *Lett. X.*
,, envie : les Peuples voisins s'assemblerent, & sous *pag. 56.*
,, un vain prétexte ils resolurent d'enlever leurs trou-
,, peaux. Dès que cette resolution fut connuë, les
,, Troglodites envoyerent au devant d'eux des Am-
,, bassadeurs, qui leur parlerent ainsi.

Que vous ont fait les Troglodites ? ont-ils enlevé vos femmes, dérobé vos bestiaux, ravagé vos campagnes ? Non, nous sommes justes, & nous craignons les Dieux. Que voulés-vous donc de nous ? Voulés-vous de la laine pour vous faire des habits ? Voulés-vous du lait pour vos troupeaux, ou des fruits de nos terres ? Mettés bas les armes, venés au milieu de nous & nous vous donnerons de tout cela : mais nous jurons par tout ce qu'il y a de plus sacré, que si vous entrés dans nos Terres comme ennemis, nous vous regarderons comme un Peuple injuste, & que nous vous traiterons comme des bêtes farouches.

„ Ces paroles furent renvoyées avec mépris, ces
„ Peuples sauvages entrerent armés dans la Terre des
„ Troglodites, qu'ils ne croyoient défendus que
„ par leur innocence.

C'est l'idée que Mr. Bayle voudroit qu'on se fît des vrais Chrétiens.

„ Mais ils étoient bien disposés à la défense : ils
„ avoient mis leurs femmes & leurs enfans au mi-
„ lieu d'eux : ils furent étonnés de l'injustice de leurs
„ ennemis, & non pas de leur nombre: une ardeur nou-
„ velle s'étoit emparée de leur cœur; l'un vouloit mou-
„ rir pour son pere ; un autre pour sa femme &
„ ses enfans ; celui-ci pour ses freres ; celui-là pour
„ ses amis ; tous pour le Peuple Troglodite : la
„ place de celui qui expiroit, étoit d'abord prise par un
„ autre, qui outre la cause commune, avoit encore
„ une mort particuliere à vanger.

„ Tel fut le combat de l'Injustice, & de la Ver-
„ tu : ces Peuples lâches, qui ne cherchoient que
„ le butin n'eurent pas même honte de fuïr ; & ils
„ cederent à la Vertu des Troglodites, même sans
„ en être touchés.

Un Peuple chez qui regneroient l'amour du travail, le goût de la Verité, de la pureté, de la justice, de la concorde, & de tout ce en un mot que le Christianisme recommande, que ne se voit-il point capable de faire pour éviter de passer sous une domination, dont l'exemple ne manqueroit pas d'introduire chez ses nouveaux Sujets, le luxe, la sensualité & leurs fatales suites ?

Ibidem pag. 979. Mr. Bayle en revient aux Duels dans le Chap. XXVIII. car il n'a garde de ne se servir qu'une fois d'une preuve éblouïssante. Il voudroit faire croire qu'on ne sauroit être un brave Soldat, si on n'est pas Duelliste, c'est-à-dire, d'humeur à se battre pour un rien.

Mais 1o. cette fantaisie ou ce prejugé inhumain a extrêmement diminué ; cependant les Troupes ne sont pas moins bonnes & ne se battent pas avec moins de cœur. 2o. On ne connoissoit point les Duels chés les Grecs & chés les Romains, on sait pourtant quelle a été leur valeur. 3o. J'ai donné l'idée d'un Peuple en état de bien se défendre chez qui ces fureurs seroient inconnues.

Ibidem pag. 983. Continuation. Reponf. aux Quest. d'un Prov. Ch. XXVIII. pag. 431.

CXVIII. „ Pour refuter d'une manière plus sen-
„ sible, dit Mr. Bayle, ceux qui prétendent que le
„ zéle de Religion suffit à donner les qualités de
„ bons Soldats, il ne faut prier de jetter les yeux
„ sur la Hongrie : Les enfans mâles y sont élevés
„ comme ailleurs, & outre cela on leur inspire u-
„ ne haine extrême contre tous ceux qui attentent
„ à la liberté de conscience de leur Païs. Ce Païs
„ a été depuis 100. ou 150. ans le Theatre de plu-
„ sieurs guerres civiles de Religion. On ne voit
„ pas néanmoins que les Hongrois soient de bons
„ hommes de guerre. Ne parlons que de nôtre
„ tems. Qu'ont-ils fait sous Tekeli que tant de
„ gent admiroient, & qui dans le fond n'étoit ce-
„ lébre que parce qu'il faisoit dire souvent qu'il a-
„ voit été batu ? N'ont-ils pas achevé de perdre
„ sous ses auspices ce qu'il leur restoit de liberté ?
„ N'est il pas mort lui-même bani de l'Europe ?
„ Que font-ils depuis 3. ou 4. ans sous François
„ Ragotski ? Ils pillent le plat Païs ; ils afamient
„ des Villes. Aquiérent-ils une véritable gloire mi-
„ litaire? Peuvent-ils tenir devant les Troupes Im-
„ periales ? & dès que ces troupes en plus petit
„ nombre les peuvent joindre ne les dissipent-elles
„ pas comme un Troupeau de moutons ? Retran-
„ chés même jusqu'aux dens ne se laissent-ils pas
„ rênverser dès le prémier choc ? Disons que si
„ d'autres peuples s'aguerrissent mieux en combat-
„ tant pour leur Religion, cela dépend plûtôt des
„ qualités nationales, que du zèle de la maison de
„ Dieu ? Je ne nie pas, que toutes choses étant,
„ égales d'ailleurs, les troupes qui auroient en pro-
„ pre une violente haine de Religion contre leur en-
„ nemi, & une passion ardente de faire triompher
„ leur foi, ne fussent plus furieuses, plus redouta-
„ bles, & plus cruelles.

Après cela il est aisé de s'appercevoir si Mr. Bayle est fondé à dire que de ce qu'il attaque les fausses Religions, on auroit tort d'en conclure qu'il attaque aussi la bonne, qu'il y a toûjours mis en sûreté les interêts de la vraie Eglise qui est la Compagnie des fidèles ou des prédestinés, toûjours l'Epouse de J. C. le siege de veritable Vertu & des grans exemples de Pieté, &c. vraie Eglise qui est telle qu'il la conçoit selon la Confession de Foi des Reformés.

Cependant le portrait qu'il en fait en la composant de niais & d'imbécilles pour la tourner en ridicule ; & pour faire croire qu'elle est fort au dessous de l'Athéisme, par raport au lustre & à la force des Sociétés Civiles, ce portrait-là est entiérement opposé à la Doctrine des Reformés.

Le zèle de Religion n'a animé les Hongrois ne les a pas rendus victorieux.

Que doit-on conclure de-là ? Que ce zèle ne donne point de courage ? Il faudroit donc dire la même chose du point d'honneur & de tous les autres motifs par où Mr. Bayle conçoit qu'une Société où la Religion n'est pas respectée, s'anime à se bien défendre. Des Nations ambitieuses ont lâché le pié devant d'autres. En conclura-t-on que l'ambition n'a point de force & ne donne aucun courage ?

A qui est-il venu en pensée de dire que le zèle pour se conserver la liberté de vivre suivant les maximes de sa Conscience, est le seul principe qui rende belliqueux ? Qui est-ce qui a jamais pensé qu'on n'a besoin que d'être animé par ce motif pour être invincible ? On soûtient simplement qu'il est d'une grande force, & que par raport au courage il y en a peu qui l'animent autant, & c'est ce que l'experience prouve. On le voit par les derniers évenemens de Hongrie. Cette Nation n'est pas composée de gens aussi belliqueux par leur temperament que les Allemans & qu'une partie des Turcs. Cependant combien n'ont-ils pas donné de peine aux Troupes Imperiales, quoique destituées d'une infinité de choses qui aident à réussir dans la guerre & que les autres avoient en abondance ? Quels n'ont pas été les succès des Troupes de Cromwel ? Que n'ont pas pû une poignée de fanatiques dans les *revues* ; & en général quel courage n'ont pas fait paroître les Enthousiastes dès que leurs idées les ont tournés du côté de la guerre ? La Verité ne produira-t-elle une persuasion moins forte & moins efficace ? Que n'a-t-on pas vû dans les Valées de Piémont autrefois contre leur Prince, & de nos jours pour leur Souverain. La misére exposé souvent à des revers des troupes d'ailleurs pleines de courage, parce que la misére oppose un grand obstacle à la Discipline militaire & à se perfectionner dans l'art de la guerre.

Reponsé aux Questions d'un Prov. T. IV. Ch. XXIX. p. 442. *Ibidem pag. 985. Athéis-*

CXIX. „ J'ai assés examiné, dit Mr. Bayle, ce *mal ensei-*
„ qu'il ajoute, que si les Athées peuvent pratiquer *sei-*
cer-

„ taines *Vertus*, *& fuir certains Vices par des con-*
„ *sidérations humaines*, *& l'Idolatrie a aussi ces con-*
„ *sidérations*, *& agit d'ailleurs par principe de con-*
„ *science*. Je vous ai montré que ce principe de
„ conscience est souvent la cause d'une infinité de
„ crimes, & il est sûr que tel homme qui n'auroit
„ été que mediocrement vindicatif s'il n'eût point
„ eu de Religion, devient un Tigre, lorsqu'un
„ faux zèle s'empare de sa conscience, &c. Est-ce
„ par un zèle de Religion que Marc Antoine res-
„ sembloit à une bête feroce?

Ibidem.

„ Afin donc de juger, continue-t-il, si le com-
„ merce des personnes qui ne croyent point l'exis-
„ tence, ou la Providence divine, ils demande-
„ ront, quelle est cette Religion, & cette con-
„ science? & s'ils trouvent que la crainte des mau-
„ vaises actions à quoi elles portent est égale à l'es-
„ perance des bonnes actions qu'elles inspirent, ils
„ ne jugeront pas que cet état soit preferable à l'ir-
„ religion; car toute compensation faite, ce qui
„ produit ce bien-ci, & ce mal-là l'un égal à
„ l'autre, est aussi mauvais que ce qui ne produit
„ ni ce bien-ci, ni ce mal-là. Mais s'il se trou-
„ voit que la Religion & la conscience chargées
„ d'erreurs monstrueuses fissent faire beaucoup plus
„ de mal que de bien, il est visible que tout hom-
„ me de bon sens aimeroit mieux vivre dans une So-
„ cieté infectée d'une telle Religion.

Ibidem p. 986.

„ On a reproché aux Juifs, que par un Princi-
„ pe de Conscience ils ne montroient le chemin,
„ & la fontaine, qu'à ceux qui étoient de leur
„ Religion, & qu'ils comptent pour une bonne
„ œuvre tout le tort qu'ils peuvent faire aux Chré-
„ tiens. Une Conscience de cette nature n'est-elle
„ pas plus redoutable que l'irreligion, à ceux qui
„ ont à traiter avec de pareilles gens? Quel fond peut-
„ on faire sur des personnes, qui se croyent dis-
„ pensées de leurs sermens, & des Loix de l'équi-
„ té par rapport aux heretiques, ou toutes les fois
„ qu'il s'agit des interêts de la Verité celeste?

On oppose au Systême de l'Atheïsme qu'on ne peut pas prendre la même confiance à des Athées qu'à des personnes qui seroient persuadées d'une Religion, car un Athée ne doit se faire conscience de rien, c'est-à-dire, il ne doit point craindre qu'une Puissance invisible punisse des fautes que l'adresse dérobe à la connoissance des hommes & le credit à leurs châtimens; l'argument est clair. Que fait Mr. Bayle? Il se jette sur des distinctions du mot de *Conscience* & sous pretexte de vouloir éclaircir la matière, il l'embrouille par le moyen des tenebres qu'il y répand; Dès-là il se sauve tout d'un coup chés les Payens, qu'il represente comme des gens qui se croyent obligés en conscience à des homicides & à des prostitutions. Des Payens il passe aux Turcs, puis aux Juifs, qui se permettroient tout, dit-il, par zèle de Religion. Il allégue après cela la fiction d'un homme avare qui s'attacheroit à l'avarice par principe de Religion.

On voit par-là que Mr. Bayle, au lieu de répondre à l'argument, repete ce qu'il a déja dit cent fois. Mais ce qu'il dit & qu'il répond n'affoiblit point un argument qui pose une difference du tout au tout, *entre un homme* qui non seulement distingue la Vertu du Vice, mais de plus est persuadé qu'un Etre superieur & Tout-Puissant lui commande l'un, & lui défend l'autre, & *entre un homme* qui ne reconnoissant point d'Etre superieur se regarde comme le Maître de sa destinée; car celui-ci 1. ne se croit point obligé de donner ses plus grands soins à démêler la Vertu avec le Vice, dans la crainte de déplaire par inadvertance à un grand Maître d'où dépend tout son sort. 2. Quand même il connoit la Vertu & le Vice & qu'il sait definir l'un & l'autre, il s'en faut du tout au tout qu'il se croye autant obligé de régler sa conduite sur ces idées.

On a déja répondu à diverses fois à l'objection tirée des erreurs que le Paganisme avoit mêlées avec les Verités de la Religion.

Quand les Turcs n'ont pas observé des Capitulations, leur ferocité naturelle en a été plûtôt cause que leur Religion. C'est ce que Mr. Bayle n'auroit pas manqué de remarquer s'il avoit eu le même interêt à faire l'apologie des Mahometans que celle des Athées. Aujourd'hui nos Deïstes ne souffriroient pas dans la bouche d'un Chrétien ces accusations contre la Religion des Turcs.

Enfin je demande si l'on ne pourroit pas être feroce comme un Turc, ou avare comme un Juif, en même tems qu'on seroit Athée. On auroit donc à craindre de la ferocité & de l'avarice de l'Athée tout ce qu'on peut craindre de la ferocité du Turc & de l'avarice du Juif, avec cette difference pourtant qu'on peut esperer de faire comprendre à un Mahometan & à un Juif que la ferocité & l'avarice, sur tout quand le manque de foi les accompagnent, deshonore la Religion.

Reponse aux Questions d'un Provinciale, Tom. IV. Chap. XXIX. pag. 447.

Ibidem pag. 986. Comparable sous examinées.

CXX. „ Vous connoitrés, dit Mr. Bayle, le pie-
„ ge que Mr. Bernard a tendu à ses Lecteurs si
„ vous vous representés un homme qui à l'entrée d'une
„ Ville avertiroit des *étrangers*, qu'ils n'ont qu'à
„ choisir entre deux hôtelleries dont l'une a toutes
„ les commodités de l'autre, & de plus la commo-
„ dité particulière que l'on y donne à manger. Mais
„ si l'on savoit que toutes les viandes de la premie-
„ re sont empoisonnées, on aimeroit mieux loger
„ dans la seconde, & le jeûne generalement est
„ un moindre mal que le poison. Vous voyés donc
„ que si le donneur d'avis se vouloit rendre offi-
„ cieux, il seroit obligé de s'expliquer non en
„ termes généraux qui sont toujours pris dans un
„ bon sens, mais en termes particuliers qui signi-
„ fiassent toute la singularité de la chose.

„ Un Athée qui a de la conscience, continue Mr.
„ Bernard, est une espèce de monstre à mon sens".
„ Si la Conscience signifie un jugement de l'Es-
„ prit qui nous excite à faire certaines choses, par-
„ ce qu'elles ont été commandées de Dieu, sous la
„ promesse d'une recompense, ou qui nous dé-
„ tourne de quelques autres actions, parce qu'elles
„ ont été défenduës de Dieu sous la menace d'un
„ châtiment, il est certain qu'un Athée qui auroit
„ de la Conscience seroit un monstre, ou plûtôt
„ un de ces êtres de raison, un Cercle quarré, un
„ Bâton infini dont l'existence est impossible. Mais
„ si par la Conscience vous n'entendés qu'un ju-
„ gement de l'esprit, qui nous excite à faire cer-
„ taines choses parce qu'elles sont conformes à la
„ Raison, & qui nous détourne de quelques au-
„ tres parce qu'elles lui sont contraires, il n'est
„ nullement impossible qu'un Athée ait de la Con-
„ science; & l'on trouvera même cela possible, si
„ l'on joint à la Definition de la Conscience le ca-
„ ractère ordinaire, c'est qu'elle donne ou du *plai-*
„ *sir*, ou du *chagrin*, selon qu'on s'est *conformé*
„ aux idées du *Devoir*, ou qu'on s'en est é-
„ carté.

„ Combien y a-t-il de régles de perfection que
„ les hommes suivent avec une extrême peine quoi-
„ qu'ils sachent que Dieu & les Magistrats les
„ laissent une pleine liberté de les observer ou de
„ ne les pas observer? Telles sont les régles de la
„ Poëtique, de la Rhétorique, & de la Logique.
„ Le goût naturel, le desir des louanges sont un
„ motif suffisant dans ces choses-là; pourquoi ne le
„ pourroient-ils pas être par rapport à la perfection
„ de l'Entendement.

„ Je suis surpris que Mr. Bayle ne fasse aucune men-
„ tion de l'age d'or où les hommes se portoient au bien
„ par leur propre inclination, & sans que les Loix,
„ ni la crainte d'aucune peine les y obligeassent.

La

La diſtinction du mot de Conſcience par où Mr. Bayle paroît ſe promettre d'éluder la reflexion de Mr. Bernard, eſt des plus inutiles. Perſonne n'a jamais prétendu qu'un Athée ne trouve de plaiſir à ſuivre ſon goût, & ne ſoit capable de quelque chagrin, quand il lui eſt arrivé d'agir contre la bienſéance, s'il a de politeſſe & quelque ſenſibilité pour le qu'en dira-t-on. Mais on ſoûtient, & je ne vois pas comment on pourroit le nier, qu'une ſenſibilité qui n'a d'autres fondemens eſt très-inferieure en force, d'un côté à la ſatisfaction d'avoir plû à Dieu, d'un autre au trouble qui nait de la perſuaſion de l'avoir très-injuſtement offenſé. Mr. Bayle par ſes frequentes redites, force les autres à y venir. On voit le caractère d'un homme habitué aux Diſputes de l'Ecôle, & qui, plûtôt que de ſe rendre repète cent fois ou le même argument, ou la même réponſe, ſous quelque legère difference de termes & de tours.

Suivant Mr. Bayle on trouve encore *une image des Athées dans une Hôtéllerie où l'on ne donne rien à manger, & une image de la Religion des Payens dans une Hôtéllerie où l'on couvre la table de viandes empoiſonnées.*

Pour rendre juſte cette comparaiſon, il eſt neceſſaire d'y ajoûter quelques traits. Dans une de ces Hôtélleries, ſi la fantaiſie prend de vous étrangler pendant la nuit, ſi on y a quelque interêt, & ſi on eſpère de ſe mettre à couvert des châtimens, ſoit par le ſecret, ſoit par la corruption des Juges, on le fera ſans héſiter, parce qu'on n'y craint point Dieu & qu'on ne croit pas même qu'il y en aît un.

Dans l'autre on ſe croit obligé aux Loix de l'Hoſpitalité. C'eſt chés eux un devoir des plus reſpectables : ce n'eſt point dans un mauvais deſſein qu'on ſert parmi des viandes ſaines, d'autres mets capables de donner la mort dans la ſuite du tems, c'eſt ſi peu leur intention qu'eux-mêmes en uſent. Mais ces viandes capables de nuire ſont faciles à diſcerner, elles ſont d'un goût & d'une odeur très-differente. On voit même qu'on uſe ordinairement de celles qui ſont plus propres à conſerver la vie. Tout n'y eſt pas poiſon & on en voit qui laiſſent les viandes mal ſaines pour s'en tenir à ce qu'on y mêle de ſain & de nourriſſant. Mais laiſſons la Metaphore. Par raport à la Vie preſente, & qu'il y avoit d'erreur chés les Payens ne donnoit point la mort ; & par raport à l'éternité & à la perte de l'heureuſe, l'Athéiſme n'eſt pas moins préjudiciable, il me le paroît même plus, car ce n'eſt point une ſimple ignorance, c'eſt une erreur poſitive & un des plus grans renverſemens de nos lumieres naturelles, un des plus affreux abus de la Raiſon.

La vie preſente eſt un Voyage qui conduit ceux qui le font bien à une meilleure. L'Athéiſme ne fournit à l'ame aucun ſecours ſalutaire, & à cet égard, un Pays d'Athées eſt un Pays qui ne fourniſſant aucune nourriture pour la Vie ſpirituelle n'y ſauroit contribuër, c'eſt donc une neceſſité que cette vie s'y éteigne. Mais pour le Payen, ce qui ſe trouve de raiſonnable chés lui peut être employé à le degager des erreurs & des ſuperſtitions qui par la ſuite des tems, s'y ſont mêlées l'une après l'autre, le bon peut temperer le mal & en prévenir les effets.

Si chés quelques Peuples Payens le ſacrifice des hommes & les Proſtitutions paſſoient pour des actes de Religion, c'eſt dans l'humeur de ces Peuples qu'il faut chercher la premiere ſource de ces erreurs. Les Iroquois & les Cannibales ne mangent pas les hommes par principe de Religion. Il ſe pourroit donc trouver des peuples très-Athées qui ſe jetteroient ſur les étrangers, dès qu'il leur arriveroit d'abonder ſur leurs Terres & les maſſacreroient. Il s'en pourroit trouver dont l'humeur ſeroit tournée à d'autres crimes : Les habitans de Sodome & de Gomorrhe ne s'abandonnoient pas à leurs horreurs par principe de Religion.

CXXI. POUR faire tomber d'un ſeul coup ce que Mr. Bayle a raſſemblé dans ſon eſprit & répandu dans ſes ouvrages, d'artifices, de paralleles captieux, de deſcriptions exagerées, de comparaiſons ſeduiſantes, d'états de Queſtions mal établis ; il ſuffiroit de lui oppoſer des argumens de la même nature que celui par lequel Diogene renvoya les Sophiſtiqueries de Zenon, c'eſt-à-dire, l'experience. Veut-on ſavoir quelle a été l'influence des reſtes de la Religion naturelle, ſur les mœurs & ſur le bonheur de la Société, chés les Payens mêmes, tout obſcurcie qu'elle y fût par mille contes, qu'on ſe donne le ſoin de s'en inſtruire dans l'Hiſtoire. *Concluſion.*

Numa comprit que les idées & le joug de la Religion ſerviroient à adoucir les mœurs d'un Peuple feroce qui ſous Romulus, ne s'étoit établi & ne s'étoit conſervé que par la violence. Le Plan de ce Roi vertueux eut tout le ſuccès qu'il en attendoit. La ſageſſe du maître & le pouvoir de ſon exemple ſur le Peuple qu'il gouvernoit, rendit ce Royaume naiſſant reſpectable à tous ſes voiſins. La Religion ſervit à imprimer dans les cœurs de cette multitude, le goût de l'équité, & à rectifier en partie ſes idées ſur l'honneur.

Toute la ſuite de l'Hiſtoire des Romains fait voir quelle fut l'efficace de la Religion pour rendre ces hommes belliqueux ſoûmis à leurs Commandans, pleins de reſpect pour les Loix de la guerre & obſervateurs de la plus ſevere diſcipline. Jamais ils ne s'affranchirent de la dépendance, à laquelle la Religion des ſermens les engageoit, que quand ils ſe trouverent preſſés à bout & reduits au deſeſpoir par les traitemens les plus rudes & les plus inſupportables.

Dans la ſuite du tems ce fut la Religion qui contribua puiſſamment à faire ceſſer la diſcorde, à réunir les cœurs & à conſerver l'union des deux ordres de l'Etat. Quelle force n'eut-elle pas pour rendre ſacrée la perſonne des Tribuns : Leur établiſſement & leur conſervation fut le rempart de la Liberté ; & l'amour de cette Liberté fut ſuivie de la grandeur d'ame & de ſes heureux effets dans tous les ordres. Si ces Magiſtrats, que la Religion rendoit ſacrés, ont quelquefois abuſé de leur autorité, il eſt inconteſtable qu'ils ont fait incomparablement plus de bien que de mal.

L'Exemple de Rhea Sylvia, & de ſon commerce fabuleux avec Mars, donnoit quelque atteinte chés le Peuple Romain à l'horreur qu'on y concevoit pour les Veſtales infidéles à leurs vœux, & pour ceux qui les corrompoient. Preuve évidente qu'on ne *croyoit pas qu'il fût permis aux hommes d'imiter ce que l'on s'imaginoit que les Dieux s'étoient permis.*

Dans l'année de Rome 335. le Souverain Pontife ne ſe fit-il pas une Religion d'avertir une Veſtale ſoupçonnée, mais contre qui l'on n'avoit pas des preuves ſuffiſantes, qu'elle ne devoit pas ſeulement ſe rendre favorable à la Divinité & ſe faire reſpecter des hommes par la pureté & l'innocence de ſon cœur, mais de plus par un exterieur modeſte & par ſon indifference pour les parures & les agrémens exterieurs. Ils ne croyoient donc pas que le miniſtere des Veſtales ſe bornât au ſervice des autels & à l'obſervation exacte de quelques ceremonies, ils les croyoient obligées à de grandes bienſéances. *Abſolutum pro Collegii ſententia Pontifex maximus, abſtinere jocis, colique ſanctè potin; quàm ſcitè juſſit. Scitus puer natus eſt Pamphilo* TER. Ce mot marque les agrémens. *Curtius Virginis excellentis forma tam ſanctè habuit, quàm ſi eodem qua ipſe parente geniti forent.* Voilà la pureté exprimée par le terme de *ſanctè.*

L'An de Rome 544. Licinius Pontife ſuprême for-

força C. Valerius à se laisser confacrer, à deſſein de reformer les mœurs de ce jeune débauché, qui effectivement changea si bien de conduite que, par l'attention qu'on fit à ſa probité & à ſes bonnes mœurs, il obtint de prendre place dans le Senat, droit que l'indolence de ſes prédeceſſeurs avoit laiſſé preſcrire.

On n'afoiblit point la force de mes argumens, ni celle des conſequences que je tire de ces faits, en diſant que toute la décence d'une bonne conduite, chés les Payens, n'avoit pour principe que l'amour propre & le point d'honneur, car je n'examine pas l'influence de la Religion, au milieu du Paganiſme, par rapport au ſalut, c'eſt de quoi il ne s'agit point entre Mr. Bayle & moi, je me borne à regarder les mœurs, ſur leſquelles la Religion étendoit ſon pouvoir, par rapport aux avantages qui en revenoient à la Societé, & dès là je me trouve fondé à ſoûtenir que les Idées de Religion, telles qu'on les avoit alors, relévoient la force du point d'honneur & l'augmentoient conſidérablement: ſi d'un côté on regardoit les Miniſtres des Autels comme honorés par les Dignités de la Religion, d'un autre auſſi, on leur ſavoit bon gré lorſqu'à leur tour ils faiſoient honneur à la Religion, par leurs bonnes mœurs; c'eſt une obligation dont on les croyoit chargés & on leur en tenoit compte.

Poſés tant qu'il vous plaira que l'amour propre & le point d'honneur ayent été les motifs interieurs de *Scipion le premier Africain*, toûjours eſt-il inconteſtable que, ſans ſa ſageſſe extérieure, on ne l'auroit jamais crû ſingulierement favoriſé du Ciel & conduit par les Dieux, & par conſéquent on étoit perſuadé qu'on s'attiroit leur protection par la Vertu. Il étoit de l'intérêt de la Republique autant que du ſien qu'on le crût ainſi, & ces ſentimens étoient très-utiles à l'Etat. Le *ſecond Africain* a marché, à cet égard, ſur les traces du premier, & ce fut par une probité diſtinguée que *Scipion Naſica* merita l'honneur de recevoir la *Déeſſe de Peſſinunte*. On voit par l'hiſtoire que ſa vie fût une ſuite d'équité, de moderation & de fermeté dans le beſoin.

Les Carthaginois avoient auſſi un Culte extérieur, mais ils ne ſe faiſoient pas le même ſcrupule que les Romains de manquer à la bonne-foi des Traités, & à cet égard ils n'avoient point le même reſpect pour la Religion des ſermens. On ſait que les Romains qui n'avoient pas tenu leur parole à Annibal furent degradés de tout honneur, & la legereté des Carthaginois à obſerver leurs promeſſes ſervit d'Apologie aux duretés de leur derniere deſtruction.

En vain on raſſemblera toutes les injuſtices & toutes les cruautés dont la Superſtition & l'Intolerance ont été les cauſes, en vuë de mettre en parallele, & s'il ſe pouvoit en équilibre les biens & les maux qui ont été des ſuites de la Religion, par rapport à la Societé. On a déja répondu à cette Inſtance & on a prouvé que la corruption du cœur humain, veritable & première cauſe de ces injuſtices & de ces cruautés, n'auroit pas produit des ravages moins triſtes & moins odieux chés les Athées, & ſur-tout chés des peuples entiers d'Athées, deſtitués de tant de freins & de tant de barrieres que la Religion oppoſe à la véhémence des Paſſions.

SECTION XV.
Où l'on parcourt les Entretiens de Maxime & de Thémiſte.

DANS l'Examen que j'ai fait du Pyrrhoniſme de Mr. Bayle, c'eſt-à-dire de ce qui, dans ſes ouvrages, m'a paru propre à diſpoſer au Pyrrhoniſme, & qui a jetté un grand nombre de ſes Lecteurs dans un goût & un eſprit de doutes, ſur-tout par rapport à la Religion, je n'ai rien touché à ce qui ſe lit dans les Entretiens de MAXIME & de THEMISTE. En liſant ce dernier Ouvrage, il eſt difficile de ne ſe trouver pas inquieté par l'eſprit d'irritation qui y regne d'un bout à l'autre. *Maxime* & *Thémiſte* s'acharnent contre les perſonnes de Mr. *Jaquelot*, & de Mr. *le Clerc*. Ils ſe coupent à tout moment la parole, chacun d'eux attend avec impatience le moment de parler. Ils ſe diſputent l'un à l'autre la gloire de porter le plus de coups, & les plus rudes coups, à ces deux Théologiens ; c'eſt à qui les *terraſſera*, les *aſſommera* le plus impitoyablement, & les fera paſſer tout à la fois pour les eſprits les plus ignorans & pour les cœurs les plus gâtés, pour les hommes les plus mal-habiles hommes & pour les plus mal-honnêtes gens qu'on ait encore vû dans la Republique des Lettres.

On découvre donc, dans Mr. Bayle, (qui eſt tout enſemble *Maxime* & *Thémiſte*), un homme piqué au dernier point, & il eſt difficile de ne préſumer pas qu'il ſe ſentoit dévoilé & pouſſé à bout. J'oſe dire qu'il auroit merité ces mortifications, au cas qu'il eût prévû les triſtes effets qu'a produit la lecture de ſes Ouvrages; car enfin, s'il vivoit encore, que répondroit-il, quand on lui diroit : ,, Vous ,, voyés, (& l'expérience vous l'apprend), ſi l'on ,, n'avoit pas tout ſujet d'appréhender les pernicieux ,, effets de vôtre Dictionnaire, de vos Additions ,, aux Penſées ſur les Cometes, de vos Réponſes à ,, un *Provincial*, & ſi c'étoit mal-à-propos & par l'ef- ,, fet d'une terreur panique, par l'effet d'un eſprit ,, viſionnaire, d'un eſprit d'envie & de malignité ,, & d'une mépriſable bigoterie, qu'on vous ,, conjuroit de ne continuer pas des compoſitions ,, de cette nature, & de prévenir vous-même les ,, maux dont vous courés riſque de devenir cau- ,, ſe. ,, Alors s'il ſe bornoit à répondre, *& quel effet mes Ouvrages ont-ils produit qu'on ne eût attendre de tous les Théologiens du Chriſtianiſme* ? Pourroit-il trouver mauvais qu'on ne fût pas ſatisfait de cette réponſe, ſur-tout quand il ajoûteroit : *Si j'ai mis les Objections qui attaquent la verité de la Religion, dans un beaucoup plus grand jour qu'on ne les avoit encore vuës, n'étoit-ce pas à deſſein de faire mieux ſentir la divine efficace de mon Antidote* ? *& n'indiquois-je pas un Préſervatif ſûr contre toutes ces attaques* ? *c'étoit d'y oppoſer le* BOUCLIER DE LA FOI.

A cela on ne manqueroit pas de lui répliquer : ,, Puis donc que vous vivés encore, cédés une fois ,, aux Avis & aux Prières du Monde Chrétien. ,, Une infinité de gens ont étendu leurs doutes ,, ſur vôtre *Antidote* : On s'en mocque & on lui a ,, appliqué vos *Principes d'incertitude*. Le plus grand ,, nombre de vos Partiſans ont une idée trop haute ,, de vôtre eſprit, pour s'imaginer que vous ayés ,, ſincerement recommandé cet *Antidote*. Détrom- ,, pés-les, on vous en conjure, employés vos ta- ,, lens à lever ce ſcandale, faites voir que vous ſa- ,, vés plus que détruire : Dévelopés-nous cette Foi, ,, qui ſeule peut faire ſucceder à nos Doutes une ,, parfaite certitude. Aprenés-nous par quelle route ,, on y arrive, à quels caracteres on peut la recon- ,, noître & s'aſſurer qu'on la poſſede. Faut-il croi- ,, re ſans preuves? De quelle nature doivent être ,, celles qui meritent d'établir la Foi? De quelle ,, maniere faut-il les examiner. Dans quelles diſpo- ,, ſitions convient-il de ſe mettre pour en ſentir la ,, force & pour s'y rendre? Qu'eſt-il permis d'exi- ,, ger de ceux qui nous invitent à croire, ſans au- ,, cun doute, ce qui eſt enſeigné dans les Livres ,, du Vieux & du Nouveau Teſtament? Quelles ,, Regles faut-il ſuivre pour expliquer juſte les ,, leçons & les prendre dans leur vrai ſens? & à ,, quelles marques pourra-t-on s'aſſurer qu'on a ſui- ,, vi ces Regles exactement?

Mr. Bayle en ſeroit-il quitte pour dire, *comme en effet quelques-uns de ſes zélés diſciples diſent*, (je n'aprofondis pas avec quelle sincerité). *Mais vous me demandés ce qui est déja fait. Ce que vous souhaitriés de savoir se trouve dans tous les Cours de Theologie.* Quand cela seroit vrai on seroit pourtant toûjours fondé à s'étonner & à se scandaliser que Mr. Bayle, par delicatesse de modestie ou d'ambition, (car l'un & l'autre de ces motifs peuvent determiner au même parti), ait constamment refusé de marcher sur les traces des autres, quand il s'est agi d'établir la Foi, dont jamais Auteur n'a réiteré si souvent la necessité, & en même tems ne se soit fait aucune peine de résiterer en tant d'endroits, & sont tant de formes, tout ce qu'on peut opposer de plus fort & de plus éblouïssant à la Religion & aux Verités que la Foi enseigne; quoique, dans toutes ces Objections, si on l'en veut croire, il ne dit rien de son chef, il n'allegue rien qui ne se lise ailleurs, & que renonçant à la gloire de l'invention il se soit borné à être simple *Rapporteur*.

Bien des gens croient voir clairement les raisons du refus obstiné de Mr. Bayle, à prouver la certitude de quelque principe, dans l'impuissance où il étoit de rien alleguer qui pût servir à établir la Foi sans se contredire, & sans renoncer à sa maniere favorite de philosopher; car enfin les hommes ne se trouvent dans un état de persuasion que par l'un de ces trois moiens. 1°. par *préjugé* & par *crédulité*; Mr. Bayle auroit eu honte de recommander ce principe de Foi. 2o. par *Inspiration divine*, avec laquelle bien des gens confondent leurs imaginations, leur fanatisme, leur enthousiasme, toutes voyes uncertaines & dangereuses, de l'aveu encore de Mr. Bayle. 3o. par des *preuves convaincantes*, auxquelles il faut se rendre, ou renoncer à la Raison. Mais quel secours peut-on tirer de la Raison, pour arriver à quelque certitude, & comment compter sur les preuves qu'elle allegue, s'il est des Verités auxquelles ses Notions les plus claires soient diametralement opposées. Si enfin la *Raison est une Foire*, où toutes les Sectes sont également admises à faire leurs provisions, & qui fournit à chacune indifferemment le pour & le contre? Mr. Bayle auroit-il pris le parti d'établir la Foi sur les Fondemens qu'il donne pour si foibles, fondemens encore que la Révélation, qu'on auroit établie sur eux, ne manqueroit pas de renverser, dès qu'on se seroit rendu à ses instructions?

Mais je ne pousserai pas plus loin ces Reflexions, c'est même pour éviter d'entrer dans des personalités, que je n'ai fait jusqu'ici aucune mention de ce dernier Ouvrage de M. B. qui en est tout rempli. Je vais pourtant le relire encore une fois, pour profiter de ce que je pourrai y trouver de verités, ou pour en relever des erreurs, si je continue à en trouver, auxquelles on n'ait pas déja suffisamment répondu, ou auxquelles il me paroîtra nécessaire de donner quelque nouvelle réplique.

Pag. 11. *La Doctrine de M. Bayle est celle des Reformés.*

Si M. Bayle avoit simplement pris parti dans les Disputes qu'on a eues avec les *Theologiens Rationaux*, ou les Savans que l'on a distingués par ce nom; & qu'il eût soutenu, après d'autres Docteurs célébres, qu'il est des *Mysteres, que la Raison ne connoit point assés pour les degager de toute objection & resoudre toutes les difficultés qu'on leur oppose*; on l'auroit mis dans le rang de ces Doctes qui ne sont pas en petit nombre, & les plus zelés défenseurs des prerogatives de la Raison & de l'étendue de ses lumieres auroient du se faire un devoir de penser, qu'il n's'étoit pas rendu attentif à tout le danger des consequences auxquelles le parti qu'il avoit choisi donnoit lieu. Mais après avoir observé son empressement sans pareil à rassembler, à étaler & à multiplier toutes les objections par lesquelles on a attaqué les Verités revelées, à repeter ces objections à tout coup, & à les ramener sous des faces nouvelles & plus éblouïssantes les unes que les autres; quand on l'a vu s'étendre ensuite

à exposer les avantages qu'un Pyrrhonien tire & des Disputes & des Aveux des Docteurs Chrétiens, pousser ces avantages d'un air insultant & déclarer tout net que ces disputes & ces aveux fournissent aux Pyrrhoniens des argumens sans replique & une pleine matiere de triomphe; quand il s'est étudié à representer la Raison trop foible pour prouver demonstrativement l'existence de Dieu, & pour établir d'une maniere convaincante les Principes de la Morale; quand enfin tout ce qu'on lui a adressé de solicitations pour l'engager à ouvrir les yeux sur les maux qu'il alloit faire, n'ont pû le détourner le moins du monde de sa route, on n'a pû assés s'étonner d'un si grand aveuglement, & son opiniâtreté a paru un des plus dangereux prodiges. Dire que la Doctrine de M. Bayle, telle que je viens de la poser en fait, est celle des Reformés, c'est pousser la hardiesse aux derniers excès & supposer qu'on s'adresse à des gens qui ne veulent rien voir par leurs propres yeux.

Les Theologiens Reformés conviennent & enseignent 1. que nous avons naturellement des idées qui, si nous prenons soin d'en faire un bon usage, nous conduiront à nous assurer de l'existence d'un Etre Eternel, sans bornes dans ses perfections, Intelligence, Pouvoir. Liberté, Justice, Bonté &c : 2. Qu'il est arrivé aux hommes de mêler parmi ces verités des erreurs & que de ces mélanges sont nés des systêmes embrouillés & parsemés de contradictions, les uns plus, les autres moins. 3. Les Theologiens raisonnent encore de même sur les Régles des Mœurs. 4. Ils ajoûtent qu'on trouve un seul Livre exempt des défauts répandus dans tous les autres, si on en excepte les ouvrages des plus exacts disciples de ce St. Livre. 5. La Raison leur fournit encore de quoi demontrer l'Authenticité de ce Livre, & de quoi établir que ceux de qui nous le tenons sont des témoins dignes de toute créance & cela est des preuves convaincantes qu'il est déraisonnable de ne vouloir pas se rendre. 6. Ce n'est pas qu'ils s'imaginent l'Esprit humain capable de se former des idées complettes de tout ce que ces Sts. Livres lui enseignent; loin de cela, il n'est pas même en état de comprendre pleinement, & sans aucun reste de tenébres, des verités dont il est sisé de se convaincre par ses propres forces. On peut s'assurer de l'existence d'un objet, sans en comprendre la nature; on peut en avoir découvert quelques attributs, sans avoir poussé ses lumieres à tous ceux qui s'y trouvent, on peut même avoir une connoissance & assés claire & assés grande de quelques attributs d'un sujet, sans en comprendre pour cela toute l'étenduë, & il y a un milieu d'un grand intervale entre tout savoir & tout ignorer. Telle est la Doctrine de nos Theologiens, que Mr. Bayle a travaillé à renverser de fond en comble, en faisant tous ses efforts pour mettre la Raison en contradiction directe & formelle avec la Revelation & avec elle-même. Nos Theologiens nient hautement ces contradictions; on s'en scandalise, quand on dit qu'on ne sauroit les lever & on ne peut les obliger plus sensiblement, qu'en s'unissant à eux pour demontrer que ce sont là des contradictions chimeriques, apparentes tout au plus & nullement réelles, resultats d'ignorance, d'équivoque & de temerité, & nullement de connoissance & de lumiere.

Pag. 20. *Les Maux de cette vie* (dit Mr. Bayle) *& ceux de l'autre ne sont pas absolument incompatibles avec l'Etre Tres-Bon; mais ils le sont dès qu'on juge de sa conduite, par les* Notions Communes *de la Bonté.*

On a prouvé que Dieu ne laissoit pas d'être & de paroître adorable aux yeux de la Raison même, & adorable par sa Bonté, autant que par sa Grandeur, sa Puissance & sa Sagesse infinie, quand même il ne s'assujetit pas à tout ce que les hommes doivent observer, pour être reconnus bons, à juste titre

titre & s'aquiter de tout ce qu'ils doivent aux autres. Si Mr. Bayle allegue quelque objection nouvelle dans la fuite de ce dernier ouvrage, on se fera une Loi de l'examiner fans prévention.

Ibidem pag. 41.

Dans la page 30. il s'agit de favoir, *non fi* Mr. Bayle refuse à l'homme le Titre d'ETRE LIBRE; mais s'il a combattu réellement la LIBERTÉ, & a fait ses efforts pour prouver que l'homme n'eſt point libre, dans le ſens qu'il doit l'être, afin de n'imputer qu'à foi-même ſes fautes & leurs fuites, & fans être fondé à en rejetter les cauſes ſur Dieu. Or pour s'éclaircir ſur cette importante Queſtion, il n'y a qu'à jetter les yeux ſur les Argumens raſſemblés dans l'Examen du *Pyrrhonisme ſur la Liberté* qui remplit une Section entière.

Pag. 42.

Page 39. *Quelque diſgracié que puiſſe être la condition d'un ſentiment combattu par des argumens qu'on ne peut repouſſer, ce n'eſt pas*, pour *Mr. Bayle*, une preuve que ce ſentiment ſoit faux, & on lui doit la juſtice de ne point lui attribuer une opinion qu'il n'adopte pas formellement, quoiqu'il en montre le fort.

Quand on attribuë un ſentiment à un Auteur, on ne prétend pas lire dans ſon cœur, on poſe ſimplement en fait que ſes Maximes & ſes raiſonnemens vont à établir de telles & telles conſequences. Il ne s'agit point de favoir ſi Mr. Bayle étoit effectivement Pyrrhonien, on prétend ſimplement qu'un Pyrrhonien effectif ne raiſonneroit pas autrement, en vuë de ſe faire des diſciples, on ſe borne à lui en attribuer le langage & à lui imputer les dangers. Il ne s'agit point de ſavoir de quelle force paroiſſoient à Mr. Bayle lui-même les raiſonnemens dont il a rempli ſes ouvrages, il ne s'agit point de décider ſur ce qu'il croyoit & ſur ce qu'il ne croyoit pas. Ce qu'il y a d'inconteſtable, c'eſt que bien des gens ont été frappés de ſes raiſons, au point de douter de tout ce qu'elles combattent, & d'aller encore au delà du doute. C'eſt en vuë de prévenir les mauvais effets de ſes impreſſions qu'on s'eſt crû obligé d'examiner les argumens de Mr. Bayle, & de publier ce qu'on avoit penſé en faiſant cet Examen.

Pag. 53.

Cette remarque s'applique d'elle-même à un grand nombre d'endroits de ce dernier ouvrage, où Mr. Bayle ſe plaint qu'on lui impute [des ſentimens qu'il] n'a pas. Par exemple (pag. 112.) Mr. Bayle nie de croire que *Dieu ſoit l'Auteur du Péché*, & il ſe recrie contre Mr. *Jaquelot* comme contre un Ecrivain *ſi friand de diſputes qu'il merite d'être comparé à un homme qui a la rage des procès; au point de vouloir encore plaider quoiqu'on lui accorde tout ce qu'il demande*. Laiſſons donc Mr. Bayle & contentons-nous de répondre aux argumens ſortis de ſa plume, par leſquels, en dépouillant l'homme de toute activité effective & réelle, & le réduiſant à être une créature purement paſſive, on eſt amené à conclure qu'il faut chercher la cauſe de tout ce qui ſe paſſe en lui & qu'il paroît faire, dans la puiſſance & dans l'action de Dieu Créateur. J'ai donné à cet important Article une Section entière de cet Examen & je l'ai encore traitée fort au long dans un Ouvrage Latin que je me déterminai à compoſer après l'aveu que m'avoient fait les partiſans de ce ſyſtème, que ce qu'on appelle *Péché*, étant l'effet d'une determination invincible & d'une enchaînure où il nous eſt impoſſible de rien changer, ne peut auſſi bien être puni ſans injuſtice, comme une action de laquelle on eſt reſponſable & ſur laquelle on pouvoit & devoit s'abſtenir.

De Mente Humana, imprimé à Groningue.

Oeuvres Div. Tom. II°. pag. 56.

Pag. 125. Pour prouver que la Religion n'eſt point auſſi néceſſaire qu'on ſe l'imagine pour maintenir l'ordre dans la Société, Mr. Bayle poſe que *le ſeul amour de la Vertu eſt un motif invincible, pour ne ſouffrir pas qu'elle ſoit chaſſée de l'ame de l'homme.* C'eſt ce que Mr. Bayle a repeté cent fois ſous divers tours, on y a ſuffiſamment répondu &

Mr. Bayle ne ſoutient ici ſa propoſition, & les conſequences qu'il prétend en faire tirer, d'aucune nouvelle preuve. On a démontré avec évidence que le pouvoir de la beauté de la Vertu ſur le cœur de l'homme tire ſes plus grandes forces de ſon rapport avec les Verités de la Religion, avec la Volonté d'un Créateur qui l'aime & qui la recommande, avec ce qu'il promet à ceux qui la ſuivront & ce à quoi doivent s'attendre ceux qui aimeront mieux s'en écarter. On a vû que les forces de la Vertu deſtituées de ces ſecours tiendront rarement contre des paſſions & cederont bien-tôt aux appas des ſens, aux agrémens de la diſſipation, au plaiſir de ſe conduire à ſon gré, à mille exemples & à mille interêts, dont on eſt à tout coup aſſiegé & ſollicité, quand on ne connoit de félicité que celle de la vie préſente.

Dans la page 138 on tire de la prééminence de Dieu, c'eſt-à-dire de l'excellence de ſa Nature infiniment ſuperieure à tout ce qui eſt créé, un argument pour prouver *qu'il a dû travailler à la conſervation de l'ordre, avec une vigilance infiniment plus grande que celle qu'il lui donne.*

Ibidem pag. 56.

Mais de cette même élévation de la Nature Divine, on a tiré, dans la Section de la Providence, des argumens tout oppoſés, pour établir qu'en ne faiſant rien au-delà de ce qu'il a fait, il a agi d'une manière digne de ſa Grandeur, digne de ce qu'il ſe doit, digne de ſon Amour pour l'Ordre & la véritable Vertu; d'une maniere enfin qui releve le prix de ſa Bonté & la démontre véritablement infinie, & Mr. Bayle n'allegue rien ici qui puiſſe ébranler la certitude des preuves qu'on a luës dans cette Section.

L'objection tirée de l'infaillibilité de l'évenement vicieux & de la certitude de ſa préviſion, eſt ramenée ici, mais toute telle qu'on la voit ailleurs. Par conſequent il n'eſt pas neceſſaire d'ajoûter quelque choſe de nouveau aux réponſes qu'on y a déja faites, puiſque l'objection eſt la même & ne renferme rien de nouveau.

Pag. 144. Monſieur Jaquelot avoit poſé qu'il eſt des Etres Intelligens à qui Dieu s'eſt d'abord fait trouver; & qu'il en eſt auſſi par leſquels il a voulu être cherché, & telle eſt la condition des hommes.

Ibidem pag. 57.

Là-deſſus Mr. Bayle ſe récrie: *Si Dieu a voulu être cherché, il a donc voulu être trouvé. Par conſequent il eſt déchû de ſon but, puiſqu'une grande quantité d'hommes ne l'ont point trouvé.* Sophiſme groſſier d'équivoque.

Je répons 1°. que Dieu a voulu être trouvé par ceux qui le chercheroient avec application & avec perſeverance 2°. que ceux qui le cherchent ainſi le trouvent. 3°. Qu'il a mis les hommes en état de le chercher ainſi. 4°. Qu'il eſt toûjours prêt de proportionner leur fort à la connoiſſance parfaite qu'il a & de leurs foibleſſes & de leur capacité.

Pag. 149. Voici de quoi il s'agit. 1°. Dieu a eus ſes raiſons & des raiſons dignes de lui (on l'a prouvé) pour créer des Etres Intelligens & libres. 2°. Cette Liberté ſe réduiroit à rien, de même que tout ce en vuë de quoi elle a été donnée, ſi Dieu prévenoit tout celle, ou ſe rendoit continuellement attentif à tous les écarts poſſibles de cette Liberté, pour en prévenir les premiers commencemens. 3°. Les riſques où l'homme s'expoſe en abuſant de la Liberté, ou en ſe trouvant ſur le point d'en abuſer, n'ont point apporté de changement à ce deſſein de créer des Etres Libres & actifs, deſſein qui eſt l'effet de la Liberté, du choix & de la Sageſſe du Créateur. Ces riſques ne l'ont point fait révoquer. 4°. S'il étoit néceſſaire que Dieu ſe rendît Maître de la Liberté de ſes Créatures & en créât lui-même toutes les déterminations, il en ſeroit des Loix Morales, comme de celles qu'on appelle dans la Phyſique les Loix de la Nature, & il n'y auroit, dans l'obéiſſance & l'obſerva-

Oeuvres Div. Tom. IV. pag. 58.

fervation des Devoirs, rien de Moral que le Nom.

Mr. Bayle fait femblant de ne pas comprendre ce Syftême, pour fe donner le plaifir de le tourner en ridicule ; comme fi l'on prétendoit qu'un fecours interieur & furnaturel, accordé à Eve, dans le tems de la Tentation, auroit renverfé l'arrangement de l'Univers. Au contraire, dit Mr. Bayle, *pas une feuille n'en auroit fouffert.*

Ibidem pag. 64.

En confequence de cette belle idée, que Mr. Bayle prête à Mr. Jaquelot il s'égaye dans la Page 196.

„ Voici un Docteur, qui eft Minifre depuis
„ plus de 30 ans, & qui affure que fi Dieu
„ avoit fourni ce fecours à Eve, toute la Nature
„ auroit été dérangée. Quelles pauvretés ! Le So-
„ leil, fans doute, feroit forti de fa place, la Lune
„ eût retrogradé, tous les Tourbillons des Etoiles
„ fe feroient mêlés enfemble, & euffent formé un
„ Chaos horrible. Ne voilà-t-il pas un beau moyen
„ de prouver aux Philofophes la *Concorde de la Foi*
„ *avec la Raifon* fur l'origine du mal.

On remporte aifément la victoire quand on fe forme de tels Phantômes. Mais le fujet n'étoit-il point trop ferieux pour fe donner la liberté de prendre ainfi le change pour tâcher de faire rire un Lecteur ?

Dieu a trouvé à propos de donner la Liberté à des Créatures Intelligentes, l'abus qu'elles en pouvoient faire ne lui a point fait revoquer ce deffein. Mr. Bayle le fait fenvifager ce deffein comme une L o 1 que Dieu s'eft impofée, & abufant encore de l'équivoque de ce terme, il l'étend à tout ce qu'il y a de Loix dans la Nature. Eft-ce par imbécillité d'efprit qu'il eft tombé dans ce Sophifme ?

Ibidem. pag. 70.

„ Il reprend ce Sophifme pag. 235. „ Y a-t-il de
„ néceffité plus invincible, ou plus inévitable que
„ celle qui vient de l'execution des Loix gener-
„ les, immuables & invariables, auxquelles Dieu
„ ne veut point déroger ? Je conclus de là que la
„ chûte d'Adam & d'Eve eft arrivée auffi inévita-
„ blement & auffi néceffairement que les Eclipfes
„ de Lune, puifque felon Mr. Jaquelot elle étoit
„ l'une des fuites des Loix generales, & que Dieu
„ voulût qu'à cet égard, elles fuffent exécutées
„ fuivant leur forme & teneur. Neanmoins ce
„ nouveau faifeur de Syftême veut *qu'on ceffe de*
„ *dire qu'il a falu que le Pe'ché*
„ *arrivat.*

Il a raifon de ne pas approuver une expreffion fi peu jufte, puifque le Péché eft né très-librement, que l'homme n'y a été néceffité en aucune maniere, & qu'il n'auroit pas eu lieu fi Dieu avoit trouvé à propos de faire ceffer la Liberté. Adam & Eve pouvoient pécher & pouvoient s'en préferver. Ils **pouvoient bien vouloir**, ils ont mal voulu. Il n'y a rien eu en tout cela de néceffaire.

Ibidem pag. 58.

Page 154. Il a fallu, prétend *Mr. Jaquelot*, que les hommes euffent la Liberté de s'égarer autant qu'ils voudroient, parce qu'ils avoient à faire une route où il leur feroit extrêmement difficile de ne fe point égarer. Ainfi parle Mr. Bayle, & ainfi trouve-t-il à propos de faire penfer Mr. Jaquelot.

Il eft bien facile de refuter un Auteur à qui l'on attribuë de telles imaginations. On a prouvé que le don de la Liberté étoit digne de la Sageffe & de la Bonté de Dieu, & que l'abus, que l'on en pouvoit faire, n'étoit point une caufe fuffifante pour le revoquer. C'eft ainfi que Mr. Jaquelot a penfé fur le Don de la Liberté, & non pas comme Mr. Bayle le fuppofe.

En vain l'on étale les fuites de la chute arrivée par un abus de la Liberté. Si les enfans d'Adam vivent dans des ténebres & dans des foibleffes qui les expofent à bien des égaremens, ils ont auffi à faire à un Créateur qui les connoit & qui les jugera dans fon Equité.

Dans la page 172, on remet fur le tapis les Difficultés fur la Liberté, mais on n'en allegue aucune qui n'ait déja été éclaircie.

Ibidem pag. 61.

Page 188. Mr. Bayle reconnoit *qu'en niant la prévifion des Evénemens Contingens on fe met au large.* On en a fait voir, que pour ce qui eft des fautes, où l'on tombe par l'abus qu'on fait de la Liberté, elles doivent auffi peu être mifes fur le compte de Dieu, à la décharge de l'homme, que fi les déterminations libres n'étoient abfolument point prévues de la maniere qu'on le fuppofe ordinairement.

Ibidem pag. 63.

Page 222. *La maniere de fe manifefter que Dieu a préferée à toutes les autres, réduit à l'inaction fa Bonté & fon amour pour la Vertu. Idée affreufe, & qui reffemble beaucoup plus à une Furie infernale, qu'aux notions que la Lumiere naturelle nous donne de l'Etre parfait.* C'eft ce qu'allegue Mr. Bayle comme des confequences des penfées de *Mr. Jaquelot*.

Oeuvres Div. Tom. IV. pag. 68.

Mais d'où Mr. Bayle tire-t-il un fi affreux portrait de Dieu, de fa Bonté & de fes perfections, & fur quoi fondé l'impute-t-il à Mr. Jaquelot ? *C'eft que Dieu ne déploye pas fa toute-puiffance, pour prévenir tout écart & tout commencement d'abus de la Liberté.*

Dieu demeure-t-il dans l'inaction, parce qu'il n'arrête pas à tout moment les déterminations de la Liberté, lorfqu'il travaille à les régler heureufement ces déterminations, par fes Loix, par fes Promeffes, par fes Menaces, par des Inftincts, par des Idées, par des Principes de Raifon, qui découvrent la beauté de ce qu'on doit faire & la laideur de ce qu'on doit fuir. Imputera-t-on à *Inaction* les circonftances extérieures & les fecours interieurs ? Et parce que Dieu ne fait pas tout, fe plaindra-t-on de lui comme s'il ne faifoit rien ? C'eft dans le Syftême qui le fuppofe *Caufe immediate* de tous nos mouvemens que fe trouve *l'éponge de la Vertu* : & fi tout étoit inévitablement réglé, il n'y auroit plus de Beauté Morale dans les Ouvrages de Dieu, & dès que l'on en jugeroit conformément à la vérité, on n'y reconnoitroit plus que des Beautés Phyfiques de l'ordre de celles d'une Horloge reguliere & des autres Machines.

Dans quel Syftême rencontre-t-on des Idées, qui font frémir, & qui font difparoitre la Bonté de Dieu, ou dans celui de Mr. Jaquelot, fuivant lequel Dieu met fes Créatures Libres en pouvoir de parvenir à la felicité, ou dans celui dont Mr. Bayle fe déclare fi hautement le defenfeur, & qui dépouille les hommes de toute activité, pour les reduire à des Etres uniquement paffifs, dans le fond, & dont Dieu crée fans ceffe toutes les modifications, pour les punir de celles qui ne font pas conformes à fes Loix & qu'il n'a pas moins faites que les autres.

J'appliquerai ces remarques à la page 239, où Mr. Bayle dit : *Le veritable moyen de conferver toujours la vertu dans le monde, n'étoit-il pas qu'il n'y eut aucune Caufe qui pût produire le Vice ?* Mais c'eft de la Liberté que la Vertu de l'homme tire fon grand luftre, une partie même de fon Effence ? C'eft donc mal à propos encore, que Mr. Bayle ajoûte un peu après : *La Faculté de faire le mal ne fauroit être une bonne chofe, puifqu'il eft impoffible que le mal forte du bien ?*

Oeuvres Div. Tom. IV. pag. 70.

Pour donner lieu à cette objection, il faudroit dire que Dieu a fait deux préfens à l'homme, dont l'un confifte dans la F A C U L T E' D E F A I R E L E B I E N, & l'autre dans celle de F A I R E L E M A L. Ce n'eft point cela. Dieu a fait l'homme *Intelligent & Libre*. Il l'a certainement rendu capable de faire le Bien, de fuivre fon Devoir, de s'y attacher, mais non pas au point de ne s'en écarter jamais. La Liberté eft bonne, c'eft un riche préfent, quoique d'une perfection bornée. Mais d'une *chofe bonne, le mal peut-il naître ?* Je réponds N o n, quand on s'en fert bien. O u 1 quand on en abufe ?

Page 248. *Il eft contradictoire que ce que Dieu a rendu*

Ibidem pag. 71.

rendu futur par un Decret n'arrive point, & que le contraire arrive. Il étoit donc impossible qu'Adam obéît, dans les circonstances où il se trouva placé. On ne reconnoît point de tels Décrets. L'objection tirée de la Préscience est précisément la même à laquelle on a déjà répondu.

Ibidem. pag. 73.
„ Page 156. Dieu produit le Péché, quand les
„ interêts de sa Gloire le demandent. Témoin
„ Pharao qu'il endurcit plusieurs fois de suite, par-
„ ce que cela étoit nécessaire pour manifester la su-
„ périorité de sa Puissance. Si vous dites qu'il faut
„ expliquer ces passages par d'autres, ce ne sera
„ que la matiere d'un Procés.

A quoi me sert donc le Livre qui doit regler ma Foi & me tirer d'incertitude ? puisque de deux passages qui paroîtront opposés, je ne saurois m'assurer quel des deux doit être expliqué par l'autre. Pour cela il faut decider un procés & là où l'on rencontre difference de sentimens, il n'y a plus de certitude sans mélange de doutes.

„ Si enfin vous vous réduisés à dire que le sens
„ literal, qui donne à Dieu une conduite mani-
„ festement opposée à la lumiere naturelle, est
„ faux, vous tomberés dans une pitoyable con-
„ tradiction, puisque vous avés rejetté la lumiere
„ naturelle en tout autant d'articles qu'il vous plû.

Rejette-t-on la lumiere naturelle, quand on reconnoît des Articles pour lesquels elle ne nous éclaire qu'imparfaitement, sur lesquels on ne sait pas tout, où même on sait peu & on ignore beaucoup ? Rejette-t-on cette lumiere, dés qu'on n'admet pas des propositions vagues dans tout le sens auquel il plait à Mr. Bayle de les déterminer pour en faire un contre-sens de vérites relevées.

„ Vous n'avés aucun droit, ajoûte-t-il, de nous
„ préscrire des bornes, après avoir pris la liberté
„ de vous étendre tout à vôtre aise.

Quand on dispute, on auroit tort, & on se rendroit ridicule de préscrire d'autorité à son adversaire des Loix qui lui couperoient la parole, pendant qu'on se permettroit à soi-même une entiere liberté & qu'on s'affranchiroit de toute contrainte & de toute Loi. Mais c'est à quoi Mr. Jaquelot n'a jamais pensé. Il s'est fait un devoir de s'assujetir aux Loix du Bon sens & de l'Equité. Il a souhaité que Mr. Bayle en fit de même, & si, par l'usage qu'il a fait de ses Régles, il a empêché Mr. Bayle d'entraîner ses Lecteurs aussi loin qu'il souhaitroit, est-ce sa faute ?

„ Vous déclamerés sur les suites épouvantables de
„ nôtre Doctrine. Vous dirés que c'est là l'intro-
„ duction du plus affreux Pyrrhonisme, vous di-
„ rés ce qu'il vous plaira, personne n'est plus in-
„ teressé que vous à nier ces conséquences, elles
„ naissent de vos Dogmes. Vôtre Principe sur la
„ préeminence de Dieu, & vôtre mépris pour la
„ Lumiere Naturelle entraînent là nécessairement.

Mr. Bayle prête précisément sa Doctrine à Mr. Jaquelot, car selon lui, c'est là tout ce qu'on peut opposer aux Manichéens. *Il faut se taire, n'écouter point la Raison & s'entenir à l'incompréhensible Préeminence de Dieu, la croire par Foi, sans y rien entendre.*

Dés qu'il s'agit de reconnoître la Préeminence de Dieu, on n'abandonne point ce qu'enseigne la Lumiere naturelle, au contraire on la suit, lorsqu'on pose en fait que ce que la Lumiere naturelle exige des hommes pour les appeller Bons, cette même Lumiere fait connoître que Dieu n'y est pas assujetti, & que cette Bonté merite toujours l'éloge d'Infinie & d'Adorable, quand même elle ne va pas à des attentions, dont il n'est point permis aux hommes de se dispenser.

Œuvres Div. Tom. IV. pag. 73.
Dans la page 160. Mr. Bayle revient à la liaison du péché avec le Systême de l'Univers & avec les interêts de Dieu.

„ Si vous me répondés, dit-il, que Dieu n'a pû
„ empêcher la chute d'Adam, parce qu'il étoit obli-
„ gé à de grands égards pour les Loix générales
„ qu'il avoit établies & pour la Liberté qu'il avoit don-
„ née à l'homme, je vous ferai cette autre Question.
„ Ou ces égards étoient invincibles, où ils étoient
„ surmontables. S'ils étoient surmontables vôtre ré-
„ ponse ne vaut rien. Dieu conservoit sa Liberté d'in-
„ difference, soit pour empêcher la chute de l'hom-
„ me, soit pour ne la pas empêcher. S'ils étoient
„ surmontables, cette chute est arrivée par une
„ fatalité qui émanoit de la Nature Divine abso-
„ lument nécessitée à la rendre future".

Tout cela a été suffisamment éclairci. Les Loix générales de l'Univers n'entrent pour rien dans cette affaire. Elles n'étoient liées ni à la perseverance d'Adam, ni à son péché. Ce n'est pas par respect pour la Liberté une fois donnée à l'homme, que Dieu a voulu être servi par un choix libre, & n'a pas revoqué son présent. Dieu encore ne regardoit pas l'obeïssance & la desobeïssance comme des actes indifferens, il approuvoit le bon usage de la Liberté, & il l'auroit agreé & recompensé, il en desapprouvoit l'abus. Mais sa felicité parfaite & supréme ne dépendoit ni de cet usage ni de cet abus. Il n'a été nécessité à cet égard à rien & c'est très-mal à propos que Mr. Bayle abandonne sa plume à des expressions choquantes, pour rendre odieux des Théologiens qui se sont fait un devoir de parer aux funestes effets de ses ouvrages, dont on n'a aujourd'hui que trop de preuves.

Dans le page 166. Il recommence ses comparai- *Ibidem.*
sons qui vont à charger la Bonté & l'Equité de *pag. 74.*
Dieu, tout comme les hommes le font des maux que leur indolence a laissé naître contre des Devoirs indispensables, & de ces comparaisons les unes sont serieuses & les autres ordurieres. On y a déja répondu, & on a fait voir pourquoi Mr. Bayle les a ainsi choisies & ainsi étenduës.

Pag. 275. Mr. Bayle fait dire charitablement à *Ibidem.*
Zoroastre. *Cachés vôtre doctrine: si vous étiés émouvrés pag. 75.*
de Payens Savans, ils vous tourneroient en ridicule & feroient des chansons contre votre Dieu, comme les Juifs en faisoient contre les Idoles des Gentils. La matiere seroit favorable, ajoûte Mr. Bayle. *Le Dieu des Chrétiens veut que tous les hommes soient sauvés; il a le pouvoir nécessaire pour les sauver tous, il ne manque ni de puissance, ni de bonne volonté, & cependant presque tous les hommes sont damnés.* „Contemplés
„ tout à vôtre aise & par tous les côtés imaginables
„ l'idée vaste & immense de l'Etre souverainement
„ parfait, vous n'y découvrirés rien qui se com-
„ batte cette doctrine. Il repugne manifestement
„ à un tel Etre d'échouer dans aucun dessein: tout
„ ce qu'il veut doit arriver, & si quelque chose
„ n'arrive pas, c'est qu'il ne veut point qu'elle ar-
„ rive. Cela est clair par la lumiere naturelle la
„ plus évidente, ce n'est pas une proposition sem-
„ blable à tant d'Aphorismes par lesquels vous vou-
„ lés accorder vôtre Foi avec vôtre Raison, & qui
„ ne sont point conformes à l'idée naturelle que
„ nous avons de l'Etre Eternel & Nécéssaire, Infini
„ en toutes sortes de perfections".

On n'a pas besoin d'efforts pour s'appercevoir que Mr. Bayle étoit bien changé quand il écrivoit ce dernier ouvrage. Que d'embarras dans son style, il ne fait point finir & on vient de lire un verbiage obscur & tissu d'équivoques.

Dieu veut sauver tous ceux qui s'appliqueront à remplir les Conditions de son Alliance, & sa Bonté va si loin à cet égard, qu'il les prévient, les soûtient, les aide par des secours & extérieurs & intérieurs. Il pardonne en Pére tendre ceux de leurs écarts où la foiblesse a plus de part que la matiere; il oublie ceux là-même qui partent de ce dernier principe, quand ils sont suivis d'une repentance qui les efface. Il agrée enfin & nous impute à justice nos efforts quoiqu'imparfaits, pourvû qu'ils soient sinceres & que nous y perseverions. Le dessein de

Qqqqqqq 2

sauver ceux qui sont tels aura son infaillible accomplissement. C'est à eux qu'il s'offre & se promet. Les autres se perdent parce qu'ils le veulent.

Mr. Bayle amène ses Lecteurs à se former l'idée de Dieu, comme d'un Etre où tout est nécessaire, & de là il conclud à une semblable nécessité dans tous ses ouvrages. Point de Liberté, point de choix; & au lieu de dire, *Si celui qui a abusé de sa Liberté n'en a pas fait un bon usage, c'est que Dieu ne vouloit pas qu'il le fît*. Gardons-nous de penser si indécemment & si injurieusement de nôtre Créateur. IL VEUT QUE SES CREATURES INTELLIGENTES FASSENT UN BON USAGE DE LEUR LIBERTÉ; MAIS IL VEUT QU'ELLES LE PASSENT LIBREMENT. IL LEUR A ORDONNÉ CE BON USAGE ET IL LEUR EN A DONNÉ LE POUVOIR; ET QUAND ELLES NE LE FONT PAS, CE N'EST POINT PARCEQUE DIEU NE LE VEUT PAS, C'EST PARCE QU'ELLES NE LE VEULENT PAS. CE QUE DIEU NE VEUT PAS, C'EST D'OBEIR POUR ELLES ET DE PRODUIRE DANS ELLES UN ACTE QUI AIT L'APPARENCE D'UNE OBEISSANCE LIBRE, MAIS QUI NE LE SOIT POINT ET QUI AU CONTRAIRE SOIT UN ACTE NECESSAIRE, ET UN ETAT PASSIF REELLEMENT.

Oeuvres Div. l'on. pag. IV. 77.

Dans la page 191. Mr. Bayle demande. *D'où vient qu'entre les Systêmes possibles d'Univers, Dieu n'a pas préféré celui où le vice n'auroit jamais pû avoir lieu.* Mais il s'exprime dans les termes les plus durs & ces termes présentent la Question sous de faux côtés.

„ Si un systême dont le péché eût été banni, a
„ eu de la convenance avec les fins pour lesquelles
„ Dieu a créé l'Univers, il sera impossible de com-
„ prendre que Dieu ne l'ait point préféré au Systême
„ qui renferme le Crime & la Misere des hommes ?

Mr. Bayle s'énonce comme si le péché & la misere avoient été des vuës du Plan de Dieu: & qu'il eût choisi un Systême où ces deux choses fussent entrées comme des parties nécessaires pour rendre le Systême complet. La possibilité du péché & de ses suites est entrée dans ce Plan, parceque ç'a été un Plan Libre & que des créatures libres devoient être du nombre de ses parties.

Mr. Bayle continuë dans la même irrégularité d'expressions. „ Par l'idée de Dieu nous concevons évidemment que, toutes choses étant égales d'ailleurs, il préferera un Systême qui fait regner la Vertu à un Systême qui fait regner le Vice".

C'est aussi pour faire regner la Vertu, que Dieu a créé des Intelligences libres; c'est de là qu'elle tire son grand lustre & qu'elle a plus de rapport avec les recompenses qui lui sont destinées. Dieu & sa felicité regnerent à jamais dans les Intelligences qui auront fait de ce grand Etre l'objet de leur choix: C'est le Regne qu'il agrée & que sa Sagesse & sa Bonté trouvent digne de lui.

Il ne faut pas s'étonner si nos Lumieres ne font pas assés étenduës pour faire toutes les combinaisons d'où résulteroit le parfait denoüement de cette Question, *sur le Systême le plus convenable*. Mais telles qu'elles sont, elles ne laissent pas de nous faire comprendre que la Bonté de Dieu subsiste avec le Systême où nous sommes placés, & qu'elle y est très-reconnoissable. En vain Mr. Bayle le nie & ramène ses mêmes objections. *Les hommes devoient être faits de maniere à trouver infailliblement Dieu*, à ne s'égarer jamais du droit chemin, & il vaudroit mieux reprendre la Liberté que d'en souffrir l'abus. On a déja examiné toutes ces difficultés.

Mr. Bayle avoit d'abord répondu ces difficultés dans ses premiers Ouvrages sur ce sujet. On y répond. Pour affoiblir ces réponses il réitere les mêmes objections. On y replique. Il les ramène

encore. Il est certain qu'il se trouve nombre de cœurs gâtés qui relisent ces repetitions avec un plaisir toûjours nouveau. Tout ce qui va à remplir leur esprit de doutes sur l'idée de Dieu, son existence, sa conduite, contribue à les mettre au large. Ils se sentent moins obligés à suivre des Loix qui les gênent, à mesure qu'ils se comptent plus excusables de n'en connoitre pas l'Auteur. Est-ce à des Lecteurs de cet ordre que Mr. Bayle a voulu plaire; ou si une fatale habitude de chercher des objections contre la Providence, ses principes & ses suites, & son application à les présenter sous les tours les plus éblouïssans, les avoient si profondément gravées dans son esprit, qu'il en étoit devenu incapable de sentir l'équité des dénoüemens qu'on leur opposoit, tout propres qu'ils fussent à les dégager de ces importunes & scandaleuses difficultés. Son Imagination ne savoit plus se repaître que de ces ténebres qu'il n'est-ce point par l'effet physique de cette cause, qu'il ne s'est point lassé de les reperer avec toûjours plus de feu, & que son indignation contre ceux qui travailloient à les lever l'a suivi jusqu'à son dernier soûpir. Cette situation convenoit au Roi des Pyrrhoniens. *Un Empereur doit expirer debout*.

Pag. 311. Mr. Bayle demande *s'il n'est pas quelquefois impossible d'éviter le péché*. A cela se répons. Lorsqu'il arrive aux hommes de pécher, on peut toûjours dire que c'est leur faute, & que par rapport aux occasions où la Liberté est la plus affoiblie; & où le péché regne avec plus de force, il leur auroit été possible d'éviter ce qui les a conduits à ces extremités où leur attention a été épuisée, & leur Entendement éblouï, aveuglé. Il auroit été en leur pouvoir de prévenir ces circonstances, où le pouvoir de la Liberté a succombé sous la force des Habitudes.

Oeuvres Div. Tom. IV. pag. 60.

Soit qu'on lise attentivement ces *Entretiens de Maxime & de Themiste*, soit qu'on se contente de les parcourir, on s'appercevra à tout coup que Mr. Bayle y fait regarder Mr. Jaquelot comme prévenu de la pensée d'une liaison de la Liberté avec les Loix les plus constantes de la Nature; C'est un reproche qu'on ne se lasse point de ramener & une erreur sur laquelle on s'exprime dans les termes les plus forts. Mr. Jaquelot *nie d'avoir jamais prêché que le péché ait introduit des desordres dans les Elemens*, il assure qu'il auroit crû dire une sotise. A cela Mr. Bayle réplique: *L'Historien Sacré a donc dit une sotise, quand il a rapporté que la Terre fut maudite à cause du péché d'Adam*.

Mr. Bayle accuse Mr. Jaquelot d'avoir des Idées contraires à celles de l'Historien Sacré: mais se trouvera-t-il des gens qui ne s'apperçoivent pas, que les expressions de Mr. Bayle lui-même s'éloignent du respect qui est dû à cet Auteur ?

Si je ne m'étois pas défendu d'entrer dans des personalités, j'en aurois déja ici bien des occasions & cette derniere m'en fourniroit un beau champ. Il y a une différence du tout au tout, (& cela saute aux yeux) entre dire que le péché introduit des desordres dans les Elemens, par une influence physique; & reconnoître qu'à l'occasion du Péché la Puissance de Dieu, conformément à sa Sagesse & à sa Justice, fait naître dans la Terre & dans l'Air des changemens dont l'homme souffre. Il s'en faut encore du tout au tout que ces changemens ne soient allés à bouleverser les Elemens: La Terre, l'Eau, l'Air & le Feu sont demeurés Terre, Eau, Air & Feu; j'en dis autant des souffres, des sels & des autres parties elementaires, il a suffi pour punition de l'homme que parmi ces parties, ces parties toutes propres à ses utilités, il s'en soit mêlé un petit nombre de nuisibles. Une très légère dose de poison, laisse les parties d'un vin & d'une viande telles qu'elles étoient, un bouleversement seroit cause qu'on qu'on ne s'y méprendroit point, mais ce mélange imperceptible suffit pour donner la mort quoiqu'il n'ait rien dérangé ni dans le vin ni dans la viande.

Pag. 81. Pag. 318. *Il faut que tout ce qui arrive soit conforme ou contraire à la volonté de Dieu*, dit Mr. Bayle, *& que des là qu'une chose n'arrivé point contre la volonté de Dieu, elle arrive suivant la volonté de Dieu.*

Pour le coup, voilà la plus ancienne des objections contre la Providence, ramenée comme si jamais on n'y avoit répondu. Ce sont-là de grandes Antithéses & les expressions dont elle est composée jettent l'esprit dans un étonnement qui lui laisse à peine la liberté d'examiner. Cependant c'est un tissu d'équivoques toutes telles que la premiere fois qu'on s'en est servi.

Les choses arrivent SUIVANT LA VOLONTÉ DE DIEU. Ce langage a deux sens. Le premier, *Les choses arrivent telles que Dieu les fait*. Ou les choses arrivent, *telles que les font les Créatures ensuite de la nature & de la puissance physique qu'elles ont reçûes de Dieu*, NÉCESSAIREMENT, si elles n'ont point reçu le pouvoir de varier elles-mêmes leur activité; LIBREMENT, si elles disposent elles-mêmes de leurs déterminations. Voilà le premier sens; voici le second. *Ce qui arrive est conforme aux Loix morales que Dieu a prescrit à ses Créatures intelligentes, & sur lesquelles il est de leur devoir de régler leur conduite*. Dans ce dernier sens les choses n'arrivent pas toûjours suivant la Volonté de Dieu. Il arrive aux Créatures intelligentes d'abuser de leur Liberté & de s'écarter des règles.

De même quand on dit *Une chose arrive* CONTRE LA VOLONTÉ DE DIEU, cela a aussi deux sens. Le premier, *Contre ses Loix morales, contre ce qu'il approuve & agrée*. On voit de tels évenemens; Le second, *Il arrive des choses malgré que Dieu en ait & malgré l'opposition de sa Puissance à les empêcher de naître*. Ce sens seroit également impie & absurde.

Le Péché est contraire aux Loix divines connuës par la Raison & par la Revelation. Dieu ne le produit ni immédiatement, ni médiatement. Mais par là même qu'il aime la Vertu & l'ordre, il veut qu'on l'observe librement & par choix, & voilà pourquoi il n'oppose pas sans cesse à la naissance du Vice la barriere de sa toute-puissance & il laisse plûtôt la Liberté abuser de son pouvoir que de l'arrêter & l'éteindre.

Mr. Bayle impute à Mr. Jaquelot d'avouer qu'il arrive des choses *contre la Volonté Morale de Dieu*, mais jamais *contre sa Volonté physique*: & ensuite il prétend que les objets de la *Volonté Morale n'arrivent jamais à moins qu'ils ne soient les objets de la Volonté Physique*. L'obéïssance *d'Adam & d'Eve étoit l'objet de la Volonté Morale, pendant que leur desobéïssance étoit l'objet de la Volonté Physique*. Pag.

Oeuvres Div. Tom. IV. pag. 82. 321 & 322. *Tous les éclaircissemens, tous les exemples dont Mr. Jaquelot paroît enchanté s'abolissent qu'à nous apprendre que Dieu fait accroire aux hommes qu'il ne veut pas certaines choses, & néanmoins ce sont des choses qu'il a vendues infailliblement futures par des decrets de sa Volonté Physique à laquelle rien ne sauroit résister.*

Maximes & Thémiste paroissent extrémement étonnés de la conduite & de l'aveuglement de Mr. Jaquelot. Mais comment Mr. Bayle ne s'apperçoit-il pas qu'il interprète les réponses de Mr. Jaquelot dans un sens fort opposé à ses idées? Pouvoit-il ignorer que Mr. Jaquelot avoit changé de Païs, pour se mettre plus au large & en liberté de s'exprimer plus conformément à ce qu'il pensoit en matiere de Decrets & de la nécessité des Evenemens.

Ibidem pag. 83. Pag. 331. „ Etablissons donc comme un fait ,, très certain que la Volonté permissive de Dieu a ,, été accompagnée d'un acte par lequel il a voulu ,, ou qu'Adam & Eve fissent ce qu'il leur permet-

,, toit de faire, ou qu'ils ne le fissent pas, il a ,, donc voulu ou qu'ils pechassent, ou qu'ils ne ,, pechassent pas. S'il a voulu qu'ils pechassent, l'é- ,, vénement a été conforme à la Volonté; mais s'il ,, a voulu qu'ils obéïssent à ses ordres, l'évenement a ,, été contraire à sa Volonté".

Entassement d'équivoques. Dieu n'a point ordonné à nos premiers Parens de pécher, mais au contraire il leur a ordonné d'obéïr & de ne pécher point. Voilà l'ordre, & la déclaration de ce que Dieu agréoit & n'agréoit pas. Il auroit agréé l'obéïssance; La desobéïssance lui a déplû. Quant au Decret où Mr. Bayle s'éleve témérairement, Dieu avoit donné à Adam & à Eve la puissance physique d'obéïr, ils pouvoient en faire un bon usage, & il étoit aussi possible qu'ils ne le fissent pas. L'usage & l'abus de leur Liberté dépendoit d'eux. Dieu n'avoit point formé un Decret en conséquence duquel leur obéïssance fût infaillible, comme il en avoit encore moins formé en vertu duquel leur désobéïssance fût inévitable. Ce sont des Imaginations. N'aspirons point à ce qui nous passe, tenons-nous à ce qui est à nôtre portée. Si Adam & Eve avoient fait un meilleur usage de leur esprit & de leur liberté, comme ils le pouvoient, Dieu auroit vu ce bon usage avec approbation & leur eut continué sa faveur. Mais il ne trouva pas à propos d'exercer sa puissance, pour prévenir un abus, qu'ils firent, volontairement & librement, de leurs Facultés de raisonner & de choisir.

Pag. 345 Mr. Bayle pose en fait que Dieu dirigé la conduite des hommes; qu'il fait naître en eux *Pag. 85.* des inclinations, ou qu'il les reprime & y oppose des obstacles, sans détruire leur Liberté, d'où il conclud qu'on alléguer en vain que si Dieu n'a pas déployé sa puissance pour prévenir la naissance du péché, c'étoit afin de ne porter aucune atteinte à la Liberté qu'il a résolu de laisser toûjours toute entière.

,, De quelque maniere que Dieu reprime les mé- ,, chans pour les empêcher d'exécuter leurs des- ,, seins, cette action divine reprimante est tellement ,, tempérée qu'elle laisse aux hommes tout leur franc ,, arbitre Moliniste".

Pour empêcher les méchans d'executer leurs mauvaises intentions, il n'est nullement necessaire que Dieu change leur Volonté par sa Toute-puissance. Il a mille autres moiens de faire échouer leurs projets, & c'est par là même qu'il punit leur Malice. Pharao garda la sienne, avec le crevecœur continuel de ne pouvoir la satisfaire.

M. Bayle ajoûte. ,, Les Graces célestes par les- ,, quelles les gens de bien sont excités surement à ,, la pratique des bonnes œuvres, ne font aucun pré- ,, judice à la Liberté de Molina".

Dès qu'un sentiment accommode Mr. Bayle & qu'il peut en tirer ou une Objection, ou une Réponse, il en a d'abord fait une Hypothèse Théologique, qu'une infinité de Lecteurs qui ne sont point versés dans ces Matières, recevront comme telle sur sa parole. Cependant il est des Théologiens qui conçoivent les secours que Dieu accorde aux hommes propres à les conduire & surement à la Vertu & à les affermir dans leurs Devoirs, moyennant qu'ils se rendent attentifs à en faire un bon usage, & qui croient qu'il y a des cœurs aussi durs, assés livrés à leurs passions pour négliger ces secours & pour resister même aux invitations charitables & sinceres du Seigneur tant intérieures qu'extérieures. Quant à ceux qui enseignent la Grace irrésistible, ils sont persuadés que dans les cas où elle se déploie avec toute sa force, loin de surmonter toute résistance, elle s'empare de la Liberté & de toute l'activité de l'homme, en sorte qu'alors c'est Dieu lui-même qui fait dans l'homme ce qu'il lui demande.

Mr. Bayle reproche ensuite à Mr. Jaquelot ,, d'avoir

„ d'avoir crû, par une conséquence abſurde &
„ impie, qu'à l'égard d'Adam & d'Eve la Divi-
„ nité n'avoit point d'autre moien de prévenir le
„ mauvais uſage de leur Liberté, que celui de leur
„ ôter la Liberté. La puiſſance, la ſageſſe, la ſcien-
„ ce, la bonté, la ſainteté de Dieu ſe trouveront
„ dans un épuiſement total, ils ne purent décou-
„ vrir qu'un moien unique qui étoit impratica-
„ ble".

Ce moien n'étoit point impraticable en lui-même, car qui peut douter que Dieu qui a donné la Liberté ne puiſſe la faire ceſſer ou pour toûjours ou pour un tems? Mais la même ſageſſe qui avoit trouvé à propos de rendre l'homme libre juſqu'à un certain point & de le laiſſer en pouvoir de diſpoſer à cet égard de ſon ſort, n'a pas revoqué ce Plan & n'a pas trouvé à propos de le revoquer lorſqu'il vit le premier homme prêt de ſe determiner au mauvais parti. Les expreſſions outrées dont Mr. Bayle ſe ſert ne ſont rien moins qu'autoriſées par les paroles de Mr. Jaquelot. *Lorſque Dieu prévoit qu'Adam, au milieu des circonſtances où il ſe rencontre, fera un mauvais uſage de ſa Liberté, il ne lui reprend point la Liberté, ſa ſageſſe ne le permettoit pas, mais il le laiſſe agir.*

Dieu ne trouve pas à propos de changer le Plan de la Liberté qu'il a donnée, d'en ſuſpendre l'exercice, par ſa Toute-Puiſſance, de faire pour ce moment d'Eve & d'Adam des Etres paſſifs & de ſe determiner lui-mêmes. Il ne trouve pas à propos d'emploïer un plus grand nombre de moiens extérieurs pour les réduire à leur devoir & diminuer la liberté de leur obéïſſance. Donc *& ſa puiſſance & toutes ſes perfections ſe trouveront en défaut, elles ſont abſolument épuiſées.* C'eſt avec regret que j'ai copié ces paroles, je n'aurois pas le courage de les retracer.

On ne prétend pas que la Liberté ſoit un preſent que Dieu a fait à l'homme, dans le deſſein de n'y toucher jamais, & que s'il ne s'oppoſe pas abſolument à la naiſſance du péché, c'eſt que ſa Sageſſe ne lui permet pas de s'affoiblir la Liberté, à la regarder en elle-même, & que cette oppoſition de la part de ſa Sageſſe; il l'affoibliroit en effet. La raiſon qu'on allegue de la conduite de Dieu, c'eſt qu'il veut être aimé d'un amour de choix; Il veut que l'homme lui faſſe un preſent libre de ſon cœur & de ſon obéïſſance. Tel eſt ſon Plan. Or ce Plan ne ſubſiſteroit pas, Dieu lui-même le changeroit, s'il dirigeoit immédiatement la Liberté & le choix des Créatures intelligentes, par une action intérieure, dès qu'il préverroit en elles la moindre poſſibilité à ſe tourner au mal, car il ne ſuffiroit pas de venir à leur ſecours dès qu'elles auroient commencé à pancher du côté du Vice, ou conçu quelque diſpoſition à ce penchant, puiſque par là elles ſe feroient déja infectées intérieurement.

Mr. Bayle ne dit plus rien ici ſur la Liberté en faveur des hypotheſes qu'il ſoutient, ou qu'il fait ſoutenir à qui il lui plaît, que l'on n'ait déja examiné. Perſonne n'eſt aſſés fou pour penſer que, quand Dieu laiſſe naître le péché, la Sageſſe eſt épuiſée, de même que ſes autres perfections ſur les moiens efficaces pour en empêcher la naiſſance. Dans l'hypotheſe qu'il veut être obéï d'une Créature active, par choix & très-librement, il n'y a rien qui conduiſe à ce Paradoxe également affreux & ridicule.

Pag. 91.

Pag. 387 Mr. Bayle a amené plus d'une fois ſur la ſcène, dans ſes ouvrages, des gens qui prétendoient que les Myſtères de la Foi renverſent des Notions communes & leur ſont directement contraires. Il ajoûte que les argumens, par leſquels ces gens-là établiſſent leurs prétenſions, lui paroiſſent ſans replique. Ailleurs il ſoutient que ſuppoſer vrai en Théologie ce qui eſt faux en Philoſophie, c'eſt ouvrir entiérement la porte au Pyrrhoniſme. Lui-même donc l'ouvre & travaille à l'établiſſement du Pyrrhoniſme.

A cela Mr. Bayle répond que dès que la Revelation a enſeigné une Propoſition & a recommandé de la croire, non ſeulement elle doit être reconnuë *vraie en Théologie*, mais qu'outre cela elle ne doit plus paſſer pour *fauſſe en Philoſophie*.

A cette défaite il eſt naturel de repliquer. Puiſque cette Propoſition de Foi, *vraie en Théologie*, *vraie en Philoſophie* eſt contradictoire à des *Notions communes*, on eſt obligé de reconnoitre ou qu'une Notion commune, c'eſt-à-dire, une *Propoſition d'une entiere évidence*, eſt fauſſe, ou que la verité d'une Propoſition n'empêche pas que celle qui lui eſt directement contraire ne ſoit vraie auſſi. L'une & l'autre de ces conſequences mène également au Pyrrhoniſme, à l'Incertitude & à l'indifference des ſentimens.

Mr. Jaquelot a donc raiſon de concluure. Puiſque ce qui eſt contraire à nôtre Raiſon eſt faux en Philoſophie & que ce qui eſt contraire à nôtre Raiſon, peut être vrai à l'égard de la Raiſon ſuprême ſuivant M. B. il s'enſuit que ſelon lui *ce qui eſt faux en Philoſophie peut être vrai en Théologie*.

En vain l'on cherche à ſe tirer d'affaires en diſant: C'eſt (p. 387) *s'abuſer de prétendre, qu'après même que la Révélation nous a fait connoître qu'une Doctrine eſt véritable, elle continue d'être fauſſe en Philoſophie.* Il eſt bien plus juſte de reconnoitre que les lumieres Philoſophiques, dont l'évidence nous avoit paru un guide certain, pour juger des choſes, étoient trompeuſes & illuſoires, & qu'il faut les rectifier par les nouvelles connoiſſances que la Révélation nous communique. Pag. 91.

Mais ces nouvelles connoiſſances font-elles naître une nouvelle lumière dans notre eſprit, dont l'éclat nous met en état d'appercevoir que les Notions naturelles qui nous paroiſſoient évidentes ne l'étoient pas effectivement, ou ſi la Révélation laiſſe ſubſiſter cette même évidence, en nous ordonnant ſimplement de n'y plus acquieſcer. Si cela eſt, il faut avouer que l'évidence peut jetter dans l'erreur & l'évidence n'étant plus le caractère de la certitude, par où ſera-t-il poſſible d'y parvenir?

Mais n'y a-t-il pas des choſes qui peuvent paroitre contraires à la Raiſon & ne laiſſer pas d'être véritables.

J'avouë qu'on peut ſe tromper en raiſonnant, puiſque je prétens que Mr. Bayle s'eſt trompé. Mais quand un Raiſonnement a conduit à une *Concluſion fauſſe*, à une Concluſion *contraire à quelque verité*, un examen plus attentif découvrira ou que ce qu'on avoit traité d'*évident avec trop de précipitation ne l'eſt pas*, ou qu'une *propoſition vraye*, mais contradictoire avec l'évidence des Notions communes, n'eſt pas préſentée dans ſon veritable ſens.

A l'occaſion de ces oppoſitions prétendues de la Révélation & de la Raiſon Mr. Bayle ramène le myſtère de la Trinité. „ Si Mr. Jaquelot, dit-il, „ (pag. 394) s'imagine que les trois perſonnes ſont „ trois principes d'actions, il ne fait plus ce qu'il „ dit, car rien n'eſt plus incomprehenſible qu'une „ ſubſtance qui eſt trois principes d'actions. Les „ plus pures lumieres naturelles nous montrent que „ le Principe des actions, c'eſt la ſubſtance, d'où „ il réſulte que le principe des actions ne peut être „ multiplié ſans que la ſubſtance le ſoit. Pag. 92.

On voit que M. Bayle ne ſe contente pas de poſer que le myſtere peut paroitre contraire à une Raiſon impatiente & éblouïe, mais il le poſe contradictoire aux plus pures lumieres naturelles, de ſorte que la conſequence de Mr. Jaquelot, accuſant Mr. Bayle d'établir par là le Pyrrhoniſme, ſubſiſte dans toute ſa force.

Quand Mr. Bayle aſſure *que le Principe des actions ne peut être multiplié ſans que la ſubſtance le ſoit*, je n'en tombe pas d'accord, & cette Propoſition loin de me paroitre vraye en tout ſens & à tous égards, je trouve que les plus pures lumiéres naturelles, les ſentimens intérieurs les plus ſimples & les plus in-

con-

contestables me convainquent du contraire. Ce qui pense en moi est un Etre actif, ou moi pensant je suis une *Substance active*. On donne à cette Substance les noms d'Entendement, de Volonté, de Raison, de Passion &c. Elle est effectivement tout cela. La même Substance est, à tous ces differens égards, *principe d'action*, & *principe multiple*, car ces principes d'action ne sont pas absolument tous quatre les mêmes & sans aucune difference entre eux, (non plus que la vue & l'ouïe, quoique la même substance voye & entende.) & par là ce principe quoi qu'unique, ne laisse pas d'être un principe multiple d'actes très-differens.

Pag. 91.

Pag. 391. Maxime travaille à mettre à couvert M. Bayle. „Il est presque impossible, dit-il, „qu'un Ecrivain qui donne quelque étendue à ses „Argumens & à ses éclaircissemens, ne fasse, par „occasion, quelques remarques incidentes qui n'im„portent point à son sujet principal. Qu'est-ce „que doit faire un grand Auteur qui écrit contre „celui-là. Il doit negliger toutes ces remarques „incidentes, puisque quand même il y trouveroit „des erreurs, le fort de la dispute capitale ne chan„geroit point.

Mr. Bayle a donc bien sû prendre ses avantages, & si cette Regle doit être suivie, voilà ses Apologistes mis au large. On sait qu'il a affecté de ne rien établir directement & *ex professo*; sans cesse il introduit des Acteurs sur la Scene. On trouve dans ses Ouvrages des Lettres écrites sur son compte, on y trouve des Narrés, des *oui dire*, des *citations* & à l'occasion de ces citations & de ces narrés dont lui ou un autre ont été témoins, il laisse tomber incidemment quelques reflexions. Si on les rassemble, on y trouvera le Pyrrhonisme établi par tout ce qu'on peut alleguer de plus persuasif en sa faveur, & quiconque ne sera pas sur ses gardes se laissera éblouir & entraîner par ces artifices. Mais l'Equité permet-elle à ceux qui sont dans de differentes idées, d'attaquer Mr. Bayle par ces endroits. Il est échapé à ce bon homme une infinité de reflexions hazardées, sans but & sans prévoir les conséquences qu'on en pourroit tirer.

Pag. 98.

Pag. 438. Mr. Jaquelot avoit dit, si la Bonté de Dieu, pour meriter le titre d'Infinie, doit se déployer dans toute son étendue, *pourquoi les hommes & les animaux ne seroient-ils pas immortels, puisque la Matiere aussi bien que l'Esprit ne peuvent être détruits que par un entier anéantissement*. Il ne s'agiroit que d'entretenir des corps organisés dans le même état. Pourquoi donc une Bonté infinie, toute puissante, qui les y entretient pendant quarante ou cinquante années, ne pourroit-elle pas les conserver toujours? Est-ce que cette durée éternelle ne pourroit comparir avec l'idée parfaite de leur espece, ni avec la bonté de Dieu? *Mais on ne voit pas cette incompatibilité, on voit même tout le contraire*.

Ce raisonnement est clair & se presente très-naturellement à l'esprit, contre la bonté idéale & non libre dans les degrés de ses dons, sur laquelle Mr. Bayle appuye si souvent.

Mr. Bayle méprise ce raisonnement & déclare „que pour dissiper toutes ces petites difficultés „nous n'avons à nous souvenir de ce que „nous avons déja dit de la souveraine liberté avec „laquelle Dieu distribue ses faveurs. Il les choisit „ou plus fortes ou plus foibles, & il en regle le „commencement & la fin, selon qu'il le juge à „propos pour varier les évenemens. 2. Que notre „Raison ne trouve rien de contraire à la bonté „de Dieu de faire le mal, & ainsi elle juge qu'il re„pugne point à la Bonté infinie de Dieu de faire „rentrer dans le néant les Créatures sensitives qu'il „en avoit tirées, ce qu'est un état où elles ne sont „malheureuses en aucune façon. Que les bêtes ne „vivent que 10, 20, 30, 100 années plus ou „moins, quoique si Dieu vouloit elles pussent vi„vre toujours, n'est pas une chose opposée à sa „Bonté.

On a prouvé que Dieu ne fait pas le mal, qu'il n'est point Auteur du péché source du mal, & on a fait comprendre que ce le péché arrive sans que Dieu fasse tout ce qui est en sa puissance pour l'empêcher de naître, n'a rien d'incompatible avec sa Bonté & sa Sainteté. Mr. Bayle n'allegue, sur ce sujet, dans ce dernier Ouvrage, aucune objection à laquelle on n'ait déja répondu. Ainsi le second Article est vuidé.

Pour ce qui est du prémier en voici l'occasion. De l'Idée d'Infinie attachée à la Bonté de Dieu, Mr. Bayle avoit voulu que, suivant les lumières de la Raison, il ne pouvoit naître d'une telle Bonté une créature capable de pécher & de se perdre en péchant.

On a répondu à cela: *Tout Argument qui prouve trop ne prouve rien*. Donc si la conclusion de Mr. Bayle est bien tirée & ne peche point contre cet Axiome de Logique, dès lors il s'agira du degré de perfection des Ouvrages d'un Auteur, dont la Bonté est sans borne, il ne devra manquer aucun degré de perfection à aucun d'eux, au cas que chacun doive porter le caractere d'une Cause toute puissante dont la Bonté est sans bornes: *Chaque Créature, par exemple, auroit dû être immortelle*, & dans cet avantage, remarque Mr. Jaquelot, *il n'y avoit aucune impossibilité*. Ce présent étoit très-facile à la puissance de Dieu.

Dira-t-on, les ouvrages d'une bonté sans bornes peuvent être bornés dans leurs perfections, *pourvu que ces limites n'aillent pas jusques à les laisser en état de se faire du mal à elles-mêmes, au cas qu'elles le veuillent*. Mais en avouant cela on abandonne l'argument tiré de la *Bonté sans bornes*, & pour le faire valoir il faut appuyer *cette Bonté idéale & sans bornes* de l'idée de l'équité, & c'est à quoi on a déja répondu. L'existence d'une Créature intelligente qui a le pouvoir d'obeïr, mais qui peut aussi se refuser à l'obeïssance, l'existence, dis-je, d'une telle Créature ne charge son Auteur d'aucune injustice. On l'a démontré plus d'une fois. C'est au contraire afin d'aimer mieux la Vertu & de la couronner avec plus d'éclat que Dieu a voulu qu'elle fût l'effet d'une obeïssance libre.

Lorsque, dans la page suivante, Maxime voulant encherir sur Themiste (émulation qu'ils font regner d'un bout à l'autre de cet Ouvrage) pour montrer que M. Jaquelot est un très-mauvais Logicien ajoûte: *Mais la Fourmi immortelle seroit toujours demeurée Fourmi*. Il affoiblit lui-même, par cette remarque, la consequence que M. Bayle veut qu'on tire de l'idée d'une infinie Bonté, en tant qu'infinie, & il fortifie ce qu'on allegue contre cet argument. Il fait toujours mieux voir qu'une fourmi, quoiqu'immortelle, est une Créature à qui il manque beaucoup, & infiniment éloignée de la perfection où elle devroit être, pour porter l'empreinte de la Bonté infinie de son Auteur. De sorte que la remarque sur la nullité de tout Principe & de toute Methode qui prouve trop, subsiste dans toute sa force.

Pag. 98.

Pag. 459. „Il y a dans le Dictionaire de M. „Bayle à l'Article *Pyrrhon* le recit d'une dispute „entre un *Abbé Pyrrhonien* & un *Abbé bon Papiste*, „ce sont ses termes.

Pag. 100.

Ne diroit-on pas que M. Bayle veut se défendre d'être l'Auteur de ce Dialogue. Le Dictionaire de ce bon homme ne contient rien qui soit de son crû. En simple & fidèle Rapporteur il a fait une compilation Alphabetique de ce qu'il a lû & de ce qu'il a ouï.

„Le Principe commun aux deux partis est que „les Mysteres de l'Eglise Romaine, la Trinité, „l'Incarnation, la Transubstantiation, la chûte d'A„dam, le péché originel sont des Dogmes indubita„blement vrais.

Voilà un Pyrrhonien qui admet des verités indubitables. *Il reconnoit en quoi les deux partis conviennent ; il en fait son Principe.* On aura bien de la peine à deviner sur quoi fondé ? L'Epoche n'a-t-elle plus prise à cet égard ? Lui a-t-on donné preuve sur preuve à l'infini, de cet accord, ou s'il s'est trouvé plus traitable ? A-t-il découvert un nouveau *Criterium* de certitude inconnu à ses confreres ?

„ De cette suppofition, reconnuë pour veritable
„ par les deux difputans, l'Abbé Pyrrhonien infere
„ que l'évidence n'eſt pas un caractere certain de la
„ Verité, puiſqu'il y a diverſes propoſitions évidentes
„ qui font fauſſes dès qu'on admet la verité des
„ Myſteres.

„ Après cet expoſé M. Bayle s'étonne que M.
„ Jaquelot n'ait rien compris dans cette converſa-
„ tion, & qu'il ſe ſoit imaginé que le but de l'Ab-
„ bé Pyrrhonien étoit de prouver que la Trinité
„ & l'union hypoſtatique impliquent contradic-
„ tion.

On ſe met peu en peine du but de ces deux perſonages de Théatre, on ne veut pas non plus s'embarraſſer des vuës de M. Bayle. Mais voici dont on s'eſt fait un devoir. Bien des gens ébranlés par le diſcours qu'on a mis dans la bouche des Pyrrhoniens ont pris du goût pour l'incredulité, ou ſe ſont affermis dans celui qui étoit déja un effet de leur mauvais cœur. Il en eſt encore qui ſe ſont perſuadés que les Dogmes du Chriſtianiſme ne ſont que des inventions humaines, puis qu'ils ſe trouvent en contradiction avec ce qui nous eſt le plus évidemment connu. Pour prévenir ce double mal on s'eſt appliqué à faire voir que les Pyrrhoniens ſe trompent & ſont de très-mauvais raiſonneurs, & on a ſolidement fait voir qu'un myſtere appliqué d'une maniere qui le met en contradiction avec l'évidence des Notions communes, n'eſt pas préſenté dans ſon vrai ſens.

Qu'on diſe toud tant que les Myſteres des Chrétiens impliquent contradiction, ou qu'on affecte de ſe borner à ſoutenir qu'ils ſe trouvent en contradiction avec l'évidence, on les charge mal à propos, & on prévient l'eſprit contr'eux. Ce ſont là des effets auxquels on s'eſt cru dans l'obligation de s'opoſer ; & on prétend qu'on explique très-mal les Myſteres, qu'on y mêle du faux, qu'on y prête du contradictoire, dès qu'on les conçoit en contradiction avec des notions ſimples & évidentes & c'eſt dans ce deſſein que M. Jaquelot les dégage de ce qui les faiſoit accuſer de contradiction avec l'évidence.

A cela M. Bayle prenant le parti de ſon Auteur Pyrrhonien, répond que M. Jaquelot *ne l'a point compris, on a fait ſemblant de ne le comprendre pas. Il ne s'agit pas de prouver,* dit-il, *que nos Myſteres ne ſont point contradictoires.* C'EST L'AFFAIRE D'UN PETIT PROPOSANT. *Il s'agit de montrer qu'ils ne ſont point en contradiction avec des verités auſſi évidentes que ſimples.* Mais dès qu'on a fait connoitre que le Myſtere, expliqué dans ſon vrai ſens, ne renferme point de contradiction, on a par là même prouvé qu'il n'eſt point en oppoſition à de Lumieres évidentes, & ſi de petits Propoſans ſont déja capables de faire ce diſcernement, & d'établir le contraſte du Myſtere avec la Raiſon, le Pyrrhonien eſt bien loin de ſon compte.

N'eſt-ce donc point M. Bayle lui-même qui ne veut pas entendre M. Jaquelot, & qui, à la maniere des Pyrrhoniens, ne cherche que des défaites, pour ne demeurer pas court. Pour faire comprendre que le Myſtere n'eſt point en contradiction avec le ſens commun, il n'y a qu'à faire voir que l'Idée qui établiſſoit cette contradiction, en renferme elle-même, & par conſequent ne doit point paſſer pour la veritable idée du Myſtere.

Dans la ſuppoſition que M. Bayle eſt l'Auteur du Dialogue dont on vient de parler, & l'Auteur auſſi des argumens prêtés à *Simonide*, M. Jaquelot s'eſt crû en droit de regarder M. Bayle comme un Auteur qui trouve dans les Myſteres de la contradiction. *M. Bayle*, dit M. Jaquelot, *a introduit Simonide qui aſſure qu'un ſeul & même Dieu en trois perſonnes eſt une formelle contradiction.*

Enſuite de cela M. Bayle ſe plaint en ces termes. *Donc*, conclud *M. Jaquelot, ſon Abbé Pyrrhonien a objecté la même choſe. Quel raiſonnement bizarre !*

Il ne s'agit pas de l'Abbé ni de la réalité de la converſation qu'on lui attribuë. Il s'agit de prévenir les égaremens où peuvent aiſément jetter les raiſonnemens prêtés à l'Abbé, ou rapportés d'après lui, conjointement à ceux qui ſe liſent dans l'Article *Simonide*.

M. Jaquelot étoit donc fondé à joindre l'Article de *Simonide* à celui de *Pyrrhon* ; dans l'un & dans l'autre on trouve de argumens qui ont un grand rapport & qui tendent à ébranler les mêmes Verités & à établir le même contraſte de la Raiſon avec la Revelation. Il importoit également aux Lecteurs de cet Ecrivain célebre de ſe convaincre que ces Argumens du Pyrrhonien Abbé & du Pyrrhonien *Simonide*, n'étoient que des **Sophiſmes**.

Mais M. Bayle n'eſt ni *Simonide* ni *Pyrrhon*, il ſe plaint qu'on le confond avec les perſonnages qu'il introduit, il en paroit ſcandaliſé. Il n'adopte point leurs idées. Il n'approuve point leurs objections. Soit & à lui permis de le dire : le *pour & le contre* eſt le Droit des Pyrrhoniens.

Mais d'où vient que dès qu'on réfute les argumens qu'il prête à ſes perſonnages, ou qu'il tire de leurs Ecrits, immédiatement par conſequence, on le voit courir à leur défenſe avec tant d'emportement que, ſi on veut l'en croire, ceux qui travaillent à dégager la Religion de leurs attaques ſont *faux, malhonnêtes gens, puniſſables par la Juſtice & dignes des Peines Conſiſtoriales & Synodales*.

„ Je me repreſente, dit *Themiſte* pag. 489, un *Pag. 105.*
„ homme d'eſprit & d'érudition qui va s'éclaircir au-
„ près de M. Jaquelot. Je ſuppoſe qu'il lui parle
„ ainſi : Je crois que vous êtes incomparablement
„ plus habile que M. Bayle, & par conſequent
„ que toutes les difficultés qu'il a trouvées dans les
„ Queſtions de Religion, ſe ſont preſentées à votre
„ eſprit depuis long-tems encore plus fortes & plus
„ embarraſſantes, car de quoi n'eſt pas capable la
„ penetration de votre genie ?

L'Ecrivain *Themiſte*, ou plutôt M. Bayle qui emprunte ſon nom & lui fournit ſa plume, regarde donc cette preuve d'une habileté ſinguliere, d'inventer des difficultés & il attribuë par Ironie à M. Jaquelot, dont il a ſi ſouvent mépriſé le petit genie & relevé les bevuës, cette habileté dans laquelle il ne reconnoit pas d'égal.

Mais eſt-il bien ſûr qu'inventer des difficultés ſoit la preuve d'un *grand genie*, & n'eſt-ce point plutôt la marque d'un *naturel chicaneur* ? Un excellent Juriſconſulte fera des meirveilles, quand il aura de bonne cauſe à ſoutenir, mais ſon genie accoutumé à ne s'arrêter qu'au ſolide, ne lui fournira rien fur quoi il daigne s'arrêter, & qui lui paroiſſe un peu ſpécieux, dans une mauvaiſe. C'eſt là au contraire un eſprit faux triomphera, au lieu que ſi vous lui mettés en main une bonne cauſe, il gâtera tout par ſes entortillemens & ſes affectations. Un bon eſprit, un excellent genie eſt celui qui trouve aiſément ce qu'il cherche, & il ne cherche point ce qui eſt inutile, beaucoup moins cherche-t-il ce qui eſt nuiſible : Ses vuës ne ſe tournent point de ce côté-là, ſon goût eſt uniquement pour l'évidence & il n'en a aucun pour les ténebres. Il donne ſon attention à s'inſtruire ſoi-même & non pas à contredire les autres. Il travaille à s'affermir dans la connoiſſance des verités qu'il connoit & à les pouſſer plus loin, & il n'a garde de ſe donner des entorſes pour les ébranler.

„ Si ces difficultés vous ſont venuës, pourquoi ne

DU PYRRHONISME. 731

,, ne les avés-vous pas refutées dans quelque Ouvrage?

A cela on pourroit répondre, dans une grande sincerité: Quoique ces difficultés se soient présentées à mon esprit, loin de les regarder comme des preuves d'une singuliere sagacité, & d'une exquise penetration, je les ai plûtôt considerées comme des rêves informes, où les ténèbres étoient brouillées avec la lumière, & elles m'ont paru si bizarres, & si peu naturelles que je n'ai point crû qu'elles se présentassent à beaucoup de gens, voilà pourquoi je n'ai point crû necessaire d'en entreprendre la refutation.

,, Si vous avés crû que vos Reponses ne seroient ,, pas solides, qu'il seroit dangereux de faire connoi- ,, tre au Public un amas de difficultés qu'on ne ,, refuteroit pas bien, vous n'agissés pas de bonne ,, foi & vous maintenés par des fraudes les interêts ,, de la Religion.

Je ne me suis pas défié de mes Reponses, repliqueroit-on, qui m'ont paru très-satisfaisantes & qui m'ont tout à fait tranquilisé: mais j'ai crû qu'il étoit inutile de publier des reponses à des difficultés que j'ai lieu de croire fort rares. Les esprits bien tournés trouveront silement ces réponses, ou en tout cas s'en passeront, affermis qu'ils sont sur des principes à l'épreuve, & il est un grand nombre de genies de travers dont les inclinations corrompuës arrêteront l'attention sur les embarras des difficultés, & la détourneront de l'évidence des réponses. Il y a de la *fraude* à donner des *objections sophistiques* pour des preuves solides, ou des *réponses qui ne signifient rien* pour des réponses sensées, au lieu qu'il y a de la *Prudence* & de la *Charité* & non pas de la *Fraude* à taire ce qu'il seroit non seulement inutile de dire, mais qui de plus pourroit faire plus de mal que de bien.

,, Je vous demande encore si les difficultés ra- ,, portées par M. Bayle sont tellement de son in- ,, vention que l'on n'en trouve aucun vestige dans ,, les Ecrits des Anciens, ni dans les Ecrits des Mo- ,, dernes. J'aurois de la peine à croire cela quand ,, même vous en jureriés.

Cette Question est des plus inutiles. Le mélange du *Mal* avec le *Bien*, & des *Ténèbres* avec la *Lumière*, depuis les tems les plus reculés dont on ait conservé la memoire, a mortifié les gens de bien, mais ce mélange les a moins mortifiés qu'il n'a réjoui ceux qui cherchoient à s'affranchir des barrières de la Religion. On a vû que M. Bayle adopte, poussé les Objections de Sextus qui lui-même n'étoit pas original.

Qu'a donc fait M. Bayle de nouveau pour donner tant de surprise & pour être accusé de tant de scandale? Voici dont on se plaint. M. Bayle a poussé ses objections plus loin qu'on n'avoit jamais fait. On sent qu'il y a donné à ce travail où ne singuliere attention, on voit qu'il s'y est plû. Il les exposé d'une maniere toute propre à s'emparer des cœurs, Repetitions, Equivoques, Comparaisons, vous éblouïssans, tout est mis en œuvre. Il auroit pû les rassembler par ordre dans un Volume sous ce titre ou sous un équivalent: DOUTES A RESOUDRE PAR LES MINISTRES DE LA RELIGION. Mais il auroit été beaucoup plus facile d'y répondre & de les dissiper. Peu de gens même se seroient donné la peine de lire un Traité Systematique & tout composé de raisonnemens subtils. Mais il seme adroitement, dans ses premiers ouvrages, des Principes dont il se promet de tirer les fruits & les consequences dans les suivans. Il les renferme, pour mieux dire, il les disperse ces consequences dans un vaste Dictionaire. Les Savans ne sont pas ennemis des Dictionaires, & ceux qui savent peu, les ignorans même les preferent à tous les autres Livres, ils en interrompent la lecture quand ils veulent, & ils la reprennent quand il leur plait, ils choisissent les endroits qui se trouvent de leur goût & ce qu'ils sautent des feuilles n'est suivi ni de desordre dans leurs études, ni d'embarras dans leurs idées. Une infinité de gens, qui ne sont rien moins que faits à l'esprit d'Examen, enchantés par la varieté tantôt des narrés, tantôt des reflexions de M. Bayle, ne s'avisent jamais d'interrompre leurs lectures, par la peine d'un examen qu'ils ne savent pas même faire, & se trouvent à la fin persuadés & par l'efficace naturelle des repetitions variées & semées à propos, & par celui de leur reconnoissance pour un Auteur qui sait si bien les amuser. M. Bayle encore sû se ménager des défaites par le moyen des personnages qu'il introduit & à qui il fait dire ce qu'il lui plaît. Dans un endroit il s'enonce en de certains termes, dans un autre il en employe d'autres, de sorte que quand on entreprend de lui répondre il s'écrie qu'on n'a pas compris sa pensée. Il s'envelope du voile de l'Orthodoxie, & il s'est fait une étude de rassembler tout ce qui est échappé d'expressions à des Theologiens, obscurs ou célèbres, amis, ennemis, ou indifferens, lorsque ces expressions lui donnent lieu de frapper de plus rudes coups sur les Dogmes des Chrétiens. Le zèle qu'il affecte pour l'Orthodoxie ne l'empêche pas de s'en écarter & de présenter le Christianisme sous une face, où l'Orthodoxie reconnoît du faux & de l'outré, lorsqu'un tel Tableau de la Religion lui paroit propre à établir qu'un Etat composé d'Athées seroit d'une plus grande force & d'un plus grand lustre qu'un Etat composé de vrais Chrétiens. Que dirai-je de ces gaillardises qu'il répand à pleines mains & que tout le monde reconnoît très-efficaces pour indisposer, par rapport à la Religion, les cœurs qui se plaisent à les lire. En voilà plus qu'il n'en faut pour faire avouer qu'on ne peut pas porter plus loin l'artifice que M. Bayle a fait, & si un Auteur, dont le zèle vif, & passioné pour la Religion, donne pour solides des Argumens qui, dans le fond, manquent de force, merite, par le soin qu'il prend de les embellir, le reproche de fraudes pieuses, quel nom donnera-t-on à la funeste habileté de celui qui déploye toute la subtilité de son genie, tous les travers de son humeur contredisante, toutes les ténèbres & les grands mots d'une Metaphysique décriée, toute la fécondité de sa plume pour accabler la Religion de difficultés captieuses, il est facile de le deviner, au moins ne l'accusera-t-on pas d'artifices pieux.

Dirés-vous *Pourquoi non?* On ne peut pas se proposer un But plus devot que celui de M. Bayle, puisqu'il ne s'est donné tant de peines que *pour faire sentir l'infirmité de la* RAISON, *afin que ce sentiment porte à recourir à un meilleur Guide qui est la* FOI.

On a répondu à cette défaite. La sincerité de ce langage est très-suspecte, car enfin d'où vient que M. Bayle, qui a donné au Public tant de Volumes & qui écrivoit avec tant de facilité, n'a pas daigné donner une Section, donner un Article, à nous découvrir cet heureux, & si necessaire passage des ténèbres de la Raison à la lumière de la Foi. Plus on lit ses Ouvrages, plus on entre dans ses idées, moins le peut-on découvrir, moins le peut-on esperer. Si les Notions les plus évidentes de la Lumière naturelle deviennent incertaines par leur opposition aux Dogmes du Christianisme, si on ne peut point compter sur leur évidence, si on ne peut point compter sur la Raison, tout ce qu'on a allegué jusqu'ici de preuves pour établir la verité de nos Saints Livres & de Regles pour les expliquer, est l'incertitude même.

Voilà de funestes suites qu'on a redouté, dès que les ouvrages de M. Bayle ont paru & sur tout depuis l'impression de son Dictionaire. L'évenement n'a que trop verifié que ce n'étoient pas là des frayeurs imaginaires ni des terreurs paniques. La Lecture des Ouvrages de M. Bayle a produit les effets que l'on prévoyoit. Quelle necessité de répandre des poisons à pleines mains? Et n'est-ce pas se mocquer que de dire, *On l'a fait pour engager les hommes à recourir à l'Antidote*, & leur en faire mieux éprouver la vertu. Combien de gens, aujourd'hui sans Religion, n'auroient jamais pensé à s'en mocquer s'ils n'avoient pas lû M. Bayle? Combien de gens qui flottans dans le doute se dispensent de se soumettre à un joug qui leur paroit pesant & incertain?

Mais il est tems de se rendre attentif à l'éloge de M. Bayle, il est de main de maitre puisqu'il vient de la sienne.

,, Il est contraire à toute la vraisemblance que
,, de telles pensées attendent pour se produire jus-
,, ques à ce qu'un simple particulier vienne à naitre
,, dans le 17 siecle, après qu'une infinité de grans
,, hommes ont médité si profondément les matiéres
,, les plus importantes.

Que sert-il de faire le modeste? l'experience ne permet pas qu'on se mette à un si bas prix. En vain une infinité de grans hommes ont médité, & médité profondément les matieres les plus importantes, si M. Bayle en a copié quelque chose, il faut reconnoitre qu'il a beaucoup encheri sur eux. Ces exquises subtilités étoient reservées au 17. siecle, il n'en a pas falu moins pour faire éclorre ce Philosophe distingué, cet Orthodoxe accompli qui, tout simple particulier qu'il ait été, a fait voir que les plus glorieusement titrés n'ont été devant lui que de petits écoliers en matiere d'objections contre la Christianisme & la Religion en general; personne n'a su si bien preparer les cœurs à écouter avec plaisir les raisonnemens qui vont à affranchir de toute géne, personne ne les a proposés d'une maniere plus amusante & plus éblouïssante en même tems; personne n'a plus adroitement évité les mauvais traittemens où l'on s'expose par des attaques si hardies, personne n'a mieux apris à ses Lecteurs, l'Art de se mocquer des Théologiens, de détourner son attention des réponses & de rebattre, hardiment & sans cesse, les mêmes objections. Combien de gens voit-on, dont la Foi est très-petite, pour ne pas dire nulle, disent froidement, mais d'un cœur insultant, à ceux qui essayent de les tirer de leur marotte Pyrrhonienne: *Je ne m'y arrète que pour mieux sentir la force de ma Foi & pour inviter les autres à se procurer la même consolation*.

Cependant les avantages de M. Bayle sur ses prédecesseurs Epicuriens, Pyrrhoniens, sont-ils un juste sujet d'éloges, ou si l'on est fondé à douter que des études tournées d'un tel côté, sur tout avec tant de perseverance, soient la preuve d'un bon esprit & d'un bon cœur?

Quand donc *Maxime* termine ce que M. Bayle lui a dicté par ce Dilemme. ,, Si nos Auteurs n'ont
,, pas refuté ces difficultés, je me défie ou de leur
,, esprit ou de leur cœur. S'ils avoient de l'esprit, ils
,, devoient les découvrir aussi bien, ou même mieux
,, que M. Bayle. S'ils les ont decouvertes & passées
,, sous silence, c'est une fraude pieuse". Et quand Maxime ajoûte: ,, Ces difficultés peuvent-elles être
,, refutées facilement, ou y en a-t-il quelques-unes
,, très-mal-aisées à refoudre". Il est très-naturel de retorquer: M. Bayle a-t-il compris que ces objections qui paroissent renverser la Religion, n'ont aucune solidité, & ne sont dans le fond que des Sophismes, ou a-t-il cru que la Refutation en seroit très-difficile? S'il a été dans ce dernier sentiment, pourquoi exposer ses Lecteurs au danger de l'Incredulité? S'il a compris au contraire que ses objections n'étoient établies que sur des Principes faux, ou qu'elles tiroient de Principes, veritables en un sens, par le secours de quelques équivoques, des consequences très-fausses, & très-mal liées, pourquoi déployer toute l'habileté de son genie à rendre ces Sophismes éblouïssans & propres à s'insinuer?

Encore une fois c'est se mocquer que de dire: Pour rendre inutiles toutes ses objections il n'y a qu'à recourir à la Foi & à s'y tenir fermement. Mais celui qui donne ce conseil n'a-t-il pas fermé toutes les avenuës qui pourroient conduire à cette Foi, seule ressource selon lui? La *Credulité* n'a rien de sûr & elle en a d'autant moins qu'elle est plus aveugle. L'*Enthousiasme*, ou la pensée flatteuse d'une *Inspiration* est une voye équivoque, dangereuse, pleine d'illusions & d'égaremens. Les Lumieres de la Raison ne font que des ténébres, & ce Guide ne conduit qu'à l'incertitude. Voilà ce que M. Bayle pose en fait; que nous laisse-t-il donc pour passer du doute à l'assurance?

On voit qu'il est aisé de dégager du soupçon d'avoir manqué d'esprit ou de bonne foi, les Savans qui ont précedé M. Bayle, soupçon dont il les charge parce qu'ils ont negligé d'entrer dans la carriere où il a tant brillé.

Il est peu de sujets sur lesquels les premieres idées qui se présentent n'ayent quelque obscurité mélée avec leur évidence. La plupart de nos idées naissent d'abord très-imparfaites. Par cette raison il s'en présente souvent qu'on ne pense point à déveloper, non faute de pénétration, mais parce qu'elles ne paroissent propres qu'à détourner de quelques autres que l'on trouve plus dignes d'attention, & dont on se promet plus de fruit. Et lorsque quelque grande & nouvelle difficulté, quelque difficulté interessante se présente à l'esprit d'un homme raisonable, il s'applique à la resoudre pour sa propre satisfaction & sa propre tranquilité: Mais quoiqu'il en ait distinctement reconnu tout le foible & qu'il se conçoive en état de le démontrer, il ne se hâte pourtant point de publier ni cette difficulté, ni les Reponses qu'il lui a opposé. Il n'en a garde. La Prudence & la Charité ne le lui permettent pas. Il ne voit aucune necessité de rendre ces discussions publiques, & de plus il comprend que publiées elles pourroient avoir de mauvais effets. Il est des Esprits foibles que la Difficulté terrasse, sans que la Réponse puisse les relever, & il en est encore de si mal tournés que toute leur attention se livre avec plaisir à la difficulté & se refuse à la Réponse.

J'ai déja rapporté ce sujet une Histoire que je tiens de Témoins très-dignes de foi. Un homme d'esprit & de grande qualité, Officier de distinction, se divertissoit un jour à embarrasser par des objections un Capitaine peu savant, & ces objections rouloient sur la Religion. Ces difficultés jetterent l'Auditeur dans une Malancolie si profonde qu'elle fut incurable. L'Auteur des objections en est averti, *il accourt & s'empresse à guerir le mal qu'il a causé*, mais ses Réponses toutes solides qu'il les donne & tout clairement qu'il les expose, se trouvent inutiles: l'impression étoit faite, il ne lui fut plus possible de l'effacer.

Que des doutes, que des dispositions à l'Incredulité, que d'Incredulité effective & d'Irreligion M. Bayle n'auroit-il pas prévenu s'il s'étoit rendu à ceux qui lui conseilloient de prendre un parti si raisonable & si digne d'un Philosofe & d'un Chrétien! On ne peut s'excuser que par une raison qui va à justifier le Tentateur de nos premiers parens. En vain on reprocheroit à ce Tentateur les mauvais effets de ses raisonnemens captieux, Adam & Eve n'avoient qu'à y opposer le Bouclier de la Foi. Mais quel plus grand exemple pour prouver que les raisonnemens sont capables de'ébranler cette Foi & de la faire abandonner? Celle de nos premiers parens devoit être d'une tout autre force que la nôtre, puisqu'ils avoient immediatement reçu les ordres de Dieu. Que ne peuvent point les Sophismes couverts de quelque vraisemblance, quand on ne

les

DU PYRRHONISME.

les examine pas avec assés de précaution, & qu'on s'y prête trop aisément. M. Bayle n'a pas écrit pour n'être point lû, & ses objections ont fait tomber, à l'égard d'un très grand nombre, cette Foi qui devoit les garentir d'éblouïssement.

On a loué les *Historiens Protestans qui ont combattu la Fable de la Papesse Jeanne*. Pour tirer de là une consequence favorable à la sincerité de M. Bayle & qui serve à en faire l'éloge, il faut supposer qu'il n'a écrit qu'en vue de tirer les Chrétiens d'erreur, de corriger les fausses idées qu'ils se faisoient du Pyrrhonisme & de l'Atheïsme, & de les ramener de leur éloignement pour les Pyrrhoniens & pour les Athées.

Page 106. La derniere page de ce I Volume contient des preuves bien manifestes de ce que j'ai déja remarqué plus d'une fois, c'est que *Maxime & Themiste* ne font guere que rebattre des reponses, ou ramener des Objections que l'on a déja refutées.

„ Une des plus fortes preuves que M. Jaquelot
„ prétende avoir du franc arbitre, est que nous
„ avons un sentiment vif de l'autorité avec laquel-
„ le nôtre volonté choisit une chose plûtôt qu'une
„ autre. Or si ce sentiment vif ne prouvoit pas
„ necessairement que nous sommes les maitres chez
„ nous & que nôtre Liberté se détermine elle-même
„ comme bon lui semble, Dieu seroit la cause de
„ nôtre erreur. J'ai trois Questions à lui faire.
„ *Premiérement* s'il a consulté toutes sortes de per-
„ sonnes, ou s'il s'est arrêté à sa propre experience,
„ ce qui ne signifieroit rien; car la nature lui au-
„ roit pû donner un temperament heureux qui se-
„ roit que sa volonté seroit aisément flexible en tout
„ sens. Cela ne tireroit point à consequence sur les
„ autres hommes. *Secondement* je lui demanderois
„ si les experiences qui l'ont convaincu de l'empi-
„ re qu'il a chez lui, ont eu pour objet les affaires
„ ordinaires de la vie, se promener, acheter une
„ maison, solliciter un procès, faire des visites &c.
„ *Troisiémement* je lui demande si ce n'est pas être
„ temeraire que de recourir à l'argument que Dieu
„ nous tromperoit?

Qu'on relise, si l'on veut, la *Section de la Liberté*. On y trouvera ces trois Questions discutées. Voilà pourquoi je me borne à repondre ici, en très peu de mots. A la *premiere*, Qu'on seroit ridicule de prétendre qu'il faut avoir consulté tous les hommes, pour être en droit de conclurre que l'Esprit humain est fait d'une manière à ne pouvoir s'empêcher de sentir que 2 fois 2 font 4, dès qu'il veut s'y rendre attentif. A la *seconde* je répons qu'il est fort ordinaire aux hommes de traiter d'impossible ce qui leur paroit difficile, & de prétexter que la force leur manque quand ils ne font pas d'humeur de se déterminer à à quoi on les invite. Voici enfin ma replique à la *troisiéme Question*.

Si Dieu déterminoit lui-même immediatement ma Volonté, & qu'en même tems, & par cette Toute puissance, il créoit en moi le vif sentiment d'une détermination produite par moi, il me jetteroit dans une Illusion, dont de ne pourrois me tirer par aucune idée qui surpassât en évidence ce sentiment, y a-t-il de la témérité à conclurre de là qu'il n'est pas permis d'imputer à Dieu de telles illusions?

Je viens au second Tome, moins étendu que le precedent & où je trouve très-peu d'Articles qui demandent un Examen nouveau ou quelques nouvelles Remarques.

Oeuvres Div. Tom. IV. Pag. 6. Pag 21. Voici, dit Themiste, *une Comparaison destinée à faire voir que M. Bayle n'est pas bien intentionné pour la Religion*. Elle est tirée de la Bibliotheque choisie pag. 367 368.

„ Si quelcun ramassoit tout ce qui se pourroit
„ dire de plus odieux contre son Souverain, qu'il
„ défiât tous les autres Sujets d'y répondre, &
„ dit qu'il est neanmoins persuadé que la conduite
„ de ce Souverain est irreprehensible, & que pour

„ lui il est son très-humble Sujet, je voudrois bien
„ savoir si ce Souverain & ses Sujets se payeroient de
„ ces discours, & s'ils ne les prendroient pas pour
„ une pure Comedie que cet homme joueroit,
„ pour se tirer d'affaires. Le Prince croiroit avec
„ raison que cet homme auroit dessein de soule-
„ ver ses Sujets contre lui, & les Sujets n'auroient
„ pas meilleure opinion de sa fidelité, quoiqu'il
„ criât la calomnie. S'il disoit que quoique la
„ conduite du Souverain parût à ses foibles lumie-
„ res execrable & tout à fait tyrannique & qu'il fût
„ impossible à ses Sujets de montrer le contraire, &
„ qu'il se fâchât même contre ceux qui l'entre-
„ prendroient; il soumettroit neanmoins ses lumie-
„ res à la Declaration du Prince, qui protestoit de
„ gouverner avec autant de bonté que l'on en puis-
„ se imaginer; s'il parloit, dis-je, de cette sorte,
„ son Souverain & ses Sujets pourroient-ils croire
„ qu'il parleroit sincerement & qu'il n'auroit pas
„ de bons desseins? Se contenteroit-on encore des
„ protestations qu'il pourroit faire de ne publier
„ tant de mal du Souverain, que pour humilier
„ quelques-uns de ses Sujets trop présomptueux, qui
„ s'imaginoient de pouvoir rendre de bonnes rai-
„ sons de sa conduite, & qui se croyoient obligés
„ de le faire pour l'honneur de leur Prince, en leur
„ faisant voir qu'il leur étoit impossible de le de-
„ fendre par leurs lumieres? Les mauvaises excuses,
„ au lieu d'appaiser ce Souverain & ses Sujets, ne
„ feroient que les offenser davantage, parce qu'ils
„ s'appercevroient facilement, qu'il les prendroit
„ pour des bêtes, & qu'à la calomnie il ajoûteroit
„ la raillerie & le mépris.

Après avoir rapporté cette accusation Maxime ajoûte: *Si je vous ai lû tout ce passage, sans rien sauter, c'est afin que vous visssiés mieux la supercherie de l'accusateur.*

M. Bayle, après s'être donné pour RAPPORTEUR des sentimens des Manichéens & de ceux des autres ennemis de la Verité, & des Dogmes capitaux de la Religion, après leur avoir prêté des preuves qui ne se lisent point dans ce qui nous reste de leurs Ecrits, après s'être déclaré leur Avocat contre les Apologies raisonnées des defenseurs de la Religion, donne sur tout pour invincibles ses Comparaisons tirées des Sujets les plus frapans, & il s'applaudit & triomphe, par son adresse à le proposer sous les yeux les plus propres à éblouïr. Ces Armes ne sont-elles donc permises qu'à lui? & en abuse-t-on, dès que ce n'est plus pour attaquer, mais pour se defendre & pour engager les autres à se tenir leurs gardes, qu'on les met en œuvre?

Dira-t-on que la supercherie consiste à lui imputer à lui-même des sentimens qu'il met simplement dans la bouche d'autrui. Mais 1. Les Comparaisons que font-elles pas de son invention? Ne sont-ce pas les fruits immediats de sa funeste fecondité? 2. La Comparaison de Mr. le Clerc n'est-elle pas juste? Il est des gens qui haïssent un Souverain, qui ne peuvent se resoudre à ployer sous un joug, ni à soûtenir son Idée. Un homme d'esprit sujet de ce Monarque s'étudie à rassembler tout ce que ces chicaneurs & odieux Sujets ont dit & écrit contre la conduite de leur commun Maitre, non seulement il le rassemble, il l'étend, il l'exagere, il y joint ses propres reflexions, il les appuye de toute son habileté, il tourne en ridicule toutes les Apologies raisonnées que de zélés Sujets entreprennent de faire; il travaille à rendre ces Apologies suspectes, odieuses, aux differens partis dans lesquels l'Etat se trouve divisé. Il soutient que toutes ces Apologies sont parfaitement inutiles & n'aboutissent qu'à exposer à de nouvelles objections ce qu'elles entreprennent de justifier. Il ne cesse de repeter sur le meilleur parti que l'on puisse prendre c'est de l'imiter, d'avouer tout net qu'on ne peut rien comprendre dans la conduite du Maitre qui soit digne de lui & qui con-

convienne à son Idée & à celle de son rang, mais nonobstant cela, porter son respect jusqu'à dire qu'on le croit très-sage, très-juste, très-bon, malgré toutes les preuves du contraire, preuves auxquelles on n'a rien à répliquer si ce n'est qu'il faut sacrifier toutes les conséquences les plus claires, qui sautent aux yeux & se tirent de ce qu'on voit, au respect que l'on a pour ce qu'on ne voit pas. Un homme qui raisonneroit ainsi, auroit-il pour son Souverain un zèle fort louable, sur tout après avoir été très-souvent averti des mauvais effets que ses Declamations sont capables de produire & produisent en effet?

En vain en appelleroit-il à sa bonne intention? Quand on le croiroit sur sa parole, cette bonne intention seroit avec sa mauvaise conduite un contraste des plus contradictoires & des plus ridicules. Une intention cachée ne produit aucun bien, une conduite qui saute aux yeux & paroît dire tout le contraire, produit de très-grands maux. Ce cœur si soumis & si plein de respect, pourquoi s'énonce-t-il comme feroient les plus séditieux? On veut bien ne rien prononcer sur les intentions de Mr. Bayle, on se plaint de ses Discours, on les croit très-propres à jetter dans l'Irreligion un très-grand nombre de gens, ou d'un petit genie, ou d'un cœur corrompu, & de les perdre sans retour & on est très-mortifié d'en voir tant de preuves d'experience.

L'Auteur d'une Comedie où on lanceroit divers traits contre la Religion, se justifieroit-il en disant qu'il ne les a mis que dans la bouche de personnages décriés? & si, dans une Comedie suivante, ces personnages tournoient en ridicule ceux qui auroient entrepris de répondre aux impies Reflexions de la précédente, ne seroit-on pas fondé à reprocher à l'Auteur de ces Pièces de faire du Theatre une Ecole d'Incrédulité?

Si dans ces mêmes Piéces on entendoit grand nombre d'ordures grossieres, leur Auteur seroit-il excusable en disant qu'il faut bien réjoüir le Parterre dont on a fatigué l'attention, par des scenes remplies de raisonnemens longs & abstraits? Si une mere & une fille y jouoient jusqu'au bout le rolle que Mr. Bayle leur donne dans ses comparaisons? auroit-on tort de se plaindre qu'un tel Theatre réunit toutes les batteries qui tendent à renverser la Religion & les mœurs. Le Poëte & ses Amis seroient-ils en droit de s'écrier *quelle calomnie*! Les intentions ont été les plus pures & les plus louables du monde & cependant on ne veut pas y faire la moindre attention. Elles alloient à produire les plus excellens effets. La force des objections prononcées par le Comedien, ces objections sans replique satisfaisante, ne nous font-elles pas merveilleusement connoitre le prix de la Foi contre laquelle tout échoue? & les scenes de la Mere, de la Fille & de son Amant ne sont-elles pas des tableaux bien frappans de l'infirmité humaine, tableaux qui nous disposent à nous humilier dans la pensée que le même accident pourroit nous arriver. Les Ordures même qui y sont & disposent sont autant de preuves de leurs dangers & d'avertissemens à les éviter? Ces Comedies sont donc une excellente Ecole de Foi, d'Humilite, de sages precautions, très-semblables à cet égard aux Ouvrages de Mr. Bayle & à ses pieux stratagêmes. On ne sauroit trop les voir ni les lire, aussi leur charitable Auteur n'a rien épargné pour s'attirer des Lecteurs & des Spectateurs & pour plaire à ce qu'elles lui rapportassent de l'argent. Les prétendues justifications de M. Bayle ajoutent l'insulte au mépris; c'est ainsi que les partisans de ses Ouvrages aiment à mortifier, aux dépens de toute sincerité, les ames navrées de leurs funestes effets.

Pag. 24. *Themiste*, pour justifier l'honorable Epithete que *Maxime* vient de donner à la Comparaison de Mr. le Clerc y en oppose une autre.

,, Mettons, dit-il, la chose dans son point de ,, vuë, representons-nous un Empereur qui sur-,, passe autant les plus habiles politiques que ceux-,, ci surpassent un Maitre d'Ecole. Cette sublimité ,, de genie lui fait former des desseins plus vastes ,, & plus importans que ceux de ses prédécesseurs, ,, & lui découvre des moyens nouveaux de parve-,, nir à ses fins. Il ne suit point d'exemples, il se ,, fait des routes de gouvernement inconnuës jus-,, ques alors. Les étrangers le blâment de ce qu'il ,, s'écarte ainsi des voyes qui avoient toujours ,, passé pour prudentes. Quelques-uns de ses Su-,, jets murmurent contre ces nouveautés & en ,, apréhendent les suites. Il s'éleve des Auteurs ,, qui, pour refuter la critique des étrangers & les ,, plaintes des Sujets entreprennent de montrer qu'il ,, est faux que la conduite de l'Empereur ne soit ,, point réglée sur les maximes ordinaires de la po-,, litique; ils sont pour cela des parallèles, ils tor-,, dent, ils tiraillent, disloquent tous les Lieux ,, communs. Un autre Auteur vient qui ne nie ,, pas le fait, mais montre que l'on se doit repo-,, ser entierement sur la sagesse de Sa Majesté Im-,, périale, qu'elle a ses raisons pour ne se pas con-,, former entierement aux Règles communes, qu'en-,, core que sa conduite soit differente de celle de ,, ses Ancêtres les plus prudens, elle n'en est pas ,, moins prudente, & que puisque sa sagesse est d'un ,, degré plus éminent sans comparaison que celle ,, des autres hommes, ses maximes doivent avoir ,, un caractère nouveau, & proportionné à cette ,, grande supériorité de genie qu'il possede. Que ,, diroit l'Empereur quand il sauroit la methode des ,, prémiers Apologistes? il excuseroit leur zèle peu ,, éclairé, & se moqueroit néanmoins de leur igno-,, rance, mais il aprouveroit entierement le dernier ,, Apologiste.

Voilà, continue Themiste, *comment il faut corriger la fausse peinture que M. le Clerc a faite, & il ne faut que cela pour le couvrir de confusion.*

Je proposerai aussi la Comparaison qui pourra servir au paralléle des deux qu'on vient de lire, & à découvrir de quel côté se trouve le tort.

Les Voisins & grand nombre des Sujets d'un grand Prince critiquent sa conduite. Ils imputent au hazard ses succès arrivés, disent-ils, contre toutes les Règles de la Guerre & de la Politique. Ils le chargent outre cela d'inhumanité & de cruauté.

Là-dessus on composa des Apologies. Il en est qui s'efforcent de soutenir que leur Souverain a suivi, dans sa conduite, toutes les Règles ordinaires, ceux-ci marquent le zèle, mais ils ne réussissent pas, & dans ces Apologistes le Prince ne peut louer que le zèle & la bonne intention.

C'est à l'Image du parti qu'on prendroit si, pour justifier la Sainteté & la Bonté de Dieu, on supposoit toutes les Créatures sans activité, & si l'on prétendoit qu'il observe envers les hommes tout ce que les hommes sont obligés d'observer les uns envers les autres.

D'autres Apologistes aiment mieux dire que *le Prince*, dont il s'agit, *a ses raisons pour ne se pas conformer entierement aux Règles communes, & que puisque sa Sagesse est d'un degré plus éminent sans comparaison que celle des autres hommes, ses Maximes doivent avoir un caractère nouveau & proportionné à cette grande supériorité de genie qu'il possede.*

Mais c'est ici un langage fort different de celui dont on se plaint & qu'on reproche à Mr. Bayle, car pour imiter ce dernier, il auroit fallu que l'Apologiste eut dit: *A la verité quand nous mettrons en parallele la conduite de notre Souverain avec toutes les idées que nous avons de la Prudence & des autres Vertus, plus clairement il nous paroîtra qu'elle les renverse toutes. Mais malgré tout ce que la Raison nous fournit de preuves démonstratives là-dessus, il faut se
per-

persuader que la supériorité de son genie lui fait voir les choses tout autrement, & qu'il est très-sage, très-juste & très-humain, en faisant tout ce qui nous paroit le plus incompatible avec la Sagesse, la Justice & l'Humanité. C'est pour humilier nos Apologistes raisonneurs que je vais mettre cette incompatibilité dans son jour. Je les défie de pouvoir y repliquer quoi que ce soit de raisonnable & de satisfaisant.

N'est-il pas à présumer qu'un Souverain éclairé & sans indifference pour sa Réputation, trouveroit la methode de ce prétendu Apologiste des plus dangereuses, & se persuaderoit que lui-même a besoin d'humiliation.

Enfin ne rempliroit-on pas mieux les devoirs d'Apologiste & de bon Sujet, si, pour montrer que Prince doit ses grands succès à ses lumieres, on prouvoit qu'il a mieux connu le cœur de l'homme, l'art de négocier, celui de gagner des batailles & de prendre des Villes, qu'on ne les connoissoit avant lui, si on faisoit comprendre les avantages de ses Maximes par dessus celles de ses prédécesseurs & des autres Souverains, & si enfin, par un examen attentif des circonstances où il s'est trouvé, on établissoit, par des preuves convainquantes, qu'il n'y a jamais rien eu, dans sa conduite, de contraire à l'Equité & à l'Humanité.

C'est l'Image de ceux qui posent en fait, & qui prouvent qu'il étoit digne de la *Grandeur*, de la *Sagesse* & de la *Bonté suprême* de faire des Créatures libres & actives, & qui, de ce Principe bien établi & de ses premieres conséquences, tirent dequoi démontrer l'impertinence des chicanes qu'on fait à la Perfection, & singulierement à la Bonté, de la Providence Suprême, & de convaincre, par la Raison, tous les esprits qui aiment de bonne foi l'instruction & la Verité.

Pag. 6. Pag. 26. MAXIME. *Que penseriez-vous de ce qu'il ajoute que Mr. Bayle a fait DES ACCUSATIONS ABOMINABLES CONTRE LA PROVIDENCE?*

THEMISTE. Peu s'en faut que je ne dise qu'il n'y a qu'un fou à lier qui puisse parler de la sorte, & à ce compte les Théologiens les plus orthodoxes & sur tous entre les Reformés, seroient d'abominables blasphemateurs, puisqu'ils reconnoissent que, dans la Providence de Dieu, quant au peché, il y a des abimes impenetrables à la Raison.

Pag. 10. On reprend le même sujet pag. 53 & suivantes, & on se plaint que Mr. le Clerc sachant très-bien que. M. Bayle s'est servi du même dénouement que les Reformés, il lui objecte des Conséquences odieuses qui tombent sur tout le Corps des Eglises Reformées.

Tout ce qu'on allegue dans ces endroits, en vue de prouver qu'on ne peut blâmer Mr. Bayle, sans envelopper dans la même condamnation un grand nombre d'Orthodoxes très-respectables & de bons Chrétiens, ne me paroit pas concluant, parce que les difficultés sous lesquelles ils ont gemi & dont l'idée leur a paru des plus odieuses, il semble que Mr. Bayle y trouve un de ses plus grands plaisirs. Il les étale, il les pousse, il les repete, il ne se lasse point d'y revenir, il en saisit toutes les occasions, il les appuye par des Comparaisons des plus séduisantes, & il les propose sous les tours les plus éblouïssans; sur ce sujet la subtilité de son genie & son inépuisable fecondité se fait plus sentir que sur tout autre. On voit au contraire que les Théologiens, cités par Mr. Bayle, n'écrivent sur ces matieres qu'à regret; ce qu'ils en disent & la maniere dont ils le disent, engage leurs Lecteurs à conclure que moins l'on pense à ces matieres, mieux on fait; que la Prudence défend d'y arrêter son attention & ordonne de la fixer sur ce que la Révélation nous présente de plus proportionné à notre portée & de plus propre à régler nos mœurs & à fonder nos esperances. Il est vrai que d'une main Mr. Bayle nous renvoye à cette Révélation, mais d'une autre il nous l'enleve & en fait éclipser toute l'autorité; loin de nous indiquer quelque route qui nous conduise à la reconnoitre, son Pyrrhonisme, qui triomphe par tout où il y a diversité de sentimens, nous arrache tous les moyens de parvenir à quelque certitude, soit sur la Divinité d'une Révélation, soit sur la verité du sens dans lequel on en explique les paroles.

Non seulement Mr. Bayle entraine ses Lecteurs à adopter ses doutes & ses argumens, par les frequentes repetitions & la vivacité du stile qu'il met en œuvre pour les graver dans leur mémoire & les imprimer dans leur Entendement, il les y dispose encore par ses nombreuses obscenités, qui vont à gâter le cœur, en y faisant glisser l'esprit d'impureté si naturellement lié à celui de l'Incrédulité. L'Impur a besoin que l'Incrédulité le tranquilise, & l'Incrédule qui n'attend rien au delà de cette vie s'y plonge dans la sensualité, il s'y abandonne & c'est par là qu'il cherche à se consoler & à s'étourdir.

Qu'on fasse juste les paralleles, & l'on verra trop clairement s'il est vrai que les coups, qu'on porte à Mr. Bayle retombent en effet sur nos Théologiens, sous lesquels il affecte de se couvrir & dont il se joue réellement.

Ce que les partisans de Mr. Bayle appellent en lui des *débauches d'esprit* & des jeux d'imagination, va tout droit à la *débauche des mœurs*, & à faire regarder comme des *jeux la licence & l'ordure*. Combien de gens n'avoient qu'une sombre idée des difficultés sur la Providence & les autres points de la Religion qui, animés par l'exemple d'un Philosophe de si grande réputation, s'en chargent la mémoire & se comptent presque entre les genies du premier ordre, parce qu'ils les savent repeter & qu'ils en osent étourdir tous ceux qu'ils rencontrent. *Quel genie supérieur que celui de Mr. Bayle*, disent-ils, *y en-t-il jamais de reputation plus meritée*? Qu'en savés-vous? Depuis quel tems êtes-vous en possession de l'Art d'examiner juste? Vous êtes-vous jusques ici fort exercé à discerner le solide d'avec l'éblouïssant? Mais je m'en tiens à la voix publique. Nommés-nous vos garands..... Qu'entens-je! une liste de débauchés. Voilà vos Auteurs, un autre vous citera bien-tôt vous même & appuyé de votre exemple, il s'énoncera hardiment & en entrainera d'autres, c'est votre fond & votre exemple qui vous procurent les disciples, dont la credulité vous autorise à votre tour.

Je veux que Mr. Bayle ait passé sa vie dans une grande continence. Ce n'est pas sa personne qu'on examine, on se borne à ses Ouvrages. Un nombre infini de débauchés, (on ne sauroit le nier, ce fait est d'une notorieté trop publique.) s'autorisent de ses Compilations, à ne plus rougir de faire & d'avouer qu'ils font ce que les *Idées diversifiantes* d'un si grand Philosophe, pour l'engager à en remplir ses cahiers, & pur là foyer emprunter une pensée de Seneque) ils perdent entierement ce qui pouvoit encore donner des bornes à leur licence, & peut-être même les en ramener, la honte de s'y laisser aller. *Itaque quod unum habebant in malis bonum, perdunt, peccandi verecundiam.*

Ce qui se trouve dans la page 33 & les suivantes *Page 7.* pour la justification des motifs de Mr. Bayle, se trouve entierement ailleurs; par conséquent on l'a déja examiné, & ci-devant & encore dans ce qu'on vient de lire à l'occasion de la page 20. Au reste, *Pag. 6.* cette justification de M. Bayle est devenue toujours plus difficile, à mesure qu'on a réiteré à Mr. Bayle les avis si necessaires sur les maux, & tout au moins sur les funestes abus qui naissoient de ses Ecrits.

Il ne faut pas s'étonner si Mr. Bayle qui s'est tant repeté, dans le tems de sa plus grande vigueur, l'a fait près de sa fin & dans son dernier Ouvrage, où il semble que le dépit seul ranimoit ses forces

mou-

mourantes. J'ai parcouru un grand nombre de pages, qui ne contenant que des reflexions repétées, ne donneroient aussi lieu qu'à des réponses déja lues.

Pag. 11. J'arrive à la page 141. où Mr. Bayle revient encore à ses comparaisons. *Un Romain va voir Pline le jeune, occupé du Panegyrique de Trajan*, &c. Mais on ne lui fait rien dire à quoi on n'ait déja répondu de point en point.

Pag. 11. Pag. 145. on cite ces paroles de Mr. Le Clerc. *Mr. Bayle enseigne que les Manichéens démontrent par la Raison que Dieu n'est pas Bon, & il ne donne aucune raison de croire le contraire, sinon que l'Ecriture le dit, ce qui, selon ses principes, n'est rien dire*; PREMIEREMENT, *parce qu'il dit que nous n'avons point de Notion de la Bonté de Dieu*; SECONDEMENT, *parce que si l'Ecriture enseigne des choses contraires à des Vérités évidentes, comme il le dit dans son Article de* PYRRHON, *on n'a point de raison de la croire; & en* TROISIEME *lieu, parce qu'on ne peut pas refuser son consentement à des choses évidentes, comme sont, selon lui, les objections qu'il a inventées en faveur des Manichéens.*

A cela THEMISTE répond „Il seroit difficile d'enfasser dans un passage de cette longueur „autant de faussetés que j'en trouve ici. 1. Il est „faux que Mr. Bayle ne se fonde pas sur la Rai„son pour croire la Bonté de Dieu. 2. Il est faux „qu'il dise qu'absolument nous n'avons aucune no„tion de la Bonté de Dieu. 3. Il est faux qu'il „dise que l'Ecriture enseigne des choses contraires „à des Verités évidentes. Son sentiment est qu'u„ne notion évidente doit faire moins d'impression „sur notre esprit qu'une doctrine revelée contraire „à cette notion, & qu'ainsi l'on doit abandonner „cette notion comme fausse entant qu'elle est com„batuë par l'Ecriture. 4. Il est faux qu'on ne „puisse refuser son consentement à des choses évi„dentes. La pratique des Théologiens & des Phi„losophes prouvent le contraire''. Voilà Mr. Le Clerc bien tiré par THEMISTE, c'est-à-dire par le *Juste* qui s'adresse au *Très-Grand* son ami MAXIME.

Mr. Bayle ne parle presque jamais que sous le mîsque des personnes qu'il introduit sur la Scene. Or ces personnes soutiennent que nos Mysteres sont manifestement contradictoires à des notions communes, & les argumens dont ils se servent pour appuyer cette prétention paroissent à Mr. Bayle sans replique, au moins par les lumieres immédites de la Raison. De-là on forme ce Syllogisme & on est en droit de l'avancer.

Les Notions communes sont des Verités évidentes:
Or l'Ecriture enseigne des Mysteres contraires à ces Notions:
Donc l'Ecriture enseigne des choses contraires à des Vérités évidentes.

Si l'on refuse aux Notions communes en général le titre de Verités évidentes, il ne se trouvera aucune proposition à laquelle on puisse le donner, car il n'y en a point dont l'évidence surpasse celle des Notions communes.

Le sentiment de Mr. Bayle est qu'une Notion évidente doit faire moins d'impression sur notre Esprit qu'une Doctrine revelée contraire à cette Notion, & qu'ainsi l'on doit abandonner cette Notion comme fausse, entant qu'elle est combattuë par l'Ecriture. De sorte que, suivant cette grande & admirable subtilité, on peut dire qu'*une Doctrine revelée est contraire à une Notion commune*; mais qu'on auroit tort d'ajoûter qu'*elle est contraire à une Verité évidente*, parce qu'alors *cette Notion doit être abandonnée comme fausse.*

Voilà justement ce dont on se plaint. Si on donne dans les Idées de Mr. Bayle, on ne connoî-

tra plus aucun moyen pour s'assurer de la Divinité d'une Révélation & du vrai sens que l'on donnera à ses paroles, car à quel caractere pourra-t-on reconnoître la Verité, si l'Evidence ne l'est pas; & visiblement elle ne l'est plus, s'il y a des cas où les Notions communes, c'est à dire les Propositions les plus simples & les plus évidentes, ne laissent pas d'être fausses.

Dira-t-on que la *Notion commune* n'est fausse que dans le sens qu'elle se trouve contraire au Mystere, qu'il lui en reste un autre de vrai, & que Mr. Bayle a voulu exprimer cette distinction par la reserve *entant que*.

Je voudrois bien qu'on me les démêlât ces deux sens, mais jusqu'ici il me paroit que le sens de la Notion commune opposé au Mystere par Mr. Bayle, dès là condamné & traité de faux, est précisément le même dans lequel on continue de l'appliquer à tout autre sujet; de-là il est très-naturel de conclure que Mr. Bayle en subtil disputeur, cherche à éluder l'objection par une distinction frivole, & à jetter de la poussiere aux yeux de ceux qui voudront bien s'y exposer & consentiront à ne point voir. Mais faisons un meilleur usage de la remarque, & elle nous amenera à penser que les paroles qui enseignent le mystere ne sont pas bien expliquées, quand on leur donne un sens contraire à une proposition très-évidente, & c'est ce que l'on a déja établi, plus d'une fois, dans le cours de cet Examen.

Il est faux qu'on ne puisse refuser son consentement à des choses évidentes, Mr. Bayle avouë d'avoir déja dit cela plus d'une fois, on y a répondu de même, j'ai déja examiné cette Question ailleurs que dans cet Ouvrage.

On ne peut se refuser à l'évidence pendant que l'on s'y rend attentif, mais on en peut détourner son attention, & dès-là acquiescer précipitamment à quelque *peut-être*, à quelque doute qu'il plait, à quelque Sophisme dont on veut bien se laisser éblouir.

La difficulté que Mr. Bayle propose sur l'immensité de Dieu, avoit déja paru dans ses autres Ouvrages, & on y a répondu.

Pag. 23. „On s'abuseroit grossierement (pag. 149) si l'on „croyoit que notre Raison est toujours d'accord a„vec elle-même; les disputes innombrables dont les „Ecoles retentissent sur presque toutes sortes de su„jets prouvent manifestement le contraire. La „Raison est une Foire où les Sectes le plus dia„metralement opposées vont faire leur provision „d'armes, elles se battent ensuite à toute outrance „sous les auspices de la Raison & chacune rejette „quelques-uns des Axiomes évidens.

Le cœur de Mr. Bayle paroit s'ouvrir par la colere, & il en tombe une clef qui est celle de ses Desseins, son Goût pour le Pyrrhonisme.

Mais, ajoute-t-il, *comme sûr de son fait, s'en-suit-il de tout cela qu'il n'est pas possible de se fier à* LA RAISON, *& que toutes les lumieres que nous avons sont éteintes pour jamais?*

Je réponds qu'oui & je soutiens que cette consequence paroit nécessaire jusques à ce que l'on ait compris la fausseté des Principes, les Equivoques, & les Inconsequences de tout ce verbiage, qui conduit à dire que si toutes nos lumieres ne sont pas éteintes, autant vaudroit-il, puisqu'elles ne peuvent plus nous amener à quelque certitude. Mais on a discuté & dévelopé tout cela & on ne trouve pas à propos de se repeter sans cesse à l'imitation de Mr. Bayle. C'est par cette raison que je me bornerai à ne repliquer qu'en très-peu de mots aux deux premiers démentis donnés à Mr. Le Clerc. Une idée de la Bonté de Dieu, refutée par l'experience & la Révélation ne peut pas être la veritable. Or telle est, suivant Mr. Bayle, l'Idée que la Raison nous en donne. Il faut donc ou s'ob-

DU PYRRHONISME.

s'obstiner contre la Révélation & l'Expérience, ou convenir que l'Idée de la Bonté de Dieu, telle que la Raison de Mr. Bayle la lui donne, n'est point la véritable & qu'il la faut corriger. Au lieu que celle à laquelle nous nous tenons & sur laquelle nous avons fondé nos réponses ne présente rien qui doive être revoqué.

Pag. 24. Pag. 154. Mr. Bayle revient à ses comparaisons sous les Images de *Prince*, de *Précepteur*, de *Mère*, de *Père*, de *Marchand*, tous dans le tort de n'avoir pas paré de bonne heure & suffisamment aux maux qu'ils prévoyoient, Mr. Bayle ramène un argument cent fois répété, sans l'appuyer ici de la moindre nouvelle instance.

L'esprit de M. Bayle se trouvoit tout penétré d'un petit nombre de semblables idées, elles l'obsedoient, au point de ne voir que l'objection qu'elles faisoient naître; ses yeux se fermoient à la réponse.

A la demande du Seigneur: *Jugés entre moi & ma Vigne. Qu'y avoit-il plus à faire?* Il met une réponse dans la bouche des plus grands pécheurs qui se plaignent que *Dieu n'a rien fait que ce qu'il prévoyoit leur devoir être inutile*. Cette réponse suppose qu'on doit ainsi paraphraser la demande du Seigneur. *Décidés, avois-je encore dans ma Toute-puissance quelque ressource que je n'aye pas mise en œuvre?* Au lieu que le Seigneur demande à son Peuple mutin, & qui cherche à se disculper. *Ce que j'ai fait ne suffit-il pas? Moins encore n'auroit-il pas suffi? Et si mes soins n'ont pas été suivis des heureux fruits qu'ils meritoient, à quoi l'imputer qu'à votre propre & volontaire negligence & contradiction? Etois-je obligé à plus? Etois-je même obligé à un aussi grand nombre de précautions?*

Pag. 24. Pag. 157. *On doit être surpris*, dit Themiste, *qu'aucun homme n'a jamais été exempt de peché & d'afflictions sous un Dieu qui n'a qu'à dire la parole, & tout aussi-tôt tous les hommes seroient saints & heureux.*

On a prouvé cent fois qu'on auroit grand tort d'être surpris que Dieu ait trouvé à propos de faire des creatures libres & actives dont le sort fut entre leurs mains.

Notre homme en tient, dit là-dessus Maxime. *Que l'on compare la maniere dont Dieu en a usé envers nos premiers Peres, avec une maniere dont un bon Pere très-honnête homme, se seroit servi envers ses enfans.*

Permettez-moi, replique Themiste, *de me donner le plaisir de renvier sur vous: J'ai une botte à lui porter encore plus rude que la vôtre.* Après quoi il met Mr. Le Clerc aux prises avec deux ou trois Athées. Leurs raisonnemens reviennent à ceci. *S'il y avoit un Dieu, jamais il n'auroit permis que l'homme tombât; pendant qu'il avoit tant de moyens d'empêcher sa chûte; & depuis ce tems-là il ne tiendroit encore qu'à lui de mettre fin aux désordres & aux miseres du Genre-humain, au lieu qu'il employe pour cela que des moyens, dont il connoit lui-même l'inutilité. Si vous aviés traité de la sorte la personne qui vous seroit la plus odieuse*, demande-t-on à Mr. Le Clerc, *ne vous regarderiés-vous pas comme un grand maitre dans l'Art de haïr?*

Maxime trouve que cette *botte est un coup de barre*. Il ne sauroit s'en relever, dit-il, car s'il répondoit que les hommes sont obligés par une Loi superieure à se secourir les uns les autres, autant qu'il leur est possible, mais que la Divinité peut disposer de ses faveurs selon son bon plaisir, & qu'elle n'étoit pas obligée de faire à l'homme plus de bien qu'elle ne lui en a fait, il se brouilleroit de plus en plus, il se contrediroit même, car il soutient que si la conduite de Dieu n'étoit pas conforme aux idées que nous avons de la Bonté & de la Sainteté, Dieu ne seroit ni Bon ni Saint.

Sont-ce là ces grands coups de barre? Nos Idées nous font comprendre ce que les hommes doivent faire, à moins dequoi ils manqueroient aux Loix de la Bonté & de l'Humanité.

Nos Idées nous font encore comprendre que Dieu n'est pas assujetti aux mêmes engagemens.

Nous avons l'idée d'une Bonté adorable, dans le Système d'un Créateur formant des Etres véritablement libres & actifs, avec le pouvoir de se rendre infiniment heureux par leur amour & leur obeïssance, en un mot par la sagesse de leur choix & leur perséverance à s'y soûtenir.

Ceux-là même qui se seront rendus malheureux, par les suites de leur mauvais choix, devront toujours être convaincus que Dieu est Bon & que leur misere vient de ce qu'ils ont negligé de profiter de sa Bonté & de ses offres infinies. Ce qu'elles sont devenues inutiles par leur faute & par leur negligence, ne prouve point que'elles n'étoient pas suffisantes & qu'ils n'étoient pas en état d'en profiter. C'est ainsi que la Raison nous éclaire sur la Bonté de Dieu.

Pag. 189. M. Bayle harcele Mr. Le Clerc sur Pag. 28. le Dogme de l'Eternité des peines & il met tout en œuvre pour le brouiller avec les Chrétiens qui sont dans d'autres idées. Mais voici toujours une verité qui subsiste. C'est que le système d'Origene fait tomber ce qu'il y a de plus fort dans celui des Manichéens, car si aucune Créature ne demeure eternellement ni mauvaise ni miserable, il n'y a pas un Principe mauvais, d'une malice & d'une puissance égale, à la puissance & à la bonté du Bon.

Mais ce Système n'est pas vrai. Ni celui des Manichéens non plus. *Il est contraire à l'Ecriture*. Moins que celui de Manès. *Il n'est pas vraisemblable*. Plus que celui des deux Principes, & il est bien des gens qui le trouvent plus vraisemblable que l'opposé. Mr. Bayle enfin, comme nous l'avons remarqué, pose en fait que l'explication d'un Phénomene (j'en conclus celle d'un passage) ne peut plus passer pour la seule qu'il faille suivre, dès qu'on peut lui en opposer une d'une égale vraisemblance.

Je me borne là, parce que ce sujet a déjà été traité dans mon Examen précédent, & parce que je veux éviter les personalités. Il faut aux yeux que M. Bayle travaille à rendre Mr. Le Clerc suspect & odieux au reste des Chrétiens & à tourner contre lui les Puissances.

Pag. 208. M. Bayle accuse Mr. Le Clerc d'a- Pag. 31. bandonner la Tolerance. Il le represente comme d'humeur à proposer un formulaire que le reste des Chrétiens refuseroit de signer.

Voici l'accusation qu'on fait à Mr. Le Clerc. Le Système des Prédestinatiens ou *Augustiniens*, ne lui paroit pas, dit Mr. Bayle, assés conforme à la Pag. 31. Bonté de Dieu, non plus que celui de l'éternité des peines.

„ Il ne trouveroit donc aucune Societé Chrétien-
„ ne digne de sa tolerance, & s'il se croiroit obligé
„ de livrer au bras séculier, si cela dépendroit de
„ lui, tous ceux qui ne voudroient pas signer le
„ Formulaire qu'il dresseroit, & qui condamneroit
„ nettement l'article de l'éternité des peines. Il se
„ trouveroit, dans toute l'étendue du Christianis-
„ me, très-peu d'honnêtes-gens, qui voulussent
„ consentir à ce Formulaire, car le dogme de l'éter-
„ nité des Enfers est l'un de ceux que l'on enseigne
„ le plûtôt aux enfans, & que l'on inculque le
„ plus dans les Sermons. La plupart des signatures
„ que Mr. Le Clerc obtiendroit manqueroient de
„ sincerité, ou seroient fournies par cette espece de
„ débauchés & de scelerats à qui la crainte des En-
„ fers fait beaucoup d'inquietude.

Mais ne seront-ils pas beaucoup plûtôt dégagés d'inquietude, lors qu'ils seront appris de Mr. Bayle, qu'ils ne sont pas veritablement libres, que les objets & les circonstances les déterminent & les font pancher d'un côté & d'autre tout comme les plats d'une balance, qu'enfin il ne leur arrive rien à quoi ils ne soient destinés par des arrêts irrévocables, & qu'à parler juste & conformément à la verité, ils ne sont que des Etres passifs dont toute l'activité n'est qu'apparente.

Mr. Bayle ajoute : „ Les Reformés ne pour- „ roient pas esperer d'être à l'abri de son esprit per- „ secuteur, en lui protestant qu'ils rejettent les con- „ sequences qu'il infere de leur doctrine, puisqu'il „ a déclaré que Mr. Bayle est indigne de tolerance, „ lui qui a déclaré si souvent qu'il croit Dieu bon „ & juste, encore que l'on ne puisse resoudre les „ objections des Manichéens.

Il est aisé d'opposer à ce qu'il dit une Reponse également courte & solide. 1. La Tolerance ne consiste pas à regarder les Erreurs avec indifference. 2. Elle ne consiste pas non plus à croire qu'elles sont toutes également dangereuses. Mais 3. elle consiste à embrasser, avec une affection Chrétienne & fraternelle, ceux qui prévenus de quelque Erreur contraire à des Dogmes même des plus essentiels, ne laissent pas de demeurer persuadés de ces Dogmes, & de rejetter avec horreur toutes les consequences qu'on tire de leurs préjugés pour combattre ces Dogmes. On ne laisse pas d'estimer ces gens-là & d'en bien esperer, quand même leur esprit nourri & gardé, par foiblesse, des contradictions ; lors qu'on les voit, malgré ce qu'ils conservent d'erreurs, fermes dans la persuasion des Verités capitales, auxquelles leur bon cœur les attache, lors sur-tout qu'on les voit s'affermir dans l'obéissance aux maximes de l'Evangile, y perseverer & s'y animer toujours avec plus d'affection, parce qu'ils connoissent & sentent toûjours mieux la justice des Loix de Dieu, dont ils admirent la beauté & adorent l'Auteur.

Mais peut-on veritablement estimer, peut-on aimer d'une tendresse Chrétienne un Athée, ou un Apologiste des Athées ? Peut-on esperer que leur perseverance dans de telles erreurs ne nuira point à leur salut ? & que la Misericorde de DIEU leur pardonnera ces erreurs & tout ce qu'elles ont de suites, à cause de JESUS-CHRIST dont ils se moquent en consideration de leur bon cœur qui, nonobstant les erreurs dont ils se trouvent prévenus, ne laisse pas de conserver un attachement inviolable pour les grandes Verités, opposées à ces dangereuses erreurs dont ils se sont laissé préoccuper, de maniere que la Verité qu'ils conservent influe sur leurs mœurs pendant que les opinions opposées se renferment dans des speculations qui ne décident point de leur conduite.

Mr. Bayle donne donc carriére à sa plume & pour tourner en ridicule Mr. Le Clerc, abandonne entierement l'état de la Question sur la Tolerance, sujet qui devoit pourtant lui être très familier. Et qui ne sait que **Mr. Le Clerc étoit très-éloigné** d'approuver des Formules, ni d'exiger d'autre signature que celle des Livres sacrés.

Pag. 34. Lorsque dans la suite (Pag. 118.) il s'efforce de tourner en ridicule Mr. Le Clerc, comme un homme à l'Ecole duquel tout le Christianisme devoit se rendre pour abjurer des anciennes erreurs, il passion l'emporte & il se donne des peines inutiles. Ce sont là tout autant de reproches par où des Théologiens pleins de préjugés & d'envie pourroient rendre odieux tous ceux dans l'esprit de qui il viendroit quelque preuve nouvelle d'un Dogme reçu, ou quelque réponse à une difficulté qu'on opposeroit à ce Dogme.

Mr. Le Clerc auroit pû répondre : En me donnant le nom de Goliath, vous me chargés d'un titre qui vous convient à vous qui défiés tous les Chrétiens d'accorder la Révélation avec la Raison & de la dégager de contradictions manifestes ; mais je me sens assés de zèle, fondé sur la bonté de ma cause, pour m'exposer au feu de votre plume & aux partisans que ses artifices & sa fécondité vous a acquis. Mr. Le Clerc auroit pû encore s'associer des Noms très-grands & très-respectables. Mais je finis de peur d'entrer insensiblement dans des personalités.

Il me paroit très-superflu de discuter si Mr. Bayle a eu & a encore plus de partisans que d'adversaires, & si entre ces derniers il s'en trouve dont les préventions sont outrées & vont à lui donner à tort des titres trop odieux. J'ai vû des gens, par exemple, qui comptoient de le couler à fond en le traitant de Disciple & de Sectateur zélé de Machiavel. Il me paroit qu'ils n'auroient point ainsi pensé, s'ils avoient examiné les sentimens de l'un & de l'autre sans préoccupation.

Si M. Bayle doit être traité de Machiavelliste.

Machiavel loin de regarder la Religion Payenne comme inutile & beaucoup moins comme nuisible à la Société, a crû au contraire qu'elle étoit plus propre à inspirer à ses Sectateurs de l'élevation & de la grandeur de courage que la Chrétienne telle qu'il la trouvoit de son tems.

Mr. Bayle fait, comme il lui plait, un portrait des Chrétiens effectifs, & le donne comme le seul vrai. Mais des Chrétiens ainsi conditionnés seroient de tous les hommes les moins propres à donner à la Société du lustre & de la force ; elle seroit tout à la fois sans éclat & sans fermeté, si elle n'étoit composée que de personnes de cette humeur & on n'y verroit que des soldats ridicules & des Politiques imbecilles.

Machiavel au contraire paroit persuadé que si on examinoit bien à quel point la Religion autorise l'amour & l'attachement qu'on doit à sa Patrie, on verroit qu'elle est très-propre à nous mettre dans toutes les dispositions necessaires pour en conserver les Droits & la Liberté. Si donc les Souverains, dit-il, des Etats Chrétiens eussent maintenu la Religion conformément aux Principes de son Divin Auteur, ces mêmes Etats seroient bien plus unis & plus étendus qu'ils ne sont aujourd'hui.

Bayle ensuite carriere à ses idées & à ses conjectures sur les causes de la décadence du Christianisme & sur les effets de cette décadence, la *Mollesse* & la *Lâcheté* : & croyant les avoir trouvées dans l'*Oisiveté* & la *Superstition*, il transporte son Lecteur chés les SUISSES, les seuls Peuples, dit-il, qui se conduisent sur l'Exemple des Anciens, tant à l'égard du *respect*, & de la *vénération* qu'ils ont pour la *Religion*, qu'à l'égard de la *Discipline militaire*, qu'ils conservent encore. Il expose ensuite les malheurs qui pourroient tomber sur ce bon Peuple, s'il leur arrivoit de changer de maximes.

C'est effectivement une Nation où l'on a honte de l'oisiveté, où l'on est accoutumé au travail, & l'on s'y porte de bon cœur. Son intrépidité, sa soumission aux ordres de ses Commandans, sa fidelité & sa probité la distinguent des autres, & cela est de notoriété publique. Il n'y a point de Troupes où la Régle de JEAN BAPTISTE soit mieux observée, *qui se borne mieux à ses gages & s'abstiennent plus du pillage & de la fraude*. Ses Voisins qui la connoissent comprennent fort distinctement qu'ils en tireront toujours un meilleur parti, pendant qu'ils les auront pour amis que s'ils étoient venus à bout de les soumettre à leur Empire. Pendant qu'ils se soutiendront dans leur valeur & dans leur bonne foi, ils tireront constamment de leur courage, de la situation de leur Païs, de leur union, & du secours de leurs voisins dequoi se garentir de toutes les attaques du dehors & de ne craindre aucun ennemi.

En même tems cette constante probité, cette affection pour le travail, ce goût pour la simplicité & cet éloignement pour les vaines dépenses, le faste & le superflu, s'ils sont assés sages pour le perseverer, affermira chez eux, une tranquillité, une liaison de cœurs, une subordination enfin tout à fait volontaire & délicieuse & dont on ne verra pas aisément

ment des exemples ailleurs. D'un côté les peuples se feront une felicité de vivre sous des Magistrats, qui, par leur droiture, leur politesse, & leur aplication, se montreront si dignes du commandement & de l'autorité suprême; & d'un autre les Magistrats pleins d'estime pour des inférieurs, contens de leur sort, maîtres de leurs passions, ajouterai-je, respectables par la beauté & l'élevation de leurs sentimens, par leur respect pour la Raison, par leur soumission aux Loix de l'Evangile, ne croiroient-ils pas avoir à se reprocher, s'ils leur faisoient éprouver quelque chose de different de la faveur & de la protection. En un mot cette Republique subsistera invincible & heureuse pendant que ceux qui la composeront ne dégéneront pas & ne cesseront pas d'être des Chrétiens.

Matth. VII. vs. 17 -- 27. Ainsi tout arbre qui est bon, fait de bons fruits, mais un méchant arbre fait de mauvais fruits. Le bon arbre ne peut faire de mauvais fruits, ni un méchant arbre faire de bons fruits. Tout arbre qui ne fait point de bon fruit est coupé & jetté au feu. Vous les connoîtrés donc à leurs fruits. Tous ceux qui me disent, Seigneur, Seigneur, n'entreront point au Royaume des Cieux; mais celui qui fait la volonté de mon Pere qui est aux Cieux. Plusieurs me diront en ce jourlà: Seigneur, Seigneur, n'avons-nous pas prophetisé en ton Nom? & n'avons-nous pas jetté dehors les Diables en ton Nom? & n'avons-nous pas fait plusieurs vertus en ton Nom? Et alors je leur dirai tout ouvertement, Je ne vous ai jamais connus, retirés-vous de moi, vous qui faites le métier d'iniquité. Quiconque donc entend ces paroles, que je dis, & ne les met en effet, je le comparerai à l'homme prudent qui a bâti sa maison sur le roc. Et quand la pluye est tombée & que les torrens sont venus & que les vents ont soufflé & ont heurté contre cette maison-là elle n'en est point tombée, car elle étoit fondée sur le Roc. Mais quiconque entend ces paroles, que je dis & ne les met point en effet, sera comparé à l'homme fou, qui a bâti sa maison sur le sable. Et quand la pluye est tombée & que les torrens sont venus & que les vents ont soufflé, & ont heurté contre cette maison-là, elle est tombée & sa ruïne a été grande.

Matth. XI. vs. 29. Chargés mon joug sur vous & aprenés de moi que je suis débonnaire & humble de cœur & vous trouverés le repos de vos ames.

Ibid XII. vs. 7. Si vous saviés ce que c'est, je veux misericorde, non point sacrifice, vous n'eussiés pas condamné ceux qui ne sont point coupables.

Ibid. XII. vs. 50. Quiconque fera la volonté de mon Pere qui est aux cieux, celui-là est mon frere & ma sœur & ma mere.

Jean XIII. vs. 7. Si vous savés ces choses, vous êtes bien heureux, si vous les faites.

Ibid. vs. 34. 35. Je vous donne un nouveau commandement que vous vous aimiés les uns les autres; même que comme je vous ai aimés, vous vous aimiés aussi les uns les autres. Par-là tous connoîtront que vous êtes mes disciples, si vous avés de l'amour les uns pour les autres.

Ibid. XIV. vs. 15 & 23. Si vous m'aimés gardés mes commandemens. Si quelqu'un m'aime, il gardera ma parole, & mon Pere l'aimera & nous viendrons à lui, & nous ferons notre demeure chez lui.

Act. VIII. 35 -- 38. Alors Philippe ouvrant sa bouche & commençant par cette écriture, lui annonça Jesus. Comme ils alloient par le chemin, ils vinrent vers une eau: & l'Eunuque dit: Voici de l'eau: qu'est-ce qui m'empêche d'être batizé! Et Philippe dit, Si tu crois de tout ton cœur, cela t'est permis. Et l'Eunuque répondant dit; Je crois que Jesus-Christ est le Fils de Dieu. Et il commanda qu'on arrêta le chariot & ils descendirent tous deux dans l'eau, Philippe & l'Eunuque & il le bâtiza.

Ibid. X. vs. 34 -- 36. Alors Pierre ayant ouvert sa bouche, dit: En verité je reconnois que Dieu n'a point d'égard à l'aparence des Personnes, mais qu'en toute Nation celui qui le craint & s'adonne à la justice, lui est agréable. C'est ce qu'il a fait entendre aux enfans d'Israël, annonçant la paix par Jesus-Christ, qui est le Seigneur de tous.

Rom. II, vs. 13. Ce ne sont pas ceux qui écoutent la Loi, qui sont justes devant Dieu, mais ceux qui pratiquent la Loi seront justifiés.

Rom. XII. 1 -- 7. Je vous exhorte donc, mes freres, par les compassions de Dieu, que vous offriés vos corps en sacrifice vivant, saint & agréable à Dieu qui est votre service raisonnable. Et ne vous conformés point à ce présent siecle, mais soyés transformés par le renouvellement de votre entendement, afin que vous éprouviés quelle est la volonté de Dieu, bonne, agréable & parfaite. Car par la grace qui m'est donnée, je dis à chacun de ceux qui sont parmi vous, que nul ne prétende être sage au de-là de ce qu'il faut être sage; mais qu'il soit sage avec moderation selon la mesure de la foi, que Dieu a départie à chacun.

Ibid. XIV. vs. 10. 12. 13. 17. 18. 19. 22. Mais toi, pourquoi juges-tu ton frere? ou toi aussi, pourquoi méprises-tu ton frere? car nous comparoîtrons tous devant le Tribunal de Christ. Ainsi donc chacun de nous rendra compte de soi-même à Dieu. Ne nous jugeons donc plus les uns les autres, mais jugés plûtôt qu'il ne faut donner aucun achopement ni aucun scandale à votre frere. Car le Royaume de Dieu n'est point viande ni breuvage: mais justice, paix, & joye par le St. Esprit. Car qui sert Christ, en cela est agréable à Dieu & est aprouvé des hommes. Recherchons donc les choses qui vont à la paix & qui sont d'une édification mutuelle. As-tu la foi? aye-la en toi-même devant Dieu; heureux celui qui ne se condamne point soi-même en ce qu'il aprouve.

1 Cor. XIII. vs. 1 -- 7. Quand je parlerois les langages des hommes & des Anges, si je n'ai point la charité, je suis comme l'airain qui résonne, ou comme une cymbale qui tinte. Et quand j'aurois le don de Prophétie & que je connoîtrois tous les secrets & toute la science, & quand j'aurois toute la foi de sorte que je transportasse les montagnes, si je n'ai point la charité, je ne suis rien. Et quand je distribuerois tout mon bien pour nourrir les pauvres & quand même je livrerois mon corps pour être brulé, si je n'ai point la charité cela ne me sert de rien. La Charité est patiente; elle est douce: la Charité n'est point envieuse: la Charité n'use point d'insolence: elle ne s'enfle point: Elle n'est point malhonnête, elle ne cherche point son interêt, elle ne s'agrit point: elle ne pense point à mal. Elle ne se rejouit point de l'injustice: mais elle se rejouit de la Verité: Elle tolere tout, elle espere tout, elle suporte tout.

Jaq. II. vs. 11. 12. 13. 18. Celui qui a dit: Tu ne commettras point adultere, a dit aussi, Tu ne tueras point: Si donc tu ne commets point d'adultére, mais que tu tues, tu es transgresseur de la Loi. Parlés & faites comme devant être jugés par la Loi de la Liberté. Car il y aura condamnation sans misericorde sur celui qui n'aura point usé de misericorde: & la misericorde se glorifie contre la condamnation. Mais quelqu'un dira: tu as la foi & moi j'ai les œuvres; montre-moi donc ta foi sans tes œuvres & je te montrerai ma foi par mes œuvres.

Jaq. I. vs. 27. La Religion pure & sans tache envers notre Dieu & Pere, c'est de visiter les orphelins & les veuves dans leurs afflictions & de se garder de ce monde sans être souillé.

Jaq. III. vs. 13 -- 18. Qui est-ce qui est sage &

& entendu parmi vous; qu'il montre par une bonne conduite ses œuvres en douceur de sagesse. Mais si vous avés une envie amère & un esprit de contention dans vos cœurs, ne vous glorifiés point & ne mentés point contre la verité. Car ce n'est point là la sagesse qui descend d'enhaut: mais elle est terrestre, sensuelle & diabolique. Car où il y a de l'envie & de la contention, là il y a du trouble & toute œuvre mechante. Mais la sagesse qui est d'enhaut, premiérement est pure, puis paisible, moderée, traitable, pleine de misericorde & de bons fruits, sans faire beaucoup de difficultés & sans hypocrisie. Or le fruit de la justice se séme en paix pour ceux qui s'adonnent à la paix.

Jaq. IV. vf. 10. 11. 12. Humiliés-vous devant le Seigneur & il vous élevera. Mes frères, ne médisés point les uns des autres: celui qui médit de son frere & qui juge de son frere, médit de la Loi & juge la Loi, tu n'és point observateur de la Loi mais juge. Il y a un seul Legislateur qui peut sauver & détruire: toi qui és-tu, qui juges autrui?

1 Tim. IV. vf. 8. Car l'exercice corporel est utile à peu de choses, mais la piété est utile à toutes choses, ayant les promesses de la vie présente & de celle qui est à venir.

1 Tim. VI. 17. 18. 19. Ordonne aux riches de ce monde, qu'ils ne soient point orgueilleux: qu'ils ne mettent point leur confiance dans l'incertitude des richesses, mais au Dieu vivant, qui nous donne toutes choses abondamment pour en jouïr: Qu'ils fassent du bien, qu'ils soient riches en bonnes œuvres, qu'ils soient prompts à donner & à faire part de leurs biens. Se faisant un trésor d'un bon fondement pour l'avenir; afin qu'ils obtiennent la vie éternelle.

Tit. II. vf. 11-13. Car la grace de Dieu salutaire à tous les hommes, est apparue, nous enseignant qu'en renonçant à l'impiété & aux convoitises du monde, nous vivions dans le siécle présent sobrement, justement & religieusement: Attendant la bienheureuse esperance & l'apparition de la gloire de notre Grand Dieu & Sauveur Jesus Christ.

Rom. XIII. 1-8. Que toute personne soit soumise aux Puissances superieures: car il n'y a point de Puissance qui ne vienne de Dieu: & les Puissances qui sont en état, sont ordonnées de Dieu. C'est pourquoi celui qui s'oppose à la Puissance, resiste à l'ordonnance de Dieu: & ceux qui y resistent recevront la condamnation sur eux-mêmes. Car les Princes ne sont pas à craindre pour de bonnes actions, mais pour de mauvaises. Veux-tu donc ne point craindre la Puissance? fais bien, & tu en seras loué. Car le Prince est Ministre de Dieu, pour ton bien: mais si tu fais mal crains: parce qu'il ne porte pas l'épée en vain: car il est Ministre de Dieu, vengeur, pour punir celui qui fait mal. C'est pourquoi il est necessaire de se soumettre non-seulement à cause de la punition, mais aussi à cause de la conscience. Car c'est aussi pour cela que vous payés les tributs: parce qu'ils sont les Ministres de Dieu qui s'employent sans cesse à cela. Rendés donc à tous ce qui leur est dû: à qui le tribut, le tribut: à qui le péage, le péage: à qui la crainte, la crainte: à qui l'honneur, l'honneur. Ne devés rien à personne, si ce n'est de vous aimer les uns les autres: car celui qui aime autrui, a accompli la Loi.

Luc III. vf. 14. Les Gens de guerre aussi l'interrogerent, disans, Et nous, que ferons-nous? il leur dit: N'usés point de concussion, ni de tromperie envers personne, mais contentés-vous de votre solde.

Act. X. vf. 1, 2. Or il y avoit un certain homme à Cesarée nommé Corneille Centenier d'une compagnie de la Legion appellée Italique: Homme devot & craignant Dieu avec toute sa famille faisant aussi beaucoup d'aumônes au peuple & priant Dieu continuellement.

Jean X. vf. 10.--16. Le Larron ne vient que pour derober & tuer & détruire: je suis venu afin qu'elles ayent la vie & qu'elles l'ayent même en abondance. Je suis le bon berger: le bon berger met sa vie pour ses brebis. Mais le Mercenaire & celui qui n'est point berger (à qui les brebis n'appartiennent pas) voit venir le loup & abandonne les brebis & s'enfuit & le loup les ravit & disperse les brebis. Of le mercenaire s'enfuit, parce qu'il est mercenaire & qu'il ne se soucie pas des brebis. Je suis le bon berger & je connois mes brebis & je suis connu des miennes. Comme le Pere me connoit, je connois aussi le Pere, & je mets ma vie pour mes brebis. J'ai encore d'autres brebis qui ne sont point de cette bergerie: il me les faut aussi emmener & elles entendront ma voix & il y aura un seul troupeau & un seul berger.

Rom. V. vf. 7. Car à peine arrive-t-il que quelqu'un meure pour un juste: mais encore pourroit-il être que quelqu'un voudroit mourir pour un bienfaiteur.

Sur l'Article de *Machiavel*: Mr. Bayle, qui aime à citer, se cite lui-même, (c'est-à-dire dans ses *Nouvelles de la Republique des Lettres*, Janv. 1687. p. 90 & voici par où il finit sa Citation, Note E. *A l'égard des Souverains le peché est désormais une chose nécessaire, sans que pour cela ils soient excusables.* Voilà sans contredit un grand paradoxe, mais ce qu'il ajoute en renverse la verité. *Car outre*, continue-t-il, *qu'il y en a peu qui se contentent du necessaire, ils ne seroient point dans cette fâcheuse necessité s'ils étoient tous gens de bien.*

Qu'un Prince soit donc un homme de bien, (osera-t-on dire que cela est impossible?) qu'il ait de justes idées sur la veritable grandeur, & que dès-là il ne tire point la sienne. De mille superfluités, non plus que de ses projets ambitieux, il ne se verra jamais reduit à entasser impôt sur impôt, & ayant besoin de moins de monde, il ne se trouvera pas dans la necessité d'en tromper une partie en les amusant par des promesses & par des esperances. Il aura toujours aisément dequoi recompenser ceux qui lui sont utiles, quand il voudroit se mettre au dessus des Passions, qui s'engagent à étendre ses liberalités de ses personnes plus méprisables encore qu'inutilement & qu'il aura sû s'affranchir de leur esclavage.

Cette reponse pourra encore servir à refuter ce que M. Bayle allégue, sur la fin de cette note E, de ceux qui gens de bien, ce sembloit, avant que d'avoir part au Ministere, ont paru tout le contraire dès qu'ils en ont aproché les Princes de plus près. *Je serai encore une reflexion sur ce qu'on appelle* le *Machiavellisme*. On convient que Machiavel a tracé l'idée d'un Prince qui dominant sur des Sujets qui ne valent rien & disposés à la sedition, met en œuvre tout ce qui peut contribuer à les ranger à leur devoir & à les maintenir dans la dépendance malgré qu'ils en ayent. Or je demande: Une telle Société seroit-elle composée d'hommes heureux, & où est l'honnête-homme qui se fit un plaisir de regner à ces conditions & de soutenir son autorité par l'observation des conseils de Machiavel? C'est précisément le cas où se trouveroit reduit un Athée Souverain d'une Province uniquement remplie d'Athées. Par où contenir ces gens-là que par la contrainte & la terreur, &, suivant les circonstances, par la ruse & la dissimulation? On n'auroit besoin de rien de semblable de la part des Sujets disposés à vivre suivant les maximes d'une vraye Religion.

On sait la peine que Ciceron a toujours eu à se déterminer, & quelle a été sa repugnance à décider & à parler affirmativement. Il falloit donc qu'il sentit bien vivement la force de ses raisons quand il

il difoit. (Dans son *Traité de Natura Deorum*) car si les Dieux ne veillent point sur les choses d'ici bas, que devient la Religion & la sainteté, sans quoi la vie humaine ne seroit que trouble & confusion ? *Je ne sai même*, ajoute-t-il, *si en bannissant la crainte des Dieux, on ne banniroit pas en même tems la bonne foi, la justice, & les autres vertus, qui sont la base de la Societé*. Dira-t-on que Mr. Bayle l'auroit bien fait revenir de ses préjugés, & auroit bien fu se reconcilier avec l'Athéisme ?

SECTION XVI.

Où l'on reflechit sur quelques remarques de Mr. Bayle, *sur des personnages du V. Testament dont il est parlé dans le* DICTIONAIRE CRITIQUE.

ADAM.

CE que Mr. Bayle allegue sur ce Pere du genre humain est renfermé dans les bornes d'un Historien qui éloigné du tems des faits qu'il écrit, s'en tient à ce qui nous en a été conservé par un Auteur authentique, sans y ajoûter rien du sien. Et sur ce sujet il sépare avec une grande retenue le certain d'avec l'incertain. Il expose en sincere raporteur ce qu'on a ajoûté à cette Histoire, soit qu'on l'ait donné comme conjecture, soit qu'on l'ait debité comme verité, & il le narre dans une mediocre étenduë, sans se donner le soin de l'étendre & de l'enfler. C'est dequoi on conviendra en lisant son texte. Il fait bien faire quand il veut.

Mais pour ce qui est de ses Notes, on s'en est plaint & sur cet article, son stile a été trouvé trop libre. Cette plainte a engagé Mr. Bayle à donner de la seconde Edition un morceau d'Apologie repété du depuis bien des fois. Il se seroit épargné cet embarras, s'il s'étoit borné à un parallele, en termes modestes, de la simplicité de bon sens de la Narration de Moyse, avec les Fictions qui n'avoient pas paru destituées de vraisemblance à des hommes distinguez par leur esprit & leur savoir.

Quant à ce qu'il a tiré d'Antoinette Bourignon, il pouvoit se reserver à l'article de cette fameuse mystique, & là le copier de ses propres termes sans addition, dans la liste de ses principales singularitez, qui toutes ne meritoient pas moins d'être énoncées que celle-ci.

Un stile qui n'est pas ménagé fait un contraste qui déplait & qui offense, sous des noms dont on n'a accoutumé de lire l'Histoire que dans des Livres respectés. Il étoit facile à Mr. Bayle de le prevoir, mais il s'est mis au dessus de bien d'autres considerations.

EVE.

L'Article est fort long ; Mais c'est trop abuser de son tems & de celui de ses Lecteurs que de suppléer à ce qu'une Histoire abregée ne dit pas, par une infinité de contes impertinens, que l'on reconnoit même pour *contes* & pour impertinens ; mais ils sont mêlés d'idées grossiéres & ils donnent occasion à des commentaires proportionés. Cela suffit.

,, Il faut avoüer, dit Mr. Bayle, que les deux
,, têtes, à qui Dieu avoit donné en dépôt le sa-
,, lut du genre humain, le garderent si mal que
,, rien plus ; ils livrerent la place à l'ennemi pres-
,, que sans combat ; & au lieu de se battre pour
,, un si précieux dépôt ; autant que l'homme pe-
,, cheur peut pour sa Religion & pour sa Patrie,
,, *pro aris & focis*, ils ont fait moins de résistance
,, qu'un enfant à qui l'on veut ôter sa poupée. Ils
,, agirent comme s'il n'y fût allé que d'une épingle
,, *sic erat in fatis*.

Mr. Bayle prend plaisir à comparer des cas tout à fait differens. On veut forcer un Peuple à renoncer, malgré qu'il en ait, à des sentimens qu'il croit très-vrais & dignes de tout son respect, & on le menace des plus barbares traitemens. Alors pour conserver contre ces tyranniques persecutions, sa liberté naturelle & civile, la liberté de sa conscience & de sa Religion, il oppose la force à la force & il se bat pour défendre ses foyers & ses autels.

Mais dans la tentation d'Eve le cas fut tout different. On n'use contre elle ni de menaces ni de contrainte, & on ne se rend point suspect par-là. Le Tentateur debute pour une Question dont Eve n'avoit aucun lieu de se défier. *Est-il vrai que Dieu vous ait défendu de manger de tous les Arbres du Jardin* ? Eve répond que tout leur est permis à l'exception d'un seul. Le Tentateur paroit surpris de cette exception & ne la trouve pas croyable. La beauté du fruit lui fait présumer qu'il ne doit pas être mortel, puisque la Raison ordonne de croire que les ouvrages de Dieu se soûtiennent, que l'*Harmonie* regne entr'eux & que le *Beau* n'y est pas separé de l'*Utile*. Le nom de l'Arbre appuye cette conjecture, & son usage promet une étenduë de connoissances. Ces raisonnemens dont les paroles de Moïse renfermoient l'abregé, parurent vraisemblables à Eve. Elle s'y rendit avec trop de précipitation. Ce fut précisément sa faute, & c'est la cause universelle de toutes les autres. Si on évitoit l'erreur, on éviteroit le péché où elle entraine, & si l'on se défendoit toute précipitation dans les jugemens, on se garentiroit de l'erreur.

Adam avoit reçu immediatement de Dieu la défense, Eve qui fut créée ensuite, l'apprit de son mari & elle pût rouler l'avis qu'il avoit mal pris le sens des paroles de Dieu. Mais l'importance de cette décision meritoit bien un plus long examen & quelques heures tout au moins. Elle decide trop vite, ce fut sa faute : & quand Mr. Bayle ajoûte que *l'inexperience d'Eve sur toutes choses doit diminuer l'étonnement de sa courte & foible resistance*. Il s'en faut tenir-là, il n'en faut pas chercher d'autre cause ni dire *sic erat in fatis*. C'est sur la supposition que tous les évenemens arrivent ensuite d'une inévitable destinée que Mr. Bayle bâtit à tout coup & fonde des Objections qu'il donne hardiment pour victorieuses & pour insurmontables, & auxquelles la Raison ne peut rien repondre de satisfaisant.

Adam trouva, dans Eve vivante, après qu'elle eut mangé du fruit défendu, une nouvelle raison de présumer qu'il n'avoit pas bien compris le sens des paroles de la défense, & pecha par imitation.

Exiger d'Adam & d'Eve, l'abstinence d'un seul Arbre, l'hommage & l'aveu qu'ils tenoient tout le reste de la pure liberalité de leur souverain Maitre, ne renfermoit rien que de juste & de digne de Dieu. La précipitation à s'écarter de ce juste ordre, & à s'y dérober fût toute volontaire. Les excuses qui survinrent, après avoir connu leur faute, contribuerent à l'aggraver.

Il est encore tout à fait vraisemblable que le Tentateur se hâta de seduire Eve, avant que l'exercice eût affermi en elle les heureuses dispositions & la force de sa Raison naturelle. Un plus long usage des bienfaits de Dieu lui auroit toûjours mieux fait sentir la justice de l'hommage & de l'abstinence qu'il demandoit. Mais toûjours eut-elle tort de n'avoir pas apporté dans cette affaire plus de circonspection : Elle le devoit, elle le pouvoit, Dieu vouloit un hommage libre. Ceux qui rejettent cette chûre sur une fatalité de decrets, imitent la faute d'Adam qui la rejette sur le present que Dieu lui avoit fait de sa femme.

Je

Je remarque encore sur cet Article qu'il y a une difference du tout au tout entre raporter dans un Dictionaire les imaginations des hommes sur un sujet imparfaitement connu, imaginations dans lesquelles ils ont donné de bonne foi & qu'ils ont publiées telles qu'ils les concevoient, & entre charger ses Articles des licences que des hommes profanes se sont donnés pour plaisanter sur les plus grans évenemens, contre le respect dû à Dieu & à l'Histoire sacrée. Il n'est rien moins : que du devoir d'un Historien & d'un Rapporteur sage, que de travailler à perpetuer la memoire de ces extravagances débitées à mauvais dessein & par des principes très-condamnables. Si Scarron s'étoit avisé de parodier en vers burlesques l'Histoire de l'Innocence & de la Chûte, Mr. Bayle auroit-il dû se faire un merite, auroit-il même dû se permettre de copier ces vers également méprisables & odieux par leur licence profhane?

Mr. Bayle fait semblant de réflechir sérieusement sur le Roman profhane de *Loredano*, mais c'est presque pour enchérir par dessus lui. Il le décrit, dit-il, les avances d'Eve dans le stile des anciens Romanciers, il auroit mieux fait d'employer celui des Modernes plus conforme aux idées des Juifs, *qui exigeoient une grande retenuë de la part des femmes dans la demande du devoir conjugal, car si quelqu'une le demandoit à haute voix, en sorte que les voisins pussent entendre que la conversation rouloit sur ces matieres, elle pouvoit être repudiée*. Mais ces matieres énoncées dans les termes les plus grossiers & celles qui tendent à remplir l'esprit de doutes sur la Religion proposées sous les tours les plus éblouïssans, sont celles que Mr. Bayle ne peut quitter : Elles ont fait l'objet singulier de ses recueils & de ses commentaires. L'Article d'Eve est rempli de preuves de ce que j'avance.

Mr. Bayle étoit d'autant moins excusable de badiner sans cesse sur ces matieres que lui-même reconnoissoit l'efficace & le danger de ces idées. L'*honneur des femmes*, (dit-il Art. Bourignon Note D.) *est au centre d'un cercle dont toute la circonference est bloquée de mille sortes d'ennemis*. C'est un but où l'on tend par toutes sortes de chemins, & même par les apparences de la Theologie la plus mystique & la plus illuminée. Le meilleur donc & le plus fûr est de s'y dérober.

ABEL.

Mr. Bayle en use sur cet Article comme sur celui d'Adam & sépare avec modestie & avec respect le certain d'avec ce qu'on y ajoûte, ou comme Histoire, ou comme Conjecture.

La remarque de Mr. Bayle qui trouve dans cette querelle, & ce meurtre un mauvais commencement ,, des Disputes de Religion & un fâcheux présage ,, des désordres épouvantables qu'elles devoient causer ,, dans le monde, ne porte pas le caractère d'un Critique délicat & d'un juste discernement. Il est beaucoup plus vraisemblable qu'une disparité d'humeur entre les deux freres fit naitre peu à peu & fortifia avec le tems des sentimens d'aversion dans le coeur de Caïn contre Abel, dont la douceur & la vertu devoient naturellement le rendre plus aimable aux yeux de toute la famille. Des marques de préférence données au sacrifice d'Abel achéverent d'enflamer son envie & bouleverserent cet esprit furieux, sans que des controverses de Religion eussent la moindre part à son emportement. Si quelque autre l'avoit ainsi pensé, Mr. Bayle n'en seroit pas tombé d'accord.

Mais cette réflexion le conduit à ses idées favorites; le partage des hommes en matiere de sentimens sur la Providence, & qui en sont contens, ou s'en plaignent, suivant qu'elle leur est favorable ou contraire.

*Cum rapiant mala fata bonos, ignoscite falso;
Sollicitor, nullos esse putare Deos.*   Note E.

Et pour accoûtumer de bonne heure à ces idées, il ajoûte qu'il les a tirées d'un des meilleurs Orateurs du XVI. siécle *Muret. Orat. 3. Vol. 2.* Dans ce siécle c'étoit la coûtume régnante de faire briller son Eloquence & son Esprit à soûtenir éloquemment dans des Harangues le pour & le contre, ce qui conduisoit infailliblement à outrer tout, & c'est ce qu'un Historien ne doit jamais se permettre.

CAÏN.

Le Texte est écrit avec la modestie d'un Historien qui n'a garde de s'émanciper.

Dans les Notes, il touche la Question des Préadamites, & il me paroit fondé à dire *que cette difficulté n'est pas très-grande, mais que nous ne devons pas trouver mauvais que les Libertins la fassent valoir, puis qu'il est sûr qu'il n'y a point de Secte Chrêtienne, qui ne la proposât vivement aux autres, si elle differoit des autres sur ce point-là*. L'animosité des partis sur des Controverses où il régne le plus d'obscurité, & sur lesquelles par conséquent on devroit plûtot se taire, justifie la pensée de Mr. Bayle.

Il me semble qu'il auroit pû ajoûter que cette difficulté, son seulement n'est pas très-grande, mais qu'elle est AISE'E A LEVER.

1. Le trouble, les remors & l'effroi sont les suites naturelles du Crime exécuté & le devoient être sur tout d'un crime si horrible & si nouveau. Les expressions de Caïn sont donc celles d'un esprit troublé.

2. Seth vint au monde la année 130. d'Adam. Eve trouva dans sa naissance une consolation de la perte d'Abel. Delà il est naturel de conclure que cette consolation suivit de près la mort d'Abel le premier enfant qu'elle eût perdu & qui eut été remplacé par un successeur.

3. Caïn avoit donc de grans sujets de craindre de la part d'un très-grand nombre de freres & de neveux, qui seroient également pleins d'horreur pour lui & de défiance.

Mais, dit Mr. Bayle, *le meilleur moyen d'éviter qu'on ne le tuât, c'étoit de s'éloigner de cette famille ; & au contraire voici Caïn qui, pourvû qu'il ne s'en éloigne pas, ne paroit craindre aucun meurtrier, il ne craint d'être tué qu'en cas qu'il soit fugitif & vagabond sur la Terre.*

On peut, ajoûte-t-il dans la suite, *faire une plus forte objection & dire que Dieu, bien loin de desabuser Caïn de la fausse supposition qu'il y eût des hommes par tout, semble l'y avoir confirmée. En effet il ne lui répond point* TU N'AS QUE FAIRE DE CRAINDRE LES MEURTRIERS, DANS LES PAYS ELOIGNE'S, CAR IL N'Y A PERSONNE DANS CES LIEUX-LA. *Il le rassure en lui donnant une marque qui empêcheroit que ceux qui le trouveroient ne le tuassent ; ce qui manifestement suppose que Caïn pourroit trouver des gens par tout où sa vie fugitive & vagabonde le conduiroit.*

Il auroit pû trouver des gens, j'en tombe d'accord, mais non pas des Préadamites, il auroit même eu moins à craindre de leur part, parce-qu'il ne leur étoit point connu, & qu'il ne devoit pas les supposer remplis d'horreur contre lui.

Que craignoit donc Caïn? ses freres, ses neveux, les membres de sa propre famille, qui, d'un côté, devoient le detester, d'un autre, s'en défier & être disposés à le prévenir pour leur propre sureté. Mais ces sujets de crainte ne le reduisoient-ils pas à chercher sa sureté dans la fuite? Pour lever cette difficulté, j'ajoûte à ce que j'ai déja allegué 4. qu'on prendroit trop de plaisir, dans l'incertitude & les suppositions, si l'on se representoit les premiers hommes comme des Philosophes & des Géographes; desorte que Caïn, (sans

DU PYRRHONISME. 743

(fans parler de l'embarras de trainer une famille avec des troupeaux & le reste de ce qui lui étoit neceffaire,) ne comptoit pas de s'éloigner bien loin, dans fon exil. Il prévoyoit que les enfans d'Adam pourroient auffi fe répandre & devenir fes voifins, & il y a apparence qu'ils avoient déja étendu leurs demeures, & ce fut, fans doute, pour fe mettre plus en fureté contre fes freres répandus & leurs defcendans qu'il bâtit une Ville.

5. Il devoit donc préfumer qu'il pourroit vivre, dans une plus grande fureté, fous les yeux de fon Pere, qui touché de l'horreur d'un meurtre, qui troubloit le meurtrier lui-même, s'opposeroit à la continuation de l'effufion du fang & la défendroit severement aux fiens.

6. Dieu, par cet exil, veut épargner à Adam & à fa famille la vuë d'un objet auffi affreux & auffi trifte que Caïn, & les inquiétudes qu'en feroient la fuite, & par la fureté qu'il fait efperer aux jours de ce coupable, il donne déja une preuve de fa grande patience à tolerer les pécheurs & de cette longue attente avec laquelle il les invite à la repentance pour obtenir grace.

Note B. fur la fin, *Il y en a qui difent qu'il lui vint une corne fur le front*. Déja il étoit fuperflu d'entaffer des incertitudes, ce n'eft point pour en apprendre la lifte qu'on doit lire un Dictionaire. Mais quand Mr. Bayle ajoûte: ,,Non pas ,, de la nature de ces cornes *métaphoriques* que ,, les fiécles fuivans ont attribuées aux maris des- ,, honorés par l'infidelité de leurs femmes" : qu'eft- ce qui meritera le nom de *Pauvreté*, fi cette parenthefe ne la merite pas? A qui cette idée peut- elle venir dans l'efprit qu'à Mr. Bayle? Quel Lecteur s'y tromper? C'eft une équivoque qui n'a point de fens & ne feroit-ce pas tourner Mr. Bayle en ridicule que de dire. *Dans la crainte que fon Lecteur ne fe fit une fauffe idée de la corne imprimée fur Cain, pour avertir qu'on ne le touchât pas*, il prend foin d'avertir que ce ne fut pas une corne métaphorique, fon zèle va encore jufqu'à le pouvoir gravement.

,,Ce fut, dit-il, une corne proprement dite, ,, qui fervoit de fignal aux autres hommes, afin ,, qu'ils n'aprochaffent pas de lui, *Fanum habet* ,, *in cornu, longè fuge*. Les cornes métaphoriques n'euffent pû qu'aggraver fa peine: on les fouhaittoit anciennement aux malfaiteurs, com- ,, me il paroit par un paffage de Job, mais la ,, marque de Caïn lui étoit donnée comme un ,, bénéfice, elle lui devoit fervir de fauvegarde.

Que de paroles inutiles & doublement ridicules par la place où on les lit. Mais un mot fuffit pour réveiller dans l'imagination de Mr. Bayle des idées qu'il ne peut quitter dès qu'elles l'ont faifi.

Pour réjoüir encore une fois fon Lecteur fur ce burlefque fujet il lui fait efperer qu'il le retrouvera fous le nom d'Egialée, Note B.

Les paroles de Job Chap: XXXI. vf. 9, 10. expriment l'horreur de Job pour ce crime. *Si mon coeur a été feduit après quelque femme, fi j'ai dreffé des embuches à la porte de mon prochain, que ma femme foit deshonorée par un autre & qu'elle foit proftituée à d'autres, car c'eft une méchanceté premeditée & une de ces iniquités qui font toutes jugées*.

Dans l'Article *Egialée*, parmi bien des chofes dont il auroit pû fe paffer, *Homere*, dit-il, *vous apprend que ceux qui feroient un traité de Paix, fouhaittoient aux infracteurs entr'autres peines celle du* COCURAGE. Pourquoi ne pas fe contenter de dire que leurs époufes leur manquaffent de foi, l'expreffion d'Homere porte *uniffem à d'autres*.

Mais de cette claufe des traités & de cette imprécation, je conclus que dès les tems les plus reculés, on a regardé ce defordre avec horreur, &

de cette premiere reflexion j'en tire une feconde, c'eft qu'on a grand tort de faire & de dire quoi que ce foit qui tende à affoiblir cette horreur. C'eft l'effet naturel des plaifanteries de Mr. Bayle, & on fait que de certaines gens qu'on punit encore par la perte de la vie, à force de plaifanter fur leurs violemens s'en applaudir & à les regarder comme une preuve d'une habileté qui n'a rien de condamnable ou qui l'eft extrêmement peu.

Quels recueils de Mr. Bayle fur cet Article! quel plaifir de les commenter & d'y joindre les reflexions, qu'il auroit eu tort d'oublier & ce que dit la Comteffe de V.... à Mr. l'Ev. de... fon galand qui alloit faire un petit Voyage. *Au refte, Monfieur, faites votre Voyage le plus court que vous pourrés, & fouvenés-vous qu'une Maîtreffe eft un bénéfice qui oblige à réfidence*. Il appuye par cette citation ce qu'il venoit de dire. *Si les Generaux Grecs, à leur retour du fiege de Troye, trouverent que leurs femmes n'avoient pû vivre fans des galans, ils devoient s'attribuer une partie de la faute. Pourquoi les laiffoient-ils feules pendant tant d'années?*

Dans l'Article fuivant des CAÏNITES Mr. Bayle s'étend à faire voir que la Raifon abandonnée à elle-même fe porte naturellement à animer toute la Nature, à fuppofer que tout eft plein, dans l'Univers, d'Intelligences les unes bonnes, les autres mauvaifes, dont chacune préfide fur de certaines chofes & ce fyftême tire furtout fa vraifemblance de la fuppofition de l'Univers incréé, fuppofition d'ailleurs fi naturelle & la Création proprement dite & de rien, paroît contradictoire à la Raifon.

C'eft ainfi qu'il commence à aprivoifer fon Lecteur avec des idées qu'il rameneras dans la fuite, & qu'il tâchera d'établir de plus en plus comme admiffibles. Dans cet Article il neceffite tous les Philofophes à y venir. Il s'exprime encore plus fortement & plus ouvertement ailleurs, en fe repetant à fon ordinaire, & nous y avons répondu.

CHAM.

On auroit tort de fe plaindre, fur cet Article, ni du Texte ni des Notes.

Ce qu'il remarque fur la *malédiction de Canaan*, que ce n'étoit autre chofe qu'une Prophetie des victoires que les defcendans de Sem remporteroient fur les defcendans de Cham fous Jofué, c'eft-à-dire, fept ou huit fiécles après la faute de Cham. Cette remarque fournit des raifons dont on fe fert pour prouver que l'Hiftoire de Moïfe fe renferme prefque toute entière dans les Annales du Peuple Juif, & à établir fes droits fur la Terre que Dieu lui avoit deftinée, long-tems avant la naiffance des Patriarches, fur lefquels l'exécution de ce grand évenement commença à fe preparer.

ABRAHAM.

Le Texte eft dans les régles. Les Notes font fuffifamment abregées Mr. Bayle renvoye à Mr. d'Herbelot & fe borne-là. C'eft une retenuë dont il n'ufe pas dans les matières fur lefquelles on eft encore mortifié aujourd'hui qu'il fe foit étendu.

AGAR.

Mr. Bayle auroit pû fe paffer de paraphrafer les termes tout fimples de la Genefe. Mais il eft des tentations auxquelles il fuccombe toûjours. Ces expreffions me paroiffent de trop, *pria fon Mari d'effaïer s'il pourroit avoir des enfans de cette fervante. Abraham s'aprocha d'Agar avec tout le fuccés que fa femme en pouvoit attendre, ne pouvant donner, par elle-même, des enfans à fon Mari, elle voulut au moins lui en donner par procureur. Agar fe fentant groffe groſſe devint ſi fiere qu'on eût dit qu'elle venoit de faire un très-grand exploit.*

Sara dit à ſon mari, *viens, je te prie, vers ma ſervante, peut-être aurai-je des enfans par elle.* Mais Mr. Bayle inſinuë qu'elle uſa *de grandes prieres,* pour embellir ſa narration.

Il a raiſon d'avertir que ceux qui trouveront cette Hiſtoire, *peu conforme aux manières de nôtre ſiécle, doivent une bonne fois ſe bien mettre dans l'eſprit, que tous les tems & tous les Peuples du monde ne ſont pas ſemblables.* Cette remarque eſt vraye, mais elle auroit eu tout ſon effet, s'il avoit plû à Mr. Bayle de l'étendre.

1. Les Eſclaves appartenoient à leurs Maitres comme tout le reſte de leurs biens, & les enfans qui en naiſſoient faiſoient une partie de leur domaine. Par-là ce qui miſtroit d'Agar ſeroit moins à elle qu'à Sara, d'ailleurs premiere cauſe de ſa naiſſance & réſoluë de l'adopter.

2. La Polygamie s'étoit introduite peu à peu. On ſait quelle eſt la force de l'exemple. Dieu la toleroit & réſervoit à de plus heureux tems, dans leſquels la totale expiation du peché ſeroit faite, de rétablir une plus parfaite égalité entre les droits du mari, & ceux de la femme qui avoit été à l'homme une occaſion de chute, & avoit peché la premiere.

3. C'étoit donc beaucoup à un mari de ne s'aſſocier pas une ſeconde femme qu'avec l'agrément de la premiere.

4. On regardoit alors les enfans comme une grande benediction. Ils étoient en effet pour leurs Peres une grande richeſſe & un grand ſecours. Dans ces premiers tems, où les familles compoſoient de petits Etats, il importoit aux Peres d'avoir beaucoup d'enfans & par-là un plus grand nombre d'Officiers pour maintenir leurs Eſclaves dans l'ordre & les former à leur devoir.

La difficulté qui ſe tire de la derniere ſortie d'Agar chargée de ſon Fils Iſmaël, eſt aiſée à lever, ſi l'on veut bien conſiderer qu'on ne laiſſe pas d'être chargé & fort chargé de ceux qu'on eſt fort éloigné de porter ſur ſes épaules, & de tenir entre ſes bras. Un Gouverneur eſt chargé d'un éleve, un Pere de ſa famille. Sans contredit ce n'étoit pas un leger poids pour Agar qu'un fils qu'elle aimoit tendrement & qui, après avoir été élevé dans de grandes eſperances, ſe voyoit ſans reſſource & expoſé à ſe donner à quelque Maitre inconnu. Ce Fils déſolé n'avoit pas la force de marcher, & ſa mere ſe voyoit obligée à le ſoûtenir à la lettre & à le porter en quelque maniére. Enfin il eſt près d'expirer de déſeſpoir autant que de ſoif, & leur angoiſſe va ſi loin, que dans l'excès de leur trouble ils n'aperçoivent pas qu'ils ont près d'eux dequoi ſe déſalterer, un Ange le leur fait remarquer & leur eſt par-là une aſſurance que la Providence ne veut pas les abandonner.

Note E. ,, S'il étoit permis de chercher ici des ,, types à la St. Auguſtin, ne diroit-on pas qu'Iſ- ,, maël a été l'Emblême de certains Controverſiſtes ,, miſanthropes qui ne font que mordre le tiers & ,, le quart, & qui, pour mieux déclarer la guerre ,, au genre humain, ſortent à tout moment de leur ,, ſphere, écrivent ſur toutes ſortes de matieres à ,, tors & à travers, & toûjours en ſtile de libelle ,, diffamatoire. Tous les âges & tous les Pays ,, fourniſſent de ces copies d'Iſmaël. Il y a même ,, de ces copies qui different de l'original, en ce ,, qu'encore qu'elles jettent des pierres ſur tout le ,, monde, peu de gens prennent la peine de leur ,, en rejetter: on les laiſſe joüir en repos de la mal- ,, heureuſe impunité qui augmente leur audace & ,, leur phreneſie.

Voilà des coups lancés ſur Mr. Jurieu & des preuves de l'*Ataraxie Pyrrhonienne* de Mr. Bayle: les Titrer de ſon Dictionaire ſont un tiſſu Alphabetique

de crochets où il ſuſpend ce qu'il trouve à propos. Mais ne pourroit-on point retorquer contre lui l'accuſation & le regarder lui-même comme un *Miſanthrope*, ou pour parler avec Socrate un *Miſologue*, qui déclaré contre tout ce que le reſte des hommes, à l'exception des Pyrrhoniens, reconnoiſſent & reſpectent d'évidence & de vrai à la Raiſon, ne laiſſe aucune verité dont il ne tâche d'ébranler la certitude par ſes Objections.

SARA.

Mr. Bayle prend le parti de prouver que Sara *étoit effectivement ſœur d'Abraham fille de ſon pere, mais non pas de ſa mére.* Peine très-perduë, s'il n'y a aucune propoſition dont la vraiſemblance prévaille ſur celle de l'oppoſée. Mr. Bayle fait le Pyrrhonien quand il veut & décide auſſi, quand il lui plait, dans les termes les plus forts.

Mr. Bayle ſe laiſſe enfin aller dans l'Article de Sara à beaucoup d'expreſſions qu'il ne s'étoit pas permiſes dans celui d'Abraham. Voici une idée très-ſimple & très-naturelle des évenemens qui les lui fourniſſent, & qui lui auroit pû épargner ces expreſſions trop dures & trop peu ménagées.

Il eſt rare que des femmes conſervent leur beauté dans un âge fort éloigné de la jeuneſſe, mais il n'eſt pas ſans exemple. A l'égard du ſecond enlevement qui ſuivit la naiſſance d'Iſaac, on peut dire que le même miracle qui ramena Sara à l'état des femmes qui peuvent encore devenir méres, lui procura une excellente complexion avec ſes ſuites ordinaires.

Abraham connoit la beauté de ſa femme. Il voyage avec elle dans un Pays tout nouveau pour lui, & tout ce qu'il en ſait, c'eſt que la crainte de Dieu & l'horreur du crime n'y regnent pas. Un homme de cette humeur prend de la paſſion pour une belle perſonne; Dès-là il n'hésite à rien ſon mari, & s'il ſe trouve puiſſant & ſervi avec zèle, rien ne lui eſt plus aiſé, que de ſe défaire ſous main de ce qu'il hait, & enſuite dequoi il ſe préſentera à la veuve depoſée comme un Protecteur qui ſe croira heureux de pouvoir la conſoler. Voilà ce que le naturel des gens du Pays donne lieu à Abraham de craindre. Le nom de ſœur donné à Sara par ſon mari ne l'expoſe pas néceſſairement à être enlevée, un homme qui aime une ſœur la demande à ſon frere, & dès là Abraham a le tems de prendre des meſures pour l'éloigner furtivement. Sara enlevée eſt un mal, & pour elle & pour Abraham. Mais Abraham tué, Sara recherchée par des gens contre qui elle a les plus affreux ſoupçons paroît à ſon Epoux un malheur encore plus grand. Un enlevement n'expoſe pas néceſſairement la pudicité. Une femme ſage & raiſonnable à bien des reſſources pour arrêter la fougue d'une Paſſion, & la ſageſſe de ce ſexe ſe fait reſpecter, par ceux qui cherchent à en être aimés, & il n'eſt point vrai, comme l'aſſure Mr. Bayle, *que la pudicité de Sara eût fait naufrage, ſi Dieu n'y eût mis la main.* Elle auroit eu à ſouffrir ſi Abimelech ou Pharao ſe fuſſent obſtinés, mais c'eſt une conjecture temeraire qu'elle eût mieux aimé faire naufrage que de ſouffrir des mauvais traitemens. Dans la conduite d'Abraham on voit donc un homme qui craint un coup de ſurpriſe, qui prend des précautions humaines pour l'éviter & qui du reſte ſe confie en Dieu dont la Providence garentira lui & Sara des violences qu'il n'aura pas été en leur pouvoir de prévenir.

On ne diſconviendra pas que cette idée ne ſe fût préſentée à Mr. Bayle, car il dit *en l'eau bien-tôt dépêché. Cette crainte n'eſt pas le mauvais endroit de la piéce.* Ces expreſſions ne ſont point aſſes ſerieuſes & celles-ci encore moins, & outre cela mal fondées. *Qu'on faſſe tout ce qu'on voudra*, cette *Hiſtoire eſt une preuve qu'Abraham craignoit plus la mort*

que

DU PYRRHONISME.

que le deshonneur conjugal, & qu'il n'étoit RIEN MOINS QUE MARI JALOUX. *Ce Patriarche auroit pû dire en cette rencontre* HOMO SUM, HUMANI NIHIL A ME ALIENUM PUTO. *L'envie d'être bien traité comme le frere de la belle Sara est plus blâmable, que la crainte d'être tué.*

Je ne vois pas non plus la nécessité de charger Abraham de mensonge, c'est-à-dire, d'avoir manqué d'une manière condamnable à la sincérité, ni de trouver dans sa conduite, si elle est innocente, la justification des équivoques contre lesquels on a eu tant de raison de se récrier.

Dans les Pays où Abraham voyageoit par l'ordre de Dieu, ou par une suite de ses ordres, & determiné par des circonstances necessaires, les habitans étoient dans l'obligation d'user avec lui du Devoir d'Hospitalité; & ils n'étoient point dans l'obligation d'exiger qu'il éclaircit leur curiosité sur toutes les relations qu'il pouvoit avoir avec Sara. En leur disoit il rien que de vrai, mais il ne leur disoit pas tout. Ce qu'il leur disoit suffisoit pour fonder leur conduite, les laisser passer & vivre en paix avec eux sans s'informer davantage, au cas qu'aucun d'eux ne trouvât Sara assés à son gré pour souhaiter d'en faire sa femme. Et quant à ceux à qui cette pensée viendroit, une voye très-naturelle d'obtenir la sœur c'étoit de la demander au frere. Par ces précautions Abraham ne leur faisoit aucun tort & il prenoit de justes mésures contre des attaques imprévuës. Pour ce qui est des naturels violens, emportés, dont les passions fougueuses sont d'abord capables des dernières extrémités; il leur cachoit une verité; non seulement qu'ils n'avoient aucun droit de savoir, mais qu'il étoit de leur interêt d'ignorer, de peur que sa connoissance ne les engageât à debuter par un crime affreux.

Mais ceux qui apprenans qu'Abraham traitoit Sara de sœur en demeuroient là, & ne s'imaginoient point qu'elle fût sa femme, tomboient en erreur. Eh quel préjudice cette erreur phyisique pouvoit-elle causer à qui que ce soit, pendant que d'un autre côté, elle pouvoit être moralement utile aux autres, en leur épargnant des desseins sanguinaires.

Mais enfin, ajoûte Mr. Bayle, *Pharao* & *Abimelech* étoient les Rois; si donc, dans leur Territoire ils avoient formé *Sara* de leur dire la verité de la leur apprendre si elle n'étoit que sœur d'Abraham, la continuation de son déguisement auroit-elle été legitime? Demander cela, c'est changer l'état de la Question. Il n'est point dit que cette Question lui ait été faite, & les circonstances auroient pû dicter à Sara une réponse propre à prévenir ce qu'on avoit eu lieu de craindre & à se défendre de tout ce qu'on devoit lui dire. Ces Rois ne pouvoient plus penser à perdre Abraham sans donner à Sara une évidente connoissance de la main dont le coup seroit parti.

ABIMELECH.

Mr. Bayle après avoir loué *un très-savant Interprête d'avoir dit*, que la punition, envoyée sur la famille d'Abimelech, fut connuë d'une manière qui ne nous est pas connuë, auroit bien fait d'en demeurer-là, sans ajoûter après les Rabins *qu'une maladie appellée* RATAN *est la plus incommode de tous les ulceres & celui particulierement qui est la plus opposé aux corvées amoureuses*. On diroit que Mr. Bayle a toûjours en vuë deux sortes de Lecteurs, & qu'il se propose également de mortifier les uns & de faire rire les autres par le choix de ses expressions.

On a déja réfléchi sur ce qui se trouve dans la Nôte E. dans la Section destinée à prouver que les obscenités, répanduës dans les Livres de Mr. Bayle, ne peuvent être excusées.

Au reste, quand Mr. Bayle dit dans la Nôte C. « Il y a longtems que j'ai conçû de l'indigna-» tion contre Josephe, & contre ceux qui s'épar-» gnent sur ce sujet. Il change, il supprime, il » ajoûte. N'en faut-il pas conclurre ou qu'il ne » s'est guere soucié de scandaliser sa Nation, ou » qu'il a crû que le sentiment particulier qu'il a-» voit sur la faillibilité, & par conséquent sur la » non-inspiration de Moyse, étoit commun parmi » les Juifs". Je ne me rens pas à sa conjecture. Il paroit que Josephe s'étoit proposé de rendre sa Nation respectable à ses vainqueurs, par l'antiquité de son Origine par ses vénérables Ancêtres, par son merveilleux établissement & la protection dont Dieu l'avoit favorisée. On ne convient pas de l'ordre de tous les évenemens. Il en est qui sont narrés après d'autres qu'ils ont précédé, & la Langue Hebraïque comporte cette explication, quand elle est fondée sur de bonnes preuves. Si Josephe s'est quelquefois trompé, dans l'ordre qu'il place les évenemens; s'il a glissé dans son récit des circonstances, il peut l'avoir fait en vuë de le faire paroître plus recevable à ses Lecteurs, & il a crû que les Juifs ses compatriotes pardonneroient aisément ces artifices à sa bonne intention. Mais cela ne prouve point qu'on eût alors sur l'inspiration de Moyse des doutes fort communs. Au contraire Josephe prétendoit rendre son Histoire respectable par l'authenticité des sources d'où il la tiroit.

Une des alternatives de la conséquence de Mr. Bayle est donc de beaucoup plus précipitée qu'il ne convient; cependant il paroit que c'est celle pour laquelle il panche & on pourroit aisément croire qu'il ne l'a alleguée qu'en vuë d'ajoûter: » Je » crois que tous les anciens Historiens ont pris la » même licence, à l'égard des vieux Memoires » qu'ils consultoient. Ils y ont cousu des supplé-» mens, & n'y trouvant pas les faits développés & » embellis à leur fantaisie, ils les ont étendus & » habillés comme il leur a plû, & aujourd'hui » nous prenons cela pour Histoire".

Voilà qui est bien universel. *Tous les anciens Historiens ont pris la même licence & ce qu'ils ont étendu & habillé à leur fantaisie, nous le prenons pour Histoire.* Mr. Bayle qu'il le croyoit, mais si c'étoit par raison ou par fantaisie, ce n'étoit pas à lui à le décider & on ne crût sur sa parole, qu'on adoptât son goût & qu'on se rendît Pyrrhonien en fait d'Histoire, sur-tout ce qu'il ne trouveroit pas à propos, ou qu'il n'auroit pas interêt de donner pour certain. A ce compte qu'est-ce qu'un *Dictionnaire Historique* si ce n'est un Recueil Alphabétique de contes incertains, par lesquels tous les Anciens, qui seuls peuvent nous instruire en fait d'Histoire, ont defiguré, à leur fantaisie, les faits qu'ils nous donnent pour vrais. Auroit-il valu la peine de composer un si gros Ouvrage, si ce dessein ne servoit pas à envelôper des vuës secrettes?

DAVID.

C'est ici l'article qui a fait le plus de bruit dans son genre. Mr. Bayle a bien voulu se résoudre d'en retoucher une considérable partie, dans la seconde Edition. Cette raison m'empêche de remonter à la premiere, quoique Mr. Bayle l'en excepte pas, quand il recommande les premieres Editions & soûtient ce qu'elles ont d'avantageux sur les secondes corrigées, par des raisons qui conviennent à la premiere de son Dictionnaire, mais je prens le parti de regarder ses fautes comme desavouées, d'autant plus qu'on a plus d'une Histoire de ce Roi Prophete accompagnée de solides réflexions.

Sur les accès de Phrénesie de Saül qui passoient au son des instrumens de Musique. *On pourroit*, (dit Mr. Bayle, dans la Nôte B) *débiter bien des recueils sur ce sujet, mais je m'en abstiens & je vous renvoye à ceux de Caspar Lascherus*, &c.

Ces récueils ne lui fournissoient pas assés d'occasions

fions de s'égayer fur fes matieres favorites, dont il remplit prefque une colomne & demi fous la Note A. Il ne fe borne pas à rapporter un conte des Rabins auffi incertain qu'impertinent. Sur ce fale conte il fait des réflexions & fous prétexte qu'il l'a encore lû dans un Auteur Italien, il le recommence, il s'y étend davantage, il y joint des circonflances plus burlefques & des applications prophanes de l'Ecriture Ste. ,, Quand on eût vû que ce préten-
,, du bâtard étoit la perfonne que le Prophète cher-
,, choit, on changea bien de penfée. Ce ne furent
,, plus que beaux Cantiques, David commença
,, par un *Te Deum*, il loüa Dieu qui avoit ouï les
,, priéres, & qui l'avoit delivré de la note de ba-
,, tardife. Ifaï continua & dit *La pierre que les Architeftes ont rejettée est devenuë la pierre angulaire qui foutiendra toute la maifon*. Ses autres fils, Samuël &c. dirent auffi des *Sentences*.

Dans la Nôte D. ,, C'eft une chofe un peu étran-
,, ge, dit Mr. Bayle, que Saül n'ait point connu
,, David ce jour-là, vû que ce jeune homme avoit
,, joué plufieurs fois des inftrumens en fa préfence,
,, pour calmer les noires vapeurs qui le tourmen-
,, toient''.

Si elle eft étrange, elle n'eft effectivement *qu'un peu étrange*, & fi elle préfente une difficulté, c'eft une *difficulté facile à lever*. 1°. Saül avoit vû David dans le tems de fes noires vapeurs, & on fait que les impreffions qu'on reçoit dans cet état font confufes, femblables à celles des fonges ou de l'yvreffe, & que pour cette raifon on n'en conferve pas un fouvenir diftinct, & il eft même vrai qu'on n'aime point à rappeler les idées dont on a été frappé dans cet état & que par conféquent elles s'effacent plûtôt. 2°. Indépendamment de ces circonftances & de leur effet naturel, qui peut ignorer que les perfonnes chargées d'un grand nombre de foins & d'occupations importantes, & qui ne les interrompent que pour fe livrer à des plaifirs, ont bien-tôt oublié les perfonnes en qui ils ne s'intereffent pas. Et que les grands en particulier ne conservent guere le fouvenir des abfens ni de leurs fervices, & qu'ils font encore d'autant moins d'attention fur ces perfonnes que leur naiffance & leur rang leur donne moins de relief. 3°. Un leger changement dans l'attitude & dans l'habit joint à celui que prend l'air d'un jeune homme, dans un petit nombre d'années, peut le faire méconnoître, à un Grand furtout qui s'eft fait une habitude d'interroger les autres plûtôt que de faire des efforts pour fe former & fe rappeler des idées. David parut à l'armée en Berger, à la Cour on l'avoit vû fous un autre exterieur.

Ce n'étoit donc point là une difficulté à fonder la réflexion qu'ajoûte Mr. Bayle. ,, Si une narra-
,, tion comme celle-ci fe trouvoit dans Thucydide,
,, ou dans Tite Live, *tous* les Critiques conclur-
,, roient *unanimement* que les Côpiftes auroient
,, tranfpofé les pages, oublié quelque chofe en un
,, lieu, repeté quelque chofe dans un autre, ou in-
,, feré des morceaux poftiches dans l'ouvrage de
,, l'Auteur. Mais il faut bien fe garder de
,, pareils foupçons lorfqu'il s'agit de la Bible''.

Quiconque n'eft pas né Juif ou Chrétien & n'a pas été élevé dans cette deference, fera-t-il déraifonnable, & par conféquent fera-t-il condamnable de dire: *Avant que d'accepter un tel Livre pour Règle de ma Religion, de ma Foi & de ma Conduite, auroit-je tort d'examiner s'il porte des caracteres de Verité à meriter ma parfaite foûmiffion? & cet examen le dois-je faire avec préoccupation ou avec un Efprit libre de préjugés? Or dès que j'examinerai dans cet efprit-là, je ferai determiné à penfer fur les inftructions qu'on trouve dans ce Livre tout comme TOUS les Critiques UNANIMEMENT en jugeroient.*

Auffi Mr. Bayle ajoute-t-il. ,, Il y a eu néan-
,, moins des perfonnes affés hardies, pour prétendre
,, que tous les chapitres, ou tous les verfets du I

,, Livre de Samuel n'ont point la placé qu'ils ont
,, euë dans leur origine''.

Il eft vrai qu'il continuë en difant, ,, Mr. l'Ab-
,, bé de Choifi leve mieux, ce me femble, cette
,, difficulté''.

Mais je demande, la leve-t-il fimplement mieux que d'autres n'ont fait, ou s'il la leve effectivement au gré de Mr. Bayle? Il ne peut pas fouffrir qu'on fuppofe qu'il fe foit paffé plufieurs années entre le voyage de David à la Cour en qualité de Muficien & la mort de Goliath ; & fur quoi fondé, c'eft que David, encore Muficien, eft loué comme un *vaillant homme, & ni propre à la guerre*. Mais il faut effacer toute l'Hiftoire de David ou convenir que Dieu lui avoit donné, dans fa jeuneffe un courage, une habileté & une force extraordinaire.

Dans le II. Art. de la Note H. Mr. Bayle paroit furpris de ce que l'Ecriture, pour rendre plus odieufe l'opiniâtreté de Saül à perfecuter fon gendre, ne faffe pas remarquer qu'il avoit deux fois fauffé fa parole & que David ne lui reproche pas que fa vie a été deux fois en fa puiffance. ,, De
,, plus, dit-il, nous voyons que dans la premiere
,, de ces deux rencontres David & Saül tiennent à
,, près les mêmes paroles que dans la feconde. Si je
,, voyois deux recits de cette nature ou dans *Elien*,
,, ou dans *Valere Maxime*, je ne ferois pas difficul-
,, té de croire qu'il n'y a là qu'un fait, qui ayant
,, été rapporté en deux manieres auroit fervi de fu-
,, jet à deux articles, ou à deux Chapitres''.

Mais on fait que les Livres, de Samuel & des Rois & en general les Livres Hiftoriques de l'Ancien Teftament contiennent des narrations très fimples & très-abregées & que les Hiftoriens n'ont point penfé à embellir par des reflexions. Il paroit qu'ils fe font bornés à laiffer des Annales.

Elien, Valere Maxime, & en general ce que nous avons d'Hiftoriens, Grecs & Latins, ont écrit en vuë d'eux-mêmes, ils ont voulu laiffer des monumens de leur habileté, en matiere d'Eloquence & de Reflexions, ils fe font appliqués à ne rien omettre de ce qui ferviroit à les rendre recommandables à leurs Lecteurs, & ils prêtent à leurs perfonages des difcours dont ils favent bien que l'honneur leur en reviendra à eux-mêmes.

Dans la Note I. fur la fin Mr. Bayle prouve avec beaucoup d'évidence & de folidité que la mort de Goliath ne préceda pas le tems où il fut amené devant Saül en qualité de Muficien; & les preuves qu'il en allegue font plus fortes que celles de l'Auteur qu'il examine dans cet Article, c'eft que Mr. Bayle faifoit toûjours très bien, quand il lui plaifoit, & qu'il trouvoit à propos d'encherir.

,, L'Auteur, dit-il, oublie la plus forte raifon,'' ,, n'allegue point que ces gens-là renverfent l'or-
,, dre felon lequel l'Ecriture narre les évenemens;
,, il n'allegue point que le Serviteur de Saül qui
,, loua David d'être robufte, guerrier, éloquent,
,, beau, ne parla pas de la victoire remportée fur
,, Goliath. Or il eft impoffible de comprendre que
,, ceux qui auroient voulu le recommander au Roi
,, après ce combat euffent été affés bêtes pour ne
,, pas dire tout court au Prince: Ce même jeune
,, homme qui a tué Goliath, joue bien des inftru-
,, mens, c'eft lui qui vous guérira''.

Dans la Note G. Mr. Bayle dit ,, qu'il fuppri-
,, me ce qu'il avoit allegué, fur les fautes de Da-
,, vid, dans fa premiere Edition, que des perfon-
,, nes beaucoup plus éclairées que lui en ce genre de
,, matieres, l'ont affuré que l'on diffipe facilement
,, tous les nuages d'objections, dès qu'on fe fou-
,, vient 1. qu'il étoit Roi de droit pendant la vie de
,, Saül. 2. Qu'il avoit avec lui le Grand Sacrifica-
,, teur qui confultoit Dieu pour favoir ce qu'il fal-
,, loit faire''. 3. Que l'ordre donné à Jofué de
,, détruire les infideles de la Paleftine fubfiftoit toû-
,, jours. 4. Que plufieurs autres circonftances, tirées
,, de

" de l'Ecriture, nous peuvent convaincre de l'inno-
" cence de David dans une conduite, qui considerée en
" general paroit mauvaise, & qui le seroit aujourd'hui".
Il est certain qu'il est de la Prudence & de la Charité de ne pas se plaire à répandre les difficultés sans y joindre des solutions, puisque lors même qu'on y en ajoûte, il est des Lecteurs d'un si mauvais goût que leur cœur se livre uniquement à sentir les difficultés, ils les boivent, ils s'en nourrissent & refusent leur attention à des reponses solides, dont ils ne veulent pas appercevoir la force, parce qu'elle ne leur agrée pas & qu'elle pourroit les tirer des doutes qu'ils aiment.

ELIE.

Note B. Dieu qui connoit tout parfaitement & savoit toute la part que la corruption avoit à l'erreur des Prophetes de Bahal, n'ordonne rien à Elie qu'il ne fût en droit d'ordonner, & en même tems ne lui ordonna rien qu'il soit permis d'entreprendre sans un ordre exprès de cette nature.

Note C. Entre les rêveries que les Rabbins ou d'autres ont debité, Mr. Bayle ne manque pas de choisir celles qui ont du rapport à ses idées favorites, de les étendre & d'en faire la matiere de divers problemes qu'il énonce en termes des plus grossiers. Je n'ai garde d'en copier un seul.

JONAS.

Sur la fin de la Note B. Mr. Bayle *reflechit sur un effet des Préjugés*. C'est à l'occasion des Païens qui ajoûtoient foi aux contes des Poëtes & se moquoient des Livres des Chrétiens.

L'article est long, en voici le précis. " Par tout " il y a des gens qui croyent sans peine ce qui " les flatte & qui sont les plus malaisés du mon- " de à persuader quand une chose ne leur plait " pas".

Quand il ajoûte immediatement après: " Alle- " guent-ils des raisons d'incredulité, ils ne peuvent " souffrir qu'on les prenne pour mauvaises: leur op- " pose-t-on ces mêmes raisons en un autre tems, ils " ne peuvent souffrir qu'on ne leur permette pas " de s'en moquer". C'est comme on le voit la même réflexion exposée en d'autres termes, & en general tout ce Paragraphe n'est à peu près qu'un tissu de repetitions pour amener enfin son Lecteur à penser avec lui, " Ainsi se passe la vie humaine, " c'est un effet presque inévitable de la préocu- " pation, double poids, double mesure. Si l'on " ne pouvoit éviter cela qu'en se dépouillant de pré- " jugés, le remède seroit peut-être pire que le " mal?"

Et qu'arrivera-t-il à un esprit affranchi de préjugés? Est-ce qu'un juste examen ne lui deviendra pas plus facile? Mr. Bayle veut-il qu'on s'imagine qu'on se trouvera toûjours plus embarassé à choisir & qu'on se resoudra enfin à ne prendre aucun parti si la prévention n'y determine. Voilà qui tend à justifier les Pyrrhoniens & à les rendre recommandables; s'ils se determinent extérieurement, c'est qu'ils se laissent mollement aller à la coûtume qui leur tient lieu de Raison & de Regle, dès qu'il s'agit de se conduire.

Mais si le Pyrrhonisme est le parti le plus sage, il vaut donc mieux que la prévention, & il n'est plus vrai que le remede soit pire le mal.

Outre cela le nombre des fausses Religions surpasse celui des véritables; la prevention par laquelle chacun demeure attaché à la sienne fait donc plus de mal que de bien, sur tout puisque, suivant Mr. Bayle, on est moins desagréable à Dieu sans Religion qu'avec une Religion fausse. Tantôt Mr. Bayle recommande la *Credulité* sous le nom de *Foi*, tantôt il prend en main la défense du *Pyrrhonisme*, tantôt il fait l'Apologie des *Athées*, & ce n'est pas la premiere fois que ce qu'il fait pour l'un de ces buts, s'oppose à ce qu'il fait en vuë de l'autre.

ESECHIEL.

Mr. Bayle après avoir rempli deux grandes colomnes de Fables, dont la Lecture est des plus inutiles, vient à son but & tombe sur l'Auteur des Lettres Pastorales, qu'il appelle *l'Auteur des Pastorales*.

" Les Protestans, dit-il, ont raison de déplo- " rer la honteuse crédulité de ce Peuple, (Juif) & " la hardiesse de ses Ecrivains à publier cent mille for- " nettes; mais chacun doit apprendre par les cho- " ses qui se passent dans son parti, que la pente " dans cet endroit-là est très-glissante. Combien y " a-t-il de choses dans la pratique des Protestans au- " jourd'hui, qu'ils n'eussent pas approuvées il y a " cent ans? Je suis assuré que l'Auteur des Pasto- " rales a publié plus de faux miracles qu'il ne de- " voit. Or considerés un peu qu'à la reserve d'un " très-petit nombre de gens dont la plûpart étoient " des Laïques, personne n'a temoigné que ce debit " d'évenemens miraculeux le choquât. Où en se- " roit-on déja si les predictions que l'Auteur fon- " doit là-dessus avoient eu quelque sorte de succès? " Generalement parlant, où en seroit-on déja, si l'on " n'étoit pas tenu en respect par l'esprit de contra- " diction; à la vuë de ce qui se passe dans la Com- " munion Romaine"?

Mr. Bayle se plaint d'un penchant à l'erreur qu'il trouve des plus communs, mais on peut abuser de ce penchant des hommes & en tirer une consequence qui ne va pas moins qu'à rendre suspect tout ce qui se lit des vrais miracles. C'est-là une erreur plus dangereuse sur laquelle Mr. Bayle ne dit mot. Le judicieux Auteur qui a démontré la Verité de la Religion Chrétienne, suivant l'ordre & la Methode des Geometres, étoit Catholique & Professeur à Paris où son Ouvrage est imprimé, & en répondant sur la fin à quelques objections, il fait très-bien sentir la difference qui se trouve entre les Miracles publiés à la naissance du Christianisme & reconnus pour vrais dans ce tems-là, & ceux que l'on a publié dans les siécles posterieurs, par rapport au degré de créance que les uns & les autres meritent.

Des gens persuadés dès leur enfance que la Religion de leurs Peres est veritable, & tout resolus à souffrir, ou du moins à s'exposer, pour perseverer dans sa profession, entendent dire que dans un tems d'épreuve la Providence autorise cette Religion par des miracles. Ce recit leur plait & ils ne s'avisent pas de résserer l'examen sur un point decidé, la Verité de leur Religion : ils adoptent avec précipitation ce qui la favorise. Il en seroit tout autrement s'il s'agissoit de changer de profession ils tâcheroient de cette nature. On voudroit preslablement se bien convaincre de leur Verité.

Attribuer à l'esprit de contradiction la repugnance des Protestans à croire tout ce qu'on debite en matiere de Miracles, & le scrupule qu'ils se font de faire passer pour miraculeux des évenemens tout naturels, me paroit une conjecture trop temeraire.

Des gens sensés n'ont pas crû necessaire d'écrire & de se recrier avec beaucoup de fracas sur les bruits qui venoient des Cevennes, bien persuadés que ces contes ne manqueroient pas à tomber d'eux-mêmes.

SECTION DERNIERE.

Examen du Traité Philosophique de Mr. Hum de la Foiblesse de l'Esprit Humain.

UNe Lettre que je reçus d'un de mes amis peu près l'édition de cet Ouvrage posthume m'a en-

engagé à faire des Reflexions que je donne aujourd'hui au public. Voici la Lettre.

„ Je viens, Monsieur, de lire l'Ouvrage Posthume de Mr. Huet avec une grande attention, & il m'a paru que je la devois & à la Reputation de l'Auteur, & à l'importance de la Matiere. Mais je vous avouë que je n'ai pas été le moins du monde ébranlé ni par ses raisonnemens, ni par l'assurance avec laquelle il les propose de tems en tems, ni par les tours ingenieux par lesquels il va à son but, & tâche adroitement d'y conduire ses Lecteurs. Au contraire après la lecture de cet Ouvrage, je me trouve plus éloigné que jamais, de prendre, sur toutes choses, le parti de l'incomprehensibilité, de tomber d'accord que nous naissons avec une Raison dont la foiblesse est naturellement sans remede, & qui nous laisse, toute nôtre vie, dans l'incertitude à moins que l'entétement n'y suplée. Mais ce que je ne puis venir à bout de comprendre c'est qu'un homme tel que Mr. Huet homme d'esprit, homme dont l'étude & par consequent la recherche de la Verité, étoit la passion dominante, & faisoit la plus ordinaire, & souvent la seule occupation, ait pû donner dans de si étranges idées, ait pû adopter les puerilités & les Ergoteries des Pyrrhoniens, sans s'appercevoir des contradictions dans lesquelles ils s'embarassent & sans en être rebuté : c'est en quoi je vous assure, Monsieur, que je ne vois goute & que je ne sai pas seulement former des conjectures qui gardent leur vraisemblance un moment. N'avés-vous rien éprouvé de semblable en lisant ce Livre ? Le rapport qu'il a avec l'Ouvrage que vous êtes sur le point d'achever, ne vous aura pas permis de lire celui-ci qu'avec un esprit d'examen & de dépréoccupation, quand même ce ne seroit point vôtre habitude ordinaire. Je doute cependant que vous ayés pû écarter tout à fait de vôtre esprit l'idée de son célèbre Auteur & de lire simplement une composition si peu aétendue, comme celle d'un Anonyme ou d'un Ecrivain dont le Nom vous auroit été absolument inconnu. Aprenés moi ce qui en est, dès que vous en surés le tems. Vous obligerés très-sensiblement &c" : De Lausanne.

Je fis une Reponse fort courte à cette Lettre & je la donne telle que je l'écrivis dans toute la simplicité dont j'ai accoûtumé d'user avec mes meilleurs amis.

Il est fort ordinaire aux hommes d'outrer les ressemblances ; c'est une des grandes sources de leurs erreurs, dans la Pratique encore plus que dans la Théorie. Nous suposons dans les autres le même goût qui nous domine. De là tout notre embarras dès que nous entreprenons de raisonner sur leur conduite & leurs motifs. Il ne nous est pas possible de comprendre comment avec la même humeur que nous nous sentons, & les mêmes principes que nous suivons, ils se portent avec tant de plaisir & s'attachent avec tant d'obstination à ce pourquoi nous n'éprouvons que de la repugnance. Faisons tout le contraire & au lieu de les mettre à nôtre place, mettons-nous à la leur. Imaginons-nous que nous sommes nés avec toutes leurs inclinations. Demandons-nous ensuite ce que nous ferions dans les cas où leurs maximes & leur conduite nous étonnent ; Il ne nous sera plus difficile de voir clair dans le Systême de leurs Plans.

Je me mets donc à la place de Mr. Huet & je supose que, par un effet de mon temperament, par une influence de l'éducation que j'ai reçuë & par le concours de diverses circonstances où je me suis trouvé, j'ai pris plus de goût pour l'étude que pour toute autre occupation. Dans ce goût-là j'ai bientôt senti les beautés de l'Eloquence, j'en ai été charmé & je me suis trouvé une disposition à former mon stile sur le modéle des Auteurs qui nous restent de la savante Antiquité. En faisant de cette étude ma principale occupation, j'ai donné dans les Poëtes & leurs fables, j'ai aimé leurs ingenieuses fictions & dès là je me suis plû à la lecture des Romans.

Mais je ne me suis point borné à ces amusemens : Une secrete ambition ne m'a pas permis de passer uniquement ma vie dans ce genre de recreations. J'ai aspiré à me faire aussi une Reputation & à voir mon Nom placé avec ceux des plus célèbres Savans. Dans ce dessein je me suis élevé à la connoissance des Langues Orientales. J'ai encore voulu connoître les autres Sciences & non content des Cours superficiels qu'on a accoûtumé de faire dans les Ecoles, j'en ai poussé l'étude beaucoup plus loin : Je suis entré dans les Mathematiques & j'ai voulu m'instruire de la Physique des Modernes. Je l'ai fait ; mais m'étant bientôt apperçu qu'il me faudroit beaucoup de tems, pour démêler, dans les Sciences, le certain d'avec le hazardé, & un long encore & penible travail, pour n'avancer que peu en certitude, j'ai tourné mes vuës ailleurs. Je me suis laissé aller au plaisir de lire beaucoup sans me fatiguer que peu, & à celui d'enrichir ma Memoire de choses connuës de peu de gens, de faire enfin du chemin dans le Païs des Conjectures savantes.

En travaillant sur ce pié-là, mon loisir & la fecondité de mon genie m'ont mis en état de mettre si bien à profit mes recueils & mes conjectures, qu'à l'aide des Langues & des Fables je suis parvenu à publier un grand Ouvrage sous un Titre pompeux & parfaitement convenable à mon caractere & à ma profession.

Plus je fixe mon attention sur ces idées & j'insiste sur cette suposition, plus il me semble que je suis transformé en Mr. Huet. Je vois que, placé dans ces circonstances il, m'auroit été aisé de comprendre qu'on ne manqueroit pas d'admirer les richesses de ma Memoire, ma diligence infatigable à faire de si savantes recherches & mon industrie à les ranger & à les appliquer à de si grans sujets. Mais en même tems aurois-je pû me faire illusion jusqu'à ne m'appercevoir pas du peu de solidité de mes conjectures ingenieuses ?

Quand ces idées desagreables se seroient presentées à mon esprit, ne les aurois-je pas écartées, ne s'y auroient ramenées, malgré moi, par leurs objections, je vois encore très clairement qu'il m'auroit été fort naturel de me consoler en disant, *Eh se trouve-t-il plus de solidité dans les autres ouvrages des hommes de Lettres* ?

Cette pensée auroit été trop flateuse pour la rejeter ; Par là je me serois mis l'esprit en repos & je me serois conservé dans le droit de continuer mes études cheries.

Comme le Monde savant se trouve divisé en partis, j'aurois entrepris la censure des Methodes nouvelles, & ce travail m'auroit attiré les aplaudissemens d'un grand nombre de particuliers & la protection de quelques Corps très accredités.

Qu'on accuse les Anciens tant qu'on voudra de n'avoir rien sû que confusément, les Modernes, aurois-je dit, ne voyent pas plus clair. A force de me familiariser avec cette suposition, avec ces consequences & avec tout ce qui sert à l'établir, elle m'auroit pû me paroitre enfin tout à fait raisonnable & obtenir chés moi toute l'autorité que les premiers principes des Sciences ont sur ceux qui croyent savoir quelque chose.

Au reste, en m'opposant ainsi à tous les autres, je n'aurois eu garde de m'accuser de trop de presomption, il ne me seroit pas même venu dans l'esprit de m'en soupçonner. A ceux qui m'auroient fait des reproches j'aurois répondu, *N'est-ce point vous qui avés tort de vous plaindre de moi ? Je ne vous accuse pas d'être dans l'erreur, je me borne à avouer que je ne sai pas assés bien sortir de la force de vos preuves, pour m'y rendre sans aucun reste de doute* ; & quand on auroit soûtenu que je suis moi-même dans l'erreur & qu'on qu'on se seroit efforcé de m'en convaincre, au lieu de m'en offenser, sans abandonner mes Maximes ni sortir de ma route, je me serois contenté de répliquer tranquillement : *Peut-être*.

Il est des gens qui s'appliquent à étaler l'excellence de la Physique, Science qui expose aux yeux de nôtre corps & à ceux de nôtre esprit les merveilles de l'Univers. Il est des gens qui par une attention continuelle & les precautions les plus circonspectes, travaillent à changer les tenebres de la Nature en lumiere & en certitude. Mais je me serois aisément épargné la mortification de penser que ces gens-là pourroient se faire un Nom durable, pendant que le mien courroit risque de tomber dans l'oubli, parce que je ne me serois occupé que de fables, de mots, de jeux d'esprit & de conjectures si incertaines qu'on croiroit leur faire grace en les traitant d'ingenieuses : Il n'y a rien de semblable à craindre, si les prétendues découvertes des Physiciens d'aujourd'hui, toutes brillantes qu'elles paroissent, ne sont point assés bien établies pour s'y reposer sans aucun doute.

Avec la facilité d'expression & l'élegance de stile que je me serois procuré dans ma jeunesse ; Avec le secours des distinctions des Lieux communs des differentes manieres d'argumenter, & de toutes les subtilités de la Dialectique, que je me serois rendües familieres par un exercice continuel, à force encore tantôt d'attaques, tantôt de faux-fuyans, si je n'avois pas toûjours embarrassé & jetté dans le doute, ceux qui auroient disputé avec moi, au moins aurois-je assés fatigué & assés ennuyé, pour les rebuter d'entrer souvent en lice & pour les réduire à m'abandonner le terrain. J'aurois encore appris par œuvre *Sextus Empiricus* & je me serois fait une habitude de varier & d'amplifier ses sources d'incertitude ; cependant pour me conserver la reputation d'homme poli, j'aurois disputé sans chaleur, j'aurois assaisonné mes attaques de louanges & de complimens, & enfin j'aurois paru trouver les argumens, dont je ne serois pas tombé d'accord, aussi justes, aussi convaincans & aussi bien tournés, que la foiblesse essentielle à l'esprit humain, dans cette vie, lui permet de les découvrir & de les énoncer.

Voila de quelle maniere je me serois defendu contre ceux à qui mes études favorites n'auroient paru que des amusemens frivoles, en comparaison des Mathematiques & de la Physique. Mais dès le moment qu'ils auroient cessé d'insulter à mes occupations & de me reprocher leur peu de solidité, je me serois fait un plaisir de leur en étaler les fruits, par des recits détaillés de l'Histoire Ancienne & Moderne, de l'Histoire Litteraire, de l'Histoire Politique, de l'Histoire Militaire, & sur tout cela je les aurois instruits, sans qu'il leur en coûtât la moindre peine, de mille recherches curieuses qui m'auroient coûté à beaucoup de travail. Je n'aurois pris l'humeur sceptique que quand on m'auroit attaqué ; mais dès que je me serois vû écouté & qu'on auroit marqué quelque estime pour mes occupations, j'aurois parlé comme le reste des hommes.

Au reste éloigné, de même que Mr. Huet, de tout esprit de Cabale & de fourberie, éloigné de la débauche, de la licence, de la sensualité, je n'aurois pas eu besoin d'étendre mes doutes sur la Religion, afin de calmer mes scrupules ; & par la même qu'elle ne m'auroit point gené je ne me serois pas avisé de la regarder comme un beau songe, mais très-incommode à bien des égards ; Au fond combien de gens vivent & meurent dans la Religion de leur Païs ? j'en aurois grossi le nombre ; je me serois abandonné, sur ce sujet, aux impressions reçues dès mon enfance & fortifiées par des exemples d'un grand poids : Une bonté de cœur m'auroit attaché à la Religion par goût. C'est le seul Système que mon Pyrrhonisme auroit respecté, loin de me faire un plaisir de le combattre, il m'auroit été agréable de regarder comme l'effet d'un secours surnaturel mon constant attachement pour lui, tout contradictoire que fût cet attachement avec ma maniere ordinaire de philosopher, & j'aurois appellé ce que je conservois de persuasion, à cet égard, un *Don de la Foi*. Dès là je ne me serois pas permis de raisonner plus outre, passeulement de chercher à concilier la certitude de cette seule croiance avec mes Principes de doute ; Je comprens bien que le Pyrrhonisme ne porte pas moins sur le Système de la Religion que sur les autres, mais dans le cas où je me suppose, mon humeur m'auroit défendu de m'en appercevoir. En vain on m'auroit dit & on m'auroit repeté à tout coup, *Vous tombés en contradiction. Tant mieux*, aurois-je repondu, *c'est une preuve que ma* Foi *est victorieuse de ma* Raison. *A ces traits je la reconnois pour Divine*.

Voila, Monsieur, de quelle maniere je conçois que j'aurois pensé, si j'avois été à la place de M. Huet ; & je ne crois pas lui faire du tort, quand je m'imagine que c'est ainsi, à peu près, qu'il a pensé ; & dans ce que j'allegueraì pour prouver qu'il s'est trompé, je laisseraì sans atteinte la sincerité & les bonnes qualités de son cœur.

Je vous remercie, Monsieur, des ouvertures que vous m'avés fourni, & je continue d'être parfaitement &c.

A Cassel.

Remarques sur la Préface de l'Auteur aux Philosophes ses Amis.

Ceux qui ont quelque connoissance des Anciens Auteurs, s'appercevront aisément que Mr. Huet trouve moien de mettre à profit ses Lectures, en les pretant au Président son Ami.

Il fait souvent dans cette Préface que ceux qui ont autrefois porté le Nom de Philosophes, ne pensoient pas également, & que leurs Disciples ont differemment interpreté les Ecrits de ceux qu'ils reconnoissoient pour leurs Maîtres.

De nouvelles Sectes Philosophiques se sont élevées de nos jours. Leurs Systèmes sont fort opposés & il se trouve des gens qui preferent encore, en matiere de savoir, les Anciens aux Modernes.

Conclura-t-on de là que l'Esprit humain n'est pas né pour s'assurer de la connoissance d'aucune verité. On seroit fondé à conclure ainsi, au cas que l'Esprit humain fût necessairement determiné par sa nature à ne croire aucune proposition dès que tous les hommes n'en tomberoient pas d'accord.

Des gens, qui ont autrefois porté le nom de Philosophes, se sont égarés jusqu'à prendre pour l'étude de la Sagesse & pour la Recherche de la Verité, une Methode, odieuse autant que méprisable, de *chicaner subtilement & de chicaner avec autant d'obstination que d'adresse*. Donc il ne faut pas esperer qu'il soit possible à l'Esprit humain de parvenir à la connoissance de ce que ces gens-là ont ignoré. En verité il faut être bien prevenu pour un Auteur, & bien entêté de la gloire de se trouver au nombre de ses chers Amis, pour lui passer ce Raisonnement.

Au lieu d'un Examen précis & Philosophique, des forces de l'Esprit humain on me fait passer sous les yeux le *Proconsul Gellius* & ensuite *Neron*. Tout cela ne sert qu'à distraire.

Le Proconsul Gellius, *étant venu à Athenes, assembla tous les Philosophes qui s'y trouvoient en grand nombre, & par un Discours studié les exhorta de terminer leurs longs débats, leur offrant sa mediation & ses bons offices*.

On ne sait si on doit rire de ce Proconsul ou avoir pitié du Président qui voudroit terminer par un arbitrage les contestations des Philosophes, comme les procès des Plaideurs. Ce seroit une plaisante voye que de leur persuader premierement qu'il est impossible de favoir qui des deux a le plus de droit & enfuite de les amener à confentir que le Juge decide comme il lui plaira, & par moitié pour conferver l'égalité. Ces idées ne reffemblent pas mal à des rêves.

Pour ce qui eft de Neron, déja femblable à nos Incredules d'aujourd'hui, il n'avoit garde de penfer *fincerement à terminer des controverfes, & il fe divertiffoit à les entretenir*, afin de s'autorifer dans des incertitudes qui l'affranchiffoient de l'autorité des Loix & de la Raifon.

Les differences des Syftêmes, qui ont regné parmi les Philofophes, & qui regnent encore aujourd'hui font inquiétantes, *Je le reconnois*. Il feroit à fouhaiter qu'on pût les amener à une vérité de fentimens. *J'en tombe d'accord*. Mais jamais on ne le pourra à moins qu'on ne vienne à bout de leur perfuader à tous qu'ils ne favent & qu'ils ne fauront jamais rien. *C'eft un rémede qui feroit pire que le mal*. Le Genre humain, fans efperance de parvenir jamais à la connoiffance d'aucune vérité & abandonné par là au découragement & à l'ignorance, fuite naturelle d'un tel découragement, préfenteroit un fpectacle beaucoup plus trifte que la difference des Idées & les Difputes qui en naiffent.

Quand on ajoûte *Dès qu'on en feroit venu à cette incertitude univerfelle; il n'y auroit plus de contefations*, car qui que ce foit ne fe croiroit plus habile *qu'un autre*. Quand on s'exprime ainfi, on veut bien fermer les yeux fur les difpofitions du cœur humain & faire abftraction des Principes qui le dominent. Ce n'eft pas la diverfité des fentimens qui a fait naitre l'orgueil, elle l'a feulement irrité, & c'eft la vanité naturelle au cœur humain qui a engagé les hommes à vouloir fe diftinguer par des Maximes & des routes particulieres. A moins de les amener tous à fe plaire dans une ftupide indolence, en renonçant à l'efperance de fe faire eftimer par la certitude de leurs connoiffances, ils ne perdront pas pour cela l'envie de briller, par la vraifemblance de leurs hypothefes, par la pureté & les autres agrémens de leur ftile, par la pompe de leur éloquence, par la douceur & par l'élevation de leurs Poëmes & de tout cela il naitroit des matieres à de vives conteftations. L'experience le fait voir. Deux Sonnets ont autrefois divifé toute la Cour.

La diverfité des fentimens en matiere de Religion fait bien un autre fracas parmi les hommes, que les differentes hypothefes des Phyficiens. De tout tems on en a été fcandalifé. En vain quelques-uns ont propofé des moyens de réconciliation, leurs vuës charitables n'ont abouti qu'à attirer fur eux l'indignation des partis oppofés. Eft-ce donc que les hommes ne vivront en paix en matiere de Religion & ne penferont fagement, qu'après s'être tous accordés à n'en avoir point, & à les regarder toutes comme également incertaines? La Logique des Pyrrhoniens & les Maximes que Mr. Huet propofe à la page 5. de fa Préface, nous conduifent directement à cette Conclufion. *Il faut*, dit-il, *une bonne fois apprendre à retenir fa créance & fufpendre fon jugement*. Je n'embrafferai donc aucune Religion, de peur de me tromper dans mon choix & je les regarderai toutes comme également douteufes. Mais, me repliquera un Pyrrhonien mitigé, on preffé, *Je me veux pas aller fi loin*; & par quelle raifon? *C'eft que je ne veux pas*. Je crois ou je ne crois pas fans en pouvoir alleguer de raifon; & c'eft ce que j'appelle la **Lumiere de la Foi**, dont la merveilleufe proprieté eft de fe convaincre fans examen & fans preuve.

Dans la page 9. de cette Préface, le Préfident rélegué promet à l'Evêque que, s'il veut bien lui continuer fon attention, il établira dans fon cœur, le Pyrrhonifme; à quoi le devôt Prélat, accoutumé à la priere, répond, par un effet d'habitude: *Dieu veuille que vous puiffiez exécuter votre Deffein*. Quand je prie Dieu de répandre fa bénédiction fur

les Inftructions d'un homme qui pofe en fait qu'il ne fait rien & qu'il ne peut rien m'aprendre, penfé-je à ce que je dis, à moins que je ne fois déja perfuadé, que le meilleur parti que je puiffe prendre, c'eft de m'en tenir à ce qu'il dira. Grande *Grace* de Dieu certainement, & grand effet de fa *Sageffe* & de fa *Bonté* infinie, d'aider, par des influences fécrettes, les hommes à fe perfuader, qu'ils ne favent & ne peuvent favoir, ni d'où ils viennent, ni à quoi ils font deftinés, ni ce qu'ils font obligés de faire pour parvenir à leur deftination.

Dans la page 10, qui contient le II. Article de la Préface, le Préfident annonce l'ordre qu'il fe propofe de fuivre. Mais perfuadé qu'il ne fait rien & qu'il ne peut rien favoir, d'où vient qu'il fe laiffe aller à la tentation de fe préfcrire une Methode qu'aucune bonne raifon n'autorife, ni, de fon propre aveu, ne peut autorifer? D'où vient qu'il choifit une Methode & un ordre qui, peut-être, n'eft qu'un Renverfement. Il me femble que quand on eft dans ces idées, il conviendroit mieux de fe repofer que d'écrire. Peut-être les autres fe trompent, peut-être me trompe-je moi-même; peut-être ne peut-on rien favoir; peut-être peut-on parvenir à la connoiffance de quelque vérité. Dans cette incertitude que ne laiffé-je les hommes tels qu'ils font. Peut-être mon Livre leur fera-t-il du bien, mais il pourroit auffi leur faire du mal. Pourquoi rifquer, puifque fur aucun fujet la Raifon ne peut décider au jufte, s'il eft plus fûr & plus conforme à la Verité d'affirmer que de nier.

LIVRE PREMIER.

CHAPITRE I.

Il faut montrer premiérement 1. *Ce que c'eft que la Philofophie*. 2. *Ce que c'eft que l'Entendement humain*. 3. *Ce que c'eft qu'Idée*. 4. *Ce que c'eft que Penfée*. 5. *Ce que c'eft que la Raifon*. 6. *Ce que c'eft que la Verité*. 7. *Il y a plufieurs fortes & plufieurs degrés de Certitude*. *La Certitude de la Foi perfectionne la Certitude de la Nature humaine*.

LUt-on jamais à la tête d'un Chapitre compofé par le Philofophe le plus Dogmatique, un fommaire plus affirmatif, que celui que je viens de décrire. Quelles connoiffances ne fuppofent-elles pas? Cependant ces Décifions qui fuppofent tant de connoiffances font un préalable néceffaire, pour nous amener à croire que nous ne pouvons rien favoir. Pourquoi nous faire perdre du tems à lire les Préparations inutiles par leur incertitude? Qu'on life tout le Chapitre. Le ftile en eft très-décifif d'un bout à l'autre. Par exemple *La Philofophie n'étant autre chofe*, *il eft néceffaire qu'un Philofophe fache*. Voilà une *Confequence néceffaire* d'un *Principe* qui nous apprend non-feulement *ce qu'eft que la Philofophie*, mais de plus *tout ce qu'elle eft, n'étant autre chofe*.

Quand il dit, qu'il faut être affuré que l'Efprit humain peut connoître la Verité par la Raifon, avant que de s'engager à une Recherche qui lui donneroit beaucoup de peine, fans aucun fuccès: je ne tombe pas tout à fait d'accord de ce qu'il pofe en fait. Il eft permis de fe flater de cette efperance, & de fuivre le penchant de la Nature qui nous porte à cette recherche. Le But eft affés beau, il a affés de dignité, & il nous doit paroitre affés propre à nous perfectionner; au cas que nous y arrivions, pour nous mettre en goût d'en faire l'effai. Un fi beau but vaut bien la peine de faire quelques efforts. N'ayons pas à nous reprocher là-deffus nôtre pareffe & nôtre lâcheté. Effayons courageufement & perféverons dans nos Effais. Il fera tems de revenir fur nos pas, & de nous permettre un plein repos, dès que nous ferons convaincus qu'il eft inutile d'aller

plus

DU PYRRHONISME.

plus loin, de continuer nos efforts & de faire de nouvelles tentatives. Avant cela souvenons-nous que *In magnis voluisse sat est*, & qu'un beau Dessein est toûjours louable.

La Comparaison d'un Chasseur que Mr. Huet met dans la bouche de son ami est plus propre à fortifier mon raisonnement que le sien, & mes prétensions que les siennes. On va à la Chasse parce qu'on se flate d'attraper quelque chose; cette espérance n'a rien qui soit déraisonnable, il est très-permis de se donner ces mouvemens-là sur un *peut-être*; & ce n'est qu'après avoir été arrêté par des Rochers inaccessibles & des obstacles impénétrables (page 11) qu'on abandonne la poursuite d'une bête qui s'échape. On ne renonce pas pour cela à la Chasse, on revient sur ses pas pour faire de nouveaux essais d'un autre côté.

II.
Ce que c'est que l'Entendement humain.

Ce que c'est que l'Entendement humain, est la seconde chose que l'Apologiste des Pyrrhoniens reconnoît qu'il faut montrer. Il le définit *Un Principe, ou un Pouvoir né dans l'homme, lequel est uni & ébranlé à former des Idées & des pensées, par la reception & impression des Especes dans le Cerveau.*

Mais cette Définition, en partie composée de termes métaphoriques & en partie tirée de l'Ecole Peripateticienne, combien de connoissances ne suppose-t-elle pas? *Naissance de l'homme, Idées, Pensées, Especes, Traces du Cerveau, Union de l'Ame & du Corps.* Si j'avois été présent à cette Conférence j'aurois prié le Président de me dire, s'il entendoit cette définition, ou s'il ne l'entendoit pas, & de sa réponse j'aurois conclu ou que sa Raison a été capable de lui apprendre quelque chose, ou qu'il se moque de son disciple & de son ami, en lui donnant pour définition une assemblage de mots qu'il n'entend pas lui-même. De plus cette définition est un des Préliminaires par où il faut commencer, & là-dessus je demande encore; Est-elle certaine, ou est-elle douteuse? & si elle est douteuse, quelles conséquences prétend-il que se tire d'un Principe incertain?

III.
Ce que c'est que la Verité.

Il définit la Verité par la *Convenance, ou le Raport du jugement que fait nôtre Entendement, en vuë de l'Idée qui est en nous, avec l'objet extérieur, qui est l'origine de cette idée.* Il éclaircit cette définition par un Exemple & c'est l'exemple ordinaire du Chien & du Loup, c'est-à-dire du chien qu'on prend pour un Loup en le regardant de loin. Après quoi il ajoute: *S'il se trouve donc que la nature de l'homme soit telle, qu'il ne peut connoître avec une parfaite certitude & une entière évidence, par le secours de sa Raison, que cet objet exterieur convient & se rapporte avec le Jugement que mon Entendement en a formé, en vuë de l'Idée que j'en ai, il faut nécessairement avouer que l'homme ne peut connoître la Verité, avec une parfaite certitude, par le secours de sa Raison.*

Je ferai quelques Remarques sur cet Article. 2°. A moins qu'on n'ait assez de présomption & l'Esprit assez troublé, pour se promettre de renverser tous les Systêmes, sans avoir soi-même aucune Idée des Argumens par lesquels on les attaque, sans y rien comprendre, & sans pouvoir faire comprendre aux autres qu'il soit en effet convaincant, il faut que Mr. Huet se soit persuadé qu'il entendoit & qu'on pouvoit venir à bout d'entendre ce que signifient les termes de *Verité*, de *Certitude*, & à quels caractéres par conséquent on pourroit la reconnoître, sans mélange de doutes au cas qu'on fût assez heureux pour y parvenir.

2°. Mr. Huet s'est joué donc de son Lecteur, s'il prétend qu'il n'y a rien à opposer au raisonnement qu'on vient de lire; car s'il n'en est pas lui-même convaincu, pourquoi en faire la Base de tout son Ouvrage? & s'il en est effectivement convaincu, est-ce sans savoir pourquoi? Est ce à cause de son Obscurité, ou à cause de son Evidence? Sur quoi prétend-il qu'on doit se rendre à cette Maxime Préliminaire? s'il le met dans le rang où il veut qu'on mette toutes les autres, s'il la tient pour douteuse & pour incertaine, pourquoi l'énonce-t-il dans les termes les plus forts & avec la plus grande assurance, *Il faut nécessairement avouer*; Veut-il nous persuader ce qu'il ne croit pas?

3°. Si le Raisonnement de Mr. Huet a de la force & s'il est juste de s'y rendre, je lui en opposerai un qui n'est pas moins évident. Au cas qu'il se reconnoisse, dans une Proposition, le caractère que Mr. Huet demande pour pouvoir s'en assurer sans aucun doute; en ce cas celui qui refuseroit d'y acquiescer, se rendroit très méprisable par son obstination & sur-tout s'il faisoit des efforts pour chicaner une Evidence d'un tel caractère. Essayons donc de découvrir des propositions auxquelles il ne sera pas moins difficile de resister qu'à celle sur laquelle Mr. Huet bâtit son Systême & fonde ses prétensions.

IV.
Des degrés de certitude.

Dans la page 16, il distingue divers degrés de Certitude, entr'autres celle des BIEN-HEUREUX. Sur quoi je remarque que quand je me rens attentif au sens de cette Proposition, *2 fois 2 font 4*, & à la signification des termes dont elle est composée; je m'en trouve aussi persuadé que les Bien-heureux le peuvent être dans le Ciel. La différence ne consiste pas dans la certitude même d'une Proposition évidente, mais 1°. en ce que les connoissances des Bien-heureux seront infiniment plus étendues; 2°. qu'elles ne seront mêlées d'aucune erreur; 3°. qu'ils se trouveront au-dessus du danger de passer de l'état de Sagesse à celui de Folie, au lieu que, sur la Terre, après qu'on n'a pû s'empêcher de se rendre à l'évidence de cette Verité, *2 fois 2 font 4*, on peut détourner son attention, & devenir assez fou, pour la donner tout entière à ce faux-fuyant. *Mais je me souviens de m'être trompé autrefois en calculant de plus grands nombres. Donc il se pourroit bien aussi que je compte mal lorsque je mets 4, à la place de 2 fois 2.*

Mr. Huet passe bien légérement sur la *Certitude de la Foi.* Cependant cet Article est de la dernière importance & il auroit été infiniment mieux de s'arrêter à l'éclaircir & à l'établir, que de s'étendre à renverser tout le reste. Cette Proposition *Tout est incertain* est (comme Mr. Huet le dira dans la suite après les Pyrrhoniens) un violent purgatif, & si violent que lui-même, en chassant tout, s'en va avec ce qu'il chasse. Rien absolument ne reste dans celui qui l'a avalé. Qu'y auroit-il donc de plus intéressant que d'apprendre de celui qui possede cette bienheureuse Foi, en quoi elle consiste? comment on l'aquiert? Comment on s'en assure? & en vertu dequoi elle reste & subsiste toute entiere & inébranlable, dans une Ame, que le violent purgatif des Pyrrhoniens vuide, au point de n'y laisser pas seulement, *Un & un font deux*, dans un état de pleine certitude?

Deux Lignes suffisent pour mettre un Auteur à couvert d'insulte, & pour lui laisser une porte également ouverte & à son Apologie, & à ses plaintes contre ses accusateurs, pour éblouïr enfin des Devots prévenus & des Devots d'un petit genie. Mais il est d'autres personnes qui méritoient bien aussi quelques égards: Il en est qui connoissans le prix de la Foi, ne se borneroit pas à prier Dieu de l'affermir & de l'augmenter en eux, ils se croyent de plus indispensablement obligés de travailler aussi eux-mêmes & de faire usage des Dons qu'ils ont reçû de Dieu, pour affermir cette Foi par leurs reflexions, & pour la rendre inébranlable contre les atteintes du Doute, en joignant à leurs lumiéres, les instructions & les conseils des personnes capables de leur en donner. Mr. Huet pouvoit-il ignorer qu'il n'y eût bien des Chrétiens de ce caractère? & peut-on comprendre qu'ils ne lui ayent pas paru dignes

gnes de son attention & dignes d'apprendre d'un si venerable Prélat, par quelles routes on parvient à la Foi, comment on s'y affermit & quels sont les caractères de la Persuasion & de la Certitude qui en naissent ? Il y a enfin un très grand nombre de personnes qui pleins d'estime & de respect pour les Veritès saintes & zèlés pour les heureux fruits qui naissent de leur persuasion, ne peuvent qu'être très-mortifiés du plaisir que le silence, ou le Laconisme de Mr. Huet, sur ce grand article, donne à une infinité de cœurs corrompus, & charmés de vivre à leur gré, par le secours de leurs doutes & de leurs ténébres. Toutes les plaintes du Monde Chretien n'ont pû amener Mr. Bayle, à prévenir l'abus que des cœurs ainsi gâtés font de ses Ouvrages, & n'ont pû arracher de lui aucun éclaircissement qui apprit de quelle manière on doit s'y prendre, pour parvenir en sureté à cette Foi, laquelle, si on veut l'en croire, demeuroit inébranlable chés lui, au milieu de tous les mouvemens qu'il se donnoit pour établir le Pyrrhonisme, mouvemens qui lui ont si bien réussi. Il auroit été fort à souhaitter que Mr. Huet, touché de ces plaintes & de ces reproches, eût voulu charitablement entreprendre ce que Mr. Bayle s'est obstiné à refuser. Les gens de bien, édifiés par ses instructions, auroient à jamais beni sa Memoire.

Je n'ai garde de flétrir celle de ce fameux Prélat, par des soupçons injurieux, & je ne voudrois pas avoir ce reproche à me faire. On verra aisément que je suis dans de tout autres pensées, si on se donne la peine de lire avec attention la Lettre que j'ai mis à la tête de cet Examen. Mais toujours ne peut-on s'empêcher de penser qu'il auroit été bien digne du savant Auteur de la DEMONSTRATION EVANGELIQUE qui, avec un travail immense, avoit cherché, dans l'Antiquité la plus reculée & à travers les Imaginations les plus creuses, les Histoires les plus défigurées, les Fables les plus embellies, les Contes enfin les plus mutilés ou les plus exagerés, par la suite des tems, des preuves demonstratives de la Verité de nôtre Réligion : on ne peut, dis-je, s'empêcher de penser qu'il auroit été bien digne de ce savant Prélat, de nous développer la Nature & les Fondemens de cette précieuse Foi, dont la certitude approche de si près celles des Bien-heureux dans la Gloire, que dès cette vie même, elle passe de beaucoup, en degré de certitude, tout ce que les Mathematiciens nous donnent pour plus clairement & plus certainement démontré. A quoi Mr. Huet pouvoit-il mieux employer ses Talens & sa longue vie qu'à un tel Ouvrage ? & n'auroit-il pas infiniment mieux merité d'être son Livre favori qu'un tas de Rhapsodies cent fois rebatués par les Pyrrhoniens, Rhapsodies par lesquelles il a trouvé à propos de nous instruire encore après sa mort, & de nous ôter tout courage d'apprendre, en nous déclarant que lui-même n'a jamais rien sû, que sa Raison ne lui a jamais rien apris, & que la nôtre non plus ne sera jamais capable de nous rien apprendre. O que les Paresseux, que les hommes vendus à la sensualité & à la dissipation lui sont obligés de ce riche present, effet de ses soins charitables & le fruit de 91 années !

V. Les Pyrrhoniens ont un double langage, parce qu'ils ne sont pas toujours dans le même état.

Lorsque, dans la suite de la page 17, je lis Ce qui n'est attesté que par deux témoins n'a qu'une certitude de PROBABILITÉ. Que Saturne soit au-dessus de Jupiter, cela est certain d'une véritable certitude. Que le Tout soit plus grand que sa Partie, cela est plus certain & plus évident : Cela est très certain, & dans la page 18. Je sçai certainement aussi qu'auprès du Bosphore de Thrace il y a une ville appellée CONSTANTINOPLE & qu'il y a eu à Rome un Empereur nommé Auguste &c : Lorsqu'on tombé sur ces aveux & sur ces distinctions le Pyrrhonisme disparoit : & je me confirme parlà dans tout ce que j'ai avancé sur la Définition du Pyrrhonisme & le Ca-

ractère des Pyrrhoniens. Tour-à-tour, ils rentrent dans la Nature & ils en sortent suivant l'humeur dont ils se trouvent & l'interêt qu'ils y ont. Laissés Mr. Huet en repos sur l'incertitude du principal objet de ses Etudes, ne dites rien contre les Recherches Etymologiques, ni sur le peu de fond qu'on peut faire sur l'origine des Fables que l'Imagination a tant chargées & tant embellies : En un mot ne l'attaqués point sur son goût & sur les Etudes qu'il aime, il parlera & il pensera comme les Dogmatiques. Mais dès que vous préférés la solidité de vos connoissances à celle des siennes, il vous harcelera de toutes les objections dont sa grande Memoire est remplie, & pour avoir le plaisir de vous fatiguer & de vous mortifier il jouera le Personage d'un Pyrrhonien. Il vous dira que vos Théorèmes Mathematiques sont établis sur des Principes douteux, que vos Principes d'Experience ne sont pas assés fixes, il vous contestera toutes les consequences que vous en tirés, & il ira jusqu'à soûtenir la Raison incapable d'établir d'une manière convaincante les Principes de la Morale.

VI. Remarques sur les citations.

Les Citations qu'on abandonnoit autrefois aux Piliers des Colleges, sont aujourd'hui fort à la mode. Il y a quelque apparence que Mr. Bayle n'y a pas peu contribué, par l'adresse avec laquelle il a sû les semer, après les avoir choisies telles qu'il les faloit pour amuser agréablement ses Lecteurs.

Dès qu'on n'est pas sur ses gardes, on se rend trop aisément à ce qui fait plaisir : Par cette raison on doit se défier de celui qui trouve à lire des Citations, En matiere de Discussions Philosophiques elles ne décident rien, & n'entrainent que les esprits paresseux. De grans hommes, mais d'une Imagination très vive, se sont souvent laissé emporter à leur zèle & à leur feu. Les Anciens Rheteurs formoient toujours leurs disciples au goût de l'exageration : Ce goût fait que l'on outre, & qu'on se jette d'une extremité à une autre. Aussi me souviens-je d'avoir lû, dans un Ouvrage Posthume de Mr. de Cambrai, qu'on marque mieux son respect pour les Anciens Peres, en faisant quelque peu de violence à leurs expressions, pour n'y trouver qu'un sens juste, qu'en s'obstinant à une explication plus simple lorsqu'elle les fait penser contre le Bon sens & contre l'Equité.

Je fais cette remarque générale sur les citations à l'occasion de celle qu'on lit page 19. *C'est pourquoi St. Chrysostome a dit, avec beaucoup de verité, que si nous ne tenons pas plus certaines les choses que nous connoissons par la Foi que celles que nous connoissons par les Sens, nous manquons.* Mais ces paroles ne favorisent nullement le Pyrrhonisme & ne degradent ni la Raison, ni les Sens renfermés dans leurs justes bornes. Elles nous avertissent que nous devons beaucoup plus compter sur les Biens qui nous sont promis dans l'Evangile, que sur ceux que nous possedons. La possession de ceux-ci est immanquable à ceux qui ne manqueront pas à la condition sous laquelle ils sont promis. Mais pour ceux-ci, mille accidens nous enlevent & certainement la Mort nous y arrachera pour toujours.

VII. De la Perfection & de l'imperfection de nos connoissances.

J'ai été frappé de ce que j'ai lû dans la page 20. & je m'y suis rendu attentif. *Quand je dis que l'homme ne peut connoitre la Verité avec certitude, il faut l'entendre ainsi, que l'homme en cette vie, ne peut connoitre la Verité avec cette suprême certitude, à qui il ne manque rien pour une entiére perfection : mais qu'il peut connoitre la verité avec une certitude humaine, à laquelle Dieu a voulu que l'Entendement humain pût parvenir, pendant qu'il est joint à ce Corps mortel. L'Entendement humain n'ayant rien de plus sûr ni de plus solide, sur quoi il puisse s'apuyer, que cette Certitude, on peut l'appeler la souveraine Certitude humaine, quoi qu'elle ne soit pas entiérement parfaite.*

Ces paroles présentent naturellement un sens si juste, qu'il faudroit être bien deraisonnable & bien chica-

chicaneur pour ne le pas adopter. Je connois certainement diverses choses; mais, pour cela, mes connoissances ne sont pas arrivées à la perfection, car plusieurs choses me sont encore inconnuës, & les objets même dont je connois plusieurs parties & plusieurs propriétés, en renferment aussi d'autres que je ne connois pas.

Quand M. Huet ajoute que *l'homme, aidé seulement des forces de la Nature, ne peut connoître la Verité, avec une parfaite certitude & une entiére evidence;* s'il veut dire par là, qu'il n'y a aucune verité dont l'homme après y avoir bien pensé, puisse s'assurer sans que sa certitude soit ébranlée par des défiances raisonnables & de justes sujets de douter, il fait évanouir parlà tout ce qu'il avoit parû nous accorder dans les lignes précedentes & on ne fait pas venir à bout de comprendre quel plaisir il trouve à se contredire ainsi.

Ce qu'on lit, dans le reste de la page 21. que *l'homme peut connoître bien plus certainement par le secours de la Foi, mais suivant les termes de l'Apôtre,* PAR UN MIROIR, EN ENIGME, *car ce qui manque à la Nature humaine pour avoir une parfaite connoissance des choses, la Grace de Dieu le suplée par la Foi; elle fortifie la foiblesse de la Raison & des Sens, elle chasse l'obscurité des doutes & soutient l'Entendement chancelant.* Tout cela présente de grands mots & de belles Antithéses, mais je ne puis presque parvenir à y attacher aucune idée, beaucoup moins puis-je appercevoir de la liaison entre celles que chaque terme fait naitre séparément; elles s'évanoüissent dès qu'on les veut rassembler. Quelles sont les forces que la Foi donne à la Raison? Il faloit s'expliquer là-dessus, pour ne pas se faire soupçonner de vouloir jetter de la poussiére aux yeux des autres ou de chercher à s'éblouïr soi-même. Je ne crois pas que personne ait jamais remarqué que les Chrétiens eussent les yeux plus perçans, & les oreilles plus fines que les Turcs, ni que la Raison du disciple de l'Alcoran fût moins capable de réussir dans les Sciences humaines, que la Raison du disciple de l'Evangile. Il me semble que le secours, que nous tirons de la Foi, ne consiste pas à rendre nos idées plus claires, & plus distinctes, mais à abreger le chemin qui conduit à la certitude. Il me donne pas, sur la nature des Biens à venir d'autres Idées que celles que la Raison peut me fournir, mais elle m'en fait esperer de plus grans que tous ceux que je puis connoitre, & cette fermeté de l'esperance qu'elle me donne est fondée sur des témoignages, dont les raisons incontestables me démontrent l'autorité & l'authenticité.

Le secours de l'Esprit de Dieu en soutenant mon attention, sur l'importance infinie de l'avenir, en comparaison du présent, sur la douceur & l'éclat de la vertu, sur la Beauté & la justice des Loix de Dieu, sur la satisfaction de s'y soumettre, & en me rendant par là moins dépendant des Sens & des Passions, me met en état de sentir plus aisément la force des preuves qui établissent la verité d'une Revelation pour laquelle mon cœur n'a aucune repugnance.

Il auroit été bien digne, comme je l'ai déja remarqué, de la piété d'un si grand Prélat, d'éclaircir un sujet de cette importance, & de s'étendre à nous faire bien comprendre la seule certitude capable de nous consoler de tout ce qu'il nous enlève. Mais il passe si legerement sur un si grand sujet qu'il se borne même à nous le nommer & c'est tout. Il est vrai qu'il finit ce prémier Chapitre en disant, *Mais je vais bien-tôt expliquer ces choses plus au long.* Je m'y suis attendu, & malheureusement j'ai trouvé qu'il tenoit bien sa parole, par raport à la certitude qu'il se propose d'enlever, mais nullement par raport à celle qu'il faisoit esperer d'y substituer.

Ce que ce Chapitre renferme pourroit donner lieu à un grand nombre d'autres reflexions. Mais je ne ferois que repeter ce que j'ai déja écrit & dans ma Logique & dans mon Examen de Sextus sur les routes qui conduisent à la Certitude, & qui servent à garentir de l'erreur. On trouvera dans ma Logique des Définitions plus simples de l'Entendement, de la Pensée, des Idées, définitions qui ne sont dépendantes d'aucune hypothèse & qui ne renferment rien que d'incontestable & dont chacun ne puisse se convaincre par son propre sentiment. Voyés Log. T. I. p. 24, 26, 55; p. 14. T. I. p. 16. N. p. 10. I. 41. III. 195. 200. IV. 205.

Voyés aussi dans l'Examen de Sextus Sect. III. Art. 11. 14, 17, 30. Sect. IV. Art. 14. 30. 77. Sect. V. Art. 10, 11, 12, 20, 21. 30. Enfin voyés dans l'Examen de M. Bayle, Sect. II. Art. 68. 70. Sect. III. Art. 14, 15, 16, 17, 19, 30. Sect. IV. Art. 10. Section sur le Pyrrhonisme Physique Art. 1. & 2.

CHAPITRE II.

Preuves tirées des Auteurs sacrés.

AVANT QUE de nous soumettre aux leçons des Auteurs que nous apelons Sacrés, & de les croire sans mélange de doutes, il faut s'être assuré que Dieu autorise leur témoignage; or cette assurance sera-t-elle un pur effet du hazard, de la fantaisie & de l'entêtement? Ces preuves encore seront-elles convaincantes? ou s'il l'on se contentera, sur un si grand sujet, de preuves très-legeres, ou tout au plus de preuves vraisemblables? Tiendra-t-on sa Foi d'une Inspiration secrete, & faudra-t-il encore être inspiré soi-même, pour comprendre & pour croire les leçons de ceux qui l'ont été? J'ai déja fait voir, dans plus d'un endroit de mon Examen du Pyrrhonisme, quelle atteinte on porte à la Foi, & à quel point l'on ébranle sa Certitude, dès qu'on pose en fait que les Sens & la Raison sont incapables de nous assurer pleinement sur quoi que ce soit. Je ne repeterai pas ici ce qu'on a déja lû dans cet Ouvrage.

Pour être en droit de s'apuyer sur une Autorité, il ne sufit pas de détacher d'un Livre quelques morceaux, auxquels on donnera un sens conforme aux Idées dont on est prévenu. Il y a des *Régles d'explication* dont il n'est pas permis de s'écarter. Mais, dira-t-on pourquoi les Pyrrhoniens s'assujetiroient-ils à ces Régles? puisque selon eux la foiblesse, essentielle à l'Esprit humain, le rend également incapable & de découvrir quelque Régle sûre, & de la suivre ponctuellement, & de s'assurer enfin qu'il l'a suivie, quand un miraculeux secours ne lui fourniroit? Je répons que si nous ne sommes pas en droit de les assujetir à aucune régle d'explication, ils ne se font pas non plus de tort en se rangeant au sens qu'il leur plaira de donner à des passages qu'ils n'ont aucune certitude d'avoir bien entendus.

M. Huet cite les paroles de l'*Ecclesiaste* VIII. 16. 17. *J'ai apliqué mon Esprit pour aquerir la Science, & pour connoitre les évenemens qui arrivent sur la Terre. Il y a tel homme qui y travaille jour & nuit & se prive du sommeil. Et j'ai compris que l'homme ne peut trouver aucune raison des Ouvrages de Dieu qui se font sous le Soleil; & que plus l'homme se travaillera pour la chercher, moins il la trouvera; & qu'encore qu'un homme sage se vante de l'avoir trouvée, il ne la pourra trouver,* & Eccl. III. 10, 11. *J'ai vu l'afflittion que Dieu a donné aux hommes pour les exercer. Tout ce qu'il a fait est bon; & il l'a fait dans son tems & il leur a livré le monde, comme une matiere de méditation & de dispute, mais sous cette condition que l'Ouvrage que Dieu a fait depuis le commencement jusques à la fin demeurera inconnu à l'homme.*

Salo-

Salomon s'étoit abandonné, sans retenuë, à tout ce que la Vie présente lui pouvoit fournir d'agrémens, dans l'élévation où il se trouvoit & avec tous les secours dont il étoit en possession. Il avoit cherché dans les plaisirs de cette vie toute sa félicité. Dans le Livre de l'Ecclésiaste il reconnoit qu'il s'est excessivement égaré & il en fait un aveu public, pour marquer sa honte & son repentir & pour éloigner les autres hommes de son imitation. Le résultat de tout ce qu'il a éprouvé & de toutes les sérieuses réflexions qu'il a faites sur sa conduite passée, c'est qu'il ne faut se livrer à aucune Passion, que l'unique Principe, qui doit nous dominer tout entiers, consiste dans un profond respect pour nôtre Créateur, une plénitude d'affection pour ses Loix & un attachement inviolable à les observer. Il nous apprend que c'est là nôtre Capital, & qu'il est même vrai de dire que c'est nôtre *Tout*. Non seulement c'est en cela que consiste uniquement le fonds de nôtre félicité la plus parfaite, c'est de là encore que dépend ce qu'il y a de plus durable & de plus satisfaisant dans le reste de nos legeres & accessoires douceurs.

Mais, dira-t-on, n'y a-t-il point quelques exceptions à faire? Qu'y a-t-il, par exemple, de plus raisonnable que de se rendre attentif aux merveilles de la Nature, & aux Ressorts secrets qui font nous continuellement naitre, à nos yeux, tant de diverses Beautés? Qu'y a-t-il, dis-je, de plus raisonnable que de s'y rendre attentif, pour y admirer de plus en plus la Sagesse, la Bonté & la Puissance du Créateur & afin de nourrir & d'enflammer de jour en jour davantage, ce que nous lui devons de reconnoissance?

Je réponds que ces occupations sont si justes & si loin d'être opposées à ce que Salomon prescrit, qu'elles font au contraire, une partie du culte du souverain Maître & des devoirs par lesquels on le glorifie. Job & ses Amis en faisoient leur étude, David nous invite à les admirer, & St. Paul trouve inexcusables les Payens de n'y avoir pas fait assés d'attention & d'avoir négligé de comprendre qu'elles annoncent, avec un éclat qui saute aux yeux, l'existence & les perfections du souverain Etre leur Auteur. Mais si, au lieu de vuës si grandes & si sages, vous vous bornés à étudier les Ouvrages de la Nature, leur structure & leurs causes immédiates, sans porter vos vuës plus loin, si vous ne cherchés qu'à vous satisfaire vous-même par ces occupations, sans les raporter à Dieu & les faire servir à son admiration & à son amour. En un mot si passionés pour ces connoissances vous y cherchés votre principal bonheur, que vos espérances sont vaines & que vous prenés un parti bien opposé à votre contentement! D'un côté, si, dans la crainte de vous tromper, vous ne raisonés qu'avec circonspection, vous n'avancerés que peu dans vos connoissances, & vous languirés continuellement à la vuë du peu de chemin que vous vous trouverés capable de faire vers l'objet de tous vos désirs. D'un autre si l'impatience d'avancer vous séduit, & si l'amour propre, & le plaisir flateur de paroître grand & en imposer aux yeux & à ceux des autres, vous imposent & vous éblouissent après vous être aplaudi dans un Système de Chimères, rassemblées avec trop de précipitation, de nouvelles remarques vous désoleront en vous forçant d'abandonner ces prétendues connoissances pour en chercher de plus solides. Vos inquiétudes ne se borneront pas là. L'apréhension d'être surpassé par des rivaux plus habiles ou plus heureux, ou enfin plus accredités & plus à portée de se faire une réputation vous tourmentera. Le mépris que les autres feront des occupations, que vous aurés choisies & la préférence qu'ils donneront à leurs amusemens vous mortifiera & vous aigrira contre eux. Le désir naturel de s'instruire & les objets qui l'animent font des présens que Dieu fait, dans sa grace, aux hommes qui prenent le parti d'en bien user: Mais ce désir & ces objets servent, en même tems, de punition & de suplice à ceux qui y cherchent seulement matière à nourrir leur orgueil & leur goût pour la dissipation, le penchant enfin de leur cœur corrompu pour tout ce qui les amuse & les détourne de Dieu. Voilà, ce me semble, le précis & le but des leçons de Salomon sur l'étude de la Nature. Il ne me paroit pas que ces paraphrases & ce commentaire s'éloignent de sa pensée. Salomon ne condamne que l'abus de cette étude, & il ne l'interdit point comme une entreprise inutile, il avertit seulement qu'elle sera infructueuse si elle ne conduit pas à Dieu & qu'elle se tournera en fatigue accablante pour un présomptueux résolu de ne pas se reposer qu'il n'ait tout compris & tout éclairci.

Il se peut que du tems de Salomon il y eût déjà dans l'Orient des Philosophes assés vains pour se flater que rien n'étoit au-dessus de leur pénétration & qui, pour en persuader les autres, décidoient hardiment sur ce qu'ils ne connoissoient pas & par cette habitude à décider, s'étourdissoient encore plus eux-mêmes que les autres. La Grèce se remplit de ces gens-là & l'Auteur de la Sapience & de l'Ecclésiastique pouvoient en avoir connoissance & regarder ces pensées présomptueuses d'un œil de pitié ou d'un œil de mépris, & pour engager les Lecteurs à philosopher modestement il leur dit: *Ne cherchés point ce qui est au-dessus de vôtre portée.* (Ecclésiastique III: 22.) *& n'entreprenés point de pénétrer ce qui surpasse vos forces: mais occupés toujours vôtre pensée des choses qu'il vous a commandées, sans porter vôtre curiosité dans la lecture de ses Ouvrages; car il ne vous est point necessaire de voir de vos yeux les choses cachées: Ne vous engagés point dans une recherche laborieuse des choses superflues, & ne poussés point vôtre étude dans le grand nombre de ses œuvres, car il vous a fait voir une infinité de choses qui sont au-dessus de vôtre conception.*

L'Auteur de ces paroles trouve qu'un homme s'oublie dès qu'il neglige ses Devoirs pour se livrer tout entier à des spéculations & qu'une des suites de cet abandon excessif c'est l'ignorance de ses forces & sa vaine imagination de se croire capable de tout pénétrer. Mais loin de nous décourager & d'avoir en vuë de nous persuader que la Raison est trop foible pour nous éclairer surement sur quoi que ce soit, qu'au contraire il nous donne d'excellentes leçons pour nous garantir de tomber dans le décoragement & le Doute universel. Il nous en découvre un préservatif, dans la modestie & la Modération en effet, si l'on conduit pas ses études avec assés d'ordre, dès qu'on présume de soi-même & que, sans avoir bien posé ses Principes, & monté, pié à pié, & avec une grande circonspection des Principes aux conséquences, on se croit capable, on fait des sauts, on méprise ce qui est simple, on veut du sublime & au dificile; alors, pendant quelque tems on s'aplaudit & on se repait d'agréables illusions. Mais ces illusions se détruisent mutuellement: on vient enfin à s'en apercevoir, & on en est troublé, mais au lieu d'en condamner les causes, au lieu de recommencer ses études avec plus d'ordre & de circonspection, on se dépite, on condamne la Nature humaine en général, & on ne craint point de faire injure à son Auteur, en dépouillant son Ouvrage de tout ce qui s'y trouve de plus estimable & de plus propre à faire connoitre la Sagesse & la Bonté de son Créateur.

Pour ce qui est de la Remarque qu'on lit *Sap. IX: 15. & suiv. La Corps corruptible apesantit l'ame & cette demeure terrestre abaisse l'entendement plein de beaucoup de pensées. A peine pouvons-nous*

DU PYRRHONISME.

connoître par conjecture des choses qui sont sur la Terre; nous ne pouvons découvrir sans travail les choses qui sont sous nos yeux. *Qui est-ce qui pourra découvrir ce qui se fait dans le Ciel? Qui est ce qui connoîtra vos desseins, si vous ne donnés vôtre sagesse, & si vous n'envoyés d'enhaut vôtre St. Esprit?* Cette Remarque ne va point à nier qu'on ne puisse certainement parvenir à connoître diverses choses, elle borne simplement l'étenduë de nos connoissances & de nôtre capacité; & il saute aux yeux que ces paroles renferment un parallele des connoissances, où l'on s'éleve, ordinairement en matiere de Religion, par des conjectures, avec celles dont les Prophetes ont été éclairés par l'inspiration. Mais il faut être étrangement prévenu pour trouver, dans ce parallele, le moindre apui au Pyrrhonisme. C'est de Dieu que nous vient une connoissance certaine de ses desseins: Nos conjectures ne nous en peuvent découvrir que très-peu, & ce peu ne nous dégage pas de toute apréhension de nous être trompés. Quelle reconnoissance ne devons-nous pas à Dieu, quand il nous instruit lui-même! Concluons de là que la Raison qu'il nous a donnée est incapable de nous éclairer sur quoi que ce soit. Quelle consequence! Messieurs les Pyrrhoniens qui le plus souvent se montrent si dificiles & refusent de voir ce qui est & qui saute aux yeux, s'imaginent, quand il leur plait, de voir ce qui n'est point & de trouver par tout des traces de Pyrrhonisme.

C'est en vain qu'un Pyrrhonien, s'adressant à des Chrétiens, tâchera de s'apuyer de l'autorité de St. Paul. *Il est écrit,* (dit cet Ap. 1. Cor. 1: 19 & suiv.) *je perdrai la sagesse des sages & la prudence des prudens. Où est le Sage? Où est le Docteur de la Loi? où est cet homme studieux des choses de ce Siécle? Dieu n'a-t-il pas rendu folle la sagesse de ce Siécle? car parce que, dans la sagesse de Dieu, le monde n'a pas connu Dieu par la Sagesse,* (c'est-à-dire, paraphrase M. Huet, *par la sagesse humaine qui est la Raison) il a plû à Dieu de sauver les fideles par la folie de la prédication,* & ensuite. *Les Gentils cherchent la sagesse, mais pour nous, nous prêchons Jesus-Christ crucifié;* puis il ajoûte. *Ce qui est folie en Dieu est plus sage que les hommes, & plus bas Dieu a choisi ce qui est folie dans le monde pour confondre les sages.* Il dit ensuite. *La sagesse de ce monde est folie devant Dieu,* 1 Cor. III: 19. & il confirme enfin cette doctrine tirée d'Isaïe (XXIX. 14. XXXIII. 18) par cet oracle de David *ces pensées des hommes sont pleines de vanité.*

St. Paul a expressément posé en fait que les Philosophes & les Payens qui auroient voulu faire sagement usage de leur Raison, ont été capables de parvenir à la connoissance & de Dieu & de la conduite par laquelle on devoit se glorifier, il les trouve *inexcusables* de ce qu'ils ne l'ont pas fait. Est-ce établir le Pyrrhonisme & l'impuissance totale de s'éclairer? & quand cet Apôtre préfere la Foi à la Philosophie, seroit-ce beaucoup en relever le prix que de la préferer à ce qui n'est rien. *Les Philosophes ont erré; donc ils ne pouvoient mieux faire.* Ce seroit leur Apologie, au lieu de leur condamnation.

Beaucoup de gens regardoient les Apôtres comme des Fanatiques & traitoient leurs leçons de reveries. St. Paul leur répond: " Ce que vous traités de " Folie vient de Dieu & passe infiniment tout ce " que les hommes honorent du glorieux titre de sa" gesse". C'est-de "qu'il exprime à la maniere de ce tems-là & dans le stile des Antitheses, *ce qui est folie en Dieu est plus sage que les hommes.* C'est-à-dire, " ce qui est en Dieu & que vous traités de Folie, " ne changera pas de nature, par le jugement que " vous en faites, comme ce que vous lui préferés " ne sauroit tirer aucun prix de vôtre erreur.

Un Chrétien, d'un genie des plus mediocres, savoit aussi bien que *Socrate,* qu'il avoit un Corps, que ce Corps étoit placé sur la Terre, que la lu-

miére du Soleil l'éclairoit &c. & il devoit cette certitude au sens commun que Dieu lui avoit donné. A cet égard *Socrate* & le Chrétien du plus bas ordre étoient égaux. Mais le Chrétien savoit mieux que *Socrate* & qu'aucun Philosophe ce qu'il devoit esperer & à quoi il étoit destiné, il en avoit une plus grande certitude, & comment? C'est qu'il en étoit convaincu par des preuves à la portée des plus simples, de même que des plus habiles. Des Témoins envoyés de Dieu lui avoient appris ces Verités, & lui avoient donné des preuves de leur mission, dans des Miracles dont les yeux & le sens commun sufisoient pour connoître le realité, &, de-là, pour en reporter la cause au Maître de toute la Nature.

Le Chrétien devoit encore sa Foi à Dieu, par un autre endroit, c'est qu'il se trouvoit le cœur libre de ces préventions & de ces Passions qui, faisant paroître l'Evangile comme pesant à la Nature, incommodes, inquiétant, disposant l'esprit à refuser son attention aux preuves de sa Verité, & à s'occuper plûtot de toute autre chose.

St. Paul penetré de ces privileges du Chrétien par dessus ceux que le monde regardoit comme les plus éclairés & les mieux réglés des hommes, s'écrie, plein de confiance, *Où est le Sage? Où est le Disputeur de ce siécle?* Où sont ces prétendus Philosophes, ces gens qui se donnent pour les seuls sages, qui n'aiment qu'à disputer, qui ne se plaisent qu'à la contradiction, qui prétendent tout savoir & ne savent presque rien, ou même, & ce qui est encore pis, qui ne veulent rien croire, ni rien aprendre, mais ferment obstinément les yeux à l'évidence & sont toûjours prêts à répandre des tènebres sur les lumieres les plus claires, où sont-ils ces prétendus sages & ces insatiables disputeurs? Nous les comptons pour rien, nous les mettons au-dessous du Vulgaire & nous leur refusons tout ne le nom de Philosophes & de sages; Où sont-ils? Ils sont disparus à nos yeux comme des Fantômes, qui, après avoir fait tous leurs efforts pour perdre leur Raison & celle des autres, n'ont que l'apparence & la figure exterieure de l'humanité.

Dans la pag. 26. On cite en faveur du Pyrrhonisme & de l'impuissance où les plus habiles Philosophes ont été d'établir solidement quoi que ce soit, ces paroles de St. Paul aux Colossiens (Chap. II) *Prenés garde que personne ne vous trompe par le moyen de la Philosophie, & de cette vaine tromperie, suivant la tradition des hommes & les Elemens de ce monde & non suivant Jesus-Christ.* De ces paroles de St. Paul conclure au Pyrrhonisme c'est doublement entasser le *Sophisme du particulier au général.* Des Philosophes se sont trompés, donc tout ont été également dans l'Erreur. Ils se sont trompés sur divers Articles sur tout en matiere de Religion. Donc il n'y a rien de vrai dans leurs écrits. Les Anciens Docteurs de l'Eglise ont raisonné tout autrement, pour preparer les Payens à recevoir l'Evangile; car après avoir extrait grand nombre de passages des Livres des Philosophes, ils ont representé à ceux qu'ils se proposoient de convertir qu'ils ne pouvoient rejetter la doctrine de l'Evangile, sans renoncer à tout ce que leurs Philosophes les plus respectés avoient enseigné de plus beau.

Pour expliquer ce passage, au lieu d'entasser citations sur citations M. Huet auroit mieux fait de remarquer que ces Philosophes, contre les Sophismes desquels St. Paul avertit ses disciples d'être sur leurs gardes & par l'autorité desquels il leur defend de se laisser éblouir, recommandoient le Culte des Anges & par-là s'ingeroient aux choses qu'ils n'avoient point vuës, c'est-à-dire qu'éblouis par des conjectures qui leur plaisoient, ils les adoptoient comme vrayes, sans y avoir forcés par des preuves de la Nature de celles que le Bon-sens, & route Logique digne de ce nom, éxige; afin qu'on puisse s'y rendre en toute sureté.

Il est des gens qui se trompent en voulant s'élever trop haut & decider sur ce qui passe leur portée: tels étoient les Philosophes dont parle St. Paul dans le cas présent du culte des Anges. Donc on ne sauroit parvenir à aucune certitude, quand même on commenceroit par les Principes les plus simples, & que l'on ne s'avanceroit en connoissance qu'avec une extrême circonspection & en évitant de décider qu'autant qu'on y seroit forcé par l'évidence qui penétre un esprit attentif. Le respect qu'on doit à St. Paul, permet-il le moins du monde qu'on lui impute d'avoir voulu porter ses disciples à tirer une semblable conclusion ?

Les Philosophes Payens étoient persuadés que l'Etre suprême, le Dieu souverain gouvernoit l'Univers par des Intelligences subalternes, & de là ils concluoient qu'il étoit fort juste d'honorer par quelques hommages ces Ministres invisibles du Souverain Maitre. Ils comptoient par-là de colorer de quelque ombre de raison le Culte qu'ils trouvoient établi par la coûtume & par les Loix, (& c'est peut-être ce que St. Paul apelle les Elemens du monde, c'est-à-dire les Principes de ceux qui ne sont pas éclairés par la Revelation.) Cela posé, ils s'abandonnoient sur les Articles de leur Théologie à des Allegories & à des conjectures toutes semblables à celles de nos Mythologues d'aujourd'hui. Ils les débitoient ensuite aussi hardiment que si c'eût été tout autant de *veritès démontrées*; seulement avoient-ils assés de retenue pour ne leur en pas donner le Titre. Obligés aux Chrétiens, obligés de renoncer à toute apparence exterieure d'Idolâtrie & de souffrir plûtôt le martyre que de violer, en ce point, leur devoir, il leur importoit, dis-je, infiniment de ne se laisser pas éblouïr par des Idées specieuses & sublimes, & de ne donner pas, soit par timidité, soit par interêt, dans les Systèmes dangereux par leur incertitude même, de peur de mêler des imaginations avec leurs dogmes sacrés.

Ils ne devoient pas moins se défier de ces Philosophes modestes en apparence, dont le nombre n'étoit pas petit, & qui avoient pour leur grande Maxime, que puisqu'on ne peut s'assurer de la verité d'aucune Proposition, le meilleur parti qu'on pût prendre, étoit de suivre la coûtume & de s'y soûmettre tranquilement, en matiere de Religion, de Mœurs & de Gouvernement.

Il y avoit enfin des Philosophes éclairés sur l'existence d'un Dieu, & sur le culte qu'il convenoit aux hommes de lui rendre, mais qui, témoins de l'entêtement de la Multitude & persuadés de l'impossibilité de la ramener de ses superstitions, ne se croyoient point obligés de se sacrifier sans fruit. Ils se bornoient donc à adorer Dieu interieurement, & à s'appliquer à lui plaire par l'étude & par la pratique des vertus. Quant à l'égard du Culte public, ils suivoient le torrent, & le croyoient même que le repos de la Société exigeoit que, pour éviter les contestations, l'exterieur du Culte & la profession publique des Dogmes fût règlée par une Autorité suprême & visible. Il ne paroit pas que les Apôtres ayent été de cet avis. En effet de tels préjugés alloient à arrêter tout court les progrès de l'Eglise Chrêtienne.

Il seroit superflu d'examiner en détail le reste des citations de M. Huet; car dès qu'il s'agit de philosopher, l'autorité des hommes qui n'ont pas été inspirés ne doit point être comptée, dans quelque tems qu'ils ayent vécu. Je me bornerai donc à remarquer que quand les Anciens Docteurs de l'Eglise ont étalé les erreurs des Philosophes & fait observer la foiblesse de leurs lumieres; ce n'étoit nullement en vuë d'établir que la Raison ne nous peut conduire à aucune certitude, eux qui s'en sont si heureusement & si fréquemment servis pour convaincre les Payens. Ils se proposoient uniquement de leur faire très distinctement sentir, que le chemin de s'instruire par la Foi est beaucoup plus court que celui que les Philosophes ont été réduits à suivre, & en même tems beaucoup plus sûr, parce que les preuves qui établissent la verité de nôtre Foi & l'autorité de ceux qui nous y ont amenés, sont d'une simplicité, d'une évidence & d'une force à la portée de tout le monde. Il ne s'agit donc plus de chicaner, par des subtilités recherchées, des verités si simples & si sures.

Pag. 27. Il s'agissoit des explicateurs de la Trinité dans le Concile de Nicée, & *Constamin* en ce sens avoit raison de dire que *l'homme est incapable de comprendre une verité si sublime*. Cet avertissement tendoit à faire cesser les contestations métaphysiques sur ce Dogme; mais pourquoi assembler un Concile si aucun de ceux qui le composoient n'étoit capable de s'assurer d'avoir entendu les passages de l'Ecriture conformément aux Règles d'Interpretation ? Au reste les affreux contrastes de la Vie de Constantin avec la profession de l'Evangile nous donnent l'Idée d'un homme fort chancelant dans sa croyance. C'est assés la ressource des Grands. Pour se croire en droit de suivre leurs caprices & de les préferer aux Règles de la Morale, ils se persuadent que les Principes en sont incertains. Ils se font Pyrrhoniens dès que le Pyrrhonisme les accommode, mais toujours indubitablement persuadés de la grandeur de leur merite & de l'obligation indispensable du reste des hommes à leur obeïr.

Tout le monde convient qu'Arnobe est un Auteur fort outré & fort exageré.

Lactance précautione son Lecteur contre le nom specieux de sagesse & l'éclat d'une Eloquence qui seduit. Que sait cela pour établir le Pyrrhonisme. Loin d'y amener, il conduit à l'examen, la plus superflue pourtant des occupations si on ne peut s'assurer de rien.

J'ai déja répondu à ce que M. Huet prétend inferer du reste de ces citations. Il seroit superflu de les reporter.

Suivant les Principes des Pyrrhoniens, il est assez indifferent de quoi l'on s'occupe, puisque toutes les occupations des hommes n'aboutissent à rien. Cete reflexion m'empêche d'être surpris des citations de M. Huet si éloignées, comme on le voit, de favoriser le Pyrrhonisme. Un si savant Prélat n'ayant pas donné d'autres preuves de sa vaste érudition, celles-ci seroient très-insuffisantes pour nous en instruire & ne pourroient tout au plus fraper que le Vulgaire qui ne connoit pas le secours qu'on tire des Indices.

Il n'y aura non plus que le Vulgaire le moins lettré qui ne s'étonnera pas de voir cité St. Thomas en preuve du Pyrrhonisme, car il est constant que les Thomistes sont des Philosophes très-Dogmatiques & rien moins que Pyrrhoniens, & qu'y auroit-il de plus bizarre que d'écrire, comme a fait ce Docteur que l'Ecole apelle *Angelique*, de si gros Volumes pour prouver qu'on ne peut rien savoir ? Au-lieu de me fatiguer de faire une si prodigieuse lecture, ne ferai-je pas mieux de me reposer & de m'imaginer que tous ceux qui prétendent en savoir plus que moi sont des espèces de Visionaires ?

CHAPITRE III.

L'homme ne peut connoitre avec certitude qu'un objet exterieur répond exactement à l'Idée qui est empreinte en lui. C'est le premier Article de ce Chap. & de son sommaire.

QUAND M. Bayle eut entrepris de prouver qu'une Société seroit dans un plus grand lustre & se soûtiendroit mieux contre ses ennemis sans Religion

ligion qu'avec le Christianisme, il choisit entre les Chrétiens, non les partisans du Synode de Dordrecht, son Boulevard; mais ceux dont les Idées lui parurent les plus propres à son dessein, & pour en tirer ses conséquences comme si c'étaient les idées de tous les Chrétiens universellement. M. Huet en use ici de même, & pour nous remplir de doutes il choisit le Systême des *Especes intentionnelles*, Systême non seulement très-décrié, mais encore anéanti. Je ne repeteral pas ce que j'ai allegué ailleurs & dans cet Ouvrage pour refuter un Argument si rebatu. Voyés Part. I. Sect. II. Art. III. P. II. Sect. IV. A. 14, 15, 30, 77. Sect. V. Art. 10, 11, 12, 30. P. III. Sect. VI. Art. 1 & 6.

Je pose du papier sur une Table, il y reste: Je verse de l'eau sur cette Table & elle s'écoule. Je prens ce papier par un bout & je le soûtiens tout entier: j'empoigne de l'eau, & elle m'échape; je l'expose au Soleil, elle s'évapore: Je l'enferme dans un vaisseau, elle en prend la forme; je perce le fond & elle s'écoule: mais du papier ainsi renfermé conserve sa figure & de quelques ouvertures qu'on perce ce vaisseau, il y reste tel qu'on le l'y a mis, & on y retrouve les mêmes caracteres. Tous ceux à qui je m'adresse pensent comme moi là-dessus. A quelque heure que je réitere ces mêmes experiences j'en tire les mêmes lumieres. Je rencontre une source dont je goûte l'eau & je la trouve fort salée. Je la pese & son poids est plus grand que celui de l'eau douce. Je l'expose à l'action du Soleil, ou du feu; les parties de l'eau plus legeres & plus mobiles se dissipent, le sel reste & se manifeste. J'imagine des machines pour m'aider à faire aisément de grans amas de sels: j'essaye, je perfectione mes Essais & enfin le succès répond constamment à mon attente. J'insere une poutre, dont l'extremité est quarrée, dans une autre où l'on a pratiqué une ouverture de la même forme & d'une grandeur proportionée, elles s'unissent. Un Corps cylindrique au contraire tourne dans une ouverture faite pour le recevoir & pour faciliter son mouvement &c. Telles que j'ai imaginé mes machines & que la Raison m'a fait comprendre qu'elles seroient, telles je les vois, telles je les touche, & j'en observe les effets comme je les avois prévûs. Les Especes intentionnelles d'Aristote (*a*), les Envelopes d'Apulée (*b*), ni les divertissemens du Medecin Anaxilaus rapportés par Pline (*c*) ne me feront jamais douter de la réalité des ouvrages que j'ai ainsi prévûs, que j'ai conduits, des fruits qui m'en reviennent & des usages que je fais de ces fruits. On a beau m'alleguer des citations, soit directement soit par parenthese; C'est peine perduë, elles sont trop déplacées pour m'ébranler & pour me plaire.

a pag. 35. *L'espece ou image qui part d'un Arbre est-elle un Arbre?*

b pag. 39. *Ces depouilles qui s'envolent-font-aussi-des Corps.*

c Si dans une chambre bien fermée où allume de l'eau de vie, dans laquelle on aura delayé du sel, ou qu'on allume du souphre dans un vase neuf, les visages de ceux qui seront presens paroîtront pâles & d'une couleur cadavereuse.

La derniere remarque que je ferai sur ce premier article, c'est qu'il présente une Question dont le sens est très-équivoque, car autre est de s'assurer avoir pris certaines précautions, que nos Sens ne nous ont point trompés en nous annonçant qu'un tel & tel corps est effectivement du sucre, pesant, ou d'une figure ronde, dur &c: autre de dire qu'ils nous apprennent exactement la figure de ses parties, la quantité de son poids, la parfaite regularité de sa figure, ou ce qui s'en manque, les degrés de sa solidité & de sa resistance. Nos Sens ne nous apprennent pas tout. Donc ils ne nous assurent de rien, quelques précautions que nous ayons soin de prendre.

Mr. Huet s'en tient, sur la certitude du raport des Sens aux trois régles de l'Ancienne Ecole. Mais lui qui lisoit tant, a-t-il pu ignorer qu'on y en a ajoûté d'autres plus propres à établir la certitude de notre discernement. J'ai déja répondu à toutes les objections de Mr. Huet, en examinant Sextus Empiricus, & Mr. Bayle l'avoit déja dévancé sur ce sujet.

J'ajoûterai seulement que si j'étois Imprimeur d'un Savant de ce goût, je me ferois un plaisir de lui porter une feuille de papier gris & grossier, où leurs mots seroient tantôt séparés, un en deux, tantôt confondus, deux en un, & où les caracteres seroient, par-ci, par-là, renversés. Il se plaindroit, sans doute, de mes bevues & de ma négligence. Mais je lui répondrois bien-tôt, & fort hardiment qu'il me prête ses propres erreurs. Etes-vous assuré, lui dirois-je, que vôtre œil soit rempli d'humeurs convenables? Avés-vous examiné l'état de vos nerfs? Il y aura quelque chose chés vous qui ne se trouve pas chés moi, & entre l'Objet & le principal siége de la Sensation il se sera glissé quelques particules propres à défigurer les Images destinées à vous instruire de la position, de la couleur & de la figure du sujet d'où elles partent. Je lui citerois *Anaxilaus*, *Pline* & *Apulée*. J'appuyerois chacun de mes sujets du doute, de citations & d'autorités. J'en tirerois du Satyrique (*a*) & le lendemain je recommencerois la même Scene, & je la continuerois jusqu'à ce qu'il eût abjuré son Pyrrhonisme.

Pag. 41. *Nos yeux nous trompent; & l'incertitude de nos Sens imposé à la Raison. Une Tour, que je vois quarrée, quand je la regarde de près, me paroit ronde dans l'éloignement. Un homme rassasié rebute le miel, & le mex a souvent de l'aversion pour les parfums. Une chose ne nous plairoit pas plus une fois qu'une autre, si les Sens ne se faisoient pas une guerre immortelle.*

Pour moi j'ai compté sur le raport de mes yeux; moyennant quelques précautions que le Sens commun me dictoit, avant que d'avoir rien su ni de l'Optique, ni de la construction de l'œil; & les connoissances que j'ai aquises dans la suite, n'ont ni affermi, ni affoibli, ma certitude sur ce point. J'ai aquis de nouvelles connoissances; j'ai compris les causes de certains Phenomenes; Mais ce dont le bon sens me persuadoit, je ne le crois pas plus fortement aujourd'hui que je le croyois alors. Tout autant d'hommes que j'ai eu occasion de consulter m'ont fait connoître que leur sentiment étoit le même que le mien; Je comprens qu'un Pyrrhonien peut parler autrement, mais je ne saurois concevoir que ses idées s'accordent avec son langage: Il ne faut que les lire pour se convaincre qu'ils sont copistes l'un de l'autre, & qu'ils parlent à peu près en perroquets.

de Descartes sur le sujet des Nerfs & des Esprits animaux, il corrige le Systême de ce Philosophe, il le perfectione par le sien, il établit pour Certain que les Esprits animaux ont plus de part que les Nerfs à la sensation & à porter au cerveau les impressions des objets. Il resout les objections qu'on pourroit lui opposer. On voit par-là, comme par cent autres preuves qu'un Pyrrhonien est un homme passionné & plein d'amour propre autant qui que ce soit & qu'aucun Dogmatique. Dès qu'il a fait une découverte, il s'en applaudit, il veut qu'on le sache, & il prend soin d'appuyer ce qu'il combattroit s'il étoit parti d'un autre. J'ai remarqué dans l'Examen de Sextus Empiricus qu'il en usoit de même.

Rien n'étoit plus inutile encore que de citer *Parmenide* & *Hippocrate*, pour prouver ce que tout le monde sait, savoir que, pour l'ordinaire, on pense avec beaucoup plus de liberté d'esprit, quand le Corps est en bon état, que quand il est apesanti par

par des veilles, des indigestions & des maladies. C'est une Maxime, dit-il, *du Philosophe Parmenide* (pag. 46.) *que la disposition de l'entendement de l'homme dépend de la disposition des parties de son Corps*, & pag. 47. *Hippocrate raporte que la Nation des* MACROCEPHALES *avoit d'abord emploïé l'artifice pour alonger la tête de leurs enfans.*

Un Erudit croiroit presque d'être deshonoré s'il donnoit au Public une petite Brochure, sans y citer *Homere*. Aparemment que Mr. Huet le cite par habitude, car *Therſite* (un fou & un chicaneur dont la tête étoit très-pointuë) fait, sur la Scene, un personnage très-superflu.

En vain Mr. Huet, après avoir cité l'exemple de *Therſite*, pour prouver que la figure de la tête influë sur la maniere de penser, & après avoir conclu que la diversité des goûts & des opinions doit être raportée à cette cause, fait remarquer, pour surcroît de preuve, que *dans la vieilleſſe* (p. 48.) *il arrive de rejetter ce qu'on cherchoit dans l'enfance*, car enfin est-ce parce que le cerveau d'un vieillard est devenu plus pointu, ou plus rond qu'il n'étoit auparavant.

S'il arrive souvent de changer de vûës & de sentimens, soit dans la Théorie; soit dans la Pratique, d'un jour à un autre, (pag. encore 48.) est-ce par un effet physique d'un changement arrivé dans le cerveau, & n'est-ce pas plûtôt pour avoir mieux examiné un sujet & achevé de dissiper l'obscurité qui le couvroit. Les jeunes gens sont paresseux & dissipés, & par-là, au lieu d'examiner les ventés raportées à leurs Maîtres & ils les embrassent à la hâte leurs opinions, Ce qu'ils ont crû presque sans preuve, ou du moins sans preuve d'une évidence à convaincre, une objection vient à l'ébranler, ils examinent de nouveau, ils s'aperçoivent de leur méprise & se rendent à l'évidence qui les a détrompés.

Au reste il ne faut pas confondre les *idées* & les *Jugemens* avec le Goût. Celui-ci change par des raisons Physiques. Dans un âge avancé, on regarde avec indifference ces amusemens pour lesquels on s'empressoit dans sa jeunesse. Mais on conserve les idées & les systêmes que l'on a embrassé après un raisonnable examen. Quelquefois la tranquilité d'un Esprit qui n'est plus troublé par les Passions, le met en état de juger mieux du merite de chaque chose, & de sentir des verités à l'évidence desquelles ses Passions l'engageroient à se refuser.

Si l'ignorance, où l'on est sur la nature intime de l'Entendement, étoit une raison legitime de douter, il faudroit douter que l'on pense, ce qui est impossible, il faudroit douter si l'on a plusieurs idées, ou si elles se réduisent à une seule, c'est-à-dire, si nos pensées ne nous présentent qu'un seul objet, ou si nous nous imaginons de penser à plusieurs. C'est encore-là une objection à laquelle j'ai déja répondu. Voyés Part. II. Sect. III. Art. XIV.

Attendrai-je de savoir tout ce qu'il est possible de découvrir sur la nature des Sens & sur celle de l'organe qui les reçoit, pour m'assurer qu'on me parle & que je reponds? Faut-il savoir toute l'Optique pour être assuré qu'on lit.

Nous sentons en nous un Principe capable de pensée & de connoissance. Nous ne le connoissons lui-même qu'imparfaitement; A cause de cela douterons-nous de son existence que nous sentons si vivement? Douterons-nous que les viandes ne nous nourrissent & que nous avons un Estomach qui les reçoit & les digere, parce que tous les Phénomènes de la digestion, & de la nourriture, non plus que toutes leurs causes ne sont pas pleinement connuës? Ce Principe que nous apellons Entendement sent son action, sent ses idées & il ne fait pas de quelle maniere il sles se produisent. C'est en lui que resident toutes nos connoissances, & cependant il ne connoit pas le fond de sa nature. Je trouve, dans cette merveille, une preuve bien marquée de la souveraine Liberté de nôtre Créateur qui ne nous devant rien a renfermé ses présens dans les bornes qu'il lui a plû.

CHAPITRE IV.

On ne sauroit venir à bout de connoître quoi que ce soit, dit Mr. Huet, dans ce Chapitre, *car il n'y a aucune chose dont on puisse connoître l'Essence*, & il le prouve ainsi: *Une chose dont l'Essence est connuë se peut définir clairement, or on ne sauroit jamais donner une claire définition*, *comme il paroit par la définition de l'homme*, qu'on regarde comme le modele le plus parfait des définitions. *Animal Raisonnable*.

„ Qui dit *Animal*, dit quelque chose de commun à l'homme & à la bête. Pour comprendre
„ cette définition, destinée à déveloper la nature
„ de l'homme, il faut déja savoir ce que c'est que
„ l'homme & la bête. L'idée de bête est commune
„ au Cheval & au Chat, &c. Il faut donc connoi-
„ tre toutes les bêtes exactement pour savoir en quoi
„ elles conviennent.

Après cela Mr. Huet se jette à corps perdu sur les Genres & sur les Especes, sur les Genres des Genres, & vous diriés qu'il n'a écrit ce livre que pour étourdir des ignorans par des termes auxquels ils ne sont pas accoutumés & qu'on leur fait regarder comme la Clef des Sciences.

En verité j'ai grand regret de voir qu'un homme aussi aimable qu'étoit Mr. Huet par sa politesse, aussi estimable par sa diligence & par son amour pour les Lettres, ait chargé son papier de ces pauvretés. Elles sont encore un plus grand contraste avec son Erudition que le *Bonnet* & le *Baudrier*, dont le souvenir paroit lui faire encore tant de plaisir dans l'Histoire qu'il nous a donné de sa Vie.

On se charge, dans les Ecoles de Logique & de Metaphysique, de certains termes & de certaines Questions. Les Protestans en font la matiere de leurs Examens & de leurs Disputes publiques & particulieres; on s'aplaudit de ce jargon, ensuite on passe à d'autres études par lesquelles on se fait une reputation, & apuyé sur cette reputation, il arrive quelquefois que l'on rapele, & que l'on debite comme des merveilles, des leçons aprises à la hâte, & sans discernement. Comment est-il possible qu'un homme sensé puisse se plaire à copier ces puerilités que *Sextus* a combatuës, dans un tems où les equivoques & les chicanes de la dispute, faisoient la principale gloire des Sophistes & le principal exercice des Ecoles. Dans quels oublis ne jette pas l'Esprit de Pyrrhonisme? Voyés Part. III. Sect. III.

Sans avoir compris l'essence de mon ame, ne suis-je pas assuré que je pense? Sans avoir compris l'essence du corps humain, ni l'essence même du corps en général, ne puis-je pas assurer que je mien respire, marche, &c. & que celui du Cheval à quatre piés, &c.

Mr. Huet pouvoit-il ignorer que la Definition de l'homme, qu'il donne comme un modele, est sifflée dans les Ecoles où la Raison commence à regner? Dès qu'il s'agit de définir un Etre déterminé, on ne le fait plus en rassemblant des idées toutes vagues.

Pour parvenir à une idée claire de la signification d'un terme vague, il n'est nullement necessaire de connoitre tous les sujets auxquels on peut l'appliquer. Quand on me dit qu'un Espace terminé de lignes s'apelle une Figure, j'entens clairement ce langage. *Point du tout*, me dira-t-on, *car vous ne sauriés jamais le sçu c'est qu'une Figure que vous n'ayés vû & compris parfaitement toutes les Figures imaginables, terminées par des droites & terminées par des Courbes*, par 3. par 5, par 100. par 1002. par 100007. *chiés*, *&c*. Seroit-il possible qu'on adoptât serieusement ces absurdités!

Vous croyés savoir l'*Addition*; Oh que vous êtes dans

dans l'erreur. Est-ce donc qu'il n'y a point d'autre règle au monde que celle de l'Addition? Or peut-on savoir une règle, sans savoir toutes les autres? Peut-on entendre un jeu, sans les avoir tous apris? J'aimerois autant qu'on me dit, Peut-on savoir que l'on a fait un Livre, si on ne sait pas tons faits? Osera-t-on croire qu'on lit en François pendant qu'on ignore quelque Langue? Il n'y a pas moins d'absurdité à prétendre qu'on ne comprendra jamais aucune définition qu'après avoir examiné & compris tout ce qui est & tout ce qui peut être.
Voyés Part. II. Sect. III. Art. XIV, XXI, XXIX, XXXV. Sect. IV. 86.

CHAPITRE V.

Les choses ne peuvent être connuës avec une parfaite certitude, à cause de leur continuel changement.

„ Quand vous êtes au bord d'une Riviere, l'eau
„ qui est vis-à-vis de vous sera dans peu de mi-
„ nutes à quelques toises plus loin, & celle, qui
„ étoit également éloignée du côté de la source, se
„ trouvera à son tour vis-à-vis de vous, & preuve
„ qu'on ne doit pas le contester, c'est qu'*Héraclite*
„ a dit qu'*on ne peut entrer seulement une fois*, dans
„ *le même fleuve.* pag. 59.

Mais ne sai-je pas que l'Eau d'une Riviere coule, aussi certainement que je sai qu'une Eau renfermée dans un seau ne s'en écoule pas? D'abord je l'ai puisée dans la Riviere, je l'ai ensuite gardée dans le seau & enfin je l'ai renversée dans le lit où je l'avois prise. Elle a changé de place, il est vrai, mais il n'est pas moins vrai que c'est la même eau qui a passé par ces differens états. Pour ne se laisser pas embarasser par des Sophismes il n'y a qu'à lire avec un peu d'attention, dans quelqus Logique, les Articles de l'Identité & des variations.

Quelquefois *demeurer le même* signifie *continuer d'exister*. En ce sens une substance demeure toûjours la même, pendant qu'elle existe, car pendant qu'elle est substance elle a son existence à part, son existence propre, elle est ce qu'elle est & non quelque chose de different de soi-même.

Une chose encore est estimée & apellée la même pendant qu'elle demeure dans le même état, & qu'elle conserve ses modes sans changement; en quoi il est visible qu'il y a du plus & du moins.

Quand même dix *Platons* (60.) dix *Empedacles*, dix *Heraclites*, dix *Protagoras*, dix *Homeres*, dix *Epicharmes*, dix *Seneques*, auroient dit, chacun cent fois, que *toutes choses se font, mais qu'aucune n'existe*, jamais je ne me persuaderois que cela est vrai au pié de la lettre, car il est impossible de croire des contradictions, quand on s'y rend bien attentif. Ce qui se fait reçoit de l'existence, par-là même qu'il se fait. Le *Rien* n'est pas, il ne peut être produit, car je ne sais quoi. Les expressions citées par Mr. Huet, sont figurées & on s'en est servi pour marquer la rapidité successive du tems, dont on se sert pour mesurer la durée de ce qui est stable que de ce qui change.

Seneque en particulier, par un effet de son goût excessif pour les pensées brillantes, tombe dans un Sophisme d'équivoque lorsque (Lettre CIV.) pour consoler un homme de la perte de ses amis, il lui represente qu'on peut en acquerir d'autres. *Mais ils ne seront pas les mêmes. Ni vous non plus*, dit-il, *n'êtes pas le même*; *Vous changés toûjours*; C'est-là une pure équivoque, brillante, parce qu'elle exprime un grand paradoxe, mais rien n'est plus illusoire. Les changemens qui nous surviennent, les differens états par où nous passons n'empêchent pas que nous ne demeurions la même Individa, au lieu que les amis nouveaux sont des Individus differens des Anciens auxquels notre coeur s'étoit lié, & que nous ne retroüverons jamais.

Quand Mr. Huet ajoûte que rien ne se produit pour demeurer fixe & stable, il y a du vrai dans ce qu'il allegue, mais il n'y a pas moins d'exageration. Nous ne connoissons rien sur la Terre dont l'état ne puisse changer, mais il y a une infinité de substances très-permanentes. Une substance qu'on apelle du Plomb se tire d'une Mine, on la débarasse des matieres impures qui y étoient mêlées. La substance est plus homogène, c'est un bloc, composé de parties plus semblables, mais ces parties existoient déja dans la Mine, quoique mêlées avec d'autres qui rendoient le bloc, de moindre valeur. Cette substance fondüe en barre, est dans un autre état que celui où elle étoit dans la Mine, mais c'est la même. Celle qu'on a tiré de la Mine n'a point été anéantie, & celle qu'on voit en barre n'a point été produite en sa place. Si on fond un morceau de la barre & qu'il prenne, dans un moule, la figure d'une boule, si ensuite on applatit cette boule, le plomb subira divers changemens d'états, mais il demeurera la même substance.

Pag. 61. *Lorsque vous vous appliquerés à rechercher la connoissance de quelque chose, elle cessera d'être ce qu'elle étoit, avant que vôtre esprit se soit attaché à sa recherche.* Mais 1. avec quelque rapidité qu'un mobile se porte d'un terme à un autre, ce mobile arrivé au second terme est le même qu'il étoit, c'est-à-dire, il est la même substance, que quand il est parti du premier, quoique depuis ce moment il ait changé si souvent sa situation & ait parcouru successivement un si grand nombre de places; & en mouvement il n'est pas même une autre substance qu'en repos; son état a changé, sa substance a perseveré. De sorte qu'autant auroit-il valu que CRATILE (pag. 61.) eût parlé, que de faire le polisson, & d'afecter de remüer seulement le doigt, dans l'aprehension d'arriver trop tard à ce qu'il vouloit faire entendre.

2. On vient à connoitre la nature d'une chose par les changemens mêmes qu'elle subit. C'est ainsi que l'Analyse de la Cire & des Resines nous ont apris dequoi ces Corps sont composés.

3. Je trace un Triangle, & ensuite je le jette au feu. Je sai qu'il avoit ses 3. angles égaux à 2. droits. Je sai qu'il ne les a plus, car il est cendre & ces cendres n'ont pas la forme d'un Triangle. Mais je comprens toûjours que dès qu'on en fera un autre, ce sera une necessité que ses 3. angles vaillent 2. droits. Quelques changemens que les Triangles subsistent dans leur durée, cette proposition subsistera toûjours vraye. On peut donc établir la verité des propositions universelles, quand même les sujets auxquels on les applique sont exposés à divers changemens.

Pag. 62. *Pendant que je parle, je deviens un autre homme.* Exageration : & il s'en faut bien que cela ne soit vrai à tous égards, & qu'on ne puisse le croire. Ce qui existoit il y a 10. ans & que j'apellois *moi*, *existera* *pourtant toûjours* d'hui. Moi pensé je me sentois il y a 10. ans, par-là même que j'étois pensée ; Je sentois indubitablement que ce qui se sentoit pensant & que je sentois tel, c'étoit moi & non un autre. Aujourd'hui je me sens encore & je sens que ce sentiment de moi-même continué parmi une grande diversité d'autres sentimens. Si Mr. Huet s'étoit imaginé de n'être plus le même, à 80. ans qu'à 6., il ne se seroit pas réjoüi sur ses vieux jours de ce qui le charmoit dans son enfance, & n'auroit pas tâché de faire part de la joye à ses Lecteurs, il se seroit rapellé la joye d'un autre & pas la sienne, & ce n'est pas son Histoire qu'il auroit écrit, mais celle de ses Predecesseurs qui auroient successivement porté le même nom.

Un homme s'imagine d'être devenu Bouteille, Lanterne, oiseau, &c. Mais tout extravagante que soit sa chimere sa folie ne va pas jusqu'à l'empêcher de sentir que c'est toûjours lui & non un autre quii a subi de si grans changemens.

Chaque homme porte tellement son Moi renfermé dans ce qu'il est & inseparable de lui-même, Il aime tellement son *Moi* qu'avec quelque raison & quelque ardeur qu'il souhaite un état très-different de celui où il se trouve, il ne voudroit pas renoncer à ce *moi* & n'être plus *lui* pour devenir absolument une autre. Ce seroit consentir à son anéantissement pourvû que l'on fit place à un autre plus fortuné & qui gagneroit-on par-là ? Seroit-on plus heureux par la félicité d'autrui ?

CHAP. VI.

Les choses ne peuvent être connuës avec certitude à cause de la difference des hommes.

Mr. Huet le pose en fait. Mais le prouve-t-il ? Oui & voici comment. ,, EURIPIDE introduit ,, sur la Scene un homme de mauvaise humeur (c'est ,, ETEOCLE) Parmi les hommes rien n'est sembla- ,, ble hormis les noms des choses, mais les choses mê- ,, mes n'ont rien de fixe & d'assuré". C'est un bel Oracle assurément & bien digne d'être allegué en preuve qu'un personnage malcontent de son sort & rejettant les fautes sur la Nature humaine & sur son Auteur.

Les noms sont au moins semblables. Il y a de l'uniformité dans le langage, voilà un aveu. Rassemblons les remarques de Mr. Huet ; & rien ne sera plus surprenant que cet assemblage, les hommes, quoique prodigieusement differens entr'eux, sont pourtant convenus à donner constamment les mêmes noms à diverses choses, qui paroissent à chacun d'eux sous des formes differentes, & qui de plus, ne subsistent pas un moment les mêmes. Certainement il y a là de l'incroyable : Mais où est-il ce incroyable, si ce n'est dans ces differences exagerées & ces changemens imaginaires.

,, Mais ajoutera Mr. Huet (pag. 64.) Ces chan- ,, gemens & ces differences que vous traités d'ima- ,, ginaires PROTAGORE *les a aussi reconnuës*". Plaisante methode d'argumenter. Les Sceptiques ont eu raison de parler comme ils ont fait. Je le prouve, le Sceptique *Protagore* a ainsi parlé.

On veut se donner pour Sceptique & pour Savant. Pour exécuter ces deux desseins il faut objecter & citer, c'est le plan de Mr. Huet, & c'est en même tems son goût.

Que l'on supose entre les hommes tant de differences qu'on voudra, qu'on les exagere & qu'on en fasse en Rheteur une longue déduction, en les raportant à diverses causes & en les rangeant sous de diverses Classes. Je répondrai *Venons au fait*. Malgré toutes ces differences, n'y-a-t-il pas une infinité de sujets sur lesquels les hommes conviennent ? Souvent même ceux qui pensent differemment, après une tranquille conference ne se ramenent-ils pas, les uns les autres, aux mêmes idées ? Se font-ils mutuellement repetris & ont-ils mis leurs Organes dans de nouveaux moules ?

Protagore avoit conclu que *chacun est à soi-même sa Règle de Verité*. Mr. Huet trouve que c'est trop accorder, puisque les hommes ne sont pas seulement differens entr'eux, *mais chacun d'eux avec soi-même.*

Je ne suis point à moi-même une Règle de Verité, beaucoup moins prétens-je l'être pour les autres. Que fais-je donc & quel est le parti que je prens ? Je souhaite de m'instruire. Dans ce dessein je cherche l'Evidence : Dès que-je l'apperçois, je lui donne mon attention, & par-là je me trouve forcé à m'y soûmettre. Cette violence ne me fait point de peine, parce qu'elle me conduit à la Verité que j'aime. Mais si une Verité m'importunoit, si je prenois plus de plaisir à la chicaner qu'à la croire, en ce cas, sans doute que je détournerois mon attention de cette évidence, & comme je ne

l'appercevrois plus, ou que je ne l'appercevrois que foiblement, il seroit en mon pouvoir de ne m'y rendre pas. Voyés P. II. S. II. A. 4, 17.

Mr. Huet finit ce Chapitre en renvoyant à Sextus, Hypoypoises Liv. I. Chap. 14. Je renvoie aussi à l'examen que j'en ai fait.

CHAP. VII.

Les causes des choses sont infinies.

Cela étant il faudroit une eternité pour en connoître une. Mais de ce que ma vue ne s'étend pas jusques à des causes très-éloignées, s'ensuit-il que je ne puisse appercevoir les plus prochaines ? Je demeure dans une grande Ville, j'y achete du Bois dans un Magazin : Serai-je obligé de douter s'il m'échaufe jusques à ce que je me sois assuré du nom de la Forêt, d'où on l'a amené & que j'aye vû la coignée de celui qui l'a coupé ?

Mr. Huet, à la maniere de Sextus, (qu'il paroit n'avoir fait que copier, en l'abregeant un peu) ramene les mêmes argumens sous diverses faces. J'aurai donc tort de croire que les hommes syent un nez, une bouche, des mains, des Nerfs, des Os, dés veines, du sang, puisque je n'ai pas parfaitement aprofondi la nature de leur Ame, celle des quatre Elemens qui composent leur Corps, & tout ce enfin qui concourt pour les former & pour les faire nostre. Voilà le contenu de ce Chap. VII. Voyés P. II. S. III. A. 14, 30. S. IV. A. 6, 9, 14, 25, 30, 77, 82. S. V. A. 7, 16, 18.

CHAP. VIII.

L'homme n'a point de Règle certains de la Verité.

,, On appelle cette Règle CRITERIUM. Il se di- ,, vise en 3. especes, le *Criterium* duquel, le *Cri-* ,, *terium* par lequel, le *Criterium* selon lequel. Le ,, premier c'est l'*homme*. Le second les *Instrumens* ,, dont il se sert, *Entendement Sens*. Le troisième *l'ac-* ,, *tion* qui applique à la Verité le *Criterium* par le- ,, quel.

Mais voilà déja de grandes inéxactitudes dès l'entrée, car l'*Entendement* de l'homme c'est lui-même, c'est une des parties qui le composent, & l'*action* de l'entendement, c'est encore lui-même agissant.

Les mêmes reproches recommencent sur la foiblesse de l'Entendement & des Sens, sur l'ignorance dans laquelle l'homme vit du fonds de sa nature, On ajoûte enfin que pour s'assurer de la justesse d'un Criterium, il est encore nécessaire de l'éxaminer par un autre.

Mais comme tout-ce Chapitre est tiré de mot à mot de Sextus, nous avons déja répondu à tout ce qu'il contient sans en rien ometter. Voyés II. P. Sect. II. A. 9. Sect. III. A. 5, 6, 7, 8, 9.

CHAP. IX.

1. On dispute contre l'Evidence. 2. Ce qui se presente à l'Esprit d'un homme qui est en son bon sens, n'est pas plus évident que ce qui se présente à l'esprit d'un fou.

Ce second Article renferme un étrange paradoxe : mais que ne doit-on point attendre de ceux qui se font un plaisir de disputer contre l'Evidence.

1°. *Il n'y a pas de* CRITERIUM. Donc il n'y a pas d'Evidence.

On voit le même argument revenir sous une autre Forme. Mais dans cet argument je trouve *Petition de Principe*, *Cercle vicieux*, *Sophisme d'Equivoque*.

S'il y avoit, disent les Sceptiques, un *Criterium*, l'*Evidence* le seroit.

Réponses aux Objections contre l'Evidence.

Or

Or il n'y a point de Criterium,
Donc il n'y a point d'Évidence.

Mais comment prouvent-ils la *Mineure* ? comment, dis-je, prouvent-ils qu'il n'y a point de *Criterium* ? parce, disent-ils, *que l'Evidence n'est pas suffisante pour être Criterium*, & pourquoi ne l'est-elle pas ? C'est qu'il n'y en a point.

2°. *Les hommes sont dans des sentimens opposés, & chacun déclare que l'Evidence est de son côté.*

Delà il seroit naturel de conclure qu'il faut, de toute nécessité, demeurer dans la suspension & le doute, si la seule voye de s'en tirer étoit de se ranger à quelque autorité & de croire quelqu'homme sur sa parole.

Mais puisque, dans cette difference de sentiment, il ne se peut qu'une partie ne se trompe, il convient d'essayer, si l'on ne pourroit point venir à bout de découvrir où est effectivement l'évidence. Or c'est à quoi l'on parvient par un Examen bien circonspect & bien réglé, car, par un tel Examen, on se convaincra qu'on a effectivement pour soi l'Evidence & que les autres s'en flatent seulement. Voyés P. II. S. III. A. X.

3°. *Est-il permis à un homme d'être assés presomptueux, quelques claires & distinctes que soient ses notions, pour se croire seul sage, & pour compter tous les autres au nombre des fous.*

Je répons 1°. que cette accusation seroit tombée tout entière, & dans toute sa force sur le premier qui s'avisa d'être Sceptique & qu'elle l'auroit d'autant plus chargé, que, de son propre aveu, *il ne raisonnoit pas sur des Idées claires & distinctes*. Cependant, sans ce secours, le premier Sceptique ne laissa pas, ou les premiers Sceptiques, (supposé qu'il s'en soit élevé plus d'un en même tems) ne laisserent pas de se déclarer contre tous les hommes universellement, jusques là en possession tranquile de croire savoir quelque chose, & très éloignés de soupçonner que, par une foiblesse essentielle à leur Entendement, ils fussent nés pour vivre dans les ténèbres, & n'avoir à choisir qu'entre l'erreur & l'entêtement, ou une suspension d'esprit perpetuelle.

Tout le reste des hommes s'est trouvé dans des cas tout différens, & il n'y en a point qui n'en ait connu quantité d'autres qui pensoient comme lui sur un grand nombre de sujets.

Je répons en second lieu que le grand Savoir n'est point incompatible avec la Modestie. Un vrai Savant qui, à mesure qu'il avance en connoissance, a refléchi sur ses allures, ne manque pas de faire deux remarques suffisantes l'une & l'autre pour se garentir de la Vanité. 1°. S'est souvent apperçu qu'il devoit ses lumieres à une espece de bonheur plûtôt qu'à une singuliere industrie. Souvent une Idée se présente tout à fait à propos sans qu'on se soit donné des soins pour l'exciter ; souvent l'attention, sans les ordres & sans la direction de l'Esprit, se tourne précisement du côté qu'il faut. Une lecture de quelques pages, une conversation, quelque pointe de bonne humeur, nous mettent en état d'appercevoir une carriere, où nous ne sommes pas plûtôt entrés, que nous n'avons qu'à marcher pour nous instruire à chaque pas.

Une seconde Remarque tout à fait propre & d'une grande efficace pour préserver un Savant de tomber dans l'orgueil, c'est qu'il doit la certitude de ses connoissances, à une circonspection continuelle & une défiance de lui-même, qui arrête longtems son attention sur les mêmes Idées, l'empêche d'aller trop vite & l'engage à des revuës & des examens réiterés. Ces deux grands secours, la *Circonspection* & la *Défiance de soi-même*, dont il a souvent éprouvé l'utilité, il n'a garde de les laisser affoiblir par quoi que ce soit de ce qui pourroit faire naitre & nourrir la presomption. Il ne s'amuse pas à se féliciter & à s'admirer lui-même : Il ne fait pas

consister un de ses plaisirs à se comparer avec les autres & à se sentir au-dessus d'eux. Il fait qu'on est d'autant plus en état de se garentir de l'Erreur & de faire des progrès dans la connoissance de la Verité, qu'on l'aime avec plus de pureté, & de desintéressement, pour elle-même & d'un cœur enfin libre de ces Passions qui flatent & qui seduisent l'Amour propre. Dans ces dispositions, la Verité lui plaît par tout où il la voit. Il aime tous ceux qui la cherchent, il felicite tous ceux qui y réüssissent à la chercher, il s'interesse en leurs succès, sans être jamais troublé, par la crainte que leur reputation ne parvienne à s'égaler à la sienne & peut être à la passer.

Pendant que je suis sur ce sujet j'ajoûterai que la modestie avec laquelle on commence ses études influe sur le reste de la vie ; C'est ce que j'ai observé plus d'une fois. Un jeune homme qui après avoir achevé son cours d'Arithmetique, ne se comparera pas avec plus de plaisir avec d'autres qui ne l'ont pas encore commencé, ne s'avisera pas de s'applaudir & se comptera au-dessus d'eux, plus qu'il ne faisoit quand il n'avoit encore apris que l'Addition, s'instruira de même d'une premiere Section de Geometrie, sans en prendre de la vanité ; Une seconde ne produira pas un effet que la premiere n'a point eu. Par là il s'affermira dans l'habitude de ne faire pas des retours sur soi-même, & de cette maniere, en avançant par degrés, il se remplira sans enflure.

Je demande si des personnes telles que je viens de les représenter, parce qu'ils croyent de connoitre certainement quelques verités, doivent passer pour des présomptueux, qui ont porté l'orgueil jusqu'à se croire les seuls sages & à se permettre de regarder comme des fous tous ceux qui ne pensent pas comme eux. Ils auroient déja honte d'eux-mêmes, s'ils se croyoient capables de devenir fous jusqu'à ce point. Ne sont ce point plûtôt les Sceptiques qui meritent ce reproche, & ne leur arrivera-t-il point de regarder tous ceux qui ne sont pas de leur Secte, comme tout autant de visionaires qui croyent savoir quelque chose, pendant qu'ils ne s'apperçoivent pas seulement qu'ils ne savent rien.

Mais, au fond, ces reproches de présomption & de préférence de soi-même à autrui, sont des bales de jeu de paume que toutes les Sectes, tant Philosophiques que Théologiques, se renvoyent reciproquement. Il faut donc les ranger au nombre de ces Sophismes qui n'éblouïssent que les petits genies & ne paroissent meriter de l'attention qu'aux esprits les plus prévenus.

Un homme sobre parmi des yvrognes, un homme sage parmi des débauchés d'une autre espece ; ou un homme persuadé de la Religion parmi des Libertins, devroit-il faire comme eux pour s'épargner la mortification d'en être regardé comme un visionnaire, un orgueilleux qui se croit seul raisonnable, & à qui tous ceux dont il est environné paroissent des bêtes & des foux.

Quatrieme Objection. *L'Evidence ne trompe-t-elle pas ? Souvent une même personne ne trouve-t-elle pas évidemment faux ce qui lui paroissoit évidemment vrai dans son enfance ?*

L'Evidence ne trompe jamais. Au contraire, souvent elle détrompe. Il est impossible de voir qu'elle est une idée renfermée dans une autre idée, où elle n'est pas & dont elle ne fait pas une partie ; Il est impossible de voir qu'elle est une partie de celle qui l'exclud, & si on se trompe en le croyant, ce n'est pas parce qu'on voit ce qui n'est pas, c'est parce qu'on suppose sans voir. On donne dans ces suppositions, par déférence pour ceux dont on est enseigné, par le plaisir qu'on se fait de croire une proposition flateuse & dans laquelle on prend intérêt, ou par impatience, & parce qu'on se trouve d'humeur à courir, au lieu de ne marcher qu'à petits pas. Lorsque, dans la suite, on

veut

vient à se convaincre de quelque nouvelle proposition que l'on trouve opposée à quelqu'une de celles qu'on avoit admises auparavant si l'on est assés sage, si l'on aime assés la Verité pour comparer ces deux propositions, pour en faire un examen nouveau, pour les analyser, partie après partie, pour remonter à leurs Principes & redescendre pié à pié, aux consequences qui ont servi à les établir; en suivant cette methode on parvient à découvrir que dans l'une, on avoit supposé sans voir, au lieu que dans l'autre, on voit sans supposer. Alors Principes, Consequences, Examens réiterés, tout s'unit pour voir que la prémiere manque de clarté, pendant que l'Evidence brille dans la seconde. Voilà ce qui met l'esprit en plein repos & qui l'empêche de craindre qu'une troisiéme proposition ne vienne à renverser la seconde avec autant de facilité que la seconde a renversé la prémiere. On s'apperçoit que, par rapport à l'une on n'a pas été sur ses gardes contre la précipitation, au lieu que, par rapport à la seconde on n'a laissé passer quoi que ce soit sans examen. Voyés Part. I. Sect. I. Art. 13. & 14.

Après cela Mr. Huet cite Sophocle & Terence. *Jamais deux hommes amis, ni deux peuples alliés, n'ont gardé entr'eux les mêmes sentimens, car les uns plûtôt, les autres plus tard, trouvent les mêmes choses douces & ameres;* c'est ce qu'on lit dans SOPHOCLE.

Jamais homme n'a si bien reglé sa vie par la Raison, que l'état des choses, le tems & l'usage ne lui ayent apporté quelque nouveauté & quelque instruction, lui faisant connoitre qu'il ignoroit ce qu'il croyoit savoir, & lui faisant éprouver ce qu'il avoit crû le plus désirable devoir être rejetté. C'est l'autorité tirée de Terence.

J'aimerois autant que Mr. Huet se citât lui-même, car l'autorité de Sophocle & de Terence ne décidera pas plus de ma maniere de philosopher que la sienne. La Raison, selon lui, est incapable de la convaincre que Sophocle & Terence ont enseigné la Verité dans ces paroles; est-ce donc qu'il croit par foi ce que sa Raison seule ne sauroit lui persuader, & comment peut-il s'assurer qu'il ait pris les paroles de ces Auteurs, dans leur vrai sens?

Dès qu'un Sceptique s'est mis dans l'esprit de composer un Livre, autant vaut-il qu'il le remplisse de citations que de raisonnemens, car pour ce qui est de l'incertitude, elle est égale par-tout, & outre que la varieté fait plaisir, les citations sont encore plus amusantes que les raisonnemens. Ajoutons que Mr. Huet qui a presque tiré tous les siens de Sextus, n'auroit donné aucune preuve de la diversité de ses Lectures si à la Version de ce Sceptique il n'avoit joint quelques citations.

En particulier sur le sujet dont il s'agit, il n'y a point d'Autorité plus legere que celles qui se tirent du Theatre. Les discours qu'on y entend sont toujours, pour le moins un peu outrés, car c'est la Passion & l'Humeur qui les dictent. Un homme est mal content de son sort, il n'a pas été aidé dans ses projets comme il le souhaitoit, il *se plaint de la Nature humaine*. Ses projets n'ont pas réussi, *on n'en sauroit former qui ne soient sujets à revision.* Qu'est-ce que la Raison conclud de là? C'est qu'il ne faut pas faire dépendre sa félicité de l'incertitude des évenemens, mais suit-il de-là que toute Théorie & toute Régle d'équité soit incertaine? Un bon Bourgeois, dans Terence, d'une habileté fort mediocre croit que personne n'est plus habile que lui, il n'a pas bien pris ses précautions, il en conclud que jamais homme ne les prendra assés juste. Après cela qui refuseroit d'être Sceptique.

V. OBJECTION. *Ce Denis d'Heraclée qui, vaincu par la douleur, passa de la Secte des Stoïciens à celle des Epicuriens & fut pour cela surnommé le* CHANGEANT, *pendant qu'il tenoit le parti des Stoïciens, trouvoit-il de l'obscurité & de la confusion en toutes choses?*

Un homme prévenu par les Maximes des Stoïciens, & qui fait profession de les enseigner & de les croire ne s'apperçoit pas qu'elle renferme de l'obscurité; il suppose une clarté là où elle manque; il ne l'a pas vue, mais il aime à se persuader qu'elle y est. Il méprise les douleurs, lors qu'il ne les sent pas, éblouï par de grands mots qu'il prononce fiérement, c'est ce que faisoit Denis. Mais son attention reveillée par les sentimens de la Douleur, y trouve une réalité qu'elle n'y comptoit pas & elle s'apperçoit que le langage de Stoïciens est vuide de sens. Dès là il commence à mieux voir. Mais son goût pour les sentimens outrés le fait passer d'une extremité à une autre. Non-seulement la douleur est, selon lui, un mal, c'est, dit-il, *le plus grand des maux*: Cette proposition plaît à son impatience. De là il conclud, avec la méme précipitation, que le Plaisir, qui lui est opposé, est le bien suprême, auquel il convient de tout rapporter. En cela il confond le Physique avec le Moral. Une plus grande attention nous met en état de les distinguer, de regler sagement nôtre vie, de préferer nôtre Devoir à tout, de ne penser que juste sur les Biens & les Maux, de quelque espece qu'ils soient & d'en parler sans exageration. Voyés Part. III. Sect. IV. Art. 21.

Dès qu'il s'agit de ce qui se passe dans l'Ame, il est difficile de répondre juste sur ce qu'on n'a jamais éprouvé. Il est des gens qu'une fievre des plus mediocres, ne laisse pas de jetter dans quelques foibles delires, Il en est qui en éprouvent de plus violens; Mais j'ai toûjours ouï dire aux uns & aux autres qui ont pû en conserver quelque souvenir, que dans cet état leurs pensées sont vives & inquietantes, mais confuses & mal liées. Pour moi il m'est souvent arrivé de conclure en dormant que je révois & je tirois cette consequence de l'extrême opposition de ce que je croyois faire avec mes Principes de conduite & mon caractère. Dans cet état il nous manque un point essentiel pour penser juste; c'est la liberté de nous arrêter sur les Idées qui se présentent & d'en exciter pour les comparer avec celles qui nous saisissent, afin de nous instruire par des comparaisons. C'est donc en vain que Mr. Huet prétend établir de la parité entre les Idées d'un homme qui rêve & celles d'un Esprit qui a toute sa liberté.

J'ai déja établi, dans mon Examen du Pyrrhonisme, les caractères qui distinguent la veille d'avec les songes, & les distinguent à ne pouvoir douter foi-même de la Verité de ce discernement, quoi qu'on puisse chercher à embarasser les personnes des doutes affectés.

Voyés Part. II. Sect. IV. Art. 16 & suivans Sect. V. Art. 20 & suiv.

Qui pourroit s'imaginer que Mr. Huet ait jamais eu le moindre soupçon d'avoir simplement songé qu'il étoit Evêque d'Avranches, quoique peut-être il ne le fût pas, & que son Ami ait été capable de compter au nombre de ses rêves le tems de son Elevation, ou celui de son Exil.

Page 83. La prétenduë nécessité d'une seconde Evidence, pour reconnoître la premiere, & ainsi en remontant à l'Infini, a déja été refutée dans l'Examen de Sextus qui n'a pas manqué de la proposer & d'y insister.

Dès la tombe d'elle-même la comparaison de ceux qui croyent connoître surement quelque chose, avec des pauvres qui, *dans l'obscurité de la nuit se flatent chatun d'avoir reçu la piéce d'or, quoiqu'un seul l'ait, sans qu'il puisse mieux s'en assurer que les autres qui n'ont que des piéces de cuivre, faute d'une lumiere suffisante.*

CHAP. X.

Secours à douter rassemblés par Des Cartes.

Mr. Des Cartes, pour se mettre mieux en état
de

de recommencer ses études & ses recherches, avec un esprit dégagé de toute prévention, rassembla tout ce qu'il peut imaginer de plus propre à jetter un homme dans le doute. Dieu, dit-il entre autres choses, ne nous auroit-il point créés dans la nécessité de nous tromper toûjours ? Par des efforts d'esprit continués, il donne du poids à toutes ces supositions, & après s'être enfoncé dans le doute par leur moyen & s'être donné pour le plus déterminé Sceptique il se trouve forcé à se tirer de cet état, il n'est pas en son pouvoir de douter universellement. Pendant qu'il doute, il est assuré qu'il doute, il est assuré qu'il pense, il est assuré qu'il existe, il s'aperçoit que l'Auteur de son existence ne lui a pas laissé le pouvoir d'extravaguer, jusques à admettre des contradictions ; Il en trouve une manifeste dans l'idée d'un Dieu qui nous auroit formés pour nous tromper toûjours. Il est indubitable qu'une Créature, qui s'obstineroit dans cette suposition s'exposeroit aux plus grands reproches & aux plus justes & plus severes châtimens. Voyés Part. II. Sect. IV. 14, 50, 51.

C'est-ce que Mr. Huet n'a pas trouvé à propos de remarquer. Le Président, dont par malheur il a été le disciple, le remarque encore moins. Il avoit sans doute apris des Avocats à tirer parti de tout, à tourner les citations dans un sens favorable à ses desseins & à taire tout ce qui pourroit être capable d'affoiblir une objection qui lui étoit contraire. Voilà pourquoi il abuse du doute suposé de Descartes & ne tient aucun compte de ses éclaircissemens.

CHAPITRE XI.

La Question qui sépare les Pyrrhoniens des Dogmatiques se reduit à ceci. *La Raison peut-elle produire quelque chose de certain ? Pour le prouver le Dogmatique raisonne ; Mais en raisonnant il se sert d'une production de la Raison qu'il vient qu'on reçoit comme convaincante.* C'est suposer que la Raison peut produire du certain. C'est donc suposer ce qui est en question.

Ce seroit effectivement une Petition de Principe, si l'on prétendoit faire recevoir un Raisonnement, parce que la Raison l'a formé, & en vertu de son autorité. Mais ce n'est point là ce que l'on prétend, & par consequent, on nous fait très-mal à propos ce reproche.

Mais la faute qu'on nous impute c'est précisément celle où l'on tombe, car c'est une veritable & inexcusable Petition de Principe que de dire : *Je ne veux point tomber d'accord de vôtre raisonnement ;* & pourquoi ? *Parce qu'il est une production de la Raison, dont les forces me sont suspectes.*

Le Sceptique dit *Je doute que la Raison puisse produire quelque chose de certain.* Je lui repons, J'en veux aussi douter. Mais essayons si nous ne trouverons rien qui puisse nous tirer de nos doutes. Si 4 est double de 2, 4 fois 3 sera aussi double de 2 fois 3. Que dites-vous de cette Proposition ? Vous paroit-elle convaincante ?

Ne seroit-ce pas se condamner sans ressource & se tourner soi-même en ridicule que de repliquer : *Peut-être en serois-je convaincu & je l'adopterois tout comme vous, si je m'y rendois attentif. Mais je n'ai garde de le faire, car il suffit qu'elle soit une production de la Raison, pour me la rendre suspecte & pour me determiner à m'y refuser.*

Un homme cherche à entrer dans mon service. Je lui demande, *Es-tu naturellement assés fort pour soûlever un Quintal ? J'en doute & à cet égard je me défie de tes forces.* Il me répond PERMETTÉS-MOI D'EN FAIRE L'ESSAI EN VÔTRE PRÉSENCE. Il entreprend & réussit. *Mais au fait crié*, reprens-je, *par tes forces naturelles ?* CERTAINEMENT, me replique-t-il. *Je n'en saurois parler si positivement. Loin de cela*, je

n'en veux rien croire, car puisque j'ai une fois douté de tes forces, il me convient de douter toûjours de leur effet. Je ne veux pas croire que tu sois assés vigoureux pour me servir. Je ne veux pas même continuer d'en faire l'essai, & sur ce beau raisonnement je le renvoye. Tel est celui du Sceptique dans ce Chapitre.

Voyés Part. II. Sect. III. Art. 12 & aussi Art. 3, 4, 5 & suivans. Voyés en particulier le 17.

CHAP. XII.

Il faut douter à bon escient, quand les Dogmatiques devroient s'en desesperer. C'est par ce debut que Mr. Huet encourage ses Partisans, & c'est là une preuve, au-dessus de tout doute, de l'extrême politesse du Président son ami.

,, Eh Messieurs les Sceptiques, laissés les pau-
,, vres Dogmatiques en repos : Pourquoi vous faire
,, un cruel plaisir de les desesperer ? Pourquoi vou-
,, lés-vous en courir le risque ? La Foi qui vous
,, reste vous permet-elle tant de dureté ? Vous ne
,, savés pas s'ils se trompent, ou s'ils ne se trom-
,, pent pas, vous ignorés s'ils sont parvenus à quel-
,, que certitude ou s'ils n'en ont point, car tout est
,, incertain chés vous. Vôtre ignorance sur ce
,, point, ou vôtre incertitude vous met-elle en droit
,, de les desoler à moins qu'ils ne se declarent des
,, vôtres "?

Mais je veux & il me semble que je dois, à mon tour, vous parler aussi sincerement, & vous donner un avis charitable; c'est que plus vous ferés d'efforts pour les desoler, moins vous réussirés dans vôtre entreprise. Ils se moquent de vous, ou ils en ont compassion; plus vous entassés de vetilles, plus vous leur faites pitié. Il y a plus, vous vous faites soupçonner vous mêmes de cette présomption & de cet orgueil que vous leur reprochés. ,, Ces
,, Dogmatiques sont assés simples pour s'imaginer
,, connoître quelque chose avec certitude, quoique
,, vous ne cessiés de leur repeter qu'en cela ils sont
,, des Visionaires. Ils ne veulent point vous croire ces
,, orgueilleux". Oh il faut les faire enrager, il faut les desesperer. Est-ce là le langage de la Modestie ? Est-ce celui de la Raison ? Est-ce celui de la Foi & de l'Evangile ?

Pour prouver que les Raisonnemens sont incertains Mr. Huet se sert d'un exemple particulier & il choisit le plus absurde qui jamais ait été prononcé.

Il s'agit de savoir si *Pierre est Animal*, on prend l'affirmative & on le prouve ainsi.

Tout homme est Animal
Pierre est homme.
Donc Pierre est Animal.

Ce bel argument rebattu mille fois dans l'ancienne Ecole suffiroit seul pour le couvrir de honte, & Mr. Huet est très fondé à l'accuser de *Petition de Principe*. Visiblement ce Syllogisme supose ce qu'il s'agit de prouver. Mais parce qu'on énonce une sotise en syllogisme, s'ensuit-il qu'on ne puisse plus rien proposer de sensé sous cette forme ? & cette conclusion ne seroit-elle pas elle-même l'effet d'un autre sophisme du *particulier au général*, Voyés II Part. Sect. III. Art. 17 & 19.

Au reste je reconnois que la verité des Propositions réellement Universelles entraine celle de toutes les particulieres qui s'y rapportent, & reciproquement. Ces verités sont liées. Mais je ne tombe pas d'accord que la verité de l'Universelle dépende de la verité de toutes les particulieres, comme si on ne pouvoit connoître celle-là, sans avoir connu toutes celles-ci, & il n'est pas moins certain que la verité d'une particuliere peut se démontrer indépendamment de celle des autres, &

indépendamment même de l'Universelle sous laquelle on la range. Qu'on me trace un Triangle, sans penser à aucun autre, qu'à celui que j'aurai devant les yeux, je prouverai que la somme des Mesures de ses 3 Angles est égale à la somme de deux Droits. Mais, avec la même facilité, je prouverai aussi qu'il implique contradiction de former un Espace de 3 lignes, sans former, en même tems, 3 Angles, dont les Mesures assemblées égaleroient celles de deux Droits. C'est une suite absolument nécessaire de cet assemblage & ce qui arrive nécessairement ne sauroit manquer d'avoir lieu. On pourroit donc établir ainsi la Verité d'une Proposition universelle, quand même on n'en auroit jamais vû qu'un exemple particulier.

CHAP. XIII.

Il s'ensuit des Dissentions des Dogmatiques qu'il ne faut s'attacher à aucune de leurs Sectes.

Non seulement on se rendroit méprisable & on auroit grand tort d'embrasser aveuglément tout le Système de quelque Philosophe que ce soit, on auroit tort d'en admettre un seul article, sans l'avoir examiné.

Mais que suit-il de là ? Qu'on ne doit pas examiner ? ou qu'après un Examen très-méthodique & très-circonspect il faudra bien se donner garde de se rendre à l'évidence dont on se trouvera pénétré & nécessairement convaincu à mesure que l'on se rendra attentif.

Beaucoup de gens se sont trompés, Donc on ne peut s'assurer de rien. Voilà une Conclusion tout à fait generale, & qui pourtant n'est tirée que d'exemples particuliers.

Je ne repeterai pas sur ce sujet ce que j'ai allegué dans la IIe & IIIe Section de la Premiere Partie de mon Examen; ni dans la Section III de la IIe. Partie Art. 19 & 20, 21, 22, 27.

Voyés aussi Part, II. Sect. IV. Art. 82. Sect. III. A. 41, 32.

CHAP. XIV.

Ce Chapitre contient, dans 73 pages, des preuves d'Autorité, qui cependant n'en ont aucune. Le nombre de ceux qui ont avoué qu'ils ne savoient rien & qui ne se sont appliqués qu'à contredire, n'est pas petit. Mr. Huet en compte plus de 60. Refuserons-nous de les imiter ? Cet argument est-il philosophique ? Les Dogmatiques en pourroient compter davantage. Préferons-nous sans examen le petit nombre au grand, ou le grand au petit ?

Quand je vois un Auteur qui se donne pour défenseur du Scepticisme, étaler les fruits de sa grande lecture, en rassemblant tant de Noms quoiqu'il ne certain s'il y a des Livres ; Quand je le vois subtilement démêler tant de minces differences, qui ne meriteroient pas d'être remarquées, quand même on pourroit parvenir à s'en assurer parfaitement. Quand je le vois mettre le long discours dans la bouche d'un Ami qui le recite de memoire & fait par là briller un talent dont on trouvera peu d'exemples : J'avoue que je ne sauroie reflechir sur toutes ces circonstances sans que ma surprise céde à l'envie de rire. Il y a longtems que j'ai été forcé à remarquer que le Pyrrhonisme gâte l'esprit : J'en ai repandu des preuves dans les trois Parties de mon Examen, parce que j'en ai eu à tout coup des occasions ; On l'a vû dès la premiere Section & ce trait a dû nécessairement entrer dans la définition du Pyrrhonisme & des Pyrrhoniens. Il y étoit essentiel, & la Section III de la III Partie roule toute entiere sur cette verité. L'entêtement de plusieurs Dogmatiques a été beaucoup nuisible aux Sciences & a fait du tort à

leur genie, il l'a ou abaissé ou dévoyé. Mais celui des Sceptiques est-il moindre ? Est-il moins opiniâtre ? & n'est-il pas encore plus universel ? Il s'étend à tout.

Je remarque encore, dans cette liste, des Patrons du Pyrrhonisme, beaucoup de prévention & d'esprit de parti. On y place Pythagore. Mais à quoi bon auroit-il parcouru tant de Païs, s'il n'avoit pas eu dessein d'apprendre quelque chose aux hommes, ou de se borner à les avertir qu'on ne peut rien savoir ; c'est les engager à n'étudier point, & les inviter à se laisser mollement aller à leurs fantaisies. Si tout est incertain, à quoi aboutit l'étude qu'à se charger la Mémoire des rêves du Genre humain ? Encore est-il incertain si un homme a rêvé à ce qu'on lui attribuë ; s'il est même incertain qu'il ait existé. Pythagore a marqué un grand zèle pour des Dogmes, pour des Loix, & pour des Maximes, que les hommes n'étoient pas d'humeur d'admettre, sans y être portés par des raisons très fortes. Pour reformer les Mœurs, il faut établir des Principes sûrs ; sans cela les hommes ne se généroient pas. Ainsi tout ce que nous avons appris de plus constant sur Pythagore, nous doit empêcher de soupçonner qu'il ait été Pyrrhonien & qu'il se soit appliqué à établir le Pyrrhonisme.

Mais sur quoi fondé compte-t-on SOCRATE au nombre des premiers Sceptiques ? *Il a dit que personne ne doit rien souhaiter, parce que personne ne sait ce qui lui est le plus utile,* (pag. 103) Cela signifie qu'il faut vivre résigné à la Providence, parce qu'on ne sait pas de quelle manière l'avenir tournera, & qu'il pourroit arriver qu'on s'empresseroit excessivement pour ce qui ne manqueroit pas de nuire. S'ensuit-il de là qu'on ne connoisse rien, ni du present, ni du passé, ni des Sciences, ni des Devoirs ? Celui qui avertit les hommes que *Dieu seul possede la parfaite Science & la parfaite Sagesse,* en parlant ainsi ne suit-il ce qu'il dit, ne suit-il s'il a raison ou s'il a tort. S'il fait profession de douter de tout, il doute par consequent de la verité même de cet avertissement ? Parce qu'au lieu de se donner le titre pompeux de SAGE, & de se compter pour un *Adepte* qui sait tout, on se contente de se dire *Amateur de la Sagesse*, s'ensuit-il qu'on ne sache rien & qu'on n'est petit pas de savoir jamais quoi que ce soit ? Pourquoi aimer une Sagesse que nous ne connoissons pas, qui ne nous éclairera jamais, & qui nous laissera toute nôtre vie dans l'incertitude de ce qu'elle est & de ce que nous sommes, de ce qu'il nous convient de faire & de ce que nous devons éviter ?

Dans mon Examen précédent, j'ai déja justifié SOCRATE sur le soupçon de Pyrrhonisme. Jamais homme n'a possedé mieux que lui l'art de s'éclairer les esprits, & de les mettre adroitement, sans paroitre les enseigner, en chemin de s'éclairer eux-mêmes. Il connoissoit l'homme & il avoit compris que la grande source des doutes obstinés vient du fond d'un cœur corrompu que la Verité importune.

Voyés P. I. S. II. A. V & VI. Part. II. Sect. I. Chap. XXXIII.

Je remarquerai encore que, quand il s'est agi d'entasser d'Illustres noms au service du Pyrrhonisme, on cite & on loue *Socrate* & *Platon*. Mais lorsqu'il s'agit de décrier toutes les Philosophies, à l'exception de la *Pyrrhonienne*, on n'a donné de celle de Socrate & de son Disciple Platon que des idées méprisables. Elle ne sert qu'à éloigner toûjours plus de la connoissance de la Verité, elle est sans principes & sans liaison. Tout y est traité avec délicatesse & avec élegance, mais on ne lui laisse que cette beauté de stile, de sorte qu'aux yeux du Préfident, *Socrate* & *Platon* étoient de beaux parleurs,

mais

mais de pitoyables sophismes. Voyés Pref. pag. 7. Aujourd'hui les Dialogues de Platon sont traduits & on peut s'en instruire par soi-même.

CHAP. XV.

Censure des produits de la témérité des Dogmatiques.

Pag. 171. *Quelles opinions monstrueuses n'a pas produit la témérité des Dogmatiques?*

Mais ne seroit-il guères judicieux pour avoir vû qu'on pouvoit parvenir à quelque certitude? En n'est-ce pas plûtôt, pour n'être pas entré dans les routes qui y conduisent, n'y avoir pas marché avec assés de circonspection?

Les Sceptiques ne sont pas moins condamnables.

Au lieu de prendre le parti d'avancer en connoissance, & de se résoudre sagement & constamment à prendre patience, & à se contenter d'avancer peu, mais sûrement, par le moyen d'une attention très-appliquée, & sur-tout des examens scrupuleux & réiterés, le Sceptique se dépite. Il ne fait pas gré d'apprendre à ce prix, il aime mieux se donner pour un homme qui ne veut rien savoir; s'épargner toute contrainte, ne faire de l'étude qu'un amusement, voltiger de Livre en Livre, s'abandonner à son humeur & au plaisir de répandre des ténèbres & des objections.

Mais, disent leurs Apologistes & leurs admirateurs, *Ils ne se trompent jamais, & n'affirmant rien, ne niant rien, ils ne peuvent aucune se tromper. L'ignorance d'un Sceptique & le doute dont il l'accompagne lui fait sûrement éviter les avœux & les chûtes.* Je reconnois qu'on ne sait seulement il ne sait rien, mais qu'il ne peut rien savoir des choses Divines & humaines de sorte que par-là ils sont les seuls qui méritent le nom de Philosophes, car ils aiment & respectent la sagesse, qui surpasse de si loin leur capacité.

Ces raisonnemens sont remplis de Sophismes, qu'on pourroit appeller pueriles, sans leur faire tort. A la verité si on ne peut rien savoir, avouer qu'on ne sait rien c'est un moyen sûr de ne se tromper pas, c'est même le seul qui nous reste. Mais afin que celui, qui soutient qu'on ne peut rien savoir, ne se trompe pas, il faut qu'effectivement on ne puisse rien savoir & cela étant cette MAXIME, *Pour ne se pas tromper il faut constamment dire qu'on ne sait rien & qu'on ne peut rien savoir,* suposé ce qui est en Question.

Si le contraire est vrai, & s'il est des hommes qui savent certainement diverses choses, autant qu'il y a d'hommes en possession de telles connoissances, & aussi grand qu'est le nombre des Verités qu'ils connoissent, dans tout autant d'erreurs tombe le Sceptique, quand il prétend qu'en tout cela il n'y ait qu'incertitude.

Le Sceptique doute & se fait une Loi de douter toujours. Peut-on parvenir à quelque connoissance? *J'en doute,* dit-il? *Est-il impossible de s'éclairer à un tel point que de savoir sûrement qu'il faut douter? J'en doute encore.* Donc quand vous accusez-vous ceux qui prétendent savoir quelque chose, de se flater eux-mêmes & de se tromper, il se peut que vous les accusiés à faux & que vous même soyés par là dans l'erreur & vous obstiniés d'y être. On voit que le Pyrrhonisme est un amas de contradictions.

Mais ils savent si bien respecter *la sagesse*. C'est encore là une contradiction & un assemblage de mots qui ne signifient rien dès qu'on les aplique à un Sceptique. Si on lui demande ce que c'est que la Sagesse, il devra répondre qu'*il n'en sait rien.* Pourquoi la faut-il respecter? En quoi consiste le respect qui lui est dû? Il n'en sait rien non plus. Cependant lui seul mérite le nom de *Philosophe,* c'est-à-dire, *d'amateur de la Sagesse,* parce que lui seul la fait respecter & aimer, quoi qu'il ne sache ce que c'est & qu'il doute s'il est vrai qu'il la faille respecter & aimer.

D'ailleurs sommes-nous nés simplement pour nous abstenir du mal? Est-ce assés de ne pas tomber dans l'erreur en demeurant constamment dans le doute & dans l'ignorance? Ne sommes-nous point obligés de travailler à nous éclairer. Negliger de travailler à sa perfection; Negliger de se mettre en état de pouvoir faire, & à soi-même & aux autres, tout le bien possible, n'est-ce pas un Mal Moral? Je n'exhorte ni Prêtre ni Président, & cela n'est pas permis que l'un & l'autre se reconnoisse éclairé des lumières de la Foi. Celui qui ensuite le tient qui lui avoit été donné, & qui, comme s'il n'avoit rien pû faire de meilleur, eût de ne le risquer point, & de ne s'exposer pas au hazard de le perdre en le trafiquant, le rendit tel qu'il l'avoit reçu; seroit excusé ou s'il fut au contraire condamné pour n'avoir pas trouvé à propos d'essayer, s'il en pourroit tirer du fruit, en le faisant valoir avec circonspection? Le merveilleux pouvoir de penser, de former des Idées, de poser des Principes, d'en tirer des conséquences, tout cela ne nous est-il donné que pour nous amener à reconnoître l'inutilité de ces présens, incapables de nous conduire à rien de solide, & pour n'en faire aucun usage, ou pour les faire uniquement servir au plaisir importun d'objecter & de contredire sans cesse.

Direz-vous, il est une Lumière dont nous pouvons faire usage? c'est celle de la Foi. Mais est-ce par le secours de la Raison qu'on parvient à cette Lumière? Ou si l'on y arrive par un chemin qu'aucun de nos Sceptiques Chrétiens n'a la charité de faire connoître? Sans cette lumière tous les hommes font-ils dans l'aveuglement & croyent-ils savoir quelque chose sans savoir rien? C'est donc à des Visionnaires que nous sommes redevables de tous les Théorêmes de la Geometrie, de toutes les Règles d'Arithmétique & de Mésurage, de tous les avantages & de tous les agrémens de la Mechanique, de toutes les utilités de l'Architecture, de la Navigation & de tous les Arts, de toutes les grandes découvertes de l'Astronomie & de tous les fruits qu'on en tire. Mr. Huet est parvenu dans un assés grand âge pour avoir éprouvé qu'il avoit besoin de Lunettes. C'est un secours qui lui auroit manqué, s'il ne s'étoit pas trouvé des hommes assés foux pour se croire capables d'en perfectionner la fabrique.

Après cela sied-il bien à ces Messieurs de reprocher aux Dogmatiques leurs monstrueuses imaginations. Quel fruit le Genre humain tirera-t-il d'un homme qui ne veut reconnoître aucun Principe sûr? J'ai exposé les suites affreuses du Pyrrhonisme, dans l'Examen que j'en ai fait. Malheureusement l'Experience ne fait que trop voir que ceux qui les ont prévues & redoutées n'ont pas vû, sur ce sujet, de simples terreurs paniques. J'en allegueraï un seul exemple. Un homme las d'attendre *l'héritage de son Pére, & de plus chagriné qu'il ne se remarie,* se dispose à l'empoisonner. Une personne s'en perçoit & lui dit *Malheureux, qu'allez-vous faire! & de quel crime allez-vous charger?* Cela n'est pas sûr, répond-il, & c'est peut-être une louable action. *Mais redoutes un bon jugement des Loix,* continue-t-on. N'yez-là-dessus point d'allarmes, replique-t-il; j'ai pris mes précautions pour m'en mettre à couvert. *Le fers-vous des reproches de vôtre conscience?* , sans contredit je méprise les Loix & ceux " qui les ont faites: c'étoient des Visionnaires qui " se flattoient d'avoir de la pénétration & qui s'i-" maginoient de savoir bien des choses, pendant " qu'ils ignoroient la principale qui seule nous fait " meriter l'Eloge de Sages; c'est qu'il ne faut ja-" mais prétendre s'élever au-dessus de l'ignorance & " des doutes.

LIVRE SECOND.

Où l'on explique exactement quelle est la plus sûre & la plus légitime voye de philosopher.

SUr ce Titre je remarque d'abord une confiance à laquelle je ne m'attendois pas, Un Sceptique promet de nous mettre dans le chemin le *plus sûr* & le *plus légitime*, & de nous en *instruire exactement*. Voilà qui promet des Principes bien clairs & des consequences bien tirées, car à moins de cela, comment tiendra-t-il sa parole?

CHAPITRE PREMIER.

L'homme est dépourvû des moyens necessaires pour connoitre la Vérité. Au moins ne peut-il la connoitre très-clairement & très-certainement.

CE Chapitre contient des Préliminaires pour les suivans & des Recapitulations de ce qu'on trouve dans une partie des précédens.

Ci-devant Mr. Huet a travaillé à nous persuader que la Raison est incapable de nous faire connoitre aucune verité avec certitude, il destine sa seconde Partie à nous donner des instructions exactes. Mais peut-il, sans renoncer au Scepticisme, avouer qu'il connoit ce que c'est qu'éxactitude & qu'il a une veritable idée de ce qu'il nous promet.

Je ne dis pas (pag. 179.) que *l'homme ne puisse avoir aucune connoissance de la Vérité*, je dis seulement qu'il ne peut la connoitre à fond, clairement & avec une entiere certitude à laquelle rien ne manque pour être parfaite.

J'ai déja remarqué que ce langage est équivoque. Il présente un sens dont on ne sauroit disconvenir; car oseroit-on nommer un seul objet qui se renferme quoi que ce soit que de connu, & qu'on ne puisse combiner avec d'autres d'une manière d'où resulteroient encore de nouvelles connoissances. Celle qu'on en a n'est donc pas parvenue à un point à ne pouvoir croitre.

Mais ce n'est pas à cela que se borne un Sceptique, & ce qu'il paroit présenter d'une main, il se reserve de l'enlever de l'autre. Il a beau dire: *L'homme peut avoir quelque connoissance de la Vérité*. Selon lui cette connoissance & rien c'est tout un; car quelle connoissance peut-on acquerir sans Règle & sans Criterium ? or le Sceptique soutient qu'il n'y a ni Regle ni Criterium.

Pag. 181. *L'homme ne peut savoir si le Jugement qu'il forme, ou vue d'une Idée, convient avec l'objet exterieur dont cette Idée est provenue.*

Voilà des repetitions de ce qu'on a objecté dans le Livre précédent. On ne s'y seroit pas attendu après les promesses d'éxactitude qui sont à la tête de ce Livre; Mais il est naturel que le Sceptique, qui fait profession de n'avoir point d'idée à donner, cherche à étourdir par des repetitions. J'ai été engagé à répeter plus d'une fois cette remarque dans l'Examen de Sextus & dans celui de Mr. Bayle.

A cette objection répetée, au lieu de répeter mes reponses, j'y renvoye mon Lecteur. Voyés l'Examen du Chap. premier les citations & les renvois qui sont marquées à la fin. Voyés encore dans l'Examen du Chap. III. les renvois indiqués.

J'ajouterai encore en peu de mots que, pour se mettre l'esprit en plein repos à cet égard, & faire cesser entièrement le doute, il n'y a qu'à donner son attention aux Machines que les hommes ont inventées, pour les besoins ou pour les ornemens de la Vie. Vos mains trouveront par-tout le Livre que vos yeux y découvrent, & cela à toute heure de si souvent qu'il vous plaira. Les figures & les mouvemens, la grosseur & la solidité de chaque partie se feront connoitre, telles précisément que la Raison conçoit qu'elles doivent être, pour produire les effets auxquels elles sont destinées; Je n'insisterai pas sur cet Article. Parcourés seulement tout ce qui sert au Labourage, & à transformer en pain le blé qui en résulte. Tout le Verbiage des Sceptiques s'évanouïra incontinent, & après cela, si quelcun conserve encore des doutes sur l'éxistence des objets exterieurs & sur la verité du rapport de nos Sens tellement d'accord avec la Raison, il faut qu'il soit un Etre d'une espece toute différente de la mienne.

CHAPITRE II.

La Foi supplée au défaut de la Raison, & rend très certaines les choses qui étoient moins certaines par la Raison.

LA voye de s'instruire des Verités, qui doivent fonder nos espérances & régler notre conduite, par des hommes envoyés de Dieu immédiatement pour nous en assurer, est, sans contredit, la plus courte, la plus proportionnée à tous les esprits, & par là la plus sûre & la plus estimable. Mais ces Témoins, les Docteurs surnaturéls, les Envoyés de Dieu, qu'ont-ils fait pour prouver qu'ils meritoient nôtre attention & qu'on étoit obligé de les croire? Ils ont raisonné & ont provoqué au témoignage des Sens. De sorte qu'en voulant subtiliser, sous prétexte de relever la Certitude de la Foi, pendant qu'on en exagere le prix par rapport à la certitude, en comptant pour rien celle de la Raison & des Sens, on reduit cette Foi, même à rien, parce qu'on en sape les fondemens.

C'étoit ici le lieu de tenir parole, de faire éxactement connoitre aux Lecteurs en quoi consiste la lumière de cette Foi, & de quelle maniere elle s'établit dans nôtre esprit, quelles instructions nous y préparent, quelles preuves l'établissent. On a vû dans l'Examen de Mr. Bayle que le recours à la Foi est pour lui un pur prétexte, & que lui-même traite d'incertaine, de fanatique & de dangereuse toute voye de croire, sans y être déterminé par des preuves claires & solides. Voyés Part. III. Sect. II. Art. 54, 58, 62, 65, 68. Sect. VIII. Art. 11, 12–17, 24, 25–30. Sect. VII. Art. 17, 19, 20.

Ce Chapitre est rempli de Citations, mais vuide d'éclaircissemens, je trouve même contraire à Mr. Huet la citation suivante de S. Thomas. *Les choses qui se peuvent prouver* DEMONSTRATIVEMENT, *comme l'*EXISTENCE DE DIEU, *l'*UNITE' DE DIEU, *& AUTRES CHOSES SEMBLABLES, sont mises au nombre des choses qu'il faut croire, parce qu'on les éxige d'avance,* DEVANT PRE'CEDER LES CHOSES QUI SONT DE FOI *& il faut que ces choses soient du moins présupposées par ceux qui n'en ont pas la demonstration.* On voit que suivant ce Docteur, il est *des connoissances*, dont il faut être éclairé, dont il faut être persuadé, (car les uns en *ont la demonstration*, les autres la *supposent*) pour se trouver disposé à la Foi, c'est-à-dire à recevoir & à croire ce que l'Evangile enseigne.

CHAPITRE III.

Il n'est rien dans l'Entendement qui n'ait été dans les Sens.

UN Sceptique seroit-il en droit de se plaindre, quand on l'accuseroit de ne savoir ce qu'il dit. ,, Vous parlés des Sens & de leurs Impressions sur l'Entendement, & vous ne savés
,, pas si vous avés des Sens & un Entendement.
,, Vous ne savés si vous veillés ou si vous rêvés,
,, vous

DU PYRRHONISME.

„ vous n'avés aucun *Criterium*, pour faire ce dis-
„ cernement. Vous ne vous soutenés pas même
„ dans votre conduite & vous rendés suspecte vo-
„ tre sincerité. Après avoir fait tous vos efforts
„ pour ruïner la certitude des Sens, vous comptés
„ sur l'experience des Sens, pour ruïner celle de
„ l'Entendement, dont les idées & la certitude si
„ on veut vous en croire & vos experiences, se tire toute des Sens.

Un homme, destitué dès sa naissance de la vûe
& de l'ouïe, ne penseroit guere. En comparant
les Idées, que la vûe nous fournit, on s'exerce à
reflechir, & on se rend capable, par cet exercice,
de former soi-même de nouvelles idées. Le commerce des autres hommes, & la part qu'ils nous
font de leurs lumieres contribue, sur-tout à cultiver
& à fortifier ces Principes d'activité & de secondité
que notre ame possede naturellement. Elle a des facultés qu'elle ne connoîtroit pas, si les occasions
d'en produire les actes ne se présentoient jamais.

Il se peut encore que bien des gens se bornent à
conserver dans leur memoire les Idées qui leur sont
venues des Sens. Mais aussi, des Experiences interieures, des experiences de sentiment au-dessus de
tout doute, aprenent à ceux qui savent & qui veulent les faire & s'y rendre attentifs, qu'il y a en
eux *Principe, Faculté*, au délà des Sens & de l'I-
magination. On peut, si l'on veut, lire Log. P. I. S. I.
pag. 24 & suivantes, Tom. II. p. 73, 77. III. 58.
IV. 327. Part. II. Sect. III. Art. 11, 14. &
Part. III. Sect. X.

Indépendamment de toutes les hypothéses & de
toutes les conjectures qu'on peut faire sur l'Entendement, sa dépendance des Sens, ou sa superiorité
sur eux, sur les Idées qui lui sont propres, innées
ou non, nous pouvons nous convaincre par experience interieure 1. que nous avons un grand nombre d'Idées. 2. Que nous les comparons, & que,
par consequent, nous avons le pouvoir de les comparer en differentes manieres. 3. Que de ces combinaisons il resulte des Propositions dont quelques-
unes sont d'une évidence qui force à en tomber d'accord; de sorte qu'il n'est pas en notre puissance de
n'en être pas convaincus, sur-tout pendant que notre attention s'y arrête. Et pourquoi leur refuse-
roit-on son attention, si on aime effectivement la
lumiere & si l'amour de la Verité ne se trouve pas
malheureusement inferieure, à des interêts ébloüis-
sans, à des Passions vives ou opiniâtres, à l'esprit
enfin de chicane & au plaisir inhumain & extravagant, de chicaner & de répandre des ténebres sur la
lumiere. Je serois convaincu des trois Remarques
que je viens de faire, quand même je n'aurois jamais pensé aux Questions de l'origine des Idées, ou
que je n'aurois jamais sû prendre aucun parti sur
cet Article, & de sorte que toutes les citations & les autorités sont ici très-inutiles. J'observerai seulement
que Socrate & Platon sont ici rayés de la liste des
Sceptiques. Voyés aussi P. III. S. X. 24. Voyés
aussi Art. 28.

Dans la page 201. Mr. Huet arache entierement ce qu'il avoit poliment accordé à la fin de la
page 179 & au commencement de la 180. *Quelque
diligence*, dit-il, *& quelque attention que nous apor-
tions, quelque évidence que nous trouvions, il faut
toujours tenir cet évident pour douteux.* Voilà ce qui
s'appelle se soutenir & s'expliquer sans détour.

A la fin de ce Chapitre la tentation de citer St.
Augustin, & celle de parer son Ouvrage d'u-
ne pensée de Ciceron, lui fait oublier le stile
& les Maximes du Pyrrhonisme.

*Quoique je ne me sois pas, pendant que nous som-
mes liés à ce corps mortel, notre Entendement puisse
parvenir à cette souveraine certitude humaine, lequel
bien qu'environné de tenebres,
dans la nuit du peché et obscurci par les rameaux de l'humani-*

té, *comme parle St. Augustin, a néanmoins sa pénétration, & peut porter des regards vers la Verité,
sinon fixes & sans éblouïssement, au moins vifs & per-
pans. De même qu'encore que du Lilybée promontoire
de Sicile, je ne puisse pas discerner & compter les
vaisseaux, qui sortent du Port de Carthage, je puis
néanmoins les compter, lors que je m'en suis approché,
& quoique je ne puisse pas* regarder le Soleil, *je puis néanmoins regarder la Lune & les E-
toiles. Notre Entendement est l'oeil de notre Ame; la
Verité est le Soleil dont nous ne pouvons pas soutenir les
rayons, s'ils ne sont temperés, ou par la Reflexion, ou
par la Refraction, ou par l'interposition de quelque
milieu, qui les proportionne à notre foiblesse.*

Dans tout ce qu'on vient de lire, où il n'y a
que de grands mots, très-figurés & très-metapho-
riques, & par là très-équivoques, il n'y a là, di-
je, que des apparences de comparaisons sans réalité,
par lesquelles Mr. Huet prend plaisir d'amuser ses
Lecteurs, ou cet Article aboutit à nous apprendre
& à nous faire avoüer que s'il est des objets au dessus de notre portée & qui, par leur sublimité & leur
composition, se dérobent à notre connoissance, il
en est aussi de plus simples, de plus à portée de notre attention & de notre examen, de plus proportionnées à nos Facultés & sur lesquelles il nous est
possible d'aquerir des connoissances plus nettes &
plus détaillées. Le Sceptique est un personnage de
Théatre, qui après avoir étonné par un stile extraordinaire, ne peut s'empêcher de rentrer de tems
en tems dans la Nature, & de poser son masque. De
là leurs contradictions. Voyés à la fin de l'Examen
du Chap. IV. Voyés aussi Part. II. Sect. V. Art.
10, 11, 12, 20, 21, 22, 25. Part. III. Sect. IV.
Art. 1, 2, 3, 8, 10, 12, 19, 20, 21. Sect. VI.
Art. 1, 67. VII. 14.

CHAPITRE IV.

*Il faut suivre, dans l'usage de la vie, les choses pro-
bables, comme si elles étoient veritables.*

S'Il faut les suivre comme vrayes, il n'en faut
donc point douter, puisqu'il seroit injuste &
ridicule de douter de ce qu'on tiendroit pour vrai,
ou qu'on respecteroit comme vrai, en le suivant
pour Regle de conduite. Aussi les Pyrrhoniens
font-ils ce qu'ils disent. Dans la conduite ordinaire
de la vie, ils font trêve avec leur Système, sauf
à le reprendre, dès que leur interêt ou leur humeur
le demandent. Leur grand embarras c'est d'accorder leur conduite avec leur Theorie & de se justifier
du reproche qu'on leur fait d'établir une incertitude qui ne va pas moins qu'à répandre un excès de
ridicule & de désordre sur la vie des hommes. Allarmés de cette accusation ils s'humanisent, ils accordent aux hommes des lumieres, ils leur reconnoissent de la capacité, se reservant de revoquer toutes ces polies concessions, dès qu'on leur dira, *Vous
n'êtes donc plus des Sceptiques.*

Tel est le langage de Mr. Huet dès le commencement de ce Chapitre, où il faut reciter de memoire à son Président un long passage de Ciceron, pour
éluder le reproche dont chargeoit les Sceptiques.
*Notre intention n'est donc pas d'éteindre toute lumiere
de l'esprit, nous ne croyons pas que notre Entendement
soit dans un perpetuel égarement. Nous ne sommes point
devenus des troncs d'arbres; attachés à la terre, couverts d'une épaisse ignorance de toutes choses, dépourvûs
de conseil & de regles pour conduire notre vie, ne sachant pas même en quelle posture nous devons être,
comme nous l'objectent souvent des gens mal informés
de nos sentimens, car encore que nous ne marchions pas
à la lumiere du Soleil en plein midi, nous marchons
au moins à la lumiere reflechie de la Lune: & encore
que nous n'ayons pas une lumiere certaines de la Verité,
nous avons au moins des vraisemblances.*

Ddd ddd ddd   Mais

Mais de l'aveu de Mr. Huet (page 205) *L'idée du* VRAISEMBLABLE *est incertaine, & je ne me contente pas de dire que ce qui est vraisemblable est incertain. Je n'assure pas même que les choses nous paroissent vrayes, je dis seulement que cela me paroît ainsi.* Des gens qui tiennent ce langage, comment peuvent-ils dire qu'ils ne vivent pas dépourvus de règles, & qu'ils sont éclairés d'une lumière refléchie? eux qui n'ont pas seulement l'idée de vraisemblable, qui n'ont ni l'idée de lumière, ni celle d'évidence, ni celle de règle, entendent-ils ce qu'ils disent quand ils en parlent?

Mais comme ils veulent aussi ignorer ce que c'est que se contredire, ils ont des faux fuyans tout prêts. Deux Marotes les dominent, l'une de ne tomber d'accord de rien, l'autre de ne demeurer jamais courts. En vain on leur objectera: ,, Est-il de la ,, sagesse de suivre ce dont la probabilité est même ,, incertaine, & de prendre un parti, pendant qu'on ,, doute s'il est bon ou s'il ne vaut rien? Vous ne ,, savés si ce que vous apelés une règle est droite ou ,, courbe, si elle vous conduit à l'honneur & à l'é- ,, quité, ou si elle vous entraine au crime & à l'in- ,, famie. Avés-vous un *Criterium* pour discerner le ,, probable d'avec ce qui ne l'est pas, ou qui l'est ,, moins? Vous éclaire-t-il par lui-même, ou s'il a ,, besoin d'être lui-même justifié par un second, & ,, celui-ci par un troisiéme & ainsi à l'infini"? Ils vous répondront, Vous vous moqués de nous avec vos Maximes de Sagesse, d'Equité, de Raison & avec votre *Criterium*, qui aide, par sa lumière, à faire un discernement. Les impressions qui se font sur les Sens, & les restes qu'elles laissent dans le cerveau, causent des ébranlemens des idées, & des desirs, auxquels nous nous livrons. *Tantôt nous sommes attirés par l'inclination naturelle de nôtre Entendement ou de nos Sens, tantôt nous sommes pressés par les besoins de notre Corps, tantôt nous suivons les coutumes & les Loix, & nous pratiquons les Arts necessaires à la vie.* Mais croire qu'on fait cela, *savoir & se souvenir qu'on le fait est-ce être Septique?* C'est là le contenu des Chapitres IV. & V. Mais encore une fois que signifie cela si ce n'est que leur SAGESSE EST DE N'EN POINT AVOIR, MAIS DE SE LAISSER ALLER A L'AVANTURE AUX IMPRESSIONS & AUX PENCHANS INTERIEURS. Comme il y a bien de l'apparence qu'ils nous trompent, quand ils disent qu'ils ne croyent rien & qu'ils doutent toujours, il y en a beaucoup encore qui nous trompent quand ils se donnent pour avoir des Règles.

CHAPITRE VI.

De la fin qu'on se propose dans l'Art de douter.

MR. Huet abandonne ici les Pyrrhoniens qui prenoient, disoient-ils, le parti d'un doute universel, en vue de vivre plus tranquiles. Je me flate d'avoir relevé le ridicule de ce prétexte, dans l'Examen de Sextus. Mr. Huet couvre son zele pour les Pyrrhoniens d'une raison plus honorable & plus convenable à son venerable caractère. *La but du Pyrrhonisme est de disposer à la Foi.* Il semble que ce savant Prélat prend plaisir d'enflamer de plus en plus nos desirs sans les satisfaire. Je me défends de soupçonner que c'est par l'effet d'une humeur contradictoire & par une branche de malice Pyrrhonienne. *Le Pyrrhonisme dispose à la Foi & par-là nous conduit à une beaucoup plus grande certitude que celle qu'on pourroit tirer de la Raison humaine la plus éclairée, & comment cela?* C'est ce que je souhaitterois qu'il eût expliqué, afin d'en profiter moi-même, car on ne sauroit avoir une Foi trop ferme.

Entrainé par les representations des Pyrrhoniens, je doute de tout & je me trouve plongé dans une incertitude, heureusement très-desagréable pour moi. Je souhaiterois ardemment d'en sortir; mais vaincu par leurs argumens je ne m'attens à aucun secours de la part de ma Raison & de mes forces naturelles. Dans ces tristes agitations & lorsque je languis dans mes ténèbres, & que je soupire après une Lumière qui puisse les dissiper, sans oser me flater qu'elle m'éclairera, un savant Prelat me dit en passant CHERCHES VOTRE CERTITUDE DANS LA FOI, C'EST UN DON DU CIEL. Mais, par un effet du malheur qui me poursuit, sa Charité se borne à ce peu de paroles, qui me laissent dans un mortel embarras! Où puisserai-je cette Foi mon unique ressource? Par quels mouvemens la ferai-je naitre? Ou par quelles prieres l'obtiendrai-je du Ciel? Si quelcun vient rallumer mes esperances & me dire *Je vai vous l'annoncer, rendés-vous attentif à mes Instructions*, le croirai-je sans preuve? &, s'il m'en allegue, avec quelle Faculté les discuterai-je? Les tristes effets des impressions Pyrrhoniennes recommencent.

Au lieu d'écouter les hommes, m'adresserai-je au Maitre du Ciel? Mais l'habitude que je me suis faite de douter, me jette dans de nouvelles inquietudes. M'est-il permis de m'adresser à lui immediatement? Quel Intercesseur choisirai-je pour lui adresser mes prieres? Pétri que je suis dans le doute elles seront toujours flotantes ces prieres: Mes incertitudes seront-elles regardées favorablement? Mon zèle sera-t-il agréé, ou ma hardiesse condamnée? Veut-il que mes ténèbres m'allarment, ou s'il aime mieux que je les supporte tranquilement?

Mais posé que ce précieux don vienne à tomber sur moi, à quels caractères le reconnoitrai-je? & ce caractère sera-t-il seul suffisant, ou s'il aura besoin d'un second pour l'établir & celui-ci d'un troisiéme &c.? Quand mes doutes auront disparu & que je croirai, ce changement ne sera-t-il point l'effet d'une Imagination qui se flate, & qui a pris le parti de se repoler, après avoir si long-tems flotté dans les desagremens de l'incertitude? Je vois le Genre humain partagé en diverses Religions, & ces Religions subdivisées en differentes Sectes: Chacun fait l'Eloge de sa Foi & se repose sur elle, chacun me recommande celle dont il fait profession comme la seule véritable. Tout est parfemé d'Enthousiastes, qui ne s'accordent point entr'eux, & dont chacun se croit dirigé par une Lumière Divine & par un secours immediat. Que ce Prélat n'a-t-il eu le loisir de me dévelloper plus au long sa pensée?

On voit toujours mieux qu'il est très-naturel de s'étonner que Mr. Huet, s'il a effectivement pensé comme il l'énonce dans ce Chapitre VI. n'ait pas publié plûtôt son ouvrage, dans un siécle, sur tout, où grand nombre de gens se trouvent de *petite foi*, ne croyent rien, ou croyent très peu, & n'ont aucune fermeté dans leurs principes. Mais le Pyrrhonisme de ce savant & celebre Prélat n'aura-t-il point eu quelques intervales d'absence, pendant lesquels l'experience lui aura apris que ce Pyrrhonisme, au lieu de conduire à la Foi, mène droit au libertinage. En effet si tout est incertain, pourquoi se géner, & pourquoi ne s'abandonner pas à ses fantaisies, quand on le peut impunement? Qu'a-t-on à craindre après la Mort? N'y auroit-il point de l'injustice à condamner les hommes pour avoir négligé de regler sa conduite sur de bons Principes de Morale, après les avoir fait naitre dans l'impuissance de s'assurer d'aucune Règle & d'aucun Principe? Si tant est qu'on puisse parvenir à quelque vraisemblable conditionel? Aussi voit on que les Libertins, chasés de poste en poste par la lumière, qui les poursuit, soit; se sont enfin renfermés dans deux. Retranchemens où leur opiniâtreté les soutient: L'HOMME N'A POINT DE LIBERTÉ. L'HOMME NE FAIT RIEN ET NE PEUT RIEN SAVOIR. Mr. Huet établit le second dans tout son Livre, & le premier dans les deux chapitres précédens, où il donne, pour unique *Criterium du Probable*, qu'il faut suivre à la place, du *Vrai*, les Impressions que fait sur l'Ame la Machine de nôtre Corps ébranlée par les objets extérieurs. Comme les DOGMATIQUES ont un CRITERIUM, soit l'*Entendement*, soit le *Sens*, soit tous les deux, nous avons aussi une Régle de *Vérité* pour discerner les choses probables de celles qui ne le sont pas. La PROCHAINE est la disposition des fibres & la forme des traces du cerveau. L'ELOIGNÉE sont les Sens qui ébranlés par les objets extérieurs impriment de certaines traces qui étant apperçûes par l'Entendement, il porte son jugement sur les objets extérieurs.

Il n'y eut jamais plus d'Incredules & il n'y eut jamais plus de Pyrrhoniens. Ceux-là sont très-rares ailleurs que parmi ceux-ci, & il est à craindre que comme le Pyrrhonisme introduisit autrefois chés les Romains, l'Irreligion & l'Athéisme, la même chose n'arrive aussi dans le Christianisme, où l'esprit de doute s'est réuni avec l'Epicureïsme & la sensualité. V. P. III. S. III. A. 35.

CHAP. VII.

Il ne faut point s'attacher aux sentimens d'aucun Auteur.

CHAP. VIII.

Il faut choisir, dans chaque Secte ce qu'il y a de meilleur.

Si Mr. Huet avoit trouvé à propos de nous donner ces avis & de nous en recommander l'observation, dès le commencement de son Ouvrage, il auroit fait tomber l'argument, qu'il tire de la diversité des Sectes, pour nous disposer à demeurer dans le doute, il nous auroit prévenu contre cet argument par ces deux avis, car après les avoir goûtés, il auroit été naturel d'en conclurre. ,, Nous ,, separerons donc ce dont les differentes Sectes ,, conviennent, d'avec ce en quoi elles different, ,, nous nous rendrons attentifs à la solidité de ,, leurs idées communes, & pour ce qui est des ,, Articles controversés, nous les examinerons, l'un ,, après l'autre, pour ne nous rendre qu'à ce qui ,, sera évidemment prouvé".

CHAP. IX.

Nous avons principalement une grande attention à ne rien admettre qui soit contraire à la Foi revelée, tenant pour très-certain & indubitable et que Dieu a marqué dans nôtre Ame par la Foi guidé & maîtresse de la Raison & tenant pour douteux tout ce que la Raison enseigne. Voilà le Chapitre entier.

C'est-là précisément le langage d'un Pyrrhonien politique, ou d'un Sceptique Proselyte & devenu Enthousiaste.

CHAP. X.

De la Secte des Eclectiques.

Ce Chapitre ne contient que des Recherches sur l'Histoire Litteraire qui ne me paroissent pas d'une grande utilité, ni une digne recompense du tems qu'il a falu employer à les faire, sur tout quand on ignore si ce sont des apparences ou des realités, & qu'on n'est point assuré si on rêve ou

si on lit. Mais la verité est qu'on ne sauroit vivre dans de tels doutes, on se borne à soutenir, qu'il faut douter jusqu'à ce point, uniquement de peur de ceder, dans une dispute, par un aveu, la victoire à un adversaire dont on se sent pressé. Mr. Huet s'est laissé insensiblement aller à son goût pour les Sceptiques, & dans ce Chapitre, comme dans la plus grande partie de son Ouvrage, il a copié ou imité Sextus.

Pour moi il me semble que si j'étois Sceptique, je demeurerois en repos, au lieu d'étudier sans fin, & de me charger de ces Recueils, parce que ces Recherches me paroîtroient également trop incertaines & trop fatiguantes; & si j'étois de plus Enthousiaste, je demeurerois encore en repos à cet égard, parce que toutes ces connoissances me paroîtroient trop au-dessous d'un Esprit éclairé par des Lumieres Celestes.

LIVRE TROISIEME.

On répond aux Objections.

CHAP. I.

Les Pyrrhoniens ôtent l'usage de la vie.

Les objections continuent jusques au Chapitre IX, où l'on commence à y répondre & ce sont les Réponses que je me propose d'examiner.

CHAP. IX.

On nous reproche de renverser tout l'usage de la Vie, mais on a tort, car lorsqu'il s'agit de conduire sa vie, de s'aquiter de ses devoirs, nous cessons d'être Philosophes, d'être CONTRARIANS, douteux, incertains; nous devenons idiots, simples, credules; nous appelons les choses par leurs Noms, nous reprenons nos mœurs & nôtre esprit, nous conformons nos mœurs aux mœurs des autres hommes, à leurs coûtumes, à leurs loix. Moi qui doutois tantôt si j'étois, je bannis ces pensées & comme étant assuré que je suis & que ces autres hommes sont, je mange, je bois, je vais voir mes Amis, je les salue, je les entretiens, j'affirme, je nie, j'assure que cela est vrai, que cela est faux.

C'est-là éluder l'objection & non pas y répondre, on ne vous reproche pas de vivre très-mal & d'être des citoyens très-incommodes. Dès que vous avés mis à part vôtre maniere de philosopher, on est content de vous. Ce que l'on se croit en droit de condamner, c'est le contraste de vôtre Théorie avec vôtre Pratique. Puisque vous ne suivés plus vôtre Théorie, dès qu'il s'agit de vous conduire avec les autres hommes, & que vous avés égard à vos Interêts, & le cas, qui survient, est une preuve que vous feriés tout le contraire si vous viviés conformement à la Philosophie dont vous faites profession: Elle est donc dangereuse en elle-même. Vous vous soumettés à de certaines régles, mais c'est uniquement parce que vous le voulés bien, & non pas parce que vous êtes convaincus que ces Régles sont effectivement très-justes & d'une observation indispensable. Les autres ont des Principes de Morale, très-respectables par leur Verité, & dont l'idée suffiroit pour les couvrir de honte & les accabler de reproches, & de frayeurs s'il leur arrivoit de s'en écarter. Par là ne doivent-ils pas être plus fermes dans leur Devoir & n'est-on pas plus fondé à s'y fier ? Voyés Part. II. Sect. I. A. 110. Part. III. Sect. I. A. 5.

Mais les Astronomes ne suivent-ils pas des Systêmes sur la certitude desquels ils ne comptent pas?

Je répons 1°. L'Astronome s'assure des faits. 2°. Il imagine un arrangement & qu'il se persuade qu'il est effectivement possible & que les mouvemens qu'on observe ve dans les Astres en pourroient resulter. 3o. De ces deux Principes on déduit des Calculs qui servent effectivement à prevoir & à predire les diverses Configurations des Planetes.

Dans les Calculs de l'*Analyse* on a accoutumé de *supposer* ce qu'on cherche, comme s'il étoit véritable & déja connu.

Dans l'Analyse on énonce une Question par le moyen de quelques signes vagues, mais propres, par leurs combinaisons à en exprimer le contenu. On choisit donc des signes justes & on les combine suivant des Règles sures. Ensuite. 1°. De ces expressions & de ces Combinaisons on tire des Consequences qui en doivent être des suites nécessaires & se trouver exactement liées les unes aux autres, sans quoi le Calcul n'aboutiroit à rien, ou aboutiroit à l'erreur. 3°. On tire ces consequences suivant un certain Art & de certaines Règles bien démontrées, par le moyen desquelles on arrive, en remontant aux Principes dont le denouement de la Question dépend : & ces Principes de Verité on les découvre surement, à moins que la question ne renferme de la contradiction ; & cette contradiction on s'en apperçoit encore évidemment dès que le Calcul est achevé. Qu'est-ce que cette Methode a de commun avec le Contraste perpetuel de la Théorie & de la Pratique des Pyrrhoniens. On voit qu'ils ne s'instruisent des Sciences que pour en abuser & pour en extraire de quoi éblouïr les ignorans.

Voyez Part. II. Sect. V. Art. XIII.

CHAP. X.

Vous abandonnés les Sciences, & à la place de leur lumiere vous répandés les ténèbres d'une profonde ignorance.

A cela les Sceptiques répondent *Ce n'est pas nôtre faute. Nous ne croyons pas les yeux aux hommes, nous nous bornons à les avertir de leur aveuglement.*

Mais s'ils viennent à vous croire, n'étans plus animés par l'esperance de parvenir à quelques connoissances sures, ils negligeront de s'instruire & de cultiver leur esprit. Voilà le sens de l'objection à laquelle, par conséquent, on ne répond pas ; car je ne compte pas pour une réponse,

C'est-ce qui ne leur arrivera point, s'il nous imitent, car nous travaillons dans l'esperance de trouver ce qui est de plus probable & de plus vraisemblable.

Je le veux. Mais quand par hazard vous le trouveriés ce *plus vraisemblable*, dont vous dites que vous avés quelque esperance, toûjours seriés-vous incertains si vous l'auriés effectivement trouvé. Y a-t-il quelqueSceptique qui l'ait trouvé ce plusvraisemblable, & si quelcun s'en flatoit, ne le rayeriésvous pas, par là même, de vôtre rolle. Esperance bien propre à animer, à laquelle personne n'est parvenu ! Et puis en quoi consiste ce *plus probable* ? Quel *Criterium* en donnés-vous ? Vous n'en alleguez point d'autre que les impressions exterieures des Objets sur vôtre Corps, auxquelles vous vous laissés aller en Machine, après en avoir combattu toute la certitude. Quand on n'a ni *Idée sûre*, ni *Criterium* du *Vrai*, il seroit-il- possible de reconnoitre ce qui en approche le plus ?

Dans le reste de ce Chapitre Mr. Huet fait entendre qu'il reste encore aux Sceptiques l'étude de la belle Litterature, c'est-à-dire celle qui s'étoit trouvée de son goût. Mais, s'il vivoit encore je lui remettrois devant les yeux ces paroles de SENEQUE (qu'il cite pag. 246) *La Verité est profondement cachée, & nous ne pouvons pas nous plaindre de la malignité de la Nature, parce que rien n'est difficile à découvrir, que les choses dont la découverte ne rapporte point d'autre fruit, que d'avoir été découvertes. Tout ce qui peut nous rendre meilleurs & plus heureux, a été mis par la Nature devant nous, ou près de nous.*

Et quel fruit tire-je de savoir le nom d'un POTAMON (psg. 222) & quelques morceaux de son Histoire recueillis d'Anciens Auteurs, qui ne m'apprennent rien qui merite d'être sû ? Quel fruit tire-je de l'imagination que PLATON n'est parvenu à aucune découverte par ses propres meditations, mais qu'il a simplement pris de PYTHAGORE *la Methode d'appliquer aux choses naturelles les Nombres & les Demonstrations Geometriques & d'examiner par l'Entendement* ; D'HERACLITE *celle d'examiner la nature de nos sensations*; D'EPICHARME *la Doctrine des idées*; de SOCRATE *sa Morale, sa Politique & son Oeconomie*; des ÉGYPTIENS *la methode d'expliquer sa Doctrine par des Fictions & par des Fables.*

S'il étoit arrivé à Mr. Huet d'avoir oublié les Noms de ZEUXIS & de PARRHASIUS, peutêtre auroit-il épargné à son Lecteur, un Sophisme qui, exprimé plus generalement, revient à ceci : On *prend quelquefois un objet pour un autre*, ,, De loin ,, on croit voir un Arbre, un Animal, une Grotte, ,, & ce n'est que la peinture de ces objets. Donc ,, on ne peut plus compter surement sur le rapport ,, des Sens. *Zeuxis* prit l'image d'un rideau pour un ,, rideau, dans un Tableau de *Parrhasius*". Voilà l'occasion qui a fait réïterer une objection déja repetée & à laquelle on a suffisamment répondu.

Mais comme cette reflexion & cette consequence, à laquelle l'avanture de Parrhafe a donné occasion, roule sur la Pratique, voilà le Pyrrhonisme introduit dans la Pratique de la Vie. Suivant l'humeur dont on sera, on prendra une personne pour un autre, car à quels caractères sûrs les discerneroit-on ? Et parce que, dans de certaines circonstances on se sera trompé pour un moment, on ne s'avisera plus d'examiner quoi que ce soit de plus près & avec plus de circonspection, & suivant des principes interieurs que l'on trouvera de la satisfaction à suivre, on traitera toutes les precautions de soins superflus.

Après qu'un Pyrrhonien a dit *qu'il adopte le vraisemblable & qu'il le suit, dans la pratique, comme s'il étoit vrai*, ,, On le presse & on lui demande, si au ,, moins il ne fait pas que ce qui lui paroit vraisem,, blable ou vrai". Cette Question importune, parce qu'elle reduit à un cas, dans lequel on ne peut plus se reserver le privilege de douter.

Mr. Huet pour se tirer de cet embarras dit (pag. 256) *J'ai une Idée qui me paroit être celle de Pierre, j'ai une Idée de cette apparence semblable à l'Idée de Pierre, & de là je conclus que cette apparence est vraisemblable.*

Cette Réponse met en droit de lui demander, *Ne connoissés-vous pas du moins que ces Idées sont semblables* ? Nullement, repondroit Mr. Huet, car je ne connois pas toutes les Idées que j'ai dans mon Entendement, mille traces se forment en moi, *sans que je m'en apperçoive* (p. 257.) *Quantité d'esprits se portent à mon Cerveau, Quantité s'en retirent. La fidelité du Cerveau*, ajoute-t-il, *est douteuse*, *nous ne connoissons pas la nature de nôtre Entendement*. Il se repete, comme on le voit tant qu'il peut, c'est le gout des Sceptiques ; nous l'avons remarqué bien des fois.

Mais est-ce là repondre à la Question, ou si c'est la fuïr. ,, Quand je demande *Un & Un* sont-ils ,, *Deux* ? ou l'idée de *Un & Un*, est-elle semblable ,, à celle de *Deux* ? Seroit-ce repondre que dire : *Je n'ai pas encore pensé à tous les Nombres, ni à toutes les combinaisons des Nombres. Peut-être suis-je capable d'avoir là-dessus beaucoup d'idées que je n'ai pas presentement.* ,, On ne vous questione pas sur ,, les idées que vous n'avés pas encore. La Question ,, ne roule que sur deux qui vous sont présentes. Si ,, vous ne les sentés pas, comment pouvés-vous dire ,, qu'elles vous paroissent semblables, & si vous les ,, sentés semblables, deux sentimens semblables ne ,, le font-ils pas".

Pag.

Pag. 258. *Comme Samson s'envelopa dans la même ruine dont il écrasa tous ses Spectateurs, de même cette Proposition,* TOUT EST INCERTAIN, *se renferme elle-même dans l'incertitude qu'elle impute à toutes les autres & n'en excepte pas.* Cela a été dit plus d'une fois & on y a répondu de même.

Mais s'il est INCERTAIN QUE TOUT SOIT INCERTAIN, & que si je me fusse présent à tout le Discours du Président dont M. Huet se félicite d'avoir été l'Eleve, après l'avoir écouté je me serois crû en droit de lui répondre. ,, Je con- ,, clus que de vôtre propre aveu, il est très-incer- ,, tain que vous ayés ébranlé la certitude d'aucun ,, Dogme Philosophique, loin d'avoir renversé la ,, certitude de tous sans exception".

CHAP. XII.

Mr. Huet après un Verbiage inutile sur le mot de *Secte* met en parallele la Modestie des Sceptiques avec l'Orgueil des Dogmatiques, & finit en comparant les Dogmatiques à des gens *qui se seroient bâtis une haute Maison de roseaux,* & les Pyrrhoniens à des gens *qui auroient choisi pour retraite le fond d'un Rocher, où ils seroient en assurance avec leurs Meubles & leurs provisions.* Le fondement de cette belle comparaison, c'est que les Dogmatiques risquent de se tromper, au lieu que les Sceptiques ne se trompent jamais & ne peuvent pas se tromper.

J'ai déja examiné ce prétendu privilege duquel ils s'aplaudissent tant. J'ajouterai encore que si cette Proposition TOUT EST INCERTAIN est elle-même incertaine, les Sceptiques risquent de se tromper en accusant le certain de ne l'être pas. S'il y a du certain, cette Proposition, *Tout est incertain,* est fausse. Or peut-être y a-t-il du certain, donc peut-être que les Sceptiques se trompent en disant que tout est incertain, & tout autant qu'il y a de propositions certaines, ce sont tout autant d'erreurs où ils tombent. S'il n'est pas vrai que tout est incertain, comme il se pourroit, puisque cette proposition est incertaine, les Sceptiques font tout ce qu'ils peuvent pour engager les autres dans l'erreur, en quoi ils sont d'autant plus condamnables, qu'ils les y sollicitent par des raisons qui leur paroissent à eux-mêmes incertaines.

Après avoir essuyé les attaques d'un Sceptique je lui demanderois pour Conclusion:

,, Est-il donc certain que j'aurois tort de demeurer dans mes sentimens"?

Oh pour cela, me répondroit-il, *je n'en sai rien.*
,, Est-il sûr que vous les ayés renversés"?
Il me le paroit, diroit-il, *mais dans le fond peut-être qu'il n'en est rien.*

,, Tirés-moi d'embarras, ajouterois-je, est-il cer- ,, tain que je ferois mieux de ne plus croire ce que ,, j'ai crû jusques ici".

Je ne puis pas vous le dire, car je ne connois rien certainement, & je ne me sens pas capable d'assurer sans mélange de doutes, qu'un parti soit meilleur qu'un autre & si j'en préfere l'un à l'autre, c'est seulement à mesure que je sens les Impressions des Objets extérieurs & ce qui en résulte au dedans de ma Machine m'y déterminent. L. II. Chap. V. Pour continuer une conférence avec un homme qui répond ainsi, il faut être une Machine montée sur le même ton.

CHAP. XIII.

On objecte aux Sceptiques;

Cette Proposition, TOUT EST INCERTAIN, *est vraye ou fausse,*
Si elle est fausse, vous avés tort de la soûtenir & de plus le contraire est vrai.
Si elle est vraye, il y a donc de la Verité.

A cette objection Mr. Huet répond de la part des Sceptiques. ,, Nous ne saurions vous accorder ,, la Majeure. Vous auriés tort de la demander, ,, c'est précisément le sujet de la Question. Nous ne ,, la reconnoissons pas pour fausse ; mais nous ne ,, pouvons pas non plus dire qu'elle soit vraye. ,, Elle nous paroit incertaine, &, à cet égard, el- ,, le ressemble elle-même à toutes les autres qu'el- ,, le accuse d'incertitude".

Par cette réponse, il élude encore l'Objection au lieu de la résoudre. On ne demande pas, *La Majeure de ce Syllogisme est-elle vraye*? Le Sceptique seroit en droit de répondre suivant ses Principes, QU'IL N'EN SAIT RIEN, & si on lui demandoit *est-elle fausse*? il répondroit avec autant de droit, JE N'EN SAI RIEN NON PLUS. Mais quand on lui demande, *Se pourroit-il qu'elle fut en même tems, vraye & fausse, ou qu'elle ne fut ni l'un ni l'autre & ne faut-il pas qu'elle soit ou vraye ou fausse?* Auroit-il le courage de dire encore PEUT-ETRE? Il faudra de même avouer qu'elle est certaine ou incertaine. Si elle est certaine, TOUT N'EST PAS INCERTAIN, si elle est incertaine, il se peut donc qu'il y ait quelque chose de certainement connu ; & pourquoi faire tous ses efforts pour décourager les hommes de le chercher?

CHAP. XIV.

L'Idée de Dieu ne nous permet pas de penser que les hommes naissent & vivent tels que les Sceptiques les supposent.

Mr. Huet propose d'abord cette Objection ; dans des termes qui lui donnent lieu d'attaquer Descartes & d'y faire ensuite quelques réponses. *Dieu,* dit-il, *en nous faisant naitre incapables de découvrir certainement aucune Verité ne nous a pas trompés, puisqu'il nous a mis en pouvoir de découvrir nous-mêmes cette incapacité.*

A cette reponse je replique deux choses. 1. Que l'Evidence force à croire quand on s'y rend attentif, est-ce donc que l'on a tort de lui donner son attention ? 2. Il repugne à l'Idée de Dieu, de lui attribuer un ouvrage où l'on ne trouve aucunes traces de Sagesse & de Bonté de la part de son Auteur. *Il m'a mis en état de m'appercevoir*, dit-on, *qui ma Nature est incapable de s'assurer d'aucune Verité.* Grand effet de Sagesse, grand effet de Bonté ! je suis né avec le desir de connoitre, & je m'apperçois que je ne saurois rien connoitre; j'ignore donc si j'en suis incapable ou imaginaire ; j'ignore si cette incapacité est réelle ou imaginaire ; j'ignore si je puis, ou si je ne puis venir à bout de découvrir quelque Verité & de m'en assurer ; j'ignore si je dois la chercher, ou me faire un devoir de la chercher, puis-je le quand je le peux ainsi, je ne sai même ce que je dis, car je ne sai ni ce que c'est que *Verité*, ni ce que c'est que *Devoir*, ni ce que c'est que *Convenance, Justice & Injustice.* Je ne puis ni découvrir moi-même des Règles sures, ni m'assurer de celles que d'autres me présentent, me disent qu'ils ont découvert ou que Dieu leur a enseignées. Ma vie est-elle un Bien ou un Mal ? Je l'ignore. Dois-je en rendre graces, dois-je m'en plaindre ? Je n'en sai rien. Il n'y a en moi qu'incertitude. Dois-je agir ou ne pas agir, je ne vois aucun milieu, il faut opter, & quelque parti que je prenne j'ignore si j'ai pris le bon ou le mauvais.

Me jetterai-je, tête baissée, entre les bras des Pyrrhoniens, sans savoir pourquoi ? & prendrai-je sur moi de bannir mes inquietudes, par le partage que je ferai de mon tems, entre m'occuper des fonctions purement animales, m'amuser à lire des vers, des contes, des vetilles sçavantes, & me divertir enfin à contredire tous les autres & à les embarasser ?

CHAP.

CHAP. XV.

Dans ce Chapitre Mr. Huet entreprend de répondre à la derniere Objection qu'il avoit proposée dans le Chap. VII. *Qui sera celui donc l'Esprit accoutumé par un long exercice à resister au témoignage des Sens & à la force de la Raison, se soumettra volontiers aux Mysteres de la Foi, qui sont obscurs de leur nature, & n'emprunteus le secours ni des Sens ni de la Raison?*

Mr. Huet a cité dans son Ouvrage & *Tertullien & St. Augustin* en faveur du Pyrrhonisme. Son goût pour les citations lui fait ramener sur la scene pour y faire les personnages d'adversaires les plus zelés du Scepticisme. *Que fait-on, temeraires Academicien, en renversant tout l'état de la vie, en troublant tout l'ordre de la nature; tu rens aveugle la Providence de Dieu qui pour rendre ses ouvrages intelligibles, habitables, & pour nous les dispenser & nous en faire jouir, les a fait dépendre des Sens trompeurs & menteurs.*

Il ne nous est pas permis de douter de la fidelité des Sens, de peur que l'on n'en doute aussi en ce qui regarde le Christ.

C'est ainsi que parle Tertullien, *en homme sage*, dit Mr. Huet. Puis il ajoute: St. Augustin a parlé avec la même sagesse lorsqu'il a dit: *La Cité de Dieu déteste une telle Methode de douter, comme une extravagance; ayant par les choses qu'elles comprend, par les Sens & par la Raison, une science, petite à la verité, mais néanmoins très certaine.*

Ces raisonnemens sont pleins de force, & ces autorités respectables. La Foi étant ainsi ébranlée (pag. 239) *Elle sera suivie de la corruption des Mœurs; car quiconque pensera qu'il n'y a rien de vrai ni de faux, il pensera aussi qu'il n'y a rien de bon, ni de mauvais, & c'est ce que les Sceptiques n'ont pas honte de dire. Comment un Esprit, prevenu de cette Erreur, pourra-t-il refrener son Libertinage.* Voilà ce qu'on oppose aux Sceptiques dans le Chapitre VII.

A la verité ces Objections ne tombent point sur le gros des Sceptiques & ne sauroient leur causer le moindre trouble interieurement, car ils regardent ceux qui sont persuadés d'une Religion, avec le même mépris que le reste des Dogmatiques & que le plus grossier Vulgaire, & ceux-là leur paroissent encore d'autant plus ridicules, qu'ils le gênent, les uns plus, les autres moins, sans aucun fondement solide.

Mais Mr. Huet, de son côté, se trouvoit d'autant plus obligé de répondre à ses Objections, que l'endroit par lequel il prétend le plus recommander le Pyrrhonisme, c'est son influence sur la Foi, à laquelle il nous prépare & nous amène, selon lui, plus directement & plus surement que tout ce que la Raison nous fournit de preuves.

D'abord donc il declare (pag. 273) qu'on a tort d'opposer à la Foi, la *Raison* telle que les Sceptiques la conçoivent, car selon eux, dit-il, Elle a aussi sa lumiere, quoi qu'elle ne nous fournisse pas tout le secours necessaire pour acquerir une connoissance inébranlable.

Mais cette lumiere se reduit à rien: les Sceptiques ne lui ont pas plûtôt permis de s'allumer, qu'ils l'éteignent, & la convertissent en ténèbres. On cesseroit, selon eux, d'être sage & de meriter le nom de Philosophes si l'on cessoit de douter. C'est beaucoup si la Raison s'éleve à quelques *Probabilités*, & encore ces probabilités, ces pensées que nous suivons & que nous nous permettons de regarder comme des apparences de Vrai, ne sont, disent-ils, que les effets des impressions de quelques objets exterieurs, que nous ne connoissons pas, sur des Organes interieurs qui nous sont encore plus inconnus; ce sont enfin les suites & les restes des impressions qui se sont faites sur une Machine aux determinations desquelles nous nous laissons aller.

C'est donc ainsi qu'en usent les Sceptiques, lorsque, scandalisés par l'idée des suites les plus naturelles de leur entêtement & de leur obstination à douter, nous les pressons & nous les embarrassons, ils travaillent à nous adoucir en prêtant à nôtre Raison quelque force & quelque lumiere. Mais, dès qu'ils se voyent au large, ils soufflent sur tout ce qu'ils ont accordé: & le font évanouïr.

Mais, ajoûte Mr. Huet, (pag. 273.) *Pour ce qui est des connoissances que nous avons par cette lumiere divine qui éclaire nôtre Entendement, au-dessus des Loix de la Nature, nous devons nous y soumettre sans résistance.*

Il le dit, mais il n'en donne aucune preuve. Lui qui, instruit par la Lecture des Sceptiques, savoit s'agiter en tant de manieres, en vûe d'arracher du cœur humain toute pensée de certitude, ne pouvoit-il rien alleguer qui allât à établir la *Certitude de la Foi*, ou ne le vouloit-il pas, car quand il insinuë qu'il *n'en faut pas douter*, prétend-il qu'on le croye sur sa parole?

On ne peut s'empêcher de le repeter. Plus Mr. Huet retouche cet article, plus il donne lieu de se plaindre de ce qu'il n'a pas defini la nature de cette Foi, ni marqué à quels caractères on peut la reconnoître, quand on l'a surnaturellement reçuë. Un Sceptique invité à s'y soumettre, par des hommes qui la lui annoncent, sur quoi fondé se rendra-t-il à leurs instructions? Embrassera-t-il cette nouvelle doctrine sans y être determiné par des preuves? Si on lui en allegue, les examinera-t-il? Sur quelles Regles fera-t-il cet examen? Ne s'avisera-t-il point de demander à ces nouveaux Docteurs: Depuis que vous avés été favorisés de cette précieuse Foi que vous me souhaités & que vous me recommandés, avés-vous vû les couleurs & les figures des objets autrement que vous ne les voyiés? Vos idées sont elles d'une autre nature? Etes vous penétrés d'une Evidence d'une nouvelle espece? Faites-moi, je vous prie, connoitre en quoi consiste cette nouvelle lumiere qui vous éclaire & qui vous a fait passer des doutes à la Certitude.

Mais quand nous n'aurions pas cette sainte Régle, continuë Mr. Huet, *nous avons les Loix & les Coutumes qui nous en serviroient pour la conduite de nôtre vie.*

Mr. Huet trouve, dans la Raison, peu de secours à la Foi, ou plûtot il n'y en trouve point, & il n'en allegue aucune sur la Foi qui la fournisse. Mais à la place de la Raison, inutile à cet égard de même qu'aux autres, *nous avons la Coutume & les Loix.* C'est fort bien dit, & d'autant mieux, que chaque Religion trouve, dans les Coutumes de son Pays, des causes qui disposeront à la croire.

Les Apôtres, pour donner du poids à leur temoignage, font souvenir *qu'ils se rapportent que ce que leurs yeux ont vû & que leurs oreilles ont ouï, ce que leurs mains ont touché &c.*

Oh, dit Mr. Huet (pag. 274.) *Cela est bon pour les Apôtres, dont Dieu avoit défendu la Raison & les Sens d'erreur par le secours de sa Grace.*

La preuve tirée des Sens, dont les Apôtres se servoient, ne pouvoit donc avoir de force directe, que sur les Philosophes Dogmatiques, ou sur de bonnes gens, dont l'esprit n'avoit jamais été rafiné par la Logique des Sceptiques: car, pour ce qui est de ceux-ci, ils auroient d'abord repondu aux Apôtres: Rien n'est plus sujet à l'erreur que le témoignage des Sens, c'est l'Incertitude même; & lorsqu'à cette difficulté les Apôtres auroient répondu par la distinction NATURELLEMENT, *Concedo*, SURNATURELLEMENT, *Nego*. Voici, auroient repliqué les Sceptiques, des idées bien nouvelles pour nous. Aprenés-nous donc incescessamment, sur quoi fondés, vous vous flattés d'un Privilege si rare, & par quels moyens nous pourrons aussi parvenir nous-mêmes à nous assurer que ce que vous dites est exactement vrai.

Si l'on en croit Mr. Huet, dans les paroles de St. Augustin, que nous venons de citer après lui, ce Pere n'a d'autre intention que de nous apprendre que dès qu'on est Chrétien, on n'est plus Sceptique, au moins entant que Chrétien. C'est à quoi se reduit le sens de ces paroles, si tant est qu'elles en ayent un. St. Augustin parle du *consentement de la Foi qui est d'un autre genre que celui de la Raison*. Il bannit les doutes de la *Cité de Dieu*, & avec justice si l'on fait entrer ces doutes dans les choses de la Foi.

Il faut dire quelque chose; & quand on s'est affermi dans l'habitude de philosopher en Sceptique, tout est d'une égale évidence à très-peu près, & tout est bon dés qu'il nous paroit tant soit peu propre à nôtre dessein. St. Augustin entreprend de combattre les Pyrrhoniens. Il doit donc prouver qu'ils raisonnent mal, & au lieu de cela il se contente de poser en fait qu'on n'est plus Sceptique dès qu'on est Chrétien.

Dans la pag. 275, Mr. Huet comprenant la nécessité où il est de s'adoucir en faveur de la Raison, pour procurer aux Sceptiques la liberté de philosopher à leur aise, au milieu même du Christianisme, sans en abandonner la profession, remarque, *que les hommes connoissent Dieu en deux manieres, par la* RAISON *d'une* ENTIERE CERTITUDE HUMAINE, *par la* FOI *d'une* ENTIERE CERTITUDE DIVINE.

Mais, suivant les Sceptiques & lui-même, toutes les connoissances humaines ne roulent que sur des Propositions incertaines qu'un homme sage ne regardera toûjours comme douteuses, bien que, par un effet de la Coûtume & des Impressions Machinales, il les suive comme si elles étoient vrayes.

Cependant Mr. Huet s'avance à quelque chose de plus : *La Raison ne conduit à aucune connoissance plus certaine que celle de Dieu* : De sorte que tous les argumens, que les Impies opposent à cette connoissance n'ont aucune force & si refutent aisément.

Dans les premieres de ces paroles M. Huet en dit trop pour être crû, il exagere & il flate les Theologiens qu'il craint de scandaliser & de s'attirer sur les bras. Cette Proposition, DIEU EXISTE, n'est pas un *Axiome*, une *Notion commune*. On la prouve. Or si les Principes, d'où l'on tire cette Conclusion n'étoient pas d'une Evidence plus simple qu'elle; s'ils ne satisfaisoient plus facilement l'Esprit & ne le satisfaisoient pas plûtôt, les Raisonnemens, formés de Principes qui seroient ni plus clairs ni plûtôt recevables, n'en plus manifestes que la Conclusion, seroient par là même sophistiques.

L'Existence de Dieu est une des Verités contre lesquelles les Sceptiques ont le plus exercé leur subtilité. Mais, si l'on en croit Mr. Huet, il s'en faut bien qu'ils n'en ayent ébranlé la Certitude, car on n'ébranle pas la plus certaine de toutes les connoissances, *par des argumens qui n'ont aucune force & qui se refutent aisément*. Une Verité ne devient pas incertaine dès qu'on y oppose une Objection: si cela étoit (je me sers d'un Argument *ad hominem*) la Foi seroit incertaine puisqu'il est des gens qui s'elevent contre sa Certitude. Mais une Proposition demeure inebranlable, quand on l'attaque que par des raisonnemens *sans force & faciles à refuter*. Des objections de cette nature sont comptées pour rien.

Voyés Part. III. Sect. IV. Art. III.

Mais Mr. Huet ne peut se soûtenir longtems dans ces aveux, car dans la page 278, il dit en termes exprés : *Puisque d'habiles Philosophes ont ouvertement combatu ces Principes* (l'existence de Dieu, le Theorèmes de la Geometrie) *il est clair que dans cette connoissance naturelle, on ne trouve point une certitude parfaite, mais seulement la certitude humaine dont j'ai parlé*, & cette certitude n'exclud point le doute, & quoi qu'extérieurement on ne fasse pas profession de douter, on ne laisse pas de douter dans le fond.

Mais enfin qu'est-ce qui rend douteuses ces Prémieres Verités de Metaphysique & de Geometrie, c'est que *d'habiles Philosophes les ont combatues*. Et qui sont ces Philosophes habiles? Ce sont les *Sceptiques*. Cela signifie qu'il faut douter de l'Existence de Dieu & des preuves qui l'établissent, qu'il faut douter des Demonstrations mêmes de la Geometrie, & des Principes sur lesquels on les fonde; & pourquoi? Parce que les Sceptiques ont prétendu qu'elles étoient douteuses.

Pour engager les fideles à se faire un plaisir de voir la Raison battuë & humiliée, & pour leur en faire tirer cette conséquence que le Scepticisme, qui l'abbat & l'humilie, favorise la Foi & est utile à la Religion, on allegue quelques exemples de l'opposition de la Foi à la Raison, comme ce Principe DE RIEN IL NE SE FAIT RIEN, *qui a donné lieu aux Philosophes de croire l'éternité de la Matiere*. page 184.

Mais ce Principe mal entendu est lui-même contraire à la Raison, & bien entendu sert plûtôt à établir qu'à détruire la Création de la Matiere. On peut lire les Preuves dans les Logiques qui dévelopent, avec quelque exactitude, les noms de *Cause* & d'*Effet*.

Cette Proposition *De rien il ne se fait rien*, peut recevoir divers sens. 1°. *Le Rien ne peut pas être une matiere capable de recevoir une Forme*. Il faudroit avoir perdu le sens commun pour le prétendre. 2°. *Quelque Etre, quelque realité que ce soit qui n'existe pas encore ne peut être produite que par un agent qui existe*. On ne sauroit contester cette verité sans renoncer au Bon Sens. 3°. *La puissance de la Cause qui produit, ses forces, sa réalité, sa perfection, rien de tout cela ne doit être au-dessous de la grandeur, de la realité de l'effet à produire, de la grandeur du changement qui doit être procuré*. Une mediocre attention sur ces Idées suffit pour se convaincre de la Verité de ce 3e. sens.

4°. De tous les Etres dont nous sommes environnés, il n'y en a aucun qui ne soit fini, & dont la perfection, la réalité ne soit renfermée dans certaines bornes; Par conséquent aucun d'eux, en commençant d'exister, n'a reçû qu'un Etre fini & fort au-dessous de l'Infinie perfection & puissance de l'Etre Eternel & sans bornes. 5°. A tout coup on produit des mouvemens & des figures qui n'existoient pas, comme quand on applatit une bâle. 6°. Plus on se rendra attentif à l'idée de la Matiere, moins on trouvera de raison entre son Idée & celle de l'Existence nécessaire. On ne trouve rien en elle, en vertu de quoi on puisse dire qu'il implique contradiction qu'elle n'ait pas existé. Si donc une Cause exterieure ne l'avoit pas produite, si elle ne tenoit pas d'ailleurs son existence, elle existeroit sans qu'il y eût aucune cause en vertu de laquelle il lui fût arrivé d'exister plûtôt que de n'exister pas, en vertu de laquelle elle fût en possession de son existence.

Voyés Part. II. Sect. IV. A. 9, 45, 63, 64, 65, 68, 86. Sect. V. Art. 7. 25, 27, 28, 31, 32. III Part. Sect. VIII.

Ce Principe (DE RIEN IL NE SE FAIT RIEN) a été corrigé par *la Foi. Pourquoi ne croirai-je pas qu'il en peut arriver autant aux autres Axiomes par la Puissance Divine?*

Cette Proposition, *De rien il ne se fait rien*, (si on prétend signifier par-là que ce qui n'existoit pas ne peut commencer d'exister), loin d'être un Axiome, est une manifeste *Petition de Principe* & suppose ce qui est en Question.

Descartes n'a-t-il pas crû qu'il se pourroit faire, par la Puissance Divine qu'une même chose fût & ne fût pas, qu'une Proposition fût vraye & fausse en même tems ? Je répons hardiment que non ; & quand il seroit tombé dans une si absurde méprise, il n'auroit pas pour cela donné cette Proposition pour un Axiome.

Descartes a dit qu'il ne voudroit pas nier que des contradictions ne fussent possibles ; Il avoit ses raisons pour ne pas vouloir le nier, dans de certaines circonstances où il se trouvoit. Mais ce qu'il ne trouvoit pas à propos de le nier ne prouvoit pas qu'il le crût.

En vain donc Mr. Huet en tire cette Conclusion qu'il donne pour *manifeste* : *Que lorsque la Raison s'applique aux premiers Principes, quoi qu'elle y trouve une souveraine certitude humaine, il leur manque néanmoins quelque chose pour être certains d'une parfaite certitude, & que ce défaut est suppléé par la Foi*. Quoi donc ! avant qu'un homme soit Chrétien, s'il s'avise de croire que à fois a font 4, & de le croire d'une parfaite certitude, il tient un peu du visionaire, c'est un effet d'entêtement, il auroit eu besoin de quelques grains de Scepticisme. *Je pense, donc je suis*, ce n'est-là qu'une certitude *humaine exposée encore à des doutes* ; *Mais je vis puisque je croi* (page 185) voilà une pleine & divine certitude. *L'Homme est un Animal raisonnable* Cette Définition est obscure & douteuse. Mais *Jesus Christ est un Animal raisonnable*, cela est indubitable, c'est une *certitude de Foi*. Après cela ne faut-il pas le plaire infiniment dans le doute pour disconvenir que le Scepticisme ne soit tout à fait propre à déranger l'Esprit ?

Voyés Part. Liv. Sect. VIII. Art. XXI.

Je reviens à Descartes & à l'abus qu'on a fait de ses expressions ; Quelques Metaphysiciens en ont pris occasion d'agiter, depuis quelque tems, des Questions subtiles & très-abstraites sur *l'Essence des Idées*. Ils ont examiné si elles étoient éternelles & d'une nature nécessaire, ou si leur existence étoit un libre effet du choix de Dieu. Il me paroit qu'il y a eu du malentendu dans ces Disputes. Mais quand bien même elles seroient cent fois plus embrouillées & plus chargées d'erreurs qu'elles ne sont, rien ne seroit plus précipité & plus absurde que d'en conclure l'absolue foiblesse de la Raison humaine à s'assurer de quelque Verité. C'est tout comme si de ce qu'un homme s'est une fois rendu malade par un repas, où il a mangé & bû, avec excès, des viandes & des liqueurs très-composées, on conclud que jamais il ne se portera bien, quand même il n'usera que très-sobrement des alimens les plus simples & les plus naturels, & que non-seulement lui, mais que tous ceux qui se sont nourris & qui continuent à se nourrir avec le plus de moderation, ne sauroient pourtant éviter de tomber bien-tôt malades & d'éprouver des crudités & des indigestions.

Le reste de ce Chapitre est composé de citations, entre lesquelles il s'en trouve de très-obscures. Le goût de la belle Literature n'a pas empêché Mr. Huet de passer jusqu'à Suarés. Ces citations roulent sur la naissance & la nature de la Foi ; mais elles n'éclairent le Lecteur, ni sur l'une, ni sur l'autre, au moins nettement & à le satisfaire. Il me paroit que si on suit les Impressions où elles conduisent naturellement, on s'attendra à recevoir la Foi d'une manière approchante de l'Enthousiasme, voye très-équivoque, très-incertaine, très-dangereuse. On peut relire, si l'on veut, ce que j'en ai dit à l'occasion de Mr. Bayle. On en trouvera ci devant les endroits cités.

Je ferai encore des Remarques sur quelques-unes de ces citations. Page 276. *A qui Dieu est-il connu sans le Christ, & Christ sans le St. Esprit ? A qui le St. Esprit se donne-t-il, sans le Sacrement de la Foi ?* Ces paroles ne signifient point que la Raison ne peut amener les hommes à aucune certitude & beaucoup moins à celle de l'Existence de Dieu, & de ses attributs qui demandent nos adorations & les hommages de nôtre obeïssance. Ce sens seroit contraire à ce qu'enseigne St. Paul, & Tertullien lui-même, d'où ces paroles sont tirées. Mais si vous reflechissés non sur ce qui se peut, mais sur ce qui se fait & qu'on observe effectivement, par la faute & la négligence des hommes, vous verrés que ceux qui ont refusé d'ajoûter foi à l'Evangile ne connoissent ni Dieu, ni ses Loix de la manière qu'il faut le connoître, l'adorer & lui obéïr pour parvenir à sa communion. Tertullien parle donc de la connoissance salutaire.

Page 278. *Pour procurer aux hommes une connoissance indubitable, il a fallu que les choses divines leur fussent enseignées comme des paroles de Dieu qui ne peut mentir*. Cette voye est abregée, j'en tombe d'accord, & les preuves de sa Verité sont plus à la portée de tous que celles des Philosophes.

Outre cela quand il s'agit d'une connoissance qui fonde nos esperances sur nôtre sort à venir, il seroit très-naturel de craindre que nôtre amour propre ne nous élevât à des pensées trop flateuses sur le but auquel nous nous croirions destinés, de même que sur le chemin suffisant pour nous y conduire. La connoissance de la volonté de Dieu, revelée par lui-même, termine toutes ces agitations. Mais il y a une infinie différence, entre ne se trouver pas en état de se procurer une parfaite certitude sur ce que Dieu a resolu de faire de nous, & entre ne pouvoir parvenir, sur un grand nombre d'autres sujets, à aucune connoissance sure & d'être reduit à floter dans le doute sur toutes les propositions imaginables.

Page 279. Mr. Huet cite VASQUES afin de prouver que pour rendre les Philosophes inexcusables, il suffisoit qu'ils pussent acquerir de Dieu une connoissance probable. Mais est-on inexcusable, quand on ne prend pas pour règle une connoissance sceptique dans laquelle il n'y a qu'incertitude ? Une telle connoissance a-t-elle la force de déterminer à un parti penible ? en a-t-elle même le droit ? Sans l'office de la coûtume & des impressions faites sur les Sens, les Sceptiques ne seroient-ils pas demeurés dans une totale inaction ? Leur Theorie ne les menoit pas plus loin. Mais les expressions de St. Paul sont trop fortes pour ne designer qu'une persuasion flotante ? *Ses Atributs se voyent comme à l'œil, par la contemplation de ses ouvrages ?*

Pour nous persuader que la Foi n'a que faire des preuves du Raisonnement, de ces preuves que l'on peut reduire en Syllogismes, Mr. Huet (page 286, 287) allégue en vain l'autorité de S. THOMAS, qui a enseigné après d'autres que *la* SCIENCE DIVINE *n'est pas* DISCURSIVE *ni ratiocinative, mais absolue &* SIMPLE.

Il s'agit là de la science dont Dieu est le sujet, & non pas de celle dont il est l'origine. Les *Mystiques* se disent quelquefois éclairés de cette connoissance *simple & intuitive*, mais ils font aussi usage de l'autre. Mr. Huet n'a pas fait profession d'être de leur nombre, & de ne pas avoir la Foi, sans être Mystique & sans éprouver leurs irradiations interieures.

On voit encore ici un exemple bien manifeste des dangereux effets du Scepticisme, & de la fatale habitude où il entraine & affermit ceux qui y ont donné, de ne juger que par goût & par humeur, sans se mettre en peine de l'évidence. Les paroles de ce grand Docteur de l'Ecole ne vont à rien moins qu'à renverser la certitude des raisonnemens, & cependant Mr. Huet, ce Prélat si savant & si célèbre, les cite hardiment en preuve de ses prétensions.

Les Canons cités, dans la page 287, regardent les PELAGIENS. *Si quiscun sentient, que, sans*
l'illu-

l'Illumination & l'Inspiration du S. Esprit, par les forces de la Nature, il peut penser d'une manière convenable, ou choisir, ou consentir à la prédication qui lui est faite de quelque bien, qui conserve le salut, il *est trompé par un esprit d'héresie*.

Je ne dirai pas, ou, si je le dis, je n'y insisterai pas, que presque de tout tems les Théologiens scandalisés de quelques erreurs l'ont condamnée dans des termes qu'il est bon d'expliquer avec quelque adouciffement. Par exemple, dans cette rencontre le but du Concile d'Orange n'étoit point de faire considerer tous les vrais Chrétiens, tous les vrais Fideles, comme autant d'Apôtres, comme autant d'hommes *inspirés*.

On sait que les Théologiens distinguent entre *Convaincre* & *Convertir*. Des Raisonnemens peuvent *convaincre* l'esprit, & le rendre persuadé de la Verité des Dogmes, de la certitude de leurs preuves & de la solidité de leurs fondemens. Mais pour *convertir* il faut que le raisonnement soit soûtenu du secours interieur de la Grace. Ce secours est necessaire pour faire aimer les Dogmes & les Préceptes. Quand on est aidé de ce secours on se fait ordinairement un plaisir & toûjours une Loi constante de se soûmettre aux Verités qu'on connoit & de rendre conforme la manière dont on vit, à la beauté des Lumieres dont on est éclairé.

Souvent encore ce secours est necessaire pour donner lieu à la persuasion même & à la conviction de s'établir & de se *fortifier*. Un cœur prevenu d'inclination pour la sensualité, un cœur agité par de violentes passions, un cœur fier & superbe ne donnera pas son attention aux preuves propres à établir des Verités qui le gênent & qui le condamnent. Il évitera ceux qui les annoncent, qui les lui proposent & les lui recommandent, & quand il lui arrive d'être obligé de les entendre, il ne les écoute qu'avec distraction, il oublie bien-tôt leurs leçons & leurs preuves, ou il ne s'en souvient que très-confusément & ne les rapelle que pour les chicaner. Un Esprit tranquilisé par le secours de la Grace qui dispose du cœur humain & de son attention, & vuide de ces dangereux principes, qui dominent l'homme dans son état ordinaire & animal, est tout autrement disposé à se laisser convaincre de la Verité, & à bien examiner la force des preuves qui l'établissent. Il cherche à se tirer de l'ignorance & il craint encore plus de se tromper, parce que l'Erreur est encore plus contraire à la Verité que la simple Ignorance. Il donne donc toute son attention & sa circonspection à se défaire de ce qui est contraire à la Verité, parceque la connoître & s'y soûmettre sont sa principale passion.

L'homme animal, l'homme sensuel, l'homme attaché aux objets du monde & prevenu d'estime & d'affection pour eux, est très-mal disposé à s'instruire des Verités qui tendent à sa correction, mais c'est sa faute s'il ferme les yeux à la Lumiére prête de l'éclairer & s'il en détourne ses regards, s'il vouloit lui donner son attention, il se convaincroit bien-tôt de la solidité des preuves qui l'établissent, & convaincu il imploreroit le secours qui reforme le *Cœur* & en rend les inclinations conformes à la lumiere dont *l'Esprit* est éclairé & aux Verités dont il s'est convaincu. On trouvera toutes les instructions, dans la Parabole du Semeur Matt. XIII.

CHAPITRE XVI.

Pourquoi la doctrine des Academiciens a été rejettée.

Il est bien plus étonnant qu'elle soit venuë dans l'esprit, j'ai fait comprendre (I P. S. I.) quelle seroit la surprise d'un Philosophe Asiatique à qui l'on en parleroit pour la premiere fois. C'est en effet un renversement de la Nature. De certaines impressions dont je ne connois ni les causes, ni le sujet, me font naître la pensée de devenir Medecin. Je doute qu'il y ait des maladies, des alimens, des rémedes. Je doute s'il y a des Livres où l'on puisse s'instruire & des Docteurs qui puissent les expliquer. Je me conduis pourtant comme si tout cela existoit effectivement, Je ne sai si je veille, ou si je rêve, si je lis & si je suis enseigné, mais il me semble que je profite & que je tire parti de ma science. Je ne sai s'il est d'autres hommes de la même profession que moi, mais je me conduis comme s'il y en a-voit, je les méprise, je les hais, je les contredis, je les traverse, je suis ravi de m'attirer leurs pratiques, sur-tout quand elles sont lucratives & honorables, je soûtiens qu'ils n'ont point de principes sûrs, je me donne pour un habile homme, je crois l'être effectivement, quand je suis mon inclination, & je ne m'avise d'en douter que quand je me rappelle que j'ai résolu d'être Sceptique. Et d'où me vient cette fantaisie ? D'où viendroit-elle si ce n'est de quelques impressions qui se font peut-être sur une machine qui est moi, qui viennent de je ne sai quoi, qui se font je ne sai où, & je ne sai comment. Mes doutes cependant m'empêchent point que quand j'apperçois un bon plat & une bonne bouteille, je ne m'en saisisse & je ne satisfasse avidement ma soif & mon appetit; comme cet usage que je fais de ce qu'on me présente, & mon empressement à en profiter ne m'ôte point ma fantaisie de douter; le plaisir même que je me fais de me croire riche & de me croire fort au-dessus de ceux qui le sont moins, ne m'amène point à m'assurer que je veille & que les pensées dans lesquelles je m'aplaudis ne sont pas des rêves.

Si donc on me demande d'où vient qu'il n'y a pas un plus grand nombre de Sceptiques : c'est comme si on me demandoit pourquoi il n'y a pas plus de gens dignes des petites maisons.

Pour être en état de se soûtenir à faire le personage de Sceptique il faut s'être fait une longue habitude de toutes les chicaneries de la Dialectique. Peu de gens ont l'esprit tourné à se plaire dans ces épines, elles forment au Pédantisme & les Pedans deviennent d'autant plus odieux qu'ils sont plus contredisans. Quelle douceur peut-on trouver dans le commerce d'un homme, toûjours d'un sentiment opposé à celui des autres, qui aime mieux se contredire lui-même que de laisser lieu de croire qu'il pense comme celui qui vient de parler, qui pour faire durer la dispute aussi longtems que la force de ses poumons le lui permettra, interprete tout ce qu'on lui dit, dans le sens le plus propre à être chicané. Il est des gens dont ce mauvais goût passant de la Théorie à la pratique, s'étend universellement sur tout ce que les autres se hazardent de dire : En matière d'aliment, de pain, de gibier, de ragoûts, de vin, de fruits, de musique, de tableaux, de bâtimens, ce que vous louerés ils le trouveront toûjours pour le moins fort médiocre, & fort au-dessous de ce dont vous ne paroissés pas faire le même cas. A moins qu'on ne se trouve dans de certaines places privilegiées, & dans de certaines circonstances peu communes, avec cette humeur & ce tour d'esprit, on s'expose à de fréquentes mortifications & on a rarement le plaisir de mortifier les autres. Il en faut soûtenir les contradictions, sans oser y opposer les siennes.

De plus l'experience a fait voir de tout tems & par tout à très-peu près, que les hommes qui n'étoient pas abimés dans la plus grossiere stupidité ont regardé comme un vrai bonheur de connoître la Religion & de vivre conformément à ses Loix, de croire l'objet d'une toute-puissante protection & d'être fondés à bien esperer de son sort à venir. Le Scepticisme souffle sur toutes ces Idées si grandes & si consolantes. Voilà pourquoi aussi on l'a rejetté.

La corruption du cœur n'a pas laissé de s'accommoder de la Religion, parce qu'on a sû se faire illusion lufion & regarder le plus aifé de ce qu'elle ordonne comme le plus effentiel.

Il eſt vrai que depuis que l'eſprit des hommes s'eſt plus cultivé & leur Raiſon plus perfectionnée par l'étude & par l'exercice, ils ont compris que s'il y a une Religion veritable, il faut ſe perdre ou s'obſerver & lui ſacrifier l'orgueil & la ſenſualité. Le trouble que cette neceſſité a jetté dans bien des cœurs leur a fait écouter avec plaiſir les invitations à douter & leur a fait naître du goût pour le Scepticiſme, & des préventions pour ceux qui le recommandent. Un homme qui a pris le parti d'ébranler, dans l'eſprit des autres, les Principes de la Morale, & la certitude des préceptes qui vont à gêner les inclinations, de même que celle des motifs, par où on prétend qu'on doit s'y conformer, celui qui ne néglige aucune occaſion de faire le Sceptique: ſur ces matieres & ſur toutes celles qui y ont quelque rapport, prochain ou éloigné, eſt aujourd'hui auprès de bien des gens, l'ami du cœur, l'homme de bon goût, l'homme comme il faut, l'homme qui ſait vivre.

Mais je me ſuis déja étendu ſur ces Verités. Par cette raiſon encore je n'entrerai point dans le détail de ce dernier Chapitre : il ne contient aucune raiſon en faveur du Scepticiſme qu'on n'ait déja lu dans les précedens. L'Auteur ſe flate que le Scepticiſme reviendra ſur l'eau, comme il eſt arrivé à d'autres Sectes qui étoient tombées dans le décri. Cela ſe pourra par la raiſon que je viens d'alleguer. L'Epicureïſme & le Scepticiſme pratique ſe ſoûtiennent l'un l'autre & font des progrès bien triſtes aux yeux de ceux qui s'intereſſent aux hommes & qui regardent avec mépris l'abandon à la ſenſualité & avec horreur le Libertinage & l'Incredulité.

FIN.

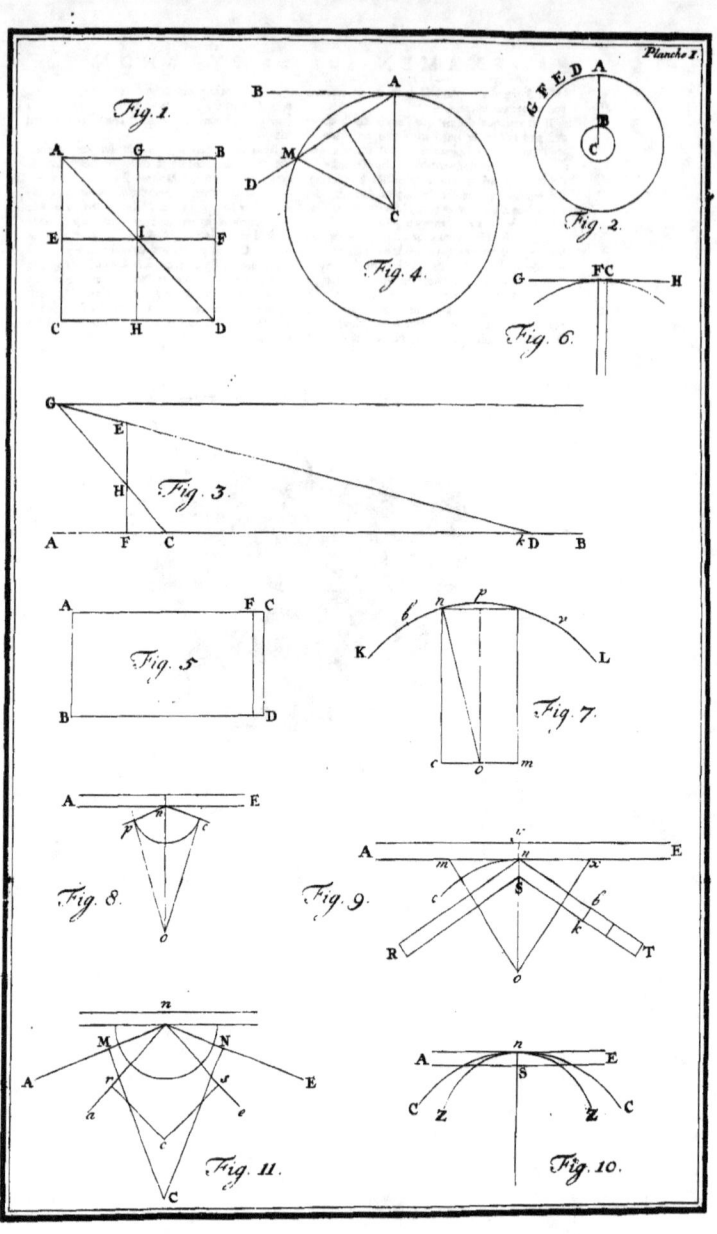

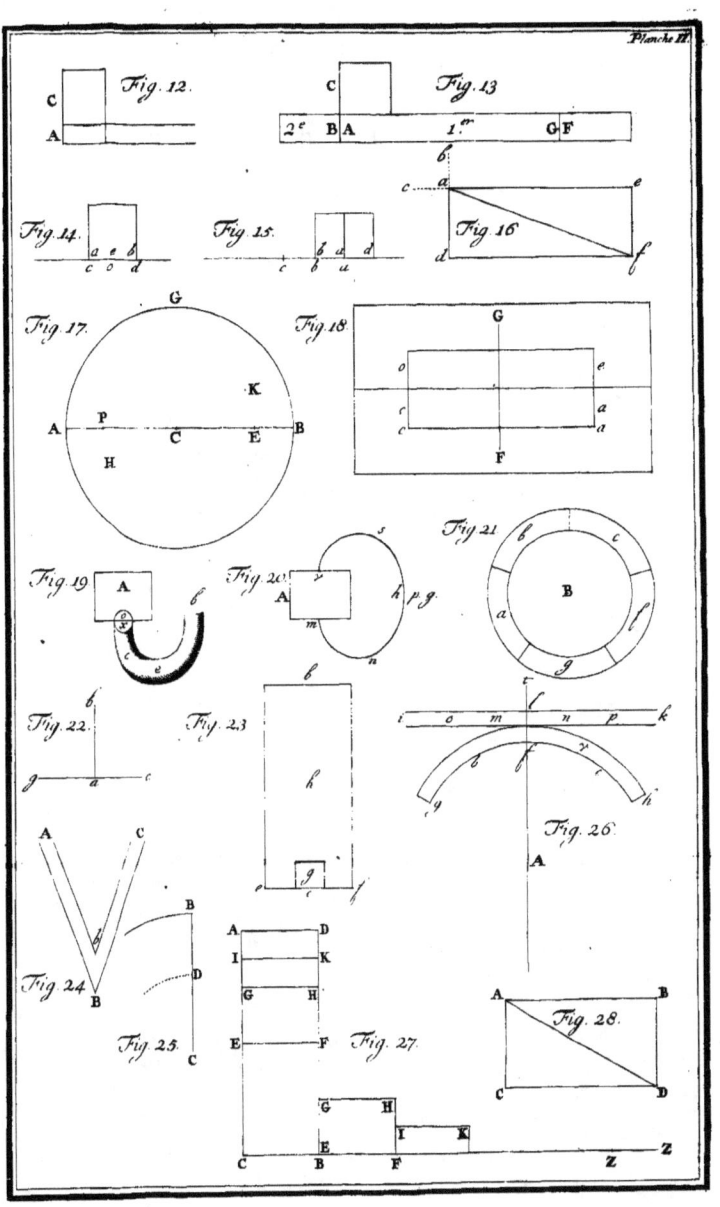

TABLE DES MATIERES.

A

Abandon. Dieu n'abandonne que ceux qui le méritent. 2*70.a
Abeilles. 483. *b.* 484. *b*
Abelard. 222. 257. *a* 503. *a*
Abraham.
Academus, les Tr is d s Anci s 18. *a* les Cinq. 61. *a*
Academiciens 52. *a*, eurs différens Noms, leur différence d'avec les Sceptiques 50. *a*
Acatalepsie.
Accidens, eur Idée 121. *b* mal conceuë, est suivie de grand s erreurs 199. *b*
Achille, donne lieu à une éxpression ordurière 222. *b*
Action de Dieu dans le mouvement 1.2. *a*
Adoration digne de Dieu 547. *a* 543. *a*
Adam
Addition, son Idée 186. *a*
Agar
Agesilaus 604. *b*
Alcoran 215 *a*
Algebre son utilité. 164 *b*
Ame humaine, se connoît, mais imparfaitement. 69 *a* 88 *b* 149. *a* 164. *a* 492 *a* 480. *a* 488. *b* 437 *b* 490. 496. *b*
Distincte du Corps 16. *a* 247. *b* 478 479. 480. *on* union avec le Corps chef d'oeuvre de la Puissance & de la sg Isle de Dieu 483.*a*4. 12. 487. Son pouvoir sur le Corps. 469. 470. 471. 483. *a*. Passive & active 491 *b* 494 *b*
Son immortalité se prouve par la Raison 118. *a* 171.
Ame du monde 428. 429. 431. *b*
Ame des Bêtes 473. *b* 452. 484. 497. *b*
Si elles raisonnent 48. 48. 471.
De leurs douleurs 477. 482. 724. *b* 548. *a*
Américains 391. *b* 348. *b* Leur éxcessive corruption 622. *b*
Amiraud 217. *b* 219. *a*
Amour du prochain 412. *a*
Amphiaraus 397. *a*
Anatomie
Anaxagoras 285. *b*
Anaximenes 361. *a*
Antillon 2. 4. 289. *a*
Angle de contingence éxpliqué 110. *b*
Ane de Buridan 44. *b* d'Apulée 215. *b*
Anéantissement, son Idée 459. *a*
Angelo Catino 378. *a*
Angleterre Patrie des grands esprits & des fanatiques. 12. *b*
Anti-purité.
Antithéses, doivent être prises au rabais. 188. *a*
Antiochus 54. *a*
Apelles. 219. 219. *a*
Arabes du désert. 158. *b*
Arcesilas. 17. *b* 18. *a* 61. *b* 306. *b* 307. 309. *b a* 334. 357. 622. *a*
Archelaus. 222. *b*
Archilochus. 215. *b*
Aretius. 216. *a*
Aretin. 160. *a*
Mr. Bayle ne veut pas le traiter d'Athée. 622. *b*
Argumens si les Pyrrhoniens en peuvent faire *ad hominem,* 301. *a*
Argumens qui prouvent trop 345. *a* 546. *a* 657 *a* 676.
Argumens de convenance. 471. *b*
Argumens négatifs. 372. *a* 409. *b*
Ariste. 389.
Aristhon. 55. *a*
Aristote. 39. *b*
Aristote Prince des Philosophes. 2. *b. a* eu beaucoup de part aux décisions Théologiques.272. 256. *b* 359 *a* 499.*b*
Arminius. 214. *a* 230. *a*
Arnauld. 319. *a*
Artemidore. 222. *b*
Art S'il n'y a aucun *Art* 149. *a* 150. *b.* But des art*.* 150. *b.*
Art. de prefer. 257. *b.*
Afsuntaeos. 261. *b.*
Ataraxie. 58. *a. b.* Le Pyrrhonisme n'y conduit pas. 66. *b.* 6*... a.* 299. *a*
Athées: on met dans ce rang ceux qui ne le sont pas

615. 661.676.
De leurs bonnes moeurs 621. 655. 658. 640. 655. 658. 61.. *a.* 663. 6.5.
Mr. Bayle les peint comme il lui plait. 694. 696.
Methode de les combattre suivant Mr. Bayle 496. *a*
Plus difficiles à ramener que les autres errans. 609. 627 *b* 6.8. *b* 32. *b* 56. *a* 666. 667. *a* 668. 670. *a* 701.
Les Athées sont quelquefois intolerans 628. 629. *a.* 696.
Si *Athée* est Déicide. 6. 7.
Lié avec les hypothéses qui animent toute la Nature 290 *a*
S'il y en a de spéculation 439. *b.*
Leur aversion pour ceux qui croient. 440. *a.*
L'injustice de leurs préventions 441. *a.* 596. 676. Ôrent à la Société ses appuis. 639.
De leurs martirs. 66 . 687. *a.*
Atheisme Apologie de ceux qui y donnent. 268. *b.* 595. *b.* se réduit à rien *.* .7 617.
Son danger, prouvé par Mr. Bayle 259.*b* 353.*b* 403.*b* 426.*b*
Se divis faces. 59'. 96. *b*
Ce n'est pas une faute de simple ignorance. 674. 676 *a* 695.
Parallèle de l'Atheïsme & de l'Intolerance 599. *a.* 602. *b*
De l'Atheïsme & de la superstition. 613. *a.* 668. 669.
Parallèl: De l'Atheïsme avec les mauvais Chrétiens. 611. . 80. *a.* 621. *a. b.*
De l'Atheïsme & de l'Idolatrie. 625. 620. 627. 674'
Athenagoras. 2. 6. *b.*
Atheniens, goût de ses habitans. 17. *b.* gâtés par l'Epicureïsme & le pyrrhonisme. 683. *b.*
Atômes, réfutés 101. *a* 02. *b.* 102. *a.* 107. *a.* 124. *a.*
Ceux de Temps refutés encore 478. *b.*
Attention. Ordinairement ne s'applique qu'à ce qui plait 5. *a.* 1. *b.* 14. *a.* 4. 58. *a.* 52. 54. *b.* 72. *a.*
Son utilité. 98. *a.*
En se rendant attentif à des suppositions éblouissantes, en découvre le foible. 132, *a.*
Avance. 1. *a.*
Augustin (St.) pense contre les décisions de l'Egl. 547.
Autorité Ce qu'on doit penser de cette voie pour persuader. 9. *b.* 44. *b.* 45. *a.* 46. 69. *b.* 107. *a.* 267. 31. *b.* 6.3. *b.*
Regne trop. 21. *a.* 36. *a.*
Comment on la coni. rve. 30. *a* 34 *a* 35. *a* 36. *b* 37. *a* 39.*a*
En le justifiant par des autorités on tombe dans un cercle vicieux. 198. *a.*

B.

Babelot. 216. *b.*
Babilonicus. 215. *b.*
Bacon, pag. 1. *b.*
Baldi 381.
Baron. 216. *b.* 303. *a* 401.
Barneveld. 521. *b.*
Grand appui du Pyrrhonisme 2. *a.* 194. *b.* 237. *a.* 323 *a.* 325. *b* 319. 136. *b.*
On se borne à l'attaquer sous ce personnage. 277. *b.*
Raison par les quelles on s'y est determiné. 193. *b.* à quel point dangereux. 156. *a.* 262. *a.* 267. *a.* 183.*a.* 187. 1**.** *b.* 334. *b* 335. 4. 0. 4 481. *a* 438. *b* 536. *b*
Pourquoi difficile à refuter. 211. *a* 31. *a. b.* 267 *b* 438.*b*
Parallele de Mr. Bayle & de Sextus 86 *a.* 56. *b* 244 *a* 239. *a*
Mr. Bayle se répète fréquemment. 100. *b.* 125. *b.* 131. *b.* 2. 0. *b.* 21. ; 219. *a.* 232. *b.* 219. *b.* 276. *a.* 302. *b.* 325. *a.* 343. *b* 392. *a.* 402. *b.* 414. *a* 417. *a* 410. *a* 523. 529. 524. *a* 727. *b* 546. *a* 555. *a* 557. *b.* 568. *b* 670. *a* 676. *b* 577. 585. 6.3. *b* 664. *b.* 680. 690.
Il étend. 81. *a* 345. *b.*
Il comptoit aussi sur des Lecteurs ignorans & dont la Raison peu exercée se laisseroit aisément éblouïr 115. *b* 119. *b* 121. 38. *a.* 12 *a* 438. *b.*
Il cherche à étourdir. 176. *b* 239. *a* 242. *b* 268. *b.* 528. *b* 684. *a* 786. *b.*
Il comptoit sur la corruption des hommes 107. *b* 403. *b* 414. *a* 429. *b* 528. *b* 619. *a* 686. *a.*
Et leur paresse à éxam ner. 454 516. *a* 529. 569. *b* 652. 69. *b*
Ses idées favorites. 294. *b.*
Il distribue les louanges comme il lui plaît. 178. *a.*
Il est outré dans ses conséquences. 2 6. *b.* 260 *a.*
Il aime à straquer Mr. Jurieu. 53. *a* 54. *a* 214 *b* 235. Ggg ggg ggg *b.*237.

b 137, *b* 238. *b* 265. *b* 288. *b* 381. *a* 398. *a* 444. *b* 581. *a*.
Il avoue les mauvais effets des Diſputes 18. *b* & des
  partis 37. *b* 48. *b* 515. *a*
Il combat les erreurs avec ſuccès. 196. *a* 237. *b*. 353.
  b 414. 417. 472. 478. 479. 499. 510. *a*
Il parle très-affirmativement quand il y a intérêt. 14. *a*
  131. *b* 132. *b* 454.
Il donne de bonnes Règles. 216. *a* 274. *b* 282. *a* 331.
  b 374. 410. *b* 411. *a*.
Sur tout pour éxaminer. 51. 52.
Il reconnoît de la Certitude. 52. *a* 105. *a* 110. *b*. 121.
  b. 128. *a* 129. *a* 141. *a* 142. *a* 285. *b* 349. *b*. 315.
  351. 362. 364. *b*. 367. *b* 368. 423. 425. *b* 451. *a*
  460. *a* 469. *b*.
Il reconnoît le Bon ſens aux deſſus des Sophiſmes. 176. *a*
  410. *b*
Peu d'accord avec lui-même. 56. *b*. 1.7. *a* 115. *b*
  127. *b*. 139. *a* 203. *b*. 201. *a* 218. *a* 204. 205. *b*.
  216. 20. 208. 109. 213. *b*. 214. *a* 216. 217. *b*
  219. *a* 220. *a* 221. *b* 231. *b* 222. *a* *b* 223. *a* 226.
  227. *b* 230. *a* 235. *a* 236. 237. *b*. 238. *b* 239. *b*
  243. *b* 251. *b* 254. *b* 255. *a* 256. *a* 260. *b* 261.
  271. *a* 277. *b*. 281. *a* 288. *b*. 301. *a* 336. 370. *a*
  355. 370. *b* 423. *b* 404. *a* 411. *b* 447. *b* 415. *b*.
  514. *b* 538. *a*. 553. 571. *b* 602. *a* 614. 623. 689. *b*
  691. *b*
Il aime à s'écarter de l'Etat des Queſtions. 242.
  b 245. *a* 251. 212. 512. *b*. 515. 518. 521. *b*.
Auſſi ſe condamne-t-il lui-même. 266. *b* 289. *a* 260. *b*
  261. *b* 167. *a* 326. *b*. 27. *a* 3. 5. *a* *b* 34. *a* 311. *a* 133. *a*
  314. *b* 336. *b* 343. *a* 348. *b* 340. *b* 193. *b* 410. *a* 504. *a* 684. *a*.
Il affecte de citer des Auteurs Scholaſtiques obſcurs.
  126. *a* 272. *a* 274. 325. *a* 317. *a* 360. 423. *a* 434. *b*
  461. *b*
Il abuſe des citations. 649. *b* 654. *b*.
Les Idées qu'il donne d'un Chrétien. 43. *a* 45. *a* 246.
  b 316. *a* 322. *b* 404. 502. *a* 519. *a* 669. *b*. 652. 643.
  672. *b*
Il confond la foi avec l'Enthouſiaſme. 53. *a*
Il s'en mocque 235. *a* 236. *a* 373. *b*.
Il ſe mocque des Devots. 343. *b*. 245. *a* 346. *a* 247.
  b 336. *b* 334. *a* 346. *b* 350. *b* & des orthodoxes. 446. *a*
Il affecte de grands mots à la manière des pédans. 113.
  115. *a* 208. *b* 325. *a* 335. 3. 7. 570. *a*.
Il tire parti des équivoques. 425. *b* 454. *b* 509. *b*.
Il aime le myſtère & pourquoi. 193. *b*
Il s'enveloppe avec les coupables & ne ſe corrige point. 344. *a*
Vanité de ſes juſtifications. 206. *a* 207. 211. *a* 213.
  214. *a* 218. *b* 232. *b* 340. *b*. 247. 249. *a* 250. *b* 259.
  a 260. *b* 267. *a* 333. 340. 341. 427. *a*. 7. 3.
Cauſes de ſes ſuccès 341. 515. *a*.
Il ſemble qu'il ne les allègue que pour ſe mocquer de
  ceux qui n'ont pas paru contens de lui. 410. *a* 458. *a*.
Mr. Bayle n'étoit pas Mathématicien. 95. *a* 105. *a* 107. 569. *b*.
D'où vient qu'il s'eſt laiſſé aller à les attaquer. 191. *b*.
Mr. Bayle ne ſe renferme pas dans les bornes d'un Hiſtorien. 101. *a* 104. *a*.
Voies encore Hiſtoire & Rapporteur.
Sun but developpé. 195. *b* 141. *b*. 200. 201. 214. *b*
  219. *b* 221. *b* 214. *b* 226. *b*. 227. 231. 232. *b* 236.
  b 238. 241. *b*. 261. *b* 264. *b* 270. *b*. 276. *b* 277.
  281. *b* 281. *a* 284. *a* 290. *b*. 322. *b* 341. *b* 368. 375. 381.
  b 306. *a* 413. *a* 414. *a* 427. *a* 428. *b* 439. *a* 451. *a* 505.
  b 508. *b*. 555. *a* 581. *b* 495. *a* 608. *a* 614. *b* 614.
  617. *b*. 679. *b* 699. *b* Conjecture ſur ſes inégalités.
  316. *a*
Ses écarts & ſon addreſſe. 239. *b* 255. *b* 294. *a* 298.
  a 44. *a* 54. *a* 57. *a* 74. *b* 81. *a* 82. *b* 93. *b* 95. *a*.
  96. *b*. 100. 101. *b*. 113. *a* 117. *b* 119. *b* 120. *a* 123. *a*.
  a 125. *b* 127. *b* 132. *b* 133. 201. 210. *b* 226. *a* 223. *a*.
  a 231. *a* 233. 239. *a* *b* 241. *b* 268. *b* 243. *a* 247. *b*
  269. *b* 326. *a* *b* 329. *b* 343. *b* 344. *b* 334. *b* 347.
  3. 7. 398. *a* 427. *a* 430. *b* 442. *a* 450. *a* 451. 500. *b* 541.
  a 543. *a* 571. *a* 619. *b* 632. *a* 641. *a* 650. *a* 451. 500. *b* 541.
Caractère de Mr. Bayle 237. *b* 338. *b* 339. 340. 341
  344. *b* 349. *a*. 581. *b*. 632. *a* 639. *a* 643 *b*
  660. *a*
Intolérant 583. *b*
Bernard (Mr.) 343. *b* 348. 349. 368. 404. *b* 406. *a*
Bèze (Theod. de) Pourquoi les Savans humaniſtes de
  ces temps-là écrivoient trop librement 232. *a*
Bienheureux leur determination au bien 51. 115. *b*
Bornes Moien de s'aſſurer des véritables 148. *b*
Bienſéance extérieure & intérieure 268. *a*
Bion remarques ſur ſes bons mots 310. *b*
Biron 643.
Blanc (le) a travaillé à faire tomber les Diſputes. 20. *b*
Blondel 309. *a*
Bocace. 210. *a*
Bonheur, voiés Malheur.
Bonté tire ſon Luſtre de la Liberté. 97. *a* 328 544 *b* 546

a 557. *b* 558. *b* 567. 576. 584. *a*.
Bon idée ue. 557. *b* 560. *a* 562. *b*.
Bonté infinie. 561.
Bonnet 694. *b*.
Brouilliert 695. *a*
Brawne (Thomas) 287. *b*.
Brutys 134. *b*
Brutus Idée de ſa vertu 396. *a* 510. 517. 519.
Bucer 381.
Bullinger 348. *a*.
Burnet 275. *a*.
But de Dieu mal poſé. 519. *b* 520. *a* 574. *b* 577. *b* 587.
  590 *b* 598 *b*.
Véritable but. 520. *a* 555 560. 563. *a* 566. 569. *b* 570.
  b 573. 574. 579. *b* 580. 582.

C

Calpremède. 556. *a*
Calvin abus de ſes paroles. 346. *b* cité à propos ſur
  la liberté 459. *b* ſur le Supralapſarianiſme. 581.
Carneade 18. *a* *b* 357. *b* 394. *a* 499. *a*
Cartagène 221. *a*
Carteſianiſme 398. *b* 399.
Caſſandre 219. *a* 212. *a*
Catechiſme de Mr. Bayle 267. *a*
Cauſe Maxime univerſelle ſur les Cauſes. 58. *a*
  Notion des Cauſes très-ſimple & très-claire 417. *b*
  Neceſſité d'en reconnoître 92. *a* 381. *a* 407. *b*.
  Caractères des véritables 121. *b* des Intelligentes. 417. *a*
Cauſes finales. 418. *b*
  Elles ne vont pas à l'infini. 92. *a* 113. *b*
Cauſe prémière. Extravagance de ceux qui la combattent
  86. *a* 92. *a* 115. *a* 420. *b* la liberté 361. 385. *a* 421.
  b 422. *b* 427. *a* 483. *b* 503. 509. *a*
  Fanchant les hommes à rejetter ſur elle leurs déſordres.
  150. *b* 410. *a* 100.
  Mr. Bayle reconnoît la neceſſité de la concevoir intelli-
  gente. 417. l'Intelligence ſeule pouvoit produire l'ordre
  410. 417. 426. *b* 432. *b* 437. *b*
  Elle agit par la ſeule volonté 424. 425.
  Elle eſt néceſſairement éternelle 624. *a*
Cauſes réelles ſe trouvent dans les Créatures. 122. *a* 123.
  b 454. 456. *b* 457. *a* 458. 460. *a* 463. *b* 469. *b*
Cauſes occaſionnelles 296. *b* 298. *b* 300. *b* 301. 303. *a* 402. 467.
  Mr. Bayle y prend intérêt 474. *b* 235. 454.
  Elles ſe condamnent 97. *b* 39. *b* 57. *b* 73. *a*
Cauſes du Pyrrhoniſme 5. *a* 6. 7 8 14. & ſuiv.
Cercle ſon éxiſtence chicanée par Sextus 184. *a* 189. *b*.
  Son Idée éxacte 109. *a*
Certitude de ſentiment 390. *b* 491. 494. *a*
Certitude Comment on y parvient 151. *a* 151. *b* 155. *b*
  321. *a* 346. 363. *a* 658. *b* 673.
  Elle répond aux Idées 488. *b*
De quelle manière la connoiſſance de Dieu l'affermit. 58
  Spinoza enlève toute certitude 394. *b*
  Elle n'eſt pas ébranlée par l'obſcurité 104. *a* 105. *a*
  107. *b* 100. *a* 111. *a* 112. *b* 113. *a* 114. *b* 115. *b*
  116. *b* 117. *a* 111. *a* 114. *a* 125. *a* *b* 126. *b* 138. *b*
  141. *b* 141. *b* 143. 308. *a* 326. *a* 331. *b* 350. *b*.
  354. 355. 361. *b* 488. *b*
  L'Hypothèſe des maladies de l'ame priſe à la rigueur va
  à la détruire. 305. *a*
Changement, ſon Idée. 115. *b* 181. *b*,
Chanſons vielle chanſon, vainée chapatoire de Mr. Bayle 259. *b*
Charles. Quint. 375. *b*
Charron 227. *a*
Chaſteté dans les Diſcours inſuë ſur celle des Moeurs 259. *b*
  Reſpectée chés les Payens 66. *a*
Châtiments proportionnés aux circonſtances 104. *a*
  Injuſtes ſi l'on n'a pas de la Liberté 498. *a*
Chimiſtes imitent la Nature
Chinois ſi l'on peut compter ſur les Relations qu'on nous
  en fait. 675
Chinois Origine de leurs erreurs & de leurs contradictions 689. *b*
Chrétiens diviſés & pourquoi pag. 5.
Creation ſa poſſibilité 422.
  Neceſſité de la reconnoitre 425. *b* 426. d'où vient que
  ſon idée étonne 424. *a*
Créature ſon éloignement de la Liberté
Créatures libres & actives 555. 553. 762. 502. 571. *b*.
Credulité des cauſes 518. *a*
  Son prémier & eſſentiel devoir. 542. *a*
  Pourroient s'accorder 42. 42. 280. *a* 2-0. & ſuiv.
  Mauvais Chrétiens tiennent de l'incredulité 509. *b* 591.
  b 612. *b*
Chriſtianiſme mal repreſenté 344. *b* *a* 322. *b* 404
  a 490. *a* 599. 612. 642. 679. *b*
  Confondu avec l'Enthouſiaſme 275. *a* 283. *a*
  Mal prouvé 286. *a*
  Si ſes preuves ne ſont que probables. 28-. 297. *a*

DES MATIERES

Les Imaginations de Mr. Bayle tirent leur efficace de leur opposition au Christianisme. 301. *b*
Ses avantages sur le Paganisme par rapport aux moeurs 610. 610.
Le Christianisme a purifié le langage 288. *b*
Il n'est point opposé au lustre & à la sureté de la Société 405. *b*
Chrysippe 350 *b* 361. *a* 509 *b* 578. *b*
Chronologie exacte ouvrage difficile 197. *a*
Ciceron 604
Censuré par Mr. Bayle 682. *a*
Circonstances, il faut s'y rendre attentif pour décider juste 332. *a*
Circonspection, caractere des bons esprits 29. *b* 40 *a*
Citations ce que Mr Bayle en pense 196. *a*
Il en entaille pour détourner l'esprit de l'état de la Question 281 *b*
Elles embrouillent plus qu'elles n'éclaircissent 197. *b*
Clair doit être préféré à l'Obscur 16 *a* 43 *b* 71 *a* 87. *b* 180. *b* 343. *a* 398 *b* . 0 *b* 404. *a* 419. *a* 418 *a* 412 *a* 432. *b* 496. *b* 503 *b* 505. *b* 507 *a* 511. *b* 5. 4. *b* 518. *b* 523. *b* 528. 543 *b* 544 *b* 547 *a* 557. *a* 564. *a* 572. *a* 580. *a* 581. 590. *b a*
Clarke cité 354 établit la morale 461. *a*
Clere (Mr. le) 60. *a* 75. *a* 77. *a* 86, *a* 318. *b*.
Coccejus 37 *b*
Collegues s'il convient de les choisir égaux 289. *a*
Maniere de bien vivre avec eux 535 *b*
Combabus, 218. *a*
Combinaisons 416 *b*
Cometes, si elles font des preuves du vuide 138 *a*
But de l'ouvrage de Mr Bayle sur les Cometes 334 *a*
Commerce les utilités 361. *a*
Commentaire philosophique 288 *b*
Comparaisons sur quoi doivent rouler 195. *b*
Elles sont propres à éblouir. 495 *b*. 584. 591. *a* 5. 3. 676. 705
Rectifiées 51 *a* 255 *a* 410 *b* 430. *a* 525. 525. 518 529. 505. *b* 571. *a* 575. 576. 579. *b* 588 590. 625. *b*. 72. *b* 694 616. 677 696. 7. 5.
Compilations, de leur facilité 196. *b* 297.
Concorde pourquoi on ne l'aime pas ? 2. 20 *b*.
Concours terme obscur 461 *a* 469. 483 *b*
Congrès différent à manieres d'en parler 205. *a*
Conjectures leur usage 471 *a*
Conscience sans force sur un Athée 666 689
Conditions leur inégalité avantageuse au Genre humain 591 *b*
Connoissances s'avancent par degrés 79 *a* 82. *b* 87. *a*
Si on ne connoit rien à moins qu'on ne connoisse tout 69 *b* 79 *a* 86. *b* 87. *b* 88 *b* 345. 543 *b* 544 *b* 555. *b* 557. *a* 573 574. 580. 589.
Les connoissances les plus necessaires sont les plus faciles à acquerir. 574. *b* 580.
Conséquences outrées des Pyrrhoniens 19. *b* 21. *a* 28. 30 *a* b 34. 37.
Conséquences absurdes doivent faire revoquer les Principes 463 *b* 493 *b*
Conservation si elle est une Creation continuée 412. 455. 418 expliqué par l'Ecriture 459. 466 danger de cette hypothése 513 *b* 520 *b* 525. *a* 527. *b*
Continence
Contradictions appar ntes 341 *a* réelles 448 *b* 557 *a*
Il est impossible de c oire des contradictions quand en s'y rend attentif 132. *b* 133 *a* 136
De quelle maniere on les croit 133 *b* 134. *a*
Ce qu'on doit faire quand la Révelation paroit en contradiction avec la Raison 132 *a*
Contradiction son goût et dangereux 93. *b* 330. *a*
Esprit de contradiction, esprit ridicule & condamnable 18 19. 20 19. *b* 147. 346. *a* 394. *b* 405 *b* 499. *b*
Moiens de s'en défaire 92. *a*
Contradictions de Mr Bayle 264. *b* 265 *a* 166 *a* 269 *a*
Contraires Répugnance à se contraindre 4. *a*
Contraires 83 *b*
Controverses comment il en faudroit régler l'étude 31. *b*
Conviction de divers degrés
Corps leur existence prouvée 70. *a* 97. *b* 181. *a* 98 *b*
Sophistiquement attaquée 239 *b*.
Comment ils se touchent. 93. *a* 94 *a*
Ne se meuvent pas d'eux mêmes. 182 *a* 424.
Ne peuvent penser 508 *a*
Comment touchée par une droite 191.
Unique régle d'une partie des hommes. 25. *a* 29. *a* 142 *b*
Régle incertaine & sans autorité 80 *b* 243. *b*
Correction moiens d'y travailler avec succes 164 *b*
Corruption des sources 656. 667. 4 *a b* & ses degrés 606. *a*
Courage fausse idée 645. *b*
Couleurs conjectures sur leurs causes 15 *b*
Courbure comment se change en ligne droite 209 *a*

Cours s'il n'y a que corruption 65 1.
Coutumes asservissent les petits génies 19. *b*
Crainte son efficace 636. 741 686 *b*.
Credulité de là on tombe dans le Pyrrhonisme 21. *a*
Esprit de credulité 274 *b*
Créer. Dieu en a le pouvoir 123. *a* 153 *b* 421 413. 455 *b*
Sa différence d'avec pr. duire 461. *a*
Criterium 68 *b*
Critique du cas qu'on en fait 197. *b* 198. *b*, de son peu d'utilité 262. *b* 164 *b*
Croire divers sens de ce mot 133 *a* 642. *b* 667. *a* 699. *b*
Croisades 643.
Curiosité, naturelle & legitime 4-3 *a*
Curiosité doit-être reprimée lorce qui nous passe 16, *a*
Cyniques mal détendus par Mr. Bayle 390. 391.
Cyrenaïques 61. *a*
Cyprien (St.) 221. *b*

D

Damnation, il convient d'être reservé sur ce point. 578. *b*
David 55 *a*
Sa résignation 526 *a*
Désian Illaut s'en abstenir sur ce qu'on ne connoit pas. 100. *a*
Décisions précipitées 16. *b*
Découvertes souvent duës à un bonheur & à des circonstances extérieures. 19. *b*
Decrets de Dieu n'ont p int causes du mal. 534. *b*
Definitions Si on peut en donner 76 *b* 79. *a*
Elles peuvent manquer d'éxactitude sans être fausses. 124. *a*
Definitions des Mots 79. *b*
Definitions des Idées simples 184 *b*
 ourquoi difficiles 12. *a* 14 *a*. *b*
Degrés dans les perfections des Créatures. 546.
Demandes en quoi different des Axiomes. 183 *a*
Demon Exagerations de Mr. Bayle 552. 553. 577.
Demonstrations Telles sont les preuves de la Vérité de l'Evaigile. 281.
Denominations Morale 138 *a*
Denominations extérieures 144. *a* 145. *a*
Densité, si elle oppose le plus grand obstacle au mouvement 137. *b*
Derodon. 472 *a*
Des Cartes pag. 1. 27. *b* 398 399
Désordres leur utilité 526. *b*
Pourquoi permis 555 556. *b*
Dessin de l'Auteur. pag. 1 à 77. *b*
Destination de l'homme 522 *b*
Determinations de mouvement comment elles naissent. 113 *b*
Il est plus facile de déterminer le mouvement que de le produire. 137 *b*
Devoirs Les fondemens qui nous y lient, n'y assujettissent pas de même l'Etre suprême. 401. *b*
En quels sens peuvent être de relations. 413 *b* 414 *a*
Devoir conjugal, 192. *a*
Devots Mr. Bayle s'en mocque. 134. *b* 267. *b* 699
Diane de Poitiers 606. *a*
Dictionnaire L'Auteur d'un Dictionnaire Historique doit plutôt abreger qu'étendre 134 *b*
Il doit ometre certaines matieres, 259. *b*
Le parti que Mr. Bayle tire du sien. 131. *b* 132 *b*
De quelles nouveautés il l'a orné. 191. *a*
Prétextes allégué sur l'Edition. 195. *a*
Commodités d'un tel Dictionnaire. 249.
S'il s'est proposé d'y établir quelques faits. 375. *b*
Si elle a pour unique cause la Reliquion. 414. *a*
Comment cette persuasion s'est affoiblie. 415. *b*
Dieu Origine de son Idée 110. *a*
Il faut tout ébrasler, pour affoiblir les preuves de son existence 87
En voulant la rendre douteuse Mr Bayle se contredit & découvre son peu de sincerité. 410. *b*
Il travaille à en rendre la découverte difficile. 439. *b* 441. *b*
De quelle maniere le contentement des hommes sert à établir la persuasion de son éxistence. 415. *a*
Ridicule des Objections de Sextus 180 *b*
On peut connoitre son éxistence & plusieurs de ses perfections 85 *b* 431. *b* 379.
Sans en connoitre la maniere 85. *b* 110. 180
Ce qu'on en peut connoitre suffit pour régler nôtre conduite. 432. *b* 530. 688.
Sophisme rectifié. 429. *b*
Dieu est un Etre nécessaire. 431. *b*
Unité de ses perfections 431. 432 438. *b*
Origine du Polythéisme. 401. *a*
Son immaterialité. 401. *a*
Dieu est un Etre très-Libre. 91. *b* 90. *b* 141. *a* 431. *b* 422. *a* 448 *b* 452. *a* 527. *a* 528. *b*
Parfaitement d'accord avec soi-même. 140. *a* 436. *b* 439. *a* 456. *a*

In-

TABLE

Incapable de vouloir des contradictions ce qui ne donne aucune atteinte à sa Liberté. 142. *b*
Sa Liberté relève sa bonté. 449. *a* 449. *a* 477. *a* 416. *b* 436. *a* 456. *b*
Ce que sa Sainteté exige de lui. 519. *b*
Comment il lui convient de se faire connoître. 554. *a* 559. *a* 559. *a* 579. 515. *b*
Différence entre les droits & ceux des hommes, des Princes, des Peres 548. *b* 561. *a* 572. 576. 579. 584. 586.550.
Difficile confondu avec l'impossible. 500. *b*
Difficultés danger de s'y plaire. 112. *b*
Comment on peut en profiter. 138. *b*
Diogene. 232. *b*
Si sa refutation de Zenon étoit sophistique 135. *b*
Disputes, si elles renversent la Certitude. 168. *b* 89. *b*
Comment elles conduisent au Pyrrhonisme. 3. *a* 17. *a*
L. 19. *b* 19. 80. *a* 95. *a* 9. *a*
Leurs mauvais effets 274. *b* 179. *b* 311. *b* 557. *a* 701. *a*
C'est la passion des Sceptiques. 25. *a* 76. *a* 79. *b*
Dispute : Academiques. 20. *a* 58. *b* 50. 8. *a*
à quoi but elles devroient tendre. 21. *b*
Les malentendus y regnent. 2. *a* 8. 502. *a*
Leur ridicule. 19 47. *b* 81. *a* 47
Distinctions, on l'aime déraisonnablement. 515. *a* 516. *a* 517
Diversité de sentimens ne prouve pas en faveur du Pyrrhonisme. 25. 35. 86. *b* 328. 331. *b* 40. *a* 48. *b*
Divertissement leur goût dominant dispose au Pyrrhonisme. 11. *b*
Divisibilité à l'infini éclaircie. 104. *a* 106. *a* 108.
Elle éclaircit le mouvement. 114. *b* 119. *b*
Division des choses & division des tems. 365. *b*
Divisions, quand il est permis d'en profiter. 135. *b*
Docteur. A quel prix on acquiert ce titre 32. *b*
Caractère des faux. 112. *a*
Dogmatiques se font tais mépriser. 17 *a*
Deistes. 52. *a*
Ils ont donné lieu au Scepticisme 18. *a*
Les Sceptiques incapables de les battre. 79. *b*
Si Mr. Bayle dogmatise. 267. *a*
Dogmes leur influence sur les moeurs. 598. 503. *b* 604. 605. 608. 614. *b* 640. 647.
Dorcas. 410
Dordrecht. 124. *a* 231. *b* 233. *a* 242. *b*
Mr. Bayle se couvre de ses Canons. 685. *b*
Douleurs ont leur usage 523. *a*
Doute a ses agrémens. 14. *b*
Les doutes de Mr. Bayle ne vont pas toûjours humilier la Raison. 136. *a*
Droit naturel. 294.
Rétabli par l'Evangile. 410. *a*
Ses conséquences plus ou moins difficiles. 657. *b*
Duels. 615. *a*

E.

Ecoles en misérable état 18 29.
Celui des anciennes 466. *b*
Eclaircissement pourquoi on commence l'examen de Mr. Bayle par les éclaircissemens 160. *b*
Il n'y fait que se répéter. 177.
Education des Princes combien difficile 539 *a*
Education n'est haîtie 6 *b* 21. *b* 497.
Très détestable si elle ne forme pas à l'esprit d'examen 7. *a* 4. *b*
Avis sur ce sujet 26. *b* 28 *b* 29 46
Necessité de l'Education 392 *a* 443 *a*
F.Enus 666 *a*
Eloquence ses véritables sources 20 *b*
Siege de tout à rebours 30 *a*
On pourroit l'entiquer plus utilement 650. *b*
Elizabeth 677. *b*
Elus explication de ce terme 277. *b*
Enoma 3. *a*
Enfants de leur salut 347.
De leurs douleurs 523. *a* 547.
Entendement en quoi ses idées différent de celles des sens. 71. *b* 72. *b* 75. *a* 324. *a* 325. *a*
S'il est nécessaire de le connoître à fonds pour s'assurer de ses actes. 374. *b*
Entêtement pour les Systèmes 2. *a* 24.
De là on passe aisément au Pyrrhonisme 23 *b*
Effets de l'entêtement 55 *b*
Envie, combien elle s'oppose aux progres des Sciences 21. *b* 24 *a*
Enthousiastes. 575. *a*
Eppendorff. 415 *a*
Epicure.
Se contredit. 507.
Paradoxe d'Epicure & de Mr. Bayle. 304. *b*
d'Epicure & de Zenon. 247. *b*
S'il faut rapporter à une fatalité les idées délavantageuses qu'on s'en est formé. 304. *a*
Refuté. 112. *a*

Epoque Mr. Bayle fait parade de ce mot sans l'éclaircir. 115. *a*
Equivoques, langage ordinaire des Sceptiques. 144. *b* 147. 148. *a* 149. *a* 150. *b* 151. *a* 172. *a* 233. *a* 323. *b* 407. *b* 414. *a*
Equivoques caractère de bêtise. 152. *b*
Développés par Mr. Bayle. 27. *b*
Sophisme d'équivoque 322. *b* 423. *b* 433. *b* 458. *b* 459. *a* 461. *b* 4. *a* *b*
Erreur s'a Cause universelle. 71. *a* 492. *a* 361. *b*
Ses progres. 205. *a*
Moyens pour l'éviter. 164. *b*
De ce qu'on y est tombé quelquefois, il ne s'ensuit pas qu'on ignore toûjours si on l'a évitée. 75. *b* 76. *a* 14.77.
a 92. *b* 364. *a*
De quelle manière on doit se conduire avec ceux qui errent. 131. *b*
Influence des erreurs. 361. *a*
Elles ne sont pas toutes également dangereuses. 529. *b*
Espace. 136. *a* 239. 180. *b*
S'il est une substance. 242. *a*
Il a été créé. 240. *a* 3. *7.*
Especes intentionelles.
Esprits leur rapport avec le lieu. 487. *a*
Esprits caractère des petits. 19. *b* 19. *b* 22 *b* 448. *b* 175. *b* 420. *a*
Caractère des bons. 19. *b* 13. 64. *b* 82. *a* 91. *a* 454. *a* 166. *b* 283. *b* 487. *a* 496. *b*
Esprit humain peut penser à plusieurs choses à la fois. 149. *a*
Esprit terme équivoque. 676. *b*
Essai, dans quelles dispositions d'esprit il convient de publier des ouvrages sous ce titre. 41. *a*
Essences leur origene. 438. *a*
Etendues Moyens de dissimuler les controverses sur ce sujet48. *a*
Si elle est immenue. 4. *a* 48. *a*
Incapable de penser 82. *b* 36. *a* 508. *a*
La clarté de son idée reconnue par Mr. Bayle. 287.
Eternité De l'existence de l'Etre éternel & de ses ouvrages. 15. *b* 10. *a*
Eternité des peines. 544. *b*
Etude, superficiel est caulée du Pyrrhonisme. 82. *b*
Evangile établi sur des preuves solides 275. *a* 306. *b*
Les inclinations corrompues s'y opposent. 275. *b*
Surnaturel. 408. *b*
Eve.
Evenement.
Eviscace doit être respectée. 46. 47. *a* 53. *b* 129. *a* 356. *b* 359. *a*. 16. *b* 303. *b*
Sa force. 125. *a* 173. *b* 35. *b* 398. *a*
Convaincante par elle-même. 29. *b* 72. *b* 74. *b* 75. *a* 342. *b*
Les Pyrrhoniens s'y dérobent. 64. *b* 66. *a* 67. *a* 68. *b*
Méthode d'y parvenir 72. *a*
Au lieu de ne se rendre qu'à elle on se rend par lassitude. 179. *b*
Quand on en a perdu le goût on devient plus grand parleur. 17. *a* 75. *a* 76. *a*
Elle fait voir que la partie n'est pas égale entre le Sceptique & celui qui ne l'est pas. 79. *a*
Elle a divers degrés. 304. *a* 657. *a*
Euripide. 432. *a*
Examen fuigant. 2. *a* 2. *a*
Sa necéssité. 7. *a* 33. *b* 41. *b* 45 *a*
Son utilité & son agrément. 17. *a* 41. *b*
Sa possibilité. 28. *a* 440.
D'où vient qu'on le néglige. 7. *b* 27. *b* 32. *a* 33 41. *a*
Moien d'y disposer ceux qui n'y pensent pas. 35 *b*
Manière de le faire bien. 40. *a* 44. *a* 45. *a* 51. 52. *a* 132. *b* 294. *b* 440. *a*
Exagerations de Mr. Bayle. 2. 646. 647. 651. 647.
Exemple de son efficace 540.
Expressions modestes dont les Pyrrhoniens ont abusé. 17. 55 *a*
Expressions éxagerées. 299. *b* 64. *b*
Metaphoriques. 391. *a* 456. *b* 28. *b*
Expressions qui ne signifient rien 65. *a* 66. *a* 71. *b* 75. *b* 76. *a* 85. *a* 439. *a*
Caractère des intelligibles. 405. *b*
Negatives confondues avec les positives. 430. *a*
Il n'en faut employer que d'intelligibles. *b* 194 495. *a*
Il en est dont il faut s'abstenir. 157. 197. *b* 261. *a*
Savoir des immodestes. 310. *a* 249. *b*
Contraires aux bonnes moeurs. 2. *a* 249. *b*
Dangereuses. 20. *a* 210. *a* 203. *a* 214. *a*
Modestie dans les expressions plus nécessaire aujourdhui qu'autres fois. 258.
Mr. Bayle fait bien quand il lui plait se renfermer dans les modestes 241.
D'où vient leur différente force. 240. *b* 258. *b*
Les déterminées font plus d'impression 149. *b* 157. *b*
Du danger des delicates. 252. *b*
Necéssité de les changer. 283. *a*

TABLE DES MATIERES.

F.

Faculté peut juger de ses actes. 178. *a*
S'il est nécessaire de la connoître à fond, pour s'assurer de ses actes. 178. *a*
Faits le Bon sens veut qu'on s'assure des faits, avant que d'en chercher les causes. 301. 302.
Faits doivent être distingués des circonstances. 369. *b*
Fanatiques. 6. *a*
Les Pyrrhoniens en font une Espece. 12. *b*
Dangers du Fanatisme. 321. *a*
Fantômes.
Fardella.
Farel son mariage raconté honnêtement 211.
Fatalité sentiment peu naturel. 664. 665.
Fausta 216. *a*
Flaccius Illiricus. 499.*a*
Félicité. L'homme n'est pas en liberté de ne se point vouloir. 504. *b.* 507. *b.*
Causes qui en détournent. 522. *a* 522.*b* 523. *a* 524. *a.* 526. *a. b.* 530. *b.* 531. *b.* 536. *a*
Moyens de l'acquerir. 523. *a* 530. *b* 531. 533. 536. *b* 541. *b* 542. 563. *a*
Feu employé pour marquer en général l'activité. 428. 431.*a*
Folie de diverses especes. 11. *a*
Pourquoi l'Evangile est traité de Folie. 449. *b*
Comparée à l'yvresse. 12. *b.* 13.*a*
Fontaine (L.) Censure de ses Contes. 205. *b*
Condamnés par lui-même. 252. *a*
Fontenelle. (M. de) 363. *b* 374. *a* 443. *a* 491.
Fonteurand. 252. *a*
Formes Plastiques. 300. 398.
Si elles favorisent l'Atheïsme. 420*b*421. 431.*a*433.*b*
Formulaires. 370. *b.*
M. Bayle fournit dequoi les condamner & soutient qu'il est permis de les interpreter dans un bon sens. 371. *b* 373. *a*
Fortune. L'Empressement à y parvenir nuit à la solidité des études, & par là conduit au Pyrrhonisme. 20. *b*
Fouquet. 222. *a*
Foy. Dispositions à la foy. 93. *b*
Effet d'un bon goût. 73. *a*
Il est bon qu'elle soit fondée en Raison. 27. *b* 53. *b.* 129. *b* 130. *a* 133. *b* 233. *a* 261. *a* 283. *a* 401. *b*
Si celui qui a la foy ne doit plus se mettre en peine de raisonner. 180. *b*
M. Bayle se moque, quand il la présente comme une ressource assurée contre nos doutes. 132. 134. 252. *b* 253. *b* 283. 287. *b* 288. *b* 312. *b* 317. 346. 347. 452. *a* 454. *b* 529. *a* 555. *b*
Ce qu'un Pyrrhonien doit avoir fait, pour passer de ses doutes à la Foy. 10. *a* 130. *a* 188. 335.
De la distinction entre Foy *humaine* & Foy *divine.* 280. *b*
Foy de M. Bayle suspecte. 242. *b*
Articles de Foy d'où tirent souvent leur origine. 500.*a*
François (premier) 222. *b*
François (St.) 222. *b*

G.

Gain. L'amour du gain n'autorise point l'oubli des bienséances. 113. *a*
Galien 658. *a*
Garasse. 38. *a*
Gassendi renouvelle la Philosophie d'Epicure. 1. *b.*
Gaufridi 673. *b*
Generosité va plus loin que la Justice. 409.
Geneve 661. *b*
Genies. 289. *b.* 290. *a.* 301. *a*
Genre. Ce que c'est. 365. *b*
Gleigham. 289. *b*
Gloire, son amour a besoin d'être rectifié par la Religion 662. *a* 671. *a*
Goût, peut être un principe de persuasion. 318.
Grace. Idées de son secours. 518. 565.*b*
Grammaire. Ce que ses Regles ont d'établi sur la Raison. 173. *a*
Critiqué par Sextus. 152. *a*
Grandeur, terme relatif. 101. *a* 382.
Fausse Idée de celle de Dieu. 464. *a* 465. 468. *b*
Son Idée ne varie pas avec l'image qui en avertit. 101. *a*
Grandeur d'ame. 522. *b*

Grands se font un plaisir de se croire en tout au dessus des autres hommes. 12. *b* 540. *a*
Ils se croient d'autant plus libres qu'ils sont plus esclaves de leurs passions. 35. *a*
L'autorité de leurs exemples. 247.
Un de leurs grands devoirs. 47. *a* 48. *a*
A qui ils doivent se fier. 18. *a* 247. *a*
Ils se deshonnorent plus que les autres par l'Irreligion & ses suites. 26. *a*
Comment on les séduit. 35. *b*
C'est en se prêtant à leurs foibles & à leurs défauts qu'on parvient. 300. *a*
Illusions sur la grandeur. 517. *a*
Grecs comparés avec les Scites. 379. *a*
Gregoire de Rimini 399. 404. *b*
Grotius, pourquoi M. Bayle s'y interesse. 225. *b* 235. *b.* 317.
Guerre. Si elle étoit autrefois plus meurtriere. 263. *a*
N'est pas incompatible avec le Christianisme 645. *b*
Guise (Duchesse de) 642

H

Habitudes. Leur force. 21. *b* 69. *a.* 505. *a*
Harmonie. Idées Chimeriques sur elle. 157. *b*
Hazard. Combien sa supposition est ridicule. 420. 426.
Helotes. 222. *a*
Heraclite. Tiré d'entre les Sceptiques. 60. *b*
Heretiques. Définis. 6. *b.* 39. *a*
Methode pour en juger. 51. *a*
Hesse. 216. *a*
Heureux. Pourquoi un General aime à passer pour heureux. 515. *b*
Histoire. Devoir de celui qui l'écrit. 203. *a.* 212. *b.* 214. *b.* 215. 216. 217. *b.* 218. *b.* 219. 222. 223. *a* 226. *a.* 230. *a.* 240. *b.* 241. *b* 245. *b.* 246. 257. *a.* 258. *b.* 269. *a.* 289. *b.*
Historiens suspects. 369. *b*
Hiparchia. 259. *a*
Hobbes. 295. *a*
Hoefter. 104. *a* 382. *a.*
Homme. Sa definition par Aristote. 79. *b.*
Distribués en 3 classes. 21. *b.*
Faciles & difficiles à connoitre. 69. *a*
Homme animal. 286. *b.*
S'il est indisciplinable. 300. *b.*
Né pour la société. 412 *b*
Sa chute. 413. *b*
Homoeomeries.
Honneur. Influë sur le Pyrrhonisme. 4. 265. *b.* 289. *a*
Sur les erreurs des grands hommes. 130. *a*
Faux point d'honneur Cause d'Incrédulité. 136. *a.*
Honnête & utile, pourquoi en conflict. 395. *a*
Hopital (Michel de l') 651. 663.
Horace, cité mal à propos par M. Bayle. 608. *b.* 669. *b.*
Hotenstot. 650. *a*
Houtierez.
Huet.
Humeur les Pyrrhoniens décident par humeur 301. *b.* 330 *b.*
Si l'Humeur décide de tout. 307. *a.* 331. *a.* 629. *b.* 629. *b,* 640. 647. 658. *a* 659. *a.* 661. *a.* 664. *b*

I.

Jalousie. Injuste consequence que M. Bayle en tire 535.*a*
Jansenistes. 10. *b*
Jaquelet. 231. *b.* 232. *b.* 460. *a.* 466. 493. *b.* 495. *b.* 510.
Idées de Dieu determinées. 416. *a.* 459. *a*
Idées generales. 76. 80. *b.* 81. *b.*83. *a*
Quand il faut s'y borner. 374. *a.*
Naissance des idées 145. *a.* 147. *b.* 435.*a.* 443. 496.*b*
Principales & accessoires. 389. *b*
Utilité des determinées. 97. *a*
Il en est de si simples qu'elles échapent à l'attention 136. *a.* 143. *b*
Si les hommes ne se conduisent point par idées. 571. 572. 307. *a.* 331. 609. 624. 647. 658. 659. 661. 664.
Liaison des Idées 694.
Identité expliquée.
Jesus-Christ. Perfection de son obéissance 512. *a*
Jeu. Jugemens précipités sur le jeu. 299. *b*
Illusions de l'amour propre. 10. *a.*
Imagination ce qui s'étonne ne doit pas être rejetté.105. *a.* 114. *b.*
Immensité. 449. *b* 468. *b*

Hhh hhh hhh   *Im-*

TABLE DES MATIERES.

Immortalité. Sophisme contre 363. *b*
Sa connoissance est inutile sans celle de la Religion, 485. *a.* 489. *b.*
Impatience, cause du Pyrrhonisme. 21. *a.* 23. *b.* 42. *a.* 115. *b*
De nos faux jugemens 126. *b*
Imperfection, à quoi servent celles de cette vie 419. *b.*
Impiété. 85. *b*
Impossible. On ne peut point imposer l'obligation de le croire. 2. *b.*
Imprudence. Methode de la prévenir. 256. *b.* 608. *b*
Insuffisance physique morale. 598. *b*
Incommensurables, 263. *b*
Incredulité source de vices.
Incredules leurs risques. 10. *a.* 111. *a.* 331. *a.* 315 *b*
Leur tort. 110. *a.* 115. *b.* 117. *a* 118. *a* 634. *b.* 674 676.
Fanatiques, 12. *b.* 13. *a.*
De deux espéces. 13. *a.*
Ils sont remplis de préjugés, de mauvais goût & de malheureuses habitudes. 256. *a.* 357.
Fout. 634.
Causes de leur Zele. 236. *a*
Moyens de les ramener ou de les mortifier à juste titre. 26. *b.*
Ils affectent le Pyrrhonisme. 261. *b* 358. *b*
M. Bayle les favorise. 312, 313. 319. *b.* 343. *b.* 411. *q.* 417. *a.* 634.
Ils se saississent de toutes les hypotheses qu'ils peuvent. 276. *b.* 306. *b.*
On impute trop legérement le vice d'Incrédulité. 327. *b.* 404. *a*
Incivilité. Sa difference d'avec l'impureté. 254. 260. *b.*
Independance de Dieu 50. *a*
Infini. Terme équivoque. 123. *a.* 363. *b.*
C'est un Sophisme que de comparer le *fini* avec l'*infini.* 127. *b*
Sophismes sur l'Infini. 153. *b.* 422. *b*
Comment un nombre infini de parties ne fait qu'une masse finie. 116. *a.* 117. *b.* 127. *b*
L'idée de l'Infini est parfaitement présente à Dieu. 147. *a*
Les bornes de notre Esprit ne lui doivent pas empêcher de reconnoître l'existence de l'Infini.
Necessité où l'on est de reconnoître l'Infini. 111. *a.* 112. *a.* 114. 129 *a.* 144. *b.* 147. *a.* 569. *b*
Du Calcul de l'Infini. 190. *b* 363. *b*
Inquisition. 367. *b*
Instructions leur nécessité. 400. *b*
Instructions, comment naissent des discours 156. *a*
Intolerance, est quelquefois soutenué par de bonnes gens. 9. *b*
Son absurdité. 31. *b*
Refutée. 697. *a*
Juge. Si on peut l'être en sa propre cause. 153. *a*
Juifs justifiés contre les Païens. 404. *a*
Jurieu. Se trompe. 53. *a.* 363. *b.* 373. *b*
M. Bayle se plait à lui porter des coups. 224. 225. 303. *b.* 312. *a.* 313. 444. *b.* 460. *a.* 578.
Il en est qui retombent sur lui. 308. *b.*
Jurisprudence mal étudiée. 31. *b*
Justice. On s'en fait une fausse idée. 581. *b*

K.

King. 443. *b*

L.

*L*Aboureur sa felicité 526. *a*
Lacedemone. Coutume de ses filles condamnée 206
Lactance. 432. *b*
Loui. 259. *a*
Langage des hommes peu exact. 494. *a*
Langage des Chrétiens plus chaste que celui des Payens & pourquoi? 258. *a*
Langues, comment la Latine s'est accréditée. 29. 30.
Latin difference des expressions Latines d'avec les Françoises. 215. *a*
Lecture, comment plus dangereuse que les Discours. 221. *b*
Leibnits. 453. *b.* 499. *a*
Leon Isaurique. 373 *a*
Leucippe bien refuté 385. *b.* 477.
Liberté humaine, riche présent. 90. *b.* 231. *a.* 492. *a.* 495. 505. 512. 514. *b.* 515. *a.* 516. 517.
En quoi elle consiste 470. *b.* 476. 568.
Leve les difficultés. 252. *b.* 300. *b.* 501. *a.* 512. *b.* 524. *b.* 525.
Reconnuë par M. Bayle 358. *a.* 412. *b.* 413. *b.* 447. *a.* 468. *b.* 505. *a.* 507. *b.*

Un de ses grands abus. 47. *a.* 472. 492. *b.* 494. *b.* 468. *a.*
Necessité de la reconnoitre 352. *b.* 353. 545.
Libertins si leur conversion n'a pour cause que leur timidité 450.
Les Stoïciens croyoient la Liberté & le Destin qui étoit avec elle en contradiction. 133. *b*
Licuris. 215. *b*
Lieu, en quel sens l'Infini le remplit. 253. *b*
Son rapport avec les Esprits. 487. *a*
Ligne droite. 183. *a.* 184. *b.* 185. *a*
Son partage en deux parties égales. 185. *b.*
Locke 118. *b.* 479. *a.* 457. 489.
Logique mal connuë autrefois. 80. *b.* 160.
Comment elle conduit à la connoissance de la vérité. 84. *a.*
On en peut abuser. 360.
Et cet abus n'en détruit point l'usage. 365. 367. *b.*
Loix ce terme expliqué. 435. *a*
Loix generales souffrent des exceptions 298. *b.*
Les Loix generales du mouvement insuffisantes pour l'explication des Corps organisés. 420. *b*
Longus les Pastorales licentieuses. 197.
Loredano, 213.
Lothaire, de son divorce avec Tiberge 259. *a*
Lotichius. 294. *b*
Louanges meritent d'être comptées 48. *a.*
Supposent liberté 567. *b.*
Louis XI. 613.
Louis XII. 216. *a*
Lucrece. 262. *a*
Luther. 46. *a.* 224. *b*
Lydie. 429. *b*

M.

M*achiavel.* 607. *b*
Mahometisme. 552. 643.
Mal n'est point preuve de deux Principes 523. *a.* 530. *a.* 535. *b.*
Son utilité. 525. *a.* 527. *a.* 530. *a.* 546. *b.* 547. *b.* 548. *a.* 550. *b.* 577. *b*
Illusions injustes des hommes sur leurs biens & sur leurs maux 526. *b.* 531. *a.* 533. *a.* 533. *a* 546. *b.* 554. *a*
Malabat. 293. *a*
Maliberté 213. 370.
Malheur & bonheur. On abuse de ces termes. 298. *b.* 299. *a.* 300. *a.* 301. *b.* 302. *b.* 305. *b.* 579.
Tel qui est cause de son malheur aime à l'attribuer à un je ne sai quoi 300. *a.* 302. *b.* 303. *b.*
Mallebranche. 1. *b.* 130. *a.* 135. *a.*
M. Bayle n'est pas fondé à s'autoriser de son exemple. 132. *a*
Manicheens parallele de leur sisteme avec celui de l'unité d'un Principe. 282. 545. *b.*
Refutés par M. Bayle. 530. *a.* 531.
Leur Sisteme sappé. 582. *a.* 554. *a.* 563. 577.
Mariage mal critiqué par M. Bayle. 387. *b.* 534. *b.*
Liaison sacrée & fondée en raison. 358.
Marie l'Egyptienne 116.
Materialistes leur hypothese n'affoiblit point les argumens tirés des miracles. 295. *b*
Absurdité de leur hypothese 296. *a*
Mathematiciens calculent tout. 2. *a*
Ont leurs préventions 183. *b.* 357. *a*
Et n'ont eu leurs disputes 188. *b.* 189. *a*
Mathematiques. Leur certitude 264.
Ses causes. 188. *b.*
Peu du goût des Sceptiques. 182. *b*
Ils en parlent ridiculement 183. 187. *b.* 188. *a.* 190. *b.* 386. *b*
Ignorées par M. Bayle 163. 338. *b*
Leur utilité mal combatuë 202. *b*
Necessaires à la Physique. 296. *b*
Maurice (Empereur) 642.
Meaux (M. de) a trouvé beaucoup de malentendu dans ses controverses 20. *b*
Sa Critique de Me. Guion. 260. *b*
Medée. 640. *b*
Medisance 699. *b*
Melanchton. 94. *a.* 56. *b.* 224. *b.* 352. *a*
Melanges leur vraye idée. 122. *b.*
Melissus. 304. *a*
Memoire retient par le secours des réflexions. 490. *a*
Menagemens necessaires. 11. *a* 12.
Menteur Sophisme. 359. *b*
Meré (Chevalier de) 192. *b*
Merite, le veritable peu connu. 31. *a*

TABLE DES MATIERES.

Caractere du vray 41. a. 47. b
Caractere du faux
Merveilles surnaturelles, pourquoi ne continuent pas? 497. a
Metaphysique. Abus de ses subtilités 275. b. 272. a 296. b. 359. a. 366. 404. a. 421. b. 438. a. 454. b. 457. b. 458. a. 461. b. 465. b. 466. b. 577. b. 626. a
C'est au bon sens à la rectifier 181. a. 285. a. 503. b
M. Bayle s'y plaisoit trop. 338. b. 344. b. 345. b. 353. b. 367. 511. b. 567. a. 583. b. 584. 674.
Metaphores éblouïssantes 603. a. 625. 664. b. 677. 697. a
Methode. Funestes effets de la mauvaise. 11. 51.
Suites de la bonne. 24. a. 113. b
Difficile dans les sujets composés 189. a
Methode d'arriver à la connoissance des choses 124. a
Methode du bien citer, en quoi difficile 196. b
Ministres, leurs Qualités. 32. b
Si leurs prédications sont sans fruit réel. 663. a
Miracles. Leur certitude. 372.
Preuves d'une cause libre. 373. a
Modes, leur influence. 661
Moderation prévient le Pyrrhonisme. 16. a
Aimable. 17. b
Modernes, de quelle maniere les Partisans outrés des Anciens répondent à leurs argumens 285. a
Modestie affectée 198. b. 212. a
Véritable 318. a
Mœurs leur liaison avec les écrits 142. b
Causes de leur relachement. 611. 619. b 648. 695.
Inductions trompeuses pour les mœurs. 610. 645.
Moliere. S'il justifie M. Bayle. 213. a 249. a
Molinistes. 499. a
Montaigne. 139. b. 516. a
Morale attaquée par Sextus. 148. a
Le Pyrrhonisme tend à la renverser 307. a 309. b
Son importance, & sa facilité. 150. a
Tire sa force d'une vie à venir 152. a 493. a
Moral confondu avec la Physique 388. a 389. a
Sa certitude. 398. b 410. b
Ses principes gravés dans l'esprit humain. 402. b
Morales, pourquoi imaginées. 126. a
Mort Sophismes contre la crainte. 361.
Motifs difficiles à démêler. 372. a 694
Motifs, fortifiés par la Religion 679. 686. b 690. a 703. 694.
Mots, on s'en paye. 8. a. 18. b. 145. b.
Causes de leur obscurité. 143. b
Mots respectés. 218. b
Disputes de mots, 189. b
Bons mots, leur efficace. 234. a
Muslin (du) tourné en ridicule par Mr. Bayle. 218. a
Mouvement. Remarques sur la définition. 124. a
Sa naissance. 124. b
Ses propriétés essentielles. 124. b
Ses causes. 121. b 122. 383. 414.
S'il ne peut être produit par une cause immaterielle. 423
Succession continuelle. 118. 182. a
Comment se fait dans le bien. 113. a
S'il est impossible dans le Plein. 139. a. 140. b
Mouvement du centre dans une boule qui circule. 124. b
Du diametre. 125. a
Comment on s'assure de son uniformité, 145. b
La Physique des Anciens le subdivisoit en diverses especes. 131. b
Objections contre son existence. Sophistiques equivoques. 114. 116. 117. a. 118. a. 121. b 123. b 127. a. 281. 383.
Mouvement composé. 383. a
Mouvement appliqué à l'Ame, terme Metaphysique. 480. b
Multitude terme relatif. 164. b. 175. b 176. a 360.
Musique ridiculement attaquée. 187. b
Mysteres mal à propos accusés de contradiction. 322.
Mystiques. Leur langage extraordinaire. 260. b
Impatiens. 6. a
Favorables au Pyrrhonisme. 6. a
Leurs prétentions éblouïssantes. 6. a
M. Bayle en tire une consequence Sophistique, 513. b

N

Nature par où on distingue ses Impressions. 390. 391. 392. 416. b. 417. a
Neant tiré du neant, phrase éclaircie. 454. 455.
Nicolle. 308. b 383. b
Nombres combatus par les Sceptiques. 185
Idées Chimeriques sur les Nombres. 187. a

O

Objections. Si elles ébranlent la certitude. 53. a 87. b. 88. 91. a. 326. a. 442. a. 472. 478. a. 482. 483. 484. 435. 486. b
Obscurités. Il n'est pas permis d'en flater le goût 198. b. 200. 370. b
Des plus contraires à la Religion. 201. 213. b 215. a 263. a 265. b. 451. b
Danger de s'y accoutumer. 106. b 216. b 339.
Comparaison des grossieres avec les délicates. 219. a 220. a 221. 246. b
Affectation de M. Bayle à s'exprimer grossierement contre les Loix de l'Histoire. 102. b. 103. 207. 209. 213. b. 214. 215. 216 217. b. 243. a 391 b 498. b
Il en saisit toutes les occasions. 192. b. 339. b
Ses recits sont seduisans. 211. a. 212. a. 215. b
Examen du premier, second, & troisième cas sur les obscenités. 140. a
Du quatrième, cinquieme, sixieme, septieme, huitième 241. b
Quatre manieres de s'exprimer sur ce sujet. 340. b
Si le Plaisir d'un parler insinue sur les mœurs 341. a
Obscur part de diverses causes. 179. a
Ne doit point nuire au clair. 87. b. 88. a. 8. 9. b. 95. b. 280. a 282. a 285. b. 326. b. 229. a.
Occasions divines, leurs différences. 459. b
Opinions Causes de leur diversité. 42. a 72.
Ordre, son utilité. 41. b
M. Bayle s'en écarte. 247. b
Origene. 569. a 570. a571. b. 572. a
Orthodoxes définis. 6. b.
raillés. 216. 232. a 269. b 314. 315. 320. 324. b 415. a 550. 580. b. 684. b. 657. a. 695. b
Oxford. 224. b.

P

Paganisme. Des Vices y passoient pour des actions indifferentes. 258. a
La Philosophie en prévenoit les abus. 407. a
Valoit mieux que l'Atheïsme. 411. b. 416. a
Leur Idée sur la justice Céleste. 672.
Ils respectoient la Chasteté. 665.
N'est pas l'ouvrage d'un systême. 416. a 618. b
Comment les actions des Dieux ne les authorisoient pas à enfreindre les Loix. 610. b. 638. b.
Si les Payens demandoient aux Dieux la Vertu.671.a
Pannormita. 534. b
Papin. 433. a
Paradoxes du goût des Pyrrhoniens. 187. b. 189. a
Le gout en est dangereux. 3. a. 13. b
Paralleles Sophistiques. 246. 257. b. 258. a. 260. a 392. a. 349. 561. b. 565. b
Du clair avec l'obscur. 455. 454. b. 466. a. 467. a. 475. a. 479. a. 480. a. 482. b. 485. b. 415. a
Paralleles de Dieu & d'un Pere. 565. b. 570. b. 571. b
Paralleles rectifiés. 549 b. 562. a. 565. b.
Paralleles justes. 547. b
Paralleles outrés. 439. b. 570. b
Parallele du l'Evidence & de l'obscurité. 453. b
Paresse, cause du Pyrrhonisme. 24. b. 21. a
Parthemais. 217. a
Parti. Esprit de parti, comment se forme. 30. 38. a. 46. b
Nourri par celui de dispute. 147. b
Regne entre les gens de lettres. 37. a
Comment il s'accredite. 35. a
Fait admirer des personnages ridicules. 111. b
Ses mauvais effets. 41. 10. b 270. b. 272. b
Reconnus par M. Bayle. 271. b
On peut se défaire de cet esprit. 7. a
Parties aliquotes proportionelles. 104. b.
Partis comment se forment & tombent. 306. a.
Esprit de partis 6no. b
Passions, Leur opposition à la Raison. 4. a
Elles corrompent le jugement. 26. a 628. b
Patin 606. a
Pastor fido. 221. a
Pauliciens 571. & suiv. 584.
Payens de leur morale & de leur sort. 405. b. 606.
Péché on n'en connoit pas toute l'horreur 506. a. 544. a 568. b. 573. b
Dieu n'en est aucunement l'Auteur. 547. a. 577.
Peché originel. 316. a. 398. b. 413. a
Hhh hhh hhh 2 Pe-

TABLE DES MATIERES.

Pélisson. 371. *b*
Pensée, son état, quand on dort profondément. 144. *a*
Peines, leur justice. 506. *a*. 544. *a*. 546. *b*. 558. *b*. 568. *b*
Pelagiens on donne ce titre trop liberalement. 430. *b*. 468. *b*. 684. *b*. 687. *a*
Periandre. 606. *b*. 615. *a*
Pericles. 372. *a*
Perrot 317. *b*
Personne, idée de ce terme. 345. *a*
Philetas. 359. *b*
Philosophie comment enseignée dans les Ecoles 30. *b*. Quelle Philosophie a été condamnée par St. Paul 275. *b*. 286. *a*
  Utilités de la Philos. 407. *a*
Philostrate 369. *b*
Physique des Anciens tres imparfaite 112. *b*. 383. *a*
  Causes qui retardent les progrès de la moderne. 121. *a*
  Moyens de la perfectionner. 387. *b*.
  Caractères de ses principes 195. *b*
  Sa certitude 382. *b*. 385. *b*
Plans imaginaires. 520 *a*
Plans de Dieu 555. 566. *b*
Platon, justifié de Scepticisme 61. *a*
  Cité sur le bien honnête. 395. *a*
  Mal accusé 428. *b*
Pline. 383. *a*
Plotin. 400.
Plutarque. 311. *b*
Point, son idée. 12. *a*. 183. *b*. 188. *b*. 189. *b*.
Poires. 2. *b*.
  Refuté par M. Bayle. 146. *b*.
Politique, peut s'accorder avec la probité. 607. 615. 618. 624.
Politesse son utilité & sa possibilité 41. *b*. 47. *b*
Pompée. 579. *a*
Pompunace. 266. *b*. 598. *a*
Pomponius Atticus. 270. *a*
Porphire son arbre 367.
Possible son idée 361. *a*. 436. *b*. 438. *b*. 439. *a*
Precaution Physique. 467. *b*. 468.
Préceptes universels & à temps. 406. 408. 632.
Précepteurs ridiculement négligés 702.
Precipitation cause du Pyrrhonisme. 19. *a*. 22 *a*
  Condamnée. 19. *b*
Précieuses ridicules. Ce reproche trop étendu par M. Bayle. 248. *b*. 252. *a*
Prédestination. Pourquoi M. Bayle marque tant de zèle pour ce Systême 201. *b*. 227. *b*. 229. *a*. 445. *a*. 565.
  Il ne luy est pas toûjours favorable. 280. *a*. 444. *a*
  Il en fait tomber les preuves. 234. *a*
  Ses adoucissemens. 228. *a*
  Ses abus. 236. *b*
  Si elle donne la victoire aux Pyrrhoniens 277. *a*. 278. 279. 325. *a*. 446. *a*
Prédicateurs doivent être en garde contre l'exageration 650. 654. *b*. 695. *b*
Préjugés. 7. *b*. 29. *b*
  Comment se répandent. 8. *a*
  Leurs effets 54. *b*
  Prennent la place & le credit de la verité 21. *a*. 46. *b*
  Empêchent d'examiner. 51.
  Si la Religion en est l'effet 633.
Prescience de Dieu. La necessité de la non-prescience **établie par M. Bayle** 446. *b*
Prescience expliquée. 445. *b*. 524. *a*. 544. *b*. 563. 568. *b*. 705.
Prétextes frivoles. 197. 198. 199. 200.
Preuves de sentiment. 507. *a*. 509. *a*
Preuves. S'il est necessaire de les pousser à l'infini. 64. *b*. 66. *a*. 68. *b*; 74. *b*. 77. *b*.
  Les Pyrrhoniens tombent en contradiction sur les preuves. 179. *b*
  Comment on s'y dérobe. 373. *b*
Prevoyance souvent incertaine. 302. *b*
Princes. C'est de la Religion qu'ils tirent leur véritable grandeur. 25. *a*
  Mis mal à propos en parallèle avec Dieu. 548. 561. *b*. 575.
  Leur influence sur les mœurs 651.
Priscillianistes. 447. *a*
Professeurs, comment ils parviennent. 31. *a* 32. *b*
Profession chacun doit s'attacher à la sienne. 117. *a*
Propositions susceptibles de divers sens plus étendus, moins étendus. 56. *b*
  Simples & composées. 360. *a*
  D'où dépend la verité des *hypothetiques.* 110. *b*
  Et des disjonctives 502. *b*

Les *Conditionelles* sont capables de convaincre. 68. *a*
Il en est auxquelles on ne peut refuser de se rendre. 99. *b*. 101. *b*. 106. *b*. 178. *a*
Propositions sur les futurs contingens. 502. *a*. 563. *a*
Prophetics. 504. *b*. 506. *b*.
Providence source des difficultés sur ce sujet. 84. *a*. 543. & suiv.
  Source des solutions. 89. *b*
  Elle agit par des raisons qui ne nous sont pas connuës. 298. *b*. 580.
  L'ignorance est cause que l'on s'en plaint. 300. *a*. 543. *b*. 544. *b*. 547. *a*. 557. *a*. 564. *a*. 572. *a*. 574. 574. 582. 583. 587.
  M. Bayle dispose à en juger mal. 300. *b*
  Il s'y prend mal pour la justifier 296. *b*
  N'est pas ébranlée par des objections 243. *a*
  N'aneantit pas la liberté 504. 582.
Pudeur sa necessité 253. *b*. 255. *a*. 258. *a*. 215. *b*. 219. *a*. 389. *b*. 392. *a*
Pudicité estimée par les Payens. 665. *a*
Punition, juste. 567. *a*. 568. *b*. 570. 572. *a*. 573.
Purgatoire, causes de son peu d'efficace. 571. *b*
Puissance son idée 422. *a*. 574. *b*
Pyrrhoniens. Leur définition difficile 1. *a*. 13. 14. 63. *a*
  Naissance de cette Secte. 1. *a*. 16. *b*. 334.
  Paroit impossible. 2. *b*
Pyrrhonisme exterieur 2. *b*. 62. *a*
  Se fait voir par intervales. 3. *a*. 64. *a*. 66. *b*. 357. *b*. 319. *b*. 375. *b*. 381. *a*. 381. *b*. 411. *a*
  Leurs Principes intérieurs. 3. *a*.
  Corruption du cœur. 306. *b*. 308. *b*. 334. *b*
  Par quelles voyes ils se sont affermis dans leurs fantaisies. 5. *a*. 317 *b*.
  D'où vient qu'ils se sont fait connoitre 4. *b*. 64. *a*. 70. *b*.
  Dignes de mépris. 3. *b*. 4. *b*. 536. *a*. 537. *b*. 540. 552. *b*.
  Leur caractère. 265. 268. 306. *b*
  Ennemis des sciences & de la Religion. 307. *b*.
  Ils décident par humeur. 14. 153. *a*. 178. *a*. 179. *a*. 183. *a*. 188. *b*. 198. *a*. 289. *a*. 330. *b*. 377. *b*.
  Ce sont des esprits superficiels. 22. *b*. 54. *a*. 59. *a*. 62. *a*. 91. *b*
  Leur goût est pour la bagatelle. 198. *b*. 202. *a*. 339. *a*
  Ils se repetent frequemment. 68. *b*. 74. *b*. 75. 76. 113. *a*. 135. *b*. 158. *a*. 150. *b*. 175. *a*. 186. *a*. 219. *a*. 238.
  Sophistes obstinés & affectés. 136. 187. *a*. 233. *a*. 238.
  Affectent du savoir & de la subtilité. 155. *a*. 156. *b*. 181. *b*.
  Ils manquent de sincerité. 63. *b*. 64. 65. *b*. 66. 67. 68. 69. 70. *b*. 71. *b*. 73. *b*. 74. *a*. 76. *a*. 79. *a*. 84. *a*. 91. *a*. 95. *a*. 115. *a*. 147. *b*. 149. *a*. 150. *a*. 158. *a*. 186. *b*. 316. *a*. 455. 573. *b*.
  Leur principe fondamental. 58. *a*.
  Ils s'autorisent sans juste fondement. 17. *a*. 97. *a*. 115. *b*. 128. *b*. 194. *b*. 338. *b*.
  Caractères de leurs disciples. 27. *b*. 29. *a*. 93. *b*. 61. *b*. 65. *b*. 307. *a*. 341. *b*
  Leurs Consequences sont outrées. 15. *b*. 24. *a*. 28. *a*. 30. *a*. 31. *a*. 32. 33. 34. *b*. 37. 43. *a*. 52. *a*. 53. *a*. 58. 70. *a*. 80. *a*. 88. *a*. 95. *b*. 187. *a*. 197. *a*
  A quel point leurs sentimens sont dangereux, odieux, importuns. 9. 10. *a*. 12. *a*. 25. *a*. 26. *a*. 68. *b*. 84. *b*. 91. *a*. 115. *a*. 134. *b*. 245. *a*. 260. *b*. 283. 311. 317. *a*. 321. *a*. 337. 339. 346. 358. *b*. 399. *a*. 407. *a*. 619. *b*. 634. 694. *a*.
  Causes de leurs progres. 7. *b*. 8. *a*. 14. *b*. 78. *a*. 80. *a*. 334. *b*. 342. *b*.
  Raisons pour lesquelles on les supporte. 5. *a*.
  L'attention aux bornes de nos connoissances est un grand preservatif contre leurs Sophismes 129. *a*. 351. *b*. 356. *a*. 382. *b*. 383. *b*. 387. *a* 395. *a*. 398. *b*. 400. *b*. 441. *a*. 443. *b*. 443. *b*. 449. *a*. 457. *a*. 475. *b*. 481. *b*. 487. *a*. 564. *a*. 572. *b*.
Pyrrhonisme historique combattu par M. Bayle 235. *b*. 238. *a*. 368. *b*. 371. 373. 374. 375. 370. 377. 378. 379. *a*. 380. *b*. 381. 382. *a*
  Des circonstances sont devenuës incertaines par le peu d'intérêt qu'on y a pris, quand l'éclaircissement en étoit aisé. 370. 371.
  Il en est sur lesquelles on manque de monumens ou de détails. 377.
  Contradictions des Pyrrhoniens. 3. *b*. 4. *a*. 13. *b*. 14. *a*. 48. *b*. 51. *b*. 71. *a*. 73. *a*. 18. *b*. 22. *b*. 148. *a*. 62. 63. *a*. 65. *a*. 69. *b*. 103. *a*. 74. *a*. 79. *a*. 84. *b*. 85. *b*. 92. *b*. 150. *a*. 153. *a*. 130. *a*. 198. *b*. 336. 358. *a*. 411. *b*. 460. *a*. 508. *b*.

Ils

TABLE DES MATIERES.

Ils furent la lumiere & la peine. 182. b. 573. b.
Ils sont ennemis de la Science & des Savans 338. b 330. b. 358. a
Pyrrhoniens comparés à divers foux 11. 13. 634. b
De quelle maniere il convient d'en user avec eux. 9. b. 10. b. 12. a. 77. b.
Si les Chrétiens doivent entrer en lice avec eux. 289.
Pyrrhoniens de deux especes. 12. a
Methode pour les ramener 46. b.
Quand il faut les abandonner. 68. a. 77. b. 108. a. 363. a
Le Pyrrhonisme n'est point un état naturel. 349. b. 375. b. 361. 377. 399. 410. a. 411. a. 451. a. 460. a. 557. a

Q.

Qualités sensibles. 69. a. 70. a. 71. b. 387. b. 507. b.
Quelchet. 117. a
Questions difficiles. 15. b
Embrouillées, n'établissent pas le Pyrrhonisme.
Difference des Questions d'avec les conclusions. 76. b.
Question doit être partagée. 113. b. 230. b
Il est des Questions auxquelles pour répondre juste il ne faut se former aucune idée. 141. a
Etat de question posé exactement. 196. b. 230. b. 270. b. 274. a. 298. b. 356. a. 361. a. 415. a. 415. a. 453. a. 456. a. 499. a. 503. b. 505. a. 515. 517. 521. b. 530. a. 533. b. 563. a. 570. b. 576. 588. b. 596. b. 679. b
Mal posé par M. Bayle. 247. a. 250. a. 252. 253. a. 254. 268. a. 299. b. 349. b. 385. a. 476 a. 497. a. 515. 518. a. 524. b. 563. b. 564. b. 589. a. 597. 598. 600. a. 635. b. 636. 636. 656. 679. 684. b. 687. b

R.

Rabelais. 19. b.
Railleries contre l'Ecriture deshonorent. 117. a
Gatent le cœur. 310. b. 311. a.
Condamnées par M. Bayle. 401. b.
Raison. Invectives contre la Raison funestes à la Religion, favorables au Pyrrhonisme. 6. a. 575. a
Son bon usage. 309. a. 310. a. b.
Nécessaire contre le Fanatisme. 313. a. 321. a. 312. a.
Son mépris deshonore la nature humaine. 8. a
Si elle est un marché où chaque Secte achette des armes 215. b.
Doit expliquer l'Ecriture 275. b. 281. b. 286. a. 309. a. 312. b. 313. 314. 317. 322. 328. b. 329. 350. a. 361. a. 308. a. 393. b. 398. b. 400. 405. 406
Comment on doit se conduire, quand elle paroît opposée à la Révélation. 275. b. 281. b. 322. 323. b. 324. b. 325. b.
Si elle tourne comme une girouette. 393. a.
Une de ses principales regles. 404. a
Ramus loué de sa chasteté. 217. b.
Range, moyens de parvenir aux premiers. 7. b.
Rephelingius 534. b.
Repin. 50. a. 313. b. 620.
Raporteurs leurs Devoirs. 257. b. 266. b. 283. a. 284. b. Si M. Bayle les a bien remplis. 43. b. 102. a. 104. a. 253. a. 304. a. 313. a. 315. b. 510. a. 529. b. 577.
Rayon de Cercle. Maniere de le concevoir. 109. a
Rebecca. 112. b
Recompensés. 667. a.
Rectangle, comment se change en ligne 508.
Reformateurs Causes de leurs succès. 905.
Régles, comment on les découvre.
Regis. 398. b
Regulus. 587. b
Reimesius. 525. 726.
Relatifs confondus avec les absolus. 151. b. 160. 177. b.
Religion. D'où vient qu'elle n'a pas une plus grande influence sur les mœurs. 5. a. 415. 600. 613. 615. 642. 654. 659. 667. 683. 690. 700.
On l'a alterée. 5. b
On l'enseigne mal. 6. b. 697. b. 700.
Si sa naissance est due à la Politique. 672. b.
Son accord avec la Raison. 7. a. 286. b. 314. a. 318. a. 319. 320 321. 327. 335. 343. a. 356. a. 364. a. 403. a. 404. a
M. Bayle lui ôte ses appuis. 317. 575. a

Sa simplicité. 270. b. 272. b. 286. a. 297. b. 316.
Ou regarde trop les dogmes comme en faisant le Capital. 609. 691. a
Son utilité. 10. b. 16. a. 265. b. 270. a. 395. 402. a. 403. 407. b. 532. b. 597. 600. a. 601. a. 602. a. 605. 610. a. 615. b. 631. 648. 650. 651. 615. 661. 663. 670. 679. 687. 690. b. 691. a
Très-réelle quoique moins qu'elle ne le mérite 6. 6. 613. 615. 642. 654. 659.
Elle fait la grandeur de l'homme. 25. a. 26. b. 265. b.
Les principes, qui en éloignent les hommes les rendent ridicules. 14. 27. a. 286. a. 540. a
Dans quelles dispositions la Raison veut qu'on s'en instruise. 289. a.
Accord de la Religion & de la Nature. 419. a.
Diversités ne sont pas sans usage. 555. a.
Paralléle de la Religion & du point d'honneur. 605. 610. a. 665.
Religion du Médecin. 287. a
Renoncer à soi même. 346. b. 347. a
Repetitions on y est forcé 539. a
Reprobation absoluë. 565. a. 569. a
Republique des Lettres. 34. a
Reputation. Comment on y parvient. 34. b
Resignation 223. b
Resurrection. 324. a
Ressemblances, on les outre. 476. b
Retraite à ses inconveniens. 12.
Revelation à qui destinée. 405. b
Rienne se fait de rien, Explication de ces termes 383. a. 412. a. 423.
Richesses, on peut légitimement travailler à en acquerir. 345. a
Rittangel. 380.
Rome. Causes de sa durée & de sa grandeur 300. b
Roraruis. 481. a

S.

SAducéens. Si leurs mœurs étoient moins corrompuës que celles des Pharisiens. 603. b. 607. b
Sagesse, en quoi consiste. 285. a. 314. a. 294. b
Caractere de Sagesse dans les ouvrages de la nature 419.
Saisons les génies n'y president pas. 302. b
Sanchez. 107. b
Saudavar. 374.
Sara.
Savans. Idée que le Vulgaire s'en fait. 28. b
A quoi on a attaché ce titre. 300. a
Idée des véritables. 38. b
La sincerité est un de leurs caracteres, 41. a
D'où vient qu'ils font peu de fruits. 39
La plûpart ne sont pas dignes de ce nom. 33. b. 536. a
N'ont pas mieux examiné que le Vulgaire 30. a
Saurin ses disputes avec Mr. Jurieu. 238. a
M. Bayle abuse de ses expressions. 323. b. 325. a 372.
Raisonne juste. 393.
Sciences. Leur origine & leurs progrès. 1. b. 9
Scioppius les précautions pour la chasteté 107.
Sebastien, Roi de Portugal. 677.
Sectes leur naissance & leurs mauvais effets. 38. 54. b
Moyens de les prévenir. 38. b
Et de les faire cesser. 42. b. 43. b
Senef. 564. a
Senners 290. b
Sens certitude de leurs raports. 97. a. 99. a. 414. b
Bornes de leurs instructions. 100. a. 101. b
Utilité de ce qu'ils nous font paroître. 99. b
Utilités de leurs avertissemens 400.
Sensualité. 11. b
Sentimens leur diversité n'établit pas le Pyrrhonisme 43. 43. 71. a. 75. b. 76. a. 148. b. 149. a. 309. b. 363. a. 423. a
Sermens soutien de la Société. 639.
Sextus Empiricus. pag. 1.
Pourquoi preferé aux autres Sceptiques. 57. a
Se pique d'exactitude. 58. a
Son goût pour les Sophismes lui fait négliger des argumens solides. 135. b
Sherlok cité & abregé sur la Providence, 591.
Contre les Athées. 590. a
Siamois. 603. b
Signatures, 271. b
Sigonius leur usage. 179. b
Simonide. 447. b. 450. a
Simplicius. 657. b

iii iii iii   So-

TABLE DES MATIERES.

Societé Civile. Ses fondemens. 338. *a*. 601. *a*. 602. *a*. 603. *a*. 605. 705.
Sa nécessité. 601. 639. 672. *b*. 678. *b*
Si elle ouvre la porte aux vices. 679. *a*
Socinianisme. Reflexions de M. Bayle sur ce sujet. 335.
Socrate, raisons de sa methode. 17.
  Sa Physique 383. *b*
  N'étoit point Pyrrhonien. 18. *a*
  Recommande la sincerité. 397. *b*
  Et la Vertu 400. 561. *a*
  Et la Religion, 489. *b*. 691. *a*
Solitude, a ses dangers. 11. *a*
Soldats leur licence. 643.
Songes, 192. *b*. 194. *b*. 301. *a*
  L'état de la pensée dans les songes & le sommeil. 477. *b*
Sophismes de comparaison. 371. *a*. 379. *a*.
Sophismes fréquens chez les Pyrrhoniens. 69. *a*. 74. *a*. 75. *a*. 76. *a*. 80. *a*. 93. *b*. 81. *a*. 92. *a*. 22. *a*. 43. 95. *b* 175 *b*. 185. *b*. 383. *a*
  N'ébranlent par la certitude 367. *a*
  Sextus s'en moque 80. *b*. 84. *a*
  M. Bayle aussi 176. *a* 359 *b*. 401. *b*
Sophisme du particulier au general. 304. *b*. 307. *a*. 310. *a*. 330. *b*. 515. *a*. 516. *a*. 529. *b*. 534. *a*. 600. *b*. 615. *a* 604.
Sophisme rectifié. 4.
  S'équivoque 509. *b*. 565. *b*. 566. *b*.
Sorbone 216. *a*.
Sorciers. 649. *b*
Sorite, ce que c'est 176. *b*.
  D'où vient qu'il plait. 176 *b*
  Ses Regles. 177. *a*
Sorites Sophistiques. 175. *b*
Soustraction définie. 180. *b*.
Souterrains auroient de grandes facilités à établir la vertu, & à éteindre les vices. 12. 47. *b*
  Jugent par le succès 259. *a*
Spinoza. 81. *b*. 141. *a*. 290. *b*. 353. *b*. 354. 355. 359. *a*. 361. *a*. 362. *b*. 372. 386. *b*. 404. *a*. 410. *b*
Stilpon. 51. *a*. 259. *a*. 611.
Stoïciens Embarrassent les Sceptiques. 77. *b*.
  Leur erreur sur l'innocence des mots. 253. *a*
  Fort differens des Cyniques: leur idée sur la Nature du Bien examinée. 354. *b*
  Leurs erreurs Theoretiques n'influoient pas sur leur pratique. 430. *b*.
  Attaqués par M. Bayle 431. *a*
  Leurs contradictions 502. *b*.
Stratoniciens refutés. 431. *a*. 433. *b*. 434. *b*
Style barbare de l'Ecole attaqué par M. Bayle. 81. *b*
Style des Poëtes & des Orateurs. 531. *a*. 535. *a*. 538.
Substance. Son Idée & celle des Modes 141. *b*
Substances qui pensent de diverses especes. 476. 477. 451. *b*. 483. *a*.
Subtilités, leur gout jette dans des illusions. 356. *b*
Succès, les caules. 93. *b*. 515. *b*
  Le deguisement en est une 517. *b*.
Suetone examiné. 201.
Suisses leur heureuse situation & les moyens de la rendre durable.
Suppositions, affectation à les entasser. 294. *a*
Supralapsaires. 585. *a*. 569. *b*. 578. 581. 591. *a*
Surlapsisme. 351. *a*. 367. *a*
Surface. Ce que c'est. 93. *a*. 94. *a*. 95. *b*.
  Deux se touchent sans se confondre 109. *b*
Sans epaisseur. 112. *a*. 116. *b*
Suspension. Raisonnable & outrée. 14. *b*. 53. *a*. 54. *a*. 449. *b*.
  La raisonnable garantie du Pyrrhonisme. 137. *a*. 378. *b*.
Suspension des Sceptiques qu'ils appelloient *Epoche*. 58. *b*. 657. 701. *b*
Suisses. 657.
Syllogismes.
Systêmes leur naissance & leur embarras 1. 398. *b*
  Temeraires. 16. *b*. 89
  Sujets aux modes 15. *b*. 36. *a*. 42.
  La mode s'en passe. 2. *a*
  Pleins de contradictions. 467. *b*
  Il est dangereux de s'en entêter. 475. *b*. 482. *a*
  Caractère d'un bon. 582. *b*
  Il faut débuter par l'examen de leur verité 601. *b*

T.

T Atkidus. 307. *b*
  Tangente 109. *a*
Témoignage, fondemens de son autorité 368. 374.
Tems. Son idée éclaircie 117. *b*. 143. *a*

Renferme l'Infini. 144. *b*
Naissance de ce terme. 143. *b*
En combien de manieres on est comptable de son tems. 344 *b*
Tems présent terme relatif. 118. *b*
  Parallèle du Corps & du tems. 118. *b*. 120. 127. *b*
Tems, mesure du mouvement 145. *b*
  L'idée que Dieu en a & qui est la mesure absoluë de sa quantité.
Tertullien 448. *a*
Thales.
Thamiris. 212. *a*
Theodora. 259. *a*
Théologie. Si elle a besoin des termes barbares de l'Ecole. 30. *b*. 356. *b*
  M. Bayle en abuse. 848
  Methode de l'étudier. 21. 72.
Théologiens causes de Pyrrhonisme. 7. *b*. 16. *a*. 16. *a*
  Dupes de M. Bayle. 193. *b*. 200. 213. *b*. 226. *a*. 261. *b*. 272. *a*. 288. *b*. 316. *b*. 497. *a*. 550. *b*
  Combien il leur importe d'être modestes, moderés, circonspects. 16. *a*. 38. 56. *b*. 89. *a*. 224. *a* 223. *b*. 457. *b*
Théologiens secourus. 564
Thesmophories circonstance de cette Fête. 217. *a*
Theorie ne doit pas être negligée. 344. *b*
Tirésias occation à M. Bayle de dire des Sottises. 217. *a*
Tolerance. Sa nécessité. 8. *b*. 11. *a*. 56. *b*. 89. *a*. 134. *b*. 351. *b*. 368. *a*. 696
  Fait honneur à la vérité. 36. *a*. 273. *a*
  Comment s'est établie. 333. *a*
  Combatuë par M. Bayle. 248. *b*. 696.
  Etat de la Question sur la Tolerance. 596. *b*
Talland. 13. *a*
Tout plus que sa partie. 80. *a*.
Transsubstantiation. 349. *a*
Tranquilité, but de la Morale. 414. *a*
Trinité. 275 *b* 276. 343. 344. 345. 449. *b*
Turcs s'ils vivent mieux que les Chrétiens. 598. *b*
Tyr & Sidon. 695. *b*

V.

V Agues, termes vagues propres à nourrir les disputes. 79 *b*. 83. *b*
  A fonder les Sophismes. 308. *a*. 343. *a*. 411. *a*. 459 *a*. 607.
  Plus modestes que les determinés. 256. *b*
Vanini. Son absurdité 181. *a*. 269. *b*. 666
Vanité. 11. *a*
  Influë sur le Pyrrhonisme. 21. *a*. 23. *b*. 24. *b*. 40. *a*. 41. *a*. 84. *b*
  Si elle est principe de la pudeur. 255. *b*
Voyer (la Motte le) son caractère. 149. *b*.
Vérité. Son amour doit dominer. 40. *a*. 369. *b*
  Elle engage à examiner, 52. *a*
  Elle fait aimer les avis. 41. *b*. 41. *a*
  Dispositions qui préparent à la connoissance. 85. *a*. 96. *b*.
  Caractères de ceux qui l'aiment & la cherchent 194. *b*. 197. *b*
  Comment on doit travailler à la répandre. 56. *a*
  D'où vient qu'elle ne s'avance pas à plus grands pas. 30.
  L'entêtement ne lui fait par honneur. 55. *b*
  Les Pyrrhoniens en font peu de cas & en perdent le goût. 202. 211. *a*. 259. *b*. 538. *b*
  Chicanes de Sextus. 193. *a*
  Ce qui est vrai à certains égards ne l'est pas absolument & universellement.
Vertus. Elles ont leur nature independante de nos idées 148. *a* 402. *a*
  Connuës des Païens. 397. *a*. 400. *a*
  Comment doit aider à une bonne cause. 397. 619.
  Sa force afoiblie par M. Bayle. 619.
  Il en est que les hommes doivent pratiquer & qui ne conviennent pas à Dieu. 89. *b*
  La pratique des Vertus difficiles donne de prix à celle des faciles. 519. *a*
Vertu essentielle à la creature. 90. *b*
  Si elle est à elle-même une suffisante recompense. 473. *b*
  Leur liaison avec la félicité. 516. *b*. 604.
  Force de la Vertu, même dans les vicieux 215. *a*
  La Religion leur donne un solide fondement 395. *b*. 403. *b*. 510. 689. 693. *b*.
Vibrations des pendules. 145. *b*

Vices.

TABLE DES MATIERES.

Vices, leur nature est indépendante de nos idées. 148. *a*
  Maniere d'en combattre quelques uns 256. *b*
  On doit s'y opposer avec zèle. 412. *a*
  Portrait de la vie humaine. 531. 539.
Vie. Un voyage. 522. *b*
  Causes de l'attachement pour la vie. 523. *a*. 529. *a*. 537. *b*
  A deux faces. 529. *b*. 531
  L'avenir en develope l'origine. 534. *b*. 541. *b*
Vision Système des Anciens sur ses causes. 15. *a*
Visionaires ne peuvent être ramenés que par la Raison. 281. *a*
Vitesse, expliquée. 125. 126. 127
  Pourquoi diminuë. 122.
  Mesure de sa diminution. 135
Un, terme relatif. 93. *b*. 344. *a*. 360
  Son idée. 121. *b*. 143. *a*. 154. *b*. 186. *a*
Universalisme. 229. *b*
Volonté. Methode de la connoître. 490. *b*. 491. *b*
  Si ce qui est vrai en Philosophie est faux en Theologie. 322. 323.
Vraisemblance l'égalité que les Sceptiques supposent n'a pas lieu. 93. *a*
  Ils n'y sauroient parvenir. 79. *a*
  M. Bayle affecte d'en repandre sur les hypothèses les plus éloignées de la Raison. 289. *b*

Usure. 408. *b*
Vuides. Disputes sur ce sujet. 386
Vulgaire, paresseux credule, donne dans des idées vagues. 301. *a*
  Ses idées sur la Trinité & l'union personnelle. 345. *b*
  Ne decide que par coûtume. 426. *a*

X.

X*enophanes*. 421. *b*

Z.

Z*aberelle*. 290. *b*
Zèle plus ardent pour les dogmes que pour les preceptes, & pour quels dogmes 5. *b*
Zèle brutal. 5. *b*
Zenon d'Elée soûtenu par M. Bayle. 101. *a*. 125. *a*
Zoroastra,
Zoroastre. 504 *a*. 584.
Zwingle ce qu'il pensoit des hommes destitués de la Révélation. 280. *b*

F I N.

www.ingramcontent.com/pod-product-compliance
Lightning Source LLC
Chambersburg PA
CBHW061732300426
44115CB00009B/1194